2016

中国国有资产监督管理年鉴

图书在版编目（CIP）数据

中国国有资产监督管理年鉴. 2016/《中国国有资产监督管理年鉴》编委会编.
—北京：中国经济出版社，2016.12
ISBN 978－7－5136－4505－8
Ⅰ. ①中… Ⅱ. ①中… Ⅲ. ①国有资产管理－中国－2016－年鉴 Ⅳ. ①F123. 7-54
中国版本图书馆CIP数据核字（2016）第294461号

中国国有资产监督管理年鉴（2016）

责任编辑：李祥柱 郑 潇
组稿编辑：张 巍 徐立敏
图片编辑：汪 京 汪银芳 刘金龙 陈利军 刘喆欣
英文翻译：郑 潇

出版发行：中国经济出版社（100037 · 北京市西城区百万庄北街3号）
网 址：www.economyph.com
电 话：（010）64477900 64477980
64477300 64476700
经 销：各地新华书店
承 印：北京柏力行彩印有限公司
开 本：889mm × 1194 mm 1/16
字 数：1800千字
插页印张：4
印 张：56.25
版 次：2016年12月第1版
印 次：2016年12月第1次印刷
书 号：ISBN 978－7－5136－4505－8
定 价：480.00元
广告经营许可证：京西工商广字第8179号

服务热线：（010）68344225 88386749

编写说明

一、《中国国有资产监督管理年鉴》（以下简称《国资年鉴》）由国务院国有资产监督管理委员会（以下简称国务院国资委）主管、主办，《国资年鉴》编委会编纂，中国经济出版社编辑出版。

二、《国资年鉴》是一部全面记载我国国有经济运行、国有资产监管体制改革和国有企业改革发展，尤其是中央企业和地方国资监管机构所监管企业总体情况的大型工具书和资料性年刊，是国务院国资委统一对外宣传的重要窗口和交流平台，对于宣传、指导我国国有资产监督管理工作及国有企业工作具有重要参考价值。

三、《国资年鉴》突出政策性、权威性、实用性和连续性。主要读者对象包括：全国各级国有资产监管机构及相关行业管理部门；各类国有企业；有关中介机构；各国驻华机构；有关科研院所、图书馆、资料室等。

四、《国资年鉴》（2016）共设九篇内容。

第一篇　重要经济文献。刊载张毅同志在中央企业、地方国资委负责人会议和离退休干部纪念中国人民抗日战争暨世界反法西斯战争胜利70周年大会上的讲话，黄丹华同志在中央企业规划发展工作会议上的讲话。

第二篇　国有资产监督管理概况。国务院国资委19个厅局就2015年我国国有资产监督管理情况、国有企业改革与发展情况予以分析、评述。

第三篇　各省（区、市）国有资产监督管理概况。由31个省、自治区、直辖市国资委，新疆生产建设兵团国资委和5个计划单列市国资委就2015年本地区国有经济运行情况及国有企业改革与发展状况进行评述。

第四篇　中央企业改革与发展。108户中央企业就2015年经济运行、主要经济指标、国有资产保值增值、重大创新、履行社会责任等方面进行分析、评述。

第五篇　国有资产统计资料。刊载由国务院国资委财务监督与考核评价局提供的2015年全国国有企业户数、从业人数、国有资产总量之综合、行业、地区分析表；全国国有企业资产负债之综合、行业、地区分析表；国有工业企业户数、从业人数、国有资产总量地区分析表；国有工业企业资产负债地区分析表；国有商业企业户数、从业人数、国有资产总量地区分析表；国有商业企业资产负债地区分析表；36个省（自治区、直辖市、计划单列市）国有企业主要指标表。

第六篇　国有资产监督管理政策法规选编。精选2015年有关国有资产监督管理的重要行政法规、部门规章和规范性文件。

第七篇　国有企业履行社会责任和党的建设成果概览。采用图文并茂的形式重点展示国有企业在履行社会责任、党的建设等方面取得的成就。

第八篇　大事记。刊载2015年国务院国资委大事记。

第九篇　附录。刊载2015年中央企业负责人经营业绩考核A级企业、《财富》世界500强中国企业上榜情况等相关资料。

五、《国资年鉴》（2016）涉及全国性统计数据，暂未包括港、澳、台地区。统计数据截至2015年底。

六、《国资年鉴》（2016）编委会编委名单，各地方国资委工作站和中央企业工作站站长、撰稿人名单以截稿日期为准。

《中国国有资产监督管理年鉴》编辑部

二〇一六年十二月二十日

国务院国资委主任、党委书记张毅作为中国政府特使与伊朗第一副总统贾汉吉里举行会谈

国务院国资委副主任黄丹华出席全国国有产权管理工作会议并讲话

国务院国资委副主任徐福顺出席中央企业传达学习中央统战工作会议精神会议并讲话

国务院国资委副主任孟建民出席驻辽中央企业分离移交“三供一业”启动工作会议并讲话

国务院国资委纪委书记强卫東出席全国地方国资委纪委书记研讨会并讲话

国务院国资委副主任王文斌出席监事会 2015 年度工作会议

国务院国资委副主任刘强出席部分中央企业“三严三实”专题教育工作座谈会

国务院国资委秘书长阎晓峰出席国资监管信息化专家组第一次会议

中国航天科工集团公司

CHINA AEROSPACE SCIENCE & INDUSTRY CORP.

航天科工董事长、党组书记 高红卫　　航天科工董事、总经理、党组副书记 李跃

中国航天科工集团公司（以下简称“航天科工”）是中央直接管理的国有特大型高科技军工企业，前身为 1956 年 10 月成立的国防部第五研究院，先后经历了第七机械工业部（1981 年 9 月第八机械工业部并入）、航天工业部、航空航天工业部、中国航天工业总公司的历史沿革。1999 年 7 月成立中国航天机电集团公司，2001 年 7 月更名为中国航天科工集团公司。航天科工现由总部、6 个研究院、16 个直属单位和控股公司构成。境内共有 600 余户企事业单位，分布在全国各地。现有员工 14 万余人，拥有包括 8 名两院院士、200 余名国家级科技英才在内的一大批知名专家和学者，且素质高、年纪轻的科技人员已成为企业创新人才队伍的主体。拥有多个国家重点实验室、技术创新中心、成果孵化中心以及专业门类配套齐全的科研生产体系。

航天科工以“科技强军、航天报国”为企业使命，以“您的安全——我们的责任”为社会责任价值观，从事着关系国家安全的战略性产业。航天科工始终坚持“国家利益高于一切”企业核心价值观，深入贯彻落实中央“四个全面”战略部署，充分发挥全面建成小康社会进程中的中央企业顶梁柱作用，大力发展航天防务技术。经过多年励精图治，建立了完整的防空导弹武器系统、飞航导弹武器系统、固体运载火箭及空间技术产品等技术开发与研制生产体系，导弹武器装备整体水平处于国内领先地位，部分专业技术达到国际先进水平，创造了我国国防武器装备建设史上一个又一个辉煌的“第一”，极大地提升了我国的国防实力，并在载人航天、月球探测工程等多个国家重大项目建设中作出了突出贡献。

航天科工新型导弹武器参加纪念中国人民抗日战争暨世界反法西斯战争胜利 70 周年大会

航天科工新型导弹武器参加纪念中国人民抗日战争暨世界反法西斯战争胜利 70 周年大会

航天科工“快舟”火箭成功发射“快舟二号”小型卫星

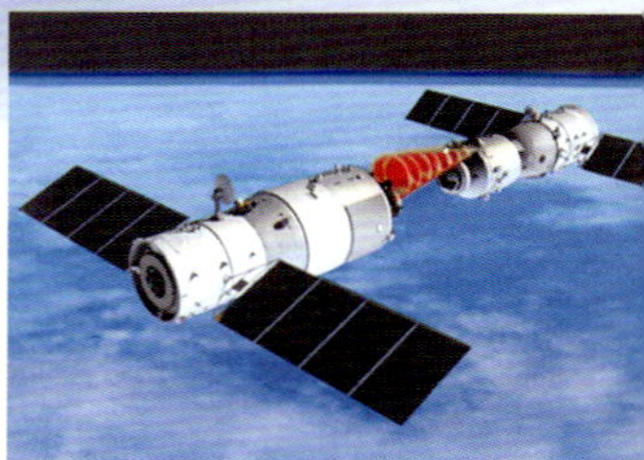

航天科工研制的交会对接微波雷达
“神舟十号”飞船与“天宫一号”精准

航天科工研发的海底管道漏磁内检测器打破国外垄断

航天科工"福星"系统计划构建低轨小卫星星座，发射的网络信号可以覆盖全球

航天科工着眼于"大防务、大安全"发展理念，坚持走中国特色的军民融合发展之路，凭借专业领域的技术优势，深入实施"装备制造产业与信息技术产业融合发展，航天防务产业与民用产业同步升级"的战略举措，在信息技术、装备制造等方面开发了一系列军民结合高技术产品。自主研制的防伪税控系统、奥运安保科技系统、南水北调仿真系统、应急救援与保障装备等广泛应用于国民经济和社会发展的方方面面，产生了良好的社会效益和经济效益。创新传统导弹技术发展理念，成功开发"天网一号"低空慢速小目标探测与拦截系统、高层楼宇灭火系统等"民用导弹"。倾力打造世界首批、我国首个工业互联网平台——航天云网，为我国制造业企业提供了方便、高效、开放、好用、管用、够用的线上线下互动全流程发展环境。服务国家经济安全，努力打造"金税、金卡、金盾"三大系统，并成功实现了从"大型活动安保"向"平安城市""智慧城市"系统工程的纵深拓展。重型特种车、电力装备等重点项目市场份额不断扩大，不仅实现了进口替代，而且部分装备远销海外。在抗击南方冰冻雨雪灾害、四川汶川特大地震、青海玉树地震、舟曲泥石流灾害等重大自然灾害过程中，在我国成功举办的纪念中国人民抗日战争暨世界反法西斯战争胜利 70 周年大会、北京奥运会、上海世博会、广州亚运会、深圳大运会等重大活动中，航天科工先进的技术和装备发挥了十分关键的作用，彰显了强大的航天高科技实力。

近年来，航天科工始终坚持聚精会神搞创新、一心一意谋发展，经济持续保持了稳中提质、稳中向好的发展态势，连续九年在国资委公布的中央企业负责人经营业绩考核中位列 A 级，连续三个任期获得"业绩优秀企业奖"，连续三个任期获得"科技创新企业奖"，荣获多项国家科学技术进步奖。

站在新的历史起点上，承载着 60 年深厚文化积淀的航天科工，将始终以党的十八大和十八届二中、三中、四中、六中全会精神为指导，深入贯彻落实党中央、国务院和国资委的部署要求，全面实施"1+2+3+4+5+N"转型升级发展战略，稳步推进"五四三二一"重大举措，持续提升战略地位、科技含量、绩效水平和员工收入，努力在我国航天事业和信息技术产业发展中发挥好主力军、生力军作用，在我国装备制造产业发展和智慧国家建设中发挥好突击队、先锋队作用，朝着 2020 年初步建成国际一流航天防务公司的目标阔步迈进。

航天科工打造的世界第一批、中国第一个工业互联网平台——航天云网

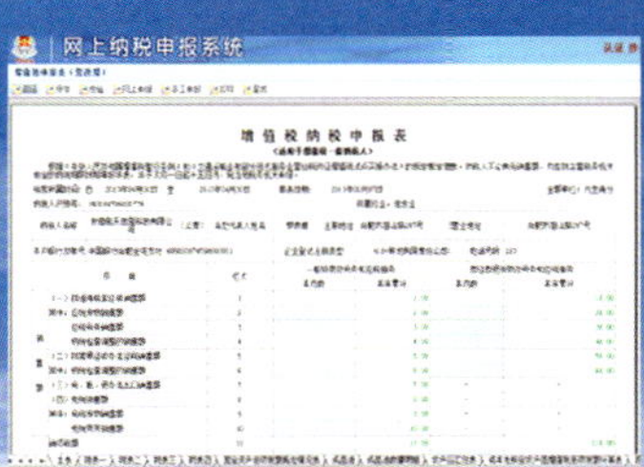

航天科工立足自主可控，打造网上纳税申报系统

航天科工打造的爱信诺企业征信平台

航天科工打造的可复制、可推广的城市地下管线综合管理系统

我们是

中国长江三峡集团公司（以下简称“中国三峡集团”）是以大型水电开发与运营为主的清洁能源集团。1993年9月经国务院批准成立，团愿景是建设国际一流的清洁能源集团。中国三峡集团是三峡工程的业主，全面负责建设三峡工程，运行和管理三峡—葛洲坝梯级枢纽。家授权中国三峡集团滚动开发金沙江下游水力资源，开发建设向家坝、溪洛渡、白鹤滩、乌东德四座巨型水电站。中国三峡集团还积极开国际业务和风电、太阳能等新能源业务。

2015年，中国三峡集团可控装机容量达到6454万千瓦，年发电量突破2000亿千瓦时，是中国可控装机最大的清洁能源集团，是全球最

我们是三峡工程的 建设者

三峡工程是世界规模最大的水利枢纽工程，具有防洪、发电、航运等综合效益。1992年经中国全国人民代表大会批准建设，2003年开始蓄水发电和船闸试通航。三峡水库正常蓄水位高程175米，总库容393亿立方米，其中防洪库容221.5亿立方米。国务院三峡建委会质量检查专家组对三峡工程总体评价是：工程质量得到全面、全员、全过程的控制，工程质量总体优良。上图为三峡工程建设期繁忙的施工现场。

我们是长江洪峰的 抵御者

三峡水库防洪效益显著。防洪库容221.5亿立方米，可为长江中下游1500万人民和150万公顷土地提供安全屏障。2012年汛期三峡工程成功抵御4次超过50000m³/s的洪峰，经受住了建库以来71200m³/s的最大洪峰考验，保证了长江安澜。三峡向下补水效益明显，试验性蓄水以来平均补水期为139天，年平均补水量157.6亿立方米。上图为长江洪水经削峰后通过三峡。

我们是金沙江水电的 开发者

按国家授权，中国三峡集团开发建设金沙江下游的向家坝、溪洛渡、白鹤滩、乌东德四座水电站，是国家“西电东送”骨干电源。截至2015年底，溪洛渡、向家坝两电站已全面投产发电。乌东德电站获得国务院核准，主体工程开工建设。白鹤滩电站环评通过国家环保部批复，筹建工作有序推进。上图为装机世界第二的金沙江溪洛渡水电站。

我们是新能源建设的 开拓者

中国三峡集团积极探索风、光、水、蓄互补的电源开发结构，精心打造三峡新能源品牌。风电、太阳能业务是中国三峡集团第二主业，已全面开展近海风电开发、陆上风电开发、风机制造、光伏和抽水蓄能电站开发等业务。2015年，三峡集团新能源装机近600万千瓦。上图为中国山地光伏最大的河北曲阳光伏电场。

我们是绿色发展的 践行者

中国三峡集团注重服务国家战略，加强长江生态环保，用实际行动成为共建美好家园、推动绿色发展的实践者。2015年发电量超过2010亿千瓦时，相当于节约标准煤6455万吨，减少二氧化碳排放量16570万吨。2015年，三峡集团中华鲟研究所放流长江的子二代中华鲟已累计超过1.1万尾，促进了长江生态保护。右图为人工繁育的中华鲟幼鱼。

中国三峡

水电企业。装机容量、发电量、技术能力、建设与运行管理能力等都处于行业领先地位。

中国三峡集团共有10余个全资和控股子公司，从事电力生产、国际清洁能源投资、国际水电工程承包、新能源开发、工程咨询、金融、旅游、传媒等业务，2015年集团合并资产总额5620亿元。

我们是长江通航能力的 提升者

三峡水库形成后，改善航运里程660千米，每千吨公里的平均油耗由蓄水前的7.6千克下降到2.0千克。三峡在枯水期向下游补水，平均增加航道水深约1米，提高了下游航道通航标准及船舶航行安全。2015年，三峡船闸过闸货运总量1.11亿吨，再创历史新高。上图为川流不息的三峡船闸。

我们是世界最大水电站的 运营者

三峡电站是世界上最大的水电站，安装有32台单机容量70万千瓦和2台5万千瓦机组，总装机容量2250万千瓦，年最大发电力1000亿千瓦时。2014年，三峡电站发电988亿千瓦时，超过伊泰普水电站，创造了单座水电站年发电量新的世界纪录。上图为三峡电厂巨型发电机组。

我们是中国水电“走出去”整合者

中国三峡集团致力于把中国水电在投资、设计、施工、设备制造等方面的优势整合起来，与中国技术、中国装备、中国标准一同走出去。按照“有序合作、优势互补、互利共赢”的原则，打造中国水电“走出去”全面升级版，实现中国引领、国际参与、多方共赢的良好局面。“三峡品牌”正快速成为彰显中国形象的国家品牌、国家名片。上图为以“中国标准”实行EPC的马来西亚沐若水电站。

我们是“一带一路”战略的 勇行者

中国三峡集团积极践行国家“一带一路”战略，大力拓展国际业务。利用三峡品牌、资金、管理、技术、人才等综合优势，形成投资、建设、运营、咨询四大国际业务板块，实现资源的全球化配置。2011年，成功收购葡萄牙电力公司21.35%股权，成为该公司最大股东。截至2015年底，中国三峡集团在海外投资和承包项目达到80余个，覆盖40多个国家和地区，可控和权益装机容量超过1100万千瓦。上图为葡萄牙电力公司所属Marple Ridge风电场。

我们是为民造福的 奉献者

中国三峡集团注重履行“为国家分忧、为社会尽责、为人民谋福祉”的央企社会责任，全力实践“建好一座电站、带动一方经济、改善一片环境、造福一批移民”的水电开发理念。2015年，中国三峡集团定点扶贫、对口支援、公益慈善、企地共建以及社会捐赠支出1.1亿元。左图为免费游览三峡大坝的民众。

中国一汽

中国第一汽车集团公司前身为第一汽车制造厂，1953年动工兴建，1956年建成投产，历经工厂建设、换型改造、上轻轿三次创业，基本构建完成适应市场经济要求的发展布局、管理体制、经营机制和人才队伍。2011年6月，成立中国第一汽车股份有限公司。

一汽集团下设9个委员会、24个职能部，6家全资子公司，5家分公司，4家控股子公司，27家参股公司，建立东北、华北、西南、华南和华东五大生产基地，在册职工总数146555人。

2015年，中国一汽品牌价值1362.79亿元，位列《中国500最具价值品牌》第九名，国内汽车企业品牌价值第一位；位列“世界500强”第107位，“中国企业500强”第17位，“中国机械”500强第二位。

一汽大众车型

奥迪 Q7

新速腾

高尔夫 GTI

一汽丰田车型

卡罗拉混动双擎

新一代皇冠

普拉多 2.7L

普拉多 3.5L

柯斯达

一汽轿车

2016 款奔腾 B70

奔腾 B30

奔腾 B90

奔腾 X80

红旗 H7 1.8T

马自达 睿翼

马自达 阿特兹

马自达 6

马自达 8

天津一汽夏利

夏利 N7

威志 V5

骏派 D60

一汽吉林汽车

新佳宝 V77

新森雅 S80

东风汽车公司，始建于1969年，属中央直管企业，是中国三大汽车集团之一。截至2015年底,公司从业人员超过16.9万人，资产总额2693亿元，位居2016年“世界500强”第81位、“中国制造业500强”第四位。

公司创立47年来，历经艰苦创业、快速成长、改革调整、开放合作阶段，进入协同发展时期。主营业务乘商并举，涵盖了全系列商用车与乘用车整车、新能源汽车、关键汽车总成和零部件、汽车水平事业、汽车装备以及军车等。形成了“4+N”的事业布局，即主要业务分布在武汉、十堰、襄阳、广州四大基地，辐射全国多个地市。

“十二五”期间，公司积极应对各种风险和挑战，推动经营稳健前行，各项事业实现又快又好发展。销量站稳380多万辆，自主事业快速发展，汽车出口稳中向好，国际合资合作不断深化，逐步构建以“和”文化、“润”计划、商业道德公约“三位一体”的企业文化体系等，公司行业地位连续五年保持第二。

建设“永续发展的百年东风，在开放中自主发展的东风，面向世界的国际化东风”，是公司不懈追求的梦想。公司将按照创新驱动、开放合作、主动主导、做强做优、共赢发展的方针，致力于成为“为用户提供全方位优质汽车产品和服务的卓越企业”。

11月10日，DFMB20发动机下线仪式在东风柳汽举行

11月27日，东风佛吉亚汽车内饰有限公司武汉工厂及研发中心奠基

1月26日，东风商用车有限公司在十堰市正式宣告成立并开始运营

3月25日，东风公司与标致雪铁龙集团战略联盟倾心打造的第一款战略车型——东风风神L60成功上市

9月24日，首批30辆东风风神A60EV纯电动出租车正式交付武汉新能源汽车出租服务有限公司

东风雷诺武汉工厂竣工投产仪式

东风“十二五”援藏圆满收官

9月3日，东风猛士组成的中将车排面出现在大阅兵装备方队的第一排

东风本田CR-V

东风裕隆纳智捷优6

东风标致新508

东风英菲尼迪Q50L

东风A9

东风风神AX7

东风雷诺科雷嘉

东风风度MX6

东风小康风光370

东风日产启辰T70

东风天龙旗舰

东风悦达起亚新K5

东风风行景逸X3

东风日产新奇骏

东风雪铁龙新C5

东风风神E30L

1997.1.28－2017.1.28

热烈庆祝国机集团成立20周年

不忘初心
挺起中国机械工业的脊梁！

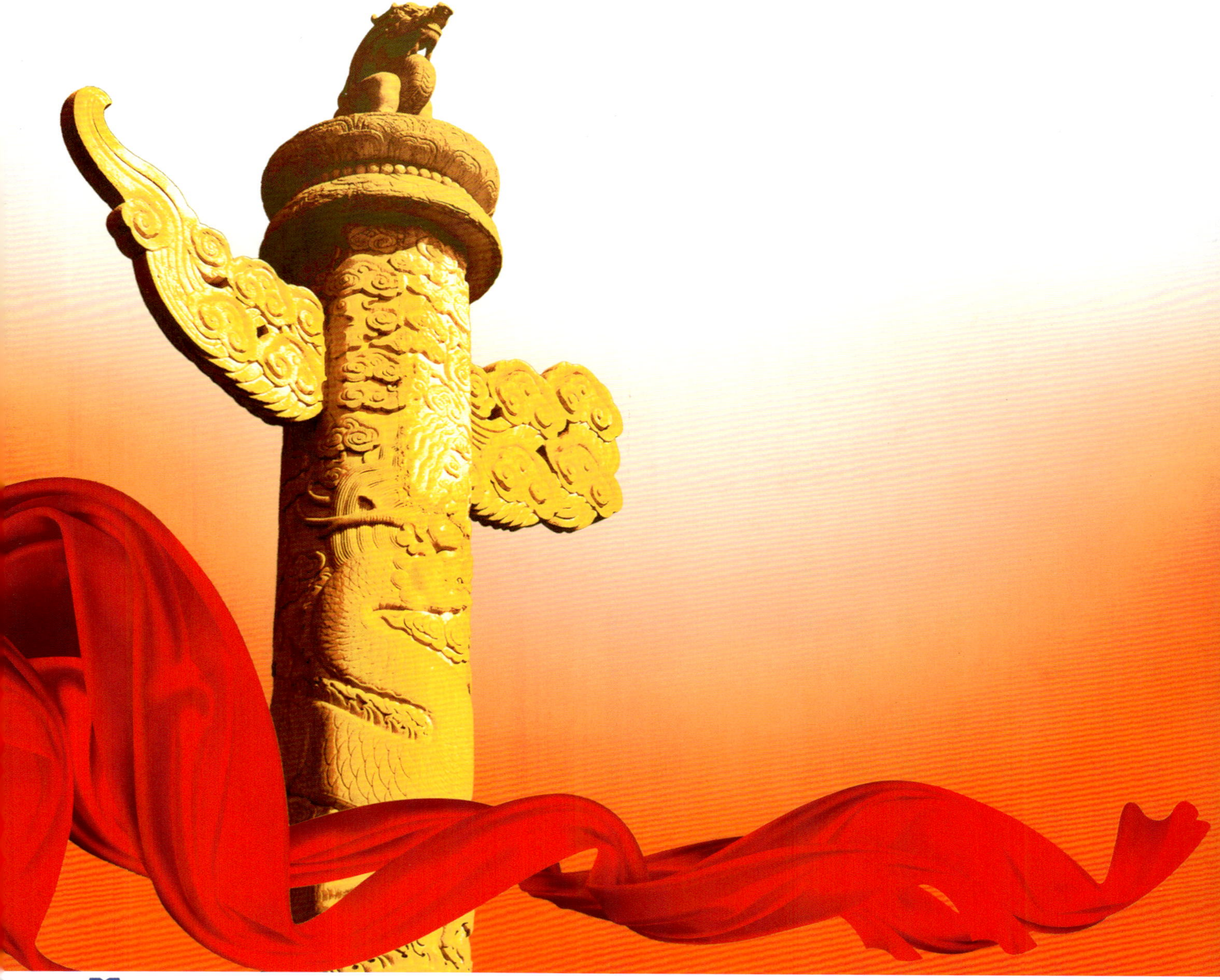

WORK TOGETHER
WIN TOGETHER

合力同行 创新共赢

改革激发活力
创新引领发展

[国有资本投资运营的探路者和先行者]

国家开发投资公司成立以来，不断优化资产结构，积极探索资产经营和资本经营相结合的发展道路，在投资导向、结构调整、资本经营中发挥了国有投资控股公司的独特作用。经过20多年的努力，公司的改革发展取得长足的进步，资产规模从300多亿元增长到4500多亿元，管理金融资产及股权基金管理规模9800多亿元，近13年年均利润增长26%，连续12年获得国务院国资委经营业绩考核A级，并在连续4个任期考核中成为“业绩优秀企业”。面向未来，国投将以创新、协调、绿色、开放、共享五大发展理念引领公司的改革、转型和创新，主动服务国家战略，以改组国有资本投资公司试点为契机，努力形成基础产业、前瞻性战略性产业、金融及服务业、国际业务四大战略业务单元，在重要领域和关键行业充分发挥国有资本的引领和带动作用，全力打造具有创新能力和国际竞争力的一流投资公司。

总经理 党委书记 张克利

深化改革 提质增效 为建设有色金属强国作贡献

中国有色矿业集团有限公司（以下简称“中国有色集团”）成立于1983年，是国务院国资委管理的大型中央企业，位列2016年“世界500强”第386位，主业为有色金属矿产资源开发、建筑工程、相关贸易及服务，是我国有色金属工业最早实施“走出去”战略的企业之一。

中国有色集团业务遍布80多个国家和地区，涉及铜、铅、锌、镍、钽、铌、铍、金、银、稀土等40余个有色金属品种，在赞比亚、蒙古、缅甸、泰国、刚果（金）、塔吉克斯坦等国家和地区投资经营着一批标志性的矿业开发项目，出资企业多次入选“全球最大225家工程承包商”。

中国有色集团曾荣获“科技创新企业奖”、全国“五一”劳动奖状、“感动非洲的十大中国企业”“中国经济十大领军企业”、国务院国资委颁发的“绩效进步特别奖”等荣誉称号。

2016年，中国有色集团正以昂扬的斗志，崭新的精神风貌，全面加强党的领导，全力做好深化改革、提质增效的各项工作，努力为建设有色金属工业强国贡献积极的力量。

地　　址：北京市朝阳区安定路10号中国有色大厦
邮　　编：100029　电话：010-84426666
传　　真：010-84426699
网　　址：www.cnmc.com.cn

2016年3月21日，张德江委员长视察中国有色集团投资的赞比亚中国经济贸易合作区卢萨卡园区

2016年6月4日，塔吉克斯坦总统拉赫蒙考察中国有色集团帕鲁特金矿

谦比希铜冶炼厂：中国在境外投资的第一个冶炼厂、中国在赞比亚最大的粗铜冶炼项目

缅甸达贡山镍矿：中缅矿业领域最大的合作项目，也是我国在缅甸第一个建成并正式运营的有色金属工业项目

蒙古国图木尔廷敖包锌矿：中蒙矿业领域最大的合作项目，被赞誉为“中蒙友好合作的典范”

有色大厦

大冶有色金属控股集团有限公司：国家“一五”时期156个重点项目之一，是中国有色集团第一家销售收入超过千亿元的出资企业，位居中国五大铜基地之列

中色奥博特铜铝业有限公司：山东省最大的高精度空调制冷铜管生产企业和大型高性能、高精度铜合金板带生产基地，综合实力位居中国铜加工行业前三强

编委会委员(一)

(委机关厅局)

编委会委员(二)

(地方国资委)

编委会委员(三)

(中央企业)

朱金坤　华润(集团)有限公司　副总经理、秘书长
张学武　中国港中旅集团公司[香港中旅(集团)有限公司]　董事长
王小康　中国节能环保集团公司　董事长
朱碧新　中国诚通控股集团有限公司　总裁
李延江　中国中煤能源集团公司　董事长、党委书记
李亚平　机械科学研究总院　副院长
徐思伟　中国中钢集团公司　总裁
任建新　中国化工集团公司　董事长
余津勃　中国化学工程集团公司　党委书记
陈鄂生　中国轻工集团公司　董事长、党委书记
刘洁伯　中国恒天集团公司　董事会秘书
刘志江　中国中材集团公司　董事长
宋志平　中国建筑材料集团公司　董事长、党委书记
张世荣　北京有色金属研究总院　副院长、总法律顾问
夏晓鸥　北京矿冶研究总院　院长、党委书记
周　强　中国国际技术智力合作公司　总经理、党委书记
马建萍　中国建筑科学研究院　党委副书记
姚桂清　中国铁路工程总公司　总经理、董事、党委副书记
庄尚标　中国铁建股份有限公司　总裁
邢　炜　中国普天信息产业集团公司　董事长
黄志勤　电信科学技术研究院　副院长、党组成员
大唐电信科技产业集团副总裁
彭敖瑞　中国农业发展集团总公司　党委副书记
李灵敏　中国中纺集团公司　副总裁
曹效军　中国林业集团公司　副总经理
张振高　中国保利集团公司　总经理
修　龙　中国建筑设计研究院　院长
卢　进　中国冶金地质总局　局长、党委书记
胡善亭　中国煤炭地质总局　局长、党委副书记
杨　彬　新兴际华集团有限公司　总经理、董事、党委常委
王　玮　中国民航信息集团公司　党委常委
张志刚　中国航空油料集团公司　副总经理
孙　博　中国航空器材集团公司　副总经理
晏志勇　中国电力建设集团有限公司　董事长、党委副书记
汪建平　中国能源建设集团有限公司　董事长、总经理、党委副书记
宋　鑫　中国黄金集团公司　总经理、党委书记
侯振武　中国储备棉管理总公司　副总经理
张善明　中国广核集团有限公司　总经理、党委副书记
蒋达华　中国华录集团有限公司　副总经理
童国华　武汉邮电科学研究院　院长、党委书记
曾　辉　华侨城集团公司　副总裁
张雅林　中国西电集团公司　总经理
宋向春　中国汽车技术研究中心　党委副书记

《中国国有资产监督管理年鉴》

工作站站长(一)

(地方国资委)

贺　昂　北京市国有资产监督管理委员会　研究室主任
洪全印　天津市国有资产监督管理委员会　研究室主任
张一凡　河北省国有资产监督管理委员会　综合处副处长
温　波　山西省国有资产监督管理委员会　办公室主任
曹志忠　内蒙古自治区国有资产监督管理委员会　办公室主任
宋旭涤　辽宁省国有资产监督管理委员会　办公室副主任
王吉多　大连市国有资产监督管理委员会　办公室主任
程　竹　吉林省国有资产监督管理委员会　办公室主任
皮　凯　黑龙江省国有资产监督管理委员会　政策法规处处长
陈忠益　上海市国有资产监督管理委员会　办公室主任

吴　宁　江苏省国有资产监督管理委员会　办公室主任
刘盛辉　浙江省国有资产监督管理委员会　办公室主任
王少青　宁波市国有资产监督管理委员会　办公室主任
王维坤　安徽省国有资产监督管理委员会　办公室副主任
王建龙　福建省国有资产监督管理委员会　办公室副主任
欧昌山　厦门市国有资产监督管理委员会　办公室主任
袁紫忠　江西省国有资产监督管理委员会　办公室（党办）主任
杨维超　山东省国有资产监督管理委员会　办公室主任
李维庄　青岛市国有资产监督管理委员会　办公室调研员
严俊杰　河南省国有资产监督管理委员会　综合处处长
黄忠初　湖北省国有资产监督管理委员会　办公室主任
谢　军　湖南省国有资产监督管理委员会　办公室主任、监事会主席
王　闵　广东省国有资产监督管理委员会　办公室调研员
廖海生　深圳市国有资产监督管理委员会　综合规划处副处长
刘献伟　广西壮族自治区国有资产监督管理委员会　办公室主任
范明俊　海南省国有资产监督管理委员会　办公室主任
高国民　重庆市国有资产监督管理委员会　办公室副主任
张　敏　四川省国有资产监督管理委员会　办公室主任
王　毅　四川省国有资产监督管理委员会　办公室副主任
冷银辉　贵州省国有资产监督管理委员会　办公室主任
杨大伟　云南省国有资产监督管理委员会　办公室副主任（主持工作）
乐勇建　西藏自治区国有资产监督管理委员会　政策法规处副处长
方启权　陕西省国有资产监督管理委员会　办公室副主任
张绍辉　甘肃省国有资产监督管理委员会　政策法规处处长
朱生海　青海省国有资产监督管理委员会　综合处处长
马福贵　宁夏回族自治区国有资产监督管理委员会　办公室主任
孙文辉　新疆维吾尔自治区国有资产监督管理委员会　综合处调研员
郭文君　新疆生产建设兵团国有资产监督管理委员会　办公室主任

工作站站长(二)

（中央企业）

吴　微　中国核工业建设集团公司　党群工作部主任
路明辉　中国航天科技集团公司　办公厅副主任
龚界文　中国航天科工集团公司　办公厅副主任
姚　平　中国航空工业集团公司　政研室主任
徐锦玲　中国船舶工业集团公司　办公厅新闻处处长
董中江　中国船舶重工集团公司　办公厅政策研究室主任
罗　岚　中国兵器工业集团公司　办公厅副主任、董事会办公室主任
胡荣建　中国兵器装备集团公司　巡视员、办公厅副主任
周晓辉　中国电子科技集团公司　办公厅综合处副处长
王志刚　中国石油天然气集团公司　董事会秘书兼办公厅（总裁办）主任
张　波　中国石油化工集团公司　宣传工作部宣传文化处处长
熊建国　中国海洋石油总公司　办公厅信息督办处副处长

王永基　中国南方电网有限责任公司　董事会秘书、党组秘书
陆文辉　中国华能集团公司　新闻中心主任
陈剑锋　中国大唐集团公司　政策研究室处长
王绪祥　中国华电集团公司　总经理助理、办公厅主任
王慕文　中国国电集团公司　办公厅主任
汪　波　国家电力投资集团公司　公共关系与新闻经理
杨　骏　中国长江三峡集团公司　宣传与品牌部主任　中国三峡出版传媒公司执行董事
云天宝　神华集团有限责任公司　办公厅副主任
熊　康　中国电信集团公司　办公厅综合调研室主任
岳爱成　中国联合网络通信集团有限公司　综合部副总经理
谢庆林　中国电子信息产业集团有限公司　办公厅主任
万靖君　中国第一重型机械集团公司　企业发展部部长
陈兴祥　中国机械工业集团有限公司　新闻宣传处处长
杜文明　哈尔滨电气集团公司　办公厅主任助理
聂振勇　鞍钢集团公司　宣传处处长
杨燕青　中国铝业公司　研究室主任
俞益群　中国航空集团公司　办公厅主任
马晓晴　中国南方航空集团公司　史志办主任
张兴华　中国中化集团公司　办公厅副主任
张　晔　中国五矿集团公司　办公厅主任
李怀明　中国通用技术（集团）控股有限责任公司　办公厅主任
由　伟　中国储备粮管理总公司　办公厅主任
王义军　国家开发投资公司　董事会秘书、办公厅主任
张晓鹏　招商局集团有限公司　办公厅副主任
蓝　屹　华润（集团）有限公司　董事会办公室总监
雷海粟　中国港中旅集团公司［香港中旅（集团）有限公司］　办公厅副主任
王庆祝　中国节能环保集团公司　办公厅主任
竺小政　中国诚通控股集团有限公司　总裁办主任
王富有　中国中煤能源集团公司　办公厅副主任
刘　鹏　中国煤炭科工集团有限公司　办公厅副主任
付大为　机械科学研究总院　院务工作部部长
刘　澎　中国中钢集团公司　办公室主任
智　慧　中国钢研科技集团公司　办公厅副主任
贾仲德　中国化工集团公司　办公室主任
刁春杰　中国华学工程集团公司　总经理助理、办公厅主任
陈　镭　中国轻工集团公司　办公室主任
韩旭东　中国恒天集团公司　办公室主任
曹永胜　中国中材集团公司　企业文化宣传部部长
张　静　中国建筑材料集团有限公司　办公室副主任
刘　营　北京有色金属研究总院　院务部主任
罗　萌　中国国际技术智力合作公司　党委宣传、企业文化部部长、新闻发言人
范圣权　中国建筑科学研究院　副院长
赵　虎　中国中车股份有限公司　总裁办主任
常玉伟　中国铁路工程总公司　办公厅副主任
谭风华　中国铁路工程总公司　办公厅处长
戴开扬　中国铁建股份有限公司　办公厅主任
李国栋　中国交通建设集团有限公司　办公厅副主任
梁　渝　中国普天信息产业集团公司　品牌部总经理
马宏伟　电信科学技术研究院　总裁助理、综合管理部总经理
贾建国　中国农业发展集团总公司　战略管理部总经理
高　杨　中国中纺集团公司　战略部总经理
殷　娟　中国中丝集团公司　总经办主任
张金贵　中国林业集团公司　综合管理部副部长
陈志新　中国国旅集团有限公司　总裁办主任
李卫强　中国保利集团公司　企业发展部主任
赵　旭　中国建筑设计研究院　办公室主任
易　荣　中国冶金地质总局　局长助理
于运强　中国煤炭地质总局　政策研究室主任
刘其先　新兴际华集团有限公司　办公室主任、党委委员
王　健　中国民航信息集团公司　办公室副主任
孙建业　中国航空油料集团公司　办公室主任
曲京荣　中国航空器材集团公司　办公室主任
魏立军　中国电力建设集团有限公司　党委工作部副主任
王增勇　中国能源建设集团有限公司　办公厅（党委办公室）主任
李　想　中国黄金集团公司　办公室文档处副处长
赵建淑　中国储备棉管理总公司　综合部副部长
张　涛　中国广核集团有限公司　办公厅主任
郭　建　中国华录集团有限公司　综合管理本部副总经理兼办公室主任

丁　峰	武汉邮电科学研究院	综合办主任	王贵青	中国西电集团公司	办公室副处级秘书
杨　超	华侨城集团公司	办公室副总监	朱　旭	中国铁路物资（集团）总公司	总裁办主任
谢　黎	中国西电集团公司	企管部部长、办公室副主任	王　今	中国汽车技术研究中心	办公室主任

《中国国有资产监督管理年鉴》撰稿人

（按姓氏笔画排序）

丁　一　于志欣　于运强　于雪娟　马玉芳　马立军　孔小可　尹　博　方　敏
方　楠　方启权　王　伟　王　英　王　迪　王　健　王　铭　王大鹏　王友叶
王文锦　王玉峰　王光睿　王成海　王国鹏　王昊轩　王金霞　王晓方　王晓灿
王海涛　王绥德　王菲菲　邓　宇　邓　朝　邓传杰　邓明甫　冯伟林　冯修青
卢　博　甘　莹　申　力　石　磊　石义刚　任建党　仨泽宇　任洁江　任瑞芳
刘　冬　刘　敏　刘　鹏　刘　薇　刘丽萍　刘健敏　刘瑞生　刘聪斌　刘耀青
孙旭东　朱东耀　朱平海　朱孝春　朱侠舒　朱虹波　朱德志　汝昌晋　江　霈
闫　刚（巡视办）　闫　刚（诚通）　闫志恒　闫晓艳　严　艺　何　倩　何　继
何琴华　吴　哲　吴慧敏　陈佳玲　宋　倩　张　玉　张　坤　张　剑　张　奕
张　倩　张　猛　张　智　张　蔚　张义豪　张文良　张宏丹　张宾栋　张培德
张蔚虹　李　辉　李　想　李　蒙　李　巍　李小禹　李会展　李宇昆　李成东
李迎荣　李宝成　李岩杰　李茂华　李睿然　李培燕　李霞林　杜　宇　杨　威
杨　泰　杨大伟　杨有福　杨启燕　杨晓峰　杨皓天　邱文凯　邹　静　陆毓媛
陈　锴　陈　镭　陈栋梁　单新东　周　琳　周秀梅　林在强　武　志　范　华
郎晓黎　郑　晔　金　哲　金伟光　侯步云　侯海鹰　姚　磊　姚雪斐　胡岳鹏
胡婉晶　贺建华　贺凌华　赵　发　赵　艳　赵　博　赵　毅　赵少莉　赵红霞
赵彦雄　赵树权　钟　浩　骆明峰　唐　兵　唐艳静　徐秋青　殷凌飞　袁正秋
郭　彧　郭凤飞　高云飞　高先祥　高红燕　高紫阳　崔　焱　常小冰　曹　妍
曹昆鹏　梅　萌　黄　为　黄　芸　黄　辰　黄　雄　龚玉麒　龚峻岭　焦　翔
程　欣　童梅云　葛志勇　董　明　董杰亮　董晓飞　蒋小金　蒋晓琳　谢　伟
谢孝宏　韩　方　韩　冰　楼明慧　甄学宝　蒲玉波　廖关林　廖胜华　翟　郸
谭丰华　谭荣胤　谭博文　薛　晔

目 录

编写说明 ……《中国国有资产监督管理年鉴》编辑部

第一篇 重要经济文献

适应和把握新常态 推动国有企业向做强做优做大目标迈进
——在中央企业、地方国资委负责人会议上的讲话 ……………………………… 张 毅(3)
国务院国资委主任、党委书记张毅在离退休干部纪念中国人民抗日战争暨世界反法西斯战争胜利70周年大会上的讲话 ……………………………… (12)
以管资本为主加强国有资产监管 ……………………
…… 国务院国资委主任、党委书记 张 毅(14)
国务院国资委副主任、党委委员黄丹华在中央企业规划发展工作会议上的讲话 ………………… (16)

第二篇 国有资产监督管理概况

国有资产监督管理体制改革和国有企业改革发展综述 …………………………………………… (23)
中央企业规划发展工作 ………………………… (25)
国有经济及中央企业经济运行情况综述 ……… (29)
企业国有资产监管法治建设 …………………… (32)
企业国有产权管理工作 ………………………… (34)
中央企业财务监督工作 ………………………… (37)
全国国有企业资产与财务状况分析 …………… (40)
中央企业兼并重组工作 ………………………… (43)
中央企业董事会试点进展情况 ………………… (47)
国有企业解决历史遗留问题进展情况 ………… (50)
中央企业收入分配调控和薪酬管理工作 ……… (53)
全国厂办大集体改革工作情况 ………………… (55)
中央企业经营业绩考核工作 …………………… (55)
中央企业收益管理工作 ………………………… (58)
国际交流与合作 ………………………………… (60)
企业领导人员管理 ……………………………… (63)
人才工作和人才队伍建设 ……………………… (65)
监事会监督检查工作 …………………………… (67)
中央企业党建工作 ……………………………… (71)
中央企业宣传思想文化工作 …………………… (74)
中央企业群众工作 ……………………………… (78)
中央企业纪检监察工作 ………………………… (82)
国资委对中央企业开展巡视工作情况 ………… (83)

第三篇 各省(区、市)国有资产监督管理概况

北京市 ………………………………………… (89)
天津市 ………………………………………… (97)
河北省 ………………………………………… (103)
山西省 ………………………………………… (109)
内蒙古自治区 ………………………………… (116)
辽宁省 ………………………………………… (123)
大连市 ………………………………………… (133)
吉林省 ………………………………………… (137)
黑龙江省 ……………………………………… (146)
上海市 ………………………………………… (157)
江苏省 ………………………………………… (161)
浙江省 ………………………………………… (170)
宁波市 ………………………………………… (178)
安徽省 ………………………………………… (184)

福建省 …… (193)
厦门市 …… (206)
江西省 …… (212)
山东省 …… (220)
青岛市 …… (228)
河南省 …… (234)
湖北省 …… (242)
湖南省 …… (249)
广东省 …… (258)
深圳市 …… (267)
广西壮族自治区 …… (273)
海南省 …… (283)
重庆市 …… (288)
四川省 …… (296)
贵州省 …… (303)
云南省 …… (309)
西藏自治区 …… (317)
陕西省 …… (321)
甘肃省 …… (330)
青海省 …… (335)
宁夏回族自治区 …… (343)
新疆维吾尔自治区 …… (350)
新疆生产建设兵团 …… (357)

第四篇　中央企业改革与发展

中国核工业集团公司 …… (367)
中国核工业建设集团公司 …… (369)
中国航天科技集团公司 …… (370)
中国航天科工集团公司 …… (374)
中国航空工业集团公司 …… (375)
中国船舶工业集团公司 …… (378)
中国船舶重工集团公司 …… (380)
中国兵器工业集团公司 …… (383)
中国兵器装备集团公司 …… (385)
中国电子科技集团公司 …… (388)
中国石油天然气集团公司 …… (392)
中国石油化工集团公司 …… (397)
中国海洋石油总公司 …… (402)
国家电网公司 …… (405)
中国南方电网有限责任公司 …… (408)
中国华能集团公司 …… (411)
中国大唐集团公司 …… (418)
中国华电集团公司 …… (422)
中国国电集团公司 …… (424)
国家电力投资集团公司 …… (430)
中国长江三峡集团公司 …… (433)
神华集团有限责任公司 …… (436)
中国电信集团公司 …… (443)
中国联合网络通信集团有限公司 …… (448)
中国移动通信集团公司 …… (451)
中国电子信息产业集团有限公司 …… (453)
中国第一汽车集团公司 …… (455)
东风汽车公司 …… (457)
中国第一重型机械集团公司 …… (460)
中国机械工业集团有限公司 …… (462)
哈尔滨电气集团公司 …… (466)
中国东方电气集团有限公司 …… (469)
鞍钢集团公司 …… (473)
宝钢集团有限公司 …… (475)
武汉钢铁(集团)公司 …… (477)
中国铝业公司 …… (480)
中国远洋运输(集团)总公司 …… (483)
中国海运(集团)总公司 …… (486)
中国航空集团公司 …… (489)
中国东方航空集团公司 …… (491)
中国南方航空集团公司 …… (494)
中国中化集团公司 …… (497)
中粮集团有限公司 …… (500)
中国五矿集团公司 …… (502)
中国通用技术(集团)控股有限责任公司 …… (504)
中国建筑工程总公司 …… (507)
中国储备粮管理总公司 …… (511)
国家开发投资公司 …… (513)
招商局集团有限公司 …… (515)
华润(集团)有限公司 …… (518)
中国港中旅集团公司 …… (520)
中国商用飞机有限责任公司 …… (522)

中国节能环保集团公司 …………………………（526）
中国国际工程咨询公司 …………………………（529）
中国诚通控股集团有限公司 ……………………（531）
中国中煤能源集团有限公司 ……………………（534）
中国煤炭科工集团有限公司 ……………………（536）
机械科学研究总院 ………………………………（538）
中国中钢集团公司 ………………………………（541）
中国冶金科工集团有限公司 ……………………（544）
中国钢研科技集团有限公司 ……………………（549）
中国化工集团公司 ………………………………（551）
中国化学工程集团公司 …………………………（553）
中国轻工集团公司 ………………………………（556）
中国工艺(集团)公司 ……………………………（558）
中国盐业总公司 …………………………………（562）
中国恒天集团有限公司 …………………………（564）
中国中材集团有限公司 …………………………（566）
中国建筑材料集团有限公司 ……………………（570）
中国有色矿业集团有限公司 ……………………（571）
北京有色金属研究总院 …………………………（574）
北京矿冶研究总院 ………………………………（577）
中国国际技术智力合作公司 ……………………（579）
中国建筑科学研究院 ……………………………（583）
中国中车集团公司 ………………………………（586）
中国铁路通信信号集团公司 ……………………（590）
中国铁路工程总公司 ……………………………（594）
中国铁建股份有限公司 …………………………（600）
中国交通建设集团有限公司 ……………………（607）
中国普天信息产业集团公司 ……………………（609）
电信科学技术研究院 ……………………………（612）
中国农业发展集团有限公司 ……………………（616）
中国中纺集团公司 ………………………………（620）
中国中丝集团公司 ………………………………（622）
中国林业集团公司 ………………………………（624）
中国医药集团总公司 ……………………………（626）
中国国旅集团有限公司 …………………………（629）
中国保利集团公司 ………………………………（631）
中国建筑设计研究院 ……………………………（633）
中国冶金地质总局 ………………………………（635）
中国煤炭地质总局 ………………………………（637）
新兴际华集团有限公司 …………………………（639）
中国民航信息集团公司 …………………………（643）
中国航空油料集团公司 …………………………（645）
中国航空器材集团公司 …………………………（647）
中国电力建设集团公司 …………………………（650）
中国能源建设集团有限公司 ……………………（653）
中国黄金集团公司 ………………………………（658）
中国储备棉管理总公司 …………………………（660）
中国广核集团有限公司 …………………………（663）
中国华录集团有限公司 …………………………（665）
上海贝尔股份有限公司 …………………………（668）
武汉邮电科学研究院 ……………………………（671）
华侨城集团公司 …………………………………（674）
南光(集团)有限公司 ……………………………（678）
中国西电集团公司 ………………………………（679）
中国铁路物资(集团)总公司 ……………………（682）
中国汽车技术研究中心 …………………………（684）

第五篇　国有资产统计资料

2015 年全国国有企业户数、从业人数、国有资产总量综合分析表……………………（689）
2015 年全国国有企业户数、从业人数、国有资产总量行业分析表……………………（690）
2015 年全国国有企业户数、从业人数、国有资产总量地区分析表……………………（691）
2015 年全国国有企业资产负债综合分析表……………………………………（693）
2015 年全国国有企业资产负债行业分析表……………………………………（694）
2015 年全国国有企业资产负债地区分析表……………………………………（695）
2015 年国有工业企业户数、从业人数、国有资产总量地区分析表……………………（697）
2015 年国有工业企业资产负债地区分析表 …（698）
2015 年国有商业企业户数、从业人数、国有资产总量地区分析表……………………（700）
2015 年国有商业企业资产负债地区分析表……………………………………（701）

2015 年北京市国有企业主要指标表 …………（703）
2015 年天津市国有企业主要指标表 …………（704）
2015 年河北省国有企业主要指标表 …………（706）
2015 年山西省国有企业主要指标表 …………（707）
2015 年内蒙古自治区国有企业主要指标表 …………（709）
2015 年辽宁省国有企业主要指标表 …………（710）
2015 年大连市国有企业主要指标表 …………（712）
2015 年吉林省国有企业主要指标表 …………（713）
2015 年黑龙江省国有企业主要指标表 …………（715）
2015 年上海市国有企业主要指标表 …………（716）
2015 年浙江省国有企业主要指标表 …………（718）
2015 年宁波市国有企业主要指标表 …………（719）
2015 年江苏省国有企业主要指标表 …………（721）
2015 年安徽省国有企业主要指标表 …………（722）
2015 年福建省国有企业主要指标表 …………（724）
2015 年厦门市国有企业主要指标表 …………（725）
2015 年江西省国有企业主要指标表 …………（727）
2015 年山东省国有企业主要指标表 …………（728）
2015 年青岛市国有企业主要指标表 …………（730）
2015 年河南省国有企业主要指标表 …………（731）
2015 年湖北省国有企业主要指标表 …………（733）
2015 年湖南省国有企业主要指标表 …………（734）
2015 年广东省国有企业主要指标表 …………（736）
2015 年深圳市国有企业主要指标表 …………（737）
2015 年海南省国有企业主要指标表 …………（739）
2015 年广西壮族自治区国有企业主要指标表 …………（740）
2015 年贵州省国有企业主要指标表 …………（742）
2015 年四川省国有企业主要指标表 …………（743）
2015 年重庆市国有企业主要指标表 …………（745）
2015 年云南省国有企业主要指标表 …………（746）
2015 年陕西省国有企业主要指标表 …………（748）
2015 年甘肃省国有企业主要指标表 …………（749）
2015 年青海省国有企业主要指标表 …………（751）
2015 年西藏自治区国有企业主要指标表 ……（752）
2015 年宁夏回族自治区国有企业主要指标表 …………（754）
2015 年新疆维吾尔自治区国有企业主要指标表 …………（755）

第六篇 国有资产监督管理政策法规选编

中共中央、国务院关于深化国有企业改革的指导意见 …………（759）
国务院关于国有企业发展混合所有制经济的意见 …………（765）
国务院关于改革和完善国有资产管理体制的若干意见 …………（769）
国务院办公厅关于加强和改进企业国有资产监督防止国有资产流失的意见 …………（772）
关于废止和宣布失效部分规范性文件的公告 …………（774）
关于印发《国务院国资委 2015 年度指导监督地方国资工作计划》的通知 …………（776）
国资委关于印发《关于完善 2015 年中央企业负责人经营业绩考核的实施意见》的通知 …………（777）
国资委关于贯彻落实《中共中央 国务院关于深化国有企业改革的指导意见》的通知 ……（779）
关于印发《关于全面推进法治央企建设的意见》的通知 …………（780）
民政部 国资委关于支持中央企业积极投身公益慈善事业的意见 …………（783）

第七篇 国有企业履行社会责任和党的建设成果概览

中国航天科工集团公司 …………（A1～A2）
中国长江三峡集团公司 …………（A3～A4）
中国第一汽车集团公司 …………（A5～A6）
东风汽车公司 …………（A7～A8）
中国机械工业集团有限公司 …………（A9～A10）
国家开发投资公司 …………（A11～A12）

中国有色矿业集团有限公司 …………（A13～A14）
中国联合网络通信集团有限公司 ……………………（B1）
中国普天信息产业集团公司 ……………………（B2）
中国西电集团公司 ……………………………（B3）
南光(集团)有限公司 ……………………（B4～B5）
中化泉州石化有限公司 …………………（B6～B7）
中铁四局集团有限公司 ………………（B8～B11）
中铁十八局集团有限公司 ……………（B12～B13）
龙源电力集团股份有限公司 …………（B14～B15）
中国电力工程顾问集团华北电力设计院有限公司 ……………………………（B16）
中国建筑西北设计研究院有限公司 …………（B17）
重庆市能源投资集团有限公司 ………………（B18）
湖北盐业集团有限公司 ………………………（B19）
江西省建工集团有限责任公司 …………（B20～B21）
广州汽车集团股份有限公司 ……………（B22～B23）
深圳市地铁集团有限公司 ………………（B24～B29）
深圳市粮食集团有限公司 ……………………（B30）
大冶有色金属集团控股有限公司 ……………（B31）
西藏华泰龙矿业开发有限公司 ………………（B32）
上海联合产权交易所 …………………………（B33）
西南联合产权交易所有限责任公司 ……（B34～B35）
浙江产权交易所有限公司 ……………………（B36）
广东省产权交易集团有限公司 ………………（B37）
深圳联合产权交易所股份有限公司 …………（B38）

第八篇　大事记

2015 年国务院国有资产监督管理委员会大事记……………………………………（789）

第九篇　附　录

国务院批转发展改革委关于 2015 年深化经济体制改革重点工作意见的通知 ……………………（797）
国务院办公厅关于加强安全生产监管执法的通知 ……………………………………………（803）
2015 年度和 2013—2015 年任期中央企业负责人经营业绩考核 A 级企业名单 ………………（806）
2015 年《财富》世界 500 强中国企业上榜情况 …………………………………………（808）

索　引

Contents

Introduction …… Editors of China's State-owned Assets Supervision and Administration Yearbook

Chapter Ⅰ. Important Economic Literature

Speech Delivered by Mr Zhang Yi, Chairman and Party Secretary of State-owned Assets Supervision and Administration Commission of the State Council, PRC (SASAC) at the Responsible Persons' Conference of Central SOEs and National State-owned Assets Supervision and Administration …… (3)

Speech Delivered by Mr Zhang Yi, Chairman and Party Secretary of State-owned Assets Supervision and Administration Commission of the State Council, PRC (SASAC) during the commemoration activities of retired cadres to mark the 70th anniversary of the victory of the Chinese People's War of Resistance Against Japanese Aggression and the World Anti-Fascist War …… (12)

Strengthening the supervision of state-owned enterprise assets on manage capital by Zhang Yi, Chairman and Party Secretary of State-owned Assets Supervision and Administration Commission of the State Council, PRC (SASAC) …… (14)

Speech by Huang Danhua, deputy director of the state owned assets supervis on and Administration Commission of the State Council and member of the Party committee of the Central Committee of the CPC at the conference on planning and development of the central enterprises …… (16)

Chapter Ⅱ. General Situation of the Supervision and Administration of State-owned Assets

Summary of the Reform of the Supervision and Administration System of State-owned Assets and of SOE Reform …… (23)

Central SOEs 'Planning and Development …… (25)

Summary of the Operation of State Economy and Central SOEs …… (29)

Legal System Construction of the Supervision and Administration of State-owned Assets of Enterprises …… (32)

Management of the State-owned Property Right of Enterprises …… (34)

Financial Supervision of Central SOEs …… (37)

Analysis on the Assets and Financial Situation of SOEs in China …… (40)

Merger, Acquisition and Reorganization of Central SOEs …… (43)

Progress Made in the Pilot Program of Establishing Board of Directors in Central SOEs ………… (47)
Progress Made in Solving Historical Problems of SOEs ………… (50)
Regulating and Controlling of Income Distribution and Administering of Remuneration of Central SOEs ………… (53)
Reform on Collectively Owned Factories Funded by SOEs in China ………… (55)
Operational Performance Assessment of Central SOEs ………… (55)
Capital Returns Management of Central SOEs …… (58)
International Exchange and Cooperation ………… (60)
Administration of Corporate Executives ………… (63)
Work related to Competent Professionals and Human Resources Development ………… (65)
Supervision and Inspection Work of Supervisory Panels ………… (67)
Party Building Work of Central SOEs ………… (71)
Publicity Work of Central SOEs ………… (74)
Mass Work of Central SOEs ………… (78)
Disciplinary Inspection and Supervision Work of Central SOEs ………… (82)
Inspection Work carried out by SASAC on Central SOEs ………… (83)

Chapter Ⅲ. General Situation of the Supervision and Administration of State-owned Assets in Provinces, Autonomous Regions, Municipalities and cities

Beijing Municipality ………… (89)
Tianjin Municipality ………… (97)
Hebei Province ………… (103)
Shanxi Province ………… (109)
Inner Mongolia Autonomous Region ………… (116)
Liaoning Province ………… (123)
Dalian City ………… (133)
Jilin Province ………… (137)
Heilongjiang Province ………… (146)
Shanghai Municipality ………… (157)
Jiangsu Province ………… (161)
Zhejiang Province ………… (170)
Ningbo City ………… (178)
Anhui Province ………… (184)
Fujian Province ………… (193)
Xiamen City ………… (206)
Jiangxi Province ………… (212)
Shandong Province ………… (220)
Qingdao City ………… (228)
Henan Province ………… (234)
Hubei Province ………… (242)
Hunan Province ………… (249)
Guangdong Province ………… (258)
Shenzhen Municipality ………… (267)
Guangxi Zhuang Autonomous Region ………… (273)
Hainan Province ………… (283)
Chongqing Municipality ………… (288)
Sichuan Province ………… (296)
Guizhou Province ………… (303)
Yunnan Province ………… (309)
Xizang Autonomous Region ………… (317)
Shaanxi Province ………… (321)
Gansu Province ………… (330)
Qinghai Province ………… (335)
Ningxia Hui Autonomous Region ………… (343)
Xinjiang Uygur Autonomous Region ………… (350)
Production and Construction Corps of Xinjiang ………… (357)

Chapter Ⅳ. Reform and Development of China's Central SOEs

China National Nuclear Corporation ………… (367)
China Nuclear Engineering & Construction (Group) Corporation ……………………………………… (369)
China Aerospace Science and Technology Corporation ……………………………………… (370)
China Aerospace Science and Industry Corporation ……………………………………… (374)
Aviation Industry Corporation of China ……… (375)
China State Shipbuilding Corporation ………… (378)
China Shipbuilding Industry Corporation …… (380)
China North Industries Group Corporation … (383)
China South Industries Group Corporation … (385)
China Electronics Technology Group Corporation ……………………………………… (388)
China National Petroleum Corporation ……… (392)
China Petroleum & Chemical Corporation …… (397)
China National Offshore Oil Corporation …… (402)
State Grid Corporation of China ……………… (405)
China Southern Power Grid Co, Ltd. ……… (408)
China Huaneng Group ………………………… (411)
China Datang Corporation …………………… (418)
China Huadian Corporation …………………… (422)
China Guodian Corporation …………………… (424)
State Power Investment Corporation ………… (430)
China Three Gorges Project Corporation …… (433)
Shenhua Group Corporation Limited ………… (436)
China Telecommunications Corporation ……… (443)
China United Network Telecommunications Group Corporation …………………………… (448)
China Mobile Communications Corporation … (451)
China Electronics Corporation ………………… (453)
China FAW Group Corporation ……………… (455)
Dongfeng Motor Corporation ………………… (457)
China First Heavy Industries ………………… (460)
China National Machinery Industry Corporation ……………………………………… (462)
Harbin Electric Corporation ………………… (466)
Dongfang Electric Corporation ……………… (469)
Anshan Iron and Steel Group Corporation …… (473)
Baosteel Group Corporation …………………… (475)
Wuhan Iron and Steel (Group) Corporation ……………………………………… (477)
Aluminum Corporation of China Limited …… (480)
China Ocean Shipping (Group) Company …… (483)
China Shipping (Group) Company …………… (486)
China National Aviation Holding Company … (489)
China Eastern Air Holding Company ………… (491)
China Southern Air Holding Company ……… (494)
Sinochem Corporation ………………………… (497)
COFCO Corporation …………………………… (500)
China Minmetals Corporation ……………… (502)
China General Technology (Group) Holding, Limited ……………………………………… (504)
China State Construction Engineering Corp. . ……………………………………… (507)
China Grain Reserves Corporation …………… (511)
State Development & Investment Corp. ……… (513)
China Merchants Group ……………………… (515)
China Resources (Holdings) Co, Ltd. . ……………………………………… (518)
China National Travel Service (HK) Group Corporation ……………………………………… (520)
Commercial Aircraft Corporation of China, Ltd. ……………………………………… (522)
China Energy Conservation Investment Corporation ……………………………………… (526)
China International Engineering Consulting Corporation ……………………………………… (529)

China Chengtong Holding …………………… (531)
China National Coal Group Corp.. …………… (534)
China Coal Technology & Engineering Group Corp. …………………………………… (536)
China Academy of Machinery Science & Technology …………………………………… (538)
Sinosteel Corporation ………………………… (541)
China Metallurgical Group Corporation. …… (544)
China Iron& Steel Research Institute Group …………………………………………… (549)
ChemChina Group Corporation ……………… (551)
China National Chemical Engineering Group Corp.. ……………………………………… (553)
China National Light Industry (Group) Corp.. ……………………………………… (556)
China National Arts & Crafts (Group) Corp.. ……………………………………… (558)
China National Salt Industry Corporation …… (562)
China Hengtian Group Co. Ltd.. …………… (564)
China National Materials Group Corporation Ltd. ………………………………………… (566)
China National Building Material Group Corporation ………………………………… (570)
China Nonferrous Metal Mining (Group) Co, Ltd.. ……………………………………… (571)
General Research Institute for Nonferrous Metals ………………………………………… (574)
Beijing General Research Institute of Mining & Metallurgy ……………………………… (577)
China International Intellectual Cooperation …………………………………… (579)
China Academy of Building Research ………… (583)
CRRC Corporation Limited …………………… (586)
China Railway Signal and Communication Corporation ………………………………… (590)
China Railway Engineering Corporation ……… (594)
China Railway Construction Corporation …… (600)
China Communications Construction Company, Ltd.. ……………………………………… (607)
China Potevio Corporation ………………… (609)
China Academy of Telecommunications Technology ………………………………… (612)
China National Agricultural Development Group Corporation ………………………………… (616)
Chinatex Corporation ………………………… (620)
China National Silk Imp & Exp Corporation. ………………………………… (622)
China Forestry Group Corporation …………… (624)
China National Pharmaceutical Group Corporation ………………………………… (626)
CITS Group Corporation …………………… (629)
China Poly Group Corporation ……………… (631)
China Architecture Design and Research Group ………………………………………… (633)
China Metallurgical Geology Bureau ………… (635)
China National Administration of Coal Geology ………………………………………… (637)
Xinxing Cathay Group ……………………… (639)
China Travelsky Holding Company ………… (643)
China Aviation Oil Holding Company ……… (645)
China Aviation Supplies Holding Company … (647)
China Power Construction Corporation ……… (650)
China Energy Engineering Group Co. Ltd. … (653)
China National Gold Group Corporation …… (658)
China National Cotton Reserves Corporation ………………………………… (660)
China Guangdong Nuclear Power Corp.. …… (663)
China Hualu Group Co, Ltd.. ……………… (665)
Alcatel Lucent Shanghai Bell Co, Ltd.. …… (668)
Wuhan Research Institute of Posts & Telecommunications ……………………… (671)
Overseas Chinese Town Enterprises Co.. …… (674)

Nam Kwong (Group) Company Limited …… (678)
China XD Group Corporation …… (679)
China Railway Materials Commercial Corp. . …… (682)
China Automotive Technology & Research Center …… (684)

Chapter Ⅴ. Statistic Data of State-owned Assets

Comprehensive Analysis Table on the Number of SOEs, the Number of SOE Employees and the Total State-owned Assets Volume of SOEs in China in 2015 …… (689)
Industrial Analysis Table on the Number of SOEs, the Number of SOE Employees and the Total State-owned Assets Volume of SOEs in China in 2015 …… (690)
Regional Analysis Table on the Number of SOEs, the Number of SOE Employees and the Total State-owned Assets Volume of SOEs in China in 2015 …… (691)
Comprehensive Analysis Table on Assets and Liabilities of SOEs in China in 2015 …… (693)
Industrial Analysis Table on Assets and Liabilities of SOEs in China in 2015 …… (694)
Regional Analysis Table on Assets and Liabilities of SOEs in China in 2015 …… (695)
Regional Analysis Table on the Number of State-owned Industrial Enterprises, the Number of Employees in State-owned Industrial Enterprises and the Total State-owned Assets Volume of State-owned Industrial Enterprises in China in 2015 …… (697)
Regional Analysis Table on Assets and Liabilities of State-owned Industrial Enterprises in China in 2015 …… (698)
Regional Analysis Table on the Number of State-owned Commercial Enterprises, the Number of Employees in State-owned commercial Enterprises and the Total State-owned Assets Volume of State-owned Commercial Enterprises in China in 2015 …… (700)
Regional Analysis Table on Assets and Liabilities of State-owned Commercial Enterprises in China in 2015 …… (701)
Table on Main Indictors of State-owned Enterprises in Beijing Municipality in 2015 …… (703)
Table on Main Indictors of State-owned Enterprises in Tianjin Municipality in 2015 …… (704)
Table on Main Indictors of State-owned Enterprises in Hebei Province in 2015 …… (706)
Table on Main Indictors of State-owned Enterprises in Shanxi Province in 2015 …… (707)
Table on Main Indictors of State-owned Enterprises in Inner Mongolia Autonomous Region in 2015 …… (709)
Table on Main Indictors of State-owned Enterprises in Liaoning Province in 2015 …… (710)
Table on Main Indictors of State-owned Enterprises in Dalian City in 2015 …… (712)
Table on Main Indictors of State-owned Enterprises in Jilin Province in 2015 …… (713)
Table on Main Indictors of State-owned Enterprises in Heilongjiang Province in 2015 …… (715)
Table on Main Indictors of State-owned Enterprises in Shanghai Municipality in 2015 …… (716)
Table on Main Indictors of State-owned Enterprises in Zhejiang Province in 2015 …… (718)
Table on Main Indictors of State-owned Enterprises in Ningbo City in 2015 …… (719)

Table on Main Indictors of State-owned Enterprises in Jiangsu Province in 2015 ······················· (721)
Table on Main Indictors of State-owned Enterprises in Anhui Province in 2015 ························ (722)
Table on Main Indictors of State-owned Enterprises in Fujian Province in 2015 ························ (724)
Table on Main Indictors of State-owned Enterprises in Xiamen City in 2015 ··························· (725)
Table on Main Indictors of State-owned Enterprises in Jiangxi Province in 2015 ······················ (727)
Table on Main Indictors of State-owned Enterprises in Shandong Province in 2015 ··················· (728)
Table on Main Indictors of State-owned Enterprises in Qingdao City in 2015 ·························· (730)
Table on Main Indictors of State-owned Enterprises in Henan Province in 2015 ······················ (731)
Table on Main Indictors of State-owned Enterprises in Hubei Province in 2015 ························ (733)
Table on Main Indictors of State-owned Enterprises in Hunan Province in 2015 ······················ (734)
Table on Main Indictors of State-owned Enterprises in Guangdong Province in 2015 ················· (736)
Table on Main Indictors of State-owned Enterprises in Shenzhen City in 2015 ······················· (737)
Table on Main Indictors of State-owned Enterpirses in Hainan Province in 2015 ······················ (739)
Table on Main Indictors of State-owned Enterprises in Guangxi Zhuang Autonomous Region in 2015 ·· (740)
Table on Main Indictors of State-owned Enterprises in Guizhou Province in 2015 ····················· (742)
Table on Main Indictors of State-owned Enterprises in Sichuan Province in 2015 ····················· (743)
Table on Main Indictors of State-owned Enterprises in Chongqing Municipality in 2015 ·············· (745)
Table on Main Indictors of State-owned Enterprises in Yunnan Province in 2015 ······················ (746)
Table on Main Indictors of State-owned Enterprises in Shaanxi Province in 2015 ····················· (748)
Table on Main Indictors of State-owned Enterprises in Gansu Province in 2015 ························ (749)
Table on Main Indictors of State-owned Enterprises in Qinghai Province in 2015 ····················· (751)
Table on Main Indictors of State-owned Enterprises in Xizang Autonomous Region in 2015 ········ (752)
Table on Main Indictors of State-owned Enterprises in Ningxia Hui Autonomous Region in 2015 ··· (754)
Table on Main Indictors of State-owned Enterprises in Xinjiang Uygur Autonomous Region in 2015 ·· (755)

Chapter Ⅵ. Selected Policies and Regulations on Supervision and Administration of State-owned Assets

Guidance of the Central Committee of the Communist Party of China, the Sate Council on deepening the Reform of State-owned Enterprises ··········· (759)
Opinions of the State Council on developing the mixed ownership economy of state-owned enterprises ···································· (765)
Opinions of the State Council on reforming and completing the management system of state-owned assets ·· (769)
Opinions of the General Office of the State Council on strengthening and improving the supervision of state-owned enterprise assets, preventing the loss of state-owned assets ······························ (772)
Gazette of SASAC on abolishing and announcing directory of invalid normative

documents ········· (774)
Notice on printing and distributing the working plan of 2015 SASAC to guide and supervise local state-owned assets ········· (776)
Notice of State-owned Assets Supervision and Administration Commission of the State Council on printing and distributing the implement suggestion of completing the 2015 performance appraisal work of the responsible persons of Central SOEs ········· (777)
Notice of State-owned Assets Supervision and Administration Commission of the State Council on carrying out the guidance of the Central Committee of the Communist Party of China, the Sate Council on deepening the Reform of State-owned Enterprises ········· (779)
Notice on printing and distributing the opinion of comprehensively promote the legal construction of Central SOEs ········· (780)
Opinions of Ministry of Civil Affairs of the People's Republic of China, State-owned Assets Supervision and Administration Commission of the State Council on supporting Central SOEs to active in charity utility ········· (783)

Chapter Ⅶ. Fulfilling Social Responsibilities and Party Building of SOEs China Electronics Technology Group

China Aerospace Science & Industry Corp. ········· (A1～A2)
China Three Gorges Project Corporation ········· (A3～A4)
China FAW Group Corporation ········· (A5～A6)
Dongfeng Motor Corporation ········· (A7～A8)
China National Machinery Industry Corporation ········· (A9～A10)
State Development & Investment Corp. ········· (A11～A12)
China Nonferrous Metal Mining (Group) Co., Ltd ········· (A13～A14)
China United Network Telecommunications Group Corporation ········· (B1)
China Potevio *Corporation* ········· (B2)
China XD Group Corporation ········· (B3)
Nam Kwong (Group) Company Limited ········· (B4～B5)
Sinochem Quanzhou Petrochemical Co.,LTD ········· (B6～B7)
China Railway No. 4 Engineering Group Co.,LTD ········· (B8～B11)
China Railway 18 Bureau Group Co.,LTD ········· (B12～B13)
China Longyuan Power Group Corporation Limited ········· (B14～B15)
North China Electric Power Design Institute Co., LTD of China Power Engineering Consulting Group ········· (B16)
China Northwest Architectural Design and Research Institute Corp., LTD ········· (B17)
Chongqing Energy ········· (B18)
Hubei National Salt Industry Group Co., LTD ········· (B19)
Jiangxi Construction Engineering Group Co., LTD ········· (B20～B21)
Guangzhou Automobile Group Co., Ltd. ········· (B22～B23)
Shenzhen Metro ········· (B24～B29)
Shenzhen Cereals Group Co.,LTD ········· (B30)
Daye Nonferrous Metals Group Holdings Co., LTD ········· (B31)

Tibet Huatailong Mining Development Co., LTD ······ (B32)
Shanghai United Assets and Equity Exchange ··· (B33)
Southwest United Equity Exchange ······ (B34～B35)
Zhejiang Property & Stock Exchange ········· (B36)
Guangdong Assets Equity Exchange Group ······ (B37)
Shenzhen United Property And Share Rights Exchange ······ (B38)

Chapter Ⅷ. Chronicle of SASAC

Chronicle of SASAC in 2015 ······ (789)

Chapter Ⅸ. Appendix

Notice on the State Council approving the Opinions on the key work of deepening the reform of economic system in 2015 from National Development and Reform Commission ······ (797)
Opinions of the General Office of the State Council on strengthening the supervision and law enforcement of safety production ······ (803)
Class A of operating performance evaluation of central state-owned enterprise executives in 2015 and in 2013-2015 ······ (806)
Chinese companies ranked on list of 2015 Global Top 500 Enterprises ······ (808)

Index

2016

CHINA'S STATE-OWNED ASSETS SUPERVISION AND ADMINISTRATION YEARBOOK

中国国有资产监督管理年鉴

重要经济文献

第一篇

适应和把握新常态 推动国有企业向做强 做优做大目标迈进

——在中央企业、地方国资委负责人会议上的讲话

张　毅

（2016 年 1 月 15 日）

同志们：

这次会议的主要任务是，全面贯彻落实党的十八届五中全会和中央经济工作会议精神，总结 2015 年和“十二五”工作，分析形势，研究提出“十三五”工作思路，部署 2016 年工作。李克强总理对这次会议很重视，专门作出了重要批示，刚才在会上作了传达，我们要认真地学习领会，结合实际抓好贯彻落实。王勇国务委员下午要来看望大家并将对做好国企国资工作提出明确要求，我们也要学习落实好。下面，我代表国务院国资委，讲三点意见。

一、2015 年工作总结和“十二五”的简要回顾

2015 年中央企业和各级国资委认真贯彻落实党中央、国务院各项决策部署，努力应对困难和挑战，各项工作取得了积极成效。

(一)采取扎实有效措施，千方百计开展稳增长工作

2015 年是金融危机以来稳增长形势最严峻、情况最复杂、任务最艰巨的一年。中央企业和各级国资委在党中央、国务院的坚强领导下，主动作为，奋力拼搏，做了大量卓有成效的工作。一是加强组织领导，严格落实责任。国务院国资委专门成立稳增长工作领导小组，多措并举，大力推进。中央企业普遍建立“一把手”挂帅的领导小组，将稳增长责任落实到人、任务分解到月，定期约谈督促，严格考核奖惩。各地结合实际，采取强管理、挖潜力、抓投资、防风险等一系列有力措施促发展、稳增长。二是积极开拓市场，狠抓降本增效。中央企业着力创新业务模式，调整优化营销策略，加强与重点客户合作，努力提升市场占有率。综合运用资本市场、产权市场，多渠道为企业发展筹集资金。持续加大成本费用管控力度，大力清理“两金”占用，压缩各项非生产性支出，降本节支取得明显成效。三是大力控亏扭亏，切实防范风险。国务院国资委和中央企业开展减利大户专项督导、困难企业扭亏脱困、亏损子企业专项治理等工作，取得较好成效。加大高风险业务排查和安全生产、节能减排督查力度，确保各类风险可控。

一年来，中央企业和各级国资委做了大量艰苦细致的工作，取得了明显成效，由于国内经济下行压力加大，国际大宗商品价格断崖式下跌，全国国资委系统监管企业效益同比下降 6.1%，但运行质量指标稳中向好。从中央企业运行情况分析看：一是利润大幅下滑趋势得到有效遏制。中央企业效益降幅由 1－2 月的 32.4%收窄至年末的 6.9%。扣除石油石化企业因素，中央企业利润增长 7.5%。二是多数企业效益稳定。106 家中央企业中，99 家企业盈利，37 家企业利润过百亿，28 家企业效益增幅超过 30%。三是运行质量稳中有升。中央企业全年平均毛利率同比提高 1 个百分点，成本费用利润率同比提高 0.1 个百分点，资产负债率同比下降 0.5 个百分点，“两金”增速同比下降 5.7 个百分点。四是对国民经济稳增长发挥了重要支撑作用。中央企业实现增加值同比增长 2%，上交国家财政收入同比增长 4.7%，就业人数保持稳定。在国际国内经济环境复杂多变、各类风险挑战明显增多的背景下，取得这样的成绩十分不易。

(二)坚决贯彻落实中央决策部署，积极稳妥推进改革

按照党中央、国务院统一部署和安排，中央企业和各级国资委积极稳妥、规范有序推进各项改革。一是重大改革方案制定取得重要进展。《关于深化国有企业改革的指导意见》(以下简称《指导意见》)的出台，标志着新时期深化国有企业改革工作全面启动。目前，“1＋N”文件体系已基本制定完成，部分文件已印发实施。各地都制定实施了一系列改革文件和方

案。二是改革试点工作取得新进展。有关中央企业稳妥有序推进落实董事会职权、改组组建国有资本投资运营公司、发展混合所有制经济等试点工作，进行了积极探索。各地结合实际开展了一系列试点工作，积累了有益经验。三是重要改革工作深入推进。各地和中央企业积极推进公司制股份制改革，深化企业内部三项制度改革，有序发展混合所有制经济，企业经营机制进一步转换。中央企业规范董事会建设扎实推进，总数达到 85 家。剥离国有企业办社会职能和解决历史遗留问题取得新突破，分离移交"三供一业"工作在多省市有序推进。

（三）大力调整布局结构，努力推动企业转型升级

中央企业和各级国资委把转方式调结构放在更加突出的位置，做了大量工作。一是产业升级步伐进一步加快。大力推动传统产业升级改造，积极发展战略性新兴产业，新的竞争优势逐步形成。加大对长期亏损企业和低效无效资产的处置力度，加快淘汰落后产能，资源更多向优势领域和优势企业集中。二是资源整合力度进一步加大。推动 6 组 12 家中央企业兼并重组，产业协同效应进一步增强。推动电信资源共建共享，初步形成以"共享竞合"为核心的铁塔模式。三是创新能力进一步提升。持续加强自主创新，加大科技投入，大力推动大众创业、万众创新。中央企业牵头组建 141 个技术创新战略联盟，发起和参与 179 支创新发展基金，构建 107 个创业创新平台，专利申请和授权量快速增长，取得了一批具有自主知识产权和国际先进水平的创新成果。四是国际化经营水平进一步提高。积极参与"一带一路"建设和国际产能合作，不断拓宽境外经营覆盖区域，创新走出去方式，提升全球配置资源能力和风险管控能力，境外业务逐步由能源、矿产资源开发拓展到高铁、核电、特高压等领域。

（四）完善国资监管体制，进一步提升国资监管针对性有效性

各级国资委准确把握出资人职责定位，着力以管资本为主加强国有资产监管。一是简政放权力度进一步加大。国务院国资委全面梳理工作职能，围绕管好国有资本布局、规范国有资本运作、提高国有资本回报、维护国有资本安全，初步研究形成出资人审批事项清单；全面清理规章规范性文件，共宣布废止和失效 33 件。各地积极探索建立出资人监管权力清单和责任清单，取消或下放了一批监管事项。二是监管方式进一步转变。加强出资人财务监督，启动向企业委派总会计师的试点工作。加强和改进外派监事会监督，发现问题、揭示问题和报告问题的数量和质量进一步提升。一些地方探索实施分类监管、分类考核和差异化薪酬分配。三是经营性国有资产集中统一监管进一步推进。许多地方的党委、政府制定专门文件，积极推进将党政机关、事业单位所属企业的国有资本纳入集中统一监管体系，出资人监管全覆盖稳步推进。

（五）加强和改进党对国有企业的领导，进一步发挥党组织政治优势

中央企业和各级国资委坚持从严管党治党，坚决反对腐败，确保党的领导在企业真正得到体现和加强。一是"三严三实"专题教育取得积极成效。按照中央统一部署，突出问题导向，贯彻从严要求，坚持专题教育与中心工作相结合，领导有力、组织有序，广大党员干部遵规守纪、廉洁自律的意识不断增强，工作作风和精神面貌有了新的转变。二是党建工作责任制进一步落实。严格落实从严管党治党责任，认真履行"一岗双责"。开展基层党组织书记抓党建述职评议考核试点，加强基层党组织书记示范培训，基层党建工作进一步夯实。不断加大正面宣传和舆论引导力度，国有企业改革发展的舆论环境和文化氛围进一步改善。进一步推动群团工作，加强和改进统战工作，完善职工代表大会和厂务公开制度，有效调动了各方面积极性。三是领导班子建设进一步加强。坚持党管干部原则与董事会依法选择经营管理者、经营管理者依法行使用人权相结合，积极开展中央企业高管公开遴选，选人用人渠道不断拓宽，班子结构持续优化。加强日常监督管理和综合考核评价，完善廉洁从业"背书"制度，领导班子整体功能不断增强。四是党风廉政建设和反腐败工作进一步强化。认真落实"两个责任"，严明政治纪律和政治规矩。持之以恒贯彻落实中央八项规定精神，坚决纠正"四风"。积极配合中央巡视组对中央管理主要负责人的企业巡视全覆盖，认真抓好巡视整改。国务院国资委完成了对18家委管主要负责人企业的巡视工作。深化国有企业纪律检查体制改革，加大纪律审查力度，国有企业领导人员纪律意识、廉洁从业意识进一步增强，反腐倡廉的体制机制进一步完善。

2015年国有企业改革发展取得的成绩，为“十二五”划上了圆满的句号。五年来，面对错综复杂的经济形势和艰巨繁重的改革发展任务，中央企业和各级国资委围绕“一五三”战略和“两新目标”，妥善应对一系列重大风险挑战，主动适应经济发展新常态，奋力开创了国企国资改革发展新局面。五年来，国有企业发展质量进一步提高，整体实力显著增强，转型升级步伐加快，创新能力持续提升，国际化经营稳步推进，涌现出了一批具有核心竞争力的骨干企业。进入《财富》世界500强的国资委系统监管企业由44家增加到69家。五年来，国有企业坚持市场化改革方向，不断加快公司制股份制改革，健全公司法人治理结构，深化企业内部改革，企业的活力和竞争力进一步提升；各级国资委牢牢把握出资人职责，不断完善国有资产管理体制，监管的针对性和有效性进一步增强。五年来，国有企业积极承担政治责任和社会责任，在贯彻落实国家宏观调控政策、实施国家重点战略、增加财政收入、维护市场秩序、稳定金融市场、服务国家外交大局等方面发挥了带头作用；在承担国家重大工程项目建设、支持国防现代化建设、保障能源资源安全、抢险救灾等方面发挥了顶梁柱作用；在完成国家节能减排任务、援疆援藏援青和扶贫开发、开展社会公益活动等方面发挥了表率作用。在举世瞩目的纪念抗日战争暨世界反法西斯战争胜利70周年阅兵活动中，承担了绝大多数装备提供、技术保障、安全保障和供给服务等任务，发挥了重要作用。

回顾“十二五”时期国有企业改革发展的历程，就是贯彻落实党中央、国务院决策部署和习近平总书记系列重要讲话精神的历程，就是统一思想、坚定信心、毫不动摇发展壮大国有经济的历程，就是推动国有企业与市场经济深入融合的历程。成绩的取得离不开党中央、国务院的坚强领导和高度重视，离不开中央各部门、各地党委政府和社会各界的大力支持和帮助。国企国资系统广大职工和领导干部敢于担当、勇于作为，付出了艰辛努力，作出了重要贡献。

二、“十三五”面临的形势和国企国资改革发展的工作思路

“十三五”时期，国有企业肩负的使命更加光荣、任务更加艰巨。我们要深入分析面临的形势，精心谋划和实施“十三五”时期的目标任务，扎实推进国企国资改革发展各项工作，努力取得新的更大成绩。

（一）面临的新形势新要求

关于当前以及今后一个时期面临的形势，党的十八届五中全会和中央经济工作会议作出了深刻分析。总体上判断，尽管国际国内环境发生了深刻变化，但我国发展仍处于重要战略机遇期。从国际看，和平与发展的时代主题没有变，世界经济在深度调整中曲折复苏，全球治理体系深刻变革，国际力量对比趋向平衡。同时，国际金融危机深层次影响在相当长时期依然存在，全球经济贸易增长乏力，外部环境不稳定不确定因素增多。从国内看，经济发展长期向好的基本面没有变，经济韧性好、潜力足、回旋余地大的基本特征没有变，持续增长的良好支撑基础和条件没有变，经济结构调整优化的前进态势没有变。同时，发展不平衡、不协调、不可持续问题仍然突出，近期主要表现为“四降一升”，即经济增速下降、工业品价格下降、实体企业盈利下降、财政收入增幅下降、经济风险发生概率上升。

准确把握经济形势，要求我们必须深刻理解经济发展新常态的特征和实质，准确把握我国重要战略机遇期内涵的深刻变化。新常态下，我国经济发展表现出速度变化、结构优化、动力转换三大特点。这是我国经济发展阶段性特征的具体体现。新常态下，国有企业调整、创新和改革的任务更加艰巨，面临着更大的困难和挑战。

一是速度换挡带来巨大挑战。2003—2011年，国有企业营业收入年均增长17.6%，利润年均增长22.9%，其中，中央企业收入和利润年均增长分别为20.1%、19.4%。2012年以来，尽管我们不断加大稳增长力度，但国有企业营业收入和利润增幅始终在低速区间徘徊，压力逐年加大，去年全年效益出现了负

增长。“十三五”时期特别是头两年，正值结构调整阵痛期、新旧动力转换关键期，加之世界经济复苏乏力态势短期难以改变，国有企业可能将继续维持低速增长。增长速度下来以后，原来高速增长掩盖的不少矛盾和问题将会逐渐显露出来，一些企业的生存发展将面临严峻考验。

二是结构调整带来巨大挑战。经济下行压力加大，有全球性、阶段性因素的影响，但根本上是结构性问题。从国内情况看，近年来虽然我国产业结构调整的速度不断加快，第二产业在GDP中的比重快速下降，第三产业快速上升，但国有企业资产结构仍然偏“重”，其中不少又处于产能过剩行业和产业链中低端。从我们分析的情况看，2012年以来，国有企业效益下降，很大程度上是源于产能过剩行业效益大幅下滑的影响。以中央企业制造业为例，制造业占用中央企业国有资本规模最大，从业人数最多，2012－2014年年均国有资本收益率仅为3.9%，且呈逐年下降态势。从国际经济发展经验看，中国正在步入工业化后期阶段，在这个阶段，重化工业的产量都可能经历断崖式下降的过程。很多专家学者预计“十三五”时期我国钢铁、有色金属、煤炭、建材、化工等行业产量将达到或接近峰值。“十三五”时期，制约国有企业发展的主要矛盾已转化成结构性问题，主要表现在有效供给总量、供给结构不能适应需求总量、需求结构的变化，国有企业结构调整形势严峻、任务艰巨。

三是动力转换带来巨大挑战。新常态下，个性化、多样化消费渐成主流，生产小型化、智能化、专业化成为产业组织新特征。过去那种主要凭借要素投入的增长模式已不可持续，凭借高强度大规模投资拉动的增长模式已不可持续，凭借低水平竞争的粗放式增长模式已不可持续。新常态下，旧的发展动力减弱了，新的发展动力正在孕育中，增长动力的顺利转换还面临较大挑战。如果继续按照过去那种粗放型方式来发展，不仅国内条件不支持，国际条件也不支持，不抓紧转变，总有一天会走进死胡同。当前一些企业已经出现了不适应，甚至迷茫，原来快速扩张时一些“不错”的投资和并购项目，现在有的变成了“包袱”。“十三五”时期如果还在迟疑和等待，还在幻想“再回到从前”，不尽快转变发展方式、缩短新旧动能转换过程，那么只会加速走向衰亡。

在看到发展中面临困难和挑战的同时，我们也要看到积极有利因素，坚定搞好国有企业的信心不动摇。一是党中央、国务院对国有企业改革发展的重视程度前所未有。习近平总书记、李克强总理多次作出重要讲话和重要批示指示，充分肯定国有企业的地位作用，为国有企业改革发展进一步指明了方向，提供了根本遵循；《指导意见》及相关配套文件的出台，明确了深化国有企业改革的目标任务和重大举措。二是我国经济发展仍处于重要的战略机遇期，将为国有经济保持平稳健康发展提供有力支撑。“一带一路”、京津冀协同发展、长江经济带等国家战略的推进，也为国有企业发展提供了广阔空间。国家陆续出台一系列具有重大牵引作用的政策措施，将为国有企业改革发展创造更加有利的政策环境。三是国有企业经过多年改革发展，总体上已经同市场经济相融合，具备了良好的持续发展基础和抗风险能力。更为宝贵的是，多年来在国际国内激烈的市场竞争中，我们炼就了一支熟悉市场经济、善经营、会管理、素质过硬的企业家队伍和奋勇拼搏、能打硬仗的职工队伍，成为推动国有企业改革发展的坚实基础。

总的来看，国有企业改革发展机遇和挑战并存，希望和困难同在。“十三五”时期是转方式调结构的重要窗口期和机遇期，我们必须进一步增强忧患意识、责任意识，化挑战为机遇，变压力为动力，战略上坚持持久战，战术上打好歼灭战，用新常态下的新思路、新方式、新举措来审视、谋划和推进我们的工作，掌握工作主动权，推动国有企业实现更好更快发展。

（二）“十三五”时期国企国资改革发展的指导思想和目标要求

“十三五”时期推进国企国资改革发展的指导思想是：高举中国特色社会主义伟大旗帜，全面贯彻党的十八大、十八届三中、四中、五中全会和中央经济工作会议精神，深入贯彻习近平总书记系列重要讲话精神，按照“五位一体”总体布局和“四个全面”战略布局的要求，牢固树立和贯彻落实创新、协调、绿色、开放、共享的发展理念，主动适应、把握和引领经济发展新常态，以提高经济发展质量和效益为中心，以推进结构性改革为重点，围绕做强做优做大国有企业的目标，着力做好创新驱动、结构调整、开放合作、深化改革、提质增效、加强党建六篇大文章，不断增强国有经济的活力、控制力、影响力、抗风险能力，为促进经济社会持续健康发展、全面建成小康社会、实现中华民族伟大复兴中国梦作出积极贡献。

“十三五”时期要努力实现以下主要目标和要求：

——国有资本配置效率显著提高、国有经济持续稳定增长。国有经济结构性改革顺利推进，国有资本布局结构更趋合理，在关系国家安全、国民经济命脉和国计民生的重要行业和关键领域、重要前瞻性战略性产业中的比重进一步提升。国有经济主要经济指标平衡协调，投资效率和运行效率明显上升，推动我国经济保持中高速增长、迈向中高端水平的重要作用充分发挥。

——培育一大批具有创新能力和国际竞争力的国有骨干企业。国有企业真正成为自主经营、自负盈亏、自担风险、自我约束、自我发展的独立市场主体，活力、竞争力、抗风险能力进一步增强，在提升自主创新能力、保护资源环境、加快转型升级、依法合规经营、履行社会责任中的引领和表率作用充分发挥。

——造就一大批德才兼备、善于经营、充满活力的优秀企业家。形成有利于企业家成长的体制机制制度环境，国有企业领导人市场化选拔、任用、考核、奖惩、退出机制进一步完善，职业经理人制度基本建立，企业家在做强做优做大国有企业中的重要作用充分发挥。

——符合我国基本经济制度和社会主义市场经济发展要求的国有资产管理体制、现代企业制度更加成熟定型。国有企业公司制改革基本完成，法人治理结构更加健全，市场化经营机制更加完善。国有资产监管制度更加成熟，保值增值责任全面落实。国有企业党的建设全面加强，党组织领导核心、政治核心作用充分发挥。

实现“十三五”时期国企国资改革发展目标，必须做好六篇大文章，即：通过创新驱动增强发展动力，通过结构调整提高发展质量，通过开放合作扩大发展空间，通过深化改革增强发展活力，通过提质增效提升发展水平，通过加强党建为发展提供保障。

关于创新驱动。创新是引领发展的第一动力，是企业持续发展之基、市场致胜之道。我们必须把创新摆在做强做优做大国有企业的核心位置，贯穿国企国资改革发展的全过程，加快实施创新驱动发展战略。要推进科技创新。强化企业创新主体地位和主导作用，加强应用基础研究，注重原始创新，实施一批新的重大科技项目，突破和掌握一批事关行业发展的关键共性技术；推动政产学研用合作，创建一批产业协同创新平台，形成一批具备先发优势的引领型创新企业；加大研发投入，建设一批国家重大科技基础设施、实验室和产业技术创新中心；推动大众创业、万众创新，打造一批“双创”示范基地；探索建立创新投资基金，促进科技成果转移转化。要推进管理创新。优化组织结构，合理限定法人层级，有效压缩管理层级，探索创新管理机制和运营模式；充分利用互联网、物联网、大数据、云计算，推进供应链、物流链、资金链管理和创新。要推进商业模式创新。以市场为核心、以用户需求为导向，实现由提供产品向提供产品及系统解决方案转变、由生产型向生产服务型转变；推动实施“互联网＋”行动计划，促进互联网和实体经济的融合发展，重构价值链，提升价值创造能力。要强化有利于创新的体制机制保障。加强知识产权的创造、应用、管理和保护，注重企业创新文化建设，实施更加积极的人才培养、引进、激励政策，充分激发和调动企业创新潜力。

关于结构调整。在经济发展新常态下，实现健康可持续发展，关键是转变经济发展方式、深化结构战略性调整、促进产业优化升级。“十三五”时期，我们必须加大结构性改革力度，果断采取措施优化存量、引导增量、主动减量，做好加减乘除法，实现更高水平发展。要推动国有资本合理流动优化配置。优化国有资本重点投资方向和领域，推动国有资本向重要行业、关键领域、重点基础设施集中，向前瞻性战略性产业集中，向产业链关键环节和价值链高端环节集中，向具有核心竞争力的优势企业集中；推动同业或产业链上下游中央企业在集团层面的重组整合，推动以龙头企业为依托开展行业板块专业化重组；建立健全优胜劣汰市场化退出机制，支持国有资本形态转换，淘汰落后产能，积极稳妥处置“僵尸”企业，退出一批不具发展优势的非主业业务。要推动产业结构调整优化。加强技术改造，推动传统产业优化升级，激活存量资产；培育发展前瞻性战略性新兴产业，重点发展节能环保、生物技术、信息技术、智能制造、高端装备、新能源等产业；加快发展现代服务业。要推动产品结构调整优化。适应需求结构的变化，应用新技术新工艺新材料推动产品升级、提高产品质量和附加值，增加有效供给；开展品牌建设行动，打造具有自主知识产权和较大影响力的品牌。要发展绿色低碳经济。全面推行绿色制造，加快制造业绿色改造升级，积极推进低碳化、循环化和集约化生产，落实节能减排责任，保护生态环境；积极推进能源革命，大力发展清洁能源，加强储能和智能电网建设。

关于开放合作。以开放促改革、促发展，是我国改革发展的成功实践。做强做优做大国有企业，必须走向世界，充分利用国际国内两个市场、两种资源，推动企业不断提升市场竞争力和国际影响力。要主动服务国家战略。落实"一带一路"战略、推动国际产能和装备制造合作，积极参与周边基础设施互联互通、非洲"三网一化"、境外产业园区建设，深化能源资源合作，拓展产业投资领域；围绕重点国家、重点行业开展合作，积极开拓第三方市场，带动大型成套装备、产业标准以及上下游服务等输出；扩大高档次、高附加值产品出口，推动产品、技术、服务的全产业链出口。要打造走出去新平台。以优势企业为核心，搭建优势产业合作平台、国际产能和装备制造合作平台、商产融结合平台和跨国并购重组平台，构建全产业链战略联盟，形成集群竞争力。要提升国际化经营水平。推动企业扩大对外投资，建设一批大宗商品生产基地，打造一批具有国际一流水平的跨国企业，培育一批国际化经营人才；积极开展高新技术和战略性新兴产业的投资并购，获取技术研发、营销网络、品牌、人才等资源；巩固海外资源供应基地，加大矿产资源开发力度，提高资源保障能力。要推动实现联合共享。以产业为纽带，通过信息共享、平台开放、业务协同、联合共建、资本融合等手段，深化企业之间技术、业务、市场、资本、人力等多维度互利合作，推动企业联合出海，抱团发展；注重与利益相关方和社会各界的沟通，加强文化融合，树立良好形象。

关于深化改革。改革和发展高度融合，是贯穿国企国资各项工作的双重奏。要全面贯彻落实《指导意见》及相关配套文件，充分发挥改革的突破性和先导性作用，加快形成有利于国有企业科学发展的体制机制，为做强做优做大国有企业持续提供活力和动力。要完善现代企业制度。积极推进国有企业分类改革、分类发展、分类定责、分类考核，促进国有企业与市场经济深入融合；加大公司制股份制改革力度，积极稳妥发展混合所有制经济，引入各类投资者实现股权多元化，大力推动国有企业改制上市，根据不同企业的功能定位，逐步调整国有股权比例；健全公司法人治理结构，落实董事会依法行使重大决策、选人用人、薪酬分配等权利。要完善市场化经营机制。推进企业领导人员分层分类管理，推行职业经理人制度，合理增加市场化选聘比例，加快建立退出机制；建立健全与劳动力市场基本适应、与企业经济效益和劳动生产率挂钩的工资决定和正常增长机制；实行企业领导人员差异化薪酬分配办法，健全与之相适应的激励约束机制；深化企业内部用人制度改革。要完善国有资产管理体制。以管资本为主推进国资监管机构职能转变，科学界定监管边界，创新监管方式和手段，提高监管的科学性、有效性；改组组建国有资本投资、运营公司，打造国有资本市场化运作的专业平台；完善企业内部监督体系，整合出资人监管、外派监事会监督和审计、纪检监察、巡视等监督力量，建立健全高效协同的外部监督机制；加强国有资产基础管理；推动党政机关、事业单位所属企业的国有资本纳入经营性国有资产集中统一监管体系。要为国有企业改革创造良好环境条件。积极推进国有企业相关法律法规立改废释工作，推进依法治企；完善和落实国有企业重组整合、关闭破产等有关政策，加快解决国有企业办社会负担和历史遗留问题；加强宣传和舆论引导工作。

关于提质增效。提高发展质量和效益是企业的根本出发点和落脚点。新常态下，国有企业必须坚持走内涵式、精益化、质量效益型的发展道路，由中国制造向中国创造转变、由中国速度向中国质量转变、由中国产品向中国品牌转变，实现有质量、有效益、可持续的发展。要发展实体经济。实体经济是国家经济实力的根基，财富创造的来源，国有企业是国家实体经济的骨干，提质增效的着力点要放在做强主业、发展实体经济上，贯彻落实《中国制造二〇二五》，推动实体经济转型升级，促进信息技术向市场、设计、生产等环节渗透，推动生产方式向柔性、智能、精细转变；实施工业强基工程，全面提高产品技术、工艺装备、能效环保等水平；实施智能制造工程，构建新型制造体系。要千方百计降低经营成本。按照党中央、国务院关于开展降本增效专项行动的要求，推动各项政策落地；立足自身、大刀阔斧降成本，从人工、财务、采购、销售、运营等方面，深入开展全价值链、全生命周期的成本费用管理，健全成本管控责任制度和目标考核机制，压缩非生产性支出，努力提高综合成本利润率。要持续推进管理提升。夯实基础管理，加强制度建设，优化管理流程，提高信息化应用水平；强化投资管理，加大海外投资项目检查力度，对重大投资失误和损失进行责任追究；加强安全管理，严格落实安全生产责任制，实行党政同责、一岗双责、失职追责，强化预防治本，及时排查化解安全隐患，坚决遏制重特大安全事故发生。要防范经营风险。健全全面风险管理体系，加强重点领域风险防控；持续做好负债规模和负债率的双重管控；严格规范决策程序，有效防范由于盲目扩张、贪大求全而导致企业规模超出管控能力造成的风险；加强对大宗商品贸易、融资性贸易、委托担保、垫资建设、信托、金融衍生品等业务的管控；高度重视法律风险防范，依法妥善应对和处理法律纠纷案件。

关于加强党建。坚持党对国有企业的领导，加强国有企业党的建设，是国企国资改革发展必须坚守的政治方向和政治原则，任何时候都不能动摇。我们必须把加强国有企业党的建设作为头等大事，坚决贯彻落实党的路线、方针、政策和党中央的各项决策部署，为国企国资改革发展提供有力保障。要发挥党组领导核心、党委政治核心作用。确立党组织在公司法人治理结构中的法定地位，将党建工作总体要求纳入企业章程，创新党组织发挥作用的途径和方式；坚持和完善双向进入、交叉任职的领导体制，健全完善和严格执行“三重一大”决策制度；在深化企业改革中坚持党的建设同步谋划、党的组织及工作机构同步设置、党组织负责人及党务工作人员同步配备、党的工作同步开展，实现体制、机制、制度、工作对接。要落实全面从严管党治党责任。巩固扩大党的群众路线教育实践活动和“三严三实”专题教育成果；建立健全党建工作责任制，落实党组织书记党建工作第一责任人职责和班子成员“一岗双责”；强化基层党组织整体功能，发挥战斗堡垒作用和党员先锋模范作用；加强党对群团工作的领导，充分发挥工会、共青团等组织的作用。要加强企业领导班子建设和人才队伍建设。强化党组织在企业领导人员选拔任用、培养教育、管理监督中的责任，支持董事会依法选择经营管理者、经营管理者依法行使用人权；优化企业领导班子知识结构和专业结构，注重培养选拔政治强、业务精、敢作为、作风正的领导人员，在国有企业加快培养造就一大批优秀企业家；大力实施人才强企战略，弘扬劳模精神，进一步加大高技能人才培养力度，全面推进职工队伍建设，加快建立健全国有企业集聚人才的体制机制。要抓好党风廉政建设和反腐败工作。落实“两个责任”，严守党的政治纪律和政治规矩，强化党章党规党纪意识，严格落实中央八项规定精神，坚决反对和纠正“四风”，持续保持惩治腐败的高压态势，深化纪律检查体制改革，扎实开展巡视工作，强化权力运行制约和监督，构建不敢腐、不能腐、不想腐的有效机制。

中央企业要结合自身实际，突出问题导向、目标导向、效果导向，明确发展重点，抓紧制订和完善本企业“十三五”规划。各地国资委要按照中央精神，从本地实际出发做好相关工作。

三、2016年工作任务

今年，我们要认真贯彻党的十八届五中全会和中央经济工作会议精神，坚决落实党中央、国务院的指示要求，着力做好以下几项工作。

（一）努力提升发展质量和效益

根据国务院领导同志的指示精神，国务院国资委研究提出了今年中央企业效益努力实现恢复性增长、2017年实现稳步增长的目标。我们要积极努力，多措并举，确保目标实现。一要向做好增量要效益。对涉及国家安全、国民经济命脉和国计民生的行业和领域，加大基础科研、资源获取、基础建设等方面的投入;加快发展互联网、智能制造、信息技术、节能环保、海洋工程等新兴产业,发掘打造新的经济增长点;支持企业采用先进适用技术,推动产品更新换代和产业转型升级。二要向盘活存量要效益。加大集团层面的兼并重组,推动强强联合;推动专业化重组,以行业龙头企业为依托,通过股权合作、资产置换、无偿划转等方式,进一步强化同质化业务整合和细分行业整合;加快从缺乏竞争优势的非主业领域及一般产业的低端环节退出,严控产能过剩行业投资。三要向管理提升要效益。开展"成本管控、效益否决"专项行动,深入降本增效,强化节能降耗,提升集中采购比例,全方位开展对标管理;进一步推进电信企业压降销售费用、石油石化企业建立油品互供机制、航空企业"提直降代"和"航材共享"等工作,在亏损治理、"两金"压降等方面下更大功夫。

(二)积极处置"僵尸企业"

处置"僵尸企业"是化解过剩产能、推进结构性改革的重要举措,是绕不过的坎,是必须做的手术。这个问题党中央、国务院高度重视,提出了明确要求,并列入今年经济工作的重点任务,国务院国资委正在研究制定工作方案,力争用3年左右时间基本完成主体任务,到2020年前全面完成各项工作。这项工作涉及面广、政策性强、开展工作难度大。我们要以攻关克难、动真碰硬的精神积极推进。一要统一思想、加强领导。处置"僵尸企业"是一项复杂、艰巨的任务,会引起一些震动。领导干部要勇于担当、敢于碰硬,按要求把工作做好,用今天的"小震"化解未来的"大震"。集团公司是处置"僵尸企业"的责任主体,要建立主要负责人牵头的工作机制,指定专门机构,组织精干力量,积极开展工作。二要明确任务、细化措施。要细致梳理、认真研究企业的实际情况,确定处置"僵尸企业"工作方案,按照务实管用、可操作、可检查的基本要求,一企一策具体安排。在推进过程中,既要积极、又要稳妥,防止引发社会风险。三要挂牌督导、强化问责。定期跟踪工作进展,对处置不力的企业要在业绩考核和领导班子、领导人员综合考核评价中予以问责。国务院国资委将对重点企业实行挂牌督导,并把"僵尸企业"处置工作纳入监事会重点监督检查范围。

(三)深化国企国资改革

一要加快推进国资委自身改革。按照以管资本为主加强国有资产监管的要求,国务院国资委已经成立专门领导小组和工作小组,正在研究制定内部组织机构设置和职能调整的方案,这方面的工作要抓紧进行,对现有的工作机构,根据工作需要大刀阔斧地进行调整。还要进一步明确履职边界,该管的要科学管理、绝不缺位,不该管的要依法放权、绝不越位。二要加快推进股权多元化改革。要为集团层面公司制改革创造切实可行的通道,给中央企业集团公司更大的股权调整自主权,促进各级企业逐步优化国有股权比例;积极稳妥发展混合所有制经济,开展混合所有制企业员工持股试点。加快改组组建国有资本投资、运营公司,扩大试点范围。三要加快完善企业公司治理机制。加快建立规范董事会,在试点的基础上切实落实董事会行使重大决策、选人用人、薪酬分配等权利;扩大企业负责人市场化选聘比例,推进有条件的企业试行职业经理人制度;深化企业内部三项制度改革,切实解决一些企业仍然存在的大锅饭、能上不能下、能进不能出的问题。四要加快解决国有企业办社会负担和历史遗留问题。全面推进"三供一业"分离移交工作,继续推进厂办大集体改革,试点推进国有企业所办医疗、教育、市政、消防、社区管理等机构分离移交工作和离退休人员社会化管理工作。国务院国有企业改革领导小组明确了国有企业改革"十项试点",相关企业要大胆探索,积极推进,及时总结和推广试点经验。各地国资委要坚持从实际出发,积极探索改革的路径与模式,充分发挥基层首创精神,不断把国有企业改革推向深入。

(四)深入开展大众创业、万众创新

一要推动"双创"平台建设。组建华龙核电、移动支付、智能制造、新能源汽车、轨道交通等产业关键技术创新平台,搭建创业创新孵化平台和服务平台,完善技术创新信息平台,加快建设航天云网等工业互联网创新平台和专业化众创空间。二要推动创新能力建设。探索建立中央企业创新投资基金系,实现资本与技术双轮驱动;拓展"互联网+"应用领域,培育大规模个性化定制、网络协同制造、云制造等新模式和新业态;加大创新投入,在国家重点实验室、工程实验

室、工程中心建设等方面取得新进展；加大自主创新力度，力争在高端装备、信息网络、集成电路、新材料、航空发动机等重点领域的关键技术上取得新突破。三要推动创新机制建设。继续落实“千人计划”和“万人计划”，着力引进一批海外高层次人才；建立健全科技带头人和技术专家制度，探索建立容错机制，对作出突出贡献的科技骨干和团队探索实施股权和分红权激励；探索建立科技成果市场化流转机制和转让价值共享机制。

（五）持续推进国际化经营

一要积极有序参与“一带一路”重大项目建设。在推进能源、资源合作及铁路、公路、港口等基础设施建设中发挥自身优势，扩大产业投资，建设一批有代表性的示范项目。二要扩大国际产能和装备制造合作。继续推动高铁、核电、新能源、新一代信息技术、智能电网、海洋工程装备和高技术船舶、石化装备等优势产业的全产业链出口，加快钢铁、水泥、平板玻璃、电解铝等高效产能的国际合作。三要优化海外市场布局。积极参与境外合作园区建设；逐步构建覆盖全球的物流、仓储、运营网络体系；抓住当前资源价格低的有利机遇，加大跨境能源资源并购和开发力度，提升全球资源配置能力。四要加强走出去风险防控。审慎决策，量力而行，有效防范投资和经营风险，切实加强在外人员的安全保护工作；掌握并运用好国际规则，妥善应对境外国家安全审查、反垄断审查和双反调查。

（六）强化监管防止国有资产流失

一要进一步提升监管能力。根据市场变化，做好主业调整，改进投资并购的管理方式，加强资本运营质量及财务状况监测，探索实行分类监管，完善考核体系和办法，强化经济责任审计监督；大力推进依法监管，按照事前规范制度、事中加强监控、事后强化问责的思路，进一步完善监管方式，优化监管流程，提高监管有效性。二要充分发挥外派监事会监督作用。探索建立监事会权责清单，明晰监督范围和重点；进一步完善监事会监督运行机制，深化当期和事中监督，强化“一事一报告”制度，探索建立“一企一公开”制度，加强信访举报线索核查工作；分层分类强化监事会监督检查成果运用，建立健全检查发现问题分类处置、线索移交和整改落实机制，充分发挥好监事会主席重要作用；建立监事会可追溯、可量化、可考核、可问责的履职记录制度，健全完善责任倒查机制。三要切实增强监督协同性。整合各类监督力量，建立监督工作会商机制，加强统筹，形成监管合力；大力推进信息公开，建设阳光国企。四要稳步推进经营性国有资产集中统一监管。总结和推广一些地方开展集中统一监管的经验，发挥好各级国资委的专业化监管优势，推动国有资产出资人监管全覆盖。

（七）加强国有企业党的建设

去年12月初中组部、国务院国资委党委召开了中央企业党的建设工作座谈会，12月底国务院国资委党委又召开了中央企业党建工作专题推进会，要抓好这两次会议精神的贯彻落实。一要严格落实管党治党责任。各单位党组（党委）书记要担负起主体责任，确保党的领导和党的建设在企业改革发展中得到充分体现和切实加强；做好专职党组（党委）副书记配备和培训工作，建立完善党建工作责任制，加强党建工作考核评价。二要加强企业领导班子建设。大力选拔优秀年轻干部；发挥好不同年龄段干部的作用，对不在状态或存在突出问题的领导人员坚决进行调整；加强干部交流工作，逐步推进行业相近企业主要领导之间、行政领导人员和党务工作者之间的轮岗交流；加大从中央企业领导人员中选聘专职外部董事的工作力度。三要加强基层党组织建设。稳步开展党委书记抓党建述职评议考核工作，对于软弱涣散的党组织坚决进行清理整顿；加强党员队伍建设，严把党员入口关；加强宣传思想文化、精神文明建设工作，建立健全中央企业党组（党委）意识形态工作检查考核制度和机制；增强保密意识，严防重大失泄密事件发生；进一步发挥工会、共青团等群团组织作用，加强改进企业统战工作；统筹抓好产业援疆、对口援藏、对口援青和定点扶贫等工作，坚决打好脱贫攻坚的硬仗。四要切实做好党风廉政建设和反腐败工作。严格落实“两个责任”，把纪律和规矩挺在前面，贯彻落实好“两项法规”，运用好监督执纪的“四种形态”；继续深入贯彻落实中央八项规定精神，坚决防止“四风”反弹；严肃查处腐败问题和违纪问题；落实“一案双查”，既追究主体责任、监督责任，又追究领导责任；认真扎实做好巡视工作，切实用好巡视成果，对巡视中发现的问题要逐项地进行整改，对国务院国资委管理主要负责人的中央企业今年底要完成巡视全覆盖。关于加强国有企业党建和反腐倡廉工作，习近平总书记最近在中央政治局"三严三实"专题民主生活会和十八届中央纪委六次全会上又作出了重要指示，十八届中央纪委六次全会也提出了明确要求，大家要认真学习、深刻领会，国务院国资委党委近期还要专门召开会议就抓好贯彻落实问题进行具体部署。

当前经济下行压力仍在加大，面临的困难和挑战前所未有，国有企业正处在爬坡过坎的重要关口，要渡过难关、战胜困难，更需要调动各方积极性，动员千军万马同心干，特别是要注重调动企业家、创新人才、各级干部的积极性、主动性、创造性。企业家在推动经济发展中发挥着重要作用，要为企业家营造宽松环境，用透明的法治环境稳定预期，给他们以定心丸。对创新人才，要调动其积极性，建立完善激励机制。对各级干部，要坚持激励和约束并举，既坚持党纪国法的"高压线"，也要重视正面激励，完善容错纠错机制，旗帜鲜明给那些呕心沥血做事、不谋私利的干部撑腰鼓劲。各级领导干部要坚决落实党中央、国务院的指示要求，积极带领广大干部职工齐心勠力，奋力进取，推动企业持续健康发展，更好发挥国家队和主力军的作用。

春节临近，各单位要高度重视安全生产工作，全面严格落实安全生产责任制，加大监督检查和问责力度，确保人民群众生命财产安全。要做好信访维稳工作，维护好企业和社会的稳定。要切实关心职工生活，做好老干部、困难党员以及困难职工的慰问工作，使广大职工群众都能过上一个欢乐安全祥和的新春佳节。

最后，我再强调一下，要做好今年和"十三五"的工作，必须认真学习、深刻领会、准确把握"五大发展理念"和"对新常态怎么看、新常态下怎么干"问题，习近平总书记重要讲话和中央有关文件对此有系统阐述和明确要求，希望大家一定要原原本本、逐字逐句学懂弄通，真正领会精神实质，坚决贯彻落实。

同志们，让我们紧密团结在以习近平同志为总书记的党中央周围，牢记党和人民的信任和重托，更加奋发有为、努力工作，推动国企国资改革发展再上新台阶，为全面建成小康社会、实现中华民族伟大复兴中国梦作出新的更大贡献！

国务院国资委主任、党委书记张毅在离退休干部纪念中国人民抗日战争暨世界反法西斯战争胜利70周年大会上的讲话

（2015年9月7日）

尊敬的各位老前辈、老领导，同志们：

9月3日，党中央、国务院在天安门广场举行了纪念中国人民抗日战争暨世界反法西斯战争胜利70周年大会和阅兵式，习近平总书记发表了重要讲话。这是一次传承历史与未来、沟通中国与世界、传递和平与发展的盛典，是一次展示国家形象、凝聚中国力量、振奋民族精神的盛典，对于动员和激励全党全军全国人民为实现中华民族伟大复兴的中国梦而奋斗，具有重大的政治意义、历史意义和深远的影响。今天，我们隆重召开国资委离退休干部纪念抗日战争暨世界反法西斯战争胜利70周年大会，就是要深入学习贯彻习近平总书记在纪念大会上的重要讲话精神，进一步激发离退休老同志不断为党的事业增添正能量的壮志豪情，激发年轻同志继承发扬光荣的革命传统和作风，将伟大的爱国主义精神、伟大的抗战精神转化为推进改革发展和反腐倡廉的必胜信念。在这里，我谨代表国资委党委和全委同志向我委抗战老战士、老同志表示最崇高的敬意！向全委离退休老领导、老同志表示亲切问候！

刚才，抗战老同志代表赵伟同志回顾了侵华日寇惨无人道的暴行和她奋起抗日、参加革命的英雄事

迹，并对年轻人提出了殷切期望；年青职工代表李宪政同志的发言，表达了对先辈的崇敬，以及为中华民族伟大复兴贡献智慧和力量的决心。下面，我代表委党委讲三点意见。

一、回顾奋斗历史，深刻认识举办抗日战争暨世界反法西斯战争胜利70周年纪念活动的重大意义

从1931年日本侵略者悍然发动"九一八事变"，到1937年日本蓄意制造"七七事变"挑起全面侵华战争，直到1945年9月3日日本正式向中国战区递交投降书，中国人民经历了14年艰苦卓绝的抗战。在那场反侵略战争中，中国人民的爱国热情像火山一样迸发出来。在中国共产党倡导建立的抗日民族统一战线旗帜下，中国人民以血肉之躯筑起了拯救民族危亡、捍卫民族尊严的钢铁长城，用生命和鲜血谱写了中华民族历史上惊天地、泣鬼神的爱国主义伟大篇章。抗日战争是近代以来中国反抗外敌入侵第一次取得完全胜利的民族解放战争，是中华民族由衰落走向复兴的伟大转折。正如习近平总书记讲的那样："在抗日战争的壮阔进程中，形成了伟大的抗战精神，中国人民向世界展示了天下兴亡、匹夫有责的爱国情怀，视死如归、宁死不屈的民族气节，不畏强暴、血战到底的英雄气概，百折不挠、坚忍不拔的必胜信念。"历史是现实的向导，现实是历史的延续。抗日战争的烽火硝烟虽已散去，但战争留给我们的记忆仍刻骨铭心；救亡图存的任务虽已完成，但民族复兴的伟业仍任重道远。抗日战争孕育出的伟大抗战精神，依然是我们这个时代宝贵的精神财富，永远是激励我们克服一切艰难险阻、实现中华民族伟大复兴的强大精神动力。今天，我们纪念抗战、缅怀先烈，就是要从那段凝重的历史中汲取伟大的精神力量，从那场悲壮的战斗中获得深刻的警示与启迪，履行好自己的责任与担当，把爱国之情化作报国之行，为建设富强民主文明和谐的社会主义现代化国家贡献智慧和力量。

二、贯彻中央要求，组织引导离退休干部不断为党的事业增添正能量

目前，我委管理局系统有近280位抗战老战士、老同志，他们是民族独立、人民解放、国家建设和改革发展的亲历者、参与者、见证者，具有丰富的政治优势、经验优势和威望优势，他们是党和国家名副其实的宝贵财富。

去年年底，全国老干部工作系统提出"要把为党的事业增添正能量作为老干部工作的价值取向"的理念，体现了老干部工作的价值所在、使命所系，是对老干部工作规律认识的进一步深化。一年来，管理局和全系统各离退休干部局（办）在组织老同志开展为党的事业增添正能量活动中，不断采取多种形式，创新活动载体，精心设计和组织各具特色的主题实践活动，鼓励和支持老同志充分运用丰富的政治优势、经验优势和威望优势，弘扬抗战精神，凝聚爱国热情，为全面建成小康社会、全面深化改革、全面依法治国、全面从严治党积极贡献智慧和力量；鼓励和支持离退休干部在自觉自愿、量力而行的基础上继续发挥优势和专长，为国资监管和国企改革发展建言献策，为社会和文化事业进步作奉献。这个活动组织得很好，也取得了积极成效。一些老部长、老前辈向国资委和有关部门提出了不少很有见地、非常深刻的意见建议，我们已经批转有关部门深入学习研究。

事实证明：为党做事，是老同志最大的快乐；为党的事业增光添彩，是老同志最大的满足。我们要以敬重之心、关爱之情和务实之举，在全力做好服务保障工作的基础上，进一步把离退休干部为党的事业增添正能量活动组织好、开展好。要组织引导老同志继续担当起爱党、忧党、兴党、护党的政治使命，发挥好密切联系群众、对年轻党员干部的传帮带和在党风廉政方面的监督等作用，影响和带动周围群众听党话、感党恩、跟党走。要组织引导老同志继续发挥优势和专长，多做凝聚改革共识、坚定改革信心的工作，多为破解改革发展难题建言献策，使广大老同志在共同推进全面建成小康社会、实现中国梦的伟大征程中，展示阳光心态、体验美好生活、畅谈发展变化，为党和人民的事业不断作出新贡献。

三、贯彻严实要求，进一步做好离退休干部服务管理工作

在去年召开的全国离退休干部“双先”表彰大会上，习近平总书记等中央领导同志高度评价了离退休干部在我党执政兴国中的重要地位，充分肯定了老同志为推动改革发展、促进党的建设发挥的重要作用，对如何营造尊重老同志、爱护老同志、学习老同志的良好社会氛围作出了重要指示，对老同志弘扬优良传统、作出新贡献寄予殷切期望，为做好新形势下离退休干部工作指明了正确方向、提供了重要遵循。我们要认真地学习、深刻地领会，全面地抓好贯彻落实。

革命老前辈用生命和鲜血，为我们换来了今天的幸福生活，没有前辈们的奉献和牺牲，就没有我们今天的一切。他们的历史功绩永载史册，他们的巨大贡献永远铭记在我们心中。“吃水不忘挖井人”。无论是从党的事业发展考虑，还是从思想感情上来说，我们都应该为健在的老前辈、老同志做好服务，使他们安享晚年。各级党委和组织人事部门，特别是离退休干部工作部门，一定要深刻领会习近平总书记等中央领导同志对老干部工作特殊重要地位的新论述，认真把离退休干部工作放到国企国资改革发展工作全局中来谋划、来推进，切实做到政治上尊重、思想上关心、生活上照顾、精神上关怀，推动形成敬老、爱老、为老、助老的良好氛围。管理局系统各单位要以“三严三实”的工作作风，着力建设一支讲政治、重感情、业务精、作风好、老同志信得过的老干部工作队伍，进一步把中央关于老干部工作的方针政策落到实处，切实把离退休干部服务管理工作做好、做细、做扎实，及时把党组织的关怀和温暖送到老同志的心坎上。有关厅局和各机关服务中心要对离退休干部工作继续给予大力支持和帮助，努力形成党委高度重视，有关工作部门密切配合、积极支持、上下齐心协力的工作格局，努力把我委离退休干部工作提高到一个新的水平。

同志们，回顾历史是为了更好地开创未来，缅怀抗战先辈是为了更好的传承他们的伟大精神。让我们紧密团结在以习近平同志为总书记的党中央周围，以更加饱满的精神、更加开阔的思路、更加务实的作风、更加有力的措施，再接再厉，继往开来，不断为党和人民的事业增添正能量，努力把国企国资改革发展工作顺利推向前进。

衷心祝愿各位老前辈健康长寿、万事如意！

以管资本为主加强国有资产监管

（国务院国资委主任、党委书记张毅）

党的十八届五中全会强调，以管资本为主加强国有资产监管。这为完善国有资产管理体制进一步指明了方向，对于国有资本优化布局、规范运作、提高回报、维护安全都具有重要意义。

一、以管资本为主加强国有资产监管意义重大

深入推进政企分开政资分开、形成面向创新发展的国有资产管理体制的需要。我国国有资产管理体制改革与国有企业改革相伴相生，始终围绕正确处理政府与企业的关系逐步深入。1988 年国家设立国有资产管理局，探索由专门机构统一负责国有资产基础管理等工作。2002 年党的十六大提出，“建立中央政府和地方政府分别代表国家履行出资人职责，享有所有者权益，权利、义务和责任相统一，管资产和管人、管事相结合的国有资产管理体制”，在“中央政府和省、市（地）两级地方政府设立国有资产管理机构”。国有资产出资人监管体制的确立，有力提升了国有经济发展质量和运行效率，但政企不分、政资不分问题依然存在，国有资产监管工作还存在越位、缺位、错位等问题。必须按照以管资本为主加强国有资产监管的要求，继续推进政企分开、政资分开、所有权与经营权分离，破除影响国有资本服务创新发展的体制机制弊端。

强化国有企业市场主体地位、激发企业活力的

需要。经过多年改革发展，公司制股份制成为国有企业的重要组织形式。直接管理企业的方式已经不适应国有企业组织形式的深刻变革，必须按照公司治理规则，以管资本为主明确国有资产监管机构职责定位，保护公司制企业法人财产权，保障国有企业作为独立市场主体依法自主经营、自负盈亏、自担风险、自我约束、自我发展，在市场竞争中成为实施创新驱动发展战略、建设创新型国家的中坚力量。

推进国有资本布局结构战略性调整、放大国有资本功能的需要。目前，国有资本还存在分布过宽、战线过长、集中度不够等突出问题，严重制约着国有经济主导作用的发挥。要以管资本为主，紧紧围绕服务国家战略目标，充分利用多层次资本市场和国有资本运营平台，着力推进国有资本布局结构战略性调整，充分发挥国有企业的功能作用。

维护国有资产安全、防止国有资产流失的需要。一些国有企业内部管理混乱，侵吞、贪污、输送、挥霍国有资产现象时有发生。要以管资本为主，加强国有资本经营管理全链条监管，全面规范管理制度，落实国有资本监管责任，严格执行国有资本监管政策与纪律，建立健全监督长效机制，确保国有资本安全运营，严防国有资产流失。

二、牢牢把握以管资本为主加强国有资产监管的总体要求

科学界定国有资产出资人监管职责。进一步理顺政府公共管理部门、国有资产监管机构和国有企业的关系。政府公共管理部门依法行使公共管理职能，从经济调节和社会管理角度进行社会公共管理。国有资产监管机构对监管企业依法履行出资人职责，专司国有资产监管，不承担社会公共管理职能。国家出资企业依法接受国有资产监管机构的监管，不得侵害所有者权益。国有资产监管机构的主要职责是：对所监管企业依法行使资产收益、参与重大决策、选择管理者等出资人权利，承担监督所监管企业国有资产保值增值的责任；贯彻党管干部原则和党管人才原则，按照管理权限加强和改进企业领导人员管理；依法落实国有资本经营责任，依法落实企业法人财产权和经营自主权；除履行出资人职责以外，不干预企业生产经营活动。

突出国有资产监管重点。一是管好资本布局。围绕服务国家战略，落实国家产业政策和重点产业布局调整总体要求，建立健全国有资本形态转换、合理流动机制。合理确定国有经济发展战略规划，优化国有资本布局结构，推动国有资本在国防安全、能源安全、粮食安全、信息安全等关系国家安全领域的保障能力显著提升，在重大基础设施、重要资源以及公共服务等关系国民经济命脉和国计民生重要行业的控制力明显增强，在重大装备、信息通讯、生物医药、海洋工程、节能环保等行业的影响力进一步提高，在新能源、新材料、智能制造等产业的带动力更加突出。二是规范资本运作。建立健全国有企业财务预算审议、运营状况监测分析和财务决算审核基础管理制度，加强对国有企业清产核资、资产评估、产权流转和上市公司国有股权管理等事项的管理，加强国有资本投资运营平台建设，探索投资融资、股权运作、资本整合、价值管理的市场化运作机制与方式。三是提高资本回报。建立健全国有资本经营目标考核评价体系，完善激励约束机制，落实国有资本保值增值责任。健全国有资本收益管理，完善国有资本投资制度，建立国有企业常态化的资本注入机制。四是维护资本安全。建立健全监督工作制度，形成全面覆盖、分工明确、协同配合、制约有力的国有资产监督体系，综合运用强化企业内控机制建设、加强经济责任审计、开展资产损失责任追究、披露企业经营信息等各种监督手段，整合监督力量和资源，增强监督的针对性、实效性。

改进国有资产监管方式。坚持权利以出资为限、监管以法定为据，大力推进依法监管，改进监管方式。注重事前规范制度、事中加强监控、事后强化问责，更多运用法治化、市场化监管方式。注重通过公司治理履行出资人职责，加强公司章程管理，规范董事会运作，严格选派和管理股东代表和董事、监事。完善国有资产监管信息公开制度，设立统一的信息公开网络平台，依法依规、及时准确披露国有资本整体运营和监管信息。

三、积极落实以管资本为主加强国有资产监管的主要任务

转变国有资产监管机构职能。准确把握依法履行出资人职责的定位，实现以管企业为主向以管资本为主转变。科学界定国有资产出资人监管的边界，建立监管权力清单和责任清单，做到该管的科学管理、决不缺位，不该管的依法放权、决不越位。将依法应由企业自主经营决策的事项归位于企业，将延伸到子企业的管理事项原则上归位于一级企业，将配合承担的公共管理职能归位于相关政府部门和单位。要围绕以管资本为主加强国有资产监管的重点任务、关键环节，积极开展试点，探索有效途径和方式，形成可复制、可推广的经验和模式。

推动国有企业成为独立市场主体。推进公司制股份制改革，健全权责对等、协调运转、有效制衡的公司法人治理机制，落实和维护董事会依法行使重大决策、选人用人、薪酬分配等权利，保障经理层经营自主权。推行职业经理人制度，合理增加市场化选聘比例。深化企业内部管理人员能上能下、员工能进能出、收入能增能减的制度改革。

提高国有资本配置和运营效率。改组、组建国有资本投资运营公司，探索依法自主开展投资融资、产业培育、资本整合的有效模式，打造国有资本市场化运作的专业平台。坚持以市场为导向、以企业为主体，按照“做好增量、盘活存量、主动减量”的思路，加大国有企业、国有资本调整力度，促进转型升级。

推进经营性国有资产集中统一监管。稳步将党政机关、事业单位所属企业的国有资本纳入经营性国有资产集中统一监管体系，具备条件的进入国有资本投资运营公司。加强国有资产基础管理，按照统一制度规范、统一工作体系的原则，抓紧制定企业国有资产基础管理条例。发挥国有资产监管机构专业化监管优势，逐步推进国有资产出资人监管全覆盖。

强化监督，防止国有资产流失。加强和改进党对国有企业的领导，切实落实反腐倡廉“两个责任”。完善企业内部监督体系，强化对权力集中、资金密集、资源富集、资产聚集部门和岗位的监督。坚持出资人管理与监督的有机统一，整合出资人监管、外派监事会监督和审计、纪检监察、巡视等监督力量，建立监督工作会商机制。建立健全国有企业重大决策失职、渎职责任追究和倒查机制，严厉查处侵吞、贪污、输送、挥霍国有资产等违法违纪行为。建立健全企业国有资产监督问责机制，对企业重大违法违纪问题敷衍不追、隐匿不报、查处不力的，严格追究有关人员失职渎职责任。

（本文刊登于 2015 年 12 月 3 日《人民日报》第七版）

国务院国资委副主任、党委委员黄丹华在中央企业规划发展工作会议上的讲话

（2015 年 2 月 11 日）

这次会议的主要任务是，深入贯彻落实十八届三中、四中全会和中央经济工作会议及中央企业、地方国资委负责人会议精神，总结交流 2014 年中央企业规划发展工作，分析形势，明确任务，研究部署 2015 年工作。张毅主任对此次会议十分重视，专门听取了汇报，充分肯定了中央企业规划发展工作取得的成绩，对中央企业加强规划发展工作提出了明确要求，我们要认真贯彻落实。下面，我讲三点意见。

一、2014 年中央企业规划发展工作总体情况

2014 年，面对复杂多变的国内外经济形势和艰巨繁重的改革发展任务，中央企业坚持服务国家战略，顾大局、谋发展、促转型、强管理，战略规划、投资管理、科技创新和国际化经营协同配合、全面推进，规划发展工作取得了积极进展。

（一）战略规划引领企业发展的作用日益显现

一是战略规划管理体系不断完善。中央企业持续在优化战略规划的编制程序上下功夫，在完善战略规划的滚动调整机制上下功夫，在健全战略规划落地

的闭环管理系统上下功夫，战略规划管理体系日益健全，战略规划引领作用明显增强，对企业统一思想、明确方向、组织协同等发挥了重要作用。

二是战略规划管理水平明显提高。中央企业通过健全规划制度、完善组织架构，统筹各方力量，战略规划管理水平不断提升。建立规范董事会的中央企业都在董事会下设置了专门的战略委员会，部分企业还建立了战略研究院，许多企业充分借助外脑为企业发展出谋划策，有的企业还积极参与国家相关产业发展规划的起草编制工作，战略规划研究的深度和广度不断拓展。

三是战略规划管理成效持续提升。在战略规划的引领下，中央企业积极应对外部挑战，在复杂的经营形势下实现了平稳健康发展。2014 年，中央企业资产总额达到了 38.73 万亿，实现营业收入 25.11 万亿、利润总额 1.36 万亿，进入《财富》世界 500 强的企业达到 47 家。中央企业结构调整和转型升级加快推进，在有关关系国家安全领域的保障能力稳步提升；在重大基础设施、重要资源以及公共服务等关系国计民生和国民经济命脉的重要行业控制力日益增强；在新能源、新材料、智能制造等产业的引领带动作用不断提高，产品结构逐步改善。

(二)投资并购保障企业发展的作用成效突出

一是保增长，一批重大项目顺利推进，为国民经济持续健康发展做出了重要贡献。电网、石油天然气、电信等企业一批重点项目顺利投产，为提高能源安全保障能力、促进信息消费和信息网络与相关产业的深度融合发挥了重要作用。

二是调结构，资金投向更趋集中，为企业稳定发展提供了强劲动力。2014 年，中央企业固定资产投资继续集中在石油石化、电力、电信等关系国家安全和国民经济命脉的重要行业和关键领域。中央企业在把握投资主线的同时，不断加大对新兴产业的投资力度，推动了企业可持续发展。

三是强管理，投资管控水平持续提升，为企业高效发展提供了有力保障。中央企业努力构建层次分明、功能齐全、流程清晰的制度体系，建立权责明确、分工合理的投资管理组织架构，健全投资监管信息系统，切实加强投资项目从前期论证、投资决策、项目执行到项目后评价的全过程管理。

(三)创新驱动企业发展的作用持续提升

一是科技创新能力显著增强。近年来，中央企业研发投入和专利申请快速增长。中央企业研发投入超过全国研发投入总额的四分之一，全年申请专利超过 10 万项。目前中央企业累计拥有有效专利超过 25 万项，其中有效发明专利超过 7 万项；拥有国内研发机构 2500 个；拥有工程院院士 186 人，中科院院士 48 人。日益增强的科技创新能力和丰富的科技人力资源，为中央企业紧跟世界新科技革命和产业变革步伐提供了有力支撑。

二是技术创新体系不断完善。中央企业不断加强研发机构和科研基础条件平台建设，承建了一大批国家重点实验室、国家工程技术(研究)中心等国家级研发机构，打造高效合理的研发体系。中央企业积极加强产学研合作及企业间合作，重视产业链衔接配套，有效推动创新资源优化配置，加快科技成果向现实生产力转化。目前全国 146 个产业技术创新战略联盟中，101 个由中央企业牵头组建。中央企业普遍建立科技投入稳定增长的长效机制，不断完善科技人员激励机制。许多中央企业多渠道筹集创新资本，改进创新投入和组织模式，使社会资本有效融入企业创新过程。到 2014 年底，中央企业已设立了 57 支创新基金。

三是科技创新成果不断涌现。中央企业依靠自主创新，相继取得了载人航天、高速铁路、移动通信、北斗导航、载人深潜、大型运输机等一大批具有自主知识产权和国际先进水平的创新成果。2014 年度国家科技奖励中，45 家中央企业获得 96 项科技奖励，占获奖总数的 35.3%，其中国家科技进步特等奖 2 项。2014 年中央企业获得中国专利金奖 6 项，专利优秀奖 92 项。中央企业在新兴产业也形成了一定的技术积累和市场规模。

(四)国际化经营提升企业发展的作用稳步提高

一是国际化经营规模迅速扩大。截至 2014 年底，绝大部分中央企业在境外(含港澳地区)设立了分支机构，分布在全球 150 余个国家或地区，中央企业纯境外单位资产总额、营业收入、利润总额分别约占中央企业总体的 12.1%、17.9%和 9%。中央企业境外投资额占我国非金融类对外直接投资的70%以上，对外承包工程营业额占我国对外承包工程营业总额的60%左右。

二是国际化经营方式发生积极转变。中央企业不断拓宽境外经营覆盖区域，优化产品结构和业务经营范围，国际化经营方式不断丰富，境外业务逐步转型升级。在经营区域上，继续保持对亚洲、非洲等传统市场的优势，对美洲、大洋洲的投资合作规模日益扩大。在经营领域上，逐步由能源资源开发和对外承包工程，拓展到高铁、核电、特高压等装备制造和工业园区建设领域。

三是国际化经营风险管控能力进一步提升。随着中央企业境外经营规模的不断扩大，面临的政治、法律、社会、安全等各类风险明显增多，在风险识别、控制和规避等方面对企业提出了更高要求。中央企业更加重视对国际化经营的风险防控，风险防范能力不断提升，风险管理的体制机制和相关制度更加完善。

二、当前中央企业规划发展工作的形势与任务

当前，世界经济仍处于国际金融危机后的深度调整期，总的来看，今年世界经济增速可能会略有回升，但复苏疲软态势难有明显改观。国内经济发展进入新常态，今年国内经济总体将保持平稳，但下行压力加大。中央企业要认真研判国内外宏观经济形势，准确把握发展大势，深刻认识新常态，积极适应新常态，成为新常态下科学发展的引领者。

按照中央企业、地方国资委负责人会议精神，2015年中央企业规划发展工作总的要求是：全面贯彻十八届三中、四中全会和中央经济工作会议精神，坚持以提高发展质量和效益为中心，更加注重以战略规划引领发展方向，以有效投资夯实发展基础，以创新驱动增强发展动力，以国际化经营拓展发展空间，大力优化布局结构，加快推进转型升级，为做强做优做大中央企业作出积极贡献。

落实2015年中央企业规划发展工作总要求，要重点把握好以下三个问题：

（一）要更加注重调整布局结构

世界经济复苏艰难，我国经济增速调整，倒逼我们加快调结构转方式步伐。中央企业是国民经济的重要支柱，在我国加快转变经济发展方式中发挥着积极作用。中央企业要坚持立足于关系国家安全和国民经济命脉的重要行业和关键领域，利用高新技术大力改造提升传统产业，加大产业整合和内部资源整合力度，剥离重组长期亏损业务和低效无效资产，稳妥化解产能过剩风险，不断提高产业集中度，增强行业竞争力。要积极发展重要前瞻性产业，做大做强战略性新兴产业，大力发展生产性服务业与科技服务业，培育和做大新的经济增长点。要主动融入京津冀协同发展、长江经济带建设和西部大开发等国家经济发展战略，加大中央企业与地方经济融合发展力度，积极推进产业梯度转移，共同打造优势产业集群，不断优化区域布局结构。要加快走出去步伐，加大投资并购力度，提升国际化经营水平。

（二）要更加注重增强科技创新能力

从全球范围看，科学技术越来越成为推动经济社会发展的主要力量，世界主要国家都在寻找科技创新的突破口，跨国公司都在竭尽全力抢占新兴产业和前沿技术的战略制高点。我国加快转变经济发展方式、破解经济发展深层次矛盾和问题、增强经济发展内生动力和活力，根本措施也是要实施创新驱动发展战略。中央企业是我国科技创新的排头兵，通过原始创新、集成创新和引进消化吸收再创新，已能在不少领域与世界一流企业同台竞技，在有些领域已经达到国际领先水平。这充分表明我们只要把握机遇，依靠科技创新，就有可能实现弯道超车和跨越式发展。中央企业要进一步提高对创新驱动发展的认识，增强主动性和自觉性，多方式加大研发投入，加快科技成果的产业化和商业化，在关系全局、影响长远的重点领域突破和掌握一批关键技术，引领未来产业发展。要切实加强技科技创新的体制机制建设，组织好自主创新和协同创新，克服创新过程中的短板制约，不断提高科技创新能力和成效。要着力加强科技人才队伍建设，充分调动科技人才的积极性、创造性，全面推进技术创新、商业模式创新和管理创新。

(三)要更加注重提升国际化经营水平

我国经济已深度融入全球经济,是世界最大商品出口国,对外投资额逐年快速增长。中央企业是我国企业走出去的主力军,提高国际化经营水平,既是企业发展成为具有国际竞争力跨国公司的需要,也是我国经济更好融入全球经济的需要。中央企业要把握战略机遇期,抓住金融危机后国际市场各类投资机会。要进一步提升走出去的组织性、协同性,不断创新走出去方式,推动国际化经营转型升级。

三、2015年中央企业规划发展重点工作

2015年是"十二五"收官之年,是"十三五"规划编制全面启动之年,也是全面深化国资国企改革关键之年。中央企业规划发展的任务十分艰巨,我们要积极行动、主动作为,重点做好以下四个方面的工作:

(一)着力加强中央企业规划工作

一是要认真做好"十二五"规划总结工作。落实中央企业、地方国资委负责人会议精神,采取切实有效措施,保障企业稳增长,既要保持一定的发展速度,更要追求有质量有效益的发展,努力实现"十二五"规划各项目标。同时,要认真总结"十二五"时期取得的成绩、积累的经验,深入剖析存在的问题,做好"十二五"规划后评估,为编制"十三五"规划打下坚实的基础。

二是要抓紧抓好"十三五"规划编制工作。"十三五"是我国全面建成小康的关键时期,战略规划是指导企业发展的纲领性文件,中央企业要高度重视"十三五"规划编制工作,将其作为2015年规划工作的重中之重。要精心组织、抓紧启动,集团主要领导要亲自挂帅,加强对规划编制工作的组织领导,明确任务、落实责任、完善保障,有序推进"十三五"规划编制各项工作。要分析国际国内经济形势,结合新常态和改革发展新要求,准确把握外部环境和企业自身特点,加强对重大问题的调研论证,注意企业规划与国家规划、行业规划的衔接,明确企业发展的总体思路、目标和路径。进一步完善规划制定、实施、检查、调整的闭环管理体系,确保企业战略规划管理工作再上新台阶。

三是要继续做好企业三年滚动规划编制和评议工作。中央企业要按照国资委关于企业发展战略和规划管理的有关规定,逐年做好三年滚动规划的编制和报备工作。三年滚动规划的编制要突出主业发展方向,明确需要探索的新业务领域,控制好企业主业非主业投资比例。要高度重视规划的评议工作,切实推动规划落地。

(二)着力完善中央企业投资管理

一是要进一步优化投资方向。要强化战略规划对投资的引领作用,更加注重年度投资计划与企业三年滚动规划的紧密衔接,实现以企业战略规划管好投资方向、以有效投资保障规划落地的良性循环。中央企业要对2015年度投资计划进行梳理,正确处理好需要与可能、近期与远期的关系,正确处理好聚焦主业与探索新领域的关系,优先保证对国民经济持续健康发展具有重要意义的重大投资项目投入,加快实施对产业结构、产品结构优化升级具有重要影响的投资项目,大力推进对拓展企业发展空间具有重要作用的境外投资项目,全面提升企业发展质量和效益。

二是要进一步加强投资管理体系建设。要建立健全分工明确、权责对称、有效制衡的投资管理组织架构,进一步明确投资决策主体、决策程序、决策责任,搭建科学的投资管控体系。已建立规范董事会的企业,董事会要发挥好投资决策的主体作用,履行起主体责任。中央企业要做好集团总部投资管理信息化基础工作,并及时向下延伸投资监管系统,努力提升投资管理的信息化水平,加强投资基础管理。

三是要进一步做好投资活动的风险管控。要树立全过程投资管理理念,对项目投资的前期评估、尽职调查、投资决策、项目执行和后评价等各个阶段的关键节点加强管理,形成逻辑严密的管理闭环。在投资项目可行性研究和尽职调查阶段,要对项目风险进行认真评估。要通过对投资全过程进行记载、分析、报告、公开和评价,提高投资信息反馈的实效性和准确性。要做好风险应对,建立退出机制,有效实现风险分散转移或及时退出。中央企业要制定投资项目后评价年度工作计划,扩大后评价工作覆盖面,实现后评价与业绩考核、责任追究有效衔接。

(三)着力实施中央企业创新驱动发展战略

一是要高度重视创新驱动发展的顶层设计。中

央企业要全面总结"十二五"科技创新工作，立足世界科技发展趋势和企业实际，深入研究我国经济发展新常态下的新情况、新需求、新问题，统筹谋划、突出重点、系统布局，研究提出"十三五"及更长时期企业科技创新的思路和方向，制定实施创新驱动发展战略的总体方案。围绕重大需求、突出问题和薄弱环节提出重点任务，制定相应的路线图、时间表。

二是要切实加强技术创新体系建设。中央企业要将技术创新体系建设作为一项系统工程，持续完善创新的战略体系、组织体系、资源体系、规则体系和文化体系。完善创新组织，形成配套合理、适应发展的梯次研发体系。确保创新资源，为创新工作提供充足的资金、人才、科研条件平台的投入。完善创新机制和制度，规范创新活动管理过程，激发企业创新活力。培育创新文化，营造敢于冒尖、勇于领先、激励创新、宽容失败的良好氛围，着力构建以企业为主体、市场为导向、产学研用相结合的高效开放的技术创新体系。

三是要创造性开展协同创新。继续推动产业链上下游企业的战略合作，大力推进产业技术创新战略联盟的建设和发展，促进中央企业间、中央企业与其他主体间的协同创新，提高创新效率，降低创新风险。中央企业要发挥协同效应和整体优势，形成优势互补、分工明确、成果共享、风险共担的开放式合作机制，围绕制约企业发展的重大技术难题开展联合攻关，努力掌握一批共性关键技术。要推动企业、高校、科研院所等开展产学研用合作，努力消除科技创新中的"孤岛现象"，着力推进科技成果向现实生产力转化，积极培育和发展战略性新兴产业。要加强国际科技合作，坚持"引进来"和"走出去"相结合，积极融入全球创新网络，开展国际联合研发，引进先进技术消化吸收再创新。

四是要推动科技与资本有机结合。科技创新需要足够的资本保障，国资委将推动中央企业建立资本与技术双轮驱动机制，构建支持创新的投融资平台，多渠道多方式筹集创新资本，用好用活股票市场和产权市场，促进项目融资、孵化注资和产权流转。加强对中央企业股权投资基金发展的指导，着力解决中试能力不足等短板问题，打通科技成果工程化产业化通道。中央企业要探索应用"有限合伙"、"众筹创新"等新制度新模式，建立人本与资本"双本"结合的激励约束机制，推进关键核心技术突破。同时，要加强科技保险工作，用好国产首台首套保险风险补偿机制等科技保险产品和服务。

（四）着力推动中央企业国际化经营迈上新台阶

一是要抓住战略机遇加快走出去步伐。中央企业要紧紧抓住难得的重要战略机遇期，服务国家发展战略，加快推进优势产业走出去。要积极参与国家推进"一带一路"、周边"互联互通"、非洲"三网一化"等战略，加快推进重点项目建设，促进相关国家经济社会共同发展。要以高铁、核电、特高压、4G、重大基础设施建设等具有国际竞争优势的产业为依托，带动我国装备、技术、标准、服务、管理走出去，努力打造中国品牌。

二是要创新经营方式提升国际化经营水平。要加大联合出海力度，同行业企业要学会以资本为纽带联合走出去，产业链上下游企业要积极以业务为纽带抱团走出去。发挥重点企业在资本、信息、渠道、人才、管理等方面的竞争优势，服务和带动其他企业走出去。利用已长期本土化经营企业的经验优势，带动其他企业入园经营，形成集群竞争力，降低独自探索经营的风险和成本。鼓励中央企业将工程建设与企业运营有机结合，建营互动，以工程建设的优势带动投资并购的发展。

三是要提升国际化经营风险防范能力。要牢固树立依法合规、守法经营的理念，全力打造国际化经营风险防范的完整链条。要密切跟踪研究国际、地区和国别形势，增强分析判断能力和风险识别能力，深入了解投资国国情和相关法律法规，熟悉、掌握和运用国际市场规则，合理设置股权结构，提高跨国经营管理能力。要重视境外安全和突发事件的管控，建立健全有效应对、妥善处置突发事件的应急预案，确保境外机构和人员安全。

四是要更好履行社会责任。要坚持诚信经营，尊重所在国习俗，保护当地环境，维护当地员工权益。要积极参与社区建设，力所能及地支持所在国社会公益事业和慈善事业，提高本土化率，更好地融入当地社会，树立中国企业负责任的国际形象。要重视与所在国利益相关方和社会各方的沟通，提高与当地政府、媒体、非政府组织打交道的能力。要加强宣传，争取当地广泛的理解和支持，为企业国际化经营营造良好的舆论环境。

2016

CHINA'S STATE-OWNED ASSETS SUPERVISION AND ADMINISTRATION YEARBOOK

中 国 国 有 资 产 监 督 管 理 年 鉴

国有资产监督管理概况

第二篇

国有资产监督管理体制改革和国有企业改革发展综述

2015 年是金融危机以来稳增长形势最严峻、情况最复杂、任务最艰巨的一年。在党中央、国务院和地方党委、政府的正确领导下，各级国资委、中央企业和地方国有企业积极面对复杂多变的国内外形势和艰巨繁重的改革发展稳定任务，凝心聚力抓发展，坚持不懈促改革，始终不渝强党建，保持国有经济整体平稳运行。2015 年，国务院国资委监管的中央企业（以下简称“中央企业”）效益降幅由 1－2 月的 32.4％收窄至年末的 6.9％，扣除石油石化企业因素，中央企业利润增长 7.5％；多数企业效益稳定，106 家中央企业中，99 家企业盈利，37 家企业利润过百亿元，28 家企业效益增幅超过 30％。全国国资委系统监管企业效益同比下降 6.1％，但运行质量指标稳中向好。2015 年上榜《财富》世界 500 强的国资委系统监管企业达到 70 家。

一、着力稳增长、促改革、调结构，国有企业改革发展稳步推进

一是千方百计稳增长，经济实现平稳发展。中央企业普遍建立“一把手”挂帅的稳增长领导小组，将稳增长责任落实到人、任务分解到月，定期约谈督促，严格考核奖惩。各地国有企业结合实际，采取强管理、挖潜力、抓投资、防风险等一系列有力措施促发展、稳增长。中央企业着力创新业务模式，调整优化营销策略，加强与重点客户合作，努力提升市场占有率；综合运用股票市场、产权市场和债券市场，多渠道为发展筹集资金；持续加大成本费用管控力度，大力清理“两金”占用，压缩销售费用和各项非生产性支出，降本节支取得明显成效。国务院国资委和中央企业开展减利大户专项督导、困难企业扭亏脱困、亏损子企业专项治理等工作，取得较好成效。同时，加大高风险业务排查和安全生产督查力度，确保各类风险可控。2015 年，中央企业平均毛利率同比提高 1 个百分点，成本费用利润率同比提高 0.1 个百分点，资产负债率同比下降 0.5 个百分点，“两金”增速同比下降 5.7 个百分点；实现增加值同比增长 2％，上缴国家财政收入同比增长 4.7％，为国民经济稳增长发挥重要支撑作用。

二是坚决贯彻落实中央决策部署，积极稳妥推进改革。按照党中央、国务院统一部署和安排，中央企业和各级国资委积极稳妥、规范有序推进各项改革。重大改革方案制定取得重要进展。《关于深化国有企业改革的指导意见》的出台，标志着新时期深化国有企业改革工作全面启动。“1＋N”文件体系基本制定完成，部分文件印发实施。各地都制定实施一系列改革文件和方案。改革试点工作取得新进展。改组组建国有资本投资运营公司试点稳步推进，国务院国资委选择中粮集团有限公司、国家开发投资公司作为第一批试点企业，并指导企业开展业务结构优化、总部机构调整、管控模式重塑、资本专业化运作等改革工作，取得阶段性成效。有关中央企业稳妥有序推进落实董事会职权、开展市场化选聘和管理经营管理者、发展混合所有制经济等试点工作。各地结合实际开展一系列试点工作，积累有益经验。各地和中央企业积极推进公司制股份制改革，深化企业内部三项制度改革，有序发展混合所有制经济，企业经营机制进一步转换。中央企业规范董事会建设扎实推进，总数达到 85 家。剥离国有企业办社会职能和解决历史遗留问题取得新突破，分离移交“三供一业”工作在多省市有序推进。

三是大力调整布局结构，企业转型升级取得成效。产业升级步伐进一步加快。国有企业大力推动传统产业升级改造，积极发展战略性新兴产业，新的竞争优势逐步形成；加大对长期亏损企业和低效无效资产的处置力度，加快淘汰落后产能，资源更多向优势领域和优势企业集中。并购重组和资源整合力度进一步加大。6 组 12 家中央企业兼并重组，产业协同效应进一步增强；电信铁塔资源深化共建共享，初步

形成以"共享竞合"为核心的铁塔模式。创新能力进一步提升。中央企业持续加强自主创新,持续加大科技投入,大力推进大众创业万众创新;牵头组建141个技术创新战略联盟,发起和参与179支创新发展基金,构建107个创业创新平台,组建青年创新工作室等各类青年创新团队5445个,创造直接经济效益8.13亿元;专利申请和授权量快速增长,取得一批具有自主知识产权和国际先进水平的重大创新成果。国际化经营水平进一步提高。中央企业积极参与"一带一路"建设和国际产能合作,不断拓宽境外经营覆盖区域,创新"走出去"方式,提升全球配置资源能力和风险管控能力,境外业务逐步由能源、矿产资源开发拓展到高铁、核电、特高压等领域。

二、完善国资监管体制,国资监管的针对性、有效性进一步提升

一是简政放权力度进一步加大。国务院国资委全面梳理工作职能,围绕管好国有资本布局、规范国有资本运作、提高国有资本回报、维护国有资本安全,深入研究出资人审批事项清单;全面清理规章规范性文件,宣布废止和失效33件。各地积极探索建立出资人监管权力清单和责任清单,取消或下放一批监管事项。

二是监管方式进一步转变。完善业绩考核,健全激励约束机制,推动业绩考核与财务预算、工资总额预算管理紧密衔接。加强出资人财务监督,启动向中央企业委派总会计师的试点工作。加强产权管理,不断优化产权管理手段,进一步发挥市场配置手段在资源配置中的决定性作用,提高国有资本配置效率;更好运用出资人配置手段,降低国有资本重组整合成本。以问题和风险为导向,持续推动监事会转型调整,进一步增强监督的针对性和有效性,全年累计揭示企业存在的各类问题、风险和线索4000余项;切实加强企业国有资产监督协同,共享监督成果。一些地方探索实施分类监管、分类考核和差异化薪酬分配。

三是经营性国有资产集中统一监管进一步推进。许多地方党委、政府制定专门文件,积极推进将党政机关、事业单位所属企业的国有资本纳入集中统一监管体系,出资人监管全覆盖稳步推进。

三、加强和改进党对国有企业的领导,党组织的政治优势得到进一步发挥

一是"三严三实"专题教育取得积极成效。按照中央统一部署,突出问题导向,贯彻从严要求,坚持专题教育与中心工作相结合,领导有力、组织有序,广大党员干部遵规守纪、廉洁自律的意识不断增强,工作作风和精神面貌有了新的转变。

二是党建工作责任制进一步落实。严格落实从严管党治党责任,认真履行"一岗双责"。研究制定中央企业党建工作责任制相关文件,建立中央企业党委(党组)向国资委党委报告党建工作制度。开展基层党组织书记抓党建述职评议考核试点,加强基层党组织书记示范培训,基层党建工作进一步夯实。不断加大正面宣传和舆论引导力度,国有企业改革发展的舆论环境不断改善。进一步推动群团工作,加强和改进统战工作,完善职工代表大会和厂务公开制度,有效调动各方面积极性。

三是领导班子建设进一步加强。坚持党管干部原则与董事会依法选择经营管理者、经营管理者依法行使用人权相结合,积极开展中央企业高管公开遴选,选人用人渠道不断拓宽,班子结构持续优化。加强日常监督管理和综合考核评价,制定对中央企业领导人员进行提醒、函询和诫勉的操作规程,完善廉洁从业"背书"制度,领导班子整体功能不断增强。

四是党风廉政建设和反腐败工作进一步强化。认真落实"两个责任",严明政治纪律和政治规矩,国有企业领导人员纪律意识、廉洁从业意识进一步增强。持之以恒贯彻落实中央八项规定精神,坚决纠正"四风"。把握运用监督执纪"四种形态",加大纪律审查力度。加强国有企业巡视工作,认真抓好巡视整改,强化巡视成果运用,整改取得积极成效。深化国有企业纪律检查体制改革,反腐倡廉的体制机制进一步完善。

(审稿人:曹如民　撰稿人:吴　哲)

中央企业规划发展工作

2015年是“十二五”中央企业发展战略规划的收官之年。国务院国资委继续贯彻落实十八大及十八届三中、四中、五中全会精神，按照国企国资改革的总体部署要求，继续优化布局结构，完善投资监管，指导企业落实科技创新和国际化经营战略，从整体上进一步提升企业发展的质量和效益，为实现做强做优做大中央企业、培育具有科技创新能力和国际竞争力的跨国公司的目标积极助力。

一、落实国企国资改革任务，推进中央企业结构调整，推动国有资本更好服务于国家战略目标

（一）完成重点改革任务

《推动中央企业结构调整与重组指导意见》（以下简称《意见》）是《关于深化国有企业改革的指导意见》统揽下的“1＋N”文件之一，在前期大量研究工作成果的基础上，牵头完成《意见》起草工作，经国资委全面深化改革领导小组第23次全体会议原则审议通过，并征求国务院国有企业改革领导小组10个成员单位的意见。2015年10月，国务院国有企业改革领导小组第15次会议对《意见》作了研究，提出修改意见；12月，国务院国有企业改革领导小组第16次会议讨论并原则通过《指导意见》。研究制定《国资委监管的中央企业功能界定与分类方案》（以下简称《方案》），是国资委贯彻三中全会精神、对中央企业进行分类监管的基础性工作，根据国务院领导的指示精神，《方案》于2015年6月形成并提交国资委改革领导小组第43次专题会议讨论，在进一步修改完善后于8月经国资委全面深化改革领导小组第23次全体会议原则审议通过。配合发展改革委完成《关于鼓励和规范非国有资本参股中央企业投资项目的指导意见》的研究制定；按照改革办统一安排，完成题为《优化国有资本布局结构，增强国有经济整体功能和效率》的深化国有企业改革解读文章。

（二）做好“十三五”规划的编制工作

一是组织编制中央企业“十三五”发展规划。自2015年2月开始，全面启动中央企业“十三五”发展规划编制工作，先后组织开展21项“十三五”重大专项课题研究，深入9个板块20家中央企业进行调研座谈，在此基础上完成《中央企业“十三五”发展规划基本思路（建议稿）》和《中央企业“十三五”发展规划纲要（初稿）》。二是推动各中央企业和地方国资委制定“十三五”发展规划，组织召开中央企业规划发展工作会议和地方国资委规划发展工作会议，并印发《关于开展中央企业“十三五”发展战略和规划编制工作的通知》，布置中央企业和地方国资委全面开展“十二五”规划执行情况评估和“十三五”规划编制工作，深入研究发展环境，加强对重大问题的调研论证，科学编制中央企业和地方国有企业“十三五”规划发展规划。三是积极参与国家“十三五”规划的研究编制工作，参与发展改革委关于“十三五”规划编制的相关会议，牵头提出国资委拟纳入国家“十三五”规划的基本思路、重大项目、重大工程和重大政策以及本领域“十三五”时期的主要目标。

（三）继续强化中央企业战略规划的日常管理和指导

一是做好滚动规划管理，向中央企业印发《关于认真做好中央企业2015—2017年滚动规划编制工作的通知》，指导中央企业根据自身改革发展实际，全面做好“十二五”规划总结。全年按照年初计划对航天科技等20余家企业的滚动规划进行审核并出具审核意见，就做好战略规划的编制和落地工作进行指导。二是对部分企业业务调整研究提出意见，对港中旅集团退出钢铁业务、招商局与中国移动合作发展移动支付、华润集团将微电子业务作为新业务培育、中航油新加坡公司存在必要性、中核集团和中广核集团成立华龙技术公司等进行研究批复。

(四)对部分涉及中央企业战略发展重大事项进行研究

结合中央企业发展实际,对有关部委转来的包括国家经济安全政策、促进生产性服务业发展、服务贸易业发展协调机制、促进海运业健康发展、物流业三年行动计划、促进互联网产业健康发展、国家集成电路产业发展、我国第四代移动通信发展、“宽带中国”、国家大数据战略及行动纲要、铁矿石进口及安全保障、电动汽车充电基础设施建设、农村电网改造第二批计划、四川达州建设国家天然气综合开发利用示范区、怒江水电开发扶贫措施等国家宏观和行业政策研究提出国资委意见,并在工作中督促中央企业有效落实。

二、加强投资管理,对中央企业重大投资决策履行出资人职责,有效规避投资风险

(一)修订中央企业投资管理制度

系统梳理现行的投资管理制度文件,研究修订《中央企业投资监督管理暂行办法》,围绕以管资本为主加强国资监管的思路,坚持问题导向和目标导向,探索按照信息对称、权责对等的基本原则,创新投资监管方式,明确在实行负面清单管理的基础上将投资决策权授予企业,进一步清晰界定国资委与中央企业在投资管理上的权责边界。该办法正按照国资委领导的指示要求,进一步征求有关方面意见进行完善。

(二)对中央企业重大投资决策履行好出资人职责

一是做好央企投资日常管理工作。对企业2014年投资完成情况和2015年投资计划进行梳理,分行业板块召开投资工作座谈会,提出管理要求,对中央石油石化、电力、煤炭、电信、钢铁、商贸企业季度投资完成情况进行汇总分析。推进中央企业投资管理信息化建设工作。按照国资委内报表整合的总体要求,提出符合投资管理系统需要的投资预算、决算、季度完成情况等报表内容,完善投资报表系统,与评价局一道做好年度投资计划和完成情况数据统计的对接工作。二是对部分中央企业非主业投资项目进行审核。对包括国家电网建设电子商务平台、相关企业参与中国能建和中国通号H股IPO、中铁建投资中信财险、神华重庆电厂利用搬迁土地开发、中国航信在宁夏中卫市投资建设数据中心项目、鞍钢投资广州不锈钢项目、中国工艺设立直投公司、中国铁物设立合资公司、中国铁物所属企业购置办公用房以及建设轨道交通研发基地等近40个非主业投资项目和境外重大项目提出审核意见。三是启动投资后评价工作。开展《中国国电电力工程项目投资后评价》和《中国建材150吨超薄玻璃项目投资后评价》两个课题研究,进一步探索投资项目后评价的有效方式和路径。

2015年,中央企业投资完成3.33万亿元,其中固定资产投资完成2.83万亿元,占我国全社会固定资产投资总额的5.1%;股权投资完成4914亿元,占中央企业全部投资完成额的15%;境外投资完成2995亿元,占中央企业全部投资完成额的9%。

三、推进中央企业科技创新工作,加强中央企业自主创新能力建设,增强企业核心竞争力

(一)推动中央企业实施创新驱动发展战略

一是推动中央企业贯彻落实《关于深化体制机制改革加快实施创新驱动发展若干意见》精神。参与“互联网+”行动计划、创新企业百强工程、区域创新方案等工作的研究部署;组织部分中央企业召开“十三五”科技创新工作座谈会,研讨创新发展思路,组织中央企业开展“十三五”科技创新规划的研究编制工作。二是继续推进中央企业协同创新。推动航天科工、中航工业、国家电网等企业发展工业互联网、能源互联网、智慧城市等产业协同创新平台;继续推进中国钢研与中央船舶企业和石油企业等组建“海洋工程用钢产业技术创新战略联盟”、中国电子与神华集团在信息安全领域的创新合作以及“核电快堆产业技术创新战略联盟”“粉末冶金产业技术创新战略联盟”“碳纤维及其复合材材料产业技术创新战略联盟”等工作。三是推动组建中央企业创新投资基金系,为落实国务院常务会议有关精神和国资委领导指示,在全

面调查中央企业股权投资基金开展情况基础上，研究制定《中央企业创新投资基金总体方案》。创新投资基金系拟由委级母基金、企业间产业发展基金、各企业的创新投资基金三个层次构成。目的是在母基金引导下，通过企业基金突破核心技术短板，通过产业基金突破行业技术短板。

（二）全面推进中央企业"双创"工作

落实《大力推进大众创业万众创新若干政策措施的意见》《加快构建大众创业万众创新支撑平台的指导意见》等文件要求，全面调查中央企业"双创"工作开展情况。研究制定《推动中央企业大众创业万众创新工作实施方案》，向国务院领导报送《国资委推动中央企业"双创"工作情况报告》。在深圳组织召开中央企业大众创业万众创新工作座谈会，组织中央企业考察学习海尔集团"双创"工作活动，参与首届"全国大众创业万众创新活动周"有关工作，与北京市共同研究国资委及中央企业推动北京"双创"工作有关事宜，推动指导中央企业在中关村建立"中央企业创新创业中心"。

（三）指导中央企业加强自主创新能力建设

一是组织中央企业申报"十三五"国家重点研发计划；推荐中央企业申报第三批企业国家重点实验室30个，最终获批19个；协调组织"天地一体化信息技术"等3个定向建设国家重点实验室建设评估工作；组织推荐企业承担国家火炬计划项目、创新方法工作专项2015年度项目；组织推荐52家中央企业的1185名高级专家入选国家科技专家库。二是对中央企业年度科技情况继续进行调查、统计与分析工作，形成《2014年中央企业科技创新总体情况报告》和《2014年中央企业专利情况排序》。三是组织推荐并指导中国电科、中国化工、中交集团等3家中央企业申报2015年度国家科学技术进步奖。择优推荐中央企业22个项目申报第十七届中国专利奖。四是与国家知识产权局加强战略合作，推动中央企业开展专利导航试点工作，参与"全国知识产权运营公共服务平台"建设，研究建立服务于中央企业科技成果转移转化的知识产权交易平台。

（四）中央企业科技创新情况

"十二五"期间，中央企业把强化科技创新能力建设放在更加突出的位置，做了大量卓有成效的工作。

一是研发经费投入稳定增长。中央企业"十二五"期间研发经费累计投入16180亿元，年均增长14.6%。2015年，中央企业研发经费达到3778亿元，占全国研发经费支出总额的1/4。研发经费占营业收入的比重达到1.65%，比2010年增加0.51个百分点，比全国规模以上工业企业研发强度高出近一倍。

二是科技人才队伍不断壮大。截至2015年底，中央企业拥有科技活动人员157万人，研发人员77万人，高级技工与技师242万人，分别比2010年增长20%、42%和17%；拥有工程院院士187人，占全国的22.2%，中科院院士42人，占全国的5.5%。

三是研发体系持续健全。截至2015年底，中央企业拥有各类研发机构2694个，国家级研发平台596个，其中，企业国家重点实验室90个，国家工程技术研究中心95个，国家工程实验室55个，国家工程研究中心54个，国家级企业技术中心302个，境外研发机构73个。同时，中央企业不断加大内部科研机构重组整合力度，加快科技创新步伐。

四是重大科技成果不断涌现。"十二五"期间，中央企业共有450个项目获得国家科技进步奖和技术发明奖，约占全国获奖总数的三分之一。其中，特高压交流输电、高效环保芳烃等11项获得国家科技进步特等奖，占总数的85%；TD－SCDMA通信技术、取向硅钢、罗布泊钾盐生产等49项获得科技进步一等奖，占总数的45%；甲醇制取低碳烯烃等4项获得技术发明一等奖，占总数的1/3。

截至2015年底，中央企业累计拥有有效专利40.4万项，占全国的4%。其中有效发明专利13.2万项，占全国的9%。国家电网、中国石油、中国石化累计拥有有效专利量位列中央企业前三名。2015年，中央企业发明专利的申请和授权数量达到7.1万项和3.3万项，比2010年增加4.4万项和2.5万项，年均增长21.7%和34.4%。

四、推进中央企业“走出去”开展国际化经营，全面提升全球配置资源的能力和水平

(一)推动中央企业国际化经营战略实施

一是组织开展《中央企业“十三五”国际化经营战略研究》，指导中央企业结合“一带一路”、国际产能合作、周边国家互联互通、非洲“三网一化”等国家战略规划，制定“十三五”国际化经营的总体思路，制定和完善国际化经营规划，明确开展国际化经营的重点领域、重点区域和重点项目。二是组织召开推进中央企业参与“一带一路”建设暨国际产能和装备制造合作工作会与宣贯会，交流研讨中央企业参与“一带一路”建设经验，研究部署中央企业国际化经营工作，并邀请发展改革委、外交部、商务部分别就“一带一路”战略内涵、安全防范、国际产能和装备制造合作、海外园区建设等内容进行专题讲解。三是制定政策举措。进一步明确国资委支持中央企业参与“一带一路”建设、推进国际产能和装备制造合作的政策举措，推动中央企业以“一带一路”建设为重点，以国际产能和装备制造合作为平台和抓手，实现国际化经营的转型升级。四是推动成立中央企业国际化经营基金，以市场化方式聚集社会资金和智力，助力中央企业积极参与“一带一路”建设、推进国际产能和装备制造合作，推动国家战略落地。

(二)加强中央企业境外项目管理和协调

组织开展中央企业境外项目信息监测系统开发，实现对中央企业境外项目全覆盖动态监测。初步建立中央企业参与“一带一路”建设数据库，及时掌握中央企业参与“一带一路”建设重点项目进展，帮助企业解决项目推进中的困难和问题。组织开展2014年度中央企业国际化经营评价工作。撰写完成2014年度《中央企业国际化经营报告》，对2014年中央企业国际化经营情况进行摸底调查，了解中央企业国际化经营整体情况、主要趋势性特点以及对国家有关部门的意见和建议。配合有关部门协调中央企业积极有序参与境外重大项目建设，指导企业加强合作，维护良好的境外竞争秩序。

(三)指导央企做好境外安全风险防范和突发事件处置

一是起草《中央企业境外安全风险防控指导意见》，明确中央企业加强境外安全风险防控的指导思想、基本原则和工作目标，梳理归纳加强境外安全风险防控工作的主要内容和工作措施。二是配合国家有关部门赴巴基斯坦实地考察巴国内安全形势，指导在巴中央企业做好安全风险应对工作，有序推进中巴经济走廊项目建设。三是指导有关企业做好安全风险预警和也门遭空袭、尼泊尔地震、马里恐怖袭击等突发事件的应对工作。四是印发《关于加强中央企业境外安全风险防范工作的紧急通知》，指导企业做好新形势下境外安全风险防范工作。

截至2015年底，107家中央企业在境外(含港澳台地区)投资设立境外单位9112户，职工人数38.4万人，其中中方职工人数为6.4万人，境外经营单位资产总额5.1万亿元，负债总额3.8万亿元，净资产13837亿元。“十二五”期间，中央企业境外经营单位资产总额从2.7万亿元增加至5.1万亿元，年均增长14.0%；营业收入从2.9万亿元增加至3.5万亿元，年均增长3.8%；净资产从8089亿元增加至13837亿元，年均增长11.3%。

五、其他重点工作

(一)指导中央企业积极投身国家重大战略

按照国务院有关促投资、稳增长，促进地方经济发展的工作部署，明确要求和指导中央企业积极落实国家发展战略，承担京津冀协同发展、振兴东北老工业基地、产业援疆、西部大开发、长江经济带等区域经济建设重大项目，提高项目建设、投产的速度，尽快转化为生产能力，为促进经济稳定增长发挥积极作用。

(二)积极组织开展央地对接合作活动

2015年，组织开展中央企业与广西、海南、贵州、河北、吉林、山西、湖北、陕西等省区的对接合作活动，以及国资委负责的江西赣南革命老区(章贡区、开发区)的帮扶活动。在对接合作活动中，有关中央企业与地方政府和企业签署“十三五”期间投资合作意向和协议项目累计642项，累计总投资额超过3.65万亿元。

(审稿人：邓志雄　撰稿人：张　蔚)

国有经济及中央企业经济运行情况综述

2015年，国有企业坚决贯彻党中央、国务院各项决策部署，积极应对复杂严峻的经济形势，多措并举稳增长、调结构、促转型、强管理，努力提高发展质量与效益，为国民经济平稳健康发展作出积极贡献。

一、国有经济运行总体平稳

（一）国有经济规模继续扩大

截至2015年底，国有企业资产总额119.2万亿元，同比增长16.4%；负债总额79.1万亿元，同比增长18.5%；所有者权益合计40.1万亿元，同比增长12.6%。国资委系统监管企业资产总额119.9万亿元，比上年增长21.5%；所有者权益总额39.9万亿元，同比增长16.2%，其中，归属于母公司所有者权益30.5万亿元，同比增长14.8%，少数股东权益9.4万亿元，同比增长21%；合并国有资产总量27.8万亿元，增长6.2%；年末从业人员3094.6万人，比上年下降0.2%，年末职工人数2789.9万人，增长2.3%。

（二）经济效益小幅下降

2015年，面对严峻复杂的经济形势，特别是在国际原油等大宗商品价格"断崖式"下跌、工业领域供需矛盾突出的困难局面下，国有企业加快改革步伐，加强市场研判，调整战略导向，强化市场竞争，挖掘内部潜力，努力提质增效，有效遏制经济效益快速下滑的势头。2015年，全国国有企业实现营业总收入45.5万亿元，同比下降5.4%；营业总成本44.5万亿元，同比下降4.8%；利润总额2.3万亿元，同比下降6.7%；上缴税金3.9万亿元，同比增长2.9%。国资委系统监管企业实现营业收入41.6万亿元，比上年下降4.7%；实现利润总额2.1万亿元，比上年下降5.8%；实现净利润1.5万亿元，同比下降7.5%；归属于母公司所有者的净利润9276.9亿元，同比下降9.2%；上缴税金总额3.1万亿元，同比增长0.3%，约占全国税收收入的24.8%。

（三）结构调整稳步推进

2015年，国有企业紧抓"一带一路"、国际产能合作以及周边互联互通、京津冀协同发展等国家战略稳步推进的有利时机，不断优化国有经济布局，推动国有资本更多投向基础设施、优势资源、战略性新兴产业和现代服务业，充分发挥国有企业的示范和带动作用，助力国民经济结构优化和转型升级；大力压减过剩产能，严格按照国家能耗、环保、质量、安全等标准要求，加快淘汰钢铁、煤炭等落后产能；不断加大低效无效资产清理力度，主动退出一批不具发展优势的非主业业务，推动优质资源更多向主业集中；加快重组整合，发挥协同效应，压缩企业管理层级，优化组织结构，不断提高经营效率，全力推进国有经济持续健康发展。

（四）转型发展步伐加快

2015年，国有企业坚持创新发展、安全发展、绿色发展，不断加强科技创新、安全生产、节能减排、环境保护和生态文明建设。2015年，国资委系统监管企业科技资金支出合计6573.5亿元，同比增长4.5%，其中，研究开发费用支出2525.8亿元，同比增长14.5%。截至2015年底，国资委系统监管企业拥有自主知识产权专利57.7万项，其中，2015年新增专利12.5万项。2015年，国资委系统监管企业支出安全生产费用1438.4亿元，支出节能减排费用416.9亿元，支出环境保护及生态恢复费用494.7亿元。

二、中央企业经济平稳运行

2015年是金融危机以来中央企业稳增长形势最严峻、情况最复杂、任务最艰巨的一年。在党中央、国务院的坚强领导下，中央企业主动作为、奋力拼搏，作了大量卓有成效的工作，经济运行总体平稳、符合预期、风险可控。

(一)中央企业基本情况

截至2015年底,国资委履行出资人职责的中央企业共计110家,企业合并重组后比上年减少2家。中央企业年末职工人数1300.3万人,比上年增加19.7万人,增长1.5%;中央企业资产总额47.6万亿元,比上年增加8.9万亿元,同比增长23%;所有者权益15.9万亿元,比上年增加1.5万亿元,同比增长10.8%,其中归属于母公司的所有者权益10.9万亿元,增长5.8%。合并国有资产总量10.9万亿元,增长5.8%。

2015年,中央企业累计实现营业收入22.9万亿元,比上年减少2.2万亿元,同比下降8.8%;实现利润总额12266.4亿元,比上年减少1208.7亿元,同比下降9%;实现净利润8924.6亿元,比上年减少779.6亿元,同比下降8%,其中归属于母公司所有者利润5367.2亿元,比上年减少775.3亿元,同比下降12.6%。

截至2015年底,91家中央企业纳入合并范围的上市公司388户,比上年净增加9户,其中:境内上市公司257户,境内外同时上市公司29户,纯境外上市公司102户;上市公司资产总额29.2万亿元,占中央企业的61.3%,同比增长36.9%;所有者权益总额9.5万亿元,占中央企业的60%,同比增长16.5%;实现营业总收入14.4万亿元,占中央企业的62.8%,同比下降7.3%;实现利润总额9350.4亿元,占中央企业的76.2%,同比下降9%;实现净利润7052.7亿元,同比下降8.8%;年末职工人数719.1万人,同比增长3.2%;年末离退休人员220.9万人,同比增长9.3%。

(二)中央企业经济运行的主要特点

1. 年内效益降幅稳步收窄,多数企业保持平稳增长。2015年,中央企业效益运行轨迹为明显的低开探底、企稳回升,效益降幅由1—2月的32.4%稳步收窄至年末的9%,若剔除受油价冲击严重的3家石油石化企业,其他中央企业效益增长4.7%。110家中央企业中有99家企业实现盈利,72家企业同比增利,54家企业效益增幅超过10%,26家企业效益增幅超过30%。电力、军工、交通运输、建筑行业企业是稳效益的主力,同比分别增利360.8亿元、292.1亿元、154.8亿元、131亿元,同比分别增长16%、29%、66.7%、11%。

2. 运行质量有所改善。2015年,中央企业成本费用总额21.9万亿元,比上年下降8.2%,其中销售费用6543.6亿元,同比下降11.4%;成本费用利润率5.6%,同比基本持平;应收账款增长率2.5%,增速同比回落10.1个百分点;存货增长率9%,增速同比回落1.8个百分点;带息负债比率41.2%,同比下降9.2个百分点;资本化利息支出1210.3亿元,同比下降2.7%;经营活动产生的现金流量净额25681.7亿元,同比增长11.4%。

3. 生产经营平稳受控。重点监测的中央企业26项生产经营指标中,有15项实现同比增长,其中,房地产签约销售面积、航空运输总周转量和机车签订订单合同额等3项指标同比增速超过10%,分别为16.2%、12.1%和11%。能源供给基本稳定,2015年,中央企业原油产量32799.7万吨,同比增长4.4%;成品油产量27382.7万吨,同比增长2.5%;成品油销量30978.1万吨,同比增长1%;天然气产量1720.9亿立方米,同比增长4.4%;天然气销量1956.4亿立方米,同比增长18.2%;原煤产量78274.9万吨,同比下降7.9%;商品煤销量80181.4万吨,同比下降14.1%;发电量35084.3亿千瓦时,同比下降1.7%;售电量42328.5亿千瓦时,同比下降0.3%。原材料供需延续降势,钢材产量10776.6万吨,同比下降12.6%;钢材销售量10481.7万吨,同比下降14.4%;乙烯产量1704.5万吨,同比增长2.0%;尿素产量795.3万吨,同比增长0.5%;水泥产量32203.6万吨,同比下降3.5%;氧化铝产量1741.0吨,同比增长5.5%;电解铝产量610.7万吨,同比下降6.2%。航空、水运运量保持稳定增长,航空企业运输总周转量623.5亿吨公里,同比增长12.1%,增速回落0.3个百分点,其中,客运总周转量451.2亿吨公里,同比增长12.9%,货物运输总周转量172.3亿吨公里,同比增长10%;水运企业运输总周转量36332.6亿吨海里,同比增长5.6%。汽车产销有所放缓,汽车产量

948.0万辆，同比下降1.7%；汽车销量955.3万辆，同比增长0.3%。建筑、房地产企业保持快速增长势头，建筑企业新签合同额54942.8亿元，同比增长9.5%；房地产签约销售面积5383.1万平方米，同比增长16.2%；房地产签约销售额6819.5亿元，同比增长26.1%。

4. 发展新动能不断积聚。2015年，中央企业大力发展新兴产业，不断加大对互联网、智能制造、核电、高铁、航空航天装备、新一代信息技术、节能环保、高技术船舶和海洋工程装备等战略性新兴产业的投资力度；深入开展“双创”活动，力促“互联网+”与企业创新紧密结合，全面提升科技创新能力。2015年，中央企业科技资金支出4935.7亿元，同比增长7.5%，其中，研究与开发费用支出1817.9亿元，同比增长16.7%。截至2015年底，中央企业牵头组建141个技术创新战略联盟，发起和参与179支创新发展基金，构建107个创业创新平台，专利申请和授权量快速增长，在军工、石油石化、电力等关系国家安全和国民经济命脉的重要行业和关键领域，取得一批具有自主知识产权和国际先进水平的创新成果。2015年度国家科技奖励中，44家中央企业获得86项科技奖励，占获奖总数的34%，其中，国家技术发明奖20项，国家科技进步奖66项。2015年度中国专利奖中，45家中央企业获得127项专利奖，其中，获得专利金奖7项，专利优秀奖118项。

5.“走出去”步伐不断加快。中央企业不断拓宽境外经营覆盖区域，在保持和巩固亚洲、非洲等传统市场优势的同时，不断加大美洲、欧洲等发达国家市场的拓展力度。截至2015年底，107家中央企业在境外（含港澳地区）设立境外单位9112户，其中，境外子企业5792户，境外机构3320个；中央企业境外经营单位资产总额5.1万亿元，同比增长4.8%；所有者权益1.4万亿元，同比增长1.4%。境外资产规模超过350亿元、跨国化指数排名前15位的中央企业境外资产总额3.4万亿元，占全部境外资产的65.3%。中央企业持续推进产品结构优化和业务转型升级，海外能源资源开发，高铁、核电、特高压等高端装备出口以及对外承包工程增势良好，中一白工业园区、巴基斯坦瓜达尔港、希腊比雷埃夫斯港等一批重点项目建设稳步推进。2015年，中央企业原油海外权益产量11728.7万吨，同比增长7.3%，占中央企业原油产量的35.8%；天然气海外权益产量402亿立方米，同比增长11.8%，占中央企业天然气产量的23.4%。2015年，中央建筑企业海外新签合同金额7686亿元，同比增长14.6%，其中新签亿元以上合同金额6346.1亿元，同比增长11.9%。

6. 对国民经济的支撑作用进一步增强。中央企业对财政收入和就业的贡献保持稳定，2015年，中央企业实际上缴税费总额19745.3亿元，在营业收入下降8.8%的情况下，上缴税费降幅仅为1.9%；百元营业收入贡献税费8.6元，是地方国企的2倍，是民营企业和外资企业的3倍；截至2015年底，中央企业职工人数1300.3万人，同比增长1.5%。中央企业坚持底线思维，持续加强安全管理，不断加大安全生产投入，全年支出安全生产费用784.3亿元，增长6.1%。2015年发生较大生产安全事故19起，死亡78人，同比分别减少13起和58人，未发生重大及以上生产安全事故，取得国资委成立以来最好的安全生产业绩，与“十一五”末相比，事故起数下降40.6%，死亡人数下降42.6%。中央企业节能减排工作成效明显，在推动全社会节能减排和环境保护工作中的表率作用进一步增强，全年实现万元产值（可比价）综合能耗同比下降7.5%，氮氧化物、二氧化硫、氨氮、化学需氧量排放量分别下降27.2%、20.6%、10.5%和7.9%。中央企业广泛参与社会公益事业，积极规范有序地开展对外捐赠工作，2015年，中央企业对外捐赠支出33.1亿元，增长4.4%。

（三）存在的突出矛盾和问题

1. 市场冲击不断加剧。大宗商品价格深度下滑冲击企业效益。2015年，国际原油平均价格同比下跌46.1%，环渤海动力煤价格同比下跌18.2%，CSPI（中国钢协钢材价格指数）同比下跌27.4%，主要有色金属价格持续低位震荡。受此影响，中央石油石化、煤炭企业同比分别减利1731.4亿元、366.7亿元，利润降幅分别为46.9%、57.1%；冶金行业企业亏损207.7亿元，同比增亏51.2亿元。汇市波动加剧，企业汇兑损失风险加大，2015年，中央企业汇兑损失376.4亿元，同比增长49.4%。

2. 价格政策对企业效益产生较大冲击。下调能源、通信等行业产品和服务价格,总体上有利于降低国民经济运行成本,但对相关中央企业效益影响巨大。2015 年,火电上网价格下调影响中央电力企业效益 350 亿元左右,工业用气价格下调影响石油石化企业效益超过 100 亿元,电信业取消京津冀漫游资费和实施"提速降费"、流量当月不清零等电信业政策调整影响企业效益超过 419 亿元。

3. 稳收入、稳投资的难度不断加大。受供需矛盾突出、产品价格下行等因素影响,中央企业营业收入全年负增长,企业盈利空间持续收窄,其中,增收较为困难的石油石化、矿业、冶金等行业企业营业收入同比分别下降 27.6%、26.1%、16.7%。在传统产业收益率下滑、新兴领域前景不明的情况下,企业投资意愿不强、投资渠道不畅的问题凸显,2015 年,中央企业固定资产投资 25009.7 亿元,同比下降 3.3%,持续 9 个月负增长。

(审稿人:王少飞　撰稿人:邓　宇)

企业国有资产监管法治建设

2015 年,国务院国资委全面贯彻落实党的十八大和十八届三中、四中、五中全会精神,深入学习贯彻习近平总书记系列重要讲话精神,按照全面依法治国和深化国有企业改革要求,紧紧围绕国有资产监管中心任务,以全面推进依法监管、依法治企为主线,稳步开展法治建设各项工作,国有资产监管法治建设工作取得积极进展和明显成效。

一、强化对重点改革任务的支撑保障

起草完成重点改革文件。起草《关于加强和改进企业国有资产监督防止国有资产流失的意见》(以下简称《监督意见》),经中央全面深化改革领导小组讨论通过,以国务院办公厅文件形式印发。配合财政部起草完成《国务院关于改革和完善国有资产管理体制的若干意见》(以下简称《体制意见》),围绕重大原则问题,多次进行沟通,充分反映国资委意见,确保完善国有资产管理体制的正确方向。

做好改革文件宣传解读。起草完成《以管资本为主加强国有资产监管 为发展壮大国有经济提供坚强保障》《以管资本为主加强国有资产监管》两篇署名文章,分别以国资委党委中心组、张毅主任名义刊发于《人民日报》、五中全会辅导读本;围绕《监督意见》《体制意见》的贯彻落实,先后起草完成国资委领导专题发言、新闻通稿、宣传要点、背景文章等 7 篇近 10 万字文稿。研究形成《关于"以管资本为主加强国有资产监管"的初步研究》的课题报告。先后到宁夏、广西、福建、广东等地宣讲完善国有资产管理体制等改革文件。

做好重大改革方案的法律审核把关。对健全境外国有资产监督体系、混合所有制企业实施员工持股试点、进一步完善国有企业法人治理结构方案、国有资本投资运营公司试点方案和在中央企业开展委派总会计师试点等 20 余项国企国资改革方案进行深入研究,提出法律意见。

推动国资委机关简政放权。研究推动职能梳理和调整优化工作。按照国务院简政放权放管结合优化服务工作领导小组办公室的要求,研究制定国资委工作机制和实施方案。

二、健全完善国资监管法规制度体系

全面开展国资监管规章规范性文件清理工作。系统梳理国资委 2003—2014 年现行有效的规章规范性文件,建立清理工作机制,明确清理范围、标准和实施步骤。按照立法与改革协同推进的原则,重点对不符合改革方向、不适应以管资本为主加强国有资产监管要求、与上位法律法规不一致的 350 件规章规范性文件进行全面清理,宣布废止 9 件、失效 24 件、拟予以修改 30 件。

深入推进国资监管重点立法。研究编制国资委 2015 年度立法工作计划,突出保障改革立法需求,加强立法计划的组织落实。出台《关于全面推进法治央企建设的意见》《关于国有企业功能界定与分类的指导意见》等规范性文件 12 件。全年审核规章规范性文件71件次，提出审核修改意见230多条，采纳率达到90%。截至2015年底，国资委现行有效规章27件，规范性文件301件。

积极参与国家立法。2015年，办理立法办件171件次，同比增长9%。通过参与《证券法》《海洋环境保护法》《预算法实施条例》等法律法规的制定修订工作，积极反映国资委意见，为国企改革发展营造良好法律环境。作为起草组成员单位，配合有关部门开展国家豁免立法和特许经营立法工作。

认真开展第一、二批国务院文件清理工作。牵头或协调有关部门对225件国务院文件提出初步清理意见，顺利完成国务院文件清理工作阶段性任务。

三、深入推进中央企业法治建设

加强顶层设计推动力度。印发《关于全面推进法治央企建设的意见》，提出法治央企建设的总体目标和主要任务。组织召开国资委系统法治工作座谈会，张毅主任出席会议并作重要讲话，对国资委系统做好依法治企和依法监管工作提出明确要求。组织召开中央企业法治工作会议，深入分析中央企业法治工作面临的新形势和新任务，提出"十三五"时期企业法治工作的基本思路和重点任务，对全面打造法治央企作出全面部署。

加强企业法律顾问队伍建设。配合国务院法制办研究起草《关于在行政机关和国有企业事业单位推行法律顾问制度的指导意见》，开展企业法律顾问制度与公司律师制度比较研究等课题，为完善法律顾问制度提供政策和理论支撑保障。推动开展企业法律顾问职业岗位等级资格评审，对9户中央企业和3个省评审的1072名企业法律顾问进行审核。建立中央企业涉外法律人才库，评选表彰"六五"普法先进单位和先进个人、"十佳百优"(总)法律顾问、法律事务先进工作者，充分调动广大法律工作者的积极性。

积极促进中央企业法治工作交流学习。分行业、分片区召开6次中央企业交流座谈会。建立中央企业法治建设优秀案例库，发布第一批50项案例。编发5期关于企业法治工作简报，建立"法治央企"微信群，编印中央企业法治工作通讯录，促进中央企业之间沟通交流。

指导协调中央企业反垄断审查和重大法律纠纷案件。指导铁塔公司组建、南北车合并等多项中央企业并购重组涉及的反垄断审查工作。协调处理中央企业重大法律纠纷案件32件，涉案金额43.5亿元。通过中国建材输美石膏板系列诉讼、美公民沃特斯诉中国政府及北方公司等大案要案以及中国铁物等困难企业诉讼案件的协调，为中央企业抓发展、稳增长服务。完成"融资性贸易的法律风险防控及管理""为中央企业稳增长创造良好的政策法律环境"课题研究。

四、深化指导监督地方国资工作

充分发挥综合归口职能。组织召开全国国资委系统指导监督工作座谈会暨研讨培训班，全面部署国资委系统政策法规和指导监督工作，围绕国企改革"1+N"系列文件对省级和部分地市级国资委进行系统培训。编制国资委2015年度指导监督工作计划，全面了解各地国资监管工作情况，协调做好地方经验交流有关工作。

强化政策法规专项指导监督。分片召开覆盖全部省级国资委的调研座谈会，了解掌握地方国资监管工作动态，形成《关于地方国资委推动完善国资监管体制机制、调整优化监管职能情况的专题报告》。加强地方国资委规范性文件备案工作。对地方推动落实国有重点企业法制工作第三个三年目标情况进行调研了解，通过简报等方式指导推动。

健全指导监督工作交流机制。2015年，编发6期《指导监督地方国资工作简报》，编印《2014年度地方国资委工作总结汇编》《2014年度地方国资委规范性文件选编》。建立课题共同研究机制，组织9个省市国资委就推动企业国有资产集中统一监管、地市国资监管机构建设、县级国有资产监管、地方国有企业依法治企等四方面重大问题开展研究。创新全国国资委系统信息化沟通手段，建立地方国资监管微信交流平台，促进工作交流。

五、认真做好涉外谈判对话及法律事务工作

积极参与国企议题涉外谈判对话。参加第16～22轮中美投资协定谈判、第4～7轮中欧投资协定谈判、第17轮WTC《政府采购协定》(GPA)谈判，以及

第7轮中美经济对话、第26届中美经商贸联委会、第6次中英经济财金对话、第3次中法高级别经济财金对话，努力维护国家和企业的核心利益，为国有企业“走出去”争取良好的外部政策法律环境。编印《国资委涉外谈判对话工作手册》。完成“中美投资协定谈判涉及国有企业负面清单有关问题”课题研究。

妥善应对有关国有企业涉外法律事务。组织中央企业对澳大利亚、加拿大、日本等18个世贸成员进行贸易政策审议，帮助协调欧盟光伏产品、输美轮胎等反倾销、反补贴调查案件以及国家安全审查、反垄断审查等政策法律问题。

指导督促中央企业加强国际化经营中的法律风险防范。召开中央企业参与“一带一路”建设法律风险防范工作视频会，举办三期以此为主题的法治讲堂。组织部分中央企业对境外业务较为集中的白俄罗斯、沙特、埃及等9个国家的政策法律环境开展系统化研究，编写《“一带一路”沿线国家法律风险防范指引》。

（审稿人：郭祥玉　撰稿人：杨　泰）

企业国有产权管理工作

2015年，产权管理认真落实党中央、国务院关于国企国资改革发展战略部署，迎难而上，着力促改革、稳增长、调结构、强监管，为完善国资监管体制，做强做优做大国有企业作出重要贡献。

一、坚决贯彻落实党中央、国务院国企国资改革部署，积极参与制定“1＋N”改革方案，有序有力推动混合所有制改革试点工作

按照党中央、国务院统一部署和安排，认真落实，主动作为，稳妥有序推进发展混合所有制经济等改革工作，取得积极成效。

（一）改革制度设计取得突破

按照重点任务分工，国务院国资委积极认真地参与国企国资改革文件的研究和起草，与国家发展改革委共同牵头制定《关于国有企业发展混合所有制经济的意见》，并于2015年9月由国务院正式印发，明确国有企业发展混合所有制经济的总体目标和基本原则，提出分类分层推进和鼓励各类资本参与混合所有制改革、建立健全混合所有制企业治理机制和建立依法合规的操作规则等主要措施。按照《意见》要求，国务院国资委进一步研究细化混合所有制改革的组织领导、操作流程、审批权限和工作要求，起草《关于中央企业开展混合所有制改革有关事项的通知》，拟作为《意见》的配套落实文件发布。

（二）混合所有制改革扎实推进

一是了解、掌握中央企业混合所有制改革现状，为决策提供支撑。根据发展改革委、财政部、国资委《关于规范国有企业混合所有制改革的通知》精神，国务院国资委主动对112家中央企业的混合所有制改革工作进行全面摸底调查，包括研究论证混合所有制改革方案、正确把握混合所有制改革方向、落实国有资产管理相关制度、防止国有资产流失和维护职工利益、稳妥开展混合所有制试点和探索、问责改革过程中违法转让和侵吞国有资产行为等方面，形成《关于中央企业规范混合所有制改革相关工作进展情况的报告》，为下一步混合所有制改革深入推进提供有力决策参考。二是指导推进中国建材和国药集团开展混合所有制改革试点。督促两家试点企业加强组织领导、细化完善试点方案，多次现场调研了解工作进展和存在问题，及时协调解决。中国建材、国药集团制定试点企业职业经理人和市场化劳动用工制度，形成职业经理人和员工薪酬管理、长期股权激励方案。中国建材开始在中国建材股份有限公司实施全级次职业经理人制度，国药集团在国药控股股份有限公司全面推行“能上能下、能进能出”的市场化用人机制。三是稳妥有序推进重点领域的混合所有制改革工作。积极参与中国石化在油品销售板块引入社会资本方案设计，协调有关部委，关注舆情动向，加强正面引导，中国石化顺利实现引资1050亿元，加快市场化改革步伐，既改善企业资本结构，放大国有资本功能，也为企业实现年度稳增长目标提供坚实保障，为重点领域探索混合所有制改革积累经验。

二、不断创新和完善产权管理方式和手段，进一步增强服务大局和中心工作的能力

2015年，产权管理努力调整工作思路、大力推动工作转型，不断创新与完善产权管理方式和手段，在改进和夯实基础工作的同时，积极主动运用产权管理手段与市场平台服务大局和中心工作的意识和能力得到增强，由侧重把关防止流失，切实转向确保规范与提升价值并重，国有资产管理根基更加牢固。

（一）产权管理工作体系日趋完善

一是管理职责更加清晰。国务院国资委对2003年以来出台的产权管理相关5个国资委令、42个配套规范性文件进行全面梳理，提出清理意见，拟废止、宣布失效和修订23件，并制定上报国资委产权局出资人审批事项清单、出资人检查事项清单等，行权履职边界更加清晰。二是管理制度更加健全。按照以管资本为主加强国有资产监管的要求，根据中央全面深化改革领导小组的工作部署，在充分调研、广泛听取意见基础上，国务院国资委起草企业国有资产交易监督管理办法和上市公司国有股权监督管理办法，对重要部门规章3号令和19号令及其配套文件进行修订完善，按照分级分类监管的原则进一步下放审批权限，转变监管方式，加大市场化配置资源的力度。两个新制度出台后，可基本实现将市场能办的事项都交给市场，将依法应由企业自主经营决策的事项还权于企业，将延伸到子企业的管理事项原则上归位于一级企业。中粮集团进一步细化产权管理流程，实现操作流程标准化。三是信息化平台更加完备。按照简政放权、放管结合的原则，着手升级完善上市公司国有股权管理、中央企业资产评估管理信息和企业国有产权交易监测等三个信息系统，在减少审批事项的同时将产权管理工作全部纳入信息系统进行全过程监督。同时，启动整合现有信息系统建设统一的产权管理信息平台工作，努力打造产权形成、运营、流转的事前、事中、事后全过程动态闭环监管工作平台。四是队伍建设更加优化。国务院国资委举办一期中央企业和两期省级国资委培训班，培训1000余人次。对地方的培训中首次举办地方国资委分管产权管理工作委领导参加的高级研修班，分析形势、研讨工作、交流经验，参训人员层次更高，加入国务院国资委落实"一带一路"和"中国制造2025"战略的工作思路和推进中央企业参与"一带一路"建设的工作举措等，培训内容更加丰富，为地方谋划和开展本地区工作提供参考，有力促进地方产权管理工作水平的提升；对央企的培训中采取案例教学方式，针对产权管理中的重点难点问题，通过具体案例讲解产权管理制度，并引入其他相关监管部门和中介机构参与培训，大大增强针对性和实用性，培训效果更加突出。

（二）产权登记、资产评估工作日益扎实

一是大力加强产权登记管理和成果运用。随着国有企业改革发展，产权结构日趋复杂，企业组织形式不断创新，产权登记在摸清企业家底，理顺产权关系，夯实管理基础方面发挥着重要作用，产权登记信息也是企业资本运作，推进布局和结构调整，实现管理提升的基础。国务院国资委在2014年产权登记核查试点工作经验基础上，制定2015—2017年全面开展中央企业核查工作方案，指导中介机构创新核查方式，探索通过工商登记数据验证产权登记数据完整性，完成对30户企业的核查工作，核查结果通报全部中央企业。从核查结果看，中央企业和各地国资委的产权登记法定职责意识进一步加强，产权登记数据质量有较大提升。同时，积极指导企业在研究制定混合所有制改革、结构调整、重组整合方案等工作中充分运用产权登记数据，企业在数据运用方面的意识和能力得到很大提高。二是进一步完善资产评估管理。资产评估在国企改革发展中发挥价值门槛作用，为防止国有资产流失，维护国有资本安全提供坚强保障。为进一步强化资产评估管理，国务院国资委拟订规范中央企业评估机构选聘、推动资产评估结果公示和建立评审专家库等制度，落实对违法违规评估机构的责任追究，发挥评审专家在提升资产评估质量方面的作用，增强各利益关联方对资产评估工作的监督力度，使资产评估管理工作提升到一个新的高度。同时，在对投资价值类型评估理论和实务进行的专项研究基础上，2015年形成20余万字研究成果并出版，基本形成投资价值评估理论体系和实务应用框架，为国有企

业并购重组合理确定价值、防止国有资产流失、完善评估管理提供科学依据和理论支持。全年中央企业开展资产评估项目3941项，累计增值5980亿元，平均增值率达到58.1%，资产评估发现价值、防止流失功能得到有效发挥。

（三）资本市场建设取得新进展

一是产权市场功能不断完善。国务院国资委积极推动产权市场服务国企改革，从最初实现产权转让进场交易，到推动大宗实物资产进场交易，再到新的企业国有资产交易监督管理办法中推进企业增资扩股进场交易，产权交易市场功能得到极大拓展。同时，通过积极努力和争取，产权市场作为资本市场的定位也在国企改革"1＋N"文件中得到明确。2015年，一批企业实现通过产权市场开展增资扩股，为市场功能拓展积累有益经验。积极参与研究整合建立统一公共资源交易平台工作，明确产权交易机构在平台中的地位作用，印发《关于贯彻落实整合建立统一公共资源交易平台　加强国有产权交易监管有关事项的通知》，指导各地国资委积极参与本地区整合建立统一的公共资源交易平台的方案制定和平台整合工作。二是股票市场发展基础更加牢固。国务院国资委推动国有控股上市公司充分发挥骨干和中坚作用，联合证监会发布文件，鼓励上市公司通过实施兼并重组、加大现金分红力度及适时回购股份等措施提升价值，推动国有控股上市公司做强做优做大，夯实股票市场稳定健康发展基础；与22个部门共同签署备忘录，加大对违法失信上市公司的联合惩戒，共同维护市场秩序。三是债券市场运用更加充分。在经济下行压力加大，企业面临融资难、融资贵复杂局面的情况下，国资委积极创新非上市公司融资方式，协调全民所有制企业在交易所市场发行公司债券，努力提高企业直接融资比重，降低融资成本。同时，积极开展境外资本市场交流合作，除建立与港交所、证监会的定期工作机制外，2015年还与新加坡交易所联合举办"新加坡融资平台——行业专题暨'一带一路'宣讲会"，组织部分中央企业参加南非约翰内斯堡交易所中国推广活动，进一步增强中央企业对境外资本市场的了解，开拓国际化经营视野，拓宽境外融资渠道，提高中央企业参与实施"一带一路"等国家战略的能力。

特别是2015年下半年以来股票市场出现异常波动，在党中央、国务院的正确领导下，国务院国资委积极采取措施参与股市维稳，反应迅速、措施有力，树立国有企业在资本市场的正面形象，为维护股市稳定、防范系统性金融风险作出重要贡献。

三、用好用活产权管理手段和资本市场平台，努力为中央企业稳增长、调结构、转方式作贡献

2015年，国务院国资委紧紧围绕中央企业稳增长、调结构、转方式大局，努力创新工作理念和方式，指导企业通过资本运营提升效益，促进产业结构调整优化和发展方式转变。

（一）制定稳增长工作方案，狠抓落实

根据《国资委2015年抓发展、稳增长工作实施方案》明确的任务分工，国务院国资委按照抓两头、促中间原则，制定促进中央企业稳增长工作方案。按照工作方案，2015年上半年分别约谈27家重点企业，下半年召集涉及亏损上市公司的34家中央企业开会，要求企业逐户拿出亏损上市公司扭亏增盈方案，指导督促企业采取组合措施做好增量、盘活存量、主动减量，为稳增长作出积极贡献。

（二）灵活运用产权管理手段，向重组整合要效益

一是指导中央企业优化股权结构、盘活存量资产，如指导中国石油对其境内、外管道资产进行整合，通过资产剥离、股权转让、资产置换等方式，境外管道资产整合实现现金收入245亿元，其中利润200亿元；境内管道资产股权调整通过评估增值并重新合并报表实现利润230亿元。二是推动中央企业协议转让上市和非上市公司股份，如指导华侨城集团转让所持中国国旅股份有限公司股份，实现收入26.9亿元，其中利润26亿元；中国电子协议转让所持中国电子投资控股有限公司股权，实现收入9.2亿元，其中利润4亿元。三是推动中央企业无偿划转非上市公司股权，如指导港中旅集团将所属国丰钢铁控股权划转给河北省国资委，在退出产能过剩钢铁行业的同时，实现

减亏14亿元；鞍钢将所持天津鞍钢天铁冷轧薄板有限公司部分股权无偿划转至天津市国资委，实现减亏5亿元。为推动央企重组整合，国务院国资委全年批复国有产权无偿划转、协议转让、资产置换128项，通过上述股权处置或重组，一年来实现利润508亿元、减亏22亿元。

（三）综合运用资本市场平台，向市场要效益

一是指导中央企业做好股票市场融资工作，全年通过IPO、增发、发行优先股等方式筹集资金1682亿元，通过上市公司市值管理获得现金收入1020亿元。二是指导中央企业创新债券融资方式、提高直接融资比例、做好资产证券化工作，全年通过债券市场发行各类债券融资21277亿元。三是指导中央企业通过产权市场处置各类产权、资产累计776亿元，实现增值104亿元。其中，处置低效无效资产和辅业、亏损企业回笼现金收入366亿元。同时，推动中央企业通过产权市场增资扩股累计融资20亿元。通过上述市场融资和资产转让，全年实现股权和资产转让收入2133亿元、股本融资1702亿元、债券融资21277亿元。

（四）加大资源优化配置力度，促进调结构转方式

一是以上市公司为平台优化资源配置，提升产业竞争力。2015年，中央企业以上市公司为平台整合内外部资产1118亿元。在中国海运和中国远洋合并重组过程中，国务院国资委指导企业对两集团按业务板块进行专业化整合，形成金融、集装箱、码头等专业化上市平台。二是创新产权配置理念与方式，促进转型升级。指导招商局集团通过所属非上市公司蛇口工业区吸收合并上市公司招商地产实现自贸区板块的整体上市，创新商业地产和工业地产协同发展模式；宝钢积极吸引钢铁生产商、贸易商入股，构建开放性全国钢铁电商平台，探索互联网＋产业链金融模式。三是统筹国际国内两个市场、两种资源，推动境内产业转型升级。指导中国化工适时将近年来并购的饲料、农药、轮胎等境外资源注入境内上市平台，实现境内外产业、市场、管理等全方位整合，通过导入境外高端优势产业来改造提升国内产业水平。

（审稿人：谢　军　撰稿人：陈佳玲）

中央企业财务监督工作

2015年，中央企业财务监督工作，积极贯彻落实十八届三中、四中、五中全会和国资国企改革“1＋N”文件精神，紧紧围绕各项工作部署和要求，在全力以赴稳增长的基础上，不断夯实财务基础管理，有效管控各类风险，深化审计监督，稳妥推进各项改革，财务监督工作体系日益创新和完善。

一、多措并举稳增长，全力推动中央企业增收节支

（一）推动中央企业全面开展增收节支

印发《关于进一步做好中央企业增收节支工作有关事项的通知》（国资发评价〔2015〕40号），从统一认识树信心、开拓市场抓机遇、精益管理控成本、压缩开支降费用、高效融通用资金、效益为先配资源、盘活存量提效能、多措并举治亏损、强化组织抓落实九个方面提出明确要求，并按照“可操作、可量化、可检查”的标准，组织对中央企业增收节支工作方案进行逐户审核和反馈；结合财务动态监测工作，及时跟踪了解重点企业增收节支工作方案落实情况，编辑整理典型经验和成功做法，加强宣传示范，充分发挥先进企业的引领带动作用，促进中央企业整体降本增效。

（二）推动中央企业全面开展“两金”压降

印发《关于中央企业开展两金占用专项清理工作有关事项的通知》（国资发评价〔2015〕82号）和《关于加强中央企业往来款项管理有关事项的通知》（国资厅评价〔2015〕707号），明确提出各中央企业“两金”压降目标和具体工作要求，按照“压存量、控增量”工作原则，要求中央企业加强往来款项管理，加大催收清欠力度，并对部分行业“两金”压降及往来款清理工作进行专项督导。通过“两金”压降工作，中央企业2015年末“两金”占流动资产比重同比下降0.8个百分点，经营活动现金流状况明显改善。

（三）协调推动大幅降低财务公司存款准备金率

为落实关于加大金融支持实体经济发展力度的工作部署，积极配合人民银行 2015 年 6 月 28 日大幅定向降低财务公司准备金率政策，印发《关于用好定向降准政策 更好地发挥财务公司功能作用的通知》（国资发评价〔2015〕86 号），召开中央企业财务公司专题工作会议，要求中央企业用好定向降准政策，充分发挥财务公司专业优势，助力集团应对下行压力，努力降本增效。截至 2015 年底，财务公司存款准备金率由年初的 14.5％降至 8％，为中央企业释放盘活大量资金，节约大量融资成本。

二、围绕稳增长中心工作，深入开展预算管理

（一）完成 2015 年财务预算审核，不断强化预算前瞻指导与执行分析

结合国资国企改革，2015 年研究探索以管资本为主国资监管方式下的预算管理方法，初步提出预算分类前置指导、充分发挥董事会及预算管理委员会作用、提升预算管控工作针对性等工作思路，完成全部中央企业 2015 年度财务预算审核工作，提出促进中央企业稳增长的有关建议并逐户反馈企业。建立重点企业经济效益定期监测分析机制，结合企业月度财务快报，加强对企业预算执行情况的跟踪监测工作，并随财务动态按月反馈企业，按季度进行综合分析并实施滚动预测，通过重点企业监测和约谈机制，督促企业落实预算审核意见。

（二）提前谋划，布置全面预算管理工作

为更好地发挥全面预算管理的功能，研究印发《国资委关于 2016 年度中央企业预算编制工作的指导意见》（国资发评价〔2015〕20 号），及时明确 2016 年度预算编制工作指导思想，修改完善报表及软件，在投资领域、敏感性分析、增收节支、“两金”压降、亏损治理等方面提出新的要求，并进一步完善投资、薪酬等监管报表统一平台、统一部署的预算监管方式，召开视频会议布置 2016 年预算编制与管理要求。

三、持续改进决算管理方式，增强财务决算功能作用

（一）完成 2014 年度财务决算审核清算工作

根据分类审核工作要求，研究确定 2014 年度中央企业财务决算审核重点和关注的问题，建立与决算主审会计师事务所问题沟通机制，提高审核效率效果；逐户核实业绩考核清算结果，撰写决算审核分析报告和批复，分析企业 2014 年度经济运行和财务绩效变动情况，确认主要经营指标，提出需要整改的问题及要求，并完善问题整改落实结果反馈机制。2014 年度 112 家中央企业实现营业总收入 25 万亿元，比上年增长 2.8％；实现利润总额 1.3 万亿元，比上年增长 2.6％；平均国有资产保值增值率为 107.5％，96 家企业实现国有资产保值增值；上缴税金总额 2 万亿元，比上年增长 4.4％，占全国财政收入的 14.3％，积极履行社会责任；截至 2014 年底，中央企业资产总额 38.7 万亿元，比上年增长 10.4％。

（二）完成 2015 年度财务决算布置工作

为做好 2015 年度中央企业财务决算工作，制定印发《关于做好 2015 年度中央企业财务决算管理及报表编制工作的通知》（国资发评价〔2015〕155 号），召开决算布置与报表培训视频会，要求企业围绕改革发展中心工作，充分发挥财务决算功能，强化稳增长重点工作执行效果分析，加强绩效管理，突出价值提升；强调在经济下行时期，要高度重视经营风险防范工作，以问题为导向，以落实整改为抓手，持续推进管理水平提升，确保稳健经营。

（三）开展财务绩效评价工作

一是组织测算并公开出版 2015 年版企业绩效评价标准值，并收录国际标准和金融企业标准，为社会各界开展企业绩效评价提供服务。二是推动中央企业开展内部各级子企业财务绩效评价工作，各中央企业在自评的基础上，开展内部各子企业财务绩效、各类重要财务指标的评价分析工作，揭示经营管理短板，提出改进绩效的建议，撰写财务绩效综合评价报告。三是组织完成全部中央企业 2014 年度财务

绩效评价工作。运用统一测算的标准值，依据经审核的财务决算，对全部中央企业财务绩效进行逐户评价和分析，将评价结果以及需要改进的问题与企业财务部门进行沟通并随决算正式回复企业。四是组织撰写企业评价结果通报，分析中央企业绩效改进情况、存在的问题以及改进财务绩效的有关要求，印发各企业。

(四)强化财务决算管理功能

一是要求中央企业本着夯实“基本功”、提升“附加值”的原则，着力抓好决算管理工作“五结合”，充分发挥决算管理在夯实经营成果、落实降本增效措施、清查核实资产分布结构与运行效率、推动经营管理问题整改等方面的功能。二是继续坚持问题导向，关注投资回报、“两金”占用、特殊业务和特殊子企业、经营风险等重大事项，及时揭示内部控制薄弱环节，狠抓决算反映问题的督促整改机制。三是加强决算审计质量管理，推动承担决算审计任务的中介机构不仅关注会计信息质量，还应关注直接影响企业健康发展的重大经营事项。

四、加强企业动态监测工作，完善数据共享机制

(一)紧密结合经济形势，深入开展企业动态监测工作

针对复杂多变的经济形势，紧扣保增长大局，深入开展企业动态监测工作，实现财务快报提前收集和中央企业全级次报送，快报内容根据监管工作重点设计修改，报表结构得以优化，突出动态监测工作时效性、针对性和有效性；快报分析重点从集团延伸到重点子企业，突出收入、效益、成本费用、负债、现金流、应收账款、存货等重点指标及改进措施的多维度分析，重点关注盈亏大户效益波动原因与影响，组织撰写月度和季度动态监测分析50余期，以及重点企业、重点行业效益专项报告，中央企业盈利结构、债务结构等专项分析报告。

(二)初步搭建三套报表体系，统一管理监管数据，建立数据共享机制

为更好发挥数据基础支撑作用，对国资委各类业务监管报表进行系统梳理和分布整合，初步搭建决算、预算、动态监测三套报表体系，实现财务、投资、薪酬、考核、资本收益等监管数据的统一管理，有效减轻企业负担，推动报表整合工作向管理型、时效性和主动性转变。完善国有企业财务统计数据网络查询系统，构建国资监管大数据，深化国资委财务数据共享机制，实现关于中央企业、地方监管企业、国资委系统监管企业和全国国有企业2003—2014年度主要财务指标等公共数据查询功能，以及中央企业成本费用、固定资产投资、人工成本、国有资本收益等专项业务数据查询功能，实现财务、监管数据的互联互通。

五、积极融入国资国企改革，优化重大财务事项管控

(一)推进总会计师委派试点

根据国企改革工作要求，国资委从建制度、立规范入手，打牢基础，研究探索并稳步开展中央企业总会计师委派试点工作，制定印发《关于在中央企业开展总会计师委派试点工作的意见》(国资发评价〔2015〕175号)，对总会计师的委派方式、任职资格、岗位职责、职业准则、履职管理等提出明确要求，为总会计师委派奠定基础制度规范。

(二)继续加大大宗商品贸易风险管控力度

一是结合2014年度决算对中央企业大宗商品贸易进行专项审核，再次全面排查大宗商品贸易业务，并对日常监督过程中新发现从事融资性贸易业务的企业以及风险敞口大幅扩大的企业，汇总典型案例，分批在中央企业进行通报，以达到教育和警示作用。二是对个别融资性贸易业务风险形势依然严峻的企业进行跟踪督导，跟踪企业落实处理情况。

(三)结合简政放权工作调整重大事项监管方式

一是贯彻落实国务院关于简政放权、推进职能转变的工作部署和国资国企改革“三个归位”要求，将境外商品衍生业务、改制上市财务审计报告等4项审批备案事项下放企业董事会，并结合董事会职权改革试点工作，将对外担保、对外捐赠和债务风险管控等3

项备案事项授予4家试点企业董事会。二是加强简政放权后续管理，印发《关于取消中央企业境外商品衍生业务核准事项的通知》（国资发评价〔2015〕42号），研究制订加强后续监管的十条措施；印发《关于中央企业对外捐赠管理有关事项的补充通知》（国资发评价〔2015〕41号），调整中央企业对外捐赠的备案管理范围和方式，进一步明确有关信息公开、报表报送等要求；与民政部联合出台《关于支持中央企业积极投身公益慈善事业的意见》，支持中央企业积极开展救灾、扶贫、教科文卫等公益慈善事业，探索开展慈善救助的新方法、新路径。

（四）组织开展各项财税政策协调工作

一是就电信企业"营改增"实施过程中出现的问题向国务院报告，并协调财税部门对存在的遗留问题进行重新解释界定；指导建筑企业做好"营改增"相关工作。二是分析建筑企业质保金等各类保证金情况上报国务院，并持续跟进有关政策改革进展。三是做好企业重组涉税、军品增值税等事项的协调工作。四是会同税务总局组织召开面向"走出去"大型国有企业国际税收宣讲会，帮助企业做好应对准备工作。

六、强化审计监督管理，完善问题督促整改机制

（一）稳步开展经济责任审计

一是坚持离任必审与任期审计相结合，按计划组织开展12家中央企业负责人经济责任审计工作，并探索开展企业主要领导人员同步经济责任审计工作。二是改进经济责任审计工作机制，组织国资委经济责任审计领导小组会议，完善经济责任审计报告汇报制度，形成工作合力。三是研究制定和完善经济责任审计计划管理、费用预算等相关工作规范，进一步规范和强化经济责任审计工作组织。四是强化国资委经济责任审计联动机制，科学合理制定审计计划和审计重点，加强审计成果共享，努力实现一次审计解决多个问题，提高审计工作的针对性和审计工作效率。

（二）完善监督问题督促整改机制

对审计、巡视、监事会发现和移交问题，按照"资金资产损失未追回不放过、责任人未追究处理不放过、长效机制未建立健全不放过"的原则，逐户跟踪落实，逐项评估整改效果，健全问题整改闭环管理体系。根据分类处理的原则，重大问题逐项核实有关情况并督促企业整改落实，一般问题随决算批复、审计意见一并要求企业落实整改，对中央首轮专项巡视发现的问题，逐户约谈企业明确整改要求，逐项评估企业整改措施和效果并反馈巡视整改领导小组办公室。

为提升中央企业财务监督工作水平，国资委坚持不断增强服务意识，做好税收、财金等政策的沟通协调工作，帮助企业做好重大经营事项的应急处理，促进中央企业做强做优、科学发展。

（审稿人：邹红兵　撰稿人：郭　彧）

全国国有企业资产与财务状况分析

2015年，全国国资委系统监管企业[①]（以下简称"国资系统监管企业"）认真贯彻落实党中央、国务院决策部署，牢记使命，坚定信心，主动作为，积极应对经济下行压力，努力克服各种困难，深化改革，调整结构、转型升级、创新发展，全力开展提质增效工作，总体经济运行平稳，为国民经济持续健康发展作出积极贡献。

一、生产经营运行平稳，经营实力总体稳定

2015年，国资系统监管企业积极应对大宗商品价格暴跌、部分产业产能过剩等不利影响，强化经营管理，大力开拓市场，加大成本费用管控，重点行业稳产

① 全国国资委系统监管企业包括国务院国资委监管企业和地方各级国资委监管企业。

稳销，经济运行指标稳中向好，全年实现营业收入41.6万亿元，比上年下降4.7%。从隶属关系看，中央企业实现营业收入22.9万亿元，比上年下降8.8%，占54.9%，有56家企业营业收入超过千亿元，其中有3家企业超过2万亿元；地方监管企业实现营业收入18.8万亿元，比上年增长0.8%，占45.1%，其中实现营业收入超过万亿元的地区有6个。美国《财富》杂志公布的世界500强企业中，有69家国资系统监管企业上榜，其中：中央企业有50家上榜，有3家企业入围前五名；地方监管企业有19家上榜。

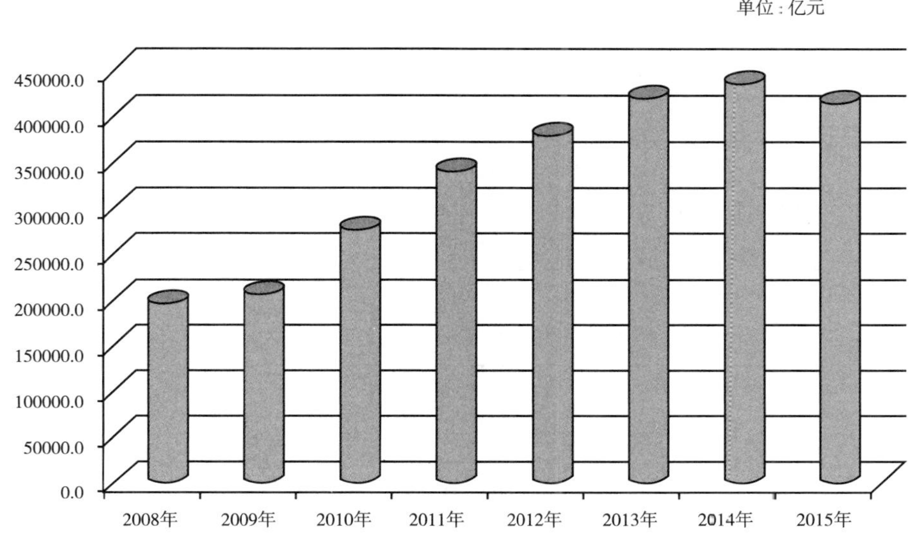

图1　2008—2015年国资系统监管企业营业收入增长变化

二、国有资本总量保持增长，顺利完成保值增值任务

国资系统监管企业着力推动实体产业发展，增强经营积累能力，扩大有效投资，国有资产规模进一步壮大，国有资本质量稳步提高。2015年末，国资系统监管企业国有资本总量合计27.8万亿元，比上年增长6.2%，其中：企业经营积累增加1.4万亿元；因国家追加投资、资本溢价、无偿划入等客观因素增加2.2万亿元；因无偿划出、自然灾害损失、上缴国有资本经营收益等客观因素减少0.4万亿元。扣除客观增减因素后，2015年国资系统监管企业平均国有资本保值增值率104%。从隶属关系看，中央企业2015年末国有资本总量10.9万亿元，比上年增长5.8%，平均国有资本保值增值率105.9%，高于国资系统监管企业平均水平1.9个百分点，有40家企业保值增值率超过110%；地方监管企业2015年末国有资本总量16.9万亿元，比上年增长6.6%，平均国有资本保值增值率102.7%。

三、整体效益小幅下滑，多数企业实现效益增长

2015年，国资系统监管企业实现利润总额20887.5亿元，比上年减少1280.7亿元，下降5.8%；实现净利润14875.2亿元，比上年下降7.5%，其中：归属于母公司所有者的净利润9276.9亿元，比上年下降9.2%。2015年实现盈利的企业有7.9万户，盈利面63.5%；实现利润比上年增加的企业有6.7万户，占全部国资系统监管企业的53.9%。从隶属关系看，中央企业实现利润12266.4亿元，比上年下降9%，占58.8%，其中实现盈利的企业有99家，利润超过100亿元的企业有37家；地方监管企业实现利润8611.1亿元，与上年基本持平，占41.2%，其中实现利润超过100亿元的地区有16个。从行业看，电力、建筑、交通运输等行业经济效益保持较快增长态势，电力企业发电量和售电量保持稳定，实现利润5648.4亿元，

同比增利725.3亿元，增长14.7%；邮电通信企业实现利润4471.5元，同比增利431.3亿元，增长10.7%；交通运输企业实现利润2064.5亿元，同比增利306.3亿元，增长17.4%；建筑施工企业实现利润2419.5元，同比增利207.3亿元，增长9.4%。2015年，地方监管金融企业实现利润2429.9亿元，占全部地方监管企业实现利润的28.2%。

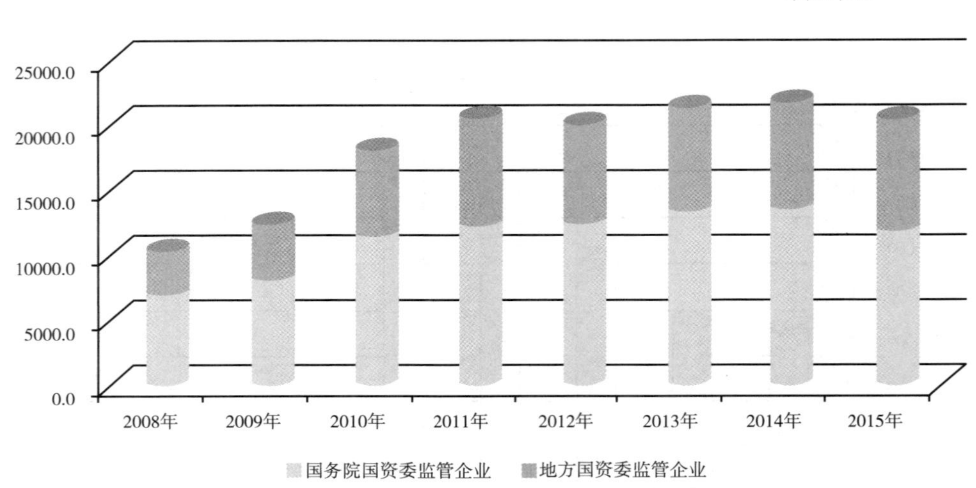

图2　2008—2015年国资系统监管企业利润构成及增长变化

四、职工队伍保持稳定，薪酬水平小幅增长

2015年，国资系统监管企业在提供社会就业机会、提高职工工资水平的同时，更加注重提高职工队伍整体素质和增加职工福利保障。2015年末，国资系统监管企业从业人员数3094.6万人，与上年基本持平；年末职工人数2789.9万人，同比增长2.3%。从隶属关系看，中央企业年末职工人数1300.3万人，比上年增加19.7万人，增长1.5%，占国资系统监管企业职工人数的46.6%；地方监管企业年末职工人数1489.6万人，比上年增加42.3万人，增长2.9%，占比为53.4%。2015年，国资系统监管企业实际发放职工工资总额2.2万亿元，比上年增长7.6%；职工人均工资8万元，比上年增长5.1%；支付职工培训费用221.3亿元。2015年，国资系统监管企业为职工缴纳"五险一金"6895.1亿元，比上年增长9%，其中：基本养老保险3216.8亿元，比上年增长9.1%，基本养老保险覆盖面(参加保险职工人数占年末职工人数的比例，下同)93.5%；基本医疗保险1351.1亿元，比上年增长11.7%，覆盖面97.7%；失业保险211.2亿元，覆盖面91.1%。2015年，国资系统监管企业为离退休职工支付养老金及福利性补助692.5亿元，比上年增长10%。

五、社会贡献进一步扩大，努力实现综合价值最大化

2015年，国资系统监管企业实际上缴税费总额(含中央企业上缴的专项收益)3.2万亿元，占全国财政收入的21%，比上年增加1592.7亿元，增长5.2%。从隶属关系看，中央企业上缴税费总额20931.5亿元，比上年增长4%，占国资系统监管企业上缴税费总额的65.3%，其中上缴税费超过百亿元的企业有35家；地方监管企业上缴税费总额11102.2亿元，占34.7%。2015年，国资系统监管企业持续加强自主创新，加大科技投入，大力推动大众创业、万众创新，创新体系建设不断完善，科技创新成果不断涌现。2015年，国资监管企业科技支出6573.5亿元，比上年增长

4.7%。截至2015年底，国资系统监管企业拥有自主知识产权的专利数量57.7万项，其中：2015年新增12.5万项。国资系统监管企业在保持生产经营稳步发展的同时，牢固树立可持续发展理念，强化安全生产管理，加大环境保护投入，加大技术改造力度，积极推进节能减排，更好地实现绿色、可持续发展。2015年，国资系统监管企业支出的安全生产费用1438.4亿元，支出的节能减排费用416.9亿元，支出的环境保护及生态恢复费用494.7亿元。

六、国资系统监管企业经营发展应关注的一些问题

(一)部分行业产能过剩，投资规模持续收缩

冶金、煤炭、建材等产能严重过剩，市场需求持续低迷，商品与服务价格持续疲弱，行业普遍亏损，并逐步向下游行业传导。受此影响，国资系统监管企业营业收入出现下滑，固定资产投资增速回落。2015年，冶金行业营业收入同比减少6988.2亿元，降幅17.9%，固定资产投资额下降10.6%；煤炭行业营业收入同比减少3754亿元，降幅21.3%，固定资产投资额下降48.5%；建材行业营业收入同比减少674.4亿元，降幅11.5%。

(二)汇兑损失影响加大，税收负担依然较重

2015年，我国进出口持续低迷，外汇储备大幅下降，加上美联储再度加息预期等多重因素影响，人民币对美元贬值超过6个百分点。受此影响，2015年国资系统监管企业汇兑净损失628.6亿元，同比增加611.6亿元，影响国资系统监管企业效益2.9个百分点。2015年，国家为减轻企业负担、释放活力，陆续出台一系列减税政策，一定程度上缓解企业经营压力，但国资系统监管企业税收负担依然较重，全年上缴税费3.2万亿元，相当于同期利润总额的153.4%，百元营业收入支付的税费7.7元，同期全国规模以上工业企业为4.5元，民营企业为3.3元。

(三)“两金”占用继续增长，资金成本处于高位

受部分行业市场需求不足、产能严重过剩影响，部分企业产销衔接不畅、回款不及时等问题依然突出，存货与应收账款占用规模居高不下。2015年，国资系统监管企业“两金”占用规模合计高达20.9万亿元，同比增长10.2%，“两金”占流动资产的比重为40.1%。煤炭、建材、冶金、石油石化、交通运输等行业“两金”增幅高于收入增幅，仓储、房地产、机械、建筑、电子、商贸等行业“两金”占流动资产比重超过30%。2015年末，国资系统监管企业借款金额24.6万亿元，同比增长8.8%，借款规模进一步扩大；全年利息支出1.2万亿元，相当于利润总额的55.7%，比上年增长2.8%；已获利息倍数2.8，比上年下降0.2，其中，有2.3万户企业已获利息倍数比上年下降。

（审稿人：郭红兵　撰稿人：王友叶）

中央企业兼并重组工作

2015年，国务院国资委按照党中央、国务院关于深化国有企业改革、做优做大做强国有企业的战略部署，积极稳妥推动中央企业兼并重组工作。通过强强联合式重组、专业化资源整合、企业间业务合作、对外并购等多种方式，国有资本更多地向重要行业和关键领域集中，中央企业资源配置得到进一步优化，竞争实力得到进一步增强。

一、稳妥推进中央企业重组

2015年是中央企业重组调整的重要一年，完成中国南车与中国北车、中电投与国家核电、中国远洋与中国海运、中国五矿与中冶集团、招商局集团与中国外运长航、南光集团与珠海振戎6对重组，中央企业由112户调整至106户。

(一)中国北方机车车辆工业集团公司(以下简称“中国北车”)与中国南车集团公司(以下简称“中国南车”)重组

南北车重组是近年来央企重组的代表性案例，涉及资产规模大、职工人数多，尤其是上市公司整合横

跨沪港两个资本市场，影响因素复杂，操作程序繁琐，市场风险较高。在国资委的积极指导下，两企业精心组织、统筹谋划，前后历时一年，完成工作机构组建、重组方案制定、上市公司合并、反垄断审查、集团层面重组等工作，2015 年 9 月 28 日，中车集团正式挂牌，标志着南北车重组圆满完成。

中国南车、中国北车是 2000 年 9 月在原中国铁路机车车辆工业总公司基础上分别组建而成的中央企业，在近年来轨道交通行业快速发展的大背景下，两企业实现较快发展，营业收入连续多年居于全球同行业前列，已成为全球知名的轨道交通装备制造企业。但同时，两企业也存在重复投资、过度竞争、研发力量分散等突出问题，既影响行业和企业的持续健康发展，也不利于中国装备“走出去”等各项战略的有效实施，需要切实加以解决。

两企业重组，一是有利于避免企业间的过度竞争等问题，遏制由于重复建设造成的投资浪费、产能过剩、资源利用效率不高，以及由于恶性竞争带来的竞相压价、效益下滑、利润损失等问题，推动我国轨道交通装备行业健康有序发展。二是有利于发挥协同效应，培育打造具有世界水平的跨国公司，提升企业在技术研发、产品生产、品牌建设、市场销售以及国际化经营等方面的整体实力，打造具有世界水平的跨国公司。三是有利于促进产业发展，推动我国轨道交通装备产业向产业链、价值链高端迈进，重点突破核心关键技术，推动我国由制造大国向制造强国迈进。

（二）中国电力投资集团公司（以下简称“中电投集团”）与国家核电技术有限公司（以下简称“国家核电”）重组

国资委在会同国防科工局、能源局深入研究的基础上，形成《关于我国核能企业重组调整的意见》，明确中央核能企业重组调整具体方案，提出推动国家核电与中电投集团实施重组。

中电投集团组建于 2002 年，是在原国家电力公司部分企事业单位基础上组建的重要发电企业，2006 年国家决定其可控股运营核电站。中电投集团业务板块包括发电（火电、水电、核电、风电、光伏）、煤及煤化工、铝业、金融、物流、电站服务等，拥有 5 家 A 股上市公司和 2 家 H 股上市公司。国家核电组建于 2007 年，是国家确定的三代核电技术 AP1000 引进、消化、吸收和再创新平台。国家核电由国务院持股 66%，中电投集团、中国核工业集团公司、中国广核集团有限公司各持股 10%，中国技术进出口总公司持股 4%。

两企业实施重组的具体方案是，将国务院持有的国家核电 66%的股权无偿划转给中电投集团持有，重组后的中电投集团更名为国家电力投资集团公司，成为国家电投的控股子企业。

两企业均为涉核企业，所属行业特殊，重组意义深远重大。一是有利于维护和保障国家能源安全、实现国家能源战略。核电在保障国家能源安全、调整能源结构、应对气候变化、促进经济增长等方面，发挥着越来越重要的作用。两企业重组将加快形成具有自主知识产权的三代核电技术，有利于赢得全球核电技术竞争的主动权。二是有利于建立适度竞争、规范有序的核电行业秩序和核电市场格局。两企业重组是对我国核工业体制做出的适当调整，有利于培育具有较强竞争能力的核电企业，构建规范有序、合理分工、相对集中、适度竞争的核电产业格局。三是有利于推进中央企业资源整合、打造世界一流核电企业。国家核电在核电设计研发、建设管理等方面具备人才和技术优势，但以往主要靠国家资本金投入和国家财政拨款，自身没有融资能力和厂址资源，不足以支撑 AP1000 技术再创新和 CAP1400 示范工程建设等后续发展。中电投集团拥有资金实力、厂址资源、国际化经验，但缺乏必要的技术支撑。两企业合并可以实现优势互补，打造具有国际竞争力的世界一流核电企业，为我国三代核电技术持续创新和“走出去”提供保障。

（三）中国远洋运输（集团）总公司（以下简称“中远集团”）与中国海运（集团）总公司（以下简称“中国海运”）重组

中远集团和中国海运的重组是 2015 年中央企业“强强联合”式重组的代表案例。两企业重组操作程序复杂，涉及资产量大、员工众多，市场风险较高。特别是两企业的上市公司采取资产置换方式，在央企重组中尚属首例，通过精心制定交易方案，打造集装箱事业群、航运金融事业群、液体散货航运事业群等 3

个上市平台，这一方案获得股东大会的高票通过。

中远集团成立于1961年，总部设在北京，主营业务包括集装箱、油品、干散货、液化天然气（LNG）等海上运输，以及船舶制造与修理、物流、码头及运输相关配套服务等。控股中国远洋、中远投资、中远太平洋、中远国际、中远航运5家境内外上市公司。中国海运于1997年由上海海运、广州海运、大连海运等5家交通部直属企业组建而成，总部设在上海，主营业务包括集装箱、油品、干散货、LNG等海上运输，及航运金融、物流、码头、船舶修造等。控股中海集运、中海发展、中海科技等3家境内外上市公司。

作为两家航运行业的领军企业，中远集团和中国海运的重组，是贯彻落实国务院稳增长调结构战略部署的重大举措，也是应对全球竞争、打造世界水平跨国公司的战略选择。

重组前，两企业的航运主业规模实力与世界航运巨头存在较大差距，且同质化发展、重复投资、无序竞争等问题日益突出，这些问题亟需通过重组得以解决。两企业重组，一是能够做强做优航运主业、打造世界水平跨国公司，迅速形成规模效益，增强航运主业的竞争实力，加快形成具有国际竞争力的世界一流航运企业，有效提升我国企业在国际航运市场的话语权和影响力，能够迅速形成规模效益，增强航运主业的竞争实力，加快形成具有国际竞争力的世界一流航运企业，有效提升我国企业在国际航运市场的话语权和影响力。二是通过整合优化船舶、航线、服务网络、物流基础设施、信息系统等资源，发挥协同效应，降低运营成本，重组能够优化业务结构、完善产业链条，加快发展码头、物流、修造船、货物代理、航运金融等相关业务，增强综合服务能力，为中央企业稳增长调结构转方式作出贡献。三是有利于服务国家战略、保障国家安全，增强中央航运企业规模实力，形成辐射能力更强、竞争优势明显的全球服务网络，为贯彻落实“一带一路”、建设海洋强国、推进国际产能和装备制造合作等国家战略提供有力支撑。

（四）中国五矿集团公司（以下简称“中国五矿”）与中国冶金科工集团有限公司（以下简称“中冶集团”）重组

中国五矿成立于1950年，是专门从事五金矿产品进出口业务的外贸企业。通过战略转型，已发展成为以贸易为基础、以资源为依托的综合性金属与矿产企业集团。主营业务包括金属矿产品勘探、开采、冶炼、加工、贸易，以及金融、房地产、矿冶科技等。中国五矿控股7家上市公司。中冶集团是全球最大的冶金建设运营服务企业，占全球冶金建设市场60%以上份额，主营业务包括建筑工程，相关工程技术研究、勘察、设计、服务与专用设备制造，金属矿产品开发利用、房地产开发经营等。中冶集团控股中国中冶、锌业股份2家上市公司，其中中国中冶为A+H股上市公司。

两企业重组方式是以无偿划转方式将中冶集团整体划入中国五矿，成为其全资子公司，中冶集团不再作为国资委直接监管企业。

两企业重组的意义在于，一是有利于优化资源配置，提升企业核心竞争力。中国五矿具有资源开发运营以及金属矿产品流通服务方面的综合优势，中冶集团拥有矿山勘查、工程设计与建设的综合能力，重组有利于形成集资源获取、工程设计、项目建设、开发运营及产品流通为一体的全产业链综合服务能力，加快打造具有国际竞争力的世界一流金属矿产集团。二是有利于强化资源控制与开发能力，更好保障国家资源安全。重组能够增强企业规模实力，优化矿产资源品种布局，有效保障我国对金属矿产资源的需求，切实维护国家资源安全。三是有利于形成优势互补，更好贯彻落实国家重大战略。重组能够将中国五矿在海外的品牌优势、网络优势、人才优势、商务优势与中冶集团工程设计、工程承包、项目建设、开发运营等优势紧密结合，带动国内钢铁、有色金属等产业实施产能转移与结构调整，带动基础设施建设、装备制造行业企业共同“走出去”，为落实“一带一路”、推进国际产能和装备制造合作等国家战略提供有力支撑。

（五）招商局集团有限公司（以下简称“招商局集团”）与中国外运长航集团有限公司（以下简称“中国外运长航”）重组

招商局集团成立于1972年，总部设在香港。主营业务包括交通运输及相关基础设施建设、经营与服务，金融资产投资与管理，房地产开发经营。控股7

家境内外上市公司。中国外运长航于2009年由中国对外贸易运输(集团)总公司与中国长江航运(集团)总公司合并成立,总部设在北京。主营业务包括物流及船舶代理、货运代理、快递、货物运输等综合服务,相关基础设施建设、经营以及水上运输、船舶制造及修理。控股3家境内外上市公司。

两企业的重组方式是将中国外运长航整体并入招商局集团,成为招商局集团全资子公司,中国外运长航不再作为国资委直接监管企业。

重组前,两企业在物流、航运等领域建立良好的业务合作基础。两企业重组,符合转型升级、提质增效的内在要求,对于提高企业竞争力、更好贯彻落实国家战略具有重要意义。一是有利于发挥协同效应,提高企业市场竞争力,两企业具有较强的战略协同性和业务互补性,重组后将通过全面整合,着力发展综合物流、能源运输、散货运输、装备制造、园区开发等业务,打造具有国际竞争力的世界一流企业。二是有利于落实创新驱动发展战略,推动产业优化升级,重组将实现招商局集团的金融服务能力、中国外运长航的跨境电子商务网络与两企业的核心业务有机结合,创新商业模式,拓展产业空间,提升两企业在全球价值链中的位置。三是有利于优化资源配置,服务于"一带一路"国家战略。招商局集团在"一带一路"沿线15个国家和地区投资28个港口,中国外运长航也与400多家全球知名物流服务商建立战略合作伙伴关系,重组有利于通过衔接招商局集团的港口资源与中国外运长航的物流网络,提升企业"一带一路"沿线服务保障能力,助推国家"一带一路"战略实施。

(六)南光(集团)有限公司(以下简称"南光集团")与珠海振戎公司(以下简称"珠海振戎")重组

南光集团成立于1985年,是唯一一家总部设在中国澳门特区的中央企业,主营业务为商品贸易、酒店旅游、地产开发经营、综合物流服务等。珠海振戎成立于1994年,注册地在珠海,是具有原油国营贸易进口经营权资质的中央企业之一,主营业务为原油、成品油及石油制品的进口和转口贸易。

两企业的重组方式是,新设中国南光集团有限公司作为两企业重组后的母公司,将国资委持有的南光集团股权和珠海振戎划转到新公司,南光集团和珠海振戎不再作为国资委直接监管企业。

两企业重组,一是有利于增强南光集团的规模实力,加大在澳门特区民生保障、公共事业、基础设施、能源供应等方面的投资力度,更好服务于澳门特区经济。二是有利于珠海振戎做大做强现有原油贸易业务,并借助澳门特区良好的金融环境和贸易政策,实现持续健康发展。三是有利于推动两企业优化资源配置,加快转型升级,打造具有较强控制力和影响力的综合性企业。

二、推进中央企业之间的资源整合与合作

国务院国资委贯彻落实国务院关于转变发展方式、优化调整布局结构要求的重要举措,采取多项措施、多种方式,积极探索推进中央企业之间资源联合、整合与合作,不断提高中央企业运行效率,增强中央企业的核心竞争力。

2014年以来,为解决中央电信企业之间的重复建设、资源浪费等问题,国资委积极推进中央电信企业基础设施资源整合,组建成立铁塔公司。2015年,在以往工作的基础上,国资委继续推进铁塔公司的组建和改革工作。铁塔公司自2015年1月起全面承接新建铁塔,11月全面接收三家电信企业的存量铁塔资产,并同步引入中国国新作为战略投资者。国资委指导铁塔公司探索新体制、新机制,初步形成以"共享竞合"为核心的"铁塔模式"。

三、规范和引导中央企业有效实施并购

中央企业2015年对外并购呈持续下滑趋势,实施257宗并购,同比下降34.60%,交易金额1293.64亿元,同比下降45%。但同时,在实施对外并购中更加注重战略指引、更加注重后期整合,并购的质量和水平明显提升。

一是更加注重国家战略导向。在实施对外并购中,中央企业认真贯彻落实党中央、国务院的各项战略部署,在扎实推进"一带一路"建设、周边国家互联互通、国际产能与装备合作等方面,发挥重要作用,体现国家使命和责任担当。2015年,中央企业在"一带

一路”区域实施的并购占海外并购总金额的93.8%。以企业为例，中国石化收购新加坡樟宜机场航煤仓储公司股权项目，中广核集团并购马来西亚埃德拉全球能源公司电力项目公司股权，华电集团收购马来西亚哈帝加娜瓜沙股权项目，不仅是企业拓展国际市场、加快海外产业布局的重大成果，也是中央企业贯彻落实国家“一带一路”战略的重要举措。

二是更加注重提升核心能力。经过多年以扩大规模和获取市场为主要动因的并购后，中央企业更加注重通过并购获取关键技术、核心资源，培育核心竞争优势，特别是经营发展压力不断增大的背景下，开展高质量并购成为企业实施提质增效、转型升级的重要手段。2015年，以获取技术、品牌、拓展新业务为动机的中央企业并购数量占比，分别由2014年的10.69%、6.62%、11.96%上升到2015年的14.79%、13.23%、14.01%。从企业看，许多中央企业通过实施有效并购，提升企业核心竞争力。

三是在并购区域上，更加注重向发达国家聚集。近年来，随着中央企业继续大规模进行海外并购，央企的“走出去”，已经从传统意义上的以产品贸易、工程建设为主，转向以获得关键技术、品牌和资源为主。从区域上看，2015年中央企业在欧洲的交易金额537亿元，占海外并购交易总额比例达到63.16%。欧洲是先进工业技术、高端服务业品牌的聚集地，在欧洲等传统发达经济体地区并购金额的大幅增加，一定程度上标志着中央企业并购质量和水平的不断提升。

四是在并购效果上，更加注重做好后期整合。从调查情况看，越来越多的中央企业更加重视后期整合，制定专门并购管理办法和并购评价制度，明确整合流程、规范整合操作的企业数量不断增加。中粮集团2014年收购来宝农业49%股权后，发现制约开展深度整合的瓶颈是与小股东难以协调，经多次沟通仍难达成一致。最终，中粮集团决定以较低价格收购来宝农业剩余51%股权，确保能够对其进行彻底整合，为中粮集团的产业布局奠定坚实基础。

2015年中央企业对外并购卓有成效，但仍存在一些突出问题，需要引起重视。一是融资手段仍较单一。2015年，自有资金和银行贷款支付占央企并购交易金额比例高达90.32%。二是并购能力有待提升。近年来，石油石化、冶金、矿业等中央企业的海外并购，屡屡被媒体报道高位接盘、带来较大损失，一定程度上说明一些企业对宏观形势的判断、对并购时机的把握、对并购风险的防控等方面，能力仍存在许多不足。三是高负债企业的并购风险仍然较大。国资委明确要求，纳入国资委债务风险监控范围的中央企业，原则上不得实施造成资产负债率上升的并购项目。高负债企业的并购活动正在减少，但部分企业依然活跃。

针对中央企业并购情况及存在的问题，一是将鼓励和支持中央企业开展有效并购，支持中央企业加大在关键技术、核心资源、知名品牌等方面的并购力度。二是进一步做好对高负债企业并购的管控，通过事前审核、加强督查等方式，引导中央企业建立健全并购制度，做好前期尽职调查和后期评价，切实防范并购风险，实现企业健康持续发展。三是切实提升央企海外并购的能力和水平，指导中央企业高度重视海外并购的风险，加强风险研判，提升并购能力，在时机把握、交易架构、融资方式、后期整合等关键环节，切实采取有效措施，确保海外并购不产生系统性风险。

（审稿人：白英姿　撰稿人：王晓方）

中央企业董事会试点进展情况

2015年，随着《党中央 国务院关于深化国有企业改革的指导意见》正式颁布，以及《关于在深化国有企业改革中坚持党的领导加强党的建设的若干意见》《中国共产党党组工作条例》等文件的陆续出台，有关完善公司法人治理结构、建设规范董事会主要内容的改革拉开序幕，健全国有企业法人治理结构，重点是推进董事会建设，目标是建立权责对等、运转协调、有效制衡的决策执行监督机制。国有企业“1+N”系列文件，对国有企业董事会建设再次进行具体部署，董事会建设置于国有企业改革中的突出位置，在进一步落实相关改革举措上，把落实董事会职权作为第一项。2015年,党中央国务院对中央企业完善现代企业制度、健全国有企业法人治理结构进行重大部署,明确以建设董事会为重点,围绕充分发挥董事会作用、提高董事会运作效率的改革方案开始制订,落实董事会职权、顺畅治理主体工作关系等具体措施逐步开展,中央企业董事会建设工作取得新的进展。

一、研究制定制度文件,对完善国有企业法人治理结构、建设规范董事会工作作出部署设计

党中央、国务院颁布《关于深化国有企业改革的指导意见》(以下简称《指导意见》)中指出,健全公司法人治理结构,重点是推进董事会建设,建立权责对等、运转协调、有效制衡的决策执行监督机制。切实落实和维护董事会依法行使重大决策、选人用人、薪酬分配等权利,充分发挥董事会的决策作用,规范董事长、总经理行权行为,理顺董事会规范运作中的主体关系。改进董事会和董事评价办法,强化对董事的考核评价和管理,严格责任追究制度。《指导意见》是国有企业改革总体文件,2015年颁布后,针对推动国有企业建立现代企业制度、完善公司治理工作,按照中央改革办相关要求,国资委牵头起草《进一步完善国有企业法人治理结构方案》专项文件,进一步健全国有企业治理机制,提高中央企业董事会治理能力,将作为国有企业改革“1+N”系列文件颁布。2015年初,参加中组部牵头中央企业规范董事会运作情况调研组,对中央企业开展建设规范董事会专题调研,在此基础上,研究起草《关于进一步推进中央企业规范董事会建设的若干意见》,深入总结试点十年来的经验,分析和解决存在的问题,从中央企业董事会组织建设、运行机制、董事队伍建设、董事会董事问责等方面进一步提出具体意见。以上文件将陆续颁布和出台,从多层面健全和完善中央企业规范董事会建设的制度体系和运作框架。中央企业董事会建设是国有企业改革一项重要任务,同时也是搞好混合所有制、国有资产管理向管资本为主等其他国有企业任务的关键点,得到各方面广泛关注,认识上进一步统一,中央董事会制度建设、治理水平再升级的阶段已经到来。

二、推动落实中央企业董事会建设工作措施

(一)推动落实中央企业董事会职权试点工作

在广泛征求意见的基础上,经多次修改完善,研究制定《关于落实中央企业董事会职权试点的工作方案》,经报请国资委全面深化改革领导小组全体会议审议通过,确定中国节能、中国建材、国药集团、新兴际华等4家企业开展试点,落实董事会中长期发展战略规划、高级管理人员选聘、内部薪酬管理、企业工资总额管理和重大财务事项管理等6项职权。4家试点企业名单确定后,国资委加强工作协调、深入推进相关工作。印发4家试点企业落实董事会职权试点有关问题的复函意见,督促试点专项小组主要成员单位抓紧制定落实相关职权工作《指导意见》。推动新兴际华集团探索实施董事会选聘总经理工作取得突破,并完成调整主业范围事项。印发《关于制定落实董事会职权试点工作相关指导意见和推进下一步试点工作的通知》,对试点工作推进顺序进行有效规范。通过试点,在推动依法落实董事会职权这一重点和难点问题上实现突破,形成经验,进而扩大到其他企业。

(二)进一步扩大建设规范董事会中央企业范围

2015年,新增中核建设、中船重工、中国电科、中国联通、哈电集团、招商局集团、华润集团、华侨城集团、中国能建、中国中车集团公司、国家电力投资集团公司等9家中央企业列入建设董事会企业范围,建设董事会企业总数达到85家,占中央企业总户数的80%以上。根据外部董事配备和到位情况,组织召开中国化工、国家电网、中国五矿、中国华电、中核建设集团、招商局集团、中船集团、中船重工、中国电科、中国工艺集团等中央企业外部董事座谈会和建设规范董事会工作会议,帮助外部董事了解企业的基本情况和规范董事会运作的有关要求,加强与国资委有关厅局沟通交流,使这些企业董事会顺利启动运作,为董事会规范高效运作,董事正确、高水准履职奠定基础。

(三)抓好沟通和培训,加强对建设董事会企业的工作指导

1. 继续抓好国资委—清华大学董事培训境内培

训工作。2015年，组织完成两个专题4期国资委—清华大学董事课程培训。7月、8月，组织两期“金融与战略管理专题”培训。11月、12月，组织两期“董事履职所必须的财务知识专题”培训，建设规范董事会中央企业的董事、董秘、专职外部董事等540人次参加。通过专业、高质量培训，极大提升参会董事专业履职能力，培训工作和培训内容得到与会领导高度评价。

完成两期董事会运作实务培训，6月、10月在珠海举办两期董事会运作实务专题培训，对参加新加坡淡马锡董事会运作实务培训的各位中央企业董事及董秘、国资委领导等110多人进行预培训。

2. 继续抓好境外董事培训工作。按照2015年培训工作整体安排，6月、10月分别组织两期新加坡淡马锡董事会运作实务交流活动，建设规范董事会的有关中央企业董事、董秘和拟任外部董事的原中央企业负责人、中央有关部门及委内有关人员82人参加实地交流。起草《企业改组局赴新加坡董事会运作项目交流报告》，报告详细总结梳理赴新加坡董事运作项目意义、项目工作组织、交流情况、取得成效等，极大提升交流项目实施效果。

3. 完成2015年度董事培训工作总结。及时总结2015年度董事培训工作情况，对工作组织、培训内容、教学质量等进行系统总结，肯定取得的成绩和经验，分析存在的问题和不足，并制定解决措施。

（四）加强国资委与董事信息沟通工作

2015年，根据工作需要，组织4次董事沟通会。3月组织召开2015年第一期建设规范董事会中央企业董事沟通培训会，邀请财务监督考核评价局主要负责人、综合局负责人分别作了“国资委监管企业审计中出现的问题”和“宏观经济形势和中央企业运行情况”专题报告，建设规范董事会的中央企业董事、董事会秘书和国资委有关厅局200多人等参加会议。

7月，组织召开2015年度第二期建设规范董事会中央企业董事沟通培训会。规划局主要负责人介绍推进中央企业积极参与“一带一路”建设有关情况，评价局负责人介绍关于中央企业金融衍生品业务监管有关问题，并与董事进行沟通交流，中央企业董事、董事会秘书及国资委有关厅局200多人参加会议。

10月，组织召开2015年第三期建设规范董事会中央企业董事沟通培训会，国资委副秘书长彭华岗作了题为“学习《关于深化国有企业改革的指导意见》”的专题报告，通过政策解读，使中央企业董事会成员充分理解推进国有企业改革重大意义。建设规范董事会的中央企业董事、董事会秘书及委内有关厅局215人参加会议。

12月，组织召开2015年第四期建设规范董事会中央企业董事沟通培训会。政策法规局主要负责同志作了“完善国有资产管理体制，加强国有资产监督、保障国有企业改革不断推向深入”的专题讲座，主要对《国务院办公厅关于加强和改进企业国有资产监督防止国有资产流失的意见》和《国务院关于改革和完善国有资产管理体制的若干意见》两个文件进行重点解读。建设规范董事会试点中央企业董事、董秘及委内有关厅局200人参加会议。

组织召开部分企业董事会秘书参加的座谈会，听取企业董事会对中央企业董事会规范建设的意见和建议。

（五）列席部分董事会会议，组织董事会年度报告工作，完成相关企业董事会董事年度评价

为切实了解董事会运行和董事履职情况，及时发现董事会运作机制出现的问题，2015年，董事会试点工作办公室列席中央企业董事会80余次，及时掌握董事会规范运行、决策、创新等信息，并研究提出建设性的意见，升华为制度经验，推广指导新建立董事会企业的实践工作，提升中央企业董事会运作的整体水平。参加五矿集团建设规范董事会制度建设交流会，总结五矿集团在推动董事会规范运作方面的探索经验。整理第31期中央企业建设规范董事会工作简报，推广交流国电集团董事会运作的有益经验。起草《关于加强建设规范董事会试点企业工作联系的通知》《关于编辑报送董事会会议情况简报的通知》，加强与企业董事会的工作联系，启动董事会运作信息公开工作的研究论证。逐步形成持续跟踪机制，促进工作交流，不断改进建设规范董事会工作。按照建设规范董事会的中央企业董事会年度工作报告的相关规定和企业改组局领导的工作要求，起草下发年度董事会报告工作实施方案和通知，将通知内容首次实施网络信息公开发布，并组织49家中央企业董事会报送年度董事会工作报告。

三、高度重视公司章程的修订，强化公司章程为依据，进一步完善董事会运作机制

通过以公司章程明确股东的权利边界和股东的权利身份行使，明确公司内部治理主体，明晰各治理主体职责和工作关系，公司控制权都将融入公司治理的制度机制中。2015年，对航天科工、华电集团、中国工艺等6家中央企业公司章程的制定或修订进行初步审核意见，指导企业构建符合现代企业制度要求的管控体制机制，进一步健全完善公司法人治理结构。还对中国中车、中国通用、中国化工等7家公司章程中健全董事会发挥作用保障机制方面提出意见。着手起草《建设规范董事会中央企业公司章程指引》草案，进一步规范中央企业公司章程规则内容，为完善公司治理、建设规范董事会奠定法治基础。

2015年对中央企业建设董事会工作来说，是至关重要的一年。中央企业建设规范董事会实践中存在一些复杂的、深层次的矛盾和问题，依法落实董事会职权、发挥董事会作用问题，涉及干部管理体制和国有资产管理方式的调整；权责对等、决策问责问题，体现公司治理水平、董事会决策水准的根本问题。在进一步深化国有企业改革顶层设计的文件中都进行了规定，并确定试点企业进行探索突破，在实践中不断研究解决董事会建设中的问题，推动中央企业董事会建设工作不断走向深入。

（审稿人：李　冰　撰稿人：陈栋梁）

国有企业解决历史遗留问题进展情况

2015年，国务院国资委深入贯彻落实党的十八大和十八届三中、四中、五中全会精神，全面深化国资国企改革，围绕党中央、国务院抓发展稳增长决策部署，加快推进剥离国有企业办社会职能和解决历史遗留问题工作，进一步扩大中央企业“三供一业”分离移交试点范围，着力推动国有企业棚户区改造工作，扎实开展亏损企业专项治理工作，努力践行“三严三实”，各项工作取得积极进展。

一、加快剥离国有企业办社会职能和解决历史遗留问题工作

剥离国有企业办社会职能和解决历史遗留问题是全面深化国资国企改革的重要内容，党中央、国务院高度重视要求，加大政策支持力度，加快解决国有企业办社会负担和历史遗留问题。国资委认真贯彻落实党中央、国务院工作部署，积极推进有关工作。

（一）修订完善加快剥离国有企业办社会职能和解决历史遗留问题的工作方案

按照中央全面深化改革领导小组工作要求，国资委会同有关部门研究制定《加快剥离国有企业办社会职能和解决历史遗留问题的工作方案》（以下简称《工作方案》），国务院国有企业改革领导小组会议3次研究讨论。经中组部、发展改革委、工业和信息化部、财政部、人力资源社会保障部、人民银行、法制办、银监会和证监会等9个国务院国企改革领导小组成员单位会签后，2015年11月上报国务院。

（二）抓紧研究制定国有企业“三供一业”分离移交、退休人员社会化管理、消防机构分类处理等配套政策措施

按照党中央、国务院关于加快剥离国有企业办社会职能和解决历史遗留问题的要求，国资委会同有关部门抓紧研究制定相关配套文件。一是在总结前期国有企业“三供一业”试点经验的基础上，国资委、财政部研究起草关于国有企业职工家属区“三供一业”分离移交工作的指导意见，提出工作目标、基本原则、组织实施、支持政策和工作要求，拟由国务院办公厅转发。二是2015年4月，国资委改组局赴上海市专题调研国有企业退休人员社会化管理工作，听取上海市

国资委和市属国有企业有关情况汇报，研究讨论有关具体办法。三是2015年11月，国资委改组局会同公安部消防局赴黑龙江省哈尔滨市、大庆市开展调研，听取有关中央企业、地方企业和消防部门的汇报，了解相关情况，初步提出国有企业办消防机构分类处理的政策措施。

（三）推进深化医药卫生体制改革各项工作，指导国有企业所办医疗机构深化改革

2015年，按照国务院医改领导小组的部署和要求，国资委认真参与深化医药卫生体制改革各项工作，指导国有企业所办医疗机构深化改革，各项工作进展顺利。一是参加国务院医改领导小组、国务院医改办、卫生计生委召开的历次会议，研究办理医改有关函件，提出意见建议。会同卫生计生委，办理有关人大建议。二是根据2015年医改重点任务和有关文件要求，推进国有企业所办医院改制试点，积极指导推动兵器装备集团长安公司所属医院改制工作。三是研究起草推进国有企业所办医疗机构深化改革的有关指导意见。

二、进一步推进国有企业“三供一业”分离移交工作

在黑龙江省、河南省、湖南省和重庆市开展国有企业“三供一业”分离移交试点的基础上，2015年国资委商有关地方政府，进一步推进“三供一业”分离移交工作，试点范围扩大至辽宁、吉林、广东、海南、四川和贵州等六省，取得显著进展，积累宝贵经验。

（一）摸清底数，夯实基础，加强调研，推动有关工作开展

为进一步推进国有企业“三供一业”分离移交试点工作，扩大试点范围，2015年5月，国资委改组局印发《关于开展驻辽吉赣粤琼川黔中央企业分离移交“三供一业”基本情况调查的通知》，通过调查，摸清底数，夯实工作基础。同时加强调研，对地方政府进行对接，2015年3—9月，改组局先后多次赴辽宁、吉林、江西、广东、海南、贵州、四川等省沟通，了解地方开展“三供一业”分离移交工作有关情况，得到地方政府的大力支持。2015年5月，国资委组织召开有关中央企业“三供一业”分离移交扩大试点工作座谈会，对涉及分离移交工作的中央企业进行动员。

（二）进一步推进“三供一业”分离移交，陆续启动六省试点工作

2015年下半年以来，在前期充分地筹备和地方政府大力支持的基础上，国资委陆续启动辽宁、吉林、广东、海南、四川和贵州等六省分离移交工作启动会。7月27日、28日，孟建民副主任分别出席央企走进吉林暨驻吉中央企业分离移交“三供一业”启动工作会议和驻辽中央企业分离移交“三供一业”启动工作会议。9月24日、25日，孟建民副主任、沈莹总会计师分别出席驻贵州省、四川省中央企业分离移交“三供一业”试点工作启动会议，其间召开部分驻黔中央企业“三供一业”工作座谈会和四川省地市国资委“三供一业”及稳增长工作座谈会。10月21日、22日，国资委分别与广东省、海南省人民政府联合召开分离移交“三供一业”启动工作会议，孟建民副主任出席会议作重要讲话，并与省政府签订工作协议。

（三）“三供一业”分离移交工作取得显著进展，积累了宝贵经验，为在全国全面推进奠定坚实基础

在各地积极探索分离国有企业办社会职能工作基础上，自2012年以来，国有企业“三供一业”分离移交试点范围扩大到10个省市。驻10个试点省市中央企业“三供一业”分离移交涉及70家中央企业所属931户子企业，职工家属区230万户。2012年率先启动试点的驻黑龙江省中央企业“三供一业”分离移交工作基本完成，2014年启动的驻河南、湖南省和重庆市分离移交工作任务已完成过半，2015年启动的驻辽宁等六省分离移交工作有序推进。

“三供一业”分离移交试点工作实现多赢的局面。一是改善民生，广大职工群众满意。通过对“三供一业”设备设施进行维修改造，优化居住条件，美化生活环境，为百姓创造良好的宜居空间，改善民生，广大职工群众满意。二是实现企业瘦身、减负，企业满意。分离移交减轻企业负担，企业可以集中资源和精力发展主营业务，提高核心竞争力，企业满意。三是提升城市公共服务水平，地方政府满意。分离移交有利于

城市整合资源，提升城市基础设施建设的整体水平，改善当地投资环境，促进地方经济社会发展，地方政府满意。

三、着力推动国有企业棚户区改造工作

2015年《政府工作报告》提出，“加大城镇棚户区和城乡危房改造力度”。按照国务院工作部署和要求，国资委高度重视，认真贯彻落实国务院有关会议精神，分析存在的问题，认真研究政策措施，加强与有关部门的配合协调，积极做好中央企业棚户区改造工作。

（一）进一步落实棚改工作指导意见，建立相关督导与沟通联系机制

经国务院同意，国资委、发展改革委、财政部、国土资源部、住房城乡建设部五部门联合印发《关于加快推进国有企业棚户区改造工作的指导意见》（国资发改组〔2014〕9号），国资委积极组织做好文件精神的落实工作。

一是针对中央企业棚户区改造工作中存在的问题，国资委商财政部和税务总局印发《关于进一步做好中央企业棚户区改造工作的通知》（国资改组〔2015〕108号），要求中央企业进一步加强对棚户区改造工作的组织领导，积极主动与地方政府及有关部门沟通协调，争取将符合条件的企业棚户区纳入当地棚户区改造规划和年度计划，按进度要求做好组织实施工作，确保2017年底前完成企业棚户区改造工作任务。

二是对中央企业棚户区改造专项工作建立督导机制，印发《关于建立中央企业棚户区改造工作联系制度的函》（改组函〔2015〕12号）、《关于中央企业做好2016年城镇保障性安居工程计划有关工作的通知》（改组函〔2015〕65号）等文件，明确对中央企业棚户区改造工作进行专项考核，采取台账式管理，建立中央企业棚户区改造工作进展情况定期报告制度，要求有关中央企业主动与地方有关部门沟通协调，将符合条件的棚户区纳入当地棚户区改造规划和年度计划。

（二）加强与有关部门的沟通配合，进一步理清中央企业棚户区改造工作底数

国资委和住房城乡建设部积极沟通协调，推动有关地方政府将符合条件的中央企业棚户区纳入地方改造计划，先后印发《住房城乡建设部 国家发展改革委 财政部 国资委关于增加2015年棚户区改造计划安排的函》（建保函〔2015〕21号）、《住房城乡建设部办公厅等部门关于建立2015年棚户区改造新开项目台账的通知》（建办保函〔2015〕115号）、《住房城乡建设部 国家发展改革委 财政部 国资委关于同意增加2015年棚户区改造计划安排的函》（建保函〔2015〕73号）、《住房城乡建设部办公厅等部门关于做好2016年城镇保障性安居工程计划有关工作的通知》（建办保〔2015〕51号）等文件，进一步督促中央企业摸清底数。

74家中央企业集团公司有棚户区改造任务，总户数70万户，独立工矿区、三线地区、资源枯竭型城市等三类企业棚户区30万户。

（三）认真研究国有资本经营预算具体支持办法

国资委高度重视中央企业棚户区改造工作，成立专项工作小组，赴内蒙古、山东、河北等省（自治区），就神华大雁集团、五矿鲁中矿业和邯邢矿业等企业棚户区改造工作情况进行专题调研。在摸底调研的基础上，会同有关部门提出国有资本经营预算支持困难中央企业，特别是独立工矿区、三线地区和资源枯竭型城市中央企业棚户区改造配套设施的具体办法。2015年12月，财政部、国资委印发《关于困难中央企业棚户区改造配套设施建设补助有关事项的通知》（财资〔2015〕69号），对符合条件的中央企业棚户区改造项目进行资金补助。

四、扎实开展亏损企业专项治理工作

为落实党中央、国务院关于国民经济提质增效稳增长的决策部署，充分发挥中央企业抓发展、稳增长的“国家队”和“排头兵”作用，国资委强化部署，狠抓落实，在中央企业开展亏损企业专项治理工作，成立以孟建民副主任为组长、沈莹总会计师为副组长的领导小组，国资委相关厅局成立工作小组，明确有关职

责分工，研究细化支持政策措施，扎实开展亏损企业专项治理工作。

（一）动员部署中央企业开展亏损企业专项治理工作

孟建民副主任多次主持召开专题会议，亲自安排部署，有关厅局认真研究，开展调研，提出初步政策措施。2015年5月，印发《关于中央企业开展亏损企业专项治理工作的通知》（国资发改组〔2015〕68号），对112家中央企业开展亏损企业基本情况摸底工作。5月29日，国资委召开中央企业开展亏损企业专项治理工作专题会议，孟建民副主任出席会议并讲话，就组织开展亏损企业专项治理工作进行动员部署，要求中央企业全面梳理所属亏损企业，提出工作目标，制定工作方案，组织做好专项治理工作，努力实现亏损子企业数量和亏损额逐年双下降，力争用3年左右时间集中解决亏损子企业多、亏损额大的问题，将亏损企业亏损额减少50%，亏损面显著下降。

（二）建立亏损企业专项治理工作督导机制

国资委有关厅局明确职责分工，定期跟踪掌握进展情况，并对亏损子企业数量多、亏损额大的集团公司进行重点督导。2015年8月，印发《关于印发亏损企业专项治理重点督导和重点关注企业名单的通知》（国资厅发改组〔2015〕35号），确定第一批26家中央企业集团公司所属56户亏损企业纳入国资委重点督导企业范围和5户企业列入国资委重点关注名单，国有资本经营预算安排和经营业绩考核等方面对亏损企业专项治理工作给予适当支持。各中央企业全面梳理所属亏损企业，深入分析亏损原因，提出亏损企业扭亏脱困工作目标，制定亏损企业专项治理工作方案，并将专项治理工作进展情况定期报国资委。

（三）深入企业调研走访，研究完善相关支持政策

国资委有关厅局认真贯彻落实专题会议和委领导讲话精神，根据职责分工主动对接重点企业，通过实地调研、召开座谈会、报送书面材料等多种方式，加强与企业的沟通衔接，指导企业制定扭亏脱困目标和工作方法，采取切实有效措施扭亏减亏。同时积极开展相关支持政策的研究，2015年11月印发《关于进一步做好亏损企业专项治理工作的通知》（国资发改组〔2015〕162号），明确在落实清产核资、人员安置和国有资本经营预算支持等方面的具体操作办法。

（审稿人：李　冰　撰稿人：张宏丹　焦　翔）

中央企业收入分配调控和薪酬管理工作

2015年，面对严峻复杂的宏观经济形势和艰巨繁重的改革发展任务，中央企业落实党中央、国务院决策部署，收入分配工作紧密围绕改革、发展、创新、管理、规范五个方面，不断完善薪酬激励机制，持续深化收入分配制度改革，各项工作取得积极进展，为深化国企国资改革、促进中央企业稳增长作出重要贡献。

一、中央企业收入分配管理主要工作

（一）围绕稳增长目标，加强职工收入分配激励约束

紧紧围绕稳增长目标，综合考虑经济发展新常态特点、总体效益预测情况、转型升级需要等因素，国资委加大人工成本调控力度，从紧制定调控目标，确保年度职工工资总额和平均工资增幅保持在合理区间。强化激励约束，建立与财务预算、业绩考核工作联动的工资预算管理机制。严格考核奖惩，对荣获2015年经济效益突出贡献奖的35户企业，适度调增工资总额预算，核实认定3户企业超提超发工资总额违规情形。

（二）落实改革任务，推进工资总额分类管理工作

根据中央企业功能定位界定工作进展，在多次征求国资委内厅局和部分中央企业意见基础上，形成《推进中央企业工资总额分类管理的实施方案（送审稿）》，提出基于功能定位的企业工资总额分类管理指导思想、改革目标、管理原则和主要措施。平稳推进分类管理试点工作。周期预算、备案制试点企业达到22户，从运行情况看，在中央企业整体利润增幅逐年收窄的背景下，职工收入基本实现与经济效益同步增长，匹配程度优于中央企业整体情况。积极开展分类管理改革政策研究。启动分类管理课题研究，争取尽快研究出台指导中央企业推进工资总额分类管理的规范性制度。

(三)加强新常态下重点行业调控问题研究，完善分配调控政策

召开行业工资总额调控专题会议，就行业一线职工工资增长问题进行专题调研，完善石油石化等重点行业工资预算调控政策，指导企业做好一线职工收入分配管理。配合中央企业“走出去”战略实施，组织完成中央境外企业收入分配管理课题研究，对中央企业参与建设“一带一路”，研究提出专门的工资总额管理政策。启动中央企业一线员工、中央金融子企业收入分配课题研究，进一步做实做细工资总额分类管理工作基础。

(四)努力降本增效，加强人工成本监测

为贯彻落实国资委领导关于中央企业稳增长和加强收入分配调控的指示精神，加强监测预警分析工作，对中央企业人工成本运行情况进行逐月监控、对标分析、预警提醒，对当期人工成本主要指标不匹配及波动异常的企业，采取电话提醒等方式督促企业合理控制人工成本，2015年中央企业增幅回落明显，基本实现人工成本的有效监督和控制。结合2015年财务预算、业绩考核目标，严格执行工资效益联动机制，从严核定企业年度工资总额预算，确保工资与效益保持同向变动。

二、中央企业职工收入分配调控工作

2015年，中央企业人工成本总额、职工工资总额和职工平均工资分别为18292亿元、12218亿元和94345元，分别较上年增长7.1%、6.8%和5.9%。

(一)职工工资增幅持续回落，有效发挥人工成本控制在降本增效中的积极作用

面对复杂多变的宏观经济形势和艰巨繁重的改革发展任务，中央企业采取切实有效措施，合理控制人工成本增长，职工工资总额和平均工资呈明显回落趋势，两指标与“十二五”期间年平均增幅相比，分别降低4和3.3个百分点，均为2003年国资委成立以来的历史最低增幅。

(二)中央企业与相关单位收入分配差距持续缩小，分配格局总体向好

2015年，中央企业职工平均工资增幅5.9%，低于全国城镇非私营单位增幅5.3个百分点，与各类群体的工资差距收窄至1.2～1.5倍之内，较上年持续缩小。行业收入差距下降至2.6倍，企业间收入差距收窄至5.1倍。总体看，“提低、扩中、限高”的调控效果日渐明显，各群体间收入分配关系总体趋于协调，中央企业继续保持“两头小、中间大”的特点，分配格局保持稳定。

(三)预算管理试点企业改革推进平稳，人工成本投入产出效率不断提高

2015年，受大宗商品价格大幅下降影响，中央企业人工成本投入产出效率呈下滑趋势，劳动生产率和人工成本利润率均较上年有所下降，剔除石油石化行业后，人工成本效率指标稳中有升。22户试点企业实现利润总额较上年增长16.8%，职工工资总额和平均工资增幅分别为14.4%、11.4%，劳动生产率较上年增长8.5%。总体看，试点企业职工收入与经济效益匹配程度明显优于中央企业整体水平，投入产出效率进一步提高，体现一定的自我约束能力，为进一步推进工资总额分类管理提供管理基础。

(四)中央企业集团总部工资水平增幅回落，与全体职工的收入差距逐步缩小

中央企业集团总部职工工资水平增幅持续回落，2015年首次出现负增长，较上年下降0.6%，低于全体职工平均工资增幅6.5个百分点，其中，部门负责人和内设机构负责人分别下降2.1%和2%；专业技术人员增长1.3%，均大幅低于全体职工增长幅度。总部职工工资水平与全部职工收入差距从上年的3.17倍下降至3倍，两者差距持续缩小。

（审稿人：李燕斌　撰稿人：范　华）

全国厂办大集体改革工作情况

2015年，国务院国资委按照《国务院办公厅关于在全国范围内开展厂办大集体改革工作的指导意见》（国办发〔2011〕18号）的要求，积极督促和指导有关地方和中央企业推动厂办大集体改革。

一是协调有关部门进一步完善厂办大集体改革政策。2015年9月，会同财政部、人力资源社会保障部联合向国务院上报完善厂办大集体改革政策的请示，建议进一步加大中央财政对厂办大集体改革的支持力度，将对地方财政的奖励比例统一确定为30%。允许各地和中央企业根据实际情况合理确定中央财政补助资金的使用范围，充分调动其推进改革的积极性。与国家有关部委就厂办大集体改革配套政策的有关情况进行持续不断的沟通、协调，并答复全国“两会”代表、委员关于厂办大集体改革的建议和提案。

二是督促中央企业加快推进厂办大集体改革。2015年5月，印发《关于中央企业厂办大集体改革资产和费用处理有关事项的通知》（国资分配〔2015〕33号），对中央企业做好有关资产和费用处理工作提出要求，并在申请确认职工安置费用等操作实施层面为中央企业提供具体指引。2015年，批复12家中央企业的改革总体方案，并进一步加大对重点企业和困难企业开展厂办大集体改革工作的指导力度，赴11家重点、困难中央企业及其重要子企业进行专题调研。截至2015年底，有6家中央企业基本完成厂办大集体改革任务，67家中央企业还有厂办大集体8515户，涉及集体职工123.8万人，其中，在职职工83.2万人（占67.2%），退休人员40.6万人（占32.8%）。已经上报改革总体方案的涉及中央企业集体职工总数的88.3%。

三是指导各地开展厂办大集体改革工作。继续对有厂办大集体改革任务的地区进行跟踪和调查。会同财政部、人力资源社会保障部和中央维稳办等有关部门两次赴厂办大集体改革任务较重的黑龙江省哈尔滨、大庆、齐齐哈尔、伊春等地进行专题调研，帮助黑龙江省及齐齐哈尔市协调解决厂办大集体改革中有关原邮政系统和破产下放中央企业厂办大集体改革的特殊困难。截至2015年底，全国仍有24个省（自治区、直辖市）有厂办大集体改革任务，厂办大集体22215户，涉及集体职工371.2万人，其中，在职职工267.6万人（占72.1%），离退休人员103.6万人（占27.9%）。已经发文启动改革的涉及地方国有企业集体职工总数的50.6%。

（审稿人：李燕斌　撰稿人：高云飞）

中央企业经营业绩考核工作

2015年是中央企业实现“十二五”发展规划目标的收官之年，也是中央企业负责人经营业绩考核第四任期的最后一年，中央企业面临的外部环境错综复杂，需求疲软、产能过剩、价格下跌和政策性让利等因素相互交织叠加，稳增长任务极为艰巨，压力前所未有。国务院国资委坚决落实党中央、国务院决策部署，主动适应改革发展大势和经济发展新常态，牢牢把握稳中求进的工作总基调，充分发挥业绩考核的重要功能作用，全力以赴“稳增长、促改革、调结构、强管理、防风险”。中央企业在业绩考核“指挥棒”引导下，加快提质增效升级，努力遏制效益急剧下滑势头，实现减速不减质，量降结构优。

一、强化目标引领，有效激发稳增长的强劲动能

面对错综复杂的外部环境和继续加大的经济下行压力，国资委立足“早作部署、打好硬仗”，坚持强化目标引领，年初向中央企业印发《关于认真做好2016年中央企业负责人经营业绩考核工作的通知》（国资发综合〔2015〕14号），明确提出中央企业要坚持稳中求进，加强形势研判，自树目标、自加压力，积极合理地确定2015年度业绩考核目标，经济效益增长要力

争高于上年，管理类指标要持续改善。盈利企业要进一步挖掘增长潜力，亏损企业要努力扭亏增盈，各企业都要全力以赴为保增长作出积极贡献。对利润总额和经济增加值指标，中央企业要在确定基本目标的基础上，进一步提出奋斗目标，基本目标和奋斗目标将一并纳入中央企业负责人与国资委签订的业绩责任书。奋斗目标应明显好于基本目标水平，符合中央企业保增长要求。

为进一步强化业绩考核目标的引领性和约束力，严格考核晋级标准和职工工资预算管理。利润总额、经济增加值、经济增加值改善值的目标值比上年下降较多的企业，无论完成情况如何，考核等级不得进入A级。强化工资总额预算与业绩考核目标联动，利润总额基本目标值比上年增长的，工资总额按照行业工资增长调控线适用范围合理确定；利润总额基本目标下降的，工资总额预算目标也应降低。利润总额奋斗目标要不低于财务预算，原则上高于上年实际完成值；经济增加值目标要与利润总额相匹配。完成奋斗目标，考核将直接计满分，并视目标先进程度和完成情况给予不同程度加分奖励。

各中央企业牢记使命责任，咬定目标不放松，着力抓好目标的细化分解落实，集聚稳增长的强劲动能。一是目标确定更具挑战性。各中央企业自树目标、自我加码，保基本目标、奔奋斗目标，配套实施奖惩机制，激发下属企业内在动力。航天科工设定目标不留余量，把目标先进程度作为决定企业考核得分的关键因素。中国华能按照总资产利润率贡献大小设置不同加分标准，鼓励下属企业突出优势，多作贡献。二是过程控制更具针对性。紧紧咬住考核目标，按时间节点和责任单位逐一分解，及时跟踪执行情况，实行月调度、季分析，有针对性地提出改进措施。国家电网设置考核指标进度预警值，按季度发布各单位指标完成情况，保障目标执行可控。中船重工要求所属企业"时间过半、任务过半"，年中盘点评估，对完成好的予以表彰奖励。三是考核兑现更具约束性。敢于动真碰硬，严格按照考核结果兑现奖惩。新兴际华集团规定考核完成值低于目标值70%的企业负责人自动免职、只发基本生活费，完成70%～80%的只发基本工资，完成80%～90%的只发一半绩效薪酬。

二、健全考核制度，不断增强业绩考核的针对性有效性

为贯彻落实党中央、国务院关于深化中央管理企业负责人薪酬制度改革的有关精神，根据深化国有企业负责人薪酬制度改革工作领导小组部署要求，制定发布《关于完善2015年中央企业负责人经营业绩考核的实施意见》（国资发综合〔2015〕88号）。

一是加强功能分类考核。从企业不同功能定位出发，兼顾企业经营性质和业务特点，对不同功能企业突出不同考核重点，实行定量与定性分析相结合，科学设置业绩考核指标及其权重，合理确定差异化考核标准，实施科学的分类考核，增强业绩考核的针对性有效性。对主业处于充分竞争行业和领域的企业，以增强国有经济活力、放大国有资本功能为导向，重点考核经济效益、国有资本保值增值和市场竞争能力，引导企业实现经济效益和企业价值最大化，自觉承担引领行业产业发展任务，坚持经济效益优先、兼顾社会效益。对主业处于关系国家安全、国民经济命脉的重要行业和关键领域、主要承担重大专项任务的企业，以服务于国家战略目标，更多将资本投向关系国家安全、国民经济命脉的重要行业和关键领域为主攻方向，进一步完善提供公共服务、发展重要前瞻性战略性产业、保护生态环境、支持科技进步、保障国家安全的考核政策，适当强化特殊业务、承担重大专项任务完成情况和国有资本保值增值水平考核，实现经济效益和社会效益的有机统一。

二是严格核定业绩考核结果。根据企业负责人经营业绩考核得分，年度经营业绩考核和任期经营业绩考核结果均分为A、B、C、D四个级别。基本指标考核得分低于基本分或考核最终得分低于100分的，考核结果不得进入C级。利润总额显著下降为负或EVA为负且没有明显改善、国家重点战略或重大专项任务完成不理想差距较大的企业，考核结果原则上不得评为A级（处于行业周期性下降阶段但仍处于国际同行业领先水平、受特殊业务或重大政策调整等因素影响的企业除外）。

三是依据考核结果严格兑现薪酬。明确企业负

责人的薪酬由基本年薪、绩效年薪、任期激励收入三部分构成。基本年薪是企业负责人的年度基本收入；绩效年薪、任期激励收入与业绩考核评价结果挂钩。企业负责人的绩效年薪与年度考核评价结果挂钩，以基本年薪为基数，根据考核评价结果并结合绩效年薪调节系数确定。年度考核评价系数最高不超过2；绩效年薪调节系数根据企业功能性质、所在行业以及企业总资产、营业收入、利润总额、从业人员等规模因素确定，最高不超过1.5。企业负责人年度综合考核评价为不胜任的，绩效年薪为零。企业负责人的任期激励收入与任期考核评价结果挂钩，根据任期考核评价结果，在不超过企业负责人任期内年薪总水平的30%以内确定。任期综合考核评价为不胜任的，任期激励收入为零。

三、注重价值创造，着力推动结构调整和转型升级

中央企业认真贯彻落实《关于以经济增加值为核心加强中央企业价值管理的指导意见》，全面实施经济增加值考核，着力优化产业布局，实施创新驱动，开展国际化经营，加快结构调整步伐。一是推动资源配置优化。多数企业坚持不创造价值就不配置资源，从源头上把好投资方向，调整完善存量资产结构，清理处置低效无效资产。神华集团将经济增加值应用于项目识别、选择、评估、实施及后评价等各环节，对预期回报降低的煤炭板块，削减投资计划，合理控制资本增量。通用技术集团考核转型业务占全部业务收入比重，着力引导企业调整业务和资产结构。宝钢将清理处置低效无效资产和扭亏减亏成果纳入对所属企业的考核，对成效显著的予以奖励。二是推动科技创新。中央企业围绕实施创新驱动战略，加大科技投入和产出考核力度，增强科技创新的支撑和引领作用。中国钢研对新产品、新技术、新工艺的自主研发及智能化技术改造中的自有资金投入，在考核中按照一定比例视同利润加回。中国国电对科研单位实施“新增授权专利数”“重点科技项目验收率”考核，引导其集中力量攻克关键技术。三是推动国际化经营。中央企业结合业务发展需要，有针对性地设置考核指标，加大国际化经营考核力度。中国建筑、中广核集团、中国电建等企业将海外收入、国际项目开发、国际化经营指数、海外新签合同等指标纳入考核体系，推动“走出去”战略目标真正落地。中交集团构建以提升国际化经营指数为主攻方向的考核体系，推动各成员单位加强战略协同，海外板块经济效益明显提高，贡献率达到40%以上。

四、完善考核机制，探索破解新形势下的新问题

面对日益繁重的改革发展任务，中央企业坚持问题导向，完善考核机制，采取有针对性的引导措施，实现改革与发展同向同行、同频共振。一是探索功能分类考核。许多企业根据功能定位，明确差异化考核重点，进一步提高考核针对性和精准性。兵器装备集团对军工企业考核军品交付、产品质量和核心能力；对市场化程度较高的企业，考核市场占有率，引导企业提升市场竞争能力。中国移动对主业通信公司、专业运营公司重点考核经济效益、协同效益，努力消化提速降费等减利因素影响；对支撑服务单位重点考核服务质量、保障能力。二是董事会有效行使考核权。有关企业认真落实国资委考核工作要求，努力探索董事会考核经理层的有效方式。新兴际华集团董事会对市场化选聘的高级管理人员实施契约化管理、市场化考核，以业绩论英雄，基本做到“能进能出”。三是探索对混合所有制企业的考核。中央企业坚持国有股权延伸到哪里，考核就覆盖到哪里，确保国有资本保值增值责任不悬空、不落空、不转空。电信科研院把国有企业的制度优势和其他所有制企业的机制优势紧密结合起来，对下属混合所有制企业实施一企一策的考核方式，激发企业发展活力。

五、聚焦经营短板，着力提升企业管理水平

中央企业把业绩考核作为强管理、防风险的有效手段，通过强化考核约束，引导企业狠抓降本增效，深化行业对标，改进管理短板，努力防控企业经营风险。一是突出成本费用考核。三大航空企业将“提直降代”作为辅助指标纳入下属单位和相关职能

部门考核，全年直销比例达到30%以上，超额完成全年目标。中航工业将成本费用指标与薪酬奖惩挂钩，节约的给予奖励，超支的予以处罚。二是推进对标考核。许多企业建立多层次、多业务、全覆盖的对标体系，对标内容从财务指标拓展到战略指标，着力提升管理短板、赶超先进。中国海运对所属外向型企业设置行业平均、缩小差距、超越领先等三档目标，鼓励企业做强做优。三是推动风险管控。许多企业将应收账款和存货"双降"完成情况纳入考核，引导减少资金沉淀，提高经营收现能力。中国铁建、中国节能、中国黄金等企业对利润的考核注重有货币资金支撑，要求现金流量净额不低于归属母公司净利润。对发生重大及以上生产安全责任事故、重大环境污染责任事故的成员单位，普遍实行一票否决，扣减班子成员年度绩效奖金，对相关负责人给予降职或免职处罚。

根据《中央企业负责人经营业绩考核暂行办法》（国资委令第30号）规定，2015年度中央企业负责人经营业绩考核结果是：46户评为A级，占全部中央企业的42.6%，主要分布在电力9户，军工和建筑各7户，机械和商贸各4户，石油石化和通信各3户，房地产、交通和投资各2户，矿业、冶金、电子各1户；B级企业35户，C级企业20户，D级企业7户，分别占全部中央企业的32.4%、18.5%和6.5%。25户中央企业因科技创新成果突出获得奖励加分，涉及科技成果93项，分别是2项国家科技进步特等奖，4项国家科技进步一等奖，14项国家技术发明二等奖，7项中国专利金奖，66项国际标准（含ISO－国际标准化组织标准、IEC－国际电工委员会标准、ITU－国际电信联盟标准）。

2013－2015年第四任期中央企业负责人经营业绩考核结果是：A级企业42户，B级企业42户，C级企业18户，D级企业7户，分别占全部中央企业的38.5%、38.5%、16.5%和6.5%。39户企业获得"业绩优秀企业"荣誉称号，23户企业获得"科技创新优秀企业"荣誉称号，10户企业获得"品牌建设优秀企业"荣誉称号，20户企业获得"节能减排优秀企业"荣誉称号。

（审稿人：万　良　撰稿人：曹昆鹏）

中央企业收益管理工作

2015年，中央企业收益管理工作稳步推进，国有资本经营预算管理水平进一步提高，为服务中央企业改革发展和国资监管重点工作发挥积极作用。

一、坚持以管资本为主，不断完善资本预算制度

资本预算是以管资本为主加强国有资产监管、落实出资人收益权的重要内容和手段。结合深化国有企业和国有资产管理体制以及深化政府预算体制改革等工作，坚持资本预算的功能定位，从服务国资监管和中央企业改革发展角度出发，积极参与和完善资本预算顶层设计。

（一）积极参与《关于深化国有企业改革的指导意见》（中发〔2015〕22号）和《改革和完善国有资产管理体制的若干意见》（国发〔2015〕63号）的研究起草

为建立健全国有资本收益管理制度，创造良好的政策环境，研究提出并明确"财政部门会同国有资产监管机构等部门建立健全覆盖全部国有企业、分级管理的国有资本经营预算管理制度，根据国家宏观调控和国有资本布局结构调整要求，提出国有资本收益上交比例建议、报国务院批准后执行"。

（二）认真做好资本预算管理等办法修订工作

认真贯彻《国务院关于试行国有资本经营预算的意见》（国发〔2007〕26号，以下简称国务院26号文件）精神，与财政部共同制定中央资本预算管理暂行办法和修订中央国有资本收益收取管理办法。以《国资法》为依据，将推进国有经济布局的战略性调整，解决国有企业体制性机制性问题作为资本预算的支出重点和方向予以明确，梳理中央国有资本经营预算有关编制程序和编制内容。

（三）研究中央企业国有资本收益上缴比例政策

研究提出中央企业收益上缴政策不宜频繁变动、中央企业现阶段的资本结构不允许收益上缴比例再提高、中央企业集团母公司实际可支配的利润有限、当前中央企业非常困难，再次提高收益上缴比例不合时宜、尽快积极探索建立中央企业市场化分红机制等政策意见。国务院同意暂不提高国有资本收益上交比例，减轻中央企业负担，为中央企业提质增效、走出困境打基础。

（四）积极探索"一企一策"市场化分红机制

规范股权多元化中央企业分红是完善国有企业利润分配机制的重要内容。为改变以前年度股权多元化中央企业利润分配比例"一刀切"的问题，探索市场化的分红机制，对7家股权多元化企业的利润分配方案进行认真研究，结合国家战略部署，根据每个企业所处行业特点、发展战略、经营情况、资金需求等因素，从出资人角度分别提出利润分配方案建议。为下一步开展"一企一策"分红试点，完善国有企业利润分配机制作了有效探索。

二、优先保障解决中央企业历史遗留问题

按照国务院要求和国资委工作部署，及时调整思路，将资本预算工作重点放在优先保障解决中央企业历史遗留问题。

（一）加快推动"三供一业"分离移交工作

一是全面摸底统计中央企业在全国各省市"三供一业"业务量和工作进展，按照2016年在全国推开、2018年基本完成的工作计划，研究起草资本预算相关支持政策，为加快推进"三供一业"分离移交打下基础。二是按照有关政策及时测算2016年"三供一业"资本预算资金需求，及时调整支出规模，保障工作推进。三是积极协调落实2015年"三供一业"补助资金，优化资金拨付条件，超额完成资金拨付任务。

（二）大力支持困难中央企业棚户区改造

一是与财政部共同研究制定资本预算棚户区改造配套设施的支持政策，明确资本预算支持的范围、年限和标准等，国务院批准认可。二是明确2015年棚户区改造资本预算资金审核标准，克服困难，资本预算棚户区改造资金按时拨付。

（三）启动中央企业医院分离移交试点研究工作

医院、学校移交是中央企业分离办社会职能的重要任务。为落实国务院会议精神，对国药集团、华润集团、中车集团、哈电集团以及中国石油等企业进行调研，全面了解中央企业医院总体情况和存在的主要问题，推动相关企业进行深入磋商，研究分离移交试点的支持政策，为2016年启动中央企业医院、学校分离移交试点工作奠定基础。

三、全力推进中央企业稳增长

稳增长是国务院部署的重要工作，2015年在优先保障解决历史遗留问题前提下，采取各种措施，充分发挥资本预算在稳增长中的引导带动作用。一是认真落实国务院振兴国有机械装备制造、支持军工企业发展民品产业等工作部署。二是大力推动"僵尸企业"处置。及时测算"僵尸企业"资本预算资金需求规模，积极协调争取资金。三是切实帮助重点困难企业改革脱困。按照企业不同困难程度，区分破产清算、改制退出以及企业实施经济性裁员、大规模内退等具体情形，结合企业改革脱困方案，研究相关政策。四是积极开展亏损企业专项治理工作。研究制定资本预算支持困难中央企业开展亏损企业专项治理的工作规范。加大对亏损子企业亏损治理督导、调研力度，对企业存在的问题进行分析摸底，提出脱困建议。

四、加强对重点问题和事项的研究

（一）深入研究高铁产业发展

高铁是实施"一带一路"战略的重要载体，为支持中央企业高铁产业发展，对国内外和中央企业高铁产业发展现状和特点进行详细梳理，提出当前中央企业高铁产业发展面临着原始创新有待加强、产能过剩、缺乏"走出去"的整体国家战略等问题和风险，在此基础上提出制定支持高铁产业发展系统战略、整合产业资源、加强自主创新等支持中央企业高铁产业发展的建议。

（二）认真开展核电产业发展研究

核电产业是我国新常态下重要的“经济增长点”和“创新驱动点”。为了支持核电中央企业发展，对中核集团、中广核集团、中电投集团、华能集团以及国家核电等企业进行深入调研，走访能源局、核工业协会等部门和机构，全面分析国内外核电产业发展现状和先进经验，梳理中央核电企业发展的特点和面临的主要问题，提出相关意见建议，为研究核电产业的支持政策奠定基础。

（三）积极开展海洋工程装备产业发展研究

海洋工程装备产业是我国海洋强国的重要支撑，多家中央企业均有涉足。为支持有实力的中央企业引领海洋工程装备产业有序健康发展，采取座谈交流和现场调研等多种方式，深入了解中央企业海洋工程装备产业发展的现状、取得的成效及存在的问题，研究起草支持中央企业海洋工程装备产业发展的报告，从指导企业做好“十三五”发展规划、鼓励联合重组、加大资本预算支持力度等三个方面提出有关政策建议。

此外，还对中央装备制造企业发展、韩国汽车工业发展进行研究，揭示存在的问题和可以借鉴的经验。

五、扎实做好资本预算日常工作

（一）加强资本预算收入管理

根据中央企业稳增长工作任务和对收益上缴大户日常经营数据的监测，认真测算 2016 年资本预算收入，为编制 2016 年资本预算打下坚实基础。对盈余公积弥补亏损、个别企业的特殊抵扣事项等收益清算政策认真研究，制定 2014 年度收益清算政策，积极组织保证 983 亿资本收益时入库。

（二）科学编制 2016 年资本预算建议草案

一是紧紧围绕国家战略和国资委中心工作，将解决历史遗留问题、支持中央企业稳增长、国际化经营、深化改革和转型升级作为 2016 年资本预算支出重点方向。二是深入企业进行调查研究，实地了解企业资本预算申请事项的真实情况，走访相关政府和行业部门，撰写几十份调研报告，提出支持企业发展的意见建议。

（三）加强资本预算执行监督管理工作

一是加强资本预算执行监督的制度建设。为适应资本预算管理以注资为主的新情况，指导、督促有关企业用好预算资金，研究起草《资本预算年度资金使用计划工作规范》。二是加大决算审计复核度。先后分两批选择 20 家中央企业开展资本决算审计复核，深入查找企业在资本预算项目申报、执行、管理等各环节中存在的问题。三是首次开展资本预算“三供一业”分离移交专项审计，对试点工作出现的问题提出改进意见，为在全国推开“三供一业”分离移交工作提供借鉴。四是充分总结资本预算支出评价实证研究和部分中央企业开展评价试点的经验，进一步完善评价工作体系。

（审稿人：刘德恒　撰稿人：何琴华）

国际交流与合作

2015 年是我国全面深化改革的关键之年，是“十二五”规划的收官之年。国务院国资委系统面对复杂多变的国内外形势，以党的十八届三中、四中、五中全会精神为指导，密切配合国家总体外交战略和国企国资改革发展大局，圆满地完成各项工作。

一、配合国家总体外交战略，抓好组织协调

（一）安排高级别外事活动

2015 年 9 月，配合外交部筹备张毅主任作为中国政府特使访问伊朗，协调 17 家中央企业及金融机构随访，推动中伊两国在经贸领域的务实合作和两国关系持续向前发展。2015 年 12 月，协调安排张毅主任配合习近平主席对南非进行国事访问相关活动，在两国元首见证下，与南非国企部签署合作备忘录，并将其纳入高访成果。2015 年 4 月，协调安排黄丹华副主

任访问白俄罗斯，现场研究解决中白工业园项目推进过程中存在问题，与白方协商落实卢卡申科总统和习近平主席同年5月视察中白工业园方案。2015年9月，协调黄丹华副主任陪同汪洋副总理访问俄罗斯，出席首届东方经济论坛。2015年7月，协调张毅主任与南非拉马福萨副总统共同主持中南国企研讨会，分享双方国企改革与国资监管经验。2015年5月，配合国务委员王勇出访马来西亚、泰国期间对央企进行调研和经贸活动。

（二）为国企国资改革发展营造良好的外部环境

一是做好涉外对话、谈判工作。2015年，配合中美经济对话、中美投资协定谈判、中英经济财经对话、中法高级别经济财金对话，开展沟通协调、筹备联络、信息收集、文本翻译等工作。2015年6月，协调王文斌副主任赴美国参加第七轮中美经济对话。应外交部、商务部等部门要求，为国家领导人对外谈判工作提供有关国有企业现状、发展、改革等方面的口径和背景材料2万余字。

二是加强与发展中国家对口部门的交流。2015年12月，与南非国企部续签关于促进国资监管经验分享和两国国企务实合作的谅解备忘录。2015年1—12月，赴印度参加印度国企部举办的“国有企业业绩评价与监督国际研讨会”和“国企治理国际研讨会”，分别就建立定期对话机制和加强伙伴关系等进行沟通。2015年12月，与古巴驻华使馆共同签署《交流机制》文本，进一步促进与外国对口部门的交流合作，加强改革监管经验分享，推动我国央企与外国国企建立稳固的合作伙伴关系。

三是利用多边场合发出正面声音。根据中央部署，2015年协调国资委领导参加G20峰会筹委会会议、博鳌亚洲论坛2015年年会、2015年中国一阿拉伯国家博览会、第十届中国一东北亚博览会等活动，提升国资委及中央企业的国际影响力。2014年4月至2015年10月，加强与国际组织的合作，深度介入经合组织《国有企业公司治理指引》修订，主导经合组织开展《国家所有权模式国际比较研究》。2015年5月，积极应对国际货币基金组织年度磋商涉及国企改革议题，摆事实、讲道理。

（三）做好中央企业港澳台工作

一是继续推进落实国资委支持港澳中央企业做强做优做大的政策措施。二是推动中央企业参与澳门经济适度多元发展。2015年11月，根据自愿原则，推荐相关行业中央企业参与2015年澳门汽车、游艇、公务机展，协调安排刘强副主任出席上述活动并会见澳门特区高官。三是发挥四部委联络机制作用，协调解决中国铁建广深港高铁项目工程延期事宜。四是积极通过两岸企业家峰会等平台及会见重要来访台湾地区团组等机会，推动中央企业与台湾企业开展互利共赢合作，进一步密切两岸经贸往来。2015年11月，协调安排王文斌副主任赴南京出席2015年两岸企业家紫金山峰会。五是配合国务院台办做好3起涉及中央企业的台商权益保护工作。

（四）配合教育部、文化部、财政部推进“鼓励社会组织、中资机构参与孔子学院和海外文化中心建设”工作

2015年2月，以服务国企国资改革、服务中央企业“走出去”为出发点，参与制定鼓励和支持社会组织、中资机构等参与孔子学院建设的有关政策，在学院建设、合作形式、为当地企业服务及优惠政策等方面提出6条修改建议。

二、加强外事管理工作，抓好外事服务水平提升

（一）贯彻因公出国（境）政策新精神、新要求，进一步规范外事管理

一是完善制度。2015年，根据中央关于新形势下适度调整部分团组和人员因公临时出国管理政策通知精神，制定国资委贯彻落实方案。2015年，修订《国资委外事工作管理办法》，完善赴台证件管理制度，积极配合外交部制定全国性行业协会商会与行政机关脱钩工作配套文件。

二是组织领导不断强化。2015年3月，召开国资委党委外事工作领导小组第二次会议，传达中央外事工作会精神，总结2014年涉外工作，谋划2015年涉外工作思路，审议国资委2015年度省部级人员因公临

时出国团组计划。

三是及时自查提醒。2015年，对国资委因公临时出国（境）审批情况进行自查，及时提醒中央企业做好因公出国（境）管理有关工作。2015年7月，按要求向中央办公厅、中央国家机关工委、外交部报送国务院国资委执行八项规定有关情况。

（二）严格执行八项规定，抓好计划、审批与实施

一是严格根据外交部有关限量规定，制定省部级、厅局级出访团组计划。按照外交部“压缩总量、突出重点、保压结合、服务发展”的要求，根据国资委中心任务安排因公临时出国（境）团组。坚持因事定人，坚持“任务、人员、次数、国别、天数”五维度审核，继续以“联合检查组”形式组团，扩大工作覆盖面。

二是科学制定出国（境）经费预算方案，厉行勤俭节约，提高资金使用效率，年内当年经费使用率达到99%。

三是严格审批，严格执行。根据中央有关文件要求，特别针对事由、国别、天数、人数、邀请函、行程等关键因素严格审批。落实事前公示、事后公开和出访报告报送制度，形成闭环管理。动态关注外交部国别风险提示，杜绝出访团组前往敏感、热点国家（地区）。

四是加强因公出国（境）团组行前教育和归国总结报告分享。根据团组出访任务采取集中教育、团长重点谈话和团员个别提醒方式行前外事纪律教育培训，明确纪律要求，增强境外安全意识和保密意识。团组回国后，及时上报出国总结报告，分享出访成果。

（三）做好外事活动服务

2015年，安排外事活动92次，接待外宾225人次，准备相关背景材料50万字、相关宣传和谈话参考34份，起草翻译领导涉外信件17封，翻译各类英文材料5万余字，口译工作量超过500小时，拍摄外事活动照片800幅。

三、发挥机制和平台作用，促进国际合作与交流

一是开展双边机制对话。继续与南非国企部门开展合作。2015年9月，与南非国企部召开MOU机制项下执行委员会会议，推动相关企业等与南非国企部下属企业合作。2015年12月，推动国家电网与南非电力公司在习近平主席访问南非时签署战略合作协议；促进中国中车、中国福马、保利科技等与南非国企形成伙伴关系。

举行与澳洲西澳政府高层对话。在高层对话机制框架下，2015年12月和10月，分别协调安排徐福顺副主任、沈莹总会计师与西澳洲政府就中央企业在西澳投资发展交换意见，为中央企业在西澳发展创造良好的政策环境，协调有关中央企业与西澳州政府进行项目对接。

与古巴落实与发展常设委员会建立交流机制。2015年12月，与古巴共和国落实与发展常设委员会建立交流机制，与古巴驻华大使馆共同签署《交流机制》文本，进一步推动中央企业开展国际化经营，实现经济共赢。

二是落实高访成果。2015年10月，积极配合外交部，参与落实习近平主席对美国进行国事访问并出席联合国成立70周年系列峰会访问成果。2015年10月，与外交部、商务部、山东省国资委沟通协调，推动山东钢铁集团在塞拉利昂的唐克里里铁矿项目复工。

三是为中央企业办实事。2015年，利用外交途径，积极协调外交部、中国驻米兰总领事馆等，为有关中央企业解决国际合作中遇到的实际困难。及时将国外政府、企业推介项目信息提供给中央企业，为企业制定海外发展战略提供智力支持、实践分析和决策参考。

四是完善“国资委－中央企业信息交互平台”工作方案，积极推进国资委及中央企业国际合作信息交互平台建设。

四、践行“一五三”发展战略，开展国际人才交流与合作

（一）培养具备全球化经营能力和国际视野的高级管理人才

2015年5月，举办第三期中央企业青年领导人员国际化经营管理学习交流项目，选派中央企业和国资委机关24名优秀青年经营管理人员赴韩国三星集团学习其经营管理方面的成功经验。2015年9月，举办

中央企业高管人员领导力学习交流项目，选派中央企业和国资委机关24名管理人员赴美国思科公司总部学习领导力、投资与并购战略、数字化转型等内容，与思科公司董事长约翰·钱伯斯进行深度对话。

(二)培养国际化高级技术人才

2015年，按照国家人才培养总体部署，落实人才强企战略，在国资委与德国职业教育联盟签署的合作备忘录的框架下，选派2期44名在全国技能大赛获奖的中央企业优秀技能人才赴德国学习电气自动化领域的相关先进技术、技能技艺与管理经验；选派22名高级专业技术人员赴美国学习交流先进的焊接专业知识、焊接工艺和方法、焊接高技能人才培养方法。

(三)推动人才职业化、专业化，引进国外先进智力体系

2015年，继续与国家外专局合作开展国际项目管理师(PMP)、管理会计师(CMA)、国际焊接资格等国际资质重点对标项目，通过引入国外先进的智力体系，推进我国专业技术人才培养与国际接轨。

(四)搭建沟通平台，展示央企成果，拓宽央企引智渠道

为落实国务院国资委与国家外专局合作框架协议的具体落实措施，2015年4月，作为支持单位参加由国家外专局主办的第十三届中国国际人才交流大会。组织八家中央企业设立"国资委一中央企业引智展区"，展示我国的高速交通、节能环保和化工领域的成果。

2015年4月，积极协调促成中国远洋集团韩籍专家卢中燮获得2015年中国政府友谊奖。2015年5月，应欧美同学会邀请，参加全球"百城同台"海归人才招聘会相关活动，并对吸收海外人才为央企服务进行深入探讨。

(审稿人：陆志军　撰稿人：李官然)

企业领导人员管理

2015年，国资委党委深入贯彻党中央、国务院决策部署，围绕"稳增长、促改革、调结构、严监管、强党建"中心任务，突出重点，突破难点，从严选好用好管好企业领导人员，积极深化人事制度改革，扎实推进规范董事会建设，各项工作取得积极进展。

一、坚持围绕中心、服务大局，加强和改进企业领导班子建设

(一)加强思想政治建设

把抓好学习贯彻落实党的十八大和十八届三中、四中、五中全会精神，学习贯彻习近平总书记系列重要讲话精神作为首要政治任务，下好思想政治工作"先手棋"。指导督促企业深入开展"三严三实"专题教育，要求企业党组织将专题教育与经常性教育相结合，严格党内政治生活；派人参加企业领导班子专题党课和专题研讨，审核专题民主生活会方案，加强会议现场指导，提高企业党组织自我净化、自我完善的能力。2015年12月，与中央组织部一起，召开中央企业党的建设工作座谈会，研究部署新形势下加强和改进党建工作；召开中央企业党建工作专题推进会，并对企业组织人事部门和党群部门负责人进行专题培训。2015年，中央分两批对41家中央企业进行巡视。国资委党委全力配合巡视工作，跟进掌握有关情况和干部思想动态，注重开展谈心谈话。与新任职的企业领导人员逐一谈话，提醒党员意识、担当意识、廉洁意识和组织观念；对承担生产经营任务重、压力大的，注意加油鼓劲，鼓励他们迎难而上、勇于担当；对综合考核评价结果不理想的，既肯定成绩，更指出不足；对工作不在状态、存在庸懒倾向以及有问题反映的，及时扯扯袖子、咬咬耳朵，促其警醒改正。

(二)选优配强中央企业领导班子

结合中央企业改革发展和班子建设实际，认真分析研判，积极主动作为，进一步加大调整力度，选好用好企业领导人员。2015年国资委党委对87户中央企业357人次领导人员进行调整，其中班子正职任免职60人次，班子副职任免职297人次，配合中央组织部调整企业正职27人次。主动适应中央企业领导人员管理体制调整，进一步加强与中央纪委、中央组织部

的工作协调，先后选任16名中央企业党组（党委）专职副书记和15名纪检组组长（纪委书记）。认真做好国家电力投资集团公司、中国远洋海运集团有限公司、中国中车集团公司等重组企业领导班子配备工作，确保班子平稳过渡、重组顺利推进。加大企业领导人员“下”的力度。综合运用综合考核评价、巡视、审计、监事会监督等监督成果，对9家中央企业的11名主要领导人员进行组织调整。注重选拔政治过硬、作风优良、想干事能干事、谋改革善改革的优秀领导人员；注重补充德才兼备、年富力强、富有闯劲冲劲的优秀年轻领导人员，强化正确的选人用人导向。

（三）提升中央企业领导人员综合素质

2015年，选调140名中央企业领导人员参加“一校五院”36个培训班次的集中学习，选调78名高层次专家、优秀年轻领导人员等参加中央组织部举办的国情研修班以及“三星班”“思科班”、科研院所领导者研修班，增强政治素养，开阔思路视野。依托企业经营管理人才素质提升工程，在办好第四期中央企业中青年高级管理人员培训班（简称“中青班”）的基础上，首次举办新任中央企业领导人员培训班，培训内容立足前沿，更好实现理论修养与具体实践的有机结合。首次开展调训工作“回头看”和“中青班”后评估，对调训效果和参训学员后续培养使用情况进行综合分析研判，提出改进措施，督促企业切实把有发展潜力的优秀人才送进课堂、派上用场，进一步把教育培训工作做深入、做扎实。

二、落实全面从严治党要求，强化对中央企业领导人员的严格管理监督

（一）强化落实“两个责任”的制度保障

研究制定中央企业领导人员选拔任用廉洁从业“背书”制度，强化企业领导人员选拔任用廉洁把关。研究制定对中央企业领导人员进行提醒、函询和诫勉的操作规程，使对企业领导人员的日常管理监督规范化、制度化、常态化，做到全程留痕、有据可查。严格执行企业领导人员个人有关事项报告制度，2015年抽查核实个人有关事项报告16729人，对填报不准不实的严肃处理。认真组织开展干部人事档案专项审核，完成763名中央企业领导人员档案审核登记和汇总综合，并在中央单位干部人事档案专项审核工作推进会上作了经验交流。组织开展违规办理和持有因私出国（境）证件专项治理，对违规行为予以严肃处理。

（二）严把选人用人入口关

坚持“抓早”与“做细”相结合，进一步完善工作程序，使选人用人的“螺栓”多拧一扣，早紧一环。将廉洁把关的“关口前移”，要求企业纪检组（纪委）参与动议，在酝酿阶段就请企业纪检组（纪委）对人选廉洁从业情况进行“背书”，有问题的不启动考察程序；在考察对象公示后，再由纪检监察机关出具意见，实现廉洁情况“双重把关”。对有问题反映的拟任人选，做到件件核实，追查清楚，防止“带病提拔”“带病上岗”。

（三）创新完善综合考核评价工作

采取“抓两头、带中间”的办法，通过综合分析研判，对2014年度中央企业领导班子分出“好班子”“差班子”，有针对性地加强班子建设；对需重点关注的领导班子和领导人员，放在组织部门视野的突出位置，结合日常班子调整工作及时优化。对2013—2015年中央企业领导班子和领导人员任期综合考核评价，早谋划、早部署，2015年一季度即逐一与企业领导沟通，传达党中央、国务院相关决策部署和要求，督促企业将相关工作任务合理分解到每一位班子成员，并在年底综合考核评价工作中作专题述职。

三、注重在破解难题上着力，有序推进规范董事会建设

（一）优化董事会结构和功能

2015年，新增19家中央企业建设规范董事会，设立董事会的企业总数达到85家。全年选聘外部董事97人次，续聘14人次。选聘外部董事时，更加注重人选专长与企业发展战略的适配性，更加注重背景、经验的多元互补，更加注重新老搭配，强化董事会的整体功能。

（二）拓展外部董事来源渠道

进一步扩大选人视野，加大工作力度，专门请有关部委、行业协会举荐高端人才。开展第九批外部董事遴选工作，新补充130人进入外部董事人才库，将42名到龄等不宜继续履职人员调整出库，实现外部董事人选有进有退。从现职中央企业领导人员中选拔9名管理经验丰富的同志转任专职外部董事。

（三）做好董事会、董事评价工作

总结2008年以来的实践经验，完成对51家中央企业董事会、363名董事的年度评价。2015年的一项重要改进，是采取“抓两头、带中间”的办法，经过综合分析研判后，评出优秀的董事会和需要改进的董事会。逐一向中央企业反馈评价结果，对需要改进的董事会，明确指出问题和不足；企业董事会召开专题会议研究整改事项，及时报送整改报告，工作形成闭环。

四、弘扬改革创新精神，扎实推进国有企业人事制度改革

（一）抓好相关改革任务的落实

修订完善中央企业董事会、董事评价办法。积极开展市场化选聘和管理中央企业经营管理者试点。按照“党组织推荐、董事会选择、市场化选聘、契约化管理”的方式，指导新兴际华集团有限公司董事会选聘总经理，探索坚持党管干部原则与董事会依法选择经营管理者相结合的有效途径。同时指导宝钢集团有限公司、中国节能环保集团公司、中国医药集团总公司等企业董事会，采取竞争上岗等方式选聘5名副总经理，对市场化选聘的经理层成员，实行聘任制和契约化管理。

（二）组织公开遴选中央企业领导人员

借鉴中央组织部公开遴选中管金融企业高管人员的有益经验，着眼于在更大范围统筹使用、优化配置人才资源，在中国国电集团公司、中国电子科技集团公司、中国化工集团公司等企业公开遴选8名企业领导人员。请有关中央企业党组（党委）根据人才一贯表现推荐人选形成“人才池”，结合企业公司治理结构特点，组织相关中央企业领导和行业专家、人才测评专家对人选进行面谈测试，侧重对人选实践经验、综合素质的考察，确保选出“实干家”而不是“考试专家”。

（审稿人：常玉春　苏云成　撰稿人：冯伟林　申　力）

人才工作和人才队伍建设

2015年，国务院国资委认真贯彻落实党的十八大，十八届三中、四中、五中全会和习近平总书记系列重要讲话精神，认真落实国家有关重大人才工程，积极推动中央企业深入实施人才强企战略，进一步加大中央企业干部教育培训工作力度，不断加强中央企业人才工作和人才队伍建设，各项工作取得新的进展和成效。

一、深入实施国家重大人才工程

（一）认真落实国家“千人计划”

一是全面系统了解中央企业引进专家发挥作用情况，组织60家中央企业对前十批引进的441名“千人计划”专家进行评估。从考核评价结果看，中央企业对“千人计划”专家发挥作用情况给予充分肯定，324名在岗专家中，被评为发挥作用“良好”以上的有301人，占92.9%；从专家取得的科研成果看，专家领导或参与的863、973、国家科技重大专项等重要项目超过200项，获得国内外专利1500多项，发表高水平学术论文1800余篇。“千人计划”专家正日益融入中央企业科技创新体系，在解决制约产业发展的基础性技术难题，打破西方发达国家、跨国公司的技术封锁和知识产权壁垒，培育一批高水平、创新型科研团队，推动更深入、更高层次的国际交流合作等方面发挥着积极作用。二是周密组织“千人计划”企业创新人才平台评审工作。按照中央组织部的要求，认真做好企业创新人才申报人选形式审查工作，于2015年9月组织召开第十二批“千人计划”企业创新人才评审工作

会，对中央企业和地方企业符合申报条件的468名人选进行评审，产生向中央组织部推荐的“千人计划”专家候选人。2015年，中央企业有32人入选国家“千人计划”，截至2015年底，中央企业累计引进“千人计划”专家473人。

（二）扎实开展“万人计划”有关工作

按照“统筹开发利用国内国际两种人才资源”的要求，认真组织中央企业开展“万人计划”有关工作，加大国内高层次人才培养力度。一是按照科技部要求，继续组织开展中央企业创新人才推进计划评审推荐工作，对中央企业推荐的中青年科技创新领军人才、重点领域创新团队和创新人才培养示范基地进行评审，产生符合条件的推荐对象。2015年，中央企业有13名人选、2个团队、2个单位分别入选创新人才推进计划有关项目。二是按照中宣部要求，组织中央企业、国资委直属单位和直管协会开展文化名家暨“四个一批”人才申报推荐工作，产生符合条件的推荐人选。2015年，中央企业有1人入选文化名家暨“四个一批”人才（出版界）。截至2015年底，中央企业有52人入选“万人计划”，与“千人计划”专家逐步形成相互补充、相得益彰的良好局面。

二、稳步推进未来科技城建设工作

2015年，兵器装备集团、中国电信、中国电子等3家企业人才基地建成投入使用，北京未来科技城15家参建企业人才基地建成运行12家，入驻人员近5000人，引进海外高层次人才700余人，其中176人入选国家“千人计划”。2015年3月，会同北京市委组织部和昌平区共同组成调研组，对北京未来科技城建设现场进行实地考察，与15家参建企业有关部门负责同志进行沟通和交流，对参建企业人才基地建设进展、运行效果、科技和运行体制机制创新、引进人才发挥作用以及配套建设等方面情况进行深入了解和综合评估。为切实将北京未来科技城打造成全新运行机制的人才特区，继续以神华集团、中国商飞、国家电网、中粮集团等4家人才基地体制机制创新重点联系单位为重点，督导企业加大体制机制创新工作力度，鼓励企业大胆探索、先试先行，充分发挥示范带动作用，通过以点带面的方式促进中央企业提高人才体制机制创新水平。截至2015年底，4家重点联系单位结合本单位实际，围绕人才基地建设定位，针对制约人才发挥作用的体制机制问题，研究制定本单位创新体制机制工作方案，并明确具体工作推进计划。

三、认真做好博士服务团和“西部之光”访问学者工作

按照中央组织部和共青团中央的要求，继续组织开展博士服务团成员选派和“西部之光”访问学者接收工作，支持西部等艰苦边远地区经济发展和人才培养。一是积极动员中央企业、委直属单位和直管协会开展第十六批博士服务团成员选派工作，选派38名政治素质好、学历层次高、专业能力强的优秀人才赴新疆、西藏等13个省区市进行服务锻炼，为西部经济社会建设贡献力量。同时，认真组织开展第十五批博士服务团19名选派成员考核工作。在深入了解中央企业选派成员现实表现情况的基础上，督促挂职人员勤勉履职、多作贡献。

二是组织中国大唐、中国国电、建研院等3家企业做好3名“西部之光”访问学者的接收工作。充分发挥中央企业科研资源优势，支持西部地区人才培养，督促有关接收企业加强对研修人员的服务和管理，努力使他们学有所得。博士服务团和“西部之光”工作的开展，有效推动中央企业更好地服务于国家西部大开发战略实施。

四、积极开展高层次专家有关工作

（一）组织中央企业专家代表参加中国人民抗日战争暨世界反法西斯战争胜利70周年纪念活动

按照中央组织部和人力资源社会保障部的要求，推荐14名中央企业专家代表参加抗战胜利70周年纪念活动，其中2008年以前回国的优秀留学人员代表2人、“千人计划”专家代表7人、全国杰出专业技术人才代表2人、全国杰出专业技术人才先进集体代表3人。通过参加纪念活动，进一步增

强中央企业专家报效祖国、奉献人民的责任感和使命感。

(二)组织高层次专家参加"助力'一带一路'建设,破解发展难题"咨询服务活动

按照中央组织部人才工作局部署,从中央企业和国资委直管协会中邀请12名高层次专家分批赴黑龙江、青海、甘肃、福建、广西参加咨询服务活动,为"一带一路"建设提供人才智力支持,引导专家加深对国情的了解,在帮助地方解决发展难题的同时,使专家作用得到有效发挥。

(三)协助中国科学院和中国工程院做好2015年院士增选有关工作

2015年,中央企业有3名同志当选中国科学院院士,13名同志当选中国工程院院士。

五、进一步加大中央企业领导人员和高层次专家培训工作力度

(一)以"企业经营管理人才素质提升工程"为抓手,举办"中央企业中青年高级管理人员培训班"(以下简称"中青班")和"新任中央企业领导人员培训班"(以下简称"新任班")

一是继续举办第四期"中青班",对39名优秀的、有发展潜力的中央企业集团部门和二级单位主要负责同志进行培训。培训紧密结合国有企业改革发展面临的新形势新任务,突出深化国企改革和抓发展保增长的主题,进一步加强对中央企业中青年干部领导力、战略力、执行力和党性修养、作风建设等内容的培训培养。截至2015年底,"中青班"培训学员156人,有力地促进中央企业中青年干部队伍建设,得到中央企业和广大学员的高度评价。二是为进一步提高新任中央企业领导人员履职能力和综合素质,促进中央企业领导班子建设,举办第一期"新任班",对近两年新进班子的37名中央企业领导人员进行培训。培训内容主要聚焦于国有企业改革、战略转型、变革领导、团队建设等四个专业模块,辅之以"党性修养提升"贯穿始终,力求使学员更好更快地适应新角色,提升工作能力。从培训情况来看,"新任班"为中央企业领导人员在新任岗位上更好地发挥作用起到积极的促进作用。

(二)认真做好"一校五院"等有关培训班次的学员选调工作

结合中央企业领导班子建设实际,选调140名国资委党委管理班子的中央企业领导人员参加"一校五院"36个培训班次的学习,取得较好的培训效果。按照中组部统筹安排,选调30名中央企业高层次专家参加2015年"一校五院"高层次专家国情研修班7个培训班次的学习。为进一步提高科研机构领导者能力水平、深入推进科技体制改革和创新驱动发展战略实施,继续与中组部、科技部联合举办2015年度科研院所领导者高级研修班。从中央企业直属科研机构(技术研发中心)、中央级转制科研院所中选调12名负责同志参加学习。

(三)充分利用国际化资源开展教育培训工作

一是开展第三期"三星班"学员选调工作,结合中央企业培养年轻干部的实际需要,选调20名优秀青年经营管理人才赴韩国交流学习。二是开展第三期"思科班"学员选调工作,从中央企业领导班子建设和领导人员培养实际需要出发,选派16名中央企业学员赴美国交流学习。通过开展国际化培训,进一步提升中央企业经营管理人才跨文化沟通能力、多元化团队领导力和跨国经营管理水平。

六、中央企业人才资源基本情况

截至2015年底,中央企业人才资源总量1044.4万人,其中出资人代表4.5万人(含内部兼职董事0.83万人)、经营管理人才243.44万人、党群工作者17.95万人、科技人才149.17万人、技能人才630.17万人。

(审稿人:邓　芳　撰稿人:王绥德)

监事会监督检查工作

2015年,监事会认真学习贯彻党的十八大、十八

届三中、四中、五中全会和习近平总书记系列重要讲话精神，全面落实《关于深化国有企业改革的指导意见》《关于加强和改进企业国有资产监督防止国有资产流失的意见》和《关于改革和完善国有资产管理体制的若干意见》等系列改革文件部署，以防止国有资产流失、促进国有资本保值增值为主线，切实强化问题和风险导向，深入企业一线开展当期和事中监督，发现并报告企业各类问题、风险和线索，各项工作扎实推进，转型调整取得显著成效。

一、着力深化当期和事中监督，全力配合中央专项巡视

监事会当期和事中监督，与参加中央专项巡视工作"两线作战"，全面统筹，实现两不误、两促进。

（一）全力以赴支持配合中央专项巡视工作

贯彻落实中央领导同志重要指示精神，17 位监事会主席担任中央巡视组副组长，分三批参加对 52 家企业和单位的专项巡视工作，发挥重要作用。28 个办事处派出 139 名专职监事向中央巡视组通报企业存在的大量问题和风险线索。21 个办事处派出 24 名专职监事实地参加中央巡视工作，相关办事处派员配合中央巡视组对部分重要问题线索进行核查。监事会主席和监事会的工作得到中央领导同志和中央巡视办的充分肯定。从巡视结果看，监事会提供的大量重要线索在中央专项巡视工作中得到印证，建议重点关注的多个特定领域和关键环节，经中央巡视组延伸检查后，查实有关违法违纪问题。监事会通过支持配合和实地参加中央专项巡视工作，学习借鉴中央巡视组的有效做法，为探索推进监督工作协同积累经验。

（二）多措并举提升日常监督实效

切实聚焦监督主业，将问题和风险导向贯穿于监督检查全过程，深入企业一线开展监督检查。各办事处紧紧围绕企业重大决策和运营过程中可能涉及国有资产流失的事项和环节，根据企业特点和国资监管需要，"一企一策"确定监督重点；聚焦重点企业、重点领域和关键环节，着力提升监督检查的质量和效率；综合运用查账、谈话、核查举报线索、调动企业内部监督力量、借鉴其他监督机构成果等有效方式方法，充分发掘和核查企业存在的问题和风险线索，做到疑点不放、难点不避。同时，针对当期监督过程中梳理出的重要风险源点，开展加油站业务、信托业务、大宗商品融资性贸易等专项检查，进一步提升监事会监督的针对性和有效性。全年累计列席企业会议 3339 次，实地检查子企业 1687 户，开展各类谈话 6541 人次，累计核查信访举报线索 77 件，编制各类工作底稿 9558 份。

（三）扎实推进集中重点检查

结合当期和事中监督发现的问题线索，借助会计师事务所的力量，深入开展对 4 家中央企业集团总部及所属重要子公司的集中重点检查。重点关注企业财务、重大决策、重要经营管理活动、董事会和经理层履职等方面情况，特别是可能存在的危及国有资产安全、造成国有资产流失或侵害国有资本权益的问题、风险和线索。全年累计检查企业集团本部及所属重要子企业 225 家；提交各类报告 18 份，揭示企业各类问题和风险 556 项，为历年最多。

（四）统筹开展境外国有资产检查

13 位监事会主席带队对 16 家中央企业 38 个境外项目开展实地检查；11 个办事处和监事会工作局组成项目组，对 12 家企业境外国有资产开展监督检查，涉及境内外子公司及项目 172 个。全年累计提交报告 34 份，反映企业"走出去"重大决策实施情况，以及运营过程中可能涉及国有资产流失的问题和风险事项，督促企业落实境外资产监管责任，有效维护境外国有资产安全。

二、及时提交各类报告，全面体现监督检查成效

2015 年，监事会进一步强化问题与风险导向，着力改进监督报告制度，更加全面地体现监督检查工作成效。

（一）不断提升年度报告质量

进一步优化完善报告架构，首次单独反映举报线索核查情况，客观评价企业领导班子和领导人员履职

情况，较为全面地体现监事会工作实绩。截至9月2日，111家中央企业的分户年度报告全部按计划报送，累计反映中央企业各项问题和风险3888项，集中揭示有关企业违规经营潜藏重大风险、投资合作不够规范、内部控制体系亟需完善、境外资产管控较为薄弱，以及个别企业领导人员履职待遇超标和违规发放薪酬福利等方面问题。

（二）着力强化“一事一报告”

监事会检查发现有可能危及国有资产安全的经营行为、重大决策不合规、生产经营重大风险、有关违法违纪违规线索等，及时通过监事工作专报、专项报告等形式向国务院和国资委报告，体现在加强国有资产监管和健全公司法人治理结构中的优势和作用。2015年，监事会累计向国务院报送监事工作专报24份，国务院领导同志高度重视，在多份报告上作出明确批示。累计向国资委报送专项（情况）报告349份，是2014年的三倍多。此外，高度重视日常成果梳理和归集，累计报送当期监督要情6188条，充分发挥监事会常驻企业一线的监督作用。

（三）认真起草汇总稿和汇报稿

在汇总研究111份年度报告及附表的基础上，形成监督检查综合汇总报告及时报送国务院。对监事会监督检查发现的中央企业主要问题和风险事项进行系统梳理和分类归纳，起草监事会对中央企业监督检查情况的汇报稿。12月9日，国务院第115次常务会议听取监事会对中央企业监督检查情况的汇报。会议要求改进和完善监督制度，围绕确保国有资产保值增值，采取有效措施，对发现问题抓紧处置和整改，对违规经营和不作为的依法严肃问责。

三、切实完善成果运用机制，着力构建监督工作闭环

围绕出资人监督定位和在公司法人治理结构中发挥监督制衡职能，监事会成果运用工作力度不断加大，切实发挥有形监督和无形约束作用。

（一）国资委党委首次专题听取监督检查情况

国资委党委高度重视发挥监事会监督作用，11月11日首次专题听取监事会对中央企业监督检查情况的汇报。有关监事会主席带领相关办事处，以当期监督和集中重点检查工作为基础，全面报告相关企业情况和问题。国资委党委对充分发挥监事会作用，建立健全核查、移交、整改和问责机制提出工作要求，对成果运用有关事项作出明确部署。会后，监事会主席代表国资委向企业通报情况，企业领导班子高度重视，认真严肃落实整改，取得积极成效。

（二）督促企业落实整改

监事会主席在出席企业会议、与企业负责人谈话和交换意见时，实事求是指出问题，提出明确整改要求，加大督促整改力度，对整改落实不力的约谈企业相关负责人。2015年，首次以国资委文件形式向企业印发监督检查情况通报、整改通知和提醒函，及时督促有关企业采取有效措施，处理解决有关问题和风险。此外，检查发现的问题和风险事项涉及有关部门，或涉及企业改革发展的，分门别类转送处理；涉嫌违法违纪线索，按照干部管理权限，分别移交有关部门和企业核实处理。

（三）完善成果运用工作制度

按照国资委党委关于“重视和发挥监事会检查成果的运用”“努力做到件件事情都要落地”的批示精神，积极研究修订成果运用办法，对监督检查成果运用作出制度安排。根据《2015年政府信息公开工作要点》有关要求，在2014年首次公开的基础上，稳步有序开展信息公开工作，继续通过国资委官方网站，向社会综合公开监事会对中央企业的监督检查情况，取得较好成效。

四、持续强化国资监管协同，共同助力企业改革发展

监事会紧密围绕国企国资改革和出资人关心关注的重大事项，继续加强与国资委各厅局的协同配合，充分发挥监事会在国有资产监管工作中的积极作用。

（一）积极助力中央企业“稳增长”

根据《关于落实国资委2015年抓发展、稳增长工

作任务分工有关事项的通知》要求，将中央企业“稳增长”情况作为监事会当期和事中监督重点关注内容，加强对重点企业、重点环节和潜在风险源的监督检查，及时报告有关情况；围绕企业提高经营绩效、降本节支、减亏扭亏、风险管控等稳增长举措重点，加强监督检查，推动企业良性发展；实时动态跟踪企业生产经营和财务状况，加强对企业年度预算和经营考核目标任务完成情况的对比分析，及时向出资人报告企业稳增长措施落实情况和有关问题。

（二）认真开展日常监管协同

加强与国资委内有关厅局出资人监督的工作协同，继续配合做好业绩考核、董事会建设、领导班子评价、经济责任审计、委内巡视等日常工作。积极派员配合扭亏减亏工作组工作，研究提出有关意见建议。配合企干一局、企干二局和改组局，对111家中央企业领导班子和49家企业董事会2014年度工作进行评价；配合综合局，对4家企业出具年度经营业绩考核扣分处理意见和建议；配合评价局，开展对12家企业的经济责任审计工作；积极支持配合国资委巡视工作，协调11个办事处派出29人，向国资委巡视组通报问题和风险线索500余项。

五、深入推动党的建设，打造过硬监督队伍

在深入开展监督检查各项工作的同时，监事会不断强化党的建设和内部建设，坚持两手抓、两手硬，为增强监督的有效性提供有力保障。

（一）认真开展党建工作

贯彻落实党中央关于开展“三严三实”专题教育的决策部署，按照国资委党委统一安排，扎实开展监事会“三严三实”专题教育。根据《监事会2015年党建工作要点》，召开高质量的监事会主席专题民主生活会，各党支部认真开展“三严三实”专题教育和“落实全面从严治党责任，当好国有资产忠诚卫士”主题活动，以及形式多样的“七一”主题党日活动，报送问题、责任、整改等三个清单。加强基层党组织建设，改选支委或增补支部委员，严格落实党风廉政建设责任。按照惯例召开一年一度的监事会贯彻“六要六不”行为规范专题培训，要求监事会全体人员认真对照“三严三实”要求，严格遵守中央八项规定和监事会“六要六不”行为规范，进一步从严从实加强纪律约束，真正做到敬畏法律、严守纪律、强化他律、严格自律，自觉维护监事会职业尊严，不断强化监事会作风建设。

（二）扎实推进队伍建设

按照《党政领导干部选拔任用工作条例》，选拔局级专职监事和处级专职监事，完成新录用人员招录工作。完善监事会干部工作档案制度，副局级及以下干部累计填报《工作情况表》936人次，探索建立可追溯、可量化、可考核、可问责的履职记录制度。首次开展监督检查工作底稿评价活动，28个办事处提交底稿215份；举办各类培训班7次，累计参训1100余人次，累计完成网络课堂2.2万余学时。积极交流推广监督检查案例大赛成果，进一步提升队伍的履职能力。

（三）切实强化工作支持

修改完善《关于进一步加强和改进外派监事会工作的意见》及起草说明，广泛征求各方意见，积极做好向国务院的报送工作。深入开展制度建设年活动，制定监事会业务制度体系建设的总体规划。先期制定和修改完善成果运用、处理举报、财务监督、集中重点检查、境外资产检查等10项制度，研究起草当期和事中监督工作办法、工作底稿、结果公开以及监事会履职记录等系列制度办法，形成一批制度储备。印发关于做好中央企业年度工作报告填报工作的通知，认真组织开展报告的填报、入库、运用和评价等相关工作，为监督检查提供借鉴参考。扎实推进信息化建设，试运行监督检查辅助作业系统，开发监督检查业务管理系统，升级中央企业综合信息管理系统，扎实推动举报线索受理平台建设。平稳有序做好监事会各项工作支持和服务，有效保障监事会平稳运行。

（四）不断加强研究交流

一是开展监事会制度理论研究，起草形成国有企业外派监事会制度理论研究报告，对国资监督理论实践和国有企业外派监事会制度进行系统研究，对加强国资监督工作有效性的普遍规律进行深入探索；参与

中央企业资本状况、监管效果与可持续发展课题研究。二是加强与地方国资委监事会工作交流，大力推动地方国资委定期向地方政府专题汇报监事会监督检查情况；书面调研地方国有企业监事会工作情况，编印《全国国资委监事会工作交流材料汇编》（2015年）；运用多种平台和途径推广国有企业监事会工作的典型经验和有效做法。三是围绕监事会重要会议和重点工作开展专项宣传，整理形成监事会专题宣传材料；报送各类信息15条，其中上报“两办”信息8条；刊载《国有资产管理》杂志“监事会工作局”专栏稿件22篇，编制《国企监事会工作》《央企监事会工作》专刊2期。

（审稿人：禾　云　赵红严
撰稿人：王晓灿　胡婉晶）

中央企业党建工作

截至2015年底，中央企业系统有党员5512588人，其中女党员1276318人，35周岁以下党员1413017人，在岗职工党员3986637人，在岗工人党员1361512人，离退休人员党员1433371人，其他党员92580人；党组475个，党委21759个，党总支17002个，党支部237898个。2015年，中央企业深入学习贯彻习近平总书记系列重要讲话精神，以全面从严治党为主线，以落实党建工作责任制为抓手，以改革创新为动力，不断完善中央企业党组织发挥政治核心作用的体制机制，严格落实“两个责任”，坚定不移推进党风廉政建设和反腐败工作，推动基层党建工作创新，加强党建工作制度建设，坚守国企党组织在现代企业治理结构中的法定地位，为全面深化国资国企改革、推动中央企业做强做优做大提供坚强保证。

一、深入学习贯彻习近平总书记系列重要讲话精神

国资委党委多次召开会议，认真传达学习习近平总书记在听取中央企业专项巡视汇报时的重要讲话精神，研究具体贯彻措施，并向中央写出《关于学习贯彻习近平总书记等中央领导重要讲话精神情况的报告》。国资委党委深刻认识到中央企业存在的问题，根本原因在于党的领导弱化，全面从严治党没有落实，从严治党在中央企业尤为重要和紧迫。深刻认识到国资委作为监管部门必须认真反思、勇于担当、深入整改。深刻认识到作为党中央主抓中央企业党建工作的部门，必须把加强中央企业党的建设作为头等大事，抓紧抓实抓好，切实做到“两手抓、两手硬”。国资委党委召开5个片区会向中央企业传达习近平总书记重要讲话精神，中央企业领导人员深受警醒和震动，感受到从严治党的重大责任和压力。11月23日，国资委主任、党委书记张毅主持召开专题党委会议，听取中央企业党建工作情况汇报，深入分析中央企业党建工作存在的主要问题，研究提出加强中央企业党建工作的思路和措施，将抓发展、反腐败、严监督、强党建各项工作有机结合，稳步推进各项工作。

二、召开中央企业党的建设工作座谈会和中央企业党建工作专题推进会

一是配合中组部召开中央企业党的建设工作座谈会。2015年12月1日，中组部、国资委党委召开中央企业党的建设工作座谈会。中共中央政治局委员、中组部部长赵乐际出席会议并讲话，国务委员王勇主持。中央企业党组（党委）主要负责同志、中组部、国资委有关厅局负责同志参加会议。

二是召开中央企业党建工作专题推进会。2015年12月30—31日，国资委党委召开中央企业党建工作专题推进会，深入学习贯彻习近平总书记系列重要讲话精神，落实中央企业党的建设工作座谈会精神，全面部署加强中央企业党的建设。国资委主任、党委书记张毅出席会议并讲话，国资委党委委员出席会议，中组部干部五局负责人，国资委总会计师、副秘书长出席会议。中央企业党组（党委）书记、组织人事部长、党群部长，国资委各厅局主要负责人参加会议。

张毅在讲话中总结回顾中央企业在党的建设方面的探索历程和成功经验，指出中央企业党建工作存

在的突出问题，部署在全面深化中央企业改革中加强党的建设的重点工作和主要任务。张毅强调，中央企业改革发展有今天这个局面，各级党组织、广大党员队伍和党建工作功不可没，改革发展的每一次突破，每一项急难险重任务的完成，都凝聚着党组织和广大党员的智慧和力量。中央企业还存在不少问题，根源在于全面从严治党没有落实，党的领导弱化虚化淡化，国资委党委和中央企业党组织都要认账、担当、整改。要通过深入贯彻落实中央精神和要求，全面加强和改进中央企业党的建设，使各级党组织把管党治党责任扛起来，把纪律规矩挺起来，把监督管理严起来，把改革旗帜举起来，把党员干部干事创业精气神提起来。

张毅强调，要以党建责任制为抓手，不断建立完善抓书记、书记抓，抓班子、班子抓的党建工作格局。要明确企业党组织是党建工作的责任主体，建立刚性管用的党建考核评价办法，加强企业党建工作力量，加大党务干部培训力度，切实把管党治党责任落实下去；要把加强党的领导与完善公司治理统一起来，统筹谋划党的建设和企业改革发展，坚持“四个同步”“四个对接”，明确党组织在公司治理结构中的职责权限，推动党建工作总体要求进企业章程，不断健全党建工作领导体制和工作机制；要着力抓基层、打基础，不断规范创新基层党建工作，切实解决基层党建薄弱问题；要围绕中心、服务大局，发挥好党组织在促进企业经营发展、推进企业深化改革、维护企业和谐稳定中的重要作用，切实做到“两手抓、两促进”。

张毅指出，对中央企业领导人员既要真诚关心爱护，也要严格管理监督。要建立完善容错纠错机制，尊重企业家的智慧和创造，尊重企业家对经济规律的把握和市场形势的判断，尊重企业家依法独立行使经营管理决策权。要抓好党章党规党纪的学习教育，加强企业领导人员的日常管理，加快推进干部人事制度改革，努力培养造就一支对党忠诚、想干事、能干事、干成事、不出事的社会主义企业家队伍。

国资委副主任、党委委员刘强作了培训动员讲话。专题推进会上，围绕企业领导人员选拔任用，干部管理制度改革和监督，企业党建工作等内容，国资委企干一局、企干二局、党建局主要领导对中央企业组织人事部长、党群部长进行专题辅导，中国兵器工业集团、中国国电集团和新兴际华集团等三家中央企业负责人进行经验交流。

三、抓好中央有关文件的贯彻落实

一是抓好中央企业党委在现代企业制度下发挥政治核心作用的意见和关于在深化国有企业改革中坚持党的领导、加强党的建设的若干意见的贯彻落实，坚守党组织在现代企业治理结构中的法定地位。制定贯彻落实的责任分工文件，明确各相关厅局的落实责任。深入中央企业进行宣传贯彻和专题辅导，督促中央企业制定贯彻落实具体措施，在《国资工作交流》刊发 17 家企业落实文件的做法经验。二是对企业章程进行审核把关，要求把党建工作总体要求纳入章程，进一步明确企业党组织在现代企业治理结构中的法定地位。全年审核 13 家中央企业章程。三是认真贯彻《中国共产党党组工作条例(试行)》。通过发放问卷、座谈交流等方式，对中央企业党组设置情况进行调研，形成调研报告。制定《部分中央企业党组清理规范工作方案》，召开部分中央企业党组清理规范工作座谈会，慎重做好党组清理规范工作。

四、扎实开展“三严三实”专题教育

一是抓好教育实践活动成果巩固。认真贯彻落实中央《关于对教育实践活动整改落实情况进行“回头看”的通知》和国资委党委《关于深化整治“四风”、巩固和拓展党的群众路线教育实践活动成果的实施意见》精神。采取专项检查和重点督查等方式，重点抓好中央企业“回头看”工作和“两方案一计划”的整改落实，着力解决发生在职工群众身边的热点问题，保持反“四风”的高压态势。各中央企业列入整改方案的 2113 项整改项目、551 项专项整治项目全部完成，建立和完善制度 1869 项。二是对“三严三实”全面动员部署。及时召开会议作出安排部署，建立有关委领导分工负责的“三严三实”专题教育实施推进机制。国资委党委先后开展 4 次集体学习研讨。指导中央企业扎实推进专题教育，贯穿严的标准、严的措施、严的纪律，抓好“四个关键动作”，将专题教育融入企业领导干部经常性学习教育。三是加强对“三严三实”专题教育督促指导。先后5次印发工作通知，提出具体要求和改进措施。派出420人次到中央企业听党课、参加研讨、专项调研，加强督导指导。专题教育期间，参加企业专题党课120余次、领导班子专题研讨309人次，基本做到各环节参会全覆盖。四是做好“三严三实”专题教育经验交流。先后在新疆、湖北等地召开7次专题教育片区座谈会，在国资委网站及时发布中央企业121篇工作经验和做法措施，印发4期《中央企业“三严三实”专题教育情况通报》，总结交流经验，推进整体工作。向中央企业统一配发3390套《优秀领导干部先进事迹选编》和《领导干部违纪违法典型案例警示录》，向53户中央企业领导班子和十八届中央委员、中央候补委员、中纪委委员发放500本《风范——老一辈革命家“三严三实”事例选》，充分发挥正反典型的教育和警示作用。

五、认真整改巡视发现的党建问题

一是加强巡视整改工作领导。成立国资委党委巡视工作整改领导小组及办公室，指导督促企业抓好整改落实，要求逐一整改，做到件件有落实、事事有回音。二是紧盯重点问题整改。对巡视发现的以党政联席会代替党委会等问题，要求相关企业修订党委工作规则和行政办公会议制度，厘清边界，明确程序。三是开展巡视整改情况专项督查检查。2015年10—11月，国资委从相关厅局抽调40余名业务骨干组成8个专项督查组，对2015年中央和国资委首轮巡视的31家中央企业（中央巡视25家，国资委巡视6家）巡视整改落实情况进行专项督查。四是坚持标本兼治。对巡视组移交的党建问题进行梳理汇总分析，查找共性问题，剖析产生原因，从制度机制方面进行改革创新，提出从严治党新措施，从根子上防止问题发生。

六、建立健全中央企业党建工作责任制

一是研究制定中央企业党建责任制实施办法（初稿）。明确国资委党委抓党建工作的领导责任，中央企业党组（党委）抓党建的主体责任，书记抓党建的第一责任，其他班子成员“一岗双责”，明确履责内容和追责情形。二是建立中央企业党组（党委）向国资委党委报告党建工作制度。以国资委党委名义下发通知，要求中央企业党委每年向国资委党委报告年度抓党建工作情况，重点报告书记是否履行第一责任、班子成员是否履行“一岗双责”。三是开展基层党组织抓党建述职评议工作。在中国海洋石油总公司、宝钢集团有限公司、国航空集团公司、中国航天科技集团公司、中国建筑工程总公司、中国节能环保集团公司、中国铁路工程总公司、中国交通建设集团有限公司、中国建筑设计研究院等9家中央企业开展党组织书记抓基层党建述职评议考核工作。

七、大力加强基层组织建设和党员队伍建设

一是健全基层组织。国资委党委牵头，会同中组部、外交部党委、商务部党组，研究制定关于加强中央企业境外单位党建工作的指导意见，规范中央企业境外单位党建工作，努力实现党的组织、党的工作和党员作用在境外单位的全覆盖。在中央企业党建工作推进会上作为会议文件印发与会人员研究讨论，并多次与有关方面沟通修改完善。二是做好换届选举及届中任免工作。完成中国化学工程等7家企业换届选举工作，国家电网等15家企业直属党委书记、副书记，直属纪委书记、副书记的届中任免工作，涉及36人次。指导中国海油、中国电信以召开党代会形式届中增补委员，帮助理顺华录集团、铁塔公司企业的党组织领导关系。三是举办中央企业基层党组织书记示范培训班。113户企业240名基层党组织书记参加培训。四是加强党员教育管理工作。完成2014年党内统计工作和在京中央企业党费收缴工作。“元旦”“春节”期间向在京中央企业生活困难党员和老党员下拨慰问党费246.70万元。深入开展“双培养一输送”工程（把党员培养成骨干，把骨干培养成党员，把骨干党员输送到重要岗位），努力使党员成为企业优秀的人力资源。做好发展党员工作，制定在京中央企业2015年发展党员计划，对89家中央企业发展党员情况进行全面检查，对中国兵器等10家企业进行抽

查。做好中央企业系统（在京）十八大代表情况统计，组织推荐25名十八大代表和5名中央企业共产党员代表参加纪念中国人民抗日战争暨世界反法西斯战争胜利70周年纪念系列活动。

八、加强理论研究，提升中央企业党建工作科学化水平

依托国企专委会加强国企党建理论研究，针对国有企业改革发展中的热点难点问题，先后开展《混合所有制中央企业党组织地位与作用研究》《混合所有制中央企业党建特点和党建工作关键措施研究》等，完成《康佳集团中小股东联合改变公司架构对国有参股企业党建工作影响的调研报告》。做好国有企业专委会2014年度课题成果评审与表彰，评选一等奖10篇，二等奖15篇，三等奖25篇，优秀奖38篇，并将优秀课题成果汇编成册。国资委党委在《求是》杂志刊发《加强和改进党对国有企业的领导充分发挥国有企业党组织政治核心作用》文章。

（审稿人：姚　焕　撰稿人：刘　冬）

中央企业宣传思想文化工作

2015年，高举中国特色社会主义伟大旗帜，深入贯彻十八大、十八届三中、四中、五中全会以及习近平总书记系列重要讲话精神，贯彻落实全国宣传部长会议和央企宣传思想工作会议各项部署和要求，立足经济社会发展新常态，围绕中心，服务大局，着力加强理论武装和社会主义核心价值观建设，着力强化正面宣传和舆论引导，着力开展形势任务教育、思想政治工作、精神文明建设和企业文化建设，着力提高宣传思想工作队伍素质和能力，为促进央企改革发展提供理论支撑、舆论支持、道德滋养和文化条件。同时，坚持“两手抓、两手硬，两个成果都要”，深入落实党要管党、从严治党要求，切实加强党建工作，认真开展“三严三实”专题教育和“落实全面从严治党责任、当好国有资产忠诚卫士”主题活动，打造忠诚、干净、担当的国资宣传队伍。

一、深入学习贯彻党的十八大以来历届中央全会和习近平总书记系列重要讲话精神，持续加强理论武装

一是召开年度央企宣传思想工作会议，宣传贯彻党的十八届三中、四中、五中全会和习近平总书记系列重要讲话精神，以及全国宣传部长会议精神和国资委党委工作要求，指导全年工作。二是举办学习贯彻五中全会以及《指导意见》等系列报告会，引导央企广大党员干部领会贯彻中央精神和国资委党委工作部署要求，认清形势、明确工作思路，把握思想精髓、吃透精神实质，加深对中央关于国企国资改革发展决策部署的政治认同、理论认同、情感认同，强化“四个自信”，坚定搞好国有企业的信心和决心。三是以党委（党组）中心组学习为龙头，坚持以上率下，推进中心组学习制度化、规范化、科学化，开展中央企业党委（党组）中心组学习秘书培训班，探索建立党委（党组）中心组学习旁听督学制度；参加旁听中航工业等多户企业中心组学习；创刊《中心组学习报告》并编发9期、简报5期，为党委（党组）中心组学习提供学习资料8000余份。

二、加强新闻宣传和舆论引导，为国资国企改革发展营造良好舆论环境

（一）加强统筹谋划，强化内部建设

一是与《求是》杂志社、新华社签订战略合作协议，与人民日报、求是杂志社召开4次理论宣传工作座谈会，实现优势互补、资源共享，为国企正面宣传打造新平台。二是会同教育部、人社部举办2015年全国高校实践育人暨创新创业推进会和培育建立创新创业基地。三是制定年度《国资委、中央企业新闻宣传和舆论引导方案》，召开多次座谈会和经验交流会。四是制定贯彻落实《指导意见》、“抓发展、稳增长”、巡视工作等专项工作的新闻宣传方案，通过举办新闻发布会、新闻通气会、媒体和专家沟通会、接受采访、在主要媒体刊发署名文章、开设专栏等形式主动发声。

五是举办中央企业海外传播力提升研修班、央企媒体读书会、中央企业新闻发言人培训班。六是加强专业研究，与中国人民大学共同成立国有企业形象建设研究院，开展国有企业新闻宣传系列专题研究，发布《中国企业海外形象调查报告》。

(二)加强正面宣传和舆情管理

一是做好国资委重要会议、重大活动的宣传报道。二是策划专题、典型人物宣传报道活动，建立例行新闻发布制度，策划“一粒米的前世今生”、中石油采油班长巴特典型事迹宣传报道活动，集中报道一批中央企业“一线工人”“一线工程师”。建立“4＋2＋1＋N”模式的例行新闻发布制度。三是加强舆情监测。继续开展7×24小时不间断监测，编发《每日舆情简报》《舆情快报》《舆情分析报告》，定期召开中央企业舆情分析研判例会。四是加强重大舆情研判。重点对《指导意见》发布前后涉及国资国企的重大舆情进行研判，建立每日舆情分析例会。五是加大负面舆情处置力度。与新闻宣传主管部门、有关媒体建立负面舆情快速处置绿色通道。指导、协助中央企业处理涉及安全、环保、高管腐败、海外经营等方面的重大负面舆情事件50多起。

(三)拓展传播阵地，搭建工作平台

完善自有新闻宣传平台。一是协助信息中心办好国资委官方网站。二是指导办好《国资报告》杂志。三是继续办好国资委官方微博、微信。四是充分发挥中央企业媒体联盟作用，开展重大理论文章联动发布。五是建设好国资委机关综合信息显示屏。

搭建与社会公众沟通平台。一是继续组织走进央企系列活动，先后组织百余名专家、网络名人以及媒体记者走进中央企业。二是组织开展与网络名人系列交流活动，举办国资微沙龙等线上线下活动。三是组织“国企好新闻”评选。通过活动团结专家学者、财经记者、意见领袖等各方力量。

三、积极培育和践行社会主义核心价值观，努力提升中央企业文化软实力

(一)总结创建经验，推动创建工作再上新台阶

专题调研京内外多家中央企业精神文明创建情况，考察指导中央企业精神文明创建工作。推出6家中央企业作为践行核心价值观百家经验典型，并在央视播出经验专题片。召开第四届全国文明单位创建、首都精神文明创建工作推进会和精神文明办主任培训班，推动中央企业精神文明创建工作再上新水平。积极推动首都地区精神文明建设工作，拓展延伸首都精神文明建设工作载体。响应北京市控烟号召，及时部署在京央企控烟宣传工作等。

(二)加强思想道德建设，为央企改革发展提供道德支撑

深入开展先进典型挖掘选树宣传。组织开展“央企楷模”推荐选树活动，国资委党委印发《国资委党委关于组织开展“央企楷模”发布宣传工作的通知》，起草“央企楷模”选树工作流程及示意图，组织先进典型调研，筹备组织“央企楷模”发布会。推出全国重大宣传典型“时代先锋”国投罗钾团队，并在全国主要媒体上广泛宣传。做好中石化中原油田宋丽萍为全国重大典型——“时代楷模”的推荐工作。组织开展第五届全国道德模范、首都道德模范、“2015北京榜样”、最美人物等道德典型的推荐评选和学习宣传，2名员工当选“第五届全国道德模范”、15名员工获得“第五届全国道德模范提名奖”、3名员工上榜“2015北京榜样”月榜样和周榜样。编印《2014年中央企业“北京榜样”候选人先进事迹汇编》。举办央企全国道德模范学习宣传活动。推荐神华集团北京国华电力为“节俭养德全民节约行动”先进单位，全国评选100家，北京仅3家单位获此殊荣。联合中宣部向全社会公开发布王征等10名“国企敬业好员工”，新华社播发通稿，人民日报、中央电视台等权威媒体广泛报道。举办“最美央企人”发布活动，协助央视拍摄《劳动铸就中国梦》电视纪录片。编辑出版《榜样的力量——企业典型宣传工作经验与案例》做好宣传发行工作。

大力推进道德讲堂建设和诚信建设。部署央企集团本部及所属二、三级单位全面开展“道德讲堂”建设，组织“道德讲堂”现场学习观摩活动，涌现出一批省、市或地区、社区的示范讲堂，有力地促进“四德”的宣传贯彻和践行。持续推进诚信建设，进一步建设完善失信被执行人信息数据库，数据库已存储201万余名失信人信息，拦截老赖324.5万人次，成功阻止40

万老赖购买机票。征集中央企业诚信建设案例，重点推动三大航空、石油石化、三大电信、电力、节能环保等与人民群众息息相关的窗口行业企业尽快建立诚信体系。

（三）推动学雷锋志愿服务活动规范化、常态化

中央企业志愿服务规范化水平逐步提升，制定《中央企业志愿服务指导意见》。统一制作中央企业郭明义爱心团队志愿者旗帜和标识服装。开展征集"中央企业志愿者之歌"活动并拟向社会发布。持续开展学雷锋志愿服务活动，与郭明义一同赴甘肃扶贫办调研，与省扶贫办、团省委达成扶贫对口志愿服务意向，向370名贫困学子捐款资助。组织航天科技六院参加全国精神文明建设工作表彰暨学雷锋志愿服务大会，代表2242家全国文明单位在大会作交流发言。协调鞍钢集团郭明义爱心团队向鞍山市残障人士朱宜功捐助医疗手术费。指导航天科技五院与北京振兴打工子弟学校建立帮扶结对关系，促成首个"航天科普教育志愿服务指导站"落户农民工子弟学校。

（四）抓好中央企业精神文明"五个一工程"

组织成立中央企业文学、音乐专业委员会并设立运行机构。组织开展音乐专委会"国企好声音"歌曲征集活动、歌曲歌词创作培训班。组织2期"国企故事"沙龙活动，聘请中国文艺报总编辑梁鸿鹰、百度、腾讯等业内专家授课。指导中石化胜利油田做好现代吕剧《雪梅》等工作，聘请中国剧协专家召开专家研讨会。协调机关离退休干部局筹备策划"七一"建党老干部文艺演出。协调报告文学《第四极——中国载人深海潜水器"蛟龙"号纪实》列为重点培养作品。与中国文联文艺资源中心策划共同开展"创业·创新·时代之歌——全国企业文艺创作展示系列活动"。

（五）加强文明旅游宣传引导，提升公共文明水平，大力推进"讲文明·树新风"公益广告传播工作

全面落实中央文明办关于提升中国公民旅游文明素质的工作要求，指导航空、旅游及劳务出境企业切实抓好文明出境、文明旅游工作。部署中央企业抓住传统节日等重要节点，落实监管责任、加强教育引导、完善制度约束，持续推动文明旅游工作。部署中央企业开展"文明旅游我最美"主题宣传活动。部署中央企业系列公益广告动画视频的推广展播，形成常态化、立体化的展播工作机制。

（六）深入推进企业文化建设

做好"国企精神"发布展示活动，制作"国企精神"宣传片。聘请全国知名专家召开"国企精神"研讨座谈会，论证提炼"国企精神"，研究完成"国企精神"的国资委软课题。向各企业征集践行社会主义核心价值观经验做法，编发简报5期。构建交流学习平台，召开企业文化专题交流组座谈会，同时指导8个专题组开展工作。开展"走出央企，文化对标"活动，赴同仁堂等地方国有企业、民营企业开展文化沙龙，相互交流学习。参加第九届中国企业文化百人学术论坛、安监总局安全文化建设推进会，举办央企品牌文化与跨文化管理培训班。开展跨文化管理调研，召开跨文化管理工作交流会。举办中央企业EAP工作经验交流会。

四、加强政工队伍建设，提升工作能力和水平

（一）推进中央企业复合型宣传思想工作者队伍建设

推动各企业逐步强化宣传工作对于企业改革发展重要性的认识，建立健全宣传思想工作组织体系和运行机制。推动各企业逐步认识到宣传工作是一门科学和一门专业，不断提高从业人员能力素质和水平。指导各企业通过"走出去、引进来"等方式，举办理论武装、新闻宣传、企业文化、精神文明建设等多期境内外培训，强化互联网思维和问题导向，举办新媒体运用、网络评论员等专题培训。

（二）推进中央企业政工职称工作

一是不断制定完善评审政策。制定下发《中央企业教授级高级政工师任职资格评定暂行办法》。研究制定《国资委高评委会管理办法》《教授级高级政工师答辩委员会管理办法》《中央企业教授级高级政工师任职资格答辩评分标准》《中央企业教授级高级政工师任职资格答辩打分表》。二是认真做好评审结果审批工

作。审查通过236人任职资格；召开第六次领导小组会议，调整国资委政工职称工作领导小组和高评委委员；开展2014年度职称评审工作，126人评审通过高级政工师任职资格，通过率98%。三是不断加强政工队伍建设。召开央企政工队伍建设暨政工职称工作培训班，召开央企政策宣传、工作培训、研讨交流会议，邀请中组部、人社部、国家公务员局专家作专题讲座，夯实政工职称人员推进政工职称工作的理论基础，明确测评—评审—评定—职称工作—队伍建设—党的建设之间的环环相扣关系，增强做好工作的信心和决心。四是创新工作模式和方式，逐步转变职能。按照行政审批制度改革和简政放权等有关精神和要求，经考察评估，对16家具备评审权的企业授予审批权；委托航天科工培训中心协助开展相关工作；加大"走进央企"和"深入央企"力度，靠前指挥，加强指导，通过参加企业相关会议等形式，了解企业政工职称工作实际运行情况，各企业与国资委的沟通联系和请示报告意识进一步加强。

五、指导推进中央企业党建政研会工作

组织参加中国政研会2014年团体会员单位课题研究成果评选活动，推荐参评的10篇优秀研究成果有4篇荣获一等奖，5篇荣获二等奖，党建政研会荣获组织奖。确定"学习习近平总书记关于国企改革发展重要论述的研究"等一批重点研究课题，指导企业开展重大理论和实践问题研究。组织召开三届二次理事会。完成中国政研会《进一步深化国有企业干部职工社会主义核心价值观教育引导工作调查研究》和《国有企业干部职工思想政治工作创新转发调查研究》2个重点课题。组织召开2场2013—2014年优秀研究成果交流发布会；组织开展2015—2016年课题研究工作，指导课题研究工作，2015—2016年立项课题总数达到415个。举办政工干部培训班。

六、落实从严治党，大力推进自身党建工作

（一）落实党建工作责任制，强化"一岗双责"和"两个责任"

一是领导带头，强化分工执行。国资委宣传局党支部书记坚持以上率下，带头示范，自觉践行党建工作责任制，明确书记为责任目标制定、检查和追究第一责任人。宣传局领导和各处负责同志积极落实"一岗双责"要求，狠抓党风廉政建设工作。二是健全制度，细化长效机制。2015年，宣传局建立《局党支部年度学习计划》《局党支部中心组学习制度》，结合业务工作，完善《宣传局财务管理办法》《宣传局会议和活动管理暂行办法》《宣传局国内出差及经费管理细则》以及印章、保密、休假、出差等各方面的14项管理制度。三是扎实推进作风建设和反腐倡廉建设。组织10余次反腐倡廉专题会议，对照正反面典型，持续深入落实八项规定，坚决反对"四风"，严防"七个有之"；持续进行反腐倡廉警示教育，坚决杜绝"灯下黑"问题。

（二）坚持民主集中制，严肃党内政治生活

支部重视贯彻民主集中制，始终将其视为维护班子团结、提高团队凝聚力、发掘集体潜能的重要工作。始终坚持"集体领导、民主集中、个别酝酿、会议决定"原则，班子成员各司其事，在所分管工作范围内大胆开展工作，相互协作补台。不断改进班子议事规则，梳理宣传局相关制度漏洞，在议决重大事项、人事、财务、外事等方面，优化完善重大事项决策程序和流程。注重广纳群言，经常性倾听意见建议。全年召开支委会、局长办公会以及局务会等各类内部会议50余次，决策科学性、民主性不断提高。全局党员能够自觉运用批评和自我批评的武器，相互提醒、相互促进、相互提高。

（三）抓好"三严三实"专题教育和"忠诚卫士"主题活动

宣传局党支部将"三严三实"专题教育作为重大政治任务来抓，严格按照"四个关键步骤"开展工作，努力解决领导干部不严不实的问题。一是不断学习，思想认识有提升。宣传局局长带头讲党课，全体班子成员围绕"严以修身、严以律己、严以用权"三个专题分别开展学习研讨，认真召开专题民主生活会，撰写体会文章和对照检查文章。二是聚焦问题，边学边改务求实效。坚持问题导向，发动各处同志对宣传局局领导和各处负责人的业务工作和党建工作提意见、建

议，通过自己找、群众提、互相帮、集体议等方式，切实将领导干部不严不实问题找准、找实、找具体，努力做到边学边改，立行立改。三是按照国资委党委要求参加中国国电、中国电建、有研总院等企业“三严三实”专题教育学习研讨会，现场督导和学习借鉴，在改造客观世界的同时也提升主观世界。同时按照机关党委要求，积极开展“忠诚卫士”主题活动宣传贯彻工作，成立主题活动领导小组及其办公室，明确责任分工，汇编有关学习资料，认真召开主题活动中心组学习扩大会暨交流推进会，并召开专题学习会 4 次；开展主题征文活动，先后征集主题活动学习体会文章 7 篇，编发主题活动专题内刊《支部工作》5 期。

（四）紧密围绕机关党建工作重点任务开展工作

一是多次组织召开学习座谈会，集中学习党的十八届五中全会、全国宣传部长会议以及中央企业、地方国资委负责人会议精神并开展讨论，深入理解掌握中央和国资委关于年度和未来五年国资国企改革发展的部署和要求，明确央企宣传思想工作方向和重点，主动适应新形势新任务，研究贯彻落实措施。二是围绕全面深化国企改革加强宣传思想工作，凝聚思想共识。班子带头围绕《指导意见》及系列改革方案开展学习研讨活动，及时指导制定《指导意见》宣传和舆论引导方案，及时组织通报相关口径和政策解读文章；深入开展调研，掌握企业思想动态，有针对性开展解疑释惑工作。三是持续改进作风，加强纪律建设。结合“三严三实”专题教育，邀请机关党委领导就“严以律己”和“严以修身”做辅导讲座，党员干部对谋事用权做人及作风纪律的要求进一步明确。

（五）指导和依托工青妇等平台开展多种形式的学习活动，打造心齐劲足温暖向上的和谐文化

一是制定《2015 年宣传局党支部及群团组织学习计划》。通过个人学习与集体学习相结合、“请进来”与“走出去”学习相结合的方式，打造“学习型、服务型、创新型、和谐型”厅局。二是组织积极、健康的学习实践活动。组织宣传局全局人员到李大钊故居、纪念馆开展主题党日活动，感受伟人事迹，重温入党誓词；组织党员干部参观“世界反法西斯战争胜利暨中国人民抗日战争胜利 70 周年”主题展览，回顾伟大抗战史，增强岗位建功立业意识；组织党员干部到国家气象局、中国科技馆、中国电子网络安全和“党建云”工作基地等参观学习，感受现代科技和社会进步，实地感受互联网和新媒体巨大作用；组织党员干部参加中宣部等部委组织的“辉煌十二五”系列报告会；有关工作编发《支部工作》简报共计 15 期。三是关心干部成长进步，积极为干部落户、晋升和学习培训、工作交流创造条件。

（审稿人：夏庆丰　撰稿人：张义豪）

中央企业群众工作

2015 年，中央企业群众工作认真贯彻落实党的十八大及十八届三中、四中、五中全会精神和国资委各项工作要求，坚持围绕中心、服务大局，扎实开展“三严三实”专题教育和“落实全面从严治党责任，当好国有资产忠诚卫士”主题活动，强化自身建设，切实抓好中央企业工会、青年、女职工和援疆援藏援青扶贫工作以及统战侨务、技能人才队伍建设、涉军等工作，努力加强改进中央企业群众工作。

2015 年，中央企业群众工作稳步开展，持续推进。重点完成中央企业在京直属单位全国劳动模范推荐评选工作，组织中央企业劳动模范疗休养活动，开展“改革创新·青年先行”主题实践活动，组织参加 2015 年国际飞机维修大赛，举办中央企业职工技能大赛，协调推进新疆利民通信工程，组织开展 2015 年扶贫日有关活动，召开中央企业学习传达中央党的群团工作会议精神座谈会、中央企业学习贯彻中央统战工作会议精神会议、中央企业共青团“五四”表彰大会、中央企业定点帮扶革命老区百县万村活动座谈会，举办中央企业优秀班组长培训班、中央企业军转干部信息管理系统培训班。

一、工会工作

认真贯彻落实中央党的群团工作会议精神和《中共中央关于加强和改进党的群团工作的意见》，开展劳模评选表彰工作，加强中央企业工会组织建设、班

组建设，努力提升中央企业工会工作水平。

一是牵头抓好《中共中央关于加强和改进党的群团工作的意见》的学习贯彻工作。国资委党委召开专题会议传达学习中央党的群团工作会议精神，向各中央企业印发学习贯彻《意见》的通知。2015 年 8 月 7 日，召开中央企业学习传达中央党的群团工作会议精神座谈会。二是做好劳模评选表彰和服务工作。推荐 34 名同志为全国劳动模范，并单独组团参加全国表彰大会。2015 年 4 月 27 日，召开中央企业在京直属单位全国劳动模范座谈会，张毅同志出席座谈会并作重要讲话。2015 年 6 月 14 日—7 月 4 日，分别在桂林、黄山、杭州、吉林四地举办中央企业劳动模范疗休养活动，120 多人参加。2015 年 4 月 22 日，与人社部联合印发表彰决定，授予特高压专项工程建设中作出突出贡献的 15 个单位“中央企业先进集体”荣誉称号，授予 15 名同志“中央企业劳动模范”荣誉称号。做好 2015 年度劳模慰问工作。三是抓好班组建设。2015 年 4 月 6—11 日，在湖北宜昌举办中央企业优秀班组长培训班，210 名基层优秀班组长参加。完成第五期中央企业班组长远程培训项目结业考试，11435 人参加考试，10914 人合格。开展第七期培训报名工作，13000 余人报名。四是开展工会工作调研。2015 年 6 月 19 日，联合全国总工会组织部在国家电网公司召开中央企业工会组织建设调研座谈会，2015 年 7 月在宝钢集团联合召开驻沪企业工会组织建设调研座谈会，形成《关于中央企业集团工会组织建设有关问题的研究报告》。五是完成职工董事评价和工会组织批复工作。对诚通控股等 30 家企业职工董事的履职情况、职代会及相关管理制度的设立情况进行问卷调查并作出书面评价。对中核集团等 49 家企业董事会 2014 年度工作报告进行审核。按照规定程序对中丝集团等 5 家企业的工会负责人调整与工会换届工作进行批复。

二、统战侨务工作

以贯彻落实中央统战工作会议精神和《中国共产党统一战线工作条例》为重点，推进中央企业党外代表人士队伍建设，扎实开展国有企业统战工作调研，促进统战工作自身建设，为中央企业改革发展凝聚广泛的力量支持。

一是做好中央统战工作会议精神和《条例》学习贯彻工作。2015 年 5 月 27 日，召开国资委党委扩大会议，张毅同志主持会议，学习中央统战工作会议精神，研究部署贯彻落实工作。2015 年 6 月 15 日，召开传达学习中央统战工作会议精神会议，印发《关于认真学习贯彻中央统战工作会议精神的通知》等一系列学习文件。开展国资委党委委员与中央企业党外代表人士联谊交友工作，确定 18 名联谊交友代表及相关方案。二是开展国有企业统战工作调研，加强统战工作机制建设。会同中央统战部六局先后对湖北省等 11 省（区、市）国有企业统战工作进行调研，研究提出加强和改进国有企业统战工作的意见建议。探索地区性国有企业统战工作联系机制，开展河北省秦皇岛地区国有企业统战工作联席会议试点工作，开展统战人士建言献策平台试点工作。三是加强党外代表人士队伍建设。修改完善《关于加强新形势下国有企业党外代表人士队伍建设的意见》。协助中央统战部举办全国国有企业党外干部理论培训班，向中央统战部干部局、六局和北京市委统战部推荐 40 名党外干部参加培训和挂职锻炼。四是创新中央企业侨联工作。开展“侨与中国梦”书法、绘画和摄影展评活动。进一步加强侨界代表人士队伍建设工作，指导 3 家中央企业完成侨联换届工作。

三、共青团和青年工作

以加强青年思想引导为重点，坚持服务企业改革发展、服务青年成长成才，突出工作重点、狠抓工作落实，指导带领中央企业各级团组织不断推进团的组织建设和工作创新。

一是加强青年思想引导。2015 年 4 月 15 日，在中国商飞北京研究中心举行“改革创新·青年先行”主题实践活动启动仪式，中央企业共青团系统开展主题宣教活动 17000 余次，覆盖 240 余万人继续开展与香港大学生的交流活动，连续第七年参与主办香港大学生暑期赴中央企业实习活动。积极推进网络宣传工作。二是助力青年成长成才。中央企业 159 个青年集体和 6 名个人荣获团中央“全国优秀共青团员”“全国优秀共青团干部”等六项荣誉表彰。开展中央企业2014年度“五四”表彰工作，819个青年集体和1428名个人荣获表彰。4月29日，召开中央企业共青团“五四”表彰大会。搭建青年对外交流和锻炼实践平台。从国资委机关和中央企业选派21名青年分别赴6个国家交流访问，选拔推荐3名团干部到团中央机关挂职锻炼。三是推进共青团援疆援藏工作和志愿服务工作。2015年8月13—19日和2015年8月23—28日，分别成功举办2015年中央企业牵手新疆、西藏各族青少年融情实践营活动。选派29名在疆中央企业青年干部到新疆和兵团共青团系统挂职，协调神华集团6名青年技术专家赴新疆开展援疆培训工作。转发《关于推动团员成为注册志愿者的意见》，开展中央企业集团级青年志愿服务组织现状调查。组织参加2015年志愿服务重庆交流会暨第二届中国青年志愿服务项目大赛。四是做好中央企业青联工作。2015年1月16日，举办中央企业青联新老委员座谈会。2015年3月1—3日，组织部分委员赴中国锦屏暗物质实验室参观学习。2015年4月10—11日，在湖北宜昌举办第44期“行动学习”活动。2015年6月2日，组织委员和青年代表在中国电建接待拉美青年领导人代表团。完成全国青联十二届委员会中央企业系统委员推荐工作和组团参会工作。五是大力加强团的自身建设。启动中央企业青年成长发展问题研究工作，进一步贯彻落实习近平总书记关于提高团的吸引力和凝聚力的重要指示精神。指导中国中铁等15家企业规范开展换届、选举工作，并推动指导中船集团、中国黄金建立系统团委。积极参与团中央部署的区域化团建工作。2015年6月23—27日在井冈山组织80余名中央企业集团级团委书记参加“学理论、强党性、铸信仰”主题学习交流活动。修订印发《“中央企业青年文明号”“中央企业青年岗位能手”评选表彰办法》和《“中央企业优秀共青团员”“中央企业优秀共青团干部”“中央企业五四红旗团委（团支部）”评选表彰办法》。

四、技能人才队伍建设工作

依托中央企业职工技能大赛，指导推动中央企业开展多工种技能竞赛工作，加强国际化高技能人才培养工作，进一步提高中央企业技能人才工作的实效性。

一是组织中央企业参加国际技能大赛。2015年4月11—18日，组织国航、东航、南航机务高技能人才赴美国参加2015年国际飞机维修技能大赛，来自中国、美国、加拿大等7个国家在内的39支队伍参加比赛。2015年3月12—14日，协助组织2015年（第三届）“嘉克杯”焊接技术国际交流活动选拔赛，来自10家企业和3所职业院校的76名选手参加选拔赛并取得优异成绩。二是完成2014年度中央企业职工技能竞赛优秀选手和优秀组织单位表彰工作。2015年3月13日，下发表彰通知，授予584名个人“中央企业技术能手”称号，授予1个集体“中央企业职工技能竞赛突出贡献奖”称号，授予36个集体“中央企业职工技能竞赛优秀组织奖”称号。三是开展中央企业职工技能大赛。10月21—24日，与人社部在天津共同举办2015年中国技能大赛——中央企业职工技能大赛工程测量工决赛，此次大赛为国家级一类大赛，25家中央企业和10个地方国资委的35支代表队166名选手参加比赛。四是大力开展国际化高技能人才培养工作。联合外专局开展国际职业资格认证培训。举办国际项目管理师（PMP）3期、注册管理会计师（CMA）2期培训班，276人参加培训。组织完成3个出国培训团组（中央企业电气自动化专业技能提升研究培训团、中央企业数控机床专业技能提升研究培训团、中央企业焊接技能人才方法提升研究培训团）。五是开展中央企业高技能人才队伍建设调研和高技能人才先进典型宣传工作。2015年7月8日、7月23日、9月25日，分三次召开中央企业高技能人才座谈会。与中央电视台合作，筹备开展中央企业高技能人才先进典型宣传活动。

五、援疆援藏援青扶贫工作

贯彻落实中央关于援疆援藏援青扶贫等重要会议精神，扎实推进产业援疆、对口援藏、对口援青、定点扶贫及新疆利民通信工程、“百县万村”活动、中央企业参与“救急难”试点等专项工作。

一是协调推进新疆利民通信工程。2015年1月5日，组织召开新疆利民通信工程专题总结协调推进会。2015年5月12—16日、8月27—31日，援扶办两次赴乌鲁木齐等四地调研检查利民通信工程进展情况，并召开专题座谈会推动工作进展，同时密切掌握工程进展情况并启动专项资金补贴申请工作。二是落实中央领导同志批示精神，推进中央企业援藏援青工作。向俞正声同志呈报《关于增强中央企业对口援藏工作有效性有关情况的报告》，俞正声、孙春兰、杜青林同志分别对报告作了重要批示。2015 年 6 月 25 日，国资委召开中央企业援藏工作专题座谈会。2015 年 9 月 7 日，刘强同志在拉萨看望慰问国资委机关和中央企业 38 名援藏干部，并与西藏自治区国资委和援藏干部进行座谈交流。2015 年，16 家对口援藏中央企业对口援藏县从 16 个增加到 21 个，累计投入对口援藏资金 2.98 亿元，16 家对口援青中央企业累计投入对口援青资金 9080 万元。三是持续推进中央企业定点帮扶革命老区百县万村活动。2015 年 3 月 31 日，组织召开中央企业定点帮扶革命老区百县万村活动座谈会，会后印发《关于进一步落实中央企业定点帮扶贫困革命老区百县万村活动有关要求的通知》。参与百县万村活动的中央企业计划投入专项资金 6.2 亿元，实施解决“缺路、缺水、缺电”的有关项目 1074 个。四是会同民政部研究推动中央企业参与“救急难”试点工作。与民政部社会救助司赴多个中央企业扶贫县开展调研，商定中央企业参与“救急难”工作实施方案。2015 年 10 月 22 日，以民政部办公厅和国资委办公厅名义印发《关于开展“同舟工程——中央企业参与‘救急难’行动”的通知》，正式启动此项活动。五是大力推进中央企业扶贫工作。国资委机关和中央企业在原结对帮扶 241 个国家扶贫开发工作重点县情况下新增 7 个扶贫县，共计 248 个县。其中国资委机关新增 1 个县，中央企业新增 6 个县。2015 年 12 月 15 日，张毅同志带队赴河北魏县、平乡县开展扶贫调研并慰问困难群众。2015 年 4 月 2 日、4 月 9 日，徐福顺同志带队分别赴河北平乡县、湖北秭归县进行调研，援扶办先后赴湖北、内蒙古、重庆等地开展调研。向国务院扶贫办呈报《国资委扶贫工作专题调研报告》。组织开展 2015 年扶贫日有关活动，向中央企业印发《关于积极参与全国扶贫日活动倡议书》。印发《深入做好中央企业和委机关扶贫开发工作的通知》。继续参与集中连片特困地区扶贫攻坚和区域发展工作。六是开展政策研究工作。先后就“新疆自治区制定资源类央企属地法人注册”“教师反映新疆国企不愿聘用内职班维族毕业生”“新疆发展清真食品产业”“知识支疆、就业稳疆”“定点扶贫工作考核”等问题会同国资委有关厅局研究提出政策建议，推动有关工作开展。

六、军转干部稳定及其他涉军工作

抓好涉军工作的政策研究工作，稳妥开展中央企业军转干部解困稳定工作，重点研究落实中央企业关于退役士兵接收安置工作具体办法，开展好中央企业国防教育、双拥工作。

一是开展政策研究制定工作。配合民政部印发《关于进一步做好国有企业接收安置符合政府安排工作条件退役士兵的意见》。国资委增补为国务院军转安置工作小组成员单位，与五部门联合印发《关于进一步做好部分企业军转干部稳定工作的通知》。向总参谋部、民政部函复《关于 2015 年新兵征补、老兵退役问题有关文件》《关于新形势下优抚安置工作的意见》的有关意见。参加全国政协“退役士兵就业创业有关问题”的座谈会和海南、西藏的两次调研，并就中央企业退役士兵安置工作情况作了报告。二是协调推进涉军具体工作。继续开展北京市企业退休军转干部补贴发放的协调工作，办理中央企业部分退役军人的上访和信访事宜，向民政部办公厅和优抚安置局反馈原铁道兵及有关部队部分退役人员申诉涉核的有关核实情况。2015 年 6 月 16 日，在广西桂林组织举办中央企业军转干部信息管理系统培训班，104 人参加培训。完成国家国防教育基地申报工作。配合国家国防教育办公室在航天科技五院召开部分国有大型企业党管武装工作座谈会，10 家中央企业参加座谈。

七、女职工工作

配合全国妇联继续做好中央企业女职工巾帼建功工作和年度表彰工作，进一步落实《关于进一步加强和改进中央企业女职工工作的指导意见》。

一是完成 2014 年度全国妇联“三八”国际劳动妇

女节推荐表彰工作。中央企业5名个人荣获"全国三八红旗手"称号、5个集体荣获"全国三八红旗集体"称号、5名个人荣获"全国巾帼建功标兵"称号、10个集体荣获"全国巾帼文明岗"称号。二是组织中央企业参加第三届全国书香"三八"读书征文活动,中央企业有49家单位参与,2家企业获得最佳组织奖,9家企业获得优秀组织奖,59人获得相应奖项。三是2015年5月21日和28日分别召开两次在京中央企业女职工工作座谈会,了解企业女职工工作开展情况并交流下一步工作意见。四是2015年9月16—18日,组织部分中央企业赴中铁装备公司调研交流女职工工作。

(审稿人:张相红　撰稿人:刘瑞生)

中央企业纪检监察工作

2015年,国资委和中央企业各级党组织深入贯彻党的十八大、十八届历次中央全会和十八届中央纪委第五次全会、国务院第三次廉政工作会议精神,认真学习领会习近平总书记系列重要讲话精神,切实履行主体责任,落实全面从严治党要求;各级纪检监察机构坚持把纪律挺在前面,强化监督执纪问责,党风廉政建设和反腐败工作取得明显成效。

一、坚持党要管党,从严治党

切实把思想和行动统一到中央精神上来。2015年,习近平总书记多次对国资委和中央企业落实全面从严治党责任、抓好巡视整改工作等作出重要指示,李克强、王岐山等中央领导同志提出明确要求。国资委及时召开党委会、中央企业负责人会议学习贯彻,部署工作;召开国资委党风廉政建设和反腐败工作联席会议,分解任务、督促落实;召开中央企业纪委书记(纪检组长)会议,学习贯彻王岐山同志关于把纪律挺在前面等讲话精神,督促抓好监督执纪问责工作;召开地方国资委纪委书记研讨会,推动国资国企系统贯彻落实"纪在法前"的要求。

完善国资委和中央企业反腐倡廉制度。修改《国资委党委巡视工作暂行办法》等5项巡视工作制度,制定《关于进一步加强国资委机关纪律建设的若干规定(试行)》,重申坚决刹住公款吃喝风的"六项禁令"。中央企业在执行中央八项规定精神、完善责任追究等方面建立健全一批制度。

唤醒党章和党规党纪意识。国资委党委结合"三严三实"专题教育,通过多种形式,学习宣传贯彻廉洁自律准则和党纪处分条例。中央企业开展党章和党规党纪教育活动12.1万次,营造尊崇党章、严守纪律的氛围。

二、把纪律和规矩挺在前面,强化纪律约束

把严明政治纪律和政治规矩摆在首位。国资委和中央企业党组织始终牢记对党绝对忠诚是最重要的政治纪律、管党治党责任是最根本的政治责任,将政治纪律和政治规矩、组织纪律执行情况作为巡视和执纪审查的重点,坚决纠正"企业特殊"的错误认识,坚决克服党的领导弱化、组织涣散、纪律松弛等问题。

严格落实中央八项规定精神。紧盯重要时间节点,坚决纠正明的暗的"四风";规范企业领导人员公务用车、办公用房,对领导人员住房超标、公款出国(境)旅游等共性问题开展专项治理。国资委和中央企业纪检监察机构查处违反中央八项规定精神问题684件,处理1177人,党纪政纪处分593人;在中央纪委网站通报曝光142件典型案例,强化震慑氛围。

坚持抓早抓小抓严。国资委党委制定《关于对中央企业领导人员进行提醒、函询和诫勉的操作规程》,对苗头性倾向性问题及时谈话提醒、警示诫勉,防止小错酿成大错。中央企业党组织对领导人员谈话提醒11万人次,及时纠正廉洁自律不严、个人有关事项报告不实等问题。

三、强化巡视监督,抓好整改落实

发现问题、强化整改。2015年,中央和国资委巡视组巡视59家中央企业,发现党的领导弱化、党的纪律松弛、权力寻租盛行、监督管理缺位等问题。国

资委党委成立巡视工作整改领导小组，统筹协调巡视整改工作，集体约谈未巡视的23家企业党委、纪委主要负责人，要求自查自纠、即知即改。对31家企业进行专项督查，发现81个方面问题，提出90项督查建议。被巡视企业党组织强化整改主体责任，建立层层抓落实的督导机制，确保件件有着落、事事有回音。

充分运用巡视成果，加强党建、深化改革。把加强党的领导和完善公司治理统一起来，认真落实《关于在深化国有企业改革中坚持党的领导加强党的建设的若干意见》，推进党委书记和董事长"一肩挑"并配备专职副书记，开展党委（党组）书记抓党建述职评议工作，及时调整9家企业11名主要负责人，纠正以党政联席会、总经理办公会等代替党委会的问题。贯彻落实《关于深化国有企业改革的指导意见》，调整精简优化国资监管职责，改进外派监事会工作，加强国有资产交易流转监管，防止国有资产流失。

四、推进组织和制度创新，深化中央企业纪律检查体制改革

推动主体责任层层落实。国资委党委约谈企业主要负责人，落实从严治党要求，推动巡视整改工作。中央企业党委（党组）书记约谈所属单位负责人3905人次；查处落实"两个责任"不力问题630件，处理1439人。

推进企业纪律检查工作双重领导体制具体化、程序化、制度化。积极推进查办腐败案件体制机制改革，制定中央企业纪委书记、副书记提名考察办法和操作指引，提名考察20名纪委书记、副书记，配合中央纪委落实纪委书记考核以上级纪委为主的要求。89家企业制定纪委书记、副书记提名考察办法，提名考察644人；104家企业纪委书记（纪检组长）从企业重要人事安排的初始酝酿阶段就参与研究并实行全程监督。

五、持续加大惩治腐败力度，强化"不敢腐"的氛围

聚焦纪律、创新执纪方式，探索实践"四种形态"。国资委和中央企业纪检监察机构从执纪审查职责定位出发，转变执纪方式和工作作风。国资委纪委、驻委监察局谈话函询118件（次），批评教育、诫勉谈话19人。中央企业纪检监察机构谈话函询2943件（次），诫勉谈话1.23万人次。

保持惩治腐败高压态势。始终把党的十八大后不收敛、不收手，问题严重、群众反映强烈，现在重要岗位可能还要提拔使用的党员领导干部作为查处重点。2015年，国资委和中央企业纪检监察机构接受信访举报43168件（次），立案5099件，党纪政纪处分6938人，移送司法机关处理191人。其中，国资委纪委、驻委监察局接受信访举报13229件（次），立案43件，党纪政纪处分54人，移送司法机关处理26人。

六、深化"三转"，建设过硬队伍

按照全面从严治党要求，不断深化对职责定位的认识，强化监督执纪问责。结合"三严三实"专题教育和"落实全面从严治党责任，当好国有资产忠诚卫士"主题活动，深入开展党性教育，增强纪检监察人员党的观念、担当意识。56家企业制定纪委书记交流任职和定期轮岗制度。贯彻中央纪委纪检监察干部监督工作座谈会精神，强化内部监督，对企业纪检监察人员立案50件，党纪政纪处分53人。

（审稿人：罗景一　撰稿人：王文锦）

国资委对中央企业开展巡视工作情况

2015年，国资委巡视机构在中央巡视工作领导小组、国资委党委和国资委党委巡视工作领导小组的领导下，坚定不移深化政治巡视，全面贯彻中央巡视工作方针，严格执行巡视工作条例，突出党的领导，聚焦全面从严治党，发现问题，形成震慑，倒逼改革，促进发展，取得显著成效。2015年，完成3轮对18家企业的巡视，对6家中央企业巡视整改情况进行专项督查，各项工作取得明显成效。

一、党委高度重视，及时传达学习贯彻中央精神

2015年，习近平总书记多次听取巡视情况汇报，并发表重要讲话，对加强和改进巡视工作作出一系列重大决策部署。中央三次召开巡视工作动员会，传达学习习近平总书记重要讲话精神，王岐山同志三次对巡视工作进行动员部署，提出明确要求。每轮中央巡视工作动员部署会议之后，国资委党委及时召开党委会，传达会议精神，认真研究贯彻落实意见。专门召开中央企业负责人会议，传达学习习近平总书记重要讲话和王岐山等中央领导同志讲话精神，王勇同志2月28日出席会议，要求企业负责人坚决贯彻落实中央决策部署，积极主动配合好中央巡视工作，切实抓好整改落实。经请示中央巡视办同意，国资委党委分片召开4次会议，向中央企业全体领导班子成员传达中央专项巡视工作动员部署会议精神，提出抓好贯彻落实的明确要求。3月19日，张毅同志在国资委巡视工作动员部署会议上，对学习贯彻中央精神和做好国资委巡视工作作出全面部署，要求巡视干部以高度的政治自觉和对党和人民负责的精神，做到忠诚干净担当，履行好肩负的职责。

2015年，国资委党委召开15次会议专题研究巡视工作。张毅同志对巡视工作作出批示53次，次数在中央和国家机关中排第一。进一步完善国资委巡视工作领导体制，巡视办主要负责同志为领导小组成员。国资委巡视工作领导小组全年召开8次会议，听取3批18户企业巡视情况和6户企业巡视回访情况汇报。

国资委党委和张毅同志高度重视巡视成果运用，专门成立巡视工作整改领导小组，下设加强党的建设、管理体制整改、纪律审查三个专项工作组，负责落实中央巡视组和国资委党委巡视组提出的意见建议，督促和指导企业抓好巡视整改。加大分类处置力度，根据国资委党委巡视组的意见建议，及时调整9家企业11名主要负责人，特别是对问题严重的两家企业的董事长、党委书记和总经理全部予以调整。

二、深入学习贯彻巡视工作条例，切实加强制度建设

2015年8月，中央颁布实施新修订的《中国共产党巡视工作条例》，并对学习贯彻好巡视工作条例提出明确要求。国资委党委和巡视工作领导小组高度重视巡视工作条例的学习宣传和贯彻落实，国资委巡视工作领导小组成员和巡视机构全体干部参加中央深入学习贯彻巡视工作条例电视电话会议，及时研究制定贯彻落实意见和实施方案。9月7日，举办国资委巡视机构全体干部专题培训班，张毅同志专门为培训班作出重要批示，强卫東同志对学习贯彻巡视工作条例提出要求；邀请中央巡视办玄洪云同志作辅导报告；各巡视组和巡视办结合工作实际开展研讨交流，研究加强和改进巡视工作的措施。参加中央纪委、中央巡视办组织的巡视干部专题培训班，深入学习领会巡视工作条例的精神实质，切实增强依纪依规开展巡视的政治自觉。

按照中央要求，国资委党委结合国企国资改革发展和中央企业党建工作实际，着手制定贯彻落实巡视工作条例的实施办法；修订国资委党委巡视工作领导小组、巡视办、巡视组的工作规则和被巡视党组织配合巡视工作的规定等四项制度；参照中央巡视办的做法，研究制定和修订15项配套工作制度。这些制度明确巡视工作的体制机制、监督对象、范围内容、方式方法；规定巡视工作领导小组、巡视组、巡视办、有关厅局、被巡视党组织等责任主体的职责权限、工作程序、纪律要求；基本涵盖巡视准备、了解、报告、反馈、移交、整改六大环节的重要事项，较好地体现中央巡视工作方针，形成国资委巡视工作的制度体系和框架，提高巡视工作的制度化和规范化水平。

三、全面贯彻巡视方针，坚定不移深化政治巡视

（一）加强统筹规划，合理安排全年巡视任务

根据“全覆盖”的要求和国资委党委的部署，进一步加大工作力度，加快工作节奏，2015年圆满完成3

批对北京矿冶研究总院、中国保利集团公司、中国国新控股有限责任公司、中国外运长航集团有限公司、新兴际华集团有限公司、中国航空油料集团公司、中国黄金集团公司、中国中纺集团公司、中国轻工集团公司、中国华录集团公司、中国国际工程咨询公司、中国国旅集团有限公司、中国广核集团有限公司、中国煤炭地质总局、中国节能环保集团公司、中国建筑科学研究院、中国煤炭科工集团有限公司、中国中钢集团公司等18家企业的巡视任务。巡视时间由3个月缩短为2个月,巡视更加聚焦重点,工作效率和质量都得到提高。

(二)坚持政治定位,深化巡视监督,促进全面从严治党要求有效落实

巡视组准确把握政治巡视定位,从政治高度看中央企业存在的问题,聚焦全面从严治党,注重突出问题导向,敢于瞪眼黑脸,对企业党组织落实全面从严治党要求、履行主体责任和监督责任、贯彻执行党风廉政建设责任制情况进行监督检查。2015年,3轮巡视发现问题311个,针对巡视发现的问题,向国资委党委提出意见建议34条,向企业提出意见建议120条,形成巡视报告和专题报告等36份。通过巡视加强威慑,有效扭转被巡视党组织党的领导弱化、党的建设缺失和全面从严治党不力的局面,唤醒党章党规党纪意识,推动全面从严治党要求的贯彻落实。

(三)严守政治规矩,切实把纪律挺在前面

巡视工作用纪律的尺子衡量党组织和党员领导干部的行为,坚持纪在法前、纪严于法,切实把党的纪律立起来、严起来,实现标本兼治。2015年,我们进一步明确巡视报告的有关要求,将"四风"方面的突出问题线索,加大处置力度,及时移交有关纪检监察机构。巡视组将落实中央八项规定精神和"四风"方面顶风违纪的问题作为监督重点,见微知著,抓早抓小,治病救人。对巡视中发现的"四风"方面的突出问题,及时报告、及时核查并公开进行通报。全年巡视发现企业领导人员"四风"方面的问题51件,涉及企业领导人员28人,经报领导小组同意,相关问题线索已移交有关纪检监察机构进行调查处理,执纪偏松偏软的问题得到有效扭转。

(四)创新工作方式,增强巡视工作针对性和实效性

巡视组紧盯重点人、重点事和重点问题,综合运用巡视工作条例赋予的各种方式和权限,切实把巡视了解工作做实做细做到位,深入了解企业存在的突出问题,取得实效。有的巡视组注重提高个别谈话质量,注意选准切入点和突破口,循循善诱,鼓励谈话对象讲实情、说真话,发现有的企业违规乱收费,资金不入账,私设小金库,并违反规定发放补贴等问题;有的巡视组认真查阅财务收支账目,了解到有的企业领导人员严重违反财经纪律,违规向民营企业出借巨额资金,虚列成本费用、公款报销个人费用等侵占企业资产的问题;有的巡视组深入开展实地走访,到企业办公场所现场了解企业领导人员办公面积超标等情况,及时提出整改意见,要求限期整改。

(五)强化政治担当,坚持即知即改、立行立改和全面整改,确保整改工作实效

一是督促企业党组织即知即改,主动整改。按照中央巡视工作领导小组要求,对尚未开展巡视的23家企业党委(党组)书记和纪委书记(纪检组长)开展集体约谈,通报国资委党委巡视组发现的突出共性问题,要求企业全面落实主体责任,积极开展自查自纠,提前整改、主动整改,效果明显。二是大力推进边巡边改,督促及时解决有关问题。巡视期间,各巡视组及时将发现的重要问题线索,报经领导小组同意后,及时移交国资委纪委和企业党组织进行调查处理。2015年巡视期间,各巡视组向有关中央企业移交问题16条,完成整改15条,有关问题得到及时解决。三是组织开展专项督查,督促企业全面整改。按照国资委党委部署,10月下旬至11月上旬,巡视办通过听取汇报、问卷调查、个别谈话、查阅资料等方式,对2015年第一批巡视的31家企业巡视整改情况进行监督检查,总结整改工作取得的成效,了解存在的问题和不足,向企业党组织提出明确的督查意见,督促企业进一步落实整改主体责任和主要负责人的第一责任人职责,针对存在的问题,进一步深化整改措施,强化整改责任,确保事事有回音、件件有着落。四是围绕国资委中心工作,把巡视工作与稳增长、抓发展、促改革、强党建、严监管紧密结合,层层剥笋,深化改革,完善体制机制，加强制度建设，堵塞漏洞，防止国有资产流失，在深化改革中加强党对国有企业的领导，强化企业党建工作。

四、指导中央企业开展内部巡视，推动巡视向纵深发展

十八大以来巡视发现的问题表明，中央企业党风建设和反腐败斗争形势依然严峻复杂，党的领导弱化、党的建设缺失、全面从严治党不力等问题比较突出，并且相当一部分问题发生在二三级以下基层企业。为了促进全面从严治党向基层延伸，国资委巡视工作领导小组办公室通过加强调研、开展培训、强化联系等多种方式，指导有关中央企业更好开展内部巡视工作。106 家中央企业中有 65 家开展内部巡视，成立巡视组 274 个，专兼职巡视工作人员 1978 名。2015 年，巡视所属企业和单位 534 家，发现问题 6103 个，向派出巡视组的党组织提出建议 726 条，向被巡视党组织提出意见 3149 条，向相关纪检监察机构移交问题线索 3519 件，经调查核实，给予党政纪处分 735 人，给予组织处理 1106 人，移送司法机关 28 人。

五、加强巡视队伍建设，提高干部能力素质

2015 年，组织巡视机构全体干部深入学习贯彻习近平总书记系列重要讲话精神，深入学习贯彻中央纪委六次全会精神，时刻保持清醒的政治头脑。强化看齐意识，自觉向以习近平同志为总书记的党中央看齐，向党的路线方针政策看齐。站稳立场、把准方向，始终忠诚于党，始终牢记政治责任。不断增强政治鉴别力和政治警觉性。多次开展专题培训，加强教育、管理和监督，干部履职能力得到提高。认真开展“三严三实”专题教育，加强巡视组党支部建设，发挥好党支部的战斗堡垒作用。

2015 年，通过多种方式选拔优秀干部充实到巡视队伍，截至 2015 年底，巡视机构在编干部达到 63 人，其中在编人员 36 名。巡视力量进一步增强，人员年龄和专业结构进一步优化，干部队伍进一步壮大。巡视机构严格贯彻落实中央八项规定精神，严格纪律要求，强化“两职”观念，建设忠诚干净担当的干部队伍，维护巡视干部的良好形象，不断改进工作作风。

（审稿人：阮国平　撰稿人：袁正秋　闫　刚）

2016

CHINA' S STATE-OWNED ASSETS SUPERVISION AND ADMINISTRATION YEARBOOK

中国国有资产监督管理年鉴

各省(区、市)国有资产监督管理概况

第三篇

北京市

一、北京市国有资产监督管理工作综述

2015年,北京市国资委系统围绕落实中央精神和全市重点任务,全力疏功能、提效益、促改革、抓党建,各项工作取得新成效。

(一)国有经济质量效益稳步提升

面对经济下行压力加大的严峻形势,市属企业积极开拓市场,狠抓降本增效,防范经营风险,在全国国有企业全年效益负增长的情况下,保持平稳的增长态势。截至2015年底,市属企业资产总额34078.8亿元,比上年增长13.3%;归属母公司所有者权益7134.7亿元,增长13.1%。2015年,市属企业实现营业收入10644.6亿元,同比增长3.7%;实现利润588.8亿元,同比增长4.9%;营业收入和利润增速分别高于全国国有企业9.1和11.6个百分点。市属企业积极落实承担的全市105项重点任务,占全市的40%,实现固定资产投资1342亿元,北京奔驰MRA一期、二期和发动机工厂等重点项目建成投产,对经济的拉动作用逐步显现。主动参与"一带一路"建设,住总集团承建的白俄罗斯明斯克北京饭店成为丝路经济带对接的标志性建筑,国资公司、北控集团、京能集团等企业在哈萨克斯坦、马来西亚、土耳其等国家承建的基础设施、能源项目加快推进,电控京东方、同仁堂集团等企业积极向京外、境外布局,企业竞争力和行业影响力逐步提升。

(二)京津冀协同发展战略加快落实

市属企业切实发挥表率作用,公交集团、公联公司、金隅集团、京煤集团超额完成大红门、动物园批发市场年度疏解任务,关闭9个市场,疏解商户3000余个,涉及21万平方米,2万余人。兴发水泥厂、石景山热电厂等81家不符合首都功能定位的企业实现关停退出,压缩水泥产能150万吨,减少标准煤耗13万吨/年以上。新奥集团、自来水集团等企业积极承担市行政副中心土地开发、基础设施建设、水环境治理等重点任务,3个月完成潞城镇棚户区6平方千米拆迁,行政办公区和环球主题公园等重点项目加快推进。首钢总公司、首创集团加快打造曹妃甸协同发展示范区、京津合作示范区等首都产业转移承接载体,北汽现代四工厂、首农三元食品工业园等产业项目落户河北。京投组建京津冀城际铁路投资公司,全力推进京唐、京滨等城际铁路投资建设,开行京冀间公交线路39条,139条京津冀一卡通互联互通试点公交线路投入试运行。首农集团、二商集团等企业积极参与张承生态功能区建设。

(三)国资国企改革扎实推进

在全国率先出台《全面深化市属国资国企改革实施方案》,以市委市政府名义印发企业负责人薪酬制度改革、履职待遇业务支出等配套文件,研究制定混合所有制改革、经营投资损失责任追究等办法,改革制度体系更加完善。开展企业国有产权流转审批权下放试点,深化董事会建设试点,组织召开京投公司出资人(扩大)会议,创新市国资委、政府相关部门、市人大代表、政协委员对特殊功能类企业的综合监督评价机制。在污水处理等领域建立政府购买服务机制,在轨道交通领域率先采用ABO模式,公共服务企业市场化改革加快推进。实施北控集团和市政设计院合并重组,推动工业设计院在转企改制的基础上实现股权多元化,完成全市厂办大集体企业改革。首旅集团以私有化方式并购如家酒店,创造国内上市公司跨境并购国外上市公司的新模式;北控水务收购香港上市公司金彩控股,北汽集团控股渤海活塞,一轻控股所属大豪科技成功上市,国有资本证券化水平进一步提升。在股市异常波动期间,市属企业积极增持控股上市公司股票,努力维护证券市场稳定。对7家境外企业开展专项检查,完成8家企业经济责任审计,狠抓问题整改,监管力度进一步加大。加强对区属国资国企工作指导监督;市属企业与区属企业达成合作项目21个,涉及金额160余亿元。

(四)创新驱动发展战略深入实施

完善创新机制,提高科技创新在经营业绩考核中的比重,国有资本经营预算资金对创新的投入创历史

新高。联合市商务委、市经信委出台《进一步加快市属企业电子商务发展的实施意见》，以电子商务为突破口，促进产业与信息化深度融合。出台《推动市属国有企业与中关村加强合作的实施意见》，以京企云梯创新联盟为纽带加强市属企业与中关村企业的合作。加快推动技术创新、业态创新、模式创新，市政路桥仅用43小时完成三元桥换桥工程，换桥技术达到世界领先水平。北汽纯电动轿车EU260成为国内首个融入互联网生态系统的新能源汽车。首旅集团与金融资本联合打造首汽约车网，成为国内第三大约车平台；北辰集团整合资源组建会展集团，推动会展业务向产业链高端聚集；首农集团、京粮集团等企业推动线上线下融合，探索电商销售新模式。

（五）国有企业功能作用有效发挥

大力推动交通治堵，轨道建设公司等企业加大建设力度，确保地铁14号线中段、昌平线二期建成通车。强化环境整治，排水集团加快中小河道治理，建成高碑店、小红门等污泥处理设施；市属企业拆除违法建设92万平方米，圆满完成年初确定的任务。首开集团、国资公司等企业积极参与保障房和养老项目建设，开发建设保障房2.5万套，占全市总量的1/4；养老项目投资160亿元，计划提供2万张床位。京煤集团工矿棚改安置工作顺利完成，累计安置棚户区居民5305户。38家市属企业圆满完成抗日战争胜利70周年阅兵、世界田径锦标赛、申办2022年冬奥会等重大活动服务保障任务。

（六）国有企业党的建设不断加强

强化思想理论武装，扎实开展“三严三实”专题教育，全系统党员领导干部思想认识、党性观念、进取意识进一步增强。认真抓好市委对企业巡视问题的整改落实，不断夯实党建基础。研究制定《在深化市属国有企业改革中坚持党的领导加强党的建设若干意见》及其配套措施，坚持党委书记履行党建责任制述职、基层党建述职评议考核，党建工作责任制得到有效落实。加强企业领导班子和人才队伍建设，调整领导班子56家，任免企业领导人员242人，结合深化董事会建设试点，补充配备84名外部董事和股权代表。开展任期和年度综合考核评价。与河北省国资委等单位搭建多维度学习交流平台，全年培训企业领导人员772人次。组织“国企楷模·北京榜样”评选、首届“微电影”大赛、百姓宣讲、媒体走基层等活动，传播国企好声音。强化“两个责任”落实，印发《落实党风廉政建设党委主体责任和纪委监督责任的实施意见》，开展党风廉政建设约谈工作。加大案件查处力度，全年新立案135件，增长52%。落实企业安全生产主体责任，开展隐患排查治理体系建设试点工作。深化领导包案与督导机制，推进“网上信访”，强化风险评估，全系统安全生产和信访维稳形势平稳可控。

二、北京市国有资产总量与结构分析

表1　2015年北京市所属国有企业指标

项　目	金　额（亿元）
资产总额	34078.8
所有者权益	11113.6
营业收入	10644.6
利润总额	588.8
净利润	408.3
归属于母公司所有者的净利润	185.4
应交税金总额	839.2
实际上缴税金总额	762.5

表2　2015年北京市国有企业户数情况

项　目	2014年	2015年	比上年增长（%）
户数（户）	7578	8094	6.8

表3　2015年北京市国有资产地区分布情况

地　区	国有资产（亿元）	占国有资产总量比重（%）
全市国有企业	10121.5	100.0
市属企业	7410.9	73.2
市属监管企业	6940.9	68.6
市属非监管企业	470.0	4.6

续表

地　　区	国有资产（亿元）	占国有资产总量比重(%)
区县属企业	2710.5	26.8
东城区	126.2	1.2
西城区	647.1	6.4
朝阳区	218.4	2.2
丰台区	94.8	0.9
石景山区	68.5	0.7
海淀区	197.0	1.9
门头沟区	42.3	0.4
房山区	54.9	0.5
通州区	86.3	0.9
顺义区	267.3	2.6
昌平区	84.5	0.8
大兴区	212.6	2.1
怀柔区	62.2	0.6
平谷区	73.3	0.7
密云区	46.7	0.5
延庆区	1.3	0.01
燕山区	0.1	0.001
亦庄开发区	427.1	4.2

注:表中国有资产数据为2015年度全市单户企业叠加汇总数,表中汇总数与全市总量不等的原因是本表中未考虑集团内部抵消数。

表4　2015年北京市国有资产行业分布情况

行　　业	国有资产（亿元）	占国有资产总量比重(%)
第一产业	182.2	0.8
其中:农林牧渔业	182.2	0.8
水利管理业		
第二产业	8047.1	34.5
其中:工业	7593.6	32.6
建筑业	453.5	1.9
第三产业	15069.0	64.7
其中:交通运输业	1801.9	7.7
仓储业	25.8	0.1
批发和零售、餐饮业	644.8	2.8
房地产业	5305.7	22.8
社会服务业	6272.0	26.9
卫生体育文化教育科研	189.7	0.8
其他行业	829.1	3.6

表5　2015年北京市国有资产经营规模分布情况

经营规模	国有资产（亿元）	占国有资产总量比重(%)
大型企业	6904.2	29.6
中型企业	6867.5	29.5
小型企业	5098.8	21.9
微型企业	4427.7	19.0
合　　计	23298.2	100.0

注:表中国有资产数据为2015年度全市单户企业叠加汇总数,表中汇总数与全市总量不等的原因是本表中未考虑集团内部抵消数。

三、北京市国有资本保值增值综合分析评价

表6　2015年北京市国有企业地区和行业国有资本保值增值情况

地　　区	国有资本保值增值率(%)	行　　业	国有资本保值增值率(%)
全市国有企业	103.28	第一产业	100.29

续表

地　　区	国有资本保值增值率(%)	行　　业	国有资本保值增值率(%)
市属企业	103.38	其中:农林牧渔业	100.29
市属监管企业	103.28	水利管理业	
市属非监管企业	104.92	第二产业	102.81
区县属企业	102.96	其中:工业	102.53
东城区	103.00	建筑业	107.52
西城区	104.85	第三产业	104.39
朝阳区	102.52	其中:交通运输业	100.54
丰台区	100.24	仓储业	102.01
石景山区	100.60	批发和零售业	99.26
海淀区	107.94	房地产业	106.32
门头沟区	100.61	社会服务业	104.20
房山区	102.70	卫生体育福利业	85.89
通州区	100.34	其他行业	108.87
顺义区	96.58		
昌平区	100.68		
大兴区	101.86		
怀柔区	101.94		
平谷区	100.03		
密云区	92.19		
延庆区	137.22		
燕山区	99.93		
亦庄开发区	107.28		

四、北京市国资委监管企业股份制改革与上市融资情况

(一)上市公司总体情况

截至2015年底,市属上市公司54家,股票59支,总市值10394.36亿元,比2015年初上涨10.69%。市属上市公司总资产52594.17亿元,同比增长15.34%;净资产7692.49亿元,同比增长15.41%;营业收入5916.51亿元,同比增长15.06%;净利润625.07亿元,同比增长1.03%。

(二)推进企业上市重组

一轻控股所属大豪科技IPO发行上市,成为中国缝制机械电控行业第一家上市公司;北汽集团取得滨州市国资委持有渤海活塞股份,成为境内A股上市公司渤海活塞控股股东;北控水务并购境外上市公司金彩控股,更名为北控清洁能源集团。

研究并推动落实市属一级企业的整体上市试点方案,促进提升国有资本证券化水平。推进建工集团所属建工修复、首发集团所属云星宇通过辅导验收,并向证监会正式申报上市;促进京粮股份、外企人力等企业加快上市步伐,努力做好经营业绩提升、资产权属完善等相关工作。

(三)上市公司融资情况

2015年,市属上市公司完成直接融资项目266个,融资总额3881.56亿元。在扣除IPO、大额存单和资产支持证券后,再融资项目43个,与2014年的同口径比较增加9个,融资总额1246.14亿元,比2014年增长14.62%。主要是:金隅股份定向增发47亿元;三元股份定向增发40亿元;福田汽车定向增发30亿元;首创股份定向增发20.55亿元;首创环境定向增发17.84亿元。北京银行发行资产支持证券197.82亿元,华夏银行发行资产支持证券102.40亿元,北京银行和华夏银行合计发行大额可转让存单2329.50亿元,首创置业发行80亿元公司债,首开股份发行70亿元公司债,首开股份、首钢股份等发行中期票据79亿元,金隅股份、昊华能源、京能清洁能源等发行短期融资券203亿元,首创置业、北控清洁能源集团、北控医疗健康等配股61.93亿元。

五、北京市国资委监管企业并购重组与完善法人治理结构情况

(一)推动企业并购重组

按照"资产同质、经营同类、产业关联"的原则,积

极推动国有资本向优势企业、优势产业集中,不断形成具有核心竞争力的大企业集团和优势产业集群。2015年,在明确部分重要企业定位和发展方向的基础上,研究并制定数个一级企业合并重组方案。其中,推动实施北京控股集团有限公司和北京市市政工程设计研究总院的调整重组,加强企业间产业融合和优势互补,为打造具有首都特色与影响力的大型设计咨询类企业夯实基础,为加快市属设计咨询类企业向专业化和价值链高端延伸以及进一步提升燃气、水务等市政公用产业服务保障能力提供有力支撑。

(二)加强董事会建设

一是稳步推进"深化董事会建设完善现代企业制度"试点,扎实开展试点阶段性评估工作。重点推进外部董事选派和初任培训、董事会和董事的分类考核评价及薪酬体系建设等工作。首旅、京投、地铁三家企业董事会以试点工作为契机,充分发挥战略引领作用,综合推进管控模式改革及治理体系建设等多项改革工作。采取邀请第三方参与评估、旁听董事会会议、查阅会议记录、听取监事会、外部董事及相关处室意见建议等方法开展评估工作,形成评估报告,总结试点工作的阶段性进展及成效,指出存在的不足,并对下一步工作提出建议。二是创新董事会年度专题报告会及出资人(扩大)会议形式,提高年度专题报告的针对性、互动性和实效性。市属国有独资公司全部上交书面报告,并选择部分企业现场进行专题报告,以此开展董事会年度报告工作,继续采取董事会年度报告和党委书记党建专项述职会合并召开的方式,会议增加由委领导、监事会和相关处室对董事会年度工作进行现场打分的环节,保留市国资委与企业董事会成员的互动交流议程,形成总体评价,向5家企业进行书面反馈,并督促企业针对提出的问题和关注事项进行整改,形成完整工作闭环。指导京投公司编制董事会年度工作报告和社会责任报告,组织市发展改革委、市财政局、市规划委、市交通委、市重大项目办有关领导和市人大、政协的有关专家,召开京投公司出资人(扩大)会议,对京投公司的工作进行多角度的量化评价。创建特殊功能类企业与政府相关部门、人大代表、政协委员和国有出资人代表的沟通机制,创新市国资委、相关委办局和专家对特殊功能类企业的综合监督评价机制,通过指导京投公司编制和发布社会责任报告的方式,创新市属国企的信息公开方式。三是完成2014年度外部董事履职报告及评价工作,在综合分析董事会评价、外部董事自我评价、监事会评价等数据、信息的基础上,结合外部董事履职报告以及董事会会议记录反映的情况,对市国资委向40家市属国有独资公司派出的53名、79人次外部董事和通过国管中心外派的5名、7人次外部董事进行专项评价,形成《2014年度市属国有独资公司外部董事履职评价报告》。总结外部董事履职中存在的突出问题,针对存在问题对下一步工作提出建议和措施。

(三)加大外部董事委派力度

着眼拓宽选拔视野渠道,优化外部董事队伍结构,协调国务院国资委企干二局、市委教育工委、市工商联、北京注协、市律协推荐273名外部董事人才,通过面谈遴选,结合企业外部董事专业需求,按照企业行业与个人经历经验相匹配、董事会结构与个人专业特长相契合的原则,于2015年初集中补充配备74名外部董事和股权代表。与中关村科技园区管委会进行沟通,选聘3名中关村示范区企业领军人才担任市属国有企业外部董事。同时,根据2015年外部董事到龄、到届等情况,对外部董事进行19人次的调整。截至2015年底,向41家市属国有独资公司委派99人、111人次的外部董事。

(四)增强监督管理合力

一是坚持以问题和风险为导向,做深做实做细当期监督。以问题和风险为导向,密切关注企业落实市委市政府关于国资国企改革战略部署、低效资本及不符合首都功能定位企业的淘汰退出情况,加强对企业决策合规性、法人治理结构运行和"三重一大"等事项的报告工作,进一步深化当期监督,专项报告质量和时效性的不断提升。按时保质地完成42家出资企业年度报告,年度报告采取全面书面汇报与集中重点汇报相结合的方式,对10户年度重点企业进行全局性、战略性的分析,对企业的优劣势,面临的内外环境,存在的问题和风险进行全面深入的报告。二是围绕深化国资国企改革,探索完善监督机制。监事会坚持每年对二级企业开展专项检查和走访调查的数量达到1/3,对境内子企业和重大项目的延伸监督检查进一步深化；继续实施境外资产摸底调查，分三组分别对美洲、欧洲和非洲的7家境外企业开展专项检查，促进企业完善境外资产管理。围绕深化改革中心工作，根据首都城市功能定位和北京国企的定位，分类研究城市公共服务类企业、特殊功能类企业和竞争类企业的监督重点，注重在日常监督中给予侧重。三是不断强化监督工作协同，切实提升监管合力。全面开展出资人监管、外派监事会监督和巡视、审计、纪检监察等部门的联合监督。开展对4家企业的经济责任审计，配合市委组织部完成21名局级领导和50名处级干部的领导干部个人事项的填报工作及2015年度信息采集与更新。按计划推进《市国资委监督协同工作暂行办法》的调研工作，进一步完善监事会与纪检监察、统计评价、经济责任审计等监督部门在13个环节的协同机制安排。

六、北京市国资委监管企业建立和完善经营业绩考核体系情况

（一）开展业绩考核工作

一是扩大分类考核试点和2015年度考核指标签约工作。以“建立科学分类管理机制，完善分层责任传导机制，搭建考核对标机制，完善长效激励约束机制”为核心，构建“一企一策”的分类考核工作体系。落实“探索以管资本为主的监管方式转变”任务要求，扩大分类考核试点，增加7户城市公用类企业和4户平台公司，分类考核21户。完成2015年度49户市属企业负责人年度经营业绩考核指标确认工作。二是完成《经营业绩考核办法》总体框架修订工作。落实国有企业负责人薪酬制度改革要求，以“导向明确、有效衔接”为准则，强化奖惩制度设计，构建与国有企业改革发展同向同行，相互促进的业绩考核办法。三是开展2014年度经营业绩考核清算工作。总结市属企业经济发展状况，对照签约目标，梳理企业经营指标完成情况、重点任务完成情况，做好年度考核清算工作。完成2014年度企业负责人、外派董事长及委派财务总监的薪酬兑现和备案工作。

（二）推进薪酬制度改革

切实贯彻中央“合理确定并严格规范国有企业负责人薪酬水平”要求，落实《关于深化中央管理企业负责人薪酬制度改革的意见》（中发〔2014〕12号）精神，牵头推动全市国有企业负责人薪酬制度改革。《关于深化市属国有企业负责人薪酬制度改革的实施意见》经168次市委常委会和国务院薪改领导小组审核通过，于2015年9月14日以市委市政府名义正式印发。《实施意见》的出台将进一步推动与国有企业负责人选拔方式相匹配、与企业功能性质相适应、与经营业绩相挂钩的差异化薪酬制度的建立，实现薪酬水平适当、结构合理、管理规范、监督有效的管理目标，促进企业持续健康发展。

（三）完善职务消费制度

贯彻中央八项规定精神，落实《关于合理确定并严格规范中央企业负责人履职待遇、业务支出的意见》（中办发〔2014〕51号）要求，研究起草《北京市市属国有企业负责人履职待遇业务支出管理暂行办法》，经168次市委常委会审核通过，于2015年9月14日以市委、市政府办公厅名义正式印发。《暂行办法》结合北京实际，以依法依规、廉洁节俭、规范透明为基本原则，对企业负责人公务用车、办公用房等明确限定标准，合理确定履职待遇，严格规范业务支出，严肃财经纪律。

（四）开展股权激励试点

充分利用中关村创新平台1＋6政策，继续推动国有科技型非上市公司实施股权和分红激励试点，同步做好试点工作的跟踪和总结；严格执行国有上市公司股权激励相关政策要求，探索股权激励改革路径，采取灵活激励方式，重点鼓励国有高新技术上市公司开展股权激励改革，发挥以点带面作用，加快长效激励约束机制建设，调动企业管理骨干和科研人员的积极性，增强企业自主创新能力和发展活力；完善股权激励审核辅导工作机制，引入中介机构专业力量优化方案设计，确保方案条款在符合政策要求的基础上，最大限度发挥激励作用。2015年辅导审核2家上市公司的股权激励实施方案。

七、北京市国资委监管企业负责人考核与选人用人机制改革情况

（一）选好配强领导班子和领导人员

加强对市属国有企业分类功能定位、领导班子结

构需求的研究分析，定期开展市属国有企业领导班子综合分析，提高领导班子建设的针对性和有效性。注重选好配强企业领导班子和领导人员，2015 年，调整市属企业领导班子 56 家，任免企业领导人员 242 人次，其中正职 32 人次。新提拔企业领导人员 32 名(正职 8 名)，涉及 25 家企业，平均年龄 48.8 岁。交流任职 25 人，涉及 13 家企业。接收党政机关事业单位领导干部 7 人，交流到党政机关事业单位 5 人，接收安置师职军转干部 3 人，接收安置援疆、援藏干部 2 人，企业间交流任职 8 人。完成 25 名经理层成员试用期满考察工作，其中正职 6 人。办理双管单位任免 25 家、66 人次，其中正职 29 人次。研究提出 5 家市属企业和 3 家双管企业党委换届或补选人选。

(二)组织开展年轻领导人员专项调研

按照市委组织部统一部署和要求，结合市属国有企业实际情况，会同市委组织部采取专项调研方式组织开展市属国有企业年轻领导人员调整工作。调研历时 8 个月，访谈 7782 人次，走访企业 310 家，查阅档案及个人有关事项 1456 份，综合考虑企业班子结构需要、人选素质、个人事项等情况，提出优秀年轻领导人员名单。通过调研，摸清市属国有企业领导班子现状和问题，发现、储备一批精通产业发展、科技创新、市场开发、财务、资本运作、国际经营管理、重组并购等方面专业，又具有较强综合经营管理能力的复合型年轻人才，并按照人才成长规律和年轻领导人员特点，制定有针对性、差异化的培养使用措施。

(三)完善综合考核评价体系

组织开展 2014 年度 58 家企事业单位领导班子和 553 名领导人员民主测评工作，领导班子平均满意率、领导人员平均优秀率分别为 83.9%、79.5%，同比 2013 年分别提升 0.5 个和 1.3 个百分点。组织开展 2014 年度 48 家企事业单位、479 名领导人员综合考核评价工作，领导班子平均得分、领导人员平均得分分别为 86.55 分、90.66 分，与 2013 年度基本持平。测评考核结果反映出近年来市国资委积极推进国资国企改革发展，深化人事制度改革，科学选配企业领导班子，大力加强企业领导人员队伍建设取得积极成效，领导班子引领企业科学发展的能力和实绩不断提升。

(四)加强企业领导人员监督

一是全面开展档案专项审核工作，集中审核在职企业领导人员档案 600 余卷，指导企业对领导人员档案中“三龄两历”记载不一致的情况进行调查取证，对缺件进行补充。二是开展清理规范企业领导人员兼职工作。对市属国有企业上市公司独立董事情况进行摸底调查，对 65 名有党政领导职务或国有企业领导职务任职经历的独立董事提出兼职规范建议。对 533 名国有企业领导人员的 2266 项兼职进行审核，为不符合规定的兼职进行规范清理。三是严格出国(境)审批，建立护照登记台账，对市属企业中层以上领导人员因私出国(境)证件登记备案情况进行全面的梳理摸底。开展违规办理和持有因私出国(境)证件专项治理工作，对违反管理规定的企业中层领导人员，批评教育 36 人、诫勉谈话 25 人。四是认真组织做好企业领导人员报告个人有关事项工作，按 10%的比例抽查核实 55 名企业一级领导人员和 809 名企业中层领导人员个人有关事项。

八、北京市国资委监管企业党的建设和廉政建设情况

(一)党的建设情况

一是进一步强化各级党组织和企业领导人员的党建意识。组织召开全系统党建工作会、纪念五四运动 96 周年座谈会和纪念建党 94 周年座谈会，举办党委专职副书记、基层党支部书记培训班，开展与董事会报告工作相结合的党委书记党建述职。围绕加强和改进国企党建工作，坚守党组织在公司法人治理结构中的法定地位，先后 8 次组织召开企业党委书记(董事长)、总经理、专职副书记、组织部长座谈会，分析存在的突出问题，查找党建的薄弱环节，引导各级领导干部把党的领导真正落实到与企业改革同步加强上，落实到党组织发挥政治核心作用上，落实到与完善公司治理有机统一上。

二是建立健全国有企业党建的制度体系。研究制定《关于在深化市属国有企业改革中坚持党的领导加强党的建设的实施意见》《关于加强学习型、服务型、创新型党组织建设的意见》《关于在全系统开展创

建"六型"党群团队、争当"学习型"党群干部活动的实施意见》《北京市国有企业党建工作考核评价办法》，为新形势下加强和改进国企党建工作，起到很好的推动作用。

三是深入开展"三严三实"专题教育。把专题教育作为党的群众路线教育实践活动的延展和深化，建立协调推进、日常联络、宣传交流、调研检查等机制，对每一个专题、每一个环节都认真把关，做到有部署、有检查、有总结。深入企业指导专题研讨，帮助企业找准存在问题，督促企业抓好整改落实。各企业认真贯彻市委和市国资委党委的安排部署，高质量的完成党委书记讲党课和三个专题的学习研讨工作，为开好专题民主生活会打下基础。结合专题教育，督促企业做好群众路线教育整改情况自查工作，配合市有关部门，完成专项抽查，防止"四风"反弹回潮。

四是出色完成重大活动的服务保障任务。完成世锦赛门票购买任务，分批组织国企系统6万多职工观看重要场次的比赛。组织280名国企领导人员和职工参加阅兵观礼活动，完成236名国资系统和区县老工人抗战纪念章和慰问金的审核、统计、核对发放工作。市国资委和国资公司、首旅集团、新奥集团、北辰集团获得"世锦赛突出贡献单位"荣誉称号，17家企业获得"世锦赛最佳支持单位"荣誉称号。

五是持续夯实党建基础性工作。加强以基层党组织书记为核心的党务干部队伍建设，组织企（事）业单位开展基层党组织书记全员轮训，提高基层党务干部的整体素质。加强党员管理教育，开展"党员意识"提升行动，对发展党员情况进行监督检查。举办基层党组织换届培训班，提高换届工作的规范化水平。开展基层党建创新项目评选推广工作，进一步激发基层党建活力。加强党员教育培训基地规范化、标准化建设，推广典型经验和典型做法。认真落实市委统战、群团工作会议精神，围绕凝心聚力、发挥作用，加强对统战和群团工作的领导。

（二）党风廉政建设情况

一是强化"两个责任"，推进党风廉政建设和反腐败工作。认真抓好党风廉政建设责任制。调整反腐倡廉建设领导小组，制定下发《市国资委党委关于落实党风廉政建设党委主体责任和纪委监督责任的实施意见》《市国资委党风廉政建设约谈制度》；制定2015年责任制检查考核工作方案，班子成员带队对9个企业责任制执行情况开展监督检查；市国资委纪委围绕"两个责任"与53家一级企业领导班子成员进行专题座谈，层层传导压力，督促明确责任、落实责任。扎实抓好市委巡视反馈问题整改工作。高度重视和积极配合市委巡视办开展巡视工作，针对市委巡视国有企业反馈意见，研究制定关于落实市委巡视市属国有企业整改要求的工作方案，制定下发《进一步加强因私护照管理的通知》，召开市属国有企业高管薪酬问题自查自纠专项工作会，整改工作取得阶段性成绩。市委巡视第一批国有企业移交问题线索117件中，立案调查18人，其中处级干部10人。

二是加大纪律审查力度，坚决遏制腐败蔓延势头。持之以恒纠正"四风"。抓住重要时间节点，紧盯"四风"不放，召开市国资委系统"两节"期间查纠"四风"工作部署会，对12个单位进行督导检查，持续推进作风建设。坚决查处违规发放津贴补贴、公款旅游、违规大操大办婚丧喜庆、违规打高尔夫球等突出问题，对顶风违纪的从严执纪、从重处理。2015年，查处"四风"问题8起，给予党纪政纪处分19人。始终保持惩治腐败的高压态势。加强案件线索排查，每季度召开一次排查会，对信访量上升的企业进行重点督查，实行案件线索统一管理。加大对信访举报、审计、专项治理、巡视等工作中发现案件线索的直查力度，坚决查处在重点领域和关键环节中的严重违纪问题，严肃查处群众身边的不正之风和腐败问题。截至2015年底，市国资委纪委受理信访件1600件次，同比增长0.1%；新立案件135件，同比增长52%，给予党纪处分110人。推进执纪审查制度创新。研究建立案件线索排查和督办、直查快办和案件管理保障、案件审理等机制，进一步规范案件查办工作流程，为开展纪律审查工作提供保障。坚持依纪依法、安全文明办案，健全规范办案区工作体系，注重整合办案资源，直查快办工作能力和效率不断提升。截至2015年底，办案区完成初核件79件，立案31件，同比上升163%。

三是坚持惩防并举，科学有效发挥宣传教育防控作用。健全惩治和预防职务犯罪网络建设。与市检察院共同建立惩治和预防职务犯罪网络,制定下发《进一步加强市国资委系统惩治和预防职务犯罪网络建设的意见》,健全完善市属国有企业惩治和预防职务犯罪长效机制,全面推进惩治和预防腐败体系建设。深入开展党风党纪宣传教育。借助《是与非》国资专讯宣传平台,先后刊登市属企业开展党风廉政建设工作经验做法 20 篇,不断加大反腐倡廉工作宣传力度。督导企业认真学习中央纪委"学思践悟"系列文章与市纪委书记叶青纯党课内容,凝聚思想共识,指导推动工作。在全系统开展"廉洁颂——我身边的好规矩"征集活动,上报 265 篇征文作品,营造浓厚的企业廉洁文化氛围。

四是聚焦主业深化"三转",加强管理、教育和监督。推动作风转变。按照"聚焦监督执纪问责,实现纪委全员办案"的要求,合理配备人员,实行全员办案。组织全系统纪检干部观看纪检监察干部违纪违法案件警示录,参加学习《中国共产党廉洁自律准则》和《中国共产党纪律处分条例》辅导报告,不断提高遵规守纪意识和履职能力。开展企业纪委书记向市国资委纪委年度述职工作,强化责任意识。强化业务素质。组织 8 批 63 人参加中纪委、市纪委纪检监察业务培训;与市检察院一分院合作组织 2 次讲座,600 人次参加,着力提高全系统纪检监察干部的监督执纪能力。组织开展"把纪律挺在前面,推进国有企业'三转'工作落到实处"课题调研,为扎实推动市属企业"三转"工作提供依据。

(撰稿人:石　磊)

天津市

一、天津市国有资产监督管理工作综述

2015 年,天津市国资系统深入贯彻落实"五大发展理念",把握稳增长与结构性改革的平衡点,统筹推进国企改革发展与国资监管工作,取得积极进展。

(一)全力以赴抓发展,国有经济实现逆势增长

2015 年,天津市国有企业资产总额同比增长 17.2%;所有者权益同比增长 13.7%;实现营业总收入同比增长 1.6%;实现利润总额同比增长 0.2%。16 家国企进入 2015 年中国企业 500 强,占全市的 76.2%,整体排名比上年平均提升 37 位。

一是加大运行帮扶力度。印发《关于做好稳增长增效益工作的通知》,加强重点行业、重点板块和重要子企业监测分析。对平稳增、波动大、持续亏的企业,分类提出稳增长任务。国资委成立帮扶组,领导班子成员分头深入企业服务,帮助企业协调解决 40 多个困难和问题。同时,发挥境内外资本运作平台作用,融资 130 亿元,支持国企结构调整和改革发展。

二是创新转型成效明显。组织 11 家集团"走进中关村",与 15 家中关村企业洽谈合作,市国资委与中关村管委会就天津国企与中关村科技创新资源携手发展签订战略协议。组织 15 家集团负责同志赴青岛海尔学习考察,引导天津传统国企创新发展理念,加快转型升级。大力推进企业科技、管理和商业模式创新,积极发展新技术、新产品、新业态和新模式,促进国企提质增效。

三是境内外市场进一步拓展。融入京津冀协同发展战略,组织国企积极参与津冀(天铁)循环经济产业园区建设。组织物产集团等 24 家市管企业及其所属 10 家企业出访印度、斯里兰卡、缅甸三国,分别在印度新德里、斯里兰卡科伦坡、缅甸仰光举办 9 场公务活动,其中召开 3 场大型企业对接会,与 200 余家当地企业开展经贸交流和企业对接活动,初步达成合作项目 115 个,意向合作金额逾 8 亿美元,有力开拓南亚新兴市场,增强天津市和天津国企的知名度和国际影响力。

(二)系统谋划促改革,国企活力和竞争力不断增强

贯彻落实《中共中央国务院关于深化国有企业改革的指导意见》及其配套文件,形成"28 条"实施意见。建立国企改革工作台账,加强跟踪督查,形成顶层设计、组织推动和督查落实的工作闭环,促进以"三个一批"为重点的新一轮国企改革的深化。

一是稳妥推进集团调整重组。完成2个重组方案，涉及5个重组项目。组织原农垦集团、二商集团、粮油集团、立达集团扎实细致地推进天津食品集团组建工作，完成食品集团内部资源整合和工商注册。完成水务集团组建工作。

二是有序推进国有企业放开搞活。按照“宜控则控、宜参则参、控则有为、参则有序”的原则，积极引入对企业长远发展有拉动作用的战略投资者，推进国有企业股份制改革，打造“体制机制新、商业模式活、竞争能力强”的混合所有制企业。2015年，完成国有企业开放搞活83户，引入外部资金105亿元。其中，天弘基金引进蚂蚁金服增资扩股，中环集团引进TCL公司合资合作，百利装备集团引进大桥集团新设一机床有限公司，天津港集团引进首农集团、北控集团、上汽集团合资新设企业，津融集团引进上海银行设立基管公司，纺织集团引进北京纺控新设自贸通公司等，引入优势资源，优化股权结构，放大国有资本功能，转变体制机制，国有企业活力和竞争力进一步提高。

三是大力推动国有企业上市、挂牌。统筹利用好境内外多层次资本市场，以新三板为突破口，加快推进优势企业上市、挂牌。2015年，天津彩板、渤商大百、环渤海金岸、通广公司等5家企业在新三板成功实现挂牌。渤钢集团金鼎线材公司、建工集团建研咨询公司、中环集团斯巴克瑞公司3家企业在新三板挂牌通过审批。天津松江等3家上市公司增发融资60亿元，百利电气增发获证监会审核通过。天津银行H股上市方案已报证监会，天房集团在新加坡发行房地产信托投资基金（REITs）获得新加坡交易所批复，医药资产出境注入天津发展在港融资23亿元，完成年初确定的目标。

四是有序推进低效企业清理退出。按照“管资本为主的”监管思路，制定企业退出工作监管清单，明确企业退出工作的步骤和流程。2015年，完成清理低效企业162户，盘活资产45亿元。

（三）转变职能管资本，国资监管效能明显提高

一是加强依法治理。注重发挥董事会作用和章程管理，积极推进规范的董事会建设，向6家集团派出7名外部董事，为2家集团配备职工董事，指导推动5家集团修订公司章程。注重“三重一大”制度建设，出台《关于进一步规范国有企业“三重一大”决策工作的指导意见》，明确“三重一大”事项的范围、程序、责任、督查和问责措施。注重健全制度体系，围绕市管企业担保等重大事项管理，出台7个规范性文件，国资监管制度累计达到114件。

二是完善监管方式。加大简事放权。实行清单管理，将没有法律法规依据、不符合出资人（股东）管理职责，或有其他方式可代替的审核和事前备案的权限，进一步下放到市管企业，国资监管事项调整到45项。加强分类监管。根据国有企业的不同功能，制定印发《天津市市管企业分类的实施意见》，对竞争类、功能类、公共服务类企业，实施分类改革、分类考核和分类管理，增强监管的针对性和有效性。坚持放管结合，加强事中、事后管理和透明化、信息化建设。对重要投资项目，实施后评价和中期效能检查；对国有产权转让，推进进场交易，严格控制场外协议转让；对国有控股上市公司国有股权，建立上市公司国有股东管理信息系统，加强实时监控，提高监管效率和效果。

三是强化综合监督。推行资金集中管控，推动80％的集团建立以资金池或资金结算中心为平台的资金集中管控体系。实行财务总监委派制，50％以上的集团向二级企业委派财务总监，加强企业成本、现金流和股权的管理。推进外派监事会与纪检监察、审计、巡视组等专业监督机构，建立工作协同机制，完成38家派驻企业及78家重点子企业的年度监督检查，并对企业大额资金运作情况进行专项检查，促进企业防范风险，加强管理和自我约束，防止国有资产流失。

二、天津市国有资产总量与结构分析

截至2015年底，天津市国有企业4149户，同比减少0.1％；资产总额57888.4亿元，同比增长17.2％；所有者权益13466亿元，同比增长13.6％；实现营业总收入12229.1亿元，同比增长1.6％；实现利润总额423.8亿元，同比增长0.2％。

表1　2015年天津市所属国有企业指标

项　　目	金　额(亿元)
资产总额	57888.4
所有者权益总额	13466.0
营业总收入	12229.1
利润总额	423.8
净利润	307.7
应交税金总额	424.3
上缴税费总额	409.3

表2　2015年天津市国有企业户数情况

项　目	2014年	2015年	比上年增长(%)
户数(户)	4152	4149	—0.1

表3　2015年天津市国有资产地区分布情况

地　　区	国有资产(亿元)	占国有资产总量比重(%)
市　属	9652.5	71.7
区　县	3813.4	28.3
滨海新区	1887.5	14.0
和平区	35.1	0.3
河东区	0.8	0.0
河西区	66.9	0.5
南开区	8.5	0.1
河北区	20.6	0.2
红桥区	14.3	0.1
东丽区	462.3	3.4
西青区	239.6	1.8
津南区	7.9	0.1
北辰区	92.8	0.7
武清区	415.9	3.1
宝坻区	185.3	1.4
宁河区	2.3	0.0
静海区	230.5	1.7
蓟　县	143.2	1.1

表4　2015年天津市国有资产行业分布情况

行　　业	国有资产(亿元)	占国有资产总量比重(%)
农林牧渔业	35.7	0.2
工业	2428.6	11.3
建筑业	925.2	4.3
交通运输业	3033.9	14.1
仓储业	108.4	0.5
批发零售业	1211.0	5.6
金融业	1601.0	7.5
房地产业	2979.2	13.9
社会服务业	8954.2	41.7

表5　2015年天津市国有资产经营规模分布情况

经营规模	国有资产(亿元)	占国有资产总量比重(%)
大型企业	2252.1	10.5
中型企业	7898.9	36.8
小型企业	7234.1	33.7
微型企业	4065.7	19.5
合　　计	21450.9	100.0

三、天津市国有资本保值增值综合分析评价

2015年,天津市国有及国有控股企业国有资本保值增值率完成102.2%,其中,市级企业国有资本保值增值率完成103.1%,区县属企业国有资本保值增值率完成100.2%。

表6　2015年天津市国有企业行业国有资本保值增值情况

行　　业	国有资本保值增值率(%)
工业	100.6
批发零售业	102.2

续表

行　　业	国有资本保值增值率(%)
社会服务业	102.1
房地产业	100.0
交通运输业	100.0
建筑业	102.2
仓储业	100.5

表7　2015年天津市国有企业地区国有资本保值增值情况

地　　区	国有资本保值增值率(%)
全市国有企业	102.2
市属企业	103.1
区　县	100.2
滨海新区	100.4
和平区	73.6
河东区	100.1
河西区	101.0
南开区	35.2
河北区	97.2
红桥区	95.8
东丽区	101.1
西青区	123.4
津南区	112.3
北辰区	98.1
武清区	99.2
宝坻区	104.6
宁河区	103.6
静海区	101.2
蓟　县	100.6

四、天津市国资委监管企业股份制改革与上市融资情况

2015年，坚持"宜控则控，宜参则参；控则有为，参则有序"，稳妥、规范推进国企放开搞活，全年以股份制改革为重点放开搞活国企83户，引入外部资金105亿元。推动国有企业积极引入战略契合度高、实力信誉度好、资源互补性强的社会资本参与国企改制重组，打造体制新、机制活、竞争力强的混合所有制企业。全年引入蚂蚁金服、TCL、SunPower等一大批行业巨头作为战略投资者，显著提升企业活力和竞争力。

在上市融资方面，天津松江、中新药业、中环股份合计增发融资60亿元，百利电气增发通过证监会审核；在主板上市方面，完成天津银行H股上市方案的国资审核，并已报送证监会；在新三板挂牌方面，天津彩板、渤商大百、环渤海公司、通广公司、斯巴克瑞成功登陆新三板，物华循环、金鼎线材、建研咨询挂牌申请获得批复，天联成公司实现OTC挂牌；在登陆境外资本市场方面，医药资产出境注入天津发展完成，实现红筹上市融资23亿元；天房集团REITs发行工作获得新加坡交易所批复。组织津联控股统筹境内外资本运作平台，充分利用两个市场两种资源融资130亿元支持全市国企改革。支持市管企业设立融资租赁公司和财务公司，完成能源、纺织、泰达、外经、渤化、城投等6家集团成立融资租赁公司，以及渤钢、医药、能源成立财务公司的国资审核。此外，北方集团与韩国韩华集团、海泰集团合资成立基金管理公司，津融集团发起设立创投基金，多渠道撬动社会资本参与国企改革，放大国资功能。

五、天津市国资委监管企业完善法人治理结构情况

(一)董事会建设取得新进展

一是国有独资公司规范的董事会建设试点成效明显。结合市管企业重组整合，确定食品、水务和华泽等3家集团为试点企业，推进规范董事会建设。向

城投、泰达控股、食品、水务、轨道交通、华泽等集团选派7名外部董事,为食品、泰达控股、旅游、北方国际、建工、利和等集团等配备职工董事。在27户企业开展规范的董事会建设试点工作,先后累计选派外部董事40名。指导北方国际、长芦盐业、食品集团、城建集团、天保控股等5户市管企业完成公司章程规范修订。

二是董事会年度报告工作稳步开展。以促进科学决策、规范管理、防范风险为导向,收集研究2014年度董事会工作报告,了解掌握市管企业董事会运行基本情况,揭示和发现的问题,进一步增强规范国有企业董事会建设工作的针对性。

三是积极推进市管企业董事会治理规则和管理制度建设,完善董事会建设制度体系。制定规范董事会试点企业发放外部董事会议津贴的通知、市管企业所属子企业董事会建设指导意见和向金融企业派出国有股权代表的工作程序。指导董事会试点企业和其他市管企业制定完善董事会、专门委员会议事规则,董事会工作办公室和董事会秘书工作职责。加强政策指导,积极协调帮助市管企业研究解决董事会建设中遇到的困难和问题。学习借鉴国务院国资委、建行总行、北京、上海等地的经验,拓宽工作思路,提出完善外部董事队伍建设的新设想和工作方案。

(二)监事会监督的针对性和有效性进一步加强

一是聚焦国有资产安全,完成年度检查工作。紧紧围绕国企改革发展中的关键环节,高质量地完成38家派驻企业和78家重点子企业的年度监督检查工作,提交38份检查报告。年度检查着重关注企业重大事项决策和执行情况,对企业经营管理和财务运行情况、重大事项决策和实施情况以及董事会、经理层履职情况等九方面的情况进行集中检查,此外还选择2~3户重点子企业,开展延伸检查。通过年度检查,监事会提示市管企业存在的风险47项,揭示问题121项。对年度检查工作情况进行汇总,形成《2014年度监事会年度监督检查综合报告》,报送国资委主要领导审示。

二是创新工作方式,全面启动专项检查工作。组织监事会对市管企业及部分二级子企业开展两个主题的专项检查工作。对市管企业及其所属1户二级国有及国有控股企业大额资金使用情况开展专项检查。指导监事会各办事处结合日常监督、年度检查掌握的情况,选择两户企业以长期股权投资、重大项目开发建设、生产经营、董事会召开及履职、资金投入及担保等情况为重点,自行确定主题开展一次专项检查。监事会报送专项检查报告45份,提出问题149个,促进企业不断提高专项工作管理水平。

三是坚持以问题和风险为导向,不断强化当期监督。聚焦企业"三重一大"领域,通过列席会议、查阅财务资料等方式,加强对企业重大项目投资、重大事项决策、大额资金运作等事项的日常监督,着力发现企业存在的可能危及国有资产安全、造成国有资产流失或侵害国有资本权益的问题、风险、线索。针对发现的问题,及时提示风险,并向出资人报告,提高监督的时效性。监事会参加企业董事会、经理办公会等会议230多次,深入120多户二级企业和大项目建设现场调研。为进一步加强市管企业所属子企业监事会建设,起草市属企业所属子企业监事会建设指导意见。

四是以推进问题整改为重点,深化监督成果的运用。年度检查结束后,以国资委文件的形式将企业存在的风险和问题反馈给企业,要求企业制定出切实可行的整改方案,加快整改。一方面,指导监事会结合日常监督,对企业存在的问题、风险进行督促整改。另一方面,将监事会年度检查发现的问题分解落实到相关处室,要求业务处室结合工作职责,在日常工作中督促企业进行整改,帮助企业协调解决相关问题。12月,组织开展督改工作,企业以文件形式将整改情况报送国资委和监事会。同时,由分管领导和监事会主席带队,深入食品、中环、津融、建工、长芦等8家市管企业进行现场督改。

六、天津市国资委监管企业建立和完善经营业绩考核体系情况

一是组织完成2014年度企业负责人经营业绩考核结果和薪酬水平核定工作。按照竞争类、金融类和公益类三种类型企业负责人经营业绩考核和薪酬管理办法的有关规定,经过与企业对话、听取监事会意

见、业绩考核委员会审议、主任办公会审定、上报市领导同意等相关程序，组织完成对40户竞争类企业、9户金融类企业、2户公益类企业等51户企业的2014年度经营业绩考核工作。竞争类企业中，考核结果为A级的企业6户（占考核单位总数的15%），分别是天津港、医药、物产、住宅、中环和天房，B级企业30户（占75%），C级企业4户（占10%）。金融类企业中，考核结果为优秀的企业2户，良好的企业3户，一般的企业2户，较差的企业2户。公益类企业考核结果均为B级。依据考核结果对2014年企业负责人年度薪酬进行确定。对行政任命的高级管理人员，根据"两低于、两挂钩"原则，合理确定并严格规范企业负责人薪酬水平，企业负责人年薪总体水平与职工收入保持在合理的倍率之内。

二是针对不同类型企业特点，加强分类考核，充分发挥考核导向作用。按照竞争类、功能类、公共服务类三种企业类型的特点，2015年对46家市管企业负责人实施年度考核。考核指标设定上，竞争类企业更加注重发展质量和效益提升，功能类企业注重完成市政府和市国资委的特定功能和风险控制，公益类企业则重点关注市委市政府民心工程任务。

三是深化企业负责人薪酬制度改革工作。按照中央关于国有企业负责人薪酬制度改革的总体要求，与市人社局等相关部门一起制定下发天津深化国有企业负责人薪酬制度改革的实施方案，从2015年1月开始执行，并召开全市会议进行部署。实行与企业领导人员分类分层管理制度相适应、与选任方式相匹配的差异化薪酬分配制度。

四是修订完善企业负责人经营业绩考核和薪酬管理制度。根据中央深化国有企业改革和天津市管企业负责人薪酬制度改革的总体要求，对原有考核和薪酬管理办法进行修订，准备出台《天津市市管企业负责人经营业绩考核办法》《天津市市管金融企业负责人经营业绩考核办法》《天津市市管企业负责人薪酬管理办法》，从2015年开始实施。

根据竞争类、功能类、公共服务类的划分方式和企业特点，深入研究分类考核办法的思路，充分发挥考核的导向作用，科学合理设置考核指标，增强分类考核的针对性和有效性。竞争类企业以实现经济效益最大化为目标，兼顾社会效益，重点考核经营绩效和持续发展等；公共服务类企业以实现社会效益最大化为目标，兼顾经济效益，重点考核服务质量、产品安全和成本控制等；功能类企业追求经济效益和社会效益的综合效果，重点考核融资能力和风险控制等。

五是规范国有企业负责人履职待遇业务支出工作。按照《关于合理确定并严格规范中央企业负责人履职待遇、业务支出的意见》（中办发〔2014〕51号）文件精神，参照国务院国资委出台的相关办法，结合实际，制定《天津市市属国有企业负责人履职待遇和业务支出管理暂行办法》。对国有企业负责人公务用车、办公用房、培训、业务招待、国内差旅和因公临时出国（境）、通信等履职待遇、业务支出行为进行规范。其中对公务用车、办公用房、业务招待等内容制定切实可行的、企业可遵循的具体标准，具有较强的操作性。

七、天津市国资委监管企业党的建设和廉政建设情况

深入开展"三严三实"专题教育。坚持以上率下。党委书记带头讲好党课，坚持个人自学与集体学习、辅导讲座与研讨交流、典型引导与警示教育"三个结合"，以严格规定动作不走样，带动和促进系统专题教育开展。同时创新学习形式，国资委党委班子与监管单位党委班子进行互动学习交流，提高学习效果。深入整改落实。拉出两委班子9个、系统21个"不严不实"问题清单，逐项进行整改并长期坚持。制定指导系统国有企业落实"三重一大"决策制度的意见，推动33家市管单位实现决策过程同步录音摄像；代表市委、市政府研究起草企业领导人员履职待遇和业务支出《暂行办法》；深入26个重点监管单位和48家企业，开展安全生产大检查大排查大整治，组织国有企业积极履行社会责任，筹集资金132亿元回购商品住宅，保持社会稳定。加强推动指导。召开系统各单位推动会5次，建立两委班子成员联系点25个，对7个集团公司、72个二级单位进行检查抽查，发现纠正问题26个，上下联动推进专题教育扎实开展。

加强领导班子和人才队伍建设。强化政治理论

武装。制定加强和完善中心组学习的《实施意见》,对中央和市委重要会议、主要领导同志的重要讲话精神,第一时间传达学习。通过现场观摩、加强述学评学考学,保证各级党员领导干部从思想、政治、行动上与党中央和市委保持高度一致。优化领导班子素质结构。配合市委组织部,调整 36 名市管集团领导人员,提拔年轻干部 7 名,通过推荐考察,发现和遴选一批优秀年轻后备干部。选派 81 名企业领导人员进行高端培训,以多种形式培训企业领导人员 2100 人次,提升素质能力。推进干部人事制度改革。分别制定和起草探索外派财务总监和职业经理人制度的 2 个《意见》,各集团公司向 73 户国有骨干企业派出财务总监,在 4 家企业进行职业经理人制度试点。加强专业人才队伍。创新人才工作机制,遴选出 35 名授衔专家,以猎聘方式引进 49 名具有丰富行业经验的高层次人才。利用境外资源,累计培训拔尖人才 88 人、骨干人才 21 人,为企业加快转型升级提供人才支撑。

提升基层党组织和党员队伍建设水平。抓好"四个同步"。在深化"三个一批"国企改革中,新建和调整设置党组织 175 个、理顺隶属关系 342 个,配备基层党务人员 1000 余名,做到党组织同步建立、党政班子同步配备、隶属关系同步理顺、组织活动同步开展,确保党组织和党的工作全覆盖。抓好基层基础。坚持每季度专题研究基层基础工作,逐级建立健全基层党组织任期和党员发展台账,实行动态管理。1088 个基层党组织按期完成换届选举。以第三期示范培训班带动培训基层党组织书记 4643 名,提高履职能力。采取以查代训方式,落实发展党员《工作细则》,进一步规范党员发展工作。抓好作用发挥。4992 个基层党组织持续开展服务型党组织创建活动,6.65 万余名在岗党员开展创先争优承诺践诺活动,发挥基层党组织和广大党员的先进性。

深入推进党风廉政建设。实行责任目标管理。按照中央纪委、市纪委有关要求,研究提出落实主体责任的四方面措施。举办国资系统"依法治国,落实主体责任"学习研讨班,提升责任意识,建立"三层九项"责任体系,把责任落实具体化制度化。对 36 起"四风"问题全部实施"一案双查",责任追究领导人员 19 人。严格监督。研究制定指导企业纪委履行监督职责、防范廉洁风险的"三个十条",对"四风"问题明查暗访、交叉检查,建立 24 小时快速处置机制,国资系统中秋、国庆两节期间实现违反中央八项规定精神问题零举报。严肃执纪。建立联合破题、联手把关、联片办案"三联机制",全年立案 297 件,同比增长 748.57%,处分 243 人,挽回直接经济损失 1.3 亿元。建成"国资委纪律审查教育基地",纪律审查的硬件条件得到明显改善。

(撰稿人:张宾栋)

河北省

一、河北省国有资产监督管理工作综述

2015 年是近年来经济形势最为严峻复杂的一年。河北省国资系统在河北省委、省政府的正确领导下,坚持解放思想、抢抓机遇、奋发作为、协同发展,迎难而上、砥砺奋进,河北省国企改革发展和国资监管取得明显成效。

(一)国有经济运行保持稳中有进

引导企业积极应对市场挑战,多措并举稳增长,强化扭亏增盈;建立全员联系企业制度,帮助企业协调解决困难和问题,有力保障国有经济平稳运行。2015 年,河北省国有企业资产总额 21259.6 亿元、净资产 5425.9 亿元、实现营业总收入 9093.5 亿元、利润总额 129.5 亿元,同比分别增长 18.7%、9%、-2.9%、-5.4%。其中,省国资委监管企业资产总额 9375.9 亿元、净资产 2699.6 亿元、实现营业总收入 7328.5 亿元、利润总额 78.3 亿元,同比分别增长 6.8%、2%、-4.7%、5.7%。河北建投集团实现利润占河北省国资委监管企业全年利润一半以上、继续保持较好水平,财达证券、河北港口集团实现利润再创历史新高,河钢集团、冀中能源集团在行业发展极为困难的形势下保持整体赢利。廊坊市、保定市、衡水市国有企业在稳增

长压力加大的情况下实现利润正增长。

(二)国有企业改革不断深化

《关于深化地方国有企业改革的实施意见》《关于地方国有企业发展混合所有制经济的实施意见》《关于改革和完善全省国有资产管理体制的实施意见》《关于加强和改进企业国有资产监督防止国有资产流失的实施意见》《关于河北省国有企业功能界定与分类的实施意见》等 11 个改革文件出台实施。开展国企负责人薪酬制度改革,企业负责人履职待遇、业务支出管理进一步规范。通过整合重组积极化解企业经营风险。邯郸市全面完成县属工业企业改革任务。

(三)转型升级取得新进展

围绕钢铁、煤炭、化工等传统产业转型升级,加大投资力度,建设一批高技术含量、高附加值的重大项目,促进产业结构、产品结构、装备水平的优化提升。河钢集团 2015 年品种钢比例达到 41%,同比提高 11 个百分点;高附加值产品销量突破 500 万吨,同比提升 23%,吨钢综合售价同口径提高 140 元;盘活存量资产,非钢产业快速发展,吸纳主业分流人员 12500 人,主业整体装备达到世界先进水平。开滦煤化工达到全国先进水平,河北港口散杂货营运能力保持世界第一,唐山三友在全国化纤行业领先地位进一步巩固。积极发展战略性新兴产业和现代服务业,河北建投风电、天然气等清洁能源产业发展迅猛,风电装机容量稳居华北第一;华药集团初步形成抗肿瘤、生物药等五大产业基地;财达证券成功实现全牌照运营,河钢集团交易中心、信投在线等电子商务平台投入运行;现代物流产业规模迅速扩张,物流金融、物流园区等新业态不断涌现,冀中能源国际物流跻身全国物流前三强。着力提升科技创新能力,唐山三友的彩色纤维核心技术打破国外垄断,华药集团的基因重组白蛋白技术取得重大突破,常山纺织的新型纤维产品研发投产,建工集团研发的板材安装机器人项目列入国家科技专项。

(四)开放合作水平不断提高

抢抓京津冀协同发展重大战略机遇,河北建投京津冀城际铁路投资公司京唐城际开工建设,河北旅投积极参与冬奥会崇礼赛区规划建设。进一步加强与央企的战略合作,河钢集团与中信集团组建唐信新能源公司,并与宝钢集团签署战略合作协议。积极参与"一带一路"建设和国际产能合作,河钢集团与塞尔维亚政府就斯梅代雷沃钢厂私有化项目签订合作框架协议,积极推进南非 500 万吨钢铁基地项目;河北建投集团在津巴布韦投资的 2×300MW 煤电一体化项目正在备案。大力开拓国际市场,河钢集团全年钢材出口量再创历史最好水平。

(五)国资监管针对性进一步增强

加大简政放权力度,河北省国资委确定取消和下放工作事项 18 项,企业年度投资计划由备案改为报告,企业主业投资项目由企业自主决策。大力推动监事会工作创新,全面加强监事会队伍建设和制度建设,出台《派驻企业监事会监督检查工作实施办法》《监管企业子公司监事会工作指导意见》,国务院国资委在全国国资系统推广河北省经验做法;深入开展年度集中检查和专项检查,着力发现、揭示、报告企业存在的问题和风险,建立问题整改工作台账,有力促进监督检查成果运用。强化审计监督,组织实施一系列财务专项审计、资产损益审计、经济责任审计等。各市国资委积极探索有效的监管方式,石家庄市国资委出台国有企业财务预算等重大信息公开制度,保定市国资委对市本级经营性国有资产实现集中统一监管。

(六)和谐国企建设赢得良好形象

河北省国有企业认真履行社会责任,在节能减排、环境保护、安全生产、保障就业和扶贫攻坚等方面勇挑重担,省国资委系统 36 个美丽乡村驻村工作组完成 265 个项目、投入资金 808 万元,93 个定点扶贫驻村工作组完成 538 个项目、投入资金 1148 万元,得到省委、省政府的充分肯定。加强工会、共青团、信访稳定和老干部等各项工作,在全省国资系统开展"最美河北国企人"评选活动,弘扬正能量,形成树正气、讲团结、聚合力、促转型的良好氛围。

二、河北省国有资产总量与结构分析

(一)总体情况

2015 年,河北省具有独立法人资格的三级以上国有及国有控股企业(以下简称"国有企业")3053户,同比增长3%;资产总额21259.6亿元,同比增长18.7%;实现营业总收入9093.5亿元,同比减少2.9%;实现利润129.5亿元,同比减少5.4%;职工人数73.6万人,比上年减少5%;国有资本保值增值率99.9%,比上年降低2个百分点。

表1　2015年河北省所属国有企业指标

项　　目	数　　额
资产总额(亿元)	21259.6
负债总额(亿元)	15833.7
归属于母公司的所有者权益(亿元)	3958.2
净资产(亿元)	5425.9
营业总收入(亿元)	9093.5
营业收入(亿元)	8886.6
利润总额(亿元)	129.5
归属于母公司的净利润(亿元)	29.8
净利润(亿元)	66.4
应交税费(亿元)	308.4
上缴税费(亿元)	313.2
平均职工人数(万人)	73.6
国有资产总量(亿元)	3781.0
资产负债率(%)	74.5
净资产收益率(%)	1.3
总资产报酬率(%)	2.3
国有资本保值增值率(%)	99.9

(二)户数分布情况

与2014年的2963户相比,增加261户,减少171户,净增加90户。2015年省国资委监管一级企业29户,三级以上企业1018户,增减相抵净增加88户,增长9.5%。

表2　2015年河北省国有企业户数情况

项　目	2014年	2015年	比上年增长(%)
户数(户)	2963	3053	3.0

1. 按隶属关系划分。全省3053户企业中,省属国有企业1233户,占全省国有企业总户数的40.4%,增长6.8%;市县属国有企业1820户,占全省国有企业总户数的59.6%,增长0.7%。2015年户数的增长基本来自省国资委监管企业,净增加88户。

2. 按经营规模划分。全省3053户国有企业中大型、中型、小型和微型企业分别有120户、474户、1083户和1376户,分别占全省国有企业户数的3.9%、15.5%、35.5%和45.1%。

(三)国有资产总量分布情况

截至2015年底,河北省国有资产总量3781亿元,同比增长8.6%;国有资本保值增值率99.9%,比上年降低2个百分点。

1. 按隶属关系划分。河北省属企业国有资产总量1941亿元,同比增长7.3%,占全省国有资产总量的51.3%,国有资本保值增值率99.5%,比上年降低3.8个百分点。市县属企业国有资产总量1840亿元,同比增长10%,占全省国有资产总量的48.7%,国有资本保值增值率100.4%,与上年持平。截至2015年底,河北省国资委监管企业国有资产总量1588.8亿元,同比增长0.9%;国有资本保值增值率99.2%,比上年降低4.1个百分点。

表3　2015年河北省国有资产地区分布情况

地　　区	国有资产(亿元)	占国有资产总量比重(%)
省属国有企业汇总	1941.0	51.3
市县属国有企业汇总	1840.0	48.7
唐山市	973.3	25.7
沧州市	236.4	6.3
张家口市	159.5	4.2
石家庄市	128.9	3.4
秦皇岛市	81.3	2.2
承德市	76.1	2.0
保定市	54.6	1.4
衡水市	42.3	1.1

续表

地　区	国有资产（亿元）	占国有资产总量比重(%)
邢台市	37.1	1.0
廊坊市	34.4	0.9
邯郸市	10.6	0.3
定州市	4.9	0.1
辛集市	0.6	0.0

2. 按行业分布划分。国有资产主要集中在社会服务业和交通运输业，分别为1232.2亿元和891.4亿元，分别占有全省国有资产总量的32.6%和23.6%。工业资产比重从上年的14.8%下降至12.2%，金融业从上年的5.2%上升至7.5%。工业和社会服务业国有资产总量有所下降，分别减少71.1亿元和15.5亿元，另外金融业和房地产业分别增加62.5亿元和20.9亿元。

表4　2015年河北省国有资产行业分布情况

行　业	国有资产（亿元）	占国有资产总量比重(%)
农林牧渔业	14.4	0.4
工业	461.6	12.2
煤炭工业	36.1	9.5
石油和石化工业	0.3	0.0
冶金工业	-81.1	
建材工业	8.9	0.2
化学工业	56.1	1.5
森林工业	0.0	0.0
食品工业	-0.3	
烟草工业	0.0	0.0
纺织工业	19.0	0.5
医药工业	25.8	0.7
机械工业	59.1	1.6
军工工业	2.6	0.1

续表

行　业	国有资产（亿元）	占国有资产总量比重(%)
电子工业	3.6	0.1
电力工业	154.5	1.6
市政公用工业	132.6	4.0
其他工业	47.6	0.9
建筑业	377.0	10.0
地质勘查及水利业	0.8	0.0
交通运输业	891.4	23.6
仓储业	99.5	2.6
邮电通信业	0.0	0.0
批发和零售业	219.5	5.8
金融业	285.4	7.5
房地产业	95.3	2.5
信息技术服务业	14.9	0.4
社会服务业	1232.2	32.6
卫生体育福利业	1.2	0.0
教育文化广播业	1.6	0.0
科学研究和技术服务业	78.9	2.1
机关社团及其他	7.2	0.2

3. 按经营规模划分。截至2015年底，大型企业国有资产总量141.4亿元，占全省国有资产总量的3.7%；中型企业国有资产总量988.6亿元，占全省国有资产总量的26.1%；小型企业国有资产总量1700.1亿元，占全省国有资产总量的45%；微型企业国有资产总量950.9亿元，占全省国有资产总量的25.1%。

表5　2015年河北省国有资产经营规模分布情况

经营规模	国有资产（亿元）	占国有资产总量比重(%)
大型企业	141.4	3.7
中型企业	988.6	26.1

续表

经营规模	国有资产（亿元）	占国有资产总量比重(%)
小型企业	1700.1	45.0
微型企业	950.9	25.1
合　计	3781.0	100.0

三、河北省国有资本保值增值综合分析评价

2015 年，河北省国有企业国有资本保值增值率 99.9%，比上年降低 2 个百分点。

1. 按隶属关系划分。截至 2015 年底，省属企业国有资本保值增值率 99.5%，其中省国资委监管企业国有资本保值增值率 99.2%，分别比上年下降 3.8 和 4.1 个百分点。市县属企业国有资本保值增值率 100.4%，与上年持平。其中廊坊、定州、邢台、承德、沧州、唐山、张家口和衡水完成保值增值任务，分别为 112.2%、106.2%、104%、102.1%、101.3%、100.6%、100.1 和 100.1%；其他市未完成保值增值任务，邯郸市保值增值率最低，为 60.2%。

2. 按行业分布划分。地勘水利和金融业保值增值率最高，分别为 118.1%和 117.2%。工业企业未能完成保值增值任务，河北省支柱产业的冶金行业全行业国有资产总量为负数，煤炭行业保值增值率为 45.3%。

表 6　2015 年河北省国有企业地区和行业国有资本保值增值情况

地　区	国有资本保值增值率(%)	行　业	国有资本保值增值率(%)
廊坊市	112.2	农林牧渔业	101.6
定州市	106.2	工业	84.6
邢台市	104.0	煤炭工业	45.3
承德市	102.1	石油和石化工业	106.4
沧州市	101.3	冶金工业	
唐山市	100.6	建材工业	
张家口市	100.1	化学工业	99.5
衡水市	100.1	森林工业	
石家庄市	99.7	食品工业	
保定市	98.1	烟草工业	
秦皇岛市	95.7	纺织工业	97.0
辛集市	93.3	医药工业	109.8
邯郸市	60.2	机械工业	92.6
国资委监管企业汇总	99.2	军工工业	87.5
		电子工业	101.3
		电力工业	113.0
		市政公用工业	98.9
		其他工业	101.1
		建筑业	96.8
		地质勘查及水利业	118.1
		交通运输业	99.6
		仓储业	109.0
		邮电通信业	
		批发和零售业	113.8
		金融业	117.2
		房地产业	102.5
		信息技术服务业	102.2
		社会服务业	102.1
		卫生体育福利业	96.6
		教育文化广播业	38.7
		科学研究和技术服务业	103.9
		机关社团及其他	100.2

3. 按照增减因素分析。2015 年，河北省国有资本及权益总额增加 299.8 亿元，国家、国有单位直接或追加投资是最主要的增加因素，使得国有资产总量增加

363.5亿元；无偿划出是主要的减少因素，使得国有资产总量减少211.7亿元（主要是唐山曹妃甸投资公司和唐山曹妃甸发展投资集团产权划转分别减少109.3亿元和98.5亿元）；经营因素正负相抵后减少国有资产总量2.5亿元，故未能完成保值增值任务。

四、河北省国资委监管企业股份制改革与上市融资情况

2015年，河钢集团子公司唐山钢铁集团参股的唐山时创耐火材料有限公司、河北信息产业投资集团参股的河北宏润核装备科技股份有限公司、河北科技投资集团参股的河北旭辉电气股份有限公司、石家庄开发区德赛化工有限公司、河北工大科雅能源科技有限公司5家企业实施股份制改革。河北省国资委监管企业新设立70家公司，新增注册资本187亿元，其中股权多元化公司37家，混合所有制企业22家，省国资委系统三级以上企业公司化率超过80%，股权多元化率超过50%，混合所有制比率超过30%；积极推进企业上市，河北省内多层次资本市场上市挂牌5家，全面启动境内外上市工作4家，备选上市企业57家。截至2015年底，监管企业控股上市公司达到10家，国有股市值超过680亿元，其中6家基本实现主业资产或分板块资产整体上市。

五、河北省国资委监管企业并购重组与完善法人治理结构情况

河北建投对河北融投、冀中能源国际物流对河北物流先后进行托管，河北机场集团由首都机场集团托管。河北省资产管理有限公司、河北省再担保有限公司完成组建。

按照国务院国资委董事会建设试点工作相关规定，在学习借鉴央企和兄弟省市成功经验做法的基础上，结合监管企业改革发展实际，制定《关于推进监管企业外部董事制度工作实施方案》，进一步优化监管企业的公司法人治理结构，规范企业董事会建设；制定出台省国资委《关于推行外部董事制度企业外部董事管理评价办法（试行）》，加快推进国有独资公司董事会建设，减少董事会、经理层人员交叉，引入外部董事，着力推进省属国有独资公司董事会、董事评价工作的科学化、制度化、规范化。

六、河北省国资委监管企业建立和完善经营业绩考核体系情况

2015年，河北省国资委突出以保增长为主要指标的经营业绩考核，完善《监管企业负责人经营业绩考核暂行办法》《监管企业负责人重大经营责任追究办法（试行）》等，考核的科学性进一步增强，同时把经营业绩考核与综合考核结合起来，提高业绩考核的统筹性。对部分企业的子公司进行延伸考核，促进企业经营效益的提升。各企业对所属子企业业绩也进行全员考核，层层落实责任，层层传导压力，为实现稳增长的目标起到有力的推动作用。在全力保增长的同时，对加强价值管理作了具体规划，层层制定责任目标，河北建投和河北港口创新业绩考核模式，考核内容和方法体现经济增加值的现实要求，收到较好效果。

七、河北省国资委监管企业负责人考核与选人用人机制改革情况

圆满完成监管企业领导班子和领导人员2014年度综合考核评价工作，对评价为“一般”等级的企业领导班子，通知其进行整改，并作出适当调整。切实强化考评结果与企业领导人员薪酬的紧密关联，在薪酬上给予合理的激励或惩罚，充分发挥考核对企业领导班子和领导人员的激励约束作用。认真组织完成2014年度企业领导班子向省国资委年度集体述职工作。

坚持德才兼备、以德为先的选人用人导向，不断加强企业领导班子和人才队伍建设。以配强董事长，配精总经理、配优董事会、经理层、党委会成员为重点，进一步优化监管企业领导班子结构，提升班子整体合力，2015年以来对河钢集团、开滦集团、冀中能源集团、河北建投、财达证券等企业的领导班子进行调整充实。与京冀两地组织部、北京市国资委共同组织承办京冀国有企业董事长研修班，开展全省企业经营管理人才队伍现状及深化相关领域人才改革的专项调研，形成《全省企业经营管理人才队伍现状及深化

相关领域人才改革的对策建议》。进一步加大企业经营管理人员市场化选聘力度，对新组建的河北省资产管理公司经理层成员和1名河北融投集团经理层成员，通过市场化选聘的方式产生。

八、河北省国资委监管企业党的建设和廉政建设情况

坚持全面从严治党，省市国资委及监管企业和有关中央驻冀企业认真开展"三严三实"专题教育，不严不实问题得到初步解决，广大党员干部遵规守纪意识不断增强；深入开展解放思想大讨论，聚焦"八破八立"，着力解决思想观念、发展思路、精神状态等问题。围绕抓基层强基础，举办两期企业基层党支部书记培训班，开展处置不合格党员专项工作，企业基层党组织和党员队伍建设不断加强；注重党建工作创新，举办委系统企业党委书记活动日，组织"四创"活动评选表彰，国企党建科学化水平进一步提高。省委巡视组对18家省国资委监管企业开展专项巡视，解决一批管党治党、落实"八项规定"、干部选拔任用、企业内控管理等方面的突出问题，纠正一批"四风"突出现象。深入推进国企党风廉政建设，开展"把纪律和规矩挺在前面"试点，省国资委系统全年初核问题线索近600件，立案查办110余件，党政纪处分和组织处理260余人，诫勉谈话和信访谈话550余人，移送司法机关5人。

（撰稿人：胡岳鹏）

山西省

一、山西省国有资产监督管理工作综述

2015年，山西省国资委面对持续下行的宏观经济环境、相互叠加的矛盾困难和繁重紧迫的改革发展稳定任务，认真贯彻落实党中央、国务院的方针路线和省委、省政府的决策部署，主动适应经济新常态，积极应对风险挑战，国资监管工作取得新的进展。

(一)全力以赴稳增长

2015年是山西省属国有企业自金融危机以来稳增长形势最严峻、情况最复杂、任务最艰巨的一年。山西省国资委及省属企业在抓投资、降成本、拓市场、防风险等方面作了大量工作。一是强化投资拉动。省属企业积极参与"央企山西行"活动，签约项目12个，拟引资本268.3亿元；克服资金困难，加大投入力度，全年完成投资1617.3亿元，完成率107.8%；其中，13个转型综改重大项目完成投资205.2亿元，完成率102.6%。太原、晋城、朔州等市国资委指导监管企业加大有效投资力度，推动重点项目建设，发挥投资对稳增长的关键作用。二是加强成本管控。指导和督促省属企业多管齐下、持续发力，深化对标管理，加强绩效考核，加强成本费用管控，降本节支取得明显成效，全年营业成本下降17%、销售费用下降11%、管理费用下降19%，有效抵冲市场价格断崖式下降带来的巨大减利。三是积极开拓市场。省国资委做好经济运行分析检测，要求省属企业紧盯市场变化，提高产品质量，变革营销模式，着力拓展国内外市场。太钢集团强化技术服务营销，重点产品销量同比增长；煤炭企业优化营销策略，加大新用户开发力度；太重集团、建工集团积极参与"一带一路"，强化品牌战略，抢占国外市场；能投集团探索"互联网+"营销模式，国控集团推进"军民融合"，打破传统销售界限。四是切实防范风险。省国资委继续努力创造有利条件，召开专门会议，组织省属企业"抱团取暖"。七户省属煤炭企业合作推进瓦斯抽采全覆盖工程，国新能源重组晋能集团燃气产业，交投集团与晋煤集团、国新能源合作开展天然气、煤层气业务。加大高风险业务和安全隐患排查力度，省属企业实现规章制度、经济合同、重要决策法律审核率100%。在严峻复杂的经济形势下，建工集团、汾酒集团、国新能源等企业全年利润总额保持正增长。

(二)攻坚克难抓改革

2015年，山西省国资委坚持问题导向，加快推进国企国资改革步伐。部分改革方案制定出台，对改革的重点难点问题逐项研究，印发并实施《2015年省属

国资国企改革工作计划》，明确国企改革的目标任务和时间节点。出台企业负责人薪酬制度改革、履职待遇和业务支出以及厂办大集体、脱钩改革等制度方案，制定财务等重大信息公开实施细则。部分重点难点改革取得进展，山西省属企业在全国率先公开财务等重大信息，被上海财经大学评为全国国有企业透明度第一。晋煤集团、同煤集团下属4户企业在2015年登陆新三板，焦煤集团、太重集团、晋能集团、能投集团下属6户企业实施股份制改造，省属企业中混合所有制企业占比达到65％。深化煤焦公路运销体制，做好3万多名职工的转岗安置工作，省国资委牵头制定工作方案，协调国新能源接收晋能集团转岗职工9282人，截至2015年底，晋能集团安置率超过50％，焦煤集团安置率超过35％；进一步深化省国资委委托省直机关管理企业的脱钩改革，推进55户劣势企业破产工作，其中45户企业已经列入破产计划，19户由法院宣告破产；启动对省、市、县党政机关所办企业的脱钩改革；完成省交通厅所属交通企业及高速公路资产债务重组工作，路桥集团、高速集团、交投集团等企业从省交通厅划转到省国资委监管。启动厂办大集体改革，省国资委向国家争取到最高奖补政策，26亿元补助资金拨付到位。同煤集团、晋能集团被确定为深化改革试点企业，开始起草完善试点方案。山西各市国资委结合实际，推进关闭破产、企业改制、信息公开等各项改革工作，启动脱钩改革和厂办大集体改革；晋城市试点组建国有资本投资（运营）公司；太原市、忻州市积极稳妥发展混合所有制；运城市等市严格规范企业领导人员履职待遇和业务支出。

（三）创新驱动促转型

2015年，山西省国资国企贯彻落实调结构、促转型政策措施，着力实施创新驱动发展战略，加快转型发展，培育经济增长点。一是强化科技创新。省属企业全年研发总投入272.3亿元，占营业收入的2％；由省属企业承建的7个山西科技创新城项目开工建设，完成投资7.13亿元。晋煤集团建成煤与煤层气共采国家重点实验室；太重集团获得国家科技进步二等奖1项，建成矿山采掘装备及智能制造国家重点实验室；能投集团设立玄武岩纤维技术应用院士工作站；经贸集团搭建科技成果孵化平台。太原市国资委监管企业超临界循环流化床锅炉项目取得突破，晋城市国资委监管企业的3个项目列入山西省企业技术创新计划。二是创新融资模式。指导省属企业搭建融资平台，拓宽融资渠道，加强市值管理，全年实际融资1187亿元。同煤集团培育形成以财务公司为龙头的融资平台，阳煤集团、能投集团投资入股阳泉商业银行，焦煤集团等企业在上海、珠海横琴自贸区设立融资租赁公司，潞安集团等企业利用发行永续债、公司债券等多种方式进行融资。三是推进产业升级。督促省属企业加大传统产业升级改造力度，努力做强做精主业；加快发展新兴产业，努力形成新的竞争优势。太钢集团不锈钢全年出口80万吨，创历史最好水平；省属煤炭企业优化产业结构，打造循环经济园区，开展落后产能退出和产能置换，加快千万吨高产高效矿井集群建设；太重集团聚焦先进装备制造，拓展核电、海工装备制造领域；能投集团“互联网＋物流＋金融”电商综合服务平台初步建成；国新能源总投资234.8亿元的燃气产业发展规划加速推进。全省各市国资委也加快产业转型升级，太原市国资委监管企业的高端医学成像设备试制成功，晋城市国资委监管企业加快发展“互联网＋煤层气”产业，朔州市国资委监管企业的工业固废综合利用形成规模。

（四）厘清边界转职能

2015年，山西省市国资委认真履行出资人职责，积极推进以管资本为主加强国资监管。一是厘清国资监管边界。省国资委突出国资监管职能定位，研究国资监管法规体系，编制具有国资特色的“两单两图”，公开出资人权力清单、责任清单；全面清理规范性文件，规范各类审核、批准、备案程序。二是改进监管方式。省国资委深入22户监管企业对政府工作完成情况进行全面督查。加强和改进外派监事会监督，落实报告制度，开展对外担保专项检查，发现、揭示、报告问题的数量和质量进一步提升；完善监督检查成果运用机制，督促企业加大整改力度，加强监事会与纪委、机关处室的监督协同，提升监管效能。推进国资监管信息公开，省国资委首次公开企业年度经营业绩考核结果、省属企业负责人职务变动信息。在部分二级企业开展自主决定工资总额或工资总额周期管理改革试点。积极协调有关单位，为13户省属企业争取产业扶贫项目建设奖励资金 2.2 亿元。三是加强集中统一监管。2015 年,232 户省直机关所办企业脱钩改制,原省交通厅监管的 3 户企业和水利厅监管的水务集团纳入省国资委直接监管,黄河万家寨水务集团由事业单位改制为企业,也纳入省国资委监管,山西省级经营性国有资产监管全覆盖迈出新步伐。全省各市国资委作了大量卓有成效的工作,太原市国资委对监管企业实施分类考核;阳泉市国资委脱钩改革、集中监管工作走在全省各市国资委前列。

(五)服务大局惠民生

2015 年,山西省国资委在全力以赴稳增长的同时,督促省属企业积极履行社会责任。起草国有资本收益共享机制的实施意见并上报省政府,省长办公会议决定自 2016 年起,省本级国有资本收益的 30%调入一般公共预算用于民生支出。省属企业承担的产业扶贫项目开工 60 个,年度完成投资 51.53 亿元,完成率 103.06%;参建产业援疆 9 个项目,年度完成投资 48.6 亿元,完成率 103%。省国资委审核下达 2 户企业的破产计划,对已进入法律程序的破产企业,帮助做好破产清算及费用核算等工作,协调省财政厅向 3 户企业拨付破产补助资金 13383.2 万元;为特困企业职工解决冬季采暖补助 1500 余万元,解决医保补助 1769.6 万元。省国资委全年接待上访群众 329 批次 1378 人次,集体访 55 批次 977 人次;个体访 274 批次 401 人次;转办信访案件 15 件,转办信件 371 件,转办网上投诉件 134 件。省委、省政府交办重点信访案件 6 件,全部在规定时限内办结上报,结案率 100%。

二、山西省国有资产总量与结构分析

(一)总体情况

1. 主要经济指标。2015 年,山西省国有企业资产总额 23734.22 亿元,比上年增加 2061.96 亿元,增长 9.51%;营业总收入 14611.70 亿元,比 2014 年下降 3047.16 亿元,减少 17.26%;利润总额－75.69 亿元,比上年下降 84.06 亿元。截至 2015 底,山西省国有资产总量 3488.14 亿元,比上年增加 227.54 元,增长 6.98%。

表 1　2015 年山西省所属国有企业指标

项　　目	金　额(亿元)
资产总额	23734.22
所有者权益	5227.69
营业收入	14611.70
利润总额	－75.69
净利润	－187.24
归属于母公司所有者的净利润	－149.46
应交税费金总额	535.49
实际上缴税费总额	560.57

2. 国有企业户数。按照《企业国有资产监督管理暂行条例》《企业国有资产统计报告办法》规定的汇编范围,2015 年,山西省国有企业(含国有控股参股,下同)5699 户,比上年净增加 119 户,增长 2.13%。

表 2　2015 年山西省国有企业户数情况

项　目	2014 年	2015 年	比上年增长(%)
户数(户)	5580	5699	2.13

(二)国有资产分布情况

1. 地区分布情况。国有资产主要集中在山西省国资委监管企业,2015 年山西省监管企业国有资产总量 2715.51 亿元,占国有资产总量比重 77.85%。

表 3　2015 年山西省国有资产地区分布情况

地　　区	国有资产(亿元)	占国有资产总量比重(%)
省属监管企业	2636.45	75.58
省国资委监管企业	2715.51	77.85
省属非监管企业	79.07	2.27
太原市	131.16	3.76
大同市	7.75	0.22
阳泉市	18.05	0.52
长治市	87.63	2.51

续表

地　　区	国有资产（亿元）	占国有资产总量比重（%）
晋城市	211.50	6.06
朔州市	1.64	0.05
晋中市	180.55	5.18
运城市	4.75	0.14
忻州市	41.68	1.20
临汾市	62.98	1.81
吕梁市	24.94	0.71

2. 经营规模分布情况。2015年，山西省国有资产主要集中在大型企业，占比85.13%，比上年的85.96%减少0.83个百分点。

表4　2015年山西省国有资产经营规模分布情况

经营规模	国有资产（亿元）	占国有资产总量比重（%）
大型企业	2969.56	85.13
中型企业	237.13	6.80
小型及微型企业	281.45	8.07
合　　计	3488.14	100.00

三、山西省国有资本保值增值综合分析评价

2015年，全省国有企业地区保值增值率实现94.76%，比上年的96.94%下降2.18个百分点。

表5　2015年山西省国有企业地区国有资本保值增值情况

地　　区	国有资本保值增值率（%）
省级企业	95.15
省属监管企业	95.24
省级非监管企业	92.63
大同市	61.31
阳泉市	79.53
晋城市	99.12
临汾市	100.61
忻州市	44.63
吕梁市	101.30
晋中市	100.71
运城市	36.91
朔州市	91.90
长治市	96.72
太原市	93.83
合　计	94.76

2015年，山西省国有企业国有资本保值增值率下降的主要原因在于，受宏观经济下行影响和产业结构仍然畸重的结构性矛盾制约，特别是煤炭、钢铁市场价格持续下滑，导致国有企业营业收入、实现利润大幅下降，未实现国有资本保值增值。从各市看，吕梁、晋中、临汾3个市实现国有资本保值增值，其他8个市均未实现国有资本保值增值。

四、山西省国资委监管企业股份制改革与上市融资情况

（一）股份制改革情况

2015年，晋煤集团所属昆山晋桦豹胶轮车制造股份有限公司、北京朗德金燕自动化装备股份有限公司，同煤集团所属大同煤矿集团朔州煤电宏力再生工业股份有限公司，山西高科耐火材料股份有限公司等4户企业成功在新三板挂牌。山西焦煤爱钢装备再制造有限公司、山西煤矿机械制造有限责任公司和太原向明智能装备股份有限公司等3户企业完成新三板挂牌涉及省国资委的审核事项，等待向股转系统上报材料。另有3户企业启动公司股份制改造工作，为新三板挂牌做前期准备。

(二)上市融资情况

2015年,山西省国资委对太原重工、阳煤化工和国新能源非公开发行股份事项进行审核批复,截至2015年底,国新能源成功融资10亿元。

五、山西省国资委监管企业并购重组与完善法人治理结构进展情况

2015年,省属企业完善法人治理结构工作重点是以完善现代企业制度、构建现代企业治理架构、加强规范董事会建设为目标,以加强国有企业党的领导党的建设和推动企业领导人员分类分层管理改革为主线,以组织选配为主向与市场化配置相结合为重点,进一步建立适应现代企业制度要求和市场竞争需要的选人用人机制,组织起草《关于省属国有企业加强党的领导和完善法人治理结构的实施办法》《山西省省属国有企业外部董事管理办法(试行)》两个文件,经过调研讨论、征求意见、修改完善和沟通汇报等阶段的工作,完成上报送审稿。

根据《省政府办公厅关于印发山西省交通企业及高速公路资产债务重组方案的通知》,省政府决定将5户交通企业整合重组成3个集团公司,分别为山西省交通开发投资集团、山西路桥建设集团和山西省高速公路集团,并将3户企业董事会、监事会、经理层和党委会配置到位。

六、山西省国资委监管企业建立和完善经营业绩考核体系情况

2015年4月,山西省国资委对18户省属企业2014年度经营业绩完成情况进行考核认定。依据经审定的企业财务报告以及企业的实际经营情况,根据考核计分办法核定,经省国资委主任办公会议研究通过,2014年度18户山西省国资委监管企业经营业绩综合评定A级企业2户,B级企业10户,C级企业4户,D级企业2户。总的来看,2014年经济形势下滑,各监管企业在经营中遇到较大困难,尤其是煤炭企业经济效益出现大幅下滑,其他行业企业也面临巨大经营压力。

七、山西省国资委监管企业负责人考核与选人用人机制改革情况

(一)完成企业领导班子和领导人员年度考核工作

结合深化国资国企改革要求与企业发展实际,省国资委与省委组织部共同制定下发《山西省省属企业领导班子和领导人员综合考核评价暂行办法》及《关于做好省属企业领导人员个人绩效考核工作的通知》,对20户省属企业领导班子和251名领导人员组织开展年度考核工作和企业领导人员个人工作绩效考核工作。研究并下发《关于省属企业领导班子及领导人员2014年度考核结果的通报》,其中,企业优秀领导班子6户,良好领导班子13户,一般领导班子1户;优秀领导人员59名,称职领导人员188名,不称职领导人员4名。

(二)选人用人机制改革情况

一是积极推动省属企业加强领导干部职数管理的规范性建设。在2014年开展超职数专项治理工作的基础上,2015年下发《关于进一步严格按职数配备企业领导人员的意见》,对省属企业所属二级单位、各职能部门的职数设置、实际配置和超职数治理计划情况以及职数管理规范性文件进行审核,从严落实职数管理的规定要求,并纳入年度企业选拔任用中层干部"一报告两评议"的重要内容。省属企业基本建立健全职数管理制度体系,初步解决省属企业存在的职数管理制度缺位、职数编制管理不严、职数控制意识不强和超职数配备企业领导人员等突出问题。

二是组织指导省属企业认真开展"三个一批"工作。制定出台《关于在省属企业开展"三个一批"工作的实施方案》,从七个方面在省属企业范围内开展干部专项整治工作。2015年11月6日,召开推进省属企业深入开展"三个一批"专题汇报会,对下一步干部工作作出具体安排部署,提出工作要求。省属企业涉及"六查"范围较大,截至2015年底,甄别处理272人,调整退出73人,掌握使用1786人,提拔重用265人,

免职80人，降职14人，调离岗位21人。

三是完成省属企业领导人员推荐考察及任免工作。坚持干部选任原则与正确导向，认真执行"六查"等工作规定，先后对太钢等22户省属企业领导人员60人进行任免调整，其中提拔14人，企业内平调和企业间交流10人，免职保留副职待遇10人，免职12人，免职退休或退休14人，圆满完成企业人员任免考察工作。

四是圆满完成省属企业领导人员2015年个人有关事项集中填报和查核工作。2015年，省国资委配合省委组织部干部监督处对省属企业领导班子成员按照10%比例开展重点抽查核工作，同时，对企业中层领导人员中列入掌握使用一批的98名同志进行个人事项报告重点抽查。全年完成领导班子成员252人、企业中层人员11090人信息管理工作并按规定准时上报。

五是完成干部档案专项清理工作。对企业领导班子成员、中层领导人员及科队级及以下人员开展档案专项清理工作。集团公司领导班子成员全部完成；中层及以下管理人员应完成清理人数122083人，实际完成清理人数118763人，其中中层领导人员10534人，完成率100%；科队级及以下108226人，完成率97%。

六是认真组织开展从严治部工作。认真贯彻落实山西省组织工作会议关于"从严治部"有关精神要求，2015年，省属企业组织人事部门累计新制定制度84项，修订完善制度41项，废止制度25项，加大对组工干部排查处理力度，省属企业组织系统排查处理存在问题组工干部9人。

七是加强企业领导人员的日常监督管理工作。继续开展省管企业领导人员选拔任用开展"一报告两评议"工作，要求各省属企业将本企业干部选拔任用"一报告两评议"工作覆盖到所有具有干部任免权子分公司，并采取适当方式在一定范围内通报选拔任用工作民主评议结果，有效地将干部选拔工作置于上级和群众的有效监督之下，对营造风清气正良好环境起到积极作用。根据领导班子和干部队伍建设需要，制定下发《关于进一步开展省属企业领导人员谈心谈话工作的意见》，包括日常谈话、任免谈话、专题谈话、干部约谈、提醒谈话、诫勉谈话等内容，制定谈话工作方案，认真开展省属企业领导干部谈心谈话工作。组织制定《省属企业领导人员选拔任用工作责任追究暂行办法》。为进一步贯彻落实新时期好干部标准，树立正确的用人导向，切实加强省属企业各级领导人员选拔任用工作的监督力度，在征求省委组织部有关部门和省属企业党委及组织人事部门意见基础上，制定完成《省属企业领导人员选拔任用工作责任追究暂行办法》，并下发企业执行。制定下发《省属企业领导人员人事档案备案登记管理若干规定》，进一步规范档案流转管理制度，为今后省属企业领导人员档案材料归档工作规范化、制度化奠定基础。积极开展省属企业干部队伍状态调研工作。围绕中组部和省委组织部掌握了解"全省干部队伍状态"要求，召开4场专题座谈会，完成问卷调查320份，形成调研报告，完成专题调研工作任务。

八、山西省国资委监管企业党的建设和廉政建设情况

（一）坚持不懈抓党建，加强党对国有企业的领导

牢固树立"抓好党建是最大政绩"的理念，着力发挥党委的政治核心作用。一是抓好重大活动和专题教育。积极开展学习讨论落实活动，坚持以上率下、深刻反思剖析，聚焦重点环节、开展专项整治，实施"六权治本"、堵塞制度漏洞，树立国资系统风清气正、积极向上新形象。深入开展"三严三实"专题教育，强化问题导向，落实"严""实"标准，解决一批社会关注度高、群众反映强烈的"不严不实"问题，广大党员干部纪律意识、规矩意识不断增强，工作作风和精神面貌有了新的转变。二是加强领导班子建设和人才队伍建设。扩大"一报告两评议"覆盖面。首次开展省属企业领导人员个人绩效考核工作。持续开展"干部上讲台，培训到现场"工作，突出专业技术人才和高技能人才队伍建设，企业三支人才队伍建设取得新成效。三是推进基层党的建设和思想政治工作。制定企业发展党员和党费收缴、使用、管理的实施办法；及时结转脱钩企业党组织关系，做到党的组织全覆盖；

加强对软弱涣散党组织的整治,基层党建工作进一步夯实。加大正面宣传和舆论引导力度,开展读书活动、家风家训征集活动和百名道德模范评选表彰,引导干部职工践行社会主义核心价值观,培育优秀企业文化,有效调动各方面积极性。

(二)坚定不移惩腐败,深入推进党风廉政建设

严格落实"两个责任",坚决惩治腐败,净化政治生态,党风廉政建设和反腐败斗争取得明显成效。一是落实党风廉政建设责任制。出台落实"两个责任"的意见和清单,经常性研究部署党风廉政建设和反腐败工作;抓好省委专项巡视问题整改落实工作,做到立巡立改、边巡边改、先行先改;召开党风廉政建设工作会议、落实"两个责任"述责会议。二是加大案件查办力度。推动纪委"三转",支持纪委聚焦主责主业、监督执纪问责,清理议事协调机构;针对省委专项巡视指出的问题和信访举报、案件查办集中指向的问题,加大惩治腐败工作力度。全年受理信访举报1673件,初核线索1004件,立案606件,处分1238人,移送司法机关17人。三是防止"四风"反弹。聚焦突出问题,紧盯"四风"新形式、新动向,重点打击大操大办、陈规陋俗、在内部食堂搞奢靡享乐、公车超标等违纪行为,持续形成震慑。四是匡正选人用人风气。制定企业领导班子和领导人员综合考核评价暂行办法,将"反对四风""廉洁自律"等列入考核内容;出台《省属企业领导人员选拔任用工作责任追究暂行办法》;开展企业干部职数管理专项整治;全面推进"三个一批"工作,列入"六查"重点范围10534人,其中,甄别处理272人,调整退出73人,掌握使用1786人,提拔重用265人,免职80人,降职14人,调离岗位21人。

九、山西省国资监管及国有企业改革发展具有地方特色情况

(一)推进省属国有企业财务等重大信息公开

2015年2月,省国资委起草《山西省省属国有企业财务等重大信息公开实施细则(试行)》(以下简称《实施细则》),由省政府办公厅以晋政办发〔2015〕10号文件印发。按照《山西省省属国有企业财务等重大信息公开办法》和《实施细则》的要求,山西省国资委监管的20户省属企业及其二级企业将2014年度、2015年第一季度、上半年及第三季度财务等重大信息在国资委、集团公司及二级公司网站进行公开和链接;6月底、8月底、10月底分别在《山西日报》《山西经济日报》《山西新闻网》《山西国资》及新闻客户端上刊登各集团公司2014年度、2015年上半年、2015年第三季度财务等重大信息。按照信息公开的时间节点要求,省国资委对省属金融类企业、文化类企业信息公开工作进行跟踪调查,并将山西省企业信息公开的情况向国务院国资委进行通报。山西报社传媒集团、晋商银行等省属文化、金融类国有企业也在相关网站上公开2014年度及2015年第一季度、上半年以及第三季度财务等重大信息,实现省属国有企业财务等重大信息的全面公开。

2015年,省国资委在财务决算工作会议、财务工作会议和全省财务工作会议上,对各市国资委信息公开工作进行探讨部署,并要求各市就国有企业信息公开工作进行年终总结。截至2015年底,全省11个市全部出台市属国有企业信息公开办法,太原、临汾、晋中等市公开市属国有企业信息。

(二)推动煤焦公路销售体制改革

2015年,根据省委、省政府《关于深化煤炭管理体制改革的意见》(晋发〔2015〕3号)的部署,省国资委牵头负责"改革煤焦运销管理体制"相关工作。按照《山西省煤炭焦炭公路销售体制改革方案》要求,省国资委全部取消20家政府机构对晋能集团、焦煤集团的21项行政授权,9种煤炭、焦炭公路运销票据,全部撤销1487个省内煤炭、焦炭公路检查站、稽查点;组织相关部门在充分调研论证的基础上,制定煤焦公路销售体制改革职工转岗安置方案,加快推进企业转型发展,稳妥推进34175名职工安置转岗任务,截至2015年底,晋能安置率超过50%,焦煤安置率超过35%;积极配合省财政厅向企业拨付补充国有资本金20亿元,工资社保补助资金35亿元,确保一线职工"不下岗、不降薪、不减收、不断保"。

(撰稿人:陈　锴)

内蒙古自治区

一、内蒙古自治区国有资产监督管理工作综述

2015年，在内蒙古自治区党委、政府的正确领导下，在国务院国资委的大力指导下，区属企业和各级国资监管机构按照“五位一体”总体布局和“四个全面”战略布局要求，坚持稳中求进工作总基调，认真履行出资人职责，主动适应经济发展新常态，努力克服经济下行压力，坚持深化改革、应对风险挑战，完善体制机制，国资国企各项改革工作扎实有序推进，国有企业总体保持平稳运行，为自治区经济社会持续健康发展作出贡献。

（一）积极应对经济下行压力，多措并举确保国有企业实现稳健发展

一是贯彻落实稳增长工作部署。面对经济下行压力继续加大，需求增速持续回落的严峻形势，区属企业和各级国资监管机构认真贯彻落实自治区关于稳增长、促改革、调结构、惠民生的部署要求，研究分析宏观经济走势，提出稳增长、防风险的具体措施。定期发布区属企业财务运行状况和经济运行分析报告，找准企业经营管理薄弱环节，完善企业风险防控预警体系，督促企业完善财务、资金、经营管理制度，防范和化解各类经营风险，强化实现稳增长目标的过程管控。

二是提升工作效率和业务指导能力，促进区属企业与地方经济协同发展。国资委强化服务意识，建立协调督办机制，加快办理审批备案的各类事项，强化跟踪督导，提高办事效率，切实增强国资监管的有效性；注重加强区属企业与盟市地方经济的合作指导，加强项目对接调研，达成兴安盟行署、阿拉善盟行署与自治区国资委战略合作，使区属企业与盟市地方协调发展机制进一步完善。

三是加强协调和保障，推动国有企业合作。从国有资本经营预算中累计安排预算资金15.79亿元，用于企业结构调整、节能减排、科技创新等重点领域；按照“大国资、一盘棋”的工作思路，制定区属企业开展互联互促互保互助工作指导意见，推动自治区本级国有企业开展大范围、多领域合作，共同应对困难和挑战。

（二）深入贯彻全面深化改革精神，扎实推进全区国企国资改革

一是强化改革政策顶层设计，研究制定改革方案，全面完成自治区部署的改革任务。全面落实自治区党委、政府关于深化国有企业改革的决策部署，高度重视改革的顶层设计，以问题为导向，充分学习领会中央关于国有企业改革精神，认真研究起草各项改革意见，制定完成自治区本级19项国企改革方案，扎实推进国家和自治区已出台的改革举措落地见效。

二是积极开展专项改革试点，以点带面、协调推进国企改革落地实施。选择包钢等3户企业、呼和浩特市等3个盟市，分别在发展混合所有制经济、改组国有资本运营公司、规范董事会建设、企业内部三项制度改革和完善国资监管组织体系等5个方面启动试点，全部纳入自治区全面深化改革试点台账。

三是着力破解难题，解决历史遗留问题取得积极进展。密切跟踪国家相关政策，制定剥离国有企业办社会职能和解决历史遗留问题实施方案，积极推进解决前期改革改制遗留问题。包钢厂办大集体改革工作基本完成；推动自治区国有林区改革方案的制定、实施，协调解决森工集团5万多名混岗集体工纳入社保问题。

四是各盟市突出改革工作重点，国企国资改革取得新进展。各盟市结合实际，主动作为，锐意创新，在完善国有资产管理体制、推进国有企业深化改革等重点方面取得积极成效。各盟市在解决企业转制历史遗留问题、推进经营性国有资产集中统一监管等方面积极开展探索实践，为推动地方国有企业改革积累宝贵经验。

五是以推动产权有序流转为重点，进一步推动产权制度改革。开展全区国家出资企业全覆盖、全级次企业基本信息摸底调查工作。不断完善产权管理制

度,推动企业实物资产进场转让、增资扩股进场交易、大宗物资进场采购,实现阳光化操作;加快推进企业公司制股份制改革,引导企业积极开展上市工作。

六是以深化国有企业负责人薪酬制度改革为契机,进一步健全国有企业激励约束机制。制定企业负责人薪酬、履职待遇、业务支出管理办法,指导和推进区属企业劳动用工和收入分配制度改革,推进企业负责人副职薪酬差异化管理。

(三)改进国有资产监管方式,健全完善监管工作机制

一是加强法规制度建设。深入贯彻落实自治区依法治区总体部署,积极调整优化监管职能,改进完善监管方式,努力提升国资监管的法治化、规范化水平。落实国家和自治区关于简政放权、放管结合的总体要求,实行出资人管理事项清单制度,制定加强区属企业依法治企工作的意见和加强监督管理防止国有资产流失的实施意见。

二是完善国资监管体系。推动自治区本级经营性国有资产集中统一监管工作,开展自治区本级党政机关、事业单位与所办(属)企业脱钩改革。出台改革和完善国有资产监管体制的实施意见,加强对盟市国资监管体系的指导监督。着力构建企业内部监督与监事会监督、审计、纪检、监察、巡视、人大等外部监督相结合的监督体系,加强事中事后监管,推动企业重大信息公开,有效防止国有资产流失。圆满完成自治区人大常委会对国有资产监管情况首次专题询问。

三是加强企业财务监督。重点加强对区属企业重大财务事项管控,严格审核企业对外担保、对外借款等事项,督促企业审慎决策、严防风险。进一步细化监测指标,完善监测手段,加强企业财务指标分析和运行情况动态监测。出台推进和规范区属企业债券发行工作的意见,加大对企业融资工作规范引导,帮助企业降低融资成本。开展出资企业财务决算审计质量评价,做好对审计中介机构的监督和管理。

四是完善经营业绩考核工作。按照分类监管的原则制定区属企业负责人经营业绩考核办法,将自治区直属国有企业分为特定功能、商业竞争两类,明确分类监管的重点、方式和目标。

五是提高监事会监督效能。外派监事会逐户向自治区政府报告年度监督检查情况,自治区政府常务会议首次听取监事会年度监督检查情况汇报。2015年,形成监事会年度监督检查报告12份,专项监督检查报告8份,揭示涉及国有资产安全、企业领导人员履职、财务管理、经营管理和改革发展等方面的问题90个,并提出相应的对策建议98条。同时,强化监督报告反映问题的整改落实工作,所反映的90个问题综合整改率达到75%。

(四)发挥党组织的政治核心作用,加强和改进国有企业党的建设

一是扎实开展"三严三实"专题教育活动。把开展"三严三实"专题教育活动作为重大政治任务来抓,突出问题导向、坚持以上率下,明确主体责任,将专题教育纳入年度考核和"三级联述联评联考"重要内容。国资委系统多次举办学习习近平总书记系列重要讲话精神等集中轮训班,认真落实"四个一"学习机制,认真查摆和整改解决不严不实问题。

二是全面落实自治区从严治党"1+3"制度体系。制定下发国资委党委关于贯彻落实自治区党委"1+3"制度文件的通知,坚持突出重点,选准切入点,同时要求各企业结合本企业实际,细化工作任务和要求,强化考核评价,确保"1+3"制度体系落到实处。认真开展"三级联述联评联考"工作,将党建工作述职评议考核结果作为考核企业领导干部和系统企业评先评优的重要依据。

三是加强企业领导班子和人才队伍建设。完善区属企业领导人员管理办法、区属企业领导班子和领导人员综合评价办法等多项制度,组织开展区属企业后备干部调研和企业中高级管理人员培训,调整补充部分企业董事会、经理层领导人员,拓宽外部董事来源渠道,抓好区属企业领导班子建设。实施"优秀企业经营管理人才计划",有针对性地举办业务培训,推进企业人才队伍建设。以优化调整干部结构为重点,重视年轻干部、妇女干部、少数民族干部和非党干部的培养。

四是深入推进党风廉政建设和反腐败工作。国资委系统各级党组织严肃党的政治纪律和政治规矩,积极履行党风廉政建设主体责任和纪委监督责任,坚持在健全制度、狠抓落实上下工夫。建立党风廉政建设责任制，制定党风廉政建设和反腐败工作任务分解意见，将党风廉政建设责任的考核纳入到“三位一体”考核中。不断强化责任追究，纪律审查工作力度前所未有，保持严惩腐败的势头。持之以恒整治“四风”问题，紧盯重要时间节点，加大日常检查、查处和公开曝光力度。认真落实巡视工作条例，积极开展巡视发现问题的整改落实。

五是落实政治责任、社会责任，大力加强扶贫和信访维稳等工作。按照中央和自治区党委的要求，加强国有企业统战、群团工作；制定贯彻落实“十个全覆盖”工程建设的意见，组织国资委系统企业开展“五个一”千村帮联活动，开展对口帮联；各企业更加重视社会责任的履行，加大环境污染治理、节能减排和安全生产等方面的工作力度；把稳定放在第一位，积极对易发矛盾纠纷进行排查化解，建立完善信访接待制度，重点解决国有企业转制遗留问题、农民工工资支付问题和国有企业职教幼教退休教师待遇等问题。

二、内蒙古自治区国有资产总量与结构分析

表1　2015年内蒙古自治区所属国有企业指标

项　　目	金　额(亿元)
资产总额	12967.9
所有者权益	4825.0
营业收入	1616.7
利润总额	－67.1
净利润	112.71
归属于母公司所有者的净利润	97.44
应交税金总额	148.63
实际上缴税金总额	119.33

表2　2015年内蒙古自治区国有企业户数情况

项　目	2014年	2015年	比上年增长(%)
户数	941	1316	39.9

表3　2015年内蒙古自治区国有资产地区分布情况

地　　区	国有资产总量(亿元)	占国有资产总量比重(%)
自治区本级	1041.50	24.07
鄂尔多斯市	1162.38	26.87
呼和浩特市	390.76	9.03
呼伦贝尔市	365.49	8.45
包头市	332.86	7.69
通辽市	304.29	7.03
赤峰市	130.13	3.01
巴彦淖尔市	108.43	2.51
乌兰察布市	126.64	2.93
乌海市	160.43	3.71
阿拉善盟	115.49	2.67
锡林郭勒盟	48.00	1.11
兴安盟	40.24	0.93
合　　计	4326.60	100.00

表4　2015年内蒙古自治区国有资产行业分布情况

行　　业	国有资产总量(亿元)	占国有资产总量比重(%)
农林牧渔业	117.16	2.03
工业	1708.04	29.64
建筑业	1001.51	17.38
地质勘察及水利业	245.08	4.25
交通运输业	400.38	6.95
仓储业	15.83	0.27
邮电通信业	0.73	0.01
批发和零售业	65.79	1.14
金融业	60.61	1.05
房地产业	149.71	2.60
信息技术服务业	1.14	0.02
社会服务业	1832.52	31.80

续表

行业	国有资产总量(亿元)	占国有资产总量比重(%)
卫生体育福利业	2.66	0.05
教育文化广播业	68.41	1.19
科学研究和技术服务业	29.69	0.52
机关社团及其他	63.93	1.11
合　　计	5763.19	100.00

注:表中国有资产数据为2015年度单户企业叠加汇总数,表中汇总数与总量不等的原因是本表中未考虑内部抵消数。

表5　2015年内蒙古自治区国有资产经营规模分布情况

经营规模	国有资产总量(亿元)	占国有资产总量比重(%)
大型企业	1920.06	33.32
中型企业	528.72	9.17
小型企业	1793.98	31.13
微型企业	1520.44	26.38
合　　计	5763.19	100.00

注:表中国有资产数据为2015年度单户企业叠加汇总数,表中汇总数与总量不等的原因是本表中未考虑内部抵消数。

三、内蒙古自治区国有资本保值增值综合分析评价

表6　2015年内蒙古自治区国有企业地区国有资本保值增值情况

地　　区	国有资本保值增值率(%)
鄂尔多斯市	101.79
呼和浩特市	99.18
呼伦贝尔市	101.15
包头市	120.67
通辽市	99.49
赤峰市	106.71
巴彦淖尔市	99.76
乌兰察布市	106.10
乌海市	100.26
阿拉善盟	109.64
锡林郭勒盟	99.75
兴安盟	99.74

四、内蒙古自治区国资委监管企业股份制改革与上市融资情况

2015年,内蒙古自治区国资委加快推进企业公司制股份制改革,推动股权多元化改革,印发《关于自治区直属企业增资扩股有关事宜的通知》《关于推动区属企业上市工作的指导意见》,通过合资合作、兼并重组等方式有序发展混合所有制经济。积极支持包钢集团公司充分发挥上市公司平台作用,做好非公开发行融资工作,通过包钢股份的增发融资298亿元,提升企业融资能力缓解资金压力;支持华宸信托公司开展增资扩股有关工作,并落实按同比例原则增资资金,在壮大企业资本实力的同时,保持自治区一方的绝对控股权。

五、内蒙古自治区国资委监管企业并购重组与完善法人治理结构情况

(一)完善法人治理结构情况

1. 出台实施相关制度。2015年,内蒙古自治区国资委相继印发《内蒙古自治区直属国有企业董事会、董事评价办法(试行)》(内国资企干字〔2015〕357号)、《关于进一步推进自治区直属企业规范董事会建设完善法人治理结构的意见》的通知(内国资企改字〔2015〕396号),印发《自治区国资委监管企业董事会年度报告制度(试行)》(内国资企改字〔2015〕113号)并实施董事会工作报告制度,2015年延续执行总会计师述职报告制度和企业党委书记述职报告制度。

2. 开展试点工作。2015年8月10日,内蒙古自

治区国资委印发《关于做好改革试点工作的通知》(内国资办字〔2015〕225号),将包钢集团作为规范董事会试点企业,根据包钢集团的试点工作进展情况,国资委要求规范董事会建设试点包钢集团报送《包钢规范董事会建设完善法人治理结构实施方案》。

(二)监管企业相关情况

一是董事会建设逐步规范。重点推进国有企业集团公司层面全面建立规范的董事会,国资委监管的13家企业中建立董事会的有10家。内蒙古能源发电投资集团有限公司制定董事会运作相关规章制度,规范董事会和经理层的职能定位;在内蒙古能源发电投资有限公司和内蒙古能源建设投资(集团)有限责任公司推行外部董事占多数的董事会建设,在董事会7名成员中,外部董事占4名,一些有丰富经验、专业知识的高级管理人员、专家学者成为外部董事,提高董事会决策的科学水平。二是企业领导人员市场化选聘力度加大。产权交易中心面向市场公开选聘3名企业副总经理,各监管企业均不同程度地开展中层或二级企业市场化选聘职业经理人工作。

六、内蒙古自治区国资委监管企业建立和完善经营业绩考核体系情况

2015年,内蒙古自治区国资委以"稳增长、促改革、调结构、惠民生"为着力点,以科学导向、目标引领、奖惩挂钩为途径,以提高考核针对性和有效性为目标,不断建立和完善企业负责人经营业绩考核体系。

(一)推进企业分类,构筑考核体系基础

为解决国有企业普遍存在的目标多元、定位不清、监督管理针对性不强等问题,因企施策推进改革,自治区国资委起草印发《关于自治区国有企业功能界定与分类的实施意见》,按照整体指导和具体实际相结合、定性分类和定量测算相结合、相对稳定和动态调整相结合的原则,依据企业产业性质、产品性质和所处行业,以及企业战略定位和发展目标,对出资监管企业进行分类,并为其他履行出资人职责机构和盟市国资监管机构对其所监管企业的分类明确具体方向和实施路径。通过对企业分类,从而进一步找准定位、精准发力,通过考核,引导企业积极适应经济新常态和改革发展大势,强化功能作用发挥,强化责任使命担当,加快提质增效升级,向做强做优做大的更高水平迈进。

(二)修订考核办法,丰富考核体系内涵

按照继承与创新相结合、考核导向与功能定位相结合、引导短板改善与长远目标相结合、制度设计与实践操作相结合的原则,创新规章办法起草方式,致力于提高制度设计的质量,引入"外脑",与中智人力资源管理咨询有限公司(中央企业)合作,对已开展的10个年度企业负责人经营业绩考核工作进行总结分析,借鉴国务院国资委及其他省市企业负责人经营业绩考核先进经验和做法,在全国率先研究出台基于企业分类基础之上的新的企业负责人经营业绩考核办法。办法以企业分类为基础,实施差异化考核,按不同企业类别设定考核指标体系和计分方法,使经营业绩考核更契合企业功能定位,更科学公正。办法试行两个年度,有力地促进自治区直属企业考核体系的完善,为统一国有资产基础监管制度理念和标准起到政策先导的作用。

(三)优化目标管理,细化考核体系构成

在年度考核中,将出资监管企业按照商业竞争和特定功能分为两类,按照不同的使命定位,确定不同的考核导向。对商业竞争类企业突出考核效益指标,根据宏观经济形势和行业形势,实事求是对企业提出保增长、提效益方面的努力目标,引导企业实现基本指标有增长,对标指标有改善;通过增加效率类指标,提高企业短板和风险管控的考核标准,弱化规模导向,引导企业提升发展质效。对特定功能类企业突出考核特定功能完成质量,同时确保合理的效益水平,并对成本管控设置考核标准,引导企业不断提高经营效率。并对两类企业通过调整非经营性损益的考核处理办法、对企业因加快解决历史遗留问题等对当期业绩产生重大影响因素的剔除,引导企业加快结构调整,优化资源配置;通过对企业科技创新、管理进步、品牌建设、节能减排等方面取得重大进展予以考核额外加分的方式,引导企业实现创新、绿色、协调发展。

(四)考核与奖惩挂钩,强化考核结果运用

为了使经营业绩考核真正起到引导企业自主改善、引领企业持续发展的目标,自治区国资委注重将考核与奖惩挂钩,强化考核结果的运用。一是在对领导班子综合考核评价中,将企业负责人经营业绩考核分数所占比重增加到50%,并将综合考核评价的最终结果作为领导班子调整和领导人员选拔任用、教育培养、管理监督、薪酬分配和激励保障的重要依据。二是将经营业绩考核结果与企业负责人薪酬挂钩,在新修订的薪酬管理办法中,以企业经营业绩考核结果为基础,测算企业负责人年度考核评价系数。三是在考核办法中明确规定,企业发生安全生产与质量责任事故、环境污染事故、重大信访维稳事件、违纪违法案件等情况,国资委根据具体情节给予降级或者扣分处理,并相应扣发企业负责人的绩效薪金及任期激励。

七、内蒙古自治区国资委监管企业负责人考核与选人用人机制改革

以探索分类考核目标为引领,完善企业负责人经营业绩考核工作。2015年,围绕国有资产经营责任制的落实,致力于进一步提高业绩考核的针对性和有效性,以界定不同国有企业功能为突破口,首次按照分类监管的原则制定《自治区直属企业负责人经营业绩考核办法》,下达监管企业负责人经营业绩考核指标,将自治区直属国有企业分为特定功能、商业竞争两类,明确分类监管的重点、方式和目标。同时,通过对企业管理进步、科技创新、节能减排等方面取得重大进展予以考核额外加分的方式,探索综合评价机制,全面完成2014年度企业负责人经营业绩考核和企业领导班子综合考核评价工作。促进企业安全生产和环境保护责任得到有效落实,促进企业加强管理、开拓市场、提质增效,引导和激励企业实现稳健经营和科学发展。

内蒙古盐业公司开展以薪酬分配为核心的新一轮改革,实行竞岗竞聘、持续优化薪酬分配机制,年底前完成第二轮三项制度改革,基本实现干部能上能下、员工能进能出、收入能增能减。在内蒙古能源建设投资(集团)有限责任公司推行外部董事占多数的董事会建设,一些有三富经验、专业知识的高级管理人员、专家学者聘为外部董事,提高董事会决策的科学水平。

八、内蒙古自治区国资委监管企业党的建设和廉政建设情况

一是扎实开展"三严三实"专题教育活动。国资委党委把开展"三严三实"专题教育活动作为重大政治任务来抓,突出问题导向、坚持以上率下,明确主体责任,将专题教育纳入年度考核和"三级联述联评联考"重要内容,国资委先后4次调度推进、4次专项督查,确保专题教育严肃、有序、深入开展。紧扣工作实际,高质量开展研讨。坚持每个专题都聘请专家、学者进行专题讲座,国资委机关举办各类党建培训班5期,累计培训560余人次;国资委系统举办学习习近平总书记系列重要讲话精神和党的十八届三中、四中全会精神集中轮训班72期,培训12508人。认真落实"四个一"学习机制,国资委党委中心组学习28次,班子成员带头讲党课5次;系统企业各级党委(党组)开展中心组学习会466次,党委(党组)书记讲党课979次,党员干部参加支部学习293850人次。以促工作转作风为落脚点,高标准推进整改落实。专题教育中各级领导干部查摆的问题2914个,整改解决不严不实问题2413个,完成专项整改任务的85.6%,建立完善相关制度560个,对没有完成或整改不到位的,全部列入专题教育后续活动中同步整改,干部队伍作风明显好转。

二是全面落实自治区从严治党"1+3"制度体系。国资委明确把"1+3"制度体系作为当前和今后一个时期国资委系统各级党组织管党治党的重要抓手,制定下发《自治区国资委党委关于贯彻落实自治区党委"1+3"制度文件的通知》,坚持突出重点,选准切入点,同时要求各企业结合本单位实际,细化工作任务和要求,强化考核评价,确保"1+3"制度体系落到实处。为加强国资委党委领导核心作用的发挥,制定《国资委党委工作规则》,健全和完善国资委领导班子议事规则,凡重大事项都要进行民主决策和集体决

定，确保党中央、自治区党委重大决策部署贯彻落实。国资委党委认真开展“三级联述联评联考”工作，专门成立述职评议考核领导小组，同时强化结果运用，将党建工作述职评议考核结果作为考核企业领导干部的重要依据之一，作为系统企业评先评优的重要依据。同时正在认真落实自治区党委组织部关于《在国有企业改革中坚持党的领导加强党的建设的若干意见》中“三个一”批示要求，即开展一次国有企业党建调研、召开一次区属企业座谈会、制定一个贯彻落实44号文件的实施意见。完成党建工作调研和落实44号文件的实施意见稿，正在完成其他后续工作。

三是深入推进党风廉政建设和反腐败工作。国资委党委积极履行党风廉政建设主体责任和纪委监督责任，坚持在健全制度、狠抓落实上下工夫。进一步完善党风廉政建设责任制，制定《内蒙古自治区国资委党风廉政建设和反腐败工作任务分解意见》，并与各出资监管企业签订党风廉政建设责任书；将党风廉政建设责任的考核纳入到三位一体考核当中；不断强化责任追究，连续两年扣减因发生重大违纪案件、违法案件的某企业董事长、纪委书记和分管领导的绩效薪酬，这种做法受到国务院国资委的高度肯定。加大纪律审查工作力度，保持严惩腐败的势头，自治区纪委驻国资委纪检组和出资监管企业纪委全年受理信访举报件563件，线索处置495件，立案105件(其中自治区纪委驻国资委纪检组责成企业立案10件，国资委党委立案3件)，党政纪处分173人(其中处级以上干部24人)，组织处理25人，挽回经济损失1086.72万元，对出资监管企业7起违纪典型案例进行通报，有力地发挥纪律审查工作对违纪行为的震慑作用。持之以恒整治“四风”问题，紧盯重要时间节点，加大日常检查、查处和公开曝光力度。每逢节假日都会以文件、会议、短信等形式提醒各级领导干部保持高度警醒，中秋国庆期间还组建暗访组，对监管企业进行明察暗访，并对发现的1起违规问题进行严肃处理。通过采取会议、培训、研讨和约谈等多种措施，教育广大干部特别是领导干部强化法纪观念，把纪律挺到前面。认真落实巡视工作条例，积极推动森工集团、包钢集团完成各项巡视整改任务。加强机关纪委建设，机关纪委在派驻纪检组的指导下，积极发挥职能作用，开展严肃党的政治纪律和政治规矩等教育，注重机关干部的日常管理，加大对机关劳动纪律和作风纪律检查。

九、内蒙古自治区国资监管及国有企业改革发展具有地方特色情况

国资委按照自治区的总体部署，制定《自治区国资委党委贯彻落实“十个全覆盖”工程建设的意见》，引导推动区属企业充分发挥国有企业的独特优势，认真履行国有企业的政治责任和社会责任，为推进“十个全覆盖”工程贡献力量；组织国资委系统企业开展“五个一”千村帮联活动，组织32户企业在36个三类嘎查(村)中开展对口帮联；组织区属企业参加“扶贫日”活动，包钢集团、内蒙古电力集团和内蒙古森工集团捐助扶贫资金900万元；实施精准对口帮扶，对兴安盟科右前旗北乌兰嘎查(村)投入240万元进行路面硬化和院墙改造项目建设，帮助解决实际问题；加强帮扶驻村工作，选派1名处级干部、1名科级干部担任驻村工作队队员。

为促进自治区经济持续稳定发展，电力公司认真落实保增长电力扶持政策，全年为社会各类企业扶持用电量483.06亿千瓦时，让利40亿元；北送蒙古国电量突破10亿千瓦时，国际化经营快速推进；加大农网改造力度，保障10个全覆盖工程顺利实施；设立足球基金，促进自治区足球事业发展，为国有企业积极承担社会责任发挥表率作用。

森工集团以打造祖国北疆生态文明亮丽风景线为己任，加强林区生态修复与保护，完成森林抚育525万亩；积极推进旅游产业发展，阿尔山国家森林公园申报晋升国家5A级景区已经通过评审，全年接待游客数量突破130万人次，旅游综合收入达到7.8亿元。盐业公司积极调整经营策略，锡盟额吉淖尔盐场真空精制盐投产，“母亲湖”牌大青盐面市，产品质量达到国标优级标准，市场反响良好。

内蒙古能建集团全面实施“走出去”的市场战略，大力开拓电建市场，电力设计院中标新疆准东至安徽庐江1100千伏特高压直流工程的设计任务，成功跻身国内最高等级特高压工程勘测设计行列；密切跟进

国家"一带一路"和"中蒙俄经济走廊"重点项目,中标塔吉克斯坦杜尚别热电厂二期 2×15 万千瓦火电机组设计任务等项目,取得重要突破和阶段性成果,截至 11 月底,完成产值 52.2 亿元,实现平稳起步、良好开局。

(撰稿人:赵　发)

辽宁省

一、辽宁省国有资产监督管理工作综述

2015 年是"十二五"收官之年,在辽宁省委、省政府的正确领导下,辽宁省国资国企系统认真贯彻落实党的十八大和十八届三中、四中、五中全会精神及党中央、国务院的各项决策部署,主动适应经济发展新常态,坚持稳中求进工作总基调,真抓实干,奋力拼搏,攻坚克难,着力推动国资国企改革发展,各项工作取得积极进展。

国资国企改革全面启动。辽宁省国资国企改革政策制度体系不断完善,《辽宁省深化省属国有企业负责人薪酬制度改革的意见》等文件相继出台,部分市制定实施深化国资国企改革方案。积极推进企业股权多元化改革重组,辽宁省属企业全年实施资产重组项目 9 个,一批重点企业实现主业资产整体上市或核心业务资产上市以及在新三板挂牌交易;沈阳、大连部分国有企业通过引进战略投资者、企业经营团队出资入股等形式实行股权多元化改革;锦州、盘锦等市开展混合所有制改革试点。完善公司治理机制和经营机制,规范董事会建设,开展董事会选聘经理人员试点;深化企业劳动用工和收入分配制度改革,部分国企在子企业推行以岗定薪、岗变薪变制度改革。启动解决分离办社会职能等历史遗留问题工作,争取到驻辽央企"三供一业"分离移交试点在辽宁实施,开展 41 户央企驻辽子企业分离移交标准及改造资金测算工作;初步完成全省厂办大集体调查摸底,对国企分离办社会职能和解决历史遗留问题相关政策需求进行研究梳理。

企业结构调整积极推进。出台加强省属企业创新工作和加强省属企业管理创新与提升两个实施意见,部分国有企业通过开发新产品提升竞争力。推进校企合作和重点项目建设,本钢集团、能源集团、华晨集团与高校合作项目即将签订协议,辽宁省属国企 6 个重点项目列入辽宁省首批智能制造和智能服务试点示范项目。积极参与"一带一路"建设,营口港成为"辽满欧"综合交通运输大通道起点。辽渔集团与中国海外港口控股公司以巴基斯坦瓜达尔港为基地开展合作。时代万恒推进加蓬林业资源项目二期改扩建工程。辽宁电机、北方重工等企业开展国际合作取得进展。

国有资产监管明显加强。大力推进经营性国有资产集中统一监管,制定实施《省直经营性国有资产集中统一监管实施方案》,第一批 9 个省直部门与 47 户企业完成脱钩移交,组建辽宁交通建设投资集团、辽宁水资源管理集团、辽宁环保集团;锦州、营口、辽阳等市实现政企脱钩。启动改组组建国有资本运营公司工作,辽宁省国资委以省国资经营公司为依托开展改组省国有资本运营公司试点;沈阳、抚顺、辽阳等市通过资产整合重组,分别组建一批国有资本运营公司。进一步简政放权、转变职能,辽宁省国资委和沈阳、锦州等市印发权责清单,辽宁省国资委确定职权 23 项,涵盖法定职责范围内的有关规划、改制、产权转让等审批、审核的监管事项,并先后取消、合并和调整 13 项国资管理权限。完善国资监管方式,企业经营业绩考核突出稳增长、调结构、创新驱动等重点工作;财务预算管理加强国资委内部联审;审计监督侧重企业负责人任中经济责任审计。加强监事会监督,辽宁省属企业监事会落实列席企业重要会议制度,坚持年度集中检查和当期监督相结合,揭示一批突出问题和重大风险,并督促推动整改。

企业党的建设不断改进。辽宁省、市国资委和各国有企业扎实开展"三严三实"专题教育,认真查找不足,严肃抓好整改,取得积极成效。严格落实党建工作责任制,建立抓党建"联述联评"机制。组织开展全省国企党建调研督查、走访服务活动和省中直企业"大调研、大走访、大服务"活动,帮助企业解决问题

252个、办实事263件。加强企业领导班子建设和人才队伍建设，开展企业领导班子和领导人员年度考核工作，实施企业青年拔尖人才支持计划，举办企业经营管理人员专题培训，促进提升企业经营管理水平。深入推进党风建设和反腐倡廉工作，省、市国资委和各国有企业大力推动“两个责任”落实，认真执行中央八项规定。注重强化警示教育，组织开展全省国有企业腐败案例警示教育展览，200余家省（中）直企业和市属企业近万名党员干部参加。辽宁省国有企业积极落实“三重一大”决策制度，认真完善相关细则，增强制度的操作性和执行力。

二、辽宁省国有资产总量与结构分析

（一）国有资产地区分布

2015年，辽宁省一级国有及国有控股企业（集团）1791户，比上年减少23户。其中：辽宁省国资委监管企业24户、省属非监管企业390户、各市所属企业1377户。全省国有资产总量6165.2亿元，比上年增加268.2亿元，增长4.55%。其中：辽宁省国资委监管企业876.7亿元、省属非监管企业271.3亿元、各市所属企业5017.2亿元。

表1　2015年辽宁省国有资产分布情况

分　布	户数（户）	比重（%）	国有资产（亿元）	比重（%）
省国资委监管企业	24	1.3	876.7	14.2
省属非监管企业	390	21.8	271.3	4.4
各市企业	1377	76.9	5017.3	81.4
合　计	1791	100.0	6165.2	100.0

辽宁省国资委监管企业24户，国有资产总量876.7亿元，其中：国有资产总量超过100亿元有2户，超过50亿元有2户，超过10亿元有11户。本钢集团等10户大企业国有资产总量744.9亿元，占辽宁省国资委监管24户企业的国有资产总量的85%，占全省国有资产总量的12.1%。

表2　2015年辽宁省国资委监管企业国有资产分布情况

企　业	国有资产（亿元）	占国有资产总量比重（%）
本钢集团有限公司	301.7	34.4
辽宁能源投资（集团）有限责任公司	113.4	12.9
辽宁铁法能源有限责任公司	57.1	6.5
华晨汽车集团控股有限公司	50.1	5.7
抚顺矿业集团有限责任公司	49.2	5.6
沈阳煤业（集团）有限责任公司	48.7	5.6
东北特殊钢集团有限责任公司	41.5	4.7
辽宁省机场管理集团有限公司	30.1	3.4
辽宁省国有资产经营有限公司	27.1	3.1
阜新矿业（集团）有限责任公司	26.0	3.0
其他14户	131.8	15.0
合　计	876.7	100.0

辽宁省直部门企业的国有资产总量268亿元，主要集中在省水利厅所属企业、省金融办所属企业、省交通厅所属企业、省新闻出版广电局所属企业和省监狱局所属企业，这5个部门所属企业国有资产总量224.1亿元，占省直部门企业全部国有资产总量的83.6%。

表3　2015年辽宁省省直部门企业国有资产分布情况

企　业	国有资产（亿元）	占国有资产总量比重（%）
辽宁省水利厅所属企业	145.7	54.4
辽宁省金融办所属企业	31.6	11.8
辽宁省交通厅所属企业	22.3	8.3
辽宁省新闻出版广电局所属企业	16.1	6.0
辽宁省监狱局所属企业	8.5	3.2
其他	43.9	16.4
合　计	268.0	100.0

辽宁省14个市一级国有企业1380户,国有资产总量5017.2亿元。国有资产总量超过100亿元的有沈阳、大连、鞍山、丹东、锦州、营口和盘锦7个城市,7个城市的户数合计884户,占各市企业户数的64.1%,占全省企业户数的49.3%。7个城市的国有资产总量4895.1亿元,占各市企业国有资产总量的97.6%,占辽宁省国有资产总量的79.4%。

表4　2015年辽宁省国有资产地区分布情况

地　区	户数(户)	比重(%)	国有资产(亿元)	占国有资产总量比重(%)
沈阳市	210	15.2	729.6	14.5
大连市	183	13.3	1718.3	34.2
鞍山市	120	8.7	580.7	11.6
抚顺市	102	7.4	17.9	0.4
本溪市	26	1.9	9.1	0.2
丹东市	152	11.2	161.8	1.0
锦州市	49	3.6	232.8	4.6
营口市	88	6.4	1046.3	20.9
阜新市	155	11.2	11.6	0.2
辽阳市	23	1.7	5.3	0.1
铁岭市	35	2.5	8.1	0.2
朝阳市	83	6.0	65.2	1.3
盘锦市	79	5.7	425.5	8.5
葫芦岛市	72	5.2	5.0	0.1
合　计	1377	100.0	5017.2	100.0

(二)国有资产经营规模分布

2015年,辽宁省三级以上企业有3725户,其中:一级企业(集团)1791户,二级及以下企业1934户。一级企业主要集中在省直部门所属企业和沈阳、大连、丹东和阜新。

表5　2015年辽宁省国有企业户数情况

项　目	2014年	2015年	比上年增长(%)
户数(户)	3591	3725	3.73

表6　2015年辽宁省企业级次分布情况

分　布	企业户数(户)	一级企业(户)	二级及以下企业(户)
全省合计	3725	1791	1934
省国资委监管企业	729	24	705
省属非监管企业	623	390	233
各市合计	2373	1377	996
沈阳市	535	210	325
大连市	662	183	479
鞍山市	120	120	0
抚顺市	108	102	6
本溪市	26	26	0
丹东市	155	155	0
锦州市	88	49	39
营口市	208	88	120
阜新市	152	152	0
辽阳市	23	23	0
铁岭市	35	35	0
朝阳市	110	83	27
盘锦市	79	79	0
葫芦岛市	72	72	0

1791户一级企业中,有大型企业84户,中型企业197户,小型企业608户,微型企业902户。84户大型企业国有资产总量3263.8亿元,占辽宁省国有资产总量的52.9%。

表7　2015年辽宁省国有资产经营规模分布情况

经营规模	户数(户)	比重(%)	国有资产(亿元)	占国有资产总量比重(%)
大型企业	84	4.7	3263.8	52.9
中型企业	197	11.0	510.6	8.3

续表

经营规模	户数(户)	比重(%)	国有资产(亿元)	占国有资产总量比重(%)
小型企业	608	33.9	2043.3	33.1
微型企业	902	50.4	347.5	5.6
合　计	1791	100.0	6165.2	100.0

(三)国有资产行业分布

2015年,辽宁省国有资产主要集中分布在社会服务业、工业和交通运输3个产业。3个产业国有及国有控股一级企业户数727户,占全省总户数的40.6%;国有资产总量5531.9亿元,占全省国有资产总量的89.7%。

表8　2015年辽宁省国有资产行业分布情况

行　业	国有资产(亿元)	占国有资产总量比重(%)
农林牧渔业	47.8	0.8
工业	1119.0	18.2
建筑业	85.6	1.4
地质勘查及水利业	151.4	2.5
交通运输业	923.7	15.0
仓储业	31.0	0.5
批发和零售业	55.0	0.9
金融业	52.7	0.9
房地产业	120.2	1.9
信息技术服务业	19.9	0.3
社会服务业	3489.1	56.6
卫生体育福利业	2.0	0.0
教育文化广播业	41.5	0.7
科学研究和技术服务业	26.4	0.4
机关社团及其他	0.0	0.0
合　计	6165.2	100.0

(四)上市股份公司分布

2015年,辽宁省国有及国有控股上市股份公司有27户,其中:辽宁省国资委监管企业12户、沈阳6户、大连7户、营口1户、朝阳1户。27户上市股份有限公司资产总额3438.5亿元,占全省资产总额的15.2%;所有者权益1319.8亿元,占全省所有者权益的16.8%。营业总收入2239.9亿元,占全省营业总收入的50.6%;利润总额79.3亿元,占全省利润总额的434.3%。国有资产总量396.6亿元,占全省国有资产总量6.4%。

三、辽宁省国有资本保值增值综合分析评价

(一)国有资产增减变动及原因

2015年,辽宁省国有资本及权益总额6505.3亿元,比上年增加338.9亿元,增长5.50%。其中:国家、国有单位追加投资144.5亿元、无偿划入191.4亿元、经营积累89.3亿元、资产评估增加57.5亿元、会计调整28亿元、产权界定减少203.1亿元、经营减值180.3亿元、无偿划出84亿元。辽宁省国有企业国有资本及权益变动情况为净增加53.7亿元。但因经营积累小于经营减值(差额91亿元),国有资本保值增值率98.6%。

表9　2015年辽宁省国有资本及权益增减变动情况

国有资本及权益增减变动情况	金　额(亿元)	比重(%)
一、主要增加因素	547.5	100.0
无偿划入	191.4	35.0
国家、国有单位直接或追加投资	144.5	26.4
经营积累	89.3	16.3
资产评估增加	57.5	10.5
会计调整	28.0	5.1
中央和地方政府确定的其他因素	22.3	4.1
资本(股本)溢价	13.0	2.4
其他	1.5	0.3

续表

国有资本及权益增减变动情况	金 额(亿元)	比重(%)
二、主要减少因素	493.8	100.0
产权界定减少	203.1	41.1
经营减值	180.3	36.5
无偿划出	84.0	17.0
企业按规定已上缴利润	10.0	2.0
中央和地方政府确定的其他因素	6.9	1.4
其他	9.5	1.9

(二)国有资本保值增值结果

2015 年,辽宁省国有及国有控股企业国有资本保值增值率 98.6%。

表 10　2015 年辽宁省国有企业地区和行业国有资本保值增值情况

地 区	国有资本保值增值率(%)	行 业	国有资本保值增值率(%)
全省企业	98.6	农林牧渔业	97.7
省属企业	93.1	工业	89.4
各市	99.9	建筑业	95.1
沈阳市	98.4	地质勘查及水利业	97.0
大连市	100.2	交通运输业	99.5
鞍山市	101.2	仓储业	102.0
抚顺市	95.0	批发和零售业	108.0
本溪市	96.1	金融业	113.7
丹东市	100.4	房地产业	99.0
锦州市	101.1	信息技术服务业	92.3
营口市	100.5	社会服务业	101.0
阜新市	1835.2	卫生体育福利业	110.1
辽阳市	76.7	教育文化广播业	101.7
铁岭市	96.2	科学研究和技术服务业	103.2
朝阳市	88.5	机关社团及其他	100.0
盘锦市	101.1		
葫芦岛市	-143.2		

四、辽宁省国资委监管企业改革发展情况

推进股权多元化改革。按辽宁省政府要求,研究完成中天证券股份制改革,变更为股份公司后,拟通过引入省属企业和其他资本进行增资扩股,提升中天证券规模和资质。国合集团医药外贸公司成功引入上海医药进行增资扩股,吸引投资 1.5 亿元,促进辽宁省医药产业发展;推进辽宁成大、装备集团集团层面重组,分别成为整体上市公司和管理层持股的混合所有制企业;电机集团引入国开行基金 1.7 亿元,实现集团层面股权多元化。中冶葫芦岛有色集团破产重整工作基本完成,化解债务负担 115.49 亿元,安置职工 2.35 万人。沈阳机床、北方重工、大连金融资产交易所、大连燃气等企业通过引进战略投资者、企业经营团队出资入股等形式,实行股权多元化改革。

稳步推进企业上市。经过努力,沈煤集团实现煤炭主业整体上市,成大生物、大连国投集团国汇贷款公司在新三板挂牌交易。同时,积极推进具备条件的企业在新三板上市。协调配合有关部门,对铁煤集团的铁强墙体前期改制进行确认,加快推进其在新三板挂牌。

开展混合所有制改革试点工作。辽宁省国资委按照《专项改革试点工作方案》的要求,指导能源集团研究制定《混合所有制改革综合试点实施方案》,确定五女山米兰酒业、太阳能科技应用公司、风电项目、养老地产等 4 户二级企业先行试点。锦州、盘锦等市也开展混合所有制改革试点。

五、辽宁省国资委监管企业建立和完善经营业绩考核体系情况

（一）进一步加强国有资本保值增值的监管，积极贯彻落实经营责任制度

完成省属企业2015年度经营目标核定工作，与各企业签订2015年度经营业绩目标责任书。按照辽宁省政府的工作部署，积极合理地确定2015年度业绩考核目标，主要经济指标不低于上年水平，管理类指标持续改善。16户省属企业核定营业收入2770.17亿元，比上年增长1.23%，比前三年平均值增长10.06%；核定利润总额152.38亿元，比上年增长1.61%，比前三年平均值增长36.53%。

对省属企业任期经营目标考核进行调整。根据中央和辽宁省深化国有企业负责人薪酬制度改革工作的要求，对辽宁省属企业负责人任期经营业绩考核工作进行调整，重新确定省属企业负责人经营业绩任期考核周期，并按照省属企业“十三五”发展规划，部署省属企业新的任期考核目标核定工作。

按照业绩考核暂行办法，完成2014年度省属企业经营业绩考核工作，确定各企业考核结果和考核排名。20户省属企业2014年实现利润总额151.15亿元，比2013年增长37.65%；实现营业收入2268.82亿元，比2013年增长4.38%；实现经济增加值46.04亿元，比2013年增长18.57%。

（二）进一步完善省属企业收入分配制度，规范省属企业收入分配行为和秩序

按照辽宁省省属企业负责人薪酬制度改革方案要求，确定2015年度省属企业负责人基本年薪水平。按照《辽宁省省属企业负责人薪酬管理暂行办法》，根据各企业业绩考核结果，提出2014年度省属企业负责人绩效年薪分配方案。推进省属企业工资总额分类管理。根据《辽宁省省属企业工资总额预算管理暂行办法》，完成省属企业2014年度工资总额清算工作及2015年度工资总额预算申报、审核工作。积极开展工作调研，根据企业经营性质、功能定位、发展阶段等因素，着手研究制定与企业功能定位相适应的工资总额分类管理办法，积极推进工资总额分类调控。

积极参与省属企业负责人薪酬制度改革工作，研究制定《省属企业负责人薪酬管理暂行办法》。一是加强与省人社厅、组织部的沟通，关注改革重点，明确管理方向，合理确定企业负责人薪酬水平。完成省属企业负责人薪酬管理情况调研工作，对改革前后企业负责人薪酬水平变化情况进行测算，对辽宁省薪酬改革方案提出完善和修改意见。二是按照分类监管的要求，结合省属企业实际，着手研究制定《省属企业负责人薪酬管理暂行办法》，规范省属企业负责人薪酬管理。开展工作调研，探索建立不同类别企业经营管理人员中长期激励与约束机制。

（三）深化省属企业劳动用工和收入分配制度改革工作

指导、督促省属企业落实《关于深化省属企业劳动用工和收入分配制度改革的实施意见》，制定具体的工作计划，建立重点工作任务重点完成情况跟踪调度机制，精心组织实施，稳步推进各项改革工作。对省属企业劳动用工情况及收入分配改革落实情况进行专题调研，下达《省属企业劳动用工和分配制度改革工作调查表》，摸清企业改革现状，了解企业在推进改革工作中存在的问题，形成调研报告，提出具体落实措施和改革目标。督促企业上报改革总体规划，指导企业科学规划改革目标、路径与实施步骤和各项措施落实工作。

（四）建立健全制度体系，规范国有企业负责人履行待遇、业务支出行为

高度重视规范职务消费工作，开展省属企业负责人职务消费调研工作，掌握省属企业负责人职务消费现状。根据中央八项规定、《党政机关厉行节约反对浪费条例》有关要求和《关于合理确定并严格规范中央企业负责人履职待遇、业务支出的意见》精神，结合辽宁省实际，研究制定《辽宁省省属企业负责人履职待遇、业务支出管理办法》，界定职务消费范围，明确各项职务消费标准，加强职务消费预算管理，完善内部控制流程，推进各项民主监督措施。

（五）积极参与深化省属企业改革工作，研究制定《深化省属企业内部经营机制创新工作实施方案》

根据《中共辽宁省委、辽宁省人民政府关于进一

步深化全省国资国企改革的意见》，按照建立和完善现代企业制度的要求，以增强企业活力和竞争力为目标，研究制定《深化省属企业内部经营机制创新工作实施方案》，从健全公司法人治理结构，推动选人用人机制改革，完善激励约束机制，深化企业劳动用工和收入分配制度改革，推行企业管理创新升级等方面提出工作目标及重点工作任务，全面推进省属企业内部经营机制转换与创新。

六、辽宁省国资委监管企业负责人考核与选人用人机制改革情况

(一)完善法人治理结构改革进展情况

按照现代企业制度要求，基本上建立董事会制度与运行规则。辽宁省国资委制定《关于加强省属公司董事会建设的指导意见》《辽宁省省属公司董事会规范运作暂行办法》《省属公司董事会、董事履职评价办法》等。25户省属企业建立董事会，本钢集团、华晨集团等13户省属企业董事会设立战略发展、战略投资、风险控制、审计、人力资源、薪酬管理等42个董事会专门委员会，进一步健全省属企业董事会组织机构及相关职能。

积极推行“双向进入、交叉任职”，建立企业党组织发挥核心作用的领导体制。25户省属企业在公司制改造、改革中，推行企业党委成员与董事会、经理层成员“双向进入、交叉任职”的做法，全部实现党委(常委会)成员根据职责分工、通过法定程序进入董事会和经理班子，董事会和经理班子中的党员成员依照有关规定进入企业党委(常委会)班子。

(二)负责人考核与选人用人机制改革情况

按照中央关于加强干部考核工作的新精神新要求，对2015年度省属企业领导班子主要考核贯彻党中央、国务院关于国有企业改革发展的各项方针政策，落实省委、省政府部署的各项工作任务、促进地方经济社会发展等方面情况。突出领导班子的政治素质、经营业绩、团结协作和作风形象，以及领导班子的工作思路、科学决策、工作进展、取得成效、落实全面从严治党要求、贯彻民主集中制、践行党的群众路线和廉政建设等方面情况。对领导人员主要考核德、能、勤、绩、廉以及工作作风方面的现实表现，重点了解素质(政治素质、职业操守、作风建设、廉洁从政)、能力(科学决策、推动执行、学习创新、团队建设)和业绩(履职绩效、协同成效)等三个方面十项内容，按照信念坚定、为民服务、勤政务实、敢于担当、清正廉洁的好干部标准和“三严三实”等要求，对领导人员进行综合评价。

配合辽宁省委组织部，在华晨集团试行董事会选聘经营管理人员。采取企业董事会提名，省委常委会议讨论研究，董事会聘任的方式，华晨集团董事会选聘5名高级经营管理人员。企业根据自身实际，制定董事会经营管理人员选聘办法，明确人员标准、管理方式、业绩目标、薪酬、奖惩等实施细则。

七、辽宁省国资委监管企业党的建设和廉政建设情况

(一)党的建设情况

2015年，辽宁省国资委党委突出党要管党、从严治党主线，以“从严”和“认真”为工作总基调，以落实党建工作责任制、加强和改进基层基础工作、从严选拔管理监督领导人员、深入推进党风廉政建设为重点，充分发挥省(中)直企业基层党组织的政治引领、战斗堡垒作用和广大党员先锋模范作用，为深化国资国企改革、推动企业科学发展提供有力保证。

严格落实党建工作责任制。一是强化党建工作组织领导。成立“委党委党建工作领导小组”，明确由国资委党建工作处(党委组织部)牵头，企业领导人员管理处、董事会办公室、纪委共同参与、齐抓共管党建工作。2015年，召开研究解决企业党建工作重要问题专题党委会21次。积极落实党建工作与国企改革发展工作对接，严格执行党建职能部门共同研究企业改革发展方案及重大问题制度，规定凡研究企业改革发展重要问题，没有党建职能部门意见原则上不提交委务会议审议，坚决防止党建工作与中心工作“两层皮”。二是加强党建工作过程跟踪和进度督查。探索实行重点工作提醒、通报、函询和专项整改制度。开展7次提醒、6次通报、1次函询和3次专项整改。三是深入实施企业党组织书记抓党建工作联述联评机

制。在连续11年实施企业年度党建目标管理百分制考核基础上，开展省属企业党组织书记抓党建工作联述联评，召开2014年度企业党委书记抓党建工作专项述职会议，17户企业党委书记现场述职，逐一点评，参会人员民主评议，评议结果作为年度党建目标考核重要参考。各企业也层层开展这项工作，强化企业党组织书记"第一责任人"意识和"主业"意识。

深入开展党建调研督查、走访服务活动。一是大力开展辽宁省国有企业基层组织建设情况调研督查。把辽宁省委赋予的这项任务，作为大事来抓。由党建处处长带队组成4个工作组，先后深入25个省直部门、14个市和104个基层单位，发放调查问卷、统计报表2579张，查阅各类工作底稿资料107册，召开不同层面座谈会72次，参加座谈党员职工471人。形成调研督查报告，有力推动企业党建工作开展。二是深入开展辽宁省国资委系统企业党建工作大调研、大走访、大服务活动。组织动员省(中)直企业基层党组织负责人和专兼职党务干部，把工作着力点放在了解掌握制约基层单位党建工作发展的困难和瓶颈，帮助他们排忧解难、办实事上，收到较好效果。发现问题421个，帮助解决问题252个，提出整改意见199个，完成整改落实项目169个，为职工群众办实事263件，整顿软弱涣散党组织7个，建立基层联系点1695个。

扎实开展"三严三实"专题教育。一是把抓好辽宁省国资委管理领导班子企业"三严三实"专题教育责任牢牢抓在手上。通过组织召开专题教育座谈会、编写"口袋书"、开展读书征文活动、组建督查组督导检查等形式，组织省属企业扎实开展专题教育。二是组织开展以"学讲话、讲诚信、懂规矩、守纪律、鼓士气、促振兴"为主题的大学习大讨论活动。各企业查摆集团班子"不严不实"问题86条，制定整改措施102条，完成整改58个，修订完善各类制度51项。各级班子成员撰写体会文章633篇；各级党组织开展大学习大讨论438次；组织"与职工面对面宣讲"73次，参加人员3876人；提出"我为企业改革发展献良策"活动合理化建议615条。

从严选拔教育管理监督领导人员。一是大力加强企业领导班子建设和人才队伍建设。开展企业领导班子现状工作调研，形成现状分析及建议报告。对委管企业领导班子进行年度考核。配合辽宁省委组织部起草《省属企业领导班子和领导人员综合考核评价办法(征求意见稿)》。针对省属企业高层次人才缺乏实际，组织企业开展第三批"十百千"高端人才引进活动和2015年度享受政府特殊津贴人员选拔推荐工作。二是从严管理监督企业领导人员。组织完成企业领导人员个人有关事项报告工作和因私出国(境)管理、因私护照集中管理工作。制定《省国资委党委管理企业领导人员人事档案专项审核工作实施方案》，开展专项审核。三是认真做好企业领导人员选拔工作。严格落实《干部任用条例》《关于加强干部选拔任用工作监督的意见》和"7+2"配套文件，认真执行干部选任"十严禁"要求，坚决整治跑官要官、拉票贿选、买官卖官等行为。健全完善市场化选人用人机制，合理增加企业经理人员市场化选聘比例。

不断深化企业党内主题实践活动。一是大力推进"共产党员先锋工程"创建工作。党建工作处每年都组织企业基层党组织和广大党员通过广泛设岗、划区、建队、立项方式，在企业生产经营各个环节发挥先锋模范作用。着重开展党员奉献日、党员身边无事故、我为党旗添光彩活动。截至2015年底，各企业设立共产党员先锋岗5585个、共产党员责任区8240个、共产党员先锋工程项目2296个，共产党员突击队1526个。二是积极推进企业党员职工志愿服务制度化、常态化。组织开展"跟着郭明义学雷锋 省(中)直企业在行动"主题实践活动和"在职党员进社区"等其他志愿服务活动。支持企业建立发展以党员为主体的各类志愿服务组织，打造党内志愿服务品牌。各企业命名郭明义班组、郭明义爱心团队、郭明义服务窗口300多个，组建近1万人的郭明义志愿者队伍，有2.7万名在职党员到社区报到。"七一"前夕，集中开展"在职党员进社区服务日"活动，开展活动837次，进一步树立国企良好社会形象。

大力夯实基层党组织基础工作。一是深入推进基层党组织阵地建设。出台《关于开展省(中)直企业"共产党员之家"综合服务阵地规范化建设的实施意见》，提出到2016年"七一"前，按照"升级一批、新建一批和融合一批"原则，通过上级党组织下拨党费、企业行政资金配套支持的方式，在每个企业中至少建成1所、全系统建成100所高标准党组织综合服务阵地的目标。集团级企业阵地面积要不少于50平方米;集团下属二级企业和党员人数在500人以上的企业,阵地面积要不少于30平方米。部分企业阵地建设初具规模,省国资委党委安排200万元资金支持企业建设,企业配套资金600万元。2016年"七一"前,将开展现场检查验收和观摩评比。二是在深化国企改革中坚持党的领导加强党的建设。重点抓学习贯彻中办发〔2015〕44号文件和辽委发〔2015〕10号文件精神工作,配合辽宁省委组织部起草《关于加强全省国有企业党的建设的若干意见》(征求意见稿),多次召开座谈会征求有关部门和人员意见,并提交组织部领导审阅。及时跟踪辽宁省直部门所属企业脱钩移交进程,开展党建情况调研,起草《关于在省直部门所属企业脱钩移交过程中坚持党的领导、加强党的建设的意见》,"一企一策"提出健全完善企业党的基层组织的工作预案。指导省交通投资集团、环保集团、改建的华晨集团等及时调整组建党的组织和工作机构。三是不断强化企业党员领导人员和党员职工日常教育管理。严格执行企业党委(党组)中心组学习情况通报制度,坚持每季度通报1次,以中心组学习带动普通党员职工学习。充分发动省属企业党员订阅使用共产党员微信、易信,自觉接受党的路线方针政策和党性教育,党员订阅率占党员总数的22%。积极开展党员职工和党务工作者教育培训,全年培训各级党组织书记2975名。四是严把发展党员"入口关"。开展《发展党员工作细则》落实情况专项检查,重点在生产一线和青年职工中发展党员。近三年发展生产一线党员比例逐年提高。以省国资委党校为阵地,常年开展入党积极分子教育,每年举办6期培训班,2015年培训603人。五是注意培育选树宣传各类先进典型。有5名企业党员荣获省"服务群众好党员"荣誉称号;3名企业领导人员被推荐为省"人民好干部"预备人选。"七一"期间,组织企业开展"一先两优"评选表彰工作。开展制播《我是党员》微纪实党员教育电视系列片活动和2015年度党员教育教学课件(电视教学节目)制作开发工作。探索运用信息化手段开展企业党建工作。与有关机构合作研发的省(中)直企业党建工作综合管理信息化平台,正在进行信息录入和调试工作,预计下一年初试运行。

(二)廉政建设情况

2015年,辽宁省国资委和省属企业各级纪委坚决贯彻落实省委、省政府和省纪委的决策部署,以十八届中央纪委五次全会和省纪委十一届五次全会精神为指导,继续深化"三转",强化监督执纪问责,扎实推进国资国企党风廉政建设和反腐败工作,为实现国有资本保值增值和企业的改革发展提供有力保障。

落实党风廉政建设责任制,着力构建科学的反腐倡廉工作机制。一是召开专题会议。2015年初,辽宁省国资委召开全省国资国企工作会议,部署省属企业党风廉政建设和反腐败工作,同时与企业签订年度经营责任书和党风廉政建设责任书。二是明确责任分工。按照《省国资委贯彻落实省委省政府党风廉政建设和反腐败工作责任分工》和主要领导要求,将反腐倡廉工作任务分解落实到每位党委委员及有关处室,进一步明确责任内容,强化责任意识。明确要求在年末对企业领导班子进行以国有资本保值增值为核心、以反腐倡廉建设为保障的年度综合绩效考评,根据考评结果采取警示谈话、诫勉谈话等相应举措,教育和约束企业领导人员廉洁自律。三是下发《进一步加强和改进省属企业纪检监察工作的通知》。对聚焦主责主业,进一步强化纪检监察机构组织体系建设;全面从严治党,进一步落实纪检监察机构的监督责任;把纪律挺在前面,进一步把握纪律审查重点;严明工作纪律,进一步加强对纪检监察机构履职的监督等提出明确要求。

加强作风建设,落实中央"八项规定"。一是加强组织领导。以"三严三实"专题教育为契机,认真贯彻中央八项规定和省委十项规定精神,成立领导小组和工作机构,制定工作措施,召开部分企业纪委书记座谈会,统一思想认识,推动中央八项规定精神在省属企业的贯彻落实。二是紧紧盯住重要节假日,狠抓节日期间企业领导人员作风建设。狠刹公款送节礼年货、公款吃喝、公款旅游、铺张浪费等不正之风。各企业将贯彻落实中央八项规定精神自觉融入企业管理各项规章制度之中,从小处着眼,从具体制度入手,全面梳理调查研究、会务接待、文件简报、职务消费、廉洁从业等相关制度规定,深入查找和剖析存在的问题。特别把职工群众关注的企业领导人员履职待遇、业务支出问题作为整改的重点，在制定具体落实措施的同时，强化考核和责任追究。通过整改，省（中）直企业2015年领导人员履职待遇和业务支出同比下降29%，精简会议25%，精简文件16%。省属企业查处违反中央“八项规定”案件7件，给予党纪处分7人。通过纠建并举，企业干部作风形象有了明显提升。

深化宣传教育，促进企业领导人员廉洁从业。辽宁省国资委开展“以案为鉴、遵纪守法”为主题的警示教育活动。充分利用辽宁省已查结的国企系统严重违纪违法典型案例，剖析原因，阐明危害，吸取教训，用身边事教育身边人。积极筹备辽宁省国有企业腐败案例警示教育展览，机关党员干部100余人进行首场参观教育。展览历时半年时间，先后组织全省200余家省（中）直企业和市管企业的近万名党员干部进行警示教育，通过参观省反腐倡廉警示教育基地，观看图片展示，听取职务犯罪人员忏悔等教育方式，提高警示教育的针对性和实效性。参观结束后，各企业组织人员谈感想、撰写体会文章，大家深受教育，反响强烈，辽宁电视台给予两次大篇幅报道，省纪委领导也给予高度评价。省（中）直企业有9128人次参加廉政教育培训；组织收看警示教育录像33655人次；参加警示教育座谈4892人次；组织近万人观看反腐倡廉成果展；对763名处以上领导人员进行廉政谈话。

完善制度建设，规范重要领域和关键岗位的权力运行。近年来，辽宁省国资委先后出台《关于实行党风廉政建设责任制的实施办法》《省属企业深入推进廉洁从业风险防控长效机制建设的意见》《关于加强权力运行制度建设的实施方案》《关于进一步推进国有企业贯彻落实“三重一大”决策制度的意见》《关于进一步做好省属企业贯彻落实“三重一大”决策制度办法审批工作的通知》等文件。2015年，出台《关于在省属企业开展“不作为、不担当”问题专项整治实施方案》，对该决策不决策、决策失误、监管不力、监督检查以及责任追究等方面作出明确规定。各企业严格执行“三重一大”集体决策制度，并紧密结合实际，加强制度建设和清理工作，进一步建立和完善反腐倡廉制度体系。这些制度的出台和修订，进一步规范权力运行，为形成不想腐、不能腐、不敢腐的约束机制奠定基础。

开展省属企业贯彻落实“三重一大”决策制度情况监督检查。为深入推进“三重一大”在省属企业的贯彻落实，按照党风廉政建设和反腐败工作的新要求，结合企业改革发展实际，下发《关于进一步推进省属企业贯彻落实“三重一大”决策制度的通知》，同时派出5个检查组，对企业领导人员执行“三重一大”制度情况进行再检查、再部署。通过检查，各企业重新修订完善《“三重一大”决策制度实施办法》，进一步明确和细化决策事项内容、标准、方法，规范决策流程，建立决策签字背书制度。同时，把纪检监察融入企业生产经营管理。各企业结合实际，抓住生产经营管理领域的重点部门、重要环节，健全制度，强化监督，形成一批与企业战略发展同步推进，与法人治理结构相适应的风险防控制度和源头预防腐败制度。用制度监督、规范、约束、制衡权力，保证权力正确行使而不被滥用。

完成党风廉政建设主体责任具体化专题调研督查。按照辽宁省委、省纪委要求，由省国资委领导带队，抽调骨干力量组成三个督查组，于6月25日至7月31日，深入省属企业，采取听汇报、召开座谈会、查阅有关文件资料等方法，就落实党委主体责任具体化专题进行调研，形成《省国资委党委关于落实党风廉政建设主体责任具体化专题调研报告》分别报送省委、省纪委。

在省属企业开展“不作为、不担当”问题专项整治活动。为深入推进“三严三实”专题教育，从严整治“为官不为”问题，制定下发《省属企业开展“不作为、不担当”问题专项整治实施方案》文件，成立两个检查组，对委管企业“不作为、不担当”问题专项整治活动情况进行督促检查，并通报给各企业。

对辽宁省国资委管企业领导班子成员车辆换置情况进行核查。为准确了解省属企业领导干部遵规守纪情况，9月14日，辽宁省国资委党委给10户国资委监管省属企业党委下发《关于上报企业领导车辆换置情况的通知》，要求各企业认真对待、如实填报企业领导班子成员2014年以来车辆配备更新情况。根据各企业上报的情况，纪委监察室对企业自查并上报的情况进行核查，核查中对近年来企业领导借用下属企业车辆、由下属企业购买车辆、用顶账方式置换车辆的5个单位领导及负责人进行问询。通过纠正查处先行,有效遏制个别企业违规用车不正之风的蔓延势头。

加大办案力度,保持惩治腐败高压态势。为进一步规范案件线索的收集、管理和呈报,完善办案机制,创新办案模式,加强办案队伍建设,严格办案纪律,印发《关于加强省属企业案件查办工作的指导意见》,该意见的出台,对提高省属企业纪检监察人员办案效率,加大案件督查督办力度,提高办案质量,完善办案保障机制和激励机制等发挥积极作用。2015年,省国资委和省(中)直企业各级纪检监察机关接受信访举报916件,立案122件,给予党政纪处分142人。其中,辽宁省国资委纪委受理信访举报件59件,转办48件,初核11件,完成53件,完成率89.8%。另外,配合省纪委对一起案件的追赃工作。通过案件查处,有力地震慑违纪违法人员,切实维护党纪国法的严肃性。

举办企业纪检监察人员培训班。为深入贯彻全国地方国资委纪委书记研讨会和全省纪检监察干部监督工作会议精神,提高省属企业纪检监察干部履职尽责能力,确保纪检监察干部队伍的纯洁性,坚决防止出现"灯下黑"的问题。10月,辽宁国资委举办由省属企业纪委书记、副书记,监察室主任、副主任和部分二级企业分管纪检监察工作的领导及部门负责人106人参加的省属企业纪检监察干部培训班。通过业务培训,增强纪检监察人员党的观念、担当意识,提升纪检监察人员思想政治素质、工作能力水平、职业道德操守,收到很好的效果。

(撰稿人:曹　妍)

大连市

一、大连市国有资产监督管理工作综述

2015年是"十二五"收官之年,也是金融危机以来稳增长形势最严峻、情况最复杂、任务最艰巨的一年。在困难和压力面前,大连市国资系统艰难拼搏,积极应对,实现经济运行缓中趋稳,稳中向好,总体保持平稳发展,部分指标虽有波动但没有改变经济运行的基本面,年初确定的"两脱、两转、三提升"的工作目标全面完成。截至2015年底,出资企业资产总额2646亿元,同比增长7.3%;净资产1228亿元,同比增长6.7%;营业收入780亿元,同比持平;利润总额25.6亿元,同比下降5.5%,比年初收窄13.6个百分点。

(一)全力推进市直党政机关所属企业脱钩

市直党政机关所属企业脱钩是辽宁省政府下达给大连市政府的考核指标,任务艰巨,责任重大。根据大连市委、市政府统一部署,一是从机构上建立上下联动、分级负责的组织体系和分工明确、责任到位的工作机制。二是明确首批脱钩工作四大节点,即按照布置动员、组织培训、制定方案和工商变更的要求,统一步骤,分头实施。三是创造良好的改革氛围,出台实施方案、办事规则和纪律要求。通过媒体宣传、专题讲座、编发《信息简报》等方式形成浓厚的改革氛围。截至2015年底,按时完成首批32户企业脱钩手续办理工作,如期完成辽宁省政府下达的脱钩任务指标,在辽宁省考核中名列第一。热电集团、公交客运集团、地铁运营公司、自来水集团、供水公司的党组织工作和干部管理权限调整完毕,建工集团等6户企业国有产权划转完成,保安总公司等2户企业实行委托监管,注销企业18户,改制企业1户,阶段性工作告一段落。

(二)全力解决国有企业脱困问题

建立解决国有企业历史遗留问题资金筹措新机制。离退休人员负担问题是多年来国有企业的一个沉重包袱。2015年,全系统有离休人员225人,退休人员1260人没有实现社会化管理,每年企业为此需支出费用上千万元。改革国有资本收益使用方式,是大连市国有企业改革的一次全新尝试。在大连市财政的支持下,2015年第一次统筹使用国有资本金,采取国有资本经营预算资金补贴和企业自筹相结合的办法筹措资金5000万元,一次性完成离退休人员社会化管理移交,解决国有企业历史遗留问题中最为棘

手的难题。

建立解决国有企业历史遗留问题政策支持新生态。2015年，为帮助企业解决相关问题，大连市国资委设立专门处室，负责协调政府相关职能部门帮助企业在土地变更、人员分流安置、劳动关系处理和社会保险关系接续等方面给予支持，解决企业实际困难。从国有资本经营预算中安排2400万元，解决瓦轴动力公司改制人员安置问题。筹措专项资金为大连航运集团有限公司发放工作经费、采暖费、重大疾病人员应急资金；为大化集团有限责任公司松木岛土地办证垫付费用；帮助大连柒化集团有限公司解决土地遗留问题；帮助大连金州重型机器集团有限公司解决流动资金紧张和银行贷款过桥问题等，逐步形成帮助企业渡关过坎的生态环境。大连市解决历史遗留问题的这些做法，得到国务院国资委的充分肯定。

(三)全力推动企业转型升级

为适应新常态，大连市国资委转变工作思路，从单纯的资产管理，转为引导企业提质升级。

一是开发项目，引导企业通过与央企等合作提质升级。2015年，大连市国资委成立产业发展研究中心，聘请国内知名的企业家、咨询专家、银行家、大学教授等作为经济顾问，专门为企业的战略发展和项目开发、合作提供服务。组织境内外招商10余次，洽谈项目20多个，特别是与神华集团、国家核电集团、华润集团、供销集团、大唐集团、中建集团等央企，以及清华启迪集团、嘉盛集团、华强国际集团、华信集团等大型民营企业加强沟通合作，为推进国资创新园、大化集团和金重公司吸引战略投资，盐化集团战略规划，大橡塑公司重组等项目起到积极作用，并储备一批潜在的合作项目。

二是科研推动，引导企业通过技术创新提质升级。持续加强自主创新，加大科技投入，大力推动大众创业、万众创新。2015年，10户生产型企业投入研发资金10.3亿元，其中8户工业企业投入9.1亿元，占营业收入的2.93%。大连重工·起重集团投入研发经费3.7亿元，占营业收入的5.31%，完成新产品开发24项。瓦轴集团技术创新投资3.5亿元，占营业收入的6.57%，开发新产品570项，其中替代进口190项，达到国际同类产品先进水平90项。出资企业的20多个项目获得省部级奖励，获得专利1510项，其中发明专利320余项。国资系统确定重点发展的海洋工程、新一代风电、石化配套设备、环保设备、新一代制冷设备及高端精密轴承等一批战略性新兴产业，开发生产高铁轴承、风电增速机、超大型耐低温压力容器设备、二氧化碳制冷压缩机等一批创新型工业产品，进一步打开国内外市场。

三是布局新兴产业，引导企业通过综合发展提质升级。在交易产业方面，对大连金融资产交易所进行股权多元化改革，引进市场化管理团队和互联网商业模式，实现当年股改、当年上线，挂牌三个多月交易额突破100亿元的业绩。在投融资平台方面，组建大连港投融资控股集团和大连市城市建设投资有限公司、成立国康医疗产业投资公司，国资系统形成融资租赁、保理、保险、小贷、银行、基金、交易、股权托管等门类相对齐全的金融及类金融服务体系。大连装备融资租赁有限公司中标公交集团更换纯电动汽车项目，一期9.6亿元购置600辆客车已经完成，二期9.6亿元项目正积极推进。建投集团利用PPP模式置换出存量财政投资40亿元，为增强政府再投资和公共产品供给能力作出贡献。

(四)全力推动国资监管由管资产向管资本转变

一是改建国有资本投资运营公司。按照国务院63号文件要求，确立新型的国资监管体系，逐步理顺监管方、出资方和经营方的职责关系。将大连装备改建为国有资本投资运营公司，并将工业企业全部纳入其中，建立起整合资源、协同发展的机制。组建三寰控股公司，将三寰集团、盐化集团、资源集团、大金所及国康医疗产业投资公司纳入其中，形成以资源为基础，向新兴产业拓展的格局。

二是创新监督体制机制。发挥监事会日常监督、纪检监察监督和财务风险监督相协同的“三位一体”监督机制。监事会建立联席会议制度，定期研究问题，提出整改建议。2015年，形成综合报告51份，风险提示26份，提出问题及建议130多条。纪委、审计部门完成对15户企业巡查，针对巡查问题，下发巡查和审计建议书8份，实现对控股企业的全覆盖。

三是完善监管手段。建立国资监管信息化平台，主要包括财务管理、考核评价、风险管控三大核心业务，内设数据共享、企业风险管控及监测、企业综合绩效评价三个子系统，通过企业财务和运营情况与上级部门直连，实现对企业重大财务变化和经营活动的全过程跟踪。

二、大连市国有资产总量与结构分析

截至2015年底，大连市地方国有控股企业(含企业化管理事业单位，不含金融企业)662户(含三级企业)，其中一级子企业183户(其中，市本级37户，县区企业146户)。国有资产总量2037.4亿元，市属1044.2亿元，占51.3%；县区993.2亿元，占48.7%。2015年，实现利润28.1亿元，上缴税金39.2亿元。其中，大连市国资委出资34户一级企业，国有资产总量1021.7亿元，实现利润19.0亿元，上缴税金33.6亿元。

表1　2015年大连市所属国有企业指标

项　目	金　额(亿元)
资产总额	5106.3
所有者权益	2421.7
营业收入	846.0
利润总额	28.1
净利润	19.7
归属于母公司所有者的净利润	7.2
应交税金总额	40.7
实际上缴税金总额	39.2

表2　2015年大连市国有企业户数情况

项　目	2014年	2015年	比上年增长(%)
户数(户)	687	662	—3.64

表3　2015年大连市国有资产地区分布情况

地　区	国有资产(亿元)	占国有资产总量比重(%)
合　计	2037.4	100.0
市　属	1044.2	51.3
监　管	1021.7	50.2
非监管	22.5	1.1
大连市县区国有企业汇总	993.2	48.7
金州新区	263.6	12.9
长兴岛临港工业区	248.0	12.2
旅顺口区	261.2	12.8
普兰店市	95.5	4.7
高新技术产业园区	108.5	5.3
长海县	7.8	0.4
瓦房店市	3.1	0.2
庄河市	3.5	0.2
保税区	2.0	0.1

表4　2015年大连市国有资产行业分布情况

行　业	国有资产(亿元)	占国有资产总量比重(%)
投　资	1242.1	61.0
交　通	327.1	16.1
工　业	147.7	7.2
公　用	140.3	6.9
其　他	61.7	3.0
商　业	109.7	5.4
建　筑	8.8	0.4

表5　2015年大连市国有资产经营规模分布情况

经营规模	国有资产(亿元)	占国有资产总量比重(%)
大型企业	1169.6	57.4
中型企业	83.8	4.1
小型企业	723.8	35.5
微型企业	60.2	3.0

三、大连市国资委监管企业资本运作与融资情况

2015年，大连市国资委充分发挥职能作用，积极开展资本运作，引导企业通过产融结合提质升级。完成大橡塑重大资产重组工作，在盘活资产的同时为企业赢得新的发展机遇。2015年，在化解华锐风电退市风险之后，组建大连方面派出的管理团队，协调解决一系列恢复生产的相关问题，使华锐风电在困难之年走出困境。改变融资方式，降低财务成本，国投集团国汇小贷公司在新三板挂牌，定向增发正在加紧推进，大连港、装备投、建投、资源投实现直接融资151亿元，有力支持实体经济的发展。

四、大连市国资委监管企业完善法人治理结构情况

在对所属企业法人治理结构建设运作情况进行监督调研的基础上，进一步规范完善国有企业法人治理结构建设，制定《关于进一步完善大连市国资委出资企业法人治理结构的暂行办法》和《大连市国资委出资企业外部董事管理暂行办法》，明确董事会、党委会、监事会、经理层的职责和程序，形成协调运转、有效制衡的机制。2015年，对16户企业领导班子进行调整充实，调整干部26人次。对国有股权代表董事进行调整。对出资企业监事会、监事进行调整。

五、大连市国资委监管企业加强财务监督和完善经营业绩考核体系情况

一是开展企业全面预算管理工作。制定《出资企业全面预算管理工作办法》，完成企业2016年度预算的布置培训工作。围绕企业战略和经营计划，以降成本、增效益、防风险为重点，引领企业优化资源配置、控制经营风险、促进企业效益最大化。

二是加强企业重大财务事项监管。制定《出资企业发行债券管理办法》，规范出资企业债券发行行为，防范和控制企业债务风险。2015年，审批出资企业注册短融、中票、企业债、公司债等295亿元额度。同时，加强对企业抵押、担保、利润分配及高风险业务的监督管理。

三是建立健全有效的激励和约束机制，完善国有企业负责人综合考核体系。实行经营业绩考核和重点工作考核相结合、纵向比较和横向比较相补充、结果考核与过程评价相兼顾、考核结果与奖惩任免相挂钩的考核制度，规范考核程序，严格考核管理。加强经营业绩考核，提高考核的针对性与科学性。实行分类考核，根据企业业务性质，突出不同考核重点，科学设置考核指标，合理确定考核目标；按照国资监管以管资本为主的要求，开展经济增加值的考核；为全面评价企业经营业绩、资产质量及运营风险，设置综合绩效评价指标，在企业自身纵向比较的基础上，引入全国同行业平均值，实行横向比较；精准考核企业经营利润，在清算业绩指标时剔除财政补贴、处置资产收益等非经营性因素。加强国有企业负责人履职情况全面综合考核。对企业党的建设、企业领导班子建设、企业文化与精神文明建设、企业法人治理结构规范化建设、党风廉政建设、安全生产与信访维稳等重点工作进行综合考核评价。

六、大连市国资委监管企业负责人考核与选人用人机制改革情况

严格履行职责。认真贯彻落实中央、省委、市委有关干部选拔任用工作的规章制度，准确把握相关要求，做到坚持原则不动摇、执行标准不走样、履行程序不变通、遵守纪律不放松，有针对性地研究新情况、新问题，推动形成有效管用、简便易行的选人用人机制。2015年，完成对26户企业领导班子、班子成员年度民主测评工作。同时，向5户企业直派纪委书记，实现企业问题与上级组织的直通。

抓好人员培训。充分利用高级经理学院的良好条件，举办3期企业高管研讨班，参训人员达到305人次，从深化改革、产融结合和新时期企业管理等方面进行培训，对于企业高管转变观念、开拓视野、提高决策和管理水平，起到明显作用。与市委党校联合举办培训班4期，培训干部180人。举办4期专业技术人才培训班，248人参训。

七、大连市国资委监管企业党的建设和廉政建设情况

扎实开展“三严三实”专题教育。突出问题导向，贯彻从严要求，加强机关干部思想作风建设。开展以优等环境、优良作风、优质服务和高效便捷为主要内容的“三优一高”机关创建活动；推进简政放权，审批、审核和备案事项由29项减少到18项；提高办事效率，实行首问负责，限时办结，层层落实。2015年，全系统整改群众提出的意见建议31项，不断提升公信力和执行力，切实营造清正廉洁、务实高效的服务环境。

做好党组织建设和党员教育工作。按照辽宁省国资委、大连市委组织部要求，开展全系统党组织建设调研工作，采取企业自查和调研组督查相结合的方式进行普遍调查统计。2015年，全系统企业党组织1145个，党员17462人。新发展党员350名；发放党员教育培训光盘1200张，图书3000余册。全系统举办专题培训54班次，开展党课教育148课，受教育党员1.8万人。走访慰问困难党员、老党员387人，发放慰问金26万元。

加强干部队伍和党风廉政建设。加强日常监督管理和综合考核评价，企业领导班子整体素质不断增强。严格落实党委主体责任和纪委监督责任，严格监督执纪问责。2015年，对15户企业党政一把手进行党风巡查约谈，企业主要负责人免职降职2名，党纪政纪处分1名。

（撰稿人：张　智）

吉林省

一、吉林省国有资产监督管理工作综述

2015年，吉林省国资委认真贯彻落实省委、省政府决策部署，紧紧围绕全省振兴发展大局，依法履行出资人职责，积极深化改革，调整结构，完善监管，加强党建，各项工作取得新的成效。截至2015年底，13户全资及控股企业资产总额1811.7亿元，同比增长17.5%；所有者权益总额466.8亿元，同比增长10.2%；实现营业收入314.3亿元，同比减少5.1%；实现利润-31.5亿元，同比增亏46.7亿元；净利润-34.6亿元，同比增亏41.9亿元；实际上缴税费22.6亿元，下降16.6%；国有资本保值增值率为98.4%。

（一）采取有效措施推动企业稳增长

针对宏观经济下行压力加大和出资企业收入、利润双下降的严峻态势，吉林省国资委成立5个工作组，由省国资委领导带队深入企业督导稳增长工作，推动企业积极开展管理提升活动，引导企业调整经营策略，创新业务模式，优化产品结构，拓市场、去产能、降库存，强化成本管控，清理“两金”占用，严格精细管理，狠抓提质增效。借助吉沪合作的有利契机，吉林省国资委与海通证券签署战略合作协议，并组织开展资本化证券化培训对接，推动出资企业多渠道筹措资金，截至2015年底，各企业利用发债、中票、短融、基金等金融工具，实现融资167亿元。加强大额资金、房地产等风险管控，及时督导出资企业强化风险防范措施，促进企业平稳运行。

（二）深入谋划推动国资国企改革

根据国家改革顶层设计和省委省政府深化改革的总体部署，吉林省国资委负责起草的《关于深化国有企业改革的意见》，经过反复研究论证，于12月15日以省委省政府名义正式印发。关于组建省属国有资本投资运营公司的意见以及规范省属企业负责人履职待遇业务支出的意见等四个配套文件同步出台。积极推进企业股份制改革，吉粮集团与湖北粮油集团达成重组意向，形成比较详尽的重组方案。加强企业董事会建设，制定《出资企业专职外部董事管理办法》，向6户企业委派3名专职外部董事。推动森工集团、吉煤集团开展分离办社会职能试点工作，企业医院、道路、消防、“三供一业”移交取得进展。厂办大集体改革继续推进。妥善处置企业信访问题，强化矛盾纠纷排查化解，有力维护企业和社会稳定。

(三)加大力度推进企业结构调整

吉林省酒精工业集团通过吸收吉林博大生化有限公司股权以及引进社会资本收购吉林梅河阜康酒精公司股权，产业整合迈出实质性步伐。交投集团重组长春大成集团并启动生产，旗下增添两家香港上市公司。吉煤集团关闭6处资源枯竭、资不抵债、安全隐患多的矿井，并加快发展类金融和非煤产业。森工集团积极应对天然林禁伐的新形势，加快发展矿泉水、绿化苗木、生态旅游和林下经济。各出资企业持续推进重点项目建设，全年有35个亿元以上投资项目开工建设，累计完成投资68.5亿元，同比增长12.1%。大力推进企业上市，吉林亚融科技股份有限公司已挂牌新三板，吉林正方农牧股份有限公司已通过新三板审核，吉林九台农商银行正申请香港联交所上市。

(四)不断强化国资监管工作

围绕转变职能和简政放权，吉林省国资委全面梳理国资监管事项，为研究编制权力清单、责任清单奠定基础。持续改进投资、产权、预算、业绩和薪酬管理等监管基础工作，不断提高监管的针对性和有效性。健全企业财务数据报送机制，加强对企业财务状况和运营质量的监测分析。整合审计职能成立审计处，并研究起草加强企业内部审计指导意见和企业领导人员经济责任审计办法。充分发挥监事会监督作用，通过半年和年度检查，发现企业经营管理等方面的各类问题86个，及时督促企业进行整改。高度重视企业安全生产管理，成立安全生产指导处，督促企业强化安全检查和专项整治，全年出资企业没有出现重特大安全生产事故。

(五)成功举办“央企走进吉林”活动

按照省委省政府工作部署，吉林省国资委积极发挥牵头部门的作用，多次到国务院国资委和有关央企进行沟通对接，会同省经合局反复调度拟签约项目，协调落实活动日程和会务保障工作。7月26—27日，“央企走进吉林”活动在长春成功举办。56户央企400名嘉宾参加会议，现场签约项目74个，投资总额1115.17亿元。会上，吉林省政府还与国务院国资委签订驻吉央企分离移交“三供一业”工作协议，进一步推动央企与吉林省的合作。

(六)全面从严加强企业党的建设

按照中央和省委统一部署，吉林省国资委组织系统企业扎实开展“三严三实”专题教育，突出问题导向，贯彻从严要求，坚持边查边改，广大党员干部遵规守纪、廉洁自律的意识不断增强，工作作风和精神面貌有了新的转变。注重加强企业领导班子建设，规范选拔任用程序，制定《企业领导人员选拔任用工作操作细则》，调整17名企业领导人员，使企业班子结构得到优化。着力提高干部素质能力，依托上海浦东学院和大连高级经理学院，举办三期企业领导人员培训班。从严落实管党治党责任，开展基层党组织书记抓党建述职评议和党务干部业务培训，持续推进标准化党支部建设。加大精神文明建设力度，全年有10户企业被评为省级以上文明单位。加强党风廉政建设和反腐败工作，严格落实“两个责任”，严明政治纪律和政治规矩，通过集体谈话、重点约谈、履职约谈和专项检查等方式，对企业负责人传导反腐压力。吉煤集团、森工集团和吉粮集团积极配合省委巡视组开展巡视，认真抓好巡视整改工作。持之以恒纠正“四风”，严肃查办一批以权谋私、侵害国有资产和违反中央八项规定精神的案件，全年省国资委系统受理信访举报264件，初核239件，立案118件，给予党政纪处分205人。

(七)大力加强国资委党委班子建设和机关建设

认真组织班子成员和机关干部学习习近平总书记系列重要讲话及相关业务知识，全年组织理论中心组学习7次，进一步提升机关干部理论水平、党性修养和履职能力。认真贯彻民主集中制，全年召开党委会25次、主任办公会10次，做到依法民主决策。严格做好干部选拔任用工作，认真落实《党政领导干部选拔任用工作条例》，按照省委选人用人“1个意见、5个办法”要求，制定《关于机关处级干部选拔任用有关工作的意见》，选拔正副处级干部17名。认真组织机关开展“三严三实”专题教育活动，深入查找班子和领导干部自身存在的问题，高质量召开班子专题民主生活会和支部组织生活会，严肃开展批评和自我批评，推动机关干部的作风转变。严格落实党委主体责任和纪委监督责任，落实党委书记的第一责任人责任，坚持把纪律和规矩挺在前面，强化廉洁教育和纪律教育，层层落实“一岗双责”，积极配合省委巡视并抓好整改落实，持之以恒贯彻八项规定，坚决纠正“四风”，国资委机关党风廉政建设水平有了新的提高。

(八)存在的问题和不足

一些生产型企业亏损严重，结构性问题比较突出，转产转型进展不快，持续发展基础不牢。一些企业对深化改革认识不够深入，基础工作不够扎实，对一些环节考虑和把握得不够细致，操作措施研究得不够深入具体。在抓党的建设和廉政建设方面，还存在对主体责任分解细化不够，对党员干部从严教育、管理、约束不够，对出资企业和事业单位执纪监督不够等问题。

二、吉林省国有资产总量与结构分析

表1　2015年吉林省所属国有企业指标

项　目	金　额(亿元)
资产总额	15509.3
所有者权益	5149.5
营业收入	1150.2
利润总额	178.4
净利润	157.4
归属于母公司所有者的净利润	161.9
应交税费总额	99.9
实际上缴税费总额	99.6

表2　2015年吉林省国有企业户数情况

项　目	2014年	2015年	比上年增长(%)
户数(户)	769	839	9.1

表3　2015年吉林省国有资产地区分布情况

地　区	国有资产(亿元)	占国有资产总量比重(%)
长春地区	2086.1	48.3
吉林地区	776.7	18.0
延边地区	31.7	0.7
通化地区	136.5	3.2
辽源地区	112.0	2.6
白城地区	53.7	1.2
白山地区	3.5	0.1
四平地区	42.9	1.0
松原地区	73.3	1.7
长白山管委会	23.8	0.6

表4　2015年吉林省国有资产行业分布情况

行　业	国有资产(亿元)	占国有资产总量比重(%)
农林牧渔业	108.9	12.6
工业	351.7	40.7
建筑业	3.1	0.4
地质勘查及水利业		
交通运输业	1.4	0.2
仓储业	9.7	1.1
邮电通信业		
批发和零售业	10.1	1.2
金融业	98.4	11.4
房地产业	26.1	3.0
信息技术服务业	0.2	0.0
社会服务业	251.2	29.1
卫生体育福利业	0.1	0.0
教育文化广播业	—0.1	—0.0
科学研究和技术服务业	2.3	0.3

表5　2015年吉林省国有资产经营规模分布情况

经营规模	国有资产（亿元）	占国有资产总量比重（%）
大型企业	419.1	9.7
中型企业	1000.6	23.2
小型企业	2513.3	58.2
微型企业	385.0	8.9
合　　计	4318.0	100.0

截至2015年底，汇总范围内国有企业资产总额15509.3亿元，负债总额10359.7亿元，所有者权益总额5149.5亿元，其中归属母公司所有者权益总额4595.1亿元。所有者权益总额中比重较大的是：资本公积3105.6亿元，实收资本1038.9亿元（其中国有资本944.2亿元），未分配利润311.5亿元，盈余公积62.5亿元。

截至2015年底，汇总范围内企业国有资产总量4318.0亿元，同比增长141.4%，其中省直企业国有资产总量977.5亿元，同比增长285.6%；省国资委监管企业国有资产总量285.3亿元，同比增长15.5%；市地企业国有资产总量3340.5亿元，同比增长117.6%。与2014年相比，省直企业国有资产总量占全省国有企业比重上升8.5个百分点，其中：省国资委监管企业占比下降7.2个百分点，市地国有企业占比下降8.5个百分点。

2015年，吉林省汇总范围内国有企业营业总收入1150.2亿元，其中营业收入979.5亿元；实现利润总额178.4亿元；本年实际上缴税费总额99.6亿元；实现工业总产值451.8亿元，实现劳动生产总值410.0亿元；社会贡献总额689.8亿元。

截至2015年底，吉林省汇总范围内国有企业全年平均从业人员340700人，从业人员人均利润52356.1元；全年平均职工347547人，职工人均利润51324.6元；本年职工人均工资41177.3元；人均上缴税费28734.5元；全员劳动生产率120353.5元。

2015年，吉林省汇总范围内国有企业有企业负责人3791人，薪酬总额6.2亿元，人均163820.3元，人均薪酬比上年下降20.1%，是职工人均工资的4.0倍。

2015年，吉林省汇总范围内国有企业新增固定资产投资额276.7亿元，同比增长104.2%，其中：购置固定资产126.4亿元，同比增长140.3%；基建投资141.5亿元，同比增长81.0%；其他投资8.8亿元。

三、吉林省国有资本保值增值综合分析评价

表6　2015年吉林省国有企业地区和行业国有资本保值增值情况

地　区	国有资本保值增值率（%）	行　业	国有资本保值增值率（%）
长春地区	105.2	农林牧渔业	70.3
吉林地区	101.2	工业	81.4
延边地区	106.9	建筑业	100.9
通化地区	101.5	地质勘查及水利业	
辽源地区	106.6	交通运输业	98.5
白城地区	100.7	仓储业	79.2
白山地区	86.9	邮电通信业	103.7
四平地区	99.6	批发和零售业	81.5
松原地区	100.0	金融业	113.0
长白山管委会	101.5	房地产业	248.1
		信息技术服务业	86.1
		社会服务业	108.2
		卫生体育福利业	35.6
		教育文化广播业	119.6
		科学研究和技术服务业	95.1

(一)营业收入基本稳定

2015年,汇总范围内企业营业总收入同比减少65.0亿元,减少5.3%,比2014年回落6.0个百分点。其中:省国资委监管企业营业总收入314.3亿元,同比减少4.7%;地市国有企业营业总收入605.8亿元,同比减少8.5%。按行业划分营业总收入同比降幅较高的是:仓储业同比下降28.1%;建筑业同比下降17.2%;工业同比下降11.5%。

(二)经营效益基本稳定

2015年,汇总范围内国有企业实现利润总额178.4亿元,比2014年减少9.5亿元,减少5.1%。综合收益总额同比减少19.8亿元,减少11.0%。归属母公司所有者的净利润同比增加31.4亿元,增长24.1%。主要行业:建筑业增利34.0亿元,增长37.3%;房地产业增利10.0亿元;金融业增利7.1亿元,增长15.4%;工业亏损58.8亿元,由盈转亏。

(三)国有资产总量持续增长,经营积累持续增加

2015年,汇总范围内国有资产总量4318.0亿元,增长141.4%。增减因素中:无偿划入298.7亿元,国家、国有单位直接或追加投资208.7亿元,经营积累203.4亿元,分别占增加额的37.8%、26.4%和25.7%;无偿划出4.1亿元,经营减值43.9亿元,其他因素减少54.1亿元,分别占减少额的3.5%、37.4%和46.0%。行政因素依然是促进国有资产总量持续增长的重要因素,占比64.2%。经营积累的比重由2014年的33.8%下降到25.7%,占比减少8.1个百分点。

(四)国有资本保值增值能力有所提高

2015年,汇总范围内国有企业国有资本944.2亿元,占实收资本的90.9%,比2014年增加0.7个百分点,其中国有法人资本247.6亿元,占实收资本的23.8%。2015年,吉林省国有资本保值增值率104.4%,比2014年增加0.6个百分点,其中:省直非监管企业为109.2%,增加4.9个百分点;省国资委监管企业为98.40%,减少3.3个百分点;地市级国有企业为103.9%,减少0.2个百分点。

(五)企业经营中存在的问题

1. 成本和收入倒挂局面仍需改善。2015年,全省汇总范围内国有企业营业总成本1272.6亿元,比上年减少2.6亿元,下降0.2%。营业总成本大于营业总收入122.4亿元,占营业总收入的10.6%,比2014年增加5.7个百分点。营业总成本下降率低于营业总收入下降率5.1个百分点。同时,营业利润率为-3.3%,比2014年减少1.3个百分点,营业利润率从2012年开始,已经连续四年下降。控制成本、提高收入仍是企业健康发展的根本。

2. 三项费用有增无减,挤占盈利空间。2015年,全省汇总范围内国有企业三项费用(销售费用、管理费用、财务费用)总额328.1亿元,同比增加13.9亿元,增长4.4%,涨幅回落8.2个百分点。其中:财务费用88.5亿元,同比增长1.1%;销售费用84.4亿元,同比增长3.3%;管理费用155.2亿元,同比增长7.0%。

3. 银行借款增加,偿付风险加大。2015年,全省汇总范围内国有企业的银行借款余额2964.5亿元,同比增加707.5亿元,增长31.3%,占负债总额的比例为28.6%,其中的短期借款和长期借款比例接近1∶2.5。持续增加的银行借款导致利息支出87.3亿元,比上年增加4.1亿元,增长4.9%,比同期减少38.7个百分点。利息支出占财务费用的比重高达98.6%,同比增加13.6个百分点。

4. 资金占用持续增加,资产运营能力继续下降。2015年,全省汇总范围内国有企业存货及应收款项占用资金4715.30亿元,同比增加1139.9亿元,增长31.9%。两者占用的资金总额占流动资产总额的70.3%,是货币资金的3.0倍。其中:其他应收款2266.7亿元,同比增加509.8亿元,增长29.0%;存货1002.8亿元,同比增加144.4亿元,增长16.8%。流动资产周转率比上年减少0.1次,存货周转率比上年减少0.4次;资产现金回收率0.3%,比上年增加1.4个百分点;现金流动负债比率0.7%,同比增加3.8个百分点。

5. 社会贡献程度提高。2015年,全省汇总范围内国有企业实际上缴税费总额99.6亿元,同比增加35.2亿元,上升54.7%;实现社会贡献总额689.8亿

元，同比增加497.9亿元，上升259.5%；实现工业总产值451.8亿元，同比减少68.5亿元，下降13.2%。

四、吉林省国资委监管企业股份制改革、并购重组及融资工作情况

（一）股份制改革和并购重组情况

1. 推动酒精集团开展行业兼并重组。着眼解决全省酒精产业布局分散、同质化竞争严重的问题，酒精集团制定《吉林省酒精工业集团有限公司产业整合方案》，通过引入社会资本收购梅河阜康70%股权；推动天裕公司通过股份制改造，变更为吉林省酒精股份有限公司，公司注册资本从5亿元增加至21.23亿元，产业整合迈出实质性步伐。

2. 推动吉粮集团重组。针对企业经营陷入危机的现实情况，吉林省国资委积极推进吉粮集团重组自救，及时派出工作指导组，会同企业研究形成《关于解决吉粮集团存在困难和问题的报告》《关于吉粮集团增资和股权分拆有关事项的请示》等系列解决方案。推动吉粮集团引入战略投资者湖北粮油集团和五矿国际信托，由湖北粮油集团主导，通过募集信托产业基金对吉粮集团实施重组，形成以粮食品牌化经营战略和"粮食银行"创新经营模式为核心的整体重组方案并经省政府专题会议原则通过，方案前期尽职调查等准备工作已经开展。

3. 推动吉煤集团改革发展。吉林省国资委着重帮助吉煤集团研究解决减轻经营发展负担和拓展新业务领域以及理顺内部管理关系等事项。对吉煤集团下属辽源矿业集团卓力化工公司混合所有制改革下发指导意见，帮助企业减轻一定负担；根据企业发展需要，对吉煤集团拟组建国际贸易公司、招标公司、拍卖公司等下发指导意见，为吉煤集团节本降耗及打造新的利润增长点创造基础和条件；根据吉煤集团高级管理人员实际情况，对公司章程相关条款下发修订完善批复，理顺企业内部管理关系；指导内蒙古吉煤康乃尔矿业有限公司和内蒙古康乃尔吉煤化工有限公司进行股权结构调整，实现吉煤集团非主业业务的适当收缩。

（二）融资工作情况

1. 交投集团融资情况。2015年，交投集团委托发行四期私募债券。其中，委托建设银行发行的4亿元第一期私募债券，于9月21日资金到账，期限2年，发行票面利率7.38%；委托国开行发行的8亿元第二期私募债券，于10月13日资金到账，期限2年，发行票面利率5.2%；委托民生银行发行的5亿元第三期私募债券，于11月3日资金到账，期限3年，发行票面利率5.2%；委托国泰君安证券发行的5亿元第四期私募债券，于11月16日资金到账，期限3年，发行票面利率5.15%。

2. 森工集团融资情况。2015年，森工集团通过中国银行间市场交易商协会注册发行一期中期票据、两期短期融资券、两期超短期融资券和两期非公开定向债务融资工具，融入资金42亿元。其中，2月4日发行面值为10亿元，期限为3+N的中期票据，票面利率7.1%。2月12日发行面值7亿元，期限为1年的短期融资券，票面利率5.39%；3月4日发行面值7亿元，期限为1年的短期融资券，票面利率5.19%。10月9日、23日分别发行一期面值5亿元，期限为270天的超短期融资券，票面利率均为4.6%。1月21日发行面值为5亿元，期限1年的非公开定向债务融资工具，票面利率为7.5%；9月11日发行面值3亿元，期限90天的非公开定向债务融资工具，票面利率为4.5%。

3. 昊融集团融资情况。2015年7月31日，昊融集团下属的吉林亚融科技股份有限公司（简称"亚融科技"，股票代码832991）在全国中小企业股份转让系统（俗称"新三板"）正式挂牌。挂牌前，亚融科技进行两次增资，增发金额后公司注册资本由1000万元增加至13600万元，股东数由5名增加至29名，两次增资标志着亚融科技在利用资本市场拓宽融资渠道跃升新的发展平台方面迈出坚实的一步。

五、吉林省国资委监管企业遗留问题处理情况

2015年2月，吉林省国资委分别向各市（州）和省属出资企业，下发关于开展国有企业（出资企业）历史遗留问题调查摸底的通知，并根据调查摸底情况建立

全省国有企业历史遗留问题台账，加快解决国有企业历史遗留问题的步伐。

(一)分离企业办社会职能情况

2015 年，吉林省国资委继续推进森工集团、吉煤集团分离办社会职能试点工作。8 月 5 日，省交通厅联合省国资委共同印发《关于吉林森工集团部分林业道路纳入全省普通公路网的通知》(吉交联发〔2015〕51 号)，将森工集团 3130.1 千米林业道路纳入全省普通公路网。9 月 7 日，会同省财政厅和省人社厅联合下发《关于做好吉林森工集团所属国有改制企业退休人员参加职工医保工作的通知》，解决森工集团 29647 名 2005 年改制前退休职工的医疗保险问题。9 月，完成吉煤集团珲矿公司总医院移交工作。另外，通过投资主体多元化、引入专业热力公司、整体对外租赁和整体改造移交等方式，完成 2 户试点企业 6 处供水、8 处供热、13 户供电的分离移交。

(二)协助驻吉央企分离移交“三供一业”情况

6 月 12 日，吉林省国资委组织召开驻吉央企“三供一业”分离移交试点工作预备会，通报相关情况及下步开展试点工作的准备情况。6 月 26 日，省政府召开驻吉央企分离移交“三供一业”工作会议，部署分离移交试点工作。7 月 27 日，国务院国资委与吉林省政府在长春市召开“央企走进吉林”暨驻吉央企分离移交“三供一业”启动工作会议，会上国务院国资委与省政府正式签署《关于驻吉央企分离移交“三供一业”工作协议》。12 月 11 日，省国资委组织召开全省驻吉央企分离移交“三供一业”试点工作调度会，听取各地工作进展情况，安排部署下步工作，有力推动分离移交试点工作深入开展。

(三)信访维稳工作情况

2015 年，吉林省国资委以化解历史积案和改制遗留问题为重点，按照省信访工作总体要求，认真落实工作责任制，积极做好矛盾纠纷排查，努力做好信访维稳工作，全力防范突发群体性事件和个人极端事件，为企业改革发展和社会稳定营造良好的环境和氛围。全系统全年受理群众来访 7573 件次 24581 人次(其中集体访 682 批次 14233 人次)，受理群众网上信访 75 件次；国资委机关接待受理群众来访 721 件次 2200 人次(其中集体访 60 批次 1245 人次)，受理群众来信 8 件次、网上信访 60 件次，信访案件基本得到有效化解和缓解。

六、吉林省国资委监管企业建立和完善经营业绩考核体系情况

2015 年，吉林省国资委针对所属出资企业多处于传统产业和基础性产业，受宏观经济形势和行业产能过剩等影响较大，企业利润下降的实际情况，注重通过强化业绩考核的导向作用，积极引导企业实现稳增长目标。

一是进一步增强业绩考核目标值的科学性。吉林省国资委在确定 2015 年度出资企业业绩考核目标值时，把宏观经济形势变化对企业的影响以及充分调动企业负责人的积极性和引导企业加快发展等因素统筹考虑，按照宏观经济形势变化与企业实际情况相结合、原则性与灵活性相结合、整体的公平性与个体的针对性相结合的原则，根据出资企业利润目标的水平，设定出不同的绩效年薪档次，引导企业科学预测行业发展趋势、自身经营状况、企业发展潜力等因素，合理设定利润目标，最大限度调动起企业谋发展的主观能动性。

二是进一步增强业绩考核计分的牵引作用。业绩考核时，出资企业以业绩利润基准值为目标值的，比目标值增长 5%后此项得分即可加满；对于目标值低于基准值的，完成值超过目标值时，也可按超值比例提高绩效年薪档次，以此引导企业努力实现更多业绩利润。

三是进一步增强业绩考核的约束作用。在对出资企业 2014 年度业绩进行考核时，严格按照考核办法和目标责任书的约定，核定绩效年薪，坚决做到“业绩升、薪酬升；业绩降、薪酬降”。2014 年度出资企业负责人平均薪酬同比下降 4.55%。其中，有 3 户企业因业绩下滑幅度较大，企业负责人仅得到基本年薪，业绩考核的刚性约束作用得到充分体现。

四是严格规范企业负责人履职待遇和业务支出。根据国务院国资委规范中央企业负责人履职待遇、业

务支出的意见相关要求，吉林省国资委立足省情实际，起草《关于合理确定并严格规范省属企业负责人履职待遇、业务支出的实施意见》，经省委全面深化改革领导小组全体会议审议通过后印发实施。《实施意见》为规范吉林省省属国有企业负责人履职行为，促进企业负责人落实八项规定、厉行勤俭节约、坚持廉洁从业提供依据，进一步规范省属国有企业收入分配秩序，健全企业负责人激励约束机制，对企业树立良好社会形象起到积极作用。

七、吉林省国资委监管企业完善法人治理结构与选人用人机制改革情况

2015年，吉林省国资委围绕出资企业法人治理结构建设，通过修改完善公司章程、提升企业董事会建设水平、大力加强企业领导人员队伍建设和人才队伍建设等方法，有效促进企业治理方式的转变。

一是修订完善公司章程。2015年，吉林省国资委先后对吉林省国有资产经营管理有限公司、吉林省担保投资集团有限公司、吉林省信托有限公司、吉森丰华矿业集团有限公司等出资企业的公司章程进行修订，进一步规范相关企业的法人治理结构和决策议事规则。

二是注重加强企业董事会建设。深入研究改进企业领导人员管理、下放经理人员管理权限、推行企业领导人员任期制和契约化管理以及企业经理人员职业化等问题。先后到国务院国资委以及北京、上海、浙江等8个省(直辖市)国资委，考察学习加强企业董事会建设的先进经验和做法。组成调研组深入各出资企业，对企业董事会建设情况进行综合调研。围绕优化董事会结构，研究起草《关于加强省属国有企业董事会建设的实施意见》，制定出台《关于出资企业专职外部董事管理办法(试行)》，建立专职外部董事人员队伍，向6户企业委派3名专职外部董事。

三是健全完善企业领导人员选任机制。根据省委相关规定，研究制定《关于加强出资企业领导人员选拔任用工作规则》，规范企业领导人员选拔任用程序，加强对企业领导人员选任工作的领导和把关。重点加强对企业“一把手”的选配工作，坚持好中选优、优中选强，严格统筹、严格程序，坚持扩大视野、通盘考虑，突破企业内部和国资委系统的局限，真正选拔优秀人才。2015年选拔任用的5名企业正职领导中，跨企业选拔任用3人，有2人担任过上市公司总经理职务。另外，对资产公司、国华公司、吉煤集团、信托公司、担保公司等部分企业领导人员进行调整，全年调整92人次。

四是注重加强企业人才队伍建设。制定《吉林省国资委2015—2017年企业领导人员培训规划》和2015年度企业领导人员培训计划。依托中国大连高级经理学院和中国上海浦东干部学院两所国家级培训院校，举办三期培训班，培训企业领导人员86人、企业监事人员70人。另外，还选调部分企业领导人员和后备干部参加省委组织部在上海、深圳等地举办的相关培训。

八、吉林省国资委监管企业党的建设和廉政建设情况

(一)党的建设情况

2015年，吉林省国资委党委系统各级党组织认真贯彻落实中央和省委的部署和要求，积极探索新形势下加强企业党的建设的思路和方法，企业党建工作水平有了新的提升。

2015年3月2日，省国资委党委组织召开党委系统企业党建工作会议，总结十八大以来系统企业党建工作，分析形势，安排部署2015年工作。制定下发了《2015年省国资委党委系统党群工作要点》。

认真做好企业党委班子换届改选。昊融集团、富奥公司、国资公司、国药长春生物所、中粮贸易吉林公司5户企业完成党委换届改选工作。吉煤集团、酒精集团、亚东公司、担保公司、国资公司、交投集团、国华公司、吉粮资产公司和华电福新能源公司9户企业及时做好党委班子成员调整增补工作，为企业党委发挥政治核心作用奠定良好组织基础。

不断加强企业基层党支部建设。持续开展标准化党支部建设，排查整改薄弱党支部，全系统党支部标准化率达到95%以上。深入开展“两创一提升”主

题实践活动,创十佳党员、创百强支部,提升千名书记党务工作能力,使企业基层党支部和党员学有榜样、做有标杆。另外,全年分层次培训企业基层党支部书记及党务干部300人,促进企业基层党支部建设水平的提高。

从严做好发展党员工作。认真贯彻落实中央新颁布的《中国共产党发展党员工作细则(试行)》,组织举办省国资委党委系统党务干部学习《细则》培训班。制定《省国资委党委系统企业2015年发展党员计划》。落实双培养要求,培训企业入党积极分子272名,全年全系统发展党员278名。组织开展企业发展党员工作检查,发现问题及时整改。

加大企业党建工作检查力度。根据省委组织部《省属国有企业基层党建工作检查方案》安排,10月9日至11月4日,与省委组织部组成检查组,对14户出资企业党委抓基层党建的主体责任落实、党建工作体制机制建立及运行、党务工作者队伍建设、党员教育管理、党建活动开展、基层党建工作保障、党组织功能发挥等情况进行检查。按照《2015年度省国资委出资企业党委书记抓基层党建工作述职评议考核方案》,于12月17日,组织召开2015年度出资企业党委书记抓基层党建工作述职评议会议。

组织企业扎实开展"三严三实"专题教育。按照中央和省委有关要求,结合党委系统实际,研究制定《省国资委党委在系统企业开展"三严三实"专题教育实施方案》。企业各级党委以党委书记讲党课开局起步,组织专题学习研讨,深入查找班子和个人自身存在的不严不实问题,及时进行整改。按照国资委党委要求,各企业增加一个"自选动作",认真梳理总结过去工作中三个成功案例和三个不成功案例,深刻剖析,作为启示借鉴。企业各级党组织通过认真准备,征求意见,谈心谈话,高质量召开专题民主生活会和组织生活会,认真开展批评与自我批评,推动各级干部的作风转变。省国资委及时组织对各企业专题教育进行定期调度和督促检查,确保专题教育扎实开展。

积极做好群团工作。按照中央和省委加强和改进群团工作意见的要求,坚持以党建带团建,不断加强企业团组织建设,实现组织建设全覆盖。指导企业团组织为企业中心工作服务,组织广大团员青年积极开展系列争创活动。注重加强对系统企业工会工作的指导,不断提升企业民主管理质量,切实维护员工合法权益,努力构建和谐劳动关系。坚持开展帮扶活动和走访慰问困难员工群众活动,动员企业积极开展社会定向扶贫活动。积极做好企业统战工作,组织党外人士广泛开展"同心献智"活动,为企业改革发展贡献力量。

(二)廉政建设情况

2015年,吉林省国资委党委系统各级党委深入贯彻落实十八大以来历次全会精神,按照全面从严治党要求,进一步增强主体责任意识,各级纪委不断深化"三转",全面落实监督责任,有效推进国资系统党风廉政建设和反腐败工作向纵深发展。

把纪律和规矩挺在前面,强化党章党规党纪意识。省国资委党委专题组织学习《中国共产党巡视工作条例》《中国共产党廉洁自律准则》和《中国共产党纪律处分条例》,邀请中央纪委法规室主任马森述给系统企业作了辅导报告。组织召开系统企业党委书记、纪委书记座谈会,宣讲解读廉洁自律准则和纪律处分条例,要求党员领导干部切实将准则、条例内化于心、外化于行。认真抓好廉洁警示教育,把任职前廉政谈话作为一项"必走"程序来实施,全年对新任企业领导人员17人、机关新任处级干部17人进行任职廉洁廉政谈话,强化纪律意识、规矩意识,筑牢思想防线。组织机关全体干部参观吉林省廉政教育基地,提高拒腐防变能力。为提高纪检干部学习贯彻法规和执纪能力,全年安排41人次参加中纪委组织的业务培训。

落实"两个责任",严格监督执纪。省国资委党委研究制定《关于落实党风廉政建设党委主体责任和纪委监督责任的实施意见》。出资企业围绕落实"两个责任",细化分解任务,逐级签订党风廉政建设责任书,形成一级抓一级、层层抓落实的工作局面。省国资委对出资企业进一步规范"三重一大"内部决策制度、重大决策事项报告制度和一把手"五个不直接分管"制度等进行专项检查,规范企业决策权力运行,强化企业领导人员的政治责任和规矩意识。省国资委纪委抓住企业领导人员这个"关键少数",实施重点监督，对13户出资企业领导班子成员进行集体廉政谈话，对不守规矩、违反决策程序的3户企业主要领导进行约谈；对存在重大经营管理风险的4户企业的监事会主席、纪委书记进行约谈；针对2户企业主要领导在企业改制重组、项目建设和个人廉洁自律方面反映的问题进行函询。

认真落实中央八项规定，持之以恒纠正“四风”。制定《省国资委关于组织开展集中整治“四风”自查自纠工作方案》，分别召开机关大会和出资企业纪委书记会议，传达中纪委、省纪委深入纠正“四风”工作会议精神，部署系统集中开展纠正“四风”的五个专项工作，通过层层传导压力，持续施压，防止“四风”问题反弹回潮。抓住重要节日节点，下发廉洁守纪过节通知，强化监督管理。“中秋节”“国庆节”前，开展落实中央八项规定精神、纠正“四风”专项监督检查，抽查3户企业。春节前，重点针对公款吃喝、公车私用、违规发放福利等“四风”问题，检查6户二、三级企业。严厉查处违反八项规定精神行为，对企业公车游览风景区、个别领导借子女结婚收受下属礼金等问题及时作出处理。

严格纪律审查，严肃查处腐败问题。认真贯彻落实省纪委查办案件工作会和纪律审查工作座谈会精神，系统内各级纪委充分发挥查办案件的职能，敢查敢管，起到震慑和警示作用。2015年，省国资委系统受理信访举报264件，初核239件，立案118件，给予党政纪处理205人，其中省国资委纪委受理信访举报40件，初核24件，转办12件，立案3件，结案2件，给予党政纪处分3人。坚持“一案双查”，对出现问题的企业严肃追究问责，国资委纪委对查处的2起典型违纪行为进行通报批评，并责令责任人和相关单位认真整改，对全系统党员干部触动很大，警示震慑作用明显。

积极配合省委巡视组开展专项巡视工作。按照省委统一部署，2015年10月12日至12月20日，省委4个巡视组分别对吉林省国资委、吉煤集团、森工集团和吉粮集团开展专项巡视。省国资委党委高度重视巡视工作，积极主动与省委巡视办、巡视组对接，成立迎巡工作机构，制定《省国资委迎接省委巡视组工作方案》，充分做好巡视组进驻前的准备工作。巡视过程中，及时提供相关资料，调度相关情况，安排机关干部、出资企业领导人员及“两代表、一委员”等谈话90余人次，组织召开企业职工座谈会2次，有力保证巡视工作的顺利开展。吉煤集团、森工集团和吉粮集团党委认真配合省委巡视组开展工作，专项巡视工作圆满完成。

（撰稿人：赵树权）

黑龙江省

一、黑龙江省国有资产监督管理工作综述

2015年，面临的经济下行压力空前巨大，遭遇的生产经营困境前所未有。黑龙江省各级国资监管机构和国有企业按照党中央、国务院、省委、省政府和国务院国资委的决策部署，主动适应经济发展新常态，迎难而上，积极作为，努力应对困难和挑战，各项工作取得扎实进展。

（一）采取有效措施遏制经济下行，稳增长工作取得新进展

2015年是稳增长形势最严峻、情况最复杂、任务最艰巨的一年，全省国资系统奋力拼搏、主动作为，做了大量卓有成效的工作，经济运行质量稳中向好。较好地实现国有资产保值增值，全省地方国有企业资产总额4368亿元，同比增长11.2%。

一是上下齐心奋进，实现减亏增盈。从全年运行走势看，虽然受煤炭企业价格销量双下行影响，拉低全省国有企业主要经济指标，但依然亮点频现，突出的有三个特点：第一个是收入降幅持续缩窄，一季度虽然收入指标波动下行，但从二季度开始下行趋势减缓，经过连续8个月的不懈努力，年底环比降幅收窄2.1个百分点，其中，省国资委出资企业略好于全省，降幅收窄2.3个百分点，下行趋势得到有效遏制。第二个是经济效益大幅减亏，全省地方国有企业全年同比减亏10.2亿元，减亏幅度33%。省国资委出资企

业同比减亏 10.4 亿元,减幅 21%。龙煤集团压缩成本和非生产性投入,全年节支 17.6 亿元;29 户煤矿、11 个选煤厂实现同比减亏,43 户地面厂处实现赢利。第三个是非煤企业企稳增利,省国资委 14 户非煤企业有 9 户盈利,盈利面 64.3%,盈利面同比增加 14.3%;累计实现营业收入 282.4 亿元、利润总额 6.1 亿元,同比分别增长 4.4%和 4.7%。龙兴集团实现扭亏为盈 1139 万元,遏制连续两年亏损局面。哈药集团营销费用同比减少 10 亿元,在收入与上年同比持平情况下,利润增盈 3.7 亿元,同比增长 92.1%。

二是加强组织推进,帮助企业渡危解困。省国资委成立专门小组,为龙煤集团积极争取国家政策支持,协调有关部门减免税费 56.95 亿元。积极协调龙江银行、省农信社、哈尔滨银行成功认购 16 亿元短期融资券,协调省财政通过股权转让 18 亿元及注资方式支持 20 亿元资金,及时化解集团 58 亿元偿债风险;将龙兴集团持有的三宗矿权 20 亿元无偿划转龙煤,接续开采资源,优化资本结构;协助龙煤清回欠款 1526 万元,帮助销售煤炭 210 余万吨。组织航运集团清理当年欠款 6631 万元、陈欠 2642 万元,3 年以上应收账款余额下降 8.4%。省政府还成立 7 个专项工作组,从止血、补血、造血入手举全省之力推动龙煤集团改革脱困。

三是优化供给品质,实现逆势增长。辰能集团优化能源板块结构,收入实现同比增长。机场集团全力应对哈尔滨机场运营建设并进的巨大挑战,大力开拓新航线,全员尽力保服务,全年完成旅客吞吐量 1405 万人次,同比增长 14.8%,首次超过沈阳跃居东北地区第二位,旅客增量东北地区排名第一。旅游集团优化淡旺季宾馆房价结构,开发旅行社新业务,实现收入、利润双增长。哈尔滨文旅集团全力打造冰雪文化旅游品牌,第 16 届冰雪大世界入园人数和总收入同比分别增长 43%和 47%。

四是积极开拓市场,盈利能力增强。建设集团 2015 年实现营业收入 225 亿元,利润总额 1.5 亿元,新签约合同额超过 300 亿元,在手合同总额 503.8 亿元,开创历史先河,在中国承包商 80 强中列第 38 位,晋级龙江百强前十名。中盟集团抢抓化工产品市场机遇,MMA 产量、销量均创历史同期最好水平。外贸集团积极开发伊利、飞鹤、雀巢、九三农垦等新客户,玉米压片新饲料市场占有率明显提高。铁路集团实施"一事一议"运价优惠政策,成功争取 151 个煤矿由公路改为铁路运输。哈投集团加快金融、能源等重点领域布局,利润同比增长 151%。

五是创新运营方式,融资渠道拓宽。省国资委出资企业加大债券融资力度,建设集团银行间非公开定向发债 20 亿元。龙兴集团为重点铁路建设融资 69.5 亿元,被省委、省政府评为铁路建设先进集体。哈尔滨市城投集团采取 PPP 模式吸引社会资本参与城市基础设施项目建设。哈地铁集团签订 2 号线一期和 3 号线二期工程 BOT 项目合同,落实建设资金 450 亿元。大庆市城投公司、国资公司等,全年融资总额 73.8 亿元,担保总额 1.9 亿元。鹤岗市积极筹建融资租赁公司和矿业开发公司。

六是落实主体责任,确保安全生产。全省国资委系统继续落实安全生产责任,签订责任状,完善责任追究机制,加大基础投入,提高安全生产保障能力。

(二)坚决贯彻落实中央和省委省政府决策部署,国资国企改革实现新突破

一是国资国企改革推进搭起新框架。中央"1+N"改革文件公布后,省国资委牵头以省委省政府名义制定并出台企业负责人薪酬制度改革、规范履职待遇及业务支出等 2 个贯彻落实意见,印发企业分类监管、规范企业改革审批程序等 2 个工作意见,向省政府提交贯彻落实中央 22 号文件的实施意见,省属国有经营性资产统一监管实施意见待审,起草并送审国务院国资委发展混合所有制经济的意见,在国企改革中坚持党的领导和加强党的建设的实施意见正在抓紧起草。指导全省各市地国资国企推进改革,大庆市委、市政府出台全面深化国资国企改革的实施意见。

二是龙煤集团深化改革先行试点取得新成效。省委、省政府确定龙煤集团为贯彻落实中发 22 号文件的综合试点企业,省国资委组织龙煤集团制定并批复进一步深化改革总体实施方案。龙煤集团总部机关全员下岗进入创业中心,从集团领导到机关干部重新竞聘上岗,两级机关部室精简 44%,科级机构精简 22%,管理人员精简 38%;进入人力资源创业中心 3 万人,2.25 万人实现组织化分流安置,当年实现减亏

10亿元；完成双鸭山、鸡西和七台河矿业公司供水、供热职能向地方政府移交。

三是混合所有制改革迈出新步伐。新良集团与浙江农发集团实现跨省战略重组，成立黑龙江绿色农业发展集团公司，当年即扭亏为盈，实现营业收入56485万元、利润总额542万元、净利润199万元。龙兴集团成功引进上市公司中捷资源入股兴邦公司纸浆项目。坚持一企一策，推进建设集团瑞驰公司、哈尔滨股权交易中心、地煤集团牡丹江煤矿机械厂等8户企业开展混合所有制改革。哈轴制造引进7亿元私募股权投资实现股权多元化。哈尔滨交通集团引入上海联孚集团，以股份合作方式建设新能源客车生产基地，年底实现建成投产。

四是推进国有资产统一监管实现新进展。根据省政府部署，省国资委会同省委组织部、省财政厅调研起草加强省属国有企业集中统一监管的工作意见，经省政府主要领导原则同意，正待上会审议。组织建设集团整合水利厅所属的6户水利工程企业，组建水利工程板块。初步完成省成套设备局和省招标公司的产权划转。大庆市国资委完成市公安局机动车检测总站转企工作，接收市艺校培训中心等4处房产。牡丹江将8家培训中心、疗养院统一划入镜泊湖酒店管理有限公司统一管理。

五是改组国有资本投资、运营公司实施新举措。经省政府批准同意，省国资委正式启动辰能集团改组国有资本投资公司试点工作，走在全国各省市前列。将省龙睿公司与新世纪公司合并重组为省级国有资产经营公司，逐步承担国有资本运营职能。哈尔滨市工投集团、哈投集团改组为国有资本投资公司试点工作也在有序推进。

六是多层次资本市场建设开辟新渠道。全省产权市场交易活跃。省联交所全年交易826宗，实现交易额320亿元，为中小企业股权质押融资16亿元，比上年增长60%，近四年来累计实现融资54亿元。成立哈尔滨股权交易中心，积极培育和孵化上市企业，开业仅半年就挂牌企业215户，注册资本总额89亿元，其中2户企业吸引股权投资3000万元，1户企业通过转三板审核。企业上市步伐加快。辰能集团风投参股的友博药业成功借壳九芝堂在深交所上市，资产增值31.2亿元，是原始投资的168倍；庆功林泵业在新三板成功挂牌，工大科软、华拓数码、安龙迪、华加公司等企业挂牌工作稳步推进。哈尔滨市也在重点培育冰雪大世界、马迭尔食品、哈轴等5户企业上市。

七是盘活存量资产取得新成果。省投资总公司、辰能集团、龙兴集团等企业通过转让股权或向民营企业投资入股，向存量要效益，放大国有资本功能；哈尔滨市市政集团与建工集团、哈药集团与人民同泰及三精制药、佳木斯粮食集团与北大仓实现重组整合，盘活存量资产。

八是处置“僵尸企业”工作开辟新路径。梳理资不抵债、停产半停产、长期拖欠职工工资、扭亏无望的企业情况，提出处置办法。省国资委将中煤国际公司委托建设集团管理，实施深化改革。绥芬河市将亿通科技、垃圾处理厂等资产注入到市城投集团；齐齐哈尔市将多部门资产注入国投公司。

九是解决历史遗留问题取得新成绩。省国资委投入国企改革资金和国有资本经营预算资金1.43亿元，集中解决历史遗留问题。完成驻省51户央企“三供一业”剥离移交工作，工作经验得到国务院领导和国务院国资委肯定并在全国推广，多个省市前来学习取经。率先在全国组织推进全省范围的厂办大集体改革，企业范围界定、人员身份认定基本结束，进入养老保险核销、经济补偿金发放阶段，国家三部委在工作经验交流会上给予充分肯定，评价黑龙江省推进工作“走在全国前列，为全国做出示范”。齐齐哈尔、佳木斯市为全省试点工作积极探索实践，牡丹江、绥化、七台河等地市工作推进有力，鸡西、双鸭山、大兴安岭等地市正在加快落实。这两项工作上升为中央深化改革总体部署。

十是对上争取政策和资金工作获得新支持。积极向财政部、国家林业局汇报争取，森工系统“小知青”问题得到解决，中央财政补助资金已经拨付到位；多次与国务院有关部委沟通，为分离龙煤集团社会保险管理职能和实施退休人员社会化管理争取政策支持，争取安全生产改造投入2.6亿元，“三供一业”剥离移交国家投入资金50亿元；厂办大集体改革向中央财政申请补助资金128亿元；争取中央财政补贴

2.47亿元,继续妥善解决全省职教幼教退休教师待遇问题。

(三)扎实推进企业创新转型,国有经济发展获得新活力

积极推动大众创业、万众创新,不断加大项目投入,大力发展战略性新兴产业,努力推动传统产业升级改造。

一是项目投资持续发力。在经济下行压力较大、企业资金紧张的情况下,仍保持投资力度不减,省国资委出资企业全年完成项目投资额130亿元,同比基本持平。其中,产业项目完成投资47.6亿元,战略性新兴产业完成投资8.4亿元,占产业项目投资的17.6%。哈齐客专、俄图瓦铅锌矿、五常辰能生物质发电、哈尔滨机场改扩建等一批大项目建成投产或开工建设,为企业优化产业结构、提升盈利能力,实现可持续发展提供支撑。

二是科技创新成果丰厚。龙煤集团、建设集团、辰能集团积极推动科技创新,投入研发资金近亿元,实施科技攻关项目30余项,申报专利45项。

三是"互联网+"稳步开局。深入开展"互联网+"行动,在电子商务、智慧能源、便捷交通、金融服务4个重点领域取得积极进展。外贸集团与京东集团签订全面战略合作协议,打造跨境电子商务产业链。省联交所与淘宝网进行资产处置平台合作,在上海自贸区搭建P2G网贷平台。哈尔滨股权交易中心搭建网上股权交易平台。龙睿公司在明水投资建设全光智能温室及连体大棚,其中智慧农业大数据中心系统已经正式运营并投入使用。

四是央地合作实质性突破。贯彻落实国务院东北振兴若干重大政策举措,在全国率先调研形成中央企业与黑龙江省协同发展和共建产业园区的报告。成功承办第二届中俄博览会"中央企业对俄合作专题推介会"。积极抢抓京津冀产业转移机遇,与北京市国资委沟通,梳理出拟在11个领域合作项目147个。与河北省国资委在钢铁、水泥等产能转移上达成初步意向。积极开展与北控集团全方位战略合作,成功推进龙煤集团七台河矿业公司供燃气职能和鹤岗矿业公司供水、供热职能与北控集团市场化合作。

五是企业发展新能源和节能减排成效明显。辰能集团五常生物质发电项目加快建设,新增风电储备装机21.1万千瓦,中盟集团鸡东热电脱硝项目每年减少烟尘排放17.1吨、氮氧化物排放308.75吨。

(四)努力改进国资监管方式,国资监管水平得到新提升

各级国资监管机构准确把握出资人职责定位,着力以管资本为主加强国有资产监管。一是进一步简政放权。省国资委下放和取消13项审批管理事项,出台"权力清单""责任清单"和"工作流程",涵盖监管事项32项、45个工作流程,切实保障企业经营自主权。哈尔滨市国资委梳理监管审核、批准、备案事项25项,准备下放14项。

二是强化目标考核管理补齐管理短板。各级国资监管机构都与出资企业签订年度目标责任书,制定分类考核指标,开展企业负责人经营业绩考核,预防重大经营风险。认真组织出资企业年度财务预算、决算和审计工作,督促企业严格控制管理费用和非生产经营费用,实现精准监管。2015年,省国资委出资企业管理费用同比下降6.4%。

三是提升产权管理基础工作水平。登记国家出资企业2116户,占有实收资本2690亿元。规范开展企业资产评估,核准备案164项。全省完成各类产权交易2477宗,涉及交易净资产评估值335.6亿元,成交额338.74亿元,增值率0.9%。

四是组织企业补上营销短板。省国资委与省工信委、省科技厅和哈工大共同举办首届龙江高端企业培训班,陆昊省长亲自讲了第一课,有效增强学员企业家和市场营销意识;聘请国内知名营销专家白万纲,开办市场营销模式转型与提升专题讲座,得到省政府主要领导充分肯定。

五是加强定期监督检查。全省各级国资监管机构注重强化监事会监督检查,哈尔滨市、大庆市组建专职监督检查机构,配备专职监督检查人员。省国资委对12户出资企业开展年度定期监督检查,检查资产量1105.8亿元,占总资产84.6%,形成定期监督检查评价报告12份,揭示经营管理、项目建设、财务、法律等方面风险问题46个。加大整改力度,向出资企业下发整改通知书13份,约谈企业主要领导6人次,对46个风险问题落实整改33个，整改率71.7%。全年呈报监督工作动态6期，监督专呈13期，分管领导和省政府主要领导对11期作了批示，所提建议基本得到落实。

六是规范企业工资薪酬管理。按国家统一部署，组织稳妥推进国有企业负责人薪酬制度改革，严格规范省属企业负责人履职待遇、业务支出。省国资委对出资企业工资总额预算执行的动态监测和全过程管控扎实展开。注重工资增长向企业一线、关键岗位、科研骨干和低收入群体职工倾斜。

七是积极履行出资人职责。省国资委全年参加东北特钢、北满特钢、绿农集团、铁路集团、航运集团等企业股东会25次，审议相关议案，维护出资人权益。齐齐哈尔市全面清理改革不到位企业中的国有资产和股份，有效维护出资人利益。黑河市、抚远市等国资监管机构严格管理、规范各类国有企事业单位经营行为。

八是加大法律案件处置力度。2015年，省国资委积极协调、成功推进解决出资企业重大法律纠纷案件12起，涉案金额2亿多元，避免和挽回经济损失近1亿元。此外，省国资委还圆满完成省委省政府交办的重点工作。按照省政府专题会议要求，起草并以省政府办公厅名义印发《关于严格管理、规范各类国有企事业单位经营行为的通知》和《关于省内各级各类国有企业和有经营活动的事业单位重大额度对外担保分级核准有关事项的通知》，对省内企事业单位相关经营行为进行规范。

二、黑龙江省国有资产总量与结构分析

截至2015年底，黑龙江省地方国有企业总户数2876户，较上年净增加143户。其中，通过投资新设立、竣工移交、收购、分立等原因增加企业223户，改制、关闭、歇业、出售等原因减少企业80户。全省地方国有企业年末职工人数77.1万人，较上年减少3.3万人，减少4.1%，其中在岗职工人数60.2万人，较上年减少7.6万人，减少11.2%。年末退休人数71.0万人，较上年增加4.1万人，增加6.1%。年末离休人数0.7万人，较上年减少0.1万人。

截至2015年底，全省地方国有企业资产总额9381亿元，较上年增加297亿元，增长3.2%。其中城市建设投资类企业34户，资产总额4094亿元，较上年增加102亿元，增长2.6%。经营类企业资产总额5287亿元（以下分析以此口径进行），较上年增加195亿元，增长3.8%；负债总额3827亿元，较上年增加141亿元，增长3.7%；所有者权益1459亿元，较上年增加54亿元，增长3.8%。年末国有资产总量1266亿元，较上年增加75亿元，增长6.3%，其中国家、国有单位直接或追加投资增加85亿元，无偿划入、会计调整和其他因素等增加82亿元，经营净减值减少25亿元，上缴利润因素减少6亿元，产权划转、资产评估减值、清产核资等因素减少33亿元，其他减少28亿元。

营业收入继续负增长，经济效益实现减亏。黑龙江省地方国有企业收入水平连续第三年同比负增长，2015年实现营业收入1156亿元，较上年减少129亿元，减少10.0%。随着全省地方国有企业挖潜降耗活动深入开展，近年来制约企业经营的成本较高问题开始有所改善。2015年，营业成本991亿元，较上年减少123亿元，减少11.0%，较收入减幅多降低1个百分点。实现利润总额－18亿元，较上年减亏21亿元，减亏53.8%。

表1　2015年黑龙江省所属国有企业指标

项　目	金　额(亿元)
资产总额	5287.0
净资产	1459.0
营业收入	1156.0
利润总额	－18.0
税费总额	71.8

表2　2015年黑龙江省国有企业户数情况

项　目	2014年	2015年	比上年增长(%)
户数(户)	2733	2876	5.2

(一)国有资产地区分布情况

从地区分布来看，在市级国有企业中哈尔滨市国有企业户数834户，占市级国有企业的46.5%，企业资产总额2329亿元，占地市总体67.3%，国有资产总量498亿元，占59.0%，各项指标居地市之首。在省国资委出资企业中，龙煤集团资产总额696亿元，占51.1%，较2014年减少4个百分点，国有资产总量97亿元，占39.3%，较2014年减少3个百分点，是黑龙江省地方最大企业。在省级部门管理企业中，黑龙江省森林工业总局所属企业94户，占省直部门管理企业的20.3%，资产总额276亿元，占59.5%，国有资产总量116亿元，占65.2%，是省直部门管理企业中最大的企业集团。

表3　2015年黑龙江省国有资产地区分布情况

地　　区	国有资产(亿元)	占国有资产总量比重(%)
全省合计	1269.08	100.0
省直属企业	424.75	33.5
其中:省国资委监管企业	246.17	19.4
非直管企业	178.58	14.1
市地国有企业	844.32	66.5
其中:哈尔滨市	498.65	39.3
齐齐哈尔市	39.08	3.1
鸡西市	3.14	0.2
鹤岗市	16.26	1.3
双鸭山市	6.74	0.5
大庆市	65.04	5.1
伊春市	3.13	0.2
佳木斯市	14.41	1.1
七台河市	2.54	0.2
牡丹江市	153.82	12.1
黑河市	18.12	1.4
绥化市	19.99	1.6
大兴安岭	3.40	0.27

(二)国有资产行业分布情况

黑龙江省地方企业国有资产分布在14个国民经济行业中，主要集中在工业、社会服务业、交通运输仓储业、建筑业、金融业、房地产业和农牧林渔业等7个行业。工业企业资产1669亿元，占全省31.6%，国有资产总量263亿元，占全省20.7%；社会服务业资产868亿元，占全省16.4%，国有资产总量358亿元，占全省28.2%；交通运输仓储企业资产668亿元，占全省12.7%，国有资产总量202亿元，占全省16.0%；建筑业资产607亿元，占全省11.5%，国有资产总量84亿元，占全省6.6%；金融业企业资产487亿元，占全省9.2%，国有资产总量168亿元，占全省13.3%；房地产企业资产367亿元，占全省6.9%，国有资产总量24亿元，占全省1.9%；农牧林渔业资产321亿元，占全省6.1%，国有资产总量134亿元，占全省10.6%。

表4　2015年黑龙江省国有资产行业分布情况

行　　业	国有资产(亿元)	占国有资产总量比重(%)
农林牧渔业	134.37	10.6
工业	262.99	20.7
建筑业	84.10	6.6
地质勘查及水利业	13.47	1.1
交通运输业	145.34	11.5
仓储业	56.86	4.5
批发和零售业	−9.03	−0.7
金融业	168.66	13.3
房地产业	23.86	1.9
信息技术服务业	2.62	0.2
社会服务业	358.13	28.2
卫生体育福利业	−0.0005	0.0
教育文化广播业	25.04	2.0
科学研究和技术服务业	2.69	0.2
合　　计	1269.08	100.0

（三）国有资产规模分布情况

截至2015年底，地方国有企业大型国有企业50户，占全省1.7%，资产总额2531亿元，占全省47.9%，国有资产总量622亿元，占全省49.1%；中型国有企业383户，占全省13.3%，资产1712亿元，占全省32.4%，国有资产总量454亿元，占全省35.7%；小型国有企业1185户，占全省41.2%，资产773亿元，占全省14.6%，国有资产总量184亿元，占全省14.5%；微型国有企业1224户，占全省42.6%，资产269亿元，占全省5.1%，国有资产总量7亿元，占全省0.6%。黑龙江省微小型企业户数多，分布广，规模普遍偏小，点多面广的问题比较突出。

表5　2015年黑龙江省国有资产经营规模分布情况

经营规模	国有资产（亿元）	占国有资产总量比重（%）
大型企业	622.23	49.0
中型企业	454.55	35.8
小型企业	184.87	14.6
微型企业	7.42	0.6
合　计	1269.08	100.0

三、黑龙江省国有资本保值增值综合分析评价

2015年，黑龙江省地方国有企业国有资本保值增值率98.07%，其中实现整体增值的地区5个，分别是哈尔滨市、齐齐哈尔市、大庆市、佳木斯市、绥化市。

表6　2015年黑龙江省国有企业地区国有资本保值增值情况

地　区	国有资本保值增值率（%）
黑龙江省	98.07
哈尔滨市	100.63
齐齐哈尔市	105.07
鸡西市	90.75
双鸭山市	88.07
大庆市	103.08
伊春市	98.88
佳木斯市	102.78
七台河市	79.12
牡丹江市	99.53
黑河市	97.53
绥化市	100.20
大兴安岭	81.96
鹤岗市	95.28

四、黑龙江省国资委监管企业股份制改革与上市融资情况

健全完善制度体系方面，简政放权，进一步规范省国资委出资企业改制方案审批备案工作，出台《黑龙江省国资委关于规范省国资委出资企业改制方案审批备案工作的通知》（黑国资改〔2015〕1号），提升指导服务企业改革工作的效率和效果。

集团公司层面，一是选择辰能集团进行国有资本投资公司试点工作取得实质进展。经过广泛调研，深入研究，多轮征求意见，形成辰能集团改组为国有资本投资公司试点方案，省政府主要领导两次批示同意。对企业上报的试点方案进行批复，正在操作实施，此项工作在全国各省市走在前列；二是指导省成套局、招标公司设计改制方案，经省领导同意，正操作实施。

子公司层面，一是批复建设集团将所属安装公司进行公司制改革为安装集团；二是省投资公司所属油田公司出资6048万元，持股10%，投资惠州海格科技股份有限公司；三是辰能集团所属风投公司将持有哈

工大新型热能有限公司41.47%的股权转让给民营投资方;四是龙兴集团将持有兴邦国际纸业集团10%的股权转让给民营投资方。

五、黑龙江省国资委监管企业并购重组与完善法人治理结构情况

新良集团与浙江农发集团重组获得省政府批准,新公司黑龙江绿色农业发展集团公司正式挂牌成立,黑龙江省国资委持股40%,实现优势互补,股权多元化。这两户企业重组,达成黑龙江粮食生产大省与浙江粮食消费大省的战略合作,成为保障国家粮食安全的重要举措。2015年,绿农集团实现扭亏为盈,完成项目投资4500万元。

积极开展省直部门所属企业脱钩改制、资产重组工作。协调省、市工商部门,指导建设集团整体接收省水利厅所属5户企业组建成立省水利集团。

正式组建省级国有资产经营公司平台,推进出资企业改制重组。一是制定《龙睿公司与新世纪公司合并重组做为省级国有资产经营公司的方案》,获得省政府主要领导同意,龙睿公司与新世纪公司重组整合是黑龙江省贯彻中发〔2015〕22号文件和中央经济工作会议精神的具体举措,完善国资委出资企业的功能,为承接省直各厅局经营性国有资产集中统一监管打造平台;二是将粮油集团、斯达集团划入龙睿公司管理。

完善法人治理结构情况。代表省国资委参加东北特钢集团、北满特钢、绿农集团、铁路集团、航运集团、联交所等股权多元化企业股东会25次,审议相关议案,履行出资人职责。

六、黑龙江省国资委监管企业建立和完善经营业绩考核体系情况

黑龙江省国资委认真履行国有资产出资人职责,按照分类监管、分类施策、分类考核的工作原则,进一步发挥考核导向作用,调动企业负责人积极性,有效落实国有资本保值增值责任。一是突出目标引领作用。通过与企业签订经营目标责任书,逐级传递目标压力,激励企业直面挑战,主动作为,努力实现国有资本保值增值。二是开展分类分型考核。根据企业行业特点和功能定位,将出资企业分为商业一类企业和商业二类企业。同时,结合企业资产质量和经营状况,进一步将商业一类企业细分为发展、进取、脱困三种类型。实现同一类型同一尺度,分类施策、分类考核。三是突出重点工作任务考核。鉴于企业资产质量和经营状况的基础差异较大,突出企业年度重点工作考核,围绕改革、发展、稳定和脱困等工作重点,赋予较大权重。四是加强行业对标考核。运用企业财务绩效评价体系,科学评价企业现状,引导企业对标找差距,不断提高经营管理水平,进而实现从定标对标到超标创标的转变。五是强化监管工作考核。奖优罚劣,有力推动国资监管、国企党建和廉政建设。对在党的建设、廉政建设、信访稳定、法律风险、监事会监督检查、规划发展、产权管理、分配管理等工作出现重大问题的,给予减分。六是落实社会责任考核。将企业安全生产、节能减排、社会救援、抗灾救灾等社会责任工作纳入业绩考核体系,督促企业全面提升履行社会责任的能力和水平。

七、黑龙江省国资委监管企业负责人考核与选人用人机制改革情况

(一)加强领导班子建设,选优配强企业领导班子

认真执行《干部任用条例》,按照从严管理干部的要求,严格原则、标准、程序和纪律选人用人。2015年,调整企业领导人员30余人次,优化企业领导班子的结构。一是适应企业生产经营和领导班子建设的需要,配合省委组织部,完成对龙煤、建设和辰能集团主要领导职务的顺利调整。向省委组织部汇报省管企业领导人员正职空缺情况及部分领导人员重新任职的建议。二是落实省政府专题会议要求,重新选配龙煤集团领导班子全部副职职务,并探索选聘新方式,面向出资企业公招销售副总经理职位,促进龙煤集团人员转岗分流进程。三是在新良集团与浙农发集团重组过程中,积极维护省国资委作为出资人的权益,为新良集团争取副董事长职位,向绿农集团推荐副董事长、总经理和其他董事、监事人选。贯彻落实省委常委会议决定和省政府领导要求,对全省第一户

事业转企业单位——省招标公司的组织机构和领导班子配备提出意见。四是与企业监督局一起，对任期届满的派驻企业监事会成员提出轮岗调整意见，调整2名监事会主席的分工，选派5名监事会主席和18名监事人选。五是提出对3名企业班子成员进行经济责任审计的意见，及时调整建设集团、辰能集团、地煤集团等企业的法定代表人；对机场集团领导人员任免履行协审程序。

（二）积极探索推进选人用人制度改革和政策创新

一是开展“企业领导班子履职尽责情况”专项调研。副省长、省国资委原党委书记胡亚枫对《调研报告》作了重要批示，并上报省委组织部，受到充分肯定，为省委和委党委决策提供参考依据。二是整章建制，出台选人用人和加强外部董事建设的制度。按照“制度先行，靠制度管人”的要求，深入研究领导人员选任管理模式。2015年，制定出台《出资企业领导人员选拔任用暂行办法》《出资企业领导人员管理监督暂行办法》《省国资委国有独资公司董事会试点企业外部董事管理暂行办法》等三项制度，促进企业领导人员选任管理的科学化、制度化、规范化。

（三）强化企业领导人员考核和管理

一是加强对企业领导人员日常考核工作。结合加强企业领导班子及成员的思想理论建设、组织工作重要事项和领导干部个人事项报告及随机抽查、干部人事档案清理等干部监督管理工作，深入企业党委开展日常考核管理活动，强化企业领导人员日常考核监督的常态化。二是加大对企业领导人员管理力度。从严从实管理企业领导人员，加大专项治理工作力度。完成违规办理和持有因私出国（境）证件专项治理，2014年度企业领导班子个人有关事项报告的填报和随机抽查等多项专项治理工作。加大选任工作的监督力度。组织召开企业违规用人问题查核培训，明确违规用人问题查核的工作程序和方法；落实“凡提必核”要求，对120名企业拟提拔和转任重要岗位人选的个人事项进行查核，21人因“不合格”未获提拔，有效防止“带病提拔”。

八、黑龙江省国资委监管企业党的建设和廉政建设情况

（一）党的建设情况

截至2015年底，党的关系隶属于省国资委党委管理的25户系统企业（不含属地化管理的企业分子公司）有党组织1584个，其中，党委135个、总支部114个、党支部1335个，党员27094名。

2015年，在黑龙江省委和省国资委党委的正确领导下，系统企业紧紧围绕改革发展中心任务，深入贯彻落实党的十八大，十八届三中、四中、五中全会和省委全会精神，不断加强基层组织建设、党员队伍建设、作风建设和人才队伍建设，企业党建工作科学化水平进一步提升，为推动企业深化改革，实现科学发展提供坚强保证。

一是强化理论武装，系统企业思想政治建设进一步加强。贯彻落实中央和省委要求，坚持把思想政治建设作为统领企业党建工作的有力抓手，指导各企业以党员干部为重点，深入开展学习贯彻党的十八届三中、四中、五中全会和习近平总书记系列重要讲话精神为主要内容的理想信念教育和党性教育活动，推动各级党组织和党员干部全面学、专题学、联系实际学，切实把中央决策部署和总书记讲话精神学深学透，不断增强党员干部的忧患意识、使命意识、进取意识和改革发展信心。2015年初，按照省委统一部署，及时组织指导系统企业的11000余名党员干部参加全省领导干部理论知识网上测试活动，取得平均92.3分的好成绩，进一步强化企业党员领导干部理论学习自觉性紧迫性，提升推动企业深化改革发展的能力和水平。深入开展全民阅读活动，不断推进企业精神文明创建工作，系统企业分别有2个阅读项目、2个单位和2名个人被评为全省全民阅读活动优秀项目、全省全民阅读活动组织工作先进单位和全省全民阅读活动先进个人。

二是巩固和拓展党的群众路线教育实践活动成果，深入推进作风建设。认真抓好“四风”问题深化整改后续工作，围绕中央和省委对教育实践活动整改任务的部署要求，印发《省国资委系统企业贯彻落实〈关于深化“四风”整治、巩固和拓展党的群众路线教育实

践活动成果的实施意见〉的方案》，进一步明确企业推进整改落实，深化作风建设的要求。各企业党组织结合2014年度领导班子民主生活会整改落实工作，深化“反四风、转作风”活动，大力抓好作风建设的整改和深化落实，对职工群众反映强烈的突出问题，认真开展专项治理。按照省委统一部署，指导出资企业认真开展“三严三实”专题教育活动，并重点对龙涤集团、新世纪公司、省地煤集团、中煤国际公司、绿农集团、省联交所等6户国资委管理领导班子的出资企业开展“三严三实”专题教育活动进行督导。加强对企业召开“三严三实”专题领导班子民主生活会的指导工作，督促党员领导干部落实双重组织生活制度，企业党员领导干部的思想作风、工作作风、领导作风和生活作风得到了进一步改进。

三是夯实基础，企业基层党组织建设进一步加强。认真贯彻落实《中共中央办公厅印发〈关于在深化国有企业改革中坚持党的领导加强党的建设若干意见〉的通知》(中办发〔2015〕44号)等文件精神，突出强化企业党组织建设，深入推进企业“四好”领导班子、“四强四优”和服务型党组织创建活动，充分发挥党组织的政治领导和政治核心作用。贯彻落实省委《关于软弱涣散基层党组织整顿转化三年规划(2015—2017年)》要求，指导各企业深入开展软弱涣散基层党组织整顿转化工作，实现基层党组织建设水平提档升级，夯实基层党组织基础。开展系统企业党委设立情况调研统计工作，规范党委设立工作。根据企业改革发展需要，研究制定《关于进一步明确黑龙江绿色农业发展集团有限公司党群工作关系等有关问题的意见》，为省属国有企业在推进改革重组和发展混合所有制经济中加强党建工作提供重要遵循。及时调整理顺黑龙江绿色农业发展有限公司、黑龙江粮油集团有限公司和中粮贸易黑龙江有限公司等企业党组织设置和管理工作，为企业持续健康发展提供坚强组织保证。指导哈尔滨玻璃钢研究院等企业党委完成换届工作。

四是落实从严管党治党责任，不断加强企业党员队伍和党组织书记队伍建设。为推进企业发展党员工作水平规范化、科学化，印发《2015年度黑龙江省国资委系统企业发展党员宏观指导计划》，强化对发展党员工作的宏观指导。对企业学习贯彻《中国共产党发展党员工作细则》情况开展专项检查督导，在各系统企业认真自检自查的基础上，先后会同省委组织部检查组深入到哈电集团、龙煤集团等12户系统企业中，通过听取汇报、座谈交流、查阅党员档案和相关资料、走访基层单位党组织等形式，重点对企业贯彻落实《细则》要求，规范发展党员工作情况进行检查督导。8月，针对检查督导情况，组织召开系统企业贯彻落实《细则》及发展党员工作检查情况通报会，对系统企业发展党员工作进行再部署、再推进。11月，组织举办2015年度省国资委系统企业入党积极分子培训班，对240余名入党积极分子进行培训。2015年新发展党员510名，党员队伍进一步壮大。加强党员教育培训工作，党员队伍整体素质进一步提升。与省委组织部联合对系统企业开展党委书记抓基层党建工作述职评议考核进行统一安排部署，及时筹备召开省国资委出资企业党委书记抓基层党建工作集中述职评议会议，进一步强化出资企业党组织书记履职尽责意识。11月，省国资委党委与省委组织部联合在大庆干部学院举办全省国有企业党组织书记示范培训班，省国资委系统企业及各市(地)、省直机关工委、省农垦总局、省森工总局所属国有企业党组织书记119人参加培训。13个市(地)以及省农垦总局、省森工总局组织部门有关人员参加观摩学习。通过培训，进一步增强国有企业基层党组织书记的履职意识和责任，提高服务能力和履职本领，为全省国有企业做大做强做优提供坚强保障。

五是深入推进人才强企、人才优先发展战略，不断加强人才队伍建设。制定出台《黑龙江省深化省委管理企业负责人薪酬制度改革的意见》，配合省科技厅起草《黑龙江省国有企事业单位科技成果处置、收益和奖励的实施细则》，部署企业开展引进全日制硕、博士毕业生工作。印发《黑龙江省国资委2015年度培训工作计划》，对全年人才培训工作作出安排部署。积极协调落实将企业经营管理人才纳入全省境外培训大格局，与省人社厅、外事办、工信委、财政厅等部门联合下发《黑龙江省企业经营管理人才境外培训实施方案》，并申报2016年企业经营管理人才境外培训项目。会同省工信委、省科技厅等单位成功举办首届龙江高端企业培训班，20名出资企业的董事长或总经理参加培训，省长陆昊同志亲自给培训学员讲授第一课。指导企业广开渠道，多方面面向市场引进行业内高级人才，为推动企业创新发展开拓崭新工作局面。加强领军人才梯队建设，做好高端人才服务工作。制定《黑龙江省国资委领军人才梯队管理暂行办法》，新推荐3名专家评选全省优秀政府特贴专家，推荐龙煤集团“煤矿瓦斯综合治理技术研究”项目申报2015年度省长特别奖。组织企业申报4项高层次人才需求项目，上报急需紧缺的6个专业、68名高技能人才需求项目。加强职称规范化建设，服务人才专业技术职务晋升。配合省人社厅完成2014年度高级职称评审的核准工作，开展2015年度全省煤炭工程专业高级职称和出资企业建设工程、煤炭工程专业中级职称评审工作，有1300余名中高级专业技术职称人员实现晋升，为企业深化改革发展储备人才资源。

（二）廉政建设情况

2015年，在省国资委党委和纪委的领导下，各出资企业围绕抓好企业各级领导干部的廉洁自律，坚持查处各种违纪违法案件，切实纠正损害职工利益的不正之风，防止国有资产的流失的中心目的，坚持标本兼治、综合治理，注重思想道德教育，完善监督制约机制，进一步加强廉政建设。

1. 健全完善教育预警机制，筑牢思想道德防线。一是加强理想信念和思想道德教育。出资企业认真学习贯彻落实“三个代表”重要思想，以集体学习、讨论、观看专题辅导片、撰写心得体会等方式深刻体会“三严三实”精神实质和时代要求，就如何在思想建设、作风建设特别是党风廉政建设等各方面落实贯彻“三严三实”提出更高的要求。将思想统一到国企改革脱困发展的大局之上，聚焦国有资产保值增值，切实维护职工切身利益。二是加强党风廉政建设专题教育。各出资企业都组织征订和购买《条例》和《准则》的合订本，并组织党员进行学习，开展广泛的宣传教育活动。部分企业还邀请省纪委宣传部长张卓桥等同志讲授专题党课，组织参观廉政教育基地，企业党员特别是党员领导干部对新《条例》和《准则》的理解进一步深刻，做到明高线、知底线。配合开展廉政文化进企业活动，积极营造崇廉尚洁的氛围，建立企业廉政文化示范点12个，其中省纪委示范点4个。三是加强廉政谈话提醒教育的制度。按照“四种形态”的要求，各出资国企党委和纪委建立健全谈话制度，针对领导干部中出现的倾向性、苗头性问题开展警示诫勉谈话，避免小错不纠成大错，极大降低廉政风险。

2. 健全完善权力制约机制，实现合理化权力运行。一是“三重一大”民主决策机制逐步健全。2015年，各出资企业围绕“三重一大”民主决策不断发力，各种约束机制和具体可操作性的制度不断出台和完善，形成大事必上会的固态，避免少数人和“一支笔”决策的廉政风险。对大的物资、经费，特别是大额度资金的调配使用，在职能部门和领导层中实行分权制约；对于重大技改和建设工程项目坚持项目招投标、物资集中采购制度，防止暗箱操作。二是用人方面坚持民主集中制。各出资企业在中层以上干部的选用方面遵循集体决策，严格民主程序。对一些关键岗位，如掌管财权、人事权、业务处置权等岗位上的人员，采取定期轮岗的交流制度，防止因权力过于集中出现廉政问题。三是加大对财权的监管力度。各出资企业制定大额度资金集体决策，明确大额度资金具体数额及审批权限，包含贷款、投资、资金担保等。财务报销实行经办人、审核人、分管财务领导报销联席制度，加强财务报销环节的相互制约。强化企业审计，对集团本部和权属企业财务进行严格审计，避免问题发生。

3. 健全完善监督机制，形成监督合力。一是主动接受上级监督。各出资企业逐步转变观念，从过去的怕监督到主动接受监督，有重大事项提前向省国资委请示，寻求政策等方面的支持，并将决策的过程全程置于上级的监督之下，并充分发挥政府派出的国有企业监事会和财务总监的监督作用，经常针对企业的特点开展专项检查，有效防止腐败，特别是针对国有企业单位管理中违纪问题易于发生的环节进行专项检查。二是强化群众监督。充分发挥职工代表大会的作用。坚持职代会对企业领导班子成员民主评议和民主测评制度，凡涉及企业资产经营、改革发展的重大事项和职工切身利益、领导干部廉洁自律的有关内容，都要以各种形式予以公布，接受群众的监督。三是加强纪检监督。2015年，各出资企业配齐配强纪检监察力量,强化监督职能,对经营活动中的廉政风险点进行梳理和防控。

4. 加强制度建设,推动作风建设,严肃执纪问责。一是强化"两个责任"。2015 年,各出资企业都制定本企业落实党风廉政建设党委主体责任和纪委监督责任的具体方案和办法,同时根据党风廉政建设工作形势和实际需要,制定更加细致的制度。全系统对落实"两个责任"进行责任追究 152 人次,其中追究党委主体责任 74 人次,追究纪委监督责任 8 人次,给予党纪处分 54 人次,组织处理 95 人次,诫勉谈话 47 人次,做到压力层层传导,责任落实到人,使"两个责任"的落实走上制度化、程序化轨道。二是加强作风建设。各出资企业认真落实中央八项规定、省委省政府九项规定和省国资委七项规定精神,紧盯重要节点,聚焦突出问题,加大作风建设专项检查和定期考评工作力度,在建立长效机制上下工夫,查处违反八项规定精神并给予党政纪处分 16 人。2015 年度出资企业开始全面的车改工作,超标车辆一律封存、拍卖或组建面向社会服务的车队;对公务接待出台规范性制度,对接待标准、审批权限、报销流程等作了严格的规定;清理办公用房,超标准的立即调整清退等。三是严肃执纪问责。对发现的问题线索积极查办,出资企业受理信访 858 件,初核 802 件,立案 591 件,结案 585 件,给予处分 773 人,追缴涉案违纪款项 1080.77 万元。

(撰稿人:王成海)

上海市

一、上海市国有资产监督管理工作综述

2015 年,上海市国资委深入贯彻党的十八大和十八届三中、四中、五中全会,以及习近平总书记系列重要讲话精神,全面落实中共中央、国务院《关于深化国有企业改革的指导意见》和上海市《关于进一步深化上海国资改革促进企业发展的意见》精神,按照国有企业改革"三个有利于"的标准,坚持改革转制与创新转型"双轮驱动"、改革发展与党建党风"同频共振",实现国有经济运行健康、国资国企改革取得突破、国有企业党建得到加强、职工队伍和谐稳定的目标,为全市经济社会发展作出积极贡献。

二、上海市国有资产总量与结构分析

2015 年,上海市地方国有企业资产总额 155703.22 亿元,同比增长 19.1%;实现营业收入 29600.48 亿元,同比增长 5.3%;利润总额 3272.22 亿元,同比增长 24%;归属母公司净利润 2081.14 亿元,同比增长 28.2%。上海市地方国有企业创造的生产总值、新增固定资产投资占比均超过全市 20%。实际上缴税金总额 1809.36 亿元,同比增长 17.6%,2015 年上海纳税百强企业中,上海市地方国有企业进入工业榜单的数量超过 1/3,进入第三产业榜单的数量占 1/5。

表 1　2015 年上海市所属国有企业指标

项　目	金　额(亿元)
资产总额	155703.22
营业收入	29600.48
利润总额	3272.22
归属母公司净利润	2081.14
地方生产总值	5548.38
实际上缴税金总额	1809.36
新增固定投资	1494.74

2015 年,上海市地方国有企业总数 11493 户,同比增长 2.5%。其中,市属国有企业 7613 户,区属国有企业 3880 户。一批企业集团保持国际国内行业领先地位。上汽集团、绿地集团、浦发银行、中国太保等 4 家企业进入 2015 年《财富》杂志世界 500 强。上港集团、申通集团、机场集团、绿地集团等 4 家企业连续多年排名全球行业前三。上海电气、百联集团、光明食品集团等 16 家企业进入 2015 中国企业 500 强。

表 2　2015 年上海市国有企业户数情况

项　目	2014 年	2015 年	比上年增长(%)
户数(户)	11210	11493	2.5

从行业分布来看,上海市地方国资总量的 91.3%集中在前 20 个行业,81.9%集中在商务服务业、房地产业、道路交通运输业、汽车制造业、货币金融服务业、资本市场服务业、批发业、公共设施管理业、水上运输业、水的生产和供应业等前十大行业。

表 3　2015 年上海市国有资产行业分布情况(前 10 个)

行　业	国有总量(亿元)	占国有资产总量比重(%)
商务服务业	15758.49	35.0
房地产业	8709.60	19.4
道路运输业	3863.55	8.6
汽车制造业	2483.03	5.5
货币金融服务业	1897.45	4.2
资本市场服务业	1136.66	2.5
批发业	893.13	2.0
公共设施管理业	750.00	1.7
水上运输业	694.59	1.5
水的生产和供应业	671.91	1.5
合　计	36858.41	81.9

从资产经营规模看,大型、中型、小型企业国有资产(叠加值)经营规模分布为 9837.52 亿元、10937.48 亿元、16897.09 亿元,分别占上海地方国有资产总量的 21.9%、24.3%和 37.6%。

表 4　2015 年上海市国有资产经营规模分布情况

经营规模	国有资产(亿元)	占国有资产总量比重(%)
大型企业	9837.52	21.9
中型企业	10937.48	24.3
小型企业	16897.09	37.6
微型企业	7305.38	16.2
合　计	44977.47	100.0

三、上海市国有资本保值增值综合分析评价

2015 年,市属及 16 个区县国有资本全部实现保值增值。其中,市属国有资本保值增值率 113.35%,国资分布前十大行业的保值增值率均达到 100%。

表 5　2015 年上海市国有企业地区和行业国有资本保值增值情况

地　区	国有资本保值增值率(%)	行　业	国有资本保值增值率(%)
市属	113.35	商务服务业	104.88
浦东新区	103.21	房地产业	105.31
徐汇区	103.77	道路运输业	98.39
长宁区	105.35	汽车制造业	114.01
普陀区	103.53	货币金融服务	120.99
静安区	103.50	资本市场服务	118.40
虹口区	101.90	批发业	106.20
杨浦区	103.91	公共设施管理业	104.78
黄浦区	105.13	水上运输业	110.83
宝山区	105.61	水的生产和供应业	100.00
闵行区	103.26		
嘉定区	101.17		
金山区	102.45		
松江区	101.08		
青浦区	101.62		
奉贤区	106.17		
崇明县	100.68		

四、上海市国资委监管企业股份制改革与市场融资情况

(一)股份制改革情况

上海市积极推进国有企业公司制股份制改革,完

成全部功能类、公共服务类企业,以及 2/3 竞争类企业集团公司制改革。加快企业集团整体上市或核心业务资产上市,绿地集团、上海城建、现代设计集团实现整体上市,市国资委系统整体上市公司占竞争类产业集团总数的 1/3;华谊集团、临港集团等实现竞争类核心业务资产上市,市国资委系统核心业务资产集中在上市公司的企业,超过竞争类产业集团总数的 1/3。2015 年,国泰君安、东方证券 IPO 上市,上市金融企业由 4 家增加至 6 家,市属金融国资证券化率提升至 71%。百视通与东方明珠重组,创造 A 股市场配套融资最高纪录,东方网挂牌"新三板"。完成供销社系统综合改革试点方案,有序推进建科院多元化改革。

(二)完善国资监管体制情况

上海市国资委以管资本为主,完善国资监管体制,初步形成"国资委负责资本监管、平台公司负责资本运作、企业集团负责日常经营"的格局。明确国资流动平台职能定位,通过公开透明运作,在更大范围、更高层面统筹资源和盘活存量。按照"规范透明、程序科学"要求,国资流动平台建立健全"以股权运作为核心、以运营规则为基础、以业务细则为补充"的运营制度体系,并坚持以创新应对市场波动、以布局拓展运作空间、以盘活推动流动变现,先后划转 7 个项目资产总额 500 亿元。国际集团完成上港集团与锦江航运重组。国盛集团发行以上海建工为标的的可交换公司债,创造国内证券市场发行规模最大的可交换公司债纪录。资本运作 80 亿元,为上海培育加快基础设施建设、保障服务民生提供有力支撑。

(三)资本市场融资情况

上海市国资委系统企业充分利用各类各层次资本市场,提高国有资本运营效率,29 家地方国有控股上市公司通过证券市场,募资或重组资产 1611.32 亿元,70 家地方国有控股上市公司国有股东平均持股比例 41.21%,总市值 2.36 万亿元,国有股市值突破 1 万亿元。61 家地方国有企业通过债券市场新发行各类债券 10492.55 亿元。完成国有产/股/物权交易或转让项目 1018 宗,总金额 1155.25 亿元。

五、上海市国资委监管企业并购重组和完善法人治理结构情况

(一)优化国资布局情况

上海市国资委着眼与上海城市功能定位相适应的要求,制定"创新发展一批、重组整合一批、清理退出一批"清单,推动企业转型升级、加快发展。2015 年,上海国资系统企业完成新增投资 3124.1 亿元,85%以上投向战略性新兴产业、先进制造业、现代服务业以及基础设施与民生保障等四大领域,截至 2015 年底,四大领域的国资集中度提高到 70%。完成光明食品集团与良友集团重组,完善食品全产业链。上海仪电与电动所联合重组,聚焦大数据、云计算、物联网,实现向智慧城市整体解决方案提供商和运营商转型。地产集团联手上海交大、闵行区建设零号湾全球创新创业集聚区,入住创新团队 130 支 650 人。上海信投与京东集团合作打造跨境电子商务全产业链。

(二)完善法人治理情况

上海市国资委系统企业集团 100%实行"双向进入、交叉任职"领导体制,其中竞争类企业实行"党委书记与董事长一肩挑、配备专职副书记"模式,功能类和公共服务类企业实行党政分设、"双向进入、交叉任职"模式。2015 年,优化配置调整 43 家企业领导人员及董(监)事 243 人次。竞争类企业探索市场化选聘和管理经理层,锦江国际等企业集团选聘多名经理班子副职。上海仪电等下属 10 多家企业试行职业经理人制度。制发外部董事、外派监事工作指引,规范董事监事履职行为。

六、上海市国资委监管企业建立和完善经营业绩考核体系情况

(一)推进分类考核情况

上海市国资委突出不同企业功能,科学设置考核指标和权重,全面实施任期制契约化管理,其中 6 家企业进入第二轮任期责任签约,引导企业根据定位,明确发展方向、合理配置资源,更好地服务国家战略。

竞争类企业，重点考核股东价值、主业发展、持续能力。功能类企业，重点考核功能作用发挥、实际运营能力。公共服务类企业，重点考核服务水平、成本控制、持续能力。

(二)健全长效激励情况

上海市国资委坚持“水平适当、结构合理、管理规范、监督有效”，深化市管国有企业领导人员薪酬制度改革，建立符合上海国有企业领导人员特点的薪酬分配制度。按照“基本年薪＋绩效年薪＋任期激励收入”的薪酬结构，对不同类型企业确定不同的基薪调节倍数、绩效年薪调节系数，增强企业经营活力和经营者内生动力。上港集团、上汽集团探索员工或核心骨干持股，华虹半导体实施股票期权激励计划，上汽“车享家”、上海微电子等高新技术企业实施“张江办法”。

(三)完善分配机制情况

上海市国资委系统企业进一步完善企业职工收入正常增长、低收入群体提低和工资集体协商机制。生产经营正常、工会组织健全的企业工资集体协商比例持续保持在90％以上。2015年在岗职工平均工资同比增长11.4％，低收入群体占所属企业从业人员比重下降0.8个百分点，平均工资同比增长10.3％。

七、上海市国资委创新监管方式加强重点领域风险管控情况

(一)完善监管体系情况

上海市国资委进一步完善“直接监管为主、委托监管为辅”的上海国资监管全覆盖体系。完成市体育局、市侨办、市质监局直属企业政企分开工作。推动产业、金融、文化、体育国资在管理和资源上的协同互补。市属金融企业由2014年13家整合至9家。区县国资国企改革加快步伐，浦东新区、杨浦区等国资委出台国资国企改革文件，重点在科学布局、混合发展和高效流动等环节上加大改革力度。黄浦区、徐汇区、长宁区等国资委围绕区域经济发展定位，退出注销或清理一批余户劣势企业。老凤祥、新世界等一批企业成为支撑区域经济发展的重要力量。

(二)创新监管方式情况

上海市国资委牢牢把握依法履行出资人职责的定位，努力从管企业为主向管资本为主转变。加强章程管理，规范市国资委与董事会之间权责关系。10余家企业完成公司章程制定或修改工作。加强契约管理，签订企业法定代表人任期目标责任书，明确相关责权利。加强清单管理，形成出资人监管和行政监管两个系列清单。其中，出资人监管清单，包括管好资本、服务企业履职清单，事中事后监管事项清单；行政监管清单，包括权力清单、责任清单。加强协同管理，搭建政府委办、社会第三方参与平台。制发加强境外资产监管意见和检查制度。落实“重大投资、重大融资、重大担保和重大资金活动”报告制度，构建全面预算管理、资金管理、内控建设、风险管理和信息化建设“五位一体”风险管控体系。建设国资VPN专网，推动国资监管数据集中采集，全系统80％企业实施资金集中管理，70％实现账户统一，静态资金集中度达到50％。

八、上海市国资委监管企业服务国家和城市战略，主动“走出去”拓展发展空间情况

(一)服务科创中心建设情况

上海市国资委按照中央对上海建设具有全球影响力的科技创新中心要求，落实市委、市政府对国资国企改革决策部署，出台《关于鼓励和支持本市国有企业科技创新的若干措施》，落实国资收益支持科技创新项目、“三个视同于一个单列”(即对企业符合条件的研发投入、创新转型费用、境外投资项目费用，均视同于利润；境外投资中，企业“走出去”的前期费用和一定比例的融资成本视作利润，同时符合条件的海外项目亏损，考核时可单列)考核等政策，有效激发企业加快创新发展的内在动力和活力。市国资委系统企业承担的477个省部级以上科技计划或专项项目按计划推进。上海兆芯国家重大专项国产CPU项目进入示范应用阶段，和辉光电4.5代线实现批量生产，联影128层CT投放市场。华虹集团建成国内首条12英寸集成电路全自动生产线，28纳米通信芯片试生产。上海城投“上海中心”以40多项绿色建筑技

术,成为全球第一栋400米以上绿色白金级建筑。

(二)实施"走出去"战略情况

上海市国资委系统企业立足比较优势,面向两个市场,用好两种资源,积极参与"一带一路"和长江经济带国家战略,加强国际产能合作,努力打造具有国际竞争力和影响力的跨国企业。锦江国际集团并购投资法国卢浮酒店集团、铂涛集团,酒店规模升至全球第八。光明食品集团收购意大利萨洛夫公司、以色列特鲁瓦乳业等公司,打通国内外生产和销售渠道。上海仪电收购喜万年国际照明集团,布局欧洲、美洲和亚洲国家市场。截至2015年底,上海国资系统企业在境外设立企业近400家,沿"一带一路"设立企业183家,境外资产总额超过3000亿元。

(三)服务城市发展战略情况

上海市国资委系统企业立足服务城市发展,全力实施战略任务或重大专项。申迪集团、临港集团、同盛集团、世博发展集团、申虹集团等承担的国际旅游度假区、迪斯尼园区、临港先进制造业装备基地、虹桥商务开发区、洋山深水港区、世博园区等重点功能区域建设按节点完成任务。公共服务类企业按照现代企业制度要求,优化配置公共服务资源,形成市场化运营模式,公共服务效率不断提高。实现上海体育产业资源进一步集聚。申通集团提高数字化集成和管理能力,加强区域联建共建,安全运营轨道交通里程617公里,日均客流838万人次,网络规模排名世界第一。

九、上海市国资委监管企业党的建设和廉政建设情况

(一)加强国企党的建设情况

认真落实中央关于在国有企业改革中坚持党的领导加强党的建设意见,坚持围绕改革抓党建,抓好党建促发展,切实发挥党组织在国资国企改革中的把关定向、鸣锣开道、鼓劲加油和保驾护航作用。全系统近1万个党组织13万多名在职党员开展"改革当先锋、为民作表率"党建主题活动,通过"网友点赞国企党建故事"等载体,形成一批亮点特色经验。百联集团实施"企情民意气象站"星级管理,加快构建企业形象文化体系。上海交运建立93支1700多名党员组成的"党员志愿者队伍",在轮渡、长途客运、加油站和社区为民服务。创新理论学习载体,建立党委中心组与区县、企业集团联组学习长效机制,开展"上海国资科技创新在路上"系列报道、"聚焦一号课题,建设科创中心"全媒体访谈,营造全社会支持改革、参与改革的良好环境和氛围。

(二)加强党风廉政建设情况

在全国国资系统率先制定完整的《市国资委系统落实党风廉政建设责任制的责任清单》70项。建立重大决策留痕、巡视整改问题销号等制度。开展"三重一大"决策制度、"制度+科技"风险防控机制、"党务公开""厂务公开"等专项检查和系统企业领导人员利益输送问题专项查纠。系统企业领导人员层层签署廉政承诺书、落实"一岗双责",做到"张张有签名、项项有承诺、事事有反馈"。及时查找党建党风建设中的薄弱环节,对需要解决的重点难点问题,按ABC三类落实责任人确保解决方案落地见效。

(撰稿人:张　坤)

江苏省

一、江苏省国有资产监督管理工作综述

2015年,面对错综复杂的宏观经济环境和艰巨繁重的改革发展任务,在省委、省政府的领导下,江苏国资系统主动适应经济发展新常态,坚持稳中求进工作总基调,妥善应对各种风险和挑战,扎实推进全省国有企业改革发展、国有企业党的建设和国资监管各项工作。

(一)企业经营发展迈上新台阶

2015年,江苏省国有企业生产经营保持良好势头,主要经济指标保持在合理区间。一是省属企业围绕主业、服务大局,加大有效投入力度,全年新增投资

300多亿元。省国信集团一半左右投资集中在能源、金融领域，两大板块净资产占集团净资产总额的85%以上。江苏交通控股公司全年完成铁路、路桥项目投资112亿元。省苏豪控股集团与省有关部门合作设立"一带一路"投资基金，首期募集30亿元。二是市场开拓力度加大。南京禄口国际机场新增18条国际国内航线，中江国际集团探索境外投资业务，省粮食集团等企业实施"新亮点工程"，涌现出一批新的经济增长点，增添企业发展后劲。三是直接融资比重提升。省属企业积极运用短期融资券、中期票据、公司债券等直接融资工具，优化债务结构，降低财务费用，促进业务发展，全年直接融资259亿元。四是法治保障切实增强。省属企业全部建立总法律顾问制度，全面强化重要决策、规章制度、经济合同"三项法律审核"，广泛开展遵法学法守法、依法合规经营专题普法教育活动，为企业防范法律风险、促进发展创造良好法治环境。省农信社、徐矿集团等企业结合实际认真谋划，法治工作开局良好。

(二)企业转型升级步伐进一步加快

按照中央和省委、省政府关于提质增效的要求，江苏国资系统切实把发展重心放到提高质量和效益上，在发展中升级，在升级中发展，转方式、调结构不断深入。一是资源整合进一步加强。省国资委推进企业内部资源整合工作，省属企业全年清理退出劣势企业和低效无效投资50多户(项)。盐城市国资委推进政府融资平台精简优化，连云港市国资委开展业务相近、功能相同企业资产重组，资源配置得到优化。二是结构调整持续深化。省惠隆资产管理公司加快从贸易商向供货服务商转型，水源公司加快从单一工程建设向工程运行管理与公司经营发展并重转型。三是创新驱动深入推进。省属企业科技创新力度加大，有10个项目列入省重点计划研发项目。省沿海开发集团依托河海大学资源与条子泥匡围项目搭建产学研平台。省盐业集团围绕前沿技术开展科研攻关和成果转化。江苏高科技投资集团等创投企业加快对新业态、新产品、新技术进行投资布局，扶持高新技术企业发展。四是企业上市工作取得新进展。华泰证券等企业发行H股，井神盐化等企业实现主板上市，省农垦集团农发公司等企业上市方案报证监会候审，南京证券、东海证券等企业在新三板挂牌，另有40多户国有企业完成股份制改造，为后续上市奠定基础。五是管理基础不断夯实。南京金陵饭店集团、恒实集团等企业持续抓好管理提升，以管理现代化助推企业转型。省再担保公司建立区域风险补偿资金池，江苏钟山宾馆集团推行大宗物资集中采购，江苏方源集团深化资金融通管理，省海企集团严控高风险进出口业务，省属企业集团层面基本完成内部控制体系建设，风险防控体系进一步健全。

(三)企业改革积极稳妥推进

江苏国资系统坚持问题导向，扎实谋划改革方案，积极试点探索，改革思路和实现路径逐步清晰，各项改革任务稳妥推进。

一是完善改革制度体系。省、市国资委认真贯彻中央"1+N"文件精神，制定修订一系列改革配套文件，为全面深化改革提供政策指引和制度保障。省委省政府先后出台《江苏省省属企业负责人履职待遇、业务支出管理暂行办法》《深化省管企业负责人薪酬制度改革实施意见》等文件。省国资委等有关部门先后印发《江苏省省属企业经营投资失误和资产损失责任追究办法》《省属企业建立健全风险防控体系的指导意见》《关于调整企业国有产权管理有关工作事项》《关于进一步取消、调整部分审批(核准)和备案事项的通知》《省国资委关于调整企业国有产权管理有关工作事项的通知》《省国资委关于全面贯彻落实国务院办公厅关于加强和改进企业国有资产监督防止国有资产流失的意见》《省属企业改革过程中领导人员行为规范》等一系列规范性文件，规范改革决策程序和操作流程，防止国有资产流失。

二是落实改革试点措施。汇鸿集团重大资产重组工作顺利完成，企业实现整体上市。华泰证券推进员工出资在二级市场购股试点，探索建立员工与企业形成利益共同体的有效形式。省体育产业集团等企业在子公司实施市场化选聘职业经理人试点。徐州、苏州、淮安等一批市属国有企业结合实际在深化企业内部"三项制度"改革、发展混合所有制经济等方面开展富有成效的试点工作。

三是整合资源，处置低效无效投资。推动汇鸿集团土产公司通过增资扩股引进战略投资者、江苏交通控股公司远东海运公司通过转让国有产权的方式,深化混合所有制改革。支持省国信集团、徐矿集团、省农垦集团、省盐业集团通过无偿划转、协议转让等方式整合资源优化产权配置、通过公开转让产权方式清理退出低效无效投资。省国资委 2015 年完成企业国有产权协议转让项目 40 宗(其中省属企业 18 宗),省属企业完成国有产权公开挂牌转让项目 20 宗,实现交易金额 8.65 亿元。

(四)国资监管有效性进一步提升

省、市国资委按照管资本要求,依法规范履行出资人职责。一是简政放权落到实处。省国资委在已公布目录清单的基础上,进一步下放省属企业主业投资、子企业国有产权转让等审批权力。常州等市国资委建立出资人审批事项清单,切实保障企业法人财产权和经营自主权。二是集中统一监管工作取得新进展。扬州、泰州等市国资委牵头开展政府部门办企业改制脱钩工作,推进国资监管全覆盖。南通市国资委新增一批授权监管企业,监管覆盖面提升到 92%。三是监管制度建设加快推进。省、市国资委及昆山、泰兴、沭阳等县级国资监管机构制定修订一批制度规定,监管工作进一步规范。南京市制定《企业国有资产监督管理条例》,成为全国首个出台地方国资监管法规的省辖市。无锡市国资委制定境外国有资产管理意见,监管制度覆盖面不断拓展。四是监管针对性有效性得到增强。省国资委完善产权管理、财务审计、重大投资管理、收入分配管理等工作模式,逐步将监管重心放到揭示和化解危害国有资产安全的重大问题上。省国资委进一步加强国有产权交易行为监督,完善交易监测系统建设,将国有产权进场转让信息公告期由 20 个工作日延长至 30 个工作日。省属企业监事会推动年度检查、专项检查、日常检查深度融合,及时发现报告问题,督促落实问题整改,基本形成有效的监督闭环。镇江、宿迁等市国资委改进基础管理和重大事项管理,提高监管工作有效性。

二、江苏省国有资产总量与结构分析

截至 2015 年底,江苏国有及国有控股企业(以下简称"国有企业",未含驻苏央企和外省市国有企业)资产总额 82337 亿元,归属于母公司所有者权益 26841 亿元;全年完成营业收入 9716 亿元,实现利润 949 亿元。其中省、市国资委履行出资人职责企业资产总额 44203 亿元,归属于母公司所有者权益 13090 亿元,全年完成营业收入 6822 亿元,实现利润 717 亿元。

表 1　2015 年江苏省所属国有企业指标

项　目	金　额(亿元)
资产总额	82337
所有者权益	30223
归属于母公司所有者权益	26841
国有资产总量	26777
营业收入总额	9716
利润总额	949
净利润	736
归属于母公司所有者的净利润	504

(一)国有企业分布情况

2015 年,江苏省纳入企业国有资产统计的国有及国有控股企业(以下简称"国有企业")数量 6130 户,比上年净增加 327 户,其中新增 601 户,主要是投资新设企业、县区监管范围扩大或纳入合并报表范围企业增加;减少 274 户,主要是关闭停业、合并重组或转让退出。

1. 企业规模分析。全省国有企业中,大型企业 207 户、中型企业 1060 户、小型企业 2229 户、微型企业 2634 户,分别占全省国有企业总数的 3.4%、17.3%、36.3%、43%;小微企业户数合计占全省户数的 79.3%。

2. 隶属关系分析。全省国有企业中,省级、市级和县区级企业的数量分别为 1963 户、2350 户和 1817 户,占比分别为 32%、38.3%和 29.7%。省级企业中,省国资委监管企业及其所属子企业 1385 户,占省级企业户数的 71%;市级企业中,南京市(499 户)位居第一,宿迁市仅存 39 户;县区级企业中吴中区(198 户)位列各县区之首,个别县区没有列报国有企业。

3. 行业分布分析。全省国有企业中，社会服务业企业 1558 户，占全省国有企业数量的 25.4%；工业企业 890 户，占 14.5%；批发和零售业企业 862 户，占 14.1%；房地产企业 679 户，占 11.1%。四个行业合计占全省户数的 65.1%。

表 2　2015 年江苏省国有企业户数情况

项　目	2014 年	2015 年	比上年增长(%)
户数(户)	5803	6130	5.6

(二)国有企业资产分布情况

2015 年，全省国有企业资产总额 82337 亿元，比年初增加 11837 亿元，增长 16.8%。全省国有企业归属于母公司所有者权益 26841 亿元，增加 3327 亿元，增长 14.1%。

1. 企业规模分析。截至 2015 年底，大型企业资产总额 14651 亿元，占全省资产总额的比重由期初的 17.2%下降至 17.8%；中型企业资产总额 17974 亿元，占比由 22.5%下降至 21.8%；小型企业、微型企业资产总额分别为 34996 亿元、14716 亿元，占比分别为 42.5%、17.9%。

全省资产规模超过 500 亿元的企业有 27 户(省级企业 4 户)，比上年增加 3 户；资产总额 31265 亿元，占全省资产总额的 38%。其中资产规模超过千亿元的企业有 12 户，资产总额 20564 亿元，占全省资产总额的 25%。

2. 企业隶属关系分析。省、市、县三级资产总额分别达到 11876 亿元、34638 亿元、35823 亿元，分别增加 2060 亿元、4801 亿元、4976 亿元，增长 21%、16.1%、16.1%；三级资产总额占全省资产总额的比例分别为 14.4%、42.1%、43.5%，市县占比超过 85%。省级企业资产总额中，列入国资委监管范围的资产总额 10917 亿元，占省级资产总额的 92%。市级企业中资产总额最多的为南京市 8392 亿元，最少的为扬州市 890 亿元。

3. 行业分析。截至 2015 年底，77%的资产集中于社会服务业(43.3%)、房地产业(15.5%)、交通运输业(10%)、建筑业(8%)，资产总额分别为 35679 亿元、12737 亿元、8210 亿元、6569 亿元，合计 63195 亿元；资产总额分别增长 14.4%、15%、10.9%、25.3%。

(三)国有企业国有资产总量分布情况

2015 年，全省国有企业所有者权益 30223 亿元，比年初增加 4046 亿元，增长 15.5%；其中：归属于母公司所有者权益 26841 亿元，比年初增加 3327 亿元，增长 14.1%。2015 年，江苏省国有企业国有资产总量 26777 亿元，增加 3470 亿元，增长 14.9%。

表 3　2015 年江苏省国有资产地区分布情况

地　区	国有资产(亿元)	占国有资产总量比重(%)
省　级	2821	10.5
苏州市	5187	19.3
南京市	3756	14.0
镇江市	2139	8.0
盐城市	1921	7.2
无锡市	1847	6.9
南通市	1572	5.9
淮安市	1390	5.2
常州市	1259	4.7
徐州市	1169	4.4
连云港市	1117	4.2
泰州市	1116	4.2
宿迁市	857	3.2
扬州市	626	2.3
合　计	26777	100.0

表 4　2015 年江苏省国有资产企业经营规模分布情况

经营规模	国有资产(亿元)	占国有资产总量比重(%)
大型企业	3705	13.8
中型企业	5312	19.9
小型企业	13022	48.6
微型企业	4738	17.7
合　计	26777	100.0

表 5　2015 年江苏省国有资产行业分布情况

行　业	国有资产(亿元)	占国有资产总量比重(%)
社会服务业	13550	50.6
房地产业	3447	12.9
交通运输业	2857	10.7
建筑业	1896	7.1
工业	1776	6.6
金融业	1051	3.9
教育文化广播业	516	1.9
地质勘查及水利业	437	1.6
批发和零售业	346	1.3
科学研究和技术服务业	264	1.0
农林牧渔业	226	0.8
信息技术服务业	148	0.6
仓储业	130	0.5
卫生体育福利业	30	0.1
其他	103	0.4
合　计	26777	100

三、江苏省国有资本保值增值情况分析

2015 年，江苏省国有企业实现营业收入 9716 亿元，比上年增长 1.8%；实现利润 949 亿元，下降 2%；实现净利润 736 亿元，下降 5.5%；其中归属于母公司的净利润 504 亿元，下降 11.9%。全部国有企业年初国有资本及权益总额 23307 亿元，年末国有资本及权益为 26777 亿元，扣除当年各项客观增减因素，年末国有资本及权益为 24125 亿元，国有资本保值增值率 103.5%。

表 6　2015 年江苏省国有企业地区和行业国有资本保值增值情况

地　区	国有资本保值增值率(%)	行　业	国有资本保值增值率(%)
省　级	116.3	教育文化广播业	113.6
徐州市	104.7	金融业	112.2
南京市	103.8	地质勘察及水利业	110.4
盐城市	103.2	邮电通信业	108.8
宿迁市	102.7	信息技术服务业	104.9
无锡市	102.4	科学研究和技术服务业	103.9
苏州市	102.1	工业	102.7
淮安市	101.8	社会服务业	102.5
常州市	101.6	交通运输业	102.5
镇江市	100.9	仓储业	102.4
南通市	100.8	农林牧渔业	102.2
泰州市	100.7	房地产业	102.1
扬州市	100.4	建筑业	102.0
连云港市	99.1		

四、江苏省国资委监管企业股份制改革与上市融资情况

截至 2015 年底，省属企业母公司层面全部建立公司制，各级子企业中公司制企业比例达到 90%，其中引进其他所有制资本的混合所有制企业占公司制企业的半数以上。

一是推进国有企业改制上市。指导和帮助具备上市条件的省属和市县企业实施股份制改造，严格按照国家法律法规和政策规定，把好改制方案审核关口，守住防范资产流失红线。2015 年，省国资委对省国信集团新能源开发公司、江苏中江种业公司、苏州元禾控股公司、无锡宏源纺机公司、连云港奥神新材料公司、常州东海证券公司、盐城顺泰小贷公司、镇江建科院公司等 40 多户拟上市公司股份制改造方案及

其股本设置、国有股东身份进行确认，为企业境内外IPO及在新三板挂牌上市奠定基础。2015年，华泰证券、江苏有线、国联证券、弘业期货、井神股份成功登陆境内外资本市场，实现首发募资448亿元，全省国有控股上市公司达到47户；南京证券、东海证券、南京市滨江小贷、无锡市天语和声等一批股份有限公司成功在新三板挂牌；另有40多户企业完成股份制改造，为后续挂牌上市奠定基础。

二是培育上市资源。按照国务院国资委、证监会规定，对江苏交通控股公司所属金融租赁公司、无锡隆盛科技公司、南京证券、无锡中设股份、常熟农商行等9户拟上市公司产权制度改革、增资扩股、国有股权转(受)让等行为进行国资管理审核，报请省政府办公厅批准确认其历史沿革的合法合规性；对华泰证券、江苏银行、井神股份、省农垦集团农发公司、省沿海开发集团健友生化公司等12户企业境内外IPO的国有股转持方案进行确认，排除影响企业上市的障碍。在审核确认拟上市公司国有股权形成等历史沿革合规性过程中，追缴南京、镇江市2户企业应缴未缴国有资产占用费1300多万元。

三是推动国有控股上市公司并购重组。2015年，省国资委完成汇鸿股份发行股票购买资产及配套募集资金交易行为审核、期间损益核实处理、汇鸿股份资产权属变更、吸收合并资产交割确认等工作，汇鸿集团整体上市至2015年11月末全面完成。着力推动江苏国泰、栖霞建设、南通精华制药、无锡太极实业、苏州高新、镇江大港股份等一批上市公司并购重组，认真做好重组方案审核、资产评估结果备案以及发行股份、交易作价、业绩补偿等事项的审核把关工作。

四是鼓励国有控股上市公司通过非公开发行股票等方式在证券市场上实现再融资。2015年，省国资委批准镇江丹阳丹化科技、南通精华制药、无锡太极实业、苏州东吴证券等5户上市公司非公开发行股票的方案，汇鸿集团、南京银行、南京中北、镇江大港股份、苏州高新、南通精华制药、扬州联环药业、常州黑牡丹等8户上市公司成功实施非公开发行股票方案，募集资金198亿元(包括资产重组配套募资)。

五、江苏省国资委监管企业并购重组与完善法人治理结构情况

1. 监管企业并购重组情况。一是坚持市场化方式和出资人推动相结合扎实推进企业重组。省国资委自2004年成立以来，针对省属外贸企业户数多、规模小、业务同构的问题，按照集中优势资源、放大规模效应的原则，通过吸收合并、联合重组等方式，先后实施7次重组。截至2015年底，省属外贸企业集团由8户减少到5户，行业集聚度和企业规模实力大幅提升。企业户均资产由26亿元提升到278亿元，抗风险能力和市场竞争力显著增强。二是支持具备条件的企业，通过并购重组增强主业竞争力。徐工集团通过并购德国FT公司和荷兰AMCA公司，建立海外研发基地，提升工程机械主业研发能力和市场竞争力，实现向产业链高端转型。省苏豪控股集团子公司苏豪股份持股50.39%的上海苏豪逸明制药公司，参与上市公司安科生物资产重组，苏豪股份资产既成功实现证券化，又获得近15倍的投资回报。部分国有企业依托现有的资本、管理优势，通过并购重组快速介入战略性新兴产业。无锡太极实业两次实施重组，通过与国内外行业领先企业合作，成功将主业由传统的纺织业转向集成电路封测和光伏工程技术两大新兴产业。三是持续推动企业内部资源整合，加快盘活存量资产，加大低效、无效投资和“僵尸”企业的清理力度。明确要求国有企业内部资源要向重要子企业和企业的主业集中，基本实现主业集中在3个左右，重点清理“四类控股企业”和“三类参股投资”。2015年，省属企业完成清理整合控参股企业50多户。

2. 完善法人治理结构情况。按照建立现代企业制度的要求，不断加强国有企业公司法人治理结构建设。省属企业均建立规范的董事会、监事会、经理层，7户符合条件的企业建立外部董事制度，外派监事会实现全覆盖，初步形成规范的公司治理架构和机制。省国资委制定《进一步完善省属企业公司法人治理结构的意见》，推动企业进一步增强公司治理的有效性。2015年，省国资委与省委组织部共同推进省属企业建立健全“三重一大”决策制度，研究制定《省属企业“三

重一大"决策制度实施办法(样本)》,组织省属企业参照《实施办法(样本)》普遍制定各自的实施办法,并逐户审核、批复,进一步界定法人治理各决策主体的决策范围,增强决策程序的科学性和严谨性。对企业落实"三重一大"决策制度情况开展专项督查,促进企业提升法人治理结构的实效性和内控制度执行力。按照中央关于加强国有企业党的建设有关文件要求,研究梳理纳入省属国有独资公司章程有关党的建设的内容,对部分省属企业章程进行审核修订,明确企业党组织在公司法人治理中的法定地位。

六、江苏省国资委监管企业建立和完善经营业绩考核体系情况

认真落实《江苏省省属企业负责人年度经营业绩考核暂行办法》,扎实开展企业负责人经营业绩考核工作。一是根据企业前三年历史数据,分户测算确定2015年度负责人经营业绩考核目标,并经省国资委委务会通过后下发给企业;二是根据企业年度审计报告,结合企业年度总结分析报告,针对企业考核年度发生影响业绩的客观因素,调整确认企业年度经营业绩考核指标的完成结果。对于占有10%权重的综合评价指标由派驻企业监事会、省国资委机关4个业务处对各省属企业进行考核打分,最终逐户落实企业2014年度经营业绩考核得分、考核等级、企业负责人绩效薪酬确定等工作。

在2014年起草《省属企业负责人经营业绩考核暂行办法(修订稿)》的基础上,继续做好修改完善工作,为新办法的出台打好基础。新修订的内容主要包括四个方面:一是对企业按功能类、竞争类进行分类考核;二是不同类别的企业设置不同的指标和权重;三是引入任期考核内容;四是结合薪酬改革办法重新设定绩效薪酬计算办法。

七、江苏省国资委监管企业负责人考核与选人用人机制改革情况

1. 加强董事会建设。一是加强顶层设计。省国资委开展省属企业董事会建设调研工作,召开外部董事座谈会,深入了解企业董事会建设的运作情况,认真总结外部董事制度试点工作的经验,分析研判董事会建设存在的问题与困难,在此基础上提出符合省属企业实际情况的建议和方案。二是择优挑选外部董事充实企业董事会。2015年,为中江集团配备2名外部董事,有力加强中江集团董事会决策的专业性和科学性。三是依法推选职工董事,充分发挥职工代表在企业重大问题决策中的参与和监督作用,促进董事会民主决策。江苏水源公司、省粮食集团、中江集团、省惠隆资产管理公司、金陵饭店集团等5户企业按照规定程序,先后配齐职工董事。四是探索建立专职外部董事制度。根据中组部有关规定,选择符合条件的人员任命或聘任为省属国有独资公司专职外部董事,享受企业领导人员待遇,研究起草《江苏省省属国有独资公司专职外部董事管理暂行办法(试行)》。

2. 打造优秀企业经营管理队伍。一是开展年度考核,做好综合分析研判,不断提高选配企业领导班子的科学化水平。省国资委会同省委组织部,组织做好23户省属企业领导班子及成员2014年度考核工作,并对企业领导班子的整体结构、运行情况、发展趋势等作出综合评价。充分运用年度考核和综合评价结果,对结构不合理、运行不畅的领导班子,及时进行补充调整;对群众公认、实绩突出的干部,优先给予提拔重用;对不适宜担任现职或表现一般的干部,提出交流或调整意见;对群众反映意见较大、工作实绩排名靠后且整改不力的干部,进行诫勉谈话或免职。二是根据企业改革发展实际需求,省国资委做好部分领导班子调整工作。汇鸿集团整体上市更名为汇鸿集团股份后,及时任命新公司的领导班子成员。配合省委组织部,做好省国信集团和江苏交通控股公司等主要领导的配备工作。三是按照中纪委要求,省国资委会同省纪委、省委组织部调整配备省属企业纪委书记,实现配齐配专配强。2015年初,对省属企业纪委书记兼任行政职务进行清理规范;2015年底,为省国信集团、江苏高科技投资集团、江苏水源公司等8户企业配备具有纪检监察工作经验或精通财务监督业务的纪委书记。四是组织实施省属企业后备干部调整和调研工作,调动不同年龄层次干部积极性,促进形成干部合理梯次结构。先后与838名企业中层以上干部进行个别谈话,实地调查39个基层企业,召开

8个座谈会。按照年龄、专业等结构要求和事先测算的人选规模要求，在与企业党委充分沟通、反复酝酿的基础上，确定正职后备22名、副职后备60名，中长期培养对象32名。

3. 改善企业人才状况。一是加强调查研究。省国资委成立调查组深入23户省属企业及365户省级部门下属及市属国有企业开展调研，完成江苏国资系统"人才强企"实现路径与评估体系研究结项报告。二是省国资委配合省委组织部首次赴英国开展江苏省国有企业招才引智活动，分别在伦敦、剑桥和爱丁堡举办3场人才招聘会、6场项目洽谈会，吸引1305名优秀人才前来应聘，确定意向聘用人选171人。省国资委配合省人社厅、省委组织部赴清华、北大召开2场江苏国企招聘人才专场。三是编制完成"十三五"省属企业经营管理人才规划。省国资委组织召开省属企业人力资源部长会议，集中学习人才规划编制相关政策，邀请专家就规划编制的思路和方法进行讲解，并分成金融、投资、文化、外贸、内贸等五个企业组进行交流研讨，互相学习借鉴好的做法和经验。

八、江苏省国资委监管企业党的建设和廉政建设情况

2015年，省国资委党委坚持以全面从严治党为主线，坚决贯彻落实中央及省委关于从严治党的一系列部署，把全面从严治党作为重大的政治任务来抓，夯实党委主体责任和纪委监督责任，不断完善国有资产监管体系，建立健全省属企业管理和风险管控制度，为省属企业改革发展提供坚强保证。

1. 加强理想信念教育和党性教育，在理论武装上切实从严。一是深入学习贯彻党的十八大，十八届三中、四中全会和习近平总书记系列重要讲话特别是视察江苏时的重要讲话精神，加强省属企业各级党员干部党性宗旨教育，做到与党中央保持高度一致。二是推进学习型党组织建设，切实增强理论武装的针对性和实效性。组织省属企业广大党员开展"坚定信念、忠诚于党"主题系列教育活动。通过专题培训、读书调研、研讨交流，教育广大党员干部坚守方向、坚守理想信念，举办各类学习会50多期，累计7500余人次参加培训。三是严格党内政治生活。坚决执行党内生活制度。按照坚持、加强、创新的要求，认真落实民主集中制、"三会一课"等制度。严格执行谈心谈话制度，完善党员定期评议基层党组织领导班子、党员党性定期分析和民主评议等制度，把评议结果作为党内表彰和组织处置的重要依据。

2. 践行"三严三实"，扎实推进作风建设。一是扎实开展"三严三实"专题教育。2015年，省属企业党委按照省委的统一的部署，开展"三严三实"专题教育，深化作风建设，推动省属企业党员干部按照"三严三实"要求，加强自身修养，严格约束自己，在守纪律讲规矩、营造良好政治生态上见实效，在真抓实干、勇于担当作为、推动改革发展稳定上见实效。二是规范党内组织生活。按照坚持、加强、创新的要求，对省属企业党委中心组学习情况开展旁听巡查活动，通过巡查发现问题，及时督促企业党委严肃组织生活。三是毫不松懈抓好中央"八项规定"及省委"十项规定"落实，持之以恒加强作风建设。深入整改"四风"方面查摆出来的突出问题，制定整改方案、落实整改责任、细化整改措施，抓好持续整治"四风"日常督查和节假日专项督查工作，及时发现并制止违纪问题苗头，有效遏制"四风"问题反弹。

3. 加强党建工作，夯实基层党组织建设和党员队伍管理。一是推进省属企业党建工作全覆盖。注重抓基层打基础，把党要管党、从严治党方针贯彻落实到基层。在国有企业改革发展中，坚持党的建设同步谋划、党的组织和工作机构同步设置、党组织负责人及党务工作人员同步配备。坚持做到企业生产经营延伸到哪里，党组织就建到哪里。二是完善党建工作制度。省国资委党委先后制定《关于省属企业实施党建工作创新工程的意见》《关于加强省属企业发展党员工作制度的意见》《关于推进省属企业学习型党组织建设的实施意见》等一系列文件，着力规范企业基层党建工作。三是丰富党建活动载体。坚持开展"双争"(争创先进基层党组织、争当优秀共产党员)、"双培"(把生产经营一线骨干培养发展成为党员、把党员培养成为生产经营一线骨干)、"双训"(党支部书记轮训和入党积极分子培训)和创建"党员责任区""党员示范岗"等行之有效的活动。2015年举办5期企业党

支部书记培训班,培训人员超过600人。

4. 推进落实"两个责任",加强省属企业党风廉政建设。一是坚持把落实"两个责任"作为反腐倡廉建设的"龙头工程",狠抓分解明责、检查考责、追究问责等关键环节,及时组织、督促各级党组织签订年度党风廉政建设责任书,层层传导压力。注重日常督导与年度考核相结合,加强对省属企业开展党风廉政建设责任制落实情况的检查考核。持续加大追究问责力度,进一步形成有责必问、问责必严的良好氛围。二是坚持把纪律和规矩挺在前面,聚焦主业主责,强化监督检查。锲而不舍纠正"四风",紧紧抓住中秋、春节等时间节点,着力发现和纠正"四风"问题,推动作风进一步好转。省国资委纪委印发《关于加强省属企业"三重一大"决策制度执行情况监督检查的通知》,进一步规范监督检查的内容、方式,全年省属企业开展专项监督检查252次。三是坚持关口前移、加强源头治理。省国资委纪委制作专题片《从严治企警示录》,全面启动以省属企业党员干部全员覆盖为目标的反腐倡廉警示教育活动,及时宣传贯彻《中国共产党廉洁自律准则》《中国共产党纪律处分条例》,不断提升干部职工尊法学法守法用法的主动性和自觉性。落实查办腐败案件以上级纪委领导为主的要求,加强和改进信访举报工作,严肃查办各类违纪违法案件。

九、江苏省国资监管及国有企业改革发展具有地方特色情况

江苏省国资监管工作在全国国资系统工作会议上作交流发言,推动国有企业改革的有关工作得到国务委员、国务院国有企业改革领导小组副组长王勇的充分肯定。

1. 牢牢把握出资人职责定位,坚持以管资本为主加强国有资产监管,提升监管工作效能。一是规范出资人审批工作。省国资委按照简政放权要求,梳理出资人审批事项,分两批取消、调整各类事项11个,保留事项制成目录清单对外公布,清单以外事项全部由企业自主决策。二是强化出资人监管。省国资委会同省委组织部开展国资监管机构向出资企业委派总会计师试点,强化出资人对企业的财务监管。开展设立稽查办公室研究工作,加大对企业制度执行、问题整改等工作督查问责力度。三是加强监事会监督。省国资委制定《省属国有独资公司监事会工作规则》,明确监事会列席董事会、总经理办公会、研究经济工作的党委会等重要会议的权利,对监事会履职内容和程序进一步规范。

2. 坚持试点先行,逐步形成可推广复制的案例做法。一是选择省国信集团作为改建国有资本投资公司试点单位,并研究设立1户国有资本运营公司事宜。二是通过整体上市、海外上市、国有产权公开挂牌竞价交易等方式进行混合所有制改革试点。汇鸿集团实现整体上市,华泰证券、弘业期货等企业在香港联交所上市。三是开展上市公司员工出资在二级市场购股试点。华泰证券部分高管及员工自愿筹资2.3亿元,购入公司H股股份,以此探索建立员工与企业形成利益共同体的有效形式。四是推进企业内部"三项制度"改革试点。江苏高科技投资集团、部分金融企业及贸易流通企业持续推进企业内部劳动、人事、分配改革。五是在省体育产业集团子公司实施市场化选聘职业经理人试点,探索市场化的企业领导人员管理方式。

3. 强化风险管控,推行"三重一大"事项集体决策制度,建立健全风险防控体系。省国资委逐户指导企业制定具体实施办法,理清公司法人治理各组成部分的职责边界,量化"三重一大"事项的具体标准,明确公司法人治理各个组成部分在"三重一大"事项中的决策权利和责任,努力解决少数人甚至个别人说了算的问题,从源头上防范经营决策风险。省国资委制定《关于省属企业建立健全风险防控体系的指导意见》,各企业都以防范市场风险、投资风险、财务风险、廉政风险为重点全面建立风险防控体系。

4. 稳妥推进混合所有制改革,形成初步工作规范。一是省、市两级母公司及子公司层面的试点企业初步建立市场化的经营管理机制。二是积极引进战略投资者对试点企业实施增量改革,引入具有资金、管理等方面优势的战略投资者。三是改革中涉及的国有产权转让严格执行进场交易制度,确保国有资产保值增值。四是企业集团负责人及财务人员不在整体上市股改过程中投资持股。在上市运行一段时期

后再考虑采取奖励股权和期权激励方式实行集团管理层和财务人员持股。五是坚持依法调节改革中的利益关系。对改革试点企业逐户进行社会稳定风险评估，充分听取改革利益相关方的意见，提出对策建议和应急预案。

5. 调整优化国有经济布局结构，推动国有资本向科技创新、基础设施、战略性新兴产业和现代服务业集聚。江苏高科技投资集团作为全国创投行业的排头兵企业，累计组建基金66个、投资项目650多个，助推75家企业上市。江苏交通控股公司聚焦路桥、铁路等基础设施投资，经营管理的高速公路里程占全省高速公路总里程85%以上。南京禄口机场投资扩建二期工程，服务于全省发展，实现客运、货运双增长。一批省属企业将金融、物流等现代服务业作为重点发展领域，取得良好经济效益和社会效益。截至2015年底，江苏省国有资本在基础设施、公用事业、基础产业、战略性新兴产业、现代服务业等行业和领域的集聚度达到80%。

（撰稿人：王玉峰　程　欣）

浙江省

一、浙江省国有资产监督管理工作综述

2015年，浙江省各级国资监管机构和国有企业认真贯彻落实省委、省政府决策部署，深入实施“转型强体、创新强企”发展战略，突出抓改革、促转型、强管理、提效益，积极应对新常态下各种困难和挑战，扎实推进国资国企改革发展，各项工作取得新的成效。

（一）保持国有经济平稳增长

在省委、省政府的坚强领导下，浙江省国资国企系统主动作为、有效应对，通过拓市场、扩投资、降成本等举措，保持国有经济平稳增长态势。2015年省属企业累计实现营业收入5966.1亿元、利润总额271.1亿元，分别比上年增长－5.3%、7.5%；年末资产总额9172.7亿元、净资产3535.7亿元，分别比上年增长18.6%、36.2%；全年完成外贸出口总额71.3亿美元，比上年增长17.7%。全省11个市本级监管企业实现营业收入2478.2亿元、利润总额139.1亿元，分别比上年增长4.0%、－11.6%；年末资产总额17791.2亿元、净资产5240.5亿元，分别比上年增长12.2%、6.7%。

（二）深化国企改革重组

一是加强改革统筹协调。成立浙江省深化国有企业改革工作领导小组，明确领导小组工作规则、重点任务和工作计划，印发规范混合所有制改革等相关文件，研究省属企业深化改革实施方案框架思路，明确省属企业功能定位及分类方案。指导各地研究制定深化国企改革的意见或实施方案。二是有序推进重组整合。组建省海港集团，重组设立宁波舟山港集团；加快实施杭钢集团转型升级工作，完成对宁波钢铁增资实现绝对控股，提前实现全面关停半山钢铁基地，基本完成1.2万余名职工妥善安置；省能源集团基本完成重组长广集团，并积极推进转型发展、历史遗留问题处理等工作；省农发集团重组黑龙江新良集团并将其更名为绿农集团，正在推进粮源基地等重点项目建设。三是加快实施资产证券化。出台推进省属国有资产证券化的《实施意见》和《总体方案》，相关企业资产证券化工作取得积极进展。省物产集团以物产中大为平台实现整体上市，成为浙江省第一家整体上市的国有企业；巨化集团重组控股菲达环保；杭钢股份重大资产重组方案获证监会通过；省建设集团整体上市前期工作正加快推进；省铁路集团江山化工、省国贸集团浙江东方重大资产重组有序推进。四是打造国资运营平台。完成省综资公司职能调整，更名为省国资运营公司，推动其参与省属企业内部重组、股权多元化、上市培育等改革实施工作。研究深化高速公路、铁路等投融资平台方案，推动相关领域投融资平台建设。

（三）促进企业转型发展

一是加强战略引领。认真抓好省属企业“十三

五”规划编制工作，谋划国有经济布局结构调整和转型发展战略，并着手研究重新核定省属企业主业，起草做强做优主业的指导意见。二是扩大有效投资。加强企业投资管控，严格限制非主业投资，推动企业抓好基础设施建设、传统产业改造、新业务拓展等领域重点投资项目。2015 年省属企业累计实现投资 726.7 亿元，超额完成省政府下达的 660 亿元年度任务。继续推进省属企业与央企、民企项目合作，夯实企业可持续发展基础。三是推进管理提升。指导企业持续深入开展管理提升活动，着力夯实管理基础，积极构建长效机制，努力促进降本增效。指导企业加强资金集中管理，拓展融资渠道，降低融资成本。2015 年省属企业成本费用同比下降 11.1%。四是强化风险管控。加强省属企业运行监测分析，继续抓好大宗贸易资金信用风险管控，组织外派监事会开展资金信用管控情况专项检查，梳理分析企业存在的有关问题，提出有针对性的意见建议。起草并提请省政府出台《省属企业经营投资资产损失责任追究暂行办法》，对经营投资严重失误造成重大损失的，严格追究责任。

(四)完善国资监管机制

一是研究推进分类监管和分类考核。按照以管资本为主和分类监管的要求，制定出台明确省属企业功能定位实施分类监管意见，起草形成企业负责人经营业绩考核与薪酬核定暂行办法及配套实施方案，推进分类实施监管、分类定责考核。二是切实加强出资人日常监督。进一步加强国有产权管理，持续提升产权转让评估“阳光工程”。强化企业财务监管，规范企业资金信用输出和资金存放管理。修订考评等级制度计分细则，提升考核的针对性和精细化水平。出台企业重大信息公开暂行办法，促进企业信息公开透明。三是探索推进统一监管。研究起草加强省级部门所属国有企业集中统一监管意见，提出省级经营性国有资产逐步纳入统一监管的具体思路。认真履行对省二轻集团代为监管职责，并做好安邦护卫集团、环评机构脱钩改制资产接收有关工作。

(五)加强国企党建工作

一是“三严三实”专题教育取得积极成效。认真组织开展“三严三实”专题教育，坚持问题导向，贯彻从严要求，落实整改措施，确保专题教育取得实效。组织开展党章党规党纪专题集中轮训，抓好《准则》和《条例》学习贯彻，努力营造尊崇党章、严明纪律的良好氛围。二是党建工作责任制进一步落实。强化党委抓党建工作主体责任，制定省属企业党委党建责任清单，明确党委主体责任和党委书记第一责任，全面推行企业党组织负责人党建工作述职评议工作。指导企业深入开展基层服务型党组织创建活动，抓好企业基层党组织书记集中轮训，夯实基层党建工作基础。三是企业领导班子建设进一步加强。在企业领导人员管理体制机制、考核评价体系等方面提出改革思路，探索企业领导人员分层分类管理。根据企业实际和班子建设需要，及时调整配备企业领导人员，进一步优化班子队伍结构。加强企业人才队伍建设，起草形成“十三五”人才发展规划，制定出台人才发展专项资金管理办法，为企业发展提供人才支撑。四是党风廉政建设和反腐败工作进一步强化。全面落实“两个责任”，出台省国资委党委及其成员接受派驻纪检监察机构监督实施意见和进一步加强新形势下省属企业纪检监察组织建设意见。持续开展正风肃纪行动，切实加强改进作风建设。支持配合开展巡视工作，认真落实巡视发现问题整改。加大办信办案和责任追究力度，严肃查处违法违纪行为。五是和谐企业建设进一步深化。推进宣传思想和意识形态工作，加强企业文化建设，发布社会责任报告，做好信访维稳工作，努力创建和谐企业。组织举办省属企业首届职工运动会等活动，提振干部职工精神状态，为改革发展营造良好环境。

二、浙江省国有资产总量与结构分析

2015 年，浙江省(含宁波市，下同)上报国有企业 8107 户，比上年增长 5.1%；年末资产总额 56439.3 亿元，比上年增长 18.8%；净资产 19982.3 亿元，比上年增长 14.8%，其中归属于母公司所有者权益 17683.0 亿元，比上年增长 13.4%。

2015 年，浙江省国有企业实现营业总收入 10358.5 亿元，比上年下降 0.7%；利润总额 593.1 亿元，比上年下降 5.6%；实际上缴税金 500.3 亿元，比上年增长 11.8%。全年平均总资产报酬率为 1.7%，比上年减少 0.02 个百分点；平均净资产收益率（含少数股东权益）为 2.3%，比上年减少 0.6 个百分点。

2015 年，浙江省国有资产总量 17240.9 亿元，比上年增长 12.8%，增幅较上年减少 4.5 个百分点。

（一）隶属关系

省级企业国有资产总量比重有所上升，杭州和宁波占全省的 39.7%。省级企业国有资产总量 2952.8 亿元，同比增长 29.0%，占全省年末国有资产总量的 17.1%，所占比重较上年增加 2.1 个百分点。其中：省国资委监管企业国有资产总量 2404.5 亿元，同口径增长 32.2%，占全省的 13.9%，所占比重较上年增加 2.0 个百分点；省级部门企业为 548.2 亿元，占全省的 3.2%，所占比重比上年同口径增加 0.1 个百分点。市县企业国有资产总量 14288.2 亿元，增长 10.0%，占全省的 82.9%，同比减少 2.1 个百分点。

（二）地区分布

杭州市以 4150.6 亿元位居第一位，宁波市以 2688.5 亿元排在第二位。杭州、宁波两市合计占市县企业国有资产总量的 47.9%，占全省企业国有资产总量的 39.7%。嘉兴、温州和绍兴分别达到 1696.4 亿元、1424.7 亿元和 1410.0 亿元，三市合计占全省企业国有资产总量的 26.3%。其他各市企业国有资产总量均在 1000 亿元以下，占全省企业国有资产总量的 16.9%。从各市增长情况看，增加最多的是杭州市、绍兴市，分别增加 433.0 亿元、545.2 亿元，增长 11.6%和 63.0%；其次是嘉兴市和温州市，分别增加 158.3 亿元和 130.0 亿元，分别增长 10.3%和 10.0%。

（三）行业分布

社会服务业、交通运输业、房地产业和工业是浙江省国有资产总量的主体。社会服务业以其拥有全省 53.3%的国有资产总量位居各行业之首，所占比重较上年增加 0.9 个百分点；其次是交通运输业，拥有全省 12.1%的国有资产总量；再次是房地产业和工业，分别占 10.3%和 9.8%，四者合计占全省企业国有资产总量的 85.5%。另外，批发零售业、建筑业、地质勘查水利业和金融业分别占 3.0%、2.7%、1.9%和 1.7%，其他行业合计占全省企业国有资产总量的 5.0%。

（四）企业规模

小微企业占到七成以上。2015 年，浙江省国有企业中，小型企业国有资产总量 12256.1 亿元，占全省国有企业的 47.8%；微型企业 6441.3 亿元，占 25.1%，两者合计占全省国有企业的 72.9%。大型企业国有资产总量 3544.2 亿元，占全省国有资产总量的 13.8%，次于微型企业；中型企业国有资产总量占比最低，总量 3413.8 亿元，占全省的 13.3%。

表 1　2015 年浙江省所属国有企业指标

项　目	金　额（亿元）
资产总额	56439.3
所有者权益	19982.3
营业收入	10358.5
利润总额	593.1
净利润	438.4
归属于母公司所有者的净利润	342.3
应交税金总额	520.4
实际上缴税金总额	500.3

表 2　2015 年浙江省国有企业户数情况

地　区	2014 年	2015 年	比上年增长（%）
全省户数汇总（户）	7714	8107	5.1
省本级	2530	2809	11.0
省级监管	1712	1969	15.0
省级部门	818	840	2.7

续表

地 区	2014 年	2015 年	比上年增长(%)
市县汇总	5184	5298	2.2
其中:杭州市	1137	1174	3.3
宁波市	846	779	—7.9
温州市	854	828	—3.0
嘉兴市	658	729	10.8
湖州市	117	113	—3.4
绍兴市	352	448	27.3
金华市	316	329	4.1
衢州市	90	86	—4.4
丽水市	163	151	—7.4
台州市	265	282	6.4
舟山市	386	379	—1.8

表 3　2015 年浙江省国有资产地区分布情况

地 区	国有资产(亿元)	占国有资产总量比重(%)
全省汇总	17240.9	100.0
省本级	2952.8	17.1
其中:省级监管	2404.5	13.9
省级部门	548.2	3.2
地市汇总	14288.2	82.9
其中:杭州市	4150.6	24.1
宁波市	2688.5	15.6
温州市	1424.7	8.3
嘉兴市	1696.4	9.8
湖州市	789.3	4.6
绍兴市	1410.0	8.2
金华市	516.6	3.0
衢州市	197.1	1.1
丽水市	323.1	1.9
台州市	484.0	2.8
舟山市	607.9	3.5

表 4　2015 年浙江省国有资产行业分布情况

行 业	国有资产(亿元)	占国有资产总量比重(%)
社会服务业	13669.9	53.3
交通运输业	3103.8	12.1
房地产业	2645.6	10.3
工业	2510.3	9.8
批发零售业	766.7	3.0
建筑业	693.0	2.7
地质勘查水利业	491.5	1.9
金融业	489.9	1.7
其他行业	1284.7	5.0

注:规模结构分析为汇总数据,不考虑合并抵消因素。

表 5　2015 年浙江省国有资产经营规模分布情况

经营规模	国有资产(亿元)	占国有资产总量比重(%)
大型企业	3544.2	13.8
中型企业	3413.8	13.3
小型企业	12256.1	47.8
微型企业	6441.3	25.1
合 计	25655.4	100.0

注:行业结构分析为汇总数据,不考虑合并抵消因素。

三、浙江省国有资本保值增值综合分析评价

2015 年,浙江省国有企业实现利润总额 593.1 亿元,同比下降 5.6%;实现净利润 438.4 亿元,同比下降 9.5%;实现归属于母公司所有者的净利润 342.3 亿元,同比下降 10.4%。从相对指标来看,全年平均总资产报酬率为 1.73%,同比减少 0.02 个百分点;平

均净资产收益率(不含少数股东权益)为2.1%,同比减少0.5个百分点。浙江省国有企业国有资本保值增值率102.3%。

(一)从获利能力看

2015年,省级企业实现利润365.7亿元,同比增长16.0%,市县企业实现利润227.4亿元,同比下降27.3%。从11个市利润排名情况看,湖州、金华、嘉兴和丽水较上年上升1位,绍兴较上年上升2位,台州和衢州较上年上升3位,温州较上年下降3位,舟山下降2位,宁波下降7位,杭州排名不变,保持第一位。杭州和湖州较强,净资产收益率(含少数股东权益)分别为2.8%和2.7%。此外,衢州、金华获利能力较好,全年净资产收益率达到2%以上,分别为2.6%和2.1%。其他各市资产运行效益较差,净资产收益率在1%以下,舟山和宁波两市资产运行效益最差,净资产收益率分别为—0.2%和—0.1%。

(二)从国有资本保值增值率看

省级企业国有资本保值增值率为108.87%,其中省国资委监管企业国有资本保值增值率为106.91%,省级非监管企业国有资本保值增值率为117.55%。在11个市中,湖州市以102.76%的国有资本保值增值率位列各市首位,杭州和衢州分别以102.54%和102.40%紧随其后,除舟山、宁波、温州三市国有资本保值增值率低于100%以外,其他各市均实现保值增值。

(三)从各行业情况看

金融业保值增值率最高,达到117.15%;其次是信息技术服务业,保值增值率为109.48%;再次是批发和零售业,保值增值率为108.32%。除房地产业以外,其他各行业均实现全行业保值增值。

(四)从单户企业看

全省8107户国有及国有控股企业中,实现国有资本保值增值的有5396户,占66.6%,较上年减少3.4个百分点。其中实现国有资本增值的有4658户,占57.5%;实现国有资本保值的有738户,占9.1%。2015年企业国有资本未能实现保值增值的有2711户,占33.4%。

表6　2015年浙江省国有企业地区和行业国有资本保值增值情况

地　区	国有资本保值增值率(%)	行　　业	国有资本保值增值率(%)
全省汇总	102.30	全省汇总	102.30
省本级	108.87	教育文化广播业	107.64
其中:省级监管	106.91	批发和零售业	108.32
省级部门	117.55	科学研究和技术服务业	105.70
地市汇总	101.00	仓储业	103.98
其中:杭州市	102.54	房地产业	99.44
台州市	100.43	金融业	117.15
舟山市	99.55	邮电通信业	100.00
衢州市	102.40	工业	105.41
金华市	101.10	信息技术服务业	109.48
宁波市	99.99	卫生体育福利业	100.41
温州市	99.69	社会服务业	102.57
丽水市	100.60	交通运输业	101.55
绍兴市	100.44	建筑业	102.11
湖州市	102.76	地质勘查及水利业	100.38
嘉兴市	100.16	农林牧渔业	100.66

四、浙江省国资委监管企业股份制改革与上市融资情况

浙江省国资委深入贯彻落实省委、省政府《关于进一步深化国有企业改革的意见》的有关决策部署,将推进省属企业上市、提升省属国有资产证券化水平作为省属企业深化改革、加快发展的战略任务,制定出台《关于加快推进省属国有资产证券化工作的实施意见》和《推进省属企业资产证券化总体方案》,通过政策支持与方案引领,鼓励推动更多的省属企业改制

上市,加快推进省属国有资产证券化。

(一)推进拟上市公司IPO工作

浙商证券IPO排队待审核;东方机电和运达风电处于上市辅导期;华江科技和诺和机电完成股份制改造;省建设集团和省交工集团改制上市方案获得批复,其中省交工集团完成公开挂牌引进战略投资者工作;省能源集团设立浙能燃气公司作为油气板块上市平台。

(二)推进省物产集团整体上市

2014年10月13日,正式启动整体上市工作,按照"资产两分,人随资产;首次引战、净资产平衡;中大平台,吸收合并;配套融资,管理层骨干入股"的基本思路制定整体上市方案;2015年9月17日,方案获得中国证监会核准批文,浙江省属企业整体上市第一单完成。

(三)推动通过资产注入实现板块上市

一是推动杭钢股份重大资产重组,整合杭钢集团等相关方持有的宁波钢铁、紫光环保、再生资源和再生科技股权注入杭钢股份,将杭钢股份持有的半山基地资产置出上市公司,差价部分发行股份并募集配套资金,2015年11月24日获得证监会核准批文。二是启动江山化工重大资产重组,省铁投集团将浙铁大风资产整体注入江山化工并募集配套资金,2015年12月31日公告交易草案。三是启动宁波港重大资产重组,完成省海港集团组建后,由宁波港发行股份购买舟山港股份资产。四是启动浙江东方重大资产重组,拟将省国贸集团公司金融资产板块注入浙江东方并募集配套资金。

(四)推进上市公司再融资

物产中大吸收合并物产集团重大资产重组完成募集配套资金26.26亿元,物产中拓完成定向增发融资4.5亿元。沪杭甬增发H股方案于2015年12月获证监会核准批文,巨化股份定向增发融资方案于2015年11月上报证监会。

截至2015年底,省属国有控股上市公司共计12家,其中A股11家,H股1家,省属国有资产证券化率46.5%。由于省物产集团被物产中大吸收合并实现整体上市,以及宁波港股份成为省属控股上市公司,上市公司各项合计指标实现较大幅度增长。12家上市公司合计总资产3793.68亿元,较2014年增长40.74%;股东权益1695.03亿元,增长57.22%;归属母公司股东权益1478.72亿元,增长62.42%;总市值3773.66亿元,增长105.67%;营业收入3103.10亿元,增长89.14%;净利润140.93亿元,增长26.30%。

五、浙江省国资委监管企业并购重组与完善法人治理结构情况

(一)并购重组情况

1. 省海港集团挂牌组建。为统筹整合浙江省港口、岸线等海洋资源,打造国际一流的港口运营集团,真正实现全省海港一体化发展,根据2015年8月7日省委常委会精神,省海港集团于2015年8月28日在舟山正式挂牌成立。省海港集团为省属一级企业集团,由省国资委、宁波市国资委、舟山市国资委分别以省属资产、宁波港集团、丹山港集团出资设立。同时,为推进宁波舟山港以资产为纽带实质性一体化运作,宁波港集团和舟山港集团正式推进合并重组,新设立的宁波舟山港集团于9月29日在宁波正式挂牌,为省海港集团全资子公司。

2. 省能源集团重组长广集团。长广集团于2015年1月8日完成工商变更,正式成为能源集团全资子公司。能源集团实施长广本部机构改革,稳步推进棚户区改造、政府职能移交等工作,并通过"转移式""新建式"和"植入式"扶持举措,改善长广集团经营状况。

3. 省农发集团重组黑龙江新良集团。2015年2月签订重组协议后,黑龙江新良集团于2015年3月26日更名为绿农集团,省农发集团对其进行组织架构调整和竞聘上岗工作,并有序推进粮源基地、粮库扩容等重点项目建设。截至2015年底,绿农集团经营扭亏为盈,首期20万吨浙江地储粮异地储备通过满仓鉴定,企业实现平稳过渡。

4. 巨化集团重组菲达环保公司。2015年2月5日,菲达环保正式取得证监会出具的非公开发行批复,增发的1.41亿股全部向巨化集团公司定向发行,并于2015年4月14日正式登记完成。定向增发后,

巨化集团持有菲达环保25.67%的股份，成为其第一大股东，巨化集团旗下的环保子公司巨泰和清泰100%的股权同时并入菲达环保，顺利实现环保业务的整合运营。

（二）完善公司法人治理结构情况

浙江省国资委以规范董事会建设为核心，研究起草《省属企业董事会建设指导意见》，对董事会、董事长、董事、董事会专门委员会、董事会秘书、出资人或股东大会的职权和义务，以及董事会组成、运行规则等方面进行规范。继续推进省属企业外部董事制度建设，修改完善《省属企业外部董事管理办法》，设立省属企业外部董事资格认定委员会，并召开外部董事资格认定委员会第一次会议，审议通过首批56名外部董事人选入库。推动专职监事管理体制调整改革。起草专职监事管理体制调整改革思路，并依据调整改革思路，研究起草《省属企业外派监事会专职监事管理办法》，对专职监事的岗位职责、任职资格、人员聘任、岗位等级、薪酬考核、激励约束等方面进行明确。

六、浙江省国资委监管企业建立和完善经营业绩考核体系情况

（一）积极参与省管国有企业负责人薪酬制度改革工作

浙江省国资委积极开展国有企业负责人薪酬制度改革工作，认真做好省属企业负责人薪酬制度改革方案的研究起草和测算分析等工作。浙江省出台《关于深化省管企业负责人薪酬制度改革的实施意见》。

（二）着力构建监管企业业绩考核新的制度框架体系

根据中央和浙江省国企负责人薪酬制度改革精神，浙江省国资委起草《浙江省国资委监管企业负责人经营业绩考核暂行办法》以及配套的经济增加值考核、非经常性收益考核、应收款项考核和考核计分四个实施方案，报送省深化国有企业负责人薪酬制度改革联席会议审议。着力构建与管资本要求相符合、与企业功能定位相适应、与国资国企改革进程相协调、与薪酬制度改革相衔接的业绩考核与薪酬核定体系。

对国有独资和国有控股企业，区分竞争类和功能类企业进行考核。对竞争类企业以增强国有经济活力、实现国有资产保值增值为导向，重点考核企业经济效益和国有资本保值增值，引导企业增强盈利能力，提高资产经营效率，提升价值创造水平，实现持续健康发展；对功能类企业考核以促进功能发挥、职责履行为导向，在合理保证国有资产保值增值的基础上，重点考核企业履行功能职责、推进重大政策与战略任务的完成情况以及运营管理效率，引导企业切实履行功能职责，提高经营效率和质量，实现社会效益和经济效益的有效提升。采取年度考核和任期考核相结合的方式。年度考核重在年度经营目标的考量；任期考核与董事会任期制相衔接，重在任期目标和中长期战略规划实施成效的考量。

（三）修订完善考评等级制度计分细则

浙江省国资委根据近几年省属企业年度考评等级制度的实施情况，对考评等级制度相关指标和计分细则进行修改完善，修订《省属企业考评等级制度考评指标计分细则》，印发企业实施。进一步加大经营投资风险、企业党建等指标的分值权重，同时，对在廉政建设、安全生产等方面发生严重问题的企业实行降级制度，对考评等级划分的标准也进一步予以明确。

七、浙江省国资委监管企业负责人考核与选人用人机制改革情况

（一）负责人考核情况

浙江省国资委组织开展省国资委监管企业领导班子和领导人员2015年度考核工作，对16家企业领导班子（包括安邦护卫集团、浙商银行、省国资公司）和137名企业领导人员进行考核。综合企业领导班子年度工作目标完成情况、企业领导人员述德述职述廉述法报告、职工群众民主测评（评议）情况、班子及个人实绩考核情况，结合日常表现和考核了解情况，对企业领导人员评定年度考核等次，4名董事长、2名总经理（行长）、18名副职领导人员或党委委员被评为年度考核优秀等次，9名董事长、10名总经理、94名副职领导人员或党委委员被评为年度考核称职等次。

(二)选人用人机制改革情况

一是修改完善《浙江省省属国有企业领导人员管理暂行办法》,在企业领导人员管理体制和机制的若干重要问题上提出改革思路。二是为规范省属企业领导人员职务任期管理工作,推动建立"能上能下"机制,研究起草《省属企业领导人员职务任期管理办法》,对任期期限、任期管理、任期考核等作出明确规定。三是研究起草《关于推进省属企业职业经理人制度建设的试行意见》,从职业经理人制度的适用范围、应坚持的原则,职业经理人的基本资格条件、选聘渠道和方式、权利和义务,职业经理人与董事会、党组织、监事会之间的履职关系,职业经理人考核评价、激励约束、退出等机制,建立职业经理人诚信档案等方面提出指导规范意见。四是修改完善《关于进一步加强省属企业中层管理人员队伍建设的指导意见》,进一步规范企业中层人员选拔任用及监督管理工作。

八、浙江省国资委监管企业党的建设和廉政建设情况

(一)党的建设情况

1. 指导省属企业学习贯彻十八大以来历次全会及习近平总书记系列讲话精神。一是指导省属企业组织开展党的十八届四中、五中全会和省委十三届八次全会及习近平总书记系列讲话精神的学习宣传贯彻。二是把深入学习贯彻习近平总书记系列重要讲话精神与指导企业改革发展工作结合起来。以省属企业党委中心组和管理人员为重点,推动各级党组织和全体党员干部把学习宣传贯彻习近平总书记系列重要讲话精神作为理论武装的重中之重。

2. 精心组织扎实推进"三严三实"专题教育。浙江省国资委党委根据中央、省委关于在县处级以上领导干部中开展"三严三实"专题教育的部署要求,专门制定下发《关于扎实推进省属企业"三严三实"专题教育的通知》,指导省属国有企业中层以上领导人员开展"三严三实"专题教育。通过收集整理、专题通报、汇总材料、上报总结等形式,了解省属企业在"三严三实"各个专题教育过程中的计划安排、教育培训、讨论发言、自我剖析等进展情况,增强对专题教育的指导性和针对性。

3. 及时组织党章党规党纪学习。浙江省国资委党委根据省纪委、省委组织部《关于在全省县处级以上党员干部中组织开展党章党规党纪专题集中轮训的通知》要求,专门印发《省属企业中层党员领导人员党章党规党纪专题集中轮训实施方案》,指导企业组织开展党章党规党纪专题集中轮训。

4. 落实党建工作主体责任。浙江省国资委制定《省属企业党委党建责任清单》,明确党委的主体责任和党委书记的第一责任。严格落实"一岗双责"。各省属企业党委按照全面落实从严治党的要求,普遍制订省属企业党建工作责任制度。组织开展集团党组织书记党建工作述职评议工作。15 家省属企业党委书记在述职、述廉、述法的同时进行述党建工作,各企业党委书记就上年度企业党建工作取得的成绩及履职过程中存在的问题进行汇报述职,省属企业 1900 余名党员干部参加评议,发放评议表 1931 份。

5. 继续开展寻找"最美员工"主题活动。在省属企业继续开展寻找"最美员工"主题活动。本次"最美人物"分为"敬业之美""诚信之美""奉献之美""创新之美"和"青春之美"五类,评选出 25 名省属企业"最美员工"。

(二)廉政建设情况

1. 认真落实主体责任。浙江省国资委党委制定下发国资委党委及其成员接受派驻纪检监察机构监督的意见,召开省属企业反腐倡廉建设会议,对落实"两个责任"和反腐倡廉各项工作作出具体部署;分赴各省属企业检查考核党风廉政建设责任制落实情况,考核结果直接与企业领导人员薪酬挂钩。2015 年,浙江省国资委多次召开党风廉政建设专题会议,坚持季度例会,研究党风廉政建设有关情况。委党委书记以督促落实"两个责任"为主要内容约谈企业主要负责人。各省属企业党委履行主体责任情况报告工作,强化责任制落实情况检查,把主体责任落实到各级党组织,延伸到基层单位。

2. 狠抓中央八项规定精神落实。浙江省国资委党委在年初和"中秋""国庆"期间专门下发通知作出部署。把贯彻执行中央八项规定作为监督执纪问责的经常性工作来抓,盯住重要节点,开展明查暗访、正风肃纪活动。2015 年,省国资委和省属企业开展明查

暗访 979 次，检查单位 1206 个，发现违纪违规问题 29 起，下发通报 33 起，给予党纪政纪处分 16 人。

3. 加强和改进执纪审查工作。浙江省国资委纪工委和省属企业纪委谈话函询 229 件（次），其中反映失实予以澄清了结的 92 件（次），党纪处分和组织调整 44 人。健全线索管理机制，将巡视、信访、审计等方面发现的企业领导人员问题线索纳入集中管理，加强规范处置。浙江省国资委立案查处省国贸集团五矿公司总经理、副总经理等 4 人腐败串案窝案。处理来信来访 176 件（次）。落实“一案双查”，对在 2014 年度发生中层以上人员违纪违法案件的省属企业，按照党风廉政建设责任制规定，给予企业有关责任领导扣发年薪等处理。

4. 加大监督力度。支持配合浙江省委巡视组对 4 家省属企业的专项巡视；核实巡视组移交的问题线索，及时报告核查情况。召开省属企业落实主体责任交流会、纪委书记座谈会，约谈各企业纪委书记，督促企业切实落实“两个责任”。起草提请省政府出台《省属企业经营投资资产损失责任追究暂行办法》等制度措施。各省属企业围绕企业改制、资产重组、资本运营、采购营销、工程项目建设等重点部位和关键环节，加强监督执纪，强化风险管控，注重建章立制，2015 年省属企业建章立制 2692 项。

5. 深化党风廉政教育。认真组织学习习近平总书记关于党风廉政建设和反腐败斗争的重要论述、党章和廉洁自律准则、党纪处分条例，积极指导省属企业做好对 1600 余名中层党员干部、管理人员的集中轮训工作。组织观看《作风建设永远在路上》专题教育片，赴南湖革命纪念馆接受教育，邀请省纪委领导为国资国企干部作党风廉政建设专题报告，到省廉政教育基地开展警示教育活动。全年编发《浙江国资纪检监察》信息 21 期。

九、浙江省国资监管及国有企业改革发展具有地方特色情况

一是以管资本为主完善国资监管制度。2015 年 6 月，浙江省政府出台《省属企业经营投资资产损失责任追究暂行办法》，督促省属企业规范经营投资行为，完善内控机制，严格追究问责。2015 年 11 月，浙江省国资委印发《浙江省省属企业重大信息公开暂行办法》和《关于进一步规范省属企业资金存放等财务事项管理的意见》。推进省属企业重大信息公开工作，保障社会公众对国有资产运营的知情权和监督权；规范省属企业各类金融账户、资金存放、理财和票据业务等财务事项管理，防范发生利益输送和利益冲突问题。

二是大力推进供给侧结构性改革。按照省委、省政府部署，浙江省国资委统筹协调杭钢集团转型升级工作，于 2015 年 12 月 23 日全面关停半山钢铁基地，妥善解决 19 项重点难点问题，包括土地、住房、职工待遇等一系列历史遗留问题，1.2 万余名职工得到妥善安置，8000 余户居民供水、供气、供电等社会职能完成移交，保持企业平稳有序良好局面。

三是强化监督防止国有资产流失。组织开展企业“经营风险大排查”，通过全面“体检”、逐家“会诊”，督促企业梳理化解风险、查找补齐短板、完善内控体系，维护国有资产安全。健全完善外部监督机制，组织外派监事会开展企业资金信用管控、内控体系建设、大宗商品贸易等专项检查，会同审计机构开展企业“三公”经费专项审计、境外国资监管情况专项审计调查，协助做好国有企业巡视工作，及时约谈有关企业负责人，推动存在问题的整改落实。

（撰稿人：朱平海）

宁波市

一、宁波市国有资产监督管理工作综述

2015 年，宁波国资国企系统按照全国全省国资工作会议和中发〔2015〕22 号文件、浙委发〔2014〕24 号文件精神，紧紧围绕宁波市委、市政府决策部署和要求，以全面深化国资国企改革为主线，突出抓改革、促转型、强管理、提效益，积极应对新常态下各种困难和挑战，扎实推进国资国企改革发展，国资国企整体运

营总体平稳。截至2015年底,24户市属企业资产总额3714.14亿元,同比增长8.91%;净资产1470.78亿元,同比增长15.17%;国有资本保值增值率115%,同比增加9.50个百分点;整体负债率60.40%,同比减少2.15个百分点;全年实现利润总额39.71亿元,同比增长2.13%。

(一)研究制定改革意见和规划,国企功能作用和目标进一步明确

坚持市场决定性作用、政府引导作用和国企主体作用相协调,国资保值增值、国企改革发展与城市重大战略实施相结合,研究制定国资国企改革发展纲领性文件和长期发展规划。一是国资国企改革意见出台。按照宁波市深改领导小组统一部署,研究起草《中共宁波市委宁波市人民政府关于全面深化国资国企改革的意见》,12月8日正式印发。着手研究推进国有经营性资产集中统一监管、国企经营者业绩考核与薪酬分配、推动董监事会建设以及国企领导人员综合考核等系列配套性改革文件,构建宁波市全面深化国资国企改革“1+N”制度体系。二是研究起草“十三五”发展规划。联合宁波大学等高校研究团队,着手编制市属国有经济“十三五”发展规划,组织市属企业开展“十三五”发展战略规划制定工作。

(二)推动国企有效投资,稳增长调结构惠民生引领作用进一步发挥

以实施“三年行动计划”为主抓手,进一步发挥国企在投资拉动中的骨干作用。一是有效投资力度不断加大。加大在重大基础设施、重要区块开发、重点民生服务和战略性新兴产业等领域的投入强度,全年24家市属国企完成有效投资460亿元,同比增长10%以上。二是重大项目建设有序推进。加大考核力度,引导市属企业加快重大项目建设。湾头、鄞奉片区、江东区块、两江北岸等功能区块开发加快推进,奥体中心、机场三期、三门湾大桥、钦寸水库等工程进展有序,轨道交通2号线一期开通运营,南塘老街二期开业,宁波模具产业园签约入驻企业超过50家。三是国企融资能力不断提升。积极扩大融资渠道,综合运用股权融资、公司债、永续中期票据等多种融资途径,努力降低融资成本。全年市属企业完成直接融资226亿元,平均直接融资成本4.87%。积极推动企业争取国家扶持资金,与国开发展基金开展夹层型融资事项。

(三)优化国有资本布局结构,战略引导作用的基础进一步夯实

通过推进“瘦身强体”、整合重组、混合所有制改革等方式,促进国有资本战略引导能力的快速提升。一是继续推进“瘦身强体”。鼓励企业运用兼并、重组、产权出让等手段,科学处置现有存量土地及其他低效资产,推动非主业资产剥离,全年盘活各类资产220亿元,进一步腾出融资空间。支持市属企业抓住棚户区改造机遇,盘活消化存量商品房。二是加大企业整合重组力度。推动整合市属企业中的旅游、林业等产业资源,组建宁波旅投公司、市林业资源管理公司等,增强国有资本对重要产业的战略引导能力。三是分类推进混合所有制改革。加大市属企业与复星集团、北京信托、人保集团等各类资本的合作力度。着力推进市属企业PPP项目,城投、交投和市政投资3家市属企业实质性启动PPP试点,实现“三路一桥”增量PPP置换。出台《市属企业增资扩股公开择优选择投资者管理办法(试行)》,规范增资扩股选择投资者的行为。

(四)狠抓巡视反馈意见整改落实,国企内部风险防控能力进一步增强

重点针对省委市委巡视组反馈意见,以落实整改为契机,促进企业提升管控水平,健全国企经营管理机制。一是严控企业决策风险。印发《市属企业“三重一大”决策制度实施办法》,规范企业重大投资、重大资产处置等决策行为。出台《重大投资项目专家评审实施意见》和《专家库管理办法》,提高企业项目投资决策科学性。二是严控企业运营风险。推动建立国企承担的政府主导项目统筹决策和要素平衡机制,在合理控制企业负债规模的前提下,保障项目投资、建设和运营稳健有序推进。三是严控财务资金风险。修订《市属企业担保管理办法》等,切实防范互保、交叉担保和过度担保等连锁经营风险。印发《进一步加强市属企业财务管理有关规定》,继续完善企业财务监管体系。四是严控企业法律风险。出台《关于加强市属企业法治建设的指导意见》及其实施方案,重点推动建立总法律顾问制度，为企业防范重大法律风险提供制度保障。积极举办企业法治讲座，充分发挥委机关法律顾问作用，帮助企业防范重大法律风险。

（五）积极推进现代企业制度建设，国企治理水平进一步提高

强化企业主体地位，筑牢依法治企、依法监管的基础，提升市属企业法人治理能力和水平。一是实施董监事会工作报告制度。组织开展董事会述职评价工作，并与党委落实党风廉政建设主体责任放在一起，每年向出资人报告工作并接受质询，实现同部署、同落实、同报告、同检查。首次以专题主任办公会议的形式逐家听取监事会主席年度工作报告，有力推动国企法人治理结构的完善。二是探索规范董事会建设。在工投集团开展规范董事会建设试点，完善董事会议事规则，合理划分董事会、经营层职责，优化董事会人员结构，引入2名民营企业家出任外部董事，提高董事会独立性以及决策能力和水平。三是加大监事会监督力度。扩大国资委委派、推荐监事会主席以及外派监事的范围，建立健全工作机制，起草监事会监督成果运用办法，加大监事会发现问题的整改力度，监事会作用得到进一步发挥。四是有效开展国企审计工作。开展企业领导人员经济责任审计，实施部分企业财务收支、资产状况与投资项目审计，发挥审计规范管理、降低成本等积极作用。

（六）全力推进工作体系建设，国资监管服务效能进一步提升

按照"以管资本为主加强国有资产监管"要求，增强国有资产监管的规范性、针对性和有效性。一是厘清出资人权利清单。全面梳理履职行权监管事项，印发《市国资委履职行权监管事项清单》，并对监管事项逐项梳理制定办理指引，进一步明确国资监管边界，调整优化国资监管方式。二是推进经营性国资监管全覆盖。开展市属经营性和非经营性资产存量的摸底调查，拟定市属经营性资产、非转经资产整合方案，为推进国有资本集中统一监管打下基础。组织开展综合评估，进一步落实委托监管责任。加大综合调研力度，认真谋划国有资本投资运营公司组建方案。三是深化国有产权管理。出台《市属企业国有产权转让管理办法》，严控场外协议转让，规范产权转让流程。推进产权交易中心运营体制改革，启用国有产权交易信息监测预警系统。开展国有产权管理综合检查，组织业务培训，进一步规范和强化企业国有产权管理和招投标管理等。四是强化财务监督和培训指导。落实《关于加强市属国有企业财务管理的若干意见》和公务消费财务预算管理，对16家企业进行财务综合检查，督促落实整改。组织三期240多名财务人员参加高级研修班、总会计师班等，进一步提升财务会计人员素质。五是优化考核分配机制。拟定竞争类、公共服务类企业分类考核办法，提升考核针对性和有效性。研究拟定《关于深化市属企业负责人薪酬制度改革的实施意见》，进入审议阶段。完成2014年度经营者薪酬考核和第三期任期考核。按企业功能分类，强化工资总额预算管理，施行工资增长调控线制度。六是加强国有资本经营预算管理。国有资本收益收缴比例提高到10%，范围扩大到全部出资企业。收缴收益31635万元；安排支出28595万元，用于重点企业融资、运营成本补助和国有资本金注入。七是强化县级国资监管指导。系统开展工作调研，重点对县级国资监管机构的设置、职责定位、监管范围以及制度建设等进行对口指导和交流。指导宣传贯彻国家和省市国资国企改革意见等重要政策文件。八是加强企业安全生产管理。全面推进企业安全生产标准化创建工作，全年新增安全生产一级、二级、三级标准的企业分别为1家、4家和3家。开展安全生产大检查及危化行业、危旧房屋隐患专项排查整治活动，确保企业及职工生命财产安全。

（七）切实加强领导班子和干部队伍建设，机关和国企党建科学化水平进一步提高

以进一步发挥党组织的政治优势为目标，按照从严管党治党要求，扎实推进机关和国企党风廉政建设。一是认真抓好省委、市委巡视组反馈意见整改落实。国资委机关和相关市属企业从组织领导、责任分工、方案拟定、动员部署、定期督查、建章立制等方面入手，认真抓好巡视反馈问题的整改工作。加大巡视整改力度，针对巡视反馈和日常检查发现的问题，及时下达整改通知书，约谈部分企业主要负责人，督促推动企业整改落实。二是加强领导班子和干部人才队伍建设。在市国资委机关和市属企业扎实开展“三严三实”专题教育，切实做到用党章党规立身处事，用担当担责做履职表率。继续抓好国企精英人才培育工程，完成第一期培训和第二期培训启动工作，举办市属国企党务纪检人力资源工作综合培训班。改进国企领导班子和领导人员综合考核评价工作，有序推进实施任期考核和目标管理。三是加强机关与基层党建工作。组织落实国资委机关“深改革、强规范、提能效”作风建设专项行动。开展基层党建规范提升年活动，组织开展市属企业党委书记抓基层党建述职评议考核，着力推进企业夯实党建工作基础。积极推进基层服务型党组织星级评定工作，四星级以上党组织达到90%。以“道德讲堂”、特色志愿者服务队伍为平台，开展形式多样的教育实践活动。四是加大廉洁反腐和作风建设力度。认真落实主体责任和监督责任，市国资党工委与6家市属企业签订党风廉政建设责任书。加强廉政宣传教育，制定出台《加强市属企业廉洁从业教育指导意见》。组织开展市属企业财务和银行账户开设、大宗物资采购、产权管理、企业领导人薪酬管理以及“四风”问题等专项检查，企业重点领域监督治理力度不断加大。实施公务消费预算管理，下达24家企业2015年度公务消费预算，扩大到10家委托监管企业，取得良好效果，其中15家市属企业2015年度公务消费同比下降22.44%，较2013年降幅达到33.33%。加大国企车改推进力度，除3家小型企业外，14家直接监管企业全部完成车改，车改后费用节约2200万元，下降29.25%；公务用车数量减少476辆，下降68%。五是营造良好的国资国企改革舆论氛围。组织开展市国资委成立十周年系列活动，宁波日报专版系列报道市属企业10年改革发展之路，出版《宁波国资》国企改革发展十周年特刊、《国资甬企·东海潮》等刊物，牵头举办市国资国企系统体育比赛。积极运用报纸、电视、甬派、网络等多种方式，立体报道宁波市委、市政府关于全面深化国资国企改革文件精神和国资委改革试点等工作。

二、宁波市国有资产总量与结构分析

2015年，在宁波市委、市政府的正确领导下，宁波国企面对复杂严峻的宏观环境和经济下行压力，主动作为，积极应对，以全面深化国资国企改革为主线，以落实巡视整改为契机，全面推进有效投资，千方百计筹措资金，多管齐下降本增效，着力提升内部管控水平，市属国有经济总体保持平稳，国有资本基础支撑、战略引导和民生保障作用增强。

表1　2015年宁波市所属国有企业指标

项　目	数　额
资产总额(亿元)	9342.91
净资产(亿元)	2906.14
营业收入(亿元)	411.33
利润总额(亿元)	3.89
实际上交税金总额(亿元)	36.16
负债合计(亿元)	6436.77
净利润(亿元)	−3.77
国有资产总量(亿元)	2688.51
平均职工人数(人)	60660.00
国有资本保值增值率(%)	99.99
总资产报酬率(%)	0.97
成本费用利润率(%)	0.78
主营业务收入增长率(%)	−4.48
资产负债率(%)	68.89
流动比率	2.01

表2　2015年宁波市国有企业户数情况

项　目	2014年	2015年	比上年增长(%)
户数(户)	846	779	−7.92

表3　2015年宁波市国有资产地区分布情况

地　区	国有资产(亿元)	占国有资产总量比重(%)
市本级汇总	1066.30	39.66
其中：直接监管企业	822.58	30.60

续表

地　　区	国有资产（亿元）	占国有资产总量比重(%)
委托监管企业	58.32	2.17
单一资产监管企业	185.40	6.90
县市区汇总	1622.00	60.34
其中：大榭开发区	68.58	2.55
保税区	38.02	1.41
江东区	15.61	0.58
镇海区	148.12	5.51
东钱湖	22.56	0.84
海曙区	105.97	3.94
奉化市	144.94	5.39
高新区	25.18	0.94
慈溪市	185.37	6.89
宁海县	72.26	2.69
鄞州区	158.03	5.88
北仑区	18.61	0.69
梅山保税区	0.27	0.01
余姚市	277.79	10.33
象山县	94.55	3.52
杭州湾新区	124.33	4.62
江北区	122.01	4.54

表4　2015年宁波市国有资产行业分布情况

行　　业	国有资产（亿元）	占国有资产总量比重(%)
农林牧渔业	17.11	0.64
工业	52.32	1.95
建筑业	121.04	4.50
地质勘查及水利业	117.98	4.39
交通运输业	212.82	7.92
仓储业	9.79	0.36
批发和零售业	5.21	0.19
金融业	2.26	0.08

续表

行　　业	国有资产（亿元）	占国有资产总量比重(%)
房地产业	333.49	12.40
信息技术服务业	0.86	0.03
社会服务业	1772.00	65.90
卫生体育福利业	0.22	0.01
教育文化广播业	38.17	1.42
科学研究和技术服务业	5.46	0.20

表5　2015年宁波市国有资产经营规模分布情况

项　　目	国有资产（亿元）	占国有资产总量比重(%)
大型企业	1080	40.16
中型企业	308	11.46
小型企业	821	30.54
微型企业	480	17.85
合　　计	2689	100.00

三、宁波市国有资本保值增值综合分析评价

2015年，宁波市各级国资监管机构积极建立健全国资监管体制机制，优化国有经济布局结构，深化国有企业改革创新，经济规模持续扩大，企业实力显著增强，国有资本保值增值成效明显，在推进全市重大区块开发、重大项目建设和民生项目等方面发挥重要作用。

表6　2015年宁波市国有企业地区和行业国有资本保值增值情况

地　　区	国有资本保值增值率(%)	行　　业	国有资本保值增值率(%)
市本级汇总	101.01	农林牧渔业	100.53
其中：直接监管企业	101.04	工业	97.73
委托监管企业	98.76	建筑业	99.8

续表

地　　区	国有资本保值增值率(%)	行　　业	国有资本保值增值率(%)
单一资产监管企业	101.63	地质勘查及水利业	99.71
县市区汇总	99.28	交通运输业	98.72
其中：大榭开发区	102.79	仓储业	100.28
保税区	101.89	批发和零售业	104.98
江东区	96.62	金融业	100.52
镇海区	101.51	房地产业	100.1
东钱湖	100.03	信息技术服务业	103.08
海曙区	99.54	社会服务业	100.08
奉化市	94.67	卫生体育福利业	122.38
高新区	103.97	教育文化广播业	101.87
慈溪市	99.67	科学研究和技术服务业	108.15
宁海县	98.08		
鄞州区	99.86		
北仑区	95.49		
梅山保税区	99.22		
余姚市	98.43		
象山县	100.43		

四、宁波市国资委监管企业改革重组与股份制改革情况

2015年，宁波市国企改革重组和股份制改革有序推进。在改革制度设计方面，宁波市委、市政府正式出台《关于全面深化国资国企改革的意见》；同时还着手研究提出国企经营者业绩考核与薪酬分配等系列配套性改革文件，构建宁波市全面深化国资国企改革“1＋N”制度体系。在推进国企“瘦身强体”方面，采用兼并、重组、产权出让等方式，科学处置现有存量土地及其他低效资产，推动非主业资产剥离，全年盘活各类资产220亿元，进一步腾出融资发展空间。同时，抓住棚户区改造和房地产市场有所回暖的机遇，抓紧盘活、消化存量商品房。江北、东钱湖管委会加大经营性闲置资产盘活力度，提升国有资本配置效率。在加大国企整合重组方面，推动组建旅投公司、林业资源管理公司等，增强国有资本对重要产业的战略引导能力。宁海、大榭、保税区积极推进国资整合，国企规模实力得到进一步提升。在有序推进混合所有制改革方面，3家市属国企实质性启动PPP项目试点，实现“三路一桥”增量PPP置换。出台《市属企业增资扩股公开择优选择投资者管理办法》，规范增资扩股选择投资者的行为。鄞州运用收购、参股等方式与中车等实施战略合作，积极探索发展混合所有制经济。

五、宁波市国资委监管企业完善法人治理结构情况

2015年，宁波市国资委通过强化企业主体地位，筑牢依法治企、依法监管的基础，市属企业法人治理能力和水平进一步得到提升。在落实董监事会工作报告制度方面，在完成监管企业董事会书面报告工作的基础上，听取7家董事会年度工作报告，并对董事会工作进行评价；首次以专题主任办公会议的形式，逐家听取监事会主席年度工作报告，通过两个报告制度明确国资委与董事会、监事会的职能定位，有力推动国企法人治理结构的完善，强化企业风险管控机制。在探索规范董事会建设方面，选择宁波工业投资集团有限公司进行试点，明确出资人与董事会职责，将部分出资人职责授权给董事会，调动董事会积极性；修订公司章程，建立职责明确、事权清晰的董事会、经营层议事规则，改进董事会运作模式；建立外部董事制度及日常考核评价机制，引进两名民营企业家进入董事会，改善董事会人员结构，提升董事会的独立性。在加大监事会监督力度方面，扩大国资委委派、推荐监事会主席以及外派监事的范围，加大监事

会发现问题的整改力度，监事会作用得到进一步发挥。同时，开展企业领导人员经济责任审计，实施部分企业财务收支、资产状况与投资项目审计，发挥审计规范管理、降低成本的积极作用。

六、宁波市国资委监管企业建立和完善经营业绩考核体系情况

2015年，宁波市国资委有序开展业绩考核与收入分配管理，加大分类考核力度，较好地发挥业绩考核与收入分配“指挥棒”“风向标”的引导作用。拟定竞争类、公共服务类企业分类考核办法，提升考核针对性和有效性。研究拟定《关于深化宁波市属企业负责人薪酬制度改革的实施意见》等8个文件，完成全市国有企业负责人及国企员工近三年工资收入情况调查统计工作。完成2014年度经营者薪酬考核和第三期任期考核。按企业功能分类，强化工资总额预算管理，施行工资增长调控线制度。开设“市属国企招聘信息”网站专栏，并与当地人社局网站联接，做到市属国企招聘信息公开透明。

七、宁波市国资委监管企业负责人考核与选人用人机制改革情况

2015年，宁波市国资委强化国企领导人员和人才管理。完成2012—2014年企业领导班子和成员的任期考核，组织开展企业领导人员述职述廉述德和选人用人工作“一报告两评议”，加大对企业领导人员履行党建工作第一责任和“一岗双责”情况的考核力度，充分运用任期考核评价的激励和约束功能，推动企业班子建设。完善企业纪检机构管理体制，进一步配强配优企业班子。研究起草《市属国有企业中层管理人员选拔任用工作实施细则》，谋划建立市属企业外部董事人才库。举办“市属国有企业党务纪检人力资源工作综合培训班”，抓好国有企业精英人才培育工程。严格机关干部和企业领导人员监督管理，抓好领导干部个人有关事项报告制度的落实，做好2014年度领导干部个人有关事项报告的填报、随机抽查、核实比对、结果处理等工作。严格执行领导干部和企业领导人员兼职规定和市属企业主要领导人员请假报告制度，加强因公出国（境）审核审批。坚持完善“双对考核”制度，并在“全省公务员平时考核工作推进会”上作先进经验交流发言。

八、宁波市国资委监管企业党的建设和廉政建设情况

2015年，宁波市国资委以“三严三实”专题教育为抓手，认真落实主体责任和监督责任，继续深化基层服务型党组织建设，充分发挥党组织政治核心作用。组织开展企业党委书记抓基层党建工作述职评议考核工作。积极打造“锋领前哨”，拟定《关于开展市属国企党委书记抓基层党建述职评议考核的通知》和《全面打造国企锋领前哨，实施3522行动计划》，为全面推进企业党建工作打下基础。组织市属国企224个基层党组织自下而上开展基层服务型党组织星级评定工作，四星级以上党组织达到90%。加大市属国企党风廉政建设力度，市国资党工委与6家市属企业签订党风廉政建设责任书。加强廉政宣传教育，制定出台《加强市属企业廉洁从业教育指导意见》。组织开展市属企业财务和银行账户开设、大宗物资采购、产权管理、企业领导人薪酬管理以及“四风”问题等专项检查，企业重点领域监督治理力度不断加大。实施公务消费预算管理，下达24家企业2015年度公务消费预算，扩展到10家委托监管企业，取得良好效果，其中15家市属企业2015年度公务消费同比下降22.44%。加大国企车改推进力度，除3家小型企业外，14家直接监管企业全部完成车改，车改后费用节约2200万元，下降29.25%；公务用车数量减少476辆，下降68%。

（撰稿人：谢孝宏）

安徽省

一、安徽省国有资产监督管理工作综述

2015年，安徽省国资国企系统认真贯彻落实中央和省委省政府以及国务院国资委的决策部署，坚持稳

中求进总基调，努力应对困难和挑战，各项工作取得积极成效。

(一)企业经济运行保持总体平稳

一是多数企业实现盈利。除煤炭、钢铁、有色金属企业和机场集团外，22户省属企业实现盈利，其中17户企业利润总额超过亿元，华安证券公司实现利润翻两番，国元集团、军工集团、华强集团利润增长超过50%，江汽集团利润增长40%，能源集团利润增长29%，交控集团利润增长10%。合肥、淮北、亳州、阜阳等市国有企业实现利润较快增长。二是重点项目加快建设。马钢集团新高炉系统工程建设稳步推进；交控集团7条高速公路建成通车，营运高速达到3891千米；能源集团滁州、阜阳垃圾发电项目建成投产，天然气六安—霍山、利辛—颍上支线投产通气；投资集团合福高铁、宁安城际铁路、芜铜高速公路开通运营；皖维集团PVB树脂二期项目建成投产；旅游集团淮北隋唐运河文化古镇项目一期基本完工。三是与央企合作发展工作扎实推进。成功举办中央企业助力安徽"十三五"发展座谈会暨安徽省与中央企业合作项目签约仪式，集中签约206个项目，投资规模3952.6亿元；全年累计开工项目231个，投资规模2517.08亿元；实际完成投资3065.66亿元；竣工项目185个，投资规模2250.68亿元；新签约项目329个，投资规模4321.33亿元，"四个2000亿元"年度目标任务全面超额完成。对口联系央企帮扶金寨，实施产业扶贫项目13个，投资规模162.58亿元。四是降本增效成效明显。马钢股份加强成本管控和考核，吨钢成本下降667元，全年降本10.5亿元；交控集团主业融资成本率同比下降25%；海螺集团水泥生产成本每吨下降20.26元，型材成本每吨下降569元；能源集团资金成本率下降到4.88%，财务费用同比减少1.25亿元；淮北、淮南、皖北三户煤炭企业原煤成本每吨分别下降19元、137元、90元；叉车集团单台叉车成本下降3500元；淮海实业集团节约开支2000多万元。五是精准帮扶有力推进。落实省政府负责同志精准帮扶省属企业工作部署，切实履行帮扶办职能，梳理省属企业问题清单180项，分别制定措施清单和责任清单，省政府负责同志对44项明确解决意见，有关部门对20项提出解决意见，督促省属企业加快解决自身存在的50项问题，32项得到有效解决。省政府将"三联系三清单"印发各市和省直有关部门，推进相关措施加快落实。加大对困难行业的帮扶力度，印发《省属煤炭企业2015—2017年三年转型发展行动计划》。

2015年，省属企业实现营业总收入6121.5亿元，同比下降5.3%；实现利润总额199.7亿元，同比下降21.3%；实现劳动生产总值1092.6亿元，同比下降11.7%；年末资产总额12905.6亿元、所有者权益总额4409.5亿元，同比分别增长9.6%、6.9%；全年上缴税费350亿元，加上马钢集团、铜陵有色集团进口环节增值税40.6亿元，合计为390.6亿元，占全省财政收入的10%。与全国省级国资委监管企业相比，省属企业利润总额位居全国第九，中部第一；资产总额和营业收入位居全国第八，中部第二。

(二)企业改革积极稳妥推进

一是企业改制上市稳步实施。江汽集团完成整体上市后续工作；铜陵有色集团深化改革方案及员工持股计划经省政府审定批准；交控集团所属交规院首发上市工作加快推进；旅游集团所属城建设计研究院等一批省属企业子公司改制工作进展顺利。二是企业重组整合取得突破。完成交控集团组建工作，实施徽商集团资产与债务重组，推动省投资集团对省内合资铁路的重组整合，组织实施省交通控股集团重组省经工集团工作，推进恒天纤维集团重组省纺织工业设计院、水安股份公司与河南省水利勘测设计研究有限公司重组等项目。三是现代企业制度不断完善。加强国有资本投资运营公司建设，指导推进省投资集团功能建设，起草省国资运营公司功能建设初步方案。修订《安徽省国有独资全资公司外部董事管理暂行办法》，启动实施省投资集团、淮南矿业集团规范董事会建设工作。在省高速地产集团开展职业经理人试点。四是有关历史遗留问题有效解决。全面落实国有企业职教幼教退休教师待遇政策，完成2011—2014年度国有企业职教幼教退休教师资格认定及生活补贴发放；妥善解决江汽集团离退休人员改制预留费用不足问题；实施省属企业托管中心医疗保健人员医疗待遇落实工作；配合淮南市政府妥善化解淮南东辰公司改制有关问题；开展省属企业"三供一业"分离移交情况调查和工作谋划。五是市属企业改革步伐加快。合肥、淮北、宿州、蚌埠、淮南等市改组或组建国有资本投资运营平台，蚌埠市开展股权和分红激励试点，阜阳、六安等市分类推进改革，滁州市积极清理长期停产企业，马鞍山市推进国有企业负责人薪酬制度改革，铜陵市开展规范法人治理结构试点，池州市设立产业发展基金公司，安庆市推进重点企业整体上市。

（三）转型升级步伐进一步加快

一是自主创新能力提升。2015年，省属企业有23个项目获得省科学技术奖，其中一等奖3项；铜陵有色集团获得国家科技进步二等奖1项；马钢集团获得冶金行业科技进步一等奖1项；淮南矿业建成首个智能化工作面；铜陵有色集团、煤炭设计院等省属企业主持编写《硫化铜、铅、锌、镍精矿中砷量的测定》《煤炭工业矿井节能设计规范》等国家标准。二是结构调整步伐加快。积极投身调结构转方式促升级“4105”行动计划，省属企业2015年安排战略性新兴产业投资项目110个，投资额79亿元。安凯新能源汽车等一批重大项目竣工投产，铜陵有色奥炉改造等工程启动实施。投资集团参与发起设立安徽产业发展基金，高新技术产业投资基金规模不断扩大；国元集团发起设立总规模30亿元的安元投资基金，促进高成长性产业发展；叉车集团向服务业延伸，与德国永恒力集团联合成立车辆租赁公司；建工集团发起设立规模400亿元的PPP专项产业基金；农垦集团成立面向全省的农业全程社会化服务公司。积极清理省属企业三级以下及非主业企业，清算注销113个，转让或重组205个。三是绿色发展初见成效。马钢集团加快污染治理，环保设施同步运行率达到99.9%，合钢公司实施城市钢厂环保搬迁；海螺集团余热发电技术荣获中国工业大奖项目奖，跻身国家十大重点节能工程；铜陵有色集团开展“安全环保、意识先行”活动；江汽集团推进节能“绿程计划”，实施新能源汽车动力电池寿命提升项目；叉车集团研发生产绿色环保系列产品。四是开放发展取得突破。围绕“一带一路”战略、国际产能和装备制造合作等，积极实施“走出去”发展战略。马钢集团全年出口钢材120万吨；海螺集团印尼南加二期等多个海外项目进入安装高峰期；铜陵有色集团厄瓜多尔米拉多铜矿开工建设，并与澳大利亚鹦鹉螺公司签署海底矿加工合作协议，成为全球第一家参与海底矿选冶的企业；江汽集团建立覆盖130多个国家和地区的营销网络；国贸集团出口业务逆势增长；农垦集团牵头的津巴布韦经贸合作区被确认为安徽省首批省级境外经贸合作区；建工集团海外工程遍布全球50多个国家，创造该集团约15%的利润；中煤矿建集团在越南、印度等国家承揽矿建项目。

（四）国资监管有效性不断提升

一是推进依法监管。准确把握出资人职责定位，有序推进简事放权，实施清单管理，主动取消下放部分审批、核准、备案事项。加强制度建设，出台《关于推进依法监管、规范重大事项决策行为的实施意见》等规范性文件。二是抓实基础监管。深化预算管理，收缴省属企业国有资本收益14.5亿元，下达国有资本预算支出项目计划10.9亿元。严格决算把关，招标选聘社会中介机构审核省属企业财务决算。加强企业工资总额预决算管理，科学合理确定工资总额。强化考核导向，扎实推进省属企业负责人分类考核。加强基础信息管理，完成2014年度全省2767户企业国有资产统计。严格推进国有产权转让进场交易，全年国有产权成交金额40亿元，较评估值溢价14.29%。三是强化监事会监督。依法完成监事会换届调整，对煤炭设计院、叉车集团等10户企业开展全面监督检查，完成报告6份，揭示问题145项，提出整改建议40条，提出政策建议3条。坚持监督检查意见落实情况报告制度，建立完善整改台账，定期召开企业整改情况专题汇报例会，对存在问题及时跟踪问题、督促整改落实。

（五）风险防范和安全稳定工作扎实有效

一是加强日常防范。印发《关于进一步加强省属企业全面风险管理工作的通知》，召开省属企业主要负责人座谈会，专题部署合规经营、防范风险工作，举办省属企业风险防范专题培训班和省属企业领导人员法律知识及风险管控培训班，组织省属企业对重点领域和关键环节存在风险进行排查化解。加强省属企业经营风险预警，建成风险预警管理等信息化子系统。印发《关于进一步加强省属企业类金融和金融及金融衍生业务管理的通知》并进行清查,修订《省属企业高风险投资业务监督管理暂行办法》和《省属企业担保管理暂行办法》。二是推进依法治企。推进以企业总法律顾问为核心的企业法律风险防范机制建设,全面推进依法经营、合规管理,深入推进省属企业落实法治工作新三年目标,加快促进法律管理与经营管理的深度融合,使法律审核成为经营管理的必经环节,推动企业规章制度、经济合同、重要决策法律审核的全覆盖。三是积极化解风险。在省政府领导下,采取切实可行的处置措施,有效化解淮南矿业皖江物流复牌暴跌风险和徽商集团债务风险,维持企业稳定和正常经营。积极应对股市异常波动,5 家省属企业国有股东及时增持股票。四是狠抓安全稳定。加强省属企业安全生产考核,推动安全发展。皖北煤电重拳治理责任虚化、执行不力问题,问责矿处级干部 35 人次,首次实现煤业"零死亡";华强集团推进安全生产达标创建,18 年来实现零事故。坚持定期接访、主动下访,2015 年省属企业未发生进京赴省非正常信访事项和大规模集体信访事项,信访老户越级信访量下降 90%。

二、安徽省国有资产总量与结构分析

(一)国有企业基本情况

2015 年,全省纳入统计范围的国有及国有控股企业和实行企业化管理的事业单位(以下称"国有企业")3062 户,比上年增加 95 户。

表 1　2015 年安徽省国有企业户数情况

项　目	2014 年	2015 年	比上年增长(%)
户数(户)	2967	3062	3.2
省属企业(户)	1520	1587	4.4
省直单位企业(户)	123	133	8.1
市县企业合计(户)	1324	1342	1.4

截至 2015 年底,全省国有及国有控股企业资产总额 32325.9 亿元,比上年增长 14%;负债总额 19031.6 亿元,比上年增长 17.2%;所有者权益总额 13321.3 亿元,比上年增长 9.8%;其中,归属于母公司所有者权益总额 11263.1 亿元,比上年增长 11%;总资产负债率 58.8%。全省国有及国有控股企业实现营业总收入 8085.4 亿元,比上年下降 3.7%,其中,营业收入 7953.3 亿元,比上年下降 4.1%;利润总额 537.1 亿元,比上年下降 4.5%;净利润 430.5 亿元,比上年下降 6.3%,其中,归属于母公司所有者的净利润 355.6 亿元,比上年增长 8.7%。上缴税金总额 493.2 亿元,比上年增长 10.2%,占全省财政收入的 12.3%,比上年增加 0.1 个百分点。

表 2　2015 年安徽省所属国有企业指标

项　目	金　额(亿元)	比上年增长(%)
资产总额	32325.9	14.0
所有者权益	13321.3	9.8
营业总收入	8085.4	—3.7
利润总额	537.1	—4.5
净利润	430.5	—6.3
归属于母公司所有者的净利润	355.6	8.7
应交税金总额	472.7	2.5
实际上缴税金总额	493.2	10.2

(二)国有资产总量分布情况

截至 2015 年底,全省企业年末合并国有资产总量 11069.3 亿元,按可比口径计算,比上年增长 19%。

表 3　2015 年安徽省国有资产地区分布情况

地　　区	国有资产（亿元）	占国有资产总量比重(%)
省属企业	2560.8	23.13
省直单位企业	114.0	1.03
市县企业合计	8394.5	75.84
其中:合肥市	2354.0	21.27
芜湖市	1545.5	13.96
淮北市	314.7	2.84
淮南市	331.3	2.99
蚌埠市	639.5	5.78
铜陵市	318.6	2.88
马鞍山市	670.8	6.06
宿州市	331.4	3.00
亳州市	398.4	3.60
安庆市	109.1	0.10
滁州市	35.2	0.03
池州市	96.0	0.09
宣城市	192.1	1.74
黄山市	221.8	2.00
阜阳市	373.4	3.37
六安市	462.5	4.18
合　　计	11069.3	100.00

表 4　　2015 年安徽省国有资产行业分布情况

续表

行　　业	国有资产（亿元）	占国有资产总量比重(%)
农林牧副渔	262.6	2.37
工业	1280.9	11.57
建筑业	575.7	5.20
地质勘查及水利业	5.8	0.05
交通运输业	654.8	5.92
仓储业	23.5	0.21
批发和零售业	144.5	1.31
金融业	613.0	5.54
房地产业	311.0	2.81
社会服务业	7114.6	64.27
卫生体育福利业	0.6	
教育文化广播业	65.9	0.60
科学研究和技术服务业	7.3	0.07
机关团体及其他	5.3	0.05
合　　计	11069.3	100.00

表 5　　2015 年安徽省国有资产经营规模分布情况

经营规模	国有资产（亿元）	占国有资产总量比重(%)
大型企业	1384.4	12.8
中型企业	2343.4	21.2
小型企业	5627.8	50.8
微型企业	1713.7	15.2
合　　计	11069.3	100.0

（三）国有资产总量分布特点

一是市县企业国有资产总量占比有所提高。2015 年，市县企业国有资产总量 8394.5 亿元，占比 75.84%，比上年上升 2.3 个百分点，省属企业国有资产总量 2560.8 亿元，占比 23.13%，比上年减少 2.3 个百分点，省直部门管理企业国有资产总量 114 亿元，占比 1.03%，与上年基本持平。二是国有资产总量规模集中度不断提高。2015 年，国有大中型企业国有资产总量 3727.8 亿元，占 34%，而小型微型企业国有资产总量 7341.5 亿元，占 66%。三是国有资产不断向优势行业、支柱产业集中。2015 年，全省社会服务业、工业、交通运输业国有资产总量位居前三位，分别为 7114.6 亿元、1280.9 亿元和 654.8 亿元，占比为 64.27%、11.57%和 5.92%。

三、安徽省国有资本保值增值综合分析评价

2015年,全省国有及国有控股企业年初国有资本及权益总额9962亿元,年末国有资本及权益总额11069.3亿元,扣除客观因素1107.3亿元后,国有资本保值增值率为104.6%,比上年减少0.9个百分点。其中,省属企业国有资本保值增值率为101.5%,比上年减少2.3个百分点,省直单位管理企业国有资本保值增值率为110.3%,比上年增加0.7个百分点,市县企业的国有资本保值增值率为105.5%,比上年减少0.5个百分点。总体都实现国有资本保值增值。

表6　2015年安徽省国有企业地区和行业国有资本保值增值情况

地　　区	国有资本保值增值率(%)	行　　业	国有资本保值增值率(%)
省属企业	101.5	农林牧副渔	100.6
省直单位企业	110.3	工业	96.7
市县企业	105.5	建筑业	107.7
其中:安庆市	104.7	地质勘查及水利	99.6
淮北市	135.2	交通运输业	103.2
蚌埠市	102.4	仓储业	104.9
阜阳市	100.8	批发和零售业	104.3
宿州市	103.2	金融业	106.7
滁州市	102.8	房地产业	102.0
马鞍山市	105.3	社会服务业	106.1
亳州市	101.6	卫生体育福利业	104.0
池州市	103.7	教育文化传播业	107.7
合肥市	103.1	科学研究和技术服务业	109.4
铜陵市	100.2	机关团体及其他	100.2
淮南市	103.9		
六安市	114.7		
芜湖市	108.9		
宣城市	100.2		
黄山市	102.4		

四、安徽省国资委监管企业股份制改革与上市融资情况

2015年,安徽省国资委积极推进以整体改制上市为主要内容的省属企业产权多元化改革。会同相关省属企业加强对整体改制上市工作的研究论证。研究起草铜陵有色集团深化改革方案,并经省政府常务会议审定后实施。指导江汽集团完成整体上市获批后有关股权变动、资产划转、工商变更等后续工作。加快推进省交规院等省属企业子公司在多层次资本市场上市(挂牌)和融资工作。组织实施省城建设计研究院、省建材工业设计院等企业改制工作。

截至2015年底,省属企业控股上市公司17户(包括皖新传媒、时代出版),其中,国有绝对控股4户,国有实际控制13户。17户上市公司的股本合计为388.5亿股。

省属企业采取短期融资券、中期票据等方式扩大直接融资,全年直接融资总额1115.68亿元,比2014年增加98.26亿元。

五、安徽省国资委监管企业并购重组与完善法人治理结构情况

2015年,安徽省国资委根据国家产业政策,结合企业资产规模、产业特点和竞争优势等,着眼优化资源配置,积极研究推进省属企业间及省属企业内部的整合重组工作。会同相关企业完成省交通控股集团正式组建工作。研究起草徽商集团资产与债务重组方案,并经省政府常务会议审定后组织实施。推动省投资集团对安徽省境内部分合资铁路实施重组整合。

指导推进水安股份公司与河南省水利勘测设计研究有限公司重组、恒天纤维集团重组省纺织工业设计院等改革项目。组织实施省国资运营公司重组安振集团，省交通控股集团重组省经工集团工作。

六、安徽省国资委监管企业建立和完善经营业绩考核体系情况

2015年，安徽省国资委紧扣“实施科学考核，推动科学发展”的工作主题，在认真总结近年来考核实践取得经验的基础上，不断完善省属企业负责人经营业绩考核体系，形成六章44条的考核办法。新考核办法实施以来，运行平稳。一是优化考核流程。精简国资委内考核程序，取消监事会初审，改为考核办初审、考核委员会复审、国资委主任办公会审定。二是简化考核指标。年度考核基本指标为企业的利润总额和经济增加值，辅助指标两个，一个统一确定为应收账款周转率，另一个是由企业自选报送省国资委审核后确定的对标指标。任期考核保留国有资本保值增值率，把三年营业收入平均增长率调整为总资产周转率。三是细化分类考核。提出按照最新的国有企业分类办法，将省属企业划分为公益和商业两大类，其中商业类又分为商业Ⅰ类和商业Ⅱ类。在分类考核制度安排上，提出从以下几个方面入手：指标设置上加以区别、指标权重上加以区别、分类确定考核等级。同时按照初步意见的新要求，结合省属企业近年来考核情况，对有关数据进行测算，为下一步分类考核实施工作奠定基础。四是开展部分困难企业经营业绩考核问题专题研究。近年来，受到宏观经济下行压力，一些行业的产能过剩问题十分突出，部分省属企业因此出现经营上的困难甚至陷入发展困境，对客观评价这些企业负责人的经营业绩提出新的要求。在实地调查淮南、淮北、皖北煤电等3户煤炭企业的基础上，形成专题调研报告，提出7条完善考核工作的政策性建议。经过征求相关企业意见和国资委内考核委员会意见，形成《关于省属企业负责人经营业绩考核的补充规定》。五是调整工作考核事项。保留安全生产考核和全面预算考核，增加对企业在监事会监督检查中提出的整改事项落实情况的考核，未达到整改要求的扣减任期考核得分，扣减分幅度控制在0～3分之间。六是修订安全生产考核计分细则。对企业年度安全事故起数、死亡人数和财产损失数改进的作了考核加分的安排，此项加分只用于冲抵发生安全生产事故考核扣分。

七、安徽省国资委监管企业负责人考核与选人用人机制改革情况

（一）明确省属企业领导班子和领导人员管理体制

2015年12月31日，中共安徽省委办公厅印发《关于在深化国有企业改革中坚持党的领导加强党的建设的实施意见》，对省属企业领导人员管理权限作出调整。马钢（集团）控股有限公司等13户省属企业领导班子和安徽叉车集团有限责任公司等13户省属企业领导班子正职（董事长、党委书记，总经理）由省委管理，上述人员日常管理工作由省委组织部负责，省国资委党委配合；安徽叉车集团有限责任公司等13户省属企业领导班子副职由省国资委党委管理。

（二）加强省属企业领导班子和领导人员队伍建设

根据省属企业改革发展需要，积极应对当前经济下行严峻形势，合理调配省属企业领导人员，形成推动企业发展的合力。一是按照纪委书记专设和一般交流的要求，整体谋划省属企业纪委书记缺额增补和调整，夯实企业落实“两个责任”的组织基础。全年配备省属企业纪委书记10人，其中9人为交流任职。二是积极推进省属企业党委换届，并做好人选考察工作。完成华安证券、淮南矿业2户企业党委换届。在人选的推荐中，注重从年轻干部中提名党委委员建议人选，不断改善领导班子年龄结构。三是按照规范法人治理结构的要求，调整充实马钢集团、建工集团等董事会成员9人，选配铜陵有色、机场集团2户企业总经理，建立董事会、经理层各负其责、协调运转、有效制衡的工作机制。四是做好后备领导人员管理工作。经综合比选，推荐30人作为市厅级党政副职后备干部和中长期培养对象初步人选。完成马钢集团等25

户企业副职后备领导人员和中长期培养对象专题调研。同时,对安振公司、省经工集团两户国资委所属企业资产划转后,原班子成员进行妥善安排。

(三)开展外部董事选配前期工作和职业经理人制度试点工作

根据中央、省委关于党政领导干部、国有企业退休领导人员在企业兼职以及专职外部董事队伍建设等作出的新要求,及时修订并印发《安徽省属国有独资全资公司外部董事管理暂行办法》。提出淮南矿业集团和省投资集团 2 户试点企业 8 名外部董事人选,在听取有关部门意见的基础上,按照人选的管理权限,征求省委组织部的意见。开展职业经理人制度试点,会同有关处室指导安徽高速地产集团、皖能小贷公司两户企业编制职业经理人制度试点工作方案,督促试点企业按照方案确定的路线图和时间表扎实组织实施。高速地产集团职业经理人选配到位,并签订履职合同。

(四)大力推进省属企业经营管理人员教育培训工作

一是研究制定《2015 年度省属企业经营管理人员培训计划》,对省属企业经营管理人员年度教育培训工作进行统筹规划和安排。二是举办省属企业领导人员法律知识及风险管控培训班,28 名省属企业领导人员参加学习。三是委托复旦大学管理学院举办省属企业组织人事部长培训班,有 41 人参加培训。四是联合安徽行政学院举办发展混合所有制经济专题培训班,30 名省属企业的中层管理人员参加学习。五是按照省委组织部要求,选调 10 名省属企业领导人员和中层管理人员参加省中青年专家理论研讨班、县处级宣传干部进修班等各类专题班和研讨班学习。六是在省能源集团、淮南矿业集团、省建工集团等 3 户企业开展经营管理人员网络培训试点工作,并积极配合省委组织部进行试点经验总结。

(五)建立省属企业领导班子和领导人员综合考核评价体系

省委印发《关于完善省委管理的领导班子和领导干部综合考核工作的意见》《省属企业领导班子和领导人员综合考核工作办法》,并组织开展 2015 年度省属企业领导班子和领导人员综合考核工作。对省属企业领导班子综合考核分为"发展"和"党建"两个部分。其中:"发展"主要考核经营业绩、可持续发展、改革创新、科学管理、社会责任等。"党建"主要考核党的思想建设、组织建设、作风建设、反腐倡廉建设和制度建设。考核采取综合考核组实地考核,省直有关部门评分、第三方评价等方式进行,其中实地考核按照大会述职、民主测评、个别谈话、实地查看、考核组评分等步骤进行。

领导班子综合考核得分由"发展和党建考核得分+附加分"构成。对领导人员主要考核年度履行岗位职责情况,包括德、能、勤、绩、廉等方面的现实表现。领导人员综合考核得分实行百分制量化计分,并体现不同岗位职责要求。

八、安徽省国资委监管企业党的建设和廉政建设情况

(一)省属企业党建工作持续加强

2015 年,各省属企业认真落实中央、省委和省国资委党委各项决策部署,学习贯彻党的十八届三中、四中、五中全会精神和习近平总书记系列重要讲话精神,按照省国资委下发的《2015 年度省属企业党建工作要点》,贯彻中央"四个全面"战略布局,以党的"三严三实"专题教育为契机,稳步推进学习型党组织建设,开展第二批学习型党组织建设示范点自查、备查工作和第三批学习型党组织建设工作示范点申报、推荐工作。坚决落实《省属企业加强基层服务型党组织建设的实施意见》,按照"六有"要求,建立基层服务型党组织示范点。2015 年,各省属企业按照《省国资委党委关于开展省属企业党代会召开情况专项检查的通知》要求,自下而上地对企业党委、党总支、支部召开换届会议情况进行自查。省国资委党委按照省委巡视组《关于移交巡视发现问题的函》的要求,在专项解决皖北煤电集团 30 年没开党代会问题的基础上,对监管的 26 户省属企业进行党代会换届选举工作集中专项检查。淮南矿业集团、华安证券公司党委换届工作圆满完成。

2015年1月3—5日，省国资委按照中办《关于加强新形势下发展党员和党员管理工作的意见》和省委办公厅《2014—2018年全省党员教育培训工作规划的通知》要求，对省能源集团、省投资集团等6家企业贯彻实施情况进行专项检查，并对各省属企业开展党员教育培训对象和发展党员《细则》落实情况进行专题调研，指导和帮助省属企业做好党员教育管理和党员发展工作。淮北矿业集团加强党员管理的经验做法在省委组织部的三级组织部长培训会上进行推广。从2015年起，各省属企业党委书记每年要按照省国资委会同省委组织部研究拟定的《安徽省省属企业党建工作考核办法》(试行)，开展述职评议，将抓党建工作情况向省国资委党委进行专题报告，把全面从严治党纳入省属企业各级党组织特别是党委书记年度考核的重要内容。能源集团、江汽集团、叉车集团、旅游集团等4户在肥企业党委书记2015年1月21日到省国资委进行现场述职评议，其他省属企业党委书记提交书面述职报告。同时，各省属企业逐级开展对所属二级单位党组织负责人述职评议试点工作，进一步强化党委书记重视党建工作、履职尽责抓到位的主体责任意识。

省国资委党委成员有针对性地分别参加指导部分企业“三严三实”专题民主生活会，确保专题民主生活会查摆问题见真功、整改落实出成效。开展“三严三实”专题教育中，省国资委配合纪委考核组，对省属企业“两个责任”落实情况进行梳理总结，对查摆的突出问题向各企业及时进行反馈，强化党委主体责任的落实。对淮南矿业、省能源集团等部分省属企业开展“三个专项行动”专项督查，有针对性地抓整改落实和立规执纪等工作。各省属企业按照省国资委要求认真落实“五个一”和“六对照六查看”重点工作，开展“弘扬沈浩精神 建设模范部门”主题实践活动，深入开展“美好安徽、圆梦安徽”实践活动，围绕纪念中国人民抗日战争暨世界反法西斯战争胜利70周年主题宣传教育，举办“江汽杯”省属企业纪念抗日战争胜利70周年读书演讲比赛，开展“书香安徽阅读季”全民读书系列活动。

强化省属企业加强意识形态工作责任制的落实，强化宣传思想文化阵地的管理。2015年2月12日，省国资委文明委授予安徽马钢工程技术集团有限公司等163个单位“第四届省属企业文明单位”称号。2015年2月5日，部分省属企业参加省文明办举办的“讲述身边感动”安徽省第二届广播故事大赛，三位入围决赛选手中，两位获得三等奖，一位获得优秀奖。2015年，省属企业1人荣获“第五届全国道德模范提名奖”，4人获得“第四届安徽省道德模范特别奖”，30人荣获“第四届安徽省道德模范称号”，31人获得“第四届安徽省道德模范提名奖”，1名职工子女荣获“首届安徽省美德少年称号”。省国资委荣获第十届“安徽省文明单位”。

(二)省属企业党风廉政建设不断强化

一是传导责任压力，推动“两个责任”落实。召开省属企业党风廉政建设和反腐败工作会议，印发《2015年党风廉政建设和反腐败工作主要任务及责任分解》；6次专题会议研究党风廉政建设和反腐败工作，开展述廉述责，2168名企业领导人员进行述廉述责，省国资委和省属企业党委书记分别向省委、省纪委上报述廉述责书面报告。制定省属企业落实“两个责任”考核办法、落实主体责任约谈办法。省属企业各级党委制定落实“两个责任”配套制度212个。对省属企业2014年度落实“两个责任”和惩防体系建设情况进行考核，将考核发现的118个问题，向企业提出整改要求92条。对省属企业3位党委书记、3位纪委书记以及19位领导人员进行谈话提醒。省属企业对43个单位69名未能正确履行主体责任、监督责任的人员实施责任追究。

二是深化作风建设，驰而不息纠正“四风”。出台国资委领导班子及其成员深入推进作风建设的责任清单、国资委机关和省属企业深化“四风”整治的意见。省属企业修订完善作风建设配套制度254个。省国资委纪委坚持逢节必查，对省属企业落实作风建设规定情况进行督查。开展超标办公用房整治集中督查，推动领导人员超标办公用房整改到位。省属企业纪委全年组织开展督查512次，查处违反中央八项规定精神问题41起、处理101人、给予党纪政纪处分57人，对17名领导人员和管理人员进行问责。开展强化正风肃纪专项行动，查处“四风”问题22起，处理33人，给予党纪政纪处分20人；违反廉洁从业规定问题26起,处理46人,给予党纪政纪处分34人;违反“三重一大”决策制度问题4起,处理3人,给予党纪政纪处分2人。

三是强化巡视监督,发挥震慑遏制作用。成立巡视工作领导小组及其办公室,出台巡视工作暂行办法,对12户省属企业进行专项巡视,实现全覆盖。紧扣“六大纪律”和“四个着力”,紧盯“三重一大”“四资一项目”“三种人”等重点开展巡视监督,通过巡视,发现企业在执行政治纪律和政治规矩、党风廉政建设、选人用人和作风建设等方面存在的14个共性问题,第一轮4户被巡视的企业对巡视反馈的问题进行认真分析、扎实进行整改,截至2015年底,完成136项整改任务,健全制度76个。

四是规范信访办理,提高信访举报工作水平。省国资委和省属企业纪委在制度完善、程序规范、队伍配备、软硬件建设上持续发力,信访举报工作水平有效提高。全年国资委纪委受理信访举报631件,发出信访通知书11件、查报件62件、情况说明13件,同比分别上升33%、57%、100%、160%;省属企业纪委受理信访举报890件,同比上升16%。省国资委纪委加大审理力度,对省属企业上报的查报件严格把关,在已办结的42件查报件中给予开除党籍处分1人,党内警告处分7人,诫勉或提醒谈话18人;行政免职2人,行政警告2人,解除劳动关系2人。对信访举报信息进行分析,8户省属企业通过信访分析,完善相关制度12个。

五是突出纪律审查,查处违纪违法问题。探索实施执纪监督“四种形态”,对反映省属企业领导人员的一般性问题进行信访监督,对10名省属企业领导人员进行函询、诫勉谈话。省国资委和省属企业纪委处置问题线索176件,同比增长22.2%,其中拟立案92件、初步核实53件、暂存1件、了结30件。省国资委纪委对省委巡视组移交的23件问题线索、省纪委纪检监察室移交的28件问题线索及时进行处置,对8件问题线索直接进行初步核实。省属企业纪委移交的问题线索,对55人进行立案审查。全系统立案113件,同比增长465%;给予党纪政纪处分169人,同比增长576%。

六是聚焦主责主业,推进纪检监察队伍建设。根据省属企业不同业态和规模,对企业纪检监察机构设置、人员配备等提出明确要求,5户省属企业纪检监察机构不再与党群部门合署办公。省属企业集团本部纪检监察机构,均单独或采取与审计部门合署的形式设立。省属企业集团本部纪检监察组织中设立内设机构的由原来的4户增加到6户。落实新提拔纪委书记交流任职和纪委副书记、监察机构正职任免前征询上级纪委意见的要求,加强纪委书记、副书记和监察机构正职的选任工作。全年省属企业纪委书记新任10人,其中交流任职9人;纪委副书记和监察机构正职新任11人。提高纪检监察队伍素质能力,通过开展“争做守纪模范、争当执纪标兵”活动,以及教育培训、轮岗交流、挂职锻炼等形式,提高纪检监察人员履职能力。省国资委纪委选派15名企业纪委书记到中纪委培训中心培训,组织纪检监察人员围绕15个课题开展调研。省属企业纪委组织培训专兼职纪检监察人员953人,安排专职纪检监察人员挂职锻炼9人。

(撰稿人:葛志勇)

福建省

一、福建省国有资产监督管理工作综述

2015年是“十二五”收官之年,也是国有企业面临“三期”叠加、经营形势十分严峻的一年。在福建省委、省政府的坚强领导下,福建省国资系统牢牢把握稳中求进、改革创新的总要求,积极应对经济下行压力,保增长、创效益、抓改革、促发展,国企国资各项工作取得新的成效。

(一)千方百计稳定增长,经济运行总体平稳

福建省属企业和地市国资委所出资企业认真应对经济发展新常态,坚持效益导向,多措并举,奋力拼搏,全力以赴保增长、稳增长,经济发展再上新台阶,为全省经济社会发展作出重要贡献。截至2015年底,全省纳入国有资产统计范围的国有及国有控股企业资产总额30084.93亿元,同比增长20.2%;全年实

现营业收入7614.93亿元，增长8.2%；实现利润总额395.70亿元，下降0.4%。厦门建发、厦门国贸、象屿集团、三钢集团、能源集团5家企业进入中国企业500强。厦门、漳州、福州、泉州市国资委所出资企业实现利润总额均超过10亿元。福建省属企业在受到重化等传统行业产能过剩的严重影响下，仍然取得一定的成绩。截至2015年底，福建省属企业资产总额11404.61亿元，增长18.5%；实现营业收入2243.26亿元，增长12.5%；利润总额90.77亿元，在不计冶金企业的情况下增长33%；国有资本保值增值率114.8%。其中，投资集团、能源集团实现利润总额均超过20亿元。

(二)顶层设计明确方向，国企改革持续深化

一是改革顶层设计推陈出新。根据党中央、国务院《关于深化国有企业改革的指导意见》及已出台的相关配套文件精神，研究制定福建省国企改革文件，包括：制定出台进一步加强和改进所出资企业党建工作的意见，修订企业负责人经营业绩考核办法和薪酬管理办法等文件，起草福建省深化国有企业改革实施意见(代拟稿)，实施意见既贯彻中央精神，又切合福建省国企实际，从体制机制制度等方面全方位明确福建省国企国资改革的方向。二是企业兼并重组成效显著。实施投资集团对汽车集团的债权转股权重组，保障汽车集团后续发展能力；推动能源集团借助基金重组控股石化集团，促进石化集团企稳脱困；合并中旅集团、华闽集团设立旅游集团，打造旅游产业龙头。企业内部资源整合和对外兼并也加快推进。交通集团积极推进港口资源整合，组建专业化的港口集团；投资集团收购和泉生物和冀中能源所持厦门航空11%股权；星网锐捷收购控股德明通讯和四创软件；福日电子实现LED产业链内部整合。南平、龙岩、宁德、平潭也加大所属企业整合重组力度。三是资本证券化工作加快推进。召开专题工作会议，研究出台加快推进所出资企业资本证券化工作的若干意见，指导企业加强上市公司市值管理，组织省属企业共同设立首期规模为15亿元的福建省国企改革重组基金，着力培育一批上市公司，推动国有资本证券化。积极推进船舶集团、招标集团等整体上市，加快推进厦门新立基、厦门国际银行、海峡环保等近20家后备企业改制上市；深圳恒宝通、闽东电机、福能租赁和中红医疗等4家公司成功在“新三板”挂牌上市；7家福建省属企业通过债券市场融资，9家福建省属上市公司通过增发配股等开展再融资，募集资金411.5亿元。

(三)调整结构转变方式，转型升级步伐加快

项目带动支撑转型发展。2015年，所出资企业累计完成投资700.37亿元。高速公路通车里程突破5000千米，全面实现县县通高速目标，得到福建省委、省政府的高度肯定。合福铁路、马尾船政(连江)船舶园区一期、东南汽车DX7车型、兆元光电一期、漳州LNG等一批重大项目建成投产或投入运营；莆田6代高技术面板、厦门联芯12英寸集成电路、漳州古雷炼化一体化等一批重大项目动工建设；海上风电、新能源汽车、海峡国际大数据中心、永泰抽水蓄能等一批重大项目前期工作取得积极进展。厦门市国企融入自贸区发展，投资自贸区项目203个。船舶、汽车、冶金、石化等传统行业的改造提升项目，以及信息技术、新能源、新材料等新兴产业和高端服务业项目的加快推进，为产业转型升级提供有力支撑。创新驱动增强发展后劲。持续推进技术创新和商业模式创新。星网锐捷、海峡科化、南平铝业、三钢集团等企业的10个项目获得福建省科技进步奖；厦门金龙获批设立福建省新能源汽车重点实验室；电子信息集团获得89项发明专利、17项软件著作权。截至2015年底，福建省属企业建立国家级和省级实验室、省级技术中心14个。能源集团、投资集团积极推进产业股权投资基金、海峡人寿、金桥保险、海峡仲信证券等金融机构筹设工作，进一步加强产融结合，创新商业模式推动企业更快发展。

(四)简政放权优化服务，监管效率显著提升

一是简政放权力度持续加大。将上市公司投向非主业、参股非国有控股的投资项目由所出资企业核准。强化对国资委行权履职的内部规范和外部监督，梳理建立包括31项具体责任、10项事中事后监管责任在内的责任清单。全面清理监管制度文件，废止失效32件，修改后有效4件，继续有效86件。各设区市国资委均制定履职清单、责任清单，进一步转变监管方式，提高监管效能。二是国资监管针对性不断加强。以审计、财务、外派监事会监督和风险防范为抓手,强化事中事后监管。深化"国企改革发展,内审保驾护航"主题活动,强化专项审计和企业负责人经济责任审计;健全完善业绩考核制度,稳步推进薪酬制度改革,实施2012—2014年任期特别奖励,强化总会计师履职评价,完成215家脱钩企业清产核资工作;成立5个外派监事会,推动外派监事会监督全覆盖;加大监事会、审计和巡视发现问题的整改力度,推动建立外部监督协调机制;研究出台投资项目后评价工作指引,部署实施企业法制工作第二个三年工作目标。福州、三明、南平、漳州、龙岩、宁德、莆田均采取有效措施加强国资监管。三是服务企业成效显著。深入开展"三比一看"活动,建立福建省国资委领导挂钩联系企业制度,落实服务协调机制。2015年,收集汇总企业反映问题143项。其中,呈报福建省政府召开专题会协调解决13项,其余的福建省国资委全部解决与答复。搭建合作平台,推进与南平、三明、平潭等项目对接合作,累计签订合作项目86个,总投资748亿元;瞄准产业发展趋势与市场热点,组织福建省属企业在邮轮产业、远洋渔业、军民融合、闽江航运开发等方面分工协作,抱团发展。持续推动企业开展对标管理,开展商业模式创新与市场营销创意评选活动。积极争取国家部委政策支持,组织福建省属企业申报40项列入国家专项债项目,获得64.22亿元低息专项资金。举办福建省属企业产销对接会,重点开展钢铁、水泥、煤炭等滞销大宗商品的产销对接,促销金额超过10亿元。

(五)"三严三实"重在践行,国企党建切实加强

一是"三严三实"专题教育取得积极成效。指导福建省属企业扎实开展"三严三实"专题教育,深入挂钩联系企业开展专项督促检查,指导帮助企业查摆"不严不实"问题262个,已整改136个,解决一批突出问题,进一步巩固群众路线教育实践活动成果。二是领导班子建设和基层党建得到进一步加强。认真贯彻落实福建省委书记尤权年初在省属企业负责人座谈会上的重要讲话精神,进一步加强企业党的建设,优化领导班子结构,加强日常监督管理和综合考核评价,全年新选拔配备17名省管企业领导干部。召开福建省管企业党建工作会议,福建省委副书记、省长于伟国出席会议并作重要讲话,为今后一段时期省管企业党建工作指明方向。加大企业"133"党建工作机制推广力度,大力选树先进典型,全年有19个集体、44名个人获得11个国家级荣誉称号和52个省级荣誉称号。国有企业服务青运、脱贫帮扶等社会责任有效履行。三是从严管党治党得到贯彻落实。认真开展落实"两个责任"推进年活动,出台落实党风廉政建设主体责任和监督责任实施意见,以及责任追究实施办法,对21名企业领导人员实施责任追究;坚决纠正"四风",开展两次专项检查和整治,通报曝光6起违反中央八项规定精神典型案例;持续开展企业主要负责人向福建省国资委述职述廉工作,严格落实"三重一大"决策事项专项报告及谈话提醒制度;加大纪律审查力度,福建省国资委系统立案36件,移送司法机关6人,给予党政纪处分36人次,挽回或减少经济损失4.2亿元。

二、福建省国有资产总量与结构分析

2015年,福建省国有企业资产规模持续扩张,所有者权益稳步增长,利润总额略微下降。截至2015年底,全省纳入国有资产统计范围的国有及国有控股企业(含厦门市,以下简称"国有企业")5589户,比上年增加445户;资产总额30084.62亿元,增长20.2%;所有者权益9862.98亿元,增长20.7%;归属于母公司的所有者权益8143.35亿元,增长20.1%;全年实现营业总收入7614.93亿元,增长8.2%;实现利润总额395.38亿元,下降0.5%;实现归属于母公司所有者的净利润235.15亿元,增长5.2%。

(一)企业户数有所增加

2015年,全省纳入国有资产统计范围的企业5589户,比上年增加445户。其中,省级监管企业1374户,同比增加191户;省级脱钩企业47户,同比减少52户;省级非监管企业278户,同比增加20户;地市企业3890户,同比增加286户。

(二)资产分布相对集中

从企业隶属关系看,全省国有企业资产主要分布在省、市两级国资委监管企业,两级监管企业资产总额23957.60亿元,占全省国有企业资产总额的

79.6%;其中省级监管企业资产总额11404.29亿元,占全省的37.9%,地市监管企业资产总额12553.31亿元,占全省的41.7%。非监管企业资产总额6121.59亿元,占全省的20.3%;其中省级非监管企业资产总额203.82亿元,占全省的0.7%,地市非监管企业资产总额5917.77亿元,占全省的19.7%。从地区分布看:全省地市所属国有企业资产总额18471.08亿元,占全省国有企业资产总额的61.4%。其中:厦门市国有企业资产总额7607.35亿元,占地市国有企业资产总额的41.19%;泉州市2619.10亿元,占14.2%;福州市2260.47亿元,占12.24%;龙岩市1582.78亿元,占8.6%;漳州市1357.57亿元,占7.4%;南平市792.22亿元,占4.3%;三明市778.05亿元,占4.2%;平潭区590.68亿元,占3.2%;莆田市505.87亿元,占2.7%;宁德市376.99亿元,占2.0%。地市国有企业资产总额增速最快的是平潭区,同比增长80.4%;增长额最大的是厦门市,同比增加988.07亿元。从行业分布看,全省国有企业资产总额行业分布排名前三位的是社会服务业、房地产业、交通运输业。其中,社会服务业资产总额9219.51亿元,占行业合计的23.8%;房地产业6598.57亿元,占17.0%;交通运输业6445.55亿元,占16.7%。三个行业资产总额共计22263.63亿元,占57.5%。

(三)营业收入稳步增长

2015年,全省国有企业实现营业总收入7614.93亿元,同比增长8.2%。从企业隶属关系看,全省国有企业营业总收入主要分布在省、市两级国资委监管企业,两级监管企业营业总收入6887.96亿元,占全省国有企业营业总收入的90.5%;其中省级监管企业营业总收入2243.26亿元,占全省的29.5%,地市监管企业营业总收入4644.70亿元,占全省的61.0%。非监管企业营业总收入724.64亿元,占全省的9.5%;其中省级非监管企业营业总收入97.43亿元,占全省的1.3%,地市非监管企业营业总收入627.21亿元,占全省的8.2%。从地区分布看,全省地市国有企业营业总收入5271.92亿元,占全省国有企业营业总收入的69.2%。其中,厦门市国有企业营业总收入4092.81亿元,占地市国有企业营业总收入的77.6%;龙岩市288.08亿元,占5.5%;泉州市251.35亿元,占4.8%;漳州市209.39亿元,占4.0%;福州市208.61亿元,占4.0%;三明市72.28亿元,占1.4%;莆田市54.45亿元,占1.0%;南平市48.98亿元,占0.9%;宁德市36.39亿元,占0.7%;平潭区9.59亿元,占0.2%。地市国有企业营业总收入增速最快的是平潭区,同比增长53.0%;增长额最大的是厦门市,同比增加361.98亿元。从行业分布看,全省国有企业营业总收入行业分布排名前三位的是批发零售业、工业、房地产业。其中,批发零售业营业总收入4425.5亿元,占行业合计的50.9%;工业1707.59亿元,占19.7%;房地产业654.99亿元,占7.5%。三个行业营业总收入共计6788.08亿元,占全省国有企业的78.1%。

(四)企业效益增长放缓

2015年,全省国有企业实现利润总额395.38亿元,下降0.5%;实现归属于母公司所有者的净利润235.15亿元,增长5.2%。从企业隶属关系看:福建省国有企业利润总额主要分布在省、市两级国资委监管企业,两级监管企业实现利润总额305.30亿元,占全省国有企业利润总额的77.2%;其中省级监管企业利润总额90.44亿元,占全省的22.9%;地市监管企业利润总额214.86亿元,占全省的54.3%。非监管企业利润总额90.04亿元,占全省的22.8%;其中省级非监管企业利润总额4.58亿元,占全省的1.2%,地市非监管企业利润总额85.46亿元,占全省的21.6%。从地区分布看,全省地市所属国有企业利润总额300.32亿元,占全省国有企业利润总额的76.0%。其中,厦门市国有企业利润总额166.21亿元,占地市国有企业利润总额的55.3%;龙岩市46.68亿元,占15.5%;泉州市24.65亿元,占8.2%;漳州市19.46亿元,占6.5%;福州市17.84亿元,占5.9%;莆田市7.92亿元,占2.6%;宁德市7.41亿元,占2.5%;三明市5.95亿元,占2.0%;南平市3.27亿元,占1.1%;平潭区0.93亿元,占0.3%。地市国有企业利润总额增速最快的是平潭区,同比增长97.9%;增长额最大的是厦门市,同比增加16.91亿元。从行业分布看,全省国有企业利润总额行业分布排名前三位的是房地产业、社会服务业、批发零售业。其中,房地产业利润总额188.79亿元,占全省国有企业利润总额的30.3%；社会服务业149.69亿元，占24.0%；批发零售业69.84亿元，占11.2%。三个行业利润总额共计408.32亿元，占全省国有企业的65.5%。

表1　2015年福建省所属国有企业指标

项　目	金　额(亿元)
资产总额	30084.93
所有者权益	9863.29
营业总收入	7614.93
利润总额	395.70
净利润	300.43
归属于母公司所有者的净利润	235.22
应交税金总额	408.30
实际上缴税金总额	404.34

表2　2015年福建省国有企业户数情况

地　区	2014年	2015年	比上年增长(%)
全省合计	5144	5589	8.65
省级企业	1540	1699	10.32
其中：省级监管企业	1183	1374	16.15
省级脱钩企业	99	47	－52.53
省级非监管企业	258	278	7.75
地市企业	3604	3890	7.94
其中：福州市	370	396	7.03
厦门市	1399	1565	11.87
漳州市	325	333	2.46
泉州市	506	518	2.37
三明市	169	165	－2.37
莆田市	119	122	2.52
南平市	234	256	9.40
龙岩市	200	238	19.00
宁德市	272	276	1.47
平潭区	10	21	110.00

表3　2015年福建省国有资产地区分布情况

地　区	国有资产(亿元)	占国有资产总量比重(%)
全省合计	8181.36	100.00
省级监管	1535.61	18.77
省级脱钩	－13.90	－0.17
省级非监管	71.88	0.88
地市汇总	6587.77	80.52
福州市	912.65	11.16
厦门市	2000.01	24.45
漳州市	355.93	4.35
泉州市	1071.26	13.09
三明市	427.92	5.23
莆田市	270.65	3.31
南平市	368.29	4.50
龙岩市	713.16	8.72
宁德市	150.03	1.83
平潭区	317.86	3.89

表4　2015年福建省国有资产行业分布情况

行　业	国有资产(亿元)	占国有资产总量比重(%)
农林牧渔业	46.60	0.57
其中：农业	3.53	0.04
林业	34.84	0.43
畜牧业	0.35	0.00
渔业	－1.76	－0.02
工业	694.28	8.49
煤炭工业	15.77	0.19
石油和石化工业		
冶金工业	344.28	4.21
建材工业	1.43	0.02

续表

行　　业	国有资产（亿元）	占国有资产总量比重(%)
化学工业	53.85	0.66
森林工业		
食品工业	2.27	0.03
烟草工业	0.09	0.00
纺织工业	0.13	0.00
医药工业	0.10	0.00
机械工业	78.61	0.96
军工工业	54.78	0.67
电子工业	0.09	0.00
电力工业	25.12	0.31
市政公用工业	90.38	1.10
其他工业	42.97	0.53
建筑业	1591.97	19.46
地质勘查及水利业	54.31	0.66
交通运输业	1012.05	12.37
其中：铁路运输业	10.67	0.13
道路运输业	875.14	10.70
水上运输业	2.99	0.04
航空运输业	52.42	0.64
仓储业	23.25	0.28
邮电通信业		
批发和零售业	395.24	4.83
金融业	530.56	6.48
房地产业	734.59	8.98
信息技术服务业	26.36	0.32
社会服务业	2946.58	36.02
卫生体育福利业	7.95	0.10
教育文化广播业	99.35	1.21
科学研究和技术服务业	18.28	0.22
机关社团及其他		

表5　2015年福建省国有资产经营规模分布情况

经营规模	国有资产（亿元）	占国有资产总量比重(%)
大型企业	5866.69	71.71
中型企业	953.33	11.65
小型企业	928.69	11.35
微型企业	432.65	5.29
合　　计	8181.36	100.00

三、福建省国有资本保值增值综合分析评价

表6　2015年福建省国有企业地区国有资本保值增值情况

地　区	国有资本保值增值率(%)
福州市	102.27
厦门市	105.30
漳州市	119.12
泉州市	101.71
三明市	101.17
莆田市	105.77
南平市	100.57
龙岩市	104.47
宁德市	105.90
平潭区	111.06

表7　2015年福建省国有企业行业国有资本保值增值情况

行　业	国有资本保值增值率(%)
农林牧渔业	100.97
其中：农业	94.08
林业	104.57
畜牧业	95.26
渔业	100.96

续表

行　业	国有资本保值增值率(%)
工业	100.80
煤炭工业	99.95
石油和石化工业	
冶金工业	100.42
建材工业	94.57
化学工业	98.43
森林工业	
食品工业	102.66
烟草工业	
纺织工业	106.19
医药工业	109.58
机械工业	99.62
军工工业	106.94
电子工业	100.00
电力工业	103.79
市政公用工业	100.37
其他工业	101.85
建筑业	104.51
地质勘查及水利业	101.54
交通运输业	102.06
其中:铁路运输业	98.59
道路运输业	100.94
水上运输业	109.10
航空运输业	113.43
仓储业	100.79
邮电通信业	
批发和零售业	110.82
金融业	106.40
房地产业	104.49
信息技术服务业	109.93
社会服务业	104.70
卫生体育福利业	100.00
教育文化广播业	101.73
科学研究和技术服务业	115.14
机关社团及其他	

四、福建省国资委监管企业股份制改革与上市融资情况

(一)股份制改革情况

南平铝业(成都)有限公司:2015年12月17日,南铝成都公司以增资扩股的方式,引入战略投资者和骨干员工持股计划,完成混合所有制改造。改制后南铝成都公司股权结构为:南平铝业占64.7060%股权;福建冶控股权投资管理有限公司占17.7941%股权;成都兴蜀投资开发有限责任公司占9.7059%股权;惠州市嘉骏华股权投资合伙企业占2.9118%股权;成都市志盈投资管理合伙企业(有限合伙)占2.4664%股权;成都市和盈投资管理合伙企业(有限合伙)占2.4158%股权。

福建闽东电机股份有限公司:为转换经营机制,规范管理,拓宽融资渠道,福建闽东电机有限公司引入员工持股,整体变更为股份有限公司,2015年在新三板上市。改制后福建省电子信息(集团)有限责任公司持股51%,员工合计持股49%。

(二)上市融资情况

加快资本证券化步伐,推进优质国有资产上市,让更多有条件的国企发展成为公众公司,并做为发展混合所有制经济的主要实现形式。2015年,轻纺控股权属的恒宝通、电子集团的闽东电机和能源集团的福能租赁等3家公司在新三板成功挂牌。在深入调研的基础上,福建省国资委结合省属企业实际,起草《关于加快推进所出资企业国有资本证券化工作若干意见》(试行)。督促所出资企业充分有效利用资本市场,实现做大做强,2015年,金龙汽车、福能股份、星网锐捷等6家国有控股上市公司利用资本市场开展再融资,通过非公开发行(或配股)等方式募集资金43.37亿元。

所出资企业开展市值管理和市场维稳。把握2015年上半年证券市场大幅上扬的契机,借助资本市场运作,实现国有资本保值增值。针对6—7月证券市场大幅下跌,福建省国资委积极贯彻落实国务院及国务院国资委维护市场稳定的精神和要求,组织省属

企业积极开展维护省属上市公司股价稳定工作。放宽所出资企业及其权属企业受让福建省国资委所出资企业控股的上市公司股票的限制。受让行为不需报福建省国资委审核和批准，各所出资企业在履行企业内部投资管理决策程序后执行。权属企业的受让行为由相关所出资企业负责审核批准后执行。通过这项举措，福建省属企业累计动用资金 15 亿元，通过二级市场实现获利 2 亿元。

五、福建省国资委监管企业并购重组与完善法人治理结构情况

2015 年，福建省国资委积极推进省属企业战略性调整，优化国有资产结构和布局，集中资源培育省属龙头企业，促进企业做大做强做优。一是通过兼并重组，推动国有资本向具有竞争优势的行业和福建省主导产业集中，加快发展战略性新兴产业、先进制造业和现代服务业；向优势企业集中，提高企业规模经济效益，打造优强企业；向企业主业集中，做大做强主业，提升竞争力，严格控制盲目无序扩张；加快剥离非主业、非核心、不具竞争优势的企业或业务。二是通过市场化的兼并重组，沿产业链、价值链方向调整，提高产业集中度和专业化水平，培育打造一批公司治理结构完善、竞争优势明显、资产质量优、行业影响大、带动能力强的优势龙头企业。三是发挥市场在资源配置中的决定性作用，畅通国有资本流动渠道，形成省级国有资本与中央、地方等各类国有资本和各类非公有资本交叉持股、相互融合，积极推进股权多元化。

（一）并购重组

推动能源集团借助基金重组石化集团，促进石化集团企稳脱困。能源集团通过权属企业福能武夷股权公司，以基金方式增资 10 亿元，将石化集团注册资本金从 33 亿元增加至 43 亿元，股权合伙企业持有 23.26%，福建省国资委持有 76.74%。2015 年 12 月 31 日完成工商登记股权变更。

2015 年 6 月 17 日，实施福建中旅集团公司、福建华闽（实业）集团有限公司合并重组，设立福建省旅游发展集团有限责任公司，促进所出资企业旅游资源优化配置，优势互补，合力打造福建省国有旅游产业龙头企业。新设立的福建旅游集团注册资本 20 亿元。

重组福建省港航建设发展有限公司，实现产权多元化。改组后，港航公司的股权结构调整为：福建省湄洲湾港口管理局持有的 99.62%股权，其中 49.62%股权无偿划转给福建省国资委，30%股权无偿划转给福建省交通运输集团有限责任公司，20%股权无偿划转给福建省国有资产管理有限公司。原股东福建省港航勘察设计院持有 0.38%股权不变。

借壳重组福建南纸。2015 年 1 月 6 日，中国证监会正式受理福建南纸重大资产重组申请材料，3 月 27 日，通过福建南纸重大资产重组事项。经过完成资产置换、发行股份购买资产和发行股份募集配套资金等一系列手续，顺利完成中闽能源借壳上市。2015 年 12 月 10 日，“ST 南纸”更名“ST 闽能”。通过资产重组，公司盈利能力得到提高，公司 2015 年实现归属母公司利润 578.47 万元。

2015 年 8 月，福建省投资集团权属企业南平南纸，以 1 亿元通过股权受让和增资的方式取得福建和泉生物科技有限公司 66.67%股份，迈出转型升级第一步，收购的和泉生物项目实现当年收购、当年盈利，达到预期目标。

2015 年 11 月，福建省投资集团权属企业中海福建新能源公司，实施对气电集团所属厦门、莆田、仙游三家新能源公司的并购重组，完成注册资本工商变更登记，注册资本金增至人民币 2.19 亿元，实现做大做强福建市场目标。

福建省旅游集团为整合出资企业旅游资源，以沙县农商行 1955.37 万股向福建省国资公司置换福建海外旅游实业总公司 100%股权和华闽旅游有限公司 40%股权。2015 年 12 月 4 日，完成工商注册登记等工作，重组后新增营业收入 1.01 亿元。

2015 年，福建省招标集团通过增资扩股方式兼并重组福建省投资集团下属子公司福建省招标中心有限责任公司，福建省招标集团出资 692.2 万元，收购福建省招标中心有限责任公司 51.03%股份，实现优势互补、合作共赢。

2015 年 6 月 25 日，经中国证监会审核通过，福建省电子信息集团权属企业星网锐捷通讯股份有限公司以发行股份及支付现金方式，出资 3.2 亿元，收购

德明通讯(上海)股份有限公司65%股权,其中,以现金方式购买19.62%股份,其余45.38%股份由星网锐捷以发行股份方式向德明通讯原股东支付。2015年8月11日,完成股权工商变更登记手续。

福建省电子信息集团完成福建福强精密印制线路板公司70%股权、双鸿电子(惠州)有限公司30%股权并购工作,推进PCB产业整合。

(二)内部资源整合重组

推动所出资企业内部资源整合,集中资源配置,优化资产结构,提高增长质量和效益。

福建省高速公路公司养护领域资源整合。2015年,福建省高速公路公司制定并施行《福建省高速公路养护体制改革实施方案》,通过资产重组、股权收购等多种方式,优化高速公路养护二级、三级子公司股权投资结构,完成福州畅祥、南平养护、宁德养护等5家福建省养护公司全资子公司及福州川达、泉州顺通、龙岩西岩3家区域养护公司的股权转让工作。同时,将福建省高速公路养护公司所属的区域养护公司划转给所在区域管理分公司,逐步拓展项目代建、工程投资业务。

福建省高速公路公司加大收费所站"片区集中管理、一所带多站、大所带小所"等整合改制力度,基层管理单位从301个精简为117个,进一步降本增效,估算每年可减少管理成本支出3000万元以上。

2015年,福建省交通集团以"福建福港拖轮有限公司"为主体,对福星、福源两家拖轮公司进行重组,理顺关系,实现一体化经营。同时,进一步深化福建海运集团内部资源整合。一是推进散货船一体化经营。将原属厦轮的"红宝石2"轮、"红宝石3"轮、"新绿宝石"轮3艘散货船舶划转给海运集团本部,实现散货船的统一经营管理,提升市场竞争力。二是推进客船一体化经营。将海运集团本部持有的福建八方客运股权划转给厦轮,推动实现由厦轮主导的客船专业化经营。三是循序推进船员劳务派遣业务整合。加强船员分公司与海隆公司船员派遣合作,实现资源共享,扩大业务。

2015年,福建省水投集团组建闽电投资开发有限公司,将权属企业福建江河农村电气化公司和福建省闽源水电发展有限公司的100%股权划入,完成水电板块资产的整合重组。

福建省能源集团加强内部资源整合,完成新材公司和非矿公司的整合,将非矿公司100%股权划转给新材公司。

2015年,福建省船舶集团将持有的权属企业马尾造船公司、东南造船公司、利亚船舶、福宁重工等造船企业全部股权划入福建船政公司,将船政旅行社等与船舶无关的资产剥离,重组福建船政造船业务板块,打造上市平台,推动造船企业板块改制上市。

福建省机电控股公司为打造军工产业集群,提高竞争力,2015年1月,完成3家军工企业的整合,将福州马尾闽东新科技工业有限公司100%股权、福建富兴工业彩弹有限公司100%股权无偿划转给福建兵工装备有限公司。

福建省招标集团大力推进权属企业内部资源整合。将权属企业福建省兴闽公路设计有限公司、福建省拍卖行有限公司、福建省八闽价格认证咨询有限公司与福建省路港工程咨询有限公司进行整合,此后,再将集团咨询部和福建省路港工程咨询有限公司进行整合,按照两块牌子一套人马管理模式运营,资质、人员统筹使用。2015年,由福建省交通建设工程试验检测有限公司牵头购置试验检测基地,整合三家拥有检测机构的权属企业资源,统筹三家检测机构资源共享问题。

(三)完善法人治理结构情况

一是抓好企业领导班子调整配备工作。配合福建省委组织部对企业领导班子进行充实调整,全年选拔配备17名省管企业领导干部。并在对国资公司领导班子成员履职情况进行考核评价的基础上正式成立福建国资公司党委,任命4名党委成员和3名经理层副职。二是扎实推进完善公司治理结构。调整、增补汽车集团、石化集团董事会成员;委派厦门经贸集团、港航公司董事,依法产生港航公司监事。三是督促整改巡视反映省属企业选人用人和执行民主集中制方面问题。约谈福建省交通集团、能源集团等8家省属企业,提出存在问题和整改要求。举办"加强所出资企业干部人事管理和制度建设"培训班,进一步加强企业组织建设,严格规范人事管理和干部选任工作。四是加强人才队伍建设。更新企业后备人才库,各企业上报后备人才172名，其中博士研究生5名，硕士研究生58名，大学本科生102名；高级职称104名，中级职称44名。新进后备人才25人，保持后备干部队伍整体结构优化及先进性。在上海财经大学举办企业后备人才转型升级培训班，在香港理工大学举办推进企业互联网与生产经营管理深度融合培训班，切实提高企业经营管理人员综合素质。同时重视引进和培养技术人才，2015年新增高级工268人，技师184人，高级技师94人。

六、福建省国资委监管企业建立和完善经营业绩考核体系情况

2015年，福建省政府国资委按照国有资产监管工作的新要求和国有企业改革发展的新形势，不断健全完善业绩考核体系。省市国资委普遍建立企业负责人经营业绩考核制度，"考核层层落实，责任层层传递，激励层层连接"的责任体系逐步得到确立和完善，国有资本保值增值制度体系和组织体系进一步健全。

（一）健全完善业绩考核体系

2015年10月，出台《所出资企业负责人经营业绩考核办法》。新考核办法按照国有资本保值增值和可持续发展的要求，坚持提升经济效益和发展质量的考核导向；根据企业功能定位和作用特点，实施以企业分类为基础的差异化考核；以提高国有资本效率、增强国有企业活力为中心，更加注重考核企业价值创造能力，更加注重考核企业所创造的社会效益；根据权利、义务、责任相统一的原则，坚持考核办法与薪酬制度紧密结合，充分发挥业绩考核的激励和约束作用。

重新修订《所出资企业管理绩效考核评价实施细则》(闽国资运营〔2015〕176)，对评价指标、评分标准和分值进行调整，按照简化指标设置、突出工作重点、强化考核导向的原则，对指标体系进行优化。一级指标从4项调整为3项。减少"外部环境与影响"指标，将其二级指标并入"发展与创新指标"中。二级指标从11项调整为7项，提高年度重点管理工作的分值；对加分和扣分细则进行修订。加分事项由4项增加为8项，扣分事项中对监察室将廉洁自律扣分事项的表述作了修改；并对评分方式和计分规则进行调整。

（二）开展年度经营业绩考核

按照"口径统一，尺度适当"的原则，实行考核工作原则性与灵活性相结合，对可能影响企业年度经营业绩的重大事项"集体研究、共同决定"，推进2014年度企业负责人经营业绩考核评价工作。通过专家集中审核、软件审核、国资审核、会议研究等多个环节，顺利完成2014年度业绩考核评价工作。

（三）推进任期经营业绩考核

根据企业长远利益和短期利益考核相结合的原则，持续引导企业聚焦主业、做强做大，在各年度经营业绩考核的基础上，开展企业负责人2012—2014年任期经营业绩考核和任期特别奖励评选。2012—2014年任期经营业绩考核结果为A级的企业7户，2家企业获得业绩优秀奖、1家企业获得绩效进步奖、2家企业获得特殊贡献奖。

七、福建省国资委监管企业党的建设和廉政建设情况

（一）党的建设情况

扎实开展"三严三实"专题教育。按照中央和福建省委的部署要求，国资委制定《关于所出资企业开展"三严三实"专题教育的实施方案》，联合福建省委组织部共同下发《关于进一步深化省管企业"三严三实"专题教育的通知》，2015年5月28日国资委党委书记讲党课正式启动省国资系统专题教育，2015年6月中旬和10月上旬结合下基层送服务活动，两次分赴挂钩的企业联系点进行调研，切实推进企业"三严三实"专题教育深入开展。各企业按照中央、福建省委、福建省国资委党委部署要求，以严的精神、实的态度抓好专题教育，企业班子成员率先垂范，紧扣"三严三实"主题，认真解决企业发展改革中"不严不实"问题，进一步深化企业改革发展。截至2015年底，所有企业第四专题教育均已结束，查摆出"不严不实"问题262个，已整改136个，正在整改126个。初核问题线索96件，立案31件，给予党政纪处分25人，挽回经济损失3.5亿元。

省管企业党建工作会议顺利召开。2015年7月，

福建省国资委成立以来首次召开省管企业党建工作会议。会议深入贯彻习近平总书记系列重要讲话精神以及中央、省委关于国企党建工作的新要求、新思路,回顾总结并交流省管企业近年来在党建工作方面取得的成效和经验,并对下一步省管企业党建工作进行安排部署。

开展"走进国企"系列宣传。精心策划"走进国企"活动,通过《国企·党建》《企业观察报》等媒体开展福建国企党建系列报道,从引领发展、自主创新、制度建设、标杆引领、创新党建工作机制等五个方面,宣传11家所出资企业党建工作的特点、亮点和典型,为进一步深化国资国企改革提供强有力的舆论支持。

深化"133"党建工作机制。充分运用现代企业管理的科学方法和手段以党建O2O形式开展工作,赋予"133"党建工作机制新的内涵,并先后赴厦门钨业、海峡科化、和声钢琴等9家"133"党建工作机制示范点调研,交流研讨企业党建工作经验做法及存在不足,促进工作创新、载体创新、形式创新。

认真夯实基层党组织建设基础。一是选树先进典型。注重发挥典型引领示范带动作用,积极挖掘、发现和培育典型,2015年福建省国资系统有19个集体、44名个人获国家级荣誉称号11个、省级荣誉称号52个;同时召开"一先两优"表彰会,选树福建省国资系统先进集体41家,优秀党务工作者45人,优秀党员69人。二是加强教育培训。先后组织两批次16人参加国务院国资委举办的党务干部培训班,并于9月中旬与福建省委组织部联合举办省管企业基层党组织书记培训示范班,邀请中组部党员教育中心副主任和国务院国资委党建局局长等专家学者对110余名省管企业基层党组织书记进行授课,取得良好效果。三是积极开展调研工作。面对企业党建工作产生的新问题,各企业由领导带队、深入基层开展调研,认真总结党的群众路线教育实践活动和"133"党建工作机制建设中的成功经验,形成一批质量较高的党建课题调研成果,其中有10篇论文被福建省国资委评为优秀党建调研课题。四是党建带妇建。认真学习贯彻习近平总书记在中央党的群团工作会议上的讲话精神,充分发挥妇女组织在群众中的桥梁纽带作用,积极动员企业妇女职工收听、订阅、关注全国妇联"女性之声"两微一端及省妇联"闽姐姐",组织300多人参加省妇联"为爱奔跑、母亲健康1+1"大型公益募捐、姐妹一家亲2015海峡妇女艺术节摄展等活动,切实把妇女团结凝聚在企业活动中,充分发挥出妇女在企业建设中的作用。

(二)廉政建设情况

狠抓"两个责任"落实。一是明确责任。制定出台《关于落实党风廉政建设党委主体责任的实施意见》《关于落实党风廉政建设纪委监督责任的实施意见》和《关于党风廉政建设责任追究实施细则》三项制度,列出党委主体责任和纪委监督责任清单,把党委主体责任分解为三个方面14项具体职责,把纪委监督责任分解为五个方面20项具体职责,并细化责任追究的方式、组织实施和结果运用。各所出资企业结合实际,陆续制定出台落实三项制度的具体措施。二是传导压力。召开福建省国资系统党风廉政建设工作会议,全面部署党风廉政建设工作,把落实"两个责任"作为2015年度党风廉政建设责任书的重要内容,在工作会上与各企业签订党风廉政建设责任书,建立健全责任传导机制。加强对落实党风廉政建设责任制的监督检查,由委领导班子成员分别带队,对16家所出资企业2014年度落实党风廉政建设责任制情况进行考核检查,在年度党风廉政建设工作会上通报检查情况,并由党委书记亲自逐一向企业反馈。三是强力推动。制定下发《2015年党风廉政建设和反腐败工作意见》,明确工作任务和责任分工。认真部署开展落实"两个责任"推进年系列活动,着力抓好制度建设、作风建设、监督制约、查办案件、组织建设等五项重点工作任务。开设"落实'两个责任'书记谈"专栏,对20家所出资企业党委(党组)书记和纪委书记(纪检组长)进行约稿,交流工作经验,强化责任意识。2015年编出专刊14期,28位企业党委书记和纪委书记作了经验交流。

聚焦反腐倡廉主业。一是坚持不懈推进作风建设。福建省国资委委纪委以明察暗访、专项检查、重点督查等形式,分别于2015年4月和9月组织两次违反中央八项规定精神突出问题专项检查,在企业全面自查基础上,重点抽查63家二、三级企业2014年以来企业管理费用和销售费月科目中列支的接待费、差旅费、会议费、通讯费、办公费用、福利费等科目的开支以及公车管理、财务预算管理执行情况，通报曝光5起违反中央八项规定精神典型问题，对11个单位移送调查中发现的问题线索以及下发整改通知书，进一步督促企业加强作风建设。二是强化权力监督制约。持续开展企业主要负责人向福建省国资委述职述廉工作，把落实主体责任情况作为述廉述廉的重要内容，通过现场述职述廉、接受询问、点评和测评，促进企业"一把手"强化责任担当，忠诚廉洁履职。2015年，4家企业主要负责人作大会述职述廉，16家企业主要负责人提交书面述职述廉报告。坚持落实企业"三重一大"决策事项专项报告制度，截至2015年底，20家企业上报"三重一大"决策事项1641项。2015年8月，福建省国资委纪委组成3个检查组，对所出资企业落实"三重一大"决策专项报告制度和信访举报"零暂存"工作情况进行监督检查，及时发现问题并督促整改，进一步提高企业科学决策、民主决策能力和纪检监察信访举报工作水平。认真落实诫勉（警示）谈话、任前廉政谈话、纪委书记同下一级企业领导班子成员谈话等三项制度，积极推动企业建立健全谈话提醒、述职述廉和决策事项专项报告制度，加强监督制约，逐级传导监督压力。三是加大纪律审查力度。坚持"零容忍"惩治腐败，不断挖掘案源线索，加强自办案件工作。2015年3月，福建省国资委纪委约谈2014年度信访案件工作比较薄弱的4家企业纪委书记（纪检组长），督促企业加强案件查办工作。截至2015年底，福建省国资系统立案37件，党政纪处分38人次。企业纪委（纪检组）认真落实监督执纪问责，及时向福建省国资委纪委报告重大事项和重要案件查办情况。

落实"三转"要求，加强队伍建设。一是认真落实企业纪委书记（纪检组长）定期报告工作制度和企业纪委书记（纪检组长）、监察室主任季度例会工作制度。2015年，首次召开企业纪委书记（纪检组长）述职述廉大会，各所出资企业纪委书记（纪检组长）汇报2014年履行监督责任以及个人廉洁从业情况，并接受当场询问和民主测评，进一步压实监督责任。二是大力支持企业纪委（纪检组）落实"三转"，积极推动企业纪委书记（纪检组长）调整分管工作，不直接分管人、财、物等业务工作，把主要精力集中到执纪监督问责上来。投资、能源、电子、船舶、建工等企业纪委书记（纪检组长）重新调整职责分工，移交分管的其他业务工作，使主业更加突出、精力更加集中。三是加强纪检监察队伍能力建设。2015年3月，国资委纪委选派9位企业纪委书记（纪检组长）参加中国纪检监察学院业务培训；9月举办两期256人参加的"企业纪检监察干部案件审查业务培训班"，编印《国有企业纪检监察工作常用法律法规汇编》和《福建省国资系统纪检监察工作模拟案卷》，着力提高企业案件检查工作水平和纪检监察人员履职能力。同时，通过轮岗交流、教育培训、办案实训、理论研讨和抽调人员参加省委巡视组专项巡视，不断培养锻炼队伍，增强队伍活力。

八、福建省国资监管及国有企业改革发展具有地方特色情况

（一）简政放权，提升效率

1. 科学调整主要职责和内设机构。根据中央关于完善监管体制的精神和以管资本为主的要求，福建省国资委积极协调沟通福建省委编办，对福建省国资委主要职责和内设机构进行调整。增加"以管资本为主加强所监管企业国有资产监管""推进多元化股份制改革，发展混合所有制经济，推动国有企业改制上市""健全协调运转、有效制衡的公司法人治理结构"等六大职责，同时将规划发展处和改革分配处合并为改革发展处；原统计评价和业绩考核处吸收分配职能，更名为考评分配与财务监督处；综合处更名为资本运营处；单独设置审计处。

2. 梳理出资人"两个清单"。福建省国资委紧紧围绕省政府推行权力清单制度的工作部署，以法律法规、政府授权和国资国企改革发展政策为依据，充分借鉴兄弟省市创新国资监管工作的好经验、好做法，主动取消32项出资人审批审核事项，建立包括31项监管事项、26项审批审核事项、7项服务事项在内的履行出资人职责事项清单。强化对国资委行权履职的内部规范和外部监督，梳理建立包括31项具体责任、10项事中事后监管责任在内的责任清单。

3. 进一步转变职能、改进作风。福建省国资委贯

彻落实中央和省委省政府关于简政放权的一系列精神，制定《关于进一步转变职能、改进作风的实施意见》，明确转变职能做到“四减少”（减少审批、减少检查、减少会议、减少材料）；完善监管做到“四加强”（加强财务监督、加强审计监督、加强业绩考核、加强问责问效）；改进作风做到“四坚持”（坚持深入调研，坚持主动服务，坚持马上就办，坚持高效清廉），为企业改革发展创造良好环境，得到所出资各企业的普遍欢迎与好评。

2015 年 8 月，福建省国资委印发《关于进一步做好简政放权放管结合转变职能工作的通知》（闽国资办〔2015〕164 号），提出 11 项工作措施，要求委机关各处室逐项对照自查。一是进一步加大减权放权力度。涉及审批审核事项的处室能够按照福建省国资委权力清单，做到“六个一律”，不存在清单以外另设审批审核事项，不存在名义上不审批而实际操作中仍然在审批的事项，不存在清单公布后新增审批审核事项等情况。相关处室均对审批审核相对人进行抽样回访，听取意见。二是进一步优化服务。涉及审批审核事项的处室均对现有审批审核事项的办理流程进行核查，根据要求进行规范和完善，对企业上报的事项“一次告知”“马上就办”，严格执行“AB 岗”制度。三是进一步减轻企业工作负担。各处室均能改进文风、会风，不在法律法规、政策规定之外设置检查、评比项目。

2015 年，全面完成成立以来出台的监管制度文件（以规范性文件为主）的清理工作，废止失效的 32 件，修改后有效的 4 件，继续有效的 85 件。福建省国资委全年审批审核事项数量比 2014 年减少 30.2%。此外，公司主营业务范围的投资决策事项全部归位于所出资企业，上市公司投向非主业、参股非国有控股的投资项目核准权限于 12 月全部下放；涉及企业审批审核项目的办理时限全部压缩至法定时限的 60%以内，办理流程压缩在 5 个环节以内；国资委组织的企业各类会议数量以及企业报送的材料、报表数量大幅减少。

(二)加强审计监督

1. 继续深化“国企改革发展，内审保驾护航”主题活动。继续在《福建国资》简报上开设“国企改革发展，内审保驾护航”活动专刊，并利用福建省国资委门户网站定期发布信息等形式，对企业内审工作的好经验好做法进行总结宣传，供各所出资企业学习借鉴，促进企业提升内审工作水平；将所出资企业非主业投资专项审计调查情况进行通报，揭示所出资企业在非主业投资方面存在的主要问题，就加强非主业投资管理提出建议；深入各所出资企业开展内部审计有关制度执行情况专项调研，了解企业对相关制度的学习宣传贯彻情况、内审制度建立执行情况、内部审计机构设置和人员配备情况、内审工作开展情况、审计整改工作落实及审计成果运用等方面内容，进一步提高制度执行力，推动企业内审工作更加规范有序地开展；在厦门市委党校举办“福建省国资系统企业内部审计人员培训班”，邀请相关专家学者针对税收筹划、企业经济责任审计、固定资产投资审计等方面进行深入讲解，同时邀请厦门建发和厦门国贸两家大型国有企业作了内部审计经验交流，进一步提升企业内部审计人员的专业水平和业务能力；组织所出资企业内审部门有关人员约 30 人到福建奔驰参观学习，进一步加强所出资企业间内审工作经验的学习和交流，推动企业内审工作扎实有效开展。

2. 组织开展经济责任审计和专项审计工作。组织实施对所出资企业子企业法定代表人提拔至集团担任领导职务人员的经济责任审计，牵头实施 3 家所出资企业子企业法定代表人的经济责任审计，向其中 2 家企业下发审计报告，并提出具体审计建议；参与 3 家所出资企业对权属企业开展的经济责任审计以及 1 家所出资企业开展的专项审计工作，督促所出资企业认真做好各级子企业和主要业务部门负责人任期经济责任审计工作以及对部分重要子企业、重点投资项目、重要经济业务的专项审计，加强对所出资企业内审工作的指导。

3. 督促所出资企业认真做好审计问题的整改工作。加强对所出资企业经济责任审计整改情况的督查，向 3 家所出资企业下发审计通知书，要求有关企业针对审计过程中揭示的所有问题，进一步深入开展自查、深刻分析原因，采取切实有效的整改措施，并认真研究落实审计建议；跟踪督促企业的整改工作，并逐一核实，及时将 5 家企业的整改及责任追究有关情况向福建省政府办公厅和福建省审计厅进行反馈；向4家企业下发省审计厅贯彻落实稳增长等政策措施情况跟踪审计的整改通知书，要求相关企业进一步深入开展自查，深刻分析原因，认真抓好整改落实，并及时向福建省政府办公厅反馈整改落实工作有关情况。

（撰稿人：李宇昆）

厦门市

一、厦门市国有资产监督管理工作综述

2015年，厦门国企国资认真贯彻落实厦门市委、市政府工作部署，深化改革创新、加快转型升级，国企国资改革发展各项工作成效显著，国有经济保持又好又快发展。

2015年，厦门国有企业营业收入、利润总额、上缴税收均超过地方国企平均增长水平，国有企业对拉动厦门产业投资、推动转型升级、增加经济总量、带动进出口增长和促进产业发展发挥重要作用。截至2015年底，全市国有企业资产总额7607.4亿元，同比增长16.0%；实现营业收入4092.8亿元，同比增长10.0%；利润总额166.2亿元，同比增长11.8%；上缴税收196.0亿元，同比增长14.8%。其中，厦门市国资委监管19家国有企业资产总额5565.6亿元，同比增长13.6%；实现营业收入3873.1亿元，同比增长8.8%；利润总额133.9亿元，同比增长10.1%；上缴税费173.3亿元，同比增长18.8%。2015年，厦门市国资委监管企业净资产收益率5.32%，高于全国地方监管企业净资产收益率水平。2015年，厦门建发集团等3家国企继续荣登中国企业500强排行榜，厦门国贸股份等5家企业位居中国上市公司500强；厦门象屿集团等11家企业进入中国服务企业500强。

（一）创新发展加快厦门“三个转型”

一是产融结合加快发展。厦门市国有企业加快“产业＋金融”双轮驱动发展。厦门港务控股与中国建设银行建信信托合作成立产业引导发展基金；厦门象屿集团等7家闽企共同发起筹建海峡金桥财产保险；厦门海翼租赁荣获“2015年中国工程机械租赁业最具竞争力品牌”称号；厦门象屿金服、厦门国贸金控、厦门农商金控、厦门建发金投、厦门金圆金控、厦门港务金控等六个以自贸区为平台的金融控股集团逐步形成。厦门市国有企业设立资产管理公司4家，金融控股集团6家，各类产业投资基金43支（基金金额达到217亿元），参股银行6家，保险公司3家，小额贷款公司5家，担保公司6家，融资租赁公司2家，第三方支付平台3个。这些金融和类金融产业成为厦门市国有企业重要的经济增长源。

二是利用资本市场加快发展。厦门象屿股份、厦门国贸控股、厦门信达股份等企业通过定向增发、发行可转债等多种方式发展混合经济，涉及金额109.03亿元。厦门建发收购香港主板上市公司“西南环保”并更名为建发国际投资集团有限公司；厦门华亿传媒登陆“新三板”，成为福建首家“新三板”上市的国有文化企业；厦门国贸中红普林医疗用品股份有限公司新三板挂牌上市；厦门特房园林公司积极推进新三板上市。

三是产城融合服务发展。厦门国有企业主动融入城市发展，营造美丽厦门一流营商环境，提升厦门城市竞争力、影响力。厦门建发集团成功举办“2015年厦门国际时尚周”，助力厦门时尚产业发展；厦门路桥集团承办第八届厦门国际游艇展，与澳大利亚神仙湾游艇展结为姐妹展；厦门港务集团全年完成货物吞吐量1.22亿吨、集装箱吞吐量802万标箱、“小三通”往来两岸旅客人数创下176万人次新纪录；厦门翔业集团实现厦门机场旅客吞吐量突破2200万人次；厦门夏商集团供应蔬果、猪肉、水产、粮油等1143.7万吨，全年检测各类合格农副产品60万批次，销毁不合格农副产品145吨。厦门粮食购销集团承储各级储备粮油68.7万吨。有力保障市民餐桌需要和安全；厦门市政集发展岛内公共自行车系统，投入运行355个站点、7000辆自行车，极大方便市民出行；厦门公交集团为厦门市民提供最高效、最舒适的公交出行服务，推动厦门被授予“推动中国快速公交发展先进城市”称号；厦门轻工集团古龙酱文化园被评为“福建省科普教育基地”“国家AAA级旅游景区”；厦门住

宅集团诚毅科技馆、嘉庚剧院等“三馆一城”相继投入运营,取得良好的社会效应和经济效益;厦门信息集团改造提升软件园二期,获评中国金软件金服务方案商最信赖的产业园区、中国IT服务最佳产业园区奖等荣誉。四是开放合作借力发展。厦门国企积极搭建招商平台,推出15个专业招商项目,厦门信息集团、厦门火炬集团利用软件园区、厦门高新技术园区的平台资源,积极引进软件企业和高新技术企业入驻。加快开放合作。厦工与中航合作推出“XGJE”智控技术和智能产品;厦门住宅集团深化与中航科技、中航工业在航天科技文化、航天科技馆的战略合作;厦门建发集团改造升级湖里文创园引进文创企业落地;厦门国贸股份与金蝶集团在汽车、金融服务等相关领域开展“跨界、跨行业”的强强合作;厦门翔业集团与青岛机场集团签订《项目咨询服务协议书》;厦门象屿股份与北大荒垦丰种业公司进一步拓展农产品产业链合作;厦门轨道集团以股代债引进国开发展基金增资入股22%;厦门旅游集团引入北京麦爱文化与欧洲电音厂牌SAIFAM公司入驻厦门旅游文化创意产业园项目;厦门火炬集团与日本金铁合作为宸鸿集团提供全程物流服务业务。

(二)率先有为助力厦门自贸区发展

一是主动融入自贸区建设。成立厦门国资和国企两级工作小组,出台《关于支持市属国有企业积极参与加快中国(福建)自由贸易试验区厦门片区建设的若干政策》《中国(福建)自由贸易试验区厦门片区国有房屋租赁价格临时管理办法》等六大鼓励政策和指导意见,从提高投资监管效率、放宽监管范围、国有资本经营预算扶持、租金优惠补贴、考核单列等各方面支持企业加快参与自贸区建设和发展。厦门建发、厦门国贸、厦门港务、厦门象屿、厦门翔业、厦门夏商、厦门海投、厦门金圆等集团积极谋划投资项目,加大投资力度,加快项目建设,为推进自贸区发展作出积极贡献。

二是推进自贸区发展成效显著。厦门国企投资自贸区项目226个,总投资637亿元,其中,公司项目181个,注册资金329亿元,总投资342亿元;平台建设项目45个,总投资295亿元。一大批国企项目发挥出应有的经济效益、规模效益和社会效益。厦门风信子项目成功试营业;厦门夏商国际商城引入马来西亚、新加坡、中国台湾等国家和地区知名餐饮企业进驻商城。厦门国际水产交易中心签订招商租赁合同及意向书395份;厦门两岸青年创业基地授牌,厦门服务外包产业园注册企业1190家,注册资金260亿元。

(三)惠民利民共同缔造“美丽厦门”

一是发挥重点项目建设主力军作用。成立厦门国资国企重点项目工作领导小组和市属国企代建工作领导小组,下发《厦门市国资委关于进一步加强重点企业(项目)跟踪服务的通知》,出台《厦门市属国有企业承担重点项目建设考核评价办法》,将重点项目建设与企业负责人的薪酬挂钩。建立重点项目单位负责人、部门负责人及联络员联络机制。通过开展国企重点项目“七比四创”百日竞赛,有力促进加快重点项目建设。2015年,市属国企的重点项目(含代建)投资计划完成225.2亿元,实际完成303.3亿元,完成计划135%,其中,厦门市国资委作为责任单位的8个重点项目投资计划完成16.7亿元,实际完成18.7亿元,完成计划的111.9%。

二是履行社会责任惠民利民发展。厦门国企坚持企业改革发展成果与厦门人民共享,依法经营诚实守信、提高产品质量和服务水平,在城市建设、民生保障、人居环境、公共服务以及维护职工合法权益、带动税收上缴、解决居民就业、捐资教育体育、参与社会公益事业等方面充分发挥表率、示范和带动作用。2015年,厦门市国有企业净资产2000.1亿元,实现营业收入4092.8亿元,上缴税收196亿元,上缴国有资本经营收益6.89亿元,创造社会贡献总额(包括应交税收、发放员工工资福利、缴交社保统筹、利息支出、创造净利润等)476.8亿元。此外,厦门建发集团捐赠20亿元(分期)设立厦门仁爱医疗基金,全年国企累计捐赠21360万元。

(四)营造环境服务企业改革发展

一是规范监管,夯实企业发展基础。加强企业国有产权管理。全年办理资产评估核准及备案110项,账面净资产26.14亿元,评估价值53.95亿元,增值106.4%;批复第一批12家国企上报的专业化招商经营项目160个;厦门市产权交易中心全年完成各类产权交易19.3亿元，增值2.42亿元；厦门股权托管交易中心托管股数突破190亿股，帮助中小企业实现融资26亿元。抓好业绩考核与预算工作。抓好企业年度的预决算工作，规范企业工资总额管理，严格规范企业负责人的履职待遇和业务支出。增强审计监督功能。出台《厦门市国资委关于加强所出资企业内部审计工作的指导意见》，印发国资委系统2015年审计监督工作重点和审计工作方案，组织选聘中介机构开展38个审计项目审计工作，促进国企规范经营、健康发展。规范企业投资管理。完善投资项目信息化监督管理工作。抓好企业"三非"项目的核准工作。办理核准项目12项目，办理备案项目13项。聘请专家对厦门象屿集团投资环资矿业等投资项目进行评审。强化国资国企法律建设。组织召开2015年市属国有企业法制工作会议；举办国资监管立法宣贯座谈会，编印《厦门企业国有资产监督管理办法释义》3000册，对国资立法进行全面细致地解读，取得良好社会反响。做好董事会、监事会工作。督促所出资企上报企业2014年度董事会和监事会工作报告。听取厦门港务等6家国有企业董事会向国资委报告年度工作。开展出资企业监事会年度检查并形成监督检查报告。监事会工作小组首次赴美国、加拿大开展对境外企业的监督检查，促进境外企业加强管理、规范运作。

二是拓宽融资渠道，提供企业资金支持。2015年，指导批复国有企业发债610.40亿元；积极推动厦门象屿股份定向增发、厦门国贸股份发行可转债和厦门信达定向增发等多种方式引入非公资本，涉及金额56亿元。支持中国国开发展基金有限公司以31亿元增资入股厦门轨道集团；推动厦门国贸控股公司获得工行厦门分行提供的超百亿元等值人民币的全球融资安排；安排国有资本经营预算支出5200万元，支持企业发展自贸区项目。增拨4568万元企业资本金，支持企业重大项目建设。

三是加强企业人才培训，提供发展智力支撑。举办"自贸区经济高级研讨""国有企业发行债券"和市属国有企业董事长总经理高级研讨班以及国企监事培训班、国企法务经理培训班等25个培训班，参加人员达到2418人，有效提高企业经营人员的创新意识、专业能力、管理水平和综合素质。

四是营造企业发展良好氛围。建立企业法律风险协调机制。加强厦门市国资委与政法部门、法院、法律协会、仲裁机构的联系，积极探索建立多方联动机制，帮助协调企业重大法律纠纷案件，维护企业合法权益。2015年，指导市属企业协调法律纠纷案件40多起，办理法律纠纷备案15件。探索建立信访协调处理工作机制。加强与各级法院、公安部门、劳动部门的联系，探索建立国有企业信访协调处理联动机制，切实帮助企业解决信访等历史疑难问题。全年处理各类信访件419件，接待企业职工上访80批、329人次。加大对厦门国资国企正面宣传力度。在《经济日报》《中国企业报》《福建日报》《厦门日报》、厦门电视台等媒体上刊发文章118篇次，宣传厦门国资国企改革发展、履行社会责任、惠民利民发展的措施和创新经验，不断提升国有企业的地位和影响。

二、厦门市国有资产总量与结构分析

截至2015年底，厦门市国有及国有控股企业（以下简称"国有企业"）资产总计7607.4亿元，比上年增长16.0%；负债总计5107.6亿元，比上年增长11.2%；所有者权益总计2499.7亿元，比上年增长27.2%；其中，归属于母公司所有者权益2000.1亿元，比上年增长29.4%；营业收入总计4092.8亿元，比上年增长10%；利润总额166.2亿元，比上年增长11.8%。

表1　　2015年厦门市所属国有企业指标

项　　目	金　额(亿元)
资产总额	7607.4
所有者权益	2499.7
营业收入	4092.8
利润总额	166.2
净利润	119.2
归属母公司所有者的净利润	86.4
应交税金总额	207.7
实际上缴税金总额	196.0

表 2　2015 年厦门市国有企业户数情况

项　目	2014 年	2015 年	比上年增长(%)
户数(户)	1399	1565	11.9

注:以上户数为纳入国有资产统计报表范围的所有国有及国有控股企业。

厦门市下设思明、湖里、海沧、集美、同安、翔安六个区。从国有资产地区分布情况看,2015 年,厦门市市属企业国有资产总量 1743.8 亿元,占厦门市国有资产总量的 87.2%,6 个区所属国有企业国有资产总量 256.2 亿元,占厦门市国有资产总量的 12.8%。

表 3　2015 年厦门市国有资产地区分布情况

地　区	国有资产(亿元)	占国有资产总量比重(%)
市属企业	1743.8	87.2
区属企业	256.2	12.8
其中:思明区	27.7	1.4
湖里区	43.7	2.2
海沧区	63.5	3.2
集美区	64.8	3.2
同安区	45.5	2.3
翔安区	11.0	0.5

从行业分布看,厦门市企业国有资产分布的行业前五位是社会服务业、房地产业、交通运输业、批发和零售业和建筑业;分别占单户国有资产合计数①的 31.4%、27.3%、12.6 %、9.1 %和 7.3 %,占全部国有资产的 87.7%。

表 4　2015 年厦门市国有资产行业分布情况

行　业	国有资产(亿元)	占国有资产总量比重(%)
农林牧渔业	14.8	0.4
工业	162.0	4.2
建筑业	285.2	7.3
地质勘查及水利业		
交通运输业	490.9	12.6
仓储业	16.2	0.4
邮电通信业		
批发和零售业	352.0	9.1
金融业	231.2	5.9
房地产业	1059.9	27.3
信息技术服务业	19.1	0.5
社会服务业	1220.4	31.4
卫生体育福利业	2.4	0.1
教育文化广播业	16.7	0.4
科学研究和技术服务业	15.6	0.4
机关社团及其他		
合　计	3886.4	100.0

从企业经济规模看,厦门市国有资产主要集中在大、中型企业。2015 年,大、中型企业 418 户,占总户数的 26.7%,大、中型企业单户国有资产总量 2083.8 亿元,占厦门市单户国有资产总量的 53.6%;小、微型企业 1147 户,占总户数 73.3%,小、微型企业单户国有资产总量 1802.6 亿元,占厦门市单户国有资产总量的 46.4%。

表 5　2015 年厦门市国有资产经营规模分布情况

经营规模	国有资产(亿元)	占国有资产总量比重(%)
大型企业	360.5	9.3
中型企业	1723.3	44.3
小型企业	1236.6	31.8
微型企业	566.0	14.6
合　计	3886.4	100.0

① 这里的合计是单户国有资产的简单加总,不是指报表合并的国有资产数。

国有资产总量与结构分析表明，厦门国有资产数量继续保持增长的趋势，国有企业所有者权益稳步提高，总体上看，厦门市国有企业克服国内外复杂经济形势的不利影响，国有企业保持稳中有进、进中向好发展。

三、厦门市国有资本保值增值综合分析评价

截至2015年底，厦门市国有企业年末合并归属于母公司的所有者权益2000.1亿元，比年初数1585.1亿元，增加415亿元，增长26.2%。年末国有资产总量2000亿元，比年初数1584.7亿元，增加415.3亿元，增长26.2%。厦门市和各区的国有企业全部实现国有资本的保值增值，各行业也基本实现国有资本的保值增值。

表6　2015年厦门市国有企业地区和行业国有资本保值增值情况

地　　区	国有资本保值增值率(%)	行　　业	国有资本保值增值率(%)
厦门市	105.3	农林牧渔业	113.0
市属企业	105.1	工业	99.2
区属企业	106.3	建筑业	101.7
其中：思明区	102.0	地质勘查及水利业	131.5
湖里区	106.6	交通运输业	106.8
海沧区	110.9	仓储业	102.1
集美区	108.9	邮电通信业	
同安区	100.7	批发和零售业	106.5
翔安区	103.3	金融业	109.7
		房地产业	111.9
		信息技术服务业	110.8
		社会服务业	104.0
		卫生体育福利业	99.7
		教育文化广播业	100.2
		科学研究和技术服务业	114.9

四、厦门市国资委监管企业改革重组情况

一是国资国企改革稳步推进。按照全国全省改革意见精神，正式公布《厦门市国资委责任清单》。研究起草《中共厦门市委厦门市人民政府关于深化国有企业改革的实施意见》《厦门市人民政府关于厦门市国有企业发展混合所有制经济的实施意见》《厦门市国资委出资企业功能界定与分类的意见》，修订完善《厦门市国有企业负责人薪酬管理办法》《厦门市国有企业负责人业绩考核办法》，并多次征求意见和修改。

二是整合重组优化资源配置。推动厦工股份与中航工业旗下公司在厦设立"航控捷易（厦门）工程机器人有限公司"，加快智能电传控制系统的产业化。制定《关于组建厦门鼓浪屿资产运营管理有限公司的方案》，推动鼓浪屿改造提升。提出厦门市保安公司脱钩改革建议，经厦门市政府专题会议研究交由厦门公交集团接管。配合市有关部门推进厦门市对外服务中心、厦门市仲裁委秘书处实施企业化改制工作。

三是推动混合经济良好发展。推动国有企业通过上市公司平台、产权交易中心等平台推进混合所有制经济涉及金额109.03亿元。积极推动发展一批混合所有制项目，包括厦门集装箱码头公司与新世界（厦门）港口投资有限公司股权合作、厦门海翼集团收购厦门ABB开关有限公司15%股权、厦门信达股份转让所持厦门三安电子有限公司部分权益价值。推动厦门市政集团所属新水项目、东部固废处理中心生活垃圾焚烧发电厂二期项目以及公共停车场项目等三个项目采用PPP模式引进社会资本。截至2015年底，全市国有企业中混合所有制企业户数1034户，占比57.57%，所出资企业混合所有制户数968户，占比66.48%。

五、厦门市国资委监管企业完善法人治理结构进展情况

董事会监事会建设更加规范。指导厦门信息集团、厦门轨道交通集团和厦门市政集团成立董事会。进一步完善监事会工作体制机制，出台《厦门市国有企业监事会管理办法实施细则》。各监事工作小组恪

尽职守,认真履职,及时反映企业情况,积极主动推进延伸监督,开展大宗贸易、资产出租、合同管理等专项检查。听取厦门港务控股集团等6家国有企业董事会向国资委报告年度工作。组织举办厦门市国有企业监事会培训班,参加人数80多人,培训效果良好。督促所出资企业上报企业2014年度董事会和监事会工作报告。下发《关于做好市国资委出资企业监事会2014年度检查工作的通知》,开展年度检查并形成监督检查报告。总结厦门市国有企业监事会成立以来的工作做法和经验以及所取得成效,上报国务院国资委监事会工作局。监事会工作小组首次赴美国、加拿大开展对境外企业的监督检查,促进境外企业加强管理、规范运作。

六、厦门市国资委监管企业建立和完善经营业绩考核体系情况

一是抓好企业负责人业绩考核和薪酬管理工作。顺利地完成2014年度国有企业负责人经营业绩考核工作。根据会计师事务所审计的企业财务决算报表、企业财务决算审核报告和企业经营目标完成情况总结分析报告,充分考虑企业经营的客观因素,确定所监管国有企业负责人的绩效考核分数及其2014年度薪酬,下发2014年度所监管国有企业负责人经营业绩考核结果。并就2014年度所监管企业报送的企业绩效薪酬结算方案、企业负责人年薪之外的其他货币性收入进行审核、批复,对其职务消费情况进行备案。

二是确定2015年度企业负责人经营业绩考核目标值。在对企业2015年预算编制、目标值申报及2014年度主要经营指标完成情况进行充分调研的基础上,对企业2014年主要经营指标完成情况和2015年预算情况进行分析,出具预算审核及目标建议值审核报告,提出2015年所监管企业负责人经营业绩考核目标值,并签订2015年度企业负责人经营业绩考核责任书。

三是进一步深化业绩考核与薪酬管理。开展所出资企业2014年度企业经营绩效评价工作,为考核评价企业及其领导班子提供依据;进一步细化经济增加值考核办法;出台《企业工资总额预算管理暂行办法》,并完成对22家企业2015年度工资总额预算的审核工作;研究起草企业负责人职务消费管理暂行办法,加强对市属国企负责人职务消费预算备案管理。

七、厦门市国资委监管企业负责人考核与选人用人机制改革情况

一是优化企业领导班子结构。干部选任制度改革步伐加快。市场化选人用人实现新突破,以厦门建发集团和厦门象屿集团为试点,面向全省公开选聘企业高管,推动国有企业选人用人从行政化向市场化迈出重要一步。做好市属国有企业领导人员选任和调配工作,全年调整充实集团中层以上领导人员136名,轮岗交流集团领导人员8名,2名机关处级以上领导干部交流到市属国有企业任职,2名企业领导人员交流到机关任职,进一步优化干部队伍结构,激发工作活力。

二是干部监督管理机制进一步完善。加强干部选拔任用监督,开展干部人事任免审批程序专项检查,完成委托管理企业干部兼任所属企业领导人员的规范工作。严格执行领导干部报告个人有关事项要求,出台《关于加强国有企业人员出国(境)管理的实施意见》和《关于规范市属国有企业正职领导外出请假报备的意见》。编制《国有企业领导人员任中经济责任审计三年计划》,探索经济责任审计与其他专项审计相结合模式,完成4家市属国有企业财务状况及资产质量专项审计、9例离任审计和7例任中审计,做到离任必审,离任审计与任中审计相结合。

三是后备干部和人才队伍不断壮大。全年提拔国有企业青年中层干部37人,推荐考察市直管国有企业正职后备建议人选10名、副职后备建议人选37名。选派27名国企年轻干部到市直机关、农村和街道挂职锻炼。港务控股制定后备干部和年轻优秀人才“双百计划”,海翼集团创新实施“接班人计划”,轨道交通集团施行人才“双向交流”机制,旅游集团及时调整人才库动态信息,充实45人进入企业人才库,为国有企业人才成长、丰富阅历提供机会和平台。积极鼓励参加再教育,对基层单位报送的283名各类专业技术人员申报技术职称进行初审,其中高级职称53

人，中级职称 99 人。

八、厦门市国资委监管企业党的建设和廉政建设情况

（一）基层党建工作不断加强

一是基层党组织建设坚强有力。印发中共厦门市委国资监管工委 2015 年工作要点和党建工作要点，对第四轮（2014—2015 年）党建工作责任制落实情况进行考核。指导厦门港务控股完成党委、纪委换届工作，推进厦门会展集团股份有限公司、厦门通士达照明有限公司、厦门路桥翔通股份有限公司等成立党委、纪委，积极推进二、三级企业党组织换届工作，全系统有 109 家党组织完成换届。

二是党员队伍建设更加科学化。规范抓好党员队伍的发展、管理、教育和服务，把好发展党员“入口关”，厦门市国资委系统全年发展党员 316 人，举办 2 期入党积极分子培训班，受训人员 350 人。开展《中国共产党发展党员工作细则》贯彻落实情况专项检查，促进发展党员工作程序化、规范化。

三是活动载体建设彰显活力。厦门市属国有企业致力慈善事业，于细微处践行着大爱无疆的使命，开展助残爱老、帮贫济困、送温暖献爱心等系列公益活动。扎实开展工会、共青团等群众工作，建立市国资委系统劳动模范、巾帼文明岗管理系统，各集团团委积极开展特色主题团日活动，进一步提升队伍凝聚力，营造同心干事业的氛围。

（二）反腐倡廉工作不断深化

一是强化权力制约抓监督。出台《厦门市直管国有企业纪委向市国资纪工委报告制度（试行）》《市直管国有企业纪检监察机构工作考核办法（试行）》，对中央八项规定落实情况监督检查常态化，加强对企业落实“三重一大”事项集体决策制度的监督，全年上报“三重一大”决策事项 1318 件。在厦门市国资委机关、厦门信息集团、厦门港务控股及厦门夏商集团试点运行廉政风险防控信息化系统，将廉政风险防控嵌入业务工作流程。厦门路桥建设集团制定《领导干部廉洁自律“八不准”》新规定，厦门轻工集团与下属企业党组织签订《基层党组织党风廉政建设工作承诺书》，厦门安居投资公司对党风廉政建设工作实行“痕迹”记录精细化管理。

二是严肃查办案件抓执纪。将案件查办作为考核国有企业纪委的重要指标之一，确保压力传导到位。启动“一案双查”机制，对不履行或者不正确履行党风廉政建设责任制规定的党政领导班子和领导干部倒查追究责任，全年收到信访举报 181 件次，查处违纪违规案件 26 件 26 人，追究企业领导责任 16 件 16 人。

三是注重源头防范抓教育。严格落实《关于规范国有企业领导人员廉政约谈工作的意见》，全年进行谈话提醒 1453 人次。组织学习《中国共产党廉洁自律准则》《中国共产党纪律处分条例》，将国有企业党委、纪委书记讲党课情况纳入纪委工作考核的重要指标，推动警示教育常态化。组建由厦门市纪委、厦门市检察院、厦门市委党校、厦门市属国有企业纪委等单位组成的讲师团，在厦门市属国有企业开展 7 场巡回宣讲。

四是深化“四转一强”抓队伍。出台《关于进一步加强市直管国有企业纪检监察干部队伍建设的通知》，按照“转思想、转职能、转方式、转作风，强自身”的要求，国有企业纪检监察机构不断健全，纪检监察干部队伍力量有效充实，厦门市属国有企业配备 9 名专职纪检监察干部、15 名兼职纪检监察干部和 57 名纪检监察干事。加强对各集团纪委履职行为的考评，厦门信息集团、厦门夏商集团、厦门港务控股在 2015 年度考评中名列前三名。

（撰稿人：刘聪斌）

江西省

一、江西省国有资产监督管理工作综述

2015 年，在省委、省政府的坚强领导下，江西省国资系统认真贯彻落实马凯副总理的指示精神和省委、省政府的决策部署，主动适应经济发展新常态，先行

先试、攻坚克难，奋力拼搏、锐意创新，统筹做好稳增长、促改革、调结构、转职能、抓开放各项工作，全省国资国企改革发展工作取得明显成效。

(一)国有经济发展稳中有进

一是国有经济不断壮大。截至2015年底，全省国有企业资产总额17426.6亿元，净资产总额6832.8亿元，同比分别增长15.3%、7.0%。其中，省属国有企业资产总额6767.1亿元，净资产总额2507.5亿元，同比分别增长10.8%、3.2%。二是运营效率稳步提升。省出资监管企业经济运行质量、速度、效益均排在中部六省前三位，高于全国平均水平，营业收入、利润总额均排名全国第16位。三是企业排名再创新高。江铜集团位列2015年世界500强第354位，比上年前移27位；建工集团位列全国企业500强第399位，比上年前移72位；江西国际和中鼎国际在全球最大国际承包商榜单上位次分别比上一年前移27位和25位；招标公司获得中国招标代理机构“诚信创优5A等级”，位列中国最具竞争力招标代理机构综合百强第29位。

(二)国有企业改革深入推进

一是盐业集团混合所有制改革试点取得圆满成功，引入4家战略投资者增资扩股，创造第一次尝试在省产交所进行增资扩股项目的公开挂牌操作。第一次聘请独立的第三方机构对项目实施进行路径设计、推介与指导。第一次全角度、全过程、全方位公开披露项目信息和进展。第一次配合混改设计全新的核心骨干员工持股方案。第一次结合混改同步明确加强企业党建工作等“五个第一”试点成果。二是通过江铜集团“自主拓展、自主决策、自主经营”改革试点，明晰国资委与企业的管理边界，落实企业市场主体地位。江中集团在完善法人治理结构改革试点中明晰董事会与经营层的管理边界，为健全完善法人治理结构探明路径。新钢集团、省建材集团分别通过推行综合改革、深化企业内部劳动用工、人事、分配等“三项制度”改革试点，进一步激发企业活力，形成可推广可复制的改革经验。省旅游集团参照盐业集团模式，制定改制方案，正在有序推进。省能源集团倒逼企业推进内部机制改革，积极应对经营风险。三是着力拓展新兴产业。省投资集团试水“互联网+”业务，与航天科工集团合资组建江西航天云网科技有限公司，正式上线运行；省国控公司借力“互联网+物流”，成功搭建第四方物流平台；省水利投资集团积极调整产业布局，组建生态资源开发集团和工程咨询集团。四是剥离企业办社会工作取得重大进展。基本完成国有工业企业改革的社区移交遗留问题，移交545个社区。

(三)国资监管方式不断完善

按照以管资本为主加强国有资产监管要求，着力健全完善国资监管体制。一是继续坚定不移简政放权。科学界定国有资产出资人监管的边界，推进“三单一网”改革，实施清单管理，制定公布省国资委履职事项清单、权力清单和责任清单。二是探索改革国有资本授权经营体制。成功搭建省投资集团、省国控公司、大成国资公司三个投资运营平台，发挥整合盘活各类国有资本、推动企业市场化重组及投融资担保等功能。省国控公司先后为各省属企业提供借款20亿元、担保70亿元，为省属国有资本市场化战略重组发挥重要作用；大成国资公司积极整合归并移交资产，初步形成打造3个产业集团、培育3～5家上市公司的格局；省投资集团积极参与基础设施建设投资，大力发展天然气等新兴业务，取得利润增长56.5%的好成绩。三是集中统一监管有序推进。省直单位所属经营性资产脱钩移交工作如期完成，印发《省属国有企业授权监管暂行办法》，明确省国资委、授权监管部门和授权监管企业各自权责，省国资委代表省政府派驻外派监事会正式进驻省铁路投资集团。省属经营性国有资产“大屋顶”初步搭建形成，省出资监管企业资产总额6216.8亿元，净资产总额2289.6亿元，同比分别增长8.7%、3%，列全国第20位，比2013年底资产总量前移6位，覆盖率前移9位。四是国资监管监督合力稳步加强。对省属企业区分竞争性业务和特定功能性业务，实行业务分类考核，考核“指挥棒”作用更加明显。监事会、财务总监、法务总监等多位一体的监督体系进一步确立，省出资监管企业财务审计和企业领导人员经济责任审计制度进一步完善，依法合规经营意识进一步增强。监事会坚持监督与服务相结合，严格依法依规履责，全年揭示企业存在的问题和风险484个，督促企业自行整改的重要问题191项，帮助企业挽回经济损失近40亿元。

（四）推动企业创新驱动发展

坚持创新引领，企业发展后劲得到增强。一是企业科技创新有新突破。2015年，新增国家级科研平台1个、省级平台3个，申请专利405件，获得授权专利总量突破2000件。科研成果有新收获，新钢集团科研项目获得国家科技进步二等奖，4家出资监管企业获得省级科学技术奖7项。江钨控股集团高新技术产品工业产值占全部产品产值的75.6%。二是管理创新有新进展。江铜集团推进全生命周期管理，新钢集团动态优化生产，省建材集团强化对标管理，省建工集团瞄准上市要求开展集团管理制度重建和流程再造工作，企业经营管理水平稳定提高。三是业态创新有新作为。省投资集团、省国控公司、省建材集团、大成国资公司先后与国内知名创投公司合作成立产业发展基金或投资运营基金，向资本市场试水迈出坚实步伐。

（五）开放型经济发展更有成效

“走出去”“引进来”相结合，开放合作走向更大舞台。一是对外整合资源力度加大。江铜集团通过一系列矿权股权收购，建立以江西本部为主体，辐射环渤海地区、长三角地区、珠三角地区和西南地区的五大产业基地体系，并延伸至国外资源开发和国际贸易领域。江钨控股集团着力打造大稀有金属产业体系，在钨（钼锡铋）、镍钴等产业板块形成较为完整的产业链和内部市场体系。二是“走出去”层次和质量不断提升。举办企业国际化经营专题研讨班，积极研究省属企业参与“一带一路”建设、推进国际化经营战略实施；搭建政银平台，省国资委先后与进出口银行、国家开发银行、中国银行江西省分行分别签署合作协议，共推企业国际化经营；牵头组织成立江西海外能源资源开发联盟，推动江西省资源能源企业合作开发境外矿产资源。建工集团在经营地域上形成省内、省外和国外多领域发展的大市场格局，“两外”市场份额占比53%，“走出去”效果明显。江西国际积极融入“一带一路”国家战略，大力开拓东南亚国家等新兴市场。省出版集团旗下智明星通业务覆盖全球60多个国家和地区，业务收入和利润在全国互联网传媒企业位居第一。三是招商引资成果丰硕。持续推进央企入赣工作落地，截至2015年底，签约的139个央企入赣投资项目，已进资项目115个，进资额457.02亿元，已开工项目108个。精心谋划专题招商引资活动，分别在香港特区和杭州举办两场投资洽谈会，签约项目44个，总投资额280亿元。

（六）设区市国资监管工作不断增强

一是集中统一监管进一步推进。南昌、赣州、新余、萍乡、上饶等地稳步推进国有资产监管全覆盖，截至2015年底，设区市国资委监管的资产总额10412.4亿元，同比增长16.6%，其中南昌市监管的资产总额超过4600亿元，覆盖面达到95%，赣州市、九江市监管的资产总额超过千亿元。二是国资监管体制进一步完善。景德镇、赣州、上饶、宜春等地出台市级《进一步深化国资国企改革的意见》，对国资国企改革进行整体设计；南昌、九江已完成意见起草。鹰潭市建立企业经营业绩考核和上缴国有资本收益制度，国资监管制度体系逐步完善。新余、吉安、萍乡加大简政放权力度，出台国资委权力清单和责任清单，进一步增强企业发展活力。三是服务地方经济发展作用进一步发挥。赣州市支持赣州稀土集团联合江铜集团、江钨控股成立中国南方稀土集团，有力推动赣州市整合稀土资源、做大做强稀土产业。南昌市着力打造五大投融资平台，以加快南昌大投入、大建设、大发展步伐为己任，全力推动全市重大重点项目的实施。吉安、抚州等地积极做好央企入赣、央地对接工作，一批央企重大投资项目落地实施。

二、江西省国有资产总量与结构分析

表1　　2015年江西省国有企业指标

项　　目	金　额（亿元）
资产总额	17426.56
所有者权益	6832.81
营业收入	4793.16

续表

项　　目	金　额(亿元)
利润总额	181.33
净利润	141.14
归属于母公司所有者的净利润	111.84
应交税金总额	214.07
实际上缴税金总额	212.99

表 2　2015 年江西省国有企业户数情况

项　目	2014 年	2015 年	比上年增长(%)
户数(户)	2038	2129	4.47

表 3　2015 年江西省国有资产地区分布情况

地　　区	国有资产(亿元)	占国有资产总量比重(%)
省属企业	2004.24	33.86
市属企业	3914.76	66.14
其中:南昌市	1027.69	17.36
赣州市	555.27	9.38
九江市	722.82	12.21
新余市	270.20	4.56
上饶市	343.43	5.80
景德镇市	170.68	2.88
宜春市	213.20	3.60
抚州市	196.15	3.31
吉安市	154.27	2.61
萍乡市	88.99	1.50
鹰潭市	172.06	2.91
合　计	5919.00	100.00

表 4　2015 年江西省国有资产行业分布情况

行　　业	国有资产(亿元)	占国有资产总量比重(%)
农林牧渔业	25.66	0.43
工业	940.34	15.89
建筑业	1094.40	18.49
地质勘查及水利业	109.06	1.84

续表

行　　业	国有资产(亿元)	占国有资产总量比重(%)
交通运输业	1206.87	20.39
仓储业	18.65	0.32
批发和零售业	99.39	1.68
金融业	52.78	0.89
房地产业	970.40	16.39
信息技术服务业	1.18	0.02
社会服务业	1056.31	17.85
卫生体育福利业	1.47	0.02
教育文化广播业	112.61	1.90
科学研究和技术服务业	18.65	0.32
机关社团及其他	211.25	3.57
合　　计	5919.00	100.00

表 5　2015 年江西省国有资产经营规模分布情况

经营规模	国有资产(亿元)	占国有资产总量比重(%)
大型企业	1708.88	28.87
中型企业	1771.38	29.93
小型企业	1685.07	28.47
微型企业	753.67	12.73
合　　计	5919.00	100.00

三、江西省国有资本保值增值综合分析评价

2015 年，江西省国有资本保值增值率为 99.98%，省属企业国有资本保值增值率为 100.86%，省出资监管企业国有资本保值增值率为 100.19%，设区市企业国有资本保值增值率为 99.51%，省属国有资本保值增值情况优于市属国有资本。

表6　2015年江西省国有企业地区和行业国有资本保值增值情况

地　区	国有资本保值增值率(%)	行　业	国有资产保值增值率(%)
南昌市	102.59	农林牧渔业	98.03
赣州市	87.11	工业	101.27
九江市	100.96	建筑业	102.96
新余市	104.11	地质勘查及水利业	101.29
上饶市	103.91	交通运输业	101.49
景德镇市	101.69	仓储业	99.33
宜春市	100.62	邮电通信业	
抚州市	100.01	批发和零售业	97.04
吉安市	101.22	金融业	112.75
萍乡市	100.03	房地产业	101.81
鹰潭市	103.51	信息技术服务业	131.33
		社会服务业	101.73
		卫生体育福利业	
		教育文化广播业	113.43
		科学研究和技术服务业	112.05
		机关社团及其他	101.64

四、江西省国资委监管企业股份制改革与上市融资情况

(一)大力推进集团层面战略重组,优化资源配置

坚持以市场化原则为导向,综合运用市场化交易手段及无偿划转、协议转让等国有资本内部配置手段,进退有序推进集团层面战略重组,不断优化产业布局和结构。一是紧紧抓住资本市场良好机遇,以解决中江地产历史遗留问题为附加条件公开挂牌出让中江集团国有股权,以41.49亿元成交,实现溢价127%,从根本上解决江中集团的债务包袱和压力,为江中快速发展奠定基础。二是顺利重组江钨有限公司。在省委省政府的高位推动下,通过与中国五矿友好协商,以协议转让方式回购中国五矿持有江钨有限公司51%的股权,为推进江西省钨产业板块上市扫清障碍。三是支持央企重组光学集团,以无偿划转整体产权加承担改制费用的交易方式,引进中国电子科技集团全资子公司中电海康集团,完成资产一次划转工作。四是指导企业综合运用多种产权流转手段,将江铜民爆和威源民爆股权转入民爆集团,完成民爆资产的重组整合。

(二)初试增资扩股进场交易,规范操作混合所有制改革

积极尝试在引入增量推进集团层面混合所有制改革中通过公开的市场化原则引进外部投资者。在省盐业集团的混改试点当中,坚持公开透明、规范有序原则,项目实施前,在国资委网站对企业相关信息进行预披露,在最终引资环节,通过江西省产权交易所进行增资扩股项目的公开挂牌,成功引进4家战略投资者并于9月正式签署增资扩股协议。结合试点经验研究起草《关于进一步规范国有企业股权多元化工作的意见》,进一步规范混改相关程序要求,随国家相关政策出台。

(三)优化整合国有股权,助力打造国资运营平台

在先后将省建工集团、江中集团、省招标集团等国有股权注入省国控公司后,再次将省盐业集团公司、中江控股公司和江钨有限公司51%股权装入省国控公司,进一步打造信用评级达AA+的省级国有资产投资运营平台。省国控公司银行授信总规模达到226亿元,先后为各省属企业提供借款20亿元、提供担保70亿元,并在省属国有资本重大市场战略性重组中发挥重要作用。将大成国资公司重组为省直单位脱钩移交资产的承接运营平台,积极整合归并移交资产,在原有基础上,形成打造3个产业集团、培育3～5家上市公司的总体格局。研究起草"江西矿业控股集团公司"组建方案,推动全省矿业发展壮大。

(四)推动企业改制上市,利用资本市场开展融资业务

召开出资监管企业上市工作推进会,充分运用资本市场开展融资和资本运作,帮助企业转方向调结构,实现跨越式发展。组建成立上市工作领导小组,草拟推进上市工作实施方案,切实推进上市工作。同

时，各出资监管企业利用上市公司平台采取多种手段筹措资金，改善上市公司运营质量，全年通过二级市场减持融资24.03亿元，定向增发21.58亿元，发行公司债12亿元。新钢公司积极探索新品种，申请在上交所发行10亿元可交换债券。

五、江西省国资委监管企业并购重组与完善法人治理结构情况

(一)省属国有企业改革重组取得突破

一是着力盘活存量。以省国控公司为平台，回购五矿有色持有的江钨有限公司51%股权，扎实推进江钨战略重组，省属钨及稀有金属产业迎来新的发展机遇；民爆集团重组整合工作进展顺利，国泰民爆上市工作如期推进。二是着力引进增量。扎实推进凤凰光学战略重组，实现“凤凰涅槃”；引进北汽集团重组昌河汽车，15万辆整车生产线竣工投产，为实现“百万千亿”目标迈出坚实步伐；引进北京通航公司增资扩股江西直升机投资公司，一期工程顺利投产，为实现江西省直升机产业创新型跨越式发展奠定基础。三是着力主动减量。九鼎投资挂牌重组中江地产，实现溢价127%，使江中集团转型发展得以轻装上阵。四是着力推动省属金融业发展。省级法人银行江西银行正式挂牌运营，对做大做强江西省金融业，实现省属国有资本布局结构调整优化意义重大。省金控集团继续做大做强省信用担保公司，全年累计担保总额100亿元，有力支持江西省中小微企业发展。

(二)企业法人治理结构稳步推进

大力推进江中集团法人治理结构改革试点工作，以出资人主导、企业为主体，坚持市场化方向和问题导向，围绕充分发挥董事会的决策作用、监事会的监督作用、经理层的经营管理作用、党组织的政治核心作用，以董事会规范化建设为重点，依法理顺法人治理各主体权责关系，促进董事长、总经理规范高效行权履职，形成结构合理、功能完善、运作规范、权责一致的治理体系，增强企业改革创新发展活力和内生动力，为推进法人治理结构改革探明路径，形成改革试点经验。

六、江西省国资委监管企业建立和完善经营业绩考核体系情况

一是修订经营业绩考核办法。根据统一监管、分类考核和薪酬改革的相关要求，制定印发《江西省属国企负责人经营业绩考核办法》和若干实施细则，首次实现全部省属国有企业(省国资委监管的企业及其他部门监管的企业)在经营业绩考核制度上的统一。二是印发《省属国有企业负责人履职待遇业务支出管理实施意见》。三是和省人社厅共同完成省深化省属企业负责人薪酬制度改革意见的研究和起草工作，2015年7月，江西省正式下发《关于深化省属企业负责人薪酬制度的意见》(赣发〔2015〕12号)文件。四是完成办公用房清理整改工作。下发《关于做好办公用房清理整改工作的通知》(赣国资考核字〔2015〕66号)文件，对出资监管企业负责人办公用房进行清理。指导企业制定内部标准和制度，按照分级负责的原则做好集团内部办公用房清理工作。截至2015年底，通过整改减少办公用房面积2048.71平方米。五是完成企业公务用车改革试点工作。在深入调研基础上，撰写《国有企业公务用车改革情况调研报告》，起草省属企业公务用车改革方案，指导江中、招标、江钨有限等出资监管企业完成公务用车改革试点，取消公务用车103辆。六是开展薪酬监督检查。会同省财政厅、省审计厅、省人社厅对21户省属国有企业负责人薪酬制度改革规定执行情况、2013—2015年薪酬制度执行情况及省委巡视组指出的有关薪酬方面问题整改情况进行监督检查。

七、江西省国资委监管企业负责人考核与选人用人机制改革情况

(一)深化选人用人体制改革

充分发挥市场配置人才资源作用，采用市场化的考核机制，实行市场化的薪酬机制，严格市场化的任期制和契约化管理，面向境内外公开选聘9名企业领导人员。建立省属国有企业领导人员赴中央企业挂职锻炼的工作机制，2015年选送5名企业领导人员到

中电投等央企挂职锻炼。加强领导人员日常监督，开展企业领导人员兼职等专项清理工作，着重抓好企业领导人员日常监督管理工作。一是认真做好2015年企业领导人员报告个人有关事项工作。制定《关于做好2015年省出资监管企业领导人员报告个人有关事项工作的通知》，在省出资监管企业领导人员报告个人有关事项信息管理系统中录入17户省国资委党委管理的企业领导人员个人有关事项报告信息和14户省出资监管企业上报的中层领导人员数据。同时，开展对部分企业领导人员个人有关事项报告查核验证工作。二是认真开展企业领导人员个人有关事项报告抽查核实工作。按照中组部要求，随机抽查核实的比例为10%，从省国资委党委管理的企业领导人员中抽查13人，从企业中层领导人员中抽查160人。对拟提拔为企业中层以上的领导人员进行重点抽查核实，核查41人，按照管理权限，认真比对提出是否影响提拔使用的意见。另外，按企业领导人员管理权限，对省委巡视组在巡视省属国有企业中抽查发现的12名企业领导人员个人事项报告不实问题，进行认真核查，严肃处理，予以诫勉2人，作出书面检查3人，批评教育6人，1人不予追责。三是建立企业领导人员重要情况报告制度。印发《关于严格执行企业领导人员重要情况报告制度的通知》，明确重要情况报告主要内容、时限、要求等事项，指定专人负责，并扎实做好重要情况报告事项保密工作。转发省委组织部《关于开展跑官要官、说情打招呼问题专项整治工作的通知》(赣组字〔2015〕46号)，提出贯彻实施意见，加强对企业领导人员选拔任用工作的监督。

(二)加强企业人才队伍建设

大力推动实施“人才强企”战略，一是积极组织企业做好人才工作。认真做好省出资监管企业第16批博士服务团岗位推荐工作，及时向省委组织部推荐报送江钨控股、国资公司2户企业3个岗位需求，1名博士到江钨控股工作。认真做好“西部之光”访问学者选派和跟踪服务工作，从江铜选派1名优秀中青年专业技术人才赴中国矿业大学研修。认真组织“赣鄱英才555工程”企业创业类入选人员及时按计划向省人才办申报2015年度项目经费。二是积极开展企业人才基地建设工作。组织2015年“千人计划”申报工作、院士工作站建站申报，推荐江西稀有金属钨业控股集团有限公司申报并被确定为首批省级专业技术类人才工作示范点，省人才工作机构充分肯定并拨付10万元的创建资金支持。三是做好重大科研项目与企业对接工作。切实落实省委领导、省委组织部关于做好南昌航空大学罗旭彪教授及其团队项目成果转化支持指示，积极组织江铜集团、德兴铜矿与南昌航空大学罗旭彪团队开展“含铜废水深度处理与资源化回收工程示范技术合作”考察交流活动。四是积极组织企业高层次人才引进活动。组织推动江铜等8户省出资监管企业60余个岗位参加省委组织部、省人社厅在清华大学举办的2015年江西省引进高层次人才(北京)专场招聘会。组织省出资监管企业报送2015年海外人才江西行活动的人才需求，省属国控公司、大成国资公司2家企业参加省委组织部、省人社厅举办的2015春季“海外人才江西行”活动，与海外人才面对面开展引才引智对接洽谈。同时，推动企业根据需要积极申报2016年度引进境外技术、管理人才项目计划。为提高企业领导人员“管资本”能力，首次举办以“资本运作与公司上市”为主题的企业高管培训班，进一步提高企业领导人员战略决策、资本运作等方面经营管理能力。

八、江西省国资委监管企业党的建设和廉政建设情况

(一)强化党建引领，夯实工作基础

认真执行民主集中制，全年召开党委会13次，审议“三重一大”“干部选拔任用”等重要议题86项。认真抓好专题党课、专题学习研讨、专题民主生活会、整改落实和立规执纪4个“关键动作”，深入开展“三严三实”专题教育。16户省属集团党委开展学习研讨105次，查摆“不严不实”问题227个，完成整改198个。以“四进四联”“五星创评”“争当赣鄱先锋”活动为载体，继续深入推进“连心、强基、模范”三大工程。国资委机关分别在南康区东山街办坨圳村和永新县高桥楼镇白堡村开展“文明生态村”帮扶建设和精准扶贫工作，投入帮扶财物200多万元。全年国资系统组织7000余名党员干部深入农村、社区及基层单位

进行"连心"活动,建立"连心"点、联系点1600多个,征求意见1800多条,结对帮扶群众5000多人,提供帮扶资金1000多万元,帮助职工群众解决1900多个困难和问题。结合专题教育活动和省委巡视问题整改,对省属企业基层党组织开展拉网式逐一排查,督促相关企业及时建立健全党的基层组织和工作机构,扩大党的组织覆盖和工作覆盖。13家省属集团党委按期召开党代会进行换届选举,发展新党员1118人。继续实施党组织书记、新党员、党务工作人员培训工程,举办培训2055期,培训党员60701人次,培训学习7842学时,确保中央精神在广大干部职工中深入人心、形成共识。

(二)强化党建支撑,抓好队伍建设

坚持公道正派、德才兼备的选人用人导向,在干部选拔任用过程中做到执行政策严格,任免程序到位,过程公开透明。2015年,委机关任免干部22人次,推荐2名干部提任副厅级职务,轮岗交流1人,公开遴选公务员5人。制定出台《江西省出资监管企业领导人员管理暂行规定》《江西省出资监管企业领导班子和领导人员综合考核评价办法》,对企业领导人员选任、考核、激励、退出等方面作出制度性规定。配合省委进一步理顺省属企业领导人员管理体制。2015年,提拔使用企业领导人员4人,免职2人,办理退休6人。坚持和完善双向进入、交叉任职的领导体制,促进企业党组织与董事会、经理层有机结合。截至2015年底,20户省属国有企业中董事会与党委会交叉任职为44人,经理层与党委会交叉任职97人。16户企业董事长兼任党委书记,其中有5户企业董事长兼任党委书记、总经理;3户国有独资企业总经理兼党委书记;7户企业配备专职党委副书记。

(三)强化党建宣传,加强舆论引导

2015年,在新华社、人民日报、香港大公报等新闻媒体和网站宣传有关国企改革发展报道260余篇,召开新闻发布会2次,参加人民网和省电台访谈4次。在全省两会和国资监管暨国企改革发展工作会期间,《江西日报》开辟"国资国企改革进行时"栏目,对深化国资国企改革发展的十大亮点、企业发展升级十大亮点和央企入赣十大重点项目进行专版宣传报道。省国资委与中新社江西分社联合开展"走进江西国有大中型企业"专题宣传活动,全方面,多角度,深层次报道全省国有企业深化改革成就,加快经济发展方式转变的经验做法。配合全省深化国资国企改革的意见和方案的实施,联合国务院国资委新闻中心,在南昌成功举办深化国企改革前沿论坛。组织中央和省内新闻媒体进行为期半个月的全方位、立体式的宣传报道,《江西日报》等多家媒体进行系列专栏报道。

(四)强化党建融合,服务发展大局

推动企业创新"党建+"工作理念,把党建工作融入到企业改革发展各方面、全过程。江中集团、盐业集团在改革试点工作中,第一次将党建工作总体要求纳入公司章程,探索以制度的形式确立党委在法人治理工作中的法定地位,明确党组织行使职权的决策和操作程序。江铜集团创造性地开展党委稽核工作,通过稽核工作积极融入中心、进入管理,有效地应对国际金融危机给企业发展带来的影响。新钢集团以"大党建"推进企业深化改革、促进发展,以目标化管理、项目化推进、标准化作业为手段,形成"党委统一领导、党政双责互融、横向有效协同、纵向整体联动"的工作机制。省建工集团公司在发展混合所有制经济中努力探索"党建+改制""党建+项目""党建+文化",以党建工作的"软实力"促进企业生产经营"硬发展"。指导省属企业积极开展"最美员工""身边好人榜"创评和演讲、征文、摄影、微电影比赛等活动,营造浓厚的学习先进、争当先进的创先争优氛围。省出资监管企业有5人荣获全国劳动模范称号,34人荣获得江西省劳动模范称号。

(五)强化党风廉政建设,抓好责任落实

紧紧扭住党委主体责任这个"牛鼻子",强化主体责任落实。推动企业各级党委书记层层签订《党风建设和领导人员廉洁从业责任书》,把党风廉政建设作为年度考核的重要内容,与企业班子成员年度绩效薪酬挂钩。借鉴中央和省委巡视工作经验,按照突出重点、直指问题原则,建立出资监管企业廉洁从业专项巡查工作制度及江西省国资委党风建设和反腐倡廉工作约谈制度,全年组织干部述职述廉1931人次,约谈1092人次。加强专项治理工作,组织开展落实"中

央八项规定"精神、"红包"整治、"小金库"治理、省属国有企业负责人薪酬制度改革规定执行情况、领导干部违规插手干预工程项目等专项治理和检查活动。各企业上缴红包款26.29万元，处理20人。保持高压惩治腐败态势，加大纪律审查力度。2015年，省国资委和各企业立案79件，函询81件，诫勉谈话6人。切实做好信访维稳工作，全年接待来访群众439批1457人次，办理来信来电128件。

（撰稿人：朱德志）

山东省

一、山东省国有资产监督管理工作综述

2015年，面对错综复杂的国内外经济形势和艰巨繁重的改革发展任务，山东省各级国资监管机构和国有企业认真贯彻上级部署要求，攻坚克难、闯关破障、负重前行，打出一套改革、发展、稳定的"组合拳"，国资国企工作呈现出全面推进、积极向上的良好局面。2016年5月，国务院委托国务院发展研究中心对山东省2015年深化国企改革情况进行第三方评估，评估组给予充分肯定，认为山东省的国企改革走在全国前列。

一是省管企业经济运行稳中有进。截至2015年底，省管企业资产总额14915亿元，同比增长10.31%；所有者权益3963亿元，同比增长15.17%；营业收入6658亿元，同比降低11.09%，主要是产品价格下跌及主动压缩物流贸易影响；实现利润177.3亿元，同比增长3.08%。

二是国资国企改革取得重要进展。"1+5"改革文件分解制定的70项改革任务，除4项需要等待中央文件外，其余66项年度改革任务全面完成，一批重大改革举措走在全国前列。省属企业公司治理建设取得重要突破，董事会成员基本配齐，监事会实现全覆盖，高管人员契约化管理试点企业达到19户，三个人才库初具规模。在全国率先实施国有资本划转工作，改建新建11户国有资本投资运营公司，选择58户企业试点发展混合所有制，建立省属企业领导人员任职回避、公务回避和报告说明制度，建立财务等重大信息公开制度和常态化审计机制，全面启动省属经营性国有资产统一监管。

三是转型升级"集结号"全面吹响。制定省属国资国企改革发展"十三五"规划。实施"四视同三激励一奖励"政策，建立改革创新考核免责机制。省管企业科技支出73亿元，同比增长8.31%。组织省管企业入股拟改制农信社，入股资金总额58.5亿元。

四是管党治党责任有效落实。将党建工作总体要求纳入企业章程，制定7项干部管理监督制度，开展省管企业党委书记抓基层党建述职评议，扎实开展"三严三实"专题教育，持续加大党风廉政建设力度。

五是国资监管方式加快转变。在全国率先实施国有资本划转工作，18户省管企业30%的国有资本180.65亿元划转至省社保基金理事会持有，省管企业集团层面全部实现股权多元化。扎实推进国有资本投资运营公司改建，省属企业中国有资本投资运营公司11户。全面启动省属经营性国有资产统一监管工作，制定统一监管实施计划。下放7项审批核准事项，保留事项的办理时限缩短一半以上。

二、山东省国有资产总量与结构分析

（一）国有资产指标及分布情况

截至2015年底，山东省国有及国有控股企业（以下简称"国有企业"）资产总额43262亿元，增长18.05%；负债总额29647亿元，增长18.04%；所有者权益总额13615亿元，增长18.06%；国有资产总量9403亿元，增长16.40%；实现营业收入13091亿元，下降7.65%；利润总额538亿元，增长0.75%；归属于母公司净利润210亿元，增长14.13%；实际上缴税费总额784亿元，下降3.8%。

表1　　2015年山东省所属国有企业指标

项　　目	金　额(亿元)
资产总额	43262
所有者权益总额	13615

续表

项　　目	金　额(亿元)
营业总收入	13091
利润总额	538
净利润	344
归属于母公司所有者的净利润	210
应交税费总额	769
实际上缴税费总额	784

(二)国有企业户数情况

2015年,山东省国有企业6416户,较上年净增加275户。

表2　　2015年山东省国有企业户数情况

项　目	2014年	2015年	比上年增长(%)
户数(户)	6141	6416	4.5

(三)国有资产地区分布情况

从地区分布看,青岛、济南、烟台三市企业国有资产规模较大,分别为2118亿元、1088亿元、910亿元,占比分别为22.52%、11.57%、9.68%。17个市中,青岛市企业国有资产总量居17个市之首,为2118亿元,国有资产总量最少的是德州市,为62亿元。

表3　2015年山东省国有资产地区分布情况

地　区	国有资产(亿元)	占国有资产总量比重(%)
全省合计	9403	100.00
省属小计	1824	19.40
省管企业	1475	15.69
省直部门管理企业	349	3.71
各市小计	7579	80.60
济南市	1088	11.57
青岛市	2118	22.52
淄博市	95	1.01
枣庄市	141	1.50
东营市	223	2.37
烟台市	910	9.68
潍坊市	875	9.31
济宁市	183	1.95
泰安市	400	4.25
威海市	485	5.16
日照市	229	2.44
莱芜市	200	2.13
临沂市	178	1.89
德州市	62	0.66
聊城市	198	2.11
滨州市	95	1.01
菏泽市	99	1.05

(四)国有资产行业分布情况

从国有资产行业分布情况看,主要分布于交通运输、仓储和邮政业,房地产业,租赁和商务服务业,水利、环境和公共设施管理业和采矿业五个行业。交通运输、仓储和邮政业国有资产总量924亿元,占全省国有企业的9.83%。房地产业国有资产总量1579亿元,占全省国有企业的16.79%。租赁和商务服务业国有资产总量2730亿元,占全省国有企业的29.03%。水利、环境和公共设施管理业国有资产总量767亿元,占全省国有企业的8.16%。采矿业国有资产总量661亿元,占全省国有企业的7.03%。

表4　2015年山东省国有资产行业分布情况

行　　业	国有资产（亿元）	占国有资产总量比重（%）
农、林、牧、渔业	19	0.20
采矿业	661	7.03
制造业	588	6.25
电力、热力、燃气及水生产和供应业	550	5.85
建筑业	432	4.59
批发和零售业	152	1.62
交通运输、仓储和邮政业	924	9.83
住宿和餐饮业	20	0.21
信息传输、软件和信息技术服务业	27	0.29
金融业	522	5.55
房地产业	1579	16.79
租赁和商务服务业	2730	29.03
科学研究和技术服务业	63	0.67
水利、环境和公共设施管理业	767	8.16
居民服务、修理和其他服务业	115	1.22
教育	37	0.39
卫生和社会工作	1	0.01
文化、体育和娱乐业	138	1.47
公共管理、社会保障和社会组织	78	0.83

（五）国有资产按企业规模分布情况

山东省6416户国有企业占用的国有资产总量9403亿元，按企业规模分布看，大型企业315户，国有资产3518亿元，占总量的37.41%。中型企业1115户，国有资产1332亿元，占总量的14.16%。小型企业2469户，国有资产2868亿元，占总量的30.50%。微型企业2517户，国有资产1685亿元，占总量的17.92%。

表5　2015年山东省国有资产经营规模分布情况

经营规模	国有资产（亿元）	占国有资产总量比重（%）
大型企业	3518	37.41
中型企业	1332	14.16
小型企业	2868	30.50
微型企业	1685	17.92
合　　计	9403	100.00

三、山东省国有资本保值增值综合分析评价

2015年，扣除客观增减因素后，全省企业国有资本保值增值率101.03%，比上年的101.60%减少0.57个百分点。

分企业级次看，省属企业保值增值率98.64%，比上年减少1.49个百分点，其中，省管企业国有资本保值增值率99.07%，比上年减少0.09个百分点。市及市以下企业国有资本保值增值率101.67%，比上年减少0.38个百分点。

从具体行业看，农、林、牧、渔业（保值增值率99.54%，下同），采矿业（97.89%），制造业（88.99%），电力、热力、燃气及水生产和供应业（99.38%），交通运输、仓储、邮政业（98.54%）、住宿和餐饮业（68.35%）等六个行业2015年未实现国有资本保值，其他各行业均实现国有资本保值增值。其中，卫生和社会工作行业保值增值率最高，为409.75%。

表6　2015年山东省国有企业行业国有资本保值增值情况

行　　业	国有资本保值增值率（%）
农、林、牧、渔业	99.54
采矿业	97.89
制造业	88.99
电力、热力、燃气及水生产和供应业	99.38
建筑业	103.68

续表

行　　业	国有资本保值增值率(%)
批发和零售业	103.43
交通运输、仓储和邮政业	98.54
住宿和餐饮业	68.35
信息传输、软件和信息技术服务业	109.03
金融业	129.31
房地产业	102.58
租赁和商务服务业	101.82
科学研究和技术服务业	104.87
水利、环境和公共设施管理业	100.92
居民服务、修理和其他服务业	108.59
教育	108.70
卫生和社会工作	409.75
文化、体育和娱乐业	103.04
公共管理、社会保障和社会组织	100.21

四、山东省国资委监管企业股份制改革与上市融资情况

(一)国有资本投资运营公司改建工作扎实推进

山东省委、省政府先后研究出台《关于建立国有资本投资运营公司的意见(试行)》《山东省省管国有资本投资运营公司领导人员管理暂行办法》等文件，为国有资本投资运营公司组建工作提供规范务实的操作路径。省国资委分两批批复鲁信集团等7户企业改建方案，加上新建的4户功能型国有资本投资运营公司，省属企业中国有资本投资运营公司11户。11户投资运营公司的改建组建工作取得积极进展，法人治理结构逐步健全，按照市场化原则对高管人员实行契约化管理，董事会、党委会、“三重一大”议事规则基本建立，内设机构和专门委员会的设置正在到位，有的企业对所出资企业间的重组整合已经启动。

(二)企业改制和国有股权转让工作有序进行

全面完成山东省设备安装总公司改制退出工作，为下步企业改制退出工作提供良好借鉴。以管资本为主加强国有资产监管，将省管二级及以下企业解散、清算、申请破产备案事项下放到国有资本投资运营公司董事会行使。审核批复山东兖矿房地产开发有限公司等8户企业改制和国有股权转让方案。积极做好凯远集团改制有关工作，配合省财政厅审核事业单位转企改制方案。参与解决三联集团、肥矿集团、济钢集团等专项问题论证工作。

(三)推动解决企业办社会职能和历史遗留问题

按照分类改革、分工负责的原则，代省政府起草《进一步解决省属国有企业办社会职能和历史遗留问题工作方案》，对涉及问题进行认真研究，明确负责部门、改革路径、时间安排及主要政策，征求国务院国资委及省直16个部门意见后报省政府。继续协调做好解决落实国有企业职教幼教退休教师待遇，配合做好中央财政资金清算工作，接待来电来信来访。落实解决省安装公司4名退休教师生活补助。

(四)省管上市公司基本情况

截至2015年底，省管上市公司有26家。其中，A股公司17户，A+H+N股公司1户，A+H股公司2户，B股公司2户，H股公司1户，澳大利亚公司2户，德国公司1户。

五、山东省国资委监管企业并购重组和完善法人治理结构情况

(一)企业并购重组情况

山东重工集团权属公司潍柴动力2015年增持德国凯傲股权投资14亿元，持股比例达到38.25%。山东高速集团并购法国图卢兹机场项目，成为图卢兹机场的实际第一大股东。山东海投公司权属企业山东海洋工程装备有限公司成功并购挪威上市钻井平台运营公司Northern Offshore Ltd.的100%股权，成为平台规模国内排名第二的海洋油田钻井服务商。

(二)完善法人治理结构情况

董事会建设水平不断提升。明确省管企业董事会席位分配方案，董事会规模设置一般为7～9人，外部董

事3～4名。在合理确定省管企业董事会规模基础上，又进一步拓宽外部董事来源，设立外部董事人才库，并建立专职外部董事制度。2015年，22户省管企业董事会成员基本配齐，聘任外部董事52名，实现外部董事制度全覆盖。结合省管企业实际，牵头起草《关于规范省属国有独资公司董事会管理的意见》，成为省管企业董事会建设的纲领性文件。省国资委和省社保基金理事会联合出台一系列配套制度，董事会制度体系建设更趋完善。通过修订省管企业公司章程，进一步明确董事会的职责权限、运行规则、议事方式等，极大地提高了董事会运行的规范性，为科学民主决策提供坚实基础。

监事会监督能力水平有效提高。截至2015年底，设置6个监事会办事处，监事会主席4名，处级监事11名，向20家企业派出监事，实现省管企业全覆盖。积极探索专职监事队伍建设，首次面向社会公开选聘专职监事8名，并派驻到16户企业担任监事。进一步理顺监事会办事处和企业监事会的职责定位。建立省管企业经济运行情况定期分析制度，每季度听取监事会对3家企业经济运行情况分析，反映问题、研究对策，及时了解企业问题和诉求。建立监事会揭示问题整改网上督办制度，下发《省国资委关于进一步发挥省管企业监事会作用的意见》，建立监事会工作融入国资监管体系机制，联动机制更加健全，监督实效不断提高。2015年，出台监事会制度文件8个，制度体系日趋完善，行权履职有章可循。

六、山东省国资委监管企业建立和完善经营业绩考核体系情况

修订完善企业负责人经营业绩考核办法。山东省国资委修订完善《山东省省管企业负责人经营业绩考核办法》，就做好2016－2018年任期业绩考核工作提出具体意见。新办法按照继承发展、适时求变的总基调，以契约化为基础，实行任期考核与年度考核相衔接、考核结果与奖惩任免相挂钩的考核制度。在考核指标上分为基础指标、个性化指标和限制性指标，在考核目标确认上优化目标值确定方法，努力形成以提高质量效益为核心、与企业行业特点和发展阶段相适应的差异化考核体系，更好地发挥考核对促进企业做优做强、科学发展的导向作用。

审核确认2014年度考核结果。依据经审核的企业财务决算，严格按照考核办法有关规定，统一客观因素调整原则和标准，完成18户考核企业2014年度考核结果审核确认工作。在年度经营业绩考核结果中，A类企业6户，占35%；B类企业8户，占47%；C类企业2户，占12%；D类企业1户，占6%。

七、山东省国资委监管企业负责人考核与选人用人机制改革情况

（一）企业领导班子建设情况

一是加大领导班子调整交流力度。将山东省丝绸集团等17户企业领导班子或领导班子正职的管理权限交重组主体企业，将齐鲁股权交易中心等3户企业领导班子纳入委党委管理，对部分企业领导班子进行调整，研究企业领导人员任免事项235人次。对15户企业纪委书记进行调整充实，对任期届满的8名财务总监全部进行轮岗交流，并新增4户派驻财务总监企业，实现省管企业财务总监全覆盖。制定下发企业领导人员选拔任用工作流程，坚持从严掌握，4名拟提拔重用的企业领导人员考察对象因在查核过程中发现问题停止选拔任用程序。

二是建立经常性、综合性考察制度。为健全经常性考察考核机制，研究制定《关于加强企业领导班子和领导人员经常性考察的意见》。对26户企业领导班子和180名企业领导人员进行年度考核，结合开展干部选拔任用"一报告两评议"及领导班子后备人员调研工作，首次采用"反向测评"方式，对正职21项和副职19项履职负面问题进行评价，并请专业机构对民主测评和履职评价结果进行统计分析，首次向党委书记、副书记、纪委书记共同反馈考核结果，提高针对性。

三是深入开展高级管理人员契约化试点工作。探索建立职业经理人制度，在第一批试点基础上，选择省交运集团等4户企业纳入第二批试点范围。结合省管企业实际，出台《关于高级管理人员契约化管理试点企业领导人员管理有关问题的通知》，明确列入契约化管理高级管理人员范围、董事会和党委会人员构成、任职期限、选聘流程、领导体制、考核管理等

问题,并对相关人员职务进行调整理顺。13户企业应实行契约化管理的56名高管人员,52名选择契约化。牵头起草《省管企业高级管理人员契约化管理暂行办法》,对经理层选聘、任期、考核、薪酬等面上问题作出统一规定,征求国务院国资委企干一局、省委组织部和部分省管企业意见,积极推动正式出台。

四是以抓好回避制度为重点从严监督管理干部。制定印发《省管企业领导人员实行任职回避和公务回避及报告说明制度的暂行办法》等七项企业领导人员管理监督的规章制度,健全完善监督体系,在省管企业和社会各界引起较大反响,新华社等国内知名媒体对部分制度作了宣传报道。建立信息台账,对国资委党委管理企业领导人员亲属就业现状实行动态管理,7户企业对5名企业领导人员和11名中层管理人员的任职回避问题进行纠正。制定印发《企业人事档案专项审核工作实施方案》,审核企业领导人员档案198卷,对183名企业领导人员个人有关事项报告进行汇总综合,对2名不如实报告个人有关事项、情节比较严重的企业领导人员考察对象,坚决停止其选拔任用程序。在企业中全面开展违规办理和持有因私出国(境)证件专项治理工作,批评教育32人,诫勉谈话4人。加大"裸官"治理力度,下发《关于进一步加强配偶移居国(境)外企业人员任职岗位管理的通知》,集中排查企业中层以上人员配偶、子女移居情况。

(二)选人用人机制改革情况

一是健全完善党管人才工作格局。研究出台《关于加强省管企业党管人才工作的实施意见》,在健全党管人才格局、加大人才投入、发挥企业主体作用、提升工作履职能力等方面提出若干举措,企业人才发展环境不断优化。认真贯彻落实领导干部联系专家制度,体现党对人才的关心爱护,组织企业推荐10名国资委领导班子成员联系专家人选。

二是加大经营管理人才培训力度。围绕学习贯彻十八届五中全会精神、加强国资监管工作、省属企业董事会建设、企业管理创新等内容先后组织近十余期培训班,注重培训实效,针对企业需求,在师资选择、课程设置上作了有针对性的安排,收到较好成效。

三是认真落实企业人才工作目标责任。组织修改完善考核指标体系,将深化用人制度改革、人力资本效率等内容作为考核重点。创新方式对21户省管企业开展人才工作目标责任制考核,首次采用第三方调查方式,确保结果公平公正。并将结果在省管企业范围内进行通报,在省国资委网站进行公开。

四是大力培养引进高层次专业人才。组织召开省管企业泰山产业领军人才工程申报部署会议,12户企业申报30名人选参加评审,7人入选传统产业升级、战略性新兴产业等泰山产业领军人才工程,申报人数和入选人数均实现历史突破。2次专程向国务院国资委汇报千人计划有关情况,发动省管企业积极申报,有3名人选提交省人才工作领导小组办公室审核,1人参加正式答辩。

五是进一步提升人才服务水平。搭建企业高层次人才交流平台,组织省管企业积极申报参加省高层次人才发展促进会,12户企业成为创始会员单位,10名高层次人才成为个人会员。大力宣传人才工作典型,《8名省管企业创新人才各获50万元重奖》《创新让事业如此多彩》等省管企业人才宣传材料先后在大众日报、新华网山东频道等多家媒体刊发。

八、山东省国资委监管企业党的建设和廉政建设情况

(一)党的建设情况

一是切实推动落实党建工作责任。组织开展省管企业党委书记抓基层党建工作述职评议考核工作,研究制定实施方案,召开党委(扩大)会议暨省管企业党委书记抓基层党建工作述职评议会议,8户企业党委书记就履行党建工作第一责任人职责情况、存在的突出问题和薄弱环节、下一步工作措施等进行现场述职,19户企业党委书记书面述职。结合年度考核,对企业党委书记抓党建工作进行考核。同时,指导各企业做好所管理企业党委书记的述职评议考核工作,选择省国投公司、山东能源集团2户企业作为试点进行重点督导。召开省管企业组织人事部门负责人座谈会,传达全省组织部长会议精神,对从严管党、从严管理企业领导人员等工作进行安排部署。

二是指导企业扎实开展"三严三实"专题教育。研究制定《实施方案》和督查工作方案,明确省管企业

专题教育的总体要求和推进措施，组织省管企业党委书记参加委领导党课。严格落实定期调度、调研督查、定期座谈交流、列席会议、审核把关等工作措施。先后两次召开专题教育调度会、座谈会，及时学习上级有关精神，交流情况、部署工作。定期调度企业专题教育开展情况，由国资委领导带队成立4个督查组对各企业专题教育情况进行督促检查。及时总结经验，加大宣传和典型推广力度，先后推广兖矿陕西未来能源公司等3户企业开展专题教育、推动企业健康发展的典型做法。

三是从严加强党员队伍教育管理。大力加强党务工作者队伍建设，认真落实《2014－2018年全国党员教育培训规划》有关要求和全省组织员示范培训班精神，在山东行政学院举办220人参加的省管企业基层党组织书记、党务工作者、党委组织员示范培训班。采取专题辅导、党建工作特色展示、集中学习交流、业务知识测试等形式，有效提升省管企业基层党组织工作能力和党务工作者队伍素质，培训形式、授课内容得到学员高度评价。围绕贯彻落实中组部、省委组织部关于发展党员工作的最新部署要求，指导省管企业加强入党积极分子、党员发展对象的基础教育培训，严格组织落实党员发展计划，确保提高发展质量。举办2期党员发展对象培训班，集中培训党员发展对象630名。对部分被重组企业党组织关系进行调整，接收齐鲁交通发展集团等4户新成立企业党组织关系。扎实做好党内统计、接转党员组织关系等基础工作，不断提高党员管理服务水平。

四是切实抓好省管企业党的基层组织建设。深化省管企业服务型党组织建设，推进企业基层党组织创先争优活动，不断加强基层组织建设，结合“七一”表彰对省管企业99个先进基层党组织、199名优秀共产党员、145名优秀党务工作者进行集中表彰。下发通知，要求各企业对党员队伍建设和党费管理等工作进行自查，组成2个检查组对省管企业有关工作进行检查，通报检查发现的问题。迎接省委组织部对贯彻实施《党员发展工作细则》和“三严三实”专题教育等工作开展情况的检查，有关工作得到检查组高度评价。9月26日，新华网刊发的《山东省国资委加强改进党的领导助力企业改革发展》被全国100多家新闻媒体转发，营造抓党建工作的浓厚氛围。华鲁集团加强党建工作的经验做法在全省党建工作会议上交流。

（二）廉政建设情况

一是不断强化“两个责任”落实。研究制定《关于落实党风廉政建设党委主体责任、纪委监督责任的意见》，全面厘清“两个责任”边界。省管企业逐级签订党风廉政建设主体责任书、监督责任书，形成一级抓一级、层层抓落实的工作局面。认真落实查办腐败案件以上级纪委领导为主的要求，扎实做好线索处置和案件查办向上级纪委报告工作。研究制定《省国资委党委管理领导班子的企业纪委书记、副书记提名考察办法（试行）》，从体制机制上增强监督的独立性和权威性。对32户省管企业2014年度党风廉政建设责任制落实情况进行检查考核，考核结果与企业领导人员薪酬挂钩。召开省管企业纪委书记述职评议会议，进一步强化企业纪委监督责任的落实。研究制定《企业领导人员廉洁从业档案管理暂行办法》，突出对企业领导人员这个“关键少数”的监督。

二是探索创新体制机制。打造纵向到底、横向到边的全方位监督体系。在纵向上，建立省管企业巡察制度。先后两次派出巡察组到4户省管企业开展巡察，对发现的问题线索，经梳理后进行分类移交，限期处置。在横向上，建立省管企业巡回检查制度。“春节”“五一”期间，先后组成4个检查组分别到20户企业，就公款送礼、走访、宴请和借节日之际突击花钱以及滥发津贴、补贴、奖金、实物，公车私用、借节日之际跑官要官等问题进行巡回检查，督促提醒廉洁过节，防止节日腐败。在纵横联动上，建立监督检查工作联席会议制度，切实增强监督的针对性和有效性。研究制定《关于加强省管企业“三重一大”决策制度监督的意见》《关于加强省管企业招标投标管理监督工作的指导意见》《山东省省属企业经营投资责任追究暂行办法》，打造全方位监督的制度体系。

三是保持惩治腐败高压态势。研究制定《信访举报工作流程》，向社会公开省国资委纪委和省管企业纪委举报电话及联系方式，进一步畅通信访举报渠道。省国资委纪委受理信访举报461件，同比增长16.4%。直查直办案件45件，给予党纪政纪处分32人次，组织处理13人次，移送司法机关2人，给予经济处罚17人。省管企业受理信访举报849件,立案185起,给予党纪政纪处分332人次,组织处理7人次,移送司法机关11人,挽回直接经济损失1.5亿元。弛而不息抓好中央八项规定和省委实施办法精神的落实,坚决实行"一案双查",先后查处违反中央八项规定和省委实施办法精神问题11起,给予党纪政纪处分9人,并对6起典型问题进行点名道姓通报曝光,切实发挥警示震慑作用。

四是切实把纪律和规矩挺在前面。立足于抓早、抓小、抓苗头,建立省管企业党风廉政建设约谈制度。11户企业的党委书记因"主体责任"落实不到位被约谈,2名企业纪委书记因落实"三转"不力问题被约谈,3名企业领导人员因落实"一岗双责"不到位问题被约谈。同时,对新任职的企业领导人员,把廉洁从业约谈作为一项"必走"程序来实施,切实加强教育防范,约谈新任职企业领导人员94人次。抓住重要节点专门下发通知、发送各类提示短信,确保节俭文明廉洁过节、遵章守纪工作。加大谈话函询力度,省国资委纪委谈话函询20人次,起到教育、提醒作用。

五是进一步加强队伍建设。下发《关于严格规范省管企业纪委书记职责分工的通知》,明确规定企业纪委书记不得分管与纪检无关的工作,并免去7户企业纪委书记兼任的工会主席等职务。不断充实纪检监察力量,调整充实9户企业的纪委书记,对新提任或在同一企业任职6年以上的纪委书记,进行异地交流任职。建立省管企业纪检监察工作例会制度,每季度召开一次工作例会。结合第三季度工作例会,开展全省国有企业党风廉政建设理论研讨。着眼加强队伍作风建设,制定《山东省国资委纪委工作人员守则》。加大教育培训力度,组织委纪委和企业纪检监察人员积极参加中央纪委监察部、省纪委举办的业务培训近300人次,进一步提升履职能力。

九、山东省国资监管及国有企业改革发展具有地方特色情况

(一)高度重视,统筹谋划,牢牢把握国企国资改革正确方向

一是坚持制度先行,搞好顶层设计。积极贯彻中央及山东省国企国资改革"1+N"文件,济南、青岛、淄博、东营、烟台、潍坊、济宁、威海、日照、莱芜、德州、聊城、滨州、菏泽14个市正式出台深化国企改革指导意见及相关配套文件,枣庄、泰安、临沂3个市完成起草,待市政府常务会议研究,初步构建1+N国资国企改革制度体系。二是加强政府领导,强化组织保证。有10个市成立深化国有企业改革工作领导小组,13个市召开推进国资国企改革会议。各市委、市政府主要领导多次专题听取国资国企改革专题汇报并作出重要指示批示。三是注重机构建设,明确责任主体。山东省有济南、青岛、枣庄、东营、烟台、潍坊、济宁、泰安、日照、临沂、聊城、滨州、菏泽13个市成立国资委,淄博、威海、莱芜、德州4个市设立国资办。

(二)明确思路,强化措施,激发释放国资国企改革新动力

一是遵循市场化规律,国资国企改革的路径日渐明晰。济南市在国企改革方面重点做好"四则运算",即重组整合一批,做"加法"增实力;放大国有产权功能,做"乘法"增活力;清理退出一批,做"减法"去软肋;深化内部改革,做"除法"提效率。二是按照"以管资本为主"要求,国资监管机构职能转变稳妥推进。济南、威海等市探索实行国资监管清单式管理,取消和下放一批审批、核准、备案事项。济南、潍坊、泰安等市通过改建、新建、整合组建等方式建立投资运营公司,打造国有资本投资运营市场化运作平台。三是加大资源整合力度,国有资产统一监管有序推进。召开推进统一监管动员部署会议,按照"分层分类、有序划转,因企制宜、分类监管"思路推进工作。泰安市80%的市属经营性国有资产实现集中统一监管。四是加强董事会监事会建设,法人治理结构进一步健全完善。潍坊市建立完善专职监事管理制度体系,建立外部董事工作人才库,向7个市管企业派出外部董事22人次。烟台市选择1~2户市管企业试点建立董事会各专门委员会,并授权董事会履行部分出资人职责。

(三)因地制宜,先行先试,引领市县国资国企改革创新发展

一是围绕区域发展战略抓好优化重组。青岛市

在布局调整上，把国有资本更多投向市委、市政府确定的城市建设项目、蓝高新和民生等重点领域。二是扎实推进国有资本投资运营公司组建改建。济南市国资委选择一批国有企业进行组建或改建国有资本投资运营公司试点，打造国有资本投资运营市场化运作平台，指导投资运营公司转变内部运行机制，落实国有资本保值增值责任。三是着力发展混合所有制经济。青岛市完成青岛港、青岛银行、青岛出版集团重组上市，同时启动11家条件相对成熟的企业进入上市工作程序，储备11家企业作为新的上市资源，形成国有企业上市梯队。四是大力推进"三项制度"改革。济宁市国资委开展企业领导人员分类分层管理体制改革，推动鲁泰控股集团在重要权属企业开展市场化选聘主要经营管理者试点工作，突出经营业绩考核的重要性，及时修订完善市管企业领导班子和领导人员综合考核评价办法，加快推进市管企业薪酬分配制度改革，建立健全长效激励约束机制。

（撰稿人：刘丽萍）

青岛市

一、青岛市国有资产监督管理工作综述

2015年，青岛市政府国资委认真贯彻市委、市政府的部署，坚持问题导向，积极适应经济发展新常态，扎实推进国有企业改革，国有经济活力、控制力、影响力和抗风险能力不断增强，市直大企业在全市经济社会发展中发挥骨干、主导、支撑和引领作用。在经济下行压力较大的情况下，市直大企业发展态势总体良好。

（一）继续深化国企改革，推动企业转型升级

推动竞争类企业转型升级。支持海信集团科技创新，把股权转让的9亿元资金全部用于蓝色硅谷科技研发中心建设，集聚4000名科研人员，研究世界最先进的家电技术，海信黑色家电连续多年在全国黑色家电市场份额中稳居第一。支持青岛啤酒集团提高产品附加值，实现利润增长高于营业收入增长和市场占有量的增长。2015年，青岛啤酒以1055亿元的品牌价值，成为国内首个突破千亿元的啤酒品牌。支持澳柯玛股份公司实施"互联网＋"全冷链战略，抢占冷链市场先机。澳柯玛股份公司与比尔·盖茨基金会合作研制生产的疫苗储存箱，是世界卫生组织在全球唯一指定的埃博拉病毒疫苗专用储存箱。推进海湾集团、青钢集团等老企业搬迁升级改造。海湾集团老碱厂和青钢老厂按计划关停，淘汰落后产能，大幅调整产品结构，开辟出新的发展道路。

增强功能类企业平台功能。按照"国有资本控股集团＋上市公司"的模式，围绕"科技创新＋金融以及与此相关的物业"组织运营、增强实力，理顺体制机制，发挥国有企业在全市重大项目建设中的支撑和骨干作用。青岛国信发展（集团）有限责任公司2015年累计投资超过500亿元，占全市年度投资的10%。其承担的蓝色硅谷核心区重点项目建设进展顺利，蓝色硅谷累计引进重大科研、产业及创新创业项目170多个，一批国字号的海洋科研机构加速聚集，国家深海基地、海洋国家实验室正式启用。国信集团获得长期主体信用评级AAA级，为进一步提升融资建设能力奠定基础。青岛城市建设投资（集团）有限责任公司承担的红岛开发、新农村社区建设等基础设施建设任务顺利推进，市级文化艺术中心、市民健康中心等重点项目进展顺利。2015年，青岛城投集团通过境外平台公司—香港国际（青岛）有限公司成功发行8亿美元境外债券。青岛西海岸发展（集团）有限公司抓住西海岸新区成为国家级新区的契机，打造新区开发建设平台，吸引万达、惠普等知名企业到西海岸新区投资，灵山湾影视文化产业区项目建设加快推进。

提高公共服务类企业服务保障能力。支持青岛水务集团有限公司与北京碧水源科技发展有限公司合作，董家口经济区海水淡化项目进展顺利。实现原水水质指标检测全覆盖，保障市民饮用水100%达标。支持青岛能源集团有限公司扩大供热能力，2015年增加供热面积500多万平方米，惠及7万多市民。青岛能源集团在与华润燃气投资（中国）有限公司的合作中，引入资金6亿元用于对全市地下700千米燃气管网进行改造升级。支持青岛地铁集团研究成立城市

发展PPP项目股权投资基金,加快地铁项目建设,地铁3号线北段正式开通运营。支持青岛市政集团有限责任公司更名并组建青岛市政空间开发集团有限责任公司,推进市政和地下管网开发建设工作。推动青岛公交集团有限责任公司、交运集团公司建设青岛市公共交通平台,基本完成全市公交车辆的更新,并对公交线路进行优化。交运集团公司利用互联网技术,自主研发定制服务平台,开通"定制公交""定制校车";青岛公交集团开通"互联网+青岛公交快车",优化市民出行方式,提升市民出行效率。

(二)改进国有资产监管方式,提升服务质量和效率

实施企业分类监管。根据国有资本战略定位和发展目标,将国有企业分为竞争类、功能类和公共服务类。建立不同类别的评价体系,竞争类企业主要考核营业收入、利润和地方财政贡献等经济指标和国有资产保值增值情况、市场竞争能力;功能类企业在考核经营业绩指标、国有资产保值增值情况的基础上,重点评价承担的全市性重大战略专项任务完成情况、风险控制情况,公共服务类企业主要评价成本控制、服务质量、运营效率和保障能力,并引入社会评价。

推进企业法人治理建设。对2007年开始实施的市直企业党委、董事会、总经理、监事会四个工作细则,进行修改和完善,印发《青岛市市直企业党委工作细则》《青岛市市直企业董事会工作细则》《青岛市市直企业监事会工作细则》《青岛市市直企业总经理工作细则》,进一步发挥董事会的决策作用、监事会的监督作用、经理层的经营管理作用,加强党的领导,规范公司治理。结合市直企业实际情况,配合市委组织部,研究推进市直企业外部董事人才队伍建设,初步启动外部董事人选库建库工作。

做好事前立规。通过深入实施简政放权,市政府国资委审批事项大幅压缩,但企业集团层面的产权变动、业绩考核、改革事项等重大核心事项,依法依规按程序严格管理,把好核心关口。围绕这些核心事项,加强制度体系建设,进一步完善产权转让、"三重一大"事项决策、境外资产管理、责任追究等方面的规定。

强化事中监督。会同市委组织部出台《青岛市市直企业监事会工作制度》,加强和规范市直企业监事会工作,提高企业经营管理水平和风险防范能力,维护国有权益。印发《青岛市市直企业监事会工作规程》,进一步规范市直企业监事会工作,提高监督工作针对性、时效性。实现外派监督机构全覆盖,强化监督机构的即时监督,建立跟踪报告和提醒函制度,完成企业2015年度监督检查工作。全年形成监督信息和专报203份,揭示重大事项和问题93个,并督促整改,形成监督工作闭环,做到防患于未然,提高企业抗风险能力。

开展事后评估。继续实行企业财务决算审计、业绩考核审计、国有资本经营预算审计、监事会监督检查审计"四合一"审计。聘请全球最大的3家会计师事务所普华永道、安永和毕马威,对审计结果进行稽核,作第三方评估,确保对企业审计和考核评价的科学、真实。

(三)创新工作思路,改善企业发展环境

维护企业稳定。强化服务,对企业发展过程中遇到的大事难事,实行班子成员项目管理制,成立项目工作组,直接抓落实,帮助企业重点解决十几年来遗留下来的22个群访大案,筹措资金6.3亿元,涉及职工2万人。国有企业信访量由原来占全市50%以上,下降到4%左右。

强化安全生产。安全生产集中督导和常态化督导相结合,成立由市国资委领导班子成员带队,分管处室参加的督导组,对市直企业进行安全生产集中督导。每月选择不同企业,全年对27户市直企业进行常态化督导,促进企业安全生产主体责任的落实。印发《关于落实企业安全生产主体责任扎实开展隐患大排查快整治工作的通知》,部署安全生产隐患大排查快整治等工作。

二、青岛市国有资产总量与结构分析

2015年,青岛市国有独资及国有控股企业(以下简称"国有企业")1074户。其中,国资委监管国有企业758户、政府部门管理企业等210户、区(市)国有企业106户。

截至2015年底,青岛市国有企业资产总额

9448.09亿元，所有者权益2854.05亿元，其中国有资产总额2115.90亿元。2015年，青岛市国有企业累计实现销售（营业）收入2214.78亿元，实现利润178.91亿元，实际上缴税金167.82亿元。

（一）国有资产结构分析

青岛市国有企业资产总量构成。青岛市国有企业资产总额中，流动资产4167.23亿元，占总资产的44.1%；非流动资产5283.21亿元，占资产总额的55.9%。流动资产构成中，货币资金、应收款项（包括应收账款、应收票据和其他应收款）和存货所占比例均较高，分别占比为27.80%、35.29%、22.29%，合计占全部流动资产比重为85.38%。

青岛市国有企业资产总额分布结构。青岛市国有企业资产总额中，国资委监管企业资产总额7330.55亿元，占77.57%；政府部门管理企业等资产总额738.32亿元，占7.81%；区（市）国有企业资产总额1381.57亿元，占14.62%。

青岛市国有企业资产总额中，大型国有企业资产总额2959.21亿元，占全市国有企业资产总额的31.31%；中型企业资产总额1879.89亿元，占19.89%；小微型企业资产总额4611.34亿元，占48.79%。

青岛市国有企业国有资产总额分布结构。全市国有企业国有资产总额中，国资委监管企业国有资产总额1513.30元，占71.43%；政府部门管理企业等国有资产总额246.98亿元，占11.66%；区（市）国有企业国有资产总额358.18亿元，占16.91%。

青岛市国有企业国有资产总额中，大型企业国有资产总额375.37亿元，占17.72%；中型国有企业国有资产总额592.79亿元，占27.98%；小微型国有企业国有资产总额1150.29亿元，占54.30%。

青岛市国有企业所有者权益构成。全市国有企业所有者权益总额中，实收资本816.04亿元，占所有者权益总额的28.57%；资本公积1091.81亿元，占38.22%；少数股东权益333.27亿元，占11.67%；未分配利润403.34亿元，占14.12%；盈余公积91.62亿元，占3.21%；一般风险准备等其他权益26.41亿元，占0.92%；其他权益94.14亿元，占3.30%。

（二）国有资产运营分析

青岛市国有企业营业收入构成。2015年，全市国有企业累计实现营业收入2214.78亿元，其中国资委监管企业实现营业收入2055.70亿元，占92.80%；政府部门管理企业等实现营业收入75.72亿元，占3.42%；区（市）国有企业实现营业收入83.68亿元，占3.78%。

青岛市国有企业利润总额构成。2015年，全市国有企业累计实现利润178.9亿元，其中国资委监管企业实现利润159.95亿元，占88.14%；政府部门管理企业等实现利润29.68亿元，占16.36%；区（市）国有企业实现利润−8.16亿元，占−4.50%。

青岛市国有企业实际上缴税金构成。2015年，全市国有企业实际上缴税金167.91亿元，其中国资委监管企业上缴税金157.83亿元，占94.11%；政府部门管理企业等上缴税金4.47亿元，占2.67%；区（市）国有企业实际上缴税金5.41亿元，占3.23%。

（三）监管大企业运营状况

2015年，24家监管大企业资产总额7330.55亿元，同比增长17.82%；国有资产总额1513.30亿元，同比增长21.58%；营业收入2055.70亿元，同比增长1.13%；利润总额159.95亿元，同比增长9.72%；上缴税金157.83亿元，同比下降12.88%。国有资本保值增值率为102.57%。

表1　2015年青岛市所属国有企业指标

项　目	金　额(亿元)
资产总额	9448.09
净资产	2854.05
营业收入	2214.78
利润总额	178.91
实际上缴税金总额	167.82

表2　2015年青岛市国有企业户数情况

项　目	2014年	2015年	比上年增长(%)
户数(户)	977	1074	9.93

表3　2015年青岛市国有资产地区分布情况

地　区	国有资产（亿元）	占国有资产总量比重(%)
市　级	1757.72	83.07
区　级	358.18	16.93
合　计	2115.90	100.00

表4　2015年青岛市国有资产经营规模分布情况

经营规模	国有资产（亿元）	占国有资产总量比重(%)
大型企业	375.29	17.74
中型企业	592.60	28.01
小微型企业	1148.01	54.26
合　计	2115.90	100.00

表5　2014年青岛市国有资产行业分布情况

行　业	国有资本（亿元）	占国有资产总量比重(%)
农林牧渔业	2.83	0.13
其中：农业	1.67	0.08
林业	0.77	0.04
畜牧业	0.23	0.01
渔业		
工业	430.16	20.33
煤炭工业	1.51	0.07
石油和石化工业		
冶金工业	50.76	2.40
建材工业	1.37	0.06
化学工业	40.60	1.92
森林工业	0.46	0.02
食品工业	1.80	0.09
烟草工业		
纺织工业	5.28	0.25
医药工业		
机械工业	12.67	0.60
军工工业	0.10	0.005
电子工业	159.72	7.55
电力工业	0.42	0.02
市政公用工业	92.88	4.39
其他工业	62.59	2.96
建筑业	121.02	5.72
地质勘查及水利业	5.71	0.27
交通运输业	453.78	21.45
其中：铁路运输业		
道路运输业	149.72	7.08
水上运输业	28.91	1.37
航空运输业	86.68	4.10
仓储业	10.77	0.51
邮电通信业	—0.02	—0.009
批发和零售业	10.90	0.52
金融业	89.59	4.23
房地产业	413.08	19.52
信息技术服务业	4.32	0.20
社会服务业	479.87	22.68
卫生体育福利业	14.69	0.69
教育文化广播业	66.71	3.15
科学研究和技术服务业	12.38	0.59
机关社团及其他	0.11	0.005
合　计	2115.90	100.00

三、青岛市国有资本保值增值综合分析评价

2015年，青岛市国有资本保值增值率为101.85%。从全市国有资产涉及的16个行业看，农林牧渔业、建筑业、地质勘查及水利业、交通运输业、仓储业、邮电通信业、批发和零售业、金融业、房地产业、信息技术服务业、教育文化广播业、科学研究和技术服务业、机关社团及其他等实现增值；工业、社会服务业、卫生体育福利业未实现保值增值。

表6　2014年青岛市国有企业行业国有资本保值增值情况

行　业	国有资本保值增值率(%)
农林牧渔业	103.35
其中：农业	96.22
林业	119.46
畜牧业	108.82
渔业	11.42
工业	98.47
煤炭工业	69.81
石油和石化工业	
冶金工业	72.62
建材工业	117.86
化学工业	100.32
森林工业	96.73
食品工业	114.36
烟草工业	
纺织工业	96.87
医药工业	
机械工业	100.90
军工工业	287.96
电子工业	113.84
电力工业	101.95
市政公用工业	88.55
其他工业	106.36
建筑业	100.93
地质勘查及水利业	100.14
交通运输业	101.94
其中：铁路运输业	
道路运输业	99.78
水上运输业	83.96
航空运输业	103.06
仓储业	100.51
邮电通信业	122.45
批发和零售业	110.32
金融业	125.35
房地产业	101.31
信息技术服务业	130.12
社会服务业	97.77
卫生体育福利业	66.60
教育文化广播业	151.61
科学研究和技术服务业	106.19
机关社团及其他	107.03

四、青岛市国有经济布局调整情况

国有资本布局调整。围绕全市发展战略，通过综合运用调整、重组等手段和持续不断的深度整合，将更多的国有资本集中到战略性新兴产业、先进制造业与现代服务业、蓝高新（蓝色、高端、新兴）、基础设施与民生工程等关键领域和优势产业。按照成熟一个、调整一个的原则，2015年取消青岛市纺织总公司的监管建制，整体划转至青岛华通国有资本运营（集团）有限责任公司管理；取消青岛益佳国际贸易集团有限公司的监管建制，由青岛澳柯玛集团总公司管理。推动更多的国有资本进入现代旅游、现代金融、现代物流、现代传媒和现代海洋等领域。重点研究整合旅游资源，培育和打造青岛市旅游龙头企业，组建青岛旅游

集团有限公司，列监管企业管理；首家也是唯一一家总部设在青岛的保险企业中路财产保险股份有限公司开始营业；董家口港区航运服务设施项目建设进入尾声，开港运营目标提前实现。完成承担的全市千亿级重大项目年度建设任务。青岛地铁3号线北段于2015年12月26日正式开通运营，其他线路建设按计划推进；青岛邮轮母港于2015年5月29日正式开港运营，具备全天候停靠世界最大邮轮的条件；完成胶东机场和国际机场的调整重组，新机场建设工程可行性报告获国家批复，进入全面建设阶段。

推进混合所有制改革。按照全面开放、同等对待、依法办事、市场导向、企业主体、循序渐进的原则，以推进上市为重点，打造混合所有制的公众公司。完成青岛碱业股份有限公司与青岛出版集团的重组，2015年9月17日，在上交所正式复牌更名为城市传媒，实现全省国有文化企业上市零的突破；推进3家具备条件的企业上市，启动7家条件相对成熟的企业进入上市工作程序，储备15家企业作为新的上市资源。青岛市竞争类监管企业的二、三级公司90%实现混合所有制；功能类、公共服务类市直企业的二、三级公司，除政府项目及公益企业外，其他的70%已经转为混合所有制的经营平台。

搭建改革调整平台。搭建中小国有企业调整重组平台，推进青岛华通国有资本运营(集团)有限责任公司改组国有资本运营公司试点工作，把具备条件的存量中小国有企业交给华通集团，进行资本运作，成功化解一大批历史遗留问题；完善壳企业(僵尸企业)和职工分流安置的稳定平台，把壳企业(僵尸企业)交给青岛市企业托管中心管理，统一处理涉及职工的遗留问题；搭建维护稳定资金平台，以国有资本经营收益为主要资金来源，积极主动帮助企业和职工解难题。

五、青岛市国资委监管企业负责人经营业绩考核与薪酬管理工作情况

推进监管企业负责人薪酬制度改革工作。根据职责分工，主要承担监管企业在岗职工平均工资测算、企业负责人改革前薪酬汇总分析及改革后收入水平的测算对比等工作，参与青岛市改革实施范围论证及改革相关政策落实等工作，配合市人社局起草形成《青岛市市直企业负责人薪酬制度改革实施意见》，将按程序报市委、市政府研究，经省薪改领导小组审核批复后，自2015年起实施。

修改完善监管企业经营业绩考核与薪酬管理办法。按照青岛市国有企业薪酬制度改革相关要求，修改完善考核与薪酬管理办法，优化考核体系，规范薪酬福利管理，严格将企业负责人薪酬水平控制在薪改规定范围之内。综合考核资本运营质量、效率和收益，以经济增加值为主，并将转型升级、创新驱动、合规经营、履行社会责任等纳入考核指标体系。企业负责人薪酬与经营业绩挂钩，并实行对标管理，与国内外行业领先企业进行比较，合理确定企业负责人薪酬水平。

完成2014年度监管企业经营业绩考核与薪酬管理工作。根据业绩考核专项审计稽查结果，并积极协调财政、税务等部门提供相关数据情况，计算形成23户监管企业年度经营业绩考核结果及企业负责人薪酬建议，经委党委会研究同意后，按程序提交市业绩考核与薪酬管理委员会审核，报市政府研究审议同意。印发《关于市直企业2014年度企业负责人经营业绩考核结果及薪酬兑现的通知》，组织监管企业完成2014年度薪酬兑现工作。

六、青岛市国资委监管企业收入分配调控与劳动用工管理工作情况

完善工资总额预算管理工作。以市场价位为导向，以业绩考核为基础，坚持工资总额增长低于经济效益增长、平均工资增长低于全员劳动生产率增长的原则，初步建立起职工工资总额和职工工资水平的“双控”机制，取得较好效果。重点突出分类调控，即按照竞争类、功能类和公共服务类分别实施调控，竞争类职工平均工资增幅介于企业工资指导线的基准线和上线之间，功能类不高于企业工资指导线的基准线，公共服务类不高于企业工资指导线的下线。

指导监管企业完善三项制度建设。指导监管企业建立完善以合同管理为核心，以岗位管理为基础，

员工能进能出的市场化用工机制；指导企业按照市场化要求，优化人力资源配置，建立人员“能上能下、能进能出”的用人机制；指导企业健全内部分配制度，职工薪酬与企业经营效益、工作业绩挂钩，完善收入“能增能减”的分配机制。

规范监管企业职工福利保障。指导监管企业科学统筹工资与福利的关系，按照相关政策标准支付工资及各项福利待遇，严禁无故拖欠职工工资，特别是农民合同工工资及福利待遇。会同市人社局等部门，开展农民工工资专项检查工作，确保企业零欠薪。

指导监管企业规范招聘工作。强化企业公开招聘方案发布和公开招聘回避等工作要求，指导企业公开公平公正实施招聘。贯彻落实国家和省关于做好高校毕业生就业工作要求，鼓励企业积极吸纳高校毕业生就业，2015 年监管企业招聘高校毕业生 6106 人。

七、青岛市国有企业党的建设和党风廉政及精神文明建设情况

国有企业党建工作。完成 2015 年度国资委党委系统党内年报统计工作，截至 2015 年底，国资委党委系统有 17 个党委、13 个党总支、159 个党支部、4079 名党员。会同市委组织部，抽调专人成立监管企业“三严三实”专题教育办公室，在监管企业开展“三严三实”专题教育活动。顺利通过市审计局对国资委党委系统党费收支的专项审计。研究起草《关于在深化国有企业改革中坚持党的领导加强党的建设的意见》，切实加强党对深化国有企业改革的领导。

国有企业党风廉政建设。严格规范国有企业领导人业务行为，对国有企业领导人员持股、公款存放等事项进行清理规范。制定《关于合理确定并严格规范市直大企业负责人履职待遇、业务支出的意见》，对企业及其全资和控股企业负责人的履职待遇、业务支出、财经纪律作出严格规范。会同市委组织部，出台《青岛市直企业领导人员实行任职回避和公务回避及报告说明制度的暂行办法》，进一步规范监管企业领导人员廉洁从业行为。配合相关部门制定国有企业落实“两个责任”实施意见，强化企业党委主体责任、纪委监督责任的落实。会同市纪委、市委组织部组织召开监管企业领导干部大会，对加强国有企业党风廉政建设和反腐败工作进行部署。汇编《中央及省委市委有关国资国企改革的部署要求》，印发企业学习贯彻。

国有企业精神文明建设。印发《青岛市政府国资委党委系统 2015 年宣传思想暨精神文明建设工作要点》，指导企业抓好 2015 年度宣传思想文化工作和各项主题教育活动的落实。组织开展“中国梦·我们的价值观”主题教育活动，举行百姓巡回宣讲报告会。以“道德讲堂”活动为阵地，在国资委系统企业中开展理想信念教育和爱国主义、集体主义、社会主义教育，组织开展社会公德、职业道德、家庭美德和个人品德的“四德”教育，弘扬社会主义核心价值观，组织青岛公交集团、华电青岛公司和青岛卷烟厂等单位承办 4 期青岛市道德讲堂总堂活动。按照全市创建全国文明城市工作部署，引导国资委系统各企业参与创城工作，确保国资委系统窗口单位创城指标任务 100% 达标。会同市委宣传部印发《关于全面开展诚信建设活动的实施意见》，组织全市国有企业开展“诚信为本，质量第一”主题教育活动，引导企业职工牢固树立诚信意识和质量意识。

（撰稿人：高红燕　韩　冰）

河南省

一、河南省国有资产监督管理工作综述

2015 年是河南省国资委成立以来经济下行压力最大、企业生产经营最困难的一年。全省国资国企系统认真贯彻省委、省政府决策部署，积极适应经济发展新常态，保持定力、主动作为，统筹稳运行、促改革、调结构、抓监管、强党建，各项工作取得新进展、新成效。

（一）国有经济保持平稳运行

把稳增长保态势作为全局工作的突出任务，以工业企业转型脱困为重点，抓两头带中间，全力以赴稳

定企业经济运行。一是强化指导服务。积极落实河南省促发展30条、稳增长保态势25个重大专项方案，督促指导企业扎实开展“三查三保”活动。加强经济运行监测分析，及时预警，提出应对措施。河南省国资委实行领导分包联系企业制度，成立煤炭企业解困转型小组，牵头研究制定《关于促进煤炭行业解困的意见》等政策措施，全力保障煤炭等企业运行稳定。二是抓好市场开拓。省管煤炭企业全年原煤销售1.42亿吨，其中省外销售煤炭4838万吨，同比增长14%。安钢钢材销售856万吨，同比增长2.3%。郑欧班列开行126班，货值5.9亿美元，实现往返均衡高频常态开行。郑州机场货运量稳居全国前八位，客运量1800万人次，增长9.3%。河南国际新开辟赞比亚、塞内加尔等市场，位居“全球最大250家国际承包商”第113位。中原出版传媒、河南航投等加快布局电商进农村和跨境电商运营体系。三是狠抓降本增效。逐一盘点省管工业企业亏损点、拖累点，对147亿元低效资产通过股权转让、改制等方式实施退出。严格成本管控，省管企业全年营业成本同比下降9.5%，管理费用下降11.7%，企业负责人履职待遇、业务支出总额下降15.5%。四是加强风险防范。努力协调金融机构对重点企业、重点项目不压贷、不限贷、不断贷，保证资金链安全。省管企业通过市值管理、资产证券化、产权交易等实现融资619亿元，降低财务杠杆。水投集团、国控集团、农开公司等企业发起和参与设立基金20余支，募集资金200多亿元。投资集团发行河南省首家永续票据等创新型融资产品，全年融资110亿元。各企业牢固树立“底线”“红线”意识，认真履行安全生产主体责任。深入做好困难形势下的群众工作，维护社会大局稳定。

(二)国有企业改革取得新的进展

按照中央和河南省委、省政府决策部署，规范有序推进各项改革。一是研究制定深化改革政策文件。积极跟进中央深化国企改革“1+N”系列文件，出台省管企业负责人薪酬改革等实施意见。结合解决省委巡视省管企业中发现的问题，研究起草《关于加强和改进国有企业工作的若干意见》及企业功能界定与分类、完善企业法人治理结构等配套文件。洛阳、驻马店、济源等地出台深化市属企业改革的意见。二是深入推进国企改革“三项试点”。第一批9户混合所有制试点企业效果初显，第二批10户企业试点工作正式启动。省管企业第一批40项引入社会资本项目到位资金79亿元，第二批33个项目公开发布。启动国有资本投资运营公司试点，重组成立河南机械装备投资集团。在7户省管企业开展市场化选聘职业经理人试点，选聘包括总经理在内的22名高管人员。新乡、商丘等地开展改组组建国有资本投资运营公司试点。安阳、漯河、周口等地启动发展混合所有制经济试点。焦作和汝州等地积极探索市场化选聘职业经理人。三是加快公司制股份制改革。完成河南物资集团公司制改革方案批复。引入各类投资者实现股权多元化，大力推动国企改制上市，建立省管上市后备企业数据库，初选入库企业63户，5户在新三板成功挂牌。中原证券完成H股增发，募集资金25亿港元。在7户省管国有独资企业实施外部董事制度，选聘外部董事16名，完善法人治理结构。四是不断深化企业内部改革。指导企业合理确定中层管理人员职数，审核16户省管企业工效挂钩方案，对3户煤炭企业劳动用工和收入状况进行排查。安钢集团推动主业人员向非钢产业有序转移，郑煤集团对一批不适应岗位的人员进行降级处理，投资集团创新岗位竞争机制，中原信托探索实施激励性薪酬延期支付制度。五是稳妥解决历史遗留问题。推进国企分离办社会职能，驻洛央企“三供一业”分离移交工作大多数落地，配合做好国有企业棚户区改造、医疗生育保险移交等工作，继续做好职教幼教退休教师待遇落实工作。

(三)布局结构调整步伐加快

推动实施转型升级战略，促进国有资本向重要行业和优势领域集中。一是推进国有资本向重点领域布局。围绕全省实施三大国家战略，引导国有资本重点投向民航、铁路、高速公路、能源、水利、保障房等基础设施和基础产业。郑州机场二期工程三年工期两年完成，T2航站楼建成投用；一批新建及改扩建高速公路项目建成通车；郑焦、郑机城际铁路投入运营，机登洛城际铁路开工建设，“米”字型高速铁路网加速推进。郑州、平顶山等地通过组建国有投融资平台推进地方重点产业发展和基础设施建设。二是加快传统产业转型升级。截至2015年底，省管企业在建重点固定资产投资项目258个，其中新开工项目40个，竣工或试生产项目31个，累计完成投资460亿元。安钢冷轧薄板一期工程、平煤神马帘子布厂区搬迁改造等重点项目顺利推进，煤盐化工、精密和特种轴承、煤机装备等一批转型升级产品和优势产业链加快形成。三是大力培育现代服务业和新兴产业。加快郑州—卢森堡航空物流双枢纽建设，覆盖欧美亚的货运航线网络初步形成。郑州国际陆港建设进展顺利，河南跨境电子商务全球供应服务链体系建设提速。中原股权交易中心、中原证券香港子公司等开业运营。参与组建大河网络传媒集团、大象融媒体集团，打造新型互联网媒体企业。四是加大科技创新力度。2015年省管企业科技研发投入36亿元，实施重大科技专项和科技计划项目近800项。河南能源“水力强化瓦斯抽采技术科技研发平台”获国家相关部门认定。平煤神马硅烷法生产多晶硅工艺打破国外技术垄断。

（四）与中央企业战略合作再结硕果

截至2015年底，全省在建央企合作项目356个，总投资额9435亿元，央企累计到位资金4800亿元，2015年到位1010亿元。发挥领导小组办公室的牵头作用，强化指导、督促、服务，积极帮助在豫央企解决困难问题，推动合作项目早落地早投产早见效。紧跟央企新一轮战略布局调整步伐，多次赴国旅集团、大唐电信、中粮集团等央企进行重点对接。成功举办“中央企业河南行”集中招商活动，全省与央企签订战略合作协议24个，签约项目100个，总投资1955亿元；向中央企业推介项目158个，涉及投资额1560亿元。按照“成熟一个签署一个”的原则办好分散招商活动，2015年11月河南省与中国移动、中国电信、中国联通、中国铁塔签署战略合作框架协议，4户央企计划3年内完成在豫投资1150亿元。郑州、开封、濮阳等地新签约落地一批龙头型基地型项目。

（五）国资监管效能有效提升

积极探索以管资本为主加强国资监管的新模式，监管效能不断增强。一是推动国资监管向以管资本为主转变。以河南机械装备投资集团为试点，研究探索对国有资本投资运营公司的授权内容。厘清出资人监管权力边界，初步形成省国资委监管权力清单、责任清单和运行流程图。落实简政放权要求，对规范性文件全面开展清理。国资监管信息化平台实现省管企业全覆盖。二是监管针对性有效性持续提升。强化国有产权流转环节监管，进场率100%。加强国有资本经营预算收支管理，省管企业上缴国有资本收益2.8亿元。加强财务预决算管理，促进企业财务管理进一步规范。探索推进分类考核，考核的导向作用进一步发挥。完善项目投资备案流程，对省管企业24个存在较大风险的投资项目出具暂停或否决意见，涉及投资额60亿元。鹤壁、许昌、三门峡和巩义、新蔡、滑县等地进一步规范企业投资、担保等行为。三是加强对市县国资工作的指导监督。加大国企改革政策的宣传贯彻和专题培训力度，指导各地研究制定深化国企改革意见，洛阳、安阳、南阳推进市属经营性国有资产集中统一监管，商丘、开封建立监事会工作机构，信阳、濮阳等地开展国资监管业务培训。

2015年，河南省国有企业改革发展和国资监管工作取得新的成绩，为“十二五”划上圆满的句号。“十二五”期间，坚持做强做优做大国有企业不动摇，国有经济稳步发展，企业实力不断增强，国有资本实现保值增值，全省地方国有企业资产总额、净资产分别由1.1万亿元和3200亿元增加到2.4万亿元和7400亿元，年均增长分别为16%和18%。坚持市场化改革方向，加快公司制股份制改革，培育一批合格市场主体，组建一批大型企业集团和投融资公司，国有控股上市公司30户，国有经济总体上同市场经济相融合。牢牢把握出资人职责定位，不断完善组织、制度、考核和基础监管“四大体系”，积极探索以管资本为主加强国资监管的新模式，监管的针对性有效性明显增强。加强企业领导班子和基层党组织建设，建立作风建设长效机制，保持反腐败高压态势。紧紧围绕三大国家战略规划实施和“四个河南”建设，勇于承担经济责任、政治责任和社会责任，建成一批重点项目，带动一批产业集群，打造一批对外开放平台，全省国有企业在促进就业、维护稳定、环境保护等方面发挥表率作用，在抗震救灾、对口援建、定点扶贫等方面发挥先锋队、主力军和顶梁柱作用。

二、河南省国有资产总量与结构分析

截至2015年底，全省4169户地方国有企业(独立法人单位)资产总额24691.5亿元，较年初增长16.4%；净资产7374.7亿元，较年初增长11.9%；实现营业总收入6653.8亿元，同比下降6.1%；利润总额16.8亿元，同比下降87%；上缴税费318.3亿元，同比下降6%。

表1　2015年河南省所属国有企业指标

项　目	金　额(亿元)
资产总额	24691.5
净资产	7374.7
营业收入	6653.8
利润总额	16.8
净利润	—52.0
归属于母公司所有者的净利润	—44.0
本年应交税费总额	310.3
实际上缴税费	318.3

(一)国有企业户数情况

2015年，全省地方国有企业(各级法人户数)4169户，比上年增长3%。

表2　2015年河南省国有企业户数情况

项　目	2014年	2015年	比上年增长(%)
户数(户)	4049	4169	3

(二)国有资产地区分布情况

省辖市国有资产主要集中在郑州、洛阳等工业大市，其中郑州、洛阳两省辖市国有资产总量分别占市级国有资产总量的47.5%、13.2%，国有资产区域集中度在增强。

表3　2015年河南省国有资产地区分布情况

地　区	国有资产(亿元)	占国有资产总量比重(%)
郑州市	1842.9	47.5
南阳市	110.8	2.9
洛阳市	509.7	13.2
新乡市	128.4	3.3
驻马店市	110.7	2.9
安阳市	91.8	2.4
开封市	40.3	1.0
信阳市	24.7	0.6
焦作市	265.1	6.8
平顶山市	21.8	0.6
漯河市	188.2	4.9
三门峡市	265.2	6.8
周口市	127.7	3.3
濮阳市	5.1	0.1
鹤壁市	75.2	1.9
商丘市	59.1	1.5
济源市	8.0	0.2
许昌市	1.0	0.0
合　计	3376.0	100.0

注：国有资产总量为企业国有资本及权益与其他国有资金之和。

(三)国有资产行业分布情况

2015年，全省国民经济16大类行业中，国有资产主要分布在社会服务业、工业和交通运输业三大产业，三大产业国有及国有控股企业总户数1736户，占全省总户数的41.6%，汇总口径国有资产总量7153.6亿元，占全省国有资产总量的72%。

表 4　　2015 年河南省国有资产行业分布情况

行　　业	国有资产（亿元）	占国有资产总量比重(%)
农林牧渔业	20.1	0.2
工业	2612.5	26.3
建筑业	672.8	6.8
地质勘查及水利业	220.7	2.2
交通运输业	1360.3	13.7
仓储业	27.6	0.3
邮电通信业	0.4	0.004
批发和零售业	146.1	1.5
金融业	274.8	2.8
房地产业	1107.8	11.1
信息技术服务业	37.6	0.4
社会服务业	3180.8	32.0
卫生体育福利业	9.1	0.1
教育文化广播业	159.5	1.6
科学研究和技术服务业	40.9	0.4
机关社团及其他	65.9	0.7
合　　计	9936.9	100.0

注:1. 国有资产总量为企业国有资本及权益与其他国有资金之和。

2. 汇总口径未进行合并抵消,包含重复计算因素。

（四）国有资产经营规模分布情况

2015 年,全省 4169 户国有企业按规模划分:大型企业 147 户,占 3.5%;中型企业 683 户,占 16.4%;小型企业 1388 户,占 33.3%;微型企业 1951 户,占 46.8%。147 户大型企业资产总额 10360.7 亿元,占全部汇总口径资产总额的 32.6%;占用国有资产总量为 2722.2 亿元,占全部汇总口径国有资产总量的 27.4%。中型、小型和微型企业的资产总额分别占全部的 29.8%、25.9%、11.7%,国有资产总量分别占全部的 20.8%、37.8%、14%。大、中、小和微型企业的户均资产占用总量分别为 70.5 亿元、13.9 亿元、5.9 亿元、1.9 亿元。

表 5　　2014 年河南省国有资产经营规模分布情况

项　　目	国有资产总量(亿元)	占有国有资产总量比重(%)
大型企业	2722.2	27.4
中型企业	2063.1	20.8
小型企业	3757.5	37.8
微型企业	1394.1	14.0
合　　计	9936.9	100.0

注:1. 国有资产总量为企业国有资本及权益与其他国有资金之和。

2. 汇总口径未进行合并抵消,包含重复计算因素。

三、河南省国有资本保值增值综合分析评价

截至 2015 年底,河南省地方国有企业国有资本及权益为 6100.5 亿元,较年初 5572.2 亿元增加 528.3 亿元,增长 9.5%,扣除客观因素后国有资本保值增值率为 100%。增加的主要因素是经营积累(215.6 亿元)、国家追加投资(265.7 亿元)、无偿划入(158.2 亿元)等,减少的主要因素是经营减值(215.9 亿元)等。经营积累占国有权益增加因素比例 26.7%,反映出河南省地方国有企业依靠自身积累,实现国有资本及权益增长的能力还有待加强。

表 6　　2015 年河南省国有企业行业和地区国有资本保值增值情况

行　业	国有资本保值增值率(%)	地　区	国有资本保值增值率(%)
农林牧渔业	100.5	郑州市	104.4
工业	95.1	驻马店市	101.4
建筑业	101.5	漯河市	102.6
地质勘查及水利业	113.1	鹤壁市	101.3

续表

行　业	国有资本保值增值率(%)	地　区	国有资本保值增值率(%)
交通运输业	102.3	三门峡市	100.3
仓储业	97.3	安阳市	98.5
邮电通信业	109.0	周口市	106.4
批发和零售业	102.9	新乡市	102.4
金融业	112.8	许昌市	99.7
房地产业	102.6	南阳市	90.9
信息技术服务业	107.5	焦作市	101.1
社会服务业	102.6	信阳市	105.5
卫生体育福利业	105.7	洛阳市	100.0
教育文化广播业	103.1	济源市	97.7
科学研究和技术服务业	110.6	开封市	102.1
机关社团及其他	104.3	濮阳市	93.9
		商丘市	89.4
		平顶山市	91.3

四、河南省国资委监管企业股份制改革与上市融资情况

坚持市场化改革方向，以产权多元化为目标，以产权转让、增资扩股、改制上市等为主要形式，按照母公司层面实施规范的公司制改革、子公司层面实施股权多元化改革的原则，分层有序推进监管企业公司制股份制改革，实施国有资本与社会资本的强强联合和优势互补，优化部分省管企业子公司层面的股权结构，放大资本的集聚效应。启动河南物资集团等省管企业公司制改建工作，探索推进中油气公司集团化改革和管理，组建河南中原石油天然气集团，规范审批安钢集团自动化公司等2户企业改制方案，审核审批安钢集团自动化公司、省物资集团所属国联气体公司等企业股份制改革实施方案，积极协调20多户企业历史遗留问题的处理，推进河南纺织研究院涉诉案件土地作价出资、欠缴社保免收滞纳金问题。稳步推进河南豫淇化纤公司政策性破产终结扫尾和档案移交工作。支持企业利用股票市场融资，中原证券等国有控股上市公司完成增发业务5起，募集资金64亿元；5家上市公司完成股票质押业务，融资20亿元。平煤神马集团、省投资集团等企业开展上市公司市值管理，其中平煤神马集团获利3亿元。

五、河南省国资委监管企业并购重组与完善法人治理结构情况

(一)并购重组情况

围绕省委、省政府重大战略部署，立足国有经济布局和结构调整，推进省管企业内外部资源整合重组，加快推进煤炭化工、粮食、交通运输、现代物流、装备制造等重要板块资源整合，促进优势资源向关键领域集中，加快形成专业化、品牌化、规模化的大型企业集团，促进国有资本合理流动，提高运营效率和效益。重点推动河南航投公司与卢森堡货航签署货运航空合资合作协议，成功收购卢森堡货航35%股权，为建设全国重要的现代综合交通枢纽和物流中心提供有力支撑。围绕河南省积极参与"一带一路"建设，推动河南物资集团开展与沿线的波铁公司、哈铁快运公司、白俄铁路公司等深化战略合作，加快提升郑欧国际货运班列运营水平。加快实施企业内部资源整合，推动河南能源集团、平煤神马集团、郑煤集团结合企业解困和转型升级，对煤炭、化工等主要板块资产进行梳理，对失血点、亏损点、拖累点逐一列出名单和计划，采用股权转让、改制退出的方式，加快从不具有竞争优势的业务板块退出步伐，涉及资产147亿元。

(二)完善法人治理结构改革情况

通过顶层设计研究、完善章程、规范股东会运作、重点企业带动等措施，积极推进企业治理结构完善。一是开展企业完善法人治理结构指导意见研究起草工作。跟进国家层面即将出台进一步完善国有企业法人治理结构方案的有关情况，对河南省国有企业法人治理结构进行专项研究，对建立股东会、董事会、经理层和监事会之间协调运转、有效制衡的新机制进行探索。就《完善法人治理结构指导意见》进行研究，制

定工作方案和研究提纲。二是制定和完善省管企业公司章程。认真做好河南机械装备投资集团公司章程审定、工商注册等有关工作，确保河南机械装备投资集团顺利揭牌。审核批准河南中油气集团章程修正案，进一步理顺出资人、董事会、监事会和经理层之间的关系，规范企业的管理和运作水平。三是进一步规范省管企业股东会运作。就中国平煤神马集团、郑煤集团、郑煤机集团、洛单集团、洛铜集团、省纺织研究院等6户企业股东（大）会有关议案进行审核，有效行使资产收益、用人和参与重大决策等出资人权利。四是完善重点企业治理结构。通过与华融、信达等资产管理公司股东的沟通协调，有序召开洛铜集团股东会、董事会和监事会，解决困扰企业多年的治理架构缺失问题，规范企业的管控模式和运行机制。

六、河南省国资委监管企业建立和完善经营业绩考核体系情况

坚持目标管理，完善分类考核、对标考核机制，考核导向作用进一步发挥。一是持续推进分类考核。继续对28户企业实施分类考核，根据省管企业功能定位，暂将河南交投集团、河南航投公司和河南铁投公司作为功能类企业进行考核，其余25户企业作为竞争类企业考核。功能类企业主要考核投融资任务完成情况和成本管控能力，兼顾经济效益；竞争类企业主要考核经济效益、成本费用控制和财务风险控制等。二是突出效益考核。为落实省委省政府稳运行保增长的有关要求，充分发挥考核导向作用，鼓励企业自树目标、自我加压，参照国务院国资委的相关规定，在企业利润目标预报工作中设置基准值，企业自报目标高于基准值时，以企业自报目标为考核目标；企业自报目标低于基准值时，以基准值为考核目标。通过设定基准值，25户竞争类企业2015年利润目标为27.7亿元，比企业自报利润目标高17.5亿元。三是完成2014年度考核评价。对26户企业2014年度经营业绩进行考核，公布考核结果，2014年度纳入考核范围的26户省管企业中，A级企业5户，包括河南投资集团、中原信托公司、中原证券公司、河南国合集团和河南机场集团。四是完成综合绩效评价工作。根据国务院国资委公布的标准值，对29户企业2014年度综合绩效进行评价，并印发评价结果。评价结果显示，29户省管企业综合评价得分53.7分，评价类型为全国国有企业中等水平。五是做好国有资本保值增值计算工作。结合企业2014年度财务决算报告和审计报告，对省管企业2014年度国有资本保值增值结果进行审核确认。30户企业2014年国有资本综合保值增值率为100.1%，其中，实现保值增值的企业20户，减值的企业10户。六是严控企业负责人履职待遇、业务支出。对28户省管企业2015年度企业负责人履职待遇、业务支出预算方案进行审核，与上年度同口径相比，总额下降9%，人均下降7%，28户企业中人均下降的20户，人均持平的8户。

七、河南省国资委监管企业负责人考核与选人用人机制改革情况

（一）负责人考核情况

根据省委关于年度综合考核的新要求，对考核办法进行重新修订，拓展考核内容，优化考核程序。修改完善考核方案，突出领导班子和领导人员履职尽责考核，实行“多考合一”，将述职、述学、述廉、抓党建考核与群众路线教育实践活动整改情况考核同步进行。对部分测评指标进行调整，加重党建工作考核份量，在领导班子和领导人员测评表中，设立企业党建、教育实践活动成效2个专项考核项目，增加测评权重，进一步突出国有企业党建工作。做好统筹协调，将2014年度综合考核与后备干部调研工作合并进行，减轻企业负担，提高工作效率。2015年，抽调人员组成6个考核组，深入29户省管企业对255名领导人员进行年度考核评价，圆满完成2014年度综合考核工作。

（二）选人用人机制改革情况

2015年，根据《河南省省管企业市场化选聘职业经理人试点工作方案》，分两批在8户省管企业开展市场化选聘职业经理人试点工作，市场化选聘中层以上管理人员24名，其中总经理4名，副总经理13名，中层正职7名，取得初步经验。通过开展试点工作，取得以下初步成效：一是创新省管企业领导人员选拔

任用方式。有效落实党管干部原则与董事会选聘经营管理者相结合的原则,由过去的企业党委主导、组织考察任命转变为企业党委、董事会共同组织选拔,董事会依法聘任。二是探索建立法制化、市场化的管理制度和用人机制。对职业经理人实行任期制、契约化管理,初步破解企业领导人员能上不能下的难题。坚持市场化以岗定薪,充分体现职业经理人的价值;董事会对经理层实行契约化管理,签订经营目标责任书,明确权利义务,建立有效的约束机制。三是初步探索出市场化选聘职业经理人的基本模式。从方案制定、公告发布到具体组织实施、聘任、管理等形成一套可复制的基本模式,为其他企业开展试点"摸着石头过河"提供有益的借鉴。四是带动省管企业试点工作加快推进。通过组织观摩、培训交流、与专业机构对接等活动的开展,有效推动其他企业加快推进试点工作。同时,对于各省管企业加快内部人事制度改革起到示范作用。五是扩大国资委和省管企业的社会影响力。通过公开选聘相关信息,在全省国资系统乃至全国国资系统产生积极影响,展示河南推进国企改革的决心和信心。

八、河南省国资委监管企业党的建设和廉政建设情况

(一)党的建设情况

认真落实中央和省委全面从严治党要求,国有企业党建科学化水平持续提升。一是扎实开展"三严三实"专题教育。按照省委统一部署,突出问题导向,贯彻从严要求,认真对照"十不十欠",做到真抓实做、真查实改,确保专题教育有力有序有效开展,党员干部理想信念进一步坚定,纪律意识规矩意识不断增强。二是进一步完善党建工作责任制。严格落实从严管党治党责任,认真推行"一岗双责"考评。召开省管企业党委书记抓基层党建述职评议工作会议、党建工作座谈会,扎实推进省国资委机关和省管企业"4+4+2"制度体系建设,建立健全七大类 413 项党建工作制度。在省管企业开展党委书记述党建和基层服务型党组织示范点建设,基层党建工作进一步夯实。三是不断加强企业领导班子建设。坚持党管干部原则与依法行使出资人权利有机结合,不断拓宽选人用人渠道。按照管理权限调整省管企业领导人员 51 人次,班子结构持续优化,整体功能不断增强。修订完善《领导班子和领导人员年度综合考核评价办法》,以考核促进企业班子整体建设。四是做好省委巡视整改。认真落实"两个责任",严明政治纪律和政治规矩。持之以恒贯彻中央八项规定和河南省 20 条意见精神,坚决纠正"四风"。累计派出厅处级干部 26 人次,配合省委巡视组完成对 28 户省管企业巡视全覆盖,督促指导企业认真抓好巡视整改工作,省管企业完成巡视组反馈问题整改 605 项,占 91%。

(二)廉政建设情况

坚持把党风廉政建设和反腐败工作融入国资监管和企业改革发展全过程,聚焦中心任务,持续正风肃纪,落实巡视整改,强化执纪监督,开展特色宣教,大力深化"三转",国资系统党风廉政建设和反腐败工作取得新成效,为国有企业健康发展打造坚实基础。一是持续正风肃纪。坚持问题导向,督促企业纪委规范工作职能,确保纪委书记专司纪检监察工作,企业监察机构从其他非主业工作中抽身出来,真正把主要精力用在监督检查、信访举报和纪律审查等监督执纪问责工作上。从严问责追责,对落实两个责任不力的领导干部不留情面,坚决查处,严肃党风党纪。2015年,全省有 21 名企业党员领导干部因落实"两个责任"不力受到责任追究。二是严明政治纪律和政治规矩。各省管企业坚决遵照中央有关精神,将严明政治纪律和政治规矩摆在首位,按照省委"4+4+2"党建制度体系和"主体责任落实年"工作部署,开展为时六个月的"严守政治纪律严明政治规矩"专项治理,通过开展形式多样的学习教育活动,不断增强广大党员严明政治纪律严守政治规矩的意识。省国资委机关 163 名党员干部、29 户省管企业的 255 名领导班子成员,2 万多名科级以上党员干部及其他党员作出公开承诺和自查自纠。三是严格执行中央八项规定。查处违反八项规定问题 55 起,72 人次。集中整治文山会海、奢侈浪费、"形象工程"和"政绩工程"等问题。开展规范办公用房清理整改,55 名企业主要负责人、229 名其他负责人参与此次清理整改。通过清理纠正,125 名企业负责人对办公用房进行整改,整改后使用面积

减少4500多平方米。三是坚持特色宣教注重警示预防。针对易发多发的重大违纪问题，组织企业领导人员集体廉政谈话，强化警示教育。坚持对新任领导人员开展任前廉政谈话，提前打"预防针"。在节假日前发文或编发廉政短信提醒告诫"过节不忘廉洁"。深入学习贯彻《中国共产党廉洁自律准则》和《中国共产党纪律处分条例》，在委机关和省管企业开展形式多样的学习座谈活动，委机关和企业上专题廉政党课178次，组织观看廉政教育片361场次，发放廉政书籍3600余册，受到教育的干部职工及家属超过3万人次。四是强化执纪审查。完善案件线索动态管理模式，对进入启动程序的问题线索持续跟踪，指导督办，案件线索处置和案件查办工作明显改进，有效避免压案不查、瞒案不报、处置不当等现象发生。2015年国资委纪委和省管企业纪委查处违纪案件381件，给予党政纪处分828人次，挽回经济损失4755万元。五是完善制度建设。健全完善廉政警示教育、廉政约谈、下级纪委向上级纪委报告有关事项、案件线索处置、一案双查、权力运行责任追究等项制度。各省管企业在制度建设中持续发力，投资集团、交投集团、中原信托、中原证券等企业围绕企业经营管理和党建工作的薄弱环节，均相应健全完善各项规章制度，强化制度执行力，突出违规问题问责，推进企业依纪合规运作。同时，结合"4+4+2"党建制度体系建设，国资委健全完善四大类14项制度机制，省管企业健全完善七大类413项制度机制，初步建立起有效管用的制度体系。

九、河南省国资监管及国有企业改革发展具有地方特色情况

为贯彻落实十八届三中全会关于改组或组建国有资本投资运营公司的要求，经过分析研究，先行组建河南机械装备投资集团，作为国有资本投资公司试点。一是研究制定组建方案。经过反复论证和10余次修改，提出集团组建方案，以郑煤机和河南能源集团所属的洛阳LYC、洛轴控股、开封空分等4户企业为基础，组建河南机械装备投资集团。2015年1月22日，省政府常务会议审议通过组建方案。5月29日，省政府正式批准组建方案。二是加大协调和推进力度。由省国资省国资委主要领导牵头，成立指导服务小组和筹备工作组，逐项落实资产审计评估、公司章程、法人治理结构等重要事项，确保规范推进。经过紧张有序准备工作，8月3日，机械装备投资集团正式挂牌运营。三是围绕试点开展国有资本授权经营研究。经过多次征求意见和讨论，将公司重大投资、章程审定、管理层选聘、重大资产处置等有关出资人职权，授权河南机械装备投资集团董事会行使。

（撰稿人：李会展）

湖北省

一、湖北省国有资产监督管理工作综述

2015年，湖北省国资委认真贯彻落实党的十八大及十八届三中、四中、五中全会和习近平总书记系列重要讲话精神，积极适应经济发展新常态，全力推进全省国有企业改革重组，加强国有资本运营，依法强化国有资产监管，保持稳中有进的发展态势，各项经济指标均处在正常、合理的增长区间，为湖北经济总量跃升到全国第八位作出积极贡献。

（一）推进改革改制，国有企业活力不断增强

一是贯彻落实中央精神，国资国企改革政策陆续出台。2015年7月，湖北省委省政府出台《关于深化省管企业负责人薪酬制度改革的实施方案》。8月，省国资委印发《湖北省国资委出资企业负责人履职待遇、业务支出管理办法》。12月，湖北省委办公厅、省政府办公厅印发《关于深化国有企业改革的实施意见》。襄阳市、鄂州市、黄冈市、恩施州、天门市先后出台深化国有企业改革的政策文件。武汉、襄阳、鄂州、荆州、荆门、黄冈、随州、恩施、天门等市州出台深化国有企业改革的实施意见和工作方案。

二是推动调整重组，国有资本结构进一步优化。围绕全省经济社会发展战略布局，推动国有资本向重要行业集中，向战略性新兴产业集中，向具有核心竞

争力的优势企业集中。通过整合,湖北省出资企业户数由2013年初的33家调整到19家,同口径比较实际整合为17家,省出资企业个数缩减近半,2015年底资产总额7352.46亿元,比2012年底增长101.9%。积极推进经营性国有资产统一监管,完成湖北省纺织工业科学研究所、武昌饭店、楚风接待培训中心三家企业脱钩改制。

三是积极稳妥发展混合所有制经济,国有企业活力进一步激发。推动股权多元化改制,在湖北蓝天盐化有限公司引进战略投资者。在中南工程咨询设计集团公司(简称"中南设计集团")、湖北省铁路建设投资集团有限责任公司(简称"湖北铁投集团")下属武汉市江夏区铁投小额贷款有限责任公司、三环集团有限公司(简称"三环集团")下属三环资本管理有限公司启动员工持股试点。大冶有色金属集团控股有限公司(简称"大冶有色")控股的湖北鑫鹰环保科技公司、湖北省鄂西生态文化旅游圈投资有限公司控股(简称"鄂旅投")的湖北金旭农业发展股份有限公司在新三板挂牌上市。指导武汉、荆门、荆州等地探索推进混合所有制改革、股权激励和员工持股,其中武汉市国资委监管各级次企业混合所有制改革面达到63%。

(二)推进资本运营,国有资本功能更好发挥

一是打造国有资本运营平台,资本运营能力进一步提高。着眼于将湖北省宏泰国有资产经营有限公司(简称"宏泰国资")重构提升为省级国有资本投资运营平台,将省国资委所持湖北能源、大冶有色等企业股权划转进来集中运营,旗下新设资产管理公司、国有资本运营公司、托管资产经营公司、中小企业金融公司等4个业务操作平台,设立金融发展基金、产业发展基金、企业并购重组基金等3支基金。指导襄阳、荆州、恩施等市州集中整合资源,改组组建一批国有资本投资运营公司。积极推进政府投融资平台"去平台化"。鄂旅投、湖北省交通投资集团有限公司(简称"省交投集团")、湖北铁投集团牢牢把握主职主业;湖北省联合发展投资集团有限公司(简称"联投集团")逐步转向信息产业和矿产资源开发等实体经济,并探索向金融控股转型;湖北省长江产业投资集团有限公司(简称"省长投集团")成为棚户区改造的省级融资平台和长江产业基金的托管企业,转型发展初见成效。

二是加大重大项目建设力度,服务全局作用进一步增强。省交投续建16个高速公路项目,建成通车792千米。湖北铁投集团启动汉十城际高铁建设,江汉平原货运铁路完成投资22.7亿元。湖北机场集团天河机场三期扩建工程建设加速推进。联投集团加快推进花山生态新城建设,打造"两型"社会的"湖北样本"。联投集团、省交投集团、省长投集团助力黄梅小池开放开发,全力打造省际跨区域合作的示范样板,鄂州梧桐湖新城、宜昌江南新区、荆州农高区、荆州关公文化新城、鄂州红莲湖、恩施龙凤生态城等重大项目建设进展顺利。湖北能源重点推进利川齐岳山风电三期、五峰镇金山水电扩机等水电工程,通过能源开发扶持山区贫困县发展。鄂旅投加大旅游扶贫力度,2015年完成投资8.98亿元。

(三)深化央企对接合作,发展能量不断聚集

2015年9月17日,在东湖国际会议中心举办湖北—中央企业推进长江经济带建设座谈会,国务院国资委主任、党委书记张毅,省委书记、省人大常委会主任李鸿忠,省委副书记、省长王国生出席会议并讲话,80家中央企业负责人受邀参加座谈会。省政府与中船重工、中国兵装、中国电信、中国移动、中国中化、中国通用技术、中国建筑、华润集团、中国铁塔公司9家央企签订战略合作协议,明确协议投资2730亿元;全省与中央企业现场签订项目合约33个,投资总额6491亿元,主要投向航空航天、装备制造、能源环保、新型材料和基础设施领域。武汉市、宜昌市、襄阳市、黄石市等地利用座谈会的契机,组织专场主题活动,取得显著成效。随州市与40家中央企业、6家省属国有企业建立常态化对话沟通机制,合作日益深入。截至2015年底,省政府与57家中央企业签署战略合作协议;全省与中央企业签订539个项目合作协议,投资总额15398.14亿元;已开工391个(含已完工128个),涉及投资额8302.99亿元;开工项目已到位资金3091.42亿元。其中,全省新增与央企签约项目142个,投资总额6243.11亿元;已开工62个,涉及投资额1689.82亿元;已完成投资244.87亿元。

(四)推进依法监管,国资监管行为更加规范

一是完善产权管理,国资监管基础进一步夯实。编制《湖北省省级国家出资企业产权登记数据概况》,建立国有产权动态跟踪监管机制。截至2015年底,全省登记企业2936户,实收资本3830.96亿元,其中,省级登记企业899户,实收资本1633.63亿元。强化资产评估管理,堵住产权流转出血点。2015年,审核办理47个资产评估项目备案(核准),评估项目账面净资产71.31亿元,评估增值67.9亿元,增值率95.22%。坚持阳光交易,省出资企业国有产权转让进场交易率100%。完善国有资本预算制度,2015年省出资企业上缴国有资本收益29676.23万元。

二是改进财务监督,有效防范企业运营风险。对出资企业按照资本性质、资本投向进行分类型、分层次财务监管。加大对债务、经营、资金、管理等风险审核力度,设置预警红线,强化动态跟踪。重点关注企业投融资、现金流、成本费用控制和负债管理等预算情况,切实防范债务及资金风险。做好经济责任审计工作,建立经常性审计监督体系,加大专项审计的力度。对2户企业主要负责人进行离任经济责任审计。出台《省国资委关于进一步加强和改进省出资企业内部审计工作的指导意见》,推动企业加强内部控制体系建设。

三是强化业绩考核,导向作用进一步发挥。开展董事会履职评价,完善国有企业负责人考核指标体系,试行全员业绩考核和综合考核改革,发挥业绩考核对企业发展的导向作用。及时跟踪分析各出资企业的目标完成进度情况,对重点企业及时提示约谈,对重点问题加强督促整改,有力保障出资企业2015年度目标任务顺利完成。组织对省出资企业劳务派遣用工进行清理和规范,举办省出资企业薪酬管理创新专题培训班,对出资企业人力资源管理人员进行培训。

四是完善监事会制度,监督效率进一步提高。完善监事会年度报告制度,充分披露企业经营状况、经营业绩风险、领导班子和主要负责人履职情况。创新监管方式,监事会派驻模式从"一企一监"部分调整为"一监二企",从"巡查走访式"监督转变为常驻企业"驻点式"监督,增强监督的有效性。加大专项检查力度,及时向上级部门汇报经营管理重大风险、违法违纪违规重要线索,督促企业抓好整改,强化风险防控。黄石等市进一步完善外派监事会人才备选库。

五是强化法治建设,履职行为进一步规范。对企业重大事项认真履行法律论证和审核程序,有效维护国有资本权益。加强省出资企业重大法律纠纷案件协调服务,督促企业积极寻求法律途径依法维权。加强省出资企业法律顾问制度建设,将总法律顾问纳入班子成员进行管理,企业规章制度、重大决策和经济合同的法律审核率不断提高,重大法律风险得到有效防范。"六五"普法顺利收官,省国资委被国务院国资委评为全国国资系统"六五"普法法制宣传教育先进单位。

二、湖北省国有资产总量与结构分析

(一)国有企业资产总额情况

截至2015年底,湖北省国有企业资产总额29112.00亿元,同比增加4915.78亿元,增长20.32%,资产总额增加主要是其他原因新报、上年应报未报、划转以及债务的同等增加等因素所致。

表1　2015年湖北省所属国有企业指标

指　　标	金　额(亿元)
资产总额	29112.00
负债总额	19192.21
所有者权益总额	9919.79
营业总收入	3661.81
利润总额	334.27
净利润	274.52

按企业规模分类看,规模以上大型企业资产总额17719.89亿元,占湖北省国有企业资产总额的60.87%;中型企业资产总额4237.06亿元,占湖北省国有企业资产总额的14.55%;小微型企业资产总额7155.05亿元,占湖北省国有企业资产总额的24.58%。

(二)国有企业户数情况

截至2015年底,湖北省全级次汇编国有企业户数2796户,同比增加167户,其中:一级国有企业865户,同比减少31户;二级国有企业661户,同比增加22户;三级国有企业832户,同比增加58户;四级国有企业357户,同比增加94户;五级国有企业78户,同比增加23户;六级国有企业3户,同比增加1户。

表2　2015年湖北省国有企业户数情况

项　目	2014年	2015年	比上年增长(%)
户数(户)	2629	2796	6.4

湖北省国有企业2796户中,规模以上大型企业79户,占湖北省国有企业总户数的2.83%,同比增加2户;中型企业439户,占湖北省国有企业总户数的15.70%,同比增加19户;小微型企业2278户,占湖北省国有企业总户数的81.47%,同比增加146户。

(三)国有企业权益资产总量情况

截至2015年底,湖北省国有企业权益资产总量8155.81亿元,同比增加1572.86亿元,增长23.89%。2015年,湖北省国有企业权益资产总量增幅较大,主要是追加投资及资产划转、国有股东增加资本以及国有企业经营积累等因素带来的国有权益资本总量增加。

按行业分布看,湖北省国有企业权益资产总量主要分布在社会服务业、交通运输业、房地产业、建筑业、工业制造业等行业。其中,社会服务业国有权益资产总量5048.16亿元,占湖北省国有权益资产总量的61.90%;交通运输业国有权益资产总量741.88亿元,占湖北省国有企业权益资产总量的9.10%;房地产业国有权益资产总量667.44亿元,占湖北省国有企业权益资产总量的8.18%;建筑业国有权益资产总量540.08亿元,占湖北省国有企业权益资产总量的6.62%;工业制造业国有权益资产总量405.45亿元,占湖北省国有企业权益资产总量的4.97%。上述五个行业国有权益资产总量7403.01亿元,占湖北省国有企业权益资产总量的90.77%。

表3　2015年湖北省国有资产行业分布情况

行　业	国有资产(亿元)	占国有资产总量比重(%)
农林牧渔业	190.67	2.34
工业	405.45	4.97
建筑业	540.08	6.62
地质勘查及水利业	81.22	1.00
交通运输业	741.88	9.10
仓储业	16.76	0.20
邮电通讯业	0.00	0.00
批发零售业	28.39	0.35
金融业	218.57	2.68
房地产业	667.44	8.18
信息技术服务业	0.40	0.01
社会服务业	5048.16	61.90
卫生体育福利业	2.11	0.02
教育文化广播业	175.60	2.15
科学研究和技术服务业	10.84	0.13
机关社团及其他	28.24	0.35

按规模分布看,在湖北省国有企业中,规模以上大型企业权益资产总量4622.77亿元,占湖北省国有权益资产总量的56.68 %;中型企业国有权益资产总量1123.94亿元,占湖北省国有权益资产总量的13.78%;小微型企业国有权益资产总量2409.10亿元,占湖北省国有资产总量的29.54%。

表4　2015年湖北省国有资产经营规模分布情况

经营规模	国有资产(亿元)	占国有资产总量比重(%)
大型企业	4622.77	56.68
中型企业	1123.94	13.78
小微型企业	2409.05	24.58

三、湖北省国有资本保值增值综合分析评价

截至 2015 年底，湖北省国有企业年初国有资本及权益总额 6466.61 亿元，年末国有资本及权益总额 8155.81 亿元，扣除客观增加因素 1344.51 亿元，加上客观减少因素 63.13 亿元，确认年末国有资本及权益为 6874.43 亿元，同比增加 407.82 亿元，平均国有资本保值增值率为 106.30%，同比减少 2.12 个百分点。

表 5　　2015 年湖北省国有企业国有资本及权益变化情况

项　目	金　额(亿元)
年初国有资本及权益总额	6466.61
本年国有资本及权益增加	1789.48
国家、国有单位直接或追加投资	860.83
无偿划入	193.60
资产评估增加	38.14
清产核资增加	0.13
产权界定增加	5.02
资本(股本)溢价	148.62
接受捐赠	0.22
债权转股权	1.14
税收返还	1.44
补充流动资本	0.62
减值准备转回	0.08
会计调整	16.06
中央和地方政府确定的其他因素	78.61
经营积累	444.98
本年国有资本及权益减少	100.90
经国家专项批准核销	11.99
无偿划出	11.11
资产评估减少	
清产核资减少	0.18
产权界定减少	1.13
消化以前年度潜亏和挂账而减少	1.78
因自然灾害等不可抗拒因素减少	0.03
因主辅分离减少	0.04
企业按规定已上缴利润	31.33
资本(股本)折价	1.33
中央和地方政府确定的其他因素	4.20
经营减值	37.77
年末国有资本及权益总额	8155.19
年末其他国有资金	0.62
年末合计国有资产总量	8155.81

四、湖北省国资委监管企业股份制改革与上市融资情况

(一)全面深化公司制股份制改革

一是推进企业改制上市。大冶有色控股的湖北鑫鹰环保科技公司 2015 年 6 月 9 日在“新三板”挂牌上市。

二是推动企业增资扩股改制。中国有色矿业集团增资 20 亿元控股大冶有色。湖北蓝天盐化有限公司引进广东盐业集团、新都化工公司、云梦三晶公司增资扩股，实现湖北的生产优势、广东的市场优势、新都化工的管理优势有机结合、优势互补。

三是探索员工持股试点。在中南设计集团、湖北铁投集团下属武汉市江夏区铁投小额贷款有限责任公司、三环集团有限公司下属三环资本管理有限公司启动了员工持股试点。中南工程咨询设计集团公司在国内工程设计类企业经营业绩平均下滑的形势下，2015 年营业收入同比增长 6.53%、新签合同额同比

增长6.14%、利润总额同比增长34.28%,集团净资产与成立初期相比增长39.24%。

(二)上市融资情况

2015年12月17日,湖北能源(000883)非公开发行股票115869.9808万股,发行价5.23元/股,募集资金606000万元。

五、湖南省国资委监管企业并购重组与完善法人治理结构情况

(一)加快推进调整重组

一是推进湖北机场集团有限公司回归。经过与首都机场集团协商,以市场化方式收回湖北机场集团,推动武汉天河机场、恩施机场、襄阳机场、神农架机场、武当山机场等省域内干支线机场的统一运营,集团改制发展成为省级民航机场投资建设和运营管理平台。二是推进湖北能源集团股份有限公司与中国长江三峡集团公司的重组。湖北能源集团有限公司向中国长江三峡集团公司、陕西煤业集团公司定向发行股票,募集资金60亿元,并搭建陕煤集团在湖北的唯一煤炭销售平台,共同开发荆州煤制气项目。三是将湖北省股权托管中心有限公司牌子及受托股权登记托管业务整体并入武汉股权托管中心,进一步促进湖北区域性股权交易市场发展。

(二)完善法人治理结构情况

一是加强领导,成效显著。调整省国资委建设规范董事会工作领导小组,进一步加强对省出资企业建设规范董事会工作的领导。截至2015年底,湖北省国资委19户出资企业中,已建立董事会的有18户,覆盖率达到95%。其中,15户出资企业建立比较规范的董事会,4户国有独资企业外部董事过半。二是重点推进,分类指导。重点对尚未建立规范董事会的企业和拟进行混合所有制改革的6户企业进行调研跟踪,完成3户企业规范董事会建设工作。三是强化监管,依法履职。对出资企业董事会工作报告进行审议,通报存在的问题,反馈审议意见。召开部分独资公司董事会2014年工作报告专题会议,依法履行出资人职责;旁听出资企业董事会24次;充分利用董事会管理信息系统,及时掌握董事会运作情况,采取现代化管理手段监督企业规范董事会运作。四是优化结构,加强服务。商请省工商联推荐10名政治素质高、业务能力强的优秀民营企业家作为湖北省国有企业外部董事人选,进一步充实外部董事人才库;调整6家出资企业董事会人员组成,共10人。五是监事会融入治理结构,发挥制衡作用。从2015年5月开始,按"一监一企"和"一监二企"相结合的派驻方式对省国有企业监事会进行调整,外派监事会从14个调整为10个,监事从原有的28人调整为25人。对企业重大事项、重要情况、有关违法违纪违规线索以及监事会认为应当立即报告的其他情况,以监事会专报的形式及时向湖北省国资委报告。2015年,10个监事会监督14家省国有企业,实地检查企业集团总部及所属重要子企业92户,涉及资产2427亿元。

六、湖北省国资委监管企业建立和完善经营业绩考核体系情况

切实加强考核分配工作。积极适应"管资本"的监管体制和深化国企改革的要求,将分类考核、科学考核、价值考核的理念,融入考核目标确定与考核结果核定工作中,不断完善考核分配制度,推进企业负责人年薪分类管理。4月,审定20户省出资企业负责人2015年度经营业绩考核目标值。并与20户省出资企业负责人签订2015年度经营业绩考核目标责任书。7月,审定23户省出资企业负责人2014年度经营业绩考核结果,其中,A级12户,B级9户,C级2户;审定14户省出资企业负责人2011—2013年任期经营业绩考核结果,其中,A级7户,B级5户,C级2户。

七、湖北省国资委监管企业负责人考核与选人用人机制改革情况

一是坚持以深化企业人事制度改革为主线。出台《关于完善省国资委党委管理的企业领导人员管理体制相关问题的通知》。二是扎实推进"123"企业家培育计划。按照三年培养计划的要求,举办"123"企业家培育计划国有企业第二批赴美国、德国的培训。

分别组织学员赴美国、德国进行为期21天的学习培训；启动湖北省"123"企业家培育计划的选拔培养工作，遴选国有企业投融资人才候选人。

八、湖北省国资委监管企业党的建设和廉政建设情况

（一）党的建设情况

截至2015年底，党的日常工作由湖北省国资委党委管理（或协助管理）的企业82户，其中中央在鄂企业63户、省出资企业19户。归口管理企业有党员342827人，基层党组织16974个，其中党委1182个、党总支1339个、党支部14453个。

一是注重抓融入、建体制，把国有企业党组织的政治优势转化为推动企业科学发展的坚强领导力。贯彻落实中发〔2015〕22号和中办发〔2015〕44号、〔2013〕5号文件精神，调研并起草贯彻落实《在深化国有企业改革中坚持党的领导加强党的建设的若干意见》的实施办法（初稿），对全面加强国企党建作出系统谋划。坚持把现代企业制度的一般特征和新时期党的建设的新要求结合起来，按照《党章》和《公司法》的规定，实行"双向进入、交叉任职"，完善公司制企业领导体制，不断探索国有企业党组织发挥政治核心作用的有效途径。省出资企业中，党委会和董事会、监事会、经理层成员交叉任职的面已经达到98%，其中党委书记兼任董事长的达到75%，有31.4%的董事会成员和52.2%的经理层成员进入到企业党组织班子。

二是注重抓班子、带队伍，把国有企业党组织的队伍优势转化为推动企业科学发展的关键执行力。进一步完善省出资企业领导人员管理体制，结合省出资企业行业特点、经营规模、产权关系等因素，认真贯彻落实《关于进一步完善省出资企业领导人员管理体制 加强企业领导人员分类分层管理的意见》。大力推进企业家素质提升工程，协同实施"123"企业家培育计划，2015年培训省内企业和部分央企领导人员、中层干部300余人次。出台《关于合理确定并严格规范省出资企业负责人履职待遇、业务支出办法》，严格省出资企业领导人员职务消费等行为，严格管理监督企业党员领导干部。

三是注重抓基层、打基础，把国有企业党组织的组织优势转化为推动企业科学发展的重要战斗力。始终把党建工作重心放在抓基层、打基础上，坚持以"三抓二创"（抓融合、抓规范、抓创新，创四强党组织、创四优共产党员）为主线，不断改革创新基层党建工作，增强企业基层党组织的创造力、凝聚力、战斗力。全面开展国有企业示范基层党组织创建活动，命名第一批"示范基层党组织"57个。充分运用项目管理方式，年初下发工作指导书，年底制定考核清单，逐个企业考评、逐个组织下发整改通知。实施"企业党支部书记素质提升工程"，按照分层分级、集中轮训、注重实践的原则，连续四年举办全省国有企业基层党支部书记示范培训班，培训企业党支部书记1000多人次，指导带动企业培训各级党组织书记1.5万名。

四是注重抓学习、促和谐，把国有企业党组织的思想政治优势转化为推动企业科学发展的强大凝聚力。组织企业开展宣传思想工作，采取多种形式，大力开展形势政策教育、典型宣传和思想政治工作，释疑解惑，凝聚人心，统一思想，增进共识。大力加强企业精神文明建设，三环集团等22户省出资企业被表彰为省级文明单位。着力打造企业文化软实力，省能源集团的"责任文化"等特色鲜明的企业文化，增强对职工的号召力和影响力，树立国有企业的良好形象。不断加强和改进党的群众工作，按照建好队伍、全面覆盖、围绕中心、拓展活动、深化创新、着眼时效的目标，健全群团工作的组织体系，完善群团组织基本工作制度，扎实开展"岗位练兵比武""青年文明岗（号）""巾帼建功"和"爱企业、献良策、作贡献"等活动，积极推行企业职工董事、职工监事制度，职工权益得到有效落实。

（二）廉政建设情况

一是落实党委主体责任。国资委党委认真落实主体责任，始终将责任扛在肩上，抓在手上。2015年，完成对21家企业落实责任制情况的检查考核，召开责任制考核集中反馈会、问题整改交办大会，敦促企业对存在的问题进行整改。召开全省国有企业党的建设暨反腐倡廉建设工作会议，对全年工作任务进行部署和要求。召开推进主体责任落实会议，传达省委推进主体责任落实会议精神，部署推进工作。2015

年,对2015年责任制考核工作进行部署,对27家企业进行重点检查考核。

二是从严从紧抓党的纪律。始终将严格遵守和执行党的纪律作为首要任务来抓。注重党纪宣传、教育。对2014年经济责任审计中发现的问题,责成企业对10名责任人严肃问责,其中,给予党内警告处分2人、行政记过处分1人、诫勉谈话3人、通报批评1人、作出书面检查1人、解除劳动合同2人,退赔违规报销费用5.78万元。

三是持之以恒抓作风建设。强化专题培训。组织企业分管财务的领导人员、财务部门负责人近300人举办落实中央八项规定精神和省委六条意见专题学习培训班。组织中央在鄂企业人员以交叉检查的形式,组成9个小组对27家省属、省管企业就落实作风建设重点制度情况、纪检监察机构作风建设情况、领导班子办公用车和公车配备等进行督查;对省属企业中具有独立法人资格的25家子公司就公务接待、公车配备、业务支出、购买商务卡等情况的明察暗访,对发现的90多项问题敦促企业严肃处理。

四是积极主动抓廉政教育。党委积极开展"宣教月"活动,针对国有企业制定活动方案,推进工作深入开展。"宣教月"活动期间归口企业各级党政"一把手"上廉政党课1000余场,受教育人员30万余人,开展廉洁文化活动1300余场,参加人员20万余人次,企业印发各类简报100余期,办橱窗、板报、文化墙1000余期。

九、湖北省国资监管及国有企业改革发展具有地方特色情况

(一)坚持一企一策推进国企改革

湖北省国资委出资企业为数不多,经过近几年重组调整减少到19家。2015年,随着中央、国务院关于深化国有企业改革"1+N"系列文件先后出台,面对新形势、新任务、新要求,湖北省国资委在对省出资企业进行功能分类的基础上,结合省出资企业实际,对每户企业逐一进行研究,制定改革方案,报请省政府常务会议审议通过,出台《进一步深化省出资企业改革的指引》。

(二)加大投资力度促进国企发展

一是围绕重点产业升级项目加大投资。2015年,省出资企业省里重点投资项目28个,完成投资总额389.59亿元。其中湖北能源集团的荆州煤制天然气项目总投资288亿元,建设规模为2×20亿立方米。

二是围绕企业节能减排加大投资。各出资企业按照"减量化、再利用、资源化"的总体要求,向低耗、低污染项目和产品进行投资。其中大冶有色完成节能减排投资34.46亿元,投入21亿元完成30万吨铜加工清洁生产示范项目,16.8亿元建成世界一流的奥斯麦特熔炼系统。

三是围绕基础设施建设进行投资。各出资企业充分运用国有资本公共基础设施建设领域的资源和资本优势,精心布局,加大在关系国计民生、城市安全和公共利益的基础设施行业的投资力度。省交投集团投资2385亿元,承建省高速公路建设,总里程2563千米。湖北铁投集团总投资520亿元,承建武汉至十堰城际项目,全长388.8千米,按350千米时速设计。

(撰稿人:吴慧敏　陆毓媛　姚　磊　唐　兵　杨有福　郑　晔　廖胜华　龚玉麒　梅　萌　邓传杰　邱文凯　张　奕　骆明峰)

湖南省

一、湖南省国有资产监督管理工作综述

2015年,湖南省国资委系统牢牢把握职责定位,紧扣"稳中求进"工作总基调,努力应对困难和挑战,国资监管和国企改革发展各项工作取得积极进展。

(一)省国资委监管服务工作规范加强

按照省委、省政府的决策部署,省国资委举全委之力推进政企政资分开工作,到2015年底这项工作基本完成。涉及25个省直单位的137户企业,资产总额2250.8亿元、净资产631.58亿元、企业职工26215人。其中直接移交企业83户(移交省国资委管理的

81户，涉及资产1458亿元、净资产394亿元、企业职工15829人），依法退出企业41户，委托监管企业7户，纳入事业单位改革企业6户。对移交省国资委管理的企业，坚持“出资人引导、市场化运作”，制定分类监管和重组整合方案，确保“接得了、稳得住、发展好”。省国资委着力推进简政放权，出台出资人责任清单和监管事项履职清单。推进依法治企，指导企业进一步健全总法律顾问制度和法律风险防范机制。加强企业重大财务事项监督，推进全面预算管理，完善经济运行调度分析制度，2015年向省人大专题报告省属企业国有资产运营和管理情况。规范产权管理，办理146户企业产权登记事项，省属国有资产进场交易项目95宗、成交金额8.33亿元。加强外派监事会当期监督，对华菱、粮油、新天地、湘煤等7户企业进行专题督办，向新成立和新接收的国资公司、发展集团、高新创投、基础投资等4户企业派出监事会。省国资委坚持寓服务于监管之中，以“服务应对新常态、改革谋求新发展”和“下企业、送服务、稳增长”为主题，帮助、督促企业处理急难问题78个，向企业提出指导性建议和意见87条。继续在监管企业之间开展“购销合作、抱团发展”活动，帮助湘煤华磊光电与路桥集团达成战略合作，成功中标福建高速公路项目；促成华菱、湘投、建工、路桥等企业在原料采购和项目开发等方面深入合作。活动开展以来，监管企业之间新增业务合作320亿元。

（二）市州国资委出资人职能进一步强化落实

市州进一步加大国资监管力度。长沙市国资委对内设机构和职能职责进行合理优化，机关自身建设不断加强；常德市健全国有资本经营预算制度，预算收入总额比上年增长60%；郴州市监事会和专职监事外派工作提质扩面，8户市属企业实现外派监事会进驻；娄底市加强市属经营性国有资产统一监管，9户市属国有企业移交市国资委履行出资人职责。同时，市州积极推进国有企业深化改革。长沙市抓国资监管制度体系设计的做法得到国务院国资委相关厅局的肯定；衡阳市制定深化国企改革实施意见和薪酬制度改革实施方案；株洲市印发市政府投资公司改革重组方案并积极推进城发集团等8家投资公司改革重组。市州加快推进资产证券化工作。常德经投集团柳叶湖汇丰小贷公司在新三板挂牌；衡阳市国资委作为第一大股东的南岳电控、岳阳市国资委控股的湖南金叶众望科技股份公司上市工作正积极推进。

（三）国有资产营运总体平稳

2015年是近年来稳增长形势最严峻的一年。由于经济下行压力持续加大，全省国资委系统监管企业效益同比下降95%，但运行质量指标稳中向好。从省属监管企业运行情况来看：一是多数企业运行平稳。近六成的企业收入保持增长，2/3的企业实现盈利，湘投控股、轻盐集团、建工集团、新天地集团等7户企业盈利过亿元。二是利润下滑趋势得到有效遏制。收入降幅不断收窄，效益环比扭亏为盈，2015年12月监管企业实现盈利4.57亿元，自7月以来首次实现月度盈利。三是资产规模持续增长。截至2015年底，31户省属监管企业资产总额达到5630.79亿元，同比增长7.3%；净资产1607.02亿元，同比增长0.7%。省、市两级263户监管企业资产总额达到13913.3亿元，同比增长14.1%；净资产5190.81亿元，同比增长9.1%。

二、湖南省国有资产总量与结构分析

2015年，全省国有企业户数2171户，比上年减少89户；企业职工总数40.36万人，年末在岗职工34.70万人；资产总额20444.03亿元，同比增长17.09%；负债总额12242.52亿元，同比增长21.55%；所有者权益8201.51亿元，同比增长11.01%；国有资产总量7269.02亿元，同比增长10.66%。

表1　2015年湖南省所属国有企业指标

项　目	2014年	2015年	比上年增长（%）
资产总计（亿元）	17459.39	20444.03	17.09
负债合计（亿元）	10071.64	12242.52	21.55
所有者权益合计（亿元）	7387.75	8201.51	11.01

续表

项　目	2014 年	2015 年	比上年增长(%)
国有资本及权益总额(亿元)	6568.32	7241.41	10.25
营业总收入(亿元)	3110.25	3020.27	—2.89
利润总额(亿元)	176.15	98.41	—44.13
净利润(亿元)	150.45	75.35	—49.92
归属于母公司所有者的净利润(亿元)	142.39	80.65	—43.36
实际上缴税金总额(亿元)	175.10	165.61	—5.42
资产负债率(%)	55.64	59.88	增加 4.24 个百分点
净资产收益率(%)	2.16	0.97	减少 1.19 个百分点
总资产报酬率(%)	1.77	1.22	减少 0.55 个百分点
总资产周转率(次)	0.22	0.16	减少 0.06 个百分点
国有资本保值增值率(%)	100.70	99.97	减少 0.73 个百分点
现金净增加额(亿元)	248.21	418.57	68.64

表 2　2015 年湖南省国有企业户数情况

项　目	2014 年	2015 年	比上年增长(%)
户数(户)	2260	2171	—3.94

表 3　2015 年湖南省企业国有资产地区分布情况

地　区	国有资产总量(亿元)	占国有资产总量比重(%)
全省合计	7269.02	100.00
省属小计	1244.64	17.12
省级监管企业汇总	949.41	13.06
省级非监管企业汇总	295.23	4.06

续表

地　区	国有资产总量(亿元)	占国有资产总量比重(%)
市州区县企业汇总	6024.38	82.88
长沙市	2320.36	31.92
株洲市	1035.76	14.25
湘潭市	336.09	4.62
衡阳市	89.37	1.23
常德市	823.33	11.33
邵阳市	101.34	1.39
娄底市	5.24	0.07
永州市	336.64	4.63
湘西州	83.08	1.14
郴州市	212.54	2.92
张家界市	111.66	1.54
益阳市	3.49	0.05
岳阳市	319.49	4.40
怀化市	245.98	3.38

表 4　2015 年湖南省企业国有资产行业分布情况

行　业	国有资产(亿元)	占国有资产总量比重(%)
全省国有企业行业汇总	7269.02	100.00
农林牧渔业	47.02	0.65
其中:农业	24.68	0.34
林业	6.76	0.09
畜牧业	5.45	0.07
渔业	0.56	0.01
工业	323.76	4.45
煤炭工业	6.61	0.09
石油和石化工业	5.17	0.07
冶金工业	72.44	1.00

续表

行　　业	国有资产（亿元）	占国有资产总量比重(%)
建材工业	5.23	0.07
化学工业	0.05	0.00
森林工业	—0.04	0.00
食品工业	—16.77	—0.23
烟草工业	0.00	0.00
纺织工业	5.29	0.07
医药工业	4.79	0.07
机械工业	36.04	0.50
军工工业	—5.37	—0.07
电子工业	—0.66	—0.01
电力工业	125.89	1.73
市政公用工业	47.59	0.65
其他工业	31.96	0.44
建筑业	1533.49	21.10
地质勘查及水利业	202.75	2.79
交通运输业	442.43	6.09
其中：铁路运输业	1.01	0.01
道路运输业	327.27	4.50
水上运输业	55.70	0.77
航空运输业	48.96	0.67
仓储业	20.78	0.29
邮电通信业	0.00	0.00
批发和零售业	55.38	0.76
金融业	385.33	5.30
房地产业	2046.92	28.16
信息技术服务业	7.43	0.10
社会服务业	2013.08	27.69
卫生体育福利业	78.76	1.08
教育文化广播业	15.35	0.21
科学研究和技术服务业	40.36	0.56
机关社团及其他	56.18	0.77

表 5　2015 年湖南省国有资产经营规模分布情况

经营规模	国有资产（亿元）	占国有资产总量比重(%)
大型企业	952.83	13.11
中型企业	2135.57	29.38
小型企业	3885.87	53.46
微型企业	294.75	4.05
合　　计	7269.02	100.00

三、湖南省国有资本保值增值综合分析评价

2015 年，湖南省国有企业年初国有资本及权益总额为 6568.32 亿元，年末国有资本及权益总额 7241.41 亿元，增加 673.09 亿元，增长 10.25%，其中：客观因素增加 759.40 亿元，经营积累 138.93 亿元；客观因素减少 84.46 亿元，经营减值 140.78 亿元。扣除客观增减因素后的国有资本保值增值率为 99.97%。

1. 政府投入、资产评估及经营积累等因素增加权益 898.33 亿元。其中，客观因素增加 759.40 亿元，占本年增加权益的 84.53%，主要是：国家、国有单位直接或间接追加投资 261.05 亿元，无偿划入 279.28 亿元，资产评估增加 99.41 亿元，清产核资增加 2.09 亿元，产权界定增加 13.71 亿元，资本（股本）溢价 17.9 亿元，会计调整 62.28 亿元，中央和地方政府确定的其他因素增加 20.96 亿元；主观因素增加即经营积累增加 138.93 亿元，占本年国有资本及权益增加的 15.47%。

2. 消化潜亏挂账、资本（股票）折价及经营亏损等因素减少权益 225.24 亿元。其中，客观因素减少 84.46 亿元，占本年减少权益的 37.5%，主要是：无偿划出 38.09 亿元，资产评估减少 18.42 亿元，清产核资减少 0.95 亿元，产权界定减少 0.21 亿元，消化以前年度潜亏和挂账减少 1.16 亿元，企业按规定上缴利润 15.44 亿元，资本（股本）折价 6.24 亿元，中央和地方政府确定的其他因素减少 3.83 亿元；主观因素减少即经营减值 140.79 亿元，占本年国有资本及权益减

少的 62.50%。

3. 国有企业国有资本保值增值率 99.97%,比上年减少 0.73 个百分点。省属国有企业国有资本保值增值率 98.86%,比上年 102.26%减少 3.40 个百分点,其中,省国资委监管企业国有资本保值增值率 97.83%,比上年 102.01%减少 4.17 个百分点;省属非监管企业国有资本保值增值率 103%,比上年 102.69%增加 0.31 个百分点。市州企业国有资本保值增值率为 100.2%,比上年 101.15%减少 0.95 个百分点,全省 14 个市州中有 9 个市实现国有资本保值增值。

表 6　　2015 年湖南省国有企业地区和行业国有资本保值增值情况

地　区	国有资本保值增值率(%)	行　业	国有资本保值增值率(%)	行　业	国有资本保值增值率(%)
全省合计	99.97	农林牧渔	104.23	建筑业	99.28
省属小计	98.86	其中:农业	98.53	地质勘查及水利业	100.59
监管企业	97.83	林业	100.36	交通运输业	112.51
非监管企业	103.00	畜牧业	160.55	其中:铁路运输业	96.99
市州区县汇总	100.20	渔业	101.95	道路运输业	118.13
长沙市	99.75	工业	87.33	水上运输业	99.39
株洲市	102.61	煤炭工业	44.60	航空运输业	101.35
湘潭市	102.45	石油和石化	100.48	仓储业	101.56
衡阳市	100.43	冶金工业	69.46	邮电通信业	
常德市	101.06	建材工业	99.12	批发和零售业	105.39
邵阳市	101.74	化学工业	47.51	金融业	116.55
娄底市	106.60	森林工业	182.99	房地产业	102.11
永州市	101.34	食品工业	115.78	信息技术服务业	97.17
湘西州	99.36	烟草工业		社会服务业	97.58
郴州市	103.38	纺织工业	87.79	卫生体育福利业	99.44
张家界	99.18	医药工业	107.20	教育文化广播业	101.00
益阳市	91.43	机械工业	92.67	科学研究和技术服务业	100.99
岳阳市	88.60	军工工业	99.74	机关社团及其他	103.98
怀化市	100.61	电子工业	−7.28		
		电力工业	109.78		
		市政公用业	84.30		
		其他工业	99.90		

四、湖南省国资委监管企业股份制改革与上市融资情况

湖南省国资委积极推进监管企业开展股份制改革与资产证券化工作。指导金天铝业于2015年3月5日完成在新三板挂牌，指导华磊光电、黑金时代、湘煤立达3户企业加快新三板挂牌的材料申报工作。调整和充实2015年省重点上市企业后备资源库及新三板挂牌企业资源库，其中，列入2015年省重点上市后备资源库的企业有12户，列入2015年新三板挂牌资源库的企业有28户。全方位支持上市公司再融资工作。指导黄金集团完成与其控股上市公司湖南黄金的资产重组工作（注入资产的账面价值3.27亿元，评估价值14.95亿元，增值率356.74%），指导华天酒店、新五丰完成非公开发行工作（分别募集资金16.38亿元和5.23亿元），指导湘电股份有效推进非公开发行及资产注入事宜，支持指导市州国资委所属的郴电国际、千金药业、湘潭电化等3家上市公司开展非公开发行融资（募集资金18亿元）工作。

2015年，省属国有及国有控股企业完成货币、资本市场融资（不含新增银行贷款）212.89亿元，其中，资本市场融资金额139.24亿元。

五、湖南省国资委监管企业并购重组与完善法人治理结构情况

湖南省国资委着力推进重组整合工作。拟定省国资委国有资本布局结构调整与监管企业重组整合的方案，着力构建若干平台，打造一批重点企业集团、发展一批混合所有制企业、吸收整合一批企业，夯实若干国资监管辅助中心。通过企业重组整合，实现国有资本证券化、效能化，有进有退，把有限的国有资本更多投向对全省经济发展有支撑和带动作用的前瞻性、战略性及支柱产业。稳步推进整合交通水利领域相关资源，组建交通水利建设投资集团；整合农业相关资源，打造农业产业一体化的农业控股集团。推动组建国有资本运营平台。完成设立湖南国有资产经营管理公司，作为国有资产处置、历史遗留问题处理和重组整合的平台；国有资本运营公司的方案正在抓紧完善，定位于通过开展投资融资、产业培育、资本整合，推动债务重组、产业集聚和转型升级，优化国有资本布局结构。2015年，设立湖南国企改革发展基金，为国有企业深化改革提供资金支持。积极推动优势企业加快资源重组整合，支持中联重科对美国Terex公司100%股权收购项目，加快全球化战略转型，实现中联重科产品结构多元化，积极对接“一带一路”战略；华菱集团围绕实施“1+5”产业规划，加快对现有资源与业务进行整合与剥离；黄金集团完成重大资产重组，黄金洞矿业整体装入上市公司，增加其资源储量，增强上市公司盈利能力。

湖南省国资委着力推进完善法人治理结构。强化制度建设，制定加强企业国有产权代表管理意见、建立职业经理人制度指导意见、国有企业外部董事管理暂行办法、董事会年度工作报告管理暂行办法等。重点推进监管企业规范董事会建设，2015年全面铺开，选择华菱、兵器、轻盐、湘煤等4户企业先行启动；完善外部董事人才库，2015年面向社会公开征集补充72名外部董事人选，总人数168人。加强公司章程管理，通过公司章程进一步推动企业完善法人治理，规范公司运作，指导湘电集团、海利集团等企业修订完善公司章程。加强监管企业领导人员分类分层管理，下放8户原属省国资委党委管理的企业领导人员管理权限，取消22户企业领导人员任免前由省国资委党委备案审批事项。探索实行职业经理人制度，选择华菱、兵器2户企业的子企业开展试点。完善企业负责人薪酬考核制度，在省直部门率先制定监管企业负责人薪酬制度改革办法，2014年19户企业主要负责人平均薪酬下降8.1%，在岗职工平均工资增加6.7%，企业主要负责人薪酬水平与在岗职工平均工资的差距由8.3倍减少到6.3倍。

六、湖南省国资委监管企业建立和完善经营业绩考核体系情况

（一）健全完善分层分类考核制度

1. 对不同类别企业负责人实施分类管理。一是省委和省国资委管理的企业负责人和未授权企业董事考核分配职权的企业负责人，由湖南省国资委负责

考核。二是对建立规范董事会的企业，经企业申请、省国资委审核通过后授权董事会对高级经营管理人员的经营业绩进行考核，董事会依据和省国资委签订的经营业绩责任书，分解考核目标，严格考核，落实高级经营管理人员经营责任。三是对按照市场化方式选聘、实施契约化管理的职业经理人，由企业董事会负责对其进行业绩考核，签订业绩合同，严格考核奖惩。

2. 突出不同类别企业考核重点，健全完善分类考核。根据竞争类、功能类、公益类企业的不同功能作用和特点，设置不同考核内容，调整不同类别企业基本指标、分类指标分值权重。对竞争类企业，以增强国有经济活力、放大国有资本功能、实现国有资本保值增值为导向，重点考核企业经营业绩和国有资本保值增值，引导企业提高资产经营效率，提升价值创造水平。对功能类企业，在考核经营业绩和国有资本保值增值的同时，重点考核企业服务全省经济发展战略、保障国有资本安全和全省经济运行、发展战略性产业以及特殊任务完成情况。对公益类企业，重点考核成本控制、产品服务质量、营运效率和保障能力，同时考核经营业绩和国有资本保值增值。省国资委根据需要，引入第三方评价，将相关评价结果纳入业绩考核内容。

3. 进一步完善目标考核。一是完善考核利润指标确定口径，对企业考核年度内发生的改革改制费用、历史遗留问题处理支出等，经企业申请、省国资委审核，可部分或全部视同考核利润。对政府补贴收入及其他非经常性收益经省国资委审核认定后视情部分或全部剔除，鼓励企业重视主业经营、改进经营管理、提高经营效益。二是修改完善考核目标确定机制和计分办法。以基准值(上年实际完成值或前三年实际完成值的平均值)为基础，实行考核目标分档管理，根据目标的难易程度制定不同计分规则。考核目标值难易程度与考核计分、结果评级、工资总额预算等紧密衔接。

4. 进一步加强经济增加值考核。一是根据企业功能分类，合理分类确定经济增加值指标的权重。二是进一步细化资本成本率，股权资本成本率参照利率水平及功能分类确定，债权资本成本率根据企业实际债权结构确定。三是完善税前净营业利润调整项和资本调整项，鼓励企业科技创新、战略资源控制、品牌推广、处理历史遗留问题和可持续发展投入。

5. 强化考核结果运用。一是考核结果分为A、B、C、D四档。二是强化考核结果认定的硬约束机制，完善A、B、C级晋级标准，设定晋级限制条件。三是根据企业负责人薪酬制度改革要求，修改年度考核结果与绩效年薪挂钩方式，根据年度考核得分确定年度考核评价系数：A级企业为1.7～2之间，B级企业1.3～1.7之间，C级企业1～1.3之间，D级或年度综合评价结果为不胜任的，年度考核评价系数为零。四是建立与任期考核结果挂钩的任期激励机制，根据任期考核得分确定任期考核评价系数，A级企业为0.9～1之间；B级企业0.7～0.9之间，C级企业0.5～0.7之间，D级或任期综合评价为不胜任的，任期考核评价系数为零。

(二)认真做好业绩考核各项工作

1. 严格核定考核目标。2015年4月，湖南省国资委贯彻省委省政府决策部署，结合工作目标和企业年度财务预算，考虑行业发展趋势和企业实际，核定19户监管企业2015年度经营业绩考核目标，要求企业考核利润、营业收入等基本指标增幅原则上要求达到或接近省国资委工作目标，账面利润不低于企业2015年财务预算值，分类指标目标值原则上较2014年改善提高。19户监管企业2015年营业收入考核目标为1917.94亿元，比上年增长7.6%；考核利润目标为22.91亿元，比上年增长12.7%，经济增加值考核目标为－26.16亿元，比上年增加6.24亿元。

2. 加强动态监督管理。一是抓调度。每月召开经济运行分析会议，调度企业生产经营情况；每个季度编印《业绩动态》，将企业主要考核指标完成进度情况排序，及时通报反馈企业主要负责人，上报省委省政府主要领导和分管领导，通过“月分析，季调度”，督促企业关注经营业绩考核指标进度，增强经营业绩责任。二是勤督查。采取全面督查和重点督查相结合的方式，定期对企业负责人经营业绩目标执行进度情况进行督查，对经营业绩考核指标完成进度明显滞后的企业进行重点调研，指导企业分析经营形势、查找问题和差距，采取有效措施，确保考核指标任务全面完成。

3. 客观核定考核结果。2015 年 8 月，湖南省国资委结合企业 2014 年财务决算审计报告和经营业绩专项审计报告，审核确定企业负责人 2014 年度经营业绩考核结果，同时，根据考核结果计算确定企业负责人 2014 年度薪酬水平。19 户监管企业实现营业收入 1832.6 亿元，完成考核目标的 103.5%，较上年增长 4.7%；实现考核利润 15.65 亿元，完成考核目标的 43.8%，比上年下降 53.5%；经济增加值 −29.6 亿元，低于考核目标 9.9 亿元，比上年减少 14.8 亿元。净资产收益率 3.2%，接近于地方国有企业平均水平。19 户监管企业负责人 2014 年度经营业绩考核结果为：A 级企业 6 户，占 31.6%；B 级企业 7 户，占 36.8%；C 级企业 6 户，占 31.6%；D 级、E 级企业均为零户。19 户企业法定代表人 2014 年平均薪酬较上年下降 8.1%。

七、湖南省国资委监管企业负责人考核与选人用人机制改革情况

（一）落实企业选人用人权

根据中央改革的精神和要求，湖南省委研究制定《关于进一步改革和完善省属国有企业领导人员管理体制的意见》（湘办发〔2014〕37 号）。按照省委文件精神，省国资委将监管企业中的副职领导人员下放给企业董事会和党委会管理（纪委书记除外），将 9 户竞争类企业的总经理下放给企业董事会和党委会管理。严格按资产隶属关系，将 6 户原由省国资委党委管理的上市公司和股份公司正职领导人员下放给企业集团董事会和党委会管理，取消 20 户重要子公司领导人员任免前报省国资委备案事项，全部交由企业集团管理。省国资委监管企业有领导班子成员 227 名，其中，省委管理的 32 名，省国资委管理 47 名（含纪委书记 27 名），其余 148 名领导人员均交由企业董事会和党委会管理。

（二）探索建立职业经理人制度

根据省委、省政府的部署和安排，自 2014 年开始，省国资委牵头调研并起草《湖南省省属国有企业实行职业经理人制度指导意见（试行）》，就建立职业经理人制度的指导思想、总体目标、基本原则、适用范围和职业经理人的选聘、考核评价、激励约束、退出、组织保障等提出意见和要求。2015 年 11 月，省国资委党委会讨论通过《湖南省省属国有企业实行职业经理人制度指导意见（试行）》（送审稿），并上报省委党的制度建设改革专项小组和省政府办公厅审议下发。结合建立职业经理人制度研究探索工作，省国资委在法人治理结构比较规范的竞争类企业，率先试行职业经理人制度，实行经理层人员任期制、契约化管理。2015 年，省国资委指导华菱钢铁集团公司、省兵器集团公司在重要子公司启动职业经理人制度试点工作。

（三）转变管理职能强化有效监督

1. 严格企业领导人员选任标准、原则和程序。按照中央关于上级党组织“确定标准、规范程序、参与考察、推荐人选”的要求，既充分下放干部权限，又切实加强把关和监督，有效落实党管干部原则。将企业领导班子副职的提名、考察权下放给企业的同时，指导、督促企业认真贯彻落实党的干部路线方针政策，坚持好干部标准，全面衡量干部的德才素质；坚持党管干部原则，充分发挥党委对选人用人的领导和把关作用；坚持民主、公开、竞争、择优，突出公平公正；坚持出资人认可、职工群众认可、市场认可，突出业绩导向；坚持权利与责任义务统一、激励与监督约束并重，突出激励约束；坚持依法依规，突出依法治企。

2. 坚持“凡提必核”“凡提必审”“凡提必听”。2015 年，省国资委在下放企业领导人员管理权限的同时，坚持放、管结合，加强监督。一是严格执行领导干部个人有关事项报告制度。认真开展企业领导人员个人有关事项抽查核实，实行省管企业中层和分子公司领导班子成员以上考察对象“凡提必核”。省国资委组织对 51 名拟提拔任职的企业领导人员考察对象进行个人报告有关事项重点核查。二是严格执行企业领导人员人事档案专项审核制度。对 18 名企业领导班子成员提拔考察对象的档案信息进行审核。三是坚持纪检监察机构和省政府派驻监事会对选任工作的监督制度。凡拟提拔任用为企业领导的人员，均向省国资委纪委、派驻监事会书面出具征求意见函，对提出异议的，一律暂缓提拔。

3. 从严控制领导班子职数。湘办发〔2014〕37 号文件严格规定省属监管企业领导班子职数，明确提出“功能类企业领导班子职数一般为 5～7 人；竞争类企业领导班子职数一般为 7～9 人”的统一规范的要求，将省属企业领导班子职数由以前的 11 人的上限下调为 9 人。省委组织部、省国资委党委严格执行职数管理的规定，对原来经上级组织同意领导班子职数为 11 人的华菱钢铁集团公司、省建工集团公司、华天集团公司等企业，通过领导班子调整配备和领导人员交流任职，将职数控制在 9 人以内。

八、湖南省国资委监管企业党的建设和廉政建设情况

按照党要管党、从严治党的要求，湖南省国资委党委不断夯实企业党建基础。2015 年，研究出台《省国资委党委关于加强和改进省属监管企业党委工作的意见》，对党委履行基本职责、科学民主决策、落实党管干部原则、加强基层党组织建设等作出明确规定；出台《省属监管企业党的建设工作考核评价暂行办法》，加大对国企党建履职问责考核的力度，采取量化计分的方式，综合评定等次，使企业党建工作的“软指标”变成“硬任务”；出台《关于在深化省属国有企业改革中加强和改进党的工作的几点意见》，强调在改革中坚持党的建设同步谋划、党的组织及工作机构同步设置、党组织负责人及党务工作人员同步配备、党的工作同步开展。切实抓好党风廉政建设工作，代拟《湖南省省属国有企业落实党风廉政建设党委主体责任、纪委监督责任意见》，以省委办公厅的名义正式下发；出台《省国资委落实党风廉政建设党委主体责任、纪委监督责任的实施意见》，规范委党委、纪委履责行为。组织对系统企业落实党风政建设责任制进行年度检查考核，并抓好问题整改。加大案件审查力度，2015 年省国资委纪委立案查处 5 起，对 3 名涉嫌违纪者实施“两规”措施，给予 6 人党纪政纪处分。深入开展“三严三实”专题教育，精心部署三个专题学习研讨，组织对监管企业“三严三实”专题教育开展情况进行督导，省国资委“三严三实”专题教育在省委第四督查组督查的 8 个省直单位中名列前茅。

九、湖南省国资监管及国有企业改革发展具有地方特色情况

(一)大力推进国有企业“三供一业”分离移交取得重大突破

湖南省把推进国有企业“三供一业”分离移交工作作为深化国企改革和解决历史遗留问题的重点内容。驻湘央企有“三供一业”分离移交任务的 131 家已有 82 家全面实施移交，涉及供水供电各 15 万户，供气 3 万户，社区 281 个；湖南省省属企业“三供一业”分离移交全部启动，涉及供水供电各 22 万户，社区 394 个，退休人员 10 万人。

1. 领导重视，试点先行。省委书记多次主持深化改革会议研究，将国有企业“三供一业”分离移交工作列为省委深化改革九大改革重点项目之一。省长提出剥离省属企业办社会职能试点要求，并多次到华菱集团现场调研，研究解决重大问题。两任分管省领导先后亲自协调、解决困难。省国资委靠前统筹衔接，加强协调服务，及时排忧解难，分类落实驻湘央企和省属企业“三供一业”分离移交试点工作。长沙、株洲市分别出台实施意见和工作方案，各区县(市)政府按要求向市政府递交责任状，明确任务，落实责任。湘潭市委、市政府召开协调会 40 次，下发专门性会议纪要 30 多个，解决华菱湘钢分离移交中筹资、用地等问题 60 余个，确保分离移交工作顺利实施。

2. 制定政策，规范推进。湖南省国资委协同省财政厅、省电力公司及市州国资委等部门构建“1＋3”政策体系，即一个主政策为《湖南省人民政府办公厅关于推进省属国有企业办社会职能分离工作的实施意见》。三项配套政策，一是协调省财政厅、省电力公司签订省属国企供电分离移交工作三方协议，对电分户移交费用标准及相关工作作出明确规定；二是印发《省属国企供水、供电分离移交工作基本操作流程》，增强工作的可操作性；三是协调省财政厅研究出台《湖南省省属国有企业供水供电分离补助资金管理办法》，确保资金拨付与项目的同步配套。

3. 建立机制，抓好落实。一是完善保障机制。湖南省成立国有企业办社会职能分离工作领导小组，具体工作由省国资委负责，省直有关部门及单位共同参与，各级各有关部门支持配合。二是明确考核机制。省政府将市州推进国企“三供一业”分离移交工作纳入对市州政府绩效考核范畴。三是健全督导机制。省国资委领导班子全体参与、分工负责，成立10个专项督导组，每个督导组由一名领导具体牵头负责，率领有关监事会主席和相关处室，专项协调指导服务1～2个市州的国企“三供一业”分离移交工作，做到项目全覆盖，人人有分工，人人有责任，确保工作落地出实效。

(二)加快推进经营性国有资产集中统一监管取得重大突破

截至2015年底，省级行政机关基本实现政企政资分开，省直党政机关和具有行政职能的事业单位与所属企业全面脱钩移交。涉及138户企业，其中直接移交企业90户，依法退出企业41户，委托监管企业3户，纳入事业单位改革企业4户。138户企业涉及资产总额5467亿元、净资产3738亿元、企业职工43000人。

1. 省委、省政府决策部署，科学统筹。省委书记2次主持省委常委会研究政资政企分开工作，并提出“党政机关或参公管理事业单位的下属企业，原则上统一纳入省国资委规范管理”。省长先后3次主持政资政企分开工作专题会议研究部署工作，根据省委、省政府决策部署，省国资委反复研究并提请省政府印发《推进政企分开政资分开实施方案》，提出“直接移交、暂缓移交、依法退出、委托监管”四种类型，为推进企业脱钩移交规划路线图、明确时间表、下达任务书。

2. 强化各部门主体责任，增强合力。“两分开”涉及部门广、触及利益多，为进一步落实责任，省政府专门建立湖南省政企分开政资分开工作联席会议制度，省政府有关领导为总召集人，省编办、省财政厅、省人社厅、省审计厅、省国资委、省政府督查室等相关部门为成员单位。联席会议明确企业脱钩移交的责任主体为各省直部门，省政府明确各位副省长对分管部门所属企业脱钩移交工作进行督导，形成省长亲自挂帅，副省长分工负责，省直部门具体实施，任务层层落实、压力层层传递的责任机制，实现由省国资委“独唱”向省直各部门“合唱”的重大转变。

3. 举全委之力精心组织，细致协调。省国资委成立以主要领导为组长、其他领导和监事会主席为成员的移交企业接收工作领导小组，下设由国资委领导担任组长的10个联络小组，每个联络小组负责2～5家省直单位的具体对接工作，先后组织召开各省直厅局协调会议40余次，登门走访企业80多家，掌握企业的资产、负债、人员等第一手资料。同时，领导小组每周对移交工作进展情况进行一次全面调度和统筹安排，组织召开17次专题调度会议，研究和解决移交接收工作中的困难和问题，保证“两分开”工作的顺利推进。

(撰稿人：高先祥)

广东省

一、广东省国有资产监督管理工作综述

2015年，在广东省省委、省政府的正确领导下，广东省国资系统认真贯彻落实党的十八大及十八届三中、四中、五中全会精神，学习贯彻习近平总书记系列重要讲话精神，贯彻落实中共中央、国务院《关于深化国有企业改革的指导意见》及配套文件，贯彻落实广东省省委、省政府关于深化国资国企改革的战略部署，沉着面对经济下行压力和艰巨的改革发展任务，积极适应“三期叠加”的经济新常态，团结拼搏、开拓创新，圆满完成全年任务。

(一)国资国企改革进一步深化

一是改革试点工作取得积极进展。广东省国资系统以推动改革试点为契机，带动面上改革工作的整体推进。广州、肇庆、河源等市围绕管资本为主加强国资监管，积极探索组建国有资本投资公司和国有资本运营公司，不断完善国资监管体制。广东省国资委

继续深入推进自2014年开展的50家试点企业体制机制改革创新、监管清单管理、省属企业职业经理人队伍建设等改革试点工作，并于2015年大刀阔斧开展改组组建国有资本投资和运营公司等改革试点工作，各项工作进展顺利。

二是现代企业制度建设不断加快。全省国资系统以董事会建设为重点，不断完善企业法人治理结构。广东省国资委对明确主业的企业，授予企业董事会主业投资决策权，广州对验收合格的监管企业董事会授予主业内的投资决策权、除总经理外的人事选聘权和除董事长外的薪酬分配权，推动企业自主决策、自主经营、自主发展。深圳在监管企业全部建立规范董事会的基础上，突出分类考核，鼓励企业内部实行差异化薪酬，有效促进长效激励机制建设。珠海指导监管企业董事会建立健全专业委员会，建立投资项目后评价及问责机制，提升投资效能。开展规范董事会建设试点的广东省省属企业，董事会决策科学化水平得到提升。

三是混合所有制改革有序推进。全省国资系统按照有序有效的原则稳步推进混合所有制改革，切实做到信息公开化、评估规范化、竞价制度化和交易平台化，确保职工利益不受损，国有资产不流失。广东省国有混合所有制企业户数和注册资本金投入稳步增长，分别增加284户和958亿元，增幅为8%和19.53%。其中广东省省属企业混合所有制新增户数和注册资本金分别增加128户和115.65亿元，增幅为11.3%和5.9%。广州、中山、清远、湛江、汕尾等市引入战略投资者发展混合所有制经济，广东省机场集团与一些著名社会资本共同以现金出资成立股份制企业，发展空港经济产业，以3.6亿元放大30亿元资金。广东省国资委从省属二三级2000多家企业中筛选出50家开展体制机制改革创新试点；成立国企改革重组基金，以市场化手段助力改革试点。开展政府和社会资本合作试点，保障重大项目建设。广东省建工集团积极承担全省棚户区改造平台建设，并以平台为抓手，与社会资本成立基金，以综合运营商模式支持地方新型城镇化建设。航运集团、建工集团和水电集团组成联合体通过PPP模式参与北江航道扩能升级项目。恒健控股公司投入130亿元成立各类基金，撬动社会资本，支持广东省铁路建设基金募集运作和粤东西北的基础设施建设。

(二)国有资产监管进一步加强

一是完善国资监管机制，推进简政放权。全省国资系统积极探索以管资本为主加强国资监管的有效途径，中山、惠州、揭阳、佛山、珠海等市出台监管清单制度，明晰地方国资委与监管企业的权责边界。广东省国资委全力落实省政府2014年底向社会公布的广东省国资委监管、报备、奖惩三类清单，积极探索以管资本为主加强国资监管的有效途径。出台《广东省省属企业国有产权首席代表报告制度》，以事后监督和年度评价的方式单独加强对企业董事长履职行为的规范与制衡。广东省省属企业董事长于2015年全部提交2014年度履职报告，接受董事会及出资人的评议。

二是有效遏制企业投资和经营风险。针对一段时间以来广东省省属企业投资决策和商贸业务风险频发造成资产损失的现象，广东省国资委在2015年继续投入力量开展集中整顿和清理。通过出台指导意见、分类管理、考核引导、风险排查、强化问责等举措，重点加强商贸业务风险管控，仅物资集团一个集团就退出高风险、低效益贸易业务300多亿元。同时加大对投资决策程序规范监管及项目决策主观责任失误追责的力度，企业投资和经营风险得到有效遏制。

三是稳步推进经营性国有资产集中统一监管。广东省国资系统结合实际，努力建立经营性国有资产统筹协调的运行机制。中山、阳江等市对经营性的事业单位加快市场化改革步伐，广州、江门、肇庆、茂名、云浮、汕尾等市在推进经营性国有资产集中统一监管方面取得较好成效。广州市国资系统在经营性国有资产监管全覆盖方面进展明显，监管企业资产总额超过2万亿元。广东省国资委加强指导监督工作，初步形成全省国资一盘棋的格局。

(三)国有企业服务大局功能进一步增强

一是在落实广东省省委省政府战略部署中发挥主力军作用。全省国有企业主动融入全省经济社会发展大局，在落实广东省省委省政府创新驱动、加快重大基础设施建设、振兴粤东西北地区、打造珠江西岸先进制造业产业带等战略中发挥示范作用。2015年，全省国资监管企业固定资产投资继续高速增长。全年实现1936.41亿元的固定资产投资，同比增长10.18%，其中七成以上投入到高速公路、地铁等基础建设和民生工程之中。在全省“十二五”规划后三年中，广东省省属企业承担重点项目投资占全省总投资的28%，其中，投入粤东西北地区交通运输项目4560亿元，占全省总投资的68%。

广州市国资委指导下属企业制定政府性债务化解方案，全年偿还存量政府性债务441.2亿元。深圳市属国企全年承担57个市政重大项目，总投资3629亿元，占全市重大项目投资总额的37%，喀什深圳城建设得到中央高度肯定。珠海市属国企承担重大投资43项，投资额1104亿元。广东省机场集团、铁投集团等准公共性企业探索建立“项目+资源”等综合回报模式，既确保指令性任务的完成，又增强企业自身发展的后劲。

二是在惠民生、保稳定中发挥支撑作用。广东省国有企业上网电量占全省发电量的40%；承担全部的城际轨道和地铁线路的建设运营；掌握全省全部(7个)民用机场和大多数重要港口、码头；承担80%以上高速公路的建设、运营，截至2015年底，全省高速公路通车总里程达到6880千米，位居全国第一；承担大部分城市供水、供气、公共交通，粤东、粤西、粤北地区100%的污水处理项目，全省100%的食盐供应，广州市场70%以上的冻肉销售，华南地区的棉花储备。同时，广东省国有驻港澳企业承担港澳地区100%的供水和80%以上的鲜活农产品供应，为港澳地区经济社会的繁荣稳定作出积极贡献。

三是国有经济的控制力和影响力不断增强。全省国资系统根据广东省委省政府培育扶持大型骨干企业的决策部署，多措并举鼓励和支持国有企业做大做强，涌现一批竞争力强的大型骨干企业。2015年，营业收入超过50亿元以上的国有大型骨干企业有112家。广东省有17家国有企业进入中国企业500强，其中广汽集团进入世界500强，充分发挥国有企业在稳增长、促改革中的重要作用。

二、广东省国有资产总量与结构分析

2015年，广东省国有企业(不含央企、其他省份驻粤企业，下同)的资产总额66487.54亿元，同比增长18.1%；实现营业收入14192.79亿元，同比下降2%；实现利润总额1582.89亿元，同比增长17.5%；实现净利润(归属于母公司)706.18亿元，同比增长15.2%。

表1　2015年广东省所属国有企业指标

项　目	金　额(亿元)
资产总计	66487.54
所有者权益合计	23591.00
营业总收入	14192.79
利润总额	1582.89
净利润	1168.06
归属于母公司所有者的净利润	706.18
应交税费总额	1275.54
实际上缴税费总额	1265.19

表2　2015年广东省国有企业户数情况

项　目	2014年	2015年	比上年增长(%)
户数(户)	9126	9771	7.1

2015年，广东省国有企业9771户，其中省直企业3253户，各市企业6518户。在省直企业中，广东省国资委监管企业2680户(其中一级企业集团20户)，其他省直部门监管的企业573户。

2015年，广东省国有资产总量18913.06亿元，其中省直企业4179.4亿元，各市企业14733.66亿元。在省直企业中，广东省国资委监管企业年末国有资产总量3348.67亿元，其他省直部门监管企业830.73亿元。

表 3　　2015 年广东省国有资产地区分布情况

地　区	国有资产（亿元）	占国有资产总量比重（%）
全省合计	18913.06	100.00
省直国有企业	4179.40	22.10
其中：省国资委监管企业	3348.67	17.71
其他省直部门监管企业	830.73	4.39
各市国有企业	14733.66	77.90
广州市	4956.28	26.21
深圳市	5201.63	27.50
珠海市	1225.95	6.48
汕头市	119.79	0.63
佛山市	602.87	3.19
韶关市	45.60	0.24
河源市	59.70	0.32
梅州市	13.60	0.07
惠州市	251.38	1.33
汕尾市	27.58	0.15
东莞市	724.64	3.83
中山市	296.99	1.57
江门市	341.92	1.81
阳江市	79.01	0.42
湛江市	211.87	1.12
茂名市	107.47	0.57
肇庆市	153.51	0.81
清远市	79.10	0.42
潮州市	42.80	0.23
揭阳市	64.15	0.34
云浮市	127.82	0.68

2015 年，广东省国有企业资产主要集中在珠江三角洲地区，珠江三角洲地区国有企业的资产总额 50146.68 亿元，占全省地市的 95.4%。广东省省属监管企业、广州和深圳这三家国有企业资产总额达到 49309.47 亿元，占全省的 74.16%，是全省国有企业的主体。特别是广州和深圳的国有企业，资产总额占全省国有企业的份额从 2006 年的 47.96% 上升到 2015 年的 56.16%，两个中心城市作为广东省区域经济发展的龙头，呈现出不断加快发展的态势。

国有企业户数有所增加，国有资产总量维持高速增长的态势。2015 年，广东省国有企业 9771 户，比上年的 9126 户增加 645 户。国有资产总量也不断增加，2015 年为 18913.06 亿元，比上年的 15580.84 亿元增加 3332.22 亿元，增长 21.4%。

表 4　　2015 年广东省国有资产行业分布情况

行　业	国有资产（亿元）	占国有资产总量比重(%)
合　计	18913.06	100.00
农林牧渔业	78.55	0.42
工业	2731.98	14.44
建筑业	1311.80	6.94
地质勘查及水利业	109.02	0.58
交通运输业	5978.23	31.61
仓储业	117.08	0.62
邮电通信业	13.66	0.07
批发和零售业	432.19	2.29
金融业	1433.30	7.58
房地产业	2046.76	10.82
信息技术服务业	69.18	0.37
社会服务业	4585.58	24.25
卫生体育福利业	13.58	0.07
教育文化广播业	132.54	0.70
科学研究和技术服务业	87.06	0.46
机关社团及其他	−232.65	−1.23

2015 年，在国民经济 16 个大行业中，全省国有企业的资产主要分布在交通运输业、社会服务业、工业、房地产业和金融业这 5 个行业。这 5 个行业的国有资产总量 16775.85 亿元，占全省国有企业的 88.7%。

表 5　2015 年广东省国有资产经营规模分布情况

经营规模	国有资产（亿元）	占国有资产总量比重（%）
大型企业	1379.72	7.30
中型企业	5751.71	30.41
小型企业	8882.50	46.96
微型企业	2893.94	15.30
合　计	18913.06	100.00

三、广东省国有资本保值增值综合分析评价

2015 年，广东省国有企业国有资本保值增值率为 105.46%，比 2014 年的 104.92%略高。其中，广东省国资委监管企业国有资本保值增值率为 102.33%；其他省直部门监管企业国有资本保值增值率为 105.60%；各地市国有企业国有资本保值增值率为 106.38%。

从分行业情况看，16 个国民经济行业中，14 个行业实现国有资本保值增值。从分地市情况看，21 个地市中，有 18 个地市实现国有资本保值增值。

表 6　2015 年广东省国有企业地区和行业国有资本保值增值情况

地　区	国有资本保值增值率（%）	行　业	国有资本保值增值率（%）
全省合计	105.46	全省合计	105.46
省直国有企业	102.83	农林牧渔业	98.21
其中：省国资委监管企业	102.33	工业	111.01
其他省直部门监管企业	105.60	建筑业	105.94
各市国有企业	106.38	地质勘查及水利业	110.68
广州市	105.46	交通运输业	101.95
深圳市	108.15	仓储业	106.86
珠海市	105.86	邮电通信业	102.63
汕头市	101.43	批发和零售业	112.71
佛山市	108.9	金融业	145.59
韶关市	104.14	房地产业	104.66
河源市	106.83	信息技术服务业	111.06
梅州市	95.91	社会服务业	101.87
惠州市	100.24	卫生体育福利业	96.98
汕尾市	100.11	教育文化广播业	102.06
东莞市	107.99	科学研究和技术服务业	113.06
中山市	104.88	机关社团及其他	100.71
江门市	102.84		
阳江市	100.73		
湛江市	99.84		
茂名市	101.92		
肇庆市	106.98		
清远市	101.16		
潮州市	101.37		
揭阳市	245.84		
云浮市	94.83		

四、广东省国资委监管企业股份制改革与上市融资情况

广东省国资委以加强资本运营工作为抓手，致力于提升广东省省属企业资产证券化率，力图在未来实现通过资本的灵活腾挪达成布局的有序进退。

1. 牢固树立资本运营价值最大化理念。“管资产”向“管资本”转变是党的十八届三中全会提出的国资监管改革主要内容之一，而“管资本”的最终目标是指向持有资本的价值最大化。广东省国资系统通过学习调研讨论，深刻地认识到：一是资本价值的最大化应体现在出资人拥有一批具有长期稳定回报、风险极低、管理成本极少的股权或资产。二是实现价值最大化首先必须强调从出资人角度考虑的资本布局和资本优化；其次是按价值最大化为目标定位，对各类资产和股权进行整合；再次是必须采取市场化的方式实现对各类资产和股权的整合。三是实现价值最大化的路径主要有两条，一条是鼓励省属企业整体上市；另一条是充分发挥资本运营平台作用，通过价值发现、价值实现、价值管理三个阶段，完成对省属企业从“管资产”到“管资本”的转变。

2. 出台相关政策文件。为使省属企业资本运营工作能实现拟定目标，广东省国资委加强对省属企业资本运营工作的调研，召开省属企业资本运营工作会议。2015 年 11 月，出台《关于加强省属企业资本运营工作的意见》，以问题为导向，以市场化为根本，在实现管资本为主模式、提高资产证券化率、布局境内外多层次资本市场、加快整体上市、打造千亿上市公司五个方面提出广东省省属企业资本运营的三到五年目标，突出资本运营工作的规划性、目标导向、实现路径、政策支持，使该项工作有章可循、有据可依。

3. 积极策划并推动资本运营项目。在确立资本运营价值最大化理念并出台相关政策文件的基础下，广东省国资委积极策划和推动省属企业资本运营项目开展。一是积极推动符合条件的省属企业整体上市工作。二是策划研究省属企业产业板块重组方案。三是积极推动企业股份制改造。积极推动广东物资集团公司属下 6 家全民所有制企业进行公司制改制，推动广东物资集团公司由全民所有制企业改制为现代股份制有限公司。积极推动广业资产经营有限公司属下广咨国际工程投资顾问有限公司、粤海控股集团属下广东华金合金材料实业有限公司、物资集团属下广东唯普汽车科技有限公司等省属二、三级企业整体改制变更为股份制有限公司，并通过挂牌全国中小企业股份转让系统的方式提高资产证券化率，体现资产价值，形成企业有效法人治理架构。四是充分把握多层次资本市场发展机遇。广东省省属企业境内外上市公司在 2015 年全部开展重组、定增、并购或发债等运作。全省国资系统纷纷抓住资本市场复苏的机遇，加大资本运作力度，助力优化布局。广州、深圳加快资本证券化进程，广州友谊通过非公开发行股票募集资金 100 亿元，收购广州越秀金控 100%股权，深圳国信证券实现首发上市，市值高峰时超过 1800 亿元。

截至 2015 年底，广东省省属企业控股上市公司 26 家，其中境内 16 家、中国香港特区 7 家、澳大利亚 3 家，所持股权总市值逾 3000 亿元。截至 2015 年底，广东省省属企业挂牌全国中小企业股份转让系统 2 家。

4. 主动利用资本市场融资，改善财务结构。2015 年，广东省省属企业 16 家境内上市公司中，有 15 家利用资本市场进行重组或募集资金、引入战略投资者等运作，项目涉及金额超过 300 亿元。广东省省属企业通过债市和上市公司市值管理等渠道，直接融资超过 1000 亿元；充分发挥国有资本的引领作用，成立各类基金 10 只。恒健控股公司成功注册 200 亿元企业债券、30 亿元超短期融资券和 50 亿元公司债，积极推进 200 亿元粤澳合作发展基金的成立。铁投集团顺利组建规模 400 亿元的广东铁路发展基金，撬动社会资本 3 倍，为广东省城际轨道建设进一步提供资金保障。广晟财务公司正式开业运营，先后注册发行 70 亿元永续债、50 亿元创投债和 5 亿美元境外债。粤海控股财务公司获省银监局批复开业。

得益于有力有效的资本运作，广东省省属企业直接融资比例大幅增加，降低整体负债率。2015 年，广东省省属企业资产增幅 20%，与此同时资产负债率反而下降 2%，资产和财务结构得到明显优化。

五、广东省国资委监管企业并购重组与完善法人治理结构情况

（一）并购重组情况

1. 有效整合企业内外部资源。2015 年，广东省省属企业加快实施内外部并购重组，整合优化资源配置，价值得到有效提升。建工集团为增强对优质资产的控制力，投资 2930 万元收购阳江市大河水力发电有限公司 25.22% 股权，集团持股比例提升到 77.78%。同时，加大改制力度，优化资本形态，清晰资产边界。所属绝大多数全民所有制企业完成公司制改制，一部分已经清算注销；建工集团华隧公司经过两年上市辅导期，企业价值实现大幅提升；建科院改制为股份公司。广业环保水务完成资产内部整合，初步搭建水务资产整合上市平台。

2. 有效发挥已有上市公司平台作用。粤电集团、交通集团等准公共性省属企业通过上市公司平台，募集资金有效有序推进重大项目建设。粤电力定向增发股份募集 50 亿元，主要用于大埔电厂、信宜贵子风电场等项目的建设；粤高速通过定向增发募集资金、购买路产，同时引入复星集团、保利集团、广发证券等具备产业资源的知名战略投资者。广晟公司、广业公司等竞争性省属企业充分利用上市公司平台进行产业整合，做强主业，加快创新驱动和转型升级。广晟公司控股的广晟有色、风华高科、中金岭南 3 家 A 股上市公司这两年募集资金超过 30 亿元。风华高科围绕做强主业、拓展产业链条，积极推进产业并购和资产整合工作，珠海奈电软性科技电子公司 100%股权的成功收购，将产业链延伸至可穿戴设备、物联网、移动终端领域，每年为风华高科带来不低于 4500 万元的净利润。广业公司利用上市公司平台进行产业重组，将云硫集团的硫铁矿资产注入贵糖股份。提高广业公司的资产证券化率，消除上市公司贵糖股份的潜在退市风险，并利用资本市场做强做大硫铁矿业务，一举三得。

3. 利用资本市场实施战略布局。一是通过市场手段收购上市公司资源。上市公司是省属企业资本运营工作的重要着力点，也是省属企业加快发展的重要平台。省属企业加大并购力度。广晟公司成功收购控股国内 LED 封装龙头国星光电和照明龙头佛山照明两家上市公司，广新集团则通过增持控股国内最大的覆铜板生产企业生益科技。二是利用资本市场实施战略布局。恒健控股公司在资本市场取得较好的投资收益和市场反响，是中广核的发起人股东，是中国通号、中广核美亚的基石投资人。2015 年 7 月，广东省国资委批准恒健公司新增 20 亿元投资额度，用于资本市场的全方位投资，加快省属产业资源与资本市场的对接。

（二）完善法人治理结构情况

1. 财务监管效率显著优化。2015 年，省国资委以推进全面预算制度为抓手，切实强化出资人财务监管。首次在省属企业中开展全面预算审核工作，严格按照“二上二下”的流程完成全面预算审核工作；完善全面预算信息化系统，提高预算申报及审核反馈效率；建立全面预算执行分析体系，对执行情况进行实时跟踪分析，实现预算与经营绩效考核的紧密联动，不断提高预算工作的严肃性与有效性。以上措施有效推动省属企业逐步将全面预算管理作为企业战略管理的重要手段，通过严格控制预算偏差来规范企业投资、经营和日常管理行为，实现战略指标分解、资源优化配置、经营风险管控及经营责任落实等多重任务，从而显著优化出资人财务监管效率。

2. 切实强化审计监督力度。根据新的形势要求，省国资委及时对国资系统审计工作开展重点及监督方式作了调整完善。扩大经济责任审计尤其任中审计的覆盖面，把贯彻落实中央“八项规定”精神和廉洁从业要求作为重要审计内容，逐步提高任中审计及在任专项经济责任审计比例。围绕国资国企改革发展中心工作，在体制机制试点、混合所有制经济、创新企业、重点投资项目评价、战略规划实施等方面积极发挥企业内审部门的职能作用。狠抓审计整改落实，建立企业整改台账，创新审计整改落实措施，严格问责追责。强调审计结果的运用，加大审计整改回头看力度，建立长效整改机制。

3. 不断增强监事会监督力度。一是加强对企业“三重一大”决策事项的监督，提高监督实效性。省国资委监事会认真履行职责，着力强化对企业财务、“三

重一大"决策事项和企业领导人员履职行为的监督,扎实开展日常监督和专项检查,及时揭示企业存在问题和风险。加大监督检查成果的运用力度,促进企业问题整改。二是指导、督促企业加强内设监事会建设。建立企业内设监事会主席由上级母公司依法提名、委派制度,提高专职监事比例,增强企业内设监事会的独立性和权威性。三是多维度凝聚监督合力。省国资委监事会加强与纪检监察等部门的协同配合,及时提供有关企业的存在问题、风险和线索材料,为加强企业党风建设和反腐败工作发挥积极作用。

六、广东省国资委监管企业建立和完善经营业绩考核体系情况

(一)深入推动省属企业开展全员业绩考核工作

广东省国资委指导所监管企业按照布置如期开展全员业绩考核工作,阶段性工作进展顺利。2015年,全部省属企业本部按要求建立对领导班子成员和职能部门目标考核体系,进一步完善省属企业经营业绩考核体系。各省属企业借鉴国内外先进的考核方法,积极探索符合本企业实际的全员业绩考核新方法和新途径,按要求完成的主要工作:一是建立工作机构,二是实现责任到人的考核覆盖,三是拟定考核方案,四是规范考核流程,五是落实考核结果与绩效薪酬挂钩。通过推动省属企业建立"纵向到底、横向到边"的全员业绩考核体系,一是充分发挥考核引导作用,有效落实国有资产经营责任;二是实现责任与压力、激励与约束层层传递,提高员工执行力;三是增强董事会在公司治理中的核心作用,促使省属企业本部转变职能和去行政化。

(二)推进省属企业负责人薪酬制度改革

由广东省国资委负责起草的《关于深化省属企业负责人薪酬制度改革的实施方案》(以下简称"实施方案")于2015年3月11日由广东省政府正式出台,广东省成为全国首个通过国家审批并率先发布实施省属企业负责人薪酬制度改革方案的省份。

为确保实施方案达到既定效果,广东省国资委精心组织推进相关工作:一是在启动实施方案前,及时召开省属企业座谈会和监管企业座谈会,传达精神、统一思想、部署工作、明确措施,加强与国家有关部委、省内有关部门、省属企业等各方沟通,全方位营造有利的改革氛围,合力推进薪酬改革工作。二是在组织实施过程中,重新设计对接体系,确保薪酬改革与考核工作的无缝对接。同时,继续坚持效益导向,坚持业绩结果说话导向,并没有放松考核尺度给予企业"特别"照顾。2015年,广东省国资委监管的省属企业负责人薪酬调整幅度与实施方案设计初衷保持一致,达到预期调控的目标。三是在结果审核过程中,严格按照实施方案要求,就具体操作中的相关问题与各省属企业进行多轮沟通,对不符合规范的分配行为进行整改,并在此基础上,对广东省省属企业负责人2014年度工资内外收入情况进行审核。

(三)规范省属企业负责人履职待遇、业务支出

由广东省国资委负责起草的《广东省省属企业负责人履职待遇和业务支出管理办法》(以下简称"管理办法")于2015年1月14日正式出台。该管理办法的正式出台,进一步细化中央政策,明确和统一标准,有效消除模糊地带,使广东省省属企业加强负责人待遇和业务支出等管理做到有规可循。同时开展对省属企业负责人履职待遇和业务支出管理的专项检查工作,确保管理办法的有效落实。

广东省国资委在省为各地市制定完善本地区国有企业负责人履职待遇和业务支出管理制度的过程中也给予相应指导。广州、珠海、中山、湛江等省内多数地市出台本地区国有企业负责人履职待遇和业务支出管理办法。

(四)制定完善薪酬分配制度

根据中央和省有关国有企业薪酬改革精神,为进一步深化企业收入分配制度改革,广东省国资委对《广东省省属企业薪酬管理办法》提出修订建议,并起草《广东省省属企业工资总额预算管理暂行办法》。2015年,两个办法完成多轮意见征求及修订完善。

(五)做好2015年工资总额管理工作

为实现薪酬制度改革与2015年工资总额管理的平稳衔接,广东省国资委将2015年作为省属企业工

资总额管理工作的过渡年，并按照2015年工资总额管理的“不倒挂、不增长”原则，对省属企业本部2014年工资总额使用情况进行清算，对省属企业本部2015年工资总额使用计划进行审核批复，对省属企业下属子企业2014年工资总额使用情况进行备案。此外，在配合所开展的全面预算管理工作中，完成省属企业2015年人工成本预算和省属企业负责人履职待遇、业务支出预算的审核等工作。

(六)开展省属企业考核分配专项调研工作

在2014年度经营业绩考核工作结束后，广东省国资委由分管领导带队到各省属企业及部分成员企业、广州市国资委就业绩考核与薪酬分配、创新激励、经营目标完成进度、资本运作考核等开展专题工作调研，全面了解企业改革发展实际情况，充分听取意见建议，并就如何进一步完善全系统考核分配工作与企业进行交流探讨。调研工作结束后，组织开展务虚讨论研究，对现行考核分配办法和前期工作进行分类梳理，并着手开展相关测算工作，逐步理清思路，为下步工作打下基础，并将部分企业提出的意见建议采纳到正在修订完善中的考核分配相关文件内。

七、广东省国资委监管企业负责人考核与选人用人机制改革情况

(一)坚持从严监督管理，加强企业领导班子建设

一是积极推进制度建设。结合贯彻落实《中共中央国务院关于深化国有企业改革的指导意见》文件精神，广东省国资委进一步完善省属企业领导人员管理规定、领导班子和领导人员综合考核办法。制定《广东省国资委管理的企业领导人员选拔任用工作规程》文件，严格规范选人用人的组织程序和组织纪律。二是规范做好领导人员选拔任用工作。根据岗位空缺和工作需要，广东省国资委认真研究提出优化企业领导班子配备的建议，高标准、严要求完成企业领导人员选拔任用任务。2015年，配合广东省省委组织部调整省属企业正职9人，配合广东省纪委制定省属企业纪委书记交流轮岗方案，调整广东省国资委管理的企业领导人员27人。三是严格抓好日常监督管理。广东省国资委组织省属企业开展2014年度选人用人“一报告两评议”工作。会同广东省省委组织部启动省属企业领导班子和领导人员任期考核工作，并结合考核对企业领导班子进行分析研判。认真落实企业超职数配备清理、巡视巡查发现选人用人存在问题的整改工作，巩固专项治理成效。加强企业领导人员兼职检查清理，进一步从严规范、从严审批领导人员兼职行为。

(二)牢牢把握市场化改革方向，推进选人用人机制创新

一是推动市场化选聘。2015年，广东省国资委督促省属企业贯彻落实推进市场化选聘省属企业高级管理人员工作的指导文件精神，推动企业结合实际合理提高市场化选聘比例，指导广物控股、粤海控股等企业建立职业经理人管理制度。2015年，广东省省属二、三级企业引进职业经理人30多名。二是探索企业领导人员市场化途径。对现任企业领导人员自主选择按照职业经理人管理的工作开展调查研究，起草《关于省属企业现任领导人员转聘职业经理人的指导意见(试行)》。对产权交易集团市场化经理班子管理、运行情况进行专项跟踪调研，分析研判存在问题，提出进一步改进和完善相关工作的建议。三是加强市场化人才培养。通过举办培训班的形式，有针对性地加强省属二级企业领导人员综合素质培养，力争储备一批省属企业职业经理人后备人才。四是推进规范董事会建设。落实《广东省省属企业国有产权首席代表报告制度》，完成首次监管企业国有产权首席代表年度履职评议工作。及时完成广业公司、广新控股集团外部董事任期考核，为广业公司选配第二届外部董事。开展董事会业务调研，完善工作联系机制，提出全面推进规范董事会建设的工作方案，初步搜集一批外部董事人选。

八、广东省国资委监管企业党的建设和廉政建设情况

(一)扎实开展党建工作

积极抓好在深化改革中坚持党的领导加强党的

建设各项工作。省国资委党委在全省国资系统扎实开展群众路线教育实践活动、"三严三实"专题教育活动,坚持把深化学习教育放在首位,坚持两手抓两不误两促进,使广大党员干部党性得到锤炼,促进工作开展。

积极创新基层党建工作。一是重点抓好"书记项目"。按照加强基层服务型党组织建设要求,省国资委组织20家省属企业党委(党组)书记实施"授学帮述考",强化党委书记抓党建主体责任"书记项目",有10个"书记项目"被列入"省级书记项目库"。同时组织省属企业党委(党组)书记开展抓基层党建工作述职评议考核,指导各省属企业开展二级企业党委书记述职评议考核,不断强化企业党委书记"主业"意识。二是全力抓基层队伍建设。开展企业基层党组织书记轮训工作。省国资委在省委党校举办示范培训班,对省属企业100名新任党组织书记和80名党务工作骨干进行培训,对省属企业党员教育管理工作进行检查。加强党员教育培训,组织全系统党员参与"学党章,守纪律,当先锋"主题教育。

(二)从严从实抓好反腐倡廉建设

全力推进国资国企党风廉政建设党委主体责任、纪委监督责任的落实。建立省属企业纪检监察机构负责人独立考评机制,制定出台《广东省省属企业纪检监察机构负责人考核评价暂行办法》,组织对42名省属企业纪检监察机构负责人履职情况进行考评。考评结果作为考评对象职务升降、岗位交流、实施奖惩的重要依据,并与其薪酬待遇挂钩,进一步增强对企业纪检监察机构负责人的垂直化管理。在全国国资系统率先出台明晰细化监管企业党委纪委"两个责任"的意见文件。完善企业党风廉政建设责任落实机制,首次以"一企一责任书"的模式签订《党风廉政建设责任书》,进一步强化省属企业党风廉政建设责任制落实的针对性和有效性。

推进巡查工作打开新局面。2015年,省国资委纪委组织开展4轮对10家省属二、三级企业的专项巡查。根据巡视巡查提供的线索,立案30宗33人,移送司法4人,对46名责任人进行问责。抓好以巡促治,督促各企业根据巡查反馈意见,制定整改措施340项,新制定、修订制度128项,及时进行制度补强,不断规范企业内部管理。加大案件查办力度,始终保持对违法违纪行为的高压态势,2015年立案数超过2014年立案数的两倍。

(撰稿人:刘健敏)

深圳市

一、深圳市国有资产监督管理工作综述

2015年,深圳市国资国企秉承"深圳质量""深圳标准"发展理念,着力稳增长、优结构、提质量、促改革,各项工作取得新的成绩。截至2015年底,市属国企总资产9548亿元,比年初增加1861亿元,增长24%;净资产5015亿元,比年初增加1384亿元,增长38%;国有净资产3694亿元,比年初增加1099亿元,增长42%;营业收入1347亿元,同比增长21%;利润总额403亿元,同比增长34%;上缴税金259亿元,同比增长61%。

(一)坚持遵循市场规律,深化国资国企改革

推进混合所有制改革。全面贯彻中央《关于深化国有企业改革的指导意见》及其配套文件,稳妥推进管理层及核心骨干持股试点,高新投完成引进战略投资者,特发信息、特发物业、天健、深爱半导体、易图资讯等企业混合所有制改革稳步开展。

开展薪酬制度改革。2015年4月10日,成立市深化国有企业负责人薪酬制度改革工作领导小组,研究制定的《关于深化深圳市属企业负责人薪酬制度改革的实施方案》获广东省批复。

全面实施履职待遇业务支出改革。2015年5月,经市政府同意,印发《深圳市属企业负责人履职待遇、业务支出管理办法》。

优化完善市场化履职机制。编制印发《深圳市属国有企业投资项目内部审核工作指引》;优化对标管理考核体制和工作机制,筹建完成对标管理数据库并上线试运行;推进国企产权流转监管政策研究制定工作,制定出台《关于进一步提升市属国有企业员工法

治意识的指导意见》；深化国资预算管理，在全国国资系统首家实现2015年全口径国资预算信息公开；编制市国资委权责清单，梳理法定职责事项24项，制定办事指南和工作流程图并及时向社会公开，有效提升履职规范性、透明度。

（二）坚持资源优化配置，系统推进资本运作

再融资取得重大进展。特力完成非公开发行股票，募资6.47亿元，向珠宝专业批发市场运营商转型成效初显；特发信息开展管理层和核心骨干定向增发，募资1.1亿元；深圳控股在香港进行股权融资，募资27.3亿港元；天健非公开发行募集现金22亿元；国信证券配股募集资金等工作有序推进。

上市及培育工作取得新成效。深爱公司、易图资讯成功挂牌新三板，为市属国资利用新三板市场促进战略性新兴产业加快创新发展发挥引领示范作用；启动赛格集团整体上市工作，建科院IPO申请获证监会受理；高新投、担保集团、能源环保和危废处理中心等拟上市企业的培育工作得到进一步加强。

并购重组取得新突破。远致顺利收购华融公司所持赛格集团29.51%股权，有力增强国有股东控制力；特发信息成功完成对2家军工、互联网民营企业的全资并购，实现上下游产业链战略性整合；能源成功并购中华水电国际项目，成为国内中小水电第二大运营商；天健整合粤通已基本完成；投控加快酒店板块整合重组，留学生创业园等3户企业完成共管体制调整。

"基金群"战略体系持续增强。市国资委主任办公会议审议通过发起设立深圳国资改革与战略发展基金，远致富海成立高新投专项基金14.2亿元和燃气基金6亿元；投控产业园区基金总规模50亿元完成设立，首期5亿元募资并开始投资运作；能源集团30亿元可再生能源产业基金、深国际2.5亿元物流产业基金、赛格集团3亿元智能装备产业投资基金、农产品公司25亿元农产品流通产业基金等特色产业基金均有序推进。创投基金加快发展，高新投、中小担、国信证券三家公司创投业务基金总规模420亿元，其中创新投管理350亿元。

（三）坚持质量效益为上，大力实施创新转型

积极配合深圳市创新政策体系建设，强化对市属国企创新政策支持，2015年12月30日，向市政府呈报《深圳市国资委关于促进市属国有企业创新发展的若干措施》。统筹推进市属国企自主创新。2015年，对市属国企的23个自主创新优秀项目给予奖励扶持1980万元。投控、赛格等市属国企出色完成2015深圳"国际创客周"和全国"双创周"深圳分会场活动各项任务。新经济、新业态发展取得较好成效，农产品打造产销对接、产业园电商服务、社区O2O三大电商平台；赛格打造创客空间、国际创客产品展示中心，拓展电子市场产业链；天健参股前海光大产业发展基金，提前布局高端健康养老产业；机场推进最具体验式机场建设，被列入2015年"市长质量奖大奖"拟奖单位；地铁联合社会资本组建产业基金，创新轨道交通建设发展模式；盐田港打造斯洛文尼亚国家馆，加快向高端物流转型；深圳国际前海（全球）跨境电子商务产业园获批国家电子商务示范基地；巴士积极开展"智慧公交"，东部公交创新生产要素更新模式，巴士车队风险信息化项目、东部公交混合租赁模式双双获得2015年全国交通运输企业管理现代化创新成果一等奖。

金融产业拓展取得突破。远致参与发起设立全国第二家再保险公司，成立创业投资公司，推进参股境外企业，拓展基金运作、股权投资等业务；万和证券获批融资融券、资产管理两项新业务牌照；创新投设立规模100亿元的创新创业产业引导基金，开创管理政府引导性母基金先河；高新投、担保等企业加快实施"互联网+担保金融"模式，打造互联网金融产品交易平台；国信成为互联网证券业务试点公司。

（四）坚持高效服务大局，彰显国资功能属性

发挥基础支撑作用。2015年，市属国企承担53个深圳市重大项目建设，投资规模277亿元，占全市投资总额的31%。三大投融资平台完成投资408.42亿元，融资174.62亿元，市场化融资、建设和运营能力进一步提升。地铁三期、深圳湾科技生态园、燃气、电厂、污水处理、龙华有轨电车等重大项目建设顺利推进。出台实施《深圳市国资委关于鼓励市属国企参与重点区域开发建设的意见》，支持市属国企参与深圳市15个重点区域开发建设。

积极履行社会责任。组织市属国企积极参与深圳市棚户区改造、保障性住房等民生保障项目建设;加快推进城市公共安全技术研究院筹建工作,专责城市公共安全服务;推动深圳机场开通洲际航线,2015年机场旅客吞吐量达到3972万人次;全力配合市政府完成四条高速公路回购工作,盐田坳隧道收费取消,龙大高速等4条高速公路计划2016年2月免费通行;圆满完成市政府部署的碳排放履约任务,生态文明建设考核工作排名全市第三,建筑节能改造工作在完成进度、超额完成量方面取得"五个全市第一";推进新能源汽车更新置换,新增纯电动出租车1124台;持续提升水电气、地铁公交、菜篮子等公共产品供给质量和服务水平,地铁年客运量达到9.26亿人次,巴士年客运量达到7.8亿人次;积极做好援疆、汕尾扶贫开发"双到"及深汕、深河对口帮扶,其中,喀什深圳城全面完工,汕尾"双到"工作历时3年优质高效完成。

(五)坚持明责任见实效,党建纪检卓有成效

全面落实从严治党。召开党建纪检暨人事工作会议,落实"一把手"抓党建主体责任。积极开展基层党建"书记项目",市国资委党委下属两个党代表工作室荣获"党代表工作室示范点"称号。组织党委中心组理论学习和党员干部培训,有效提升系统广大党员的政治理论水平。

开展"三严三实"专项教育。制定专项教育工作方案,深入推进专项整治,持续落实整改台账,对尚未解决的问题继续加强整改,推动反"四风"向深度和广度延伸。

加强领导班子建设。继续抓好班子建设,稳步推进企业董事会换届和领导班子调整配备工作。进一步推进市场化选人用人机制改革,完成10名财务总监市场化选聘。

强化廉政监督工作。严格执行党风廉政建设责任制,出台落实"两个责任"工作方案,不断优化党风廉政建设工作格局。加大案件查办力度,完善"六位一体"反腐倡廉新机制,提升监督协同效能。全力做好安全生产工作,未发生较大以上安全生产事故,信访维稳平稳可控。

二、深圳市国有资产总量与结构分析

表1　2015年深圳市所属国有企业指标

项　　目	金　额(亿元)
资产总额	11432
所有者权益	6146
营业收入	1563
利润总额	437
净利润	327
归属于母公司所有者的净利润	188
应交税金总额	283
实际上缴税金总额	263

截至2015年底,深圳市国有企业总资产11432亿元,所有者权益总额6146亿元;累计实现营业总收入1563亿元,利润总额437亿元,净利润327亿元,其中国有净利润188亿元。

表2　2015年深圳市国有企业户数情况

项　目	2014年	2015年	比上年增长(%)
户数(户)	1220	1269	4.0

2015年,深圳市国有企业并表企业户数1269户,比2014年净增加49户,增长4.0%。

表3　2015年深圳市国有资产地区分布情况

地　　区	国有资产(亿元)	占国有资产总量比重(%)
东部沿海地区	4572	92.9
中部内陆地区	49	1.0
西部边远地区	41	0.8
其他地区	260	5.3
合　　计	4922	100

从地区分布看，深圳市国有资产主要集中在东部沿海地区，达到4572亿元，占全市国有资产总量的92.9%，中西部地区及其他地区占比较小。

表4　2015年深圳市国有资产行业分布情况

行　　业	国有资产（亿元）	占国有资产总量比重（%）
交通运输业	1886	38.3
社会服务业	1669	33.9
金融业	420	8.5
房地产业	407	8.3
工　业	248	5.0

深圳市国有资产主要分布在社会服务业、交通运输业、房地产业、金融业和工业五大行业。2015年，全市国有资产总量4922亿元。其中，五大行业国有资产总量合计为4630亿元，占比94%。交通运输业主要是地铁、机场、港口和高速公路企业；工业企业主要是电力、供水、燃气和电子生产制造企业；金融业主要是证券、创投和担保公司。

表5　2015年深圳市国有资产经营规模分布情况

经营规模	国有资产（亿元）	占国有资产总量比重（%）
大型企业	4696	95.4
中型企业	94	1.9
小型企业	97	2.0
微型企业	35	0.7
合　　计	4922	100.0

从国有资产总量看，深圳市国有企业以大型企业为主，大型企业资产总额10195亿元，占比89.2%，小微型企业所占比重较小。

三、深圳市国有资本保值增值综合分析评价

2015年，深圳市国有企业经营效益良好，较好地完成国有资本保值增值任务，国有资本保值增值率为108.2%，比2014年增加1.8个百分点。全部行业均实现国有资产保值增值。其中，金融业保值增值率为148.4%，保值增值水平最高；金融业、建筑业、批发和零售业、房地产业、工业、科学研究和技术服务业、仓储业等7个行业的保值增值率超过110%。

表6　2015年深圳市国有企业地区和行业国有资本保值增值情况

地　　区	国有资本保值增值率（%）	行　　业	国有资本保值增值率（%）
东部沿海地区	108.7	金融业	148.4
中部内陆地区	110.0	建筑业	116.2
西部边远地区	101.3	批发和零售业	115.2
		房地产业	114.7
		工业	113.7
		科学研究与技术服务业	111.0
		仓储业	110.4
		邮电通信业	105.2
		卫生体育福利业	104.5
		信息技术服务业	104.1
		教育文化广播业	103.6
		社会服务业	101.7

四、深圳市国资委监管企业股份制改革与上市融资情况

完成2家企业的新三板挂牌上市工作。深爱公司于2015年8月28日正式挂牌，代码为833378.OC，成为深圳市国资系统首家挂牌新三板的非上市公众公司；易图资讯于2015年11月25日正式挂牌，代码

为834386.OC。深爱公司、易图资讯的成功挂牌,为深圳市属国资积极利用新三板市场促进战略性新兴产业加快创新发展发挥引领、示范和带动作用。

积极推进2家企业IPO上市工作。建科院划转至远致公司,解决上市存在的同业竞争问题。建科院上报的IPO申请获得中国证监会受理;中新赛克完成股份制改造工作聘请保荐机构进行上市辅导。

整体上市工作取得实效。2015年11月4日,赛格股份停牌,正式启动优质资产注入上市公司,实现集团整体上市的工作。相关中介机构选聘完毕,正在推进审计、评估等基础工作。

完成1家上市公司再融资工作。深圳控股抓住机遇,提前谋划,高效完成香港资本市场增发,成功募集27.3亿港元,并引入国际知名机构投资者。

五、深圳市国资委监管企业并购重组与完善法人治理结构情况

特发信息圆满完成市属国有上市公司首例对外股权并购。通过发行股份购买资产的低对价方式,特发信息成功完成对2家军工、互联网民营企业的开放式外部全资并购,实现上下游产业链战略性整合。同时,配套实施管理层和核心骨干持股,融资1.1亿元(占发行后上市公司总股本的3.68%),实现企业发展与员工利益的捆绑结合。

基本完成天健集团混合所有制改革核心工作。天健集团抓住有利时机启动"资产收购+市场化引进战略投资者+管理层和核心骨干持股+管理提升"四位一体的改革工作,圆满完成非公开发行工作,募集资金22亿元,在引入战略投资者的同时,通过管理层和核心骨干持股实现机制创新,建立公司、股东和员工三者之间风险共担、利益共享的长效机制。截至2015年底,在克服法定图则变更、资产评估基准日变更等一系列困难的基础上,签订股权转让的框架协议,并就主要条款达成一致,天健集团对粤通公司的整合重组工作基本完成。

大力推进企业负责人薪酬制度改革。2015年4月10日,深圳市政府办公厅印发《关于成立市深化国有企业负责人薪酬制度改革工作领导小组的通知》(深府办〔2015〕15号),启动市属企业负责人薪酬制度改革实施方案的起草工作。2015年7月9日,张虎常务副市长主持召开薪酬改革领导小组会议,审议《薪酬改革方案》。2015年8月13日,上报广东省薪酬改革小组审核后,获批复。

六、深圳市国资委监管企业建立和完善经营业绩考核体系情况

圆满完成2014年度企业负责人经营业绩考核工作。深圳市属国企负责人2014年度经营业绩考核工作取得较好的成绩:一方面,重大项目建设进展顺利,各项重点工作扎实推进,圆满完成公共服务任务,促进企业经营效益的持续快速增长,市属国有企业经营业绩实现高速增长,整体增长幅度为32%;另一方面,企业负责人薪酬水平总体保持适度稳定,并随着业绩适度增长。通过分类考核明确绩效导向,考核结果显示,近几年企业利润总额持续创历史新高,在履行社会责任方面充分发挥基础支撑作用,分类考核的定位更加明确,年薪的市场化导向更加清晰。

拓展业绩考核结果使用范围。根据深圳市管企业领导人员考核办法,以及《深圳市属国有企业负责人年度经营业绩考核评分细则》,将企业的年度业绩考核结果转化为领导班子的业绩考核评分,提供给市委组织部以及国资委相关考核部门,用于综合评价企业领导人员的年度工作业绩。

推动董事会对高管人员的考核评价工作。开展董事会对高管人员考核评价工作调研,调研结果显示,80%的直管企业开展该项工作,对于考核评价机制不完善、差异化考核不明显等问题,深圳市国资委结合国资国企改革精神,提出改进措施,促进企业健全董事履职评价机制,推动高管考核工作取得实效。

启动负责人经营业绩考核办法修订工作。依据中央薪酬改革精神要求,结合深圳市属国企市场化程度和改革发展需要,启动企业负责人经营业绩考核办法的修订工作,多次组织部分财务总监开展研讨交流,积极探索构建与企业改革发展相衔接的薪酬考核体系。

七、深圳市国资委监管企业负责人考核与选人用人机制改革情况

积极开展企业人员管理体制机制建设研究。对现代企业制度下公司治理机构与党委各机构之间的关系、企业领导班子和领导人员分层分类管理、董事会自身建设和外部董事队伍建设，以及企业监督力量整合优化等问题进行深入的交流和探讨。

持续探索企业领导人员市场化选聘机制。坚持市场化导向，不断深化企业领导人员和外派财务总监的市场化选聘工作。一是按照中央充分发挥市场机制作用，进一步完善坚持党管干部原则与市场化选聘、建立职业经理人制度相结合的有效途径，扩大选人用人视野，合理增加市场化选聘比例的精神，组织开展面向深圳全市公开选聘财务总监的工作。做好人才储备，创新使用方式，择优确定10名财务总监后备人选，建立财务总监后备人才库，按需确定考察人数、任职岗位。完成《关于面向深圳市内公开选聘企业财务总监的工作总结和几点思考》，为今后的财务总监选聘工作积累经验。二是按照中央坚持党管干部原则与董事会依法选择经营管理者以及经营管理者依法行使用人权相结合的要求，认真贯彻落实“1+5”系列文件，有序推进董事会选聘经理层成员工作，指导燃气集团、农产品公司开展1名副总经理的市场化选聘工作。在方案形成、职位需求、考察人选和提名人选等关键环节与企业董事会充分沟通，规范流程，严肃纪律，取得较好效果。

强化企业领导和班子考核。联合深圳市委组织部在总结上一年度企业领导班子和领导人员年度考核工作经验的基础上，增加考核内容，创新考核形式。在考核内容上，一是将党建绩效作为重要考核项目，权重占到班子年度考核总分的15%，领导人员年度考核总分的10%。二是将法治建设成效作为政绩考核的重要内容；同时，明确要求领导班子和领导人员在年度考核述职时，将党建工作和法治工作情况作为年度述职的重要内容。在考核形式上，在党建绩效考核评分环节，增加民主测评结果运用、职能处室评分、党委综合审定等内容。

抓好换届考察和班子调整。全面完成企业主要负责人任期经济责任审计；召集董事会已经任期届满的企业财务总监和监事会主席进行座谈，听取他们对公司经营情况和领导班子情况的介绍，摸底了解换届企业有关情况；对20家直管企业领导班子的基本情况和企业主要情况进行分析研究，提出工作建议，为企业领导班子调整配备做好准备。

着力企业领导人员规范化管理。一是联合深圳市委组织部制定《深圳市属国有企业领导人员在企业(社团)兼职(任职)办理工作指南》，首次对企业领导人员在社团的兼职(任职)行为进行规范，对在企业和社团兼职(任职)的要求和办理流程进行明确。对深圳市国资委权限范围内的审批(备案)流程进行细化明确。二是先后两次集中对国企系统“裸官”情况进行调查摸底，做到及时发现，及时上报，及时调整。三是做好2015年度领导干部报告个人有关事项的集中填报、信息录入、统计汇总及分析上报等工作。做好拟提拔企业领导干部个人事项报告抽查核实工作，对4名新提任企业领导人员进行个人事项报告抽查核实。四是按照集中统一与分级负责相结合、全面审核与重点审核相结合、专项审核与材料查补相结合、审核结果与数据更新相结合的原则，2015年5月全面完成直管企业领导人员档案专项审核工作。

加强企业领导人员培训。与深圳市委党校联合举办深化市属国有企业改革主体班，围绕经济发展新常态、国企战略规划主题，融合“互联网+”“一带一路”“大众创业，万众创新”等经济转型升级特点问题进行学习讨论，进一步加深政策理解，开拓改革思路；联系实际，答疑解惑，以“新形势、新挑战、新常态”为主题，举办为期3天的市属国企人力资源管理高级研修班，重点对大家关心的“兼职”规范、“裸官”清理等干部监督管理工作的新要求进行政策解读，对职业经理人队伍建设、战略性人力资源管理等内容进行学习讨论。

八、深圳市国资委监管企业党的建设和廉政建设情况

聚焦主业，加大纪律审查力度。2015年，派驻七组受理信访举报件229件，筛选案件线索8条，查报结果22件；全年立案8宗，其中呈报深圳市纪委常委会立案4宗，指导下属企业立案4宗。

突出主责,推进党风廉政建设。出台"两个责任"工作方案,21项50条措施,同时对落实情况的考核标准、范围进行限定,并要求各企业把责任制执行情况纳入年度考核范畴;坚持"一案双查",对巴士集团2013年6月至2015年3月连续出现班子成员违纪问题,严格督促整改,进行问责,对巴士集团董事长给予党内严重警告处分。

盯住重点,巩固"四风"整治成果。会风、文风明显改善,"文山会海"得到有效治理;"三公经费"大幅度降低,整改成效凸显;违规兼职取酬数为零,国企领导人员的兼职行为更加规范;28张高尔夫球会员卡全部挂牌转让,转让价格1210.1万元;推动资源性资产公开招租,增值48428.39万元,溢价47.90%。

管紧权力,抓好反腐倡廉预防工作。对全系统的产权变动情况、企业大宗物资采购情况进行深入调研,对国资监管制度进行绩效评估,从制度出台的前期准备、中期执行、后期完善入手,抓好廉洁从业风险防控体系建设;认真开展"三严三实"专题教育、纪律教育学习月活动和常规教育,进一步夯实廉洁从业思想基础;用监督确保权力进入笼子,就已掌握党员干部的真实情况,有针对性地加强对关键岗位、重要人员用权行为的有效监督。

强化队伍建设,提升干部履职能力。对市属国企纪委书记、副书记提名工作进行调研;完成国务院国资委纪委、省国资委纪委的研究课题2项,发表文章3篇;编印5期《国资党风廉政建设简报》和3期《国资纪检参阅》等,努力提高纪检干部工作能力和水平。

(撰稿人:谢 伟)

广西壮族自治区

一、广西壮族自治区国有资产监督管理工作综述

(一)国资委系统企业基本情况

2015年,广西壮族自治区国资委系统218户国有企业资产总额20249.71亿元,同比增长17.43%;负债总额13702.14亿元,同比增长19.11%;所有者权益总额6547.58亿元,同比增长14.06%;累计实现劳动生产总值770.45亿元,同比增长10.61%;营业收入4979.48亿元,同比增长1.22%;实现利润总额154.77亿元,同比下降1.91%;已交税费192.34亿元,同比增长0.61%;完成固定资产投资883.05亿元,同比增长1.77%。其中,自治区国资委39户国有企业资产总额9705.58亿元,同比增长19.54%;负债总额6911.14亿元,同比增长20.90%;所有者权益总额2794.21亿元,同比增长16.30%;累计实现劳动生产总值481.44亿元,同比增长4.86%;营业收入3876.75亿元,同比下降1.68%;实现利润总额85.87亿元,同比下降4.31%;已交税费127.50亿元,同比增长1.33%;完成固定资产投资430.61亿元,同比下降10.06%。

2015年,广西壮族自治区国资委系统国有企业利润小幅下滑,但经营态势总体平稳,主要指标增幅好于全国同行业水平,全区国资委系统企业劳动生产总值、营业收入、利润总额增幅分别高于全国地方国有企业。其中,自治区国资委39户国有企业营业收入、利润总额增幅分别高于全国省级国有企业增幅;营业收入总量、利润总额分别排在全国第12位、第13位,比2014年上升2个位次;广西投资集团利润总额同比增加33.6亿元,在全国重点增利企业中排第七位。全区国资委系统企业营业收入增幅超过10%的有76户,广西林业集团、广西国宏集团、广西西江集团、十一冶建设集团、柳州东通投资公司、南宁建宁水务集团等58户企业营业收入增幅超过20%,增加营业收入325.41亿元;营业收入增加额超过1亿元的企业23户,同比增加593.28亿元,其中广西投资集团、广西建工集团、广西北部湾投资集团、广西汽车集团、桂林银行、柳州资产经营公司、百色百矿集团等15户企业营业收入增加额超过10亿元。盈利企业137户,实现利润190.07亿元,同比增长19.15%,其中广西投资集团、南宁城投集团、桂林银行、广西金融投资集团、柳州银行、广西交通投资集团、广西建工集团、广西北部湾投资集团等25户企业利润超过1亿元。

2015年，非国有企业（广西壮族自治区农村信用社联合社）资产总额7036.18亿元，同比增长14.33%；负债总额6507.25亿元，同比增长14.23%；所有者权益总额528.92亿元，同比增长15.57%；实现劳动生产总值109.20亿元，同比下降13.05%；营业收入290.79亿元，同比增长2.13%；利润总额86.23亿元，同比下降8.21%。

（二）加快企业转方式调结构

广西各级国资监管机构主动适应新常态，抢抓机遇，努力促进企业加快转型、提质升级，增强核心竞争力和可持续发展能力。

理清企业产业布局和结构调整思路。认真分析、调查研究，编制完成《自治区国资委管理企业经济布局和结构调整方案》，初步形成监管企业经济布局和结构调整框架思路，提出企业产业结构调整的具体方向和实施路径，指导企业完成产业结构布局及调整规划。制定自治区国资委“十三五”发展战略和规划纲要，全面启动企业“十三五”规划编制工作，加强企业战略指引和方向引导。

引导企业专注主业发展。引导企业专注于主业发展抓投资上项目，把企业资金、人才和技术等优势资源集中到主业以及与主业相关的产业链条上，做强、做专、做深、做精主业产品。支持企业创新用好互联网+等商业新业态，不断开拓新市场新领域，提高主业创收贡献。支持企业将低效、非主业资产进行调整优化，坚决退出长期亏损、低端无发展前景的产业板块。2015年，各企业主业计划投资814.2亿元、非主业投资29亿元，分别占总投资的96.6%和3.4%，其中主业投资率在96%以上。

强化企业科技投入和节能减排。进一步督促企业建立健全科技组织管理机构，加强对企业科技创新工作的指导与管理。把企业科技创新纳入业绩考核指标体系，加强企业科技创新的政策激励和支持。完成管理企业科技成果验收，推荐企业两项科技项目申报广西科学技术奖。建立2015年科技创新项目库，实时动态了解科技创新项目进展情况，积极支持企业提升科技创新水平，组织企业申报2015年度广西科学与技术开发计划项目合同4项，申报2015年科技成果登记8项。坚持把节能减排作为企业发展的硬约束，2015年不再核准新增产能过剩投资，推进企业绿色发展、循环发展、低碳发展。

全区14个市国资委及自治区国资委监管的各企业采取措施推进企业产业布局和结构调整。南宁市国资委采取产权转让、清算关闭、吸收合并等方式，将国有资本从完全竞争性、低收益或无收益企业退出。柳州市国资委引导企业聚焦主业、优化资源，2015年监管企业资产总额突破4000亿元。玉林市国资委支持玉柴集团建设玉柴产业新城，大力实施“二次创业”。广西投资集团深入推进“产融结合、双轮驱动”发展战略，逐步搭建起金融、能源、铝业、文化旅游、国际业务等五大业务板块。广西柳钢集团针对全国钢铁行业产能过剩、市场低迷的不利局面，加大产品结构优化力度，全年批量试制21个牌号新产品，品种钢比例达到60%。广西机场管理集团面对高铁竞争，以“飞进广西、飞经广西”为主题，采取系列组合措施布局发展区内支线、港澳台地区航线和国际航线。广西铁投集团、广西西江集团、广西新发展交通集团等企业及早谋划产业布局和转型发展，其中广西铁投集团实现与广西大锰公司的优化整合；广西西江集团进一步健全西江物流水运体系，并与广西鱼峰集团开展合作；广西新发展交通集团并入全国ETC联网，分别与相关银行开展ETC项目合作推广。广西旅发集团加强整合开发旅游资源，加快旅游产业布局发展。广西汽车集团以市场为导向调整优化产业布局、产业结构、产品结构、产权结构和管理方式。广西金融投资集团成立广西金投互联网金融服务公司，打造“安全性高、效益性好、流动性强”的互联网金融投资理财平台。广西物资集团加快推进业务转型和业态创新，培育和形成代采购金融物流、仓储加工配送业务等新的经济增长点。广西北部湾投资集团发起设立首期规模50亿元的北部湾创新发展基金，引导资金投向集团产业发展。广西林业集团加快发展森林生态旅游业、林业金融产业、生态环保产业等新兴林业生态产业，进一步拓展和延长特色产业链。十一冶建设集团提升技术自主创新能力，压力容器制造步入自主设计新阶段，获得两项国家发明专利。广西化工研究院、广西轻工院、广西农机院、广西机械院等科研院所企业紧扣产业发展方向和市场需求，进行新产品、新技术研发,努力多出成果、多出效益。

(三)稳妥有序实施国资国企改革

认真学习贯彻中共中央、国务院《关于全面深化国有企业改革的指导意见》和自治区党委、政府《关于全面深化我区国资国企改革的意见》(桂发〔2014〕16号)精神,突出工作重点,加强统筹协调,稳妥有序推进国资国企改革工作。

大力推进政企分开。按照《自治区党政机关与所属企业脱钩工作实施方案》《关于对部分自治区本级经营性国有资产实施委托监管的意见》,积极牵头做好政企分开工作。广西桂通工程咨询公司由自治区交通厅移交自治区国资委管理,并划入广西新发展交通集团。2015年,自治区国资委与22个厅局签订监管委托书,涉及202户企业、资产总额120亿元、职工17000多人,初步实现国有资产监管全覆盖。自治区人民政府召开经营性资产移交工作协调会,要求区直单位原则上在2015年12月底、最迟于2016年6月完成经营性资产移交,自治区党委办公厅、政府办公厅将凤凰宾馆、南宁饭店移交广西旅发集团管理。自治区政府办公厅印发《关于加快推进自治区党政机关与受托企业脱钩的意见》,自治区国资委深入开展区直单位企业脱钩摸底调查,进一步摸清资产状况、经营状况和人员规模结构,明确处理“僵尸”企业的思路和举措,逐步推进经营性资产集中统一监管。桂林市国资委完成66户市直单位所属企业脱钩划转;贵港市国资委对20户脱钩企业履行出资人职责,监管的企业增至30户。南宁、柳州、梧州、北海、钦州、防城、玉林、百色、河池、贺州、来宾、崇左等市国资委也结合实际,逐步落实市属单位经营性资产集中统一管理。

实施资源整合和改制重组。自治区国资委按照2017年监管企业重组整合到20户左右的目标,坚持市场化原则实施企业重组整合。2015年5月,以柳州五菱汽车有限公司为主体组建广西汽车集团,广西大锰锰业有限公司整体并入广西铁投集团,自治区人民政府在广西水利电业集团基础上组建成立广西农村投资集团。广西产权交易集团组建工作基本完成,科研院所改革和广西科技集团组建工作继续推进实施。广西柳钢集团、广西交通投资集团、广西机场管理集团、广西宏桂集团等企业进行内部资源重组整合,广西投资集团大幅压缩管理层级,进一步提高资产运营效率。广西农信社重点推进以沿边机构为主的10家县域农合机构改制组建农村商业银行,农商行改制工作走在西部乃至全国前列。南宁市国资委指导企业重组整合房地产业务,每个集团公司仅保留一家房地产公司。桂林市、玉林市国资委加大股权、产权重组。百色市国资委与广西信运公司签订协议,以900万元的成本收购广西建华机械公司、百色百矿集团等企业14051万元不良资产包,为企业重组扫清不良历史债务。

积极推进企业上市。认真研究国家上市政策以及对少数民族地区企业新发上市优先办理等优惠政策,指导广西出版传媒集团、广西投资集团黔桂发电公司、上海广投国际贸易公司等积极开展上市工作,对45户上市后备企业进行多次专门业务辅导和指导。自治区国资委积极推动国有企业开展IPO、借壳上市、整体上市等工作,联合民生证券、国海证券等机构到上市公司和相关企业调研,了解上市公司生产经营及再融资情况,引导企业在新三板上市。6月3日,桂林五洲旅游公司在新三板挂牌;6月12日,南宁绿城水务在上交所挂牌上市。截至2015年底,自治区有42户上市公司(境内上市公司35家,境外上市公司7家),其中国有及国有控股上市公司19户(境外3家,A股16家),占全区上市公司的46.34%。截至2015年底,19户国有上市公司通过资本市场累计募集资金905.30亿元,其中IPO(首次公开发行股票)累计募集资金86.98亿元,股权再融资累计募集资金465.35亿元,发债券再融资累计募集资金352.97亿元。2015年,全区19户国有上市公司市值1937.66亿元,其中16家境内上市公司1885.73亿元,3家境外上市公司51.93亿元,自治区国资委控股的7家上市公司874.42亿元。

发展混合所有制经济。积极支持企业按市场化原则,通过引进战略投资者、参股合作经营等多种方式开展与非公资本的对接合作,进一步放大国有资本功能。在北部湾产交所平台公开推介第二批混合所有制项目11项,拟引入非公资本77.7亿元参与国有企业改组改制和项目合作,涉及交通、农林、物流、商贸等领域。进一步规范国有企业与非公资本合作经营行为，防止同股不同责和利益输送等导致国有资产流失的违规行为。截至2015年底，全区国有企业登记2195户，其中国有全资企业户数占68%，国有控股、参股企业户数占32%，混合所有制企业数量稳定增长，在冶金、电力、汽车、机械、建材、食品、医药等优势产业、特色产业中几乎都有分布，经营发展取得长足进步，活力不断增强，效益不断提升。

扩大开放合作。支持企业充分利用北部湾开放开发、西江—珠江经济带建设、振兴左右江革命老区上升为国家战略的机遇，积极主动参与"一带一路"建设，面向央企、粤港澳台和东盟等扩大开放合作。自治区国资委牵头举办2015年"央企广西行"活动，自治区与32户央企签订项目合作协议50个，投资额1660.61亿元，分别比2012年"央企广西行"活动增加56.25%、42.73%；鼓励企业稳妥"走出去"，自治区国资委监管企业在18个国家和地区开展投资合作，在140多个国家设立经销机构，近五年监管企业累计对外投资额43亿元，对外工程承包额94亿元，出口产品销售收入229亿元。广西建工集团、广西柳工集团、广西国宏集团、十一冶建设集团等大力拓展海外业务，其中广西建工集团一安公司2010年"走出去"以来签订境外业务合同总额超过40亿元，承建的泰国乌泰他尼糖厂一期工程95%的设备为中国制造，项目获得中国建设工程鲁班奖，成为我国首个境外EPC糖厂建设鲁班奖项目，也是区内首个境外鲁班奖项目；广西柳工股份公司2015年海外业务占全部收入比例提升到35%，国际化程度始终保持行业最高。广西国宏集团在柬埔寨打造现代农业生态产业示范园，2015年完成配额出口香米4000吨，成为柬埔寨向中国出口大米第四大供应商，柬埔寨香米连续三年夺得"世界最好大米"奖项。广西北部湾银行积极发展面向东盟的特色业务，作为全区区域性跨境人民币业务平台中间代理行，与柬埔寨、越南等国家银行签订边贸结算协议。广西桂江公司在香港特区设立广西名特优产品展销中心，将广西名特优产品向香港特区以及国际市场推销。

（四）扎实开展国资监管日常工作

按照"管大、管少、管活"的要求，准确把握出资人职责定位，认真做好国资监管各项工作，增强国资监管的针对性、有效性，促进国有资本保值增值。

推进依法治企。加快建立与国资监管体制相协调、与现代企业制度相适应的法治工作机制，努力打造对外依法经营、对内依法治理的"法治国企"。全面实施企业法律顾问制度，27户重点企业配备总法律顾问，广西建工集团、广西林业集团、广西铁投集团等3户企业建立公司律师办。抓好国资监管规范性文件的立、改、废工作，全面清理2004年以来出台的155件规范性文件，研究起草《国有独资公司章程指引》和《国有控股公司章程指引》等7件规范性文件。

实行权力清单制度。积极探索建立出资人审批事项清单制度，加强对履行出资人职责审批事项的管理，制定25项履行出资人职责审批事项清单，对"审批事项名称、设立依据"等进行清理和规范。深化审批制度改革，取消和下放审批事项7项，将22项非行政许可项目全部调整为履行出资人权益的内部管理事项，不再列入自治区行政审批项目目录。

加强企业财务监督。及时收集、汇总、分析企业财务快报数据，加强企业资金、债务、成本费用、应收账款、存货等关键财务指标的动态监测。严格审查企业财务决算报告，分析查找企业发展战略和经营决策、风险控制等方面的薄弱环节、管理漏洞，督促企业整改落实。开展企业清产核资，完成广西宏桂集团等6户新划入企业的清产核资工作，审核、批复10户改制企业的清产核资结果。

规范企业工资总额管理。严格落实工资总额和效益挂钩机制，规范工资总额计划管理和工效挂钩管理审核办法，实施内部审核进度追踪制度，不断提高工资总额审批效率和质量。加强工资总额预算管理调研，积极推进出台工资总额预算管理制度。规范企业各项福利保障，加强对企业试行企业年金、补充医疗保险的工作指导，对企业违规发放福利费予以纠正。

做好产权管理。及时、全面、真实、准确做好国有产权登记工作。规范产权交易行为和资产评估，支持企业通过公开转让、协议转让、无偿划转等转让国有产权。认真落实企业国产权进场公开交易制度，在广西北部湾产权交易所和广西联合产权交易所成交企业国有产权交易项目17宗，评估值111636.94万元，成交金额130149.31万元，溢价率16.58%。把好审计评估质量关，严格审核改制财务审计和资产评估，受理资产评估项目备案、核准共计41项，评估项目净资产账面价值44.12亿元，评估价值为107.64亿元，净资产增值率143.97%，确保国有资产的增值保值。组织开展2015年度国有资本收益收缴工作，收缴收益69461.60万元，创历史最高水平，比2014年实际收缴数34696万元增加34765.60万元，增长100.20%，为自治区财政收入完成和国有资本经营预算工作顺利推进作出积极贡献。

支持企业融资。指导企业抓住发债成本较低的时间窗口，积极申请发行各类债券，核准广西投资集团、广西金融投资集团、广西建工集团、广西西江集团、十一冶建设集团等15户企业发行债券514.3亿元，同比增长157.15%，其中发行公司债额度最大达到304.8亿元，占比60%，缓解企业项目建设融资难问题。

促进企业降本增效。开展“降本增效、提质升级”活动，健全企业成本费用管理体系，挖掘潜力，控制各项费用，努力降低生产和管理成本，年末企业增收节支实现“两低一降两加快”，即：成本增幅低于收入增幅、三项费用增幅低于收入增幅，“二金”在流动资产的比重下降，应收账款周转速度同比加快、存货周转速度同比加快。

抓好监事会监督。开展2014年度监事会专项审计，认真做好专项审计报告办理工作。强化监事会监督成果运用，依法开展当期监督和报告有关事项，办理监事会报告500多份，对派驻企业依法依规提出监督意见和建议。完成22户企业2014年度监事会监督检查报告并呈报自治区人民政府，披露企业经营管理中的问题，跟踪做好企业整改事项的督办落实。加强企业内部监事会建设，指导企业建立监事会组织体系、制度体系，逐步正常履行内部监督职责。加强地方金融机构的监事会工作，顺利完成监事组进驻广西农信社工作；对接北部湾银行监事会，指导其加强日常监督、落实监事会监督职责。

抓好安全生产管理。指导督促企业落实安全生产主体责任，严防各类安全生产事故发生。与自治区安委会沟通对接，及时调整2015年安全生产绩效考核指标。认真抓好安全生产知识培训，组织企业学习新安法和安全生产专项整治业务知识。采取现场调查、约谈企业、下发整改通知等多种措施，督促企业加强安全生产事故防范。狠抓隐患排查治理，各企业查出事故隐患28748起，整改27794项，整改率96.68%。

(五)狠抓企业风险防控

加强企业风险排查，分析评估风险点，制定应对措施，切实防范企业重大经营风险。

全面推进企业风险管理。督促企业报送2014年全面风险管理报告和2015年全面风险管理计划。指导广西农信社、广西北部湾银行、广西金融投资集团、柳州银行、桂林银行等国有金融机构做好风险排查，共享民营企业生产经营中遇到的风险信息，建立协同联动机制，共同降低企业风险。督促企业认真梳理所属小贷公司、担保公司等风险隐患，进一步抓好非银行类金融企业风险防控。加大上市公司风险化解工作力度，保住上市公司壳资源。

压缩企业管理层级。督促企业开展管理层级压缩工作，各企业清理三级企业或分公司37户、清理四级企业17户，正在清理的四级及以下企业90户，进一步解决企业管理链条过长、管理层级过多、风险难控制等问题。

做好企业法律风险防范。指导企业以狠抓规章制度、重大决策、合同审核三项法律审核率100%为手段，把法律审核把关嵌入经营管理工作流程，完善企业内控制度，提高企业防范法律风险的能力和水平。建立企业重大法律纠纷案件数据库，动态跟踪、全面了解企业法律风险状况，促进企业法律风险防控体系建设。2015年，梳理监管企业及其子企业重大法律纠纷案件555个，标的额142亿元，其中已结案247个、标的额67亿元，结案率44.50%；已结案中胜诉案件149个、标的额45亿元，胜诉率60.32%。充分运用国资委、法院、检察院联席机制，加强企业重大法律纠纷案件的指导，协调处理重大法律纠纷案件51个、标的额37.30亿元，维护国有资产合法权益。

做好企业财务风险防范。加强对企业财务状况的跟踪监测，重点关注高负债、效益波动大、出现经营亏损等情况的企业，对企业现金流加强监测，防止重大现金流断裂风险。

做好企业投资风险防范。严格审核企业年度投资计划，严控非主业投资。严格控制与主业无关、存在垫资风险、低效无效的贸易业务，坚决退出无真实货权流转的融资性贸易。严格控制企业在高负债率、低现金流情况下扩大计划外投资。加强投资后评价工作，强化事中事后监管，首次利用财政资金对8户企业投资项目开展后评价工作，及时发现企业投资过程中存在的问题，指导企业提高投资项目管理水平。强化投资项目过程管理，引导企业建立投资管理制度和防控投资风险。指导企业理顺担保关系，控制担保总量，防范担保风险。督促企业加强对其子企业投资项目的监管，认真履行对所属子企业出资人职责。

做好廉政风险防范。组织对26个集团公司企业领导班子成员关联交易和利益输送方面存在的问题开展专项检查。加大企业关联交易、利益输送等违纪违法案件查办力度，立案查处5件信访举报件，移送检察机关3人。

二、广西壮族自治区国有资产总量与结构分析

列入广西壮族自治区2015年度国有资产统计报表汇总的企业，包括国有全资及控股企业、实行企业化管理的事业单位，具体指执行新《企业会计准则》《企业会计制度》以及现行工业、农业、商品流通、施工、房地产开发、交通运输、邮电通信、旅游、饮食服务等行业会计制度的各类国有企业、单位（以下简称“国有企业”）。

全区汇总一级国有企业（指级次最高、无上级企业的企业集团或企业，下同）1803户，比2014年增加14户，增长0.78%。其中，自治区国资委监管国有企业39户，比2014年减少3户，下降7.14%；自治区本级非监管国有企业152户，比2014年减少4户，下降2.56%；各市国资委监管国有企业320户，比2014年增加49户，增长18.08%；市县非监管国有企业1292户，比2014年减少28户，下降2.12%。

汇总各级单户国有企业（指各个级次的单户企业，不含企业集团，下同）3909户，比2014年增加119户，增长3.14%。其中，自治区国资委监管国有企业1133户，比2014年减少27户，下降2.33%；自治区本级非监管国有企业554户，比2014年增加21户，增长3.94%；各市国资委监管国有企业872户，比2014年增加138户，增长18.80%；市县非监管国有企业1350户，比2014年减少13户，下降0.95%。

户数变动的主要原因：一是自治区国资委监管企业和各市国有非监管企业继续进行企业改革，部分实行关、停、并、转，致使汇总一级国有企业户数和各级单户国有企业均有下降。二是区本级非监管国有企业继续深化改制、重组、整合等工作，并增大对外持股、新设子公司，使一级国有企业减少，各级单户国有企业户数增多。三是各市国资委监管企业为了做大做强，不断拓展新业务，增加对外投资新设子公司，各级单户企业户数有所增加。

表1　2015年广西壮族自治区所属国有企业指标

项　　目	金　额(亿元)
资产总额	23518.53
所有者权益	7740.98
营业收入	5344.77
利润总额	178.66
净利润	129.91
归属于母公司所有者的净利润	112.98
应交税费总额	236.52
实际上缴税费总额	229.21

表 2　　2015 年广西壮族自治区国有企业户数情况

汇总单位名称	一级国有企业户数(户)			各级单户国有企业户数(户)		
	2014 年	2015 年	比上年增长(%)	2014 年	2015 年	比上年增长(%)
自治区国有企业	1789	1803	0.78	3790	3909	3.14
自治区本级国有企业	198	191	—3.54	1693	1687	—0.35
自治区国资委监管企业	42	39	—7.14	1160	1133	—2.33
自治区本级非监管企业	156	152	—2.56	533	554	3.94
各市国有企业	1591	1612	1.32	2097	2222	5.96
各市国资委监管企业	271	320	18.08	734	872	18.80
各市县非监管国有企业	1320	1292	—2.12	1363	1350	—0.95

表 3　　2015 年广西壮族自治区国有资产地区分布情况

地　　区	国有资产(亿元)	占国有资产总量比重(%)
自治区本级	2475.10	36.25
南宁市	787.73	11.54
柳州市	1432.49	20.98
桂林市	229.93	3.37
玉林市	163.12	2.39
百色市	243.88	3.57
崇左市	34.89	0.51
贵港市	291.66	4.27
钦州市	370.16	5.42
来宾市	227.41	3.33
贺州市	42.48	0.62
北海市	103.75	1.52
防城港市	138.33	2.03
梧州市	262.23	3.84
河池市	24.40	0.36

表 4　　2015 年广西壮族自治区国有资产行业分布情况

行　　业	国有资产(亿元)	占国有资产总量比重(%)
社会服务业	2331.58	34.05
建筑业	1502.45	21.94
交通运输业	749.87	10.95
工业	680.30	9.94
房地产业	635.06	9.28
金融业	346.75	5.06
农林牧渔业	281.12	4.11
批发和零售业	156.16	2.28
教育文化广播业	54.38	0.79
仓储业	47.05	0.69
地质勘查及水利业	33.40	0.49
信息技术服务业	13.14	0.19
科学研究和技术服务业	12.97	0.19
机关社团及其他	1.97	0.03
卫生体育福利业	0.78	0.01

表 5　2015 年广西壮族自治区国有资产经营规模分布情况

经营规模	国有资产（亿元）	占国有资产总量比重（%）
大型企业	4072.49	59.65
中型企业	1361.89	19.95
小型企业	1281.19	18.77
微型企业	111.85	1.64
合　计	6827.42	100.00

三、广西壮族自治区国有资本保值增值综合分析评价

表 6　2015 年广西壮族自治区国有企业地区和行业国有资本保值增值情况

地　区	国有资本保值增值率（%）	行　业	国有资本保值增值率（%）
自治区本级	103.96	农林牧渔业	101.84
南宁市	102.19	工业	95.43
柳州市	100.40	建筑业	100.79
桂林市	99.23	地质勘查及水利业	102.51
玉林市	102.79	交通运输业	99.94
百色市	100.36	仓储业	102.72
崇左市	107.82	邮电通信业	92.32
贵港市	99.91	批发和零售业	101.68
钦州市	100.83	金融业	109.32
来宾市	98.78	房地产业	103.10
贺州市	102.67	信息技术服务业	99.75
北海市	99.91	社会服务业	103.81
防城港市	100.72	卫生体育福利业	102.30
梧州市	99.75	教育文化广播业	101.23
河池市	100.74	科学研究和技术服务业	116.40
		机关社团及其他	99.65

四、广西壮族自治区国资委监管企业股份制改革与上市融资情况

（一）抓好监管企业股份制改革

指导广西冶金研究院、广西中路交通建设总公司、广西交通物资总公司、广西交通规划勘察设计研究院、广西交通科学研究院公司制改制。审核自治区农机河池公司、柳州公司、梧州公司、贵港公司，广西丝绸进出口公司等 5 家委托监管企业的改制方案。

（二）指导支持监管企业上市融资

重新对 2012 年建立的国有上市后备企业库进行调整更新，举办上市融资政策及实务操作交流会和国有上市后备企业培训班，为下一步有针对性推进企业上市奠定基础。联合证券机构到五洲交通、柳化股份、柳钢股份、柳工股份等上市公司调研，了解上市公司生产经营及再融资等情况。联合证券机构和律师事务所到广西建工集团、广西新发展交通集团、广西柳工集团、广西交通投资集团及其子企业调研新三板上市的需求情况，引导企业在多渠道上市。截至 2015 年底，广西 19 家国有上市公司市值 1937.66 亿元，其中 16 家境内上市公司市值 1885.73 亿元，3 家境外上市公司市值 51.93 亿元，自治区国资委控股的 7 家上市公司市值 874.42 亿元。

五、广西壮族自治区国资委监管企业并购重组与完善法人治理结构情况

（一）加快监管企业并购重组步伐

指导推进柳州五菱集团通过增资扩股引入战略投资者，引入柳州产投公司、桂林国投公司、玉柴集团、柳州方鑫、柳州银海铝业、南南铝业等企业作为参股股东，组建广西汽车集团有限公司，5 月 8 日，广西汽车集团揭牌成立，为推动自治区混合所有制的发展、整合广西汽车产业资源奠定基础。组建广西农村投资集团有限公司，其作为对接国家和自治区、市县政府及金融机构的投融资平台，下设广西水利电业集团有限公司、广西农村投资集团农业发展有限公司等

子公司,进一步整合广西农村农业资源,发挥政策优势和资金优势,推动广西农村农业经济进一步快速发展。推动完成广西大锰锰业有限公司重组整合并入广西铁路投资集团,广西机场管理集团吸收合并梧州机场、百色机场。指导柳钢股份公司与相关企业研究和推进资产重组。通过指导推动企业改革重组清理退出工作,使企业逐步转入良性发展轨道。指导国宏集团清理境外无效投资,尽最大程度减少投资损失。

(二)加强制度建设,进一步完善监管企业法人治理结构

按照健全完善企业法人治理结构要求,修改完善《广西壮族自治区直属国有独资公司规范董事会建设的指导意见(试行)》《广西壮族自治区直属企业董事会及董事评价办法(试行)》和《自治区直属企业董事会选聘经理层成员工作的指导意见(试行)》并报自治区党委组织部征求意见,进一步推进外部董事制度建设,逐步解决董事会经理层高度重叠,厘清董事会、经理层决策权、执行权边界,努力探索建立企业内部权力制衡机制,规范完善法人治理运行机制。

六、广西壮族自治区国资委监管企业建立和完善经营业绩考核体系情况

(一)科学调整考核指标和权重,以业绩考核带动经营目标落实

2015 年,广西国资委按照稳增长和做强做优做大企业的总体要求,对本年度监管企业经营业绩考核内容进行相应调整:一是科学调整考核指标权重。从 2015 年起,A 类企业"经济增加值(EVA)"指标权重由 10%调整为 15%,"营业收入"指标权重由 15%调整为 10%,通过一增一减,引导企业提升发展质量,增强可持续发展能力。二是抓好短板指标考核。根据企业不同行业领域、不同发展阶段,分层分类设定不同的短板指标,纳入到考核体系。通过对相关指标数据分析,调整 9 户企业的 10 个分类指标,有效提高考核的针对性,督促企业加强管理,提高抗风险能力。

(二)努力完善考核体系,切实发挥考核导向作用

一是实施"1+7"监督工作闭环。根据《2015 年自治区国资委贯彻落实党风廉政建设"两个责任"工作方案》,积极完善企业负责人年度业绩考核工作,通过委内行政监督统领党内监督、法制监督、执纪监督、企业行政监督、监事会监督、职工监督、考核监督,努力实现风险可控制、责任无盲区、考核全覆盖的监督目标。二是考核工作向精细化、精准化迈进。针对企业的经营特性,提出分类指标调整意见。通过对考核企业的"流动资产周转率""存货周转率""应收账款周转率"及"资产负债率"等关键指标进行分析对比,结合监事会专项审计报告(风险检查报告)提出的主要问题及风险情况,分析、梳理、归纳各企业的风险点及管理短板,引导企业在风险防控、科技创新、提质增效上下功夫。三是促进和加强考核的日常性、基础性工作。加强和完善目标跟踪监测工作,及时发现问题、偏差,提示企业采取有效措施整改,确保目标全面完成;在业绩清算过程中,严格审核考核结果基础数据;慎重评估特殊事项对企业经营业绩的影响;准确计算考核分数,确保考核结果公平、公正。

(三)深入研究分类管理,进一步提高考核的针对性

根据《中共中央、国务院关于深化国有企业改革的指导意见》(中发〔2015〕22 号),按照企业不同功能界定,在 A 类、B 类、金融类的分类考核基础上,进一步完善对国有企业的分类改革、分类定责、分类考核,提高改革的针对性、监管的有效性和考核评价的科学性,推动国有企业同市场经济深入融合,促进经济效益和社会效益有机统一。

七、广西壮族自治区国资委监管企业负责人考核与选人用人机制改革情况

(一)抓好企业领导班子和领导人员年度考核

按照新出台的《广西壮族自治区直属企业领导班子和领导人员年度考核评价办法》,开展 2014 年度企业领导班子和领导人员年度考核工作,研究制定考核方案,及时做好与企业的沟通对接,有计划地安排企业召开年度考核述职测评大会时间,保证各企业考核工作的有序进行。在开展年度考核工作同时,进行企

业中层领导选拔任用"一报告两评议"工作，了解企业干部选拔任用情况。根据民主测评综合评价量化得分结果，结合企业党委初评等次建议，对40户企业领导人员考评等次提出建议意见。

（二）充实配备企业领导班子

根据企业发展情况和工作需要，会同自治区党委组织部对部分企业领导人员进行推荐、考察和调整配备。对广西投资集团、广西柳钢集团、广西北部湾投资集团、广西金融投资集团、广西新发展交通集团等企业领导人员进行调整补充，进一步优化企业班子队伍结构，增强班子引领国企改革的能力和动力。重视对委管班子企业和科研院所领导班子的建设，对广西大锰锰业有限公司、广西轻工业科学技术研究院、广西壮族自治区化工研究院、广西纺织服装设计研究所领导班子进行调整补充，充实企业的领导班子。按有关程序和规定做好广西新发展交通集团、广西水利电业集团、广西柳工集团领导班子的升格管理，会同自治区党委组织部对3户企业领导班子进行推荐考察，选齐配强新一届领导班子，并按干部管理权限进行重新任命。按规定配备新成立的广西农村投资集团领导班子，并已宣布到任。结合企业整合重组，对广西大锰锰业有限公司并入广西铁投集团领导班子安排提出意见建议，对广西地产集团原部分领导人员进行调整，妥善安排企业重组后的领导人员的工作安排。按照自治区党委要求，对部分党委管理正职企业配备专职纪委书记，会同自治区纪委、自治区党委组织部深入企业和各市推荐考察专职纪委书记人选，配齐企业领导班子。重视和加强企业后备干部队伍建设，会同自治区党委组织部对自治区党委管理正职的21户企业后备干部进行调研，进一步了解和掌握企业后备干部队伍情况，调整充实企业领导人员后备干部库。

八、广西壮族自治区国资委监管企业党的建设和廉政建设情况

认真落实从严治党要求，加强和改进企业党建工作，企业党的建设取得新成效。

抓好企业宣传思想工作。组织企业领导班子深入学习党的十八届四中、五中全会和中央、自治区党委的重要文件精神，提高理论素养坚定理想信念，企业各级党委班子开展中心组集中学习1260余次，带动员工学习2.3万人次。组织中央、自治区主流媒体开展聚焦广西国资国企主题宣传活动，营造国资国企改革发展的浓厚氛围。加强企业思想政治工作和精神文明建设，开展企业文化建设基础工作达标活动和企业文化先进典型表彰活动，创新提升企业文化建设水平。

抓好企业党组织建设。开展党建工作年度考核，落实党建工作责任制。指导任期届满的16家企业党组织换届，接收中石化北海炼化公司、广西保利置业集团、中船广西船舶及海洋工程公司等3家企业党组织关系。依托柳钢党校举办9期企业基层党组织书记集中轮训班，培训企业党组织书记1420人。组织开展纪念建党94周年活动及先进基层党组织、优秀共产党员、优秀党务工作者表彰活动，表彰127个企业基层党组织、197名共产党员、81名党务工作者。做好发展党员工作，培训企业入党积极分子300名，发展党员479人。深入开展"三严三实"专题教育，在井冈山举办革命传统教育培训班，提高党员干部讲政治、讲纪律、守规矩的自觉性。

抓好企业领导班子和人才队伍建设。会同自治区党委组织部对部分企业领导人员和后备干部进行推荐、考察和调整配备，进一步充实企业领导班子和后备干部库。按有关程序和规定做好广西新发展交通集团、广西水利电业集团、广西柳工集团班子升格管理工作，按规定配备新成立的广西农村投资集团领导班子。严格审批企业领导人员因公、因私出国（境）事项。做好企业人才申报推荐工作，组织企业参加"新世纪十百千人才工程"第二层次人选推荐申报等人才评选工作。做好企业职称评审，批复专业技术资格评审结果522人，其中高级职称78人，初中级职称444人；完成大中专毕业生转正定职364人，重新确认专业技术资格12人。

抓好企业反腐倡廉建设。配合自治区党委巡视组做好巡视企业各项工作。制定下发《关于自治区直属企业落实党风廉政建设党委主体责任和纪委监督责任的意见》，明确两个责任清单，理清企业党委38项主体责任和纪委29项监督责任的职责范围。查处

发生在群众身边"四风"和腐败问题,通报6起发生在群众身边"四风"和腐败问题的典型案件。保持案件查办的高压态势,2015年自治区国资委纪委共收到问题线索200件,转有关单位及直属企业处置134件,由自治区国资委纪委按五类标准处置66件,办结47件,其中立案7件,办结5件,移交司法2人,给予党政纪处分6人,组织处理3人,谈话函询6人;直属企业收到问题线索879件,办结748件,立案128件,办结128件,给予党政纪处分123人,组织处理95人。约谈监管企业领导班子成员49人次,约谈纪委书记18人次,集体约谈企业党委班子6次。完成广西西江集团等10家企业的专项巡查,对2014年巡查的6家企业进行整改落实"回头看"。贯彻落实中央八项规定,开展企业公务用车、办公用房专项检查,对企业负责人公务用车配备标准、办公用房使用面积标准提出整改要求。

(撰稿人:邓明甫)

海南省

一、海南省国有资产监督管理工作综述

2015年,海南省国资委积极应对经济社会环境和市场变化,克服经济下行压力,着力稳增长、抓改革、调结构、促转型、强管理、惠民生,为推进全省经济社会发展作出积极贡献。全省纳入国有资产统计范围的国有企业总户数为932户,比上年增加191户,户数变动较大的主要原因是新增海南农垦系统企业。截至2015年底,全省国有资产总量1668.61亿元,比年初1470.59亿元增加198.02亿元,增长13%。相比2011年的720.2亿元,增长131.69%,实现连年平稳增长。

(一)国有企业运营主要指标情况

2015年,全省国有企业(含农垦)资产总额4291.36亿元,比年初增长17%,所有者权益为1811.13亿元,比年初增长14%;实现营业收入493.81亿元,比上年减少12%;实现利润总额14.46亿元,比上年减少59%;净利润4.34亿元,比上年减少82%。省国资委重点监管企业(2015年决算口径,不含农垦)12户,资产总额783.33亿元,比年初增加53.61亿元,增长7.35%;所有者权益总额493.99亿元,比年初增加41.24亿元,增长9.1%。2015年,实现营业收入159.94亿元,比上年下降9.24%;实现利润总额6.78亿元,比上年下降25.9%。

(二)承担省重点项目建设贡献突出

2015年,省国资委发挥国有资本的引导带动作用,带动环岛铁路、大广坝灌区、红岭水利枢纽、中线高速公路、博鳌国宾馆升级改造、博鳌乐城先行医疗试验区等一批重大项目建设。省属企业42个固定资产投资项目完成投资105亿元,其中10个省重点项目完成投资97亿元,分别比年度计划超出9%和15%。在全省投资项目百日大会战中,省国资委、省农垦集团、海南发控、海南电网分别荣获"优秀奖"。其中,西环铁路顺利通车;红岭灌区工程年度完成投资139832万元,完成计划的231%;大广坝水利水电二期(灌区)工程年度完成投资8057万元,完成计划的103%。5月15日,在海口成功举办海南省与中央企业深化战略合作大型活动,签约项目29个,项目总投资813亿元。海建集团与中交海南公司合作的海洋工程投资公司、海南发控参与设立的中石油海南子公司、海南省海洋发展公司与中电科海洋信息技术研究院有限公司合作的三沙国海信通科技发展有限公司注册成立。海南发控与北车公司合作的海上锆钛采矿项目基本完成前期工作,具备试验开采法定条件。省国资委与东方市签订战略合作协议,为省属企业参与市县资源整合、推进重点项目建设、化解历史遗留问题创造条件。

(三)国资国企"十三五"规划编制

2015年,省国资委指导省属企业完成"十三五"规划初稿并进行初审。研究提出省国资委"十三五"规划初步思路。省属企业根据"十三五"战略定位和发展目标,明晰主业范围,省国资委经梳理、研究省属企业主业发展方向,推动有限资源资本向优势产业聚焦。根据国家和海南省产业政策,围绕"一带一路"

"海洋强国"战略，以及"多规合一"试点、十二大优先发展产业、基础设施"五网"、农垦改革等重大历史机遇，立足企业主业和改革发展实际，初步策划50多个"十三五"重点支撑性项目。

（四）国有企业管理工作继续创新

2015年，省国资委指导省属企业紧扣国家和海南省产业政策，谋求新商机，拓展新空间，实现创新发展目标。省属国有企业继续以管理创新为主要抓手，加快向标准化、规范化、精细化管理转型。海建集团积极开展工法、专利的研究，取得一批国家级和省级发明专利、实用新型专利和工法，海建集团海南建设工程股份有限公司通过国家住建部的严格评审，成功晋升房屋建筑工程承包特级资质，成为本土建筑行业首家特级资质企业。海汽集团深入推进企业规范化经营、标准化管理，成为全国交通运输标准化单位，市场竞争力不断增强。省属企业推行全面预算管理，基本实现资金的集团管控，管理效率明显提高。

（五）国有资产基础管理体系进一步完善

2015年，海南省国资监管基础工作取得突破，国资监管更加符合"管资本"改革方向。全省实现省级国家出资企业产权登记、资产统计、考核评价等基础管理工作的全覆盖。省国资委完成审批事项清单汇总整理工作，减少25项监管事项。省国资委进一步强化企业全面预算管理工作，完善后评价体系指标，逐步建立科学有效的后评价体系。制定《海南省省属国有企业负责人经营业绩考核评价及薪酬审核办法》初稿，明确国有企业分类分层监管考核评价办法，根据企业的不同功能进行分类，在考核中引入成本控制、综合绩效评价等指标，引导企业经营由单纯追求利润向价值创造和综合绩效管理转变。法治国企建设不断深入，强化以总法律顾问制度为基础的企业法律风险防范机制，妥善处理企业法律纠纷案件。起草完善《海南省深化国资国企改革的指导意见》等重要监管文件。国资监管信息平台逐步建立完善。市县国资监管指导工作扎实推进。积极推动建立健全市县国资监管组织体系，全省19个市县中有9个市县设立独立的国资监管机构，初步形成整合协调、开放合作的国资监管大格局。

（六）国有企业民生、维稳和安全生产工作持续提升

2015年，省国资委继续关注民生、维稳和安全生产工作。加快省属企业保障性住房建设，截至2015年底，累计开工建设保障性住房12655套，总开工建设面积129万平方米，已有11057套竣工验收，竣工面积115万平方米。有效处置信访维稳问题。2015年，职工群众来信来访件次和人次同比均有增长，但省国资委和省属企业经过共同努力，排查梳理主要矛盾纠纷和积案30个，已化解19个，正在化解7个，其余积案得到初步控制，有效维护稳定。扎实开展安全生产工作。着力构建省属企业"党政同责、一岗双责、齐抓共管、失职追责"的安全监管责任体系和"三查"监督检查体系，建立安全隐患台账登记、"四不两直"暗查抽查及安全生产考评常态工作机制，实现全年安全生产各项指标的有效控制。

二、海南省国有资产总量与结构分析

2015年，海南省国有资产总量1668.61亿元，比年初1480.12亿元增加198.03亿元，增长13%。全省国有企业资产总额4291.36亿元，所有者权益总额1811.13亿元。资产负债率57.80%；实现营业收入493.81亿元；实现利润总额14.46亿元；净利润4.34亿元。

表1　2015年海南省所属国有企业指标

项　目	金　额(亿元)
资产总额	4291.36
所有者权益	1811.13
营业收入	493.81
利润总额	14.46
净利润	4.34
归属于母公司所有者的净利润	3.29
应交税费总额	33.09
实际上缴税费总额	32.40
国有资产总量	1668.61

2015年,海南省经营性国有企业932户,比上年增加191户,户数变动较大的主要原因是新增海南农垦系统企业。其中,一级企业292户,二级企业367户,三级及以下企业273户;省属企业563户,地市级企业223户,县级企业146户;大型企业13户,中型企业121户,小型企业326户,微型企业472户;国有独资公司507户,有限责任公司296户,上市股份有限公司3户,非上市股份有限公司27户,非公司制独资企业19户,其他非公司制企业10户,企业化管理事业单位26户,其他43户。

表2　2015年海南省国有企业户数情况

项　目	2014年	2015年	比上年增长(%)
户数(户)	741	932	25.78

全省各市县(含洋浦开发区管委会)所属企业资产总额2486.54亿元,负债总额1571.99亿元,所有者权益总额914.56亿元。从全省看,国有资产主要集中分布在省属企业及海口市和三亚市。

表3　2015年海南省国有资产地区分布情况

单位:亿元

地　　区	国有资产(亿元)	占国有资产总量比重(%)
海南省	1668.61	100
省属企业汇总	777.79	47
省直部门监管企业	273.48	16
其他监管企业	47.67	3
国资委重点监管企业	456.65	27
市县级监管企业汇总	890.82	53
地市级监管企业汇总	548.24	33
儋州市	78.46	5
三亚市	163.14	10
海口市	306.70	18
洋浦经济开发区	−0.05	0
县级监管企业汇总	342.58	20
保亭县	5.08	0
定安县	4.36	0
东方市	14.10	1
乐东县	1.21	0
屯昌县	10.37	1
文昌市	34.75	2
白沙黎族自治县	−1.73	0
昌江黎族自治县	18.03	1
临高县	−0.05	0
陵水黎族自治县	10.24	1
琼海市	26.73	2
琼中县	16.36	1
万宁市	66.60	4
五指山市	2.14	0
澄迈县	134.39	8

三、海南省国有资本保值增值综合分析评价

扣除客观影响因素后,全省国有资本保值增值率99.4%,比上年的101.4%减少2个百分点。

表4　2015年海南省国有企业地区国有资本保值增值情况

地　　区	国有资本保值增值率(%)
海南省	99.4
省属企业	98.9
省直部门监管企业	95.9
其他监管企业	100.7
国资委重点监管企业	100.6
市县级监管企业	99.9
地市级监管企业	100.5
儋州市	99.4
三亚市	101.0

续表

地　　区	国有资本保值增值率(%)
海口市	100.2
洋浦经济开发区	107.8
县级监管企业	98.7
保亭县	97.3
定安县	97.3
东方市	88.3
乐东县	101.8
屯昌县	97.0
文昌市	99.9
白沙黎族自治县	118.4
昌江黎族自治县	100.0
临高县	117.9
陵水黎族自治县	98.6
琼海市	99.9
琼中县	97.5
万宁市	97.3
五指山市	99.5
澄迈县	100.0

从结构上看，省属企业未完成保值增值任务主要是由于农垦系统亏损严重，2015年农垦系统亏损达到11.21亿元。市县发展情况与上年基本持平，部分国资机构建设完善的地区，国有资本保值增值情况稳定，如海口、三亚等地；其他市县呈现两极分化，有的实现较快速增长，有的则未完成保值增值任务。市县中发展最好的是临高县、白沙、洋浦等地，五指山、陵水等地由上年增值较快转为未完成保值增值任务。造成市县保值增值率波动较大的原因：一是各市县经济发展水平较低，基数小。二是各市县国有资产总量偏小，多数企业处于停产关闭状态，国有企业改制任务完成得不够彻底。三是过分依赖少数几家体量较大的平台企业，一家企业的经营波动对整个地区的国有资本经营情况影响很大。从行业看，建筑业、交通运输业、仓储业、批发和零售业、金融业、信息技术服务业、社会服务业、卫生体育福利业、教育文化广播业科学、研究和技术服务业等行业国有资本保值增值率超过全省总体水平。

从国有资产变化情况看，近年来全省国有资产总量平稳上升，呈良好发展态势。

四、海南省国资委监管企业股份制改革与上市融资情况

2015年，海南省稳步推进省属企业混合所有制改革。根据《国务院关于国有企业发展混合所有制经济的意见》，结合海南省情，起草海南省《关于国有企业发展混合所有制经济的实施意见》初稿。南渔集团整体混合所有制改革试点工作稳妥推进，与中国水产有限公司进行多轮洽谈。48户省属企业的二级企业积极发展混合所有制，占全部二级企业的15%。

省国资委监管企业股份制改革与上市融资工作有序推进。8月28日，省重点监管企业海南发控下属公司天汇能源股份在新三板挂牌上市，这是海南省首家登陆新三板的省属国企，也是海南首家登陆新三板的新能源企业。海南发控抓住资本市场行情较好时机，以购入价的双倍价格转让所持的海南航空股权，妥善解决与海航集团的多个历史遗留问题，大幅实现国有资产增值。海南发控、海钢集团完成对海南银行资本金注入工作，分别持股17%和3%，合并成为海南银行第一大股东。9月1日，海南银行的正式揭牌，是海南省金融发展史上一个重要里程碑，填补海南无独立省级地方法人商业银行的空白。省属企业融资能力持续加强。海南发控发行债券12亿元。海南矿业拟定向增发15亿元。省属企业海汽股份IPO申请正提交初审会审核。

五、海南省国资委监管企业并购重组与完善法人治理结构情况

2015年，海南省大力推动省属企业并购重组。省国资委积极推进农垦体制改革。牵头组建海南省农垦投资控股集团有限公司。先后起草《海南省农垦投资控股集团有限公司组建方案》《海南农垦农场公司制改革指导意见》《海南省农垦投资控股集团有限公司国有资本授权经营暂行办法》和公司章程等重要文

件。成功组建海南省盐业集团，省盐业体制改革稳定推进并取得阶段性成果。顺利接收省旅游投资控股集团有限公司及海南省免税品有限公司等一批省属企业，经营性国有资产集中统一监管取得新突破。省科技开发中心、省属5家文化企业完成改制关闭和职工安置。省规划院划归省国资委监管。通过改革重组，省属重点监管企业主业进一步集中到基础设施、建筑施工、交通运输、热带农林业、旅游地产、金融业等基础性产业和优势领域，结构布局进一步优化。海南发控积极运用多种金融工具，增强投融资功能。海建集团开工建设建筑产业园PC构件厂，填补海南省建筑产业化的空白。海汽集团面对环岛高铁的挑战，下力气拓展站场经营、特种运输和汽车服务等领域。

完善法人治理结构。规范董事会建设工作不断深入开展，有9家省属企业建立董事会(占省属重点监管企业的69%)，进一步规范董事会议事制度，完善公司治理规则。草拟《省国资委所监管企业完善公司治理指引暂行办法》，并在金林集团开展试点工作。监事会以监督检查为基础，建立企业问题会诊和专项报告制度，形成以监督促进企业解决重点难点问题的新机制，解决一些企业长期存在的重点难点问题，监督检查工作逐步由事后监督向事中、事前监督转变。2015年，监事会向省政府和省国资委报送各类监督检查报告65份，揭示企业存在问题191个，提出解决办法和处理意见及建议193条；向企业下达13份整改意见书，要求整改的问题69个，完成和基本完成67个。

六、海南省国资委监管企业建立和完善经营业绩考核体系情况

2015年，海南省通过建章立制筑牢建立全省统一的经营业绩考核体系基础。海南省国资委牵头制定面向全省省属企业的《海南省省属国有企业负责人经营业绩考核评价及薪酬审核办法》，在2014年确定基本思路的基础上，结合2015年中央出台的《关于深化国有企业改革的指导意见》以及系列配套文件精神，认真起草该办法，经多次征求意见和反复修改报送省薪改领导小组审定。《海南省省属国有企业负责人经营业绩考核评价及薪酬审核办法》分为总体思路和基本原则、适用范围、分类考核、考核指标、经营业绩考核及薪酬审核程序、授权董事会考核、考核结果及奖惩、组织实施和附则等九部分内容，提出坚持目标管理、坚持分类考核、坚持激励与约束并重、坚持薪酬水平能上能下、坚持预算配套等五条基本原则，明确实施考核的企业范围、企业分类以及考核指标、考核程序和考核奖惩等，是海南省对省属企业负责人经营业绩考核的理论指南和实施标准。

七、海南省国资委监管企业负责人考核与选人用人机制改革情况

完善考核评价制度体系，强化企业负责人管理，以管理提升规范考核评价工作。制定印发《关于深化海南省省属国有企业负责人薪酬制度改革的实施意见》；进一步修订完善《省属企业领导班子和领导人员综合考核评价办法》，正在抓紧协调印发实施问题；《海南省省属国有企业负责人履职待遇、业务支出管理暂行办法》起草完成，待审核通过后以省委办公厅和省政府办公厅名义印发实施。

严格日常监督管理与加强专项治理相结合，营造良好的选人用人风气。一是加强对干部的日常监管。严格执行《党政领导干部选拔任用条例》，坚持干部任前公示制、试用期制和企业负责人任期制，接受群众监督；健全与纪检监察机关定期沟通和协同查处机制，凡在干部选任过程中有群众举报或反映问题的，坚决查清，并根据问题调查的情况再行决定干部任用，避免"带病提拔"。规范干部的出入(境)管理，统一管理机关干部和企业领导人员持有的因私出国境证件。严格执行个人事项报告制度。二是抓好专项治理工作。开展选人用人、吃空饷工作专项检查，督促企业建立健全选人用人工作规范，做好一报告两评议和记实监督。

实施"人才强企"战略，提升干部队伍整体素质。制定《省属企业招聘紧缺人才工作方案》，公开招聘274名各类紧缺人才。完成46名企业领导班子成员、董事、监事人员的调整配备工作。制定印发《2015年度省国资委系统培训工作计划》，组织各类培训班28个，参训人员2637人次。

八、海南省国资委监管企业党的建设和廉政建设情况

2015年，省国资委继续加强国有企业党建工作。全面落实党委抓党建工作的主体责任，扎实推进思想建设、组织建设、制度建设、作风建设、反腐倡廉建设、干部人才队伍建设“六位一体”的党的建设系统工程。深入推进党建工作系统化、标准化、信息化建设，开展“学习型、服务型、创新型”党组织建设，实行党建工作目标责任考核机制和企业党委书记抓党建工作述职报告制度。深入开展“三严三实”专题教育，实施国资委领导“六联”制度，充分发挥工青妇等团体的优势，形成抓党建工作合力，党的凝聚力、战斗力显著增强，海南电网、海南电信、海南移动、海汽集团、海建集团等企业党组织和广大党员干部，在抗灾抢险中发挥“顶梁柱”和“排头兵”作用。

保持反腐倡廉高压态势。进一步落实“两个责任”和“一案双查”工作机制，完善“双报告”、上级约谈下级、领导干部述责述廉、“签字背书”等制度和工作机制。起草《在深化国有企业改革中坚持党的领导加强党的建设的实施意见（代拟稿）》和《省国资委系统2015年党风廉政建设和反腐败工作实施意见》，做到反腐倡廉与国资监管和国企改革发展同部署、同检查、同落实、同考核。以省委巡视组开展巡视工作为契机，组织省属企业开展“一个完善”“六项治理”自查自纠工作。加大案件查办力度，始终保持对违法违纪行为的高压态势。2015年，省国资委纪委受理信访举报问题线索58件（次），处置58件（次），立案9件，给予党纪政纪处分10人，给予组织处理5人，挽回经济损失1304.15万元。在省纪委开展的全省纪检监察系统绩效考核和纪律审查考核中，省国资委纪委位列省直机关绩效考核第一名。

九、海南省国资监管及国有企业改革发展具有地方特色情况

（一）推进新一轮农垦改革发展

2015年，根据中共中央有关文件精神，海南省继续推动全省经营性国有资产纳入统一监管平台。按照有利于国有资本保值增值、提高国有经济竞争力、放大国有资本功能三大原则，以推进农场企业化、垦区集团化、股权多元化改革为主线，围绕建立去行政化的农垦国有企业管理体制和运行机制，实行政企分开，整合和优化配置资源资产，海南省撤销省农垦总局（只保留牌子）和省农垦集团有限公司，原农垦的行政和社会管理职能与农垦企业经营相分离，新的海南省农垦投资控股集团有限公司于12月17日注册成立。着手打造农垦市场化投资运营主体，建立符合现代企业制度要求的海垦控股集团母子公司体系。

（二）创新开展纪检监察工作

2015年，海南省国资委纪检监察工作抓住“关键少数”，首次组织企业负责人进行全覆盖集体廉政约谈，在国资国企引起极大反响。对企业党政“一把手”加强教育和管理，组织对省属重点监管企业党委书记、董事长、总经理进行集体廉政约谈；组织对12家省属企业纪委书记进行集体廉政约谈；组织对省属75家二级企业113名党政负责人进行集体廉政约谈。省属企业组织对下属企业负责人、中层管理人员进行集体廉政约谈27场次，集体约谈580人次。启动“倡廉洁，促清风”廉政短信提醒系统功能，每周一给企业领导人员、省国资委机关党员干部发送一条廉政短信和一句良言警句，持续督促党员干部提高警惕，加强自律。

（撰稿人：刘　敏）

重庆市

一、重庆市国有资产监督管理工作综述

2015年，在重庆市委、市政府坚强领导下，重庆市国资系统认真贯彻落实党中央、国务院关于国企改革发展的重大决策，扎实落实市委、市政府各项工作部署，沉心静气、攻坚克难，谋发展、抓改革、促创新、调结构、强监管、抓党建，推动国企改革发展和全面从严治党各项工作取得积极进展。

重庆市国资监管企业实现利润总额317亿元，同

比增长7.6%;上缴税费261亿元,同比增长28.1%;上缴国有资本收益52亿元,同比增长94.8%。市级部门所属国有企业实现利润41亿元,下降6.8%。区县属国有企业实现利润101亿元,同比增长13.9%。

谋发展稳中有进。坚持多措并举稳增长,市属各企业开拓市场、控制成本、用活资金、盘活存量,重点帮扶企业脱困转型。重庆钢铁集团主动压缩产能471万吨,调整产品结构组建钢结构公司。重庆能源集团平稳关闭7对矿井2户小火电,减少煤炭产能500万吨,分流减员1.78万人,减少人工成本12.8亿元。重庆化医集团多举措实现扭亏,由年初亏损5800万元到年末实现利润4700万元。重庆粮食集团对亏损源进行全面清理,实现米业板块、区县板块盈利。剔除金融及类金融企业的市属国有重点企业平均资产负债率63%,下降0.6个百分点。

抓改革稳妥推进。深入学习中央全面深化国企改革"1+N"系列文件精神,启动制定重庆市相应的实施意见。完成重庆市重大改革专项、重点改革任务中涉及国企改革的49项年度任务。混合所有制改革取得积极进展。重庆商社集团整体上市工作取得实质性进展;中新大东方国有股权全部公开退出;重庆汽车金融公司增资引入兵装集团,市属国企持股降至20%。西南证券、重庆钢铁、建峰化工、重庆百货、川仪股份等国有控股上市公司国有股权实现优化调整。近两年市属国有重点企业参与全市PPP项目20个,项目合作金额1890亿元,占全市的82%,其中2015年参与PPP项目9个,项目合作金额915亿元。设立一批股权投资基金,已投项目180亿元。通过合规增持、减持西南证券、京东方等上市公司股份,取得较大收益。重庆银行启动高管股权激励计划试点。重庆城投集团、重庆粮食集团开展二级企业职业经理人选聘试点。驻渝央企分离移交"三供一业"试点工作稳妥推进。

促创新举措见效。出台《推动市属国有企业创新发展的实施意见》,企业制定实施"一企一策"创新发展方案。中国四联集团"工业传感器数据闭环"项目列入国家智能制造专项。重庆商社集团、重庆对外经贸集团通过搭建跨境电商OTO平台探索新的商业模式。重庆咨询投资集团启动构建产学研相结合的综合性创新设计平台。重庆农商行手机银行作为中国区唯一金融创新案例,入选全球银行支付业务典型案例。重庆交通开投集团所属客运索道公司转型AAA级景区,实现全面盈利。市属国有企业投入技术创新资金53亿元,实施创新项目837项,拥有骨干技术人员1.8万人,建立技术创新平台148个,研发新产品220项,专利总数2070项,中国驰名商标19个,重庆著名商标73个。

调结构优化布局。国有资本围绕发展战略性新兴产业展开新布局,新投项目139个,涉及21个集团、25个区县,涵盖页岩气、机器人、消费金融、电子商务、融资租赁等新产业新业态。从传统产业领域适时退出,公开挂牌转让退出134宗股权,成交金额168亿元;转让实物资产1260宗,成交金额114.5亿元。

强监管严防风险。推动简政放权,将市属国有重点企业工资总额管理权全部下放给企业董事会。转变监管方式,初步构建起出资人财务监督、监事会监督、审计监督、巡视监督、纪委监督的立体监督体系。从严控制防范金融风险、财务风险、投资风险,暂停小贷公司、担保公司、P2P平台的新设审批;开展委托贷款、对外借款和担保专项清理;否决一批超财务承受能力、过度依赖负债的投资项目。

抓党建从严从实。扎实开展"三严三实"专题教育。严格落实从严管党治党责任,召开企业党委书记述职大会,一级抓一级、层层抓落实的责任制体系正在形成。从严加强企业领导人员管理,规范企业领导人员兼职、职务消费等事项。国有企业改革发展的社会舆论环境和文化氛围进一步改善。国资委机关和企业离退休人员管理服务工作,更加体贴周到。离退休老同志心系国企,发挥余热,支持国企改革发展。

认真落实党风廉政建设"两个责任"。督促企业认真整改巡视、审计、监事会发现问题,开展企业境内外投资、银行账户管理、工程项目挂靠、工程招投标等四项专项治理,出台加强企业工程项目管理规范性文件。持续反"四风",加大违纪案件查处力度,受理信访举报1376件(次),处置问题线索319件,立案56件,结案46件,给予党纪政纪处分49人,移送司法机关25件。

二、重庆市国有资产总量与结构分析

截至2015年底，重庆市国有企业资产总额46886亿元，同比增长14.7%；负债总额30921亿元，同比增长15%；所有者权益15965亿元，同比增长14.3%。实现营业总收入4889亿元，同比下降1.1%；利润总额459亿元，同比增长7.4%；归属于母公司所有者的净利润306亿元，同比增长0.4%；上缴税金390亿元，同比增长42.1%；工业总产值964亿元，同比下降0.3%；劳动生产总值（增加值）1068亿元，同比增长5.6%。

2015年，国有资产总量13684亿元，同比增长15%。从监管类型看，重庆市国资委监管企业国有资产总量4499亿元，同比增长8%，占比32.9%；区县政府监管企业国有资产总量7623亿元，同比增长19.7%，占比55.7%；市级部门管理企业国有资产总量1562亿元，同比增长14.9%，占比11.4%。从国民经济行业分布看，国有资产主要集中于社会服务业、建筑业、房地产业、交通运输业，四大行业国有资产总量均在1000亿元以上，合计11814亿元，占比86.3%。从产业结构看，第一产业227亿元，占比1.7%；第二产业4432亿元，占比32.4%；第三产业9025亿元，占比65.9%。

表1　2015年重庆市所属国有企业指标

项　目	金　额
资产总额(亿元)	46886
所有者权益(亿元)	15965
营业收入（亿元)	4889
利润总额(亿元)	459
净利润(亿元)	353
归属于母公司所有者的净利润(亿元)	306
应交税金总额(亿元)	392
实际上缴税金总额(亿元)	390

表2　2015年重庆市国有企业户数情况

项目	2014年	2015年	比上年增长(%)
户数(户)	3020	3293	9.04

表3　2015年重庆市国有资产地区分布情况

地　区	国有资产（亿元）	占国有资产总量比重(%)
万州区	224	1.64
涪陵区	645	4.71
渝中区	1299	9.49
大渡口区	288	2.10
江北区	894	6.53
沙坪坝区	770	5.63
九龙坡区	390	2.85
南岸区	121	0.88
北碚区	315	2.30
綦江区	671	4.90
大足区	164	1.20
渝北区	4072	29.76
巴南区	336	2.46
黔江区	174	1.27
长寿区	245	1.79
江津区	145	1.06
合川区	339	2.48
永川区	403	2.95
南川区	124	0.91
璧山区	404	2.95
铜梁区	171	1.25
潼南区	141	1.03
荣昌县	148	1.08
梁平县	47	0.34
城口县	56	0.41
丰都县	126	0.92
垫江县	57	0.42

续表

地　　区	国有资产(亿元)	占国有资产总量比重(%)
武隆县	129	0.94
忠县	20	0.15
开县	13	0.10
云阳县	107	0.78
奉节县	138	1.01
巫山县	5	0.04
巫溪县	65	0.48
石柱土家族自治县	98	0.72
秀山土家族苗族自治县	134	0.98
酉阳土家族苗族自治县	72	0.53
彭水苗族土家族自治县	86	0.63
市外	48	0.35

表 4　2015 年重庆市国有资产行业分布情况

行　　业	国有资产(亿元)	占国有资产总量比重(%)
农林牧渔业	227	1.66
工业	596	4.36
建筑业	3836	28.03
地质勘查及水利业	464	3.39
交通运输业	1337	9.77
仓储业	49	0.36
邮电通信业	2	0.01
批发和零售业	80	0.58
金融业	315	2.30
房地产业	2697	19.71
信息技术服务业	23	0.17
社会服务业	3944	28.82
卫生体育福利业	2	0.01
教育文化广播业	38	0.28
科学研究和技术服务业	74	0.54

表 5　2015 年重庆市国有资产经营规模分布情况

经营规模	国有资产(亿元)	占国有资产总量比重(%)
大型企业	1085	7.93
中型企业	5157	37.69
小型企业	6204	45.34
微型企业	1238	9.05
合　　计	13684	100.00

三、重庆市国有资本保值增值综合分析评价

2015 年,重庆市国有企业国有资本保值增值率 103.5%,同比提高 C.1 个百分点。国资委监管企业、市级部门管理企业国有资本保值增值率分别为 105.9%、104.5%,同比降低 0.2、0.6 个百分点,区县政府监管企业国有资本保值增值率 101.8%,同比提高 0.4 个百分点。从行业分布看,批发零售业、社会服务业、房地产业、卫生体育福利业、地质勘察及水利业国有资本保值增值率同比上升,其他行业同比下降,工业、邮电通信业、信息技术服务业、教育文化广播业未实现保值增值。

2015 年,国有资本保值增值的主要影响因素:一是经济效益总体增长是国有资本实现保值增值的中坚力量,全年实现归属于国有权益的净利润 271 亿元,占 62.7%,市国资委、区县政府、市级部门监管企业分别为 155 亿元、85 亿元、31 亿元。二是可供出售金融资产公允价值变动、投资性房地产计量模式转换等因素产生的其他综合收益 68 亿元,占 15.7%。三是区县和其他市级部门监管企业其他权益变动 49 亿元,占 11.3%。四是国有企业减持控股的上市公司股票增加国有权益 44 亿元,占 10.3%。

表 6　2015 年重庆市国有企业地区和行业国有资本保值增值情况

地　　区	国有资本保值增值率(%)	行　　业	国有资本保值增值率(%)
万州区	101.80	农林牧渔业	101.28

续表

地　　区	国有资本保值增值率(%)	行　　业	国有资本保值增值率(%)
涪陵区	100.92	工业	98.63
渝中区	108.00	建筑业	102.02
大渡口区	102.58	地质勘查及水利业	101.33
江北区	109.58	交通运输业	100.77
沙坪坝区	114.67	仓储业	103.33
九龙坡区	103.40	邮电通信业	86.97
南岸区	105.46	批发和零售业	109.73
北碚区	104.34	金融业	120.75
綦江区	101.47	房地产业	104.13
大足区	99.43	信息技术服务业	95.84
渝北区	102.41	社会服务业	104.86
巴南区	97.91	卫生体育福利业	103.04
黔江区	102.56	教育文化广播业	92.24
长寿区	93.13	科学研究和技术服务业	110.89
江津区	99.91		
合川区	100.94		
永川区	102.25		
南川区	100.95		
璧山区	101.70		
铜梁区	100.91		
潼南区	106.58		
荣昌县	95.80		
梁平县	127.47		
城口县	99.49		
丰都县	103.12		
垫江县	100.35		
武隆县	103.53		
忠县	100.91		
开县	102.05		
云阳县	98.76		
奉节县	106.06		

续表

地　　区	国有资本保值增值率(%)	行　　业	国有资本保值增值率(%)
巫山县	101.07		
巫溪县	98.60		
石柱土家族自治县	104.73		
秀山土家族苗族自治县	101.04		
酉阳土家族苗族自治县	98.65		
彭水苗族土家族自治县	104.58		

四、重庆市国资委监管企业股份制改革与上市融资情况

重庆市国资委管理的市属国有重点企业全部完成公司制改造。多种路径推动股份制子企业开展混合所有制改革，65%的企业为混合所有制企业。

重庆市国资委积极推动市属国企上市融资工作。一是推动IPO上市，重庆建工股份IPO上市取得新进展，通过证监会初审。二是推动新三板挂牌，长虹民生、昌辉公司、广和慧云等3家参股公司在新三板挂牌交易。三是推动再融资，重庆银行在H股完成增发，募集资金32亿港元。

五、重庆市国资委监管企业并购重组与完善法人治理结构情况

(一)并购重组情况

重庆市国资委积极推动企业并购重组工作。一是支持集团整体上市。支持重庆商社集团以下属上市公司重庆百货为平台，通过内部重组的方式，实现整体上市。二是引导监管企业通过股权和资产转让方式退出部分领域、整合部分资源。2015年，监管企业转让股权和资产191宗，成交金额90.29亿元，其中，公开挂牌转让166宗，成交金额45.67亿元，增值率778.74%。三是支持监管企业与各种所有制企业

的合作。如引入兵装集团出资26.4亿元溢价增资重组重庆汽车金融有限公司,引入新加坡胜科公司对松藻煤电进行增资扩股,引入法国苏伊士、青岛中润水务战略投资者,共同组建德润环保产业集团。四是大力实施供给侧结构性改革,开展集团内部重组整合。重点推动重庆钢铁集团、重庆能源集团、重庆化医集团、重庆粮食集团等内部企业之间的重组整合,组建资本金达20亿元的重庆钢结构产业有限公司。

(二)完善法人治理结构情况

2015年,重庆市国资委所监管的37户市属国有重点企业均按照《公司法》完成公司化改造,其中市属国有独资公司有22户,股权多元化公司有15户。市属国有独资公司按规定设立公司董事会、监事会和经理层;市属国有全资公司和国有控股公司搭建股东会、董事会、监事会和经理层的"三会一层"决策体系。

一是完善分权制衡的法人治理机制。对重庆农投集团、中国四联集团等9户企业的公司章程进行修订,进一步厘清股东会、董事会、监事会和总经理的职权边界,形成权责对等、运转协调、有效制衡的决策执行监督机制和对下属企业的有效管控模式;指导庆铃集团、重庆轻纺集团等制定董事会议事规则,指导重庆化医集团、重庆能源集团、重庆外经贸集团等企业制定总经理工作细则,对董事会、总经理办公会的议事和决策流程进行规范。

二是规范董事会的日常运行。重庆市国资委建立董事会运行定期检查制度,要求各企业每季度向国资委报送《董事会运行情况季度报表》;列席企业定期董事会会议52次,完成22户市属国有独资企业董事会运行情况及董事会资料抽查工作,并向8户企业下发整改意见书,督促企业规范董事会运行。80%的国有独资公司能按照章程规定每季度召开一次定期董事会会议。

三是加强外部董事履职能力。召开外部董事履职能力交流座谈会,组织外部董事学习国务院国资委和重庆市国资委法人治理方面相关文件。发挥监事会监督作用,以问题和风险为导向,不断优化监督方式、强化日常监督、开展履职监督。2015年重庆市国资委通过开展整改工作现场核查发现,23户企业监事会揭示的269个问题中,147个问题整改完成,122个问题正在整改过程中或已完成阶段性整改目标,整改完成率54.6%。监事会监督从财务监督逐步向全覆盖和重点监督转变、从偏重事后监督逐步向全过程监督转变、从揭示问题逐步向揭示问题与督促整改并重转变。

六、重庆市国资委监管企业建立和完善经营业绩考核体系情况

根据中央关于国有企业负责人薪酬制度改革精神,依据《重庆市深化市管企业负责人薪酬制度改革实施意见》,重庆市国资委拟定《市属国有重点企业主要负责人经营业绩考核暂行办法》和《市属国有重点企业负责人薪酬管理暂行办法》。遵循社会主义市场经济规律和企业发展规律,结合企业功能定位、经营性质和业务特点,对企业负责人实行分类考核,并按权利、义务、责任相统一的要求,建立健全科学合理、可追溯的资产经营责任制,突出考核导向,明确考核标准,引导企业提高国有资本运营效率,不断提升价值创造能力,增强国有经济活力,放大国有资本功能,实现国有资本保值增值。

坚持将经营业绩考核结果同企业负责人的激励约束紧密结合,即业绩升、薪酬升,业绩降、薪酬降。企业负责人严格执行基本年薪+绩效年薪+任期激励收入的薪酬体系。主要负责人基本年薪不超过上年度市管企业在岗职工平均工资的2倍,其他副职负责人基本年薪,则根据其任职岗位、承担的责任和风险等因素,由企业按公司治理程序在主要负责人基本年薪的0.6~0.9倍之间确定。绩效年薪由基本年薪、年度考核评价系数、绩效年薪调节系数确定。年度考核评价系数根据年度经营业绩考核结果确定,最高不超过2。绩效年薪调节系数依据企业功能性质、所处行业、资产总额、利润总额、平均职工人数、盈余现金保障倍数以及国际化经营系数、净资产收益率、资产负债率等因素确定,最高不超过1.5。参与市场竞争程度高的商业一类企业绩效年薪调节系数高于参与市场竞争程度较高的商业二类企业,商业二类企业高于公益类企业,规模大的高于规模小的企业。

七、重庆市国资委监管企业负责人考核与选人用人机制改革情况

一是继续加强企业领导班子管理制度建设。研究制定《重庆市市属重点国企部门及子分企业领导人员选拔任用工作流程图》，规范企业中层管理人员选任工作，并首次明确市场选聘的方式和基本路径。研究起草《重庆市市属国有重点企业领导班子和领导人员综合考核评价办法》，将党建工作纳入综合考核，形成经营业绩、党建工作、综合测评三位一体的综合考核评价体系。

二是全面开展企业领导班子回访调研。2015年，完成27户企业领导班子回访调研，与200余名企业领导和1000余名企业中层干部进行谈话，在回访调研基础上，综合纪检监察、巡视、审计、监事等各方面情况，形成每户企业领导班子的分析研判报告，为优化调整班子提供重要参考。

三是规范有序实施企业领导班子调整。2015年，办理企业领导人员任免手续106人次，涉及企业29户。在企业内部提拔(重用)32人，其中，提拔(重用)任正职16人，近三年来首次有女性高管担任集团董事长，首次有45岁以下的高管担任集团总经理；提拔(重用)任副职16人，有一半年龄在45岁以下，40岁以下的2人。在企业内部交流10人，有9名党政领导干部交流到企业任职，有5名企业领导交流到党政机关、部门管理的国企或民营企业任职。

四是从严监督企业领导人员。认真执行中央、重庆市委有关规定，2015年坚决调整2名不胜任、不称职的企业领导，交流配备监事会主席13名，交流配备纪委书记6名且均为专职设置，交流配备财务总监4名，审核批复29人次兼职手续，办理完毕22件信访举报，完成74人的个人事项报告查核，完成215名企业领导人员的档案专项审核。

五是不断深化公司治理建设。配合企业股权调整、股份制改造等工作开展，及时开展企业董事会、监事会、经理层换届及董事、监事个别调整配备工作。2015年，完成4户企业换届工作，新任职外部董事14人，外部监事10人，有效改善企业法人治理结构。

六是扎实推进企业人才队伍建设。有针对性地实施各类人才培养项目，2015年组织实施培训项目12个，培训人数1500余人次，其中，2个项目列入重庆市主体班。组织企业参加“百人计划”“千人计划”“两江学者”等人才项目和“重庆市千名优秀人才引进计划”、大学生招聘会等人才引进活动，企业2015年招收应届毕业大学生4000余名。组织实施“西部之光访问学者”“博士后科研工作站”“重庆院士专家工作站”等人才项目评选申报。

八、重庆市国资委监管企业党的建设和廉政建设情况

(一)党的建设情况

截至2015年底，重庆市国资委党委直管党组织关系的37户市属国有重点企业有基层党组织5885个，党员13.26万名；代管党组织关系的44户中央及外地在渝大型企业有基层党组织3623个，党员9.89万名。2015年重庆国资系统发展党员4908名，其中大专及以上学历党员3427名，占69.82%，生产和工作第一线党员4181名，占85.19%。

一是扎实开展“三严三实”专题教育。围绕“严以修身，加强党性修养，坚定理想信念，把牢思想和行动的‘总开关’”等专题，开展“四个全面”战略布局、坚定理想信念、加强党性修养等3个主题学习研讨，举行专题学习119次，357人次交流发言。企业党委书记、班子成员上党课292人次，受众2.5万余人，专题教育集中研讨343次，交流发言1252人次，查找“不严不实”问题934个并全部整改完成，建章立制263个。督促企业组织部门召开工作推进协调会163次，开展专项督查指导181次，编发简报374期，市级媒体报道54次。重庆市国资委党委承担市委“三严三实”专题教育第十督导组职责，专项督查10户企业，集体访谈企业中层以上领导人员75人、个别访谈41人，调查问卷250人，点评企业专项教育意见38条，指出问题31个，提出建议30条，企业均已完成整改。37户市属国有重点企业严肃认真地召开“三严三实”专题民主生活会。

二是坚持落实好全面从严治党责任。开展国企

落实全面从严治党责任专题调研和市属国有企业党建工作评价考核专题研究，进一步完善市属国有企业党委工作规则等。国有企业党委书记认真落实党风廉政建设第一责任人职责，党委班子成员落实“一岗双责”，市属国企普遍建立党风廉政建设的规范性制度。探索将党建工作总体要求纳入国有企业章程，对党组织及工作机构设置、职责分工、工作任务、经费保障纳入企业章程进行规范，推动党委发挥政治核心作用组织化、制度化、具体化。

三是切实加强基层党组织建设。加强企业党组织基础工作标准化建设，坚持党建工作经费原则上按职工工资总额的1%纳入企业全年财务预算。分层分批加大国企入党积极分子、新党员、优秀基层党员培训力度，国企各级党组织培训4.3万人次。围绕生产经营开展主题实践活动，建立党员责任区14387个，党员示范岗、党员先锋岗15983个，组织党员开展攻关，推动企业创新创效，以业绩书写先进性。

四是充分发挥党外代表人士作用。成立市知联会国资系统分会，召开成立大会和第一次全体会员大会、第一届一次理事会议、第一届一次会长会议。从市国资系统选送1名党外代表参加中央统战部的培训，遴选2名代表参加第七批市级党外代表人士实践锻炼，推荐重庆市第四次归侨侨眷代表大会代表2名。112名市国资系统党外代表人士纳入由市国资委、国企党委两级负责，市国资委党委重点掌握培养、市国资委党委指导企业集团党委重点实施培养、企业集团党委普遍培养的“两级三层培养”计划，16名“两级三层培养对象”被选入市“重点人物库”成员。

五是推动党建带群建工作积极创新有力。组织53家国有企业为全市高校5292名大学生提供暑期带薪实习岗位，累计发放实习生活补贴382.73万元。举办“共话改革·圆梦国企”活动大赛，收到论文185篇、金点子98个。举办足球、篮球联赛，“向幸福出发”走走族等活动，活动参与人员超过1000人次。开展市国资系统党的群团工作调研，覆盖70余户企业、1800余名国企职工。组织国企青年团干部赴江津区夏坝镇，与村民“院坝会”共话农企合作金点子，开展“服务三农·共赢发展”主题沙龙。探索组织建设+移动互联+团团购模式，吸引13149人参与，商品销售总额2.1亿元，实现社会、企业、个人三满意。

(二)廉政建设情况

2015年，重庆市国有企业党风建设和反腐倡廉工作持续深入推进。一是强化责任落实。组织召开2015年度市国资系统党风建设和反腐倡廉工作会议，制定《2015年党风建设和反腐倡廉分工责任制》，与80户市属国有重点企业、中央和外地在渝大型企业签订《党风建设和反腐倡廉工作责任书》。制定并严格执行《关于印发落实党风廉政建设“两个责任”配套制度的通知》，实现专题报告、述责述廉、工作约谈全覆盖。二是强化作风建设。严格把握政策界限，坚决查处公车私用、大操大办、借机敛财、公款吃喝、公款旅游、违规发放津补贴等突出问题。紧盯“春节”“五一”“中秋”“国庆”等重要节点，组织开展暗访督查，发现公车私用、违反工作纪律等问题31个，给予严肃处理。开展企业办公用房情况监督检查，逐户下发整改通知，督促限期整改到位。立案查处违反“八项规定”精神的案件13件，给予党纪处分15人。三是强化执纪审查。2015年，重庆市国资系统各级纪检监察组织受理信访举报1302件，其中检举控告类1112件，立案53件，结案45件，给予党纪政纪处分45人。四是强化宣传教育。深入开展“三严三实”专题教育，通过组织廉政党课、“两个责任”专题党课、解读《中国共产党巡视工作条例》《中国共产党廉洁自律准则》和《党员纪律处分条例》、召开警示教育大会等方式，着力营造“廉荣贪耻”的文化氛围。狠抓企业领导人员选任关口，对新提任企业领导人员开展廉洁谈话、廉洁承诺、培训考试64人次。开展国有企业股权多元化改革预防职务犯罪课题研究。编印《国企反腐倡廉实践与研究》2000余册。五是强化制度建设。配合市委制定出台《重庆市市属国有企业负责人履职待遇、业务支出管理暂行办法》，切实规范企业领导人员公务用车、办公用房、公务接待。六是强化专项整治。开展六个专项行动，重点整治国资系统存在的违反纪律不讲规矩、落实“两个责任”不到位履职不力、国有企业改革违纪违法、选人用人违规、工程建设领域违纪违法、设备和材料采购违纪违法等6个方面的问题。七是强化巡视整改。针对巡视反馈意见，坚持问题导向、梳理问题清单1156项。加强巡视督导，成立4个督导组，对39户企业巡视整改情况逐户检查，督促企业整改问题841项。印发《关于巡视发现问题集中整治情况的通报》，督促企业建立问题整改台账，确保问题立行立改、整改到位。

（撰稿人：高紫阳）

四川省

一、四川省国有资产监督管理工作综述

2015年，面对错综复杂的宏观经济形势和艰巨繁重的改革发展任务，四川省国资系统紧紧围绕全省工作大局，抓发展、抓改革、抓党建，开拓进取、扎实工作，国有经济保持总体平稳、稳中有进的发展态势，在"十二五"收官之年交上一份圆满的答卷。

一是坚持把发展放在首位，综合实力进一步提升。2015年，全省地方国有企业资产总额37259.27亿元，所有者权益13052.19亿元，实现营业收入5517.03亿元，利润395.72亿元，较2014年分别增长16.09%、14.07%、5.70%和12.39%。其中27户省属企业资产总额7543.37元，所有者权益2417.73亿元，实现营业收入2044.80亿元、利润68.94亿元，较2014年分别增长10.49%、18.37%、15.93%和66%，为全省发展大局作出贡献。同时，30户在川央企和地方企业营业收入上100亿元，其中：国网四川省电力公司、四川省铁路产业投资集团有限责任公司（以下简称"铁投集团"）、四川长虹电子控股集团有限（以下简称"长虹集团"）等8户企业上500亿元。2015年《财富》中国企业500强排行榜中，四川省有5户国有企业上榜。

二是扎实推进国企改革，发展活力进一步增强。坚持市场化改革方向，在新一轮国企改革中走在全国前列。狠抓政策和制度建设，先后制定出台《深化国资国企改革促进发展的意见》及落实董事会选人用人职权、三项制度改革、混合所有制改革等9个政策文件，四川省国企改革"1+N"政策制度体系骨架基本形成。狠抓重点企业改革，川商投资集团进一步深化改革、旅投集团组建加快推进。化工控股分块搞活转型升级取得重大成效，川煤集团改革脱困加紧推进。狠抓重点领域改革，以规范董事会建设为重点完善法人治理结构，落实董事会选人用人职权改革、经理层整体市场化招聘稳步推进，长虹集团率先面向全球招聘总经理。深化三项制度改革，市场化经营机制初步建立，内在活力、管理效益明显提高。推进国有企业股份制改革，新设立的省属二、三级企业基本实行产权多元化。

三是加强国有资产监督管理。四川省国资委进一步优化国有资产管理体制，以管资本为主加强国有资产监管，提高国有资产监管效率。推动简政放权，按照"管准、管好、管活"的要求，制定《省国资委出资人审批事项管理办法》，重点加强对国有企业战略规划、公司治理、考核分配等重大事项和关键环节的管控。按照省委部署，将长虹集团等5户企业领导班子管理权限下放市（州）党委管理。创新监管方式，建立国资监管机构统一委托中介机构进行财务决算审计的常态化机制，有效提高审计数据的真实性和可信度。建立国资监管信息平台，初步实现对企业全程、实时、动态监管。搭建国有资本投资运营平台，制定四川发展控股改组国有资本运营公司实施细化方案，指导川投集团、能投集团制定改组为国有资本投资公司的专项方案。充分发挥政府外派监事会作用。四川省国资委高度重视监事会工作，对所监管集团公司代表省政府外派监事会。监事会认真开展日常监督、专项监督和年度集中检查，及时提交监督检查报告，有力维护国有资本安全，对促进国有资本保值增值和企业健康发展发挥重要作用，成为国资委国有资产监督管理工作的重要组成部分。

二、四川省国有资产总量与结构分析

截至2015年底，四川省地方企业国有资产统计报表汇编企业4132户，资产总额37259.27亿元，负债总额24207.08亿元，归属于母公司的所有者权益11829.91亿元，年末国有资产总量11361.97亿元，国有资本增值保值率102.25%，实现营业总收入5517.03亿元，利润总额395.72亿元，归属于母公司的净利润239.08亿元，上缴税费490.51亿元。与2014年比较，资产总额增长16.09%，归属于母公司的所有者权益增长14.97%，营业总收入增长6.03%，利润总额增长12.39%，归属于母公司的净利润增长18.99%。

表 1　2015 年四川省所属国有企业指标

项　　目	金　额(亿元)
资产总额	37259.27
所有者权益	13052.19
营业总收入	5517.03
利润总额	395.72
净利润	301.15
归属于母公司所有者的净利润	239.08
应交税费总额	498.17
实际上缴税费总额	490.51

表 2　2015 年四川省国有企业户数情况

项　目	2014 年	2015 年	比上年增长(%)
户数(户)	3888	4132	6.28

(一)国有资产总量地区分布中,成都市比重最大,分布状况与各地区经济发展水平基本一致

2015 年,四川省本级国有资产总量 1891.45 亿元,占全省的 16.65%,成都市国有资产总量 4600.91 亿元,占全省的 40.49%。省本级与成都市合计占全省的 57.14%。其他 20 个地区合计总量仅占全省的 42.86%,分布差异仍然较大,其中,宜宾市 874.15 亿元,占比 7.69%;眉山、泸州、绵阳、遂宁 4 个市超过 300 亿元,另有 12 个市(州)超过 100 亿元,其余 3 个地区中攀枝花市不足 20 亿元。国有资产总量的地区分布状况与各地区经济发展水平基本一致。

表 3　2015 年四川省国有资产地区分布情况

地　　区	国有资产(亿元)	占国有资产总量比重(%)
省本级	1891.45	16.65
成都市	4600.91	40.49
宜宾市	874.15	7.69
眉山市	430.46	3.79
泸州市	429.90	3.78
绵阳市	424.66	3.74
遂宁市	304.62	2.68
南充市	290.29	2.55
乐山市	289.36	2.55
雅安市	242.51	2.13
内江市	221.36	1.95
凉山州	205.46	1.81
自贡市	185.17	1.63
资阳市	185.06	1.63
巴中市	168.89	1.49
达州市	147.40	1.30
广元市	136.37	1.20
德阳市	104.63	0.92
广安市	103.68	0.91
甘孜州	71.54	0.63
阿坝州	36.45	0.32
攀枝花市	17.14	0.15
合　计	11361.97	100.00

(二)国有资产行业分布主要集中于社会服务业、交通运输业、建筑业、工业和房地产业,其中社会服务业比重超过四成

2015 年,社会服务业的国有资产总量 5131.30 亿元,占全省国有资产总量的 45.16%,为 16 个行业中总量最高,另有 4 个行业国有资产总量超过 1000 亿元,分别为交通运输业 1485.04 亿元、建筑业 1462.78 亿元、工业 1225.05 亿元、房地产业 1157.96 亿元,与社会服务业的差距明显,以上 5 个行业的国有资产总量合计比重为 92.08%。

其他 11 个行业中,卫生体育福利业、地质勘查及水利业、金融业、教育文化广播业、批发和零售业的国有资产总量超过100亿元，分别占全省的1.86%、1.23%、1.14%、1.00%、0.97%；其他6个行业所占比重不足1%，5个行业国有资产总量不足50亿元，1个行业不足1亿元。

表4　2015年四川省国有资产行业分布情况

行　　业	国有资产（亿元）	占国有资产总量比重（%）
社会服务业	5131.30	45.16
交通运输业	1485.04	13.07
建筑业	1462.78	12.87
工业	1225.05	10.78
房地产业	1157.96	10.19
卫生体育福利业	211.85	1.86
地质勘查及水利业	139.55	1.23
金融业	129.48	1.14
教育文化广播业	113.18	1.00
批发和零售业	110.46	0.97
农林牧渔业	72.45	0.64
仓储业	35.70	0.31
机关社团及其他	35.19	0.31
信息技术服务业	31.87	0.28
科学研究和技术服务业	20.08	0.18
邮电通信业	0.04	0.00
合　　计	11361.98	100.00

（三）大型和小型企业在四川省国有经济中的比重较大，结构呈哑铃型

2015年，四川省大型企业国有资产总量5638.09亿元，占全省的49.62%，小型企业国有资产总量3265.49亿元，占全省的28.74%，在全省国有经济中的份额较大。此外，中型企业国有资产总量1761.85亿元，微型企业国有资产总量696.55亿元。

表5　2015年四川省国有资产经营规模分布情况

经营规模	国有资产（亿元）	占国有资产总量比重（%）
大型企业	5638.09	49.62
中型企业	1761.85	15.51
小型企业	3265.49	28.74
微型企业	696.55	6.13
合　　计	11361.98	100.00

三、四川省国有资本保值增值综合分析评价

（一）国有资本实现保值增值

2015年，四川省地方国有企业国有资本及权益11356.24亿元，年末国有资产总量11361.97亿元，较2014年增长15.15%，由生产经营产生的经营净积累为226.64亿元，国有资本保值增值率102.25%，较2014年增加0.49个百分点。另外，国家及国有单位直接资金投入688.81亿元，资产划入294.62亿元，促进四川省地方国有企业做强做大。

（二）不同级次、不同区域和不同行业企业国有资本保值增值水平存在差异

2015年，四川省本级企业国有资本保值增值率为102.96%，省级监管企业国有资本保值增值率为102.81%，高于全省平均水平，27户企业中21户实现保值增值；市（州）企业国有资本保值增值率为102.12%，21个市（州）中的19个市（州）企业实现国有资本的保值增值，甘孜州最高为127.42%，其次是宜宾市107.51%、广安市106.76%、泸州市105.50%，2个市（州）企业未实现保值增值，分别是德阳市99.27%和凉山州97.31%；16个行业保值增值水平存在差异，实现保值增值的行业有14个，最高为批发和零售业121.72%，其次为金融业112.73%，信息技术服务业、科学研究和技术服务业超过105%，未实现保值增值的行业有2个，最低为邮电通信业96.43%。

表 6　2015 年四川省国有企业地区和行业国有资本保值增值情况

地　区	国有资本保值增值率(%)	行　业	国有资本保值增值率(%)
省本级	102.96	批发和零售业	121.72
甘孜州	127.42	金融业	112.73
宜宾市	107.51	信息技术服务业	105.63
广安市	106.76	科学研究和技术服务业	105.42
泸州市	105.50	工业	104.43
阿坝州	104.18	教育文化广播业	104.32
资阳市	102.52	地质勘查及水利业	102.94
遂宁市	101.78	社会服务业	101.88
内江市	101.66	建筑业	101.70
成都市	101.49	交通运输业	101.05
眉山市	101.13	机关社团及其他	101.02
自贡市	100.96	房地产业	100.75
乐山市	100.76	仓储业	100.27
雅安市	100.69	卫生体育福利业	100.23
巴中市	100.68	农林牧渔业	99.81
广元市	100.67	邮电通信业	96.43
攀枝花市	100.31		
南充市	100.21		
绵阳市	100.08		
达州市	100.06		
德阳市	99.27		
凉山州	97.31		

四、四川省国资委监管企业股份制改革与上市融资情况

(一)推进国有企业股份制改革

2015 年,新设立的四川省属二、三级国有企业基本实行产权多元化,国有独资企业通过增资扩股积极引入战略投资者,股份制逐步成为四川省属国有企业的主要组织形式。

(二)大力培育上市资源

四川省国资委制定省属企业在主板、创业板、新三板等挂牌上市工作方案,并分类分阶段推进省属企业上市工作。962 户省属一级及下属法人公司有40%转型为混合所有制企业,其中地方国有控股上市公司达到 24 家,总市值 3500 亿元。

五、四川省国资委监管企业并购重组与完善法人治理结构情况

(一)并购重组情况

四川省国资委坚持推动国有资本向公用事业、基础设施产业、战略性新兴产业、特色优势产业和现代服务业等重点行业和领域集中。一是重点围绕交通、能源、电子信息、食品饮料、现代服务业等产业,支持产业相近、行业相关、主业相同的国有企业通过合并、划转、并购等多种方式进行重组整合,实现“1+1>2”效应,培育大企业大集团。以铁投集团、四川省交通投资集团有限责任公司等骨干企业为依托,推动国有资本向基础设施领域集中。以四川华西集团有限公司(以下简称“华西集团”)、成都建工集团等建筑施工优势企业为依托,做大做强建筑施工业。整合四川省商业集团有限公司、四川省粮油集团有限责任公司组建四川省商业投资集团有限责任公司,打造全省现代商贸流通服务业投资发展平台,带动四川名优特色产品销售。重组整合四川旅游发展集团有限责任公司与四川省锦弘集团有限责任公司组建四川旅游投资集团有限责任公司,推动旅游产业转型升级,组建方案按程序报批。对主动承接国家、省重大专项、科技计划和战略性新兴产业领域的产业化项目以及组建或收购境内外研发中心、品牌企业所发生的相关费用,经认定可视同考核利润。二是鼓励企业剥离非主业资产,促进资金、人才、技术等资源向主业集中,提升企业核心竞争力。推进四川化工控股(集团)有限责任公司分块搞活转型升级改革取得重大成效,企业危机初步化解,实现向好发展,ST 川化正在有序推进司法重整工作。2015 年,安排改革发展资金和国有资本经营预算资金 5.3 亿元,支持企业改革发展。三是以“央企入川”为重点,推动省属企业与各类实力强的企业互利合作;四川发展

（控股）有限责任公司等企业与凉山、眉山、阿坝、甘孜等市（州）签订战略合作协议，在金融、旅游、矿产资源开发、基础设施建设等领域深度合作。特别是推动国有企业积极抓住"一带一路"重大机遇加快"走出去"，中铁二局集团有限公司、华西集团等一大批工程建设和装备制造企业，在欧洲、非洲、东南亚和中东国家承建大批项目，四川省属企业在矿产、基建、能源、农业等领域达成的合作项目潜在价值近1500亿元。"走出去"新平台加快搭建，四川省属企业首个海外综合投资平台——中国四川国际投资公司组建的前期工作基本完成。四川航空集团有限责任公司、四川省机场集团有限公司开通国际（地区）航线分别达到29条和85条，四川国有企业成为四川省对外开放"排头兵"。四是建立国有资本退出机制。根据"有所为有所不为"的原则，推进国有资本有序退出不具备竞争优势、产能过剩和无法有效发挥作用的行业和领域。四川省水务投资集团有限责任公司撤销工作完成，资产、人员实现平稳移交和安置。四川煤炭产业集团有限责任公司积极推进淘汰落后产能，退出相对成本畸高的煤矿开采。

（二）完善法人治理结构情况

一是重点推进董事会建设，建立健全权责对等、协调运转、有效制衡的公司法人决策执行监督机制。印发《关于省属国有独资公司建设规范董事会的意见（试行）》，明确规定国资委、董事会、经理层等有关方面的职责边界和董事会及专门委员会的运行规则，强调各有关方面沟通与协调、支持与服务机制的建立及运行，对推进四川省国资委监管的国有独资公司建设规范董事会工作具有积极的指导意义。按照《关于推进落实董事会选人用人职权改革专项方案（试行）》，全面落实国有企业董事会在重大决策、薪酬考核、选人用人等方面的职权，推动董事会制度"由虚入实"。二是探索建立外部董事制度，制定《关于深化省属国有企业董事会改革建立专职外部董事队伍的意见》，面向全省知名高校、科研院所、中介机构择优征集70名专业人才，建成并扩大兼职外部董事人选库，为竞争性国有企业建立外大于内的董事会结构、功能性国有企业逐步增加外部董事比例，提供有力的人才支撑。设立专职外部董事资格评审委员会、建立外部董事管理中心等事项已经启动。

六、四川省国资委监管企业建立和完善经营业绩考核体系情况

按照四川省委、省政府《关于深化省属国有企业负责人薪酬制度改革的实施意见》（川委发〔2015〕13号）要求，四川省国资委于2015年3月正式启动《四川省国有企业负责人经营业绩考核办法（试行）》（川办发〔2012〕75号）修订完善工作，并于2015年底前形成《四川省省属国有企业负责人经营业绩考核办法（征求意见稿）》，按程序报批。

七、四川省国资委监管企业负责人考核与选人用人机制改革情况

（一）推进落实董事会选人用人职权改革

四川省国资委开展规范董事会建设和经理层人员身份市场化转换、市场化选聘等工作，全程指导、跟踪推进四川省国有资产经营投资管理有限责任公司、四川省有色科技集团有限责任公司、四川富润企业重组投资有限责任公司3户企业的改革试点，其中"外大于内"董事会组建、现有班子成员调整、现有经理层人员身份转换均已完成，经理层市场化选聘及时跟进开展，以公司章程、议事规则为核心的制度体系初步形成。

（二）探索构建企业领导班子功能结构模型

四川省国资委招标确定中智人力资源管理咨询公司作为构建企业领导班子功能结构模型承建机构，选择四川省能源投资集团有限责任公司等4户不同类型的企业，按照"一企一模型"思路，开展首批企业领导班子功能结构模型构建，为董事会、经理层班子配备提供遵循。

（三）持续优化企业领导班子结构

围绕企业转型升级、整合重组、治理结构优化需要，选任一批具有专业特长、年富力强的优秀人才进入企业领导班子。根据四川省委加强领导班子思想政治建设有关要求，对省属企业领导班子进行分析研判，对一、二级公司董事会、经营层进行履职测试；同时，强化研判、测试结果运用，促进董事会、经理层班

子的合理调整、结构优化。

(四)加强后备队伍递进培养

按照专业化、市场化、职业化要求,统筹推动人才选、用、育、留工作。推动校企合作协议落地,在清华大学举办“省属国有企业经营管理人员递进培养班”,选拔45名企业中层经营管理人员参加递进培养,与清华大学党委组织部、清华经管学院就高端人才柔性引进、领军人才培养等进行深入沟通。与复旦大学、上海财经大学等知名高校开展合作洽谈。组织省属企业赴北京、上海等人才聚集地开展人才招聘。

(五)开展企业领导班子和领导人员年度考核

2015年,四川省国资委对27户省属国有企业、220名企业领导人员进行年度考核,并结合年度考核,按照干部管理权限,开展企业领导人员全覆盖谈心谈话。

(六)完善配套制度体系

围绕四川国资国企改革任务,四川省国资委研究起草《关于省国有重要骨干企业董事会选聘高级管理人员的指导意见(试行)》《关于深化省属国有企业董事会改革建立专职外部董事队伍的意见》《省属国有企业董事会及董事评价办法》《省属国有企业领导班子及领导人员综合考核评价办法》等指导文件。

八、四川省国资委监管企业党的建设和廉政建设情况

(一)切实加强国企党建工作

2015年,四川省国资委党委认真落实从严管党治党要求,切实加强国有企业基层党组织和党员队伍建设,为促进国有企业做强做优做大提供坚强组织保障。一是狠抓领导班子思想政治建设和“三严三实”专题教育。推出八条举措38项重点工作任务加强领导班子思想政治建设,聚焦执行力不强等六类“不严不实”问题抓好专题教育。针对“监管乏力”和“党组织作用发挥不够”问题,结合“严以修身”“严以律己”“严以用权”三个专题,组织各企业深入开展学习研讨。通报表扬先进基层党组织98个、“为民务实清廉”优秀共产党员107名、践行“三严三实”优秀企业领导人员50名,择优向四川省委组织部推荐表彰对象20个。

二是深入开展企业党的建设薄弱问题专项整治。按照四川省委常委会会议精神和四川省委巡视办要求,四川省国资委党委对省属国有企业党的建设薄弱问题开展为期4个月的专项整治,梳理出国有企业党建工作薄弱、选人用人不规范、党风廉洁建设“两个责任”落实不到位和党的工作机构特别是纪检监察组织不健全等4个方面问题13条具体表现,提出48条整改措施,并召开专项整治工作会,全面安排部署和推进专项整治工作。四川省国资委党委组建3个督查组,对29户企业专项整治开展情况进行集中全覆盖督查。会同四川省委组织部开展国有企业深化改革及党的建设专题调研,参与起草贯彻落实中央办公厅《关于在深化国有企业改革中坚持党的领导加强党的建设的若干意见》(中办发〔2015〕44号)的具体实施意见,巩固专项整治成果。

三是全面推进基层服务型党组织建设。四川省国资委党委扎实开展争创基层服务型党组织和争当为民务实清廉优秀共产党员“双争”活动,细化基层服务型党组织“六好”标准和为民务实清廉优秀共产党员标准,指导企业党组织认真制定争创方案,命名确定首批30个基层服务型党组织示范点,下拨党费300万元支持党组织建设,收到“示范一个,点亮一片”的效果。建立四川省国资委领导联系点制度,省国资委党委班子成员、各企业党员领导人员每人确定1～2个基层党组织作为联系点,加强督促指导。组织企业党组织和党员积极参与芦山灾后重建、精准扶贫工作,引导企业履行政治责任和社会责任。

四是严格落实国有企业党建工作责任。制发《国有企业党委(党组)书记抓党建工作专项述职评议工作方案》和有关要求,抓住党委(党组)书记这个“关键少数”,明确述职评议10个方面重点内容;四川省国资委党委召开专题扩大会,通过电脑随机方式确定7户中央在川企业和7户省属国有企业作为述职评议对象,现场听取党委(党组)书记述职并进行评议。细化企业党员发展计划,全年新发展党员2860名;制发《严格遵守和落实党内组织生活有关制度的通知》,切

实将企业党内组织生活严起来实起来；制发《关于国有企业党组织严格落实按期换届制度有关事宜的通知》，督促指导国有企业抓好党组织换届工作；开展企业党员组织关系排查，理顺党员的党组织关系。

五是扎实推进脱贫攻坚。四川省国资委坚持把扶贫攻坚作为重要的政治任务来完成，要求全省国企必须勇挑重担、作出表率。四川省国资委机关及48户国有企业对口帮扶全省48个贫困县，在新一轮脱贫攻坚中挑起大梁。精心确定23户国有企业对口帮扶大小凉山彝区13个贫困县，重点推进产业扶贫和基础设施改善。举行“四川省国资系统对口帮扶凉山暨国企凉山深化合作座谈会”，10户国有企业与凉山州签订14个重大合作项目，总投资额1100多亿元。同时，积极抓好阿坝州金川县、宜宾市屏山县等扶贫工作，取得实实在在的效果。

六是切实加强宣传和舆论引导。邀请和组织协调中央、省级主流媒体，围绕“聚焦国企改革”“媒体国企行”和“国企改革进行时”等专题专栏，深入30多户国有企业生产经营一线进行采访，先后推出四川化工控股分块搞活、国企负责人薪酬制度改革、国企三项制度改革、“三严三实”主题教育和领导班子思想政治建设等20余期专题报道，主动向社会和媒体宣传国有企业改革政策和最新进展情况，有针对性地做好政策解读和解疑释惑，有效引导社会舆论。2015年，在各中央、省级以上主流媒体播放、刊发和转发国资国企改革新闻报道稿件943条，其中报刊293条，网络宣传489条，电视宣传161条，为积极稳步推进国资国企改革发展营造良好舆论氛围。

（二）坚持抓好国企党风廉洁建设

2015年，四川省国资委党委深入贯彻关于党风廉政建设和反腐败工作的系列重要部署，为国资国企改革发展提供坚强的纪律保障。一是推动“两个责任”落到实处。制定落实“两个责任”实施意见，进一步明确企业党委书记、领导班子成员和纪委书记职责。紧盯企业“两个责任”履行情况，定期组织集体约谈，全年约谈人数达4165人次。组织企业层层签订党风廉洁建设责任书，全年签订责任书15647份。完善党风廉洁建设责任考核办法，推动考核结果与薪酬绩效、奖励惩处、选拔评优“三挂钩”。2015年，四川省国有企业领导人员因落实党风廉洁建设责任不力被追责286人，受到组织处理102人。

二是着力塑造国资系统新风正气。2015年，四川省国资委切实纠正企业执行中央八项规定精神不严格、有偏差等问题，四川省国有企业1026人上交红包、礼金671.65万元，608人受到诫勉谈话，查处违反中央八项规定精神60人。督促指导成都铁路局、交投集团等企业多措并举，扎实解决发生在群众身边的“四风”和腐败问题。认真配合做好两轮8户企业巡视工作，召开党建薄弱问题专项整治工作会议，分门别类建立整改台账，从严从实推动整改；同时，指导被巡视的企业深入剖析问题原因，及时制定整改方案，督促未被巡视的企业引以为戒，举一反三，全面改进。

三是坚决查处企业违纪违法案件。着力加大监督执纪力度，对中央在川和省属企业10起违纪违法典型案件进行集中通报，始终保持正风反腐高压态势。2015年，四川省国资系统受理信访举报件1226件（其中四川省国资委纪委受理信访件309件），立案286件，党纪政纪处分478人，挽回经济损失1760.80万元。扎实开展效能监察，提升管理效益。四川省国资委纪委直接对省国资经营公司等2户企业开展效能监察；国有企业开展效能监察823项，挽回经济损失12583万元。

四是注重探索创新，推进反腐倡廉工作机制体制改革。推动构建与中央在川企业的“五同共建”机制，着力构建四川国资系统反腐倡廉工作统筹联动格局。积极推进省属企业纪委书记、副书记提名考察有关工作，推动双重领导体制具体化、程序化、制度化，规范向上级纪委报告线索处置和执纪审查工作。加强反腐倡廉工作理论调研，推荐上报四川省国资系统优秀理论文章60余篇。

五是不断筑牢系统防治腐败工作基础。在新修订的廉洁自律准则和纪律处分条例出台后，组织全省国资系统113户企业、15042个党支部、29.8万党员深入学习，并在四川省“党纪党规印我心”知识竞赛决赛中，四川省国资委系统代表队荣获一等奖。2015年，四川省国有企业受廉洁教育人数56.68万人次，24530人作出廉洁承诺。注重将惩防体系建设融入企业管理经营全过程，加强责任分解、监督检查和效果评估,初步形成党委统一领导、党政齐抓共管、纪委协调推进、群众广泛参与的惩防体系工作格局。围绕国有企业权力集中、资金密集、资产聚集等重点部门和关键环节,立足推进权力运行规范化监督和廉洁风险全员化防控,加强制度对接和配套。

六是加强国有企业纪检监察队伍建设。紧扣"三严三实"要求,立足"忠诚、干净、担当"标准,引导纪检监察人员聚焦主业。明确省属企业设立统一的纪检监察机构,夯实队伍建设基础。切实加强能力建设。先后组织省属企业、在川央企和部分市(州)企业80余名纪检监察人员参加中纪委、省纪委举办的7期纪检业务培训班。

(撰稿人:钟　浩)

贵州省

一、贵州省国有资产监督管理工作综述

在贵州省委省政府的正确领导下,贵州省国资委及监管企业坚持稳中求进工作总基调,积极应对复杂多变的经济形势,全力以赴稳增长、调结构、促转型、抓改革、强监管,企业生产经营主要指标稳定增长,实现"十二五"圆满收官。2015年,省国资委监管企业实现营业收入2360亿元、利润总额259亿元、生产总值788亿元,同比分别增长2.5%、7.8%和8.8%。其中,省国资委19户独资、控股和具有实际控制力企业实现营业收入2005.6亿元、利润总额240.1亿元、生产总值658.4亿元,同比分别增长5.3%、4.0%、6.7%。

(一)国有经济质量效益进一步提升

各监管企业坚持把加快发展作为第一要务,全力抓好生产组织,经济效益、运行质量和竞争力明显提升。一是市场空间积极拓展。及时调整经营策略,巩固传统市场、开拓新兴市场,市场覆盖面进一步扩大。茅台集团借助"金奖百年"契机,举办国内外庆祝庆典活动,市场影响力不断增大。七冶公司继续加强与中国有色金属建设有限公司、马来西亚齐力民都鲁有限公司等企业的合作,成功签订一批建筑施工合同和设备采购合同,签约金额2亿元。开磷集团充分发挥开磷海外公司的优势互补作用,进一步拓展南北美市场。瓮福集团正在实施突尼斯洗选矿等3个海外技术服务项目,在中东、北非等地开拓的一批技术服务性项目即将落地实施。二是重大项目有力推进。茅台生态循环经济产业示范园建成,盘江集团瓦斯(煤层气)地面抽采项目加快推进,产投集团剑河园方新型建材项目建成投产,多彩贵州城获批为国家4A级景区,多彩贵州航空公司正式成立并实现首飞,茅台中华片区制酒技改及辅助配套项目、开磷绿色矿山项目、乌江构皮滩电站等重点项目取得积极进展。三是基础管理切实加强。瓮福集团围绕应收预付账款、资金担保、合同管理、信用体系建设等加强内部管理,个人备用金借款同比下降62%。开磷集团将职工收入增长与劳动生产率挂钩,坚持同类产品(服务)工资单价逐步趋同,加大工资收入与效益指标直接挂钩力度,充分调动各单位提高企业发展效益的主动性积极性创造性。遵钛集团对资金进行统一调度,严格控制管理费用、销售费月等,提高资金利用率,集团管理费用同比下降16.1%、销售费用同比下降52.7%。截至2015年底,省国资委监管企业营业收入超过100亿元企业8户,其中超过400亿元1户、超过300亿元2户、超过200亿元1户。

(二)国有企业改革调整进一步深化

继续实施监管企业产权制度改革三年行动计划,研究起草深化国有企业改革实施意见,启动六项改革试点工作,进一步增强监管企业的发展活力和动力。一是困难企业改革脱困有力推进。成立以省国资委主要领导担任组长的改革脱困领导小组,负责统筹协调遵钛集团、六枝工矿改革脱困工作,协调各类资金6亿余元,帮助两户企业缓解债务危机、恢复生产。牵头遵钛集团引战工作,与战略合作意向方签署《战略合作框架协议》,指导双方制定战略重组及银行债务实施"类债转股"方案。采取盘江资本帮扶六枝工矿的方式,帮助六枝工矿减员增效、债务重组,减轻社会负担,逐步实现生产正常化。二是六项改革试点工作有序推进。明确在产投集团、茅台集团开展规范董事

会建设、授权经营试点，在开磷集团开展深化“三项制度”改革试点，在建工集团开展混合所有制员工持股试点，在产投集团、黔晟国资开展国有资本投资公司和国有资本运营公司试点，在六枝工矿、遵钛集团开展社会职能移交和“三供一业”分离改革试点，各项试点工作有力有序推进。三是社会化职能移交稳步推进。争取到国务院国资委将贵州作为扩大中央企业“三供一业”移交7个试点省份之一，贵州省政府于2015年9月24日正式与国务院国资委签订驻黔中央企业“三供一业”移交工作协议。根据进度安排，完成对中央在黔企业和监管企业社会管理职能移交问题调研工作。

（三）转型升级进一步加快

指导监管企业着眼长远谋发展、立足实际调结构，进一步优化战略布局、项目谋划、产业耦合，加强技术创新和技术改造，推动企业绿色发展、循环发展和可持续发展。一是淘汰一批落后产能。首钢贵钢按照“有进有退”的原则，计划对竞争力弱、年年亏损、占有资源无效益的28家“空壳”公司或“僵尸”企业进行注销，2015年已注销7家公司，计划2016—2019年全部清理完成。贵绳集团充分利用自身产品品牌优势和市场影响力，优化产品市场布局，挖掘产品市场潜力，全力以赴抓订单、抢市场。金元集团推动低效无效资产处置，完成粤黔公司参股股权等5项资产处置，基本完成六枝火电等3项前期项目处置。遵钛集团调整优化海绵钛产业结构，加大小粒度产品产量，满足高端客户需求。二是转化一批科技成果。盘江资本、瓮福集团等8家企业2015年确定的25项重点转化科技创新项目，已实现转化20项。瓮福集团成功攻克“湿法磷酸梯级利用”等系列行业性重大课题，省内企业界第一家国家重点实验室正式落户瓮福集团。开磷集团申请专利184件，实施科技研发项目17项，科技成果转化项目8项。保利久联主导或参与5个民爆行业和地方标准制修订，发布4个企业标准，在民爆行业标准话语权进一步提升。中国振华加大科技创新投入，实施8项重大科技创新项目，全年投入科研费用2.48亿元，同比增长12.7%。三是编制一批战略规划。研究监管企业“十三五”规划编制事宜，指导监管企业立足做强做优做大，科学编制“十三五”规划，突出转型升级、支撑长远发展。监管企业组织专业团队开展调研论证，完成外部环境分析和内部能力评价，着手编制战略规划文本。

（四）国资监管体制机制进一步完善

把握国有资产出资人职责定位，积极探索以管资本为主加强国有资产监管的有效方式，监管机制不断完善，监管方式不断创新，监管手段不断优化。一是完善监管制度。“十二五”期间，建立完善涉及产权管理、财务监督、业绩考核、重大事项管理等方面100余个规范性文件，形成较为全面系统的国资监管制度体系。二是理清监管权限。梳理省国资委审核、批准、备案事项清单，向监管企业及社会进行公布，将更多经营管理权限归位于企业。对近年来制定的147个规范性文件进行清理，除101个继续执行外，废止28个，修订18个。三是突出监管重点。加强对产权管理、资产评估核准备案、项目投资评价、企业改制重组、重大投资、重大事项法律审核把关等事项的政策把握、调研论证和指导把关，企业重大事项决策规范性、科学性进一步提高。四是整合监管力量。建立资产、财务动态监测体系，强化对企业财务和资金风险的监测、预警和管控。加强和改进监事会工作，切实提示问题、警示风险、督促整改。推进监事会监督与纪检监察、审计等有机结合，形成监督合力。五是优化市州国资监管。加强对市州国资监管机构的指导，全省9个市（州）中有6个成立国资监管机构。各地国资监管机构建立健全国资监管制度体系，进一步规范国有企业履职待遇、业务支出，积极推进监管企业负责人薪酬制度改革，做细做实国资监管基础工作，国资监管水平不同程度提升。

（五）国有企业党建工作进一步增强

始终把加强党的建设作为必须坚守的政治方向和政治原则，全面加强国有企业党组织建设、党员队伍建设，企业党组织的政治核心作用、党支部的战斗堡垒作用和党员的先锋模范作用得到有效发挥。一是督促指导企业开展“三严三实”专题教育。制定印发《省国资委党委关于扎实抓好企业“三严三实”专题教育的通知》，明确规定监管企业开展“三严三实”专题教育的基本原则、主要任务、方法措施、工作要求等。全面调研监管企业“三严三实”专题教育开展情况,调阅4户企业资料、听取7户企业汇报,对部分重视不够、措施不力、进展不顺的企业,指出问题、提出要求、督促整改。组建由16名副厅级以上干部组成的旁听队伍,每人负责旁听1～2户监管企业专题学习研讨情况,旁听后进行质量评估。对25户监管企业专题教育实施方案、三次专题学习研讨方案、企业“不严不实”问题清单逐户审查,强化任务落实、严格审核把关。深入企业开展检查督导,实地查看25户企业开展“三严三实”专题教育的台账资料,随机走访党员群众130余人次,根据检查督导情况印发《贵州省国资委党委关于监管企业“三严三实”专题教育开展情况的通报》。二是加强基层组织科学化规范化制度化建设。组织系统企业开展新一轮全省机关、企事业单位党建工作先进党组(党委)、省级“五好”基层党组织的申报推荐工作,向省委推荐全省机关、企事业单位党建工作先进党组(党委)8个,获命名6个;推荐省级“五好”基层党组织建议对象名单32个,获命名31个。开展省国资委系统“五好”基层党组织申报、评选工作,命名国资委系统“五好”基层党组织80个,命名国资委系统第二批“样板党支部”30个。指导系统企业开展党委换届选举工作,完成遵义烟厂等11户企业党委换届选举批复工作。认真践行社会主义核心价值观,对系统企业2015年“明礼知耻·崇德向善”身边好人评选活动进行安排部署,向省文明办推荐身边好人48人,系统企业有12人入选“贵州好人”榜。会同省委宣传部完成“五型企业”创建单位的抽查工作,贵州航空有限公司等8户企业获评“2014年贵州省‘五型企业’暨企业文化建设示范单位”。三是做好党员发展、教育、管理和服务工作。督促指导企业贯彻落实《中国共产党发展党员工作细则》,指导企业填写《发展党员全程记实表》,严把党员“入口关”,确保党员发展质量,省国资委系统全年发展党员1495名。实施党员队伍“双培一输送”工程,抓好党员队伍示范教育培训工作,举办入党积极分子培训班2期,培训入党积极分子401人次;举办系统企业基层党务干部能力提升示范培训班2期,对系统企业300名基层党务工作者进行培训,党员队伍结构不断优化。四是督促指导系统企业履行社会责任。抓好同步小康驻村工作,从系统企业抽调290名驻村队员组建省国资委系统驻村工作队,完成系统企业驻村队员任“第一书记”情况全面排查工作,从系统企业新抽调25名党员骨干担任驻村“第一书记”。重点做好12户企业结对帮扶12个重点贫困县的督促指导工作,督促指导企业做好帮扶规划、计划和方案的制定,对系统企业结对帮扶重点贫困县情况进行1次通报。组织召开12户国有企业结对帮扶重点贫困县工作推进会,总结帮扶情况、交流工作经验。

二、贵州省国有资产总量与结构分析

表1　2015年贵州省所属国有企业指标

项　目	金　额(亿元)
资产总额	23309.23
所有者权益	8276.28
营业收入	3351.42
利润总额	370.57
净利润	286.00
归属于母公司所有者的净利润	224.02
应交税金总额	328.58
实际上缴税金总额	310.70

表2　2015年贵州省国有企业户数情况

项　目	2014年	2015年	比上年增长(%)
户数(户)	1188	1183	−0.42

表3　2015年贵州省国有资产地区分布情况

地　区	国有资产(亿元)	占国有资产总量比重(%)
省级直属国有企业	2560.87	34.69
其中:非监管企业	1245.95	16.88
国资委监管企业	1314.92	17.81
市(州)国有企业	4820.55	65.31
其中:铜仁市	236.45	3.20

续表

地　区	国有资产（亿元）	占国有资产总量比重(%)
安顺市	146.76	1.99
毕节市	105.07	1.42
六盘水市	98.78	1.34
黔南州	368.66	4.99
遵义市	419.05	5.68
黔东南州	181.90	2.46
黔西南州	87.42	1.18
贵阳市	3176.46	43.03
合　计	7381.42	100.00

表 4　2015 年贵州省国有资产行业分布情况

行　业	国有资产（亿元）	占国有资产总量比重(%)
农林牧渔业	17.63	0.24
工业	1064.40	14.42
建筑业	2098.01	28.42
地质勘查及水利业	355.12	4.81
交通运输业	497.67	6.74
仓储业	11.17	0.15
邮电通信业	0.01	0.00
批发和零售业	54.07	0.73
金融业	369.30	5.00
房地产业	279.05	3.78
信息技术服务业	1.33	0.02
社会服务业	2562.99	34.72
卫生体育福利业	0.13	0.00
教育文化广播业	46.53	0.63
科学研究和技术服务业	13.04	0.18
机关社团及其他	10.96	0.15
合　计	7381.42	100.00

表 5　2015 年贵州省国有资产经营规模分布情况

经营规模	国有资产（亿元）	占国有资产总量比重(%)
大型企业	1421.83	19.26
中型企业	3188.66	43.20
小型企业	2116.95	28.68
微型企业	653.97	8.86
合　计	7381.42	100.00

三、贵州省国有资本保值增值综合分析评价

表 6　2015 年贵州省国有企业地区和行业国有资本保值增值情况

地　区	国有资本保值增值率(%)	行　业	国有资本保值增值率(%)
铜仁市	99.3	农林牧渔业	100.47
安顺市	99.59	工业	113.36
毕节市	121.92	建筑业	100.29
六盘水市	90.87	地质勘查及水利业	98.14
黔南州	101.17	交通运输业	99.51
遵义市	102.61	仓储业	100.36
黔东南州	99.47	邮电通信业	
黔西南州	100.55	批发和零售业	106.91
贵阳市	101.18	金融业	114.61
省级国有企业	106.66	房地产业	100.91
其中：国资委监管企业	112.12	信息技术服务业	112.83
省属非监管企业	100.40	社会服务业	101.67
省国有企业	103.16	卫生体育福利业	137.95

续表

地　区	国有资本保值增值率(%)	行　业	国有资本保值增值率(%)
		教育文化广播业	106.80
		科学研究和技术服务业	104.08
		机关社团及其他	93.81

四、贵州省国资委监管企业股份制改革与上市融资情况

继续从引进战略投资者、优化产权配置等方面支持监管企业积极稳妥推进产权制度改革，支持企业通过发行债券、股票增发等方式开展融资，提高直接融资比重，优化债务结构，降低融资成本。

(一)企业改革规范有序推进

指导西南能矿等监管企业利用网络平台发布子企业引入战略投资省、矿权处置等信息，提升产权制度改革宣传力度，增强国有资产处置的透明度。指导七冶公司与北京住总集团就实施增资扩股有关事宜开展商务谈判。指导黔晟国资开展所属低效、无效子企业的破产清算工作，处理历史遗留问题。核准七冶公司开展将下属博宏公司股权转让给贵安新区投资公司，通过股权交易，开拓贵安新区建筑市场。对盘江股份非公开发行A股股票预案及员工持股计划、建工集团增资扩股引进绿地集团方案、保利久联集团并购重组盘化集团方案进行认真审核，提出意见及建议，推动企业规范有序地推进产权制度改革。

(二)产权交易监管不断强化

通过组织专家审核，办理核准备案盘江资本产权改革、建工集团引进上海绿地集团实施联合重组、产投集团所持盘化集团国有产权转让保利久联、盘江煤层气公司增资扩股、机场集团下属企业利用土地资产对外出资、水矿集团总医院改制、迈达盛天然气业务引进战略投资重组等事项的评估项目报告7个，评估前资产账面值237.23亿元，负债账面值139.19亿元，净资产账面值98.04亿元，经评估的净资产价值245.45亿元，增值率150.35%。对贵州阳光产权交易所2015年承接的企业国有产权公开转让及实物资产交易情况进行核查，汇总分析有关数据，在与产权交易在线监测系统录入信息核对一致基础上，形成工作报告报国务院国资委。

(三)企业融资能力有效提升

支持开磷集团为开磷股份申请注册发行非公开定向债务融资工具提供担保，帮助开磷集团完善有关担保手续。核准贵旅集团申请分期注册发行总额12亿元的非公开定向融资工具，用于大屯堡旅游区项目、省人民大会堂二期五星级酒店和综合写字楼等项目建设，增强整合旅游资源的能力。核准物资集团非公开发行12亿元公司债，募资投入城市矿产示范项目、物流基地建设，推动企业转型升级、七冶公司申请发行2015年度2亿元非公开定向债务融资工具。支持久联发展、盘江股份以非公开发行股票方式筹集发展资金，发行完成后可融资近80亿元。核准西南能矿集团发行短融10亿元、中票14亿元，用于补充营运资金、归还贷款和重点项目建设等方面。指导瓮福集团注册发行30亿元永续中票，优化资产结构，降低财务风险。

(四)金融投资工作成效明显

支持产投集团牵头筹建贵州省财产保险公司，帮助产投集团协调茅台集团、乌江公司、盘江国资公司等企业召开座谈会，商讨有关出资组建贵州省财产保险公司事宜，指导产投集团加快编制公司组建方案。批复同意茅台集团将在贵银金融租赁有限公司的出资额由1亿元增至4亿元，持股比例为20%，对华贵人寿保险股份有限公司出资额由原2亿元调整为不超过3亿元，茅台集团仍作为公司第一大股东，有助于发挥茅台品牌效应，增强两户企业的经营实力和市场竞争力。

五、贵州省国资委监管企业并购重组与完善法人治理结构情况

坚持把引进战略投资者作为产权制度改革的关键，积极稳妥发展混合所有制，健全完善协调运转、有效制衡的公司法人治理结构。

(一)产权制度改革深入推进

通过采取整体改制、增资扩股的方式,引入绿地集团对建工集团实施混合所有制改造,推动建工集团形成多元持股的混合所有制企业结构。推进省建筑院和省规划设计院兼并重组,推进保利久联和产投集团联合重组盘化集团,推进贵绳集团改革重组,推进物资集团储运总公司下属公司上市,同意省建筑院改制为国有独资公司。

(二)员工持股工作稳步推进

根据《国务院关于国有企业发展混合所有制经济的意见》、混合所有制企业开展员工持股等文件精神,研究制定贵州国有企业员工持股的相关规定。完成监管企业员工持股全面调研工作,明确将建工集团纳入混合所有制企业员工持股试点企业名单,同意建工集团上报的二级公司员工持股方案,员工持股比例原则上不超过30%、个人持股不超过3%。

(三)法人治理结构不断完善

坚持党管干部原则与董事会依法选择经营管理者以及经营管理者依法行使用人权相结合,积极在董事会选聘经理层成员工作中发挥确定标准、规范程序、参与考察、推荐人选等作用。探索现有经营管理者与职业经理人身份转换通道,指导企业董事会按市场化方式选聘和管理职业经理人,适当增加市场化选聘比例。

六、贵州省国资委监管企业建立和完善经营业绩考核体系情况

不断改进完善监管企业负责人经营业绩考核工作,充分发挥考核的引导和激励约束作用,促进企业平稳健康发展。

(一)健全完善考核体系

按照国务院国资委对薪酬制度改革提出的新要求,重新修改《贵州省国资委监管企业负责人第四任期经营业绩考核办法》,经报国务院国资委、省薪改办审批后,与《贵州省国资委监管企业负责人薪酬审核办法》一道印发执行,同时做好2015年度监管企业负责人经营业绩考核和薪酬兑现工作。督促监管企业以经济增加值考核为抓手,建立提高资本效益的相关机制,进一步引导监管企业提升资本价值创造能力。

(二)强化收入分配管理

组织完成监管企业2014年度财务决算报表的收集、审核和汇总工作,继续聘请大华等会计师事务所对19户监管企业2014年度财务决算报告进行集中会审,根据会审结果下达审核意见,督促企业加强财务决算管理。按照工作计划,对监管企业收入分配工作进行布置安排,对监管企业2015年度工资总额预算执行情况进行初审并集中清算和批复。做好监管企业2016年度工资总额预算审核工作。加强监管企业工资总额管理,合理调控劳动用工总量。

(三)组织开展增比进位

按月组织收集、审核、汇总省国资委19户独资、控股和具有实际控制力企业的月度财务快报数据,撰写分析说明,完成11期企业财务快报数据汇总及分析报送,对企业报表编制质量进行评比通报,促使企业重视快报质量。继续对监管企业开展增比进位考核排名工作,促进监管生产经营各项目标任务的完成,为全省经济发展作出积极贡献。完成11期增比进位考核排名及按期通报工作。

七、贵州省国资委监管企业负责人考核与选人用人机制改革情况

认真抓好监管企业负责人经营业绩考核和薪酬管理,大力加强企业领导班子建设和人才队伍建设,适合监管企业特点的经营业绩考核体系和选人用人机制逐步健全完善。

(一)业务支出进一步规范

牵头草拟《省属国有企业负责人履职待遇、业务支出管理办法》并正式印发实施,抓好履职待遇、业务支出有关规定的贯彻落实,做好监管企业负责人履职待遇、业务支出的整改落实,督促监管企业建立和完善负责人履职待遇和业务支出制度管理体系,形成长效工作机制。

(二)领导班子建设进一步加强

根据企业领导班子建设的实际情况和需要,对

遵钛集团、机场集团、物资集团、省农信社等23户企业领导班子建设提出意见建议，与省委组织部、企业党委进行沟通，制定工作方案，开展推荐考察工作，调整充实企业领导人员97人次。继续推进“双向进入、交叉任职”企业领导体制建设，选拔任用22名企业领导人员“双向进入、交叉任职”，从制度设计和组织安排上保证企业党委政治核心作用与公司治理结构有机结合。组织开展省管国有企业2014年度领导班子和领导人员考核，完成21户企业162名省管企业领导人员年度考核工作，并提出考核等次的评定建议。严格企业领导人员的管理和监督，完成147名企业中层以上领导人员在社会团体兼职情况以及212名企业领导人员个人事项数据的采集汇总上报工作。

(三)人才队伍建设成效明显

开展人才工作调研，完成“十二五”期间人才工作总结及“十三五”期间人才工作打算、企业专业技术人员队伍建设调研等专题报告，为上级部门制定加强和改进国企人才工作的政策措施提供依据。拓宽人才引进渠道，指导企业开展各类人才招聘活动，各监管企业引进高校毕业生1859人。做好人才服务工作，推荐2名企业人员参与2015年国家“百千万人才工程”评选，推荐5名企业人员参与2015年“西部之光”访问学者评选。启动贵州省人才服务绿卡的办理工作，协助企业向省人才服务局申报绿卡17人，获得绿卡12人。

八、贵州省国资委监管企业党的建设和廉政建设情况

坚持把政治纪律和政治规矩挺在前面，严格落实“两个责任”，以零容忍态度惩治腐败，严肃查处各种腐败和违纪行为。

(一)强化工作责任落实

制定印发省国资委监管企业落实党风廉政建设党委主体责任、纪委监督责任的实施意见，明确监管企业党委和纪委抓党风廉政建设的工作任务和责任，理清工作思路和重点。召开系统企业落实“两个责任”工作推进会，交流落实“两个责任”的经验和做法。完成20户监管企业党风廉政建设责任制考核，将考核结果运用到企业领导人员经营业绩考核之中。

(二)开展专项检查治理

先后开展党风廉政建设突出问题专项治理，落实中央八项规定和省委十项规定精神、持之以恒纠正“四风”专项抽查，企业党员领导人员收受红包礼金问题专项治理，违规收送礼金礼券购物卡专项治理，利益输送、关联交易的专项检查以及党纪政纪处分决定执行情况专项检查六大活动，调查核实14件“四风”方面的信访举报，立案1件，党政纪处分10人，有效遏制“四风”问题的蔓延势头。

(三)继续深化“三转”工作

制定下发通知，指导监管企业进一步深化“三转”聚焦主业，清理纪检监察人员的职务和分工，抓好监督执纪问责，进一步转职能、转方式、转作风，更好地聚焦主业。加强纪检监察队伍建设，督促监管企业纪委书记认真履行职责，组织16户企业纪委书记进行述职。加强业务能力培训，从省国资委纪委及监管企业纪委中选派200余名人员参加中纪委、省纪委和省国资委纪委组织的纪检监察业务培训。

(四)加大案件查办力度

严肃监督执纪问责，加大案件查办力度，形成有力威慑，保障企业健康发展。2015年，接到信访举报243件，督促企业调查核实50件，转企业办理193件；省国资委纪委调查核实信访举报16件，其中省纪委督办14件。

(撰稿人：何　继)

云南省

一、云南省国有资产监督管理工作综述

2015年，云南省国资委在国务院国资委的有力指

导下，在云南省委、省政府的坚强领导下，积极有效应对严峻复杂的经济形势和生产经营困难局面，全力以赴稳增长、抓改革、促转型、强管理，不断完善国资监管体系，扎实开展“三严三实”和“忠诚干净担当”专题教育，各项工作取得新的成效，省属企业和州市国有企业生产经营总体实现平稳运行。

2015年，纳入云南省国资委快报统计范围的国有企业资产总额21438亿元，同比增长17.0%；净资产7471亿元，同比增长13.1%；上缴税费215亿元，同比增长10.8%；实现收入4699亿元，利税总额145亿元。省国资委履行出资职责的19户省属企业资产总额9644亿元，同比增长16.5%；完成增加值1445亿元，同比增长4.4%；实现收入4294亿元，上缴税费155亿元。州市国有企业资产总额11794亿元，同比增长17.4%；实现收入405亿元，上缴税费60亿元。

二、云南省国有资产总量与结构分析

表1　2015年云南省所属国有企业指标

项　目	金　额(亿元)
资产总额	26012.52
所有者权益	8954.54
营业收入	5467.09
利润总额	—0.01
净利润	—48.92
归属于母公司所有者的净利润	—36.87
应交税金总额	283.83
实际上缴税金总额	260.58

表2　2015年云南省国有企业户数情况

项　目	2014年	2015年	比上年增长(%)
户数(户)	3385	3680	8.7

表3　2015年云南省国有资产地区分布情况

地　区	国有资产(亿元)	占国有资产总量比重(%)
云南省	7585.04	100.00
省本级	2689.90	35.46
昆明市	2924.57	38.56
玉溪市	325.32	4.29
保山市	262.66	3.46
曲靖市	254.53	3.36
大理市	214.72	2.83
楚雄市	153.15	2.02
红河市	145.08	1.91
昭通市	125.22	1.65
普洱市	120.62	1.59
西双版纳州	85.64	1.13
文山州	81.52	1.07
德宏州	70.42	0.93
临沧市	62.18	0.82
丽江市	48.43	0.64
怒江州	12.14	0.16
迪庆州	8.93	0.12

表4　2015年云南省国有资产行业分布情况

行　业	国有资产(亿元)	占国有资产总量比重(%)
农林牧渔业	28.83	0.38
工业	561.09	7.40
建筑业	514.51	6.78
地质勘查及水利业	132.73	1.75
交通运输业	1537.87	20.28
仓储业	12.14	0.16
邮电通信业		
批发和零售业	21.80	0.29
金融业	20.92	0.28
房地产业	180.74	2.38

续表

行　业	国有资产(亿元)	占国有资产总量比重(%)
信息技术服务业	27.89	0.37
社会服务业	4447.07	58.63
卫生体育福利业	1.14	0.02
教育文化广播业	75.29	0.99
科学研究和技术服务业	19.59	0.26
机关社团及其他	3.44	0.05
合　计	7585.04	100.00

表5　2015年云南省国有资产经营规模分布情况

经营规模	国有资产(亿元)	占国有资产总量比重(%)
大型企业	4441.57	58.56
中型企业	1171.29	15.44
小型企业	1568.82	20.68
微型企业	403.35	5.32
合　计	7585.04	100.00

三、云南省国有资本保值增值综合分析评价

表6　2015年云南省国有企业地区和行业国有资本保值增值情况

地　区	国有资本保值增值率(%)	行　业	国有资本保值增值率(%)
云南省	100.68	农林牧渔业	89.73
省本级	98.86	工业	94.93
普洱市	100.83	建筑业	103.41
红河州	102.26	地质勘查及水利业	101.57
怒江州	98.73	交通运输业	98.38
迪庆州	99.7	仓储业	100.5
楚雄州	100.44	邮电通信业	

续表

地　区	国有资本保值增值率(%)	行　业	国有资本保值增值率(%)
文山州	101.23	批发和零售业	100.83
大理州	104.03	金融业	110.96
曲靖市	104.29	房地产业	99.28
西双版纳州	99.62	信息技术服务业	104.49
德宏州	99.27	社会服务业	102.03
玉溪市	100.31	卫生体育福利业	97.67
丽江市	103.93	教育文化广播业	106.48
保山市	103.17	科学研究和技术服务业	116.82
临沧市	102.89	机关社团及其他	101.04
昭通市	100.33		
昆明市	101.52		

四、云南省国资委监管企业股份制改革与上市融资情况

(一)企业股份制改革情况

一是利用国内国际两个市场和两种资源，推进省属企业股权多元化。积极引入能够支持或有助于企业转型升级的战略、财务等各类投资者，通过股权收购、股权置换、合作新设等方式，开展企业集团及其下属企业的股权多元化工作。支持企业凭借自身优势主动同国内外先进企业合作，提升国际化运营的能力和水平。主要开展工作：云南省政府与中铝公司签署合作协议，双方将在有色金属产业方面开展全面深度合作，携手做强做大铜产业；云天化集团与全球第六大钾肥公司以色列化工公司开展多层次战略合作，形成磷矿、磷肥及精细磷酸盐等从资源至产品的上下游完整产业链；昆钢水泥引入中国华润；通过增资扩股方式，完成云投集团、工投集团参股红塔证券。

二是推动企业改制和规范运作，打造非上市公众公司。加快推进相关企业股份制改造，促进企业培育优强板块和规范运作，重点推进暂时不具备在主板、

中小板上市条件的企业在新三板、四板(区域性股权交易市场)成功挂牌成为非上市公众公司,促进公司治理结构健全完善。截至2015年底,昆钢耐磨科技、昆钢钢构、云铜科技、纽米科技、马龙国华、世博恐龙谷、能投威士、和谐航空、一乘驾校、宏发新材等10户省属企业的二、三级公司完成改制,并正式在新三板挂牌。

(二)上市融资情况

一是助推企业调整融资模式。认真分析研究当前金融政策、融资创新方式和企业需求,引导、支持符合条件的企业及时对接新的金融政策和融资方式,直接融资额和融资方式取得较大突破。2015年直接融资达到1032.93亿元。在融资方式创新上,云南城投集团、云南能投集团、云南建工集团等企业在全国第一批申报发行扩容公司债;十四冶集团、圣乙投资公司、昆钢集团、云南世博集团等在注册发行企业债、非公开公司债、中期票据等融资模式方面实现突破;云南城投集团列全国第二单通过酒店资产支持资产证券化融资。

二是助推企业加快转型升级。发挥上市公司资本运营平台作用,支持省属企业控股上市公司定增、并购和重组,助推企业向"两型三化"转型升级。鼓励省属企业通过IPO、借壳、资产重组等方式上市,优化产业布局,提升企业的整体可持续发展能力。主要开展工作:实现云南水务香港主板上市。为支持云南城投集团接轨国际资本市场,打造云南城市水务建设投融资平台,加快推进云南城市水务基础设施建设,2015年5月27日,促成云南水务在香港证券交易所成功上市,成为省属下属企业第一家在香港主板上市的公司。云南能投集团成功控股云南盐化。从全省能源战略发展和资源整合考虑,从充分利用好省内上市公司平台,优化配置资源,提升上市公司核心竞争力出发,积极引导、协调相关各方,通过上市公司云南盐化非公开定增实现能投集团控股云南盐化,为未来云南能源战略和资源整合搭建平台。云天化与以色列化工开展多层次战略合作。2015年12月30日,证监会出具《关于核准云南云天化股份有限公司非公开发行股票的批复》(证监许可〔2015〕3130号),核准云天化向以化上海非公开发行不超过199249088股新股,占云天化总股本的15%,募集资金15.99亿元。云天化集团利用自身优势,实现与以色列化工在磷化工产业的深度战略合作,进一步促进自身技术创新与产业升级。

三是助推上市公司开展再融资。为更好从资本市场募集资金,着力强化企业结构优化和转型升级的支撑保障,进一步加大企业的重组力度,提高上市公司核心竞争力,上市公司再融资效率明显提高。2015年,云铝股份、锡业股份、云南盐化3户上市公司完成定向增发及资产注入,募集资金70.36亿元;云天化、驰宏锌锗、云维股份定增获证监会审核批准,将根据资本市场情况择机发行。

五、云南省国资委监管企业并购重组与完善法人治理结构情况

(一)并购重组情况

一是推进上市公司并购重组。鼓励国有控股上市公司依托资本市场加大并购重组力度,调整优化产业布局,提高发展质量和效益。将云南省能源投资集团优质天然气资产,注入云南盐化并同步剥离不良资产,增强云南盐化盈利能力,实现转型发展;完成云铝股份、驰宏锌锗、锡业股份、云煤能源、云天化股份等上市公司定向增发;云南水务实现香港H股上市,云天化纽米科技和马龙国华、能投威士科技、云铜科技等企业实现"新三板"挂牌,进一步完善和拓展并购重组的资本运作平台。

二是推进集团公司整合重组。深入实施大企业大集团战略,推进同行业企业整合重组,促进国有资本向优势产业和企业集中,提高资源配置效率。实施云南建工集团、十四冶建设集团、西南交通建设集团3户企业整合重组,组建云南省建设投资控股集团有限公司;重组设立云南省贵金属新材料控股集团有限公司,打造贵金属新材料产业发展平台,为进一步做强做优具有云南优势特色产业奠定基础。

三是推进跨所有制整合重组。充分发挥国有企业资源、资产、资本等优势,积极引进各类投资者参与省属企业改制重组,引进掌握核心技术和高端品牌,提高市场竞争力。云天化集团借助以色列化工集团

的市场营销、技术研发、管理等方面的优势，发展特种肥、功能肥，加快发展精细磷化工产业。昆钢控股公司引进华润水泥重组昆钢水泥建材集团有限公司，打造云南省水泥行业最具竞争力的领先企业。云投集团引入以色列 Sheng－BDO 公司，共同组建中以(云南)创新中心，合作实施一批高原特色农业项目。

四是推进跨境项目整合重组。推动有条件的企业开展国际并购，掌握核心技术和高端品牌，提高国际市场份额，打造一批具有国际竞争力的跨国公司，以国际化引领产业链、价值链全球布局。云天化集团重庆玻纤收购美国玻璃纤维公司(FGI)主要资产，为玻璃纤维产品进入美国市场创造更加有利的条件；冶金集团进一步加强上游资源保障能力建设，与中老铝业公司签署 51%股权转让协议，加快推进南非锰矿资源项目和莫桑比克钛矿项目。

五是推进企业内部资源整合重组。围绕国有资本功能和整体效率优化，深入推进企业内部资源整合，促进优势资源向主业和产业链、价值链高端集中，提高产业协同能力。云天化集团积极完善玻纤市场和产能布局，将 3 户玻纤企业(重庆玻纤、重庆天勤、珠海富华)统一整合到重庆玻纤；云锡控股通过整合重组，注销 37 户二级以下企业，使企业户数从 184 户减少到 150 户以内，资源配置效率大幅提升。推进一批二、三级企业改制重组，完成罗纪世界投资有限公司、云南世博广告有限公司、一乘驾校等企业公司制、股份制改革。

(二)完善法人治理结构情况

一是进一步规范企业董事会建设。积极探索建立科学的公司法人治理结构，健全科学的董事会决策机制，拟制修订《进一步规范省属企业董事会建设的意见(试行)》，重点从考核体系上入手，区分对董事会考核与对领导班子和领导人员考核的不同功能，探索建立年度和任期考核相结合的科学考核办法，进一步完善董事会的激励约束机制，从制度上真正促进董事会作用的有效发挥。针对外部董事来源受限问题，修订《云南省省属国有企业外部董事管理暂行办法》，从省属企业中优选经验丰富的现职领导人员组建专职外部董事队伍，拓宽外部董事来源渠道。

二是进一步优化企业领导班子结构。积极做好企业领导班子的调整充实，配齐配强党委班子、董事会和经营班子，不断优化领导班子结构配置。从知识结构、专业结构、年龄结构等，加强省属企业党委、董事会、经理层班子分析研判，扎实做好省属企业党委班子换届前期准备。着力优化领导人员管理体制，对省属国有重要骨干企业总经理(总裁)管理体制进行调整，昆钢控股、云天化集团、云南机场集团、云南冶金集团、云南农垦集团 5 户企业的总经理(总裁)，纳入省委管理。开展省属企业领导班子建设情况调研，摸清领导班子后备干部和出缺职位建议人选情况，从严标准抓好省属企业领导人员选拔任用，扎实做好董事调整配备，积极开展省属企业外部董事选聘。

六、云南省国资委监管企业建立和完善企业经营业绩考核情况

一是着力完善省属企业管理者经营业绩考核机制。在管理体制上，按照现代企业制度，全面落实董事会对经营层的考核权限，实行省国资委考核董事会(成员)、董事会考核经营层、企业党委考核党务副职领导的分层分类考核制度。在考核内容上，年度考核由目标考核、董事会重点工作评价和对标评价组成，任期考核由目标考核和董事会重点工作评价组成。在分类考核上，商业类企业以经济效益、国有资本保值增值和市场竞争能力为考核重点；商业二类企业除商业类企业考核内容外，还加强对承担的重点工作和重大专项任务等功能性业务的考核；公益类企业重点考核主营业务核心指标发展水平和质量。

二是着力改进省属企业管理者薪酬管理办法。在薪酬结构上，企业管理者薪酬由基本年薪、绩效年薪、任期激励收入组成。在薪酬水平上，以省属企业在岗职工平均工资为基数，根据企业类别分类设置倍数上限，分类设置绩效年薪确定因素、相关系数及计算方法，对亏损企业建立减亏增效激励机制，并将企业管理者经营业绩考核结果与薪酬紧密挂钩，突出绩效导向，强化激励约束。在管理体制上，落实董事会薪酬管理权责，经营层副职、党务副职领导薪酬分别由企业董事会、企业党委在规定的分配系数范围内根据考核结果确定，市场化选聘的职业经理人薪酬由董

事会与应聘者双方协商确定。

三是着力开展省属企业管理者经营业绩考核及薪酬兑现。与18户省属企业签订2015年度经营业绩责任书，明确各省属企业年度利润目标、经济增加值目标及董事会重点工作计划目标。对亏损较大的4户重化企业，在明确控亏目标的同时，将“力争扭亏为盈”作为奋斗目标载入责任书中进行考核。根据考核结果，对18户省属企业管理者薪酬进行兑现，总体上，企业管理者年薪增长与企业经济效益增长相匹配，其中3户亏损企业无绩效年薪，2户减亏企业获减亏绩效薪酬。省属企业管理者基本年薪占年薪总额的35%，绩效年薪占65%，薪酬结构合理，较好地体现效益导向。

七、云南省国资委监管企业负责人考核与选人用人机制改革情况

(一)企业负责人考核情况

按照云南省委的统一部署，扎实抓好省属企业领导班子和领导人员2014年度综合考核。由省国资委领导带队，组成9个综合考核组，分别对昆钢控股等18户省属企业管理者经营业绩、领导班子建设、领导人员履职情况、落实推进惩治和预防腐败体系建设暨落实党风建设和领导人员廉洁从业责任制等进行集中综合考核。以贯彻落实中央和云南省委决策部署、履行岗位职责、发挥职能作用，以及领导人员践行“三严三实”和“忠诚、干净、担当”要求，在德、能、勤、绩、廉方面的表现情况等为主要内容，结合领导班子和领导人员年度工作情况，综合运用党的群众路线教育实践活动成果，形成2014年度考核评价意见。经综合评定，6户省属企业领导班子被评为优秀等次，10户被评为良好等次，2户被评为一般等次；27名省属企业领导人员被评为优秀等次，149名被评为称职等次。

(二)选人用人情况

一是持续加强企业人才队伍建设。印发《2015年省属企业经营管理人员培训工作要点》，增强企业人才培训针对性。加强党性教育，把学习贯彻党的十八大及十八届三中、四中、五中全会和习近平总书记系列重要讲话精神摆在首要位置。围绕“深化国企改革、推进转型升级”中心任务，创新培训方式，加强基础建设，联合省委组织部、省委党校共同组织举办第四期省属国有企业领导人员能力提升研究班，组织昆钢控股等省属企业推荐10名干部参加全省中青年干部“三严三实”和“忠诚干净担当”专题培训班。开展人才建设工作实地调研，牵头完成省属企业中长期人才发展规划实施情况评估，抓好第四届“兴滇人才奖”国有企业经营管理人才行业评审各项工作，配合完成第二批“云岭学者”及2015年度“云岭产业技术领军人才”评选，协调安排10名州市县干部到省属企业挂职锻炼和跟班学习，引进管理、金融、新材料专业人才近300人。

二是持续加强企业领导人员管理监督。严格落实党要管党、从严治党要求，选好、用好、管好干部，进一步加强和规范企业领导人员的日常监督管理。认真做好企业领导人员报告个人有关事项工作，完成170名省属企业领导人员个人事项报告情况统计汇总和整理归档。配合省委组织部对16户省属企业党委开展“一报告两评议”工作。把党内监督、行政监督和监事会监督有机结合起来，认真开展省属企业负责人年度述职述廉，做好省属企业领导人员婚丧嫁娶、离昆出差、休假的登记工作和因公(私)出国(境)审查，坚持提任干部廉政谈话、离任和任期审计等制度，监督合力不断增强。

八、云南省国资委监管企业党的建设和廉政建设情况

(一)党的建设情况

一是切实履行管党治党责任。起草云南省贯彻《关于在深化国有企业改革中坚持党的领导加强党的建设的若干意见》的实施意见，建立党员领导干部联系基层党建工作制度，召开企业党委书记学习贯彻《若干意见》专题座谈会，举办企业基层党组织书记示范培训班，坚持层级签订党建目标管理责任书，落实联述联评联考制度，强化分类指导、分级考核，确保责任落实到位。

二是切实夯实党员干部理想信念根基。举办学

习贯彻党的十八届五中全会、习近平总书记考察云南重要讲话精神宣讲报告会，购买《习近平总书记系列重要讲话读本》《习近平谈治国理政》等2万余册书籍，配发企业学习。联合新华网云南频道组织开展“党旗永驻我心”网络竞赛，57户企业66660名干部职工参加。举办企业宣传通讯员培训班，在《云岭先锋》杂志开设“国企风采”专栏，与云岭先锋手机报、微信和客户端建立协调机制，开展汇聚深化国企改革正能量征文活动，讲好国企故事，筑牢党员干部发展国有企业、壮大国有经济的思想基础。

三是切实加强企业基层组织建设。制定企业基层服务型党组织建设实施意见，举办基层党组织党务干部培训班，深入开展“四个服务”活动。部分企业党组织开展导入ISO9000系列标准、建立党建质量管理体系试点工作，强化企业党建工作质量意识和规范管理。开展中央驻滇企业和其他企业党建工作考核，抓实企业基层党建“五个基本”建设工作，组织实施“双向培养”活动，先后把1.5万名党员培养成为生产经营骨干，把1.3万名生产经营骨干培养成为党员。创建“党员先锋岗”“党员责任区”2.9万个，培育基层党建工作示范点26个。

四是切实维护职工群众利益。制定印发《省属企业规范信访事项受理办理程序引导来访人依法逐级走访实施细则(试行)》《云南省国资委关于加强省属企业平安建设指导意见》《关于进一步强化省属企业信访工作主体责任的通知》《关于信访工作主体责任落实情况专项督查的通知》等文件，与省属企业签订综治(平安建设)和信访维稳责任书，开展信访工作主体责任督查。坚持省国资委领导定期接待群众来访制度，落实领导干部接访下访规定，认真开展群众来访接待和信访件的办理工作。排查省属企业矛盾纠纷538件、有效化解297件，落实领导包案454件，落实单位及责任人443件。

五是切实有力推进脱贫攻坚。扎实开展“挂包帮”“转走访”，真情帮扶、认真走访，推动精准扶贫攻坚落到实处。积极开展元旦、春节送温暖活动，筹集资金200万元，慰问困难企业职工和老党员2000余名。在文山州马关县夹寒箐镇牛马榔村定点挂钩扶贫工作中，省国资委机关162名干部分4批次深入群众家庭，遍访慰问299户贫困户，做到干部帮扶全覆盖、帮扶贫困户全覆盖。2015年，云南省属企业投入“挂包帮”“转走访”脱贫攻坚2000万元，捐资“爱心水窖”2800万元，较好地实现帮扶力量有效凝聚、帮扶对策有效确立、帮扶资金有效筹集、帮扶项目有效推进。

(二)廉政建设情况

一是扎实开展专题教育。紧紧围绕中央和云南省委关于专题教育“三个见实效”的要求，坚持“五个始终”特色做法，深入开展“三严三实”和“忠诚干净担当”专题教育，突出问题导向，贯彻从严要求，扎扎实实强学习凝共识，严严实实抓查改正导向，老老实实转作风促落实，持续推进党的思想政治建设和作风建设，省委组织部2次转发省国资委做法。

二是深入落实“两个责任”。认真落实党风廉政建设责任制，组织召开省属企业反腐倡廉建设工作会议，与18户省属企业党委签订《党风廉政建设责任书》，制定下发《省属企业落实党委主体责任的意见》和《省国资委纪委落实党风廉政建设监督责任的意见(试行)》；省国资委纪委聚焦主业主责，省属企业纪检监察体制机制改革创新等工作扎实推进。

三是持续加强作风建设。坚持把作风建设作为党风廉政建设和反腐败斗争的重要着力点，把中央“八项规定”精神和云南省委实施办法的坚决贯彻作为年度工作的重要方面，做到与国资国企改革发展等工作同部署、同检查、同考评。突出办公用房、公车管理、公务接待等重点问题，采取明查暗访等措施强化经常性监督检查，严肃处理5起公车私用问题。

四是严肃查办各类案件。加强对案件线索的筛选、排查和管理，重点查办领导人员插手工程建设等腐败案件。2015年，云南省国资委和省属企业立案39件，给予党政纪处分40人，移送司法机关处理12人，问责106人次。其中，省国资委纪委初核线索16件，转立案11件，移送司法机关处理3人，函询2人，收缴违纪款163.61万元。

五是扎实开展专项纪律检查。组织开展严禁违规插手干预工程建设、插手土地征用、插手矿产资源开发利用、使用扶贫救灾和社保资金、收受红包、违反党的组织人事纪律的“六个严禁”专项整治，扎实开展“为官不为”“基层干部不作为乱作为”专项治理。抓实廉洁风险防控，组织编制省属企业职权目录27085项，制定防控措施44873条。深入开展效能监察，2015年省属企业立项676个，结项556项，挽回经济损失1723万元。

六是深化“三转”加强队伍建设。深入落实全国纪检监察干部监督工作会议精神，围绕深化“三转”要求，进一步健全省属企业集团公司纪检监察组织机构，加强二、三级企业纪检监察机构和人员队伍建设。2015年，增设省属企业纪检监察机构45个，充实纪检监察人员167名。逐步建立完善双重领导体制相关制度，落实企业下级纪委向上级报告线索处置和执纪审查情况。加大培训力度，组织省属企业举办党风廉政建设工作培训班87个，培训业务骨干3100余人。

九、云南省国资监管及国有企业改革发展具有地方特色情况

（一）注重多措并举，企业生产经营保持平稳

一是积极争取政策支持。云南省国资委主动争取并用好用活省委、省政府稳增长政策措施，在划拨土地作价增加资本金、税费减免、电力市场化交易、金融融资和稳岗补贴等方面为企业提供政策支撑，注入强劲活力。

二是着力强化帮扶指导。加强形势研判，抓好运行分析，强化风险防范，加强分类指导、分别调度。建立省属企业间互助合作机制，确保云南省属企业互助共赢，共渡难关。

三是认真落实应对措施。持续抓好确保市场份额、确保正常生产、确保经营现金流、确保要素供给、确保安全生产、强化挖潜创效的“五确保一强化”措施落实，昆钢控股公司、云天化集团产品市场占有率稳步提升，云铜集团三项费用同期下降5亿元，云南冶金集团能源成本降低12亿元。

四是努力推进项目落地。加大投资力度，昆明滇池国际会展中心、棚户区改造、保障房建设、泸沽湖机场及一批PPP项目等重大项目建成运营。

五是始终强化安全生产。严格落实责任，抓实、抓细、抓好安全生产的各项工作。全年无重特大安全生产事故发生，安全生产形势持续好转。

（二）注重统筹协同，国资国企改革有序推进

一是改革合力有效凝聚。云南省委、省政府高度重视，在国资国企改革顶层设计、配套政策制定、推进具体改革方面给予强有力的领导和支持。云南省国资委主动加强与相关部门沟通协调，形成推进改革的强大合力。

二是政策制定形成体系。根据《中共中央国务院关于深化国有企业改革的指导意见》和《中共云南省委云南省人民政府关于全面深化国有企业改革的意见》，修改完善并分别以云南省政府和省政府办公厅名义印发《关于完善国有资产管理体制的实施意见》等6个改革配套文件。基本形成指导全省国资国企改革的“1＋N”文件体系。

三是改革试点稳步推进。云锡集团、云南农垦集团、云南能投集团、圣乙投资公司等改革试点企业，按各自改革重点，稳步推进改革工作。其他省属企业也都制定改革方案，正在不断完善，并结合自身实际，加快推进治理结构、内部管控、三项制度等改革。

四是重点改革有序推动。推动组建国资改革发展资金池，成功实施一批改革合作重点项目。启动煤炭、医药、建设、贵金属新材料等行业整合重组工作。有序发展混合所有制经济，先后两批发布公开招股招商项目，涉及资产总额和新增投资1100亿元，部分项目已签约。

五是历史遗留问题解决有力。加快推进昆明煤矿机械总厂破产清算工作，已向法院申请破产终结；完成省属特困企业的摸底调查，为清理“僵尸企业”和企业改革脱困奠定基础；顺利完成省属破产企业协议托管人员生活费调整工作。

（三）注重提质增效，企业转型升级扎实有效

一是创新能力稳步提升。指导各省属企业持续加大创新投入和关键技术攻关力度，大力推广先进适用技术，取得一批创新成果。云南白药研发总监朱兆云荣获何梁何利基金2015年度“科学与技术创新奖”；云天化集团与以色列化工合作设立磷业研发中心；云锡集团贵研铂业汽车尾气净化催化剂研究取得进展；云南冶金集团80万吨氧化铝提产增效项目建成后将形成160万吨产能。省属企业一批科研成果获得国家和云南省表彰。

二是结构调整稳妥推进。深入推进内部资源整合，云铜集团、云锡集团加快处置一批低效无效资产，资源配置逐步优化。积极发展战略性新兴产业，昆钢控股公司、云天化集团加快发展新材料产业，云投集团努力拓展新金融业务，云南白药电子商务网络营销成绩显著，云南物流集团"第四方物流"服务业务进展顺利，云南能投能源服务业成为新增长点，云南世博集团加快5A级景区申报工作，云南建工集团、十四冶建设集团、西南交通建设集团大力推进PPP经营模式，云南农垦集团整合重组天然橡胶板块，新的竞争优势正在加快形成。

三是国际化经营步伐加快。积极参与"一带一路"建设和国际产能合作，加快走出去拓展新的发展空间。老挝万象赛色塔综合开发区、万象中心、老挝吉象水泥厂建成运营，老挝色拉龙水电站、中老橡胶有限公司等项目加快推进，云南世博集团开通两条跨境旅游专线。昆明机场旅客吞吐量3750.9万人次，全国排名第七，国际旅客吞吐量增长26%，开通国际航线47条，国家门户枢纽机场建设初见成效。

(四)注重职能转变，国资监管体制不断完善

一是监管方式有效改进。牢牢把握依法履行出资人职责定位，研究形成出资人履职事项清单。完善考核办法，推行分类考核，全面落实董事会对经营层考核职责。稳步推进全省国有企业薪酬制度改革。依法向人大常委会汇报工作，接受审议和监督。按照云南省委、省政府要求，省国资委牵头起草经营性国有资产集中统一监管方案。

二是监管措施有效加强。加强监事会监督，组织开展大额资金运作、合作经营专项检查，进一步强化事前、事中、事后全过程监督。不断完善国有资本经营预算，国有资本收益上缴比例调整为15%，上缴收益中29%调入公共财政预算，用于社会保障和改善民生，充分发挥国有经济服务地方发展的作用。

三是监管能力有效提高。认真贯彻《干部任用条例》，加强干部选任规范管理，从严选拔调整一批干部，干部队伍结构进一步优化。加强培训统筹，优化培训内容，整合培训资源，加大全省国资队伍能力素质提升培训，国资监管队伍履职能力进一步增强。

(撰稿人：杨大伟　廖关林)

西藏自治区

2015年，面对错综复杂的国内外形势和经济下行巨大压力，西藏国资系统在区党委、政府坚强领导下，在各级各部门大力支持下，按照"五大发展理念""四个全面"战略布局和"三个有利于"国有企业改革价值判断标准，坚持稳中求进工作总基调，主动作为、克难攻坚、奋力拼搏，调结构、转方式、促改革、稳增长各项工作取得积极进展，全年各项经济指标逆势上行，发展态势良好。

一、西藏自治区国有资产监督管理工作综述

(一)完善国资监管制度体系

积极推进国资监管地方立法，按照自治区立法规划，修改《西藏自治区企业国有资产监督管理条例(草案)》，呈报自治区领导。改革和完善国有资产管理体制的实施意见、国有企业投资决策责任追究等一系列政策法规起草完成。拉萨、林芝、昌都、阿里国资委进一步健全干部管理、经营业绩考核、激励奖惩等国资监管和国企改革制度体系。

(二)厘清权力和责任清单

研究制定《西藏自治区政府国资委权力和责任清单项目事项》及其配套服务指南、流程图，进一步简政放权，明确责任，优化监管流程，提高监管效率。厘清自治区国资监管工作重大事项，制定《西藏自治区政府国资委出资企业重大事项审批、核准、审核上报、备案目录》，最大限度精简出资人审核事项，落实企业经营自主权、法人财产权。

(三)加强基础性管理工作

一是产权管理工作体系日益完善。加强产权登记管理，强化核查和运用，确保产权登记准确有效。推动资产评估结果公示，推动重大项目专家评审制度，增强各利益关联方对资产评估工作的监督力度。

二是全面预算管理实现监管企业全覆盖。制定《全面预算管理报告编制执行分析考核指导意见》，实行对标管理，强化内部管控，实现全面预算闭环管理。加强企业应收账款清理，督促企业建立应收账款管理制度，强化执行，有效遏制应收账款持续增长和居高不下。加强财务信息系统建设，覆盖全区国有企业的国有资产统计系统基本建立。三是充分运用巡视、企业负责人经济责任审计、企业财务审计等手段，对企业项目投资、资产重组、产权转让、招投标等关键领域实施重点监督，督促企业健全完善一批决策、投资、管理等内控制度。四是动态监控经济运行。区国资委每月召开经济运行分析及生产调度例会，通报生产经营、安全环保和节能减排等工作，总结经验，分析形势，加强企业生产运营调度，达到及时发现问题、明确措施、指导企业生产经营的目的。

二、西藏自治区国有资产总量与结构分析

表 1　2015 年西藏自治区所属国有企业指标

项　　目	金　额(亿元)
资产总额	1393.44
所有者权益	522.15
营业收入	160.01
利润总额	40.30
净利润	36.23
归属于母公司所有者的净利润	33.87
应交税金总额	14.36
实际上缴纳金总额	12.57

表 2　2015 年西藏自治区国有企业户数情况

项　目	2014 年	2015 年	比上年增长(%)
户数(户)	268	267	－0.37

表 3　2015 年西藏自治区国有资产地区分布情况

地　　区	国有资产(亿元)	占国有资产总量比重(%)
区直国有企业	314.51	68
拉萨市	101.24	22
山南地区	10.31	2
那曲地区	4.20	1
林芝地区	12.67	3
昌都地区	4.07	1
日喀则地区	11.35	2
阿里地区	3.15	1

表 4　2015 年西藏自治区国有资产行业分布情况

行　　业	国有资产(亿元)	占国有资产总量比重(%)
农林牧渔业	11.07	2
采矿业	22.90	5
工业	53.93	12
建筑业	114.26	25
房地产业	34.61	8
金融业	42.60	9
批发和零售业	6.55	1
交通运输业	10.91	2
社会服务业	160.32	35
其他行业	4.35	1

表 5　2015 年西藏自治区国有资产经营规模分布情况

经营规模	国有资产(亿元)	占国有资产总量比重(%)
大型企业	19.14	4
中型企业	133.82	29

续表

经营规模	国有资产(亿元)	占国有资产总量比重(%)
小型企业	288.39	63
微型企业	20.15	4
合　计	461.50	100

三、西藏自治区国有资本保值增值综合分析评价

表6　2015年西藏自治区国有企业地区和行业国有资本保值增值情况

地　区	国有资本保值增值率(%)	行　业	国有资本保值增值率(%)
区直国有企业	108.67	农林牧渔业	101.93
拉萨市	109.60	采矿业	103.49
山南地区	106.32	工业	105.39
那曲地区	93.05	建筑业	106.77
林芝地区	101.23	房地产业	107.76
昌都地区	102.06	金融业	119.57
日喀则地区	104.65	批发和零售业	119.81
阿里地区	97.29	交通运输业	124.86
		社会服务业	106.77
		其他行业	106.55

四、西藏自治区国资委监管企业股份制改革与上市融资情况

(一)研究国资国企改革整体设计

深入贯彻中央关于国资国企改革"1+N"政策体系,推进自治区改革稳步前行。根据自治区党委、政府部署,提出《关于全面深化改革促进国有企业做强做优做大的意见》及配套政策措施。深入开展国有企业改革发展、加强党的建设专题调研活动,启动自治区"十三五"时期国资国企改革发展规划编制工作。阿里、那曲国资委积极谋划新一轮国资国企改革发展基本思路,昌都市政府印发《昌都市深化国资国企改革试点实施方案》。

(二)稳妥发展混合所有制经济

认真开展发展混合所有制经济调研,起草《关于国有企业发展混合所有制经济的意见》。自治区医药公司与江西青春康源公司签订联营协议,青春康源公司经营管理团队进驻自治区医药公司,公司改制工作有序推进,为下一步开展债转股和产权合作奠定基础。日喀则、阿里、那曲国资委研究推进出资企业与民营资本合作。

(三)大力实施资本证券化战略

研究制定《西藏自治区进一步完善国有企业法人治理结构的指导意见》,建立外部董事、外派监事会制度,促进企业建立现代企业制度,转变体制机制。西藏天路、西藏矿业完成再融资工作,募集资金14亿元,企业自我发展能力和水平不断提高。高争民爆完成上市辅导验收,中国证监会受理上市发行材料。那曲神水藏药完成改制,开展上市第一轮"尽职调查"工作。

五、西藏自治区国资委监管企业并购重组与完善法人治理结构情况

(一)推动企业整合重组

高争集团整合重组工业物资运销公司,牵头重组设立格尔木藏鑫公司,关停人和燃气等经营效益差、安全隐患大的劣势企业,有序推进相关企业存量资产盘活。格尔木藏鑫公司整体划转藏青工业园管理。中兴商贸整合重组贸易集团、物资总公司等8家商贸流通企业,承接全部人员、资产和债权债务,整体重组形成了置业、贸易、物流、投资等几个主业板块。山南国资委整合建工总公司、长盛路桥、雅砻工矿、市政公司,组建山南建工集团。拉萨市按新设一批、重组一批的思路,推进国有资本向特色行业和关键领域集中。

（二）完善法人治理结构

西藏天路、西藏矿业等区管一级企业加强规范董事会建设，国资公司加强监事会能力建设。中兴商贸治理结构健全后，仅用半年时间，集团经营管理走上正轨。

六、西藏自治区国资委监管企业建立和完善经营业绩考核体系情况

健全企业经营业绩考核制度体系，在坚持目标考核、完善目标管理的基础上，进一步完善企业党建、综治、节能、环保、职工生产生活、执行国家政策、履行社会责任、业务工作质量等方面的考核计分细则。加强行业对标和纵向对比考核，引导企业不断提高核心竞争力和价值创新能力，实现持续健康发展。坚持问题导向，针对企业职工收入偏低、流动资产周转缓慢、企业管理粗放等问题，加大短板考核力度，强化安全生产、维护稳定、依法经营、廉洁从业等方面的“硬约束”。

七、西藏自治区国资委监管企业负责人考核与选人用人机制改革情况

（一）坚持依法考核，发挥激励约束导向作用

重点实施经济效益考核，引导企业提高经济效益和运营效率；合理设置指标权重，引导企业明确改革发展重心；不断改进考核目标值确定机制，加大短板考核力度；逐步推进综合业绩考核，不断丰富深化业绩考核内涵。坚持“业绩升、薪酬升，业绩降、薪酬降”的激励约束原则，积极探索和不断丰富激励机制，增强激励的有效性和针对性，发挥考核分配杠杆作用，引导企业提质增效、转型升级，提升管理水平和运营质量，不断增强盈利能力，积极落实国有资本保值增值责任。

（二）推进国有企业领导人员选聘管理创新

高争建材开展职业经理团队选聘试点，连续两年超额完成各项经营考核指标，水泥产量实现翻番，主要生产技术指标达到国内领先水平。2015 年，生产水泥 250 万吨、实现营业收入 11.5 亿元、利润 2.5 亿元，职工年人均收入达到 11.4 万元。吉圣建材聘请职业经理人大力推进技术、产品、管理创新，在连续亏损 8 年后实现扭亏增盈。拉萨市选派一大批优秀干部，走上国有企业领导岗位。

八、西藏自治区国资委监管企业党的建设和廉政建设情况

（一）坚持党要管党，从严治党

组织起草《关于在深化国有企业改革中坚持党的领导加强党的建设的实施意见》，加强国有企业党建工作。制定印发《区政府国资委系统党的建设工作 2015 年工作要点》《委出资企业党委述责评议制度（试行）》等 6 项规章制度。督促指导企业党组织发挥政治核心作用，建立和完善企业党组织参与重大问题决策制度，坚持党的建设与国有企业改革同步谋划，确保党的领导、党的建设在企业改革中得到体现和加强。强化企业党组织在法人治理结构中的地位，为党组织发挥政治核心作用提供保证。组织开展“三严三实”主题教育活动。组织辅导讲座、集中学习、专题研讨等 24 次，党员的先锋模范作用表现更加突出，党员在企业中的“主心骨”“带头人”作用不断显现。

（二）深入推进党风廉政建设

积极履行党风廉政建设党委主体责任，全力支持纪检监察机构监督执纪问责，制定《党风廉政建设“一岗双责”实施办法》。对出资企业开展清产核资、财务决算审计、三公经费使用等专项检查，发现的问题已督促企业全部整改到位。全年公务接待费 1.24 万元，在上年大幅下降的基础上同比下降 73%。对自治区党委巡视组反馈的 17 项突出问题和 4 条意见建议，梳理细化为 55 条整改具体措施。除上半年已完成的 28 条外，后续 27 条整改措施也全部完成。加强对区管一级企业巡视整改工作的指导，督促企业全面较好地完成各项整改任务。

九、西藏自治区国资监管及国有企业改革发展具有地方特色情况

（一）加快开放合作步伐

中国电建、中冶集团以人才援藏方式向西藏天路

和西藏矿业派遣高管,企业管理水平、盈利能力明显提升,长期亏损的业务板块实现扭亏为盈。日喀则、昌都国资委积极与对口援藏省市国资委对接,在项目建设、人才培训、合资合作等方面谋求支持。

(二)推动节能减排

高争建材、高新建材水泥生产线低温余热发电项目,年发电量达到8600万千瓦时,减少二氧化碳排放6600吨,既实现节能降耗,又实现资源综合循环利用,达到提质、降本、增效的目的。高争建材首创高原补氧和低氮燃烧技术,实施除尘脱硝技术改造,提前三年实现自治区确定的大气污染防治目标。

(三)加快培育新的经济增长点

设立西藏圣水产业发展公司和藏地净露饮用水公司,谋划与区外优势企业合作,推动天然饮用水资源优势转化为经济优势。昌都高争水泥、日喀则高新雪莲水泥生产线建成投产,当年取得良好效益。西藏天路、高新建材、中兴商贸积极参与"一带一路"战略实施和面向南亚开放重要通道建设,积极开拓国际市场;西藏航空与尼泊尔共同组建喜马拉雅航空,开辟国际航线。拉萨市积极发展"四品"高原净土产业,打造百亿元级企业发展梯队。林芝国资委落实资金3400万元,推进项目建设,促进企业转型发展。阿里藏域公司拉孜洗毛厂建成投产。

(四)推进品牌建设和产业升级

天路、甘露、高争等一批自治区著名商标享誉全区甚至全国,甘露藏药入选中国最具竞争力品牌100强。阿里地区努力打造"雪绒王"特色品牌,通过西藏卫视、西藏航空等渠道不断提升品牌知名度。甘露藏药推进传统藏医药产业与互联网相融合,建成投产远程诊疗系统,方便全国各地患者就医。西藏天路与长安大学合作共建西藏第一家交通、建筑行业博士后研究工作站,推进高原道路和建筑施工技术等相关课题研究。中兴商贸组建信息科技公司,构建基于北斗技术的第四方物流云平台,创新商贸物流发展模式。阿里地区农机公司采用"订单农资"和"订单农机具"方式,送货上门,服务到户,市场份额不断扩大。

(五)妥善化解历史遗留问题

研究提出《关于自治区国有企业改革历史遗留问题调研报告和工作建议》,对全区企业办社会职能等历史遗留问题进行全面梳理,会同区财政厅向中央财政申报专项国有资本经营预算资金。昌都国资委加强与法院、住建等部门衔接,努力解决混合所有制企业土地权属问题。

(六)切实保障和改善民生

一是保持职工收入持续增长。2015年,自治区国资委出资企业职工平均工资比2010年翻了一番,年均增长12%以上。汽工贸、西藏天路、高争集团开展工资集体协商试点工作,职工月平均工资分别增长500元、1600元和1800元。阿里国资委指导企业在盈利基础上逐步提高职工薪酬待遇。二是解决职工实际困难。大力实施困难职工合作建房工程,落实棚户区改造资金1.82亿元,754套困难职工合建房在50周年大庆前交付使用,广大职工彻底告别居住平房、危房时代。全年看望慰问困难职工、困难党员、遗属遗孤等813名,发放慰问金136.5万元。高争建材安排1578万元,为临时工补缴养老保险、发放经济补偿。拉萨、日喀则国资委积极落实国有企业困难职工家庭住房补贴,昌都国资委落实困难家庭学生升学奖励2.8万元。

(撰稿人:马玉芳)

陕西省

一、陕西省国有资产监督管理工作综述

2015年,面对复杂多变的国内外经济形势和艰巨繁重的改革发展任务,陕西省国资委紧紧围绕省委、省政府的决策部署,攻坚克难,奋力拼搏,较好地完成各项目标任务,实现"十二五"圆满收官,在全省经济社会发展中发挥重要作用。

"十二五"期间,陕西省国有企业发展质量和效益

不断提高，综合实力迈上新台阶。省国资委监管企业资产总额由“十一五”末的6969.7亿元增加到2015年的19618.5亿元，年均增长12.6%；营业收入由3381.6亿元增加到8022.7亿元，年均增长18.9%；国有资本保值增值率四年连续保持112.9%以上。国有企业改革重组不断提速，体制机制实现新突破。积极实施大公司、大集团战略，先后组建能源、燃气、金控、粮农、物流等24户企业集团，新设立股权多元化企业51户，专业化公司38户，一批企业成功上市。国有企业结构调整不断加快，转型升级取得新进展。监管企业实施投资项目389个，累计完成投资5036亿元，形成石化、煤化、机械、电子、医药、文化等一批产业链条长、配套能力强的产业集群。与央企战略合作不断深化，新增投资1.57万亿元。持续推动企业科技创新工作，监管企业科技投入强度平均达到2.5%以上。国有企业管理不断深化，管理水平有了新提高。监管企业一手抓强基固本，一手抓管理创新，全面开展对标考核和精细化管理，坚持瞄准一流企业找差距、补短板，围绕降本增效、风险防控、优化结构、减少管理层级、提高管理效益等积极探索形成一批具有企业特点的管理经验和做法。国有资产监管不断加强，监管效能得到新提升。坚持“决策先问法、违法不决策”，以“责任、服务、精细、创新”工作理念，深入推进机关精细化管理，坚持重要业务工作“三级会审”制度，寓监管于服务之中，不断完善国资监管制度体系、评价体系、考核体系和监督体系，全力推动依法监管、专业监管、科学监管，监管能力和水平进一步提升。

截至2015年底，省国资委监管企业38户，所属各级企业1808户，在岗职工46.5万人。省国资委党委管理的企业党组织95户，其中监管企业34户，中央驻陕企业61户；有基层党组织8580个，其中党委691个，党总支514个，支部7375个，管理党员17.7万人。监管企业资产总额19618.5亿元，同比增长12.6%；实现营业收入8022.7亿元，同比增长7.1%，净增800多亿元；所有者权益5431.9亿元，同比增长8.2%，实现利润总额153亿元，上缴税费677.9亿元，全面完成省委、省政府下达的年度目标任务。陕西延长石油集团克服巨大压力，强抓销售和项目，实现营业收入2200多亿元。陕煤化集团通过稳产量降成本等十条措施，营业收入达到1909亿元。

稳增长降本增效成效显著。省国资委认真贯彻落实中央和陕西省关于稳增长的一系列决策部署，发挥国有企业在全省工业稳增长中的主力军作用。一是加大协调指导力度。制定《省国资委系统2015年稳增长工作方案》，以保工业、拓市场、强促销为重点，建立联系企业问题清单，实施责任清单，坚持国资委领导包抓重点工业企业制度，针对突出问题实施精准服务。二是建立健全运行分析调度工作机制。坚持经济运行月度分析和季度工作推进会议制度，强化领导约谈和业务问询制度，深化经营在线管理，建立重点产品监测库、行业情况统计库、风险预警系统库三个数据库，全面分析研究变化趋势，揭示运行风险。三是全力开展降本增效提质升级活动。制定《关于进一步做好监管企业降本增效工作有关事项的通知》。指导企业制定实施方案和奖惩办法，大力压缩非生产性支出和非生产性项目，合理确定人工成本，深入开展全价值链、全生命周期的成本费用管理，努力降低生产经营成本。积极推进全面预算管理、财务精益管理、资金集中管理、物资集中采购等，努力降本增效，监管企业管理费用、财务费用等增幅明显低于营业收入增幅。

国企国资改革扎实推进。按照中央和省委、省政府决策部署，积极推进国企国资改革各项工作。一是改革方案加快推进落实。全面抓好中央《指导意见》的学习贯彻，对照中央精神，修改完善陕西省的《实施意见》，并经省政府常务会议审核通过。其他配套改革方案加快制定，其中薪酬制度改革方案等8个文件印发实施，标志着陕西省国企改革“1+N”政策体系基本形成并加快实施。二是企业分类管理扎实推进。在省属企业分类的基础上实施分类考核，及时修订印发陕西省《省属企业负责人经营业绩考核办法》等4个文件，分类确定考核指标。各监管企业基本完成子企业的分类管理工作，企业分类管理进一步深入。三是混合所有制经济发展积极推进。根据省委的统一部署，完成全省混合所有制经济发展情况课题调研。制定10户企业发展混合所有制经济试点方案，按照“因企施策、因业施策”和“三宜、三不”的原则，积极有序推动混合所有制经济发展。四是企业改制上市取得成效。对省属企业国有资产证券化情况进行调查汇总梳理，形成一企一策指导方案。新组建股权多元化企业12户，设立专业化公司7户。3户企业在新三板上市，优选储备64户企业作为上市培育资源。发行各类债券439亿元。五是其他重点改革任务进展顺利。按照省委、省政府的统一安排，积极推进省属企业布局结构调整、经营性国有资产集中统一监管，规范企业负责人履职待遇和业务支出，推进文化企业建立现代企业制度，取得良好效果。各市(区)国资委不等不靠，坚定方向，把握节奏，因地制宜，积极推动本地区国资国企改革，在完善国资管理体制、实施分类监管和建立健全现代企业制度等方面取得积极进展。

布局结构调整加快推进。紧紧围绕转型升级提高国有企业发展质量效益为目标，积极推进结构调整和转型升级。一是以促进结构优化为导向，加快推动重大项目建设。新建续建项目245个，完成投资1215.3亿元，同比增长11%。延长石油集团靖边能源化工综合利用产业园、陕煤蒲城70万吨聚烯烃化工项目、陕有色咸阳新能源产业园太阳能电池、陕文投集团延安枣园文化广场等一批重点项目全面建成。着力打造产业集群，推动陕西省能源化工、航空产业、千亿陕汽、电子信息、文化旅游和医药产业等转型升级。二是扎实推进央企进陕项目，助力陕西省国有经济转型升级。10月16日再次成功举办深化陕西与央企战略合作座谈会，签订产业项目323个，投资总额8723亿元，一批转型升级的大项目落户陕西。省国资委进一步深化与渭南、铜川、咸阳等市区的战略合作。三是积极抢抓“一带一路”战略机遇，组织省属企业“走出去”。搭建交流合作平台，加强法律风险防范引导。延长石油集团、陕煤化集团、陕有色集团参与中亚地区油气煤资源勘探开发，陕文投集团建设国际文化贸易基地。四是认真做好省属企业“十三五”规划编制工作。进一步突出结构调整和转型升级主线，制定《省属企业“十三五”发展规划编制方案》，召开推进会，举办培训班，完成省属企业“十三五”规划草案。

科技创新能力持续增强。一是夯实科技创新基础。加快推进一批“创新驱动”示范工程、研发平台建设和重点研究开发项目建设。新建省级以上研发机构7个。获得省科技研究发展计划、省科技统筹创新工程计划等项目21个，获得财政资助资金659万元。二是加强研发投入考核工作。开展省属工业企业研发投入量化考核，抽查30户企业，11户获奖，19户达标，对20户达标企业进行奖励，对不达标10户企业进行处罚，实现省属工业企业研发投入强度年度平均达到1.8%的目标。三是举办企业进高校首站活动。省国资委与陕西师范大学举办“省属企业进师大活动”，签署合作备忘录，10户重点企业与陕师大79个科研成果进行洽谈对接，效果较好。

对标考核和精细化管理明显提高。一是全力抓好全面对标。以“提质增效”为目标，以点带面推进监管企业与国内外一流企业和行业对标，一批长期制约企业发展的突出问题得到解决。二是深入推进管理创新。连续三年召开全系统精细化管理和管理创新交流现场推进会议，积极推进管理标准化、制度化、流程化、信息化。三是扎实开展降本增效。积极实施集中采购、成本倒逼、对标控本等措施，努力降本增效。全年监管企业成本费用增幅同比下降4.1个百分点。四是抓好防范生产经营风险。重视企业内控体系建设，出台加强企业财务风险防控工作的意见，指导企业健全风险管理体系，切实防范各类风险。

国有资产监管不断完善。一是以管资本为主完善国资监管体制机制，加快推动国资监管职能转变。认真贯彻中央精神，研究制定《关于完善我省国有资产管理体制的指导意见》。认真做好审批事项清理、权力清单和责任清单工作，梳理职权事项81项。积极下放市级及以下企业国有产权协议转让审批等职权。二是切实加强国有资产监督，防止国有资产流失。积极推进和落实企业总法律顾问制度，加强财务预决算审核和国有资产定期统计分析，认真做好经济责任审计和离任审计。进一步深化监事会监督，认真开展年度集中检查和专项检查，强化成果运用。全年提交监督检查报告41份，反馈和提示问题176项，提出监督和整改建议91条。三是不断夯实日常监管，进一步提高依法监管水平。认真做好国有资本经营预算、业绩考核和薪酬管理等工作，完成新制度下全省国有企业产权重新登记工作。切实做好新划入文化企业分类、产权管理、考核和薪酬管理等基础工作。完成《陕西省国有资产管理志》编纂工作，全面启动国资监管规范性文件清理工作，深入推进“三型”机关建设和精细化管理。四是加大对国资监管的指导监督力度，进一步推动“大国资”工作。制定指导监督工作计划，切实加强对各市（区）国资监管工作的业务培训和指导，理顺监管体制，落实监管责任。各市（区）国资监管机构进一步完善监管制度，加强基础管理，建立完善重大决策把关机制，切实提升国资监管专业能力和水平。

企业党的建设切实加强。一是扎实开展“三严三实”专题教育。国资委系统认真对照“三严三实”，深刻研讨、剖析、反思、整改存在的问题，转变作风、落实责任，营造风清气正的政治生态。国资委系统处级以上领导干部带头讲党课4590次，帮助基层和职工群众解决生产、生活实际困难和问题7335件，新制定加强干部队伍作风建设各类制度1063项。二是切实加强企业党组织建设。探索推进对企业基层党组织分类指导，进一步加强党员发展和管理工作，认真做好基层党组织晋档升级工作。深入推进企业精神文明建设，举办全省社会主义核心价值观进企业现场会和省属国有企业优秀文化成果展。三是进一步强化领导班子和人才队伍建设。对17户省属企业领导班子进行研判，及时调整补充企业领导人员121人次，进一步优化班子结构。与省委组织部联合制定下发《关于进一步加强省属企业领导人员管理监督的意见》，开展兼职清理，进一步规范企业领导人员管理工作。开展董事会聘任经理层工作试点，积极推动外派监事会全覆盖，培养引进优秀人才，努力打造一流企业人才队伍。四是扎实推进反腐败工作。层层细化分解落实党风廉政责任制，认真夯实党委主体责任和纪委监督责任，重点抓好领导干部履行“一岗双责”，全系统签订责任书5447份，新制定纪检监察相关制度303项。持之以恒地抓好中央八项规定的贯彻落实，认真开展以整治庸懒散之风为主题的作风纪律整顿活动，严肃查办违法违纪案件。接受信访举报696件，办结602件，党纪处分46人，政纪处分50人。五是积极履行社会责任。认真遵守国家政策和法律，积极参与民生工程和社会公益事业，在棚户区改造、扶贫开发、文化惠民和支持地方建设等方面都作出积极贡献。监管企业对外捐赠共计4686万元。认真落实安全生产措施，扎实做好稳定和信访工作，全力维护企业和社会稳定。

二、陕西省国有资产总量与结构分析

（一）主要财务指标

2015年，在经济下行压力持续增大的背景下，陕西省国有企业在艰难中仍保持增长态势，经济运行情况总体良好，实现国有资本的保值增值。

表1　　2015年陕西省所属国有企业指标

项　　目	金　额(亿元)
资产总额	28190.24
所有者权益	8166.61
营业总收入	8676.55
利润总额	213.94
净利润	133.20
归属于母公司所有者的净利润	78.33
应交税费总额	744.42
实际上缴税费总额	737.64

截至2015年底，陕西省国有企业3873户，资产总额28190.24亿元，同比增加4272.15亿元，增长17.86%。实现营业总收入8676.55亿元，同比增加598.77亿元，增长7.41%。实现利润总额213.94亿元，同比减少65.56亿元，下降23.46%。上缴税费737.64亿元，同比增加6.13亿元，增长0.84%。国有资本保值增值率为101.21%，实现国有资本增值。全年固定资产投资总额1540.95亿元，同比减少107.4亿元，下降6.52%。

（二）国有企业户数情况

截至2015年底，陕西省国有企业3873户，比2014年底增加139户，增长3.72%。

表 2　2015 年陕西省国有企业户数情况

项　目	2014 年	2015 年	比上年增长(%)
户数(户)	3734	3873	3.72

从隶属关系看,省级企业 1897 户,比 2014 年底增加 93 户,增长 5.16%,其中,省国资委监管企业 1808 户,占全省的 46.48%,比 2014 年底增加 359 户,其整体比重增加 7.87 个百分点;省级非监管企业 89 户,占全省的 2.30%,比 2014 年底减少 266 户,整体比重减少 7.21 个百分点。市属以下企业 1976 户,占全省的 51.02%,比 2014 年增加 46 户,同比增长 2.38%。

(三)国有资产地区分布情况

2015 年,陕西省企业国有资产总量 6698.21 亿元,同比增加 766.25 亿元,增长 12.92%。

2015 年,省级企业国有资产总量 3984.62 亿元,比 2014 年增加 240.98 亿元,增长 6.44%,占全省的 59.49%。其中,省国资委监管企业国有资产总量 3937.04 亿元,比 2014 年增加 313.55 亿元,增长 8.65%,占全省的 58.78%;省级非监管企业国有资产总量 47.58 亿元,同比减少 72.47 亿元,减少 60.37%,占全省的 0.71%。市属企业国有资产总量为 2713.59 亿元,同比增加 525.27 亿元,增长 24.00%,占全省的 40.51%。在市属企业中,西安市企业国有资产总量占比最大,为全省的 26.86%。

表 3　2015 年陕西省国有资产地区分布情况

地　区	国有资产(亿元)	占国有资产总量比重(%)
省级企业	3984.62	59.49
监管企业	3937.04	58.78
非监管企业	47.58	0.71
市属国有企业	2713.59	40.51
安康市	71.31	1.06
宝鸡市	76.85	1.15
汉中市	53.31	0.80
商洛市	67.39	1.01
铜川市	8.26	0.12
渭南市	55.67	0.83
咸阳市	116.70	1.74
杨凌示范区	19.97	0.30
榆林市	323.41	4.83
延安市	121.30	1.81
西安市	1799.44	26.86
合　计	6698.21	100.00

(四)国有资产行业分布情况

从行业分布来看,社会服务业占用国有资产总量最大,为 1506.87 亿元,占 22.50%。其次是工业,国有资产总量 1453.57 亿元,占 21.70%,其中,石油和石化工业、化学工业和机械工业占比较大,国有资产总量分别为 521.51 亿元、341.07 亿元和 284.91 亿元。

表 4　2015 年陕西省国有资产行业分布情况

行　业	国有资产(亿元)	占国有资产总量比重(%)
农林牧渔业	16.96	0.25
工业	1453.57	21.70
建筑业	792.60	11.83
地质勘查及水利业	69.83	1.04
交通运输业	1422.93	21.24
仓储业	40.09	0.60
批发和零售业	144.51	2.16
金融业	496.35	7.41
房地产业	557.28	8.32
信息技术服务业	7.59	0.11
社会服务业	1506.87	22.50
卫生体育福利业	7.95	0.12
教育文化广播业	47.06	0.70
科学研究和技术服务业	134.63	2.02
合　计	6698.21	100.00

（五）国有资产经营规模分布情况

从经营规模来看，2015 年，大型企业占用国有资产总量 2200.15 亿元，占全省的 32.85%；中型企业占用国有资产总量 1934.02 亿元，占全省的 28.87%；小型企业国有资产总量 1429.69 亿元，占全省的 21.34%；微型企业国有资产总量 1134.35 亿元，占全省的 16.94%。

表 5　2015 年陕西省国有资产经营规模分布情况

经营规模	国有资产（亿元）	占国有资产总量比重（%）
大型企业	2200.15	32.85
中型企业	1934.02	28.87
小型企业	1429.69	21.34
微型企业	1134.35	16.94
合　计	6698.21	100.00

三、陕西省国有资本保值增值综合分析评价

2015 年，陕西省企业国有资本保值增值率为 101.21%，实现国有资本保值增值。

表 6　2015 年陕西省国有企业地区和行业国有资本保值增值情况

地　区	国有资本保值增值率（%）	行　业	国有资本保值增值率（%）
省属企业	100.50	农林牧渔业	95.52
监管企业	100.51	工业	96.66
非监管企业	100.08	建筑业	101.83
市属企业	102.34	地质勘查及水利业	104.58
安康市	100.02	交通运输业	99.20
宝鸡市	96.24	仓储业	103.45
汉中市	96.96	批发和零售业	106.92
商洛市	102.38	金融业	124.51
铜川市	74.83	房地产业	104.83
渭南市	109.27	信息技术服务业	98.52
咸阳市	100.16	社会服务业	99.59
杨凌示范区	101.70	卫生体育福利业	102.57
榆林市	103.18	教育文化广播业	103.91
延安市	96.38	科学研究和技术服务业	102.20
西安市	103.25		

从隶属关系来看，省级企业保值增值率为 100.50%。市属企业保值增值率 102.34%，其中安康、商洛、渭南、咸阳、杨凌、榆林、西安等 7 个市（区）实现国有资本增值，保值增值率分别为 100.02%、102.38%、109.27%、100.16%、101.70%、103.18%和 103.25%；宝鸡、汉中、铜川、延安等 4 个市出现国有资本减值。

分行业看，国有资产占用量在 200 亿元以上且实现国有资本增值的主要有：建筑业 792.60 亿元、保值增值率 101.83%，房地产业 557.28 亿元、保值增值率 104.83%，金融业 496.35 亿元、保值增值率 124.51%。国有资产本占用量超过 1000 亿元的有 3 个行业，均未能实现国有资本保值，社会服务业 1506.87 亿元、保值增值率 99.59%，工业 1453.57 亿元、保值增值率 96.66%，交通运输业 1422.93 亿元、保值增值率 99.20%。工业行业中，国有资本占用量较大且保值增值率较高的行业情况分别是：石油和石化工业 521.51 亿元、保值增值率 94.72%，化学工业 341.07 亿元、保值增值率 98.42%，机械工业 284.91 亿元、保值增值率 102.16%，冶金工业 194.23 亿元、保值增值率 90.65%，电力工业 181.63 亿元、保值增值率 120.22%。煤炭工业国有资产为－315.51 亿元，为唯一一个国有资产为负数的大行业。

四、陕西省国资委监管企业股份制改革与上市融资情况

省国资委紧紧围绕“整体谋划、突出重点、分步推进、务求实效”的思路，积极稳妥地推进国资国企改革。

认真研究谋划改革总体意见。根据省委、省政府的总体要求，经过认真学习和调研，结合陕西省国企改革发展和国资监管实际，确定“1＋N”的改革框架，以改革总体意见为统领，统筹推进各项改革工作。省委、省政府《关于进一步深化国资国企改革的意见》(简称《总体意见》)，经过多次研究完善形成送审稿；9月13日《中共中央、国务院关于深化国有企业改革的指导意见》公布后，省国资委牵头对照中央《指导意见》精神对《总体意见》再次修改完善，并经省经济生态改革专项小组、省委全面深化改革领导小组会议审议通过，报省政府。

稳步实施省属企业分类管理。省国资委认真贯彻落实省政府办公厅转发《省国资委关于省属企业实施分类管理的意见》，积极加强对各企业和各市分类管理的指导与协调，监管企业按照要求完成对所属子企业的分类工作，并且制定具体的实施细则和工作方案。根据不同功能企业，确定不同考核指标，对监管企业负责人年度经营业绩考核实施分类考核，增强国资监管的针对性和有效性。修订并印发《陕西省国资委监管企业负责人经营业绩考核办法》《陕西省省属金融企业负责人经营业绩考核办法》。经过积极推进分类管理和分类考核，引导企业整合资源、做强主业，初步显现良好效果。

大力发展混合所有制经济。根据陕西省委《关于开展“十三五”规划重大问题研究的通知》精神，省国资委牵头组织重大课题调研，历时8个月调查研究，形成《陕西省发展混合所有制经济课题研究报告》，为陕西省制定“十三五”规划提供重要的理论依据，对指导全省混合所有制经济的发展具有重要的指导意义。以生产服务、研发创新等实体和新办企业以及新上项目为重点，审核批复12个股权多元化项目，设立专业化公司7户，积极引进非工资本。制定延长石油集团陕西延长保险经纪有限公司、陕煤化集团韩城矿业电讯服务中心等10户企业发展混合所有制经济试点方案，按照“因企施策、因业施策”和“三宜、三不”的原则，积极有序推动混合所有制经济发展。

大力推进省属企业国有资产证券化。对省属企业国有资产证券化情况进行调查汇总梳理，形成“一企一策”指导方案。截至2015年底，省属独立核算企业1340户，886户企业完成股份制改革，占比66.11%，国有资产证券化率达到18%。电子信息集团泰立松、陕煤化集团开源证券、中陕核天然谷等3户企业在新三板上市。优选储备64户企业作为上市培育资源。

五、陕西省国资委监管企业建立和完善经营业绩考核体系情况

明确考核原则和重点。一是把稳增长作为各项工作的重中之重，引导企业多措并举，确保年度任务完成。二是把调结构作为应对挑战的战略举措，引导企业围绕主业优化结构，延伸产业链，抓住新的发展机遇，集中资源形成省属大型企业集团的产业优势。三是把提质增效作为做优做强的内在要求，引导企业增强产业规模和市场拓展的实力，使资本占用与价值创造相匹配。四是把科技创新作为可持续发展的根本保证，引导企业增强核心竞争力，做好潜在价值的开发与推广，充分挖掘、组合现有资源，加快转变经济增长方式。五是把抓管理作为企业持续发展的基础，引导企业提高精细化管理水平，有效控制风险，向管理要效益。

年度目标责任考核结果公平公正。2015年，30户企业考核结果分为A、B、C三个级别，得分在92分以上的6户企业，考核结果为A级，占考核企业的20%；得分在92～70分之间的21户企业，考核结果为B级，占70%；得分在70分以下的3户企业，考核结果为C级，占10%。2015年度年薪制企业法定代表人平均薪酬比2014年度平均薪酬下降9.84%。

监管企业对标考核工作成效明显。围绕省国资委中心工作，2015年，重新梳理监管企业对标标杆，对陕能集团、物流集团等企业，重新调整行业一流企业作为标杆企业，确保国内一流。按照“一企一策”、分

业施策的原则，继续做好对标考核指标体系的建设工作。2015年，22户企业328个对标指标中，8户企业14个单项指标超标。在经济效益指标中，陕西有色集团、榆林能源集团等企业超标较多，有3个指标既超过标杆企业，又好于行业良好值；10个指标好于标杆企业。与行业对标的28户企业224项行业对标指标中，71个指标超过行业良好值，47个指标好于行业优秀值，较上年有所增加。对于对标考核指标已超标或达标的，原则上重新确定短板指标作为企业年度考核指标。对于达标或刚超标的指标，原则上保持考核指标不变，做到持续改进。

六、陕西省国资委监管企业监事会监督检查情况

省属国有企业监事会主动适应新常态，以防控风险、防止国有资产流失为监督主线，进一步加强监督检查力度，能力和水平不断提升。

不断深化当期监督。一是监督检查工作扎实推进。以评价国有资产保值增值为重点，分类实施年度集中检查和调研检查。对延长石油集团、陕煤化集团等19户企业2014年度生产经营、财务管理、年度目标任务完成情况以及企业负责人履职行为等进行年度集中检查，涉及企业本部、下属子企业共计132户，提出监督建议87条。对高速公路集团、引汉济渭工程公司等15户企业进行调研检查，揭示反映问题102个，提出建议37条。二是监督成果运用不断规范。交换意见整改有序推进，全程跟踪指导企业进行整改，形成整改落实工作报告。分析汇总各类监督检查报告，形成年度综合分析报告，上报省政府研究，使省政府通过监事会渠道对省属国有企业现状有了更为全面的了解，为省政府决策提供参考。

不断完善企业支持配合机制。一是组织召开监事会工作座谈会，11户重点企业主要负责人参加，交流支持配合监事会工作的经验，汇报外派监事会作用发挥情况和人员履职情况，提出加强和改进外派监事会工作的建议。二是调研指导新派驻监事会企业支持配合监事会依法开展当期监督工作，查找存在问题，指导督促企业建立完善支持配合制度，进一步提高监督检查报告效率。

不断加强监事会队伍建设。一是加强思想责任意识。结合开展“三严三实”专题教育活动，对监事会开展理论学习、研讨交流、开展批评与自我批评、查找问题制定整改措施、践行廉政勤政理念，落实八项规定，思想认识有了进一步提高，工作作风有了很大的转变，规矩意识、纪律意识进一步增强。二是加强业务培训。举办监事会业务培训班，监事会专、兼职监事100多人参加培训，邀请专家学者、国资委领导、央企监事会同行进行集中授课，内容涵盖国资国企改革的政策法规、监事会监督实务、党风廉政建设等。三是加强调查研究，针对工作中存在的薄弱环节和问题，认真开展课题调研活动，形成一批调研成果，对指导改进工作，提供借鉴和探索。

七、陕西省国资委监管企业党的建设和廉政建设情况

（一）党的建设情况

扎实开展“三严三实”专题教育。按照中央和省委的要求，认真组织国资委机关和系统企业开展“三严三实”教育。严格对照“三严三实”方案，通过讲党课、剖析分析会、民主生活会等，深刻研讨、剖析、反思、整改存在的问题，转变作风、落实责任，营造风清气正的政治生态。国资委系统处级以上领导干部带头讲党课4590次，帮助基层和职工群众解决生产、生活实际困难和问题7335件，新制定加强干部队伍作风建设各类制度1063项。

切实加强基层党组织建设。加强基层党组织换届工作，对国资委系统基层党组织换届情况进行摸底调查，指导11户企业召开党代会换届，批复5户企业成立党委、纪委或增补委员，理顺4户企业党组织隶属关系。继续推进基层党支部晋档省级活动。举办1期企业党委专职副书记培训班，3期党支部书记、入党积极分子示范培训班。

进一步强化领导班子和人才队伍建设。一是加强企业领导人员管理。对17户省属企业领导班子进行研判，及时调整补充企业领导人员121人次，进一步优化班子结构。与省委组织部联合制定下发《关于

进一步加强省属企业领导人员管理监督的意见》,开展兼职清理,进一步规范企业领导人员管理工作。选择秦风气体公司、陕西海外投资发展公司开展董事会聘任经理层工作试点,探索职业经理人制度框架。坚持从严管理干部,规范企业领导人员履职行为,严格执行“逢提必核”制度,严格审查领导个人申报事项和档案专审工作,从严审批领导人员兼职,企业领导人员管理进一步规范,选人用人机制进一步完善。二是积极实施人才强企战略,推进人才工作。启动陕西省“十三五”企业人才资源发展规划编制,开展陕煤化集团省属企业人才政策改革试点,完成《国有企业人才管理水平升级晋档课题研究》。开展省属企业高层次人才发展资金资助项目评审工作,对75名高层次人才、6个高层次人才发展平台和1个理论研究项目给予资助。组织省属企业赴清华大学举办“陕西省企业人才招聘会”,招聘的品牌优势进一步提升。

认真抓好新闻宣传和群团工作。一是舆论宣传工作不断加强。围绕全面深化国资国企改革,营造良好氛围,组织宣讲团进企业宣讲五中全会精神20场,组织媒体法人微博“2014年陕西成就盘点”和“追赶超越争一流”主体采访活动,进一步凝聚改革共识。积极做好门户网站信息的维护工作,发布信息3022条。二是社会主义核心价值观宣传教育活动深入开展。制定省国资委系统《关于培育和践行社会主义核心价值观实施方案》,对企业大力培育和践行社会主义核心价值观进行总体部署。组织召开省国资委系统企业培育和践行社会主义核心价值观现场推进会,进一步推动系统企业社会主义核心价值观建设深入开展。三是精神文明建设和企业文化建设工作扎实深入。制定印发《陕西省国资委党委2015年宣传思想工作要点》,对企业文化建设和精神文明创建工作等进行总体安排。成功举办省属国有企业优秀文化成果展,获得陕西省宣传思想文化工作创新奖。推进“争当陕西好人”和“四德”人物评选活动。授予9户企业文化示范单位荣誉称号,17户企业省属企业文明单位荣誉称号。监管企业中1人荣获全国第五届道德模范,2人荣获陕西省第四届道德模范,8人获得“陕西好人”荣誉称号,3名一线工人被评为陕西十大杰出工人,8名劳动者荣获全国劳动模范荣誉称号。四是召开省国资委系统党的群团工作暨统战工作会议,深入开展“爱企业、献良策、做贡献”主题活动,2015年省国资委系统企业提出合理化建议295条,其中已被采纳279条,为全省经济社会又好又快发展作出贡献。

(二)廉政建设情况

省国资委扎实抓好党风廉政建设和领导干部履行“一岗双责”,坚持把纪律和规矩挺在前面,始终坚持重点工作任务和廉政工作同安排、同落实、同考核,努力做到“决策先问法、违法不决策”“任务要落实,廉政必同行”,取得良好效果

讲政治、守规矩,落实责任,统一思想。召开系统纪检监察工作会议,深入学习贯彻中、省纪委全会精神。多渠道、多层次要求国有企业党组织和党员干部紧跟中央和省委的部署要求,深入落实中央八项规定精神,防止“四风”问题反弹回潮。制定印发《省国资委党委关于落实党风廉政建设党委主体责任纪委监管责任的实施意见》,明确各级党委落实党要管党、从严治党原则,担负党风廉政建设主体责任,各级纪委承担监督责任。

守纪律、知敬畏,完善制度,加强队伍建设。建立每周例会讲评工作,每季度全系统纪委书记座谈交流经验,每半年召开一次纪委工作部署会,制定谈话函询制度、案件审理制度,规范业务办理,全系统建立完善制度264项。认真贯彻落实《关于加强和改进省属国有企业和省属金融机构纪检监察组织建设的若干意见》精神,在省国资委党委的支持下健全机关纪委工作机构,配备室主任。在组建陕西供销集团、陕西粮农集团等6户企业集团时,建立企业党组织同步交流配备纪委书记,建立纪检监察机构。全系统设立974个纪检监察机构,有3496名纪检监察干部,其中专职纪检监察干部1134名,兼职纪检监察干部2362名,监督作用发挥有效,企业风气明显好转,腐败蔓延势头得到有效遏制。

敢担当、出成果,强化执纪,推进党风廉政建设。坚持做好年度纪委负责人述职,加大百分制考核中纪检监察工作的权重。坚持日常考核和全年考核相结合,开展抽查和巡访,完成对陕西有色集团、陕西能源集团、陕西地方电力集团等企业纪检工作的重点抽查。定期约谈企业党委、纪委负责人,对交办事项和

纪律审查进行外部评价，从工作对象和协作单位全方位了解工作情况，将巡访结果和测评结果作为薪酬奖励、职务调整的重要依据。延长集团、煤业集团等企业积极开展调研活动，形成“把纪律和规矩挺在前面”调研成果25篇。省国资委在全国地方国资委纪委书记研讨会上作了题为《强化监督执纪问责，把纪律挺在前面》的经验交流。全系统受理信访举报1353件，立案134件，移交司法6人，给予党政纪处分212人。认真做好对中央第七巡视组交办的200多件信访举报件办理工作。持续纠正“四风”，查处违反中央八项规定问题8起，处理12人，其中党政纪处分8人。

（撰稿人：方启权）

甘肃省

一、甘肃省国有资产监督管理工作综述

2015年，甘肃省政府国资委和省属国有企业深入贯彻落实省委、省政府关于全面深化国有企业改革的决策部署，主动适应经济发展新常态，坚持问题导向、市场方向和破题指向，积极应对经济下行压力持续加大的严峻形势，多措并举稳增长，积极稳妥抓改革，精准发力调结构，各项重点工作协调有序推进。

（一）多措并举做好经济运行工作

不断强化责任落实。2015年，省政府国资委与所监管企业主要负责人签订年度经营目标责任书，各企业主要负责人与副职负责人及分（子）公司负责人签订经营目标责任书，明确年度经营业绩考核指标，层层落实经营责任，切实强化目标考核倒逼。深入推动降本增效。省政府国资委先后下发3个指导性文件，开展两轮专题调研督导，组织召开现场会，指导省属企业深入开展“增源节流、增效节支”专项活动。通过清理“两金”占用、严控费用性开支、实施管理提升等一系列措施，引导企业加强全价值链精益管理，省属企业全年成本费用比预算降低10个百分点，其中管理费用、销售费用分别同比下降6.37%、4.6%。全面加强风险防范。省政府国资委制定下发相关工作指引规范省属企业风险投资业务，指导资产负债率高于70%的14户省属企业制定债务风险防控方案，指导负有外币债务的省属企业积极调整本外币融资规模，指导省国投集团通过担保、过桥等方式为其他实体企业提供融资支持，有效防控债务风险、汇率风险和资本市场风险。

2015年，由于受经济下行压力持续加大、大宗商品价格大幅下跌等因素影响，39户省属企业全年亏损146.76亿元，同比由盈转亏，减利229.09亿元。从总体运行分析看，多数企业效益稳定，纳入统计的39户省属监管企业中有24户企业实现盈利，特别是处于全行业亏损的白银公司、靖煤集团、甘肃稀土、华煤集团实现盈利。对全省经济稳增长发挥支撑作用，上缴国有资本收益6.43亿元，就业人数及职工薪酬总体保持稳定。从行业运行情况看，冶金、煤炭、电力、商贸四个行业整体亏损，亏损额持续扩大；机械、建筑、农业三个行业收入保持平稳增长，效益水平低于上年；金融企业收入效益继续保持双快增长，华龙证券利润同比增长126%。

（二）积极稳妥推进国有企业改革

重大改革方案制定取得重要进展。先后出台省委、省政府《关于深化国有企业改革的实施意见》《省属国有企业规范董事会建设实施方案》《省属国有企业负责人薪酬制度改革实施方案》《省属企业负责人履职待遇、业务支出管理办法》《关于在深化省属国有企业改革中进一步加强党的建设的若干意见》等配套改革方案，还有部分配套文件形成初稿，国有企业改革“1+N”文件体系主体任务基本完成。5户省属企业改革试点及其他企业“一企一策”改革积极推进。省国投集团在创新国有资本投资运营模式、酒钢集团在深化母子公司经营管理体制机制、省公航旅集团在理顺投融资平台管理体制强化产融结合、省机场集团在提升公益类企业服务管理水平、八冶集团在规范国有企业发展混合所有制经济等方面积极探索实践，初步形成一些可复制、可推广的经验做法。其他省属企业有序推进“一企一策”改革，制定改革总方案及146项子方案，组织实施426项改革任务。

重点改革任务深入推进。全面推进公司制股份

制改革，省物产集团、省水电工程局完成集团层面公司制改革，13户企业完成股份制改造，26户企业纳入上市后备库，华龙证券、华龙期货在新三板挂牌。加快推进规范董事会建设，初步建立外部董事人才库，8户企业实现外部董事占多数。积极稳妥发展混合所有制经济，向社会公布省属企业第二批引进非公资本项目50个；靖远煤电、兰石重装通过定向增发引进非公机构投资40亿元；省国投集团等企业通过发起设立各类基金引进非公资本近50亿元；金川集团引进荷兰托克公司9亿元入股广西金川。深入推进“三项制度”改革，完成省属企业负责人薪酬制度改革，落实副职负责人经营责任，授权20户商业类省属企业董事会行使工资总额管理权。各企业结合实际深化劳动用工制度改革，酒钢集团精减外协劳务人员5000人，开展内部管理人员公开竞聘，2名普通员工成功晋升子公司主要负责人，解聘23名中层管理人员；金川集团精减两级内设机构60多个，转岗分流人员1000多人，清退外协劳务人员500多人；省建投集团严格执行新录用员工试用期制度，试用期淘汰率达到20%以上，清理规范在编不在岗人员2000多人。

（三）大力推动结构调整转型升级

加快传统产业升级步伐。省列19个重点项目中有5个建成投产，全年完成投资171.61亿元。8户省属企业被列为全省战略性新兴产业发展总体攻坚骨干企业。靖煤集团热电联产项目并网发电，省建投集团“黄河1号”盾构机、52米臂架泵车填补西北生产企业的空白，八冶集团数控钢筋加工、三毛集团精纺生产线投产。长城电工加快产业链内所属企业的资源整合和产品升级，天水电工电器产业园一期8个项目全部建成投产。农垦集团加快产品深度开发和转化增值，所属药物碱厂通过GMP认证，由医药原料生产企业转型为药品生产企业，所属亚盛集团完成引河滴灌成套技术攻关，解决高泥黄河水不能用于滴灌的世界难题。酒钢集团通过科技攻关实现碳钢新产品及差异化产品比例首次接近30%，不锈钢差异化产品比例达到32%。

加大重组整合力度。整合原省保障房公司、棚改公司资产股权组建省城乡发展投资集团。完成省国投集团对三毛集团和兰州电机的重组，将二十一冶公司国有股权委托八冶集团管理。省国投引进北大众志“中国芯”合作发展集成电路产业，酒钢集团引进中建集团合作建设钢结构生产基地，省电投引进韩国LG商事合作建设武威热电联产项目，积极推动酒钢集团与中核集团，长城电工、兰州电机与中船集团、中车集团的对接合作，推动甘肃省装备制造业向中高端迈进。各企业加大内部资源重组整合，加快清理低效无效资产，有效提高资源使用效率。

积极参与国际产能合作。出台《加快省属企业“走出去”推进国际产能合作实施方案》，明确“1553”跨国经营主体培育目标，举办“2015甘肃‘一带一路’国际产能合作洽谈会”，签订一批国际产能合作项目，白银集团与哈矿集团30万吨铜冶炼项目在两国总理见证下签约，酒钢集团牙买加铝土矿、金川集团印尼红土镍矿、省建投集团加纳工业园区、八冶集团和祁连山水泥集团吉尔吉斯斯坦3000吨级熟料水泥生产线、金川实业公司白俄罗斯塑料管材、西北永新吉尔吉斯斯坦中医中药等项目有序推进，国际市场不断拓展，初步建立企业主导、政府推动、优势互补、打捆投资的省属企业“走出去”新机制。大力发展现代服务业。省电投在厦门自贸区注册成立融资租赁公司，积极引进国内外低成本资金。甘肃股权交易中心全年新增挂牌企业1068户，新增托管企业1049户，实现各类融资141亿元，发展成为西北地区最大的区域性股权交易市场。省物产集团甘肃省物流网8项协同服务功能全部建成开通，发展会员8000多个，荣获“2015年跨境电商物流模式创新奖”。省科投公司兰州科技大市场网络平台已注册企业、团队2000余家，为科研成果落地转化提供高效服务。省公航旅集团积极筹建甘肃省地方法人保险公司，省国投集团积极筹备设立融资租赁公司和资产管理公司。

（四）不断完善国有资产监管体制

进一步转变国资监管职能。按照以管资本为主加强国有资产监管的要求，省政府国资委对承担的国资监管职能进行全面梳理，初步建立国资监管权力清单和责任清单，梳理86项责任事项和44项权力事项，精简下放审批事项14项，规范出资人审批事项工作流程，加强事中监管、事后评价。坚持职权法定原则，省政府国资委对现行有效的各类规范性文件进行全面清理，对不适应经济新常态下国资监管工作要求的37个规范性文件进行废止，对22个规范性文件进行修订，进一步健全国资监管制度体系。进一步优化国资监管方式。针对不同企业功能定位，在战略规划制定、资本运营模式、经营业绩考核等方面，实施更加精准有效的分类监管。通过“一企一策”修订公司章程、严格选派股东代表和董事监事，将出资人意志有效体现在公司治理结构中。强化出资人财务监督，修订省属企业财务总监管理办法，向7户省属企业派出财务总监。强化监事会监督，完成外派监事会的换届入驻，健全协同机制，形成监督合力。稳步推进经营性国有资产集中统一监管。省财政厅、省科技厅、省公共资源交易管理局3个部门完成所管理的企业改制脱钩，7户资产规模较大的企业纳入集中统一监管。

二、甘肃省国有资产总量与结构分析

2015年，甘肃省国有企业资产总额14029.13亿元，同比增长16.68 %；所有者权益4556.34亿元，同比增长10.49 %；实现营业总收入5371.96亿元，同比下降1.55 %；实现利润总额-107.83亿元，同比下降201.47 %。

表1　2015年甘肃省所属国有企业指标

项　　目	金　额（亿元）	比上年增长（%）
资产总额	14029.13	16.68
所有者权益	4556.34	10.49
营业收入	5371.96	-1.55
利润总额	-107.83	-201.47
净利润	-122.06	-246.27
归属于母公司所有者的净利润	-90.85	-234.25
应交税金总额	123.97	-26.15
实际上缴税金总额	129.01	-19.82

2015年，甘肃省国有资产统计报表录入户数1615户，比2014年净减少33户。其中，省属监管企业808户（包含纳入统计范围的全部子企业，其中一级企业36户），比2014年增加153户；非监管企业220户，比2014年净减少110户；市（州）属企业587户，比2014年净减少76户。

表2　2015年甘肃省国有企业户数情况

项　　目	2014年	2015年	比上年增长（%）
户数（户）	1648	1615	-2.00
省属企业（户）	985	1028	4.37
省属监管企业（户）	655	808	23.36
省属非监管企业（户）	330	220	-33.33
市（州）属及以下企业（户）	663	587	-11.46

2015年，甘肃省国有资产总量4153.07亿元，其中，省属监管企业2519.66亿元，占全省国有资产总量的60.67%；非监管企业270.35亿元，占全省国有资产总量的6.51%；市州属及以下企业1363.07亿元，占全省国有资产总量的32.82%。

表3　2015年甘肃省国有资产地区分布情况

地　　区	国有资产（亿元）	占国有资产总量比重（%）
全省国有企业	4153.07	100.00
省属企业	2790.00	67.18
省属监管企业	2519.66	60.67
省属非监管企业	270.35	6.51
市（州）属及以下企业	1363.07	32.82
兰州市	917.92	22.10
天水市	69.8	1.68
嘉峪关市	34.27	0.83
武威市	62.76	1.51
金昌市	17.24	0.42

续表

地　　区	国有资产（亿元）	占国有资产总量比重(%)
酒泉市	1.75	0.04
张掖市	35.05	0.84
庆阳州	1.58	0.04
平凉市	50.52	1.22
白银市	127.58	3.07
定西市	25.66	0.62
陇南市	7.16	0.17
临夏州	5.46	0.13
甘南州	6.31	0.15

表 4　2015 年甘肃省国有资产行业分布情况

行　　业	国有资产（亿元）	占国有资产总量比重(%)
农林牧渔业	23.36	0.56
工业	918.89	22.13
建筑业	397.22	9.56
地质勘查及水利业	81.67	1.97
交通运输和仓储业	1184.89	28.53
邮电通信业		
批发和零售业	39.79	0.96
金融业	423.71	10.20
房地产业	320.51	7.72
信息技术服务业	1.38	0.03
社会服务业	707.05	17.02
卫生体育福利业	0.9	0.02
教育文化广播业	34.93	0.84
科学研究和技术服务业	18.66	0.45
机关社团及其他	0.11	0.00

表 5　2015 年甘肃省国有资产经营规模分布情况

经营规模	国有资产（亿元）	占国有资产总量比重(%)
大型企业	213.99	5.15
中型企业	1048.77	25.25
小型企业	1969.87	47.43
微型企业	920.44	22.16
合　　计	4153.07	100.00

三、甘肃省国有资本保值增值综合分析评价

表 6　2015 年甘肃省国有企业行业国有资本保值增值情况

行　　业	国有资本保值增值率(%)
全省国有企业	97.76
农林牧渔业	62.19
工业	85.81
建筑业	97.40
地质勘查及水利业	99.54
交通运输和仓储业	105.33
邮电通信业	
批发和零售、餐饮业	83.93
金融业	108.32
房地产业	101.41
信息技术服务业	113.96
社会服务业	98.62
卫生体育福利业	105.69
教育文化广播业	110.35
科学研究和技术服务业	140.62
机关社团及其他	99.84

表 7　2015 年甘肃省国有企业地区国有资本保值增值情况

地　　区	国有资本保值增值率(%)
全省国有企业	97.76
兰州市	99.89
天水市	98.94
嘉峪关市	104.28
武威市	101.66
金昌市	97.02
酒泉市	96.42
张掖市	100.43
庆阳州	99.32
平凉市	99.89
白银市	103.24
定西市	98.13
陇南市	99.38
临夏州	97.36
甘南州	100.66

四、甘肃省国资委监管企业股份制改革与上市融资情况

加快推进公司制股份制改革，加速资产资本化、资本证券化，实现国有资本的合理流动和高效配置，制定《关于进一步深化省属企业公司制股份制改革的意见》和省属企业上市工作规划、省属企业新三板挂牌工作推进计划。截至 2015 年底，甘肃省国资委监管的企业集团层面全面完成公司制改革，并有序推进股份制改造。白银集团、陇神戎发 2 户首发上市企业补充完善材料并报送发审委审核；2015 年 1 月 13 日，华龙期货在新三板正式挂牌上市，成为甘肃省首家新三板挂牌的省属企业，也是全国第四家登陆新三板的期货公司；华龙证券 2015 年 10 月正式申报新三板挂牌并完成初审；金川科技、西部重工、省融资担保集团 3 户企业完成变更设立股份公司并启动新三板挂牌；甘肃省产交所、永新管业、天传所有限公司 3 户企业启动股份制改制并新三板挂牌工作；白银集团下属南非第一黄金公司启动香港上市工作。

五、甘肃省国资委监管企业并购重组与完善法人治理结构情况

推进省属企业间的战略重组。完成省国投集团兼并重组三毛集团和兰州电机股份公司，整合原省保障房公司、棚改公司资产股权组建省城乡发展投资集团。引进战略投资者参与省属企业战略重组。以华龙期货、稀土新材料、金熊猫稀土、长城果汁、兰石装备等公司为载体吸引战略投资者增资扩股，构建以资本为纽带的战略合作基础。省科投公司联合东方汇富组建基金管理公司，共同出资 1 亿元设立兰白科技创新改革试验区技术创新驱动基金管理公司，负责兰白科技创新改革试验区技术创新驱动基金的运营和管理。鼓励非公有制经济参与省属企业项目投资建设。2015 年 7 月，精选推出第一批 10 户引资企业名录和第二批 40 个省属企业招商引资项目名录，明确操作流程，并通过媒体、网站、产权交易市场面向社会公示，支持和引导各类资本参与省属企业改制重组和项目投资建设。支持各类所有制经济参与国有企业改革发展。紧密结合省属企业股份制改革和上市、挂牌工作，在金川集团、白银集团、稀土新材料、陇神戎发、华龙证券等企业改制上市过程中，通过非公开发行等方式引进社会资本实施股份制改造和增资扩股，促进各类所有制经济共同发展。

以建设规范、高效、协同的战略型决策型董事会为重点，推动企业健全完善法人治理结构，制定《省属国有企业规范董事会建设实施方案》及“三会一层”议事规则指引等 26 项配套制度，在省属监管企业全面启动规范董事会建设工作。积极推行外部董事制度，加强外部董事队伍建设，初步建立外部董事人才库，入库 110 人，省水利水电工程局、西北永新集团 2 户省属国有独资企业和金川集团、白银集团、窑煤集团、华龙证券、长风科技、兰州电机 6 户省属国有控股企业实现外部董事占多数。稳步推行职业经理人制度，在华龙证券、兰州电机、三毛股份 3 户企业开展董事会选聘经理层副职改革试点，打通现有经理层副职与职

业经理人的转换通道，酒钢集团、兰石集团等企业选择部分二级企业开展职业经理人试点，探索实行市场化选聘和任期制契约化管理机制。

六、甘肃省国资委监管企业建立和完善经营业绩考核体系情况

坚持立足当前、着眼长远，强化生产经营指标考核，增加结构调整转型和全面深化改革两项重点工作考核，全面推进副职负责人业绩考核，健全完成年度目标任务的倒逼、约束和激励机制。探索建立与省属国有企业负责人选任方式相匹配、与企业功能性质相适应的差异化薪酬制度，深化企业薪酬分配制度改革，合理确定薪酬水平，规范福利性待遇，健全薪酬监管体制，合理确定并严格规范企业负责人履职待遇、业务支出。制定《甘肃省深化省属国有企业负责人薪酬制度改革实施方案》《省属监管企业负责人经营业绩考核办法》《省属国有企业负责人薪酬管理办法》《省属国有企业负责人履职待遇、业务支出管理办法》等配套制度，授权20户商业类省属国有企业董事会行使工资总额管理权，建立健全企业工资决定和正常增长机制，形成职工收入能增能减的市场化分配机制。

七、甘肃省国资委监管企业党的建设和廉政建设情况

“三严三实”专题教育成效显著。按照甘肃省委的统一部署，突出问题导向，贯彻从严要求，坚持专题教育与中心工作相结合，认真落实重点环节工作，广大党员干部遵规守纪、廉洁自律意识不断增强，工作作风和精神面貌有了新的转变。党建工作责任制进一步落实。严格落实从严管党治党责任，认真履行“一岗双责”，对省属企业党组织发挥政治核心作用情况进行检查评估，开展企业党组织书记抓党建工作述职评议考核工作，加强基层党组织书记示范培训，党建工作责任进一步落实。不断加大正面宣传和舆论引导力度，省属企业改革发展的舆论环境和文化氛围进一步改善。进一步推动群团工作，加强企业民主管理，积极化解矛盾纠纷，有力维护企业与社会和谐稳定。领导班子建设进一步加强。注重把加强党的领导和完善公司治理统一起来，维护党组织的政治核心地位，细化党组织参与重大决策的规则程序。进一步完善国有企业领导人员综合考核评价机制，加强企业领导人员的日常监督管理。注重优化企业领导班子结构，对不胜任、不称职的企业领导人员及时进行调整，加强优秀年轻干部选拔培养力度。党风廉政建设和反腐败工作进一步强化。认真落实“两个责任”，严明政治纪律和政治规矩，持之以恒贯彻落实中央八项规定和省委“双十条”规定，扎实开展“九个严禁、九个严查”、住房清理、违规办理和持有因私出国(境)证件等专项治理。积极配合省委巡视组对省管企业的巡视工作，启动国资委监管班子企业巡察工作，认真抓好问题整改。以学习贯彻两项法规为重点，加强廉洁文化建设，企业领导人员纪律意识、廉洁意识进一步增强，反腐倡廉的体制机制进一步完善。

(撰稿人：闫志恒)

青海省

一、青海省国有资产监督管理工作综述

2015年，面对经济持续下行、各种矛盾交织叠加的困难与挑战，青海省国资监管系统和国资委出资企业认真贯彻落实国务院国资委，青海省委、省政府决策部署，围绕适应新常态、打造新优势、增强新活力，省属国有企业顶住经济下行压力，调结构、抓转型、稳经营、促和谐，国有资产规模持续扩大，效益稳步提升，形成涉及基础产业、农牧生态、金融信贷、现代物流、公共服务等领域的国有经济体系，覆盖全省经济社会发展的主要方面。截至2015年底，全省纳入统计体系的612户地方国有企业资产总额6018.94亿元，净资产2064.93亿元，实现营业收入964.61亿元。受“十二五”以来宏观经济下行的影响，2015年青海国有企业实现利润总额0.62亿元，较2014年下降98.61%。截至2015年底，省国资委18户出资企业资

产总额4310.79亿元，净资产1372.51亿元。实现营业收入884.79亿元。2015年青海国资监管工作总体呈现国资国企改革稳步推进、国有企业健康发展、国企党建工作得到全面加强等特点。

(一)国资国企改革稳步推进

制定国企改革重大措施。出台三江集团资产运营和混合所有制改革、国投公司开展国有资产投资、盐湖股份董事会建设等试点方案，试点工作有序推进。制定《青海省深化省管国有企业负责人薪酬制度改革的意见》《关于进一步完善省属出资企业法人治理结构的指导意见》《关于推进青海省国有企业发展混合所有制经济的意见》，在创新机制、依法监管方面取得初步成效。

加强国资监管制度建设。全面推动制度“立、改、废”，制定下发2015年度企业重大事项审批、核准、审核上报、备案目录和出资企业报送资料目录，探索建立权责清单。制定《青海省省级国有资本经营预算管理办法》《青海省国有企业负责人履职待遇、业务支出管理办法》，拟定《省属出资企业负责人经营业绩考核暂行办法》《省属出资企业负责人薪酬管理暂行办法》《省属出资企业违规经营投资责任追究暂行办法》《国有资产交易流转监管办法和实施细则》，为构建以管资本为主的国资监管新框架提供制度依据。

优化国有资本结构。按照增强国有经济活力、控制力、影响力和抗风险能力的要求，积极推进资本重组、优化股权结构，强化资本运作，推动企业管理创新。西部矿业参股整合东台锂资源，强化对优势资源的控制和重点产业的支撑。物产集团曹家堡保税物流中心(B型)建设圆满收官。投资集团关小建大，桥头铝电新火电机组建设提速。青海银行中小企业服务平台作用日益优化。同时，认真落实中央和青海省委、省政府供给侧改革的要求，研究省属出资企业进一步深化供给侧改革的具体方案，坚持稳存量、控增量，通过创新驱动、整合重组、改造提升等措施，提高企业竞争力。

(二)国有企业健康稳定发展

骨干企业成长壮大。全省国有企业资产总额超过100亿元的有11户，其中8户超过200亿元。西矿集团、西钢集团、物产集团、青海银行等分别入围全国企业500强和全国制造业、物流业、服务业企业500强。西矿集团是我国第二大铅精矿生产企业，西钢集团是我国四大特钢集团之一，盐湖股份是全国最大钾肥生产基地，国投公司迈入西部地区信用等级最高平台行列，信保集团成为西北最大担保公司。

发展质量明显提升。相继建成金属镁一体化、国内产能第一EB炉和装备园、物流园等一批技术先进、聚集程度高的项目，培育盐湖化工、有色金属、装备制造、特钢、煤炭等产业链条，形成一批关联度强、资源利用率高、技术装备一流的产业集群，带动现代服务、农牧、物流、商贸等领域的快速发展，推动重点行业的提质增效。

转型升级持续提速。推动创新发展，攻克盐湖提锂难关，强化锂电产业发展的技术支撑。余热发电、烟气回收等节能技术广泛应用；特钢大小棒线升级改造全面完成；电解铝系列产品迈向高端，能耗排放等技术指标国内领先；重型机床国内市场占有率超过60%。物联网技术在西宁特钢、盐湖股份等企业推广应用，关键工序智能化、关键岗位机器人替代成为新项目重点。制造业与物流业“两业联动”加快发展。

社会贡献稳步提高。青海省国有企业在自身发展的同时，不忘肩负的社会责任，为青海经济社会稳定发展作出积极贡献。吸收就业人数继续增加，职工人均收入稳步上升。2015年全省国有企业平均职工人数100914人，比2014年增长1.34%，职工年人均工资达到57644元，比上年增长6.07%。社会保障工作不断提升。基本养老保险、基本医疗保险、工伤保险、失业保险覆盖率不断提高，为职工实际缴纳“五险一金”21.28亿元，较2014年的18.28亿元增长21.88%。

(三)国企党建工作全面加强

党建工作责任化。完善企业领导交叉任职、双向任职，在投资集团、盐湖集团等12户企业实行董事长、党组书记“一肩挑”制度。落实企业党组书记第一责任人，企业行政领导特别是行政主要负责人“一岗双责”，创新企业纪委书记统一管理机制，设立企业党委的纪检监察机构。尝试面向社会招聘4户企业副总经理,将市场化选聘与党组织考察任命相结合,探索党建工作的新机制。

创建工作品牌化。用典型带动一般,用典型推动工作,用典型创新方式。先后开展"四好"领导班子、"六个好"党支部活动,青海汽运西宁汽车东站党支部被中组部授予全国争先创优基层党组织荣誉称号,盐湖股份发展公司采收车间党支部等5个基层党组织被评为全省国有企业党建示范点。创建青海银行"高原先锋优秀党建"等6个党建品牌,912个党支部结合工作实际创建"标杆党支部达标创建工程",涌现出效益型、环保型等多型党支部。

解决问题台账化。坚持问题导向推进企业党建工作,抓住影响国有企业党建工作重点、难点,实行台账化管理,先后对18个软弱涣散基层党组织开展针对性整顿;对个别企业党委会与董事会、股东大会、经理办公会、监事会、工会、职代会相互关系不顺,体制、机制和工作对接不充分等问题进行纠正;针对企业人才储备不足,二级企业党组织书记选任难度大的问题,建立151个二级公司210余名党政领导基本信息库。

支部建设融入化。发挥基层党组织战斗堡垒作用,将企业基层党建与工青妇、工会等相结合,与基层班组长、业务骨干培养相结合,将党的建设和思想建设融入到企业经营中,融入到行政工作中,融入到职工思想实际中,使企业党建工作有载体、有阵地、有先锋。

党建工作制度化。坚持依法加强党建工作,督促企业围绕重大事项决策、项目建设、履职问责等出台一批制度,盐湖集团、青海银行等制定出台《管理人员履职问责办法》《党委参与重大问题决策制度》等一批制度,进一步规范企业招投标,形成党委议大事、谋全局、把方向,参与决策、带头执行、有效监督等党组织充分发挥政治核心作用的制度规程。

二、青海省国有资产总量与结构分析

2015年,青海省国有企业整体运营状况平稳,企业长期向好发展的基本面没有改变。资产总额、所有者权益、营业收入等主要经济指标均呈现稳步上升的态势,国有经济的综合实力和影响力进一步提高。但由于受到国际复杂经济形势和国内去产能、市场低迷、需求不振、融资困难等因素的影响,利润总额等指标有所下降,经济效益下滑幅度虽逐月收窄,但仍处于大幅下滑状态。

企业总体情况。截至2015年底,青海省地方国有企业612户,比2014年增加2户;资产总额6018.94亿元,比2014年5352.95亿元,增加665.99亿元,比2014年增长12.44%;户均资产98349万元,比2014年87753万元增长12.07%,资产总量持续增长。

资产总额情况。青海省国资委监管企业资产总额4310.79亿元,占全省国有企业资产总额的71.62%,比2014年资产总额增长22.41%;青海省省级部门管理的企业资产总额148.67亿元,占2.47%;市州企业资产总额1559.49亿元,占25.91%。

资产结构情况。2015年,青海省地方国有企业所有者权益总额(净资产)2064.96亿元,比2014年增长5.80%。其中,归属母公司所有者权益1877.31亿元,比2014年增长6.30%。年末国有资本及权益(国有资产总量)1711.11亿元,剔除政府追加、核减投资及无偿划入、划出等客观增减因素后,截至2015年底,国有资本及权益1596.85亿元,国有资本保值增值率为101.22%。

保值增值情况。青海省国资委监管企业净资产总额1372.51亿元,占全省国有企业净资产总额的70.32%,国有资本及权益1061.16亿元,占全省国有企业国有资本及权益的62.02%,比2015年初增长5.77%,剔除客观因素后国有资本及权益1061.16亿元,国有资本保值增值率101.68%;省级部门管理的企业净资产总额82.82亿元,占全省的4.01%,国有资本及权益52.54亿元,占全省的3.07%,比2015年初增长8.17%,剔除客观因素后国有资本及权益50.21亿元,国有资本保值增值率103.37%;市州县属企业净资产总额609.63亿元,占全省的29.52%,国有资本及权益597.40亿元,占全省的34.91%,比2015年初增长10.87%,剔除客观因素后国有资本及权益529.29亿元,国有资本保值增值率100.18%。

营业收入情况。面对困难形势，青海省国有企业积极依托“僵尸企业”处置、万名干部入企服务等政策和活动，进一步“去产能、去库存、降成本、补短板”，企业营业收入稳步增长，2015年全省地方国有企业实现营业总收入964.61亿元，比上年增长4.10%，再创历史新高。按隶属关系划分，青海省国资委监管企业营业总收入884.79亿元，占全省国有企业营业总收入91.73%，比2014年增长5.45%；省级部门管理的企业和州地市县属企业营业收入为46.23亿元和33.59亿元，分别占全省国有企业营业收入的4.79%和3.48%，比2014年略有下降。

经营效益情况。受到钢铁煤炭行业产能过剩、主要产品价格及成本两端挤压等不利因素的影响，2015年青海省国有企业累计实现利润0.62亿元，比上年减少43.86亿元，下降98.61%，企业效益呈现大幅下滑、逐月收窄特点。其中，青海省国资委监管企业实现利润－3.08亿元，比2014年的39.87亿元减少42.95亿元。

表1　　2015年青海省所属国有企业指标

项　目	金　额(亿元)
资产总额	6018.94
负债总额	3953.98
所有者权益	2064.96
营业收入	964.61
利润总额	0.62

表2　　2015年青海省国有企业户数情况

项　目	2014年	2015年	比上年增长(%)
户数(户)	610	612	3.3

国有资产地区分布情况。从地区分布来看，青海省国资委监管企业、西宁市国有企业、海西州国有企业国有资本及权益总额较大，分别为1061.16亿元、349.17亿元和174.61亿元，占青海省国有资产总量的62.02%、20.41%和10.20%。

表3　2015年青海省国有资产地区分布情况

地　区	国有资产(亿元)	占国有资产总量比重(%)
省级企业	1113.70	65.09
青海省国资委监管企业	1061.16	62.02
青海省省级非监管企业	52.54	3.07
州地市企业	597.41	34.91
西宁市	349.17	20.41
海东市	39.66	2.32
海西州	174.61	10.20
海南州	20.74	1.21
海北州	9.31	0.54
黄南州	3.01	0.18
果洛州	0.58	0.03
玉树州	0.33	0.02
合　计	1711.11	100.00

国有资产行业分布情况。从行业分布情况看，2015年青海省企业国有资产主要集中在批发与零售业、社会服务业和工业。其中，批发与零售业企业国有资本及权益总额576.85亿元，占全省国有资产总量的33.71%；社会服务业企业国有资本及权益总额575.13亿元，占全省国有资产总量的33.61%；工业企业国有资本及权益总额361.84亿元，占全省国有资产总量的21.25%，工业企业主要集中在煤炭、冶金、化学和电力等行业。

表4　　2015年青海省国有资产行业分布情况

行　业	国有资产(亿元)	占国有资产总量比重(%)
农林牧渔业	12.91	0.75
工业	361.84	21.25
建筑业	17.54	1.03
地质勘查及水利业	57.66	3.37

续表

行　　业	国有资产(亿元)	占国有资产总量比重(%)
交通运输业	9.24	0.54
仓储业	9.37	0.55
批发和零售业	576.85	33.71
金融业	30.84	1.80
房地产业	43.29	2.53
信息技术服务业	3.27	0.19
社会服务业	575.13	33.61
卫生体育福利业	1.98	0.12
教育文化广播业	3.66	0.21
科学研究和技术服务业	7.53	0.44
合　　计	1711.11	100.00

国有资产经营规模分布情况。截至2015年底，青海省纳入统计范围的612户企业中，大型企业36户，占企业总户数的5.88%；中型企业112户，占企业总户数的18.30%；小型企业252户，占企业总户数的41.18%；微型企业212户，占企业总户数的34.64%。从规模划分情况来看，大型企业国有资本及权益总额1221.91亿元，占全省国有资产总量的71.41%；中型企业国有资本及权益总额84.70亿元，占全省国有资产总量4.95%；小型企业国有资本及权益总额313.33亿元，占全省国有资产总量18.31%；微型企业国有资本及权益总额91.16亿元，占全省国有资产总量5.33%。

表5　2015年青海省国有资产经营规模分布情况

经营规模	国有资产(亿元)	占国有资产总量比重(%)
大型企业	1221.91	71.41
中型企业	84.70	4.95
小型企业	313.33	18.31
微型企业	91.16	5.33
合　　计	1711.11	100.00

三、青海省国有资本保值增值综合分析评价

2015年，青海省国资委监管企业国有资本保值增值率为101.68%，比2014年增加0.31个百分点，从地区看，受国内外整体经济形势及青海省国资委监管企业整体产业结构影响，重点国有企业分布的西宁、海西地区国有资本保值增值幅度较小。从行业看，国有资本分布的12个重点行业中有3个行业没有实现保值增值，工业保值增值率仅为96.87%。

表6　2015年青海省国有企业地区和行业国有资本保值增值情况

地　　区	国有资本保值增值率(%)	行　　业	国有资本保值增值率(%)
省国资委监管企业	101.68	农林牧渔业	110.71
省级非监管企业	103.37	工业	96.87
西宁市	100.13	建筑业	105.21
海东市	100.20	地质勘查及水利业	100.52
海西州	100.16	交通运输业	105.94
海南州	100.74	仓储业	102.90
海北州	100.07	批发和零售业	99.97
黄南州	100.25	金融业	117.70
果洛州	118.76	房地产业	99.85
玉树州	102.47	信息技术服务业	105.08
		社会服务业	104.35
		卫生体育福利业	97.98
		教育文化广播业	103.04

四、青海省国资委监管企业股份制改革与上市融资情况

2015年，青海省国资委积极深入贯彻落实党的十八大，十八届三中、四中全会，中央经济工作会议及国

务院国资委中央企业、地方国资委负责人会议精神，将推动混合所有制经济发展作为国资国企改革的主路径，健全完善各项制度，支持企业积极拓展融资渠道，有效推动出资企业健康稳定发展。

积极发展混合所有制经济。认真学习贯彻国务院《关于国有企业发展混合所有制经济的意见》，结合青海省实际，起草《青海省关于推进省属企业发展混合所有制经济的意见》上报省政府。根据省政府领导批示和中共中央、国务院《关于深化国有企业改革的指导意见》(中发〔2015〕22号)、《国务院关于国有企业发展混合所有制经济的意见》(国发〔2015〕54号)文件精神，对《意见》做进一步修改和完善，将原面向省属企业的意见扩大到面向全省国有企业。经广泛征求意见、专家论证、合法性审查、委务会决议等程序，于2015年底上报省政府。《意见》的出台，为确保青海省国有企业积极稳妥发展混合所有制经济确立工作规范和保障条件。

《意见》围绕促进国有资本、集体资本、非公有资本等各类所有制经济优势互补、深度融合、共同繁荣发展，明确青海省国有企业发展混合所有制经济必须坚持基本经济制度、坚持市场化改革方向、坚持依法规范严格程序、坚持统筹兼顾稳妥推进四条基本原则。按照国务院改革文件具体要求，对青海省国企混合所有制改革不设时间表，不设硬性考核指标或目标，坚持积极稳妥、分类推进，成熟一个改革一个。年内选择在一家省属国有企业集团公司层面和2至3家省属国有企业二、三级公司层面开展试点，探索经验。同时，《意见》明确青海省推进国企发展混合所有制经济，要大力引进各类资本，支持省内国有企业采取股权转让和置换、增资扩股、债权转股权、项目合作等多种方式与各类所有制企业融合，优化省国有企业股权结构。要积极推进企业改制上市、挂牌，实现资产的证券化和资本流动。要鼓励青海省国有企业实施兼并重组，支持国有企业采取联合重组、收购兼并等方式进行低成本扩张。要开展政府和社会资本合作(PPP模式)，优化政府投资方式，鼓励社会资本投资或参股基础设施、公用事业、公共服务等领域项目。要鼓励国有资本通过投资入股、联合投资、并购重组等多种方式，与非国有企业进行股权融合、战略合作、资源整合。要制定具体办法，完善相关政策，建立健全股权流转和退出机制，积极探索实行混合所有制企业员工持股方式。

帮助拓展出资企业融资渠道。着眼于改善省属出资企业资金困难、负债率高、市场竞争压力大等情况，充分发挥上市公司资源优势，加大上市公司再融资力度。核准西宁特钢63亿元的非公开定向增发方案。推动水电集团子公司聚能钛业在“新三板”上市融资相关工作。核准国投公司等企业发行永续债，为解决省属出资企业项目资金紧张问题，优化融资结构，降低融资成本，拓宽融资渠道，进一步提升企业竞争力。2015年，先后核准投资集团、盐湖股份、国投公司、西部矿业、物产集团、水电集团、能发集团、西宁特钢等8户省属出资企业在银行、券商等发行领域以公司债、私募债、短融、中期票据等方式累计融资20笔，融资额度457.7亿元。

五、青海省国资委监管企业并购重组与完善法人治理结构情况

推进监管企业并购重组。按照增强国有经济活力、控制力、影响力和抗风险能力的要求，积极推进资本重组、优化股权结构，强化资本运作，推动企业管理创新。西部矿业参股整合东台锂资源，为打造锂电全产业链提供资源支撑。盐湖股份增资盐湖镁业，转让上海富友房产100%股权，突出主业。能发集团以费用指标、责任控制、考核奖惩三大体系为支撑，提升整体管理水平。物产集团对外挂牌处置子公司停产车间、整体设备，盘活存量资产。青海银行成立省内首家小企业金融服务中心，推出“青企通”等金融创新产品，主动为中小微企业提供创新产品。汽运集团参与小额担保贷款平台建设，在优化股权中实现多元化经营。青海盐业公司回购京宝公司所持23.18%股权，进一步强化公司控制力。

完善企业法人治理结构。深入贯彻落实中央和省委全面深化改革工作会议精神，落实《责任清单》和《改革台账》，一方面深入学习贯彻国家“1+N”国资国企改革文件，结合青海实际，从点上破题，从面上推动，制定《关于进一步完善省属出资企业法人治理结

构的指导意见》上报省政府，通过机制创新引领发展；另一方面鼓励国有企业树立改革首创精神，主动探索、大胆实践、总结推广。在国企重大改革措施方面，出台三江集团资产运营和混合所有制改革、国投公司开展国有资产投资、盐湖股份董事会建设等试点方案，试点工作有序推进。

加快省属出资企业上市进程。制定下发《青海省政府国资委关于加快推进省属出资企业上市工作的通知》，联合省证监局和省国土资源厅举办上市工作培训班，要求拟上市企业拟定2015年度上市工作计划安排，定期对上市工作进行总结梳理。为进一步规范省属出资企业改制上市工作，制定印发《青海省政府国资委关于规范省属出资企业上市工作的通知》，积极帮助省属出资企业推进企业上市工作。

六、青海省国资委监管企业建立和完善经营业绩考核体系情况

一是根据青海省委、省政府《关于深化国资国企改革的指导意见》(青发〔2014〕14号)文件精神，按照分类考核改革要求，结合青海省省属出资企业实际，继续探索分类考核，根据企业生产特点和经营领域，深入研究企业的功能定位，划分企业的业务类型和考核分类，合理确定不同企业经济效益和社会效益指标。二是根据中共中央、国务院《关于深化中央管理企业负责人薪酬制度改革的意见》，结合青海省属出资企业实际，出台《青海省深化省管国有企业负责人薪酬制度改革的意见》(青政〔2015〕64号)，《意见》将企业负责人年薪调整为基本年薪、绩效年薪、任期激励收入三部分，健全薪酬确定办法，明确薪酬支付周期，规范企业负责人福利性收入，进一步健全国有企业薪酬分配的激励和约束机制，合理调节不同企业负责人之间的薪酬差距，增强企业发展活力。三是举办青海省深化国有企业负责人薪酬制度改革工作会议，向各市、州委组织部、人力资源社会保障局、经信局(国资委)、发改委、财政局，省直有关部门，省管国有企业全面解读省政府64号文件精神，并对全省国有企业负责人薪酬制度改革工作进行安排部署。四是为保证年度经营业绩考核目标的顺利实现，确保国有资本保值增值，成立省属出资企业万名干部入企服务活动领导小组，建立对口联系企业制度，由省国资委主要领导牵头，成立帮扶工作小组，深入开展干部入企服务活动开展经营业绩目标攻坚帮扶行动，确保省属出资企业全面完成年度各项经营目标。

七、青海省国资委监管企业负责人考核与选人用人机制改革情况

强化企业领导人员监管。按照中央和青海省委关于开展“三严三实”专题教育工作的安排，深入排查出存在的六方面19项问题，督促省属出资企业各级领导人员强化自身思想和作风建设。组织实施省属出资企业2014年度综合考核工作，起草《加强企业领导人员监督管理的若干意见》，推广领导干部选拔“两评议一报告”机制，从监管层面对企业领导人员监督管理提出更高要求。从培养选拔、履职监督、教育培训、激励保障等关键环节入手，使一批懂经营、会管理、能力强、有魄力、威信高的优秀人才进入领导班子，提任企业领导人员8名，配合省委组织部提任企业领导人员2名、交流1名，并在11户省属企业开展领导人员无任用推荐考察工作，推荐出无任用领导人员人选40名。系统整理94名国资委管理企业领导人员人事档案，完成94名企业领导人员《个人有关事项报告》的校核和数据库建立工作。收缴暂存因私出国(境)证件18本，审批12人次因公出国(境)。

加大招才引智人才培育力度。对创新人才政策进行有益探索，在对省属出资企业人才工作调研的基础上，结合全省经济社会发展“十三五”规划及工业和信息化发展规划，编制《青海省企业人才“十三五”规划纲要》，对“十三五”时期青海省属出资企业及全省工业企业人才工作进行系统规划。联合青海盐湖工业股份公司公开选拔“75后、80后”企业后备中层管理人员，为储备中长期人才作了有益尝试。组织企业申报“人才小高地”“省委省政府联系专家”“京青专家服务团”“昆仑英才”等人才项目，在企业和高层次人才间搭建“鹊桥”，初步在盐湖化工、冶金有色、能源化工、建材、新能源、新材料、高端装备制造等重点领域

形成一批人才高地，充实省属国有企业专家人才库。

加强履职待遇业务支出管理。制定《青海省省属国有企业负责人履职待遇业务支出管理办法》（青办发〔2015〕15号），通过完善制度、制定标准、预算管理、加强监督，建立健全严格规范、公开透明的企业负责人履职待遇、业务支出管理制度体系，进一步规范省属出资企业收入分配秩序。在省属出资企业中开展收入分配制度改革工作调研和监督检查工作，全面了解省属出资企业贯彻落实《青海省国有企业负责人履职待遇业务支出管理办法》要求的情况。组织各州市国资委、各出资企业相关负责人，举办国有企业负责人履职待遇业务支出培训，深入讲解《管理办法》（青办发〔2015〕15号）的意义、目的和内容，对各部门、各企业做好贯彻落实工作提出具体要求。

八、青海省国资委监管企业党的建设和廉政建设情况

2015年，青海省国资委进一步强化从严治党、思想建党、制度治党各项措施，以深入开展“三严三实”专题教育活动推动“两个责任”的扎实落实。

深化“三基”强基础。把“三基”建设作为企业党建的政治任务，并延伸到18户省属出资企业和市州国资监管部门，针对企业特点，实施《企业内部控制基本规范》和配套指南，印发《国资监管机构行权履责制度汇编》，指导企业在党建和资产财务、纪检审计等领域出台或修订1200余项制度，夯实工作基础。开展基层党建能力提升专项活动，组织280人次参加企业基层党组织书记轮训，以骨干带动实现104个党委、77个党总支、912个支部分级培训全覆盖。推广班组特色工作法、一线工作法等，使“三基”建设与企业党建和生产经营紧密结合。组织企业赴青海油田观摩“三基”建设经验，深入推进“国企标杆党支部达标创建工程”，对现有岗位基本能力标准、评价考核体系、基本能力准入和基层组织考评机制等相关制度进行补充完善。

强纪守规明责任。以严守政治纪律和政治规矩为重点，启动企业主要负责人党性修养、廉洁从业、依法治企等专项培训，提高企业领导人的党性修养和经管能力。针对省委巡视组反馈问题和省属出资企业党建薄弱环节，组成4个工作组分赴盐湖股份、国投公司等5家集团及所属18家子公司开展专项检查，对发现的问题限期进行整改。制定下发《关于进一步严明党的纪律强化省属出资企业管理的若干规定》，明确党管企业、问题整改、严守纪律等五个方面的要求，注重运用监事会、审计检查报告成果，强化政治纪律、组织纪律、工作纪律、财经纪律、人事纪律、生活纪律等，增强企业党委管党治党责任。

党管干部抓关键。充分发挥企业党组领导核心作用，落实企业党组参与重大问题决策、干部选拔任用等方面的责任，完善双向进入、交叉任职的领导体制，全面梳理出资企业120名班子成员构成情况，分类落实12户“一肩挑”、6户党政领导分设企业的党委书记党建工作第一责任人职责，使党管干部原则贯穿企业领导人员培养、选拔、任用、监督全过程，确保企业在抓改革发展中党的建设不松劲。

严肃问责正风气。高度重视来信来访和巡视反馈问题，建立“约谈提醒制度”强化首善责任，先后5批次约谈水电集团、青海银行等企业经管“一把手”和纪委负责同志17人，开展工作提醒23人次，累计诫勉约谈46人次，主动整改落实省委专项巡视发现的问题。突出抓早、抓小、抓预防，对个别企业长期不履职班子成员给予免职处分，建立企业负责人能上能下导向机制。为落实“两个责任”，组织3个巡查组集中两个月时间重点巡查两年来未被巡视的出资企业，并与落实省委巡视组反馈问题、与落实历年派出监事会检查发现问题整改、与国资委日常监管发现问题整改相结合，指导企业依法依规经营，确保国企改革发展的正确方向。

狠抓队伍提效能。为适应新形势下纪检监察工作要求，青海省国资委和各省属出资企业不断加强纪检监察机构和队伍建设。2015年1月，成立省国资委纪委，具体负责18户省属出资企业的党风廉政建设案件查办工作。各出资企业将纪检监察机构和人员力量向二、三级企业传导，设立专门的纪检监察机构，配备专、兼职纪检干事，基本做到纪检监察工作的全覆盖，执纪监督力量得到加强。为提升纪检监察队伍工作能力，2015年7月6—17日，青海省国资委纪委

举办两期省属出资企业纪检监察干部业务培训班。根据省纪委工作安排，2015年组织省属出资企业纪检监察机构领导干部和工作人员56人分8期参加中纪委培训班。通过培训，提高省属出资企业纪检监察干部的监督执纪水平，为进一步加大腐败案件查办力度，充分发挥企业相关业务骨干人员优势，整合办案人员力量，形成办案合力。经各省属出资企业推荐，省国资委纪委建立"省国资委纪委查办案件人才库"。人才库70余人，主要由各企业纪委书记和经营管理(侧重工程项目建设)、党群纪检、财务审计方面经验丰富的人才组成。人才库的建立，为今后省国资委纪委开展线索案件核查提供有力的人才支撑。

九、青海省国资监管及国有企业改革发展具有地方特色情况

探索清单监管模式。在制定下发2015年度企业重大事项审批、核准、审核上报、备案目录和出资企业报送资料目录的基础上，积极探索清单监管模式，在认真梳理国资监管法律依据，广泛借鉴天津、河北、上海、江苏等十余省市的履职事项清单，征求国资委相关处室及监管企业意见的基础上，形成《青海省政府国资委监管清单》,《清单》更加注重以管资本为主完善监管事项，而对于企业和市场能够自主选择的事项，交由企业行使自主权，以充分调动企业积极性，增强国资监管的针对性和有效性。

探索监事会工作路径。严格落实监事会主席联系会议制度，每季度定期召开监事会主席联席会议，收集议题，研究、探讨监管工作新情况、新问题，为各监事会之间学习交流、问题研究提供平台。在监事会工作座谈会上特邀省委组织部、省纪委、省直机关工委等部门领导参加，提升监事会工作会议层次，对监督检查的方向、途径、手段等进行有益探索。

加强监事会人才培养。积极适应国资国企改革新形势，与省财政厅联合举办国资监管培训班，先学先行，在理论和实践中寻求监事会工作的有效路径。为解决监事会专业人才"短板"问题，通过选派干部参加万名干部入企服务、干部入乡住村等实践活动，锤炼和培养年轻干部。研究提出监事会专业人才挂职交流方案，抽调省属出资企业财务专业人员到监事会挂职交流，开辟专业人才培养新途径。

(撰稿人：张　玉)

宁夏回族自治区

一、宁夏回族自治区国有资产监督管理工作综述

2015年，宁夏回族自治区国有经济呈现稳中向好、好中有忧的态势，工业下行压力很大、投资增长后劲不足、消费需求不旺等形势依然严峻，主要经济指标增速低于预期。面对不利局面，自治区各级国资监管部门和国有企业按照自治区党委、政府的部署和要求，积极应对复杂多变的市场环境，千方百计稳增长提效益，扎实稳步推进国资国企改革，迎难而上，真抓实干，有效遏止国有经济的下滑速度。

截至2015年底，全区国资部门监管和统计资产企业资产总额6130.67亿元、净资产1556.87亿元，比上年分别增长7%、6.4%。实现营业收入829.57亿元，比上年下降14.4%；盈亏相抵亏损3.94亿元；上缴税费66.59亿元，下降23.7%。其中，自治区国资委监管资产的45户企业资产总额2155.93亿元、净资产584.92亿元，同比分别下降2.1%和17.8%；全年实现营业收入574.79亿元，同比下降18.7%，盈亏相抵亏损35.2亿元，上缴税费40.27亿元，同比下降29.7%。

(一)国有企业改革稳步推进

紧紧围绕深化国有企业改革目标任务，完善配套政策，落实工作措施，国企改革各项任务有序推进。一是完善改革配套政策。根据《深化自治区属国有企业改革实施意见》精神，提请自治区党委、政府印发《深化自治区属国有企业改革实施意见的分工方案》，明确工作任务、责任部门、工作时限等。在加强与区属国有企业沟通的基础上，研究制定《关于推进自治区属国有企业发展混合所有制经济的实施意见》《关

于规范自治区属国有企业职工持股意见》《自治区属国有企业分类监管办法》以及改革重组等配套文件，根据国家相关文件精神完善后，提请自治区国有资产管理改革专项小组研究审议。

二是加快推进脱钩改革。研究制定并提请自治区党委、政府出台《关于区直机关所属企业脱钩改革实施方案》，组成脱钩改革工作组，通过摸底调查、与企业逐户对接，清产核资审计、督促审计问题整改、审核确认移交等关键环节，对 12 个厅局所属 47 户企业实施脱钩改革工作。截至 2015 年底，涉及的 9 个厅局所属 25 户企业签定脱钩移交手续，7 户企业将通过解散注销、关闭破产的方式有序退出，11 户粮食、1 户监狱和 3 户戒毒企业资产由国资委监管、隶属关系不变，区直机关办企业脱钩改革任务全面完成。

三是完善法人治理结构。按照《关于深化自治区属国有企业改革的实施意见》要求，积极探索建立职业经理人选聘制度，加强与宁夏职业经理人协会、南方人力资源评价中心等中介机构的对接，了解职业经理人发展状况及选聘方式。根据自治区党委、政府梳理职权和责任清单相关要求，认真研究梳理 3 项职权和 3 项责任事项，将属于股东会职权范畴、法律明确可以授权企业董事会行使的审核企业发展战略和规划职权，下放企业董事会行使。在自治区属国有企业中推行外部董事制度，建立外部董事人才库，向监管企业派出外部董事 17 名，对外部董事履职情况调研摸底，并按规定进行综合考评。

四是深化企业内部制度改革。研究起草《全面深化自治区属国有企业内部劳动人事分配三项制度改革的实施意见》，从推动用工契约化管理、强化岗位绩效管理、推进收入分配市场化改革等方面深化企业内部劳动人事分配制度改革，逐步构建"企业员工能进能出、管理人员能上能下、收入能增能减"的制度体系，提高企业的市场竞争力和活力，结合中央配套政策的出台修改完善后，拟提请自治区国有资产管理改革专项小组研究。

(二)国资监管体制更加完善

围绕职能定位，进一步完善国有资产管理体制，加大探索创新力度，不断提高国资监管的科学性和有效性。一是制定权力责任清单。积极开展规范性文件清理工作，对国资委成立以来制定发布的规范性文件进行全面清理，继续有效的规范性文件 31 件，修改 2 件、废止 12 件。在全面清理规范性文件的基础上，按照自治区人民政府建立政府部门权力清单制度实施意见的部署要求，加强与自治区编办、法制办的沟通联系，对国资委行政职权及责任事项先后进行 6 轮修改审议，最终确定行政职权 20 项、责任事项 78 项、取消和下放的职权事项各 1 项。通过自治区党委审议，并将 20 项行政职权全部转为政府内部管理事项，国资监管的边界更加明确。

二是优化经营业绩考核。组织完成 14 户监管企业 2014 年度经营业绩考核工作，依据规定核实企业经营目标完成情况，同时对企业工资管理年金制度执行情况、企业负责人薪酬分配和履职待遇业务支出情况、安全生产和节能减排情况、上年度经营业绩考核查出问题的整改等情况进行认真考核，确保考核的科学、全面、公正、公平。根据《关于深化自治区属国有企业负责人薪酬制度改革的实施意见》精神，按照"分类监管，分类考核"的要求，结合 2013 年及 2014 年模拟运行考核办法过程中发现的问题和不足，对考核办法作了进一步修改，并征求有关监管企业意见。

三是严格规范履职待遇业务支出。提请自治区党委、政府出台《自治区属国有企业负责人履职待遇业务支出管理暂行办法》，从公务用车、办公用房、学习培训、业务招待、国内差旅、因公临时出国(境)、通信、奖惩等方面，加强对区属国有独资企业、国有独资公司以及国有资本控股公司的企业负责人的管理和约束。7 月 24 日—8 月 5 日，组织力量到 11 户区属国有企业进行调研督查，督促企业执行落实《自治区属国有企业负责人履职待遇业务支出管理暂行办法》，并建立完善内部履职待遇业务支出相关制度，规范子分公司负责人履职待遇和业务支出。

四是完善财务监督评价体系。修订完善《监管企业财务决算审计规则》，对审计委托方式、年限、内容、质量评价等方面作进一步的调整和修改，建立"事前参与、事中监控、事后评价"的审计工作新格局。采用公开招标方式，确定 8 家审计会计师事务机构对 28 户自治区属国有企业 2014 年度财务决算进行审计。在做好自治区属国有企业集团公司财务监督的同时，进一步延伸财务监管链条,加大对重点产品监测范围、重要指标监测力度,加强对企业所属二、三级子企业的动态监控工作,不断完善经济指标和分析审核,及时掌握企业运行动态,扎实做好全区国有资产统计运营分析报告工作,不断提高监管的针对性和有效性,为决策提供科学依据。

五是强化国有产权管理。严格按照《国家出资企业产权登记管理工作指引》《自治区属国有企业资产转让进场交易有关事项通知》有关规定要求,开展产权登记培训汇审工作,督导宁夏电力投资集团公司、宁夏农垦集团公司等企业建立健全资产转让管理制度;严把国有资产转让评估报告审核关,督促企业进场公开交易。加强国有资本收益申报、审核工作,完成国资委监管资产企业2014年度国有资本收益申报、审核和收交工作,累计收缴国有资本收益2668.54万元。

六是加大监事会监督检查力度。坚持以问题和风险为导向,以检查企业财务、监督董事和高管人员履职行为为重点,融入企业治理结构,聚焦监督主业,围绕企业重大决策和经营过程依法实施监督检查,发现问题,及时揭示、准确报告、督促整改,发挥有效的监督制衡作用。制定出台《监事会监督检查报告揭示问题整改办法(试行)》,建立问题的揭示、监督、整改"三位一体"整改落实机制,不断强化监事会监督检查,提高监督的有效性和实效性。按要求向自治区政府上报2014年度和2015年上半年监事会监督报告。截至2015年底,各监事会列席19户企业董事会等重要会议213次,开展专项检查和调研39次,提交各类监督检查报告134份,累计揭示问题67个,提出整改建议124条,内容涵盖企业改革发展、内控制度、生产经营、财务管理、重大事项、高管履职等方面。

二、宁夏回族自治区国有资产总量与结构分析

2015年,纳入国有资产统计范围的全区三级以上国有独资、国有控股和参股企业(简称"宁夏国有企业")590户,属于地方政府履行出资人职责的国有资产总量1180.05亿元,比2014年增长11.72%;户均占有国有资产2.19亿元,比2014年增加0.27亿元。

表1　2015年宁夏回族自治区所属国有企业指标

项　　目	金　额(亿元)
资产总额	4804.78
所有者权益	848.43
营业总收入	756.07
利润总额	－8.50
净利润	－19.62
归属于母公司所有者的净利润	－11.92
应交税金总额	56.72
实际上缴税金总额	62.12

表2　2015年宁夏回族自治区国有企业户数情况

项　目	2014年	2015年	比上年增长(%)
户数(户)	549	590	7.5

表3　2015年宁夏回族自治区国有资产地区分布情况

地　　区	国有资产(亿元)	占国有资产总量比重(%)
宁夏国有企业	1180.05	100.00
宁夏区属国有企业	668.71	56.67
银川市	359.75	30.49
石嘴山市	45.45	3.85
吴忠市	57.75	4.89
中卫市	16.01	1.36
固原市	32.38	2.74

表 4　2015 年宁夏回族自治区国有资产行业分布情况

行　　业	国有资产（亿元）	占国有资产总量比重(%)
宁夏国有企业	1180.15	100.0
农林牧渔业	86.32	6.9
工业	427.31	36.2
建筑业	48.94	4.1
地质勘查及水利业	5.78	0.5
交通运输业	68.54	5.8
仓储业	5.07	0.4
批发和零售业	7.27	0.6
金融业	68.78	5.8
房地产业	128.84	10.9
信息技术服务业	7.11	0.6
社会服务业	319.07	27.0
教育文化广播业	4.25	0.4
科学研究和技术服务业	2.87	0.2

表 5　2015 年宁夏回族自治区国有资产经营规模分布情况

经营规模	国有资产（亿元）	占国有资产总量比重(%)
大型企业	201.37	17.06
中型企业	297.83	25.24
小型企业	504.66	42.76
微型企业	176.30	14.94
合　　计	1180.15	100.00

三、宁夏回族自治区国有资本保值增值综合分析评价

2015 年，宁夏国有企业国有资本保值增值率为 97.67%，比 2014 年减少 3.57 个百分点。其中，宁夏区属国有企业国有净资产综合保值增值率为 96.15%，比 2014 年减少 5.35 个百分点；市县属企业综合保值增值率为 100.77%，比 2014 年增加 0.43 个百分点。

表 6　2015 年宁夏回族自治区国有企业地区和行业国有资本保值增值情况

地　　区	国有资本保值增值率(%)	行　　业	国有资本保值增值率(%)
宁夏国有企业	97.67	宁夏国有企业	97.67
宁夏区属国有企业	96.15	农林牧渔业	99.31
银川市	100.46	工业	92.57
石嘴山市	101.41	建筑业	101.57
吴忠市	99.65	地质勘查及水利业	88.58
固原市	97.72	交通运输业	99.83
中卫市	105.76	仓储业	103.02
		批发和零售业	100.93
		金融业	108.15
		房地产业	102.93
		信息技术服务业	97.43
		社会服务业	100.72
		卫生体育福利业	0
		教育文化广播业	67.68
		科学研究和技术服务业	100.3

四、宁夏回族自治区国资委监管企业党的建设情况

2015 年，在宁夏回族自治区党委、政府的领导下，宁夏回族自治区国资委和企业各级党组织围绕中心、服务大局，深入贯彻党的十八大，十八届三中、四中、五中全会和习近平总书记系列重要讲话精神，认真落实全面从严治党要求，团结带领领导班子成员，认真履行抓好国有企业党建工作责任，不断加强和改进国

有企业党建工作,为加强国资监管、深化国企改革、维护和谐稳定提供有力保证。

(一)加强领导班子建设,提高素质强化管理

始终把抓班子、带队伍作为重要职责,认真落实从严治党要求,着力在提高素质强化管理上下工夫。一是注重能力提升。加强平时自学,强化集体学习,国资委党委理论学习中心组开展12次集中学习,完成3次专题研讨,领导班子的学习意识和理想信念普遍增强。要求各企业党委坚持理论中心组学习,不断改进学习方式方法,增强学习效果,提高班子成员理论素养。为提升企业领导人员的专业化能力,国资委与大连高级经理学院、德国卡尔·杜伊斯堡中心等机构合作,采取送高管出去、请专家进来相结合的方式,举办"企业转型升级培训班""学习贯彻十八届五中全会精神研讨班""全区国有企业人才工作培训班"等6次专题培训和6期"国资国企大讲堂",2100余人次企业经营管理人员参加培训,企业经营管理人员综合素质进一步提升。

二是增强班子活力。以工作实绩为导向,提任和调整宁夏房地产开发集团公司等企业5名负责人,向农垦集团等企业委派5名董事(含1名外部董事),进一步优化班子结构,增强班子活力。坚持"凡提必查"和"随机抽查"原则,对提任和交流的5名企业负责人个人事项报告情况进行核查,避免选人用人风险。亲自带队,组织对14户区属国有企业进行综合考核,对企业领导班子和班子成员作出基本评价,逐户对企业存在问题进行反馈并要求及时认真整改,并将整改情况作为第二年考核的重要内容之一,不断加大考核结果运用力度。对宁夏电力投资集团有限公司等13户企业监事会主席、监事进行调整,对宁夏建工集团公司等3户企业上报的职工董事、职工监事人选进行资格审查,进一步完善各企业的公司治理结构。

三是加强监督管理。认真执行自治区党委有关要求,50名企业负责人按时填报《领导干部个人有关事项报告表》,20余人次履行请假手续。按11.76%的比例抽查6名企业负责人个人有关事项报告表,对漏报的2名企业负责人进行批评教育,责令及时补报。开展违规办理和持有因私出国(境)证件专项治理工作,实现登记人员信息报备常态化,对13名企业负责人的14本证件实行集中保管,对7名违规人员分别给予批评教育、诫勉谈话、免职处理,并在区属国有企业中进行通报。指导起草《自治区属国有企业负责人履职待遇业务支出管理暂行办法》,提请自治区党委、政府印发,为进一步规范国有企业领导人员履职待遇业务支出管理提供制度依据。

(二)围绕六有目标,创建星级基层服务型党组织

按照中央、自治区党委统一安排部署,指导制定《国有企业开展星级基层服务型党组织创建活动实施方案》《国有企业星级基层服务型党组织考核办法》,在国有企业全面开展创建星级基层服务型党组织活动。一是夯实组织基础。坚持每年编印《党支部活动台账》,配发到2000余个企业党支部,进一步规范企业基层党组织组织生活。指导中色东方、宁夏建材等企业党委完成换届选举,党的组织进一步健全。结合企业实际,指导各企业在车间一线班组、项目部设立党组织,实现基层党组织100%全覆盖,为全面推进基层服务型党组织创建活动打好基础。宁夏煤田地质局把支部建到钻机、建到项目部、建到车间,在吉尔吉斯斯坦比凯克市水源勘查项目成立国外临时党支部,增强党员的归属感、光荣感、责任感。

二是抓好培训指导。组织39户企业党组织负责人参加"学习十八届三中四中全全会精神暨基层服务型党组织建设(国有企业和非公企业)专题研讨班",进一步明确活动要求、目标任务,增强做好工作的责任感。领导班子成员分别到宁夏建工集团公司等企业调研,督导星级基层服务型党组织创建、党员队伍建设等工作,对企业反映的困难和问题进行整理,对调研检查情况进行通报,对下一步工作提出要求。11月,对各企业2015年度基层服务型党组织评星定级工作作出安排,要求12月底之前完成首次评定。

三是加强基础保障。坚持资源下沉、重心下移,为企业基层党建工作提供有力保障。针对企业反映党员教育经费不足和帮扶机制不完善的问题,及时采取措施,国资委党委组织印发《关于做好2015年自治区国资委党委支持企业党员教育培训重点项目的通知》《关于2015年国有企业老党员和生活困难党员慰问帮扶资金管理的通知》,采取项目制方法大力支持企业做好党员教育培训工作,配套企业党员培训资金

75.77万元，重点支持实施35个党员教育培训重点项目；对符合条件的67名老党员、227名生活困难党员层层进行建档，下拨慰问帮扶资金29.4万元，用于进一步建立完善帮扶机制。面对国有企业改革发展面临巨大挑战，进一步深化拓展“创先争优”“四强四优”活动，神华宁煤集团、宁夏能源铝业集团公司等企业采取民主恳谈会、党员议事会、问卷调查、网上论坛等形式，广泛开展“我为企业发展献一策”“兴企金点子”征集评选、战略研讨等活动，为企业创新发展建言献策。宁夏电投、担保集团、宁夏大唐国际新能源公司等企业开展“五必谈五必访”“三能三帮”活动，及时对员工思想动态进行分析，了解掌握职工思想动态，切实维护职工合法权益，为企业改革发展稳定统一思想、凝聚力量。

（三）抓好理想信念教育，加强党员队伍建设

以增强党性、提高素质为目的，大力开展教育培训，不断加强国有企业党员队伍建设。一是不断加强思想政治建设。组织指导国有企业党组织深入学习十八大和十八届三中、四中、五中全会精神以及习近平总书记系列讲话精神，通过以中心组带动学习、开展专题培训推动学习、以主题教育活动促进学习等多种方式，进一步促进企业党员职工坚定理想信念、强化党性观念。要求各企业充分发挥企业党委的主体作用，分层分级组织教育培训，把党员教育工作落到实处，全面提高党员队伍素质能力。

二是优化党员队伍结构。结合国有企业实际，认真研究制定企业党员发展计划，在确保全年发展党员控制在1479名计划指标内的同时，按照把生产经营骨干培养成党员、把党员培养成生产经营骨干的目标，指导企业重点在专业技术人员、生产经营能手、青年职工中发展党员，生产经营一线党员发展比例占总数的55%以上，党员队伍素质不断提升，党员队伍结构不断优化。

三是深入推进创先争优。指导各企业党组织不断深化拓展“四强四优”创建活动，通过开展“创先争优、提质增效”“党员项目工程”等特色主题实践活动，不断发挥企业党组织的战斗堡垒作用和党员的先锋模范作用，形成争创“示范”的良好导向。神华宁煤、中铝宁夏能源公司等企业党委通过“党员责任区”“党员提案”等载体，把促进生产经营的成效作为检验活动的标准，为党员施展才干、发挥作用搭建平台。

四是坚持示范引领。加大典型培育、选树和宣传力度，及时总结推广各企业的好经验好做法，在国资委门户网站上进行宣传，组织引导企业党组织互相学习交流。“七一”前夕，对国有企业30个先进党组织、30名优秀党务工作者、100名优秀共产党员进行表彰，从中择选表现突出者进行重点宣传，发挥示范带动作用。在江西干部学院举办“从严治党，加强党性修养”培训班，38名国有企业优秀共产党员参加培训，对井冈山精神有了更深层次的认识和理解，纷纷表示回到工作岗位上继续发挥先锋示范作用。在《共产党人》《宁夏日报》等媒体，集中组织对国企党组织创先争优活动、国网宁夏公司“1＋3”党建工作模式等企业的经验做法进行宣传报道，引导各企业学习借鉴、共同提高。

五、宁夏回族自治区国资委监管企业党风廉政建设和反腐败工作情况

2015年，在宁夏区纪委和国资委党委的正确领导下，国资委纪委和各区属国有企业纪委紧紧围绕国资监管和国有企业改革发展中心任务，以“廉洁企业”建设为抓手，认真落实“两个责任”，深化“三转”工作，把纪律挺在前面，强化监督执纪问责，切实加强国有企业党风廉政建设和反腐败工作，取得新成效。

（一）加强组织协调，切实抓好党风廉政建设责任制落实

一是协助党委认真履行主体责任。制定印发《自治区国资委关于落实党风廉政建设主体责任和纪委监督责任的实施意见（试行）》（宁国资党发〔2015〕7号），国资委党委和各企业党委主要负责人认真履行党风廉政建设主体责任，把党风廉政建设与中心工作同研究、同部署、同落实、同考核。班子成员认真履行“一岗双责”，积极主动抓好分管部门党风廉政建设责任的落实。组织召开国资系统党建暨党风廉政建设工作会议，对党风廉政建设工作做出部署，并根据工作开展情况，适时召开党风廉政建设工作座谈会，总结工作，查找问题，推广经验做法。及时向党委汇报

工作,提交研究有关重大问题,国资委党委先后6次召开会议研究党风廉政建设工作,安排中心组学习党风廉政建设方面文件和规定24件。

二是认真签订党风廉政建设责任书。协助国资委党委与各监事会主席、处(室)负责人、企业党委签订《党建暨党风廉政建设责任书》59份,督促各企业签订党风廉政建设责任书1137份。组织国资委机关15名厅级领导干部和39名处级干部签订廉洁承诺书,作出廉洁从政公开承诺。

三是认真落实牵头任务。制定印发《2015年自治区国资委党委党风廉政建设和反腐败主要任务分工》《自治区属国有企业负责人履职待遇业务支出管理暂行办法》《关于深化自治区属国有企业负责人薪酬制度改革的实施意见》等。督促各企业研究制定实施细则或实施方案,明确任务,责任到人。每半年组织人员对党风廉政建设责任制和牵头任务落实情况进行督查,对存在问题进行督促整改,确保任务落到实处。

四是扎实开展群众评议机关和干部作风活动。制定活动方案,细化考核内容,通过征求意见、召开特邀监督员座谈会、明查暗访、督促整改问题等措施,强化机关作风建设,机关和干部作风测评整体均得100分,工作作风有了明显改进。

五是认真学习贯彻《巡视工作条例》。全力支持配合自治区党委第三巡视组对国资委的巡视工作,提前自查自纠,及时整改,使巡视工作圆满完成。

(二)强化监督检查,加强对权力运行的监督制约

一是加强对党的路线方针政策、政治纪律政治规矩和自治区重大决策部署贯彻落实情况的监督检查,确保政令畅通。督促同级党委和各企业党委严格执行党的政治纪律、组织纪律,严肃查处违反政治纪律和组织纪律的行为,维护纪律的严肃性。

二是认真落实中央八项规定精神和自治区若干规定,坚决防止"四风"问题反弹,紧盯关键领域、重点岗位和重要节点,及时下发通知,发送廉洁短信,重申有关规定。采取日常监督和重点检查相结合的办法,加大对公务接待、职务消费、公款吃喝、公款旅游、公车私用、收送节礼等行为的监督检查,对典型问题及时进行查处和通报。截至2015年底,17户自治区属国有企业会议费、公务接待费、差旅费、办公经费和出国境考察费与上年同期相比,分别下降52.1%、36.5%、17.4%、15.2%和4.4%。对查处违反中央八项规定和自治区若干规定6起案件的人员分别给予党纪和组织处理。

三是认真落实自治区《建立健全惩治和预防腐败体系2013—2017年实施办法》和自治区国资委实施方案,深入推进惩防体系建设。研究制定《自治区国资委信息公开实施办法》《自治区属国有企业重大信息公开指导意见》,不断增强国有资产监管工作的透明度,对监事会揭示的有关企业存在的问题,进行督促整改。

四是帮助指导企业健全完善"三重一大"决策机制和权力运行制约监督机制,加强对招标采购、物资管理、工程建设、资金管理等重点领域和关键环节的管理。

五是认真开展财务监督自查以及所属企业的全面审计工作。聘请8家会计事务所对28户企业年度财务报告进行审计监督,发现经营管理问题132条,下发整改通知书21份,及时对企业领导人员进行任期和离任审计。

六是加强对重点工作的督促检查。先后3次对16户企业落实"两个责任"、纠正"四风"和纪律审查等重点工作进行监督检查,约谈6名企业负责人,对新任的10名处级干部和8名企业负责人进行集体廉政谈话。国资委机关55名副处以上干部、528名企业领导人员和1412名中层管理人员按规定报告个人重大事项。

七是认真组织开展专项检查和清理工作。对国资委机关和区属国有企业3万余名干部、职工经商办企业情况进行清理整治,组织开展纪检监察干部问题线索"大起底"和涉案款物管理及处置情况的专项检查与清理。配合国资委党委组织部对违规办理和持有因私出国(境)证件情况进行清理,给予2人免职、1人诫勉谈话、4人批评教育并责令其作出书面检查的处理。

(三)采取有效措施,深入推进"廉洁企业"建设

一是抓好宣传教育。把党性党规党纪教育融入党员教育、思想政治工作、企业文化建设中,与"三严三实"主题教育、"守纪律讲规矩"和廉洁文化宣传教育月活动有效结合，采取集中学习、专题辅导、上党课、对照检查、公开承诺、观看警示教育片、参观监狱、旁听法庭审理、预防职务犯罪宣讲等9种主要方式开展学习教育活动，广大党员干部职工的纪律和规矩意识明显增强。2015年，国资委先后组织机关干部及区属企业负责人120多人参观银川监狱，邀请自治区检察院宣讲团对机关党员干部进行预防职务犯罪宣讲，举办机关副处级以上领导干部和企业负责人80多人参加的新《准则》《条例》学习辅导班。各企业先后举办廉洁演讲比赛、知识竞赛和文艺演出92场次，播放警示教育片239场次，组织警示教育活动111场次，进行职务犯罪宣讲23场，接受教育54000人次，创建廉洁文化示范点34个，推广建设廉洁教育宣传阵地123个。

二是建立健全廉洁风险防控机制。指导各企业进一步建立健全廉洁风险防控机制，重点抓好巩固提高，完善和规范工作流程，强化责任追究，识别新的风险点1340个，补充和调整相应的防控措施1665条。

三是认真开展企业效能监察工作。指导各企业纪检监察部门紧紧围绕物资采购、资金管理、重要制度执行情况等进行选题立项、查漏补缺，扎实开展效能监察工作，各企业立项210项，提出监察建议298条，作出监察决定84个，节约资金1221万元，组织开展优秀效能监察项目评选工作，对评选出的优秀效能监察项目进行通报表彰。

（四）聚焦主责主业，加大纪律审查工作力度

坚持把纪律挺在前面，抓早抓小，注重把握和运用好“四种形态”，认真落实查办案件以上级纪委领导为主的要求，采取国资委纪委与企业纪委共同办案、督导办案、上报查办案件结果等方式，加大对腐败行为的查处力度，指导帮助有关企业纪委调查核实自治区党委巡视组移交的问题线索。2015年，国资委纪委与各企业纪委受理受理信访件383件，初核263件，立案45件，给予党政纪处分87人，给予免职、诫勉谈话、通报批评、问责等组织处理242人，因“两个责任”落实不力和生产经营、安全事故等原因被问责161人。

（五）抓好队伍建设，提高监督执纪水平

按照自治区纪委的统一安排，认真组织纪检监察人员开展“三严三实”专题教育、“守纪律、讲规矩”“五查五解决五树立”活动，注重加强对纪检监察干部的严格教育、严格要求、严格监督，防止“灯下黑”。认真落实“三转”要求，指导宁夏煤田地质局等5户企业设立纪检监察机构，配备纪检监察专职人员，对3名纪委书记兼任其他职务和分管的其他工作进行调整，提名考察2名企业纪委副书记人选。认真抓好教育培训，先后举办纪检监察业务和企业效能监察培训班2期，培训纪检监察专（兼）职人员250人次。各企业先后举办纪检监察业务培训班34期，培训纪检监察专（兼）职人员1500人次，纪检监察人员的业务能力得到明显提高。

（撰稿人：李　巍）

新疆维吾尔自治区

一、新疆维吾尔自治区国有资产监督管理工作综述

2015年，新疆维吾尔自治区国资委认真贯彻党的十八大，十八届三中、四中、五中全会，中央新疆工作座谈会，中央经济工作会议精神，认真落实自治区党委八届六次、七次、八次、十次全委（扩大）会议，自治区党委经济工作会议，扶贫开发工作会议，稳定工作会议和中央企业、地方国资委负责人会议部署，千方百计谋发展、推改革、强监管、促稳定、防风险，国资监管和国有企业改革发展各项工作取得显著成效。

（一）着力稳增长增效益，国有经济实现平稳健康发展

认真贯彻落实《关于应对经济下行压力做好当前经济工作的意见》（新党办发〔2015〕13号）精神，积极制定应对方案和措施，向政策要效益，有力促进企业发展。2015年，全区国有及国有控股企业资产总额8529.78亿元，同比增长21.78%；净资产2923.85亿元，同比增长17.52%；实现营业收入1162.52亿元，同比增长18.31%；利润总额68.62亿元，同比下降

5.28%。其中,自治区本级监管企业资产总额2585.67亿元,同比增长26.72%;净资产903.02亿元,同比增长15.27%;实现营业收入593.30亿元,同比增长46.19%;利润总额15.92亿元,同比下降27.41%。在全国各省(自治区、直辖市)中,新疆维吾尔自治区国有监管企业资产总额、净资产、营业收入、利润增幅分别列第五位、第八位、第二位、第五位,营业收入首次突破1000亿元大关。

(二)深化国资国企改革,国有经济活力进一步增强

一是完善国资国企改革顶层设计。修订《新疆维吾尔自治区关于贯彻落实〈中共中央国务院关于深化国有企业改革的指导意见〉的实施意见(送审稿)》等7个文件。二是扎实推进区级机关所属经营性国有资产集中统一监管工作。出台《关于区级机关所属企业脱钩统一纳入国资监管的实施方案》,协调成立自治区脱钩工作领导小组,提出首批纳入监管企业名单。三是稳妥发展混合所有制经济。修订《关于推进自治区国有企业发展混合所有制经济的实施意见》。西部黄金和雪峰科技成功上市;交建集团完成上市备案。中泰集团重组圣雄能源公司。四是稳步推进三项制度改革。起草《自治区区属国有企业负责人经营业绩分类考核暂行办法》等3个文件。开展董事会选聘经理层试点,利用市场化方式在交建集团路桥公司、新业集团共选聘总(副)经理3名。五是推进公司制、股份制改革。完成边疆宾馆等公司制改制和新粮油脂收储公司等股份制改造。六是大力推进央企属地注册和地方参股。中石油克拉玛依石化有限责任公司和中航油新疆公司正式运营。七是加快剥离国企办社会职能。开展区本级监管企业办社会职能情况摸底调查。妥善解决协力纺织、新纺集团等企业历史遗留问题。

(三)大力调结构转方式,国有经济布局进一步优化

一是积极参与"一带一路"建设。组织企业赴格鲁吉亚、吉尔吉斯斯坦等国考察。中泰集团、雪峰科技、国际合作集团、交建集团等积极实施一批国际合作项目,加快"走出去"步伐。二是大力推进PPP项目。组织各监管企业召开推行PPP模式研讨会。交建集团承接总投资15亿元的乌鲁木齐城北主干道—机场高速立交工程和城北主干道1、2标段PPP项目;新投集团承接哈密三塘湖矿区矿业权综合开发等3个项目。三是地方特色产业和现代服务业取得重要进展。能源集团积极介入油气资源开发和煤炭深加工领域;中泰集团大力发展纺织服装业;新投集团积极布局商贸物流和互联网金融产业;新能源集团加大新能源、节能环保和现代农业领域的投资力度。四是加强与地州、兵团合作。积极推进5家直管企业与塔城、博州合作的12个项目。与兵团企业在煤化工、农业开发等领域,提出7个项目合作意向。五是继续推动产业援疆工作。53家中央企业完成投资400.5亿元;19援疆省市国有企业完成投资198.8亿元。

(四)认真践行"三严三实",国有企业的政治优势进一步发挥

一是扎实开展"三严三实"专题教育。2015年5月,启动国资委"三严三实"专题教育,各企业也同步启动、同步部署。坚持问题导向,梳理出国资委"三严三实"方面存在的6个方面29条主要问题,建立问题、责任和整改清单,以严的标准、实的举措确保专题教育取得实效。二是加强和改进国有企业党的建设。印发《自治区国资委党委管理企业2015年度党建工作要点》,层层签订党建目标责任书,全面落实党建工作责任制。建立直管企业党委书记抓基层党建工作述职评议考核制度,对区本级监管企业784名各级党组织书记进行述职评议考核,促进企业党委抓党建主体责任和党委书记第一责任的落实。与自治区党委组织部联合对部分中央驻疆企业和自治区国有企业,开展党建工作专项调研。三是创新企业基层党建工作。不断优化基层党组织设置,健全基层组织体系。完善企业党委会议事规则和"三重一大"决策机制,健全基层党支部"三会一课"、党员民主评议等基础性制度,发挥其战斗堡垒作用。推动基层党支部有形化、标准化建设。

(五)坚持从严管党治党,党风廉政建设和反腐败工作进一步推进

一是构建制度反腐体系。认真开展第17个党风廉政教育月活动，举办党风廉政教育培训班等。制定《自治区国资委 2015 年党风廉政建设责任制分解》，创新性地将监事会纳入责任制范围。制定执纪程序"法律"文书，规范执纪程序，全年受理来信来访 88 件(次)，发送纪检监察通知书、处理意见书、移送书共 56 件(次)。二是推进纪检体制机制改革。及时调整领导班子职责分工，清理纪委牵头、参与议事协调机构的工作。推进转型升级"两项工程"，落实"双报告"和"两个为主"制度，定期报告党委落实主体责任情况。三是加大监督执纪问责力度，挽回国有资产损失 4085 万元。组织 14 人次专项核查相关单位涉嫌违反纪律问题线索 7 件，函询 2 件；收回转增企业股份 110 万股(合计 3400 万元)，核减收缴超发薪酬 37 万余元。核查处理涉嫌违反八项规定公款宴请问题线索 13 件。重点核查 6 家区本级国有企业涉嫌国有资产流失和腐败问题，截至 2015 年底，移交检察机关 1 起，涉嫌 5 人，其中，主要嫌疑人已被立案批捕羁押；已追回和正在追缴企业财务资金(资产)638 万元；其他线索正处于纪检、公安、检察联合查处阶段。

(六)积极开展"访惠聚"和集中整治等工作，民生、稳定等成果进一步巩固

一是深入开展"访惠聚"和集中整治工作。按照"三项重点工作"统领"六项任务"的要求，加强基层组织和阵地建设，筹资 690 万元建设住地 7 个村级警务室和周转房，选派 3 名住村干部担任村支部第一书记，发展党员 16 人，举办讲座 40 场次，组织村干部、党团员 400 余人次考察学习。综合运用"五把钥匙"和"三管齐下"，开展大宣讲、大揭批活动 118 场次，受教育群众达到 16500 余人次，深入推进"去极端化"。筹资 2279.87 万元，实施惠民生项目 49 个，积极为群众办好事办实事，惠民生聚民心。坚持打防结合，深入推进集中整治工作，兰干乡 7 个重点村"揭盖子"工作取得显著成效。二是认真做好扶贫及就业工作。协调 10 家帮扶单位投入资金 1200 多万元，实施 60 个帮扶项目，促进地方经济发展和民生改善。建立健全企业发展与扩大就业良性互动机制，推行分级分类公开招聘制度。三是加强综合治理和稳定安全工作。制定《2015 年自治区国资委综治维稳和平安建设工作计划》和考核标准，加强社会治安防控体系建设，认真做好重要节假日和敏感节点的维稳工作。加强民族团结创建活动，强化精神文明建设和文化建设，占领意识形态领域阵地。修订《自治区国资委安全生产管理暂行办法》，建立健全预警、报告等机制，组织企业排查治理安全风险 1.8 万余条、危险源 730 项，强化应急处置，坚守安全红线。全力推进信访维稳工作，全年共接待群众来访 178 批次、824 人次，办理群众来信 6 封，主任信箱 6 封，各厅局转办件 19 件。

(七)完善监管体系，监管和服务水平进一步提高

一是强化经济运行分析和企业调研。坚持季度经济运行分析制度，突出问题导向，先后 3 次深入企业集中调研，加强指导和服务。二是启动"十三五"规划编制工作。成立以主要领导为组长的规划编制领导小组，启动自治区级国有经济及监管企业"十三五"发展规划编制工作。三是加强银企合作。与工商银行新疆分行、国开行新疆分行签署战略合作协议，搭建银企合作平台，帮助企业获得低息贷款，降低融资成本。四是监管方式进一步转变。不断完善财务动态监测和预算管理，起草《自治区国资委监管企业投资监督管理暂行办法》等制度，对企业投资、境外产权管理等重大事项的监管进一步加强。五是加强监事会监督。围绕出资人关注事项，聚焦监督主业，强化当期监督和专项检查，充分发挥监事会履职报告和专用函的积极作用，提高监督质量。加强对地州市监事会工作的调研指导。六是指导企业强化管理创新和政策运用。开展管理提升活动，推动企业构建完整的集团化管控模式，引导企业用好用足自治区应对经济下行压力系列政策，促进经营效益提高。其中，中泰集团增收节支 3 亿多元；有色集团争取政策红利及管理增效 8300 余万元等。

(八)因地制宜积极作为，地州市国企改革发展成效进一步提升

一是主要经济指标保持平稳增长。乌鲁木齐、巴州、伊犁、石河子、和田国有企业资产总额、净资产均实现两位数以上增长；巴州、克拉玛依、博州、阿勒泰国有企业营业收入、利润均实现 40%以上增长。二是地州市国企改革稳步推进。阿克苏建立由国资委统一监管国有资产、两类企业实施经营的"三级主体，两级经营"国有资产监管体制。乌鲁木齐改革国有资本授权经营体制,做实第二级架构。哈密将41户监管企业划分为竞争类、公益类、特殊功能类三类进行分类监管。乌鲁木齐、阿克苏等地积极推进部门管理企业统一纳入国资监管工作。石河子、喀什、阿勒泰等地加快推进企业负责人薪酬制度改革等。三是发展混合所有制经济取得重要进展。乌鲁木齐、昌吉、哈密、石河子等地组建一批混合所有制企业;石河子推动新疆科神、东方红番茄公司在"新三板"成功挂牌。四是国有经济布局结构不断优化。乌鲁木齐加大重大装备制造、交通枢纽和现代服务业等重点产业的资源整合;昌吉启动资源资本化工作,积极进军能源资源领域;石河子入股新疆银行和乌鲁木齐商业银行等,布局金融产业。

二、新疆维吾尔自治区国有资产总量与结构分析

截至2015年底,纳入国资委统计报表范围的一级企业952户,同比增长3.03%。

全区国有及国有控股企业资产总额8529.78亿元,同比增长21.78%;净资产2923.85亿元,增长17.52%;实现营业收入1114.97亿元,增长19.08%;利润总额68.62亿元,下降5.28%。其中,区本级监管企业资产总额2585.67亿元,增长26.72%;净资产903.02亿元,增长15.27%;实现营业收入593.30亿元,增长46.19%;利润总额15.92亿元,下降27.41%。

全区国有及国有控股企业国有资产总量2771.89亿元,同比增长22.81%。从地区分布看,主要集中在乌鲁木齐市和自治区本级,占全区国有资产总量的63.64%;从规模分布看,主要集中在大型企业,占全区国有资产总量的68.82%。

表1　　2015年新疆维吾尔自治区所属国有企业指标

项　　目	金　额(亿元)
资产总额	8529.78
所有者权益	2923.85
营业收入	1114.97
利润总额	68.62
净利润	51.11
归属于母公司所有者的净利润	39.83
应交税金总额	54.25
实际上缴税金总额	58.94

表2　　2015年新疆维吾尔自治区国有企业户数情况

项　目	2014年	2015年	比上年增长(%)
户数(户)	924	952	3.03

表3　　2015年新疆维吾尔自治区国有资产地区分布情况

地　　区	国有资产(亿元)	占国有资产总量比重(%)
自治区本级	735.98	26.55
伊犁州	147.76	5.33
阿勒泰地区	32.72	1.18
塔城地区	10.97	0.40
博州	62.72	2.26
克拉玛依市	251.88	9.09
石河子市	12.45	0.45
昌吉州	71.88	2.59
乌鲁木齐市	1027.93	37.08
吐鲁番市	19.58	0.71
哈密市	37.59	1.36
巴州	168.35	6.07
阿克苏地区	169.27	6.11
克州	0.65	0.02
喀什地区	17.73	0.64
和田地区	4.43	0.16

表 4　　2015 年新疆维吾尔自治区国有资产行业分布情况

行　　业	国有资产（亿元）	占国有资产总量比重（%）
农林牧渔业	66.88	2.41
建筑业	152.73	5.51
批发业	13.96	0.50
零售业	14.13	0.51
交通运输业	129.57	4.67
仓储业	15.65	0.56
住宿业	8.46	0.31
餐饮业	0.01	0.00
信息传输业	3.12	0.11
软件和信息技术服务业	3.09	0.11
房地产开发经营	56.50	2.04
物业管理	0.44	0.02
租赁和商务服务业	1780.51	64.23
其他未列明行业	326.10	11.76
工业	200.74	7.24

表 5　　2015 年新疆维吾尔自治区国有资产经营规模分布情况

经营规模	国有资产（亿元）	占国有资产总量比重（%）
大型企业	1907.63	68.82
中型企业	329.24	11.88
小型企业	408.14	14.72
微型企业	126.88	4.58
合　　计	2771.89	100.00

三、新疆维吾尔自治区国有资本保值增值综合分析评价

2015 年，新疆国有及国有控股企业国有资本保值增值率 102.57%。

按产业结构划分：第一产业企业 169 户，国有资本保值增值率 102.46%；第二产业企业 202 户，国有资本保值增值率 97.02%；第三产业企业 581 户，国有资本保值增值率 103.44%。

按企业规模划分：大型企业 32 户，国有资本保值增值率 103.46 %；中型企业 137 户，国有资本保值增值率 102.59 %；小型企业 472 户，国有资本保值增值率 100.50 %；微型企业 311 户，国有资本保值增值率 99.28%。

按监管类型划分：自治区本级监管企业 64 户，国有资本保值增值率 101.00%；地州市监管企业 294 户，国有资本保值增值率 104.04%；自治区非监管企业 594 户，国有资本保值增值率 100.55%。

表 6　　2015 年新疆维吾尔自治区国有企业地区和行业国有资本保值增值情况

地　区	国有资本保值增值率（%）	行　业	国有资本保值增值率（%）
乌鲁木齐市	105.48	农林牧渔业	102.46
昌吉州	102.68	建筑业	102.28
吐鲁番市	96.59	批发业	103.86
和田地区	100.04	零售业	110.49
石河子市	97.02	交通运输业	98.09
克州	97.02	仓储业	99.12
喀什地区	95.59	住宿业	98.75
阿克苏地区	100.83	餐饮业	95.52
巴州	101.06	信息传输业	112.97
伊犁州	100.30	软件和信息技术服务业	100.3
塔城地区	98.89	房地产开发经营	103.4
博州	99.21	物业管理	136.02
阿勒泰地区	98.31	租赁和商务服务业	103.44
克拉玛依市	103.57	其他未列明行业	102.86
哈密市	101.14	工业	97.02

四、新疆维吾尔自治区国资委监管企业股份制改革与上市融资情况

(一)股份制改革情况

对11家企业进行公司制、股份制改造。一是启动新疆旅游集团改制工作,并在新疆产权交易所挂牌成交。6月30日,与北京环朋天成旅游公司正式签订转让合同。二是对伊犁木材加工总厂并购改制方案、八一面粉公司、鑫鼎顺泽公司、蓝天物流公司和富丽达公司采取增资扩股方式进行混合所有制改制框架方案等进行启动批复。三是对新疆兴财科技发展中心、边疆宾馆实施公司制改制。四是对天山毛纺织股份有限公司转型升级、深化改革方案进行批复。五是对新疆能源(集团)产业链公司、新粮油脂收储公司进行股份制改造。

(二)企业上市融资情况

积极推动西部黄金和雪峰科技在上交所A股成功上市,分别融资4.4亿元和4.1亿元。加快拟上市企业的培育工作,召开直接监管企业拟上市工作座谈会,对有上市需要的20家企业进行梳理和分析汇总。推动交建集团进入上市辅导期,并通过新疆产权交易中心引进特变集团作为新的战略投资人,进一步加快企业上市步伐。

五、新疆维吾尔自治区国资委经营性国有资产集中统一监管工作情况

协调自治区党委办公厅、人民政府办公厅于5月正式下发《关于自治区区级机关所属企业脱钩统一纳入国资监管的实施方案》(新党办发〔2015〕18号)(以下简称《脱钩方案》)。根据《脱钩方案》文件精神,在调查摸底基础上,剔除文化类企业、科研院所、大专院校等事业单位所办企业以及已注销企业、已划归地方的企业、报送信息错误的企业,清理出34个区级机关244户企业(其中党政机关直接出资的25户,区级机关所属事业单位出资200户,区级机关所属事业单位转企改制19户)。2015年11月,自治区成立脱钩领导小组,下发《关于成立自治区区级机关所属企业脱钩统一纳入国资监管工作领导小组的通知》(新政办发〔2015〕144号),自治区人民政府副主席穆铁礼甫·哈斯木担任领导小组组长。

六、新疆维吾尔自治区国资委监管企业完善法人治理结构情况

继续开展规范董事会建设试点工作,建立外部董事制度,逐步实现决策层与经营层有效分离。2015年,协调国际合作公司聘请1名外部董事。落实企业用人自主权,继续推进董事会选聘高级经营管理人员工作,根据《自治区国有企业董事会选聘高级经营管理人员试点工作方案》,试点企业交建集团在新疆路桥公司通过市场化方式选聘1名总经理和1名副总经理。新业集团公司也通过市场化方式选聘1名常务副总经理。

七、新疆维吾尔自治区国资委监管企业党的建设情况

(一)党组织和党员基本情况

一是党组织基本情况。截至2015年底,新疆国资委直接监管及党组织关系归口管理的企业有党的基层组织2822个,其中党委289个,党总支163个,党支部2370个。二是党员基本情况。有党员44878名。其中预备党员1086名;在岗职工党员30718名、离退休党员13713名;女党员11665名;少数民族党员5912名;30岁及以下4727名、31～35岁2922名、36～40岁3799名、41～45岁7176名、46～50岁7201名、51～55岁5315名、56～60岁3656名、60岁以上10082名;研究生及以上学历党员765名、大学本科10475名、大学专科14380名、中专3656名、高中及中技7481名、初中及以下8121名;管理岗位党员6003名、专业技术岗位13338名、工勤技能岗位10976名;担任高级专业技术职务的党员1429名、中级技术职务的党员2577名、初级专业技术职务的党员2266名。

(二)主要工作开展情况

一是开展"三严三实"专题教育。制定《自治区国资委系统"三严三实"专题教育实施方案》《自治区国

资委系统"三严三实"专题教育推进计划》,建立专题教育推进责任体系和定期报告、调查研究、情况通报、协调反馈、督导检查等制度机制。新疆国资委系统各级党委中心组学习 1734 次、专题学习研讨会 842 次;累计查找"不严不实"问题 9300 余条,1860 名县处级领导干部对查找的"不严不实"问题及整改承诺进行"晾晒";各级党委书记讲党课 296 场、其他党委班子成员讲党课 1462 场;组织集团公司以上层面专题报告会 254 场。二是开展企业党组织书记述党建工作。制定《国有企业党委书记抓党建工作述职点评实施方案》。召开国资委系统内 12 家直接监管企业党委书记抓基层党建述职点评会,784 名各级党组织书记参加述职。三是组织开展企业党建工作相关培训。全年组织培训基层党组织书记和党务工作人员 2181 人次,培训新党员 961 人次。

八、新疆维吾尔自治区国资监管及国有企业改革发展具有地方特色情况

(一)产业支援新疆情况

1. 中央企业产业支援新疆情况。截至 2015 年底,53 家中央企业在新疆计划投资项目 850 个,计划投资总额 16809.02 亿元,累计完成投资 5473.64 亿元,占计划投资 32.56%,其中 2015 年完成投资 400.5 亿元,占计划投资的 2.38%。

按项目分类,石油、石化项目 47 个,完成投资 96.58 亿元;煤炭开采、煤电、煤化工等项目 110 个,完成投资 65.19 亿元;清洁能源(光伏、水电、风电)项目 418 个,完成投资 111.55 亿元;通信类项目 23 个,完成投资 60.93 亿元;制造业项目 64 个,完成投资 27.74 亿元;采矿业(金属和非金属)项目 47 个,完成投资 5.31 亿元;其他项目 141 个,2015 年完成投资 33.2 亿元。

2. 19 个省市国有企业产业支援新疆情况。截至 2015 年底,19 个省市国有企业产业支援新疆项目共计 182 个,计划总投资 3327.98 亿元,完成投资 1185.83 亿元,占计划投资 35.63%。2015 年完成投资 198.8 亿元。

(二)央企属地注册情况

经过高位推动和多方努力,7 月 18 日,中石油克拉玛依石化有限责任公司正式挂牌运营,合资公司注册资本 43.86 亿元,新投集团持股 1%。7 月 21 日,中石化新春石油开发有限责任公司正式挂牌运营,新疆国投公司持股 1%。推进中航油与机场集团合资合作,10 月 1 日,中航油新疆航油公司正式投入运营,注册资本 2.8 亿元,机场集团持股 25%。

(三)就业工作情况

1. 总体情况。截至 2015 年底,自治区国资委监管企业 38 家,职工人数 62210 人,当地劳动者 48861 人,占职工人数的 78.54%,当地大学生人数 18862 人,占职工人数的 30.32%,少数民族职工 16520 人,占 26.56%。其中,直接监管企业职工人数 49531 人,当地劳动者 37331 人,占 75.37%,当地大学生人数 15240 人,占职工人数的 30.77%,少数民族职工 11713 人,占 23.65%;委托监管企业职工人数 12679 人,当地劳动者 11530 人,占 90.94%,当地大学生人数 3622 人,占职工人数的 28.57%,少数民族职工 4807 人,占 37.91%。地州市国有企业 740 家,职工人数 197089 人,当地劳动者 169075 人,占职工人数的 85.79%,当地大学生人数 20576 人,占职工人数的 10.44%,少数民族职工 57117 人,占 28.98%。其中,监管企业 281 家,职工人数 74337 人,当地劳动者 56122 人,占 75.50%,当地大学生人数 13116 人,占职工人数的 17.64%,少数民族职工 19679 人,占 26.47%;非监管企业 459 家,职工人数 122752 人,当地劳动者 112953 人,占 92.02%,当地大学生人数 7460 人,占职工人数的 6.08%,少数民族职工 37438 人,占 30.50%。向 21 基地职工家属及子女提供 371 个就业岗位(其中央企 123 个),解决 24 名(央企解决 15 名)21 基地子女及随军家属的就业问题。

2. 以考核为手段,督促地方国有企业积极吸纳当地劳动者就业。将监管企业吸纳当地少数民族群众就业情况作为企业承担社会责任的重要内容纳入企业负责人经营业绩考核体系,2015 年少数民族就业比率超过 25%的区本级监管企业数量达到 12 家。区本

级国有企业2015年吸纳少数民族群众就业人数达到5006人，占全区国有企业吸纳少数民族人数的57.50%，较好地履行了社会责任。

(撰稿人：谭博文)

新疆生产建设兵团

一、新疆生产建设兵团国有资产监督管理工作综述

2015年，新疆生产建设兵团国资委认真贯彻落实国家、自治区和兵团的各项决策部署，克服经济下行压力不断加大等因素，着力稳增长、促改革、调结构、惠民生、防风险，国有企业改革发展和国有资产监督管理工作走上新的台阶，取得长足的进步，为兵团的经济发展和社会进步作出自己应有的贡献。

截至2015年底，兵、师国资委监管企业总额3301.84亿元，同比增长12.06%；所有者权益总额777.01亿元，同比增长8.60%；实现利润总额29.40亿元，同比增长7.01%。其中，兵团国资委监管企业资产总额557.02亿元，同比增长18.27%；所有者权益总额171.31亿元，同比增长13.95%；实现利润总额11.48亿元，同比增长52.36%。

(一)实现国有经济稳步增长

一是加强经济运行调控，对企业经济运行情况进行动态跟踪，定期召开经济运行分析会议，积极应对经济运行增速放缓、融资难等经营压力，实现平稳健康发展。二是积极优化企业组织机构，减少企业层级，强化内部管理，挖潜力增效益，大力压缩非生产性开支，加大对应收账款的清收力度，有效控制运行成本。三是进一步加强风险管控，严格财务杠杆边界管理，及时对企业财务风险进行预警，优化负债结构，有效控制债务风险，注重防范大宗商品融资性贸易、金融衍生品、委托贷款、融资担保等业务风险，完善风险防范与化解措施。四是积极拓宽企业法律风险防范领域，进一步完善企业总法律顾问制度。

(二)积极推动国企各项改革试点工作

根据中央《关于深化国有企业改革的指导意见》等文件精神，结合工作实际，起草《兵团关于深化兵团国有企业改革的实施意见(初稿)》《兵团关于国有企业发展混合所有制经济的实施意见(送审稿)》等相关文件。按照试点先行的原则，稳妥有序推进混合所有制改革试点工作。兵团供销合作总公司所属茶畜公司对新益茶业有限公司吸收经营层参与增资扩股，实施股权多元化改造。兵团城建投公司所属盛泰装饰公司引入战略投资者及管理层持股的方式开展混合所有制改革试点。积极推进企业办社会职能的分离工作，在厂办大集体企业改革、职教幼教退休待遇问题、国有企业棚户区改造等方面取得阶段性进展。

(三)不断优化经济布局，实现转型升级新突破

紧紧抓住“丝绸之路经济带”建设和兵团向南发展战略机遇，加快推进产业结构调整优化与转型升级。加大资源整合力度，引导国有资本向公共服务领域、资源类基础性产业、支柱产业和战略新兴产业重点投入，促进优势资源向重点行业集中、向优势企业积聚，不断提高行业集中度。加快大企业大集团组建工作，启动兵团电力集团公司的组建工作，推进中衡骏化能源科技股份有限公司呼图壁县煤炭分质利用氨烃联产项目、兵团红星发电有限公司前期建设和阿拉尔天盈石油化工有限公司15万吨/年天然气制乙二醇项目等。对外开放水平迈上新台阶，进一步加大与中央企业、支援新疆省市企业的对接力度，组建中新建国际农业合作有限责任公司、中联农业保险股份公司。以科技创新为核心，加大对传统产业更新改造力度，推动国有企业由价值链低端向高端攀升，培育新的增长动力和竞争优势，由生产制造型向生产服务型延伸。以天康生物、康地种业、兵团新能源公司等企业为龙头，以生物制药、生物育种、新能源等战略性新兴产业为发展方向，形成一批竞争力强、产业支撑带动作用突出的优强企业。

（四）持续提升国资监管水平

兵、师国资委按照管资本为主的要求，加强依法监管，明确国资监管边界，优化国资监管职能，维护企业市场主体地位。兵团国资委以清理国资监管规范性文件“两个清单”为参照，及时进行立、改、废，切实做到简政放权。加强出资人财务监督，不断完善财务动态监测和预算管理。对企业投资、国有产权管理等重大事项的监管进一步加强。充分发挥外派监事会作用，不断提升监督质量。

（五）扎实开展“三严三实”专题教育，切实加强和改进党的领导

按照兵团党委统一部署，以“三严三实”专题教育为抓手，坚持与国资委中心工作相结合，党员干部廉洁自律意识不断增强，工作作风有了新的转变。全面落实党建工作责任制，进行党建对标管理。加强基层党组织书记培训，不断优化基层党组织设置，健全基层组织体系，积极推动群团、统战工作。严格对企业领导人员管理，改进选用方式，合理增加市场化选聘比例，优化结构，增强活力。以规范董事会建设为重点，完善国有企业领导人员科学管理机制，加强领导人员日常监督管理和综合考核评价。认真落实“两个责任”，严明政治纪律和政治规矩，进一步加强党风廉政建设和反腐败工作。严肃查办违法违纪案件，进一步增强国有企业领导人员纪律意识、廉洁从业意识，营造风清气正、廉洁高效的发展氛围。

二、新疆生产建设兵团国有资产总量与结构分析

截至2015年底，纳入统计范围的兵团各级次国有及国有控股企业（以下简称“兵团企业”）1305户（含农牧团场，下同），资产总额4901.52亿元，同比增长14.66%；负债总额3845.60亿元，同比增长14.08%；所有者权益总额1055.92亿元，同比增长16.81%。资产负债率为78.46%，同比减少0.4个百分点；实现营业总收入2184.60亿元，同比增长2.86%；实现利润总额61.42亿元，与2014年基本持平，扣除所得税后，实现净利润50.02亿元，同比增长0.66%。2015年，兵团企业合并国有资产总量791.16亿元，同比增长25.92%。

表1　2015年新疆生产建设兵团所属国有企业指标

项　目	金　额（亿元）
资产总额	4901.52
所有者权益	1055.92
营业总收入	2184.60
利润总额	61.42
净利润	50.02
归属于母公司所有者的净利润	45.56
应交税费总额	80.14
实际上缴税费总额	81.02
年末国有资产总量	791.16

（一）国有企业户数情况

截至2015年底，兵团国有企业1305户（含农牧团场），比上年增加237户，增长22.19%。

表2　2015年新疆生产建设兵团国有企业户数情况

项　目	2014年	2015年	比上年增长（%）
户数（户）	1068	1305	22.19

（二）国有资产地区分布情况

从地区分布来看，兵团国资委监管企业、第八师、第一师、第十二师国有企业占用国有资产比重较大，占用国有资产总量分别为128.64亿元、110.24亿元、73.72亿元和59.29亿元，分别占兵团国有资产总量的16.26%、13.93%、9.32%和7.49%，占用兵团国有资产总量合计为47%。

表 3　2015 年新疆生产建设兵团企业国有资产地区分布情况

地　区	国有资产（亿元）	占国有资产总量比重(%)
第一师	73.72	9.32
第二师	50.27	6.35
第三师	47.74	6.03
第四师	49.73	6.29
第五师	34.12	4.31
第六师	54.41	6.88
第七师	45.11	5.70
第八师	110.24	13.93
第九师	16.01	2.02
第十师	23.15	2.93
第十一师	48.40	6.12
第十二师	59.29	7.49
第十三师	36.04	4.56
第十四师	11.84	1.50
兵团国资委监管企业	128.64	16.26
兵团直属企业	2.45	0.31
合　计	791.16	100.00

(三)国有资产行业分布情况

2015 年,从行业分布情况看,兵团企业国有资产主要集中在农林牧渔业、工业和社会服务业。其中,农林牧渔业占用国有资产 293.41 亿元,占 37.09%;工业占用国有资产 210.7 亿元,占 26.63%;社会服务业占用国有资产 141.83 亿元,占 17.93%。工业主要集中在化学、电力和食品行业。

表 4　2015 年新疆生产建设兵团企业国有资产行业分布情况

行　业	国有资产（亿元）	占国有资产总量比重(%)
农林牧渔业	293.41	37.09
工业	210.70	26.63
建筑业	42.44	5.36
地质勘查及水利业	19.22	2.43
交通运输业	9.59	1.21
仓储业	−1.43	−0.18
批发和零售业	31.84	4.02
金融业	18.43	2.33
房地产业	21.73	2.75
社会服务业	141.83	17.93
科学研究和技术服务业	3.40	0.43
合　计	791.16	100.00

(四)国有资产按经营规模分布情况

大型企业国有资产总量 233.46 亿元,占 29.51%;中型企业国有资产总量 215.52 亿元,占 27.24%;小型企业国有资产总量 277.97 亿元,占 35.13%;微型企业国有资产总量 64.21 亿元,占 8.12%。

表 5　2015 年新疆生产建设兵团国有资产经营规模分布情况

经营规模	企业户数（户）	国有资产（亿元）	占国有资产总量比重(%)
大型企业	210	233.46	29.51
中型企业	297	215.52	27.24
小型企业	404	277.97	35.13
微型企业	394	64.21	8.12
合　计	1305	791.16	100.00

三、新疆生产建设兵团国有资本保值增值综合分析评价

2015 年，纳入统计的 16 家单位有 14 家实现保值增值，其中，保值增值率超过 110%的有 3 家，分别是：第十三师保值增值率 112.93%，第十一师保值增值率 112.37%，第六师保值增值率 110.06%；未实现保值增值的单位有 2 家，分别是：第九师保值增值率 99.89%，第一师保值增值率 98.42%。

表 6　2015 年新疆生产建设兵团国有企业地区国有资本保值增值情况

地　　区	国有资本保值增值率(%)
第一师	98.42
第二师	108.58
第三师	106.80
第四师	109.85
第五师	103.17
第六师	110.06
第七师	107.35
第八师	105.25
第九师	99.89
第十师	104.13
第十一师	112.37
第十二师	107.44
第十三师	112.93
第十四师	106.41
兵团国资委监管企业	104.79
兵团直属企业	109.02
合　　计	106.31

2015 年，兵团企业从行业分析看，大部分行业实现保值增值，其中，房地产业保值增值率 125.23%，建筑业保值增值率 115.24%，农林牧渔业保值增值率 110.29%，金融业保值增值率 110.27%。

表 7　2015 年新疆生产建设兵团国有企业行业国有资本保值增值情况

行　　业	国有资本保值增值率(%)
农林牧渔业	110.29
工业	95.94
建筑业	115.24
地质勘查及水利业	99.89
交通运输业	103.35
仓储业	95.84
批发和零售业	109.64
金融业	110.27
房地产业	125.23
社会服务业	106.26
科学研究和技术服务业	56.46
兵团企业汇总	106.31

四、新疆生产建设兵团国资委监管企业股份制改革与上市融资情况

2015 年，兵、师国资系统紧紧围绕“两个坚持”“三个有利于”的国有企业改革方向，以增强企业内生动力和市场竞争力为突破口，指导推进监管企业公司制股份制改革，进一步促进国有企业产权结构的优化，增强监管企业发展质量和效益。兵团勘测设计院集团公司根据业务需要将党群工作部和人力资源部整合为人力资源与党群工作部，将公路分院、环评中心、建通工程管理公司作为独立法人的子公司设置，将物业、车队等后勤机构整合成立后勤服务公司，通过这些改革举措，提升公司管理效率，优化公司内部管理关系，为公司更好更快发展创造有利条件。二师国资委成立师建筑企业改制工作领导小组，协调推进师环宇公司、三建公司和神宇公司的改制工作。通过改制，实现企业高管和职工持股，引进社会资本，解决师

属建筑企业经营效率低下和后续发展能力不足的问题。三师国资委对图木舒克工程建设集团进行公司制改制，通过搭建集团公司框架、股权重组、移交社会事务、工商登记等工作，组建新疆前昆工程建设集团，突出主业，减轻企业的负担，增强公司的市场竞争力，公司成为南疆区域内“资质优、竞争力强、管理到位、机制灵活”的区域建筑龙头。截至2015年底，兵、师国资委监管的133户一级企业中，公司制企业124户，公司制企业比例达到93.23%，其中56户实现股权多元化，占公司制企业数量的45%。公司制股份制比例进一步提高，企业活力竞争力进一步增强。

截至2015年底，兵团国有控股(实际控制)上市公司计划发行股份购买资产及发行股份募集资金总额49.16亿元，实际实现融资总额21.92亿元。其中，天润乳业以18.85元/股发行1405.83万股股份购买资产，并以28.30元/股发行310.95万股股份募集配套资金，合计募集资金3.53亿元；天康生物以4.74元/股定向增发股份3.88亿股，实现天康集团整体上市，定向增发总金额18.39亿元；新疆天业以9.24元/股非公开发行约1亿股，并支付9.25亿元现金购买资产，同时以不低于11.54元/股非公开发行股份并募集配套资金不超过18亿元，用于现金购买资产及补充公司流动资金，总募集金额为27.24亿元，该事项获得中国证监会审核通过，正在实施中。

五、新疆生产建设兵团国资委监管企业并购重组与完善法人治理结构改革进展情况

为增强监管企业市场竞争力，优化国有资本布局，兵、师国资委加大对监管企业资源整合重组的力度。四师国资委注重优势资源向优势企业积聚，不断提高行业集中度，对师宏远建设公司、机电公司、康盛房产、67团等7个团场的团办控股建筑公司进行整合，组建宏远建设集团。十二师国资委加快师属集团公司改革重组步伐，促进各类资源要素的重组和优化配置，按照行业分类、主业板块对师内国有企业和资产要素进行分类整合，完成师建设集团和园林集团的组建工作。

兵、师国资委以董事会建设和监事会为抓手，指导监管企业强化制度建设，明确权责，优化运行机制。董事会人员结构发生积极的变化，外部董事人数占董事人数比例逐年提高，兵团国资委监管的8户企业中有6户企业设有外部董事，部分企业还根据实际需要设立董事会专门委员会，进一步增强董事会决策的科学性，形成一支懂管理、专业化的经营者队伍，对促进企业依法决策和科学决策发挥积极的促进作用。继续加强监管企业监事会建设，依法加强监管企业法人治理结构的完善。依照《公司法》《国有企业监事会暂行条例》《兵团国有及国有控股企业监事会暂行办法》等相关法律法规，按期组织召开监管企业监事会会议，就监事会工作进行讨论、总结及部署。借助国资委对监管企业的2014年度《审计报告》，依靠专业审计力量，从《审计报告》发现问题，带着问题与企业领导及财务负责人进行沟通，并积极督促整改。全年督促4家企业整改7个事项，有效助力企业发展。

六、新疆生产建设兵团国资委监管企业建立和完善经营业绩考核体系情况

2015年，兵团国资委在建立和完善经营业绩考核方面作了大量的工作。一是进一步完善企业负责人考核和薪酬管理制度，强化激励约束机制。根据《党中央、国务院关于深化国有企业改革的指导意见》和《深化兵团国有企业负责人薪酬制度改革的实施方案》精神，在广泛征求各师国资委和监管企业负责人意见的基础上，修订和完善企业负责人经营业绩考核办法和薪酬管理办法。二是完成企业负责人2014年度经营业绩成果的审核和确认工作。根据《兵团国资委监管企业负责人经营业绩考核暂行办法》，对7家监管企业负责人2014年度经营业绩进行考核，考核结果为：优秀级企业6家，中等级企业1家。根据考核结果，下发企业负责人2014年度经营业绩考核结果及薪酬决定，及时兑现企业负责人年薪。三是完成2015年度和第三任期(2015—2017年)经营业绩责任书的签订工作。结合企业历年财务决算数据和企业负责人第二任期(2012—2014年)考核指标完成情况，对企业负责人2015年度和第三任期(2015—2017年)经营业绩考核目标值进行测算、调整，科学确定企业

负责人2015年度和第三任期（2015—2017年）经营业绩考核目标值，完成与企业负责人2015年度和第三任期（2015—2017年）经营业绩责任书的签订工作。

七、新疆生产建设兵团国资委监管企业负责人考核与选人用人机制改革情况

2015年，兵团国资委在对监管企业负责人考核与选人用人机制的改革上，从加强监管出发，继续按照对监管企业负责人考核评价体系的相关规定和要求，在企业负责人考核方面，一是重点抓好以政治素质、团结协作、作风形象、科学管理、维稳处突、经营业绩等为主要内容的考核评价。在不断提高企业负责人的综合素质上，突出对其政治素质、职业素养、廉洁从业等方面的全面提升。二是在能力方面继续以提升企业负责人的决策能力、执行能力、创新能力为突破口，着力加强能力建设，以应对企业在市场竞争中复杂多变的诸多环境，增强企业的核心竞争力。三是在个人贡献上，加大业绩考核评价比重，激励企业负责人更好地履行职责，完成目标任务。在企业后备人才队伍建设方面，以不断建立完善的企业人才信息平台为载体，加强企业后备领导人员队伍建设，开展企业后备领导人员民主推荐工作，通过动态管理，不断充实完善企业后备领导人员库。在加强监管企业领导人员的选拔任用和日常管理工作方面，认真贯彻落实企业领导人员个人有关事项报告制度，将企业领导人员个人有关事项报告贯穿到企业领导人员选拔任用全过程，对企业领导人员职务变动，任职提升建立逢动必查，逢提必审的选人用人机制，自觉接受组织的监督。

八、新疆生产建设兵团国资委监管企业党的建设和廉政建设情况

进一步加强党员思想教育，加强作风建设，扎实开展各项主题教育实践活动。下发《2015年度国资委党委中心组和机关干部学习计划安排》《关于在团处级以下党员干部中开展"强党性、强法治、强责任、强基层"专题教育实施方案》。5月，对"三严三实"专题教育准备工作进行安排，编印专题教育学习资料汇编、组织进行调查研究并收集整理调研情况、组织学习中央和自治区以及兵团党委有关文件精神、制定专题教育实施意见。5月25日，以党委中心学习的方式，在机关进行由国资委党委书记、主任主讲的第一专题党课教育辅导。

不断加强党的建设。一是按照兵团党委年度党建工作安排，2015年2月25日，印发《2015年监管企业年度党建工作要点》，为确保年度党建工作落到实处，3月4日，与监管企业党委书记签订年度党建工作落实责任书。二是大力表彰先进。对29个先进基层党组织、61名优秀共产党员和29名优秀党务工作者进行表彰。三是大力抓好下属监管企业党务工作人员培训。2015年4月，协调有关央企和有关机构，对监管企业34名分管党建工作的领导、业务机构负责人，在北京中国新兴际华集团有限公司、中国建筑设计研究院、中国建筑材料科学研究总院等单位进行为期4天的现场学习培训。

深入开展兵团党风廉政建设和反腐败斗争，不断增强廉政意识，筑牢思想防线，不断促进兵团国资委系统反腐倡廉建设。按照兵团党委的统一部署，以"强化党章意识，加强纪律建设"为主题，指导各监管企业党委制定具体实施方案。以加强党的作风建设和反腐倡廉建设为重点，国资委党委结合自身实际，以"三严三实"专题教育为抓手，认真制定方案，精心组织安排。借助"三严三实"专题教育召开国资委机关干部动员大会为契机，认真学习《习近平关于党风廉政建设和反腐败斗争论述摘编》《习近平谈治国理政》、中央纪委十八届五次全会工作报告、兵团纪委六届八次全会报告、中央纪委网站《学思践悟》专栏文章、兵团党委书记韩勇讲的专题党课、《优秀领导干部先进事迹选编》《领导干部违纪违法典型案例警示录》《兵团第十七个党风廉政教育月学习资料》等内容。2015年，召开国资委党风廉政建设和反腐败工作座谈会，国资委纪委先后对企业和机关"三重一大"决策制度贯彻落实情况、执行中央八项规定情况进行监督检查，针对存在问题提出整改要求。元旦、春节、清明、中秋、国庆等节日前夕都下发专题廉洁过节通知，加大对落实中央八项规定精神情况的监督检查，确保取得的成果得到巩固，"四风"问题不反弹、不回潮。

九、新疆生产建设兵团国资监管及国有企业改革发展具有地方特色情况

加强国资国企改革顶层设计。兵团国资委以贯彻落实中央《关于深化国有企业改革的指导意见》及相关配套文件为契机，结合兵团国有经济的功能定位和战略方向，研究起草相关改革实施方案，协同推进各项具体措施的落实。起草《兵团关于深化兵团国有企业改革的实施意见(初稿)》《兵团关于国有企业发展混合所有制经济的实施意见(征求意见稿)》《兵团关于改革和完善国有资产管理体制的实施意见(初稿)》《兵团办公厅关于加强和改进企业国有资产监督防止国有资产流失的实施意见(初稿)》。印发《兵团国资委监管企业负责人经营业绩考核办法(试行)》《兵团国资委监管企业负责人薪酬管理办法(试行)》的送审稿。

完善国资监管体制，提升监管效率和有效性。一是按照以管资本为主加强国有资产监管的要求，不断完善监管机制和监管方式，通过厘清监管权限，梳理审批、核准、备案事项，进一步突出监管重点，印发《兵团国资委监管事项清单(试行)》;为规范兵团国有企业国有资本收益收取和企业负责人履职待遇、业务支出，下发《新疆生产建设兵团本级企业国有资本收益收取管理暂行办法》《兵团国有企业负责人履职待遇、业务支出管理办法》。二是按照团场改革试点工作协调领导小组办公室的安排，建立和完善团场出资人制度，起草《关于加强试点团场进一步完善国资监管的政策建议》和《关于完善试点团场国有企业负责人薪酬制度的政策建议》。三是开展改组国有资本投资、运营公司试点。以兵团国资公司、兵团投资公司作为国有资本投资运营平台公司的试点单位。在实地学习考察上海市和浙江省改革国有资本授权经营体制，组建国有资本运营公司和国有资本投资公司经验的基础上，结合两个公司实际，本着“尊重历史、尊重现实”的原则，将两公司定位为集产业投资、资本运营和股权管理多种功能为一体的综合性国有资本投资运营平台公司，研究制定两公司改组框架方案。

做好企业法律风险防范工作。围绕兵团国资国企改革任务，指导监管企业加强法律风险防范机制建设，开展法律风险课题研究，兵团国资委与相关研究机构共同完成《兵团国有企业法律风险防范研究》课题，大力推动法制工作与企业经营管理的融合。

加强兵团企业分类划级工作。2014 年度兵团企业分类划级参评企业 646 户，较 2011 年增加 423 户。其中，国有控股、参股企业(含上市公司)606 户，参评企业的资产总量涵盖兵团全部国有企业的资产总量(4225 亿元)。一类二级以上企业户数显著增多，资产总额和营业收入平均水平显著提升。

(撰稿人：黄　雄)

2016

CHINA'S STATE-OWNED ASSETS SUPERVISION AND ADMINISTRATION YEARBOOK

中国国有资产监督管理年鉴

中央企业改革与发展

第四篇

中国核工业集团公司

【基本概况】 2015年，中国核工业集团公司各项任务全面完成，实现集团公司“十二五”发展圆满收官。“十二五”期间，福岛核事故对核行业产生巨大冲击，国际金融危机持续发酵，国内经济进入新常态。面对复杂多变的外部环境和艰巨繁重的发展改革任务，在党中央、国务院、中央军委的坚强领导下，在上级部委、各级政府和兄弟单位的大力支持下，集团公司广大干部职工凝心聚力、开拓进取，创新发展、攻坚克难，发展改革取得重要成绩。集团公司整体实力和水平显著提升，面貌发生巨大变化。

【主要指标】 2015年是集团公司深化改革、创新发展的关键之年。习近平总书记等中央领导对核工业创建60周年作出重要批示，核工业进入新的历史发展阶段。2015年，集团公司实现总产出1159亿元，实现营业总收入740.5亿元，利润总额119.54亿元，分别比上年增长23.79%、34.16%，实现经济增加值(EVA)69亿元，比上年改善39%，全面完成预期目标，并确保完成国资委的稳增长目标，连续十年获得中央企业负责人经营业绩考核A级。

2015年中国核工业集团公司主要经济指标

项　目	2014年	2015年	比上年增长(%)
资产总额(亿元)	3916.93	4443.90	13.45
所有者权益(亿元)	996.81	1283.06	28.72
营业收入(亿元)	598.21	740.50	23.79
利润总额(亿元)	89.10	119.54	34.16
净利润(亿元)	73.91	101.58	37.44
归属于母公司所有者的净利润(亿元)	45.57	65.13	42.92
技术开发投入(亿元)	36.80	43.75	18.89
利税总额(亿元)	146.79	185.24	26.19
应交税金总额(亿元)	80.83	89.59	10.84
全员劳动生产率(万元/人·年)	37.07	41.90	13.03
净资产收益率(%)	7.71	8.91	增加1.20个百分点
总资产报酬率(%)	3.36	3.98	增加0.62个百分点
国有资本保值增值率(%)	110.40	112.16	增加1.76个百分点

【改革发展】 “十二五”期间，集团公司按照“集团运作、专业经营”方针，启动以三个中心管理模式为核心的流程再造，突出以产品为中心的市场化经营。经过“十二五”期间不断完善，明确经营主体，理顺生产关系，优化产业布局，整合资源能力，三个中心逐步落地。积极贯彻落实中央关于深化国有企业改革的精神，发布深化改革指导意见，推进法治中核建设，各项改革措施逐步落地。现代企业制度、市场化经营机制、人事管理及事业单位改革等全面推进。

开展董事会试点，完善现代企业制度，健全法人治理结构，形成党组会、董事会、经理层分工履责、有效授权的顶层管理体系，提高重大决策的科学性、系统性和规范性，有效防范经营风险。分类推进股权多元化和资产证券化，中国核电成功上市，成为大陆纯核电第一股，集团公司资产证券化率达到58%。

围绕转型升级，推动非主业和低效、无效资产清理退出，173个三级及以下公司或独立项目实现工商注销。积极跟踪解决历史遗留问题，厂办大集体改革基本完成，“三供一业”分离移交取得积极进展。

以管理提升活动为契机，狠抓生产经营管理和制度体系建设，管理水平显著提高。在全集团范围实施JYK一体化，贯穿集团公司各项重点工作，实现从总部到板块、成员单位的全覆盖，促进执行力提升和责任落实。管理创新成果显著，69项管理创新成果在军工企协获奖，《大型军工企业基于内部控制的价值创造管理》成果获得全国企业管理现代化创新成果一等奖。田湾核电、核动力院等单位获得国家质量奖。

财务管理全面向绩效财务转型。积极拓宽低成本融资渠道，落实贷款1891亿元，发行债券248亿元，保障集团发展的资金需求。采取多种措施降本增效，不断强化成本与“两金”控制。内控建设取得突出成绩，得到国资委、财政部肯定，作为优秀经验向国有大中型企业推广。

审计和风险管理专业化水平不断提升。审计力度不断加大，经济责任审计全覆盖，开展管理审计和制度审计。风险管理与业务有效融合，流程不断规范，责任得到落实。重大项目风险评估审查全面推进，内部控制评价规范开展，重大风险点处于受控状态。

人事制度改革向纵深推进。高层次专业人才队伍建设取得新成绩，徐銤当选中国工程院院士，被誉为当代科技工作者学习的楷模。“华龙一号”研发团队入选国防科工十大创新团队，总设计师邢继入选年度央视十大科技创新人物。12人入选中央“千人计划”。技能人才队伍建设稳步推进。集团新员工入职培训实现常态化。

【重大项目】 具有完整自主知识产权的“华龙一号”首堆落地福清，福清5号、6号，田湾5号机组开工建设。方家山2号、福清2号、昌江1号机组投运。中国核电成功上市，募集资金130亿元。我国首个规模化地浸铀矿山全面建成，全球首次在自然界发现天然金属铀。国内首条高温气冷堆燃料元件生产线全面建成投产，沧州核燃料产业园部分项目开工，中法合作核燃料循环项目取得重大突破。海外市场开发加快，“华龙一号”国外首堆卡拉奇项目开工建设，阿根廷重水堆、压水堆项目签署合同，华龙国际核电技术公司成立。我国首套自主核电软件包和一体化软件集成平台研发成功。碘—125粒子治疗建立“互联网+”一站式服务平台。首个自主开发建设的风电项目成功并网。

核动力产业不断取得新成绩。积极推进自主三代核电技术研发和工程应用，“华龙一号”示范工程成功落地。方家山、昌江、田湾、三门、福清多个项目同步推进，工程总承包模式逐步完善，四大控制得到改进。

核电安全稳定运行，新项目取得积极进展。7台机组相继投运，在运核电机组达到14台，总装机容量1151万千瓦，在建机组11台，总装机容量1210万千瓦。核电机组运行水平不断提升，多台机组排名WANO年度第一，主要运行指标优于国内外同行。秦山核电基地全面建成。海外核电技术服务市场取得新突破。

核燃料产业全面升级。天然铀产业稳步转型，产能逐年提升。核环保产业化发展程度逐步提高。

核技术应用产业保持快速增长势头，营业总收入和利润年均增长超过20%。核医药网络布局加快推进，放射源及工业应用、辐照加工业务稳步发展。钴—60实现国产化，打破国外垄断。

核相关产业持续增长。打造核产业专业服务平台，完善营地建设和技术支持的商业模式。成立中核医疗产业集团，搭建医疗健康产业平台。

新能源初具规模，风光电总装机容量达到100万千瓦，储备风光电资源300万千瓦，掌握行业规律，建立一批合作关系，打下良好的发展基础。

【重大创新】 科技创新是核工业发展的不竭动力，也是集团公司立足自主发展，培育竞争优势的关键。“十二五”期间，集团公司启动“龙腾2020”科技创新计划，加大科技研发投入，五年累计达到100亿元，其中自主投入30亿元。科技创新工作力度不断加大，为提升集团公司核心竞争力奠定基础。

“十二五”期间，集团公司获得国家科技进步二等奖8项，获得省部级科技一等奖22项、二等奖82项、三等奖115项。专利数大幅增长，形成“华龙一号”、快堆等多个专利集群，获得国家授权专利3100件。

【党建工作】 集团公司始终坚持党的领导，继承和发扬核工业优良传统，反腐败、严监督、强党建，为集团发展改革提供坚强有力的政治保证、组织保证和人才支撑。

认真贯彻落实全面从严治党要求，党的建设科学化水平有效提升。深入开展党的创先争优活动、群众路线教育实践活动和“三严三实”专题教育，不断加强党组织建设和党员管理，各级党组织和全体党员党的意识、党的观念得到加强。坚持问题导向，深化专项巡视整改和纪检监察体制改革，认真开展内部巡视，党风廉政建设和反腐败工作成效显著。

继承和弘扬核工业优良传统，隆重纪念核工业创建60周年，以“中核梦”助推“中国梦”主题教育和社会主义核心价值观教育深入人心。围绕中心工作，加强对外宣传体制机制和能力建设，对外宣传、公众沟通和形象公关取得新成绩。以职工群众和青年创新创效活动为载体，群团工作切实得到强化。保卫保密、信访维稳、离退休工作进一步加强，“十二五”集团公司实施特困救助、送温暖共计投入3852万元，创造和谐稳定的良好环境。

【安全环保】 福岛核事故给全球核工业敲响警钟，核安全问题上升到一个新高度。集团公司一直把核安全放在首位，所属核设施严格遵守核安全法规和标准规范进行建设和运行，自觉接受核安全监管，主动参加国际和国内核安全同行评估。全面落实福岛核事故后的安全改进工作，三代核电技术成为新建核电项目的主力堆型，核设施本质安全度不断提高。健全安全生产责任制，加强安全环保管理体系建设，全面推行安全环保风险管理，积极推进安全生产标准化，安全管理体系有效提升，安全风险点不断减少。深入开展核安全文化建设，借鉴国外经验，建立核安全文化评估体系，发布“卓越核安全文化十大原则”。

2015年，各类核设施保持安全稳定运行，在建核设施安全质量处于受控状态，核与辐射安全保持良好记录。环境安全受控，职业危害得到较好控制，工业安全生产形势平稳。

（撰稿人：王　健）

中国核工业建设集团公司

【基本概况】 2015年，面对经济下行压力加大态势和严峻的形势，中国核工业建设集团公司（以下简称“中国核建集团”）迎难而上，采取加大市场开发力度、整合优化资源、全面深化改革等对策，聚焦公司治理、资源优化、降本减费、商业模式创新等关键环节，各项工作稳步积极开展，取得一定的成绩。

【改革发展】 多措并举，降本减费有新成效。以核电工程物资清仓归库、催收清欠等10项工作为重点，开展“两金”占用专项清理。成立核电项目工程结算领导小组，采取领导挂帅方式推动核电项目工程结算。加快推进集中采购，严守八项规定，严控履职待遇与业务支出，各种费用有效降低。

合规经营，降低风险有新思路。落实依法治企的工作要求和上市规范治理要求，发挥制度和体系的刚性作用，继续实施工程质量治理两年行动，杜绝违规经营。首次开展集团公司法律事务考核，完善重大合同中的合法合规性审查机制。探索创新审计监督工作机制，全面推进内控体系建设，深入开展内控评价工作，尝试改进风险评估方法，有效推进全面风险管理。

优化机制和手段，基础管理有新提升。发布“十三五”规划总体思路和三年滚动发展规划，完成“十三五”规划征求意见稿。始终把保增长放在突出位置，出台保增长的指导意见，全力保障年度稳增长任务。深化总部职能转变，召开首次年度经营指标质询会。制定“营改增”工作方案，组织“营改增”模拟运行，“营改增”前期准备工作逐步到位。按照新的投资管理机制，进一步理顺投资管理体系。逐步建立与经济效益指标紧密挂钩的收入分配机制，深化企业负责人薪酬制度改革。

全面深化改革稳步推进。公司治理不断优化、上市工作取得重大突破。启动核电工程建设一体化管理模式。产融协同发展的创效水平逐步显现。商业模式创新初见成效。科技进步与创新积极推进，科技管理体系进一步完善，建立了重点项目知识产权专项监督管理模式。技术研发体系逐步完善。

【重大项目】 军工工程安全有序，核电工程运行平稳，工程进度、质量、安全管理有效，总体受控。积极开展核电新项目的前期准备工作。高温堆产业化向纵深拓展。

【党建工作】 切实落实从严治党要求，以中央巡视为契机，在深化国企改革中加强和改进党的建设。贯彻学习《党组工作条例》和《纪律处分条例》，进一步落实主体责任和监督责任，把党风廉政建设责任制纳入考核，加强问题整改和监督执纪问责。把党建工作纳入集团公司总体工作布局，深化党建系统化管理，修订集团公司党组工作规则。扎实开展“三严三实”专题教育，各级领导干部的党性修养和作风建设进一步提高，责任意识和担当意识普遍提升。

【人才队伍建设】 中国核建集团党组和各级领导班子认真履行抓班子带队伍职责，加强干部从严管理，通过加强学习、培训等方式，提高各级领导班子整体履职能力。按照上级组织要求，发布《领导干部选拔任用工作纪实暂行办法》等七项管理制度，推进干部选拔任用的科学化、规范化、制度化。加强后备干部培养选拔力度。建立健全高级专业技术人才库，建立全方位的员工职业生涯发展机制，为技术人才和技能人才队伍建设提供制度保障。

【企业文化建设】 媒体关系得到良好维护，成功策划2次媒体走进中国核建活动，组织参加军民融合发展成果展等大型展览3次，文化宣传有声有色。优化宣传载体，成功开通官方微信平台，提升《中国核建》杂志品质，集团公司官网社会访问量同比增加3倍。开展主题宣教和形势任务教育，“三型”总部创建有序开展，群团工会组织作用更好发挥。

【履行社会责任】 安全质量环保水平有效提高。积极宣贯并落实新《安全生产法》，加强安全生产绩效考核，发布安全工作要点，开展安全生产标准化建设，组织“安全生产大检查”，集中改善和解决安全生产中暴露出来的管理体系不贯通、安全风险控制能力弱及作业现场安全隐患多等问题。同时，建立并保持联合工作机制，强化工程质量监督管理。2015年11月9日，中核华兴核电工程安全体验馆在防城港核电项目部建成并正式启用。馆内设置20余个体验项目，基本覆盖核电建设过程中常见的大部分安全隐患，以教育与体验相结合的方式，为作业人员提供“了解事故、体验事故”的三维立体模式体验，可有效增强作业人员安全意识，提高核电工程建设的安全水平。

进一步加大精准扶贫力度。中国核建集团积极响应中央《关于做好选派机关优秀干部到村任第一书记工作的通知》要求，2015年9月，经个人申请，组织批准，原集团公司党组成员、总会计师刘满堂到陕西省旬阳县李家台村任驻村第一书记，帮助李家台村建强基层组织、推动精准扶贫。2015年12月，中国核建集团向李家台村捐助120万元，所捐款项用于支持旬阳县李家台村道路和饮水工程建设；组织开展职工书法作品爱心义卖捐助活动，活动收到爱心款6万元，用于李家台村“禾苗计划”和“敬老行动”。中国核工业二三建设有限公司选派工程技术人员洪亭国远赴西藏自治区进行援藏工作。

全方位参与社会公益活动。一是积极促进社会就业。中国核建集团将拉动就业视为重要的社会责任，积极采取措施提供就业岗位。旗下中国核工业建设股份有限公司2015年向社会提供超过4万个就业岗位。二是热心海外公益。在海外工程建设中，积极促进当地产业发展，优先采购当地的产品和服务。同时积极推动员工本地化，2015年为马来西亚、巴基斯坦、东帝汶、缅甸、老挝、伊拉克、蒙古国、格鲁吉亚、纳米比亚、乌兹别克斯坦等驻在国创造众多就业机会。关爱当地老人、儿童，为他们提供力所能及的帮助。三是积极鼓励员工参加志愿服务和社会公益活动。2015年，各成员单位通过参与社会重大事故救援、开展爱心捐赠活动、环保志愿劳动、志愿献血、为留守儿童募捐、在高校设立奖学金、与当地政府联合开办创业实训基地等方式，努力回馈社会。2015年12月20日，广东省深圳市光明新区凤凰社区恒泰裕工业园发生重大滑坡事故，中国核建集团驻深圳单位中核华泰和中国核建广东联络处迅速行动参与救援，组织3台推土机赶往现场，为救援工作贡献力量。

（撰稿人：李小禹）

中国航天科技集团公司

【基本概况】 2015年，中国航天科技集团公司（以下简称“集团公司”）坚决贯彻党和国家的方针政策和战略部署，以“发展航天事业、建设航天强国”为己任，圆满完成以首颗高轨高分辨率对地观测卫星高分四号、新一代北斗导航卫星等为代表的一系列重大航天工程任务，取得一批具有国际先进水平的标志性成果，多型装备参加“九三”阅兵，战略战术导弹武器系统建设实现新飞跃，积极推动航天技术更广泛地应用于国民经济建设，为提升我国的国防实力、科技实力、综合实力和国际竞争力，加快航天强国建设作出贡献。与此同时，集团公司完成规范董事会建设、强化战略管控、加快改革创新、夯实基础能力，在航天技术创新、国际化发展、体制机制改革、人才队伍建设、党的建设等方面，都取得突出成绩。在外部宏观经济下行压力增大的形势下，经济规模实现快速增长，资产、收入、产出等总量指标增速均实现两位数以上增长。首次跻身世界500强企业排行榜，实现整体经济运行的平稳较快增长，为全面实施"十三五"发展战略，建成国际一流大型航天企业集团，成为国家科技创新的排头兵，推动世界航天强国建设夯实基础。

【主要指标】 2015年，集团公司资产总额3571.9亿元，同比增长8.6%；营业收入1920.2亿元，同比增长14.6%；利润总额155.2亿元，同比增长26%；资产负债率55.3%，成本费用率93.26%，经济增加值433.3亿元，同比增长8.8%，圆满完成全年经济指标任务和国资委经营业绩考核指标，连续12年获得国资委经营业绩考核A级。

表1　2015年中国航天科技集团公司主要经济指标

项　目	2014年	2015年	比上年增长(%)
资产总额(亿元)	3289.24	3571.85	8.6
所有者权益(亿元)	1428.89	1596.47	11.7
营业收入(亿元)	1675.33	1920.16	14.6
利润总额(亿元)	123.20	155.15	25.9
净利润(亿元)	104.67	138.65	32.5
归属于母公司所有者的净利润(亿元)	88.21	116.52	32.1
技术开发投入(亿元)	628.00	676.32	7.7
利税总额(亿元)	170.10	208.39	22.5
应交税金总额(亿元)	46.90	53.23	13.5
全员劳动生产率(万元/人·年)	25.0	28.30	13.2
净资产收益率(%)	7.84	9.38	增加1.54个百分点
总资产报酬率(%)	4.11	4.69	增加0.58个百分点
国有资本保值增值率(%)	113.14	112.6	减少0.54个百分点

【改革发展】 2015年，集团公司按照国家统一部署，规范董事会建设任务顺利完成，制(修)订《集团公司章程》《董事会议事规则》《董事会授权管理规定》《集团公司办公会议事规则》等顶层制度，成立战略与预算(投资)等4个专门委员会，集团公司董事会正式成立并履职；召开集团公司第六次工作会，正式发布《"十三五"发展综合规划纲要》和《全面深化改革指导意见》，确立"十三五"发展的指导思想和"六个坚持、六个着力"的发展方针，提出"十三五"的总体奋斗目标、重点任务和重大举措；完成集团管控模式研究及方案设计，事业单位分类改革、厂办大集体改革和"三供一业"分离移交等工作持续推进，16家全民所有制企业完成公司化改制。

集团公司坚持把人才强企摆在重要位置，着力提高航天人才队伍实力和水平，各级领导干部队伍建设进一步加强，开展规范选人用人专项治理，对26名同一岗位任职超过规定年限的干部分批开展交流，修订成员单位领导人员、型号两总履职绩效考评办法，以及领导人员履职待遇、业务支出管理等制度。加大领导人员、公司高管、型号两总等重点人才境内外培训力度，着力提升战略思维、成本管控、市场意识和风险管控能力；强化一线年轻人才培训，选派200名骨干出国留学；强化核心骨干人才激励，有132人、12个班组获得航天功勋奖等集团公司重大荣誉奖项；对收入分配领域的违规行为加强监管惩戒，合理核定、有效管控工资总额和人工成本，全集团人均工资增长13%。2015年，集团公司新增院士2名、国家"千人计划"专家3名、集团公司学术技术带头人125名，1人获得国防科技工业杰出人才奖，3人入选国家百千万人才工程，8人入选国家"万人计划"青年拔尖人才，新增国家级技能大师工作室2家、全国技术能手9名，高层次人才数量和质量继续稳居央企前列。

【重大项目】 2015年，集团公司着力提高适应高密度发射、高强度研制新常态的型号研制生产组织管理能力，在宇航领域，圆满完成北斗二号二期、高分专项、长征六号和长征十一号火箭首飞等19箭45星宇航发射任务，取得北斗卫星导航系统、高分辨率对地观测系统、新一代运载火箭等重大工程任务的阶段性胜利，集团公司研制的在轨航天器达到131颗，有力提高了我国军事航天装备体系能力、空间基础设施服务能力和中国航天的国际声誉。集团公司克服宏观经济下行的困难和压力，航天技术应用及服务产业两大产业经济规模达到千亿量级，同比增长16.2%，经济效益稳中有升，产业利润达到86.4亿元，6家二级单位产业规模超过百亿元，6个主推项目和7个主抓项目合计实现收入228.2亿元，项目规模和市场竞争力不断提高。重点关注项目扭亏成效显著，风电装备、辅酶Q10、太阳能光伏电池连续两年实现盈利。在开展四级以上单位主业核定的基础上，加强资源聚焦，主业方向业务占比提高到80.4%。航天工程、康拓红外、乐凯新材三家公司完成IPO上市，融资12.9亿元，乐凯胶片实现再融资6亿元，航天模塑上市及航天机电、航天电子非公开发行工作有序推进。内部优势资源整合取得实质性突破，在第三方环境治理、以股权收购方式获取汽车相关资质、工业探伤胶片推广应用、金融服务配套支持等方面实现强强联合。对外并购重组积极稳妥推进，收购中国节能持有的航天投资3.54%股权，开展收购上海德尔福汽车空调系统有限公司50%股权工作。

【走向海外】 2015年，集团公司国际化经营收入209亿元，同比增长17 %，占集团公司营业收入比例达到11%；宇航产品出口全年实现国际化经营收入37.5亿元，同比增长51.8%；巴基斯坦遥感卫星、亚太6C等国际项目顺利签约，亚太九号、老挝一号卫星成功发射，中国—东盟遥感卫星数据共享平台项目泰国节点开通，中巴资源一号04星南非地面系统建设项目正式向南非交付；航天技术应用与服务业实现国际化经营收入127.3亿元，同比增长26%；印刷材料、特种车底盘、太阳能电池组件及光伏发电系统等13类项目出口额达到亿元规模。集团公司实质性参与国际航天组织活动，积极推动国际宇航科学院（IAA）研究中心工作，7名专家新当选IAA正式院士或通讯院士，1名专家当选国际空间法学会理事。与空客集团、瑞典空间公司、德国快眼公司等多家境外企业积极开展并购接洽。完成ISO《航天质量问题归零管理》等国际标准项目制定，成功发布《星箭分离点轨道要素最佳实践》等3项国际标准，新立项2项。

【重大创新】 2015年，集团公司积极落实创新驱动战略，着力推动原始创新与系统集成创新。技术创新体系建设成效显著，组建集团公司航天系统发展研究中心，“天地一体化信息技术”“空间电源技术”国家重点实验室、“液体火箭发动机技术”国防科技重点实验室获批成立；技术创新投入持续增长，科技投入达到103亿元；获得国家科学技术奖5项，其中特等奖1项；获得国防科学技术奖57项；获得第十七届中国专利奖10项，其中金奖1项；申请专利超过5000件，发明专利占比75%以上；集团公司正式设立科技奖，并完成首届评选。管理创新持续提升，组织编制并发布《中国航天科技集团公司管理创新成果评审奖励管理办法》，有力地推动集团公司管理创新评审工作的规范化和制度化建设。

【党建工作】 2015年，集团公司落实全面从严治党要求，扎实开展“三严三实”专题教育工作，召开第四次党建工作会，发布《构建以能力为核心的党建工作体系指导意见》和《党建工作考评办法》；在全系统深入开展党建工作考核和党委书记述职，党建责任制进一步得到落实。严格落实党风廉政建设责任制，组织开展自查自纠、立行立改活动，开展“落实党风廉政建设责任”专项约谈工作，配合中央第三巡视组完成专项巡视及整改工作，扎实开展6个专项治理和12个单项整治。深化纪检监察体制机制改革，推进纪委书记专职化。对总部纪检监察机构进行调整，成立专门的巡视机构。完善企业文化体系，新增1家军工文化示范单位。6家单位被评为第四届全国文明单位，2家单位被评为首都文明单位标兵。向社会推出苗建印、高凤林、徐立平和液氧煤油发动机研制团队等先进典型；全年获得“全国劳动模范”“全国五一劳动奖章”“全国三八红旗手”“全国模范职工之家”等全国级奖项40个，涌现出青年创新创效成果4000余项。

【信息化建设】 2015年，集团公司狠抓信息化统筹和规划，加强顶层设计，确保规划统筹落地。完成“十三五”信息化专项规划、“十三五”仿真规划、航天数字化核心能力规划；组织实施一批信息化项目，持续推进标杆计划工作，建成以全型号、体系仿真等13个具有国内一流水平的信息化标杆，初步形成试点、标杆、推广的模式，缩小单位间信息化发展差距；以IPD协同为核心形成全三维数字化设计模式，实现全三维设计、结构化工艺与无纸化制造及装配，产品一次装配成功率达到100%，计效率提高2倍；数字化制造单元/生产线等在型号研制生产中得到应用，重点产品研制生产任务完成率从30%提升到100%；进一步补充完善信息安全保障体系，形成较完善的航天信息安全防护能力和业务管控能力。

【履行社会责任】 2015年，集团公司积极履行社会责任，向定点扶贫地区和缅甸灾区、藏族等地区捐助1642万元；完成广播电视安播、节能减排和信访维稳等任务；成功执行5次空间与重大灾害国际宪章(CHARTER)紧急事务官(ECO)的国际值班工作，响应10次灾害请求，为世界范围的重大灾害监测作出贡献；为航天系统离退休老同志办实事、办好事、解难事，全年走访慰问离退休人员2.9万人次，送出慰问金1072万余元。2015年，集团公司结合科研生产任务，加大节能减排管控力度，先后投入技改资金1.5亿元、实施节能减排技改项目170余项；企事业单位万元增加值能耗为0.161吨标准煤/万元、同比下降4.98%，工业企业万元增加值能耗为0.31吨标准煤/万元，同比下降4.59%，二氧化硫排放量1481.68吨、同比下降2.71%，化学需氧量排放量913.20吨、同比下降1.55%，氮氧化物排放量1040.98吨、同比下降3.66%，氨氮排放量为212.85吨、同比下降1.78%。有4家单位获得省(部)级节能环保荣誉奖励，1家获得地市级荣誉奖励，2人获得市级先进个人表彰。

表2　2015年中国航天科技集团公司长征系列运载火箭发射情况

序号	空间飞行器	运载火箭	发射时间	发射地点
1	高分四号卫星	长征三号乙运载火箭	2015.12.29	西昌卫星发射中心
2	暗物质粒子探测卫星“悟空”	长征二号丁运载火箭	2015.12.17	酒泉卫星发射中心
3	中星1C卫星	长征三号乙运载火箭	2015.12.10	西昌卫星发射中心
4	遥感卫星二十九号	长征四号丙运载火箭	2015.11.27	太原卫星发射中心
5	老挝一号通信卫星	长征三号乙运载火箭	2015.11.21	西昌卫星发射中心
6	遥感卫星二十八号	长征四号乙运载火箭	2015.11.08	太原卫星发射中心
7	中星2C卫星	长征三号乙运载火箭	2015.11.04	西昌卫星发射中心
8	天绘一号03星	长征二号丁运载火箭	2015.10.26	酒泉卫星发射中心
9	亚太九号通信卫星	长征三号乙运载火箭	2015.10.17	西昌卫星发射中心
10	“吉林一号”商业卫星组星	长征二号丁运载火箭	2015.10.07	酒泉卫星发射中心
11	北斗卫星导航系统第20颗卫星	长征三号乙运载火箭	2015.09.30	西昌卫星发射中心
12	浦江一号、上科大二号等4颗微小卫星	长征十一号运载火箭	2015.09.25	酒泉卫星发射中心
13	中国航天科技集团公司、国防科技大学、清华大学、浙江大学、哈尔滨工业大学等单位研制的开拓一号、希望二号、天拓三号、纳星二号、皮星二号、紫丁香二号等20颗微小卫星	长征六号运载火箭	2015.09.20	太原卫星发射中心
14	高分九号卫星	长征二号丁运载火箭	2015.09.14	酒泉卫星发射中心
15	通信技术试验卫星一号	长征三号乙运载火箭	2015.09.12	西昌卫星发射中心
16	遥感卫星二十七号	长征四号丙运载火箭	2015.08.27	太原卫星发射中心

续表

序号	空间飞行器	运载火箭	发射时间	发射地点
17	北斗卫星导航系统第18、19颗卫星	长征三号乙运载火箭	2015.07.25	西昌卫星发射中心
18	高分八号卫星	长征四号乙运载火箭	2015.06.26	太原卫星发射中心
19	北斗卫星导航系统第17颗卫星	长征三号丙运载火箭	2015.03.30	西昌卫星发射中心

（撰稿人：杜　宇）

中国航天科工集团公司

【基本概况】 中国航天科工集团公司（以下简称“航天科工”）是中央直接管理的国有特大型高科技军工企业。2015年，航天科工深入学习贯彻习近平总书记系列重要讲话精神，认真落实中央“稳增长、调结构”工作要求，继续保持健康快速发展良好势头，国资委考核的年度和任期经营业绩目标全面完成。连续八年在国资委中央企业负责人经营业绩考核中位列A级，企业盈利能力和价值创造能力持续位于军工行业前列。

【主要指标】 2015年，航天科工实现营业收入1761亿元，同比增长11.9%；利润总额135.7亿元，同比增长18.8%；净利润116亿元，同比增长18.4%；经济增加值95.7亿元，同比增长16.6%；净资产收益率（不含少数股东权益）10.93%；职工平均工资增长率为10.4%；全员劳动生产率24.95万元/人·年，同比增长10.3%。

【改革发展】 深入贯彻“一主两翼三创新”战略思路，航天防务装备研制成本管控得到强化，民用产业价值创造能力得到提升，“三挂钩”政策有效提升经营绩效水平，“四方案”深化实施夯实发展基础，“五重大”“N重点”项目论证和立项工作取得阶段性重要成果，支撑转型升级、二次创业战略的“五个新一代”发展、“四项基础技术”攻关、“三大平台”建设、“四个两”要求落实、构建“一个新业态”体系等重点任务有序推进实施，企业的发展态势平稳向好，干部职工发展信心提升，全集团创新创业的生动局面初步形成。“十三五”综合规划、各专项规划及专题规划论证基本完成，有效衔接国家部委、军方和地方政府规划。

深入开展规范董事会建设，修订《集团公司章程》，建立健全董事会工作制度，集团决策体系、工作机制向董事会体制机制平稳转换，董事会实现规范运行。规范“三重一大”决策管理，重要决策、经济合同、规章制度法律审核率100%，未出现法人违法事件。适当精简各级机关人员及强化作风建设取得新成效。基础管理能力也得到不断增强。

收购“闽福发A”并更名为“航天发展”；航天信息发行可转债；航天通信重大资产重组再融资；航天晨光非公开发行股份。成功并购智慧海派、西塔公司等5家企业。全面推进湖南航天工业总公司改制；完成航天科工四院三江房地产公司等28家单位清理退出；“一企一策”开展亏损企业治理，亏损面同比减少1.6个百分点。跨境人民币集中运营平台初步建成。

着力建设一支“压不垮、打不烂、拒腐蚀，想干事、能干事、干成事”的干部队伍，拓宽来源、优化结构，加强各级领导班子建设，加大优秀年轻干部选拔力度，新选拔干部45人，交流干部32人，二级单位领导班子中45岁以下比例达到23%，三级单位班子成员中40岁以下比例达到21%；全力推进型号“两总”年轻化建设，在新组建的4个型号和新调整的10个型号队伍中选配40岁以下“两总”14人次。完成4家单位骨干人员规范持股工作。开展8030名领导干部个人有关事项报告和全级次新提拔处室副职及以上干部个人有关事项重点抽查，严格“裸官”任职岗位管理，规范领导干部退休后返聘工作。配合完成选人用人专项巡视及整改工作。

【重大项目】 成功中标并实施国内首个城市地

下管线综合管理试点项目；承建身份证挂失和异地办理、军人和武警身份证项目，成为身份证管理业务全套解决方案唯一承建商；重型矿用装备在神华、中煤集团成功示范应用；云制造入选国家智能制造试点示范项目；自主开发海底管道漏磁内检测器等22项新产品；专用边界安全网关产业化等7个国家级民用项目获批立项；覆盖三级网络的自主可控管理信息系统应用工程上线运行；防伪税控系统和3000马力大功率液力变速器分别荣获国防科技产业先锋大奖和技术创新大奖，航天云网获工博会“国际创新金奖”。

【走向海外】 成功收购英国AC公司。竞得肯尼亚电网扩建项目，实现大型国际工程承包项目零的突破。

【重大创新】 创新型企业建设不断深化。积极探索微系统、自主可控信息安全、智能制造、智慧产业等四项基础技术领域，为“五个新一代”和“一个新业态”体系建设提供技术支撑。首次开展“十大创意”评选和“双创周”系列活动，激发广大干部职工创新热情。完善自主创新工作机制，在政策、投资、人才等方面全力保障11个“三创新项目”、15个“三创新特区”实施，各单位协同创新和产业化能力不断提升；出台内部“双创”支持政策。成立第十研究院和第十总体设计部；组建湖南航天新材料技术研究院等11个创新平台。累计有效专利13785件，同比增长32.2%；累计有效发明专利6602件，同比增长45.3%。获得国家科学技术进步奖二等奖1项；获得国防科学技术奖42项，其中一等奖5项。

【党建工作】 “三严三实”专题教育和从严治党能力提升专项工作取得实效。“不严不实”突出问题得到集中整改，各级党员领导干部的党规党纪意识和干事创业激情进一步提高，党建思想政治工作取得实效。将“一岗双责”要求落实到每一名党组成员和党委委员，建立党委书记季度例会制度。狠抓党风廉政建设“两个责任”落实情况的监督检查，认真落实显著偏离工作目标“十问责”制度。利用《航天科工通讯》、航天科工大讲堂和各级次小讲堂等交流工作体会与经验，提升贯彻落实党组决策的自觉性和主动性。“走进央企·与信仰对话”等专题活动和“大国工匠”巩鹏、洪海涛、毛腊生等一线技能大师的集中报道，反响热烈。保持“中央企业最具影响力十大新媒体”称号。

党风廉政建设和配合中央专项巡视工作取得实效。坚持问题导向，主动查改“三个不当”、两只“白手套”问题，集中整治违规违纪问题。积极配合中央巡视组做好现场巡视和巡视整改工作，所反馈问题依规依纪全面整改到位。专项巡视以来严肃查处违反中央八项规定精神等各类违规违纪问题48件，给予党纪政纪处分110人，其中党组管理的干部8人。

【信息化建设】 上线试运行专有云平台，设计并构建包含4类业务协作、6类产品采购、2种业务专区和2个协同试点的功能架构，开展“三哑”改造试点工作，初步构建起“资源共享、能力协同、互利共赢”的生态环境；航天云网在江西、贵州、湖北等多个省市落地实施，注册企业超过6万家，新业态体系建设开局良好。

【履行社会责任】 航天科工认真落实国务院定点扶贫任务，在云南省昆明市东川区和曲靖市富源县持续开展科技、教育、文化等多领域的扶贫项目建设。面对自然灾害，第一时间投入到赈灾重建工作中，向灾区提供人力、物力、资金支援。航天科工应急救援装备支援尼泊尔及中国西藏等受灾地区的救灾工作，再次发挥强大作用。帮助贫困地区教师进京与航天特色学校师生交流，组织青少年与航天英雄直面互动，开展航天国防科普夏令营活动。长期关注弱势群体，关注贫困山区青少年及留守儿童，为处于困境中的孩子们带去航天科工人的关怀与帮助。航天科工年度对外捐款捐助总计397万元，并在“七一”“元旦”“春节”等期间开展针对困难党员和困难员工的“爱心捐款”及走访慰问活动。

（撰稿人：韩　方）

中国航空工业集团公司

【基本概况】 中国航空工业集团公司（以下简称“中航工业”），于2008年11月6日由原中国航空工业第一、第二集团公司重组整合成立，是由中央管理的国有特大型企业，也是我国航空工业骨干企业、航空武器装备主要承制商。下属100多家成员单位、50多万员工，设有航空装备、运输机、发动机、直升机、航电系统、机电系统、通用飞机、飞行试验、贸易物流、资产管理、工程规划建设、汽车等产业板块。

2015年，在党中央、国务院、中央军委的正确领导下，在上级机关的关心支持下，中航工业认真学习贯彻党的十八大，十八届三中、四中、五中全会，中央经济工作会和习近平总书记系列重要讲话精神，按照中央企业负责人会议、国防科技工作会议的部署，深入开展"制度建设年"活动，全力配合开展中央专项巡视和经济责任审计，圆满完成"中国人民抗日战争暨世界反法西斯战争胜利70周年"阅兵活动中受阅航空装备服务保障任务，改革发展取得新进步。在2015年《财富》世界企业500强中排名第159位，比上年上升19位。在世界品牌实验室"中国500最具价值品牌"排名第25位，品牌价值突破千亿元。

【主要指标】 截至2015年底，中航工业资产总额9338.7亿元，同比增长17.33%；所有者权益3101.6亿元，同比增长15.37%；营业收入3827.7亿元，同比下降0.65%；利润总额173.8亿元，同比增长23%；净利润115.3亿元，同比增长23.85%；归属于母公司所有者净利润55.5亿元，同比增长22.52%；技术开发投入367.5亿元，同比增长17.37%；利税总额211.9亿元，同比增长13.68%；应交税金总额165.8亿元，同比增长4.61%；全员劳动生产率18.5万元/人·年，同比增长8.19%；净资产收益率3.98%，同比增加0.23个百分点；总资产报酬率3.19%，同比增加0.09个百分点；国有资本保值增值率105.16%，同比减少1.09个百分点。

2015年中国航空工业集团公司主要经济指标

项　目	2014年	2015年	比上年增长（%）
资产总额（亿元）	7959.20	9338.70	17.33
所有者权益（亿元）	2688.50	3101.60	15.37
营业收入（亿元）	3852.90	3827.70	—0.65
利润总额（亿元）	141.30	173.80	23.00
净利润（亿元）	93.10	115.30	23.85
归属于母公司所有者的净利润（亿元）	45.3	55.5	22.52
技术开发投入（亿元）	313.10	367.50	17.37
利税总额（亿元）	186.40	211.90	13.68
应交税金总额（亿元）	158.50	165.80	4.61
全员劳动生产率（万元/人·年）	17.10	18.5	8.19
净资产收益率（%）	3.75	3.98	增加0.23个百分点
总资产报酬率（%）	3.10	3.19	增加0.09个百分点
国有资本保值增值（%）	106.25	105.16	减少1.09个百分点

【改革发展】 加强顶层设计，开展"十三五"发展规划编制工作。坚定推进市场化改革，着力建设现代企业制度。中航工业深化改革工作领导小组多次召开会议，学习中央精神和改革文件，研究谋划改革事项，下发多个党组文件，统筹推动市场化改革各项工作，努力从传统国企向现代公司转变。高度重视发挥人力资本的作用，对市场化程度高、法人治理结构完善的直属单位，授权董事会确定管理层年薪，逐步与市场接轨。积极推进资本化运作，通过资本市场融资109亿元，实施10项重组项目，注入上市公司资产净值合计62亿元。积极响应国家号召，投入资金19.89亿元，对所属17家上市公司股票进行增持，为稳定资本市场作出贡献。认真落实"提质增效稳增长"要求，采取有力措施，实施目标责任制，加强考核指标季度分析和过程监控，实行"约谈制"，促进任务完成。

【重大项目】 2015年，航空军品业务按计划推进，固定翼飞机、直升机、无人机等项目研制进展顺利。

民用航空产业取得新进展。"新舟"700顺利签订185架订单；"新舟"60新增订单15架，实现结转交付5架；"新舟"60人工增雨机取得补充型号合格证，"新舟”60海监机完成合格审定试飞。C919项目总装下线，开展首飞机改装方案，静力试验机机头、机身各大部件等交付工作进展顺利。扎实开展ARJ21—700项目部件预投产，有力保障ARJ21飞机正式交付客户；积极参与宽体客机项目的论证和预研工作。CJ—1000AX发动机验证机即将转入详细设计阶段。AC311A直升机国内取证按计划进行，AC322、AC312C直升机启动研制，AC312A直升机获得6架订单。“蛟龙”600完成全机数模发放；Y—12F取得中国民航型号合格证；Y—12E获得俄罗斯型号认可证并签署15架销售合同。并购的美国西锐公司全年交付飞机300余架，实现第6000架飞机的交付。

非航空产业加快发展。发挥科研和科技成果优势，大力推进石墨烯材料研究和产业化。汽车零部件、显示屏、集成电路板、电线电缆、锂离子动力电池等业务增长迅速，机器人、“爱维客”客车等新兴项目加速推进。GT7000舰用燃机完成样机鉴定，QC400舰用燃机实现整机全负荷状态稳定运行，QD128中海油伊拉克项目机组完成1万小时商业化示范运行。

【走向海外】 继续推进与国外合作伙伴的战略合作，与赛峰、霍尼韦尔、科林斯、泰雷兹召开战略委员会年度会议，并与UTC、庞巴迪、空客、波音等主要合作伙伴进行洽谈。参与政府/军方对法、俄、乌、意、英等多种合作机制的高层活动，为深化对外合作提供有力的支持。在中法两国最高元首见证下，与法国赛峰集团莫弗公司签署生物识别合资公司股东协议；在中法两国总理见证下，与法国飞鲸公司签署重载飞艇项目合作框架协议。民机出口业务配合国家“一带一路”战略，发挥在非洲、东南亚等区域的优势，促进“空中坦赞铁路”“南太空中走廊”“亚洲空中丝绸之路”等重点项目落地，推动民机营销网络、产品交付与保障体系的建设。2015年，累计转场交付2架MA60飞机，新签2架Y—12飞机。国际贸易业务深耕东非传统市场和俄罗斯、土耳其等国家市场，成果丰硕，其中石化EPC项目生效合同金额152亿元人民币，化肥项目生效合同金额6.6亿美元。转包生产业务实现进出口额超过7.5亿美元，航空座椅首次实现为波音公司配套，国际合作层级进一步提升。通航动力业务完成管理和组织架构调整，推动美国、德国发动机业务融合，促进我国与欧美的协同发展。

【重大创新】 认真落实国家“双创”战略，紧紧围绕建设航空工业强国的战略目标，大力推进自主创新。在国家投入的基础上，自筹资金抓好基础性、前沿性、支撑性技术创新预研，提前突破关键技术，为国家立项节约时间，推进新型武器装备创新探索过程。通过军民融合创新，新舟飞机、通用飞机、民用直升机、中国商飞项目等取得重大进展。大力发展智能制造、石墨烯项目、机器人产业等，不断推进航空技术应用转化和相关产业快速发展。积极推动落实国家供给侧结构性改革，抓住新一轮大众消费升级机遇，大力发展“爱飞客”“爱游客”“爱创客”“爱馨客”和“航空大世界”等创意经济项目，探索新业态、孵化新市场、培育新动能，推动企业由生产型向生产服务型转型。组织开展“科技月”活动，鼓励全集团力量参与创新活动，营造“双创”氛围。稳步推进创新体系建设，加大产学研协同创新工程实施力度，完成“空中安全体系创新中心”筹建。建立开放式的研发体系，与中国科技大学签署战略合作协议，共建量子技术研究中心。2015年，获得国家科技进步奖二等奖3项，国防科技奖82项；获得第十五届中国经济论坛“2015中国原创技术奖”；申请专利8364项，其中发明专利5616项，比上年增长60%；开展“专利工程”（二期）验收工作，以建立直升机专利联盟为试点，探索专利联盟工作。全年完成条件建设验收115项，极大促进型号研制生产。

【重大事项】 2015年，中央决定开展盛大的“中国人民抗日战争暨世界反法西斯战争胜利70周年”阅兵活动，中航工业按照中央部署，周密计划、精心组织开展受阅航空武器装备保障工作。针对航空武器装备生产管理和服务保障工作特点，建立组织严密、上下联动、责任明确的装备保障工作体系，组建服务保障联队，数十家单位数千人参与保障工作，为参阅装备训练和受阅提供强大的技术和资源保障。经过艰苦努力，圆满完成阅兵保障任务，所有空中梯队和1个地面方队的20余型装备近200架飞机安全无误地通过天安门广场，集中展示国产航空武器装备建设新成就，彰显中央实施改革强军战略的新气象。

2015年，在中央对中央企业开展的第二批专项巡视工作中，中航工业党组坚决落实中央部署，全力配合中央巡视组开展专项巡视，严查快办巡视交办任务。针对中央巡视组分批移交的问题线索，组织专门力量调查，对查实的问题严肃处理，对反映出的管理问题建章立制、立行立改。针对中央巡视组反馈的意见，中航工业深入查找原因，制定详细的整改方案，形成五大类、30大项共计112条整改措施，明确时限，落实责任，狠抓整改。建立党组成员巡视整改联系点，党组成员深入一线联系党建、督促整改。以接受中央巡视为契机，认真落实“两个责任”，大力加强管党治党，强化对所属单位的巡视检查，严肃处理查处违纪违规问题；召开全集团从严治党警示教育大会，通报典型违规违纪案件，剖析原因，强化警示。通过专项巡视，极大促进了中航工业党的建设，为企业发展提供更强有力的政治保障。

2015年，国家审计署驻重庆特派办对中航工业开展经营者任期经济责任审计。中航工业全力配合，完成集团总部的审计和集团所属单位有关资料的收集分析工作，协调相关成员单位完成现场审计和后期沟通工作，认真配合审计署出具资产证券化等管理报告工作。对审计发现的问题，集团党组高度重视，研究制定切实可行的整改措施，重点对存货、应收账款、长期投资、高风险业务管理等问题进行排查，落实责任，狠抓整改，形成以整改促管理的良性循环。

【党建工作】 深入学习贯彻党的十八大，十八届三中、四中、五中全会和习近平总书记系列重要讲话精神，坚决维护中央权威，自觉落实中央各项部署，始终与党中央保持高度一致。认真学习《中国共产党章程》《廉洁自律准则》《纪律处分条例》《中国共产党党组工作条例(试行)》等重要文件，进一步强化党性观念和党员意识。扎实开展“三严三实”专题教育，严格抓好专题教育每个环节，高标准召开专题民主生活会，高质量完成专题教育任务。集团党组班子率先垂范，扎实抓好学习研究、问题查摆、原因剖析等工作，发挥示范带动作用。在全国发展党员工作座谈会上，中航工业作为唯一的央企代表做了经验介绍。

【信息化建设】 强化未来五年信息化发展的顶层架构设计，编制完成《中航工业信息化“十三五”规划》；开展复杂系统工程与数字化制造能力建设工程、“‘互联网+’重大工程项目”等论证工作，参与申报工业软件开发和应用国家级制造业创新中心。开展统一IT架构总体要求V1.0的升版工作，发布《复杂组织体架构建模规范V1.0(试行稿)》，推进集团总部、信息技术中心、通飞公司、成飞公司等单位的架构方法实践。大力推进集团架构能力体系建设，举办多层级架构师培训。承办The Open Group组织2015年无边界信息流大会，创建中航工业复杂组织体架构微信公众号(AVIC-EA)。在集团30多家单位全面开展系统工程项目试点，系统工程信息化工具平台在多个重点型号研发中应用。多项目并行协同数字化平台建设项目按期通过国防科工局验收，并在型号研制、全局管控以及业务管理中发挥重要作用。按照工信部部署，推动23家工信部两化融合管理体系贯标试点单位的贯标认定工作，中航工业荣获“2015年中国两化融合推进工作突出贡献单位奖”，成飞公司荣获“2015年中国两化融合最佳实践单位”。

【履行社会责任】 强化社会责任理念，加强社会责任管理，积极承担中央企业的社会责任。开展中航工业公益基金会可行性研究项目并形成可研报告，全面分析全集团公益现状和未来规划。连续五年发布《中国航空工业集团公司社会责任报告》，达到国资委、社科院颁布的《中国企业社会责任研究报告》四星半级水平，处于领先者阶段。连续两届冠名由团中央主办的“第十四届挑战杯全国大学生课外学术科技作品竞赛”，持续提升在全国高校中的品牌影响力。连续四届亮相中国公益慈善项目交流展示会，得到国资委的充分肯定与公众的认可。继续开展贵州、陕西两个省5个县的国家定点扶贫工作，促进当地社会和谐，提升中航工业品牌影响力。

(撰稿人：董晓飞)

中国船舶工业集团公司

【基本概况】 中国船舶工业集团公司(以下简称“中船集团”)组建于1999年7月1日，是在原中国船舶工业总公司所属部门企事业单位基础上组建的中央直属特大型国有企业，是国家授权投资机构，由中央直接管理。

截至2015年底，中船集团拥有近50家下属单位，分布在北京、上海、广东、江苏、江西、安徽、广西、香港特区等地，拥有中国船舶工业股份有限公司、中船海洋与防务装备股份有限公司、中船钢构工程股份有限公司3家上市公司，现有员工7万人，年用工总量逾17万人。中船集团公司在中国香港及美国、俄罗斯、泰国等8个国家和地区设有驻外机构。

中船集团公司旗下聚集一批实力雄厚的造修船企业和船舶配套企业，包括江南造船(集团)有限责任公司、沪东中华(造船)集团有限公司、上海外高桥造船有限公司、上海江南长兴造船有限公司、广船国际股份有限公司、广州中船黄埔文冲船舶有限公司等，还拥有中国船舶及海洋工程设计研究院、上海船舶研究设计院、广州船舶与海洋工程设计研究院3家船舶研究设计机构，以及中船第九设计研究院工程有限公司等知名工程咨询、设计、总包单位。

通过转型发展，中船集团在业务上形成以军工为主线，贯穿船舶造修、海洋工程、动力装备、机电设备、信息与控制、生产性现代服务业六大产业板块协调发展的产业格局，在海洋安全装备、海洋科考装备、海洋运输装备和海洋资源开发四大领域拥有雄厚实力。中船集团能够设计、建造符合世界上任何一家船级社规范、满足国际通用技术标准和安全公约要求、适航于任一海区的现代船舶，以及具有国际先进水平的大型海洋工程装备产品，产品种类从普通油船、散货船到具有当代国际先进水平的超大型油船(VLCC)、液化天然气(LNG)船、大型集装箱船、液化石油气(LPG)船、液化乙烯(LEG)运输船、自卸船、化学品船、客滚船及超深水半潜式钻井平台、自升式钻井平台、大型海上浮式生产储油船(FPSO)、多缆物探船、深水工程勘察船、大型半潜船等，形成多品种、多档次的产品系列，产品出口到150多个国家和地区。

【主要指标】 2015年，中船集团面对错综复杂的国内外经济环境和震荡下行的行业市场，坚持稳中求进，深化改革创新，牢牢掌握经济运行主动权，产业产品结构深度优化，规模经济效益大幅上扬，公司治理体系不断健全，现代企业制度日趋完善，多点攻坚能力全面提升，全面实现“十二五”任务目标。全年实现营业收入1900亿元，同比增长37.5%，较“十一五”末增长111%，创历史新高；实现利润36.7亿元，同比增长54.4%，圆满完成“保增长”任务目标；造船市场份额稳居国内首位，造船完工首次超过486万修正总吨，同比增长25%，高端产品占比首次跨过50%大关。

【改革发展】 2015年，中船集团强化创新驱动和管理提升，加快实施多元发展和产融结合，造船主业有效升级、迈向高端，现代服务业格局明晰、增长稳定，非船装备业瞄准需求、特色鲜明，科技创新产业厚积薄发、前景光明。2015年，中船集团深度优化业务结构，努力实现多元产业有效联动，在做强做优船舶主业的基础上，现代服务业总量效益稳步增长，国际贸易、物流仓储、金融服务、工程总包齐头并进，全年实现业务收入1100亿元，较“十一五”末增长8倍，实现利润同比大增；非船装备业逐步形成特色，盾构机、钢结构、医疗器械、陆用环保产品、光伏风电装备形成品牌，市场影响力不断增强。

2015年，中船集团深化改革稳步实施。深入领会中央要求和部署，加快完善现代企业制度，在国务院国资委统一部署下，集团公司董事会正式成立，外部董事正式履职，董事会基本制度完成制定，第一届董事会第一次会议顺利召开。稳妥推动企业搬迁重组，积极发展混合所有制经济，以制度创新持续增强企业活力。改革工作稳步推进。认真学习贯彻《关于深化国有企业改革的指导意见》以及相关配套政策，加强研究，积极谋划集团公司全面深化改革总体实施方案。改革集中采购管理模式，强化集中采购顶层设计，修订集中采购管理制度，改进供应商管理、实施阳光采购。改革固定资产投资招标管理。

【重大项目】 2015年，伴随国际船市深度调整，中船集团加强前瞻预判和重大项目战略谋划，加大重点项目科研投入。重大项目方面，一是不断优化上市公司业务结构，将华南军工资产成功注入中船防务，启动中船钢构资产重组，利用资本市场促进企业发展；处置土地资产，盘活存量资产，实现资产效益挖掘。二是大力推进长三角、珠三角及广西北部湾地区资源优化配置，统筹安排广船搬迁、动力研究院瓦锡兰中速机生产、沪东重机低速机业务搬迁等项目股权投资和固定资产投资，着力打造北京海洋装备创新园、南京海洋装备机电产业园、九江机电设备产业园、无锡海洋探测技术产业园等重点产业园区，整体布局结构更趋优化。重大科研投入方面，造船皇冠上的两颗明珠——7万总吨自主知识产权豪华邮轮完成方案设计，自主设计大型LNG船实现批量建造；FDPSO、半潜式生产平台、LNG海工装备、新型极地自破冰科考船、万车级汽车滚装船、超大型乙烯运输船、3.88万吨智能示范船等高端产品研制工作基本完成。小缸径低速机、大缸径中速机、舰用高速机、双燃料中速机和气体中速机等一批自主品牌动力装备研发经营多点突破。

【走向海外】 2015年，中船集团强化战略互融与需求共鸣，积极融入地方经济发展，加快"走出去"步伐，与地方政府、跨国集团、行业企业、科研院所开展多领域、多层次合作。在中英两国领导人的见证下，中船集团与中投、嘉年华签署合作协议，为突破豪华邮轮自主研制迈出里程碑式的重要步伐；进一步强化与瓦锡兰、MDT、MTU、西门子、TTS、卡特彼勒等跨国公司的深度合作，快速提升核心技术研发能力；巩固与中国远洋海运、中外运、招商局、中海油等行业企业及中科院、哈工程等科研院校的紧密合作，实现多方共举、协同发展的良性互促。

【重大创新】 2015年，中船集团不断完善创新体系，强化产品研发，引领产业发展。一是一批新产品研发取得突破。三大主力船型全面升级换代，推出30余型绿色节能环保船型，大部分船型EEDI指数低于基线值20%以上，并提前完成协调共同结构规范（HCSR）要求下的设计更新。20000TEU集装箱船研发成功，新一代40万吨VLOC等高新船型持续受到市场青睐，小缸径低速柴油机和大缸径中速柴油机等船用配套产品完成研发并投入市场。二是战略性产品和前瞻性技术研发稳步推进。高端型、经济型2型7万总吨级自主知识产权豪华邮轮、3.88万吨智能示范船、半潜式生产平台、LNG－FSRU、LNG－FPSO、新型极地自破冰科考船、10000车级超大型汽车滚装船、超大型乙烷运输船（VLEC）等船型研发取得积极进展。双燃料中速机、气体中速机以及高压共轨系统、电控系统等一批自主品牌动力装备研发取得突破。一批前瞻性技术研发取得积极成果，LNG－FPSO深海系泊分析及设计技术、海上天然气预处理、FDPSO突破油气处理系统设计技术等关键技术、钻井系统集成技术等关键技术取得突破。三是科技成果和知识产权工作有新进展。全年获得国家科技进步奖一等奖1项、国防科学技术奖11项。集团公司科学技术奖获奖项目62项，同比增长19%。全年专利申请量1731件，其中发明专利申请量908件，同比分别增长56%和81%；专利授权量878件，其中发明专利授权量127件，同比分别增长49%和21%。

【党建工作】 2015年，中船集团深入学习领会党的十八大，十八届三中、四中、五中全会和习近平总书记系列重要讲话精神，不断加强思想政治建设和作风建设，认真贯彻《中国共产党党组工作条例（试行）》和《深化国企改革指导意见》，按照中央"四个全面"战略布局，特别是"全面从严治党"的要求，扎实开展"三严三实"专题教育和党的群众路线教育实践活动，不断加强各级党组织建设，"四个作用"进一步增强，党建工作取得新成效。2015年，中船集团扎实展开党风廉政和反腐倡廉工作，全面落实"两个责任"和"一岗双责"，始终把纪律和规矩挺在前面，深入开展巡视整改，全面制定修订物资采购、投资管理、选人用人等敏感领域规章制度，全力打造"阳光央企""法治央企"。持续加强人才队伍建设，不断加大对政治过硬、专业扎实、经验丰富的年轻干部的选拔任用；通过内部选拔培养、外部高端引智等方式，推动科技领军队伍不断壮大；进一步深化高技能人才培训、遴选，一大批技术能手脱颖而出，为集团公司发展提供有效支撑和保障。

（撰稿人：王光睿）

中国船舶重工集团公司

【基本概况】 中国船舶重工集团公司（以下简称"中船重工"）是我国海军装备科研生产的主体力量，承担着航母、核潜艇、常规潜艇、水面舰艇、水中兵器等研究、设计、生产、试验、保障任务；是我国船舶工业的国家队、主力军，民用船舶和海洋工程形成国际化、大型化、批量化、系列化、专业化，主流船型建造周期达到或接近国际先进水平，在甲板机械、舱室设备等配套领域居行业领先地位；坚持适度相关多元发展，在动力与机电装备、战略新兴产业等领域形成一批知名品牌和优势产品。拥有资产4300亿元，员工16万人，连续第五年进入《财富》世界500强，位列全球造船企业前三甲。

2015年，中船重工认真贯彻落实中央路线方针政策，按照“四个全面”战略布局要求，深入认识、主动适应并努力引领经济新常态，确定抓党建从工作出发、抓工作从党建入手的集团公司党建工作总要求，确立建设军民融合、技术领先、产融一体的创新型领军企业新的战略发展目标，明确集团公司总部战略与财务管控的职能定位，规划海洋装备（含防务与海工）、动力装备、电子信息与智能装备、机电装备、水下攻防装备、环境工程、新能源、新材料、医疗健康产业和生产性现代服务业10个军民融合产业发展方向，综合推进技术创新、组织创新、商业模式创新和体制机制创新，着力建设态度明朗、心胸开朗、作风硬朗的“三朗”干部队伍，制定强化研发、经营接单、资金营运、财务管理、资本运作、物资采购、人才建设等一系列工作原则，指导、促进改革发展，加强经济运行管控，狠抓经营生产和质量安全，总体实力显著提升。

军民融合发展取得显著成效。牢记保军首责，精心组织科研生产，全面完成军工科研生产任务。民品业务结构持续优化，民品营业收入同比增长14.9%。制定实施“不承接边际利润小于零或现金流为负订单”的底线原则，新接高附加值船舶订单增多，年末手持民船订单每修正总吨均价同比提高4.34%；VLCC、阿芙拉型成品油船等品牌船型和绿色环保优势船型提升市场竞争力，首次承接2艘20000箱集装箱船、5艘85000立方米超大型乙烷乙烯运输船等，民船占集团公司营业收入的比重调整为24.1%。大力发展非船产业，非船占集团公司营业收入的比重达到57%；加快发展新能源等战略性新兴产业，风电产业营业收入同比增长49.6%，5MW海上风电机组批量接单，风电整机新签合同金额100亿元，同比增长37%，拉动内部产业链产值160亿元。

【主要指标】 2015年，中船重工实现营业收入2263.2亿元，同比增长12.2%；经济增加值391.5亿元，同比增长16.97%；利润总额105.5亿元，是计划目标的1.44倍。承接合同金额2717亿元，同比增长10.8%；手持合同金额2150亿元，同比增长16.1%。

2015年中国船舶重工集团公司
主要经济指标

项　目	2014年	2015年	比上年增长（%）
资产总额（亿元）	4121.10	4430.50	7.51
所有者权益（亿元）	1423.50	1543.30	8.42
营业收入（亿元）	2017.20	2263.20	12.20
利润总额（亿元）	103.70	105.50	1.74
净利润（亿元）	83.00	67.70	—18.43
归属于母公司所有者的净利润（亿元）	67.00	82.20	22.69
技术开发投入（亿元）	170.60	195.50	14.60
利税总额（亿元）	158.90	172.20	8.37
应交税金总额（亿元）	69.00	60.70	—12.03
全员劳动生产率（万元/人·年）	17.00	14.43	—15.12
净资产收益率（%）（含少数股东权益）	6.33	4.56	减少1.77个百分点
总资产报酬率（%）	3.51	3.18	减少0.33个百分点
国有资本保值增值率（%）	110.27	108.98	减少1.29个百分点

注：归属于母公司所有者的净利润含投资收益。

【改革发展】 建设规范董事会。4名外部董事由国务院国资委聘任到位，集团公司进入规范建设中国特色现代企业制度的新阶段。党组发挥领导核心作用，董事会、监事会、经理层依法依规按程序履职运行的管理体制和运行机制正在形成。

改革调整集团公司管控模式。确立集团公司总部战略与财务管控的职能定位，总部主要负责战略引领、资源统筹、产业协同、大项目协调、风险管控和绩效监控，成员单位是自主经营、自负盈亏、自担风险、自我约束、自我发展的市场竞争主体。总部设置领导岗和业务岗两条通道，为员工提供职业发展多元路径；将企业分为一类、二类，根据业绩与发展状况实施动态调整，进一步增强集团公司管控能力和市场竞争力。

深化产融一体发展。扎实推进专业化整合上市，确定宜大则大、宜小则小、“主”“创”适配、内外咸宜的资产证券化市场战略，以风帆股份为动力资产运作平台，注入涉及5家军工科研院所的七大类动力业务资产，中国重工的动力类资产注入其中，打造全球技术门类最全、国内最大的动力装备上市公司，资产重组方案获得中国证监会受理。清洁能源、水中装备、军贸物流等业务专业化整合、谋求上市融资发展积极推进。创新拓展融资方式，设立中船资本控股有限公司等4户类金融公司、增资中船重工财务有限公司，总投资88.5亿元；发起设立军民融合产业发展基金，首期规模100亿元；积极探索各类低成本债券融资、拓宽市场直接融资渠道，公司债券融资注册200亿元，首发80亿元通过初审，金融服务产业功能建设正在增强。

加强资金、保险和大宗物资采购“三集中”管理。建立集团公司“资金池”，资金集中度达到99.6%以上。实行总对总、分对分的资金筹集办法，与建设银行、工商银行、中信银行等金融机构落实授信额度2000多亿元，集团公司有息负债利息同比下降25.24%。推进财务公司成立保险经纪公司，加强保险集中。大宗物资集中采购工作全面启动，集中采购合同陆续签订。

加强干部和人才队伍建设。落实中央选人用人规范要求，制定、修订《企事业单位领导人员管理办法》等13项干部、人才工作制度。拓宽选人用人视野，“聚焦70后，关注80后，用好50、60后”，持续优化领导班子结构。完善领导干部交流机制，交流任职走向常态化。强化干部培训，提高成员单位主要领导管理能力。专业技术和技能人才队伍建设取得硕果，成功推荐1人担任国际标准化组织船舶与海洋技术委员会主席，一批高层次专家分别获得“国防科技工业杰出人才奖”“2015年度国防科技工业十大创新人物”“何梁何利奖”等荣誉。

【重大项目】 全面启动收购重组大连STX工作，并研究推进优化集团公司在大连地区船舶产业布局。

一批重大装备项目扎实推进，三峡升船机完成首次过船试验；港珠澳大桥主桥3000吨钢塔整体吊装到位，创造世界跨海大桥吊装单体钢塔尺寸和规模的新纪录。

【重大创新】 技术创新体系进一步完善。集团公司首个国家重点实验室深海载人装备国家重点实验室获批，与青岛海洋科学与技术国家实验室联合成立海洋装备技术等三个联合实验室，企业级三维技术应用实验室挂牌成立，技术创新体系不断完善。

一批重大科研项目进展顺利。海洋核动力平台关键技术研究进展顺利；3000米深水钻井船和深远海多功能工程船完成设计；大功率中速气体机开始整机装配，智能型高速柴油机通过中国船级社型式认可；金属直接烧结快速成型技术首台样机研制成功，取得3D打印技术重大突破。4500米载人潜水器完成本体设计和全自主钛合金耐压球壳研制；极低频探地工程进入联调试验阶段；船用风帆技术示范应用取得重大进展。

一批新产品研制成功并陆续推向市场。3000米水下机器人支持船（RSV）首获订单。新型智能环保主机W6X72、6G80ME—C等批量接单。具有自主知识产权的船舶电力推进系统核心技术实现突破。大型货油透平驱动系统研制成功并实现接单。多波束海洋环境测深仪填补国内空白。

【党建工作】 落实巡视整改任务。巡视整改方案确定的78项整改任务已完成67项，一些长期整改项目取得阶段性成果。落实“两个责任”和“一岗双责”，制定、修订集团公司党组议事规则等规章制度30项。制定集团公司巡视工作规定，成立集团公司巡视工作机构和4个专职巡视组，对2户企业按新的巡视要求进行巡视和巡视反馈。大力核查处理中央巡视组移交的问题线索，建立集团公司协作办案机制，严肃查处顶风违纪行为。坚决整治选人用人不正之风，严肃查处带病上岗、违规提拔等问题，不敢腐的震慑作用充分发挥。

“三严三实”专题教育深入开展。按照中央统一部署，认真组织开展党的群众路线教育实践活动整改落实情况“回头看”；扎实推进“三严三实”专题教育，深入开展专题党课、专题学习研讨、专题民主生活会和组织生活会等，把开展专题教育与改革发展稳定工作相结合，与落实中央巡视整改任务相结合，以严的精神、实的作风推进各项工作。集团公司行政性、消费性“三公”经费得到较好控制，支出同比下降14%，其中，会议费、公务用车及运行费下降近30%。

【履行社会责任】 加强节能减排工作，2015年万元产值综合能耗同比下降4%，二氧化硫、化学需氧量(COD)排放量均同比下降2%，全面完成节能减排年度目标任务。

加大帮扶力度，在云南勐腊、丘北两县开展定点扶贫工作，2015年直接投入资金316.42万元，并组织勐腊县、丘北县优秀师生代表赴北京参观学习，持续开展“爱心助学活动”。

（撰稿人：黄　芸）

中国兵器工业集团公司

【基本概况】 中国兵器工业集团公司（以下简称“集团公司”）是国家安全和三军装备发展的基础，是陆军装备研制生产的主体，是三军毁伤打击和信息化装备发展的骨干，是国家实施“走出去”战略的支撑，是国家推进军民融合深度发展的主力。集团公司面向陆军、海军、空军、火箭军以及武警等各军兵种，在装甲突击、防空反导、远程压制、精确打击、高效毁伤、信息夜视等六大领域提供战略性、基础性技术装备。在履行好军品科研生产核心使命的同时，集团公司积极推进军工技术民用化、产业化，集中力量打造汽车零部件、工程机械设备、汽车整车及改装车、铁路产品、石油化工、特种化工、民爆、资源开发、材料加工、光电信息、北斗产业、智能制造、应急产业等先进制造业板块和贸易流通、工程技术管理、金融服务等现代服务业板块。截至2015年底，集团公司资产总额3368.2亿元，人员总量26.2万人，有52家二级单位，主要分布在全国18个省(自治区、直辖市)。

【主要指标】 2015年实现利润119.60亿元，同比增长10.11%；实现经济增加值81.87亿元，同比增长8.25%；实现全员劳动生产率20.03万元/人·年，同比增长7.4%。

2015年中国兵器工业集团公司主要经济指标

项　目	2014年	2015年	比上年增长(%)
资产总额(亿元)	3261.45	3368.20	3.27
所有者权益(亿元)	1305.86	1310.41	0.35
主营业务收入(亿元)	4001.60	3831.27	−4.26
利润总额(亿元)	108.62	119.60	10.11
净利润(亿元)	89.46	93.97	5.04
归属于母公司所有者的净利润(亿元)	44.82	50.47	12.61
技术开发投入(亿元)	105.17	110.40	4.97
利税总额(亿元)	187.92	194.17	3.33
应交税金总额(亿元)	98.45	100.20	1.78
全员劳动生产率(万元/人·年)	18.65	20.03	7.40
净资产收益率(%)	7.23	7.54	增加0.31个百分点
总资产报酬率(%)	4.81	4.96	增加0.15个百分点
国有资本保值增值率(%)	105.50	107.10	增加1.6个百分点

【改革发展】 2015年，集团公司认真贯彻党中央、国务院、中央军委决策部署，大力抓创新、着力推改革、主动转方式、积极调结构，深入推进全价值链体系化精益管理战略，面对经济下行压力加大、军品生产交付任务繁重等困难和挑战，集团公司迎难而上、实干担当，精益管理水平不断提升，发展质量和效益持续改善，圆满完成“稳增长”、军品科研生产和党建工作各项任务，超额实现预算目标。圆满完成“9·3”阅兵27个地面方队中11个方队201台装备的保障任务，荣获“阅兵保障贡献突出奖”。连续11年获得国务院国资委A级业绩考核，位列美国《财富》杂志世界500强企业第144位，在上榜的中国企业中排名第25位。

2015年，集团公司顺利实施总部机构精简和强化职能的改革，撤消2个部门，精简17个处室，职能分工和管理界面更加清晰。积极推进军品科研体系优化调整，组建成立军贸技术研究院、先进战斗部研发中心等专业化科研单元，进一步优化军品科研组织格局。重点单位“一企一策”改革初见成效，华锦集团实现大幅扭亏转盈。黑龙江5家企业全面完成“三供一业”移交，河南、湖南、重庆等地企业分离移交工作进展顺利。物资集团、北重集团等单位所属混合所有制企业试行骨干员工持股。东北工业集团等单位开展选聘职业经理人试点。积极推进市场化选人用人，9个子集团和直管单位的总经理、副总经理、总会计师岗位面向全社会进行公开招聘。新增千人计划专家2名，累计引进“千人计划”专家49名，位居央企第一。

【重大项目】 2015年，集团公司积极推动兵器装备体系顶层设计、坦克装甲车辆、火炮、智能化弹药、高能常规毁伤五大领域军工核心能力建设，同时下大力气加快军民融合产业转型升级，西安产业园获得工信部授予的“国家新型工业化军民结合示范基地”称号。作为承担国家北斗地基增强系统研制建设总体任务单位，集团公司大力发展北斗产业，中兵北斗产业投资公司、千寻位置网络有限公司组建运行，“全国一张网”建设稳步开展，签署中俄跨境运输车辆北斗/格洛纳斯联合应用项目协议。着力推进优质军民品资产重组上市，北方国际、凌云股份、光电股份3家上市公司完成再融资32亿元，一机集团宏远电器、夜视集团奥雷德2家企业成功登陆新三板。坚持“多方合作，互利共赢”的原则，广泛开展与政府、企业、学校以及国内外相关行业的交流与合作，推进企校协同创新与国际科技合作平台建设。2015年，集团公司分别与上海市、山西省、陕西省、广西壮族自治区、福建省龙岩市等省（市、自治区）政府和新华社、中国船舶工业集团公司等有关企业签署战略合作框架协议或重点项目合作协议。

【走向海外】 集团公司紧紧围绕国家政治经济外交军事大局，积极开展军品外贸、战略资源、国际工程、产品出口及技术引进等国际化经营业务，推动我国国防科技工业“走出去”，助力“一带一路”战略实施和军民融合深度发展。2015年，集团公司成功投资老挝南湃水电站BOT项目；在习近平主席与巴基斯坦谢里夫总理共同见证下，成功签约巴基斯坦拉合尔轨道交通橙线项目，这是“一带一路”战略框架下中巴经济走廊具有示范意义的首个基础设施签约项目。同时，集团公司以汽车零部件产业领域为突破口，大力推动对海外优质企业的并购工作，东北工业集团收购德尔福汽车天线接收系统业务、凌云集团收购瓦尔特沙夫汽车公司（WAG）。集团公司海外资产达到764亿元，全年实现收入1311亿元、利润48亿元、所有者权益191.7亿元；民品出口交货值65.09亿元，同比增长9.4%；石油业务实现贸易4712万吨，同比增长86.9%，累计完成原油进口724.7万吨；实现海外铜金属产量46131吨，铜金属贸易量25.7万吨，钴金属贸易量7015吨；实现海外投资营业收入64亿元。

【重大创新】 集团公司不断完善军民融合科技创新体系建设，依托专业研究院所和企业研发基地，构建科技创新平台体系，其中包含2个企业国家重点实验室、11个国家企业技术中心、6个国家技术创新示范企业、7个国防科技重点实验室、2个国家技术转移示范机构、3个国家（地方联合）工程研究中心（工程实验室）、1个国家国际科技合作基地、3个国防先进制造技术研究应用中心、3个国家工业产品质量控制和技术评价实验室、3个国家产品质量监督检验中心、40个省级企业技术中心、30个集团公司重点实验室和重点民品开发中心以及8家集团公司先进制造技术研究应用中心。

2015年，集团公司获得国家科学技术进步二等奖1项；参与获得国家科技进步一等奖1项、二等奖4项；获得国防科技进步奖59项（其中，一等奖5项、二等奖22项、三等奖32项），国防技术发明奖2项（其中，二等奖1项、三等奖1项），国防科技创新团队奖1项；参与获得国防科技进步奖6项（其中，特等奖2项、一等奖1项、二等奖1项、三等奖2项）。获得其他省部级科技奖24项。全年申报专利3898件，同比增长11%；取得专利授权2448件，同比增长17%。截至2015年底，累计有效专利8196件，同比增长38%。

【党建工作】 2015年，集团公司深入开展“三严三实”专题教育，结合集团公司实际开展“倡导科学精神，树立严谨、踏实、认真的好作风”的专题研讨，注重传承红色基因对党绝对忠诚，坚持问题导向，狠抓整改落实，以上率下、上下联动，严字当头、实处着力，取得实实在在的成效。全力配合中央专项巡视工作，完成专项巡视整改这一重大政治任务，靠实领导责任，狠抓整改落实，剑指问题开展违规配备公务用车、投资建设领域招投标不规范、领导人员特定关系人可能侵害企业利益的经济业务往来行为、资金管理不规范4个专项整治，巡视反馈的43个具体问题全部整改到位。“讲好兵器故事”呈现新亮点，充分发挥老领导、老专家、老模范在传承兵器“红色基因”中的独特优势，开展祝榆生先进事迹、“9·3”阅兵和赴俄罗斯国际军事比赛装备保障、“大国工匠”等专题宣传，出版发行《兵工人的抗战故事》《我所经历的兵器改革发展故事》，拍摄“军工记忆之抗战硝烟”等纪录片，新增3家国防科技工业军工文化教育基地，6家单位获得“全国文明单位”称号，14名个人获得全国劳动模范称号。

【信息化建设】 2015年，集团公司着力推进数字化研制能力全面提升。以基础科研重大专项为基础，强化数字化协同研制共性技术研究；完成重点专业领域的协同平台项目建设，为装备制造智能化转型升级、推动“兵器智造”奠定基础。紧密围绕“促进管理提升”，着力提升管理信息化应用效果。集团公司管理数据中心基本建成，数据成为集团公司业务管理的基础支撑；集团公司管理信息系统持续深入应用，人机协同的业务管理模式逐渐形成。在前期完成集团公司信息化水平评价指标体系制定和开展试点评价的基础上，开展集团公司信息化水平评价工作。通过评价，全面反映集团公司信息化建设和应用的现状，为集团公司下一步制定相关政策提供依据。

【履行社会责任】 集团公司高度重视社会责任实践活动，在节能减排、扶贫开发、公益捐赠等方面作出积极的探索与实践。集团公司认真贯彻执行国家节能减排法律法规和国资委工作部署，超额完成国资委下达的2013—2015年任期中央企业节能减排考核目标和“十二五”节能减排目标，未发生重大违规和环保事故，取得较好的经济效益和社会效益。认真做好扶贫开发和社会捐赠工作，积极开展云南省红河县和黑龙江省甘南县定点扶贫工作，全年向两个定点扶贫县投入扶贫资金420万元，开展扶贫项目9个，近4万贫困人口受益。2015年8月，向天津滨海新区“8·12”事故救援工作捐赠价值100万元的净化器、防毒面具等物资，有力支持现场救援工作开展。全年对外捐赠累计1779万元，同比增长28.1%。持续提升社会责任管理能力和水平，《集团公司2014年社会责任报告》连续四年荣获权威机构的五星评级，蝉联“金蜜蜂2015优秀企业社会责任报告·领袖型企业奖”，并首次获得中国企业200强公众透明度奖中的“最佳社会责任报告奖”，包揽国内企业社会责任报告三大奖项。

（撰稿人：王菲菲）

中国兵器装备集团公司

【基本概况】 中国兵器装备集团公司（以下简称“集团公司”）是中央直接管理的国有重要骨干企业，是国防科技工业的核心力量，是我国最具活力的军民结合特大型军工集团之一。2015年，在党中央、国务院、中央军委的坚强领导下，兵器装备集团牢牢把握稳中求进的工作总基调，主动适应经济发展新常态，坚持全面从严治党，狠抓改革调整、突出创新驱动、强化风险防控、落实巡视整改，全面完成年度目标任务，“十二五”规划胜利收官。“十二五”期间，兵器装备集团年营业收入突破4000亿元大关，年利润跨入200亿元级水平，创新动力、发展活力、竞争力和影响力不断增强，世界500强排名提升106位，连续九年获得中央企业负责人经营业绩考核A级。

【主要指标】 2015年，兵器装备集团保持平稳健康发展的良好态势，实现营业收入4404.17亿元，同比增长3.75%；实现利润总额282.44亿元，同比增长66.53%；实现净利润221.72亿元，同比增长79.2%。净资产收益率同比增加7.04个百分点，总资产报酬率同比增加7.99个百分点，投资回报率不断提升。

2015年中国兵器装备集团公司主要经济指标

项　目	2014年	2015年	比上年增长(%)
资产总额(亿元)	3348.61	3918.75	17.03
所有者权益总额(亿元)	1010.78	1241.73	22.85

续表

项 目	2014 年	2015 年	比上年增长(%)
营业收入(亿元)	4244.97	4404.17	3.75
利润总额(亿元)	169.60	282.44	66.53
净利润(亿元)	123.73	221.72	79.20
归属于母公司所有者的净利润(亿元)	-29.29	19.68	167.19
科技投入(亿元)	139.18	158.60	13.95
利税总额(亿元)	464.64	651.24	40.16
应交税金总额(亿元)	322.00	355.63	10.44
全员劳动生产率(万元/人·年)	30.23	36.71	21.44
净资产收益率(%)	12.79	19.83	增加 7.04 个百分点
总资产报酬率(%)	1.31	9.30	增加 7.99 个百分点
国有资本保值增值率(%)	100.10	120.53	增加 20.43 个百分点

【改革发展】 深入贯彻落实深化国有企业改革“1+N”政策体系精神，全面推进深化改革各项工作。

适应国防和军队改革需要，持续深化军工改革。不断加大内部资源整合力度，合并重组两家枪械制造企业，系统提升整体研制水平和能力，推出具有国际先进水平的新一代轻武器；积极推进西南大弹基地和压制火炮资源整合，军品科研生产能力布局进一步优化。积极推进军民军地资源整合，与重庆市共同打造成建制成体系武器装备供给保障基地。

紧紧围绕提高国有资本运营效率，瘦身健体，加快清理退出低效无效资产和过剩产能。推进天威集团破产重整，对输变电产业和新能源产业实施分业管控，天威集团进入破产重整法律程序。推动摩托车产业轻装减负、解危脱困，不断加大重组力度，盘活存量资源。2015 年，8 个“三供一业”分离移交项目获得批复，9 户企业棚户区改造有序推进，剥离企业办社会职能和解决历史遗留问题取得新进展；完成各类低效无效资产清理 15 亿元，清理三级及以下子公司 23 家。

进一步深化三项制度改革。在干部“能上能下”方面，撤除“天花板”，取消初聘年龄限制，打通“隔离墙”，破除学历职称门槛，畅通问责处理、违纪违法免职等 6 种退出渠道，2015 年，党组管理的领导人员新提拔 15 人，退出经营班子 4 人，免职 23 人(含到龄退休 10 人)。在员工“能进能出”方面，优化用工结构，盘活人力资源存量，提高人力资源配置效率，分类指导企业严把进口、畅通出口，全员劳动生产率为 36.71 万元/人·年，同比增长 21.44%；人工成本利润率为 90%，同比增加 10.5 个百分点。在收入“能增能减”方面，强化工效联动，严格以经营性利润、EVA 决定工资总额，不断强化薪酬分配促发展、保增长的作用，2015 年工资总额增幅低于利润总额增幅 49.1 个百分点，职工平均工资增幅低于劳动生产率增幅 8 个百分点。

其他领域改革工作稳步推进。探索推进分类管理，将所属工业企业分为保军企业、盈利民品企业和亏损民品企业三类，制定实施各有侧重的管理和考核评价办法，激发各类企业的活力动力。审慎稳妥发展混合所有制经济，在所属上市公司重庆长安汽车推行中高管持股试点，为下一步推行股权激励和核心员工持股积累一定经验。扎实推进纪检监察改革，规范纪检机构设置和职能定位，加大专职纪委书记配置力度，完成第一批 7 家单位专职纪委书记选拔和配置。

【重大项目】 聚焦主业，优化投资结构，强化资源整合，深化资本运作，以军品、汽车产业为核心，以输变电、装备制造、光电信息、金融服务为重点的“2+4”产业布局进一步完善。

适应国防和军队改革需要，大力推进先进军工体系建设。稳步推进军工核心能力建设，一批重大项目获批立项，涉及的军品领域初步具备成体系、成系统发展能力。圆满完成一系列重大服务保障任务，在纪念中国人民抗日战争暨世界反法西斯战争胜利 70 周年阅兵中，为 10 个徒步方队、27 个地面装备方队、9 个空中装备梯队提供集团公司自主研制的先进装备，受到阅兵联合指挥部表彰；顺利完成“中俄海上联合 2015”“和平使命 2015”等军演任务保障。

持续优化资源配置，大力推进汽车等现代产业体系建设。进一步完善汽车产业链，加快由传统制造业向制造服务业转型发展步伐。稳步推进汽车零部件发展，成都汽车零部件工业园项目进展顺利，落实净用地指标1556亩，落实土地收储补偿款和财政专项资金7.1亿元。积极开展物流业务资源整合，推动长安民生物流股权由所属军品企业长安工业划转至所属汽车板块中国长安，实现长安汽车物流业务在民生物流供应链物流服务平台上的运营和管理。加快推进汽车金融服务平台建设，投资26.4亿元进行股权收购，控股重庆汽车金融有限公司；出资6.25亿元合资设立中汇富通（深圳）有限责任公司，有力拓展汽车后市场。加大输变电产业资源整合力度，保变股份对天威保变（秦皇岛）变压器有限公司增资4.97亿元，持续优化产品结构。

充分利用资本市场，深化产融结合，持续调整优化与产业相适应的资本运作平台。积极推进西仪股份市场化并购，不断提高零部件产业的竞争能力和盈利能力。积极破解摩托车资本市场难题，不断加大重组力度，盘活上市平台，完成建设股份重大资产重组，持续推进中国嘉陵重组工作，推动摩托车产业改革脱困。

【走向海外】 紧抓国家“一带一路”机遇，深化国际合作，加快国际化布局，与俄罗斯技术国家集团等世界知名企业集团签订战略合作协议。汽车产业继续深化与福特、铃木、PSA等的战略合作，长安福特杭州工厂顺利投产，全新福特锐界、金牛座正式下线，长安马自达销量增速居合资乘用车行业第一。深化与美国李尔公司的合资合作，加快汽车零部件板块发展。与汉拿伟世通开展合资合作，推进摩托车产业转型升级。与世界领先的工业机器人供应商库卡机器人集团公司签订战略合作协议，加快高端智能装备产业的培育发展。持续优化海外投资管理，制定形成境外投资及企业监督管理办法，持续推进长安俄罗斯、长安伊朗、保变印度及长安海外研发能力建设项目。

【重大创新】 深入实施创新驱动发展战略，不断加快创新发展步伐。2015年，科技投入占比4.6%，新产品贡献率超过50%。科技创新体系建设持续推进，汽车噪声振动和安全技术国家重点实验室通过建设验收，1家下属企业通过国家级企业技术中心评审，拥有国家级技术中心11个，省级技术中心23个，国家重点实验室、国家工程实验室、国防科技重点实验室各1个，国防先进技术研究应用中心2个。关键技术攻关和基础研究扎实推进，2015年实施关键技术攻关计划26项，总投入1.92亿元，监控在研重点新产品23项，总投入4.32亿元。知识产权管理继续加强，2015年获得专利授权1395件，其中发明专利392件（含国防专利154件，国外专利3件）；拥有有效专利13725件，其中发明专利2017件（含国防专利764件、国外专利19件）；208厂“近红外光吸收玻璃、元件及滤光器”专利获得第十七届中国专利奖优秀奖。持续推进管理创新，“军工集团基于‘双轮驱动’的高管考核激励新机制构建”获得全国企业管理现代化创新成果一等奖、国防科技工业企业管理创新成果一等奖。2015年，获省部级科学技术奖励24项，其中，科学技术进步一等奖2项，参研科学技术进步一等奖1项。

【党建工作】 坚决贯彻落实中央全面从严治党要求，为改革发展提供坚强保障。

健全党建工作的机构和职能，成立集团公司党建工作领导小组，完善党组织参与重大决策的机制。切实落实“两个责任”，建立责任清单，形成责任分解、检查监督、倒查追究的完整链条。加强干部监督管理，强化对企业领导人员履职行为的监督，对重点关注的企业、问题、班子及领导人员实施清单管理。深入开展“三严三实”专题教育，党组成员带头讲党课，全行共开展专题党课400余次、专题学习研讨219次，召开专题民主生活会73场、组织生活会400余场，促进党员干部在思想上、工作上、作风上严起来实起来。严格贯彻落实中央八项规定，驰而不息纠正“四风”，加强两级领导人员履职待遇、业务支出管理，业务招待费用同比下降36%，会议次数同比下降16%。

积极配合中央专项巡视，扎实推进巡视整改工作。专项巡视期间，高度重视、全力支持、积极配合、认真落实，实事求是地汇报工作，客观公正地反映情况，及时全面地上报材料，扎实认真地立行立改。巡视整改期间，坚持问题导向和目标导向相结合，制定114条整改措施，建立堵塞漏洞、解决问题的长效机制，总部新建制度30项、修订制度7项。截至2015年底，两个月内见阶段成效的68条整改措施全部完成，其他整改措施有序推进，巡视组移交的问题线索办结率达到95%。

【信息化建设】 加快信息化建设，深入推进两化融合发展，取得一系列集成应用成果，信息化水平稳步提升。2015年，信息化投资占比0.33%，投资金额9.83亿元，信息化整体评价水平保持中央企业A级行列。信息资源共享平台管控架构进一步完善，建成协同办公、知识产权、项目、质量、风控、标准等21个业务应用管理系统，办公效率和流程追溯性进一步提高。深入推进两化融合创新，轻武器异地协同研制深化应用成效明显；汽车产业智能制造试点示范项目获工信部批准，是全国汽车制造领域唯一试点示范单位，在智能化工厂、智能化产品、智能化新模式、智能化管理、智能化服务等5个方面启动试点。积极推进"互联网+"，加快汽车金融系统建设，实现在线融资申请、信用评级、业务审批和自主还款等功能，并与微信平台对接，全年在线受理贷款33万单，交易规模达到1400亿元，支撑汽车产业快速发展。

【履行社会责任】 积极履行社会责任，不断树立良好企业公民形象。坚持绿色发展，着力构建可持续发展模式，持续推进产业结构调整，健全节能减排管理体系，万元工业总产值综合能耗同比下降5.96%，二氧化硫排放量同比下降0.18%。认真贯彻落实党中央、国务院扶贫开发工作部署，积极推进精准扶贫、精准脱贫，投入定点扶贫资金250万元，选派扶贫挂职干部2名，持续推进产业扶贫、教育扶贫和易地搬迁，为改善云南省泸西县和砚山县贫困落后状况作出积极贡献。积极参与抢险救灾，第一时间派出专业救援分队，运用自主研制的救援装备参与天津港"8·12"爆炸事故救援。持续强化社会责任管理，制定社会责任管理标准；发布年度社会责任报告，被权威机构评为四星半级，系统展示集团公司积极履行经济责任、社会责任、环境责任的良好形象。

（撰稿人：姚雪斐）

中国电子科技集团公司

【基本概况】 中国电子科技集团公司（CETC，以下简称"中国电科"）是由中央直接管理的国有大型骨干企业，主要从事国家重要军民用大型电子信息系统的工程建设，重大装备软件和关键元器件的研制生产。

2015年，中国电科全面贯彻党的十八大和十八届三中、四中、五中全会精神，深入贯彻习近平总书记系列重要讲话精神，忠实履行使命，勇于担当责任，全面深化改革，不断加快国内卓越企业建设步伐。借中央巡视、审计的东风，积极适应新常态，着力稳增长、优结构、强能力、上水平，持续深化思维方式、组织方式、工作方式"三个转变"，深入推进"一二五四三"总体发展思路，全面加强党的建设，深入开展"三严三实"专题教育，紧扣高质量进入世界五百强奋斗目标，围绕提质增效要求，扎实推进改革发展各项工作，圆满完成全年各项任务，实现持续高质高速发展，连续11年获得中央企业经营业绩考核A级，财务绩效评价首次跃居中央企业并列第一、连续六年位居军工集团第一，全面体现使命和担当意识。

【主要指标】 2015年，实现营业收入1659.74亿元，同比增长28.72%；利润163.24亿元，同比增长34.68%，均超额完成目标。

2015年中国电子科技集团公司主要经济指标

项　目	2014年	2015年	比上年增长(%)
资产总额(亿元)	1876.71	2206.59	17.58
净资产(归属于母公司所有者权益)(亿元)	849.72	965.06	13.57
营业收入(亿元)	1289.44	1659.74	28.72
利润总额(亿元)	121.21	163.24	34.68
技术开发投入(本年科技支出合计)(亿元)	220.8	289.72	31.21
全员劳动生产率(万元/人·年)	26.4	29.38	11.29
净资产收益率(%)	10.08	11.43	增加1.35个百分点
总资产报酬率(%)	7.42	8.33	增加0.91个百分点
国有资本保值增值率(%)	111.75	112.05	增加0.3个百分点

【改革发展】 体制机制改革取得实质进展。现代企业制度建设方面，积极探索加强党的领导和完善公司治理统一起来的路径，集团公司董事会正式成立并启动运行，公司章程、党组工作规则、董事会工作规则、总经理工作规则等法人治理结构核心制度完成制定；以母子公司为基本组织形态，分类、分层推进集团公司国有现代企业制度建设；以法人治理为根基，制度化、规范化、程序化的重大决策委托授权体系正在重新构建，“管放结合”战略管控模式逐步完善，合法合规管理机制进一步健全；以军事通信为核心业务的第一个事业部、以军民融合及科技与产业融合发展为特征的电子仪器仪表公司、以国家网络空间安全为使命的网安公司等组建运行，以存量资产统筹经营为主业的平台公司开始筹建，“三层架构、两级经营”主营业务体系布局更趋完善。内部管理能力方面，落实中央巡视组和国家审计署提出的整改要求，加强内控建设，弥补薄弱环节。出台《加强集团公司管控能力建设的若干指导意见》等一系列文件，强化大项目统筹管理，优化管理流程；按照“四重点、一应对、一负面、一综合”基本方法，开展四层架构运行分析，推行周统计、月分析、季评估管理，显著增强经营活动的运行管控；对总部组织机构和职能进行调整，组建经济运行部和重大项目办公室，科研生产经营日常运行调度与管控进一步强化，大市场、大项目、大工程主导能力进一步加强；全面预算管理合理配置预算资源，资金计划和资金监控体系基本建成，资金归集率进一步提高，狠抓关键质量预算指标提升，经济运行质量稳步向好。

加强人才队伍建设。推进中国电科人才队伍建设中长期发展规划和教育培训规划落地。加强总部组织机构和人员队伍建设，围绕总部“司令部”建设，按照建立现代企业制度的要求，深化科研生产运行调度管控和进一步发挥集团主导作用，研究制定集团公司总部组织机构和职能调整改革方案，突出科研生产调度在集团管控中的重要作用，发挥集团公司总部的价值创造作用。成立11个重大项目办公室，积极打造一支有较强市场运作能力的骨干队伍。创新人才工作体制机制，筹建成立中国电科大学。加强薪酬体系建设，构建多元激励协同动力机制。

【重大项目】

1. 重大军工任务方面。

履行服务国防和军队使命责任，全面完成军工科研生产年度任务，一批重大项目落地实施，一系列重大服务保障任务顺利完成。围绕当前国家安全和军队建设急待解决的热点、难点问题，重点加强重大战略性、全局性等纲领问题的战略研究，不断增强集团公司在国家和军队信息化建设的影响力和带动力。圆满完成中国人民解放军首次针对某信息系统体系验证的集成联试，引领军队信息系统建设的重要作用进一步显现；某预警机完成定型并开始批产，全面实现预警机“三步走”发展路线的第二步目标；空间站某综合应用系统等一批重点策划项目获得立项，实现航天系统级大项目等抓总任务的首次突破；长寿命空间行波管首次在卫星系统成功应用；氮化镓大功率器件达到国际先进水平并实现批量生产，解决关键器件国产化瓶颈问题；牵头论证的天地一体化信息网络项目获得国家科技体制改革和创新体系建设领导小组、国家科技教育领导小组充分肯定；大数据支撑下的新型反恐技术装备体系试点建设项目取得成功，为在新疆重点县推广应用奠定坚实基础；圆满完成纪念抗战胜利70周年阅兵、航天重点发射任务等重大活动保障工作；有力支撑自主可控和强基工程等发展战略论证；与海军开展军地一体化保障建设工作取得良好成效。

2. 重大民品项目方面。

建立公共事件常态化应对体系，保障核心单位经济运行维持高速增长；协调督导重庆应指工程建设；完成网络信息安全的战略布局与业务资源整合；重点实施乌镇、北京、海南等地智慧城市工作，并以此为牵引开拓智慧贵阳、智慧长春、智慧吉林、智慧海南（二期）、智慧盐城、智慧成都等智慧城市市场；开辟高法高检、智慧停车、智慧医疗等新的行业信息化市场；加强地企沟通对接，开拓内蒙古、新疆等地光伏产业市场；推动同辉公司LED垂直整合一体化跃升项目开展落实；推动与故宫博物院、敦煌研究院等国家级文物保护单位签订战略合作协议，围绕平安故宫工程、智慧故宫、智慧敦煌，积极布局文物保护产业；哈尔滨市轨道交通2号线项目成功签约、顺利推进，同时开拓福州轨道交通项目并签署战略合作意向协议。

3. 资产经营方面。

瞄准国家战略，加快推动子集团、专业公司的组建和实体化运营，完成网络安全子集团、仪器仪表专业公司、通信业务事业部的组建；推动外延式发展，完成天津力神电池股份有限公司的并购；加快上市公司平台运作和获取，全力推进相关上市公司资产重组、并购和运作，推动与地方国资的重组工作，新增控股上市公司凤凰光学；加快资产经营平台作用发挥，依托下属投资公司联合外部资本推动产业基金的组建，筹划组建资产经营公司，以便开展全集团土地资源统筹开发，提升土地经营效益；深入推进集团公司专项治理和亏损企业清理工作，为集团公司"十三五"轻装发展奠定良好基础；完成集团资产经营信息系统建设，并以此为契机，推进全集团业务载体综合发展能力评价工作，完成集团公司下属企业发展评价报告。

4. 与地方及企业的合作。

与四川省签署战略合作框架协议并参加绵阳科技博览会；与北京、河北、山西、黑龙江、贵州、陕西、甘肃等省市开展高层交流，助推各产业领域合作项目的落地推进。推进与一汽集团、吉利汽车、江淮汽车等企业合作，共谋汽车电子产业布局。进一步深化国际业务交流，与大型跨国企业微软、IBM、思科等单位开展科技交流、战略合作，有效提升产业技术水平和管理水平。

【走向海外】 2015年，实现国际化经营成交总额46亿美元，同比增长50.3%，其中，出口成交22.5亿美元，进口成交15亿美元，海外经营成交8.5亿美元。军品出口方面，成交6.5亿美元，生效额5.0亿美元，出口交货3.0亿美元，出口收汇4.0亿美元。民品出口方面，成交16亿美元，交货14亿美元，收汇13亿美元。国际化经营总收入189.5亿元人民币，同比增长29.6%。2015年，以国家"一带一路"战略为指南，以建设具有国际竞争力的世界一流企业为目标，制定集团公司专项规划，大力推进国家信息化项目在沿线国家的实施，围绕国际市场需求引导技术研发。

结合国际"一带一路"战略积极策划并着力推进沿线国家项目，积极落实伊朗市场综合开发、东非空管一体化、智慧赞比亚、中奥电子科创中心等项目的开展；国际合作迈上新台阶，与微软公司签订合作谅解备忘录，与IBM公司就多个领域深入合作达成一致，与俄技集团确定新的合作方向，与伊朗某军工集团公司签署战略合作备忘录，成功中标国际大科学工程平方公里阵(SKA)天线设计任务，与泰雷兹公司就合资公司新业务拓展、科技创新合作、信息安全资讯业务、以及境外项目合作进行深入交流，与悉尼科技大学建立战略合作，进一步推进与IMEC合作框架下项目的执行，策划与新加坡腾飞集团在海外产业园项目上的合作对接，积极策划落实与英国剑桥、德国西门子、德国弗劳恩霍夫协会的多项合作内容。稳步推进海外光伏工程建设项目实施，积极探索元器件出口模式，持续推进柬埔寨国家信息化建设、埃及内政部网络安全相关项目，大力拓展对俄经贸合作。

【重大创新】 2015年，中国电科积极参与并承担国家重大科技专项任务，在"核高基""载人航天与探月工程""北斗二代""高分辨率对地观测"等国家重大科技专项中承担重要的研制任务并取得突出成效。自主研制的66米、35米大型测控站及车载移动测控站在"探月工程"三期再入返回飞行试验保障中发挥核心作用，集团10所、54所进入"嫦娥三号"任务国家科学技术进步特等奖申报名单。首次以总体身份承担的"北斗二代"卫星有效载荷总体研制任务，首颗试验卫星I1—S于3月30日成功发射，在轨表现良好。高分三号卫星SAR天线完成正样研制并交付载荷总体。"核高基"专项4英寸GaN工艺线基本贯通，初步形成自主设计并制造覆盖Ku波段及以下，具有国际水平的GaN微波功率器件和MMIC系列产品能力；半球谐振陀螺综合指标提高两个数量级，技术水平国际先进；长线列和大面阵红外焦平面组件实现从第二代向第三代的重大跨越；抗辐照高速A/D、D/A转换器、抗辐照多通道同步DDS器件接近国际先进水平；突破毫米波空间行波管高效率、高可靠和长寿命等多项关键技术，解决制约我国毫米波空间行波管国产化的瓶颈问题。"新一代宽带无线移动通信网"专项攻克GaN HEMT材料生长、器件工艺、封装预匹配等关键技术，形成0.5um GaN大功率、高效率工艺平台及

0.35um GaN 超宽带、高线性工艺平台。GaN 微波功率管产品性能在 4G 通信基站系统得到验证，具备替代进口同类产品能力。“重大科学仪器专项”新增 0.11THz—0.5THz 频段系列测试仪器，填补国内空白、打破国外禁运。

2015 年，中国电科历史性地与美国微软公司就关于 Windows10 本土化达成合作意向，双方签署合作备忘录，并承诺成立合资公司专门面向政府机构、关键基础设施和国有企业专业领域用户提供全球领先的操作系统技术和服务；面对智慧城市建设遇到的挑战与困难，中国电科研究提出新型智慧城市概念、顶层架构和“六个一”的建设理念，与深圳、福州、嘉兴签订新型智慧城市建设战略合作协议，牵头组建“新型智慧城市建设企业联盟”，成为第二届世界互联网大会的亮点。

2015 年，获得国家科技进步奖 10 项，获得国防科技奖 56 项，评出中国电科科技奖 160 项。以集团公司为完成人针对科技创新体系重构内容申报的企业创新工程奖获国家科技进步二等奖。新一代北斗导航卫星首发星研制团队当选 2015 年度“最具影响力”科技创新团队。

【党建工作】

1. 党的建设。

中国电科党组认真落实全面从严治党责任，严格落实各级组织党建工作责任，扎实开展“三严三实”专题教育，增强干部职工思想政治素质；进一步优化完善“量化有效型”党建工作体系，规范基层党组织设置，及时在新组建单位设立党组织，真正做到“四同步”“四对接”，进一步夯实组织基础；深入贯彻党的群众路线，持之以恒落实中央八项规定精神和党组十七条具体措施，把“严”和“实”作风贯彻到各个方面，为高质量挺进世界 500 强凝聚强大正能量；强化党建工作制度顶层设计，结合现代企业制度建设，把党组织发挥领导核心、政治核心作用嵌入到法人治理结构中，制定从严治党指导意见、选人用人、“三重一大”等系列制度，推进从严治党责任落实；全面启动企业文化建设，初步提炼形成中国电科核心文化理念和文化标识，文化凝聚力和品牌影响力得到提升。

2. 反腐倡廉。

中国电科党组认真贯彻落实中央党风廉政建设要求，严格落实“两个责任”，逐级签订党风廉政建设责任书，首次与集团公司领导班子副职签订党风廉政建设责任书。持续强化作风建设，下发《关于开展有关费用台账制度建设工作的通知》，加强监督检查，全系统查处违反中央八项规定精神行为 16 起，处理 65 人，通报典型问题 15 起。分解落实惩防体系 2015 年度任务，与总部各部门签订工作任务书，各成员单位开展梳理廉洁风险点等工作，全系统完善各类反腐倡廉制度 380 余项。全年提出对 28 家成员单位（部门）72 人次领导干部的责任追究意见。2015 年，中央巡视组移交和集团公司自行接收信访举报线索 465 件，受理 391 件，提出处置意见 226 件。2015 年全系统立案 39 件，给予党政纪处分 47 人，移送司法机关 2 人，给予诫勉谈话 69 人。加大党组巡视工作力度，巡视 5 家成员单位，发现 89 个问题，提出建议 34 条，移交问题线索 25 个。

全力配合中央巡视组巡视，针对中央巡视组反馈的两大类 8 个方面的问题，梳理分解成 31 个具体问题，制定 69 项整改措施，按照计划完成整改任务。创新纪检工作体制，在南京、合肥、成都成立 3 个纪检监察审计区域中心。制定《成员单位纪委书记、副书记提名考察办法（试行）》和《关于成员单位纪委向集团公司党组纪检组报告工作的规定》。首次举办查办案件专题培训班。开展形式多样的宣传教育，编印《党风廉政建设和反腐败工作资料摘编》，为党组管理领导干部划出廉洁从业“九条红线”，全系统划出红线 1012 条。

【信息化建设】

1. 信息化规划和顶层设计。

筹建集团公司信息中心，组建信息化工作组；研究集团公司管控特点，确定“战略管控+”的集团管控模式；完成集团公司“十三五”信息化规划框架；完成集团公司信息化 3.0 版设计方案编制，已经启动实施工作。

2. 信息化项目建设。

统计信息系统实现五大业态周统计和经济运行分析和展现；财务信息化项目集中核算模块上线运行，全面预算和网上报销模块试点运行；总部人力资源管理系统试运行，优化人力资源管理流程；资产经营管理系统试运行，掌握全集团资产经营情况，实现投资计划分析、评价；知识产权管理系统试运行，为研发创新、知识产权资产运营、专利诉讼等重大经营活动提供决策支持；互联网网站群试运行，宣传集团公司品牌形象，提升舆情监测能力；协同工作平台试运行，支撑智慧深圳和大项目办协同工作。

【履行社会责任】 持续深入推进两级三类报告体系建设、社会责任示范基地建设等特色实践，按照中国电科社会责任示范基地体系的建设布局，不断完善集团公司社会责任展示体系。开展多项“走进电科”活动；社会责任报告连续三年获得中国社科院五星卓越评价级，在国内外 1700 余份报告中，始终处于前十名的领先行列；社会责任发展指数先后在中国企业社会责任发展蓝皮书名列特种行业第一名，在工信部发布的“电子信息行业 30 强”中名列行业第一名；成为国资委“十二五和谐发展战略重点联系企业”，获得国资委“社会责任管理提升先进单位”。多次荣获“全国优秀企业公民”“金蜜蜂领袖型企业”等荣誉称号。启动与革命老区龙岩的军民融合合作，帮助老区实现产业和社会治理转型升级，其中光电制造装备领域合作取得实质性突破，在助力老区光电产业发展的同时获得 1.33 亿元订单，后续仍有 3～5 亿元的市场需求。完成陕西绥德 35 千米绿色路灯照明扶贫项目建设，组织集团公司 17 家从事节能环保技术、服务的单位成立集团公司“绿色创新与应用联盟”，搭建技术创新和应用单位间的交流平台、加强内外部合作，系统构建绿色技术链和整体解决方案，组织联盟逐一与 58 所新区、电科院、上海总部大厦、中国网安新园区、西安新园区、34 所新区等集团新建新上项目的所在单位开展对接，提供绿色园区建设技术咨询，提供绿色园区建设方案，其中 58 所等部分新区已启动开展项目建设工作。全面完成国资委节能减排第四任期阶段考核指标。四川叙永特色养牛精准扶贫项目初具规模，三个养殖场开始全面运行，散户养殖进一步启动拓展。

质量安全形势稳定，杜绝重大事故。二级成员单位全面完成安全达标工作，管理体系不断细化，本质安全得到提升，全员意识不断提高，为集团年度任务的完成和事业的发展提供有力保障。

（撰稿人：蒋晓琳）

中国石油天然气集团公司

【基本概况】 中国石油天然气集团公司（以下简称“中国石油”）是国有重要骨干企业和国内主要油气生产商和供应商之一，是集油气勘探开发、炼油化工、销售贸易、管道储运、工程技术、工程建设、装备制造、金融服务于一体的综合性国际能源公司，在国内油气勘探开发中居主导地位，在全球 38 个国家和地区开展 94 个油气合作项目。在《美国石油情报周刊》公布的世界 50 家大石油公司综合排名中位居第三，在《财富》杂志公布的全球 500 家大公司排名中位居第四。

【主要指标】 面对国际油价持续走低、国内成品油供大于求、天然气需求增速大幅回落等诸多困难和严峻挑战，中国石油根据市场变化及时调整生产经营策略，深化开源节流降本增效，生产安全平稳运行，取得来之不易的经营业绩。资产总额 40341 亿元，实现营业收入 20168 亿元，税费 3381 亿元，利润总额 825 亿元，比 2014 年分别增长 3.3%、下降 26.1%、16.9%和 52.4%，保持低油价下自由现金流为正和稳健的财务状况。

表 1　2015 年中国石油天然气集团公司主要经济指标

项　目	2014 年	2015 年	比上年增长（%）
资产总额（亿元）	39063.0	40341.0	3.3
所有者权益（亿元）	22233.0	23983.0	7.9
营业总收入（亿元）	27300.0	20168.0	－26.1
利润总额（亿元）	1734.0	825.0	－52.4
净利润（亿元）	1238.0	562.0	－54.6
归属于母公司所有者的净利润（亿元）	1008.0	446.0	－55.8
技术开发投入（亿元）	268.0	262.0	－2.2
应交税费总额（亿元）	4070.0	3381.0	－16.9
全员劳动生产率（万元/人·年）	54.9	47.2	－14.0

续表

项　目	2014 年	2015 年	比上年增长(%)
净资产收益率(%)(不含少数股东)	5.4	2.2	减少 3.2 个百分点
总资产报酬率(%)	5.2	2.7	减少 2.5 个百分点
国有资本保值增值率(%)	105.3	102.2	减少 3.1 个百分点

【油气业务】 国内新增探明石油地质储量 7.3 亿吨，连续 10 年超过 6 亿吨；新增探明天然气地质储量 5702 亿立方米，连续九年超过 4000 亿立方米。国内外油气当量产量 25954 万吨，比 2014 年增长 1.8%。其中，国内原油产量 11142.6 万吨，国内天然气产量 954.8 亿立方米，分别占全国原油、天然气总产量的 52.3% 和 72.7%。海外油气权益当量产量 7204 万吨。

国内加工原油 15132 万吨，生产成品油 10369 万吨，成品油销售量 11625 万吨，占国内市场份额 40% 以上。向东部 11 个省市提前供应国Ⅴ标准车用汽柴油。国内天然气销量 1226 亿立方米，比 2014 年增长 2.6%。油气管线达到 8 万千米，覆盖全国 29 个省(直辖市、自治区)和香港特别行政区。

【改革发展】 以基础性、机制性改革为重点，加强对全面深化改革的组织领导、统筹谋划和顶层设计，稳妥推进各项改革工作，取得积极成效。

一是做好改革顶层设计。编制形成"十三五"改革专项规划，研究制定全面深化改革实施意见和管理体制改革专项方案，召开 4 次全面深化改革领导小组会议，审议通过 14 项改革议题。制定下发年度改革工作要点，明确责任主体和进度要求，实施挂账督办，按计划推进落实。

二是完善管理体制机制。分 3 批调整下放管理及审批权限 72 项，在辽河油田、吉林油田等 6 家企业开展扩大经营自主权改革试点，完善内部工程技术服务、产品、关联交易等市场化定价机制，健全以市场为导向的预算管理体系，有效激发企业发展的动力和活力。调整优化油气销售和中东业务管理体制，稳步推进昆仑燃气和昆仑能源重组整合，优化总部职能配置，业务结构调整和专业化重组成效明显。适应国家油气体制改革"网运分开"要求，制定油气管输与销售业务分开运营框架方案，为实现运销分开、第三方公平准入奠定基础。

三是推进混合所有制和资产结构调整优化。按照"引入社会增量资金、盘活存量资产、通过合资合作实现合作共赢"的思路，实施中油管道资产平台、克拉玛依石化等合资合作项目 27 个。制定实施资产结构调整优化专项改革指导意见，实现轻资产超过 700 亿元。积极推进宾馆酒店等非核心业务资产剥离，分 3 批完成对 174 家宾馆酒店整改方案的批复。

四是深化三项制度、科技和矿区等改革。制定企业领导人员管理规定等制度文件，进一步规范选拔任用工作程序。完善工效挂钩机制，突出效益优先、业绩导向，发挥薪酬激励约束作用，做到收入能增能减。加强员工总量控制，优化队伍结构，员工总量同比减少 4.98 万人，人工成本首次"硬下降"。持续推动科技领域改革，研究制定深化科技体制机制改革完善创新体系方案，推进专业技术岗位序列改革，在勘探开发研究院等科研院所开展综合改革试点。研究制定矿区服务系统改革专项方案，开展管理体制改革试点，推进驻试点省市企事业单位"三供一业"移交工作，探索医疗改革和托幼业务社会化，连续 3 年实现矿区成本费用总体下降。

五是推动党的建设制度、纪检监察等改革。完善加强领导班子和干部队伍建设的配套制度，推进基层党组织建设制度改革和党建工作责任体系建设。健全党风建设和反腐败工作协调机制，出台党组落实党风廉政建设主体责任和监督责任实施细则，推进建立党员领导干部反腐倡廉责任清单制度，加强和改进纪委书记选拔任用管理，突出抓好纪委书记专职化配备，构建不敢腐、不能腐、不想腐的机制。

【重大项目】 重点气区产能建设积极推进。2015 年 10 月 20 日，安岳气田磨溪区块龙王庙组特大气藏全面建成投产，年产气能力 110 亿立方米。从 2012 年 9 月磨溪 8 井发现安岳气田龙王庙组气藏，到快速探明并顺利建成投产，仅用 3 年时间。龙王庙组气藏位于四川盆地中部，地跨四川省和重庆市，探明天然气地质储量 4403.8 亿立方米，是中国已经发现的最大单体海相碳酸盐岩整装气藏。该气藏的全面投产，将满足中国每年新增天然气消费量的一半，并对优化四川地区的区域能源消费结构起到重要作用。

重点管道建设稳步推进。漠大线原油管道增输工程、哈尔滨—沈阳输气管道（长春—沈阳段）、山东天然气管网（青岛—威海段）等一批油气管网和配套管线相继建成投产；中缅原油管道工程（缅甸段）试投产，马德岛港正式开港投运；中哈天然气管道二期工程（哈南线）完成二阶段306千米线路建设并顺利投产；中俄东线天然气管道中国境内段开工；西气东输三线东段、锦州—郑州成品油管道、云南成品油管道等工程建设稳步推进。

重点炼化工程建设进展顺利。云南石化千万吨炼油项目基本建成，设备、工艺管道安装完成，常减压、气分等8套装置机械完工。广东石化、华北石化炼油质量升级及安全环保技术改造，辽阳石化优化增效改造等重点项目稳步推进。

【国际油气合作】 在油气领域广泛开展国际合作，与多家能源公司签署一系列合资合作协议，不断拓展合作领域，同时加快落实“一带一路”沿线国家合作项目，实现互利共赢。

中俄能源合作。中国石油与俄罗斯天然气工业股份公司签署《中俄东线天然气管道项目跨境段设计和建设协议》和《中国石油和俄气石油合作谅解备忘录》。协议确定中俄东线天然气管道跨境段的设计与施工工作程序，并对施工期间的工程质量和环境保护等工作提出要求。备忘录约定双方将共同研究在俄罗斯和第三国开展上游领域合作，在勘探、开发、油气产品销售、工程技术服务和装备贸易等领域开展合作。

中东地区。中国石油与穆巴达拉石油公司签署《中国石油天然气集团公司与穆巴达拉油气控股有限责任公司战略合作协议》。根据协议，双方将在阿联酋境外上游油气投资及相关项目服务等潜在领域开展合作。

非洲地区。中国石油所属工程建设公司与莫桑比克国家石油工程公司签署合资公司协议，双方共同组建中一莫石油工程公司，将开展包括油气田地面工程、长输管道与储运工程、炼油化工工程等在内的咨询服务，以及勘察测量、设计、施工等多项业务。

中国石油与BP公司签署《中国石油天然气集团公司与BP环球投资有限公司战略合作框架协议》。根据协议，双方将在上游领域进一步加强油气资源开发，不断拓展下游零售业务范围及合作模式，实现互惠互利及共同发展。双方还将继续深化伊拉克鲁迈拉油田再开发合作，在原油、成品油以及天然气贸易、碳排放交易等领域探讨合作机会，并在技术和公司治理等方面相互学习、交流经验。中国石油与通用电气公司签署技术与研发合作谅解备忘录。双方将在二氧化碳捕集、埋存与利用，低碳、环保技术，非常规油气开发服务等领域探讨进一步合作。

【重大创新】 在科技创新方面。持续完善科技创新体系建设，组织实施“科技创新三大工程”，攻克制约主营业务发展的关键瓶颈技术，推动重大核心技术和装备的规模推广应用，取得积极成效，进一步提升了自主创新能力和核心竞争力，为推动公司稳健发展提供有力的科技支撑和保障。

四项重大科技成果获得国家科技奖励。“5000万吨级特低渗透一致密油气田勘探开发与重大理论技术创新”获得国家科技进步一等奖，“山地复杂构造精确地震成像与气层识别技术及工业化应用”获得国家技术发明二等奖，“库车前陆冲断带盐下超深特大型砂岩气田的发现与理论技术创新”与“满足国家第四阶段汽车排放标准的清洁汽油生产成套技术开发与应用”获得国家科技进步二等奖。钻井节能提速导航仪获得第45届美国E&P工程创新奖，成为本届16项获奖技术之一，也是中国石油首次获得该奖项。

在管理创新方面。积极应对低油价挑战，着力降成本、优结构、强基础、补短板、抓创新和重交流，推动管理创新工作取得新成效。

一是实施低成本发展，持续改善生产经营效益。积极应对低油价挑战，深入实施开源节流和降本增效，根据油价走势和市场变化调整投资计划，开展全价值链、全生命周期的成本费用管理，推行工效硬挂钩考核，使“降本提质增效”贯穿于生产经营全过程。全年同比压减投资35%，五项费用降低12%。

二是持续优化组织结构，不断提升资源配置效率。坚持市场化发展方向，优化组织结构和资源配置方式，创新生产组织和管理方式，推进业务专业化管理、集约化运营、一体化发展和组织机构扁平化，组织效率和管理效率不断提升。

三是完善管理体系，夯实管理基础。以体系整合为抓手，实施以制度、流程和标准化建设为主要内容的基础管理建设工程，开展管理规范平台和基础管理体系融合试点，夯实管理基础，减轻基层负担，提升效率效益。

四是持续加强对标管理，弥补管理短板。以行业先进企业为标杆，通过对标找准差距，狠抓短板消缺和瓶颈突破，持续改善各项经济技术指标。全年油气单位操作成本、吨油完全加工费、吨油运费和油品损耗同比分别下降5.7%、2.1%、3.4%和22%。

五是鼓励推动基层“微优化”和“微创新”。尊重基层首创，鼓励员工立足岗位，在生产经营中开展管理创新实践，探索形成众多鲜活且行之有效的管理方法、组织模式和队伍建设经验。大港油田通过实施油井“提、控、增、降”和水井“调、换、洗、稳、滤、简”十字控递减法，提高油水井开井率。

六是打造管理创新工作交流平台，共享优秀管理经验。设立管理提升专栏，总结典型经验和做法，全年交流管理创新动态500余篇。专栏正逐步成为先进管理经验和优秀成果推广展示平台、企业管理人员的思想交流平台以及管理前沿知识和最佳实践的学习平台。

【党建工作】 在党的建设方面。以贯彻落实全面从严治党要求为主线，以推进完善党建制度体系为重点，不断提升企业党建工作水平，为公司稳健发展提供坚强政治保证。

一是扎实推进“三严三实”专题教育。一方面坚持从严从实抓好关键动作。按照“三个讲清楚”要求，逐级推进专题党课；坚持专题学习不放松，各级党组织以考促学、以研促学、以培促学，推动真学真懂真信真用；坚持边学边查边改，聚焦“不严不实”查问题，建立问题清单、责任清单、整改清单；认真组织召开专题民主生活会。另一方面强化领导督导。实施“三步走”督导，成立协调工作组，注重把握常态化特点，建立实施推进机制，推动专题教育持续深化。

二是完成党的建设专项调研。2015年3月，中央第二巡视组进驻中国石油后，部署开展以查找问题为导向、覆盖全系统的企业党的建设专项调研。组建调研组，逐级分层深入企事业单位召开调研座谈会，征求意见建议，梳理查找9个方面21项具体问题，制定9个方面27项具体措施，形成的调研报告得到中央巡视组充分肯定。

三是持续推进中央巡视反馈问题整改落实工作。中央第二巡视组反馈意见后，研究制定《加强企业党的建设专项工作方案》，严格对照中央巡视组反馈的有关企业党的建设工作12个整改问题与意见建议，细化制定50条具体措施，制定工作组整改工作进度大表和制度建设台账，明确工作目标、整改时限和直接责任人，问题整改得到持续有效推进。

四是着力加强党建制度体系建设和课题研究。研究起草《集团公司党组关于落实全面从严治党要求加强党的建设的意见》和《党的建设制度和企业文化建设改革实施方案》；开展“党建工作责任体系研究与实践”课题研究，取得阶段性成果。

在反腐倡廉方面。学习贯彻习近平总书记系列重要讲话精神，坚决落实全面从严治党战略部署，保持坚强政治定力，切实履行管党治党主体责任。各级纪检监察机构聚焦中心任务，坚持把纪律挺在前面，强化监督执纪问责，党风建设和反腐败工作取得阶段性成效。

一是落实管党治党责任。调整充实反腐倡廉建设工作领导小组，研究制定党组工作规则、加强和改进党的建设工作指导意见、党组落实主体责任和纪检组落实监督责任实施细则等一系列重要制度，强化制度执行，实现压力责任逐级传导，推动工作层层落实。

二是把纪律和规矩挺在前面。党组带头学习贯彻廉洁自律准则和党纪处分条例，各企事业单位组织形式多样的学习教育活动，着力增强广大党员的党章党规党纪意识。制定规章制度，对领导人员履职待遇、业务支出、办公用房、公车使用等作出明确规定。强化日常管理监督，防微杜渐。

三是有效发挥内部巡视震慑遏制治本作用。组建8个巡视组，采取“一托二”专项巡视方式，分3轮巡视49家企事业单位，并启动海外企业巡视。对被巡视单位提出限期整改要求，坚决调整功能弱化的班子和状态不佳的干部，严肃查处涉嫌严重违规违纪的干部。

四是创新合规管理监察。公司监察部、审计部联合组建检查组，重点对天然气与管道、炼油与化工等四个领域27个重大项目开展检查。依托联合监督信息系统，对工程建设、物资采购等四个业务领域进行筛查，围绕疑似问题开展专项检查。

五是保持纪律审查高压态势。规范线索处置方式，依法依规依程执纪，安全文明规范执纪。加强统筹协调，集中高效完成中央巡视组转办件的核查工作。全年各级纪检监察机构受理信访举报4767件（次），立案642件，给予党政纪处分867人次，收缴违纪款物折合3.18亿元。

【信息化建设】 按照“突出重点、强化应用、逐步完善、稳步推进”的要求，持续推进公司信息化建设。ERP应用集成、物联网和云技术平台建设取得重大进展，各业务领域信息系统应用逐步深入，信息化对公司提质增效、转型升级的作用日益显著。

ERP应用集成建设全面推进。完成ERP2.0、用户访问、报表分析、系统集成、非结构化数据、权限管理和自主开发等7个平台在云计算环境中的部署实施，在16家企事业单位全面上线运行。搭建支撑公司主营业务从计划、执行到绩效闭环管理的运行环境，为投资项目一体化管理、财务共享服务、资产全生命周期管理以及油气产品全价值链管理奠定基础。在应用集成建设中，使用内存计算处理技术，销售业务统计报表速度提高8倍以上。通过搭建软件即服务级（SAAS）云平台，为进一步发挥系统集成的作用和价值提供更为灵活、适用的应用支持。

物联网系统实施取得明显进展。油气生产物联网系统完成在塔里木油田的示范建设和上线运行，持续开展大庆、新疆试点油田的前端采集实施和系统部署，累计在5141口油气水井、208座站库完成施工，安装采集与控制设备11689台套、通讯设备1505台套，敷设光纤129.3千米。工程技术物联网系统建成应用，累计在2171支作业队伍现场实施，实现878口钻录井作业施工、22个物探施工和10156井次测井施工的现场数据采集、传输与技术支持，自动采集数据34亿条。车辆管理系统实现3.5万台危化品运输车辆的集中调度和实时监控。

云技术平台建设和应用稳步推进。完成云技术平台开发和安全加固，实现50多项功能需求，新增负载均衡、虚拟机等云服务，具备1700台服务器、2400TB存储的服务能力。完成ERP等20个信息系统的云化实施，位居国内外石油公司前列。

【履行社会责任】 中国石油始终坚持将企业发展与业务所在地可持续发展结合起来，关注民生和社会进步，与当地分享发展机遇和资源价值。全年在全球主要社会公益上的总投入超过13亿元，惠及数亿人。

表2　2015年中国石油天然气集团公司社会公益投入情况

类　别	投入金额（万元）
扶贫减困	34109.93
赈灾捐赠	588.45
支持教育	23803.41
公益捐赠	63202.74
环保公益	14899.09
总　　计	136603.62

扶贫减困。聚焦民生、产业、智力三大领域，结合开展业务和受援地资源、市场优势，通过技能培训、供应链延伸等促进和提升当地自我发展能力。全年在新疆、西藏等20多个省（直辖市、自治区），实施基础设施改造、教育培训和健康医疗等公益项目，受益人数超过1亿人，获得民政部颁发的第九届“中华慈善奖”最具爱心捐赠企业称号。

带动地方发展。在上中下游各领域全面扩大与国有资本、社会资本和国外资本的合资合作，通过项目运作，支持地方建设，创造就业岗位，带动关联产业发展，促进当地经济繁荣。截至2015年底，中国石油12家所属企业落户新疆，建成塔里木等3个规模油气生产企业、一批重大投资项目和多个特色精品石化产业带，1998年以来累计投资5000多亿元，2015年上缴税费约占新疆GDP的5%，带动新疆的资源优势转化成经济优势，成为中国西部重要的能源供应和保障基地。

支持教育事业。通过设立石油奖学金、互助金，捐建希望小学等多种方式，支持国内教育事业。与中国扶贫基金会合作，发起"旭航"助学公益项目，利用加油站平台，车主每加1升油中国石油就向"旭航"项目捐款1分钱，资助家庭经济困难学生完成学业。截至2015年底，上百万人次参与助学。

服务海外社区。通过负责任的运营，对社区发展发挥积极影响。中油阿克纠宾油气股份公司根据油田开发实际，配套设计建设20亿立方米/年的天然气处理厂，保证阿克纠宾州和哈萨克斯坦南部居民的供气，获得哈萨克斯坦"2015年度企业责任总统奖"；曼格什套油气股份公司在国际油价低迷的情况下超额完成油气产量，为哈萨克斯坦曼格什套州创造5800多个就业岗位；中国石油技术开发公司建设的坦桑尼亚天然气处理厂及输送管线项目对解决能源电力短缺，促进坦桑尼亚工业化进程和经济社会发展意义重大，获得坦桑尼亚总统基奎特颁发的杰出贡献奖。

（撰稿人：任洁江）

中国石油化工集团公司

【基本概况】 2015年，在党中央、国务院的坚强领导下，中国石油化工集团公司（以下简称"中国石化"）牢牢把握稳中求进工作总基调，紧紧围绕提高发展质量和效益，突出保增长、谋发展、强基础、抓党建这条主线，坚定信心、主动作为，各方面工作取得新成绩、新进步。

认真落实国家经济稳增长的战略部署，咬住全年效益目标不放松，团结一心、顽强拼搏，采取一切措施开源节流、增收创效，较好地完成全年效益指标。积极贯彻中央提出的新的发展理念，紧扣国家战略部署，认真谋划"十三五"发展，明确公司未来一个时期的发展思路、发展战略和重点任务。更加突出抓基层、打基础，大力弘扬石油石化优良传统，全面部署加强新形势下的"三基"工作，努力推动"严、细、实"作风落地生根；特别是针对安全事故一度频发，狠抓安全生产主体责任落实、承包商管理、安全监管和责任追究，狠抓油气管道等安全隐患治理，安全生产形势明显好转。切实履行管党治党责任，扎实推进全面从严治党，认真开展"三严三实"专题教育，严格落实"两个责任"，抓紧抓好中央专项巡视反馈意见整改，党风建设和反腐败工作取得新成效，从严从实、风清气正的企业政治生态和管理生态正在形成。

2015年，中国石化很多领域亮点纷呈。特别是作为中国首个大型页岩气田，涪陵气田探明储量超过3800亿立方米，一期50亿立方米/年产能建设圆满完成；海域勘探获得重大发现，北部湾涠4井试油获高产油气流，是国内近十年罕见的高产探井；科技创新再传捷报，自主研发的高效环保芳烃成套技术荣获国家科技进步特等奖；镇海炼化实现利润108亿元，成为中国首个年利润超过百亿元的炼化企业。全年国内生产原油4174万吨，生产天然气207亿立方米，海外权益油气当量产量4436万吨，加工原油2.38亿吨，成品油经营量1.89亿吨，生产乙烯1112万吨，化工产品经营总量6287万吨。全年实现营业收入2.05万亿元，实现利润621亿元，实现税费3557亿元。

在发展企业的同时，中国石化积极履行社会责任，自觉将自身发展与社会进步紧密结合起来，努力实现企业与社会、环境的协调发展。站在推进生态文明、建设美丽中国的高度，全面实施绿色低碳发展战略，大力发展天然气、地热、生物燃料等清洁能源，加快成品油质量升级步伐，深入推进"能效倍增"计划、"碧水蓝天"环保专项行动，公司万元产值综合能耗持续下降，化学需氧量、氨氮、二氧化硫、氮氧化物等减排任务全面完成。坚持开放办企业，主动搭建与社会沟通的桥梁，在安全生产、环境保护上自觉接受社会各界的监督。积极参与定点扶贫、援疆援藏、"健康快车"、捐资助学等公益事业，全年帮助3286名白内障患者重见光明；持续开展"关爱春节返乡务工人员"大型公益活动，全年为1万多名骑摩托车返乡人员免费加油并提供暖心服务。

【主要指标】 2015年，中国石化以提高发展质量和效益为目标，全方位组织开展创效增效，不断强化资金管理，持续推进全员成本目标管理，扎实推进财务共享服务建设，不断强化财务基础工作，全面完成年度利润目标，为公司持续有效发展作出贡献。

2015 年中国石油化工集团公司
主要经济指标

项 目	2014 年	2015 年	比上年增长（%）
资产总额（亿元）	21398.27	20585.08	−3.80
所有者权益（亿元）	8638.84	10529.79	21.89
营业收入（亿元）	28899.34	20472.72	−29.16
利润总额（亿元）	770.53	621.22	−19.38
净利润（亿元）	433.49	440.94	1.59
归属于母公司所有者的净利润（亿元）	300.98	225.91	−24.94
利税总额（亿元）	3662.55	3920.11	7.03
应交税费（亿元）	384.57	415.15	7.95

【改革发展】

1. 企业改革管理。

2015 年，中国石化紧紧围绕总体战略部署，着力在重要领域和关键环节改革攻坚，继续抓基层、打基础、强管理，积极发挥深化改革、从严管理在促进转型发展中的动力和手段作用。

继续深化重点领域改革。全面学习贯彻中央关于深化国有企业改革的方针政策，结合中国石化实际，开展专项课题研究，探索中央改革要求在中国石化的具体实现形式。认真总结“十二五”改革管理工作，分析面临的形势和挑战，突出问题导向，形成“十三五”改革管理工作总体规划，为今后一段时期改革管理工作指引方向，按照一体化协调、专业化管理、市场化运作总体要求，继续推进总部职能转变和建设事业部工作；深化炼化工程、石油工程内部重组，分类推进炼化工程业务发展，着力解决石油工程市场萎缩、队伍装备富余等突出矛盾；完成石化出版社、经济出版社整合，有效发挥专业化管理效能；完成集团层面党建和宣传职能调整，进一步加强党建系统化管理，优化宣传资源。在 2014 年财务共享服务东营分中心试点基础上，进一步扩大共享服务试点，设立财务共享南京分中心项目部。完善海外业务管理体制，组建美国公司。按照中央巡视组反馈意见，完成规范支持改制企业等整改措施落实工作。同时，继续推进矿区（社区）改革、科技体制机制创新、“三项”制度改革等。

毫不放松地抓基层、打基础、强管理。按照管理制度化、制度流程化、流程信息化方向，在前期工作基础上，探索推进规章制度与业务职责、业务流程“三位一体”管理。根据新形势、新情况，以及中国石化党组关于“严、细、实”的更高要求，制定《关于进一步强化提升“三基”工作的指导意见》，明确强化提升的总体要求和具体措施。坚持眼睛向下，深入基层加强管理诊断服务，抓问题分析和薄弱环节，努力为基层支招，替基层分忧。完善建立“抓两头、带中间”工作长效机制，促进对标与“比学赶帮超”进一步融合，推动后进赶先进，促进企业持续健康发展。按照项目管理方式，落实优化方案，明确优化责任，加强协调跟踪，积极推进资源优化工作。继续深化内部控制与风险管理，加强内控日常监督，推进内控管理信息化，逐步建立健全以风险为导向的内部控制体系。

2. 人事管理。

2015 年，中国石化以党的十八大，十八届三中、四中、五中全会精神和习近平总书记系列重要讲话精神为指导，紧紧围绕“保增长、谋发展、强基础、抓党建”这条工作主线，扎实开展“三严三实”专题教育，加强领导班子和干部队伍建设，完善人才工作机制，全面推进人才队伍建设，深化人事用工分配制度改革，加强劳动薪酬管理，有力推动和保障企业持续健康发展。

“十三五”人力资源发展规划。加强人力资源战略管理，做好“十三五”人力资源规划编制工作。在总结“十二五”工作成效，分析“十三五”发展基础、发展环境和存在问题的基础上，围绕“十三五”业务发展规划，研究提出“十三五”人力资源发展战略、指导思想、基本原则和发展目标，制定领导班子和干部队伍建设、人才队伍建设、优化员工队伍、完善人力资源开发机制、夯实基础工作 5 个方面任务和主要措施。同时，研究编制《中国石化“十三五”国际化人才队伍建设专项规划》。

领导班子和干部队伍建设。落实“三严三实”要求，加强领导班子和干部队伍建设。加强企业党组织建设，坚持和完善双向进入、交叉任职的领导体制，为充分发挥党组织的政治核心作用提供保证。全年督促指导36家具备换届条件的直属单位党委完成换届选举。完善中国石化董(监)事会建设，对中国石油化工股份有限公司第六届董事会、监事会、总裁班子及专门委员会组成人员进行换届改选，基本建立企业党的领导与法人治理相适应的管理体制。推进纪检监察体制改革，强化纪检队伍建设。稳步推进干部人事制度创新。结合改革发展的新形势、新任务，进一步修订完善干部选拔任用办法，规范选拔任用标准和程序；研究制定领导人员能上能下、后备干部工作、领导班子职数设置管理等办法，出台《领导人员退休管理办法》，增强干部管理的规范性、严肃性。紧紧围绕改革发展、生产经营中心任务，结合企业结构调整和业务发展变化，选好干部、配强班子，发挥领导干部"关键少数"的应有作用。

劳动与薪酬管理。深化用工制度改革，加强劳动薪酬管理。修订出台《用工总量管理办法(试行)》，探索效益效率导向的用工总量调控机制，贯彻《关于深化用工制度改革的意见》及配套政策，控制用工总量、规范劳务派遣等工作稳步推进，稳妥做好西安石化等企业产业结构调整和人员分流安置工作，2015年中国石化用工总量首次低于85万人，劳动生产率进一步提升。针对油价下跌等客观因素对效益的影响，完善国务院国资委政策调控下的工资效益联动机制，在减量分配前提下想方设法优化内部分配管理工作，保效益好的单位、保一线员工，促进企业降本增效、确保队伍稳定。

人才队伍建设与培训开发。畅通人才成长通道，全面推进人才队伍建设。印发《关于完善人才成长通道建设的意见》，优化队伍序列划分，拓宽专业人才成长空间，健全职位选聘、使用、考核和多元激励机制。推进领军专家队伍建设，新引进"千人计划"人才1人。加强青年人才培养选拔，举办14个专业、工种的中国石化业务竞赛，积极组队参加多项国家级竞赛，一大批优秀人才脱颖而出。改进完善职称评审办法，夯实技能鉴定工作基础，健全人才选拔评价机制。持续优化毕业生引进工作，加大优秀人才引进力度。围绕提高干部员工队伍整体素质，加强培训资源开发和基础建设，扎实开展重点人才培训和岗位练兵、基本功训练。

综合与信息管理。夯实"三基"工作，推进人力资源管理战略转型。扎实推进干部人事档案专项审核和HR系统深化应用，开展人力资源管理制度体系研究，编制制度体系图、制度汇编和制度要点指南；组建共享服务机构和项目团队，进一步完善人力资源信息共享服务中心建设方案，人力资源管理规范化、制度化、信息化水平进一步提升。

离退休人员管理。认真贯彻落实党和国家离退休工作方针政策，扎实开展为党和人民事业增添正能量主题活动，积极做好关心下一代工作，加强离退休工作队伍自身建设。大力开展"敬老月"活动，推进敬老文化、养老文化建设，丰富离退休人员精神文化生活，落实和传递中国石化党组对老同志的关心关爱。

【重大项目】 2015年，中国石化坚持以创新性思维、国际化理念、数字化建设为驱动，全面推行中国石化工程建设"3557"管理体系，加大整章建制、监督检查和违规处罚的力度，全面推动依法合规建设；在项目管理方面，加快标准化设计、标准化采购、模块化建设"三化"工作，扎实做好"五大控制"，抓重点、保中交、保投产、促验收，突出质量效益，确保发挥投资效益。全年安排重点工程建设项目32项，19套炼化装置建成投产、8条长输管道和3座商储库投入运营、11家企业203套装置大修改造完工。

油田地面。涪菱页岩气一期50亿立方米产能顺利建成投产；元坝气田滚动建产地面工程稳步推进，净化厂全面投产试运行。

炼油化工。天津石化、茂名石化、齐鲁石化的S—Zorb，石家庄炼化、青岛炼化、塔河炼化、金陵石化的柴油加氢装置建成投产。东部11省市按时达到汽油、柴油质量升级任务目标。九江石化油品质量升级、齐鲁石化炼油改造、上海赛科丙烯腈、福建炼化EO/EG、催化剂南京公司3000吨/年S—MTO催化剂、茂名巴斯夫异壬醇等项目全面建成投产。青岛石化、武汉石化、荆门石化等汽油、柴油质量升级项目正在加紧进行；中天合创煤化工项目安装工程进入收尾阶段，生产准备工作全面展开；中科合资广东炼化一体化进行总体设计方案优化比选；中沙石化聚碳酸酯、海南炼化第二套PX、福建炼化古雷炼化一体化等项目前期工作有序推进。

油气储运。天津大港、曹妃甸(码头)原油商储基地顺利投入运营;广西LNG项目施工收尾,扎实开展投产接气准备;天津LNG项目施工进展顺利;涪陵LNG工厂取得政府核准,进行场平施工。胜利东辛输油管道、涪陵—王场输气管道、济南—青岛输气管道二期、苏北成品油管道建成投用,仪征—长岭原油管道复线工程、安庆800万吨/年炼化一体化成品油管道、甬台温成品油管道及配套工程积极推进。

工程建设成果。南疆天然气利民工程、齐鲁分公司25万吨/年高密度聚乙烯装置等3项工程获得2014—2015年度国家优质工程奖;中缅天然气管道工程黔桂界—宜州忻城界及芒市龙陵界—施甸永平界线路工程、中石化(香港)洋浦成品油保税库工程(二标段)等20项工程获得2015年度全国优秀焊接工程奖。

【走向海外】 2015年,面对复杂严峻的国际环境和安全形势,中国石化紧紧围绕"建设世界一流能源化工公司"的战略目标,发挥集团化、一体化优势,坚持以经济效益为中心,把握"一带一路"战略新机遇,坚持"引进来"与"走出去"协调发展,积极稳妥推进国际合作和国际化经营业务。境外油气勘探开发紧紧围绕"提高发展质量和效益"这个中心,深化改革调结构、从严管理增效益,全力抓好已有项目运营,全年勘探新增储量1500万吨油当量,完成权益油气4436万吨油当量;稳步推进资产运作,完成哈萨克斯坦CIR公司50%权益收购,境外资产结构得到优化。境外炼化和仓储物流合资合作取得重大进展,俄罗斯西布尔10%股权收购项目成功交割,沙特延布炼厂、阿联酋富查伊拉仓储等项目运营良好。国际工程技术服务直面挑战,抓机遇谋发展,努力开拓市场、强化管理、控制风险、争创效益,全年新签合同额59.54亿美元,完成合同额45.59亿美元。国际贸易积极开拓国际市场,充分发挥国际化贸易团队力量,建立全球化运作机制,不断增强国内外市场统筹和资源优化能力,原油、成品油、化工产品及催化剂国际贸易稳步提高,国际贸易取得新成绩。进一步加强与重点资源国的战略合作,与俄罗斯、哈萨克斯坦和阿根廷国家油气公司等签署合作谅解备忘录和合作框架协议。

【科技创新】 2015年,中国石化认真贯彻创新驱动发展战略,强化科技管理,完善体制机制,统筹组织"十条龙"等重大科技攻关,加快成果转化与推广应用,各项工作取得良好进展。

多项技术实现工业转化,支撑主营业务发展。建立以页岩气藏综合评价、水平井优快钻井、长水平井分段压裂及绿色开发配套技术为主的页岩气开发技术体系,为示范区50亿立方米产能建设提供有力的技术支撑。突破聚合物驱后油藏井网调整非均相复合驱技术,现场试验提高采收率效果良好。持续推进四川盆地奥陶—寒武系、川西二叠系、塔中北坡奥陶系、沾化凹陷、苏北盆地阜宁组等区域油气成藏条件研究和区带评价。优选勘探目标。多产轻质油的加氢与催化裂化集成技术实现工业应用,为提高石油资源利用率、调整催化裂化产品结构提供新途径。催化柴油生产高辛烷值汽油技术实现工业转化,为增产汽油、降低柴汽比提供新途径。沸腾床渣油加氢工业试验打通全流程。完成生物航煤的首次商业载客飞行。气液法聚乙烯成套技术在工业装置上成功应用,可生产三元共聚、超低密度聚乙烯等系列高性能产品。开发聚酯光学膜级专用料、增强型聚酯切片等新产品。持续开展化工装置废气处理系列技术开发,燃煤锅炉烟气脱硝等环保装置建成投用。

科技管理持续优化完善。开放创新进一步深化,坚持企业为主体、院所为龙头、市场为导向,提出中国石化贯彻创新驱动发展战略的初步意见。编制《中国石化"十三五"科技进步规划》。积极推进开放创新,休斯顿研发中心运行正常,科研工作初见成效;中东研发中心在沙特达兰技术谷奠基;国家能源页岩油研发中心揭牌成立,页岩油气富集机理与有效开发国家重点实验室、绿色化工与工业催化国家重点实验室获批复成立。

知识产权管理进一步加强,专利申请质量与数量再创新高。全年申请专利6128件,获得授权4343件。高效环保芳烃成套技术开发及应用获得国家科技进步特等奖,获得技术发明二等奖2项、科技进步二等奖1项;获得中国专利金奖1项、优秀奖8项。有139项基础研究、技术发明和科技进步成果获得石化集团公司科技奖励。

标准化、质量管理工作迈上新台阶。加强质量管理体系准入认证机构动态管理，完成认证机构的考核评价与调整工作。组织开展年度质量、计量检查工作，积极落实国家清洁油品升级战略，结合炼油技术发展路径，开展国Ⅵ燃油标准的研究工作。承担国际标准化组织塑料标准化技术委员会机械性能分委会(ISO/TC61/SC2)秘书处工作，启动《用高效液相色谱法测定双酚A中主组分和杂质含量》国际标准的研究制定工作。

【党建工作】 2015年，中国石化党组和各级党组织认真落实管党治党责任，扎实推动党建工作与生产经营深度融合，着力营造良好的企业政治生态和管理生态，为企业改革发展稳定提供坚强的思想、政治和组织保证。

深入开展"三严三实"专题教育。坚持以上率下，突出问题导向，各级领导干部讲专题党课1100多次，直属单位领导班子开展专题学习研讨1168次，在增强领导班子合力、强化领导干部责任担当、规范权力运行等方面见到实效，使领导干部集中"补了钙""加了油"。

持续推进党建系统化管理。修订《党组工作规则》，制定《关于禁止领导人员亲属经商办企业与中国石化发生业务往来的规定》等10项制度，党建制度体系不断健全。组织对131个直属单位党建工作开展考核，党建工作整体水平明显提升。

加强党对群团工作的领导。大力开展群众性劳动竞赛和"青字号"活动，群团组织作用得到有效发挥。中国石化29名职工被授予全国劳动模范荣誉称号。成功组织第六届青年外语风采大赛，2万余名青年参加学习培训和选拔，在促进青年成长成才方面发挥出积极推动作用。

【信息化建设】 2015年，中国石化按照信息化与工业化深度融合的总体思路，围绕转型升级、提质增效等中心任务，突出抓好ERP大集中、智能化管线管理、智能工厂试点、统一电子商务与客户关系管理等重点项目建设和"三大平台"完善提升工作，积极推动"两化"深度融合，信息化水平再上新台阶，"两化"融合取得新成效，为公司转方式调结构、提质增效升级注入发展新动力。其中，智能化管线系统完成50家企业推广建设，提升管道隐患治理和应急响应能力；镇海炼化、九江石化等4家智能工厂试点建设基本完成，提高生产优化、安全环保、节能减排、降本增效水平；统一电子商务和客户关系管理平台初步建成，工业品、化工品、燃料油等专业电子商务上线投用，为打造"互联网+"新业态提供支撑。中国石化和14家企业2015年获评全国石油和化工行业"两化"融合创新示范奖，8家企业通过工信部"'两化'融合管理体系"贯标认定。

【履行社会责任】 光明号"健康快车"。2015年，中国石化"健康快车"驶入湖北恩施、黑龙江齐齐哈尔和四川凉山，治愈白内障患者3286名。

情暖驿站·满爱回家。2015年，中国石化继续开展"情暖驿站·满爱回家——关爱春节返乡务工人员"大型公益活动，在广东、广西两省(自治区)的193座加油站建立"情暖驿站"，为返乡车主尤其是"返乡摩骑"车主提供"6+X"免费服务，为广东省1万多名"返乡摩骑"免费加满1箱油、提供保暖护膝和安全背心等用品，温暖他们的回乡路。

抢险救灾。2015年，在天津滨海新区发生爆炸事故和"东方之星"游轮倾覆后，中国石化第一时间启动应急响应，通过24小时紧急供油、开辟加油绿色通道、免费供应饮用水等方式，全力保障救灾需求。在强台风"苏迪罗"袭击和尼泊尔地震后，中国石化积极协调沟通，加强成品油运输，为救援工作提供能源保障。

志愿者服务。2015年，中国石化志愿者服务人数42万人次，累计服务时长达84万小时。各级团组织积极开展青年志愿服务和爱心公益活动，有效凝聚青年，传播正能量，展示良好形象。

扶贫助困。中国石化积极响应国家政策，关注和支持贫困地区的发展，将扶贫与开发相结合，努力做好援藏援青、定点扶贫工作，助力地区提升自我发展能力。援藏援青。班戈县是西藏自治区条件最艰苦、最贫困的地区之一。"十二五"期间，中国石化在班戈共投入资金1.3亿元，实施完成43个项目，有力促进班戈县经济社会发展和民生改善；用5年时间，在青海茫崖行委援建两大工程，有力促进了地方经济发展，提高了当地的生活水平。定点扶贫。在凤凰、泸溪、岳西等地开创产业帮扶，主要帮扶开发红心猕猴桃产业，增强“造血”功能，并于2015年在中国石化易捷体验馆推广产品，助力当地经济收入提升。

（撰稿人：单新东）

中国海洋石油总公司

【基本概况】 2015年，在党中央、国务院坚强领导下，中国海洋石油总公司（以下简称“中国海油”或“公司”）积极融入国家海洋强国战略、“一带一路”战略和能源发展战略，大力推动能源生产和消费革命，扎实履行国家石油公司肩负的重大责任和使命，有效应对低油价的严峻考验，加快油气主业发展，深化管理体制改革，强化安全生产管理，努力提高公司发展质量和效益，落实全面从严治党责任，深入推进党风廉政建设和反腐倡廉工作，各项工作扎实有序推进，公司取得新的发展业绩。一是储量产量同步增长。国内新增探明石油储量2.5亿吨、天然气1730亿立方米，自营勘探获得29个商业和潜在商业发现；海外勘探取得历史性突破，在圭亚那深水区块获得重大发现，在阿尔及利亚发现亿吨级油田；公司油气产量再创新高，全年油气产量首次突破1亿吨油当量大关；我国首口超深水井陵水18—1—1井成功实施测试作业，公司具备海上超深水井钻井和测试全套能力。二是综合优势进一步显现。专业技术服务业务在支持保障主业健康发展的同时，大力开拓国际市场取得良好成效，国际竞争力进一步增强，低谷期生存发展能力进一步增强；炼化、销售、化肥业务优化资源配置，推行精细化管理，推动高附加值产品和质量升级产品的增产和销售，超额完成全年经营目标，为集团平衡风险作出贡献；LNG业务继续保持中国LNG行业的主导地位，基本完成经济最发达的沿海地区的产业布局，站线及港址区位优势明显；贸易、金融业务充分发挥服务集团整体产业发展的重要作用，主要经营利润指标逆势增长，再创新高。三是重大项目建设扎实推进。2015年，国内上游在建项目23个，其中投产9个，新增产能超过1000万立方米，投产项目平均提前49天，为油气产量稳定增长夯实基础；加强事前事中管控，全年海上重大作业和陆地重大作业顺利完成；扎实推进“三新三化”，取得复合海底软管、LNG大型储罐技术等一批应用成果；积极融入“一带一路”战略，国际产能和装备制造合作进一步深入。四是安全环保形势总体平稳。贯彻新“两法”，强化安全生产主体责任，加强重点领域安全监管，加强作业现场安全警示教育，全年未发生较大及以上级别安全生产事故，安全生产形势总体平稳，节能减排成效显著。

2015年，公司在《财富》杂志“世界500强企业”排名第72位，比2014年上升7位；公司继续享有标普和穆迪授予的AA—和Aa3级国家主权级资信评级，为国内企业最高评级；在《石油情报周刊》杂志“世界最大50家石油公司”排名第32位，比2014年下降1位；在普氏“2015年全球能源企业250强”排名第四位，在“油气勘探开发公司”及“亚洲及环太平洋地区”分榜排名双双取得第一名的佳绩；再次荣获《亚洲企业管治》杂志颁发的“2015年最佳社会责任公司”“2015年最佳投资者关系公司”。

【主要指标】 2015年，中国海油生产原油7970万吨，天然气251亿立方米，总油气当量首次突破1亿吨大关。其中国内原油4773万吨、天然气144亿立方米（含煤层气）；海外原油3197万吨、天然气107亿立方米。加工原油3262万吨，生产成品油773万吨；进口LNG 1316万吨，天然气发电223亿千瓦时；实现节能量30.2万吨标准煤，万元产值综合能耗0.2781吨标准煤，主要污染物排放量总体保持下降趋势。全年实现营业收入4260.8亿元，同比下降30.33%。利润总额450.7亿元，同比下降57.16%。净利润412.7亿元，同比下降47.88%。在实际实现油价比年初预算油价大幅降低的情况下，通过公司上下共同提质降本增效，实现利润好于按实际油价测算的预算利润。全年利税总额821.4亿元，同比下降28.12%；资产总额11623.8亿元，比年初增长4.06%；净资产6691.7亿元，比年初增长4.28%；全员劳动生产率106.3元/人·年，同比下降40.06%，总资产报酬率4.56%，国有资本保值增值率107.30%。

2015 年中国海洋石油总公司主要经济指标

项　目	2014 年	2015 年	比上年增长(%)
资产总额(亿元)	11170.64	11623.83	4.06
所有者权益(亿元)	6417.01	6691.74	4.28
营业收入(亿元)	6116.00	4260.79	—30.33
利润总额(亿元)	1052.02	450.73	—57.16
净利润(亿元)	791.73	412.66	—47.88
归属于母公司所有者净的利润(亿元)	529.43	289.59	—45.30
技术开发投入(亿元)	77.00	63.70	—17.27
利税总额(亿元)	1142.74	821.42	—28.12
应缴税金总额(亿元)	1199.37	711.16	—40.71
全员劳动生产率(万元/人·年)	177.29	106.27	—40.06
净资产收益率(%)	12.98	6.30	减少 6.68 个百分点
总资产报酬率(%)	10.18	4.56	减少 5.62 个百分点
国有资本保值增值率(%)	112.55	107.30	减少 5.25 个百分点

【改革发展】 公司深入贯彻中央关于全面深化国有企业改革的重大战略部署,以进一步做强做优做大国有企业、充分实现国有资本保值增值为目标,坚持问题导向,扎实推进公司重点领域改革。一是“三项制度”改革迈出坚实步伐。出台“三项制度”改革总体方案和配套制度文件,努力实现“干部能上能下、员工能进能出、收入能增能减”,激发企业发展活力。二是炼化与销售体制改革稳步推进。整合炼化产业原有单位,成立新的炼化公司,产业布局进一步优化,炼化产业集约发展程度进一步提高。三是大力推进科研体制改革。按照“创新驱动、支持产业、服务生产”的总体思路,明晰公司研究总院和分公司研究院的职能定位,完善科研组织体系,大力推进下游科研单位优化整合,增强创新技术与研发成果的转化能力。四是计划投资体制改革稳步推进。建立投资责任追究制度,明确授权制度体系,处理好集权与分权的关系,进一步明确投资决策责任。

【重大项目】 2015 年,公司国内上游在建项目 23 个,其中投产项目 9 个,建设产能 1034.6 万立方米。全年安装导管架 7 座,组块 26 座,铺设海管 177 千米、海缆 198 千米。公司国内中下游 1 亿元以上在建工程项目 29 个,其中炼化板块 11 个,LNG 及管道相关项目 11 个,基建与其他项目 8 个。全年实现机械完工项目 13 个,新增原油加工能力 390 万吨、国Ⅴ汽油加工能力 60 万吨、国Ⅴ柴油加工能力 178 万吨、沥青加工能力 50 万吨、石脑油加工能力 27 万吨、焦炭加工能力 25 万吨;铺设天然气管道 53 千米,新增油料储存能力 30 万立方米、建筑面积 88 万平方米、码头吞吐能力 480 万吨、海底管道预制场地一处、海管加工能力 300 千米/年。

【走向海外】 2015 年,中国海油坚持以突出效益为中心,继续深化对外合作,深耕“一带一路”沿线能源开发业务,面对严峻的外部环境挑战,公司积极进取,迎难而上,国际化经营水平持续提升。海外油气资产类型和布局更加多元化,涉及油气勘探开发、专业技术服务、液化天然气(LNG)生产储运多个领域,海外业务覆盖全球 30 多个国家和地区,建立多个海外油气生产基地,海外原油总产量 3197 万吨,天然气总产量 107 亿立方米;“十二五”末,海外原油和天然气产量分别是“十一五”末的 4.6 倍和 2.6 倍;公司海外资产占总资产的比重 37.2%。2015 年,公司与俄罗斯天然气工业公司签订战略合作协议的补充协议,与荷兰皇家壳牌公司签署《关于增进在大亚湾合作的重大条款协议》。公司在《石油情报周刊》“世界最大 50 家石油公司”排名第 32 位。中国海油始终坚持“合作共赢”的原则,在“走出去”的同时,通过“引进来”加强对外合作。2015 年,公司新签订 5 个对外合作石油合同。

【重大创新】 2015 年,公司大力实施“科技驱动”战略,充分发挥科技创新的推动和引领作用,加大关键核心技术攻关力度,科技创新体系不断完善,自主创新能力明显增强。全年科技投入 63.7 亿元,其中研发投入 30.7 亿元。以国家重大专项、国家部委科技项目以及总公司重大项目为重点,凝练“十二五”重大科技攻关标志性成果,形成“超深水半潜钻井平台设计建造与应用”等 12 项突破性关键核心技术产品,

“旋转导向钻井系统”等15项核心产品、“海上稠油油田整体加密及综合调整”等8项技术能力。围绕稠油、深水、非常规等重大领域关键技术攻关，启动实施“新疆钻井试验平台建设”“海上地震拖缆采集系统工程研发平台”等17个科研平台建设项目，并取得建设成果，具备7000米实钻试验、水鸟装配及测试、高温高压样品测试及船舶涂层有害物质检测等实验技术能力。全年获得59项行业以上科技成果奖，其中国家科技奖3项、省部科技奖13项、行业科技奖43项。“海上稠油聚合物驱提高采收率关键技术应用”荣获国家科技进步二等奖，参与项目“高效环保芳烃成套技术开发及应用”“废轮胎修筑高性能沥青路面关键技术及工程应用”分别荣获国家科技进步特等奖和二等奖。发明专利“一种高含酸原油的抗腐蚀加工方法”荣获第十七届中国专利优秀奖。全年获授权专利999件(其中发明专利364件，获美国授权发明专利1件)，发布技术标准135项(国家标准32项、行业标准15项、企业标准88项)。

【党建工作】 2015年，中国海油积极贯彻中央全面从严治党要求，落实党建责任，以“三严三实”专题为抓手，以配合中央巡视和落实整改为契机，不断提升公司党建工作科学化水平。一是扎实开展“三严三实”专题教育，将其作为重大政治任务来抓，高度重视，深入动员，坚持把深化思想认识放在首位，党组带头讲党课、加强学习研讨，坚持纠正“不严不实”问题，坚持建立长效机制，坚持两手抓、两不误，推动“严”和“实”的作风在公司进一步树立。二是认真做好专项巡视整改，积极配合中央专项巡视，强化组织领导，明确任务目标，以巡视组反馈的五大类问题为主干，梳理出11个大项的39条具体整改措施，整改任务已基本完成。三是持续加强党风建设和反腐倡廉工作，认真学习宣贯《中国共产党廉洁自律准则》和《中国共产党纪律处分条例》；落实党建责任，开展基层党建述职评议考核；完善党建工作制度体系，出台《中国海油贯彻落实全面从严治党要求加强党建工作的七项措施》等制度；首次创新编制《中国海油2015党建工作年报》，作为公司乃至央企第一本党建年报，得到高度关注和良好评价。深入推进反腐倡廉工作，深化落实党委主体责任和纪委监督责任，监事巡视作用进一步发挥，在全系统营造齐抓共管的良好氛围。四是依法合规从严治企，全力配合国家审计署专项审计和国务院国资委境外资产检查，深入推进问题整改，进一步完善内控制度体系，组织权限手册修订，扎实开展内部审计，审减工程造价9686.91万元，联合账簿剔除费用704万美元；加大对违规违纪问题的揭示和查处，公司依法合规运营情况良好。

【信息化建设】 2015年，中国海油信息化工作继续坚持“业务驱动、IT引领”方针，积极探索符合业务发展实际的信息化新技术、新机制和新思路。一是提升信息技术支撑能力，完善技术架构，以技术架构蓝图为指导，在推动已有平台深化繁荣应用的同时，开展涉及基础性和全局性技术路线和系统平台落地方案研究，为架构管控有序提供支撑手段。二是开展互联网出口监测、办公大楼风险评估、信息安全培训与研讨、三级信息系统安全等级保护测评等工作，逐步提升全公司的信息安全保证能力。三是推进勘探开发一体化数据整合及数据中心建设，湛江分公司试点形成勘探开发一体化应用体系，为跨专业协同工作提供基础。通过提供批量数据打包下载和转换，减少80%数据搜集和编排工作量；通过跨专业数据共享，减少数据重复录入工作量20%～40%，全面提升专业数据管理和服务能力。四是完成海外信息化规划的制定工作，开展海外第二区域支持中心的选址和方案研究工作，扩大区域支持中心的支持范围和功能，研究制定海外呼叫中心的方案，确保海外单位可及时、有效获得IT服务。

【履行社会责任】 2015年，中国海油积极履行社会责任，在扶贫、援藏、助学、医疗卫生、扶危济困等慈善公益领域中贡献社会价值，投入资金16964万元，公司第五批援藏项目组在那曲五家援藏央企中唯一荣获西藏自治区“社会扶贫先进集体”称号。公司认真落实党中央、国务院关于精准脱贫的指示精神，及时选派驻村第一书记，参与受援地区扶贫脱贫，并积极参与“百县万村”和“救急难”两个专项行动，有效配合扶贫工作。同时，中国海油公益基金会不断拓展海洋环保项目，形成“增殖放流”“斑海豹保护”和“蔚蓝力量·青年微公益”三个特色环保项目群，并建立中国海油“蔚蓝力量”青年志愿者服务团队。

【其他情况】 公司从2014年开始开展“质量效益年”活动，2015年对该活动进行深化和延展，进一步提升公司管理水平，帮助公司实现提质降本增效目标，圆满完成全年主要生产经营任务，打赢“保增长”攻坚战。上游单位在勘探开发、钻完井等关键领域重点攻关，有效降低桶油成本；专业服务单位与上游业务加强统筹，协同降本，共同提高抗风险能力；下游单位在生产装置长周期运行、产品结构优化上狠下功夫，开源节流取得新进展；金融贸易单位积极推进产融结合，创新商业模式，为主业提供优质服务；机关部门转作风、强素质、提效率，发挥统筹指导、协调支持作用。“质量效益年”活动连续两年提质降本增效均在百亿元以上，为公司生产经营业绩作出重要贡献。

（撰稿人：贺建华）

国家电网公司

【基本概况】 国家电网公司（以下简称“公司”）成立于2002年12月29日，是经国务院同意进行国家授权投资的机构和国家控股公司的试点单位。公司连续11年被评为中央企业业绩考核A级企业、名列中国服务业企业500强榜首，连续五年居《财富》世界500强排名第七位。

公司作为关系国家安全和国民经济命脉的特大型国有重点骨干企业，以建设和运营电网为核心业务，承担着保障更安全、更经济、更清洁、可持续的电力供应的基本使命。公司经营区域覆盖26个省（自治区、直辖市），覆盖国土面积的88%以上，供电人口超过11亿人。公司稳健运营在菲律宾、巴西、葡萄牙、澳大利亚等国家的海外资产。

2015年，公司贯彻党的十八届五中全会、中央经济工作会议精神，贯彻公司战略布局，加快公司和电网发展，为“十二五”画上圆满句号。

【主要指标】 2015年，公司开工110(66)千伏及以上输电线路6.1万千米，变电(换流)容量3.8亿千伏安(千瓦)；投产线路4.6万千米、变电(换流)容量2.5亿千伏安(千瓦)。

2015年国家电网公司主要经济指标

项　目	2014年	2015年	比上年增长(%)
资产总额(亿元)	28929.00	31149.00	7.67
营业收入(亿元)	20914.00	20750.00	－0.78
利润总额(亿元)	812.10	865.20	6.54
利税总额(亿元)	1971.70	2143.70	8.72
电网投资(亿元)	3855.00	4521.00	17.27
净资产收益率(%)	5.18	5.15	减少0.03个百分点
总资产周转天数(天)	474.00	521.00	9.92
资产负债率(%)	56.10	55.40	减少0.7个百分点
售电量(亿千瓦时)	34694.00	34506.00	－0.54
国家电力市场交易电量(亿千瓦时)	6789.00	7221.00	6.36
城市供电可靠率(%)	99.967	99.957	减少0.01个百分点
农村供电可靠率(%)	99.878	99.850	减少0.028个百分点

【改革发展】 贯彻落实中央电力体制改革决策部署，总部成立贯彻落实协调小组，深入研究改革重大问题，参与《受电侧市场主体准入条件与退出管理办法》《电力市场主体注册管理办法》《接入电网管理与监督办法》等多项细则办法的研究制定。贯彻落实中央国企改革决策部署，研究制定《国家电网公司深入研究国有企业改革重大问题工作方案》，推进企业内部分类改革及布局结构调整重组，形成电网业务为核心，电网、产业、金融、国际业务协同发展格局。参与《中华人民共和国电力法》修订等工作。规范董事会建设，完善法人治理结构，加强和改进党对国有企业的领导，健全完善总部、省公司、基础单位党组（党委）、基层党支部四级党建责任体系。

开展新一轮电力体制改革试点模式及实施方案研究，安徽、湖北、宁夏输配电价改革试点有序推进。开展电价机制、电力市场建设、售电侧放开、增量配电投资放开与新能源发展4个方面的重大改革问题专题研究。1月，依托2014年底形成的《国家电网公司厂办大集体改革总体方案》，部署启动厂办大集体改革工作；9月，批复各有关单位集体企业改革改制实施方案，开展集体企业处置、资产和债权债务处理、工商税务变更等工作。稳妥推进集体企业改制，精简集体企业524户。组建北京电力交易中心。职责、流程、制度、标准、考核“五位一体”机制建设向纵深推进，“三集五大”（人、财、物集约化，大规划、大建设、大运行、大检修、大营销体系建设）体系不断巩固提升。严格各级企业负责人薪酬管理，完成岗位绩效工资制度改革。

【电网建设】 列入国家大气污染防治行动计划的“四交四直”和酒泉—湖南特高压直流工程全面开工。准东—皖南±1100kV特高压直流工程获得核准。累计建成“三交四直”工程，特高压跨区跨省输送电量1534亿千瓦时，同比增长12.2%；消纳西南水电1236亿千瓦时，同比增长10.1%。在运在建和获得核准的特高压工程线路长度2.88万千米，变电（换流）容量2.94千伏安（千瓦）。巴西美丽山水电一期特高压工程进展顺利；成功中标二期特许经营权，是公司首个海外独立总承包的特高压输电项目。4月16日，安徽淮南平圩电厂三期扩建的5号百万千瓦机组成功并入特高压电网，成为世界上首个一次直接升压至1000千伏后接入特高压电网的发电厂。750千伏及以下各级电网协调发展。西北750千伏电网建成“41站86线”，线路长度16188千米、变电容量10390万千伏安。加强500千伏网架，截至年底，公司经营区500千伏交直流线路长度12万千米、变电（换流）容量8.3亿千伏安（千瓦）。完成30个重点城市市区和30个非重点城市核心区配电网建设改造。解决10个县域电网与主网联系薄弱和664万农村用户“低电压”问题。山东沂蒙、安徽金寨、河南天池等6个抽水蓄能电站开工建设，在建规模1730万千瓦。

建成投运厦门柔性直流示范工程。完成河北保定电谷、安徽合肥滨湖新区、客户服务中心南北园区等8个智能电网综合示范工程，其中3个通过验收。新装智能电能表6450万只，累计实现用电信息自动采集3.18亿户。累计建成智能变电站2300座、充换电站1537座、充电桩2.96万个。

【国际业务】 2015年，公司以“一带一路”建设和构建全国能源互联网为引领，大力实施国际化战略。宣传构建全球能源互联网战略。习近平主席在联合国发展峰会上提出构建全球能源互联网的倡议，刘振亚董事长参加国际能源署部长级会议、联合国气候大会工商专题论坛等并作主旨发言，公司组织召开全球能源互联网中美、中欧技术装备研讨会，发布《全球能源互联网》英文版。舒印彪总经理连任国际电工委员会（IEC）副主席，公司在IEC设立“全球能源互联网”白皮书项目，在IEC和电气与电子工程师学会立项5项、发布1项标准。

公司稳健运营在菲律宾、巴西、葡萄牙、澳大利亚、意大利和中国香港等国家和地区的资产，收益情况良好。中标巴西美丽山水电特高压送出二期项目，首次独立实现特高压投资、建设、装备、运营一体化“走出去”。国网澳洲资产公司中标澳大利亚天然气管线开发项目。与俄罗斯电网公司、蒙古国能源部、巴基斯坦水电部和输电公司分别在两国领导人见证下签署项目协议。埃塞俄比亚500kV骨干网项目竣工，中国—埃及产能合作项目取得突破，在印度独资建厂项目顺利推进。公司4个项目获得国家2015年外贸发展专项资金8331万元。2015年，公司境外新签工程承包、装备出口和技术咨询服务合同额32亿美元。

【科技创新】 组织开展全球能源互联网发展战略研究，编制发展战略白皮书，组织对全球重点国家和地区清洁能源实地调研，开展北极风能资源和赤道太阳能资源研究；推进跨国跨洲电网互联研究，完成亚欧洲国际输电研究，提出亚洲电网互联初步方案；开展全球能源互联网技术装备研发。

完成大电网重大专项六类项目44个课题研究，系统掌握交直流混联大电网运行控制技术，建立电网安全预警、决策和控制系统，增强大电网驾驭能力。突破分层接入特高压交流电网、容量提升至1000万千瓦特高压直流关键技术，成功研制6250A晶闸管、换流阀等关键设备样机。突破±1100kV特高压直流过电压与绝缘配合等系列关键技术，实现直流电压、网侧电压和直流电流三提升。成功研制全解体式特高压交流变压器，依托淮南—南京—上海工程示范应用特高压GIL。世界上首次成功研制网侧750kV特高压换流变压器、750kV交流滤波器小组断路器。世界上电压等级最高、输送容量最大的厦门柔性直流输电工程，自主研发、代表世界柔性交流输电最高水平的南京统一潮流控制器等重大科技示范工程建成投运。哈密南—郑州特高压直流工程、福建仙游抽水蓄能电站荣获国家金质工程金奖。公司5个实验室入选国家重点实验室。获得国家科学技术进步奖5项。新增专利10022项，获得中国专利奖金奖1项、优秀奖12项，获奖数量居全国第一。

【信息化建设】 2015年，公司建成全球规模最大的电力专用通信网和功能覆盖最全、统一性最高的一体化集团企业级信息系统。公司连续四次在国资委组织的中央企业信息化水平评价中获评A级，并被工信部确定为国家级"两化融合示范单位"。

加强大数据、云计算、物联网和移动互联等信息通信新技术研发与应用，启动信息通信新技术推动智能电网和"一强三优"现代公司行动计划，2015年在关键技术研发、基础平台建设、重点应用推进和通信安全保障四方面开展73项工作任务。

2015年，公司光缆总长度126万千米，通信设备总量40.3万台(套)，通信站5.1万座，通信业务通道总量39.2万条，较2014年分别增长7.7%、11.3%、5.4%和10.7%。全年新建特高压光缆1180千米，完成40个站点200余套台各类通信设备调试安装；组织23家省级公司完成数据通信网核心参数的优化和配置改造；开展IMS行政电话交换网系统建设及业务创新研究，信通公司、27家省公司完成总部及省内IMS行政交换网总体设计工作；对公司总部、各分部、27家省级公司骨干频率同步网进行优化改造；开展终端通信网接入网建设研究；完成国网客服中心通信系统建设；开展一体化电视电话系统二期工程建设。同时，为保障信息系统的安全运行，开展技术监督、业务授权及账号权限治理、隐患治理、灾备运行、应急演练、运维检修等工作，加强网络与信息安全管理。完成公司"十三五"信息化规划总报告和13份专题报告编写。

【党建工作】 截至2015年底，公司系统党组织总数32929个，其中党组62个、党委2214个、党支部2081个，党员总数605223名。2015年，公司系统深入学习贯彻习近平总书记系列重要讲话精神，落实中央加强党的建设各项部署，加强公司系统党建工作，从严落实管党治党责任，明确当前及今后公司党的建设的28条实施意见和65项重点任务；加强基层党组织建设，对107个党支部开展专项整治，新成立党支部466个，开展"一先两优"评选表彰；深入开展"三严三实"专题教育，全面整改"不严不实"问题，严肃党的政治纪律、政治规矩。落实"两个责任"和"一岗双责"。深入学习贯彻《党章》《准则》和《条例》，开展警示教育，广大党员和干部职工思想作风明显改进。积极配合中央专项巡视，组成30个核查小组，核查中央巡视组交办的2005件廉政问题线索，完成巡视反馈意见整改落实，研究制定15个方面35项整改措施、154项整改任务，逐项落实，各单位对照自查，发现问题180个，制定并落实措施整改措施778项，得到中央纪委、中央巡视办、中央巡视组和国资委党委肯定。深化服务型党组织建设、电网先锋党支部创建、共产党员服务队竞赛，基层党支部战斗堡垒作用和党员先锋模范作用进一步发挥。开展"争做最美国网人"活动，弘扬社会主义核心价值观，涌现出一大批先进集体和个人。2015年，公司系统295家单位获全国文明单位称号，64名职工荣获全国劳动模范称号，高君左当选全国道德模范，10名职工荣获中央企业劳动模范、10家单位荣获中央企业先进集体称号，11个集体荣获全国青年文明号。公司评出10名特等劳模、155名劳模、230个先进班组和200名优秀班组长。

【履行社会责任】 2015年，公司落实国家稳增长、调结构、惠民生、清洁发展、创新驱动、产业升级、"一带一路"等各项部署，服务经济社会发展，提升优质服务水平，全面履行政治责任、经济责任和社会责任"三大责任"。

保障经济社会快速发展的用电需求，保障电网安全稳定运行，全年未发生一般及以上电网和设备事故，圆满完成全国两会、抗战胜利70周年、北京世锦赛、西藏自治区成立50周年、新疆维吾尔自治区成立60周年等重大活动，以及天津港"8·12"特别重大火灾爆炸应急保电。支撑清洁能源发展，截至2015年底，国网电网调度范围并网风电11664万千瓦，发电量1661亿千瓦时；并网太阳能发电3973万千瓦，发电量377亿千瓦时。开展电能替代，2015年公司累计推广电能替代项目1.72万个，完成替代电量760亿千瓦时，相当于在能源终端消费环节减少标煤消耗2400万吨，减排二氧化碳6000万吨，减排二氧化硫、氮氧化物和烟尘140万吨。开展优质服务，全年客服服务热线95598呼入量1.09亿通，话务接通率99.14%，回访满意率99.46%；开展第三方客户满意度调查，推进“掌上电力”APP、微信公众号、网上营业厅等多种服务渠道。

规范公益事业管理，进行资源整合，2015年公司发生1113笔对外捐赠，总金额1.28亿元。重点打造“特高压电网奖学金”、对口援藏、“践行民生责任行动”等项目。在湖北省秭归县、长阳县、巴东县和神农架林区，公司捐赠扶贫资金1200万元，实施产业扶贫、基础设施建设、文化教育、医疗卫生等扶贫项目41个。

（撰稿人：刘　薇）

中国南方电网有限责任公司

【基本概况】 2015年，中国南方电网有限责任公司（以下简称“公司”）认真贯彻党中央、国务院的决策部署，加强党的领导，落实体制改革新要求，发挥中央企业在稳增长、促改革、调结构、惠民生中的作用，各项工作取得新成绩。电网保持安全稳定运行，全系统没有发生电力安全和设备事故，三级及以上电力安全事件同比下降43%；最高统调负荷1.42亿千瓦，增长4%。全年完成售电量7822亿千瓦时，下降0.5%；西电东送电量1891亿千瓦时，增长9.8%。公司连续九年获得国资委经营业绩考核A级，并荣获中央企业经济效益突出贡献一等奖。在世界500强企业排名中列第113位，比上年上升2位。

【主要指标】 2015年，公司主要经济指标除营业收入和技术开发投入有所下降外，其余指标均较2014年有所提升。其中，利润总额增长29.28%，达到193.69亿元，创历史最好水平。

2015年中国南方电网有限责任公司主要经济指标

项　目	2014年	2015年	比上年增长（%）
资产总额（亿元）	6169.67	6400.10	3.73
所有者权益（亿元）	2233.58	2464.45	10.15
营业收入（亿元）	4723.50	4694.26	—0.62
利润总额（亿元）	149.53	193.69	29.28
净利润（亿元）	109.33	144.57	31.92
归属于母公司所有者的净利润（亿元）	104.95	139.67	32.75
技术开发投入（亿元）	20.89	20.59	—1.44
利税总额（亿元）	460.85	508.66	10.37
应交税金总额（亿元）	348.40	365.95	5.04
全员劳动生产率（万元/人·年）	48.39	50.74	4.86
净资产收益率（%）	5.13	6.15	增加1.02个百分点
总资产报酬率（%）	4.76	5.00	增加0.24个百分点
国有资本保值增值率（%）	105.73	106.05	增加0.32个百分点

【改革发展】 配合国家部委研究制定《关于推进电力市场建设的实施意见》等6项改革配套政策。组织专题研究贵安新区、广州开发区配售侧改革试点、以及滇西北项目混合所有制改革等有关问题。应用深圳改革试点经验，配合做好云南、贵州输配电价改革试点准备工作。在广东、广西、云南、贵州成立电力交易中心，广东电力交易技术支持系统成功上线运行，全年全网组织市场化交易电量880亿千瓦时。各省区推进省内电力直接交易试点，全年直接交易电量741亿千瓦时，电价平均降低7分/千瓦时，累计减少客户电费52亿元。开展混合所有制试点，牵头组建合资公司运营的深圳前海蛇口供电有限公司，成为国家电改文件出台后第一家增量配电网混合所有制现代城市供电企业。落实央企负责人薪酬制度改革要求，进一步规范、理顺收入分配秩序，向生产单位和基层一线倾斜，基本形成合理有序的收入分配格局。

【安全供电】 全面加强系统运行风险的动态闭环管控，全年制定并落实防范电网十大运行风险的43项重点工作、278项措施，有效化解22次一般及以上事故风险。开展差异化运维和规范化检修，发现并处理紧急重大缺陷及隐患2587项。探索运用“机巡+人巡”的巡维模式，完成6.7万千米输电线路机巡工作，累计发现并解决缺陷和隐患2.5余万处。圆满完成抗战胜利70周年纪念活动、博鳌亚洲论坛等16项重大保供电工作。充分发挥“灾前防、灾中守、灾后抢”的防灾应急机制作用，成功应对强台风“彩虹”袭击，在较短时间内全面恢复447.3万户受影响客户的供电，在龙卷风导致500千伏广南站全站失压事件中，广州供电局5个小时即恢复客户供电，5天全面恢复电网正常运行，创造特大型城市电网在极端故障下复电的“南网速度”。

【电网发展】 在电网建设投资方面，在年初700亿元投资计划的基础上，追加投资134亿元，加强重点项目和城乡配电网建设。完成2015年第一、二批中央农网改造升级投资59.5亿元，完成率100%。在电网规划方面，完成公司“十三五”电网规划研究，滚动修编《南方电网发展规划(2013—2020年)》，采取六项重要举措加快电网建设进度。在电网建设方面，5月30日，普侨直流普洱接地极投产；6月30日，500千伏滇南外送二回交流工程投产；11月30日，清远蓄能电站1号机组投产。9月、10月、11月，海南联网二回工程、梅州抽水蓄能工程、阳江抽水蓄能先后开工建设。滇西北至广东±800千伏特高压直流工程获得核准。广东500千伏纵江变电站工程、云南500千伏建塘输变电工程荣获“鲁班奖”。在管理方面，深化标准设计和典型造价V1.0应用。加强物资招标采购规范化、集约化管理，网、省两级物资采购集中度90.4%。

【客户服务】 强化客户停电集中监控，加强配网运行管理和故障情况下快速复电机制建设。推广带电作业，全网实施配网带电作业5.72万次，同比增长23.1%。开展业扩报装、电能质量和用电安全三项治理，解决用电受限、停电频繁、电能质量低等问题。做好重大项目、重大工程的供电保障服务，分层分级按月跟踪业扩报装工作，全网报装接电时间平均提前46天。以实现“家门口接电”为目标，在广东地区将业扩投资界面延伸至客户建筑的土地产权红线，截至2015年底为客户节约投资11.2亿元。全年接收客户工程资产119亿元。推行营销标准化、专业化、集约化管理，开展服务渠道创新，整合优化实体营业厅，开通互联网、微信营业厅等服务渠道，非现金缴费客户比例达到85%。全年客户平均停电时间9.93小时/户，同比下降14.4%。中山、佛山、江门、深圳、玉溪供电局进入全国供电可靠性十强。第三方客户满意度79分，接近国际先进水平；公司在广东、广西、云南、贵州以及广州、深圳社情民意机构客户满意度调查中位列第一。

【降本增效】 认真落实国资委关于全力以赴稳增长的要求，开源节流、降本增效。强化全员、全要素、全过程成本管控，成本费用占营业收入比重同比下降1.13个百分点。探索省间市场化交易机制，努力消纳云南水电，全年购水电比重40.4%，同比提高3.4个百分点，购电成本大幅降低。做好电费回收，当年电费回收率99.9%以上。落实中央八项规定精神，办公、差旅、会议、业务招待、出国等五项费用同比下降5.2%。开展亏损企业专项治理，逐户制定和落实扭亏脱困方案，亏损面和亏损额分别下降34%、20%。推进“两金”清理，“两金”余额下降11.6%。强化闲置物资再利用，严格规范固定资产报废管理，报废资产净值率降低0.8个百分点。加强资金集中管理，取得运作收益22.8亿元。加大资本运作力度，通过盘活可出售金融资产，增加投资收益12.7亿元。公司财务绩效评价被国资委评为优秀。配合做好国家审计署开展稳增长政策落实情况等跟踪审计，加大内部审计力度，全年完成审计项目1378项，纠正违规金额4.12亿元，促进增收节支1.19亿元。积极配合监事会开展当期监督，按要求做好问题整改。制定公司全面推进依法治企的实施意见，扎实贯彻执行；加强法律案件管理，避免和挽回经济损失7.96亿元。

【节能减排】 强化节能发电调度管理，全年减少标煤消耗1505万吨，减少二氧化碳、二氧化硫排放分别为4003万吨、37万吨。单位发受电量化石能耗144克/千瓦时，同比降低28克/千瓦时，远低于全国平均水平。配合政府做好“十三五”新能源发展规划研究。支持新能源有序协调发展，全年全网新增风电装机容量288万千瓦、光伏装机容量67万千瓦,同比分别增长37.5%、68.7%。深化线损“四分”管理,全年综合线损率6.72%,下降0.22个百分点。编制公司支持电动汽车充电基础设施建设方案,合理布局充电服务网络;全年完成充电19万车次,充电电量458万千瓦时。大力实施合同能源管理,全年客户侧节约电量8.78亿千瓦时,超额完成国家节约电力电量“两个千分之三”目标。

【走向海外】 积极开展海外工程承包和资产并购,正在开展境外电力合作重点项目总投资156亿元,带动116亿元的国内施工、技术、服务、装备等进入国际市场。其中,越南永新电厂一期BOT项目于7月开工建设,老挝南塔河1号水电站提前一年实现截流。老挝北部电网EPC项目10月竣工投运。中老、中缅、中泰联网项目前期工作加快推进。深化与周边国家交流合作,为老挝培养38名电力专业留学生及近百名电网技术人员。根据国家能源局安排,公司作为组长单位牵头组织3600万元电力物资,支援缅甸抗击特大洪灾。推进大湄公河次区域(GMS)的电力合作,倡议发起周边国家电力企业高峰会第二届峰会。调整优化公司驻外办事机构,成立公司国际情报中心,完成公司驻泰国、越南、老挝、缅甸办事处的组织机构建立。整合境外电力合作项目资产,将广东、云南跨境购售电资产分别划转至南网国际公司和云南国际公司。组建跨境资金池,打通境内外资金融通渠道。公司获得标普、穆迪、惠誉三大国际评级机构给予的国家主权级最高信用评级。

【重大创新】 科技创新方面,2015年,公司12个国家“863计划”项目全部按期通过国家验收。公司“直流输电技术”实验室入选国家重点实验室。全年获得授权专利2427件,同比增长58%,其中发明专利772件,同比增长79%;年度发明专利授权量在中央企业中排名第14位。获省部级以上科技奖励41项,“多维信息交互电网保护与控制”成果获得中国电力科技一等奖,“大容量高电压多端柔性直流输电”成果获得中国机械工业科学技术奖一等奖。职工创新3项成果获得全国能源化工系统优秀职工技术创新成果奖,54项成果获得全国电力职工技术成果奖。

管理创新方面,充分挖掘分析公司系统创先实践,总结提炼成果经验,评选出33项年度优秀创新成果;17项成果被授予全国电力行业管理创新奖(7项一等奖,10项二等奖),其中,公司一体化业务管理体系作为全国首创性成果,受到业界关注。

【党建工作】 全面落实从严治党,加强思想建设,在全系统建立起政治学习常态机制。各级党组(党委)中心组认真贯彻习近平总书记系列重要讲话精神,在全系统扎实开展“三严三实”专题教育,加强不严不实问题整改,抓好《党章》《准则》《条例》学习,严肃党的政治纪律和政治规矩。组织近200名公司党组管理干部分四期到中国井冈山干部学院进行党性修养提升轮训。强化基层党组织建设,编制《党委书记工作手册》和《党支部书记工作手册》,制定《基层党委书记工作到位标准》,促进党建工作责任落实。试点开展基层党组织书记述职考核评价,并对公司三级、四级单位党组织书记进行轮训。完成91个党委、266个党支部的换届选举整改工作,总体完成率达到100%。向中组部报告的工作经验《落实管党责任 强化工作指导 南方电网公司有序推进基层党组织换届选举》,首次入选中组部《全国基层组织建设工作情况通报》。落实党管干部原则,严格做到干部档案“凡提必审”、个人有关事项报告“凡提必核”。对2010年以来公司党组管理干部中6名人员“带病提拔”“带病上岗”问题进行倒查和追责。2015年公司选人用人工作满意度98.93%,为历年最高。

落实中央巡视组反馈意见,开展工程项目和设备采购领域权力寻租、电力营销领域权力寻租、企业奢侈浪费、领导人员亲属违规经商办企业、主业向职工持股企业输送利益五个专项治理,立行立改的整改任务全部按期完成,常态化工作持续推进。认真处置中央巡视组移交的信访举报件。抓好“两个责任”落实,全面开展党组(党委)书记、纪检组长(纪委书记)约谈工作;实行纪检组长(纪委书记)对同级领导班子成员廉洁评价制度。加大自主查办案件力度和违反中央八项规定精神问题的查处力度。加大内部巡视力度,实现对分、子公司巡视的全覆盖。

【信息化建设】 持续完善一体化作业标准体系,优化作业标准53832份,全面覆盖基层各项业务。编制全网统一的指标体系,将现行83项班组管理通用记录优化精简至18项，为基层减负。推进农电规范化建设，加强供电所基础管理。各综合管理委员会积极推进企业管理信息系统2.0版建设，年底前全面投运。资产、营销、人资、财务管理四大信息系统实现上线试运行，覆盖90%以上的单位和90%以上的业务，各系统核心业务功能模块基本实现全员应用。积极推进企业级数据库和中间件国产化工作，形成一批具有自主知识产权的信息化成果。

【队伍建设】 加强人才队伍建设和精神文明建设。对50名优秀年轻干部进行素质再提升集中培训。深化全员绩效管理，业绩考核覆盖率达到100%。严格技能岗位资格准入管理，一线技能人员持证率达到100%。完成82个技能实训室建设，举办各类培训班8239期，培训62.2万人次。广泛开展劳动技能竞赛，涌现出一批行业领先的技术能手。

（撰稿人：谭荣胤）

中国华能集团公司

【基本概况】 2015年，在党中央、国务院正确领导下，中国华能集团公司（以下简称"华能集团公司"）系统深入贯彻落实党的十八大和十八届三中、四中、五中全会精神，认真学习贯彻习近平总书记系列重要讲话精神，按照强化"三个意识"、努力做到"六个更加注重"的要求，攻坚克难，奋力拼搏，圆满完成年度各项目标任务。巡视整改取得阶段性成效。全力配合中央第七巡视组专项巡视，成立整改工作领导小组、办公室和专项整改工作小组，坚持以系统思维和全局观念抓整改，围绕巡视反馈的3个方面问题和6条整改意见建议，制定整改总体方案和16个整改专项方案，建立整改台账，明确整改时限、责任单位和责任人。按期全面完成222条整改措施，制定修订制度134项，健全完善责任追究机制。通过巡视整改，"两个责任"落实和成效层层弱化问题得到有效改善，执行中央八项规定精神的自觉性进一步提高，"三重一大"、招投标、选人用人等方面存在的问题得到认真解决。深入开展巡视整改"回头看"，对发现的问题做到立行立改、即知即改，不断深化巡视整改工作。巡视整改工作得到上级单位充分肯定。

安全生产和节能减排工作得到加强。认真贯彻落实新《安全生产法》，建立依法治安机制，高标准建设华能电厂安全生产管理体系。发承包工程安全管理水平稳步提升。持续抓好反违章、隐患排查治理、安全制度建设和应急管理。设备可靠性指标保持行业领先。煤炭产业深入开展"打非治违"和零星工程安全管理提升等活动，煤化工安全管理制度体系不断健全完善，交通运输产业安全形势保持稳定。在行业率先推进节能降耗技术集成应用，煤机及6个主力机型供电煤耗保持行业领先。单机30万千瓦及以上电厂全部建成优秀"两型"企业，全部煤机实现达标排放，累计2069万千瓦机组完成超低排放改造。建成污染物全过程实时监管平台，污染物排放监测基本实现全覆盖。碳资产统一管理成效初显，150个项目纳入自愿减排项目开发；温室气体排放数据平台在行业内率先投入试运行。

经营业绩再创新高。加强增收节支、扭亏减亏等短板治理，强化经营在线监控和预警，合并利润、净利润、归属母公司净利润创历史最好水平。全面完成国资委考核指标和稳增长任务，被授予"2015年度中央企业经营业绩考核工作先进单位"。营销工作得到加强，积极参与市场竞争，开展水火、风火电量置换，巩固和扩大市场份额。深化供热管理，供热量和供热收入分别同比增长16.2%和15.6%。成本费用管控取得实效，开展燃料招标采购和标煤采购单价区域对标，引入跨区优质资源，加强燃料精细化管理，54%的燃煤电厂建成燃料标杆电厂。营业总成本降幅高于营业总收入降幅1.3个百分点，生产费用和三项费用较预算少支出35.5亿元。发展工作取得新成绩。建立价值型投资预算体系，强化预算刚性执行和过程管控。

完善项目退出机制。推进低碳清洁能源和清洁高效火电重点项目开发。建成西藏地区首个大型水电项目——藏木水电站，为藏中电网提供强大的电源支撑。风电、光伏投产规模创历史新高。在安源电厂投产我国首台二次再热机组，莱芜百万千瓦级二次再热项目投产，供电煤耗全国最低。金融产业积极推进产融结合，资本公司建立光伏基金。加强煤炭企业规范治理，妥善组织开展有关煤矿关停工作。资本运营取得新成效。积极推进火电、风电资产整合。推进资本运营扭亏，开展百亿元低效无效资产处置。

科技创新迈出新步伐。天津IGCC示范电站获中国电力科技进步一等奖，满负荷连续运行超过80天。具有自主知识产权的煤制天然气甲烷化催化剂、有机薄膜光伏电池等技术研发成功。煤基清洁能源国家重点实验室及"大型燃煤电站运行优化及污染物控制关键技术与示范"等四项国家级科技项目通过验收。烟气污染物一体化脱除、节能降耗等先进技术得到推广应用。企业改革和管理提升扎实推进。出台公司改革指导意见，明确改革路线图。整合管理资源，总部基建部与股份公司工程部实现合署办公；成立物资部，建立"两级集采、三级管理"机制；财务公司、招标公司实现职能独立，成为总部直管单位，专业化、集约化管理水平进一步提高。发挥区域营销主体作用，成立省级销售公司。印发依法治企工作指导意见，制定并实施公司法制工作五年规划。深化内控体系建设，完善考核评价制度。加强审计监督，强化整改责任落实，建立审计信息系统，健全审计闭环管理机制。开展审计整改"回头看"，整改完成率达到96.3%。编制产业发展战略及"十三五"规划、创一流"十三五"规划。19项管理成果获得电力行业管理创新奖，获奖总数行业最多；4项成果获得第一届中国电力创新奖。

党的建设得到进一步加强。把学习贯彻习近平总书记系列重要讲话精神贯穿始终，广泛开展学习党章、重温入党誓词活动。体制机制不断完善。反腐倡廉建设深入推进。加大党建工作考核权重。深入学习贯彻《准则》和《条例》，制定《主体责任清单》及《追究办法》。认真开展"三严三实"专题教育。落实《党组工作条例》，规范基层党支部"三会一课"，分级轮训党组织书记。严把干部选拔任用关口，从严监督和管理领导班子和领导干部。畅通技术技能人才成长通道。开展援疆援藏援青和定点帮扶贫困革命老区"百县万村"活动。

【主要指标】 2015年，未发生较大及以上安全事故，确保生产、经营、政治和形象安全。

2015年，华能集团公司实现发电量6146亿千瓦时，其中国内发电量6040亿千瓦时，同比下降5%；煤炭产量6515万吨，同比下降12.2%。供电煤耗305.78克/千瓦时，同比下降4.23克/千瓦时；厂用电率4.24%，同比下降0.17个百分点。

投产新机960万千瓦。截至2015年底，公司境内外全资及控股电厂装机容量16063万千瓦，同比增长6%；低碳清洁能源装机比重达到28.8%，同比提高1.7个百分点。

2015年中国华能集团公司主要经济指标

项　目	2014年	2015年	比上年增长(%)
资产总额(亿元)	9281.58	9718.96	4.71
所有者权益(亿元)	1634.27	1696.07	3.78
营业收入(亿元)	2920.62	2682.26	-8.17
利润总额(亿元)	268.02	305.72	14.06
净利润(亿元)	171.64	205.89	19.95
归属于母公司所有者的净利润(亿元)	26.12	48.67	86.33
技术开发投入(亿元)	2.05	3.05	48.78
利税总额(亿元)	495.87	571.34	15.21
应交税金总额(亿元)	324.23	365.45	12.71
全员劳动生产率(万元/人·年)	80.62	80.15	-0.60
净资产收益率(%)	11.01	12.39	增加1.38个百分点
总资产报酬率(%)	6.27	6.12	减少0.15个百分点
国有资本保值增值率(%)	117.50	106.80	减少10.7个百分点

【改革发展】 推进现代企业制度和集团管控体系建设，积极推动所属企业建立健全现代企业制度，健全协调运转、有效制衡的法人治理结构。充分发挥企业党组织在现代企业法人治理结构中的政治核心作用和职工民主管理作用。建立健全集团公司一产业公司(区域公司)一基层企业三级管控体系，提高集团化整体管控能力；建立健全事业部制加专业化的管理模式，提高新能源、煤炭、核电、页岩气、煤层气、煤化工、科技等各领域的专业化管理能力；建立健全国

际化经营管理体制，提高国际化管控能力；建立健全全面预算管理体系、绩效管理体系、资金集中管理体系、全面风险管理体系和其他职能管理体系建设，不断完善管理体制机制，全面提升企业管理的基础能力和管理效率。

发展混合所有制经济，积极推动二级企业和基层企业通过企业上市、增发、与民间资本和外商资本合作合资等形式，大力发展混合所有制经济。截至2015年底，公司所属开发公司、股份公司、新能源公司等10家二级企业实现混合所有制，占公司二级企业总数的26%。积极引入外商资本。

持续深化人事、劳动和分配制度改革，深化干部选拔考核改革。对干部考核严格执行“信念坚定、为民服务、勤政务实、敢于担当、清正廉洁”五条标准；对后备干部组建实行“重点培养、同等使用”，不片面追求干部低龄化；不简单以票取人，客观综合分析使用民主推荐结果，发挥党组织严格把关作用。深化收入分配制度改革。按照“效益升、工资升，效益降、工资降”的要求，更加突出效益导向，进一步强化工效联动机制，加大效益完成情况与工资总额的挂钩力度，对盈利较多和亏损严重的单位，实行“保增调降”，充分发挥收入分配对集团公司“稳增长”的促进作用。探索实施工资总额分类管理，尊重不同行业的分配特点，发挥专业化管理优势，进一步增强集团公司调控的针对性和有效性。推进教育培训体系改革，构建具有华能特色的管理、专业、技能人才队伍培训基地体系，完善干部培训内容方式，加大技术、技能人才培训投入，组建4个集团公司级、12个二级单位级技能人才实训基地。加大国际化人才培养力度，选拔67名国际化后备人才。推进人才成长机制改革，建立人才成长发展通道，针对技术、技能人才特点，构建公司总部、产业（区域）公司和基层企业三级技术、技能优秀人才选拔管理体制，选聘首批13名首席专家、16名首席技师，推动“两高”人才选拔工作，向二级和基层企业延伸，组建公司系统三级的技术、技能优秀人才库。

深化企业内部改革工作，适应电力体制改革要求，加强营销队伍建设；在6个区域开展营销改革试点，成立营销子公司或分公司，强化区域公司营销责任主体和核心地位。新能源项目集约化整合扩大至11个省级区域，减少60家机构和编制定员500人。推进基建、物资、贸易和招投标体制改革，集团公司基建部和股份公司工程部完成合署办公；总部成立物资部，招标公司纳入物资部管理，推行依法、全面、公开招投标；15个二级单位的183家基层企业在电子商务平台线上采购；贸易产业实现专业化管理。积极稳妥解决好资产收购带来的历史遗留问题和企业办社会职能。

【重大项目】 2015年1月28日，华能集团公司与神华集团有限责任公司在公司总部签署战略合作框架协议。

2015年3月4日，华能天津IGCC电站成功完成机组满负荷冲击试验，实现投运以来首次满负荷运行。其间，机组累计实现满负荷运行4小时，系统各项参数正常。

2015年3月6日，华能宁夏公司大坝电厂四期工程2×66万千瓦燃煤机组项目正式开工建设。该项目是宁东至浙江±800千伏特高压直流输电工程配套电源项目之一。

2015年4月19日，萨希瓦尔煤电项目购电协议（PPA）、执行协议（IA）签署仪式在巴基斯坦首都伊斯兰堡举行。华能山东如意（巴基斯坦）能源有限公司分别与巴基斯坦国家输配电公司（NTDC）签订购电协议（PPA），与巴基斯坦电力管理委员会（PPIB）签订执行协议（IA）。两个协议的签订，标志着萨希瓦尔煤电项目开发的相关政策措施落实到具体合同文本中，获得国家主权担保，具有法律保护效力。

2015年4月20日，在中国国家主席习近平和巴基斯坦总理纳瓦兹·谢里夫的共同见证下，华能集团公司总经理曹培玺与巴基斯坦旁遮普省能源部长杰汗泽布在伊斯兰堡签署能源战略合作框架协议。

2015年4月28日，华能集团公司、中国电力建设集团有限公司、中国东方电气集团有限公司在公司总部签署三方战略合作协议。

2015年5月6日，华能长兴电厂2台66万千瓦超超临界高效超净排放燃煤机组首次在AGC方式下同时实现满负荷运行，总出力达到132万千瓦，实现机组“安全、经济、环保”运行的三大设计目标。

2015年5月12日，在中国国家主席习近平和白俄罗斯总统卢卡申科的共同见证下，华能集团旗下永诚财产保险股份有限公司接受中国—白俄罗斯工业园管委会颁发的协议书，正式进驻中白工业园。

2015年5月17日，华能洛阳热电联产工程1号机组顺利通过168小时满负荷试运行，投入生产。6月7日，洛阳热电联产工程2号机组顺利完成168小时满负荷连续试运行，投入商业运行，标志着我国首个超净排放单系列辅机35万千瓦热电联产工程投产，也标志着河南省新建热电联产燃煤电厂超净排放实现“零”突破。

2015年6月2日，华能集团公司与韩国电力公社在公司总部分别签署《项目合作备忘录》《软科学研究战略合作谅解备忘录》《技术研究战略合作谅解备忘录》。

2015年6月27日，我国首台66万千瓦超超临界二次再热发电机组——华能安源电厂新建工程1号机组通过168小时连续满负荷试运行，脱硫、脱硝装置同步投运，标志着我国电力设计、制造、安装和调试水平又上一个新台阶，将为二次再热技术在国内的推广应用发挥重要的引领示范作用，对于我国电力行业可持续发展和建设创新型国家都具有重要意义。

2015年7月3日，在“推动京津冀协同发展——央企进河北”会议上，华能集团公司与河北省政府签署《河北省人民政府中国华能集团公司战略合作框架协议》。

2015年7月14日，在中国国家能源局与澳大利亚工业部代表见证下，清洁能源研究院与澳大利亚沃利帕森服务公司在北京未来科技城的华能人才创新创业基地签署“中国—澳大利亚燃烧后二氧化碳捕集可行性研究”项目合同。该项目是由中澳两国政府主导的国际合作项目，旨在研究燃煤电厂应用百万吨级燃烧后二氧化碳捕集技术的可行性，包含电厂改造及燃烧后捕集装置的概念设计、系统集成和优化等。

2015年7月23日，华能集团公司与上海电气集团股份有限公司在公司总部签署境外项目合作框架协议。

2015年7月31日，中巴经济走廊首个能源项目——华能巴基斯坦萨希瓦尔燃煤电站举行主厂房第一方混凝土浇筑仪式，标志着萨希瓦尔燃煤电站建设全面启动。

2015年8月29日，在山西省——中央企业合作发展座谈会暨签约仪式上，华能集团公司签署《山西省人民政府—中国华能集团公司战略合作框架协议》《西上庄低热值煤发电项目合作框架协议》。

2015年9月6日，陕西省发改委核准华能铜川电厂二期扩建项目。该项目是关中地区首个获核准的百万千瓦机组建设项目，也是陕北至关中第二条750千伏输电大通道的电源支撑。

2015年9月8日，华能集团公司与哈尔滨电气集团公司在公司总部签署境外项目合作框架协议。

2015年9月24日，华能集团公司与西班牙阿本戈集团在马德里签署合作框架协议。

2015年10月16日，在深化陕西省与中央企业战略合作座谈会上，华能集团公司与陕西省政府签署《陕西省人民政府中国华能集团公司合作推进项目建设协议》。

2015年10月27日，华能集团公司在晋首个燃机项目——太原东山燃机热电联产项目顺利通过168小时连续满负荷试运并移交生产。该项目是山西省、太原市两级重点民生工程、环保工程。

2015年10月28日，华能江苏苏州燃机热电多联产项目开工建设。该项目是江苏省省级清洁能源建设重点项目，地处苏州新区南部，建设2台25.5万千瓦E级燃气—蒸汽联合循环热电联产机组，配套建设热网和60千米的天然气管道工程，计划于2017年一季度投产。

2015年11月2日，在中国国家主席习近平和法国总统奥朗德的共同见证下，华能集团公司与法国ENGIE集团公司在人民大会堂签署《中国华能集团公司与法国ENGIE集团公司战略合作谅解备忘录》。

2015年11月3日，华能集团公司与中国机械工业集团有限公司在公司总部签署战略合作协议。

2015年11月21日，华能山东石岛湾高温气冷堆核电站示范工程首台反应堆压力容器设备水压试验在上海电气核电设备有限公司圆满成功。反应堆压力容器设备水压试验的一次成功，标志着国内外首台高温堆核电项目核岛关键设备的制造在经过独立研发、自主创新后，已完全实现国产化，具备商业化推广能力。

2015年12月1日，华能集团公司援建西藏墨脱县亚让水电站首台机组及其线路延伸工程完成试运行联调各项试验，正式并网送电，标志着西藏首个可再生能源局域网示范工程初步建成，墨脱县各族同胞就此结束严重缺电历史，进入清洁、安全、稳定、可靠的电网供电时代。项目在国内率先实现县级局域电网发、输、变、配“调控一体化”，全面提升墨脱县电力供应的安全性、稳定性和可靠性。

2015年12月14日，华能集团公司与通用电气公司(下称GE)在公司总部签署战略合作谅解备忘录。

2015年12月15日，华能清洁能源研究院在三亚南山电厂的太阳能热发电示范项目顺利完成储热、换热全流程实验，实现晚间正常稳定产汽运行。

2015年12月24日，华能莱芜电厂6号机组顺利完成168小时满负荷试运行，标志着华能集团公司和山东省首台百万千瓦级超超临界二次再热机组正式投产。该机组采用世界最先进的二次中间再热技术，主要通过增加热力循环次数提高机组运行效率，为目前效率最高、能耗最低、指标最优、环保最好的火电机组。

2015年12月27日，华能对口援助西藏自治区昌都芒康县无电区电源建设项目——华能觉巴水电站首台机组，顺利通过72小时试运行，投入商业运行。觉巴水电站的投产，给长期缺电少电的当地藏族群众带来光明，新增和改善用电人口5万人，为当地经济社会跨越式发展提供坚强的能源保障。

2015年12月30日，由中国华能集团公司牵头、华能清能院负责研发的我国首个700℃关键部件验证试验平台在华能南京电厂成功投运并成功实现700℃稳定运行，验证平台建设取得圆满成功，标志着我国新一代先进发电技术——700℃超超临界燃煤发电技术的研究开发工作取得重要阶段性成果，表明我国已经初步掌握700℃先进超超临界发电技术所涉及的高温材料冶炼、部件制造加工和现场焊接等关键技术。

2015年12月30日，新能源公司云南大理龙泉风电场79号风机投产发电。新能源公司运营、在建的发电装机覆盖全国16个省(自治区、直辖市)，总装机规模达到1001.37千瓦，突破1000万千瓦大关。

【走向海外】 华能巴基斯坦萨希瓦尔电源项目建设顺利推进，墨西哥燃气和风电项目投产。永诚保险入驻中国一白俄罗斯工业园。科技服务项目涉及海外12个国家，合同金额2亿元。与巴基斯坦、韩国、西班牙、法国等国家的能源企业签订合作协议。牵头与国内装备制造企业、电力建设企业打造“走出去”联合体。

【重大创新】 2015年，华能集团公司高度重视科技创新，积极推进大众创业、万众创新工作，紧密围绕“三个三”(“三个面向”即面向高精尖、面向生产经营、面向产业化，“三个服务”即服务国家、服务行业、服务华能，“三个任务”即科技研发、技术服务、产业化发展)的科技工作定位、“三个一批”(研发一批、储备一批、推广一批)的科技发展路径，从体制机制建设，到人力财力投入，不断强调科技引领作用，以科技创新驱动服务公司核心竞争力的提升。积极实施科技创新战略，努力提高科技对公司前沿技术的研发能力、对生产经营的服务能力、对做强做优做大的贡献能力。建成以热工院、清能院为主的中央研究院、二级单位设立的技术中心和基层企业三级技术创新体系，充分发挥各级科技机构的作用，努力提升华能集团科技创新能力。发布《中长期科学技术发展规划(2015—2030年)》《科技创新单项奖奖励办法》等一系列科技管理制度，支撑科技创新的发展。建立公司科技人才晋升通道，培养包括7位“千人计划”专家在内的一批高水平中青年优秀创新人才和队伍，培育和形成一批具有国际眼光和先进管理理念的科技产业化人才。制定和实施科技投入随公司规模共同增长的投入保障制度，进一步推动形成以科技创新支撑主业生产，主业收益反哺科技投入的可持续发展模式。

煤基清洁能源国家重点实验室、北京未来科技城人才创新创业基地、西安阎良科研试验和产业化基地投入使用，形成科技产品从技术创新、产业孵化到产业化推广的支撑平台。建成具有自主知识产权的国内首台IGCC示范电站；建成国内首座超超临界二次再热发电厂；研发攻关700℃、650℃先进超超临界发电；国内首个700℃超超临界机组关键部件验证试验平台成功投运；华能长兴电厂率先采用烟气协同治理技术，实现煤电的污染物超低排放和废水近零排放；

我国首台采用单系列配置优化设计的350MW供热机组在伊春热电投产运行;具有自主知识产权的湿式除尘等环保先进技术成功示范并推广应用。积极探索先进绿色低碳发电技术,建成国内首个分散式接入风电项目,页岩气、煤层气等新兴能源开采和利用技术探索研究取得积极进展。“在役大型燃煤电站运行优化及污染物控制关键技术与示范”等4项国家科技支撑计划和863计划课题通过专家验收。全年申请专利498项(其中发明专利244项),获得专利授权286项(其中发明专利57项),同比分别提高50%和65%;获得省部级科技成果奖励14项。加强重大科技项目立项管理,围绕高精尖和生产经营重大技术需求。热工院、清能院科技产业经营规模稳步发展,全年签订技术合同3687项。

【党建工作】 2015年,华能集团公司落实全面管党治党责任,研究制订《“十三五”加强党的建设工作纲要》,积极探索党组织发挥政治核心作用的有效途径。落实党风廉政建设主体责任,指导45家二级单位制定落实主体责任的实施细则。制定印发《党组履行党风廉政建设主体责任清单》,制定《落实党风廉政主体责任追究办法(试行)》。完善党建目标责任书、党建工作要点、党建绩效考核“三位一体”考核体系。修订《党建绩效考核实施细则》,制定《党建思想政治工作绩效考核办法及评分标准》,加强对党建思想政治工作的定量考核。强化制度刚性执行。完善党建工作体制机制,成立党建工作领导小组。印发《关于各二级单位成立党建工作议事机构和建立健全党群政工机构的通知》,指导46家单位建立党建工作领导小组。规范各级党组(党委)工作,进一步建立健全党群政工工作机构,38家单位设立独立党群政工机构,16家单位政工工作与相关综合部门合署办公,实施党建工作动态考核机制,对落实党建目标责任书和党建工作要点进行专项部署。夯实党建工作基础,进一步明确党组(党委)负责人任职条件和选拔程序,配齐二级单位的党组(党委)书记,推进“三型”党组织建设。进一步加强基层党支部的规范管理。加强基层党组织带头人队伍建设,2015年,2700余名各级党组织书记参加集中轮训。组织开展“六个一”活动,强化党员第一身份,进一步增强党章意识、党员意识。推进以“安全生产、节能减排、降本增效、遵纪守规”为主要内容的党员示范行动,在包头第二热电厂召开党员示范行动现场推进会。在井冈山干部学院举办践行“三严三实”专题培训班。扎实抓好“三严三实”专题教育,制定专题教育方案,细化各专题学习研讨计划。组成4个工作组,加强工作联系,参加二级单位、部分基层企业专题学习、交流研讨,督促指导专题教育活动开展,认真查找“不严不实”突出问题,开展侵害群众利益问题专项整治,立行立改解决问题,形成问题清单、责任清单和整改清单。加强直属党委工作,调整公司直属党委办公室设置,学习党的十八届五中全会会议公报、《中国共产党廉洁自律准则》和《中国共产党纪律处分条例》,深化“双培养一输送”活动,修订《直属党委发展党员工作细则》《直属党委发展党员公示细则》。

【信息化建设】 2015年,华能集团公司信息化工作制度建设进一步加强,印发《中国华能集团公司信息化工作管理规定》。开展信息化“十三五”规划编制工作。积极应用云计算、物联网、移动互联、大数据、智能化等新一代信息技术,着力推进“互联网+”行动,加快建设“数字华能”,促进两化深度融合。加强信息化架构顶层设计,打造数据融合、流程衔接、应用集成、资源共享的一体化信息平台,提升集团管控效率。强化信息安全基础保障,推进容灾中心建设。完善信息化运维体系,提高信息系统运维能力。在线经营分析系统建设取得阶段性成效,总部层面,在日利润分析功能上线应用的基础上,积极开展各业务领域分析主题的建设工作,新增实施领导驾驶舱(包含日利润分析)、市场营销、安全生产、燃料管理、财务管理、物资管理等领域的分析应用;二级单位层面,首批8家二级单位的推广实施工作,实现上述管理领域分析和报表应用。ERP相关模块覆盖范围继续扩展,截至2015年底,ERP覆盖集团公司159家火电、水电和风电企业,电力板块覆盖率超过90%。优化完善检修标准化管理模块,试点实施安全管理模块。生产实时监管分析项目稳步推进,截至2015年底,系统监管范围覆盖2665台机组(含火电、水电、风电机组,以及光伏单元),监管机组容量占全集团装机容量的99%以上。截至2015年底,污染物监管系统覆盖全集团范围99%的10万千瓦以上火电机组，新增实现污染物数据指标统计、超标监视和报警功能。生产实时数据分析应用完成各类生产实时数据的编码标准制定，初步建立火电、水电基层企业不同SIS系统间同类实时数据的对照和映射规范，完成数据处理基础平台的搭建。其他专业系统建设有序开展信息化基础设施建设进一步加强。

【履行社会责任】 2015年，华能集团公司深入落实《社会责任管理工作推进计划(2013—2015)》，进一步加强社会责任管理，制定"十三五"社会责任管理专项规划，明确下一步社会责任工作的指导思想、总体目标和主要任务。编制发布2014年可持续发展报告，改进报告管理，创新报告形式。报告连续四年被评为五星级报告，并获得金蜜蜂优秀社会责任报告·长青奖。宣传推介履责成果，常态化发布社会责任信息。实施"绿色发展行动计划"被评为联合国全球契约"中国企业十大绿色行动"。在中国社科院企业社会责任评价中，华能集团公司社会责任发展指数居中国企业300强第四位。认真贯彻中央和国家关于新时期扶贫开发工作的部署要求，落实精准扶贫、精准脱贫的基本方略，进一步加强扶贫援助工作力度，强化项目实施管理。全面梳理公司在陕西横山、新疆阿合奇、青海尖扎等地的定点扶贫和对口支援工作，研究制定《公司2015—2017年扶贫援助项目及资金计划》，集中资金，集中项目，解决当地最急需、最迫切的教育、医疗、三缺(缺水、缺电、缺路)问题。2015年，新疆阿合奇县库兰萨日克乡幼儿园建成投用，青海尖扎县第二民族中学建设进展顺利。着力开展"中央企业定点帮扶贫困革命老区百县万村活动"，会同陕西横山县，在充分摸底调查、走村入户调查的基础上，共同编制《华能定点帮扶贫困革命老区百县万村活动项目规划(2015—2017)》和《百县万村活动项目管理办法》，帮扶横山县39个贫困村解决"三缺"问题，涉及群众4.2万人，其中贫困人口1万人。2015年，完成13个村帮扶项目的选定、实施方案编制和施工设计，新建修缮道路218千米、人畜饮水设施123处、电力设施4处。进一步规范项目管理。起草《公司总部定点扶贫援助项目管理办法》，与地方政府密切沟通协调，督促三地政府修订完善华能扶贫援助项目管理办法，进一步提高扶贫项目管理水平。公司有关单位响应地方政府号召，切实履行社会责任，通过派出驻村工作队、"访惠聚""联村联户"等多种形式，积极参与扶贫帮困，为改善社会民生贡献力量。

【其他情况】 2015年1月9日，中共中央、国务院在北京举行国家科学技术奖励大会。华能集团公司依托于糯扎渡水电站超高心墙堆石坝工程的"超高心墙堆石坝关键技术及应用"项目获得2014年度国家科技进步二等奖。

2015年3月6日，碳资产公司在北京举办中国大型国有电力企业碳排放数据报送及优化系统发布会，向与会各方介绍系统各个功能模块，演示各项具体功能。该系统是我国第一个结合温室气体排放数据报送与碳资产优化管理的系统，适用于包括电力企业在内的大型集团公司。系统研发工作由碳资产公司独家完成，已在华能集团公司投入试运行。

2015年3月17日，华能集团公司召开首批首席专家、首席技师聘任会议，聘任杨恂、杨寿敏为公司名誉首席专家，姚伟等11人为公司首席专家，王健等16人为公司首席技师。首批首席专家和首席技师任期为3年。

2015年6月11日，在中国电力企业联合会、中国能源化学工会联合召开的全国火电60万千瓦级以上机组能效对标及竞赛第十九届年会上，华能集团公司16台机组获奖，其中，一等奖3台、二等奖8台、三等奖5台。

2015年6月22日，国家能源局、中国电力企业联合会在北京联合召开2015年电力可靠性指标发布会，公布2014年度全国电力可靠性指标情况。其中，华能集团公司有10台机组进入各等级20强榜单。

2015年6月23日，国务院国资委公布2014年度中央企业负责人经营业绩考核结果，华能集团公司圆满完成年度考核指标，获评A级企业，并获得经济效益突出贡献一等奖。公司在41家获评考核A级的中央企业中排名第七位，在五大发电企业中位居第一。这是自2004年国资委实施业绩考核以来，公司第十次获得年度经营业绩考核A级荣誉。

2015年6月24日，华能酒泉风电公司安北第三风电场40万千瓦工程全部建成投产。该项目隶属酒泉千万千瓦级风电基地二期首批项目。

2015年7月19日,“2015年‘碧水蓝天’中国环保高峰论坛”揭晓中国最具环保责任企业、最具投资价值环保企业、中国环保人物等6个环保奖项。华能集团公司与中国石化集团公司两家企业获评“2015年度中国最具环保责任企业”。

2015年7月22日,财富中文网同步发布2015年财富世界500强排行榜,华能集团公司排名第224位,营业收入474.014亿美元。

2015年7月22日,由联合国全球契约中国网络主办的第三届“生态文明·美丽家园”2015年关注气候中国峰会揭晓“中国企业十大绿色行动”和“中国绿色技术创新成果”两项大奖。华能集团公司凭借2010年以来实施的“绿色发展行动计划”获评“中国企业十大绿色行动”奖。

2015年8月22日,中国企业联合会、中国企业家协会发布2015中国企业500强榜单,华能集团公司列第36位,排名比上年提升1位。在同期公布的2015中国跨国公司100大榜单中,华能集团公司位列第23位。

2015年10月11日,由《中国能源报》携手中国能源经济研究院共同举办的2015年全球新能源企业500强发布会暨2015新能源发展高峰论坛在北京召开,华能新能源公司入选“2015全球新能源企业500强”企业,并获全球新能源企业500强卓越贡献奖。

2015年11月12日,澜沧江—湄公河合作首次外长会议期间,来华出席会议的澜沧江—湄公河沿岸国家外长考察景洪水电厂及电厂库区移民安置点。在中国外交部长王毅、副部长刘振民的陪同下,泰国外交部长敦·帕马威奈、柬埔寨副首相兼外交国际合作大臣贺南洪、老挝副总理兼外交部长通伦·西苏里、缅甸外交部长温纳貌伦等湄公河国家外长、政府官员代表,实地考察景洪水电厂生产现场及电厂库区移民安置点江头曼咪寨。考察期间,湄公河国家外长对华能及所属企业注重科技创新、坚持绿色发展、履行社会责任的做法表示赞赏。王毅对华能集团公司积极配合国家整体外交,以及在对外电力合作中展现的互利共赢、责任央企良好形象给予充分肯定。

2015年11月13日,“一带一路”(香港)高峰论坛暨中国证券金紫荆奖颁奖典礼在香港举行,华能国际电力股份有限公司荣获“最佳上市公司”奖,华能新能源股份有限公司荣获“最具投资价值上市公司”奖,华能集团总经理曹培玺以华能新能源股份有限公司董事长身份荣获本届金紫荆奖“最具影响力上市公司领袖”奖。

2015年11月15—17日,由中国企业文化研究会主办的“十二五”企业文化总结暨专项文化建设——中外企业文化2015峰会在重庆召开。华能集团公司获得“十二五”企业文化建设品牌文化标杆奖。

2015年11月17日,国际知名财经杂志《财资》(The Asset)公布“2015年度最佳公司治理奖”获奖名单,新能源公司获最佳公司治理奖金奖。本届评选出铂金奖和金奖各25名,钛金奖5名。其中,获奖央企5家,新能源公司是该奖项设立以来唯一一家获此奖项的国有新能源运营商。

(撰稿人:赵　博)

中国大唐集团公司

【基本概况】 中国大唐集团公司(以下简称“集团公司”)成立于2002年12月29日,是中央直接管理的国有特大型发电企业集团,是国务院批准的国家授权投资的机构和国家控股公司试点。注册资本金为人民币180.09亿元。

集团公司实施以集团公司、分子公司、基层企业三级责任主体的管理体制和运行模式,资产分布于国内31个省(自治区、直辖市)及境外美国、缅甸、柬埔寨、老挝等多个国家和地区;拥有上市公司4家、分公司6家、省发电公司13家、专业公司10家,各级境外单位13家,各级金融子企业6家;除母公司外有各级子企业689家。集团公司员工总数10.2万人,资产总额7295亿元,发电装机规模达到1.32亿千瓦,其中,清洁能源装机比重达到30.5%。2015年,集团公司发电量4787.64亿千瓦时,供热量1.79亿吉焦,煤炭产量637.36万吨。

2015年,集团公司积极履行社会责任,大力推进节能减排,提前完成国家下达的"十二五"节能减排任务。全年完成供电煤耗309.62克/千瓦时,同比下降3.24克/千瓦时,完成发厂用电率3.97%,同比下降0.33个百分点。此外,集团公司大力推进燃煤机组环保达标排放改造和"超低排放"改造,截至2015年底,火电机组脱硫装备率达到100%,脱硝装备率达到96.78%,"超低排放"机组容量达到62台、2128.5万千瓦。污染物排放控制保持行业先进水平。

经过13年的发展,集团公司在发电产业的经营、发展及节能减排工作上积累丰富的经验,奠定在行业内的优势地位和可持续发展的坚实基础,具备规模及布局、电源结构、技术人才、产业协同等方面的核心竞争优势。集团公司将主动适应经济发展新常态,积极应对国资国企改革和电力体制改革的新机遇与新挑战,坚持价值思维和效益导向,牢牢把握结构调整这一发展要求,牢牢把握深化改革这一强大动力,牢牢把握从严治党和依法从严治企这一重要保障,着力在降本增效、节能减排、资本运作、创新驱动、管理提升、党的建设上下工夫,巩固持续向好的经营局面,全面开创建设"国际一流能源集团"新局面。

【主要指标】 2015年,集团公司实现利润总额173.16亿元,同比增利52.58亿元,增长43.61%。净利润完成100.32亿元。归属于集团母公司净利润11.53亿元。经济增加值完成26.61亿元。

2015年中国大唐集团公司主要经济指标

项　目	2014年	2015年	比上年增长(%)
资产总额(亿元)	7203.63	7295.46	1.27
所有者权益(亿元)	1200.35	1325.58	10.43
营业收入(亿元)	1861.19	1661.61	-10.72
利润总额(亿元)	120.58	173.16	43.61
净利润(亿元)	63.05	100.32	59.11
归属于母公司所有者的净利润(亿元)	0.72	11.53	1501.39

续表

项　目	2014年	2015年	比上年增长(%)
技术开发投入(亿元)	1.99	1.67	-16.08
利税总额(亿元)	341.57	423.72	24.05
应交税金总额(亿元)	220.99	250.56	13.38
全员劳动生产率(万元/人·年)	70.15	80.56	14.84
净资产收益率(%)	5.99	7.94	增加1.95个百分点
总资产报酬率(%)	5.17	5.5	增加0.33个百分点
国有资本保值增值率(%)	100.52	108.61	增加8.09个百分点

【改革发展】 一是推动企业内部分类改革。以《指导意见》分类改革精神为指引,进一步明确电力、煤炭、环保产业、金融产业、商贸物流、国际业务六大板块的战略定位和发展目标,划分为主营业务、支撑业务和国际业务三个大类,分类推进发展改革。加快推进煤化工资产重组。二是健全公司法人治理结构。作为电力行业首家建设规范董事会单位,制定"三重一大"决策制度办法、公司章程、董事会议事规则等基本制度及配套制度,建设符合大唐特色的规范、高效、和谐董事会,实现董事会决策的科学民主高效,以及与经营管理的顺畅有效衔接。三是深化劳动人事分配制度改革。创新干部选拔任用方法,提出"四重八看"的选拔任用方法和操作标准体系,建立"三能"选人用人机制,率先在央企总部实施全员岗位聘任制,在二级单位开展大部制改革试点。以专家库建设为抓手推进专业人才队伍建设,实现人力资源的集中调配和使用。推行分类考核,健全业绩考核体系。优化内部分配秩序,发挥好分配激励的主导作用。四是建立实施创新驱动战略的体制机制。形成涵盖职能管理、科技平台、研发转化"三位一体"的创新体系。建设国家及省部级重点实验室7个、院士博士工作站5个,成为国家首批"专利运营试点企业"和工信部"互联网与工业融合创新试点示范企业"。五是推动管理创新优化管控模式。以"科技引领、管理创新、流程再造"理念为引领,深入开展"两优化"工作,对在建电源

项目开展优化设计，对在役项目开展优化运行，提升项目建设与运营管理水平。建成生产调度中心、资金调度中心、燃料调度中心"三个调度中心"，对核心资源和主要业务进行集约化管理。深化全面计划、全面预算、全面风险和全面责任"四全管理"改革，实现对集团主要业务流程、关键工作程序的全程闭环控制。六是发展混合所有制经济。作为国有独资公司，主要通过二、三级企业以上市、并购重组、发行可转债、合资合作等方式发展混合所有制经济。从实现效果看，大大增强国有资本的控制力、影响力，实现国有资本与其他所有制资本的共赢发展。七是强化内部监督防止国有资产流失。总结中央专项巡视揭示的问题与风险，强化制度支撑。加快推进物资招投标、煤炭采购、工程建设、资金管理等领域改革，加强对关键部门岗位监督。定期开展内部审计。

【重大项目】

1. 大唐抚州发电 2×100 万千瓦新建项目。江西大唐国际抚州发电项目一期工程新建 2×100 万千瓦超超临界燃煤发电机组，是全国第一个做社会稳定风险评估的项目单位；是国家能源局"三定"方案公布之后正式核准的第一个电源项目；是江西省第一个百万千瓦机组项目；是大唐集团入赣第一个发展落地、"十二五"期间唯一在建并投产的百万千瓦机组项目；是全国第一个在时速超过 200 千米的电气化高铁上开通货运的企业。项目建设对优化江西电源结构，保障电力供应，提升抚州电源支撑水平，推动江西省地方经济发展具有十分重要的意义。

2. 大渡河黄金坪水电站项目。黄金坪水电站系大渡河干流的第 11 级电站，上接长河坝水电站，下游为泸定水电站，为保证电站大坝下游区河段生态及景观的完整性和稳定性，工程采用水库大坝和"一站两厂"的混合式开发，电站总装机容量 85 万千瓦，投产后设计年发电量 38.58 亿千瓦时，是国家西部大开发重点工程、国家支持藏区发展重点工程。黄金坪水电站为Ⅱ等大型水电站，是以单一发电为主的引水式电站，枢纽建筑物主要由沥青混凝土心墙堆石坝、泄洪建筑物和引水发电建筑物等组成，大坝高 85.50 米，发电正常蓄水位 1476 米高程，相应库容 1.28 亿立方米，具备日调节能力，所发电量通过 1 回 500 千伏线路接入四川省电网。项目的建设对于开发绿色清洁能源、促进节能减排、川电东送战略实施以及带动藏区经济发展都具有十分重要的意义。同时，还可减少 400 万吨的碳排放量，将真正实现经济效益、环境效益、社会效益的三赢局面。

3. 观音岩水电站项目情况。观音岩水电站位于云南省丽江市华坪县（左岸）与四川省攀枝花市（右岸）交界的金沙江中游河段，系金沙江中游规划的八个梯级电站的最末一个电站，为一等大(1)型工程，以发电为主，兼顾防洪和供水。电站装机容量 300(5×60)万千瓦，多年平均发电量单独运行为 120.68 亿千瓦时，上游龙盘电站投入运行后为 136.22 亿千瓦时。电站正常蓄水位库容 20.72 亿立方米，拦河大坝为混合坝，坝后式厂房。金沙江作为全国最大的水电能源基地，随着金安桥、观音岩等中游梯级电站的投产发电，金沙江中游梯级电站将成为"西电东送"的主力。电站是以发电为主，兼顾防洪、供水、库区航运及旅游等综合利用效益的水电枢纽工程，电站的建设有利于开发利用金沙江水能资源，对于调整电源结构、优化能源配置、实现节能减排目标有重要意义，同时对促进云南、四川两省当地社会经济发展，对边疆少数民族群众脱贫致富发挥重要作用。除了发电效益，观音岩水库每天提供攀枝花市区城市生活用水 40 万立方米，保障城市生活用水的安全。观音岩水电站设置 2.53 亿立方米的防洪库容，可将攀枝花市防洪标准由 30 年一遇提高到 50 年一遇，满足攀枝花市的防洪要求。此外，电站建成后将进一步促进库区各市县旅游业的发展。

4. 大唐滨州 2×35 万千瓦"上大压小"热电联产新建项目。大唐滨州 2×35 万千瓦"上大压小"热电联产新建项目是按照国家"节能减排""上大压小"的政策要求，为满足滨州市中心供热需求以及山东电力负荷的增长，通过"上大压小"的方式进行建设，本期建设 2 台 35 万千瓦国产超临界热电联产燃煤机组，留有扩建条件。该项目是山东省"十二五"电源发展规划的重点项目，是国家鼓励发展的能源建设项目。项目投产后，将有效缓解滨州市区居民采暖和工业用汽严重不足问题，改善城市环境，优化电网结构，带动和促进当地及周边区域经济发展。该项目设计年发电量38.5亿千瓦时、年供热量896万吉焦,同步建设脱硫、脱硝、除尘等高效环保装置,烟尘、二氧化硫、氮氧化物排放浓度分别不高于5、35、50毫克/立方米,达到燃机排放标准。供热能力1300万平方米,工业供汽量160吨/小时。替代小火电机组容量24.5万千瓦,关停燃煤小锅炉177台,每年可节约标煤19万吨。

【走向海外】 集团公司在海外投资建成的电力项目有3个,分别为缅甸太平江水电站、柬埔寨斯登沃代水电站和金边至马德望输变电项目。

1. 缅甸太平江一期水电站是集团公司在境外投资的第一个项目,位于缅甸东北克钦邦境内紧邻中缅边境的太平江上,为有压引水式电站,装机4台,总容量24万千瓦,装机利用小时4437小时,2010年全部机组投产发电。2015年完成发电量9.42亿千瓦时,完成营业收入1.8亿元。

2. 柬埔寨斯登沃代水电站,项目位于柬埔寨菩萨省列文县欧桑乡的沃代河上,电站分两级开发,一级为坝后式电站,总库容为5.241亿立方米具有年调节能力,装机容量为2×1万千瓦;二级为引水式电站,引水隧洞洞径5米,长约6.2公里,具有日调节能力,额定水头180米,装机容量为4×2.5万千瓦。电站送出工程包括一二级电站至欧桑变电站,长度分别为7千米、15千米的115千伏输电线路及通信线路、欧桑变电站、欧桑至菩萨变电站145千米长的230千伏双回输电线路和光纤通信线路。2013年实现全部机组投产以来主要设备运转良好。2015年完成发电量1.1亿千瓦时,实现营业收入超过2亿元。

3. 柬埔寨金边至马德望230千伏输变电工程,项目是以BOT方式在柬埔寨投资建设的项目,东起金边西变电站,西至马德望变电站,横穿柬埔寨中西部,建设内容包括230千伏磅清扬、菩萨、马德望变电站和金边西变电站扩建2个230千伏出线间隔;输电线路部分为金边西—磅清扬—菩萨—马德望230千伏双回共塔输电线路,总长302千米,属柬埔寨骨干电网,自2012年带电运行至今,主要输变电设备运行良好。2015年完成输电量超过18亿千瓦时,实现营业收入1.2亿元。

2015年,集团公司执行的对外承包工程项目3个,分别是泰国NPP5A汽轮发电机组(10万千瓦)工程总承包、泰国PP9汽轮发电机组(13.5万千瓦)工程总承包项目和印度卡德罗尔燃煤机组(2×66万千瓦)烟气脱硫工程承包项目,执行海外技术服务项目共计10个,业务涉及印尼、印度、柬埔寨、泰国、塔吉克斯坦、吉尔吉斯斯坦6个国家。

【科技创新】 2015年,集团公司强化科技创新顶层设计,不断增强科技创新能力,积极推进管理创新,创新型企业建设取得显著成效。全年新增科技成果364项,4项获得省部级奖励,18项获得全国电力职工技术奖,获奖成果位居同行业前列。年度新增专利1033件,累计专利2824件,其中发明专利276件,新增数和总量继续保持同行业首位。主持和参加制定国标、行标51项,国际标准7项,均居同行业之首。大力推广信息化新技术和加强"两化"融合工作,探讨制定"发电工业4.0"标准。"三大中心"、总部门户系统、信息化管控平台等一批信息系统上线运行,有效提升集团公司集中管控能力。

【党建工作】 2015年,集团公司切实加强党建思想政治工作,深入推进党风廉政建设,扎实开展"三严三实"专题教育,进一步加强干部人才队伍建设,营造风清气正、干事创业的良好氛围。在巩固拓展群众路线教育实践活动成果的基础上,深入开展"三严三实"专题教育,有效形成转作风、反"四风"长效机制,增强系统广大党员干部践行"三严三实"要求的自觉性和主动性,得到上级有关部门的充分肯定。认真抓好《中国共产党廉洁自律准则》和《中国共产党纪律处分条例》的学习宣贯,系统各单位组织党章党规党纪教育活动1869项,参加人数11万人次。围绕"两个责任"落实,系统各企业逐级签订党风廉政建设责任书7178份,党组织负责人逐级约谈下属企业党政负责人439人次,纪检组长(纪委书记)逐级约谈下属企业负责人528人次。

【信息化建设】 在2013年达到国资委信息化评价A级的基础上,2015年集团公司信息化水平得到进一步提高并处于行业前列。信息化管控体系和机制进一步完善,"六统一"原则得到切实贯彻,全年召开11次集团公司信息化工作小组会议和8次集团层次信息化专题会议。信息系统建设和整合取得显著成果,一批集团公司重点管控类信息系统的上线运行，改变集团公司分散建设、信息孤岛林立的局面。“三大中心”完成初步验收，总部门户系统、应用系统在线监测等多个项目上线运行，应用系统由原1200多个减少至659个。数据共享水平大幅提升，各系统间数据交换能力进一步提高。信息化基础设施全面升级，大幅提高信息系统的可用性和安全性。网络与信息安全工作不断加强，建立并健全集团公司网络与信息安全通报机制，圆满完成国家重要会议、节假日期间安全保障工作。完成国资委对中央企业软件正版化工作的部署和要求。“两化”融合深入推进，承担的工信部“互联网与工业融合创新”试点示范项目已完成并提交验收申请，云计算、大数据和移动互联网等一批信息化新技术在集团系统各企业深入应用。

【履行社会责任】 经营效益再创新高。整体盈利能力不断提升，实现利润总额173.16亿元，同比增利52.58亿元，增长43.61%。净利润、归属母公司净利润、EVA等均创组建以来最好水平。财务状况持续好转，负债率连续五年下降，比历史最高点下降7.08个百分点。结构调整稳步推进。一批大型清洁煤电优质项目取得实质进展，老挝北本、萨拉康及西藏地区等水电开发取得阶段成果。金融、科技、物流、海外等业务保持良好势头，同比大幅增利。2015年，完成电源投产容量655.11万千瓦，其中清洁能源占74.05%。安全生产保持平稳。认真贯彻落实国家安全生产的要求和部署，强化责任和制度落实，全面推进本质安全企业建设，保持安全生产稳定局面，圆满完成“两节”“两会”、党的十八届五中全会以及抗战胜利70周年阅兵等重大节日和重大活动期间的保电供热任务。节能减排大力推进。以“达设计值”为抓手，深入开展优化运行工作，大力推进节能先进技术应用，积极推进超低排放改造，促进节能减排指标的持续优化。脱硝改造工程完成率、脱硫旁路封堵率、主要污染物排放率、厂用电率、发电油耗处于行业领先水平。部分机组超低排放改造项目成功实施，在五大发电企业中比例最高。队伍凝聚力持续增强。在巩固拓展群众路线教育实践活动成果的基础上，深入开展“三严三实”专题教育，有效形成转作风、反“四风”长效机制，增强系统广大党员干部践行“三严三实”要求的自觉性和主动性，得到上级有关部门的充分肯定。

（撰稿人：常小冰）

中国华电集团公司

【基本概况】 中国华电集团公司（以下简称“中国华电”）是国家实施电力体制改革、由国务院批准组建的五家全国性国有独资发电企业集团之一。2002年12月29日，中国华电在人民大会堂揭牌成立，注册资本120亿元人民币，主营业务为：电力生产、热力生产和供应；与电力相关的煤炭等一次能源开发；相关专业技术服务。

中国华电始终认真贯彻落实国家能源战略，遵循价值思维理念，加快调整结构布局，全面提升质量效益，全面提升管理水平，全面提升科技含量，全面提升幸福指数，全面提升品牌形象，推进做强做优做大，着力建设“六个华电”“三化一流”能源集团。截至2015年底，中国华电发电装机容量13476万千瓦，资产总额7613亿元，控股煤矿产能达到6500万吨/年，资产主要分布在山东、贵州、黑龙江、四川、福建、江苏等32个省（自治区、直辖市）以及俄罗斯、柬埔寨、印尼等国家。控股华电福新能源股份有限公司、华电国际电力股份有限公司、华电能源电力股份有限公司、国电南京自动化股份有限公司、贵州黔源电力股份有限公司、沈阳金山能源股份有限公司、华电重工股份有限公司等上市公司。

【主要指标】 2015年，中国华电在党中央、国务院以及国资委的正确领导下，积极应对经济下行压力加大、电量需求下滑、金融市场动荡、煤炭产能过剩等错综复杂的外部形势，紧紧围绕“改革创新调结构，做实强基稳增长”这条主线，着力转方式、调结构、推改革、提效益、抓整改，各项工作取得新的成绩。完成销售收入1975.6亿元，同比减少7%；实现利润254.8亿元，同比增长24%；实现利税438亿元，同比增长17%；资产负债率81.96%，同比降低1.22个百分点；公司在《财富》世界500强排名第345位，较上年提升23位。

2015 年中国华电集团公司主要经济指标

项　目	2014 年	2015 年	比上年增长(%)
资产总额(亿元)	7265.60	7613.10	4.78
所有者权益(亿元)	1222.20	1403.00	14.79
营业收入(亿元)	2124.90	1975.60	−7.03
利润总额(亿元)	205.80	254.80	23.81
净利润(亿元)	155.70	189.20	21.52
归属母公司所有者的净利润(亿元)	66.60	76.20	14.41
技术开发投入(亿元)	53.12	54.02	1.69
利税总额(亿元)	372.80	437.64	17.39
应交税金总额	205.10	226.14	10.26
净资产收益率(%)	16.42	15.80	减少 0.62 个百分点
总资产报酬率(%)	6.41	6.60	增加 0.19 个百分点
国有资本保值增值率(%)	117.90	117.20	减少 0.7 个百分点

【项目发展】 2015 年，中国华电认真贯彻落实国家能源战略，编制“十三五”发展规划，切实把发展的质量效益放在首位，紧跟政策走向，突出战略重点，大力推进重点区域、重点项目发展，全年核准电源项目容量超过 3000 万千瓦，创出历史纪录。句容二期、莱州二期、可门三期、平江一期、芜湖二期第 1 台、昌吉英格玛、汕头一期等一大批战略性大火电项目获得核准，累计在沿海沿江、能源基地送出端核准百万千瓦机组 9 台、60 万千瓦级机组 16 台，占比 85.3%。积极发展可再生能源，苏洼龙、俄日等水电项目获得核准，中东部地区新能源储备和项目核准比重稳步提高；公司清洁能源占比提升至 37.1%，比上年上升 3.7 个百分点。适应煤炭经营形势变化，科学把控发展节奏，重点抓好证照办理，小纪汗、肖家洼、甜水堡等煤矿取得相关许可批复，贵州区域煤矿整合重组有序推进。

【深化改革】 认真贯彻落实中央和上级改革部署，按照公司改革顶层设计，召开专题会议，开展专项研究，加强督导推动，改革工作深入推进。按照建立现代企业制度要求，建立以董事会为中心的法人治理结构，修订完善公司党组会、董事会、董事长办公会、总经理办公会等议事规则，初步构建起权责对等、运转协调、有效制衡的现代企业法人治理体系。全面落实“抓总、做实、做优、强基”的管控体制，调整完善总部机构设置，加大对二级单位特别是区域公司的管理授权，区域公司投资多元化、管理一体化格局初步形成。推进发电区域化、煤炭专业化改革，完成 14 家煤矿、47 家发电企业管理移交。加快推进电力市场化改革，初步搭建区域一体化营销平台，组建内蒙古、贵州等首批区域售电公司，其他区域售电公司筹建工作有序实施。深入开展专题研究，在国际业务、科技体制、科工和金融产业等重点领域改革方面，进行积极有益探索，形成初步改革方案。

【生产经营】 2015 年，中国华电按照国资委保增长统一部署，全力应对经济下行压力，千方百计外拓市场，内强管理，降本增效，利润总额、净利润、归属母公司净利润、净资产收益率、保值增值率等主要经营指标稳居同类型企业前列。强化运营协调，优化电量结构，主动争取市场，全年争取市场电量超过 600 亿千瓦时，优化转移电量超过 200 亿千瓦时。加强煤炭运销，统筹内外销售，自产煤内销率达到 51%，不连沟煤矿铁路外运突破 1000 万吨。实施规模化、集约化、精益化管控，燃料、物资、资金“大成本”管理取得明显成效。加强厂内燃料管理，44 家单位入厂煤标准化实验室通过国家评定。定向施策抓好煤矿减亏，强化成本对标，适时停产无边际贡献煤矿 14 家。优化债务结构，加大直接融资，清理“两金”占用，期末融资利率同比降低 1.05 个百分点。

【安全环保】 深入贯彻上级关于安全生产和环保工作部署，加大执行落实力度，总体保持平稳局面。全面落实各级安全责任，完善安全制度和规范体系，扎实开展季节安全大检查、“六打六治”、外包工程等专项行动，注重安全检查和隐患排查治理，积极推进应急救援和安全培训能力建设，圆满完成抗战胜利 70 周年纪念等重要活动安全保电任务，公司系统 109 家企业保持 2000 天以上的长周期安全生产运行。完善科技创新体系，推进智能发电、智能热网、分布式能源等关键技术研发，成功申报国家互联网与工业融合创新试点企业，国家分布式能源系统测试技术研究室通过审批，全年新增受权专利 588 项。认真落实国家环保政策要求，组织开展“环境守法宣传年”“华电环保行”系列活动，顺利通过环保部年度减排核查核算。健全环保监管体系，构建“互联网＋环保监督”的新模式。加快推进煤电机组环保改造，提前超额完成国家确定的“十二五”减排目标，在完成责任书项目的基础上，又分别完成脱硫升级改造85台2291万千瓦、脱硝升级改造85台2049万千瓦，完成超低排放改造和建设30台1013万千瓦。

【走向海外】 中国华电融入国家“一带一路”“互联互通”战略，围绕“两片一链”加快布局，稳步实施“走出去”战略，不断拓展国际发展空间，强化境外资本运作和国际合作交流，公司海外运营、在建和核准待开工项目累计超过400万千瓦，新签境外运维合同容量400万千瓦，境外运维装机突破1000万千瓦。

【信息化建设】 2015年，中国华电完成ERP一期项目推广实施，试点单位以合同管理为纽带，实现业务财务支付一体化单轨上线运行。完成集团公司网络安全统一管控项目，网络信息安全达到国内领先水平。持续深化燃料管理、PMIS基建项目管理和营销决策信息系统等核心业务系统应用，虚拟化及云门户平台正式上线运行，实现集团私有云服务。

【党建工作】 加强领导班子和干部队伍建设，全年调整各级领导干部549人次，不断完善竞争性选拔机制、标准和流程，努力营造风清气正、干事创业的环境。加强干部监督，在全系统组织开展报告个人事项检查和干部人事档案审核。组织实施“千人计划”，全年开展干部教育培训905人次，开展较大规模的总部空缺岗位、系统部分领导岗位的公推遴选，进一步加大干部公开选拔力度。抓好人才队伍建设，完善市场化用工机制和员工职位序列体系，深入推进大定员管理，率先在同行业推行涵盖企业管理、生产和后勤“三位一体”的大定员管理模式，有效满足实际工作需要。优化绩效考核和薪酬调控体系，推进差异化、专业化、精细化考核和全员业绩考核，激励约束效果进一步增强。切实加强员工培训，建设员工培训标准体系，整合培训资源，推进达标培训、持证上岗，选拔高层次专家人才，广泛开展电力安全应急、燃煤采制化、火电继电保护、党群业务等技能大赛，员工队伍素质进一步提高。加强企业文化和品牌建设，修订《华电宪章》，启用新的形象平台，开展“读万卷书、行万里路”等系列活动，展现企业和员工良好形象。认真履行社会责任，发布《2015年社会责任报告》，公司入选十大责任国企，社会责任发展指数位列全国第二位。

（撰稿人：李成东）

中国国电集团公司

【基本概况】 中国国电集团公司（以下简称“国电集团”）是在原国家电力公司部分企事业单位基础上组建，经国务院批准，于2002年12月29日成立的以发电为主的综合性电力集团。自2010年进入世界500强以来，连续六年上榜，2015年排名343位。

国电集团主要从事资产经营与管理；从事电源的开发、投资、建设、经营和管理，组织电力（热力）生产和销售；从事煤炭、高新技术、节能环保、交通运输、物资物流、金融保险、装备制造、技术服务、信息咨询等电力业务相关的投资、建设、经营和管理；从事国内外投融资业务，开展外贸流通经营、国际合作、对外工程承包和对外劳务合作等业务；经营国家批准或允许的其它业务。公司初步形成以发电为主体，煤炭、科技环保、金融保险、物资物流等相关产业协同发展的产业格局，产业遍布31个省（自治区、直辖市）。

2015年，国电集团在党中央、国务院的坚强领导下，认真落实国资委各项工作部署，全体干部职工团结一致，努力奋斗，全面实施“一五五”战略，积极应对政策和市场环境变化的严峻挑战，圆满完成中央专项巡视各项工作，生产经营、改革发展和党的建设取得显著成效，全面实现“保增长”的目标任务，为我国经济社会发展作出积极贡献。2015年，国电集团全面完成国资委考核指标和保增长任务，在国资委经营业绩考核中荣获A级。

【主要指标】 截至2015年底，国电集团资产总额7863.1亿元，营业收入1917.70亿元，可控装机容量1.35亿千瓦，完成发电量4837亿千瓦时，售热量1.9亿吉焦，煤炭产量6218万吨。新能源和可再生能源装机占比提高到29.9%，火电60万千瓦及以上机组占比提高到

48.7%，风电装机提高到2303万千瓦，成为世界第一。

2015年中国国电集团公司主要经济指标

项　目	2014年	2015年	比上年增长(%)
资产总额(亿元)	7871.48	7863.10	−0.11
所有者权益(亿元)	1338.94	1423.10	6.29
营业收入(亿元)	2133.55	1917.70	−10.12
利润总额(亿元)	195.10	227.40	16.56
净利润(亿元)	138.16	150.20	8.71
归属于母公司所有者的净利润(亿元)	30.10	51.50	71.10
技术开发投入(亿元)	20.73	24.85	19.87
利税总额(亿元)	445.70	498.60	11.87
应交税金总额(亿元)	254.95	271.20	6.37
全员劳动生产率(万元/人·年)	64.80	68.82	6.20
净资产收益率(%)	10.51	10.94	增加0.43个百分点
总资产报酬率(%)	5.52	5.73	增加0.21个百分点
国有资本保值增值率(%)	110.95	111.19	增加0.24个百分点

【改革发展】 国电集团高度重视深化改革工作，认真贯彻落实党的十八大、十八届三中全会精神和《中共中央、国务院关于深化国有企业改革的指导意见》等文件精神，成立以党组书记、董事长乔保平为组长，党组成员、董事、总经理陈飞虎为副组长的全面深化改革领导小组，领导小组下设办公室和7个专项工作组(公司治理、结构调整和投资管控、干部人事薪酬和体制机制、绩效考核、风险管控、股权结构、党建制度)，负责统筹协调、系统研究、深入推进改革工作。2015年，国电集团根据中央和国资委改革部署，结合中央巡视反馈意见整改，突出问题导向，坚持立行立改，积极深化企业内部改革，取得了积极成效。

1. 实施“四个集中管控”。

根据中央巡视组反馈意见，经集团公司党组、董事会研究决定，实施投资、财务、物资、燃料“四个集中管控”改革，着力构建统一领导、分级负责、管控规范、运转有效的集中管控体系。

在投资集中管控方面，制定《投资集中管控管理办法》，国电集团上收全部投资决策权，完善投资决策机制，取消计划与投资管理委员会，成立投资专家咨询委员会，加强投资项目的可研论证和经济性评价，实行签字背书制度和责任追究制度；出台《战略规划管理办法》，修订《投资管理办法》，明确各级单位的职责和管理规范，进一步加强战略规划和投资项目管理，防止未批先建、未签先建和走“绿色通道”等不良现象的发生。

在财务集中管控方面，制定《财务集中管控实施方案》，着力构建“总部集约管控，财务共享中心、二级公司集中实施，金融产业单位协同”的资金集中管控架构，建立统一、集成、先进的资金集中管控信息平台，形成“银行账户集中、结算集中、融资集中、资金预算集中”的管控模式，促进资金管控从事后保障向资源配置、价值创造转变。集团总部成立财务共享中心，在有关省区设立29个分中心，将基层实体分散的资金收付、会计核算等职能集中，实现财务管理由核算型向集中管控型、价值创造型转变。

在物资集中管控方面，制定《采购与物资集中管控模式及组织建设方案》，扩大采购和招标范围，实现管理全覆盖，坚持应招尽招，加强集采配送，着力降低采购成本。集团总部设立招标与采购管理部，回收管理权限，强化管理职能。组建集团招标与采购管理委员会，下设4个专业委员会，明确职责权限，健全议事规则，全面加强对采购与招标的组织领导。统一招标代理平台，将龙源工程、中能电力的招标代理业务和相关人员并入国电诚信公司，组建统一的招标代理机构，负责集团所有招标代理工作。全面推行电子采购，所有招标采购和非招标采购全部纳入电子采购平台运行。

在燃料集中管控方面，以“优库、控价、提质”为目标，按照统一平台、集中管控，阳光采购、竞价交易，智能管理、公正验收，集成信息、实时监督的管控原则，构建燃料集中管控体系。修订集团公司《燃料管理办法》，制定印发《年度合同煤炭采购管理办法》《煤炭阳光采购管理办法》等制度，围绕煤炭采购、验收、结算等关键环节，合理划分管控职责，明确管控流程，建立集团公司对国有大矿年度合同采购进行统一管控、分(子)公司对现货煤炭采购进行区域管控的总体架构。在管控手段上,加快燃料管控信息平台建设,对燃料管理信息系统进行升级改造,对煤炭采购交易平台进行功能完善,使之与燃料智能化管理系统进行集成和融合,固化管理权限和操作流程,实现"煤炭采购阳光化、入厂验收智能化、煤款支付集中化、监督控制实时化"的目标,保证燃料管理全过程公开、公平、公正,从根本上堵塞漏洞、提升管理、预防腐败。

2. 深化干部人事制度改革。

在选人用人方面,从改进组织考察程序、建立选人用人过程倒溯和问题倒查机制、优化领导人员职级管理等方面,加强和完善干部人事制度体系。制定印发《组织考察办法》《选拔任用工作纪实办法》《选拔任用工作责任追究办法》等多项制度。

在领导人员考核方面,修订完善《领导班子和领导人员综合考核评价办法》,加大企业绩效和个人绩效的权重,加大公司领导对二级单位主要负责人的考核权重。改进民主测评方法,全面推行班子副职业绩考核制度,组织162名二级单位班子副职签订年度目标责任书。

在完善收入分配体系方面,研究制定企业负责人薪酬分配制度,企业领导人员基薪由简单按规模确定,调整为按利润、规模和管理水平确定,并根据考核结果适当拉开班子副职收入差距。坚持分配向效益好的企业、向一线和艰苦边远地区倾斜。建立艰苦边远地区津贴制度,惠及4000多名艰苦地区一线人员。

在干部监督工作方面,国电集团人力资源部增设干部监督处,加强选人用人监督,把好动议提名关、考察考核关、程序步骤关。从干部初始酝酿,纪检组长(纪委书记)就开始全程参与。建立干部任前审核机制,对拟任职人员进行个人有关事项抽查核实和人事档案核查工作。

3. 深化电力营销改革。

适应深化电力体制改革要求,组织研究电力营销改革方案,提出集团总部、分(子)公司和基层电厂的营销机构和人员配置方案,明确以省为单位覆盖集团各企业的市场营销委员会组建原则和参与各省电力市场建设的基本规则,着力建立健全与电力营销新常态相适应的组织管理体系、技术支撑体系和制度保障体系。启动国电集团电力营销信息平台建设,积极构建适应市场化要求的电力营销支持系统。开展售电公司商业模式研究,探索售电公司组建方案,指导有关分(子)公司研究注册售电公司,启动相关业务。

4. 推进下属单位业务整合。

推进国电燃料公司业务整合,剥离煤矿业务机构,剥离部分省区燃料销售业务机构,整合航运物流企业,撤销低效无效资产机构,清理转让参股企业股权,优化本部机构设置,加强煤炭企业专业化管理。

推进国电物资集团公司业务机构整合,退出非主营业务,注销空壳企业;理顺配送公司(中心)的管理关系;整合招标代理机构,将国电龙源电力技术工程有限责任公司、中能电力科技开发有限公司的招标代理业务及相关人员并入国电诚信招标有限公司,组建统一的招标代理机构。

推进国电科技环保集团股份公司所属特许经营业务整合,将北京国电龙源环保工程有限公司所属延吉、沈阳等23家分公司相关特许经营业务移交发电企业管理。

推进国电科学技术研究院业务机构整合,将国电环境保护研究院所属院所、企业及参股企业股权划转至电科院,环保院变为电科院的直属机构,环保院所属南京国电环保科技有限公司变为电科院控股企业,环境工程研究所变为电科院直属研究所,撤销环境科学研究所。撤销、划转与发展方向不符的机构。调整完善电科院本部机构编制。

【经营管理】 2015年,国电集团以"一五五"战略为指引,以"双提升"工作为抓手,积极应对市场和政策变化,瞄准经营、发展、安全三大核心绩效,扎实推进各项工作,安全生产运营总体平稳,经营发展态势持续向好,从严治党和依法治企全面加强,总体上较好地驾驭形势,实现管理和效益的新提升,全面完成国资委考核指标和"保增长"任务。

1. 经营绩效再创新高。

深入推进"双提升"工作,突出问题导向,坚持深度对标,强化考核激励,企业基本面貌明显改善。全年完成发电量4837亿千瓦时,煤炭产量6218万吨,利润总额超额完成年度预算目标,经济绩效再创历史最好水平。推进落实"新机生效、治亏见效、降本增效"经营策略,新投产项目增利22亿元,27户重点治亏单位同比减亏9.4亿元,6户实现盈利。三项费用在营业收入下降9.4%的情况下实现同比下降。扎牢营销、燃料和成本资金"三条防线",建立生产经营例会制度,强化关键要素过程控制,夯实发电主业盈利基础。火电产业较好驾驭用电增速下滑、电价下调、环保改造、竞争加剧等复杂严峻局面。深化"三同"对标,火电利用小时可比企业领先;强化燃料管理,标煤单价及同比降幅均处于可比企业第二位;科学开展精细化掺烧,节约燃料成本14.4亿元;加强成本资金管控,成本费用同比压降42亿元。风电产业紧盯风能利用率,加强经济运行管理,利用小时高于全国平均水平171小时,实现利润45.4亿元。水电加强水情预测分析,优化水库调度策略,弃水损失电量同比减少13.5%,发电耗水率同比降低6%。加强产业战略协同,推进业务重组整合,相关产业在市场深度调整中较好地控制住态势。

2. 发展质量持续提升。

坚持战略引领,突出质量效益,依据国家战略推进和能源政策变化,优化结构布局,深化前期基建"双提升"。加强投资管控,综合平衡投资计划,投资重点向主业集中,电源投资占比81.2%,清洁能源占比68.4%。深化前期工作,一批重大项目取得突破性进展,宿迁二期、蚌埠二期、方家庄、准东五彩湾、安顺三期等1128万千瓦煤电项目获得核准。严格开工审查,落实投资条件,细排重点地区重点项目,邯郸、朝阳、蚌埠二期、方家庄等834万千瓦项目高标准开工。坚持"四高四优"标准,强化过程精益管理,落实生产运营准备,签订"3+1"责任书,高质量完成960万千瓦投产目标,泰州二期、乐东、哈密、泰安等重点火电项目如期投产,大岗山、枕头坝、多布等大型水电项目全部投运,风电完成投产300万千瓦以上目标,投产容量和进度创历年最好水平。持续优化电源结构和产业布局,60万千瓦及以上火电机组所占比重48.7%,同比增加0.2个百分点,清洁可再生能源装机所占比重29.9%,同比增加3.1个百分点。加快资产优化盘活,落实资产处置三年规划,推动物资、燃料、特许经营业务整合,完成寺家庄、库尔勒等17个项目的资产转让。

3. 安全基础平稳向好。

认真贯彻国家安全环保部署要求,安全生产保持平稳态势,2015年以来未发生较大及以上人身死亡和设备事故,98%的企业安全生产无事故,256家企业实现连续安全生产1000天以上。持续优化生产运行,设备可靠性和能效指标不断改善,完成供电煤耗310.4克/千瓦时,同比降低2.4克/千瓦时,发电厂用电率4.54%,同比下降0.14个百分点,在全国火电机组能效对标中获奖等级和台数可比领先。扎实推进"三反四保"工作,加强隐患排查治理和专项整治,与分(子)公司签订设备治理和安全文明生产达标责任书。积极应对日益严峻的环保形势,认真落实国家环保部核查意见,加强环保能力建设,加快推进重点区域和企业环保治理,2126万千瓦机组实现超低排放,脱硫、脱硝装机占比均达到100%,全面完成年度治理目标和"十二五"环保改造任务。

【重大创新】 国电集团全面落实"一五五"战略和"双提升"工作要求,加快实施创新驱动发展战略,充分发挥科技创新对产业的支撑引领作用,推进集团公司转型升级、提质增效。一是编制《集团公司"十三五"科技发展规划》,描绘未来五年集团科技发展蓝图。二是推行科技项目指南制度。研究方向聚焦具有先进性和创新性、能够引领支撑企业发展的科技项目。三是科技创新平台建设取得新突破。"风电设备及控制国家重点实验室"顺利通过国家验收,"清洁高效燃煤发电与污染控制国家重点实验室"获得批复,国电集团拥有的国家级研发平台增至8个。四是承担国家重点科技创新任务再传新捷报。新承担"大型燃煤电厂超净排放控制关键技术及工程示范""大型火电机组余热能梯级供热技术开发及工程示范"等4个国家级科研项目。五是取得重大科技创新成果。世界首台百万千瓦超超临界二次再热燃煤发电机组在国电泰州建成投产,该项目具有完全自主知识产权,是世界上发电效率最高、供电煤耗最低、环保指标最优的火力发电机组,成果入选"国家十二五科技创新成就展"。

【重点工程】

1. 国电泰州二期超超临界二次再热火电项

目(2×1000MW)。

国电泰州二期2×1000MW超超临界二次再热火电项目,位于江苏省泰州市高港区永安洲镇福沙村,北距泰州市中心29千米,西临长江。宁启铁路、新长铁路和沿江一级公路均从厂区附近通过,水陆交通极为便利。

该项目是世界首台自主设计研发的百万千瓦二次再热燃煤发电机组,是国家能源局二次再热燃煤发电示范项目,同时是国家科技部“十二五”科技支撑计划项目。项目所采用的二次再热技术、主机及控制参数等均具有完全的自主知识产权,锅炉采用塔式炉,汽机采用五缸四排气方案,主蒸汽压力31MPa、主蒸汽温度600℃、一次和二次再热蒸汽温度都为610℃,综合参数为世界领先水平,也是二次再热机组世界最大容量。

2012年5月31日,项目获得国家能源局同意开展前期工作的“路条”,2014年9月2日,正式获得国家发改委核准。在项目建设过程中,泰州二期项目扎实开展精细化管理、洁净化施工,机组所有节点进度均一次成功,主机油循环提前合格,机组从首次并网到100万千瓦满负荷出力仅用不到4天时间,机组汽水品质自并网后不到24小时便达到运行标准。2015年9月25日,世界首台百万千瓦二次再热机组——泰州二期3号机组正式投产,机组发电效率47.82%,发电煤耗256.8克/千瓦时,供电煤耗为266.5克/千瓦时,机组发电效率比国外最好二次再热发电机组高0.82个百分点。机组发电煤耗比当今世界最好水平低6克/千瓦时,二氧化碳排放量减少5个百分点,二氧化硫、氮氧化物、粉尘排放全面优于国家超低排放限值。

2. 海南国电西南部电厂火电项目(2×350MW)。

海南国电西南部电厂位于海南省西南部乐东黎族自治县境内,厂址位于乐东县莺歌海镇以北2千米。厂址西临北部湾,地理位置优越,交通方便。电厂煤码头港址位于莺歌咀附近,水深条件较好。

该项目是海南省“十二五”重点电源建设项目,也是《中国国电集团公司与海南省政府投资建设海南电力能源项目合作框架协议》战略规划下,中国国电集团公司在海南省投资的第一个火电项目。该项目于2014年5月19日获得国家发改委核准,批复造价为368900万元。

该工程汽轮机、锅炉、发电机由哈尔滨三大主机厂提供,机组设计主参数:24.2MPa/566/566℃,发电煤耗283.33克/千瓦时,发电厂用电率(含脱硫)5.6%,全厂热效率43.41%。项目同步安装高效脱硫、脱硝、除尘装置,NOx、SO_2、烟尘排放均达到超低排放水平。

2014年6月30日,工程实现高标准开工,1号、2号机组分别于2015年7月31日和10月16日通过168小时试运行,转商运行。1号机组仅用13个月实现投产,创同类项目建设最先进工期记录,为缓解海南省紧张的用电局面作出贡献。

3. 国电泰安2×350MW热电联产机组工程(2×350MW)。

国电泰安2×350MW热电联产项目位于山东省泰安市高新区东南侧,北距泰安市9.6千米,厂址东距京沪铁路北集坡车站280米,公路、铁路交通极为便利。

该项目为“上大压小”项目,是泰安市加快发展集中供热建设、创建国家环保模范城市的重点工程。2012年2月28日,该项目获得国家能源局同意开展前期工作的“路条”;2013年3月18日,正式获得国家发改委核准。

该工程机组采用超临界参数,机组设计主参数:24.2MPa/566/566℃,设计发电煤耗282.93克/千瓦时,发电厂用电率(含脱硫)6.04%。项目同步安装高效脱硫、脱硝、除尘装置,NOx、SO_2、烟尘排放均达到燃气轮机水平。

项目1号、2号机组分别于2015年8月7日、10月26日通过168满负荷试运,投产发电。项目建设过程中严格坚持中国国电集团公司“四高四优”标准,两台机组实现高质量投产,于2016年1月29日以较高的成绩顺利通过中国国电集团公司达标投产复检。

4. 国电西藏尼洋河多布水电站工程(4×30MW)。

多布水电站为尼洋河流域规划梯级电站的第三级,是尼洋河综合治理与保护控制性工程和优选项目,也是中国国电集团公司在藏首个水电项目,位于西藏自治区林芝市巴宜区镜内。工程主要任务为发电。电站装机4台单机容量30MW的灯泡贯流式机组，总装机容量120MW，属三等中型工程。

工程枢纽主要由右岸土工膜防渗砂砾石坝、左岸泄洪闸、发电厂房、左副坝等建筑物组成，电站正常蓄水位3076米，正常蓄水位以下库容6500万立方米，总库容8500万立方米，为日调节水库。

多布水电站主体工程于2014年7月12日取得国家发改委核准，2014年12月11日大江截流，2015年8月29日首台机组投产发电，2016年1月17日4台机组全部投产发电。

5. 龙源安徽全椒龙王尖风电项目(49.5MW)。

龙源安徽全椒龙王尖风电项目位于安徽省滁州市全椒县境内，距离县城区西南20千米处。项目总装机容量4.95万千瓦，安装25台由国电联合动力技术有限公司生产的风力发电机组，风电场通过一机一变的形式，经过2条35千伏配电线路汇流与一期大山项目共用一座110千伏升压站，通过一条110千伏送出线路送至220千伏古河变与系统并网，送出线路总长27.8千米。

全椒龙王尖风电场地貌以丘陵为主，山势起伏绵延，海拔在150米～350米之间，且地形复杂，场内80米高测风塔实测年平均风速为5.76米/秒，属于典型内陆地区低风速风电场。为提高项目的经济性，在机位数量确定的前提下，对风资源较差且有效湍流符合条件的机位混装4台UP2000—115的风电机组，在确保安全的同时最大限度地捕获风能，经测算混装后，项目整体利用小时增加35小时以上。项目年上网电量10341万千瓦时，年利用小时2089小时。

该项目于2014年11月通过中国国电集团公司投资决策，2015年1月正式开工，2015年12月全部投产发电。

【走向海外】 2015年，国电集团坚持以提高质量和效益为中心，统筹利用国际国内两种资源、两个市场，立足自身优势，以优势企业为核心，实施专业化的指导管理，大力推行差异化竞争策略，聚焦"一带一路"沿线支点国家和政治经济稳定、法律健全、发展潜力大的重点区域，创新方式路径，主动防控风险，加快推动一批优质项目落地，积极培育新的增长点，提升国电集团国际化经营能力和水平。

1. 境外投资情况。

龙源加拿大德芙琳风电项目：该项目位于加拿大安大略省，一期装机容量9.91万千瓦，安装49台GE风力发电机组。该项目于2014年12月1日正式投入商业运营。2015年，德芙琳风电开发有限公司实现营业收入19433.77万元，利润总额2293.08万元，净利润2293.08万元。2015年，经国电集团审批，德芙琳二期15万千瓦风电项目立项，将力争参加2016年安大略省政府风电招标。

龙源南非风电项目：龙源从2009年开始跟踪南非可再生能源市场，在2013年8月截止的第三轮招标中，捆绑国产风机联合动力，成功中标德阿Ⅰ期和德阿Ⅱ期北区两个风电项目，共计244.5MW，项目位于南非中部西开普省。其中德阿Ⅰ期项目为该轮所有中标项目中最高电价。2015年2月，两个风电项目实现融资关闭，2015年10月，经国电集团批准，两个风电项目正式开工，计划2017年第四季度投产。

2. 技术、产品出口情况。

积极推进具有比较优势的新能源及节能环保技术和设备"走出去"。国电科环集团完成新签合同额10.95亿元，其中主要包括：联合动力向龙源电力南非项目销售风机合同金额8.18亿元；龙源环保中标土耳其泽塔三期2×66万千瓦火电项目脱硫脱硝EP标段，合同金额2.37亿元；烟台龙源公司同时中标土耳其泽塔三期的等离子设备标段，合同金额895万元。

3. 积极拓展国际交流平台情况。

2015年，国电集团积极参与国际高层次交流机制和平台，包括加入世界经济论坛、中国国际商会、APEC中国工商理事会、国际商会中国国家委员会环境与能源委员会及中国—中东欧联合商会中方理事会等5个高层次国际交流平台。国电集团积极参与高访活动和国际高层峰会并发表演讲，大力宣传自身优势产业和国际化战略，提升国际形象和影响力。2015年，国电集团出席高层国际会议13场，组织技术交流活动30余场。

【党建工作】 2015年，国电集团党组深入学习贯彻习近平总书记系列重要讲话精神，认真贯彻落实中央及国资委党委全面从严治党的部署要求，切实履行管党治党责任，全面落实党建工作责任制，紧紧围绕实施"一五五"战略、深化"双提升"工作，系统谋划、扎实开展党建工作。坚持从严从实，"三严三实"专题教育取得积极成效。坚持抓基层、打基础，实施“6＋1”基层党支部建设工程，出台集团公司《进一步提高党支部工作质量和实效的意见》，建立加强基层党支部建设的长效机制。党建考核体系不断完善，制定国电集团《党组（党委）书记抓党建工作述职评议考核办法》《党建政工工作年度评价暂行办法》，形成三级联动、分级负责、全面立体的“1＋1”党建工作考核体系。深入开展“我为核心价值观代言，我为一五五战略添彩”主题实践活动。创新开展“青年争当首席师”和“青春建功一五五”系列主题实践活动。大力实施品牌建设战略规划，加强新闻宣传推介，树立责任央企形象，国电集团优秀共产党员、龙源西藏公司总经理张晞入选首届十名“最美央企人”，“中国国电”的品牌价值和影响力不断提升。

2015 年，集团公司党组高度重视党风廉政建设与反腐败工作，认真贯彻落实党的十八大以来历次全会和习近平总书记系列重要讲话精神，认真落实党风廉政建设“两个责任”，为集团公司健康发展提供有力保障。全年以迎接、配合中央专项巡视检查和落实巡视整改为重点，聚焦重点领域、强化源头治理，堵塞管理漏洞，降低廉洁风险，对巡视整改中党风廉政建设方面的 10 个问题进行认真研究，提出 26 条具体整改措施，对中央巡视组移交的问题线索逐一核查，做到件件有着落。坚持“零容忍”态度，严肃查处各类违规违纪行为，及时通报违反中央八项规定精神等典型案例，始终保持惩治腐败的高压态势。深入推进“三转”，推动各级纪检监察机构聚焦主业，调整充实集团公司本部纪检监察机构和人员编制，配齐配强二级单位纪检监察工作力量。坚持抓早抓小，运用把握监督执纪“四种形态”，加强对党员干部的日常教育、监督和管理。持续深入开展警示教育活动，以“讲案例、学法规、划底线”为主题，开展法律法规教育，进一步强化党员干部纪律和规矩意识，公司系统“不想腐”的思想意识不断增强。

【信息化建设】 2015 年，国电集团大力推进信息化“GD193 工程”建设，不断夯实管理基础、技术基础、安全基础，支撑“四个集中管控”相关系统建设。信息一体化平台和九大业务系统初步建成，业务管控能力和决策支持能力持续增强，信息化与主营业务融合，业务管理更加精细化，信息化建设实现从分散建设向集中共享建设跨越。

顶层设计方面，加强集团信息化顶层设计，完成集团“十三五”信息化规划——《深化融合信息化规划（2016－2020）》编制，用于指导“十三五”期间集团公司信息化建设。

信息系统建设方面，推进集团燃料集中管控相关系统建设。落实燃料集中采购、工信部互联网与工业融合创新示范项目，开展集团煤炭交易平台建设，集团煤炭采购交易平台上线，实现燃煤电厂煤炭现货阳光采购，降低采购成本，提高燃料管控水平。启动市场营销管理信息系统建设，加强集团发电和供热业务量、价、费的管控；加强电力市场信息收集，报价模型分析，提供电力市场交易管理和辅助报价支持，探索电力市场环境下电力市场交易模型和交易模式。按照现代企业人力资源管理理念，开展集团人力资源大集中系统建设。根据集团集中管控要求，进行财务共享中心信息系统建设。

信息一体化平台方面，完善主数据管理体系，加强组织机构编码、指标数据编码、分类编码标准等主数据管理；加快数据采集交换平台推广建设，推进信息系统间的深度集成，提升数据资产的共享水平。

基础设施方面，采用以太网技术升级集团广域，与分（子）公司网络升级到 6M，启动并推进集团公司数据灾备中心建设，为业务应用系统的建设和灾备提供基础设施。

信息网络安全及运维方面，完成集团范围内网络安全大检查工作，编制《集团公司 2015 年网络信息安全报告》。信息化“大运维”体系持续推进，信息系统和网络运行维护水平大幅提升。

（撰稿人：甄学宝）

国家电力投资集团公司

【基本概况】 国家电力投资集团公司（以下简称“国家电投”或“集团公司”）成立于 2015 年 5 月，由原中国电力投资集团公司与国家核电技术公司重组组建。公司注册资本450亿元，资产总额7738亿元，员工总数12.9万人，2015年销售收入1924.04亿元。拥有7家上市公司，包括2家香港红筹股公司和5家国内A股公司。公司连续四年进入世界500强，2015年位居第403位。

国家电投是中国五大发电企业之一。公司电力总装机容量10740万千瓦，其中，火电6827万千瓦，水电2094万千瓦，核电336万千瓦，太阳能发电485万千瓦，风电998万千瓦，在全部电力装机容量中清洁能源比重占40.06%，具有鲜明的清洁发展特色。公司年发电量3807.87亿千瓦时，年供热量1.44亿吉焦。同时拥有煤炭产能8040万吨，电解铝产能248.5万吨，铁路运营里程331千米。

国家电投是中国三大核电开发建设运营商之一。拥有山东海阳、辽宁红沿河、山东荣成等多座在运在建核电站，以及一批沿海和内陆厂址资源，是中国实施三代核电自主化的主体、载体和平台，以及大型先进压水堆国家科技重大专项的牵头实施单位，肩负着国家三代核电自主化、产业化、国际化的光荣使命，具备核电研发设计、工程建设、相关设备材料制造和运营管理的完整产业链和强大技术实力。

国家电投致力于全球业务和国际化发展。境外业务分布在日本、澳大利亚、马耳他、印度、土耳其、巴基斯坦、南非、巴西、缅甸等36个国家(地区)，投资运营项目可控装机容量109.62万千瓦，投资在建项目可控装机容量1002.05万千瓦，签署合资协议并开展前期工作的投资项目可控装机容量514万千瓦，具备在火电、核电、新能源、输变电等领域为工程建设和运营提供全方位、全产业链服务的资质和能力。

【主要指标】 2015年是集团公司的改革重组年。2015年，集团公司党组团结和带领广大干部职工，深入贯彻党中央、国务院的决策部署，立足当前，着眼长远，统筹内外两个市场，在经济下行压力不断加大的情况下，保证经济效益稳步增长，超额完成国资委年度和任期考核目标，全面完成节能减排、安全稳定、党风廉政建设任务，取得改革发展新成绩。全年完成发电量3807.87亿千瓦时，实现利润139.57亿元，归属于母公司净利润18.19亿元，EVA28.32亿元，创历史最好水平，利润增幅在五大发电企业集团中排名第二。截到2015年底，集团公司装机容量1.07亿千瓦，清洁能源比重达到40%，位列五大发电企业集团首位。资产总额7738亿元，分布在31个省(自治区、直辖市)和马耳他、缅甸、日本等35个国家(地区)，基本形成以清洁能源为主导的综合能源企业集团。

2015年国家电力投资集团公司主要经济指标

项　目	2014年	2015年	比上年增长(%)
资产总额(亿元)	6803.88	7738.00	13.73
所有者权益(亿元)	1074.62	1362.43	26.78
营业收入(亿元)	1822.85	1924.04	5.55
利润总额(亿元)	100.27	139.57	39.19
净利润(亿元)	57.81	84.62	46.37
归属于母公司所有者的净利润(亿元)	14.42	18.19	26.14
技术开发投入(亿元)	0.61	16.70	2637.70
利税总额(亿元)	36.05	264.00	632.32
应交税金总额(亿元)	186.40	221.29	18.72
全员劳动生产率(万元/人·年)	44.62	58.34	30.75
净资产收益率(%)	5.69	6.97	增加1.28个百分点
国有资本保值增值率(%)	105.57	106.45	增加0.88个百分点

【改革发展】 落实党中央、国务院关于核能企业整合的战略部署，圆满完成中电投与国家核电重组，并确立新的战略构想，明确战略目标和路径，解决建设什么样的国家电投和如何建设的问题。在总部整合基础上，完成核电、金融、科研、教育培训等业务板块重组，以及海外公司和湖北、安徽等8家省区分支机构组建工作，开始形成核电、常规电创新驱动、协同发展的产业优势，奠定向更高目标迈进的基础。研究建立规范的公司治理结构，完成公司章程和相关议事规则修订，建立规范董事会试点已经启动。按照建设国有资本投资公司的总体要求，总部确立"战略、评价、激励、监督、服务"功能定位，建立权力清单制度，

下放事权50%，在项目审批和生产运营等领域赋予二级单位更多的自主权。出台专职董监事管理办法，向出资企业派出董事监事，并加强对董监事履职的管理。深入推进产权、分配、人才制度改革。“向日葵”项目全面启动，康富租赁成功在新三板挂牌，资产证券化工作取得实质性进展。积极推进分配制度改革，建立以效益为导向的考核评价体系，实行收入与利润增长紧密挂钩的效益工资决定机制。融和控股试行职业经理人制度，中电远达探索分红权激励，山东院开展核心骨干持股，均取得较好的效果。以奋斗者为本，注重人才培养和储备，探索建立员工职业发展“双通道”。在国家百千万人才工程选拔中，1人获得“有突出贡献中青年专家”称号。

【重大项目】 坚持走清洁能源发展之路，资源向核心业务集中，重点加快战略性项目和清洁能源项目发展，全年核准电力项目176个，容量2506万千瓦，创集团历史新高。核电项目前期进展顺利。红沿河二期取得核准并开工建设，石岛湾CAP1400示范工程、海阳3号、4号机组即将核准，初步形成石岛湾、海阳、红沿河三大核电基地。火电结构调整步伐加快。江苏滨海、河南焦作、山西神头二期、贵州普安、黔西、新疆准东、湖北大别山等一批60万千瓦及以上火电项目获得核准。新能源开发势头强劲，全年核准容量761万千瓦。青海共和100兆瓦国家光伏发电试验测试基地获得国家能源局批复。

坚持创新驱动引领，在三代核电技术引进、消化、吸收、再创新和产业链建设方面取得重要进展。AP1000自主化依托项目主泵问题成功解决。国产化CAP1000标准设计、设备国产化等已经能够支撑我国后续AP1000项目自主化、批量化建设。CAP1400示范工程核准评估工作全面完成，具备核准开工条件。CAP1700研发工作顺利启动，概念设计专题研究基本结束。核电站数字化仪控系统成功在平东电厂DCS改造中应用。核电自主化关键设计与安全分析软件包(COSINE)正式发布。常规电技术创新取得实质进展。龙羊峡水电站水光互补发电技术引领国内光伏发电新方向，承担的国家863重大科技项目“含可再生能源的孤立电网的运行控制技术及示范”顺利完成，上海成套院在节能减排技术研发、700℃材料研制方面取得重大突破，中电远达脱硝催化剂再生技术获得国家技术发明二等奖，达到国际先进水平。

【走向海外】 国际化发展布局加快形成。南非核电和土耳其核电前期工作进展顺利。成功收购澳大利亚太平洋水电公司，新增装机容量91.5万千瓦，储备项目151.6万千瓦。以马耳他并购项目交割和整合完成为标志，进入欧盟电力市场。土耳其、巴基斯坦、埃及、坦桑尼亚火电项目取得突破，越南永兴项目开工建设，缅甸项目取得新进展。积极探索电力新兴业态。重庆港桥工业园区配售电项目获得国家首批试点批复，平潭、莆田、香河等综合能源项目进展顺利，推动商业模式创新，开始迈出从传统发电企业向综合能源供应商转型的步伐。

【重大创新】 积极配合中央巡视工作，高标准落实整改。组织开展“3211”巡视专项整改(三个专项整治，两个集中检查，一个专题教育，一份权力清单)，巡视整改报告向党内和社会公开，得到中央巡视组的充分肯定。配合国资委专项督查，组织巡视整改“回头看”，巩固巡视整改成果。对巡视、审计发现的有关工程建设、招投标、违反八项规定等情节严重的问题，从严落实“一案双查”，既追究直接责任人责任，也追究组织和领导的管理责任。全年约谈26名二级单位负责人，查处违纪违规案件53起，党政纪处分131人。坚持依法从严治企。把依法治企放在更加突出的位置，重大事项、规章制度、合同三项审查率100%，法律风险防范机制进一步完善，全年没有发生重大的责任性纠纷案件。针对安全事故多发频发，开展隐患排查专项行动，加大安全监管力度，严肃责任追究，总体上扭转被动局面。认真履行环保责任，完成39台机组环保改造，二氧化碳、氮氧化物等主要污染物实现达标排放。严抓建设管理，工程建设管理水平持续提升，平圩5号机组投产后连续运行创全国纪录，田集二期项目获得国家优质工程金奖，工程造价创行业标杆，合川项目获得国家优质工程奖，茶园1号机组投产工期达到行业先进水平，田集3号等21台机组获得全国大机组能效竞赛奖。

【党建工作】 党的建设进一步加强。深入开展“三严三实”专题教育，认真学习党章党纪和习近平总书记系列讲话精神，深刻剖析和整改存在的问题，取得良好效果。党组确立“大党建、强体系、聚人心、创价值”的党建工作总体思路，着力构建组织体系、责任体系、制度体系、评价体系和创新体系。党风廉政建设进一步深化。认真落实“两个责任”，签订主体责任书，层层传导压力，以严肃问责推动责任落实。把纪律和规矩挺在前面，组织学习《准则》和《条例》，盯住高线，守住底线，制定并严格执行“5 条禁令、23 个不准”，坚定不移落实中央八项规定。

【信息化建设】 持续推进信息化建设。东北公司、吉电股份、新疆能源化工、华北分公司完成 ERP 推广，已有 16 家单位上线运行。推进生产运营监管等系统建设，火电、水电、新能源电厂实现实时监控，在运 210 台火电机组排放等环保监管数据实现统一监控。

【履行社会责任】 企业文化建设进一步提升。构建起具有国家电投特质的“和文化”体系，在行业内外形成较强的品牌影响力，重视宣传的先导作用，营造良好的内外部环境，形成汇聚员工引领发展的生动局面。开展“改革创新·青年先行”主题实践活动，涌现出一批职工技术创新成果、职工创新工作室、青年岗位能手。

履行企业社会责任进一步深入。组织开展河南商城、四川美姑和陕西延川定点扶贫，对口援建青藏区、贵州纳雍县的帮扶工作。按时完成新疆、青海无电区光伏发电建设任务，圆满完成“十二五”电力援藏任务。

【其他情况】 统筹施策，全面强化增收节支。狠抓煤价控制、市场营销和节能降耗，煤电入厂标煤单价控制在 450 元/吨，同比下降 100 元/吨，减少支出 77 亿元，供电煤耗下降 4.34 克/千瓦时，发电量增幅居五大发电企业第一位。火电、水电、新能源、金融板块分别实现利润 104 亿元、31 亿元、14.7 亿元、24.16 亿元，同比分别增加 26.5 亿元、3.1 亿元、6.7 亿元、6.1 亿元。煤炭物流、工程建设、物资装备、设计咨询、环保产业等电站服务业积极拓展外部市场，为保增长作出重要贡献。加大政策争取力度，全年营业外净收益 23.28 亿元。开展“亏损企业专项治理”。对天泰、鼎泰、启明星等扭亏无望的企业实施清算，关停电解铝产能 28.3 万吨；对亏损严重的电解铝企业果断限产，停产 37 万吨。全年煤炭、铝业亏损分别控制在 9.9 亿元和 28.9 亿元。注重提高增长质量。组织宁夏能源铝业等 7 家单位开展清产核资，深入推进低效无效资产清理和处置，严控国有资产流失风险，最大限度地提高资产处置收益。所属单位中，国家核电全面完成与国资委签订的责任目标，中电国际、上海电力、资本控股、五凌电力、江西公司、黄河公司、河南公司、成套公司、东北公司利润位居前列，为完成保增长目标作出突出贡献。

（撰稿人：王国鹏）

中国长江三峡集团公司

【基本概况】 2015 年是中国长江三峡集团公司（以下简称“三峡集团”）改革发展史上极不平凡的一年。在党中央、国务院的坚强领导下，在国务院国资委的正确指导下，三峡集团全体干部职工紧紧围绕建设国际一流清洁能源集团的战略目标，牢牢把握“稳增长、抓改革”两条主线，主动适应经济发展新常态，凝心聚力，团结拼搏，不断克服电力需求增速放缓、长江来水严重偏枯、电价下调等诸多困难，稳增长目标任务超额完成，装机规模再次迈上新台阶，资产质量继续保持优良，安全生产形势持续好转，全面完成年度生产经营目标任务，实现“十二五”圆满收官。

【主要指标】 2015 年，三峡集团实现全年发电量 2009.8 亿千瓦时，与上年基本持平；实现营业收入 635.17 亿元，同比增长 0.83%；实现利润总额 344.7 亿元，同比增长 11.43%。截至 2015 年底，集团可控装机 5954.5 万千瓦，其中水电装机占国内水电总装机的 15.8%。截至 2015 年底，集团资产总额 5633.74 亿元，同比增长 18.48%；净资产收益率 9.86%，总资产报酬率 7.81%。被国际评级机构授予国家主权信用评级，首次在全球同步发行美元、欧元双币种债券，奠定集团公司在国际资本市场的卓越地位。

2015 年中国长江三峡集团公司主要经济指标

项　目	2014 年	2015 年	比上年增长(%)
资产总额(亿元)	4755.06	5633.74	18.48
所有者权益(亿元)	2751.40	3094.06	12.45
营业收入(亿元)	629.96	635.17	0.83
利润总额(亿元)	309.34	344.70	11.43
净利润(亿元)	259.72	288.18	10.96
归属母公司所有者的净利润(亿元)	205.59	221.78	7.87
技术开发投入(亿元)	14.66	14.88	1.50
利税总额(亿元)	407.26	447.86	9.97
应交税金总额(亿元)	159.50	170.51	6.90
全员劳动生产率(万元/人・年)	294.17	312.89	6.36
净资产收益率(%)	9.94	9.86	减少 0.08 个百分点
总资产报酬率(%)	8.08	7.81	减少 0.27 个百分点
国有资本保值增值率(%)	110.06	108.62	减少 1.44 个百分点

【改革发展】 2015 年，三峡集团按照集团化、市场化、现代化、国际化的总目标和总方向，深入推进体制机制改革，取得重要成果。

按照总体偏战略型管控模式调整总部管控方式，明确总部的职能定位；全面修订绩效考核制度和领导班子综合考核评价办法，科学设置考核分类和指标体系；积极推进业务板块整合，初步实现资源的优化配置和集约利用；建立经济运行分析制度，强化对生产经营活动分析研判、过程监控和督办落实；积极推进以风险为导向的内部控制体系建设，深入开展风险预警、监控、分析及防范工作；充分发挥审计监督作用，积极开展内控评价；健全法律工作体系和法律风险防范机制，推动法律工作与经营管理深度融合。

【重大项目】 乌东德水电站成功通过国家核准，金沙江水电开发迈上新征程。在国家有关部委精心指导下，在四川、云南两省各级党委政府及相关部门大力支持下，历经 10 多年科研、勘测、设计和 5 年多精心筹备，经过全方位、多层次、长时间的沟通协调和不懈努力，乌东德水电站成功通过国家核准，主体工程全面进入大规模施工阶段。白鹤滩水电站环评报告通过审查，移民安置规划大纲审查启动，项目核准进入最后冲刺阶段。乌东德工程建设稳步推进，深化对大型地下洞室群开挖、高拱坝建设等重大技术问题研究，严格质量安全管理，为主体工程大规模施工奠定基础。溪洛渡、向家坝两站收尾工作有序推进，逐步实现从建设阶段向运行阶段平稳过渡。

三峡工程综合效益显著发挥，流域梯级枢纽运行管理迈入新阶段。坚持把社会效益和生态效益放在首位，三峡工程防洪、发电、航运以及水资源综合利用等功能充分发挥。三峡水库连续第六年实现 175 米试验性蓄水目标，枢纽建筑物及设备设施运行正常，库区干支流水质总体稳定。全年累计为下游补水 291 亿立方米，有效缓解长江中下游生产生活用水紧张局面。三峡船闸安全高效运行，年过闸货运总量 1.1 亿吨。三峡升船机土建施工和金结机电安装全部完成，联合调试取得重大进展，实船试验获得阶段性成功。三峡大坝景区全年接待游客 207 万人次，再创历史新高。

新能源业务再上新台阶。国内新能源业务克服核准难、上网难、机组供货难等诸多困难，成功完成新增装机 200 万千瓦的艰巨任务，装机规模、营业收入、利润总额均创历史最好水平。坚定实施海上风电引领者战略，加强与福建省战略合作，组建福建分公司和四大平台公司，全面启动三个项目 100 万千瓦海上风电前期工作，积极推进海上风电装备工业园建设，为打造福建海上风电基地奠定基础。江苏响水 20 万千瓦近海风电项目首批机组投入运行，填补国内外多项技术空白。呼蓄电站全面建成投产，长龙山抽蓄电站开工建设。

【走向海外】 国际业务紧紧围绕“一带一路”战略，初步完成在“三大市场”的业务布局。

集团公司主要领导先后 7 次在中外领导人见证下签署重大项目和合作协议 9 项，为国际业务发展储备丰富资源。

中标巴西朱比亚和伊利亚两电站(500 万千瓦)30 年特许经营权，三峡巴西公司成为巴西第二大私营发电企业。

高质量建成几内亚凯乐塔、老挝南椰2、马来西亚沐若等一批在当地具有重大影响的项目，开工建设巴基斯坦卡洛特、巴风二期等项目，成功获得科哈拉等一批项目开发权，为“一带一路”和“中巴经济走廊”建设作出重要贡献。

加强对葡电股权管理，连续五年获得良好预期收益；加强同葡电公司合作，联合开发英国海上风电，成功进入全球领先的海上风电市场。成功承办2015年世界水电大会，增强在全球水电领域的影响力。

【科技创新】 三峡集团推进建设以上海勘测设计研究院有限公司为主的海上风电等新能源科创研发平台；协助南京河海科技有限公司完成水资源高效利用与工程安全国家工程研究中心评价工作。

2015年12月3日，世界工程组织联合会授予三峡集团陆佑楣院士工程成就奖，陆院士是该奖项设立27年以来中国大陆第一个获奖的工程师。2015年，三峡集团博士后工作站在全国2079个博士后工作站综合评估中位居第22位，获得“全国优秀博士后科研工作站”荣誉称号。2015年，三峡集团共承担国家863、973科技支撑计划以及国家海洋局专项等省级以上科技项目18项，获得国家科技进步二等奖3项，省部级科技进步奖15项。三峡集团积极挖掘科技创新成果和知识产权成果，2015年度授权专利350项，其中发明专利70余项，登记软件著作权32项，是上年度的2倍。

三峡集团江苏响水20万千瓦近海风电项目首批机组建成投运，成为我国首个建成投运的近海风电项目，填补我国多项海上风电技术空白。2015年，三峡集团申报的国家海洋可再生能源专项资金项目——浙江舟山潮流能示范工程项目得到国家海洋局批准。溪洛渡工程建设中应用的“300米级溪洛渡拱坝智能化建设关键技术”荣获2015年国家科技进步二等奖，成功解决拱坝在设计、实施、初期运行阶段的关键技术问题，开创智能高拱坝建设之先河。

【党建工作】 深入学习贯彻习近平总书记系列重要讲话精神，严格落实“两个责任”和“一岗双责”，全面加强党的建设，党组班子建设、“三严三实”专题教育、履行“两个责任”、落实“三项整改”等工作得到中组部、中纪委高度肯定。

坚持以上率下、示范带动，高质量开展专题党课、学习研讨、民主生活会和组织生活会，增强党内组织生活的政治性和严肃性。坚持边学边查边改、立行立改，深入查找、及时整改“不严不实”问题，提高践行“三严三实”的思想自觉和行动自觉。加强基层党组织建设，首次召开组织工作会议，举办党建工作培训班，及时在新成立单位设立党组织，基本完成总部机关党支部换届选举，夯实党建工作基础。严格落实党管人才方针，完善干部监督管理机制，调整党组管理干部123人次。

充分发挥巡视利剑的震慑作用，按照“一个中心、四个着力”的要求，对8家单位开展常规巡视，对21家单位进行专项巡查，严肃查处一批违纪违法案件，营造风清气正心齐的政治生态和干事创业环境。

认真学习贯彻《准则》和《条例》，完善反腐倡廉制度体系，深入开展廉洁风险防控，提高广大党员干部廉洁自律意识。建立履行“两个责任”专题约谈机制，认真落实党建工作和党风廉政建设责任制。

【信息化建设】 2015年，TGPMS在集团流域梯级水电工程开发建设中持续创新不断深化应用，并推广到集团外60多个大型工程建设项目，管理的工程投资额1.5万亿元，成为我国工程建设信息化领域的标杆。自主研发的移民管理信息系统在溪洛渡、向家坝两座水电站全面应用，并推广到乌东德、白鹤滩及海外卡洛特项目，开创国内外移民管理信息化成功范例。新一代电力生产管理系统（ePMS）延伸到向家坝、溪洛渡、成都调控中心，满足集团跨区域大型电站群的电力生产管理需要，长江电力于2015年顺利通过“两化”融合管理体系外部评审并取得工信部颁发的证书，成为全国200家首批“两化融合管理体系”达标企业之一，被国资委评为央企信息化示范工程。信息化覆盖所有新能源业务，建成多地域、多项目集群管理平台。

国际业务信息化取得突破，自主研发的工程建设、电力生产、移民管理等信息系统在老挝南立1～2和南椰2电站、巴基斯坦卡洛特项目上线应用，成为中国水电“走出去”新名片。财务、人力资源、办公自动化、视频会议系统等系统快速延伸应用，开发建设计划统计系统、电子招投标采购平台、审计管理信息系统、电能营销系统、安全生产管理与应急指挥系统、视频监控集成平台、综合运营监控系统投入运行，网络平台建设紧跟业务发展，实现主要业务范围全覆盖，基于云计算基础架构的北京、成都、宜昌三地数据中心基本形成。集团共取得软件著作权证书100多项，信息化自主创新能力不断增强。

【履行社会责任】 2015年，三峡集团高度重视履行社会责任工作，积极倡导和践行“建好一座电站、带动一方经济、改善一片环境、造福一批移民”的水电开发理念，努力实现工程建设社会效益、生态效益和经济效益的协调统一。三峡集团始终将建设好、运行好、管理好三峡工程，始终将充分发挥三峡工程防洪、航运、补水、环保等社会效益放在首位。三峡集团坚持在生态保护的基础上有序开展工程建设和运营，注重工程保护与生态养护的协调统一，最大程度保护珍稀动植物资源。同时，三峡集团还深入开展库区定点扶贫、精准扶贫，推动移民地区的可持续发展，启动三峡库区和金沙江下游水电站库区精准扶贫工作。扎实开展定点扶贫、对口支援及企地共建活动，全年对外捐赠1.1亿元。将新能源开发与精准扶贫相结合，在河北曲阳县开创“光伏+”开发模式，实现企地互利共赢，获得国务院领导充分肯定。切实履行全球企业公民责任，帮助缅甸政府开展防洪救灾，受到当地政府和社会高度评价。三峡公益基金会通过民政部审批，三峡公益品牌正在形成。

（撰稿人：严　艺）

神华集团有限责任公司

【基本概况】 神华集团有限责任公司（以下简称“神华集团公司”或“公司”）是于1995年10月经国务院批准设立的国有独资公司，属中央直管国有重要骨干企业，是以煤为基础，集电力、铁路、港口、航运、煤制油与煤化工为一体，产运销一条龙经营的特大型能源企业，是我国规模最大、现代化程度最高的煤炭企业和世界上最大的煤炭供应商。主要经营国务院授权范围内的国有资产，开发煤炭等资源性产品，进行电力、热力、港口、铁路、航运、煤制油、煤化工等行业领域的投资、管理；规划、组织、协调、管理神华集团所属企业在上述行业领域内的生产经营活动。总部设在北京。由神华集团独家发起成立的中国神华能源股份有限公司分别在香港特区、上海上市。神华集团在2015年度《财富》全球500强企业中排名第196位。

截至2015年底，公司有全资和控股子公司21家，投入生产煤矿54个，投运电厂总装机容量7851万千瓦，拥有2155千米的自营铁路、2.7亿吨吞吐能力的港口和煤码头以及拥有船舶40艘的航运公司，总资产9314亿元，在册员工20.8万人。

2015年，公司上下团结一心，积极主动适应经济新常态，紧紧围绕“1245”清洁能源发展战略，生产经营取得难能可贵的成绩。完成自产商品煤量4.01亿吨、煤炭销量4.85亿吨、发电量3171亿千瓦时、自营铁路运量3.64亿吨、油品化工品1047万吨、港口吞吐量1.76亿吨，货运装船量6787万吨，实现营业收入2364亿元、利润总额318亿元。国有资本保值增值率处于行业优秀水平，企业经济贡献率连续多年居全国煤炭行业第一，年利润总额在中央直管企业中名列前茅，安全生产多年来保持世界先进水平。

【主要指标】

2015年神华集团有限责任公司主要经济指标

项　目	2014年	2015年	比上年增长(%)
资产总额(亿元)	8990.0	9314.0	3.6
所有者权益(亿元)	4983.0	4946.0	—0.7
营业收入(亿元)	3249.0	2364.0	—27.2
利润总额(亿元)	640.0	318.0	—50.3
净利润(亿元)	484.0	200.0	—58.7
归属于母公司所有者的净利润(亿元)	270.0	87.0	—67.8
技术开发投入(亿元)	6.0	7.0	16.7
利税总额(亿元)	1221.0	803.0	—34.2

续表

项　目	2014 年	2015 年	比上年增长(%)
应交税金总额(亿元)	581.0	485.0	－16.5
全员劳动生产率(万元/人·年)	68.0	54.0	－20.6
净资产收益率(%)	7.9	2.7	减少 5.2 个百分点
总资产报酬率(%)	8.2	4.6	减少 3.6 个百分点
国有资本保值增值率(%)	108.6	102.9	减少 5.7 个百分点

【改革发展】 2015 年,公司深化改革工作全面推进,企业可持续发展的体制机制性障碍开始破题。出台公司整体深化改革顶层设计方案。先后印发《神华集团深化改革实施意见 36 条》和《子分公司指导意见 55 条》,明确改革路线图。集团和中国神华治理水平有了新的提升,董事会运作更加规范高效。修订《内部管理授权手册》,明确责权对等的授权管理机制并推广至所有子分公司。部分困难企业紧密围绕提高效率、降本增效开展脱困改革,包头能源公司将低效无效资产阿刀亥矿处置退出;国神集团重庆电厂组织实施“三供一业”分离移交工作取得实效。

三项制度改革取得实效。在人员能进能出方面,全公司减员 11495 人,其中合同工减员 3764 人,用工总量近三年累计减少 21774 人。在干部能上能下方面,出台《神华集团公司中层领导人员能上能下实施细则》,6 名党组管理干部提前退出领导岗位;推动干部交流轮岗,优化调整 34 家单位 124 名中层领导人员。在收入能高能低方面,从总部开始,实施绩效联动,对效益好的单位实施专项奖励,实现员工收入“能升能降”。

人事制度改革、人力资本开发和储备扎实推进。继续完善干部公开竞聘制度,完成 7 名中层副职、8 名总部处长及 5 名主管的公开招聘。充分发挥神华管理学院作用,全年完成 70 个培训班次,培训干部员工 5096 人次。推动干部交流制度改革,首批 16 名总部青年员工到子分公司一年期挂职锻炼圆满完成。公司各层次优秀人才不断涌现,2 人当选中国工程院院士,1 人入选国家“千人计划”,1 人入选国家百千万人才工程,10 人获得国务院政府特殊津贴。

总部精简机构、实现瘦身。对办公厅、董事会办公室等 11 个部门进行整合调整。整合后总部部门减少 6 个,处室减少 6 个,减少编制 38 人,减少人员 7 人,总部部门精简到 28 个。推进 18 家子分公司总部机构编制的规范管理,通过批复“三定”方案,明确神东煤炭集团、准能集团、神华大雁集团、乌海能源公司等部分子分公司总部职能部门、人员编制及部门负责人职数,进一步“倒逼”子分公司精简总部中层人员和管理人员,减少机构设置。将中国节能减排公司和神华科技发展公司整合,新公司为中国节能减排公司。

煤炭经营销售决策机制调整完善。煤炭经营销售决策机制调整为党组审定和批准商品煤销售年度价格和价格形成机制,总经理常务会审定和批准商品煤销售日常价格的调整,“5＋1”(总经理、总裁、分管领导、销售管理部、销售集团集体决策,董事长掌握)会议审定和批准商品煤销售价格的重大变动。修订完善《神华集团公司商品煤销售管理规定》《神华集团公司商品煤价格管理办法》和《神华集团公司商品煤及煤化品客户管理办法》3 项重要制度,增加销售计划和方案、年度煤炭销售价格建议、商品煤年度重要客户分类需报党组批准执行等内容。

【重大项目】 编制完成《清洁能源发展战略行动计划》和公司“十三五”规划。2015 年,转型升级发展和“1245”清洁能源发展战略目标落实步伐加快,成为集团发展的总纲领。在其指引下编制完成《清洁能源发展战略行动计划》和集团公司“十三五”规划。得到能源界学者专家的高度赞赏和充分肯定,在集团上下形成共识。还初步完成《神华集团清洁能源发展战略研究报告》和《神华集团 2015—2020 年清洁能源行动计划》的制定。编制完成的集团“十三五”规划各产业板块规划,全面贯彻清洁发展的要求。

继续推进重大战略合作。2015 年,公司先后与 2 个省、8 家企业和科研院所签署战略合作协议。分别为山西省、陕西省;华能集团公司、国家开发银行、中国铝业公司、中国能建、上海电气、中国机械工业集团、中国广核集团和中国工程物理研究院。

完善股权投资管理制度流程体系。完成《神华集团股权投资管理办法》《神华集团境外投资管理办法》《神华集团境外项目投资审批管理细则》等六项涉及对外股权投资制度的修订、发布工作。

强化价值创造理念，狠抓投资成本管控。面对国内经济增速放缓，煤炭市场持续低迷的严峻形势，神华集团（中国神华）积极应对发展压力，出台并购重组业务专门指导意见，基本停止收购子公司其他小股东拟出售股权的审批。

全面完成第六次注资工作。2015 年 10 月，经公司第三次董事会会议审议并批准《关于将神华集团公司持有的部分资产转让给中国神华能源股份有限公司的议案》。神华集团公司完成向中国神华能源公司交割持有徐州电厂 100%股权、宁东电厂 100%股权及舟山电厂 51%股权工作。

正式启动新能源板块上市项目筹备工作。加快推动公司"1245"清洁能源战略实施，2015 年 6 月 23 日，神华集团公司党组会议决定，正式启动新能源板块上市项目筹备工作，确定新能源板块上市项目名称为神华集团"623"项目。截至 2015 年底，完成"623"项目重组阶段财务及法律主要尽职调查。公司正式批复国华能源投资公司，设立全资子公司神华新能源有限责任公司，确定国华能源投资公司重组改制范围、国华能源投资公司与神华新能源公司完成无偿划转协议。

【走向海外】 照章严格审批出访。2015 年，公司认真贯彻国资委监事会境外国有资产检查意见，严格照章审批因公出访，杜绝无实质内容的团组出访，出国团组数、人数、费用连续三年下降，杜绝一般性出国考察，出访成效显著提高。

继续推行海外业务合规经营。2015 年，公司针对海外合规要求，公司重新定位海外投资公司合规审查、风险预控、内控审核审计督查等工作流程，制定针对海外业务的全面风险合规管理方案，加强对海外运营风险的事前、事中、事后控制。

有序推进海外项目建设。公司按照国家"一带一路"倡议，有序推进海外项目建设，参与全球能源经济深度融合。截至 2015 年底，海外项目已逐步扩展至澳大利亚、印度尼西亚、美国、俄罗斯等国家，涉及煤炭、铁路、页岩气、火电、风电等行业。公司先后在印度尼西亚成功中标南苏 1 号 2×35 兆瓦独立发电厂项目和爪哇 7 号（Jawa－7）燃煤电厂 2×1000 兆瓦独立发电厂项目；美国页岩气项目新增 12 口在产井，在产井总数达到 17 口，全年累计产气 215.77 亿立方英尺；澳洲沃特马克煤矿项目环评审核全部完成，其他海外项目稳步推进。

积极推动清洁能源交流。公司积极推动与塔州水电、通用电气（阿尔斯通）、美国久益等公司在清洁能源方面的交流合作。大力开展招商引资，公司先后与三菱商事、LG 集团等多家日、韩能源类企业广泛接触，探讨清洁煤炭技术合作及合作开发第三方市场等事宜。

积极开展中外人员交流。公司与美国哈佛大学、西弗吉尼亚大学、澳大利亚莫纳什大学等著名学府以及通用电气等国际知名企业开展人员交流培训。促成神华管理学院与 GE 克劳顿管理学院的交流。公司继续积极利用世界煤炭协会、国际能源署所属煤炭工业咨询委员会等多边平台和中外交流双边渠道，大力宣传神华清洁绿色发展的良好形象。

【重大创新】

1. 管理创新。

建立健全节能环保工作最高决策机制。公司董事会及其下设安全、健康及环保委员会是节能环保工作的最高决策机构，总部、子分公司和厂（矿、段）自上而下的三级管理机制有效保障节能环保工作扎实开展。2015 年，公司持续推进 ISO14001 环境管理体系、健康安全环境管理体系（HSE）、能源管理体系、风险预控体系等标准化管理体系建设，严格执行节能环保"三同时"管理，全面管控环境风险。同时，公司建成并投运集监测、预警、和对标为一体的节能环保在线监测平台，实现煤炭、电力、煤化工三大板块的 117 家企业重点污染源的实时监控与预警。全年举办各类节能环保培训 4 期，员工参与 320 人次。

完善科技管理制度。公司修订《神华集团公司科技创新项目招投标管理办法》和《中国神华能源公司科技创新项目招投标管理办法》。燃煤机组超低排放改造超前实施，经国务院第 114 次常务会议通过并成为国家强制性环保要求。确立神华集团在火电清洁发电领域的领导地位，为神华煤电拓展生存空间，享受国家实行的对超低排放机组电价补贴政策，成为公司 2015 年的一个新的经济增长点。

严控投资调结构。严把项目审核关，核减不符合“1245”清洁能源发展战略的投资共计 120 亿元，积极响应国家大气污染治理要求，全年供应京津冀地区优质环保煤、兰炭 131 万吨；建设完善在线监控平台，组织下属企业节能攻关，启动温室气体减排管理，实施 164 项节能环保重点工程，消除 10 项重大环境安全隐患。

2. 技术创新。

有序推进煤炭清洁开发与清洁转化。“煤炭开采水资源保护与利用”国家重点实验室获正式批准，成为整个煤炭行业仅有的 8 个国家级重点实验室之一。新疆煤基新材料项目进展顺利，计划 2016 年上半年建成。陕西甲醇下游加工项目全面建成。榆林 CTC 项目获得国家发改委核准。世界首套全断面高效快速掘进系统在神东煤炭集团大柳塔矿完成工业性试验。“近零排放”机组在神华国华分公司三河电厂、舟山电厂、定州电厂、惠州电厂和大港电厂投运。世界上首个煤化工 CO_2 捕集与地质封存项目神华 CCS 项目结束，累计注入 CO_2 30 万吨。“煤基航天领域特种燃料研究与开发”项目试生产的煤基火箭煤油在航天六院火箭发动机整机热试车获得成功。

截至 2015 年底，公司正在承担的各类国家级科研项目/课题 24 项，居我国煤炭行业首位，获得 2.24 亿元国家经费支持。设研发机构 14 家，其中，国家级研发机构 3 家，国家级企业技术中心 1 家、省级企业技术中心 3 家。集团拥有 3 个院士工作站、8 个企业博士后科研工作站。

公司完成专利申请 1030 件，其中发明专利申请超 350 件。全年获得专利授权 830 件，其中发明专利授权 250 件，发明专利授权量比 2014 年增长 46%，专利质量进步明显。截至 2015 年底，公司专利申请量累计 5015 件，授权量累计 3372 件。“一种矿井地下水的分布式利用方法”发明专利获得中国第十七届专利金奖，这是该奖设立 26 年以来，煤炭行业获得的第三个专利金奖。

公司获得 2015 年度国家知识产权示范企业称号。被授予“国家专利审查员北京实践基地”称号。在煤矿地下水库专利保护与运用方面的知识产权管理实践被北京市知识产权局列入《企业知识产权运用实例》，在北京市全面推广。

公司参与制定的《煤化工术语》等 11 项国家标准正式发布实施，截至 2015 年底，累计参与制定国家标准 37 项，参与或主持制定的行业标准 15 项。

2015 年，公司获得科技奖励 61 项，其中国家科技进步奖 2 项、省部级奖励 59 项。“西部干旱半干旱煤矿区土地复垦的微生物修复技术与应用”和“煤矿重大水患探测与快速抢险关键技术及装备”两项成果获得国家科技进步二等奖。煤矿地下水库技术等 59 项成果分别获得内蒙古自治区、中国煤炭工业协会、中国电力科学技术奖奖励委员会等省部级行业奖励。

【安全生产】 2015 年，公司贯彻落实习近平总书记、李克强总理等中央领导同志的重要指示批示，召开安全生产专题视频会议，制定下发《关于进一步强化不安全行为管控、深入推进安全风险预控管理体系落地的指导意见》和《神华集团深入开展安全生产大检查工作方案》，成立 4 个督导组，由集团领导分别带队，分三个阶段全面开展安全生产大检查。全集团成立检查组 264 个，出动检查人员 3800 多人(次)。全年成立 49 个督查组，分别开展煤矿“一通三防”与水害防治、煤化工企业危险品储运、电力设备装置、路港防洪等专项检查 69 次。先后 30 余次采取“四不两直”(不发通知、不打招呼、不听汇报、不用陪同接待、直奔基层、直插现场)等方式突击检查安全生产工作。

公司组织开展专家会诊、重点检查、专项检查、突击抽查和安全大检查活动 50 余次，形成会诊报告，提出解决方案，并由专家现场指导落实，隐患与问题的现场解决率 97.2%。

各子分公司组织召开安全生产专题会议 875 次，其中安委会会议 195 次、安全视频会议 390 次，分别结合实际，制定不安全行为管控细则。

2015 年是公司成立以来安全生产最好的一年，安全生产投入 63.91 亿元，安全生产事故数和死亡人数同比下降 85.7% 和 88.9%，全公司杜绝 3 人以上较大事故。煤矿亿吨死亡率 0.45，相当于全国平均水平的 2.5%，各主要安全生产指标都创造历史最好水平。化工、铁路、港口、航运四大板块均实现“零死亡”目标。

【党建工作】 公司党组和各级党组织高度重视企业党的建设和反腐败工作，坚持以党要管党、从严治党为主线，认真贯彻落实中央的决策部署，深入开展党的群众路线教育实践活动和“三严三实”专题教育，积极探索发挥党组织作用的有效途径和方式，注重强化企业领导班子建设、领导人员队伍建设、党员队伍建设和基层党组织建设，不断健全惩治和预防腐败体系机制，企业党的建设工作取得良好成效，2012年曾被国务院国资委确定为中央企业党建工作对标学习典型。2015年，落实全面从严治党责任，开创神华党的建设和反腐败工作新局面。

1．落实管党治党责任、抓好党的建设工作。牢固树立“抓好党建是最大政绩”的意识，将党建工作摆在优先位置，坚决防止“一手硬、一手软”。严格落实党建工作责任制。公司各级党组织认真履责，严格落实各项规章制度，定期研究基层党组织建设、领导人员管理、反腐败等工作。党组织书记是党建工作第一责任人，领导班子其他成员特别是行政主要负责人认真履行“一岗双责”。2015年，积极推行领导人员述职述廉制度和廉政承诺制度，督促党员领导干部自觉遵守廉洁自律有关规定。各子分公司党委每年向集团党组报告管党治党责任落实情况，党组织班子成员向本企业党委报告履行党建工作责任制情况，企业主要领导每年至少一次向上级组织人事部门报告个人履行职责、廉洁从业情况。深入开展以“三明确四规范”为主要内容的基层标准化党支部建设。组织基层党委书记述职评议考核，选择10家子（分）公司党委书记向集团党组现场述职。

2．始终把纪律和规矩意识挺在前面。特别是企业重大决策、重要人事任免、重大项目安排和大额资金使用，都经会议研究、集体决策，形成会议纪要，认真督办落实。

3．始终把基层党组织建设抓在手中。保证组织覆盖、机构健全、人员到位、工作有效。规范基层党组织建设，积极开展标准化支部建设；加强集团直属党组织、党支部建设，防止“灯下黑”。采取有力措施及时整顿软弱涣散基层党组织，按要求完成党组织换届选举工作，切实解决基层党建工作薄弱问题，提高党建工作的规范性和严肃性。选优配强党务工作人员，加大党务干部与经营管理人员的交流轮岗力度，把党务工作经历作为提拔任用主要领导人员的重要条件，实行同级同薪。

4．着力抓好党员队伍建设。各级党组织以党支部为基本单位，以组织生活为基本形式，以落实党员日常教育管理制度为基本依托，注重抓在平常、融入经常。严肃党内组织生活，加强对广大党员的思想改造。认真做好党员发展工作，把好入口关；严格党员管理，及时处置不合格党员，严格落实《神华集团2015—2018年党员教育培训工作意见》，成立神华党校，举办党委书记示范培训班、党工部主任培训班、十八届五中全会精神研讨班，党务工作人员素质得到提升。

5．强化监督管理，做好制度体系顶层设计。公司各级纪检部门全面履行职责，完善监督制度，做好监督体系顶层设计，加强对党员干部执行党纪情况的监督检查，严肃查处违反党章党规党纪的行为。从严干部监督，对选人用人方面的案件进行调查。抽查拟提拔人员个人有关事项报告297份。审核420名党组管理干部的人事档案。规范所属单位和个人社会兼职管理。人才引进和培养工作取得新进展。2人新当选中国工程院院士，1人入选国家“千人计划”，1人入选国家“百千万人才工程”，10人获得国务院政府特殊津贴。

6．积极探索创新党建工作方式方法。建设完善党建科学化信息管理系统，推行党的建设工作考核评价办法，修订党建、纪检、工会、新闻宣传、信访维稳工作346项评价指标，实现对子（分）公司党建工作动态考核。

积极推进企业文化建设。围绕“1245”清洁能源发展战略，积极开展企业文化宣贯。组织《神华集团企业文化建设纲要》研讨，形成“一主多元”的企业文化建设目标和构架。各子分公司大力培育和建设企业文化示范基地，国华电力公司三河电厂被评为全国企业文化示范基地。企业文化课题研究成果丰硕，获得行业类表彰39项。大力推进精神文明建设。首次开展神华集团文明单位创建活动，表彰51个矿处级“文明单位”。神东煤炭集团、国华电力公司获“全国文明单位”称号，神宁煤业集团、国华投资公司、朔黄铁路公司通过“全国文明单位”复查，货车铁路公司荣获“首都文明单位标兵”称号，神华集团和信息公司荣获“首都文明单位”称号。

广泛开展“改革创新，青年先行”主题实践和青工技能“双提升”活动。全年有20个青年集体和49名青年个人获得省部级以上表彰，3个青年集体被命名为全国“青年文明号”。

7. 始终把加强党的建设与完善公司法人治理结构有机统一起来。在不断深化企业改革过程中，始终按照中央要求，坚守党组织在现代企业治理结构中的法定地位，保证企业党组织的作用有效发挥，保证公司法人治理结构有效运转。

各级党组织及时修订公司章程，将企业党建工作的总体要求纳入企业章程，明确党组织的职责权限，正确处理党组织与董事会、监事会、经理层的关系，使党组织真正成为公司法人治理结构的重要组成部分，实现党组织发挥作用的组织化、制度化、具体化。对领导班子考核，专题核查企业重大问题决策是否经党委会研究。

完善党组织发挥作用的体制机制。坚持和完善“双向进入、交叉任职”的企业领导体制，党委重点围绕参与决策、带头执行、保证监督三项职能，积极探索企业党组织发挥政治核心作用的有效途径，把充分发挥党组织政治核心作用、保证公司治理结构有效运行和全心全意依靠职工群众有机结合起来，党组织的机构设置、职责分工、工作任务纳入企业的管理体制、管理制度、工作规范之中。与中组部党建研究所联合开展“新常态下如何正确处理加强企业党的建设与完善公司法人治理结构的关系、建设中国特色社会主义合格市场主体与追求企业利润最大化的关系”课题研究。

8. 始终把企业党建工作与中心工作有机结合起来。公司各级党组织把企业中心工作的难点作为党建工作的重点，建立健全党建工作融入中心、进入管理的工作机制，使党建工作与企业生产经营相互融合，同频共振。

加强工会组织建设，推进民主管理。切实维护职工合法权益。2015年，两次召开集团职代会联席会议，审议通过《企业年金资产配置方案调整的议案》和《企业年金待遇支付办法》。落实职代会提案办理，对九大类82件提案进行责任分工。深化职工技术创新，提升职工创新效能。推动职工技术创新和合理化建议评审，评选出获奖项目1207项，命名11个集团级劳模创新工作室。10项职工技术创新成果受到中国能源化学工会表彰。职工经济技术创新网络展览馆入选全国总工会基层工会工作经典案例。

充分发挥新闻宣传工作的正向作用，突出舆论引导，凝聚发展力量，打造神华清洁能源新品牌。形成“一报三刊一网两微”媒体格局。

规范信访秩序，夯实工作基础，改革信访制度，信访稳定工作呈现持续向好新态势。2015年，信访总量明显下降。全年接待来访8413人次，同比下降10%。集团公司连续三次被国资委评为“中央企业维护稳定工作先进集体”。

【信息化建设】 实施信息技术和产业变革。2015年，公司将信息技术和产业变革作为企业发展的重要驱动力，通过SH217工程，探索“互联网+”管理模式，建立涉及总部和子分公司10万终端用户的信息化框架，遵循“一点输入”“数据溯源”的原则，建设“大集中”数据平台，采集生产组织的云端数据，实现本地多系统协调处理和总部集中分析处理相结合，全面融入“互联网+”和工业4.0理念，服务集团公司安全管理、节能降耗、减人增效、提升服务质量等最佳解决方案制定，大大提升集团内控和业务发展效率。公司在中央企业的信息化水平从2009年的央企C级第96位，跃升至“十二五”期间的A级前列。

完善信息化管控体系。2015年，公司信息化建设从过去几年的全面建设期转入持续深化应用期。继续扩展业务系统建设，以关联交易协同为重点提升领域，并在数字矿山、数字电力、数字铁路等领域以价值为导向加快建设步伐。完成数字神华及“十三五”信息化规划工作，全面提升信息安全水平，推进统一防病毒安全管理系统项目建设，全集团统一防病毒软件安装总数超过6.6万台，整体部署率大于86%。

正式启动信息安全保障工程项目。作为国资委信息安全整体规划的示范工程，项目将完成互联网出口整合、数据中心网络安全防护体系实施、外部信息安全支撑体系建设、工业控制安全可研、安全开发体系建设等内容，助推神华集团信息安全再上新台阶。

【履行社会责任】 公司拥有"自上而下"覆盖全集团各级机构的社会责任管理组织体系，建立健全社会责任培训机制。2015年，公司继续积极履行社会责任，实现环境友好和地区和谐发展。公司在社会责任领域作出的努力得到利益相关方的高度认可，入选中国社科院"十大责任国企"。荣获"中国企业200强公众透明度·最佳责任沟通创新奖""中国工业行业履行社会责任五星级企业"奖、"全国煤炭工业社会责任报告发布优秀企业"。

截至2015年底，神华公益基金会在扶贫济困、医疗救助、文化教育等方面捐资总额10.75亿元。受益地区涵盖31个省(自治区、直辖市)的2000多个县，受益人数786万人。公司投入援藏援青定点扶贫资金5800万元。对口支援西藏聂荣县3650万元，建设项目17个；对口支援青海刚察县1200万元，建设项目2个；定点帮扶陕西米脂县350万元，建设项目25个；定点帮扶陕西吴堡县200万元，建设项目10个，从总部机关选派1名人员挂职吴堡县寇家塬镇横沟村任第一书记，进一步加强基层组织和推动精准扶贫。定点帮扶四川布拖县200万元，用于建设拖觉镇幼儿园。定点帮扶四川普格县200万元，辅助县财政进行普格县教育园区建设项目。

2015年，神华集团捐资3.6亿元，用于开展各类公益慈善项目。其中，在全国范围内救助0～18岁贫困家庭白血病、先心病患儿10092名；在河北、江西、云南等地区向中小学捐赠图书价值11735万码洋、502万册，建立5689所神华爱心书屋；在云南、广西、内蒙古、新疆、江西、青海捐资1303.6万元(捐建7所神华爱心学校)；捐资8850万元开展援藏援青项目，为当地农牧民改善生活基础设施等；捐资866万元开展定点扶贫项目，帮助四川省、陕西省贫困县改善教育、医疗等民生条件。在新疆和田地区捐资250万元，为贫困高校学生开展捐资助学活动。神华公益基金会获得中央财政支持社会组织参与社会服务项目资金200万元，基金会另配套资金121.9万元，分别用于开展支持医务社工运用专业方法开展医务社工服务、救助西部六省区贫困家庭先心病儿童，总受益4870人次。2015年，启动"新生儿先心病免费筛查项目"，为1052名新生儿提供免费先心病筛查服务。向中国煤矿尘肺病防治基金会捐赠100万元，专项用于开展煤矿职工尘肺病的治疗与预防。向新疆、内蒙古自治区捐资340万元(捐赠24辆"母亲健康快车")。第一时间向天津港"8·12"特大爆炸事故捐赠500万元。

公司积极通过价值链传递社会责任，带动供应商履行社会责任。公司将社会责任履行情况作为评估供应商的重要方面，要求供应商提供质量体系、环境体系和职业健康安全体系认证证书等文件，专项准入中要求提供产品及其生产过程符合国家相关环保标准与规定的证明，并聘请外部专家评定。2015年，公司评估供应商109家，占专项准入供应商的比率为65%。

【其他情况】 1月6日，神华国能集团公司世界首个百万千瓦级间接空冷燃煤机组电厂获得宁夏自治区发改委批准。

1月18日，神华集团公司原创微电影《我的父亲母亲》获北京国际微电影节最高奖。

2月9日，国内首台高效一次再热超净排放百万千瓦机组在神华国能集团公司投运。

2月10日，国内首个2.6+全预混燃烧系统落户国华电力公司余姚电厂。

4月17日，神华CCS师范项目完成30万吨注入总目标。

5月26日，世界首个百万千瓦级超超临界间接空冷燃煤机组项目—神华国能集团宁夏煤电公司鸳鸯湖电厂二期正式开工。

6月4日，国内第一家电力企业环境信息公开系统在国华电力上线。

7月8日，神华集团海外公司沃特马克项目获澳洲联邦政府环评批复。

7月16日，中共神华集团公司党校在神华管理学院举行挂牌仪式。

7月16日，神华集团公司荣获"中国工业行业履行社会责任五星级企业"奖。

8月7日，全国智能化程度最高电厂国华电力公司北京燃气热电厂投产。

10月12日，包神集团巴准铁路首发万吨专列，开辟地方煤炭外运新流向。

11月24日，中国神华在"新丝路新使命一带一路资本论坛”上被评选为“丝路之星”。

12 月 1 日，神华铁路开启“非煤货物”海铁联运新模式。

12 月 15 日，中国神华能源公司《一种矿井地下水的分布式利用方法》发明专利荣获中国专利奖金奖。

12 月 21 日，中国神华在印尼中标两个电力项目，在印尼雅加达与印尼国家电力公司(PLN)正式签署购售电协议(PPA)。

(撰稿人：侯海鹰　童梅云)

中国电信集团公司

【基本概况】 中国电信集团公司(以下简称“中国电信”)由上市公司和存续公司组成。集团公司作为母公司，总部设 22 个二级部门，在全国 31 个省(自治区、直辖市)和世界主要国家(地区)设有分支机构。控股的中国电信股份有限公司在中国香港和纽约两地上市，在境内设有 31 个省级分公司、6 个直属机构及运营单位、6 个专业子/分公司，在境外设有 1 个子公司；控股的中国通信服务股份有限公司在中国香港上市，包括 20 个省市实业资产；控股的号百控股股份有限公司在上海上市。

2015 年，中国电信认真落实党中央、国务院的方针政策和有关部委的部署要求，以中央巡视和“三严三实”专题教育为动力，深化改革，加快发展，各项工作取得新的成效。一是收入增幅高于行业平均。在行业收入总体下降的情况下，中国电信通信主业增长收入增幅居行业第一，通信主业收入市场份额提升。二是收入结构持续优化，新兴业务占收比持续提升。其中，ICT 收入增长 19.9%，云应用收入增长 36.4%；翼校通用户新增超千万户；翼机通＋、外勤助手、农技宝用户新增超百万户；推出“甜橙”金融产品，翼支付活跃用户排名进入行业前三，主实业协同拓展海外市场。三是互联网化转型取得明显成效。重点业务、重点市场持续拓展，互联网接入收入同比增长 10.8%，成为拉动收入增长的关键因素。移动用户达到 2 亿户，宽带用户达到 1.32 亿户，其中 FTTH 用户占宽带用户比重达到 59.4%；流量收入增长 38.3%，后向流量收入实现翻番。四是全面完成国家交办的重点工作任务。按照国家统一部署，落实营改增、提速降费、京津冀一体化、流量不清零等一系列涉及改革发展、行业政策调整的重点工作，单位带宽价格下降 53%，手机流量资费下降 31%；为党和政府重要网站提供顶级安全防护，成为行业标杆；综合治理不良网络信息，防范打击通信诈骗，积极完成国家信息安全专项任务；完成向铁塔公司存量铁塔相关资产的转让及注入。五是以中央巡视为契机，推动企业党风廉政建设上台阶。公司把配合中央巡视和落实整改作为首要的政治任务，将把巡视整改、“三严三实”教育和企业改革发展紧密结合，认真落实“两个责任”，全面加强企业党建，推动企业改革发展。六是强化内部管理，企业运行更加稳健。加强财务管控，强化融资管理，加强产权管理，确保资产保值增值，先进经验在央企中推广。加大集采的广度和深度，加强审计管理，企业风险点得到有效控制。

【主要指标】 2015 年，公司实现营业收入 3883.5 亿元，同比增长 1.4%，实现利润总额 245.1 亿元，同比增长 0.1%；净利润 174.8 亿元，归属母公司所有者净利润 107.8 亿元。截至 2015 年 12 月 31 日，公司合并资产总额 7727 亿元，同比增长 11.1%；所有者权益 4787.8 亿元，同比增长 2.1%；国有资本及权益总额从 2014 年的 3708.5 亿元增加到 2015 年的 3761.3 亿元，国有资本保值增值率 106.0%。

2015 年中国电信集团公司主要经济指标

项　目	2014 年	2015 年	比上年增长(%)
资产总额(亿元)	6957.0	7727.0	11.1
所有者权益(亿元)	4689.6	4787.8	2.1
营业收入(亿元)	3829.2	3883.5	1.4
利润总额(亿元)	244.9	245.1	0.1
净利润(亿元)	186.2	174.8	－6.1
归属于母公司所有者的净利润(亿元)	125.6	107.8	－14.1

续表

项　目	2014 年	2015 年	比上年增长(%)
技术开发投入(亿元)	99.7	116.3	16.7
利税总额(亿元)	405.3	369.8	-8.8
应交税金总额(亿元)	219.9	209.2	-4.9
全员劳动生产率(万元/人·年)	39.1	40.1	2.6
净资产收益率(%)	4.0	3.7	减少 0.3 个百分点
总资产报酬率(%)	3.7	3.4	减少 0.3 个百分点
国有资本保值增值率(%)	104.7	106.0	增加 1.3 个百分点

【改革发展】 2015 年,中国电信推进企业全面深化改革,服务水平持续改善。推进服务互联网化,提升宽带装维服务能力,推出 4G"五优"服务,大力提升移动服务,固定上网、移动上网客户满意度行业第一。认真落实纠风工作,把行风建设融入经营管理全过程,工信部申诉量为行业最低。大力发展电子渠道,让客户有了更多的业务接触点,服务更加便捷。开展集约化维护,响应客户的速度更加迅速。

公司深化基层单元的市场化改革。在移动、宽带等基础业务领域,通过绩效倾斜、一线津贴和职业发展优先,吸引员工下沉一线。集团公司和省级公司全面实施权力清单制度,接受基层监督。完善面向一线的"倒三角"支撑体系,在宽带、移动、政企维护等方面,建立集团、省、地市三级逆向派单体系,普遍实施逆向评价;建立集团和省两级综合支撑系统,为小 CEO(基层单位经营承包牵头人员)提供数据支撑,并配备移动化办公工具。在新兴业务领域,推进混合所有制经济,完成支付公司、云康公司增资扩股及员工持股,以资本方式加大资源投入,增强人才凝聚力和创新活力;实现兰州教育、杭州政务两个基地公司化;完善创新孵化体系,累计入孵项目 185 个,其中 18 个项目实现公司化运作;创新孵化模式,在上海张江启动央企首个外部孵化基地。

加强领导班子和领导人员队伍建设。加强后备干部队伍建设,组织开展后备干部民主推荐和动态调整工作。集中组织开展省级公司正职后备干部民主推荐工作,调整补充省级公司副职后备干部人选。加强后备干部培养项目,举办两期创业家训练营,累计 130 余名后备干部参加培训。加强领导人员日常管理和监督工作。组织各单位对领导人员兼职进行规范清理。对配偶已移居国(境)外领导人员情况进行调查,按规定对不适合担任现职领导人员的岗位进行调整。从严管理省级公司领导人员因私出国审批工作,完善审批流程。深入推进领导人员个人有关事项报告填报工作,组织全集团 5674 名四岗及以上领导人员的个人事项报告的填报、录入工作,对 1501 名抽查核实对象进行核实,其中拟提拔人员 245 人,拟列为后备干部人选 199 人,对 443 人进行重点抽查核实,对 614 人进行随机抽查核实。

加强人才队伍建设。加强经营管理人才队伍建设。利用在线学习和移动学习平台,组织开展地市公司总经理在线学习活动。加强开源软件及高层次 IP 人才队伍建设,新兴业务单位基于开源软件产品研发人才达到 1241 人。组织开展高层次 IP 人才选拔培养工作,规模达到 1270 人。持续推进人力资源结构性调整。严格落实用工总量管理,制定"退二进一"政策,截至 2015 年底,31 个省公司总计减少合同制员工 3015 人,员工队伍保持稳定,为全集团集约运营和新兴业务发展提供人员结构优化空间。进一步规范劳务派遣用工,截至 2015 年底,全集团有派遣制用工占比降到 4.86%,低于国家 10%的要求。

进一步完善人工成本管理。综合比较各省人工成本投入产出效率、员工人均收入水平等指标,对各省公司分类进行差异化存量调减;按照各省收入认购目标,进行台阶式增配,认领收入、高配置资源,引导各省公司关注提高市场份额、收入规模发展和企业效益提升;对新兴业务单元、收入利润贡献单位以总量管控为重点、辅以人均水平监控,对成本单位以人均工资水平调控为出发点进行相应配置。

【重大项目】 2015 年,中国电信积极贯彻落实国务院关于加快高速宽带网络建设、推进网络提速降费等相关工作要求,加快光网、4G 等新一代信息基础设施建设。

移动网络。结合国家 FDD 牌照发放,公司加大 4G 网络投入,加强与铁塔公司合作,2015 年底快速实现在全国发达乡镇以上区域连续覆盖;在部分重点城市建成峰值速率达300Mbps的4G+网络。

有线宽带。结合市场发展需求,加快光网建设,持续推进已有铜缆网络的光纤化改造,推进宽带普及提速。截至2015年底,公司累计完成85%铜缆小区的光纤改造,南方城市地区FTTH覆盖率达到80%,户均签约速率同比超过一倍,提升到27.3Mbps。

承载网络。加快扩容网络容量,优化网络结构,满足网络流量快速增长需求。2015年,公司传输光缆同比增长26%;ChinaNet省际带宽同比提升57%;推动以IDC为核心网络布局优化,实现全国最大的15个IDC互联;完成国际出入口200G扩容工程。

云计算。加快集团级云计算园区建设,全面完成贵州信息园1.1期工程;在内蒙古基地建成业界规模最大的微模块系统,确保重要客户如期进驻。加快全网云资源池能力建设,服务器数量增长110%,存储增长13%;快速推进平台整合云化,独立平台数量下降19%,云化率提升55%。

重大科研开发。聚焦4G、云计算/大数据、物联网、宽带网络等重点领域,组织研发力量,开展技术攻关。通过现场试验、技术白皮书、工作通报、企业标准等形式将工作成果用于支撑集团的网络应用发展。全年发布工作通报10项,技术白皮书3项,发布55项企业标准,牵头完成40项行业标准。发布中国电信LTE网络技术规范,形成完整的中国电信LTE网络技术标准体系。开展LTE增强技术研究及实验室测试。持续完善终端技术规范,发布天翼终端技术发展路标,制定六模规范行业标准,升级支持VoLTE、L2L国际漫游终端及卡规范。制定云计算、大数据、物联网和新IP全系列技术白皮书,为企业布局"互联网+"及时提供技术指南。面向网络架构演进,组建专业团队和开源人才队伍,研究SDN/NFV核心技术,开发NFV编排器原型;在ETSI合作完成EPC虚拟化及移动业务链的概念验证项目,在SDN/NFV产业联盟牵头完成SDN产业发展白皮书。积极布局5G前瞻性技术研发,主导灵活双工等多项国际标准在3GPP立项,为中国5G相关白皮书提出相关技术解决方案,完成分布式大规模天线等样机开发。以"智能终端+智能应用"为核心,开展新一代智能网关、智能家居等终端与应用技术的研究,形成解决方案,开发产品原型并进行试点。

【走向海外】 中国电信作为特大型国有通信企业和我国信息通信行业的主力军,积极把握"一带一路"的战略发展机遇,着力提升全球运营能力。国际化经营主要包括跨国通信服务、云与ICT解决方案、移动信息服务和"运营+"等四大板块,经过多年快速稳定发展,基本完成"十二五"规划目标,总收入规模超过100亿元人民币。主业在29个国家(地区)设立36个分支机构,实业(中国通信服务股份有限公司)在42个国家(地区)设立分支机构。中国电信主实业协同联动,为"走出去"的中资企业、华人、海外跨国企业和运营商等客户提供优质服务,带动中国通信产业链整体"走出去",促进通信产能转移输出。

【重大创新】 2015年,中国电信积极推动创新发展,为企业规模拓展与可持续发展提供强劲动力。

天翼网关。是中国电信全新一代光宽带终端,作为光猫和智能路由器的集合体,实现光宽带终端从"功能化"向"智能化"演进,是中国电信智慧家庭的核心控制点。网关APP实现对网关和各类智能家居设备的控制,集合智能加速、远程下载、家庭云等应用服务;智能组网能力实现智慧家庭各类设备即插即用、快速接入、互联互通;支持多路高清电视承载接口,提供高速视频业务通道;面向行业提供统一API,推动实现合作伙伴产品标准化对接;庞大的数据采集凸显价值,全力支撑智慧家庭业务和大数据运营。

爱WiFi。依托中国电信网络优势,打造的一张覆盖全国的公众WiFi网络,为全中国所有的用户提供安全、稳定、高速的免费的WiFi上网服务;为行业用户提供一体化的WiFi建设解决方案,打造行业用户个性化的WiFi服务;为中小商业用户提供统一的WiFi接入认证平台和技术解决方案,为中小商户提供高质量的服务支持。

云业务。为客户提供云网融合的云基础设施服务,并通过广泛合作培育生态圈,为政企客户提供行业云解决方案。中国电信公有云资源池完成全网八大区域部署,基本实现全国覆盖,同时根据用户跨域部署的业务需求,完成数据中心互联专网(DCI)建设,可以为客户提供按需的带宽服务。同时,为用户提供政务云、警务云、影像云、商务添翼(Sap anywhere)等云产品服务,助力提升各行业的信息化水平。

大数据。2015年,中国电信推动中国企业大数据联盟(BDU)峰会召开,并正式发布"天翼大数据"品牌和"大数据共享开放平台"。优化形成风险防控、精准营销、区域洞察、咨询报告和大数据云的产品体系,为各类政府和企业客户提供优质的数据服务。为政府、金融、交通、卫生、医疗、房地产、互联网、消费等十余个行业的上百家客户提供解决方案。

翼支付。业务覆盖"通信+支付"领域。面向个人提供的民生缴费、电子支付、理财、消费金融等业务;面向政企客户提供企业资金归集、供应链融资等行业应用;以承载亿级账户的支付平台为基础,拓展信贷、征信、消费金融、财富管理等领域。2015年,业务已经覆盖全国400个主要城市,实现自有账户交易额7700亿元,自有账户用户数达到2亿户,覆盖全国的线上线下各类翼支付消费合作商户超过10万家,获得国家金卡工程2015年金蚂蚁奖信息安全奖、公共服务平台奖等。

管理创新。2015年,中国电信将管理创新及质量管理工作同企业的中心工作相结合,通过总结并推广优秀成果,不断推进企业的深化改革和互联网化转型。其中,"通信企业集团以一线自主经营体为核心的倒三角运营管理变革"等四项成果被评为国家级二等成果,"构建以一线需求为导向的倒三角运营管理模式"等21项成果被评为通信行业优秀成果;全年获得国家和行业优秀质量管理小组奖107项。

技术创新。2015年,加强集团研发实验室及共享能力建设。其中,移动互联网系统与应用安全国家工程实验室开展实验室平台建设,完成20余个系统的安全评估;集团级云计算重点技术实验室,在形成服务集团发展的跨院基础能力平台的基础上积极服务前端市场;集团级网络与终端实验室深耕网络技术,在无线、IP、光传输等领域完成多项关键性技术验证及评估;跨院的科技创新平台,实现研发外部咨询数据库集中共享,提升研发体系协同共享能力。全年新承担国家科技项目17项,累计获得国家经费支持约2500万元。完成国际标准化项目32项,其中ITU国际标准17项(其中主导10项,联合主导7项),取得历年来最好成绩,主要有:完成ITU-T历史上首个云计算、大数据、SaaS服务国际技术标准;完成中国电信首个ITU-T云安全国际技术标准,并首次进入ITU-T智慧城市、工业互联网国际标准领域,填补企业空白;将IEEE1888绿色工业标准全票转化为ISO/IEC国际技术标准,成为全球首个能源互联网国际标准,首次实现中国电信在ITU-T、ISO、IEC三大国际技术标准的组织的技术标准全覆盖。全年集团申请专利425件,获得专利授权422件。

【党建工作】 加强和改进企业党建工作。开展全系统党建工作调研,摸清党建工作的现状,提出七方面整改任务,18条具体措施。根据中央关于全面从严治党和深化国有企业党建意见要求,制定公司全面落实从严治党加强和改进党建工作的意见。认真落实中央巡视整改要求,完善党建体制机制。制定党组清理规范工作实施意见,全面启动党组清理规范工作;增强党组织活动经费保障,将党组织活动经费纳入企业预算;明确省级公司、地市公司、县公司党群工作机构和人员配备、薪酬、职业发展通道的要求,加强党群工作机构和人员建设,为落实整改加强党建工作提供条件;完成基层党支部书记轮训和党务工作者培训工作,提高支部书记和党务工作者的政治理论水平和党务工作能力。

扎实推进"三严三实"教育。中国电信集团公司党组统一安排,以上率下、层层压进,上下联动、讲究实效,从严从实从细开展"三严三实"专题教育。集团公司党组和直属党委分别制定专题教育具体安排供基层党组织参考实施。加强垂直指导,同步有序推进,扩大覆盖面和影响力,保证专题教育上下同步,时间衔接、环节相扣。召开"三严三实"专题教育启动会暨党建工作座谈会,以讲党课启动专题教育开局。各级党组织认真传达学习中央"三严三实"专题教育工作会议和中央同志的重要讲话精神,通过走访联系点、观看警示片、下基层调研等形式,联系正反典型,统一思想认识,从严从实查摆问题,联系实际解决问题。开展"庆七一、学党章、讲党性"主题活动,以庆祝建党94周年为契机,开展党的基本理论和基本知识竞赛、学习党章专题辅导讲座、读书征文演讲比赛等贴近基层、形式多样的主题教育实践活动,有力促进专题学习研讨的开展。

加强企业文化建设。围绕企业深化改革，充分发挥思想文化的正能量引领作用。一是加强企业深化改革宣传，大力营造深改的企业氛围。二是启动“变革创新你我同行”活动，引导员工立足岗位，积极投身到企业深化改革中。三是大力选树先进典型，通过组织广大员工参加“十大最美通信人”评选活动，充分发挥先进典型在深改中的示范引领作用。四是通过基层团队文化建设和文明单位创建，努力打造团结向上有战斗力的员工队伍。五是加强全集团志愿服务活动，开展“爱有天翼”系列志愿服务活动，在活动品牌、队伍名称、形象包装、活动组织、管理平台等方面做到统一规范管理。

党风廉政建设和反腐败工作。一是积极配合中央巡视，认真组织整改，使党风廉政建设深入、具体、持续地在各单位和干部职工中发酵。按照中央巡视反馈的意见，开展党建情况、选人用人、小金库专项治理，聚焦反馈意见和交办线索，针对共性问题，分析原因，建章立制，完善流程，认真整改中央巡视发现的典型问题，促进变坏事为好事，查处18名党组管理的干部，通报17起案件。二是强化纪律审查，增强震慑遏制作用。对中央巡视组移交的1260件举报信、集团公司2014年收到的796件和2015年收到的重要信访，进行统筹安排、分类处置、调查核实；纪律审查对象集中在各级领导和管理人员、关键岗位人员，聚焦中央巡视指出的违反八项规定精神问题、利益输送问题、选人用人问题、小金库问题、违规决策造成损失问题等；开展案例教育，通过酌情通报，剖析原因，给人启示，把案例讲鲜活，把道理讲透彻，潜移默化教育人，给干部职工带来深刻震撼，促进大家知法纪、明界线，取得较好的警示教育效果。三是开展内部巡视，拓宽监督路径，对湖南、江西、吉林三个省公司开展内部巡视试点。通过内部巡视，促进被巡视单位更清楚地了解企业风险，解决历史矛盾，疏导干群关系，民主测评中，97.4%的人对整改表示满意。四是推进纪检体制改革。明确监督检查、纪律审查、问责追究、协助协调、教育预防、队伍建设和作风建设等“6＋1”职责；优化结构，消灭空白点薄弱点，改变纪检配置不规范的问题，多数直属单位和地市公司长期无纪检组织和人员的问题得到解决；规范管理，在领导上明确纪检接受本级党委和上级纪委双重领导，专职纪检组长已逐步到位，实施各级纪检监察集约管理，统筹调配力量，在制度上完善信访案件办理程序、制定集团巡视办法、干部任职征求廉洁意见等规定；通过集中培训和实践锻炼，队伍素质持续提高。

【信息化建设】 2015年，中国电信积极响应国家“互联网＋”行动计划，在行业内率先发布中国电信“互联网＋”行动白皮书。从加快云网能力建设、构建安全服务体系、打造能力开放平台、提升运营支撑水平、营造产业链生态圈、推动重点项目实施等方面切入“互联网＋”建设，携手国内外重要合作伙伴，聚合产业资源，成为产业生态圈的营造者。在实施战略合作上，与河北、内蒙古、湖北等11个省政府签订“互联网＋”战略合作协议；在营造产业生态上，先后与GE、SAP、IBM等12家合作伙伴签署“互联网＋”战略协议，并加入美国IIC联盟、工信部两化融合创新联盟等5个联盟；组织21个省公司主办/协办“互联网＋”峰会，提升影响力。全年重点聚焦工业、医疗、教育、物流、双创5个领域签约打造金泰阳个性化生产、嘉兴医院等标杆项目63个。经过一年的努力，中国电信获得业内认可，相继荣获“2015年中国互联网＋突出贡献奖”（“互联网＋”开放合作大会、新华网联合颁发）以及“2015年度最佳互联网＋方案创新奖”（《互联网周刊》、新华网、中国社会科学院联合颁发）。

【履行社会责任】 中国电信坚持将社会责任融入企业的转型发展战略，融入企业日常的生产经营和管理活动。2015年持续宣贯企业社会责任，评选表彰33个“中国电信集团年度社会责任优秀案例”；连续第五年发布社会责任报告。

大力建设基础网络，积极实施“提速降费”。“村通工程”完成5430个行政村通宽带和1040余个自然村通电话的建设任务。建成一批全光网城市，在四川率先建成全光网省。全力保障应急通信，第一时间投入尼泊尔地震、新疆皮山地震、云南沧源地震，以及多起台风、汛涝等灾害的抢险救灾，以最快时间恢复灾区通信，圆满完成重大会议活动、重大体育赛事的通信保障任务。加强安全文明生产，持续改善基层员工的工作生活条件，为2万个基层单位改善生产生活条件；18名员工荣获“全国劳动模范”称号，人数居行业首位。加强节能减排管理，持续推进老旧设备退网和节能改造，有效控制能耗增幅。与各通信运营商协同推进共建共享，着力推进通信基站的共建共享，提高通信基础设施的利用率。持续开展多种形式的公益活动，扶贫援藏援疆，济困助残扶弱，支持科教文卫等社会事业的发展。协助甘肃省政府建成中国第一个精准扶贫大数据管理平台，保障因户施策的扶贫措施落到实处。积极参与"一带一路"沿线国家（地区）的信息基础设施建设，服务当地企业和经济社会发展。

（撰稿人：蒋小金）

中国联合网络通信集团有限公司

【基本概况】 2015 年，中国联合网络通信集团有限公司（以下简称"中国联通"）认真落实党中央、国务院关于通信业的一系列重要部署，在市场环境深刻变化、多重因素相互交织、经营发展面临严峻挑战的情况下，积极应对，及时调整，加快制定实施面向"十三五"的新战略，持续推进各领域工作不断取得新进展。

【主要指标】 2015 年，公司营业收入 2783 亿元，实现利润 122 亿元，资产总额 6608 亿元，在《财富》世界 500 强位次提升至第 227 位。

2015 年中国联合网络通信集团有限公司主要经济指标

项 目	2014 年	2015 年	比上年增长（%）
资产总额（亿元）	5916.90	6607.91	11.68
所有者权益（亿元）	2490.04	2535.39	1.82
营业收入（亿元）	2896.56	2783.39	－3.91
利润总额（亿元）	140.43	122.31	－12.90
净利润（亿元）	101.81	88.00	－13.57
归属于母公司所有者的净利润（亿元）	56.29	48.22	－14.33
技术开发收入（亿元）	29.42	36.32	23.45
利税总额（亿元）	290.63	229.96	－20.87
应交税金总额（亿元）	150.19	107.65	－28.33
全员劳动生产率（万元/人·年）	42.97	40.79	－5.08
净资产收益率（%）	4.15	3.50	减少 0.65 个百分点
总资产报酬率（%）	3.29	2.79	减少 0.5 个百分点
国有资本保值增值率（%）	103.26	106.54	增加 3.28 个百分点

【改革发展】 一是积极应对发展下行挑战，努力推进生产经营各项工作。2015 年，在发展面临较大下行压力的情况下，中国联通不断调整经营发展思路，加快转变工作重心，持续推进重点业务发展。移动业务方面，将重点转向 4G 业务发展。全面发力 4G 网络建设，部署 4G＋业务发展策略，加快用户向 4G 迁转。固网业务方面，加快光纤宽带网络建设和改造，建成 6 个全光网络省，加快智慧沃家业务发展。创新业务方面，积极探索开展专业化、市场化运营，大力拓展重点行业应用产品市场。品牌方面，坚持品牌为王，贯彻企业品牌下的全业务品牌战略，企业形象和品牌价值持续提升。加强品牌经营，以达到"让消费者感觉有变化，让员工销售有信心"为目标，在 2015 年 12 月发布"沃 4G＋"，围绕"体验舒心、消费放心、服务贴心"，持续开展"沃 4G＋"品牌宣传。世界品牌实验室（World Brand Lab）2015 年 12 月发布的《世界品牌 500 强》排行榜，中国联通的品牌排名由 2014 年的 327 位提升至 2015 年的 265 位。二是加强战略牵引，加快研究制定公司未来发展新战略。在认真应对生产经营下行挑战的同时，集团公司党组认真贯彻党的十八届五中全会精神，顺应产业发展大势，基于公司自身资源禀赋，围绕破解当前发展难题，切实加强战略管理，及时启动战略制定工作，科学谋划中国联通未来发展。2015 年 12 月 11 日，《中国联通党组关于实施聚焦战略创新合作发展的指导意见》正式印发，成为

引领今后一个时期中国联通发展的总纲领和新蓝图。三是探索推进重点领域改革，适应市场变化调整管理思路。深入推进激发基层责任单元活力改革，试点推进市场营销专业化运营。全面推进投资管理流程优化与制度建设，开展超前实施项目和在建项目的专项治理。成立采购、产品和品牌管理、薪酬分配等决策委员会，推进科学民主、高效阳光决策。适应发展需要，调整优化组织机构，组建国际公司、财务公司等专业化公司。适应市场一线需求，推进管理线、市场线、集客线的简政放权，理顺 cBSS 与 BSS 间关系。优化企业用工结构，持续深化薪酬制度改革，实施人工成本定向帮扶名单制管理。加大对外投资合作力度，推进招联消费金融、国家集成电路产业投资基金等项目的实施。四是认真落实国家对电信企业的系列重要部署，积极承担和完成推动经济社会信息化的各项工作任务。在努力完成国家稳增长任务要求的同时，积极落实宽带中国战略、京津冀一体化和提速降费等工作要求，实施宽带免费提速，推出流量单月不清零等服务，降低资费水平，完成固网宽带资费单价下降30%、移动流量资费单价下降20%的目标。落实工信部移动电话实名制要求，大力开展“黑卡”治理专项行动。加强行业纠风建设和申诉管控，客户申诉量行业最低，申诉率行业排名第二。推动存量铁塔相关资产清查工作，完成向铁塔公司注资、资产交割、定价结算等重大事项。

【重大项目】 一是全面落实国家提出的“宽带中国”专项行动和网络提速降费工作，降低固定宽带和移动流量资费，取消京津冀长途漫游费，让广大用户用得安心、实惠，为扩大信息消费提供新动能。同时，为更好地满足广大用户个性化、多层次的通信服务新需求，针对4G网络与竞争对手的差距，中国联通全面建设和升级4G网络，实施重点城市4G网络质量领先工程，全面改善服务质量，全面创新业务产品，率先全网开通高清语音通话功能，利用载波聚合、VoLTE、VoWiFi 等新技术、新功能，带给用户前所未有的新变化、新感受和新体验。2015 年，GSM 无线接入网基站数量 44.1 万个，3G 无线接入网基站数量 70.2 万个，4G 无线接入网基站数量 40 万个。宽带接入端口总数 16483.2 万个，光缆线路总长度 13053.2 万纤芯千米。二是实施客户服务提质计划，不断改善客户体验，深化与兄弟企业之间的资源共建共享与业务合作，为消费者改善服务质量，为互联网公司及各类企业提供更好服务。中国联通着力打造以客户体验为中心的卓越服务能力，推进服务转型，以工单为载体建设大服务体系，实施服务攻坚，有效降低用户申诉量和申诉率。提升热线服务能力，不断扩大微博、微信、网厅在线、手机营业厅等在线客服覆盖面。重视引发客户投诉的热点难点问题的解决，持续改善移动网络和宽带网络客户感知。三是全面落实营改增、销售费用压降、用户实名制等工作，加快转变运营模式，向规模质量发展、增量存量并重转变，推动营销模式、终端、渠道运营模式转型，推进线上线下一体化，全业务电子商务保持快速发展态势。在行业内率先实现移动转售业务的统一运营、集中服务和规模放号。扎实推进投资体制改革、激发基层单元工作活力、用工和分配改革等多项重点任务，增强企业活力。

【走向海外】 国际漫游业务继续保持较快发展。3G 数据业务国际漫游通达范围 140 个国家和地区，368 个运营商；LTE 国际漫游通达范围 25 个国家和地区，44 个运营商。推出 5 元/5MB、5 元/3MB 阶梯数据漫游标准资费和 26 元/56 元/86 元包天不限量新产品，有效促进漫游业务的快速发展。国际数据业务推出 ICT 服务、管理型 CPE 等创新型服务产品，完成 VPLS 和 IPv6 等产品的开发工作，通过国际公司的成立，实现国际数据业务的公司化、专业化运作，大大提高国际数据业务的规模化发展。国际语音业务方面，继续扩大直连，拓展更广泛的合作，保持收入的平稳发展。

国际网络方面，推进 AAE－1、NCP 等海缆项目，积极配合国家“一带一路”战略，加强重要区域和重点地区的网络布局，配合国家相关单位，完成东盟信息港前期规划工作。2015 年，中国联通在 23 条国际海缆中拥有容量，容量总数 5511G，可直接通达太平洋、大西洋、印度洋沿岸的主要国家和地区。境外设有 88 个 POP，分布在全球 53 个国家和地区的 69 个城市。

管理体制方面，根据国资委境外国有资产监管规定，进一步理顺境外财务管理体制，结合中国联通境外投资的特点，公司从产权、核算、资金、预算、人员等多方面加强境外资产的全面管理。

【重大创新】 2015年，中国联通创新能力持续提升。在科技创新方面，公司承担工信部"新一代无线宽带移动通信网03专项"、科技部"863项目"、发改委"TD—LTE专项"等54项国家科技重大专项课题，主导完成14项ITU—T国际标准，联合主导完成12项ITU—T国际标准，2015年新增专利申请582件，超额完成"十二五"规划提出的规划期末年新增专利数超过400件的目标。形成一批创新性强、转化率高的管理创新成果，被国资委评为"中央企业管理提升活动"先进单位。

在管理创新方面，公司创新销售模式，提升营销成本、各类渠道、终端资源的使用效能，改变依赖高成本拉动的外延式增长模式，逐步建立可持续的内涵式增长模式。更加注重商业模式创新，开展平台经营，坚持合作开放，加大重点业务领域的布局和投入，开放资源和能力，通过自主开发、合作运营以及资本运作等多种形式，创造新的价值，打造共赢生态圈。更加注重效率提升，跳出传统体制来思考谋划改革，合理调整优化投资、人力、成本等资源配置关系，改变传统的生产运营管理，着力破解制约企业发展的体制机制矛盾，激发创新活力，充分调动员工的积极性和创造性，凝聚起企业发展的力量。2015年，各级单位申报管理创新成果135项，获得通信行业优秀管理创新成果23项，7项成果被推荐参加全国管理创新成果奖评审。

【党建工作】 抓好中央专项巡视反馈意见整改落实，全面加强党风廉政建设。坚持"一手抓业务、一手抓党建"，认真对照中央巡视组反馈意见，周密制定整改方案，细化分解任务，在计划建设、物资采购、市场营销等重点领域开展专项清理和整治活动。贯彻中央八项规定精神，持续整改"四风"问题，推进有关清理规范工作。按照中央统一部署，扎实开展"三严三实"专题教育，着力解决生产经营等工作中"不严不实"的突出问题。按照中组部要求，扎实做好省级分子公司党委书记抓基层党建述职评议考核试点工作。落实主体和监督"两个责任"，制定出台中国联通落实党风廉政建设主体与监督责任两项规定，持续推进纪检监察体制机制改革。坚持把纪律和规矩挺在前面，通过加强专项治理、内部巡视、纪律审查、严格对外合作纪律等多种方式，加强监督执纪问责。重视和加强群团工作，支持群团组织依法依章独立自主开展工作，积极为员工群众办实事、办好事。

【信息化建设】 加快提升cBSS业务支撑能力，保障系统稳定运行，全面优化系统开发及运营管理流程。围绕一体化运营战略，以cBSS1.0为核心，加快IT集中化能力建设，满足业务发展和管理新要求。分阶段开展"保生产、保稳定"专项活动，优化提升cBSS1.0的系统能力。大数据应用取得广泛成果，获得全球行业特别奖项。大数据平台建设以开放为基调，通过对内的客户存量经营、对外的行业应用，充分发挥数据价值。全面规范内部需求受理流程，引入科学手段提升管理水平。建立需求管理的组织机制和制度保障，制定IT需求服务支撑方案，完成需求预算、需求后评价等相关管理规则，组建IT需求服务支撑专家团队，确保IT总体支撑方案编制的及时性、合理性。建立健全需求管理一体化支撑平台，分阶段逐步完成BSS、DSS、MSS全域业务需求统一纳入平台管理，实现需求管理全面的目标。采用嵌入式服务满足好重大战略专题需求。继续发挥电子商务优势，全面打造线上线下协同能力，有效提升运营效率。推进电子商务线专业化运营工作，完成自主经营体系设计和系统搭建工作。

【履行社会责任】 充分发挥基础电信企业在助力国民经济和社会发展中的重要作用，积极承担社会责任，建立规范的企业社会责任管理体系，全面践行可持续发展，与利益相关方共同成长。开展提速降费，丰富信息消费内容，积极支撑智能制造发展，服务"两化"深度融合，推动信息消费持续增长。持续推进通信村村通工程，2015年累计完成2525个自然村通电话和12753个行政村通宽带。推动节能减排，单位信息流量能耗逐年下降。

圆满完成纪念抗日战争胜利70周年阅兵、全国"两会"、世界田径锦标赛、世界互联网大会、申冬奥、中尼边境地震重要活动和抗击重大自然灾害的通信保障任务。加强网络信息安全管理体系建设，荣获中央网信办颁发的国家网络安全"先进单位"称号；加大力度综合治理垃圾短信，用户举报率较上年同期下降76.5%；严格按照工信部行风暨纠风工作要求，聚焦网络质量、窗口服务、宽带装移修、计费流量等服务热点问题，大力开展服务攻坚，整体申诉量保持行业最低，顺利完成工信部年度红线目标。

积极投身公益事业，开展援藏、定点扶贫、捐资助学、志愿服务等工作。在境外努力融入本地社区，积极尽责海外市场。

（撰稿人：何 倩）

中国移动通信集团公司

【基本概况】 中国移动通信集团公司（以下简称“中国移动”）是按照国家电信体制改革总体部署于2000年组建成立的中央企业，是全球网络规模最大、客户数量最多、盈利能力和品牌价值领先、市值排名居前列的电信运营企业。2015年，中国移动全面贯彻落实党的十八大和十八届三中、四中、五中全会以及中央经济工作会议精神，按照党中央、国务院的决策部署，在国资委等上级部门的大力支持下，主动顺应行业发展新常态，坚持巡视整改与经营发展两手抓、两促进，全面构建4G领先优势，加快创业布局和创新发展，着力转型突破和管理提升，切实加强党的建设，深入开展“三严三实”专题教育，全面完成全年目标任务，为中央企业稳增长、促进国民经济平稳发展作出积极贡献，连续11年获国资委考核A级，在国资委组织开展的世界一流企业评价对标研究中，综合评分位居全球通信服务业第一位，《财富》“世界500强企业”排名第55位，连年入选道·琼斯可持续发展指数。

【主要指标】 2015年，中国移动坚决贯彻落实国务院及国资委关于稳增长的工作要求，积极应对传统业务下滑的困难挑战，超额完成国资委下达的效益指标，有效实现国有资本保值增值。

2015年中国移动通信集团公司主要经济指标

项目	2014年	2015年	比上年增长(%)
资产总额(亿元)	15308.00	16306.00	6.5
所有者权益(亿元)	10644.00	11153.00	4.8
营业收入(亿元)	6625.00	6709.00	1.3
利润总额(亿元)	1276.00	1290.00	1.1
净利润(亿元)	941.00	934.00	—0.8
归属于母公司所有者的净利润(亿元)	644.00	638.00	—1.0
技术开发投入(亿元)	203.00	210.00	3.6
利税总额(亿元)	1945.00	2050.00	5.4
应交税金总额(亿元)	639.00	760.00	13.6
全员劳动生产率(万元/人·年)	65.79	71.25	8.3
净资产收益率(%)	9.19	8.57	减少0.62个百分点
总资产报酬率(%)	8.71	8.18	减少0.53个百分点
国有资本保值增值率(%)	108.70	109.70	增加1.0个百分点

【专项巡视】 2015年，中国移动把全力配合中央专项巡视、扎实做好整改落实作为首要政治任务和最重要工作，以最坚决的态度、最有效的措施切实抓紧抓实。在专项巡视期间，坚决服从巡视工作安排，积极营造良好监督氛围，全力配合中央巡视组开展工作，较好完成专项巡视任务。在集中整改阶段，坚定整改决心，强化主体责任，逐条分析巡视反馈意见和问题，针对性地制定6个方面95项整改措施，明确整改责任，建立整改台账，做到问题清单、责任清单和措施清单一一对应。同时坚持上下联动，加强督促指导，形成集团和所属单位同步推进、同步落实的整改工作格局，并通过逐项验收销号，确保各项整改任务取得实效。通过扎实整改，认真核查一批问题线索，严肃查处一些违规违纪人员，制度体系更加完善，对外合作更加规范，从严治党更加有力，得到中央巡视组的肯定。

【重大创新】 2015年，中国移动把握信息基础设施升级换代的发展趋势，凝心聚力、抢抓先机，在推进我国自主创新4G TD—LTE发展上全面发力，形成领先优势。在网络能力方面，截至2015年底，开通110

万个TD—LTE基站，实现乡镇以上4G网络连续覆盖，农村热点区域的有效覆盖，主要旅游区、高铁线路的全覆盖，覆盖人口超过12亿人，建成全球规模最大的4G网络，并与114个国家和地区实现4G漫游。在市场拓展方面，克服大幅压降营销成本的影响，将资源重点投向4G，推动各类渠道加强终端、USIM卡和套餐一体化销售，2015年新增4G用户2.2亿户，4G用户总数超过3亿户，是全球4G客户最多的运营商。同时，在100多个城市推出VoLTE商用服务，提供高品质的4G话音业务，并建立起“办理便捷、使用顺畅、资费适配、提醒及时、响应迅速”4G服务保障体系。

【重点项目】 2015年，中国移动全力推进“宽带中国”建设，积极落实网络提速降费工作。在提速方面，完成投资2034亿元，加快无线宽带、宽带乡村、传输网等网络基础设施建设，多措并举实现提速目标，城市和县城实现综合业务接入区全覆盖，有线宽带覆盖2.1亿个家庭。截至2015年底，累计完成3.3万个行政村通宽带和2167个农村学校通宽带。在降费方面，推出套餐外安心服务等8项降费措施和“流量当月不清零”服务，下调4G套餐门槛至38元，取消京津冀手机长途漫游费等，2015年手机上网平均单价较2014年下降43%；国际漫游流量单价同比下降64%。2015年，各项降费举措虽然带来减收减利影响，但为促进信息惠民、推动“互联网+”发展、促进形成大众创业、万众创新局面提供有力支撑。

【转型发展】 2015年，中国移动抓住信息消费升级的机遇，加快向流量经营和数字化服务转型。一是创新流量经营模式，全年移动数据流量增长144.9%，成为拉动公司整体运营收入增长的第一驱动力。二是加强集团客户经营，加大行业应用和信息化解决方案推广力度，集团客户收入同比增长18%。三是加快创业布局和创新发展，整合推出“和娱乐”“和沟通”“和生活”系列业务，成立互联网公司推进融合通信平台，搭建公众物联网平台，物联网连接规模超过6000万户。四是重视国际业务发展，深化与“一带一路”国家和地区业务合作，发起“牵手计划”合作项目，国际漫游流量“3/6/9元区”“30/60/90元包天不限量”分别扩大到173个和80个国家(地区)。五是坚持“客户为根、服务为本”，建立互联网服务新型渠道，推进在线服务集中运营，客户满意度保持行业领先，百万客户的申诉率连续六年处于行业最低水平。

【深化改革】 2015年，中国移动深入推进管理集中化、运营专业化、机制市场化、组织扁平化、流程标准化。明确所属铁通公司专业运营的定位和方向，完成上市公司对铁通公司资产和业务的收购，加速实施全业务发展战略。按时完成存量铁塔资产注入铁塔公司工作，持有铁塔公司38%股权。组建互联网公司，合资成立跨境电子商务和个人征信公司，设立并启动产业基金运作。推进网络集中化运维，开展实体渠道省级集中化试点，提高集中采购能力和水平，集中管理取得实效。基本形成“以研发机构为内环、专业公司为中环、省公司为外环”即“一体三环”的科技创新体系，形成一批自主研发产品。推动新设专业机构建立市场化契约机制，试点开展省公司内部服务的市场化结算。稳妥推动薪酬激励机制改革，实施超额激励计划，引导各单位创造更好业绩。

【走向海外】 2015年，中国移动结合国家“一带一路”战略部署，稳妥推进“走出去”战略，加快完善国际网络能力布局，国际网络进出口带宽提升到250G，海外POP点增加到25个。积极推动“一带一路”重大工程建设，中国与老挝、越南、巴基斯坦、缅甸等国家跨境陆地光缆项目进展顺利。加强与参股泰国TRUE公司的战略合作，深化业务和采购协同，帮助TRUE公司提升通信网络利用率和降低网络设备采购成本。

【管理提升】 2015年，中国移动以抓紧抓实巡视整改为契机，扎实推进管理提升，基础管理体系更加健全。系统梳理集团管控授权制度，开展对专业机构基础制度建设的专项治理。取消地市分公司业务外包权限，着力堵住管理漏洞。持续推进前后台分离服务体系建设，全网推广“NFC手机+APP”实名验证。加强成本精细化管理，压降销售费用和行政办公费用，全年单位信息流量综合能耗同比下降17.1%。加强法律风险防范机制建设，推进内控流程优化和IT固化。强化对合作外包等高风险领域的审计监督，推进落实审计整改问责机制。

【党建工作】 2015年，中国移动按照《关于在深化国有企业改革中坚持党的领导加强党的建设的若干意见》，认真落实全面从严治党要求，党建工作得到切实加强。一是强化党员干部的党性观念。组织党员干部深入学习习近平总书记系列重要讲话精神以及《中国共产党章程》《中国共产党廉洁自律准则》《中国共产党纪律处分条例》等规章制度，扎实开展“三严三实”专题教育，深入查找纠正干部队伍中存在的“不严不实”问题。二是夯实党建工作基础。全面开展党建工作专题调研，摸清党的组织状况，出台落实全面从严治党要求、进一步加强党的建设工作的指导意见。组织万名党组织书记轮训，规范党建机构设置和党务干部管理。三是坚持党管干部。完善选人用人机制，严把拟任人选廉洁从业审查关，推进纪检组长（纪委书记）专职化工作，组织后备干部考察推荐，建立集团后备干部库，开展选人用人专项治理，强化干部日常监督管理。四是认真落实党风廉政建设“两个责任”。制定落实主体责任实施细则和党风廉政建设约谈制度，开展反腐倡廉教育月活动。强化监督执纪问责，开展领导人员及亲属经商办企业等问题专项治理。加大问题线索核查和惩治腐败力度，就主体责任、监督责任约谈19个所属单位党组书记（党委书记）或纪检组长（纪委书记）。

【履行社会责任】 2015年，中国移动秉承“臻于至善 正德厚生”企业核心价值观，创新开展社会责任实践，在保障应急通信、网络与信息安全治理、消除数字鸿沟、支持公益慈善等方面发挥重要作用，得到社会广泛认可。圆满完成纪念中国人民抗日战争暨反法西斯战争胜利70周年阅兵活动等重大事项中的网络保障任务。坚决打击不良信息、电信诈骗及骚扰电话等侵害用户权益的行为，月均拦截垃圾短信4亿条、封堵淫秽色情网站1.4万个、拦截国际诈骗电话呼叫2200余万次。积极承担“村村通电话工程”任务，11年来累计投资458亿元、建设基站6.2万个，助力边远地区群众借助现代通信手段改变生活、加快发展。中国移动“蓝色梦想—教育援助计划”实施10年来，累计为中西部农村中小学80981名校长提供培训，在中西部23个省（自治区、直辖市）和新疆生产建设兵团贫困地区中小学捐建爱心图书馆2310个、多媒体教室1260个。中国移动爱“心”行动利用移动医疗技术改变先心病筛查救助模式，5年来累计免费救治2744名确诊患儿。

（撰稿人：杨皓天）

中国电子信息产业集团有限公司

【基本概况】 2015年，中国电子信息产业集团有限公司（以下简称“中国电子”）以习近平总书记系列重要讲话精神为指引，深入贯彻落实中央和国资委决策部署，保增长、促转型、强管理，各项工作取得新进展。一是综合实力稳步提升，连续五年入选《财富》世界500强，稳居国内电子信息企业综合实力前三名。二是发展动能稳步提升。累计获得财政专项资金、地方政府补贴、国家重大项目建设基金52亿元，新增政策性低息整体授信额度350亿元。三是产业地位稳步提升。初步形成以面板为中心、整机为龙头、基板为核心的新型显示产业链；基本形成覆盖本质安全、过程安全和工控安全的自主可控网络安全产业体系。四是财税贡献稳步提升。上缴税费59亿元，同比增长21.6%。

【主要指标】 2015年，中国电子实现营业收入1981.9亿元，同比下降2.7%；实现利润总额35.5亿元，同比增长7.2%；净资产收益率3.7%，同比减少1.9个百分点；科技投入64亿元，科技投入比3.2%，同比增加0.1个百分点；总资产周转率0.8次，应收账款周转率7.0次，存货周转率5.1次。总资产2477.8亿元，同比增长6.3%；总负债1739.9亿元，同比增长0.2%；归属于母公司所有者权益316.3亿元，同比增长13.9%；资产负债率70.2%，同比减少3.7个百分点；主营业务利润率9.6%，同比减少0.02个百分点；成本费用利润率1.8%，同比增加0.1个百分点。

2015年中国电子信息产业集团有限公司主要经济指标

项　目	2014年	2015年	比上年增长(%)
资产总额(亿元)	2331.1	2477.8	6.3
所有者权益(亿元)	595.6	737.9	23.9

续表

项　目	2014年	2015年	比上年增长(%)
营业收入(亿元)	2037.3	1981.9	－2.7
利润总额(亿元)	33.1	35.5	7.2
净利润(亿元)	18.7	17.5	－6.4
归属于母公司所有者的净利润(亿元)	12.7	11.1	－12.6
技术开发投入(亿元)	64.2	64	－0.3
利税总额(亿元)	79.7	90.9	14.1
应交税金总额(亿元)	48.5	59.0	21.6
全员劳动生产率(万元/人·年)	11.0	11.0	持平
净资产收益率(%)	5.6	3.7	减少1.9个百分点
总资产报酬率(%)	3.2	3	减少0.2个百分点
国有资本保值增值率(%)	111.2	103.9	减少7.3个百分点

注:2014年数据为2015年决算数的上一年同期数。

【改革发展】 积极稳妥推进深化改革。制定《中国电子全面深化改革总体方案(2016—2020年)》,推进"爱诚信"项目,重组整合信息安全相关企业并推动军工资产上市。开展中电系统和中电投资整体改制工作,探索实施混合所有制改革。

加强企业清理整合。完成冠捷科技重组桑菲通信、长城开发收购桑达维修、彩虹股份(A股)和彩虹电子(H股)股权分离等项目。清理"三非"企业80户,回收资金30亿元。以华大半导体为平台,完成晶门科技、中电BVI、华虹国际和上海贝岭四家公司股权划转工作,实现华大电子和华虹设计的智能卡业务整合。

加强产权登记管理。截至2015年底,中国电子所属企业710户;累计完成资产评估项目54个,评估值95亿元;完成非股权资产进场交易12个,累计成交金额7.6亿元。

加强人才选拔培养激励。完成17家企业、21人次领导干部调整,公开招聘中电熊猫、中电信息、彩虹集团经理班子成员,调整企业董监事44人次。实施"猎英计划",全年培养、引进高层次人才166人。首次选派3人赴海外机构挂职锻炼。中国软件分红权激励、长城网际员工持股方案获批执行。

【重大项目】 2015年,中国电子完成固定资产投资151.2亿元,占年度投资计划额的72.1%。

1. 加快产业结构调整,推动三大系统工程提质增效。显示技术系统工程:一是加快新品研发。21.5英寸UV²A、31.5英寸QHD、64.5英寸4K面板成功研发并转入量产。二是加速提升产能。G108项目产能爬坡至55K,IGZO多尺寸、多批次产品投片生产;咸阳G8.6液晶面板生产线开工建设;建成投产G8.5液晶基板玻璃分切线和后加工线。三是强化市场拓展。G6项目全年实现产销平衡,G108项目向苹果、三星等主流厂商推广产品。信息安全系统工程:一是本质安全方面,推出基于飞腾CPU和中标麒麟操作系统的服务器和桌面终端产品;"南风一号"项目一、二期持续推进。二是过程安全方面,电子政务外网"中山模式"在广东全省推广,网络防护及安全运维在成都、杭州、神华集团落地应用。三是工控安全方面,发布工业控制系统信息安全仿真验证平台。四是重大行业信息化方面,"金税三期"项目实现14个省级国地税上线运行。信息服务系统工程:一是探索形成"外交搭桥、金融铺路、企业唱戏"发展模式,签署30亿美元的巴西绿色亚马孙项目和1亿美元的巴西南极科考站项目。带动高新电子企业"走出去",全年完成合同额5.2亿美元,其中自有产品服务2.7亿美元。二是继续拓展"互联网+元器件分销",实现交易规模70亿元,同比增长50%,其中线上交易2.6亿元。三是立足于智慧城市领域,在江苏多个城市新签项目合同22亿元。

2. 加快投资新产品研发和产业化项目,带动产业转型升级。一是以2亿元并购迈普通信获得42%股权,快速切入网络设备领域。二是以1.6亿元增资长城网际,支持发展网络安全业务。三是募集资金5亿元增资湘计海盾,实施"光纤水下探测系统产业化项目""自主可控安全计算机产业化项目"。四是出资2.8亿元设立上海熊猫机器人科技有限公司,布局智能制造关键领域,"电子玻璃智能制造与研发""智能移动终端生产关键应用标准试验验证"获批工信部首批智能制造示范项目。拥有自主知识产权六轴1.4米焊接机器人投入运用。五是以1.1亿美元收购沛顿科技100%股权，加强集成电路封测。六是募投资金1.2亿元增资中电振华，实施"叠层片式电感器产能提升技术改造项目"。

3. 加快推进内外部资源合理流动和优化配置，提升板块整体协同效应。一是推进长城科技私有化退市后的吸收合并。二是完成上海贝岭、中电控股、华虹设计、晶门科技、华虹国际、南京微盟、成都华微、中电智能卡等股权资产注入华大半导体。三是完成对迈普通信并购重组，填补中国电子在网络核心交换设备领域的空白。完成深桑达重大资产重组，提升上市公司盈利能力和综合竞争力。四是完成彩虹股份和彩虹电子股权分离，理顺彩虹集团内部产权结构。五是完成熊猫电子以所持南京熊猫部分股权＋现金方式回购资产管理公司债转股股权，提高管控力度和决策效率。

【走向海外】 2015年，中国电子境外实现营业收入1008.6亿元，利润总额2.7亿元，资产规模580.7亿元。实施2项境外股权投资项目，投资金额总计1100万元。截至2015年底，中国电子在境外设立5家公司，累计注册资金739.6万美元。签约缅甸防空导弹系统升级和改造项目，与巴西海军签订南极站重建项目，与巴西国防部签署绿色亚马孙项目合作框架协议，累计涉及金额31.6亿美元。重点策划开发巴基斯坦、老挝、印度尼西亚、马来西亚、蒙古、白俄罗斯等"一带一路"沿线国家市场项目。

【重大创新】 2015年，中国电子申报专利1221项，其中发明专利654项；获批专利934项，其中发明专利385项；申报软件著作权236项，集成电路布图65项。全年获得省部级以上科技奖励30项，其中电子学会奖10项。中国电子旗下中国软件获评国家级技术创新示范企业，冠捷科技获评国家级工业设计中心，另获评6个省工程技术研究中心、企业技术中心等省级科技创新平台。发布飞腾ARM架构CPU芯片FT－1500A和"智桥"万兆网络交换芯片CTC8096，两款高端芯片均处于国际先进技术水平，部分指标达到国际领先。

【党建工作】 深入开展"三严三实"专题教育，制定印发6项整改制度。落实党建工作责任制，探索实施企业董事长、党委书记"一肩挑"制度，完成6家企业党委书记调整配备、8家企业纪委书记调整。截至2015年底，中国电子基层党组织总数达到993个。全力配合中央第四巡视组、审计署专项审计组的专项巡视和任期审计。坚持问题导向，制定并落实《中国电子领导人员问责暂行规定》，查办个别企业负责人违法套取国有资产案件，全年给予党纪政纪处分7人，追究刑事责任2人。

【信息化建设】 2015年，中国电子以集团总部信息化建设工程为牵引，围绕"二三二五六"信息化建设总体框架，组织实施商密数据中心机房、数据资源管理平台、综合业务管理平台三大重点项目，初步建成集团商密网软硬件基础设施；数据资源统一采集、集中管理和共享利用的标准规范与管理体系；以管控要素为核心的中国电子综合业务管理平台功能单元。

【履行社会责任】 2015年，中国电子首次发布H5版社会责任报告，首次获得"五星级""领先的社会责任报告"评价；制定《中国电子定点帮扶工作三年规划》（2015－2017年），累计投入定点扶贫资金和捐赠资金600万元。

（撰稿人：李培燕）

中国第一汽车集团公司

【基本概况】 中国第一汽车集团公司（以下简称"一汽集团"）下设24个职能部，6家全资子公司，5家分公司，4家控股子公司，27家参股公司。截至2015年底，在册职工总数146555人。

【主要指标】 2015年，一汽集团实现销售汽车284.4万辆，实现营业收入3950亿元，实现利润450亿元，实现利税919亿元，全面完成国资委给一汽下达的调整目标。

2015年，中国一汽品牌价值1362.79亿元，位列《中国500最具价值品牌》第九名，国内汽车企业品牌价值第一位；位列世界500强第107位，中国企业500

强第17位，中国机械500强第二位。

2015年中国第一汽车集团公司
主要经济指标

项　目	2014年	2015年	比上年增长(%)
资产总额(亿元)	3287.0	3333.0	1.4
所有者权益(亿元)	1799.0	1964.0	9.2
营业收入(亿元)	4941.0	3950.0	－20.1
利润总额(亿元)	607.0	450.0	－25.9
净利润(亿元)	446.0	348.0	－22.0
归属于母公司所有者的净利润(亿元)	262.0	204.0	－22.1
技术开发投入(亿元)	119.0	90.0	－24.4
利税总额(亿元)	1201.0	919.0	－23.5
应交税金总额(亿元)	755.0	571.0	－24.4
全员劳动生产率(万元/人)	107.4	89.2	－16.9
净资产收益率(%)	27.0	18.5	减少8.5个百分点
总资产报酬率(%)	19.4	13.7	减少5.7个百分点
国有资本保值增值率(%)	123.2	115.9	减少7.3个百分点

【改革发展】 健全现代企业制度，明确党委(常委)会、总经理办公会的议事范围、决策权限、运作规则，促进集团决策的科学、规范、高效；明确子公司董事会、监事会的设置原则，全资子公司逐步从执行董事治理模式过渡到董事会治理模式。调整管理关系，自主体系按红旗、乘用车、商用车三大板块进行管理。成立产品策划项目部，负责整合集团中长期产品策划和乘用车产品策划，商用车产品策划由一汽解放公司负责，相关产品研发负责人在子公司任职，实现经营与产品研发有效联接。发展混合所有制经济，引入民营资本，优化客车(成都)股权结构。优化国有资本配置，处置一批低效无效资产。拓展合作平台，与中石油、中国农业银行、华为公司、中科集团、成都市政府等签署战略协议，促进企业开放发展。

强化质量控制与成本改善，经营质量有新提高。加强新产品质量策划、生产质量监察和售后质量改进，产品研发质量和实物质量明显提高。

深化制度流程建设。完善产品诞生和投资管理等核心业务流程，优化"三重一大"相关制度，整合精简规划、物流等领域制度。持续开展风险管理。改进年度风险评估工作，加大对重大风险解决措施的监督检查力度，制定集团《内部控制实施指引》，全面风险管理的长效机制初步形成。发挥绩效管理导向作用。将国资委考核指标分解落实到班子成员，对单元绩效设置必达目标和挑战目标，确保年度目标实现。加强信息系统建设。推进财务管控平台、人力资源管控平台等应用系统建设；新一代、高级别数据中心投入使用。

品牌战略稳步推进。加速实施以"品质、技术、创新"为核心内涵的品牌战略，安全、节能、环保发展的"蓝途"战略，品质至上的"质量制胜"战略，"TQC全品质关爱"服务品牌战略，基于互联网＋、智能技术的"挚途"战略，品牌内涵得到彰显，品牌价值持续提升。

创新驱动稳健发展。加大研发费用的投入，构建以一汽技术中心为核心、以自主整车和核心零部件研发资源为支撑的研发体系。新品整车及发动机陆续投放。

【走向海外】 围绕伊朗、巴基斯坦两个重要海外基地，调动各方资源，推动KD项目。中重卡、乘用车多线推进，中重卡地产化工作持续深化。

【重大创新】 强化创新驱动，产品研发能力持续提升。加大研发费用的投入，理顺产品研发关系，成立产品策划项目部，强化子公司与一汽技术中心在产品策划、开发过程中的协同，确保产品快速精准产出。加快新产品投放，提高工艺水平，加大资金投入，积极推进制造技术创新项目。

【党建工作】 履行管党治党责任。把党的领导与企业治理有机统一起来，将党建工作总体要求纳入公司章程。落实党建工作责任，提高KPI党建权重。健全从严治党制度体系，出台从严治党《实施意见》等。实施高级经理"政治修养"集中轮训，"抓好党建是最大政绩"意识明显提升。

开展专题教育。党员领导干部带头讲党课，发布集团班子践行"三严三实"的"十条宣言"。坚持"单月学习，双月研讨"。召开主题会议，运用典型案例深化警示教育，发布党员干部“十严禁”，务实研讨“十三五”规划，抓好即知即改、立行立改，聚焦专题深入开展批评，“严”的自觉和“实”的作风持续强化。

严格党内政治生活。严肃换届工作纪律，严格落实双重组织生活制度。贯彻党的民主集中制，明确基层党委每月至少召开一次党委会；扩大选人用人民主，部分重要岗位实行集团范围内民主推荐；完善选拔任用程序，建立集中酝酿会和票决制等。

坚定落实“两个责任”，深化党风廉政建设。公司党委加强对反腐倡廉工作的组织领导，定期听取汇报；制定经理人员《纪律处分暂行规定》等；扩大个人事项报告制度实施范围。认真组织学习“两项法规”，深入开展“四严一强化”专项工作，通过实名曝光等强化警示震慑；一批违纪人员受到纪律处分和组织处理，纪严于法、执纪必严的导向更加鲜明。

宣传动员全体党员和干部职工“强信心、谋发展、求实效”。各级党工团组织和统战部门聚焦重点任务，确立重点攻关项目，征求合理化建议，开展“爱献做”活动，交流“强谋求”经验。广泛组织开展和参加各类技能大赛，一批高技能人才脱颖而出。

共建和谐成效显著。构建和谐劳动关系，推进工资集体协商；打造职工文化品牌，推进文化下基层；强化信访维稳，保持改革发展稳定；持续提高困难职工和金秋助学认定标准，实施大病救助。

【履行社会责任】 深入学习贯彻中央第六次西藏工作座谈会精神，认真落实《关于进一步做好定点扶贫工作的通知》要求，积极参与援藏、扶贫、社会公益性事业，捐赠4967.1万元。向西藏昌都地区左贡县、吉林镇赉县、吉林和龙市（县）、广西凤山县派驻挂职干部，并投入资金3927万元，用于扶持特色产业、支持教育工作、改善基础设施等。

（撰稿人：闫晓艳）

东风汽车公司

【基本概况】 2015年，东风汽车公司（以下简称“公司”）迎难而上，务实进取，全年销售汽车387.25万辆，同比增长1.84%，行业排名继续稳居第二位。经营效益保持平稳，国资委考核指标较好完成，利润总额和EVA不仅达到加满分值，而且完成奋斗目标，流动资产周转率达到加满分值，成本费用总额占营业收入比重达成目标。改革发展和党的建设等各项工作取得新的积极进展。

截至2015年底，公司从业人员超过16.9万人，资产总额2693亿元。在中国500最具价值品牌排行榜中位列第35位，在美国《财富》杂志发布的世界500强企业中位居第109位，在中国企业500强中位列第18位，在中国制造业企业500强中位居第四位。

公司整体工作保持连续性、稳定性、发展性。在十分严峻和特殊的形势下，公司的发展战略、经营思路、管理模式、企业文化、合资合作和社会关系保持传承、连续。内外各方进一步加深了解，增强互信，合作共赢的基础更加稳固。经营没有出现剧烈震动，始终保持在合理区间，8月以后，主要经营指标筑底回升，年底均实现较好的结果，多项指标创历史新高。

公司经营基础进一步夯实。公司坚持在做强做优基础上做大的方针，在市场急剧变化的情况下，强调风险防范和经营质量，成效显著。全年汽车销量比产量高出4.2万辆。库存比年初下降27.67%，多数整车板块库存均有不同程度下降。公司大力削减库存，贯彻中央的要求。2015年经营指标完成得稳，为“十三五”发展创造良好的起跑姿态。

公司各事业单元积极有为。面对艰巨的保增长任务，各事业单元顾全大局，主动加压，“无须扬鞭自奋蹄”，东风日产乘用车公司突破100万辆，神龙公司再破70万辆，东风本田汽车公司突破40万辆，东风柳州汽车公司、东风乘用车公司等创出销量新高，其他各事业单元也实现令人满意的结果，有力支撑公司经营目标的达成。

公司老基地保持大局稳定。在商用车TIV市场大幅萎缩的情况下，尽管中重卡业务经营出现下滑，但十堰基地整体保持稳定，零部件、装备、实业公司、辅业等关联企业经营状况良好；轻卡业务销量有所下滑，但经过结构调整，成功实现盈利。

公司乘用车销量稳中有升，全年销售342.15万辆，同比增长5.53%，市场表现稳定；公司自主品牌乘用车表现较好，累计销售121.85万辆，位居行业前三，其中自主品牌乘用车销售78.12万辆，同比增长6.55%，细分市场中SUV销量增长较快；新能源汽车销量增长较快，公司纯电动汽车年度销量突破1.5万辆，同比增长12倍，快于行业增长；中重卡份额上升，重卡表现好于行业，市场占有率同比提升0.51个百分点，中卡市场占有率同比提升1.59个百分点。

公司加大产品结构调整力度，商用车产品率先实现全面排放升级；乘用车SUV产品发力，销量同比增长75.35%，销售120.24万辆，占公司乘用车销量的1/3强，同比提升14个百分点。加大新品成功投放的力度，公司全年投放20余款全新产品，东风风神AX7、东风本田XR－V、东风标致新408、东风日产新蓝鸟等车型市场表现抢眼，对公司销量增长作出积极贡献。加大风险防控力度，库存比年初下降27.67%，多数整车板块库存均有不同程度的下降。

公司进一步加强产能控制，切实防范产能过剩。深入开展存货资金和应收账款“两个治理”，坚持压降存量与控制增量相结合，源头管控与清欠催收相结合，集中清理与长效管理相结合，切实加强“两金”管控。认真清理公司银行账户，进一步提高资金集中度。

公司着力降低运营成本，全面压缩各项费用，勤俭节约办企业，为公司保增长提供有力保障。认真贯彻中央八项规定精神，大力压减非生产性支出，“五项费用”年度各项指标得到较好管控。贯彻落实国资委要求，全面开展亏损企业专项治理。按照“战略引领、着眼长远，分类处置、一企一策，目标具体、措施可行，层层分解、落实责任”的原则，力争实现三年内亏损金额与亏损企业数量双减半的目标。与上年相比，有44家企业实现扭亏为盈。

【改革发展】 公司全面深化改革纲要编制完成。集团内低效无效同质化业务重组、辅业融入行业、解决“三供一业”等历史遗留问题、剥离社会职能等工作有序展开。2015年，东风实业公司积极稳妥推进企业改制和业务优化；东风特商原动力设备厂完成公司化改造，成立东风汽车动力零部件有限公司；东风设计院完成对东风工业工程公司和东风专用设备厂的业务整合；东风医疗集团与国药签订合资框架协议，正式开展合作；三网融合和东风传媒业务整合工作正式启动；公司辅业优化搞活、亏损企业扭亏脱困及历史遗留问题等工作有序展开。

【自主品牌】 公司自主品牌产品阵容进一步丰富，自主品牌产品达到30多款。深入推进产品和业务向高附加值调整，东风A9等高端自主品牌产品正式上市。自主品牌服务满意度和销售满意度整体水平得到提高。加快构建新的商业模式，不断延伸产业价值链，汽车金融业务进一步强化，二手车、汽车租赁、电商等事业稳步推进。加快落实“中国制造2025”和“互联网＋”等战略，在产品和制造的智能化、数字化方面进行进一步探索。

【国际化运营】 公司深化东风和PSA战略联盟合作，“全球模块化平台”联合开发和设立“共同研发中心”项目顺利启动；合作成立海外销售公司；东风风神L60成功上市，开创本土汽车企业向合资企业输入中方母品牌的先河。深入推进新的合资合作事业，东风商用车有限公司正式运营，东风雷诺工厂建设基本完成。紧紧抓住“一带一路”等重大机遇，积极推进海外事业布局和重点市场开拓，伊朗CKD项目实现突破。

【新能源汽车】 公司加快推进E30、A60－EV等商品开发，东风和PSA战略联盟电动车协同项目进展顺利，公司动力电池协同管理体系和核心总成资源协同体系不断完善。探索和创新商业模式，切实做好示范运营，积极推进央企联合推广应用新能源汽车专项工作。截至2015年底，公司累计有153个车型进入国家新能源汽车示范推广推荐目录，投入16000多辆新能源汽车在全国示范运营。

【安全生产与节能减排】 公司牢固树立安全发展和绿色发展理念，注重以人为本，强化红线意识，落实安全生产责任和环保责任。持续做好安全监督检查，强化预防管理。安全生产完成年度控制指标，实现“五个杜绝”。持续推进污水集中治理，开展十堰、襄阳基地环保专项整治，推进老基地危险废物协同处置，积极探索公司“碳排放”交易的管理模式。与2012年同期相比，公司万元增加值综合能耗降低29.95%，COD、SO_2分别减排5.05%、78.83%，节能减排各项指标高质量达成。

【"和"文化战略】 公司在企业文化建设领域不断创新和实践，形成"和"文化、"润"计划和"商德公约"三位一体的企业软实力体系。组织开展公司"和"文化知识大赛，提升东风"和"文化的认知和认同。在上海车展期间，对外正式发布公司首部文化发展年度报告和东风文化指数报告，提升东风文化的影响力。开展"践行核心价值观，做最美东风人"为主题的宣传实践活动，以评选"最美东风人"为载体，引导广大员工践行社会主义核心价值观。

【履行社会责任】 公司积极推进爱心工程、重大困难救助、金秋助学等工作，加大对困难职工帮扶救助力度，扎实做好"十件实事"和"健康东风"等惠民工程。积极响应中央、国务院要求，推进援藏、援疆、援桂和润楚工程等对口支援工作，助力精准扶贫。"东风润苗行动"取得阶段性成果，首批"东风希望小学"全部竣工并投入使用。深入推进东风爱心车、碳平衡生态林、益路平安等特色履责实践项目建设，社会反响良好。在央企率先发布《公司商业道德公约》，推动社会责任与企业运营的深度融合。中国社科院企业社会责任研究中心发布的《2015 企业社会责任蓝皮书》显示，公司社会发展指数位列汽车行业第一位，跻身卓越者行列。

【其他情况】

1."十二五"规划圆满达成，"十三五"规划编制完成。"十二五"时期，公司汽车销量突破 380 万辆，增速跑赢大市，综合市场占有率提升 0.65 个百分点，年销售收入达到 4877.91 亿元，年上缴税费增加到 454.64 亿元，五年累计上缴 2045.7 亿元。公司战略性推进自主事业，形成各条战线齐头并进的新格局，整体销量跨越百万辆台阶；自主乘用车年销量增长 1 倍多，行业排名由第七位上升至第三位。进一步深化开放合作，合资事业发展实现较大突破，新合资合作项目有序展开；成功入股 PSA 集团，推动国际化发展迈入新阶段。

2015 年，公司高质量推进"十三五"规划和十年战略编制工作，包括 6 项主要业务发展规划、8 项重点专项职能规划在内的"十三五"规划和十年战略编制完成，确立"十三五"战略定位、战略目标、发展原则和突破方向等重大战略。

2. 从严治党落实"两个责任"。公司加强班子思想政治建设，牢固树立"四种意识"。制定责任清单，强调"一岗双责"，强化责任考核，坚决落实从严治党主体责任。构建"1＋3"制度体系，严格落实"两个责任"，推进党风廉政建设和反腐败工作。坚持约束和激励相结合，推动干部监督管理日常化。

3. 中央巡视整改扎实推进。2 月 4 日，中央第十三巡视组向东风公司党委反馈巡视意见。公司党委对中央巡视组反馈意见逐一明确措施，认真整改，加强长效机制建设，整改工作按节点有序推进。制定的 47 条整改措施，完成 38 项，按时间节点推进 9 项，在"三重一大"决策、运营管理、资金管理、财务管理、采购销售等领域，建立相关制度 32 项。

4."三严三实"专题教育。5 月 11 日，公司党委对深入开展"三严三实"专题教育进行全面部署动员，公司党委书记作了专题党课报告。5 月中下旬起，班子成员在各自分管领域分别讲了专题党课，并针对工作中的重点难点问题、职工群众关心关注的问题，围绕中央要求和党规党纪，深入开展三个专题的学习和研讨。在学习研讨中，加强查摆整改，立行立改。12 月 28 日，公司召开"三严三实"专题民主生活会。

5. 神龙公司第 400 万辆车下线。1 月 9 日，东风标致全新 508 从武汉二厂总装车间质检下线区驶出，神龙公司第 400 万辆汽车宣告正式下线。从 1995 年 9 月 8 日，神龙公司生产的第一辆汽车下线，到 2007 年 10 月实现第一个 100 万辆下线，用时 12 年；2011 年 5 月，神龙公司第 200 万辆车下线，距离上个 100 万辆用时近 4 年；再到 2013 年 7 月 10 日，神龙公司实现第三个 100 万辆汽车下线，只用时两年多。仅仅过去一年半时间，神龙公司又实现第四个 100 万辆汽车下线。

6. 东风商用车有限公司正式成立。1 月 26 日，由东风集团与沃尔沃集团合资组建的东风商用车有限公司在十堰市正式宣告成立并开始运营。东风商用车有限公司注册资本为 92 亿元人民币，东风集团持有 55％的股权，沃尔沃集团持有 45％的股权。新成立的东风商用车有限公司协同优势资源研发、生产、销售"东风"品牌汽车。产品覆盖中重型卡车、客车、专用车及底盘、发动机和变速箱等。成立大会上，东风商用车有限公司发布公司愿景，即以“实现从中国的东风到世界的东风”为战略愿景，分三步走：第一步，保持中国领先的卡车品牌地位；第二步，扎根海外主要增长市场；第三步，进入成熟市场成为全球认可和尊重的品牌。

7. 东风军车参加大阅兵。9月3日，东风军车参加纪念中国人民抗日战争暨世界反法西斯战争胜利70周年大阅兵，东风军车占全部受阅车辆的1/3，以东风猛士为代表的118辆军车“零故障零抛锚”顺利完成受阅任务，东风作为“中国军车第一品牌”的地位进一步确立。此次参阅的东风军车包括东风猛士越野车105辆、东风EQ2102N卡车13辆，位居全部受阅汽车品牌第一位。与此前东风参与的3次阅兵相比，东风军车本次表现更为抢眼。一是承担整个装备方队的“领队”职责，5辆东风猛士中将车分别由陆军、海军、空军、第二炮兵、武警部队的5名现役中将乘坐，他们是此次受阅官兵中军衔最高的。二是呈现点多、线长、面广的特点，东风猛士担负全部19个轮式装备方队的引导车任务。三是轻型突击车方队、反恐突击车方队、总参信息化方队和白求恩医疗方队受阅的主要车辆均为东风猛士。四是总参无人机方队、总后后勤保障方队受阅主要车辆均为东风商用车旗下的EQ2102N卡车。

（撰稿人：王　英）

中国第一重型机械集团公司

【基本概况】 中国第一重型机械集团公司（以下简称“中国一重”）始建于1954年，是中央管理的涉及国家安全和国民经济命脉的53户国有重要骨干企业之一。截至2015年底，有二级控股子公司1家、三级控股子公司15家，分布于齐齐哈尔市、大连市、天津市等地，资产总额401.77亿元。中国一重主要为钢铁、能源、汽车、矿山、石油、化工等行业及国防军工提供重大成套技术装备、高新技术产品和服务，并开展相关的国际贸易。主要产品有核岛设备、冶金设备、重型容器、大型发电设备铸锻件、工矿配件、重型锻压设备、矿山设备和专项产品等。

2015年，我国经济下行压力加大、结构调整阵痛显现、企业生产经营困难增多。面对新常态，中国一重党委总部认真总结反思、坚定发展信心，团结凝聚力量、合力顽强拼搏，在全体职工的共同努力下，中国一重全年新增订货合同52亿元，全年实现商品产值57亿元。

【主要指标】 2015年，中国一重完成商品产值571506万元，同比减少163140万元，减少22.21%；完成商品产量112179吨，同比减少76518吨，减少40.55%；实现主营业务收入485234万元，同比减少228297万元，减少32%；综合毛利率0.21%，同比减少8.73个百分点。

2015年中国第一重型机械集团公司主要经济指标

项　目	2014年	2015年	比上年增长(%)
资产总额(亿元)	414.62	401.77	－3.10
所有者权益(亿元)	190.99	178.17	－6.71
营业收入(亿元)	73.20	50.12	－31.53
利润总额(亿元)	－0.88	－16.93	－1823.86
净利润(亿元)	－1.52	－17.20	－1031.58
归属于母公司所有者的净利润(亿元)	－1.55	－10.21	－558.71
技术开发投入(亿元)	3.27	2.97	－9.17
利税总额(亿元)	4.57	－13.66	－398.91
应交税金总额(亿元)	5.98	4.18	－30.10
全员劳动生产率(万元/人·年)	11.70	0.35	－97.01
净资产收益率(%)	－0.80	－9.32	减少8.52个百分点
总资产报酬率(%)	1.40	－2.37	减少3.77个百分点
国有资本保值增值率(%)	98.84	91.39	减少7.45个百分点

【改革发展】

1. 成立改革领导机构。

为进一步推进改革工作开展，中国一重公司党委设立深化改革领导小组，负责统一部署和组织推动公司的各项改革工作的开展。领导小组下设办公室，负责组织开展公司改革重大问题的政策研究、统筹协调工作，提出改革方案和措施，协调督促有关改革实施。

2. 深化劳动人事分配制度改革。

中国一重坚持薪酬分配向各类人才倾斜的原则，建立“以岗定薪、岗变薪变、工效挂钩、激励与约束并重”的薪酬分配体系。不断完善竞争性选拔人才工作办法，采取竞争性选拔的方式，实行竞聘上岗。依托技术、研发等机构在大连、天津等沿海发达地区的优势，吸引高层次人才、重点院校毕业生，保持专业技术人才队伍的整体稳定。

3. 强化企业内部管理。

公司不断强化企业内部管理，持续完善内控机制，特别是在专项巡视集中整改期间，理顺调整部分业务管理职能，明确“两金”（应收账款、存货）占用责任和压降目标，改进质量考评方式，强化设备和能源管理，完善能源消耗考核评价机制。

4. 强化内部监督防止国有资产流失。

中国一重明确集团公司、股份公司党委常委会议事规则和办法，制定《中共中国第一重型机械集团公司委员会“三重一大”决策实施办法（暂行）》和《中共中国第一重型机械股份公司委员会“三重一大”决策实施办法（暂行）》，公司重大决策严格执行“三重一大”相关规定。以进一步规范决策行为，防范决策风险。通过重新修订“三重一大”决策实施办法，充分保证党在深化企业改革中的绝对领导地位和政治核心作用。

5. 推进改革脱困工作。

按照国资委相关要求，中国一重积极推进企业改革脱困工作，结合公司实际情况，初步拟定《中国第一重型机械集团公司改革脱困方案》。该方案将以提升企业发展质量为核心，以全力解决制约企业生存发展的关键性问题为重点，针对公司存在的突出问题和薄弱环节，拟定切实可行的改革脱困措施，待履行内部审批程序后，将正式下发并逐一推进落实。

6. 其他方面。

为进一步加强公司管理，贯彻中央八项规定精神，厉行勤俭节约，反对铺张浪费，加强党风廉政建设，规范业务支出行为，本着“便捷、高效、勤俭、节约”的原则，制定《差旅费管理制度》和《业务招待费管理制度》。

为提高公司整体运行质量，中国一重成立低效、无效资产管理领导小组，负责认定公司低效、无效资产处置方案报公司决策机构。领导小组下设办公室，负责组织责任单位开展低效、无效资产的清查工作。组织责任单位提出低效、无效资产处置建议，形成公司总体低效、无效资产处置意见报领导小组。

【重大项目】 2015年，中国一重在科研开发方面有重大进展，在相关产品种类上进一步开拓。一是依托国家能源应用技术研究及工程示范项目，为了进一步抢占超超临界火电机组锻件市场，通过系统的研究与开发，公司开展“620℃超超临界汽轮机缸体材料设计及制造工艺开发”“700℃以上超超临界发电机组转子材料开发及制造技术研究”“高中压转子材料（FB2）及锻件研制”等项目开发工作，全部项目正在进行试制试验。二是依托公司核电设备优势，在现有基础上探索主设备上下游相关产品，研发核岛主设备相关产品堆内构件、主管道等，项目正在进行评定。三是为满足用户不断增长的装备需求，为提高专项产品的质量稳定性和可靠性，开展一系列性能指标要求极高的基础材料研制和系列化产品开发。专项Ⅰ产品，成功研制出满足技术指标要求的508－3钢、508－4钢锻件及其焊接材料，研究成果可以实现专项产品用钢升级换代，项目进入焊接攻关阶段；专项Ⅲ产品，成功研制出车载自动机系统组件，满足设计单位联试联调试验要求；船用铸锻件，成功研制出船用尾轴架铸件，掌握尾轴架关键制造技术，实现批量化生产。

【重大创新】 2015年，中国一重积极寻求国家对首台套新产品的政策支持，降低首台套产品制造和市场化风险系数，谋求与用户联合开发新产品。加强产学研多途径合作，积极加强与国内科研院所或行业先进企业合作攻关，在国际上根据需求寻找资源为我所用。紧跟“中国制造2025”“振兴东北老工业基地”“一带一路”“非洲三网一带”等国家战略，在国家重大战略中寻找机会。不断完善技术创新平台，建立从市场调研、项目决策、技术开发、成果转发、成熟生产、市场营销各个环节沟通和协调机制，及时传递和反馈技术创新成果。

【党建工作】 党的建设方面:扎实开展“三严三实”专题教育。按照中央的统一部署,从2015年4月31日开始,在公司中层(D组)以上领导干部中开展“三严三实”专题教育。公司党委和班子成员认真贯彻习近平总书记关于“三严三实”的重要讲话精神,聚焦对党忠诚、个人干净、敢于担当,牢牢把握“三个见实效”的目标要求,多次召开党委常委会议,贯彻落实中央的部署,结合自身实际和分管工作讲专题党课,统一思想、强化认识。

反腐倡廉方面:2015年,中国一重纪委在上级纪检监察机关和公司党委的领导下,认真贯彻落实党的十八大和十八届三中、四中、五中全会及十八届中央纪委五次全会和中央企业反腐倡廉建设工作会议精神,深入学习领会习近平总书记系列重要讲话精神,全力配合中央第十一巡视组开展专项巡视工作,认真履行党风廉政建设监督责任,严格落实中央八项规定精神,不断深化“三转”工作,更加突出纪委中心工作,积极促进内部管理水平提升与效率提高,努力实现公司治理行为的规范化,为公司深化改革和稳步发展提供有力支撑。

【信息化建设】 2015年,中国一重参照国资委对央企信息化建设的指导意见及企业信息化总体规划,按照“管理主导、业务驱动、部门协调”的信息化工作机制,持续深化优化扩展应用,逐步建成综合办公、生产管理、会计核算、成本管理、营销管理、物流管理、资金集中管理、专业化生产现场监控等应用系统,信息化应用逐步深入,初步实现全面支撑业务运营。

(撰稿人:孙旭东)

中国机械工业集团有限公司

【基本概况】 2015年是国机集团“十二五”收官之年。“十二五”以来,面对严峻复杂的国内外经济形势和艰巨繁重的改革发展任务,国机集团全面贯彻落实党中央、国务院、国资委的决策部署,把握发展大势,坚持稳中求进,攻坚克难,不断推进有质量的增长。与2011年初相比,资产总额累计增长96.0%,净资产累计增长124.2%,各项指标均实现快速稳定的增长。

2015年,国机集团连续第七年保持国资委经营业绩考核A级,继续蝉联中国机械工业百强榜首;连续第五年入选世界500强企业名单,列第293位。

【主要指标】 2015年,在巨大的经济下行压力下,国机集团全面超额完成国务院国资委考核目标和稳增长任务。集团整体实现利润总额84.8亿元,其中原国机集团(不含中国二重)实现利润总额85亿元、同比增加6亿元;中国二重通过债务重组、扭亏脱困等工作,实现大幅减亏,2015年亏损4856万元,较重组前减亏31亿元。国机集团实现EVA 42.6亿元,同比增加27.3亿元,利税总额182亿元。

表1 2015年中国机械工业集团有限公司主要经济指标(不含中国二重)

指　标	2014年	2015年	比上年增长(%)
资产总额(亿元)	2428.6	2540.8	4.6
所有者权益(亿元)	724.6	822.2	13.5
营业总收入(亿元)	2383.80	2176.20	-8.7
利润总额(亿元)	79.4	85.3	7.4
净利润　(亿元)	57.2	59.0	3.1
归属母公司所有者的净利润(亿元)	39.0	44.6	14.4
技术开发投入(亿元)	42.6	43.8	2.8
利税总额(亿元)	192.7	177.0	-8.1
应交税金总额(亿元)	114.0	104.0	-8.8
全员劳动生产率(万元/人·年)	24.41	23.92	-2.0
净资产收益率(%)	9.2	7.6	减少1.6个百分点
总资产报酬率(%)	4.5	4.1	减少0.4个百分点
国有资本保值增值率(%)	111.6	110.4	减少1.2个百分点
经济增加值(亿元)	39.6	39.9	0.8

注:2014年数据根据2015年决算报表上年比较数据计算得出。

表 2　2015 年中国机械工业集团有限公司主要经济指标(含中国二重)

指　标	2014 年	2015 年	比上年增长(%)
资产总额(亿元)	2552.0	2614.3	2.4
所有者权益(亿元)	624.8	790.0	26.4
营业总收入(亿元)	2429.1	2208.0	−9.1
利润总额(亿元)	−3.9	84.8	扭亏为盈
净利润(亿元)	−26.3	62.8	扭亏为盈
归属母公司所有者的净利润(亿元)	−22.0	48.2	扭亏为盈
技术开发投入(亿元)	44.0	46.2	5.0
利税总额　(亿元)	115.5	182.2	57.7
应交税金总额(亿元)	115.7	105.3	−9.0
全员劳动生产率(万元/人·年)	17.4	20.2	16.1
净资产收益率(%)	−3.5	8.9	增加 12.4 个百分点
总资产报酬率(%)	1.2	4.4	增加 3.2 个百分点
国有资本保值增值率(%)	111.6	107.2	减少 4.4 个百分点
经济增加值(亿元)	15.3	42.6	178.4

【中国二重改革振兴】　中国二重的改革振兴是党中央和国务院赋予国机集团的光荣使命。2015 年，在党中央、国务院以及国务院国资委的大力支持下，围绕中国二重扭亏脱困这一核心目标，国机集团以振兴中国二重为第一要务，举全集团之力，着力实施供给侧结构性改革，采取“主动退市、重组债务、分流人员、盘活资产、革新机制、创新驱动”等措施，推动中国二重改革脱困取得积极成效，债务重组工作取得实质性成果、人员分流改革稳步开展、业务结构调整加快推进，主业上市公司平稳实现主动退市，中国二重正加快走出生存困境，逐步进入良性发展的轨道。

1. 平稳实现主动退市。

为维护证券市场稳定和中小股东利益，2015 年初，国机集团在证监会、上交所的指导帮助下，克服时间紧、任务重、无先例可借鉴的不利因素，通过主动精心谋划，多层次多渠道与利益相关方沟通，在以全面要约收购方式未能实现退市的情况下，及时调整路径，通过股东大会决议方式，5 月，圆满完成二重集团(德阳)重型装备股份有限公司(二重重装)的主动退市，7 月，二重重装在“老三板”挂牌，化解被强制退市的一系列风险。

二重重装主动退市是 2014 年资本市场退市制度改革以来的首个成功案例，实现 5 万多股民“零上访、零投诉”。获得监管机构、投资者和社会舆论的广泛认可，在资本市场树立良好形象，为二重重装重新上市创造有利条件。

2. 顺利推进债务重组。

国机集团、中国二重坚守“法治思维、发展理念、现实态度”，历时近一年，经过与 20 家银行艰苦磋商，最终达成“以股抵债＋现金偿还＋保留债务”的综合受偿方案。

2014 年底中国二重银行债权人委员会成立后，集团围绕偿债方式、范围及条件等议题，与债权人开展 20 余次正式谈判及多次非正式沟通，逐步缩小分歧，形成综合受偿方案，双方携手进入司法重整程序，制定重整计划获得债权人和出资人会议高票通过并顺利获得法院批准，债务重组取得重大实质性成果。

通过债务重整途径，妥善处置中国二重各类金融性债务逾 134 亿元，每年减少利息支出 6 亿～8 亿元，资产负债率从 2014 年的 133.7%降至 90%左右，卸下沉重的债务负担，为其推进业务发展、实现扭亏脱困提供有力支撑。

3. 稳步开展人员分流。

在国务院国资委和省市政府的帮助下，中国二重坚持“依法合规、个人自愿，职工能接受、企业能承担”的原则，通过提前退养、离岗休养、协商解除劳动合同等途径分流人员。

优化人力资源配置，截至 2015 年底，用工人数从 2013 年底的 1.5 万人降至 7700 人，年人工成本减少 6 亿元，降幅超过 40%，且骨干职工流失率控制在 10%以内。

4. 实施重大资产盘活。

针对企业产能过剩、资产包袱过重问题，国机集团从“去产能、调结构”着手，指导中国二重优化制定镇江基地、八万吨压机、成都研发大楼等重大资产盘活方案。

其中，协调国机资产、国机财务及中国二重启动成都研发中心转让的有关工作，并着手研究其商业化运作事宜；按照自用与合作相结合的思路，在推进镇江基地产权调整的同时，积极联合各方最大限度地盘活镇江基地；积极推进八万吨压机与中航工业在资本层面的合作，以实现过剩产能与市场需求的对接。

5. 大力推进业务协同。

国机集团制定特殊考核激励办法，并采取“非实体经营”等支持措施，引导25家所属企业与中国二重进行业务对接，签约协同项目金额30亿元。发挥所属科技企业的技术优势，组织开展与中国二重的协同研发，专项为中国二重研发新产品，先后签订联合研发协议16项、产品研发合同18项，已为此投入研发经费10亿元。

为了充分发挥集团整体科技优势，加强资源协同，加快推进中国二重改革振兴，集团研究制定《院所支持中国二重技术提升和科技成果产业化研发经费专项补助暂行办法》（以下简称《办法》），通过对所属院所支持中国二重技术提升和科技成果产业化研发费用予以专项资金支持的方式，鼓励科研院所积极与中国二重开展技术合作，并向其转移或转化科技成果。

《办法》确立“成熟一项、申请一项、审批一项、补助一项”的工作思路，以及“坚持市场导向与技术引领结合，当前利益与长远发展结合，中国二重与院所深度协同”的原则，将国家鼓励发展的产业技术与装备、国内首台套重大技术装备、高端装备制造技术与产品、国机集团重点发展技术与产品、中国二重长线产品以及其他高技术产品作为重点支持方向。同时，为发挥集团资金引导作用，确保支持中国二重技术提升和成果产业化效果，按照项目性质的不同，采用事后补助与分期拨付相结合的方式。其中，对于所有权（或使用权）转让中国二重并由中国二重自主产业化的科技成果和所有权属院所或权属共有且委托中国二重生产制造的科技成果，采用事后一次性补助的方式。对于院所为支持中国二重技术（权属共有或中国二重所有）提升与产品升级而开展的技术研发和由院所与中国二重共同承担的国家科技计划项目，依据项目研发进度分期拨付补助经费。此外，《办法》还明确项目申报与审批、实施过程跟踪监管等相关管理要求。

同时，推进完成中国二重与国机集团所属中国机械对外经济技术合作有限公司的重组，加快中国二重从单一制造商向工程服务商及总承包商的转型，并利用“一带一路”国家战略契机，进一步拓展国际市场，部分项目已取得实质进展。

6. 着力长线产品研发。

为优化中国二重自身产品结构，提升可持续发展能力，国机集团将加快长线产品开发作为中国二重改革振兴的一项重要措施。结合国家产业政策，国机集团指导中国二重制定《产品及市场开发规划》，远近结合推进产业升级，在做强做专冶金、锻压等传统业务的同时，努力拓展在核电、煤化工等新兴领域的技术能力。

一是大力推进中国二重开展外部合作，集团主要领导带队，走访中国中车、中石油、神华集团等重点企业，围绕轨道交通、煤化工等领域积极开展战略合作。二是积极推进与科研院所的协同，先后组织中国二重与10余家科研院所开展交流，在煤化工、高端铸锻件、核电、高端换热器、海工装备等重点领域签订联合开发协议。中国重型院与中国二重合作的“粉煤热解成套工艺及装备”项目已进入实质性的开发阶段。三是为鼓励科研院所充分发挥技术优势，支持中国二重技术提升，国机集团制定《研发经费专项补助暂行办法》。截至2015年底，中国二重所开发的长线产品中，有近40项传统领域的新产品进入试制阶段，核岛重型支撑堆芯补水箱等产品实现销售。

二是出台《中国二重长线产品研发经费专项补助暂行办法》，组织10余次交流会，积极促进中国二重与集团相关科研院所协同开发，核电堆内紧固件材料、烟气轮机涡轮盘高温合金锻件、离合器外星轮锻件等领域的3项产品进入试制阶段。

三是中国二重加强自主研发，改造升级传统领域产品，37项进入试制阶段，ACP1000主管道核电产品、1000MW及以上核电机组汽轮机转子整体锻件和焊接转子锻件等产品取得技术突破。

7. 加快深化内部改革。

国机集团积极推动中国二重深化内部改革，不断建立完善权责利对等的管理机制，提升市场适应能力。一是全面从严管理，在实行干部全员竞聘上岗的基础上，开展干部任期考核。二是加强成本、质量、交货期管控力度，落实考核责任。2015 年因产品质量问题，问责领导干部 79 人次，产品质量大幅提升，成本管控成效逐步显现，合同完成率大幅提高。三是积极推进辅业剥离改制。兼顾现行政策和企业实际，积极研究辅业改制可操作性的路径，批复其总体改革方案，并督促中国二重抓紧制定并推进改制实施方案。完成对拟改制企业的尽职调查及资产预评估，社会职能移交工作正推动落实。四是加大清收应收账款力度，应收账款余额较年初下降 4%，通过中国机械设备工程股份有限公司（CMEC）协同催收 1.55 亿元。

【经营业绩】

1. 市场开拓有序推进。

面对严峻的市场竞争形势，积极采取有效应对措施，不断加大开发力度。结合“一带一路”战略，组织召开“国机制造出口、农业走出去、工贸企业转型”座谈会和国机制造产品推介及业务交流会，深入研讨和规划“国机制造走出去”与“农业走出去”，进一步推进内部业务合作。创新开发模式，加强与战略伙伴合作开发市场，与美国 GE 公司签订战略合作备忘录，联手推动非洲地区清洁能源项目，已在尼日利亚燃机电站、肯尼亚风电等多个项目开展实质性合作。加大新业务、新领域开发力度，进一步加强新能源市场开发，苏美达集团新签 16 个光伏电站项目，装机容量 500MW，投资总额 42.8 亿元。大力促进项目生效，认真分析影响生效的关键问题，加强沟通协调，推动一批重要项目生效，CMEC 安哥拉联合循环电厂项目，合同金额 9.85 亿美元；中工国际埃塞俄比亚糖厂项目，合同金额 6.47 亿美元。

2. 重大项目稳步实施。

密切跟进重大项目执行情况，严控执行风险，确保按照时间节点稳步有序实施。扎实推进中白工业园项目，国机集团总部成立专门机构，加强项目跟踪管理；引入招商局集团注资中白合资公司；加大招商力度，组织 23 场招商推介会，实地接待百余家国内外考察团；已有 8 家企业签订入园协议，21 家企业递交入园意向协议文本；中白两国元首视察项目现场，对项目工作给予高度评价，中白工业园已成为推动“一带一路”战略实施的重要项目。中国重机柬埔寨达岱水电站正式投入商业运营，当年达到设计运营能力，预计每年可实现利润 2 亿元，大力助推海外新国机建设。

3. 内部协同持续深化。

推动企业加强内部协同、抱团作战，进一步提高整体竞争力。参与内部合作的企业 35 家，实现内部合作发包签约额 42 亿元、完成额 18 亿元。6 家企业开展与中国二重的协同合作，签约合同金额 30 亿元，实现协同营业额 18.6 亿元。

大力实施国机制造产品出口倍增计划，组织贸易企业与制造企业对接，采取有效措施，解决实际问题。CMEC 每年投入 300 万元专项基金扩大国机产品出口，实现国机制造产品出口 5426 万美元，完成全年指标的 167%；中国电器院发挥集成、成套能力，推动产品出口，出口额占营业收入的 25%。2015 年集团实现国机制造产品出口 6.39 亿美元，完成计划的 133%。

加强非实体经营工作。在“经营非实体”方面，签约喀麦隆水厂、塞尔维亚电站和科特迪瓦输变电 3 个项目，合同总额 23.3 亿美元，跟踪的项目 25 个。在“科技非实体”方面，“重大农机装备研发与检测能力提升”项目获批，获财政资金 2900 万元；“农业与食品机械行业制造关键技术与示范”项目通过验收；完成六自由度空间关节型工业机器人样机试制，技术指标达到同类工业机器人的先进水平。

4. 新兴产业发展取得成效。

积极培育新兴产业，抓住“中国制造 2025”战略机遇，整合智能制造资源，成立国机智能科技有限公司，注册资金 10 亿元，获得地方财政无偿支持 1.2 亿元。同时，大力开展新兴产业技术研究，形成光伏发电、机器人发展研究报告；在新能源汽车领域，中国电器院研发的动力电池全自动后处理系统提升锂电池产业智能制造水平，受到市场欢迎，新签合同额同比翻番。

5. 业务模式不断创新。

积极创新“走出去”模式，不断推动海外工程承包业务转型升级，CMEC 努力探索“EPC＋投资”模式，投资参股巴基斯坦塔尔煤田露天煤矿和燃煤电站项目，成为“中巴经济走廊”的首批优先实施项目；集团推动“EPC＋园区开发”，组织中国中元、中国二重等企业密切跟踪巴基斯坦能源重工装备制造基地项目，获得有效进展。努力探索“互联网＋”背景下的模式创新，中国一拖、国机汽车、苏美达等企业推动线上线下相结合的销售模式，取得积极成效。

【创新驱动】 编制完成“十三五”科技发展规划，对未来科技创新作出部署；继续加大科技研发投入，全年实现科技投入 43.8 亿元，占主营业务收入的 1.98%；加强科技人才培养，闫楚良、陈学东两名专家分别当选中国科学院和中国工程院院士。

1. 科技创新再结硕果。

2015 年，集团获省部级和全国行业性以上各类优秀成果奖 306 项，其中科学技术奖 98 项，勘察设计咨询奖 178 项。申请专利 1620 项，其中发明专利 675 项；授权专利 1289 项，其中发明专利 380 项。主持或参加标准制修订 715 项，其中国际标准 10 项、国家标准 229 项。

中国重型院完成的“12000 吨航空级铝合金板材张力拉伸机装备”、天津电气院参与的“特大型水轮机控制系统关键技术、成套装备与产业化”、中装集团参与的“2000 米全液压地质岩心钻探装备及关键器具”项目获得国家科技进步二等奖。集团科学技术研究院完成的“二十二种型号飞机载荷谱关键技术及应用”项目获得国家技术发明二等奖。

2. 创新平台建设力度不断加大。

进一步推动国家平台建设，合肥通用院获批成为国家技术创新示范企业，中国一拖“拖拉机动力系统国家重点实验室”、国机精工“超硬材料磨具国家重点实验室”、中机六院“绿色建筑信息模型化国家地方联合工程实验室”、广州机械院“国家机器人检测与评定中心（广州）”等科研与服务平台获批建设。

3. 重大科技项目稳步推进。

积极承担国家项目，新增国家项目 54 项，获得国拨资金 4 亿元。加强项目管理，完成 85 个国家项目、16 个集团科技发展基金项目的验收结题，中国二重八万吨大型模锻压机设计制造课题通过技术验收，标志着我国成为世界上拥有最大吨位模锻装备的国家；中国重型院成功研制国内首条大型铝扁管专用挤压生产线 27MN 卧式挤压机，填补国内空白。

4. 节能减排成效显著。

2015 年，国机集团能源消费总量同比下降 8.98%，万元产值综合能耗同比下降 7.33%，万元营业收入综合能耗同比下降 4.6%，二氧化硫排放量同比下降 17.9%。所属企业加强节能减排工作，中国福马等 6 家企业累计投入资金 1.2 亿元实施清洁生产项目，可实现年均耗能降低 10%；中国电器院研发的家电产品绿色回收处理关键技术和废气溶剂回收装置被海尔、格力等企业采用，为用户节能减排提供良好技术手段；中工国际正渗透膜技术处理脱硫废水项目建成并投入运营，实现工业废水“零排放”，获业主好评；中机六院荣获“2015 年度中国低碳环保推广标杆企业”。

（撰稿人：于雪娟）

哈尔滨电气集团公司

【基本概况】 2015 年是哈尔滨电气集团公司（以下简称“哈电集团”）极不平凡的一年，外部形势和市场需求持续下行，生产经营面临严峻考验，工作任务异常繁重。面对空前压力，哈电集团上下一心，攻坚克难，顶住压力，全年实现营业收入 279 亿元，利润总额 1.1 亿元，发电设备产量 2095 万千瓦，较好地完成稳增长的工作任务。

一是产业结构呈现积极变化。煤电产业以二次再热技术为突破加快绿色发展转变，二次再热锅炉市场份额行业领先；核电产业规模不断壮大，核电生产能力得到明显提升；改造服务产业得到有效拓展，加快推进实现制造业向制造服务业的转变。

二是市场营销逆势而上，成绩斐然。面对诸多不利因素，经过持续不懈的努力，2015 年实现正式合同签约额 348.25 亿元，实现订单总量同比增加 97.4 亿元，为公司持续平稳发展提供有力的订单支撑。

三是安全生产形势与环境状况总体持续稳定向好。2015 年，累计排查安全隐患 2410 项，整改率

99.7%；应急演练97次，参加人数3336人；安全技改投入755万元；安全生产培训2.3万人次。全集团未发生重大安全生产死亡和重特大事故，千人工伤事故率为0.94‰，安全环保绩效整体水平进一步提升。

四是节能减排有序推进。完成"万家企业节能低碳行动"节能量目标、国资委任期考核目标和国家"十二五"节能减排目标。2015年，实现万元增加值综合能耗(现价)同比下降0.04%，SO_2排放量同比下降67.6%，COD排放量同比下降4.6%。

【主要指标】

2015年哈尔滨电气集团公司
主要经济指标

项　目	2014年	2015年	比上年增长(%)
资产总额(亿元)	682.7	697.7	2.2
所有者权益(亿元)	188.0	201.1	7.0
营业收入(亿元)	267.5	279.4	4.4
利润总额(亿元)	0.4	1.1	175.0
净利润(亿元)	−2.0	−1.3	35.0
归属于母公司所有者的净利润(亿元)	−1.2	1.4	216.7
利税总额(亿元)	9.1	16.4	80.2
应交税金总额(亿元)	12.7	19.5	53.5
全员劳动生产率(万元/人·年)	14.2	18.3	28.9
净资产收益率(%)	−1.1	−0.7	增加0.4个百分点
总资产报酬率(%)	0.4	0.5	增加0.1个百分点
国有资本保值增值率(%)	97.9	105.4	增加7.5个百分点

【改革发展】 在解决历史遗留问题方面。加大僵尸企业清理力度，对关停十年的绝缘厂和陷入严重经营危机的阿继有限公司进行关闭。在中央企业中，率先启动厂办大集体企业改革工作，预计到2016年年底，大集体企业的问题将全部得到解决。基本完成企业家属区供水、供热、供电和物业"三供一业"移交工作，平均每年减轻企业负担6000万元。

在人才培养和引进方面。加大"千人计划"国家特聘专家引进力度，截至2015年底引进"千人计划"国家特聘专家4人；开展第三批首席技术专家和集团级技术专家评定工作，评定出集团首席技术专家1人，集团级技术专家10人；制定并出台《哈尔滨电气集团公司"50优才"引进暂行办法》，"十三五"期间力争引进50名国内工科顶级名校的优秀毕业生。

在劳动用工方面。深化"三项制度"改革，积极推行用人制度市场化、用工管理契约化、薪酬分配绩效化、进出升降常态化，打破新时期"大锅饭"。扎实推进"瘦身健体"，2015年实际减员2464人，比2014年用工总量降低7.5%，全集团劳动生产率从2014年的人均15.4万元提高到18.1万元。

在考核与薪酬分配方面。出台新的《哈电集团所属企业领导班子和领导人员年度绩效及薪酬管理办法》《所属企业工资总额调控管理办法》，实行同方向双向调控政策，进一步激发广大干部职工的干事热情。

【重大项目】 全力推进投资项目建设，完成投资58867万元。科研基地一期工程及信息化基础工程建设完成并投入使用；电机公司电力系统改造项目建设完成并投入使用；推进实施汽轮机公司核电汽轮机核心能力建设技术改造项目，完成关键设备招标及厂房设计招标工作。

煤电：国内煤电市场实现一个领先、两个突破、七个成套(即二次再热锅炉市场份额领先；丰城三期、国华清远100万千瓦超超临界二次再热项目汽轮机业绩突破，锅炉公司时隔多年又拿到神华集团的项目；丰城三期、国华清远100万千瓦机组和蒙能旗下营、华润锦州二期、神华国能准东、华电襄垣、阳煤西上庄60万等级项目成套)。

水电：签订河北丰宁6×300MW、吉林敦化2×350MW抽水蓄能机组供货合同，为公司大型抽水蓄能机组再添新业绩；签订三峡集团白鹤滩8×1000MW工程准备及埋件合同，公司百万千瓦混流式水轮发电机组生产进入前期准备阶段。

核电：中标国电投广西白龙2套1250MW核电常规岛汽轮发电机组，再添三代核电常规岛汽轮发电机组业绩。中标中核集团福建福清5号、6号机组核岛主泵、非能动安全壳冷却系统汽水分离器，中核集团卡拉奇2号、3号机组稳压器以及PCS热交换器、余热排出热交换器设备。

改造维修：签订七台河、马鞍山、乌沙山、王滩、株洲、张家口等一批300MW、600MW等级汽轮机改造项目和华润常熟600MW等级锅炉受热面改造、大庆石化电厂锅炉一体化改造、通化热电锅炉脱硝改造总承包工程，以及秦山二期1号、2号机组发电机主励磁机定子采购等合同。

燃机：签订江苏华电昆山9FB热电联产联合循环电站机岛设备供货合同，再添9FB重型燃机业绩。

新能源：签订中广核德令哈太阳能光热50MW项目油水换热器项目，该项目是国内首个公开招标的太阳能光热发电项目，为公司后续新能源产品开发打下良好的基础。

【走向海外】 继续贯彻落实"走出去"战略，结合"一带一路"发展契机，实施"自驾出海"与"借船出海"策略，全年实现出口订单101.14亿元，占全部订单29.04%；实现出口销售收入77.2亿元，同比增长35.2%，占营业收入比重27.6%，较上年提高6.3个百分点，海外业务成为集团持续发展的重要支撑。

多途径开拓海外市场。依托自身优势"自驾出海"，连续中标巴基斯坦必凯1180MW联合循环电厂和百路凯1223MW联合循环电站等电力工程总承包项目；协同总承包企业"借船出海"，与中国华能、中国电建等旗下总承包企业合作，成功签订巴基斯坦萨希瓦尔、卡西姆项目，成为"中巴经济走廊"示范项目；与战略合作方"联合出海"，巩固与中国华能、三峡集团、国机集团等战略合作关系，强强联合，优势互补，共同拓展海外市场，2015年与华能集团签订境外项目合作框架协议。

延伸装备"走出去"价值链条。升级商业模式，以BOO/BOT投资业务提高企业持续盈利能力，中标迪拜哈翔燃煤电厂BOO项目，成为首家中国企业在中东高端市场开发大型电力投资项目；升级售后服务模式，累计在海外项目所在国设立5个4S售后服务中心，2015年新签售后服务合同19个，执行合同39个，利润4377万元。

【重大创新】 坚持实施管理创新。一是提升集团管控能力，划分总部与所属企业权责界面，系统设计组织机构等工作。二是创新营销模式，将单机容量600MW及以上煤电项目汽轮机、发电机设备调整由股份公司作为投标主体，提高市场开发整体合力和运作效率。三是推进集中采购工作，专门成立集中采购管理中心，增强集中采购管理力量。四是整合环保产业资源，将环保事业部原有的业务、人员整建制划入锅炉公司，成立环保公司，统一开发脱硝、脱硫、除尘一体化市场。

不断深化科技创新。2015年，获得科技奖励35项，其中省部级以上20项。动装公司"长输管线压缩机20MW级高速变频防爆电动机"项目荣获中国机械工业科技技术奖特等奖。锅炉公司"清洁高效燃烧技术创新体系建设及应用"项目荣获2014年度黑龙江省机械工业科学技术一等奖，电机公司"向家坝800MW混流式水轮发电机组研制及工程应用"荣获黑龙江省科技进步一等奖。加强知识产权保护和管理，全年获得专利授权349项，同比增长10%，其中发明专利98项，同比增长139%。

【党建工作】

1. 巡视整改，狠抓管党治党。一是以高度政治责任感配合巡视，认真做好材料提供、情况反映、服务保障等工作；深入进行自查自纠，坚持即知即改、立行立改，制定并落实"三个清单"，从严从实查处违纪违规问题。二是剑指问题、倒逼改革，以巡视促工作、保发展。

2. 专题教育，取得显著实效。一是组织学习研讨，把牢思想和行动的总开关，自觉做政治上的明白人。二是组织各所属企业结合中央专项巡视，全面查找专项领域存在的突出问题。三是召开专题民主生活会，深入查摆自身存在的不严不实问题，进一步推进加强作风建设常态化。

3. 制度建设，着眼关键领域。一是落实专项整改要求，修订所属单位领导人员管理办法等制度。二是加强干部监督管理，制定对领导人员进行提醒、函询和诫勉、实行领导人员问责等制度。三是深入落实党风廉政建设责任制，制定落实党风廉政建设主体责任和监督责任的意见等制度。

4. 党建考核，保障责任落实。一是突出领导班子主体责任，传导压力、激发动力。二是突出书记第一责任，强化书记的主责主业意识。三是强化结果运用，坚持权责对等，从机制上解决企业经营管理和党的建设上一手硬、一手软的问题。

【信息化建设】 一是从集团实际出发，编制完成《哈电集团信息化“十三五”规划》。二是有序开展数据中心机房、集团广域网、国资委和集团视频会议系统、统一通讯系统等基础环境建设工作。三是开展办公自动化系统、综合数据采集系统和人力资源系统等信息系统建设工作。四是制定集团商业秘密信息系统建设方案，完成终端安全软件部署。五是大力推进全集团软件正版化工作，网络安全得到有效提升。六是完成企业资源协同平台、统一通讯系统、邮件系统、计算机终端和服务器等维护工作，解决客户端存在的若干问题。

【履行社会责任】 坚持全员参与、全过程控制和全方位覆盖的工作原则，把“友好环境，温馨家园”的社会责任理念贯穿到企业的生产经营工作中，通过社会责任工作委员会建设工作，明确企业社会责任工作分工并严格落实，从理念、制度、措施上完善社会责任管理体系。2015 年，哈电集团通过强化责任管理、推进科技创新、开发节能产品、大力节能减排等举措进行节能综合治理，打造一批改造示范项目、整合环保业务板块，推进环保产业快速发展，在保证企业平稳发展、资产持续增值的同时，高质量地完成国家下达的企业单位能耗和污染物排放等指标，履行企业的社会责任。截至 2015 年底，哈电集团与社会责任相关的内部机构 21 个，参与 130 余个行业社会组织的工作和运行活动；连续六年向利益相关方披露企业履行社会责任的情况，获得广泛赞誉。

（撰稿人：董杰亮）

中国东方电气集团有限公司

【基本概况】 中国东方电气集团有限公司（以下简称“东方电气集团”）是中央确定的涉及国家安全和国民经济命脉的国有重要骨干企业之一，是全球最大的发电设备制造和电站工程总承包企业集团之一。截至 2015 年底，东方电气集团资产总额 1001.37 亿元，员工总人数 23447 人。

东方电气集团以大型发电成套设备、工程承包及服务为主业，积极发展高效清洁能源，依托持续不断的技术创新获得长足发展，产量连年位居世界前列，批量制造 1000MW 等级超临界火电机组、700 MW～1000MW 等级巨型水轮发电机组、1000MW～1750MW 等级核电机组、重型燃气轮机设备、风电设备、太阳能电站设备以及大型环保设备、水处理设备、电力电子与控制系统等产品，形成“六电并举”的产品格局。2015 年，东方电气完成发电设备总产量 2940.4MW。

东方电气集团积极拓展海外业务，大型成套设备出口 68 个国家和地区，从 1994 年起连年入选 ENR 全球 250 家最大国际工程承包商之列，2015 年全球排名为第 107 位，是中国大型成套设备出口的骨干企业。

2015 年是“十二五”规划的收官之年，也是东方电气集团改革创新、加快推进“三个转变”的重要一年。全集团干部职工积极应对经济新常态，拼搏进取，进一步深化改革，开拓创新，控本增效，较好地完成全年目标任务。

【主要指标】 2015 年，完成发电设备 2940.4 万千瓦，为计划的 105.0%；完成电站汽轮机 2637.9 万千瓦，电站锅炉 2314.5 万千瓦。实现营业收入 400.11 亿元，为计划的 102%；新签合同 400 亿元，为计划的 123.1%；工业增加值 58.2 亿元，为计划的 107.7%。全面完成国务院国资委和东方电气集团董事会下达的年度利润总额考核目标。

表 1　2015 年中国东方电气集团有限公司主要经济指标

项　目	2014 年	2015 年	比上年增长（%）
资产总额（亿元）	990.13	1001.37	1.13
所有者权益（亿元）	244.82	284.79	16.32
营业收入（亿元）	429.39	400.11	－6.80

续表

项　目	2014 年	2015 年	比上年增长(%)
利润总额(亿元)	10.91	6.68	—38.77
净利润(亿元)	7.49	4.27	—42.99
归属于母公司所有者的净利润(亿元)	2.53	2.08	—17.79
技术开发投入(亿元)	17.00	17.55	3.24
利税总额(亿元)	35.50	50.44	42.10
应交税金总额(亿元)	28.01	46.17	64.83
全员劳动生产率(万元/人·年)	25.36	18.34	—27.68
净资产收益率(%)	6.58	3.20	减少 3.38 个百分点
总资产报酬率(%)	2.42	1.65	减少 0.77 个百分点
国有资本保值增值率(%)	100.36	108.96	增加 8.6 个百分点

【巡视整改】 东方电气集团以巡视整改为契机，加强和改进党对企业的领导，切实履行党风廉政建设主体责任和监督责任，坚持把巡视整改与强化从严治党治企相结合、与深化企业改革相结合，扎实推进党建工作和管理工作创新，深入开展"三严三实"专题教育活动，有力推动生产经营和改革发展目标的实现。巡视整改期间，制定巡视整改工作方案，分解和细化五大项 38 条具体整改措施，成立落实主体责任、监督责任、物资采购整改等 7 个专项整改工作，对接"责任清单"和"整改台账"，全面推进巡视反馈问题整改到位。坚持即知即改，立行立改，举一反三，全面整改，及时向全社会公告东方电气集团公司巡视整改情况，接受监督，反响正面、积极。

【改革发展】 全面深化改革，按照"一企一策"的原则，找准突破口推进困难企业改革。推进东风电机和辅机改革脱困，推动峨半公司依法破产清算，实施东方迈吉战略重组。优化组织架构和管理，搭建新产业发展平台。制定集团"一体化管控"方案，完成战略规划、投资、经济运行等部分职能整合和"一体化"管理。加快新产业发展，将投资管理公司改造为集团"产业投资发展平台"，实现太阳能光伏电站和风电场投资等业务的统一管理。整合风电产业资源，成立风电有限公司，集中统筹全集团风电市场和技术开发，加快新产品研发速度，加强供应链管理，提高产品质量，缩短服务响应时间，实现对风电产业的专业化运营和管理。搭建科技创新成果产业化孵化平台，成立东方电气智能科技有限公司和东方电气清能科技有限公司两个科技成果产业化平台公司。将中央研究院的科技成果推向市场，探索科研成果产业化孵化方式和路径，用全新机制激发活力，打通科技研发与市场的通道，适应市场需求。

【重大项目】 国内签订多个重大项目。水电方面获得绩溪、敦化两个超高水头、大容量抽水蓄能项目，拥有较宽水头段高端抽水蓄能机组业绩；中标 8 台世界单机容量最大的白鹤滩 1000MW 大水电机组。火电方面，获得 1000MW 高效超超临界二次再热锅炉等重大项目，确保火电市场份额总体稳定。核电方面，获得华龙一号蒸汽发生器、主泵等主设备订单，签署国内首个四代核电示范快堆蒸汽发生器和中间热交换器研发、服务合同及设备供货框架协议，继续保持核电市场份额国内领先地位。燃机方面，获得高碑店三期项目，使效率更高的 F5 燃机有了依托项目。风电方面，实现风电双馈 116 型 2MW、直驱 121 型 2.5MW 批量订单突破，订单质量得到改善。电站服务方面，获得国内首台 600MW、300MW 亚临界机组升参数改造项目订单，引领国内电站改造技术方向。工程服务方面，向可再生能源领域快速扩展。

国际市场，签署波黑巴若维奇电站项目总承包合同，项目采用东方电气 350MW 超临界 CFB 技术，是我国国产超临界 CFBJ 机组首次出口，也是东方电气集团在欧洲总承包的第二个大型火电项目。埃及汉拉维超出超临界清洁燃煤电厂一期 3 台 660MW 机组 EPC 总承包协议的签订，是东方电气集团积极参与"一带一路"建设及国际产能合作的积极体现，也是集团国产 660MW 超超临界清洁燃煤机组首次出口，是中国大型电力装备首次进入埃及。签署巴基斯坦卡西姆港 2 台 660MW 应急燃煤电站项目汽轮机组供货合同，"一带一路"的重要组成部分——首个"中巴经济走廊"项目正式启动。签署土耳其希玛 2 台

660MW超超临界火电项目EPC合同，该项目是东方电气集团第一个海外660MW等级超超临界燃煤火电项目。签署印尼芝拉扎电厂三期一台1000MW等级超超临界燃煤发电机组锅炉设备供货合同，这是我国1000MW等级发电锅炉首次出口。签署瑞典布莱肯风电四期项目9台2.5兆瓦风电设备成套供货和相关服务合同，该合同工程是继瑞典布莱肯风电三期项目合同成功履约之后，东方电气集团在欧洲斩获的又一风电项目。签署老挝南栋、南桑1等水电项目，东方电气集团水电设备在老挝市场形成规模效应。全额融资新模式助推项目开发，在波黑、格鲁吉亚等项目取得成功。

在建项目顺利推进，为客户创造价值。以越南沿海、巴基斯坦南迪普、波黑斯坦纳瑞、瑞典布莱肯等为代表的海外EPC工程承包工程正处于施工高峰期，越南沿海一期2×622MW火电EPC项目，2015年两台机组一次性并网成功并完成可靠性运行；巴基斯坦南迪普425MW燃机联合循环EPC项目，2015年相继取得3号、2号、1号燃机移交证书TOC；波黑斯坦纳瑞1×300MW火电EPC项目，实际进度总体上领先合同工期并实现并网发电；瑞典布莱肯三期30×2.5MW风电PC项目，2015年全部30台机组完成调试、并网和266小时试运行。

【重大创新】 2015年，东方电气集团科技战线围绕集团公司“三个转变”战略，在产品主导提质增效和性能提升、新技术新产品研发等方面取得一批重大成果，科技创新体制机制建设得到进一步完善，形成科技发展规划、攀登计划、重大专项相互关联衔接的顶层设计规划体系。集团公司被授予国家技术创新示范企业，东汽长寿命高温材料实验室获批成为集团首个国家重点实验室。面对持续下行的经济压力，集团公司继续保持高水平的科研投入，为创新驱动发展，赢得企业可持续发展打好基础。

主导产品提质增效和性能提升取得突破。实施主导产品“攀登计划”和首批科技重大专项。世界最高参数的华能安源66万千瓦二次再热机组、焦作66万千瓦和万州100万千瓦超超临界机组投入商业运行，进一步缩小与国际先进水平的差距；三河30万千瓦汽轮机通流改造获得成功，超低排放技术在天富南电厂30万千瓦机组成功推广应用；700米高水头抽水蓄能机组转轮技术研发取得重大突破；自主技术的第三代核电华龙一号、CAP1400核岛、常规岛主设备全面进入研制阶段；AP1000反应堆压力容器、蒸发器按计划开展研制；自主研发的5万千瓦燃机，完成压气机1～8级试验，样机施工设计全面开展；自主研发的四川大面山2兆瓦低风速风机批量投运；1.6万吨热膜耦合海淡装置设计制造完成，铁路同相供电装置完成研制并投运成功。

新技术新产品研发应用取得实效。第三代燃料电池备用电源发电系统成本大幅降低，已进入工程示范应用阶段；完成煤气化中小型工艺包，并进行市场开拓。核废料处理动力机械手通过业主验收，即将交付使用；兆瓦级集成化风电变流器研发成果替代进口并得到应用，打破国外技术壁垒。

东方电气集团承担国家科技重大专项CAP1400示范工程石岛湾项目的核电机组研制工作，该项目具有我国自主知识产权，是国家级重大科技示范工程，采用1828毫米长末级动叶片，机组功率达到1534MW。东方电气集团走在四代核电的前沿，与中国原子能科学研究院正在合作研发钠c冷快堆蒸汽发生器和中间热交换器。

【一带一路】 2015年，东方电气集团抓住国家“一带一路”“国际产能和装备制造合作”战略机遇，根据境外项目存在市场地域和业务特性，对“一带一路”沿线和周边国家进行全面分析研究，同时，结合集团公司自身的资源和能力等要素，针对重点国开展国际产能合作的深度研究。

以“一带一路”沿线和非洲、南美市场为重点，完善海外网络布局，新设贝尔格莱德和约翰内斯堡办事处，在委内瑞拉和印尼分别设立子公司，推动集团国际化进程。与国内电力产业链上的中国华能集团、中国电建集团等沟通、协商，形成战略合作伙伴关系，充分发挥各自企业的优势，携手“走出去”，形成强强联合、优势互补、风险共担、平等互利、共同发展的战略共同体。

主动融入国家战略，推动核电“走出去”。2015年，东方电气集团签订真正意义上的第一个海外核电项目设备订单合同(K－2/K－3项目辅助换热器、冷却器设备包)。此外,全力参与阿根廷 CAREM 小堆投标工作,为东方电气拓展其他海外业务打下良好基础。

东方电气集团先后承担"华龙一号"两大示范项目——中核集团福清 5 号、6 号核电机组中广核防城港 3 号、4 号机组设备供货,以及宁德 5 号、6 号机组设备供货,为后续国家以自主技术带动装备制造等产业大规模"走出去"奠定坚实的基础,在"华龙一号""走出去"的主题下,积极配合中核、中广核以精益制造、优质服务、透明展示等多方位、多层次全力推动"华龙一号"全球市场的推广。

【节能减排】 2015 年,东方电气集团贯彻落实国家节能减排的相关要求,规范各项基础管理工作,有效开展能源日常巡查、专项检查、统计分析等工作。运用能源管理体系的相关管理方法,结合企业改制的整体方案要求,梳理重点用能单位、重点能耗设备等,识别主要的能源因素,制定有效的管控措施,通过加强过程控制,单位能耗、各项排放指标基本受控,"十二五"期间的节能量累计 3200 余吨煤。东方电气集团作为纳入国家发改委"十二五"万家企业节能低碳行动的企业,基本完成下达的节能量目标,全面完成各项节能减排计划。

表 2　　2015 年中国东方电气集团有限公司投运燃机对减排的贡献

排放污染物	单位发电排放量(g/kW·h)			减排量
	燃机电厂	燃煤电厂	减排百分比(%)	10 台 M701F4 燃机年均减排量(万吨)
CO_2	354	698	49	808.4
NOx	0.255	0.3089	17	0.127
SO_2	0～0.0828	0.3089	73	0.531
烟尘	0	0.0927	100	0.218

注:1. 单台燃气轮发电机组按年运行小时 5000 小时,年发电量 23.5 亿千瓦时计算。

2. 上表中燃煤电厂已考虑脱硫脱硝,燃气机组未考虑脱硫脱硝。

3. 若均不考虑脱硫脱硝,10 台 M701F4 燃气电厂相比煤电可减排 NOx 约 2 万吨,减排 SOx 约 4.4 万吨。

2015 年,东方电气 M701F4 机组点火 15 台,投运 11 台,对我国节能减排和环境改善特别是减少城市雾霾起到积极作用。M701F 级联合循环机组的发电效率 60%,在同样的发电量下,燃气轮机联合循环可大幅减少化石燃料消耗量。加之先进的干式预混燃烧器,NOx 污染物排放浓度可降低到个位数。此外,燃气轮机联合循环机组的 SO_2 排放相当低,根本不需要采用脱硫设备,粉尘排放燃机更是接近于零。

【信息化建设】 东方电气集团积极推进财务信息化深度应用,全面预算、资金管理、应收账款、财务分析、合并报表等功能上线。完成供应商管理和集中采购管理平台建设,为正式上线做好准备。进一步扩大 ERP 应用范围,新组建的东方风电等三家公司上线运行。

计划管理、成本管理、质量管理的提升,实现集中采购平台在全集团的推广应用。实现财务信息化深化应用,并向移动智能终端推送。建设面向全集团的高性能计算资源和研发数据中心。

【党建工作】 深化专项巡视整改成果,全面落实"两个责任",深入推进党风廉政建设和反腐败工作。学习贯彻《准则》和《条例》,始终坚持把纪律和规矩挺在前面,构建"不敢腐"的体制机制;关权进笼,建立有东方电气集团特色的"五位一体"监督机制,构建"不能腐"的体制机制;建设东方电气集团廉洁文化"六项工程",构建"不想腐"的体制机制。通过"三不腐"体制机制的构建,为集团公司全面从严治党治企,深化改革和担当大国重器,做行业排头兵保驾护航。

加强领导班子和领导人员队伍建设。坚持从严选拔任用、从严教育培养、从严管理监督、从严考核考察各级领导班子和领导人员，激励广大干部开拓创新、锐意进取、勇于担责、敢于担当，始终保持谋事创业的激情状态、攻坚克难的工作状态、坚决高效的执行状态、求真务实的作风状态和团结协作的补位状态，充分发挥好各级领导的模范带头作用。

做好思想政治和企业文化工作。围绕深化改革，加强思想政治工作，引导广大干部职工认清形势、支持改革、参与改革。围绕推动发展，加强新闻宣传和舆论引导工作，充分发挥传统媒体和新媒体的优势，引导广大干部职工坚定信心、攻坚克难、推动发展。围绕应对困难挑战，加强企业文化建设工作，以坚韧不拔、艰苦创业、敢于胜利的精神助推集团新的发展。

【履行社会责任】 积极融入当地社会和经济发展，做负责任的企业公民。截至2015年底，东方电气集团海外工程项目聘用的外籍员工169人。外籍员工分布在印度、巴基斯坦、印尼、越南、波黑等多个国家，工作岗位涉及到技术、管理、普工和勤杂。这一举措不仅有利于工程项目的执行，也为东方电气集团融入当地、解决当地人员就业、履行社会责任发挥积极的作用。

对项目所在地社会经济发展作出贡献。2015年，东方电气集团35台机组投产发电，单年投产机组容量2214MW，稳定运行的机组源源不断地为项目所在国的经济、社会发展提供电力资源，极大缓解项目所在国的用电紧张情况。如巴基斯坦南迪普联合循环(425MW)机组2015年发电量超过5亿千瓦时，极大缓解当地电力匮乏状况。

对外捐赠。2015年，东方电气集团对外捐赠累计500余万元，用于定点扶贫、捐资助学等。

（撰稿人：武　志）

鞍钢集团公司

【基本概况】 鞍钢集团公司（以下简称“鞍钢集团”）是由钢铁、矿业、钒钛、金融贸易、工程技术、化工事业、综合实业、信息产业、物流能源和地产等多个产业组成的特大型钢铁企业集团。截至2015年底，鞍钢集团拥有在职员工171796人，在岗员工159630人。固定资产原值2792.04亿元、净值1550.40亿元。主体生产设备中烧结机16台、焦炉27座、高炉19座、转炉28座、连铸机29台、板材轧机29套、线材轧机3套、管材轧机23套、型材轧机15套。主要有热轧板、冷轧板、镀锌板、彩涂板，冷轧硅钢、重轨、无缝钢管、型材、棒线材等涵盖普钢、特钢和不锈钢的完整的钢铁系列产品，钒氮合金、三氧化二钒、高钒铁等钒系列产品，高钛渣、钛白粉、海绵钛、钛材等钛系列产品，广泛应用于铁路、建筑、汽车、机械、造船、家电、集装箱、石油石化、航空航天等数十个行业。

【生产经营】 2015年，受国内外经济下行、钢铁产能过剩影响，钢材价格和进口铁矿石价格“断崖式”下跌。针对诸多不利因素，鞍钢集团深入开展增收节支和非常规降本增效专项活动，全年增效160亿元。同时，统筹开展亏损企业专项治理工作，攀钢对攀成钢冶炼区相关资产进行关停，鞍山钢铁对鞍钢莆田冷轧进行关停，矿业集团对瓦房子锰矿进行关停。2015年，集团生产铁3233万吨、钢3250万吨、钢材3071万吨，同比分别减少277万吨、184万吨、174万吨。销售成品钢材3074.14万吨，实物产销率完成100.10%，同比上升0.61个百分点，年末钢材库存63.06万吨，同比减少14.71%。

全年实现营业收入1297.08亿元，应交税金完成70.41亿元。

【改革发展】 2015年，鞍钢集团进一步深化改革，制定鞍钢集团深化改革实施方案，成立深化改革领导小组以及10个项目推进组。截至2015年底，53项改革项目已经完成28项，正在推进25项。完善法人治理结构，加强子企业和非钢板块董事会建设，启动综合实业发展公司董事会建设试点工作；进一步简政放权，健全完善对子企业的差异化管控模式、授权体系和绩效考核体系。积极推进亏损企业改革，关停攀成钢部分产线，实施无缝厂承包经营制改革；推进莆田冷轧产能退出及天铁冷轧股权转让。深化三项制度改革，完善收入能增能减机制。加快解决历史遗留问题，积极争取国家政策和资金支持，稳步推进厂办大集体改革、“三供一业”分离移交、棚户区改造、退休人员社会化管理等工作。

【技术创新】 2015年，鞍钢集团建立健全科技创新指数评价指标体系，加强创新平台建设，“海洋装备用金属材料及其应用国家重点实验室”落户鞍钢集团，鞍钢集团成为国内唯一拥有两个国家重点实验室的钢铁企业。全集团建成103个职工创新工作室，初步形成“研究开发、工程集成、持续改进、自主创新”四大创新体系。积极推进国家重点项目，耐蚀钢板打破国际技术壁垒。扎实推进15个集团重大科技项目攻关，高端特厚特宽钢板实现多品种供货，PB2热处理贝氏体钢轨获得上道试铺资质。技术协同项目取得积极进展，西昌钢钒公司具备生产O5汽车板的基本条件，鞍钢股份百米钢轨热处理线具备大批量生产能力。两项成果获得冶金科学技术一等奖。在第21届全国发明展览会上，鞍钢集团获得16项金奖、15项银奖、23项铜奖。邵安林当选为鞍钢集团本土培养的首位中国工程院院士。

【非钢产业发展】 2015年，鞍钢集团六大非钢板块创效同比增长78.3%。其中，综合实业发展公司大力开辟外部市场，外部市场创收占总收入59.7%。工程技术发展公司节能环保产业销售收入突破3.38亿元。金融板块积极开展金融投资业务。信息产业公司将国际业务市场作为未来发展的重要支点，海外合同额超过1.5亿元。化工事业部通过结构改善，降低加工费用和原料成本增利3.51亿元。香港公司大力开拓国际市场，开发新客户70个，出口国增加到60个，比国内销售多创效1亿多元。

【节能环保】 2015年，鞍钢集团贯彻国家新《环境保护法》和钢铁行业环保新标准，鞍山钢铁推进“蓝天工程”项目，攀钢烧结机治理成效得到中央媒体广泛宣传。2015年，鞍钢集团公司吨钢综合能耗601千克标煤/吨，比上年下降11千克标煤/吨，吨钢可比能耗549千克标煤/吨，比上年下降17千克标煤/吨，吨钢耗新水3.69吨/吨，比上年下降0.16吨/吨。

【企业管理】 2015年，鞍钢集团企业管理取得新成效。加强资金管理，确立资金管理原则，制定资金集中管理和外汇管理办法，建立完善资金管理体系，提高资金运营效率。加强全面预算刚性控制，严格以收定支，降低“两金”占用。加强制度建设，制(修)订核心管理制度27项、专业管理制度14项，发布《鞍钢集团公司管理手册》。完善授权体系，修订完善《鞍钢集团核心业务权限规范》和《鞍钢集团总部业务审批权限》。加强基础管理，成立鞍钢集团法律事务部，推进法治鞍钢建设；深入开展全要素全过程对标活动，66项对标指标取得明显进步；扎实推进“五好班组”达标升级，增强班组的凝聚力、执行力和创新力；开展效能监察264项；深化内部审计工作，完成审计项目207项。

【党建工作】 2015年，鞍钢集团各级党组织紧紧围绕扭亏增效和转型升级中心工作，加强党建工作。一是扎实开展“三严三实”专题教育。制定《鞍钢集团公司党委关于开展“三严三实”专题教育方案》和《鞍钢集团公司党委开展“三严三实”专题教育日程安排》。建立联系推进机制，组织好“三严三实”专题教育党课，召开各级领导班子专题民主生活会，认真开展批评和自我批评，查摆存在问题，深入剖析原因，制定整改措施。二是积极配合做好中央巡视工作。集团公司党委成立配合中央巡视工作领导小组以及6个工作小组，召开2次党风廉政建设警示教育大会，通报违纪违法典型案件，汲取深刻教训。针对中央第十三巡视组向鞍钢集团党委反馈的巡视意见，集团公司成立整改工作领导小组，设立整改工作办公室，专题研究整改工作，取得阶段性成效。鞍钢集团党委的巡视整改报告得到中央巡视组和中央巡视办的充分肯定。三是切实抓好党的组织建设。制定印发《关于贯彻落实全面从严治党要求，进一步加强和改进党建工作的意见》和《鞍钢集团公司基层党委工作规则》，完善全委会和常委会议事规则，建立基层党委书记例会制度和党群部门例会制度；制定党建工作考核评价办法。四是加强党风廉政建设和反腐败工作。先后召开党风廉政建设工作会议、落实“两个责任”推进会、基层党委书记工作会议、纪委书记工作会议，组织签订“两责任两承诺”，督促各级党委、纪委切实履行管党治党的政治责任。深化纪检监察体制改革，加强监督执纪问责。深入开展内部巡视工作。制定《鞍钢集团公司党委党风廉政建设责任考核与追究办法(试行)》《鞍钢集团公司纪委约谈管理办法》，对主体责任落实不到位、违反中央八项规定精神问题的领导人员进行问责。编发《党政纪条规选编》《鞍钢党风和反腐倡廉建设制度汇编》等，形成比较完备的党风廉政建设和反腐败工作制度体系。

【职工生活】 2015年，鞍钢集团坚持以职工为本，践行党的群众路线，认真落实密切联系职工群众"四个一"制度。依靠职工群众办企业，深入开展弘扬"鞍钢宪法"精神、实名制"网络问企"活动。实施人才等级序列，激发职工创新活力。关心职工生活，推进职工综合服务区建设，为职工过生日、送清凉、送温暖，办实事、办好事、解难题。加大困难职工帮扶力度，结成"一帮一"对子1066个、"群帮一"对子1761个。走访慰问救济劳动模范、困难职工和离退休人员3.83万余人次，发放慰问金、救济金等3842万元。

（撰稿人：赵　艳　黄　辰）

宝钢集团有限公司

【基本概况】 宝钢集团有限公司（以下简称"宝钢""或"宝钢集团"）是全球现代化程度最高、钢材品种规格最齐全的特大型钢铁联合企业之一，是国有独资公司（国务院国资委代表国务院履行出资人职责），注册资本5279110.1万元人民币。总部设在上海市浦东新区浦电路370号。

宝钢（1993年前称"上海宝山钢铁总厂"）始建于1978年12月23日，是中国改革开放的产物。1985年9月15日，由国家投资建设的一期工程建成投产；2000年，由企业自筹资金建设的三期工程全部完成，跻身世界千万吨级特大型现代化钢铁企业行列。1998年11月17日，联合重组上海冶金控股（集团）公司和上海梅山（集团）公司。2007年4月28日，重组新疆八一钢铁有限公司。2009年3月1日，并购宁波钢铁有限公司；2014年底，宝钢调整为宁波钢铁有限公司第二大股东。2011年4月18日，宝钢湛江钢铁有限公司注册成立；2012年5月31日，宝钢广东湛江钢铁基地项目举行开工仪式；2015年9月25日，宝钢湛江钢铁有限公司1号高炉点火。2012年4月18日，重组广东韶关钢铁有限公司；4月19日，与广州钢铁企业集团有限公司共同出资组建广州薄板有限公司。

宝钢以钢铁为主业，生产高技术含量、高附加值钢铁精品，形成普碳钢、不锈钢、特钢三大产品系列。这些钢铁精品通过遍布全球的营销网络，在满足国内市场需求的同时，还出口至亚非欧美的40多个国家和地区，广泛应用于汽车、家电、石油化工、机械制造、能源交通、金属制品、航天航空、核电、电子仪表等行业。在汽车板领域，宝钢成为世界上第一个具备第一、二和三代先进高强钢供货能力的厂商。围绕钢铁主业的发展需求，宝钢还着力发展相关多元产业，重点围绕钢铁供应链、技术链、资源利用链，加大内外部资源整合力度，提高综合竞争力及行业地位，形成资源开发及物流、钢材延伸加工、工程技术服务、煤化工、金融投资、生产服务、信息服务、钢铁服务、不动产开发等相关产业板块，并与钢铁主业协同发展。

2015年，中国钢铁工业依然处于"高产量、低价格、高成本、低效益"的市场"寒冬"。宝钢大力实施钢铁行业产业结构调整，着力推动服务转型，连续第12年进入《财富》世界500强，位列第218位，并再次当选最受赞赏的中国公司，成为钢铁行业唯一入选公司；国际三大信用评级机构标准普尔、穆迪和惠誉继续给予宝钢全球综合类钢铁企业中最高信用评级，分别为A一、A3和A一，评级展望均为"稳定"。宝钢广东湛江钢铁基地项目建设进展顺利，1550毫米冷轧主体工程开工建设，一号高炉点火出铁，一号转炉、二号连铸机和2250毫米热轧机组热负荷试车。

截至2015年底，宝钢员工总数126272人。

【主要指标】 2015年，宝钢完成工业总产值（现行价格）2179.63亿元，工业销售产值2147.91亿元，资产总值5293.32亿元，营业总收入2300.59亿元，实现利润总额10.34亿元，净资产收益率－0.55%。全年完成铁产量3491万吨，钢产量3611万吨，商品坯材3646万吨。

2015年宝钢集团有限公司主要经济指标

项　目	2014年	2015年	比上年增长（%）
资产总额（亿元）	5347.06	5293.32	－1.00
所有者权益（亿元）	2911.82	2795.86	－3.98

续表

项　目	2014年	2015年	比上年增长(%)
营业总收入(亿元)	2977.43	2300.59	－22.73
利润总额(亿元)	94.16	10.34	－89.02
归属于母公司所有者的净利润(亿元)	58.71	25.04	－57.35
利税总额(亿元)	195.31	102.68	－47.43
应交税金总额(亿元)	141.76	114.85	－18.98
净资产收益率(%)	1.96	－0.55	减少2.51个百分点

【改革发展】 2015年,宝钢积极探索混合所有制改革,宝钢金属有限公司与美国华平投资集团合资组建宝平能源投资有限公司,上海欧冶金融信息服务股份有限公司与上海钢联电子商务有限公司合资成立诚融动产信息服务公司,宝钢发展有限公司与上海市环科院合资成立宝发环科公司。加大资产证券化力度,宝钢包装股份有限公司成功上市。利用杭钢集团转型升级时机,将宁波钢铁有限公司股权置换,实现评估增值。深化三项制度改革,制定出台《关于加强亏损子公司扭亏增盈工作的管理办法》,与重点亏损单位签订扭亏增盈目标责任状。积极应对市场挑战,进一步建立完善激励有效、约束有力的薪酬管理体系。提高劳动效率,全年减员8816人;加强协力管理,全年精简协力用工13442人。

【产业结构调整】 2015年,宝钢积极贯彻落实国家产业政策。在上海地区,按照"减量、增效、调整、发展"方针,推进钢铁产业结构调整,加紧实施不锈钢板块转型发展,提前关停宝钢不锈钢有限公司750立方米高炉和二号烧结机。优化整合宝钢特钢有限公司和宝钢集团广东韶关钢铁有限公司的长材资源,打造以汽车零部件用钢为代表的高端长材基地。宝钢集团广东韶关钢铁有限公司关闭2座小高炉和1座电炉,压缩产能80万吨。在新疆地区,根据国家的区域战略安排,以"压产能、提效率、去杠杆"为总体工作目标,有序推进宝钢集团新疆八一钢铁有限公司的经济运行。9月25日,以打造世界最高效率钢铁"梦工厂"为目标的宝钢湛江钢铁有限公司1号高炉成功点火,截至2015年底,累计生产铁水74.74万吨、钢水71.41万吨、板坯64.72万吨,拓展钢种97个,2250毫米热轧实现热负荷试车。

【重大创新】 2015年,宝钢的研发投入率2.1%,申请专利1957件,其中发明专利932件。在1月9日举行的2015年度国家科学技术奖励大会上,由宝钢、中国钢研科技集团有限公司等7家单位合作完成的"600℃超超临界火电机组钢管创新研制与应用"项目,获得国家科技进步奖一等奖。高性能碳钢产品方面,全球首发冷轧中锰钢1180MPa、高磁感取向硅钢B18R065等新产品牌号;成功研制宝钢概念白车身(BCB),向业界用户全面展示汽车用材解决方案能力。高端不锈钢产品方面,成功开发并批量试制超纯铁素体不锈钢B446,填补国内空白;全球首发B436M等两个超纯铁素体不锈钢产品,并成功应用于商用车领域。高性能特种材料方面,全球首发CAP1400核电蒸发器用690合金水室隔板产品;为第三代核电关键装备配套研制的系列耐蚀合金,以及特殊不锈钢板、管、锻件产品在国家示范工程得到应用;国内首次批量试制700℃超超临界火电机组用高温合金材料,成功用于国家关键部件验证试验平台;中国商用飞机有限责任公司C919起落架用300M钢获得德国利勃海尔公司的认可,成为国内唯一一个大飞机项目A类钢种供应商。民用航空发动机用特殊不锈钢锻件与锻棒获得英国罗罗公司的认可并批量供货,在国际民用航空领域实现突破。COREX－3000在原有引进技术的基础上,结合新疆资源特点自主创新,在宝钢集团八一钢铁有限公司成功点火投产;宝钢历时15年自主集成的高效节能薄带连铸项目进入试生产运行阶段。

【智慧制造】 宝山钢铁股份有限公司(以下简称"宝钢股份")主动把握"中国制造2025"发展机遇,在国内钢铁行业首家系统规划"智慧制造"方案,以物联网、互联网、云计算、大数据等新技术与公司全供应链的深度融合应用为基本路径,逐步推进宝钢制造装备、全供应链管控、分析决策过程的智能化,构建集智能装备、智能工厂、智慧运营于一体的智慧制造体系,选取8个项目开展试点,其中"热轧1580车间"获工信部2015年智能制造示范试点资格,成为钢铁行业唯一入选的示范点。

【多元产业】 宝钢金属有限公司与美国华平集

团战略合作的晋开气体项目投入运营；以越南宝钢制罐有限公司为起点，推动国际化运营。宝钢资源有限公司发起成立上海矿石国际交易中心，合资成立第三方电商平台“全仕宝”公司及“车宝网”。上海宝信软件股份有限公司紧跟“互联网+”战略，成功进入金融软件和金融服务市场，互联网数据中心业务保持快速增长。上海宝钢化工有限公司针状焦产品质量接近国外同行领先水平，浸渍剂沥青、同性焦等新产品投放市场。宝钢工程技术集团有限公司加强冶金等业务集中管控力度，推进模式创新、协同运营、市场开拓、降本增效等举措。宝钢发展有限公司加大冶金工业和城市领域固废资源综合利用研究力度，探索建设环保服务运营平台。

【新兴产业】 2015年，宝钢以“共建、共享、值得信赖”为价值观，着力打造钢铁服务共享平台——欧冶云商股份有限公司（以下简称“欧冶云商”），构建钢铁服务共享生态圈，确立以电商平台为界面和入口、以物流为线下基础能力、以产业链金融体现核心服务价值、以钢铁技术服务能力为核心竞争力、以大数据运用为远景价值目标的服务体系。2月4日，欧冶云商注册成立，注册资金20亿元，宝钢股份持股51%，宝钢集团持股49%。截至2015年底，形成欧冶电商、欧冶物流、欧冶金融、欧冶材料、欧冶数据5个交易及配套服务平台，初步构筑面向钢铁行业开放的第三方服务体系，实现宝钢有关服务资源的集聚和平台化。2015年，欧冶云商与河北钢铁集团、广州金博物流贸易集团有限公司、浙江物产集团公司、上海交运集团等6家单位签订战略合作协议，完成全国各地52个服务站点和710家仓库布局。全年钢铁交易平台累计实现交易1018万吨。

【安全生产】 2015年，宝钢以提升安全管理体系能力为主题，提高整体安全管控水平，全方位筑牢安全生产防线，确保区域范围内杜绝群死群伤事故。全年事故总量较2013年分别下降58%、74%和45%，全面实现2013年设定的“不发生较大及以上生产安全事故，工亡人数同比下降30%以上”的3年管理目标。

【环境经营】 2015年，宝钢加大资金投入力度，推进节能环保技改项目65项，结合合同能源管理模式，提升清洁能源使用比例，推进煤炭总量控制工作，加强环保前沿技术开发和应用。宝钢股份电厂完成燃煤机组烟气SCR脱硝改造，启动超净排放改造；宝钢湛江钢铁有限公司实现国内首台套大型高炉煤气余压透平发电装置（TRT）设备国产化和国内首家焦炉脱硫脱硝装置应用，出口烟气污染物浓度达到特别排放限值要求。二氧化硫排放总量比上年下降16%，化学需氧量排放总量比上年下降10%，氮氧化物排放总量比上年下降13%。吨钢综合能耗598千克标准煤，同比下降1.5%；万元产值综合能耗（可比价）0.9吨标准煤，同比下降2.2%，被中华环保联合会授予“中华环保爱心企业”称号。

【履行社会责任】 2015年，宝钢对外捐赠5773.12万元，连续第六次获得民政部颁发的“中华慈善奖”，并获得“最具爱心捐赠企业”称号。

（撰稿人：张文良）

武汉钢铁（集团）公司

【基本概况】 2015年，武汉钢铁（集团）公司（以下简称“武钢”）生产铁2551.61万吨、钢2577.62万吨、材2460.23万吨，分别比2014年降低6.22%、6.56%和8.01%；实现营业收入1018.31亿元。其中，武钢股份公司生产铁1515.49万吨、钢1541.69万吨、材1432.67万吨。

【主要指标】

2015年武汉钢铁（集团）公司主要经济指标

项　目	2014年	2015年	比上年增长（%）
资产总额（亿元）	2137.09	1902.74	−10.97
所有者权益（亿元）	543.43	455.91	−16.11
营业收入（亿元）	1461.55	1018.31	−30.33
净利润（亿元）	4.59	−114.14	−2588.19
归属于母公司所有者的净利润（亿元）	3.36	−67.69	−2115.30
技术开发投入（亿元）	54.15	27.30	−49.59

续表

项　目	2014 年	2015 年	比上年增长(%)
全员劳动生产率(万元/人·年)	126.87	113.95	−12.92
净资产收益率(%)	0.58	−22.84	减少 23.42 个百分点
总资产报酬率(%)	2.21	−3.86	减少 6.07 个百分点
国有资本保值增值率(%)	102.14	90.20	减少 11.94 个百分点

【企业管理】 2015 年,武钢贯彻落实中共十八届五中全会精神,研究制定"十三五"规划,明确发展方向和目标。一是着眼提质增效和创新发展,制定《武钢制造 2025》。二是加强劳动合同管理,对在册不在岗人员进行全面清理。三是年申请专利 1200 项,其中发明专利 480 项,专利实施率 80%。四是建立案件管理、领导人员及亲属经商办企业控管等信息系统,公司风险管控与重点业务公开系统、广西钢铁冷轧项目信息系统上线运行。开展各类审计 42 项,提出审计建议 106 条,完成整改 58 条。五是其他整改项目按计划推进。六是深化安全标准化创建工作,广泛发动职工参与隐患排查,提升本质安全水平。七是加强环境治理,完成除尘设施升级、深化废水治理等 20 项重点环保改造项目,SO_2、颗粒物、COD 排放量同比分别下降 61%、28%、34%,排放总量及吨钢排放量双下降。八是健全保密工作机制,加强监督检查,提升保密工作水平。

【内部改革】 2015 年,武钢着眼提升劳动生产率,全面启动定责、定岗、定编、定员、定额、定薪等"六定"工作。坚持"总体设计、局部试点、分步实施、阳光操作、平稳推进"原则,"一企一策"制定人力资源优化实施方案。试点单位武钢股份运输部结合实际细化方案,坚持依法依规、"一人一策"、充分协商,人力资源优化工作稳步实施,为全面展开积累经验。外辟渠道安置待转岗员工。成立人力资源服务中心,着力为转岗职工提供就业机会、技能培训、政策指导等悉心服务。调整优化总部管理机构,进一步明晰总部与武钢股份间权责界面。国贸公司、金资公司、气体公司纳入武钢股份一体化管理。加强防城港项目建设与生产运营统一管理,完成广西钢铁与防钢公司整合前期工作。深化市场化改革,物流、协力、后勤服务等关联交易逐步规范;坚持"谁发生谁负责,谁受益谁承担"原则,打破统收统支模式,福利费等 8 项费用下沉基层单位;变革集团融资模式,实现由高度集中管理向法人主体自主管理为主转变。各单位以优化人力资源、压缩管理机构为重点,坚定推进改革。坚持"自己活自己干",大力推进业务回归,清退外协人员。鄂钢公司精简中层管理人员编制 24%,昆钢股份撤销机关管理部门、经营单位科室 23 个,资源集团精简 30% 机关管理人员,重工集团整合 17 个下属机构。

【拓市场调结构】 2015 年,武钢股份作为武钢核心单位,全力以赴战危机、保生存。一是创新营销模式。大力发展直供客户,钢材直供比例 54%。拓展营销渠道,通过电子竞价与服务平台销售钢材 105 万吨,购销联动销售钢材 26 万吨,同比实现翻番。成立重大工程营销专班,成功锁定沪通大桥、中石化螺旋埋弧焊管等工程项目合同。二是紧盯市场调结构。高性能取向硅钢片在特高压直流应用领域实现零的突破,首获国家电网特高压直流项目订单,并成为全球最大变压器生产商 ABB 公司海外工厂的唯一中国供应商。三是强化用户服务。集团公司领导带队拜访下游行业重点客户,强化战略合作关系。实施营销体制改革,整合营销、剪配、物流等业务,着力提升一体化服务能力。加强产销研协同,上海通用武汉工厂实现零缺陷供货。坚持质量一贯制管理,加强全流程质量改进,开展用户异议整改,用户满意度进一步提升。汽车板通过 113 项认证,其中合资品牌 53 项。四是加大降本力度。深入实施低成本制造技术和十大降本措施,成立专班优化配煤配矿,原辅材独家供应品种下降 50%,关键备品备件实现直采,实现国有大型煤矿全部直购。鄂钢公司深入推进对标找差,全力开源节流、降本创效,吨铁成本保持行业先进水平,炼钢、轧钢工序附加成本明显降低。昆钢股份根据市场情况优化生产组织,限产稳价降库存,努力挖潜控亏。广西钢铁冷轧项目酸轧、连退线一次通板试车成功,精整线、能源公辅系统全面建成,生产准备工作达到目标进度要求。宜昌国诚公司运营达到预期。

【多元化产业】 2015年，武钢转变发展思路，聚焦核心业务，开拓外部市场，着力强基固本、提质增效。财务公司拓展产业链金融服务，外部市场收入增长20%；钢电公司抓住机遇降成本，效益增长28.2%；气体公司稀有气体远销美国及中东地区，3家单位均超额完成年度预算利润目标。江北公司取得武汉机场T3航站楼、缅甸钢结构高架桥等国内外工程订单。工技集团成功进入地铁信息化、软件外包、智慧城市等外部新兴市场。建工集团成功中标武汉宝丰北路、东西湖区还建房等市政工程。城服集团物业、供水、团餐等业务走出武汉。物流公司拓展重庆长安等重点客户门对门配送业务，外销收入增长12%。耐火材料公司紧盯重点市场，外销收入同比增长9.2%。实业公司、北湖公司积极为集团公司分忧解难，加快"走出去"步伐，外部收入占比分别达到35.6%、61.6%。业态创新取得突破，琴台e网上线运行，华枫股份、武新股份成功挂牌"新三板"，武钢参与设立湖北省长江经济带产业基金。

【战略合作】 2015年，武钢积极开展各领域的广泛合作。2015年4月15日，武钢与武汉理工大学战略合作协议签字仪式暨"汽车用钢EVI技术"联合实验室揭牌仪式在武汉理工大学举行。武汉理工大学在汽车领域的技术研发及人才培养上独具优势，其在汽车领域拥有汽车零部件技术湖北省重点实验室、燃料电池省重点实验室、汽车研究室等6个省部级科研基地。武钢2002年与武汉理工大学签订全面合作协议，双方在人才培养、科学研究、合作共建等领域开展多项合作。双方将利用新的平台进行合作，特别是在汽车用钢及其应用技术领域方面，将进一步创新合作形式、丰富合作内容、完善合作机制，实现优势互补、资源共享、人才共育，推进校企共同发展，实现互利共赢。2015年6月5日，武钢工程技术集团与西门子（中国）有限公司签署产品合作协议和战略合作协议。双方签署协议内容包括产品销售框架协定、西门子公司与武钢培训、节能领域系统解决方案及产品的推广应用、建立武钢——西门子联合实验室、西门子变频器系列升级换代等。工程技术集团与西门子公司有着多年的友好合作，其产品大量使用西门子公司技术，西门子公司专家提供各种应用系统解决方案。西门子公司与工程技术集团一直保持着良好的关系，从矿山、冶炼到轧钢，从自动化、信息化到高低压供配电设备等领域都有广泛深入合作，通过签署战略合作协议，建立更加高层次的、全方面和更加深入的合作。双方都视对方为必不可少的重要合作伙伴，希望将合作关系进一步巩固、提升，开创合作共赢的新局面。2015年9月11日，武汉钢铁重工集团有限公司与北方重工集团签署战略合作协议。根据协议，双方将借助各自品牌优势、技术优势和市场影响力，以武钢为中心，合作开发中南地区及海外矿山、冶金、建材环保及隧道工程等领域市场，实现部分产品本地化制造和装配集成，降低运营成本，提高产品的市场竞争力。双方还将对各自优势产品进行品牌互认，合力宣传、共同开发、联合推广，实现两家企业的优势互补、共赢发展。

【技术进步】 2015年1月12日，武钢股份公司条材总厂CSP分厂轧制成功厚度1.5毫米、宽度1545毫米的耐候钢极薄材。

2015年1月26日，由研究院与热轧总厂共同完成的"高品质热轧板带表面氧化类缺陷控制技术及应用"通过湖北省科技厅科技成果鉴定，专家组一致认为，该项目研究成果整体达国际先进水平。

2015年2月25日，武钢首例SDA烟气脱硫新工艺在烧结厂三烧车间投产，脱硫效率90.13%，二氧化硫（SO_2）排放为120毫克/立方米，低于新国标规定的二氧化硫（SO_2）排放量180毫克/立方米，钙硫比降低1.87。

2015年3月23日，武钢"高电导性生系列电缆用钢开发及应用"项目通过湖北省科技厅组织的科技成果鉴定，认定该项目研究成果整体达到国际领先水平。

2015年3月29日，由武钢、武汉铁路局、武汉科技大学联合完成的"客运及客货混运铁路用U75VG、U75V系列重轨及其制造技术集成"项目通过湖北省科技厅组织的科技成果鉴定。鉴定委员会认为该项目的研究成果达到国际领先水平。

2015年3月30日，武钢开发出磁浮铁路专用型钢CF235D，产品实物质量检验结果表明，该钢尺寸精度高，强度、塑性及低温韧性匹配良好，完全满足工程设计技术要求。

2015年5月12日，武钢“钢渣集料化及全粒度利用关键技术开发与应用”项目通过湖北省科技厅组织的科技成果鉴定。鉴定委员会一致认定该项目产品路用性能优良，总体技术达到国际先进水平。

2015年9月2日，武钢股份公司条材总厂大型分厂试轧成功新品型钢36U，9月5日实现该产品的批量生产。

【党建工作】 2015年，武钢加强基层组织建设，实施党组织书记素质提升工程，举办10期党支部书记轮训班，培训930人。紧扣应对危机、深化改革主题主线，充分运用微信、微博等各类媒体，加强形势任务教育，发挥“最美央企人”“国企敬业好员工”典型引路作用，营造战危机、保生存浓厚氛围，凝聚改革发展正能量。加强人才队伍建设，积极为人才成长搭建平台，武钢研究院毛新平当选中国工程院院士。深入推进全员自主创新，新建70个职工创新工作室，10项成果在第21届全国发明展览会上获奖。依托实体、网站、微信、手机APP“四位一体”职工服务中心，点对点服务职工1.3万人次。加强困难职工帮扶，全年发放救助资金710万元。开展第七期重大疾病医疗互助，4200余名职工受益。2014年职代会确定的8件实事基本完成，职工团购车、青年集体婚礼等活动受到欢迎。落实“3+1”维稳工作机制，妥善处置各类矛盾和纠纷，维护武钢稳定。统战、老干、科协、退管、保卫等战线发挥自身优势，开展富有成效的工作。

2015年，按照中央部署，武钢各级领导班子围绕战危机、保生存，聚焦“忠诚、干净、担当”，完成专题调研、专题党课、学习研讨、问题查改和专题民主生活会等“关键动作”。武钢领导班子成员坚持以上率下，举办6期专题教育培训班，带头讲授党课；召开青年干部、党外人士、职工代表等各层次座谈会和调研会，广泛征求意见；坚持问题导向，运用正反面典型，以案为鉴，深刻反思、认真查摆不严不实问题，整改完成104个，并建立常态化查摆整改机制。通过“三严三实”专题教育，公司领导人员理想信念进一步坚定，纪律规矩意识进一步增强，严实作风进一步树立，领导班子的战斗力、凝聚力进一步提升。

【巡视整改】 2015年，武钢针对中央巡视组指出的突出问题，以高度政治责任感深入整改并按时完成整改任务，整改工作得到中央巡视组肯定和职工群众认可。制定“两个责任”清单，全覆盖约谈直属单位党政负责人和纪委书记，严肃查处违规违纪人员，对落实“两个责任”不力领导人员诫勉谈话，各级党委的主体责任和纪委的监督责任得到强化。修订完善党委常委会议事规则、“三重一大”决策实施办法，严格履行“三重一大”集体决策程序，严格执行民主集中制和领导人员选拔任用制度，领导班子整体功能有效发挥。深入开展采购营销、工程建设、选人用人等领域专项整治，制定完善领导人员及亲属经商办企业“四报告四禁止”、引荐业务登记备案、业务相关方廉洁诚信评价等41项公司级制度，取消115家不合格供应商，完善采购、营销、招投标信息系统，着力堵住管理漏洞；主动拓宽整治范围，深入开展“两清退、两规范”等专项整治，全面清退挂靠和转包、规范承包和分包，加强房产出租、集体企业经营实体及管理层持股等问题清理工作，专项整治工作取得阶段性成效。

（撰稿人：李宝成）

中国铝业公司

【基本概况】 中国铝业公司(以下简称“中铝公司”)，成立于2001年，是国家授权的投资管理机构和控股公司，是国务院国资委管理的国有重要骨干企业。主要从事矿产资源开发、有色金属冶炼加工、相关贸易及工程技术服务等业务，是中国最大的有色金属产品供应商，是全球具有重要影响力的铝业公司，铜业综合实力位居中国第一，稀土产业具有完整产业链和行业整合主导企业地位。

中铝公司总部设在北京。截至2015年底，公司注册资本223亿元，资产总额4868亿元，从业人员13.38万人，下属全级次企业434户，分布在23个省、自治区、直辖市，拥有6家境内外上市公司，分别是中国铝业股份有限公司、云南铜业股份有限公司、中铝国际工程股份有限公司、中铝矿业国际有限公司、宁夏银星能源有限公司和中国云铜(澳大利亚)投资开发有限公司。连续八年入选《财富》世界500强企业，2015年排名第240位。

2015年，中铝公司经受住极其严峻的市场挑战，实现153亿元的大幅度减亏，自2008年以来首次完成国资委考核任务，提振干部员工扭亏脱困转型升级的信心和决心。

【主要指标】 2015年，实现销售收入2388亿元，同比减少14.7%。有色金属原矿产量3374.43万吨，同比增长6.05%。有色金属产量417.96万吨，同比减少4.93%。其中，氧化铝1454万吨，同比增长5.8%；电解铝362万吨，同比减少14.2%；铝加工材102万吨，同比增长1.5%；精炼铜54万吨，同比增长3.8%；铜加工材29万吨，同比减少9.4%；稀土分离产品7110吨，同比增长8.5%。

2015年中国铝业公司主要经济指标

项　目	2014年	2015年	比上年增长(%)
资产总额(亿元)	4865.00	4868.40	0.06
所有者权益(亿元)	556.00	700.10	26.00
营业收入(亿元)	2800.00	2387.80	−14.70
利润总额(亿元)	−197.46	−44.30	122.40
净利润(亿元)	−212.16	−53.50	125.20
归属于母公司所有者的净利润(亿元)	−108.33	−53.50	149.40
技术开发投入(亿元)	27.00	37.30	38.00
利税总额(亿元)	−136.99	36.80	126.90
应交税金总额(亿元)	75.17	81.10	7.90
全员劳动生产率(万元/人·年)	5.49	10.75	96.00
净资产收益率(%)(不含少数股东)	−106.22	−8.53	增加114.75个百分点
总资产报酬率(%)	−0.92	2.04	增加2.96个百分点
国有资本保值增值率(%)	24.72	56.98	增加32.26个百分点

【改革发展】 加大体制机制改革，释放企业活力。完成中州铝业等企业“分转子”，实施中铝瑞闽混合所有制改革。推进干部管理体制改革，在中铝国际、中铝资源等单位开展干部管理权限下放试点工作，加大考核兑现力度，促干部契约化管理落到实处。试行区域承包、项目承包工资制等多种分配方式，推行质量计件考核模式，调动员工积极性。优化员工配置，完成人员分流安置17287人。

持续推进管控优化，梳理总部、板块320项审批事项和管控流程，下放和取消权限46项。组建铝加工事业部，助推铝加工跨越式发展。改革审计管理体制，强化审计监督职能。强化督办机构，加大决策督查、重大项目督查和专项查办力度。成立中铝股份生产总调度室，强化对生产的管控。

加快企业重组整合，发挥协同效应。完成中国稀有稀土股权重组，整合矿山和冶炼分离企业14家，广西稀土产业集中度达到100%，组建大型稀土集团工作率先通过国家验收。收购九冶建设有限公司，拓展中铝国际工程业务领域。重组铝加工事业部铝箔产能，成立中铝铝箔公司。成立中铝物流集团推进大物流体系建设，中部国际陆港公司和西部陆港公司投入运营。整合中铝资产存续企业机修、检修等资源，以中铝工服为平台，市场外向度同比提高82%，形成新的利润增长点。

加快分离社会职能，制定《关于加快推进厂办大集体改革工作的指导意见》及配套文件，纳入国家第一批改革范围的山东铝业、中州铝厂、郑研院改革工作进入实施阶段。加快“三供一业”分离移交，完成洛阳院、兰州铝厂、包铝集团等8户企业的12项相关业务移交改造或协议签订。

【重大项目】 贵州华锦氧化铝项目按时建成投产，实现利润过亿元。山东铝业关小上大热电机组项目和广西分公司、华兴铝业煤制气项目，降本增效显著。中州铝业50万吨氧化铝项目、宁夏能源王洼煤业600万吨选煤厂项目、兴华科技一期铝基新材料项目发挥预期效益。秘鲁铜矿项目正式进入商业化生产。整合内部资源组建中铝资本控股公司，获得融资租赁、保险经纪、期货、基金等四类资质牌照，其中融资租赁实现当年开业当年创效。

编制完成公司“十三五”发展规划纲要。与山西、河北、福建、广西、内蒙古、云南等省(自治区)和华润集团、神华集团、东方电气集团、中建总公司、招商局、中国节能等央企签订战略合作协议，谋划一批重要产业基地，其中中建铝成都一期工程开工建设。

中国铝业贵州分公司坛罐窑矿建成出矿，山西华兴奥家湾1号矿具备出矿条件。加大找矿勘探力度，西藏地区的铜资源量较上年增加100万吨。云铜集团普朗铜矿获得采矿证，并勘查发现一个大型斑岩钼矿。

【重大创新】 坚持创新驱动，通过科技增创效益。2015年，完成24项公司级重大科技专项，贡献利润2亿元以上。为世界最大单口径射电望远镜提供全部铝合金材。为C919提供60%以上的铝合金锻件，保障成功下线。自行研制生产的二代大规格特种工业管材实现产业化，荣获工业和信息化部国防科学技术进步一等奖。军用铝合金材料实现跨代发展，得到国家有关部门的表扬。

编制完成“十三五”科技发展规划。建立重大科技项目负责人制，组织专家下一线攻关，强化创新能力建设。以中国铜业秘鲁项目二期为平台，创造条件支持国产装备“走出去”。

【安全环保】 修订《中铝公司安全生产管理办法》等一系列制度，进一步完善安全管理体系。推行各级领导安全工作述职，创建安全生产模范工厂，形成安全管理的基本模式。开展5次大规模安全排查，安全隐患整改率为98.84%。开展各种综合和专项演练2310次，参与人员6.2万人。全年未发生较大及以上安全生产事故。

加强节能减排投入和管理，促进绿色发展。全年投资14.02亿元，完成9家电厂脱硫脱硝除尘等改造任务。连续三年实现年度节能100万吨以上标煤目标，超额完成国资委第四任期节能减排考核指标及“十二五”目标。全年未发生较大及以上环境事件。

【党建工作】 扎实开展“三严三实”专题教育，公司党组成员和企业班子成员讲党课150余次，深入进行4个专题18方面的专题学习研讨，查找出不严不实问题700余条，出台配套整改措施1000余条，干部队伍作风建设得到加强。认真落实“两个责任”和“一岗双责”，制定《中国铝业公司在深化改革转型发展中坚持党的领导加强党的建设指导意见》，进一步规范和强化党建工作。对800余个“三型”党组织重新分类，围绕生产经营开展各类主题活动300余次，提升一线党组织创造价值能力、工作效率和管理服务水平。交流调整11名在同一岗位任职8年以上的党组管理干部、53名在关键岗位任职5年以上的干部。加强对经营亏损企业领导班子的考核，对上铜、兰州分公司、抚顺铝业等工作不力的班子主要领导及时调整，免职或降级使用。

配合完成中央巡视，党风企风明显好转。中铝公司认真研究处置中央巡视组和审计署移交的举报线索，开展线索核查和案件查办，给予276人党纪政纪处分，292人通报批评、诫勉谈话等，移送和正在移送司法机关33人，挽回经济损失2453万元，避免经济损失近6亿元，追缴违纪款项845万元。每月召开警示教育大会，通报案件查处情况，使广大党员干部从中受到教育，有力促进扭亏脱困和转型升级。

加强群团工作，广泛凝聚信心力量。每季度召开一次中铝创新论坛，公司董事长当面听取员工献计献策。组织“中国铝业杯”第九届全国有色金属行业职业技能竞赛暨中铝公司第十一届职工技能大赛，加强技能人才队伍建设。制定企业文化三年规划纲要及加强品牌建设的指导意见，明确目标任务、标准规范。举办“在扭亏脱困转型升级中建功立业”先进人物事迹报告会，开展“最美中铝人”评选活动，营造积极向上的工作氛围。

【信息化建设】 编制完成“十三五”信息化发展规划。完成总部大楼所有员工邮件安全防护与审计系统、重要岗位终端身份认证系统、互联网特种木马监测系统上线，对公司涉密机进行全方位的防护，总部网络与重要信息系统安全得到有效防护。建成总部大楼无线网络，增强移动办公能力。

坚持深化信息系统应用，加快企业能源管理中心信息化项目建设，甘肃华鹭铝业通过国家项目验收，中国铝业河南分公司、兰州分公司、连城分公司和中州子公司项目完成实施并上线。在中铝公司总部及23家企业建成15个全景仿真视频会议室，提高会议效率，减少差旅费用。进一步优化完善中国铝业管理层决策报表系统，建立煤炭大数据分析功能，运用大数据分析服务于公司经营发展。

云铜集团、山西分公司通过国家首批两化融合管理体系贯标验收，兰州分公司等3家企业通过国家工信部能源管理中心项目验收。在国家工信部召开的推进两化融合会议上，中铝公司作为央企唯一代表作了经验交流。

【履行社会责任】 中铝公司召开第二届社会责任工作大会，公司董事长出席并讲话。会议表彰2012—2014年社会责任工作先进企业、先进集体、先进个人和最佳实践案例，展播由云南铜业、中国铝业广西分公司、宁夏能源集团3家试点单位选送的6部反映社会责任实践的微电影。

持续创新社会责任管理，进一步修订社会责任管理模块和负面清单，首次开展运行评估，形成评估报告并融入公司绩效考核。扩展管理模块覆盖范围，由总部部门延伸到铝、铜、稀有稀土三大业务板块。在中央企业社会责任工作大会上，国务院国资委领导在工作报告中称赞"中铝公司在社会责任融入日常管理方面为中央企业带了个好头"。

扎实推进社会责任实践，首次以视频会形式启动海外企业社会责任试点，秘鲁矿业正式成为中铝公司第八家试点企业。持续开展实践案例征集活动，评选出2015年十大优秀案例进行表彰。企业社会责任试点有声有色，中国铝业广西分公司构建员工权益和环境保护议题的管理模块化和负面清单，云铜集团率先出台《社会责任考核暂行办法》。

中铝公司社会责任报告再度获得五星最高评级，第三次被"金蜜蜂·优秀社会责任报告"评委会授予最高奖——"长青奖"。中国铝业广西分公司"复垦还地实现采矿无痕"荣获中国青年报"大型央企社会责任金牌案例"。云铜集团"依靠科技创新，提高铜冶炼清洁生产水平"被全球契约中国网络评为"中国十大绿色技术创新成果"。

（撰稿人：冯修青）

中国远洋运输(集团)总公司

【基本概况】 中国远洋运输（集团）总公司（以下简称"中远集团"）的前身中国远洋运输公司，成立于1961年4月27日，经过54年的发展，中远集团已经成为以航运、物流、修造船为主业，集码头、海上燃物料供应、金融、贸易、劳务输出等业务于一体跨国家、跨地区、跨所有制的大型企业集团。

截至2015年底，中远集团拥有和控制船队规模577艘，4495.71万载重吨，远洋航线覆盖全球160多个国家和地区的1500多个港口，船队规模位居中国第一、世界前列。其中，集装箱船队规模在国内排名第一、世界排名第六；干散货船队规模位居世界前列；专业杂货、多用途和特种运输船队综合实力居世界前列；油轮船队国内排名第二。所属中远太平洋的集装箱码头吞吐量保持全球第五；所属中远物流近五年稳居中国物流百强企业之首；所属船舶修造企业在海洋工程建造、船舶修造及改装方面的实力处于国内领先水平，部分产品的技术能力、生产效率及生产成本等指标居世界前列。

中远集团是最早进入国际资本市场的中国企业之一，早在1993年中远投资就在新加坡借壳上市，截至2015年已在境内外控股和主要参股中国远洋、中远太平洋、中远国际、中远投资、中远航运、中集集团、招商银行、招商证券等多家上市公司。2015年，中远集团以2014年274.33亿美元的营业收入入选《财富》世界500强，排名第432位。

【主要指标】 截至2015年底，中远集团资产总额3613.15亿元，所有者权益1637.33亿元。2015年，中远集团实现营业总收入1443.24亿元，净利润66.16亿元。

2015年中国远洋运输(集团)总公司主要经济指标

项　目	2014年	2015年	比上年增长(%)
资产总额(亿元)	3590.57	3613.15	0.63
所有者权益(亿元)	1580.22	1637.33	3.61
营业总收入(亿元)	1693.36	1443.24	－14.77
利润总额(亿元)	50.66	93.76	85.09
净利润(亿元)	52.51	66.16	25.99

续表

项　目	2014年	2015年	比上年增长（%）
归属母公司所有者的净利润（亿元）	33.37	71.92	115.52
技术开发投入（亿元）	9.55	8.28	－13.25
利税总额（亿元）	70.64	107.16	51.70
应交税金总额（亿元）	33.83	37.75	11.59
全员劳动生产率（万元/人·年）	26.30	21.48	－18.33
净资产收益率（%）	3.56	4.11	增加0.55个百分点
总资产报酬率（%）	2.60	3.69	增加1.09个百分点
国有资本保值增值率（%）	117.89	103.38	减少14.51个百分点

【改革发展】 一是进一步强化集团战略管控。借鉴国际先进管理经验，在集团总部组建战略实施管理办公室，全面负责推动集团战略落地有关工作。创新性的建立“战略实施管理领导小组—战管办—项目组—二级公司和总部职能部门”的自上而下管理体系，并以项目为抓手，制定重大战略项目举措清单。

二是简化投资决策审批，推动投资管理体制改革。为提高项目审批效率，适应市场化竞争特点，研究并下发《中远集团投资决策授权管理细则》，对部分投资项目授权二级公司自主决策，进一步强化二级公司责任意识，提升决策效率和决策质量。

三是推进低效无效资产处置、缩短管理链条工作。根据国务院国资委有关要求，整理下发《关于进一步做好低效无效资产处置及缩短管理链条工作的通知》，组织各单位加大工作力度，推行低效无效资产处置计划19项。

四是加快推进燃油体制改革。通过集采平台改造、采购流程优化、采购策略统一、燃油成本预算管理、燃油交易信息系统建设、规章制度修订等措施，打造真正意义上的燃油集中采购，最大限度地发挥燃油采购在燃油成本管理中的作用，实现控制成本，管理风险的目的。

五是推进总部组织机构优化调整。为进一步增强集团总部管控能力，新成立法律及风险管理部、信息化管理部、战略实施管理办公室；将运输部的名称更改为运营管理部，并在该部增加工业运营管理职能；对总经理办公室、安全技术监督部、战略发展部、人力资源部、党组工作部的职能及内设机构进行调整。

按照国务院、国资委统一安排和部署，2015年下半年，中远集团与中国海运集团实行战略重组。截至2015年底，重组方案已报上级主管机构审批。

【重大项目】 在调整资产结构方面，为平抑航运市场周期性波动，保障航运业务的持续发展，中远集团适度加大对码头、金融、物流等综合互补产业的投资力度。增资中远物流；投资收购土耳其KUMPORT码头；投资建设博鳌二期及新闻中心项目。

在调整船队结构方面，中远集团抓住国家船舶拆旧造新政策机遇，大力实施船队结构调整。2013—2015年，拆解老旧船舶164艘、781万载重吨；新造船舶87艘、872万载重吨。通过淘汰旧船和增加新订船，船队逐步向年轻化、专业化方向发展，优化船型结构，降低船舶油耗，船队运营成本进一步降低。

在调整市场结构方面，根据国家“走出去”“一带一路”等战略规划，结合自身业务发展需求，积极拓展新兴市场。码头业务方面，以希腊PCT码头为依托，进一步加大对东南亚、非洲、欧洲等地的码头业务开发；继续完善集装箱网络布局，在中美洲、南美等地设立网点；积极跟进斯里兰卡修造船项目，推动国际产能合作和装备制造“走出去”。

重组并购的重大项目包括合资成立中国矿运有限公司、比雷埃夫斯港港务局（PPA）私有化项目、土耳其KUMPORT码头收购项目等。

【走向海外】 由于远洋运输的全球化经营特点，中远集团是我国最早“走出去”的中央企业之一。公司积极有序推进全球化发展战略，根据形势变化不断整合优化海外资源，形成成熟、可行的“专业化经营、区域化管理”的海外经营管理模式。中远集团坚持走国际合作的道路，通过与国际同行和上下游企业的战略协作，实现互利共赢。中远集团成功参与美国、新加坡、意大利、比利时、希腊、中国香港等境外码头的投资和经营，延伸航运产业链，增强全球竞争力。经过多年的艰苦创业和开拓发展，中远集团海外事业具有相当规模和国际影响，具备一定的竞争实力。

中远集团远洋航线覆盖全球160多个国家和地区的1500多个港口，形成以中国香港、日本、韩国、新加坡、美洲、欧洲、澳大利亚、非洲、西亚、中国台湾等十大区域为辐射点，以船舶航线为纽带，遍及世界各主要地区的跨国经营网络。截至2015年底，中远集团境外实体公司182户。

【科技创新】 为应对复杂多变的国际市场环境，在“互联网+”经济发展中赢得先机，2015年中远集团积极推行管理创新和科技创新工作。

企业管理创新方面。鉴于航运市场总体低靡，全球大环境竞争日趋激烈，中远集团积极谋求改革创新，大力拓展“互联网+”的相关业务，建设电商平台是集团转型发展、商业模式创新的重要举措，通过推动自主创新，依托“互联网+”，初步形成线上线下的良性互动，加快集团管理模式和商业模式的创新。“互联网+”使得虚拟组织管理边界延伸到企业外部，突破中远集团行业的原有界限，使得企业拥有更强的资源整合能力，内部资源、功能、知识、竞争优势与外界相互协同、相互利用和整合。中远集团在“互联网+”领域开设三个电商平台，分别为“无界”“e环球”“泛亚”电商平台。

科技创新及获奖方面。2015年，中远集团所属中远船务联合上海船研所等单位申报的“超大型自升式海上风电安装船研制与工程应用”获得中国航海科学技术奖一等奖、“符合AMSA规范的绿色环保型自动饲喂牲畜特种船研发及建造技术”获得广东省科学技术奖一等奖；中远造船“万箱级超大型集装箱船设计与制造关键技术”获得江苏省科学技术奖二等奖；青岛远洋船员职业学院的“某自升式平台结构性能分析与评估”获得山东高校优秀科研成果奖三等奖。

【党建工作】 2015年，中远集团党组坚持围绕中心、体现价值，坚持党政融合、凝心聚力，坚持问题导向、系统思维，在教育实践活动、新闻宣传、企业文化建设工作等方面作了大量工作。

一是配合做好中央第九巡视组专项巡视有关工作。确定职责分工、研究整改方案、落实整改任务、跟踪整改进展，及时做好巡视整改总结，确保巡视整改任务顺利完成。二是做好教育实践活动整改落实工作。按照中央统一部署，牵头做好教育实践活动整改落实工作，提高集团总部管控能力、建立“三能”机制、开展“十不准”专项督查等需持续整改的工作。三是有序推进企业文化建设。颁发《中远集团企业文化核心价值理念纲要（2015年修订版）》，重新诠释中远使命、中远愿景、中远价值观、中远精神、中远传统、经营理念和管理理念等七大核心价值理念。四是不断加强新闻宣传工作。邀请《人民日报》、新华社、《科技日报》《中国交通报》《国资报告》《企业观察报》等中央媒体和行业综合媒体，加强新闻宣传，进一步改善市场和社会公众对中远集团的认知。

从2015年下半年开始，按照国务院、国资委关于中央企业深化改革的工作统一部署，中远集团与中海集团开始进行整合重组，在此过程中，集团党组组织各方面骨干成立整合专项工作小组，积极开展重组工作，同时通过多种形式进行正面宣传，深入开展思想工作，为各级干部和广大员工讲清两集团合并整合的重要意义、未来发展前景，引导干部职工深刻理解、积极支持、主动参与，确保合并整合工作顺利进行。

【信息化建设】 2015年，按照集团信息化五年规划实施的总体计划，集团总部牵头完善信息化管理的管控体系和组织机构，专门成立信息化管理部，强化顶层设计和总部引领，全力推进2015—2016年第一批统建项目的建设。主要包括非班轮经营平台项目、人力资源项目、主数据管理项目等。为提高综合管理事务的效率，完善公文流转等相关业务内容，2015年3月开始的协同办公项目年底上线试运行；AD域与邮件系统改造项目第一阶段顺利结束；投资计划管理项目启动等。与此同时，中远集团不断完善信息化管控体系建设，加快“一部一司”推进实施步伐，确保信息规划落地并切实发挥作用，有效提升集团整体信息化水平。

【履行社会责任】 中远集团在注重自身发展的同时，积极承担社会责任，支持社会投资事业，关注民生，回馈社会。同时，继续承担保障国家安全任务与国际海上搜救任务，积极参与撤侨、海上搜救等重要行动，得到全球各利益相关方的认可。

2015年，中远集团继续实施“远航·家园”项目，在西藏洛隆和湖南沅陵、安化三县大力开展投资建设和援助帮扶工作，向三县投入资金1900万元，着力改善当地农民、牧民生产生活条件，提升农民、牧民增收致富能力。开展“远航·追梦”项目，除继续实施临沧助学、为中国而教、院校奖、助学金项目外，新增多媒体教室项目。其中，援助临沧教育第九期项目于2015年4月初启动，同年11月31日前全部交付使用，年度投入207.3万元，为沧源和双江两个少数民族自治县的27所学校配备5259套课桌椅、1074套学生高低床、199套餐桌椅、412套教师办公桌椅和185张讲桌，显著改善学生的学习、住宿、就餐条件和教师的办公条件；推进联合国教科文组织确定的湖南地区支教项目，招募37名优秀大学毕业生作为志愿者，分别派遣到湖南沅陵、安化地区的14所农村学校任教，有效充实当地师资力量；投入143.6万元，继续在上海海事大学、大连海事大学、集美大学、青岛船员学院等院校设立奖学金、助学金，为学子们完成学业提供有力支持。

（撰稿人：王昊轩）

中国海运(集团)总公司

【基本概况】 中国海运(集团)总公司(以下简称“中国海运”)组建于1997年7月1日，总部设在上海，是以航运为主业的跨行业、跨地区、跨所有制的大型综合性企业集团。旗下中海发展、中海集运、中海海盛、中海科技四家公司分别在上海、深圳、香港三地上市。中国海运主营集装箱、油品、干散货、液化天然气、旅客、汽车船、特种货物等海上运输业务。此外，立足于航运主业，中国海运还积极延伸上下游业务，形成航运与航运金融、物流、码头、船舶修造、科技信息等多元化产业协同发展的格局。

中国海运拥有各类船舶544艘/4032余万载重吨。集装箱、油轮和干散货三大主力船队的规模均跻身世界前列，其中1.9万TEU型系列船舶是迄今为止世界吨位最大、技术最先进、环保节能最佳的集装箱船。中国海运年货运量超过5亿吨，货运周转量超过1万亿吨海里，在国家能源战略和进出口贸易中发挥重要的运输保障作用。中国海运业务覆盖全球100多个国家和地区，拥有中国香港、北美、欧洲、东南亚、西亚、非洲、南美七家控股公司，境外实体公司134户，营销网点近400个，中国海运船岸员工总数47000余人。

【主要指标】 截至2015年底，中国海运资产总额2321.59亿元，所有者权益906.04亿元。2015年，中国海运实现营业总收入799.41亿元，净利润15.51亿元。

2015年中国海运(集团)总公司主要经济指标

项　目	2014年	2015年	比上年增长(%)
资产总额(亿元)	2105.85	2321.59	10.24
所有者权益(亿元)	865.32	906.04	4.70
营业总收入(亿元)	830.65	799.41	-3.76
利润总额(亿元)	30.60	15.51	-49.31
净利润(亿元)	12.71	2.90	-77.16
归属母公司所有者的净利润(亿元)	9.29	14.20	52.85
技术开发投入(亿元)	0.84	0.89	5.85
利税总额(亿元)	55.21	36.28	-34.29
应交税金总额(亿元)	30.70	32.62	6.26
全员劳动生产率(万元/人/·年)	30.89	29.75	-3.70
净资产收益率(%)	1.56	0.33	减少1.23个百分点
总资产报酬率(%)	3.16	2.18	减少0.98个百分点
国有资本保值增值率(%)	111.86	105.63	减少6.23个百分点

【改革发展】 一是深化完善船员管理体制改革。针对船员管理机构重叠、船员资源分散、冗员过多、管理费用过高等老大难问题，着眼于船员管理专业化、集约化、市场化、国际化，将船员和船舶管理人员在中海国际一个平台上统一调配、集中管理，实现“三个提高、一个减少”的目标(提高船舶管理水平、提高船员个人素质、提高船员个人收入、降低船员及船舶管理

费用）。在此基础上，根据深化改革要求，进一步推进上海、广州教培中心的转型发展，逐步退出企业办社会职能，将用于学历教育的师资和设施转移到船员培训上来，全面提升船员技能和履职能力。

二是坚持深化改革，盘活资源，优化配置取得实效。在分离企业办社会、解决历史遗留问题上有了新的突破。上海海运坚决贯彻落实集团加快剥离企业办社会职能的要求，精心组织、群策群力，平稳完成上海海员医院的剥离工作，妥善解决长期亏损的老大难问题。中海资产广州城安围科技园项目顺利推进，既加大清理低效无效资产力度，解决历史遗留的企业亏损问题，又盘活资源，推进企业转型。

三是扎实推进扭亏专项治理，提升资产质量。对亏损企业、亏损业务和亏损航线进行专项治理，既是稳增长的需要，也是提升资产质量的重要举措。按照国务院国资委的部署，中国海运成立亏损企业专项治理工作领导小组和工作小组，制定扭亏控亏工作目标，选取5家亏损金额大或亏损户数多的二级单位进行“一对一”式的重点督导，并将亏损企业专项治理工作纳入年度经营业绩考核重点内容。中海工业主动作为，在长兴船厂和菠萝庙船厂推行干部人事制度改革，薪酬分配制度改革和生产作业流程与销售管理改革，两个船厂双双扭亏为盈。

【重大项目】 一是深化船队结构调整。2015年，中国海运新船交付累计12艘/113.09万载重吨/5.69万TEU；拆解报废老旧船舶55艘/181.4万载重吨；新签订单23艘/382万载重吨。截至2015年底，中国海运拥有和经营各类船舶544艘/4032万载重吨。其中，集装箱船181艘/88.4万载箱位，油轮79艘/886万载重吨；散装船265艘/2053万载重吨；液化天然气船2艘/34万立方米。中国海运船队聚焦集装箱船、油轮、散货船和液化天然气船，专业化、大型化、年轻化和低碳化再上新台阶，船队竞争力进一步增强。

二是加强产业结构调整。为提高航运供应链、产业链的整合能力，实现企业健康可持续发展，中国海运加大码头、物流、金融等业务的发展力度。2015年，多元产业收入比重有所提升，达到41%。中海码头控股的连云港码头、锦州码头等，经营绩效明显改善，新项目开发能力进一步增强；中海物流努力开发新市场，创新业务模式，在汽车物流、项目物流、大件运输等方面辛勤耕耘，多有收获。

三是积极开展航运电商业务。“互联网＋”代表新经济形态，中国海运在“互联网＋”领域建设两个电商平台，分别为“一海通”“四海通”。“一海通”整合中国海运内、外的物流资源和服务网络，为中国海运内、外客户提供一站式的供应链管理服务，实现航运企业从传统的“港一港”服务向“端一端”服务拓展，其主要面对中小客户群体；“四海通”定位为中国海运的电商供应链平台，旨在面向全球大、中型直客，围绕核心企业及其上下游供应商的供应链服务需求，整合全球网点资源，集物流、商贸、金融、互联网、大数据于一体，提供一站式在线供应链管理服务。

【走向海外】 中国海运立足航运主业，实施多元化发展战略。中国海运拥有两家港交所上市公司。境外产业成为促进中国海运主业发展和国际化经营的重要支持和保障体系，成为经济效益增长点。截至2015年底，中国海运境外实体公司134户。

稳步推进集装箱全球网络建设。在北美地区，新设中海墨西哥代理公司；在欧洲地区，新设奥地利中欧代理公司及捷克和匈牙利分公司。东南亚控股立足打造“鑫海”支线品牌，在巩固和提高东南亚提供支线服务品质的同时，新开辟欧洲波罗的海支线服务。

境内企业加快“走出去”步伐。中海油运在调整完善新加坡公司职能的同时，加快在英国伦敦布点，提升参与全球市场竞争的能力；中海散运加快布局第三国运输业务，积极进入印度、南非、秘鲁等国家运输市场；中海物流抓住国家“一带一路”建设及中非深化合作机遇，布局中非重大件运输市场；积极参与海外基建运输，中标山东电建沙特吉赞项目和中国天辰土耳其项目等海外工程运输业务。

【科技创新】 2015年，中国海运以科技和创新为抓手，加强研发力量，加大项目投入，重点跟踪科研计划项目，围绕航运领域节能减排的迫切需求，积极开展科技创新研发。上海船研所申报的国家级或省部级科研项目17项，为历年之最。上海船研所组织开展一系列重大科研项目研究，包括风浪作用下线型优化及船一桨匹配技术研究、船舶节能航速辅助决策系统研究、海况对船舶能效指数（EEDI）的影响研究、液化天然气(LNG)海上转运系统技术研究、大型双艉鳍船型节能附体技术开发与应用、船撞桥防范技术研究、动力定位控制系统技术研究专题、动力电力协同监控网络技术和典型方案研究、动力系统在舰训练技术需求分析及嵌入切换技术研究、动力电力协同监控系统集成技术等项目。

中国海运在航运技术与安全国家重点实验室易址重建方面，在交通运输部的大力支持下，为适应行业发展的新需求，应对国际新规的新要求，对基础研究设施进行高水平的重新规划和超前配置，项目计划于2016年正式开工建设。该重点实验室建成以后，试验设施的综合先进水平将跻身世界前列，极大改善和增强我国航运科技领域的科研环境和研发实力，促进航运技术创新体系和成果转化体系的完善，对于提升我国航运科技研究与应用水平，提升航运效率，降低营运成本，提高航运安全将起到积极作用。同时，对于提升上海国际航运中心软实力，创建具有全球影响力的国际航运科技创新中心也将起到积极作用。

【党建工作】 中国海运以落实中央巡视整改工作要求为契机，严明政治纪律，加强作风建设，全面落实“两个责任”，持之以恒反“四风”，强化利益输送专项治理，不断提升反腐倡廉建设科学化水平。强化整改落实和立规执纪，把党性教育作为常态化教育，促进党员干部素质的提高，促进企业转型发展和各项管理工作的提升。

中国海运坚持全面开展“三严三实”专题教育。集团和各单位开展专题教育集中学习研讨。集团通过中心组辅导学习、党委书记带头上党课、党支部书记培训、驻外干部培训等形式，形成浓厚的教育氛围，促进干部党性修养的不断提升。同时，加强对基层单位专题教育的指导，集团领导班子成员指导参加联系单位的专题民主生活会。

【信息化建设】 2015年，中国海运围绕集团战略管控需要，结合集团信息化工作重点，统一规划，突出重点，自主建设，合同管理，服务创新，注重实效，积极实施公用系统，建设和推广专业系统，加强信息化应用和网络安全管理，落实具体责任，使集团信息化建设在新时期向着数字化、智能化的方向扎实迈进，为企业的业务经营和管理提升发挥更大的助力作用。

集团信息化工作主要包括：滚动编制集团信息化规划，修订集团信息化项目建设管理规定，统一技术规范标准，逐步实现信息共享；加大建设力度，完成一批重点信息化项目，实施范围覆盖全集团，例如，协同办公系统、航运管理系统、辅助决策系统、人力资源系统、网站群系统、邮件系统、中央采购系统等；抓好数据质量，强化系统应用，发布20类集团级信息标准；整合网络资源，强化信息安全管理，重点加强信息安全管理体系、信息运维体系、涉密系统的管理工作；创新技术应用，推进物联网项目。

【履行社会责任】 2015年是中国海运结对帮扶云南永德县的第十年。10年来，为帮助永德发展，中国海运积极援资，加大对教育事业、产业发展、基础设施等建设投入，极大地改善广大山区群众生产生活条件，增强了脱贫致富的信心和决心。2015年，结合永德县自身的特点，中国海运从实际出发，因地制宜地针对教育项目、新家园建设、饮水及灌溉沟渠建设、产业发展、科技培训等方面，制定更为有效的帮扶规划和实施方案；依托中国海运党校平台，继续做好永德中青年干部培训班工作，帮助提高当地领导干部的执政能力和业务水平。

关心关爱员工，打造幸福企业，也是中国海运积极履行社会责任的重要方面。一是尊重职工的主人翁地位，认真推行厂务公开民主管理工作，落实多层面的民主协商和职工参与机制，有效保障职工对企业改革的知情权、参与权、表达权和监督权，动员广大职工树立共建共享、共同参与、互利共赢的理念，深刻理解改革、积极支持改革、主动参与改革，把企业发展和职工权益发展有机融合起来，促进劳动关系和谐稳定，确保改革平稳有序推进。二是发挥职工的生力军作用，在航运市场长期低迷的新形势下，组织动员广大职工立足岗位，心往一处想，劲往一处使，齐心协力为集团的改革发展多作贡献，夯实全面深化改革的群众基础。三是切实为广大职工服务，充分发挥联系职工群众的桥梁和纽带作用，以船员、一线职工、困难职工等为重点群体，广泛开展“送清凉、送温暖”、困难帮扶、“金秋助学”、海嫂联络站、心理疏导以及学雷锋志愿服务等活动，构建覆盖广泛、运行有效、科学规范的服务体系。2015年，集团不断完善困难职工档案，动态掌握困难职工信息，向575名困难职工发放各类帮困资金68.7万元；向302名退休困难船员发放帮困资金36.6万元。积极开展“金秋助学”活动，资助困难职工和困难农民工子女730人，发放助学款68.85万元。

（撰稿人：赵　毅）

中国航空集团公司

【基本概况】 中国航空集团公司（以下简称”中航集团”）是以中国唯一载国旗飞行的航空运输企业—中国国际航空公司为主体，联合中国航空总公司、中国西南航空公司等企业，组建的特大型国有航空运输集团公司，2002年10月11日正式成立。中航集团成立后，航空运输主业实现一体化运营，在中国香港、伦敦和上海成功上市；通过资产重组将非航空业务整合为基本建设及酒店物业管理、资产管理、金融服务、民航快递和传媒广告等专业公司。经营业务涵盖航空客运、航空货运及物流两大核心产业，涉及飞机维修、航空配餐、航空货站、地面服务、机场服务、航空传媒等高度相关产业，以及金融服务、航空旅游、工程建设、信息网络等延伸服务产业。2015年，中国航空集团公司贯彻落实党中央、国务院的决策部署，按照国资委、民航局工作要求，紧紧围绕建设世界一流航空运输产业集团目标，积极应对经济发展新常态，狠抓安全、效益、服务工作，深入推进改革攻坚，持续优化布局结构，促进提质增效和转型升级，经营业绩再创新高。

【主要指标】

2015年中国航空集团公司主要经济指标

项　目	2014年	2015年	比上年增长（%）
资产总额（亿元）	2218.98	2254.34	1.59
所有者权益（亿元）	669.43	764.58	14.21
营业收入（亿元）	1072.05	1111.20	3.65

续表

项　目	2014年	2015年	比上年增长（%）
利润总额（亿元）	53.84	93.67	73.98
净利润（亿元）	44.61	74.44	66.87
归属于母公司所有者净利润（亿元）	21.70	38.26	76.31
技术开发投入（亿元）	0.34	0.27	—20.59
利税总额（亿元）	62.90	106.49	69.3
应交税金总额（亿元）	56.34	57.84	2.66
全员劳动生产率（万元/人年）	46.90	50.30	7.25
净资产收益率（%）	6.77	10.38	增加3.61个百分点
总资产报酬率（%）	3.85	5.50	增加1.65个百分点
国有资本保值增值率（%）	102.03	109.70	增加7.67个百分点

【安全生产】 强化安全管控，安全形势保持平稳。中航集团全面强化安全责任体系，坚持“安全第一、预防为主”工作方针，严格落实“一岗双责，党政同责”。组织新《安全生产法》宣贯培训，调整完善航空安全联席会议机制，完成《集团安全管控模式研究》。加大安全监管力度，完善集团安全绩效考核机制，强化航空安全核心指标执行，组织安全审计、全覆盖式安全大检查以及危险品运输等专项检查，针对发现问题实施有效整改，提升整体安全水平。出台《组织管理风险工作指南》，启动数字化运行风险系统建设工作，持续提升安全能力。持续强化专业技术队伍的主动安全意识、遵章守纪意识和职业化素养。扩大飞行品质监控SOC系统功能，提升安全裕度；启动航空食品配餐安全运行和飞机健康系统等项目研发，加快技术创新应用。围绕“地面防、空中反”关键环节，提升应急处置能力，深圳航空成功处置“7·26”机上纵火事件，得到上级表彰。全年实现安全飞行187.9万小时，圆满完成重要专包机任务，国航股份获得中国民航“飞行安全钻石奖”。

【生产经营】 狠抓盈利能力建设，超额完成利润目标。2015年，集团围绕“稳增长”要求，攻坚克难，多措并举，作了大量卓有成效的工作。全年实现营业收入1111.2亿元，实现利润总额93.67亿元。一是加强预算管理，深度挖掘潜力。突出加强动态管理和联动业绩考核，确保经营压力的有效传导和经营措施的落实。发挥战略成本优势，优化采购体系，推动管理协同，降本增效取得实效。成本费用利润率同比提高3.3个百分点。压降代理费12.6亿元；积极争取国有资本金注资和政策支持39.4亿元。严格执行八项规定要求，业务招待费用同比下降8.1%。二是航空运输主业市场竞争力不断增强。积极开拓市场，优化运力匹配，提升生产效率，完成旅客运输量8981万人次，同比增长8.2%；货邮运输量166万吨，同比增长7.2%。生产效率指标逐年提高，航线座位价值处于行业领先地位。全年客座率79.9%，同比持平；货邮载运率54.7%，同比减少1.4个百分点；飞机利用率达到9.6小时。抓好运力、运价精细化管理，对重点公司、重点区域、重点航线进行管理和督导。推动营销转型与营销手段创新，直销比例达到30%。中转联程、两舱、电子商务、常旅客等战略性指标贡献收入增幅明显。调整优化远程货机结构，推动货运网络建设，国货航公司继续实现盈利。三是推动协同发展，专业公司全面盈利。中航有限公司和各专业公司加大市场营销和成本控制力度，注重关联业务间的整合与协同，总体绩效不断提高。2015年，中航有限和各专业公司合计实现利润8.6亿元，对集团增收创效起到支撑、助力作用。

【服务品牌】 提高服务质量，品牌价值持续提升。2015年，中航集团进一步完善服务管理体系，优化服务奖惩制度，强化外站服务监管，规范服务监督评价工作，强化服务管理。改善客户体验，提升服务品质。创新服务产品，客户关系管理系统、电子商务平台投入运行，提高营销服务能力。积极应用信息化、互联网技术，不断丰富便捷旅行产品；改善中转流程，提升中转品质；推进“E项目”建设，可提供客舱直播卫星电视节目的航空公司，客户服务水平明显提高。加强服务联动，主专业公司共同提高机上影视质量，推进航食新产品研发。与首都机场联合组建项目组，落实服务提升措施，共同提高客户满意度。在“2015年中国500最具价值品牌排行榜”中，国航股份品牌价值超过千亿元。

【改革发展】 中航集团有力推动战略布局落地，全面推进改革攻坚，转型升级步伐加快。财务公司股权变更完成，集团金融服务平台资本控股公司进入运作，中航三星人寿保险公司股权变更项目顺利实施。中航有限设立租赁公司，业务正在北京、香港两地有序开展。完成北京飞机维修工程有限公司和国航工程技术分公司整合，形成具有全机型维修能力的大型机务维修公司。有效推动航食业务一体化，上海航食股权成功整合。积极推动与国药物流合作，协同东风汽车公司等央企开展特种车辆油改电等示范项目。进一步加快低效无效资产清理和历史遗留问题处置，对17项资产实施有效划转和变现盘活，提高资产利用效率和企业运营质量。

【规范经营】 强化内部管控治理，企业发展动力增强。中航集团牢固树立依法治企理念。围绕三年法制工作目标，做好“六五”普法工作。强化全面风险管理和内控工作，发挥内部审计功能作用，完成内审项目49项，对集团总部大厦建设实施全过程跟踪审计。大力推进规章制度“立、改、废”，陆续修订、出台了经营业绩考核评价管理规定等一系列制度办法和管理规章。对照巡视整改要求，进一步优化管控模式，推动资源优化配置，加大制度建设力度。汇总干部人事管理工作规章制度，印发《关于加强集中采购与招投标工作的通知》，提高管理规范化、制度化、科学化水平。

【党建工作】 坚持全面从严治党，党建科学化水平进一步提高。中航集团按照中央统一部署，充分发挥党组织的政治核心作用，通过学习十八大精神和习近平总书记系列重要讲话，扎实开展“三严三实”专题教育，党员领导干部的政治意识、大局意识和责任意识显著增强。加强班子队伍建设，激发党建活力。围绕“发挥双优势，创造新业绩”的思路，系统抓党的建设，常态抓班子建设。认真履行主体责任和监督责任，严格落实党风廉政建设责任制，筑牢反腐倡廉防线。持之以恒落实中央八项规定精神，深入开展线索梳理，对违纪违规问题予以严肃查处。从严从实配合好巡视工作，把党风廉政建设和反腐败工作不断推向深入。全面落实中央巡视整改要求，按照即知即改、立行立改原则，及时制定整改方案，采取坚决措施真抓实改，把集团的政治优势转化为加强企业党建的强大精神动力和坚强政治保证。

（撰稿人：金　哲）

中国东方航空集团公司

【基本概况】 中国东方航空集团公司（以下简称“东航集团”）是隶属于国务院国资委管理的中国三大国有骨干航空运输集团之一，总部设于上海。英文全称 China Eastern Air Holding Company，英文缩写为 CEAH。2002 年 10 月，东航集团以原东航集团公司为主体，兼并原中国西北航空公司、联合原中国云南航空公司。2010 年 5 月，完成与上海航空公司的联合重组。2011 年 6 月，正式加入天合联盟。

东航集团一贯秉持“员工热爱、顾客首选、股东满意、社会信任”的企业发展理念，统筹兼顾相关各方的利益期许，努力实现集“经济效益、社会公益、国家利益”三位一体的可持续发展。截至 2015 年底，东航集团拥有员工 82000 余人，总资产超过 2100 亿元，机队规模 566 架，其中大中型运输机 535 架。经过持续的产业结构调整和资源优化整合，东航集团形成以航空客货运输为主，以通用航空、航空食品、进出口贸易、金融期货、传媒广告、房地产开发等业务为辅的现代航空集成服务体系。下属主要投资公司有 8 家，中国东方航空股份有限公司（简称“东航股份”）、东航金控有限责任公司、上海东航投资有限公司、东方航空进出口有限公司、东方航空食品投资有限公司、东航实业集团有限公司、东方通用航空有限责任公司、东方航空传媒股份有限公司。其中，作为东航集团核心主业的东航股份，在全球拥有 9 家分公司、54 家海外营业部及办事处、22 家全资及控股子公司，航线网络通达全球 177 个国家（地区）1052 个目的地。2015 年旅客运输量近 9400 万人次，在全球航空公司中名列前茅。

【主要指标】 2015 年，东航集团实现营业收入 970.68 亿元，同比上升 2.45%；实现利润总额 62.42 亿元，同比增长 103.92 %。东航股份全年完成运输总周转量 178.20 亿吨千米，同比增长 10.53%；旅客运输量 9377.99 万人，同比增长 11.89%；货邮运输量 139.94 万吨，同比增长 2.64%；客座率 80.50%，同比上升 0.95 个百分点；综合载运率 70.71%，同比下降 0.82 个百分点。

公司坚持“安全第一、预防为主、综合治理、持续改进”的原则，深入开展安全大检查，扎实开展“安康杯”劳动竞赛和安全生产月活动，强化底线思维，固守安全红线，保持较为平稳的安全态势。2015 年，东航集团安全飞行 180.96 万小时、78.31 万架次，分别同比增长 11.36%、8.27%。其中，东航股份完成飞行 180.49 万小时、起落 77.10 万架次，分别同比增长 11.06%、8.30%。

2015 年中国东方航空集团公司主要经济指标

项　目	2014 年	2015 年	比上年增长（%）
资产总额（亿元）	1791.90	2148.21	19.88
所有者权益（亿元）	301.44	379.22	25.80
营业收入（亿元）	947.45	970.68	2.45
利润总额（亿元）	30.61	62.42	103.92
净利润（亿元）	21.81	53.68	146.13
归属于母公司所有者的净利润（亿元）	18.61	31.28	68.08
利税总额（亿元）	109.15	156.96	43.80
应交税金总额（亿元）	78.54	94.54	20.37
全员劳动生产率（万元/人·年）	67.00	84.00	25.37
净资产收益率（%）（含少数股东权益）	7.47	15.86	增加 8.39 个百分点
总资产报酬率（%）	3.22	4.35	增加 1.13 个百分点
国有资本保值增值率（%）	109.70	123.71	增加 14.01 个百分点

【改革发展】 2015 年，东航集团根据中央精神和国务院国资委要求，全面深入推进改革发展。一是调整结构。在产业结构调整方面，推进中国联合航空公司与东航河北分公司、东航物流公司与中国货运航空

公司、东航上航旅业板块的重组整合，组建新实业集团和传媒公司。航空地产和航空金融等板块成为公司新的利润增长点。在机队结构调整方面，完全退出机型8种，退出老旧飞机53架，退出经营性租赁飞机60架，引进新型飞机290架。东航机龄在全球大型航企中排名前三。在市场结构调整方面，动态调整运力投放，优化资源配置，推进全网全通，构建以上海为核心枢纽、北京为隐性枢纽、西安和昆明为区域枢纽的航线网络。在资产结构调整方面，坚持关停并转，清理不良及闲置资产59项，涉及金额24.1亿元。把握投资节奏，注重投资效率，安排固定资产投资1187.2亿元，股权投资182.9亿元。在资本结构调整方面，合理调整长短期、本外币债务结构，有效降低利率、汇率波动等风险。利用资本市场，适时推行股票增发扩容，成功引入战略投资者。在人力资源结构调整方面，实施领导力提升工程。启动市场化招聘人才机制，引进一批市场化的优秀人才。建立以“燕翼翔鹰”计划为整体的后备人才培养体系。加快高技能型人才培养，同时积极探索校企合作新模式。二是创新模式。在行业内率先提出“打造现代航空服务集成商”，把战略目标升级为“打造世界一流、建设幸福东航”。坚持IT引领，大力推进客运物流转型。以“互联网+”推进商业模式创新，成立电商公司，客运物流转型步伐加快；适应航空大众化发展需求，推进中联航转型低成本，开启公司双模式运行、多品牌经营的创新之路；推动保障性资产转变为经营性资产，机务“四化”稳步推进，组建外航服务中心；成立融资租赁公司，走产融结合发展道路。同时，公司大力加快国际化步伐，与达美航空缔结全球战略合作伙伴关系，迈出国际化和国企混合所有制改革的重要一步。三是改革机制。实施人才强企战略，有效激发队伍活力。大力推进人事制度改革和岗薪体系改革，建立五大岗位序列，人才双通道发展机制成效明显。拓宽选人用人范围，健全绩效考评体系。加快完善法人治理结构，加强投资企业董事、监事队伍建设，积极建立产权清晰、权责分明、管理科学的现代企业制度。

【品牌建设】 一是组织公司相关业务负责人，开展多轮集中研讨，并听取高等院校、咨询公司和相关媒体的意见和建议，制定完成《东航集团品牌建设实施方案》。二是根据公司品牌宣传需要，制作完成全球形象宣传片、形象宣传册、平面大片拍摄、创意广告、微电影等10多个项目，并进行大力推广。三是推进自有媒体整合，广泛发展东航与新华社、央视、SMG、第一财经、解放日报等媒体的合作关系，丰富新媒体传播手段，开展社会热点联合策划、微电影推广、互动活动等10多项新媒体传播活动。东航微信服务号“中国东方航空”和新浪微博“东方航空”获评“2015年度中央企业最具影响力新媒体账号”。四是加强国际合作，借力天合联盟成立15周年宣传、IATA货运年会在沪召开、迪士尼战略合作等重大活动，全面展示公司形象。公司先后被国际机构评选为“最具创新力中国公司”“最值得信赖航空公司”“最佳中国航空公司”以及“2015年世界最受欢迎航空公司”，并被国内机构评选为“中国证券金紫荆奖”中“最佳创新上市公司”“首届中国(上海)上市公司企业社会责任峰会杰出企业奖”“中国最受尊敬企业”“中国最佳商业模式创新奖”等。

【科技创新】 2015年，东航集团安排落实科技项目27项，总经费836.36万元，其中资本性开支416.90万元，成本性开支419.46万元，均由企业统筹安排。主要包括“逾重行李分析系统”“IT运维监控”“东航生产统计系统二期”“航空公司客货运载量预估系统”等21个大型项目。在节能减排方面，东航集团加大投入力度，进一步完善对能耗统计和分析的信息化、科学化管理。通过建立能耗实时监测平台，制定能源计量管理规定，加强对能源统计数据的质量控制；通过开发能源消耗分析管理系统，提升东航集团对地面能耗的分析管理能力。东航股份公司2015年的周转量油耗指标，实现低于2.91吨(航油)/万吨公里的预期目标。

【信息化建设】 2015年，东航集团信息化建设取得较大成效。公司总体IT自动化覆盖率超过95%，每天内部移动端点击量超过160万次；部分领域的信息化在行业内发挥示范引领作用，东航被国家工信部举荐成为国家首批两化融合标杆试点企业；运维管理获得ISO27001信息安全和ISO20000IT服务管理国际认证。在“互联网+”创新发展模式领域，2015年是东航空中互联元年，空中互联服务正式上线，实现北美航线全覆盖，带来全新客户体验，为转型提供新的路径。大力开展"提直降代"，销售代理手续费同比下降，直销比例上升。在营销领域，2015年电商直销比例大幅提高，东航销售平台全面升级，统一支付成功率明显改善，运价计算和发布实现统一管理，开始向智能化发展。2015年通过电商平台实现销售额170亿元，占公司总销售额的35.58%。在服务领域，东航自助值机系统平台建设实现新的突破，东航国内自助值机率突破56.6%(其中东航在虹桥机场的国内自助值机率突破86%)，东航国内自助值机航站覆盖率100%。开通包括官网、M网站、移动APP、95530热线等在内的便捷的线上全服务渠道。在运行领域，持续完善大运行网和大飞行网，狠抓安全管理体系建设，建立公司运行飞行管理大屏，打造运行飞行高度集成的多屏联动生产指挥系统。

【党建工作】 2015年，东航集团深入学习贯彻党的十八大以来的有关精神和习近平总书记系列重要讲话，履行主体责任，严格落实全面从严治党要求，夯实党建基础，为集团改革发展、保持稳定提供有力的政治保障。一是抓思想引领，充分发挥集团党组的领导核心作用。2015年，东航集团党组共举办中心组(扩大、联组)学习和专题讲座14次，举办党务干部培训班8批次，参加学习近6000人次。东航集团坚持民主集中制，严格落实"三重一大"决策制度，全年召开党组会47次，研究决策重大事项94项。二是抓巡视整改，深入推进党风廉政建设和反腐败工作。以中央巡视东航为契机，深入推进党风廉政建设和反腐败工作，开展"用身边事教育身边人"警示教育，着力构建"分岗查险、分险设防、分权制衡、分层预警、分级问责"的预警防控机制。制定出台《东航集团落实党风廉政建设主体责任和监督责任实施办法》《东航集团党组巡视工作规定》等规章制度，大力推进科技防腐建设。三是抓专题教育，持续加强作风建设。深入开展"三严三实"专题教育，持续推进党的思想建设和作风建设。通过专题党课、专题学习研讨、专题民主生活会、组织生活会等方式，认真开展对照检查，查找不严不实问题，进行批评与自我批评，不断改进提升。四是抓队伍建设，不断提高素质能力。东航集团坚持党管干部原则，努力打造一流班子和一流队伍。进一步规范选人用人工作，修订领导人员选拔聘(任)用等12项制度，增强规矩意识，加大民主推荐力度。加强对干部日常监督，坚持任前谈话制度，严格执行领导人员诫勉谈话和函询制度，坚持落实领导人员个人事项报告制度，规范领导人员经济责任审计工作。五是抓基础建设，扎实推进基层党建工作。加强党建工作规划，持续推进党建工作"三大体系"(理念、制度、管理)建设，完成《东航党建力》《东航党建制度体系》和《东航党建案例》的编写工作。六是抓党群合力，不断拓展深化群众工作。东航集团通过编发专题教育刊物、手机报等方式，建立广覆盖、多平台的宣传教育阵地，增强思想政治工作的穿透力。推进"幸福东航"建设，开展故事会、主题课件、摄影、微视频四大主题活动，广大职工群众踊跃参与合理化建议，员工幸福指数比2014年提高2.3点。

【履行社会责任】 2015年，东航集团在全面深化改革、推进创新转型进程中，积极履行社会责任，不断提升企业社会责任管理水平，赢得社会各界广泛认可。一是开展救灾救援。2015年，东航集团紧急驰援尼泊尔抗震救灾行动，圆满完成援非抗疫系列运输保障任务、中国赴南苏丹维和官兵首次轮换运输任务。此外，在云南临沧地震、福建古雷爆炸、武汉沉船等紧急救援事件中，东航集团都一如既往迅速行动，不计成本，为事故救援作出积极的贡献。尤其是在埃博拉援非抗疫保障中，先后执行13架次往返西非几内亚、利比里亚、塞拉利昂航班，运送医疗队1168人次，运送物资246吨，接回医疗队员203名。二是开展扶贫关爱。东航集团以高度的责任感和使命感，积极响应国家号召，切实做好精准扶贫工作。2015年，东航集团直接投入捐赠资金566万元，实施"爱在东航 情系临沧"教育帮扶行动，开展"优秀园丁奖/优秀学子奖""圆梦助学""希望小学关爱金"三大主题活动，做到扶贫先扶智。在"圆满助学"活动中，利用"青春东航"新媒体平台，进行社会化动员，为100名孩子募集助学款93600元。此外，还组织开展"校园行""大山·梦想""手拉手、心连心""蓝盾贵州""红苹果"公益行等系列活动。2015年，"爱在东航"共组织各类活动项目5179个，参与员工274979人次，关爱人数233353人。

(撰稿人：石义刚)

中国南方航空集团公司

【基本概况】 中国南方航空公司(以下简称“南航”),成立于1991年2月。1993年1月,更名为中国南方航空(集团)公司。1995年3月,更名为南方航空(集团)公司,成立中国南方航空股份有限公司(以下简称“南航股份公司”)。1997年7月,南航股份公司在中国香港、美国同时上市。2002年10月,联合中国北方航空公司及新疆航空公司,组建新的中国南方航空集团公司。2003年7月,南航股份公司在上海证券交易所上市。

经营范围:航空客货运输、通用航空、航空器维修、航空客货销售代理、文化广告传媒、进出口贸易、航空配餐等相关业务。

南航拥有11家成员企业,中国南方航空股份有限公司、中国南航集团贸易有限公司、中国南航集团文化传媒有限公司、中国南航集团财务有限公司、广州南航建设有限公司、中国南航集团地勤有限公司、广州南航集团物业管理有限公司、珠海保税区摩天宇航空发动机维修有限公司、中国民用航空大连民航疗养院、深圳航空食品有限公司、南龙控股有限公司。其中,中国南方航空股份有限公司是骨干企业,拥有分公司15家、控股子公司6家,设有25个国内营业部,66个国外办事处。

职工总数:从业人员102492人;在岗职工人数102423人;中级职称及以上专业技术人员8348人,其中中级职称7675人,高级职称673人;管理人员15621人;享受国务院政府津贴1人。

南航经营包括波音787、777、747、757、737,空客A380、330、321、320、319在内的客货运输机、直升机超过660架,机队规模居亚洲第一,世界第五。南航航线网络密集通畅,围绕广州、北京、乌鲁木齐、重庆核心枢纽,形成密集覆盖国内、全面辐射亚洲、有效链接欧美澳非洲的发达航线网络。每天有2000多个航班飞至全球40多个国家和地区的195个目的地,每日提供座位数30万个。通过与天合联盟成员合作,航线网络可延伸到全球1052个目的地,连接177个国家和地区。南航成为中国到大洋洲、东南亚、中西亚等地区最大航空承运人。2015年,南航开通广州—内罗毕、广州—武汉—罗马航线和广州—旧金山、广州—基督城直航航线,南航的中国与北美地区每周往返航班量达到的70班。

【主要指标】 2015年,南航安全运输旅客近1.1亿人次,同比增长8.3%。货邮运输量151万吨,运输总周转量223.8亿吨千米,同比分别增长5.5%和13.1%。实现营业收入同比增长3%;利润总额同比大幅增长81.78%。主业完成运输总周转量同比增长13.2%;运输旅客同比增长8.4%;营业收入同比增长2.9%。同时以落实国资委“提直降代”要求为契机,大力发展电子商务,在行业内率先取消国内客运基础代理费,直销比例达到32.3%,同比提高13.5个百分点。

2015年,南航把握航油价格持续走低、出境游高速增长等机遇,积极应对人民币大幅贬值等挑战。牢记责任担当,推进改革创新,积极抓住机遇,努力攻坚克难,圆满完成全年各项任务,有效履行社会责任。整个“十二五”期间,南航有力提升综合竞争实力,旅客运输量位居世界第三,各项改革发展成效明显,正在朝着世界一流的国际化规模网络型航空公司目标稳步迈进。

安全管理方面,南航始终坚持安全第一,狠抓责任落实;坚持见微知著,充分吸取内外部不安全事件教训,不断强化规章意识和底线思维;全面排查安全隐患,抓好各阶段安全检查,有效减少安全漏洞。全年完成安全运输飞行220万小时,累计安全飞行1572万小时;通用飞行10166小时;连续保证194个月的飞行安全和258个月的空防安全,确保消防和公共卫生安全,继续保持着中国航空公司最好的安全飞行记录。

服务旅客方面,建立和完善特殊任务保障、特殊旅客服务标准流程,提升特殊事件及群体的服务保障能力。成立客户关怀中心,集中处理重大复杂投诉,全年投诉同比下降9.3%。

关爱员工方面,南航加大投入和工作力度,完善员工福利、假期政策,积极改善工作生活设施条件;充分发挥工会、共青团等组织作用,开展劳模评选、青年表彰及各类文体活动;实施青年员工三年培养计划,积极关心离退休人员，注重营造团结和谐的工作氛围。

2015 年中国南方航空集团公司主要经济指标

项　目	2014 年	2015 年	比上年增长(%)
资产总额(亿元)	1967.52	1947.41	－1.02
所有者权益(亿元)	451.86	529.43	17.17
营业收入(亿元)	1091.80	1122.06	2.77
利润总额(亿元)	38.53	70.04	81.78
净利润(亿元)	30.83	55.14	78.85
归属于母公司所有者的净利润(亿元)	16.20	25.91	59.94
利税总额(亿元)	94.38	155.07	64.30
应交税金总额(亿元)	52.12	83.22	59.67
净资产收益率(%)(不含少数股东权益)	8.20	11.56	增加 3.36 个百分点
总资产报酬率(%)	3.39	4.79	增加 1.40 个百分点
国有资本保值增值率(%)	108.96	117.67	增加 8.71 个百分点

注：利税总额口径为利润总额和本年上缴国家税费总额；应交税金总额为国资决算应交税费金额。

【改革发展】 2015 年是南航不断深化改革，发展基础持续夯实的一年。探索推进改革实践，传媒公司与羊城报业集团、广东非常传媒投资有限公司共同设立广东高擎广告传媒公司，率先迈出探索混合所有制第一步；南航地产与中信地产战略重组，新的建发公司于上年 7 月开始运营；贸易公司从集团注入股份，为打造南航集中采购平台奠定基础；客货公司改制为地勤公司。完成厦航股权增持；完成机供品、客舱清洁、乘务安保排班等业务划转。机务系统实现第三方维修盈利。深化用工一体化改革，开始由身份管理向岗位管理转型，正式工与劳务工的区别将成为历史，符合岗位条件的将实现“同工同酬”；调整空勤人员年终奖励办法。不断优化机队结构。大力加强基础建设，广州白云机场配套区二期、广州信息中心大楼等 10 个项目投入使用。北京新机场规划建设取得重大突破，国家明确南航主运营基地航空公司地位，与首都机场集团签订战略合作框架协议，对南航未来发展具有重大意义。持续加强人才队伍建设。

南航成立公司采购管理委员会，加强对公司采购业务的管理。全面梳理公司范围内的采购制度流程文件，采购管理架构，本着质量、效率、廉洁三者兼顾的原则重建南航采购管理制度体系，提升了采购管理能力和水平。

【重大项目】

1. 集团公司购买东方航空公司股票。

在 2015 年“股灾”期间，出于稳定市场的考虑，经集团公司决策，通过二级市场购买东方航空 A 股股票，投资额 0.668 亿元。

2. 股份公司新设香港平台公司。

为更好地利用香港市场及其金融资源，经国务院国资委批准，股份公司在香港设立南航海外(香港)有限公司，占 100%股权，投资额 1000 万港元。该公司已取得商业登记证书，尚未注资运营。

3. 厦航设立江西航空公司。

为增强在江西省市场地位，厦门航空经与江西省政府协商，双方同意共同出资设立江西航空公司。其中，厦航占江西航空公司 60%股权，投资金额 3.6 亿元。

4. 中国南方航空大厦。

为满足生产经营不断发展需求，公司决定迁建中国南方航空集团公司总部基地，估算投资 15.87 亿元，土地面积 23311 平方米，建筑面积 137403 平方米(容积率 5.89)，控高 150 米。为减轻资金压力，降低投资成本，公司经过研究决定，南航大厦一至四层临街部分作为商业用途出售，面积 4 万平方米；另外，根据市建设规划的相关要求，增加公共设施、人防等面积 5 万平方米，在原估算基础上追加部分投资，将总投资额调整为 294970.01 万元。

项目于 2014 年 10 月 31 日顺利完成主塔楼 36 层钢结构封顶，2015 年完成景观桥、裙楼幕墙、室内水电安装及二期地下室施工、2015 年累计完成投资 158001 万元，占总概算的 52.67%。

5. 南阳姜营机场改扩建工程。

该项目为政府主要出资建设的基础设施项目，总投资5.12亿元，国家发改委安排财政资金3000万元，民航局安排民航专项基金2.5亿元，河南省政府投资1亿元，南航集团出资1.32亿元。

【走向海外】 南航集团积极推进"走出去"战略，抓住国家"一带一路"战略机遇，加强对"一带一路"沿线相关国家和地区的运力投放。2015年，在"一带一路"沿线国家和地区新开航线36条，执行航班36424班次，运送旅客474.5万人次，开通航线179条。

贯彻落实南航集团"广州之路"枢纽战略，建设广州国际航空枢纽，构建连接国内、通达国际的航线网络。2015年，新开通广州飞往意大利罗马、新西兰基督城、肯尼亚内罗毕、越南芽庄、马来西亚沙巴，和深圳飞往澳大利亚悉尼、阿联酋迪拜、泰国曼谷、甲米、普吉，以及印尼巴厘岛等"一带一路"客运航线15条。2015年，南航从广州出发的航线网络覆盖除南美之外的全球38个国家73城市，国际和地区航线每周最高达到989班。

在航空货运方面，从广州到阿姆斯特丹、洛杉矶、法兰克福、维也纳、伦敦、巴黎等地的货机航线已经成网。2015年，陆续开通新西兰、澳洲、美国、日本、德国、加拿大等市场的跨境物流业务，服务中小微电商、转运商等创新创业型的小微客户。开通港穗、深穗等卡车线路，通过地面卡车联运，实现珠三角地区物流从空中到地面的无缝衔接，国产电子产品、服装等源源不断经过空中通道出口到世界各地。2015年，南航在广州枢纽执行货机1430班次，总运输货量37.7万吨，同比增长14.2%。

在境外投资方面，截至2015年底，南航集团境外投资企业主要有4家：南龙控股有限公司(100%)、中国航空公司(香港)有限公司(33%)、中国飞机服务有限公司(8%)、中国南方航空西澳飞行学院(4.76%)，以上境外投资总额按2015年底外汇中间价折算约为20390.82万美元，均为存量投资。2014年和2015年南航集团无新增境外股权投资项目。

【重大创新】 2015年是"十二五"最后的一年，也是向"十三五"过渡的一年，南航科委将这关键的一年作为"科技项目攻关年"。提出"互联网+"思路，把重心放在"云、网、端"等"互联网+"基础上。在"互联网+"云领域，云平台发展迅猛，虚拟化服务器达到966台，同比增长87%；基本掌握云平台的主流开源技术搭建平台能力，对多个应用场景进行试验。新建和更新无线接入点280个，推动货运、行查、EFB和移动办公等业务发展。在互联网+端领域，针对6种移动设备进行研究，确定有5种设备适合南航使用，其中2种已经在南航落地；平板电脑使用数量3万台，工业级PDA也在货运业务推广使用。对智能对讲设备、可视化调度平台进行测试和选型，为未来正式使用做准备。

南航成功争取到1114万元政府科技资助，分别是：2015年民航安全能力引导资金147万元、民航科技引导资金160万元、2015年广东省前沿与关键技术创新专项资金500万元以及国家科技支撑计划课题专向资金307万元。信息中心和天合信息公司作为试点先行实施，建立一条科学、合理、梯次完整的创新人才培养链条，培养高层次技术带头人。已申报广州珠江新星二人，省科技创业领军人才一人。在全公司营造崇尚科学、尊重创新的文化氛围和价值理念，推送22期微信订阅号文章，主要推介国内外民航科技动态；在南航报刊登11期科技专栏文章。

2015年，"南航自主研发的新一代载重平衡系统"和"QAR数据在航空业的创新应用"分别获得"2015年全国交通企业管理现代化创新成果"二、三等奖，两项成果的投产将有助于公司节能减排和飞行安全。研发的"新一代载重平衡系统"获得"2015年全国交通企业管理现代化创新成果二等奖"。

【党建工作】 2015年，南航党组制定《关于党组(党委)落实党风廉政建设主体责任的实施办法》《集团党组纪检组关于落实党风廉政建设监督责任的实施办法》《集团党组党风廉政责任制实施办法》等规章制度。修订党组巡视制度，配备专职巡视组组长，加大巡视检查力度。落实中央"三转"要求，股份公司各单位纪委书记一律不再兼任工会主席，不再分管业务工作，聚焦执纪监督问责主业。推动纪委书记异地交流任职，对在岗较长的纪委书记调整轮换。组织深入学习贯彻《准则》和《条例》网上知识竞赛，教育全体党员始终严守党的各项纪律。

集团公司各项职务消费费用大幅降低，因公出国(境)费用同比下降69.1%，国内差旅费用同比下降

37.6%，业务招待费同比下降87.8%。修订完善《党组议事规则》《党组工作规则》，建立重大决策责任追究制度，确保"三重一大"事项民主决策、科学决策、依法决策。全年公司新发展党员397名，完成党员发展计划的99.25%。

南航按照中央的要求，扎实开展"三严三实"专题教育，组织开展新修订的《准则》和《条例》专题学习活动，严肃查处顶风违纪行为，全年查处违反中央八项规定精神问题9起，给予党政纪处分15人。处置问题线索136件，立案22件，给予党政纪处分37人，移送司法机关2人。制定党风廉政建设主体责任、监督责任实施办法，修订集团党组巡视工作制度，研究配备专职巡视组长。坚持制度反腐，集中完成立、改、废制度150多项，同时对领导干部亲属代理机票销售牟利问题进行排查处理，对领导干部个人报告事项开展集中抽查，对漏报、瞒报的干部进行处理，对违规用人问题进行纠正，彻底清理南航内部"裸官"。截至2015年底，党组确定的深化纪律检查体制改革的27项任务绝大部分启动，18项已经完成。深入开展问题线索处置和案件查办"两报告"工作，制定实施各级纪委书记、副书记提名考察办法。

【信息化建设】 2015年，生产运行保持平稳，系统可靠性达到99.9997%。南航按照"留痕迹、拿不走、进不来"的思路，工作重点放在建设日志和审计系统，基本实现"留痕迹"。飞行运行与安全综合门户项目实现用户统一登录，全流程跟踪的新一代货运系统实现从收单到拉货处理等所有8个环节的全流程跟踪，内部移动通讯平台实现HTML5组件库和微信接入服务，移动应用达到10个，微信企业号接入26个。

航空安全产品线利用EFB系统集成核心系统功能，完成手册管理、性能和导航、签派放行等功能。机务门户完成信息发布功能，建立统一管理平台和航材询价平台，将航材采购转变为信息系统管理。QAR系统引进三维动画的飞行模拟系统，实现飞行过程的三维回放，有效提升飞行安全电子化管理水平。eSeMS系统实现机场安保信息管理、安保培训管理等模块全公司推广，提升安保业务监控能力和管理水平。

坤翔HCC枢纽控制系统实现站坪保障全流程监控，支持大面积航延改签服务等功能。SCC旅客全流程服务系统完成各类特色服务产品的研发，成功邀约4000多位家长预订空中儿童餐食，为16000多个单飞小旅客留影。

人力资源系统进行系统一期的开发实施，完成组织人事模块的上线和切换。财务一体化项目完成CMS1.0升级。完成全面预算管理体系咨询梳理和业务预算系统试运行，全面预算管理平台初步搭建完成。实物资产系统完成技术平台的升级和八大核心功能模块的迁移与优化。实现金山WPS软件与现有OA系统的对接。大数据搜索与分析引擎完成产品规划与功能设计。TPS系统完成接入ACARS数据，提高航班起降时间数据覆盖率至86%。

【履行社会责任】 南航圆满完成抗战胜利70周年纪念活动、新疆维吾尔自治区成立60周年、西藏自治区成立50周年、"两会"等重大活动保障，以及维和运兵、抗震救灾、撤离境外人员等重要保障任务。南航志愿者服务5.7万小时，志愿者服务对象超过30万人次，其中"欢乐出行、温暖回家"志愿服务项目共有3800名志愿者和机关员工参加，累计服务3万多小时，帮助35万余名旅客，保障无陪儿童、老人、孕妇等特殊旅客4500名。2015年，该项目获得第二届中国青年志愿者服务项目大赛金奖。

保护环境上，南航落实绿色发展理念，在机队优化、飞机改装、航路优化、低碳出行、新能源应用等方面持续加大投入和改进力度，大力推进节能减排，全年节省航油2.5万吨、减少二氧化碳排放量7.8万吨。

为加强与公众的互动沟通，全面了解公众对南航社会责任的需求，开展大规模的调研活动，收集旅客、投资者、合作伙伴、供应商、非盈利机构、政府、媒体等近万条意见和建议。同时，举办首个南航公众开放日活动，不断加强与利益相关方沟通，提高企业运营透明度。

（撰稿人：张蔚虹）

中国中化集团公司

【基本概况】 中国中化集团公司（以下简称"中化集团"）成立于1950年，前身为中国化工进出口总公司，历史上曾为中国最大的外贸企业。现为国务院国有资产监督管理委员会监管的国有重要骨干企业，总部设在北京。

中化集团主业分布在能源、农业、化工、地产、金融五大领域，是中国四大国家石油公司之一，最大的农业投入品（化肥、种子、农药）一体化经营企业，领先的化工产品综合服务商，并在高端地产酒店和非银行金融领域具有较强的影响力。中化集团现在境内外拥有300多家经营机构，控股中化国际、中化化肥、中国金茂等多家上市公司，并于2009年6月整体重组改制设立中国中化股份有限公司。

中化集团也是最早入围《财富》全球500强的中国企业之一，到2015年已25次入围，2015年名列第105位；并于2013年、2014年连续两年被《财富》评为“全球最受赞赏公司”，位列贸易行业榜首。在国务院国资委业绩考核中，中化集团连续十一年、连续三个任期均被评为A级。

【主要指标】 2015年是国际金融危机以来中央企业生产经营形势最严峻、情况最复杂、任务最艰巨的一年，中化集团五大板块面临的经营环境均不宽松，油价大幅下跌更是对企业业绩带来巨大冲击。面对困难和挑战，中化集团以提高发展质量和效益为中心，持续深化改革、转型发展、从严管理，在异常艰难的形势下完成全年各项任务、国资委效益考核目标，财务结构继续保持稳健。

2015年中国中化集团公司主要经济指标

项　目	2014年	2015年	比上年增长(%)
资产总额(亿元)	3553.54	3546.42	－0.20
所有者权益(亿元)	1276.98	1198.32	－6.16
营业收入(亿元)	4968.29	3811.86	－23.28
利润总额(亿元)	113.45	60.09	－47.03
净利润(亿元)	69.67	30.50	－56.22
归属于母公司所有者的净利润(亿元)	34.67	－3.46	－109.98
利税总额(亿元)	255.33	239.84	－6.07
应交税金总额(亿元)	148.93	258.58	73.63
净资产收益率(%)	4.87	0.00	减少4.87个百分点
总资产报酬率(%)	4.60	2.99	减少1.61个百分点
国有资本保值增值率(%)	106.31	100.95	减少5.36个百分点

【主营业务】 2015年，中化集团全力抓好主业经营，稳步推进各项战略议题，进一步夯实五大板块产业基础、提升产业地位。

能源板块：中化集团依托60多年经营石油业务积累的雄厚基础，积极提供经济社会发展所需的油气资源，参与国家战略石油储备体系建设和能源发展规划研究，在中国和世界能源市场中发挥着日益重要的作用。2015年，勘探开发业务在哥伦比亚、美国、中国重庆等项目上取得勘探新成果，权益内油气2P（证实与概算）储量超过8亿桶。中化泉州1200万吨/年炼油项目在建成投产的第一个完整年度内加工原油997万吨，获得成品油来料加工出口资质并实现出口；100万吨/年乙烯及炼油改扩建项目前期工作有序推进。贸易业务获取新资源，长约量超过6000万吨。仓储业务经营稳健，仓储中转量达到4833万吨、创历史新高。成品油营销网络建设快速推进，在建和营业的加油站超过900座。

农业板块：中化集团是国内规模最大的农业投入品（化肥、种子、农药）及农业服务一体化运营的中央企业，致力于成为世界领先的农业投入品和农业服务提供商。2015年，中化化肥经营总量达到1306万吨，控股产能362万吨；中化长山30万吨/年尿素改扩建项目建成投产。中种公司在全国建立覆盖主要作物种植区域的近65万亩种子生产基地，年生产加工高质量种子2.5亿千克；与中国科学院遗传与发育生物学研究所等单位开展战略合作，打造种业创新链。农药领域，中化国际形成沈阳、南通、扬州三大生产基地，年原药总产能16万吨，覆盖除草剂、杀菌剂、杀虫剂和植物生长调节剂四大类产品。农业服务领域，中化集团于2015年全资成立中化现代农业有限公司，打造领先的现代农业全程解决方案提供商。

化工板块：中化集团是国内领先的化工产品综合服务商，在多个细分领域建立较强的竞争优势。氟化工领域，中化蓝天产品覆盖氟碳化学品、含氟特殊化学品、氟聚合物、无机氟化合物等细分领域，10余个品种位居国内、国际市场份额第一。天然橡胶和橡胶化学品领域，2015年中化国际全年天然橡胶销量127万吨，居全球天然橡胶供应商前三位；江苏圣奥作为全球领先的橡胶化学品供应商，6PPD及RT培司产品的产能和市场销售份额均全球领先。精细化工领域，扬农集团在苯氯化硝化系列、环氧氯丙烷等产品领域具有领先的市场地位和全球影响力，拥有全球首套自主知识产权的生物基甘油法环氧氯丙烷工业化生产装置。化工品物流领域，中化国际是国内规模最大的专业液体化工品船运经营实体之一，拥有67艘散装液体化学品船、3艘大型液化气体船，总控制运力100万吨。

地产板块：中化集团是国务院国资委批准主业中包含地产开发和酒店经营的中央企业之一，中国金茂控股集团有限公司为中化集团在地产开发领域的旗舰平台。2015年，中国金茂销售签约额达到301亿元，挺进行业第二梯队；进入华北、华东、华南、华中、西南五大区域，在北京、上海、长沙等13座城市正开发项目42个。中国金茂还在全国拥有12家运营和在建豪华酒店，在北京、上海等核心城市黄金地段拥有多个地标写字楼，持有及在建商业建筑面积超过48万平方米。

金融板块：中化集团金融业务涵盖融资租赁、信托、证券投资基金、财务公司、人寿保险、期货经纪等领域，形成资质较为齐全的非银行金融业务发展框架。2015年，外贸信托净资产超过74亿元，管理的信托资产规模超过4560亿元，品牌影响力、综合经营实力稳居行业前列。远东宏信生息资产1219亿元，资本权益突破229亿元，继续在中国融资租赁行业保持领先地位。

【改革发展】 2015年，中化集团认真落实中央《关于深化国有企业改革的指导意见》，成立深化改革领导小组，加强改革工作顶层设计、系统筹划和整体协调；总部职能部门和各经营单位坚持以精益理念为指引、以深化改革为动力，进一步强化管理创新。财务管理方面，建立长周期预算管理体系，积极拓展境内外一体化资金运作渠道。成本管理方面，组建成本管理中心团队，初步建立责任成本管理体系。工程管理方面，强化开工环节审批，制定实施工程建设管理标准。物资采购管理方面，建立集中管理型的采购管理模式，推进大宗原材料及战略物资集中采购。品牌管理方面，发布新版VI手册，明确“中化SINOCHEM”主品牌标识。队伍建设方面，分层次开展专业技术和生产技能人才队伍建设，积极申报国家级高层次人才计划。薪酬激励方面，实施差异化工资总额配置方案，鼓励符合条件的上市企业实施中长期激励计划，允许经营单位采取多元化激励措施留住人才、调动员工队伍积极性。

【科技创新】 2015年，中化集团发布《关于全面推进科技改革的意见》，加快推进创新型企业建设。实施产品经理制、闸门式管理等科技改革举措，营造良好的科技创新环境。推进科技平台建设取得新进展，新增中种公司、中化蓝天两个国家重点实验室。加快科研成果产业转化迈出新步伐，包括沈阳院无毒染发剂、中种公司90K芯片等在内的一批新科研成果成功产业化，集团发明专利申请数在央企排名中同比上升5位。

【信息化建设】 公司信息化建设按照“六统一”原则加速推进，取得系列重要成果。贸易分销业务管理系统在泉州石化油品主销区域企业推广上线，塑料公司B2B交易平台等电子商务项目投用，集团移动应用商店等信息系统建成，有力支持经营管理活动。

【党建工作】 2015年，中化集团各级党组织坚持把深入学习贯彻习近平总书记系列重要讲话精神贯穿始终，以全面落实从严治党为主线，强化管党治党责任意识、健全完善工作机制，全面加强集团党的建设。集团党组将“三严三实”专题教育作为重大政治任务来抓，形成上行下效、一级促一级的良好局面，专题教育成效显著。以接受中央专项巡视为契机，坚持立规执纪，巡视问题整改到位。健全完善党建工作责任体系，使各级党组织书记党建“第一责任人”和领导班子“一岗双责”意识得到增强。持续加强党的各级组织建设，将党支部建到车间、班组等生产经营管理一线，全集团共有基层党委40个、党(总)支部593个，在职党员8013人，占全员的17%。

【履行社会责任】 中化集团始终以建设受人尊敬、具有全球地位的伟大公司为目标，积极履行社会责任。2015年，中化集团继续发挥能源、农业等领域国家队作用，严格执行国家宏观调控措施，为稳定相关产品市场供应、保障相关产业安全承担应尽责任。公司在全国范围内开展“中化情 三农梦”系列农业公益服务活动，助力农业增产、农民增收；大力实施绿色发展战略，推行清洁生产，发展循环经济；助力贫困地区教育、医疗等公益事业，支援西藏、青海、内蒙古4个对口扶贫县，累计投入扶贫、援藏、援青资金1.85亿元。

(撰稿人：江　霈)

中粮集团有限公司

【基本概况】 中粮集团有限公司(以下简称“中粮集团”或“中粮”)成立于1949年，经过几代人的努力，从单一的粮油食品贸易公司发展成为全球布局、全产业链、拥有最大市场和发展潜力的农业及粮油食品企业，是国家粮食安全战略和食品安全战略的执行主体。

截至2015年底，中粮营业收入4054亿元，在全球拥有仓储能力3100万吨，港口中转能力5300万吨/年，国际贸易量超过7800万吨/年，加工能力9000万吨/年，多个经营品类位居行业首位，连续22年入选《财富》世界500强。

【主要指标】 2015年，在国内经济进入新常态，消费增速下行，汇率波动加剧，粮食市场政策市特征明显，且国内外价格、产销区价格、原料和成品价格严重倒挂的严峻形势下，中粮集团以国有资本投资公司改革试点为契机，以全面提升企业经营质量和ROE回报为目标，进一步深化企业改革，优化业务布局，提升管理水平，各主要经济指标完成情况较好。

2015年中粮集团有限公司主要经济指标

项　目	2014年	2015年	比上年增长(%)
资产总额(亿元)	4397.94	4589.78	4.36
所有者权益(亿元)	1264.43	1348.55	6.65
营业总收入(亿元)	2496.90	4054.42	62.38
利润总额(亿元)	30.82	34.40	11.62
净利润(亿元)	9.79	13.22	35.04
归属于母公司所有者的净利润(亿元)	7.62	16.68	118.90
技术开发投入(亿元)	5.13	1.84	—30.92
利税总额(亿元)	117.26	156.5	33.46
应交税金总额(亿元)	103.09	133.62	29.61
全员劳动生产率(万元/人·年)	15.69	22.14	41.11
净资产收益率(含少数股东)(%)	0.88	1.00	增加0.12个百分点
净资产收益率(不含少数股东)(%)	1.28	2.45	增加1.17个百分点
总资产报酬率(%)	2.43	2.34	减少0.09个百分点
国有资本保值增值率(%)	101.08	106.25	增加5.17个百分点

【改革发展】

1. 推进境外重组，加快国际化进程。全面开展对尼德拉、来宝农业的并购后整合工作，并联合原有投资人收购来宝农业剩余49%股权，促进业绩提升和国内外业务一体化运营，努力将中粮打造成为具有竞争力的国际大粮商。

2. 全面开展国有资本投资公司改革试点。按照试点工作总体要求，从打造国有资本投资平台、优化整体管理架构、推动混合所有制改革、完善各级治理结构、改革用人机制和激励机制等方面，逐步明确改革措施，不断完善改革方案。

3. 继续推进与其他国有农粮企业的重组整合。全面开展与华孚集团的整合工作，将华孚集团相关业务单元拆分到中粮现有经营单位。

4. 稳妥推动混合所有制改革。按照分类分层推动混合所有制的总体思路，中粮我买网引入泰康人寿、百度等投资人，完成2.2亿美元C轮融资。中粮工科通过定向增资，引入复星创富等外部投资人以及核心管理团队共4.4亿元投资。中粮包装溢价30%左右，以6港元/股的价格向奥瑞金出售25%～27%的股份，收回现金13亿元。

5. 提出打造四大业务板块的发展思路。根据农粮食品等行业发展趋势和自身业务现状，将现有10多个经营单位划分为农粮、食品、地产、金融四大板块。2015年12月，通过第一批将中国食品、中粮肉食、蒙牛乳业、中粮包装、中粮进口食品、中粮工业食品6家单位的股权纳入中食控股，初步完成食品板块设立工作，其他板块整合正有序进行。

6. 夯实基础管理，严格防范风险。完善投资管理，降低融资成本，加强风险控制，系统推进质量安全体系建设，建立服务决策、服务业务、服务风险的CNN一体化商情体系，推动标杆管理和队伍建设，为集团发展提供良好基础。

7. 加强党建和党风廉政建设。深入开展"三严三实"专题教育，进一步强化党组织在企业管理中的政治核心作用。着力构建"不敢腐、不能腐、不想腐"的体制机制，把党风廉政建设和反腐败斗争不断引向深入。

【重大项目】 2015年，中粮集团围绕打造"全产业链粮油食品企业"的战略目标，以内部发展为主，外部并购为辅，进一步增加对主业的投资，不断提升企业整体实力。2015年完成投资80.2亿元（不包括计划单列的48.7亿元海外并购投资）。从项目性质看，固定资产投资72.8亿元，占91.0%；股权（产权）投资7.3亿元，占9.0%。从投资行业看，粮油食品业务投资40.6亿元，占50.6%；地产业务36.4亿元，占45.4%；金融业务3.2亿元，占4.0%。

1. 重组华孚集团。2014年11月，华孚集团整体并入中粮集团，成为中粮集团的全资子公司。截至2015年底，华孚集团各业务分拆进入中粮集团相关业务单元，其中中糖公司先期由中粮屯河整体托管，按业务制定重组方案；中食公司先期由中粮肉食整体托管，按业务制定重组方案；国贸食品科学研究所并入中粮营养健康研究院；华孚集团工程设计业务与中粮工科合并，共同组建新的中粮工科；华商储备中心成为中粮集团直接管理的一级经营单位。

2. 建设中粮广东产业园。该项目计划投资18.4亿元，截至2015年底，实际完成投资3.9亿元，其中2015年投资2.8亿元，完成初步设计评审、招标方案审批以及部分招标工作等前期准备工作。

3. 建设275万吨储粮罩棚。该项目是中粮集团积极落实国家新增5000万吨仓容的建设计划，优化产区粮库布局的重要举措，涉及东北三省、内蒙古自治区四个区域总计49个子项，计划新建仓容275万吨，总投资8.1亿元。截至2015年底，建设完成44个子项，新增仓容237万吨。

4. 粮达网正式上线。粮达网是由中粮与招商局集团共同打造的粮食电商平台，为粮食产业链企业提供"B2B""O2O2O"等多种交易模式，帮助买卖双方降低交易成本，提高效率。粮达网将优化和再造农粮产品供应链，改变传统的中国粮食贸易方式，通过效率产生价值，搭建衔接南北产销区、连通国际市场的粮食交易平台，打造南方大宗商品交易所，打造互联网＋、物流＋跨境结算中心。

【走向海外】 在完成尼德拉和来宝农业的并购后，中粮在巴西、阿根廷、黑海地区等国际重要的粮食产地一跃成为领先的粮油贸易商，一手粮源掌控量超过2000万吨，国际贸易量超过6500万吨，海外粮油糖经营量接近1亿吨，可以成为保障国内供给、服务国家粮食安全的主力军，为落实"适度进口"战略提供坚实保障。

2015年，中粮全面启动对这两家公司的管理整合工作。一是完成对中粮农业董事会、尼德拉监事会（功能与董事会类似）的改组，调整部分管理层，并加强经营管控，促进业绩提升。二是推动国内外业务协同，实现商情信息共享，建立一体化采购流程，2015年，中粮国内业务从这两个公司的采购量占相关商品进口量近70%。

为推动国内外业务更深入整合和战略经营管理一体化，2015年12月，中粮与来宝集团签署收购协议，中粮联合原有投资人，以7.5亿美元的较低价格收购来宝集团持有的来宝农业49%股权。收购完成后，来宝农业更名为中粮农业。

【党建工作】 2015年，集团深入推进"四个全面"总体布局，在深化国有企业改革中坚持党的领导、加强党的建设，持续大力推进反腐倡廉工作，锐意改革进取，狠抓党风建设，加强内部职业道德培养，推广廉洁教育。

集团通过系统再造，稳步实现能力提升。集团提高纪检监察部规格，增设3个纪检监察综合业务室，并对纪检监察部职能重新梳理，集团审计部与纪检监察部建立“审计与纪检联动”工作机制，加强对违纪违规问题的查处，突出监督执纪问责。

进一步梳理职业道德制度规范，明确中粮人自己的规矩。重新修订《中粮经理人职业操守十四条》，出台《中粮财务人员职业操守十四条》，制定《中粮集团职工违纪违规行为处分办法》，出台经理人廉洁从业考试制度，考试不合格不予提拔任用。

大力推进廉洁教育培训和宣传，在“入心、入脑、入行”上下功夫。将党规党纪教育纳入经理人培训体系，让廉洁教育成为经理人上岗的第一课，全面覆盖新任经理人；坚持党组书记带头讲党课，邀请专家学者深入解读党规党纪；及时通报查实的违纪问题，编写典型案例，用身边事警醒身边人；建立“廉洁中粮”网站，使其成为宣传解读方针政策、加强党纪教育的日常阵地。

【信息化建设】 2015年，集团重点关注整体信息化建设规划，加强IT基础设施建设和应用系统推进，切实做好信息安全检查和防护以及日常IT保障，为业务发展和管理提升提供有力支撑。

优化IT基础设施建设，加强信息安全检查和防护。集团进行信息安全硬件采购与系统实施，进行网站迁移调研、防火墙流量配置及策略添加，部署应用安全防护系统、漏洞扫描系统、移动设备管理系统，完成对集团域控制器的升级改造。

推进应用系统建设，保障系统日常运维。全年进行集团人力资源系统、官网改版等九大应用系统的建设和升级，顺利完成22大应用系统日常运维，持续优化系统性能，不断提升信息化水平。

【履行社会责任】

1. 保障粮食安全。中粮始终以国家大局为重，以人民富足为己任，基于自身在粮油食品领域的专业性，通过市场化的手段，在采购、加工、物流、销售等环节统筹安排，积极响应国家战略，服务国家宏观调控，保障粮油食品的稳定供应，促进市场供需平衡，调剂粮油食品余缺。

2. 领军农业“走出去”。为了保障国家粮食安全，中粮大力实施“走出去”战略，打造与ABCD比肩的国际化大粮商。通过海外采购平台，中粮集团逐步向海外粮源产区上游延伸，并初步建成由海外粮源产区流向中国等主销区的粮食走廊，海外粮源的掌控能力进一步提升。

3. 助力农业产业化。面对中国农业资源偏紧、生态环境恶化的局面，联合政府、企业、农村、农民共同推进农业产业化进程，促进专业化、规模化、标准化、集约化农业生产，既是现代农业的发展方向，也是解决三农问题，提升农村、农民收入的必由之路。2015年，中粮通过整合资源、协调投放，为农户提供农资销售、技术培训、订单农业、农业金融、增值服务等多项服务，有效降低农民的生产成本，让农民在生产过程中受益。在此过程中，集团进一步掌控优质粮源，在保证农户利益和粮食产量的同时，也保证粮食品质，并实现公司业绩提升。

4. 保障食品安全。中粮持续在生产、加工、仓储、销售等各个环节推进食品安全提升与保障，加强集团旗下企业的安全排查，及时发现潜在问题并督促整改。2015年，中粮继续加强食品安全管控，从源头杜绝安全事故的发生，着力建立产品可追溯体系，有效监管产品在生产、运输、销售等各环节的质量安全，切实做到“第一时间发现问题，解决问题”，增强产品质量安全管理成效。中粮依托全产业链生产和管理模式，建立全过程质量安全风险控制机制和集团检验检测中心、区域实验室、基层企业实验室三级检验检测体系，开发具有自主知识产权的质量安全绩效评估系统SPAS，推动质量安全管理工作系统化、标准化、可视化。

（撰稿人：方　敏）

中国五矿集团公司

【基本概况】 中国五矿集团公司（以下简称“中国五矿”）是一家国际化的矿业公司，秉承“珍惜有限，创造无限”的发展理念，致力于提供全球化优质服务。公司主要从事金属矿产品的勘探、开采、冶炼、加工、贸易，以及金融、房地产、矿冶科技等业务，主要海外机构遍布全球34个国家和地区，拥有10.3万名员工，控股7家境内外上市公司。中国五矿位列2015年世界500强第198位，荣膺“2015年全球最受赞赏公司”金属行业排行榜第九名。

【主要指标】 2015年，中国五矿实现营业收入2004亿元，商品经营总量8400万吨。铁精矿产量684万吨，同比增长2.6%；铜产量21.7万吨，同比增长2.7%，创历史新高。有色金属商品贸易经营量同比增长9.6%，锌锭、氧化钨经营量同比分别增长8.5%、34.6%。钢材出口总量334万吨，同比增长26.8%，全国排名第三。

2015年中国五矿集团公司
主要经济指标

项　目	2014年	2015年	比上年增长（%）
资产总额（亿元）	3494.00	3539.00	12.88
所有者权益（亿元）	656.00	465.00	-29.11
营业收入（亿元）	3228.00	2004.00	-37.92
技术开发投入（亿元）	4.15	3.99	-3.86
利税总额（亿元）	68.86	65.21	-5.30
应交税金总额（亿元）	75.76	75.47	-3.84

注：以上数据均为财务决算数据。

【改革发展】 2015年，金属矿产行业步入寒冬期，中国五矿出现前所未有的严重亏损。面对重重挑战，中国五矿及时主动调整工作思路和重点，为下一步轻装上阵、持续发展打开空间。一是发展基础不断夯实。表现在生产经营更加稳健、经营现金流状况明显改善、资产负债结构持续优化、风险管控能力逐步提升。二是结构调整实现突破。与中国冶金科工集团有限公司成功进行战略重组；及时关停五矿物产、华美达、湖铁本部、山西昇运、湘氟公司、稀土发光材料板块、郑家坡铁矿和莱州矿业；以合理价格转让江钨集团全部股权，实现钨资源区域布局调整。三是生产端实力持续增强。成功建成邦巴斯铜矿；硬质合金等加工制造业务不断升级；安徽开发矿业、香炉山钨业等生产成本显著降低。四是贸易端优势更加凸显。有色、黑色大宗商品贸易全面实现盈利；钢材流通业务的行业龙头地位进一步强化，流通服务能力全面提高；与阿里巴巴合作组建钢铁电商平台。五是多元业务再创佳绩。金融中心平台类和投资类业务双线发展，下属企业利润总额全部突破1亿元；地产中心借助一体化整合契机，全年签约销售额再创新高，项目累计签约额150亿元，回款额超过145亿元。六是深化改革有序推进。启动建设规范董事会工作，组建第一届董事会及4个专门委员会；职能管理创造价值，人力资源管理变革破题前行，制定完成集团公司“十三五”发展战略，强化审计结果应用，完善安全环保责任体系，持续推进V5四期工程建设，调整优化矿产资源部职责，全面梳理下属企业的102个矿业权，建立矿业权和矿业信息数据库。七是软实力全面提升。成立集团公司党组办公室，健全各级企业党委和纪委，党建工作不断加强；巡视整改扎实开展，加大监督问责力度。

【重大项目】 12月8日，国务院国资委网站发布公告：“经报国务院批准，中国冶金科工集团有限公司（简称“中冶集团”）整体并入中国五矿集团公司（简称“中国五矿”），成为其全资子企业。中国冶金科工集团有限公司不再作为国资委直接监管企业。”中国五矿与中冶集团实施战略重组，将有利于提升中央企业在国际金属矿产领域的资本实力与竞争能力，有利于为国家金属矿产资源安全提供保障；有利于加快国内钢铁、有色等产业结构调整与产业转移，为国家“走出去”战略与“一带一路”战略实施提供支撑。

11月27日，中国五矿旗下五矿发展股份有限公司（简称“五矿发展”，股票代码：600058.SH）与阿里巴巴集团旗下杭州阿里创业投资有限公司（简称“阿里创投”）联合宣布，双方达成协议共同向五矿发展下属子公司五矿电子商务有限公司（简称“五矿电商”）进行增资，共同打造钢铁交易B2B平台。五矿发展、阿里创投以及海立云垂共同向五矿电商增资59252.87万元，其中五矿发展以现金增资20372.87万元，阿里创投以现金增资31680万元，海立云垂增资7200万元。增资完成后，五矿发展、阿里创投、海立云垂分别持有五矿电商46%、44%、10%的股权。本次交易经五矿发展第七届董事会第八次会议审议通过。双方此番合作定位于打造业内具有领先竞争力的钢铁交易平台，为供应链上下游企业提供各类电商支持。

【走向海外】 中国五矿秘鲁邦巴斯项目试车工作按计划推进，项目各项建设工作进入尾声，截至12月初，陆续产出试产铜精矿，这些铜精矿将用于测试物流运输各个环节。截至2015年12月2日，尾矿库以及Matarani港口设施的基建进度为75%。预计项目将在2016年一季度进入商业生产并向客户装运铜精矿。

【重大创新】 2015年，中国五矿研发投入10.3亿元，获授权专利382项。中国五矿提交的"国际海底区域多金属结核保留区矿区勘探权"申请获得国际海底管理局理事会核准，标志着中国五矿在东太平洋海域获得72740平方千米多金属结核矿区的专属勘探权。这是中国首次以企业为主体的形式获得国际海底矿区。

中国五矿所属株洲硬质合金集团有限公司"高性能钨基复合材料及其应用"获得2015年度国家技术发明奖二等奖，该成果达到国际先进水平。该成果也标志着中国五矿在国内优势资源的下游材料领域核心关键技术与共性基础性技术方面取得重大突破。

中国五矿下属长沙矿冶院与柿竹园共同合作的高钙萤石综合回收项目，实现重大突破，实际回收率从20%提高至44%，直接创造效益3300万元以上。

【党建工作】 2015年，中国五矿以开展巡视整改工作和集团公司领导干部"三严三实"专题教育为中心，着力推进思想理论建设和形势任务教育，打造党建基础工作检查评价及党建培训两个体系，加强精神文明和企业文化建设，服务青年成长成才，履行社会责任大力推进定点扶贫和对口帮扶工作等，为中国五矿改革发展提供有力的组织保障、思想保证、舆论支持和文化条件。一是以开展巡视整改为契机，提升党建工作水平。二是开展"三严三实"专题教育，贯彻从严治党要求。三是组织召开2014年度民主生活会，跟踪整改落实工作。四是推进思想理论建设和形势任务教育。五是完善党建基础工作检查评价体系，落实党建工作责任制。六是健全党建培训体系，打造高素质党务干部和党员队伍。七是夯实党建基础工作，加强组织建设。八是加强精神文明建设和企业文化建设，积极培育和践行社会主义核心价值观。九是提高党建宣传能力和水平，做好"三个平台"建设。十是成立集团公司党建思想政治工作研究会。十一是开展集团公司"五四"表彰，做好共青团及青年工作。十二是做好定点扶贫和对口帮扶工作，履行社会责任。

【信息化建设】 2015年，中国五矿信息化工作取得积极进展，信息化水平稳步提升。一是以V5四期工程建设推动业务中心深化整合融合，助力专项职能管理。开展黑流中心电商平台建设工作，优化电商平台运营体系，开展新技术研究，完善数码仓、银行和ERP接口；完成二十三冶建安及房地产系统建设项目、人力资源薪酬项目、风险及内控管理项目。二是开展技术创新研究，打造安全可靠、弹性先进的基础设施架构，助力集团公司降本增效。三是积极探索云计算新技术在集团公司的应用，启动五矿云盘建设，增强集团公司办公文档集中存储、协同与共享，提高办公效率。四是强化信息安全管理和技术手段，提升信息安全水平。

【履行社会责任】 中国五矿重视履行中央企业的社会责任，2015年报送的《治理历史遗留隐患，实现绿色清洁发展》案例被联合国全球契约中国网络评为"2014年度全球契约中国最佳实践"奖项中的"关注气候与环境保护最佳实践"，在社会责任管理、环境保护、员工权益保护等方面的优秀做法获得利益相关方的广泛赞誉。

（撰稿人：黄　为）

中国通用技术（集团）控股有限责任公司

【基本概况】 中国通用技术（集团）控股有限责任公司（以下简称"通用技术集团"或"集团"）成

立于1998年3月，是由国务院国资委履行出资人职责、中央直接管理的国有重要骨干企业，是一家处于完全市场化、充分竞争领域的央企。集团资产和业务主要分布在服务业领域，包括贸易与工程承包、医药健康、技术服务咨询与先进制造、建筑地产、金融服务五个板块，是我国最大的先进技术装备引进服务商、最大的轻工产品和医药保健品进出口商、最大的移动通信终端产品分销与服务商，同时是我国重要的装备制造商、国际工程承包商、医药生产与供应商、技术服务与咨询商、建筑地产商。在2015年度《财富》世界500强企业中排名第426位。

截至2015年底，集团拥有境内二级经营机构22家；拥有境外机构63家，其中集团直属境外机构10家，子公司管理53家；拥有上市公司3家，其中A股上市公司2家（中国医药健康产业股份有限公司、中国汽车工程研究院股份有限公司），H股上市公司1家（环球医疗金融与技术咨询服务有限公司）。在岗职工人数36157人。

【主要指标】 2015年，通用技术集团全年实现营业收入1739亿元，同比增长2.0%；实现利润总额54.9亿元，同比增长13.6%；实现净利润41.2亿元，同比增长13.7%；年末资产总额1394亿元，所有者权益总额435亿元。全年实现新签合同1876亿元，同比增长11.6%。业务结构有所优化，盈利能力稳步提升；降本增效成效显现，可控费用持续下降；资产负债率处于合理水平，财务状况总体平稳，整体呈现健康良好的发展态势。在国资委对中央企业2015年经营业绩考核中，集团再次荣获A级，这是集团连续第七年保持在A级行列。

2015年中国通用技术（集团）控股有限责任公司主要经济指标

项　目	2014年	2015年	比上年增长（%）
资产总额（亿元）	1327.0	1394.0	5.0
所有者权益（亿元）	410.0	435.0	6.1
营业收入（亿元）	1705.0	1739.0	2.0
利润总额（亿元）	48.3	54.9	13.6
净利润（亿元）	36.2	41.2	13.7
归属于母公司所有者的净利润（亿元）	29.3	32.8	12.0
利税总额（亿元）	109.1	119.1	9.1
应交税金总额（亿元）	72.9	64.2	－12.0
净资产收益率（%）	9.06	10.22	增加1.16个百分点
总资产报酬率（%）	5.20	5.48	增加0.28个百分点
国有资本保值增值率（%）	110.60	111.70	增加1.1个百分点

【改革发展】 按照中央精神和国资委部署，集团以党的十八届三中、五中全会精神为指引，进一步突出重点、积极探索，扎实推动改革工作，取得良好成效。一是研究起草《集团2016—2020年深化改革实施方案》，提出“十三五”期间深化改革的指导思想、总体目标和具体举措，为下一步工作奠定较好基础。二是改制上市工作取得重大进展。2015年7月8日，集团所属环球医疗金融与技术咨询服务有限公司在香港联交所主板正式挂牌上市（证券简称“环球医疗”，证券代码2666），募集资金总额36.54亿港元，实现集团在国际资本市场上的首次股权融资，为推动集团医疗服务业务实现融资滚动发展打下良好基础。部分下属企业完成改制，为下一步引进战略投资者做好体制准备。三是稳步推进内部产业整合。新兴集团下属长城制药和上海新兴两家药企正式交由中国医药托管，实现集团医药业务一体化经营格局；地产业务整合完成组建机构、调研摸底、改制立项、财务审计、资产评估等工作。四是继续加大低效无效资产清理处置力度。在前四年完成270个项目清理处置的基础上，2015年又完成48个项目的清理处置，收回转让资金2714万元，进一步精简机构，盘活资产，实现经营资源向主业集中。五是继续推进“三供一业”分离移交工作。哈量集团基本完成“三供一业”改造移交工作，齐二机床、天方药业、中国汽研开展部分工作，

有利于减轻企业社会负担。六是稳步推进激励及分配机制改革，充分发挥其在保增长、提质增效、转型升级中的导向作用。注重人工成本管控，强化激励约束机制创新，规范收入分配秩序；进一步突出和强化分类考核、个性化考核，不断增强业绩考核的针对性、科学性、合理性和有效性。

【走向海外】 2015 年，通用技术集团紧跟国家“一带一路”、推进国际产能合作和中国装备“走出去”等重大战略，深度开发孟加拉、斯里兰卡等传统东南亚市场，加大开发古巴、阿根廷等南美和非洲新市场，国际化经营取得新的进展。新签项目包括孟加拉希拉甘杰 3 号机项目、阿根廷贝尔格拉诺燃机项目、斯里兰卡污水处理项目、古巴 240 辆客车出口项目、马达加斯加通讯项目等。马来西亚曼绒电站项目成功实现商业移交并荣获国际电力行业的最高奖项——美国《电力》杂志评出的“最佳工程项目奖”，贝宁公路项目提前 9 个月实现竣工，印尼西苏电站项目、孟加拉希拉甘杰二期项目、俄罗斯宾萨水泥厂等项目顺利进入质保期，斯里兰卡南部铁路项目、印尼阿迪帕拉燃煤电站项目等进展正常。

【重大创新】 集团以全面实施国家创新型企业试点为抓手，加快创新体系建设，着力提升自主创新能力，取得一批重要成果。全年研发投入 5.1 亿元，新增发明专利 84 件，同比增长 95.3%；开发新产品 88 项，新产品销售收入 8.89 亿元。安排自主创新专项资金 5031.6 万元，承担 4 项国家重点产业振兴和技术改造专项项目、19 项国家科技重大专项、20 项国家重点科技计划项目。2015 年，获得省部级科技奖励 14 项，其中一等奖 1 项，二等奖 6 项。所属中国纺织科学研究院牵头制修订的 2 项国际标准发布，进一步巩固我国在纺织品生态安全检测等领域的国际领先地位，其主持起草的国家首部婴幼儿及儿童纺织产品强制性标准正式发布；所属北京机床研究所主导研制的国际标准《数控机床电气设备及控制系统安全》通过成员国的最终投票，这是我国机床行业负责制定的第一项国际标准。积极推进重大创新成果产业化，中纺院万吨级新溶剂法纤维素纤维产业化项目正式实施，截至 2015 年底完成主体设备招标和土建施工招标等工作。

【党建工作】 2015 年，通用技术集团党组认真落实中央全面从严治党要求，紧紧围绕企业经营管理中心任务抓党建，党建工作取得新成效。一是强化理论武装。通过党组（党委）中心组学习等途径，深入学习贯彻党的十八届三中、四中、五中全会和习近平总书记系列重要讲话精神，集团党员、干部进一步坚定理想信念、增强政治定力，自觉在思想上、政治上、行动上与党中央保持高度一致。二是抓好中央巡视反馈意见整改落实工作。按照中央统一部署，中央第十巡视组于 2015 年 3 月 1 日至 4 月 30 日对集团进行专项巡视，实事求是指出集团在党风廉政建设、财务管理、海外工程项目和境外资产管理、选人用人等方面存在的突出问题，就整改工作提出明确要求。集团党组和领导班子把落实中央巡视组反馈意见作为重大政治任务来抓，制定整改方案，逐项狠抓落实。通过巡视整改，集团党组和各级党组织担当主体责任的意识、各级领导班子成员担当“一岗双责”的意识、各级干部的纪律和规矩意识得到增强，各方面的制度“笼子”扎得越来越紧，不但促进集团党建和党风廉政建设的加强，而且促进集团管理提升，推动集团健康发展。三是认真开展“三严三实”专题教育，打造忠诚干净担当的领导干部队伍。集团各级领导班子和领导干部深刻学习领会习近平总书记“三严三实”要求的重要意义和丰富内涵，着力查找并解决自身存在的不严不实问题，进一步增强党的意识、转变工作作风、提升工作能力。四是进一步加强基层党组织建设和党员队伍建设。在国资委党委的领导下，集团直属党委圆满完成换届工作。按照集团内部企业重组安排，及时调整党组织隶属关系，配齐配强党委班子成员，保证党建工作的持续开展。落实发展党员工作细则，提高党员发展质量，加强和改进党员队伍教育管理，充分发挥基层党组织的战斗堡垒作用和党员的先锋模范作用。创新方式方法，积极推进党建信息化平台建设。五是进一步加强党建工作制度建设。制定出台《关于加强和改进党的建设充分发挥党委政治核心作用的实施意见》《关于深化“四风”整治、巩固和拓展党的群众路线教育实践活动成果的实施意见》《集团领导班子成员落实党风廉政建设“一岗双责”暂行办法》等制度；制定《集团 2015 年党建工作考评方案》，从 2015 年开始把党建工作开展情况纳入对二级单位的绩效考核，与领导的薪酬和奖惩挂钩。六是进一步加强精神文明建设、企业文化建设、群团、统战、维稳等工作，为企业发展营造良好氛围。

【信息化建设】 2015年，通用技术集团紧紧围绕“十二五”信息化规划目标大力推进信息化建设和应用，信息化水平进一步提高。一是大力推进业务一线信息化建设，促进业务与信息化融合。中国医药贸易ERP系统升级改造完成二期工程建设，环球医疗融资租赁业务综合管理系统进一步升级改造，通用咨询电子招标平台建设取得新的进展，中丽制机公司ERP系统完成最重要的成本模块实施。开展各子公司核心业务系统应用情况检查，发挥信息化真正效用。二是加强信息化应用，提升对经营管理的支持作用。指导和监督子公司制定信息化规划，制定信息系统应用评价指标体系，组织重点子公司开展核心业务系统应用情况检查，完善财务报表、安全生产、党建等职能管理系统。三是加强信息安全管理体系建设。开展集团全级次、全方位的宣传培训，提高全员安全意识，强化日常信息安全的防护监督；开展集团及子公司信息系统安全检查、测评等工作；开展网络安全改造（三期）工作，夯实网络安全基础。四是加强信息化基础建设。开展四川大厦数据中心建设；开展多项各楼宇网络基础建设；采取各种手段加强各应用系统基础环境建设。同时，积极采取各项措施，提高视频会议、网络、通信等系统运维与客户服务水平，为集团信息化应用保驾护航。

【履行社会责任】 重视污染治理、加强环境保护。中纺院采用生物酶技术和新方法改革传统的棉及棉型织物印染前处理工艺，显著降低印染前处理废水中的COD值，攻克纺织工业节能减排的瓶颈制约难题，为纺织工业污染防治由“末端治理”向“源头预防”转变作出贡献。积极推进集团医药生产企业实施节能减排重点工程，中国医药所属天方药业对现有废水处理设施进行提标改造，废水排放的氨氮及COD指标达到河南省发酵类制药和化学合成类制药的工业废水排放标准。新兴集团所属邯郸筑城水泥厂停产关闭，降低能源消耗和污染物排放总量。集团全面完成国资委节能减排工作考核目标。

切实抓好安全生产。贯彻习近平总书记、李克强总理等中央领导同志关于安全生产工作的重要指示精神和国务院及国资委有关部署，认真落实安全生产责任制。重点深入开展危险化学品、易燃易爆物品，仓库、堆场等场所基础安全设施和存储物品，施工现场安全生产和人员密集场所等四项内容的专项排查整治。大力推进安全管理标准化建设，制修订《集团安全生产分类监管和考核暂行办法》《生产安全事故综合应急预案》等制度。2015年集团未发生较大及以上安全生产事故，安全生产形势保持平稳。

落实中央扶贫工作会议精神，进一步加大对定点扶贫县（内蒙古商都县、武川县）的帮扶力度。全年向定点扶贫县投入扶贫资金450万元，捐赠物资124.5万元。继续开展扶贫助学，援建商都县通用技术小学，支持“通用技术武川职业中学”办学；支援武川县农村卫生、文化等基础设施建设；探索产业扶贫，积极推动武川县中药种植基地建设；向商都县选派1名村党支部第一书记，驻村开展扶贫工作。

（撰稿人：朱东耀）

中国建筑工程总公司

【基本概况】 中国建筑工程总公司（以下简称“中建总公司”或“中国建筑”）正式组建于1982年，是中国专业化发展最久、市场化经营最早、一体化程度最高、全球排名第一的投资建设集团，也是建筑领域唯一一家由中央直接管理的国有重要骨干企业。中建总公司主要以上市企业——中国建筑股份有限公司（简称“中建股份”，股票代码601668.SH）为平台开展经营管理活动。

中国建筑的经营业绩遍布国内及海外100多个国家和地区，涉及工程建设、投资开发、勘察设计等多个领域。

工程建设方面，中国建筑是世界最大的工程承包商，代表着中国房建领域的最高水平，业务范围涉及城市建设的全部领域与项目建设的每个环节。伴随改革开放大潮，中国建筑在国内建造许多记录时代变迁、铭刻经济文化发展的经典地标，在公共建筑、酒店、科教、体育、人居、医疗、使馆、工业、国防军事等房建领域与城市轨道交通、高铁、特大型桥梁、高速公路、城市综合管廊、港口与航道、电力、矿山、冶金、石油化工、飞机场、核岛等基础设施领域完成众多经典工程。中国建筑国内施工项目平均体量超过6亿元，全国超过90%的300米以上超高层以及众多技术含量高、结构形式复杂的建筑均由中国建筑承建。

投资开发方面，中国建筑是中国最具实力的投资商之一，全集团年度投资额2000亿元，主要投资方向为房地产开发、基础设施建设、城镇综合建设等领域。公司强化内部资源整合与业务协同，打造“规划设计、投资开发、基础设施建设、房屋建筑工程”等“四位一体”的商业模式，为城市建设提供全领域、全过程、全要素的一揽子服务。中国建筑先后与数十个省市签署战略合作协议，总开发面积逾百平方千米。中国建筑拥有“中海地产”“中建地产”两大地产子品牌，其中中海地产盈利能力多年来始终处于中国房地产企业领先地位，品牌价值连续十二年居行业之首。

勘察设计方面，中国建筑是中国最大的建筑设计、城市规划、工程勘察、市政公用工程设计的综合企业集团之一，完成一大批具有民族特色和时代特征的优秀建筑设计作品，在机场、酒店、体育建筑、博览建筑、古建筑、超高层等领域居国内领先地位。中国建筑拥有建筑工程设计、市政工程设计、工程勘察与岩土等领域的专业技术人员近万人，高端专业人才总量居行业前列，并在设计原创、科技创新、标准规范等方面为行业的发展作出重要贡献。

【主要指标】 2015年，中国建筑继续保持健康快速的发展势头，主要经济指标再创新高。全年新签合同额16740亿元，同比增长8.9%；完成营业收入8808亿元，同比增长10.1%；实现利润总额478亿元，同比增长10.1%。在国务院国资委管理的中央企业中，中国建筑营业收入排名第四位，利润总额排名第六位；在中央同类建筑企业中，营业收入、利润总额均居榜首。获得标普、穆迪、惠誉等国际三大评级机构信用评级A级，为全球建筑行业最高信用评级。

2015年中国建筑工程总公司
主要经济指标

项　目	2014年	2015年	比上年增长(%)
资产总额(亿元)	9239	10798	16.9
所有者权益(亿元)	2010	2445	21.7
营业收入(亿元)	8003	8808	10.1
利润总额(亿元)	434	478	10.1
净利润(亿元)	332	360	8.3
利税总额(亿元)	742	797	7.3

“十二五”期间，中国建筑完成从传统国有企业向现代公众公司的历史性蜕变，业绩实现跨越式增长，企业综合竞争力显著增强，“十二五”总体战略规划目标圆满实现。相比2010年，中国建筑2015年新签合同额、营业收入、利润总额、资产总额、所有者权益分别增长1.1倍、1.3倍、1.4倍、1.6倍和1.3倍，“世界500强”排名从187位跃升至37位，稳居全球投资建设集团之首，相当于用五年的时间再造一个中国建筑。

【重大项目】

1. 杭州国际博览中心项目。

杭州国际博览中心是杭州国际奥体博览中心的启动项目，位于杭州奥体博览中心用地内东北角地块，总用地面积19公顷。

杭州奥体博览城是杭州市实现“构筑大都市，建设新天堂”宏伟目标的重要组成部分。杭州国际博览中心项目作为奥体博览城核心区重点建设项目，将在钱塘江南岸形成以体育、会展功能为主，集商务、旅游、休闲、文化、居住功能于一体的综合区域，成为“国内领先，世界一流”、能举办国内外大型专业会展和综合性展览的现代化国际博览中心，是杭州滨江新城和钱塘江南岸的“新地标”，是提高杭州市民生活品质的“民心工程”。

2. 赣州北斗产业园项目。

该项目位于江西赣州，合同金额59亿元，总建筑面积238万平方米，包括研发中心、产业孵化中心、办公楼、厂房、行政服务、金融服务、配套住宅、车库等，建成后将成为集北斗卫星导航产品检测论证、北斗芯片及其应用软件的开发、北斗卫星导航的技术研究与运营等为一体的综合产业园，并成为我国北斗导航系统最大研发基地。

3. 深圳市轨道交通9号线项目。

该项目采用“融资＋设计施工总承包”及“地铁工程＋沿线物业开发”模式，合同金额153亿元，全长25.38千米，设车站22座，车辆段一座，停车场一座，主变电站2座。整条线全部为地下线路，是中国建筑首次承接的地铁全线，并在国内地铁领域首次应用盾构管片预埋滑槽技术施工。其中9号线大剧院站——鹿丹村站区间下穿已建成的小区，需切除137根桩基，创国内最高切桩记录。

4. 巴基斯坦卡拉奇—拉合尔高速公路（苏库尔—木尔坦段）项目。

项目合同金额29亿美元（折合人民币约185亿元），全长392千米，设计时速120千米/小时，是巴基斯坦最大的交通基础设施项目，也是“一带一路”重点开局工程之一。中巴两国政府高度重视，将其列为中巴经济走廊“早期收获项目”。

该项目南起巴基斯坦第一大城市卡拉奇，途径第二大城市拉合尔，北至西北边境重镇白沙瓦，纵贯巴基斯坦最大的两个经济强省，建成后将极大改善巴国交通状况，不仅可直接带动沿线经济社会发展，也将惠及巴国所有地区。同时，该项目也将为中巴互联互通发挥积极作用。

【重大创新】 中国建筑成立中建科技、中建水务环保和中建电子商务，分别聚焦建筑工业化、海绵城市、电子商务三个产业领域，2015年在上海、武汉等地投资兴建7个建筑工业化产业基地，在施建筑工业化项目54个。大力推进临建房屋标准化及产业化，集成房屋完成92个项目、4700多个模块。

在产融结合方面，2015年中国建筑先后成立中建资本、中建基金、中建资本（香港）三个金融平台载体，依托中建基金搭建总对总产业基金合作框架，对企业发展逐步形成有效支撑。与甘肃省合作发起设立规模1000亿元的丝路交通发展基金，参与设立首都水环境治理技术创新及产业发展基金，支持企业转型升级。

在集中采购方面，2015年中建集采平台完成采购额3679亿元，新增商品混凝土、周转料具等10个集采品类。“海外项目国内平台采购”模式全面落地，驻外机构或项目均开通集采平台并实施采购。集中采购被国务院国资委称为“中建模式”并在中央企业中推广。

【业务开展】

1. 房建业务。2015年，中国建筑房建业务新签合同额11759亿元，同比增长2.7%，实现逆势上涨。中国建筑持续坚持“三大”（大市场、大业主、大项目）市场营销策略，通过深化高端营销，战略客户114家，大客户提供合同额占到六成；10亿元以上特大项目309个，大项目合同额占比六成；在超高层领域优势明显，除平安大厦续签南塔外，全年还新签沈阳宝能环球中心、重庆来福士等8个300米以上超高层项目；大市场更趋集中，华东、华南、华中三大区域合同额占比达到六成以上。中国建筑加强项目履约，紧跟市场投资导向，在教育、医疗、工业厂房等领域的增速均在20%以上。

2. 基础设施业务。2015年，中国建筑紧抓“一带一路”“京津冀协同发展”和“长江经济带”三大国家战略提供的巨大市场机遇，通过高端对接、资本运作、融投资拉动等，基础设施业务新签合同额首次突破3000亿元，同比增长26.7%。其中，京津冀、长江经济带地区新签基础设施合同额分别为198亿元、1146亿元，同比分别增长8.8%、16.2%。拓展项目领域取得突破，全年轨道交通项目新签合同额303亿元，同比增长1.4倍；国内新建10万平方米以上机场航站楼有80%以上由中国建筑承建。2015年，决策批准实施基础设施投资项目52个，带动1631亿元施工总承包合同额，平均每个项目带动总承包合同额超过30亿元。陆续中标武汉四环线全线、深圳地铁9号线西延线、汉十高铁、济青高铁、长沙地铁4号线和5号线等一批重大基础设施项目。

3. 房地产业务。中国建筑紧密把握政策与市场的机会窗口，加大去化力度，2015年实现销售额1550亿元，销售面积1344万平方米，同比增长均超过30%。地产业务周转速度不断加快，2015年周转天数为858天，同比减少140天，在国内房地产行业处于领先地位。完成直营地产与中海地产整合，中海地产在欧美国家进行海外拓展。局院地产发展良好，提高去化率，回款明显加快。在多个城市开展保障房开发建设，新开工面积326万平方米，2015年内实现竣工面积81万平方米，同比增长1.1倍。

4.勘察设计业务。中建设计集团在2015年ENR全球150家顶尖设计公司中排名第44位，较2014年提升3位。面对“新常态”，中国建筑所属各设计院积极应对，紧跟国家投资导向，打造各自特色亮点，中标成都新机场总体规划及航站楼方案设计、陕西省十大标志性文化建设项目中的七项等一批标志性工程。同时加强设计业务海外市场开拓，中标牙买加渡假酒店、缅甸仰光康巴小镇等项目，新签海外合同额1.1亿元，实现快速增长。

5.投资业务。中国建筑不断完善投资管控体系，严格投资项目评审，做好投资项目过程监控、后评价和风险防控举措，充分发挥投资推动公司产业结构调整和转型升级的积极作用。2015年，中国建筑完成投资额1564亿元，完成年度预算的86.3%，同比增长3.3%；实现投资回款1713亿元，完成年度预算的113.4%，同比增长24.3%；投资收支比109.5%，较2014年同期增加18.5个百分点。投资及投资带动承包业务实现的利润占比已经超过60%。

【走向海外】 截至2015年底，中国建筑累计在129个国家或地区承建近6000项工程，涵盖房屋建筑、制造、能源、交通、水利、工业、石化、危险物处理、电讯、排污/垃圾处理等多个专业领域，其中一大批成为当地标志性、代表性建筑，并有多个项目凭借质量高、难度大、技术新、绿色环保等方面的优势获得国内外大奖，赢得所在国家政府和民众的高度认可。

2015年，中国建筑海外业务新签合同额1119亿元人民币，首次突破千亿级大关，同比增长42.2%。进入“一带一路”沿线43个国家市场，新签项目合同额67亿美元。签约合同额28.9亿美元的巴基斯坦卡拉奇一拉合尔高速公路项目等一批重大项目，标志着中国建筑“一带一路”战略推进取得重大实质性成果。公司所属各工程局、设计院及专业公司全年新签海外合同额282亿元人民币，同比增长1.2倍。在保持北非、美国、中东、南洋等传统优势市场持续增长的同时，中国建筑成功进入英国、德国、埃塞俄比亚、新西兰等新市场，海外布局进一步完善。2015年中国建筑排名世界225家最大国际承包商第17位。

【科技创新】 2015年，中国建筑获得国家科学技术奖一等奖1项、二等奖2项，科技研发立项项目（课题）57个。获得鲁班奖23项（其中海外工程获奖4项）；获得国家优质工程40项；获得中国土木工程詹天佑奖7项，其中美国纽约亚历山大汉密尔顿大桥及附属高架匝道桥改扩建项目成为詹天佑奖历史上港澳地区以外首个获奖的海外工程项目。获得华夏科技奖13项；获评国家级工法33项；年度专利授权2723项。不断提升成果转化力度，“中国建筑千米级摩天大楼建造技术研究”形成系列原创科技成果，巩固了企业在房建领域的领先地位；在绿色建筑、BIM技术、建筑工业化三大重点研发方向取得重要成果。

【党建工作】 党的十八大以来，中国建筑按照新一届中央领导集体对全面从严治党作出的系列重大部署和要求，认真贯彻中央“四个全面”战略部署，牢固树立“四个意识”，认真落实加强企业党建的各项规定，扎实推进“两个责任”的贯彻落实，强化领导人员的监督管理，切实加强基层党组织建设，特别是以专项巡视整改、党的群众路线教育实践活动、“三严三实”专题教育等为契机，严字当头、实处着力、苦练内功、深入整改，各级党组织对企业全局的驾驭能力，对发展方向的把握能力，对管理重点的掌控能力明显增强，党建工作融入中心、服务全局、推动发展的能力全面增强。

截至2015年底，中国建筑新设立党组织285个，新设立党的工作部门155个，调整充实专兼职党务工作人员793名。同时，将项目作为基层党建的基础和重点，积极创新工作载体，创造出受到中组部和国务院国资委充分肯定的“三联建”（联建党支部、工会联合会、联建团支部）、“三号联创”（在项目上将党员先锋号、工人先锋号、青年文明号创建有机结合）、海外党建做法等鲜活经验。稳步推进企业（项目）负责人“党政一肩挑”，进一步促进党务与经营的融合；积极开展党建工作标准化建设，提升党建工作科学化水平。

【履行社会责任】 2015年，中国建筑对外捐赠总额4800万元，其中以中建总公司名义向定点扶贫地区捐助789.78万元，开展志愿者活动超过3500场次，累计志愿服务时间超过10万小时。加强环境管理，2015年环保总投入3678万元，新建项目环评通过率

100%。中国建筑在建设开发过程中，注意保护当地历史文化遗迹；在较为贫困落后的地区，扶持当地教育事业，投资捐赠希望小学，提高当地文化水平，2015年向教育文化体育事业捐赠2734万元。

在重大灾害发生时，如深圳市光明新区凤凰社区渣土场滑坡泥石流灾害、天津港“8·12”瑞海公司危险品仓库特别重大火灾爆炸事故等，中国建筑积极利用自身专业优势和经验，不计成本，投入大量人力、机械，为灾区抢险救援、重建等工作贡献力量，获得社会各界高度评价。

中国建筑积极创造就业机会，2015年带领150万劳务人员共建小康社会，共享企业发展成果。中建美国公司、中建越南分公司等海外机构积极雇佣当地人才，加大管理团队中所在国员工的比例，并尽可能雇佣本地劳工，通过培训等方式培养当地专业人才与项目一同成长。

【其他情况】

1.“三严三实”专题教育。按照中央统一部署，中国建筑在总部和各二、三级单位深入开展“三严三实”专题教育，以专题学习研讨、领导干部上党课、“三严三实”专题民主生活会等“关键动作”为载体，确保专题教育的质量和效果。在专题学习研讨方面，认真做好中央规定的三个专题学习研讨，并结合企业实际增加其他专题学习研讨，确保专题教育围绕中心、融入中心、服务中心；在领导干部上党课方面，全系统领导干部讲党课5000人次，涵盖公司总部、海外项目、车间班组、外联队伍等机构和人员；在“三严三实”专题民主生活会方面，中国建筑党组召开年度党组专题民主生活会，聚焦主题，查找问题，并形成整改清单，各子企业也分别召开专题民主生活会，助推企业更好更快发展。

2. 人才与干部队伍建设。截至2015年底，中国建筑在岗员工241474人，拥有中级以上专业技术职务人员4.96万人，占员工总数的20.5%，拥有一级注册建造师15997人、一级建筑师722人、注册结构工程师714人、注册造价工程师1343人。

中国建筑出台专门措施，进一步规范完善领导人员选拔任用程序、班子配备职数和领导干部退出等方面的管理标准。严肃领导干部选人用人纪律，通过专项检查和整改落实等手段加强监督管理，开展领导干部个人有关事项报告抽查核实以及干部人事档案的专项审核工作。加大领导干部轮岗交流的工作力度，围绕企业转型升级、结构调整需要，统筹安排优秀人才向基础设施、新兴业务板块有序流动。优化人才培训体系，加强培训工作的引导，健全课程体系，加强培训工作针对性，打造精品培训项目，持续扩大培训覆盖面。深入推进薪酬制度改革，完善激励约束机制，坚持以“市场与业绩”为导向，稳妥推进二级单位负责人薪酬改革和优化，工资总额精细化、规范化管理取得初步成效。

（撰稿人：方　楠）

中国储备粮管理总公司

【基本概况】 中国储备粮管理总公司（以下简称“中储粮总公司”），是经国务院批准组建的涉及国家安全和国民经济命脉的国有大型重要骨干企业，肩负维护国家粮食安全的重大使命。公司受国务院委托，具体负责中央储备粮的经营管理，执行国家粮食宏观调控任务，在国家宏观调控和监督管理下，依法开展业务活动，实行自主经营、自负盈亏。在全国设立23个分公司、4个全资或控股二级管理子公司、1个科研所，拥有344家直属库，机构和业务覆盖全国31个省（自治区、直辖市）。

2015年是中储粮总公司各项粮食调控任务极为艰巨、改革攻坚和企业经营管理取得明显成效的一年，公司发展战略和系列改革举措在实践中经受检验，并在实践中不断充实、成熟、定型。经过一年的努力，中储粮“两个确保”地位更加巩固，中央储备粮账实相符率为100%，宜存率保持在95%以上；“五个做实”全面推进，基础管理显著提升；六项改革全面收官，集团管控基本成型；坚守核心理念，各项调控任务圆满完成；坚持从严治企，“两个责任”不断加强。

2015年，中储粮总公司积极应对粮食市场深刻变化、轮换压力持续加大的局面，确保中央储备粮数量真实、质量良好、储存安全，实现企业运行质量持续改善，圆满完成年度业绩考核各项经济指标。全年实现销售收入1612.64亿元、利润28.88亿元、经济增加值(EVA)2.86亿元,经济运行平稳;资产总额首次突破1万亿元,达到11249.81亿元,综合实力增强;"三公"经费同比下降4%,"两金"占用同比下降51%,降本增效明显。

【主要指标】

2015年中国储备粮管理总公司主要经济指标

项　目	2014年	2015年	比上年增长(%)
资产总额(亿元)	6787.51	11249.81	65.74
所有者权益(亿元)	539.18	613.70	13.82
营业收入(亿元)	2045.19	1612.64	-21.15
利润总额(亿元)	33.27	28.88	-13.20
净利润(亿元)	28.76	23.61	-17.91
归属于母公司所有者的净利润(亿元)	28.30	23.12	-18.30
技术开发投入(亿元)	5.91	0.10	-98.31
利税总额(亿元)	33.80	37.28	10.30
应交税金总额(亿元)	10.29	8.40	-18.37
净资产收益率(%)	5.59	4.01	减少1.58个百分点
总资产报酬率(%)	3.96	3.76	减少0.2个百分点
国有资本保值增值率(%)	106.45	103.68	减少2.77个百分点

【改革发展】 中储粮总公司围绕完善中央储备粮垂直管理体系和集团管控体系,先后部署六项重点改革,截至2015年底全面收官。区域一体化改革历经三年基本完成,直属企业数量整合压缩到344家,压缩58%。专业化改革深入推进,在已组建油脂公司的基础上,组建物流公司,探索开展"N+1"统购分销模式,子公司专业化市场化运作水平不断提高。加工企业改革攻坚取得实效,全年完成114家米面加工企业改革改制,占企业总数的90%。财务集团管控改革全面实施,全面预算改革方案连同8个配套管理制度公布实施,全面启用与农发行的银企直联,建立收支两条线账户体系,资金日预算管理覆盖24家分(子)公司。储粮数量质量监督检查体系改革完成,完成26家分(子)公司质监中心标准化验收,完成全部344家直属库的智能化粮库建设,将现场监督检查与远程在线巡查相结合。坚定推进收储公司改革,使其全面退出政策性业务,24家收储公司全面停止经营活动,其中20家完成撤并。

深化改革成效显现。根据区域一体化改革,直属库基本完成定岗定编定责,实现系统员工的资格认证和编制管控,直属库领导班子人数、中层干部人数、科室数量压缩20%左右。随着财务集团管控的深入推进,企业内业财融合更加深入,资金管控责权更加清晰,全年银企直联结算金额4.8万亿元,资金日预算全年审批资金支付业务50万笔,资金上存率达到95%以上。总公司质检中心完成对1830份中央事权粮油的质量检测任务,检查做到品种、性质、年限全覆盖。总部监测中心对2.2万个储粮货位监控点实施粮情在线巡查,远程在线巡查日趋常态化。2015年,油脂公司完成大豆加工482万吨,同比增长37%,物流公司销售收入70亿元,物流节点增至25个。年产10万吨以上的重点米面加工企业整体减亏56%。

【服务调控】 2015年,中储粮总公司总结提炼出"维护国家利益,服务宏观调控,严守安全、稳定、廉政底线"的中储粮核心理念,并在服务国家调控中得到具体体现。

2015年,政策性收购工作面临粮食市场需求低迷、政策性收购仓容紧张、部分地区质量超标等复杂局面,中储粮始终把严格执行政策放在第一位,多措并举腾仓挖潜,严把入库质量关,强化风险防控,创新推广政策性收购"一卡通"系统,积极推动完善政策性收储机制,有效发挥"四个共同"责任和"一主多辅"作用,实现收购秩序平稳、政策执行到位。中储粮全年累计组织政策性粮食收购1.83亿吨,再创历史新高,充分发挥服务调控主力军作用。全年累计拍卖政策性粮食1850万吨,有效保障市场粮源供应,高效完成300万吨跨省移库任务,比规定时限提前1个月。

随着粮食新陈差价不断拉大,储备粮部分品种面临轮换亏损压力。中储粮总公司明确企业利益要服从于国家利益，坚持“品质、年限双为主”原则，强化轮换计划刚性约束，确保储备粮油常储常新。总公司加大轮换购销调度，创新轮换经营机制，分类指导、前置审批、调度前移。中央储备粮2014年度轮换计划完成率99.8%，2015年度轮换计划执行好于预期，有效实现应轮必轮、控亏减亏的既定目标。

【重大项目】 中储粮总公司在2015年迎来投资建仓和仓房维修工作高潮，建设规模和力度空前。在国家大力支持下，全面实施仓房维修改造、建仓和科技投入三年计划，全年新增固定资产投资168亿元。坚持突出主业投资，仓储和安全生产、智能科技储粮、收储体系三类建设项目占总投资的93%。一是落实中央投资项目187个，建设仓容1155万吨，规模为“十二五”前四年总和的2倍。全系统各建设单位以超常规力度抓落实，高效、安全、规范组织项目建设，黑龙江、吉林地区部分项目实现当年开工、当年建成、当年装粮，直接服务于秋粮收购。二是启动维修改造项目3568个，粮食主产区和条件落后地区仓储设施得到明显改善。三是大力推进智能化粮库建设，在线监测和远程巡查上线运行。四是东北综合产业基地一期开工建设，健全体系布局、服务北粮南运。

【党建工作】 中储粮总公司党组坚持将全面从严治党主体责任抓在手上，旗帜鲜明强化从严治企。制定下发《总公司在深化企业改革中坚持党的领导加强党的建设实施意见》，从四个方面做出36项具体部署，将党管干部、加强基层党建、落实“两个责任”统筹安排。层层开展落实主体责任政治谈话，明确党组（委）书记第一责任人和班子成员“一岗双责”的责任，在116家直属库启动首批党组织建设活动。出台《直属库经营管理规范运行权力清单》，344家直属库全部制定实施细则，厘清直属库重点业务环节的权力边界和运行流程，健全分权、限权和规范用权制度。制定《企业负责人履职待遇、业务支出管理办法》，从严从紧制定标准。对黑龙江、兰州、湖南、北京、辽宁、西安等6家分公司安排内部巡视，进一步发挥巡视“反腐利剑”作用。在从严治企、从严执纪的反腐高压下，全系统全年新发违规违纪案件数量较上年减少11.5%。

【履行社会责任】 中储粮总公司积极承担企业社会责任。一是方便农民售粮。全力化解仓容矛盾，合理布局收购库点，满足农民卖粮需求；推广“一站式”服务大厅，推广仪器质检、网银结算，保证质价相符、粮款到手；开展预约售粮、保管技术指导等，延伸为农服务。二是应急保供救灾。尼泊尔8.1级地震发生后，中储粮立即调度下属企业积极投身抗震救灾工作，并按照“就近安排、调运快捷、确保及时”的原则紧急安排救灾物资，第一时间向受灾较重的日喀则地区捐赠米面500吨，保障灾区的应急物资供应。三是绿色科技储粮。全年新增科技储粮规模1500万吨，南方地区空调控温超过1500万吨、粮面压盖超过1400万吨，在北方地区研发推广内环流控温技术。中央储备粮储存损耗从1.33%大幅下降至0.81%，减损效果明显。四是助力扶贫工作。继续做好对黑龙江拜泉县、兰西县和新疆乌什县托万克喀拉霍加村的定点扶贫工作，选派干部挂职扶贫，落实扶贫资金和项目，带动当地经济社会发展，得到有关部门和地方政府的一致好评。五是积极对口援藏。中储粮总公司响应中央举全国之力援助西藏的号召，向西藏自治区捐赠物资和粮食机械设备价值1000万元，并举办西藏地方粮企负责人和仓储人员技术培训，援助力度在粮食系统最大。六是帮扶困难员工。完善特困员工帮扶机制，覆盖面持续扩大，全年向81名特困员工发放帮扶资金，帮助克服困难、渡过难关。“两节”期间，公司班子成员到条件最艰苦的地方慰问一线困难员工，传递总公司的关怀和温暖。

（撰稿人：王　铭）

国家开发投资公司

【基本概况】 2015年，国家开发投资公司（以下简称“国投”）认真贯彻落实党中央、国务院的决策部署，主动适应经济发展新常态，积极应对严峻复杂的经营形势，保增长、促改革、调结构、强管理，保持平稳增长的良好态势，全年实现利润165亿元，同比增长14%，连续11年获国资委年度经营业绩考核A

级，取得历史上最好的经营业绩。基础产业结构不断优化，金融及服务业板块的资产和利润同比大幅提升，前瞻性战略性产业布局加快，国际业务稳妥推进，科技创新取得新成效。按照中央深化国有企业改革的总体部署，扎实推进国有资本投资公司改革试点工作。中央第三巡视组对公司进行专项巡视，公司接受全面的"政治体检"，并认真开展"三严三实"专题教育。

【主要指标】 截至2015年底，国投资产总额4955亿元，同比增长7%；所有者权益1411亿元，同比增长18%；营业收入872亿元，同比下降17%；利润总额165亿元，同比增长14%；净利润131亿元，同比增长9%；归属于母公司所有者的净利润41.43亿元，同比增长1%；技术开发投入4.76亿元，同比增长21%（2014年技术开发投入加上微藻和海水淡化项目后实际投入4.59亿元，同比增长4%）；利税总额305.26亿元，同比增长14%；应交税金总额134.84亿元，同比增长2%；全员劳动生产率46.68万元/人·年；净资产收益率10.08%；总资产报酬率5.40%；国有资本保值增值率112.72%。

2015年国家开发投资公司主要经济指标

项　目	2014年	2015年	比上年增长(%)
资产总额(亿元)	4617.26	4955.30	7
所有者权益(亿元)	1196.43	1411.48	18
营业收入(亿元)	1050.00	872.37	−17
利润总额(亿元)	145.38	165.13	14
净利润(亿元)	119.97	131.31	9
归属于母公司所有者的净利润(亿元)	41.06	41.43	1
技术开发投入(亿元)	3.92	4.76	21
利税总额(亿元)	268.27	305.26	14
应交税金总额(亿元)	132.10	134.84	2
全员劳动生产率(万元/人·年)	40.19	46.68	16
净资产收益率(%)	10.90	10.08	减少0.82个百分点
总资产报酬率(%)	6.33	5.40	减少0.93个百分点
国有资本保值增值率(%)	111.18	112.72	增加1.54个百分点

【改革发展】 2015年，国投认真贯彻党中央关于全面深化改革的总体部署，积极推进国有资本投资公司改革试点。党组作出《关于全面深化改革，推进转型升级，加快创新发展的决议》，制定《国家开发投资公司试点改革总体方案》，明确改革的目标和路径。到2020年，公司将形成基础产业、前瞻性战略性产业、金融及服务业、国际业务四大战略业务单元。调整优化业务结构，设立国投矿业投资有限公司、中国国投高新产业投资公司；理顺金融股权的管理关系，构建金融控股平台；优化国际业务资源，明确国际业务发展路径。选择国投电力开展授权改革试点，通过健全公司治理结构履行出资人职责。深化审计监督体系改革，制定《深化审计监督体系改革实施方案》，强化审计部门向董事会负责的工作机制。推进战略管理转，调整完善战略管理职能，强化区域研究和产业前瞻性研究。

【重大项目】 积极推进业务发展，重大项目取得新进展。雅砻江桐子林电站投产发电，下游开发全面完成，两河口全面进入主体工程施工阶段，杨房沟核准开工建设，中游开发提速；宣城二期投产，湄洲湾二期、南阳内乡等项目年内核准开工；重庆果园港项目收购完成，洋浦石油码头投产试运行，国投罗钾扩能改造工程核准开工。安信证券、国投期货蝉联证监会A类评级，国投期货吸收合并安信期货，安信证券推荐新三板挂牌企业家数位居行业第三；中投保正式获批挂牌新三板，中投保发起设立的互联网金融资产交易中心一网金社正式上线。发起设立水环境基金、中移创新产业基金、先进制造产业基金。截至2015年底，管理基金38支，人民币基金管理规模611亿元。国投大厦养老项目开工建设。积极参与检验检测行业整合。

【走向海外】 加大市场开拓力度，国际业务稳妥推进。积极参与“一带一路”建设，印尼水泥项目主体开工建设，印尼万丹火电、欧洲海上风电等境外直投项目取得实质进展；博龙国际并购基金顺利推进；亚普公司汽车油箱销量稳居全球第三；国投贸易着力拓展香港公司离岸贸易功能；中成集团孟加拉化肥厂项目顺利建成试生产。

【重大创新】 持续加强创新能力建设和知识产权管理，集团全年获得授权专利191件，其中发明专利48件；开展集团首届科技成果奖评选，激发科技创新活力；海水淡化入选国家科技支撑计划；国投罗钾国家技术创新示范企业、电子工程院国家级质检中心筹建成功获批；电子工程院参与的“建筑结构基于性态的抗震设计理论、方法及应用”项目荣获国家科技进步一等奖。

【党建工作】 2015年，中央第三巡视组对国投进行专项巡视，国投接受全面的“政治体检”。党组全面扎实推进整改工作，用整改成果推进国有资本投资公司改革试点工作。在原有两个党组巡视组的基础上，增设一个党组巡视组，并在电力、矿业、交通分别设立巡视组，巡视力量进一步加强。15个职能部门、15家子公司、60家控股投资企业认真开展“三严三实”专题教育。党建和党风廉政建设制度体系建设卓有成效。各级领导干部作风进一步转变，干群关系进一步密切，为民务实清廉形象进一步树立。

【信息化建设】 信息化建设突出服务、加强协同、加快创新，稳步推进有关应用系统和基础设施的建设工作，信息化基础设施及应用系统持续保持良好运行状态，运维和服务保障水平逐步提高，网络及信息安全得到有效保障，集团成员企业信息化水平进行一步提高，有效支撑集团经营管理工作的正常开展。

【履行社会责任】 秉承“为出资人、为社会、为员工”的企业宗旨，积极承担优秀企业公民应尽的社会责任和义务。坚持绿色发展理念，积极履行环境保护责任。全年新增装机容量中清洁能源比重为45.5%，合作推动页岩气、微藻生物等清洁能源的开发，持续发展城市矿产、海水淡化等循环经济项目。全年开工节能减排技改项目140项，累计投入资金4.7亿元。全面完成集团“十二五”节能减排规划，国资委“十二五”、第四任期考核目标，以及国家发改委万家企业节能目标责任。坚持诚实守信、依法合规经营，加强与利益相关方的沟通和合作。热心参与社会公益事业，通过援建、项目合作、捐赠等多种形式，做好定点扶贫、对口援疆工作，全年对外捐赠3329万元；参与发起成立国家贫困地区产业发展基金，选派年轻干部赴投资地区政府挂职，积极探索扶贫开发新模式。坚持以人为本，保障和维护员工的合法权益，关心员工身心健康，畅通员工职业发展渠道，实现员工与企业共同发展。高度重视安全生产，加大安全生产投入，加强精细化管理，推进安全风险管理体系建设，全面提升安全管理能力，保障员工生命安全和企业生产安全。

（撰稿人：谭丰华）

招商局集团有限公司

【基本概况】 2015年，招商局集团有限公司（以下简称“招商局集团”）各级管理人员和广大员工，认真落实各项工作部署，深入分析市场变化，积极推进改革创新和转型升级，加强企业管理，严控各类风险，不断提升核心竞争力，总体经营持续稳步增长，实现“十二五”的圆满收官。

【主要指标】 2015年，招商局集团所有经营指标均超额完成年度预算，各项指标再创历史新高，圆满完成“保增长”任务。按同口径全年实现营业收入1220.30亿元，同比增长30.83%，完成预算的119.57%；利润总额488.72亿元，同比增长45.09%，增幅在央企排名第一，完成预算的137.43%；净利润416.75亿元，同比增长49.42%，完成预算的137.52%；归属于母公司所有者净利润284.78亿元，同比增长46.08%，完成预算的137.60%。截至2015年底，总资产9010.86亿元，同比增长44.37%，所有者权益3530.58亿元，同比增长35.02%。

如按并表招商银行口径，招商局集团实现营业收入1889.31亿元，利润总额788.23亿元，净利润

697.86亿元，归属于母公司所有者净利润490.98亿元，总资产6.23万亿元，所有者权益6291.34亿元，位居央企前列。

总体来看，招商局集团取得较好的经营业绩，跑赢大市和同行。其中，金融产业的利润贡献由44%上升至54%；实业部分利润贡献占比虽有所下降，但增速跑赢大市，取得20%的较快增长。总体ROE、毛利率、成本费用利润率分别为15.86%、33.09%和48.31%，同比分别提高2.26、2.60和4.67个百分点，保持优良水平。

2015年招商局集团有限公司主要经济指标

项　目	2014年	2015年	比上年增长(%)
资产总额(亿元)	6241.58	9010.86	44.37
所有者权益(亿元)	2614.77	3530.58	35.02
营业收入(亿元)	932.75	1220.30	30.83
利润总额(亿元)	336.83	488.72	45.09
净利润(亿元)	278.92	416.75	49.41
归属母公司所有者的净利润(亿元)	194.94	284.78	46.08
技术开发投入(亿元)	2.57	3.73	45.14
利税总额(亿元)	431.25	579.74	34.43
应交税金总额(亿元)	169.68	167.93	−1.03
全员劳动生产率(万元/人·年)	101.26	129.80	28.18
净资产收益率(%)	13.60	15.86	增加2.26个百分点
总资产报酬率(%)	6.86	7.00	增加0.14个百分点
国有资本保值增值率(%)	116.10	120.31	增加4.21个百分点

注：全员劳动生产率、国有资本保值增值率按国资委考核指标计算；净资产收益率为母公司净资产收益率。

【改革发展】

1. 法人治理结构方面。招商局集团建立规范董事会，进一步完善公司法人治理结构；主动按照国有资本投资运营公司的要求，推动总部机构改革，总部部门设置由原先13个部门调减为10个，进一步优化总部管控模式。

2. 企业产权管理方面。继续加强产权管理信息平台应用、规范产权转让和资产评估流程工作。2015年，办理国有产权登记184项，挂牌转让产权16项，内部无偿划转及协议转让57项，出售全部股权6家，股东会决议解散注销公司10家、企业合并注销1家。

3. 人力资源管理方面。根据董事会要求，筹备建立常务委员会以及战略、提名、薪酬与考核、审计等四个专门委员会。完善业绩考核调整办法，全面实施周期工资总额预算管理、优化工资总额管理体系。完善战略激励调整办法，制定二级公司薪酬挂钩办法，建立战略奖金机制。完善福利计划包，继续实施高管医疗计划和内地单位员工补充医疗保险，提升在港单位医疗计划水平。

【重大项目】

1. 并购重组方面。一是经国务院批准，2015年底招商局集团与中国外运长航集团有限公司实施战略重组，中国外运长航整体并入招商局集团。二是加大地产板块重组整合力度，完成招商局蛇口工业区控股股份有限公司(以下简称“招商蛇口”)吸收合并招商地产，合并后招商蛇口(001979)成功于2015年12月30日在深圳证券交易所挂牌上市，扣除员工持股，获得110亿元战略投资。

2. 重大投资方面。一是计划总投资268亿元建设前海自由贸易中心，该项目一期于2015年9月开工。二是通过资产整合成立中国能源运输有限公司，投资11亿美元推进的油轮船队整合项目，拥有34艘VLCC，另有在手订单19艘，规模居世界前列。三是投资70亿元建设上海外高桥综合体，已经开始建设。四是投资59亿元建设重庆广阳湾生态智慧城，投资41.7亿元建设青岛蓝湾网谷。

3. 对外投资与经营方面。一是践行“一带一路”国家战略，参加中国与白俄罗斯“中白工业园”项目建设，拟投资5亿美元建设中白商贸物流园，项目首发区已经动工。二是与巴西淡水河谷签订协议，投资4.45亿美元向其购买4艘二手VLOC，并订立25年的包运合同。

【走向海外】 加强海外业务管理。在集团综合交通部增设海外业务部职能，负责统筹海外业务发展工作。设立驻中亚及波罗的海地区代表处，负责指导、协调和推动在此区域的业务发展。组建招商局投资发展有限公司，打造海外战略性投资专业平台。

扎实推进重点海外项目。招商局集团以增资入股方式持有中白工业园20%的股权，参与中白工业园的开发和运营管理；组建新丝路供应链物流公司，开通首班西行班列；联手中远和中投，成功收购土耳其第三大集装箱码头Kumport 65%股份，进一步完善全球港口布局；在洛美集装箱码头成功运营的基础上，与多哥政府的合作提升到战略层面，获得更多的发展机遇；招商局能源运输股份有限公司（以下简称“招商轮船”）与淡水河谷、亚马尔的合作进入具体实施阶段，8艘VLOC投入运营，11艘北极型LNG船已签约。招商局国际有限公司（以下简称“招商国际”）与亿赞普联合提出“丝路驿站”合作模式，探索在“一带一路”上以“产网融合”加强合作。

招商局集团主动融入国家战略，完善优化海外布局，得到国家领导人的多次表扬和高度认可。

【重大创新】

1. 优化创新体制机制。2015年，招商局集团持续优化创新体制机制，解决制约创新发展的束缚。一是强化战略引领作用，首次提出创新专项战略。二是设立产融结合工作小组和产网融合领导小组，加大对下属单位产融结合和产网融合工作的指导与推动。三是优化完善创新容错机制，拟订《招商局集团关于推进创新驱动发展的若干意见》。四是以深化改革为契机，加大对下属单位投资授权，按企业对产网融合投资项目实施投资备案管理。五是加大创新资源统筹，将创新投入纳入五年发展规划。

2. 打造全生命周期创新投资平台。为积极应对“互联网+”发展趋势，招商局集团设立规模为50亿元、专注于“互联网+”及产网融合相关投资的直投基金，还与美国硅谷PnP孵化器合作，设立规模为3亿元、专注于互联网早期项目投资的互联网孵化器，搭建覆盖天使投资、VC投资、PE投资以及上市服务等全生命周期创新投资平台，充分利用产学研融优势，打造新的业务增长点。

3. 构建科技创新支柱。招商局集团为积极应对新一轮科技革命带来的巨大变革，弥补企业在科技创新上的短板，一是通过在北京设立“招商局科技创新发展研究院”，整合各方科技创新力量，加强资本与科技资源的结合，形成协同创新红利。二是持续加大科技创新投入，全年科技投入接近30亿元，完成2项行业规范，新申报专利184项，获得专利批准90项，其中发明专利20余项。

4. 持续推动自主创新。2015年，招商局集团在自主创新方面取得较好成绩。招商局工业集团有限公司拥有自主知识产权的自升式、自航式平台完成基本设计，得到美国船级社（ABS）的认可。招商局重庆交通科研设计院有限公司承担的国家科技支撑计划项目通过交通运输部课题验收。招商国际自主研发的RTG远程控制系统，对实现码头自动化运营具有重大意义。

【党建工作】 招商局集团扎实推进“三严三实”教育活动，开展“大清理、大检查、大建设”活动，积极配合做好经济责任审计和中央巡视工作，认真推进各项整改。细化《改进作风九项措施》，抓好中央八项规定精神的落实。

【信息化建设】 围绕“成为具有国际竞争力的世界一流企业”战略，招商局集团积极编制“十三五”数字化战略规划，加强信息化建设和管理。2015年，信息化系统运行安全平稳，信息化与企业经营管理进一步融合，信息化工作取得积极成效。建成人力资源管理系统、投资项目信息系统、产融结合工作交流平台等一批应用项目，全面完成招商蛇口重组的信息系统整合。建成“招商云”平台，以财务业务一体化为主的信息化集成与共享取得进展。

【履行社会责任】 招商局集团积极履行企业社会责任，扎实推进贵州威宁和湖北蕲春定点扶贫工作，2015年投入扶贫资金超过2100万元，建成3期“幸福小镇”，建成及在建的“招商局幸福新村”5个。招商局慈善基金会开展常规公益项目43项，执行金额3393万元，并入选“全国先进社会组织”，获得国家级最高奖。招商局集团还积极投身香港社会活动，以招商局慈善基金会有限公司为平台，资助全港学生中国国情知识大赛，受到广大香港特区市民的热烈欢迎。

（撰稿人：李　辉）

华润(集团)有限公司

【基本概况】 华润(集团)有限公司(以下简称"华润"或"集团")是一家注册于中国香港、以实业化为基础的多元化企业集团,经营领域主要涉及消费品(零售、啤酒、食品、饮料)、电力、地产、水泥、燃气、医药、金融等。

2015年,集团按照"守正出新"的管理主题,一手抓诚信合规,一手抓业务拓展,努力克服市场波动带来的巨大挑战,加快创新发展,推动业务重组,优化资源配置,夯实基础管理,加强风险管控,落实巡视整改,重塑企业文化,履行社会责任,业绩再创新高,管理效率进一步提升,风险防范能力得到进一步加强,党建纪检工作得到改善,华润形象明显修复。华润在《财富》世界500强排名提升至第115位。华润雪花啤酒、华润零售、华润燃气的经营规模继续保持全国第一,华润医药经营规模全国第二。消费品、地产和医药业务板块营业额超过千亿元,电力、地产业务板块经营利润超过百亿元。

【主要指标】 2015年,华润集团实现销售收入4812.2亿元,利润总额439.7亿元,净利润298.2亿元,净资产2956.8亿元,总资产9945.2亿元,国有资本保值增值率117.1%。

2015年华润(集团)有限公司主要经济指标

项　目	2014年	2015年	比上年增长(%)
资产总额(亿元)	9346.48	9945.19	6.41
所有者权益(亿元)	2706.54	2956.81	9.25
营业收入(亿元)	4614.14	4812.21	4.29
利润总额(亿元)	374.92	439.68	17.27
净利润(亿元)	250.95	298.15	18.81
归属母公司所有者的净利润(亿元)	151.01	156.43	3.59
技术开发投入(亿元)	11.43	11.08	—3.06
利税总额(亿元)	610.37	706.00	15.67
应交税金总额(亿元)	413.32	440.81	6.65
全员劳动生产率(万元/人·年)	23.84	24.16	1.34
净资产收益率(%)	9.80	10.53	增加0.73个百分点
总资产报酬率(%)	5.07	5.41	增加0.34个百分点
国有资本保值增值率(%)	116.60	117.11	增加0.51个百分点

【改革发展】 压缩管控层级。集团按照四级管控架构的要求继续推进管理层级压缩。华润电力成立大区公司,统合对当地火电、煤业和新能源业务的管理。华润创业将物流、物业、中艺零售等业务交由集团直管,华润堂移交华润医药管理。集团及下属业务单元以注销、出售等方式清理法人企业156家。截至2015年底,集团管理架构降至12级,集团下属独立法人单位降至1878家。

调整班子分工。集团领导不再兼任职能线总监、战略业务单元董事长,以集团领导身份对相关职能线和业务线进行分管,加强对全局性问题的统筹协调,形成集团分管领导行使重大事项决策权、职能线或业务线负责人执行决策的领导体制。

完善考核任用。印发《集团经理人选拔任用管理规定》,将政治素质、诚信合规、作风纪律放在经理人考核任职标准首位。规范选人用人的基本程序和权限,对经理人提名、考察、公示、会议讨论等各环节作了具体规定。修订印发《集团董事管理规定》,在集团选派董事、兼任董事、职务管理、董事报酬等方面作了明确规定。

规范薪酬激励。针对巡视反馈发现的问题,集团停发在任领导班子成员年度绩效奖金和中长期激励,实施新的央企负责人薪酬体系与标准,开展对下属利润中心正职经理人业绩与薪酬水平双对标工作,成立集团薪酬委员会。取消各种不必要的评奖项目,严格控制奖励范围、奖励对象和奖励标准。采取健全薪酬管控体系、强化全面预算管理、上线优化信息系统、从严落实问责追究等一系列措施，纠正薪酬违规现象。

【重大项目】 2015年，集团完成投资额425亿元人民币，约一半投资额聚焦于电力、置地、燃气业务，超过10亿元的投资项目6个，包括贵州六枝电厂、深圳前海中心、深圳华润城和海丰电厂，收购云南昆钢水泥建材集团、浙江众益制药权益。重点投资项目有：华润万家在深圳前海投资跨境电商体验店，打造“智慧超市”；华润五丰完成一批海外好产品股权投资；华润电力在南亚和东南亚地区的项目发掘取得重要进展；华润置地新开业7家商业城市综合体；华润双鹤收购华润赛科和济南利民制药，华润三九收购浙江众益制药、杭州老桐君制药；华润医疗并购武钢医院；华润化工常熟新建储罐投入运行，常州二期储罐完成建设。完成华润创业业务重组，非啤酒业务退出华润创业上市平台，华润创业（HK291）更名为华润啤酒，放大啤酒业务价值。完成一批非核心业务退出，包括华泰保险、华润电力锦州。

【重大创新】 2015年，集团各利润中心设置研发机构16个，大力推动业务、产品和服务创新，取得一批成果。消费品板块，Ole精品超市快速发展，跨境电商体验店在深圳前海开业。电力业务板块，完成超净排放1000MW机组辅机系统全程优化控制技术开发。地产业务板块，探索商业和社区O2O模式，尝试“商业＋互联网”“住宅社区＋互联网”，开展输出品牌和管理输出，建立轻资产管理模式。城市管道燃气业务板块，通过“服务作业标准体系”实现高效专业服务，优化销气结构，扩大优质工商业用户。医药业务板块，新增医院药品物流智能一体项目合作医院12家，二、三级医疗终端覆盖数量超过4000个。微电子业务板块，完成“智能卡读写器电路CS4524”“高密度3D打印QFN封装技术”“PT4515光电一体化LED照明”项目的研发。2015年，华润集团新申请专利420件，其中发明专利申请量331件；获得新专利授权274件，其中发明专利授权199件，PCT专利申请78件；获得6个国家级科技奖励和23个省部级奖励。截至2015年底，集团拥有专利1273件，其中发明专利684件。

【党建工作】 配合中央巡视组完成对中国华润总公司的专项巡视，按照巡视反馈意见开展深入整改，提交巡视整改报告。开展文化重塑，围绕“传承红色基因、谨守商业本份、彰显制度尊严、坚持诚实守信”四个方面，重构华润文化理念体系，明确新时期华润的使命、愿景、价值观、企业精神和发展理念。努力落实党建主体责任，完善各级公司党的组织架构，对所有直属企业、区域工委党组织领导班子成员进行调整充实，在各战略业务单元配置专职纪委书记，开展纪委书记履职评价，基层组织覆盖率由70%提升到96%。严格纪律，加强问责，修订制度30余项，建立“三重一大”OA报备系统，改进干部选拔任用工作，严格执行中央八项规定，开展“三严三实”专题教育，进一步规范经理人履职待遇及业务支出管理，对违纪人员进行问责给予党纪政纪处分。

【信息化建设】 信息化工作围绕“价值创造、分类指导、突出重点、实现协同”的总体思路，加快集中式财务核算系统推广，实现OA技术平台全覆盖，完成新一代数据中心基础建设工作；继续推动利润中心财务和人力资源等职能共享服务中心建设，完成大额支付模块全覆盖；运用“＋互联网”、大数据、云计算、虚拟化等方式积极推动业务和技术创新，完成会员制精品电商商业模式初步验证。

【履行社会责任】 加强管理，推动践行。完成“十三五”华润社会责任规划，明确未来五年的履责目标、践行重点、管理要求，使华润社会责任工作的开展更具有前瞻性、计划性。推进社会责任制度执行情况检查，依据发现的问题，修订制度，防范履责风险。各级企业深入开展主题实践活动，总结最佳实践，融入企业文化与内控管理，负面舆情明显下降。

环境友好，慈善公益。环境保护和生产安全形势保持平稳，没有发生较大及以上的人身伤亡事故、环境污染事件和食品药品质量安全事件，主要节能减排指标持续向好。在海原开展以养牛为核心的产业帮扶初见成效，草畜一体化肉牛养殖场基本建成，海原润农扶贫种养殖专业合作社顺利运作，农户通过合作社开展家庭养牛，增加收入。安徽金寨希望小镇建成，至此，华润已捐建六座希望小镇。

华润再次跃居“中国社会责任卓越企业”之列，首次获评为社会公益五星级企业，继续被评为“香港绿色企业”，社会责任报告一举囊括3个行业最高奖项。

（撰稿人：朱虹波）

中国港中旅集团公司

【基本概况】 中国港中旅集团公司（以下简称“港中旅集团”或“集团”）是以旅游及相关文化产业为主业，房地产、金融和物流贸易为支柱产业，并从事有电力、资产经营、证件委托办理等业务的多元化大型综合企业集团。其前身是1928年4月在中国香港设立的香港中国旅行社。港中旅集团是中央直接管理的国有重要骨干企业，受国资委监管，也是四大驻港中资企业之一。

【主要指标】

2015年中国港中旅集团公司主要经济指标

项　目	2014年	2015年	比上年增长（%）
资产总额（亿元）	750.36	1006.45	34.1
所有者权益（亿元）	200.14	268.87	34.3
营业收入（亿元）	265.03	338.67	27.8
利润总额（亿元）	15.28	23.65	54.8
净利润（亿元）	10.92	15.45	41.5
归属于母公司所有者的净利润（亿元）	2.10	4.98	136.8
技术开发投入（亿元）	0.18	0.03	−84.2
利税总额（亿元）	26.37	36.99	40.3
应交税金总额（亿元）	15.45	21.54	39.4
全员劳动生产率（万元/人·年）	20.83	24.73	18.7
净资产收益率（%）	5.75	6.59	增加0.84个百分点
总资产报酬率（%）	3.51	3.77	增加0.26个百分点
国有资本保值增值率（%）	104.87	101.73	减少3.15个百分点

【改革发展】 2015年，港中旅集团面对复杂多变的内外形势和艰巨繁重的发展任务，经营班子带领各级管理人员和全体员工，认真贯彻落实上级主管部门工作部署，努力实现全年经营目标，全力推动各项重点工作，取得新成绩和新突破，具体表现在六个方面：

一是完成国资委考核目标和“保增长”任务。集团各级企业和部门，围绕国资委提出的相关要求和任务目标，采取多项措施，积极应对市场变化和竞争挑战，营业收入和利润总额分别增长27.8%、54.8%，全面完成国资委考核目标和“保增长”任务。

二是实施集团结构调整。集团成功退出产能严重过剩的钢铁业务，进一步聚焦旅游主业发展，“主业不主”局面得到根本改观；引入国新公司6亿美元权益性资金，有效改善集团财务结构，进一步增强海外发展后劲；焦作商行正式更名为中旅银行，拓展网点布局，打造特色旅游金融初见成效；与海南三亚、中交建以及与中海运、招商局等联手进军邮轮产业，培育旅游消费新热点；沈阳商业街出售变现，进一步盘活低效、负效和闲置资产，资产质量持续优化。

三是加快集团兼并重组。抓住国企改革的政策利好，集团推动与国旅集团的重组整合工作扎实进行；金融业务成功并购安信信贷并顺利完成交割；控股宁夏沙坡头景区带来新增利润8800多万元，相当于再造两个深圳锦绣中华。

四是加快集团深化改革。集团就打造市场竞争主体进行专题调研，确定将地产、资产两家板块公司作为打造市场竞争主体的试点单位，进一步明确打造“两主体”工作的牵头单位、牵头人和责任单位、责任人，加快推动实施；积极探索混合所有制改革，重点在旅行社板块所属公司推动股权多元化改制，制定并启动海外分社新西兰中旅和国内区域华南公司的混合所有制改革方案；优化人才结构和组织架构，调整优化11个板块公司和事业部、7个职能部门、3个内地机构的班子以及8个专业公司的主要负责人，集团及各板块引进高管及专业人才126名，调整优化部分板块、专业公司高管薪酬，港中投和华贸物流股票期权计划有序实施，旅行社板块等企业也通过员工持股、项目跟投等多种形式在长期激励方面进行探索。

五是加强内控管理和服务保障。先后接受国家审计署经济责任审计和中央巡视组的专项巡视，经受住政治、经济“双重体检”的考验，认真抓好整改落实，持续完善制度，规范企业管理，深入推进廉政建设；集团自上而下扎实开展“三严三实”专题教育，工作作风进一步改进，求真务实、真抓实干的精神得到弘扬，高管人员发挥带头表率作用；进一步强化总部各项职能保障，提高总部价值创造能力，提升大服务水平。

【重大项目】 2015年，集团上下紧紧围绕“调结构、促转型、转方式”的工作主线，推进或完成一系列的重大项目、重点工作和重要事项。

酒店板块：完成港中旅有史以来最大的一宗海外并购业务，竞购英国排名第二的KG酒店管理集团。

景区板块：控股宁夏沙坡头景区后，2015年营业收入2.79亿元，同比增长2倍，利润总额8928万元，同比增长5.5倍；同时积极拓展云南大理，四川乐山、峨眉山，山东曲阜、梁山、微山湖等地的旅游资源合作开发项目。

地产板块：成功获取成都金堂温泉度假区三个批次、443.9亩的旅游和房地产开发用地，成立港中旅海泉湾（成都）置业有限公司，着手打造新型旅游地产项目。

金融板块：完成安信信贷并购交割并表，当期增加营业收入12.46亿港元，利润2.8亿港元；焦作商业银行正式更名中旅银行（焦作），完成增资扩股，注册资本达到32.95亿元，银行2015年营业收入20.29亿元，同比增长42.3%，利润总额3.64亿元，同比增长12%。

物流板块：并购中特物流，在“5+2”的业务格局上，进一步拓展工程物流领域，提升上市公司盈利能力。

资产板块：与业内企业合资合作，持续优化房车业务，并购北京清心居意大利农庄，建设房车休闲农庄网络，拓展房车旅游线路和营地布局，房车业务全年营业收入和经营利润同比有了大幅度增加。

邮轮事业部：按照集团与招商局、中交建、海南省三亚市以及中海运签订的战略合作协议，成立三亚国际邮轮发展有限公司，着手打造中国民族邮轮品牌和特色航线产品。

【走向海外】 集团完成港中旅有史以来最大的一宗海外并购业务，以4.59亿英镑竞购英国排名第二的KG酒店管理集团，取得44家酒店产权和11家酒店管理权，加快实现海外布局；集团南非约翰内斯堡签证申请服务中心开业，中心的设立，顺应中南关系和两国人员往来发展的大趋势，将为前往中国的南非公民提供更加快捷、便利、周到的签证服务。

【重大创新】 集团持续推动制度创新工作，进一步加强经营班子建设，完善分工负责制，健全议事规则和办公会议制度，清晰管理权责、授权事项和审批流程；集团重点强化工作督办，2015年经过董事会审批通过的11项重大投资项目和重要工作事项，在各职能部门的统筹协调、支持配合和督导督促下，都取得较大的进展；集团和所属企业分类分层组织实施“星耀工程”，累计培训管理人员和员工3.97万人次。集团不断推动所属企业科技进步，采用“移动互联网+企业协同”模式，利用先进技术，打造和建立集团移动办公平台，利用业界先进存储技术，发挥大存储的能力，建立文件共享平台；集团所属渭电公司进一步加强环保技术改造，重点实施四台机组多项重大环保技改，投入8031万元；集团所属中科公司不断加强组织管理、增强技术研发及服务能力，圆满完成新版电子台胞证上线各项准备工作，并对回乡证系统进行升级优化，改造存储系统，确保全年台胞证和回乡证系统安全稳定运行。此外还积极优化旅游信息管理系统，不断研发和升级功能模块，香港企业版本更新数量290次，内地中旅总社系统更新22次，并采用领先的响应式网站技术自主研发微信电商平台。

【信息化建设】 2015年，集团信息化建设工作进一步强化“总体规划、统筹协调、监督指导、信息安全管理”，以“优规划、立标准、提能力、建平台、创价值、促发展”作为信息化建设工作主线，着力提升信息化规划能力、建设管理能力、运维服务能力、组织能力、技术能力、创新能力等六种能力，努力抓好优化规划、优化标准（制度）、优化组织、优化人才、优化机制等5项调优工作，持续推进4个体系和10个业务信息化平台建设。集团信息化使集团协同办公、经营管理科学决策的效率持续得到提升，专业化经营和协同运营的效益不断提高，进一步发挥信息化价值，促进集团战略目标的实现和业务发展。

【安全生产】 2015年,港中旅集团进一步强化集团安全生产监管,落实安全生产责任,加强部署,做好重点时段、关键环节安全生产工作。强化集团安全生产监管,通过签订《业绩合同》,落实安全生产责任。组织开展打非治违专项行动,制定《集团打非治违专项行动实施方案》,分三个阶段集中开展专项行动,采取关停取缔、严厉追责等措施,集中打击、整治非法违法、违规违章行为。组织开展安全生产大检查,集团安委办邀请内外部专家对唐山国丰、酒店板块、地产板块等所属七家企业进行安全生产检查,发现安全问题隐患64处,提出工作建议18条,现场下达检查意见书,并抄报相关板块公司要求督促整改,推动整改落实到位。

【履行社会责任】 2015年,港中旅集团完成《2014年度企业社会责任报告》编发工作,该报告在"第八届中国企业社会责任报告国际研讨会"上荣获"金蜜蜂2015年优秀企业社会责任报告·社会专项奖"。此外,在2014年全球契约中国网络年会上,集团以《港中旅,绿色发展的守护之星》获得2014年度全球契约中国"2014年关注气候与环境保护"最佳实践案例奖。集团进一步开展慈善基金会运营宣传工作,并持续做好在云南、贵州两省三线定点扶贫开发工作。集团切实履行在港央企"在商言政"使命,在2015年香港特别行政区第五届区议会选举中,集团6位员工参选,全部当选,为香港繁荣稳定作出突出贡献。

(撰稿人:杨晓峰)

中国商用飞机有限责任公司

【基本概况】 中国商用飞机有限责任公司(以下简称"中国商飞公司")是经国务院批准成立,由国务院国有资产监督管理委员会、上海国盛(集团)有限公司、中国航空工业集团公司、中国铝业公司、宝钢集团有限公司、中国中化股份有限公司共同出资组建,由国家控股的有限责任公司,是实施国家大型飞机重大专项中大型客机项目的主体,也是统筹干线飞机和支线飞机发展、实现我国民用飞机产业化的主要载体。

中国商飞公司2008年5月11日在上海成立,注册资本242亿元,总部设在上海。按照现代企业制度组建和运营,实行"主制造商—供应商"发展模式,实施市场化、集成化、产业化、国际化的建设方略,全力打造更加安全、经济、舒适、环保的国产民用大型客机。公司的使命是"让中国的大飞机翱翔蓝天",愿景是"为客户提供更加安全、经济 、舒适、环保的民用飞机",目标是"把大型客机项目建设成为新时期改革开放的标志性工程和建设创新型国家的标志性工程,把中国商飞公司建设成为国际一流航空企业。"

中国商飞公司的主营业务是:主要从事民用飞机及相关产品的设计、研制、生产、改装、试飞、销售、运营、维修、服务、技术开发和技术咨询;与民用飞机生产、销售相关的租赁和金融服务;经营本公司或代理所属单位进出口业务;承接飞机零部件的加工生产业务;从事业务范围内的投融资、外贸流通经营、国际合作、对外工程承包和对外技术、劳务合作等业务以及经国家批准或允许的其他业务。

截至2015年底,下辖7家所属单位,包括上海飞机设计研究院(设计研发中心)、上海飞机制造有限公司(总装制造中心)、上海飞机客户服务有限公司(客户服务中心)、北京民用飞机技术研究中心(北京研究中心)、民用飞机试飞中心(试飞中心)、上海航空工业(集团)有限公司(基础能力中心)和上海《大飞机》杂志社有限公司(新闻中心)。在北京、美国、欧洲设立办事机构,在四川设立地区分公司,在美国设有全资子公司,控股成都航空公司,参股浦银租赁公司,与伊顿公司合资成立伊飞公司,与拉比纳公司合资成立赛飞公司,从业人员9600多人。

2015年,中国商飞公司在中央亲切关怀下,在国务院大型飞机重大专项领导小组正确领导下,在中央和国家机关有关部委、国务院派驻公司监事会、上海市和股东单位支持帮助下,深入学习贯彻习近平总书记视察公司重要讲话精神和关于C919大型客机总装下线重要指示精神,坚持"中国设计、系统集成、全球招标,逐步提升国产化"发展原则,坚持"产业化、市场化、国际化"发展方向,坚持"自主研制、国际合作、国际标准”技术路线，举全国之力，加快建设国际一流航空企业新进程，积极探索实施国家重大科技专项新路子，奋力开创民用航空产业发展新模式。

【主要指标】

截至2015年底，中国商飞公司资产总额504.50亿元，较年初增加84.25亿元，增长20.05%。所有者权益274.17亿元，较年初增加0.79亿元，增长0.29%。2015年，中国商飞公司实现营业收入47.94亿元，利润总额0.12亿元，净资产收益率0.03%，完成年度预算指标。

2015年中国商用飞机有限责任公司主要经济指标

项　目	2014年	2015年	比上年增长(%)
资产总额(亿元)	420.25	504.50	20.05
所有者权益(亿元)	273.38	274.17	0.29
营业收入(亿元)	51.30	47.94	-6.55
利润总额(亿元)	0.22	0.12	-45.45
净利润(亿元)	0.18	0.07	-61.11
归属于母公司所有者的净利润(亿元)	0.17	0.07	-58.82
技术开发投入(亿元)	81.63	61.75	-24.35
应交税金总额(亿元)	-0.15	0.19	-226.67
净资产收益率(%)	0.07	0.03	减少0.04个百分点
总资产报酬率(%)	1.00	1.31	增加0.31个百分点
国有资本保值增值率(%)	100.81	99.69	减少1.12个百分点

【改革发展】

1. 深化发展战略及内部改革调整。

围绕“把大型客机项目建设成为新时期改革开放的标志性工程和创新型国家的标志性工程，把公司建设成为国际一流航空企业”的奋斗目标，聚焦2020年力争进入全球先进民机制造商行列的阶段目标，制定和实施公司《“十三五”发展规划》和《中长期发展战略纲要(2016—2020年)》。2015年，适应多型号并举、多状态并存和产品经营需求，调整总部组织机构。成立系统工程和项目管理研究部，统一项目管理方式方法；成立生产与运营支持部，抓总公司各型号民机生产交付；成立科技管理部，加强科技创新和专业能力建设；成立信息化与管理创新部，加强信息化统筹协调，推进管理创新和管理体系建设。调整采供、质量、适航等职能，发布《公司组织手册(2015版)》。

2. 企业产权改革方面情况进展。

按照国资委产权管理制度相关规定，及时开展产权登记工作，加强对产权登记信息的维护，做到应登尽登、准确无误。加强公司资产评估中介机构备选库管理，根据服务情况进行动态调整，审核公司及所属单位资产评估项目立项，按照国资委《企业国有资产评估管理暂行办法》相关要求，对资产评估结果严格把关。加强产权转让管理，公司要求所有产权转让项目实施进场交易，竞价转让；在公开、公正、透明的交易机制下有效保障国有资产权益。

3. 人才强企与人力资源体系建设。

一是深入实施人才强企战略。全年签约优秀高校毕业生913人，招录各类专业成熟人才227人，副主任设计师以上技术骨干达到168人，长期聘用海外人才135人，入选中央“千人计划”40人，入选中央“万人计划”2人，5名外国专家获中国政府“友谊奖”，享受国务院政府特殊津贴专家33人，入选上海市领军人才17人，入选上海市“千人计划”12人。被国家人社部认定为国家级高技能人才培训基地、专业技术人员继续教育基地，评为全国优秀博士后科研工作站，与国家外专局签署2015年引智工作行动计划，在全国博士后工作会议、“外专千人计划”工作座谈会、中央企业人才基地建设座谈会上作了交流发言。

二是培育人才培养培训品牌。整合全球优质资源，持续开展品牌培训项目，完善人才培养培训体系。选拔29名青年技术骨干和12名优秀研究生参加第二期系统工程研修班。选拔8名青年技术骨干参加第二期全球民用航空人才培养计划(GCAT)。选调17名经营管理骨干人员参加中央党校、国家行政学院、上海市委党校调训班。举办3期国际项目管理专业资质(IPMP)认证培训。选拔14名青年技术人员出国攻读硕士学位和开展访学，19名技能骨干人才赴德国汉莎技术培训公司开展专题培训。联合南非试飞员学院培养5名试飞员和3名试飞工程师。与上海交大续签校企合作协议，启动硕、博士联合培养，在型号总师、副总师、海外专家中推荐8名博士生导师、23名硕士生导师，首批招收20名学生。在北航、南航、西工大等院校选拔87名大飞机奖学金获得者和18名国防科技奖学金获得者。

三是加强人力资源体系建设。根据公司发展战略，以人力资源管理转型升级为主线，组织编制"十三五"人才队伍建设规划，提升国际化、市场化、专业化水平。与世界500强企业举行交流座谈会，开展各单位人力资源工作调研，明确公司人力资源管理改革创新方向。制定和修订公司《人事管理规定》《领导人员管理规定》等10余项人力资源管理制度。开展人才竞争力评估，优化人才发展综合环境。指导各单位推进职位职级、绩效管理和薪酬福利三大体系落地实施。研究员工队伍稳定指标体系，探索建立事业留人、岗位留人、待遇留人、荣誉留人、感情留人的员工队伍稳定模型。围绕产品实现组建IPT团队，在多型号、多任务并举进程中运用人年当量需求一供给管理工具，结合研制阶段编制人力资源配置计划，提升资源配置效率。

【重大项目】

1. C919大型客机项目进展。

C919大型客机是我国按照国际民航规章自行研制、具有自主知识产权的大型喷气式飞机，座级156～168座，航程4075～5555千米。2008年7月开始研制，已经完成立项论证、可行性论证、预发展阶段工作，转入工程发展阶段。2010年12月，中国民航局正式受理型号合格证申请。2014年9月19日，C919大型客机首架机在新落成的中国商飞总装制造中心开始总装。2015年2月，通过国家级详细设计评审，转入全面试制阶段。11月2日，实现总装下线，标志着项目研制取得重大进展，在我国民用航空工业发展史上具有重要里程碑意义。2015年，总装移动生产、中央翼、中机身、水平尾翼、全机对接等国际先进生产线全部建成。攻克一大批关键技术，掌握一批新技术、新材料、新工艺。试验试飞工作稳步推进，客户服务工程深入展开，适航取证工作同步实施，项目管理保障有力，组织模式创新取得成效。基本建成"以中国商飞为核心，联合中航工业，辐射全国，面向全球"的我国民用飞机产业体系，构建"以中国商飞为主体，以市场为导向，产学研相结合"的民用飞机技术创新体系，初步掌握系统工程方法，走出一条国家重大科技专项创新发展之路。新增订单84架，累计订单514架。

2. ARJ21新支线飞机项目进展。

ARJ21新支线飞机是我国首次按照国际民航规章自行研制、具有自主知识产权的中短程新型涡扇支线飞机，座级78～90座，航程2225～3700千米。2002年4月国家批准立项，2008年11月28日在上海成功首飞。首飞以后，先后攻克一大批重大技术难关，完成全部试验、试飞科目，关闭全部适航条款。2014年12月30日，获得中国民用航空局颁发的型号合格证（TC）。2015年3—9月，在全国15个机场开展为期半年的航线演示飞行。11月29日，正式交付成都航空公司，标志着我国航线上首次拥有自己的喷气式支线客机，我国走完喷气式支线客机设计、试制、试验、试飞、取证、生产、交付全过程。历经13年艰辛研制，攻克一大批关键技术，取得一批重要科技成果，积累重大科技项目实施管理经验，培养锻炼一大批领军人物和骨干人才，构建技术创新体系，建立民用飞机产业体系，提升我国产业配套能级，走出一条重大科技专项创新发展之路，为C919大型客机研制打下坚实基础。

【走向海外】 统筹国内、国际两种资源，完善合作伙伴高层互访交流机制，稳步推进主制造商之间合作，推进与国际知名航空企业合作；深化与国际民航组织等国际机构和外国政府合作；与国外教育培训机构合作进展良好。建设美国海外研发中心，开展面向未来的产品和技术研发。大型客机项目促成的16家合资企业完成注册并投入运行，部分企业已作为供应商提供产品，带动22个省市、200多家企业、20万人参与大型客机研制和生产，建设"以中国商飞公司为核心，联合中航工业，辐射全国，面向全球"的民机产业体系。

【重大创新】

1. 技术创新。

发挥重大专项创新主体作用，构建"以中国商飞公司为主体，以市场为导向，产学研相结合”的我国民机技术创新体系。第三次获批国家“高新技术企业”，继续享受税收优惠政策。所属上飞公司获批建设“上海民用航空复合材料结构制造工程技术研究中心”。召开未来产品研讨会。开展民机技术体系建设，形成民机技术专业归类。与上海交通大学签署科研合作推进协议。全年新增24项国家及地方课题，自筹资金支持14项公司科技创新项目。新增国内专利申请145件，获得专利授权79件。获得上海市科技进步奖4项。编制22项公司标准、190项技术规范。

2. 管理创新。

为实现从产品研制向“研制与经营并重”的管理转型，提出“构建COMAC管理体系，实现公司战略、政策、组织、流程、工具的一体化管理”的管理创新目标。完善顶层策划，发布管理政策，编发过程手册，建立组织机构，确定业务过程顶层架构，开展制度文件梳理和结构化。做好体系融合，应用系统工程方法，将质量、适航、安全、内控、合规、环境与职业健康等多个管理体系有机融合，逐步实现管理制度化、制度流程化、流程信息化，提高管理水平和管理效率。推广工具方法，在全公司范围推进全面计划管理、内控管理、C—Scorecard、精益管理、班组(团队)建设五大管理工具应用，对战略落地实施、业务过程评价、外部供应商管理、持续改进和文化建设等重要环节进行管控。设立管理创新专项课题，提供经费支持鼓励各类管理创新研究，将每年的11月第一周作为公司的“管理创新周”，组织开展管理创新成果交流学习，宣传管理创新思想方法。

【党建工作】 充分认识加强中央企业党建工作的重要性、紧迫性，认真落实全面从严治党要求，把管党治党贯穿大飞机研制全过程。突出“创新发展靠班子、凝神聚气靠支部、攻坚克难靠党员、项目成功靠人才”，推进领导班子思想政治建设、基层党组织建设、企业文化建设、反腐倡廉建设“四大建设”和青年英才工程、职工关爱工程“两大工程”，为建设国际一流航空企业提供坚强的思想政治保证和组织保证。

一是牢记习近平总书记嘱托，始终把大飞机事业扛在肩上。2014年5月23日，习近平总书记亲临公司视察并发表重要讲话。2015年1月7日，习近平总书记对ARJ21新支线飞机取得型号合格证作出重要批示；11月2日，对C919大型客机首架机总装下线作出重要指示；12月31日，发表2016年新年贺词，把“我国自主研制的C919大型客机总装下线”作为国家年度成就之一。公司党委将每年5月定为“主题学习月”，坚持用习近平总书记视察公司重要讲话精神和重要指示精神武装头脑、指导实践、推动工作，认真履行中央企业经济责任、政治责任和社会责任，把发展大飞机事业放到中华民族伟大复兴中国梦的大局中去推进。

二是支持配合中央专项巡视活动，完成巡视整改。公司党委成立支持配合中央巡视组开展工作领导小组和联络组，公司纪委主要负责人兼任联络组组长，选派人员协助中央第九巡视组开展工作，获得巡视组高度肯定。逐条细化专项巡视反馈意见指出的三大类、10个方面、32个具体问题，建立问题清单、任务清单、责任清单，对整改措施实行销号式管理。向中央巡视工作领导小组办公室上报《公司党委关于巡视整改情况的报告》和《公司党委书记组织落实巡视整改情况汇报》，向党内和社会通报巡视整改情况。

三是突出创新发展靠班子，发挥党委政治核心作用。注重把加强党的领导和完善公司治理统一起来，明确党组织在公司法人治理结构中的法定地位，推动党委发挥政治核心作用组织化、制度化、具体化。制定《党委会议事规则》《党委工作规则》等104项党建工作制度，建立全面从严治党权力清单、责任清单、负面清单，发挥学习平台、议事平台、决策平台、沟通平台等重要功能。完善抓书记、书记抓，抓班子、班子抓的党建工作格局，党委书记认真履行第一责任人政治职责，党委领导班子其他成员认真履行“一岗双责”，连续两年开展所属单位党委书记抓基层党建工作述职评议考核，以考核促进党建工作责任制落实。

四是突出凝神聚气靠支部，发挥支部“灯塔”效应。按照“业务谁抓总、党建谁负责”原则，坚持把党支部建在民机项目上，在联合攻关团队(IPT)中建立党组织，广泛开展党建联建，把党建工作延伸到产业链上。选优配强基层党支部书记，探索推进党总支书记专职化。围绕大飞机研制广泛开展党员示范岗、党员责任区、党员攻关队活动，把党支部的战斗堡垒作用转化为攻克型号研制难关的强大动力，促进党支部在凝神聚气、推动发展、建设和谐企业、践行先进文化成为一座座耀眼的“灯塔”。

五是突出攻坚克难靠党员，发挥党员先锋模范作用。把好党员“入口关”，激发党员“闪光”内生动力，开展“飞机不带隐患上天、工作不在本岗位误点”活动、党员身边“无违规、无差错、无事故”创建活动，发挥党员在保质量、保安全、保进度、保成功中的先锋模范作用，促进党员在群体上、思想上、作风上、工作业绩上“闪光”，每年“七一”评选表彰一批“闪光”党员和“灯塔”党支部。2015 年，“大国工匠”胡双钱入选“全国敬业奉献道德模范”“中央企业道德标兵”“感动上海十大年度人物”等，试飞工程师马菲当选第十八届“上海十大杰出青年”。

六是突出项目成功靠人才，激发各类人才干事创业活力。实施面向 70 后、80 后科技骨干和管理骨干的“商飞之星”人才培养行动计划，启动“科技高端人才”“项目管理人才”“青年拔尖人才”等重点人才计划。积极探索符合项目管理需要的选人用人模式，推进海外人才实岗使用，大胆提拔使用能干事、干成事、不出事的优秀年轻干部。对业绩突出的干部人才给予专项奖励，推荐参评全国、上海市劳动模范等荣誉称号，每年评选表彰“十大青年英才”，累计表彰公司“十大青年英才”40 名。

七是扎实做好反腐倡廉建设工作，打造“廉洁商飞”。坚持一手抓发展建设，一手抓反腐倡廉，落实党委主体责任和纪委监督责任。修订完善公司合规体系建设规划，制定公司全面从严治党“权力清单”“责任清单”“负面清单”，将“一岗双责”内容纳入公司经营责任书管理制度和型号项目责任令，党风建设廉洁从业责任覆盖总部各部门、所属各单位和各项目 IPT 团队。开通运行“廉洁商飞”微信公众号，组织“两项法规”专题学习，编辑《公司内部警示教育案例汇编》，加强纪检监察队伍建设。

【信息化建设】 坚持“流程、数据、信息化”融合的核心理念，认真落实“中国制造 2025”“互联网＋”行动计划和“大数据”战略，深入推进“数字商飞”建设。统一信息化架构，坚持“统筹规划，统一架构”“需求导向、支撑研制”和“突出重点，急用先行”原则，编制 C919 项目信息化总体实施方案；编制公司 ERP 总体规划，明确“端到端流程”实施路线。ERP 项目（一期）实现上线运行，实现财务管理、供应链管理、生产管理、项目管理等功能，基本达到业财一体化目标要求；持续完善两型飞机研制平台，推进统一研发信息化平台整合工作。完善信息化治理体系，严格落实任务与经费相匹配、任务与规划相匹配、任务与公司管理战略相匹配的“三匹配”原则，有效发挥计划的管控作用；开展数据管理研究，完善数据管理体系，数据管理能力不断提升。

【履行社会责任】 完善公司社会责任体系，编制 2014 年企业社会责任报告，推动企业社会责任工作项目化、规范化、制度化。推进公益活动与支边扶贫、助学等项目，完成对宁夏西吉县定向扶贫援建项目考察，举办中国商飞·霍尼韦尔“家园建设”计划宁夏西吉行助学捐赠活动，捐赠两个小学，金额 36 万元；签署中国商飞公司、宁夏西吉县“文化大院建设”合作意向书，资助 20 个自然村，金额 30 万元；完成“千里捐书爱心翱翔——中国商飞宁夏西吉扶贫助学活动”，募集图书 6351 本；开展宁夏西吉县、河北大厂县中小学生“走近大上海，走近大飞机——夏（冬）令营活动”。打造大飞机青年志愿服务品牌，引导青年践行社会主义核心价值观，开展“学雷锋·倡新风”大飞机青年志愿者公益系列活动，开展“走近老人·将爱传递”敬老志愿服务等活动。

（撰稿人：任建党）

中国节能环保集团公司

【基本概况】 中国节能环保集团公司（以下简称“中国节能”）是国务院国资委监管的唯一一家主业为节能减排、环境保护的中央企业，是我国节能环保领域规模最大、实力最强、最具竞争力的科技型服务型产业集团。中国节能拥有各级子公司 465 家，其中上市公司 7 家，分布在国内 30 多个省市及境外 60 多个国家和地区，员工 5 万余人。

中国节能始终专注于节能环保领域，致力于能源节约，致力于环境保护，致力于清洁能源开发利用，致力于资源循环利用；依托节能环保综合服务，打造节能环保全产业链；在国内和国际市场为客户提供整体解决方案和一体化服务，积极打造节能环保领域具有国际竞争力、世界一流的科技型服务型产业集团。

【主要指标】 2015年，中国节能实现营业收入464亿元，利润总额38.6亿元，EVA值9.3亿元，成本费用总额占营业收入比重94.42%，已获利息倍数2.08倍。截至2015年底，资产总额1358.8亿元。

2015年中国节能环保集团公司主要经济指标

项　目	2014年	2015年	比上年增长(%)
资产总额(亿元)	1217.87	1358.76	11.57
所有者权益(亿元)	332.72	427.76	28.56
营业收入(亿元)	463.78	464.00	0.05
利润总额(亿元)	34.81	38.56	10.77
净利润(亿元)	25.14	27.53	9.51
归属于母公司所有者的净利润(亿元)	9.05	6.39	—29.39
净资产收益率(%)	7.87	7.24	减少0.63个百分点
总资产报酬率(%)	5.93	5.83	减少0.1个百分点
国有资本保值增值率(%)	112.60	106.76	减少5.84个百分点

【产权管理】 2015年，中国节能认真贯彻落实中央企业产权管理工作会议精神，加强产权管理各环节管控，落实集团公司制定的各项决策和工作部署，集团公司产权管理要求与各项管理体系协同衔接，有效提升集团产权管控及产权配置的效率和效益。

一是有序完成资产评估项目70余项，审核评估报告50余项，完成备案40余项。二是及时审批产权登记工作，完成日常产权变动登记事项150余项，动态监管集团公司产权边界，逐季完成《中国节能产权结构分析报告》。三是梳理总结2014年度产权工作，建立各项产权管理工作台账并完成大量数据分析及5项工作报告，建立产权工作报告体系。四是继续推进产权配置管理工作，全年批准完成10余项股权转让及单项资产进场转让工作，荣获北交所2014年度金交易奖，上交所2014年度产权交易组织奖。五是落实产权管理整改要求，认真梳理各二级公司产权管理现状与问题，逐户下发整改通知书，加强产权管控力度，提高产权管理工作质量与效率。六是探索产权管理后评价体系，面对国资国企改革发展新形势、新任务，产权管理的工作思路及监管方式将逐渐通过信息化手段及动态分析推动产权各项工作事中、事后监管与评价的管控，形成闭环管理。

【改革发展】 一是健全法人治理结构，稳妥推进董事会职权试点改革。2015年，中国节能围绕高管选聘、业绩、薪酬、工资总额备案四个方面健全企业法人治理结构，稳妥推进董事会职权试点改革。组织拟订《集团公司高管人员选聘管理办法》，明确高管选聘的遵循原则、工作思路、操作程序、关键环节及组织保障等，推进高管选聘的制度建设；研究编制《高管人员聘任合同》，明确高管人员岗位职责、权利义务，完善退出通道。

二是坚持市场化用人导向，持续提升人才选聘工作质量，探索畅通现有经营管理者向职业经理人身份转换的通道和路径。在高管选聘方面，公正公平、科学高效地实施集团副总经理的内部竞聘工作。集团被确定为2015年中央企业组织人事工作会议经验交流单位，在大会上就高管竞聘工作作了经验分享的发言。在公开招聘方面，广开招聘渠道，丰富招聘形式，借助外部力量开展能力、性格及专业的多种测试及背景调查，从招聘人员的品德修养、能力素质、岗位匹配度等环节把好质量关。2015年，集团总部11个岗位、子公司90个岗位实施市场化公开招聘，集团总部成功招聘7人，并已逐步成长为总部各部门的新生骨干力量。在内部竞聘方面，逐步打破论资排辈、熬年头升职的员工成长套路，年中对总部22个空缺岗位面向集团全系统开展内部竞聘、竞争上岗，各级子公司60余名员工报名竞聘，最终聘用6名优秀员工。集团系统“能者上、平者让、庸者下”的市场化人才选用机制正在逐步构建。

【重大项目】 2015年，中国节能完成投资141.9亿元，全部为主业投资。其中，固定资产投资105.5亿元，股权投资36.4亿元；固定资产投资中新开工项目完成投资47.8亿元，续建项目完成投资56.9亿元，技改项目0.78亿元。境内投资140.6亿元，境外投资1.3亿元。

2015年，为加强集团环保板块的专业化运营，提高市场竞争力，集团公司开展环保业务板块的重组整合研究工作。通过研究环保市场发展趋势、调研访谈相关子公司，完成《集团公司水务平台整合专项研究报告》《集团公司环保板块整合课题研究报告》。上述两个报告进一步厘清环保板块的迫切任务是提高融资能力，通过多方案、多维度比选，提出水务板块的重组整合方案，固废板块和水务板块的上市路径选择，并考虑搭建"事业部/子集团＋专业平台公司"两级管控架构，实现对集团环保板块业务的统一运营与管理。

【走向海外】 2015年，集团公司海外子公司43家，278个海外项目，在世界81个国家和地区(包含29个"一带一路"国家)已经或正在开展包括投资、工程、矿业开发、贸易、咨询、设计、技术、劳务等多项业务。2015年，集团公司海外业务实现营业收入524708.67万元，利润总额81727.14万元，资产总额1646486.69万元。

【重大创新】 在管理创新领域，持续构建"战略规划—年度目标—年度计划—年度预算"的闭环体系。2015年，完善全面预算分析法和经营计划书模板，开发经营计划书在线填报系统，集中全系统200余人编制2016年经营计划书和预算方案，有效提高预算编制的科学性和合理性。对集团公司涉及投资管理的11项办法和规定进行梳理和研讨，提出补充完善事项和建议。

深入推进标准化活动。累计组织8000多人次参加培训，按照"全需求、做减法"的思路，建设高清视频会议、主数据、门户、数据仓库、移动应用平台等10个应用系统。中国节能信息化建设思路和方法，受到国资委、其他央企和业内人士的普遍关注和好评；荣获"2015年度中国能源企业信息化管理创新奖"。在科研开发领域，中节能资产经营有限公司下属海特光电有限责任公司"用于视频摄像机激光补光光源的低成本、高可靠性、批量化生产技术开发"项目，使激光补光光源寿命达到1.5万小时，且实现低成本投入下生产规模扩大2倍，公司在该领域的产品开发处于国内领先、国际先进水平。中研院研发的"广东贵屿火法处理废旧印刷电路板项目"，成功实现顶吹式熔池熔炼炉小型化的技术突破。项目填补国内利用顶吹式熔池熔炼炉处理废旧印刷电路板的技术空白，满足国家标准，废渣可实现再利用，整个系统无任何废水排放，提升了集团公司在资源循环利用领域的科技实力。

在技术创新领域，江西公司下属晶和照明公司参与研发的"硅衬底高光效GaN基蓝色发光二极管技术"获得国家科技部组织的2015年度国家技术发明奖一等奖，不仅攻克技术难题，还成功开发一系列路灯、隧道灯、车灯等产品。硅衬底LED路灯投放之后，市场反响良好，并推向世界各地，使中国半导体照明领域LED技术跻身世界领先水平。

【党建工作】 紧紧围绕集团经营发展目标，按照"着眼大局、纯正思想、严明纪律、聚焦班子、群策群力、持之以恒、改进作风、尊重规律"抓党建的思路，坚持党要管党、从严治党，认真落实"一岗双责"，坚持"围绕中心抓党建、抓好党建促发展"，下大力推进领导班子、干部队伍、党风廉政建设，重点开展领导班子考评、巡视、书记培训、党群调研、二级企业党委书记抓基层党建工作述职评议考核试点等工作，统筹加强企业文化建设、社会责任建设、和谐企业建设，各项工作取得新的成效。集团"三严三实"专题教育相关做法被国资委网站、《国企党建》杂志进行专题报道。按照坚持"四同步"、实现"四对接"要求，集团全年召开全委会2次、常委会10次，研究解决党建工作重难点问题。指导各二级公司修订完善《党委议事规则》《党委中心组学习制度》《领导班子民主生活会制度》等，进一步推进党建标准化建设。"七一"前，表彰一批"四好"领导班子、"十佳"党支部书记和纪检监察工作先进个人。较好地完成国资委党委部署的二级企业党委书记抓基层党建工作述职评议考核试点工作。基本完成对二级公司的巡视全覆盖，配合国资委第三巡视组对集团公司的巡视工作，查处4名违纪违规的党员领导干部，处分2名违反中央八项规定精神的党员干部，严肃党规党纪。组织召开集团第四届班组建设工作会暨劳模表彰大会。

举办第三届“聚创天下”员工运动会暨首届羽毛球比赛，组织到中国中车长客股份工会对标学习，动员广大基层员工深入开展“安全月”“安全生产100天”等活动，增强企业的凝聚力，为集团公司健康快速发展营造良好的氛围。

【信息化建设】 2015年，中国节能信息化工作以解决信息沟通和共享作为突破口，坚持顶层设计和底层设计，按照“四统一”原则（统一规划、统一立项、统一标准、统一管理）和“健体系、强基础、重应用、出实效”的工作思路，健全信息化管理体系、加快统建系统建设、强化信息化基础建设、提高建成系统应用水平，全面推进信息化工作。2015年，中国节能持续加强信息化管理体系，制定《2016－2018年信息化规划》，明确未来三年中国节能信息化建设任务和工作目标；围绕项目建设、系统运维、信息安全等方面，健全适用全集团的信息化制度体系，相继出台《信息安全管理办法》《信息化项目管理手册》和《2016年度信息化评价指标体系》，并首次开展子公司信息化工作试评价。按照年度计划，重点做好信息化基础建设及保障工作，加快重点应用系统建设，全年累计完成10个重点项目的建设工作，其中主要包括高清视频会议系统、数据仓库系统、文档一体化系统、移动办公系统、节能大厦无线网络、租用IDC机房建设等项目的建设工作。按照国资委要求，注重信息安全，完成5个重要系统的安全防护工作，并在全集团范围内持续推进软件正版化工作。

【履行社会责任】 集团2014年社会责任报告被中国社科院评为“五星级”，被WTO杂志社评为“领袖型”社会责任报告，集团被中国工业经济联合会评为“中国工业行业履行社会责任五星级企业”，组织编印的《社会责任综合指标体系》填补了行业空白。高度重视、满腔热忱地做好爱国拥军工作。2015年2月，王小康董事长作为全国爱国拥军模范单位代表，在京西宾馆出席中央军民迎新春茶话会，受到习近平总书记等中央领导同志的亲切接见。认真贯彻落实中央和国资委关于扶贫开发工作的一系列指示精神，扎实做好河南嵩县和广西富川定点扶贫工作。集团被评为中央国家机关驻豫定点扶贫先进单位，挂职干部受到洛阳市人民政府嘉奖。持续深化“寻找最美节能人”活动，“最美节能人——今天听我说”主题演讲进一步丰富中国节能精神家园。王小康董事长获评“‘十二五’企业文化建设十大典范人物”，牛晏彬等4人被评为“‘十二五’企业文化建设先进工作者”，中国环保、风电公司、太阳能公司被评为“‘十二五’企业文化建设优秀单位”。集团成为中国企业文化研究会副理事长单位。

（撰稿人：汝昌晋）

中国国际工程咨询公司

【基本概况】中国国际工程咨询公司（以下简称“公司”）是国内规模最大、涉及行业最多的综合性工程咨询机构，主要从事政策规划咨询、咨询评估和工程管理服务，为中央政府在国家重大建设项目的决策和实施方面发挥着重要作用，同时也为社会各类用户提供咨询服务。

2015年，公司面对政府职能加快转变、简政放权、取消强制监理试点以及社会投资进度放缓等不利影响，贯彻落实抓发展、促改革、调结构、稳增长的工作部署，牢记使命，履行职责，继续全力以赴完成国务院和国家发展改革委等部门委托的重大咨询评估任务，完成一批重大规划和政策以及多批产业化专项的评估，承担大量涉及国家对外经济战略的课题研究任务，编制多项国防军工规划，积极培育PPP业务咨询，大力推进高端智库建设，在业务开拓、改革创新、加强管控等方面都取得成绩，全面超额完成年度预算目标和经营业绩考核目标，保持营业收入和利润总额双增长。

【主要指标】

2015年中国国际工程咨询公司主要经济指标

项目	2014年	2015年	比上年增长(%)
资产总额(亿元)	21.96	22.17	0.96
所有者权益(亿元)	14.94	15.66	4.82

续表

项　目	2014年	2015年	比上年增长(%)
营业收入(亿元)	12.70	13.44	5.83
利润总额(亿元)	1.52	1.62	6.58
净利润(亿元)	1.11	1.18	6.31
归属于母公司所有者的净利润(亿元)	1.08	1.16	7.41
技术开发投入(亿元)	0.07	0.10	42.86
利税总额(亿元)	2.95	2.98	1.02
应交税金总额(亿元)	1.26	1.36	7.94
全员劳动生产率(万元/人·年)	16.4	18.09	10.30
净资产收益率(%)	7.67	7.81	增加0.14个百分点
总资产报酬率(%)	7.13	7.33	增加0.2个百分点
国有资本保值增值率(%)	107.42	105.89	减少1.53个百分点

【改革发展】 公司党组决定成立深化改革领导小组，下设综合协调组、业务架构方案组、完善考核分配激励方案组、人才建设方案组、智库建设方案组、支撑体系及创新发展方案组、加强党建和反腐败建设方案组。按照国务院国资委的要求，研究制定深化改革方案，分步实施。

1. 调整内部布局结构与重组情况。

在公司本部机构调整方面，一是为发挥综合优势，解决部分机构重叠、业务交叉问题，合并有关业务部门；二是为加强各类业务全过程管理，撤销一些部门和机构；三是适应新的形势和业务需要，筹建新的业务部门，以形成新的业务增长点。

在所属企业调整方面，一是解决业务同质化问题，对业务雷同、产生竞争的部分所属企业予以撤并；二是对缺乏企业资质、业务萎缩、经营不佳、风险加大的所属企业予以撤销；三是解决管理缺位问题，并转有关所属企业。

在实施国内区域布局方面，一是对因业务市场准入而设立，实际无人员、无办公场所、未经营的分支机构，在国家及地方取消相应备案规定后，一律予以撤销；二是考虑重点省份的区位优势，借助已有的工作基础，设立分公司，作为区域性业务开发平台和窗口；三是除分公司业务已覆盖的区域外，为实现国内业务的全覆盖，其他区域市场的业务开发主要由有关业务部门和所属企业负责，建立开发渠道，维护客户资源。

在谋划国际业务布局方面，一是顺应市场的需求，服务国家"走出去"和"一带一路"战略，积极拓展涉外和国际咨询业务；二是从公司海外业务区域分布、市场空间、国家战略等方面综合考虑，依托公司已设立的海外项目公司，借助初步熟悉当地文化和法律法规，并积累一定业务渠道资源和人才的优势，筹建海外分公司，承担国际业务窗口的作用，为公司国际业务的拓展提供积极的支持；三是根据国家大力推进"一带一路"战略和市场需要，进一步拓展其他区域的海外业务，特别是"一带一路"沿线国家，寻求与国外咨询机构的合作，多途径实现公司在海外其他区域的国际化业务布局。

在调整公司本部职能部门职能方面，解决公司本部经营和管理职能存在缺位、错位问题，以及由此带来的交叉管理、多头管理、推诿扯皮和一定程度的"机关化"现象，进一步明确工作和业务流程，规范相关部门职责，加强公司内部管控和企业化经营。

2. 深化劳动人事分配制度改革情况。

在深化干部人事制度改革方面，一是修订干部选拔任用、考核评价的制度办法，管理内容和程序更加全面、细致、规范、透明；二是进一步规范民主推荐、民主测评、考察对象确定和讨论决定、任职前公示等制度与流程，强调选用政治上靠得住、工作上有本事、作风上过得硬、职工信得过的干部；三是完善干部管理决策程序，重点加强对领导干部尤其是主要领导干部行使权利的制约和监督。

在深化劳动用工和分配制度改革方面，积极推进劳动用工和分配制度改革，以绩效为导向，完善分配制度，促进职工收入"能升能降"，更加注重人工成本管控，强化激励约束机制创新，规范收入分配秩序，为公司的提质增效促发展奠定基础。

3. 完善考核激励机制情况。

围绕公司战略目标，对应国资委业绩考核指标，评估并完善公司现有业绩考核体系，加强公司业绩考核工作的针对性、有效性，增强业绩考核对业务发展的引领作用。

形成促进思想库建设的考核制度办法，在进一步完善现有《咨询专报》《研究与交流》奖励举措基础上，形成思想库建设激励办法。

以提高“管理效率、服务质量”为重点，制定行之有效的考核办法及内容标准，促进职能管理部门管理能力、服务水平的提高。

在现有分配激励体系的基础上，进一步研究探索调动业务部门和项目经理工作积极性的降本增效激励办法。

完善现有的业务开发奖励制度，进一步探索业务创新的奖励办法。

【重大项目】 公司承担投资百亿元以上的规划和工程项目评估业务有97个，主要重大项目有：福建海峡西岸城市群城际铁路网规划评估、山西地方铁路（城际）建设规划评估、新疆鄯善县库木塔格矿区总体规划评估、南疆水资源利用和水利工程建设规划评估、引江济淮工程项目建议书评估、青岛新机场工程可研评估、新建徐州至淮安至盐城铁路可研评估、广东陆丰核电厂一期工程项目申请报告评估、广西防城港红沙核电二期工程申请报告评估、四川大渡河双江口水电站项目申请报告评估、西藏雅鲁藏布江大古水电站可研评估、酒泉至湖南±800千伏特高压直流评估等。

【重大创新】 在公司“12445”发展战略引领下，进一步加大建设新型企业高端智库力度，围绕国民经济重大问题和战略问题开展一系列政策研究工作，组织开展几十项基础课题研究，完成几十期咨询专报，中办、国办、中央财办的综合采用率为107%。公司的政策咨询成果在推动相关问题的解决中发挥重要作用，有些建议被纳入国家相关规划，有些意见帮助解决行业发展中的困难，有些推进重大事项的决策，为政府决策的科学化、民主化作出贡献，“中咨品牌”的决策影响力不断巩固和提升。

【信息化建设】 按照国务院国资委《关于加强中央企业信息化工作的指导意见》要求，制定年度工作方案，开发运行微信网站、手机网站，实现公司网站跨平台宣传模式，为开启业务工作互联网模式打下基础。完成公司档案信息管理系统的开发和验收工作，开发新的OA办公系统，以无纸化、协同化、集团化和移动办公为目标，实现公司本部的协同OA办公自动化和集团层面的办公自动化。

（撰稿人：邓　朝）

中国诚通控股集团有限公司

【基本概况】 2015年，中国诚通控集团有限公司（以下简称“中国诚通”）在国资委正确领导下，紧紧围绕改革发展中心，深刻认识、主动把握“新常态”，敢于担当，敢于突破，积极谋划战略转型新路径，全面完成年度经营预算和改革发展任务。

【主要指标】 2015年，中国诚通实现营业收入618.43亿元，比上年下降9.33%。利润总额15.13亿元，比上年增长10.28%，完成国资委年度考核值。净利润11.01亿元，比上年增长29.83%。净资产收益率3.73%，比上年增加0.37个百分点。年末资产总额714.12亿元，比上年增长6.25%。

2015年中国诚通控股集团有限公司主要经济指标

项　目	2014年	2015年	比上年增长（%）
资产总额（亿元）	672.09	714.12	6.25
所有者权益（亿元）	261.55	330.56	26.39
营业收入（亿元）	682.06	618.43	−9.33
利润总额（亿元）	13.72	15.13	10.28
净利润（亿元）	8.48	11.01	29.83
归属于母公司所有者的净利润（亿元）	3.93	6.38	62.34
技术开发投入（亿元）	2.24	2.26	0.89
利税总额（亿元）	31.57	30.01	−4.94
应交税金总额（亿元）	17.85	19.65	10.08
全员劳动生产率（万元/人·年）	16.42	17.20	4.75

续表

项　目	2014 年	2015 年	比上年增长(%)
净资产收益率(%)	3.36	3.73	增加 0.37 个百分点
总资产报酬率(%)	4.02	4.12	增加 0.1 个百分点
国有资本保值增值率(%)	104.90	107.76	增加 2.86 个百分点

【改革发展】 党的十八届三中全会提出"以管资本为主加强国有资产监管,组建若干国有资本投资运营公司",中国诚通迅速锁定改革发展新方向,在第二次党代会上明确提出把中国诚通打造成为国有资本投资运营公司,改革发展取得新成效。

中国诚通成立深化改革领导小组,把握方向,适时推进试点争取工作。积极承接有关改革方案研究,形成一批兼具理论深度和操作性的成果,在国家有关改革专项文件制定中得到吸纳。搭建国际化运作桥梁,成立中国诚通香港资产管理有限公司,服务国企改制重组。

中央和国务院有关改革领导小组、国家相关部委先后到中国诚通调研,中国诚通服务国企改革、参与国有经济布局调整的能力得到广泛认可。2015 年 12 月,中国诚通陆续按国资委要求接收划转股权,履行国有股权价值管理职责。

【重大项目】 资产经营主业亮点纷呈。在国资委指导下,"中钢炉料资产包"项目妥善解决。诚通资产兰州公司等遗留问题取得突破;香港瑞东完成股权市场化退出,效益显著。诚通东方稳步推进香山市场项目、中企国际专项工作。诚通香港依托中船重工 702 所高端海洋旅游装备,成功试航世界最大全通透"寰岛蛟龙载人观光潜水器"。诚通人力荣膺"亚太人力资源服务杰出贡献奖"。中商集团组建"中商农产品现货电子交易中心",在 26 个城市规划建设冷链物流网络基地。中包总公司通过股权转让、增资扩股引入外部资金 6130 万元,回收资金 2064 万元。华诚财务公司破产完成主要资产处置工作,变现 1.8 亿元。

资本运作能力提升。中国诚通首期发行 20 亿元低成本短期融资券。中国储运引进国际物流著名企业普洛斯;发行 30 亿元私募债;完成 6 个地区 10 家企业重组。中国纸业岳阳林纸以资产置换和定向增发等方式,调整优化传统产业,进入生态园林行业,探索员工持股;美利纸业引入战略投资者,市值由 15 亿元升至最高 150 多亿元。中国物流和中新汽公司完成增资扩股,引入 15 家战略投资人,募资 17.6 亿元;发起设立新能源绿色产业基金。诚通香港完成股份配售,净筹资 9.62 亿港元。诚通财务获得有价证券投资资质,诚通资金网电子商业汇票系统拥有自主知识产权。中国诚通参与中金、大唐环境、神州专车投资项目;发起设立吉康人寿保险,介入健康保险和寿险行业。

物流板块转型升级成效明显。中国储运并购英国 HB 集团;与中国物流信息中心联合发布"中国仓储指数";打造"中国放心库",荣获"诚信建设示范物流企业奖""中国物流社会责任贡献奖"。中国物流与比利时安特卫普港务局合作建设国际贸易物流平台;与古井贡酒、泸州老窖合作,提升酒类物流专业化能力;加快网络布局,全年新增土地 2066 亩。中国储运、中国物流、中商集团获得发改委专项产业建设资金 3.4 亿元,政府补贴 4650 万元。

纸业板块整合重组实现突破。扩大集中采购范围,全系统集采率达到 80%以上,金额 98 亿元,剔除市场降价因素创效 2.3 亿元。中冶纸业重组金融债务 145.65 亿元;妥善安置富余员工 8700 余人;关停并转子公司 18 家,淘汰落后产能 36.5 万吨;引入云计算、生态林业、光伏发电等新业务,3 家子公司起死回生。

贸易板块经营稳健。中国储运优化生产资料商贸物流供应链模式,打造"西安中储钢超市",南京经销与萍钢加强战略合作,青岛公司"驻厂式管理"模式移植中石油海工项目,寿阳公司形成煤炭供应链业务模式。诚通金属贵金属业务与金融结合,开拓下游产品。

【走向海外】 中国诚通积极响应国家"一带一路"战略,提升国际化经营能力。中国储运并购英国 HB 集团,获得国际交易所资质认证和成熟的期货交割全球网络、专业团队;引进国际物流著名企业普洛斯,国际化经营取得重要突破。中国物流与比利时安特卫普港务局合作建设国际贸易物流平台，在李克强总理见证下签署合作备忘录。格林伍德商务区对外出租率明显高于当地平均水平；欧洲商业开发投资管理中心获得俄联邦最佳外企“金水星奖”。诚通香港与南车香港、南车租赁合作开辟境内外资本市场业务；取得跨境双向人民币资金池业务资质，对拓展国际业务具有重要意义。圭亚那原料林项目迈出实质性步伐，受让中粮集团“加蓬木业”5家公司。诚通国贸淘提升东南亚市场覆盖率，名列越南钢材进口商前三名。中国诚通专项进口业务在配合国家领导人重要访问，支持国家经贸外交的同时，推动中国诚通贸易国际化，2015年实现营业收入23.86亿元、经营利润1.21亿元。

拓展业务领域，服务“走出去”战略。中国诚通与中银香港合作开展跨境人民币集中运营和资产托管业务，为海外项目并购提供配套投融资服务。诚通人力创建海归人才网，开通“海外留学直通车”，为企业“走出去”提供人才支持。

【重大创新】 2015年，申请专利38项，累计拥有有效专利438项(其中发明专利142项)。获得各类省级行业科技创新奖27项，参与制定国际国内标准14项。中储智慧物流、中包智能物流包装及绿色建材PFC膜列入央企“十三五”重点研发计划。获得国家科技创新资金支持，全年税收减免2708万元。

【党建工作】 胜利召开中国诚通第二次党员代表大会，选举产生新一届党委、纪委，明确中国诚通未来五年的奋斗目标。基层党组织建设不断加强，2家二级企业完成党委换届和党组织新建，136名干部参加中央企业基层党建培训班，并购企业文化建设得到国资委肯定。队伍建设持续加强，健全企业负责人履职待遇、业务支出管理制度体系，开展领导干部个人事项报告，规范干部兼职，优化干部队伍结构。

扎实开展“三严三实”专题教育，党员干部干事创业、遵规守纪、廉洁自律意识进一步增强，工作作风持续向好。反腐倡廉工作力度继续加大，高效落实党风廉政建设党委主体责任和纪委监督责任；创新开展“反腐倡廉宣传教育月”活动，举办首次全系统纪检监察干部培训班，召开3个片区基层企业落实“两个责任”推进会，及时对新提任干部进行廉洁谈话，严肃查处一批违纪违规问题。

积极做好群团工作，组织职工代表赴基层调研，中国诚通“职工之家”揭牌，“诚通篮球社”成立，职工文化生活进一步丰富。中国诚通团委完成换届。

中国诚通获得中国企业联合会“2015年度中国最具影响力企业”、国资委“中央企业维稳信访工作先进集体”称号，诚通东方荣获第四届“全国文明单位”称号，诚通人力荣获全国总工会“全国模范职工小家”荣誉称号。

【信息化建设】 财务信息化一体化建设取得突破，用友财务核算系统上线，并顺利对接久其网络报表，实现财务账表一体化。创新建成全级次资源统计信息报送平台，实现经营资源动态管理。建设中国诚通异地数据备份中心，保障数据安全。主要二级公司以提升管理效益和加强风险管控为重点，深入推进信息化全面覆盖和深化应用。诚通财务以业务需求为导向，自主研发业内领先的总分账结算系统、征信数据报送系统，获得国家版权局软件著作权认证。

【履行社会责任】 发布中国诚通年度社会责任报告。开展精准扶贫，选派青年干部援疆援豫、河南驻村挂职；先后与14个省市、新疆兵团洽谈合作，支持区域经济发展；中国储运启动打造“中国放心库”活动，荣获“中国物流社会责任贡献奖”；强化节能减排管理，全年未发生节能环保违规和环境污染事故，企业社会责任进一步彰显。

【其他情况】 亏损企业治理工作取得成效。将专项治理结果与总部员工绩效挂钩，有针对性地制定二级公司个性化评价激励措施。全年亏损企业实现利润总额3.03亿元，亏损面减少39%。

资金管理更加严格。加强资金总体筹划，充分利用信息系统，严格账户管理，强化资金精细管理，严控财务费用，保证资金安全运行，提高使用效率。结合国资委“两金”专项清理要求，创新开展“三金”清理，推动资金风险管控体系向业务运行延伸。

全面风险管理进一步加强。中国诚通和二级公司分别编制年度全面风险管理报告，揭示企业重大风险；开展“法治央企”宣传培训以及专题研讨，增强关键少数的法律风险防范意识，推动疑难案件顺利解决。3家单位和8名个人获得中央企业法律工作先进荣誉。

安全生产和节能减排工作常抓不懈。开展劳动密集型企业安全专项治理，安全生产形势总体稳定。连续10年未发生较大及以上安全生产责任事故，总部及基层企业9年8次被评为全国“安全生产月”活动先进单位和优秀组织单位。

（撰稿人：闫　刚）

中国中煤能源集团有限公司

【基本概况】 中国中煤能源集团有限公司（以下简称“中煤集团”）是国务院国资委管理的国有重点骨干企业，前身是1982年7月成立的中国煤炭进出口总公司。中煤集团主业包括：煤炭生产及贸易、煤化工、坑口发电、煤机制造、煤矿建设及相关工程技术服务。截至2015年底，中煤集团有中煤能源股份公司及各类二级企业17家，其中全资子公司13家，资产总额2952亿元，职工9.9万人。

【主要指标】 2015年，中煤集团积极落实国家关于煤炭行业去产能要求，坚持效益最大化原则组织生产，关停6处矿井，调减7处矿井产量，完成原煤产量1.67亿吨、煤炭销售1.69亿吨，同比分别减少1600万吨、2000万吨。全年降本增效60亿元，有效消减行业下行冲击，将企业亏损额控制在40亿元以内，经营现金流实现净流入45.3亿元。煤化工项目顺利投产达产，并取得良好经济效益，成为中煤集团新的利润增长点。安全形势稳定向好，杜绝生产安全死亡责任事故。

2015年中国中煤能源集团有限公司主要经济指标

项　目	2014年	2015年	比上年增长(%)
资产总额(亿元)	3040.46	2951.96	－2.9
所有者权益(亿元)	1116.20	1057.21	－5.3
营业收入(亿元)	950.23	820.44	－13.7
利润总额(亿元)	5.11	－39.81	
净利润(亿元)	0.99	－35.77	
归属于母公司所有者的净利润(亿元)	－4.43	－23.18	
技术开发投入(亿元)	15.10	12.40	－17.8
利税总额(亿元)	132.74	36.89	－72.2
应交税金总额(亿元)	127.63	76.70	－39.9
全员劳动生产率(万元/人·年)	24.30	18.76	－22.8
净产资收益率(%)	－0.71	－4.10	减少3.39个百分点
总资产报酬率(%)	1.59	0.87	减少0.72个百分点
国有资本保值增值率(%)	99.37	93.66	减少5.71个百分点

【改革发展】 中煤集团认真贯彻落实党中央、国务院及国资委对全面深化改革的总体部署，制定《中煤集团2014—2015年改革创新工作要点》，各项工作稳步推进。推进干部选拔任用机制改革，拓宽用人渠道，在二级企业开展中层管理人员公开竞聘；推进人才市场化选聘，2015年首次面向全社会公开招聘二级企业正职，引进3名电力业务高级管理人才；持续开展集团总部与基层企业双向挂职锻炼，择优培养选拔优秀年轻干部。推进用工制度改革，贯彻“精干高效”“减人提效”理念，精简二级企业机关和管辅人员，减员分流3300人。推进分配制度改革，实行人工总成本管理，清理外包队伍，降低人工费用。推进后勤辅业改革，所属企业内部市场化改革积极推进，辅业转换经营机制初见成效，“三供一业”分步移交地方。推进管理体制改革，完成平朔矿区煤与非煤业务重组整合，实现京沪区域资源整合优化，实施专业化、精细化管理。

“十三五”期间，中煤集团将按照“12355”发展思路，加快建设具有较强国际竞争力的清洁能源供应商和能源综合服务商。“12355”发展思路，就是以市场为导向、以效益为中心，着力打造煤一电一化循环经济新业态和建筑、装备、设计咨询等服务业两大业态，正确处理当前与长远、改革与稳定、管控与活力三个重大关系，认真做好安全稳定、提质增效、转型升级、改革调整、强基固本五项任务，自觉践行创新、协调、绿色、开放、共享五大发展理念。

【重大项目】 2015 年，完成基建投资 88.36 亿元，完成率 85%以上。抓好重点项目建设，葫芦素、门克庆煤矿超额完成全年施工进度计划，鄂尔多斯“三水”项目按节点计划全力推进，韩咀煤矿进入联合试运转，蒙大工程塑料项目具备投料试车条件，尿素铁路专用线、大牛地铁路专用线实现通车运营，元宝湾、华宁煤矿完成竣工验收。榆林烯烃、图克大化肥和远兴甲醇等煤化工项目顺利投产达产，并取得良好经济效益，成为集团公司新的利润增长点，有效减缓煤炭行业下行的冲击。积极发展电力产业，加快发展坑口电站、劣质煤综合利用电厂，4 个电厂项目取得核准并开工建设，总装机容量 404 万千瓦。

【走向海外】 海外项目开发取得新进展，与国机集团等数家央企签订 7 个共同开发海外项目的意向和协议，全年承揽海外工程近 2 亿元，相继签订土耳其可尼克一艾尔麦德煤矿项目合同、印度斯坦锌 SK 铅锌矿井巷工程及卡赞天然碱溶采项目合同，积极推进印度、巴布亚新几内亚、白俄罗斯有关项目洽谈，顺利实施莫桑比克马普托水泥厂自备电站设计和泰国 SCG 水泥公司生物质电站设计项目。煤机装备板块成功开发印尼井工矿设备市场，掘进机产品首次打入缅甸，中部槽、刮板、帕森斯矿用链条及接链环等综采备件出口印度、澳大利亚、土耳其、以色列、捷克等多个国家。特别是印度江基拉总承包项目，成套装备顺利出口并在江基拉矿完成地面联调，创造中国出口至印度最大规格、最高金额井工开采成套装备纪录。

【重大创新】 2015 年，中煤集团科技创新取得新突破，获得国家和行业科技奖 34 项，其中国家科技进步二等奖 1 项、煤炭行业科技一等奖 4 项，获得煤炭工业协会专利奖 13 项。职工创新工作取得成效，“五小”科技攻关和合理化建议活动获得成果 2000 项。全年完成重点科技项目 21 项，牵头承担的国家科技支撑项目课题《蒙陕深部矿区亿吨级煤炭基地建设关键技术》等国家科技项目通过验收，解决该地区建井难题。大力推广新技术，唐山沟煤矿采用切顶卸压留巷技术，每米巷道节约费用 1100 多元。设备国产化范围持续扩大，节约资金 1.5 亿元。加强关键核心技术知识产权储备，新获得专利授权 335 项，其中发明专利 68 项；全集团累计拥有有效专利达到 1633 项，其中发明专利 249 项，以产业化为导向的专利组合和布局初步形成，核心技术竞争力进一步提升。

【党建工作】 中煤集团全面落实党中央、国务院国资委党委的各项决策部署，积极应对煤炭市场严峻形势，在落实从严管党治党责任、融入中心开展工作、加强领导班子和人才队伍建设、落实党风廉政建设“两个责任”、强化宣传和企业文化工作、抓基层打基础等方面取得新成效。扎实开展“三严三实”专题教育，各级党员领导干部思想自觉和行动自觉明显增强。开好党委常委会议，加强对党的建设、干部管理、反腐倡廉工作的领导和研究，形成管党治党合力。加强对所属企业党委工作的监督检查和指导，推动管党治党责任在基层的落实。深入落实党风廉政建设“两个责任”，将党风廉政建设责任纳入企业负责人年度经营业绩考核，明确主体责任内容和领导人员“一岗双责”要求。开展企业内部巡视，在集团范围内形成有力震慑。开展以“讲形势、树信心、聚能量、保效益”为主题的形势任务教育活动，融入中心能力进一步提高。积极探索民主推荐、竞争选拔、公开遴选等多种方式的干部选拔任用渠道，加强领导班子和人才队伍建设。

【信息化建设】 中煤集团信息化建设围绕促进两化融合、强化实际应用，进一步加强信息化管控，落实信息系统安全和运维保障措施，有效支撑企业管理变革和业务拓展，有力支持企业创新发展，信息化整体水平不断提高，信息化水平连续保持中央企业 A 级水平。围绕应用提升，完成集团公司应用门户、生产运营指挥、法律事务系统三期的上线运行，完成采购、销售电子商务系统的应用推广工作，不断提升采购和煤炭、产品销售的集中度和透明度。围绕深化应用，开展 ERP 系统推广和优化工作，扩展应用范围，提升应用成熟度，加强集团公司集中管控。开展信息系统安全测评和整改工作，保障信息系统安全稳定运行。推进国家安监总局物联网示范工程建设项目，在所属葫芦素煤矿实施物联网专项技术的试运行工作。

【履行社会责任】 在经济责任方面，2015年煤炭产量同比下降9.3%，为化解煤炭行业过剩产能作出积极贡献。在安全责任方面，有效提升安全生产管理水平，杜绝生产安全死亡责任事故。在环境责任方面，“绿色中煤”建设持续推进，节能环保能力得到提升。在创新责任方面，科技奖项实现历史性突破，创新能力进一步增强。在员工责任方面，充分保障员工合法权益，在行业困难的情况下，保障员工基本的薪酬福利。在社区责任方面，坚持和谐共赢，支持地方经济社会发展，2015年中煤集团社会贡献总额220亿元，其中缴纳各种税费82亿元，占营业收入的比重为10%。定点扶贫河北省蔚县、涿鹿县赵家蓬区、贵州省印江县，帮助贫困地区脱贫致富。新疆公司驻村维稳工作组真诚服务当地群众，荣获自治区表彰。集团公司被评为煤炭行业企业社会责任报告发布优秀企业。在中国社科院发布的《中国企业社会责任蓝皮书2015》中，中煤集团社会责任发展指数得分73.9分，位列国有企业100强第31位、中国企业300强第41位，继续保持领先地位。

（撰稿人：郭凤飞）

中国煤炭科工集团有限公司

【基本概况】 中国煤炭科工集团有限公司（以下简称“中国煤科”）是中煤国际工程设计研究总院、煤炭科学研究总院2家中央企业于2008年4月合并组建成立的。

2015年，中国煤科贯彻落实党中央、国务院有关精神以及国资委各项工作部署，牢牢把握稳中求进的工作总基调，积极应对复杂多变的国内外经济形势，主动适应经济发展新常态，团结一致、开拓创新、群策群力、攻坚克难，努力推动企业健康平稳发展，取得一定的成绩。

【主要指标】 截至2015年底，资产总额428.4亿元，同比增长7.5%。负债总额202.5亿元，所有者权益225.9亿元（其中：归属于母公司所有者权益155.4亿元，少数股东权益70.5亿元）。资产负债率47.3%。2015年，实现营业收入188.9亿元，同比减少18.3%；实现利润总额16.0亿元，同比减少37.8%，净利润12.0亿元（其中：归属于母公司净利润7.7亿元）。中国煤科2015年净资产收益率5.7%（含少数股东权益）。

2015年中国煤炭科工集团有限公司主要经济指标

项　目	2014年	2015年	比上年增长（%）
资产总额（亿元）	398.62	428.37	7.5
所有者权益（亿元）	198.10	225.90	14.0
营业收入（亿元）	231.32	188.91	−18.3
利润总额（亿元）	25.78	16.03	−37.8
净利润（亿元）	20.87	12.00	−42.5
归属于母公司所有者的净利润（亿元）	14.95	7.73	−48.3
技术开发投入（亿元）	14.88	9.66	−35.1
利税总额（亿元）	42.64	34.17	−19.9
应交税金总额（亿元）	21.57	18.14	−15.9
全员劳动生产率（万元/人·年）	26.28	22.35	−15.0
净资产收益率（%）	11.01	5.66	减少5.35个百分点
总资产报酬率（%）	6.83	4.22	减少2.61个百分点
国有资本保值增值率（%）	110.80	104.85	减少5.95个百分点

【改革发展】 2015年，中国煤科贯彻落实十八届五中全会、国有企业深化改革指导意见、科技体制改革指导意见等精神，进一步加大资本运作和转型升级力度，资源配置能力提升，企业活力和竞争力有所加强。

1. 资产重组与资本运作取得新进展。为实现整体上市的战略目标，加快转型升级，打通融资渠道，中国煤科积极推动产业经营与资本运营的双轮驱动，在资本市场开展一系列工作，取得新的进展。一是在顺利完成北京华宇、西安研究院、重庆研究院3家单位注入天地科技的基础上，成功募集20亿元的配套资金。二是完成煤科院51%和上海公司100%的股权出售给天地科技的工作。三是天地华泰2015年在全国中小企业股份转让系统正式挂牌，成为集团首家新三板挂牌企业。四是积极推动优质资源的兼并重组。在资本市场的这一系列运作，对于缓解资金紧张的局面，加快产业升级步伐，提升品牌价值和企业核心竞争力起到积极的推动作用。

2. 资源整合与内部改革有序推进。中国煤科以提高国有资本效率、增强企业活力为中心，主动适应市场化、现代化、国际化新形势，不断加强和完善顶层设计，有序推进资源整合和内部改革工作。一是完成北京华宇和唐山研究院的重组整合，进一步优化产业布局，提升选煤产业的核心竞争力。二是成立新的煤炭科学研究总院，优化完善创新体系，提升科技创新能力。三是以煤科院节能分院为试点开展员工持股，探索发展混合所有制经济，激发企业活力。四是整合内外部资源组建国际工程公司，增强国外市场开拓的能力和效果，拓展市场空间。

【重大创新】 2015年，中国煤科认真贯彻落实创新驱动发展战略，积极适应国家科技体制变革，加快科研条件建设，强化项目过程管理，推动科技成果转化，科技创新能力持续稳步提升。

1. 科技项目策划组织初显成效。2015年，中国煤科积极组织策划国家科技计划项目，申报国家科技重大专项、国家重点研发计划等各类项目40余项，获批能源自主创新项目、自然基金项目等国家级项目(课题)30项，地方项目32项。组织申报的国家科技计划“十三五”项目“油气开发专项煤矿区煤层气开发利用项目”通过立项评审。同时，全面参与公共安全、深地资源、质量基础、大气污染等国家重点研发计划重点专项方案和指南起草工作，相关内容已纳入申报指南，2016年将陆续启动实施。中国煤科通过科技项目的组织策划，为“十三五”国家科技计划项目的立项打下良好的基础。

2. 重大项目取得突破性进展。通过国家科技重大专项、国家科技支撑计划、863计划等国家科技计划的实施，研究开发出一批具有国际领先水平的技术和装备，发挥行业科技创新“领头羊”的作用。2015年，中国煤科获得省部级以上各类科技奖励116项，其中国家科技进步二等奖3项，中国煤炭工业协会科学技术特等奖1项，一等奖11项，第十四届全国优秀工程勘察设计奖金奖1项。申请专利492项，其中发明专利235项；获得授权专利550项，其中发明专利196项。完成的“煤矿重大水患探测与快速抢险关键技术及装备”获得国家科技进步二等奖，该成果大幅缩短水害事故抢险时间，创造世界采矿史上同等条件下注浆堵水用时最短记录。完成的“超大直径深立井建井关键技术及成套装备”项目获得国家科技进步二等奖，该成果将煤矿建井速度提高50%以上，推动国际矿井建设领域的科技进步，并已推广应用到海外矿井建设工程。完成的“综采智能高效大流量集成供液系统”项目，成功实现产品化和产业化，成果总体上达到国际领先水平。

【市场开拓】 面对持续下行的煤炭经济和惨烈的市场竞争，中国煤科团结一致、坚定信心，积极想办法、谋出路，主动抢市场、找项目、催账款，取得新的成效。

1. 营销力度加大。为化解不利的外部环境，中国煤科始终坚持整体营销、高端营销和重点营销的全方位一体化营销机制，品牌和产品知名度进一步扩大，高端市场和高端客户进一步巩固。一是集团高管更加重视对所属企业和板块分管企业的协调和帮扶，主动深入一线帮助各单位跑市场、揽项目、要账款。二是不断强化品牌建设和产品宣传，多渠道低成本展示集团公司的综合实力，进一步提升企业知名度。三是加强与高端客户的战略合作，先后与山西省、辽宁省、湖北省、陕西省、山东兖矿集团、宁夏宁东能源化工基地管委会等开展战略合作或项目合作洽谈，为所属企业开展区域性市场开拓铺路搭桥。

2. 营销效率效果明显提升。中国煤科积极应对严峻的市场形势，提早谋划，主动出击，围绕市场开拓优化整合资源，依托技术优势创新营销模式，强化沟通服务维护重点客户，效果显著。利用“技术＋装备＋金融”的一站式服务优势开拓市场，成功中标中芦煤业、陕西益东、伊泰红庆河等多个重点项目；通过加强技术研究、产品研发和应用推广，带动技术和产业发展，中标并建设完成天津市市政热力5×80蒸吨/小时煤粉锅炉项目是现有工程项目中单项合同额最高、单台吨位最大、总规模最大的煤粉锅炉项目，示范意义深远。

3. 新的增长点培育取得进展。面对煤炭市场萎缩低迷的不利因素，中国煤科主动转型升级，延伸产业链条，加大创新力度，积极培育新产业。一方面立足自身优势，研发新产品，在“高精尖”上作文章；另一方面努力拓展市场广度和深度，在非煤市场和国际市场积极寻求发展空间，打造新的经济增长点。打造“智慧化矿山”的理念，成功签订国内首个智慧化矿山项目；超长定向钻探技术与装备、无线电磁波随钻测量定向钻进技术与装备等新产品的成功推广，为应对煤炭市场低迷、竞争加剧的不利局面提供有力支持，打造新的经济增长点；在隧道工程安全技术服务及防爆手机、钻机等产品的石油石化应用推广方面取得突破；管道输煤项目进入收尾阶段，管道场站调试成功，示范效应显著，有望作为新的增长点推广应用；签署俄罗斯成套综采设备供货合同、蒙古国露天煤矿生产运营技术顾问合同等国际项目，“走出去”步伐进一步加大。

【党建工作】 2015 年，中国煤科党委深入学习贯彻党的十八大和十八届三中、四中、五中全会精神，深入学习贯彻习近平总书记系列重要讲话精神，认真贯彻执行党中央、国务院及国资委党委重大决策部署，全面落实党要管党、从严治党责任，为应对煤炭行业日益下行的严峻形势和企业改革重组的艰巨任务，完成保增长的中心任务提供坚强的思想、政治和组织保证。一是扎实开展“三严三实”专题教育。通过开展讲党课、学习研讨、查摆问题、民主生活会、监督检查等一系列工作，推动干部作风进一步转变，增强党性观念和党性修养，强化纪律和规矩意识，激发党员干部敢于担当、干事创业的热情。二是发挥党委政治核心作用。通过加强所属企业党的建设、落实党建工作责任制、积极参与重大决策等工作，保证党委政治核心作用的发挥。三是落实党管干部、党管人才原则。通过履行党委选人用人主体责任、从严监督管理干部、加强人才队伍建设等工作，干部管理和人才建设不断加强。四是加强基层党组织建设。通过开展党建调研、基层服务型党组织建设、党支部书记讲党课、党组织书记教育培训等活动，党建基础不断夯实。五是加强宣传思想文化工作。通过思想政治建设、创新宣传工作体制机制、推进集团文化系统化工程等工作，大力弘扬企业优秀文化，汇聚改革发展的正能量。六是强化执纪监督问责。通过加强反腐倡廉宣传教育、制度建设、内部巡视、专业培训、纪律审查等工作，不断深化党风廉政建设和反腐败工作。七是加强党对群团工作的领导。通过加强技能人才队伍建设、开展职工群众性经济技术创新工作、开展职工之家建设活动、完善青年工作体制机制、加强共青团自身建设和青年骨干培训等工作，群团组织和群团工作的政治性、先进性、群众性不断增强。

（撰稿人：刘　鹏）

机械科学研究总院

【基本概况】 机械科学研究总院（以下简称“机械总院”）自 1956 年成立以来，以提升我国装备制造水平、振兴制造业为使命，长期从事先进制造工程材料、先进制造关键零部件、先进制造工艺及设备、制造业工程成套装备领域的基础技术、共性技术和应用技术的研究开发，形成先进制造工艺技术和智能制造技术相融合的综合优势，围绕国家重大装备、重大工程、重点领域与行业需求，为我国航天航空、能源化工、三峡枢纽、西气东输、汽车制造、核电建设等国家重点工程与重点行业提供技术支撑，为国家装备制造技术进步和经济社会发展作出重要贡献。

机械总院现有 16 家全资及控股子企业（公司），实行母子公司式集团管理体制，拥有正式员工 5000 名，其中科研人员占比 70%以上，是我国装备制造业制造技术研究体系完整、规模最大的开发团队。建有 4 个国家级重点实验室、4 个国家级工程（技术）研究中心、20 余个行业和省部级创新平台，累计取得各类科研成果 7000 余项，广泛应用于国民经济和国防安全各重要领域，有力支撑新中国工业建设和现代制造业发展，是我国创新体系重要的组成部分。

机械总院坚持技术、经济两条发展主线，强化集团化建设，加强总部引领，践行"做强科研、做大产业、做优服务"的发展策略，取得技术经济协调发展的良好成绩。

机械总院科技创新活动持续保持活跃，在国家中长期重大科技专项中承担一批04专项"高档数控机床与基础制造装备"项目，一批国家智能制造技术专项的研究项目，有力支撑《中国制造2025》和制造强国战略的实施，彰显机械总院在国家创新体系中的重要作用。

2015年，机械总院资产总额66.5亿元，经济保持持续稳定增长；荣获国资委"中央企业经营业绩考核先进单位"；连续10年获得国资委考核B级，较好实现国有资本保值增值的目标，资产质量优良。针对经济发展新常态，机械总院审时度势，提出丰富经济发展方式，撬动总院技术、人才核心优势，发展优势产业，实施技术资本双轮驱动战略，通过投资并购成功实现焊接材料的率先发展，机科股份公司实现新三板挂牌，创新发展态势成形。机械总院积极探索区域经济布局和新体制机制，建设浙江分院、江苏分院、海西分院和青岛分院，实现区域经济的良好布局，培育一批专业化公司。

根据国有企业深化改革形势和要求，机械总院提出打造"百年产业技术研发集团"，进一步强化科技创新驱动的核心作用，构建总院科研业务和科技产业业务各循规律的科学发展格局。

【主要指标】 2015年，机械总院实现营业收入41.45亿元，同比下降0.57%；利润总额3.15亿元，同比增长0.87%。承揽一批高水平的科研项目，新签纵向合同9.06亿元。

2015年机械科学研究总院主要经济指标

项　目	2014年	2015年	比上年增长(%)
资产总额(亿元)	57.80	66.50	15.05
所有者权益(亿元)	25.63	33.83	32.00
营业收入(亿元)	41.69	41.45	-0.57
利润总额(亿元)	3.13	3.15	0.87
净利润(亿元)	2.70	2.77	2.86

续表

项　目	2014年	2015年	比上年增长(%)
归属母公司所有者的净利润	2.53	2.56	1.33
技术开发收入(亿元)	11.82	12.42	5.03
利税总额(亿元)	5.41	5.60	3.48
应交税金总额(亿元)	2.28	2.45	7.06
全员劳动生产率(万元/人·年)	24.43	26.99	10.45
净资产收益率(%)	11.51	9.33	减少2.18个百分点
总资产报酬率(%)	5.73	5.18	减少0.55个百分点
国有资本保值增值率(%)	115.40	111.55	减少3.85个百分点

【改革发展】

1. 丰富经济发展方式，开创资本驱动经济发展新局面。

机械总院深入推进投资并购重点项目实施，成立集团投资并购推进工作小组，科学制定工作计划，全力推进专项工作。哈焊所华通(常州)焊业股份有限公司于2015年9月正式成立运营，该项目实现国有资本和民营资本的融合，将放大机械总院焊材领域高技术优势，释放焊材技术潜能，加速培育新上市公司步伐，推进总院焊材产业做大做优做强。该项目的成功实施为丰富集团经济发展方式开辟新道路、提供新示范，对集团经济发展具有里程碑意义。

机科股份实现新三板挂牌，正式进入资本市场。机科股份上市是总院"十二五"战略的重要目标之一，是集团打造的首个投融资平台，对于集团其他潜在上市单位具有示范效应。机科股份如期完成挂牌工作，将提升机科股份的研发、生产、检测等综合能力，机科股份将进入快速发展轨道。

依托精密成形国家工程研究中心的人才和中试成果，机电所发起设立并绝对控股的中机锻压(江苏)股份有限公司，还将引入骨干员工持股，激发技术管理骨干创新创业积极性，创新机制开辟发展新方式。

2. 深入推进“一院两制”顶层设计。

机械总院针对“一院两制”开展国资国企改革的系列政策跟踪研究和前瞻研究，研究国家创新驱动经济发展、科技体制机制改革，国有企业改革的指导思想、总体目标、重点任务、功能界定、分类原则、考核办法等。总院相关职能部门和企业发展研究工作组紧密跟踪国资委相关厅局的研究工作，及时了解改革进展、超前研判改革走向，准确理解国家政策，明晰机械总院行业基础共性技术独特功能在落实中的脉络。着眼“一院两制”的设计和实施，5 月组织对台湾工研院专项调研，调研台湾工研院的体制机制、运营模式、成果转化方式等，深度研究总结编写调研报告，对总院“一院两制”运营模式具有重要启示，进一步丰富和深化对科研运行规律的认识。总院领导带队对中科院沈阳自动化研究所、中国钢研集团、中国水利水电科学研究院进行专项调研，多维度启示总院“一院两制”顶层设计。通过多次研讨，“一院两制”的战略构想和实施路径逐步深化和明晰。

3. 强化管理创新，管理科学化水平进一步提升。

首次完成对直属单位的年度战略绩效考核，在综合考核中权重占比 20%，实现对直属单位经营业绩、战略管理、民主评议的“721”综合考核，兼顾企业战略远期目标和当期经营的近期目标，考核体系更为科学、战略管理导向更为有效。

全面总结机械总院“十二五”全员业绩考核工作，找出问题和不足，提出“十三五”全员业绩考核工作思路。“十二五”期间，总部及各直属单位考核与薪酬挂钩实现全覆盖，各单位各层级业绩考核与薪酬挂钩率达到 100%。

创新财务管理。提出财务工作新战略，以提升管理会计能力为核心，积极促进财务工作由核算型向管控型转变，由事务型向价值型转变，由操作型向战略型转变。制修订《机械总院会计核算办法》和《机械总院财务负责人管理办法》等制度，提出财务管理新要求。

加强全面预算管理工作。坚持以业务预算为先导，以战略引领与创造企业价值为导向，改进预算编制方法，动态监督预算执行，将贯彻全面预算管理工作作为战略规划落地的重要管理工具。

4. 深入推进人力资源专项管理，支撑总院发展。

着力推进干部队伍年轻化和干部交流工作，进一步加大竞争性选拔干部的力度，优化干部队伍结构，干部年轻化成绩显著。

积极扩展专业技术职务序列建设试点范围，新增试验场、研究中心、北自所 3 家，全院有 5 家直属单位开展专业技术序列建设工作。

总结第一期分红权行权经验，沟通设计第二期（2015—2017 年）分红权行权方案。在国资委大力支持下，2015 年总院可以按方案行权。分红权的持续行权，为稳定骨干人才队伍、激励骨干谋事创业、拓宽职工收入渠道起到不可或缺的重要作用。

【重大项目】

1. 成功并购重组华通焊业。

机械总院对华通焊业的并购重组是探索新的发展模式过程中首个重大资本运作行为，为总院经济发展开辟新的道路，将按照现代企业制度的要求科学规范高效运营，以国际化、现代化、市场化的思维和视野推进公司能力建设，积极推进新公司上市融资工作，充分发挥资本市场对新公司发展的重要作用，促进新公司快速发展，全力把哈焊所华通（常州）焊业股份有限公司打造成国内一流、国际知名的焊材企业集团。

2. 重大科研开发。

机械总院郑机所“环境友好型复合钎料创制及应用”项目荣获中国机械工业科学技术奖一等奖。该项目针对钎焊污染问题开发药芯铝钎料、低腐蚀钎剂和铜磷无烟熔炼等环境友好型钎焊材料及其制造流程，并推广应用，其中开发的 ZnAl、AlSi、CuP 多元复合钎料和氟铝酸盐钎剂填补国内外空白，无缝药芯铝焊丝制造技术、铜磷无烟熔炼技术等属国内首创。项目成果主要用于空调、制冷、电力等行业中的铜、铝合金连接，在 20 个省 1000 多家企业得到应用。

机械总院材保所“大气腐蚀研究、试验技术新体系及其工程应用”项目荣获湖北省科技进步奖一等奖。该项目建成我国完整的材料大气环境试验站网体系，覆盖全国主要气候带环境，与国际同领域相比在环境覆盖度和试验多样性方面具有先进性；建设我国数据量最大、内容最丰富的大气腐蚀数据库；发展系列大气腐蚀测试技术及加速腐蚀试验新方法，完善我国大气腐蚀试验技术标准新体系；材料大气腐蚀行为与机理研究达到国际前沿水平。

机械总院沈铸所“高端铝合金铸件铸造成套技术及产业化应用”成果荣获2015年度辽宁省企业重大研发成果奖。该项目在优质铝合金材料制备、铸造成形设备、铸造成形工艺，细长弯曲空间油管整体铸造、复杂多腔铸件尺寸精度控制等5个方面获得关键技术突破，并实现产业化应用，解决我国航空航天、武器装备等领域所需的高端铝合金铸件自主配套问题，打破我国一系列重大工程装备铸件国外进口受制于人的被动局面，满足我国重大装备制造自主配套的需要。

【重大创新】 国家级创新平台建设实现新突破，支撑总院创新能力不断提升。

“高端装备轻合金铸造技术国家重点实验室”和“特种表面保护材料及应用技术国家重点实验室”同时成功获批，结束机械总院铸造、表面处理两大专业领域无国家级创新平台的历史。

高效完成国家发改委组织的“高效优质焊接新技术国家工程研究中心”“精密成形国家工程研究中心”和“制造业自动化国家工程研究中心”总结评审工作，首次实现三个中心全部达标，为进一步申请工程研究中心创新能力建设项目支持奠定基础。国家重大专项“精密塑性成形技术与装备创新能力平台建设”顺利通过技术与财务最终验收；完成“先进焊接技术与装备创新能力平台”验收准备工作。

科技创新平台成功申报与建设使机械总院创新体系更加完善，创新能力进一步提升，为实施“一院两制”奠定坚实基础，强力支撑总院“十三五”及未来健康发展。

【党建工作】 2015年，机械总院党政领导班子在党中央、国资委党委的正确领导下，全面落实从严管党治党责任，明确党政班子成员党建工作职责分工，为企业改革发展各项工作提供政治和组织保障。

进一步加强党委中心组学习制度化和规范化建设，提高领导干部理论水平，营造自主学习和善于学习的良好环境。及时学习传达中央和上级有关会议、文件精神，学习党的基本理论等相关知识，做到政治信仰不变、政治立场不移、政治方向不偏，始终同以习近平同志为总书记的党中央保持高度一致。

深入推进党的思想建设、组织建设、作风建设、制度建设和反腐倡廉建设，为总院技术经济协调发展提供坚实的组织保证和思想保障。

围绕中心工作，机械总院党委以巩固和拓展教育实践活动成果、深入开展“三严三实”专题教育为主线，以巡视工作自查自纠为抓手，全面贯彻落实从严治党要求，增强党建工作的活力和实效。

【信息化建设】 持续推进信息化建设，全面提升机械总院信息化水平。

以综合管理信息平台为载体，深入推进信息化建设工作。机械总院根据业务发展和管理需求，完成综合信息管理平台一、二期建设，制定《综合管理平台管理办法》等信息化工作管理制度，实现战略计划管理、分析决策、绩效管理、科研管理、市场管理、投资管理等核心模块的全部上线运行，制度流程化、信息化比例大幅提升。完成视频会议系统的全部建设内容，集团信息化水平得以稳步提高，管理效率大大提高。

【履行社会责任】 积极承担社会责任，深入开展定点扶贫工作。

围绕装备制造业发展的需求，机械总院持续专注科研开发、装备制造和技术服务，引领装备制造业基础共性技术发展，助推中国装备制造业腾飞，凸显总院先进制造服务业企业的核心社会责任。进一步强化社会责任治理，将社会责任理念融入到机械总院的战略与规划、组织和制度等，不断提升社会责任管理水平。

在全力以赴稳增长的同时，积极履行定点扶贫河南新县的社会责任。发布定点扶贫中长期规划；产业扶贫智能制造产业化项目成功投产；与新县联合发起成立“新科基金”；派出两位县、村扶贫干部，各项工作计划稳步推进。机械总院获得河南省扶贫开发领导小组授予的“中央、国家机关驻豫定点扶贫先进集体”荣誉称号。

（撰稿人：贺凌华）

中国中钢集团公司

【基本概况】 中国中钢集团公司（以下简称“中钢集团”）是国务院国资委监管的中央企业，主要从事冶金矿产资源开发与加工、冶金原料、产品贸易与物流，相关工程技术服务与设备制造，是一家集矿产资源、工程装备、科技新材、贸易物流、投资服务为一体的大型跨国企业集团。所属单位 64 家，其中境内 48 家，境外 16 家。

伴随经济发展进入新常态，中钢集团加快转变发展理念，主动适应新常态，立足企业定位，加快战略调整，推进业务转型升级，聚焦优势业务，培育优势产业，致力于将中钢集团打造成为以贸易物流业务为基础，以工程科技业务为重点，以资源装备业务为支撑，具有较强创新能力和竞争优势，为冶金工业和相关产业提供资源、科技、工程、装备集成服务的国际化企业集团。

【主要指标】 2015 年，公司业务调整呈现积极变化。实现利润 0.83 亿元；有效压缩高风险业务规模超过 600 亿元，营业收入 589.89 亿元；经营活动现金流和资金链保持稳定，基本完成稳增长各项目标任务。

【改革发展】

1. 积极推动业务调整。

在深入研判内外环境、认真分析资源能力的基础上，经过上下反复沟通论证，中钢集团明确“工程技术、科技新材与金融、高端制造、矿产资源与贸易物流”四大优势产业方向，提出用 5 年左右的时间，将中钢打造成为一家“小而优”的国际化企业集团。同时，按照国资委要求，禁止融资性业务，压缩高风险业务规模，退出“僵尸企业”。全年融资性贸易业务规模同比压缩超过 600 亿元。到第四季度停止 9 家地区公司钢贸业务经营。关停退出国内铁合金、炭素等长期亏损企业。分类调整生产组织运行，弹性安排生产作业，部分企业主动减产、限产、停产，减少当期经营性亏损。

2. 稳步推进混合所有制改革。

按照国家有关混合所有制改革要求，稳妥推进试点，有 3 家混合所有制企业开始运营。混改企业和上市公司推进实施骨干员工持股。制定规范混改企业劳动关系的指导意见，认真总结试点经验，为扩大试点做好准备。

【重大项目】

1. 积极筹划多个项目资本运作。

充分利用现有两个上市公司，先后启动资产重组、增发股票、发行债券等资本运营项目。中钢国际启动祥瑞项目，以非公开发行股票方式实施再融资，项目获国资委审批，待证监会批准后实施。积极推进中钢国际发行债券融资，已上报相关部门审批。整合科技与金融业务，启动青草项目，以中钢天源为平台发行股份购买中钢相关业务资产，方案获国资委原则批准。恰那矿延期谈判取得成功，锁定未来五年 7500 万吨澳洲铁矿资源。

2. 加快解决重点项目问题。

吉林炭素 70%股权最终以 3.22 亿元被摘牌，成功实现混改和管理权移交。滨海股权无偿划入新兴际华，企业移交基本完成。响螺湾项目复工建设顺利推进，引进天津滨海中投增资入股。中钢新型完成两轮 6 亿元股权增资，核石墨材料辐照测试项目进展顺利。中西矿业获得 Weld Range 采矿权，并积极申请 Bull Hills 的延伸矿采矿权证。

【走向海外】

1. 积极参与国际产能合作。

中钢工程技术企业在保持传统钢铁冶金优势的同时，积极开拓电力、有色、煤焦化工等非钢业务，大力拓展东欧、非洲、东南亚等具有较大发展潜力的市场，及时把握国家“一带一路”“加快推进 PPP 项目实施”等产业政策带来的市场机遇，在持续巩固和深度挖掘土耳其、印度等海外传统市场的基础上，持续加大对俄罗斯、东南亚、中东等“一带一路”沿线国家新兴、成长性市场的开拓力度，成功签署俄罗斯、伊朗、印尼、阿尔及利亚等一批国外重大工程项目，签约合同金额创历史最好成绩，国际化业务布局进一步加快。

2. 中钢—力拓恰那铁矿合营项目再延期谈判取得成功。

集团高度重视恰那再延期项目谈判工作，成立谈判小组成员单位和项目项下商务谈判牵头单位，认真筹备，全力参与谈判工作。经过与力拓的多轮艰苦谈判，恰那矿延期谈判取得成功，锁定未来五年 7500 万吨澳洲铁矿资源。

3. 积极参与中非合作。

中钢集团是中国最早“走出去”从事国际经济技术合作的大型国有企业之一，在南非建有丰富的铬矿资源基地。在国家主席习近平在比勒陀利亚同南非总统祖马举行会谈，双方举行“中非合作论坛约翰内斯堡峰会”前夕，中钢应邀出席中国—南非企业贸易对接会暨签字仪式。

【重大创新】

1. 牵头负责央企创新创业课题研究。

受国资委委托，中钢集团承担《中央企业创新创业模式与典型案例研究》课题。中钢集团与国资委规划局、中国人民大学共同组建集政府、企业、专家学者于一体的课题组并正式开题。该课题从中央企业的功能定位出发，围绕“充分发挥央企双创的资源潜力，突破现有体制机制的束缚，实现央企创新资源的核聚变”这一研究目的，着手对多家企业展开调研，并初步概括和梳理多个典型案例。

2. 举办中钢集团首届创新项目大赛。

中钢集团举办首届创新项目大赛，大赛历时134天，入围初赛项目29个，直接参赛员工125人，项目涵盖互联网、节能环保、商业模式创新、技术应用创新等领域。首届中钢创新项目大赛得到科技部、国资委、中关村管委会的支持和指导，并激发中钢职工的双创热情。

3. 取得多项重大科技成果。

中钢集团组织的国家智能制造装备发展专项——智能化烟气多污染物治理系统项目、国家技术创新试点省项目“高效永磁电机与关键元件的研发及产业化”项目、“十二五”国家科技支撑项目“铁矿山含赤铁矿废石资源化利用关键技术与装备研究”、中钢马矿院承担的国家(863计划)“冶金矿渣铅锌铁镍及稀贵金属回收利用技术研究与示范”课题、国家稀土稀有金属新材料研发和产业化专项“新增200吨高性能烧结钕铁硼生产线技改”等国家级项目顺利通过验收。

【党建工作】

1. 扎实开展“三严三实”专题教育。

进一步巩固群众路线教育实践活动成果，围绕“三严三实”，公司领导以上率下，带头讲授专题党课，深入开展专题研讨，召开高质量民主生活会，开展批评和自我批评，努力打造务实高效、风清气正的领导干部队伍。

2. 严格监督执纪问责。

按照把纪律和规矩挺在前面的要求，针对国资委审计、集团内审和纪检监督发现的问题，开展问责追究工作，给予党政纪处分12人，免职处理2人。针对过去发生的经营和资产损失事项，在配合国资委做好山西中宇等问题追究处理的基础上，公司党委全面启动责任追究，集团和所属企业对12个事项进行调查追究，给予双开处分1人，其他党政纪处分12人。

【信息化建设】 深入推进两化融合，所属企业中钢邢机经国家工信部电信研究院两化融合管理体系评审组评审，成为河北省首家通过国家两化融合管理体系贯标评定的企业。此外，又有4家企业列入贯标试点。

【履行社会责任】

1.“中钢爱心助困帮扶基金”捐助和使用。

开展“一日捐”活动，有733名在京职工积极响应并参与，捐款总数75555元。2015年4月，经基金管理委员会审议决定，从基金上年结余中支出2.2万元参与海淀区“春风送暖”活动，用于援助北京市对口支援的内蒙古、江西、新疆、四川、青海等灾区和西部贫困地区。同时动员职工捐赠衣物上千件。

2. 发起“分享责任2025北京宣言”。

在2015年“首届中国企业社会责任前沿论坛”上，中钢集团受邀担任“分享责任2025北京宣言”的发起单位，与中国石化、中国移动、阿里巴巴、中国三星等优秀国内外社会责任企业共同发起“分享责任2025北京宣言”，共同倡导“坚守经营底线，社会环境和谐发展；服务国家战略，回应社会重大议题；提升责任管理，融入企业战略运营”。

【其他情况】

1. 持续改进基础管理。

注重发挥董事会科学决策作用，加强与独立董事的沟通汇报，及时研究审议重大事项。优化人力资源，全系统分流安置员工近万人。出台薪酬考核改革方案及配套文件，调整负责人薪酬结构。加强投资管理，严把项目审核关，叫停部分投资项目。积极开展管理审计，不断提升审计实效。落实以法治企理念，中钢马矿院等获得法制宣传教育先进单位。深入推进两化融合，继中钢邢机成功贯标后，又有4家企业列入贯标试点。强化安全环保过程管控，安全生产事故起数、经济损失均大幅下降，节能减排完成“十二五”目标任务。

2. 加快解决重点问题，关键专项实现止血。

响螺湾项目复工建设顺利推进，引进天津滨海中投增资入股。中钢新型完成两轮6亿元股权增资，核石墨材料辐照测试项目进展顺利。中西矿业获得Weld Range采矿权，并积极申请Bull Hills的延伸矿采矿权证。

（撰稿人：周　琳）

中国冶金科工集团有限公司

【基本概况】 中国冶金科工集团有限公司（以下简称“中冶集团”）是国务院国资委监管的特大型企业集团，是新中国最早一支钢铁工业建设力量，是中国钢铁工业的开拓者和主力军。

从1948年投身“中国钢铁工业的摇篮”鞍钢的建设，到建设武钢、包钢、太钢、攀钢、宝钢等，中冶集团先后承担国内几乎所有大中型钢铁企业主要生产设施的规划、勘察、设计和建设工程，是构筑新中国“钢筋铁骨”的奠基者。

截至2015年底，中冶集团及中国中冶直属二级企业55户（含集团本部及股份本部），在岗职工109370人。拥有13家甲级科研设计院、15家大型施工企业，17个国家级科技创新平台。拥有4项综合甲级设计资质和23项特级施工总承包资质，其中，双特级施工资质企业数量10家，位居全国第一。2015年，中冶集团位居“世界500强企业”第326位，在ENR发布的全球承包商250强排名中位居第十位，获得中国建设工程鲁班奖6项，国家优质工程奖13项，中国土木工程詹天佑奖2项，冶金行业优质工程奖38项。获得《财富》十家“最佳投资回报公司”和中国证券金紫荆“最佳公司治理上市公司”。

中冶集团按照做“冶金建设国家队、基本建设主力军、新兴产业领跑者”的战略定位，打造“四梁八柱”业务体系升级版。在冶金建设国家队方面，始终以独占鳌头的核心技术、无可替代的冶金全产业链整合优势、持续不断的革新创新能力，承担起引领中国冶金向更高水平发展的国家责任；在基本建设领域，始终以卓越的科研、勘察、设计、建设能力为依托，加快转型升级，锻造成为国家基本建设的主导力量；在新兴产业领域，凭借60多年的技术积淀，把在冶金等工业领域对“水电气”的技术优势延展到民用市政领域，始终以创新驱动作为企业发展的新引擎、新动能，全力抢抓新兴产业市场机遇，抢占制高点，做新兴产业的领跑者。以“一天也不耽误，一天也不懈怠”朴实厚重的中冶精神，奋力踏上“聚焦中冶主业，建设美好中冶”的新征程。

【主要指标】 2015年，中冶集团实现营业收入2219.3亿元，同比增加13亿元，增长0.6%。利润总额68.7亿元，同比增加8.4亿元，增长13.9%。净利润46.7亿元，同比增加10亿元，增长27.4%；归属于母公司的净利润24.1亿元，同比增加6.8亿元，增长39.5%。

2015年中国冶金科工集团有限公司主要经济指标

项　目	2014年	2015年	比上年增长（%）
资产总额（亿元）	3387.50	3542.60	4.6
所有者权益（亿元）	584.20	714.10	22.2
营业收入（亿元）	2206.30	2219.30	0.6
利润总额（亿元）	60.30	68.70	13.9
净利润（亿元）	36.70	46.70	27.4
归属于母公司所有者的净利润（亿元）	17.30	24.10	39.5
技术开发投入（亿元）	47.90	51.80	8.2
利税总额（亿元）	174.10	181.80	4.4
应缴税金总额（亿元）	113.80	113.10	−0.6
净资产收益率（%）（按少数股东权益）	6.98	7.20	增加0.22个百分点
净资产收益率（%）（不含少数股东权益）	8.55	9.86	增加1.31个百分点
总资产报酬率（%）	3.39	3.25	减少0.14个百分点
国有资本保值增值率（%）	107.44	109.43	增加1.99个百分点

【改革发展】 面对速度变化、结构优化、动力转换的经济新常态，中冶集团明确提出“打造‘四梁八

柱'业务体系升级版，再造建设'美好中冶'新优势，争做全球最大最强最优冶金建设运营服务'国家队'"的发展目标，加速推进转型升级，继续深化改革发展。

在传统冶金建设工程主业上开展顶层设计，打造冶金建设"国家队"。按照冶金生产流程的"八个重点部位、十九个工艺单元"，将中冶集团内的设计企业按照技术水平分为第一梯队和第二梯队，将施工企业按照施工水平，与其相互"结对子"，从而在项目商务能力、管理能力、深化设计、采购体系、施工组织等诸多方面推动产业链纵向整合，为客户提供项目全过程服务。

形成"主要领导带头抓市场、组织精兵强将奋力闯市场"强大市场开发合力，突出"大环境、大项目、大客户"设计与运作，搭建中冶集团总部、子企业、区域公司三力合一的市场营销体系，地下综合管廊等新兴业务初见成效，PPP新型业务模式助力基础设施市场开拓。2015年，中冶集团新签合同额4061亿元，同比增加719亿元，增长22%。

进一步明确"战略管控为主导加关键运营功能管控"模式，对子公司的战略定位、对外投资、大额资金调配、重要人事任免实行全面管控；突出强化市场开发、工程管理等关键运营管控，成立海外、矿产资源、集中采购、非上市资产等专业化经营和管控平台，提高与业务发展需求的匹配度，使中冶集团总部从以往提供传统基础性管理职能上升到真正发挥指挥中枢作用。

针对子公司存在业务相似，市场区域划分不明确，形成内部同质化竞争，不利于公司整体利益最大化的情况，对中冶天工集团与中国二十冶集团的上海和天津、广东地区17家子企业进行区域化整合，提升中冶集团的区域市场占有率、品牌影响力和核心竞争力。

积极推进存续企业整合，推动下属5家存续企业与改制公司即马鞍山院与中冶华天、鞍山院与中冶北方、焦耐院与中冶焦耐、长沙院与中冶长天、沈勘院与中冶沈勘的整合工作，压缩企业管理链条，有效降低管理成本，解决存续企业的生存和稳定等问题。

重点推进葫芦岛有色破产重整工作。截至2015年底，葫芦岛有色和两大集体企业2.8万名职工安置基本完成。其中，葫芦岛有色应安置职工23505人，实际安置职工23486人，完成率99.9%；两个大集体企业破产清算应安置职工4198人，实际安置4163人，完成率99.1%。同时，完成医院、技校、幼儿园三项社会职能移交，葫芦岛有色实现扭亏。

转变理念积极探索项目开发新模式，设立中冶建信基金管理公司，以产融结合促进市场开发。该公司协助中冶集团子公司中标或实质性中标项目10个总计325亿元，投资额268亿元，带动工程额206亿元。大力推进产业基金，与邮政储蓄银行建立战略伙伴关系，为中冶集团提供1000亿元的综合管廊基金，同时，建设银行、兴业银行、浦发银行为PPP项目提供10年期限资本金。积极探索商业模式创新，与建信信托对接，设立房地产、污水处理、垃圾焚烧业务的基金模式，实现中冶集团利益最大化和财务结构最优化。

2015年12月8日，经国务院批准，中冶集团与中国五矿实施战略重组。此次重组，是落实党中央、国务院关于"做强做优做大国企，不断增强国有经济活力、控制力、影响力、抗风险能力"的要求，深化国有企业改革，推进国有经济布局结构调整，打造具有国际竞争力世界一流企业的重要举措。重组后的新中国五矿，资产总额超过7000亿元，致力于打造世界一流金属与矿产企业集团，努力成为金属与矿业领域国有资本投资公司，做"国家资源安全的保障者、产业升级的创新者、流通转型的驱动者"。中冶集团将在关系国民经济命脉的金属矿业领域发挥更大作用，以做"中国冶金建设国家队、基本建设主力军、新兴产业领跑者"为战略新定位，做"金属与矿业领域国有资本投资公司"的顶梁柱，肩负起保障国家金属矿产资源安全和引领中国冶金向更高水平发展的国家责任。

【重大项目】

1. 冶金项目。

宝钢湛江钢铁基地项目是我国钢铁产业淘汰落后、结构调整的重要项目之一，主体工程均由中冶集团承揽建设，合同额160亿元。项目采用大量的国际先进、国内一流技术，保证新建项目技术水平、生产经济指标、能耗指标处于世界领先地位；总体实现大型装备的国产化（国产化率大于90%）。该项目生产规模为产铁823万吨、粗钢871万吨、钢材637万吨，主体工程建设1座原料场、2台550平方米烧结机、4×65孔的7米焦炉、2座5050立方米高炉、3座350吨转炉、2250毫米热轧线、2030毫米冷轧线、4200毫米厚板生产线。截至2015年底,完成95%的工程量。

越南台塑河静钢铁高炉EPC总承包项目。台塑越南河静钢铁项目是中国在海外承建的最大钢铁建设项目,中冶集团承担从前期咨询、总体设计到主要设备供货、主要工程施工,以及客户的技术总顾问工作,由此带动超过50%的合同额、12亿美元的国产装备的整体输出。其中高炉EPC总承包项目是中冶集团承担的重点子项工程之一,项目合同金额7.39亿美元,合同工期42个月,业主为台塑集团。截至2015年底,累计完成合同额6.5亿美元,累计完成总合同额的88%。

河北太行钢铁集团钢铁退城搬迁升级改造项目是河北省实施钢铁产业优化布局、结构调整的重大项目之一,设计规模600万吨,分两期进行。该项目位于河北省武安市磁山镇西侧南洺河工业园区内,主要施工内容包括原料、烧结、焦化、炼钢、连铸、热轧、冷轧及其配套的公辅设施等冶金全流程建设,合同金额68亿元。

石钢环保搬迁产品升级改造项目对石家庄市石钢公司进行环保搬迁产品升级改造,建设200万吨钢规模的现代化特钢企业。中冶集团负责该项目的整体设计、2×120吨转炉及与之配套的公辅设施EPC总承包以及轧线工艺设备设计采购,合同金额17.7亿元。

山钢集团日照钢铁精品基地项目炼钢工程位于山东省日照市岚山区,配置4座210吨转炉,4套机械搅拌法脱硫,2座LF精炼,与之配套的公辅设施等,炼钢车间生产规模为年产872万吨合格钢水。该工程采用EPC总承包模式,合同金额17.6亿元。

2. 房屋建筑。

珠海十字门中央商务区会展商务组团一期项目合同金额62亿元,包括标志性塔楼、国际展览中心、国际会议中心、城市商业绸带、喜来登酒店、公寓式酒店、室外总体七大单体工程,总计建筑面积67万平方米。截至2015年底,公寓式酒店、喜来登酒店、国际展览中心及国际会议中心已竣工验收。

河北保定万博广场二期工程位于河北省保定市核心位置,是河北省和保定市的重点工程,合同金额45亿元。该工程以建筑体量最大、商业业态最全、品牌组合最强等诸多第一,成为河北省首个地标性超大规模城市综合体建筑集群。该工程总建筑面积57万平方米,包括建筑总高度258米的摩天地标大楼、21万平方米购物中心、150米超高层写字楼、2个下沉广场、大型室外休闲广场及12栋国际公寓。

兰州新区科教园区市级统建兰州理工职业学院EPC总承包项目是甘肃省2015年19个重大建设项目之一,也是甘肃省历史上一次性投资规模最大的教育项目,合同金额33.7亿元。该项目规划总建筑面积109.98万平方米,包括105栋单体工程,建设范围主要包括园区教学楼、图书馆、体育场馆、学生楼、行政办公楼、附属用房等以及市政配套设施。

仁怀市南部新城拆迁安置及棚户区改造工程建筑面积约213万平方米,合同额30亿元。工程建设内容包括集中统建安置区的幸福花园、翰林小区、和谐广场、盘龙水乡、桂花小区、鲁班故里等安置区及市政道路、桥梁、管网等工程。

3. 交通市政基础设施。

长春至深圳高速公路新民至鲁北联络线通辽至鲁北段施工总承包项目合同金额45.7亿元,是国家高速公路网新民至鲁北联络线的重要组成部分。该项目东接双辽至通辽高速公路通往吉林方向,南接好力堡至通辽高速公路通往辽宁方向,西接赤峰至通辽高速公路,北接自治区省际通道,高速公路全长160.07千米,主线采用双向四车道高速公路标准建设,设计速度每小时100千米。

斯里兰卡科伦坡外环路三期项目合同金额5.2亿美元,业主为斯里兰卡道路发展局。公路全长9.32千米,其中高架桥为5.8千米,设计时速每小时100千米,为双向六车道收费高速公路。

遵义至绥阳高速公路延伸线项目是贵州高速公路网规划678网的重要组成路段,合同金额35亿元。该项目路线全长46.933千米,设计速度每小时80千米,双向4车道高速公路标准,特大、大中桥桥梁50座,隧道6座,互通式立交3处。

4. 城市地下综合管廊。

白银市地下综合管廊建设工程是中冶集团首次

以PPP模式承接的全国十大管廊试点城市项目，合同金额20.4亿元。工程拟在白银城区七条道路建设26.25千米的地下综合管廊和2座中央控制中心，设计使用年限100年，将纳入供水、热力、电力、通信、燃气、排水等管线。工程内容包括管廊本体及附属设施的施工、路边及绿化恢复、管线迁改及修复等。

5. 美丽乡村建设项目。

河北省平山县美丽乡村建设工程由6个项目组成，包括2层连体农村改造住房项目、乡村风情小镇项目、牡丹园改造项目、配套污水处理厂一座、金农生态服务基地项目、7000平方米钢结构酒店项目。中冶集团负责该工程建筑、结构及安装施工，合同金额7.6亿元。

6. 文化产业园区项目。

新密轩辕圣境黄帝故里文化产业园项目位于河南新密市，合同金额为41亿元。项目占地5000亩，建设内容包括轩辕圣境文化产业园及综合配套服务区，改扩建黄帝宫大殿，新建中国古代圣贤故事园、极地探险馆、模拟地震体验中心、影视产业基地、五星级酒店、休闲度假中心等。

7. 环保与新能源。

云南昆明石林石漠化区域农光互补光伏示范电站项目总占地面积1907亩，总装机容量60兆瓦，合同金额5.1亿元。该项目主要建设1.08兆瓦光伏发电分系统方阵56个，并配套建设人参果种植基地，种植人参果1400亩。

绵阳市生活垃圾焚烧发电项目为四川省绵阳市首个PPP项目，合同金额3.1亿元。主要建设2×500吨/日生活垃圾焚烧线、20兆瓦抽凝式发电机组及配套设施。建成后可对绵阳市生活垃圾进行焚烧处理，垃圾减量达到85%左右，还可提供1.25亿千瓦时/年电能。

宝钢湛江环保BOO项目计划总投资10.99亿元，2015年完成投资7.13亿元，建设内容主要包括宝钢湛江钢铁炼铁水渣/干渣处理系统、钢渣处理系统、除尘系统及相关配套设施等。

8. 房地产业务。

加强对房地产业务管控力度，突出重大项目过程监管，房地产业务稳步向专业化、精细化、精品化方向发展。商品房业务主要在局城市有北京、上海、南京、天津、重庆、新加坡等；保障房业务主要布局城市有上海、沈阳、马鞍山、唐山等。2015年，中冶集团房地产开发业务营业收入195亿元，实现利润总额32亿元。

【走向海外】 中冶集团加快"走出去"步伐，除了涉足矿产资源投资、冶金工程类项目，还成功进入海外房地产开发、公路交通、城市基础设施及主题公园建设等领域，已经成为中国钢铁产业及成套装备"走出去"的引领者，中国海外基本建设的生力军。

截至2015年底，中冶集团及其子企业在海外设立128个驻外机构（包括办事处、项目部、分公司、当地公司等），其中工程类境外机构116个，资源类分支机构12个，分布于45个国家和地区。

2015年，中冶集团海外新签合同额66亿美元，海外营业收入27亿美元。其中，承接海外钢铁类合同额7.9亿美元，主要市场在东南亚、南美、印度、伊朗等地区和国家。承接海外民用基础设施类业务合同额58.1亿美元，主要分布在科威特、斯里兰卡、巴基斯坦、马来西亚、新加坡、阿尔及利亚、纳米比亚等国家和地区。海外在建项目207个，在建项目合同额117亿美元。

在境外投资开发或租赁经营铁、铜、镍、铅、锌、钴等金属资源项目6个，分别是巴基斯坦山达克铜金矿、巴基斯坦杜达铅锌矿、阿根廷希拉格兰德铁矿、巴布亚新几内亚瑞木镍钴红土矿、阿富汗艾娜克铜矿和澳大利亚兰伯特角铁矿。拥有铁矿石资源量21.3亿吨、铅锌金属量145.5万吨、铜金属量1191万吨、镍金属量144.6万吨。

【重大创新】 2015年，中冶集团大力实施创新驱动战略，使创新链、产业链和市场需求三者紧密结合，形成以创新为引领和支撑的发展模式。制定"中冶集团先进制造、3D打印、互联网+"顶层行动纲要，组建中冶集团技术研究院及综合管廊、海绵城市、美丽乡村与智慧城市三个技术研究院，成立中冶集团科协，取得多项重大科技创新成果。

在研发平台建设方面，获批"钢铁工业环境保护国家重点实验室"，实现中冶集团在国家重点实验室建设方面零的突破；中国十七冶集团获批国家认定企业技术中心，使得中冶集团施工类企业第一次拥有国家级科技研发平台；中冶南方和中冶焦耐获批国家技术创新示范企业，填补中冶集团在该领域的空白。在科技奖励工作方面，中冶集团获得3项国家科技进步二等奖。在专利工作方面，中冶集团获得专利授权3141件，拥有有效专利16426件，继续位居中央企业第四名，冶金类与建筑类中央企业第一名；发明专利“一种环冷机台车”荣获第十七届中国专利金奖，实现中冶集团在中国专利金奖方面零的突破。

【党建工作】 截至2015年底，中冶集团有党组织3417个（其中，党委303个、党总支166个、党支部2948个），党员65340名（其中，在岗职工党员46293名、离退休职工党员17179名、其他党员1868名）。

坚持党要管党、从严治党，认真落实党建工作责任制，不断建立完善“抓书记、书记抓，抓班子、班子抓”的党建工作格局。成立中冶集团党校，全力将中冶集团党校打造成为各级党员干部党性锻炼的熔炉与干部成长的摇篮。

深入贯彻落实党风廉政建设党委主体责任和纪委监督责任。强化对党委书记“第一责任人”和班子成员“一岗双责”落实情况的监督检查和考核问责力度，子公司党委每半年报告一次落实党风廉政建设责任制情况。制定下发《所属子公司纪委书记、副书记提名考察办法（试行）》和《所属子公司纪委书记薪酬考核办法（试行）》。

始终把严明党的政治纪律放在首位，开展“深入学习贯彻习近平总书记重要指示精神，认真开展党风建设和反腐败工作突出问题自查自纠活动”，成立两个巡视组分别对两家所属子公司进行巡视。围绕“四个着力”和六项纪律，成立5个检查组对34家子公司开展为期2个多月的重点检查，全面排查问题并及时组织整改，整改率达到82.5%。

不断加大案件查办力度，持续保持惩治腐败高压态势。2015年，中冶集团各级纪委受理信访举报377件，初核125件，立案11件，给予党纪处分8人，给予政纪处分7人，移送司法机关处理2人。认真用好监督执纪“四种形态”，组织谈话函询25人次，所属子公司纪委组织谈话函询57人次。各级纪检监察机构认真落实“三转”要求，中冶集团纪委参与议事协调机构从28个精简到9个，精简率达到67.8%。

切实抓好思想政治工作，中冶集团荣获中央企业党建思想政治工作课题研究优秀组织单位，中冶赛迪集团研究成果《创新驱动战略下工程公司思想政治工作研究》荣获优秀研究成果二等奖，中国十七冶集团《企业核心价值观的培育和践行》荣获优秀研究成果三等奖。

【信息化建设】 2015年，中冶集团从信息化顶层设计，信息系统建设、应用和运维，网络安全，人才队伍建设等重点方向，全面推进信息化建设工作。发布《中国中冶2015年度信息化工作指导意见》，指导子公司信息化建设。开展子公司信息化绩效考评，促进子公司推进信息化建设工作，全面提升信息化支撑与服务能力。

中冶赛迪集团打造“云平台”为客户提供云服务，有效降低客户信息化建设及运营成本，自主研发“轻推”——企业级移动应用产品，为各级客户提供便捷、安全的工作社交平台。“轻推”已在中冶集团总部、中冶赛迪集团、重庆市互联网产业园区推广试用。上海宝冶集团全面实施“业务财务一体化”信息化项目，形成以“人、财、物”为核心的支撑平台，推进以BIM为核心的技术支撑信息化平台建设，初步建立企业BIM管理和组织体系，进一步规范企业BIM应用行为。中国十七冶集团完成国家首批“两化融合管理体系”认证工作，成为安徽省首家、全国建筑行业唯一一家首批通过该体系认定的企业。

【履行社会责任】 中冶集团立足自身优势，牢记肩负使命，积极践行全球企业公民责任。支持民生工程建设，热心社会公益，努力实现企业与社会的持续、协调发展。中冶集团始终关注改善民生，投身保障性住房开发建设，截至2015年底，中冶集团开发保障性安居工程52个，新开工建筑面积56.5万平方米，竣工面积210.2万平方米。

积极促进海外项目运营所在地社区的经济和社会发展，尊重当地风俗，支持社区基础设施建设，帮助社区教育和医疗改善。尤其注重通过工程和技术为纽带，促进国际交流，实施员工本土化策略。

热心参与社会公益，积极承担国家定点扶贫任务和援疆援藏援青项目，广泛开展志愿服务和爱心捐助活动，用实际行动回报社会、造福社会。2015年，中冶集团向贵州省沿河土家族自治县、德江县派出挂职（副县长）扶贫干部2名，向德江县煎茶镇重华村派出挂职“第一书记”1名。为解决困扰两县群众生活的缺路、缺水、缺电问题，确定援建6个项目，计划投入扶贫资金600万元。中冶集团在西藏及四省藏区承建项目325个，在新疆承建合同额5000万元以上项目68个。

【招标采购】 2015年，中冶集团积极开展采购管理专项提升对标、加强招标管理体系建设等主要工作，总体集中采购率、上网采购率和电子招标率分别为70％、74％和51％，比2014年分别增长8％、27％和24％。采购降本工作成效明显，全年节约采购资金13亿元。

【人才强企】 截至2015年底，中冶集团拥有本科及以上学历人才49664人，比2014年增加2304人，占在岗职工人数的45.41％。拥有中国工程院院士1人，国家勘察设计大师12人，中央直接联系的院士、专家3人，国家百千万人才工程专家4人，享受国务院政府特殊津贴人员500余名，世界技能大赛金牌选手1人，中华技能大赛金牌选手1人，全国技术能手41人，中央企业技术能手29人。

在干部队伍建设过程中，中冶集团坚持从严治党、从严治吏，落实中央《推进领导干部能上能下若干规定（试行）》文件精神，着力构建“公平公正、能上能下”的选人用人机制，以“退庸进贤”激发干部队伍活力。2015年，中冶集团按照“信念坚定、为民服务、勤政务实、敢于担当、清正廉洁”的好干部标准选配领导班子，加大干部交流任职力度，对24家所属二级子公司的50名领导干部进行调整。

【安全生产】 2015年，中冶集团组织开展五片区安全生产大检查，涉及14家施工类子公司和6家设计总包子公司36个项目；开展境外安全生产督查，涉及10家子公司的10个项目；组织偏远地区督查、“回头看”活动和危化品专项行动，对17个在建项目进行安全督查。下发《中国中冶施工现场安全文明标准化手册》，明确现场安全文明施工标准。发布《关于加强中国中冶绿色施工示范工程管理工作的通知》，明确绿色施工示范工程的评价和管理标准；编制印发《中国中冶绿色施工示范图集》，推进“四节一环保”标准化现场管理。中冶集团入选第五批全国绿色施工示范工程14项，上海宝冶集团承建的珠海十字门中央商务区标志性单体——珠海中心获得绿色施工示范工程全国观摩工地称号。

【审计工作】 2015年，中冶集团完成各类审计项目1591个，主要包括离任经济责任审计、亏损企业审计、重大项目审计等，发现涉及企业管理、会计核算、投资管理等方面的问题728个，并有针对性地提出505条整改建议，出具审计报告、审计意见书、审核意见等10份。制定和修订内部审计制度121项。

（撰稿人：李茂华）

中国钢研科技集团有限公司

【基本概况】 中国钢研科技集团有限公司（以下简称“中国钢研”）是国务院国资委直接管理的中央企业，是我国冶金行业最大的综合性研究开发和高新技术产业化机构。2006年12月，经国务院同意、国务院国资委批准、原钢铁研究总院（创建于1952年）更名为中国钢研科技集团公司，冶金自动化研究设计院（创建于1973年）作为全资子企业并入中国钢研科技集团公司。2009年5月，经国务院国资委批准改制为国有独资公司，并进行董事会试点。

2015年是中国钢研稳中求进、聚焦长远、积极探索的一年。面对错综复杂的外部环境，中国钢研主动适应经济新常态，围绕改革调整与提质增效的工作主线，在深化内部改革、推进结构调整、强化科技创新、提升管理水平等方面取得明显成效。在稳定经营局面，实现恢复性增长，主动改革调整，转换经营机制，启动“十三五”规划，落实转型升级，科技创新，规范基础管理，推进管理提升，践行“三严三实”，党建工作，积极改善职工生活环境和工作条件等方面取得明显进步。

2015年，中国钢研获得国家科技进步奖2项、冶金科技一等奖4项、发布实施国际标准2项，当选中国工程院院士1人、荣获“何梁何利基金科学与技术创新奖”1人、入选“国家百千万人才工程”3人，获得“有突出贡献中青年专家”荣誉称号3人。

【主要指标】 2015年，中国钢研积极应对严峻的经营形势，奋勇拼搏，全年实现营业收入72.5亿元，利润总额3.3亿元。

2015年中国钢研科技集团有限公司
主要经济指标

项　目	2014年	2015年	比上年增长(%)
资产总额(亿元)	170.90	176.00	2.98
所有者权益(亿元)	88.40	92.00	4.07
营业收入(亿元)	82.10	72.50	−11.69
利润总额(亿元)	2.50	3.30	32.00
净利润(亿元)	2.20	2.50	13.64
归属于母公司所有者的净利润(亿元)	2.40	0.90	−62.50
技术开发投入(亿元)	6.90	9.20	33.33
利税总额(亿元)	4.60	4.50	−2.17
应交税金总额(亿元)	4.50	5.09	13.11
净资产收益率(%)	2.56	2.78	增加0.22个百分点
总资产报酬率(%)	2.07	2.56	增加0.49个百分点
国有资本保值增值率(%)	105.85	108.74	增加2.89个百分点

【改革发展】 2015年，中国钢研贯彻落实国家全面深化改革的要求，主动改革调整，转换经营机制。一是对接国资国企改革，密切追踪国有企业改革和科技体制改革动态，探索做强做优做大的全新发展之路。二是继续深化科研机制改革，提升科技能力。进一步完善科研项目制，以钢铁研究总院工程用钢所为试点，整合课题组，贴近市场，按用户需求设立项目部，实现人财物集中统一管理。出台自主研发费用、大型科研仪器折旧费用考核利润加回政策，激发各单位自主科技投入和研发设备更新改造的积极性，促进产业结构优化升级，提升科技能力水平。三是研究干部人才体制改革，加快青年干部和人才培养，增强企业活力。启动“春晖”“春蕾”“春兰”计划，为青年人成长成才搭建平台、创造条件。四是通过开展资产重组、企业产权结构调整、低效无效资产处置、参股股权处置等工作，多措并举，提升企业核心竞争力，提升国有资产运营质量。五是积极稳妥推进后勤体系改革。调整业务结构，探索部分业务外包，激发员工活力，提升物业服务意识和后勤保障能力，为后勤服务社会化、市场化、专业化奠定坚实基础。

【重大项目】 2015年，中国钢研经过科学决策，多措并举，进一步稳增长、调结构，增强核心竞争力。一是立足当前，谋划长远，制定“十三五”发展规划，提出“一个核心、三大目标、五大工程”的“一三五战略”构想。二是提出新的领域发展方向。以优势产业转型升级和拓宽发展领域为主线，提出“稀土产业”“环保领域”“两化融合”“3D打印”和“京津冀协同发展”的路线图，初步形成集团内跨领域、跨单位的平台化协调机制。开展“十三五”期间冶金工艺、高新材料、工业自动化、检测技术与装备和新兴交叉学科五个专业技术领域科技发展方向研究，提出从为钢厂服务到为用户服务转变、从品种和领域分工向为行业平台结构转换、从单打独斗向集群协同过渡、从单点技术和单体装备向系统集成的解决方案转化、从受托乙方向甲方或第三方切换等建议，为新领域发展开启新思路。三是加快结构调整，推进转型升级。所属安泰科技股份有限公司利用核心存量业务整合社会资源，全资并购北京天龙钨钼科技股份有限公司，实现强强联合，难熔产业一跃成为国内第一、世界前三的优势产业；收购宁波化工研究院，使原有的单一业务向节能环保系统工程纵深推进，实现产业突围、领域拓展。稀土板块引入社会资源，成立“山东钢研中铝稀土集团”，实现同类资源和上下游产业链的重组整合，成功进入“国家稀土六大集团”行列。所属新冶高科技集团有限公司引入民营资本重组新冶电气，与海尔集团合作，迅速切入自提物流柜和电动汽车充电桩等新领域，发展势头良好。

【重大创新】 2015年，中国钢研积极探索科技体制改革，调整研发投入模式，创新创业取得新进展。一是设立“科技创新风险投资基金”，突破法人制度界限，以研发成果经济价值共享的方式，有效聚合科技人员、法人单位、外部投资者联合开展科技创新，这是落实国家创新驱动发展战略的大胆尝试，得到国资委充分肯定，极大激发广大科技人员创新创业热情，必将在中国钢研发展史上留下重要一笔。继续深化科研机制改革，提升科技能力。二是科技创新能力与产业发展对接取得显著进展。一批具有自主知识产权的创新成果，形成新的经济增长点，全年实现成果转化收入 26 亿元。变形高温合金的科研与推广应用并重，全年新签供货合同超过 2.5 亿元；新研制的军用装甲钢成功应用于运钞车等特种车辆，发展势头迅猛；新开发的渗镝烧结钕铁硼磁体，形成相应牌号，产品得到知名企业的认可。

【党建工作】 2015 年，中国钢研践行“三严三实”，党建工作取得新成效。一是深入开展“三严三实”专题教育。突出“主动谋划”抓好推进落实，突出“学深悟透”抓好学习研讨，突出“聚焦问题”抓好总结反思，突出“见到实效”抓好问题整改。二是全面落实群众路线教育实践活动和巡视整改任务。通过党政主要领导带队调研督查等方式，认真抓好整改措施落实，“两方案一计划”完成率 100%。三是进一步加强领导班子建设。根据中组部、国资委关于领导干部个人有关事项报告的相关要求，立规矩、定纪律、严管理，重点对干部个人事项申报、兼职清理和出国（境）加强管理，推进干部监督管理工作常态化、规范化、制度化。四是强化党风廉政建设和“两个责任”落实。在全体党员中部署开展《中国共产党廉洁自律准则》和《中国共产党纪律处分条例》学习宣传贯彻工作。严肃查处违纪违法问题，对于恶性违纪违法案件，坚决移交司法。五是坚持服务发展大局，营造和谐稳定环境。开展“我与钢研共奋进”主题系列活动，选树典型，弘扬正气，鼓励职工学习先进、岗位建功。各级工会、团组织大力推动职工经济技术创新和青年创新创效活动。加强文明建设，顺利通过“全国文明单位”复查。重视发挥统战代表人士作用，成立中央企业首个统战人士建言献策平台——“李卫建言献策工作室”，为中央企业及行业发展搭建汇智聚力的平台。举办“纪念抗日战争暨世界反法西斯战争胜利 70 周年”文艺演出，慰问 15 名抗战老战士，弘扬伟大的抗战精神，激发广大职工矢志不渝的爱国主义精神、艰苦奋斗精神和拼搏奉献精神。

【信息化建设】 2015 年，中国钢研加强信息化业务系统的深化应用，对协同办公系统进行系统升级。建设数据共享中心，推进部门间的业务协作与信息共享。加强工作计划管理，借助协同办公系统平台提出解决方案。开展风险管理系统深化建设工作。指导所属单位开展网上产品营销平台的建设工作。加强信息化基础设施及网络安全建设。在网络安全方面，采用强认证方式，进一步提高网络安全性，保证系统安全运行，按照国资委关于信息安全等级保护工作要求，组织开展自查工作。按照网络安全要求，部署网站防护系统等网络安全设备，进一步加强网络安全技术防护手段。

【履行社会责任】 2015 年，中国钢研作为中央企业，积极履行社会责任，将社会责任理念、要求融入现有管理体系，将社会责任管理与公司战略相结合，与业务转型升级相结合，与运营过程管理相结合。以可持续发展为核心，发动公司内部全体力量，从战略制定、企业文化、利益相关方沟通管理、组织架构等方面全方位覆盖，推动公司积极履行社会责任。2015 年发布 2013—2014 年中国钢研社会责任报告，以创新钢研、价值钢研、绿色钢研、幸福钢研及和谐钢研五个方面诠释中国钢研的社会责任。关心老区人民，帮助陕西省山阳县城竺山镇三槐村脱贫，投入资金 100 万元，2015 年修建公路 4.5 千米。

（撰稿人：尹　博）

中国化工集团公司

【基本概况】 中国化工集团公司（以下简称“集团公司”）是经国务院批准，在中国蓝星（集团）总公司、中国昊华化工（集团）总公司等原化工部直属企业基础上重组设立的国有大型企业，于 2004 年 5 月正式挂牌运营。现有 6 个业务板块，分别是化工新材料及特种化学品板块、基础化学品板块、石油加工板块、农用化学品板块、橡胶轮胎板块和化工装备板块。

2015 年是中国化工集团公司迎难而上、砥砺奋进的一年。在错综复杂的国际国内经济形势下，面对需求不足、产能过剩和结构性矛盾突出的巨大压力，公司认真贯彻党中央、国务院的决策部署，主动适应经济发展新常态，积极应对各种风险和挑战，深化企业改革，推进结构调整，提升管理能力，着力加强困难企业解困，不断加快国际化步伐，开展创业创新，促进可持续发展，加强党建工作，积极履行企业责任，各方面都取得显著成绩，完成全年主要目标和任务。

【主要指标】 全年无较大以上伤亡和环境事故，超额完成节能减排指标。2015年，集团公司实现营业收入2602.53亿元，同比增长1.02%。实现EBITDA232.47亿元，同比增长21.07%。实现利润总额32.1亿元，同比增长59.54%。连续第五年进入世界500强，位列第265位，比上年提升11位，在化学品分行业榜单排名第六位。在中国化工行业排名第一。

2015年中国化工集团公司
主要经济指标

项　目	2014年	2015年	比上年增长(%)
资产总额(亿元)	2720.72	3725.14	36.92
所有者权益(亿元)	504.23	706.57	40.13
营业总收入(亿元)	2576.31	2602.53	1.02
利润总额(亿元)	20.12	32.10	59.54
净利润(亿元)	2.25	1.18	−47.58
归属于母公司净利润(亿元)	−11.46	−8.28	27.70
技术开发投入(亿元)	30.14	52.04	72.66
利税总额(亿元)	75.18	118.42	57.52
应交税金总额(亿元)	55.06	86.32	56.77
全员劳动生产率(万元/人·年)	180.19	194.76	8.09
净资产收益率(含少数股东损益/权益)(%)	0.49	0.20	减少0.29个百分点
净资产收益率(不含少数股东损益/权益)(%)	−5.31	−3.58	增加1.73个百分点
国有资本保值增值率(%)	113.70	116.94	增加3.24个百分点

【改革发展】 集团公司推进现代企业制度建设，完善公司治理结构。以建设国有独资企业规范董事会制度为契机，建立科学决策、高效执行、有效监督的运行机制。董事会充分发挥在公司治理中的核心作用，审议通过集团公司章程等基础文件，国际并购、清产核资、项目建设等重大事项。外部董事充分运用各自在专业领域的管理经验，以及沟通协调方面的优势，深入企业调研，提出工作建议，帮助解决问题，赢得干部职工的尊重和信任。集团层面初步建立权责分明、有效制衡、科学决策的公司治理体系，董事会在重大决策、内控管理、风险防范、经营管理等方面发挥积极和重要的作用。重组系统内部分战略性资产，推进混合所有制改革。

完善绩效管理体系，优化KPI考核指标，突出EVA考核核心作用，根据企业特点制定分类考核指标。按月、季开展绩效回顾，加强考核指标的督促落实。

坚持党管干部原则和双向进入、交叉任职的企业领导体制。优化班子结构、增强整体功能，加强干部考核、调整、任用与监管。从严管理干部，转变工作作风，严格落实新时期好干部标准和“三严三实”要求，提高班子和干部整体素质。深化民主测评与考核结果运用，及时调整优化班子结构，实行动态管理。加强后备干部选拔培养，形成合理的干部梯队。加强干部交流和实践锻炼，提高经营管理能力。

【重大项目】 严格控制新建项目投资。全年完成固定资产投资同比下降4.3%。10个重点项目建成投产。南京安迪苏液体蛋氨酸扩能项目，产能从8.5万吨/年提升到14万吨/年，项目竞争力进一步提升。强化投资过程管理和后评价，完成23个投产项目的竣工验收。通过“脱瓶颈”实现技术提升、降本增效。完成双酚A技改，产品吨成本降低300元，质量明显提升。10家企业获得中国化工技改优秀项目。

加快产业整合，增强协同效应。埃肯与BSI合并，提升硅产业链的竞争力。埃肯多晶硅业务与REC形成光伏产业链，上下游协同效应逐步显现。倍耐力派出专家团队，发挥产品、管理、技术、渠道和品牌等方面优势，对橡胶公司轮胎企业逐一诊断、制定改进方案，启动业务整合。整合碳纤维和芳纶纤维业务，实施统一运营管理。安迪苏“借壳”蓝星新材上市，成为央企海外企业在A股上市首例。

【走向海外】 抓住“一带一路”建设、国际产能合作等战略机遇，在全球范围内配置资源，完善企业价值链，深度拓展国际市场。实现对世界高端轮胎企业倍耐力的投资，成为“一带一路”战略合作的典范，将带动中国化工橡胶轮胎板块进入世界高端制造行列，也为实现“中国制造2025”战略发挥重要作用。此项交易荣获《亚洲金融》“2015年最佳并购交易奖”，也是过去一年中国对外最大的投资。实施对全球领先的橡塑机械制造商德国克劳斯玛菲公司的并购，这是中国在德国最大的投资。完成REC的交割。实现油气公司与世界领先原油贸易商摩科瑞公司交叉持股，提高大宗商品交易中抗风险能力，拓宽原油供应渠道和贸易平台。

【重大创新】 深入落实创新驱动发展战略，科技创新体系不断完善。实施各类科研项目666项，其中国家重点项目125项、省市重点项目126项，企业项目415项。全系统获得9项国家级奖励，是获得国家级科技成果奖励最多的一年。3家企业获得国家科技进步二等奖，1家企业获得国家技术发明二等奖。集团公司召开创业创新暨青年人才大会，动员部署创业创新工作，采取创投基金、研发资源共享、职工创意活动等多种形式，深入推进“双创”活动。加强知识产权管理，以专利创造推动科技创新。拥有自主知识产权的核心技术不断增加。5家企业获得第十七届中国专利奖。制定国际标准3项、国家标准91项、行业标准51项。

【党建工作】 “三严三实”专题教育取得积极成效。各级党组织认真贯彻中央精神及国资委党委要求，精心筹划组织，扎实有序推进“三严三实”专题教育。营造积极向上、干事创业、敢于担当、风清气正的良好氛围，广大党员干部扎扎实实谋事干事，努力创造一流业绩，为企业改革发展提供正能量。

加强思想建设、组织建设和作风建设。坚持从严治党管党，将专题教育与中心工作相结合，教育全系统党员干部统一思想认识，强化党性修养，增强责任感和使命感。加强基层党组织建设，对组织不健全、履职不到位、作用不明显的少数直属企业党组织责任人进行调整，及时充实一批青年党务工作领导干部。按照质量至上、政治标准第一的要求，优化党员结构。探索建立“为民务实清廉”长效机制，作为一项品牌活动长期坚持，推进作风进一步转变。

认真落实党风廉政建设责任制。贯彻落实中央精神，按照中纪委、国资委党委关于党风廉政建设和反腐败工作的部署，落实党风廉政建设责任制。认真学习贯彻《中国共产党廉洁自律准则》和《中国共产党纪律处分条例》，进一步严格执行中央八项规定，驰而不息纠正“四风”，加强反腐倡廉建设和廉洁风险防控，全面落实“三重一大”决策制度和廉洁从业规定。坚持惩治和预防腐败两手抓、两手硬，营造廉洁文化氛围。

【信息化建设】 深化信息系统应用，提升管理效率。深化ERP应用，从三流合一、成本核算等方面优化提升。加强ERP运行考核，提升应用效果。新增13家企业ERP系统上线。改进OA办公平台，实施移动应用解决方案，提升办公效率。加强信息安全管理，完成信息系统安全整改121项。全系统报表合并系统(BPC)上线，提高报表的准确性。开展全面预算管理试点。

【履行社会责任】 积极履行社会责任，节能减排成效显著，全面实现“十二五”节能减排责任目标，完成万家企业节能任务。全面排查锅炉、催化裂化装置、污水处理设施环保达标情况，针对存在的问题彻底整改。开展碳资产管理摸底调查。推进氯碱企业全面使用低汞触媒，积极开展无汞触媒新工艺示范装置建设。通过主流媒体树立形象、回应公众关切。举办以“传承文明，你我同行”为主题的第26届蓝星国际夏令营。开展对甘肃古浪县、河北平山县的对口扶贫，帮助解决教育和安全饮水等问题。集团公司《可持续发展报告》连续第二年获得“金蜜蜂优秀企业社会责任报告”。

(撰稿人：王大鹏)

中国化学工程集团公司

【基本概况】 中国化学工程集团公司(以下简称“集团公司”，英文简称CNCEC)是国务院国资委直接监管的大型企业集团。公司集投融资、勘察、设计、施工、监理一体，是我国工业工程领域资质最为齐全、功能最为完备、业务链最为完整、知识技术相对密集的工程公司。

公司主业为化工、石油化工工程建设，相关工艺技术研发，环境治理及其他建筑工程服务。主要从事国内外化工、石油化工、轻工、纺织、机械、市政、环保、橡胶、电力、医药、建筑等项目建设的工程总承包。具有项目融资、技术咨询、工程设计、设备材料采购、施工组织、开车指导、工程监理等项目建设全过程为一体的工程总承包综合能力。

截至2015年底，集团公司有二级所属企业4家，其中中国化学工程股份有限公司（以下简称“股份公司”）集中集团公司内部优质资产，于2010年1月7日正式上市。

在2015年度全球工程承包商250强（ENR）排名中，集团公司位列第29位，创历史新高，属于行业内细分市场的领先者。在2015年度ENR国际承包商250强（ENR）排名中，集团公司名列第76位，公司在全球50多个国家和地区开展工程建设业务。

【主要指标】 2015年，企业总资产832.22亿元；实现主营业务收入641.51亿元；实现利润总额37.31亿元；企业净资产收益率10.12%；实现保值增值率113.26%，较好地完成国有资本的保值增值目标。

2015年中国化学工程集团公司主要经济指标

项　目	2014年	2015年	比上年增长(%)
资产总额（亿元）	827.55	832.22	0.56
所有者权益（亿元）	265.86	298.47	12.27
营业收入（亿元）	700.55	641.51	－8.43
利润总额（亿元）	38.70	37.31	－3.59
净利润（亿元）	31.21	28.57	－8.46
归属于母公司所有者的净利润（亿元）	19.93	17.44	－12.49
技术开发投入（亿元）	22.53	20.98	－6.88
利税总额（亿元）	63.51	64.56	1.65
应交税金总额（亿元）	24.81	27.25	9.83
全员劳动生产率（万元/人·年）	23.66	23.13	－2.24
净资产收益率（%）	12.47	10.12	减少2.35个百分点
总资产报酬率（%）	5.06	4.75	减少0.31个百分点
国有资本保值增值率（%）	114.10	113.26	减少0.84个百分点

【改革发展】 为落实中央深化国有企业改革的要求，2015年集团公司认真学习党中央、国务院和国资委下发的一系列深化国有企业改革的文件，结合企业实际研究制定公司的深化改革方案，全力推进企业深化改革。一是进一步调整优化产权管理工作体系，修订资本与财务管理办法、完善产权流转与评估制度，形成产权管理事前、事中、事后全过程动态监管体系，强化国有资产的监管；二是大力推进“深化全面预算管理”，加强集团公司对经济运营状态的分析、监控、预测和风险预警与应对；三是进一步优化集团公司管控方式，简政放权，激发活力，调整合并、取消管理事项75项，发布管理事项清单；四是完成8家企业的厂办大集体改革，分流安置507名在职职工及2266名退休人员。

【重大项目】 2015年，集团公司新签合同3505份，合同额641.62亿元。

国内重大工程项目：天辰公司签约河北武安新峰煤制天然气综合利用项目EPC工程总承包项目（120亿元）、成达公司签约延安煤油气资源综合利用项目180万吨/年甲醇装置和5万吨/年乙丙橡胶装置工程设计采购承包项目（19.93亿元）等。

境外重大工程项目：华陆公司签约哈萨克斯坦石油化工工业公司丙烷脱氢制丙烯（IPCI）项目（8.7亿美元）、五环公司签约印尼PKG合成氨尿素项目（4.36亿美元）、五环公司签约埃及AFCE磷肥项目（4亿美元）等。

【经营管理】 2015年，在经营工作方面集团公司重点抓了三项工作：一是明确总部经营管理部门的战略经营职能定位；二是深入研究国家"一带一路"、国际产能合作等支持中国企业"走出去"的相关政策，加大海外经营布局的力度和步伐，2015 年公司新设 23 家驻外机构，进一步拓展海外市场；三是做好服务和支持工作，采取积极有效的措施，为公司各企业海内外市场拓展、项目跟踪和项目执行提供服务和支持工作。

2015 年，公司新签境外合同额 173 亿元，占新签合同总额的 27.1%，境外在建 1 亿元以上的项目 20 个，合同总额 153.2 亿元。

【技术创新】 2015 年，集团公司在国内外严峻的经济形势下，持续推进技术创新工作，落实各项措施，取得较为显著的成效。

公司积极推动技术创新平台建设。在集团公司牵头组建的"新一代煤(能源)化工产业技术创新战略联盟"框架内，国家 863 计划"流化床甲醇制烯烃新工艺"和国家科技支撑计划"生物质与煤混燃发电技术与示范"两个课题通过科技部组织的结题验收。国家 863 计划"大规模碎煤加压气化技术与示范"项目，完成课题任务书和概算预算书的编制工作，获得首批国家专项经费。

赛鼎公司与新疆庆华集团合建的碎煤加压气化实验室完成，气化装置机械竣工；五环公司与中国船舶重工集团公司第七一一研究所签订合同，合作开发氧热法煤制电石炉的专用烧嘴设备；华陆公司与新疆粤和泰化工有限公司签订开发合作协议，并启动等离子体煤裂解研发项目；桂林公司与超威电源有限公司签订战略合作协议，计划开发原子经济法铅酸蓄电池循环利用技术，并建设工业规模示范生产试验线。

2015 年，集团公司获得国家授权专利 376 项，专有技术认定 15 项。其中，五环公司的"高含尘量煤焦油分离提质工艺及系统"等 104 项技术获得发明专利授权；赛鼎公司的"一种石脑油萃取器"等 271 项技术获得实用新型专利授权；成达公司的"多晶硅装置三氯氢硅加压合成技术"等 15 项技术获得专有技术认定。

截至 2015 年底，集团公司有 6 家国家级企业技术中心、1 家国家能源研发中心、9 家省级企业技术中心、6 家省级工程技术研究中心、18 家国家高新技术企业、5 家国家级博士后科研工作站。

【党建工作】 2015 年，集团公司党委和所属各企业党委深入学习贯彻党的十八大、十八届三中、四中、五中全会精神和习近平总书记系列重要讲话精神，狠抓思想建设、组织建设、作风建设、反腐倡廉建设和制度建设，充分发挥党委政治核心作用，为推进集团公司的科学发展提供坚强的政治和组织保证。

按照中央和国资委党委的统一部署，从 2015 年 5 月开始，全集团同步开展"三严三实"专题教育。结合公司实际，认真制定专题教育实施方案，专题党课、专题学习研讨、专题民主生活会和组织生活会等，关键动作扎实到位效果良好。通过专题教育，使党员领导干部深刻领悟"三严三实"的理论价值、实践意义和丰富内涵，找准不严不实方面存在的突出问题，理清今后的努力方向，强化忠诚、干净、担当的意识。各企业党委把专题教育与研究解决企业发展中的实际问题紧密结合，把专题教育成果转化为精神动力和工作能力，促进企业科学发展。

为贯彻落实中央关于党要管党、从严治党的要求，明确管党治责任，集团公司党委相继印发《关于深入贯彻落实"全面从严治党"要求的意见》《关于进一步规范企业领导人员廉洁从业行为的通知》等一系列文件，对从严治党、从严管理党员领导干部、从严监督执纪问责提出总体要求和具体措施。各企业党委认真加强基层党组织建设，按照"三同时""三基本"原则，工程项目延伸到哪里，党组织就建立在哪里。同时，按照"控制总量、优化结构、提高质量、发挥作用"的原则，严格发展标准，严格履行程序，2015 年全集团发展党员 185 名。2015 年，集团(股份)公司党委对 40 个先进基层党组织、68 名优秀共产党员、42 名优秀党务工作者进行表彰，有效激发各级党组织和广大党员的活力，为完成全年的生产经营任务起到良好的促进作用。

【信息化建设】 2015 年，集团总部各部门和所属企业协同推进统一信息化管理平台建设，研究完善集团门户及 OA 系统，部分所属企业实现 OA 系统与业务系统集成和移动办公，业务协同能力得到进一步增强。在企业层面，不断提高信息化应用水平，支撑企业业务发展。天辰公司开发建设的项目集成化管理信息系统，实现公司七大管理业务流程集成化应用。赛鼎公司开发建设的企业级综合性集成化信息管理SHARE平台，基本实现行政管理与工程项目管理集成整合。在基础设施建设方面，天辰、赛鼎等9家企业局域网实现万兆主干、千兆到桌面的网络系统；东华、五环等6家企业建立虚拟化平台。

在信息安全方面，集团总部及所属企业高度重视信息安全工作，从管理和技术措施入手不断加强信息安全工作力度。一方面，完善网络信息安全体系，并采用多种形式开展培训宣传，提高员工的安全意识；另一方面，不断提升网络管理及安全性能，对防火墙、流量控制、VPN、入侵防御、数据存储备份、行为监控、数据加密、容灾备份和桌面管理系统等网络安全设备和管理系统进行升级改造。东华、成达和三公司3家企业入选工信部"两化融合"贯标试点。

【履行社会责任】 集团公司作为中央企业，高度重视履行社会责任，重视维护职工合法权益。通过提供就业、纳税、捐助等多种途径积极回报社会，建设和谐企业。

2015年，集团公司投入资金357.3万元，为甘肃省华池县和环县各修建一条村组砂石道路。华陆公司为陕西省富平县薛镇中心小学搭建"多媒体电教室"，捐助电脑31台、电脑桌31套，以及交换机、投影仪等配套设施。七公司开展爱心捐款活动，筹集爱心捐款16653.7元，用于社会帮扶救助。二公司与海外分公司积极参与安哥拉政府开展的改善居民生活条件的"经济农村"项目，收到衣物以及背包、儿童玩具、图书、童车等物品4947件，捐赠物品通过海运至非洲。

集团公司始终坚持"人才强企"战略，不拘一格使用人才，努力为员工提供多元化的发展通道和广阔的发展空间。坚持以人为本，尤其关注女职工、特殊工种职工、工伤职工和老职工等特殊群体的合法权益，关注职工在孕期、产期、哺乳期、医疗期、工伤期等特殊期间的合法权益。通过开展形式多样的活动，丰富广大员工业余文化生活，增强归属感，让员工快乐工作的同时，充分感受到大家庭的温暖。

所属企业赛鼎公司工会被授予"2015年全国模范职工之家"；华陆公司荣获陕西省"两联一包"扶贫先进单位称号；二公司荣获太原市"慈善一日捐"活动先进单位称号；十三公司被中华全国总工会评为"全国职工教育培训示范点"。

（撰稿人：于志欣）

中国轻工集团公司

【基本概况】 中国轻工集团公司（以下简称"中轻集团"）是由国务院国资委监管的全民所有制中央企业。中轻集团主业为轻工产品及装备研发与制造；相关工程承包与设计、贸易物流与服务。

2015年，在国务院国资委的正确领导下，中轻集团认真贯彻落实党中央、国务院决策部署和国资委的各项要求，积极应对金融危机以来最严峻最复杂的国内外形势，主动适应经济发展新常态，围绕提质增效、改革创新的总体目标，攻坚克难，真抓实干，各项工作取得积极成效，保持生产经营持续稳定增长。

【主要指标】 2015年，中轻集团实现营业收入163亿元，同比下降20.67%；实现利润总额4.46亿元，同比增长84.30%；实现净利润3.43亿元，同比增长159.85%。

2015年中国轻工集团公司主要经济指标

项　目	2014年	2015年	比上年增长(%)
资产总额(亿元)	143.00	142.22	-0.55
所有者权益(亿元)	43.03	47.20	9.69
营业收入(亿元)	205.52	163.03	-20.67
利润总额(亿元)	2.42	4.46	84.30
净利润(亿元)	1.32	3.43	159.85
归属于母公司所有者的净利润(亿元)	0.37	2.84	667.57
技术开发投入(亿元)	3.68	3.47	-5.71
利税总额(亿元)	7.02	8.25	17.52
应交税金总额(亿元)	4.60	3.79	-17.61

续表

项　目	2014 年	2015 年	比上年增长(%)
全员劳动生产率(万元/人·年)	19.64	18.89	—3.82
净资产收益率(%)	3.13	7.61	增加 4.48 个百分点
总资产报酬率(%)	2.63	4.26	增加 1.63 个百分点
国有资本保值增值率(%)	100.84	108.15	增加 7.31 个百分点

注:所用数据为 2015 年度决算数据。

【改革发展】 2015 年是全面深化国有企业改革的关键之年。集团公司深刻认识加快推进国资国企改革的重要性和紧迫性,自觉把思想和行动统一到中央和国资委的决策部署上来,加快推进深化改革的各项工作。

一是不断健全法人治理结构。董事会在国务院国资委的领导下,准确把握职责定位,不断提高规范运作和科学决策水平,公司治理体系日益完善。董事会把"议大事、把方向、防风险"作为重点,全年召开 9 次全体会议,审议通过议案 28 项,撤销议案 2 项,集中调研 3 次,充分发挥董事会在公司治理中的核心作用。董事会专门委员会召开 6 次会议,研究议题 18 项,为董事会决策提供有效支持。

二是加快结构调整与资源重组。集团公司以中轻日化科技有限公司作为平台,对分散在集团公司六家所属企业的日化产业资源进行重组,完成日化板块的整合。集团公司进行贸易物流、外经合作及资产管理板块整合工作,将部分经营业务重叠的中国轻工业对外经济技术合作公司、中轻物产公司和中国海诚国际工程投资总院三家直属企业合并为中国中轻国际控股公司,这也是集团公司首次在直属企业层面开展的重组整合。

三是完善经营业绩考核。修订直属企业负责人经营业绩考核办法,首次将国务院国资委对集团公司的年度考核指标全部纳入到集团公司对直属企业的考核中,增设绩效考核调节系数和企业规模系数对直属企业负责人的薪酬进行调节,强化价值管理导向。制定《中轻集团工资总额管理办法》,将利润总额与工资总额联动,将资本经济增加值率作为联动系数,引导所属企业做强主业、提质增效。

四是推进激励约束制度改革。集团公司企业年金方案得到国务院国资委批复确认,并向人社部进行报备,自 2015 年 1 月 1 日起正式实施。中国海诚工程科技股份有限公司先后推出首期第一、第二批股票期权激励计划,第一批授予的期权完成首次和第二次行权,第二批股权激励授予工作完成。

【重大项目】 2015 年,中轻集团重点投资项目陆续建成投产,经济和社会效益逐步显现。马里新上卡拉糖联股份有限公司 6000TCD 糖厂项目、制浆造纸国家工程实验室二期项目、中国食品发酵工业研究院总部基地项目等通过竣工验收。食源性肽系列"健"字号功能性营养餐项目建成投产,"态立方"系列保健品投放市场。非离子表面活性剂产业化示范基地项目全面建成投入试生产,成为亚洲最大的新型绿色表面活性剂的生产供应商。中国造纸装备有限公司通过股权投资方式引进造纸装备关键核心技术。

【走向海外】 中轻集团所属企业积极实施"走出去"战略,借助国家"一带一路"政策,利用各种资源开拓国际市场。中国海诚国际工程科技股份有限公司发挥自身竞争优势,积极开拓东南亚、非洲等国际工程承包市场,成功签约越南、泰国等多个海外工程项目。中国轻工业对外经济技术合作公司与马里政府合作建设马里新上卡拉糖联股份有限公司 6000TCD 糖厂项目,是中轻集团境外最大的建营一体化的投资项目。截至 2015 年底,除农业部分收尾工程外,项目建设基本完工,通过竣工验收。

【重大创新】 中轻集团持续加大科技创新力度。"食品企业质量安全检测技术示范中心"获批工信部 2015 年工业转型升级重点项目。"表面活性剂示范型国际合作基地"获得国家科技部批准。"啤酒高效低耗优质酿造技术的合作研究与开发"荣获 2014 年北京市科学技术奖二等奖。"皮革污染源头控制及循环经济关键技术集成应用工程"获得中国轻工业联合会科技进步一等奖。2015 年,集团公司申请专利 231 项,其中发明专利 130 项;授权专利 154 项,其中发明专利 90 项。获得国际专利授权 2 项。获得省部级以上奖励 125 项。发表科技论文 237 篇。完成制定国际标准 2 项,国家标准 42 项,行业标准 47 项。参与国际标准化组织6个。承接中国—柬埔寨食品工业联合实验室和中国—埃塞俄比亚皮革工业国家联合实验室等重点发展中国家科技援建项目。全年承办1期科技部和16期商务部援外培训班。

中轻集团着力推进管理创新。2015年，集团公司资金集中管理系统平台安全稳定运行并通过验收，上线成员企业口径资金集中度为70%，资金运营效率得到有效提高。集团公司启动中国海诚工程科技股份有限公司非公开发行股份工作，增资控股长泰公司并投入智能装备提质扩产项目和扩大公司工程总承包业务项目。

【党建工作】 2015年，中轻集团党委认真学习贯彻党的十八大，十八届三中、四中、五中全会和习近平总书记系列重要讲话精神，按照国资委党委要求，坚持党要管党，从严治党，深入开展"三严三实"专题教育，全力配合巡视工作，着力加强党组织的思想建设、组织建设和作风建设，进一步推动党建工作再上新台阶。一是认真学习贯彻落实习近平总书记系列重要讲话精神，严格遵守政治纪律和政治规矩，在思想上政治上行动上始终同以习近平为总书记的党中央保持高度一致。二是充分发挥党委政治核心作用，保障集团党建工作和民主决策制度化。三是深入开展"三严三实"专题教育，严肃查摆和认真整改领导班子和个人"不严不实"的问题，各级领导班子的思想理论水平、守纪律讲规矩意识、战略思维能力和全局视野得到进一步增强。四是加强各级领导班子、干部队伍和党员队伍建设。完成11家直属企业领导班子和49名领导干部三年任期综合考评。组织全面抽查核实个人有关事项报告情况。召开集团领导班子专题民主生活会，制定领导班子民主生活会整改方案和领导班子个人的整改方案，并在集团公司年度工作会上进行通报。五是全力配合巡视工作，较好完成各项任务。认真抓好巡视反馈意见整改工作，成立巡视整改工作领导小组和工作组，制定巡视整改方案，加强组织领导，上下联动，协调配合，有序推进，确保整改工作按时完成。六是加强党风廉政建设和反腐败工作。集团公司纪委组织召开集团系统党风廉政建设会议，全面部署2015年集团反腐倡廉建设。集团党委书记与二级企业党委书记签订党风廉政建设责任书，集团领导班子成员和中层干部就落实"两个责任"进行签字背书，"两个责任"得到分解落实。加大执纪问责力度，落实国资委纪委对有关人员和问题线索的调查核实工作，向国资委纪委上报有关问题初核报告和立案调查，对有关人员提出处理建议，认真查处国资委巡视组向集团公司移交的11件问题线索和信访材料。

【信息化建设】 2015年，中轻集团持续提升信息化建设水平。集团公司OA办公自动化系统实现直属企业全覆盖，在规范工作流程、提高工作效率、提升管理水平等方面发挥积极作用。完成全集团VPN组网，提升集团核心业务信息系统数据传输安全水平。深化ERP系统应用，工程项目系统启动建设。推广应用高清视频会议系统，节约会议成本，提高工作效率。

【履行社会责任】 中轻集团认真贯彻落实党和国家关于扶贫开发工作的一系列方针政策和决策部署，积极履行中央企业的政治责任和社会责任。2015年7月，集团公司选派人员到定点扶贫点内蒙古自治区喀喇沁旗河南街道马鞍山村担任村第一书记。根据定点扶贫地区的实际需求，投资为马鞍山村解决重点路段照明路灯问题，方便老百姓出行；同时结合集团公司在食品酿酒等领域的特长，为马鞍山村实现葡萄产业发展规划提供技术支持。所属企业中国海诚工程科技股份有限公司本部多年来与上海崇明竖新镇永兴村开展结对帮扶活动，资助该村道路建设和困难党员；中国轻工业武汉工程设计有限责任公司与湖北红安县高桥镇四个村、城关镇两个村结成共建帮扶对子；中国轻工业南宁设计工程有限公司选派人员到定点帮扶的广西壮族自治区来宾市武宣县通挽镇花马村担任第一书记，并按要求增派3名工作队员协助开展扶贫攻坚精准识别工作，在职工中募集2万元扶贫款。2015年，集团公司及所属企业对外捐赠累计支出28万元。

（撰稿人：陈　镭）

中国工艺(集团)公司

【基本概况】 中国工艺（集团）公司（以下简称

“中国工艺集团”)是由国务院国资委管理、全国范围内唯一直接从事工艺美术文化产业经营的中央企业，也是国内最大的综合性工艺美术文化国企，现有二级企业30家，形成工艺美术原材料开发利用，产品研发生产，相关贸易、综合物流及服务三大主营业务。

中国工艺集团2015年紧紧围绕“稳中求进”的工作总基调和“稳增长、防风险、促转型、抓改革、强管理、增效益”的工作主线，始终坚持以经济效益为中心，在有效防控风险的前提下，积极应对严峻复杂经济形势带来的挑战，锐意进取，转型发展取得新突破。同时以建设规范董事会为契机，加快完善公司法人治理结构。建设规范董事会工作正式运行，标志着集团公司向健全现代企业制度、完善法人治理结构迈出历史性一步。

一是中国艺交所业务步入正常发展轨道。中国艺交所邮币卡交易平台和金属艺术品交易平台自2015年中上线交易，累计交易额1075亿元，累计注册各类经纪会员1800家，注册交易会员数突破40余万人，并保持快速增长态势。二是研发设计水平持续提升。中国珠宝结合不同文化主题和节日，研发推出“稀世珍品·沉香珠宝”等系列特色产品，取得良好的销售业绩，进一步丰富“文化珠宝”的品牌理念与内涵。中艺装饰圆满完成米兰世博会中国馆施工总承包工程，工程荣获“大模块建筑奖”铜奖；此外，经世界手工艺理事会秘书处组织评审，主席工作会议研究通过，决定授权集团公司成立世界工艺品研发设计与交易中心，借此推动全球工艺美术文化产业的发展。三是品牌建设不断加强。集团公司完成“中国工艺”“CNACGC”商标注册工作。中国珠宝品牌特许经营连锁加盟业务规模稳定增长，进驻30个省的零售市场，签约加盟店超过700家。四是国中金科技股份有限公司所属云南中金共和资源有限公司与湖南有色院合作，对麻栗坡新寨锡矿选矿工艺开展技术攻关工作，试验攻关取得突破性进展。

在中国对外经济贸易统计学会发布的“2014年中国对外贸易500强企业”排名中，中国工艺集团名列第82位。

【主要指标】 截至2015年底，中国工艺集团资产总额158.50亿元；负债总额129.37亿元；所有者权益总额29.13亿元。2015年，整体实现营业收入287.54亿元，营业收入同比减少12.25亿元，下降4.09%。实现利润总额0.97亿元。

2015年中国工艺(集团)公司
主要经济指标

项　目	2014年	2015年	比上年增长(%)
资产总额(亿元)	142.91	158.50	10.91
所有者权益(亿元)	32.55	29.13	-10.51
营业收入(亿元)	299.79	287.54	-4.09
利润总额(亿元)	4.84	0.97	-79.96
技术开发投入(亿元)	5.00	128.22	2464.40
利税总额(亿元)	7.73	6.20	-19.79
应交税金总额(亿元)	4.71	6.65	41.19
全员劳动生产率(万元/人·年)	30.66	32.89	7.27
净资产收益率(%)	9.75	0.00	减少9.75个百分点
总资产报酬率(%)	4.41	1.55	减少2.86个百分点
国有资本保值增值率(%)	104.36	92.93	减少11.43个百分点

【改革发展】

1. 三项制度改革进展情况。

2015年，中国工艺集团继续推进人事制度改革，从严选拔任用管理干部，加大人才和干部培养管理工作力度，推动薪酬制度的改革。

一是加强人才的市场化选聘工作。配合集团战略的要求和实施，进一步引进专业人才，涵盖投资、工程建设、股改上市、资本运作、财务管理、战略规划等多个专业，为中国工艺集团的发展注入新的动力。为使市场化选聘工作更加科学规范，更充分体现公开公平的原则，进一步完善细化招聘流程有关环节，首次引入《领导力及职业性格测评》，对应聘人员的职业性格进行测试，为选人用人提供参考。

二是继续开展干部的培养交流。2015年，首次向二级企业派出财务总监和财务负责人，并结合二级企业改制、建立规范董事会的需要，选派若干年轻干部担任兼职董事，为他们提供学习和锻炼的机会，加深集团公司与所属企业之间管理理念和工作信息的互通，加强对后备人才的培养锻炼和能力建设。

三是促进干部的能上能下。开展干部让贤工作，促进优秀的年轻干部尽快到岗任职，尽快成长；加强对所属企业领导干部的管理，对不称职的调离岗位，2015 年免去部分二级企业中层管理人员职务，促进干部能上能下，进一步深化人事制度改革。

四是严格选人用人和干部监督管理工作。进一步完善选人用人工作程序，把好选人用人关，避免任人唯亲、违规选人用人。做好干部选拔任用纪实工作，使干部选任过程可追溯、可倒查。制定相关制度，进一步规范选人用人的各项流程。

五是发布实施总部薪酬制度。2015 年，实施中国工艺集团新一轮“五定”方案，完成定岗、定编工作；2015 年 1 月，发布实施《中国工艺（集团）公司总部薪酬管理制度》等文件，将总部人员“五定”薪酬改革工作落实到位。

2. 企业产权方面重大改革进展情况。

一是加快完善公司法人治理结构。建设规范董事会工作正式运行，标志着中国工艺集团向健全现代企业制度、完善法人治理结构迈出历史性一步。建立健全董事会四个专门委员会，修订完善公司章程、8 项董事会建设的主要规章制度。

二是改制上市工作稳步推进。继续深入优化论证股改上市方案，坚持“主业整体上市”和“优质资产率先挂牌上市”同步推进，启动第二批 10 户所属企业的改制工作，同时着力推动所属公司“新三板”挂牌工作，取得积极进展。

三是内部资源整合重组有序推进。整合内部资源。为配合改制上市，剥离不良资产，清理低效、无效资产，探索资产管理公司常态化运营。聚焦战略，支持经济效益、产品结构、发展前景、资产质量好的企业进一步转型发展，审核批准 3 家企业的增资方案，原则批准四川法派的股权转让事项。结合发展战略规划，进一步深化内部整合，审核批准 3 家企业的股权划转方案。加大对低效无效资产的清理力度，审核批准 3 家企业的清算关闭方案，完成 9 项物业的处置转让和中艺珠宝清算关闭工作。探索产权改革，选择中国珠宝作为混合所有制试点企业，公开挂牌引进战略投资者。

四是创新资本组织形式。集团公司与开源证券股份有限公司共同投资设立开源创新投资（北京）有限公司，从事投资管理、资产管理、项目投资等业务；投资设立新三板投资基金，探索运用股权投资基金等多种形式服务转型升级。

【重大项目】 2015 年，中国工艺集团实际完成固定资产投资 66055.92 万元，主要投资项目有中国工艺黑龙江文化创意园、中国工艺（重庆）物流园、中国抽纱交流中心、中艺 1688 文化创意产业园、泉州中工艺石材物流园、马关南当厂银铅锌矿采选建设项目、铜仁紫袍玉带石开采工程等 11 项，均为主业投资。2015 年，实际完成股权（产权）投资 14350 万元，主要投资项目有中艺（重庆）仓储服务有限公司、哈尔滨中艺天和置业有限公司、广东中艺国际储运有限公司增资等 3 项主业投资，以及开源创新投资（北京）有限公司 1 项非主业投资。

【重大创新】 中国工艺集团坚持在工艺美术领域走自主创新、科技投入之路。中国中金科技股份有限公司所属的云南中金共和资源有限公司与湖南有色院合作，对麻栗坡新寨锡矿选矿工艺开展技术攻关工作，试验攻关取得突破性进展，选矿扩大试验也取得成功。

中金科技所属的贵州中艺公司与武汉理工大学开展技术合作，通过引进金刚石串珠绳锯、大直径潜孔钻、液压顶石机，共同设计紫袍玉和“青石玉”同步回采的更科学的安全无损开采采矿方法，提交 3 项专利申请。

中国珠宝首饰进出口有限公司根据不同文化主题和节日，加大“中国珠宝”品牌特色产品的研发力度，推出展现沉香文化与美好祝福的“稀世珍品 · 沉香珠宝”系列，以创新性的思维和艺术灵感，首开珠宝镶嵌与沉香结合的先河，将沉香文化、珠宝艺术与字音字形、吉祥图腾等表达祝福的传统文化完美融合。

中国工艺艺术品交易所有限公司充分发挥资源优势，整合社会资源、行业资源，创新“互联网＋文化＋金融”思路，积极开展机制创新、组织创新、模式创新和服务创新，通过文化艺术品与金融资本的对接，为文化艺术品的流通开辟道路，全力打造国家重点文化产权交易所和全球知名的中华艺术精品交易平台。

【党建工作】 中国工艺集团党委始终坚持发挥党委政治核心作用，坚持把党建和思想政治工作融入中心、服务大局，紧紧围绕“巩固提升、整合优化、改革创新、转型管控”16字工作方针，以弘扬工艺美术文化、振兴工艺美术经济、发展工艺美术产业为宗旨，以做中国乃至全球最强最大最优的工艺美术文化产品及服务集成供应商为愿景，以转型项目为抓手，坚定不移地贯彻执行国务院国资委党委的各项工作部署，坚持党委中心组学习制度，不断强化领导班子自身建设；坚持以激发活力为目标，不断强化基层党组织和党员队伍建设；坚持以增强向心力和凝聚力为目标，不断强化思想政治工作；深入开展“三严三实”专题教育，突出问题导向，注重讲求实效；加强推进企业文化建设，使“卓越、和谐、创新、高效”的集团公司核心价值观深入人心；充分发挥群团组织在推进企业管理、提升职工素质、践行社会主义核心价值观、调动职工积极性等方面的独特作用，形成群策群力共谋改革发展的工作局面；统筹做好企业维稳信访、离退休管理与服务、统战、计划生育、综合治理等各方面工作，积极营造有利于集团公司和谐发展的内外环境；切实履行政治责任和社会责任，选派优秀干部职工到云南鲁甸、巧家扶贫地区任村第一书记。与此同时，在扩展新资源、开拓新市场、开发新产品、打造品牌新形象、开辟业务新渠道等方面，切实做到“两手抓、两促进”。

中国工艺集团纪委认真落实“两个责任”，探索纪检监察工作机制创新。中国工艺集团党委切实把党风廉政建设、贯彻落实中央八项规定精神工作纳入企业总体工作规划，制定《集团公司党委贯彻落实党风廉政建设主体责任实施办法（试行）》和《集团公司纪委落实党风廉政建设监督责任实施办法（试行）》。集团公司党委书记、纪委书记与二级企业党组织书记和纪检工作负责人签署责任书，明确二级企业党组织的主体责任和监督责任；建立联席会议制度，形成监督整体合力和齐抓共管的工作格局。

贯彻落实中央八项规定精神工作按计划深入推进。集团公司纪委锲而不舍落实中央八项规定精神，坚持不懈抓作风建设，企业“四风”问题持续好转。截至2015年底，集团公司五项费用支出同比减少904.74万元，下降24.46%。通过完善制度，明确企业负责人、总部人员履职待遇、业务支出的范围和标准，为作风建设立下规矩。

加强纪检监察三部队伍建设。通过选派纪检监察干部参加中央纪委、国务院国资委纪委举办的纪检监察业务培训班，组织专题业务培训、经验交流等活动多角度提升纪检监察干部业务素质和履职能力。

加强反腐倡廉宣传教育。集团公司纪委邀请专家作专题辅导讲座；充分发挥新媒体作用，开通微信公众平台发布上级精神、学习资料、公司纪检动态等信息；在公司内网开辟反腐倡廉专栏，发布典型案例；重大节日前利用短信等方式发送廉洁过节提示等。

【信息化建设】 中国工艺集团按照“统一网络、统一平台、统一数据库”的要求，以“系统集成、资源整合、信息共享”为工作方针，积极推进集团信息化建设与应用。

根据集团信息化建设发展规划，新建国家出资企业产权登记信息系统，涵盖所属158户企业产权登记及变更信息，通过规范行业代码、优化产权业务办理流程加强对产权管理办法的理解，对集团公司产权管理水平进一步提高产生积极影响。进一步拓展人力资源绩效考核系统、财务NC管理系统、综合预算管理平台、办公自动化OA系统的应用范围，促进人力资源科学化、财务集中化，办公流程规范化管理，显著提升集团公司现代化、信息化管理水平。

通过对行业门户建设、OA办公系统深化应用、信息安全建设进行深入探讨与方案设计，逐步实现信息系统对主要业务的全覆盖，提高信息资源开发利用水平，实现IT与管理相融合，使信息技术成为提升集团公司管理效力的重要保障。

【履行社会责任】 中国工艺集团作为中央企业，始终以弘扬工艺美术文化、振兴工艺美术产业、繁荣工艺美术经济为己任。工艺美术产业作为经营性的文化产业，既是可持续发展的低碳经济产业，又在繁荣市场、扩大出口、吸纳就业、增加农民收入、促进区域经济发展等方面发挥重要作用。

中国工艺集团一方面加大社会责任管理力度，形成较为完整的管理组织架构和基本管理制度，一方面积极推进公司在经济、社会和环境方面的责任实践。在转型发展中重点聚焦文化产业和物流服务为主的服务产业，在着眼于工艺产品原材料开发的同时，积极拓展文化创意产业，以此带动公司与社会经济的共赢发展；面对客户，始终对产品质量严格把关，不断提升服务水平；面对员工，充分保障员工权益和福利，明确清晰的职业发展方向，营造和谐工作氛围；面对环境，改进研发节能环保高效的技术手段和管理方式，维护原材料开采过程中的生态环境；面对社区，积极促进地方就业，与员工一起投身社会公益事业，以点滴付出回馈社会。

2015 年，中艺建筑装饰有限公司总承包的中国馆摘获米兰世博会大模块建筑奖铜奖，并凭借“可循环”的环保建筑设计和面向未来的可持续发展展示理念，获得“循环利用杰出奖”一等奖。中艺建筑装饰有限公司代表中国工艺集团作为中国馆总承包单位，践行央企责任，圆满完成国家赋予的重任，用实际行动展现中国工艺人卓越的专业技术能力，再一次展现负责任的央企形象。

（撰稿人：赵红霞）

中国盐业总公司

【基本概况】 2015 年，在国资委的坚强领导下，中国盐业总公司（以下简称“中盐总公司”）坚持“回归、转化、退出、创新”的方针，紧紧围绕三年脱困和转型发展目标，奋力拼搏，救亡图存，化解风险，在重重危机之中不断增强内生动力，较好完成全年稳增长任务。

全年生产各类盐 1430.49 万吨，同比下降 1.85%；生产聚氯乙烯 50.21 万吨，同比下降 1.76%；纯碱 243.47 万吨，同比下降 4.41%；烧碱 56.68 万吨，同比下降 3.57%；复合肥 135.85 万吨，同比增长 5.60%；氯化铵 97.14 万吨，同比下降 20.43%。

2015 年，盐产品和化工产品价格受多方面因素的影响，工业盐和元明粉价格仍处于近年最低，主要化工产品价格有涨有跌，大部分处于低位运行。

专营企业继续致力结构调整，主业利润稳定，受宏观经济形势不利影响，主要化工产品价格大部分处于低位，化工企业亏损，同比减亏；下游化工产品不景气也波及盐价，制盐企业主业利润下降。

【主要指标】 2015 年中盐总公司总资产 496.19 亿元，同比增长 7.36%；负债总额 410.78 亿元，同比增长 8.01%；所有者权益 85.41 亿元，同比增长 4.33%。

2015 年中国盐业总公司主要经济指标

项　目	2014 年	2015 年	比上年增长（%）
资产总额（亿元）	462.18	496.19	7.36
所有者权益（亿元）	81.86	85.41	4.34
营业收入（亿元）	324.35	212.47	—34.49
利润总额（亿元）	—0.17	1.68	1088.24
净利润（亿元）	—3.88	—2.71	30.15
技术开发投入（亿元）	4.63	3.20	—30.80
利税总额（亿元）	16.52	19.77	19.67
应交税金总额（亿元）	18.18	18.31	0.72
全员劳动生产率（万元/人·年）	21.37	17.18	—19.61
净资产收益率（%）（含少数股权）	—4.11	—3.24	增加 0.87 个百分点
总资产报酬率（%）	3.14	3.63	增加 0.49 个百分点
国有资本保值增值率（%）	94.85	94.68	减少 0.17 个百分点

【改革发展】 2015 年，中盐总公司用战略统一思想，引领发展，指导实践，“回归、转化、退出、创新”的八字方针已经得到自上而下的认可。以“八字方针”为指导，编制《2015—2017 年滚动发展规划》，明确重点工作的时间节点和年度目标，并在实践中加以推进。

为做好盐业体制改革有关工作，中盐总公司多次向国家有关部委积极反映中盐的意见建议，对改革方案的优化产生积极影响。公司与国务院发展研究中心共同开展《关于中盐新形势下发展定位研究》，为中盐今后的发展定位明确基本思路，提出“创新行业价值，服务民生民本，体现国家意志”的三大主体功能，并结合功能定位，积极探索新领域，发展新业务。

公司继续加强董事会建设，坚持议大事、做决策、控风险、管难事，积极支持经营班子履职，充分调动和发挥经营班子的积极性和主动性，提高经营班子的执行力；重视与党委的良性互动，保障党委充分发挥政治核心作用，切实提高公司治理水平。

公司增收节支工作取得明显成效。总部带头压缩开支，全年管理费用下降 26%，会议费、业务招待费、出国费同比分别下降 67.24%、66.27%、56.24%。同时，切实推进资金集中管理，加强总公司内部资金融通，降低外部融资需求，降低财务费用，2015 年资金集中存量比 2014 年增长 40.52%，其中定期存款增长 116.32%。加大物资采购管理力度，狠抓采购优势资源整合，扩大战略合作供应商数量，深挖采购规范化管理价值，2015 年煤炭集采量 110 万吨，完成全年计划的 220%，各企业继续享受 30～40 元/吨的煤炭集采优惠价格，煤炭集采成本显著降低。

公司干部队伍建设质量不断增强。一是坚持建章立制，制度先行。先后制定《总公司企业管理人员交流管理办法》《后备领导人员管理办法》等 12 项制度。二是严格干部管理。2015 年，对 20 多家所属企业领导班子进行全面考核，调整 22 名领导班子成员，对 68 名领导班子成员进行任期重新聘任。三是加强干部交流。通过内部轮岗、交流任职、挂职锻炼等多种方式，在实践中锻炼人才。四是完善考核机制。根据企业经营管理的绩效、风险和责任确定薪酬制度，合理确定并严格规范企业管理人员薪酬水平和履职待遇支出。

【重大项目】 2015 年，中盐总公司进一步优化产业结构，中盐红四方二期项目进入建设阶段，被列为合肥市一号工程，得到国家有关部委和地方政府的大力支持，该项目建成投产将实现中盐从基础化工向精细化工的升级；中盐舞阳与中盐昆山创新模式，真抓实干，克服重重困难，相继建成；中盐金坛与中盐镇江完成整合，两家企业长期资源分散、相互竞争的现象得以解决，这些举措都将大大提升公司的整体竞争力。

2015 年，公司结合现阶段发展需要，制定《中盐总公司 2015—2017 年扭亏脱困方案》，由领导班子成员分别带领各工作小组扎实推进扭亏脱困工作，取得积极进展。中盐株化关闭破产工作得到国务院国资委和湖南省、株洲市政府的支持，此项工作为中盐减少现金流支出 3 亿元。中盐常化与中盐红四方重组联合完成，中盐常化在资本、资产、产品结构上得到实质性优化。中盐华湘破产重整着手运作，与中盐吉兰泰的糊树脂合作筹备也在同步进行中。中盐吉兰泰在逐月减亏的基础上，年底与乌斯太热电厂就双方供用电事宜签订合作过渡性框架协议，在筹划直供电方面迈出实质性的一步。中盐宏博与中盐上海合作，对医用氯化钠项目基础设施进行建设和改造，努力尝试分步突围。

【重大创新】 2015 年，在科技工作委员会指导下，通过实施“4+1 技术中心”的软硬件建设，为科技创新人才队伍、科研能力建设增添新活力。通过中盐各技术中心创新平台和总公司重大、重点项目载体聚集科技资源，推动协同创新、共同发展取得初步成效。2015 年，获授权专利 83 项，较上年度提高 12.1%，发明专利 14 项，较上年度增加 3.6 倍，新增国家高新技术企业 1 家，省级技术中心 2 家，两家企业创立“博士后科研工作站”。中盐红四方获批成为“国家级企业技术中心”，并被工信部认定为全国“两化融合”第一批试点单位；中盐两院工程设计咨询资质三项升级，中盐制盐院成为工程设计甲级院；中盐金坛“盐泥用于烟道气脱硫技术项目”，使盐泥变废为宝，年综合利用盐泥 5 万吨，年综合创效 500 多万元；中盐吉兰泰“电石炉高效运行研发项目”提高尾气回收率和电石炉运行效率，年节约原材料成本 1660 万元；中盐榆林“岩盐井下卤水差别化处理项目”有效解决输卤管道结垢技术难题，降低吨盐综合能耗 14 千克标煤，年节约生产成本 1620 万元，获得陕西省科技进步奖一等奖。一批重点科技项目实施及推广应用为中盐企业带来可观的经济效益和发展潜力。

【党建工作】 按照党中央要求，中盐总公司全面深入开展“三严三实”专题教育。召开党委中心组学习会议专题集中学习讨论，召开领导班子“三严三实”专题民主生活会，认真查找不严不实问题，提出改进措施。坚持把“三严三实”与扭亏脱困、转型发展相结合作为贯穿工作的主线，把坚持问题导向、解决突出问题贯穿专题教育全过程，取得比较好的效果。

各级党组织按总公司党委部署要求，深入开展“三严三实”专题教育，取得积极效果。总公司党委在每月召开党委会集中学习的基础上，坚持每季度集中组织一次中心组学习讨论并现场打分评价，增强学习的实效性。注重加强基层党组织建设，对部分企业 39 名“两委人选”进行考察，组织中盐红四方、中盐新疆等 6 家企业召开党员大会，完成党委、纪委换届工作。组织开展中盐系统党组织书记培训班，进一步提升党组织书记理论素养、业务技能和做好国有企业党建工作的信心。注重发掘基层干部职工中的优秀典型，在中盐系统开展向中盐红四方原党支部书记刘伟学习的活动，树立中盐人自己的学习榜样。

【信息化建设】 2015 年，中盐总公司对信息化系统进行调整、完善。总公司全力推进采购和销售信息系统的开发工作，多次召开专题论证会，广泛征求所属企业意见，按照打造“业务公开、过程可控、记录在案”的信息系统管理要求，实现主要销售信息户户通的工作。总公司购销信息系统的上线运行，将有力推进中盐购销业务由办公管理服务向生产经营服务转变。构建公开、透明、规范、高效的业务管理体系，提高全公司购销业务中的信息集成能力、资源获取能力、资源议价能力、风险管控能力，为总公司转型发展提供有力支撑。

【履行社会责任】 2015 年，中盐总公司坚持绿色发展，在各个生产环节完善环保管理制度，通过改进工艺、技术升级等方式提高设备效率，节约资源能源；坚持绿色运营，大力推进节能减排降碳，构建环境友好型企业。全年累计环保投入 2.9 亿元。

中盐总公司扎实推进质量管理和标准化工作，10 家重点食盐生产企业通过食盐安全 HACCP 体系第三方认证，把质量管理与降本增效相结合，扎实开展 QC 小组活动，全年开展攻关课题 263 项，在全国第 36 次质量管理小组代表大会上，中华全国总工会、中国科技协会等部门联合授予中盐总公司“全国质量管理小组活动优秀企业”称号。

中盐总公司在加快推动传统产业改造提升的基础上，进一步调整产品结构，不断开拓应用领域，满足消费者多样化需求。一是与台盐合作，引进台湾高端盐产品和盐的日化用品，首批“中盐”牌“宝岛海盐”产品在上海、北京等地上架。二是相继推出“沙棘碘盐”“枸杞碘盐”“红枣碘盐”等营养强化盐，进一步丰富产品种类，完善产品结构。三是参与非并网风电海水淡化项目，积极开展浓海水处理和利用方面的研究和探索。四是与瑞典盐业公司进行洽谈，合作开展融雪除冰业务。此外，还在电子商务、金融等领域进行有益探索。

（撰稿人：翟　郸）

中国恒天集团有限公司

【基本概况】 中国恒天集团有限公司（以下简称“恒天集团”或“集团”）是国务院国有资产监督管理委员会监管的国有独资大型中央企业，成立于 1998 年。由原国家纺织工业部所属中国纺织（机械）集团有限公司、中国纺织工业对外经济技术合作公司、中国纺织机械和技术进出口有限公司、中国化纤总公司、中国丝绸工业总公司等组建而成。

恒天集团组建以后，通过股权划转、并购重组、战略合作等多种方式，整合境内外 20 余家纺织机械、商用汽车、纤维材料、纺织服装、金融信托等企业，规模实力迅速增强，业务范围不断拓展，形成并稳固纺织装备、商用汽车及工程机械、纺织贸易、新型纤维材料、金融投资、文化等六大战略业务单元布局。其中纺织装备是集团公司的核心主业，在国内综合实力第一、业务规模全球最大、成套能力全球最强，具有较强的行业影响力和话语权。截至 2015 年底，恒天集团资产规模 740.87 亿元、净资产 255.84 亿元，拥有二级全资及控股子公司 22 家，境内外上市公司 3 家，40 余家海外企业，员工近 5 万人。成员企业分布在国内 20 多个省（自治区、直辖市），及境外近 20 个国家和地区。

恒天集团主动适应我国经济发展新常态，贯彻落实供给侧结构性改革新部署，以“聚焦主业、战略转型、价值创造”为经营方略，逐步构筑“以高端制造和现代服务业为主体，金融投资与文化产业为两翼”的“一体两翼”战略业务格局，打造集团总部职能建设、子集团建设和专职董监事“三位一体”的新型国有企业公司治理模式，创新“资本投入＋人力资源＝资产价值＋现金流回报”的总部价值创造模式，运用科技创新与资本运作两个轮子推动企业持续快速增长。

恒天集团以“惠悦于民，恒达天下”为理想和己任，秉承“业绩、规则、诚信”的核心价值观和“协同、创新、卓越”的企业精神，努力建设成为具有国际竞争力的世界一流企业。

【主要指标】 2015 年，在经济环境复杂多变、风险挑战明显增多的情况下，恒天集团如期实现国务院国资委确定的“稳增长”奋斗目标。

2015 年中国恒天集团有限公司主要经济指标

项　目	2014 年	2015 年	比上年增长（%）
资产总额（亿元）	598.33	740.87	23.82
所有者权益（亿元）	182.82	255.84	39.94
营业收入（亿元）	463.9	408.77	－11.88
利润总额（亿元）	29.25	26.97	－7.79
净利润（亿元）	19.74	18.23	－7.65
归属于母公司所有者的净利润（亿元）	6.73	2.28	－66.12
技术开发投入（亿元）	5.53	4.80	－13.20
利税总额（亿元）	53.07	49.92	－5.94
应交税金总额（亿元）	23.82	22.95	－3.65
全员劳动生产率（万元/人·年）	14.34	16.73	16.67
净资产收益率（%）	11.37	8.31	减少 3.06 个百分点
总资产报酬率（%）	7.26	6.02	减少 1.24 个百分点
国有资本保值增值率（%）	136.42	151.33	增加 14.91 个百分点

【改革发展】 集团贯彻实施《关于全面深化改革加快转型发展的决定》，稳步推进子集团建设。在建立完善事业部管理体系的基础上，进一步明确“将事业部做实”这一改革主线，以价值创造为核心、以市场化为原则，着手推动事业部管理体系向子集团管理架构转变，打造利润中心、战略执行中心、业务单元的运营管控型业务子集团，提升集团整体集约化、专业化管理水平。恒天集团新材料、纺机、重工、文化业务子集团正式运行。

集团积极推动成员企业混合所有制实践，在原则上保证集团战略控股地位的前提下，推动二、三级公司通过加强与民营企业、外资企业合资合作，鼓励企业通过经营管理者、核心技术人员和业务骨干持股等多种方式推动股权多元化，探索混合所有制企业党建工作有效机制，在推动母子公司治理体系建设和规范所属企业公司治理试点方面大胆探索、积累宝贵的经验。

集团公司混合所有制经济比例超过 80%，形成股权多元化格局，走在国有企业混合所有制改革实践的前列。集团 60 亿元永续中票的发行，本质上成为探索央企总部层面股权多元化的大胆改革和有效实践，为集团未来发展奠定坚实的经济基础。

【重大项目】 集团总部完成 60 亿元永续中票发行，有效改善集团债务结构；完成经纬 H 股私有化，恢复经纬纺机资本市场融资功能；完成恒天海龙亏损资产剥离和股权转让，成功化解退市风险。集团进一步推进新能源汽车开发，恒天新能源启动天津基地项目，成立天津恒天新能源汽车研究院和北京恒天新能源汽车软件公司，取得高新企业和双软企业认证；中恒天汽车完成四川雅安大型 SUV 项目主体建设，成功取得其他类乘用车及商用车整车资质；完成定兴技术升级改造项目，取得皮卡及其他类乘用车整车生产资质。恒天时尚启动黄冈文化创意城水乐园项目开工建设；成功举办首届“时尚·北京”系列活动。

【走向海外】 2015 年 6 月，集团率旗下纺机企业集中亮相上海和米兰国际纺织工业展览会，全方位推介恒天集团国际化品牌形象。恒天立信签约天虹越南海河工业园项目，建立“一站式”成套装备示范项目。凯马汽车根据不同国家及区域市场需求，提升产品技术、质量和服务水平，实现出口交货值 2.07 亿元，同比增长 50%以上。北京恒天新能源持续挖掘中东重点市场，实现客车与朝觐车销售350台。百路佳与恒天北美公司联合完成大客车美国准入认证，成为国内唯一进入北美市场的客车企业。

【科技创新】 针对传统产品市场需求下行的趋势，集团上下狠抓科技创新，取得明显成效。一是加大科技投入。制定集团《科技发展基金管理办法》《科技创新基金项目实施细则》；强化科技创新专项资金引导，全年确定实施科技创新专项资金支持项目8个，补助资金920万元；贷款项目4个，借款资金1880万元。二是积极申报国家科技项目和奖项。5家企业成功申报7项2015纺织行业新技术（成果）推广项目；立信染整被纳入“信息化和工业化融合管理体系贯标试点企业”；10家企业成功申报18项2015年中国纺织工业联合会科技指导性计划项目。集团7个项目获得2015年“纺织之光”纺织科技进步奖，其中二等奖2项、三等奖5项。经纬纺机榆次分公司荣获中国质量协会最高奖项（全国实施用户满意工程先进单位），成为全国纺机行业唯一获奖企业。集团组织开展2015年度科技进步奖和科技之星评审，评选出23项科技进步奖和21名科技之星。三是加快产品转型升级。集团下达新产品开发计划项目99项，完成74项，完成率为75%，较2014年的71%明显提高；全集团获得授权专利271项，其中发明专利62项。经纬纺机“棉纺数字化车间”项目通过国家验收，智能化棉纺成套装备实现商品化。郑州纺机单线10万吨粘胶短纤生产线开车成功，产能全球最大。恒天立信新研发的低浴比化纤染色机，染色浴比低于常规产品30%。凯马汽车成功开发系列经济型轻卡，国Ⅳ产品公告目录达到567个，国Ⅳ车型比重达到65%。恒天纤维协同恒天天鹅、海龙两个国家级技术中心以及江西设计院研发资源，完成聚乳酸材料、功能化天丝等新型纤维素纤维开发技术准备工作。

【党建工作】 集团上下进一步落实从严管党治党责任，加强党风廉政建设和反腐败工作，努力把党的思想政治优势、组织纪律优势和群众工作优势转化为企业竞争优势。一是深入开展“三严三实”专题教育。突出问题导向，贯彻从严要求，坚持专题教育与中心工作相结合，集团党政领导班子成员、高管带头讲党课，开展学习研讨、对照检查、边学边改，各级党员领导干部遵守党的政治纪律和政治规矩意识明显增强。二是认真抓好国资委第一巡视组反馈问题的整改工作。制定和落实10个方面的整改措施，列入集团年度主要经营目标和重点工作任务，集中开展领导干部公务用车、经商办企业和兼职过多等3个专项治理。三是进一步落实党建责任制。修订完善集团党委议事规则，制定集团纪委会议制度和巡视工作办法，充实党委组织部门职能，增设纪检和巡视工作机构。

【信息化建设】 集团成立信息安全领导小组，负责执行国资委、工业和信息化部及政府相关主管部门有关网络及信息安全管理方面的方针、政策及各项工作要求。开展综合管理信息系统建设，完成集团OA系统升级改造、视频会议系统培训与验收，稳步提升运维管理水平。开展全集团信息化统筹规划，定义集团IT+战略愿景、目标定位、五大发展举措，明确未来五年信息化发展的指导思想和总体策略。

【履行社会责任】 集团坚持依法经营、诚实守信，不断提高持续盈利能力，切实提高产品质量和服务水平，维护职工合法权益，积极参与社会公益事业。中国恒天红十字救助基金向25个企业、62名特困职工发放36.2万元救助金；集团工会向10名生活困难职工发放慰问金5.3万元。全面启动山西平陆扶贫帮困革命老区公益项目，选派专人担任山西省平陆县张家沟村第一书记，加大对口扶贫资金投入，专门从“母亲水窖·校园安全饮水项目和卫生厕所工程”专项经费中捐赠20万元，用于“校园安全饮水”及多媒体教室项目建设。

（撰稿人：张　倩）

中国中材集团有限公司

【基本概况】 中国中材集团有限公司（以下简称“中材集团”）成立于1983年，拥有优质的国有资产、重要的国家级科研设计机构和关键的核心技术，是我国唯一在非金属材料业拥有系列核心技术和完整创新体系的，集科研、设计、制造、工程建设、国际贸易于一体的"创新型、国际型、价值型"企业集团。

中材集团立足非金属材料技术装备与工程业、非金属材料制造业和非金属矿业三大主业，以"创新引领、质量效益、持续发展"的产业发展理念，着力发展"高成长型、高回报型、战略型"产业。

2015 年，集团深入学习贯彻党的十八大和十八届五中全会、中央经济工作会议精神，认真落实国务院国资委各项决策部署，牢牢把握发展的战略方向，主动适应经济新常态，积极应对严峻复杂的经营形势，坚持稳中求进的工作总基调，深化改革创新，努力保增长、调结构、防风险，完成国资委下达的经营目标。全力推动集团"十二五"战略目标的实现。

【主要指标】 2015 年，中材集团实现营业收入 729.7 亿元，同比下降 5.93%；实现利润总额 18.16 亿元，同比下降 1.3%；资产总额 1176.17 亿元，比上年增长 1.28%；国有资本保值增值率 101.84%，比上年增加 5.56 个百分点。

2015 年中国中材集团有限公司主要经济指标

项　目	2014 年	2015 年	比上年增长(%)
资产总额(亿元)	1161.40	1176.17	1.28
所有者权益(亿元)	356.44	381.32	6.98
营业收入(亿元)	775.66	729.69	-5.93
利润总额(亿元)	18.43	18.16	-1.30
净利润(亿元)	9.76	3.72	-61.89
归属于母公司所有者的净利润(亿元)	-2.71	3.72	237.27
利税总额(亿元)	56.11	72.64	29.46
应交税金总额(亿元)	49.91	61.83	23.88
净资产收益率(%)	-2.92	3.71	增加 6.63 个百分点
总资产报酬率(%)	3.82	3.43	减少 0.39 个百分点
国有资本保值增值率(%)	96.28	101.84	增加 5.56 个百分点

【改革发展】 2015 年，集团深入贯彻国有企业改革精神，按照"加快两个优化、深化两个加强、推动三个转变"的总体思路，深化体制机制创新，大力推进"四项改革"，为经营发展注入强劲动力，持续加强基础管理，发展质量效益明显提高。

一是强化战略管理，发挥战略引领作用。组织开展"十三五"发展规划的编制，对集团"十三五"规划和 11 个子规划进行专题研讨论证，基本完成规划编制工作。

二是规范投资管理，确保稳健经营。加强流程指引和投资项目的分级分类管理，加大对重大投资项目的管控力度。制定境外投资的管理办法和决策指引。

三是加强财务精细化管理，确保资金安全。强化预算执行的监控与约束，加强重要项目的预算跟踪管控。发挥财务公司资金集中管理和调度的作用，以更加优惠的贷款利率向集团各单位提供自营贷款，提高内部资金的融通效率。

四是加快低效无效资产处置，努力减亏控亏。2015 年，完成 13 家低效无效资产企业处置，涉及净资产 1.61 亿元。

五是持续推进精细化运营，向管理要效益。确立集中招标采购工作的总体目标，明确采购管理体制、运行机制、集中采购、供应商管理、基础管理等 5 个目标，提出电子招标率、集中采购率和上网采购率等具体指标，促进采购成本进一步降低。持续加强水泥企业的对标管理。

六是强化人力资源管理，健全人才队伍管理体系。制定《集团公开招聘和内部竞聘领导人员暂行实施办法》《集团及所属单位领导人员履职待遇、业务支出管理办法》。进一步加强人才队伍建设，全年评审教授级高工 94 名，高级工程师 100 名，工程师 169 名，高级经济师 16 名，高级会计师 13 名。

七是持续加强安全督导，安全生产形势稳定好转。按照"党政同责、一岗双责、齐抓共管、失职追究"原则，修订完善集团多项制度。开展安全生产标准化达标活动，227 家单位通过验收，其中 7 家水泥企业通过一级标准化达标验收。全年未发生较大及以上事故。

八是继续加强全面风险管理和内部控制工作，切实提高集团管控能力。集团坚持发展导向和风险管控并重的方针，通过健全风险评估机制、推进风险内控评价、狠抓缺陷整改、强化风险内控考核等工作，加强风险管理，完善全面风险和内部控制体系，风险管控能力进一步提高。

九是强化法律事务管理工作，维护集团合法权益。坚持合同议案合法、合规审查制度，保证集团合同、议案的审核率100%；积极应对、指导所属单位应对各类法律纠纷诉讼案件；认真做好普法宣传，努力增强各级员工法治意识。

【重大项目】 1月，中材节能(武汉)有限公司总承包的吉林亚泰水泥有限公司双阳发电厂节能环保改造项目一次投运成功，SO_2 排放和粉尘排放均小于国家标准，达到设计要求。

2月4日，由中材建设总承包的DEVNYA水泥厂日产4000吨熟料项目获得保加利亚2014年度最佳投资奖，此前该项目还获得保加利亚最高建筑奖。

2月，中材高新材料股份有限公司所属中材电瓷特高压百万伏棒形支柱瓷绝缘子在国家电网及中电普瑞科技有限公司中标。该批产品将应用于锡盟—山东特高压交流工程，标志着中材电瓷迈上高速发展的轨道。这一工程对于满足京津冀鲁地区电力负荷增长的需要，改善大气环境质量，推进内蒙古锡盟能源基地开发具有重要意义，特别是对用电形势日趋紧张急需省外来电支援的山东作用更为明显。

3月4日，中材节能签约沙特YCC水泥集团水泥窑余热发电项目，合同金额6180万美元。该项目是中材节能出口海外的最大订单，也是世界水泥余热发电史上最大规模的余热发电项目。

3月6日，由中材集团成都建筑材料工业设计研究院有限公司承建的海德堡多哥日产5000吨水泥熟料生产线项目竣工。该项目于2014年9月11日一次性点火成功，是海德堡集团水泥工程项目中唯一一个提前近4个月点火的项目。

5月22日，中材建设与BUA集团尼日利亚EDO项目OBU工厂矿山运营合同签字仪式在项目所在地举行，这是中材建设签署的第一个矿山运营项目。

6月，中材节能股份有限公司首个海外BOOT项目在CEMEX集团菲律宾SOLID水泥厂竣工，这是中国余热发电行业的第一个国外投资项目，成为中材节能践行“走出去”战略的一个重要里程碑。

8月21日，集团所属上市公司中材科技公布重大资产重组草案，拟向控股股东中材股份发行股份，购买中材股份持有的泰山玻璃纤维有限公司100%的股权，资产评估值为38.50亿元；同时，向盈科汇通、宝瑞投资、国杰投资等8名投资者非公开发行股票，募资不超过31.81亿元，用于泰山玻纤年产2×10万吨无碱玻璃纤维池窑拉丝生产线建设，以及补充公司流动资金。

8月26日，中材国际南京公司在尼日利亚拉各斯与丹高特集团(Dangote Group)签署一揽子项目合同，合同总金额14.87亿美元。

9月15日，由中材国际环境工程(北京)有限公司总承包建设的葛洲坝湖北老河口市水泥窑协同处置生活垃圾500吨/日项目投产运行。老河口项目是华中地区的生活垃圾示范线项目，采用以中材国际溧阳生活垃圾协同处置示范线技术为基础优化升级形成的第二代协同处置技术项目，于2015年3月6日开工建设。

10月11日，拟投资超过5亿美元的中材赞比亚建材工业园项目开工建设。中材赞比亚建材工业园以循环经济产业园为发展模式，规划多个建材项目，先期开工建设一条年产100万吨新型干法水泥生产线。

12月9日，由中材国际南京公司承建的印度尼西亚BAYA日产一万吨熟料水泥生产线项目投产，这是印尼单线规模最大的一条水泥生产线。

【走向海外】 2015年，集团的国际化经营规模、层次和质量不断提升，国际业务对业绩的支撑作用进一步提高，集团水泥工程EPC业务连续第八年保持全球第一，集团国际化经营排名进入央企前50名序列。

一是国际业务稳步推进。在稳抓传统优势市场不放松的基础上，积极开拓中巴经济走廊、丝绸之路经济带项目。先后在非洲、中东、东南亚等地签订多个水泥生产线总承包项目。截至2015年底，集团在37个国家执行工程承包合同126项，总金额860亿元，集团的国际化指数达到12.2。二是境外并购项目基本实现市场渠道、品牌技术、研发能力的有机结合，联合效应初步显现。印度LNVT公司实现本土化运营；以HAZEMAG为主体，正在打造矿业装备全球资源配置的业务组织模式。三是积极推动从产品和技术服务型向资源国际配置型转变。“中材赞比亚建材工业园”首个年产100万吨新型干法水泥生产线项目完成奠基，骨料、烧结砖、石灰、纤维水泥板等拟入园产品生产线正在规划中，推动“SINOMA”品牌的国际延伸。四是加强与拉法基、老城堡等国际大型企业的交流互访，开展意向性协商，研究探索国际资本合作的方式和路径。

【重大创新】 2015年，集团充分发挥创新战略引领和成员单位的创新主体作用，加强研发力量的整合，增加科技创新投入，年度累计科研投入20.67亿元，占主营业务收入2.85%。科技支撑体系日臻完善，科技成果更加丰硕。

以促进成果转化、服务企业需求为目的，与北京市科委联合共建首都科技条件平台，整合建立集团研发实验服务基地；水泥节能环保国家工程研究中心顺利通过验收，建设一批具有行业先进水平的试验研究平台；依托中材科技，牵头组建中国玻璃纤维与复合材料产业发展联盟，获得工信部批复。

2015年，获得各类科技奖励59项，其中省部级科技成果奖励8项、建材行业技术进步奖6项、建材行业技术革新奖37项；申请专利298件，获得专利授权291件，其中发明专利104件；制修订国家、行业标准20项；“节能环保非金属矿物功能材料关键技术及应用示范”列入“十三五”国家重点研发计划重点专项。

【信息化建设】 2015年，中材集团进一步加强信息化建设，促进企业管理体系高效运行。集团财务报表管理信息系统基本实现全集团财务报表数据的自动收集、整理合并，大大缩短财务报表的汇总、合并周期，提升数据的真实性、准确性。同时，集团主导建设的安全生产管理信息系统、集团审计管理信息系统项目进入试运行阶段，必将助力集团安全生产管理和集团审计工作。

【党建工作】 2015年，按照中央要求和国资委党委部署，突出问题导向，贯彻从严要求，坚持专题教育与中心工作相结合，认真研究并制定活动方案，按计划完成集团及直管54家单位的“三严三实”专题教育。在活动中，坚持领导带头、率先垂范，集团及各单位主要领导带头讲党课200多人次，开展专题学习研讨和民主生活会250多人次，撰写学习研讨材料1600余份，坚持和完善党委中心组学习。推动理论学习制度化，坚持定期学习与对重要讲话、会议、文件的及时学习相结合。

完成集团章程修改，并指导30家直管企业完成章程修改。落实党的十八大以来的中央精神，修改完善集团党委议事规则、加强思想政治工作的意见等6项党建工作制。全年全部按期完成9家直管单位的党委换届工作，做到应换必换，新发展党员270名。举办两期“两个责任”培训班，培训党委书记、纪委书记、总部支部书记150名；举办两期领导干部培训班，培训领导人员82名。

加强领导班子及人才队伍建设，修订完善公开招聘和内部竞聘、履职待遇和业务支出等管理制度，完成27家单位领导班子换届调整，调整77名领导人员，注重从生产经营一线培养和选拔干部，注重优化领导班子的年龄结构，新提拔干部25人，解聘14人，降职使用3人。完成所管400余名干部个人事项报告的上报，加强对领导干部经济责任和执行“三重一大”决策的审计。

召开直管单位党政主要领导及纪委书记会议，布置巡视自查整改工作，整理5个方面、44个主要问题印发各单位对照检查；成立巡视自查整改领导和工作机构，组建9个检查组检查各单位巡视自查情况，召开直管单位党政主要领导、纪委书记集体约谈会议，对存在的突出问题进行通报，对17家重点单位进行约谈，推动34个检查发现问题的整改；对所属单位党委书记和纪委书记兼职进行清理，调整10家单位党委、纪委负责人的兼职，对12家单位纪委书记缺位或兼任其他职务进行调整、补充；开展党风廉政建设责任制及“两个责任”落实情况的考核检查，对11家单位进行现场考核并通报考核情况；就落实“两个责任”约谈直管单位负责人200多人次。

【履行社会责任】 2015年，中材集团以经济建设为中心，主动履行企业的社会责任，树立中央企业的良好形象。2015年实现企业增加值147亿元，同比与上年基本持平。

中材集团切实维护职工权益，努力构建和谐的劳动关系，2015年末，从业人数达到79905人，继续做好毕业生接收和人才引进，接收大学毕业生1557名、社会人才272名。近三年职工平均工资年均增长6.92%，关注海外职工权益和健康，尊重当地多元文化，积极推动本地化雇佣，促进当地就业和经济发展。

集团总部为挂钩扶贫点云南省绥江县和永善县捐赠资金300万元，支持定点扶贫村修路、修桥和补贴重点产业，选派"第一书记"，挂职副县长已经就位。组织开展扶贫工作专题调研，进一步完善"以技术和产业扶贫为主、资金扶贫为辅，重点帮助贫困地区培育造血功能"的定点扶贫工作思路，向国务院扶贫办报送2012—2015年扶贫工作总结。集团有关单位积极参与所在地定点扶贫，捐赠扶贫资金520万元，选派7名挂职干部。

（撰稿人：楼明慧）

中国建筑材料集团有限公司

【基本概况】 2015年，中国建筑材料集团有限公司（以下简称"中国建材集团"或"集团"）顶住行业需求下降、产能严重过剩、价格大幅下滑的巨大经营压力，认真分析研判形势，及时调整经营策略，成立稳增长工作领导小组，狠抓经营指标落实。各级企业坚持"早、细、精、实"原则，强化数字化管理，全面推进经营、管理、改革、转型、党建等各项工作，取得显著成效。

【主要指标】 2015年，经过不懈努力，集团实现利润65.1亿元、营业收入2049亿元，完成国资委调整后的指标任务，跑赢大市，好于基础材料行业整体水平，处于央企中上水平；剔除水泥业务，集团利润同比增长3%。

【改革发展】 认真领会学习中央、国务院印发的重大改革文件，积极稳妥推进改革。集团发展混合所有制经济和落实董事会职权双试点方案获国资委批准，试点工作积极稳妥推进。集团混合所有制发展实践经验被列入国家社科基金特别委托项目。各级企业有序推进改革，中建材进出口进行资产重组，新设易单科技和智慧工业两家新型"互联网+"公司；北新集团实施北新国际木业员工持股试点，激发企业活力。推进资产证券化工作，中建材信息技术公司实现新三板挂牌，中国建材检验认证稳步推进上市。

【重大项目】 传统业务质量不断提升。水泥业务：继续推动与大企业间的资本"混合"，夯实核心利润区，提升市场话语权；向"四化"方向延伸发展，努力推动提升行业标准、发展高标号水泥，优化商混布局、形成上下游互动，特种水泥产能达到2000万吨，多个品种实现工业化稳产，骨料产能3000万吨。玻璃业务：持续推进玻璃平台建设，构筑高端玻璃产业链，一批Low—e化、超薄化项目投产，成功实现0.2mm超薄玻璃工业化稳产，推动CIGS薄膜太阳能电池国产化进程、1.5GW项目开工。

石膏板业务高强轻板技术全面推广，产能规模继续扩大，国内市场份额超过60%。玻纤业务坚持国际化战略，高端产品比重达到56%，国内市场占有率40%、全球市场占有率超过20%。风机叶片业务调整产品结构，大功率叶片销量占比持续提升。碳纤维业务高性能T700、T800产品品质和产能持续提高，国内国产市场占有率超过60%。新型房屋业务打造专业化综合营运平台，新拓展一批国内外项目，逐步实现规模化盈利。

【走向海外】 积极参与"一带一路"建设，国际产能和装备合作成果显著，新签海外工程合同14亿美元，同比增长42%；习近平总书记、李克强总理先后多次见证签署集团海外项目，集团被国家发改委列为国际产能和装备合作骨干企业，所属企业13个项目被列为"一带一路"重点支持项目。全球市场布局加快，收购瓦努阿图最大连锁超市，BNBM HOME超市13家；持续打造跨境电商平台，布局海外仓20家；新签巴新、莫桑比克、委内瑞拉、英国、智利等多国大规模新型房屋项目。海外实体投资进展顺利，德国工厂复工，蒙古国水泥生产线投产，巨石埃及一期项目运营首年产能率、产销率均达到103%。

【重大创新】 技术创新方面，落实"双创"，大力推进科技创新和产研协同，覆盖四部委重点专项布局25个研发方向，落实国家20余项重大项目，国拨经费近2亿元。开展玻纤、特种玻璃、碳纤维、石墨等产业专利布局分析，集团获批国家知识产权运用示范企业，中国建材总院、中国巨石、嘉华水泥获批国家知识产权优势企业。打造一流创新平台，成功举办国际水泥大会，建立亚洲水泥与混凝土研究院，浮法玻璃国家重点实验室通过验收，新获批4个国家级创新平台。"双创"成果丰硕，获省部级以上科技奖励122项，累计有效专利5400项，新申请国际专利30项，成功发布国际标准3项；多项科研成果用于北斗卫星等重大工程；实施重点产研项目20项，加快高性能碳纤维和碳芯电缆示范应用；涌现出一批创新团队，技术革新奖申报同比增长35%。加快技术向高端转化，智能水泥工厂用工减少80%、生产成本降低23%、能耗节约20%，高强轻石膏板密度降至每平方米5.7千克、综合能耗降至每平方米0.74千克标煤，千吨级高端碳化线生产成本降低5%。

管理创新方面，多措并举，实现降本增效。按照国资委"降本增效、提质升级"活动安排，集团制定增收节支、两金清理、亏损企业清理等专项计划，并狠抓落实。各级企业开展深度管理整合，实施"八大工法"，创建"六星企业"，制定"增节降"方案，通过集中采购、节能降耗、技术升级等多种方式切实降本，全年成本费用节约10.5亿元。全面推进"四减"，坚持"机构精简、人员精干"，减少、合并企业47家，撤销、合并部门机构300多个，减少公车1100多辆，进一步裁减冗员。各企业严控"两金"规模，采取多种措施完成集团上报国资委的压降目标，其中存货同比降低14亿元。

【党建工作】 扎实开展"三严三实"专题教育，坚持与中心工作相结合，进入管理、发挥作用，实现两手抓、两促进。高质量地做好讲专题党课、专题学习研讨、专题民主生活会、整改落实等关键工作，党员干部严实结合的工作作风进一步养成。国资委专题教育情况通报介绍集团以专题教育促进经营发展的有效做法。与此同时，不断加强组织和制度建设，调整完善集团党委常委会制度，充分发挥党委政治核心作用。进一步落实党建工作责任制，落实"一岗双责"。抓基层，强基础，成立5家党委，8家企业完成党委换届。创新工作方式，按业务板块召开三场加强党建工作调研现场会。加强制度建设，建立领导干部密切联系群众长效机制，建立集团领导干部基层联系点制度。举办中青班、基层党组织书记、纪委书记、团干部培训班等，加强领导干部素质能力建设。在集团总部和所属企业中提拔任用一批年轻干部，推动干部队伍年轻化。落实从严治党要求，强化"两个责任"。深入开展内部巡视自查自纠工作，坚持问题导向，以整改促管理提升。加强纪律审查工作，加强纪检监察干部队伍建设。

【履行社会责任】 集团全面参与联合国全球契约中国及世界范围内活动，正式加入世界可持续发展工商理事会，出席中法气候与绿色经济论坛、中国循环经济发展论坛、中国节能环保产业发展高峰论坛等5个责任论坛并发言，在更为多元化和国际化的平台上传播理念、分享经验和发出倡议。参与社会责任理论研究，带动建材行业履责，完成编制《建材行业社会责任报告编写指南》。成功发布第三本五星级社会责任报告，内容涵盖43个责任议题、披露343个数据指标、入选19个责任案例，将责任理念最终落实在市场绩效、科技创新、节能环保、员工关爱和企业公民五个方面的履责实践之中。2015年，集团在社会责任领域先后获得由中国企业评价协会联合清华大学社会科学院颁布的"2015年中国有国企业社会责任500强"、中国工业经济联合会颁布的"中国工业行业履行社会责任五星级企业(2015)"以及中国社科院颁布的中国企业社会责任"卓越者"等诸多荣誉。

【其他情况】 圆满完成中宣部、国资委组织的中国高端制造等宣传活动，开展"中国建材转型之路"系列报道，编辑出版《整合优化》。

（撰稿人：丁　一）

中国有色矿业集团有限公司

【基本概况】 2015年是中国有色矿业集团有限公司(以下简称"中国有色集团")近十年形势最严峻、运行最困难的一年。在国务院国资委的坚强领导和监事会的监督指导下，中国有色集团围绕"调结构、强管理、保增长"的主要任务，遵循规律、改革创新，努力应对困难和挑战，经营运行相对平稳，继续巩固在"世界500强”“中国企业500强”和“中国100大跨国公司”中的地位。

在有色金属价格下跌至历史低位，有色企业陷入全行业亏损的大环境下，中国有色集团的经营性现金流为净流入，而且同比大幅增加，整体财务状况保持稳健态势。夯实后的资产和稳健的现金流为集团公司今后渡过行业低谷期奠定扎实的基础。

【主要指标】

2015年中国有色矿业集团有限公司主要经济指标

项　目	2014年	2015年	比上年增长(%)
资产总额(亿元)	1200.89	1255.35	4.53
所有者权益(亿元)	291.09	292.81	0.59
营业收入(亿元)	1876.35	1708.42	—8.95
应交税金总额(亿元)	23.14	30.30	30.94

【结构调整】 2015年，中国有色集团主动适应国内经济新常态和有色行业周期性调整的大趋势，贯彻落实《中共中央、国务院关于深化国有企业改革的指导意见》，本着“有进有退、进退有序”的原则，扎实稳妥地推进结构调整。

一是加快处置低效无效资产，改善产业结构。中国有色集团以“瘦体强身、剪去病枝、轻装上阵”为目的，积极稳妥地推进低效无效资产处置，在国资委的统一部署下，针对37户出资企业进行清产核资工作，为摆脱低效无效资产的拖累，尽快实现扭亏脱困争取条件。同时，集团公司进一步优化主业结构，主动收缩一批收益低、周期长、质量差的业务，三大主业整体质量有所改善，结构更趋均衡合理。

二是盘活存量资产，去库存效果明显。2015年，中国有色集团着力解决“两金”占用问题，针对“两金”占用较多的出资企业实施问责机制，在经营业绩考核中明确应收账款和存货的考核目标，督导各出资企业组织专门力量加大应收账款和存货管控力度，“两金”占用进一步下降，特别是清仓利库方面收效明显。2015年底的存货金额和产成品存货同比降幅分别达到10.4%和14.1%，有效释放运营资金。

三是推进重点项目，优化产业布局。在海外，中国有色集团将国际市场特别是中南部非洲地区作为优化资源配置、提质增效的主战场，利用矿业低谷时期，与有关方面签署重大项目的合作协议，该项目建成后将年产阴极铜8～10万吨，有望成为集团公司在中南部非洲最大的资源开发项目，对集团公司未来发展将形成强劲的支撑。

【科技创新】 2015年，中国有色集团全面推动技术创新优化升级，科技成果转化取得实效，科技创新能力得到进一步提升。

一是推进科技创新支撑体系和平台建设。中国有色集团系统总结并示范推广海外资源开发产学研联合攻关的组织及管理模式，首次荣获中国产学研合作创新成果二等奖。中色股份所属中色泵业获评2015年度“国家技术创新示范企业”。中色东方所属西材院成为首个集团公司获批建设的企业国家重点实验室，对研发平台建设向高水平迈进具有重要意义。中色奥博特成功取得“武器装备科研生产许可证”，为实现“军品”和“民品”双轮驱动发展提供新的契机。

二是科技项目申报与验收进展顺利。中国有色集团及出资企业申报省部级及以上科技项目84项，获批项目39项，获得经费1847万元。首次牵头承担的“863计划”课题“铜钴镍等金属矿生物堆浸技术”顺利通过国家科技部组织的专家验收。首次作为责任主体组织中色东方所属的东方钽业与西材院的3个军品配套科研项目顺利完成验收并获“优秀”评价。

三是科技成果获得多项奖励。中国有色集团获得授权专利169项，其中发明专利62项，制定国家和行业标准23项。中色东方和中国瑞林获得第17届中国专利优秀奖，桂林矿地院获得“国家知识产权优势企业”称号。集团公司及出资企业作为牵头单位有16项科技成果获得2015年度中国有色金属工业科技进步奖，其中，一等奖3项、二等奖9项、三等奖4项。

四是科技成果转化再上台阶。中色股份所属中色泵业研制出4600米高原环境用大型、重载、高压、大流量先进往复式隔膜泵，填补国内空白。中国有色矿业所属中色非矿攻克西矿体巷道支护、采矿方法、膏体充填等关键技术，整体技术达到国际领先水平。

中色奥博特开发两种内螺纹铜管升级产品，吨产品毛利润提高1600元；研发的相关高表面质量带材和宽幅超薄带材达到国内先进水平。

【强化管理】 一是抓好战略管控。中国有色集团结合国内外宏观经济形势和行业发展态势，分别从总部、出资企业和集团领导班子层面组织召开战略研讨会，进一步树立"基于形势看问题、遵循规律办企业"的改革发展理念，初步形成"抓资源、走高端、国际化"的战略共识。同时，结合新常态下集团公司实际，编制完成《2015—2017年发展战略与规划》，积极开展"十三五"发展规划编制工作，为改革发展提供战略指引。

二是抓好项目管理。中国有色集团着力加强对在建项目的设计方案、招投标、建设网络计划、竣工决算和验收等环节的管控，逐步开展项目后评价，提高建设项目管理效果。矿产勘查工作以资源增储和风险管控为目标，加强对项目筛选、设计审查、野外验收、成果报告编制、资料归档等关键环节的管理，促进地质找矿工作能力和水平不断提高，查明铜、钨等有色金属26万吨。

三是抓好财务管理。建立健全全面预算管理体系，不断完善集团公司内控制度。加强资金管理，制定完成集团资金集中管理方案。筹措低成本资金，确保集团公司及出资企业的资金需求与安全，有效改善资产负债结构。持续做好日常税收管理和税收筹划工作。发挥业绩考核的导向作用，加快解决历史遗留问题，全面完成产权登记工作，进一步提高资产评估管理与审核水平。

四是抓好人才管理。不断加强集团公司、出资企业领导班子和专家队伍建设，进一步加强干部监督，将其作为从严选人用人工作的重要组成部分，深入推进干部交流、挂职、锻炼，切实做好人力资源开发工作。

五是抓好信息化管理。着力从制度建设、计划预算、项目管控和运维服务等方面加强管理，完成首次集团公司信息化测评工作，有效推进软件正版化工作，推进信息标准化、门户系统等基础建设，初步实现主要系统的数据衔接和集成应用，完善经营管控、专项管理、IT基础等平台建设，推进ERP、海波龙等系统优化和应用，ERP系统在财务、贸易、薪酬管理等方面应用效果明显改进。

六是抓好安全生产和节能环保。继续保持"较大及以上生产安全事故为零"的安全业绩，完成安全生产考核目标。万元产值综合能耗及二氧化硫排放量同比分别下降10%和6%，环境污染事件为零，完成国资委下达的第四任期节能减排考核指标。

【党建工作】 一是加强作风建设，扎实抓好"三严三实"专题教育。集团公司及出资企业认真制定"三严三实"专题教育方案，认真抓好专题党课、专题学习研讨、民主生活会及整改落实、立规执纪等关键节点的工作。坚持领导带头、问题导向，聚焦不严不实的突出问题边查边改，推动践行"三严三实"要求制度化、常态化、长效化，形成从严管理、务实发展的良好氛围。

二是落实全面从严治党要求，狠抓基层组织建设。加强制度建设，制定《中国有色集团党委议事规则》，修订《中国有色集团贯彻落实"三重一大"决策制度实施办法》。落实主体责任，对重点出资企业落实管党治党责任情况开展检查，提出22条整改意见并逐条进行反馈。组织开展海外企业党员组织登记工作，举办由海外企业基层党支部书记参加的发展党员流程视频培训班。注重典型示范，组织召开集团公司纪念建党94周年暨红旗党支部表彰大会，表彰近两年在"两提一降"以及"提质增效"立功竞赛活动中表现突出的29个红旗党支部。

三是加大纪检监察力度，始终把纪律和规矩挺在前面。落实"两个责任"，集团公司先后听取境内外7家企业党委落实主体责任情况汇报、8家企业纪委落实监督责任情况汇报。加大问题线索查办力度，严格落实"两个为主"，清理积存的重点线索，做到件件有着落。认真落实党风廉政建设责任制，在全集团开展党建和反腐败工作自查，集团纪检监察室等五部门联合，先期对6家二级出资企业开展重点检查。严格落实中央八项规定精神，加强监督检查和指导管控，严防"四风"问题反弹。

四是进一步加强企业文化建设和群团工作。不断深化创新劳动竞赛，与中国机冶建材工会联合开展赞比亚经贸合作区中资企业区域劳动竞赛。以"提质增效”为主题，广泛开展合理化建议征集和“提质增效、青年先行”综合知识竞赛活动。不断完善班组建设体系，印发《班组标准化建设达标升级竞赛活动实施办法》。开展“五四”表彰、“提质增效我先行”调研报告评比等活动，对“我在两提一降最前线”征文活动优秀组织单位和获奖作品进行表彰。积极履行社会责任，荣获“2015 年公众企业透明度·最佳海外沟通实践奖”；第二次荣获“中国工业行业履行社会责任五星级企业”称号，是 38 家上榜企业中唯一的一家有色行业企业。“中国有色集团积极打造赞比亚绿色循环经济”案例，入选《2015 中国企业海外可持续发展报告》。

（撰稿人：张培德）

北京有色金属研究总院

【基本概况】 北京有色金属研究总院（以下简称“有研总院”）创建于 1952 年，是我国有色金属行业规模最大的综合性研究开发机构，现为国务院国资委管理的中央企业，注册资金为 139980.8 万元，主要从事微电子与光电子材料、新能源材料、有色金属特殊功能材料、有色金属结构材料与制备加工技术、有色金属粉末及粉末冶金、有色金属选矿冶金技术、特种装备研制、有色金属材料分析与测试、有色金属科技情报与软科学、材料计算与模拟仿真等领域的工程化技术研究开发、服务和产业化。在半导体材料、有色金属复合材料、稀土材料、生物冶金、材料制备加工、分析测试、新能源材料、智能材料等领域拥有 13 个国家级研究中心和实验室，承担一批国家重大科技专项研究课题和国家战略性新兴产业开发项目。建院以来，获得国家级和省部级科技成果奖励 1000 余项，授权专利和制定国家及行业标准 1800 余项。先后为“两弹一星”“神舟飞船”“载人航天”“探月工程”等国家重点工程和有色金属行业提供一大批新材料、新工艺、新技术和新设备，为我国有色金属工业和国防军工建设提供强有力的科技支撑。有研总院高度重视科技成果的转化，在微电子材料、光电子材料、稀土材料、有色金属粉末、特种有色金属加工材料、新能源材料、高端冶金装备、分析测试等方面形成产业集群。截至 2015 年底，资产总额 83.9 亿元，从业人员 3609 人，其中两院院士 4 人，国家有突出贡献的中青年专家和政府特殊津贴专家 122 名，国家特聘专家 2 名，百千万人才 9 名。在“材料科学与工程”和“冶金工程”等学科具有博士、硕士授予权，并设有博士后科研流动站。

【主要指标】 2015 年，有研总院实现营业收入 45.8 亿元，同比增长 10%；实现利润总额 0.04 亿元；全年人均劳动生产率 18.2 万元。截至 2015 年底，有研总院资产总额 83.9 亿元，同比增长 12%；国有资产保值增值率 128.85%。

2015 年北京有色金属研究总院主要经济指标

项　目	2014 年	2015 年	比上年增长（%）
资产总额（亿元）	75.00	83.90	12.00
所有者权益（亿元）	49.70	65.30	31.00
营业收入（亿元）	41.60	45.80	10.00
利润总额（亿元）	3.30	0.04	−99.00
净利润（亿元）	2.50	0.01	−99.60
归属于母公司所有者的净利润（亿元）	1.80	−0.40	−122.00
技术开发投入（亿元）	3.90	3.90	持平
利税总额（亿元）	5.50	2.00	−64.00
应交税金总额（亿元）	3.00	2.80	−7.00
全员劳动生产率（万元/人·年）	24.10	18.20	−24.00
净资产收益率（%）	5.79	0.02	减少 5.77 个百分点
总资产报酬率（%）	5.47	0.39	减少 5.08 个百分点
国有资本保值增值率（%）	107.5	128.85	增加 21.35 个百分点

【改革发展】

1. 加强结构调整，努力推动转型升级。

加快集团管控模式改革步伐，形成《集团管控模式及创新基地运行模式建议方案》。成立有研总院怀柔分院以及筹建领导小组，并结合“军用关键有色金属材料科研生产基地建设项目”管理工作组的设立，协同推进怀柔分院建设。成立国家有色金属新能源材料与制品工程技术研究中心。分析测试相关资产注入国标公司，全面完成分析检测业务公司化运行。成立有研医疗器械（北京）有限公司，为做强做大医疗器械产业奠定基础。成立有研博翰（北京）出版有限公司，为期刊出版和科技咨询服务业搭建平台。

2. 完善管理体系，提升基础管理能力。

加强规章制度体系建设，制修订多项管理制度，明确管理流程，为实现“依规治企”打下坚实的基础。进一步健全安全生产和环境保护工作体系，深入开展安全大检查，排查安全隐患，切实提高安全环保管理水平。进一步优化保密流程，加强保密检查和保密培训，提高防护能力。在院本部相关试点单位实行6S现场管理标准，规范科研和生产管理标准。建立主数据管理体系、实施单点登录系统，优化协同办公系统等信息化建设项目，实施怀柔分院涉密网、商密网、互联网网络建设。

3. 加强干部人才队伍建设，增强发展能力。

加强个人事项申报核查，核查人数接近申报人数的半数。加大人才引进和储备力度，接收应届毕业生59名，其中硕士以上学历占98%。进一步加强研究生培养工作，招收37名博士研究生、66名硕士研究生，授予10名同学博士学位、56名同学硕士学位。

【重大项目】 有研总院积极稳健地发挥上市公司融资平台的作用，通过减持上市公司股份筹集资金13.84亿元。完成有研总院怀柔分院基地（一期）建设，正在稳步推进相关的搬迁工作，并筹备二期工程建设。完成二部新建厂房可行性研究和施工设计，2015年将完成建设并投入使用。加快多小项目建设进度，积极与有关单位沟通协调，通过国防科工局组织的执行情况监督检查。

【走向海外】 有研总院为拓展国际市场，巩固行业地位，提升品牌国际影响力，努力推动所属有研粉末公司于2013年在香港特区设立香港国瑞粉末投资有限公司，并于同年收购英国 Makin Metal Powders (UK) LIMITED 公司。该公司是欧洲最大的铜粉和铜合金粉末制造商之一，主要产品包括铜粉、青铜粉、即压型预混和粉、熔渗粉、锡粉等，年产能6200吨，产品主要应用于粉末冶金零件、钢背轴承、碳刷、摩擦材料、过滤器、化工冶金等行业和产品。2015年，有研总院借助海外平台，不断发挥国内外产业发展的协同效应，加强技术交流，大大增强行业的竞争力。

有研总院在国际化经营中探索一系列有效防范风险、强化海外风险防控体系的措施和方法，主要包括：为防范汇率波动风险，对经营中外汇结算业务，与银行合作，使用外汇远期买卖合约；完善海外工作机制和网络，加强境外“三重一大”事项的集中管控，实行重大事项报告和审核制；通过境外信息化远程操作平台，加强对境外信息的收集与管控；加强客户信用管理，通过银行征信系统，了解和确认客户信用等级，根据信用等级的不同，采用相应的结算方式；通过利用投保货物信用保险的方式，规避客户付款风险和出口国政治风险，保障公司利益。

【重大创新】 2015年，有研总院获省部级以上科技成果奖励20项，其中一等奖12项，首次荣获2015年度国防科学技术一等奖。鉴定和验收成果53项，发表科技论文229篇。申请专利355项，授权专利191项。02重大专项项目“硅材料设备应用工程”通过验收，建成国产设备示范验证平台，首次研制成功12英寸硅材料关键加工设备。自主开发高比能量的先进动力电池，通过国家权威机构的安全性强制检测。掌握4米高温真空集热管制备技术，吸热涂层吸收率超过95%。开发出具有国际领先水平的低品位铜矿绿色循环生物提铜关键技术，为废水资源化循环利用和提升矿产开采效率作出贡献。镁合金型材、直升机用铝基复合材料锻件、硅铝复合封装材料、航天用钛合金型材、铝合金高精度无缝管材、核反应堆用复合屏蔽材料等关键材料与器件在国防军工和重要民用领域得到应用。

【党建工作】

1. 坚持党管干部原则，从严管理。

在中层领导人员选拔任用、后备干部、中高端人才引进方面制定一系列办法，规范选任程序，探索开展干部选任动议、提名、考察、讨论决定、公示、任前谈话、任免全过程记录，严格落实个人事项核查、档案审核和征求纪委意见制度，防止带病提拔，强化选人用人责任落实。扎实开展“三严三实”专题教育。院班子主要领导带头讲专题党课，院班子成员带头参加学习研讨，带头查摆解决不严不实问题，充分发挥“关键少数”的示范带头作用。聚焦锤炼党性、转变作风，聚焦防控廉政风险，精心组织专题学习研讨，召开专题民主生活会、组织生活会，严肃认真开展批评与自我批评，找准短板、修正错误、抓好整改，基层党组织建设的规范化程度进一步提高，党建责任进一步落实，各级干部“务实、担当、干净”的“严”“实”作风得到进一步强化，为有效遏制经济下行产生的负面影响，全面完成年度各项任务奠定坚实基础。

2. 加强党建体系建设。

在2个所属公司设立党委，指导13个支部完成换届选举工作。加强党员教育，以党委中心组和领导干部为重点，丰富学习形式，加大培训力度，强化党章意识、党员意识、党性观念。进一步巩固深化教育实践活动成果，完成100余项整改事项。按照“坚持标准、保障质量、改善结构、慎重发展”的方针，积极稳妥地发展党员。

3. 严格落实党风廉政建设“两个责任”。

把党风廉政建设和反腐败工作纳入有研总院改革发展工作总体布局，成立党风廉政建设工作领导小组、协调小组。出台关于落实党委主体责任、纪委监督责任的实施意见，召开年度反腐倡廉建设工作会，签订《党风廉政建设责任书》。健全纪检组织、责任体系，各所属党组织均设立纪委(纪检)委员。通过党风廉政约谈和形式多样的培训，深化党风廉政教育。充分发挥纪检监察、组织、人事、财务、法律等监督合力，开展多领域专项监督检查，保障责任落实到位、监督到位。

4. 加强企业文化建设，构建和谐氛围。

举办思想政治工作研究会第十四次年会，围绕中心，提出解决问题、促进发展的建设性意见。专题宣传“全国劳模”和优秀员工的先进事例，组织召开劳模代表座谈会，激励全体干部职工立足本职、建功立业。取得工会法人资格，完善工会组织体系，理顺工会经费财务关系，促进工会规范化建设。充分利用好职代会、青年科研基金、青年志愿者等多个平台，在维护职工群众切身利益、培养发现各类优秀人才方面发挥重要作用。组织青年职工座谈会，深入开展青年思想动态调研，更好服务青年成长成才。举办第十七届职工运动会等形式多样的群众性文体活动，活跃职工文化生活。在子女入学、困难帮扶等方面多维度关心关爱职工。

高度重视离退休工作，认真做好有关政策的解释和执行工作，完成党支部的换届工作，畅通沟通机制，积极开展送温暖、慰问、办理困难补助等活动，改善文体活动环境，并在健康体检、信息便利等方面提供多样服务，营造和谐的企业氛围。

【信息化建设】 2015年，有研总院以“夯实基础，有效支撑有研总院战略落地”为目标，持续提升信息化服务能力。组织实施集团主数据管理系统一期推广工作、集团统一门户及单点登录系统，为构建集团一体化信息管控平台强化基础；以有研总院怀柔院为试点，实施涉密网、商秘网、互联网三张网络建设，并制定有研总院商秘网建设规划方案，极大提升有研总院网络安全防护及基础设施服务能力。

【履行社会责任】

1. 推动定点扶贫工作。按照中央《关于做好选派机关优秀干部到村任第一书记工作的通知》要求，选派1名中层领导干部任贵州省思南县茶山村第一书记，协助建强村级组织、为民办事服务、提升治理水平，更好地把党中央、国务院关于定点扶贫工作的有关要求与有研总院能为、可为以及地方实际紧密结合，推动定点扶贫工作取得实效。

2. 认真践行绿色发展理念。大力推行环境管理体系建设，督促所属公司进行ISO14001环境管理体系认证和清洁生产审核认证，定期聘请专业机构进行环境测评，把住环境污染底线，推动绿色发展、可持续发展。

3. 积极参加社会公益活动。深入开展学“雷锋”活动，组织志愿者进入社区，开展为民服务；每年组织职工参加一次西城区义务献血；大力开展“爱在西城”捐赠活动，奉献企业爱心，被西城区评为“送温暖、献爱心”捐赠先进单位。

4. 健全完善社会责任管理。连续四年开展社会责任报告发布工作，接受社会监督，树立良好社会形象。

（撰稿人：李　蒙）

北京矿冶研究总院

【基本概况】 2015年，面临极为困难的外部市场环境，北京矿冶研究总院（以下简称“总院”）干部员工主动适应新常态，同心协力，积极进取，努力拼搏，实现经营业绩稳步增长和各项工作平稳发展。

总院新获批纵向项目立项66项，新签横向科研类合同314项，获得各类科技奖励26项，其中国家级2项、省部级6项、社会力量设奖17项、国防科技奖1项，13个项目获得有色金属行业优秀咨询成果奖和设计奖。

2015年，总院取得授权专利118项，其中发明专利52项，实用新型专利56项，软件著作权10项。负责或参与制修订并正式发布的标准50项，其中国家标准5项，行业标准45项。

2015年，总院资产总额53.60亿元，负债总额17.05亿元，所有者权益36.55亿元，实现营业收入23.46亿元，实现利润总额1.55亿元。归属于母公司净资产收益率4.18%，经济增加值4559.82万元，成本费用总额占营业收入比重93.98%，科技创新收入增长率9.81%。

【主要指标】

2015年北京矿冶研究总院主要经济指标

项　目	2014年	2015年	比上年增长（%）
资产总额（亿元）	41.93	53.60	27.83
所有者权益（亿元）	27.48	36.55	33.01
营业收入（亿元）	22.24	23.46	5.49
利润总额（亿元）	2.16	1.55	－28.24
净利润（亿元）	1.89	1.27	－32.80
归属于母公司所有者的净利润（亿元）	2.14	0.90	－57.94
技术开发投入（亿元）	2.16	1.86	－13.89
利税总额（亿元）	3.42	3.37	－1.46
应交税金总额（亿元）	1.34	1.82	35.82
全员劳动生产率（万元/人·年）	23.38	20.81	－10.99
净资产收益率（%）	11.69	4.18	减少7.51个百分点
总资产报酬率（%）	5.38	3.32	减少2.06个百分点
国有资本保值增值率（%）	112.48	104.69	减少7.79个百分点

【改革发展】 加强市场开拓，狠抓降本增效，全力以赴保增长。制定一系列有效措施开展降本增效活动，严格控制成本支出，结合新产品开发、优化生产和业务模式实现增收节支，多措并举稳增长。

机电公司对现有制造加工生产工艺、发货流程等作业环节进行优化，采用新工艺、新材料、新技术提升生产效益；加强产品质量控制，减少废品和返工损失，建立完善成本管理体系，在产品价格大幅下降的情况下，实现公司利润增长。测试所通过优化内部业务流程、加强徐州分所建设管理、扩大检测服务范围等措施，取得显著效果。工程公司施行内部降本增效管理办法，严控非经营性成本支出；在工程承包项目中施行集中采购制度，降低采购成本，全年经营绩效同比明显提升。磁材公司不断优化组织架构，完善内部考核办法，及时调整产品销售方向，加强高性能磁粉产销，实现阜阳一期销售收入、利润双增长，阜阳二期生产线投产成功并产出高性能4D产品。当升公司抓住动力锂电发展机遇，扩大多元材料销售规模，销售总量较上年增长36%，动力锂电622材料成功打入国际高端市场。

充分利用资本平台，完成两家上市公司重大资产重组工作，增强上市公司盈利能力，拓宽选矿装备制造业务的发展平台。当升公司以股权收购重组中鼎高科公司，优化现有的业务结构，形成锂电材料和智能装备双主业发展模式，显著提升盈利和抗风险能力。

新材公司与江苏光明新材料有限公司共同出资

成立由新材公司控股的江苏北钨新材料科技有限公司，以期实现国有企业与民营企业优势互补，有利于其提升市场竞争力，实现长远发展。

【重大创新】 2015年，充分发挥在相关专业领域的“科研国家队”作用，积极参与科技部资源环境领域和材料领域、工信部新材料产业、国防科工局军品配套和关键原材料强基工程能力建设等“十三五”规划编制工作，提交矿产资源绿色开发利用、深地资源勘探开发、废物处置与资源化、大型金属矿产资源基地清洁开发、矿产资源重大灾害情景构建与装备、重点基础材料技术提升与产业化等重点专项建议，为国家“十三五”期间相关领域的科技发展战略制定作出贡献。

牵头完成的“复杂难处理资源可控加压浸出技术”项目，在有色金属湿法冶炼领域取得多项重大技术突破，荣获国家技术发明二等奖。参与完成的“露天转地下高效转型建设大型数字化地下金属矿山的研究与实践”获得国家科技进步二等奖。

2015年，获批成为“国家知识产权优势企业”和“中关村知识产权领军企业”。“浮选机叶轮”“三维激光扫描测量方法与装置”荣获第十六届中国专利优秀奖。

在创新平台建设方面，申报的矿冶过程自动控制技术实验室被科技部认定为国家重点实验室；当升公司研发中心被国家发改委认定为国家企业技术中心。此外，还获批北京市“金属矿产资源评价与分析检测重点实验室”和“特种涂层新材料联合研究中心国际科技合作基地”、中国再生资源协会“城市矿产资源化重点实验室”和“稀贵金属再生利用工程研究中心”等6个创新能力研发平台。牵头组建成立“中国矿冶检测机构联盟”，参与“京津冀技术转移协同创新联盟”“中关村材料基因组高新技术创新战略联盟”等6个产业技术创新战略联盟的建设，进一步完善和增强研发平台体系。

一批面向解决行业关键共性难题的重点技术和产品研发项目取得突破。冶金所与机电公司共同开展的锌电解溶液净化技术和全自动剥锌机组研制取得成功，各项性能指标显著优于国外同类产品；矿物所为俄罗斯图瓦某多金属矿开发的铜铅锌选矿工艺和药剂在工业应用中效果显著，大幅提高选矿指标；株洲公司研制的2000千瓦大功率工频有芯熔锌感应电炉及配套技术被验收专家组认定具有世界先进水平。

加大工程总包项目的开发力度，工程业务较往年有较大幅度增长。矿山所先后承担首钢矿业公司杏山铁矿主溜井封堵工程和安庆铜矿充填系统技改工程总包项目，由传统技术开发模式向“技术研发、工程设计、工程总承包”三位一体业务模式转型。冶金所成功中标五矿铜业渣选矿区大型EPC总承包项目，项目进展顺利。工程公司凭借氯化焙烧特色技术，承揽郴州炀涛化工硫酸焙烧渣资源综合利用工程总承包项目，该项目进入设备调试及试生产阶段。

【走向海外】 2015年，国际化经营业务保持稳定增长态势，全年进出口总额突破1亿美元，其中出口总额7200万美元，同比增长6%。新签涉外工程咨询与技术服务合同总额超过3260万美元，比上年同期有较大增长。成功中标南非PMC浮选厂总承包项目，带动全院工程设计、浮选装备、自动化仪表一揽子业务。依托智利办事处，与智利铜业、必和必拓等国际顶级矿业公司建立业务联系，在特色选矿药剂的推广方面取得实质性突破。机电公司加大力度拓展国际市场，在秘鲁、厄瓜多尔获得大型浮选机出口订单，进一步增加在南美地区的市场份额。此外在刚果、赞比亚、埃塞俄比亚、俄罗斯、哈萨克斯坦、伊朗等国家也新签一批咨询与工程服务合同，扩大国际业务范围。

【党建工作】 2015年，按照党中央、国务院国资委党委要求，认真开展“三严三实”专题教育，全院干部工作作风、政治素质和综合素质得到明显提升；坚决落实党中央从严治党要求，强化党风建设和反腐败工作“两个责任”，为全院生产经营工作建立风清气正的工作环境；认真落实中央企业巡视组的巡视意见，制定整改方案，扎实整改，全院党风廉政建设工作和生产经营管理水平进一步提高；修订并印发新的党建工作文件，全院党建工作更加规范和科学，党建工作水平得到提升。

【信息化建设】 继续以信息化促进管理提升。信息化提升工程各子项相继落地实施，除了财务ERP系统实现二级经营单位全覆盖外，科研管理、工程设计管理、人力资源管理、实验室管理等子系统陆续上线运行，并实现与综合办公系统的系统集成及单点登录，显著提高工作效率，院网站及各子网站群陆续启用。历时四年的信息化提升改造项目按期完成验收，全院信息化应用水平有了显著提升。

【履行社会责任】 在做好企业自身发展的同时，认真履行企业社会责任。承担完成的“典型大宗工业固体废物环境管理技术体系研究”等多项环保公益项目通过验收；株洲公司“新型锌冶炼熔铸大功率感应炉”入选《中央企业节能减排案例汇编》。

大力支持对口扶贫地区发展，为河南省平舆一中贫困生发放助学金，资助其完成学业，全年累计发放19万元。按照中组部有关工作要求，选派植物胶中心员工荆福来到河南省驻马店市平舆县双庙乡前张村任第一书记。

编制完成《2014年度社会责任报告》，并在中国工业经济联合会组织的发布会上发布，扩大了社会责任报告的影响，充分展示作为负责任央企的良好公众形象。

加强人才培养及评价工作，7名专家获得政府特殊津贴，创历年之最。完善专业技术职务评审机制，全年有15人晋升教授级高级工程师，33人晋升高级工程师，66人晋升工程师，2人晋升高级会计师。

进一步规范人才招聘录用程序和要求，提高人才录用质量，2015年新录用应届高校毕业生24人，其中海外留学人员4人。

加强绿色文化、安全文化建设。牢固树立“员工生命健康高于一切、一切事故皆可预防、一切事故皆可避免”的安全理念，开展“安全生产岗位达标”“安全生产月”“节能宣传周”、防火应急演练等活动，增强全员安全和节能意识。

（撰稿人：刘耀青）

中国国际技术智力合作公司

【基本概况】 2015年是中国国际技术智力合作公司（以下简称“中智集团”）建设和发展史上极为不平凡的一年，在全体干部职工和领导班子共同努力下，弘扬中智人优良传统作风，直面问题和挑战，采取一系列有效措施，全面完成国资委下达的经营业绩指标，营业收入取得历史性突破，集团转型升级、结构调整、党的建设等各项工作均取得新的积极进展。

2015年，中智集团各项重点工作有效开展，传统人力资源外包服务板块，继续保持高速增长，服务客户数和雇员数，均创历史同期最好水平，呈现出强者更强、后来居上、自签增长、齐头并进的发展特色；新业务、新市场、新领域的开发，紧随国家战略，着力布局更为广阔的市场发展空间，全面构建新事业的发展模型和样板；管理咨询、财务外包、项目外包、商务发展、科技应用、医疗器械、关爱通等业务抢抓机遇、深耕细作、探索前行，取得积极的发展成果。

【主要指标】 2015年，中智集团经营绩效再创历史最好成绩，营业收入首次突破500亿元大关。

2015年中国国际技术智力合作公司主要经济指标

项　目	2014年	2015年	比上年增长（%）
资产总额（亿元）	65.36	75.74	15.00
所有者权益（亿元）	25.19	27.27	8.26
营业收入（亿元）	455.24	537.30	18.03
利润总额（亿元）	6.26	3.60	—42.49
净利润（亿元）	4.73	2.72	—42.49
归属于母公司所有者的净利润（亿元）	4.55	2.52	—44.62
技术开发投入（亿元）	0.51	0.56	9.80
利税总额（亿元）	18.97	21.28	12.18
应交税金总额（亿元）	14.66	19.63	33.97
全员劳动生产率（万元/人·年）	39.80	32.59	—18.12
净资产收益率（%）	20.47	10.36	减少10.11个百分点

续表

项　目	2014 年	2015 年	比上年增长(%)
总资产报酬率(%)	10.46	5.26	减少 5.2 个百分点
国有资本保值增值率(%)	119.93	109.59	减少 10.34 个百分点

【改革发展】 第一,中智集团加强人才工作制度化建设,制定印发《关于建立中智公司领导班子成员联系点制度的实施意见》,其中加强联系点单位党建工作、领导班子建设工作、职工队伍建设工作、后备干部培养工作被列入领导班子成员联系下属企业的重点工作内容;制定印发《中智公司领导干部任免工作议事规则(试行)》,规范公司选人用人、领导干部任免的各项规则和工作程序,落实"三重一大"工作机制;制定印发《中智公司员工专业技术序列管理规定》,开拓员工职业发展通道,提升集团凝聚力;制定印发《中智公司干部交流暂行规定》,进一步加强各级领导班子建设,加强干部队伍建设。第二,集团加强干部队伍建设,稳妥解决老干部退休问题,确定并遵循干部退休工作的五项原则,加强选人用人工作规范,认真落实《中智公司领导干部任免工作议事规则(试行)》,加强干部考察、调研、收集第一手材料及下属企业领导班子建设。第三,加强后备干部及青年员工培养,印发《关于做好中智公司各单位管理层后备干部推荐报送工作的通知》,并形成 80 人的中层后备干部人才库;委托中央党校举办制度化的中智中青年干部培训班,并定期或不定期安排年轻干部参加中央党校、国资委举办的各类培训;恢复中断 4 年的北京地区各单位新员工联合拓展训练。第四,加强干部管理。严格执行八项规定,合理确定并严格规范企业负责人履职待遇、业务支出,制定《中智公司企业负责人履职待遇、业务支出管理办法》,在实际工作中严格管理、加强监督;加强干部个人事项报告管理工作,制定《2015 年领导干部个人有关事项报告随机抽查核实工作方案》《中智公司加强干部因私出国(境)管理的暂行规定》;进一步从严管理监督干部,促进干部自觉践行"三严三实",按照中央组织部要求,制定印发《中智公司认真贯彻〈关于组织人事部门对领导干部进行提醒、函询和诫勉的实施细则〉的实施意见》。

2015 年,中智集团构建"简单、有效、务实"的绩效考核体系。在按照谨慎原则结合实际情况编制工资总额和人工成本预算的同时,在管理原则上从两低于向两同步真正过渡,更多考虑集团整体性和横向联系,加强分类管理。允许业绩突出、贡献突出及历史原因整体收入偏低的单位突破两低于、突破调控线,在集团整体平台上平衡、调控、调动所有干部、员工的积极性和工作热情,更加适应企业发展实际情况。同时严格按照中央及国资委相关规定管理企业负责人薪酬工作,严格执行关于企业负责人薪酬发放原则,按照国资委《关于进一步加强中央企业负责人副职业绩考核工作的指导意见》,完善副职考核办法,构建起较为完整的企业负责人考核体系。

【重大项目】 2015 年,中智集团凝心聚力、主动作为,在全力巩固传统外包业务的同时,加强协同、团结合作,新市场、新业务、新领域各项工作战略性展开,先后与成都市人民政府签署战略合作框架协议、与四川省人才工作领导小组签订战略合作协议、与武汉市经济技术开发区签署战略合作协议、与成都经济开发区签订双边战略合作协议、与成都高新区管委会签署战略合作框架协议、与浙江杭州城西科创产业集聚区签署战略合作协议、与中国第一汽车集团公司签署战略合作框架协议、与中国浦东干部学院签署战略合作协议、与杨浦科技创新集团举行合作签约仪式、与北京外国语大学举行战略合作签约仪式、与新华社签署战略合作协议,为"新华丝路"提供人力资源和知识产权专项产品。

2015 年 12 月 13 日,中央电视台《新闻联播》对浙江杭州"梦想小镇"进行专题报道,中智杭州公司作为"梦想小镇"唯一官方指定人力资源服务商,成为"梦想小镇"的"店小二"之一。"梦想小镇"是依托杭州未来科技城打造的全国互联网创业首选地,将成为创客、服务商、孵化器等创新资本集聚高地。在"梦想小镇",政府机构及服务商被称为"店小二",根据创客们的需求提供完善的服务。中智杭州公司作为浙江地区人力资源服务行业领军企业,以其优良的服务质量和口碑以及资源整合的综合能力,不仅为创客提供人才招聘方面的帮助,更为创业公司现场提供人事方面的一条龙服务，免去创客往返于各政府机构之间的奔忙，为创业公司节约时间和人力成本。

中智研发的“入职助手云服务平台”，旨在为企业用户在员工入职环节提供专业的人力资源线上线下服务，帮助企业优化和改进员工入职管理工作流程，透明化的全流程服务模式，用户可监控从任务接收到任务结束的整个过程，同时利用传统 PC 端、移动端、跨平台协议接口等形态将传统服务转化为线上产品，实现人力资源服务行业向“互联网＋”模式发展的第一步。

【走向海外】 按“全局化、一体化、一盘棋”战略，中智集团集中海外业务资源优势，形成合力对外开展国际化经营，紧密抓住“一带一路”国家战略的大好时机，将中智在国内人力资源方面的经验、品牌和模式在海外市场充分利用、发挥、复制和创新，落实管理与经营目标。在外派劳务业务方面，澳门特区劳务平稳发展，派遣人数比 2014 年度略有增加；香港特区劳务业务大幅提升。在对外承包工程、咨询方面，塞尔维亚、克罗地亚、古巴、柬埔寨等项目稳步推进，业务涵盖石油、基础设施、燃气电站、医院、制药等领域。

【重大创新】 2015 年，中智集团发布“智领中国”的全新品牌形象，“智领中国”作为集团宣传主广告语，高度诠释“把中国的中智建设成为世界的中智”的坚定使命与美好愿景，中智作为中国人力资源领航企业，不断探索和发扬央企责任、行业责任、社会责任、品牌责任担当精神，是全体中智干部员工努力创造和实现的目标。全新的品牌形象，为企业的未来发展指引方向，国际化的视野激励中智人勇于开拓、永攀高峰。

【党建工作】 2015 年，中智集团在新一届党委班子领导下，深入学习贯彻党的十八大和十八届三中、四中、五中全会精神，以中国特色社会主义理论、习近平总书记系列重要讲话精神为指导，巩固和扩展党的群众路线教育实践活动成果，深入开展“三严三实”专题教育，公司各级党委和党组织认真贯彻第三次党代会确定的工作目标，努力适应新形势需要，坚决贯彻“党要管党，从严治党”方针，全面推进中智党的思想建设、组织建设、作风建设、反腐倡廉和制度建设，为企业发展提供坚强的政治保证和组织保证。一是贯彻执行党中央、国务院及国资委党委重大决策部署。2015 年，中智党委进一步健全和正常党委会制度、中心组学习制度和民主生活会制度。二是参与企业重大问题决策。中智党委认真贯彻执行国有企业党的工作方针和原则，积极探索发挥党的政治优势和运用市场机制相结合的有效途径，坚持为国有企业改革和发展服务。三是落实党管干部原则、党管人才原则，加强企业领导班子建设和人才建设。中智党委坚持将党管干部原则和按市场化需求选择经营管理人才的方针有机结合，坚持内部人才选拔和外部人才引进双渠道运作。党委根据中智人才资源的宏观布局、层次结构、发展模式和素质要求，努力推进挖掘人才潜力、激发人才活力、做到人尽其才的干部工作方针，保持干部在业务领域、管理领域的时代性、先进性、竞争性，达到干部队伍的精干高效。四是落实党风廉政建设和反腐败“两个责任”、加强对领导人员行权履职行为的监督情况。五是加强企业基层党组织和党员队伍建设，整顿软弱涣散党组织、加强自身党组织建设。中智党委按照“四个必须”“三个有利于”原则，积极探索实践符合建立现代企业制度方向的党建工作。六是组织领导“三严三实”专题教育。中智党委根据中央和国资委党委的部署要求，巩固和扩展党的群众路线教育实践活动成果，扎实深入地开展“三严三实”专题教育，认真完成专题教育每一环节工作任务。七是加强思想政治工作、精神文明建设、企业文化建设和做好新闻宣传舆论引导。中智党委充分重视和发挥好党组织的“主心骨”作用，将党建工作、思想政治工作、企业文化和精神文明建设融为一体。

在国资委纪委领导下，中智纪委深入学习贯彻十八届三中、四中、五中全会精神，十八届中央纪委六次全会精神，以习近平总书记系列讲话精神为指导，贯彻落实好中央八项规定精神，结合“三严三实”专题教育，按照中央企业深入开展党风建设和反腐败工作的新要求，深刻认识党的执政规律和反腐倡廉规律，加强制度、组织、作风建设，注重顶层设计，扎实推进中智党风建设和反腐败工作。一是加强政治理论学习，强调理论和实践紧密结合。二是扎实推进“两个责任”建设。中智党委认真履行党风廉政建设和反腐倡廉建设主体责任，在“两个责任”制度框架下，履行党风廉政建设的领导者、执行者、推动者的职责，形成中智党委和各级党组织落实党风廉政建设主体责任的制度。三是加强纪检监察队伍建设。在纪委自身建设中，注重加强纪检监察队伍的思想政治建设、作风建设和能力建设。四是加强纪律审查工作。五是推进落实有效的监督管理机制。中智纪委在加强落实"三重一大"制度，集体领导与个人分工负责相结合，干部选拔任用，重大事项管理，职代会讨论审议涉及员工切身利益的重大事项等方面，发挥好制度体系综合优势，有效避免失察、失策、失误。六是强化纪检监察工作保障措施。坚持党委统一领导、将纪检监察组织体系列入议事日程，形成党政齐抓共管、纪委组织协调、部门各负其责、群众积极参与的领导体制和工作机制。

【信息化建设】 根据集团发展战略，中智集团紧密围绕传统人力资源外包服务业务模式与信息技术发展相结合这一主题，以信息化带动企业创新和管理创新，做大做强核心主业，提高集团管控水平，提高集团核心竞争力。投入的6个平台研发和建设，对多年积累的人力资源外包服务类应用组件进行优化、整合，实现集团所有层级主营业务信息系统全覆盖，形成中智自己的"私有云"。这6个平台包括：中小企业自助服务平台（"HR快线"）、员工关爱平台、企业能力管理应用平台、外企服务交付（移动）平台（"智翔通""智点通"）、整体薪酬分析与应用平台（"智薪通"）、招聘流程外包平台。截至2015年底，中智继续完善、优化、整合人力资源外包服务主营业务ERP系统（平台），减少ERP系统的数量，缩小地区差异。自2009年起，北京、上海两地分别着手投入数据中心的建设，从机房基础建设、线路升级改造、网络设备升级改造、服务器虚拟化+集中存储的改造、网络安全等方面入手。此外，集团继续推广基于ITIL的运维+IT绩效管理，建立基于ITIL的Case管理系统，日常所有Helpdesk工作的任务接受、确认、分派、记录跟踪、满意度调查将全部通过该系统实现。

随着集团主营业务板块的管理驾驶舱建成投入使用，以驾驶舱为龙头，带动数据采集、汇总、分析决策、绩效管理等相关管理水平提升的作用得以体现。根据集团信息化规划，中智加大对下属分支机构的支持力度，借助北京、上海两地数据中心以及IT人才资源，统一规划进行大架构、大数据平台的搭建。改善整体网络环境、铺设专线、集中服务器、集中数据库系统。2015年，中智按照"统一规划、统一投资、统一管理、逐步统一平台"的要求，启动将集团所属各级单位全部接入企业内网的建设工作，并建立集团统一的信息采集平台和公共数据池，铺设专线，开发与应用系统对接的接口，移植驾驶舱等一系列项目。

集团信息化安全工作主要由"防护""监测""响应"和"恢复"四项任务组成，其中以"防"为主。2009年以来通过颁布信息化安全"规章制度""信息安全保密条例""操作流程""应急预案"等，对集团网络安全管理策略进行审计、修订，加强对员工的安全教育和培训，组织集团各级机构对内部基础信息网络、应用系统按照"重要系统等级保护"的要求进行划分、管理，制定保护措施，对服务器中储存的数据，进行分级存储、规范；对报废电脑的硬盘做特殊处理等，逐渐形成较为完善的规章制度和网络管理策略，泄密风险大为降低。与此同时，集团高度重视软件正版化，2015年实现办公软件全面正版化工作目标。

【履行社会责任】 2015年，中智集团根据挂职扶贫人员全面实地调查提出的建议，向云南省大姚县贫困山区的4所中小学捐赠80台电脑，在4所学校设立"中智电脑教室"，改善当地学校信息教育条件；向大姚县最贫困的6个乡镇15所无条件自筹资金的小学购置太阳能热水器30台；向定点扶贫地区捐赠科技致富技术系列教材；邀请上海市资深医疗专家到大姚义诊，为500余名当地各族群众进行地方病和疑难杂症诊疗。同时上海医疗专家为当地医务工作者举办"医院管理""院前急救"等医疗专题技术讲座；与"爱飞翔—乡村教师培训"关爱基金平台合作，选派20名大姚县乡村教师到华东师范大学培训；邀请上海社区管理专家赴大姚县，对当地60名社区管理工作者进行社区管理培训；为大姚县100余名干部进行"性格色彩密码与情绪压力管理"培训，获得大姚县委组织部和所有参加培训干部的高度评价；开展2015年云南大姚公益行慈善慰问活动，在大姚县面向贫困学生设立中智奖学金；与上海市相关公益慈善机构合作，安排大姚铁锁中心小学"盛放合唱团"和桂花中心小学舞蹈团分别到上海参加公益演出，并为孩子们精心安排在沪期间的各种活动。

中智扶贫工作稳步推进的同时，广泛开展形式多样的志愿服务，展示中央企业广大员工的精神风貌。2015年，中智上海白领青年志愿者总队持续发力，1月3—7日，总队志愿者在上海大舞台中智新年音乐会专场进行春节回家公益大联盟，开辟多条春节回家绿色安全通道，帮助更多在外游子实现春节团圆梦；在中智连续多年主办的“中智慈善健康跑”活动中，现场志愿者招募突破500名，志愿服务延伸到慈善跑各个角落，同时开展携手“爱飞翔”助力乡村教师圆梦上海，云南大姚小学生上海公益游，中智关爱基金为“上海好邻居”王海滨公益募捐等一系列活动；2015年9月，中智志愿者总队大姚公益行再次出发，在前期运送电脑后，带着摄影器材来到美丽的大姚，安排包括公益、义诊、社区培训、美国中国老师拍摄四条路线，为当地带去各方面的支持与帮助。

（撰稿人：崔　焱）

中国建筑科学研究院

【基本概况】 中国建筑科学研究院（以下简称“中国建研院”）创建于1953年，前身为建筑工程部“建筑技术研究所”。1979年6月，经国家科委批准，正式命名为“中国建筑科学研究院”。2000年10月，由科研事业单位转制为科技型企业，隶属于国务院国有资产监督管理委员会。

中国建研院是我国建设行业最大的综合性研究与开发机构，面向全国的建设事业，以建筑工程为主要研究对象，以应用研究和开发研究为主，致力于解决我国工程建设中的技术关键问题；负责建筑行业标准规范的管理、主要工程建设技术标准规范的制修订以及标准规范的宣传贯彻与推广；承担国家建筑工程、建筑节能、空调设备、太阳能热水器、化学建材、电梯的质量监督检验以及建筑产品认证；开展行业所需的共性、基础性、公益性技术研究，科研及业务工作覆盖建筑结构、地基基础、工程抗震、空调设备、建筑物理、建筑防火、建筑材料、建筑机械以及建筑信息化等建筑工程所有研究领域。研发工作重点围绕着建筑节能、绿色建筑、生态城市、智慧城市、海绵城市、建筑工业化、住宅产业化、既有建筑改造以及BIM等新技术领域。经营活动还包括建筑工程勘察、设计、工程承包及专业设备与材料制造，涵盖勘察、规划、设计、施工、监理、检测、材料生产、机械设备制造和信息化等房屋建筑全产业链，为城市建设中的复杂、超限和标志性工程项目提供成套解决方案。

2015年，面对异常严峻的生产经营形势和稳增长压力，中国建研院干部职工贯彻落实中央和国资委决策部署，积极主动适应经济新常态，坚持稳中求进，深化改革创新，强化市场导向，锐意进取，扎实工作，全院经营业绩总体保持平稳增长，各项工作稳步推进。

【主要指标】 2015年，中国建研院实现营业收入50.62亿元，同比减少7.05%；利润总额2.60亿元，同比增长1.65%；归属于母公司所有者的净利润1.88亿元，同比增长4.73%；资产总额47.41亿元，同比增长5.69%；国有净资产15.30亿元，同比增长12.15%；净资产收益率（不含少数股东）12.97%；国有资本保值增值率113.17%；全院科技支出4.50亿元，技术投入比率8.88%。

2015年中国建筑科学研究院主要经济指标

项　目	2014年	2015年	比上年增长（%）
资产总额（亿元）	44.85	47.41	5.69
所有者权益（亿元）	14.98	16.62	10.94
营业收入（亿元）	54.47	50.62	－7.05
利润总额（亿元）	2.56	2.60	1.65
净利润（亿元）	2.15	2.19	1.72
归属于母公司所有者的净利润（亿元）	1.79	1.88	4.73
技术开发投入（亿元）	4.80	4.50	－6.29
利税总额（亿元）	4.79	4.50	－5.98
应交税金总额（亿元）	2.84	2.58	－8.99
全员劳动生产率（万元/人·年）	15.66	14.64	－6.51
净资产收益率（%）	14.04	12.97	减少1.07个百分点

续表

项　目	2014 年	2015 年	比上年增长(%)
总资产报酬率(%)	5.99	5.64	减少 0.35 个百分点
国有资本保值增值率(%)	116.04	113.17	减少 2.87 个百分点

【改革发展】 根据国资委全面深化改革相关要求，中国建研院按照国资委整体改革思路并结合实际情况开展各项工作，重点围绕发展战略与规划的调整，深化经营管理，完善制度体系，有效提升集团管控能力。

在全面总结评估集团"十二五"发展成果的基础上，深入分析新形势下面临的机遇与挑战，开展集团"十三五"发展战略与规划编制工作。修订《设计业务管理办法》，进一步明确机构职责、规范业务管理流程，保障设计业务归口管理工作的持续推进。为促进集团规划业务的规范发展，提高院规划业务的市场竞争力和占有率，发布实施《规划业务管理办法》，将集团规划业务进行整合，实施规划业务统一管理，规范流程、明确管理职责，保证规划业务开展过程的合规性和高效性，同时为提高规划业务技术质量提供有力的保障。

【重大项目】

1. 咨询与服务项目。承接北京新机场建设项目施工图审查以及列车振动及列车风专项研究。开展北京市近零能耗居住建筑标准体系研究，推动近零能耗建筑普及推广，为北京怀柔老旧小区综合整治项目提供室外管网平衡改造技术服务。主持北京市"十三五"建筑节能规划、中新天津生态城设计标准、全国施工图绿建和减隔震审查要点等编制。为森赫电梯、康力电梯、海安申菱等企业的电梯制造项目提供可行性咨询服务。

2. 设计与规划项目。承接福州华润万象城、洛阳 HP 人才及产业基地、深圳宝安购物广场等大型综合设计项目，承接的北京天普太阳能超低能耗建筑综合设计，成为国内第一个近零能耗科技示范园区。承担景德镇瑶里古镇、厦门集美新城核心区、北京通州新城运河核心区、河北廊坊生态水系等规划设计。设计完成的成都来福士广场、清华大学人文社科图书馆、东莞篮球中心荣获 2015 年度全国优秀工程勘察设计(建筑工程公建类)一等奖。

3. 施工与监理项目。承接济南名悦山庄施工等总承包项目，军博展览大楼加固改造等工程监理项目，石家庄全民健身中心屈曲约束支撑工程、山东陵县农信社办公楼平移工程等专业承包项目；重庆江北国际机场供油工程地基处理及桩基础施工、海南蓝海华庭基坑支护、包钢白云铁矿边坡治理等专业施工项目。

4. 检测与认证项目。承担天津"8·12"爆炸事故卓轮机械厂区、威视通用半导体公司厂房、中国一重研发大楼等建筑物结构受损检测鉴定。承担武汉绿地中心、天津周大福中心等超高层建筑的结构监测，奥运博物馆消防系统检验、地铁线路防排烟性能检测、中国尊幕墙工程性能检测、2015 年田径世锦赛国家体育场照明检测，独家受理和检测飞机地面空调机组的申请和检测，承担采暖散热器产品的国家质量监督抽查任务，国家质检总局下达的太阳能热水器全国抽查任务，完成芬兰通力电梯公司碳纤维带电梯的同等安全性验证试验和型式试验。受天津、青岛等政府部门委托，完成当地电梯质量安全事故的技术鉴定工作。

5. 软件与产品。进一步升级 PKPM 结构软件，基于 BIM 理念，优化数据架构，提升软件性能。针对国内工业化建筑的发展，开发基于 BIM 技术和 CAM 技术的装配式住宅设计软件。开发国内首个符合中国设计流程和规范标准的全新一代自主版权 PKPM BIM 系统(PBIMS)，得到业界的广泛关注和高度评价。将 BIM 技术成功运用到昆明润城第二大道项目施工阶段，实现施工管理全过程的信息化、集成化、可视化和智能化，项目荣获"中国建设工程 BIM 大赛"一等奖。针对建筑工业化技术的发展，研发钢骨架轻型预制板全自动生产线。自主开发的柔性钢筋网焊接生产线，实现洞口钢筋网的全自动焊接，填补国内空白。开发的"凯博钢筋加工管理软件"，实现钢筋加工生产管理系统与钢筋自动化加工设备的对接，提高了生产能力与管理效率。

6. 绿色建筑。承担珠海兴业新能源产业研发大楼、一汽大众公司成都厂房、中新天津生态城公屋展示中心、三亚长岛旅业酒店等绿色建筑咨询项目，其中珠海兴业新能源产业研发大楼获 LEED－NC 铂金级认证，其他项目获得国家绿色建筑三星级运营标识。

【走向海外】 2015年，中国建研院继续实施“走出去”战略，研发的建筑机械设备、软件产品出口至美国、英国、新加坡、俄罗斯、印度、智利、巴西、墨西哥等国家。承担坦桑尼亚桑岛机场2号航站楼空侧地勘、尼日利亚TECON国际石油服务公司综合开发项目设计、肯尼亚蒙内铁路车站钢结构工程和高性能混凝土有关技术研究。承担尼泊尔地震后检测鉴定、科特迪瓦阿尼亚玛学校维修扩建项目验收、塞拉利昂生物安全实验室竣工验收等9项援外项目。

【国际交流与合作】 2015年，中国建研院与德国能源署、建筑技术研究院、弗朗霍夫建筑物理研究所热湿研究中心，韩国建设生活环境试验研究院，日本矢崎能源系统株式会社签署合作备忘录或协议，在检测报告互认、技术体系推广、标准制定、产品认证、人员培训等方面开展合作与交流。与英国索尔福德大学、伦敦大学学院，美国能源部、西北太平洋国家实验室、劳伦斯—伯克利实验室、联合技术公司、本特利公司，日本门窗制造协会等单位进行技术交流与合作探讨。

主办第十三届国际蓄能节能大会、国际能源署蓄能节能委员会第79次执委会会议、2015年国际太阳能供热制冷技术峰会暨中国可再生能源学会热利用专业委员会学术年会、ISO TC 163/SC1 WG17工作组关于ISO 19467标准的工作会议。

【重大创新】 2015年，中国建研院有16项成果获得华夏建设科学技术奖，其中，“高层连体结构关键技术研究”等2项成果获得一等奖；“可再生能源蓄能技术在低能耗建筑的应用研究”等4项成果获得二等奖；“裂缝自修复功能防水涂料的研制及应用技术研究”等10项成果获得三等奖。全年申请专利43项；获得授权专利60项，其中发明专利18项。

1. 科研项目。2015年，在研科研项目407项，其中，国家级100项，省部级52项。新立项“城镇要害系统综合防灾关键技术研究与示范”“城镇重要功能节点和脆弱区灾害承载力评估与处置技术”“绿色农房气候适应性研究和周边环境营建关键技术研究与示范”等“十二五”国家科技支撑计划项目1项、课题2项、子课题3项；“配置高性能不锈钢钢筋混凝土结构应用关键技术研究”863子课题1项；国家自然科学基金课题5项；住建部科技计划项目19项；院自筹基金科研课题30项，院青年科研基金课题45项，建筑安全与环境国家重点实验室对外开放课题10项。完成科研课题125项，其中国家级下达项目23项、省部级下达项目21项，一批成果达到国际先进水平。

积极参与科技部组织的“十三五”城镇化与城市发展领域科技创新专项规划、城镇化与城市发展领域技术预测、绿色建筑与建筑工业化实施方案及申报指南编制工作，住建部组织的“十三五”住房城乡建设科技发展专项规划战略研究工作。

2. 标准规范。2015年，在编标准规范制修订项目118项，其中，国家标准66项，行业标准52项。此外还有在研标准化研究项目20项。国家标准《建筑结构可靠性设计统一标准》、行业标准《文物建筑防火设计规程》等52项获准立项。国家标准《建筑信息模型应用统一标准》、行业标准《高性能混凝土评价标准》等40项完成报批。国家标准《既有建筑绿色改造评价标准》、行业标准《城镇桥梁检测与评定技术规范》等35项获准发布。积极参加住建部工程建设标准化改革、标准涉及专利管理、团体标准培育和发展等制度文件的研究和起草。中国建研院多项标准化研究成果获得“中国工程建设标准化集体创新奖”“中国工程建设标准化创新论文奖”，6人荣获“2015中国工程建设标准化年度人物”称号。

【党建工作】 深入学习贯彻党的十八大和十八届三中、四中、五中全会精神及习近平总书记系列重要讲话精神，加强理论学习，推动思想建设，切实把思想和行动统一到中央和国资委党委各项重大决策部署上来，把学习成果落实到院各项具体工作中去，为改革发展提供坚强政治保证。积极配合国资委进行巡视；扎实开展“三严三实”专题教育，深化作风建设；落实党管干部、党管人才原则，加强领导班子建设和人才队伍建设；落实党风廉政建设和反腐败“两个责任”，加强对领导人员履职行为监督；落实党建工作责任，加强基层党组织和党员队伍建设；坚持以核心价值观为引领，积极践行社会主义核心价值观，开展“践行核心价值观 做最美建研院人”岗位实践活动，向全院职工发出做“最美建研院人”倡议，开展微信评选活动；坚持以人为本，做好新闻宣传舆论引导，加强宣传思想文化工作，推进企业文化建设。

【信息化建设】 2015年，部署实施院数据中心灾备系统，院OA系统、财务核算与资金系统、人力资源管理系统、标准管理系统、外事管理系统、一卡通及门禁系统等18个应用系统25台服务器主机实现不同策略的数据和系统备份。信息化基础设施的运行维护与升级工作得到进一步加强。财务核算与资金管理、全面预算管理、人力资源管理、生产制造管理ERP、项目管理等信息系统在实施应用的基础上不断完善，通过信息化手段，院职能部门及各二级单位的信息化管理水平和效率得以大幅度提高。

【履行社会责任】 中国建研院充分发挥在建筑结构和工程抗震领域的技术优势，多次组织专家参与抗震救灾工作，积极履行社会责任。2015年4月25日，尼泊尔发生8.1级地震，我国西藏部分地区遭受波及，院派出两位专家深入日喀则最远的吉隆镇进行应急评估工作，还向西藏住建厅捐赠激光测距仪8套，建设工程质量检测包40套。6月6日，受国家商务部援外司的委托，又选派8名专家赶赴尼泊尔地震灾区，参与地震灾后的考察、鉴定，圆满完成任务，得到尼方政府、我国商务部和我国驻尼泊尔使馆等部门、机构的高度称赞。开展定点扶贫，选派1名优秀中青年干部在院定点扶贫的山西省偏关县天峰坪镇天峰坪村挂职第一书记，按照"百县万村"活动帮扶计划，拨付资金用于"一村一井"配套的高位蓄水池工程，还陆续在天峰坪村孤寡老人等低保人群中开展慰问救济活动，对偏关县规划编制工作开展咨询服务。

深入实施"引领建设科技、创建绿色家园"的社会责任理念，加强科技研发，承担国家项目课题，开展相关标准规范的编制与管理工作，积极为政府提供技术支持和服务，着重加强绿色建筑技术的研发、推广和应用。

（撰稿人：赵少莉）

中国中车集团公司

【基本概况】 2015年，南车、北车从上市公司、集团公司层面整合重组，先后成立中国中车股份有限公司、中国中车集团公司。"融合—改革—发展"协同推进，"集团—平台—业务"架构初成，超额完成国资委下达的经营目标，实现国有资本保值增值。先后获得中央企业"科技创新特别奖"等荣誉称号，被国资委确定为"做强做优、培育具有国际竞争力的世界一流企业"工作十家重点联系单位。中车品牌的业内美誉度、社会影响力和国际知名度迅速提升，成为中国高端装备"走出去"的金色名片、国家名片。着眼建立市场化经营机制，完善公司法人治理结构，全面提升企业经营品质。实施创新驱动战略，坚持原始创新、集成创新和引进消化吸收再创新相结合，形成完善的技术创新体系，建立高速动车组、大功率机车、货车、城轨地铁等一系列具有国际先进水平的产品技术平台和制造基地，实现从"技术跟随"到"技术引领"，从"引进来"到"走出去"，从"装备的主导者"到"技术的主导者"三大跨越。统筹考虑产业发展布局，不断调整产业结构，推动相关资源整合和企业重组，实现资源的合理高效配置。立足轨道交通装备核心业务，大力拓展相关多元产业，形成铁路、城市基础设施、新产业、现代服务业四大板块共同发展、相互支撑的业务格局。树立全球化战略思维，融入全球竞争格局，主动担当国家使命，国际市场开拓向"产品＋技术＋资本＋管理＋服务"的模式转变。对标国内外先进企业，不断深化管理提升，积极构建以市场拉动、创新驱动、精益管理、两化融合为主要特征的管理模式，体现时代特征和行业特点。

【重组整合】

1. 中国中车股份有限公司成立。

2014年9月18日，南车、北车重组整合筹备组成立，就重组整合的可能性展开概略研究，确定初步概略研究计划，随后全面启动重组整合的方案论证工作，形成工作机构方案，明确上市公司整合遵循的基本原则。两上市公司及相关联上市公司于10月27日起申请停牌。10月28日，召开项目启动会，组建联合团队，明确工作机构，重组整合正式启动。12月29—30日，南车、北车分别召开第一次董事会，审议通过重组整合协议、重组整合预案和联合公告等文件，并签署重组整合协议。12月31日，两公司A股和H股双双复牌。

2015年1月20日，南车、北车分别召开第二次董事会，审核重组报告书等相关文件。1月26—31日，两家组成联合路演团队，由主要领导带队在全球开展路演，并通过澳大利亚、德国、巴基斯坦和新加坡的反垄断审查。3月9日，分别召开股东大会和A股、H股类别股东大会，审议表决并高票通过重组合并方案。4月3日，合并事项通过中国证监会的审核和商务部的经营者集中反垄断审查。4月27日，获得中国证监会的核准文件。5月7日，两公司连续停牌，直至合并换股完成后以“中国中车”股票复牌。5月18日，两公司分别召开2014年度股东大会，选举产生中国中车第一届董事会和监事会。5月26日，两公司合并H股换股结束；5月28日，A股换股结束。

6月1日，中国中车股份有限公司召开第一届董事会第一次会议，选举崔殿国担任董事长、公司法定代表人，选举郑昌泓、刘化龙担任副董事长，聘任奚国华为公司总裁。同日，召开第二次会议，聘任赵光兴、孙永才、王军、楼齐良、余卫平为公司副总裁，詹艳景为公司副总裁、财务总监，谢纪龙为公司董事会秘书。会议还选举产生公司战略委员会、审计与风险委员会、提名委员会、薪酬与考核委员会等相关委员会主席、副主席、委员。同日，中国中车完成工商变更登记，中国中车正式成立。6月8日，中国中车在上交所和联交所挂牌上市。

2. 中国中车集团公司成立。

2015年9月25日，中国中车集团公司完成工商注册登记，标志着南车、北车重组工作全面实现整合目标。根据国务院国资委国资任〔2015〕96号任免通知，成立中国中车集团公司董事会，任命崔殿国为中车集团董事长(法定代表人)，郑昌泓为中车集团副董事长，刘化龙、奚国华为中车集团董事。刘化龙为中车集团总经理，贾世瑞、徐宗祥、魏岩为中车集团副总经理。9月28日，中国中车集团公司在北京举行成立大会，庆祝南车、北车重组取得圆满成功和中车集团正式成立。

整合后，中车集团迅速明晰发展定位和业务模式，初步建立适应国有资本投资平台的精干高效的管控架构，丰富业务结构，搭建轨道交通、产业投资、类金融业务、地产置业、职业教育、资产管理六大业务平台，物流公司、财务公司、租赁公司、国际公司、香港公司业务重组工作基本完成。12月15日，国资委下发文件通知，决定中国中车集团公司纳入建设规范董事会试点企业范围。

3. 中国中车总部组织机构设置。

2015年6月1日，中国中车股份有限公司召开第一届董事会第二次会议，决定中国中车机构设置。中国中车总部组织机构设有董事会办公室、总裁办公室、投资发展部、运营管理部、财务部、人事部(外事管理办公室)、劳动工资部、监察部、企业文化部、资本运营部、审计和风险部、法律事务部、科技管理部、质量管理部、信息化管理部、安技环保部、行政管理部(扶贫办公室)。经营机构设有机车事业部、客车事业部、货车事业部、通用机电事业部、城轨事业部、产业发展事业部、服务事业部、国际事业部。

同日，中国中车集团公司印发《集团公司总部组织机构及其职责(试行)》的通知。中国中车集团公司行政职能机构设有办公厅(董事会办公室)、战略发展部、财务部、资本管理部、风险管理部、法律事务部；业务筹建组设有产业投资筹建组、资产管理筹建组、新设业务筹建组、教育培训筹建组。11月13日，中车集团印发通知，拟成立资产管理中心，作为集团资产集中管理常设机构；新成立中车大学，作为集团职业教育培训管理机构，暂时保留常州铁道高等职业技术学校名称不做变更；新设立产业投资管理公司，南方汇通股份有限公司重组为产业投资公司的子公司，暂时保留原名称不做变更；新设立资本投资管理公司；新设立置业公司。各公司成立后，中车集团4个业务筹建组撤销。

4. 中国中车一级子公司确立。

中国中车股份有限公司成立后，对所属一级子公司进行确立。2015年7月，股份公司印发《关于组织开展一级子公司名称规范和统一更名的通知》，启动一级子公司名称更名工作。在与国家工商总局沟通协调中，按照工商总局意见，中国中车所属子公司名称原则上不再加冠“中国”字号。10月26日，股份公司印发《关于立即开展子公司名称变更工作的通知》，要求各子公司力争在11月底完成一级子公司的更名工作。中国中车股份有限公司控股一级子公司有中车齐齐哈尔交通装备有限公司、中车长春客车股份有限公司、中车沈阳机车车辆有限公司、中车大连机车车辆有限公司、中车唐山机车车辆有限公司、中车北京二七机车有限公司、中车北京二七车辆有限公司、中车北京南口机械有限公司、中车石家庄车辆有限公司、中车大同电力机车有限公司、中车太原机车车辆有限公司、中车永济电机有限公司、中车济南车辆有限公司、中车青岛四方机车车辆股份有限公司、中车成都机车车辆有限公司、中车四方车辆有限公司、中车洛阳机车有限公司、中车西安车辆有限公司、中车兰州机车有限公司、中车南京浦镇车辆有限公司、中车戚墅堰机车有限公司、中车长江车辆有限公司、中车资阳机车有限公司、中车眉山车辆有限公司、中车株洲电力机车有限公司、中车株洲电机有限公司、中车贵阳车辆有限公司、中车大连机车研究所有限公司、中车大连电力牵引研发中心有限公司、中车青岛四方车辆研究所有限公司、中车戚墅堰机车车辆工艺研究所有限公司、中车株洲电力机车研究所有限公司、中车国际有限公司、中车物流有限公司、中车投资租赁有限公司、中车建筑工程有限公司、中国中车(香港)资本管理有限公司、中国中车(香港)有限公司、北京北车中铁轨道交通装备有限公司、中车信息技术有限公司、中车上海轨道交通设备发展有限公司、中车工业研究院有限公司、广州电力机车有限公司、天津电力机车有限公司。

11 月 13 日，中国中车集团公司印发《关于规范及变更中国中车集团公司子公司名称及简称的通知》，要求按照集团公司统一安排，在 12 月底完成一级子公司的更名。新成立中车集团资产管理中心、中车大学、中车集团产业投资有限公司、中车集团资本投资管理有限公司、中车集团置业有限公司。中车集团所属存续类一级子公司有中车集团齐齐哈尔铁路车辆(集团)有限公司、中车集团哈尔滨车辆厂有限公司、中车集团沈阳机车车辆工贸总公司、中车集团大连大力轨道交通装备有限公司、中国北车集团北京二七机车厂有限责任公司(被托管)、中车集团北京南口机车车辆机械厂、中车集团天津机车车辆机械厂、中车集团太原机车车辆厂、中车集团长春客车厂(被托管)、中车集团唐山机车车辆厂(被托管)、中车集团永济电机厂(被托管)、中车集团兰州机车厂(被托管)、中车集团大同社区管理中心(被托管)、中车集团西安车辆厂、中车集团济南机车车辆厂、中车集团株洲电力机车厂、中车集团戚墅堰机车车辆厂、中车集团武汉江岸车辆厂、中车集团株洲车辆厂、中车集团铜陵车辆厂、中车集团武昌车辆厂、中车集团成都机车车辆厂、中车集团南京浦镇车辆厂、中车集团洛阳机车厂、中车集团襄阳机车厂、中车集团资阳机车厂、中车集团眉山车辆厂、中车集团石家庄车辆厂、中车集团(青岛)四方车辆资产管理有限公司、中国南车集团北京二七车辆厂、中车集团贵阳车辆厂。12 月 31 日，中车资本控股有限公司、中车产业投资有限公司在中车总部举行揭牌仪式。

【主要指标】

2015 年中国中车集团公司主要经济指标

项　　目	2015 年
营业总收入(亿元)	2437.33
资产负债率(%)	64.41
利润总额(亿元)	163.02
归属母公司所有者的净利润(亿元)	57.54
资产总计(亿元)	3281.02
负债总计(亿元)	2113.33
所有者权益合计(亿元)	1167.69
净资产收益率(不含少数股东权益)(%)	11.94
总资产周转率(次)	0.76
固定资产投资完成额(亿元)	75.58
劳动生产总值(增加值)(亿元)	583.65
当年新签生产订单(亿元)	2875
其中：海外订单(亿元)	201
期末手持未完生产订单(亿元)	2144
其中：海外订单(亿元)	428
工业总产值(亿元)	2440

续表

项　　目	2015 年
能耗总量(吨标煤)	728232
新造及修理机车产量(台)	2701
新造及修理动车组产量(辆)	8577
新造及修理城轨、地铁产量(辆)	4698
新造及修理客车产量(辆)	5864
新造及修理货车产量(辆)	69586

【经营业绩】 按照国务院国资委"保增长"的要求，通过召开经营管理工作座谈会，研究确定新中车2015年经营指标和具体措施，并加强运营监控，强化激励约束，聚焦用户需求，全力开拓市场，全年实现市场签约额2875亿元，同比增长3.38%。全年中车集团实现营业收入2437亿元，同比增加167亿元，增长7.36%；实现利润总额163亿元，同比增加24亿元，增长17.57%；净资产收益率11.94%；EVA由118亿元增至129亿元，增长9.32%。中车股份实现营业收入2419亿元，同比增长8.98%；实现归属于母公司股东的净利润118亿元，同比增长9.27%。

【运营管理】 以"战略统领、业务主导、管理支持、面向全球"为目标，构建以业务开展为基本活动，以职能服务、区域管理为支持活动的运营模式，明确领导班子成员的分工和总部各部室、各事业部职能，业务主导型运营模式初步建立，涵盖总部、事业部、各子企业三个层级，业务、管理两个维度的矩阵式管理架构逐步清晰。运营分析机制开始运行，动态监控作用得到加强。继续深化两化融合，"中车购"电商平台正式上线运行，入驻会员147家，实现网上交易额110亿元。基于互联网的新一代旅客信息服务系统在沈阳浑南有轨电车项目中投入批量试运行。资本运作稳妥推进。实施28个股权投资项目，投资总额24.7亿元，获得投资收益3.14亿元。竞得中华联合保险20亿股，持有中华联合保险13.06%股权，资产组合逐步优化。修订完善183个制度，初步建立新制度体系。坚持融合与提升并重，持续深化精益示范区(线)、精益车间建设，以"6621运营管理平台"为核心的精益体系框架初步形成，富有中车特色的精益管理体系已具雏形。突出效绩考核导向，制定实施统一的企业效绩评价考核办法，初步构建高效的考核评价体系。完善人力资源管理体系，不断激发人才的创新活力和创造激情。深入推进高技能人才队伍建设，不断壮大高技能人才队伍，高技能人才占比超过60%。贯彻落实国务院国资委关于降本增效工作的决策部署，进一步加强成本管控，"两金"占用显著下降，亏损企业专项治理初见成效。供应链管理平台优化完善，线上采购率突破68%，节约采购资金5亿元。不断加强财务管理，资金利用效率进一步提升。全面展开监察审计工作，有效增强风险防控能力。持续改进质量管理。安全生产形势总体平稳。

【市场拓展】 各传统产业企业深化与用户合作，延伸产品及服务链条，谋求新的业务增长点。新产业迈出坚实步伐，中标江苏省常熟市村镇污水处理项目，形成良好示范效应；新能源汽车、风力发电、环保装备、高分子复合材料等新产业快速增长；与呼和浩特市开展PPP合作。开展高层访谈，推进战略询审，组织召开战略研讨会和战略务虚会，描绘出中国中车"十三五"发展蓝图。加强战略合作，与河北、甘肃、宁夏等地方政府，与国机集团、国开行等中央企业，与德铁、巴西里约州等国外机构签订战略合作协议189项。落实国家战略，立足国内，放眼全球，推进产品"走出去"和国际产能合作，竞争实力不断提高，实现从产品输出向"技术输出、资本输出、管理输出"的转变。在21个国家和地区设立56家境外公司和机构，拥有海外研发中心9个、海外资产26.5亿美元、海外员工4951人，产品覆盖全球六大洲、98个国家和地区，跨国经营指数从1.61%提高到6.07%。密切跟踪美国、俄罗斯、英国等海外高铁项目11个，并在俄罗斯、印尼、老挝等项目上取得实质性进展。中车品牌的业内美誉度、社会影响力和国际知名度迅速提升，成为中国高端装备"走出去"的金色名片。海外市场取得新突破，出口签约额57.8亿美元。中标伊朗地铁项目，总金额14.28亿美元，刷新地铁出口订单新纪录。动车组产品首次进入欧洲市场。获得土耳其300辆无人驾驶地铁项目订单，获得以色列120列轻轨车订单，实现以色列市场整车订单的突破。南非本地化电力机车下线。海外经营网络布局进一步加快。美国波士顿地铁项目在春田市奠基。中国铁路装备首个海外制造基地在马来西亚建成投产，成为“国际产能合作”的新亮点。与美国合资成立的货车公司开始首批样车生产，北美市场本地化翻开新的一页。收购世界知名海工企业SMD公司，进入高端深海机器人装备产业。收购全球卓越橡胶企业博戈公司。

拓展产业发展空间。推进结构调整，建立起从基础材料、核心部件、关键系统到整机产品的制造以及运营维护的完整产业链。在做强做优做大轨道交通装备核心主业的基础上，初步形成多元化产业形态，风力发电装备、新能源汽车、工业传动系统、高分子复合材料、节能环保产品等领域取得较好业绩，全年新产业实现营业收入244亿元。加快制造业服务转型，发展产品全生命周期服务和类金融、物流等现代服务业务，全年现代服务业实现营业收入274亿元。

【技术创新】 完成两列时速350千米中国标准动车组型式试验，各项技术性能表现优异，中国动车组研制步入全面自主化、标准化的新阶段。国内首条具有自主知识产权的中低速磁浮列车在长沙投入试运营。出口澳大利亚窄轨漏斗铁路货车被科技部评为国家重点新产品。储能式100%低地板轻轨车、悬挂式公交系统车辆等产品研发进展顺利，城轨产品谱系更加完整。高速动车组牵引控制系统、制动系统等一系列关键核心技术取得新突破。

技术创新能力得到新提高。获准建设轨道交通车辆系统集成国家工程实验室、大功率交流传动电力机车系统集成国家重点实验室、新型功率半导体器件国家重点实验室，拥有10个国家级行业研发机构，成为国家行业技术创新体系的主导力量。3家企业获批国家级企业技术中心，国家级企业技术中心达到20家，中国中车所属一半企业研发中心进入研发国家队。高速列车全球创新中心、国家工业设计中心、磁悬浮列车技术研发中心建设取得积极进展。海外研发中心建设稳步推进，中德、中英、中美联合研发中心相继成立，海外研发中心9个，统筹全球技术资源能力显著增强。所属有关企业作为“京沪高速铁路工程”重要参加单位，荣获国家科技进步特等奖。“高速重载列车牵引控制关键技术及应用”荣获国家技术发明二等奖，“高速检测列车动车组”“4400马力内燃调车机车”两个项目荣获中国铁道学会科学技术特等奖。完成中国标准动车组基于卫星通信的互联网系统解决方案和施工设计方案。“轨道交通车辆转向架智能制造车间”等5个项目纳入国家工信部“智能制造新模式”试点。

完善技术创新体系，注重科技创新投入，提升自主创新能力。初步搭建起产品设计、试验验证、仿真分析平台。主持或参与制(修)订并发布国际标准56项、国家标准174项、行业标准691项，创造有效专利13292项，其中，发明专利2075项、国际专利115项。“十二五”期间，7项重大科技成果获得国家科技进步奖。

(撰稿人：周秀梅)

中国铁路通信信号集团公司

【基本概况】 中国铁路通信信号集团公司(以下简称“中国通号”)前身始建于1953年，是我国创建最早的铁路专业化公司之一。2000年9月，中国通号与铁道部政企分开，移交中央企业工委管理。2003年4月，成为国务院国资委监管的国有大型企业。

截至2015年底，除母公司外有各级子企业74家，其中二级子企业4家，三级子企业24家，四级子企业43家，五级子企业(项目公司)3家；分公司2家。主要分布在国内经济中心区域，包括京、津、沪及东北、华东、华南、西北、西南等地区的重要城市。

2010年中国铁路通信信号集团公司整体改制，中国铁路通信信号股份有限公司成立。集团公司98%以上的资产及人员进入股份公司，主营业务全部由中国铁路通信信号股份有限公司承继，成为中国通号生产经营的主体。

2015年8月7日，中国铁路通信信号股份有限公司在香港特区首次公开发行取得圆满成功，国际配售及中国香港公开发行17.89亿股，融资总额112亿港元。发行价格超过19倍市盈率，是自2011年以来估值最高的中国工业股香港IPO，也是自2015年A股“股灾”后第一个在香港上市的大型IPO，成为H股估值溢价最高的中国铁路板块公司，纳入恒生综合大中型指数成份股。

中国通号是中国铁路通信信号系统制式的研究设计、铁路标准的参与制定单位，是铁路电务施工标准规范的编制单位；具有铁路电务工程和电信工程专业承包一级资质，机电设备安装工程专业承包、建筑智能化工程专业承包壹级资质，具有国家甲级工程勘察、工程设计、工程咨询、工程监理、通信信息网络系统集成等多项资质；具有对外进出口经营权和对外工程承包权，企业“AAA”级信用等级证书，“AAA”级银行信用等级；是北京市高新技术企业，北京市工商局认定的“重合同、守信用”单位。总部及各企业全部通过ISO9000质量体系认证，13家涉及安全关键产品的企业全部通过IRIS认证。

中国通号作为中国轨道交通列车运行控制技术的奠基者和先行者，是全球领先的轨道交通控制系统解决方案提供商和设备供应商。作为中国高速铁路通信信号系统技术引进消化吸收与自主创新主体承担单位，拥有具有世界先进水平的高速列车控制系统技术和主要装备，在列车运行控制技术方面具备设计研发、装备制造、施工安装和运营维护的“一站式”服务能力，其核心技术在时速300千米以上的高速铁路中占据中国92%以上的市场份额，成功运用于武广、京沪、哈大等1.6万千米高速铁路和客运专线，创造的高铁技术案例库数以万计，超过国外发达国家公司的总和，在中国轨道交通安全控制领域的影响力、控制力处于领先位置。

大力拓展城市轨道交通市场，成功开发出具有完全自主知识产权的城市轨道列车运行控制系统(CBTC)，先后承揽北京、天津、上海、重庆、广州、深圳、武汉、南京、昆明、成都等多个城市的地铁轻轨通信信号总承包项目。大力拓展海外业务，作为中国铁路“走出去”联合体成员之一，参与中印尼、中泰、中俄、美国西部铁路等项目谈判与建设，部分产品和技术出口至亚、非、拉美等10多个国家和地区，与巴基斯坦、乌兹别克斯坦、埃塞俄比亚、安哥拉、肯尼亚、阿根廷等国家开展合作，提供产品技术和系统交付解决方案。

中国通号坚持“一业为主、相关多元”，不断完善产业产品结构，打造上下延伸、关联拓展、产业协同的通信信号、电力电气化、信息工程、工程总承包、新兴业务、资本运作和海外业务七大业务板块体系，推动中国通号可持续发展。

截至2015年底，中国通号在职职工15499人，其中科研人员3399人，工程技术人员6950人，具有高级技术职称1313人，工人4482人。

【主要指标】 截至2015年底，中国通号资产总额449.85亿元，比2014年的285.85亿元增长57.37%；所有者权益234.3亿元，比2014年的126.27亿元增长85.36%。

2015年，集团实现营业收入245.4亿元，比2014年的177.3亿元增长38.41%；实现利润总额32.1亿元，比2014年的25.67亿元增长25.07%；实现净利润26.88亿元，比2014年的21.04亿元增长27.77%(其中，归属于母公司所有者的净利润22.02亿元，比2014年的20.34亿元增长8.29%)。

2015年，集团技术开发投入11.38亿元，比2014年的7.82亿元增长45.6%；利税总额57.09亿元，比2014年的42.42亿元增长34.59%；应交税金总额24.99亿元，比2014年的16.75亿元增长49.18%；全员劳动生产率50.73万元/人·年，比2014年的38.14万元/人·年增长33%。

2015年，集团净资产收益率14.91%，处于行业优秀值与良好值之间，比2014年减少3.7个百分点；总资产报酬率8.87%，处于行业优秀值与良好值之间，比2014年减少1.39个百分点；国有资本保值增值率117.38%，处于行业优秀值，比2014年减少2.41个百分点。

2015年，中国通号抓住铁路大建设和城市轨道交通建设高速增长的良好机遇，充分发挥科技创新为核心、“三位一体”的优势，外拓市场、内强管理，全力以赴提升经济效益，营业收入和利润总额等各项经济指标再创历史新高，全面和超额完成国资委下达的考核目标。

2015年中国铁路通信信号集团公司主要经济指标

项　目	2014年	2015年	比上年增长(%)
资产总额(亿元)	285.85	449.85	57.37
所有者权益(亿元)	126.27	234.30	85.56
营业收入(亿元)	177.30	245.40	38.41
利润总额(亿元)	25.67	32.10	25.07
净利润(亿元)	21.04	26.88	27.77
归属于母公司所有者的净利润(亿元)	20.34	22.02	8.29
技术开发投入(亿元)	7.82	11.38	45.60
利税总额(亿元)	42.42	57.09	34.59
应交税金总额(亿元)	16.75	24.99	49.18
全员劳动生产率(万元/人·年)	38.14	50.73	33.00
净资产收益率(%)	18.61	14.91	减少3.7个百分点
总资产报酬率(%)	10.26	8.87	减少1.39个百分点
国有资本保值增值率(%)	119.79	117.38	减少2.41个百分点

【改革发展】 2015年,中国通号深入贯彻《关于深化国有企业改革的指导意见》,把深化企业改革,调整产业产品结构,加快转型升级,增强企业活力放在更加突出的位置,积极稳妥地推进企业改革。编制发布《关于深化改革的总体实施方案》,拟定六大类22项改革任务67项改革措施,确定通信集团作为综合改革试点;推进总部三项制度改革,加大绩效考核力度,提高总部员工的工作效率。

贯彻落实中国通号中长期发展战略与规划,加快产业、产品结构调整,优化工业资源配置,完善公司的产品体系,实现“统一决策、统一营销平台、统一技术标准和研发、统一生产调度、统一财务与投资、统一物资采购”,充分释放协同发展效应,降低管理成本,提高资源利用效率,巩固和提升基础装备产品在市场竞争中的优势,增强企业可持续发展能力,重组整合北信、上通、成通3家工业企业组建以系统装备为主的北京工业集团,重组整合西信、沈信、津信3家工业企业,组建以基础装备为主的西安工业集团。

在产权管理方面,中国通号持续完善产权管理工作体系,充分发挥产权管理在企业改革发展中的基础性、枢纽性、战略性作用,严格论证和决策过程,规范操作产权流转流程,有效防止国有资产流失。制定《产权转让管理办法》,明确产权转让的原则、流程、评价和责任追究机制,进一步规范产权转让的各个环节,完善内部决策程序,科学论证,层层把关,按照“有进必进、能进则进、进则规范、操作透明”的要求,确保国有产权通过国资委公布的从事央企资产转让交易业务的产权交易机构公开挂牌交易,坚决杜绝场外交易,防止国有资产流失。

在绩效考核方面,中国通号根据对近两年考核实施情况的深入研究,以及当前发展阶段的管理要求,充分借鉴上市公司业绩评价体系,着手对原有的绩效考核办法进行修订。着力从股东回报、财务安全、持续发展、经营效率等方面引导各企业去创造价值、实现价值的持续增长。在原有考核体系中增加反映股东回报的净资产收益率指标,以及反映企业高价值、高竞争优势的毛利率指标,同时结合不同的业务板块和重组后的资源架构等重新调整经营系数。集团高度重视“两金”清理工作,一直将应收账款和存货双降完成情况作为管理指标对企业进行考核。根据实施效果,持续加大考核分值,加强对企业约束力,引导企业全面落实“两金”清理工作目标,遏制“两金”过快增长。

【重大项目】 参与中南通道、哈齐高铁、合福高铁、海南西环等国家重点高铁建设项目,全年累计开通高铁运营里程1911千米,交付城市轨道交通等工程10余项,有力地保障国家重点工程项目建设;京沪、哈大、广深港广深段三项工程获得国家优质工程奖;完全自主知识产权CBTC分别中标上海地铁17号线和重庆地铁5号线,并在北京地铁8号线成功开通运营,取得良好的社会效益和经济效益。

为快速弥补中国通号铁路“四电”施工中铁路电气化施工资质、施工业绩及施工能力的短板,迅速形成铁路“四电”施工的综合能力,完善铁路“四电”集成产业链,中国通号与郑州铁路局合资组建通号(郑州)电气化局。

为深化信息技术的研发与应用，组建智慧城市研究院，抢抓智慧城市和信息消费、“互联网+”等新兴业务发展机遇，推动智慧城市业务和信息化市场拓展。贵州铜仁新城智慧城市建设项目进展顺利。

为完善产业产品结构，形成“上下延伸、关联拓展、产业协同”的产业板块体系，推动转型升级，紧紧抓住国内现代有轨电车快速发展的市场机遇期，提升在有轨电车领域的一站式交付能力，提高市场影响力和竞争力，与湘电集团有限公司、捷克INEKON公司合资设立通号轨道车辆有限公司，快速获得国内有轨电车整车生产制造技术，完善有轨电车投资、工程、制造、运维一体化的产业布局，在甘肃天水，浙江温岭，河南洛阳、焦作，湖南长沙等城市的有轨电车项目取得积极进展。

通过收购卡斯柯信号有限公司1%股权，持股比例达到51%。将合资企业纳入中国通号报表合并范围及全面预决算财务管理体系，有效防范企业财务和运营风险，实现对合资企业的实质性控制，加强股份公司对合资企业的管控能力，更好地发挥协同效应，提高企业市场竞争力。

结合中国通号科技发展规划和市场需求，积极开展新产品研发。完成自主化C3列控核心设备研制，并取得SIL4安全认证；完成超宽带无线传输EUHT系统基站和车载设备的工程化样机试制和在城轨、城际、高速铁路的示范应用。

【重大创新】 2015年，中国通号持续推动管理提升工作，强基固本、控制风险、开源节流、降本增效，对工程建设实现管理制度、人员配备、现场管理和过程控制四个标准化；建立中国通号采购电子商务平台和“四电”系统集成项目物资设备供应商信用评价体系；加大双降考核力度，完善责任成本管理，建立按季度对经济增加值的监控机制；逐步建成覆盖集团，贯穿研发、采购、生产、工程、营销、售后全过程的信息化平台，实现对企业业务运营的动态管理与控制。

2015年，中国通号科技工作以“保持信号领先地位、破解通信发展难题、实现海外技术突破”为重点，加强中国通号产品规划，完善产品体系框架、产品技术路线，积极参与国家产业、行业发展规划制定，引领行业技术发展方向；坚持核心技术的自主创新，加快科研成果的产业化进程，推动自主化C3列控系统的上道试验，完成城市轨道交通自主化CBTC系统在北京地铁8号线的开通运营和推广应用，加快电务敏捷运维系统、超高速无线宽带、有轨电车系统升级、位置网等系统技术的研发和推广，加速科研成果的转化；加强科研项目管理和科技人才队伍建设，建立科技人才的中长期激励机制，评选和表彰5个“成绩突出专项奖励项目”“十大科技标兵”和百名“先进科技工作者”，发放奖励1500万元，培育创新文化，激发创新活力。

2015年，中国通号获得授权专利112项；获得省部级以上科技奖项13项，其中参建的京沪高铁获得国家科技进步特等奖，“CTCS—3级列控系统互联互通测试验证关键技术及应用”“编组站综合集成自动化系统(CIPS)”及“高速铁路调度集中系统”获得铁道学会科学技术一等奖；获批设立两家国家级博士后科研工作站，研究设计院通过国家级工业设计中心认定。

【信息化建设】 2015年，中国通号继续紧密结合企业信息化中长期战略规划提出的“标准统一、覆盖全面、协同共享、管控有力”的建设理念，严格按照“统一规划、统一标准、统一平台、统一组织、统一管理”的建设原则开展信息化建设工作。由中国通号自主规划、设计、施工的主数据中心投入运营。中国通号ERP系统、统一门户系统、OA系统、移动办公系统、智慧城市等相关行业平台系统高效、稳定开展运营服务。中国通号主数据中心成为对内支撑集团生产、经营、管理、决策的“知识仓库”，对外开展成果展示、交流合作的桥梁窗口；涉及人、财、物、销售、项目、生产、设备、质量、售后9个业务领域，涵盖118个组织的ERP系统在中国通号全面上线，实现ERP系统在中国通号的全覆盖，构建以财务为核心，业务、财务一体化的业务管理信息基础；主数据管理范围进一步扩大，新增人员、组织、项目、设备四类主数据，有八大主数据纳入统一管理，纳入管理的主数据包括1309个财务科目、6186个客户、12896个供应商、22万个基本物料；统一门户及协同办公(OA)系统、移动办公等系统先后在全系统上线运营；决策分析系统开始在总部进行试点；业务流程管理(BPM)、合并报表(HFM)、统一通信系统(UC)等有序推进。

【走向海外】 2015年，中国通号实现对外经营收入8.29亿元人民币，比上年增长16%。其中对外承包工程收入6.69亿元；对外产品销售收入1.6亿元。对外新签合同额11.54亿元，其中对外承包工程新签合同额11.16亿元；对外产品销售新签合同额3800万元。

2015年，中国通号签订肯尼亚共和国蒙巴萨至内罗毕标准轨距铁路项目通信、信息、信号、电力系统集成及工程实施项目并于年内实现发货，此外还参与埃塞俄比亚铁路、吉布提铁路、尼日利亚铁路、蒙古铁路等项目，自主产品和设备实现向中国香港高铁、埃塞俄比亚轻轨、伊朗德黑兰地铁3号线、伊朗库姆、尼日利亚阿卡铁路的供货和销售，主要包括CBTC系统、联锁设备、2000A轨道电路设备、转辙机、电缆产品等。

【党建工作】 2015年，中国通号全面加强党的建设，为企业改革发展提供坚强的政治保障。一是加强理论学习和形势任务教育，组织全系统深入学习贯彻党的十八大和十八届三中、四中、五中全会精神，推动中心组学习的常态化、制度化和规范化。二是深入开展"三严三实"专题教育，把专题教育作为凝心聚力推动战略目标落地的一次重大实践和政治任务来抓，对专题教育进行全程指导，严格督导，把专题教育与保增长、促改革、调结构、抓创新结合起来，务求实效，扎实推进各项工作，达到预期目标。三是加强基层党组织建设，注重资源整合组织结构调整中党建工作同部署安排，开展创先争优，加强基层考核，提高党建工作科学化水平。四是加强改进宣传方式，积极适应上市工作需要，加大对外宣传力度，先后制作完成公司路演片（中英文版），完成公司网站群的规划和建设，开通中国通号官方微信"中国通号"，与部分中央媒体等建立良好沟通渠道，全方位宣传中国通号改革发展成就。五是加强党风廉政建设，严格落实两个责任。2015年，中国通号制定《巡视工作实施办法（暂行）》和《巡视组人员工作纪律守则》，建立内部巡视工作机制，完善监督手段；加大领导干部问责力度，对22名负有领导责任的干部依据股份公司《职工违纪违规处理暂行规定》进行责任追究；组织开展以"严以律己"为主题的党风廉政建设教育月活动，强化党风廉政建设和反腐败工作，严格落实党委主体和纪委监督责任，严明政治纪律和政治规矩。在重点骨干企业开展内部巡视，加大问责力度，持之以恒贯彻中央八项规定精神，营造风清气正的发展环境和氛围。

【履行社会责任】 2015年，中国通号圆满完成央企稳增长任务，实现国有资本保值增值。成功于香港联交所上市，以良好的业绩为国家经济社会发展作贡献，回报股东、回报社会、回报员工。

持续整合优化质量安全管控体系，实施产品全生命周期的质量安全管理；全面落实安全质量责任制，层层分解目标与责任；严格强化质量安全过程控制，不断提升质量安全保障能力。2015年，系统设备安全稳定、产品故障率持续下降，参与建设的京沪、哈大、广深港广深段工程获得国家优质工程奖，以负责任的态度，致力于以安全适用的轨道交通控制系统技术为国内外用户提供可靠优质的服务。

自主化高铁C3列车运行控制系统研究取得重大突破，对国外高铁列车运行控制系统和装备实现全面替代，为中国高铁安全运行提供核心技术支撑；拥有完全自主知识产权的城市轨道交通列车运行控制系统（CBTC）成功应用于北京地铁8号线，打破国外跨国企业对城轨高端控制装备的垄断，为国内城市轨道交通装备纯国产"大脑"；城际列车运行控制系统C2+ATO在莞惠城际开通运营；电务敏捷运维系统，有轨电车、中低速磁悬浮列车控制系统全面覆盖轨道交通领域，让民族科技支撑中国高铁和轨道交通发展。

公司坚持节能减排绿色发展，2015年节能环保总投入1980万元，万元产值综合能耗0.0372吨标准煤/万元，比上年下降8.1%。

积极支持社会公益事业，对口支援河南省社旗县，选派第一书记对口帮扶；开展爱心捐助活动，发放助学专项资金17.8万元，救助203人；各级团组织开展爱心捐赠活动，捐赠书包400个，图书500余册；海外蒙内铁路项目组织圣诞节看望内罗毕孤儿院儿童，爱心捐赠生活用品等物资，受到当地民众好评。

（撰稿人：马立军）

中国铁路工程总公司

【基本概况】 中国铁路工程总公司（以下简称

"中国中铁")是集勘察设计、施工安装、房地产开发、工业制造、科研咨询、工程监理、资本经营、金融信托、资源开发和外经外贸于一体的多功能、特大型企业集团，总部设在北京。中国铁路工程总公司具有住房和城乡建设部批准的铁路工程施工总承包特级资质、公路工程施工总承包一级资质、市政公用工程施工总承包一级资质以及桥梁工程、隧道工程、公路路面、公路路基工程专业承包一级资质，城市轨道交通工程专业承包资质，拥有中华人民共和国对外经济合作经营资格证书和进出口企业资格证书。2000年通过质量管理体系认证，同时获得英国皇家UKAS证书。2003年通过环境管理体系和职业健康安全管理体系认证。2004年通过香港品质保证局质量/环保/安全综合管理体系认证，并获得国际资格证书。

中国铁路工程总公司的前身是1950年3月成立的铁道部工程总局和设计总局，后变更为铁道部基本建设总局。1989年7月，铁道部撤销基本建设总局，组建中国铁路工程总公司。2000年9月，与铁道部"脱钩"，整体移交中央大型企业工作委员会管理。2003年4月归属国务院国资委管理。2006年11月，成为首批国有独资企业董事会试点企业。2007年9月12日，独家发起设立中国中铁股份有限公司(以下简称"中国中铁")，并于2007年12月3日和12月7日，分别在上海证券交易所和香港联合交易所挂牌上市。

中国中铁作为全球最大建筑工程承包商之一，自2006年起，连续十年进入世界企业500强，2015年排名世界企业500强第71位，排名全球250家最大工程承包商首位，排名全球250家最大国际承包商第23位，排名中国企业500强第11位。

中国中铁是中国铁路工程总公司经营业务的运营主体，拥有下属40余家子、分公司和其他项目机构，主要分布在全国除台湾省以外的各省(自治区、直辖市)，并在60多个国家和地区设有公司办事处、代表处和项目部等境外机构。主要子企业有中铁一局、二局、三局、四局、五局、六局、七局、八局、九局、十局、大桥局、隧道、电气化局、武汉电气化局、建工、港航局、航空港、上海局等18家施工企业集团；中铁二院、六院、设计咨询、大桥院、科研院和华铁咨询等6家勘察设计科研企业；中铁山桥、宝桥、科工、装备等4家工业制造企业；以及中铁国际、中铁置业、资源、信托、财务、物贸和交通投资、建设投资、城市发展投资、投资集团、昆明投资、贵州旅游文化发展公司等10余家国际业务、房地产、矿产、金融、投资管理公司。中铁宏达资产管理中心为中国铁路工程总公司成立的具有法人资格的全民所有制企业，负责管理学校、医院、主辅分离资产等未进入上市范围的机构和资产。

作为科技部、国务院国资委和中华全国总工会授予的全国首批"创新型企业"，公司拥有"高速铁路建造技术国家工程实验室""盾构及掘进技术国家重点实验室"和"桥梁结构健康与安全国家重点实验室"3个国家级实验室、7个博士后科研工作站、58家经国家认可的检测实验中心、11个经国家认定的技术中心和36个省部认定的技术中心。先后荣获国家科技进步和发明奖103项，其中特等奖5项、一等奖14项；获省部级科技进步奖2379项，中国土木工程詹天佑奖97项，拥有有效专利4956项，其中发明专利1292项，参与编写国家及行业标准627项。

公司是中国最大的铁路工程机械设备和零部件制造商之一，是全球最大的道岔制造商、中国最大的盾构机生产商，中国唯一一家获准生产高锰钢焊接辙叉的研发制造商以及中国桥梁钢结构的领先制造企业。

截至2015年底，公司职工总数282264人，其中在岗职工242736人，管理人员108448人。中级职称及以上专业技术人员74888人，高级专业技术人才20190人，其中，教授级高级工程师1462人，高级工程师13833人，高级会计师1259人，高级经济师1385人。现有中国工程院院士2人、国家级突出贡献专家11人、国家勘测设计大师5人、新世纪百千万人才工程国家级人选11人，中国青年科技奖2人，詹天佑奖获得者74人，茅以升铁道工程师奖62人，享受国务院政府特殊津贴专家人员312人。

【主要指标】 2015年，中国铁路工程总公司新签合同额9581.5亿元，其中国内完成8896.5亿元；海外完成685亿元。企业营业额7109.6亿元，其中国内完成6728.5亿元；海外完成381.1亿元。

截至2015年底，中国铁路工程总公司的资产总额7326.7亿元，同比增长6.90%。其中，流动资产5461.9

亿元，同比增长7.8%，流动资产占资产总额79.7%。负债总额5702.0亿元，其中带息负债1798.6亿元。

2015年中国铁路工程总公司主要经济指标

项　目	2014年	2015年	比上年增长(%)
资产总额(亿元)	6853.70	7326.70	6.90
所有者权益(亿元)	1151.70	1436.30	24.71
营业总收入(亿元)	6133.00	6096.00	-0.60
利润总额(亿元)	155.20	163.30	5.22
净利润(亿元)	108.80	114.20	4.96
归属于母公司所有者的净利润(亿元)	59.10	61.70	4.40
技术开发投入(亿元)	97.10	104.70	7.83
利税总额(亿元)	351.20	353.00	0.51
应交税金总额(亿元)	271.40	276.10	1.73
全员劳动生产率(万元/人·年)	24.40	26.80	9.84
净资产收益率(%)	10.35	8.83	减少1.52个百分点
总资产报酬率(%)	3.37	3.24	减少0.13个百分点
国有资本保值增值率(%)	110.24	110.00	减少0.24个百分点

【改革发展】 2015年，中国中铁继续推进改制重组，深化企业内部改革，为企业发展提供改革动力。一是坚持“归口管理、集中采购、统一储备、统一结算”的改革方向，按照“管采分离”和“一个主管领导、一个主管部门、一个统一管理体系、一个统一管理平台”的总体要求，成立股份公司采购管理部，对全公司集中采购和物资管理履行组织管理协调职能。对物资、机械设备、劳务、办公用品、低值易耗品、商旅服务及外包等实施全面集中采购管理，建立覆盖境内外的采购配送网络，构建供应链平台，形成“大集采”新格局。二是坚持“大战略、大平台、大旗舰、大布局、大政策”的海外经营方针，组建股份公司国际事业部，负责全公司海外业务的经营管理和统筹协调工作，发挥整体优势，运作大项目、开拓大市场。同时，中铁国际吸收合并中海外，中海外作为中铁国际的子公司进行管理，实现集团化、集约化、规模化和专业化发展，努力打造中国中铁海外经营旗舰。三是为进一步优化工业制造板块资源配置，通过资本市场做大做强做优工业制造板块，启动工业制造板块重组与中铁二局资产置换上市工作(简称“宏盛项目”)，各项工作按计划顺利推进。四是针对企业法人公司数量多、分布面广，管理链条长、发展参差不齐等现状，按照“突出主业、加强内控、缩短链条、提高质量”的工作原则，先后下发《公司总部及二、三级企业机构设置和员工总量管理办法》《关于清理整合三级及以下各类企业以及严格新设企业审批有关问题的通知》，通过多种方式对三级及以下法人企业进行清理整合，并严格审批新设企业，使资源更加集中，主业更加突出，企业的管控能力进一步提高。

【重大项目】 2015年，中国中铁参建全球首条环岛高铁海南西环铁路、合(肥)福(州)高铁、郑(州)焦(作)城际铁路、拉日铁路、吉图珲客运专线开通运营。承建的埃塞俄比亚首都轻轨项目一期商业运营开通。中铁大桥局承建的国内首座山区钢箱梁悬索桥——普立特大桥钢箱梁合龙。中铁港航局承建的世界最大跨度混凝土拱桥——沪昆高铁北盘江特大桥胜利合龙。中铁大桥院设计的世界最大跨度重载铁路桥梁——蒙华铁路荆州长江公铁特大桥顺利实现主跨钢梁合龙。中铁大桥院设计、中铁科工承制的的世界最长玻璃桥面人行桥——张家界大峡谷玻璃桥成功合龙。

2015年，中国中铁参建的亚洲最大交通单体项目——京新高速公路临白段项目开工建设，中标长沙空港城建设及综合开发PPP项目。中铁二院与俄罗斯铁路快速干线股份公司(俄罗斯铁路公司的子公司)签署《高速铁路干线“莫斯科－喀山－叶卡捷琳堡”莫斯科－喀山段工程勘测、区域土地测量设计和建筑用设计文件编制的作业合同》，中国中铁以BT＋PPP模式取得呼和浩特市轨道交通1号线一期工程(金海工业园区—白塔)建设项目。

2015年，公司工程质量创优工作成效显著，有11项工程获得鲁班奖，13项工程获得国家优质工程奖。

59项科技成果达到国际先进水平，荣获国家科技进步奖2项、授权发明专利336项，国家级工法21项。

【走向海外】 2015年，中国中铁继续贯彻中央“走出去”方针，全面提高国际化经营水平，积极建立“大战略、大旗舰、大布局”海外经营平台，撤消国际业务部，成立国际事业部，有针对性地对全公司海外经营业务和大项目运作进行管理。对所属中海外与中铁国际实施战略重组。强化“品牌化、区域化、属地化、混合化”管理，构建海外业务新经营格局。2015年，实现海外新签合同总额109.7168亿美元，完成营业额60.3178亿美元，海外业务总体占比5%。

截至2015年底，股份公司全系统外经员工有7780人，其中，国内人员有1860人，派往境外工作的职工总数5920人；国内外派劳务7974人，雇佣当地人员44044人。股份公司全系统境外在建工程项目和设计项目以及产品加工总数419个，其中，境外在建工程项目342个，在建项目合同总额303.5106亿美元，在建项目剩余合同总额151.4848亿美元，国际业务涉及68个国家和地区。

2015年，中国中铁在境外68个国家设有境外机构开展业务，其中与“一带一路”相关的重点追踪项目主要是东南亚、南亚、中亚、西亚以及中东欧地区。

2015年，中国中铁加大与国家有关部委、各中资企业和金融机构的沟通联系与协调配合，在坚持长期经营精耕细作基础上，投入大量的人力物力，全面抓好重大项目开发。

1. 中老铁路项目，全长419千米，总投资70亿美元。2015年11月13日，中老两国政府签署中老铁路合作协定。12月2日，中老双方在老挝万象举行项目开工暨奠基仪式。中国中铁是项目主要发起单位和投资方之一，出资额占中方联合体25%，在该项目工程建设中获得较大份额。

2. 中泰铁路项目，全长867千米，预算123亿美元。2015年12月3日，两国政府签署框架文件，于12月19日举行启动仪式。项目分4段，中国中铁负责实施其中的耿奎—呵叻（134千米）、呵叻—廊开（351千米）两段工程。全线线上工程总投资200亿元人民币，中方联合体资本金占40%，中国中铁资本金占中方联合体33%。

3. 印尼雅万高铁项目，雅万高铁项目规划线路全长152.3千米，总投资57亿美元。2015年10月16日，印尼—中国高速铁路公司合资协议在雅加达正式签署。项目土建部分占60%，未来承包份额在中国中铁、中国水电间根据具体出资比例分劈；四电工程部分占23%，未来承包份额在中国中铁、中国通号间根据具体出资比例分劈。

4. 匈塞铁路项目，线路全长350千米，项目总投资186.18亿元人民币。2015年11月24日，在中东欧16+1会议上，签署政府间正式协议，中国铁路总公司、中国中铁和匈牙利铁路公司作为项目总承包商进行项目总包管理。中国中铁参与开发的匈牙利段，造价99.86亿元人民币，正线长度160千米。

5. 莫斯科至喀山高速铁路项目，总投资300亿美元，公司联营体中标高铁项目设计合同，合同金额200亿卢布。

6. 德黑兰至伊斯法罕高铁项目，项目全长375千米，运营速度300千米/小时，总造价444亿元人民币，项目分A（136亿元）、B（308亿元）两部分。伊方签发合同A首期生效部分（40亿元）预付款6亿元人民币支付令，德伊高铁项目正式生效。

7. 马亚西亚南部铁路项目。马来西亚南部铁路线路全长191.14千米，项目总投资165亿元人民币（25.78亿美元）。中国铁建、中国中铁和中国交建按照4:3:3比例组成中方联合体参与该项目。

8. 美国西部快线项目。美国西部快线全长380千米，总投资估算127亿美元（812.8亿元人民币）。中方联营体将与美方共同组建项目合资公司，中国中铁持股占中方联营体24%，是中方联营体的第二大股东。

【重大创新】 2015年，中国中铁认真贯彻落实中央关于深化创新体制改革精神，承担国务院国资委中央科技创新管理专项工作计划中的“中央建筑工程企业创新模式研究”课题，是中央建筑企业中唯一承担中央科技创新管理专项工作计划课题的单位。

2015年，公司推进科研高端平台建设，强化科技管理，创新能力不断增强。高速铁路建造技术国家工程实验室和盾构及掘进技术国家重点实验室研究工作有序开展，在队伍建设、科学研究及学术交流等方面取得较好成绩。国家科技部正式批准中铁大桥局建设桥梁结构健康与安全国家重点实验室。实验室将在桥梁寿命健康设计、桥梁检测监测、桥梁加固维修、高速铁路安全运营、结构动力控制等领域开展相关研究,以解决桥梁健康与安全所面临的重大科学技术问题,对推动桥梁产业健康发展,推动我国交通行业科技创新、提升核心竞争力,保障桥梁健康安全和人民生命财产安全具有重大意义。

2015年,结合重点工程建设,开展项目科技创新,为提高隧道机械化施工水平,确保隧道施工安全,组织开展隧道凿岩台车的研制工作,制定下发隧道凿岩台车研制技术条件,对台车研制大纲和设计进行审查。中铁四局、中铁科研院研制的"轮胎自行式两臂凿岩台车"装配完成并发送现场进行工业性试验;中铁五局、中铁科工研制的"模块化门式多功能凿岩台车"完成场内组装调试并进行工业性试验。"大跨度桥梁设计与施工"等18项成果达到国际领先水平,"铁路路基突发灾害自动监测及预警"等59项成果达到国际先进水平。

2015年,公司加强知识产权管理,下达专利计划723项,其中发明专利315项,涵盖桥梁、隧道及地下工程、线路路基、房建、四电和机械制造等专业;下达工法计划668项,其中国家级工法33项,知识产权数量和质量进一步提升。2015年,公司荣获国家科技进步奖2项(其中一等奖1项);获得省部级科技成果奖104项(未包括总公司奖);获得授权专利1039项,其中发明专利336项;国家级工法公示21项,获得省部级工法270项。

2015年,公司新开科研项目1520项,研发费54.54亿元,其中股份公司直接管理的课题217项,列入股份公司科开计划由所属各单位管理的课题1303项。组织对达到验收条件的科研课题进行课题结题验收,有25项重大课题、68项重点课题和107项引导课题通过结题验收。通过各级科技成果鉴定评审或验收582项,其中通过省部级鉴定评审58项,104项科技成果获得省部级科技进步奖。

【党建工作】 2015年,公司各级党组织认真贯彻中央和国资委党委的部署和要求,不断加强和改进党建思想政治工作,充分发挥企业政治优势,为企业持续稳定发展提供坚强有力的政治保证。一是围绕班子思想政治建设,抓学习培训。思想政治建设是从严治党的根本。全公司各级党组织通过全委会、专题培训、座谈会、培训班等形式,学习贯彻党的十八大,十八届三中、四中全会精神和习近平总书记系列重要讲话精神,学习股份公司系列会议精神及《准则》和《条例》等两项法规。公司党委在石家庄党校举办基层党组织书记培训班,所属42家单位的89名组工干部及基层党支部书记参加培训。公司所属36家二级单位举办48次培训,对2600余名基层党务干部和党支部书记进行系统培训。按照中央和国资委党委要求,公司党委对学习贯彻落实《中国共产党廉洁自律准则》和《中国共产党纪律处分条例》进行部署和安排,组织所属42家二级单位、600多家三级单位、4200多个工程项目部开展学习宣传两项法规活动,掀起学习宣传两项法规的热潮。

二是围绕党委主体责任,抓"五查"整改。公司党委坚持将"五查"工作作为落实党委主体责任的一项重要工作来抓,重点对违反党的政治纪律和政治规矩,以权谋私、贪污受贿,享乐奢靡、铺张浪费等违反中央八项规定,独断专行、有章不循、管理混乱,抓党风建设和反腐败工作不到位、不得力等五个方面的突出问题进行自查自纠。总部机关24个党支部分别形成书面自查报告,87名部门副职以上人员填写个人自查情况《承诺书》。公司所属42家二级单位党委集中开展"五查",形成自查自纠工作报告,查出"五个方面"存在的突出问题450多个。为推动"五查"整改落实工作深入推进,公司党委要求全公司副处级以上领导干部对查摆出的具体问题作出书面承诺,实行签字背书。公司42家二级企业党组织、600名局级领导干部、7800多名处级领导干部签字背书,查摆"五个方面"存在的突出问题784个,制定整改措施2400多条,立行立改问题520个。

三是围绕作风建设,抓"三严三实"专题教育。深入开展"三严三实"专题教育,是公司各级党组织的重大政治任务。公司党委制定下发《中国中铁关于开展"三严三实"专题教育实施方案》,对公司领导班子、总部机关及所属二级单位专题教育作出安排。集中购买1300本《优秀领导干部先进事迹选编》《领导干部违纪违法典型案例警示录》,及时配发给总部机关全体党员和所属单位班子成员作为专题教育学习资料，召开中国中铁“三严三实”专题教育工作会议并全面启动全公司专题教育。公司领导班子成员和高管、党委中心组成员以及总部机关各党支部书记，分别以严以修身、严以律己和严以用权为主题，召开3次专题学习研讨会议，及“三严三实”专题民主生活会。公司所属各单位各级党委书记为广大党员讲专题党课800多场(次)，开展专题学习研讨2500多次。公司党委作为唯一一家央企向中组部调研组和国资委领导汇报公司“三严三实”专题教育情况，受到上级领导的高度评价。

四是围绕生产经营改革发展中心工作，抓党建主题实践活动。围绕中心、服务大局是党建工作永恒的主题。公司党委坚持以党建主题实践活动载体，充分发挥基层党组织的战斗堡垒作用和广大党员的先锋模范作用，促进生产经营等各项工作顺利开展。公司党委指导各单位因地制宜组织开展“重点工程党旗红”“党员先锋工程”“党员精品工程”“三争一保”等形式多样的党建主题活动，深入推进向外协队伍委派党群工作协理员工作，做到创建一批红旗项目部、建设一批党员先锋工程、建设一支党群工作协理员队伍、推出一批优秀党员典型。在所属单位推荐的基础上，公司党委评选表彰73名“中国中铁优秀党群工作协理员”，授予119个项目部“红旗项目部”称号。为了进一步加强项目党建思想政治工作，公司党委印发《关于进一步加强项目党建和现场思想政治工作的意见》，明确股份公司党委、二级单位党委、三级单位党委、工程项目党组织等4个管理层级的责任分工，具体细化工程项目部党组织8项职责，明确按照工程项目规模大小配备专职党群干部标准。

五是围绕落实党委重要工作部署，抓重点工作督查督办。公司党委对所属各单位贯彻落实《关于在全面深化企业改革新形势下进一步加强和改进党建思想政治工作的指导意见》《中国中铁党员领导干部民主生活会细则》《中国中铁工程项目部党群工作协理员管理办法》等三个文件的情况进行督促检查，指导15家二级单位对156家三级子公司主要领导职务调整为党委书记同时担任执行董事对《中国共产党发展党员工作细则》的贯彻实施情况开展专项检查，形成公司发展党员工作情况报告。国资委党建工作局检查组对公司发展党员工作情况进行抽查，对公司党建工作给予充分肯定。参加中组部组织的党员发展工作座谈会，就发展党员、加强党员队伍建设等情况向中组部汇报，受到与会领导的充分肯定。

【信息化建设】 2015年，公司加强信息化顶层设计，全面梳理评估公司业务现状和信息化需求，着手论证编制《2015—2020年公司信息化规划》，制定并完善《信息化大平台建设方案》《重点业务系统设计和规划报告》等重要文件，组织修订《计算机网络安全管理规定》《IT应用系统建设技术条件和标准》等7项制度，为企业下一阶段信息化发展指明方向。

公司全力推进成本管理系统V2.0版本、设备管理系统、科技管理系统、工程项目综合管理系统和成本系统融合开发工作，业务部门和信息化部门全程监管系统设计和研发工作，保证系统开发质量。指导和督促所属单位完成成本管理V2.0系统、设备管理、高清视频会议等重要业务信息系统试点部署和全面应用工作。大力开展主数据管理平台建设，完成组织结构、职员、机械目录等19类关键主数据的规则梳理和编码定义，完成管理平台的程序开发和试点部署，为下一阶段全面推广奠定基础。

公司组织开展网站建设绩效评估工作，加强总部和所属各单位网站和移动办公微门户建设，加强网络及服务器后台管理，完成二级单位企业专线带宽的升级改造工作，为资金、财务、成本、OA等24套应用系统400余套设备，提供高效稳定的运行环境和网络传输条件。

公司不断扩大信息化基础平台应用部署范围，全公司域用户数达到5.46万个、邮件用户5.78万个，全年累计收发电子邮件142万封。公司不断深化高清视频会议系统应用，所属单位高清视频会议覆盖范围逐步扩大到三级单位和重点项目部，为进一步优化会议效果，启动高清视频会议效果整改项目，通过深化高清视频会议应用，有力地支撑公司的生产管理工作，全年完成全局性视频会议35场次，总计参会6.2万人次。

公司强化网络信息安全，启动企业网络信息安全体系建设项目，搭建1个信息安全综合管理平台、2套管理机制，制定18项安全管理规定，完成24套信息系统风险评估及资产梳理，网络安全策略的梳理和优化，开展总部核心信息系统等级保护备案工作，指导所属单位积极落实各项信息安全要求和病毒防控措施。为进一步加强信息安全防护水平，在总部数据中心部署上网行为管理、运维审计、网站安全监测、日志审计、安全漏洞扫描等安全设备。公司还组织开展中国中铁数字认证 CREC－CA 升级国密算法工作，企业数字认证中心加密算法水平大幅提升，满足国家密码办、公安部的信息安全管理要求。

【履行社会责任】 2015 年，公司进一步加强社会责任管理工作。对公司 2014 年履行社会责任情况进行全面总结，发布《中国中铁 2014 年中英文版社会责任报告》受到资本市场、社会公众和新闻媒体的好评。制定下发《中国中铁履行社会责任指导意见》，明确履行 10 个方面社会责任的主要内容，完善社会责任管理的保障措施，促进社会责任管理工作制度化、集约化和规范化。2015 年，公司参与抢险救灾 300 余次，投入人员 2 万人次、设备 3500 多台套、资金 5000 万元；积极开展志愿服务活动，组建志愿服务队 950 多支，投入志愿服务 2.6 万多人次，开展志愿服务活动 2000 多次；开展定点扶贫工作，对湖南省汝城县、桂东县和山西省保德县进行扶贫立项调研，先后投入 300 多万元用于改善当地学习教育和生活条件；广泛参与公益慈善事业，深入开展帮扶结对活动，全年捐资助学 750 多万元，帮扶学生 8000 人；支持教育机构资金 3000 万元；其他公益慈善事业投入超过 9000 万元。

（撰稿人：唐艳静）

中国铁建股份有限公司

【基本概况】 中国铁建股份有限公司（以下简称“中国铁建”）的前身是组建于 1948 年 7 月的中国人民解放军铁道兵，1984 年集体转业，改称铁道部工程指挥部；1989 年，中国铁道建筑总公司成立，2000 年 9 月先后划归中央企业工作委员会和国务院国有资产管理委员会管理；2007 年 11 月 5 日，由中国铁道建筑总公司独家发起成立中国铁建股份有限公司，于 2008 年 3 月 10 日、13 日分别在上海证券交易所（A 股，代码 601186）和香港联合证券交易所（H 股，代码 1186）上市。

截至 2015 年底，中国铁建下辖中国土木工程集团有限公司，中铁十一、十二局集团有限公司，中国铁建大桥工程局集团有限公司，中铁十四至二十五局集团有限公司、中铁建设集团有限公司、中国铁建电气化局集团有限公司、中国铁建港航局集团有限公司、中国铁建房地产集团有限公司，中铁第一、第四、第五勘察设计院集团有限公司，中铁上海设计院集团有限公司、中铁物资集团有限公司、中国铁建高新装备股份有限公司、中国铁建重工集团有限公司、中国铁建国际集团有限公司、中铁城建集团有限公司、中国铁建投资集团有限公司、中国铁建财务有限公司、诚合保险经纪有限公司、中铁建商务管理有限公司、重庆铁发遂渝高速公路有限公司、北京培训中心（党校）35 家二级子公司和单位；三级法人企业 372 家，其中工程公司 166 家。在职员工 254366 人。其中，管理人才 52472 人，占 20.63%；专业技术人员 111418 人，占 43.8%；技能人才 90476 人，占 35.57%。拥有中国工程院院士 1 人、国家勘察设计大师 6 人、“百千万人才工程”国家级人选 11 人、中国青年科技奖获得者 1 人、享受国务院特殊津贴的专家 244 人。

资产总额 6960.96 亿元。机械动力设备 104919 台（套），总功率 948.4 万千瓦，技术装备率 7.66 万元/人，动力装备率 35.87 千瓦/人。公司业务涵盖工程承包、勘察设计咨询、工业制造、房地产开发、物流与物资贸易及其他业务等，具有科研、规划、勘察、设计、施工、监理、维护、运营和投融资等完善的行业产业链。在高原铁路、高速铁路、高速公路、桥梁、隧道和城市轨道交通工程设计及建设领域，确立行业领导地位。自 20 世纪 80 年代以来，中国铁建在工程承包、勘察设计咨询等领域获得国家级奖项 593 项。其中，国家科技进步奖 91 项；国家勘察设计“四优”奖 93 项；中国土木工程詹天佑奖 73 项；中国建设工程鲁班奖 104 项；国家优质工程奖 237 项。累计拥有专利 5125 项，获国家级工法 292 项。

中国铁建经营范围遍及除台湾省以外的全国 31 个省、自治区、直辖市和香港特别行政区、澳门特别行政区，以及世界 92 个国家和地区，是中国乃至全球最具实力、最具规模的特大型综合建设集团之一。连续11年入选《财富》杂志“世界500强”，2015年排名第79位；连续20年入选美国《工程新闻记录》(ENR)杂志“全球250家最大承包商”，2015年排名第三位；连续14年入选“中国企业500强”，2015年排名第13位。

【主要指标】 2015年，中国铁建实现营业收入6005.39亿元，比2014年增长1.22%。其中，工程承包业务完成营业收入5193.13亿元，增长1.36%；勘察设计咨询业务完成营业收入100.8亿元，增长11.89%；工业制造完成营业收入146.88亿元，增长23.4%；房地产开发业务完成营业收入286.71亿元，增长14.95%；物流与物资贸易及其他业务完成营业收入469.3亿元，下降14.95%；完成海外营业收入276.38亿元，增长16.99%。实现利润总额171.13亿元，净利润133.74亿元。资产总额6960.96亿元，负债总额5672.77亿元，所有者权益1288.19亿元。截至2015年底，货币资金余额1219.34亿元，增长23.91%。

表1　　2015年中国铁建股份有限公司主要经济指标

项　目	2014年	2015年	比上年增长(%)
资产总额(亿元)	6235.66	6960.96	11.63
所有者权益(亿元)	1051.83	1288.19	22.47
营业收入(亿元)	5933.03	6005.39	1.22
利润总额(亿元)	155.32	171.13	10.18
净利润(亿元)	120.6	133.74	10.9
归属于母公司所有者的净利润(亿元)	117.35	126.45	7.75
技术开发投入(亿元)	61.45	90.72	47.63
利税总额(亿元)	413.44	445.82	7.83
应缴税金总额(亿元)	258.12	274.69	6.42
加权平均净资产收益率(%)	13.40	12.41	减少0.99个百分点
总资产报酬率(%)	3.80	3.50	减少0.3个百分点
国有资本保值增值率(%)	113.67	107.70	减少5.97个百分点

【生产经营】

1. 经营业绩稳步增长。2015年，中国铁建深入推进经营机制改革与市场布局调整，工程经营领域进一步拓宽，海外经营、资本运营、房地产经营取得较大进展，装备水平、机械化能力显著增强，全年新签合同额9487.59亿元，同比增长14.62%。其中，新签海外合同额862.89亿元，占新签合同总额的9.09%。

表2　　2015年中国铁建股份有限公司主营业务新签合同额情况

主营业务	2015年新签合同额(亿元)	2014年新签合同额(亿元)	占新签合同总额的比例(%)	比上年增长(%)
工程承包	8074.38	6873.057	85.10	17.48
勘察设计咨询	113.46	100.152	1.20	13.28
工业制造	164.27	152.73	1.73	7.56
物流与物资贸易	745.15	870.47	7.85	—14.40
房地产开发	366.14	268.57	3.86	36.33
其他业务	24.19	12.10	0.25	99.86
合　计	9487.59	8277.08	100.00	14.62

表 3　　2015 年中国铁建股份有限公司工程承包新签合同额情况

工程承包类别	2015 年新签合同额（亿元）	2014 年新签合同额（亿元）	占工程承包业务新签合同额的比例（%）	比上年增长（%）
铁路工程	2996.86	2617.77	37.12	14.48
公路工程	1834.72	981.39	22.72	86.95
城市轨道工程	963.50	632.60	11.93	52.31
房屋建筑工程	1331.22	1455.49	16.49	−8.54
市政工程	402.84	687.00	4.99	−41.36
水利电力工程	270.55	144.97	3.35	86.62
机场码头工程	103.86	72.24	1.29	43.77
合　计	7903.55	6591.46	97.89	19.91

2. 市场经营实现跨越。加强高端对接与统筹协调，强化经营责任落实与指标分解，加大国内外市场开拓力度。先后承揽蒙华铁路、商合杭铁路、珠三角城际铁路，深圳、南宁、青岛、昆明地铁，黑山铁路修复改造、巴基斯坦卡拉奇高速公路、安巴圣约翰港等规模大、品质高的标志性项目。

3. 施工生产平稳推进。克服在建项目规模大、重难点工程多、环境复杂等困难，强化前期预控与施工生产组织，强化现场管理与重难点攻关，全年完成总产值 6314.1 亿元，同比增长 1.3%，完成隧道 1216 折合千米、桥梁 1402 折合千米、正线铺轨 5997 千米、站线铺轨 1096 千米、公路 2698 千米、通信线路 1.9 万条千米、供电线路 1.2 万千米、轻轨地铁 239.5 千米、房屋竣工面积 739 万平方米、土石方 10.6 亿立方米；生产盾构设备 20 台（套）、大型养路设备 338 标准台（套）、铁路道岔 2407 组。合福、哈齐铁路客运专线，沪昆高速铁路、北京地铁昌平线、青岛地铁 2 号线、长沙磁浮铁路、安哥拉本格拉铁路、埃塞吉布提铁路等重难点项目建成通车；中天山隧道、六盘山隧道、桃树坪隧道、大茶山隧道等高风险隧道项目实现贯通。

【企业管理】 坚持以发展质量和效益为中心，聚焦降本增效的关键环节，加强清收清欠、“二次经营”、项目责任成本管理、亏损项目整治、资源集中管控、全面预算管理、“营改增”应对和财务共享中心建设等工作，管控效果与管理效能稳步改善。截至 2015 年底，“两金”（企业应收款占用的资金和存货占用的资金）在资产总额中的占比较 2014 年下降 3.4 个百分点，管理费用（扣除研发费用）与营业收入的比例较 2014 年下降 0.5 个百分点；实现变更索赔额 842.4 亿元，同比增长 14.1%；亏损项目减亏 31.9 亿元，60 个项目实现扭亏为盈，工程项目平均综合收益率同比提高 0.5 个百分点；中国铁建财务公司全口径日均资金集中度达到 41.2%，同比提升 8.4 个百分点；中铁物资集团公司集中采购率和设备采购中内部产品占有率分别达到 88.6%、42.5%。

持续强化法律合规工作，积极开展规章制度“立、改、废”，大力加强法律纠纷案件处置，“四项法律合规审核”（即规章制度、经济合同、重要决策、授权委托书的法律审核）率达到 100%。狠抓资质申报与换证工作，新取得特级资质 10 项，其中房屋建筑 6 项、市政 2 项、公路 2 项，中铁十四局集团公司成为全国第三家“三特级”企业，中国铁建系统“双特级”企业增至 10 家，整体资质水平显著提升。

【改革发展】 结构调整有序推进。深入推进经营机制改革与市场布局调整。国内方面，出台进一步完善区域经营建设的意见，赋予各集团公司更大的区域经营自主权；坚持重点布局与全面覆盖相结合，组建中铁建海峡建设集团有限公司、中铁建南方建设投资有限公司，新设或改设中国铁建华中、京津冀、西南、西北、重庆、广东、山东区域经营机构，中国铁建本级经营网络基本覆盖全国；整合国内内部资源，将北京铁城建设监理有限责任公司整体划转到中铁第五勘察设计院集团有限公司。海外方面，顺应形势变化，将中铁建中非建设有限公司并入中国土木工程集团有限公司，进一步优化外经资源配置；出台境外业务管理工作指导意见，改进外经工作基本体制和管理机制。

产融结合成效显著。中国铁建抓住国家投融资体制改革和基建市场商业模式变革带来的机遇，加大力度，强化协同，多措并举，先后签约芜湖过江隧道、南宁邕宁水利枢纽、成都地铁5号线、都德简高速、兴延高速、渝黔高速扩能、南大泸高速、黔石高速等投融资项目，投资总规模1223亿元。加强与金融机构的合作，创新融资模式，开辟融资渠道，在A股大盘震荡的不利情况下完成增发，获得权益资金100亿元；所属子公司昆明中铁大型养路机械集团有限公司改制为中国铁建高新装备股份有限公司，并成功在香港联合交易所上市；金融保险产业继续壮大，获批组建金融租赁公司；利用国家优惠政策，争取到国家发展和改革委员会基础设施建设专项基金10.4亿元，取得政策性银行优惠贷款186亿元；有效发挥"铁建蓝海"的作用，成功运作北京旧宫房地产开发等3个项目；加强与中国农业银行的战略合作，获得2000亿元综合授信额度，并共同出资设立铁建成长产业基金，开辟新的融资渠道。

【技术创新】 2015年，中国铁建继续坚持以市场为导向，以提高自主创新能力和核心竞争力为重点，进一步完善产学研相结合的创新体系，突出抓好科技创新平台、科研人才队伍、科技研发投入等关键环节，开发系列具有自主知识产权的主导产品和关键技术。全年投入科技经费1001020万元。其中，外部资助10417万元；股份公司投入科技经费11211万元。新增国家级科技创新平台4家；获批组建轨道交通工程信息化国家重点实验室，实现国家重点实验室零的突破；截至2015年底，中国铁建拥有国家级技术创新平台17个、省级企业技术中心72个、院士专家工作站1个、博士后科研工作站8个。

在继续保持高速铁路、高原铁路、长大隧道设计与修建技术等领先优势的同时，磁悬浮轨道交通、大型铁路养护机械设备、盾构的设计与制造、超高层建筑等方面取得重大突破。参建的南京长江隧道、天津市滨海新区中央大道海河隧道、厦门北站、武汉天兴洲公铁两用长江大桥正桥工程、北京地铁9号线、南京地铁10号线穿越长江盾构隧道工程、北京轨道交通亦庄线7项工程荣获第13届中国土木工程詹天佑奖。全年获得国家科技进步奖2项，其中特等奖1项；首次获得国家技术发明奖1项；获得省部级科技进步奖101项、省部级以上勘察设计咨询奖191项，新增国家级工法26项、授权专利1300件；世界首台永磁同步驱动盾构机成功下线，自主研制的国产首台大直径铁路盾构机和双护盾硬岩TBM填补国内空白。

【工程创优】 2015年，中国铁建获得中国建设工程鲁班奖9项，国家优质工程金质奖1项、银质奖23项。其中，参建的天津市滨海新区中央大道海河隧道工程、上海保利大剧院、青岛市重庆路快速路工程、九江长江公路大桥、三亚海棠湾国际购物中心（一期）、新建向莆铁路青云山隧道、郑州东站、中国石油科研成果转化基地项目、澳门关闸边检大楼建造及扩建工程荣获2015年度中国建设工程鲁班奖；参建的南京长江隧道工程荣获国家优质工程金质奖，参建的华能大理五子坡（一、二、三期）148.5兆瓦风电工程、山西龙源神池继阳山150兆瓦风电工程、1600工程、新建铁路广深港客运专线广深段工程、新建向莆铁路淘金山隧道、新建铁路天津至秦皇岛客运专线宁车沽永定新河特大桥、新建广州至珠海城际轨道交通工程西江特大桥、新建重庆至利川铁路黄草山隧道、新建铁路石家庄至武汉客运专线湖北段综合工程、新建铁路哈尔滨至大连客运专线四电系统集成通信信号系统工程、京沪高铁南京南站枢纽工程、灵山高速公路抢风岭隧道、国道216线五彩湾至大黄山公路工程、南水北调丹江口库区郧县汉江公路二桥、重庆鱼洞长江大桥、天津生态城中部片区经六路上跨蓟运河故道桥梁工程、深圳南坪快速路（二期）工程（新屋隧道一西丽货场段）、丽都饭店改扩建工程、天津铁建大厦、建发·宝湖湾二期工程、武汉保利文化广场、连云港港疏港航道整治工程、上海金山铁路改建工程获得国家优质工程银质奖。

【国内工程】 2015年，中国铁建系统完成施工产值5148.3亿元，合同金额大于5000万元的在建工程有2988项，其中铁路工程752项、公路工程581项、市政工程273项、城市轨道交通工程472项、房屋建筑工程696项、水利工程104项、电力工程(含水电工程)17项、机场工程5项、港口与航道工程33项、矿山工程34项、地质灾害治理工程1项、其他类别工程20项。国内在建重点工程有35项。其中,铁路工程16项包括沪昆高速铁路长昆段、哈齐铁路客运专线、合福铁路客运专线、成渝铁路客运专线、兰渝铁路、重庆铁路枢纽BT项目、郑徐铁路客运专线、西成铁路客运专线、成兰铁路、敦格铁路、石济铁路客运专线、宝兰铁路客运专线、京沈铁路客运专线、成贵铁路、杭黄铁路、九景衢铁路;公路工程4项包括麻柳湾至昭通高速公路、江门至罗定高速公路、潮州至惠州高速公路、简阳至蒲江高速公路;市政工程6项包括重庆火车北站综合交通枢纽工程、贵州多彩贵州城、镇江新区基础设施BT项目、南昌市象湖隧道工程、呼和浩特西北线快速路工程、长沙磁浮工程项目。城市轨道交通4项包括北京地铁、青岛地铁2号线、厦门地铁1号线、兰州地铁;水利工程1项为山西中部引黄工程;房建工程3项包括广西九洲国际、贵州茅台酒厂扩建工程、福建福清清利嘉中心;综合工程1项为新疆伊吾县白石湖煤矿露天剥离工程。2015年,中国铁建系统承建的南疆铁路中天山隧道、青兰高速公路六盘山隧道、港珠澳大桥拱北隧道、青海省道309线长拉山隧道、沪昆铁路客运专线大独山隧道、天平铁路关山隧道、广深港高速铁路深港隧道、引汉济渭工程秦岭隧洞、谷竹高速公路青峰隧道、渝万铁路分水镇隧道、宝兰铁路客运专线渭河隧道、西城高速铁路老安山隧道贯通;织毕铁路架盖河特大桥主跨合龙;包西铁路鄂尔多斯火车站站房工程、柳州南编组站扩能改造工程、西咸新区空港新城临空物流商务中心A区(一期)项目、吉林市人民大剧院工程竣工;合福、宁安高速铁路,哈齐、吉图珲、成渝铁路客运专线,额哈铁路、滨海快速铁路丹大快速铁路、敦格铁路、金温铁路、赣龙铁路、兰渝铁路广元至重庆段、宁西铁路2线,郑机、郑焦城际铁路,长沙磁浮铁路开通运营。

【海外经营】 截至2015年底,中国铁建系统在世界92个国家和地区设有境外机构或拥有项目。其中,亚洲国家及地区32个、非洲国家36个、欧洲国家7个、大洋洲国家6个、美洲国家11个。主要在建项目有沙特内政部安全总部发展项目、安哥拉本格拉铁路大修项目、尼日利亚铁路现代化项目拉各斯至伊巴丹段项目、巴基斯坦卡拉奇至拉合尔高速公路第三段——拉合尔至阿卜杜哈基姆EPC项目、埃塞俄比亚—吉布提铁路项目、阿尔及利亚贝佳亚港口到东西高速公路100千米连接线项目、孟加拉达卡高架高速公路项目、尼日利亚拉各斯巴达格瑞高速公路项目、尼日利亚铁路现代化项目阿布贾至卡杜纳段项目、尼日利亚阿布贾城市铁路项目、阿尔及利亚55千米铁路项目、玻利维亚鲁雷纳瓦克—里韦拉尔塔公路项目、沙特麦麦高铁工程、格鲁吉亚现代化铁路项目、马来西亚四季酒店项目、新加坡轨道项目大士西延长线。全年新签对外承包工程合同144.93亿美元,对外承包工程项目完成营业额43.61亿美元。

【房地产开发】 中国铁建是16家以房地产开发为主业的中央企业之一,采取"以住宅开发为主,以配套商业为辅"的经营模式,按照"立足北京、面向全国、走向海外"的战略方向,逐步形成以北京、上海、广州为核心,以环渤海、长三角、珠三角和西南区域为支柱的房地产业绩支撑体系。截至2015年底,房地产业务进入国内48个城市,持有开发项目136个,规划总建筑面积4280万平方米。根据克而瑞信息集团(CRIC)联合中国房地产测评中心联合发布的《2015年度中国房地产企业销售TOP100》排行榜,中国铁建2015年度房地产销售金额在全国房地产企业中排名第19位,房地产销售面积在全国房地产企业中排名第18位,跻身行业TOP20强。

【工业制造】 2015年,中国铁建通过优化配置、政策扶持、增加投入等手段加大结构调整力度,有效促进工业制造产业快速发展。截至2015年底,拥有中国铁建高新装备有限公司、中国铁建重工集团有限公司、中铁十一局集团汉江重工有限公司、中铁十六局集团建工机械有限公司、中铁十八局集团泵业有限公司、中铁十八局机械有限公司、中铁二十局集团西安工程机械有限公司、中国铁建电气化局集团轨道交通器材有限公司、中国铁建电气化局集团康远新材料有限公司、中国铁建电气化局集团西安电气化制品有限公司、中国铁建电气化局集团科技公司、北京铁五院工程机械有限公司12家工业企业。其中中国铁建高新装备有限公司和中铁十六局集团建工机械有限公司分别在北京、河北曹妃甸新建第二产业基地，各项建设工作年内全面启动。2015年，中国铁建系统完成工业总产值109.34亿元，新签合同额117.93亿元，实现利润4.26亿元。

中国铁建具有大型养路机械、盾构（TBM）、铁路铺轨设备、高速铁路运架提设备、起重机械、矿山设备、压实设备、电气化施工设备、高速道岔及弹条扣件、铁路工务器材及接触网导线十大核心技术和500余种产品。其中，大型养路机械设计制造能力亚洲第一、世界第二，国内市场占有率80%以上；长距离大坡度煤矿斜井TBM填补国内空白；流动式高速铁路运架一体机技术国际领先；铁路道岔研制水平国内领先，市场占有率35%以上；高速铁路接触网导线达到国内领先水平；拖式振动压路机国内市场占有率60%。

【物流与物资贸易】 截至2015年底，中国铁建拥有遍布国内各大重要城市和物流节点城市的70余个区域性经营网点、133万平方米的物流场地、4万余延长米铁路专用线、32550立方米成品油储存能力，通过完善高效的物流信息化、区域化、市场化服务体系，提供一体化流通服务，并着力推动物流业务转型升级，广泛开拓工程大宗物资供应链上下游市场，先后开辟物资贸易、加工制造、国际业务、集采代理、电子商务等新兴领域，发展成为中国铁路总公司两家钢轨服务代理商之一，中国第二大铁路物资供应商，全国最大的工程物流系统服务商。所属中铁物资集团有限公司2015年在中国物流与采购联合会评选的“中国物流企业50强排名”中位列第六位。

【党建工作】 2015年，中国铁建党委坚决贯彻中央和国资委党委的决策部署，以落实“两个责任”为主线，以“三严三实”专题教育为抓手，坚持党要管党，从严治党，践行改革创新，依法治企，推动党建工作与企业发展深度融合。

1. 注重领导班子建设，发挥党委政治核心作用。一是强化理论学习，深化思想认识。组织20余次党委中心组学习，深入掌握领会习近平总书记系列重要讲话精神及《中国共产党章程》《中国共产党党员领导干部廉洁从政若干准则》《中国共产党纪律处分条例》，依法治国以及国资国企改革相关文件精神。二是开展专题教育，大力转变作风。在分别开展“严以修身”“严以律己”“严以用权”三个主题学习研讨的基础上，领导班子成员带队到基层征求意见，列出问题清单，形成对照检查材料，召开高质量的专题民主生活会。股份公司党委把解决不严不实问题与群众路线教育实践活动整改工作紧密结合，开展整改自查自纠“回头看”。三是创新党委分工模式，拓展党委议事领域。打破行政副职领导不具体分管党务工作的惯例，请股份公司既是行政副职又是党委常委的领导人员，分别担负起党群工作的分管责任；规范党委常委会、总裁办公会的议事程序和规则，拓宽议事领域，充分发挥党委政治核心作用。

2. 矫正选人用人导向，不断优化企业政治生态。一是坚持党管干部原则，强化领导干部对选拔任用工作的原则、标准、条件、程序、监督的认识，并通过创新党委常委分工模式，增强领导班子成员的主体责任意识。在此基础上，股份公司党委对动议提名、民主推荐、民主测评、考察、公示、讨论决定、任职等干部选任各个环节进行规范，把党管干部原则和民主集中制贯穿于选人用人的全过程。二是坚持正确的选人用人导向。严格执行20字好干部标准，注重德才兼备。在选拔二级单位主管领导时，特别强调要具有三级单位的主管任职经历。三是坚持规范的选人用人程序。注重完善制度，严格坚持程序。在酝酿提名环节，建立以书记碰头会为核心的“五人小组”工作机制。党委书记召集书记碰头会，与董事长、总裁一起研究干部任免初始方案，三个主管共同发挥主导作用，意见不一致方案不得确定；纪委书记参加会议酝酿，严格履行监督职责；党委干部部长参加会议，在主管的领导下做材料及预案准备，并进行选人用人纪实。四是坚持创新选人用人方式。在内部选拔部分二级单位总会计师后备人选和19名审计分局工作人员。通过二级单位党委研究差额推荐副职人选、股份公司党委组织差额考察的方式，在6个单位优选20名领导班子副职。加大推动三管领导交流任职，纪委书记提拔交流任职工作。五是坚持抓好干部日常管理。坚持新任职干部任前谈话和廉政谈话制度。建立新任主管领导干部大会表态签字归档制度。坚持谈话提醒和函询诫勉。做好干部年度综合考评，根据考核结果，督促加强管理。六是坚持从严监督管理干部。加强纪委对干部选拔任用工作全过程监督。加大对巡视、审计等各种监督成果的运用，以问责推动整改。加强干部个人有关事项监督。加强对领导人员和所属单位干部选任工作的监管，要求各单位调入副处以上干部和项目经理，必须报批；提拔正处及以上干部，必须报备。

3. 落实全面从严治党，强化执纪监督问责。一是细化责任目标、推进落实"两个责任"。股份公司党委出台《落实"两个责任"意见》《归口派驻纪检组工作方案》等9个配套措施。重新修订细化《党风廉政建设责任书》，列出责任清单和6项责任底线，并明确责任追究办法和考核等级。组织4个督导检查组，对所属8个二级单位和8个三级单位"两个责任"落实情况开展督查，对存在问题提出整改意见。二是强化监督检查，推动正风肃纪。加大纪律审查力度，强化案件查办。强化对违反中央八项规定精神和"四风"问题的执纪监督。研究制定股份公司本级和二级单位领导人员履职待遇、业务支出管理办法，细化方案和配套措施。三是加强巡视工作，提升巡视效果。派出9个巡视组，对9家施工承包板块二级单位开展巡视，通过线索移交和案件查办，严肃问责并限期整改，确保通过巡视利器，对"四风"问题和腐败问题形成有力震慑。

4. 加强基层组织建设，充分发挥战斗堡垒作用。一是建立健全组织，完善规章制度。落实"四同步"要求，实现基层党组织与生产经营机构同步设置。梳理业务流程，规范党建台账，编印工作指南，推动基层党建工作再上新台阶。二是结合基层实际，创新工作机制。各级党组织结合企业实际，因地制宜抓党建、因时制宜抓党建、因势制宜抓党建，不断创新工作机制，激发基层党组织的生机和活力。三是增强党务干部素质，提升党建水平。各级党委采取培训、轮岗等多种方式，增强基层党务干部综合素质。组织项目部青年党务干部到机关党群部门助勤，发挥对下的传帮带作用。

5. 注重精神文明引领，塑造宣传思想文化品牌。一是凝聚力量，思想政治工作效果显著。广泛开展"学法纪、守制度、创新业"主题教育实践活动，增强全员依法治企意识。股份公司党委派出"年中工作会暨'两个责任'促进会精神"巡回宣讲组，先后在8家单位现场宣讲，助推二级单位落实责任。二是示范引领，精神文明建设取得突破。围绕培育和践行社会主义核心价值观，全面开展精神文明创建活动，扎实推进思想道德建设。开展首届"永远的铁道兵杯"十大楷模和第四届"十佳道德模范"评选活动；积极参加"北京榜样""首都道德模范""最美央企人"等外部选树活动。"道德讲堂"品牌凸显。三是外树形象，舆论引导能力逐步增强。股份公司修订完善企业视觉识别系统。铁道兵纪念馆充分发挥辐射作用，荣获第二届"企业社会责任中国文化奖"最佳影响力奖。加大对外宣传力度，提升企业品牌形象。发挥《中国铁道建筑报》、公司官方网站作用，开通官方微博、微信。

6. 注重和谐聚力，工会共青团工作取得新收获。一是发挥职能作用，工会工作扎实推进。依托"基层工会组织建设年"活动，工会组织主动融入中心，服务大局。通过走访、慰问、座谈等形式，深入开展基层调研。支持建家建线工作，推进基层工会组织建设。组织开展三大主题活动，丰富职工群众文化生活。构建和谐劳动关系，推进企业民主管理。认真做好劳动争议矛盾纠纷排查和调处工作，帮助基层党政排忧解难。二是创新活动载体，共青团工作蓬勃开展。在全系统评选"十大杰出青年"和"十佳青年技术能手"，深化"导师带徒"活动，组建铁建青年篮球协会等社团组织，开展中国铁建"改革创新，青年先行"等主题实践活动，创建"青年文明号"、组建"青年突击队"，不断拓宽青年成长成才平台。

【信息化建设】 优化完善核心业务系统，推广应用施工项目综合管理系统，财务共享中心在系统内得到推广应用，有序地开展战略规划、科技设计、施工调度、固定资产、计划统计、审计管理、物资专项审计、产权、资本运营（二期）、外事（二期）、共青团、工会奖励、B座机房改造、OA系统等业务系统的建设、验收、培训与推广应用。所属中国铁建重工集团有限公司投资实施SAP的ERP系统。依法治企，以软件资产管理为抓手，出台《推进使用正版软件暂行管理办法》，编制完成《软件资产管理暂行办法（送审稿）》《总部机关软件资产管理实施细则(送审稿)》,在全系统推进使用正版软件工作取得积极进展。

【履行社会责任】

1. 搭建共赢平台,创造价值回报。积极维护与利益相关方的关系,依靠诚信赢得市场,不断提升经营业绩,用良好的业绩回报广大股东。

2. 优化治理结构,持续健康发展。不断优化治理结构,建立健全各项规章制度,坚持依法合规经营,维护投资者权益,努力实现企业可持续发展。2015年,中国铁建获得"中国最受投资者尊重的百家上市公司""2015中国上市公司最具投资价值100强""2015年度中国上市公司资本品牌价值百强""最佳投资者关系管理上市公司""董事会建设特别贡献奖"等荣誉。

3. 建造优质精品,回馈社会大众。以服务客户为己任,强化质量管理,严控安全生产,深化科技创新,建造优质产品回馈社会大众。获得中国建设工程鲁班奖9项、国家优质工程奖24项,国家科学技术进步奖2项、国家技术发明奖1项、中国优秀专利奖3项、国家级工法26项、省部级以上勘察设计咨询奖191项,中国土木工程詹天佑奖6项。

4. 营造绿色环境,建设生态文明。将绿色经营融入企业战略,不断提高能源资源综合利用效率,为建设生态文明作贡献。2015年,中国铁建非工业万元营业收入综合能耗(可比价)为0.1026吨标煤,比2014年下降4.82%,比2010年下降21.14%,圆满完成国资委下达的"十二五"节能减排指标。

5. 携手员工发展,提升幸福指数。秉持"以人为本"理念,重视员工发展,全年培训员工228328人次。提升民主管理,保障员工权益,不断加大困难员工帮扶力度,2015年筹集送温暖资金6979万元,慰问困难员工家庭17619户,慰问劳模先进、一线员工、离退休员工和农民工59134人次。

6. 履行社会责任,共筑美好家园。致力于做有担当的企业公民,积极参与抢险救灾;通过开展对口扶贫、爱心助学、和谐社区建设等活动,以实际行动支持社会公益。立足当地、服务当地的宗旨,积极走入、融入海外社区,参与海外社区共建活动,主动回馈当地社会。

(撰稿人:杨启燕)

中国交通建设集团有限公司

【基本概况】 中国交通建设集团有限公司(以下简称"中交集团")是世界500强企业,在2015年《财富》杂志世界500强评选中位列第165位,主要从事交通基础设施建设、设计、投资,疏浚,港口机械制造,城市综合开发,房地产开发等业务,是中国第一家成功实现境外整体上市的特大型国有基建企业,业务足迹遍及世界130多个国家和地区,员工数量11万人。中交集团位居ENR国际最大225家承包商第五位,中国上榜企业第一名,在全球最大150家设计企业排名中位列第八位。连续10年获评国资委经营业绩考核A级企业。中交集团被国资委确定为"国际化经营战略10家重点联系企业"和"培育世界一流企业10家重点联系企业",是中央企业中仅有的3家"双十"企业之一。

经过长期发展,中交集团已成为中国最大的港口设计及建设企业;世界领先的公路、桥梁设计及建设企业;世界第一疏浚企业;全球最大的集装箱起重机制造商;亚洲最大的国际工程承包商;亚洲最佳行业上市公司;中国最大的国际设计公司和中国最大的高速公路投资商,全国知名的城市综合开发商。

【主要指标】 2015年,面对错综复杂的外部形势,中交集团认真贯彻党中央、国务院决策部署,按照国资委总体要求,迎难而上,锐意进取,取得良好的经营业绩。

2015年中国交通建设集团有限公司主要经济指标

项　目	2014年	2015年	比上年增长(%)
资产总额(亿元)	6619.00	9142.00	38.12
所有者权益(亿元)	1448.00	2145.00	48.14
营业收入(亿元)	3704.00	4259.00	14.96
利润总额(亿元)	180.00	212.00	17.85
净利润(亿元)	140.00	171.00	22.19

续表

项　目	2014 年	2015 年	比上年增长（%）
归属于母公司所有者的净利润（亿元）	90.00	107.00	18.82
技术开发投入（亿元）	55.00	87.00	60.04
利税总额（亿元）	340.00	482.00	41.76
应交税金总额（亿元）	160.00	270.00	68.98
全员劳动生产率（万元/人·年）	39.00	45.00	14.33
净资产收益率（%）	10.76	9.54	减少 1.22 个百分点
总资产报酬率（%）	4.54	3.96	减少 0.58 个百分点
国有资本保值增值率（%）	122.46	115.03	减少 7.43 个百分点

【改革发展】 2015 年，在新一轮国企改革全面启动的大背景下，中交集团立足自身实际，加快整合调整步伐，取得积极成效。

一是顶层设计稳步推进。2015 年，中交集团积极贯彻中央改革部署和国资委改革要求，主动对接，提前筹划，研究改革总体思路，成立全面深化改革领导小组和 11 个专项小组，召开深化改革研讨会，坚持政策导向、问题导向和目标导向，为下一步改革向纵深推进奠定扎实基础。

二是专业化整合取得突破。顺利完成"三大一小"专业化平台打造。中交疏浚集团整合三家航道局疏浚资源，成为全球规模最大的疏浚企业。中交房地产集团将中交地产、中住地产、中房集团纳入旗下，并组建海外地产开发公司，加快绿城中国融入步伐，实现中交房地产资源和业务的统一归口管理。中交资产管理公司完成首批 16 家运营项目公司的资产整合，资产证券化工作积极推进。铁道勘察设计研究总院组建工作高效完成，市场开发实现突破。

三是区域化布局更趋优化。成立华南区域总部，筹建京津冀区域总部，公司国内区域布局持续优化。成立中西非、加勒比、南部拉美区域公司，完成中交美国公司股份制改造和增资扩股，国际市场区域布局进一步完善。合并中交南沙、中交南方、中交佛山三家机构组建中交城投公司，打造城市综合开发运营平台。设立中交海洋投资公司，整合海南区域投资资源，统一经营管理。

【重大项目】 2015 年，中交集团积极创新经营模式，全力拓展发展空间，取得显著成效。一是深入实践 PPP 模式。在中央企业中率先推动 PPP 模式规范化运作。全年跟踪 PPP 项目总合同额 1 万亿元，达成投资意向和签订框架的 PPP 项目 5000 亿元，为抢占 PPP 市场奠定扎实基础。二是加强高端营销。服务国家经济外交战略，在中非合作论坛南非峰会期间，中交作为中资企业唯一代表发表演讲，并签下超百亿美元框架协议；在中国—中东欧领导人会晤期间，签署匈塞铁路项目，实现公司在欧洲铁路市场零的突破；在国家主席特使访问伊朗期间，签署伊朗船厂项目及矿石运输铁路项目，借此进入伊朗市场。与国内地方政府全年签订战略合作协议 22 份，一大批预期效益好、战略意义强的项目成功落地。三是实施兼并收购。收购绿城中国，并成为第一大股东，对集团房地产业务形成有力支撑。收购澳大利亚 John Holland 公司，成功进入澳洲市场，在水务和铁路的建设及运营等方面形成专业补充。通过收购兼并，迅速扩大企业规模，满足产业链延伸需求，补齐业务短板，增强市场影响力。四是探索互联网＋新模式。以"互联网＋境外园区"模式打造国际产能合作网络平台，为国内产业走出国门，国外政府招商引资架搭桥梁。平台的上线运行，得到国内"走出去"意愿强烈的地方政府和国外"引进来"需求迫切的国家积极参与。五是资本市场再创佳绩。成功发行 145 亿元优先股和 11 亿美元永续债，创造亚洲企业美元永续债历史最低票息、中国企业美元永续债最大规模等多项纪录。六是重点项目进展顺利。港珠澳大桥圆满完成 10 个沉管安装任务，建成隧道突破 4 千米，成为世界上最长的沉管隧道；世界最复杂地质条件下的超大直径泥水盾构隧道——南京纬三路过江通道、世界单跨跨径最大的板桁结合梁悬索桥——清水河大桥顺利竣工；肯尼亚蒙内铁路完成线下主体工程的 78%，铺轨 53 千米，总体进展顺利。

【走向海外】 2015 年，中交集团海外各项指标稳健增长。新签合同额 288.1 亿美元，完成营业额 126.8 亿美元，实现利润总额 11.9 亿美元，海外业绩再攀历史新高。公司国际化经营指数达到26.5%，较上年提高0.8%，跨国指数进一步提升。在全球135个国家和地区开展实质业务，开拓俄罗斯、塞内加尔、文莱、所罗门群岛、萨摩亚、特立尼达和多巴哥等新市场，在103个国家和地区设立193个驻外机构。全年境外在建工程602个，总合同额485亿美元，累计完成营业额244亿美元，待执行存量合同额241亿美元，在建工程项目整体可控。精准对接国家战略，运作并促成一批起点高、影响深、规模大的"一带一路"项目、互联互通项目、非洲"三网一化"项目。作为行业内的"领头羊"，中交集团已成为国家"一带一路"战略的重要推动力量，在"一带一路"沿线国家追踪200余个项目，并在一批重大项目上取得突破。

【科技创新】 2015年，中交集团科技创新成效显著，获得国家科技进步奖2项、国家技术发明奖2项、国家专利奖7项、国家级工法11项，填补公司在国家科技进步特等奖、企业工程类科技进步奖、国家技术发明奖、国家专利金奖等多个奖项上的空白；成功申报公司第一家国家重点实验室。积极推动中国标准"走出去"，基本建成具有鲜明特色的"三级三类"研发平台体系，多项科研成果达到国际领先水平。技术督导三级联动工作实现全覆盖，成效明显。

【党建工作】 中交集团坚决贯彻党的路线、方针、政策，牵住落实党建责任这个"牛鼻子"，推动党的建设与企业发展深度融合，营造和谐发展的良好氛围。扎实开展"三严三实"专题教育，党员领导干部作风建设和能力建设有了新提高。坚持公司党委中心组集中学习制度，大力推进党委书记上党课教育活动，着力打造学习型党组织。出台党建工作意见，严格党建工作考评，强化基层党组织队伍建设，促进基层党建工作持续提升。坚持全面从严治党、强化监督执纪问责。推动纪律检查体制改革，坚决惩治腐败，党风廉政和反腐败工作取得新的进展。加强统筹领导，"两个责任"扎实落地。持之以恒落实中央"八项规定"精神，防止"四风"问题反弹。根据国资委第五巡视组反馈意见，责任到人，扎实整改，建立健全长效机制。抓早抓小、防止领导干部犯大错，做到有案必查、有腐必惩。坚持立体监督，围绕大宗物资采购、工程分包、招投标等重点环节和海外工程等重点领域，对效能监察联系点进行督导检查。

【信息化建设】 2015年，中交集团全面推进I4C重点工程建设和深化应用，有效提升公司管理的流程化和标准化水平。完成集团839艘船舶及1500余台套机械设备的实时监控管理，构建有效的集团级指挥调度平台。实施北京—厦门两地数据中心建设，实现全集团财务、设备、项目数据的集中。大力推进自有技术开发平台建设，为公司信息系统标准统一、互联互通、业务协同打下良好基础。

【履行社会责任】 编制发布中交集团《2014年社会责任报告》，被中国社科院社会责任研究中心评为四星半级。在项目建设过程中严控环保指标，重视节能减排，树立绿色企业形象。力所能及地开展捐资助学、扶危助困等社会公益事业，获得国内国际社会的广泛赞誉。港珠澳大桥项目保护白海豚案例获评"大型国企社会责任实践金牌案例"。

（撰稿人：侯步云）

中国普天信息产业集团公司

【基本概况】 中国普天信息产业集团公司（以下简称"中国普天"）是以信息通信技术的研发、系统集成、产品制造、产业投资以及相关的商品贸易为主业的中央企业，业务覆盖信息通信与网络安全、智慧城市、低碳绿色能源、创新创业平台、工业自动化装备制造及金融信息化等领域。

历经百年发展，中国普天认真履行信息通信产业国家队的职责，从邮电工业起步，在不同历史阶段为国家通信事业和信息产业的发展壮大作出巨大贡献。中国普天以创新驱动，坚持技术创新、集成创新、商业模式创新和两个"三位一体"管理体系，持续拓展产业空间，全面提升产业可持续发展能力，不断推进企业由传统通信设备制造商向信息化整体解决方案提供商和综合运营服务商转型。

作为国家创新型高新技术骨干企业，中国普天净资产超过100亿元，拥有上市公司5家，员工23000余人。公司在京津冀经济圈、长江三角洲、珠江三角洲以及中西部地区均建立重要的研发和产业基地，产品和服务遍及全球100多个国家和地区，Potevio品牌是国家重点支持出口的知名品牌之一。

【主要指标】 2015年，中国普天累计实现营业收入737亿元；实现利润总额11.4亿元，同比增长20.4%。资产质量与负债水平均好于中央企业平均水平，国有资本保值增值率和经营增长状况均处于电子行业良好水平，公司经营质量、资产质量明显提升。

【产业发展】 2015年，公司坚持"创新、集成、资本"指导原则，推进科技创新，深化产品结构调整，加强市场协同和资源共享，不断拓宽业务领域、推动新业态转型，有力促进产业集群式发展。

深化信息通信技术的应用，支撑保障国家信息安全。2014年，中国普天发挥技术优势，确保4G网络建设项目顺利完成，LTE网络系统产品中标中国移动4G网络三期项目，LTE VPN解决方案覆盖中国电信21个省份市场，LTE APN演进方案进入中国联通4G市场；做好大客户集采工作，扩大配套产品市场份额，光纤光缆中标中国移动项目，电源电缆产品入围铁塔公司；DTMB前端产品中标柬埔寨项目，标志着国标海外推广取得新进展。同时，中国普天巩固扩大公安、电力、石油、铁路、水利、煤矿等行业应用，开拓专网通信新兴市场。地铁公安PDT项目实现零的突破；宽窄带集群融合解决方案在成都、沈阳等地开通试验网，宽带集群系统中标中国海关2015年金关工程二期项目；能源传输电缆取得中铁检验认证中心和国际铁路行业标准认证。

2015年，公司进一步完善"智慧城市"解决方案，积极拓展政务、民生和行业应用大项目。组织召开普天智慧城市产业交流会，合力拓展市场，中标银川综合保税区二期信息化及跨境电子政务项目、重庆永川智能交通一期项目、民航空管局信息化项目、天津市滨海新区公安局系统建设项目；加强承建项目的实施管理，完成沂沭泗局直管重点工程验收工作；创新智慧社区、智慧旅游、智慧医疗、智慧养老应用并实现项目落地。

2015年，公司努力提升对国家网络信息安全的支撑能力，完善特种通信应用和信息安全系列产品。完成公安部产品列装工作，相关产品进入列装目录；完成CDMA多载波定位产品的研发、生产并形成收入；以技术测试第一名的成绩获得公安部4G侦控大数据系统建设资格；先后中标公安大数据、军区工程通信、北斗卫星导航综合减灾与应急示范等重点项目；电信防诈骗系统在上海、浙江投入使用，互联网金融风控产品获阿里巴巴商用合同。

坚持绿色发展理念，构建绿色低碳能源产业体系。2015年，中国普天持续推进新能源电动车运营产业的技术进步，积极参与国家充电基础设施"十三五"建设规划制定和国家智能管理统计平台建设，推动充电设施的互联互通；进一步扩大运营范围和车辆规模，充电设施和入网车辆数量双双突破一万，年充电量累计达到2.5亿千瓦时；纯电动物流车生产线通过工信部生产准入现场审核，第一批整车获得新产品公告并成功下线。

在合同能源管理领域，公司完备合同能源管理技术手段，能源信息化工程业务取得新进展，承建国内酒类行业中最大规模的"酒厂智慧能源管理平台系统"项目，中标京东集团、国家电网上海闸北发电厂智能监控项目；承接屋顶光伏发电研发项目并实现发电并网。

在指挥照明领域，2015年普天快速地推出LED新品，不断完善智慧照明解决方案，销售收入同比增长50%以上；培育智能家居产业，基于鸿雁智能家居云平台，提出"智能家居生态圈"概念并实现商业化落地。

推进信息化和工业化深度融合，加快制造业智能化、服务化转型。强化系统集成和新产品开发，高速全自动烟草分拣设备、医药分拣复核系统等新品开发取得长足进步；提高项目投标成功率和工程及时完工率，获得邮政车辆改装上亿元批量订单，城市轨道AFC及机电系统相继中标合肥、温州、昆明、哈尔滨等城轨项目。

丰富金融机具产品线，综合智能柜员机、大额现金循环机、助农终端等一系列新产品实现商用落地；在稳定工行、邮储行市场基础上，成功入围浙江农信、吉林农信、中原银行、重庆银行，与交通银行开展金融整体解决方案战略合作；金融IC卡销量、销售收入同比大幅增长，居民健康卡进入10个省份市场，卡片出货量超400万片。

推动“大众创业、万众创新”，建设创新创业服务平台。打造园区主题特色，提高企业孵化器科技服务和物业服务水平。普天实业“三网融合创新园”项目通过验收并启动二期规划建设；上海普天信息产业园二期项目进入竣工验收阶段，园区招商进展顺利；普天高科园区土地运作方案获得政府部门批准；普天德胜被评为国家级A类优秀科技企业孵化器，获得“北京市众创空间”授牌和政府资金支持。

【走向海外】 2015年，中国普天服务“一带一路”国家战略，带动产品、服务和技术标准共同“走出去”。推进国家“一带一路”建设及国际产能和装备制造合作，推动普天主业向海外扩展。参与中古政府间网路安全和信息化合作项目，推动高层互访并签署战略合作协议，数字集群实验网完成一期扩容，多层印刷电路板生产线一期项目执行完毕，二期项目技术方案完成论证；完成国家发改委援建萨摩亚路灯项目交付，与萨摩亚签署全国清洁能源建设项目合作意向协议；ATM产品再获海外新订单，微波天线设备出口阿根廷，智能卡产品在印度、巴基斯坦、意大利、白俄罗斯市场取得突破，加勒比广电优贷项目顺利执行完毕。

【科技创新】 2015年，中国普天再次通过“国家高新技术企业”认定，新承担5项国家重大科技项目，4项国家重大科技项目通过验收，新增专利申请451项、专利授权310项、软件著作权94项；有10个QC小组获“全国优秀质量管理小组”荣誉称号。

【管理提升】 2015年，中国普天扎实推进集团化建设，加强集约经营和精益管理，推动降本增效，为完成经营目标提供有力保障。

1. 加强集约经营和精益管理，提升服务经营能力。

2015年，中国普天健全重大投资项目专家评审机制，组织对普天法尔胜光棒项目、上海普天投资分布式能源项目进行专家评审，提高投资决策专业化水平。根据压降“两金”专项工作要求，对各企业“两金”状况进行跟踪监督，推动企业完成压降目标。

同时，公司制定信息化发展三年规划，加强对出资企业信息化工作指导；优化ERP等信息系统应用，扩大IMIS办公系统和Potevio邮箱在出资企业的应用范围。加强供应链数据中心体系建设，修订采购业务流程和供应商管理制度，强化供应商资信管理。

在质量管理领域，中国普天不断改进QEHS质量管理体系，以“持续创新”和“两化融合”为主题开展QC小组活动，“普天之下、质量至上”的品质理念深入人心。

2. 强化全面风险管理，完善内控体系建设。

2015年，中国普天持续开展内控评价和风险评估，梳理出战略、市场、财务、法律、运营等五大类186项风险因素，关注合同评审、资金、“两金”、运营管控等风险易发环节，实施内控缺陷、风险排查等应对措施。严格开展审计工作，提出加强客户信用和供应商信用评价管理、“两金”清理纳入业务人员KPI考核等审计建议，并督促整改落实。同时，中国普天制定法治工作新五年工作规划，坚持重大决策、合同、规章制度100%法律审核；积极应对法律诉讼，维护公司合法权益。严格落实安全生产及节能减排措施，全年未发生重特大安全生产事故。

【品牌管理】 2015年，中国普天加强品牌塑造与宣传，提升行业影响力。根据经营需要，及时优化宣传定位导向，积极拓展新媒体应用，提升宣传效果。加强与重要新闻媒体合作，利用“两会”期间“对话新国企”专题、国际电信日、国际通信展等宣传机会，深入宣传普天产业转型升级实践，塑造在“互联网+”、智慧城市、新能源等产业领域的标杆企业形象。“Potevio”品牌价值超过1135亿元，品牌声誉持续提升。

【党建工作】 2015年，中国普天落实全面从严治党责任，强化党建工作。

认真学习贯彻党的十八大，十八届三中、四中、五中全会精神和习近平总书记对国有企业改革发展和党的建设的系列重要论述，在深化企业改革中坚持党的领导、加强党的建设；集团党组履行党建主体责任，党组书记履行党建工作第一责任人的职责，党组成员坚持联系点制度、落实谈心谈话制度，解决分管企业党建工作中的重点难点问题，推进企业党委书记述职工作。

巩固和拓展党的群众路线教育实践活动成果，以集团党组书记讲专题党课启动部署全集团的“三严三实”专题教育工作，集团党组和各出资企业党委相继开展“严以修身、严以律己、严以用权”专题学习研讨，对照“三严三实”要求，查摆问题、寻找差距，引导各级领导干部加强党性修养，坚持实事求是，改进工作作风，着力解决思想建党的问题。

按照“三同时”原则优化基层党组织设置，加强党建基础管理工作，组织开展基层党务工作者业务培训。以党建带群建，积极发挥群团组织作用，成立“普天蓝”青年志愿者服务总队开展志愿服务，弘扬社会主义核心价值观，推进企业文化和精神文明建设。

同时，中国普天加强党风廉政建设，保持队伍风清气正。贯彻落实十八届中央纪委五次全会精神，坚定不移推进党风廉政建设和反腐败斗争。发布实施党风廉政建设主体责任和监督责任实施意见，推进党风廉政建设责任制，落实“第一责任人”主体责任，集团纪检组长和出资企业纪委书记首次签订监督责任书，明确监督要求，层层传递压力，落实“第一监督人”责任。深入开展巡视回访反馈问题整改，加大对违纪违规问题线索查处力度，对相关责任人员进行严肃处理。加强纪检监察干部队伍建设，通过组织开展纪检监察综合业务培训等多种方式，提高纪检监察人员监督执纪问责的能力。

【其他情况】 2015 年，中国普天加强人力资源体系建设，完善考核激励机制。

按照中央和国资委领导干部选拔任用规定，规范梳理领导干部选拔任用工作流程，积极选拔优秀人才；认真落实领导干部个人有关事项报告抽查核实、档案专项审核和因私出国（境）专项治理工作。同时，中国普天深化企业分类考核，以专项 KPI 引导促进出资企业产业成长和战略转型；配合出台《业务部门两金专项考核管理办法》，加强“两金”清收工作中的考核奖惩力度。

（撰稿人：郎晓黎）

电信科学技术研究院

【基本概况】 2015 年，电信科学技术研究院（即大唐电信科技产业集团，以下简称“大唐电信集团”）认真贯彻落实党的十八大和十八届三中、四中、五中全会精神，经受住经济持续下行、电信市场竞争激烈、资本市场波动剧烈等严峻挑战，主动适应经济发展新常态，全面贯彻落实“1233”战略，聚焦业绩提升，收入、利润增长率均明显好于央企平均水平，基本完成“十二五”战略目标，为“十三五”开局奠定坚实基础。无线通信产业进一步推动 4G TD－LTE 推广，积极推进 5G 关键技术突破和标准制定，发布 5G 网络安全白皮书；集成电路产业推动实现“28nm”历史性量产和工艺升级，着力自主研发，积极拓展市场空间，扩大产品影响力；新兴产业领域，移动互联网业务发展势头强劲，“369 云服务平台”践行“互联网＋”助力“双创”，探索一条适合央企的资源型垂直领域移动互联网发展之路。大唐电信集团坚持创新驱动，深化机制改革，加快产业整合，深耕信息通信市场，主体产业板块相互支撑，品牌管理实效凸显，企业实力和影响力不断增强。同时，大唐电信集团积极贯彻落实党中央、国务院战略部署和国资委推进国资国企改革的要求，在稳步改革中加强党的建设，强化监督工作，注重社会效益，积极提升企业竞争力，实现国有资本保值增值。

【主要指标】 2015 年，大唐电信集团资产总额 443.85 亿元，营业收入 220.36 亿元，同比增长 10.12%，实现利润 6.01 亿元，同比同口径增长 19.25%。

2015 年电信科学技术研究院主要经济指标

项　目	2014 年	2015 年	比上年增长（%）
资产总额（亿元）	477.34	443.85	－7.02
所有者权益（亿元）	224.77	223.17	－0.71
营业收入（亿元）	200.11	220.36	10.12
利润总额（亿元）	5.04	6.01	19.25
净利润（亿元）	3.75	3.20	－14.61
归属于母公司所有者的净利润（亿元）	1.01	1.35	33.76
技术开发投入（亿元）	24.30	24.51	0.86
利税总额（亿元）	12.99	18.17	39.88

续表

项　目	2014 年	2015 年	比上年增长（%）
应交税金总额(亿元)	7.95	12.16	52.96
全员劳动生产率(万元/人·年)	21.94	20.50	－6.56
净资产收益率(%)	2.10	1.43	减少 0.67 个百分点
总资产报酬率(%)	0.75	0.79	增加 0.09 个百分点
国有资本保值增值率(%)	112.06	102.03	减少 10.03 个百分点

【改革发展】

1. 深入学习改革文件，确定改革原则和重点。大唐电信集团结合"三严三实"专题教育，开展"促改革"专题研讨会，深入学习解读"1＋N"系列改革文件，召开全面深化改革领导小组会议，明确改革指导思想、原则和重点。大唐电信集团改革工作将坚持积极稳妥统筹推进、增强活力提效率、依法治企抗风险、坚持加强党的领导四个基本原则，并将有序推进完善现代企业制度、加快产业布局结构调整、优化薪酬激励机制、持续加强党的建设四个重点领域的改革工作。

2. 稳妥推进试点工作，试点效果初现。大唐电信集团严格按照"1＋N"系列改革文件要求，先后推进开展大唐高鸿混合所有制试点、电信一所迪爱斯改制试点、"双创"工作探索试点、激励机制与中关村先行先试试点、中芯国际国际化经营试点等工作，积累改革经验，争取改革资源。

一是积极推进岗位分红权试点。在集团所属数据通信研究所连续实施岗位分红权试点，第一期岗位分红权试点方案实施三年间，数据所营业收入年均增长 23%，净利润年均增长 48%，EVA 年均增长 43%，在经营上取得较好业绩的同时，各项管理工作也日趋规范，岗位职责更加明晰、业绩考核更加完善，科技骨干队伍离职率仅 3%。在第一期岗位分红权试点取得很好效果的基础上，数据所成为首家获批中央企业第二期岗位分红权试点单位。下一步将在集团范围内全面推进分红权激励试点，力争实现符合条件的单位分红权激励全覆盖。

二是稳妥推进混合所有制改革试点。在集团所属高鸿股份探索实施以完善现代企业制度为根本出发点和落脚点的混合所有制改革试点，《试点方案》基本形成。结合试点工作，高鸿股份探索实施混合所有制企业的员工激励方案，实施限制性股票激励，设置极富挑战的业绩条件，实现持续高速增长，效果已经显现。集团所属大唐电信科技股份有限公司结合落实"双创"工作，创新机制，引入战略投资者，发展混合所有制经济，实现技术价值的资本性回报。大唐电信集团在北京、西安等地建立 6 个创业孵化基地，成功孵化"互联网＋"项目 60 多个，其中 12 个项目获得 A 轮融资，3 个项目获得 B 轮融资，1 个项目获得 C 轮融资，撬动社会资本超过 10 亿元，资本增值超过 12 倍，带动就业超过 2000 人，充分发挥国有资本的放大功能和带动作用。

三是持续推进科研创新型企业的产业化激励。集团所属大唐移动先后实施虚拟股权激励和 EVA 利润改善分享计划，自 2013 年实现扭亏为盈以来，经营效益稳步提升，积极对接中关村先行先试政策，在激烈的市场竞争中切实保障核心技术管理团队的稳定，有效促进 4G 科研成果的产业化。

四是探索推进国际化经营与管理试点。2008 年集团入资中芯国际成为其第一大股东，在对外保持中芯国际独立性和国际化形象的前提下，不断优化公司治理，开展市值管理，支持中芯国际资本运作，树立大股东良好资本市场形象。全面审视内部资源和能力，依托本土市场制定清晰、合理的发展战略，走出一条"国有资本控股、实施国际化运作、依托本土市场、主体产业带动"的创新发展模式。截至 2015 年底，通过 7 年多的努力，中芯国际全面打通资本市场、大幅提升产业能力、有效改善经营业绩，成为电信科研院实现良好市值管理和国际化运作的成功典范。28 纳米高端工艺芯片在中芯国际实现全面量产，成为提质增效工作典范。

【重大项目】

1. 无线移动通信产业：优质产品拓展 4G 市场，核心技术引领 5G 标准。2015 年，大唐电信集团在助力 4G 网络前行和后续演进的道路上作出诸多努力，利用创新型的产品和解决方案打造 4G 精品网络，帮助运营商提升整个网络的业务能力和响应速度。大唐电信集团旗下大唐移动通信设备有限公司的NE-Osite一体化基站解决方案，可在最短时间内完成4G网络建设，并且覆盖效果良好，易于隐蔽，安装简单，市场占有率不断提升。

2015年12月，大唐电信集团发布题为《建设安全可信的网络空间》的5G网络安全白皮书。白皮书分析未来5G移动宽带系统的一些典型应用场景，讨论5G网络安全的架构，提出构建安全可信网络空间的三大要素，即身份可信、行为可溯，网络可信、安全分级，实体可信、内建免疫。2015年，大唐电信集团首家研制出128通道的5G MassiveMIMO样机，标志着集团在大规模天线领域的领先地位；搭建5G综合验证平台，积极验证PDMA、UDN和Massive MIMO等前导性技术。大唐电信集团能够实现的5G关键技术指标已经完全达到甚至超过ITU对5G的愿景描述，未来5G技术得到应用，将会给用户带来更好的体验。

2. 集成电路产业：自主芯片技术升级，市场影响力不断扩大。2015年，大唐电信集团正在向"强芯"的目标迈进，与国内企业在创新能力建设、人才培养以及标准和知识产权、国际合作等方面进行合作，共同推动产业持续快速发展。"4G＋28纳米"工程带动我国集成电路产业成功跨入深纳米时代，实现28纳米先进工艺的自主设计和制造，并实现历史性量产。大唐电信集团旗下大唐半导体在芯片设计、智能终端方案、行业终端产品以及车联网等领域均表现颇佳，与小米公司达成合作，成果显著。新一代移动通信无线网络与芯片技术国家工程实验室在移动通信芯片技术方向，实现SDR芯片平台的产品化，LC1860系列芯片广泛应用于红米2A和大疆无人机等产品中，单芯片销售超过1000万片，并面向中芯国际（SMIC）28nm high－k工艺完成SoC芯片设计。

3. 战略性新兴产业：移动互联网平台发力，物联网技术领先。移动互联网领域，大唐电信集团打造面向垂直行业的资源型移动互联网开放平台——369 CLOUD云服务平台，369云服务平台汇聚大量"软件积木"式服务组件，具备行业移动互联网定制平台的快速开发能力，提供移动互联网应用的快速开发和技术支撑服务，提高项目创业的成功率。2015年，大唐电信集团进行基于LTE－V技术的车联网应用系统社会道路实景演示，展示包含9辆车和3个路测节点的智能交通应用，是业界唯一一家提供社会道路环境车路协同系统实景演示的企业。大唐电信集团加速推进V2X产业化进程，积极参与国内V2X示范建设工作，联合产业链各方，推动开展V2X示范应用和规模试验，拓展面向自动驾驶的5G创新应用。

【走向海外】 2015年，大唐电信集团紧抓国家"一带一路"政策机遇，认真贯彻国资委召开的中央企业参与"一带一路"建设暨国际产能和装备制造合作工作会议精神，落实TD"走出去"的战略部署，TD国际化取得一定的突破。集团在全球12个国家（地区）开展业务，3个国家（地区）设立机构，竞得比利时频谱资源，在习近平主席亲自见证下，与比利时合作方签署战略合作协议，比利时4G商用网络项目完成项目调研和实地勘查，完成当地邮电监管机构（BIPT）要求的TD－LTE项目计划书。TD－LTE教学装备系统中标科技部中国－厄瓜多尔TD－LTE联合实验室项目。TDD与FDD、宏基站与小基站混合组网项目中标台湾工研院项目。积极推进与比利时鲁汶大学网络建设及5G研发合作项目。圭亚那TD－LTE商用网项目累计销售额超过180余万美元。马拉维项目成为集团首个国际商用3G/4G双模混合网络。完成香港海关TD－LTE专网项目验收。

2015年，大唐电信集团组织参加汉诺威电子信息展览会（Cebit2015）、布达佩斯ITU世界电信展（ITU Telecom World 2015）、中国国际信息通信展览会、世界电信和信息社会日大会、IMT2020 5G研讨会、中国北京国际科技产业博览会、世界移动大会·上海（MWCS 2015）、第十四届亚太智能交通论坛、新技术新业务研讨会等国内外9个具有影响力的展会，充分展示集团高科技实力及全线解决方案，树立大唐电信集团的品牌形象。

【重大创新】

1. 成功实施"4G＋28纳米"核心技术创新工程，带动我国移动通信实现从3G"追赶"到4G"同行"的重大跨越。我国于2013年12月8日同时发放三张4G TD－LTE运营牌照，4G TD－LTE产业全面实现"国内三分天下有其二，全球三分天下有其一"的战略目标。截至2015年底，国内4G TD－LTE用户突破3亿户，占国内4G用户比例超过85％；建设基站数量超过120万套，占全球4G基站总量比重55％；4G TD－LTE手机芯片、智能终端、通信系统设备国产化率分别超过20％、85％和90％，我国移动通信自主创新体系和产业生态系统更加完善。

“4G＋28纳米”工程的实施，实现无线移动通信与集成电路更加深入的互动发展，系统、设计、制造互动发展的垂直整合一体化（虚拟IDM）模式优势逐步初现，带动我国集成电路产业成功跨入深纳米时代，首次历史性实现28纳米自主设计与制造的工艺成功对接和规模量产。围绕“4G＋28纳米”核心技术创新工程，我国集成电路设计与制造的深入互动发展，为带动我国手机终端品牌企业和产业的持续升级、推进4G规模商用、支撑5G迈向引领、以及启动我国集成电路产业向16/14纳米工艺持续升级奠定基础。

2．整合资源打造平台，探索央企“双创”新路。大唐电信集团高度重视“双创”工作，大唐电信集团以技术孵化为核心、以投融资服务和实体园区创业服务为配套的“一体两翼”项目孵化模式，成功打造“369云服务平台”“369云工厂”和“369云基金”，截至2015年底，大唐电信集团在北京、西安等地建立6个创业孵化基地，成功孵化“互联网＋”项目60多个，撬动社会资本超过10亿元，资本增值超过12倍，带动就业超过2000人，充分发挥国有资本的放大功能和带动作用。

3．创新人才激励机制，激发创新创业活力。大唐电信集团在中央企业中率先建立首席科学家和首席专家选聘制度，设立首席科学家实验室，并在人事、预算及考核政策和资源配置等方面给予相对独立的权限和灵活的机制，真正让科技创新领军人才引领企业创新创业。大唐电信集团紧紧把握新兴产业与创新项目风险高、回报周期长等特点，积极探索多元化激励模式，形成个人价值实现与创新项目成长的利益回报共同体，积极组织实施员工持股和岗位分红权、限制性股票等中长期激励机制。优化的激励机制极大地激发了人才的创新活力和创造热情。截至2015年底，大唐电信集团拥有专利申请量超过2.2万件，核心基础专利拥有水平进一步提升。

【党建工作】

1．不断提升党建工作水平。全面深入开展“三严三实”专题教育，不断巩固和拓展党的群众路线教育实践活动成果。深入贯彻落实党建工作新要求和中央企业党委（党组）书记会议精神，召开集团党建工作会，强化各级党组织书记党建工作责任。以党组中心组学习为引领，推动学习型党组织建设，开辟“党员大讲堂”学习平台，开展入党积极分子培训和党务干部培训。推进二级单位党组织换届选举工作，选好配强党组织领导班子。

2．深入推进党风廉政建设。坚决贯彻落实党风廉政建设“两个责任”，深入推进“三转”工作，着重抓早抓小，把纪律规矩挺在前面。强化责任落实，以纪委书记为班子成员党风廉政建设“画像”为抓手，推动领导干部切实履行好党风廉政建设职责。聚焦“两个责任”、八项规定执行情况开展专项检查，监督广度和深度不断拓展。细化日常监督，制定出台“三重一大”决策制度监督检查办法。规范问题线索处置和案件查办工作，不断提高监督执纪工作水平。

3．发挥工团桥梁纽带作用。加强工会干部队伍建设，启动2015—2016年度工会工作课题研究工作。强化团的制度建设，编制共青团工作指导手册。全面实施《职工健康工程规划》，提升职工身心健康，启动职工健康服务试点，扎实做好劳模休养工作。做好信访维稳工作，通过多种方式走访慰问困难员工、劳动模范以及老党员和困难党员，大力实施送温暖工程，帮助生活困难党员、员工解决实际问题，企业凝聚力、向心力不断增强。

【信息化建设】 2015年，大唐电信集团贯彻落实国资委指导要求，坚持“突出重点、统筹规划、分类推进、注重整合、保障安全”的整体工作原则，做好集团信息化工作的整体统筹和协同推进，积极开展各类信息系统的优化整合、深化应用等工作，高度重视IT运维和信息安全等基础性工作，持续提升IT支持服务能力和信息安全保障水平，为集团改革发展起到重要的支撑作用。

加强组织保障和顶层设计。集团成立信息化工作领导小组和信息化专家委员会，定期组织召开信息化工作会议、信息化工作领导小组全体会议以及信息化专家委员会全体会议等多项重点会议，完成集团“十三五”信息化规划编制工作。

以促进信息化与业务紧密融合为原则，集团总部和各单位持续开展各类业务信息系统的优化与整合、深化应用等项目实施工作，以信息化手段促进管理创新、支撑降本增效，提升企业经营管理水平。

强化信息安全保障工作，注重对保密工作做好支撑。加强信息安全制度建设，发布《关于加强信息安全工作的指导意见》。完成集团互联网网站安全整改，增强互联网出口和无线网安全防护能力，制定集团异地灾备平台规划方案，持续做好各类信息系统的安全防护工作。

夯实基础，强化IT运维。开展集团IT运维与信息安全专题调研，对所属单位加强分类指导提出改进建议。做好日常IT运维，确保各类信息化系统和平台持续稳定运行。

加强集团与所属单位的网络互联互通，集团视频会议分会场增加到7个，全年召开60次视频会议，极大地方便外地参会人员，节约差旅费用和时间成本。

【履行社会责任】 2015年，大唐电信集团积极履行高科技中央企业社会责任，坚持实施创新驱动理念，践行“正向系统创新”发展道路，积极履行产业责任，各产业板块实现稳步发展，为国家科技进步、经济和社会发展作出贡献。

大唐电信集团始终坚持绿色科技理念，大力推进节能减排，实现可持续发展；关爱员工，完善培训体系和人才体系建设，为员工提供上升通道；宣贯“大唐电信精神”，开展特色企业文化活动，提升员工幸福感和参与企业建设的热情；对股东、投资者和客户负责，与合作伙伴协同发展；落实国家扶贫计划，向国家级贫困县派驻扶贫干部帮助发展经济；热心参与社会公益事业，在抢险救灾、扶贫助困、支持教育等方面积极行动奉献力量，做负责任的企业公民。

2015年，大唐电信集团积极向社会展示高科技央企负责任的良好形象，连续第五年发布企业社会责任报告，此次报告在传统平台发布的基础上，还以H5页面的形式发布，获得各方好评。

（撰稿人：王　迪）

中国农业发展集团有限公司

【基本概况】 2015年是金融危机以来稳增长形势最严峻、情况最复杂、任务最艰巨的一年。在国资委的正确领导下，在监事会的指导帮助下，中国农业发展集团有限公司（以下简称“集团”）积极适应新常态，准确把握国际国内形势和行业发展态势，主动作为，围绕“五年翻番、行业四个第一”的目标，贯彻落实国资委和集团年度工作会部署，积极推进转型升级和模式创新，针对困难挑战采取应对措施，进一步加强管理和风险防范，保持集团整体生产经营稳定增长，各项重点工作加快推进，取得明显成效，全面完成国资委下达的年度经营业绩考核指标，各项指标呈现良性状态。

【主要指标】 2015年，集团资产总额286.6亿元，同比增长21.7%；所有者权益127.3亿元，同比增长15.8%；营业收入248.2亿元，同比增长16.7%；实现利润总额9.95亿元；净利润6.8亿元。

2015年中国农业发展集团有限公司主要经济指标

项　目	2014年	2015年	比上年增长(%)
资产总额(亿元)	235.60	286.60	21.65
所有者权益(亿元)	109.90	127.30	15.83
营业收入(亿元)	212.70	248.20	16.69
利润总额(亿元)	12.10	9.95	−17.77
净利润(亿元)	10.60	6.76	−36.23
归属于母公司所有者的净利润(亿元)	7.70	5.65	−26.62
技术开发投入(亿元)	2.30	2.14	−6.90
利税总额(亿元)	16.40	16.06	−2.07
应交税金总额(亿元)	4.30	6.11	42.09

续表

项　目	2014 年	2015 年	比上年增长（%）
全员劳动生产率（万元/人·年）	16.50	16.40	－0.61
净资产收益率（%）	11.60	7.30	减少 4.3 个百分点
总资产报酬率（%）	6.50	5.03	减少 1.47 个百分点
国有资本保值增值率（%）	113.20	108.30	减少 4.9 个百分点

【改革管理】 集团认真贯彻落实党的十八大及十八届三中全会精神和中共中央、国务院《关于深化国有企业改革的指导意见》，成立深化改革工作领导小组，积极推进各项改革措施的落实，取得明显成效。

1. 推进公司制股份制改革。通过增资理顺产权关系，完成两家二级企业的股权多元化公司制改建。一批二级企业通过分立改制、并购重组，实现股权结构多元，建立起混合所有制公司。

2. 继续推进规范董事会建设试点工作。建立健全董事会、董事报告制度，完善分级授权决策机制，进一步完善董事、监事考核、评价、激励、奖惩制度，规范董事、监事履职行为。完善二级企业董事会制度体系建设，结合企业领导班子考核，调整充实企业董事会、监事会，实现全覆盖。进一步建立完善二级企业董事会制度体系，指导二级企业董事会规范运行，加大对专职董事、监事的管理力度，提升履职能力，对促进二级企业科学决策、规范管理起到重要作用。

3. 继续探索发展混合所有制经济。根据集团产业发展需要，积极引入民营资本和战略投资者，加快做强主业、迅速拓展新产业。通过并购农机、农化、水产品加工领域的民营企业，发展混合所有制经济。集团上市公司农发种业以非公开发行股票的方式购买河南颖泰公司股权，同时，向现代种业基金、农发种业高管等人员配套募集资金，实现农发种业管理层持股。

4. 进一步完善业绩考核和薪酬制度改革。严格对二级企业负责人的经营管理业绩考核，继续实行年度考核与任期考核相结合、结果考核与过程评价相统一、考核结果与奖惩相挂钩的考核制度。以价值管理为核心，不断完善业绩考核体系。逐步提高经济增加值考核权重。全面融入“战略导向、价值考核、对标考核、短板考核和精准考核”的新要求，进一步细化对企业的分类考核，分类指标针对企业在主业盈利、成本控制、资产质量、债务风险等方面存在的“短板”进行确定。将对标指标纳入对二级企业负责人考核体系，引导企业向国际、国内一流水平看齐，改进短板，逐步缩小差距。优化完善目标值管理，引入指标基准值，将企业和行业的净资产收益率作为主要参照指标，引导企业更加注重资本回报、资本占用和资产创效能力。进一步加大对科技创新的考核奖励，鼓励企业加强科技投入和成果转化。对二级企业负责人的薪酬管理，遵循“业绩上，薪酬上，业绩下，薪酬下”原则，确定年度薪酬，实现企业负责人薪酬与企业效益、个人责任和贡献紧密挂钩，激励约束作用比较明显。对引进特殊科技研发人才的企业实行工资总额单列政策，采用更具激励性的中长期激励、协议工资制等，加大科技投入比，把科技投入视同利润加回，充分调动科研单位和高科技人才的积极性。

5. 继续推进价值管理。按照集团价值管理体系建设总体纲要要求，制定价值管理体系建设实施方案，建立集团 EVA 分析体系并进行模拟运行，明确集团各相关部门职责、EVA 分析主要内容、同业对标分析、改进措施等，对现阶段集团管理提升起到重要作用。完成集团持有外部上市公司股份的变现工作，指导相关二级企业开展资本运作，实现较好的收益。在股市出现异常波动情况下，积极响应国资委、证监会的部署和要求，履行央企责任，组织上市公司及相关企业制定落实措施，维护集团上市公司股价稳定。

6. 继续强化集团集中统一管控。完善全面预算管理。按照集团全面预算管理办法的要求，推动年度预算与三年滚动规划相衔接，强化业务与财务的结合，以经营预算、资本预算和薪酬预算为基础，编制完成集团财务预算方案，发挥集团的主导地位，真正体现预算的全面性、科学性和集团的主导性。进一步加强资金集中管理，集团可归集口径资金集中度达到42%以上。

7. 继续强化全面风险管理工作。编制全面风险管理报告，针对评估出的重大风险提出风险管理策略和风险解决方案，并按时上报国资委。将全面风险管理报告的编制范围延伸到全部三级企业。坚持开展风险信息动态监控工作，针对部分企业风险事件和诉讼案件，加强跟踪、督促和指导。

【重大项目】 2015年，集团按照内涵与外延增长并举的方针，继续推进内部重组整合，稳步开展对外并购，取得长足进展，一批项目实施并发挥效益。

1. 加强投资项目管理，提升可持续发展能力。2015年，完善集团《投资管理规定》和《企业并购操作规范指南》，下发《关于加强项目备案管理的通知》，加强集团对固定资产投资项目的管控。完成投资18.2亿元，其中，远洋渔业、畜牧业、现代种业及农业资源开发等核心主业投资，占全年投资总额的73.8%。

2. 编制落实集团2015—2017年三年滚动规划，启动“十三五”战略研究，引领集团长远发展。为保证集团战略落地实施，根据国资委的要求，结合集团改革发展实际，按照“五年翻番、四个第一”的总体目标，编制集团2015—2017三年滚动规划，结合新常态和国企改革发展新要求，对集团所面临的新形势、新环境、产业发展趋势和发展重点等重大问题进行深入研究分析，明确2015—2017年发展思路、总体目标和保障措施，为集团编制预算和业绩考核提供依据。为落实滚动规划，集团组织开展对各企业“十三五”规划制定、2015年预算执行及2016年度预算编制情况的检查汇报工作。对各企业“十三五”规划制定和2016年预算编制，要求突出转型升级、结构调整和模式创新内容，以净资产收益率为主要指标，选取行业、对标企业相关数据量化分析，寻找差距，提出预算目标和措施。集团以战略引领、价值导向的“规划—预算—考核”一体化战略管理体系进一步完善，集团全面完成“十二五”时期规划目标。

3. 进一步理顺产权关系，内部重组整合取得新进展。完成集团对山丹马场、爱地公司和牡丹江马场的增资改制工作，建立和完善法人治理结构，进一步理顺产权关系。集团在资金非常紧张的情况下，为一些企业解决生产经营急需、战略性并购整合需要等进行增资，对促进企业长远持续发展起到重要作用。淄柴公司通过分立改制引进集团内外部资金设立新公司，推进混合所有制，有效地改善资本结构，促进经营机制转换和搬迁改造工作完成。

4. 对外并购稳步推进，促进当期业绩提升和长远发展。集团认真执行投资并购管理制度，加强督促指导，跟踪企业并购工作进展，提前介入加快项目审核，更加注重项目可行性研究论证，更加注重风险防范，更加注重并购后的重组整合，推进一批并购项目实施完成，对集团当期绩效提升及长远发展起到积极作用。

5. 积极推进土地资源盘活，重点项目取得突破性进展。集团继续加强自有土地资源管理，开展培训宣贯，落实土地证管理和土地开发制度，做好土地资源的调查统计，加强规划指导，取得阶段性进展。尤其是湛渔公司“三旧”改造项目取得重大突破，相关领导进驻项目一线，靠前指挥，整合各方力量，采取超常规做法，完成项目单元规划、设计、审批，清理项目地块上的多家合资、合作单位，妥善处理大量历史遗留问题，同时做好职工稳定工作，实现项目公司首次股权转让收益，为集团当期经营和长远发展作出重要贡献。

【农业“走出去”】 集团在农业“走出去”方面，加大力度，加快步伐，取得突破性进展，成立农业“走出去”领导机构，加强对“走出去”工作的督促协调。组织编制集团“走出去”规划，积极争取国家政策支持，向农业部报送集团“走出去”重点项目库项目，集团坦桑剑麻项目列入国家农业“走出去”首批试点项目。远洋渔业全部走向海外，初步形成全球性生产格局，年捕捞总量、渔船吨位均居全国首位，渔船规模居世界同行前列；作业渔场遍及太平洋、大西洋和印度洋公海及周边30多个国家和地区的海域。2015年，中水公司派遣南极磷虾项目船只赴南极渔场开展为期107天的南极磷虾捕捞作业，取得良好效果。中垦公司完成并购美晶柬埔寨公司股权工作和稻米加工厂建设的前期准备工作，中牧公司加快推进乳业并购项目，取得阶段性成效。

【重大创新】 集团积极推进企业科技创新工作,鼓励企业积极开展多种研发创新活动,开展研发投入效果评价工作,编制研发预算,分板块、分企业对研发目标与方向、研发投入、研究内容和项目、研究成果及效益等方面作出预算安排,并将重点企业研发投入和开发预算纳入管理指标考核。积极适应国家科技管理体制改革,加强对企业科技项目管理,重点对产业转型升级项目、战略性新兴产业发展项目进行跟踪管理;组织科技成果转化项目的结题验收工作。

在创新机制上,继续坚持以市场为导向,建立健全技术创新体系,同时,在产学研合作、产业技术创新战略联盟、中央企业间合作及产业链上下游企业间合作等方面积极探索。集团新立项国家、省部级科研项目2项;研发成果获得各类科技奖11项;新增国家新药证书9个,植物新品种1个,总拥有量国家新药证书56个、植物新品种51个;新申请专利总计46项,其中发明专利38项,获得专利授权28项,其中发明专利14项;行业标准方面,2015年集团参与制定行业标准9项。

此外,2015年集团企业牵头组建"中国玉米种业走出去技术创新战略联盟""南极磷虾产业科技创新联盟""山东省南极磷虾产业科技创新联盟""浙江省重点产业技术联盟",参与组建"湖北省淡水产品加工产业技术创新战略联盟"。

【党建工作】 2015年,集团学习贯彻习近平总书记重要讲话精神,贯彻落实中央企业党的建设工作座谈会、中央企业党建工作专题推进会、中央企业党风建设和反腐败工作会精神,进一步加强企业党的建设,切实加强党风廉政建设和反腐败工作,取得明显成效。

1. 深入扎实开展"三严三实"专题教育。根据中央和国资委党委部署安排,集团党委把深入开展专题教育、严格落实"三严三实"要求作为一项重要政治任务,一把手亲自抓。集团董事长、党委书记刘身利带头讲党课,作专题教育部署动员。坚持以上率下,示范带动。集团党委组织召开巡视整改专题民主生活会、"三严三实"专题民主生活会,按照上级要求与规定程序,对照检查,剖析问题,分别列出问题清单、责任清单、整改清单和时限清单,按责任、按时限一个一个落实,取得明显成效。

2. 认真做好巡视整改工作。按照国资委第四巡视组对集团巡视检查反馈意见和集团党委关于巡视整改工作要求,制定整改方案,提出整改措施,还专门召开巡视整改落实督办会,整改不到位问题不放过,开展整改工作"回头看",防止出现反弹回弹,确保每项整改工作落实到位。

3. 加强领导班子和干部队伍建设。根据集团新阶段发展需要和"五年翻番、四个第一"目标要求,坚持正确导向和用人标准,加强干部选拔任用、培养锻炼、考核评价和管理监督,着力建设高素质领导班子和干部队伍。进一步推进总部与企业之间、企业与企业之间的干部交流,加大领导人员、有发展潜力年轻员工的交流力度。探索建立得票结果甄别制度,把干部当次得票情况与组织平时了解掌握情况和年度考核情况综合比较分析,防止简单以票取人。加强干部监督管理,规范企业领导人员兼职,加强干部培训,严格执行履职待遇和业务支出制度,加强裸官清理,落实个人有关事项报告制度,干部规范管理进一步加强。

4. 深入开展反腐倡廉工作。进一步加强廉洁从业教育。认真组织学习王岐山同志在十八届中纪委第五次全会上的讲话,国资委主任张毅、纪委书记强卫東在2015年中央企业反腐倡廉工作会议上的讲话精神,统一思想,提高认识。积极开展《准则》和《条例》的学习和宣贯活动,组织观看《作风建设永远在路上》等专题教育片,不断提高党员领导干部的思想道德素质。严格落实党委主体责任和纪委监督责任,持之以恒抓好中央八项规定精神和集团"十三条措施"落实,及时转发中纪委对中央企业违反八项规定精神案例的通报,要求各级企业吸取教训。结合对下属企业调研、领导班子考核、党风廉政建设责任制检查、"三严三实"教育活动,对企业贯彻落实中央八项规定精神情况进行检查,取得明显效果。

【信息化建设】 按照集团信息化发展规划要求,开展集团信息化建设状况统计和分析等基础性工作,集团信息化发展战略的前期设计调研基本完成。集团网站更新安全性更好的系统，完善和改进OA系统，办公质量和效率进一步提高。按国资委要求完成普通秘密传输系统建设，网络、设备等安装完毕，待统一验收后即可投入使用。根据集团《电子商务工作方案》，积极推进集团电子商务工作，开通运营中农发商城、官方微信商城，规范企业电商平台管理，编制微博微信管理办法。完成集团财务信息化系统升级，全面提升系统的集成性和扩展性；完成决策支持系统的搭建和上线运行；完成可扩展商业报告语言和全面预算管理系统的业务方案设计。

【履行社会责任】 作为国际化中央农业企业，集团在努力提升经济效益的同时，积极履行社会责任，受到社会各界高度评价。

作为维护国家海洋权益、重大动物疫病防控、振兴民族种业、构建海外粮仓的国家队和主力军，集团积极通过聚焦核心主业，积极为国家粮食和食品安全作贡献。远洋渔业经过30年的发展，为主张我国海洋权益、延伸蓝色国土、丰富人民群众菜篮子、扩大对外经济合作、促进和平外交等方面作出重大贡献。畜牧制药业在提升自身效益的同时，为我国畜牧业发展提供重要服务支撑，在抗击近年突出的禽流感、口蹄疫、猪蓝耳病等一系列防疫攻坚战中发挥主力军作用，成为政府疫苗采购的主要供应商。集团种业通过几年的快速发展，成为推动我国现代种业发展的重要力量，为保障我国粮食安全发挥重要作用。集团援外项目通过技术培训和示范推广，对当地农业发展起到明显的推动作用，通过推广育种、农业生产等技术，有效提高当地农作物产量和改善农产品质量。集团积极参与慈善、捐助等社会公益事业，在发生重大自然灾害和突发事件的情况下，积极提供财力、物力和人力等方面的支持和援助。2015年集团所属企业举办“郭明义爱心团队送爱到太阳村”、开展“认领‘小桔灯’，温暖这一冬”和“用爱温暖孤寡老人，用行动贴近困难群众”等主题的公益活动，得到所在地政府和群众的一致认可，提升了集团的良好形象和影响力。集团所属淄柴销售公司总经理杜伟13年坚持献爱心志愿服务，帮助14个贫困家庭学生圆了学业梦；他的“爱心使者”“爱心旅途”“爱心基金”“爱心帮扶小组”志愿服务项目和团队，受到企业员工、当地政府和群众的广泛赞誉，被国资委命名为“中央企业优秀志愿者”。境外企业积极履行央企社会责任，帮助当地人民提供就业、开展救灾、医疗救治、教育救助等，树立良好国际形象，比绍代表处组织“向当地手工渔业协会捐赠劳保用品”活动，以改善当地渔民的生产作业条件，进一步促进两国渔业方面的合作。继续积极参加国家扶贫开发工作，在捐资助学、志愿服务等方面发挥应有的作用。

（撰稿人：李迎荣）

中国中纺集团公司

【基本概况】 中国中纺集团公司（以下简称“中纺集团”或“集团”）是国资委批准建立规范董事会制度的中央企业，成立64年以来，中纺集团坚持科学发展，不断开拓创新，逐步从一家传统的纺织外贸进出口企业转型发展为以粮棉油大宗农产品为主业、具有供应链管理能力、在国内外享有良好品牌声誉的大型企业集团，中国五百强企业。截至2015年底，集团有下属企业135家（含1家香港上市公司）。

2015年，中纺集团克服粮油、纺织市场市场价格不断探底、终端需求疲软下滑的困难，保持生产经营和改革发展大局的平稳。其中，加快粮食仓储物流设施布局，新增粮食仓容225万吨，收购新作临储玉米201万吨；棉花业务坚持走在市场前面，新疆棉经营同比增长22%，超额完成年度考核指标；油籽压榨业务在全行业普遍亏损的情况下，取得难能可贵的业绩；针织印染业务和部分棉纺企业克服订单不足、售价下跌的不利因素，加强成本控制，保持稳定的赢利能力；证券、电梯、杂志等其他类业务实现较好的投资收益。

【主要指标】 2015年，中纺集团实现营业收入395.7亿元，同比减少21.5%；实现利润总额－0.42亿元，同比减少105.79%；资产总额312.62亿元，同比上升23.69%；总资产报酬率1.64%，同比减少3.06个百分点；国有资本保值增值率为96.6%，同比减少9.2个百分点。

**2015 年中国中纺集团公司
主要经济指标**

项　目	2014 年	2015 年	比上年增长(%)
资产总额(亿元)	252.75	312.62	23.69
所有者权益(亿元)	84.41	85.76	1.60
营业收入(亿元)	504.06	395.70	－21.50
利润总额(亿元)	7.25	－0.42	－105.79
净利润(亿元)	4.75	－2.54	－153.47
归属于母公司所有者的净利润(亿元)	4.24	－3.42	－180.66
技术开发投入(亿元)	0.20	0.19	－5.00
利税总额(亿元)	18.26	10.17	－44.30
应交税金总额(亿元)	13.51	12.71	－5.92
全员劳动生产率(万元/人·年)	12.98	9.13	－29.66
总资产报酬率(%)	4.70	1.64	减少 3.06 个百分点
国有资本保值增值率(%)	105.77	96.57	减少 9.20 个百分点

【改革发展】 2015 年,为推动人才强企战略的实施,集团以职业经理人和人才梯队建设为重点,加快推进企业经营管理人才职业化、市场化、专业化。2015 年结合集团职业经理人队伍的现状,制定以打造领导力为抓手的"领航计划",通过领导力定位、领导力发展和领导力成果评估三个阶段的工作法,以及一系列适应企业战略发展需要的职业经理人管理体制变革和创新项目,进一步打造一支能够"勇挑重担、善带团队、能打硬仗"的中纺集团职业经理人队伍。

为加大干部业绩与薪酬兑现的联动力度,进一步完善激励和约束的机制建设,2015 年集团修订《中国中纺集团公司奖励办法》,增设"超越奖",对经营业绩远超公司预期或高于市场平均水平,业绩持续提升,或勇于承担重任、开拓市场,为公司战略转型作出卓越贡献的二级子企业负责人给予重奖激励。

【重大项目】

1. 按计划完成粮食仓储项目布局建设。

加强粮食仓储设施建设是中纺集团深化"三五"战略的重点内容,根据国家发改委和国家粮食局联合下发的《关于通过政策性粮食收储主体资格引导企业投资建仓有关问题的通知》,中纺集团承担新建 350 万吨标准仓容的临储项目建设任务。6 月下旬,中纺集团董事会审议批准 7 家粮库收购项目的可研报告,11 月完成股权交割手续,全面开展新年度的临储玉米收购,新建库施工建设在 11 月全部完工。并购后中纺集团新增粮食仓容 225 万吨。

2. 致力打造大宗农产品现货交易平台。

上海自贸区建立以来,中纺集团除了在自贸区率先开展面向国际市场和大宗农产品转口的业务外,结合自身在大宗农产品业务方面的经验,于 2015 年 7 月正式获准在自贸区内建立国内唯一一家大宗农产品现货交易的国际性交易平台。交易平台将联合大宗农产品产业链上下游领军企业及相关机构共同参与,充分利用自贸区的金融优势以及便利的结算方式,着力打造具备公信力的大宗农产品第三方现货交易平台,促进面向国际大宗商品现货交易的健康发展。

【走向海外】 集团在美国设立的海外企业,积极发挥国际化经营的桥头堡作用,在国内相关贸易子公司和生产企业的有力配合下,强化供应链管理能力,将传统的 DDP 模式进一步延伸,为美国大型零售连锁企业提供家纺面料产品的企划、设计、打样、生产、清关、物流配送、线上线下销售等全供应链服务。通过整体服务能力的提升,中纺家纺面料全年对美出口 3113 万美元,同比增长 87%,占美国该企业家纺面料全球采购量的 51%。

【重大创新】 2015 年,集团下属生产工厂用于技术改造、设备升级以及相关配套建设的投资 0.94 亿元。

下属纺织企业纷纷建立研发和协同创新平台。其中,中纺金维公司和金旭公司技术中心与青岛大学协议共建联合研发机构,与青岛大学纺织服装学院、华东大学签署技术合作开发协议,解决生产中存在的难题,为进一步拓展日本功能性纱线和面料市场打下良好基础。

下属粮油企业不断加强自身研发机构和科研基础条件建设,探索建立适合公司发展需要的研发体系和高效顺畅的研发运行机制,推动研发、设计、工程及生产的有机结合，促进科研成果向现实生产力转化。

【党建工作】 组织开展“三严三实”专题教育。2015年5月，中纺集团在中层以上领导干部中组织开展“三严三实”专题教育。集团党委紧扣主题，组织学习习近平总书记的系列讲话精神，周密制定专题教育方案，组织中心组集体学习，党委书记亲自撰写党课提纲，为中层以上干部和基层党组织委员讲党课。集团党委精心组织三个专题学习研讨，并扩大到中层领导干部。认真准备和召开领导班子专题民主生活会，深入开展批评与自我批评，并且认真整改。坚持抓好中层干部和基层党组织的专题教育，向所有党员发放相关书籍和录像光盘。党委办公室组织人员深入到部分基层党支部参加并指导“三严三实”专题学习研讨，对新修订的《中国共产党廉洁自律准则》和《中国共产党纪律处分条例》进行宣讲。

认真履行党风廉政建设主体责任。全面落实党风廉政建设责任制。2015年，中纺集团党委与所有中层正职和党组织负责人、二级公司和三级企业党政主要负责人分别签订《党风廉政建设责任书》和《廉政建设责任书》。1月22日，集团党委、纪委领导与2014年新任现职的18名中层领导干部(含新任中层正职和新任主持工作的副职)进行集体任职廉政谈话。

全面部署集团反腐倡廉工作。集团党委在年初和年中两次召开专题党委会，听取纪委工作汇报，研究部署党风廉政建设工作。3月，召开集团反腐倡廉建设专题工作会议。

加强基层党建工作。不断加强基层党组织建设。对集团所属各级基层党组织建立情况、班子配备和党员情况进行全面的梳理统计，深入企业实地调研党建工作。进一步健全各基层党组织人员配备，每个基层党组织都配备纪检委员。指导7个基层党组织完成设立、调整和换届改选工作，实现基层党组织在下属生产企业的全覆盖。

【信息化建设】 2015年，集团成功实施人力资源管理系统(一期)项目全部模块的上线和项目终验。成功实施法律事务信息管理系统，完成合同模块、中介库模块、案件模块、法律顾问模块及规章制度模块及其移动端。持续推进ERP系统全覆盖及优化工作，截至2015年11月，系统覆盖集团下属二三级子公司，合计73家。实现EVA月度BI分析、资金日报BI分析移动化等工作。

持续推进集团“数字粮库”工作。集团数字粮库(一期)蚌埠试点库系统和集团远程监管平台系统分别于2015年2月和3月顺利上线投入运行，标志着集团粮食业务工作开始进入信息化落地阶段。

【履行社会责任】 履行社会责任，积极落实绿色发展。集团在2015年全国节能宣传周和全国低碳日活动期间，开展“节能有道，节俭有德”为主题的宣传与实践活动。10月，根据国家粮食局的要求，开展“2015年世界粮食日和全国爱粮节粮宣传周活动”。根据国资委、发改委“万家企业节能低碳行动”要求，积极落实节能减排的各项工作任务，万元产值综合能耗和主要污染物排放等指标得到有效控制。集团加大安全生产飞行检查力度，全年下属企业未发生安全生产责任事故。

(撰稿人：朱佚舒)

中国中丝集团公司

【基本概况】 2015年，在国务院国资委的正确领导和监事会的关心帮助下，中国中丝集团公司(以下简称“中丝集团”或“集团公司”)新业务发展形势良好，企业管理水平大幅提升，改革继续深化，党建工作迈上新台阶，党风廉政建设得到加强。集团公司的发展重心已经转移到近几年开拓的新项目新业务上来，初步步入良性发展的轨道。2015年，集团公司实现营业收入144.4亿元，同比增加15.3亿元，增长11.88%。

2015年，新项目新业务开拓取得新进展。由丝绸、物流、商贸和金融组成的“3+1”业务体系构建成型，每一个业务方向中均有可长期发展、空间很大的支柱业务。集团公司现拥有子公司36家(含三级子公司)，国内参股企业40余家，在海外设立贸易机构3个。

【改革发展】 品牌建设方面，2015年，中丝集团继续围绕战略发展规划调整品牌战略，围绕项目投资完善商标体系。完成“中丝”系列商标的注册申请、续展及更名，以及中丝食品等商标在相关食品、自营店、物流设施等方面的注册申请；制定商标授权使用协议，探索集团公司对子公司授权使用商标的规范化管理。“中丝”系列品牌的国内外知名度和影响力正在不断提升。

产权管理方面，2015年，中丝集团完成产权管理系统（网络版）的安装及调试，完成15项各类产权登记，全部按照有关规定对主要资料进行电子档案备份。2015年9月21日，国资委产权局对集团公司产权管理工作进行全面检查，因准备充分，集团公司产权管理工作获得产权局的好评。中丝集团在产权和资产转让过程中，严格按照国资委规定依法合规执行。

业绩考核和薪酬制度方面，一是在总部机关实行定岗定员改革基础上，聘请中介机构对总部机关各岗位进行价值评估，提出新的更加贴近市场化标准的绩效考核办法和薪酬结构体系，引入KPI指标，使考核工作更加科学合理。二是明确提出职工的薪酬分配要按贡献大小为标准确定，总部机关按照岗位价值付薪，子公司则要按照职工对公司效益所做的实际贡献来确定其薪酬分配。完成业绩考核和薪酬制度改革工作方案。

【重大项目】

1. 化工物流业务方面，化工罐区与化工品贸易互为支撑、良性互动、协同发展的商业模式逐渐进入良性运行，初见成效。2015年，集团所属辽化公司实现营业收入30.87亿元，增长103%；营口港储公司罐区吞吐量达到43.06万吨，同比增长325%；化工品贸易业务开发大型知名国企及行业龙头民企40余家重点客户。截至2015年底，辽化工程的第二个物流基地——总罐容8万立方米、总投资2亿元的锦州罐区项目建设进度绝大部分完成。

2. 集团公司将食品进口作为又一个转型发展的新支柱业务，通过研究论证、取得资质、引进人才，2015年8月开始陆续与多个国家开展牛羊肉进口业务。2015年，签订销售合同额5500万元。

【走向海外】 2015年，在国际经济形势持续低迷的形势下，中丝集团所属3家海外企业，积极采取有效措施，不断开发新产品、新业务，加强市场研判，提高管理精细化水平，实现稳步发展。

中丝（德国）有限公司在稳定传统市场的同时，利用自身和泽菲尔公司两个平台积极开发内销市场和其他海外市场，实现在亚洲和美洲地区的增长并在澳洲有所突破。严格控制风险，严把质量关，为客户提供最满意的产品。

中丝（日本）公司在坚持开展厂丝、捻丝、绢丝、紬丝面料和时装进口业务的同时，逐渐恢复化工品进口贸易业务。在日本丝绸市场突陷困境的情况下，由于化工商品的及时补充，遏制业务下滑的局面，超额完成预算任务。

中韩丝绸株式会社加大丝类商品推销力度，加强对丝绸市场调研和分析，制定出备货计划与进销价格，同时注重防范业务风险。

【重大创新】

1. 以众筹模式振兴中国丝绸产业。2015年，在中国企业家领袖年会丝绸分论坛及2015中国丝绸大会上，中丝集团提出的“以众筹模式推进工业化栽桑养蚕、智能化缫丝织绸，全面降低产业成本、大幅提升竞争力”的思路，得到业界人士的普遍认同和积极响应。大家热切希望中丝集团来组织推进，尽快振兴中国丝绸产业。

2. 积极推动集团公司内部资源整合。集团公司将内部资源整合列为2015年的重点工作之一，按照既定计划顺利推进，达到平稳、有序、安全的要求，成效显著。通过内部资源整合，集团公司达到提高资源使用效率、更好地防范风险、促进新业务发展的目的。

【党建工作】 2015年，中丝集团党委充分发挥政治核心作用，狠抓班子建设、思想建设、组织建设、党风廉政建设和企业文化建设，为集团公司攻坚克难、持续快速健康发展提供坚强政治保障和精神动力，确保企业方向正确、风清气正。

1. 加强领导班子自身建设。党委组织中心组学习7次，组织召开两次领导班子民主生活会，切实起到提高思想认识、转变作风、提高效能的目的。

2. 扎实开展“三严三实”专题教育。集团党委切实履行主体责任，组织学习中央有关文件、习近平总书记系列重要讲话精神和国资委党委的指示，开展正反两面典型教育。民主生活会上，领导班子及成员对号入座，对照检查，明确努力方向，提出整改措施和完成整改的时间表。通过专题教育，干部政治思想素质得到提高，要求自己更严，谋事创业更实，有力地促进企业的改革发展，达到预期目的。

3. 加强组织建设。集团党委所属党总支、党支部全部完成换届改选工作，党员全部纳入支部管理，实现全覆盖。选齐配强支部书记，全年任免支部书记10人次。规范党员管理工作，贯彻执行“坚持标准，保证质量，改善结构，慎重发展”的工作方针，严把党员入口关，全年发展预备党员6名，预备党员转正6名，同时做好入党积极分子培养工作，党员发展工作呈现出年轻化、知识化、基层化的特点。

4. 狠抓党风廉政建设，反腐倡廉实现新提升。召开反腐倡廉工作会议、编撰下发《反腐倡廉警示教育案例汇编》、组织参观北京市反腐倡廉警示教育基地，全面提高党员干部廉洁自律和拒腐防变的思想意识。先后两次召开党委会，听取巡视整改工作专题汇报，并对后续工作进行研究部署。集团公司纪委有效履行监督责任。不断完善监督体系，在所有支部都设置纪检委员；强化问责警示，保持高压态势，不断释放执纪必严的强烈信号，真正起到“查处一案，警戒一片”的作用，显示集团公司新一届党委、纪委有案必查、有腐必惩、违纪必究、治党从严的态度和对腐败行为零容忍的坚定决心，巩固和加强集团公司风清气正的良好局面。

5. 密切联系群众，企业文化建设、工青工作展现新亮点。一是加强新闻宣传工作，充分发挥各种宣传媒体的作用，加大宣传力度，为改革发展创造良好舆论氛围，多篇文章被国资委网站、《国资工作交流》及中央企业青年网刊发。二是积极开展争先创优，对3个先进基层党组织、26名优秀共产党员、5名优秀党务工作者进行表彰。三是卓有成效开展共青团工作，组织开展一系列文体活动、公益活动等，进一步增强团员青年的凝聚力，在中央企业“五四”评选表彰中，集团团委获得中央企业“五四”红旗团委等6项荣誉。四是持续做好工会工作，改选工会主席，增补工会委员，成功举办2015年新春茶话会和第四届“中丝杯”乒乓球锦标赛，培养团队精神、竞争精神和拼搏精神，促进企业文化的建设，起到鼓足干劲、凝聚人心的作用。

【信息化建设】 2015年，集团公司完成信息化发展五年规划、十年目标及五年规划实施方案的制定工作；积极开展化工物流、丝绸金融服务等业务的信息化需求调研工作，为全面实施信息化管理打下基础；完成商贸业务ERP系统一期建设工作，大大提高会计核算的规范性与准确性，实现财务监管信息化；对集团所有产权档案重新进行电子化整理与完善，以信息化技术提高产权管理工作效率。

【履行社会责任】 连续三年发布企业社会责任报告，向各利益相关方全面展示中丝集团在政治、经济、环境等方面社会责任的履行情况。

2015年，中丝集团齐心协力推动转型发展，卓有成效壮大企业规模，切实履行对出资人的责任。狠抓安全生产与服务质量，贯彻执行《中国中丝集团安全生产管理规定》，做到“贡献有良心的产品，提供有责任心的服务”。重视人才引进和培养，制定并逐渐完善人才培养计划，成功开通中丝网络大学，为员工增长知识、提高素质提供知识源泉。继续加强对广西壮族自治区忻城县的定点扶贫工作，选派干部到定点扶贫县贫困村任第一书记，并组织调研组赴定点扶贫县开展调研，履行对社会的责任。推行节能环保，倡导绿色发展，通过一系列活动的举办，加强环保教育宣传，推进节能减排，积极履行对环境保护的责任。

（撰稿人：甘　莹）

中国林业集团公司

【基本概况】 2015年，中国林业集团公司（以下简称“中林集团”）在国资委的直接领导和国有企业监事会的指导、帮助下，全面贯彻落实党的十八大，十八届三中、四中、五中全会和中央企业、地方国资委负责人会议精神，以“创新发展年”为抓手，把握战略机遇，响应央企“走出去”和国家“一带一路”的战略构想，推进提质增效，深化改革，克服困难，在全体职工的共同努力下，经营规模不断扩大，效益平稳增长，国有资本保值增值率达到101.57％。

【主要指标】

2015 年中国林业集团公司主要经济指标

项　目	2014 年	2015 年	比上年增长(%)
资产总额(亿元)	260.71	367.38	40.91
所有者权益(亿元)	54.29	79.57	46.56
营业收入(亿元)	383.11	513.09	33.93
利润总额(亿元)	1.11	1.42	27.93
净利润(亿元)	0.60	0.70	16.67
归属母公司所有者的净利润(亿元)	0.50	0.35	-30.00
利税总额(亿元)	1.88	2.81	49.47
应交税金总额(亿元)	1.28	2.17	69.53
净资产收益率(%)	1.58	1.05	减少 0.53 个百分点
总资产报酬率(%)	3.11	3.08	减少 0.03 个百分点
国有资本保值增值率(%)	105.29	101.57	减少 3.72 个百分点

【改革发展】 中林集团不断优化产业布局和业务结构，加快种子种苗、林木资源开发与利用、生态旅游和林业配套服务产业链的打造和培育。增资入股北京屯玉种业公司，实现由单一的林业种子种苗向农业、林业种子种苗全产业链的布局调整。建立包括环黄渤海、长三角地区、东南沿海、西部地区等较为完善的木材销售市场网络，初步形成"国外林地控制＋木材进口贸易＋港口物流配套"一体化木材经营产业链模式。开展生态旅游、餐饮酒店、有机食品等业务，打造中林"生态旅游、生态产品"品牌。与中国石油天然气股份有限公司开展战略合作，经营林业成品油，延长林业配套服务产业链。继续推进三项制度改革，公开透明选拔人才，加大人才引进力度，先后引进专业人才 385 人；进一步推进薪酬制度改革，制定多元化奖励机制，研究建立关键岗位、核心员工中长期激励办法，形成正向激励分配机制；探索市场化取酬，二级企业领导班子绩效分配拉开差距，收入分配"能高能低"逐步推进完善；分类处理各级企业不在岗人员，初步实现人员"能进能出"。积极探索推进混合所有制改革，设立或重组多种经济成份企业 24 家，引入民营和其他社会资本 25 亿元，优化业务布局，激发企业活力。

【重大项目】 中林集团实施"一带一路"投资战略布局，在云南省西双版纳投资 5 亿元设立公司，开发生态文化旅游资源、木材加工园区建设、茶庄园经济、林业金融配套服务的嵌入式雨林生态旅游项目。国家木材加工储备基地示范项目绥芬河国林木业城正式运营，46 家企业入驻园区。镇江新民洲进口木材储备加工交易服务园区被确定为江苏省重大服务业项目，码头工程实现当年开工当年完工，创造码头建设新速度。增资入股国内种子行业内排名前列的北京屯玉种业有限公司，与旗下江苏中江种业股份有限公司、张掖金象种业公司形成资源互补，快速开启"育繁推"一体化农业种业经营模式。

【走向海外】 20 万亩新西兰林地进入规模化采伐期，年采伐量 15 万立方米，2.1 万公顷 GFP 林地项目成功中标并获得政府批准。在加拿大、新加坡、中国香港特区等地设立公司，加强与拥有国外林木资源公司的合作，加快国外木材销售网络布局。与中国香港绿森公司签订协议，独家包销其在新西兰生产的辐射松原木。与新域国际有限公司就共同开发巴新森林资源和代理国内的木材销售达成协议。

【重大创新】 开展桉树杂交育种与优树选择研究、桉树无性系组培繁殖技术研究、桉树无性系测定与中试、施肥试验、桉树截干抗风试验和草害及不同整地方式对桉树人工林产量的影响等多项课题研究，桉树截干抗风试验推广并取得成效。所属企业和中国(太原)煤炭交易中心共同发起成立华东煤炭矿业交易服务中心，使煤炭整个产业链实现从上游矿方、贸易商、物流商到下游终端用户、港口乃至物流金融的产业合作新模式。绥芬河国林木业城突破木材干燥窑的传统管理模式，制定干燥窑轮换机制，运用"互联网＋干燥"操作系统，提高干燥效率，确保干燥质量。创新融资模式，开展注册债务融资工具，获准发行 40 亿元企业债券，优化资本结构，降低融资成本。

与民生银行签署全面战略合作协议，推动产业资源与金融资源进入协同运作的新阶段。

【党建工作】 中林集团党委始终把坚持党对企业的政治领导贯彻到经营活动中去，坚持“两手抓、两手都要硬”，不断加强和改进党的建设工作。积极探索党建工作责任制落实的新机制，以二级企业党委书记述职测评考评工作为抓手，构建一把手负总责、分管领导具体抓落实的党建工作责任机制。加大对基层党组织建设监督指导力度，重点项目及时设立党组织，同步调整经营管理组织和党的组织设置，实行党支部书记与业务领导交叉任职。坚持完善并落实“三会一课”、民主生活会、组织生活会、党员干部廉洁自律、缴纳党费等制度，做到对党员教育、管理和服务的有机结合。按照“坚持标准、保证质量、改进结构、慎重发展”的原则，牢把培养质量关，认真做好对入党积极分子的培养教育和考察、引导工作。建立符合集团发展要求的反腐倡廉体系，加大对各级领导班子和党员领导干部的监督力度，把权力监督贯穿于企业决策和经营管理等各项制度当中，以构建惩防腐败体系为重点，形成各级领导班子成员带头遵守党纪党规的良好局面。

【信息化建设】 利用总部办公地址搬迁时机，建设总部信息中心机房，完成信息设备整体搬迁和调试工作。加强网站建设和维护工作，协助所属企业完成网站建设，完善集团网站群。全力开展正版化工作，协助并组织所属企业集中采购正版化软件。建立会计核算信息系统、全面预算管理系统、全面人力资源管理系统、产权管理系统，确保各类信息的有效传递和有效利用，提高相关业务的信息化水平。

【履行社会责任】 向社会公开发布《中林集团2013—2014年社会责任报告》，全面披露公司战略发展、公司治理、价值创造、生态建设、社会关爱等方面的履责实践和绩效，展示中林集团在履行责任、回报社会、可持续发展方面所取得的突出成就。被国资小新、人民网、环保部宣教中心等近30家网站媒体发布和转载。向中国湿地保护协会、中国下一代教育基金会、杭州关爱警察基金会等机构捐赠近百万元。利用千岛湖80万亩水域，开展保水渔业，形成集养殖、捕捞、销售、加工、烹饪、旅游和科研于一体的有机鱼产业链，获得杭州市政府质量奖。积极履行生态保护责任，木材经营通过并加入PEFC森林认证体系。

（撰稿人：任瑞芳）

中国医药集团总公司

【基本概况】 2015年是中国医药集团总公司（以下简称“国药集团”）“十二五”战略规划的收官之年。五年来，国药集团始终秉承“关爱生命、呵护健康”的企业理念，牢记国务院国资委的任务要求，以提质增效升级、做强做优做大为主线，深化企业改革，优化产业结构，创新发展模式，严控各类风险，确保国有资本保值增值，积极构建“中央企业医药健康产业平台”，为中国医药健康领域改革发展和人民健康需求贡献力量；各项经营工作稳健发展，综合竞争能力不断增强，圆满完成“十二五”整体规划目标。

2015年，国药集团《财富》世界500强排名再次上升81位，提升至第276位。积极持续推进企业董事会职权改革和混合所有制改革，在国资委经营业绩考核评级中，再次被评为A级。

【主要指标】 2015年，国药集团营业收入和利润总额均保持两位数增长，利润总额首次突破100亿元大关，从而再次超过营业收入增幅，圆满完成董事会制定的各项经营指标且超额完成年末国资委额外分配的保增长任务。集团规模、效益和综合实力持续保持行业领先地位。

2015年中国医药集团总公司主要经济指标

项　目	2014年	2015年	比上年增长(%)
资产总额(亿元)	1991.92	2282.86	14.61
所有者权益(亿元)	675.12	847.81	25.58
营业收入(亿元)	2466.92	2785.56	12.92
利润总额(亿元)	93.85	110.79	18.05

续表

项　目	2014年	2015年	比上年增长(%)
净利润(亿元)	72.91	85.52	17.30
归属于母公司所有者的净利润(亿元)	27.61	27.87	0.94
技术开发投入(亿元)	13.37	16.19	21.09
利税总额(亿元)	167.49	202.89	21.14
应交税金总额(亿元)	73.64	92.10	25.07
全员劳动生产率(万元/人·年)	26.33	29.06	10.38
净资产收益率(%)	11.84	11.23	减少0.61个百分点
总资产报酬率(%)	6.8	6.59	减少0.21个百分点
国有资本保值增值率(%)	110.7	113.24	增加2.54个百分点

注:集团净资产收益率、总资产报酬率同比有所下降,主要是因集团所属上市子公司在2015年进行股权增发再融资,增加集团期末净资产和总资产,但收益尚未体现于2015年所致。

【改革发展】 2015年,国药集团深入开展国资委央企董事会职权改革试点工作和混合所有制改革试点工作,同时深入开展"两降一减"和企业生产经营重点问题40条梳理汇总工作,在企业经营治理和风险控制等方面,取得改革成效。

1. 关于董事会职权改革试点工作的探索。

2015年,国药集团深入开展董事会职权改革的探索工作,出台《国药集团落实董事会职权试点工作实施方案》。12月,依照董事会选聘高管人选考察方案,确定集团董事会秘书石晟怡作为董事会选聘的副总经理人选,经国资委备案同意,由国药集团董事会审议通过后,与石晟怡签订聘任协议,实行聘期制和契约化管理。董事会选聘高管的尝试是对"党组织推荐、董事会选择、市场化选聘、契约化管理"模式的探索,通过党组织把住人选准入关,通过董事会把住人岗适配关,实现党管干部原则与董事会用人权的有机结合。

2. 持续推进中央企业混合所有制改革。

国药集团从2000年就开启中央企业混合所有制改革的探索之路,2014年被国资委确定为"混改"试点企业。2015年,一方面,继续在条件成熟的下属企业引入非公资本,科学优化企业法人治理结构和管理效率;另一方面,深入总结15年来开展"混改"工作的经验和教训,在引入合作方过程、小股东管控、防范国有资产流失、经营层持股等方面不断完善。国药集团在产权层面基本完成主要业务板块的混合所有制改革,混合所有制企业户数占国药集团企业总户数的85%,混合所有制企业资产总额占集团总资产的82%,营业收入占集团总营业收入的92%。

3. 全面梳理生产经营40项重点问题和两降一减工作,从严把控企业各方面风险。

在国务院派驻国药集团监事会的督导下,国药集团2015年深入开展全集团经营管理集中重点检查、重点问题自查自纠的"40项问题"梳理整改工作以及"两降一减"工作(降低资产负债率、降低应收账款占比、减少应收账款周转天数)。集团总部及下属各级516家子企业在"党建工作""落实两个责任""执行八项规定""经营管理""企业法人治理结构"等五个方面进行问题梳理,其中包括10家二级企业在内的25家重点公司梳理问题1245个,并相应制定整改计划。通过开展"两降一减"工作,集团有效遏制应收账款规模不断攀升的势头,五年来首次扭转应收增幅高于销售增幅的局面,有效降低企业经营和资金风险,改善了企业资金状况。

【重大项目】

1. 中国中药公司二级控股公司中国中药有限公司收购江阴天江药业有限公司正式完成,中国中药耗资逾百亿港元收购天江药业87.3%股权。

2. 国药器材引入民营企业纳通集团作为战略投资者,改制成为国药集团和北京纳通共同出资的有限责任公司,国药集团持段60%。重组后的国药器材优化资本结构,完善公司法人治理结构,重塑管理体制,为公司快速发展注入新活力。2015年,器械板块实现销售收入232.88亿元,同比增长24.44%。

【走向海外】 国药集团持续推进国际经营一体化平台建设,2015年实现进出口总额36.67亿美元,同比增长3.4%;其中自主工业产品出口2.82亿美元,同比增长4.1%。

积极开展国际认证，为自有产品“走出去”奠定坚实基础。国药威奇达克拉维酸钾及混粉车间通过美国 FDA 现场检查。国药现代海门基地“齐多夫定”和深圳致君“头孢曲松钠”生产线通过 WHO 预认证现场检查。国药中生甲肝减毒活疫苗取得蒙古国注册证书，并完成首次接种；国药中生成都公司 23 价肺炎球菌多糖疫苗获得科特迪瓦 GMP 证书。

【重大创新】 国药集团高度重视科技创新工作，2015 年集团科技投入总额较 2014 年增长 7.09%；科技投入占工业销售收入的比值为 6.35%，较 2014 年增加 0.04 个百分点。

研发成果丰硕。2015 年，集团申请专利 206 项（其中发明专利 158 项）、授权专利 239 项。申报生产批件 18 项、申报临床批件 27 项，获得生产批件 6 项，获得临床批件 23 项。国药中药作为主要完成单位参与的“人工麝香研制及其产业化”获得国家科技进步一等奖；国药医工总院“环孢菌素 A 发酵生产方法”获得中国专利优秀奖。国药工业有限公司突破吗啡高纯度提取技术难题，成为国内首家应用该技术实现产业化的企业，工艺收率、纯度大幅提升。

成果转化加快。国药中生技术资源内部共享机制取得实质性进展，HPV 疫苗技术成果实现内部转让；国药天坛口服Ⅰ型、Ⅲ型脊髓灰质炎减毒活疫苗获批上市；国药中生上海公司狂犬病人免疫球蛋白正式投产。中国中药“伪麻非索缓释胶囊”等产品获得生产批件，实现缓控释新技术成果的快速转化，丰富了产品线。

【党建工作】 2015 年，集团党委紧扣中心强服务、把握关键抓落实、改革创新求突破、强化自身提素质，在企业党建和文化建设各项工作取得新的成效。

1. 深入开展“三严三实”专题教育，集团和 10 家二级子公司党委查摆出 62 条不严不实的突出问题，并对个别不严不实的干部进行处理，促进各级领导人员以“严”和“实”的精神做好企业各项工作。

2. 坚持从严治党，认真落实“两个责任”。集团对部分企业设立专职纪委书记，规范设置纪检监察机构，并与 13171 名领导干部和重点岗位人员填写廉洁从业承诺书。

3. 加强基层党组织建设。集团党委对无党员、无党组织的企业进行一次全面排查，并督导符合条件的企业建立党组织，确保中央和集团党委的决策部署得到落实。

4. 坚持党管干部，加强人才队伍建设。2015 年，调整集团中高层管理人员 143 人次。

【信息化建设】 2015 年，国家积极推进“互联网+”行动计划，体现国家通过信息化提升企业转型升级，向互联经济迈进的决心。国药集团在此大背景环境下积极探索通过信息化推进各级企业转型升级，创新管理和业务模式。初步制定“十三五”信息化规划，从信息化纬度推进集团战略目标的落地；搭建“国药健康”电子商务统一入口平台，与子公司电子商务网站有效集成，对全面开展集团电子商务建设，树立国药电子商务统一品牌起到积极促进作用；初步搭建完成移动平台“国药互联”并在集团进行推广，为有效整合集团信息资源，探索企业移动应用提供宝贵经验。

【履行社会责任】 国药集团贯彻落实《关于中央企业履行社会责任的指导意见》，始终秉承“诚信经营、健康安全、以人为本、绿色发展”的责任理念，履行社会责任。

2015 年 9 月 29 日，国药集团发布第五份社会责任报告，被中国企业社会责任报告评级专家委员会评为四星半级，是一份领先的企业社会责任报告。截至 2015 年底，国药集团有 8 家成员单位连续多年发布社会责任报告。

安全生产方面，2015 年，集团有 180 家单位通过安全标准化达标认证，全集团有 271 家单位通过标准化认证。

节能减排方面，集团全年累计投入节能减排资金 2.15 亿元，产生经济效益 1.05 亿元，节约标准煤 5.3 万吨，节水 168 万吨，减少各类污染物排放 2.56 万吨，排查整治各类环境风险 113 项。

质量管理方面，行业认证成效显著，全年有 120 余家药品批发企业和 18 家生产企业分别通过新版 GSP、GMP 认证，完成 176 项质量标准提升和 66 项工艺技术改进，开展 51 种仿制药一致性评价，药品质量持续提升。

（撰稿人：朱孝春）

中国国旅集团有限公司

【基本概况】 中国国旅集团有限公司(以下简称“国旅集团”)是经国务院和国务院国资委批准成立,由国务院国资委直接监管的、以旅游作为主业的中央企业。国旅集团以旅行社、旅游零售、旅游综合项目投资开发三大板块为核心业务,并涵盖物流商业、旅游客运、景区景点、物业管理、电子商务等领域。国旅集团注册资本10.37亿元,下辖上市公司——中国国旅股份有限公司(以下简称“国旅股份公司”)和集团上划企业等。

2009年,涵盖国旅集团全部主营业务的国旅股份公司成功上市,登陆中国A股市场,国旅集团发展迎来了新的里程碑。作为证券市场旅游类上市公司代表,国旅股份公司先后荣获上市公司“金牛百强”“公司价值百强”“十佳管理团队”“资本品牌百强”和“市值管理绩效百佳”等奖项。国旅股份公司下辖中国国际旅行社总社有限公司(以下简称“国旅总社”)、中国免税品(集团)有限责任公司(以下简称“中免公司”)、国旅(北京)投资发展有限公司(以下简称“国旅投资公司”)等主要子公司。

集团一贯秉承“以客户为中心,以市场为导向”的理念和“不怕困难、专业高效、团队合作、勇于创新”的企业精神,坚持突出旅游主业,坚持以消费者需求为导向,坚持打造优质旅游产品,业务范围不断拓展,核心业务长期稳居行业之首,持续引领旅游发展潮流,牢固树立中国旅游行业第一品牌形象,以高品质的服务享誉海内外,是中国旅游业的领军企业。近两年,集团还先后与重庆、河南、四川、青海、晋中、三亚等地方政府及中国工艺、中国轻工、中国冶金、中国黄金、中铁建、中铁工、广西旅游发展集团、厦门港务集团、上海临港集团等建立战略合作关系。

2015年,“国旅、CITS”以412.67亿元的品牌价值再攀新高,名列中国500最具价值品牌排行榜第49位、旅游服务行业第一位,持续领跑中国旅游服务行业。

【主要指标】

2015年中国国旅集团有限公司主要经济指标

项　目	2014年	2015年	比上年增长(%)
资产总额(亿元)	176.49	191.97	8.77
所有者权益(亿元)	129.69	143.76	10.85
营业收入(亿元)	203.95	218.11	6.94
利润总额(亿元)	23.76	25.45	7.11
净利润(亿元)	17.65	18.99	7.59
归属于母公司所有者的净利润(亿元)	8.61	9.52	10.57
利税总额(亿元)	33.70	34.74	3.09
应交税金总额(亿元)	9.94	9.29	−6.54
全员劳动生产率(万元/人·年)	29.23	29.52	0.99
净资产收益率(%)(不含少数股东权益)	12.17	11.92	减少0.25个百分点
总资产报酬率(%)	14.23	13.87	减少0.36个百分点
国有资本保值增值率(%)	110.20	113.00	增加2.8个百分点

【改革发展】 2015年,国旅集团继续加快企业人事、分配、考核和薪酬等方面的改革步伐。加大人才引进力度,严格干部专项管理,进一步创新人才选拔和使用机制,持续加大中高端人才引进和干部交流力度,有效促进集团不同板块之间的业务协调和企业间的文化融合。进一步完善考核体系,促使各级管理者严格实施考核,真正做到奖优罚劣。通过调整优化薪酬结构,充分发挥其激励约束作用,增强薪酬收入与公司经营业绩、部门工作任务、个人绩效考核的相关性。集团公司获得2014年度经营业绩考核B级的成绩,在国资委2014年度中央企业财务绩效评价中,国旅集团以90.4分连续第五年进入优秀水平企业行列。

【重大项目】 为配合国际旅游岛建设,加快推进三亚旅游业态转型升级,2015年9月,海棠湾免税购物中心在开业运营一周年之际正式更名为三亚国际免税城。截至2015年底，免税城接待顾客人次和购物人数同比均有大幅增长，其中，春节期间单日营收创下历史新高，国庆黄金周期间销售额突破亿元，旅游加购物的业态跨界得到更好融合。开业以来，免税城不仅是三亚旅游的目的地、景区，更成为拉动三亚旅游发展的新引擎。2015年国庆期间，海棠湾区酒店入住率再次位列三亚四大湾之首，达到80.22%，显示出免税城对湾区旅游经济持续拉动和影响作用。

【走向海外】 国旅集团积极适应国际化发展的新形势和新要求，加快"走出去"步伐。2015年，国旅集团直投境外企业22家。集团所属国旅总社在境外建立16家签证中心，其中，土耳其签证中心于2015年正式开业，此外还开展对中国香港和日本、印尼以及欧洲8个国家的前期准备工作，为未来新项目竞标奠定基础。全年境外签证中心经营情况良好，成为国旅业务持续增长点。集团免税业务全面布局柬埔寨免税市场，将国际化战略向纵深发展，吴哥免税店开业以后销售业绩稳步提升，全年接待游客超过25万人次。2015年，国旅在柬埔寨开设的第二家免税店——西港免税店正式对外营业，第三家金边免税店正在加紧筹备开业。

【重大创新】 2015年，国旅集团继续加强管理创新，深入推进集团战略咨询项目，组织召开战略共建会、战略汇报会，对集团关键战略问题和关键业务进行剖析和诊断，总结完善集团战略发展方向和实施路径，圆满形成战略咨询项目成果和方案，为下一步战略咨询项目成果的实施、落地奠定基础。同时，继续强化战略管控职能，完成集团未来三年战略规划的滚动修订，对战略考核指标进行改进，将战略指标明确为发展指标和能力指标两大类型，更加有利于进行持续性考核。同时，有序推进内控体系建设，不断完善全面风险管理。通过过程监督、内控评价、监督整改等工作，形成审计、监察、纪检、内控评价和日常内控检查的有效结合，内控管理水平不断提升。积极推进财务内控制度建设，指导所属企业规范新兴业务的会计处理，有效支持业务的快速发展。创新预算管理，通过预算将企业资源、业绩考核与公司战略转型、结构调整、资源配置有效衔接，充分发挥预算管理的导向和引领作用。集团依法治企建设稳步推进，重大法律事项和合同风险把控能力明显提升，法治工作基础逐步夯实，初步建立完善具有国旅特色的法律风险防范机制。

【党建工作】 2015年，国旅集团开展"三严三实"教育活动。召开"三严三实"专题教育动员会，制定实施集团"三严三实"专题教育方案，督促集团各级党组织做好落实专题党课、专题学习研讨、专题民主生活会和组织生活会、整改落实和立规执纪这四个关键动作。引导集团所属企业坚持以上率下，自觉把"三严三实"专题教育融入到各级领导干部经常性学习教育，与企业深化改革发展结合起来，与日常工作有机融合、相互促进，坚持领导带头讲好专题党课，确保专题教育各级同步开展，真正做到两手抓、两不误。继续强化党风廉政建设，组织召开年度反腐倡廉建设工作会议，对党风廉政建设和反腐败工作进行部署，发挥好集团党委在党风廉政建设中的主体责任。集团党委书记与集团领导班子成员、所属企业党政主要负责人层层签订2015年《廉洁从业责任书》，严格要求大家坚守廉洁从业纪律，强化廉洁从业意识，有效地将党风廉政建设融入到企业各项经营活动中。

【信息化建设】 2015年，国旅集团对未来信息化建设进行安排部署，进一步夯实信息化管理基础。重点开展财务共享服务中心项目建设，搭建完成财务共享平台，集团绝大多数各级子公司及其所属分公司、门店均已成功上线。财务共享服务中心涵盖全部财务会计业务及部分管理会计业务，同步实现业务处理表单化、业务财务一体化、共享内容全面化、信息系统集成化、多端应用同步化六大建设目标。该中心的上线运行，极大地推动集团财务管理模式的转型，实现会计基础工作与财务管理水平的飞跃式提升，也将进一步推动集团各级企业精细化管理，为集团业务转型与快速拓展提供有力的财务支持与保障。

【履行社会责任】 2015年，国旅集团依据《企业社会责任工作管理制度》对集团及所属企业社会责任工作的开展和管理进行有效的指导和规范，促进集团及相关所属企业社会责任工作的规范有序开展。编制发布集团第四份社会责任报告——《国旅集团2014年度社会责任报告》，积极宣传和塑造国旅品牌形象，收到良好效果。继续办好《中国国旅》报，及时宣传集团发展动态，促进企业间交流，营造和谐向上的企业文化。加强对导游、领队和游客文明出境、文明旅游的培训，推出一大批文明服务示范窗口和标兵，社会反响良好，集团所属国旅总社和中免公司还双双荣获首都文明单位称号，充分展现国旅集团的风采。

（撰稿人：宋 倩）

中国保利集团公司

【基本概况】 2015年，中国保利集团公司（以下简称“保利集团”）面临的外部市场环境错综复杂，稳增长任务极为艰巨，压力前所未有。在十八届三中全会精神指引下，在国资委的正确领导、监事会的有效监督和董事会的科学决策下，保利集团按照“五业并举、多元发展”总体战略，围绕年初既定目标和发展改革任务，牢牢把握稳中求进的总基调，主动作为，逆势图强，努力化解各种不利因素，集团总体保持平稳发展态势，实现“十二五”规划圆满收官。

一是经营业绩大幅增长。保利集团年营业收入继续保持较快增速，成功跻身世界500强；连续四年达到国资委中央企业负责人考核A级水平，2015年再次跻身A级。二是发展改革工作成效显著。集团发展改革工作稳步推进，体制机制改革举措陆续出台，集团经营管理水平和持续稳健发展能力得到提升。三是加快“走出去”步伐。贸易业务海外工程业务实现重大突破，保利地产、保利文化的海外项目陆续落地，部分项目顺利运营并实现盈利。四是社会影响力不断扩大。保利集团连续四次被国家国防科工局评为“军品出口先进单位”；保利地产连续五年获得“中国房地产行业领导公司品牌”称号，品牌价值达到361.48亿元；文化公司连续七次荣膺“全国文化企业30强”称号。

经过30年的不懈努力，保利集团已经形成以军民品贸易、房地产开发、文化艺术经营、矿产资源领域投资开发、民用爆炸物品产销及相关业务为主业的“五业并举、多元发展”的格局。集团旗下拥有保利置业（HK0119）、保利文化（HK3636）两家境外上市公司和保利地产（SH600048）、久联发展（SZ002037）两家境内上市公司。

【主要指标】 2015年，保利集团实现营业收入1679.3亿元，同比增长4.64%；利润总额224.2亿元，同比增长2.48%；净利润151.2亿元，同比下降3.73%。2015年，集团总资产5959.3亿元，同比增长8.17%；净资产1243.0亿元，同比增长9.21%。2015年，保利集团营业收入位列央企第46位，利润总额和净利润均列第17位，总资产列第23位。

2015年，保利集团净资产收益率（含少数股东）、总资产报酬率、国有资本保值增值率分别为10.7%、4.33%、106.5%。截至2015年底，保利集团有从业人员68784人。

【改革发展】 2015年，保利集团组织召开以“同心协力、改革创新、做强做优”为主题的年度战略研讨会，研究制定《保利集团2015年发展改革工作方案》，明确提出19项、55条重点发展改革任务。在发展改革领导小组、督导小组和工作小组的组织带领下，在各职能部门的积极推动和各子公司的支持配合下，集团发展改革工作稳步推进，取得显著成果，各项任务都基本完成。

集团公司聘请国务院发展研究中心为集团整体改革出谋划策，完成《保利集团整体改革方案研究报告》；设立新闻中心，加强集团新闻宣传工作；设立“一带一路”建设工作领导小组和办公室，加强集团国际合作工作；调整集团总部与子公司管控界面，特别是加强对控股上市公司的指导监督，集团上下管理对接更为顺畅；推动子公司建立业务协同、利益共享机制，集团内部合作范围不断扩大。

【重大项目】 一是优化调整集团战略。保利集团全面总结“十二五”发展成绩，总结经验教训，通过开展大量内外部调研、高层访谈等方式，形成并下发集团公司“十三五”规划编制指引，提出“始终坚持主业发展与改革创新相结合、内生增长与外延发展相结合、提质增效与优化清理相结合、深耕国内与走出去相结合，加快转型升级，着力提升管理，积极做实贸易、做强地产、做大文化、做活能源、做优民爆、做稳金融，努力将保利集团打造成为主业领先、管控高效、治理优良，具有高度社会责任感的世界一流跨国企业集团"的战略思路。

二是大力开展资本运作。集团公司积极寻求优质并购对象，研究推进与有关中央企业整合重组工作；保利久联收购盘化集团100%股权，工业炸药凭照能力达到44.25万吨；南方公司和投资公司成功参股深圳卓宝公司。保利地产抢抓市场机遇，100亿元定增方案获得中国证监会批准。集团公司新增、续签银行贷款额度900亿元，保利地产先后发行两期各30亿元的5年期中期低息票据和50亿元公司债券，票面利率低于3.7%；保利置业综合运用债券市场、资产证券化、票据贴现等融资渠道保障现金流平稳接续；能源公司发行30.5亿元短期及超短期融资券、3亿元私募债。此外，保利集团积极响应国家号召，进行必要的增持操作，维护控股上市公司股价稳定。

三是扎实开展"两金"清理和低效无效资产清理专项工作。保利集团采取有效措施降低存货规模，千方百计开展催收清欠，2015年底集团"两金"规模较国资委确定的基准日下降44%，圆满完成年度工作任务。积极开展清产核资申报和资产减值处理工作，集中处置消化以前年度潜亏和低效无效资产34.3亿元，清理被长期列为遗留问题的企业9户。

四是加强集团法律事务管理。制定《保利集团商标管理办法》，修订《保利集团字号管理办法》；召开法治工作座谈会、上线"保利法务"公众号，大力营造依法治企氛围；积极筹划"保利"字号验证系统，打击非法冒用行为。

【走向海外】 保利集团高度重视国际交流合作，积极借助领导人出访等国际重大场合推介集团业务，为保利"走出去"拓展广阔空间。保利科技深耕非洲、东南亚等传统区域，大力拓展中东欧、俄罗斯市场；海外工程业务多个国家均有重大突破。保利地产在墨尔本、伦敦及悉尼等地成功拓展地产项目；保利置业新获取香港青山公路项目，东涌项目圆满竣工并陆续交付。保利文化与欧洲最大剧院集团ATG签订合作协议，新成立澳门拍卖公司并创造2.45亿港元首拍佳绩，北美公司开展实质运营并成功实现盈利。

【重大创新】 一是加强机制创新与管理创新。集团公司制定干部交流管理办法，促进集团干部交流和人才流动；开展首次自主评审工程系列职称工作，畅通专业技术人才发展通道。保利科技成立非军业务统一管理机构，启动改制并陆续开展18家非军企业划转工作；保利地产试行"总部一大片区一平台公司"三级管控机制，设立四大片区事务管理机构，统筹管理区域内部各项事务。保利置业优化"三位一体"管理架构，调整总部机构设置，推动沪港部门融合，有效提升工作效率。保利地产、保利置业、文化公司三家上市公司积极推进股票期权、员工持股等中长期激励方案。

二是大力推进业务创新。保利地产深耕社区消费、健康养老产业，比邻超市和比邻洗衣联袂亮相，"O2O健康生活馆""芯智慧"社区云平台、保利开门APP闪亮登台，养老用品公司、创新产业投资管理公司等相继成立。保利置业积极探索"轻资产拓展模式"，运用微信自媒体推广营销，加快推进智能家居试点落地。保利文化发挥品牌优势，以"文化+"为出发点，加快推进艺术教育、文化金融、文化旅游、文化产业发展等创新业务。保利能源设立电子商务公司，上线保利淘煤网，借助互联网创新营销模式与贸易服务。保利久联加大爆破服务一体化工作力度，整合内部民爆技术研发中心，新联爆破荣获"贵州省首批创新型领军企业"称号。

【党建工作】 保利集团坚持以"三严三实"精神指导中心组学习，把专题教育与中心组学习有机结合，全年举行5次集体学习，完成3次专题研讨，打造坚强有力、遵规守纪，敢于担当、善谋实干的领导班子；按时、按要求召开党委常委扩大会议，设立党委书记办公会议、党政联席会议，就"三重一大"事项进行集体决策；高标准开好民主生活会，党委书记徐念沙代表党委班子深刻剖析"重业务、轻党建"等5个方面的不严不实问题，明确提出5条整改措施。完善领导干部"育、用、管"组织建设，推动中高级干部培训常态化，推进选拔任用标准化，实现管理监督制度化。狠抓基层党组织建设，严控在京企业发展党员数量，全年发展党员24名。落实巡视整改主体责任，制定《巡视整改工作方案》，编制包含五大方面、31项的任务清单；集团纪委分批分次深入到各子公司进行检查、督促、指导，通过营造氛围和传导压力，使集团上下感受到整改压力和责任；年底前完成27项整改任务，完善47项制度，并向国资委巡视工作领导小组提交整改报告。

【信息化建设】 保利集团稳步提升信息化水平，完成集团网站群建设，实现集团公司网站和"保利风采"的成功改版，完成集中报表系统升级改造、安全等级保护测评及加固整改一期和办公区WIFI部署等项目，信息系统运维保障有力，年内未发生重大信息系统故障。

【履行社会责任】 保利集团大力宣传保利爱心基金，拓宽爱心基金的覆盖面，2015年发放各类资助64.9万元；扎实开展定点扶贫工作，全年对外捐赠总额300余万元；连续第四年发布企业社会责任报告。集团公司向第十三届全国冬运会捐款100万元，向马海德基金会捐款20万元。保利科技向乌干达Kawanda学校捐赠太阳能系统，提升中国企业在当地的形象；保利地产发起"少开一天车，多种一棵树"全国公益活动；保利置业举办军工展、国宝展等爱国主义教育活动；保利文化开展"文化惠民"活动，全年公益演出500余场。

（撰稿人：王　伟）

中国建筑设计研究院

【基本概况】 2015年，中国建筑设计研究院（以下简称"建筑设计集团"或"集团"）积极适应和把握经济新常态，加速推进公司化、多元化、一体化、国际化进程，主要经济指标再创历史新高，出色地完成保增长的硬任务；首次主编国际标准，开创我国在建筑和土木工程领域主编ISO国际标准的先河；承接世界最大的污水处理厂设计项目；实现大型机场领域"零"的突破；继续保持历史文化遗产保护规划领域的国际一流地位；成功参与冬奥会、世园会等国家重大项目，核心竞争力持续增强。设计项目获得中国土木工程詹天佑大奖4项，数量创历年之最；获得包括新加坡总统奖在内的国际奖项12项，省部级以上奖项80项；ENR排名占据中国民用建筑设计行业第一，行业领军地位不可撼动。

【主要指标】 2015年，建筑设计集团主要经济指标再创历史新高。其中，资产总额94.79亿元，同比增长4.18%；所有权收益36.55亿元，同比增长6.33%；营业收入64.78亿元，同比增长6.08%；利润总额4.34亿元，同比增长8.37%。

2015年中国建筑设计研究院主要经济指标

项　目	2014年	2015年	比上年增长(%)
资产总额(亿元)	90.98	94.79	4.18
所有者权益(亿元)	34.37	36.55	6.33
营业收入(亿元)	61.06	64.78	6.08
利润总额(亿元)	4.00	4.34	8.37
净利润(亿元)	3.20	3.21	0.12
归属于母公司所有者的净利润(亿元)	2.97	2.75	−7.61
技术开发投入(亿元)	2.60	2.98	14.68
利税总额(亿元)	6.86	7.06	2.84
应交税金总额(亿元)	5.76	6.05	5.20
全员劳动生产率(万元/人·年)	29.84	30.98	3.84
净资产收益率(%)	10.77	9.04	减少1.73个百分点
总资产报酬率(%)	4.96	4.90	减少0.06个百分点
国有资本保值增值率(%)	112.10	106.68	减少5.42个百分点

注：2014年数据为2014年财务决算数据。

【改革发展】 2015年，建筑设计集团以"中国建设科技集团股份有限公司"的建立为契机，变"院所"为"公司"，现代企业、现代管理，公司化建设积极有序。股份公司建立股东大会、董事会、监事会、高级管理层的"三会一层"结构，并按照《公司法》和上市公司的管理要求，建立健全体制机制、明确划分职责权限，明晰"三会一层"的工作边界，规范"三会一层"的科学运作。制度建设有序推进，基本搭建起以制度管权、管人、管财、管物、管事的依法治企管理架构。把加强一体化发展作为集团转型升级的重要抓手，通过总部部门调整、体制机制建设、重点工作督办，推进"资源、运营、资本、科技"四个一体化，强化集团管控力与统领力。鼓励所属企业建立内部竞争机制和员工激励机制，实施"管理梯队接班计划"，强化分支机构管理等长效机制，通过管理创新激发内生式动力。

【重大项目】 2015 年，建筑设计集团针对外部不利形势，采取有力措施积极应对，成功构建起企业发展的新态势。

突出主业优势，在存量中找增量。集团在大型机场领域实现零的突破，成功中标国内在建的最大机场厦门翔安国际机场，建筑面积超过 100 万平方米；继续保持历史文化遗产保护规划领域的国际一流地位，承担主要申遗专业咨询任务的"土司系列遗产"被正式列入联合国《世界遗产名录》；在污水处理技术方面保持领先地位，承接世界最大的污水处理厂新加坡樟宜污水处理厂扩建（二期）项目、杭州市七格半地下式污水处理厂（四期扩建）及污泥处置项目、万水泉污水处理二期工程、津沽再生水厂工程等一批重要项目；地铁人防总承包业务继续保持良好发展势头，先后在合肥、兰州等城市中标一批单项过亿元的大额合同。

开拓新兴领域，在增量中求发展。集团充分发挥所属企业 CPG 集团在新加坡海绵城市建设、城市诊断与运维中积累的技术创新成果和实践经验，整合全集团覆盖建筑、市政和城建领域全产业链的专业技术资源，积极进军海绵城市、综合管廊建设领域；受住建部委托，作为技术支撑单位主编《海绵城市建设评价标准》；协助相关城市成功申请国家试点；在 17 个城市承接相关项目，业务类型涉及科研、技术咨询、规划设计、专项规划、项目设计、工程监理等，为集团进行海绵城市建设技术集成打下基础；成功中标第一批海绵城市试点工程专项 EPC 项目，实现海绵城市试点工程 EPC 项目零的突破。"百年住宅"再创佳绩，绿地南翔崴廉公馆出色地通过市场考验，深受市场青睐；承接青岛海尔世纪公馆、山东鲁能领秀城中央公园等 5 个"百年住宅"示范项目设计。积极致力于重金属污染治理、重金属废水处理、土壤污染治理等领域的工作，累计承担 38 项相关项目。

【走向海外】 2015 年，建筑设计集团以 CPG 为支点，紧跟"一带一路"建设，跟踪中国海外投资，制定国际标准、借力援外东风、设立海外机构、开拓国际市场，提速国际化战略进程。

集团首次承担主编 ISO 国际标准《模数协调》，这是 TC59（建筑和土木工程）领域的重要基础标准，也是我国在该领域主编的第一本国际标准，有力地助推中国标准"走出去"、中国创造"走出去"、中国企业"走出去"；凭借机场、医疗等领域世界一流的设计水平，在苏丹、塔吉克斯坦等国市场获得重大突破；持续强化在东南亚及中东地区的专业市场优势，取得不俗业绩。坚持"援外建设""借船出海"与"独立运营"等多种途径相结合，立体布局加速"走出去"，设计的中国一白俄罗斯工业园，是中国对外合作的最大工业园区和"丝绸之路经济带"的标志性、战略性工程；承接 20 多个国家的学校、医院、办公建筑等近 40 项援外项目，覆盖亚州、非州、欧州、拉美等地区，其中，援建斯里兰卡医院是中国首个项目管理与工程总承包相结合的援外试点项目。

【重大创新】 2015 年，建筑设计集团以科技创新为引领，以资本运作为驱动，稳步探索"技术＋资本"的发展模式，为企业转型升级夯实基础、提供动力。

集团科技实力进一步增强。科研成果获得省部级以上奖励 11 项，其中，华夏科学技术进步奖一等奖 1 项、二等奖 1 项、三等奖 4 项；获得专利 37 项（其中发明专利 5 项）；获得软件著作权 31 项。编制《民用绿色建筑建设标准》，为国家和行业提供技术支撑，占领科技前沿。设立专项科技创新基金，重点投向"能够促进企业转型升级、科研成果企业共享、对子企业转型升级有重大影响"的三类科研项目。BIM 研发由项目设计转向打造大数据平台，成功开发无边界协同的 BIM 设计云平台，在软硬件销售与服务、培训、材料库、销售平台、设计平台、数据服务等多个环节取得突破，市场潜力巨大。在污水处理厂提标改造、地下空间、海绵城市、综合管廊、海水淡化、新型城镇化等领域实现技术成果转化，为打拼市场提供强有力的技术支撑，提升产品附加值，带来可观的经济效益。

资本运作能力进一步提高。集团以旗下的专业投资公司为支点，从拉动主业发展的战略股权投资、收购并购的尝试到项目分类投资方案的策划；从融资渠道的拓展、融资方案外脑库的建立到前海城市建设科技母基金的筹备，成功搭建起规模达数十亿元的投融资平台；投资与主业、投资与技术之间的协调联动日益紧密。

【党建工作】 2015 年，建筑设计集团认真贯彻落实全面从严治党要求，始终坚持融入中心、服务大局，为企业改革发展提供坚强有力的政治保障。

集团坚持从严治党，强化责任落实，认真落实《主体责任实施办法》，聚焦主责主业，“抓书记、书记抓，抓班子、班子抓”的党建工作格局不断明晰；组织签订《党建工作目标责任书》《党风廉政建设责任书》；开展基层党委书记抓党建工作述职评议，为推行党建工作责任制提供重要抓手。坚持求真务实，强化作风建设，在集团上下深入开展“三严三实”专题教育，通过专题党课、学习研讨、民主生活会和整改落实“四个关键动作”，确保专题教育活动“严要求、出实效”。坚持引领发展，强化班子建设，胜利召开集团第三次党员代表大会，选举产生新一届党委领导集体；各级党组织充分发挥政治核心作用，统筹党建和经济发展两方面工作，提高领导干部研判形势、依法治企、应对困难、总揽全局的能力。坚持重心下移，强化基层组织，按照“四同时、全覆盖”原则，不断调整基层组织架构设置，加强分支机构党建工作，在重要项目上成立党的组织；组织基层党务干部培训，开拓党务干部的工作思路，坚定工作信心。

集团坚持全面从严治党、从严治企，把纪律挺在前面，严格落实监督责任，进一步把严明纪律体现在日常监督管理中。首次实行党风廉政建设责任制专项考核，落实纪委书记约谈制度，抓好廉洁教育，推进制度建设，把握“四种形态”，强化监督执纪问责，严肃查处违纪案件，持之以恒落实中央八项规定精神，持续推进惩防体系建设，认真贯彻执行“三重一大”决策制度。

集团坚持正确导向，强化舆论宣传，围绕改革创新，认真组织专题学习，调动和汇聚推动企业改革发展的群众力量；举办“中国梦 爱国心 企业情”职工文艺汇演，充分展示全体职工团结向上、乐观进取的精神风貌，提升集团的凝聚力和向心力。坚持统筹共建，强化和谐共享。开设“企业文化讲堂”，形成“以文化凝心、聚力、铸魂”的良好氛围，获得“首都文明单位标兵”“中国行业企业文化建设典范单位”等称号。

（撰稿人：龚峻岭）

中国冶金地质总局

【基本概况】 2015 年，面对宏观经济下行的巨大压力和地质勘查及矿业开发市场断崖式下滑的不利局面，中国冶金地质总局（以下简称“总局”）按照党中央、国务院和国资委的统一部署和安排，积极稳妥推进改革，通过深化改革增强动力，凝心聚力，攻坚克难，全力以赴保增长，实现经济逆势平稳发展，各项工作取得新成效。

【主要指标】

2015 年，总局资产总额 183.14 亿元，比上年增长 8.07%；所有者权益 65.47 亿元，比上年增长 10.02%；实现营业收入 176.25 亿元，比上年增长 6.72%；利润总额 8.12 亿元，比上年下降 7.31%，净利润 6.17 亿元，比上年下降 13.71%；国有资本保值增值率 110.79%，比上年减少 4.41 个百分点，好于行业良好水平。

2015 年中国冶金地质总局主要经济指标

项 目	2014 年	2015 年	比上年增长（%）
资产总额（亿元）	169.47	183.14	8.07
所有者权益（亿元）	59.51	65.47	10.02
营业收入（亿元）	165.15	176.25	6.72
利润总额（亿元）	8.76	8.12	－7.31
净利润（亿元）	7.15	6.17	－13.71

续表

项　目	2014 年	2015 年	比上年增长（%）
归属于母公司所有者的净利润(亿元)	6.71	5.75	－14.31
技术开发投入(亿元)	2.98	2.59	－13.09
应交税金总额(亿元)	7.06	6.98	－1.13
全员劳动生产率(万元/人·年)	15.52	14.55	－6.25
净资产收益率(%)	13.19	9.87	减少 3.32 个百分点
总资产报酬率(%)	6.27	5.55	减少 0.72 个百分点
国有资本保值增值率(%)	115.20	110.79	减少 4.41 个百分点

【改革发展】

1. 产权管理。2015 年，总局继续强化产权管理。一是坚持财务管理“制度理财、管控为先”的理念，规范产权交易、资产转让行为。二是制定下发《中国冶金地质总局产权登记管理办法》，在系统内举办产权管理专题培训。三是以“全面清查梳理，规范产权登记操作，学习国资委数据核查通报”为重点开展三个阶段的产权清理检查工作。

2. 人才管理。健全完善人力资源专业规章制度，修订完善干部管理制度，形成涵盖人才选拔、培养、交流、管理、考核等方面的较为完备的制度体系，为做好人才选拔培养工作奠定基础。招聘工作进一步规范化、程序化，通过市场化手段，拓宽选人用人视野。组织完成对全系统 547 名基层党组织书记的培训，进一步提高基层党组织书记和党务干部思想政治素质与工作能力，为更好地发挥基层党组织的政治引领作用和战斗堡垒作用打下坚实的基础。

3. 考核薪酬。继续坚持“两低于”原则，以提高劳动生产率，提升人工成本竞争力为重点，在总局系统推进工资总额预算管理，建立健全与总局“十三五”经济发展目标相适应的科学薪酬体系，充分发挥薪酬的激励约束作用，调动干部职工的积极性、创造性。

【重大项目】 总局和总局党委坚持集体决策、科学决策、民主决策和依法决策，总局党委和总局领导班子成员贯彻国资委党委《关于进一步推进国有企业贯彻落实“三重一大”决策制度的意见》，执行《中国冶金地质总局“三重一大”事项决策管理暂行办法》，有效防范和控制决策风险。对于事关总局改革、发展、稳定，涉及重大决策、重要人事任免、重大项目安排、大额度资金运作等事项，总局和总局党委都要上会研究、讨论。总局成立“三重一大”专项审核组，对总局 2012—2015 年的“三重一大”事项进行审核。审核期间，总局各部门提交“三重一大”事项 80 项，其中重大决策事项 58 项，重大项目安排事项 19 项，大额度资金运作事项 3 项。

【走向海外】 截至 2015 年底，总局海外投资累计超过 6.53 亿元人民币。境外机构 8 家，分别分布在蒙古、吉尔吉斯斯坦、赞比亚、纳米比亚、加拿大、韩国和泰国。在固体矿产地质勘查领域，总局 2015 年增加矿业权 11 处，总面积 1146.434 平方千米。共有境外矿权项目 35 个，其中探矿权 30 个，采矿权 5 个。在装备制造领域，为规避美国反倾销、拓展泰国及东南亚其他国家市场以及为在泰国建厂的下游企业直接供货，黑旋风股份公司在泰国罗勇泰中工业园设立独资公司，实际完成投资 4411.08 万元人民币。该项目进入一期开工生产制造阶段，基本为全接单生产制造模式。

【重大创新】 总局“内蒙古自治区东乌珠穆沁旗花脑特矿区银多金属矿勘探”项目获得“十大地质科技进展”奖，“广西大新县下雷矿区大新地区大型锰矿床”项目获得“十大地质找矿成果”奖；“高强度耐冲击金刚石圆锯片基体”项目获得湖北省第八届专利奖金奖；“φ200—φ600mm 复合材料胶接静音金刚石锯片基体的研究与开发”和“高效环保型石材矿山荒料开采锯机”两个项目获得湖北省科技成果奖，鉴定专家委员会一致认为这两个项目主要技术性能指标分别达到国际先进水平和国内领先水平；“河湖淤泥/市政污泥稳定化关键技术与成套设备”项目获批湖北省科技厅科技成果鉴定；“电解锰渣高温可控脱硫制备活性微粉关键技术”项目通过湖南省科技厅科技成果评价，项目技术国内领先，并为该类固废资源化拓展新途径，同时该项目技术成功入选国土资源部《矿产资源节约与综合利用先进适用技术推广目录（第四批）》；“井盖非法开启监测设备”荣获第十七届中国专利优秀奖；“城市井盖监控预警数字化管理平台”获批2015年度华夏建设科学技术奖励项目。

【党建工作】

1. 党的建设。2015年，总局党委以高度的政治责任感和历史使命感，紧紧围绕冶金地质实际，坚持问题导向和底线思维，不断强化思想建设、组织建设、制度建设、作风建设和反腐倡廉建设，全面从严从实加强党的建设工作。贯彻执行党中央和国资委党委各项重大决策部署。充分发挥党组织的政治核心作用，积极参与重大问题决策。坚持党管干部、党管人才原则，不断加强企业领导班子建设和人才建设。履行“两个责任”，切实加强对领导人员行权履职的管理。进一步加强企业基层党组织和党员队伍建设。扎实开展“三严三实”专题教育。强化思想理论武装，不断加强新闻宣传舆论引导工作。不断加强群团工作，促进职工队伍和谐稳定。全局上下进一步形成一级抓一级、层层抓落实的党建工作格局，有力促进冶金地质改革发展各项工作。

2. 反腐倡廉。一是推进落实主体责任和监督责任。修订完善《2015年党风廉政建设责任书》，充实严明政治纪律和政治规矩、落实两个责任等内容。组织开展落实两个责任的监督检查，推动问题解决。举办党风廉政建设工作培训班，推进两个责任落实。二是贯彻落实中央八项规定精神。修订完善办文、办会、作风建设、调查研究、公务用车、公务接待、因公出国（境）等办法。完善领导干部加强作风建设、领导干部廉洁从业承诺和家庭助廉承诺制度并推动落实。三是开展反腐倡廉教育，健全反腐倡廉制度，加强廉洁风险防控。举办反腐倡廉专题报告会，邀请地方检察机关专家作职务犯罪惩治与预防专题报告。认真落实纪委书记述职制度，完善信访案件管理制度。组织开展廉洁风险等级评定，编制廉洁风险目录、流程图和措施一览表。

【信息化建设】 2015年，根据总局信息化规划，完成总局机房加固、机房建设、网络集成、协同办公平台等项目技术参数起草和公开招标的相关工作。

【履行社会责任】 一是努力做好国家资源保障工作。总局以不断破解勘查技术难题、提升矿业权价值为己任，贯穿地质工作始终，并适时调整区域发展战略，大幅拓展新区，开辟发展空间。全面收集“一带一路”相关国家的矿产勘查公益性资料，并针对可交易项目数进行遴选和重点跟踪，为我国加快建立海外矿产资源供应基地，优化矿产资源的供给结构作出积极贡献。

二是打造绿色央企，积极建设“美丽中国”。一方面，加强对节能减排重点单位的管理力度，积极淘汰落后设备和工艺，坚持从源头上把好关。另一方面，在产业结构调整中，合理布局，加大对环保产业和地理信息产业的扶持力度，大力开拓环保设备研发、河湖淤泥处理、污染渣土生态修复、尾矿治理、智慧管网、智慧城市等领域，将环境保护与城市建设责任融入到产业发展中。

三是开展扶贫助困，参与地方建设。总局在积极开展援藏援疆、支援西部建设工作的同时，所属多个单位深入驻点区域与地方社区，对当地耕地、种植业、养殖业等情况调查摸底，与其他帮扶单位一起积极想办法、定措施，实现增收目标，为地方经济建设服务，为社会稳定尽职尽责。

（撰稿人：邹　静）

中国煤炭地质总局

【基本概况】 2015年，面对复杂的市场环境，中国煤炭地质总局（以下简称“总局”）领导班子带领全局广大干部职工，深入学习贯彻党的十八大和十八届三中、四中、五中全会以及习近平总书记系列重要讲话精神，贯彻落实国资国企改革系列重要举措，致力于打造具有核心竞争力的资源型央企，集中力量推动市场化、专业化发展，各项工作取得新的成效。

【主要指标】 2015年，总局实现营业收入159.88亿元，同比下降19.08%；实现利润总额3.19亿元，同比增长41.15%；实现利税总额9.3亿元，同比增长10.45%。净资产收益率3.7%，同比提高1.76个百分点；国有资本保值增值率103.87%，同比提高1.59个百分点。在职职工人均工资收入62253元，同比增长2.46%；离退休人员人均离退休费56774

元，同比增长21.82％。

2015年中国煤炭地质总局主要经济指标

项　目	2014年	2015年	比上年增长(％)
资产总额(亿元)	142.85	156.89	9.83
所有者权益(亿元)	59.93	64.47	7.58
营业收入(亿元)	197.58	159.88	－19.08
利润总额(亿元)	2.26	3.19	41.15
净利润(亿元)	1.06	2.12	100.00
归属于母公司所有者的净利润(亿元)	1.10	2.22	101.82
技术开发投入(亿元)	1.34	1.36	1.49
利税总额(亿元)	8.42	9.30	10.45
应交税金总额(亿元)	6.16	6.11	－0.81
全员劳动生产率(万元/人·年)	14.58	14.16	－2.88
净资产收益率(％)	1.94	3.70	增加1.76个百分点
总资产报酬率(％)	2.18	2.47	增加0.29个百分点
国有资本保值增值率(％)	102.28	103.87	增加1.59个百分点

【地质找矿】　实施各类地质项目669项，提交地质勘查报告228份。提交煤炭资源量31.60亿吨，磷矿资源量16.86亿吨，金7819千克，铁6.73亿吨，石盐2.1亿吨，铜0.44亿吨。

在新疆喀斯特发现一大型铀矿产地，在陕西省凤县发现资源量超过7000万吨的特大型隐晶质石墨矿，施工的郑州地热井在埋深2800余米的寒武系发现热水层，出水温度70℃，出水量80立方米/小时。

【改革发展】　一是强化战略引领。确定“树立一个理念、实施两大战略、推动三大转型，实现五化目标，努力将总局打造成具有核心竞争力的矿业资源企业集团”的“1235”改革发展总体思路；确定资源勘查、水工环、地理信息、基础工程建设四大主业板块；编制《中长期发展战略规划》，明确未来发展模式和品牌定位。制定《关于深化改革的指导意见》，确定深化改革的九项关键性工作。二是进一步推进主业转型升级。地质勘查向多矿种勘查及地质灾害、矿山环境治理、地理信息等市场拓展，在新兴和高端市场的竞争力得到提升。加强矿权经营工作，选择优质矿权进行勘查投入，通过多种方式扩大优质矿权资源储备，放弃部分无价值矿权。推进建筑产业板块二期重组，实现建筑板块整合和专业化发展，龙头企业中煤建工集团盈利水平、发展质量得到大幅提升。三是规范经营和财务资金管理。加大低效无效资产清理力度，推进实施低效无效子企业“关停并转”。完善投资决策程序，实现投资项目集中审批，加强对境外投资的管控。加强全面预算管理，进一步发挥好预算的引导控制作用。加强会计信息管理，严肃查处做假账、虚增收入利润等问题。加强资金集中管控，平均资金集中度超过95％。加强经营活动现金流量管控，实现全年经营活动现金净流入。四是深入推进三项制度改革。完善收入分配制度，实现“以岗定薪，岗变薪变”，实行专业技术职务任职资格评、聘分开；强化薪酬与效益联动，建立动态薪酬管理机制。加强劳动用工管理，控制人员无序流入，由总部统一开展毕业生招聘，实行员工名单化管理，开展在册不在岗、“吃空饷”人员清理，新增用工数量连续三年下降。五是基础管理得到加强。启动事企分体运行，开展内部物业管理改革。推进市场营销体系建设，积极构建长效的市场营销机制。实施物资集中采购，节约采购成本959.8万元。加大风险管控力度，积极落实监事会风险提示和巡视组整改意见，发挥经营、财务、审计、纪检监察等综合监督效应，强化贷款、现金、应收账款、存货管理及合同审核。

【重大项目】　积极落实与内蒙古、青海、西藏等省(自治区)签订的战略合作协议，实施多项地方财政经费项目。与中陕核工业集团公司签署合作实施煤铀兼探项目框架协议，成立与湖北中央企业合作的专门联系机构。以技术出资参股，与青海能源发展集团公司等单位共同成立青海中浩能源有限责任公司，推进青海省煤地下气化项目实施。所属中煤地质工程总公司和中煤矿业发展有限公司就自有探矿权签署风险性地质勘查合作协议。

【走向海外】　做好境外市场布局的顶层设计，创新“走出去”模式，重点推进加拿大、非洲、南美洲及我国周边国家的矿业市场开发，在土耳其、蒙古、智利、老挝、柬埔寨、巴基斯坦、刚果(布)等国家开展项目施工,涉及煤炭、铜、钾盐等矿种。制造业产品出口保持良好势头,所属远方活塞公司跻身德国曼公司采购供应商,金石稀土产品远销东亚、欧美等国家,复合肥产品出口东南亚。

【重大创新】 编制《"十三五"科技创新发展规划》,全年投入科技研发资金1.36亿元,科研成果有力支撑结构调整与转型发展。一是取得一批有社会影响力的科研成果。全年获得各类专利授权13项。"特殊和稀缺煤炭资源调查"项目入围中国地质学会十大科技进展,"复杂陆相含煤盆地煤与多能源资源聚集规律及协同勘查"项目荣获青海省科学技术进步一等奖。自主研发的第二代声频振动钻机MGD—S50Ⅱ首台样机成功下线。二是科技创新平台建设取得新的进展。与中国矿业大学、安徽理工大学联合成立煤系矿产资源重点实验室,申报的煤炭行业一煤矿区水害探测与防治研究中心进入正式审批阶段。一期GPS应用一测绘楼和制印票据楼全面竣工,页岩气重点实验室为地勘项目的实施提供技术支撑。三是科技研发有力支撑产业转型。无人机遥感应用科技成果在陕西杨凌高新技术产业区得到运用,并被央视《新闻联播》报道。加工制造业依托自有专利承揽动车组部件生产加工合同,开发的一SP1800—Ⅱ福格勒9米液压伸缩熨平板总成研制成功,成为国内仅有的两家能生产该款产品的企业之一。

【党建工作】 深入学习党的十八大和十八届三中、四中、五中全会以及习近平总书记系列重要讲话精神,落实全面从严治党要求,党建工作科学化水平不断提升。一是全面加强作风建设。以开展"三严三实"专题教育为契机,加强领导干部作风建设,增强各级领导干部严格政治纪律、严守政治规矩的意识,进一步夯实真抓实干的工作作风。巩固群众路线教育活动成果,抓好整改方案的落实。二是坚决落实中央八项规定。开展办公用房、社会化教育培训、违规办理和持有因私出国(境)证件、公款旅游、违规发放津补贴或福利、违规公务接待、违规配备使用公务用车等专项治理。进一步规范领导人员、总部员工履职待遇和业务支出行为,全局招待费、会议费连续三年实现下降。三是扎实推进反腐倡廉建设。加强"两个责任"落实,落实监督执纪的"四种形态",从严管理干部,全局党风政风得到明显好转。严格执纪问责,对二级单位10名领导人员进行问责,约谈提醒30人次。四是加强干部队伍建设。调整充实4家直属单位领导班子,首次对3家直属单位的副书记、纪委书记进行岗位交流;积极探索市场化选聘经营管理人员,在所属中煤建工集团有限公司试点推行职业经理人制度。五是加强宣传思想和维稳各项工作。坚持宣传工作围绕中心、服务大局,深入宣传总局"1235"思路和深化改革措施。做好信访维稳工作,及时处理群众来信来访。精神文明建设取得新成效,有五位职工荣获全国地质勘查行业"最美地质队员"称号,所属中煤地质工程总公司荣获"全国文明单位"称号。

【信息化建设】 总局重视信息化技术对提升管理效率的作用,编制《"十三五"信息化建设规划》,完成全局信息化综合管理平台建设,启动"中国煤炭资源信息系统及网络化服务"工程。所属中煤建工集团实现施工项目现场视频监控。

【履行社会责任】 制定加强社会责任建设的指导意见,开展企业社会责任管理自评,规范企业社会责任管理。编写并发布总局2014年度社会责任报告,提高总局社会公信度。全年上缴税金总额5.25亿元。高度重视安全生产工作,全年投入安全生产经费11086万元,开展各类安全检查4486次。高度重视民生工作,在企业经营十分困难的局面下,要求确保职工工资按时发放。积极开展扶贫帮困,全局落实助困金额近130万元,2000余人得到不同方式的扶助。开展节能减排工作,实现万元经营收入综合能耗、钻探工程千米油耗同比分别下降7.45%、1.78%。发挥专业技术优势,参加山东平邑石膏矿难救援并成功打通生命通道,保障人民生命安全。

(撰稿人:于运强　董　明　赵彦雄)

新兴际华集团有限公司

【基本概况】 新兴际华集团有限公司(前身是新兴铸管集团有限公司,2010年12月22日更名,以下简称“集团公司”)，是2000年10月由总后、武警所属78家军需企事业单位组建而成的大型企业集团。是全球最大的球墨铸管生产研发基地，国内最大的钢格板和后勤军需品、职业装、职业鞋靴生产研发基地，是历次国庆阅兵后勤保障物资主要供应单位，是国内领先的“柴油一天然气双燃料汽车”研发生产基地及国家应急救援产业联盟发起单位，是国内领先的商业地产、城市综合体投资运营商。主营业务包括金属冶炼及加工、纺织服装、专用设备制造以及商贸物流等。主要产品有球墨铸铁管、管件、钢格板、钢材、工程机械、特种和专用车辆改装、油料器材、纺织品、服装、染整、皮革皮鞋、橡胶制品、装具等。拥有国家级企业技术中心和军需品检测中心，拥有国家级企业博士后工作站，负责制(修)订铸管、钢格板、钢塑复合管、胶布鞋等产品国际、国内或行业标准。2015年，集团公司以营业收入344.98亿美元(归属母公司净利润4.39亿美元)位列《财富》世界500强第344位，比上年提升21位。2015年，“新兴”和“际华”两大品牌首次进入亚洲品牌500强。集团公司拥有四大业务板块：

新兴铸管股份有限公司(000778)，主要有新兴铸管、新兴管件、新兴钢材、新兴特种管材、新兴格板、新兴钢塑管等六大产品系列。其中离心球墨铸铁管生产技术和产品质量居国际先进水平，产品生产规模居世界第一，产品出口到世界120多个国家和地区；特种钢管产品生产工艺填补国内空白；在中国行业内率先整体通过ISO9002、ISO14001、ISO28000(OHSMS)三大体系认证。

际华集团股份有限公司(601718)，主要业务有职业装、职业鞋靴、纺织印染、防护装具、国际贸易等，是中国军队、武警部队军需品生产保障基地，是政府统一着装单位和职业着装单位的主要供应商，是国际军需品市场的主要采购、加工基地。

新兴重工集团有限公司，主要业务有新能源、节能装备，专用设备制造，轻(合)金属资源，应急救援装备，是中国第一台推土机的制造者，拥有填补国际空白的高压气瓶，中国一、二、三类压力容器设计和制造许可证，在压力容器制造方面有美国ASME颁发的U、U2钢印及授权证书。

新兴发展集团有限公司，主要从事有色金属加工销售、商业地产开发及物业经营、大型商贸物流基地建设及运营。利用企业自有土地完成的北京“财富中心”、广州“中华广场”等商业项目，在国内有一定的影响力。

【主要指标】 2015年，新兴际华集团有限公司资产总额1269.74亿元，净资产444.52亿元，资产总额同比增长8.04%。实现营业收入2046.66亿元，同比下降3.71%；利润总额49.13亿元，同比增长9.52%；全员劳动生产率17.77万元/人·年，同比增加2.4万元/人·年；净资产收益率10.39%，同比减少0.57个百分点；总资产报酬率5.98%，同比增加0.38个百分点；国有资本保值增值率111.20%，同比减少0.39个百分点。

2015年新兴际华集团有限公司主要经济指标

项　目	2014年	2015年	比上年增长(%)
资产总额(亿元)	1175.25	1269.74	8.04
所有者权益(亿元)	406.87	444.52	9.25
营业收入(亿元)	2125.57	2046.66	−3.71
利润总额(亿元)	44.86	49.13	9.52
净利润(亿元)	34.08	35.07	2.90
归属于母公司所有者的净利润(亿元)	27.05	28.64	5.88
技术开发投入(亿元)	19.98	19.30	−3.40
利税总额(亿元)	71.97	67.25	−6.56
应交税金总额(亿元)	37.89	32.18	−15.07
全员劳动生产率(万元/人·年)	15.37	17.77	15.61
净资产收益率(%)	10.96	10.39	减少0.57个百分点
总资产报酬率(%)	5.60	5.98	增加0.38个百分点
国有资本保值增值率(%)	111.59	111.20	减少0.39个百分点

【改革发展】 新兴际华集团有限公司，以董事会试点企业为契机，以规范董事会建设为核心，建立权责明确、有效制衡的治理结构。2015年，集团公司第三届董事会由9名董事组成，其中外部董事5名、职工

董事1名。董事会下设常务(战略)委员会、提名委员会、薪酬与考核委员会、审计与风险管理委员会，其中薪酬与考核委员会全部由外部董事组成；提名委员会、审计与风险管理委员会外部董事超过成员半数。

集团公司确立“战略管控＋财务管控”的三级法人管控模式：集团公司总部定位于战略管理中心，二级公司定位于经营管理中心，三级企业定位于利润成本中心，制定印发三个层级的权责手册，基本实现“集权有道、分权有序、授权有章、用权有度”。

集团公司以入选中央企业董事会行使职权试点为契机，积极探索建立董事会行使高级管理人员选聘、业绩考核和薪酬管理体系，并于2015年10月完成选聘工作。试点过程中为国企改革积累宝贵的实践经验：一是坚持党管干部原则与董事会依法选择经营管理者有机结合，规范“人选推荐、封闭命题、组织面谈、差额考察、确定人选、履行聘任”六道程序，发挥党组织、董事会两大主体作用，确保选聘工作顺利开展。二是以两份合同落实“契约化”管理，通过高管《聘用合同》及员工《劳动合同》实现领导人员能上能下、能进能出。三是大力推进职业化建设，实施“站起来再坐下、走出去再进来”，五湖四海选贤任能，集团总部中层管理人员外招比例达到64%，以竞争性选拔机制，规避选人用人不正之风。

2015年，集团公司在系统总结“十二五”发展经验的基础上，按照国资委要求，编制集团公司“十三五”发展规划，以8个子规划作为职能支撑，以“双十布局”作为项目支撑，经过多轮调度、论证、评审，为集团公司“十三五”期间科学健康发展规划蓝图。

【重大项目】 2015年，集团公司狠抓项目落地，布局长远，大力推进结构调整，推进发展质量效益提升，积极由制造业向制造服务业转型。

新兴铸管股份有限公司与山西光华合资组建山西新光华铸管有限公司，充分利用各方现有资源，扩大铸管产品市场；在广东阳江组建广东新兴铸管有限公司，提高新兴铸管在华南地区的知名度，完善公司300万吨铸管布局规划；与新加坡琦韵、印尼Harita公司等相关方重组MSP公司，在印尼共同投资建设镍铁生产基地。

际华集团股份有限公司进一步加快推进结构调整，大力推行强二进三战略。在推进抚宁工业园建设的同时，积极促成下属两家鞋厂的业务整合；大力推进际华园项目建设，打造集时尚运动、品牌购物、休闲度假、特色餐饮于一体的现代服务综合体。重庆项目主体工程建设完成，正在大力推进招商，长春、西安、扬中、东莞等地项目正在积极推进。

新兴重工集团有限公司坚持结构调整，推动产业转型升级。新能源装备板块基本形成以油气新动力改装汽车、天然气储运装备、现代生态物流园、天然气非管网为核心的四大业务，并根据市场变化情况，创新商业模式；应急救援装备板块制定“安全谷”项目总体方案，规划出板块抢占行业制高点的基本途径，得到北京市、丰台区两级政府的高度关注。

【走向海外】 新兴际华集团有限公司积极进行海外项目拓展，加快实施“走出去”战略，充分利用国际、国内两个资源、两个市场，加快集团公司发展步伐。

新兴铸管股份有限公司积极抢占国际市场，优特钢产品远销意大利、韩国、泰国、印度等地，与东南亚部分客户建立稳定的战略合作伙伴关系；2015年，铸管股份完成印尼镍铁生产基地一期建设项目投资，国际化迈出坚实步伐。

际华股份积极扩大海外投资，与米其林公司合作开展大底业务；收购意大利NT Majochi公司，在意大利成立研发中心并开设旗舰店，推进JH1912设计研发与品牌国际化建设；与意大利GA集团合作开发际华园项目；收购意大利CTC皮革加工企业，进一步巩固和开拓国际高端皮革市场。

新兴重工进一步加强印度项目的投资开发力度，并积极与美国、德国等应急救援厂商、机构合作，共同打造高端“安全谷”项目。

新兴发展积极开展赞比亚矿山勘查工作，推进国际资源利用，拓展公司业务范围。

【重大创新】 新兴际华集团有限公司高度重新完善科技创新体系建设，加大科技投入。截至2015年底，拥有国家级企业技术中心1家、分中心2家；国家级高新技术企业23家，国家级试点联盟1家；院士工作站1家；博士后工作站2家。积极与清华大学、中科院、中国安全科学技术研究院、军需装备研究所、中国纺织科学研究院等多家科研机构建立多领域的科技合作关系。

铸管股份自锚管开发初显成效，DN1400—DN2000新兴锚接口球铁管开发基本完成；顶管产品国内推广取得突破，批量用于饮用水、中水、污水领域；成功开发了35MnBH工程机械用钢、E355工程机械管钢、QD08汽车爪极用钢、B2磨球钢、SWRH82B钢绞线用钢、30MnSi预应力管桩用钢等10余个钢种，实现超低碳钢到高碳钢的全覆盖。L360QS/825高含硫气田用双金属复合管荣获国家重点新产品认证，并成功应用于普光气田。

际华股份积极推进JH1912产品设计、单兵作战防护系统设计集成、功能性面料及功能性服装开发等重点项目，积极与意大利、日本制服中心，中国纺织科学研究院合作攻关央企工装和行业制服市场。

新兴重工围绕新能源装备和应急救援装备两大主业，启动70多项科技创新任务，完成包括轻型高机动应急救援系统装备、方舱通用装载平台、MV3整体自装卸加油站、工具机器人等37项重点新产品开发工作，为公司稳定持续发展提供支撑。

【党建工作】 2015年，集团公司党委认真学习贯彻党的十八大和十八届三中、四中、五中全会，特别是习近平总书记系列重要讲话精神，全面落实中央经济工作会议、中央企业负责人会议的部署和要求，着眼适应新常态，把握新机遇，着眼积极营造干事创业氛围，牢牢聚焦提高经济发展质量和效益这个中心，扎实开展"三严三实"专题教育，做好国资委巡视整改工作，充分发挥各级党委在企业转型升级中的政治核心作用、纪委的监督保障作用、基层组织的战斗堡垒作用、干部在企业正风肃纪中的示范表率作用、党员在企业提质增效中的先锋模范作用，进一步提升党建工作成效，有力促进年度预算目标完成和重点项目落地。

集团党委统筹协调，在国家行政学院举办4期"深入学习贯彻党的十八届四中全会精神和习近平总书记系列重要讲话"集训班，对230名三级正职以上中高层管理人员进行为期5天的分批轮训。扎实推动三型党组织(学习型、服务型、创新型)创建工作，充分发挥党组织和党员作用，严格选人用人，打造忠诚干净担当的干部队伍，不断加强宣传教育，不断提高群团工作水平。

2015年，新兴际华集团党建工作得到中组部、中宣部和国资委党委的充分肯定，并在2015年中央企业党建工作推进会上作经验交流。

【信息化建设】 2015年，集团公司信息化工作以实现"科学决策、管理创新"为工作目标，深度开展决策支持与全面风险管理系统建设应用，全面提升信息化对企业战略决策与运营管控的服务支撑能力；积极引入成熟的IT新技术，建设新兴际华云，促进集团决策的智能化建设；进一步优化信息化服务体系，着力培养信息化管理人才与技术专家。全年积极推进服务一体化平台、投资项目管理、主数据管理、225管理创新体系、全面风险管理、企业信息集成平台六个项目的建设工作，同时完成人力资源管理等信息系统的建设完善工作，基本完成建设任务。启动新兴际华云数据中心建设，用于支撑集团公司及所属企业信息系统建设和运行。

按照集团公司战略规划编制工作统一要求，组织完成"十三五"信息化规划编制。进一步推进软件正版化工作，在重点推进信息系统、基础设施、治理管控体系建设的同时，在对外交流、软件资产管理、运维保障等工作领域上作出积极探索。

【履行社会责任】 集团公司高度重视社会责任履行工作及报告发布、工作成果宣传推广。2015年，集团连续第四年发布企业社会责任报告，并获得中国社科院社会责任评级中心四星半评级。以报告披露的关键数据、指标为准绳，通过组织学习培训、对标先进等手段，积极推进公司治理、安全生产、科技创新、环保保护、关爱员工、诚信经营、贡献社会等各方面工作。

集团公司积极承担"9·3"阅兵大部分服装鞋靴生产任务和多类保障服务任务，保质保量按期完成生产任务，获得阅兵联合指挥部颁发的"阅兵保障贡献突出奖"。大力研发柴油—天然气双燃料汽车、环保除尘滤料、轻型高机动应急救援装备等一系列科技含量高、环境友好、社会友好的产品，并牵头发起国家应急救援产业联盟，提升国家应急救援产业水平。通过专题安全生产会、安全培训、安全生产大检查、自查、抽查等多种形式落实安全生产责任，未发生重特大安全生产事故。落实国家节能减排政策措施，履行企业主体责任，“十二五”期间，集团公司万元产值综合能耗降低15.9%；吨钢综合能耗降低3.79%；氮氧化物排放量降低20.8%；二氧化硫排放量降低21.82%；化学需氧量(COD)排放量降低3.24%。新兴重工凌云科技由北京集体搬迁河北武安，初步探索钢铁生产与化工、能源一体化的循环经济模式。

加强信访维稳组织体系建设，各级领导深入一线，对不稳定企业加强跟踪指导，切实维护职工合法权益；加强职工关爱工程建设，坚持以人为本，深入开展“面对面、心连心、实打实、服务职工在基层”活动，以开展“扶贫帮困送温暖”活动为载体，形成全员广泛参与的扶贫帮困长效机制，实现帮扶工作经常化、制度化、规范化。

加强对外援助，积极回馈社会。2015年，集团公司对口帮扶甘肃省定西市、内蒙古自治区四子王旗，提供帮扶款项物资800余万元。同时派出干部前往挂职，推进产业扶贫、精准扶贫，有效帮助贫困地区脱贫致富和产业发展。多次捐款捐物，积极调派专业救援队伍、设备进入受灾地区，保障人民生命财产安全。

(撰稿人：王海涛)

中国民航信息集团公司

【基本概况】 中国民航信息集团公司(以下简称“中国航信”)经国务院批准正式组建于2002年10月，隶属于国务院国资委管理，是专门从事航空、旅游信息及财务清算服务的国有独资大型信息技术科技企业，前身为中国民航计算机信息中心。2000年10月，中国民航计算机信息中心联合当时所有国内航空公司发起成立中国民航信息网络股份有限公司，2001年2月在香港联交所主板挂牌上市交易。2008年7月，中国民航信息集团公司以中国民航信息网络股份有限公司为主体，完成主营业务和资产重组并在中国香港成功整体上市。

2015年，中航信认真贯彻落实国资委、民航局等上级单位的要求，按照年初工作部署，扎实推进各项工作，全年安全形势保持稳定，市场竞争能力不断增强，科技创新能力不断提升，公司发展质量进一步提高。

【主要指标】

2015年中国民航信息集团公司主要经济指标

项　目	2014年	2015年	比上年增长(%)
资产总额(亿元)	155.37	173.31	11.55
所有者权益(亿元)	122.54	139.22	13.61
营业收入(亿元)	53.35	54.69	2.51
利润总额(亿元)	19.32	23.50	21.64
净利润(亿元)	17.12	19.96	16.59
归属于母公司所有者的净利润(亿元)	5.04	5.83	15.67
技术开发投入(亿元)	4.71	3.38	－28.24
利税总额(亿元)	21.30	25.45	19.48
应交税金总额(亿元)	4.23	6.01	42.08
全员劳动生产率(万元/人·年)	64.37	70.44	9.43
净资产收益率(%)	14.79	15.25	增加0.46个百分点
总资产报酬率(%)	12.95	14.30	增加1.35个百分点
国有资本保值增值率(%)	111.88	112.35	增加0.47个百分点

【改革发展】 改革工作稳步推进。组织研究深化国企改革指导意见，统一思想认识，坚定改革信心，凝聚改革力量。推行周期工资总额预算管理，完善工资总额分类调控，鼓励支持各单位努力创造一流业绩。不断完善岗位、薪酬、绩效体系建设，通过开展绩效考核、进行专项卓越目标激励等方式，促进内部薪酬向绩优部门和优秀员工倾斜。以移动科技为试点，积极探索混合所有制改革方向。

公司治理能力进一步提高。广泛开展战略问题研讨，对28个领域的战略纲要深入讨论研究。出台全面预算管理制度和全成本精细化核算管理办法，资金集中管理平台上线单位超过90%。

管控能力不断提升。出台履职待遇、业务支出、办公场地使用等一批新制度，不断提高依规治企水平。加强对子公司重大决策事项的管理，进一步发挥派出股东代表及董事对子公司的监管作用。实现境内分子公司内控与风险管理体系全覆盖，风险管控水平进一步提升。

【重大项目】 重点科技项目。积极推进国家战略性新兴产业项目，完成国家云计算工程专项平台主体框架研发。首次被列为国家信息技术服务标准制定单位。深入开展产学研合作，联合建设的“中国民航物联网联合实验室”完成货运安检产品及民航情报分析系统开发。

重点工程建设项目。顺义园区生产区完工，办公区封顶，配套区地下工程完工，配套市政工程启动，园区内各项机电项目全面铺开。明确搬迁时间节点，制定迁移方案，积极做好入驻准备工作。嘉兴园区完成一期工程建设任务，交付机房地板面积9700平方米，全面开展预售宣传工作，并与当地政府和各大企业积极沟通后续规划事宜，嘉兴市政府共用数据资源中心及云计算服务中心等重点合作项目即将落地。中航信华东置业有限公司正式入驻。

重要资源布局。为支持子公司业务发展，分别对下属浙江民航信息科技有限公司和台湾中航信有限公司增资。

【走向海外】 海外拓展稳中求进。中国航信下大力气研究海外战略，海外战略被视为公司的主要战略之一。总部的海外业务、海外分子公司的发展紧密围绕公司的国际化战略设置，公司整体的国际化方向日趋明朗。

深化服务延伸策略。2015年以分总包的模式积极在海外公司、国内机构及总部间展开合作，运用两个市场的信息和资源形成优势互补。通过业务洽谈、调查问卷、咨询等方式对海外市场进行摸索，形成国际情报系统和销售系统的雏形。

2015年，国际合作部在南航O&D系统咨询项目的竞标中最终战胜竞争国际对手Sabre和Pros公司，利用国际化人才资源优势，邀请海外的行业专家加入航信应标团队，首次尝试航空公司咨询类业务并最终夺标，也是中国航信取得的第一个咨询类项目，实现公司业务模式的突破。

【重大创新】 新系统建设取得重大进展。新一代航班管理系统在国航投产，顺利将航空公司航班控制系统核心功能转移至开放平台。新一代国际运价搜索系统及系列解决方案逐步落地，提高了航空公司收益，提升了旅客体验。新一代离港系统完成方案整体设计，全面启动核心功能开发。新一代预订系统完成统一订单查询在多个渠道的业务投产，核心预订功能进入全面开发阶段。

关键技术攻关成效显著。持续开展主机性能优化和功能外移，系统资源消耗大幅降低。完成运维服务交付系统私有云阶段性建设，资源交付效率不断提高，运维成本持续降低。国产化电子客票系统在西藏航空试点成功，实现国内大规模交易领域国产化零的突破。基础平台方面，大数据平台功能不断扩展，数据处理能力显著提升。

【党建工作】 党的十八大以来，特别是党的群众路线教育实践活动以来，中国航信党委高度重视落实管党治党责任，全面加强党建工作。一是注重顶层设计。中国航信党委贯彻落实中办发〔2013〕5号和中办发〔2015〕44号文件精神，有针对性地制定加强和改进党建工作的具体措施，研究通过《中国航信党委关于坚持党的领导加强党的建设充分发挥党委政治核心作用的意见》，重新梳理法人治理结构，修订公司章程，取消党政联席会，修订相关议事规则，重大问题一律由党委会提出意见建议。二是注重落实责任。建立落实全面从严治党主体责任的责任体系，坚持党支部书记“一岗双责”，完善党建工作考核评价办法，开展党组织书记抓基层党建工作情况年度述职，把党建工作纳入业绩考核、领导班子考核、干部考核等一系列重要考核制度。三是注重夯实基础。加强基层党组织建设，做好抓基层打基础工作，指导党支部健全和坚持“三会一课”制度，严格发展党员和党员教育管理，做好服务职工群众工作，组织针对内部巡视发现问题进行整改，适时开展专项检查。四是注重工作保障。完善双向进入、交叉任职的领导体制，对行政主要负责人为非党员的单位(部门),配备专职党组织书记,保证党的工作顺利开展。研究党务工作人员岗位价值评估、职数配备、教育培训等相关工作。

中国航信纪委围绕落实监督责任制定出台内部巡视、派驻监督、中央八项规定精神监督检查、党风廉政建设考核等相关制度。针对监督重点人、重点事过程中发现的问题综合运用多种方式进行处理,推进党员干部守纪律讲规矩的常态化。

【信息化建设】 中国航信持续坚持创新攻关,全面加强顶层设计,有效推动信息化建设的安全可控,进一步提升管理信息化水平。在安全可控方面,公司坚持在引进吸收的基础上不断自主创新,将建设新一代旅客服务系统作为工作重点,不断提升核心业务的安全可控水平。在顶层设计方面,中国航信通过编制多项技术标准、建设规范,进一步深化信息化建设的标准化工作,既强化信息系统建设的技术要求,也有效规范信息化系统的建设规划。在管理信息化方面,中国航信各生产保障单位逐步实现生产监控管理、流程管控、研发项目管理、IT服务管理等工作的自动化,有效地提高运行维护水平、研发效率和研发质量。同时,公司着力在公文流转、文件签批、视频会议、人力资源管理、合同管理、内部控制管理等多方面建立健全内部信息化系统,进一步提升公司整体行政管理水平。

【履行社会责任】 在自身发展的同时,公司真情回馈社会,发挥企业正能量,积极践行中央企业社会责任。公司贯彻落实党的十八届四中全会精神和中央企业法制工作会议要求,大力推进法治央企建设,制定新五年规划实施方案,守法合规打造诚信央企;公司坚持低碳运营理念,通过升级改造三大主机系统架构、应用云计算平台等一系列项目,优化流程与系统结构,改进工作方法,提升系统性能,收入与利润综合能耗不断下降,机房耗电量降低到国际先进水平;公司把保障员工权益放在重要位置,重视、关心退休人员的生活和身心健康,营造企业和谐氛围;公司不断致力于慈善公益事业,发挥公司优势和特点,加大定点帮扶力度,促进当地经济发展和民生改善。

(撰稿人:任泽宇)

中国航空油料集团公司

【基本概况】 中国航空油料集团公司(以下简称"中国航油")成立于2002年10月11日,注册资本为44.16亿元,是国有大型航空运输服务保障企业,是国家授权投资的机构和国家控股公司的试点企业,是国际航空运输协会、国际航煤联合检查集团、美国试验和材料协会、英国石油协会、美国石油协会等国际组织成员。

中国航油以航油业务为核心,构建航油、油化贸易、物流、国际业务四大主营业务板块,控股、参股20个海内外企业,在全球225个机场,为200多家航空客户提供航油加注服务;在全国20个省(自治区、直辖市)为民航及社会车辆提供汽柴油及石化产品的批发、零售、仓储及配送服务;在长三角、珠三角和环渤海湾地区建有大型成品油及石化产品的物流储运基地。2015年,中国航油以营业收入2229亿元位列世界500强第321位。

【主要指标】 2015年,中国航油销售油化产品3942万吨,同比增长2%,完成年度预算的101%。其中,销售航油2130万吨,同比增长9%;国内其他成品油276万吨,同比减少3%;国际油品贸易量1534万吨,同比减少6%。

2015年,中国航油实现营业收入1389亿元,同比减少38%;营业成本1309亿元,同比减少40%;利润总额49.0亿元,同比增加27亿元,完成预算的140%。2015年,中国航油利润大幅增加的主要原因是择机减持股票获利11.8亿元,以及消化库存减值小于2014年同期。

2015年中国航空油料集团公司主要经济指标

项目	2014年	2015年	比上年增长(%)
资产总额(亿元)	387.28	316.55	-18.00
所有者权益(亿元)	181.14	211.02	17.00

续表

项　目	2014 年	2015 年	比上年增长（%）
营业收入（亿元）	2229.10	1388.93	－38.00
利润总额（亿元）	21.45	48.99	128.00
净利润（亿元）	15.15	36.98	144.00
归属于母公司所有者的净利润（亿元）	5.80	21.01	262.00
利税总额（亿元）	46.95	70.98	51.00
应交税金总额（亿元）	25.50	21.99	－14.00
全员劳动生产率（万元/人·年）	49.80	56.20	13.00
净资产收益率（%）	8.83	18.86	增加 10.03 个百分点
总资产报酬率（%）	6.68	14.26	增加 7.58 个百分点
国有资本保值增值率（%）	121.56	121.11	减少 0.45 个百分点

【改革发展】 中国航油持续优化航油资源的统筹协调配置，深化与国内油企的产销对接，统筹利用好国内、国外两种资源，积极运用“以出顶进”手段，努力消化国内过剩产能，2015 年“以出顶进”量达到 502 万吨，同比增长 61%。积极拓展和巩固航油市场，与青岛机场集团、厦门机场集团、公安部警航办、河北省政府和上海长宁区签署 5 项战略合作协议，北京新机场、青岛新机场和厦门新机场等重点干线机场合资合作工作有效推进，新接收锦州、泸沽湖、沧源、红河等 4 个支线机场供油业务，国内供油机场数达到 197 个，市场占有率达到 95%。明确通航机场业务发展的总体思路及发展路径，积极推进通航市场拓展。所属石油业务坚持快进快出和低库存运营策略，大力推进零售配送业务，稳步推进与首都机场、青岛机场、甘肃机场的合资合作，有重点有计划地开展加油站购建，完善终端网络布局，确保业务的稳定发展，利润总额突破 2 亿元大关。物流业务积极开拓外部市场，中标山东恒源石化汽油业务、天津石化石脑油业务和中标银川通航产业园，第三方业务稳健发展。

【重大项目】 中国航油积极推进重点项目建设，烟台新机场供油工程、郑州机场二期扩建供油工程、济南机场油库扩建等 3 个项目完工投产，7 座地面加油站投入运营，昆明长水机场扩建供油工程完成交工验收，深圳空港油库改造工程完成施工并取得《港口经营许可证》；彭州炼厂至成都双流机场航煤管道项目、广州白云机场航煤管道项目以及重庆三跑道项目、石家庄机场扩建、温州机场扩建等在建工程有序推进。2015 年，中国航油完成北京新机场供油工程、成都新机场供油工程等 25 个项目可研评审、审批或核准上报工作。

【走向海外】 中国航油以加快国际业务布局，提升国际竞争力为重点，加强与三大航国际合作，优化海外供油模式，国际业务实现业务发展与模式创新的新突破。2015 年，集团海外业务实现利润 3.99 亿元，同比增长 26.7%。中国航油海外供油覆盖 18 个国家 38 个机场，海外供油量 143 万吨，同比增长 49%，围绕“一带一路”发展战略，尝试开展航煤、加油车出口等业务，积极拓展东南亚和中东航汽市场，巩固印度和印尼市场，航汽贸易量达到 4626 吨，成为亚洲五大航汽交易商之一；香港供油公司投入运营，标志着中国航油正式进入海外加注市场。

【重大创新】 管理创新方面，中国航油聚焦经营目标，深入挖掘潜力、增收节支，通过准确把握资本市场节奏，及时减持投资企业股票实现账面收益 11.3 亿元，收益率达到 79.3%。优化资源配置挖潜增效，其所属航油公司优化物流节省进货费用 2.09 亿元，优化库存管理创效 8270 万元；深圳承远优化资源采购渠道，节约运费 1825 万元；泽胜船务加大物资配件管控力度，节约成本 1000 余万元。强化资金集中管理，资产负债率下降 20 个百分点，融资余额同比下降 67 亿元，实现负债率与债务规模的双降；加强外汇资金管理，推进人民币跨境结算和提前购汇业务，减少外币负债敞口 2.5 亿美元；通过优化融资结构，加大境内外资金联动，降低整体融资成本，较同期基准利率贷款节约利息支出 6600 余万元；加强纳税筹划，全年免缴税款 1.85 亿元。科技创新方面，中国航油加强航油技术与标准研究，推进航油适航审定工作，完成油库防渗材料研究等 5 个科技项目的立项工作。

【党建工作】 中国航油坚持从严治党，深入学习贯彻习近平总书记系列重要讲话精神，不断深化群众路线教育实践成果，深入开展“三严三实”专题教育。坚持党管干部原则，持续深化“四好”班子创建活动，完善落实领导人员选拔任用和考评机制，提升领导班子整体功能和干部队伍整体素质。认真贯彻党风廉政建设“两个责任”，强化党委主体责任和纪委监督责任，制定出台“两个责任”实施意见和责任清单等一系列制度，在中央企业中率先制定印发《中国航油纪委监督体制改革实施意见》。文化引领开创新局面，将“四位一体”“一个家庭、一所学校、一支军队”等工作思路纳入企业文化建设，结合“全员大讨论”活动，通过演讲、座谈、大讲堂等形式深入开展宣传。群团工作展现新活力，认真学习贯彻党的群团工作会议精神，加强对群团工作的领导和支持，群团工作开展有声有色，有力促进企业和谐健康发展。

【信息化建设】 中国航油贯彻落实国务院国资委关于网络与信息安全的要求，开展信息系统安全检查和风险评估，完善信息系统的备份策略，加强网站安全设置；全面推进企业信息化建设，完成“国资委普通密码传输网”“链路及应用服务器负载均衡构建”“ERP系统数据归档”“法律事务综合管理系统”等信息系统建设，开展航油供应链信息化建设规划研究。

【履行社会责任】 中国航油坚持秉承“竭诚服务全球民航客户、保障国家航油供应安全”的使命，主动落实航油供应、客户服务、安全质量、环保节约、员工成长和社区发展等社会责任实践。在阅兵、春运等供油保障的关键时期，地震、暴雪等重大自然灾害的特殊时刻，不惜一切代价确保航油资源稳定供应。注重安全绿色发展，落实“全、细、实、严、好”的安全责任理念，持续履行环境责任，实现零事故、零伤害、零污染的安全生产目标。热心社会公益事业，通过支持支线航空建设、助力扶贫帮困、投身社会公益等方式肩负起社会赋予我们的责任，用实际行动回馈社会。

（撰稿人：张　剑）

中国航空器材集团公司

【基本概况】 中国航空器材集团公司（以下简称“中国航材”）是专门从事飞机采购及航空器材保障业务的专业公司，是国务院国有资产监督管理委员会管理的中央企业。中国航材是国内民航业最大的、中立的第三方航空器材保障综合性服务提供商，主要业务涉及飞机批量采购、航空租赁、航材分销与共享、通用航空、航空维修与制造、地面设备与工程、节能能源管理、航空培训和航空展览等领域。中国航材的愿景目标：成为航空业界不可替代的、以航空器材保障为主业的特殊性综合服务提供商。

【主要指标】 2015年，中国航材经济效益继续保持良好增长态势，完成营业收入18.68亿元，实现利润总额5.11亿元，资产总额由2014年的117.22亿元增加至129.13亿元，资产状况进一步改善，全面完成国资委下达的各项经营业绩考核指标。

2015年中国航空器材集团公司主要经济指标

项　目	2014年	2015年	比上年增长（%）
资产总额（亿元）	117.22	129.13	10.16
所有者权益（亿元）	48.20	53.82	11.66
营业收入（亿元）	13.57	18.68	37.66
利润总额（亿元）	4.56	5.11	12.06
净利润（亿元）	3.71	4.06	9.43
归属子母公司所有者的净利润（亿元）	2.98	3.16	6.04
技术开发投入（亿元）	0.05	0.10	100.00
应交税金总额（亿元）	1.20	1.74	45.00
净资产收益率（%）	8.71	8.00	减少0.71个百分点
总资产报酬率（%）	5.91	5.30	减少0.61个百分点
国有资本保值增值率（%）	108.50	109.50	增加1个百分点

【改革发展】 中国航材进一步规范各项基础管理，落实重点管理工作，提升管理质量，助力业务发展。

在战略规划和投资管理方面，认真总结“十二五”规划完成情况，开展“十三五”规划编制工作；大力发展主营业务，加强低效资产的处置工作；修订完善投资及基建管理制度；明确境外企业管理流程。在人力资源管理方面，完善选人用人制度，落实干部交流轮岗；调整薪酬结构；创新招聘方式，吸引优秀人才；积极推进企业年金工作。在财务管理方面，加强财务检查力度；规范财务总监管理；完善资金审批权限；加强拓展融资渠道的研究；落实税务意见书制度和税务风险报告制度。在企业经营管理方面，组织开展增收节支及亏损企业治理，建立亏损企业监督和帮助整改机制，实现减亏预期目标；进一步明确各非全资公司的归口管理部门和董事会议题审议程序；继续规范和完善业绩考核工作。在信息化建设方面，组织完成OA二期项目整体验收工作；开发航材分销与共享相关业务信息化平台四期项目，绝大部分消耗件业务及全部周转件业务纳入平台统一管理。在法制工作方面，完善子公司法律工作体系，基本实现规章制度、经济合同、重要决策法律审核率100%；通过开展领导干部集中学法和法律风险实例交流等方式提升法律风险意识。在业务管理方面，制定业务管理办法，组织重大业务项目评审；加强对子公司业务发展的指导，提高业务协同水平，协调解决难点问题，助推业务发展。在资产管理方面，组建资产管理职能部门，以分立方式设立资产管理公司，进一步规范集团公司土地房产管理；通过制度修订，进一步规范固定资产管理。在内部审计方面，围绕内部控制体系建设、落实中央八项规定、领导人员任中经济责任审计、财务收支专项审计开展内部审计工作，推动内部控制体系逐步完善，促进经营管理和风险防范能力提升。在全面风险管理和内控工作方面，修订全面风险管理办法，组织更新全面风险及内部控制评估清单；完成集团公司内部控制自我评价，开展二级公司内控体系建设合规性专项检查；制定规章制度管理规定，完成集团公司和子公司规章制度的梳理、修订和检查工作。在行政管理方面，完善履职待遇和业务支出管理制度；按要求组织完成办公用房改造；加大公文督办力度；进一步规范国外办事处管理。在新闻宣传方面，研究制定外网英文版改造方案；以微信平台等新媒体方式加强宣传工作。在企业文化建设方面，拓展企业文化建设思路，制定企业文化建设规划；指导和督促子公司加强视觉识别体系建设；以丰富多彩的文体活动和主题活动为载体聚人心、增活力，积极营造和谐企业氛围。

【重大项目】 2015年，中国航材继续按照“四强两精”的发展思路，稳步发展飞机批量采购与航空租赁业务，着力推进航材共享与通用航空两个平台建设，做精做优航空维修与制造、地面设备与工程两个细分领域。

飞机批量采购。继续保持飞机批量采购业务领域的特殊地位。落实与政府部门、飞机制造商、航空公司客户的定期沟通机制。进一步加强与政府主管部门的沟通与合作，积极参与行业宏观管理政策研究、飞机采购总体规划、行业技术研讨、飞机销售情况及航空公司购机需求调研等工作，提供高品质服务。深入拓展与航空公司互利互信的合作关系，形成整体合力，为中国的航空公司争取优惠购机条件。与飞机制造商建立更加紧密的联系，为飞机批量采购工作创造良好的外部环境。2015年6月、9月和10月，分别与波音、空客签署3个批次475架飞机的批量采购框架协议，是集团公司成立以来批量采购飞机架数最多的一年，进一步彰显为国家外交外贸政策发挥积极作用的特殊价值和影响力。积极落实已签署的飞机批量采购框架协议，2015年经批量采购接收引进飞机193架。与波音、地方政府协同推进在中国建立波音飞机完成及交付中心建设项目，拓展合作广度和深度。同时，借助飞机批量采购平台支持其他重点业务的开拓与发展。

航空租赁。航空租赁业务继续稳步发展。2015年，中国航材控股的奇龙航空租赁有限公司（以下简称“奇龙公司”）成功接收并交付租赁4架B737－800飞机，完成1架飞机的再租赁及2架飞机出售工作。截至2015年底，奇龙公司拥有28架飞机。深入研究保税区租赁政策，通过在天津东疆保税区设立单机项目公司、创新运用转租赁业务结构以提高市场竞争力在与原有融资银行保持良好合作的基础上，国际融资渠道进一步拓展，融资能力进一步增强。通过改善资产结构和布局、创新租赁业务模式等措施，奇龙公司的品牌知名度、市场竞争力和抗风险能力进一步提升。

航材分销与共享。按照加速与三大航开展股权合作和加快自身能力建设齐头并进的原则，从中国航材总部和所属的中国航空器材进出口有限责任公司(以下简称"中航材有限公司")两个层面加大航材共享平台建设工作推进力度。

一方面,集团公司在国资委的指导下,在监事会的大力帮助下,在民航局的支持下,全力推进与三大航的股权合作。以2015年5月国资委"提直降代"会议对航材共享工作提出明确要求为契机,加大沟通协调力度,并进行多轮走访,就项目方案进行反复研讨。2015年9月,国资委制定《推进中央航空企业航材共享工作框架方案》。在明确股权合作和航材共享业务整合基本原则的基础上,集团公司认真组织制定实施方案,同时完成前期全部文件的准备工作。集团公司确认将获得第四期国有资本经营预算拨付资金,为航材共享业务的开展提供强有力的资金保障。航材共享平台建设项目经过几年时间的艰难推进,有望在2016年实现实质性突破。

另一方面,中航材有限公司与相关子公司集中资源积极开展航材分销与共享相关业务,在航材共享相关新型航材业务保障模式上进行大量积极有效的探索和实践,大力加强自身能力建设,推进与航空公司及维修企业的业务合作。2015年,设立沈阳分公司,初步形成以北京为中心,以上海、广州、成都、西安、沈阳为分中心的覆盖全国的航材保障网络布局。

航材综合保障能力大幅提升,集团公司在航空业界的影响力以及对上游供应商的议价能力不断提高,进一步为搭建航材共享平台做好准备。

通用航空。中国航材集团通用航空服务有限公司进一步研究分析通航发展实施路径,加快推进通航综合服务保障平台建设,进一步扩大通航市场业务份额。继续巩固并发展Asz—62发动机送修采购、航材进口代理等业务。顺利实施米—171直升机自营项目,成为通航业务从传统代理向自营业务转型的重要标志。获得捷克L410飞机中国独家代理权,实现国际主流机型独家代理权的突破。开发建设通航服务保障电子平台,对以"互联网+"方式推动通航器材保障业务进行有益尝试。深化与制造厂商、航材供应商和客户的合作关系,积极探索延伸通航产业链,并通过历次航空会展加强业内交流,进一步提升集团公司在通航业务领域的知名度。

航空维修与制造。中国航材所属的北京凯兰航空技术有限公司(以下简称"北京凯兰")继续提升机轮刹车维修能力,完成B737NG碳系列及E190等机型碳刹车修理能力建设,实现国内民航现役主力机型机轮刹车维修能力的全面覆盖。加强上海分公司维修能力建设,探讨通过与深圳、西安、新疆、大连等地的维修单位开展业务合作或股权合作,对机轮刹车综合支援保障形成站点和网络支持。圆满完成联航全天候机轮刹车综合支援保障,并努力开发新的维修业务。继扬子江快运之后分别与圆通航空、红土航空签署整体机轮保障协议,与顺丰航空就B737CL机队、与海航和天津航空就E190机队整体机轮保障达成合作意向,整体机轮保障模式进一步推广。积极开拓并实现碳刹车维修业务的突破,获得多家通航企业的承修商资质。所属北京三元刹车公司继续推进航材分销商体系建设,刹车销售收入创造历史最好成绩。所属中航材航空新材料公司加强航化产品的研发、生产与销售,成为南航飞机表面清洗剂合格供应商,打开军工市场,实现扭亏为盈。加强投资项目整合,剥离与主业关联度不高的项目。北京凯兰发展成为国内民航机轮刹车维修领域中维修项目最全、客户数量最多、用户范围最广、市场影响较大的维修企业。

地面设备与工程。中国航材所属的中国民航技术装备有限责任公司(以下简称"技术装备公司")继续大力发展民航地面设备及工程招标业务的同时稳步推进战略转型。创新营销方式,营业收入和利润均保持较大幅度增长,增收节支效果良好。加强与国内外供应商及售后服务商的合作,取得多家公司地面设备及相关民航产品的代理权。大力推进项目设备采购业务,成功中标多家机场扫雪车项目。进一步发挥会展业务与其他业务的协同作用,增强企业资源整合能力。所属中航材国际招标公司荣获"中国最具竞争力招标机构百强""航空航天行业招标代理首选品牌"称号。所属中航材寻航技术公司积极研发新技术,大力拓展电子飞行包(EFB)项目,市场占有率稳步提高。

【党建工作】 2015年,中国航材党委按照中央和国资委党委的部署,落实从严管党治党责任,坚持党建与经营发展相结合,以"三严三实"专题教育为契机,全面加强党建工作。2015年,党的建设各方面工作取得新进展，进一步发挥各级党委的政治核心作用、各基层党组织的战斗堡垒作用、广大党员的先锋模范作用，为集团公司经营目标的顺利完成和“十二五”完美收官提供坚强的政治、思想和组织保证。

【履行社会责任】 2015年，中国航材继续开展对定点扶贫县陕西省白水县的精准扶贫工作。经过多次实地考察及入户走访，了解贫困村情况及村民需求，认真制定定点扶贫项目实施方案。为进一步提升新农村建设的质量，解决日常出行、农资运输、环境卫生等涉及村民切身利益的根本问题，中国航材于2015年9月开展狄家河村道路硬化工程，道路总长2903米，实现村路与县级公路的连接，村中巷道通到各家门前。全部道路硬化工程于当年完成并投入正常使用。道路的建成，不仅有效促进村级经济的发展，而且该村的村容村貌得到明显改观，村民的幸福指数得到提高。

（撰稿人：孔小可）

中国电力建设集团公司

【基本概况】 2015年，中国电力建设集团公司（以下简称“集团公司”）贯彻落实党中央、国务院和国务院国资委各项决策部署及国有重点大型企业监事会的工作指导，主动作为，奋力拼搏，各项工作实现稳中向好、稳中有进。

2015年，集团公司生产经营总体保持平稳增长，年度经营业绩目标全面完成。各业务板块全部实现盈利，亏损企业户数和额度有所减少，质量效益水平持续提升。全年实现营业收入同比增长7.82%，实现利润总额同比增长5.15%，新签合同额同比增长13.2%，年末资产总额同比增长21.26%，合同存量同比增长21.1%，亏损企业户数减少至5家，全员劳动生产率同比增长9.43%，再次荣获中央企业经营业绩考核工作先进单位称号，财务绩效被国务院国资委评定为建筑行业优秀水平。2015年，集团公司在世界500强企业和中国企业500强排名中，分别位列第253位和第46位，较上年分别提升60位、11位；首次以中国电建名义参与全球250强总承包企业和全球150强设计企业排名，分别位列第七位和第三位；全球三大信用评级机构给予集团公司“A－”或“A3”长期主体信用评级，体现国际资本市场对集团公司发展实力和前景的高度认可；荣获中国证券“2015年中国最受投资者尊重的上市公司”、香港《大公报》中国证券金紫荆奖之“最佳上市公司”等奖项，得到投资者广泛好评。

【主要指标】 截至2015年底，集团公司资产总额5026.06亿元，同比增加880.92亿元，增长21.25%；负债总额4108.65亿元，同比增加725.10亿元，增长21.43%；所有者权益总额917.41亿元，同比增加155.82亿元，增长20.46%；资产负债率81.75%，比上年增加0.12个百分点；实现营业收入2866.12亿元，同比增长7.82%。

2015年中国电力建设集团公司
主要经济指标

项　目	2014年	2015年	比上年增长（%）
资产总额（亿元）	4145.14	5026.06	21.25
所有者权益（亿元）	761.59	917.41	20.46
营业收入（亿元）	2658.35	2866.12	7.82
利润总额（亿元）	110.03	115.70	5.15
净利润（亿元）	87.04	91.69	5.35
归属于母公司所有者的净利润（亿元）	65.84	73.55	11.71
利税总额（亿元）	128.62	152.77	18.78
全员劳动生产率（万元/人·年）	25.56	27.98	9.43
净资产收益率（%）	13.32	12.98	减少0.34个百分点
总资产报酬率（%）	4.44	4.10	减少0.34个百分点
国有资本保值增值率（%）	112.10	113.37	增加1.27个百分点

【改革发展】 2015年，集团公司准确把握中央企业改革的基本方向，全面推动改革创新，持续激发内部活力、释放改革红利。一是整体改制上市取得重大

进展。顺利完成水电、风电勘测设计业务资产注入，股份公司的产业链进一步完善，价值创造能力得到增强。二是体制机制创新不断深化。开展年度子企业综合实力评价，调整部分子企业级次和授权清单。“三项制度”改革稳步推进，用人机制、薪酬制度及考核体系更加科学合理。三是内部资源整合加快推进。完成12家子企业整合重组，直管子企业户数减少至84家。关联企业和自然人持股清理规范及厂办大集体改革依法合规推进，“三供一业”移交在试点地区有序进行，棚户区改造与属地政府计划安排协同推进，历史遗留问题和企业办社会负担逐步解决。个别长期亏损、扭亏无望的子企业通过托管、歇业等方式逐步稳妥处置。四是国际经营方式加快调整。制定国际业务重组整合总体方案，启动电建国际组建工作，明确国际化发展的目标和路径。五是产融结合平台初步成型。集团财务公司成立并运营，构建内部资金集中营运平台，搭建与外部金融市场对接的桥梁纽带。

【重大项目】 2015年，集团公司始终坚持市场导向，积极创新营销理念和商业模式，结构调整不断深化，转型升级加快推进。一是传统业务优势持续巩固。全年签订多项重大水电、火电勘测设计施工合同，市场占有率进一步扩大；发挥设计、施工一体化优势，推动并签约国内首个大型水电站EPC总承包项目，实现历史性突破。二是非传统业务增长强劲。集团公司准确把握非传统市场需求，主动对接政府规划，高端营销、商业模式和供给侧创新营销成效显著；成功中标中山至开平高速公路等一批重点大型高速公路、轨道交通类基础设施建设项目，在城市水生态环境治理领域取得重大进展；签约项目单项合同平均规模大幅提升，十亿元级别单项工程项目明显增多，百亿元级别单项工程项目不断出现，集团公司在基础设施建设行业的竞争力和影响力更加明显。三是国际经营向好发展。积极参与“一带一路”建设，成功引入国际资本推动签署“中巴经济走廊”优先项目，开创通过国际合作发展混合所有制经济的范例；在亚洲铁路互联互通一揽子项目中取得重大份额；国际经营呈现恢复性较快增长态势。四是投资业务稳步推进。投资拉动作用有效发挥，效益贡献继续增长，有力支撑集团公司产业结构调整、发展方式转变和质量效益提升。五是创新驱动战略较好落实。一系列技术创新成果加速转化应用，提升产品服务品质，增强市场竞争力。

【走向海外】

1. 境外投资业务开展情况。

截至2015年底，集团公司在境外16个国家实施投资项目33个，其中正式运营项目6个，在建项目7个，开展前期工作项目20个。2015年新增境外固定资产投资总额41.23亿元，历年累计完成投资总额150.95亿元，其中跨国并购投资总额8.25亿元，固定资产投资总额142.70亿元。

2. 对外承包工程业务开展情况。

2015年，集团公司对外承包工程业务实现稳步增长，完成营业收入690亿元，同比增长8%，占比24%。新签合同额1593亿元，同比增长16.3%，占比35%。围绕核心优势，大力推动从“水电”向“大电力”的转型，火电项目、新能源项目签约额占比明显加大，占比达到46%。

截至2015年底，集团公司50家子企业在87个国家执行工程承包类项目合同1143项，在建合同总金额6636.8亿元。境外中方人员28392人，雇佣项目所在国人员56035人，雇佣第三国人员6564人，在建工程项目境外合计总人数90991人。

【重大创新】 2015年，集团公司建立和完善技术创新机制，加大研究开发投入，提高自主创新能力。加快高新技术开发和传统产业改造，着力突破产业和行业关键技术，增加技术创新储备。强化知识产权意识，实施知识产权战略，实现技术创新与知识产权的良性互动，形成一批拥有自主知识产权的核心技术和知名品牌，发挥对产业升级、结构优化的带动作用。2015年获得国家级科技进步奖2项，省部级科技进步奖214项，其中集团公司参建的京沪高速铁路工程荣获2015年国家科学技术进步奖特等奖。2015年，集团公司有87个科技项目获电力建设科学技术进步奖、31项成果获全国电力职工技术成果奖、3项科技成果获中国岩石力学与工程学会科学技术奖。

【党建工作】 2015年，集团公司各级党组织深入贯彻落实中央精神尤其是习近平总书记系列重要讲话精神，坚持党要管党、从严治党，主动融入中心，切实履行主体责任，不断提升党建价值创造力，为完成年度目标任务提供坚强保障。一是扎实开展“三严三实”专题教育。坚持严的标准，从实处着力，紧紧抓住党员领导干部这个“关键少数”，加强党委中心组学习，开展党委书记讲党课、专家辅导、专题研讨，查找和解决不严不实问题，进一步增强宗旨意识和理想信念，增强践行“三严三实”的思想行动自觉，构建守纪律、讲规矩、真抓实干、推动改革发展的良好政治生态。二是扎实推进依法治企、阳光央企建设。建立健全领导体制、工作机制，完善制度体系、管理流程，开展信息公开平台建设，不断规范行权履责，强化阳光经营。三是切实加强作风建设。突出问题导向，坚持标准不降、力度不减，持续深化巡视反馈问题整改，建台账、明责任，对账销号，加强督办问责，建立长效机制，有效遏制“四风”蔓延势头。四是加强领导班子和干部队伍建设。坚持德才兼备、注重实绩用人导向，严格选人用人标准和程序，对 62 家子企业领导班子进行换届和届中调整，改善提升班子结构和能力素质。加强领导人员教育管理，进一步增强责任意识和担当精神。五是认真落实“两个责任”，强化反腐倡廉建设。制定落实“两个责任”实施细则，明确责任清单，强化履责问责，推动“两个责任”和“一岗双责”有效落实。坚持把纪律和规矩挺在前面，以零容忍态度惩治腐败和正风肃纪。建立内部巡视制度，分三轮对 15 家子企业开展巡视，围绕“四个着力”，聚焦突出问题，发挥教育和震慑作用。六是强化党建创新，着力提高基层党组织活力。加强党委书记、党建业务骨干能力培训，不断提升党建工作领导执行团队的能力素质。七是加强宣传思想政治工作和群众工作。7 个单位获评全国文明单位，50 多个单位获评省级文明单位。推出系列深度报道，开通“电建微言”公众号，大力选树“最美电建人”，主动发声，传播电建正能量。“网聚青年、建功电建”“创新创效”等活动得到国务院国资委和团中央肯定，各级工会、共青团组织桥梁纽带作用充分发挥，促进公司健康和谐稳定发展。

【信息化建设】 2015 年，集团公司信息化建设工作紧密围绕质量效益型世界一流企业的发展目标，协调推进信息化建设、应用与安全，基本建成“311”工程。

在行业内率先启动能源数据库与规划平台建设。着眼于助力国家“一带一路”战略，支撑集团“高端营销、规划先行”的策略，总部主导、规划总院牵头、六家设计院积极参与，策划并启动能源数据库与规划平台建设。完成全球范围基础数据库、可再生能源数据库的设计与建设，光伏电站规划系统开发及风电场规划设计流程取得阶段性成果。

受国家能源局委托，规划总院建成可再生能源发电项目信息管理系统平台和投产电力工程造价信息平台，这是截至 2015 年唯一纳入国家能源局行政审批在线办事体系且由外单位运营的行业工作平台。

建成统一的招标与采购平台。集团公司集中采购和招标管理平台相继上线，建成中国电建招标与采购网。年度完成集中采购 3355 项，采购金额 250.8 亿，完成投资与建设项目招标 800 余项，招标金额 380 亿，累计节约费用 41.3 亿元。

项目管理信息化试点先行逐步铺开。以施工企业为突破口，充分依靠内部力量，自主研发自我平台。制定并下发《施工企业项目管理信息化(PRP)实施方案》。全面启动 34 家施工企业 PRP 的建设与完善，建筑集团等 6 家子企业通过 PRP 现场验收。

【履行社会责任】 2015 年，集团公司贯彻落实国务院国资委《关于中央企业履行社会责任的指导意见》，社会责任综合表现及影响力不断提升，集团公司位列中国社科院中国企业 300 强社会责任发展指数第 29 位、中国国有企业 100 强社会责任发展指数第 21 位，被中国社科院授予“中国企业社会责任十年见证·典范企业”称号。发布国内首部社会责任影像志《中国电建在赞比亚》，并入选中国社科院十大社会责任报告。

2015 年，集团公司所属各子企业工会针对困难员工子女上学难的问题，普遍组织开展“金秋助学”帮扶活动，让困难员工子女顺利走进课堂，同时构建和谐劳动关系、稳定职工队伍。

集团公司一如既往地勇于承担社会责任，积极参与社区发展、扶贫开发、国内外社会公益事业，积极投身抗震救灾和恢复重建工作，集团公司荣获云南省“2014 年度社会扶贫先进集体”称号。集团公司所属单位积极投入人员、设备参与深圳市光明新区“12·20”特别重大滑坡事故、丽水山体滑坡事故、天津滨海爆炸事故、尼泊尔强震抢险救援工作。公司积极响应党中央、国务院“支援西藏、建设西藏”的号召，援建的昌都边坝水电站投产移交，新荣水电站成功实现截流，2015 年累计援藏干部超过 50 人。

（撰稿人：李霞林）

中国能源建设集团有限公司

【基本概况】 2015 年是中国能源建设集团有限公司（以下简称“中国能建”）发展史上具有里程碑意义的一年。面对复杂的经济形势、激烈的市场竞争和繁重的改革发展任务，中国能建全面贯彻党中央、国务院、国务院国资委的重大决策部署，认真落实上级各项具体要求，始终围绕建设具有国际竞争力工程公司的大方向，坚持解放思想、实事求是、遵循规律的总思路，牢牢把握持续健康发展的总基调，把握发展大势，遵循发展规律，坚定信心，保持定力，改革创新，提质增效，全面超额完成稳增长任务，成功实现整体上市目标，继续保持世界 500 强和中央企业负责人经营业绩考核 A 级，企业改革实现重大突破，转型升级步伐不断加快，企业管理进一步规范，党建和党风廉政建设持续加强，各项工作取得新成绩，企业呈现出持续健康发展的良好态势。

【主要指标】 2015 年，中国能建完成新签合同 3526.51 亿元，同比增长 18.78%；实现营业收入 2087.89 亿元，同比增长 11.75%；实现利润总额 80.31 亿元，同比增长 31.96%。实现经济增加值 26.27 亿元，超出基本目标值 12.37 亿元，超出奋斗目标值 9.93 亿元。成本费用占营业收入比重 96.94%，优于目标值 1.11 个百分点；资产负债率 77.06%，优于目标值 2.92 个百分点。主要经营指标保持平稳较快增长，全面超额完成国务院国资委下达的 2015 年度业绩考核目标。

2015 年中国能源建设集团有限公司主要经济指标

项　目	2014 年	2015 年	比上年增长（%）
资产总额（亿元）	2280.20	2716.95	19.15
所有者权益（亿元）	484.53	623.36	28.65
营业收入（亿元）	1868.29	2087.89	11.75
利润总额（亿元）	60.86	80.31	31.96
净利润（亿元）	44.15	61.14	38.48
归属于母公司所有者的净利润（亿元）	23.97	33.93	41.55
技术开发投入（亿元）	41.92	47.41	13.10
利税总额（亿元）	142.12	184.15	29.57
应交税金总额（亿元）	98.87	104.71	5.91
全员劳动生产率（万元/人·年）	23.13	25.07	8.39
净资产收益率（%）	11.36	11.42	增加 0.06 个百分比
总资产报酬率（%）	4.26	4.45	增加 0.19 个百分比
国有资本保值增值率（%）	116.38	109.40	减少 6.98 个百分比

【改革发展】 2015 年，中国能建围绕实现整体上市目标，深入推进改革改制工作，优化资源配置，增强企业活力，完善体制机制。一是实现中国能建股份公司整体上市。在 2014 年组建中国能源建设股份有限公司的基础上，中国能建股份于 2015 年 12 月 10 日在 H 股上市，在不考虑增发情况下，募集资金净额 123 亿港元，成为 2015 年中央企业融资规模最大的海外 IPO。二是着力推进所属企业法人治理结构搭建工作。根据股份公司实现 H 股上市的新形势新情况，着力推进股份公司与改制后各级企业法人治理结构搭建工作，并逐步健全完善规范运行机制。制定规范的工作规则、议事规则，引进独立董事，从制度上保证各公司治理机构权责明确、各负其职、有效制衡、协调运转。三是全面推进厂办大集体企业改革。95%的主办企业改革实施方案获得批复，86%的在职集体职工获得妥善安置，较大程度减轻国有主体企业负担，为

下一步改革发展提供前提条件。四是完成企业办社会职能和历史遗留问题全面调查工作，为下一步有效解决问题奠定坚实基础，为有针对性地开展国有企业改革工作提供有力依据。五是及时开展亏损企业专项治理工作。按照国务院国资委《关于中央企业开展亏损企业专项治理工作的通知》精神与要求，结合实际，及时将亏损企业治理工作纳入全集团2015年重点工作任务，组织开展专项治理工作。六是实施企业重组整合，着力推进北京电建与山西电建二公司的改革重组，组织研究委托葛洲坝集团管理北京电建的方案，推进山西电建二公司人资分离、人员分流的研究工作。七是进一步完善公司功能，推进股份公司业务平台公司建设。组建投资分公司、国际分公司、科技发展公司等集团层面的有关平台公司，完善总部功能。修改完善现有平台公司的功能定位与职责范围，提高其整合利用集团内部相关资源的能力，推动公司资源集约规模效应与整体协同优势的进一步发挥。八是加大业绩考核力度。深入推进分类考核工作，将考核对象按功能和职责定位不同，划分为经营性和功能性两类实施差异化考核；强化保增长责任，对利润总额和经济增加值等指标超出考核目标部分实施双倍计分，并制定针对特殊情况和特殊时期，营业收入和利润总额实施“上不封顶、下不保底”的评分政策，鼓励所属企业多作贡献；进一步加大协同经营考核力度，实施单独考核，考核分值加大，并由以鼓励为主调整为既奖励也惩罚；对进级限制条件作了适当调整，取消分类指标考核限制条件，突出经营成效的考核；考核目标与年度计划相对脱钩，在业绩考核目标和计划目标之间留出空间，激励各单位在完成业绩考核目标的基础上多干多超。九是不断深化三项制度改革。认真履行“管政策、管总额、管班子”三项主要职责，进一步发挥薪酬分配的激励约束作用。管好政策的制定和宣贯，完成《股份公司工资收入暂行管理暂行规定》等14项薪酬分配管理制度的制定工作，理顺内部薪酬分配管理机制，发挥薪酬分配政策的激励约束作用，为公司发展营造健康和谐的内部环境。加强对工资总额的监管，严格遵照“效益增、工资增，效益降、工资降”原则，开展工资总额清算与预算工作；把利润总额、营业收入等经济效益指标作为工资总额调控的依据，把工资总额有计划有重点地奖励给在国际化经营、超额完成经济效益指标、协同经营、承担战略改革重组等方面突出的企业；秉承激励相容和持续健康发展的理念，对拖欠职工工资、社保及公积金费用等单位，限制工资增长比例。管住领导班子的薪酬，认真贯彻中央“水平适当、结构合理、管理规范、监督有效”的精神，完善分类管理，根据企业所属不同行业的特点，以及不同企业功能定位差异，进一步完善企业负责人薪酬核定机制；加大企业负责人薪酬分配与责任目标考核的挂钩力度，强化效益决定分配理念；先后有7家企业清欠职工社保及公积金费用的历史拖欠，允许兑现相应以往年度企业负责人绩效薪金；严格执行中央八项规定，贯彻落实国资委关于中央企业负责人履职待遇、业务支出的新规定新要求，加强对各级企业负责人履职待遇、业务支出的管理工作，制定相关制度，明确项目，设定标准，规范企业负责人履职待遇、业务支出行为。

【重大项目】 2015年，中国能建坚持“诚信为先、品质为本”，突出抓好项目履约和合规管理，注重做好质量规划、过程监控和总结评价，大力推进项目创优管理，项目履约总体良好。全年收到业主单位发来的感谢信、嘉奖令及各类表彰201次，较上年同期增加37次；有3项工程荣获鲁班奖、6项工程荣获国家优质工程金质奖、14项工程荣获国家优质工程奖，17个项目荣获全国优秀工程勘察设计金质奖和银质奖、16个项目荣获全国优秀工程咨询成果奖。承建的国内首个高效一次再热、超净排放百万千瓦机组工程——神华万州电厂工程、国内首座全寿命周期整体数字化电厂工程——安庆电厂二期工程、世界首台“单机容量百万千瓦、主变电压百万等级、外送线路百万特高压”的“三百工程”——淮南平圩电厂三期工程、我国首座百万千瓦级全概念超低排放燃煤电厂工程——浙江台州第二发电厂工程、广东地区首个实现“超洁净排放”百万机组燃煤电厂工程——华润海丰电厂工程建成投产。

稳步实施投资兴企战略，投资业务利润总额占公司整体比重快速增长。全年完成投资321.65亿元，投资业务对公司营业收入和利润贡献进一步加大，全年实现营业收入同比增长29.82%；实现毛利润同比增长16.50%。一批优质新能源项目建成投产，节能环保、污染治理等新兴业务成为新的经济增长点，房地产、水泥和民爆等业务为企业提质增速作出突出贡献。

完成国家支撑计划项目"超600℃的1200兆瓦等级超超临界发电技术""二次再热机组热力系统优化与集成"，以及"中美2×400MW级IGCC发电系统联合深化研究""百万机组横流式自然通风冷却塔工艺设计""1000MW火电机组表面式间接空冷系统设计技术""微电网配置决策模型与合作机制""跨江跨海大桥施工技术""高性能混凝土骨料制备技术""建筑垃圾回收利用技术""深埋特大地下洞室岩体动力特性与开挖施工关键技术""特高压交直流输变电工程施工关键技术""海水过滤及阴极保护系统设备"等重要项目的研究工作。通过督促检查和指导，推动立项科研项目稳步实施并取得阶段性成果，"循环流化床锅炉配套大型SPM20系列细碎机研制""AP系列三代核电站用核级电动装置的研发""节能型复合材料金具应用研究"等项目完成研究并在工程项目中推广应用。在研项目完成技术报告48篇；方案或总图9套；申请专利34项，授权18项，其中发明专利5项；公开发表论文13篇；开发软件和系统7套。

【走向海外】 2015年，中国能建继续加快"走出去"步伐，大力实施国际业务优先发展战略，积极参加全球电力和基础设施建设，主动服务于国家政治、经济、外交和对外开放战略，国际化经营不断取得突破，成为公司发展的重要支撑。

2015年，中国能建国际业务新签合同、营业收入和利润均大幅增长，较公司成立之初均实现翻番。国际新签合同、营业收入和利润在公司总业务中的占比分别达到33.59%、14.55%和28.62%，继续保持稳步上升趋势。国际业务合同存量超过3000亿元，各单位跟踪国际项目920多个，项目总金额超过2000亿美元。设立境外分支机构185个，拥有国际业务管理人员8000多人，分布在亚洲、非洲、拉美、欧洲等地区的80多个国家，基本覆盖全球主要承包工程市场。积极稳妥围绕"一带一路"进行国际市场布局，在"一带一路"沿线65个国家中的52个国家开展业务，并设立分支机构116个，涵盖"一带一路"沿线主要国家。在建项目300多个，项目金额超过1500亿元。"一带一路"国家业务占国际业务总量的45%左右。中国能建国际业务形成电力项目和非电项目协调发展的局面。电力领域的核心竞争优势不断加强，连续两年电力项目对外直接签约超过100亿美元。同时公司业务不断向水利、路桥、房建、市政、港航、铁路和供排水等国际非电基础设施建设领域延伸，非电项目签约金额占全部签约的比重超过25%。

依托中国能建全产业链优势，所属单位积极为客户提供一站式综合解决方案和全生命周期的管理服务，中国能建在我国对外承包工程行业的影响力不断提升。2015年，葛洲坝集团在"250家国际承包商"中排名第44位，较2014年提升7位，在全部入选的65家中资公司中排名第六位。中电工程在"225家国际工程设计公司"中排名第96位，较2014年提升50位，首次入选"250家国际承包商"，位列第234位。天津电建在"250家国际承包商"排名第138位，较2014年提升91位。

2015年，中国能建境外项目完成投资超过16亿元，包括中国香港、哈萨克斯坦、巴基斯坦、缅甸、越南、印度尼西亚等20多个国家和地区，涉及金融、电力、水务、民爆、水泥、矿产等行业，投资形式主要为股权收购、绿地投资和合资等形式。其中规模较大的有凯丹水务国际集团（香港）有限公司股权收购项目、越南海阳2×600MW燃煤BOT投资项目等。

【重大创新】 2015年，中国能建积极推动技术创新，核心能力不断提升。加大科技投入，全年科技投入47.41亿元，同比增长13.1%，科技投入比达到2.27%。编制完成"十三五"科技发展规划和信息化规划，开展科技项目众筹取得进展，科技成果应用增效明显。部分企业积极承担国家能源、电力等"十三五"规划、地方能源及电力规划、企业及产业规划研究，积极参与国际能源合作专项规划研究和国际业务规则制定，发挥行业智库作用，引领生产经营业务开展。全年新增国家级企业技术中心1家，院士专家工作站、省级企业技术中心等创新载体5家，提升技术创新孵化功能。全年获得国家级科技奖励2项，省部级科技奖励18项，行业级科技奖励138项。参与完成的"国防工程精确爆破技术创新及应用"和"青藏电力联网工程”获得国家科学技术进步二等奖，“水泥绿色制成技术创新与系统集成应用”获得湖北省科技进步一等奖，“薄壁钢管混凝土和组合梁结构体系的关键技术与工程应用”获得浙江省科技进步一等奖，“三维建模技术在超超临界机组四大管道配管上的应用”等7项成果获得中国施工企业协会科技进步一等奖，“水电工程大型砂石系统关键技术创新及应用”等6项成果获得电力建设科学技术进步奖一等奖。专利和软件著作权申请的数量和质量大幅提升。全年申请专利1146项，其中申请发明专利361项。获得专利授权1349项，同比增长3.4%，其中发明专利252项。截至2015年底，集团公司拥有有效专利5310项，其中发明专利616项。全年获得软件著作权114项，同比增长13.4%。截至2015年底，集团公司拥有软件著作权442项。全年编制国家和行业技术标准72项。

积极创新商业模式，合理延展业务链条，提升经营价值。所属企业积极开展PPP业务，成功签约唐山丰南基础设施建设、贵阳保税区等一批重大项目，实现规模效益的快速增长。注重产品创新，有效扩大市场份额。

2015年，经全国电力行业企业管理创新成果评审委员会审定，中国能建所属企业申报的12项成果荣获2015年管理创新成果奖。其中，广东院《走出去为导向的国际工程公司集团化管控体系建设》、葛洲坝集团五公司《经济新常态下加快建筑施工企业转型升级实践探析》、江苏院《设计院基于信息化融合的财务与业务一体化管理》等3项成果获得一等奖；中电工程西南院《EPC总承包项目管理体系建设及应用》、南京线材公司《标准化管理助推企业班组建设》、安徽电建一公司《基于“项目两制”下的专业实体化经营管理》、湖南火电《电力建设工程项目分包组织模式及管理方法研究》、浙江火电《多方位、全过程、集约化施工企业经验反馈系统的开发和应用》、中电工程东北院《流程驱动的数字化设计管理创新与实践》、山西院《互联网思维在思想政治工作中的创新运用》、葛洲坝集团二公司《施工企业转型升级过程中的风险控制管理》、中电工程咨询公司《总承包工程文档全生命周期一体化管理的创新和实践》等9项成果获得二等奖。

经全国电力企业管理成果评审委员会审定，中国能建所属企业申报的55篇论文获得2015年度全国电力行业企业管理创新优秀论文奖。其中，葛洲坝集团投资控股公司《“国际化企业”收购后的管控模式创新研究》等15篇论文获得一等奖，安徽电建一公司《以“四个转变”为核心的职能化安全管理实践》等21篇论文获得二等奖，安徽电力设计院《点线面效率倍增理论在电力勘察设计企业应用初探》等19篇论文获得三等奖。

【党建工作】 2015年，中国能建党委坚持全面从严治党管党，扎实抓好党风廉政建设和反腐败工作，为改革发展稳定提供坚强的政治保障。一是按照国资委党委统一安排，扎实开展好“三严三实”专题学习研讨，高质量召开专题民主生活会，解决各级领导班子和领导干部作风建设中存在的突出问题。二是全面落实从严治党责任，制定完善党建工作制度，明确党建工作根本举措，创新党建工作内容和方式，党建工作作用得到较好发挥。三是抓好领导班子建设和后备干部队伍建设，完善干部选拔任用方式，增强班子整体功能；创新人才引进方式，市场化选聘一批优秀人才，加大教育培训力度，优化人才队伍结构和素质。四是加大正面宣传和舆论引导力度，挖掘选树先进典型，培育具有中国能建特色的企业文化，提升品牌影响力。五是深入开展精神文明建设和职工队伍建设，支持群团组织在深化改革、推动发展、维护稳定、构建和谐企业中积极发挥作用，取得较好成效。

2015年，中国能建各级党委、纪委认真学习领会习近平总书记系列重要讲话精神，落实管党治党主体责任，以抓好巡视整改为契机，深化纪检监察体制机制改革，推进反腐倡廉建设；公司纪委聚焦主业主责，把纪律挺在前面，加大监督执纪问责力度，为集团公司持续健康发展提供有力保障。制定责任制考核与追究办法，与所属单位签订责任书并进行考核，考核结果与所属单位年度经营业绩考核、领导人员薪酬待遇挂钩兑现。深入开展“三严三实”专题教育活动，加强廉洁从业宣传教育，推进廉洁文化建设。持之以恒落实中央八项规定精神，抓住重要时间节点，及时提出要求，对违反八项规定案件进行通报曝光。开展巡视工作和“三重一大”决策制度执行情况监督检查，对电子集中采购中标情况开展重点监察。积极探索实践“四种形态”，制定反映重大问题线索分析处置办法。开展执纪审查和审理工作，综合运用纪律处分和经济处罚对相关人员进行严肃处理。对典型违纪违规案件情况进行通报，起到震慑、警示作用。积极稳妥推进纪检监察体制机制改革，制定《关于推进纪检监察体制机制改革意见》，对纪委书记分工、提名考察、机构设置、人员配置等方面进行规范。坚持纪委书记述职报告和纪检监察工作季度报告制度。加强纪检监察队伍建设，全年选派150余名纪检监察人员参加业务培训。

【信息化建设】 2015年，中国能建持续加强信息化建设，编制“十三五”信息化规划，深化主营业务应用，推进两化融合试点企业建设，信息化工作取得显著成绩。在2015年电力行业信息化成果评选中，有15项成果获奖，其中葛洲坝电力公司《密集带电线路封网跨越方案设计软件及其仿真研究与应用》、山西电力设计院《电力资源三维信息系统》和广东电力设计院《设计一体化平台建设》等3项成果获得一等奖。依托运营一体化和规划设计一体化两个平台，积极参与国家及地方政府层面的各类信息化工作，积极承揽相关业务，培育能源经济分析能力，拓展技经软件市场。同时，借助国家能源企业“走出去”的契机，聚焦亚非市场，大力推进信息化国际业务。一是开展管理信息系统建设，支持集团管控。建设总部内网门户系统和数据备份系统。人力资源管理系统、集团沟通平台建成上线运行，实现人力资源整体管控、分层管理的业务模式，沟通平台系统实现数据安全前提下的即时消息沟通和有关信息系统的集成等，为办公提供便利。二是进一步深化主营业务应用，支持政府决策和业务升级。完成国家能源局规划司委托的“基于大数据技术的能源数据采集与应用研究”和“能源预警预测信息化实现技术路线研究”科研项目，完成国家能源局信息中心委托的国家能源局信息化规划、行业标准化相关工作。持续完善国家能源规划基础数据库、中国能源基础信息网、中国电力信息资源平台等的建设，开展电力需求预测模型、电力供需形势分析系统、电力项目信息系统、电网工程智能决策支持系统等的建设。完善以三维设计为核心的发电数字化设计平台建设，建设设计与管理一体化的数字化协同平台，实现纵向数据协同和横向专业协同，实现工程设计过程中文件的有序交换、版本的有效控制、成品的智能管理等功能，实现数字化设计对采购、施工、调试和运维的支撑，并可支撑电厂全生命周期管理的数字化移交。全面开展电网三维设计平台建设，深化数字化设计在变电设计中的应用，在具备电气一次、二次、土建施工图能力基础上向建筑、水暖等专业拓展应用；开展输电线路三维设计的一体化平台建设，三维选线、电网GIS系统得到广泛应用，具备前期选线、三维展示、工程数据管理等基本功能。在工程建设业务中初步建立起多项目管控平台和资源调度系统，完善分包商考核、资产管理等功能，全面覆盖工程建设全过程，将项目管理系统与企业管理信息系统有效贯通，实现管理业务协同和信息共享，理顺项目管理信息流，强化对项目执行的总体管控和支撑。利用移动云技术，大大加快业务流转处理速度，效益明显。三是加强新技术的探索及推广应用。积极探索“大云物移”新技术的应用，把“大云物移”新技术应用理念贯穿到“十三五”信息化规划中，率先将邮件系统部署到公有云上。召开公司设计企业信息化技术交流会，针对性地交流新技术应用，大力推进云计算、大数据等前沿技术应用，重塑流程和应用模式，为公司转型升级及提升核心竞争力作出贡献。四是持续推进两化融合试点企业建设，积极鼓励并组织所属企业申报信息化和工业化融合管理体系贯标试点企业。所属葛洲坝易普力股份有限公司、葛洲坝集团水泥有限公司确定为两化融合管理体系贯标试点企业；所属北京洛斯达科技发展有限公司确定为2015年互联网与工业融合创新试点企业。

【履行社会责任】 中国能建高度重视企业社会责任工作，在企业战略中明确提出和谐发展战略，紧密结合改革发展实际和重点工作部署，不断完善社会责任管理制度，加强社会责任指标体系建设，逐步将社会责任融入企业各项工作中，有效管理企业运营对市场、社会和环境的影响，推动企业发展和履行社会责任良性循环。

2015年，中国能建及所属单位积极履行社会责任，致力于社会和谐建设，参加第四届中国公益慈善项目交流展示会，彰显积极投身社会慈善与公益事业的央企形象；发布《2014年社会责任报告》，披露中国能建及所属企业2014年在经济、环境和社会等方面的工作绩效；7家企业获得"全国文明单位"称号，7名职工当选全国劳模。积极开展援疆援藏援青工作，在新疆、西藏、青海及四川、云南、甘肃等省藏区承建工程项目1467个，在促进地方就业的同时，选派3名技术干部赴新疆、西藏挂职。采取毕业生招聘、成熟人才引进等方式吸纳社会人才，带动就业，全年为社会提供就业岗位5274个。加大对劳模和弱势群体的关爱力度，为所属工程、装备企业拨付慰问帮扶专项资金598.4万元，全年对外捐赠844.68万元。积极参与定点扶贫工作，西北院、广西院累计投入资金140余万元，用于陕西省镇巴县社区服务站项目建设和广西壮族自治区西林县足别乡央龙屯屯内道路硬化工程建设；派驻定点扶贫县挂职干部4人，促进当地贫困群众增收。所属企业在"走出去"过程中，牢记央企使命，葛洲坝集团为赤道几内亚无偿捐赠5口公益水井，缓解当地5000多名居民饮水难问题；尼泊尔大地震中，在自身受灾情况下积极为当地1000多名受灾民众提供住房、饮水及食品帮助，体现央企责任和担当。中电工程华北院向国际SOS组织成员——白俄罗斯巴拉乌良那SOS儿童村捐赠校车。

2015年，中国能建认真落实责任，严格进行考核，从依法合规、改进提升和创新增效三个层面指导、规范所属企业的节能环保工作。开展绿色施工示范工程创建活动，倡导企业积极开展节能环保新兴业务；推进行业节能减排技术应用，在电力工程规划、设计、咨询、施工、调试服务中，发挥技术研发优势，推进高效发电、热电联产、余热余压利用、新能源、可再生能源、垃圾发电、分布式能源、智能电网等节能技术、设备的研发和应用，为行业和社会提供优质的节能减排服务。搭(承)建平台推广煤电超低排放、清洁能源等节能减排技术；加强节能减排技术改造，节约能源降低排放。全年未发生环境保护和节能减排违法、违规事件；能源消费总量401万吨标煤；万元营业收入能耗(可比价)同比下降1.69%；二氧化硫、化学需氧量、氮氧化物和氨氮排放总量分别同比下降5.81%、3.87%、5.21%和4.12%。

(撰稿人：张　猛)

中国黄金集团公司

【基本概况】 中国黄金集团公司(以下简称"中国黄金"或"集团公司")是我国黄金行业唯一一家中央企业，是中国黄金协会会长单位，也是世界黄金协会唯一一家中国籍董事会成员。

2015年，中国黄金在国资委的正确领导下，牢牢把握"稳中求实，稳中求进，稳中求优，效益为先"的工作总基调，积极应对金铜价格持续低迷的严峻形势，将优化"五率"、降低"五费"、降本增效作为企业提升成本管控能力、增强核心竞争力的重要举措，不断深化改革、创新发展，实现发展质量和效益稳步提升。

集团公司黄金资源储量、矿产金产量、精炼金产量、黄金投资产品市场占有率、黄金选冶技术水平、上海黄金交易所综合类会员实物黄金交易量六项指标位居国内行业第一。

【主要指标】 一是主要生产经营指标总体平稳。中国黄金全年生产矿产金41.35吨，矿山铜11.87万吨，实现营业收入1121.12亿元，利润总额3.73亿元，总资产989.33亿元。全年投入探矿资金3.8亿元，新增金资源量50.93吨，铜金属量8.29万吨，成功并购吉尔吉斯大湖项目，新增金资源量15吨。截至2015年底，集团公司保有资源储量：金1883吨(继续保持国内行业第一)，铜1058万吨，钼207万吨，铅锌189万吨，银1.15万吨。

二是采取一系列措施有效提升成本管控能力、增强企业核心竞争力。中国黄金把优化"五率"、降低"五费"、设计优化、降本增效、大宗物资集中采购、产融结合等工作向纵深推进，全年降本增效4.14亿元。

三是困难企业扭亏减亏工作取得初步成效。成立由总经理任组长的亏损企业专项治理工作领导小组和七个工作小组，深入亏损老矿山企业基层一线，着力止住"失血点"。全年累计减亏1.71亿元，7户企业实现扭亏为盈，有力支撑企业的稳定快速发展。

【改革发展】 一是把握国企改革大趋势，创造发展新机遇。起草《中国黄金集团公司全面深化改革方案》，制定《中国黄金集团公司全面深化改革领导小组2015年工作要点》。加强对新政策的研究，及时调整企业发展战略。

二是不断完善现代企业制度。积极推进权属企业三项制度改革，建立干部能上能下、人员能进能出、薪酬能增能减的良好机制。严格控制各企业中层及以上干部的设置，控制人工成本，提升劳动生产率。

三是积极探索尝试混合所有制，借力资本市场促进企业摆脱困境。通过推进集团公司权属企业产权主体多元化，分散风险、激发活力。加快黄金资源注入中金黄金步伐。加快中金珠宝和中金辐照的上市步伐。

【重大项目】 中国黄金深入贯彻"建设不完、优化不止"的理念，全年开展重点建设项目和技改工程12个，累计投资40.4亿元，优化节约建设资金10.82亿元，增强项目抗风险能力。中原冶炼厂整体搬迁升级改造项目刷新冶炼技术集成的行业记录，仅用两年时间实现建成投产。西藏甲玛二期项目取得环评及核准手续，选厂二系列消缺整改、实现无负荷联动试车。中原矿业、吉林松江河等项目关键性井巷工程按计划全面展开。山东纱岭项目前期工作扎实推进。这些项目的实施，提升集团公司成长竞争力，为未来发展奠定基础。

【走向海外】 一是正式成为世界黄金协会的会员单位。集团公司作为中国黄金行业的领军者，正式加入世界黄金协会，有利于带动中国黄金企业成功实施"走出去"战略，在世界范围内与同行业机构建立更加广泛而深入的合作关系。

二是积极占领优质海外矿产资源。围绕重点成矿区带，聚焦大型、优质、现金流充足的资源，跟踪、考察重点海外项目十多个，并成功并购吉尔吉斯大湖项目。

三是先行先试，抢抓"一带一路"战略机遇。在中俄两国元首共同见证下，集团公司与俄罗斯极地黄金公司签署合作协议，开展金矿堆浸项目合作，开启集团公司"走出去"新局面，标志着集团公司与国外大型黄金企业进行优势合作迈出历史性的一步，极大提升了公司国内外知名度和影响力。

四是海外项目建设进展较为顺利。刚果(布)索瑞米项目、吉尔吉斯库鲁项目积极主动、超前谋划、科学组织，施工组织有序向前推进。

【重大创新】 一是积极推进管理创新，在全集团内推行精细化管理。开展看板管理等精细化管理活动，不断创新精细化管理宣传平台，营造良好氛围。对所属企业的基础管理进行"回头看"检查，督促和帮助企业进一步巩固提升基础管理，为企业开展精细化管理打牢基础。

二是不断推进科技创新。环保型浸金试剂研究取得重大突破，完成工业试验，形成完整的CG505工业化应用体系，该技术成果成功入选国土资源部第四批矿产资源节约与综合利用先进适用技术推广目录。2015年，中国黄金获得国家颁布的标准10项。其中《金矿开采单位产品能源消耗限额》等3项国家强制性能耗限额标准，是国家发展改革委和国家标准化委员会实施的"百项能效标准推进工程"的重要组成部分，对加强环境保护、推动黄金行业技术创新、促进产业结构调整和优化升级具有重要意义。

【党建工作】 集团公司党委深入落实全面从严治党责任，全面推进党的思想、组织、作风、反腐倡廉和制度建设，提升党建工作科学化水平。

一是着力推进群团工作和基层企业党组织建设。精心筹备，正式成立集团公司系统工会和系统团委，开启群团工作的新局面。针对一些基层企业党组织不健全的问题，加大党组织建设力度，基本实现重点权属公司党组织建设的全覆盖。

二是扎实开展"大讨论"活动和"三严三实"专题教育。开展为期3个月的"大讨论"，梳理问题、明确方向，奠定转型发展的思想基础。精心组织开展"三严三实"专题教育，以"工程管理"的理念推进专题教育，通过学习研讨、查摆问题、落实整改，广大党员干部的宗旨意识和党性观念进一步增强。

三是积极配合国资委第一巡视组开展巡视工作。集团公司党委站在讲政治的高度，认真配合巡视。对巡视中发现的问题，不等反馈、立行立改，有力地配合巡视工作。集团公司把巡视整改作为一项重大的政治任务，坚决改、彻底改，及时建立整改工作责任体系。整改工作取得阶段性成果，为深化改革、创新发展奠定重要基础。

四是坚定不移推进党风建设和反腐败工作。制定实施党风建设责任制及考核办法；开展第一责任人述职述廉和风险点约谈；开展警示教育；主动开展巡视，加大对企业的监管力度，把“六大纪律”具体化地加以落实。

【信息化建设】 中国黄金积极推进信息化建设工作，以内蒙乌山等企业数字化矿山建设为重点，加快推进两化融合。

一是全面推进应用，夯实信息化建设基础。坚持以需求促应用、以应用促发展，统筹规划、分步实施，各业务系统建设进展顺利，完成集团公司信息化建设的三层基础架构，即基础平台层、核心数据层、业务系统层，为集团公司的信息化建设、系统对业务的支撑工作打下坚实的基础。

二是建设数字矿山，深化两化融合。2015 年，集团公司 7 家单位入选国家级两化融合贯标试点企业，其中湖北三鑫公司成为有色行业第一家通过管理体系贯标的企业；集团公司召开第一次两化融合管理体系贯标及数字化矿山建设现场经验交流会，会议提出集团公司两化融合工作的主要任务，并对两化融合开展培训、贯标达标工作进行部署。

【履行社会责任】 中国黄金以“开发有限资源、满足社会需求”为宗旨，积极践行中央企业的经济责任、政治责任、社会责任和党建责任。

一是 2014 年社会责任报告获得中国社科院企业社会责任报告评级委员会五星级评价，由领先者迈入卓越者序列；社会责任发展指数位列全国第 13 位，国有企业第九位。在社会责任工作网络调查活动中，集团公司位列“中央企业社会责任报告大调查”第三位，位列“中央企业社会责任报告封面颜值大比拼”第六位。

二是西藏华泰龙公司因积极履行社会责任，被中国社科院授予“企业社会责任示范基地”称号，《中国黄金集团西藏华泰龙公司：建一座矿山，树一座丰碑》入编《企业社会责任蓝皮书(2015)》。

（撰稿人：李　想）

中国储备棉管理总公司

【基本概况】 2015 年是中国储备棉管理总公司(以下简称“中储棉总公司”)全面深化改革年。在国资委、国家发展改革委、财政部等有关部门的正确领导和大力支持下，中储棉总公司坚持以完成棉花宏观调控任务为“一个中心”，积极构建“三大板块”(进口棉入储、储备棉轮换、棉花物流)，切实履行保护棉农利益、保障纺织供应、稳定棉花市场“两保一稳”的宗旨，强基固本，奋发有为，充分发挥棉花宏观调控重要作用，取得显著成绩。同时，按照国资委提出的总体思路，全面深化改革，通过进一步强化企业管理，忠实履行社会责任，锐意进取，不断增强自身核心竞争力，积极推动公司又好又快发展，切实完成稳增长目标，呈现效益和速度同步增长的良好势头。中储棉总公司朝着“做强做优、世界一流”的目标稳步前进，逐步发展成为棉花产业中具有较强影响力、控制力和带动力的中央企业。

【主要指标】 截至 2015 年底，资产总额 2380.95 亿元，同比增加 59.49 亿元，增长 2.56%。负债总额 2336.36 亿元，同比增加 51.48 亿元，增长 2.25%。所有者权益年末为 44.60 亿元，年初为 36.58 亿元，国有资本保值增值率 122.2%。

2015 年，公司利润总额 8.41 亿元，同比减少 4.29 亿元，下降 33.78%。净利润 8.11 亿元，净资产收益率(不含少数股东权益)19.98%，比上年减少 17.22 个百分点。年末未分配利润 30.44 亿元。

2015 年中国储备棉管理总公司主要经济指标

项　目	2014 年	2015 年	比上年增长(%)
资产总额(亿元)	2321.46	2380.95	2.56
所有者权益(亿元)	36.58	44.60	21.92
营业收入(亿元)	419.29	36.39	－91.32
利润总额(亿元)	12.70	8.41	－33.78

续表

项 目	2014年	2015年	比上年增长(%)
净利润(亿元)	11.48	8.11	—29.36
归属于母公司所有者的净利润(亿元)	11.41	8.07	—29.27
利税总额(亿元)	14.37	9.86	—31.38
应交税金总额(亿元)	1.41	0.60	—57.45
全员劳动生产率(万元/人·年)	149.70	107.31	—28.32
净资产收益率(%)	37.20	19.98	减少17.22个百分点
总资产报酬率(%)	0.54	0.36	减少0.18个百分点
国有资本保值增值率(%)	145.74	122.20	减少23.54个百分点

【改革发展】 2015年，中储棉总公司把鼓励基层改革创新、大胆探索作为抓改革落地的重要方法，全面推进各项改革。

1. 直属库公司化改革全面完成。2015年，全面完成12个直属库公司化改革，并积极向国家有关部门争取财税优惠政策，全力促进直属库改革后健康快速发展。同时以直属库公司化改革为契机，深入推进全面预算管理。所属单位经营和责任意识进一步增强，截至2015年底，除5个筹建单位外，其他全部实现盈利，25家所属单位累计实现利润7717万元。

2. 产权配置运营效率逐步提高。2015年，全面完成产权登记普查，并以优异的成绩通过国资委产权登记核查。切实优化产权管理方式，逐步实现从管资产为主向管资本为主转变。

3. 物流业务快速发展。2015年，物流公司整合碎片化需求，积极开展棉花代购代销、仓单质押、汽车运输及国际代理等业务；上线物流信息服务平台，加快实施"互联网＋物流"战略。组建中储棉新疆物流有限公司，以充分利用新疆丝绸之路经济带核心区位优势，实现公司业务资源和资金的更高效配置。

4. 籽棉收购加工业务模式不断创新。2015年，针对棉农惜售、加工企业慎收、纺织企业慎购的局面，新疆公司积极推进与加工企业和棉农三方结合的专业合作社经营模式，物流公司先后与5家企业联合开展棉花收购、加工、运输和销售业务，实现公司与棉花加工企业资质、资源与资金的优势互补，充分发挥共赢效应，引领棉花收购加工行业向更加精细化发展。

【重大项目】 2015年，中储棉总公司进一步强化大局意识，从严处要求、向实处发力，不断提升国家储备棉经营管理水平。

1. 储备棉投放有序展开。根据国家有关部门安排，2015年轮出储备棉100万吨，中储棉总公司积极创新业务流程，切实提升服务质量和水平，建立拟出库储备棉资源查询平台，在国家有关部门的支持下，为大型纺织企业提供定制打捆服务，满足棉纺企业个性化需求；创立储备棉出库单电子验证服务业务，为买方缩短提货时间、降低经营成本提供有利条件；设立客服中心，及时处理各类业务投诉，极大提高客户满意度。

2. 储备棉调运协同推进。2014年底，在疆储备棉仍有大部分存储在没有铁路专用线或发运较困难的承储库中。中储棉总公司积极争取国家有关部门政策支持，启动汽车运输，截至2015年8月底，全面完成在疆储备棉调运工作。

3. 中央直属棉花储备库建设取得实质性进展。截至2015年底，中储棉总公司完成14.5万吨仓容建设任务，增加自储比例。同时，制定《建设项目考核管理办法》，逐步建立项目考核体系；进一步加强建设项目招投标管理，有效控制工程投资；商请供销总社牵头组织《棉麻仓库标准》铁路专用线设置条件专题论证会，圆满解决铁路专用线选址难、投资大、使用效率低的难题。

【安全工作】 中储棉总公司深入贯彻落实习近平总书记等中央领导有关安全生产工作的系列重要指示和批示精神，严格执行国家安监总局和国资委部署，2015年圆满实现安全生产零事故目标。

1. 大安全理念逐步形成。发现承储企业经营出现困难时，及时将该企业列入高风险预警名单，并实行层级备案制度。一旦该企业经营情况恶化，立即启动清库机制。建立定期报告制度，每月向监事会及时报告重要机构变动及各类风险等事项。总公司安全生产委员会每季度召开一次全体会议，分析形势、部署工作。

2. 安全生产标准化创建取得突破性进展。截至2015年底，15家仓储类所属单位全部一次性通过安全生产标准化一级企业的现场评审，有力提升本质安全水平。

3. 安全生产专项工作亮点纷呈。2015年，总公司向存放国家储备棉的86个地市级政府、消防支队及安监局发出258份公函，申请将存放国家储备棉的企业列为本地区消防安全重点监督检查单位，全面推进社会承储单位安全生产属地化管理。进一步推进科技兴安，加快视频监控系统建设；向国家有关部门争取专项预算，为储备库智能改造项目提供资金保障。此外，进一步完善储备棉安全生产预警及警示信息发布机制，确保国家储备棉安全完整。

4. 安全培训力度进一步加大。2015年，中储棉总公司送培训到基层，完成四大片区170家承储单位的安全培训工作，培训人员3760多人。举办3期消防控制室人员上岗资格培训班，参训人员492人，资格考试通过率99.6%；7家所属单位负责人参加中央企业安全管理人员资格培训，效果显著。2015年，中储棉总公司荣获国家安全监管总局和安科院《安全生产法》知识竞赛三等奖，青岛公司和兰州公司获得优秀奖。

5. 安全生产监督检查工作深入开展。2015年，按照“四不两直”和“全覆盖、零容忍、严执法、重实效”的要求，开展57次飞行检查。年中、年底安全大检查持续推进，由总公司领导班子成员分别带队，安全专家及保险公司专员参与。检查组集中2周时间，深入承储库一线进行安全检查，并及时开展隐患整改和复查，成效明显。各片区所属单位严格检查指导，深入安全一线，多措并举、多管齐下，全方位守护国家储备棉安全。各承储库严格实行整改问题销号制度，整改责任落实到人，限期消除安全隐患，切实提升安全管理水平。

【重大创新】 中储棉总公司在“发现风险、识别风险、控制风险”上狠下工夫，强化价值创造，提高企业效益。

1. 规章制度体系建设进一步优化。2015年，中储棉总公司对涉及储备棉业务、安全及财务、资产等板块18项规章制度进行适时修订，使得规章制度更加适应储备棉管理的新变化、新趋势，并安排专人管理规章制度网络汇编，定期进行梳理。初步完成档案信息化建设，公司办文办事效率大幅提升。

2. 审计监督及内控工作进一步强化。总公司全年对4家所属单位负责人开展任中经济责任审计，对2家所属单位负责人开展离任经济责任审计，并结合被审计单位实际情况，有针对性地确定审计关注点，累计提出审计建议25条。完成7项竣工结算审核。与此同时，进一步加大对各单位内控制度执行情况的检查和评价力度，及时形成《2015年度全面风险管理报告》及《2014年度内部控制评价报告》。针对评价过程中发现的内控缺陷，切实整改，汇编改革后直属公司内控手册。

3. 法治建设进一步加强。2015年，切实落实总法律顾问对重大决策的法律审核把关制度，合同全生命周期管理逐步深入，全年动态跟踪全系统319份合同审批、备案、履行、归档的过程。在处理纠纷案件过程中，做到“仔细分析每一个案情、全面调取每一份证据、完全穷尽每一项权利”，确保2015年所有案件取得圆满结果。此外，进一步强化依法信访制度，切实加强法制宣传和教育引导。2015年，中储棉总公司法治工作获得国资委授予的多项个人荣誉称号，盐城公司获得“2011—2015年中央企业法制宣传教育先进单位”称号。

【党建工作】 2015年，按照全面从严治党要求，中储棉总公司党委认真学习贯彻习近平总书记系列重要讲话精神，深入贯彻落实管党治党主体责任，充分发挥党委政治核心作用，积极参与企业重大问题决策，切实强化党风廉政建设，深入开展“三严三实”专题教育，不断夯实基层党组织和党员队伍基础，企业党建各项工作开展顺利、有序，取得较好成效。一是深入学习贯彻习近平总书记系列重要讲话精神，充分发挥党委政治核心作用。二是强化组织领导，全面深入开展“三严三实”专题教育。三是聚焦主业主责，夯实基层党组织和党员队伍建设根基。四是完善体制机制，强化党员领导干部和人才队伍建设。五是深化监督执纪问责，认真落实党风廉政建设“两个责任”。

【信息化建设】 2015年，总公司全面拓展信息化对业务支撑的覆盖面，提升业务协同能力，推进业务数据共享与信息资源整合，促进系统应用持续深化。同时继续加强信息安全与运维服务能力建设，不断提升运维保障能力。持续完善优化总公司主营业务系统功能，新增储备棉出库单电子化功能，提高储备棉轮出业务管理效率；完善所属单位业务数据监管功能，完善修改系统垛位卡、平面图、堆码记录功能，增强系统对静态储备棉管理业务支撑；网络办公系统新增收发便函、会议纪要功能，完善优化新闻发布置顶功能，提高办公数据质量；扩大移动办公系统用户范围，提高协同办公效率；不断改进总公司网站平台功能，努力建设成为总公司对外宣传重要窗口；建设总公司档案管理信息系统，基本实现总公司档案标准化、规范化、数字化；不断完善合同管理系统功能，提高用户使用体验，基本实现合同管理全覆盖，做到合同全生命周期管理；建设总公司大悦城办公区网络，建设完成国资委普通密码传输网央企端网络，努力提高运维服务保障能力。

【履行社会责任】 中储棉总公司积极践行社会责任，投身社会公益事业，对贫困地区、受灾地区提供资金和实物资助，支持当地社会建设，帮助所在地区共同发展。2015年，为贯彻落实国资委推进央企参与“一带一路”建设工作会议精神，按照党中央、国务院、新疆自治区对援疆扶贫工作的总体部署和要求，公司进一步加快伽师县扶贫工作进程，通过教育文化、养殖环境改善等帮助伽师县贫困群众脱贫致富，2015年，公司扶贫投入资金120万元。2015年中储棉总公司根据配齐配强贫困村第一书记的要求，于9月初专门选派一名干部到伽师县孜勒博依乡曲如其村开展帮扶工作。秉承“公平诚信经营”的理念，加强与地区棉企、棉农的深入合作，服务地方经济发展。不断提升员工消防安全意识，加强与地方消防部门合作，开展消防演习，提高应急消防能力，保障地方安全。倡导责任理念，积极推动开展志愿服务，鼓励全员参与志愿活动，奉献爱心，服务社会，传播正能量。同时，中储棉总公司社会责任管理工作富有成效，年度社会责任报告内容丰富、结构严谨，被中国企业社会责任报告评级专家委员会评为四星半级。

（撰稿人：李岩杰）

中国广核集团有限公司

【基本概况】 中国广核集团有限公司（以下简称“中广核”，原“中国广东核电集团”），于1994年9月注册成立，是国务院国有资产监督管理委员会监管的清洁能源企业。集团注册资本102亿元人民币，由核心企业中国广核集团有限公司和30多家主要成员企业组成。

中广核业务涵盖核能、核燃料、新能源、金融及综合服务等四大板块，覆盖全国27个省（自治区、直辖市）和亚洲、非洲、欧洲、大洋洲等四大洲。有中广核电力（01816. HK）、中广核新能源（01811. HK）、中广核矿业（01164. HK）等三家成员企业在香港联合交易所上市。

2015年，中广核深入贯彻落实党中央、国务院的各项方针政策，在国务院国资委的领导下，坚持“一次把事情做好”的核心价值观，发扬“三实两基”的工作作风，全力冲刺，强力执行，较好地完成年度各项任务，综合实力全面提升，圆满实现“十二五”各项任务，为“十三五”争取优质高效发展打下坚实的基础。

【主要指标】 截至2015年底，中广核总资产4327亿元，在运装机容量3117万千瓦，实现营业收入507亿元，超额完成国务院国资委保增长目标。

2015年，中广核新增在运核电机组5台、546万千瓦，核电总装机1709万千瓦，国内占比59.8%，保持国内第一，进入国际前五；新开工4台核电机组，460万千瓦（按核准口径），核电机组在建总装机1465万千瓦，占全国的一半，占全球的19.7%，保持全球最大核电建造商地位。新能源在运装机累计达到1408万千瓦，占中广核在运装机的45.2%。其中，国内风电新增143万千瓦，累计达到833万千瓦；太阳能新增70万千瓦，累计达到127万千瓦。

【核电安全生产】 2015年，中广核群厂运营业绩保持平稳。成熟机组（大亚湾6台机组）65.3%的WANO（世界核运营者协会）指标进入世界前1/10，新机组71.9%的WANO指标进入世界前1/4水平；在运机组能力因子持续提升，平均达到 88.1%；全年实现上网电量 883 亿千瓦时，同比增长 20.2%。全年完成 10 次大修，其中 4 个十年大修，并在保障质量的前提下，实现总工期节约 19.8 天。

【核电工程建设】 2015 年，中广核实现 5 台机组投产（红沿河 3 号机组、宁德 3 号机组、阳江 2、3 号机组、防城港 1 号机组），创造国内核电建设新记录。在建工程整体进展顺利，宁德 4 号机组完成首次装料，红沿河 4 号机组具备装料条件，防城港 2 号机组完成热试，台山 1 号机组实现 EPR（欧洲压水堆）全球首堆冷试；红沿河二期、华龙示范项目（防城港二期）正式开工，宁德二期以及陆丰、惠州、苍南等前期项目进展总体顺利。核电工程建设连续两年"零死亡"，并且安全业绩整体进入国际先进水平。

【改革发展】 2015 年，中广核积极贯彻国务院和国资委关于深化国有企业改革的精神，坚持国际一流清洁能源供应商和服务商的愿景和战略定位，坚持市场化方向，确立集团总部管资本的核心定位，按照业务下沉、职能上移的原则，强化党的领导、战略决策、资源配置、资本运营、监督管控，同时做实做强产业板块，确保实现资本保值增值。

组织管控方面，坚持战略导向、目标导向和问题导向，按照"三层架构、三类发展、两级管控"，加快打造定位清晰、责任明确、扁平高效的集团管控体制机制。

集团总部组织机构调整方面，以"支撑战略、符合定位，统分结合、以统为主，单边管理、精简高效"为原则，优化完善集团公司和核电股份公司的组织机构。

人事薪酬方面，继续推动内部人才市场建设（全年内部公开招聘 704 个岗位，参与员工数达到 1841 人）、员工帮助计划（EAP）和国际化人才引进工作，顺利实施中广核电力、中广核新能源股票增值权激励计划，市场化的中长期激励机制取得突破，继续完善企业负责人履职待遇、业务支出管理制度和人力资源管理信息系统，实现企业年金收益再创新高。

公司治理方面，以强化落实集团管控和战略意图、完善企业法人治理结构为目标，出台板块董事会建设和优化方案，推进董事会分级管控，建立两级治理管控架构。

产权管理方面，继续完善全面的资产管理制度体系和产权管理信息系统，聚焦主业，在全集团首次开展低效资产全面梳理和评价认定，全集团认定 72 项、账面净值 63 亿元的低效资产，逐项制定限期改善或处置退出等管理方案，创新境外国有资产监管模式，实行分级监管、程序化管理和日常监督，境外投资聚焦主业，严禁个人名义注册或代持股权，有效防范风险。

资本运营方面，立足于做强做优主业，增强企业核心竞争力和价值创造能力，在国内实施 6 个并购项目，投资金额超过 10 亿元人民币，涉及民用核技术应用的加速器、辐照改性材料、天然气贮存运输及加气站运营和生物制气领域。

经营管理方面，实施 PBA（战略专项计划）"一级管一级，向下看一级"的管控原则和方法，在继承发展的思路下，确保改革稳步推进。

【走向海外】 2015 年，在国家"一带一路"战略指引下，在党和国家领导人以及国家各部委的关心和支持下，中广核"走出去"取得新的重大突破。

一是英国核电项目签署投资协议。2015 年 10 月 21 日，在习近平主席和英国首相卡梅伦的见证下，中广核与法国电力集团在伦敦正式签订英国新建核电项目的投资协议。中广核牵头的中方团队将参与投资英国欣克利角 C 和塞兹韦尔 C 核电项目，并在布拉德韦尔 B 项目厂址控股开发建设两台我国自主的华龙一号机组。

二是罗马尼亚核电项目签署全寿期框架协议。2015 年 11 月 9 日，中广核与罗马尼亚国家核电公司正式签署罗核项目全寿期框架协议，并推动项目开发进入预投资决策阶段。

三是新能源国际开发迈出新步伐。2015 年 11 月 23 日，在中马两国政府的支持下，中广核与马来西亚埃德拉公司签署股权收购协议，获得以清洁气电为主的 877 万千瓦电力资产。另外，中广核在欧洲的可再生能源在运在建装机超过 20 万千瓦，首个陆上风电绿地项目在英国开工建设。

【重大创新】 2015 年，中广核战略专项研发进展总体顺利。华龙技术研发进入项目实施阶段，并启动英国项目的通用设计审查（GDA）和欧洲用户要求（EUR）认证的准备工作；紧凑式海上小型堆进入初步设计阶段，并纳入国家能源科技创新规划，热电堆形成

PSAR初稿；中广核牵头的国家科技重大专项“事故容错燃料（ATF）关键技术研究”正式启动；12英尺先导燃料组件获得入堆许可；中广核与中科院签署国家级重大科研项目合作协议，共同研发先进核能系统。

2015年，中广核持续推动自主创新科技成果转化，成功孵化出燃料智能检修装备机器人、核电“神盾”应急平台系统产品等10项自主创新产品，实现转化收益4.9亿元。其中8项属于填补国内空白，2项达到国际先进水平。自主研发的多款反应堆专用机器人，在核电站实现首次国产化应用。其中，反应堆整体螺栓拉伸机于2015年8月首次成功应用于防城港核电站2号机组，反应堆换料机器人于2015年9月顺利完成广西防城港核电1号机组装料。

2015年，中广核申请专利588项（其中发明专利342项），获得授权专利335项（其中发明专利108项）。北京广利核公司的“一种用于反应堆保护系统的组态系统”等3项专利获得国家知识产权局颁发的中国专利优秀奖。

【党的建设】 2015年，中广核贯彻落实中央关于国有企业党建的重要精神，按照国资委党委的总体部署，把巡视作为重要契机，深入落实全面从严治党的主体责任和监督责任，加强党建促发展，廉洁从业保发展，不断把集团党的建设和党风廉政建设推向深入。

一是配合巡视工作，深入开展“自查自检自省”（“三自”）专项行动。行动中发现的问题，全部从严整改和处理。“三自”行动是中广核开展自我巡视、落实全面从严治党的创新做法，得到国资委巡视组的充分肯定。

二是坚持思想建党与制度治党紧密结合，不断提高党建科学化水平。深入开展“三严三实”专题教育，同时，在全集团开展“学党章、守纪律、当先锋”系列主题教育，进一步深化思想认识，坚定广大干部员工的理想信念。不断加强制度建设，贯彻落实中央要求，结合企业实际，及时修订完善集团党组工作制度，印发集团党建工作指导意见，实现与上级党组织的体制对接、机制对接、制度对接和工作对接。

三是坚持加强党管干部和群众工作，服务集团改革发展。干部队伍建设方面，配合“执行力年”的要求，开展高管的“狼性”文化教育；结合板块化发展需要，进一步完善党组管理后备干部队伍。青年工作方面，大力开展“强力执行”主题实践活动，并组织“领导与青年员工面对面”活动300多场次，7500多名青年员工参与；开展各级技能竞赛600多场次，2万多名员工参与。

【信息化建设】 2015年，中广核完成“十三五”信息化顶层设计任务，明确“拥抱互联网，打造数字化、移动化中广核”的建设目标，继续深化清洁能源ERP系统的推广应用。成立国内首家核电信息安全联合实验室，完成中广核电子商务平台上线，建立中广核IT系统监控中心、移动应用平台和核电三维协同设计平台。搭建风电智能一体化平台，成为国内风电行业内首家利用智能化和移动化进行全流程检修的企业。

【履行社会责任】 2015年，中广核积极履行社会责任，搭建公众沟通交流平台，加大社区发展投入力度，帮助改善当地民生，常态化开展公益活动，致力于项目与周边社区的和谐共荣。

探索“安邻”模式，持续公开透明。2015年，各在运核电基地每月及时在网站公开运行指标、环境监测、三废管控、辐射防护等数据；核电科普教育课程在全国九大核电基地的70所学校落地，覆盖学生超过15000人；新投入使用10个核电科普展厅，全年接待公众超过25万人次。

推进“暖邻”行动，与周边社区共成长。2015年，中广核六大核电基地在社区建设方面的投入超过1500万元；为核电基地周边社区创造就业岗位超过8000个；员工全年参与志愿活动超过10000人次；深度参与广西乐业、凌云两县的定点扶贫工作，援建两县15家县医院、乡镇卫生院改造，15所小学和2所中学的修缮扩建，援建储水水窖16个，资助贫困学生11298人次。

（撰稿人：蒲玉波）

中国华录集团有限公司

【基本概况】 2015年是中国华录集团有限公司（以下简称“华录集团”）“十二五”发展规划的收官之年，在全体干部员工的辛勤工作下，华录集团不断深入推进企业改革创新发展，调整优化产业结构，公司各项改革发展取得明显进展，实施转型升级取得显著成果，战略发展更加清晰坚定，产业布局更加合理优化，资产配置更加高效有序，企业总体经营质量持续向好，公司长远可持续健康发展能力得到进一步的巩固和提升。

【主要指标】 2015 年，华录集团实现营业收入 70.7 亿元，同比增长 34.6%，事业计划完成率 94.0%；实现利润 7.8 亿元，同比增长 40.3%，事业计划完成率 123.8%。在中央企业整体经济下行压力较大背景下，华录集团在 2014 年营收利润实现"双 10%"增长的基础上，2015 年再次实现"双 30%"以上增长。企业产业结构进一步优化，转型升级发展取得显著成效，AV 制造、服务与内容三大产业结构发生根本变化：集团重点培育的新兴服务与文化产业产值贡献占比由"十一五"期末的 11.2%增长到"十二五"期末的 66.5%，利润贡献占比由"十一五"期末 9.5%增长到"十二五"期末的 68.9%，三大产业中，依靠单一制造业发展的局面得到彻底改变，服务与文化产业成为集团支柱产业和新的经济增长点，重点打造科技与文化融合的产业竞争优势，孵化和涌现一批具有巨大活力和发展潜力的战略新型产业集群公司。

截至 2015 年底，集团公司资本金 15.4 亿元，合并资产总额 163.97 亿元，同比增长 21.0 %，每股总资产 10.6 元，放大 9.6 倍；净资产 109.23 亿元，同比增长 20.2%。集团资产规模进一步扩大。总体资产负债率 33.4%，带息负债率 8.8%，货币资产占比 28.6%，实现 EVA 4.7 亿元，成本费用利润率 11.9%，企业资产质量及盈利能力等各项指标在同行业央企处于前列。全年华录集团利润总额完成国资委基本目标考核的 124.2 %，奋斗目标考核的 107.8%，经济增加值完成国资委基本目标考核的 149.5%，奋斗目标考核的 129.8%，较好实现国资委对华录集团的考核要求。

2015 年中国华录集团有限公司主要经济指标

指标单位	2014 年	2015 年	比上年增长(%)
经济增加值（EVA）(亿元)	3.6	4.7	29.3
主营业务收入(亿元)	51.33	69.9	36.2

续表

指标单位	2014 年	2015 年	比上年增长(%)
净利润(亿元)	4.7	6.9	47.3
本年实际上缴税金总额(亿元)	1.7	2.0	19.4
资产总额(亿元)	135.5	164.0	21.0
负债总额(亿元)	44.7	54.7	22.5
所有者权益(亿元)	90.9	109.2	20.2
年末从业人员(人)	7007.0	6332.0	−9.6
科技投入总额(亿元)	5.2	4.7	−10.4
安全生产投入总额(万元)	140.0	228.0	62.9
节能减排及环保投入总额(万元)	84.0	179.0	113.1
国有资本保值增值率(%)	104.56	105.52	增加 0.96 个百分点

【重大项目】 2015 年，华录集团充分发挥上市公司融资载体和投资主体功能作用，为加速产业转型升级与战略扩张提供后劲和活力，对新兴业务的培育和对行业优质资产的重组，增强了国有资本资源控制能力和整合能力。2015 年 6 月，易华录非公开增发募集资金方案通过了证监会发审会，非公开增发募集资金 15.9 亿元。通过募集产业发展资金，对做大做强上市公司、增强集团公司的资源控制力和整合能力、进一步放大资本规模、实现低成本扩张奠定发展基础。2015 年 11 月，华录百纳非公开发行股票方案，取得国资委批复，拟募集资金 21.99 亿元，意向认购金额超过 50 亿元。通过此次非公开发行，公司将增强面向市场的资源集聚和快速响应能力，形成开放式平台生态体系，最大限度地提升公司的行业竞争力。通过资本投资优化产权配置，助力产业整合发展。一是向易华录定向增发投资 5.6 亿元，进一步扩大在智慧城市领域投资能力。二是通过资本运作完成汇发物业的股权转让，华录乐影、易华录新加坡子公司、蓝火体育、欧冠篮、新华广联、华录百纳与韩红合作等新设和并购子公司的实施。三是通过投资积极推动各子公司在智能交通、体育、广告、音乐产业方面进行整合布局。

【重大创新】 2015年，华录集团继续加大科技创新力度，研发新产品，开拓新市场。由集团开发的“蓝光光盘库”产品顺利通过大连市经信委新产品投产鉴定，大容量数据存储的蓝光光盘库存储系统成功打入中国工商银行总行、中航航空工业档案馆等金融、档案行业，取得成功案例。为进一步扩大市场，成立华录光存储研究院有限公司。此外，面向桌面级市场的Panasonic与华录品牌的小型蓝光光盘库正式投放市场。面向智能交通和ITS智慧家庭的软硬件系统研发顺利展开。金华录公司开始进军高铁、汽车、军工等国家重点发展领域。截至2015年底，集团累计申请专利833项，专利授权580项，获得软件著作权562项，华录品牌价值达到194.42亿元。

同时，不断顺应新兴市场发展趋势，创新商业模式，拓展商业机会。一是在2015年主推PPP、EPC，政府购买服务、运维等方式作为切入点参与大型项目的建设，布局在区域收入上形成稳定增长，并签订鄂尔多斯等多个项目。二是嫁接“互联网＋”业务，扩大新市场。易华录与专业数据公司开展合作与交流，探索“互联网＋交通”的新模式。2015年，与辽宁省签订综合平台项目，通过建设该服务平台为广大交通参与者提供更加实时、方便、快捷的便民服务。华录百纳不断创新并践行“互联网＋旅游服务”商业模式，打通主流媒体、移动互联网和实体经济产业链，创造内容产业T2O新标杆。三是以平台整合资源，增强商业整合力。北方华录借助集团文化央企平台，整合文化设施建设方、文化娱乐运营方资源，积极拓展市场，以政府自建、合作共建、华录自建三种合作模式及公益加商业的业务模式与政府展开深入合作，与汤阴等地方政府达成合作协议。

【走向海外】 2015年，华录集团在海外市场取得更大拓展，尤其是在国家倡导的“一带一路”战略沿线国家和城市，由集团信息服务板块实施完成的海外智慧交通服务项目达到13个，2015年易华录与白俄罗斯签订战略合作协议，与巴基斯坦、肯尼亚及加纳等新签5个项目，与合作伙伴华为共同在塔吉克斯坦胡占德市、马尔代夫等项目上作了大量前期市场工作。在文化“走出去”方面，集团出品的影视文化产品出口到更多的国家和地区。华录百纳与国家级通讯社下属国家外宣旗舰平台合作，通过收购新华广联（北京）传媒投资有限公司49%股权，与新华社下属新华电视网建立战略合作关系，为国际电视市场受众提供喜闻乐见的中国故事、中国声音的收视平台，为致力于“走出去”的中国品牌提供国际化营销投放平台，为国产优质影视文化内容打通下游国际市场播出渠道。中国唱片走进法国戛纳世界音乐博览会，携民族原创作品开拓国际市场。中唱上海公司通过与台湾诚品书店、香港丝绸之路等知名企业的合作，使公司产品销售覆盖到整个亚洲地区，同时还与香港音乐公司合作定制出版由中唱提供版权、德国压片、台湾地区封面设计、内地纸质印刷、香港地区成品包装后向海外发行的国际版CD节目，以两岸四地携手合作的模式对原有的单纯版权贸易、国产音像制品出口的思路进行突破创新。

【党建工作】 2015年，华录集团党委按照中央“全面从严治党”各项要求，落实企业党风廉政建设工作的主体责任，严格遵守中央八项规定，持续开展“党的群众路线教育实践活动”，着力全面开展“三严三实”专题教育。5月22日，集团召开专题党委会传达并学习中央、国资委党委有关“三严三实”专题教育工作部署文件精神。审议通过《中共中国华录集团有限公司委员会“三严三实”专题教育实施方案》。5月27日，集团召开“三严三实”专题教育党课暨动员会，传达党中央、国务院国资委党委关于中央企业贯彻落实“三严三实”专题教育工作的文件精神，集团公司党委书记陈润生讲了题为《做合格国有企业管理者》的专题教育党课。6月4日，集团召开党建工作例会，会议传达张毅在国资委党委召开的贯彻落实王岐山和杨晓渡讲话精神会上的讲话要点，传达王岐山、杨晓渡就落实全面从严治党、做好“三严三实”工作部署的有关精神。

2015年6月24日至8月25日，国务院国资委第四巡视组对华录集团进行巡视，并于9月18日向领导班子反馈巡视的有关情况，国资委巡视工作领导小组办公室正式印发《关于巡视中国华录集团有限公司情况的反馈意见》。华录集团党委对巡视组指出的问题和提出的意见建议高度重视，认真研究制定整改工作方案，并从五大方面分解22个问题进行整改。11月3日，华录集团党委召开专题会议，研讨有关巡视整改报告的相关内容，明确有关整改的内容。截至2015年底，对22项问题制定46项整改措施，并着手落实，完成5项整改措施，对29项措施制定具体的整改内容，限时完成，对12项措施制定长远的规划及完成内容方案。11月17日，华录集团完成巡视整改报告，正式报给国资委巡视办和国资委纪委。12月，集团成立党群工作部，全面跟踪落实巡视整改报告的问题整改情况，逐步加强集团公司党建工作的组织落实。

2015年，华录集团进一步健全完善工会制度体系，夯实民主管理，维护职工福利权益。2月集团召开一届一次职代会，审议集团张黎明总经理做的2014年度经营工作报告，集团各二级公司职代会也相继召开。一届一次职代会的召开是集团公司推进民主管理，维护员工合法权益，全心全意依靠职工群众发展的新起点，也为集团统一各方利益诉求，集聚企业发展正能量建立新的平台。通过不断健全完善工会规范管理体系，实施民主管理更加有章可循，集团公司制定并有效运行的216项规章制度中，涉及群众工作的有16项，其中维护职能方面的制度5项，参与职能方面的制度2项，组织建设职能方面的制度5项，员工教育方面的制度4项。合理化建议工作的持续开展为实现全员参与企业民主管理提供有效途径，2015年征集合理化建议1.3万条，采纳1.04万条，实现经济效益240万元。通过多种途径维护职工权益，完善和提升各项福利水平。一是实施年金制度，进一步完善职工福利体系，8月，集团工会正式表决通过《年金方案》和《实施细则》，并成立专门机构落实具体事项。二是不断提高培训水平，帮助员工提升自我完善能力，全年组织开展培训495次，培训人数1.11万人次。三是积极扶贫帮困，体现集体温暖，全年各级工会走访发放送温暖、帮扶资金36.2万元，探访慰问困难、生病员工156人。四是广泛开展职工文体活动，活跃和谐企业文化氛围，全年组织开展各种形式的文体活动72次，参加人数6128人次。获得市级以上集体荣誉5项，获得市级以上个人荣誉11人次；表彰集团优秀员工20人，学习型组织优秀单位3个，学习型班组14个，知识型员工30人；集团技能竞赛表彰组织1个，个人8人，授予技术能手称号3人。

（撰稿人：杨　威）

上海贝尔股份有限公司

【基本概况】 上海贝尔股份有限公司（以下简称“上海贝尔”或“公司”）成立于1983年12月，是我国改革开放初期通信工业领域和高新技术领域最早成立的中外合资企业之一。2002年5月28日，上海贝尔又与法国阿尔卡特集团在华业务合并，实施转股改制。上海贝尔已发展成为中国最大规模的现代化通信产品研发制造企业之一，也是中国信息产业及高新技术领域的龙头骨干企业之一。公司注册资本69.3亿元人民币，外方股东阿尔卡特朗讯集团拥有50%+1股股份，中方拥有50%股份。

上海贝尔是中国通信行业第一家中外双方共同投资的股份制企业，是国务院国资委直辖的央企中唯一一家由中外股东共同管理的企业。公司通过不断深化对外开放和推动国企改革，形成国际化的、独具特色的治理架构。同时，公司党委通过“双向进入，交叉任职”融入治理结构，参与决策、带头执行、有效监督，发挥积极的政治核心作用。公司的成长历程是中国通信领域改革开放的一次成功实践，也是改革开放通信业发展的缩影。2011年，为了进一步理顺公司股权关系，简化股权结构，在国资委的领导和支持下，完成中方股权划转，由中国华信邮电经济开发中心代持上海贝尔中方股份。2015年，上海贝尔外方股东阿尔卡特朗讯集团被诺基亚集团全球收购，由此上海贝尔外方股东变为诺基亚集团。

【主要指标】 2015年，上海贝尔完成营业收入183.6亿元，实现利润总额2.5亿元，经济增加值(EVA)13.3亿元，研究与开发费24亿元，技术投入比13%。

截至2015年底，公司资产总额287.8亿元。净资产106.9亿元，资产负债率62.9%（其中带息贷款占负债总额的3%）。期末存货库存25.0亿元，净自有现金126.5亿元，同比增加27.1亿元。公司全年完成国务院国资委下达的各项经营指标。

公司产品涉及通信业务领域十大类50余种产

品。无线通信产品方面，4G 移动通信 LTE 基站产量 75338 个，与上年基本持平；3G 移动通信（WCDMA）基站 12752 个，同比增长 34 %，3G 移动通信（CDMA）基站 5429 个，同比增长 34%；2G 移动通信 GSM 32800 个载频，同比下降 48%。光传输产品方面，OTN 产量 3392 套，同比下降 29%；PTN9858 套，同比下降 9%。IP 路由产品方面，核心路由器产量 78 台，同比增加 55 台，增长 239%；服务路由器产量 25656 台，与上年基本持平。固定接入产品，光接入产品 PON 产量 800 万套，同比增长 87%；ADSL 产量 489 万线，同比下降 23%。

【改革发展】

1. 在新的国家经济发展新常态形势下，主动调整工作重心，从过去依靠市场高投入形成的高度增长期发展模式，逐步调整至通过企业内生动力，达到向质量型和效益型发展转变，使企业在把控当前效益的同时，更加注重长远的发展潜力，为企业未来健康发展打下坚实基础。公司通过科学制定中长期发展规划，根据时间跨度从五年到一年制定相应的战略规划，使企业始终保持正确的发展方向，同时使企业具有面对外界不确定因素的冲击能够稳步发展的能力。

2. 强化公司战略规划执行能力，落实经营目标，保障企业始终处于健康发展态势。公司持续全面开展专项提升以及管理团队能力锻炼和提升工作，通过系统的管理提升，实现公司业绩提升，管理人员思路、观念的提升，团队能力的提升和协作机制的优化。同时，针对公司存在的库存、成本、质量和财经问题，通过专项工作取得实质性改善。

3. 加快企业转型升级的步伐，公司通过调整产品结构，聚焦公司核心业务、核心产品，优化资源布局，增强企业核心竞争力。同时，调整重点市场，加强海外业务拓展和国际化经营的深入开展，加快企业产品更新换代，逐步剥离低端制造环节，业务结构得到优化，持续开拓企业发展空间和可持续发展能力，公司新业务占比达到 60%以上，海外业务超过 50%，转型工作取得明显成效。

【重大项目】 上海贝尔拥有国家认定的企业技术中心，承担着多项国家重大专项。为持续推进技术创新，把握技术方向，公司着眼于 2020 年的网络和技术规划，在 2015 年重点开展“未来网络”技术战略和转型研究工作，为公司中长期产品规划作了有益的准备，也进一步加强与客户在前瞻性技术和战略方面的交流。通过探讨新思路、新技术和新模式，公司形成统一的“未来网络”架构，并与中国电信、中国联通和中国移动等运营商组织召开 20 次高层技术研讨和交流会，共同探索运营商的网络重构和未来网络的部署策略，获得用户高度认可。

2015 年，公司技术创新人才队伍进一步加强，蒋智宁荣膺贝尔实验室最高荣誉 Bell Labs Fellows Award 大奖，这是贝尔实验室历史上第一次由来自中国的技术专家获此殊荣。公司全年新申请发明专利 180 余项，新增授权专利 175 项，牵头或参与国家通信标准化项目 100 余项，向国际标准组织提交文稿近 1000 篇。新申报成功国家专项课题 4 项，累计承担专项课题 53 项（其中牵头 21 项）。公司研发的“TD－LTE 4G 新一代移动通信系统”获得上海市科技进步一等奖，“分组传送网（PTN）重大技术攻关、设备研制和应用创新”获得国家科学技术进步奖二等奖。TD－LTE 9926 系统基站设备荣获“国家战略性创新产品”证书。

【走向海外】 2015 年，全球电信设备市场需求不旺，欧美市场项目延迟，拉美市场投资下降，国际市场发展放缓。直接出口方面，公司积极应对各种困难和挑战，同时借助国家关于“走出去”和“一带一路”的有利政策，充分利用中国融资优势，紧抓机遇开拓市场，2015 年销售额基本与上年持平。成功突破一些重点市场，在菲律宾先后突破 Globe Telecom 4G 市场和 Small Cell 市场，Galactus 传输和 IP 等项目成功中标，Homerun 接入网项目也在积极推进；成功拿下老挝和蒙古的 4G 市场；首次突破缅甸移动运营商 Telenor 市场，产品全面覆盖缅甸三大移动运营商；非洲市场实现进一步突破，与坦桑尼亚客户成功签署 IP 和光传输框架合同。持续巩固原有优势市场，支持泰国 TRUE 的 IP 网络大规模扩容，2015 年实现订单额大幅增长；巩固与尼日利亚 EMTS 和多哥移动的长期合作，赢得 EMTS 网络扩容八期项目和多哥移动网络扩容八期、九期项目。合作出口和国际运营业务安弗施(RFS)方面，由于全球用户需求变化以及行业需求不旺，特别是北美市场投资下降，全年业务进入调整期。

【重大创新】 上海贝尔技术中心由超前研究、产品开发、博士后科研工作站、公共研发能力中心、技术战略部、安弗施海外研发部等机构组成。公司继续聚焦核心战略产品，加快产品研发和产业化，坚持高科技创新投入，确保技术领先。无线领域实现多款新型射频产品的研发和产业化。TD－LTE LR14.3 版本正式在中国移动、北美运营商 Sprint 等网络中全面部署，新的系统版本 LR15.1 的研发也在进行中。固定宽带接入领域推出的产品，将带宽由 GPON 时代的 2.5/1G 一举提高到 40/40G，进一步挖掘光纤带宽潜力；在铜线接入技术方面，在业界首次推出 G.fast 全系列产品，将铜线接入能力提高到 Gbit/s 的能力，为解决光纤最后一段提供更加丰富的选择。光传输领域推出大容量、紧凑型的 100G/200G WDM/OTN 设备，完成传输核心网设备的研发本地化，成功交付 R8.0、R8.1 等新版本并在中国电信、中国联通、百度、北美运营商 Verizon Wireless 的骨干网络中得到部署。IP 领域完成核心路由器的本地化生产集成，快速高效服务于中国市场的网络高速发展。SDN 本地研发的流量调度系统在中国电信的商用部署，充分体现核心路由器对 SDN 的支持能力，更好地满足运营商的需求。应用平台领域借鉴为 AT&T 等其他先进运营商开发与部署的经验，推出 IMS 最新版本 14.0，为中国运营商带来全球领先的端到端解决方案；获批成立上海张江国家自主创新示范区“未来网络创新实验室”，重点进行云计算、大数据、物联网方向的研究，同时也为人才培养提供产学研联合实验室。

【党建工作】 2015 年，上海贝尔股份有限公司党委以国资委党委“融入中心抓党建，抓好党建促发展”要求为指引，在中外合资股份制企业特殊环境中坚持党的领导、加强党的建设，认真落实全面从严治党要求。党委认真开展“三严三实”专题教育，以专题教育促中心工作，一步一个脚印、扎扎实实地开展每一个环节的每一项工作，突出问题导向，着力整改七大方面突出问题，并以正面典型弘扬“三严三实”精神；党委在企业改革发展中充分发挥政治核心作用，推动企业健康经营、转型升级，积极应对全球整合挑战，并从企业实际出发，在落实党管干部人才原则方面，着重抓好选拔任用标准的制定和执行、中方领导班子思想作风建设，以及后备干部、战略人才梯队建设；党委进一步推进党风建设和反腐败工作，落实“两个责任”，聚焦主业、监督执纪问责，推动自查整改，并加强中外联合共同推进企业合规建设；党委进一步夯实党建工作基础，打造党建工作信息化平台，加强组织发展和党员管理，强化基层党建工作考评，加强基层党务干部队伍建设和党员思想教育；党委进一步打造凝心聚力企业文化，党工团结合企业改革发展形势有针对性地开展群众思想政治工作，群团努力把握企业转型发展新常态，突出群团组织新作为，为企业改革发展凝心聚力促和谐；党委进一步完善履行企业社会责任、推进定点扶贫工作新机制，进一步实现以有限撬动无限和精准扶贫，赢得受助方党委、政府和群众的一致好评。

【信息化建设】 公司信息化建设积极围绕公司“把握经济新常态，聚焦发展高质量”的工作主线，以及“全力提高客户满意度，提升运营效率”的要求，不遗余力地支持公司业务目标的实现以及转型整合的发展。并且结合当今云技术和大数据等新兴 IT 技术，不断创新 IT 应用平台，为业务发展提供新的解决方案。全年信息化建设成果主要包括：基于 E2E 模型构建 Xpon 维修管理系统，为销售部门搭建全国售后支持平台，实现产品信息和维修状态可视化。此外该系统也是首例基于混合“云”实施的端到端业务管理信息系统，充分利用云平台的伸缩性、可管理性和易于从外部网络访问的特性，大大提升业务效率和客户满意度；持续推进大数据在公司的应用，搭建起上海贝尔的大数据分析平台并利用该平台进行 4G 网络热点分析，全网技术设备非结构化数据分析以及企业语音统计分析等工作。通过挖掘数据的隐藏价值，为业务提供高价值的决策意见；开发崭新的移动平台架构－Mobile Portal，该项平台以真正移动的思路，支持多个业务部门原有应用系统的移动化，服务于全体公司员工，最大程度上方便用户的实时操作和互联互通。此外，不断强化企业信息安全建设。在信息安全方面，秉承“发现问题，修正问题，提升安全性能”的宗旨，不断加强数据分级管理和信息安全等级保护，定期强化全体员工对钓鱼信息的辨识能力，为企业架起一把隐形的“保护伞”。

【履行社会责任】 秉持“科技创新，惠及全社会”的社会责任理念，上海贝尔根据党的十八届五中全会提出的创新、协调、绿色、开放、共享的可持续发展理念，认真落实国务院国资委各项工作要求，加强社会责任管理，社会责任工作取得明显成效。公司强化节能减排，资源节约上效益，2015 年公司被上海市浦东新区政府授予“环保诚信企业”称号。强化供应商管理，打造责任供应链，荣获“上海绿色供应链 2015 优秀案例最佳实践奖”。2015 年，公司开展 7 个公益项目，组织 27 次志愿者活动，1321 名员工志愿者参加活动，贡献志愿者服务 14136 小时，受益人数 11193 人。公司的社会责任工作得到政府及社会各界的广泛认可，为公司赢得许多荣誉，先后荣获“最佳责任典范奖”“最佳责任品牌奖”“年度中国优秀企业公民”“年度中国企业公民优秀项目”、中国公益节“五年特别致敬奖”以及上海绿色供应链 2015 年优秀案例“最佳实践奖”等。

（撰稿人：徐秋青）

武汉邮电科学研究院

【基本概况】 2015 年，武汉邮电科学研究院（以下简称“研究院”）在国资委的正确领导和大力支持下，深入贯彻落实党的十八大，十八届三中、四中、五中全会，中央经济工作会议、中央企业负责人会议及研究院第七次党代会精神，坚持和不断改善党对经济工作的领导，把握“稳中求进”总基调，以提高发展质量和效益为中心，主动适应“新常态”，锐意进取、改革创新，产业规模实现历史性跨越，经济运行总体保持良好态势，实现“十二五”良好收官。2015 年，研究院完成合同额 265.3 亿元、销售额 244.6 亿元，分别比 2014 年增长 19.2%和 18.9%；国际市场合同额、销售额分别达到 6.5 亿美元、5.25 亿美元，比 2014 年增长 31.3%和 21.8%，均创历史新高。

【主要指标】

2015 年武汉邮电科学研究院主要经济指标

项　目	2014 年	2015 年	比上年增长(%)
资产总额(亿元)	278.61	327.28	17.47
所有者权益(亿元)	128.50	141.97	10.48
营业收入(亿元)	169.59	204.32	20.48
利润总额(亿元)	6.65	8.46	27.29
净利润(亿元)	6.05	7.39	22.17
归属于母公司所有者利润(亿元)	1.50	1.29	－14.08
技术开发投入(亿元)	18.76	21.65	15.39
利税总额(亿元)	8.47	9.30	9.80
应交税金总额(亿元)	8.36	9.17	9.69
全员劳动生产率(万元/人·年)	16.97	17.84	5.15
净资产收益率(%)	5.39	5.47	增加 0.08 个百分点
总资产报酬率(%)	3.46	3.47	增加 0.01 个百分点
国有资本保值增值率(%)	104.44	104.35	减少 0.09 个百分点

【改革发展】 武汉邮电科学研究院（集团）层面体制改革有序推进。正式启动烽火科技集团公司规范董事会建设工作，董事会全体成员顺利产生，并设立提名委员会、薪酬与考核委员会、审计委员会、战略委员会等四个专门委员会。

进一步强化产品质量控制。持续开展 QC 管理体系建设，院下属各产业公司多措并举，进一步推进精细化管理，强化质量管控，实现产品质量全面提升。

进一步强化资产质量管理。研究院突出全面预算管理的战略引领作用，继续强化负债规模的预算硬约束，加强对带资建设等高风险业务的监控，密切跟踪汇率、利率等市场变化，结合套期保值等工具，努力平抑汇率波动风险，确保资金风险总体可控。同时，将“增收节支”作为经营重点任务，加大对企业经营性现金流控制，引导各公司增强经营活动创现能力，大力压缩非直接生产性费用开支，严控各项管理费用；2015 年院属部分公司经营状况明显改善，全院资产质量专项管理工作获得国资委2015年央企决算会议点名表扬。

进一步提升人力资源管理水平。搭建统一招聘平台，兼顾外部引进和内部培养双模式，多渠道引进、挖掘人才，全年引进和获评“3551”“创新人才”“省企业研发人才”“市特聘专家”等各类人才12人；完善选人用人标准，规范选拔公示程序，严肃推荐、严格考察、客观评价、加强监督。加大员工培训培养力度，并着眼技能提升，以劳动竞赛等为抓手，积极开展岗位能力锻造。不断加强业绩考核牵引作用，系统性开展任职资格评审、薪酬方案优化、组织绩效提升、拓展职业发展通道等工作，坚持个人业绩与个人奖惩紧密结合，积极营造“公平、公正、公开”的用人环境；扩大“人才房”覆盖面，并继续帮助职工解决购买资金困难。全院人均效率同比增长15%。

进一步优化完善信息化系统。采用自有产品，优化完善院骨干传输网并开展信息系统的信息安全等级保护测评工作。截至2015年底，研究院建成ERP、HR、OA等多个应用系统，统一全院财务管理、人力资源管理、外事审批等管控信息平台。

进一步提升内控及风险防控能力。全院探索向子公司导入风控体系，子公司风控管理水平得到提升。开展股权投资内控专项审计和基建内控专项审计，有效完善项目制度的健全性、执行的有效性和投资效益评价的合理性，提高全院重大投资风险防控能力。

进一步提升安全保障能力。牢固树立安全发展理念，以落实安全生产“党政同责、一岗双责、失职追责”“五落实、五到位”责任体系为主线，深化隐患排查治理，强化安全管理主体责任落实，荣获“全国安全生产月先进单位”、全国“贯彻实施新安法，严格落实各项法律责任”知识竞赛二等奖、“全国企业安全文化建设先进单位”等称号。

【重大项目】 武汉邮电科学研究院以资本为纽带，助推“外延”发展，寻求增量。下属烽火通信公司先后设立西安、珠海区域基地，成立智慧地铁子公司、教育资源平台运营公司、“光谷智慧云公司”“楚天云公司”，发布云网一体化综合解决方案，投资发展海洋网络和智慧城市产业，打造发展新动能；理工光科公司创业板首发上市相关工作持续稳步推进；虹信公司启动下属子公司新三板挂牌，长江通信下属子公司股权转让、烽火众智引资及股份制改造等工作均有序进行。

产业配套保障能力稳步提升。光通信研发中心主楼主体幕墙工程完成90%的工程进度，开始装修工程施工；光电子产业园二期工程正式奠基开工；南京IDC中心即将完成主体设备安装；创新谷园区建设完成西大门入口土建及绿化工程。烽火通信珠海、西安产业园完成土地招拍挂，进入筹建阶段。

【走向海外】 2015年，武汉邮电科学研究院在国际市场继续保持强劲的增长势头，在“一带一路”版图上突破6个新点，“金砖”国家实现规模突破，出现首个合同额突破1亿美元的海外办事处。高端光网络产品在海外主流运营商应用范围进一步扩大，并突破沃达丰等知名跨国运营商供应链；宽带产品在印尼、马来西亚、巴西等重要市场持续形成规模销售；中标泰国AIS基站天线项目；CATV高功放项目获泰国、越南近亿元订单；与马来西亚OCE电信公司签订首个LTE国际商用合同；成功在中东市场为客户提供电信网络综合解决方案；光纤传感产品中标哈萨克斯坦阿拉木图51油库周界安防项目；狭长型电源产品配套出口伊朗。

【重大创新】 武汉邮电科学研究院继续保持光通信技术优势，系列关键技术实现新突破。在国内首次实现3模式200Tb/s超大容量波分复用及模分复用光传输实验；完成100G直调信号传输320千米、4×28G直调直检传输160千米等系列方案设计及实验验证，传输指标属国际先进水平；成功研发32GS/s 6-bit高速模数转换器（ADC）和数模转换器（DAC），在国内属首次，指标属国际先进水平。硅基调制器速率最高达80G波特率，为世界最高；1×9可变带宽波长选择开关样机各项指标达项目预期，填补国内空白，打破国外技术垄断。

着眼转化应用，系列产品进一步优化。在国内率先研制出10G超高灵敏度实时光传输系统工程样机，并开展工程化应用；实现面向SDN演进的大容量IP RAN系列和OTN系列新产品试点商用，开发出低损耗大有效面积光纤；10G 10千米自制芯片完成内部可靠性评估并取得应用突破，无源光交换项目完成多家试点；在国内率先开发出超宽频双极化吸顶天线，一体化基站完成样机开发；自主开发的“车联网综合信息服务平台”通过交通部检测；视频侦查单兵设备及智能卡口设备被公安部列为重大科技成果产品。

丰富培育模式，创新工程建设又取得新进展。研究院围绕战略性新兴产业主线，与武汉市洪山区政府联合打造“烽火科技创新谷”，共促创新型产业孵化平台建设；同时，注重国内外研发资源利用，加大在美国硅谷、德国、丹麦、印度、新加坡等地资源配置。2015年，新增牵头承担国家“863”计划课题3项、参与“863”课题7项，牵头承担国家科技支撑计划课题1项、无线通信重大专项课题1项，40类113个项目获国家各级各类科技计划支持，一批国家级课题顺利通过验收，牵头的“高性能超强抗弯光纤关键技术、制造工艺及成套装备”项目获得国家科技进步二等奖，另获得省部级奖励11项。“光纤通信技术国家工程中心”在101个国家工程中心第五次评价中高居榜首；“烽火通信创新设计中心”通过国家级工业设计中心现场核查，系湖北省首家；下属理工光科等企业被武汉市认定为技术创新示范企业，烽火众智在全院首获CMMI四级认证；下属网锐实验室获国家宽带网络产品质检中心正式授权。

自主创新实力得到业界高度认可。2015年，武汉邮电科学研究院余少华副院长成功增选为中国工程院院士，院专家被增选为国际电信联盟“物联网及其在智慧城市和社区等的应用”研究组副主席。全年完成专利申请650件，同比增长13%，累计专利申请超过3500件。由研究院联合主导制定的G.7711标准获ITU正式批准，成为研究院第六项国际标准。此外，新增主导1项国际标准获ITU批准，新增主导3项国际标准、主导4项国际标准补充获ITU同意，新增主导8项国际标准获ITU批准立项；全年承担国家标准、行业标准、协会标准、研究课题等起草任务109项，牵头提交国际标准文稿108篇，被采纳100篇。

【党建工作】 武汉邮电科学研究院进一步强化党要管党工作认识，从严从实加强党组织自身能力建设，成功组织召开第七次党代会，并积极开展“三严三实”专题教育，高质量组织召开专题民主生活会；强化理论学习创新，全年组织17次中心组(扩大)学习会及专题学习讨论会，研究课题荣获中央企业党建政研会年度政研会成果二等奖；扎实推进党的群众路线教育实践活动及巡视整改工作，先后针对存在的重点问题，制定51条整改措施、4项专项整治措施及23项制度，同时，构建整改落实长效机制；持续完善基层党组织科学设置，以信息化手段推进基层党建工作规范化、科学化；严格把控新党员“入门关”，持续开展党务工作者能力提升工程，夯实党建工作基础。

进一步强化“两个责任”落实，保持作风建设“新常态”。2015年，武汉邮电科学研究院组织召开党建暨反腐倡廉工作会，与院属各基层党组织签订新修订的《党风廉政建设责任书》，明确主体责任63条；明确基层党组织纪检委员配备，确保责任到位；积极响应中央企业党建工作座谈会精神，下发《关于规范我院党务和纪检监察人员薪酬与考核工作的通知》，充分保障党建及纪检工作人员待遇。院纪委坚持把监督执纪摆在首要位置，着重强化惩防体系建设，构建完善制度体系及工作流程，着力提升纪检监察队伍能力素质，形成有效支撑。加大内部巡视工作力度，巡视下属子公司3家。充分利用院内部网、《烽火科技报》、“三微一端”等新媒体，宣传相关文件精神，传递中央作风建设新要求。通过一系列工作的有效落实，全院党风廉政建设工作持续推进，全体党员领导干部作风更加“严”和“实”。2015年，院总部“三公经费”在年度预算基础上又有大幅下降，院属各单位“三公经费”也均有不同程度下降。

【信息化建设】 武汉邮电科学研究院进一步优化信息化系统，完善院骨干传输网并开展信息系统的信息安全等级保护测评工作，全院建成ERP、HR、OA等多个应用系统，统一全院财务管理、人力资源管理、外事审批等管控信息平台。

【履行社会责任】 武汉邮电科学研究院派出驻村工作队和村第一书记，积极参与精准扶贫、新农村建设和“三万活动”；出资整修湖北省建始县希望小学校舍；在抗震救灾、海外撤侨过程中，院下属公司冲锋在前，精心组织，充分保障，有效发挥中央企业的责任担当。同时，高度重视职工权益保障，继续实施职工关爱工程，为“转制前”离退休老同志增加离退休费，为抗战时期及以前参加革命工作的离休干部发放一次性慰问金和纪念章，增加和改善离退休人员活动场所。凭借持续加大节能技术的创新力度与实践应用，深入有效地推进节能减排工作，武汉邮电科学研究院获评“2014—2015年度通信行业节能技术创新先进单位”。

（撰稿人：殷凌飞）

华侨城集团公司

【基本概况】 华侨城集团公司（以下简称“华侨城集团”）成立于1985年11月，系隶属于国务院国资委管理的跨区域、跨行业经营的大型企业集团，以房地产及酒店开发经营、旅游及相关文化产业经营、电子及配套包装产品制造为三大主营业务。2009年11月，集团公司主营业务整体上市。2015年，集团公司总部设行政管理部、企业管理部、城区管理部3个部门。下属全资企业2家（深圳华夏艺术中心、深圳华侨城欢乐海岸投资有限公司），控股企业3家（康佳集团股份有限公司、深圳华侨城股份有限公司、深圳康佳能源科技有限公司），参股企业十几家（深圳兴利五金塑胶有限公司、华联发展集团有限公司、中国国旅股份有限公司等），事业单位1家（华侨城医院）。在岗职工41632人。全年累计实现营业收入506.93亿元，同比增长0.8%；利润总额89.33亿元，同比增长6.98%；资产总额1369.57亿元，同比增长16.02%。

2015年4月，在中国文化企业品牌价值TOP50榜单上，华侨城以文化旅游业务233.5亿元的品牌价值位列第三名；5月，华侨城获得中国“文化企业三十强”称号；7月，华侨城A荣获“中国主板上市公司价值百强”以及“2014年度最受投资者尊重的百强上市公司”称号。深圳华侨城旅游度假区获得“全国文明单位”称号；东部华侨城旅游度假区、云南华侨城阳宗海旅游度假区成为全国首批国家级旅游度假区。

【主要指标】

2015年华侨城集团公司主要经济指标

项　目	2014年	2015年	比上年增长（%）
资产总额（亿元）	1180.50	1369.57	16.02
所有者权益（亿元）	408.60	506.91	24.06
营业收入（亿元）	502.90	506.93	0.80
利润总额（亿元）	83.50	89.33	6.98
净利润（亿元）	59.30	63.34	6.81
归属于母公司所有者的净利润（亿元）	30.90	48.10	55.66
技术开发投入（亿元）	2.40	2.52	5.00
利税总额（亿元）	179.42	191.18	6.55
应交税金总额（亿元）	96.40	88.99	-7.69
全员劳动生产率（万元/人·年）	44.33	38.69	-12.72
净资产收益率（%）	15.50	13.84	减少1.66个百分点
总资产报酬率（%）	7.90	7.74	减少0.16个百分点
国有资本保值增值率（%）	118.58	117.73	减少0.85个百分点

【主营业务】

1. 旅游业。

华侨城旅游包括传统文化景区、欢乐谷连锁主题公园、生态休闲度假旅游景区和旅行社等类型旅游产品，是全国最强旅游集团之一。公司先后在深圳、北京、成都、上海、武汉、天津、昆明、西安、泰州、宁波、顺德和重庆等城市建设运营大型综合开发区，包括18个旅游景区项目，其中进入运营期的有13个（锦绣中华·民俗村、深圳世界之窗、长沙世界之窗；深圳欢乐谷、北京欢乐谷、成都欢乐谷、上海欢乐谷及水公园、武汉欢乐谷及水公园、天津欢乐谷；东部华侨城、泰州华侨城、云南华侨城；深圳欢乐海岸）。在营酒店28家，客房总数5000间。旅行社1家。2015年，实现游客接待量3098万人次（包括各景区、酒店），同比增长1%。

旅游业方面，各景区把握消费趋势变化，不断丰富产品内容，创新营销方法。其中，欢乐谷连锁公园各项指标稳健增长，全面完成年度预算，品牌影响力持续提升；深圳世界之窗、锦绣中华不断刷新经营记录；东部华侨城旅游业务实现增长，并成功获评为全国首批17家国家级旅游度假区之一。2015年，在世界主题公园权威研究机构——美国主题娱乐协会（TEA）与美国AECOM集团联合发布的2014年全球主题公园游客量数据报告中，华侨城主题公园游客量达到2799万人次，进入世界主题公园集团四强。其排名紧随三大巨头迪士尼集团、梅林娱乐和环球影城之后，继续领跑亚洲。在亚太地区主题公园20强榜单中，深圳东部华侨城景区以378万人的游客量位列第12位；深圳世界之窗以360万人的游客量位列亚太地区主题公园第14位。在亚太地区水公园20强榜单中，武汉欢乐谷的玛雅水公园和上海欢乐谷的玛雅水公园分别位列第19位和第20位。

酒店业务方面，各酒店在区域市场具备较高影响力，各商务酒店经营指标稳居市场领先地位。华侨城大酒店、威尼斯皇冠假日酒店和海景奥思廷酒店入住率、间房收益等指标分居各细分市场的前列；东部华侨城度假酒店在增收节支方面取得较好成绩，亏损大幅减少；前海JW万豪酒店试营业一年来，大力拓展销售渠道，入住率呈现逐月直线上升趋势，GOP指标于8月实现回正，初步确立新酒店市场地位。

2015年11月2日，华侨城股份公司以83.4亿元招拍挂方式获取北京丰台地块的优质土地，该地块总用地面积11.76万平方米，可开发总建筑面积23.94万平方米，使用年限为居住70年、商业40年、办公50年，平均楼面地价为34841元/平方米。12月，华侨城以总价83亿元斩获南京河西鱼背地区G61商务混合地，该地块定位为南京旅游文化主题项目，华侨城规划打造集文化、生态、旅游、娱乐、购物、餐饮等多元业态于一体的南京"欢乐海岸"综合项目。

2. 文化产业。

深圳华侨城股份有限公司下属控股的文化子公司2家（深圳华侨城国际传媒演艺有限公司、深圳华侨城文化旅游科技有限公司），全资子公司1家（深圳华侨城哈克文化有限公司）。2015年，华侨城演艺、广告业务在探索中发展，儿童文化产业全国连锁平台初具规模，数字娱乐业务规模持续增长。

文化演艺方面，深圳华侨城国际传媒演艺有限公司成功举办《极·力·道》在广州、厦门两站的巡演，为独立于景区之外的演出项目运营作了有益的探索。北京欢乐谷《金面王朝》提升改版，完成宁夏回乡园项目的剧本编创，并联手成都华侨城与甘孜州政府洽谈旅游项目的整体打造，承接演艺产品的策划执行等。

儿童文化产业方面，华侨城哈克文化公司陆续完成天津、成都（锦江店）、淄博、苏州、赣州麦鲁小城的筹建工作，实现5家麦鲁小城新店的开业。麦鲁小城全国连锁店达到9家，规模居行业第一。

文化科技方面，华侨城文化旅游科技有限公司顺利完成深圳欢乐谷魔幻剧场、东部华侨城动感球幕影院、越南芽庄4D影院等项目的交付工作；完成北京昌平影视跳楼机、飞行影院等项目的安装工作；完成玉林玉东湖项目的总规设计工作；启动柳州项目的建设工作；开展山西太原、湖南常德等十余个大型文化旅游综合项目的概念设计工作，并为华润济南项目提供设计顾问咨询服务。

3. 房地产业。

2015年，华侨城房地产公司把握新型城镇化带来的机遇，加大关注市场刚性需求、保障型需求和养老型需求，借助商业模式和产品组合创新，推进项目拓展，取得良好的经济效益。2015年，华侨城房地产签约面积90.34万平方米，签约金额262亿元。

2015年，华侨城房地产公司推出燕晗山苑（6月），香山美墅（8月），天津高层三期（3月）、天津A3地块一期联排和叠拼（11月），西安天鹅堡三期和四期住宅（10月），顺德二期高层（11月），成都五期高层（4月），武汉系列高层（全年陆续推出，T27—T34）和宁波一期（7月）等楼盘，全年向市场增加新房供应近百万平方米。其中，深圳本部香山美墅一期和燕晗山苑全年签约销售超90亿元，领先深圳楼市；华侨城上海置地公司针对高端市场特点制定有效策略，全年实现销售近39亿元；武汉华侨城深挖潜力，全年销售38亿元，自2012年项目首次开盘累计销售超过百亿元；上海天祥、成都华侨城、招华曦城等保持过去几年的稳定表现；西安项目同比也有较大增长；顺德华侨城全年三次开盘，总计销售16亿元，成功立足当地市场；宁波华侨城引入万科作为战略伙伴，在工程、成本、营销等各方面进行深度合作，全年实现销售6亿元。

4. 电子业务。

华侨城以康佳集团股份有限公司为代表的电子业务，2015 年，实现彩电整机产能 1500 万台，模组产能 800 万套；手机产能与 2014 年相比保持一致，年产能 800 万台；冰箱产能与 2014 年相比保持一致，年产能 100 万台。

2015 年，康佳公司电子业务受国内家电刺激政策终止、人民币波动、运营成本增高、互联网企业批量跨界等诸多不利因素影响，公司内销彩电市场持续萎靡，市场竞争压力加大。同时，由于在公司股改过程中遭遇经理层频变，公司整体经营业绩同比下滑，出现较大幅度亏损。其中，内销彩电、手机业务下降较为明显，白电和外销彩电业务收入略有增加。

公司在市场压力之下，仍采取系列举措，全面均衡打造基础能力。内销彩电，集中强化线上渠道开拓，借互联网东风，积极支持电子商务尤其是线上子品牌发展；外销彩电，实现固有的拉美、中东、亚太地区业务增长的同时，开拓阿尔及利亚、越南、古巴、中国台湾等市场的重点新客户；白电业务，强化与内销彩电业务合作，复用内销彩电线下销售渠道；手机业务，以"农村包围城市"的策略开拓乡镇市场，顺利上市内销新品，成功召开内销手机代理大会，内销手机初步打开局面。

2015 年 6 月，在中国电子视像行业协会主办的"2015 年(第十届)中国数字电视年度盛典"上，康佳 T60 超级电视获得 2015 年度消费者喜爱电视奖，"易柚超级芯"获得 2015 年度彩电技术金奖；8 月，在"第五届中国家电网购高峰论坛"上，康佳电视获得"2015 年上半年中国家电网购平板电视最受欢迎品牌"奖，康佳优酷电视梦想版 LED48U60 获得"2015 年上半年中国家电网购最受欢迎产品"奖；12 月，康佳荣获"2015 年度中国家电最受消费者喜爱品牌金鼎奖"，康佳电视 OLED55X80U 荣获"2015 中国家电誉品至 TOP"奖。

5. 纸包装业。

香港华侨城有限公司成立于 1997 年 10 月，是华侨城股份有限公司在香港设立的全资子公司，业务涉及商业综合开发、纸制品印刷包装及进出口等领域，是一家集投资控股和实业经营于一体的综合性企业，公司除母公司外有各级子企业 15 家。2015 年，香港华侨城总资产 230.29 亿元。

香港华侨城旗下的"华力"纸包装企业，主要为客户设计、制造高品质的瓦楞纸板、纸箱、彩盒等产品，提供一体化包装方案，下属第一家工厂深圳华力于 1985 年成立，分别在上海、中山、安徽、惠州及苏州等地投资建设生产基地，实现全国性战略布局，客户网络覆盖珠三角、长三角等重要区域。2015 年，纸包装业务板块的"华力"系企业积极应对制造业成本增加、原有客户市场萎缩的局面，统筹各华力资源，稳定现有重点客户并加速推进跨区域大客户整合营销，取得较好的工作效果。公司在唯品会、香港 GREEN FRONTIER 等客户上取得 880 万元的销售业绩，并在中粮我买网、华润五丰等客户上取得突破，上海华励成功成为中粮我买网华东及华南区的供应商，安徽华力成功成为华润五丰江苏的供应商。在现有大客户维护上，实现宜家、捷普和 TCL 王牌等大客户的销售额同比 10%～30%的增长。2015 年，公司纸包装业务圆满完成全年任务指标。

【改革发展】

1. 改制重组。

2015 年是华侨城兼并重组、利用混合所有制低成本扩张，实现跨越式发展的一年。3 月 21 日，华侨城 A 发布非公开发行预案，引入民营资本，正式试水混改，在华侨城 A 的 58 亿元定增预案认股完成后，华侨城持股比例下降为 53.74%，前海人寿持股 7.16%上升至第二大股东，钜盛华 1.43%位列第五大股东。8 月 18 日，华侨城房地产公司收购深圳市花伴里投资股份有限公司持有的深圳市恒祥基房地产开发建设有限公司 51%股权，共同开发后续项目。10 月，华侨城文旅科技成功登陆新三板(证券简称"文旅科技"，代码 833775)，同时有望登陆 A 板市场，成为华侨城在文化旅游板块的新融资平台。

2. 品牌建设。

2015 年，华侨城集团成立 30 周年系列活动贯穿全年的品牌工作。策划开展 30 周年系列传播、"梦想种植园"全民众筹、智慧旅游营销推广、华侨城狂欢节、大型行业展会等重点项目。其中"梦想种植园"作为国内第一个互联网梦想众筹平台，征集梦想 10000

多个，影响覆盖国内32个行政区，辐射全球33个国家和地区；华侨城集团展厅实现全新升级，展厅运用大数据、物联网、3D显示、多点触控、移动互联网应用、一键智控等技术手段结合多媒体互动展现形式，展现华侨城30年的发展足迹、业务运营、企业资讯等。此外，华侨城还参展文博会、旅交会、慈展会等大型行业展会，强化领先、公益的品牌形象。

3. 产权管理。

2015年，公司高度重视产权管理工作，强化产权登记、资产评估、产权流转、股权管理等各项工作。华侨城股份完成非公开发行A股股票工作，筹集发展资金；参与招商蛇口非公开发行A股工作；华侨城股份完成吸收合并深圳市华侨城资产管理有限公司的相关工作；康佳集团完成安徽康佳同创电器公司吸收合并安徽康佳电器公司的有关流程等。

4. 全面预算管理。

2015年，公司高度重视全面预算管理工作。通过梳理各业态在建设效率、成本投入以及经营效益等方面的关键控制目标的低值、高值和平均值，参考同行业的水平，形成预算控制关键指标体系，完善业绩考核办法，加大EVA考核权重，强化价值创造的考核理念。在分类指标上针对不同业务类型的经营短板，设置不同的分类考核指标，有针对性地解决经营短板问题，使预算考核更趋于科学合理，得到国资委业绩考核部门的肯定和认可，被评为业绩考核工作先进单位。

【科技创新】 2015年，公司积极推动科技创新。下属华侨城文化旅游科技公司全年新增发明专利24项，累计知识产权总量超过150项，深圳游乐设施特种影视技术工程实验室项目建设完成，为公司打造自有知识产权高科技文化旅游项目和智慧旅游终端奠定基础。康佳集团自主开发彩电Hobbit引擎、完成模组一体机DLED曲面、真彩高色域和超薄ELED背光技术方案研究；推出218、246、558等智能wifi冰箱，405D4BB变容"魔术冰箱"及703L/642L大容积风冷冰箱；手机业务完成快速充电、双频WIFI、2.5D盖板、金属框天线设计、超薄与连续金属框天线设计等10个创新研究项目。

【信息化建设】 2015年，华侨城信息化工作配合业务需求，进行华侨城营销平台优化升级、线下票务系统搭建、完善用户数据库等智慧华侨城建设。2015年7月，华侨城股份与阿里旅行·去啊签订战略合作协议，共同探索"互联网＋旅游＋金融"的创新模式，创建华侨城景区数字化消费与支付场景，为广大游客创造极具互联网精神的游乐体验。此次华侨城股份与阿里合作，阿里旅行·去啊"信用游"正式浮出水面。所谓信用游，即"先入园，后付款"，游客游玩结束后再以支付宝账单进行结算。游客到华侨城景区游玩，只需携带手机即可完成吃喝游购全程自助式在线操作；从线上到线下，从在线预订到景区消费，通过移动终端实现无缝对接。2015年，华侨城为保障企业信息安全，着手完成华侨城信息安全技术防范体系的修编；为配合现有系统的发展完成第三期服务器虚拟化、负载均衡、存储升级扩容以及统一安全身份认证管理等项目，进一步强化IT基础设施建设和后台管理能力。

【党建工作】 2015年，华侨城集团公司党委和各级党组织深入学习贯彻十八大和历次中央全会的会议精神，深入学习贯彻习近平总书记系列讲话精神，按照上级党委部署，持续推进作风建设，扎实开展"三严三实"专题教育，认真落实巡视意见整改各项措施。公司党委严格贯彻落实党风廉政建设责任制，进一步完善相关制度体系，加强对企业领导人员的行权履职监督，取得显著成效。公司围绕"华侨城30周年司庆"策划多项企业文化活动，使华侨城人尤其是青年员工更深刻地理解华侨城企业文化，增强企业的凝聚力。2015年的企业文化活动覆盖面广，将区外企业也纳入到集团企业文化工作的统筹范围；参与者多，全方位调动各单位领导和员工共同参与，好声音活动中的"黄金两分半"要求选手与领导、同事同场献技，充分展示全员风采；活动形式多样，从传统的"一节一会四大赛事"变身为"一节两会六大赛事"；积极运用新媒体和互联网资源，好声音活动创新引入微信投票、人气指数排行榜和微信试听音乐等形式，足球赛引入"绿茵场"体育APP合作平台，采用线上和线下双重模式对企业文化活动进行赛事管理和信息发布，使影响力得到显著提高。

【履行社会责任】 2015年，华侨城形成以"有梦有义”为核心的品牌提升和践行企业社会责任的思路。6月，华侨城助力深圳大学毕业生圆梦，在深圳欢乐谷组织一场别开生面的毕业活动；7月，四川阿坝的藏区儿童来到成都欢乐谷及麦鲁小城，实现走出山区、开阔视野的梦想；9月，华侨城联合WABC无障碍艺途基金会举办“发现中国梵高”活动，以井盖涂鸦的形式，呼吁公众关注自闭症群体以及城市井盖安全；10月，华侨城携手中国儿童电影公益基金举办“爱上映，伴成长”留守儿童电影放映活动，为湖南安乡2万多名留守儿童放映电影，并特别委托清华大学心理学院制定儿童心理测试题，针对所有观影儿童开展“积极心理学”测试，为进一步实施“科学圆梦”做好准备；12月，华侨城与中青旅遨游网、新公民计划携手举办“大手拉小手，圆梦欢乐谷”打工子弟关爱行动，带领星河双语学校的打工子弟畅游北京欢乐谷，帮助其认识和重新发现自己生活的城市，树立积极乐观的人生态度。

（撰稿人：薛　晔）

南光(集团)有限公司

【基本概况】 南光(集团)有限公司是唯一一家总部设在澳门特区的由国务院国资委监管的中央企业，其前身南光贸易公司创建于1949年8月，是澳门最早的中资机构。1985年，南光(集团)有限公司(以下简称“南光集团”)正式成立，隶属于原对外贸易经济合作部。1999年9月，南光集团划归原中央企业工委管理。2003年3月，成为国务院国有资产监督管理委员会监管企业。在60多年的发展历程中，南光集团为新中国的成立和建设、抗美援朝、发展对外经贸事业、加强两岸交流、促进澳门的顺利回归、繁荣稳定和民生供应保障都作出重要贡献。

南光集团是澳门最大的综合性公司，是澳门最大的能源产品和主要的鲜活冷冻食品、酒店旅游会展、物流服务供应商，对澳门的非博彩经济和社会发展有着举足轻重的作用。南光集团负责管理澳门唯一的公共油库，独家为澳门机场提供飞机加油服务，是澳门城市天然气管网的建设和运营商，石化燃料供应约占澳门市场的70%以上；是澳门电力公司的单一最大股东，间接持有澳电38%股权；是澳门鲜活商品主要供应商之一，鲜活商品供应占澳门市场的40%左右；是澳门公共交通服务主要服务商，线路占本澳公交线路总量68%，也是澳门最大的陆路客运运营商；是在澳门为澳门居民办理《港澳居民来往内地通行证》，为台湾同胞办理《台湾居民来往大陆通行证》，为外国人代办入境中国签注申请的唯一指定单位；有七家星级酒店和两家旅行社。此外，还负责经营澳门最大的干、冻仓库和内港码头、跨境货运车队等业务。南光集团是澳门中国企业协会、会议展览业协会、酒店旅业商会的会长单位，澳门中华总商会的副会长单位。

【主要指标】 截至2015年底，南光集团实现营业收入161.35亿元，实现利润总额8.56亿元。2015年南光集团总资产162.90亿元，员工总数4741人。

2015年南光(集团)有限公司主要经济指标

项　目	2014年	2015年	比上年增长(%)
资产总额(亿元)	165.40	162.90	−1.51
所有者权益(亿元)	127.70	136.80	7.13
营业收入(亿元)	233.96	161.35	−31.04
利润总额(亿元)	8.30	8.56	3.13
净利润(亿元)	7.68	7.46	−2.86
归属于母公司所有者的净利润(亿元)	7.40	7.65	3.38
利税总额(亿元)	9.12	9.47	3.84
应交税金总额(亿元)	1.56	1.90	21.79
全员劳动生产率(万元/人·年)	32.31	27.84	−13.83
净资产收益率(%)	6.79	6.13	减少0.66个百分点
总资产报酬率(%)	5.77	5.35	减少0.42个百分点
国有资本保值增值率(%)	110.0	111.46	增加1.46个百分点

【改革发展】

1. 南光集团与珠海振戎重组。

2015年11月23日，经国务院批准，南光(集团)有限公司与珠海振戎公司(以下简称"珠海振戎")实施重组，首次顺利完成澳门和内地两大央企重组。同时，经国务院批准，重组后，南光集团在内地获得中国南光集团有限公司的平台。

南光集团与珠海振戎重组是全面贯彻落实十八大精神，深入推进中央企业战略布局结构调整、优化资源配置、支持港澳工作的重大举措，也是把握中央支持澳门发展的重大机遇，深化同泛珠三角地区合作，增添集团发展动能、驱动转型升级的发力之举，有利于集团更好地发挥驻澳中央企业使命责任。集团与珠海振戎重组工作在国资委领导下，积极有效地解决境内、境外资产法律关系等一系列重大事项，确保重组方案最终获得国务院批准。

2. 推进深化改革工作。

一是进一步深化管控体制改革。划清集团总部与二级公司的职能管理责权，强化集团战略、审计和信息管控，落实运营监测与风险控制；改进投资、资产、财务、人力资源管理；完善集团对二级公司的监督管理与考核奖惩，着力提升企业自主经营、自负盈亏、自我约束和自我发展能力。二是进一步深化三项制度改革。加强人力资源管理体系建设，落实各层级管理责任；坚持人力资源市场化配置，以岗位管理为核心，以合同管理为基础，建立择优录用、能进能出的市场化用工机制；调整优化薪酬结构，完善薪酬管理制度，建立反映劳动力市场价位、与企业经济效益和个人绩效紧密挂钩的员工收入正常增减机制，科学统筹工资与福利的关系；加强二级公司领导班子和领导人员管理，优化结构，提高整体合力等。三是调整完善财务管理体制。根据集团管控需要，结合当前财务管理实际，着重解决工作中存在的突出问题，从完善财务管理体制、明确融资功能定位、加强集团资金管理等十个方面进行调整完善，提升财务管理水平。

3. 内部资源整合。

集团为全面贯彻落实《中共中央、国务院关于深化国有企业改革的指导意见》精神，按照发挥产业链互动、专业化经营管理优势，突出主业、做大做强做优二级公司，实现战略管控和专业化管理的基本要求，将集团所属13家二级公司按照业务板块、区域运作进行内部整合重组，形成板块清晰、主业突出、权责明确、运行高效、控制有力的集团管控运营体系，为全面实现集团发展战略目标奠定坚实基础。

【重大项目】 收购中法能源投资有限公司剩余10%股权。2015年7月，继续收购完成中法能源投资有限公司剩余10%股权。集团持有澳门电力股份有限公司42.23%股份，进一步扩大南光集团在澳民生领域影响力。

【信息化建设】 积极推进信息系统深化应用，初步实现信息化应用由管理信息化向业务信息化的转移，工作重心由集团总部向二、三级公司转移的工作目标，在创新运用"新技术、新平台、新机制"方面取得初步成果。

【履行社会责任】 积极做好节能减排工作。通过加强对高能耗企业的统计、计量、分析与督促检查以及积极组织参与国家、澳门特区的节能减排活动，开展节能减排宣传和集团内部的经验交流，总结推广下属企业节能减排经验，进一步提高全员节能减排的意识，有效促进节能减排工作的开展。

援建云南省禄劝彝族苗族自治县扶贫项目进展顺利，"南光集团奖学金"持续支持澳门教育事业发展，积极为"澳门妇女儿童发展基金"筹款，2015年集团对外捐资总额600多万元。成立南光义工队，积极参加澳门义工活动，持续参与"公益金百万行""同善堂"等大型公益活动，进一步增强员工的社会参与感和责任感。

(撰稿人：卢　博)

中国西电集团公司

【基本概况】 中国西电集团公司(以下简称"中国西电集团")，是国务院国资委直接监管的输配电成套设备研发制造企业，成立于1959年7月，是以我国"一五"计划期间156项重点建设工程中的5个项目为基础，发展形成的以科研院所和骨干企业群为核心，集科研、开发、制造、贸易、金融为一体的大型企业集团。截至2015年底，中国西电集团拥有全资和控股子公司(单位)60余家，其中包括4个国家级企业技术中心和工程实验室，4个国家级质量检测中心，3家承担进出口、国内营销、金融等业务的专业公司，拥有从业职工22000余人。

2015年，中国西电集团坚持问题导向，以全面推行精益管理为抓手，突出创新驱动，拓展国内外市场，扎实推进"降本增效、提质升级"专项工作，切实提高企业发展质量与效益，全面完成各项任务。

【主要指标】 2015年，中国西电集团资产总额376亿元，同比增长4.74%；实现营业收入155.61亿元，与2014年基本持平；实现利润总额16.25亿元，同比增长91.18%；净利润13亿元，同比增长88.41%；利税总额27.16亿元，同比增长44.62%；全员劳动生产率21.32万元/人·年，同比增长27.06%；净资产收益率5.87%，同比增加2.6个百分点；总资产报酬率4.5%，同比增加1.96个百分点。

2015年中国西电集团公司主要经济指标

项目	2014年	2015年	比上年增长(%)
资产总额(亿元)	359.00	376.00	4.74
所有者权益(亿元)	216.07	226.60	4.87
营业收入(亿元)	165.15	155.61	-5.78
利润总额(亿元)	8.50	16.25	91.18
净利润(亿元)	6.90	13.00	88.41
归属于母公司所有者的净利润(亿元)	3.78	8.15	115.61
技术开发投入(亿元)	11.20	10.04	-10.36
利税总额(亿元)	18.78	27.16	44.62
应交税金总额(亿元)	12.37	15.90	28.54
全员劳动生产率(万元/人·年)	16.78	21.32	27.06
净资产收益率(%)	3.27	5.87	增加2.6个百分点
总资产报酬率(%)	2.54	4.50	增加1.96个百分点
国有资本保值增值率(%)	106.10	103.60	减少2.5个百分点

【改革发展】 中国西电集团积极稳妥地推进企业改革，增强供给侧要素活力，优化管控模式，形成集团总部决策监控、业务平台统筹运营、子企业生产制造的管控体系。

推进三项制度改革。一是合理控制人员增长，优化人员结构。以提高劳动生产率为目标，科学控制辅助和管理岗位人员，经过三年努力，2015年企业用工总量较2012年减少20%，员工人均收入复合增长率13.4%，全员劳动生产率提高29.3%。二是创新激励机制，实施分类考核、任期考核、重点工作专项考核、全员业绩考核，成功引入并实施平衡计分卡战略管理工具，全面实现业绩考核的反馈及结果应用。三是围绕集团发展方向，建设"人才储备库""管理培训生"等专业后备人才队伍。

【重大项目】 中国西电集团全面推进精益管理，积极建设坚强供应链，不断提升产品质量，拓展综合服务，在国家电网、南方电网等客户的支持下，参与建设榆横—潍坊1000千伏特高压交流工程、蒙西—天津南1000千伏特高压交流工程、酒泉—湖南和晋北—江苏直流输电工程、锡盟—泰州和上海庙—临沂直流输电工程等国家重点项目。

中国西电集团采取产品"走出去"、资本"走出去"和技术"走出去"等多种方式，着力打破海外市场壁垒，推动国际化战略实施，与苏丹国家电力公司签订苏丹东部输变电项目，该项目包括3座220千伏变电站，2座110千伏变电站和100千米的输电线路，合同总金额6566万欧元；与埃及国家电力输电公司签署埃及本班(Benban)4个220/22/22千伏升压变电站成套交钥匙项目，合同总金额4.8亿元人民币。

【走向海外】 国际市场开拓能力不断提升。一是以国家"一带一路"战略为契机，通过"资本+技术"的模式，不断推进国际化合作，在马来西亚、印度尼西亚、埃及海外制造基地成功运营的基础上，作为中国唯一一家装备制造企业与俄罗斯国家电网公司签订战略合作协议，实现技术输出。二是发挥海外营销网络优势资源，加强海外市场开拓的一体化管理，形成"走出去"合力，全年完成出口新增订货26.2亿元；充分利用埃及、印尼等海外合资企业本土化制造和贴近市场及用户的优势，加强海外市场开拓的一体化运作，实现产品出口的规模性增长；借力通用电气在海外发达国家市场的营销渠道和品牌声誉，中国西电集团海外项目延伸到委内瑞拉和德国，实现海外市场的拓展。三是不断推进产品的国际化认证工作，在调研国际市场产品需求情况的基础上，依照 IEC 和 IEEE 标准，开展包括 GIS、断路器、隔离开关、电容式电压互感器、电流互感器、避雷器、变压器等产品的 39 项产品研制及认证计划项目。

【重大创新】 加强科技公共平台建设，科技创新体系进一步完善。围绕特高压、柔直、新能源和电力自动化建设，自主研发成功一批具有国际先进水平的高端技术和产品，主要有：6250A/±800kV 直流输电小组件特高压换流阀与阀控系统、±1100kV 特高压直流电压测量装置、±1100kV 电子式电流互感器、±1100kV 直流旁路开关、±10kV/12.5MW 柔性直流输电背靠背系统、±160kV/50MW 柔性直流换流阀、±350kV/1000MW 柔性直流换流阀、储能变流器 PCS、低温余热发电并网变流器、超导储能限流系统与装置技术、液态金属电池技术、微电网系统技术、UR 系列测控保护装置、650 系列测控保护装置、350 馈线保护装置、EPM5500P 多功能测量表计、Ecolink 系列以太网交换机、MDS 系列数传电台、Vista6000 变电站综合自动化监控系统。荣获国家科学技术进步二等奖 1 项，省、市级行业科学技术奖 24 项；拥有有效专利 1776 件，其中发明专利 244 件，获得国家专利优秀奖 1 项，2 家子企业通过国家知识产权管理体系认证。

以全面精益管理为载体，推进企业管理创新。一是加强顶层设计，研究制定精益生产等 5 个专项推进方案。二是搭建精益体系三级框架，按照试点先行的原则，确定试点单位，重点督导实施，在财务标准化、产线改造、连续流设计与运行等方面效果显著。三是强化精益考核，建立评价考核标准，构建评价考核体系，确保集团精益管理持续发挥实效。四是构建全员持续改善体系，激发全员智慧，形成上下互动的管理变革新局面。

【党建工作】 坚持党要管党，从严治党，着力加强党的建设。扎实做好“三严三实”专题教育工作，认真开展学习研讨，开好专题民主生活会；坚持以问题导向，把政治纪律、政治规矩挺在前面，通过边学、边查、边改，切实解决党员干部中不严不实的突出问题。严格按党章规定，建立常态化的党委委员补全工作机制。加强党员干部队伍建设，进一步做好干部选拔、任用、管理、培养、考核、退出的规范化操作和管理。严格落实“两个责任”，把党风廉政建设和反腐败斗争与企业生产经营工作同部署、同实施、同检查，做到守土有责、守土尽责，紧盯重点领域和关键环节，强化风险防控和监督检查，增强监督的主动性和威慑力，营造风清气正的发展氛围。扎实做好巡视反馈意见和监事会反馈意见整改工作的“回头看”，固化成果，推动管理水平提升。

【信息化建设】 围绕转型升级和两化融合贯标，积极推进信息化与管理、制造、服务过程的融合。一是“中低压输配电装备智能化工厂标准化试验验证”和“中低压输配电装备智能制造新模式”2 个项目成功申报国家智能制造专项，加快企业智能制造建设步伐。二是两化融合贯标工作持续推进，2 家子企业通过国家首批两化融合贯标认定，5 家子企业成功获批第二批两化融合贯标企业，1 家子企业形成两化融合贯标咨询服务能力，为中国西电集团整体推广两化融合，推动产业转型升级奠定基础。三是积极推动客户服务系统建设，在移动通信网络技术基础上，探索实现人员计划、人员调度、车辆定位和产品档案信息的综合管理，提升企业客户服务质量。

【履行社会责任】 2015 年，中国西电集团连续第四年发布社会责任报告，系统披露公司在经济、社会、环境方面的责任履行情况。严格执行国家经济、环境、社会三个维度的法律法规、行政要求、ISO26000 标准，实现社会责任评价体系的重点突破。全面完成燃煤锅炉清洁改造，降低能耗，大幅削减 SO_2 等大气污染物的排放，全年可比价万元产值综合能耗为 0.0423 吨标煤/万元，化学需氧量和二氧化硫排放总量分别为 810 吨和 75 吨，超额完成国务院国资委下达的任期考核指标。

以阳光基金会为依托，以“交友帮扶”“送温暖”“互助合作保障”等工会品牌工程为载体，帮助困难职工 610 人次，发放各类帮扶金及慰问品合计 40 万余元，发放各类互助金 75 万余元；做好定点扶贫工作，为帮扶村修建生产道路 1 条（造价 20 万元），向 32 名困难帮扶村民发放慰问金 9600 元，开展为期两天的扶贫座谈、义诊、招生咨询活动，免费为帮扶地区贫困户子女开展智力扶贫。

（撰稿人：林在强）

中国铁路物资（集团）总公司

【基本概况】 2015 年，中国铁路物资（集团）总公司（以下简称“中国铁物”）坚持生产性服务的发展方向，围绕扭亏脱困中心工作，抓住风险处置、业务转型、改革重组三大重点，确保现金流安全，努力开发终端客户，提高质量效益，推进体制机制改革，提升依法治企水平，努力把公司推上健康发展轨道。

【主要指标】 2015 年，中国铁物实现营业收入 680 亿元，完成科技投入 1358 万元，其中，国家级科技研发项目投入 378 万元。

【改革发展】 中国铁物坚决贯彻国资委“抓发展、稳增长、调结构”工作要求，加大市场开拓能力和转型升级步伐。铁路市场业务方面，适应未来铁路布局调整、市场细分的形势，沿现有的、填补国内空白的轮轨保护技术、高速打磨技术，进一步拓展服务领域，积极参与甚至主导铁总相关标准、操作规范的编制以及有关信息系统的搭建；钢铁集成供应业务方面，围绕上下游客户，以解决问题、满足需求为导向，创新业务模式，丰富业务领域，明确发展方向，将打造电商平台、交易中心、期货套保与实体贸易紧密结合，认清线上是手段，线下是实质，相互促进、相得益彰。

坚持业绩导向，出台考核方案，加强预算执行动态管理，出台减亏增效特别奖励办法和鼓励业务开发指导意见，注重调动全体员工积极性。积极引入战略投资者，推进混合所有制改革。公司正在推进 2 个混合所有制改革试点项目，将引入战略投资者参股，并预留一部分股权，吸纳激励优秀人才，通过体制机制创新，促进改革发展活力提升。

贯彻落实中央和国资委对国企改革的有关要求，完善总体改革方案，积极推进改革重组和业务整合，理顺管理层级，促进内部资源的整合优化、协同提效。

人力资源管理工作紧紧围绕扭亏脱困、转型升级任务，积极探索，大胆突破，聘请中国智力与技术合作公司开展人力资源咨询项目。在中智公司的共同参与下，公司完成前期的调研、访谈和资料梳理等相关工作，并以此为基础，本着精干效能原则，对总部组织机构进行重建，形成总部机构改革和全系统职位职级体系初步方案。

建立健全产权管理制度及评估机构选聘管理办法，完成所属企业国有产权登记 124 户。加大对资产评估项目的监督指导力度，从中介机构选聘、过程管理、复核备案等环节对产权管理进行规范和强化，规范境外机构的产权管理。

【重大项目】 2015 年，严格控制整体投资规模，围绕核心业务，审慎安排投资项目，并通过加快公司改革重组，加速处置风险，加快结构调整转型升级步伐。2015 年，公司实际完成投资总额 5.47 亿元，其中股权类项目完成投资额 2.7 亿元，固定资产类项目完成投资额 2.77 亿元，股权类全部为对主业投资，主要是重组设立的专业集团公司和区域集团公司，固定资产类投资主要是综合物流基地改造项目和铁路工业建设项目。

【走向海外】 为配合国家“一带一路”发展战略和公司“走出去”的发展思路，中国铁物成立“一带一路”重点项目推进小组，继续拓展海外市场。公司与老挝、伊朗、纳米比亚等“一带一路”沿线国家建立业务往来，地区包括广阔的亚非大陆，业务类型主要是产品出口和物资供应服务，涉及的产品主要是铁路线上器材和机车、货车、敞车及相应零配件等。泰国铁路轨枕厂项目、中老铁路建设物资供应项目、伊朗钢轨项目、纳米比亚铁路合作项目进展顺利。对有效释放国内钢厂产能和促进中国高铁“走出去”发挥重要作用。

【重大创新】 2015 年，中国铁物科技创新工作紧紧围绕信息化管理创新、提高铁路产业综合服务能力和积极开发高速铁路轨道修复系统等主线，在高速铁路轨道修复、铁路燃油供应链系统研发和电子商务集成应用等方面，当年立项（含跨年度）科技开发项目共计29项，累计获得12项国家专利、21项软件著作权，其中获得国家发明专利9项，实用新型专利3项，发表学术论文11篇。

铁路线路业务信息化建设项目于2014年11月启动，项目建设内容主要包括钢轨供应链信息系统(RSCM)升级和扩展、钢轨保护信息系统(WRPS)试点应用软件开发和系统能力提升三部分，2015年6月建设完成并上线运行。

铁路工业业务加大技术创新力度，新产品研发取得一批新成果，相继开发出美标铁垫板、新型岔枕等新产品，更好地满足客户需求，扩大了业务量，增加了销售收入。

钢轨廓形修复服务创新方面，采集全路66个编组站53482个车轮数据，完善车轮基础数据库。定期观测钢轨廓形，完善钢轨廓形数据库，优化钢轨廓形设计参数。自主开发钢轨廓形打磨现场解决方案，开发钢轨廓形评价指数GQI，对打磨效果进行评价。同时，钢轨保护数据库的建立有序推进。公司在高速铁路钢轨修复服务方面实现五个突破：一是首次在高铁开通前进行预打磨作业；二是首次在3700米以上高海拔地区作业；三是首次在20‰长大坡度线路作业；四是首次在零下20℃以下严寒作业；五是首次单次连续作业350千米，作业超过12小时。

【党建工作】 中国铁物党委认真贯彻党的十八大和十八届三中、四中、五中全会精神，以深入开展党的群众路线教育实践活动为主线，以充分发挥党委政治核心作用为重点，以全面提高党建工作科学化水平为目标，加强思想建设、组织建设、作风建设、制度建设、新闻宣传和企业文化建设、党风廉政建设，为改革发展提供强有力保证。一是落实责任，及时健全二级公司党组织，配齐党(工)委书记和纪委书记，认真落实党委主体责任和纪委监督责任，加强新形势下党建工作部署，充分发挥公司党委的政治核心、纪委监督作用，落实"三重一大"集体决策动态监控机制，提升党建和经营工作融合度。二是改进作风，持续深入贯彻落实党的群众路线教育实践活动、"三严三实"专题教育及《中国共产党廉洁自律准则》《中国共产党纪律处分条例》等要求，严格执行中央八项规定、反对"四风"，结合企业实际，制定总部班子团结"八条纪律"、开展"凝心聚力、同舟共济"主题学习和廉洁文化月活动，严格对标检查，及时发现问题，纠正问题。三是加强群团工作，围绕中心、服务大局，与扭亏脱困工作相结合，加强形势任务教育，开展年度工作会议精神宣贯系列讲座，进一步增强全员改革发展共识。加强企业文化工作，落实评先评优工作，持续营造比学赶超、拼搏奋进的发展氛围，发挥团员青年生力军和突击队的作用。发挥职工代表参与重大决策的作用。在扭亏脱困的重要时期，继续保持和谐稳定和企业形象。

【信息化建设】 中国铁物坚持"以提升在线管控能力为目标，规范ERP业务操作，加强在线数据应用，改进系统运行质量，促进系统与经营、管理的融合，支撑公司改革重组，服务公司经营管理"的工作思路，继续在促进ERP系统与经营管理结合、加强系统流程集成及信息共享、提升信息化管理能力等方面做好信息化建设工作。

根据管控要求不断完善合同管理信息系统功能。为及时提示销售合同回款情况，增加回款逾期预警功能，在华东集团等三家二级公司试点，年末在全系统推行。增加纠纷案件管理模块，提高纠纷案件统计的及时性和数据的准确性。

紧密配合公司改革重组和流程再造安排，及时完成信息系统组织架构和流程调整，快速支持新成立公司的系统测试、上线和培训，做好系统配套实施，保障公司经营管理工作正常运转。

加强在线数据分析和应用。一是进行ERP数据挖掘和分析展现，通过OA系统与BO数据展现平台集成，开通OA便捷查询通道，实现企业总体、客户合作、合同执行监控、对外合同签订情况等线上查询分析功能，为公司经营管理提供数据支持。

【履行社会责任】 中国铁物积极履行企业社会责任，追求经济、社会、环境的综合价值创造最大化。秉承"沟通产需、创造价值"的使命和"绿色供应链服务提供者"的社会责任理念，推进与利益相关方沟通合作，不断提升社会责任管理水平。

制定社会责任管理办法，为社会责任工作的组织、执行、沟通提供制度保障；积极与国资委研究局、中国社科院社会责任研究中心沟通交流，向国内外优秀履责企业学习社会责任工作经验，组织公司有关人员参加国资委举办的社会责任培训班和中国社科院举办的“社会责任公益大讲堂”，强化履责意识，更新履责理念，提升履责能力。

针对铁路运营、装备制造和铁路建设所需的各类物资，提供包括采购供应、质量控制、物流组织、库存管理、信息管理等在内的全方位供应链服务，有效保证铁路物资的质量和及时供应，降低铁路物资供应的成本，并因此获得“2014年度中国最具社会责任感招标机构”(10家入选)；坚持绿色运营，打造绿色的综合物流体系，专注于提升物资流通水平，通过对价值链各个环节的有效管理与模式创新，优化资源配置、推进技术创新，不断提升物资流通的现代化水平。

通过对口扶贫积极履责，建立与湖北省孝昌县定点帮扶工作机制。2014—2015年，每年向孝昌县拨付扶贫专款98万元，用于定向助学、文教卫生设施建设以及解决“行路难、用水难、用电难”等民生问题，通过合作建校、操场硬化、建设卫生所，使当地居民生活条件大为改观，取得良好效果。

选派优秀干部挂职，支援当地建设。2015年1月，向孝昌县派出挂职副县长，派出驻孝昌县挂职村第一书记人员于2015年7月到位。挂职干部结合自身优势，在信息交流、引资引智等方面作了大量工作，有效加强公司与孝昌县之间的联系协调，为当地经济社会发展作出积极贡献。

创新扶贫开发方式，提升定点扶贫效果。中国铁物立足自身特点与行业优势，不断创新扶贫方式，通过产业扶贫、教育扶贫、电商扶贫等方式，增强贫困县“造血”能力，进一步提高定点帮扶的精准度和有效性。一是积极发展孝昌县“互联网+农业”项目。推进阿里巴巴集团农村淘宝网与孝昌县项目对接，发展孝昌县农产品电子商务。二是立足孝昌县实际，发展高端油茶产业。油茶每亩产值1万元左右，具有良好的经济效益。公司会同孝昌县调研走访全国多个油茶种植基地和深加工基地，并与中国林科院建立合作关系，开展油茶选种和科学种植交流学习。三是积极开展教育产业脱贫。通过与北京大学、北京科技大学等高校建立联系，依托其优质的教育资源开展教育脱贫，重点推进北京大学“博雅图书室”项目落户孝昌县。同时，组织开展对农民工的职业技能教育培训，提升专业技能，以技术“脱贫致富”，使其逐步形成自主脱贫的能力。

(撰稿人：王金霞)

中国汽车技术研究中心

【基本概况】 中国汽车技术研究中心(以下简称“汽研中心”)是1985年根据国家对汽车行业管理的需要，经国家批准成立的科研院所，现隶属于国务院国有资产监督管理委员会。2015年，拥有总资产72亿元，净资产48亿元，占地面积7505亩，员工总数3540人。汽研中心作为行业技术归口单位和国家政府主管部门的技术支撑机构，业务涵盖标准法规、投资咨询评估、公告管理、行业论坛及活动、C-NCAP、C-ECAP、检测试验、工程技术研发、政策研究、认证业务、大数据、工程设计与总包、司法鉴定、新能源、高新技术产业化等。

【主要指标】 2015年，汽研中心累计实现收入35.01亿元，同比增长19.56%；利润总额9.38亿元，同比增长15.64%；经济增加值6.57亿元，同比增长16.08%，完成国资委的考核业绩指标。

2015年中国汽车技术研究中心主要经济指标

项　目	2014年	2015年	比上年增长(%)
资产总额(亿元)	61.59	71.39	15.90
所有者权益(亿元)	38.35	46.61	21.53
营业收入(亿元)	29.28	35.01	19.56
利润总额(亿元)	8.11	9.38	15.64
净利润(亿元)	6.69	7.86	17.45
归属母公司所有者的净利润(亿元)	6.65	7.79	17.18

续表

项　目	2014 年	2015 年	比上年增长(%)
利税总额(亿元)	2.39	3.53	47.76
应交税金总额(亿元)	2.66	3.24	21.84
全员劳动生产率(万元/人·年)	114.00	130.00	14.04
净资产收益率(%)	18.99	18.49	减少 0.5 个百分点
总资产报酬率(%)	15.46	14.93	减少 0.53 个百分点
国有资本保值增值率(%)	123.56	124.40	增加 0.84 个百分点

【改革发展】 2015 年,汽研中心根据"十二五"发展规划以及部门资源拥有情况、业务运行态势、资产经营水平、所处发展阶段等情况,改革完善经营业绩考核办法。新的考核办法注重科学设置考核目标,突出经济增加值考核,明确资本保值增值责任,重视价值管理体系建设,完善分类考核机制。

【重大项目】 2015 年,汽研中心推出中国生态汽车评价(C—ECAP),从健康、节能、环保三个方面对汽车产品进行综合评价,促进汽车产业低碳发展;汽研中心首次推出"中国量产车性能大赛",成为全国唯一一个以完全不改装的量产车作为参赛车辆的赛事平台,全面考量量产车的各方面性能;扩建呼伦贝尔冬季汽车试验场,在原有的上凤湖测试区基础上增加下凤湖测试区,湖面测试面积由 70 万平方米扩大到 110 万平方米;征购中心主院区南侧 124 亩地块,用于建设风洞试验室和零部件试验室;汽研中心主院区三期工程(性能开发综合实验室和试验车停车楼)竣工验收。

【走向海外】 汽研中心与卢森堡卢森康卓公司合资成立天津中汽康卓车辆技术服务有限公司,为国内外客户提供汽车整车及零部件领域的技术咨询、技术推广、信息服务以及汽车整车及零部件产品进出口认证咨询服务,拓宽汽车产品进出中欧的通道。

【重大创新】 2015 年,汽研中心成功将中国微型车及轻型客车限值提案纳入到 ECE R51 噪声法规体系,这是中国首次成功影响和修订 ECE 法规;落实汽车行驶工况研究、智能车辆先进驾驶辅助系统关键技术研究等项目,其中,汽车行驶工况研究使我国汽车油耗和排放法规摆脱一直采用欧洲行驶循环的局面,缩小车辆实际行驶平均车速、油耗、排放与试验室认证结果之间的差距,是我国车辆开发、评价的最为基础的依据;汽研中心筹建汽车产业科创园,建设国内领先的汽车关键技术研发和服务基地、成果转化和企业孵化基地、高端人才聚集和培养基地、金融创新和交易基地;响应"双创"号召,在天津大学城成立软件众创空间,吸收来自多家高校的数十名师生共同承担开发测试任务,解决开发能力不足问题。

【党建工作】 汽研中心党委积极开展"三严三实"专题教育,加强基层党组织建设,落实从严治党要求,制定《汽研中心深入开展"三严三实"专题教育计划安排》,扎实开展"三严三实"专题教育。成立中机中心党支部、司法鉴定所党支部以及试验所党总支和汽车工程研究院党总支,完成北京工作部党支部和情报所党支部的换届选举工作,为开展党内活动奠定基础。汽研中心党委与中层以上领导干部签订《汽研中心领导干部廉洁从业目标责任书》,在中心各支部开展自查自纠工作,并形成自查报告。为强化党风廉政教育的预防警示作用,汽研中心组织策划"一片一册一书一展"系列活动,增强党员领导干部遵纪守法、廉洁奉公的自觉性。

【信息化建设】 2015 年 4 月,汽研中心正式启用固定资产网络管理审批系统,包括购置、处置、调拨、转固在内的审批手续均可通过中心内网在线处理,简化审批流程,提高审批效率,节约管理成本;2015 年 1 月,汽研中心盐城汽车试验场上线试验管理系统,此系统涵盖客户管理、预约管理、接待登记、场内管理、信息管理、订单核算、外网预约系统等七大板块 38 项具体功能,为汽车试验场科学有序管理 13 条试验道路,保障试验人员及试验车辆安全,提升试验道路利用率;2015 年,汽研中心推出微学院,将传统的线下培训模式升级到线上与线下相结合的模式,可通过手机移动端学习针对性微课程,也可以通过软件平台学习共享课程。

【履行社会责任】 汽研中心继续推动汽车标准

制修订工作，2015年上报标准报批稿95项，上报标准制修订计划91项，公示国家标准征求意见38项、行业标准征求意见52项，完成行业标准复审313项；完成国家发改委委托的《道路车辆法》《汽车产业发展战略纲要》研究项目，完成工信部委托的《乘用车企业平均油耗管理办法》《汽车动力蓄电池企业公告管理》《车用动力电池回收利用管理政策研究》，完成国家能源局委托的《电动汽车充电基础设施建设指导意见》和《电动车充电基础设施发展指南（2015－2020）》的制定工作，为政府相关管理部门提供技术支撑；完成《C－NCAP2015版规则》的修订和发布，并完成和发布50个车型的C－NCAP评价试验结果；组织、召开中国汽车产业发展（泰达）国际论坛、亚太天然气汽车协会国际会议暨展览会、中国道路交通安全论坛、中国汽车产业数据研究峰会等，全面升级“中国汽车安全主题巡展”，并将其更名为“安行中国”，宣传推广C－NCAP，打造中国汽车安全第一平台；继续推进“联合国道路安全十年行动”在中国的发展。

（撰稿人：金伟光）

2016

CHINA'S STATE-OWNED ASSETS SUPERVISION AND ADMINISTRATION YEARBOOK

中国国有资产监督管理年鉴

国有资产统计资料

第五篇

2015 年全国国有企业户数、从业人数、国有资产总量综合分析表

项　目	户数(户)	年末从业人员人数(万人)	年末国有资产总量(亿元)
全国合并	113771	3100.3	243032.6
国资系统监管合并	124966	3094.6	277629.3
国资系统监管合计	124966	3094.6	642902.7
一、按企业规模分类			
(一)大型企业	8377	1960.4	299769.0
(二)中型企业	25085	746.8	107777.9
(三)小型企业	41759	322.6	111963.7
(四)微型企业	49745	75.9	123392.2
二、按组织形式分类			
(一)公司制企业	116142	2831.8	603899.1
其中:国有独资企业	33417	727.1	279164.5
(二)非公司制企业	8824	273.9	39003.6
三、按盈利或亏损分类			
(一)盈利	78900	2182.7	534916.0
(二)亏损	46066	923.0	107986.7
四、按监管关系分类			
(一)国务院国资委监管企业	42411	1418.6	109003.7
(二)地方国资委监管企业	82555	1676.0	168625.6
五、按经济带分类			
(一)东部沿海地区	65237	1421.6	381510.3
(二)中部内陆地区	23854	821.5	95900.5
(三)西部边远地区	28865	809.6	122134.3
六、按产业作用分类			
(一)基础性行业	37522	1641.8	317040.3
(二)一般生产加工行业	22326	856.3	69527.9
(三)商贸服务及其他行业	65118	607.6	256334.6

注:1. 本表数据汇编范围为国务院国资委监管企业和全国 37 个省(自治区、直辖市、计划单列市、新疆生产建设兵团)所属的国资委系统监管企业 12.5 万户,以下简称国资系统监管企业;
2. 本资料中按照综合及行业划分的分析数据基于单户企业报表数据直接进行汇总(不含合并抵消)。

2015 年全国国有企业户数、从业人数、国有资产总量行业分析表

行　业	户数(户)	年末从业人员人数(万人)	年末国有资产总量(亿元)
国资系统监管合并	124966	3094.6	277629.3
国资系统监管合计	124966	3094.6	642902.7
一、农林牧渔业	2838	45.0	3400.1
其中:农业	1039	22.0	1641.5
林业	453	11.6	395.5
二、工业	36771	1672.1	234811.4
其中:煤炭工业	2341	285.8	17362.2
石油和石化工业	812	179.7	62096.3
冶金工业	2606	185.3	24410.4
建材工业	2841	56.3	4640.3
化学工业	2749	104.7	8141.3
森林工业	96	1.2	62.2
食品工业	1210	26.9	1044.1
烟草工业	438	16.1	449.2
纺织工业	724	27.3	2250.8
医药工业	7024	290.2	23391.7
机械工业	1336	109.1	11438.7
其中:汽车工业	1289	83.4	9458.6
电子工业	1688	66.2	5251.2
电力工业	6576	213.3	60382.2
市政公用工业	3860	63.9	10099.4
其他工业	2517	71.8	5771.6
三、建筑业	8988	387.2	40272.4
四、地质勘查及水利业	892	11.9	3601.0
五、交通运输业	8089	261.0	62393.4
其中:铁路运输业	212	6.6	3219.1
道路运输业	3780	166.1	36081.8
水上运输业	1439	19.5	8325.3
航空运输业	590	38.3	5817.1

续表

行　业	户数(户)	年末从业人员人数(万人)	年末国有资产总量(亿元)
六、仓储业	3251	17.9	3397.9
七、邮电通信业	687	119.3	43206.7
八、批发和零售、餐饮业	19096	201.2	28683.4
九、房地产业	15280	85.6	49352.4
十、信息技术服务业	1673	19.4	1497.4
十一、社会服务业	17961	145.3	141227.6
十二、卫生体育福利业	556	11.5	479.5
十三、教育文化广播业	1906	13.4	1341.9
十四、科学研究和技术	5272	71.8	6642.0
十五、金融业	1627	42.7	22092.2
十六、其他	79	0.3	503.5

2015 年全国国有企业户数、从业人数、国有资产总量地区分析表

地　区	户数(户)	年末从业人员人数(万人)	年末国有资产总量(亿元)
国资系统监管合并	124966	3094.6	277629.3
一、国务院国资委监管企业	42411	1418.6	109003.7
二、地方国资委监管企业	82555	1676.0	168625.6
北京市	7066	116.0	8439.7
天津市	4137	44.7	8303.5
河北省	1618	53.6	2098.5
山西省	3691	123.4	2653.4
内蒙古自治区	436	21.8	1844.6
辽宁省	1706	59.4	2969.5
其中：大连市	414	8.7	890.0
吉林省	599	16.6	1968.7
黑龙江省	1073	30.4	3391.0
上海市	9400	113.7	14852.7

续表

地　区	户数(户)	年末从业人员人数(万人)	年末国有资产总量(亿元)
浙江省	4313	69.9	8968.6
其中:宁波市	712	6.2	2503.1
江苏省	3463	54.2	11036.7
安徽省	2928	83.0	9897.6
福建省	3964	45.2	5450.4
其中:厦门市	1431	14.2	1490.1
江西省	1695	46.2	5012.9
山东省	4054	124.0	5090.1
其中:青岛市	758	22.9	1129.7
河南省	2040	74.4	3424.4
湖北省	2307	38.7	6462.8
湖南省	1380	29.8	4400.2
广东省	7235	108.2	13903.3
其中:深圳市	1108	16.8	3681.1
海南省	704	5.7	1126.2
广西壮族自治区	2017	64.4	5037.2
贵州省	2016	60.3	4854.6
四川省	2964	56.2	9025.5
重庆市	2618	56.4	12122.3
云南省	1876	32.6	4238.0
陕西省	2470	66.6	4413.2
甘肃省	1708	33.1	3324.9
青海省	408	9.1	1466.0
西藏自治区	246	2.4	183.4
宁夏回族自治区	483	5.1	696.8
新疆维吾尔自治区	1000	15.1	1699.7
新疆生产建设兵团	940	15.9	269.5

2015 年全国国有企业资产负债综合分析表

单位:亿元

项　目	资产总计	负债合计	所有者权益(净资产)	资产负债率(%)
国资系统监管合并	1199115.1	800513.8	398601.3	66.8
国资系统监管合计	1838392.2	1134175.8	704216.3	61.7
一、按企业规模分类				
(一)大型企业	897062.3	563633.3	333429.1	62.8
(二)中型企业	342161.0	226537.0	115624.0	66.2
(三)小型企业	300010.6	179644.5	120366.1	59.9
(四)微型企业	299158.3	164361.1	134797.2	54.9
二、按组织形式分类				
(一)公司制企业	1744825.0	1079783.4	665041.6	61.9
其中:国有独资企业	616695.9	336187.5	280508.3	54.5
(二)非公司制企业	93567.2	54392.4	39174.7	58.1
三、按盈利或亏损分类				
(一)盈利	1450058.7	861826.9	588231.8	59.4
(二)亏损	388333.4	272348.9	115984.5	70.1
四、按监管关系分类				
(一)国务院国资委监管企业	475807.8	317306.4	158501.3	66.7
(二)地方国资委监管企业	723307.3	483207.4	240100.0	66.8
五、按经济带分类				
(一)东部沿海地区	1054423.0	634732.1	419690.8	60.2
(二)中部内陆地区	289665.7	185279.1	104386.7	64.0
(三)西部边远地区	369405.1	239243.7	130161.3	64.8
六、按产业作用分类				
(一)基础性行业	779435.5	441525.8	337909.7	56.6
(二)一般生产加工行业	211013.9	125227.0	85786.9	59.3
(三)商贸服务及其他行业	847942.7	567423.0	280519.7	66.9

2015年全国国有企业资产负债行业分析表

单位:亿元

行　业	资产总计	负债合计	所有者权益(净资产)	资产负债率(%)
国资系统监管合并	1199115.1	800513.8	398601.3	66.8
国资系统监管合计	1838392.2	1134175.8	704216.3	61.7
一、农林牧渔业	8925.0	5093.5	3831.5	57.1
其中:农业	3877.2	1973.8	1903.4	50.9
林业	1300.1	883.4	416.7	67.9
二、工业	621010.5	356157.1	264853.4	57.4
其中:煤炭工业	65197.6	45543.5	19654.0	69.9
石油和石化工业	113426.8	48681.9	64744.9	42.9
冶金工业	78082.8	51094.3	26988.5	65.4
建材工业	16236.5	10145.5	6091.0	62.5
化学工业	32426.0	21050.5	11375.5	64.9
森林工业	199.1	134.8	64.3	67.7
食品工业	3659.7	2215.0	1444.7	60.5
烟草工业	1550.4	938.3	612.1	60.5
纺织工业	5486.7	2416.0	3070.8	44.0
医药工业	71195.2	40007.6	31187.6	56.2
机械工业	30489.0	14998.7	15490.2	49.2
其中:汽车工业	24569.7	14623.8	9945.9	59.5
电子工业	14492.3	7364.1	7128.2	50.8
电力工业	156118.9	91681.6	64437.3	58.7
市政公用工业	24435.9	13299.9	11136.0	54.4
其他工业	13932.9	6960.3	6972.6	50.0
三、建筑业	137814.2	94795.9	43018.3	68.8
四、地质勘查及水利业	6626.4	3017.7	3608.7	45.5
五、交通运输业	142742.2	76506.6	66235.6	53.6
其中:铁路运输业	5376.5	2133.4	3243.1	39.7
道路运输业	86750.0	49684.8	37065.2	57.3
水上运输业	19654.3	10033.9	9620.5	51.1

续表

行　业	资产总计	负债合计	所有者权益(净资产)	资产负债率(%)
航空运输业	14383.5	7649.4	6734.2	53.2
六、仓储业	21783.0	18272.2	3510.8	83.9
七、邮电通信业	60693.6	17444.3	43249.3	28.7
八、批发和零售、餐饮业	102350.1	69932.4	32417.8	68.3
九、房地产业	192303.9	136770.6	55533.3	71.1
十、信息技术服务业	3657.4	1860.7	1796.7	50.9
十一、社会服务业	294021.9	146992.7	147029.3	50.0
十二、卫生体育福利业	1647.2	1150.8	496.4	69.9
十三、教育文化广播业	2628.0	1201.0	1426.9	45.7
十四、科学研究和技术	15914.5	9109.2	6805.3	57.2
十五、金融业	225353.8	195460.9	29892.9	86.7
十六、其他	920.4	410.4	510.0	44.6

2015年全国国有企业资产负债地区分析表

单位:亿元

地　区	资产总计	负债合计	所有者权益(净资产)	资产负债率(%)
国资系统监管合并	1199115.1	800513.8	398601.3	66.8
一、国务院国资委监管企业	475807.8	317306.4	158501.3	66.7
二、地方国资委监管企业	723307.3	483207.4	240100.0	66.8
北京市	45145.3	30656.0	14489.3	67.9
天津市	57866.2	44400.1	13466.1	76.7
河北省	13525.9	9784.4	3741.5	72.3
山西省	21421.3	16972.4	4449.0	79.2
内蒙古自治区	6065.7	3701.2	2364.5	61.0
辽宁省	12898.0	8546.4	4351.6	66.3
其中:大连市	2872.7	1548.0	1324.7	53.9
吉林省	6141.8	3580.2	2531.6	58.3
黑龙江省	7137.6	3481.6	3655.9	48.8

续表

地　区	资产总计	负债合计	所有者权益(净资产)	资产负债率(%)
上海市	57971.5	36126.8	21844.6	62.3
浙江省	35195.4	23996.5	11198.9	68.2
其中:宁波市	8760.1	6039.4	2720.7	68.9
江苏省	44203.6	28225.0	15978.6	63.9
安徽省	31843.4	18729.7	13113.7	58.8
福建省	24872.1	17099.8	7772.2	68.8
其中:厦门市	6479.7	4455.1	2024.6	68.8
江西省	16569.4	10136.8	6432.6	61.2
山东省	32947.9	23013.6	9934.3	69.8
其中:青岛市	7330.6	5079.1	2251.5	69.3
河南省	18177.8	12955.1	5222.7	71.3
湖北省	26915.2	17878.2	9037.0	66.4
湖南省	14180.8	8658.4	5522.4	61.1
广东省	61168.4	40226.5	20941.9	65.8
其中:深圳市	10238.6	4888.2	5350.4	47.7
海南省	3289.9	1871.5	1418.4	56.9
广西壮族自治区	19530.6	12878.6	6652.0	65.9
贵州省	19696.0	12803.0	6893.0	65.0
四川省	33737.7	22146.9	11590.8	65.6
重庆市	43158.7	28884.2	14274.5	66.9
云南省	18340.0	12041.7	6298.3	65.7
陕西省	20464.7	14205.6	6259.1	69.4
甘肃省	11721.5	7408.4	4313.1	63.2
青海省	5541.0	3638.6	1902.4	65.7
西藏自治区	953.3	503.0	450.3	52.8
宁夏回族自治区	1677.5	925.7	751.9	55.2
新疆维吾尔自治区	7491.2	5043.1	2448.1	67.3
新疆生产建设兵团	3457.9	2688.4	769.6	77.7

2015年国有工业企业户数、从业人数、国有资产总量地区分析表

地　区	户数(户)	年末从业人员人数(万人)	年末国有资产总量(亿元)
工业企业合计	36771	1672.1	234811.4
一、国务院国资委监管企业	16750	823.0	166477.7
二、地方国资委监管企业	20021	849.2	68333.8
北京市	1577	49.1	7572.3
天津市	860	20.1	2088.5
河北省	663	40.9	2891.6
山西省	1503	97.9	4911.5
内蒙古自治区	134	11.8	1535.5
辽宁省	548	44.7	2367.0
其中:大连市	140	5.2	388.4
吉林省	180	9.4	507.0
黑龙江省	271	20.3	547.1
上海市	1308	32.4	5068.4
浙江省	667	14.4	2023.1
其中:宁波市	62	0.7	147.5
江苏省	685	21.5	2044.4
安徽省	570	51.7	2974.4
福建省	595	15.9	1230.8
其中:厦门市	107	2.6	161.4
江西省	570	18.3	1168.2
山东省	1443	85.7	4953.8
其中:青岛市	209	14.9	494.9
河南省	811	57.6	2243.3
湖北省	540	13.8	1159.1
湖南省	370	15.7	1185.9
广东省	1303	40.3	3805.1
其中:深圳市	191	3.5	577.6
海南省	90	0.8	287.9
广西壮族自治区	535	17.3	1073.9

续表

地　区	户数(户)	年末从业人员人数(万人)	年末国有资产总量(亿元)
贵州省	635	33.9	3223.6
四川省	687	23.9	1553.6
重庆市	620	16.5	1917.9
云南省	617	16.7	1805.4
陕西省	933	40.2	4355.6
甘肃省	513	19.5	2095.4
青海省	151	6.5	589.8
西藏自治区	77	0.8	112.8
宁夏回族自治区	95	1.1	91.2
新疆维吾尔自治区	229	4.3	510.0

2015 年国有工业企业资产负债地区分析表

单位:亿元

地　区	资产总计	负债合计	所有者权益(净资产)	资产负债率(%)
工业企业合计	621010.5	356157.1	264853.4	57.4
一、国务院国资委监管企业	393032.8	211560.8	181472.0	53.8
二、地方国资委监管企业	227977.8	144596.3	83381.4	63.4
北京市	18824.8	9944.1	8880.7	52.8
天津市	7705.1	5276.4	2428.7	68.5
河北省	11226.6	7696.2	3530.4	68.6
山西省	23981.1	18255.6	5725.5	76.1
内蒙古自治区	4239.7	2623.4	1616.3	61.9
辽宁省	9009.4	6136.9	2872.4	68.1
其中:大连市	1319.9	812.6	507.3	61.6
吉林省	1698.4	1071.7	626.7	63.1
黑龙江省	2233.7	1563.1	670.6	70.0
上海市	12229.1	6033.0	6196.1	49.3

续表

地　区	资产总计	负债合计	所有者权益(净资产)	资产负债率(%)
浙江省	4882.4	2559.8	2322.6	52.4
其中:宁波市	428.0	258.1	169.9	60.3
江苏省	6202.4	3550.1	2652.2	57.2
安徽省	9476.0	5659.0	3817.0	59.7
福建省	2998.9	1635.9	1362.9	54.6
其中:厦门市	419.0	230.1	188.9	54.9
江西省	3764.8	2119.5	1645.3	56.3
山东省	21046.0	13810.3	7235.7	65.6
其中:青岛市	2138.2	1243.2	895.0	58.1
河南省	10179.0	7501.6	2677.4	73.7
湖北省	3544.5	2108.6	1435.9	59.5
湖南省	4927.9	3153.4	1774.5	64.0
广东省	12075.2	6849.6	5225.6	56.7
其中:深圳市	1466.6	724.9	741.7	49.4
海南省	352.9	65.3	287.6	18.5
广西壮族自治区	4323.7	2983.9	1339.8	69.0
贵州省	9121.4	5359.1	3762.3	58.8
四川省	5146.5	3247.5	1899.0	63.1
重庆市	4981.1	2872.9	2108.3	57.7
云南省	6903.9	4756.6	2147.4	68.9
陕西省	13987.3	9300.2	4687.1	66.5
甘肃省	6096.9	3772.0	2324.9	61.9
青海省	2993.4	2197.3	796.1	73.4
西藏自治区	216.5	73.1	143.4	33.8
宁夏回族自治区	299.1	201.5	97.6	67.4
新疆维吾尔自治区	1584.6	1024.6	560.0	64.7

2015年国有商业企业户数、从业人数、国有资产总量地区分析表

地　区	户数(户)	年末从业人员人数(万人)	年末国有资产总量(亿元)
商业企业合计	19096	201.2	28683.4
一、国务院国资委监管企业	5386	91.2	18899.1
二、地方国资委监管企业	13710	110.0	9784.3
北京市	1171	10.5	606.4
天津市	832	2.9	1155.4
河北省	318	2.8	209.4
山西省	987	7.7	1084.2
内蒙古自治区	33	0.2	16.0
辽宁省	285	2.0	128.8
其中:大连市	40	0.1	4.3
吉林省	78	0.9	67.5
黑龙江省	230	0.7	−2.8
上海市	1818	20.1	1412.2
浙江省	999	4.2	649.3
其中:宁波市	59	0.2	20.7
江苏省	599	2.8	253.0
安徽省	491	3.3	221.9
福建省	772	2.9	478.5
其中:厦门市	382	1.9	328.6
江西省	221	1.1	125.3
山东省	551	6.6	256.1
其中:青岛市	74	1.2	20.9
河南省	361	2.3	132.7
湖北省	219	7.8	165.5
湖南省	156	1.5	76.0
广东省	1191	6.3	702.2
其中:深圳市	67	0.4	94.3
海南省	47	0.3	5.4
广西壮族自治区	278	1.2	200.4

续表

地　区	户数(户)	年末从业人员人数(万人)	年末国有资产总量(亿元)
贵州省	321	1.5	162.7
四川省	287	3.3	392.8
重庆市	302	11.6	161.1
云南省	174	0.9	141.2
陕西省	388	2.6	203.5
甘肃省	187	0.6	57.1
青海省	36	0.2	586.4
西藏自治区	31	0.1	2.2
宁夏回族自治区	24	0.1	2.8
新疆维吾尔自治区	103	0.3	67.8

2015年国有商业企业资产负债地区分析表

单位:亿元

地　区	资产总计	负债合计	所有者权益(净资产)	资产负债率(%)
商业企业合计	102350.1	69932.4	32417.8	68.3
一、国务院国资委监管企业	57562.0	36727.6	20834.5	63.8
二、地方国资委监管企业	44788.1	33204.8	11583.3	74.1
北京市	2582.3	1827.1	755.3	70.8
天津市	6161.9	4950.9	1211.0	80.3
河北省	1343.1	1080.9	262.1	80.5
山西省	5441.4	4293.3	1148.2	78.9
内蒙古自治区	97.8	81.1	16.7	82.9
辽宁省	1122.7	827.4	295.3	73.7
其中:大连市	115.8	111.0	4.8	95.9
吉林省	406.5	312.7	93.7	76.9
黑龙江省	211.5	206.9	4.6	97.8
上海市	5865.3	4149.6	1715.7	70.7

续表

地　区	资产总计	负债合计	所有者权益(净资产)	资产负债率(%)
浙江省	2565.4	1723.7	841.7	67.2
其中:宁波市	61.8	39.0	22.7	63.2
江苏省	1344.7	1046.2	298.5	77.8
安徽省	1095.8	836.8	259.0	76.4
福建省	2175.9	1529.3	646.7	70.3
其中:厦门市	1713.0	1222.7	490.4	71.4
江西省	795.0	657.8	137.2	82.7
山东省	2005.0	1658.6	346.4	82.7
其中:青岛市	517.8	482.5	35.3	93.2
河南省	434.2	296.2	138.0	68.2
湖北省	693.1	473.0	220.2	68.2
湖南省	382.7	281.6	101.1	73.6
广东省	2685.5	1895.4	790.1	70.6
其中:深圳市	166.0	63.7	102.3	38.4
海南省	16.2	10.0	6.1	62.2
广西壮族自治区	887.9	662.0	226.0	74.5
贵州省	1079.3	910.8	168.4	84.4
四川省	1104.0	666.3	437.7	60.4
重庆市	731.7	529.6	202.1	72.4
云南省	630.1	482.9	147.3	76.6
陕西省	898.4	649.4	249.0	72.3
甘肃省	389.0	327.1	61.9	84.1
青海省	635.6	49.0	586.6	7.7
西藏自治区	16.2	13.7	2.4	84.9
宁夏回族自治区	8.0	5.2	2.9	64.2
新疆维吾尔自治区	414.5	272.7	141.7	65.8

2015 年北京市国有企业主要指标表

行　业	户数(户)	年末国有资产总量(万元)	资产总额(万元)	人均净利润(元/人)	人均税费(元/人)
合　并	7066	96009192.2	451453299.2	68185.3	84737.9
合　计	7066	224255513.2	694952762.1	102069.4	84311.2
一、农林牧渔业	149	1792289.5	5734015.5	12830.6	17352.3
其中:农业	34	138587.7	268904.2	19854.4	15518.7
林业	7	14223.6	43100.2	76596.8	20036.6
畜牧业	47	1070817.7	3576788.7	—70893.7	2120.4
渔业	2	12484.2	36225.9	105642.9	10477.4
二、工业	1577	75723303.6	188247579.7	79434.6	82997.0
其中:煤炭工业	20	735291.7	3961427.9	—59853.5	35217.0
石油和石化工业	1	30000.0	30181.5	0.0	0.0
冶金工业	70	17224077.3	50197525.2	—25153.3	38336.6
建材工业	127	1930367.0	5111276.8	—14218.4	38284.5
化学工业	55	600693.0	2141142.5	47325.7	56757.9
森林工业	2	9687.7	29010.2	17103.3	52692.8
食品工业	107	1122768.5	4184743.0	31545.3	76346.6
烟草工业					
纺织工业	27	293350.0	663832.5	—17233.6	19471.7
医药工业	30	981202.3	2149322.9	235304.9	118489.8
机械工业	320	12118447.4	34219763.7	122351.6	136917.7
电子工业	84	11974874.5	26403941.7	71193.0	104464.8
电力工业	118	11269235.4	23399038.9	1131656.0	350545.2
市政公用工业	450	13483866.9	28389287.4	177486.8	45412.1
其他工业	155	3798036.5	7066457.6	30731.3	61139.5
三、建筑业	340	4385270.0	23677523.7	57678.2	68852.9
四、地质勘查及水利业	8	16234.6	27145.4	17336.1	18869.8
五、交通运输业	134	18015559.7	46515077.7	6945.4	6864.2
其中:铁路运输业	3	26310.7	169662.2	—321641.4	97018.7
道路运输业	112	17858413.9	46133343.0	7755.1	6728.0

续表

行　业	户数(户)	年末国有资产总量(万元)	资产总额(万元)	人均净利润(元/人)	人均税费(元/人)
水上运输业	2	58833.2	68623.0	—107430.0	0.0
航空运输业	2	51765.3	54658.2	—889254.0	11342.4
六、仓储业	104	257428.0	1339898.3	23292.7	36103.6
七、邮电通信业	5	—784.7	30332.0	78101.4	47121.9
八、批发和零售业	1171	6063912.0	25823112.4	36671.2	74612.8
九、房地产业	1494	50824753.6	225276718.6	471856.5	390106.1
十、信息技术服务业	112	441922.4	2090559.5	50502.6	40981.7
十一、社会服务业	1423	60055432.7	151279820.8	170108.0	44013.4
十二、卫生体育福利业	69	563081.6	2919133.7	—98318.4	7258.8
十三、教育文化广播业	186	1072260.0	1482297.3	35688.8	21329.3
十四、科学研究和技术	242	1201847.3	4306244.6	80562.8	49337.1
十五、金融业	49	3842274.9	16192942.9	684186.9	279949.5
十六、其他	3	727.9	10360.0	—13632.7	69151.4

注：人均利润＝利润总额/全年平均职工人数；人均税费＝已交税费总额/全年平均职工人数。

2015年天津市国有企业主要指标表

行　业	户数(户)	年末国有资产总量(万元)	资产总额(万元)	人均净利润(元/人)	人均税费(元/人)
合　并	4137	110083584.3	578662067.2	99379.6	95952.4
合　计	4137	202265383.0	754754144.9	125988.2	93906.5
一、农林牧渔业	74	353275.8	1359114.8	32644.1	7743.2
其中：农业	35	193071.4	853820.8	27900.4	12592.6
林业	2	1981.5	3533.0	—5779.2	39102.7
畜牧业	13	86358.5	279755.6	45042.0	2908.0
渔业	8	52059.4	157242.0	44037.2	3293.1
二、工业	860	20884866.2	77051168.9	25495.3	35621.1
其中：煤炭工业	1	130455.1	404343.6	27524.2	39618.2
石油和石化工业	1	1275.3	9826.8	0.0	0.0

续表

行　业	户数(户)	年末国有资产总量(万元)	资产总额(万元)	人均净利润(元/人)	人均税费(元/人)
冶金工业	47	7680439.4	34217269.7	—1542.3	13544.3
建材工业	42	191294.2	715733.5	—61169.6	25874.8
化学工业	107	3472382.3	10322968.0	4675.2	23457.7
森林工业	6	6405.2	19677.5	—28313.2	13054.8
食品工业	46	165285.3	607964.9	50767.8	49526.8
烟草工业					
纺织工业	25	319044.8	1442037.5	4298.1	12003.8
医药工业	39	1242394.1	5292068.3	118091.2	91737.2
机械工业	212	1040042.3	4398780.1	903.5	19083.7
电子工业	54	995114.3	3636223.1	30798.8	17166.1
电力工业	33	538873.5	2360354.6	—55332.3	139184.8
市政公用工业	143	3251551.1	10261334.0	48400.4	77892.3
其他工业	99	1819179.9	3302194.1	36675.7	30749.2
三、建筑业	282	9045323.4	38447719.7	70553.3	86385.4
四、地质勘查及水利业	10	248722.7	334579.0	106011.0	35745.4
五、交通运输业	236	29020540.2	60457304.0	34118.9	40046.7
其中:铁路运输业	2	18955.6	20031.8	305889.7	114299.6
道路运输业	129	22733496.6	43446318.4	—35425.9	14150.3
水上运输业	22	3931321.4	12268399.7	227454.1	148268.8
航空运输业	1	—3.8	1066.6	0.0	0.0
六、仓储业	118	998079.5	3419020.0	64354.7	93285.9
七、邮电通信业	2	1184.3	4997.1	—3397.7	1025.7
八、批发和零售业	832	11553955.0	61618710.9	134269.1	213456.4
九、房地产业	681	28821497.4	117781693.3	166927.7	354872.9
十、信息技术服务业	44	80346.0	191532.8	65837.4	41463.5
十一、社会服务业	645	88362780.7	203221250.5	249094.6	103185.4
十二、卫生体育福利业	18	328394.5	1873600.2	—1044114.0	128807.1
十三、教育文化广播业	66	131958.0	508610.7	—96140.7	12770.1
十四、科学研究和技术	213	875939.9	2087873.3	57265.9	35779.6
十五、金融业	39	11533050.9	186332793.9	922717.1	345132.3
十六、其他	17	25468.2	64175.9	—323.9	42085.2

2015 年河北省国有企业主要指标表

行　业	户数(户)	年末国有资产总量(万元)	资产总额(万元)	人均利润(元/人)	人均税费(元/人)
合　并	1618	22525368.6	135259441.7	18601.3	48786.9
合　计	1618	59822766.3	212304645.9	33416.8	49006.0
一、农林牧渔业	20	88550.5	211784.6	－52486.4	5044.7
其中:农业	9	74810.2	171932.1	－192598.4	8920.9
林业	1	497.8	604.7	－67876.8	1221.7
畜牧业	6	13157.4	31637.1	11935.4	3212.1
渔业	1	1436.4	2650.7	8886.0	1906.9
二、工业	663	28916076.2	112265514.0	－6305.8	36289.4
其中:煤炭工业	113	7651378.4	30895517.2	－32929.8	36363.9
石油和石化工业	1	4183.1	13023.6	102345.6	34874.7
冶金工业	66	13342266.7	50679700.3	4146.2	26731.8
建材工业	157	2021401.2	10744901.5	－78984.8	32924.4
化学工业	46	1518612.0	4650071.5	1383.9	39745.6
森林工业	8	－2869.7	38652.2	10765.3	13605.9
食品工业	28	394660.4	1653650.9	15643.9	16127.3
烟草工业					
纺织工业					
医药工业	22	679551.0	2759084.9	23779.6	19375.3
机械工业	81	733631.2	2908724.4	－1220.7	27041.8
电子工业	2	34825.7	66250.5	4883.7	35065.4
电力工业	58	1953664.4	6042165.2	359594.7	214797.6
市政公用工业	50	442462.9	1335677.8	29551.7	75972.6
其他工业	28	108954.8	305548.1	－25905.4	15265.3
三、建筑业	66	1085238.6	4220800.9	13310.8	72819.4
四、地质勘查及水利业	2	282.3	1540.4	24662.6	21081.4
五、交通运输业	109	7579363.0	15034283.8	100198.0	44852.4
其中:铁路运输业	8	346011.0	594166.8	18462.4	42541.2
道路运输业	40	1254041.1	4192927.5	－67757.1	8972.6
水上运输业	16	2626015.9	3984662.7	538400.2	38915.7

续表

行　业	户数(户)	年末国有资产总量(万元)	资产总额(万元)	人均利润(元/人)	人均税费(元/人)
航空运输业	6	422751.7	537755.3	－132446.1	25124.9
六、仓储业	40	701997.7	4065739.2	528411.2	300060.3
七、邮电通信业					
八、批发和零售业	318	2094063.5	13430533.1	82304.6	44545.2
九、房地产业	101	843541.1	3687749.6	144739.8	136948.6
十、信息技术服务业	11	15250.5	48996.8	36560.2	25894.9
十一、社会服务业	216	16144167.5	35229803.4	257938.6	154332.0
十二、卫生体育福利业	3	7471.2	12159.0	－865.8	1115.0
十三、教育文化广播业	6	13227.0	28077.3	85663.5	22451.6
十四、科学研究和技术	46	124316.4	313576.2	41060.6	14275.2
十五、金融业	17	2209220.8	23754087.5	1145566.0	410610.7
十六、其他					

2015 年山西省国有企业主要指标表

行　业	户数(户)	年末国有资产总量(万元)	资产总额(万元)	人均利润(元/人)	人均税费(元/人)
合　并	3691	28016971.7	214213113.2	－4093.2	41758.3
合　计	3691	81225879.1	362540074.6	976.6	41895.2
一、农林牧渔业	59	119437.1	201423.8	－13175.7	8576.0
其中：农业	37	62166.6	131225.9	－10937.4	8319.0
林业	4	2593.0	5989.2	－4584.8	4140.5
畜牧业	7	25336.4	31719.1	－59998.4	34213.3
渔业					
二、工业	1503	49114574.4	239810746.2	－4780.0	42898.6
其中：煤炭工业	534	28334024.7	154358222.5	－7902.6	47611.0
石油和石化工业	18	446793.1	2046311.7	－9393.5	54306.7
冶金工业	50	5335279.9	18760613.6	－79112.9	27943.7
建材工业	62	455218.2	1680834.5	－27295.6	11121.4

续表

行业	户数(户)	年末国有资产总量(万元)	资产总额(万元)	人均利润(元/人)	人均税费(元/人)
化学工业	187	4225439.7	23505525.2	－6922.8	14194.1
森林工业	3	2308.8	5882.3	－80341.6	13269.0
食品工业	30	23179.0	173436.2	－1350.4	11891.6
烟草工业					
纺织工业	6	－13451.2	73487.7	－7697.1	3308.4
医药工业	8	42921.9	311451.3	129501.8	75067.9
机械工业	259	2148549.0	10581540.2	8727.5	22155.3
电子工业	13	24038.2	178954.9	－1658.8	2639.0
电力工业	96	5161867.6	17971173.7	210509.3	155591.1
市政公用工业	143	1730819.0	6492895.3	58141.2	31930.7
其他工业	88	1186056.6	3585133.9	15546.9	74230.5
三、建筑业	171	2516907.5	13803496.7	15447.9	37913.5
四、地质勘查及水利业	12	1525373.3	2021977.7	140744.7	18729.6
五、交通运输业	211	5156970.0	14006951.5	－11749.4	25688.7
其中:铁路运输业	29	621459.5	1656049.7	2613.3	35250.8
道路运输业	148	4292090.6	11464432.2	－16672.7	21836.6
水上运输业	1	21221.9	200415.3	－2357975.6	3382.9
航空运输业	2	19245.9	71507.2	－51645.6	817.7
六、仓储业	32	103408.7	290974.7	－7814.8	11660.9
七、邮电通信业	3	9638.9	32229.1	－34614.2	13683.5
八、批发和零售业	987	10842349.3	54414495.6	－32214.1	42628.8
九、房地产业	190	1286554.3	8564476.7	115112.6	120029.9
十、信息技术服务业	24	27930.9	44976.7	－26039.0	13230.0
十一、社会服务业	343	8778941.3	17996586.2	123060.9	12625.9
十二、卫生体育福利业	8	9459.1	27533.8	2.9	908.4
十三、教育文化广播业	16	5151.7	38618.9	－19069.9	7697.9
十四、科学研究和技术	117	258918.5	525535.4	53782.0	26294.1
十五、金融业	14	1469836.3	10751784.1	5344811.3	1760360.5
十六、其他	1	427.7	8267.6	3.2	0.0

2015 年内蒙古自治区国有企业主要指标表

行　业	户数(户)	年末国有资产总量（万元）	资产总额（万元）	人均利润（元/人）	人均税费（元/人）
合　并	436	21785200.1	60657479.0	－25726.1	36608.3
合　计	436	32371221.4	79351974.2	67998.8	35301.6
一、农林牧渔业	48	644090.7	2553959.9	－127.2	369.5
其中:农业					
林业	25	527015.6	2208629.2	－10.4	353.9
畜牧业	1	239.1	1361.6	0.0	0.0
渔业	1	－18.8	7544.0	－3077.0	744.3
二、工业	134	15355122.2	42396820.4	136165.7	58764.3
其中:煤炭工业	7	27950.5	150871.3	－386699.1	621053.5
石油和石化工业					
冶金工业	50	8408142.6	25171389.5	245272.1	56595.7
建材工业	9	120523.1	544578.0	－30186.3	45224.8
化学工业	4	86203.9	160271.5	1748.4	31020.4
森林工业					
食品工业	1	2334.8	2737.6	－32903.1	2438.3
烟草工业					
纺织工业					
医药工业					
机械工业	9	61359.1	198316.7	－40139.0	24168.4
电子工业					
电力工业	23	4980600.8	13006797.0	29254.1	79084.8
市政公用工业	22	650389.7	1919293.7	－19644.0	7107.9
其他工业	9	1017617.9	1242565.1	－980.0	13945.0
三、建筑业	31	2597157.7	4703239.0	19314.3	45727.5
四、地质勘查及水利业	5	1233180.2	2626411.4	464911.3	204034.8

续表

行　业	户数(户)	年末国有资产总量(万元)	资产总额(万元)	人均利润(元/人)	人均税费(元/人)
五、交通运输业	49	1924587.2	3707431.2	−15447.1	26496.2
其中:铁路运输业	2	51605.7	53646.1	−1303.5	7707.4
道路运输业	14	954216.3	1732318.4	−24532.0	4380.2
水上运输业					
航空运输业	31	674112.4	1240874.6	−116236.8	28977.8
六、仓储业	9	7811.4	114707.9	26174.2	4896.1
七、邮电通信业	2	7284.7	12509.0	26.3	25372.4
八、批发和零售业	33	159796.9	978332.6	−229128.2	45587.8
九、房地产业	18	475525.2	2206528.4	11345.4	86326.3
十、信息技术服务业	3	6643.9	68063.3	−11096.3	14975.8
十一、社会服务业	68	9148714.5	17274257.6	186505.8	97249.9
十二、卫生体育福利业	6	26632.0	89105.4	−17251.8	1868.2
十三、教育文化广播业	6	12475.8	16821.1	73082.9	8516.9
十四、科学研究和技术	14	257593.3	367702.8	143257.5	72216.4
十五、金融业	8	476596.1	2150053.6	1080932.0	374703.9
十六、其他	2	38009.7	86030.6	170346.8	62870.4

2015年辽宁省国有企业主要指标表

行　业	户数(户)	年末国有资产总量(万元)	资产总额(万元)	人均利润(元/人)	人均税费(元/人)
合　并	1706	31400947.6	128980094.0	505.8	55181.1
合　计	1706	61012991.1	187581942.8	4428.3	55308.3
一、农林牧渔业	38	145716.8	530261.0	−23080.6	6845.7
其中:农业	15	13268.4	71086.8	11208.1	1422.8
林业	4	8821.2	46093.5	−51163.4	0.8
畜牧业	6	11302.8	23424.8	86905.8	8236.9
渔业	2	−14455.3	29733.0	−245318.1	8230.6
二、工业	548	23669734.9	90093591.1	−6937.7	61866.2

续表

行　业	户数(户)	年末国有资产总量(万元)	资产总额(万元)	人均利润(元/人)	人均税费(元/人)
其中:煤炭工业	32	3407491.9	9689102.3	-24211.4	23435.3
石油和石化工业	4	51620.3	272214.5	-76970.6	4599.3
冶金工业	68	9030602.5	33161002.5	-80481.2	20339.5
建材工业	27	107362.1	585742.2	-105176.1	33081.9
化学工业	35	376176.8	2090618.7	-18299.6	9851.6
森林工业	1	21.4	133.0	1130.6	32068.1
食品工业	11	25335.2	47889.1	-20635.7	23782.5
烟草工业					
纺织工业	1	328.4	13086.9	-27739.5	0.0
医药工业	12	235610.1	1313788.2	22333.9	28154.3
机械工业	224	7008447.4	33436228.9	90770.6	183486.0
电子工业	15	16033.3	246367.4	30854.2	12298.9
电力工业	26	515489.9	2095116.3	9450.5	46076.6
市政公用工业	62	2366867.6	5822873.5	-6920.4	4559.0
其他工业	29	528067.5	1319147.0	-319765.2	16894.7
三、建筑业	99	595474.2	2857712.0	9880.3	34230.3
四、地质勘查及水利业	2	146.5	286.1	-171777.8	18300.2
五、交通运输业	157	14555954.8	35284816.8	32833.5	23901.5
其中:铁路运输业	2	25601.0	96334.2	21153.7	21021.7
道路运输业	73	2716307.5	5830012.6	-12631.6	5822.5
水上运输业	17	1276374.1	5504573.9	111434.0	57976.6
航空运输业	10	739287.2	1301293.2	-23864.5	20701.5
六、仓储业	28	176076.3	644524.1	21293.9	33491.3
七、邮电通信业	1	610.3	6670.5	81881.6	55729.3
八、批发和零售业	285	1287589.1	11226899.1	-1445.6	66291.7
九、房地产业	112	923462.8	5859112.2	-46733.5	32031.3
十、信息技术服务业	16	24808.8	91838.8	29576.7	36410.0
十一、社会服务业	277	18464671.4	38436506.9	298622.6	44814.2
十二、卫生体育福利业	13	18551.5	100679.6	838.0	373.1
十三、教育文化广播业	44	374653.1	583918.1	7584.5	14885.0
十四、科学研究和技术	73	75129.7	186520.3	20948.6	23232.4
十五、金融业	13	700411.1	1678606.0	567372.7	191747.3
十六、其他					

2015年大连市国有企业主要指标表

行　业	户数(户)	年末国有资产总量(万元)	资产总额(万元)	人均利润(元/人)	人均税费(元/人)
合　并	414	10217148.4	28727020.5	22657.9	40123.5
合　计	414	17119240.1	42124077.7	41940.2	40123.5
一、农林牧渔业	17	18574.6	56121.0	67923.8	10719.2
其中:农业	11	8234.6	20752.4	73764.1	18098.8
林业					
畜牧业	5	10631.0	22468.9	111766.4	9042.0
渔业					
二、工业	140	3884146.7	13199024.8	8731.8	41618.0
其中:煤炭工业					
石油和石化工业					
冶金工业	2	3274.7	36720.4	501449.0	233872.0
建材工业	4	54317.6	223579.1	—130099.5	53815.1
化学工业	24	302723.7	1783240.4	—46227.6	6770.7
森林工业					
食品工业	2	13004.5	16755.9	—25485.5	41669.5
烟草工业					
纺织工业					
医药工业	1	—954.2	0.0	0.0	0.0
机械工业	88	2461763.7	9184072.1	26869.9	53125.6
电子工业	2	11463.4	54786.2	86539.9	13206.5
电力工业	2	25576.5	176288.2	13337.6	28222.1
市政公用工业	14	597019.0	1235163.7	—36126.9	18827.1
其他工业	1	415957.7	488418.8	2780.0	15899.4
三、建筑业	27	156690.5	733437.8	24286.9	53043.4
四、地质勘查及水利业					
五、交通运输业	73	6481805.9	14466903.5	48334.1	26895.5
其中:铁路运输业					
道路运输业	41	1075464.7	1551243.1	—14504.0	2974.2
水上运输业	12	1150501.1	5118657.9	103981.2	59214.8

续表

行 业	户数(户)	年末国有资产总量(万元)	资产总额(万元)	人均利润(元/人)	人均税费(元/人)
航空运输业	3	356243.4	475422.0	—3110.1	22761.6
六、仓储业	1	1265.3	3862.6	—119749.8	37927.8
七、邮电通信业	1	610.3	6670.5	81881.6	55729.3
八、批发和零售业	40	43243.2	1157726.2	215695.3	57595.8
九、房地产业	16	257412.4	864226.1	—106424.1	181018.9
十、信息技术服务业	3	11884.3	44951.1	59874.8	47014.9
十一、社会服务业	81	6209260.7	11510001.6	1268871.5	217804.8
十二、卫生体育福利业	2	5173.0	20037.4	1084.7	0.0
十三、教育文化广播业	3	142.2	493.3	—79621.6	5827.9
十四、科学研究和技术	7	2727.3	18299.7	—44007.3	16044.7
十五、金融业	3	46303.9	42322.2	754331.6	418356.2
十六、其他					

2015 年吉林省国有企业主要指标表

行 业	户数(户)	年末国有资产总量(万元)	资产总额(万元)	人均利润(元/人)	人均税费(元/人)
合 并	599	20091709.6	61417901.8	41112.9	26669.3
合 计	599	37882015.9	82710446.4	45990.6	26669.3
一、农林牧渔业	55	1197777.7	3658605.8	18840.6	3225.0
其中:农业	6	410688.7	455420.0	30173.9	7778.4
林业	23	707433.2	2999464.7	19369.6	2814.1
畜牧业	6	15000.6	70443.1	309.5	2570.6
渔业					
二、工业	180	5069716.3	16984185.1	—58614.9	17557.4
其中:煤炭工业	22	1171911.5	3272389.0	—16775.7	8095.5
石油和石化工业	2	24386.9	48819.8	—207289.4	4672.3
冶金工业	26	1150628.8	6112943.0	—661502.5	32139.1

续表

行　业	户数(户)	年末国有资产总量(万元)	资产总额(万元)	人均利润(元/人)	人均税费(元/人)
建材工业	9	49146.1	127229.6	187897.8	198758.7
化学工业	13	186136.5	895726.0	—5068.5	21092.7
森林工业	22	491812.4	1288365.0	55945.2	29166.7
食品工业	9	20456.5	223563.0	—20306.1	14217.9
烟草工业					
纺织工业	1	2411.6	19148.7	—170906.4	23513.1
医药工业	1	5490.2	11656.0	—51020.6	136854.9
机械工业	19	268961.1	1177137.5	50040.0	34855.5
电子工业	2	5044.7	10941.5	—6450.5	15175.9
电力工业	1	3465.7	28149.1	—36621.7	212626.9
市政公用工业	37	1239564.1	2523028.4	—24309.2	16085.1
其他工业	16	450300.1	1245088.3	—105029.3	15978.5
三、建筑业	40	15554386.6	23990201.8	3054612.5	73346.6
四、地质勘查及水利业	1	2915.1	6085.0	71506.9	138267.8
五、交通运输业	12	1509250.1	4362838.8	—54509.4	18460.7
其中:铁路运输业	9	1507916.4	4361272.3	—54763.7	18397.2
道路运输业	1	1062.5	1278.6	1161185.3	414119.9
水上运输业					
航空运输业	1	69.7	69.7	41374.0	4144.0
六、仓储业	19	2517570.8	4175216.2	—246090.3	484682.4
七、邮电通信业	1	65.8	88.8	3227.1	2142.6
八、批发和零售业	78	675382.7	4064823.0	92543.2	82587.5
九、房地产业	52	501607.2	3800193.0	153872.2	175892.5
十、信息技术服务业	11	4732.2	8357.7	—89860.8	7888.4
十一、社会服务业	81	9660810.0	19038829.8	1428339.5	246899.4
十二、卫生体育福利业	5	1311.7	16675.3	—50987.0	160.0
十三、教育文化广播业	6	—960.4	2009.9	—69609.9	3915.9
十四、科学研究和技术	21	32468.2	635271.5	—11401.6	28675.6
十五、金融业	37	1154982.1	1967064.6	1485184.2	413817.4
十六、其他					

2015年黑龙江省国有企业主要指标表

行　业	户数(户)	年末国有资产总量（万元）	资产总额（万元）	人均利润（元/人）	人均税费（元/人）
合　并	1073	34812076.5	71375789.5	—2427.4	18740.6
合　计	1073	42618679.1	89828225.4	1330.1	18738.0
一、农林牧渔业	26	69606.5	153136.6	—45698.4	3619.0
其中：农业	7	23996.5	30021.8	40250.7	2192.5
林业	10	25730.5	39474.4	—66111.3	1632.9
畜牧业	1	373.8	373.8	—265286.4	44918.9
渔业	1	4822.1	5198.2	—101825.9	19673.8
二、工业	271	5470572.1	22337011.0	—11785.8	9999.9
其中：煤炭工业	30	3084441.7	12495665.0	—21962.4	5066.8
石油和石化工业	1	11833.4	16753.8	102032.0	9563.9
冶金工业					
建材工业	7	924.5	107275.8	—9808.1	22312.7
化学工业	24	—114566.2	191485.8	—11954.7	17102.9
森林工业	1	—12.9	75.4	0.0	0.0
食品工业	8	—3586.6	32832.7	—82943.3	5772.0
烟草工业					
纺织工业					
医药工业	19	1126673.3	2743539.7	80391.2	46630.5
机械工业	84	188621.8	2155829.8	—24679.0	8210.8
电子工业	8	44129.1	115007.9	7229.4	12599.3
电力工业	15	298201.1	896815.8	28194.4	50157.4
市政公用工业	40	606029.7	2909193.0	—9581.3	8297.4
其他工业	28	196946.5	589873.6	44993.4	41134.4
三、建筑业	131	753324.0	5460183.9	5076.1	43255.9
四、地质勘查及水利业	10	2680477.7	4433676.7	58913.0	42410.8
五、交通运输业	78	1651613.0	4038323.5	—32182.9	8680.8
其中：铁路运输业	8	113676.8	216106.8	—45390.2	3903.8
道路运输业	25	1072501.4	3007554.2	—40144.3	5568.7

续表

行　业	户数(户)	年末国有资产总量(万元)	资产总额(万元)	人均利润(元/人)	人均税费(元/人)
水上运输业	25	71737.4	113408.1	—20387.7	3731.5
航空运输业	17	390106.8	694969.3	11855.3	31081.7
六、仓储业	11	—5527.3	44168.3	—58301.6	49139.4
七、邮电通信业					
八、批发和零售业	230	—28195.8	2114973.9	33721.7	56296.8
九、房地产业	100	5384495.7	12239866.7	104817.2	249209.4
十、信息技术服务业	2	—6230.1	17861.9	—104200.1	8763.9
十一、社会服务业	148	24607208.6	34674911.6	123263.1	29662.0
十二、卫生体育福利业	5	883.9	12159.5	—102552.1	4156.8
十三、教育文化广播业	4	7775.6	50324.6	—1495.2	5466.4
十四、科学研究和技术	42	70350.1	93492.7	11700.7	15770.9
十五、金融业	14	1962400.7	4156917.4	950398.4	285773.6
十六、其他	1	—75.4	1212.2	0.0	0.0

2015年上海市国有企业主要指标表

行　业	户数(户)	年末国有资产总量(万元)	资产总额(万元)	人均利润(元/人)	人均税费(元/人)
合　并	9400	158412783.4	579714864.7	150649.4	126104.5
合　计	9400	378169303.1	1002016187.5	261939.3	125627.6
一、农林牧渔业	219	1844694.2	4433486.5	40028.2	8629.6
其中:农业	83	737961.8	1733202.0	114914.1	7252.3
林业	14	223622.4	377498.3	—36168.8	44207.3
畜牧业	60	338802.1	1077804.3	43278.2	5366.0
渔业	23	452429.9	905671.8	—42822.6	8862.5
二、工业	1308	50684201.3	122290947.6	260076.0	97874.7
其中:煤炭工业	3	7328.4	137960.4	—6153529.4	1783238.9
石油和石化工业	2	266224.7	356272.1	—1007829.5	428055.0
冶金工业	19	—25675.1	637317.2	—23103.7	34077.1

续表

行业	户数(户)	年末国有资产总量(万元)	资产总额(万元)	人均利润(元/人)	人均税费(元/人)
建材工业	80	727522.4	3292545.2	21415.3	90971.7
化学工业	136	3696631.9	7504848.8	19194.7	57547.9
森林工业	6	2040.4	31749.6	—66964.1	385540.5
食品工业	141	2172806.8	7579793.2	59860.9	71396.3
烟草工业	1	108386.7	328009.2	1992586.7	361674.7
纺织工业	29	177804.4	515714.8	21628.4	25172.4
医药工业	90	4762638.8	6651621.6	231646.0	88325.9
机械工业	350	25592277.8	66805273.0	389894.3	110631.3
电子工业	38	760485.1	2223409.9	188178.8	141496.0
电力工业	38	2394204.4	6156517.7	1626981.1	474067.3
市政公用工业	157	9040766.3	17058679.5	83138.4	78624.6
其他工业	210	962681.9	2893281.0	213508.7	72628.9
三、建筑业	529	10499223.3	50967327.0	129284.0	151831.1
四、地质勘查及水利业	11	1134759.2	2416944.4	7769.8	17164.0
五、交通运输业	424	51342991.2	81437749.0	105395.6	50015.5
其中:铁路运输业	2	16685.9	34677.5	330548.1	306177.6
道路运输业	263	38579908.9	59113784.5	—21981.5	25224.5
水上运输业	49	6921746.8	13142532.7	773144.1	185501.1
航空运输业	13	4751753.1	7368394.3	429914.1	103948.0
六、仓储业	152	1051700.7	2485539.9	58390.3	33181.3
七、邮电通信业	3	158329.6	345849.9	472344.1	174880.9
八、批发和零售业	1818	14121842.2	58652661.3	124782.9	134758.6
九、房地产业	2534	85224379.1	356798212.1	655168.0	442047.3
十、信息技术服务业	97	998486.7	3810771.8	177973.2	60913.8
十一、社会服务业	1877	153181443.7	275083623.1	475529.1	70005.2
十二、卫生体育福利业	32	3434.9	315851.0	—285001.9	48275.3
十三、教育文化广播业	95	126846.9	381853.7	62661.8	23631.3
十四、科学研究和技术	245	2738174.0	6744297.8	146256.0	64538.5
十五、金融业	56	5058796.1	35851072.5	2020353.2	538037.6
十六、其他					

2015年浙江省国有企业主要指标表

行　业	户数(户)	年末国有资产总量(万元)	资产总额(万元)	人均利润(元/人)	人均税费(元/人)
合　并	4313	90728397.3	351953681.0	88678.5	89063.3
合　计	4313	158251428.4	464696612.6	141857.6	88207.8
一、农林牧渔业	89	528158.7	1756060.7	106975.9	32044.4
其中:农业	30	94447.7	560720.2	160794.2	69021.3
林业	31	47323.3	322016.9	49097.5	12504.5
畜牧业	4	4625.4	18411.0	87920.6	7546.0
渔业	4	44492.7	182912.0	14996.6	559.1
二、工业	667	20230642.1	48824229.2	122110.2	88942.8
其中:煤炭工业	2	102592.8	140915.4	-35511.4	26233.0
石油和石化工业					
冶金工业	30	1602322.1	5092388.5	-134022.5	53052.4
建材工业	29	83640.7	482765.5	12266.5	60843.2
化学工业	110	2353830.0	7852342.8	48445.4	72148.8
森林工业	1	457.8	1619.6	51218.4	49228.3
食品工业	41	133049.7	422274.7	31891.6	24382.3
烟草工业					
纺织工业	10	42462.2	97623.1	60997.8	27070.9
医药工业	13	174150.5	278397.3	114124.0	67682.0
机械工业	94	1496009.9	4525325.7	21065.9	46542.1
电子工业	16	168598.4	380509.8	112157.4	32167.3
电力工业	77	8344414.3	14910004.3	985170.9	367241.4
市政公用工业	168	5164705.6	13030096.5	85695.8	80459.5
其他工业	66	566096.2	1500360.9	39730.6	38316.5
三、建筑业	168	2686804.0	11782108.9	66384.4	88984.0
四、地质勘查及水利业	29	2152410.1	4341810.8	70705.3	34604.1
五、交通运输业	366	27184431.2	60089798.7	76102.9	33152.7
其中:铁路运输业	7	366287.8	487783.5	65760.8	47253.5
道路运输业	210	17599064.1	44028164.7	49467.1	25846.2

续表

行　业	户数(户)	年末国有资产总量(万元)	资产总额(万元)	人均利润(元/人)	人均税费(元/人)
水上运输业	60	907849.1	3002120.8	—128971.4	62257.6
航空运输业	17	1149971.4	2462129.3	34882.9	36485.8
六、仓储业	96	678185.4	2215131.1	134249.8	49571.9
七、邮电通信业					
八、批发和零售业	999	6493092.4	25654381.4	179855.3	142974.2
九、房地产业	568	13301056.5	59672368.6	—50429.4	323926.9
十、信息技术服务业	45	137375.7	393647.6	64282.8	32267.2
十一、社会服务业	978	78645369.1	173611881.1	269844.1	63132.5
十二、卫生体育福利业	16	88614.1	148932.0	—30843.6	4758.4
十三、教育文化广播业	94	1338550.0	2159190.1	38864.3	9533.5
十四、科学研究和技术	153	518651.9	1372634.0	34591.2	38578.0
十五、金融业	42	3882467.5	72115490.1	564925.4	231255.1
十六、其他	3	385619.9	558943.3	614693.9	377150.1

2015年宁波市国有企业主要指标表

行　业	户数(户)	年末国有资产总量(万元)	资产总额(万元)	人均利润(元/人)	人均税费(元/人)
合　并	712	25031110.6	87601228.1	676.4	60566.1
合　计	712	35534762.6	105423406.8	49809.3	60566.1
一、农林牧渔业	16	203690.9	617923.4	—29172.8	26017.1
其中:农业	6	7791.8	104156.9	—97936.3	20566.4
林业	3	7080.0	80959.0	—31793.2	12017.8
畜牧业					
渔业	1	5299.4	119645.8	—12598683.0	576.0
二、工业	62	1474562.7	4279822.3	80357.3	77572.4
其中:煤炭工业					
石油和石化工业					
冶金工业					

续表

行　业	户数(户)	年末国有资产总量(万元)	资产总额(万元)	人均利润(元/人)	人均税费(元/人)
建材工业	6	39634.9	165913.4	105702.7	124432.4
化学工业	2	13511.6	63123.4	－25949.2	32661.7
森林工业					
食品工业	4	9787.2	24186.3	83832.2	25635.2
烟草工业					
纺织工业					
医药工业					
机械工业					
电子工业	1	152.1	309.2	－89906.5	9436.5
电力工业	14	91370.0	276797.9	162327.6	118800.0
市政公用工业	32	1310346.6	3717215.3	75904.4	74964.4
其他工业	3	9760.3	32276.7	55308.7	16495.0
三、建筑业	37	754796.2	2838922.8	9452.2	66236.2
四、地质勘查及水利业	16	1494884.4	3148631.9	97087.1	38800.3
五、交通运输业	45	2688813.2	8564902.5	5143.7	8793.2
其中：铁路运输业	1	914.7	4004.7	－52258.4	1173.3
道路运输业	36	2501407.6	8266050.3	7996.5	7575.8
水上运输业	2	15000.4	31122.4	42199.7	29253.2
航空运输业	1	109786.7	149816.5	－22630.4	21140.5
六、仓储业	12	71327.3	253738.8	5864.4	10701.6
七、邮电通信业					
八、批发和零售业	59	206603.0	617889.2	67247.2	50657.1
九、房地产业	105	6522692.0	22907319.3	－224675.3	237464.8
十、信息技术服务业	12	17881.3	22415.1	－14673.6	20076.4
十一、社会服务业	267	21393389.3	60765708.8	200829.7	68321.1
十二、卫生体育福利业	5	56577.6	100492.1	－44816.6	5214.6
十三、教育文化广播业	47	507243.6	890674.9	26416.1	14212.9
十四、科学研究和技术	27	98419.7	351224.4	30631.7	26104.6
十五、金融业	2	43881.6	63741.2	619416.0	288318.8
十六、其他					

2015 年江苏省国有企业主要指标表

行　业	户数(户)	年末国有资产总量(万元)	资产总额(万元)	人均利润(元/人)	人均税费(元/人)
合　并	3463	131146464.8	442036073.4	129074.3	96394.3
合　计	3463	198260125.7	528733199.9	162440.1	96394.3
一、农林牧渔业	141	2357988.1	4268644.6	20396.4	3076.6
其中:农业	82	954163.0	1979939.0	14283.0	2260.6
林业	6	8335.7	172114.4	—44422.3	76470.0
畜牧业	7	10878.8	16755.5	—13082.9	1399.1
渔业	13	138721.5	281656.7	18360.7	6278.7
二、工业	685	20444055.1	62023933.1	87849.8	105186.8
其中:煤炭工业	42	3137327.0	7865638.9	—15800.3	40715.2
石油和石化工业	2	9189.8	65387.3	—457609.8	156595.4
冶金工业	19	184357.1	571381.6	—63298.2	14574.0
建材工业	29	187977.7	807379.0	—14537.2	58661.5
化学工业	53	1555474.1	4944900.6	64929.4	54701.6
森林工业					
食品工业	32	279275.0	974447.2	23101.8	67274.6
烟草工业					
纺织工业	39	425233.7	1309067.4	—4185.5	24217.9
医药工业	15	362101.8	1485666.1	256108.8	208091.0
机械工业	155	6630870.2	21047094.6	54329.0	137571.9
电子工业	22	182165.5	745035.0	42304.3	21803.8
电力工业	63	2772017.5	7271415.0	683553.6	310940.7
市政公用工业	64	2681091.2	7833637.4	164775.9	95689.2
其他工业	140	2057659.9	6786030.9	190298.1	149335.2
三、建筑业	171	10007577.2	26468002.2	29693.7	60351.7
四、地质勘查及水利业	8	4508234.9	6507871.4	—14715.1	72978.7
五、交通运输业	318	34007734.9	83665926.9	118476.8	34759.9
其中:铁路运输业	4	1196754.4	1694738.4	176467.4	52790.2
道路运输业	169	27578791.3	69742522.3	147710.0	38636.3

续表

行　业	户数(户)	年末国有资产总量(万元)	资产总额(万元)	人均利润(元/人)	人均税费(元/人)
水上运输业	34	801282.4	1712875.3	2060.8	4088.9
航空运输业	30	1786248.9	3144802.5	—18849.5	41954.7
六、仓储业	39	1160636.8	2431195.9	102579.4	38909.7
七、邮电通信业					
八、批发和零售业	599	2529751.3	13446946.8	—126179.2	133296.4
九、房地产业	397	16930762.7	56757697.3	267744.8	218547.8
十、信息技术服务业	43	195865.9	648240.9	21520.0	33323.4
十一、社会服务业	764	89131082.5	194634373.7	507132.7	122534.6
十二、卫生体育福利业	25	207724.5	493431.5	20380.4	15414.0
十三、教育文化广播业	76	974608.7	1766096.4	4079.7	15925.3
十四、科学研究和技术	72	2240304.4	5113096.9	93626.0	52178.2
十五、金融业	122	13561255.8	70503056.2	1701217.4	541856.2
十六、其他	3	2542.9	4686.2	—4766.4	0.0

2015 年安徽省国有企业主要指标表

行　业	户数(户)	年末国有资产总量(万元)	资产总额(万元)	人均利润(元/人)	人均税费(元/人)
合　并	2928	109036015.1	318433704.2	71313.3	66746.4
合　计	2928	155897602.3	380929739.7	88910.5	65130.9
一、农林牧渔业	159	2879671.1	3927109.1	5865.2	2814.8
其中:农业	95	2815019.7	3770175.6	5777.2	2360.6
林业	21	16806.7	63230.5	—11769.2	2371.3
畜牧业	7	1807.5	5631.2	1191.7	21.2
渔业	12	588.3	6018.3	—3411.2	65.5
二、工业	570	29744032.9	94760257.8	24572.5	58895.0
其中:煤炭工业	40	6972897.6	27763084.3	—33933.0	29387.3
石油和石化工业	2	4954.6	5866.9	—540017.7	6429.0
冶金工业	60	6687234.5	19449048.2	—74215.2	59045.5

续表

行　业	户数(户)	年末国有资产总量(万元)	资产总额(万元)	人均利润(元/人)	人均税费(元/人)
建材工业	31	2804151.4	11415533.7	217737.4	142581.6
化学工业	49	1951704.4	7037382.5	5117.7	29635.6
森林工业	6	6399.2	61797.6	－62071.2	19165.5
食品工业	30	45411.1	159263.2	－5911.8	4366.4
烟草工业					
纺织工业	10	898003.8	1199170.3	71777.5	48306.4
医药工业	2	15522.0	234687.6	9656.0	23747.4
机械工业	127	4210094.3	14464701.8	38863.5	55513.0
电子工业	6	66118.6	143767.0	20154.9	10187.0
电力工业	45	4131149.1	7736237.4	578595.4	237827.8
市政公用工业	95	1080358.6	2565301.5	41734.8	36524.9
其他工业	56	648651.7	2074095.1	66942.5	121474.1
三、建筑业	211	7012767.6	19924712.9	110589.3	83278.2
四、地质勘查及水利业	6	615543.8	1105003.0	17379.6	24552.9
五、交通运输业	205	9334122.7	29110961.5	36793.0	26314.0
其中:铁路运输业	8	582727.5	1904526.4	－23022.0	5700.1
道路运输业	150	8074518.6	25853869.3	44528.8	27061.9
水上运输业	16	46536.7	377213.8	－68974.7	50169.5
航空运输业	9	517769.2	602265.0	－44879.6	11917.6
六、仓储业	260	306762.4	1372469.0	9167.5	4602.6
七、邮电通信业					
八、批发和零售业	491	2218812.7	10958171.1	67844.8	66767.4
九、房地产业	327	9032259.0	27016995.9	222973.9	243443.7
十、信息技术服务业	18	99585.9	193012.6	74694.0	17201.4
十一、社会服务业	423	80878090.0	151951663.2	867913.5	139275.3
十二、卫生体育福利业	5	24463.8	122853.6	56666.7	9431.3
十三、教育文化广播业	49	486520.5	754531.1	20841.5	10289.4
十四、科学研究和技术	95	489674.9	967272.0	45121.0	29580.9
十五、金融业	107	12722360.8	38251174.8	839447.9	293892.5
十六、其他	2	52934.1	513552.3	－78781.8	23946.8

2015年福建省国有企业主要指标表

行　业	户数(户)	年末国有资产总量(万元)	资产总额(万元)	人均利润(元/人)	人均税费(元/人)
合　并	3965	61427083.1	248720637.4	78570.0	86400.2
合　计	3965	117946661.9	331967642.7	132179.3	78103.8
一、农林牧渔业	92	324067.1	883980.2	52530.6	15021.4
其中:农业	28	152048.8	540343.5	75373.4	18184.6
林业	14	38579.2	47877.4	32764.1	18116.7
畜牧业	12	4026.6	33296.6	-34373.0	1865.0
渔业	4	1622.4	3990.2	-434013.3	608.4
二、工业	595	12308438.1	29988568.5	5290.5	47309.2
其中:煤炭工业	16	463933.3	819782.3	-13597.7	24915.0
石油和石化工业					
冶金工业	54	2439766.7	5709938.4	-66549.8	52989.6
建材工业	52	468045.7	1564384.4	-96803.8	53678.2
化学工业	29	659276.1	1724134.5	-116175.4	19010.3
森林工业	3	37912.4	56310.1	28812.7	48844.4
食品工业	50	518247.8	788094.5	8624.4	19826.6
烟草工业	1	899.5	905.8	371422.9	982792.6
纺织工业	4	68709.5	91407.9	14203.9	20375.4
医药工业	14	343917.5	446283.6	424941.5	179669.8
机械工业	92	2038989.7	6509673.4	-20000.7	57450.2
电子工业	37	513587.1	1593918.6	70570.2	32991.2
电力工业	46	1442546.3	3046907.5	675576.0	220990.8
市政公用工业	136	2340665.2	4454126.5	67791.5	45050.2
其他工业	40	106665.9	659430.6	-98394.6	21953.9
三、建筑业	264	16241017.2	36280393.2	75114.4	59937.3
四、地质勘查及水利业	17	468337.5	586548.1	-3816.2	20671.7
五、交通运输业	504	27364092.6	63992204.6	78748.0	33499.9
其中:铁路运输业	2	111170.2	328465.3	0.0	0.0
道路运输业	304	21720575.6	51547669.3	48366.7	24083.4
水上运输业	62	761905.0	2075201.5	133879.7	42123.3

续表

行业	户数(户)	年末国有资产总量(万元)	资产总额(万元)	人均利润(元/人)	人均税费(元/人)
航空运输业	15	1799105.9	3725992.2	228830.4	73985.0
六、仓储业	80	229746.0	625523.7	94473.3	64304.6
七、邮电通信业	1	100.0	100.0	0.0	0.0
八、批发和零售业	772	4785240.5	21759444.3	243108.3	166535.5
九、房地产业	593	17096317.1	54371519.6	540333.2	297908.2
十、信息技术服务业	75	413766.9	841086.8	78794.3	51413.5
十一、社会服务业	733	35509747.3	72191149.9	262994.1	49921.2
十二、卫生体育福利业	17	67543.1	139329.4	19808.8	18399.9
十三、教育文化广播业	46	250458.1	400002.4	—27495.1	18258.9
十四、科学研究和技术	132	244609.6	539310.4	15772.0	17057.2
十五、金融业	42	2040819.5	48716333.9	1444094.6	534280.1
十六、其他	2	602361.4	652147.7	6425900.0	302674.4

2015 年厦门市国有企业主要指标表

行业	户数(户)	年末国有资产总量(万元)	资产总额(万元)	人均利润(元/人)	人均税费(元/人)
合　并	1431	15347316.7	64797141.7	112221.7	139048.7
合　计	1431	31851237.3	98997764.7	219291.3	116215.8
一、农林牧渔业	31	144203.6	525359.4	83315.0	19058.6
其中：农业	10	96743.5	401427.6	184404.4	33730.6
林业	3	3414.1	6507.2	15049.8	8614.2
畜牧业	7	346.6	24299.5	—30722.3	1894.0
渔业					
二、工业	107	1613866.5	4189636.5	—22762.9	28560.8
其中：煤炭工业					
石油和石化工业					
冶金工业	2	9515.2	39643.9	8825.7	62558.1
建材工业	14	89604.6	234835.0	113847.5	104478.2

续表

行　业	户数(户)	年末国有资产总量(万元)	资产总额(万元)	人均利润(元/人)	人均税费(元/人)
化学工业	9	50291.8	121941.6	40022.9	15503.0
森林工业					
食品工业	23	93173.0	268237.1	—7259.1	15201.0
烟草工业					
纺织工业	2	663.8	918.0	356782.0	113597.5
医药工业	4	1896.4	11172.5	69174.0	39297.8
机械工业	22	485354.9	1550359.1	—149958.4	23470.9
电子工业	8	177737.9	393328.3	23446.8	17887.7
电力工业	1	1475.2	2161.7	1408.7	4529.5
市政公用工业	16	693609.7	1549672.7	79746.5	61243.2
其他工业	6	10544.1	17366.6	—37087.4	14999.7
三、建筑业	46	2845442.6	9589692.2	66297.3	35823.9
四、地质勘查及水利业	1	963.8	1428.4	77386.3	44236.3
五、交通运输业	134	4908671.2	10718233.3	125755.7	45133.8
其中:铁路运输业					
道路运输业	45	1766511.1	3058801.9	42995.0	14922.5
水上运输业	23	412986.7	1000975.4	260704.4	75117.3
航空运输业	10	846334.5	2400983.1	268250.0	84153.9
六、仓储业	54	161974.1	472352.9	122587.8	97900.0
七、邮电通信业					
八、批发和零售业	382	3285506.8	17130400.5	298958.1	212653.5
九、房地产业	326	8401457.0	34808134.7	639922.7	311823.2
十、信息技术服务业	25	186036.4	442555.3	151290.6	112821.9
十一、社会服务业	261	9981073.4	20390246.8	153136.1	51586.7
十二、卫生体育福利业	7	21432.8	36894.4	—49967.4	15493.7
十三、教育文化广播业	20	71689.6	160465.7	—52481.5	19715.3
十四、科学研究和技术	20	29107.2	56646.1	40667.6	25126.6
十五、金融业	17	199812.2	475718.5	324266.6	180672.9
十六、其他					

2015 年江西省国有企业主要指标表

行 业	户数(户)	年末国有资产总量(万元)	资产总额(万元)	人均利润(元/人)	人均税费(元/人)
合 并	1695	55364179.2	165693861.9	54773.2	67548.2
合 计	1695	70924535.7	200545582.3	69495.7	66927.4
一、农林牧渔业	62	209515.1	643900.0	－11052.3	10425.6
其中:农业	12	56879.2	203586.4	2525.5	20344.1
林业	18	26772.4	116966.7	－15653.6	4449.4
畜牧业	2	－2223.8	1699.7	－67797.4	651.9
渔业	3	9293.2	16162.2	309555.6	5378.6
二、工业	570	11681834.7	37647845.0	37040.1	61603.2
其中:煤炭工业	38	1594035.2	5998686.7	－13712.6	13722.9
石油和石化工业	1	29938.2	29938.2	－70032.9	0.0
冶金工业	114	5055043.6	17126857.3	8857.4	72260.5
建材工业	76	1009245.7	2582287.4	86562.9	53290.8
化学工业	58	588013.4	1664559.8	18329.2	40039.9
森林工业	1	1826.6	10790.2	31363.3	62364.0
食品工业	6	10963.0	17651.4	24830.5	42788.5
烟草工业					
纺织工业	1	－70484.1	19505.3	－28261.7	2541.6
医药工业	9	130642.7	337682.8	173123.2	114254.4
机械工业	74	1924491.5	5901717.6	106952.6	104616.8
电子工业	8	13371.2	56369.3	179523.8	59066.4
电力工业	17	202601.5	959303.1	243755.6	158316.6
市政公用工业	100	842422.9	2055089.0	56578.5	39222.1
其他工业	54	241620.3	682250.0	13333.3	43861.3
三、建筑业	169	13322064.1	33451753.5	154564.2	139525.8
四、地质勘查及水利业	16	1355088.7	2816574.5	90712.8	28452.0
五、交通运输业	141	15188334.6	38125661.4	83981.2	31017.4
其中:铁路运输业	6	28065.7	177056.3	－33443.3	4891.7
道路运输业	125	14882934.1	37508217.0	89552.2	31601.5
水上运输业	5	219641.2	348108.3	－24534.5	66585.4

续表

行　业	户数(户)	年末国有资产总量(万元)	资产总额(万元)	人均利润(元/人)	人均税费(元/人)
航空运输业					
六、仓储业	23	159265.4	485279.5	－27980.5	3154.5
七、邮电通信业					
八、批发和零售业	221	1252915.3	7949670.5	－4752.1	63390.3
九、房地产业	120	12207015.9	25383369.3	639607.9	224326.5
十、信息技术服务业	7	14864.3	27510.4	38766.8	20443.6
十一、社会服务业	256	12291685.6	26154280.0	210999.3	89196.5
十二、卫生体育福利业	10	18589.1	105416.7	5832.3	585.3
十三、教育文化广播业	21	53586.2	188832.8	98751.3	7178.7
十四、科学研究和技术	64	234101.0	481513.6	65405.4	24013.5
十五、金融业	8	666572.1	23509114.4	375716.1	296290.0
十六、其他	7	2269103.7	3574860.9	4297934.5	978.1

2015 年山东省国有企业主要指标表

行　业	户数(户)	年末国有资产总量(万元)	资产总额(万元)	人均利润(元/人)	人均税费(元/人)
合　并	4054	59715746.3	329479093.4	39053.7	61027.7
合　计	4054	128792183.0	488966685.1	45479.6	61687.1
一、农林牧渔业	44	118454.9	631936.7	7539.0	5829.7
其中：农业	9	900.1	26078.8	－24723.4	1844.6
林业	7	7819.4	29998.5	－1172740.6	－60213.4
畜牧业	1	763.2	2511.2	－6626.5	0.0
渔业	14	－47172.2	111494.8	－33833.7	4797.0
二、工业	1443	49538168.8	210460000.5	17063.2	57109.1
其中：煤炭工业	200	17189172.4	69095072.7	－37392.5	56547.0
石油和石化工业	6	705293.4	2084385.2	227005.7	157607.3
冶金工业	136	11387842.9	51474449.8	－27351.8	38501.7
建材工业	86	664283.3	2513096.1	15927.3	34891.3

续表

行　业	户数(户)	年末国有资产总量（万元）	资产总额（万元）	人均利润（元/人）	人均税费（元/人）
化学工业	157	5046892.5	21037434.0	117195.4	63913.5
森林工业	5	22137.9	63002.2	29237.9	39655.5
食品工业	30	115572.8	288354.6	26847.3	27787.1
烟草工业					
纺织工业	22	92435.6	866170.0	7038.5	9596.9
医药工业	29	301314.6	1583306.5	23649.2	34180.4
机械工业	324	6809149.4	34274627.3	27299.2	50476.9
电子工业	98	2315977.1	10178250.8	149858.4	77289.2
电力工业	36	572926.5	1507714.4	66742.4	50233.9
市政公用工业	205	3230501.6	9149873.1	20393.6	40090.1
其他工业	101	979570.6	5740985.4	112991.6	147606.2
三、建筑业	209	2839873.6	12824315.3	41768.5	46389.8
四、地质勘查及水利业	19	177499.2	533750.7	—24814.5	12940.5
五、交通运输业	347	22868638.5	54494299.7	54530.0	35537.5
其中：铁路运输业	11	4093232.2	5281528.9	96805.0	28308.0
道路运输业	189	9869298.2	27869686.5	42971.0	24641.2
水上运输业	46	1996691.5	9382959.5	—73116.0	61514.2
航空运输业	20	1594853.1	1869539.0	77709.3	49937.5
六、仓储业	61	371972.5	998722.4	—70985.9	35007.1
七、邮电通信业					
八、批发和零售业	551	2561103.4	20049654.6	30392.2	61146.5
九、房地产业	463	9327186.9	40775191.5	242943.3	265431.1
十、信息技术服务业	55	259407.0	859850.7	98219.5	59523.0
十一、社会服务业	578	31589871.1	72222183.4	144286.7	54348.8
十二、卫生体育福利业	25	165763.9	600056.8	—20022.7	6690.0
十三、教育文化广播业	61	346925.6	554213.5	19837.0	5030.0
十四、科学研究和技术	101	423009.6	931784.4	33749.4	48926.3
十五、金融业	93	7666597.6	71693529.0	996553.6	338178.2
十六、其他	4	537710.3	1337195.8	—1166231.6	0.0

2015 年青岛市国有企业主要指标表

行　业	户数(户)	年末国有资产总量(万元)	资产总额(万元)	人均利润(元/人)	人均税费(元/人)
合　并	758	15132950.5	73305503.3	86543.6	85395.0
合　计	758	23321572.8	93892837.4	92933.9	85729.2
一、农林牧渔业	3	1486.0	3546.3	—15062.2	22956.2
其中：农业	1	823.1	2580.3	—129550.2	16223.1
林业					
畜牧业					
渔业	1	2.0	189.5	—38697.0	0.0
二、工业	209	4948515.8	21381707.5	52367.2	88426.6
其中：煤炭工业	1	15076.7	104185.9	—59324.4	27208.6
石油和石化工业					
冶金工业	12	657576.4	4491412.5	—204079.3	18842.0
建材工业	10	1049.7	63422.5	85191.6	76680.5
化学工业	39	733083.9	2650021.7	2985.7	26005.2
森林工业	2	4587.6	16017.8	—9736.8	12230.3
食品工业	6	22058.3	44519.6	54531.2	49294.1
烟草工业					
纺织工业	6	52804.7	227337.7	23087.9	15709.8
医药工业					
机械工业	38	160627.1	716486.7	2674.7	47180.3
电子工业	22	1677781.1	7067978.9	183244.7	92934.6
电力工业	3	—729.6	62032.9	—17738.8	10836.3
市政公用工业	49	900865.3	2663554.1	—94987.2	30725.6
其他工业	20	721909.6	3180482.3	69180.9	160237.1
三、建筑业	37	186476.3	2467457.0	27597.0	58476.6
四、地质勘查及水利业					
五、交通运输业	98	6308951.8	11798760.4	64465.2	29224.1
其中：铁路运输业					
道路运输业	60	1696649.0	4353291.2	3788.0	4006.9

续表

行　业	户数(户)	年末国有资产总量(万元)	资产总额(万元)	人均利润(元/人)	人均税费(元/人)
水上运输业	11	252629.3	1303905.4	－1455276.0	40333.5
航空运输业	7	882960.4	994336.0	118686.7	75493.1
六、仓储业	5	25310.6	83270.7	9561.0	72047.0
七、邮电通信业					
八、批发和零售业	74	208579.0	5178182.5	64120.6	94343.2
九、房地产业	157	2623522.1	10091946.6	791571.4	467093.3
十、信息技术服务业	8	26150.9	274869.8	508364.9	227389.9
十一、社会服务业	126	7712319.2	20050221.8	339678.7	78768.8
十二、卫生体育福利业	7	147102.9	330642.6	－137310.7	44421.4
十三、教育文化广播业	9	213.0	16152.6	－52563.0	2859.6
十四、科学研究和技术	12	17081.6	35573.4	2243.7	37772.5
十五、金融业	13	1115863.5	22180506.2	1125974.6	377053.5
十六、其他					

2015年河南省国有企业主要指标表

行　业	户数(户)	年末国有资产总量(万元)	资产总额(万元)	人均利润(元/人)	人均税费(元/人)
合　并	2041	41155695.2	181778134.5	－2004.4	35047.5
合　计	2041	75820241.5	246340623.0	4811.1	35068.9
一、农林牧渔业	21	110036.3	475392.8	58812.9	22480.1
其中:农业	7	21692.9	58931.3	75483.4	36282.1
林业	7	86633.8	412042.6	39846.2	1892.1
畜牧业	2	820.1	2498.6	－63733.7	91.4
渔业					
二、工业	811	22432606.0	101789911.0	－25656.1	25425.8
其中:煤炭工业	339	14228760.8	65975419.0	－29507.0	22906.0
石油和石化工业	6	－10139.0	221171.3	－327342.6	22179.5
冶金工业	48	2589213.9	8059537.1	－40332.8	33193.2

续表

行　业	户数(户)	年末国有资产总量(万元)	资产总额(万元)	人均利润(元/人)	人均税费(元/人)
建材工业	61	978366.1	3075205.4	-1712.5	55122.8
化学工业	96	868071.0	8580725.6	-35473.7	16983.8
森林工业	3	-10351.2	66348.6	-193745.3	7007.5
食品工业	11	26850.6	115876.7	-65678.3	11066.9
烟草工业					
纺织工业	10	242020.3	855838.8	24139.3	9915.8
医药工业	5	29799.2	174843.9	-31529.9	3543.0
机械工业	89	778295.4	3940941.5	-27760.7	25049.7
电子工业	9	177824.6	201292.5	-130526.0	76595.0
电力工业	27	668109.1	2710994.3	262110.3	157835.2
市政公用工业	61	1257483.8	3972485.4	15196.1	19624.3
其他工业	43	602195.3	3763628.0	-78640.9	25835.4
三、建筑业	104	5002427.1	14101269.2	47060.3	49721.4
四、地质勘查及水利业	13	1872000.4	3774636.9	448657.5	341104.5
五、交通运输业	88	13395865.2	30833511.7	36729.1	30758.0
其中:铁路运输业	10	477007.9	936977.8	-3192.8	21124.9
道路运输业	57	11049914.5	26170871.4	52624.0	33274.1
水上运输业					
航空运输业	7	1745465.6	2914079.7	191068.0	94334.9
六、仓储业	33	38450.4	219349.0	34160.1	27436.9
七、邮电通信业	1	4396.9	4404.5	165542.3	3228.8
八、批发和零售业	361	1326617.5	4341874.2	32819.8	31192.8
九、房地产业	176	7022902.0	17278705.3	467490.9	380108.8
十、信息技术服务业	14	48329.1	67130.6	53951.4	26382.4
十一、社会服务业	264	20432787.3	36109992.9	117087.6	42233.0
十二、卫生体育福利业	10	91439.8	194477.4	12673.5	788.0
十三、教育文化广播业	61	1433513.8	2389871.3	57461.8	49874.0
十四、科学研究和技术	57	127173.2	328452.8	53994.4	28759.1
十五、金融业	25	2461823.2	34377933.7	1267819.6	544520.6
十六、其他	2	19873.4	53709.8	403072.0	7909.3

2015 年湖北省国有企业主要指标表

行　业	户数(户)	年末国有资产总量(万元)	资产总额(万元)	人均利润(元/人)	人均税费(元/人)
合　并	2307	73478474.0	269151921.3	81660.2	59675.7
合　计	2307	109515458.8	325267921.6	102340.7	60068.6
一、农林牧渔业	109	1586626.4	3374903.9	12320.4	19807.4
其中:农业	26	166739.2	454751.8	3604.0	20658.1
林业	12	20335.5	47927.7	23178.0	20005.3
畜牧业	27	56666.2	170058.5	96.2	11720.2
渔业	20	79377.0	167042.5	17988.5	1530.4
二、工业	540	11590689.6	35445296.9	82793.7	49510.1
其中:煤炭工业	18	18550.8	218747.2	−26449.3	11183.0
石油和石化工业	2	14270.7	440295.2	76865.7	57502.3
冶金工业	14	15682.7	573143.6	50986.4	60992.8
建材工业	65	1973505.8	4042333.8	89160.1	102756.1
化学工业	46	2075027.8	11411028.9	63172.3	36033.6
森林工业	9	32864.2	204586.9	−14681.4	36730.3
食品工业	43	282676.6	1130644.8	111673.7	33344.0
烟草工业					
纺织工业	23	318796.2	774227.2	2880.4	19655.1
医药工业	11	30779.7	285199.6	−1349.2	26713.0
机械工业	121	1250024.3	3279532.8	14666.6	19511.3
电子工业	11	22374.6	122059.0	143003.5	12205.1
电力工业	47	3659003.9	7033770.9	687505.2	214960.1
市政公用工业	80	1611008.5	4270914.3	49642.6	33323.3
其他工业	47	239599.6	1427705.8	67000.9	55247.9
三、建筑业	157	9087058.4	23602317.5	148972.7	135634.9
四、地质勘查及水利业	6	826227.0	1028095.8	1229.7	11800.4
五、交通运输业	206	15833826.9	38275549.4	5530.9	18516.2
其中:铁路运输业	11	4909648.3	8053569.4	−846258.8	15328.7
道路运输业	111	8163949.7	24424672.9	12886.7	18329.1

续表

行业	户数(户)	年末国有资产总量(万元)	资产总额(万元)	人均利润(元/人)	人均税费(元/人)
水上运输业	32	392603.7	2088105.7	4751.3	13702.5
航空运输业	10	1827279.6	2324207.5	50541.9	32968.7
六、仓储业	82	244662.8	1079966.8	128517.5	13214.1
七、邮电通信业					
八、批发和零售业	219	1654645.1	6931497.0	18377.0	32910.7
九、房地产业	316	8731699.3	39324856.4	324485.9	252526.4
十、信息技术服务业	16	57418.7	138049.0	1446.5	65351.5
十一、社会服务业	496	57143742.3	135916206.7	579217.4	180919.8
十二、卫生体育福利业	10	35648.5	357018.7	−3726.0	47271.3
十三、教育文化广播业	31	165949.4	612070.1	15386.8	8318.4
十四、科学研究和技术	83	559442.5	1016077.1	104278.4	64651.1
十五、金融业	33	1761751.1	37693027.7	544203.8	253178.5
十六、其他	3	236070.9	472988.6	75683.8	2490.3

2015 年湖南省国有企业主要指标表

行业	户数(户)	年末国有资产总量(万元)	资产总额(万元)	人均利润(元/人)	人均税费(元/人)
合并	1380	46797393.4	141807937.3	13716.4	43663.7
合计	1380	68932149.2	186821676.8	19843.2	43698.6
一、农林牧渔业	47	431106.3	1100664.5	−27588.9	13549.1
其中:农业	9	238360.2	386706.9	−3520.7	6061.6
林业	10	8513.6	18376.9	−75362.8	4789.5
畜牧业	14	123111.0	310190.9	31870.0	8028.5
渔业	1	−790.2	1362.0	−50000.0	3805.7
二、工业	370	11858883.8	49279424.2	−33815.9	32474.6
其中:煤炭工业	26	874246.5	2064046.6	−43113.3	14942.6
石油和石化工业	1	51725.8	89030.8	83989.7	0.0
冶金工业	74	5912488.5	21284941.3	−81344.9	24948.6

续表

行　业	户数(户)	年末国有资产总量(万元)	资产总额(万元)	人均利润(元/人)	人均税费(元/人)
建材工业	3	12078.1	18659.4	83669.8	103844.7
化学工业	20	228278.6	606423.8	45513.7	29663.4
森林工业	1	83.6	250.7	－43702.4	0.0
食品工业	12	35952.1	100576.6	－12475.1	12327.4
烟草工业					
纺织工业	17	136613.0	303013.6	－5044.0	12674.1
医药工业	7	90374.4	203897.7	96477.4	75067.2
机械工业	115	2442309.8	17650396.4	－25987.7	46561.2
电子工业	8	30309.0	153785.7	－479435.6	22832.2
电力工业	33	1103204.9	3455392.8	265775.5	89005.4
市政公用工业	21	457572.6	2311358.1	－48047.6	31910.0
其他工业	17	144855.9	323048.2	2257.6	28135.0
三、建筑业	134	10343009.1	23744678.3	70136.4	92431.9
四、地质勘查及水利业	9	1381906.5	2905326.9	12977.5	－33577.5
五、交通运输业	86	3523813.8	11289139.3	18055.4	12340.6
其中:铁路运输业	2	10077.8	44877.6	－13912.9	6133.4
道路运输业	63	3343529.4	10777298.5	19660.1	11701.7
水上运输业	6	63187.0	146552.6	－62032.0	13202.6
航空运输业	1	19.9	5566.3	0.0	0.0
六、仓储业	21	382902.6	1251020.9	48036.9	7193.2
七、邮电通信业					
八、批发和零售业	156	760127.0	3826573.8	75836.8	73061.2
九、房地产业	197	14031114.4	34279587.8	273096.4	100976.2
十、信息技术服务业	14	42844.0	206548.3	427182.6	102401.7
十一、社会服务业	216	20705868.1	43114907.6	67522.7	41203.3
十二、卫生体育福利业	8	719081.4	3335216.8	16666.1	9229.1
十三、教育文化广播业	28	104782.6	165273.8	－13771.2	4092.3
十四、科学研究和技术	55	275963.6	522126.0	23699.4	40885.5
十五、金融业	36	3835993.9	11008237.0	783088.5	146806.5
十六、其他	3	534752.1	792951.7	395676.3	5943.1

2015年广东省国有企业主要指标表

行　业	户数(户)	年末国有资产总量(万元)	资产总额(万元)	人均利润(元/人)	人均税费(元/人)
合　并	7235	159302747.3	611684272.8	151370.8	123789.1
合　计	7235	276701746.7	795237333.1	198360.1	123118.6
一、农林牧渔业	221	1046297.8	3978043.1	85465.1	30656.1
其中:农业	84	286016.4	1132317.8	281301.9	48070.7
林业	35	71139.0	162995.7	-8205.5	4880.6
畜牧业	28	96801.9	364524.8	-15066.5	9389.3
渔业	12	2173.9	66085.1	-6171.4	1504.3
二、工业	1303	38051247.8	120751962.6	175560.9	150311.5
其中:煤炭工业	7	80711.2	1445671.9	-2474326.2	59732.0
石油和石化工业	6	101232.1	207438.2	724339.2	240826.3
冶金工业	89	1773995.7	5935916.7	35144.1	42172.2
建材工业	39	99095.5	580086.5	-21360.0	70280.1
化学工业	95	1129767.6	3419532.9	50843.0	38095.0
森林工业	3	8093.6	36845.6	-147892.8	41060.4
食品工业	65	148733.5	776800.9	32786.1	37113.0
烟草工业					
纺织工业	24	40252.1	196940.3	-13382.0	18347.8
医药工业	43	578549.6	2137271.8	87507.8	79416.9
机械工业	194	4404018.7	34412980.2	182627.9	217945.0
电子工业	85	1388356.0	4346908.7	49226.2	28489.6
电力工业	221	16349788.0	34960060.5	830770.0	374424.7
市政公用工业	287	10044658.5	26407914.7	134246.7	75571.8
其他工业	116	1702123.6	4853223.7	77083.6	84177.0
三、建筑业	456	11679744.1	33826289.5	75066.3	82210.8
四、地质勘查及水利业	15	1124375.9	2640130.3	821461.7	338887.4
五、交通运输业	695	70456140.1	146088076.7	83262.5	41053.7
其中:铁路运输业	13	6757535.3	10996657.4	-472126.3	40687.6
道路运输业	384	49458561.7	109074682.0	69020.7	36323.9

续表

行　业	户数(户)	年末国有资产总量（万元）	资产总额（万元）	人均利润（元/人）	人均税费（元/人）
水上运输业	143	5011954.6	9913787.4	260855.7	68142.3
航空运输业	34	5774310.6	9172064.1	168300.0	59979.1
六、仓储业	135	942828.5	2295037.5	62698.2	125243.7
七、邮电通信业	5	62984.9	81556.3	155623.6	38055.4
八、批发和零售业	1191	7022287.1	26855036.3	147511.9	137173.6
九、房地产业	1068	24546612.3	81986014.2	206689.8	165710.8
十、信息技术服务业	91	321322.0	1184298.9	84089.7	42091.2
十一、社会服务业	1571	105077397.3	195558888.0	434236.3	83326.8
十二、卫生体育福利业	35	127470.3	461602.7	−11343.0	14098.3
十三、教育文化广播业	105	197684.7	366665.8	3050.3	12986.1
十四、科学研究和技术	245	757719.9	2431447.7	27464.4	25426.0
十五、金融业	90	15061431.9	176338658.5	1184313.9	527285.0
十六、其他	9	226202.2	393625.0	5667.5	9218.2

2015 年深圳市国有企业主要指标表

行　业	户数(户)	年末国有资产总量（万元）	资产总额（万元）	人均利润（元/人）	人均税费（元/人）
合　并	1108	41448236.8	102385522.0	262143.3	156712.6
合　计	1108	58937415.2	132439468.6	298802.2	157443.2
一、农林牧渔业	52	599590.2	2658697.9	188493.2	62689.5
其中：农业	23	198105.1	775560.9	925916.9	128043.0
林业	1	656.9	638.2	0.0	0.0
畜牧业	5	12520.8	127452.3	−43852.5	17296.3
渔业					
二、工业	191	5776220.3	14665948.4	161548.0	99592.1
其中：煤炭工业					
石油和石化工业	1	6000.0	6019.8	0.0	200.2
冶金工业	1	2990.2	7024.2	−60075.9	57203.2

续表

行　业	户数(户)	年末国有资产总量（万元）	资产总额（万元）	人均利润（元/人）	人均税费（元/人）
建材工业	4	10673.6	74557.9	—1228.0	43856.3
化学工业	17	146232.3	267051.8	8025.9	23301.0
森林工业					
食品工业	8	19177.5	156282.9	6819.5	20018.6
烟草工业					
纺织工业					
医药工业	1	39371.5	85596.5	231183.1	71604.1
机械工业	16	106473.9	393891.6	47838.0	35995.2
电子工业	7	173835.0	436042.9	—6423.4	19915.5
电力工业	32	3403253.9	8535218.5	704737.5	356410.3
市政公用工业	96	1735344.8	4393383.9	119228.1	85167.5
其他工业	8	132867.6	310878.4	151929.4	80213.3
三、建筑业	54	801652.2	2632780.8	224661.1	181547.0
四、地质勘查及水利业	1	7437.3	36441.4	30470.8	92433.2
五、交通运输业	82	21381025.2	34795601.4	92540.2	26476.3
其中：铁路运输业					
道路运输业	54	16315148.7	27373240.9	26645.5	17142.4
水上运输业	13	2140924.3	3158212.5	1404225.8	315191.1
航空运输业	9	2864057.2	4194484.3	333035.8	44833.2
六、仓储业	31	415803.5	811493.7	55689.2	192394.3
七、邮电通信业	2	42732.0	47319.8	709305.3	147107.4
八、批发和零售业	67	942828.3	1659764.2	363073.0	142123.6
九、房地产业	287	5552500.6	20528287.0	282960.6	181651.0
十、信息技术服务业	13	62219.6	154186.1	55285.9	29011.6
十一、社会服务业	232	18639258.9	29073816.9	582087.2	225875.6
十二、卫生体育福利业	8	19865.6	44548.4	23577.3	24055.5
十三、教育文化广播业	26	55555.1	78864.6	76790.4	36768.2
十四、科学研究和技术	44	180766.5	425839.6	42938.1	33052.5
十五、金融业	17	4454941.0	24820148.8	2046720.5	986749.2
十六、其他	1	5018.9	5729.8	0.0	0.0

2015 年海南省国有企业主要指标表

行　业	户数(户)	年末国有资产总量(万元)	资产总额(万元)	人均利润(元/人)	人均税费(元/人)
合　并	704	13565631.6	32899156.2	19346.0	36543.0
合　计	704	16351275.1	36833632.5	16148.2	36175.8
一、农林牧渔业	72	1062918.5	1649273.2	—2845.8	1868.7
其中:农业	32	591960.3	1082206.5	—5356.4	1567.1
林业	10	282259.3	316666.4	220844.6	3940.5
畜牧业	6	124612.6	130252.3	4757.0	3603.8
渔业	8	16939.2	37467.7	5815.3	10070.5
二、工业	90	2879176.5	3528848.8	—7017.8	19476.0
其中:煤炭工业					
石油和石化工业	1	456.4	4700.1	1515661.7	292007.8
冶金工业	3	770439.6	827170.5	29382.9	72968.8
建材工业	3	6342.1	8838.1	5092.0	11935.1
化学工业	3	26252.1	21344.5	—32259.2	20681.1
森林工业					
食品工业	13	4147.2	16715.4	—3985.1	2614.8
烟草工业					
纺织工业	2	37358.3	57873.1	741.8	2948.9
医药工业					
机械工业	2	6711.9	9027.4	31339.9	35784.7
电子工业					
电力工业	18	578119.4	763956.5	—4854.9	17134.8
市政公用工业	34	476249.4	753564.8	11827.0	19619.3
其他工业	9	969132.8	1053379.9	—109134.0	13286.2
三、建筑业	97	1876058.8	4818780.7	127949.3	208784.3
四、地质勘查及水利业	2	1262.6	1361.8	—53272.8	34886.5
五、交通运输业	86	680423.0	1758359.1	4590.0	24263.4
其中:铁路运输业	1	—5.9	6.4	0.0	0.0
道路运输业	58	195712.3	707105.0	—15251.2	21288.3

续表

行　业	户数(户)	年末国有资产总量(万元)	资产总额(万元)	人均利润(元/人)	人均税费(元/人)
水上运输业	12	241224.9	374231.2	77426.4	27162.5
航空运输业	1	2046.1	2051.6	0.0	0.0
六、仓储业	27	2408.4	29365.0	—43261.4	594.7
七、邮电通信业					
八、批发和零售业	47	54344.5	161580.1	65892.9	29141.9
九、房地产业	92	4228806.0	15156199.0	—55510.9	138953.6
十、信息技术服务业	6	6999.8	13860.0	—94291.1	41002.9
十一、社会服务业	140	5415014.4	9481355.3	80655.0	51886.3
十二、卫生体育福利业	2	181.0	326.5	—167418.1	0.0
十三、教育文化广播业	10	20963.6	59858.1	—11034.0	7071.7
十四、科学研究和技术	23	10214.5	29268.3	7686.4	25214.9
十五、金融业	10	112503.7	145196.7	594029.2	240867.8
十六、其他					

2015 年广西壮族自治区国有企业主要指标表

行　业	户数(户)	年末国有资产总量(万元)	资产总额(万元)	人均利润(元/人)	人均税费(元/人)
合　并	2017	58067354.4	195305894.1	44348.7	65655.7
合　计	2017	82840538.2	250536609.2	61689.0	65810.6
一、农林牧渔业	52	571317.0	1526109.1	10934.6	14650.8
其中:农业	17	118202.5	544576.5	11932.6	10189.2
林业	15	443139.0	806191.0	23017.8	10464.9
畜牧业	3	9491.9	22300.3	—79086.2	4190.1
渔业	2	760.4	1981.6	4153.6	34074.1
二、工业	535	10739432.2	43236548.1	—29540.9	49080.7
其中:煤炭工业	26	776529.5	2072186.8	—17480.4	22820.9
石油和石化工业	5	45270.7	136967.4	222169.5	301784.6
冶金工业	58	2026886.2	10280699.1	—141082.4	51848.3

续表

行　业	户数(户)	年末国有资产总量(万元)	资产总额(万元)	人均利润(元/人)	人均税费(元/人)
建材工业	50	537188.7	1363189.3	30209.8	56396.6
化学工业	44	435915.2	2321792.7	—95878.7	22518.9
森林工业	3	11206.8	22612.2	39694.8	61661.1
食品工业	29	293550.9	2301311.0	—5149.3	112979.2
烟草工业					
纺织工业	3	23601.2	180068.9	—161.4	12770.8
医药工业	4	11348.3	24284.7	—10726.6	27638.6
机械工业	116	1585957.8	7724444.9	4230.3	41651.8
电子工业	4	5273.1	64909.9	—56347.2	19764.2
电力工业	88	3906558.0	12930471.6	42867.3	66787.0
市政公用工业	49	936705.3	3082015.5	61248.2	30436.3
其他工业	54	121976.7	692023.3	—121888.6	14708.8
三、建筑业	152	15702129.6	39656866.3	66109.5	105382.7
四、地质勘查及水利业	5	301848.5	405238.2	272344.3	7040.8
五、交通运输业	182	9567663.5	27858871.4	86043.6	32700.9
其中:铁路运输业	6	695836.6	733778.5	200395.1	137693.1
道路运输业	75	4988143.5	18291281.9	36284.2	24890.7
水上运输业	34	458768.2	1178045.5	100348.4	26543.1
航空运输业	17	912311.4	2289276.7	—41131.1	20032.7
六、仓储业	54	483833.7	955030.5	76669.8	28198.5
七、邮电通信业					
八、批发和零售业	278	2004017.4	8879432.7	—17848.0	88086.5
九、房地产业	249	5422877.3	18151996.4	317607.4	203559.1
十、信息技术服务业	15	28022.7	46902.0	113915.1	59093.7
十一、社会服务业	339	32262928.9	73947671.6	248921.6	58524.7
十二、卫生体育福利业	3	5748.4	9940.2	—11767.8	5246.9
十三、教育文化广播业	35	166680.9	507031.9	112815.0	10718.3
十四、科学研究和技术	53	108043.1	284637.1	37435.4	26423.6
十五、金融业	65	5475994.9	35070334.0	658939.1	245076.1
十六、其他					

2015年贵州省国有企业主要指标表

行　业	户数(户)	年末国有资产总量(万元)	资产总额(万元)	人均利润(元/人)	人均税费(元/人)
合　并	2016	57485234.4	196971091.0	127208.6	117141.2
合　计	2016	77520306.5	241125407.9	200343.7	116632.9
一、农林牧渔业	80	660156.9	2930008.0	－108302.7	60368.3
其中：农业	35	116397.1	287400.5	45663.4	6311.5
林业	23	477633.5	1905951.3	－258352.6	108438.9
畜牧业	5	39628.5	203463.5	－16240.7	1205.1
渔业	2	303.0	682.5	－53767.5	4009.2
二、工业	635	32236184.1	91214277.3	236399.8	124729.5
其中：煤炭工业	75	3697613.7	13038168.5	－15918.0	22316.5
石油和石化工业	42	358954.7	472605.8	217893.3	110238.0
冶金工业	32	1568065.2	6126578.2	－33679.2	28694.7
建材工业	34	494439.3	1298436.5	66725.9	87507.0
化学工业	103	4015102.3	20029401.1	24495.9	64697.9
森林工业	1	－1168.8	2211.3	12072.6	730.9
食品工业	9	76439.4	168907.5	48927.4	13436.6
烟草工业					
纺织工业					
医药工业	1	113.0	186.2	－12420.4	0.0
机械工业	70	375614.3	1583270.4	－2995.4	16586.6
电子工业	47	1279823.5	2695746.0	1959.0	15834.7
电力工业	41	2644929.1	14821127.1	785794.8	534220.6
市政公用工业	15	61737.8	690048.5	－35825.1	12206.7
其他工业	135	17258389.1	28999416.8	1284709.3	496978.0
三、建筑业	226	10601637.1	36610922.4	113370.3	128655.7
四、地质勘查及水利业	13	389129.8	648403.9	46381.8	11137.9
五、交通运输业	96	6099009.3	11501394.1	13803.9	27162.5
其中：铁路运输业	4	363344.1	635493.5	－843799.2	207963.5
道路运输业	36	3992142.3	7743641.3	8534.7	10789.6

续表

行　业	户数(户)	年末国有资产总量（万元）	资产总额（万元）	人均利润（元/人）	人均税费（元/人）
水上运输业	1	2435.7	2447.3	34616.6	16327.3
航空运输业	35	1677074.0	2951457.6	49316.8	58103.0
六、仓储业	37	143058.7	655706.9	53938.7	31820.3
七、邮电通信业	2	−2846.7	8083.8	−80881.7	5263.0
八、批发和零售业	321	1627051.8	10792525.1	113924.3	174311.8
九、房地产业	166	2593696.0	8489883.3	−50311.1	106953.0
十、信息技术服务业	14	26576.2	56168.3	−34377.8	19132.1
十一、社会服务业	308	20623702.9	40556330.3	122186.8	49044.4
十二、卫生体育福利业	9	22667.2	32335.3	22002.8	420.1
十三、教育文化广播业	24	55144.7	72117.5	−10691.6	11806.0
十四、科学研究和技术	51	92092.5	746833.1	23754.4	21240.9
十五、金融业	34	2353046.0	36810418.6	768150.4	317758.2
十六、其他					

2015年四川省国有企业主要指标表

行　业	户数(户)	年末国有资产总量（万元）	资产总额（万元）	人均利润（元/人）	人均税费（元/人）
合　并	2964	99429139.5	337377028.0	69112.4	88803.9
合　计	2964	153638599.6	438152319.0	98459.8	78793.0
一、农林牧渔业	38	629374.0	1857934.0	13376.2	30534.3
其中：农业	20	314964.8	701358.3	−2512.0	84179.8
林业	7	2245.1	56859.4	−4476.7	448.5
畜牧业	3	1501.0	6537.1	126740.5	382.7
渔业					
二、工业	687	15536198.1	51465144.6	22394.4	49800.3
其中：煤炭工业	52	1613176.8	7356133.4	−35685.0	13821.8
石油和石化工业	3	8116.2	10003.3	−534722.6	42763.3
冶金工业	27	165568.5	877585.1	−80675.4	29709.2

续表

行　业	户数(户)	年末国有资产总量(万元)	资产总额(万元)	人均利润(元/人)	人均税费(元/人)
建材工业	43	346412.9	1167637.7	－3487.8	27143.2
化学工业	58	1846488.9	5750353.9	－38254.4	33178.0
森林工业					
食品工业	15	64053.0	198965.7	58280.5	39026.5
烟草工业					
纺织工业	17	324260.5	1368169.3	22699.7	15940.9
医药工业	10	－6865.7	129623.3	－123458.3	11420.2
机械工业	90	1562609.6	5854219.1	38260.3	93104.9
电子工业	51	549415.5	5096059.1	－70494.0	11478.3
电力工业	120	5523793.8	14850238.6	270168.0	76146.0
市政公用工业	135	2449518.4	5010474.3	138660.3	68521.3
其他工业	55	810521.3	3320742.1	53105.3	148505.9
三、建筑业	235	18049798.4	55950492.2	58628.2	145679.3
四、地质勘查及水利业	16	718023.1	1972146.3	－58727.2	10427.3
五、交通运输业	229	29960983.4	76244417.3	27435.5	29081.7
其中:铁路运输业	7	692359.0	1613692.6	－3279.8	61183.4
道路运输业	186	27106290.3	70722200.4	24862.0	25722.2
水上运输业	10	229947.6	657598.0	96731.6	76069.5
航空运输业	18	1867484.7	3153030.5	46036.1	49387.7
六、仓储业	114	236355.8	970911.1	1675.5	6455.3
七、邮电通信业	1	2549.1	3181.6	26112.3	27460.7
八、批发和零售业	287	3928397.7	11039624.6	414096.2	211545.1
九、房地产业	322	15106438.0	46870523.9	153411.7	204754.5
十、信息技术服务业	54	948552.1	2136855.1	58416.1	21094.1
十一、社会服务业	655	63127099.1	133706031.1	377527.6	84082.8
十二、卫生体育福利业	17	197645.2	376387.1	－2434.1	13850.9
十三、教育文化广播业	136	1477590.1	2502236.1	88740.0	26770.9
十四、科学研究和技术	97	242375.9	539692.4	52043.4	39729.4
十五、金融业	73	3470612.4	52497774.1	721918.5	419839.3
十六、其他	3	6607.2	18967.7	53206.0	25721.4

2015年重庆市国有企业主要指标表

行　业	户数(户)	年末国有资产总量(万元)	资产总额(万元)	人均利润(元/人)	人均税费(元/人)
合　并	2617	124169704.3	431586743.9	92526.0	80121.7
合　计	2617	170760053.9	503029417.8	121087.4	80261.6
一、农林牧渔业	122	2841932.9	5137685.4	48874.1	77756.8
其中:农业	37	1127112.5	2015264.1	92006.3	203959.4
林业	24	396703.5	747433.4	37345.3	24496.2
畜牧业	22	88984.0	273331.9	—15479.6	3303.3
渔业	7	9697.0	59394.1	75715.7	10456.0
二、工业	620	19179206.3	49811366.6	—4075.5	38484.1
其中:煤炭工业	30	3644813.1	9807521.3	—7495.1	28468.0
石油和石化工业					
冶金工业	23	2098216.1	8058881.9	—253620.3	25552.4
建材工业	20	87296.7	403030.0	—35407.6	58814.1
化学工业	69	1497864.1	5888627.6	—45771.4	26345.8
森林工业					
食品工业	41	237875.9	682373.0	23989.2	36690.3
烟草工业	3	15765.1	49443.7	28433.5	26506.9
纺织工业	8	25765.0	30152.9	—74891.5	113945.2
医药工业	29	403413.3	1610430.7	21210.9	47514.1
机械工业	104	2639012.7	6657508.9	48163.8	43315.5
电子工业	20	188910.4	554910.0	—4982.5	10895.1
电力工业	73	1492471.9	4260918.1	60536.9	47456.4
市政公用工业	152	6525585.7	10781146.8	188665.3	73980.4
其他工业	41	111046.1	674407.9	15306.8	72991.6
三、建筑业	276	37750717.3	95271593.8	170729.8	152127.1
四、地质勘查及水利业	44	5055413.3	9178540.0	473499.9	235672.3
五、交通运输业	242	21334280.8	49092478.6	41097.9	23358.9
其中:铁路运输业	7	881414.7	971902.0	40778.6	12589.5
道路运输业	167	20022622.9	47019722.3	44311.6	23519.7

续表

行　业	户数(户)	年末国有资产总量(万元)	资产总额(万元)	人均利润(元/人)	人均税费(元/人)
水上运输业	24	288211.3	712574.3	10807.3	25536.7
航空运输业	8	39504.3	62383.7	－194043.2	3185.5
六、仓储业	95	987377.2	3584901.0	41881.5	22204.7
七、邮电通信业					
八、批发和零售业	302	1610514.0	7316763.0	35144.4	47515.1
九、房地产业	253	28729712.6	64461984.9	242074.6	380629.9
十、信息技术服务业	23	398151.9	1103863.2	－5261.0	29061.2
十一、社会服务业	393	43422705.9	82832288.1	191513.7	71227.9
十二、卫生体育福利业	11	110537.3	388580.3	19355.2	27196.2
十三、教育文化广播业	40	89401.2	301121.2	－15761.6	7843.5
十四、科学研究和技术	80	566479.9	1653609.4	104156.4	31758.7
十五、金融业	116	8683623.2	132894642.4	879078.7	333460.7
十六、其他					

2015 年云南省国有企业主要指标表

行　业	户数(户)	年末国有资产总量(万元)	资产总额(万元)	人均利润(元/人)	人均税费(元/人)
合　并	1876	50438628.4	183400365.1	－15364.7	67678.2
合　计	1876	95220109.2	262742912.6	－9655.6	67055.7
一、农林牧渔业	54	710825.0	1212307.0	66866.1	14697.1
其中:农业	23	536430.4	714930.7	247937.4	20201.4
林业	19	140944.8	411384.8	－74125.5	20205.9
畜牧业	1	157.2	314.4	120307.5	4233.9
渔业					
二、工业	617	18053692.8	69039445.8	－78097.8	52495.2
其中:煤炭工业	77	2055552.7	9730050.4	－231029.5	35504.0
石油和石化工业					
冶金工业	129	6453637.0	22533839.3	－88633.9	57327.1

续表

行　业	户数(户)	年末国有资产总量(万元)	资产总额(万元)	人均利润(元/人)	人均税费(元/人)
建材工业	68	1278989.6	3879620.6	22743.8	68260.2
化学工业	69	3313387.0	16734061.9	—103987.3	46345.9
森林工业					
食品工业	12	88579.6	185782.0	214297.6	6512.3
烟草工业					
纺织工业	1	11972.2	137853.1	9675.5	12648.2
医药工业	18	941988.8	2564852.8	247640.0	121929.5
机械工业	36	302090.4	1805083.9	—5890.3	25956.9
电子工业	7	197187.3	307790.6	368127.2	13958.7
电力工业	32	763559.2	3110381.9	—48355.0	76579.7
市政公用工业	128	2460368.3	7348451.4	69671.1	71083.8
其他工业	38	177419.1	691902.3	—31495.0	32316.3
三、建筑业	116	3390698.6	16043103.6	60223.7	84060.5
四、地质勘查及水利业	11	406135.5	790577.3	467317.4	64290.0
五、交通运输业	102	14570347.3	30918965.5	—2931.1	31792.6
其中:铁路运输业	2	21258.8	38175.2	304241.3	107744.6
道路运输业	49	10347432.1	22888173.7	35985.9	31241.7
水上运输业	3	—23769.6	28293.3	—258557.4	4471.5
航空运输业	34	4141988.6	7754601.1	—131447.1	23866.4
六、仓储业	26	221857.7	666346.8	—42371.4	24694.5
七、邮电通信业	1	6962.8	8472.0	41654.9	28479.2
八、批发和零售业	174	1412109.0	6301135.7	81177.0	156138.9
九、房地产业	201	5936348.7	24360215.4	48169.2	173575.7
十、信息技术服务业	18	59218.1	149402.8	6782.7	17794.0
十一、社会服务业	391	46824262.4	102280594.8	242700.9	165356.1
十二、卫生体育福利业	15	471406.7	763494.5	—64689.0	9970.1
十三、教育文化广播业	34	125155.1	494783.2	21337.5	14248.6
十四、科学研究和技术	73	181352.8	2500760.5	30134.4	23805.7
十五、金融业	42	2816694.3	7175783.6	1517666.0	375127.4
十六、其他	1	33042.3	37523.9	278385.9	30569.5

2015年陕西省国有企业主要指标表

行业	户数(户)	年末国有资产总量(万元)	资产总额(万元)	人均利润(元/人)	人均税费(元/人)
合并	2470	49721601.2	204646555.8	24926.1	109549.4
合计	2470	91477561.9	286272253.7	12072.3	109448.2
一、农林牧渔业	42	220395.2	558067.5	−84.8	891.5
其中:农业	17	19514.6	96872.4	3023.2	1674.3
林业	10	23001.5	93404.4	−2075.5	472.6
畜牧业	2	208.1	2089.4	90181.2	0.0
渔业	1	65.9	181.0	34184.5	0.0
二、工业	933	43555954.4	139872861.0	−22483.0	144445.8
其中:煤炭工业	97	10772941.5	44790832.5	1873.5	86572.2
石油和石化工业	53	13858538.6	32987895.9	−194172.2	703880.1
冶金工业	93	4973876.2	19122321.1	−88608.3	30139.8
建材工业	34	357967.0	1792643.0	−30424.0	14031.4
化学工业	94	4408664.4	12917226.7	8140.0	47386.6
森林工业	3	2694.5	16438.8	−6030.7	3264.2
食品工业	18	7611.5	159438.5	19483.4	20887.3
烟草工业					
纺织工业	27	208578.4	1010937.5	−6327.5	2623.0
医药工业	17	96788.3	601463.2	111788.4	222642.9
机械工业	230	3832138.2	9273268.0	23368.9	21455.4
电子工业	67	463221.8	1984814.4	−1990.7	13215.3
电力工业	63	2217940.2	7742591.3	147756.0	94064.2
市政公用工业	85	1656070.8	4459129.1	36433.3	44137.4
其他工业	43	431711.4	2115400.3	42815.8	128572.9
三、建筑业	196	5150048.9	19658921.9	62333.4	95454.5
四、地质勘查及水利业	74	1811662.2	3429751.4	27572.3	15008.3
五、交通运输业	89	15726871.6	49689936.0	16029.1	30975.0
其中:铁路运输业	10	329228.7	835900.3	198111.3	187074.5
道路运输业	58	12847507.0	44454143.0	−538.3	24681.8

续表

行　业	户数(户)	年末国有资产总量(万元)	资产总额(万元)	人均利润(元/人)	人均税费(元/人)
水上运输业					
航空运输业	15	1991280.9	2739993.6	21960.4	17326.3
六、仓储业	41	441385.4	1112534.0	65278.7	25364.3
七、邮电通信业					
八、批发和零售业	388	2034915.8	8984010.8	91220.5	90916.3
九、房地产业	156	2541331.5	12400717.0	—19682.5	54895.8
十、信息技术服务业	30	229442.8	439425.2	—10638.4	15386.3
十一、社会服务业	277	15549353.8	32477393.2	80170.4	18507.8
十二、卫生体育福利业	15	66003.1	206354.9	—345.4	625.6
十三、教育文化广播业	122	962606.0	3189595.1	1330.0	18848.7
十四、科学研究和技术	74	363126.7	1149774.3	24286.0	30436.1
十五、金融业	33	2824464.6	13102911.3	439044.6	215241.7
十六、其他					

2015 年甘肃省国有企业主要指标表

行　业	户数(户)	年末国有资产总量(万元)	资产总额(万元)	人均利润(元/人)	人均税费(元/人)
合　并	1708	39438753.5	117214676.7	—46984.5	39710.3
合　计	1708	54044816.4	145740556.2	—40241.7	55190.4
一、农林牧渔业	92	490140.2	1958655.7	—93227.3	3100.4
其中:农业	51	411220.5	1755849.1	—101325.8	3042.3
林业	13	4537.6	8275.9	—15594.5	364.0
畜牧业	14	63974.0	129516.4	20000.8	4374.8
渔业					
二、工业	513	20953584.6	60969020.2	—78274.9	42734.5
其中:煤炭工业	35	2221065.2	4576498.8	—12100.4	29571.3
石油和石化工业					
冶金工业	71	10359189.5	35936240.9	—187501.4	61673.3

续表

行　业	户数(户)	年末国有资产总量(万元)	资产总额(万元)	人均利润(元/人)	人均税费(元/人)
建材工业	28	202501.4	624750.4	-839.6	29754.3
化学工业	18	235967.5	719079.1	-20250.8	13241.4
森林工业					
食品工业	21	53433.2	159017.8	-3245.2	8860.9
烟草工业					
纺织工业	2	2783.1	72584.9	-49477.4	1178.9
医药工业	3	104711.4	211186.2	71798.9	45071.7
机械工业	92	1652982.0	5738556.1	50440.3	18270.7
电子工业	9	33539.6	62474.0	8915.7	24046.7
电力工业	64	4861638.1	9767059.6	34951.4	90045.8
市政公用工业	116	694335.8	1614725.0	2653.6	13064.1
其他工业	51	493206.5	1325506.8	-2490.6	34035.6
三、建筑业	131	4009392.2	12412854.9	19762.4	45249.0
四、地质勘查及水利业	77	190988.3	308054.1	-15434.4	4807.4
五、交通运输业	74	12860032.2	33298979.2	70257.8	238526.3
其中:铁路运输业	3	2072511.5	2638465.0	541321.3	360850.1
道路运输业	56	10037431.1	28604805.5	94291.9	268344.9
水上运输业	1	554.6	2329.6	3120.6	12421.8
航空运输业	11	743420.7	2036496.1	-127964.8	22030.4
六、仓储业	180	110840.6	654040.5	1182.1	2538.1
七、邮电通信业					
八、批发和零售业	187	571323.7	3889814.1	-112817.7	29632.9
九、房地产业	83	3202491.4	9670717.7	253532.3	138436.7
十、信息技术服务业	3	13621.9	19069.0	66161.7	34800.6
十一、社会服务业	262	7540536.9	12656907.1	-7819.9	27351.7
十二、卫生体育福利业	5	16387.3	50813.2	-889.9	173.0
十三、教育文化广播业	29	385517.8	741899.0	309468.7	17998.8
十四、科学研究和技术	43	98789.7	367846.3	24106.3	20292.1
十五、金融业	28	3600169.7	8740858.0	947038.3	419749.0
十六、其他	1	1000.0	1027.2	0.0	0.0

2015 年青海省国有企业主要指标表

行　业	户数(户)	年末国有资产总量(万元)	资产总额(万元)	人均利润(元/人)	人均税费(元/人)
合　并	408	15789351.2	55410004.5	—2327.8	51581.6
合　计	408	27183024.0	75520546.2	3016.0	52433.6
一、农林牧渔业	18	136905.6	405765.6	9445.6	2814.2
其中:农业	9	78869.4	149323.4	8443.5	869.6
林业					
畜牧业	4	4917.2	9189.6	11930.7	221.4
渔业					
二、工业	151	5898347.5	29933940.6	—25784.2	56232.7
其中:煤炭工业	16	745781.2	2101997.3	—26651.0	35636.4
石油和石化工业					
冶金工业	40	2514729.4	15364487.9	—84563.7	35367.3
建材工业	6	23356.0	131193.5	—12631.5	17967.0
化学工业	25	1697242.6	8670355.2	66205.4	128691.7
森林工业					
食品工业	8	25615.9	56935.0	—57103.1	21425.4
烟草工业					
纺织工业					
医药工业	1	12939.1	15248.1	299832.1	2093.3
机械工业	8	102922.6	303471.9	—4302.0	16085.3
电子工业					
电力工业	34	664628.5	2601998.2	168671.2	26437.5
市政公用工业	8	77845.2	422279.6	30151.6	18141.1
其他工业	5	33286.9	265968.8	—7982.3	82767.2
三、建筑业	19	177581.8	499280.0	81181.4	45405.2
四、地质勘查及水利业	3	625854.7	1262587.2	946.1	46454.9
五、交通运输业	25	114402.0	413062.0	26074.4	19490.0
其中:铁路运输业	1	6892.4	7609.8	4674159.7	1583324.9
道路运输业	22	103728.4	400690.3	12691.4	14801.7

续表

行　业	户数(户)	年末国有资产总量(万元)	资产总额(万元)	人均利润(元/人)	人均税费(元/人)
水上运输业					
航空运输业					
六、仓储业	6	62292.1	97031.3	292854.4	52791.4
七、邮电通信业					
八、批发和零售业	36	5864447.0	6355685.6	22780.0	63544.6
九、房地产业	31	316216.9	904923.4	13173.5	109029.9
十、信息技术服务业	1	2481.2	4241.9	57447.2	27858.0
十一、社会服务业	82	13229142.5	27105421.8	33796.0	45922.2
十二、卫生体育福利业	1	25213.9	37813.9	0.0	208.2
十三、教育文化广播业	5	1716.6	3391.9	—2014.4	5271.4
十四、科学研究和技术	13	31059.7	38894.2	4863.0	7583.5
十五、金融业	17	697362.7	8458506.8	671828.2	203260.6
十六、其他					

2015 年西藏自治区国有企业主要指标表

行　业	户数(户)	年末国有资产总量(万元)	资产总额(万元)	人均利润(元/人)	人均税费(元/人)
合　并	246	3733227.0	9533397.8	98445.4	69065.9
合　计	246	4653660.7	10589524.0	107071.1	68898.5
一、农林牧渔业	9	94471.1	121129.8	25713.1	22986.7
其中:农业	5	54735.7	68343.3	43569.5	12254.7
林业					
畜牧业	3	1599.8	3173.1	—83978.7	2278.0
渔业					
二、工业	77	1128393.4	2164975.4	127340.3	82691.0
其中:煤炭工业					
石油和石化工业					
冶金工业	13	223712.4	631046.2	—18893.4	41652.2

续表

行　业	户数(户)	年末国有资产总量(万元)	资产总额(万元)	人均利润(元/人)	人均税费(元/人)
建材工业	23	418936.7	768651.2	229613.5	123316.2
化学工业	2	50826.8	79214.4	71475.9	16604.0
森林工业					
食品工业					
烟草工业					
纺织工业	8	18967.0	40819.9	2890.6	18135.6
医药工业	6	59640.0	112764.0	0.0	0.0
机械工业					
电子工业					
电力工业	1	2985.9	2913.4	0.0	0.0
市政公用工业	7	90934.6	96876.4	-11288.3	11495.1
其他工业	15	196548.0	347916.2	56674.8	54142.7
三、建筑业	31	999912.9	2349323.7	235750.5	125325.5
四、地质勘查及水利业					
五、交通运输业	18	122880.5	1798401.0	24175.8	54154.1
其中:铁路运输业					
道路运输业	16	91629.9	232506.5	-207.9	7567.4
水上运输业					
航空运输业	2	31250.6	1565894.5	43693.2	91443.5
六、仓储业	3	7601.0	10094.9	32382.5	26227.3
七、邮电通信业					
八、批发和零售业	31	21761.4	161544.0	53560.2	121947.1
九、房地产业	17	97551.1	155740.1	393497.1	70598.2
十、信息技术服务业					
十一、社会服务业	48	2142483.6	3286462.4	112001.0	33989.5
十二、卫生体育福利业	1	3936.4	483569.0	-23443.5	-5902.5
十三、教育文化广播业	4	20819.6	34343.1	77355.9	66.9
十四、科学研究和技术	7	13849.6	23940.5	-44899.1	16517.5
十五、金融业					
十六、其他					

2015年宁夏回族自治区国有企业主要指标表

行　业	户数(户)	年末国有资产总量(万元)	资产总额(万元)	人均利润(元/人)	人均税费(元/人)
合　并	483	7374055.0	16775360.6	16008.2	25710.5
合　计	483	9372777.4	20031649.9	16630.4	25696.6
一、农林牧渔业	63	966753.5	1751100.6	−1350.3	1736.1
其中:农业	31	94152.2	327280.8	−9466.2	178.2
林业	10	5448.5	13262.2	−2587.8	2825.1
畜牧业	8	45281.2	194958.3	40526.2	451.4
渔业	3	13920.9	25492.7	−11236.1	1435.7
二、工业	95	912495.9	2990947.7	30977.4	36296.9
其中:煤炭工业	9	38771.6	89143.4	−21482.6	19808.2
石油和石化工业					
冶金工业	1	3938.9	4712.0	0.0	0.0
建材工业	1	−1500.2	869.5	−31168.5	5214.2
化学工业	3	19433.3	30603.8	−895.4	13292.6
森林工业					
食品工业	6	−10214.9	73423.5	−183351.8	9824.9
烟草工业					
纺织工业					
医药工业					
机械工业	3	7064.6	11390.9	27168.7	33074.7
电子工业					
电力工业	7	135683.3	452516.0	79697.6	98058.7
市政公用工业	48	697990.4	2174970.7	58163.2	39443.4
其他工业	17	21328.7	153317.8	−6556.2	16646.3
三、建筑业	45	475627.2	1292017.9	11922.8	58446.1
四、地质勘查及水利业	10	178154.0	684292.5	−58829.2	11640.8
五、交通运输业	31	818992.9	1232833.4	−4416.5	15726.3
其中:铁路运输业	2	422810.6	554322.2	106219.6	82296.2
道路运输业	23	339249.1	497548.0	−24220.3	3819.2

续表

行　业	户数(户)	年末国有资产总量(万元)	资产总额(万元)	人均利润(元/人)	人均税费(元/人)
水上运输业	3	44642.9	161631.4	135070.7	58844.7
航空运输业	1	5717.9	7393.0	-1132161.3	133578.4
六、仓储业	23	79576.8	291922.3	26948.5	5219.5
七、邮电通信业					
八、批发和零售业	24	28147.2	80270.0	-31585.1	15862.1
九、房地产业	42	1155093.1	3757012.8	111836.2	98437.6
十、信息技术服务业	6	71062.7	153670.8	-294467.6	12006.0
十一、社会服务业	88	4365819.6	7242593.7	35320.2	11566.9
十二、卫生体育福利业					
十三、教育文化广播业	19	48026.2	97972.3	-62577.8	6916.6
十四、科学研究和技术	27	24158.5	51182.2	2434.0	22238.1
十五、金融业	10	248869.8	405833.7	614153.4	247326.4
十六、其他					

2015年新疆维吾尔自治区国有企业主要指标表

行　业	户数(户)	年末国有资产总量(万元)	资产总额(万元)	人均利润(元/人)	人均税费(元/人)
合　并	1000	22560266.9	74911706.7	51827.8	41769.0
合　计	1000	29631936.4	86650208.1	49776.1	42536.8
一、农林牧渔业	99	481647.7	888980.8	12793.2	1176.3
其中:农业	28	139055.1	289073.9	1366.1	494.0
林业	31	121122.6	177957.9	1894.7	1608.2
畜牧业	27	167329.8	332694.5	40731.5	710.6
渔业					
二、工业	229	5100398.2	15846127.6	-24844.6	35560.1
其中:煤炭工业	5	621085.2	1969868.7	28924.9	82665.1
石油和石化工业	6	108650.9	369564.4	9491.3	8136.7
冶金工业	30	555098.1	2500026.2	-185159.7	37145.6

续表

行　业	户数(户)	年末国有资产总量(万元)	资产总额(万元)	人均利润(元/人)	人均税费(元/人)
建材工业	17	170028.2	803281.3	—50413.7	16903.1
化学工业	22	1445925.7	4968184.6	15478.6	57180.3
森林工业					
食品工业	22	66206.9	315319.5	18860.5	24767.8
烟草工业					
纺织工业	10	106405.8	442314.3	50025.4	11670.5
医药工业	1	2678.0	7215.1	42891.1	19627.7
机械工业	9	34739.2	169764.0	—31441.8	4545.9
电子工业	1	9701.3	35059.9	12794.3	41335.9
电力工业	26	437893.2	886541.2	2031660.1	111959.8
市政公用工业	55	1414459.9	2982973.7	—27817.5	10085.2
其他工业	21	57938.4	119701.9	22238.9	53725.9
三、建筑业	60	861302.3	3816024.0	64145.1	94089.2
四、地质勘查及水利业	6	185734.7	265800.9	—37048.7	30274.4
五、交通运输业	49	977638.8	1492191.0	449.4	10917.2
其中:铁路运输业					
道路运输业	40	125526.9	390819.1	4918.7	7976.8
水上运输业					
航空运输业	1	794645.0	1000251.0	—10459.1	17686.9
六、仓储业	30	110254.7	465843.6	17796.3	8648.7
七、邮电通信业					
八、批发和零售业	103	677927.7	4144717.9	142564.8	135931.7
九、房地产业	99	3492116.6	8314118.6	407604.9	158643.2
十、信息技术服务业	16	558200.8	838863.1	45998.4	10005.9
十一、社会服务业	236	16735807.5	37894460.1	86644.7	38518.9
十二、卫生体育福利业	5	175.9	5837.1	—97575.3	13139.7
十三、教育文化广播业	19	68833.7	93961.7	118760.6	48670.1
十四、科学研究和技术	40	44357.0	97722.6	11637.4	18696.3
十五、金融业	9	337540.8	12485559.2	774137.8	310984.6
十六、其他					

2016

CHINA'S STATE-OWNED ASSETS SUPERVISION AND ADMINISTRATION YEARBOOK

中国国有资产监督管理年鉴

国有资产监督管理政策法规选编

第六篇

中共中央、国务院关于深化国有企业改革的指导意见

中发〔2015〕22 号

国有企业属于全民所有，是推进国家现代化、保障人民共同利益的重要力量，是我们党和国家事业发展的重要物质基础和政治基础。改革开放以来，国有企业改革发展不断取得重大进展，总体上已经同市场经济相融合，运行质量和效益明显提升，在国际国内市场竞争中涌现出一批具有核心竞争力的骨干企业，为推动经济社会发展、保障和改善民生、开拓国际市场、增强我国综合实力作出了重大贡献，国有企业经营管理者队伍总体上是好的，广大职工付出了不懈努力，成就是突出的。但也要看到，国有企业仍然存在一些亟待解决的突出矛盾和问题，一些企业市场主体地位尚未真正确立，现代企业制度还不健全，国有资产监管体制有待完善，国有资本运行效率需进一步提高；一些企业管理混乱，内部人控制、利益输送、国有资产流失等问题突出，企业办社会职能和历史遗留问题还未完全解决；一些企业党组织管党治党责任不落实、作用被弱化。面向未来，国有企业面临日益激烈的国际竞争和转型升级的巨大挑战。在推动我国经济保持中高速增长和迈向中高端水平、完善和发展中国特色社会主义制度、实现中华民族伟大复兴中国梦的进程中，国有企业肩负着重大历史使命和责任。要认真贯彻落实党中央、国务院战略决策，按照“四个全面”战略布局的要求，以经济建设为中心，坚持问题导向，继续推进国有企业改革，切实破除体制机制障碍，坚定不移做强做优做大国有企业。为此，提出以下意见。

一、总体要求

（一）指导思想

高举中国特色社会主义伟大旗帜，认真贯彻落实党的十八大和十八届三中、四中全会精神，深入学习贯彻习近平总书记系列重要讲话精神，坚持和完善基本经济制度，坚持社会主义市场经济改革方向，适应市场化、现代化、国际化新形势，以解放和发展社会生产力为标准，以提高国有资本效率、增强国有企业活力为中心，完善产权清晰、权责明确、政企分开、管理科学的现代企业制度，完善国有资产监管体制，防止国有资产流失，全面推进依法治企，加强和改进党对国有企业的领导，做强做优做大国有企业，不断增强国有经济活力、控制力、影响力、抗风险能力，主动适应和引领经济发展新常态，为促进经济社会持续健康发展、实现中华民族伟大复兴中国梦作出积极贡献。

（二）基本原则

——坚持和完善基本经济制度。这是深化国有企业改革必须把握的根本要求。必须毫不动摇巩固和发展公有制经济，毫不动摇鼓励、支持、引导非公有制经济发展。坚持公有制主体地位，发挥国有经济主导作用，积极促进国有资本、集体资本、非公有资本等交叉持股、相互融合，推动各种所有制资本取长补短、相互促进、共同发展。

——坚持社会主义市场经济改革方向。这是深化国有企业改革必须遵循的基本规律。国有企业改革要遵循市场经济规律和企业发展规律，坚持政企分开、政资分开、所有权与经营权分离，坚持权利、义务、责任相统一，坚持激励机制和约束机制相结合，促使国有企业真正成为依法自主经营、自负盈亏、自担风险、自我约束、自我发展的独立市场主体。社会主义市场经济条件下的国有企业，要成为自觉履行社会责任的表率。

——坚持增强活力和强化监管相结合。这是深化国有企业改革必须把握的重要关系。增强活力是搞好国有企业的本质要求，加强监管是搞好国有企业的重要保障，要切实做到两者的有机统一。继续推进简政放权，依法落实企业法人财产权和经营自主权，进一步激发企业活力、创造力和市场竞争力。进一步完善国有企业监管制度，切实防止国有资产流失，确保国有资产保值增值。

——坚持党对国有企业的领导。这是深化国有企业改革必须坚守的政治方向、政治原则。要贯彻全面从严治党方针，充分发挥企业党组织政治核心作用，加强企业领导班子建设，创新基层党建工作，深入开展党风廉政建设，坚持全心全意依靠工人阶级，维

护职工合法权益，为国有企业改革发展提供坚强有力的政治保证、组织保证和人才支撑。

——坚持积极稳妥统筹推进。这是深化国有企业改革必须采用的科学方法。要正确处理推进改革和坚持法治的关系，正确处理改革发展稳定关系，正确处理搞好顶层设计和尊重基层首创精神的关系，突出问题导向，坚持分类推进，把握好改革的次序、节奏、力度，确保改革扎实推进、务求实效。

（三）主要目标

到2020年，在国有企业改革重要领域和关键环节取得决定性成果，形成更加符合我国基本经济制度和社会主义市场经济发展要求的国有资产管理体制、现代企业制度、市场化经营机制，国有资本布局结构更趋合理，造就一大批德才兼备、善于经营、充满活力的优秀企业家，培育一大批具有创新能力和国际竞争力的国有骨干企业，国有经济活力、控制力、影响力、抗风险能力明显增强。

——国有企业公司制改革基本完成，发展混合所有制经济取得积极进展，法人治理结构更加健全，优胜劣汰、经营自主灵活、内部管理人员能上能下、员工能进能出、收入能增能减的市场化机制更加完善。

——国有资产监管制度更加成熟，相关法律法规更加健全，监管手段和方式不断优化，监管的科学性、针对性、有效性进一步提高，经营性国有资产实现集中统一监管，国有资产保值增值责任全面落实。

——国有资本配置效率显著提高，国有经济布局结构不断优化、主导作用有效发挥，国有企业在提升自主创新能力、保护资源环境、加快转型升级、履行社会责任中的引领和表率作用充分发挥。

——企业党的建设全面加强，反腐倡廉制度体系、工作体系更加完善，国有企业党组织在公司治理中的法定地位更加巩固，政治核心作用充分发挥。

二、分类推进国有企业改革

（四）划分国有企业不同类别。根据国有资本的战略定位和发展目标，结合不同国有企业在经济社会发展中的作用、现状和发展需要，将国有企业分为商业类和公益类。通过界定功能、划分类别，实行分类改革、分类发展、分类监管、分类定责、分类考核，提高改革的针对性、监管的有效性、考核评价的科学性，推动国有企业同市场经济深入融合，促进国有企业经济效益和社会效益有机统一。按照谁出资谁分类的原则，由履行出资人职责的机构负责制定所出资企业的功能界定和分类方案，报本级政府批准。各地区可结合实际，划分并动态调整本地区国有企业功能类别。

（五）推进商业类国有企业改革。商业类国有企业按照市场化要求实行商业化运作，以增强国有经济活力、放大国有资本功能、实现国有资产保值增值为主要目标，依法独立自主开展生产经营活动，实现优胜劣汰、有序进退。

主业处于充分竞争行业和领域的商业类国有企业，原则上都要实行公司制股份制改革，积极引入其他国有资本或各类非国有资本实现股权多元化，国有资本可以绝对控股、相对控股，也可以参股，并着力推进整体上市。对这些国有企业，重点考核经营业绩指标、国有资产保值增值和市场竞争能力。

主业处于关系国家安全、国民经济命脉的重要行业和关键领域、主要承担重大专项任务的商业类国有企业，要保持国有资本控股地位，支持非国有资本参股。对自然垄断行业，实行以政企分开、政资分开、特许经营、政府监管为主要内容的改革，根据不同行业特点实行网运分开、放开竞争性业务，促进公共资源配置市场化；对需要实行国有全资的企业，也要积极引入其他国有资本实行股权多元化；对特殊业务和竞争性业务实行业务板块有效分离，独立运作、独立核算。对这些国有企业，在考核经营业绩指标和国有资产保值增值情况的同时，加强对服务国家战略、保障国家安全和国民经济运行、发展前瞻性战略性产业以及完成特殊任务的考核。

（六）推进公益类国有企业改革。公益类国有企业以保障民生、服务社会、提供公共产品和服务为主要目标，引入市场机制，提高公共服务效率和能力。这类企业可以采取国有独资形式，具备条件的也可以推行投资主体多元化，还可以通过购买服务、特许经营、委托代理等方式，鼓励非国有企业参与经营。对公益类国有企业，重点考核成本控制、产品服务质量、营运效率和保障能力，根据企业不同特点有区别地考核经营业绩指标和国有资产保值增值情况，考核中要引入社会评价。

三、完善现代企业制度

（七）推进公司制股份制改革。加大集团层面公司制改革力度，积极引入各类投资者实现股权多元化，大力推动国有企业改制上市，创造条件实现集团公司整体上市。根据不同企业的功能定位，逐步调整国有股权比例，形成股权结构多元、股东行为规范、内部约束有效、运行高效灵活的经营机制。允许将部分国有资本转化为优先股，在少数特定领域探索建立国家特殊管理股制度。

（八）健全公司法人治理结构。重点是推进董事会建设，建立健全权责对等、运转协调、有效制衡的决策执行监督机制，规范董事长、总经理行权行为，充分发挥董事会的决策作用、监事会的监督作用、经理层的经营管理作用、党组织的政治核心作用，切实解决一些企业董事会形同虚设、"一把手"说了算的问题，实现规范的公司治理。要切实落实和维护董事会依法行使重大决策、选人用人、薪酬分配等权利，保障经理层经营自主权，法无授权任何政府部门和机构不得干预。加强董事会内部的制衡约束，国有独资、全资公司的董事会和监事会均应有职工代表，董事会外部董事应占多数，落实一人一票表决制度，董事对董事会决议承担责任。改进董事会和董事评价办法，强化对董事的考核评价和管理，对重大决策失误负有直接责任的要及时调整或解聘，并依法追究责任。进一步加强外部董事队伍建设，拓宽来源渠道。

（九）建立国有企业领导人员分类分层管理制度。坚持党管干部原则与董事会依法产生、董事会依法选择经营管理者、经营管理者依法行使用人权相结合，不断创新有效实现形式。上级党组织和国有资产监管机构按照管理权限加强对国有企业领导人员的管理，广开推荐渠道，依规考察提名，严格履行选用程序。根据不同企业类别和层级，实行选任制、委任制、聘任制等不同选人用人方式。推行职业经理人制度，实行内部培养和外部引进相结合，畅通现有经营管理者与职业经理人身份转换通道，董事会按市场化方式选聘和管理职业经理人，合理增加市场化选聘比例，加快建立退出机制。推行企业经理层成员任期制和契约化管理，明确责任、权利、义务，严格任期管理和目标考核。

（十）实行与社会主义市场经济相适应的企业薪酬分配制度。企业内部的薪酬分配权是企业的法定权利，由企业依法依规自主决定，完善既有激励又有约束、既讲效率又讲公平、既符合企业一般规律又体现国有企业特点的分配机制。建立健全与劳动力市场基本适应、与企业经济效益和劳动生产率挂钩的工资决定和正常增长机制。推进全员绩效考核，以业绩为导向，科学评价不同岗位员工的贡献，合理拉开收入分配差距，切实做到收入能增能减和奖惩分明，充分调动广大职工积极性。对国有企业领导人员实行与选任方式相匹配、与企业功能性质相适应、与经营业绩相挂钩的差异化薪酬分配办法。对党中央、国务院和地方党委、政府及其部门任命的国有企业领导人员，合理确定基本年薪、绩效年薪和任期激励收入。对市场化选聘的职业经理人实行市场化薪酬分配机制，可以采取多种方式探索完善中长期激励机制。健全与激励机制相对称的经济责任审计、信息披露、延期支付、追索扣回等约束机制。严格规范履职待遇、业务支出，严禁将公款用于个人支出。

（十一）深化企业内部用人制度改革。建立健全企业各类管理人员公开招聘、竞争上岗等制度，对特殊管理人员可以通过委托人才中介机构推荐等方式，拓宽选人用人视野和渠道。建立分级分类的企业员工市场化公开招聘制度，切实做到信息公开、过程公开、结果公开。构建和谐劳动关系，依法规范企业各类用工管理，建立健全以合同管理为核心、以岗位管理为基础的市场化用工制度，真正形成企业各类管理人员能上能下、员工能进能出的合理流动机制。

四、完善国有资产管理体制

（十二）以管资本为主推进国有资产监管机构职能转变。国有资产监管机构要准确把握依法履行出资人职责的定位，科学界定国有资产出资人监管的边界，建立监管权力清单和责任清单，实现以管企业为主向以管资本为主的转变。该管的要科学管理、决不缺位，重点管好国有资本布局、规范资本运作、提高资本回报、维护资本安全；不该管的要依法放权、决不越位，将依法应由企业自主经营决策的事项归位于企业，将延伸到子企业的管理事项原则上归位于一级企业，将配合承担的公共管理职能归位于相关政府部门和单位。大力推进依法监管，着力创新监管方式和手段，改变行政化管理方式，改进考核体系和办法，提高监管的科学性、有效性。

（十三）以管资本为主改革国有资本授权经营体制。改组组建国有资本投资、运营公司，探索有效的运营模式，通过开展投资融资、产业培育、资本整合，推动产业集聚和转型升级，优化国有资本布局结构；通过股权运作、价值管理、有序进退，促进国有资本合理流动，实现保值增值。科学界定国有资本所有权和经营权的边界，国有资产监管机构依法对国有资本投资、运营公司和其他直接监管的企业履行出资人职责，并授权国有资本投资、运营公司对授权范围内的国有资本履行出资人职责。国有资本投资、运营公司作为国有资本市场化运作的专业平台，依法自主开展国有资本运作，对所出资企业行使股东职责，按照责权对应原则切实承担起国有资产保值增值责任。开展政府直接授权国有资本投资、运营公司履行出资人职责的试点。

（十四）以管资本为主推动国有资本合理流动优化配置。坚持以市场为导向、以企业为主体，有进有退、有所为有所不为，优化国有资本布局结构，增强国有经济整体功能和效率。紧紧围绕服务国家战略，落实国家产业政策和重点产业布局调整总体要求，优化国有资本重点投资方向和领域，推动国有资本向关系国家安全、国民经济命脉和国计民生的重要行业和关键领域、重点基础设施集中，向前瞻性战略性产业集中，向具有核心竞争力的优势企业集中。发挥国有资本投资、运营公司的作用，清理退出一批、重组整合一批、创新发展一批国有企业。建立健全优胜劣汰市场化退出机制，充分发挥失业救济和再就业培训等的作用，解决好职工安置问题，切实保障退出企业依法实现关闭或破产，加快处置低效无效资产，淘汰落后产能。支持企业依法合规通过证券交易、产权交易等资本市场，以市场公允价格处置企业资产，实现国有资本形态转换，变现的国有资本用于更需要的领域和行业。推动国有企业加快管理创新、商业模式创新，合理限定法人层级，有效压缩管理层级。发挥国有企业在实施创新驱动发展战略和制造强国战略中的骨干和表率作用，强化企业在技术创新中的主体地位，重视培养科研人才和高技能人才。支持国有企业开展国际化经营，鼓励国有企业之间以及与其他所有制企业以资本为纽带，强强联合、优势互补，加快培育一批具有世界一流水平的跨国公司。

（十五）以管资本为主推进经营性国有资产集中统一监管。稳步将党政机关、事业单位所属企业的国有资本纳入经营性国有资产集中统一监管体系，具备条件的进入国有资本投资、运营公司。加强国有资产基础管理，按照统一制度规范、统一工作体系的原则，抓紧制定企业国有资产基础管理条例。建立覆盖全部国有企业、分级管理的国有资本经营预算管理制度，提高国有资本收益上缴公共财政比例，2020 年提高到 30%，更多用于保障和改善民生。划转部分国有资本充实社会保障基金。

五、发展混合所有制经济

（十六）推进国有企业混合所有制改革。以促进国有企业转换经营机制，放大国有资本功能，提高国有资本配置和运行效率，实现各种所有制资本取长补短、相互促进、共同发展为目标，稳妥推动国有企业发展混合所有制经济。对通过实行股份制、上市等途径已经实行混合所有制的国有企业，要着力在完善现代企业制度、提高资本运行效率上下工夫；对于适宜继续推进混合所有制改革的国有企业，要充分发挥市场机制作用，坚持因地施策、因业施策、因企施策，宜独则独、宜控则控、宜参则参，不搞拉郎配，不搞全覆盖，不设时间表，成熟一个推进一个。改革要依法依规、严格程序、公开公正，切实保护混合所有制企业各类出资人的产权权益，杜绝国有资产流失。

（十七）引入非国有资本参与国有企业改革。鼓励非国有资本投资主体通过出资入股、收购股权、认购可转债、股权置换等多种方式，参与国有企业改制重组或国有控股上市公司增资扩股以及企业经营管理。实行同股同权，切实维护各类股东合法权益。在石油、天然气、电力、铁路、电信、资源开发、公用事业等领域，向非国有资本推出符合产业政策、有利于转型升级的项目。依照外商投资产业指导目录和相关安全审查规定，完善外资安全审查工作机制。开展多类型政府和社会资本合作试点，逐步推广政府和社会资本合作模式。

（十八）鼓励国有资本以多种方式入股非国有企业。充分发挥国有资本投资、运营公司的资本运作平台作用，通过市场化方式，以公共服务、高新技术、生态环保、战略性产业为重点领域，对发展潜力大、成长性强的非国有企业进行股权投资。鼓励国有企业通过投资入股、联合投资、重组等多种方式，与非国有企业进行股权融合、战略合作、资源整合。

（十九）探索实行混合所有制企业员工持股。坚持试点先行，在取得经验基础上稳妥有序推进，通过实行员工持股建立激励约束长效机制。优先支持人才资本和技术要素贡献占比较高的转制科研院所、高新技术企业、科技服务型企业开展员工持股试点，支持对企业经营业绩和持续发展有直接或较大影响的科研人员、经营管理人员和业务骨干等持股。员工持股主要采取增资扩股、出资新设等方式。完善相关政策，健全审核程序，规范操作流程，严格资产评估，建立健全股权流转和退出机制，确保员工持股公开透明，严禁暗箱操作，防止利益输送。

六、强化监督防止国有资产流失

（二十）强化企业内部监督。完善企业内部监督体系，明确监事会、审计、纪检监察、巡视以及法律、财务等部门的监督职责，完善监督制度，增强制度执行力。强化对权力集中、资金密集、资源富集、资产聚集的部门和岗位的监督，实行分事行权、分岗设权、分级授权，定期轮岗，强化内部流程控制，防止权力滥用。建立审计部门向董事会负责的工作机制。落实企业内部监事会对董事、经理和其他高级管理人员的监督。进一步发挥企业总法律顾问在经营管理中的法律审核把关作用，推进企业依法经营、合规管理。集团公司要依法依规、尽职尽责加强对子企业的管理和监督。大力推进厂务公开，健全以职工代表大会为基本形式的企业民主管理制度，加强企业职工民主监督。

（二十一）建立健全高效协同的外部监督机制。强化出资人监督，加快国有企业行为规范法律法规制度建设，加强对企业关键业务、改革重点领域、国有资本运营重要环节以及境外国有资产的监督，规范操作流程，强化专业检查，开展总会计师由履行出资人职责机构委派的试点。加强和改进外派监事会制度，明确职责定位，强化与有关专业监督机构的协作，加强当期和事中监督，强化监督成果运用，建立健全核查、移交和整改机制。健全国有资本审计监督体系和制度，实行企业国有资产审计监督全覆盖，建立对企业国有资本的经常性审计制度。加强纪检监察监督和巡视工作，强化对企业领导人员廉洁从业、行使权力等的监督，加大大案要案查处力度，狠抓对存在问题的整改落实。整合出资人监管、外派监事会监督和审计、纪检监察、巡视等监督力量，建立监督工作会商机制，加强统筹，创新方式，共享资源，减少重复检查，提高监督效能。建立健全监督意见反馈整改机制，形成监督工作的闭环。

（二十二）实施信息公开加强社会监督。完善国有资产和国有企业信息公开制度，设立统一的信息公开网络平台，依法依规、及时准确披露国有资本整体运营和监管、国有企业公司治理以及管理架构、经营情况、财务状况、关联交易、企业负责人薪酬等信息，建设阳光国企。认真处理人民群众关于国有资产流失等问题的来信、来访和检举，及时回应社会关切。充分发挥媒体舆论监督作用，有效保障社会公众对企业国有资产运营的知情权和监督权。

（二十三）严格责任追究。建立健全国有企业重大决策失误和失职、渎职责任追究倒查机制，建立和完善重大决策评估、决策事项履职记录、决策过错认定标准等配套制度，严厉查处侵吞、贪污、输送、挥霍国有资产和逃废金融债务的行为。建立健全企业国有资产的监督问责机制，对企业重大违法违纪问题敷衍不追、隐匿不报、查处不力的，严格追究有关人员失职渎职责任，视不同情形给予纪律处分或行政处分，构成犯罪的，由司法机关依法追究刑事责任。

七、加强和改进党对国有企业的领导

（二十四）充分发挥国有企业党组织政治核心作用。把加强党的领导和完善公司治理统一起来，将党建工作总体要求纳入国有企业章程，明确国有企业党组织在公司法人治理结构中的法定地位，创新国有企业党组织发挥政治核心作用的途径和方式。在国有企业改革中坚持党的建设同步谋划、党的组织及工作机构同步设置、党组织负责人及党务工作人员同步配备、党的工作同步开展，保证党组织工作机构健全、党务工作者队伍稳定、党组织和党员作用得到有效发挥。坚持和完善双向进入、交叉任职的领导体制，符合条件的党组织领导班子成员可以通过法定程序进入董事会、监事会、经理层，董事会、监事会、经理层成员中符合条件的党员可以依照有关规定和程序进入党组织领导班子；经理层成员与党组织领导班子成员适度交叉任职；董事长、总经理原则上分设，党组织书记、董事长一般由一人担任。

国有企业党组织要切实承担好、落实好从严管党治党责任。坚持从严治党、思想建党、制度治党，增强管党治党意识，建立健全党建工作责任制，聚精会神抓好党建工作，做到守土有责、守土负责、守土尽责。党组织书记要切实履行党建工作第一责任人职责，党组织班子其他成员要切实履行“一岗双责”，结合业务分工抓好党建工作。中央企业党组织书记同时担任企业其他主要领导职务的，应当设立1名专职抓企业党建工作的副书记。加强国有企业基层党组织建设和党员队伍建设，强化国有企业基层党建工作的基础保障，充分发挥基层党组织战斗堡垒作用、共产党员先锋模范作用。加强企业党组织对群众工作的领导，发挥好工会、共青团等群团组织的作用，深入细致做好职工群众的思想政治工作。把建立党的组织、开展党的工作，作为国有企业推进混合所有制改革的必要前提，根据不同类型混合所有制企业特点，科学确定党组织的设置方式、职责定位、管理模式。

（二十五）进一步加强国有企业领导班子建设和人才队伍建设。根据企业改革发展需要，明确选人用人标准和程序，创新选人用人方式。强化党组织在企业领导人员选拔任用、培养教育、管理监督中的责任，支持董事会依法选择经营管理者、经营管理者依法行使用人权，坚决防止和整治选人用人中的不正之风。加强对国有企业领导人员尤其是主要领导人员的日常监督管理和综合考核评价，及时调整不胜任、不称职的领导人员，切实解决企业领导人员能上不能下的问题。以强化忠诚意识、拓展世界眼光、提高战略思维、增强创新精神、锻造优秀品行为重点，加强企业家队伍建设，充分发挥企业家作用。大力实施人才强企战略，加快建立健全国有企业集聚人才的体制机制。

（二十六）切实落实国有企业反腐倡廉“两个责任”。国有企业党组织要切实履行好主体责任，纪检机构要履行好监督责任。加强党性教育、法治教育、警示教育，引导国有企业领导人员坚定理想信念，自觉践行“三严三实”要求，正确履职行权。建立切实可行的责任追究制度，与企业考核等挂钩，实行“一案双查”。推动国有企业纪律检查工作双重领导体制具体化、程序化、制度化，强化上级纪委对下级纪委的领导。加强和改进国有企业巡视工作，强化对权力运行的监督和制约。坚持运用法治思维和法治方式反腐败，完善反腐倡廉制度体系，严格落实反“四风”规定，努力构筑企业领导人员不敢腐、不能腐、不想腐的有效机制。

八、为国有企业改革创造良好环境条件

（二十七）完善相关法律法规和配套政策。加强国有企业相关法律法规立改废释工作，确保重大改革于法有据。切实转变政府职能，减少审批、优化制度、简化手续、提高效率。完善公共服务体系，推进政府购买服务，加快建立稳定可靠、补偿合理、公开透明的企业公共服务支出补偿机制。完善和落实国有企业重组整合涉及的资产评估增值、土地变更登记和国有资产无偿划转等方面税收优惠政策。完善国有企业退出的相关政策，依法妥善处理劳动关系调整、社会保险关系接续等问题。

（二十八）加快剥离企业办社会职能和解决历史遗留问题。完善相关政策，建立政府和国有企业合理分担成本的机制，多渠道筹措资金，采取分离移交、重组改制、关闭撤销等方式，剥离国有企业职工家属区“三供一业”和所办医院、学校、社区等公共服务机构，继续推进厂办大集体改革，对国有企业退休人员实施社会化管理，妥善解决国有企业历史遗留问题，为国有企业公平参与市场竞争创造条件。

（二十九）形成鼓励改革创新的氛围。坚持解放思想、实事求是，鼓励探索、实践、创新。全面准确评价国有企业，大力宣传中央关于全面深化国有企业改革的方针政策，宣传改革的典型案例和经验，营造有利于国有企业改革的良好舆论环境。

（三十）加强对国有企业改革的组织领导。各级党委和政府要统一思想，以高度的政治责任感和历史使命感，切实履行对深化国有企业改革的领导责任。要根据本指导意见，结合实际制定实施意见，加强统筹协调、明确责任分工、细化目标任务、强化督促落实，确保深化国有企业改革顺利推进，取得实效。

金融、文化等国有企业的改革，中央另有规定的依其规定执行。

国务院关于国有企业发展混合所有制经济的意见

国发〔2015〕54号

各省、自治区、直辖市人民政府，国务院各部委、各直属机构：

发展混合所有制经济，是深化国有企业改革的重要举措。为贯彻党的十八大和十八届三中、四中全会精神，按照“四个全面”战略布局要求，落实党中央、国务院决策部署，推进国有企业混合所有制改革，促进各种所有制经济共同发展，现提出以下意见。

一、总体要求

（一）改革出发点和落脚点。国有资本、集体资本、非公有资本等交叉持股、相互融合的混合所有制经济，是基本经济制度的重要实现形式。多年来，一批国有企业通过改制发展成为混合所有制企业，但治理机制和监管体制还需要进一步完善；还有许多国有企业为转换经营机制、提高运行效率，正在积极探索混合所有制改革。当前，应对日益激烈的国际竞争和挑战，推动我国经济保持中高速增长、迈向中高端水平，需要通过深化国有企业混合所有制改革，推动完善现代企业制度，健全企业法人治理结构；提高国有资本配置和运行效率，优化国有经济布局，增强国有经济活力、控制力、影响力和抗风险能力，主动适应和引领经济发展新常态；促进国有企业转换经营机制，放大国有资本功能，实现国有资产保值增值，实现各种所有制资本取长补短、相互促进、共同发展，夯实社会主义基本经济制度的微观基础。在国有企业混合所有制改革中，要坚决防止因监管不到位、改革不彻底导致国有资产流失。

（二）基本原则。

——政府引导，市场运作。尊重市场经济规律和企业发展规律，以企业为主体，充分发挥市场机制作用，把引资本与转机制结合起来，把产权多元化与完善企业法人治理结构结合起来，探索国有企业混合所有制改革的有效途径。

——完善制度，保护产权。以保护产权、维护契约、统一市场、平等交换、公平竞争、有效监管为基本导向，切实保护混合所有制企业各类出资人的产权权益，调动各类资本参与发展混合所有制经济的积极性。

——严格程序，规范操作。坚持依法依规，进一步健全国有资产交易规则，科学评估国有资产价值，完善市场定价机制，切实做到规则公开、过程公开、结果公开。强化交易主体和交易过程监管，防止暗箱操作、低价贱卖、利益输送、化公为私、逃废债务，杜绝国有资产流失。

——宜改则改，稳妥推进。对通过实行股份制、上市等途径已经实行混合所有制的国有企业，要着力在完善现代企业制度、提高资本运行效率上下工夫；对适宜继续推进混合所有制改革的国有企业，要充分发挥市场机制作用，坚持因地施策、因业施策、因企施策，宜独则独、宜控则控、宜参则参，不搞拉郎配，不搞全覆盖，不设时间表，一企一策，成熟一个推进一个，确保改革规范有序进行。尊重基层创新实践，形成一批可复制、可推广的成功做法。

二、分类推进国有企业混合所有制改革

（三）稳妥推进主业处于充分竞争行业和领域的商业类国有企业混合所有制改革。按照市场化、国际化要求，以增强国有经济活力、放大国有资本功能、实现国有资产保值增值为主要目标，以提高经济效益和创新商业模式为导向，充分运用整体上市等方式，积极引入其他国有资本或各类非国有资本实现股权多元化。坚持以资本为纽带完善混合所有制企业治理结构和管理方式，国有资本出资人和各类非国有资本出资人以股东身份履行权利和职责，使混合所有制企业成为真正的市场主体。

（四）有效探索主业处于重要行业和关键领域的商业类国有企业混合所有制改革。对主业处于关系

国家安全、国民经济命脉的重要行业和关键领域、主要承担重大专项任务的商业类国有企业，要保持国有资本控股地位，支持非国有资本参股。对自然垄断行业，实行以政企分开、政资分开、特许经营、政府监管为主要内容的改革，根据不同行业特点实行网运分开、放开竞争性业务，促进公共资源配置市场化，同时加强分类依法监管，规范营利模式。

——重要通信基础设施、枢纽型交通基础设施、重要江河流域控制性水利水电航电枢纽、跨流域调水工程等领域，实行国有独资或控股，允许符合条件的非国有企业依法通过特许经营、政府购买服务等方式参与建设和运营。

——重要水资源、森林资源、战略性矿产资源等开发利用，实行国有独资或绝对控股，在强化环境、质量、安全监管的基础上，允许非国有资本进入，依法依规有序参与开发经营。

——江河主干渠道、石油天然气主干管网、电网等，根据不同行业领域特点实行网运分开、主辅分离，除对自然垄断环节的管网实行国有独资或绝对控股外，放开竞争性业务，允许非国有资本平等进入。

——核电、重要公共技术平台、气象测绘水文等基础数据采集利用等领域，实行国有独资或绝对控股，支持非国有企业投资参股以及参与特许经营和政府采购。粮食、石油、天然气等战略物资国家储备领域保持国有独资或控股。

——国防军工等特殊产业，从事战略武器装备科研生产、关系国家战略安全和涉及国家核心机密的核心军工能力领域，实行国有独资或绝对控股。其他军工领域，分类逐步放宽市场准入，建立竞争性采购体制机制，支持非国有企业参与武器装备科研生产、维修服务和竞争性采购。

——对其他服务国家战略目标、重要前瞻性战略性产业、生态环境保护、共用技术平台等重要行业和关键领域，加大国有资本投资力度，发挥国有资本引导和带动作用。

（五）引导公益类国有企业规范开展混合所有制改革。在水电气热、公共交通、公共设施等提供公共产品和服务的行业和领域，根据不同业务特点，加强分类指导，推进具备条件的企业实现投资主体多元化。通过购买服务、特许经营、委托代理等方式，鼓励非国有企业参与经营。政府要加强对价格水平、成本控制、服务质量、安全标准、信息披露、营运效率、保障能力等方面的监管，根据企业不同特点有区别地考核其经营业绩指标和国有资产保值增值情况，考核中要引入社会评价。

三、分层推进国有企业混合所有制改革

（六）引导在子公司层面有序推进混合所有制改革。对国有企业集团公司二级及以下企业，以研发创新、生产服务等实体企业为重点，引入非国有资本，加快技术创新、管理创新、商业模式创新，合理限定法人层级，有效压缩管理层级。明确股东的法律地位和股东在资本收益、企业重大决策、选择管理者等方面的权利，股东依法按出资比例和公司章程规定行权履职。

（七）探索在集团公司层面推进混合所有制改革。在国家有明确规定的特定领域，坚持国有资本控股，形成合理的治理结构和市场化经营机制；在其他领域，鼓励通过整体上市、并购重组、发行可转债等方式，逐步调整国有股权比例，积极引入各类投资者，形成股权结构多元、股东行为规范、内部约束有效、运行高效灵活的经营机制。

（八）鼓励地方从实际出发推进混合所有制改革。各地区要认真贯彻落实中央要求，区分不同情况，制定完善改革方案和相关配套措施，指导国有企业稳妥开展混合所有制改革，确保改革依法合规、有序推进。

四、鼓励各类资本参与国有企业混合所有制改革

（九）鼓励非公有资本参与国有企业混合所有制改革。非公有资本投资主体可通过出资入股、收购股权、认购可转债、股权置换等多种方式，参与国有企业改制重组或国有控股上市公司增资扩股以及企业经营管理。非公有资本投资主体可以货币出资，或以实物、股权、土地使用权等法律法规允许的方式出资。企业国有产权或国有股权转让时，除国家另有规定外，一般不在意向受让人资质条件中对民间投资主体单独设置附加条件。

（十）支持集体资本参与国有企业混合所有制改革。明晰集体资产产权，发展股权多元化、经营产业化、管理规范化的经济实体。允许经确权认定的集体资本、资产和其他生产要素作价入股，参与国有企业混合所有制改革。研究制定股份合作经济（企业）管理办法。

（十一）有序吸收外资参与国有企业混合所有制改革。引入外资参与国有企业改制重组、合资合作，鼓励通过海外并购、投融资合作、离岸金融等方式，充分利用国际市场、技术、人才等资源和要素，发展混合所有制经济，深度参与国际竞争和全球产业分工，提高资源全球化配置能力。按照扩大开放与加强监管同步的要求，依照外商投资产业指导目录和相关安全审查规定，完善外资安全审查工作机制，切实加强风险防范。

（十二）推广政府和社会资本合作（PPP）模式。优化政府投资方式，通过投资补助、基金注资、担保补贴、贷款贴息等，优先支持引入社会资本的项目。以项目运营绩效评价结果为依据，适时对价格和补贴进行调整。组合引入保险资金、社保基金等长期投资者参与国家重点工程投资。鼓励社会资本投资或参股基础设施、公用事业、公共服务等领域项目，使投资者在平等竞争中获取合理收益。加强信息公开和项目储备，建立综合信息服务平台。

（十三）鼓励国有资本以多种方式入股非国有企业。在公共服务、高新技术、生态环境保护和战略性产业等重点领域，以市场选择为前提，以资本为纽带，充分发挥国有资本投资、运营公司的资本运作平台作用，对发展潜力大、成长性强的非国有企业进行股权投资。鼓励国有企业通过投资入股、联合投资、并购重组等多种方式，与非国有企业进行股权融合、战略合作、资源整合，发展混合所有制经济。支持国有资本与非国有资本共同设立股权投资基金，参与企业改制重组。

（十四）探索完善优先股和国家特殊管理股方式。国有资本参股非国有企业或国有企业引入非国有资本时，允许将部分国有资本转化为优先股。在少数特定领域探索建立国家特殊管理股制度，依照相关法律法规和公司章程规定，行使特定事项否决权，保证国有资本在特定领域的控制力。

（十五）探索实行混合所有制企业员工持股。坚持激励和约束相结合的原则，通过试点稳妥推进员工持股。员工持股主要采取增资扩股、出资新设等方式，优先支持人才资本和技术要素贡献占比较高的转制科研院所、高新技术企业和科技服务型企业开展试点，支持对企业经营业绩和持续发展有直接或较大影响的科研人员、经营管理人员和业务骨干等持股。完善相关政策，健全审核程序，规范操作流程，严格资产评估，建立健全股权流转和退出机制，确保员工持股公开透明，严禁暗箱操作，防止利益输送。混合所有制企业实行员工持股，要按照混合所有制企业实行员工持股试点的有关工作要求组织实施。

五、建立健全混合所有制企业治理机制

（十六）进一步确立和落实企业市场主体地位。政府不得干预企业自主经营，股东不得干预企业日常运营，确保企业治理规范、激励约束机制到位。落实董事会对经理层成员等高级经营管理人员选聘、业绩考核和薪酬管理等职权，维护企业真正的市场主体地位。

（十七）健全混合所有制企业法人治理结构。混合所有制企业要建立健全现代企业制度，明晰产权，同股同权，依法保护各类股东权益。规范企业股东（大）会、董事会、经理层、监事会和党组织的权责关系，按章程行权，对资本监管，靠市场选人，依规则运行，形成定位清晰、权责对等、运转协调、制衡有效的法人治理结构。

（十八）推行混合所有制企业职业经理人制度。按照现代企业制度要求，建立市场导向的选人用人和激励约束机制，通过市场化方式选聘职业经理人依法负责企业经营管理，畅通现有经营管理者与职业经理人的身份转换通道。职业经理人实行任期制和契约化管理，按照市场化原则决定薪酬，可以采取多种方式探索中长期激励机制。严格职业经理人任期管理和绩效考核，加快建立退出机制。

六、建立依法合规的操作规则

（十九）严格规范操作流程和审批程序。在组建和注册混合所有制企业时，要依据相关法律法规，规范国有资产授权经营和产权交易等行为，健全清产核资、评估定价、转让交易、登记确权等国有产权流转程序。国有企业产权和股权转让、增资扩股、上市公司增发等，应在产权、股权、证券市场公开披露信息，公开择优确定投资人，达成交易意向后应及时公示交易对象、交易价格、关联交易等信息，防止利益输送。国有企业实施混合所有制改革前，应依据本意见制定方案，报同级国有资产监管机构批准；重要国有企业改制后国有资本不再控股的，报同级人民政府批准。国有资产监管机构要按照本意见要求，明确国有企业混合所有制改革的操作流程。方案审批时，应加强对社会资本质量、合作方诚信与操守、债权债务关系等内容的审核。要充分保障企业职工对国有企业混合所有制改革的知情权和参与权，涉及职工切身利益的要做好评估工作，职工安置方案要经过职工代表大会或者职工大会审议通过。

（二十）健全国有资产定价机制。按照公开公平公正原则，完善国有资产交易方式，严格规范国有资产登记、转让、清算、退出等程序和交易行为。通过产权、股权、证券市场发现和合理确定资产价格，发挥专业化中介机构作用，借助多种市场化定价手段，完善资产定价机制，实施信息公开，加强社会监督，防止出现内部人控制、利益输送造成国有资产流失。

（二十一）切实加强监管。政府有关部门要加强对国有企业混合所有制改革的监管，完善国有产权交易规则和监管制度。国有资产监管机构对改革中出现的违法转让和侵吞国有资产、化公为私、利益输送、暗箱操作、逃废债务等行为，要依法严肃处理。审计部门要依法履行审计监督职能，加强对改制企业原国有企业法定代表人的离任审计。充分发挥第三方机构在清产核资、财务审计、资产定价、股权托管等方面的作用。加强企业职工内部监督。进一步做好信息公开，自觉接受社会监督。

七、营造国有企业混合所有制改革的良好环境

（二十二）加强产权保护。健全严格的产权占有、使用、收益、处分等完整保护制度，依法保护混合所有制企业各类出资人的产权和知识产权权益。在立法、司法和行政执法过程中，坚持对各种所有制经济产权和合法利益给予同等法律保护。

（二十三）健全多层次资本市场。加快建立规则统一、交易规范的场外市场，促进非上市股份公司股权交易，完善股权、债权、物权、知识产权及信托、融资租赁、产业投资基金等产品交易机制。建立规范的区域性股权市场，为企业提供融资服务，促进资产证券化和资本流动，健全股权登记、托管、做市商等第三方服务体系。以具备条件的区域性股权、产权市场为载体，探索建立统一结算制度，完善股权公开转让和报价机制。制定场外市场交易规则和规范监管制度，明确监管主体，实行属地化、专业化监管。

（二十四）完善支持国有企业混合所有制改革的政策。进一步简政放权，最大限度取消涉及企业依法自主经营的行政许可审批事项。凡是市场主体基于自愿的投资经营和民事行为，只要不属于法律法规禁止进入的领域，且不危害国家安全、社会公共利益和第三方合法权益，不得限制进入。完善工商登记、财税管理、土地管理、金融服务等政策。依法妥善解决混合所有制改革涉及的国有企业职工劳动关系调整、社会保险关系接续等问题，确保企业职工队伍稳定。加快剥离国有企业办社会职能，妥善解决历史遗留问题。完善统计制度，加强监测分析。

（二十五）加快建立健全法律法规制度。健全混合所有制经济相关法律法规和规章，加大法律法规立、改、废、释工作力度，确保改革于法有据。根据改革需要抓紧对合同法、物权法、公司法、企业国有资产法、企业破产法中有关法律制度进行研究，依照法定程序及时提请修改。推动加快制定有关产权保护、市场准入和退出、交易规则、公平竞争等方面法律法规。

八、组织实施

（二十六）建立工作协调机制。国有企业混合所有制改革涉及面广、政策性强、社会关注度高。各地区、各有关部门和单位要高度重视，精心组织，严守规范，明确责任。各级政府及相关职能部门要加强对国有企业混合所有制改革的组织领导，做好把关定向、配套落实、审核批准、纠偏提醒等工作。各级国有资产监管机构要及时跟踪改革进展，加强改革协调，评估改革成效，推广改革经验，重大问题及时向同级人民政府报告。各级工商联要充分发挥广泛联系非公有制企业的组织优势，参与做好沟通政企、凝聚共识、决策咨询、政策评估、典型宣传等方面工作。

（二十七）加强混合所有制企业党建工作。坚持党的建设与企业改革同步谋划、同步开展，根据企业组织形式变化，同步设置或调整党的组织，理顺党组织隶属关系，同步选配好党组织负责人，健全党的工作机构，配强党务工作者队伍，保障党组织工作经费，有效开展党的工作，发挥好党组织政治核心作用和党员先锋模范作用。

（二十八）开展不同领域混合所有制改革试点示范。结合电力、石油、天然气、铁路、民航、电信、军工等领域改革，开展放开竞争性业务、推进混合所有制改革试点示范。在基础设施和公共服务领域选择有代表性的政府投融资项目，开展多种形式的政府和社会资本合作试点，加快形成可复制、可推广的模式和经验。

（二十九）营造良好的舆论氛围。以坚持“两个毫不动摇”（毫不动摇巩固和发展公有制经济，毫不动摇鼓励、支持、引导非公有制经济发展）为导向，加强国有企业混合所有制改革舆论宣传，做好政策解读，阐释目标方向和重要意义，宣传成功经验，正确引导舆论，回应社会关切，使广大人民群众了解和支持改革。

各级政府要加强对国有企业混合所有制改革的领导，根据本意见，结合实际推动改革。

金融、文化等国有企业的改革，中央另有规定的依其规定执行。

国务院关于改革和完善国有资产管理体制的若干意见

国发〔2015〕63号

各省、自治区、直辖市人民政府，国务院各部委、各直属机构：

改革开放以来，我国国有资产管理体制改革稳步推进，国有资产出资人代表制度基本建立，保值增值责任初步得到落实，国有资产规模、利润水平、竞争能力得到较大提升。但必须看到，现行国有资产管理体制中政企不分、政资不分问题依然存在，国有资产监管还存在越位、缺位、错位现象；国有资产监督机制不健全，国有资产流失、违纪违法问题在一些领域和企业比较突出；国有经济布局结构有待进一步优化，国有资本配置效率不高等问题亟待解决。按照《中共中央关于全面深化改革若干重大问题的决定》和国务院有关部署，现就改革和完善国有资产管理体制提出以下意见。

一、总体要求

（一）指导思想。深入贯彻落实党的十八大和十八届二中、三中、四中全会精神，按照党中央、国务院决策部署，坚持和完善社会主义基本经济制度，坚持社会主义市场经济改革方向，尊重市场经济规律和企业发展规律，正确处理好政府与市场的关系，以管资本为主加强国有资产监管，改革国有资本授权经营体制，真正确立国有企业的市场主体地位，推进国有资产监管机构职能转变，适应市场化、现代化、国际化新形势和经济发展新常态，不断增强国有经济活力、控制力、影响力和抗风险能力。

（二）基本原则。坚持权责明晰。实现政企分开、政资分开、所有权与经营权分离，依法理顺政府与国有企业的出资关系。切实转变政府职能，依法确立国有企业的市场主体地位，建立健全现代企业制度。坚持政府公共管理职能与国有资产出资人职能分开，确保国有企业依法自主经营，激发企业活力、创新力和内生动力。

坚持突出重点。按照市场经济规则和现代企业制度要求，以管资本为主，以资本为纽带，以产权为基础，重点管好国有资本布局、规范资本运作、提高资本回报、维护资本安全。注重通过公司法人治理结构依法行使国有股东权利。

坚持放管结合。按照权责明确、监管高效、规范透明的要求，推进国有资产监管机构职能和监管方式转变。该放的依法放开，切实增强企业活力，提高国有资本运营效率；该管的科学管好，严格防止国有资产流失，确保国有资产保值增值。

坚持稳妥有序。处理好改革、发展、稳定的关系，突出改革和完善国有资产管理体制的系统性、协调性，以重点领域为突破口，先行试点，分步实施，统筹谋划，协同推进相关配套改革。

二、推进国有资产监管机构职能转变

（三）准确把握国有资产监管机构的职责定位。国有资产监管机构作为政府直属特设机构，根据授权代表本级人民政府对监管企业依法履行出资人职责，科学界定国有资产出资人监管的边界，专司国有资产监管，不行使政府公共管理职能，不干预企业自主经营权。以管资本为主，重点管好国有资本布局、规范资本运作、提高资本回报、维护资本安全，更好服务于国家战略目标，实现保值增值。发挥国有资产监管机构专业化监管优势，逐步推进国有资产出资人监管全覆盖。

（四）进一步明确国有资产监管重点。加强战略规划引领，改进对监管企业主业界定和投资并购的管理方式，遵循市场机制，规范调整存量，科学配置增量，加快优化国有资本布局结构。加强对国有资本运营质量及监管企业财务状况的监测，强化国有产权流转环节监管，加大国有产权进场交易力度。按照国有企业的功能界定和类别实行分类监管。改进考核体系和办法，综合考核资本运营质量、效率和收益，以经济增加值为主，并将转型升级、创新驱动、合规经营、履行社会责任等纳入考核指标体系。着力完善激励约束机制，将国有企业领导人员考核结果与职务任免、薪酬待遇有机结合，严格规范国有企业领导人员薪酬分配。建立健全与劳动力市场基本适应，与企业经济效益、劳动生产率挂钩的工资决定和正常增长机制。推动监管企业不断优化公司法人治理结构，把加强党的领导和完善公司治理统一起来，建立国有企业领导人员分类分层管理制度。强化国有资产监督，加强和改进外派监事会制度，建立健全国有企业违法违规经营责任追究体系、国有企业重大决策失误和失职渎职责任追究倒查机制。

（五）推进国有资产监管机构职能转变。围绕增强监管企业活力和提高效率，聚焦监管内容，该管的要科学管理、决不缺位，不该管的要依法放权、决不越位。将国有资产监管机构行使的投资计划、部分产权管理和重大事项决策等出资人权利，授权国有资本投资、运营公司和其他直接监管的企业行使；将依法应由企业自主经营决策的事项归位于企业；加强对企业集团的整体监管，将延伸到子企业的管理事项原则上归位于一级企业，由一级企业依法依规决策；将国有资产监管机构配合承担的公共管理职能，归位于相关政府部门和单位。

（六）改进国有资产监管方式和手段。大力推进依法监管，着力创新监管方式和手段。按照事前规范制度、事中加强监控、事后强化问责的思路，更多运用法治化、市场化的监管方式，切实减少出资人审批核准事项，改变行政化管理方式。通过“一企一策”制定公司章程、规范董事会运作、严格选派和管理股东代表和董事监事，将国有出资人意志有效体现在公司治理结构中。针对企业不同功能定位，在战略规划制定、资本运作模式、人员选用机制、经营业绩考核等方面，实施更加精准有效的分类监管。调整国有资产监管机构内部组织设置和职能配置，建立监管权力清单和责任清单，优化监管流程，提高监管效率。建立出资人监管信息化工作平台，推进监管工作协同，实现信息共享和动态监管。完善国有资产和国有企业信息公开制度，设立统一的信息公开网络平台，在不涉及国家秘密和企业商业秘密的前提下，依法依规及时准确地披露国有资本整体运营情况、企业国有资产保值增值及经营业绩考核总体情况、国有资产监管制度和监督检查情况，以及国有企业公司治理和管理架构、财务状况、关联交易、企业负责人薪酬等信息，建设阳光国企。

三、改革国有资本授权经营体制

（七）改组组建国有资本投资、运营公司。主要通过划拨现有商业类国有企业的国有股权，以及国有资本经营预算注资组建，以提升国有资本运营效率、提高国有资本回报为主要目标，通过股权运作、价值管理、有序进退等方式，促进国有资本合理流动，实现保值增值；或选择具备一定条件的国有独资企业集团改组设立，以服务国家战略、提升产业竞争力为主要目标，在关系国家安全、国民经济命脉的重要行业和关键领域，通过开展投资融资、产业培育和资本整合等，推动产业集聚和转型升级，优化国有资本布局结构。

（八）明确国有资产监管机构与国有资本投资、运营公司关系。政府授权国有资产监管机构依法对国有资本投资、运营公司履行出资人职责。国有资产监管机构按照“一企一策”原则，明确对国有资本投资、运营公司授权的内容、范围和方式，依法落实国有资本投资、运营公司董事会职权。国有资本投资、运营公司对授权范围内的国有资本履行出资人职责，作为国有资本市场化运作的专业平台，依法自主开展国有资本运作，对所出资企业行使股东职责，维护股东合法权益，按照责权对应原则切实承担起国有资产保值增值责任。

（九）界定国有资本投资、运营公司与所出资企业关系。国有资本投资、运营公司依据公司法等相关法律法规，对所出资企业依法行使股东权利，以出资额为限承担有限责任。以财务性持股为主，建立财务管控模式，重点关注国有资本流动和增值状况；或以对战略性核心业务控股为主，建立以战略目标和财务效益为主的管控模式，重点关注所出资企业执行公司战略和资本回报状况。

（十）开展政府直接授权国有资本投资、运营公司履行出资人职责的试点工作。中央层面开展由国务院直接授权国有资本投资、运营公司试点等工作。地方政府可以根据实际情况，选择开展直接授权国有资本投资、运营公司试点工作。

四、提高国有资本配置和运营效率

（十一）建立国有资本布局和结构调整机制。政府有关部门制定完善经济社会发展规划、产业政策和国有资本收益管理规则。国有资产监管机构根据政府宏观政策和有关管理要求，建立健全国有资本进退机制，制定国有资本投资负面清单，推动国有资本更多投向关系国家安全、国民经济命脉和国计民生的重要行业和关键领域。

（十二）推进国有资本优化重组。坚持以市场为导向、以企业为主体，有进有退、有所为有所不为，优化国有资本布局结构，提高国有资本流动性，增强国有经济整体功能和提升效率。按照国有资本布局结构调整要求，加快推动国有资本向重要行业、关键领域、重点基础设施集中，向前瞻性战略性产业集中，向产业链关键环节和价值链高端领域集中，向具有核心竞争力的优势企业集中。清理退出一批、重组整合一批、创新发展一批国有企业，建立健全优胜劣汰市场化退出机制，加快淘汰落后产能和化解过剩产能，处置低效无效资产。推动国有企业加快技术创新、管理创新和商业模式创新。推进国有资本控股经营的自然垄断行业改革，根据不同行业特点放开竞争性业务，实现国有资本和社会资本更好融合。

（十三）建立健全国有资本收益管理制度。财政部门会同国有资产监管机构等部门建立覆盖全部国有企业、分级管理的国有资本经营预算管理制度，根据国家宏观调控和国有资本布局结构调整要求，提出国有资本收益上交比例建议，报国务院批准后执行。在改组组建国有资本投资、运营公司以及实施国有企业重组过程中，国家根据需要将部分国有股权划转社会保障基金管理机构持有，分红和转让收益用于弥补养老等社会保障资金缺口。

五、协同推进相关配套改革

（十四）完善有关法律法规。健全国有资产监管法律法规体系，做好相关法律法规的立改废释工作。按照立法程序，抓紧推动开展企业国有资产法修订工作，出台相关配套法规，为完善国有资产管理体制夯实法律基础。根据国有企业公司制改革进展情况，推动适时废止全民所有制工业企业法。研究起草企业国有资产基础管理条例，统一管理规则。

（十五）推进政府职能转变。进一步减少行政审批事项，大幅度削减政府通过国有企业行政性配置资源事项，区分政府公共管理职能与国有资产出资人管理职能，为国有资产管理体制改革完善提供环境条件。推进自然垄断行业改革，实行网运分开、特许经营。加快推进价格机制改革，严格规范政府定价行为，完善市场发现、形成价格的机制。推进行政性垄断行业成本公开、经营透明，发挥社会监督作用。

（十六）落实相关配套政策。落实和完善国有企业重组整合涉及的资产评估增值、土地变更登记和国有资产无偿划转等方面税收优惠政策，切实明确国有企业改制重组过程中涉及的债权债务承接主体和责任，完善国有企业退出的相关政策，依法妥善处理劳动关系调整和社会保险关系接续等相关问题。

（十七）妥善解决历史遗留问题。加快剥离企业办社会职能，针对“三供一业”（供水、供电、供热和物业管理）、离退休人员社会化管理、厂办大集体改革等问题，制定统筹规范、分类施策的措施，建立政府和国有企业合理分担成本的机制。国有资本经营预算支出优先用于解决国有企业历史遗留问题。

（十八）稳步推进经营性国有资产集中统一监管。按照依法依规、分类推进、规范程序、市场运作的原则，以管资本为主，稳步将党政机关、事业单位所属企业的国有资本纳入经营性国有资产集中统一监管体系，具备条件的进入国有资本投资、运营公司。

金融、文化等国有企业的改革，中央另有规定的依其规定执行。

各地区要结合本地实际，制定具体改革实施方案，确保国有资产管理体制改革顺利进行，全面完成各项改革任务。

国务院办公厅关于加强和改进企业国有资产监督防止国有资产流失的意见

国办发〔2015〕79 号

各省、自治区、直辖市人民政府，国务院各部委、各直属机构：

我国企业国有资产是全体人民的共同财富，保障国有资产安全、防止国有资产流失，是全面建成小康社会、实现全体人民共同富裕的必然要求。改革开放以来，我国国有经济不断发展壮大，国有企业市场活力普遍增强、效率显著提高，企业国有资产监管工作取得积极进展和明显成效。但与此同时，一些国有企业逐渐暴露出管理不规范、内部人控制严重、企业领导人员权力缺乏制约、腐败案件多有发生等问题，企业国有资产监督工作中多头监督、重复监督和监督不到位的现象也日益突出。为贯彻落实中央关于深化国有企业改革的有关部署，切实加强和改进企业国有资产监督、防止国有资产流失，经国务院同意，现提出以下意见。

一、总体要求

（一）指导思想。认真贯彻落实党的十八大和十八届二中、三中、四中、五中全会精神，按照党中央、国务院有关决策部署，以国有资产保值增值、防止流失为目标，坚持问题导向，立足体制机制制度创新，加强和改进党对国有企业的领导，切实强化国有企业内部监督、出资人监督和审计、纪检监察、巡视监督以及社会监督，严格责任追究，加快形成全面覆盖、分工明确、协同配合、制约有力的国有资产监督体系，充分体现监督的严肃性、权威性、时效性，促进国有企业持续健康发展。

（二）基本原则。

坚持全面覆盖，突出重点。实现企业国有资产监督全覆盖，加强对国有企业权力集中、资金密集、资源富集、资产聚集等重点部门、重点岗位和重点决策环节的监督，切实维护国有资产安全。

坚持权责分明，协同联合。清晰界定各类监督主体的监督职责，有效整合监督资源，增强监督工作合力，形成内外衔接、上下贯通的国有资产监督格局。

坚持放管结合，提高效率。正确处理好依法加强监督和增强企业活力的关系，改进监督方式，创新监督方法，尊重和维护企业经营自主权，增强监督的针对性和有效性。

坚持完善制度，严肃问责。建立健全企业国有资产监督法律法规体系，依法依规开展监督工作，完善责任追究制度，对违法违规造成国有资产损失以及监督工作中失职渎职的责任主体，严格追究责任。

二、着力强化企业内部监督

（三）完善企业内部监督机制。企业集团应当建立涵盖各治理主体及审计、纪检监察、巡视、法律、财务等部门的监督工作体系，强化对子企业的纵向监督和各业务板块的专业监督。健全涉及财务、采购、营销、投资等方面的内部监督制度和内控机制，进一步发挥总会计师、总法律顾问作用，加强对企业重大决策和重要经营活动的财务、法律审核把关。加强企业内部监督工作的联动配合，提升信息化水平，强化流程管控的刚性约束，确保内部监督及时、有效。

（四）强化董事会规范运作和对经理层的监督。深入推进外部董事占多数的董事会建设，加强董事会内部的制衡约束，依法规范董事会决策程序和董事长履职行为，落实董事对董事会决议承担的法定责任。切实加强董事会对经理层落实董事会决议情况的监督。设置由外部董事组成的审计委员会，建立审计部门向董事会负责的工作机制，董事会依法审议批准企业年度审计计划和重要审计报告，增强董事会运用内部审计规范运营、管控风险的能力。

（五）加强企业内设监事会建设。建立监事会主席由上级母公司依法提名、委派制度，提高专职监事比例，增强监事会的独立性和权威性。加大监事会对董事、高级管理人员履职行为的监督力度，进一步落实监事会检查公司财务、纠正董事及高级管理人员损害公司利益行为等职权，保障监事会依法行权履职，强化监事会及监事的监督责任。

（六）重视企业职工民主监督。健全以职工代表大会为基本形式的企业民主管理制度，规范职工董事、职工监事的产生程序，切实发挥其在参与公司决策和治理中的作用。大力推进厂务公开，建立公开事项清单制度，保障职工知情权、参与权和监督权。

（七）发挥企业党组织保证监督作用。把加强党的领导和完善公司治理统一起来，落实党组织在企业党风廉政建设和反腐败工作中的主体责任和纪检机构的监督责任，健全党组织参与重大决策机制，强化党组织对企业领导人员履职行为的监督，确保企业决策部署及其执行过程符合党和国家方针政策、法律法规。

三、切实加强企业外部监督

（八）完善国有资产监管机构监督。国有资产监管机构要坚持出资人管理和监督的有机统一，进一步加强出资人监督。健全国有企业规划投资、改制重组、产权管理、财务评价、业绩考核、选人用人、薪酬分配等规范国有资本运作、防止流失的制度。加大对国有资产监管制度执行情况的监督力度，定期开展对各业务领域制度执行情况的检查，针对不同时期的重点任务和突出问题不定期开展专项抽查。国有资产监管机构设立稽查办公室，负责分类处置和督办监督工作中发现的需要企业整改的问题，组织开展国有资产重大损失调查，提出有关责任追究的意见建议。开展国有资产监管机构向所出资企业依法委派总会计师试点工作，强化出资人对企业重大财务事项的监督。加强企业境外国有资产监督，重视在法人治理结构中运用出资人监督手段，强化对企业境外投资、运营和产权状况的监督，严格规范境外大额资金使用、集中采购和佣金管理，确保企业境外国有资产安全可控、有效运营。

（九）加强和改进外派监事会监督。对国有资产监管机构所出资企业依法实行外派监事会制度。外派监事会由政府派出，作为出资人监督的专门力量，围绕企业财务、重大决策、运营过程中涉及国有资产流失的事项和关键环节、董事会和经理层依法依规履职情况等重点，着力强化对企业的当期和事中监督。进一步完善履职报告制度，外派监事会要逐户向政府报告年度监督检查情况，对重大事项、重要情况、重大风险和违法违纪违规行为“一事一报告”。按照规定的程序和内容，对监事会监督检查情况实行“一企一公开”，也可以按照类别和事项公开。切实保障监事会主席依法行权履职，落实外派监事会的纠正建议权、罢免或者调整建议权，监事会主席根据授权督促企业整改落实有关问题或者约谈企业领导人员。建立外派监事会可追溯、可量化、可考核、可问责的履职记录制度，切实强化责任意识，健全责任倒查机制。

（十）健全国有企业审计监督体系。完善国有企业审计制度，进一步厘清政府部门公共审计、出资人审计和企业内部审计之间的职责分工，实现企业国有资产审计监督全覆盖。加大对国有企业领导人员履行经济责任情况的审计力度，坚持离任必审，完善任中审计，探索任期轮审，实现任期内至少审计一次。探索建立国有企业经营性审计制度，对国有企业重大财务异常、重大资产损失及风险隐患、国有企业境外资产等开展专项审计，对重大决策部署和投资项目、重要专项资金等开展跟踪审计。完善国有企业购买审计服务办法，扩大购买服务范围，推动审计监督职业化。

（十一）进一步增强纪检监察和巡视的监督作用。督促国有企业落实“两个责任”，实行“一案双查”，强化责任追究。加强对国有企业执行党的纪律情况的监督检查，重点审查国有企业执行党的政治纪律、政治规矩、组织纪律、廉洁纪律情况，严肃查处违反党中央八项规定精神的行为和“四风”问题。查办腐败案件以上级纪委领导为主，线索处置和案件查办在向同级党委报告的同时，必须向上级纪委报告。严肃查办发生在国有企业改制重组、产权交易、投资并购、物资采购、招标投标以及国际化经营等重点领域和关键环节的腐败案件。贯彻中央巡视工作方针，聚焦党风廉政建设和反腐败斗争，围绕“四个着力”，加强和改进国有企业巡视工作，发现问题，形成震慑，倒逼改革，促进发展。

（十二）建立高效顺畅的外部监督协同机制。整合出资人监管、外派监事会监督和审计、纪检监察、巡视等监督力量，建立监督工作会商机制，加强统筹，减少重复检查，提高监督效能。创新监督工作机制和方式方法，运用信息化手段查核问题，实现监督信息共享。完善重大违法违纪违规问题线索向纪检监察机关、司法机关移送机制，健全监督主体依法提请有关机关配合调查案件的制度措施。

四、实施信息公开加强社会监督

（十三）推动国有资产和国有企业重大信息公开。建立健全企业国有资产监管重大信息公开制度，依法依规设立信息公开平台，对国有资本整体运营情况、企业国有资产保值增值及经营业绩考核总体情况、国有资产监管制度和监督检查情况等依法依规、及时准确披露。国有企业要严格执行《企业信息公示暂行条例》，在依法保护国家秘密和企业商业秘密的前提下，主动公开公司治理以及管理架构、经营情况、财务状况、关联交易、企业负责人薪酬等信息。

（十四）切实加强社会监督。重视各类媒体的监督，及时回应社会舆论对企业国有资产运营的重大关切。畅通社会公众的监督渠道，认真处理人民群众有关来信、来访和举报，切实保障单位和个人对造成国有资产损失行为进行检举和控告的权利。推动社会中介机构规范执业，发挥其第三方独立监督作用。

五、强化国有资产损失和监督工作责任追究

（十五）加大对国有企业违规经营责任追究力度。明确企业作为维护国有资产安全、防止流失的责任主体，健全并严格执行国有企业违规经营责任追究制度。综合运用组织处理、经济处罚、禁入限制、纪律处分和追究刑事责任等手段，依法查办违规经营导致国有资产重大损失的案件，严厉惩处侵吞、贪污、输送、挥霍国有资产和逃废金融债务的行为。对国有企业违法违纪违规问题突出、造成重大国有资产损失的，严肃追究企业党组织的主体责任和企业纪检机构的监督责任。建立完善国有企业违规经营责任追究典型问题通报制度，加强对企业领导人员的警示教育。

（十六）严格监督工作责任追究。落实企业外部监督主体维护国有资产安全、防止流失的监督责任。健全国有资产监管机构、外派监事会、审计机关和纪检监察、巡视部门在监督工作中的问责机制，对企业重大违法违纪违规问题应当发现而未发现或敷衍不追、隐匿不报、查处不力的，严格追究有关人员失职渎职责任，视不同情形分别给予纪律处分或行政处分，构成犯罪的，依法追究刑事责任。完善监督工作中的自我监督机制，健全内控措施，严肃查处监督工作人员在问题线索清理、处置和案件查办过程中违反政治纪律、组织纪律、廉洁纪律、工作纪律的行为。

六、加强监督制度和能力建设

（十七）完善企业国有资产监督法律制度。做好国有资产监督法律法规的立改废释工作，按照法定程序修订完善企业国有资产法等法律法规中有关企业国有资产监督的规定，制定出台防止企业国有资产流失条例，将加强企业国有资产监督的职责、程序和有关要求法定化、规范化。

（十八）加强监督队伍建设。选派政治坚定、业务扎实、作风过硬、清正廉洁的优秀人才，进一步充实监督力量。优化监督队伍知识结构，重视提升监督队伍的综合素质和专业素养。加强对监督队伍的日常管理和考核评价，健全与监督工作成效挂钩的激励约束机制，强化监督队伍履职保障。

本意见适用于全国企业国有资产监督工作。金融、文化等企业国有资产监督工作，中央另有规定的依其规定执行。

关于废止和宣布失效部分规范性文件的公告

（国务院国有资产监督管理委员会公告　2015年第1号）

根据党的十八届三中、四中全会精神，为落实以管资本为主加强国有资产监管的要求，深入推进依法监管，我委对现行有效规章、规范性文件进行了清理，决定废止和宣布失效部分规范性文件。现将废止和宣布失效的规范性文件目录予以公布。

附件：1. 废止的规范性文件目录
　　　2. 宣布失效的规范性文件目录

附件 1

废止的规范性文件目录

1. 关于在财务统计工作中执行新的企业规模划分标准的通知(国资厅评价〔2003〕327 号)

2. 关于加强和改进国资委监管企业女职工工作的意见(国资党委群工〔2004〕21 号)

3. 关于中央企业加强产权管理工作的意见(国资发产权〔2004〕180 号)

4. 关于印发《国资委统一委托会计师事务所工作试行办法》的通知(国资发评价〔2004〕289 号)

5. 关于中央企业应付工资余额使用有关问题的通知(国资发分配〔2007〕212 号)

6. 关于加强中央企业资金管理防范财务风险的紧急通知(国资厅发评价〔2008〕87 号)

7. 关于加强中央企业境外投资管理有关事项的通知(国资发规划〔2008〕225 号)

8. 中央企业商业秘密信息系统安全技术指引(保密〔2012〕3 号)

附件 2

宣布失效的规范性文件目录

1. 国资委、财政部关于做好执行《企业会计制度》工作的通知(国资评价〔2003〕45 号)

2. 国资委关于加强中央企业领导人员培训工作的意见(国资发党建〔2004〕204 号)

3. 关于上市公司股权分置改革中国有股股权管理审核程序有关事项的通知(国资厅发产权〔2005〕39 号)

4. 关于进一步做好中央企业清理拖欠工程款工作的通知(国资厅发评价〔2005〕50 号)

5. 关于国有控股上市公司股权分置改革的指导意见(国资发产权〔2005〕111 号)

6. 关于委托中央企业对部分主辅分离辅业改制项目进行资产评估备案管理的通知(国资产权〔2005〕193 号)

7. 关于上市公司股权分置改革中国有股股权管理有关问题的通知(国资发产权〔2005〕246 号)

8. 关于印发《"十一五"中央企业人才队伍建设规划纲要》的通知(国资党委干一〔2006〕79 号)

9。关于加强中央企业信息化工作的指导意见(国资发〔2007〕8 号)

10. 关于进一步加快中央企业以总法律顾问制度为核心的企业法律顾问制度建设有关事项的通知(国资发法规〔2007〕32 号)

11. 关于加强国资监管信息化工作的指导意见(国资发〔2007〕182 号)

12. 关于中央企业安全生产隐患排查治理工作实施意见(国资发考核〔2008〕44 号)

13. 关于落实中央企业法制工作三年目标有关事项的通知(国资发法规〔2008〕109 号)

14. 企业主辅分离辅业改制资产处置核销操作指引(国资发产权〔2009〕7 号)

15. 关于做好中央企业国有资本经营预算执行工作有关事项的通知(国资发收益〔2009〕22 号)

16. 国资委党委办公室关于贯彻落实《2009—2013 年全国党员教育培训工作规划》有关要求的通知(国资党办组织〔2009〕30 号)

17. 关于进一步推进中央企业信息化工作的意见(国资发〔2009〕102 号)

18. 关于开展中央企业"小金库"专项治理工作的通知(国资发评价〔2010〕107 号)

19. 关于进一步做好中央企业"小金库"专项治理工作有关事项的通知(国资发评价〔2010〕175 号)

20. 关于开展中央企业加快转变经济发展方式监督检查的通知(国资党委纪检〔2011〕147 号)

21. 关于进一步加强中央企业多晶硅产业投资管理有关事项的通知(国资发规划〔2012〕99 号)

22. 关于贯彻落实《国务院办公厅关于清理整顿各类交易场所的实施意见》的通知(国资发产权〔2012〕140 号)

23. 关于印发国资委财务监管报表 XBRL 扩展分类标准的通知(国资发评价〔2014〕110 号)

关于印发《国务院国资委2015年度指导监督地方国资工作计划》的通知

国资厅发法规〔2015〕13号

各省、自治区、直辖市及计划单列市和新疆生产建设兵团国资委，委内厅局：

为进一步做好指导监督地方国资工作，推动国资委系统深入贯彻党的十八大和十八届三中、四中全会精神，全面落实国企国资改革发展各项任务，我们制定了《国务院国资委2015年度指导监督地方国资工作计划》，现印发给你们。

各级国资委要按照党中央、国务院和地方党委、政府关于国企国资改革发展的部署要求，密切结合自身实际，统筹推进指导监督的各项工作。要牢牢把握出资人代表职责定位，指导下级国资委坚持依法履职，深入落实以管资本为主加强国有资产监管的要求。要稳妥有序推进国有企业改革，指导下级国资委做好改革方案的研究制订和贯彻实施，使本地区国有企业改革在依法合规、规范有序、监管到位的基础上推进。要着力加强和改进出资人监督，指导下级国资委加快建立健全监督工作机制，落实监督责任，切实防止国有资产流失。

各单位在贯彻落实本工作计划中遇到的有关情况、问题和建议，请及时反馈国务院国资委政策法规局。

国务院国资委2015年度指导监督地方国资工作计划

深入贯彻落实党的十八届三中、四中全会精神，结合地方国资监管工作实际，制定2015年度指导监督地方国资工作计划和具体分工。

一、突出依法履职，指导推动地方以管资本为主加强国有资产监管

（一）组织召开中央企业、地方国资委负责人会议，总结2015年工作情况，研究2016年工作。（办公厅）

（二）组织召开全国国资委系统指导监督工作座谈会和研讨培训班。加强省级国资委规范性文件备案工作。指导地方国资委完善国资监管体制，加强省属国有重点企业法制工作，妥善应对有关国有企业涉外议题。（法规局）

（三）组织召开全国国资委系统规划发展座谈会。加强对地方国资委央地合作工作的指导。（规划局）

（四）继续深化国有资产统计工作，开展地方国有资产统计报表数据验审和培训，推动非监管企业报送范围扩大至全级次。加强地方财务动态监测，指导地方国资委继续做好企业财务快报工作，开展监管报表整合和信息共享服务，构建国资监管大数据平台。（评价局）

（五）组织召开全国国资委系统产权管理工作会议和业务培训。推进地方国有控股上市公司国有股权有关职责下放工作。指导地方国资委加强和完善资产评估管理，继续推动地方企业国有资产规范流转。指导地方国资委加强产权管理信息系统运用。（产权局）

（六）组织召开全国国资委系统劳动用工和收入分配座谈会，举办劳动用工和收入分配培训班。指导地方国资委依法规范国有企业劳务派遣用工管理。（分配局）

（七）组织召开全国国资委系统业绩考核工作座谈会。指导地方国资委按照企业功能分类开展业绩考核工作，完善考核目标确定机制，突出以经济增加值为核心加强企业价值管理。（综合局）

（八）加强对地方国资委国有资本经营预算工作的分类指导。组织召开全国国资委系统国有资本经营预算管理工作座谈会。建立地方国有资本经营预算工作信息通报制度。（收益局）

二、坚持稳妥有序，指导推动地方深化国有企业改革

（九）加强对地方国资委发展混合所有制经济情况的指导和监督。（产权局）

（十）指导地方国资委研究制订混合所有制企业实施员工持股试点的管理办法，规范开展员工持股试点工作。组织召开部分地方国资委深化国有企业改

革座谈会。组织部分地方国资委参加“企业讲习所”，推广中央企业管理提升相关经验。（改革局）

（十一）指导地方国资委推动国有企业建设规范董事会，完善法人治理结构。（改组局）

（十二）指导地方国资委做好国有企业负责人薪酬管理、中长期激励及规范履职待遇、业务支出等工作。（分配局）

（十三）研究起草关于国有企业建立职业经理人制度的指导意见，加强对地方国资委建立职业经理人制度的指导。（企干一局）

（十四）起草印发关于国有企业更好履行社会责任的指导意见，加强企业社会责任立法研究工作，召开中央企业和地方国资委社会责任工作会。（研究局）

三、着力强化监督，指导地方切实防止国有资产流失

（十五）研究起草关于加强和改进企业国有资产监督防止国有资产流失的意见，指导地方国资委进一步强化出资人监督工作。（法规局）

（十六）组织召开全国国资委系统财务监督工作座谈会。开展绩效评价、信息公开、总会计师委派、内部控制评价、金融衍生业务风险管理等专题研讨。（评价局）

（十七）研究起草关于进一步加强和改进外派监事会工作的意见。召开全国国资委系统监事会工作研讨会。继续推动地方国资委定期向地方政府专题汇报监事会监督检查情况。联合地方国资委开展国有企业外派监事会工作理论研究。（监事会局）

（十八）组织召开全国国资委系统纪委书记研讨会，加强日常工作交流。（纪委监察局）

四、加强沟通服务，推动国资委系统建设

（十九）组织召开全国国资委系统信息公开研讨会，加快推进信息公开工作。指导地方国资委信访和推动信访制度改革有关工作。（办公厅）

（二十）研究起草加快剥离国有企业办社会职能和解决历史遗留问题工作方案，指导地方做好组织实施工作。进一步扩大中央企业分离移交“三供一业”试点范围，新增6～7个省市开展试点。继续推进国有企业棚户区改造工作。（改组局）

（二十一）做好地方厂办大集体改革方案备案工作，密切跟踪全国各地厂办大集体改革进展情况。（分配局）

（二十二）继续加强对地方人才工作的支持和服务，落实好中央“千人计划”，推动北京未来科技城体制机制创新取得新进展。（企干一局）

（二十三）进一步做好中央企业与地方及地方国有企业干部人才援派工作和挂职工作，重点做好新疆、西藏等地区干部到中央企业挂职锻炼工作。（企干二局）

（二十四）指导地方国资委贯彻落实关于中央企业党委在现代企业制度下充分发挥政治核心作用的意见。发挥国有企业党建研究专委会的平台作用，加强与地方国资委及地方国有企业的联系沟通。继续指导推进在疆中央企业党组织属地化管理工作。（党建局）

（二十五）指导地方国资委贯彻落实《中共中央关于加强和改进党的群团工作的意见》，加强和改进国有企业统战工作。加强与新疆、西藏、青海省区国资委的联系沟通，做好中央企业援疆援藏援青工作。（群工局）

国资委关于印发《关于完善2015年中央企业负责人经营业绩考核的实施意见》的通知

国资发综合〔2015〕88号

各中央企业：

《关于完善2015年中央企业负责人经营业绩考核的实施意见》已经深化国有企业负责人薪酬制度改革工作领导小组审核同意，现印发给你们，请认真贯彻落实。

关于完善2015年中央企业负责人经营业绩考核的实施意见

为认真贯彻落实党中央、国务院关于深化中央管理企业负责人薪酬制度改革的有关精神，现就完善2015年中央企业负责人经营业绩考核提出如下实施意见。

一、加强功能分类考核

（一）强化对企业负责人年度和任期经营业绩分类考核。从企业不同功能定位出发，兼顾企业经营性质和业务特点，对不同功能企业，突出不同考核重点，实行定量与定性分析相结合，科学设置业绩考核指标及其权重，合理确定差异化考核标准，实施科学的分类考核，增强业绩考核的针对性、有效性。

（二）对主业处于充分竞争行业和领域的企业，以增强国有经济活力、放大国有资本功能为导向，重点考核经济效益、国有资本保值增值和市场竞争能力，引导企业实现经济效益和企业价值最大化，自觉承担引领行业产业发展任务，坚持经济效益优先、兼顾社会效益。

（三）对主业处于关系国家安全、国民经济命脉的重要行业和关键领域、主要承担重大专项任务的企业，以服务于国家战略目标，更多将资本投向关系国家安全、国民经济命脉的重要行业和关键领域为主攻方向，进一步完善提供公共服务、发展重要前瞻性战略性产业、保护生态环境、支持科技进步、保障国家安全的考核政策，适当强化特殊业物、承担重大专项任务完成情况考核，实现经济效益和社会效益的有机统一。

（四）合理确定不同功能企业的资本回报要求，完善EVA（经济增加值）考核办法，最大限度发挥国有资本功能。

（五）规范考核程序，建立健全业绩考核特殊事项清单管理制度。基于功能分类，认真梳理企业承担特殊业务事项、对考核当期经营业绩产生重大影响因素，完善相应的考核政策，一并列入业绩考核特殊事项管理清单，强化分类考核的基础管理，促进业绩考核更加规范、公开、透明。

二、改进目标管理

（六）国资委和企业充分沟通，密切协同，在综合研究宏观经济、行业经济运行、行业对标情况、企业实际等因素基础上，科学合理确定业绩考核目标。

（七）业绩考核目标分为基本目标和奋斗目标，相应给予不同考核计分，健全考核目标确定的内在动力机制，充分调动企业的积极性。

基本目标，原则上不低于业绩考核目标基准值。对行业周期性下降企业，本着实事求是原则，可适当下浮业绩考核目标基准值。

奋斗目标，应当与国民经济发展速度相适应，与中央企业在国家经济建设中“国家队”“排头兵”的地位作用相匹配，与做强做优做大、世界一流的要求相符合。奋斗目标应当明显好于基本目标水平，其中，利润总额、EVA目标原则上应符合稳增长分解目标要求。企业完成奋斗目标，可直接加满分；未完成奋斗目标，仍可按照基本目标计分。奋斗目标增长率排名前列的企业，视目标完成情况适度加分奖励。

（八）推动业绩考核与财务预算、工资总额预算管理工作紧密衔接。其中，利润总额考核目标值与工资总额预算相关指标值原则上应当保持一致，利润总额考核目标值低于上年水平的，企业工资总额预算原则上应有所下降。

三、严格考核管理

（九）严格核定业绩考核结果。国资委根据企业负责人经营业绩完成情况，在听取监事会意见的基础上，确定年度经营业绩考核和任期经营业绩考核结果。根据企业负责人经营业绩考核得分，年度经营业绩考核和任期经营业绩考核结果均分为A、B、C、D四个级别。基本指标考核得分低于基本分或考核最终得分低于100分的，考核结果不得进入C级。利润总额显著下降或EVA没有明显改善、国家重点战略或重大专项任务完成差距较大的企业，考核结果原则上不得评为A级（处于行业周期性下降阶段但仍处于国际同行业领先水平、受特殊业务或重大政策调整等因素影响的企业除外）。

（十）依据考核结果严格兑现薪酬和奖惩。

1. 企业负责人的薪酬由基本年薪、绩效年薪、任期激励收入三部分构成。基本年薪是企业负责人的年度基本收入；绩效年薪、任期激励收入与业绩考核评价结果挂钩。

2. 企业负责人的绩效年薪与年度考核评价结果挂钩，以基本年薪为基数，根据考核评价结果并结合绩效年薪调节系数确定。年度考核评价系数最高不超过2。绩效年薪调节系数根据企业功能性质、所在行业以及企业总资产、营业收入、利润总额、从业人员等规模因素确定，最高不超过1.5。在深入测算的基础上，科学合理地确定A、B、C级的考核评价系数分布。考核结果为D级或者综合考核评价为不胜任的，绩效年薪为0。

3. 企业负责人的任期激励收入与任期考核评价结果挂钩，根据任期考核评价结果，在不超过企业负责人任期内年薪总水平的30%以内确定。在深入测算的基础上，科学合理地确定A、B、C级任期激励系数分布。考核结果为D级或者综合考核评价为不胜任的，任期激励收入为0。任期激励收入在任期考核结束后一次性支付。

（十一）强化考核惩戒约束。企业负责人违反国家法律法规规定，导致重大决策失误、重大安全与质量责任事故、重大环境污染责任事故、重大违纪和法律纠纷案件，给企业造成重大不良影响或者国有资产损失的，国资委根据具体情节，对企业给予年度考核降级或者扣分处理。同时，根据企业负责人承担的责任，扣发部分或全部应发绩效年薪和任期激励收入，已发放的要予以追索扣回；情节严重的，给予纪律处分或者对企业负责人进行调整；涉嫌犯罪的，依法移送司法机关处理。对已离职或退休的相关责任人追溯处理。

四、附则

（十二）中央企业负责人中市场化选聘的职业经理人，由董事会实行契约化管理，加强和完善经营业绩考核，实行市场化分配机制，建立退出机制。

（十三）落实董事会职权试点企业的高级管理人员的年度经营业绩考核，由董事会确定。

（十四）中央企业纪委书记（纪检组长）、专职党组织负责人业绩考核办法另行制定。

（十五）本意见适用于2015年中央企业负责人经营业绩考核。

国资委关于贯彻落实《中共中央国务院关于深化国有企业改革的指导意见》的通知

国资发研究〔2015〕112号

各中央企业，各省、自治区、直辖市及计划单列市和新疆生产建设兵团国资委：

为认真贯彻落实《中共中央 国务院关于深化国有企业改革的指导意见》（中发〔2015〕22号，以下简称《指导意见》），现就有关事项通知如下：

一、认真抓好学习贯彻，切实把思想和行动统一到中央精神上来

《指导意见》以党的十八大、十八届三中、四中全会精神和习近平总书记系列重要讲话精神为指导，按照"四个全面"战略布局的要求，全面系统地提出了新时期深化国有企业改革的一系列政策措施，是党中央、国务院对国有企业改革作出的重大战略部署，是新时期深化国有企业改革的思想指南和行动纲领。中央企业和各地国资委要认认真真、原原本本地学习《指导意见》，深刻理解、准确把握《指导意见》精神实质，切实把思想和行动统一到中央精神上来。要全面系统学习把握《指导意见》精神，防止一知半解、断章取义、生搬硬套。各地区各单位主要负责同志、领导班子要带头学习，要组织广大职工通过集中学习、专题研讨、个人自学、专家辅导等多种方式，拓展学习的广度和深度，做到学习贯彻全面覆盖。学习贯彻《指导意见》，要与学习贯彻党的十八大和十八届三中、四中全会精神紧密结合起来，与学习贯彻习近平总书记系列重要讲话精神紧密结合起来，与本单位本地区承担的国有企业改革任务和亟待解决的突出矛盾和问题紧密结合起来，努力把学习成效转化为深化改革的行动自觉和生动实践，扎扎实实地推进国有企业改革。

二、认真抓好组织领导，统筹推进国有企业改革各项工作

中央企业和各地国资委要高度重视，精心组织，建立健全相应的组织领导机制，加强对本单位本地区国有企业改革的组织领导。主要负责同志和领导班子要切实承担起领导责任，抓好工作部署、方案制订、统筹协调、督办督查，形成统一领导、分工协作、部门联动、齐抓共管的工作格局。既要注重改革的系统性整体性协同性，又要善于找到改革的切入点和突破口，做到统筹协调、蹄疾步稳，正确处理推进改革和坚持法治的关系，正确处理改革发展稳定关系，正确处理搞好顶层设计和尊重基层首创精神的关系，把握好改革的次序、节奏、力度，积极稳妥有序地推进各项改革工作。

三、认真抓好分工落实，推动国有企业改革各项

政策措施落地

中央企业要抓紧研究制订本单位深化改革的实施方案，各地国资委抓紧研究制订本地区深化改革政策措落地的实施意见，使《指导意见》在本单位本地区得到具体贯彻落实。对已有的改革方案、政策措施，要对照《指导意见》精神梳理，凡与《指导意见》精神不一致的，要及时修订，确保与中央精神保持一致。要制订切实可行的分工方案，明确责任单位、责任人，把责任落在实处。要根据《指导意见》提出的改革目标要求，密切结合实际，制订本单位本地区国有企业改革的工作计划，明确阶段性目标成效、时间节点、具体措施等，增强工作的统筹性、前瞻性、有序性，确保改革政策措施的逐项落地、改革目标的如期实现。

四、认真抓好指导督促检查，确保国有企业改革工作沿着正确轨道前进

国务院国资委将建立国有企业改革工作推进的指导督促检查机制，根据实际对中央企业、各地国资委国有企业改革工作进展情况进行专项指导督促检查。中央企业、各地国资委要加强对本单位本地区国有企业改革工作的督导，全程跟踪督导改革工作的进展。要认真做好指导把关提醒工作，准确把握改革方向，及时掌握本单位本地区国有企业改革工作进展情况和政策措施落实情况，特别是涉及国有企业改革方向、防止国有资产流失、维护职工合法权益等重大问题，要抓早抓小抓苗头，及时纠正存在的问题，确保改革沿着正确轨道前进。要及时开展改革实施效果的评估，确保改革质量和效果。

五、认真抓好宣传舆论引导，为国有企业改革营造良好的舆论环境

要全面准确解读《指导意见》，主动发布权威信息，及时解疑释惑，凝聚改革共识。要加强舆情监测研判，及时掌握舆情动态，主动回应社会关切。要按照中央精神和部署引导社会舆论，积极主动传递正能量。要大力宣传新时期国有企业改革的方针政策、国有企业改革发展取得的成效，树立国有企业勇于改革、善于创新、拼搏进取、为国创富、为民造福的良好形象，努力营造全社会理解改革、支持改革、推动改革的良好氛围。

中央企业、各地国资委要将贯彻落实《指导意见》有关情况，以及贯彻落实过程中取得的成绩、经验、遇到的困难和问题，及时报送国务院国资委。

关于印发《关于全面推进法治央企建设的意见》的通知

国资发法规〔2015〕166 号

各中央企业：

为贯彻落实党的十八届三中、四中、五中全会精神和党中央、国务院关于深化国有企业改革的部署要求，进一步推进中央企业法制建设，提升依法治企能力水平，我们制定了《关于全面推进法治央企建设的意见》，现印发给你们，请认真贯彻落实。

关于全面推进法治央企建设的意见

党的十八届三中、四中全会作出全面深化改革和全面推进依法治国的重大战略部署。习近平总书记强调，要把全面依法治国放在“四个全面”战略布局中来把握。中央企业是我国国民经济的重要支柱，是落实全面依法治国战略的重要主体，应当在建设社会主义法治国家中发挥重要作用。近年来，中央企业深入推进法治建设，依法经营管理水平不断提升，依法治企能力明显增强，为改革发展提供了重要的支撑保障。但与此同时，中央企业法治工作与全面依法治国的要求相比还有不小差距。新形势下，全面建设法治央企，是贯彻落实全面依法治国战略的重要内容，是进一步深化国企改革的必然要求，也是提升企业核心竞争力，做强做优做大中央企业的迫切需要。为此，现就全面推进法治央企建设提出以下意见：

一、总体要求

（一）指导思想。认真贯彻落实党的十八届三中、四中、五中全会精神和习近平总书记系列重要讲话精神，按照全面依法治国战略部署，围绕中央企业改革发展总体目标，适应市场化、现代化、国际化发展需要，坚持依法治理、依法经营、依法管理共同推进，坚持法治体系、法治能力、法治文化一体建设，加强制度创新，以健全公司法人治理结构为基础，以促进依法经营管理为重点，以提升企业法律管理能力为手段，切实加强对企业法治建设的组织领导，大力推动企业治理体系和治理能力现代化，促进中央企业健康可持续发展。

（二）基本原则。

——坚持围绕中心，服务发展大局。紧紧围绕中央企业改革发展中心任务，充分发挥法治在推进分类改革、完善现代企业制度、发展混合所有制经济、强化监督防止国有资产流失等重点改革任务中的重要作用，支撑企业实施自主创新、转型升级等重大发展战略，为中央企业改革发展提供坚实的法治保障。

——坚持全面覆盖，突出工作重点。把依法治企要求全面融入企业决策运营各个环节，贯穿各业务领域、各管理层级、各工作岗位，努力实现法治工作全流程、全覆盖，同时突出依法治理、依法合规经营、依法规范管理等重点领域法治建设。

——坚持权责明确，强化协同配合。切实加强对法治央企建设的组织领导，明确企业主要负责人、总法律顾问、法律事务机构、其他部门在推进法治建设中的责任，有效整合资源，增强工作合力，形成上下联动、部门协同的法治建设大格局。

——坚持领导带头，确保全员参与。牢牢抓住领导干部这个"关键少数"，大力提升领导干部的法治思维和依法办事能力，充分发挥领导干部尊法学法守法用法的示范作用，进一步强化普法宣传教育，提高全员法治素养，充分调动职工的积极性和主动性，努力形成全员守法的良好氛围。

（三）总体目标。到2020年，中央企业依法治理能力进一步增强，依法合规经营水平显著提升，依法规范管理能力不断强化，全员法治素质明显提高，企业法治文化更加浓厚，依法治企能力达到国际同行业先进水平，努力成为治理完善、经营合规、管理规范、守法诚信的法治央企。

二、切实增强依法治理能力

（四）充分发挥章程在公司治理中的统领作用。根据企业行业特点、管理架构等实际，依法完善公司章程，合理配置股东权利义务，明确议事规则和决策机制。突出章程在规范各治理主体权责关系中的基础性作用，依法厘清股东（大）会、董事会、监事会、经理层的职责边界，明确履职程序。依据章程建立健全企业各项基本制度、管理机制和工作体系，细化董事会、经理层工作规则等配套办法。把加强党的领导和完善公司治理统一起来，明确党组织在公司治理结构中的法定地位，将党建工作总体要求纳入公司章程。加强对章程落实情况的监督，坚决纠正与章程不符的规定和行为。高度重视子企业章程制定工作，依法依章程对子企业规范行使股东权，处理好维护出资人权益与尊重子企业经营自主权的关系。充分发挥总法律顾问和法律事务机构在章程制定、执行和监督中的重要作用，确保章程依法制定、依法实施。

（五）完善各治理主体依法履职保障机制。按照《公司法》、《企业国有资产法》等法律法规，进一步完善公司法人治理结构，提升治理主体依法履职能力。优化董事会知识结构，通过加强法律培训、选拔法律专业人员担任董事等方式，提升董事会依法决策水平。明确负责推进企业法治建设的专门委员会，对经理层依法治企情况进行监督，并将企业法治建设情况作为董事会年度工作报告的重要内容。董事会审议事项涉及法律问题的，总法律顾问应列席会议并提出法律意见。加大监事会对依法治企情况和董事、高级管理人员依法履职情况的监督力度，配备具有法律专业背景的专职监事，将企业合规经营、依法管理作为当期监督的重要内容。总法律顾问应当全面参与经理层的经营管理活动，充分发挥法律审核把关作用。健全党组织参与重大决策机制，强化党组织对企业领导人员依法行权履职的监督，确保企业决策部署及其执行过程符合党和国家方针政策、法律法规。

三、着力强化依法合规经营

（六）健全依法决策机制。进一步完善"三重一大"等决策制度，细化各层级决策范围、事项和权限。健全依法决策程序，严格落实职工参与、专家论证、风险评估、法律审核、集体决策等程序要求。完善重大决策合法性审查机制，未经合法性审查或者经审查不合法的，不得提交决策会议讨论。高度重视对重大改革事项的法律论证，切实防范法律风险，确保各项改革措施于法有据。中央企业报请国资委审批事项涉及法律问题的，应当出具总法律顾问签字的法律意见书。依法健全以职工代表大会为基本形式的企业民主管理制度，规范职工董事、职工监事产生的程序，切实发挥其在参与决策和公司治理中的作用。

（七）依法参与市场竞争。严格执行有关反垄断、安全生产、环境保护、节能减排、产品质量、知识产权、劳动用工等国家法律法规和市场规则，坚决杜绝违法违规行为。崇尚契约精神，重合同、守信用，公平参与市场竞争，自觉维护市场秩序。认真履行社会责任，切实维护消费者和其他利益相关方的合法权益。明确法律事务机构的合同管理职责，严格落实合同法律审核制度，充分发挥法律审核在规范市场竞争、防止违法违规行为中的重要作用。提升依法维权能力，加大对侵权行为的追责力度，妥善解决法律纠纷案件，切实维护自身合法权益。

（八）依法开展国际化经营。在实施走出去战略、参与“一带一路”建设、推进国际产能和装备制造合作过程中，严格按照国际规则、所在国法律和我国相关法律法规开展境外业务，有效防范法律风险。建立境外重大项目法律顾问提前介入工作机制，将法律论证与市场论证、技术论证、财务论证有机结合，实现从可行性论证到立项决策、从谈判签约到项目实施全程参与，确保法律风险防范全覆盖。突出境外法律风险防范重点，高度重视国家安全审查、反垄断审查、反倾销反补贴调查和知识产权等领域的法律风险，深入做好尽职调查，组织拟定防范预案。建立健全涉外重大法律纠纷案件预警和应对机制。完善境外法治工作组织体系，推动境外重要子企业或业务相对集中的区域设立法律事务机构或配备专职法律顾问。

四、进一步加强依法规范管理

（九）完善企业规章制度体系。根据国家法律法规和国有资产监管制度，结合企业实际，进一步完善财务管理、劳动用工、物资采购等各项规章制度。完善规章制度制定工作机制，广泛吸纳业务骨干、专家学者等共同参与规章制度的研究制定，加强对规章制度的法律审核，确保各项制度依法合规。健全规章制度实施机制，提高制度执行力，通过加强宣贯培训、纳入业务流程、明确岗位守则等方式，确保各项制度得到有效落实。探索建立规章制度评估机制，定期开展规章制度梳理工作，对规章制度执行情况进行评价，及时堵塞制度漏洞，形成制度体系完整闭环。强化规章制度落实监督机制，法律、审计、纪检和相关业务部门定期对制度落实情况进行监督检查，对违规行为严格督促整改、开展责任追究。

（十）依法规范重点领域和关键环节管理。加强对企业投资融资、改制重组、对外担保、产权流转、物资采购、招标投标等重点领域的管理，通过信息化手段，确保流程规范、公开透明，坚决杜绝暗箱操作。在推进混合所有制、员工持股、股权激励等改革过程中，坚持依法规范操作，确保法律事务机构全程参与，严控法律风险，防止国有资产流失。高度重视对企业内部审批、执行等关键环节的管理，强化对权力集中、资金密集、资源富集、资产聚集的部门和岗位的监督，实行分事行权、分岗设权、分级授权，定期轮岗，强化内部流程控制，防止权力滥用。严格执行信息披露制度，依法加大信息公开力度，积极打造阳光央企。完善企业内部监督体系，形成法律与审计、纪检监察、巡视、财务等部门的监督合力。

（十一）大力提升法律管理水平。进一步深化法律风险防范机制，加快促进法律管理与经营管理的深度融合，将法律审核嵌入管理流程，使法律审核成为经营管理的必经环节，在确保规章制度、经济合同、重要决策法律审核率100%的同时，通过开展后评估等方式，不断提高审核质量。加快提升合规管理能力，建立由总法律顾问领导，法律事务机构作为牵头部门，相关部门共同参与、齐抓共管的合规管理工作体系，研究制定统一有效、全面覆盖、内容明确的合规制度准则，加强合规教育培训，努力形成全员合规的良性机制。探索建立法律、合规、风险、内控一体化管理平台。加强知识产权管理，强化知识产权保护，为企业自主创新、转型升级、品牌建设提供有力支撑。健全完善法律风险防范、纠纷案件处理等各项法律管理制度，探索创新法律管理方式方法，大力推进信息化建设，提高管理效能。

五、加强组织领导

（十二）强化领导责任。企业主要负责人充分发挥“关键少数”作用，认真履行推进本企业法治建设第一责任人职责，把法治建设作为谋划部署全局工作的重要内容，对工作中的重点难点问题，亲自研究、亲自部署、亲自协调、亲自督办。明确法治建设领导机构，加快形成企业主要负责人负总责、总法律顾问牵头推进、法律事务机构具体实施、各部门共同参与的工作机制。研究制定本企业法治央企建设实施方案，将中央企业法制工作新五年规划各项要求作为重要内容，与企业“十三五”规划相衔接，同步实施、同步推进。积极为企业法治建设提供必要的制度、人员、机构和经费等保障。

（十三）完善激励约束机制。将合规经营等依法治企情况纳入对中央企业领导人员的考核体系。完善企业领导班子知识结构，在相同条件下，优先提拔使用法治素养好、依法办事能力强的干部。建立法治工作激励机制，对于在法治建设中作出突出贡献，有效防范重大法律风险、避免或挽回重大损失的集体或个人，应当予以表彰和奖励。落实问责制度，企业重大经营活动因未经法律审核，或者虽经审核但未采纳正确法律意见而造成重大损失的，追究企业相关领导人员责任；经过法律审核，但因重大失职未发现严重法律风险造成重大损失的，追究相关法律工作人员责任。对因违法违规发生重大法律纠纷案件造成企业重大损失的，或者违反规定、未履行或未正确履行职责造成企业资产损失的，在业绩考核中扣减分值，并按照有关规定追究相关人员责任。实行重大法律风险事项报告制度，中央企业对可能引发重大法律纠纷案件、造成重大资产损失的法律风险事项，应当及时向国资委报告。

（十四）加强法治工作队伍建设。在中央企业及其重要子企业全面推行总法律顾问制度，并在公司章程中予以明确。总法律顾问应当具有法学专业背景或者法律相关职业资格。设立董事会的中央企业，总法律顾问可以由董事会聘任。总法律顾问作为企业高级管理人员，全面领导企业法律管理工作，统一协调处理经营管理中的法律事务，全面参与重大经营决策，领导企业法律事务机构开展相关工作。建立健全总法律顾问述职制度。对标同行业世界一流企业，加快健全企业法治工作体系，中央企业及其重要子企业设立独立的法律事务机构，配备与经营管理需求相适应的企业法律顾问。建立健全企业法律顾问职业发展规划，将企业法律顾问纳入人才培养体系，提升企业法律顾问队伍专职化、专业化水平。建立健全企业法律顾问专业人员评价体系，完善职业岗位等级评审制度，实行与职级和专业技术等级相匹配的差异化薪酬分配办法。

（十五）打造企业法治文化。大力推进法治文化建设，弘扬法治精神，增强法治理念，努力使全体员工成为法治的忠实崇尚者、自觉践行者、坚定捍卫者。全面开展普法宣传教育，加强法律、宣传与各业务部门的协同联动，推进法治宣传教育制度化、常态化。完善学法用法制度，将法治学习作为企业党委（党组）中心组学习、管理培训、员工教育的必修课，形成全员尊法学法守法用法的良好氛围。积极树立推进法治央企建设中涌现出的优秀企业、集体和个人典型，充分发挥引领带动作用。

地方国有资产监督管理机构参照本意见，积极推进所出资企业法治建设。

民政部　国资委关于支持中央企业积极投身公益慈善事业的意见

民发〔2015〕96 号

各省、自治区、直辖市民政厅（局），新疆生产建设兵团民政局，各中央企业：

为深入贯彻党的十八大和十八届三中、四中全会“支持发展慈善事业”“支持慈善事业发挥扶贫济困积极作用”等重要精神，按照《国务院关于促进慈善事业健康发展的指导意见》（国发〔2014〕61 号）的明确要求，促进广大中央企业通过公益慈善事业更好地履行社会责任、服务国家发展，现就支持中央企业积极投身公益慈善事业提出如下意见。

一、充分认识中央企业参与公益慈善事业的重要意义

近年来，中央企业高度重视社会责任工作，积极落实《中国慈善事业发展指导纲要（2011－2015 年）》（民发〔2011〕134 号）和国资委《关于中央企业履行社会责任的指导意见》，主动投身公益慈善事业，通过公益捐赠、设立企业基金会、与慈善组织合作、开展志愿服务等多种形式，广泛开展救助灾害、救孤济困、扶老助残等活动和教育、科学、文化、卫生、体育、环境保护等事业，主动实施海外慈善项目，取得显著成效，为我国慈善事业发展和树立良好国际形象作出了突出贡献。但是，与社会的普遍期望和形势的发展需要相比，中央企业参与公益慈善事业的潜力有待进一步挖掘，优势有待进一步发挥。

当前，我国已进入全面建成小康社会的决定性阶段，发展公益慈善事业对于保障和改善民生、促进社会和谐、提升公共服务水平、提高公民道德素质具有重要意义。中央企业是国民经济的骨干和中坚，承担着促进经济社会发展的使命和责任。中央企业参与公益慈善事业，是实现"做强做优、世界一流"目标的重要举措，是回应社会期望、塑造责任央企形象的必然选择，是拓展对外发展空间、提高国际竞争力的客观需要。各中央企业要进一步提高认识，增强参与公益慈善事业，特别是参与"救急难"工作的积极性和主动性，在实现国有资产保值增值的前提下，发挥资金雄厚、管理规范、覆盖全国、职工众多等优势，不断提高企业慈善工作的能力和水平，为推动中国特色公益慈善事业发展、全面建成小康社会作出应有的贡献。各级民政部门要采取切实可行的措施予以支持，进一步提升中央企业参与"救急难"等公益慈善事业的绩效。

二、准确把握中央企业参与公益慈善事业的基本原则

（一）自愿无偿。中央企业参与"救急难"等公益慈善事业应坚持自愿参与、无偿捐赠的原则。任何组织和个人不得强迫或变相强迫中央企业开展慈善活动或进行捐赠，对于有关社会机构、团体的摊派性捐赠，中央企业应当依法拒绝；中央企业不得以慈善为名从事营利活动，不得要求受赠人、受益人在融资、市场准入、占有其他资源等方面创造便利条件或提供回报性反馈。

（二）统筹兼顾。中央企业参与"救急难"等公益慈善事业，应坚持履行促进经济发展责任与履行社会责任统筹兼顾，在实现国有资产保值增值、提供优质产品和服务的基础上，量力而行，尽力而为，合理确定参与公益慈善的领域、内容、方式和捐赠规模。

（三）合法合规。在国内公益慈善活动中，中央企业要遵守国家有关法律法规和政策规定，不得违背社会公德，不得损害公共利益和他人的合法权益。在国际慈善活动中，中央企业要遵守所在国法律，尊重当地的民族习惯和宗教信仰。

（四）专业科学。中央企业要将参与慈善事业纳入自身发展规划，并结合企业的资源和专业特长，制定各具特色的参与慈善事业的规划，建立制度规范和工作程序，合理选择慈善领域、项目和形式，科学实施，提高慈善资源的使用效益。

三、鼓励中央企业通过多种途径参与公益慈善事业

（一）直接设立慈善组织。具备条件的中央企业可依法设立基金会，或在慈善组织中设立专项基金，也可在扶贫济困、教育、医疗、养老、助残、儿童福利、社会工作等公益事业领域兴办民办非企业单位，以增加社会公共产品供给，帮助国家提高公共服务水平。

（二）发挥好已成立基金会的作用。目前由中央企业出资设立的10家非公募基金会，要忠实履行公益慈善宗旨，积极开展公益慈善活动，切实有效服务困难群众，并力争在内部治理、项目设计、程序透明、方法专业等方面成为慈善组织的表率。

（三）利用自有资金积极进行捐赠。鼓励中央企业在企业董事会或类似决策机构批准的对外捐赠预算范围内，利用留存利润，积极进行捐赠。对因重大自然灾害、急难事项等紧急情况需要超出预算规定范围的对外捐赠事项，企业应提交董事会或类似决策机构专题审议，并履行相应的预算追加审批程序。鼓励中央企业动员职工进行自愿捐赠，并给予一定的激励和表彰。

（四）与慈善组织缔结合作关系。鼓励中央企业选择治理规范、公信力高的慈善组织合作，委托慈善组织开展企业自行设立的慈善项目，或参与慈善组织设立的有影响力、创新性和实效性的慈善项目，作为资源供给方和效果考核方来发挥作用。鼓励中央企业对某一慈善领域或慈善项目给予稳定、持续的关注和支持，以形成长期广泛的社会影响和正面积极的社会评价。

（五）组织职工开展志愿服务。鼓励中央企业制定职工参与志愿活动的管理制度，建立职工志愿者组织管理机构，积极发展职工志愿者队伍，完善志愿服务的长效机制，组织并支持职工参与多种形式的志愿服务活动，积极回馈社会。

（六）深入做好定点扶贫工作。继续发挥好中央企业定点扶贫机制的作用，在中央企业负有扶贫任务的地区，广泛开展扶贫济困、帮老助幼、支教助学、卫生保健、科技推广、环境保护、应急救援、心理安抚等多种形式的公益慈善活动。支持、引导中央企业积极参与“救急难”工作，探索中央企业开展慈善救助的新方法、新路径。鼓励中央企业与慈善组织共同开展活动，提升工作的专业性和有效性。

（七）支持慈善文化传播。鼓励中央企业发扬扶危济困、崇德向善的传统美德，利用良好的企业文化积淀优势，将现代慈善理念融入企业文化，在企业内部形成人人关心慈善、人人支持慈善的良好氛围，并通过提升合作伙伴和社会公众的慈善理念，传播慈善文化。鼓励中央企业采取冠名、资助等协作方式，支持学术研究机构、慈善组织等开展慈善理论研究和慈善文化宣传。

（八）在投资兴业中吸纳困难群体。鼓励中央企业在投资兴业中吸纳残疾人和贫困家庭劳动力就业，实现公益目标和经济目标、社会效益和经济效益的有机统一。

（九）确定专门负责社会责任履行的部门。中央企业可根据自身实际情况设置相关专门机构和人员负责慈善工作，鼓励具备条件的中央企业组建专门的机构统筹规划和开展慈善活动。

（十）创新其他参与慈善事业的方式。支持有条件的中央企业依托相关金融机构、慈善组织设立慈善信托。鼓励中央企业整合内部捐赠资源，统一筹划部署，结合企业战略模式，聚合内部资源并形成合力，打造有影响力、可持续的公益慈善品牌项目。

四、有效提供中央企业参与公益慈善事业的支持措施

（一）支持中央企业设立慈善组织。各级民政部门要依照相关法律法规和政策规定，积极履行部门职责，转变工作作风，提高办事效率，丰富完善窗口和在线服务内容，为中央企业依法设立慈善组织提供有效的咨询和指导。同时，要认真研究慈善组织发展过程中遇到的难题，切实发挥沟通协调职责，提供规范高效的服务，推动有关政策落实和完善。

（二）协助中央企业依法享受税收优惠。民政部门和国资委要协助有关部门依法落实中央企业设立的慈善组织应享受的优惠政策和扶持措施，对中央企业加强公益性捐赠税收优惠政策的宣传，指导中央企业对发生的公益性捐赠支出进行所得税税前扣除，并推动有关部门简化程序，方便中央企业办理有关减免税手续。

（三）加强对中央企业慈善行为的指导。民政部和国资委将共同开展对国内外企业参与慈善事业理论和经验的研究，联合制定《中央企业社会责任指引》《中央企业参与慈善活动行为指南》《中央企业与慈善组织开展合作指导手册》等文件，科学指导、促进中央企业更好地参与公益慈善事业。

（四）做好中央企业与慈善组织和慈善需求合作对接。民政部门要建立优秀慈善组织目录和优秀慈善项目库，并向中央企业做好推荐工作。民政部门和国资委要加强合作，通过联系协调、信息共享等方式，搭建展示交流会、项目推介会等平台，促进中央企业与慈善组织对接，开展长期、多样、有效的合作。民政部门要采集、发布本行政区域内的求助等信息，为中央企业与慈善需求对接提供便利。

（五）宣传中央企业慈善行为。民政部门和国资委要协调报刊、广播、电视、互联网等媒体积极宣传中央企业的慈善行为和成绩，创造有利于中央企业投身慈善事业的社会环境和氛围。

（六）完善其他扶持和激励措施。推动有关部门从土地供应、设施配套、企业服务等方面，对为慈善事业作出突出贡献的中央企业提供便利和优惠条件。在各级政府评选慈善奖时，应注重表彰中央企业先进典型。在政府采购中，对为慈善事业作出突出贡献的中央企业，同等条件下优先考虑。

五、共同做好相关慈善活动的监督管理

民政部门要加强对中央企业设立慈善组织的日常管理和年检工作，重点加强对财务状况、信息公开和重大活动的监管。对中央企业设立的慈善组织的违法违规行为，依法予以严肃查处。要依法保障中央企业作为捐赠人的知情权和监督权，督促受赠人按约定管理和使用捐赠款物，并及时公开捐赠款物使用情况。

民政部和国资委要鼓励中央企业主动向社会公布参与慈善事业的情况，及时向社会披露相关信息，将企业开展慈善活动的情况作为企业社会责任报告的重要内容，有条件的中央企业可编制专门的企业年度慈善报告。

其他有关部门、社会公众、新闻媒体可以依法对中央企业的慈善活动进行监督。

国有企业履行社会责任和党的建设成果概览

第七篇

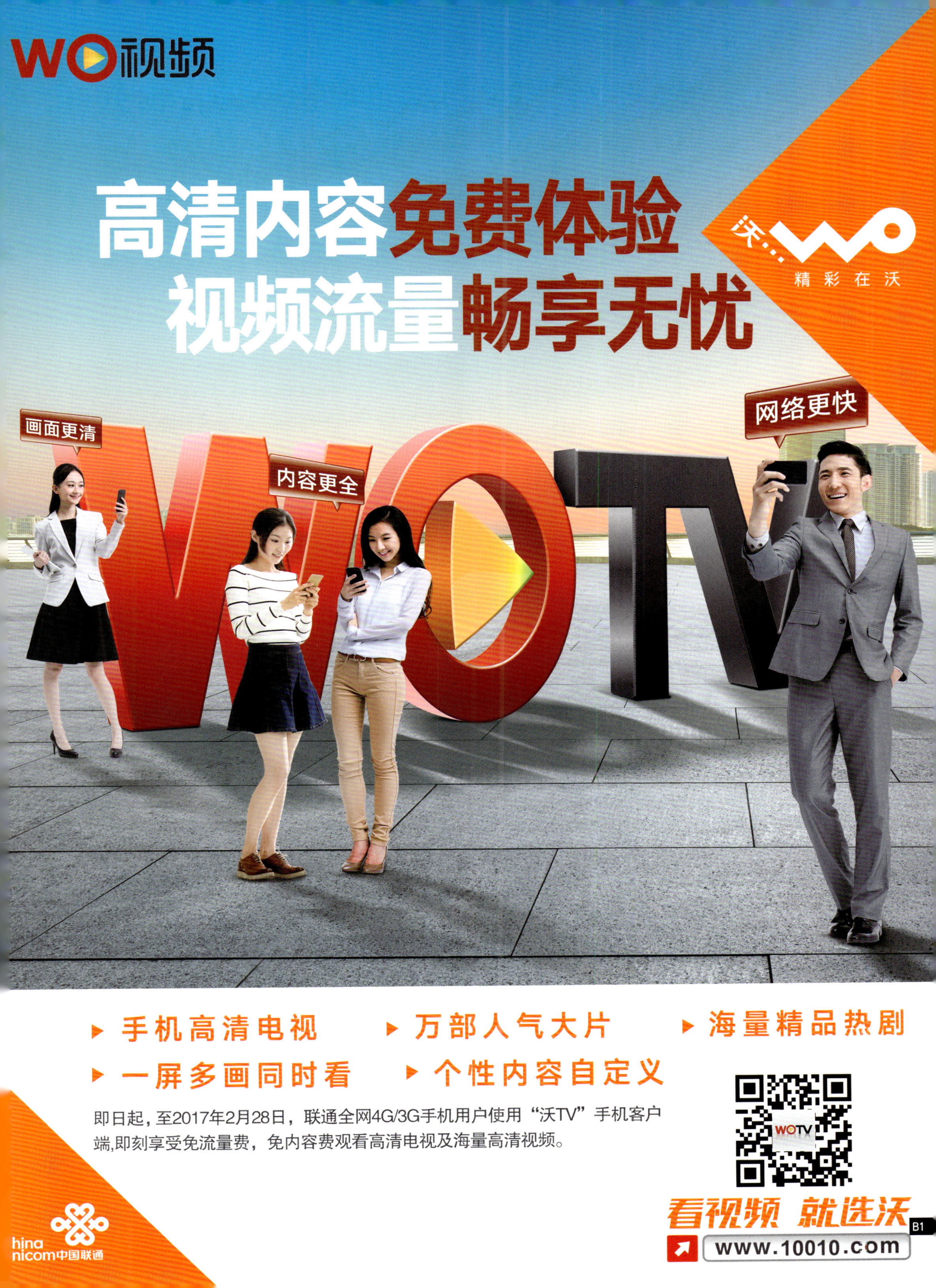

WO视频
高清内容免费体验
视频流量畅享无忧
沃
精彩在沃
画面更清
内容更全
网络更快
WOTV
手机高清电视
万部人气大片
海量精品热剧
一屏多画同时看
个性内容自定义
即日起，至2017年2月28日，联通全网4G/3G手机用户使用“沃TV”手机客户端,即刻享受免流量费，免内容费观看高清电视及海量高清视频。
看视频 就选沃
www.10010.com
B1
中国联通

中国西电集团公司（以下简称中国西电集团）是国务院国资委直接监管的高压输配电成套装备研发制造的中央企业。成立于1959年7月，是以"一五"期间我国156项重点建设工程的5个项目为基础，形成的以科研院所和骨干企业群为核心的，主要从事由电源出口到末端用户电能传输配送相关的电力装备研发、制造、试验检测、工程贸易为一体的大型企业集团。连续多年位居中国电气百强企业之首，并荣获全国"五一劳动奖状"，多项科研成果荣获国家科技进步特等奖、一、二等奖。

中国西电集团目前拥有资产总额376亿元，全资和控股子公司（单位）60余家，其中包括控股上市公司1家（中国西电，股票代码：601179），参股上市公司1家（宝光股份，股票代码：600379），4个国家级企业技术中心和工程实验室，4个国家级检验中心，1家研究院所，金融、国际贸易子公司各1家，新能源公司1家。

中国西电集团的业务范围涵盖输配电及控制设备研发、设计、制造、销售、检测、相关设备成套、技术研究、服务与工程贸易，核心业务为高压、超高压及特高压交直流输配电设备制造、研发和检测，是我国最具规模、成套能力最强的高压、超高压、特高压交直流输配电设备和其他电工产品的生产制造基地。

"十二五"期间，中国西电集团以特高压和智能电网快速发展为契机，以特高压直流输电、智能电力成套设备等技术研发为核心，开展了676多个项目研发，累计完成重大技术开发621项，其中，达到国际领先水平的82项、国际先进水平的217项、国内领先水平的119项。在重大成套装备、产业链上游关键部件、核心材料等方面取得了重大突破，创造了至少10个全球第一。通过承担和参与国家重大科技项目，在前沿尖端技术领域掌握了一批关键核心技术，有效巩固和提升了我国输变电装备国际领先水平，提升了我国在柔性直流输电和智能输配电设备等方面的国际影响力，拓展了西电新业务领域技术研发范围，进一步增强了企业核心竞争力。

"十二五"期间，中国西电集团先后获得各类科技奖励126项。其中，荣获国家科技特等奖1项，国家科技进步一、二等奖4项，创新成果得到国家高度认可；获得陕西省科学技术奖24项，其中一等奖5项；连续两个任期荣获国资委"科技创新企业奖"。并先后荣获首批国家级知识产权示范企业、陕西省首批知识产权运用示范企业。累计获得国家专利奖9项，其中知识产权最高奖金奖3项。

面对未来，中国西电集团将紧抓"一带一路"、中国制造2025国家战略，深化国资国企改革，落实五大发展理念，全面提升企业品牌形象及国际知名度和美誉度，成为智慧电气系统解决方案服务商和最具创新力与国际竞争力的企业集团。

成立新能源公司，进军新能源领域

召开第八次科技创新工作大会，总结"十二五"科技工作，规划"十三五"科技蓝图

先后荣获国家科学技术进步奖11项，其中特等奖1项、一等奖4项、二等奖6项

西电为青藏工程拉萨换流站提供的电力设备已安全运行6周年

世界上容量最大的 ±350kV_1000MW 柔性直流输电换流装置

淮南—上海国内首台1000kV 1000MVA单相有载调压变压器

西电集团生产区一角

南光(集團)有限公司

NAM KWONG (GROUP) COMPANY LIMITED

南光（集团）有限公司是总部设在中国澳门的国资委直属中央企业，集团前身南光贸易公司，成立于1949年8月，是澳门最早的中资机构。在六十五年的发展历程中，南光积极进取，勇于开拓，走过了一段艰苦创业、自强不息的不平凡里程；并较好地完成了各个历史时期国家所赋予的不同使命，为澳门回归祖国、发展内地与澳门的经贸关系、推动祖国的对外经济贸易事业、促进澳门社会的繁荣稳定作出了应有的贡献。

南光集团主营业务包括日用消费品贸易、酒店（含旅游）、地产开发经营和综合物流服务四大类。集团是澳门目前最大的能源产品和主要的鲜活冷冻食品、酒店旅游会展、物流服务供应商；拥有澳门唯一的油气中转储运和航煤专供设施；是澳门天然气管网的建设和运营商、澳门电力公司的最大股东、澳门公共交通服务的主要专营企业；分别在中国澳门、桂林、西安、加拿大投资有7家星级酒店；是澳门地区办理“港澳居民来往内地通行证”和“台湾居民来往大陆通行证”的唯一指定单位；致力于地产投资与开发，在中国澳门、海口、上海、无锡等地区自主或合作开发了大量优质地产项目；有澳门最大的内港码头、干冻仓库和跨境运输车队；与几十个国家和地区有长期贸易往来。

2015年11月经国务院批准，南光集团与珠海振戎公司实施重组，有利于澳门与内地央企实现优势互补，创新发展；有利于南光集团更好地根植澳门、服务澳门。

展望未来，南光集团将抓住机遇，加快发展、转型升级和提高企业核心竞争力，用最好的回报社会，为澳门社会繁荣稳定作出新贡献。

澳门罗理基博士大马路南光大夏十六楼　Tel：(0853)83911660　Fax：(0853)28330853　http://www.namkwong.com.mo

用最好的回報社會

这是我们的追求，也是我们过去、现在和将来存在的价值。

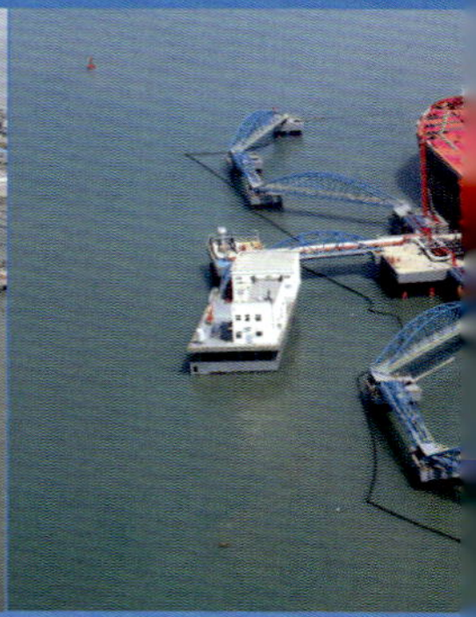

中化泉州石化有限公司
SINOCHEM QUANZHOU PETROCHEMICAL CO.,LTD.

中化泉州石化有限公司(以下简称泉州石化）为中国中化集团公司全资子公司，成立于2006年9月，位于泉州市惠安县泉惠石化工业园区,生产和物流区总占地面积4300亩，总投资260亿元人民币。公司现有员工1650人（含乙烯筹备人员），其中本科及以上文化学历50%、党员占35%、青年员工占61%。

泉州石化承担1200万吨/年炼油项目（以下简称炼油项目）建设与经营，是中化集团战略转型、能源板块向下游产业链延伸的重要工程，是国家“十二五”规划建设项目，是福建省重点建设项目，有助于更好地保障国内油品市场稳定、维护国家能源安全，并将为推动国家石化产业升级、海峡西岸经济区建设、福建省及周边地区经济腾飞作出贡献。

炼油项目分为厂区和厂外配套两部分，厂区包括1200万吨/年常减压蒸馏、340万吨/年催化裂化、330万吨/年渣油加氢、260万吨/年加氢裂化、200万吨/年连续重整等19套工艺装置以及相配套的公用工程、储运设施等；厂外配套包括码头、原油和成品油罐区、输油管线等设施。

泉州石化炼油项目自2014年7月全面投入生产运营以来生产运行平稳，确保了安全、环保和健康工作总体可控，各装置（系统）逐步优化，各项技术经济指标达到设计水平，部分优于设计指标，达到国内领先、国际先进水平。截至2016年11月30日，累计加工原油2540万吨，累计销售产品2307万吨。

2015年以来，国际原油市场风雨飘摇，油价创十年新低，全球经济增速放缓，油气需求增速下降。泉州石化面对严峻的经营形势，创新推动产业转型升级工作，积极推动来料加工业务审批和开展，两个月内完成了省市海关、商务系统、检验检疫系统的多项资质审核和码头开放。2015年12月24日，首船92号国五汽油顺利装船离泊，打通成品油出口渠道，进一步拓展了泉州石化成品油销售渠道，截至2016年11月30日出口汽柴油330万吨。泉州石化充分利用好两个市场灵活销售的有利环境，认清自身优劣势，着力提升综合竞争力，应对激烈的市场竞争，实现较好的经济效益。

01	02	03	04	05
06	07	08	09	10

01. 项目装置区全景
02. 1200万吨/年常减压装置
03. 340万吨/年催化裂化装置
04. 200万吨/年连续重整装置
05. 330万吨/年渣油加氢装置
06. 炼厂中心控制室
07. 青兰山库区、码头全景
08. 黄干岛30万吨码头
09. 外走马埭码头
10. 炼厂南侧生态水池

泉州石化按照集团公司《关于贯彻落实国资委中央企业提质增效工作的通知》要求，围绕提质增效目标，积极开展提质增效工作，扎实做好原油采购，把握市场机会落实性价比最优原油；大力提升销售能力，开拓销售市场；持续优化加工方案，多产高附加值产品；优化产品结构，开发聚丙烯新牌号、沥青、戊烷发泡剂新产品；严格落实生产经营计划，控制产品及原料库存；狠抓成本控制，降低运营成本。

2016年，泉州石化获得"'十二五'全国石油和化学工业环境保护先进单位"荣誉称号；在中国石油和化学工业联合会发布的2015年度石油和化工行业重点耗能产品能效领跑者标杆企业名单中，获得原油加工行业能效领跑者标杆企业荣誉称号；汽油加氢QC小组《提高汽油辛烷值》成果荣获全国石油和化工行业优秀QC小组一等奖，并被评为全国优秀QC小组；中化泉州1200万吨/年炼油项目荣获中国施工企业管理协会颁发的2016—2017年度国家优质工程奖。

未来，泉州石化将以"一体化、清洁化、高端化、差异化、园区化"的发展思路，继续按高起点、高标准建设，发展成为国内规模适当、技术先进、效益最佳的炼化一体化企业，实现集团上中下游产业链的战略协同，发展成为具有核心竞争力的大型石化基地。

中国中铁四局集团

CHINA TIESIJU CIVIL ENGINEERING GROUP CO.,LTD

立足系统标杆的新起点 迈向行业领军的新高地
努力建设一流现代化企业集团

中国中铁四局集团有限公司（以下简称中铁四局）是具有综合施工能力的大型建筑企业，是世界500强企业——中国中铁股份有限公司的“标杆”成员企业。

一、企业基本概况

1.历史沿革。中铁四局前身，是1950年11月成立的中国人民志愿军铁道工程总队。1953年11月，从朝鲜凯旋的铁道工程总队，经过多次分立、重组和整合演变，于1975年2月，更名为铁道部第四工程局。2000年6月，改制为中铁四局集团有限公司，隶属国务院国资委管辖的中国中铁股份有限公司。

公司为国家级高新技术企业，并建有国家级企业技术中心和博士后工作站。截至2015年底，中铁四局在册员工23029人，其中管理人员15679人，管理人员中各类专业技术人员14268人，包括正高级职称85人（教授级高工81人）、副高级职称1259人、中级职称4087人；各类技能人员7350人，包括高级技师457人、技师719人。拥有局级及以上各类专家93人、一级注册建造师875人。

全国文明单位
中央精神文明建设指导委员会
2015年2月

国家认定
企业技术中心
国家发展改革委 科技部
财政部 海关总署 国家税务总局

习近平同志接见中铁四局集团公司董事长、党委书记张河川等在安哥拉的中资企业代表

李克强同志接见中铁四局集团公司总经理王传霖等在蒙古国的中资企业代表

中央新闻媒体深化改革采访团到中铁四局宁波北环铁路项目集中采访

中铁四局企业大学正式挂牌成立

2.经营资质和范围。现持有铁路工程施工总承包特级资质（含铁道行业工程设计甲II级资质）和房建特级资质。持有铁路、公路、市政、房建、机电安装工程总承包一级等资质，具有国外承包工程资质和对外经营权，业务范围涵盖建筑安装业绝大部分领域，以及工程装备和新材料研发生产、工程设计与监理、物流贸易与服务业、房地产等投资项目。目前，业务范围分布在全国31个省、市、自治区，以及海外9个国家。中铁四局年生产、经营能力在600亿元以上。

二、近年来企业发展情况

中铁四局改制后的十多年来，实现了跨越式的发展，营业额从2000年的40亿元一路飙升到2015年的631.2亿元，在2010年被中国中铁股份公司树为系统的“标杆”企业。

1.近五年营业额和新签合同额。营业额，实现了“五连增”，共完成2570亿元，相比“十一五”增长68.6%，比“十二五”规划目标2400亿元超额完成170亿元。新签合同额，每年实现近百亿元的“五级跳”，共完成3041亿元，相比“十一五”增长52.7%。其中2015年新签合同额、营业额分别完成746.4亿元、631.2亿元，首次突破“双600亿元”大关。

2.财务经济情况。近年来，中铁四局盈利能力、现金流等主要财务经济指标，始终在中国中铁系统保持先进水平。经济效益保持了稳步增长，2011—2015年中铁四局共实现净利润43.4亿元；目前，中铁四局拥有充足的存量货币资金，连续七年保持了银行“零贷款”。

全国首个农民工主题摄影展——“中国中铁四局杯”农民工·我的兄弟姐妹全国摄影大赛获奖作品展在北京中国徽文化艺术展示中心隆重开幕

养老产业·佰和佰乐园建设开工奠基

三、企业品牌实力情况

中铁四局人秉承“钢人铁马”的战斗作风，发扬“勇于争先、永不满足”的企业精神，铸就了一座座遍布大江南北的不朽丰碑，积淀了一代代人传承光大的厚重文化。

1.施工业绩显著。60多年来，中铁四局累计参与新建、改扩建铁路干、支线和专用线总里程超过1万千米，建成上海、南京、北京等大型铁路枢纽10余个。先后参建了青藏铁路格拉段（施工份额占总里程的10%左右）、杭州湾跨海大桥、上海F1国际赛车场等一批世界知名工程，相继参建了首条时速350公里的无砟轨道客运专线京津城际铁路、首条时速250公里的有砟轨道客运专线合宁铁路，以及京广客专、京沪高铁等40多个项目。同时，先后在北京、上海等30个城市此外还承建了车站130余个、区间130个，总里程近400千米的城市轨道交通建设工程，其中2015年新签合同额161亿元，在城轨市场占有率排名第二。还承建了大批公路、市政、房建、水务环保、汽车试验场等项目，并在委内瑞拉、安哥拉等9个国家承建了一批铁路、公路、房建等重大项目,成为中国中铁系统和安徽省的外经骨干企业。

正在实施的投资项目预算总投资达到270亿元，年度完成投资额由2007年的10亿元增长到2015年的50多亿元。2015年以来，中铁四局积极投身PPP模式，成功运作京沪高速济南连接线、黄山市G205国道改建和梅林南路、宣城涉铁一揽子市政工程项目，在中国中铁系统率先开拓了PPP市场。

2.品牌信誉卓越。中铁四局累计获得国家科技进步奖13项、省部级与行业科技进步奖241项、国家级工法24项、国家授权专利546项（其中发明专利141项）、中国土木工程詹天佑大奖23项、鲁班奖19项、国家优质工程奖21项。目前，公司拥有各类先进机械设备9800余台（套），总功率达到109万千瓦。其中，用于铁路客运专线重型桥梁制、运、架及轨道生产、铺设，城市地铁区间施工，高速公路路面施工的大型设备近200套（台）。公司成为百家铁路施工企业中获得A类企业次数

上海白龙港污水处理厂

沈阳南站动车段工程，荣获国家“AAA”级安全标准工地称号、国家绿色示范工程

建筑面积170多万平方米，占地200多公顷的安哥拉罗安达NCC社会住房项目被誉为“中资企业在安哥拉的一面旗帜”

深圳地铁5号线荣获第十三届中国土木工程詹天佑奖

青藏铁路荣获国家科技进步奖。格（尔木）拉（萨）段被评为国家环境友好工程

具有世界先进技术水平的上海F1国际赛车场主道荣获中国建设工程鲁班奖、土木工程詹天佑奖

安徽省博物新馆被评为国家优质工程

合（肥）宁（南京）铁路客运专线，荣获中国土木工程詹天佑奖

自主研发的“50米双幅上承式整体移动模架”技术为国内首创

兰（州）新（疆）铁路客运专线，是国内最长的铁路干线

创建幸福项目部示范点，蒙华铁路项目工区驻地

深圳北站枢纽工程荣获中国建设工程鲁班奖、土木工程詹天佑奖

最多的单位，获得银行授信额度499亿元。2014年，中铁四局作为全国基建系统唯一被选入的二级中央企业，受到了“中央媒体企业深化改革采访团”的集中宣传报道。

中铁四局多次获得“全国优秀施工企业”“全国五一劳动奖状”“全国思想政治工作优秀企业”等荣誉，先后被评为“‘十一五’全国建筑业科技进步与技术创新先进企业”“全国文明单位”“全国重合同守信用企业”“全国工程建设质量管理优秀企业”“全国建筑科技进步与技术创新先进单位”“中国品牌文化影响力十大最具价值品牌”“中国企业形象管理典范单位”“全国模范劳动关系和谐企业”“‘十二五’中国创新品牌企业”。

杭州湾跨海大桥工程荣获中国建设工程鲁班奖（国家优质工程）、土木工程詹天佑奖

中铁十八局集团有限公司

CHINA RAILWAY 18 BUREAU GROUP CO.,LTD

——亮点纷呈 问鼎一流

中铁十八局集团有限公司（以下简称集团公司）是“世界500强”中国铁建的旗舰企业，具有铁路工程和房屋建筑工程“双特级”、铁路行业和建筑行业设计“双甲级”资质，同时具备公路、水利水电、市政公用工程施工总承包一级资质；企业生产经营涉及工程施工、设计检测、工业制造、资本运营、房地产开发等多个领域。

“十二五”时期是中铁十八局集团坚持改革开放与开拓创新的五年，是夯实基础与行稳致远的五年。这五年，集团公司立足“做大做强做优做实”企业目标，坚持“建筑为本，相关多元，一体运营，创新驱动，转型升级，惠企利民”发展思路，大力实施大市场战略，名牌精品战略，科技兴企战略，人才开发战略，管理创新战略，生产经营持续保持了稳中有升、稳中趋好的良好势头，实现了新一轮的大建设、大发展、大跨越。

——“系统领先、行业先进”的企业地位基本确立。集团公司积极应对国内外市场变化，在复杂的市场环境中始终保持了稳中有进的良好势头。集团各项主要指标位居系统前列，综合实力已进入中国铁建系统第一方阵。集团所属五公司连续保持中国铁建股份公司双20强行列。

——“主业突出、相关多元”的经营格局日趋完善。集团公司在做大做强主业的同时，推进结构调整，初步形成工程施工总承包为主，资本运营、房地产开发、勘察设计与试验、工业制造、教育培训与服务为支撑的产业格局，铁路、公路、房建、城市轨道交通、市政、水利水电等齐头并进。“十二五”期间，新签合同额在2013年和2015年两度突破500亿元。铁路任务达到421亿元，城市轨道交通市场由10个增加到24个，新开拓4个海外国别市场，成功实施5个BT项目和5个房地产项目，勘察设计与试验、工业制造和教育培训服务有效发展。

——“依法治企、规范管理”的运行机制不断优化。集团公司积极推进董事会、监事会、经理层规范高效运行，大力加强工程公司建设，基本形成了现代企业的管理架构和治理体系。撤并整合所有工程施工分公司，组建三个专业公司，优化整合区域经营机构、工程公司；落实“法人管项目”要求，推行“小局指、大工区”管理模式，实施铁路项目内部招标；强化全员绩效考核，规范统一薪酬体系，实行项目经理竞争上岗，扩大干部轮岗交流，推进财务共享管控，规范"四项法律"审核，完善应急管理体系。通过持续改革调整优化，企业资源配置更加科学，运行更加顺畅，管理更加规范，管控发展更加有力。

——“国内知名，信誉至上”的品牌形象显著提升。十二期间，集团公司新增国家级优质工程34项，所承建的工程大面积创优，相继获得鲁班奖17项、詹天佑奖16项、国家优质工程奖51项、全国用户满意工程7项、全国市政金杯示范工程14项、中国钢结构金奖2项、新中国成立六十周年“百项经典暨精品工程”6项、省部级优质工程奖220余项。铁路信用评价成功跨入A类；公路、水利等信用评价等级大幅提升；积极履行社会责任，主动参与重大抢险救援和灾后重建工作，展示了企业良好社会形象。集团公司荣获“全国文明单位”“全国优秀施工企业”“全国五

一劳动奖状”“全国安康杯优胜企业”“创建鲁班奖工程突出贡献奖”等荣誉称号。连续5年进入“中国对外承包工程完成营额前50家企业”榜单。中铁十八局集团努力打造“专项能力突出、品牌特色明显”铁建先锋，瞄准高精尖险，穿越山河湖海，抢占建筑领域制高点，一批“国内之最，世界之最”的项目已悄然成为集团公司角逐市场的独门利器。比如，国内首座高震区沉管隧道——天津海河隧道；国内首座采用顶管暗挖法实施的公路隧道——珠海拱北隧道；我国一次性建成最长的万吨重载铁路——晋豫鲁重载铁路通道太行山隧道；国内目前在建的“十字交叉”的唯一地铁车站——长春地铁解放大路站；国内地铁最长重叠隧道——天津地铁5号线15标；世界最大跨度客货共用高速铁路特大桥——云桂铁路南盘江特大桥；亚洲第一长隧——大瑞铁路高黎贡山隧道；世界最大跨四线铁路钢桁拱桥——大瑞铁路怒江特大桥等，都极大增强了集团公司在行业领域的“话语权”。

——“专业领先、实力雄厚”的竞争优势更加突出。集团公司坚持科技兴企战略，以重点工程为依托，加大科研投入和技术创新力度，高速铁路、客运专线、城际铁路、城市地铁、水工隧洞、无砟轨道、高铁制运架梁等施工领域国内先进，海底隧道、沉管隧道、长大高风险复杂地质隧道、TBM、高墩大跨异型桥梁等施工领域国内领先。集团公司系高新技术企业，2013年认定为国家级企业技术中心，建立了博士后科研工作站和中国铁建股份公司TBM工程实验室。拥有4家省级认定企业技术中心，1家省级高新技术企业；国家专利授权126项；研发国家级工法20项；获得国家科技进步奖9项、省部级科技进步奖57项，中国施工企业协会科技进步奖24项，中国铁建股份有限公司科技进步奖119项。

——“和谐稳定、团结奋进”的发展氛围更加浓厚。集团公司坚持从严治党，开展党的群众路线教育实践活动、“三严三实”专题教育活动。落实“两个责任”，加强党风廉政建设，执行“八项规定”精神，坚决反对“四风”。加强民主管理，开展劳动竞赛，深化建家建线，落实“三不让”帮扶，做好信访维稳。修建经济适用房，完成机关大院改造、部分子分公司机关迁址。2015年，集团公司荣获全国厂务民主管理先进单位，并在全国作了经验交流，团委被授予“天津市企业共青团工作先进单位”称号。

“十三五”业已开局，中铁十八局集团将以党的十八大和十八届三中、四中、五中全会精神为指引，深入贯彻习近平总书记系列重要讲话精神，遵循“创新、协调、绿色、开放、共享”五大发展理念，以战略为驱动，以规划为指引，坚持“主业固企、多元利企、依法治企、品牌亮企、文化育企、互联网助企”，转方式、调结构、控风险、提质量、促增长，着力建设系统领先、行业先进、竞争力卓越、引领力强劲的现代企业集团的新蓝图已跃然出炉，十八局全面开启了企业转型发展的新征程。

图说

01	02	03	04	05	06
07	08	09	10	11	12

01. 天津滨海新区中央大道海河隧道航拍
02. 中国铁建成都青秀城
03. 我国大陆首条，同时也是世界断面最大的海底隧道——厦门翔安海底隧道
04. 中国铁建1818中心成为武汉地标
05. 我国第一座简支下承式系杆钢管混凝土拱桥——天津彩虹大桥
06. 我国第一条高速铁路——京津城际铁路
07. 我国首条采用TBM掘进的特长铁路隧道——西康铁路秦岭隧道及终南山公路隧道
08. 中铁十八局集团承建的阿曼库苏高速公路
09. 南昆铁路八渡南盘江大桥
10. 由集团代建管理的津滨轻轨一期工程，荣获铁道部火车头一等奖、国优银奖
11. 烟大轮渡工程
12. 武广高铁跨东湖特大桥

贡献清洁电力 建设美丽中国

公司介绍

龙源电力成立于 1993 年，最早隶属于国家能源部，后历经电力部、国家电力公司，长期代表国家从事新能源技术研究与开发，是国内最早开发风电的专业化公司。

2002 年，龙源电力在电力体制改革中划归中央五大发电集团之一——中国国电集团公司，2009 年在香港主板成功上市，目前龙源电力是五大在港新能源企业中唯一一支纳入沪港通交易的 H 股上市公司。如今，龙源电力已发展成为一家以新能源为主的大型综合性发电集团，在全国拥有 300 多个风电场、12 个光伏电站、3 家火电企业，以及生物质、潮汐和地热等发电项目，业务分布于中国 29 个省市区，以及加拿大、南非等国家。截至 2015 年底，龙源电力资产总额 1316 亿元，净资产 445 亿元；控股装机容量 1794.97 万千瓦，其中风电控股装机容量 1576.49 万千瓦，为世界第一大风电运营商。

业绩概览

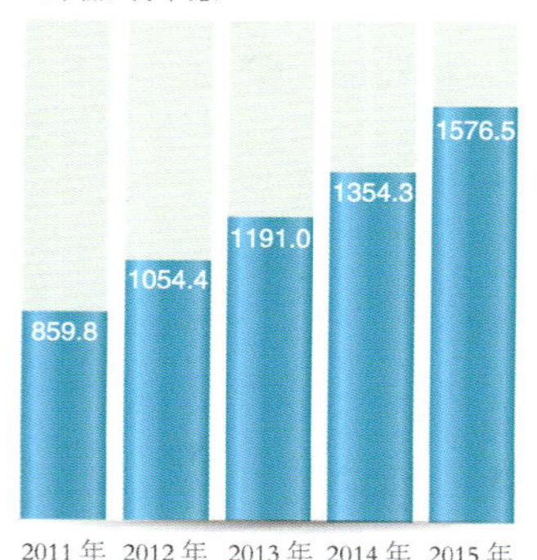

风电控股装机容量

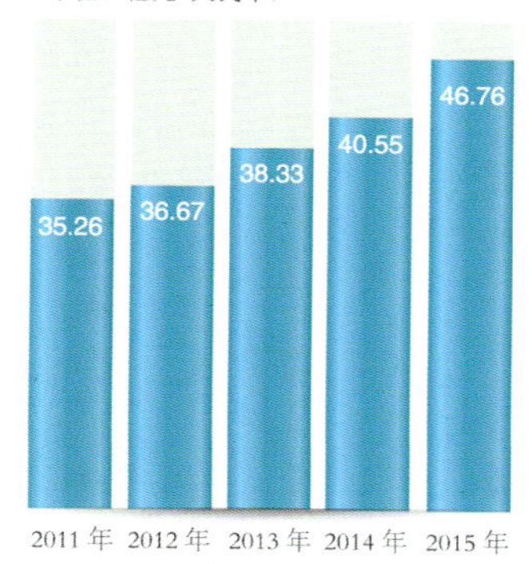

除税前利润

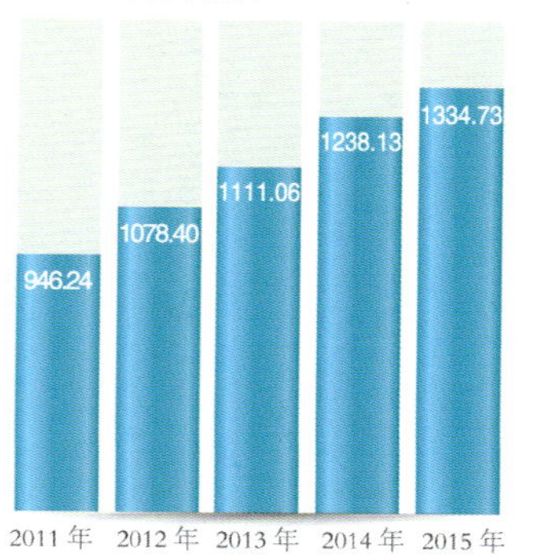

资产总额

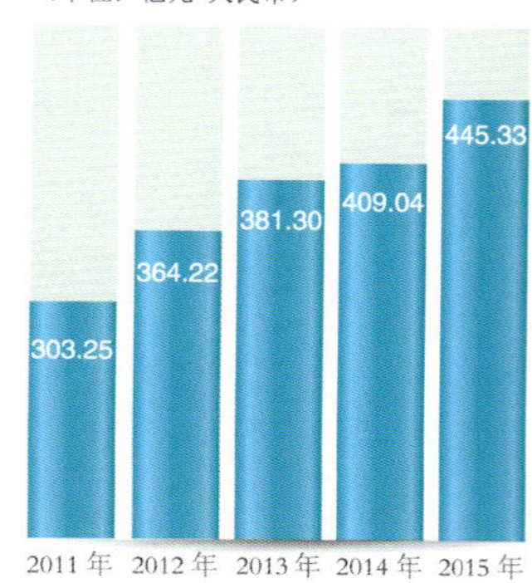

资产净额

中国国电
CHINA GUODIAN
龙源电力集团股份有限公司
CHINA LONGYUAN POWER GROUP CORPORATION LIMITED

安徽来安大型低风速风电场

贵州高海拔风电场

开创低风速和高海拔风电新领域

在安徽来安建成国内首个大型低风速风电场（装机容量 25 万千瓦），引领近几年我国低风速资源开发技术进步，推动大叶片技术升级，提高了低风速资源的开发利用水平，使得风电开发重点由内陆地区转为东部及沿海地区，为我国风电的进一步发展打开了更为广阔的空间。

在云南、贵州、西藏等地率先建成一批高海拔风电场，其中西藏那曲项目海拔 4700 米，为世界海拔最高风电场。

江苏如东潮间带示范风电场

龙源振华 2 号 800 吨自升式海上风电施工船

积极探索攻克海上风电核心技术

率先在江苏如东海域连片开发海上风电项目，装机容量 48.2 万千瓦，成为亚洲最大海上风电场。目前，龙源电力正在福建南日岛建设国内最大的单体近海风电项目，装机容量 40 万千瓦。

龙源电力与上海振华重工联合研制两艘海上风电专业施工船，以及敷缆船、起锚船、运维船等 20 多艘配套船只，掌握了单桩、多桩基础施工等核心技术，获得 26 项国家专利。

加拿大德芙琳风电场

率先实现风电“走出去”

作为风电行业的领航者，龙源电力牢牢把握国家“一带一路”战略导向，积极实施“走出去”战略，在加拿大建成 10 万千瓦风电场，该项目是中国发电企业在海外投资建设的第一个风电项目，并首次实现自主开发、自主建设、自主运营。目前还在南非建设 2 个风电项目、24.45 万千瓦。

打造全方位风电科技支撑体系

充分运用获批成立的国家风电运营技术研发中心和国家风电职业技能鉴定站，发挥龙源所属北京、新疆两家风电设计咨询院，以及风电技术监督调试、风资源监测评估两个专业中心的技术优势，构建覆盖风电开发全过程的技术支撑体系。

通过在北京本部研究开发建成的全国风电运营监控中心，实时监测公司分布在全国各地 300 多个风电场的 1 万多台风机，及时掌握每台机组的运维情况和发电性能。

目前龙源电力正在建设风电“大数据”中心，有序推进风电信息标准化体系、全量数据采集系统及传输网络建设，实现风电资产全生命周期管理。该项目被国家能源局评选为 2015 年国家新能源行业唯一自主创新专项课题。

CPECC 华北院

中电工程 NCPE

中国电力工程顾问集团华北电力设计院有限公司（以下简称华北院）成立于1953年，是国家大型勘察设计、工程咨询和工程总承包企业，注册资本6亿元，全口径从业人员2100余人。

华北院在国内外能源及基础设施建设领域，尤其是电力规划、火力发电、特高压输变电、新能源发电的勘察、设计、工程总承包、咨询、监理等业务方面具有专业优势，创造了数十项全国第一工程。成立至今，累计完成发、输、变电工程设计1300余项，占全国火电总装机容量近10%；近10年来，累计承担国内外总承包任务60余项，合同额超过1000亿元；国际工程涉及尼日利亚、白俄罗斯、澳大利亚、阿根廷、保加利亚、安哥拉、立陶宛、蒙古国等20多个国家和地区。

华北院高度重视技术创新对发展的支撑和引领，主编、参编国家和行业标准110余项，先后获得800余项省部级及以上奖项。持有国家有效专利、电力行业专有技术427项。近年来，在超超临界、燃气轮机、高效节能与超洁净排放发电技术；特高压输变电、新一代智能变电站技术；风电、太阳能热发电等新能源发电技术；IGCC及煤气化、大型空冷、海水淡化、数字化电站、项目管理等方面积极开展技术攻关，获得了行业领先的技术优势。

华北院始终致力于建设科学、高效的现代企业管理体系，精心培养出一批专注于工程技术、工程管理、市场商务、HSE管理的专家队伍。目前，公司已建成了以设计为龙头，集设计、采购、施工、试运行服务为一体，功能齐全、管理规范的国际型工程公司管理体系。

凭借卓越的经营业绩和管理绩效，华北院连年名列全国勘察设计企业综合实力百强排名前50名，多次被国际权威杂志ENR评为“世界总承包商225强”和“中国承包商及工程设计企业双60强”。并荣获“全国勘察设计行业先进企业”“全国电力行业优秀企业”等多项殊荣。

秉承“信任·责任”的核心价值观，华北院始终致力于向广大合作伙伴提供科技、环保，具有创造力的精品工程，为推动能源科技进步和能源事业发展相互成就，和谐共赢！

华北院承建的白俄罗斯明斯克2号热电站——中白两国能源领域成功合作的范例

华北院参与设计即将完工的世界最大的500米球面射电天文望远镜FAST建设基地

华北院参与设计的国家电网风光储示范工程——风力发电500MW，光伏发电100MW，储能系统110MW

华北院设计的我国北方地区首个投产运行的超超临界百万机组——天津北疆电厂

华北院总承包建设的安庆电厂二期2台1000MW总承包工程——荣获2016年国家电力优质工程奖

华北院参与设计的我国首条交流特高压示范工程——晋东南-南阳-荆门1000KV线路获得国家优质工程金质奖、新中国成立六十周年百项经典暨精品工程

华北院设计的北京京能未来科技城燃气热电联产项目——荣获2014-2015年度国家优质工程奖

中国建筑西北设计研究院（以下简称西北院）成立于1952年，是建国初期国家组建的六大国家级建筑设计院之一，是西北地区成立最早，规模最大的甲级建筑设计单位，为世界500强——中国建筑工程总公司的二级子公司，2007年改制为中国建筑西北设计研究院有限公司。

现有职工1217人，中国工程院院士1人，全国工程勘察设计大师3人，陕西省勘察设计大师4人，教授级高级工程师91人，高级工程（建筑）师464人，工程师367人。享受国务院津贴专家19人，陕西省有突出贡献专家4人、优秀勘察设计师18人。各类注册人员411人（占比34%，为全国最高）。其中：一级注册建筑师119人，一级注册结构工程师112人。本科以上学历者占职工总人数的87%。院内共设有32个设计所、7个分院以及5个辅业公司等多种经营单位。

西北院从事工程设计和相关科学研究60多年来，所设计的工程遍及全国30多个省、自治区、直辖市及20多个国家和地区。自1980年以来，获得国家、部省级优秀设计奖100多项，其中北京图书馆(合作设计)、3262长波发射台、群贤庄小区、黄帝陵祭祀大院(殿)工程获得国家优秀工程设计金质奖，杨凌国际会展中心、大唐芙蓉园、西安浐灞生态区行政中心获得国家优秀工程设计银奖，陕西历史博物馆、陕西省图书馆、大慈恩寺玄奘三藏法师院获得国家优秀工程设计铜奖。获得国家、部省级科技进步奖50多项。在国内外建筑界有较高的声誉。

熊中元院长

浐灞商务中心

西安绿地中心双子塔

西安南门广场综合提升改造工程

张锦秋院士（中）与陕西省勘察设计大师 曾凡生、周敏、赵元超、安军

贾平凹文学艺术馆

大唐芙蓉园

黄帝陵祭祀大殿

延安革命纪念馆

重庆市能源投资集团有限公司是重庆市政府于2007年整合组建，集能源投资、运营和综合服务为一体的大型国有独资企业，拥有煤电、燃气、清洁能源、建设、商贸、铝业、金融及投融资七个产业板块。

“十二五”成就。加快结构调整：从2014年开始去低效、无效产能，关闭9个煤矿。推进产业升级：推行煤矿“四化”，人均工效提升33%；实施煤电一体化，新增装机132万千瓦；煤炭原地气化工业性试验有序推进；燃气板块进入管线运营和CNG、LNG领域；售电公司挂牌成立；咖啡贸易额逐年增加；旗能铝业投入生产；财务公司、香港公司、重庆咖啡交易中心开业运营。全面深化改革：建立三级管控体系，规范公司治理，开展对标管理，实行资金集中管理，推进管理信息化，混合所有制改革取得实质进展。

“十三五”展望。认真落实五大发展理念，积极推进供给侧改革，到2020年，完成两轮煤矿关闭退出计划，关闭煤矿36个，退出产能1165万吨；资产达到1100亿元，收入突破600亿元，年利税总额不低于20亿元；公司法人治理结构更加健全，适应市场化竞争机制更加完善，资产经营质量和效益显著提升，混合所有制改革、资产证券化、产业延伸国际化取得积极进展，基本建成现代国有资本投资公司，全面实现西部一流的能源生产与综合服务型企业目标。

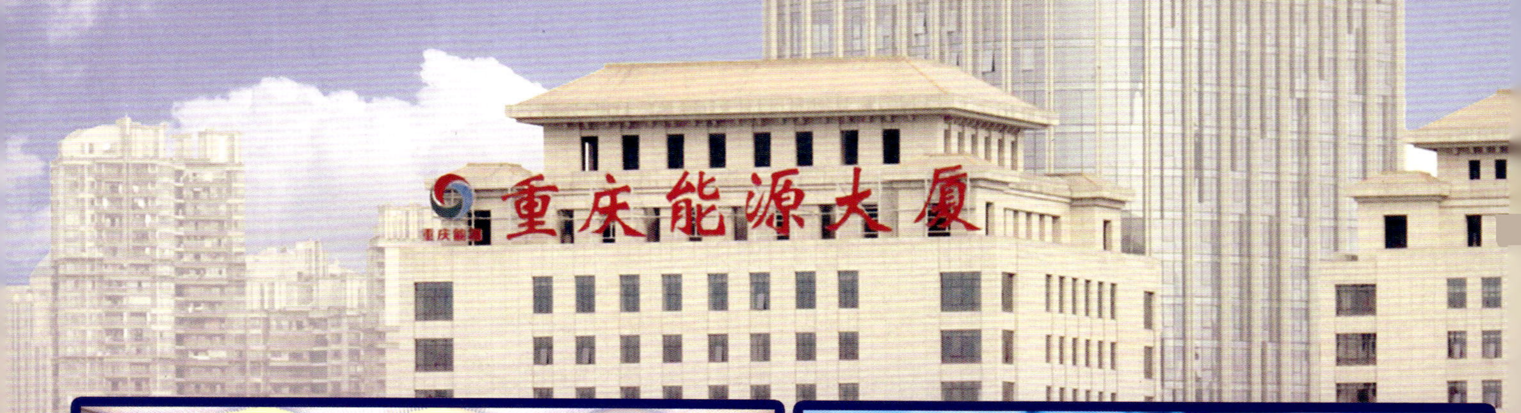

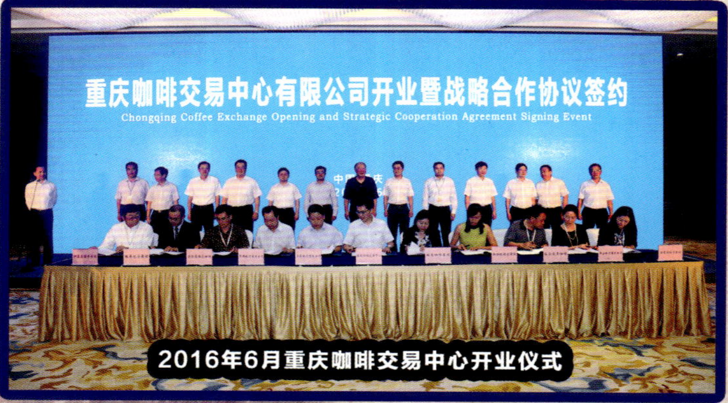

2016年6月重庆咖啡交易中心开业仪式

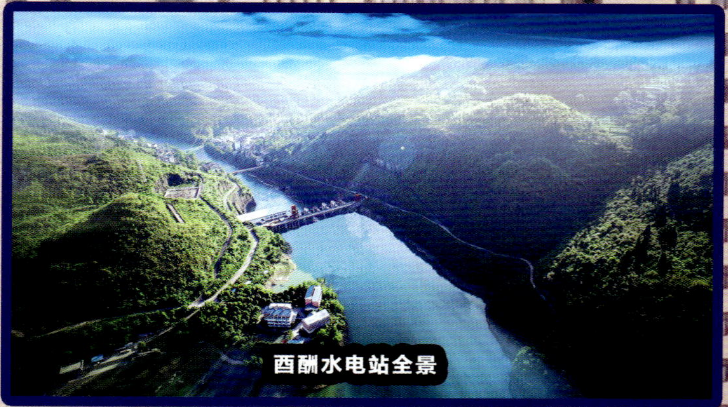

酉酬水电站全景

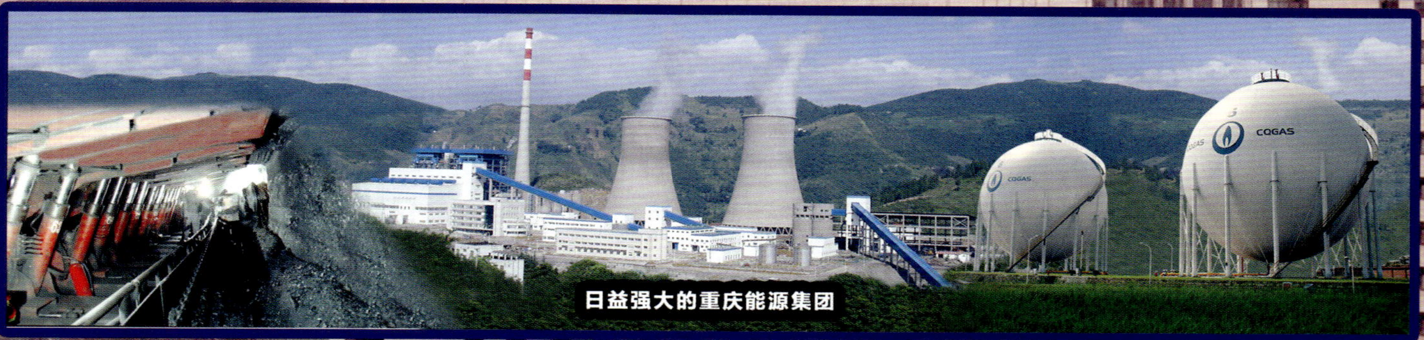

日益强大的重庆能源集团

湖北盐业集团有限公司 “十二五”发展成效

五年革弊鼎新，改革活力不断激发。“十二五”期间，集团公司通过完善现代企业制度，深化三项制度改革，通过积极发展混合所有制经济，完成蓝天公司改制工作，被省国资委评价对集团公司改革具有里程碑意义，对全省工业企业改革具有借鉴作用。被中国盐业协会评为中国盐业2015年度十大新闻。符合实际、充满生机活力的体制机制，为集团公司发展提供了源源动力。

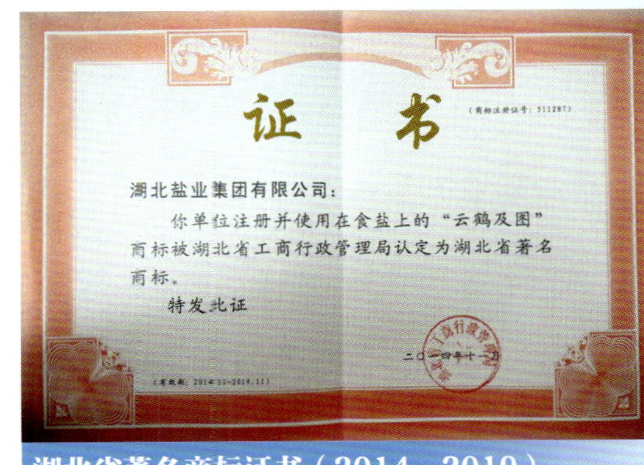
证 书

湖北盐业集团有限公司：

你单位注册并使用在食盐上的“云鹤及图”商标被湖北省工商行政管理局认定为湖北省著名商标。

特发此证

二〇一四年十一月

湖北省著名商标证书（2014—2019）

五年创新转型，发展优势稳步提升。“十二五”期间，集团公司产品结构调整实现了历史性突破。2012年以来，“云鹤牌”绿色食品碘盐、绿色海藻碘盐、绿色低钠盐等新产品先后上市，受到了消费者的喜爱，市场占有率稳步提升。同时引进了澳洲湖盐和沙棘碘盐、枸杞碘盐，丰富了省内食盐市场，满足了消费需求。“云鹤”食盐商标被国家工商总局商评委认定为中国驰名商标。晨光公司、包装公司成功跨入省级高新技术企业行列。

五年突出主题，前进方向更加明晰。“十二五”期间，在探索发展的道路上，集团公司始终坚持以改革为动力，以创新、转型、管理为重点，以提质增效为目标，凝聚发展合力，优化发展环境，明确发展目标，清晰发展方向和路径。今后，我们将朝着既定的方向和目标，沿着选定的路径，踏着不变的步伐，不断开拓前进。

湖北蓝天盐化公司混合所有制改革

湖北盐业集团2016年度工作会

——建品质世界
筑长青基业

江西建工大厦

江西省建工集团有限责任公司

JIANGXI CONSTRUCTION ENGINEERING (GROUP) CO.,LTD

江西省建工集团有限责任公司有着60多年的发展历史，前身为成立于1952年的江西省建筑工程局和江西省建筑工程总公司。2011年，经江西省人民政府批准，改制成国有控股、多种资本融合的混合所有制大型建筑施工企业集团。

集团现有10个控股子公司、3个全资子公司、2个参股公司，本部设有15个总承包工程公司、1个海外工程公司、1个设计研究院等17个经济实体。注册资本金10.4亿元，年施工生产能力500亿元，2015年实现营业收入360亿元。是江西省首家房屋建筑工程施工总承包特级施工企业，是中国500强、全国建筑50强、江西十强企业。经营业务遍及国内20多个省市自治区、亚非多个国家。经营能力、融资能力、施工技术、管理水平、人才队伍和资质等级及覆盖等位居江西省内同行业龙头地位。

60多年来，集团始终坚守“建品质世界、筑长青基业”的企业使命，服从服务于国家经济建设主战场，建造了一大批精品工程和经典力作。近10年来，累计创国家建筑最高荣誉“鲁班奖”工程7项，江西省杜鹃花工程奖89项，省部级优质工程奖

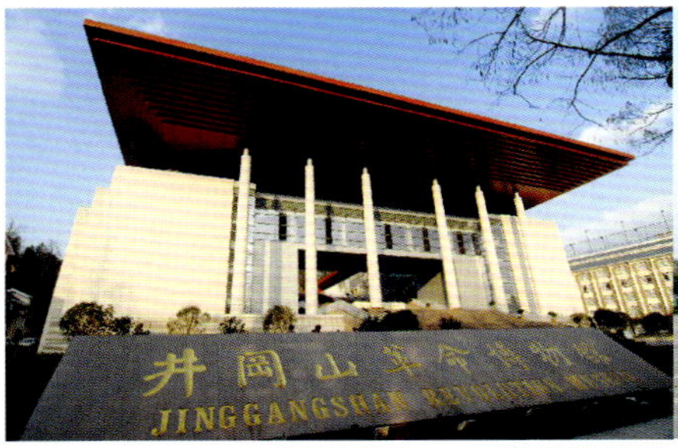

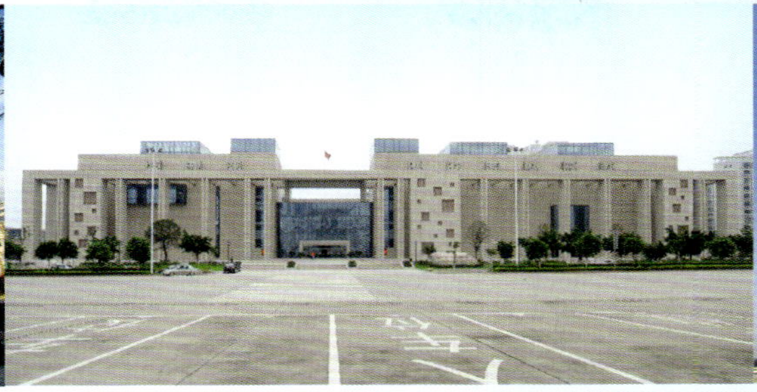

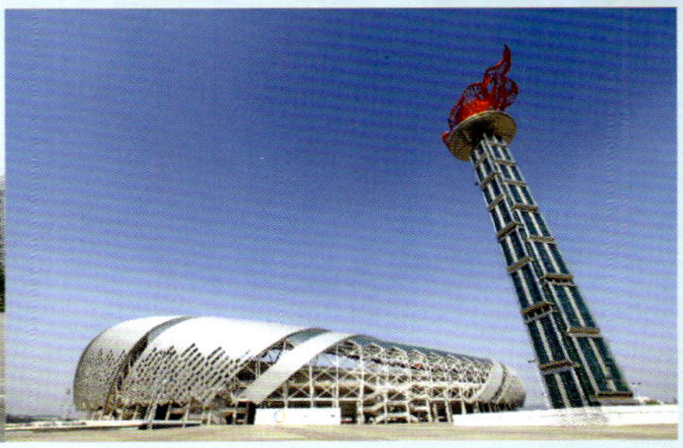

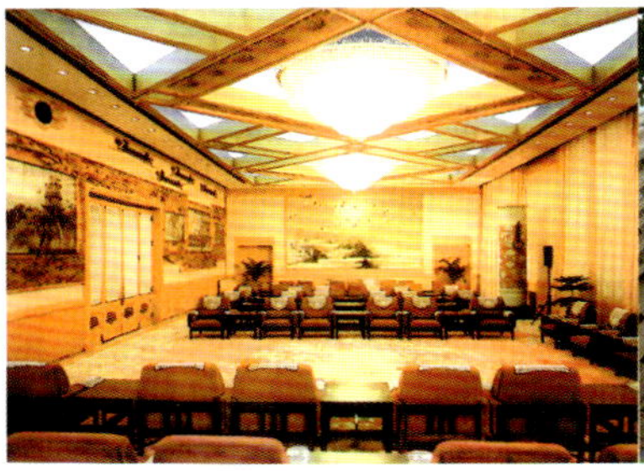

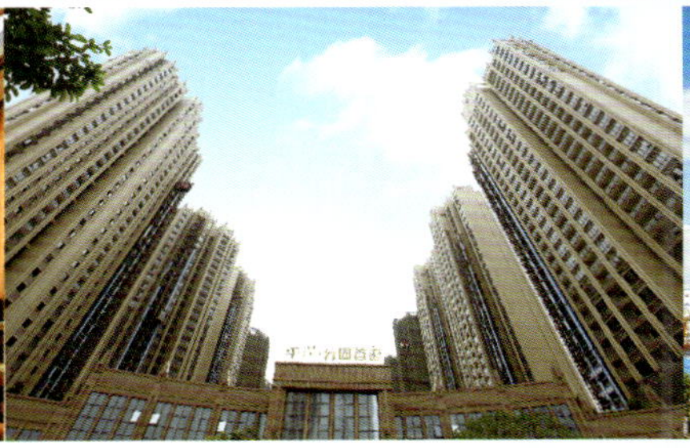

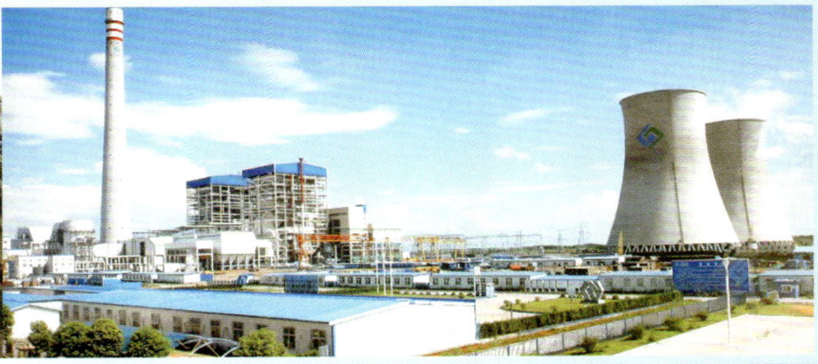

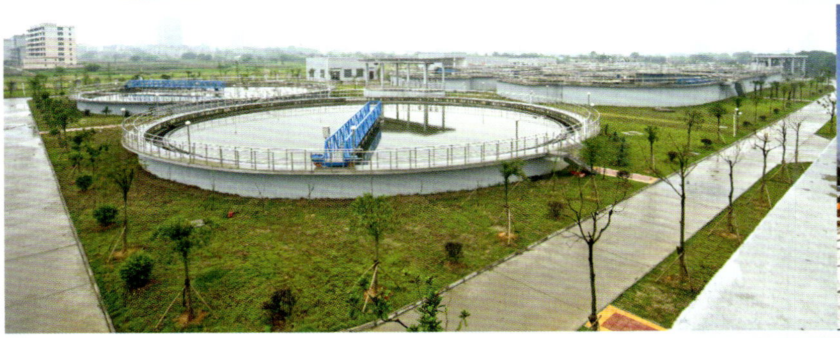

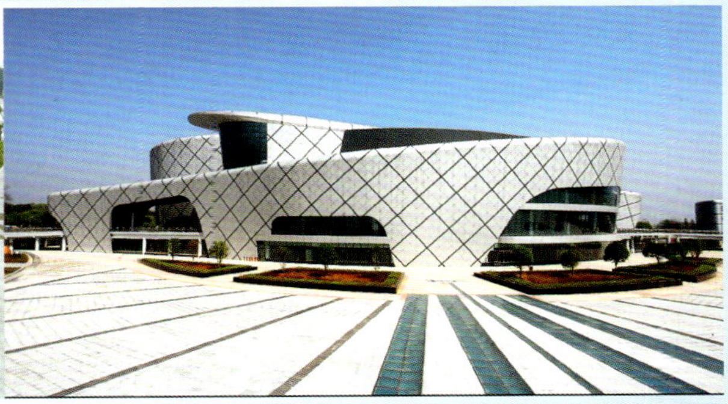

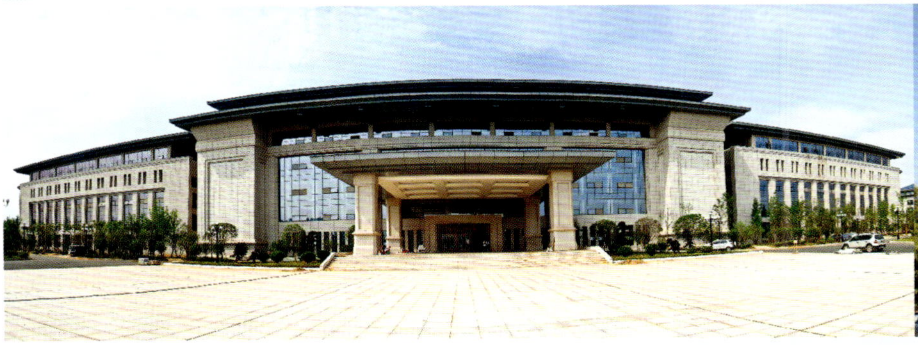

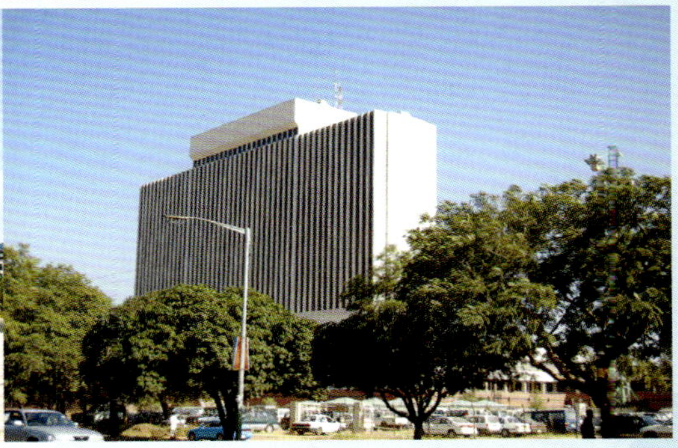

215项，其中井冈山革命博物馆荣获建设部“新中国成立60周年百项经典暨精品工程”奖。“十二五”期间，集团依托改制形成发展新体制和新机制的优势，助推了企业经济的跨越式发展，营业收入实现了100亿元、200亿元和300亿元台阶的三次跨越。当前，集团正在以资本证券化IPO上市为抓手，围绕供给侧结构性改革，提质增效，规范管理，朝着到2020年末“实现年新签合同额800亿元、年营业收入480亿元、年利润总额8亿元”的发展目标，掀起了“稳增长、促转型、保上市、国际化”的新一轮“十三五”改革发展新篇章。

图说

01	02	03
04	05	06
07	08	
09	10	

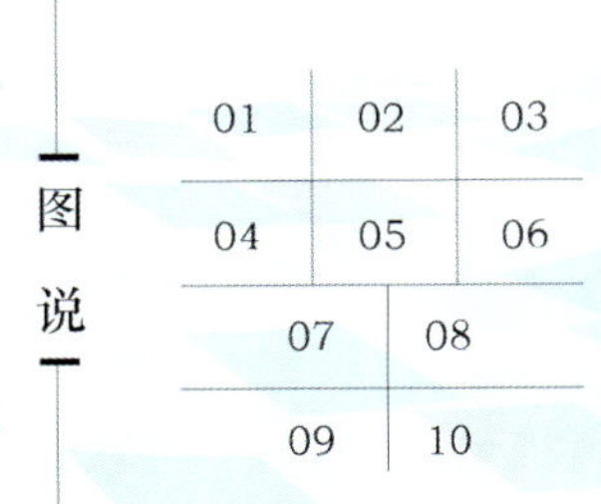

01. 井冈山革命博物馆新馆（新中国成立60周年百项经典暨精品工程、中国建筑工程最高奖——鲁班奖、江西省建筑工程质量最高奖——杜鹃花奖）
02. 赣州博物馆（鲁班奖工程、江西省首届“十佳”建筑）
03. 南昌市国体中心网球馆、游泳馆（江西省优质建设工程）
04. 人民大会堂江西厅
05. 赣州中洋公园首府（江西省安全文明工地）
06. 国电黄金埠电厂
07. 南昌县污水处理厂（省优质建设工程奖）
08. 鄱阳湖规划展示馆（江西省杜鹃花奖）
09. 江西省委办公楼（江西省杜鹃花奖）
10. Government Complexs 赞比亚党部大楼

广汽集团
GAC GROUP

逐梦·前行

1个目标

力争十三五期末形成汽车产能约300万辆，产销汽车约240万辆，年复合增长率12%，营业收入超4000亿元*，成为先进的汽车集团。

5大板块

做强做实研发、整车、零部件、商贸服务和金融服务等五大板块。

1个重点

举全集团之力发展自主品牌，实现自主品牌事业的跨越式发展。

3大突破

全面实现电动化、国际化、网联化三个方面的重大突破。

广汽工业集团成立于2000年6月8日，是广州市政府国有资产授权经营的企业集团，现有员工6万多人，经营业务涵盖乘用车、商用车、摩托车、技术研发、零部件、商贸服务以及汽车金融保险等完整产业链条，年产销汽车、摩托车超过百万辆，营业收入超过2000亿元。广汽工业集团控股子公司广汽集团是国内首家实现A+H股整体上市的大型国有控股汽车企业集团。2016年，广汽工业集团排名《财富》“世界500强”第303位，比2013年首次入围“世界500强”提升了180位。

广汽工业集团的主要业务有面向国内外市场的汽车整车及零部件设计与制造、汽车销售与物流、汽车金融保险及相关服务。目前集团旗下拥有广汽乘用车、广汽本田、广汽丰田、广汽三菱、广汽菲亚特克莱斯勒、广汽研究院等数十家知名企业与研发机构，生产销售传祺系列、雅阁、冠道、凯美瑞、汉兰达、自由光、欧蓝德等数十种知名汽车产品。旗下自主品牌传祺在2016年的J.D. Power亚太公司中国新车质量研究报告中，也再次蝉联J.D. Power中国品牌第一。广汽集团国家企业技术中心在2015年全国各行业1100多家国家级企业技术中心评价中获得排名前1%的优秀评价，排名第12位，综合研发实力达到国内领先水平。

广汽工业集团坚持创新驱动，着力践行供给侧改革，站在“十三五”的新起点，集团以“1513”战略为指导，秉承“内部协同创新、外部开放合作”发展原则，全方位提升核心竞争力，实现可持续发展。在清晰的发展战略和卓有成效的经营管理推动下，2016年以来集团主要经济指标屡创新高，1—10月汽车销量增幅高于行业增幅20个百分点，营业收入、利润等指标为历史同期最好水平，集团生产经营再上新台阶。

*营业收入核算连同合营、联营企业计算

创新驱动 品质交通
深圳地铁
SHENZHEN METRO

深圳市地铁集团有限公司

——创新驱动、品质交通

深圳市地铁集团有限公司（以下简称地铁集团），成立于1998年7月31日，是大型国有独资企业。截至2016年10月30日，注册资本金441亿元，总资产2748亿元，净资产1823亿元，资产负债率33.65%，拥有员工1.6万余人。公司经营范围为城市轨道交通项目的投融资、工程建设、运营服务、物业开发和综合利用，投资兴办实业、国内商业、物资供销业、经营广告业务、自有物业管理、轨道交通业务咨询及教育培训等。地铁集团构建了“1+3”的管控模式，即集团总部、建设总部、运营总部和物业开发总部，积极实施“工程建设、运营服务、资源与物业开发、投融资”的“四位一体”发展战略，秉承“建地铁就是建城市”的理念，建设一流的轨道交通，为深圳发展提速提效。

“十二五”期间，地铁集团按照深圳建设现代化、国际化先进城市的总体要求，大力弘扬“想干、敢干、快干、会干”特区精神和“铁魂”企业精神，精心打造“深圳质量、品质交通”，在圆满完成市轨道交通二期工程攻坚任务的基础上，加快深圳城市轨道交通网络构建，不断提升运营服务质量，努力提高经营效益，积极探索可持续发展模式，加大配套资源开发力度，逐步完善现代企业管理制度和产业结构，突出科研创新和企业文化建设，企业发展取得诸多成就。

1.埃塞项目签约仪式
2.前海合作区系列项目启动暨地铁11号线开工仪式
3.邀请小学生试乘新线地铁
4.地铁义工、志愿者
5.第15届UITP亚太年会

以“四位一体”发展战略引领企业迅速崛起。地铁集团秉承可持续创新发展原则，确立了投融资、工程建设、运营服务、物业与资源开发的“四位一体”发展战略，构建“1+3”战略管控新模式，明晰总部与各个业务板块之间的权责关系，提升企业内部管理水平；大力推进轨道交通工程建设和物业开发进度，建设投资在深圳固定资产投资方面名列前茅，资产规模占到市属国有资产总量四分之一，成为市属国有资产运营的中坚力量；加大资源开发经营力度和成本控制，地铁商业附属资源经营效率在全国成网运营城市中排名第一，在不计折旧和融资利息情况下，地铁集团连续五年实现账面盈利，经济效益大幅提高；积极履行国企社会责任，每年地铁运营运送老年人等免票客流1000万人次，地铁义工服务超过10万人次，并在轨道交通建设的同时承担了2.2万套保障性住房的建设工作，占全市保障性住房总量的20%。

以“长短结合、品种齐全、渠道多元”理念构建高效投融资平台。地铁集团按照“长短结合、品种齐全、渠道多元”的融资原则，大力拓展直接融资渠道，积极探索多样化融资方式，推动下属企业进行混合所有制改革，积极引进社会资本参与城市轨道交通建设，“十二五”期间，累计实现融资928亿元，综合融资成本显著低于同期银行基准贷款利率，存续期预计可节约融资成本12亿元。其中，100亿元中期票据发行，综合利率比当期同档次银行基准贷款利率下浮16.70%，创国内地铁行业低融资成本之先河。

以“建地铁就是建城市”理念推进城市一体化进程。地铁集团秉承“建地铁就是建城市”的发展理念，优化资源配置，打造BT模式下的建设管理平台，统筹施工、安全、质量、进度与资金管理，推行核心业务分级管理，开展工程建设对标和样板化施工管理，“十二五”期间，完成地铁二期工程141千米线路建设任务，同步建成了深圳北站、福田、布吉等重要交通枢纽，完成地铁三期工程7、9、11号线（共107千米）车站和区间主体结构建设并实现电通，实现了地铁三期修编104千米线路开工建设，改善城市核心区域的交通状况，助力特区内外一体化进程，实现了与周边城市的快速联通，促进区域一体化、特区一体化发展。

以“用心服务、贴心一路”理念保障运营质量。地铁集团秉承“用心服务、贴心一路”运营服务理念，以卓越绩效管理为导向，以国际化标准为标杆，全力推进运营专业化、标准化建设，齐心协力打造“舒适、安全、快捷”运营服务品牌，乘客满意度名列全市窗口服务行业前茅。“十二五”期间，地铁运营客运量呈现爆发式增长，实现了从单线运营到网络化运营的重大转变。2015年，地铁集团负责1、2、3、5号线（4号线由香港地铁运营）、158千米的运营管理，年度客运量达到9.3亿人次，日均客运量达到254.9万人次，占全市公共交通出行量的26%，2015年12月31日创下单日客流历史新高，达到347.05万人次，实现安全运营4020天，运营里程虽全国排名第六，但运营站点和日均客流量仅次于北上广，位列第四。继2016年6月28日11号线开通试运营后，2016年10月28日7、9号线开通试运营，根据深圳城轨交通发展规划，至2040年，深圳地铁线路将达30多条、运营里程将超过1100千米。通过全面推行精细化管理，严控运营成本，地铁集团已实现运营收入与运营成本基本持平，每公里员工配置数量、每车公里运营成本均低于全国平均水平。特别是2014年，地铁集团积极响应国家“一带一路”建设，获得7.17亿元人民币的埃塞俄比亚轻轨运营及维护合同，成为国内首家输出运营管理的地铁企业。

地铁华燕区间轨道焊接

11号线碧海-机场区间 施工现貌

3号线布吉站

1

以“轨道+物业”发展模式实现可持续发展。地铁集团率先在地铁建设过程中开展土地资源综合开发利用实践，创新确立了“轨道+物业”发展模式，一方面充分利用上盖空间再造土地资源，另一方面以地铁上盖及沿线物业的升值效益反哺轨道交通建设运营，实现了轨道交通的可持续发展。该发展模式研究成果曾先后获得第十六届全国企业管理现代化创新成果一等奖和广东省企业管理创新成果一等奖。截至规划期末，地铁集团在地铁沿线车辆段、停车场及车站上方共创造出14个地块、555万平方米的再造资源，并获得其中9个地块的开发权，实现物业开发销售面积超过30万平方米，销售收入超过120亿元，在建面积超过200万平方米，形成了健康良性的可持续开发能力，社会反应良好，深圳地铁地产荣获2015年深圳房地产品牌价值十强企业称号。

以“创新驱动”理念打造精品工程。“十二五”期间，地铁集团坚持创新驱动理念，全方位践行环保、节能理念，倡导用户主导装备创新，依托实践基地、院士工作站等科研载体，与国内车辆生产厂家联合研发，首次自主完成列车整车设计和自主集成，并大胆采用国产牵引和列车控制系统，打破了国外装备巨头长期垄断我国地铁A型车辆市场的局面，装备技术水平达到世界先进；启动地铁列车大小编组节能混跑等节能技术研究，大幅采用LED智能照明控制系统，广泛采用太阳能技术和中水回用技术，创新采用了变频控制技术，成为国内地铁行业节能减排领跑者。集团先后获得国家、省、市级专利、奖项90多项，12项发明专利、34项实用新型专利、12项外观设计专利；获得詹天佑奖、鲁班奖等国家级奖项9个、省级科技创新成果等奖项11个、市级科技进步等奖项12个，公司技术及品牌软实力逐年提升。

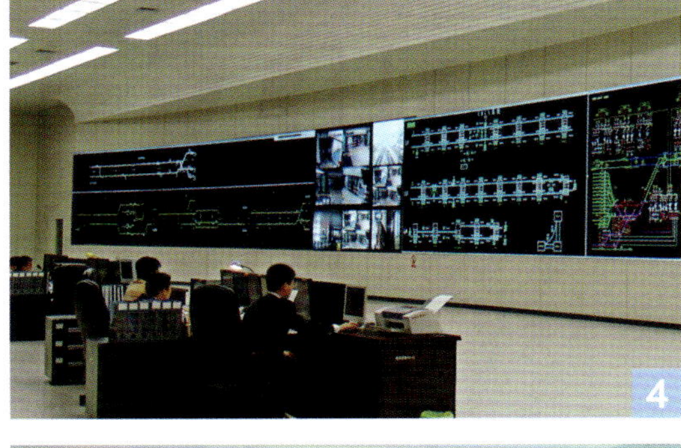

1.深圳北站枢纽　4.OCC控制中心
2.连城新天地　5.地铁3号线高架段
3.科苑站站厅　6.前海时代鸟瞰图

以“铁魂精神”打造优秀企业文化。“十二五”期间，地铁集团扎实推进党建工作，开展了党的群众路线和“三严三实”专题教育活动，认真落实“两个责任”，形成“1（集团党委）+5（5个二级党委）+4（四个直属党组织）”党建架构，构建纪检监察机构与监事会、财务总监、内部审计、风险管理、内控规范实施部门“六位一体”大监督格局。创新性地在工程建设领域开展“共建联控”平台建设，打通地铁集团与地铁承建单位、地铁沿线街道党工委联合开展党建、廉建通道。创建了以党建为引领，以“铁魂”为核心的企业文化，铸就了“共同承担责任、共同创造价值、共同分享成果”核心价值观和“铁的意志、铁人品格、铁的纪律、铁军行动”铁魂精神。大力弘扬工匠精神，成立全国轨道交通行业首个义工法人团体，首创深圳国企员工EAP服务，设立员工关爱救助金，倾情打造“青春之星”大赛、“铁之魂”合唱团、“脉冲”乐队和“馨星”话剧社等企业文化名片，实现员工与企业共同发展。地铁集团荣获“2014年度中国幸福企业”、2014—2015年全国企业文化建设优秀成果奖、2015年度全国“五一”劳动奖章、“广东省文明单位”、第十二届深圳关爱行动“十佳爱心企业”等殊荣，地铁罗湖站被评选为“全国青年文明号百强”，作为广东省代表参加中央巡展。

“十三五”业已开局，地铁集团将以党的十八大和十八届三中、四中、五中全会精神为指引，以深化改革为动力，以价值创造为路径，以服务城市为使命，不忘初心、继续前进，更高标准加快推进轨道交通三期工程建设，更好满足市民绿色、便捷出行需求，把城市轨道交通发展作为提升城市功能和现代化水平的重要途径，把深圳地铁集团打造成为服务水平一流、发展模式先进、核心能力突出、品牌效应显著的现代企业集团，强力推进深圳现代化国际化创新型城市建设。

深圳市粮食集团有限公司（以下简称“深粮集团”）是集粮食流通、加工、储存、贸易以及相关产业经营为一体的深圳市市属国有独资大型粮食企业。深粮集团与新中国同龄，前身为1949年9月3日成立的中共宝安县临时工作委员会粮食科。多年来，深粮集团承担着深圳市市级粮油储备任务，是深圳市乃至华南地区粮油供应的主渠道，成功创立了“深粮多喜”“多喜米”“谷之香”“君子兰”“红荔”等知名粮油品牌，被深圳市政府授予“放心粮油”称号。

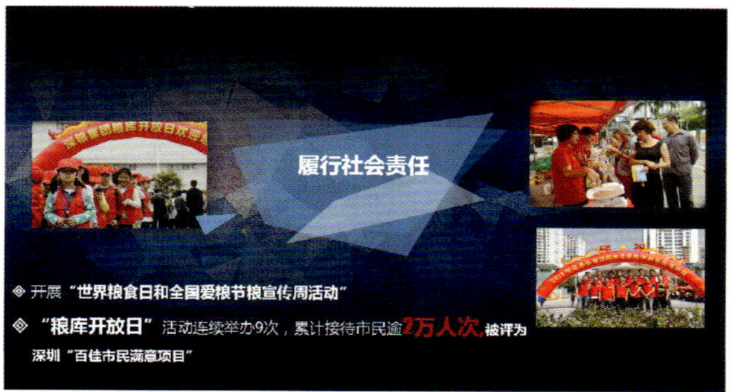

“十二五”期间，深粮集团坚持做优做强粮油主业，深耕“三位一体”粮油供应网络，以信息技术为手段，创新商业模式，集合内外资源，推动企业转型升级。在行业内首开先河，制定以物联网技术为核心的信息化建设规划，自主研发粮食物流信息系统（GLS），创新推行粮油电子商务模式，率先推进仓储管理“标准化、机械化、信息化、无害化”建设，大力推行粮食安全全程可追溯。经过多年的积淀与发展，深粮集团凭借持续、快速提升的盈利能力和行业创新服务能力，跻身全国重点粮油企业行列，荣获“中国服务业企业500强”“全国百强粮食购销企业”“全国百强军供站”“国家粮食仓储规范化管理先进企业”“国家粮食仓储信息化示范单位”等荣誉，“深粮GLS系统”工程纳入“国家物联网重大应用示范工程”，还荣获“广东省十强粮食购销企业”“广东省农业龙头企业”和“深圳市农业龙头企业”等称号。

迈进“十三五”，深粮集团再次凝聚起沉潜的力量，致力打造华南地区最具特色的现代化粮食物流节点、中国粮食的进出口窗口和价格发现中心。“人为本，绩为先，品为优，和为上”，深粮人正以“再造一个深粮”的信心和决心，汇聚成推动企业变革的强大动力，内强外拓，矢志创新，努力把企业建设成为区域最具竞争实力的粮食流通服务企业和有内涵、重品质、可持续发展的粮食供应链优质服务商。

中国黄金
China Gold

全国人大常委会副委员长向巴平措莅临华泰龙公司视察

全国政协副主席、原西藏自治区党委书记张庆黎莅临华泰龙公司视察

国家发改委主任、原国土资源部部长徐绍史莅临华泰龙公司视察

国家工业和信息化部部长、党组书记苗圩莅临华泰龙公司视察

集团公司总经理、党委书记宋鑫莅临华泰龙公司检查指导工作

根植雪域高原 倾情富民兴藏

——中国黄金西藏华泰龙公司甲玛项目开发建设纪实

西藏华泰龙矿业开发有限公司秉承“建一座矿山，树一座丰碑”的宗旨，遵照中央及中国黄金集团公司的战略部署。在自治区党委政府和周边群众的大力支持下，以“缺氧不缺精神，海拔高境界更高”的豪迈气概，团结带领全体建设人员迎难而上、奋力拼搏，在取得资源开发、科技创新、矿山建设、生产经营、环保绿化、党的建设等方面卓越成效的同时，积极履行央企社会责任，开创出地方、企业、百姓“三方共赢”的良好局面，赢得了社会各界的广泛赞誉。

2015年，面对国际市场有色金属价格持续下跌、行业发展遭遇低谷的挑战，华泰龙公司通过“提质增效炼内功，改革创新促发展”，持续提升企业内生动力，使日处理矿石量在原有设计能力基础上大幅提高，选矿回收率从90%提高到92%，铜、金产量达到历史最高水平。截至2016年9月底，累计实现销售收入40.91亿元、利润5.40亿元，上缴税费5.54亿元。八年来，公司先后荣获“全国第一批矿产资源开发整合先进矿山”“第二批国家级绿色矿山试点单位”“全国五一劳动奖状”“全国创先争优先进基层党组织”“全国民族团结进步活动创建示范企业”“全国工人先锋号”“青年文明号”“模范职工之家”“企业社会责任示范基地”等多项荣誉称号，被誉为中国矿业在青藏高原上的一面旗帜。

上海联合产权交易所

SHANGHAI UNITED ASSETS AND EQUITY EXCHANGE

上海联合产权交易所是经上海市人民政府批准设立的综合性产权交易服务机构；是从事中央企业以及上海企业国有资产交易（含企业产权转让、企业增资、企业资产转让）的指定挂牌交易机构；是集产（股）权、物权、债权、知识产权等交易业务以及增资扩股等融资业务为一体的专业化市场平台；是立足上海、服务全国、面向世界，连接各类资本进退的专业化、权益性资本要素市场。

“十三五”期间，我们将紧紧围绕“服务国资国企深化改革、服务上海科创中心建设、服务多层次资本市场建设”的使命任务和“转型升级、创新发展”的战略目标，充分发挥资本市场和要素市场资源配置的交易平台功能，努力提升服务能级，为各类市场主体的产（股）权、物权、债权、知识产权及其他产权交易提供信息披露、交易撮合、价款结算等综合服务；为企业改制、上市和并购交易等提供配套服务，开展国家和地方政府交办的专项任务；创新交易品种，积极引入社会资本参与国企并购重组，拓展增资业务；全力打造“3＋1”市场平台体系，即国资国企产权交易服务平台、知识产权交易服务平台、金融产权交易服务平台和新兴交易服务平台。

根据《企业国有资产交易监督管理办法》（国务院国资委、财政部令第32号）的有关规定，按照新一轮国资国企改革、深化开放性市场化重组的新要求，我们将不断夯实业务基础、完善业务机制、优化业务结构，继续保持国内产权市场的先发优势和引领作用，努力成为促进国家和上海战略实施、成为与上海建设具有全球影响力的科技创新中心、上海国际金融中心地位相匹配的国内一流、国际知名的产权交易机构。

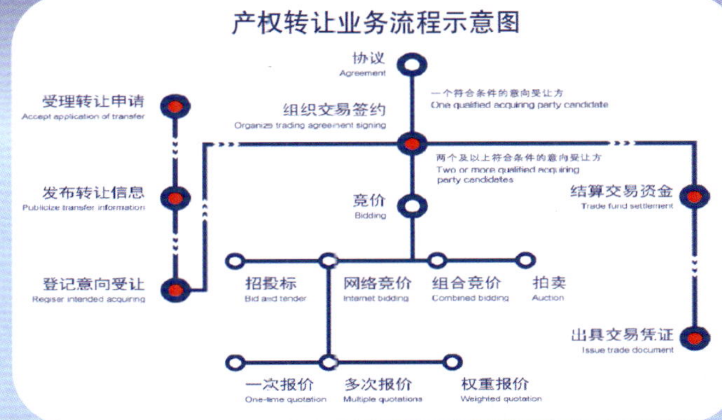

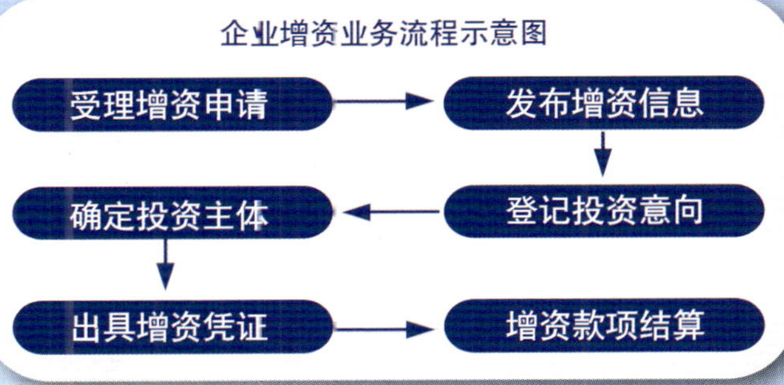

上海联合产权交易所

地　址：上海市普陀区云岭东路689号1号楼　邮编：200062

联系电话：021-62657272　Website：www.suaee.com

上海联合产权交易所驻北京联络处

地址：北京市海淀区北蜂窝路15号　邮编：100038

电话：010-51917888　传真：010-51916838

西南联合产权交易所有限责任公司（以下简称“西南联交所”）是四川省、西藏自治区两地政府为形成川藏地区统一、集中、规模化的产权交易市场，按照四川省人民政府《关于组建西南联合产权交易所有限责任公司的通知》（川府函［2009］287号），由四川省、西藏自治区和成都市两省区、三方的国有企事业单位于2009年12月共同出资设立的全国唯一一家跨省区的产权交易机构，开创了全国产权交易机构实现跨区域整合的先例，在全国产权市场引起了强烈反响。

西南联交所通过了国务院清理整顿交易场所部际联席会议的审核备案，接入了“国务院国资委企业国有产权交易信息监测系统”和“中国企业国有产权交易项目信息统一发布系统”，是国务院国资委确定的从事中央企业资产交易的机构、四川省国资委和西藏自治区国资委确定的唯一省级企业国有产权交易机构、四川省财政厅确定的从事金融企业国有产权转让交易机构、国家科技部确定的国家技术转移示范机构、四川省高院和成都市中院指定的司法拍卖第三方交易平台，成都市中院指定的司法变卖平台。

西南联交所从事各类产权交易，并围绕产权交易开展尽职调查、交易代理、融资策划、财税咨询、商务谈判、改制顾问、交易鉴证、资金结算等综合业务。截至2015年12月，西南联交所集团共完成交易规模近万亿元。其中，国有产权交易项目竞价率达到60%，增值率达到40%以上，增值金额38亿元。

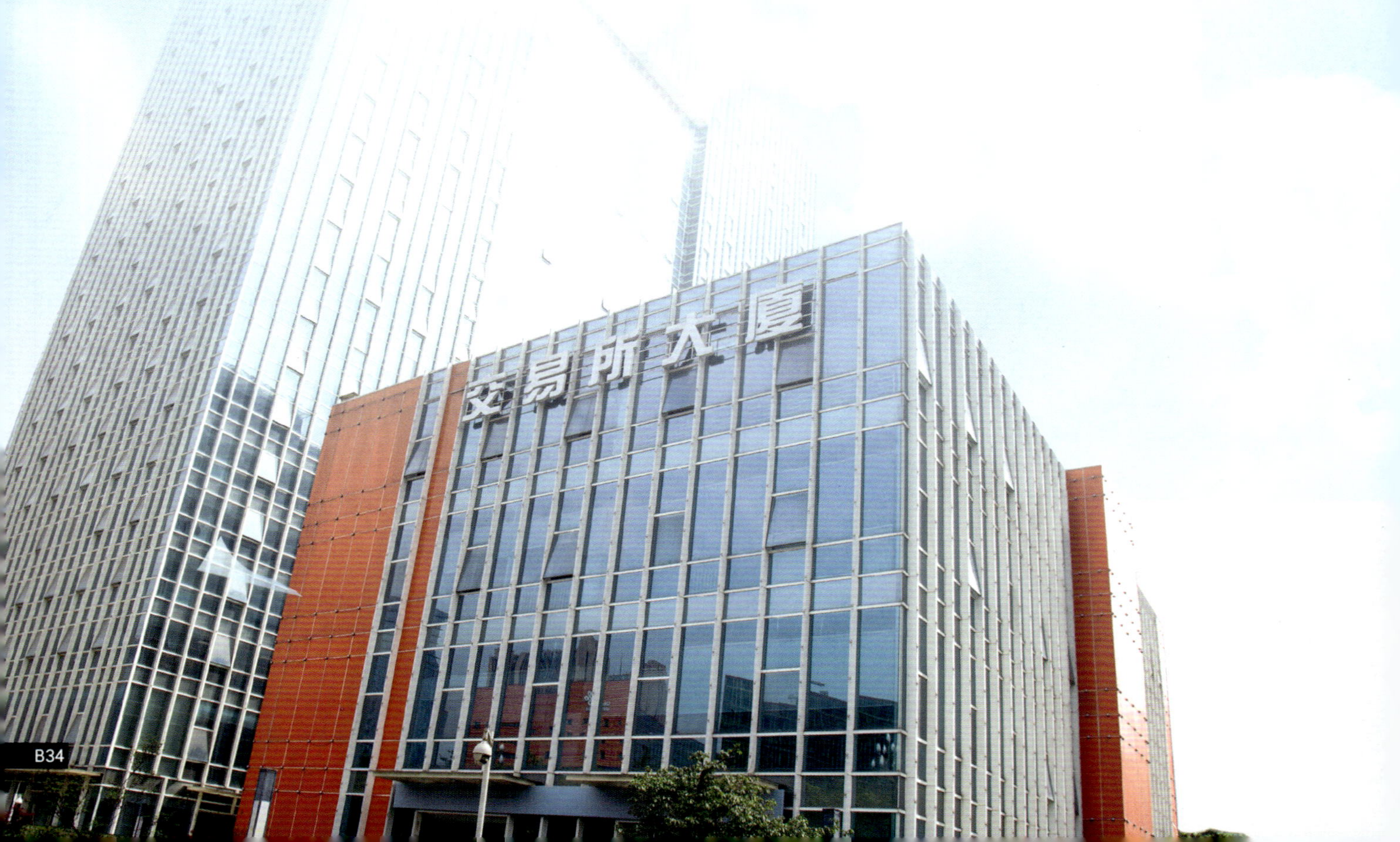

图说

01	02	03
04	05	06
07		

1. 2015年1月8日，西南联交所与西南财经大学签订合作协议
2. 2015年4月22日，重庆市科委综合素质专题培训班到访交流
3. 2015年5月7日，成都文旅集团增资扩股签约仪式
4. 2015年5月20日，西南联交所广元分所开业照
5. 2015年11月2日，四川沱牌舍得集团股权转让及增资扩股签约仪式
6. 2015年11月26日，西南联交所泸州分所揭牌
7. 第四产权平台上线

西南联交所坚持“做优做强第三方平台、创新构建第四方平台”的发展战略，不断做大规模、做宽市场、做响品牌、做优服务，以“资产安全高效交易”为目标，以“全流程网络化交易平台”为载体，以“聚集优质资源”为策略，以“整合线下服务机构”为手段，创新构建非标准资产和权益交易领域“淘宝网”——第四产权。该平台定位“大交易”，交易种类包括不同性质的股权、矿权、林权、特许权、存量房、土地、商业地产、机动车、艺术品、收藏品等各类非标资产和权益；该平台以“大交易”为依托，以交易带金融，以金融促交易，提供增信服务、融资服务、投资服务、理财服务、众筹等“大金融”服务；该平台以第三方支付、CA认证和征信为支撑，集聚交易机构、中介机构、服务机构等，开展交易衍生、延伸及增值服务，搭建“大生态”服务体系。

西南联合产权交易所
官方认证微信二维码

"浙江大学公务用车处置"拍卖会

浙交所专业的服务团队

浙交所主办的公车处置

浙交所组织的拍卖会现场

浙交所先进的信息系统

浙江产权交易所（以下简称浙交所）是根据浙江省委省政府部署设立的提供综合性产权交易及相关服务的地方资本市场平台，是由国务院国资委指定的从事中央企业资产转让业务的交易机构、省属国资转让指定进场交易机构、省内指定金融国资进场交易机构、省级行政事业国资进场交易的主要交易机构。

近年来，浙交所"围绕'两全四化'、推动'三大'建设"，做强功能、做大平台，切实发挥好产权要素市场的制度保障功能、价值发现功能、融资服务功能和资源配置功能，推动浙江产权要素市场的建设；为全面深化国资国企改革、发展混合所有制经济、助力"三去一降一补"提供全方位、全流程服务，使浙交所成为浙江产权要素市场体系的龙头性服务平台、政府管理与服务经济的市场化工具和非标化资本平台，推动产权要素实现阳光、高效配置。

浙交所以丰富的交易经验、专业的服务团队、先进的信息系统、海量的投资人信息库、精准的营销渠道等综合优势，为各级国有企业、行政事业单位、上市公司、民营企业等提供产股权及实物资产转受让交易、经营性资产租赁、企业购并重组、企业融资、增资扩股、公车处置、公款存放银行竞标、中介机构选择等交易提供优质的咨询、交易及相关配套等全流程服务。

地址：浙江省杭州市望江东路332号望江国际中心4号楼18-19层

邮编：310008

电话：0571-87291888

传真：0571-87293055

网址：http://www.zjpse.com

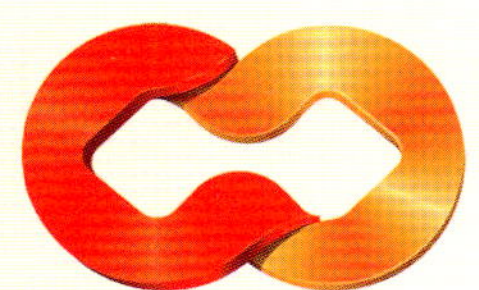

广东省产权交易集团
GUANGDONG ASSETS AND EQUITY EXCHANGE GROUP

打造要素交易市场“网顶” 搭建现代要素交易市场体系

广东省产权交易集团（以下简称“集团”）是2013年6月21日，经广东省人民政府第五次常务会议批准，在南方联合产权交易中心的基础上组建的，于同年9月30日正式挂牌运营，是省国资委全资设立的大型综合交易和交易服务投资控股集团公司。广东省政府朱小丹省长在第二届中国（广州）国际金融交易•博览会开幕式上，亲自为集团授牌。

集团紧紧围绕构建全省要素交易市场“网顶”和做全国行业“领跑者”战略目标，着力打造要素权益化、权益资产化、资产资本化、资本证券化的类金融、类证券平台，构建形成服务广东经济社会发展的基础性、权益性、区域性资本市场。集团已投资建成要素与商品交易业、金融与交易服务业、数据与信息服务业等三大主要业务板块、24个交易和服务子平台（其中5家在筹，4家参股），布点全省19个地级市，拥有省内外单位会员和个人会员5.15万。

集团成立3年来，在旗下各类交易平台挂牌交易宗数335万宗，各类生产要素交易金额达到1.36万亿元，比2012年以前的652亿元增长近20倍。交易宗数稳居全国近300家同业机构第一位，成交金额跃居全国第二位，行业话语权与业态引领作用显著提升。

中央政治局委员、广东省委书记胡春华在第二、三届金交会连续两年到集团展厅视察指导，2014年3月还专题到集团属下广东金融资产交易中心考察；朱小丹省长在2014年1月24日和2016年3月29日先后两次专程莅临集团调研，在第四届和第五届金交会亲临集团展厅，给予亲切指导。

集团资质：集团拥有国有（集体）产权交易资格、全省国有资产司法委托（涉诉资产）交易资格、全省唯一的金融企业国有资产交易资格、省级股权托管资格、全省唯一的第三方药品电子交易资格、央企资产转让交易资格等6项资质，承担“广东省水权交易平台建设试点”和“财政部、国家知识产权局促进知识产权运营服务试点”两项国家级试点工作，“广东省综合型产权交易平台建设试点”和“广东省排污权有偿使用和交易试点”两项省级试点工作。

集团主要成员企业：南方联合产权交易中心、广东省药品交易中心、广东金融资产交易中心、广东国际金融资产交易中心、广东省环境权益交易所、广州知识产权交易中心、广州钻石交易中心、广东省珠宝玉石交易中心、广东省股权托管中心、深圳前海广产控股股份有限公司、广东省南方文化产权交易所、广东金融高新区股权交易中心、佛山南方产权交易所、广东省股权托管中心基金管理有限公司、深圳前海离岸黄金交易中心、广东安达金融保安押运有限公司。

2014年6月20日，中央政治局委员、广东省委书记胡春华（前排左2）在第三届中国（广州）国际金融交易博览会视察广东省产权交易集团展厅

2016年3月29日，广东省政府朱小丹省长（前排左2）率有关厅局负责同志莅临广东省产权交易集团，调研广东省要素交易市场“网顶”构建情况

2014年12月，广东省产权交易集团董事长刘闻（左3）在风云企业颁奖典礼现场

2016年6月24日，广州市委副书记、市长温国辉（中间位置）在第五届中国（广州）国际金融交易博览会为广东国际金融资产交易中心授牌

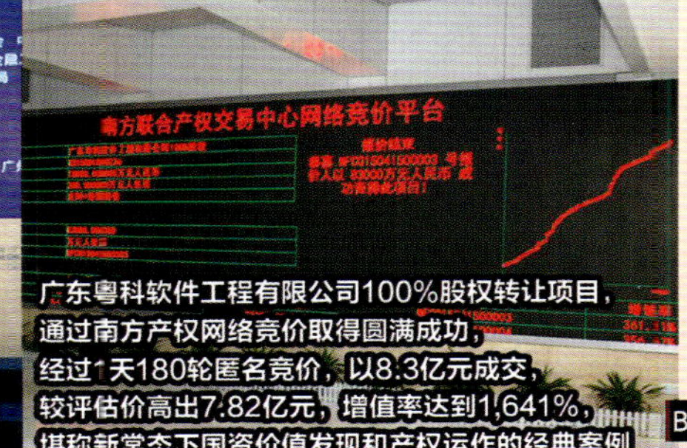

广东粤科软件工程有限公司100%股权转让项目，通过南方产权网络竞价取得圆满成功，经过一天180轮匿名竞价，以8.3亿元成交，较评估价高出7.82亿元，增值率达到1,641%，堪称新常态下国资价值发现和产权运作的经典案例

深圳联合产权交易所

Shenzhen United Property And Share Rights Exchange

深圳联合产权交易所（以下简称深圳联交所）是2009年深圳市政府整合交易所资源，由成立于1993年的深圳市产权交易中心和成立于2000年的深圳国际高新技术产权交易所组建，定位为深圳统一的综合性产权交易平台，是深圳唯一的国有产权交易平台、央企资产转让指定交易平台，是深圳文化产权、排放权、金融资产交易、前海股权交易中心等新要素市场的发起平台，全市非上市股份公司登记托管平台，技术转移平台，以及中小企业综合服务平台。深圳联交所在深圳市国资委直接领导下，以服务深圳经济社会发展大局为核心，借助深圳市科技创新、金融服务等区域优势，立足深圳、辐射华南，制定了打造国有产权和公共资源交易服务平台、中央和地方国有企业做大做强增资服务平台、中小企业股权流转和融资服务平台、科技创新服务平台等为核心业务的战略布局。2015年，深圳联交所完成各类产权交易3456亿元，是华南地区交易规模最大的综合性产权交易市场。

深圳联交所在巩固传统业务优势的同时，发挥产权平台信息聚集、价值发现、制度规范的特点，积极开拓创新业务，结合国有企业增资业务战略性发展的特点，引入投资银行专业服务经验做法，组建专业投行团队，建立了“产权平台+投行服务”的国有企业增资创新业务模式，推动国有企业做大做强，得到国务院国资委和国有企业普遍认可，发挥了引领和示范作用。近年来，深圳联交所发挥人才队伍、制度体系、投资人资源、市场化服务手段以及深圳资本市场发达、各类投资者丰富等方面的优势，完成了中央企业和地方国有企业增资项目50余宗，引进各类社会资本超过200亿元，为国有企业进行混合所有制改革，不断做强做优做大发挥了积极作用。

此外，深圳联交所积极开拓中央企业房产和异地国有单位在深资产处置业务，国有企业资源性资产招租业务、国有企业大宗商品采购等创新业务。运用“规范化操作、市场化运营”等服务手段，积极主动为中央企业、省属、市属国有企业资产交易做好服务。

业务大厅

网络拍卖大厅

2015年9月，招商局集团213处房产拍卖现场

高管及中层人员新办公地点合影

通讯地址：深圳市南山区沙河西路1809号深圳湾科技生态园一区2栋A座11层

联系电话：0755-86358999（总机）

传　　真：0755-26577562

微 信 号：sotcbb

大事记

第八篇

2015年国务院国有资产监督管理委员会大事记

1月

5日，国资委召开党委会暨中心组学习会，专题学习习近平总书记关于国资国企改革重要批示、讲话精神，研究贯彻落实措施。国资委主任、党委书记张毅主持会议。

9日，国资委召开2014年度审计工作进点会议，国资委副主任、党委委员徐福顺出席会议并讲话。

13日，国资委副主任徐福顺在国资委会见澳大利亚新南威尔士港务局主席尼古拉斯·惠特拉姆和澳大利亚一亚洲共同进步同盟主席王汉铭。

14日，中央企业团工委、中央企业青联在人民大会堂举行刘彦龙、杜永利见义勇为先进事迹报告会。国资委副主任、党委委员徐福顺出席会议并讲话。

16日，中央企业青联在国资委召开中央企业青联新老委员代表座谈会。国资委副主任、党委委员徐福顺出席会议并与委员们座谈。

16—17日，国资委直属机关党委组织召开直属机关第十二次党的工作暨纪检工作会议，并举办直属机关基层党组织书记落实主体责任专题培训班。国资委副主任、党委委员、直属机关党委书记黄丹华出席会议并代表国资委党委讲话。

19日，国资委召开中央企业反腐倡廉建设工作会议，传达贯彻习近平总书记在十八届中央纪委第五次全体会议上的重要讲话和中央纪委五次全会精神。国务委员王勇对会议作出重要批示。

22日，印发《关于做好地方企业财务快报工作的通知》(国资评价〔2015〕52号)。

28日，中宣部副部长王世明一行到国资委调研中央企业核心价值观建设工作。国资委副主任、党委委员黄丹华主持调研座谈会并介绍近年来中央企业核心价值观建设工作情况以及下一步工作安排。

28—29日，国资委离退休干部暨机关服务工作会议在北京召开。国资委副主任、党委委员徐福顺出席会议并讲话。

2月

2日，国资委召开中国化工集团公司建设规范董事会工作会议。国资委副主任、党委委员孟建民出席会议并讲话。

3日，国资委召开会议，传达贯彻中央纪委副书记杨晓渡同志在中央纪委五室联系单位纪委书记(纪检组长)座谈会上的讲话精神，对进一步加强国资委及中央企业党风廉政建设和反腐败工作提出要求。国资委主任、党委书记张毅作出批示。

3日，印发《关于认真做好2015年中央企业负责人经营业绩考核工作的通知》(国资发综合〔2015〕14号)。

5日，全国国有产权管理工作会议在北京召开。国资委副主任、党委委员黄丹华出席会议并讲话。

6日，国资委在北京召开中央企业宣传思想工作视频会议，总结2014年中央企业宣传思想工作，分析形势，安排部署2015年工作。国资委副主任、党委委员黄丹华出席会议并讲话。

9日，国资委召开离退休干部“双先”表彰暨老部长春节团拜会，国资委主任、党委书记张毅出席会议并讲话。

10日，中央企业侨联在北京召开三届二次全委(扩大)会议。国资委副主任、党委委员徐福顺出席会议并讲话。

10日，国资委副主任、党委委员徐福顺主持召开中央企业统战侨务工作座谈交流会。中国侨联党组成员、副主席乔卫出席座谈会。

11日，国资委在北京召开中央企业规划发展工作视频会议，总结2014年中央企业规划发展工作，分析中央企业发展面临的形势，安排部署2015年工作。国资委副主任、党委委员黄丹华出席会议并讲话。

12日，国有重点大型企业监事会2015年度工作会议在北京召开，国资委副主任、党委委员王文斌出席会议并讲话。

12 日，国资委副主任、党委委员，全国总工会副主席徐福顺专程前往中国兵器工业集团公司和北京有色金属研究总院，代表国资委党委、全国总工会看望慰问全国劳动模范施立成和全国先进工作者张椿，向他们致以节日问候和新春祝福。

12 日，国资委主任、党委书记张毅到中国船舶工业集团公司离休干部姚慧敏家中，亲切看望这位 91 岁高龄的老人，感谢她为党和国家作出的贡献，并代表国资委党委送上节日问候和美好祝福。

19 日，国资委党委委员、秘书长阎晓峰代表国资委党委，先后到国资委西便门和安定门办公区后勤服务部门，看望慰问坚守在工作岗位的值班人员、武警战士和后勤服务保障人员，向他们致以节日的问候和良好的祝愿。

19 日，国资委党委委员、秘书长阎晓峰代表国资委党委，先后来到中国电信北京分公司朝阳门营业厅、中国电信网络操作维护中心，看望慰问春节期间坚守岗位的一线员工，向他们致以节日的问候和良好的祝愿。

28 日，国资委召开中央企业主要负责人和纪委书记（纪检组长）会议，专题传达学习习近平总书记关于巡视工作的重要讲话精神、李克强总理在国务院第三次廉政工作会议上的重要讲话精神、王岐山书记在中央巡视工作动员部署会上的重要讲话精神，对配合专项巡视、加强巡视整改工作作出部署。国务委员王勇出席会议并对中央企业巡视整改工作提出要求。

3 月

6 日，印发《关于开展中央企业“十三五”发展战略和规划编制工作的通知》（国资厅规划〔2015〕83 号）。

17 日，国资委副主任孟建民会见法国财政总署署长贝宇诺一行。

17 日，印发《关于报送 2014 年并购情况的通知》（国资厅改革〔2015〕105 号）。

25 日，国务院国资委第三巡视组进驻中国国新控股有限责任公司并召开巡视工作动员会。国资委向 6 户中央企业派驻的巡视组悉数到位，第一至第六巡视组已分别进驻北京矿冶研究总院、中国保利集团公司、中国国新控股有限责任公司、中国外运长航集团有限公司、新兴际华集团有限公司、中国航空油料集团公司等 6 户中央企业，2015 年新一轮巡视工作全面展开。

27—29 日，国资委副主任王文斌赴海南出席博鳌亚洲论坛 2015 年年会并参加“CEO 对话中国部长”分论坛。

28 日，由中国企业联合会主办的“2015 年全国企业管理创新大会”在北京召开，国资委党委委员、秘书长阎晓峰出席会议并致辞。

30 日，国资委副主任、党委委员黄丹华主持召开国资委第二十二次党风廉政建设和反腐败工作联席会议，并对贯彻会议精神提出要求。国资委纪委书记、党委委员强卫東对抓好 2015 年反腐倡廉各项工作任务作出部署。

31 日，国务院扶贫办和国资委在北京召开中央企业定点帮扶贫困革命老区百县万村活动座谈会，国资委副主任、党委委员徐福顺出席会议并讲话。

4 月

2 日，国资委纪委在北京召开中央企业纪委书记（纪检组长）座谈会，深入学习贯彻王岐山同志关于“全面从严治党要把纪律挺在前面”的一系列重要讲话精神。国资委纪委书记、党委委员强卫東出席会议并讲话。

2 日，国资委副主任、党委委员徐福顺赴河北平乡开展扶贫调研并参加植树劳动，在田付村乡丁周天村与平乡县委县政府干部职工一起种下竹柳等树苗 1000 多棵，考察田付村乡大刘庄村有关扶贫项目，并与邢台市有关领导、平乡县委县政府领导及有关部门负责同志进行座谈。

14 日，印发《关于做好国资委财务类动态监测报表编报工作的通知》（国资发评价〔2015〕33 号）。

16 日，国资委召开中国华电集团公司建设规范董事会工作会议。国资委副主任、党委委员孟建民出席会议并讲话。

17 日，国资委主任、党委书记张毅出席 2015 央企广西行暨合作项目签约仪式并讲话。

17日，国资委主任、党委书记张毅到中广核防城港公司调研，国资委副主任、党委委员刘强陪同调研。

24日，印发《关于强化监督执纪问责深入纠正"四风"问题的通知》（国资党办纪检〔2015〕12号）。

27日，国资委党委召开部分中央企业"三严三实"专题教育工作座谈会，贯彻落实中央"三严三实"专题教育工作座谈会精神，部署60家中央企业专题教育工作。国资委副主任、党委委员黄丹华出席会议并讲话，国资委副主任、党委委员刘强传达中央"三严三实"专题教育工作座谈会精神和刘云山、赵乐际同志在座谈会上的重要讲话。

27日，国资委召开中央企业在北京直属单位全国劳动模范座谈会，国资委主任、党委书记张毅出席座谈会并作重要讲话，强卫東、刘强等出席座谈会。座谈会由国资委副主任、党委委员徐福顺主持。

5月

4日，国资委直属机关召开"五四"青年座谈会，表彰青年先进典型，纪念"五四运动"96周年。国资委主任、党委书记张毅，国资委副主任、党委委员、直属机关党委书记黄丹华，国资委党委委员、秘书长阎晓峰出席会议。

4日，印发《关于印发〈国务院国资委2015年度指导监督地方国资工作计划〉的通知》（国资厅发法规〔2015〕13号）。

14日，国资委秘书长阎晓峰在国资委会见爱尔兰CRH国际建材集团总裁满福德一行。

15—16日，国资委主任、党委书记张毅到部分中央企业在海南项目调研，国资委副主任、党委委员黄丹华参加调研。

20日，印发《关于进一步做好中央企业增收节支工作有关事项的通知》（国资发评价〔2015〕40号）。

21日，国资委党委召开中央企业新闻宣传工作交流会。国资委副主任、党委委员黄丹华，国资委副秘书长彭华岗出席会议，国资委副秘书长周渝波主持会议。

22日，国资委系统法治工作座谈会在北京召开。国资委主任、党委书记张毅出席会议并讲话。

27日，国资委召开党委扩大会议，传达学习中央统战工作会议精神。国资委主任、党委书记张毅主持会议并讲话，

29日，国资委党委委员、秘书长阎晓峰出席在重庆国际博览中心举行的第十八届中国（重庆）国际投资暨全球采购会开幕式暨重大项目签约仪式。

6月

9日，国资委副三任黄丹华在国资委会见芬兰诺基亚公司总裁兼首席执行官拉吉夫·苏立。

11日，国资委秘书长闫晓峰在国资委会见美国微软公司资深副总裁兼大中华区首席执行官贺乐赋。

11日，国资委2016年部门预算编制工作动员部署会议在北京召开。国资委副主任、党委委员徐福顺出席会议并作动员讲话。

12日，国资委主任、党委书记张毅赴部分驻贵州中央企业调研，国资委副主任、党委委员黄丹华参加调研。

12日，国资委主任、党委书记张毅出席2015中央企业助推贵州经济发展座谈会暨签约仪式。

15日，国资委召开中央企业传达学习中央统战工作会议精神会议。国资委副主任、党委委员徐福顺出席会议并讲话。

15日，国资委秘书长闫晓峰在国资委会见美国摩根大通集团全球执行副总裁兼企业责任全球主管彼得·西尔。

18—19日，国资委在北京召开推进中央企业参与"一带一路"建设暨国际产能和装备制造合作工作会议。国资委党委书记、主任张毅出席会议并讲话。

23日，国资委秘书长闫晓峰在北京会见法国参议员、里昂市长、里昂大都会区主席杰拉尔·科隆。

7月

3日，国资委主任、党委书记张毅出席"推动京津冀协同发展·央企进河北"活动签约仪式并讲话。

7日，国资委副主任王文斌在国资委会见几内亚总统府国务部长、总统投资顾问和投资委员会主席易卜拉辛·卡索里·福法纳一行。

8日，国资委在北京召开中央企业财务公司专题工作会议。

15日，国资委主任张毅在北京会见南非共和国副总统拉马福萨一行，并一同出席由国资委与南非副总统办公室、南非国企部及驻华使馆共同举办的“中国—南非国有企业研讨会”。

16日，国资委离退休干部暨机关服务半年工作会议在北京召开。国资委副主任、党委委员徐福顺出席会议并讲话。国资委党委委员、秘书长阎晓峰出席会议。

20日，国资委总会计师沈莹在国资委会见英国汇丰集团总经理兼资本市场全球总监帝博特·德·胡斯一行。

23日，全国青联十二届全委会中央企业代表团组团会议在国资委召开。国资委副主任、党委委员徐福顺亲切接见代表团成员。

24日，国资委党委委员、秘书长阎晓峰出席国资监管信息化专家组第一次会议。

26日，国资委主任、党委书记张毅赴国家电网公司丰满电厂调研，国资委副主任、党委委员黄丹华参加调研。

27日，国资委主任、党委书记张毅出席“央企走进吉林”暨驻吉央企分离移交“三供一业”启动工作会议。

28日，国资委与辽宁省政府共同召开驻辽中央企业分离移交“三供一业”启动工作会议。国资委副主任孟建民出席会议并讲话。

30日，国资委党委委员、秘书长阎晓峰出席全国高校实践育人暨创新创业现场推进会并讲话。

30日，国资委召开中国五矿集团公司建设规范董事会工作会议。国资委副主任、党委委员孟建民出席会议并讲话。

30日，国资委召开国家电网公司建设规范董事会工作会议。国资委副主任孟建民出席会议并讲话。

8月

7日，国资委在北京召开中央企业学习传达中央党的群团工作会议精神座谈会，认真学习传达中央党的群团工作会议精神特别是习近平总书记重要讲话精神，并对中央企业学习贯彻会议精神提出要求。国资委副主任、党委委员徐福顺出席会议并讲话。

21日，印发《关于做好2015年国资委系统监管企业职工薪酬调查工作的通知》(国资厅分配〔2015〕469号)。

22日，国资委召开中央企业安全生产工作座谈会。国资委主任、党委书记张毅出席会议并讲话。

25日，国资委副主任黄丹华在北京会见西班牙电信集团董事长兼首席执行官阿列达一行。

27日，国资委党委委员、秘书长阎晓峰带队到中国航空油料集团公司所属中国航空油料有限责任公司华北公司，进行安全生产及安全保障工作督查和慰问。

27—28日，国资委纪委在内蒙古呼和浩特市召开全国地方国资委纪委书记研讨会，国资委纪委书记、党委委员强卫東出席会议并讲话。

29日，国资委主任、党委书记张毅赴中国兵器工业集团公司所属的晋西工业集团公司调研，国资委副主任、党委委员黄丹华一同调研。

29日，国资委主任、党委书记张毅出席山西省—中央企业合作发展座谈会暨签约仪式。

9月

7日，国资委召开离退休干部纪念抗日战争暨世界反法西斯战争胜利70周年大会，国资委主任、党委书记张毅出席会议并讲话。

7日，国资委副主任、党委委员刘强在代表国资委参加庆祝西藏自治区成立50周年中央代表团活动期间，在拉萨看望慰问国资委机关和中央企业援藏干部。

16日，印发《国资委关于贯彻落实〈中共中央 国务院关于深化国有企业改革的指导意见〉的通知》(国资发研究〔2015〕112号)。

16日，国资委副主任黄丹华在国资委会见新加坡交易所首席执行官罗文才一行。

17日，国资委副主任、党委委员黄丹华赴武汉邮电科学研究院所属的烽火通信科技股份有限公司调研。

17 日，国资委主任、党委书记张毅出席湖北一中央企业推进长江经济带建设座谈会并讲话。

21 日，国资委秘书长阎晓峰在国资委会见澳大利亚维多利亚州政府代表团，双方就中央企业在澳投资等议题进行深入交流。

24 日，国资委与贵州省政府共同组织召开驻贵州省中央企业分离移交"三供一业"启动工作会议。国资委副主任、党委委员孟建民出席会议并讲话

10 月

8 日，国资委主任、党委书记张毅出席中央企业"双创"工作座谈会并讲话。

10 日，国资委副主任王文斌在国资委会见台湾电机电子工业同业公会理事长郭台强一行。

12 日，印发《关于印发 2016 年度中央企业预算报表的通知》(国资发评价〔2015〕122 号)。

16 日，国资委主任、党委书记张毅出席深化陕西省与中央企业战略合作座谈会并作讲话。

16 日，国资委主任、党委书记张毅赴中国西电集团公司调研。

15—20 日，国资委领导黄丹华、孟建民、强卫東、王文斌、刘强、阎晓峰等分别在北京、上海、湖北等地组织召开有关中央企业负责人座谈会。

16—21 日，国资委领导黄丹华、孟建民、王文斌、阎晓峰等分别率队赴部分中央企业开展调研。

20 日，国资委党委委员、秘书长阎晓峰出席中央企业考察学习青岛海尔集团"双创"工作活动并讲话。

20 日，国资委召开招商局集团公司建设规范董事会工作会议。国资委副主任、党委委员孟建民出席会议并讲话。

21 日，国资委与广东省政府共同组织召开驻粤中央企业分离移交"三供一业"启动工作会议，国资委副主任、党委委员孟建民出席会议并讲话。

22 日，国资委与海南省政府共同组织召开驻琼中央企业分离移交"三供一业"启动工作会议，国资委副主任、党委委员孟建民出席会议并讲话。

29 日，国资委副主任黄丹华在国资委会见随同德国总理默克尔访华的德国联邦经济和能源部国务秘书马蒂亚斯·马赫尼希及其率领的 18 家德国大型企业领导人一行。

11 月

4 日，国资委党委委员、秘书长阎晓峰出席中国质量协会举办的"第十五届全国追求卓越大会"，并为第十五届全国质量奖获奖组织与项目、中国杰出质量人、全国实施卓越绩效模式先进企业颁奖。

11—14 日，2015 年全国国资委系统指导监督工作研讨培训班在北京举办。国资委主任、党委书记张毅对研讨培训班作出批示。

12 日，国资委召开中国船舶工业集团公司建设规范董事会工作会议。国资委副主任、党委委员孟建民出席会议并讲话。

13 日，印发《关于做好 2015 年度中央企业财务决算管理及报表编制工作的通知》(国资发评价〔2015〕155 号)。

13 日，国资委秘书长阎晓峰在国资委会见美国国际商业机器公司(IBM)大中华区董事长陈黎明一行。

19 日，国资委主任、党委书记张毅赴中国机械工业集团有限公司合肥通用机械研究院调研企业技术创新工作。

19 日，国资委主任、党委书记张毅出席中央企业助力安徽"十三五"发展座谈会。

19—20 日，中央企业社会责任工作会议在北京召开。国资委副主任、党委委员王文斌出席会议并讲话。

20 日，国资委召开中国工艺(集团)公司建设规范董事会工作会议。国资委副主任、党委委员孟建民出席会议并讲话。

26 日，国资委主任张毅在国资委会见德国西门子股份公司全球总裁兼首席执行官凯飒一行。

12 月

4 日，国资委召开中国电子科技集团公司建设规范董事会工作会议。国资委副主任、党委委员孟建民出席会议并讲话。

4 日，国资委召开中国船舶重工集团公司建设规

范董事会工作会议。国资委副主任、党委委员孟建民出席会议并讲话。

7日，国资委秘书长阎晓峰在国资委会见德国联邦经济和能源部议会国务秘书乌维·贝克迈尔及其率领的经济代表团一行。

8日，国资委总会计师沈莹会见穆迪信用评级公司主权信用评级组。

8日，印发《关于印发〈关于全面推进法治央企建设的意见〉的通知》(国资发法规〔2015〕166号)。

10日，发布《关于废止和宣布失效部分规范性文件的公告》(国务院国有资产监督管理委员会公告2015年第1号)。

11日，国资委相关负责同志出席国务院政策例行吹风会，介绍中央企业提质增效升级等有关情况，并就中央企业提质增效、深化改革等问题回答中外记者提问。

15日，国资委主任、党委书记张毅赴国资委机关定点扶贫县河北魏县、平乡县开展扶贫调研并慰问困难群众，考察魏县经济开发区产业发展及平乡县大刘庄村有关扶贫项目。

16日，国资委副主任黄丹华在国资委会见荷兰皇家壳牌集团首席执行官范伯登一行。

22日，国资委召开2015年度预算执行等情况审计工作进点会议，国资委副主任、党委委员徐福顺出席会议并讲话。

28—29日，国资委在北京召开中央企业负责人经营业绩考核工作会议。

2016

CHINA' S STATE-OWNED ASSETS SUPERVISION AND ADMINISTRATION YEARBOOK

中 国 国 有 资 产 监 督 管 理 年 鉴

附录

第九篇

国务院批转发展改革委关于2015年深化经济体制改革重点工作意见的通知

国发〔2015〕26号

各省、自治区、直辖市人民政府，国务院各部委、各直属机构：

国务院同意发展改革委《关于2015年深化经济体制改革重点工作的意见》，现转发给你们，请认真贯彻执行。

关于2015年深化经济体制改革重点工作的意见

2015年是全面深化改革的关键之年，是全面推进依法治国的开局之年，是全面完成“十二五”规划的收官之年，也是稳增长、调结构的紧要之年，经济体制改革任务更加艰巨。根据《中央全面深化改革领导小组2015年工作要点》和《政府工作报告》的部署，现就2015年深化经济体制改革重点工作提出以下意见。

一、总体要求

全面贯彻落实党的十八大和十八届二中、三中、四中全会精神，按照党中央、国务院决策部署，主动适应和引领经济发展新常态，进一步解放思想，大胆探索，加快推出既具有年度特点、又有利于长远制度安排的改革，进一步解放和发展社会生产力。以处理好政府和市场关系为核心，以政府自身革命带动重要领域改革，着力抓好已出台改革方案的落地实施，抓紧推出一批激活市场、释放活力、有利于稳增长保就业增效益的改革新举措，使改革新红利转化为发展新动力。

牢牢把握问题导向，使改革更好服务于稳增长、调结构、惠民生、防风险。把有效解决经济社会发展面临的突出问题作为经济体制改革成效的重要标准。针对经济下行压力加大、发展中深层次矛盾凸显、新老问题叠加、风险隐患增多等困难和问题，推动有利于稳增长保就业增效益的改革措施及早出台、加快落地，通过改革激发市场活力、释放发展潜力、化解潜在风险，促进经济稳中有进和提质增效升级。

坚持顶层设计与基层创新相结合，充分激发社会活力和创造力。既高度重视改革的顶层设计，又坚持眼睛向下、脚步向下，充分尊重和发挥地方、基层、群众实践和首创精神，善于从群众关注的焦点、百姓生活的难点寻找改革的切入点，使改革的思路、决策、措施更加符合群众需要和发展实际，从实践中寻找最佳方案，推动顶层设计与基层探索良性互动、有机结合。

自觉运用法治思维和法治方式推进改革，实现深化改革与法治保障的有机统一。研究改革方案和改革措施要同步考虑改革涉及的立法问题，做到重大改革于法有据。将实践证明行之有效的改革举措及时推动上升为法律法规。需要突破现有法律规定先行先试的改革，要依照法定程序经授权后开展试点。通过法治凝聚改革共识、防范化解风险、巩固改革成果。

处理好整体推进和重点突破的关系，推动改革尽早有收获、尽快见成效。既系统全面推进各领域改革，又根据改革举措的轻重缓急、难易程度、推进条件，统筹改革推进的步骤和次序，突出阶段性工作重点，把握改革关键环节，合理选择时间窗口，推出一批能叫得响、立得住、群众认可的硬招实招，让人民群众有更多获得感。

持续提高改革方案质量，更加注重改革实效。把质量放到重要位置，提高总体性改革方案和具体改革举措的质量。建立改革的前期调研制度，在做实做细调查研究的基础上搞好方案设计，多深入基层听取各方意见，严格方案制定程序，确保改革方案接地气、有针对性、能解决问题。

二、持续简政放权，加快推进政府自身改革

以深化行政审批制度改革为突破口，把简政放权、放管结合改革向纵深推进，逐步形成权力清单、责任清单、负面清单管理新模式，实现政府法无授权不可为、法定职责必须为，市场主体法无禁止即可为，从根本上转变政府职能，努力建设法治政府和服务型政府。

（一）继续深入推进行政审批制度改革，做好已取消和下放管理层级行政审批项目的落实和衔接，加强事中事后监管。再取消和下放一批行政审批事项，全部取消非行政许可审批，规范行政审批行为，推广网上并联审批等新模式。大幅缩减政府核准投资项目范围，精简前置审批，规范中介服务，实施企业投资项目网上并联核准制度，加快建立健全投资项目纵横联动协同监管机制。推进药品医疗器械审评审批制度改革，进一步完善新药注册特殊审批机制。完善认证机构行政审批程序。

（二）多管齐下改革投融资体制，研究制定深化投融资体制改革的决定。调整财政性资金投资方式，对竞争性领域产业存在市场失灵的特定环节，研究由直接支持项目改为更多采取股权投资等市场化方式予以支持。积极推广政府和社会资本合作（PPP）模式，出台基础设施和公用事业特许经营办法，充分激发社会投资活力。以用好铁路发展基金为抓手，深化铁路投融资改革。深化公路投融资体制改革，修订收费公路管理条例。出台政府投资条例，研究制定政府核准和备案投资项目管理条例，逐步将投资管理纳入法治化轨道。

（三）不失时机加快价格改革，制定加快完善市场决定价格机制的若干意见。修订中央和地方政府定价目录，大幅缩减政府定价种类和项目。稳步分批放开竞争性商品和服务价格，取消绝大部分药品政府定价，建立健全药品市场价格监管规则，放开烟叶收购价格和部分铁路运价，下放一批基本公共服务收费定价权。实现存量气与增量气价格并轨，理顺非居民用天然气价格，试点放开部分直供大用户供气价格。扩大输配电价改革试点，完善煤电价格联动机制。总结新疆棉花、东北和内蒙古大豆目标价格改革试点经验，改进补贴办法，降低操作成本。推进农业水价综合改革，合理调整农业水价，建立精准补贴机制。督促各地完善污水处理和排污收费政策并提高收费标准。全面实行保基本、促节约的居民用水、用气阶梯价格制度。

（四）加快形成商事制度新机制，深化落实注册资本登记制度改革方案，深入推进工商登记前置审批事项改为后置审批相关改革，推行全程电子化登记管理和电子营业执照，加快实现"三证合一、一照一码"，清理规范中介服务。简化和完善企业注销流程，对个体工商户、未开业企业以及无债权债务企业试行简易注销程序，构建和完善全国统一的企业信用信息公示系统，建立严重违法和失信企业名单制度，实施企业年度报告、即时信息公示、公示信息抽查和经营异常名录制度。

（五）制定清理、废除妨碍全国统一市场和公平竞争的各种规定、做法的意见。制定实行市场准入负面清单制度的指导意见和负面清单草案，出台负面清单制度改革试点办法并开展试点。促进产业政策和竞争政策有效协调，建立和规范产业政策的公平性、竞争性审查机制。修改反不正当竞争法。改革市场监管执法体制，推进重点领域综合执法。落实社会信用体系建设规划纲要，出台以组织机构代码为基础的法人和其他组织统一社会信用代码制度建设总体方案，推动信用记录共建共享。制定深化标准化工作改革方案。组织开展国内贸易流通管理体制改革发展综合试点。

（六）全面实施中央和国家机关公务用车制度改革，做好车辆处置、司勤人员安置等后续工作。本着从实际出发、有利于工作、有利于节约开支、有利于机制转换的原则，因地制宜推进地方党政机关和驻地方中央垂直管理单位公务用车制度改革，启动国有企事业单位公务用车制度改革。出台深化出租汽车行业改革指导意见。

（七）推进地区生产总值统一核算改革，完善发展成果考核评价体系。加快建立和实施不动产统一登记制度。出台行业协会商会与行政机关脱钩改革方案并开展试点。出台改革社会组织管理制度促进社会组织健康有序发展的意见。

三、深化企业改革，进一步增强市场主体活力

以解放和发展社会生产力为标准，毫不动摇巩固和发展公有制经济，提高国有企业核心竞争力和国有资本效率，不断增强国有经济活力、控制力、影响力、抗风险能力。毫不动摇鼓励、支持、引导非公有制经济发展，激发非公有制经济活力和创造力。

（八）推进国企国资改革，出台深化国有企业改革指导意见，制定改革和完善国有资产管理体制、国有企业发展混合所有制经济等系列配套文件。制定中央企业结构调整与重组方案，加快推进国有资本运营公司和投资公司试点，形成国有资本流动重组、布局调整的有效平台。

（九）制定进一步完善国有企业法人治理结构方案，修改完善中央企业董事会董事评价办法，推动国有企业完善现代企业制度。完善中央企业分类考核实施细则，健全经营业绩考核与薪酬分配有效衔接的激励约束机制。推进剥离国有企业办社会职能和解决历史遗留问题。

（十）出台加强和改进企业国有资产监督防范国有资产流失的意见。出台进一步加强和改进外派监事会工作的意见。加快建立健全国有企业国有资本审计监督体系和制度。加强对国有企业境外资产的审计监督。完善国有企业内部监督机制。健全国有企业违法违规经营责任追究体系，制定国有企业经营投资责任追究制度的指导意见。

（十一）落实进一步深化电力体制改革的若干意见，制定相关配套政策，开展售电侧改革等试点。研究提出石油天然气体制改革总体方案，在全产业链各环节放宽准入。推进盐业体制改革。

（十二）支持非公有制经济健康发展，全面落实促进民营经济发展的政策措施。鼓励非公有制企业参与国有企业改制，鼓励发展非公有资本控股的混合所有制企业。出台实施鼓励和规范国有企业投资项目引入非国有资本的指导意见。

（十三）完善产权保护制度，健全归属清晰、权责明确、保护严格、流转顺畅的现代产权制度，让各类企业法人财产权依法得到保护。修改国有产权交易流转监管办法和实施细则，提高国有资产交易流转的规范性和透明度。查处侵犯市场主体产权的典型案例，引导和改善保护产权的舆论环境和社会氛围。

四、落实财税改革总体方案，推动财税体制改革取得新进展

立足当前，着眼长远，积极稳妥深化财税体制改革，进一步完善公共财政体系，为科学发展奠定坚实的财税体制基础，更有效地发挥财政政策对稳增长、调结构的积极作用。

（十四）实行全面规范、公开透明的预算管理制度。完善政府预算体系，将 11 项政府性基金转列一般公共预算，出台中央国有资本经营预算管理办法及配套政策，进一步提高中央国有资本经营预算调入一般公共预算的比例。制定出台全面推进预算公开的意见，实现中央和地方政府预决算以及所有使用财政资金的部门预决算除法定涉密信息外全部公开。制定加强地方政府性债务管理意见的配套办法，做好过渡政策安排，加快建立规范的地方政府举债融资机制，对地方政府债务实行限额管理，建立地方政府债务风险评估和预警机制。推进权责发生制政府综合财务报告制度建设，制定发布政府会计基本准则，发布政府财务报告编制办法及操作指南。加快建立财政库底目标余额管理制度。制定盘活财政存量资金的有效办法。落实政府购买服务管理办法，提高政府购买服务资金占公共服务项目资金的比例。出台在公共服务领域大力推广政府和社会资本合作模式的指导意见，不断提高公共服务供给效率和质量。

（十五）力争全面完成营改增，将营改增范围扩大到建筑业、房地产业、金融业和生活服务业等领域。进一步调整消费税征收范围、环节、税率。组织实施煤炭资源税费改革，制定原油、天然气、煤炭外其他品目资源税费改革方案，研究扩大资源税征收范围。研究提出综合与分类相结合个人所得税改革方案。推进环境保护税立法。推动修订税收征收管理法。

（十六）研究提出合理划分中央与地方事权和支出责任的指导意见，研究制定中央和地方收入划分调整方案，改革和完善中央对地方转移支付制度，推动建立事权和支出责任相适应的制度。

五、推进金融改革，健全金融服务实体经济的体制机制

围绕服务实体经济推进金融体制改革，进一步扩大金融业对内对外开放，健全多层次资本市场，促进资源优化配置，推动解决融资难、融资贵问题。

（十七）制定完善金融市场体系实施方案。在加强监管前提下，加快发展民营银行等中小金融机构。推进开发性政策性金融机构改革。深化农村信用社改革。推出存款保险制度。制定健全银行业监管体制机制改革方案。出台促进互联网金融健康发展的指导意见。制定推进普惠金融发展规划。探索构建金融业综合统计制度框架。

（十八）推动利率市场化改革，适时推出面向机构及个人发行的大额存单，扩大金融机构负债产品市场化定价范围，有序放松存款利率管制。加强金融市场基准利率体系建设，完善利率传导机制，健全中央银行利率调控框架，不断增强中央银行利率调控能力。完善人民币汇率市场化形成机制，增强汇率双向浮动弹性，推动汇率风险管理工具创新。稳步推进人民币资本项目可兑换，扩大人民币跨境使用，择机推出合格境内个人投资者境外投资试点，进一步完善“沪港通”试点，适时启动“深港通”试点。建立健全宏观审慎管理框架下的外债和资本流动管理体系，提高可兑换条件下的风险管理水平。修订外汇管理条例。

（十九）实施股票发行注册制改革，探索建立多层次资本市场转板机制，发展服务中小企业的区域性股权市场，开展股权众筹融资试点。推进信贷资产证券化，发展债券市场，提高直接融资比重。制定出台私募投资基金管理暂行条例。修改上市公司股权激励管理办法。开展商品期货期权和股指期权试点，推动场外衍生品市场发展。推动证券法修订和期货法制定工作。

（二十）推出巨灾保险，推动信用保证保险领域产品创新，出台食品安全责任保险试点指导意见。研究启动个人税收递延型商业养老保险试点。制定完善保险稽查体制改革方案。

六、加快推进城镇化、农业农村和科技体制等改革，推动经济结构不断优化

经济结构不合理严重制约经济持续健康发展，优化经济结构必须加快推进结构性改革，充分发挥市场在资源配置中的决定性作用，着力消除导致经济结构失衡的体制机制弊端，加快调整产业、城乡、区域经济结构，促进经济行稳致远。

（二十一）推进城镇化体制创新，统筹推进国家新型城镇化综合试点、中小城市综合改革试点和建制镇示范试点，以点带面，点面结合，推进新型城镇化实现新突破。完善设市标准，制定市辖区设置标准，开展特大镇扩权增能试点。

（二十二）抓紧实施户籍制度改革，落实放宽户口迁移政策，完善配套措施，建立城乡统一的户口登记制度。出台实施居住证管理办法，以居住证为载体提供相应基本公共服务。制定实施城镇建设用地增加规模与吸纳农业转移人口落户数量挂钩政策。研究提出中央对地方转移支付同农业转移人口市民化挂钩机制的指导意见。

（二十三）建立规范多元可持续的城市建设投融资机制，允许地方政府通过发债等多种方式拓宽城市建设融资渠道，制定项目收益债券试点管理办法。开展城市地下综合管廊和“海绵城市”建设试点，鼓励社会资本参与城市公用设施建设和运营，拓宽多元投资渠道。

（二十四）制定深化农村改革实施方案。推进农村土地承包经营权确权登记颁证，新增9个省份开展整省试点，其他省份扩大开展以县为单位的整体试点。研究提出落实土地承包关系长久不变的意见。分类开展农村土地征收、集体经营性建设用地入市、宅基地制度改革试点。开展工业用地市场化配置改革试点。开展积极发展农民股份合作赋予农民对集体资产股份权能改革试点，探索赋予农民更多财产权利。制定推进农村集体产权制度改革指导意见。开展农村承包土地经营权和农民住房财产权抵押担保贷款试点。稳妥开展农民合作社内部资金互助试点。出台农垦改革发展意见。全面深化供销合作社综合改革。探索建立农业补贴评估机制。改革涉农转移支付制度，有效整合财政农业农村投入。开展水权确权登记试点，探索多种形式的水权流转方式。开展鼓励和引导社会资本参与水利工程建设运营试点。深入推进黑龙江“两大平原”现代农业综合配套改革试验。

（二十五）以体制创新促进科技创新，出台深化体制机制改革加快实施创新驱动发展战略的若干意见和实施创新驱动发展战略顶层设计文件，在一些省份系统推进全面创新改革试验，增设国家自主创新示范区。研究制定支持东北老工业基地创新创业发展的实施意见。改革中央财政科技计划管理方式，建立公开统一的国家科技管理平台，制定科研项目和资金管理配套制度。深入推进中央级事业单位科技成果使用、处置和收益管理改革试点，适时总结推广试点政策，修订促进科技成果转化法。健全企业主导的产学研协同创新机制，制定科技型中小企业标准并开展培育工程试点。完善人才评价制度，研究修订国家科学技术奖励条例，制定更加开放的人才引进政策。

七、构建开放型经济新体制，实施新一轮高水平对外开放

适应经济全球化新形势，把深化改革和扩大开放紧密结合起来，更加积极地促进内需和外需平衡、进口和出口平衡、引进外资和对外投资平衡，加快构建开放型经济新体制，以开放的主动赢得发展的主动、国际竞争的主动。

（二十六）健全促进外贸转型升级的体制和政策，完善出口退税负担机制，调整规范进出口环节收费，提高贸易便利化水平。制定创新加工贸易模式指导意见，修订加工贸易限制类商品目录。扩大跨境电子商务综合试点，增加服务外包示范城市数量。出台实施加快海关特殊监管区域整合优化改革方案，在符合条件的海关特殊监管区域开展高技术高附加值项目境内外检测维修、融资租赁和期货保税交割海关监管制度等改革试点。总结苏州、重庆贸易多元化试点经验，适时研究扩大试点。继续引导加工贸易向中西部地区转移，促进区域产业升级。

（二十七）实施新的外商投资产业指导目录，重点扩大服务业和一般制造业开放，缩减外商投资限制类条目。全面推行外商投资普遍备案、有限核准的管理制度，大幅下放鼓励类项目核准权，积极探索准入前国民待遇加负面清单管理模式。继续在自由贸易试验区和CEPA（内地与香港、澳门关于建立更紧密经贸关系的安排）框架下开展将外商投资企业设立、变更及合同章程审批改为备案管理。推动修订外商投资相关法律，制定外资国家安全审查条例，健全外商投资监管体系，打造稳定公平透明可预期的营商环境。

（二十八）加快完善互利共赢的国际产能合作体制机制。制定关于推进国际产能和装备制造合作的指导意见。充分发挥“走出去”工作部际联席会议制度作用，加强统筹指导。发挥现有多双边合作机制作用，加快与有关重点国家建立互利共赢的产能合作机制，推动装备“走出去”和国际产能合作重点项目实施。改革对外合作管理体制，深化境外投资管理制度改革。综合利用债权、股权、基金等方式，更好发挥政策性金融机构作用，为装备和产能“走出去”提供支持。

（二十九）总结推广中国（上海）自由贸易试验区经验，积极推进内销货物选择性征收关税政策先行先试，统筹研究推进货物状态分类监管试点，将试验区有关投资管理、贸易便利化、金融、服务业开放、事中事后监管等举措适时向全国推广，将试验区部分海关监管制度、检验检疫制度创新措施向全国其他海关特殊监管区域推广。稳步推进广东、天津、福建自由贸易试验区建设，逐步向其他地方扩展。

（三十）实施“一带一路”战略规划，启动实施一批重点合作项目。制定沿边重点地区在人员往来、加工物流、旅游等方面的政策，扶持沿边地区开发开放。加快实施自由贸易区战略。完成亚洲基础设施投资银行和金砖国家新开发银行筹建工作。

（三十一）实施落实“三互”推进大通关建设改革，加快口岸管理条例立法进程，推进地方电子口岸平台和“单一窗口”建设，建立信息全面交换和数据使用管理办法。加快推进京津冀、长江经济带、广东地区区域通关和检验检疫一体化改革，逐步覆盖到全国。开展口岸查验机制创新试点，探索口岸综合执法试点。

八、深化民生保障相关改革，健全保基本、兜底线的体制机制

把改善民生与增强经济动力、社会活力结合起来，围绕解决基本公共服务公平、效率、供给等方面的问题，着力深化教育、医药卫生、文化、收入分配、社会保障、住房等领域改革，促进社会公平，更好兜住民生底线。

（三十二）落实考试招生制度改革，改进招生计划分配方式，提高中西部地区和人口大省高考录取率，增加农村学生上重点高校人数，完善中小学招生办法破解择校难题，开展高考综合改革试点。深化省级政府教育统筹改革和高等院校综合改革。落实农民工随迁子女在流入地接受义务教育政策，完善后续升学政策。出台深化高校创新创业教育改革实施意见。制定职业教育校企合作办学促进办法。出台进一步鼓励社会力量兴办教育若干意见。

（三十三）推动医改向纵深发展，全面推开县级公立医院综合改革,在100个地级以上城市进行公立医院改革试点,破除以药补医机制。开展省级深化医改综合试点。全面实施城乡居民大病保险制度,完善疾病应急救助机制,加快推进重特大疾病医疗救助。推动出台整合城乡居民基本医疗保险管理体制改革方案。推进医保支付方式改革,健全进城落户农民参加基本医疗保险和关系转续政策。加快发展商业健康保险。出台进一步鼓励社会资本举办医疗机构的意见。

(三十四)逐步推进基本公共文化服务标准化均等化,推动政府向社会力量购买公共文化服务。制定制作和出版分开实施办法。开展非公有制文化企业参与对外专项出版业务试点。完善国有文化资产管理体制。

(三十五)完善机关事业单位工作人员工资制度,制定完善艰苦边远地区津贴增长机制的意见和地区附加津贴制度实施方案,在县以下机关建立公务员职务与职级并行制度。制定地市以上机关建立公务员职务与职级并行制度的试点意见。制定关于完善最低工资标准调整机制的意见。制定养老保险顶层设计方案和职工基础养老金全国统筹方案。实施机关事业单位养老保险制度改革。出台企业年金管理办法、职业年金办法。制定基本养老保险基金投资管理办法。全面实施临时救助制度。研究提出深化住房制度改革实施方案,修订住房公积金管理条例。

九、加快生态文明制度建设,促进节能减排和保护生态环境

要加强生态文明制度顶层设计,完善国土空间开发、资源节约利用、环境治理和生态修复相关制度,加快建立源头严防、过程严管、后果严惩的制度体系,用制度保障生态文明。

(三十六)出台加快推进生态文明建设的意见,制定生态文明体制改革总体方案。出台生态文明建设目标体系,建立生态文明建设评价指标体系。深入推进生态文明先行示范区和生态文明建设示范区建设。加快划定生态保护红线。加强主体功能区建设,完善土地、农业等相关配套制度,建立国土空间开发保护制度。启动生态保护与建设示范区创建。建立资源环境承载能力监测预警机制,完善监测预警方法并开展试点。开展市县"多规合一"试点。在9个省份开展国家公园体制试点。研究建立矿产资源国家权益金制度。加快推进自然生态空间统一确权登记,逐步健全自然资源资产产权制度。

(三十七)强化节能节地节水、环境、技术、安全等市场准入标准,制订或修改50项左右节能标准。修订固定资产投资项目节能评估和审查暂行办法。调整全国工业用地出让最低价标准。实施能效领跑者制度,发布领跑者名单。修订重点行业清洁生产评价指标体系。

(三十八)扎实推进以环境质量改善为核心的环境保护管理制度改革。编制实施土壤污染防治行动计划。实施大气污染防治行动计划和水污染防治行动计划。建立重点地区重污染天气预警预报机制。研究提出"十三五"污染物排放总量控制方案思路。研究制定排污许可证管理办法,推行排污许可制度。完善主要污染物排污权核定办法,推进排污权有偿使用和交易试点。开展国土江河综合整治试点,扩大流域上下游横向补偿机制试点。修订建设项目环境保护管理条例。推行环境污染第三方治理。扩大碳排放权交易试点。

(三十九)推进国有林场和国有林区改革,总结国有林场改革试点经验,抓紧制定林场林区基础设施、化解金融债务、深山职工搬迁、富余职工安置等配套支持政策,研究制定五大林区改革实施方案。出台深化集体林权制度改革意见。

十、完善工作机制,确保改革措施落地生效

各地区、各部门要进一步强化责任意识、问题意识、攻坚意识,加强组织领导,完善工作机制,以钉钉子精神抓好工作落实,确保完成各项改革任务。

完善务实高效的改革推进机制。各项改革的牵头部门要会同参与部门制定工作方案,明确时限、责任和目标,主动搞好沟通协调,发挥好参与部门的优势,充分调动和运用各方力量。对一些关系全局、综合性强的改革,建立跨部门和上下联动的工作机制联合攻关,加强系统研究和整体设计。进一步发挥好经济体制改革协调工作机制的作用,加强部门间沟通衔接和协作互动,确保重点改革任务得到有效落实。

狠抓已出台改革方案落地实施。要建立改革落实责任制，原则上改革方案的制定部门主要负责人为改革落实第一责任人。对已出台的具有重大结构支撑作用的改革，要抓紧出台细化实施方案，着重抓好起标志性、关联性作用的改革举措。加强对改革方案实施过程的跟踪监测，对推进实施中可能出现的新情况新问题要充分预研预判，制定周密的应对预案，及时发现和协调解决问题。要强化督促评估，落实督办责任制和评估机制，发挥社会舆论和第三方评估机制作用，对已经出台的重大改革方案及时跟踪、及时检查、及时评估，确保政令畅通、政策落地，改有所进、改有所成。

充分发挥试点的先行先试作用。充分考虑我国地区发展不平衡、条件差异大的特点，鼓励不同区域进行差别化的试点探索。及时跟踪改革试点的进展，总结地方试点中形成的可复制、可推广的经验。完善国家综合配套改革试点部际协调工作机制，研究出台规范开展国家综合配套改革试点的意见，总结推广改革试验区试点经验。妥善处理试点突破与依法行政的关系，坚持局部试点，明确试点期限，确保风险可控。

加强重大改革问题研究和调研。对一些具有全局意义和重要影响的重大改革事项，要组织专门力量进行深入的理论研究和探讨，进一步明晰改革的方向、思路、路径、重要举措及相互关系，发挥理论研究对改革方案制定的支撑作用。制定改革方案要理论联系实际，开展深入的调查研究，广泛听取基层意见和群众诉求，确保改革方案具有针对性和可操作性。

做好改革宣传和舆论引导工作。通过召开重点改革新闻发布会和媒体通气会、组织专家解读等多种方式，加强对改革的主动宣传、正面解读，正确引导社会预期，及时回应社会关切，推动形成深化改革的社会共识。加强对改革舆情的监测，准确把握舆情动向，及时发现苗头性、倾向性问题，对不实报道及时澄清，有效引导舆论导向，努力营造全社会关心改革、支持改革、参与改革的良好氛围。

（资料来源：中国政府网）

国务院办公厅关于加强安全生产监管执法的通知

国办发〔2015〕20号

各省、自治区、直辖市人民政府，国务院各部委、各直属机构：

为贯彻落实党的十八大、十八届二中、三中、四中全会精神和党中央、国务院有关决策部署，按照全面推进依法治国的要求，着力强化安全生产法治建设，严格执行安全生产法等法律法规，切实维护人民群众生命财产安全和健康权益，经国务院同意，现就加强安全生产监管执法有关要求通知如下：

一、健全完善安全生产法律法规和标准体系

（一）加快制修订相关法律法规。抓紧制定安全生产法实施条例等配套法规，积极推动矿山安全法、消防法、道路交通安全法、海上交通安全法、铁路法等相关法律修订出台，加快煤矿安全监察、石油天然气管道保护、民用航空安全保卫、重大设备监理、高毒物品与高危粉尘作业劳动保护、安全生产应急管理等有关法规的研究论证和制修订工作。各省级人民政府要推动安全生产地方性法规、规章制修订工作，健全安全生产法治保障体系。

（二）制定完善安全生产标准。国务院安全生产监督管理部门要加强统筹协调，会同有关部门制定实施安全生产标准发展规划和年度计划，加快制修订安全生产强制性国家标准，逐步缩减推荐性标准。其他负有安全生产监督管理职责的部门要建立完善行业安全管理标准，并在制修订其他行业和技术标准时充分考虑安全生产的要求。要根据经济社会发展和安全生产实际需要，科学建立和优化工作程序，尽可能缩短相关标准出台期限，对于安全生产工作急需标准要按照特事特办原则，加快完成制修订工作并及时向社会公布。

（三）及时做好相关规章制度修改完善工作。加强调查研究，准确把握和研判安全生产形势、特点和规律，认真调查分析每一起生产安全事故，深入剖析事故发生的技术原因和管理原因，有针对性地健全和完善相关规章制度。对事故调查反映出相关法规规章有漏洞和缺陷的，要在事故结案后立即启动制修订工作。要按照深化行政审批制度改革的要求，及时做好有关地方和部门规章及规范性文件清理工作，既要简政放权，又要确保安全准入门槛不降低、安全监管不放松。

二、依法落实安全生产责任

（四）建立完善安全监管责任制。依法加快建立生产经营单位负责、职工参与、政府监管、行业自律和社会监督的安全生产工作机制。全面建立“党政同责、一岗双责、齐抓共管”的安全生产责任体系，落实属地监管责任。负有安全生产监督管理职责的部门要加强对有关行业领域的监督管理，形成综合监管和行业监管合力，提高监管效能，切实做到管行业必须管安全、管业务必须管安全、管生产经营必须管安全。加强安全生产目标责任考核，各级安全生产监督管理部门要定期向同级组织部门报送安全生产情况，将其纳入领导干部政绩业绩考核内容，严格落实安全生产“一票否决”制度。

（五）督促落实企业安全生产主体责任。督促企业严格履行法定责任和义务，建立健全安全生产管理机构，按规定配齐安全生产管理人员和注册安全工程师，切实做到安全生产责任到位、投入到位、培训到位、基础管理到位和应急救援到位。国有大中型企业和规模以上企业要建立安全生产委员会，主任由董事长或总经理担任，董事长、党委书记、总经理对安全生产工作均负有领导责任，企业领导班子成员和管理人员实行安全生产“一岗双责”。所有企业都要建立生产安全风险警示和预防应急公告制度，完善风险排查、评估、预警和防控机制，加强风险预控管理，按规定将本单位重大危险源及相关安全措施、应急措施报有关地方人民政府安全生产监督管理部门和有关部门备案。

（六）进一步严格事故调查处理。各类生产安全事故发生后，各级人民政府必须按照事故等级和管辖权限，依法开展事故调查，并通知同级人民检察院介入调查。完善事故查处挂牌督办制度，按规定由省级、市级和县级人民政府分别负责查处的重大、较大和一般事故，分别由上一级人民政府安全生产委员会负责挂牌督办、审核把关。对性质严重、影响恶劣的重大事故，经国务院批准后，成立国务院事故调查组或由国务院授权有关部门组织事故调查组进行调查。对典型的较大事故，可由国务院安全生产委员会直接督办。建立事故调查处理信息通报和整改措施落实情况评估制度，所有事故都要在规定时限内结案并依法及时向社会全文公布事故调查报告，同时由负责查处事故的地方人民政府在事故结案 1 年后及时组织开展评估，评估情况报上级人民政府安全生产委员会办公室备案。

三、创新安全生产监管执法机制

（七）加强重点监管执法。地方各级人民政府和负有安全生产监督管理职责的部门要根据辖区、行业领域安全生产实际情况，分别筛选确定重点监管的市、县、乡镇（街道）、行政村（社区）和生产经营单位，实行跟踪监管、直接指导。国务院安全生产监督管理部门要组织各地区排查梳理高危企业分布情况和近 5 年来事故发生情况，确定重点监管对象，纳入国家重点监管调度范围并实行动态管理。进一步加强部门联合监管执法，做到密切配合、协调联动，依法严肃查处突出问题，并通过暗访暗查、约谈曝光、专家会诊、警示教育等方式督促整改。

（八）加强源头监管和治理。地方各级人民政府要将安全生产和职业病防治纳入经济社会发展规划，实现同步协调发展。各有关部门要进一步加强有关建设项目规划、设计环节的安全把关，防止从源头上产生隐患。建立岗位安全知识、职业病危害防护知识和实际操作技能考核制度，全面推行教考分离，对发生事故的要依法倒查企业安全生产培训制度落实情况。深入开展企业安全生产标准化建设，对不符合安全生产条件的企业要依法责令停产整顿，直至关闭退出。督促企业加强生产经营场所职业病危害源头治理，防止职业病发生。地方各级安全生产监督管理部门要建立与企业联网的隐患排查治理信息系统，实行企业自查自报自改与政府监督检查并网衔接，并建立健全线下配套监管制度，实现分级分类、互联互通、闭环管理。

（九）改进监督检查方式。各地区和相关部门要建立完善"四不两直"(不发通知、不打招呼、不听汇报、不用陪同和接待,直奔基层、直插现场)暗查暗访安全检查制度,制定事故隐患分类和分级挂牌督办标准,对重大事故隐患加大执法检查频次,强化预防控制措施。推行安全生产网格化动态监管机制,力争用3年左右时间覆盖到所有生产经营单位和乡村、社区。地方各级人民政府要营造良好的安全生产监管执法环境,不得以招商引资、发展经济等为由对安全生产监管执法设置障碍,2015年底前要全面清理、废除影响和阻碍安全生产监管执法的相关规定,并向上级人民政府报告。

(十)建立完善安全生产诚信约束机制。地方各级人民政府要将企业安全生产诚信建设作为社会信用体系建设的重要内容,建立健全企业安全生产信用记录并纳入国家和地方统一的信用信息共享交换平台。要实行安全生产"黑名单"制度并通过企业信用信息公示系统向社会公示,对列入"黑名单"的企业,在经营、投融资、政府采购、工程招投标、国有土地出让、授予荣誉、进出口、出入境、资质审核等方面依法予以限制或禁止。各地区要于2016年底前建立企业安全生产违法信息库,2018年底前实现全国联网,并面向社会公开查询。相关部门要加强联动,依法对失信企业进行惩戒约束。

(十一)加快监管执法信息化建设。整合建立安全生产综合信息平台,统筹推进安全生产监管执法信息化工作,实现与事故隐患排查治理、重大危险源监控、安全诚信、安全生产标准化、安全教育培训、安全专业人才、行政许可、监测检验、应急救援、事故责任追究等信息共建共享,消除信息孤岛。要大力提升安全生产"大数据"利用能力,加强安全生产周期性、关联性等特征分析,做到检索查询即时便捷、归纳分析系统科学,实现来源可查、去向可追、责任可究、规律可循。

(十二)运用市场机制加强安全监管。在依法推进各类用人单位参加工伤保险的同时,鼓励企业投保安全生产责任保险,并理顺安全生产责任保险与风险抵押金的关系,推动建立社会商业保险机构参与安全监管的机制。要在长途客运、危险货物道路运输领域继续实施承运人责任保险制度的同时,进一步推动在煤矿、非煤矿山、危险化学品、烟花爆竹、建筑施工、民用爆炸物品、特种设备、金属冶炼与加工、水上运输等高危行业和重点领域实行安全生产责任保险制度,推动公共聚集场所和易燃易爆危险品生产、储存、运输、销售企业投保火灾公共责任保险。建立健全国家、省、市、县四级安全生产专家队伍和服务机制。培育扶持科研院所、行业协会、专业服务组织和注册安全工程师事务所参与安全生产工作,积极提供安全管理和技术服务。

(十三)加强与司法机关的工作协调。制定安全生产非法违法行为等涉嫌犯罪案件移送规定,明确移送标准和程序,建立安全生产监管执法机构与公安机关和检察机关安全生产案情通报机制,加强相关部门间的执法协作,严厉查处打击各类违法犯罪行为。安全生产监督管理部门对逾期不履行安全生产行政决定的,要依法强制执行或者向人民法院申请强制执行,维护法律的权威性和约束力,切实保障公民生命安全和职业健康。

四、严格规范安全生产监管执法行为

(十四)建立权力和责任清单。按照强化安全生产监管与透明、高效、便民相结合的原则,进一步取消或下放安全生产行政审批事项,制定完善事中和事后监管办法,提高政府安全生产监管服务水平。地方各级人民政府及其相关部门、中央垂直管理部门设在地方的机构要依照安全生产法等法律法规和规章,以清单方式明确每项安全生产监管监察职权和责任,制定工作流程图,并通过政府网站和政府公告等载体,及时向社会公开,切实做到安全生产监管执法不缺位、不越位。

(十五)完善科学执法制度。各级安全生产监督管理部门要制定年度执法计划,明确重点监管对象、检查内容和执法措施,并根据安全生产实际情况及时进行调整和完善,确保执法效果。建立安全生产与职业卫生一体化监管执法制度,对同类事项进行综合执法,降低执法成本,提高监管实效。各有关部门依法对企业作出安全生产执法决定之日起20个工作日内,要向社会公开执法信息。

(十六)强化严格规范执法。各级安全生产监督管理部门和其他负有安全生产监督管理职责的部门要依法明确停产停业、停止施工、停止使用相关设施或者设备,停止供电、停止供应民用爆炸物品,查封、扣押、取缔和上限处罚等执法决定的具体情形、时限、执行责任和落实措施。加强执法监督，建立执法行为审议制度和重大行政执法决策机制，依法规范执法程序和自由裁量权，评估执法效果，防止滥用职权；对同类安全生产执法案件按不低于10%的比例，召集相关企业进行公开裁定。

五、加强安全生产监管执法能力建设

（十七）健全监管执法机构。2016年底前，所有的市、县级人民政府要健全安全生产监管执法机构，落实监管责任。地方各级人民政府要结合实际，强化安全生产基层执法力量，对安全生产监管人员结构进行调整，3年内实现专业监管人员配比不低于在职人员的75%。各市、县级人民政府要通过探索实行派驻执法、跨区域执法、委托执法和政府购买服务等方式，加强和规范乡镇（街道）及各类经济开发区安全生产监管执法工作。

（十八）加强监管执法保障建设。国务院安全生产监督管理部门、发展改革部门要做好安全生产监管部门和煤矿安全监察机构监管监察能力建设发展规划的编制实施工作。国务院社会保险行政部门要会同财政、安全生产监督管理等部门，在总结做好工伤预防试点工作基础上，抓紧制定工伤预防费提取比例、使用和管理的具体办法，加大对工伤预防的投入。地方各级人民政府要将安全生产监管执法机构作为政府行政执法机构，健全安全生产监管执法经费保障机制，将安全生产监管执法经费纳入同级财政保障范围，深入开展安全生产监管执法机构规范化、标准化建设，改善调查取证等执法装备，保障基层执法和应急救援用车，满足工作需要。

（十九）加强法治教育培训。按照谁执法、谁负责的原则，加强安全生产法等法律法规普法宣传教育，提高全民安全生产法治素养。地方各级人民政府要把安全法治纳入领导干部教育培训的重要内容，加强安全生产监管执法人员法律法规和执法程序培训，对新录用的安全生产监管执法人员坚持凡进必考必训，对在岗人员原则上每3年轮训一次，所有人员都要经执法资格培训考试合格后方可执证上岗。

（二十）加强监管执法队伍建设。地方各级人民政府和相关部门要加强安全生产监管执法人员的思想建设、作风建设和业务建设，建立健全监督考核机制。建立现场执法全过程记录制度，2017年底前，所有执法人员配备使用便携式移动执法终端，切实做到严格执法、科学执法、文明执法。进一步加强党风廉政建设，强化纪律约束，坚决查处腐败问题和失职渎职行为，宣传推广基层安全生产监管执法的先进典型，树立廉洁执法的良好社会形象。

各地区、各有关部门要充分认识进一步加强安全生产监管执法的重要意义，切实强化组织领导，积极抓好工作落实。各级领导干部要做尊法学法守法用法的模范，带头厉行法治、依法办事，运用法治思维和法治方式解决安全生产问题。国务院安全生产监督管理部门要会同有关部门认真开展监督检查，促进安全生产监管执法措施的落实，重大情况及时向国务院报告。

（资料来源：中国政府网）

2015年度和2013—2015年任期中央企业负责人经营业绩考核A级企业名单

根据《中央企业负责人经营业绩考核暂行办法》（国资委令第30号），2015年度和2013—2015年任期中央企业负责人经营业绩考核结果已经国资委党委会议和主任办公会议审议通过，现将A级企业名单通报如下：

一、2015年度A级企业

1. 国家电网公司
2. 中国移动通信集团公司
3. 中国航天科技集团公司
4. 中国交通建设集团有限公司
5. 中国华电集团公司
6. 招商局集团有限公司
7. 中国中车集团公司
8. 中国华能集团公司
9. 华润（集团）有限公司
10. 中国国电集团公司
11. 中国建筑工程总公司
12. 中国南方电网有限责任公司

13. 中国兵器装备集团公司
14. 中国兵器工业集团公司
15. 中国电信集团公司
16. 中国长江三峡集团公司
17. 中国航天科工集团公司
18. 中国电子科技集团公司
19. 中国石油化工集团公司
20. 中国电力建设集团有限公司
21. 中国海洋石油总公司
22. 中国铁路工程总公司
23. 中国医药集团总公司
24. 中国大唐集团公司
25. 东风汽车公司
26. 中国铁道建筑总公司
27. 中国航空工业集团公司
28. 中国联合网络通信集团有限公司
29. 中国石油天然气集团公司
30. 国家电力投资集团公司
31. 中国广核集团有限公司
32. 中国能源建设集团有限公司
33. 中国保利集团公司
34. 国家开发投资公司
35. 华侨城集团公司
36. 中国机械工业集团有限公司
37. 中国核工业集团公司
38. 中国通用技术(集团)控股有限责任公司
39. 中国冶金科工集团有限公司
40. 新兴际华集团有限公司
41. 神华集团有限责任公司
42. 中国铁路通信信号集团公司
43. 中国第一汽车集团公司
44. 中国航空集团公司
45. 中国节能环保集团公司
46. 中国电子信息产业集团有限公司

二、2013—2015 年任期 A 级企业

1. 中国移动通信集团公司
2. 招商局集团有限公司
3. 中国兵器装备集团公司
4. 国家电网公司
5. 中国华电集团公司
6. 中国铁道建筑总公司
7. 中国电子科技集团公司
8. 中国铁路工程总公司
9. 中国航天科技集团公司
10. 中国建筑工程总公司
11. 中国航天科工集团公司
12. 华润(集团)有限公司
13. 中国长江三峡集团公司
14. 中国南方电网有限责任公司
15. 中国兵器工业集团公司
16. 中国核工业集团公司
17. 中国电信集团公司
18. 中国华能集团公司
19. 中国保利集团公司
20. 中国中车集团公司
21. 中国能源建设集团有限公司
22. 中国广核集团有限公司
23. 中国石油天然气集团公司
24. 中国国电集团公司
25. 中国交通建设集团有限公司
26. 中国通用技术(集团)控股有限责任公司
27. 国家开发投资公司
28. 中国医药集团总公司
29. 东风汽车公司
30. 中国联合网络通信集团有限公司
31. 中国船舶重工集团公司
32. 华侨城集团公司
33. 中国电力建设集团有限公司
34. 国家电力投资集团公司
35. 新兴际华集团有限公司
36. 中国海洋石油总公司
37. 中国石油化工集团公司
38. 中国第一汽车集团公司
39. 中国大唐集团公司
40. 中国航空工业集团公司
41. 中国电子信息产业集团有限公司
42. 中国铁路通信信号集团公司

(资料来源:国务院国资委网站)

2015年《财富》世界500强中国企业上榜情况

2015年排名	2014年排名	企业名称	营业收入（百万美元）	利润（百万美元）
2	3	中国石油化工集团公司	446811.00	5177.00
4	4	中国石油天然气集团公司	428620.00	16359.50
7	7	国家电网公司	339426.50	9796.20
18	25	中国工商银行	163174.90	44763.90
29	38	中国建设银行	139932.50	36976.60
31	32	鸿海精密工业股份有限公司	139039.40	4307.80
36	47	中国农业银行	130047.70	29126.40
37	52	中国建筑股份有限公司	129887.10	2079.10
45	59	中国银行	120946.00	27525.10
55	55	中国移动通信集团公司	107529.40	10451.20
60	85	上海汽车集团股份有限公司	102248.60	4540.10
71	—	中国铁路工程总公司	99537.90	959.90
72	79	中国海洋石油总公司	99262.20	8592.60
77	76	来宝集团	97604.60	132.00
79	80	中国铁道建筑总公司	96395.20	1154.20
87	122	国家开发银行	89908.40	15921.50

续表

2015 年排名	2014 年排名	企业名称	营业收入（百万美元）	利润（百万美元）
94	98	中国人寿保险(集团)公司	87249.30	1687.50
96	128	中国平安保险(集团)股份有限公司	86021.80	6374.90
105	107	中国中化集团公司	80635.00	562.70
107	111	中国第一汽车集团公司	80194.50	4248.30
109	113	东风汽车公司	78978.60	1600.40
113	115	中国南方电网有限责任公司	76662.00	1703.30
115	143	华润(集团)有限公司	74887.00	2450.90
143	168	中国邮政集团公司	65693.20	4641.10
144	152	中国兵器工业集团公司	65615.10	727.50
146	185	天津市物资集团总公司	65300.80	178.50
156	166	太平洋建设集团有限公司	63369.10	2667.90
159	178	中国航空工业集团公司	62287.70	760.00
160	154	中国电信集团公司	62147.60	2037.70
165	187	中国交通建设集团有限公司	60119.20	1467.10
174	208	中国人民保险集团股份有限公司	57047.50	2127.60
186	160	中国中信集团有限公司	55325.70	4715.00
190	217	交通银行	54464.20	10687.40
196	165	神华集团有限公司	52731.10	4376.00
198	133	中国五矿集团公司	52383.10	—374.10
207	248	北京汽车集团有限公司	50566.00	819.90
218	211	宝钢集团有限公司	48323.40	952.90

续表

2015 年排名	2014 年排名	企业名称	营业收入（百万美元）	利润（百万美元）
224	221	中国华能集团公司	47401.40	423.90
227	210	中国联合网络通信股份有限公司	46834.80	646.20
228	285	华为投资控股有限公司	46774.10	4520.20
231	286	联想集团	46295.60	828.70
234	279	山东魏桥创业集团有限公司有限公司	45757.10	1150.30
235	350	招商银行	45613.80	9074.30
239	271	河北钢铁集团有限公司	45543.70	—186.60
240	227	中国铝业公司	45445.00	—1758.20
247	295	正威国际集团	43611.70	957.70
253	313	中国电力建设集团有限公司	43009.70	1071.80
258	268	绿地控股集团有限公司	42515.10	904.00
264	290	山西焦煤集团有限责任公司	41829.80	67.40
265	276	中国化工集团公司	41813.30	—185.90
270	267	中国建筑材料集团有限公司	40644.40	477.80
271	338	兴业银行	40594.70	7650.50
272	401	中粮集团有限公司	40524.50	123.70
274	308	江苏沙钢集团	40334.40	284.10
276	357	中国医药集团总公司	40105.70	439.00
281	330	中国民生银行	39921.90	7229.80
282	277	怡和集团	39921.00	1710.00

续表

2015 年排名	2014 年排名	企业名称	营业收入（百万美元）	利润（百万美元）
288	278	中国机械工业集团有限公司	39722.50	—288.90
296	383	上海浦东发展银行股份有限公司	38683.80	7632.30
304	327	渤海钢铁集团有限公司	37986.20	38.50
315	304	冀中能源集团有限责任公司	37201.00	—351.50
316	300	台湾中油股份有限公司	37000.00	—1113.90
321	314	中国航空油料集团公司	36178.00	94.20
326	354	中国冶金科工集团有限公司	35807.50	280.60
328	384	中国太平洋保险(集团)股份有限公司	35669.80	1793.20
336	363	和记黄埔有限公司	35097.10	8660.20
339	345	浙江物产集团有限公司	34810.50	144.20
341	369	大同煤矿集团有限责任公司	34704.20	—452.40
342	349	中国华信能源有限公司	34699.40	561.00
343	297	中国国电集团公司	34627.40	488.50
344	365	新兴际华集团有限公司	34497.90	439.00
345	368	中国华电集团公司	34487.70	1080.70
354	381	江西铜业集团公司	33778.20	52.80
355	375	和硕	33652.50	483.70
358	372	潞安集团有限公司	33290.40	—149.00
362	366	广州汽车工业集团有限公司	33237.40	284.20
364	328	河南能源化工集团有限公司	33163.70	—419.80

续表

2015 年排名	2014 年排名	企业名称	营业收入（百万美元）	利润（百万美元）
366	382	中国电子信息产业集团有限公司	33084.90	228.70
371	403	中国船舶重工集团公司	32732.60	1087.20
373	305	山东能源集团有限公司	32551.90	—170.70
379	386	山西晋城无烟煤矿业集团有限责任公司	31504.90	102.70
380	432	陕西延长石油(集团)有限责任公司	31391.00	1085.30
382	309	晋能集团有限公司	31317.80	—2.30
389	409	广达电脑	30569.60	623.20
390	398	中国有色矿业集团有限公司	30456.30	—12.30
391	465	中国能源建设集团有限公司	30322.10	389.00
392	396	中国大唐集团公司	30206.90	11.70
393	385	台塑石化股份有限公司	30132.80	299.20
400	394	开滦集团有限公司	29727.30	—478.20
402	348	首钢集团公司	29668.90	3.30
403	393	中国电力投资集团公司	29584.70	234.00
409	391	山西阳泉煤业(集团)有限责任公司	29397.50	—10.00
416	—	陕西煤业化工集团有限公司	28665.60	—301.00
420	—	中国光大集团公司	28155.30	1475.10
423	—	仁宝电脑	27909.10	232.10
426	469	中国通用技术(集团)控股有限责任公司	27670.90	475.70

续表

2015 年排名	2014 年排名	企业名称	营业收入（百万美元）	利润（百万美元）
432	451	中国远洋运输(集团)总公司	27483.00	541.60
437	—	中国航天科技集团公司	27190.40	1431.60
451	475	鞍钢集团公司	26212.90	—1297.70
457	—	中国保利集团公司	26046.60	1020.50
464	—	海航集团有限公司	25646.40	206.90
467	—	友邦保险有限公司	25433.00	3450.00
471	—	国泰人寿保险股份有限公司	25322.80	1048.70
472	—	台湾积体电路制造公司	25173.50	8392.20
477	466	浙江吉利控股集团有限公司	24986.40	275.50
500	310	武汉钢铁(集团)公司	23720.90	54.50

注:本排名发布于《财富》杂志。

索　引

使用说明

1. 本索引采用内容分析索引法编制。除大事记外，年鉴中有实质检索意义的内容均予以标引，以便检索使用。

2. 本索引基本上按汉语拼音音序排列。具体排列方法如下：以数字开头的，排在最前面；汉字标目则按首字的音序、音调依次排列，首字相同时则以第二个字排序，并依此类推。

3. 索引标目后的数字，表示检索内容所在的年鉴正文页码；数字后面的字母 a、b，表示年鉴正文中的栏别，合在一起即指该页码及左、右两个版面区域。年鉴中用表格反映的内容，则在索引标目后面用括号注明（表）字，以区别于文字标目。

4. 为反映索引款目间的隶属关系，对于二级标目，采取在上一级标目下缩二格的形式编排，之下再按汉语拼音音序、音调排列。

1～9

1＋N 改革方案　34***a***
2008—2015 年国资系统监管企业利润构成及增长变化（表）　42
2008—2015 年国资系统监管企业营业收入增长变化（表）　41
2013—2015 年任期 A 级企业　807***a***
2014 年度财务决算审核清算工作　38***b***
2014 年中央企业规划发展工作总体情况　16***b***
2015 年《财富》世界 500 强中国企业上榜情况（表）　808***a***
2015 年度 A 级企业　806***b***
2015 年度财务决算布置工作　38***b***
2015 年度和 2013—2015 年任期中央企业负责人经营业绩考核 A 级企业名单　806***b***
2015 年工作总结　3***a***
2015 年国务院国有资产监督管理委员会大事记　789***a***
2015 年国有工业企业户数、从业人数、国有资产总量地区分析（表）　697
2015 年国有工业企业资产负债地区分析（表）　698
2015 年国有商业企业户数、从业人数、国有资产总量地区分析（表）　700
2015 年国有商业企业资产负债地区分析（表）　701
2015 年全国国有企业户数、从业人数、国有资产总量地区分析（表）　691
2015 年全国国有企业户数、从业人数、国有资产总量行业分析（表）　690
2015 年全国国有企业户数、从业人数、国有资产总量综合分析（表）　689
2015 年全国国有企业资产负债地区分析（表）　695
2015 年全国国有企业资产负债行业分析（表）　694
2015 年全国国有企业资产负债综合分析（表）　693
2015 年深化经济体制改革重点工作的意见　797***a***
2015 年中央企业规划发展工作总的要求　18***a***
2015 年中央企业规划发展重点工作　19***a***
2016 年工作任务　9***b***
2016 年资本预算建议草案编制　60***a***
500 强中国企业上榜情况（表）　808***a***

A

A 级企业　806*b*、807*a*
安徽省国有企业主要指标(表)　722
安徽省国有资产监督管理工作　184*b*
　安全稳定工作　186*b*、187*a*
　党风廉政建设　192*b*
　党建工作　191*b*
　党员教育培训工作　192*a*
　法人治理结构　189*b*
　风险防范　186*b*
　国有企业　187*a*
　国有企业户数情况(表)　187*a*
　国有企业指标(表)　187*b*
　国有资本保值增值情况(表)　189*a*
　国有资本保值增值综合分析评价　189*a*
　国有资产地区分布情况(表)　188*a*
　国有资产行业分布情况(表)　188*a*
　国有资产经营规模分布情况(表)　188*b*
　国有资产总量分布情况　187*b*
　国有资产总量分布特点　188*b*
　国有资产总量与结构分析　187*a*
　国资监管　186*b*
　化解风险　187*a*
　基础监管　186*b*
　纪检监察队伍　193*a*
　纪律审查　193*a*
　监事会监督　186*b*
　结构调整　186*a*
　经营业绩考核体系　190*a*
　开放发展　186*a*
　历史遗留问题解决　185*b*
　廉政建设　191*b*
　两个责任落实　192*b*
　领导班子和领导人员队伍建设　190*b*
　领导班子和领导人员管理体制　190*b*
　绿色发展　186*a*
　企业并购重组　189*b*
　企业重组整合　185*b*
　企业负责人考核　190*b*
　企业改革　185*b*、186*a*
　企业改制上市　185*b*
　企业股份制改革　189*b*
　企业经济运行　185*a*
　企业经营管理人员教育培训　191*a*
　企业领导班子和领导人员综合考核评价体系　191*a*
　日常防范　186*b*
　三严三实专题教育　192*a*
　上市融资情况　189*b*
　外部董事选配前期工作　191*a*
　现代企业制度　185*b*
　信访办理　193*a*
　选人用人机制改革　190*b*
　巡视监督　193*a*
　依法监管　186*b*
　依法治企　187*a*
　职业经理人制度试点工作　191*a*
　转型升级　186*a*
　自主创新能力　186*a*
　作风建设　192*b*
安全生产监管执法　803*b*
鞍钢集团公司　473*a*
　党建工作　474*b*
　非钢产业发展　474*a*
　改革发展　473*b*
　基本概况　473*a*
　技术创新　474*a*
　节能环保　474*a*
　企业管理　474*a*
　三严三实专题教育　474*b*
　深化改革　473*b*
　生产经营　473*b*
　职工生活　475*a*
　组织建设　474*b*

B

八项规定落实　82*b*
班组建设　79*a*

宝钢集团有限公司　475*a*
　安全生产　477*a*
　产业结构调整　476*a*
　多元产业　476*b*
　改革发展　476*a*
　环境经营　477*a*
　基本概况　475*a*
　经济指标（表）475*b*
　履行社会责任　477*b*
　新兴产业　477*a*
　智慧制造　476*b*
　重大创新　476*b*
　主要指标　475*b*
保值增值任务　41*a*
保增长　17*a*
北京矿冶研究总院　577*a*
北京市国有企业主要指标(表)　703
北京市国有资产监督管理工作　89*a*
　惩防并举　96*b*
　创新驱动发展战略　89*b*
　党的建设　90*a*、95*b*
　党风廉政建设　96*a*
　党建基础性工作　96*a*
　党建意识　95*b*
　党建制度体系　95*b*
　董事会建设　93*a*
　董事会年度专题报告会及出资人会议形式　93*a*
　反腐败工作　96*a*
　股权激励试点　94*b*
　国有经济质量效益　89*a*
　国有企业功能作用　90*a*
　国有企业户数情况(表)　90*b*
　国有企业指标(表)　90*b*
　国有资本保值增值情况(表)　91*b*
　国有资本保值增值综合分析评价　91*b*
　国有资产地区分布情况(表)　90*b*
　国有资产行业分布情况(表)　91*a*
　国有资产经营规模分布情况(表)　91*b*
　国有资产总量与结构分析　90*b*
　国资国企改革　89*b*
　纪律审查　96*b*
　监督工作协同　94*a*
　监督管理合力　93*b*
　监督机制完善　93*b*
　京津冀协同发展战略　89*a*
　经营业绩考核体系　94*a*
　廉政建设　95*b*
　领导班子和领导人员选好配强　94*b*
　年轻领导人员专项调研　95*a*
　企业并购重组　92*b*
　企业负责人考核　94*b*
　企业股份制改革　92*a*
　企业领导人员监督　95*b*
　企业上市重组　92*b*
　三严三实专题教育　96*a*
　上市公司总体情况　92*a*
　上市融资情况　92*a*
　深化董事会建设完善现代企业制度试点　93*a*
　外部董事履职报告及评价工作　93*b*
　外部董事委派　93*b*
　完善法人治理结构情况　92*b*
　问题和风险为导向　93*b*
　薪酬制度改革　94*a*
　选人用人机制改革　94*b*
　业绩考核工作　94*a*
　职务消费制度　94*b*
　重大活动服务保障任务　96*a*
　综合考核评价体系　95*a*
　作风转变　97*a*
北京未来科技城　66*a*
北京有色金属研究总院　574*a*
边巡边改　85*b*
标本兼治　73*a*
并购区域　47*a*
并购效果　47*a*
博士服务团工作　66*b*
布局结构调整　4*a*、18*b*、23*b*

C

财税政策协调工作　40*a*
财务公司存款准备金率降低　38*a*
财务绩效评价工作　38*b*、39*a*
财务决算布置工作　38*b*
财务决算功能作用　38*b*
　管理功能　39*a*
财务预算审核　38*a*
产能过剩　43*a*
产权登记　35*b*
　管理成果运用　35*b*
产权管理方式和手段　35*a*
产权管理工作体系　35*a*
产权管理手段　36*b*
产权配置理念与方式创新　37*a*
产权市场处置各类产权　37*a*
产权市场功能完善　36*a*
产业升级　4*a*
长效机制　77*b*
厂办大集体改革　55*a*
　政策完善　55*a*
成本费用考核　18、57*b*
成果运用工作制度　69*b*
成果运用机制　69*a*
诚信建设　75*b*
惩治腐败　83*a*
　高压态势　83*b*
重庆市国有企业主要指标(表)　745
重庆市国有资产监督管理工作　288*b*
　并购重组　292*b*
　从严治党责任　294*b*
　促创新举措见效　289*a*
　党的建设　294*b*
　党风廉政建设　289*b*
　党外代表人士作用　295*a*
　董事会日常运行　293*a*
　法人治理结构　292*b*、293*a*
　分权制衡　293*a*
　公司治理建设　294*a*
　国有企业户数情况(表)　290*b*
　国有企业指标(表)　290*a*
　国有资本保值增值情况(表)　291*b*
　国有资本保值增值综合分析评价　291*b*
　国有资产地区分布情况(表)　290*b*
　国有资产行业分布情况(表)　291*a*
　国有资产经营规模分布情况(表)　291*b*
　国有资产总量与结构分析　290*a*
　基层党组织建设　295*a*
　经营业绩考核　293*b*
　廉政建设　294*b*、295*b*
　谋发展稳中有进　289*a*
　企业并购重组　292*b*
　企业负责人考核　294*a*
　企业股份制改革　292*b*
　企业领导班子管理制度建设　294*a*
　企业领导班子回访调研　294*a*
　企业领导班子调整　294*a*
　企业领导人员监督　294*a*
　人才队伍建设　294*b*
　三严三实专题教育　294*b*
　上市融资情况　292*b*
　调结构优化布局　289*b*
　外部董事履职能力　293*a*
　选人用人机制改革　294*a*
　抓党建从严从实　289*b*
　抓改革稳妥推进　289*a*
重组整合　36*b*
出资人职责履行　26*a*
传播阵地拓展　75*a*
创建工作　75*a*
创建经验总结　75*a*
创新机制建设　11*a*
创新能力　4*a*、7*a*、10*b*
创新驱动　7*a*
　发展顶层设计　19*b*
　发展战略　26*b*
　企业发展作用　17*b*
创新投资基金系　26*b*

创造性开展协同创新　20*a*
从严治党　64*a*、77*a*、82*a*、85*a*
存量资产盘活　36*b*

D

大连市国有企业主要指标(表)　712
大连市国有资产监督管理工作　133*a*
　　财务监督　136*a*
　　党风廉政建设　137*a*
　　党政机关所属企业脱钩　133*b*
　　法人治理结构情况　136*a*
　　干部队伍建设　137*a*
　　国有企业户数情况(表)　135*a*
　　国有企业历史遗留问题解决　134*a*
　　国有企业脱困　133*b*
　　国有企业指标(表)　135*a*
　　国有资本投资运营公司　134*b*
　　国有资产地区分布情况(表)　135*b*
　　国有资产行业分布情况(表)　135*b*
　　国有资产经营规模分布情况(表)　135*b*
　　国有资产总量与结构分析　135*a*
　　激励和约束机制　136*b*
　　监督体制机制创新　134*b*
　　监管手段　135*a*
　　经营业绩考核体系　136*a*
　　科研推动　134*a*
　　廉政建设情况　137*a*
　　履行职责　136*b*
　　企业党的建设　137*a*
　　企业负责人考核　136*b*
　　企业脱钩　133*b*
　　企业转型升级　134*a*
　　企业资本运作　136*a*
　　人员培训　136*b*
　　融资情况　136*a*
　　三严三实专题教育　137*a*
　　项目开发　134*a*
　　新兴产业　134*b*
　　选人用人机制改革　136*b*
　　预算管理　136*a*
　　重大财务事项监管　136*a*
　　转变工作思路　134*a*
　　资本转变　134*b*
大事记　789*a*
大众创业、万众创新　10*b*
大宗商品贸易风险管控　39*b*
当期监督　68*a*
党的建设　9*a*、11*b*、70*a*
党对国有企业的领导　4*b*、24*b*
党风廉政建设　11*b*、24*b*
党建工作　71*a*
　　报告制度　73*b*
　　科学化水平　74*a*
　　领导责任　73*b*
　　责任制　4*b*、24*b*、73*a*、77*a*
党建问题整改巡视　73*a*
党建政研会工作　77*a*
党内政治生活　77*b*
党外代表人士队伍建设　79*b*
党员队伍建设　73*b*
党组织政治优势　4*b*、24*b*
道德讲堂建设　75*b*
道德支撑　75*b*
地方国资工作指导监督　33*b*
　　计划　776*a*
电信科学技术研究院　612*a*
　　4G+28纳米核心技术创新工程　614*b*
　　党风廉政建设　615*b*
　　党建工作　615*b*
　　改革发展　613*a*
　　改革原则和重点　613*a*
　　岗位分红权试点　613*a*
　　工团桥梁纽带作用　615*b*
　　国际化经营与管理试点　613*b*
　　核心技术创新工程　614*b*
　　混合所有制改革试点　613*b*
　　基本概况　612*a*
　　集成电路产业　614*a*

经济指标(表) 612*b*
科研创新型企业产业化激励 613*b*
履行社会责任 616*a*
人才激励机制 615*a*
三严三实专题教育 615*b*
试点工作 613*a*
双创新路 615*a*
无线移动通信产业 613*b*
信息化建设 615*b*
战略性新兴产业 614*a*
重大创新 614*b*
重大项目 613*b*
主要指标 612*b*
走向海外 614*b*
顶层设计 33*a*
定点帮扶革命老区百县万村活动 81*a*
东风汽车公司 457*a*
安全生产 458*b*
产能控制 458*a*
产品结构调整 458*a*
从严治党 459*b*
东风军车参加大阅兵 460*a*
东风商用车有限公司 459*b*
改革发展 458*a*
国际化运营 458*b*
和文化战略 459*a*
基本概况 457*a*
降低运营成本 458*a*
节能减排 458*b*
经营基础 457*b*
履行社会责任 459*a*
其他情况 459*a*
三严三实专题教育 459*b*
神龙公司第400万辆车下线 459*b*
十二五规划 459*a*
新能源汽车 458*b*
整体工作 457*b*
中央巡视整改 459*b*
自主品牌 458*b*
董事沟通会 49*a*
董事会、董事评价工作 65*a*
董事会工作 48*a*
董事会会议 49*b*
董事会建设工作措施 48*b*
董事会结构和功能优化 64*b*
董事会年度报告工作 49*b*
董事会试点进展 47*b*
董事会运行 49*b*
机制 50*a*
实务培训 49*a*
董事会职权试点工作 48*b*
董事履职情况 49*b*
董事年度评价 49*b*、65*a*
董事培训工作总结 49*a*
董事信息沟通工作 49*a*
动力转换 6*a*
督导与沟通联系机制 52*a*
队伍建设 70*b*、83*b*
对国民经济支撑作用 31*b*
对外并购成效 47*a*
多边场合发出正面声音 61*a*

F

发现问题、强化整改 82*b*
发展新动能 31*a*
发展质量和效益 9*b*
法律风险防范 34*a*
法律事务工作 33*b*
法人治理结构 48*a*
法治工作交流学习 33*a*
法治央企建设 780*b*
反腐败工作 11*b*、24*b*
反腐倡廉制度 82*a*
反垄断审查 33*a*
非上市公司股份 36*b*
非主业投资项目审核 26*b*
废止的规范性文件目录 775*a*
废止和宣布失效部分规范性文件的公告 774*b*

分工执行　77*a*
分离移交工作启动会　51*b*
分配格局　54*b*
分配调控政策完善　54*a*
奋斗历史回顾　13*a*
风险管控　58*a*
扶贫开发工作　80*b*、81*a*
服务大局和中心工作能力　35*a*
福建省国有企业主要指标(表)　724
福建省国有资产监督管理工作　193*b*
　并购重组　200*a*
　出资企业审计问题整改　205*b*
　出资人两个清单梳理　204*b*
　党的建设　202*b*
　顶层设计　194*a*
　队伍建设　204*a*
　发展地方特色　204*b*
　法人治理结构　200*a*、201*b*
　反腐倡廉　203*b*
　福建闽东电机股份有限公司　199*b*
　福建南纸借壳重组　200*b*
　福建省港航建设发展有限公司重组　200*b*
　股份制改革情况　199*b*
　国企党建　195*a*
　国企改革　194*a*
　国有企业户数情况(表)　197*a*
　国有企业指标(表)　197*a*
　国有资本保值增值情况(表)　198*b*
　国有资本保值增值综合分析评价　198*b*
　国有资产地区分布情况(表)　197*b*
　国有资产行业分布情况(表)　197*b*
　国有资产经营规模分布情况(表)　198*b*
　国有资产总量与结构分析　195*b*
　基层党组织建设　203*a*
　监管效率　194*b*
　监管制度文件　205*a*
　简政放权　194*b*、204*b*
　结构调整　194*b*
　经济运行　193*b*
　经济责任审计　205*b*
　经营业绩考核体系　202*a*
　廉政建设　202*b*、203*b*
　两个责任落实　203*b*
　南平铝业(成都)有限公司　199*b*
　内部资源整合重组　201*a*
　内设机构调整　204*b*
　年度经营业绩考核　202*b*
　企业并购重组　200*a*
　企业股份制改革　199*b*
　企业户数　195*b*
　企业领导班子调整配备工作　201*b*
　企业效益　196*b*
　任期经营业绩考核　202*b*
　三严三实专题教育　195*a*、202*b*
　上市融资情况　199*b*
　审计监督　205*a*
　市值管理　199*b*
　稳定增长　193*b*
　业绩考核体系　202*a*
　营业收入　196*a*
　专项审计　205*b*
　转变职能改进作风　204*b*
　转型升级　194*b*
　资本证券化　199*b*
　资产分布　195*b*
　走进国企系列宣传　203*a*
负面舆情处置　75*a*
复合型宣传思想工作者队伍建设　76*b*

G

改革创新精神　65*a*
改革和完善国有资产管理体制的若干意见　769*a*
改革任务落实　65*a*
改革试点工作　4*a*
改革文件宣传解读　32*b*
改革稳妥推进　23*b*
改革制度设计　34*a*
甘肃省国有企业主要指标(表)　749

甘肃省国有资产监督管理工作　330*a*
　　传统产业升级　331*a*
　　党风廉政建设　335*b*
　　法人治理结构　334*b*
　　国际产能合作　331*b*
　　国有企业改革　330*b*
　　国有企业户数情况(表)　332*b*
　　国有企业指标(表)　332*a*
　　国有资本保值增值情况(表)　333*b*、334*a*
　　国有资产地区分布情况(表)　332*b*
　　国有资产行业分布情况(表)　333*a*
　　国有资产监管体制　331*b*
　　国有资产经营规模分布情况(表)　333*b*
　　国有资产总量与结构分析　332*a*
　　结构调整转型升级　331*a*
　　经济运行工作　330*a*
　　经营业绩考核体系　335*a*
　　廉政建设　335*a*
　　企业并购重组　334*b*
　　企业党的建设　335*a*
　　企业股份制改革　334*a*
　　三严三实专题教育　335*a*
　　上市融资情况　334*a*
　　责任落实　330*a*
　　重点改革任务　330*b*
干部能力素质　86*b*
港澳台工作　61*b*
高层次专家工作　66*b*
　　培训工作　67*a*
高访成果落实　62*b*
高级别外事活动　60*b*
高级管理人才培养　62*b*
高技能人才培养　9*b*
　　队伍建设调研　80*b*
　　先进典型宣传　80*b*
高铁产业发展研究　59*b*
各省(区、市)国有资产监督管理　87
工会工作　78*b*
　　调研　79*a*
工会组织批复工作　79*a*
工业企业户数、从业人数、国有资产总量地区分析(表)　697
工业企业资产负债地区分析(表)　698
工资总额分类管理工作　53*b*
工作方式创新　85*b*
工作交流机制指导监督　33*b*
工作平台搭建　75*a*
工作任务　9*b*
工作思路　5*b*
工作支持　70*b*
公共文明水平　76*a*
公开遴选中央企业领导人员　65*a*
公司章程修订　50*a*
公司治理机制　10*b*
公益慈善事业　783*b*
功能分类考核　56*b*
共青团工作　79*b*
　　援疆援藏工作　80*a*
沟通平台　63*a*
股票市场发展　36*a*
股票市场融资工作　37*a*
股权多元化改革　10*b*
股权结构优化　36*b*
鼓励社会组织、中资机构参与孔子学院和海外文化中心建设工作　61*b*
关于2015年深化经济体制改革重点工作的意见　797*a*
关于废止和宣布失效部分规范性文件的公告　774*b*
关于改革和完善国有资产管理体制的若干意见　769*a*
关于贯彻落实《中共中央国务院关于深化国有企业改革的指导意见》的通知　779*a*
关于国有企业发展混合所有制经济的意见　765*a*
关于加强安全生产监管执法的通知　803*b*
关于加强和改进企业国有资产监督防止国有资产流失的意见　772*a*
关于全面推进法治央企建设的意见　780*b*
关于深化国有企业改革的指导意见　759*a*

关于完善2015年中央企业负责人经营业绩考核的实施意见　777*b*
关于印发《关于全面推进法治央企建设的意见》的通知　780*b*
关于印发《关于完善2015年中央企业负责人经营业绩考核的实施意见》的通知　777*b*
关于印发《国务院国资委2015年度指导监督地方国资工作计划》的通知　776*a*
关于支持中央企业积极投身公益慈善事业的意见　783*b*
管党治党责任　11*b*
管理提升要效益　10*a*
管理职责　35*a*
管理制度　35*a*
管资本　14b～16*a*、58*b*
贯彻落实《中共中央国务院关于深化国有企业改革的指导意见》的通知　779*a*
广东省国有企业主要指标(表)　736
广东省国有资产监督管理工作　258*b*
　并购重组情况　264*a*
　财务监管效率　264*b*
　党建工作　266*b*
　法人治理结构　264*a*
　反腐倡廉建设　267*a*
　改革试点工作　258*b*
　工资总额管理工作　265*b*
　国企改革　258*b*
　国有经济控制力和影响力　260*a*
　国有企业服务大局功能　259*b*
　国有企业户数情况(表)　260*b*
　国有企业指标(表)　260*b*
　国有资本保值增值情况(表)　262*b*
　国有资本保值增值综合分析评价　262*b*
　国有资产地区分布情况(表)　261*a*
　国有资产行业分布情况(表)　261*b*
　国有资产监管　259*b*
　国有资产经营规模分布情况(表)　262*a*
　国有资产总量与结构分析　260*b*
　惠民生保稳定支撑作用　260*a*
　混合所有制改革　259*a*
　基层党建工作　267*a*
　监事会监督　264*b*
　简政放权　259*b*
　经营性国有资产集中统一监管　259*b*
　经营业绩考核体系　265*a*
　廉政建设　266*b*
　企业并购重组　264*a*
　企业负责人考核　266*a*
　企业负责人履职待遇业务支出规范　265*b*
　企业负责人薪酬制度改革　265*a*
　企业股份制改革　263*a*
　企业考核分配专项调研　266*a*
　企业领导班子建设　266*a*
　企业内外部资源整合　264*a*
　企业投资和经营风险　259*b*
　全员业绩考核工作　265*a*
　上市公司平台作用　264*a*
　上市融资情况　263*a*
　现代企业制度建设　259*a*
　薪酬分配制度　265*b*
　选人用人机制改革　266*a*、266*b*
　资本市场融资　263*b*
　资本市场战略布局　264*a*
　资本运营价值最大化理念　263*a*
　资本运营项目　263*a*
广西壮族自治区国有企业主要指标(表)　740
广西壮族自治区国有资产监督管理工作　273*a*
　安全生产管理　277*b*
　产权管理　276*b*
　产业布局　274*b*
　从严治党　282*a*
　法人治理结构　280*b*
　分类管理　281*b*
　改制重组　275*a*
　国企改革　275*a*
　国有企业户数情况(表)　279*b*
　国有企业指标(表)　278*b*
　国有资本保值增值情况(表)　280*a*

国有资本保值增值综合分析评价　280*a*
国有资产地区分布情况(表)　279*a*
国有资产行业分布情况　279*b*
国有资产经营规模分布情况(表)　280*a*
国有资产总量与结构分析　278*a*
国资监管日常工作　276*a*
混合所有制经济　275*b*
监事会监督　277*a*
节能减排　274*a*
结构调整　274*b*
经营业绩考核体系　281*a*
开放合作　276*a*
考核导向作用　281*a*
考核体系　281*a*
考核指标和权重整调整　281*a*
廉政风险防范　278*a*
廉政建设　282*a*
领导班子和领导人员年度考核　281*b*
企业并购重组　280*b*
企业财务风险防范　278*a*
企业财务监督　276*b*
企业产业布局和结构调整　274*a*
企业党的建设　282*a*
企业党组织建设　282*b*
企业法律风险防范　277*b*
企业反腐倡廉建设　282*b*
企业风险防控　277*b*
企业风险管理　277*b*
企业负责人考核　281*b*
企业工资总额管理　276*b*
企业股份制改革　280*b*
企业管理层级　277*b*
企业基本情况　273*a*
企业降本增效　277*a*
企业科技投入　274*a*
企业领导班子和人才队伍建设　282*b*
企业领导班子配备　282*a*
企业融资　277*a*
企业上市　275*b*
企业投资风险防范　278*a*
企业宣传思想工作　282*a*
企业专注主业发展　274*a*
企业转方式调结构　274*a*
权力清单制度　276*b*
人才队伍建设　282*b*
上市融资　280*b*
选人用人机制改革　281*b*
业绩考核　281*a*
依法治企　276*b*
政企分开　275*a*
制度建设　281*a*
资源整合　275*a*
规范董事会建设　64*b*
规划发展工作　18、19、25*a*
形势与任务　18*a*
总的要求　18*a*
重点工作　19*a*
贵州省国有企业主要指标(表)　742
贵州省国有资产监督管理工作　303*a*
案件查办　309*b*
产权交易监管　307*a*
产权制度改革　308*a*
法人治理结构　307*b*、308*a*
工作责任落实　309*a*
国有经济质量效益　303*a*
国有企业户数情况(表)　305*b*
国有企业指标(表)　305*b*
国有资本保值增值情况(表)　306*b*
国有资本保值增值综合分析评价　306*b*
国有资产地区分布情况(表)　305*b*
国有资产行业分布情况(表)　306*a*
国有资产经营规模分布情况(表)　306*b*
国有资产总量与结构分析　305*b*
国资监管体制机制　304*b*
金融投资工作　307*b*
经营业绩考核体系　308*a*
考核体系完善　308*a*
廉政建设　309*a*

领导班子建设　308***b***
企业并购重组　307***b***
企业党的建设　304***b***、309***a***
企业负责人考核　308***b***
企业改革　303***b***、307***a***
企业股份制改革　307***a***
企业融资能力　307***b***
人才队伍建设　309***a***
三转工作　309***b***
上市融资情况　307***a***
收入分配管理　308***b***
选人用人机制改革　308***b***
业务支出　308***b***
员工持股工作　308***a***
增比进位　308***b***
专项检查治理　309***b***
转型升级　304***a***
滚动规划管理　25***b***
国际产能和装备制造合作　11***a***
国际国内两个市场统筹　37***a***
国际合作与交流　60***b***、62***a***
国际化高级技术人才培养　63***a***、80***b***
国际化经营　4***a***、11***a***、17***b***、20***b***、28***a***
法律风险防范　34***a***
方式　18***a***
风险防范能力　20***b***
风险管控能力　18***a***
规模　17***b***
水平　19***a***、20***b***
提升企业发展作用　17***b***
战略　28***a***
国际化资源教育培训工作　67***b***
国际技能大赛　80***b***
国际竞争力　7***a***
国际人才交流与合作　62***b***
国家电力投资集团公司　430***b***
3211巡视专项整改　432***b***
创新驱动引领　432***a***
党建工作　432***b***
改革发展　431***b***
基本概况　430***b***
经济指标(表)　431***b***
履行社会责任　433***a***
其他情况　433***a***
清洁能源发展　432***a***
三严三实专题教育　432***b***
信息化建设　433***a***
增收节支　433***a***
重大创新　432***b***
重大项目　432***a***
主要指标　431***a***
走向海外　432***b***
国家电网公司　405***a***
党建工作　407***a***
电力体制改革　405***b***
电网建设　406***a***
改革发展　405***b***
公益事业管理　408***a***
国际业务　406***a***
基本概况　405***a***
经济指标（表）405***b***
科技创新　406***b***
课题研究　406***b***
履行社会责任　407***b***
三严三实专题教育　407***b***
信息化建设　407***a***
一带一路建设　406***a***
主要指标　405***a***
国家核电技术有限公司　44***a***
国家核电与中电投集团重组　44***a***
国家开发投资公司　513***b***
党建工作　515***a***
改革发展　514***b***
基本概况　513***b***
经济指标（表）514***a***
履行社会责任　515***a***
信息化建设　515***a***
业务发展　514***b***

重大创新　515*a*
重大项目　514*b*
主要指标　514*a*
走向海外　515*a*
国家科学技术进步奖申报　27*a*
国家立法参与　33*a*
国家千人计划落实　65*b*
国家战略导向　46*b*
国家重大人才工程实施　65*b*
国家重大战略　28*b*
国家重点研发计划申报　27*a*
国企国资改革发展　10*b*
工作思路　5*b*
指导思想和目标要求　6*b*
任务　25*a*
国企精神　76*b*
国企议题涉外谈判对话　33*b*
国外先进智力体系引进　63*a*
国务院办公厅关于加强安全生产监管执法的通知　803*b*
国务院关于改革和完善国有资产管理体制的若干意见　769*a*
国务院关于国有企业发展混合所有制经济的意见　765*a*
国务院批转发展改革委关于2015年深化经济体制改革重点工作意见的通知　797*a*
国有产权管理工作　34*a*
国有工业企业户数、从业人数、国有资产总量地区分析(表)　697
国有工业企业资产负债地区分析(表)　698
国有骨干企业　7*a*
国有经济规模　29*a*
国有经济运行　29*a*
国有企业办社会负担解决　10*b*
国有企业办社会职能剥离　50*b*
国有企业党的建设　9*a*、11*b*
国有企业独立市场主体　16*a*
国有企业发展混合所有制经济的意见　765*a*
国有企业法人治理结构　48*a*
国有企业改革发展　5*a*、6*b*、23*a*、759*a*、779*a*
国有企业户数、从业人数、国有资产总量地区分析(表)　691
国有企业户数、从业人数、国有资产总量行业分析(表)　690
国有企业户数、从业人数、国有资产总量综合分析(表)　689
国有企业解决历史遗留问题进展情况　50*a*
国有企业棚户区改造工作　52*a*
国有企业人事制度改革　65*a*
国有企业三供一业分离移交工作　51*a*
国有企业涉外法律事务　34*a*
国有企业市场主体地位　14*b*
国有企业所办医疗机构深化改革　51*a*
国有企业资产负债地区分析(表)　695
国有企业资产负债行业分析(表)　694
国有企业资产负债综合分析(表)　693
国有企业资产与财务状况分析　40*b*
国有商业企业户数、从业人数、国有资产总量地区分析(表)　700
国有商业企业资产负债地区分析(表)　701
国有资本　25*a*
布局结构战略性调整　15*a*
经营预算具体支持办法　52*b*
配置和运营效率　16*a*
配置效率　7*a*
收益管理制度　58*b*
收益上缴比例政策　59*a*
总量　41*a*
国有资产安全　15*a*
国有资产出资人监管职责　15*a*
国有资产监督管理　14b～16*a*、21、772*a*
法规制度体系　32*b*
法治建设　32*a*
方式　15*b*
管理体制　7*a*、769*a*
规章规范性文件清理　32*b*
机构职能转变　16*a*
体制　4*a*、24*a*

体制改革　23*a*
协同　69*b*
针对性有效性　4*a*、24*a*
政策法规选编　757
重点　15*b*
重点立法　32*b*
主要任务　16*a*
总体要求　15*a*
国有资产监督管理委员会大事记　789*a*
1月　789*a*
2月　789*b*
3月　790*a*
4月　790*b*
5月　791*a*
6月　791*b*
7月　791*b*
8月　792*b*
9月　792*b*
10月　793*a*
11月　793*b*
12月　794*a*
国有资产流失防止　11*a*、15*a*、16*a*、772*a*
国有资产统计资料　587
国有资产总量地区分析(表)　691、697、700
国有资产总量行业分析(表)　690
国有资产总量综合分析(表)　689
国资委2015年度指导监督地方国资工作计划　776*a*
国资委党委　84a、84*b*
专题听取监督检查情况　69*a*
国资委关于贯彻落实《中共中央国务院关于深化国有企业改革的指导意见》的通知　779*a*
国资委关于印发《关于完善2015年中央企业负责人经营业绩考核的实施意见》的通知　777*b*
国资委机关简政放权　32*b*
国资委—清华大学董事培训境内培训工作　49*a*
国资委与董事信息沟通工作　49*a*
国资委自身改革　10*b*
国资系统监管企业利润构成及增长变化(表)　42
国资系统监管企业营业收入增长变化(表)　41
过硬队伍建设　83*b*

H

哈尔滨电气集团公司　466*b*
安全生产　466*b*
产业结构　466*b*
党建工作　468*b*
党建考核　468*b*
改革发展　467*a*
改造维修　468*a*
海外市场　468*a*
核电　467*b*
基本概况　466*b*
节能减排　467*a*
经济指标(表) 467*a*
科技创新　468*b*
劳动用工　467*b*
履行社会责任　469*a*
煤电　467*b*
燃机　468*a*
人才培养和引进　467*b*
市场营销　466*b*
水电　467*b*
新能源　468*a*
薪酬分配　467*b*
信息化建设　469*a*
巡视整改　468*b*
制度建设　468*b*
重大项目　467*b*
主要指标　467*a*
专题教育　468*b*
装备走出去价值链条　468*a*
走向海外　468*a*
海南省国有企业主要指标(表)　739
海南省国有资产监督管理工作　283*a*
安全生产工作　284*b*
发展地方特色　288*a*
法人治理结构　286*b*
反腐倡廉　288*a*

国有企业管理工作　284*a*
国有企业户数情况(表)　285*a*
国有企业运营主要指标情况　283*a*
国有企业指标(表)　284*b*
国有资本保值增值情况(表)　285*b*
国有资本保值增值综合分析评价　285*b*
国有资产地区分布情况(表)　285*a*
国有资产基础管理体系　284*a*
国有资产总量与结构分析　284*b*
纪检监察　288*b*
经营业绩考核体系　287*a*
考核评价制度体系　287*b*
廉政建设　288*a*
民生维稳和工作　284*b*
农垦改革发展　288*a*
企业并购重组　286*b*
企业党的建设　288*a*
企业负责人考核　287*b*
企业股份制改革　286*b*
人才强企战略　287*b*
日常监督管理　287*b*
上市融资情况　286*b*
十三五规划编制　283*b*
新一轮农垦改革发展　288*a*
选人用人机制改革　287*b*
重点项目建设　283*b*
海外市场布局　11*a*
海洋工程装备产业发展研究　60*a*
和谐文化　78*a*
河北省国有企业主要指标(表)　706
河北省国有资产监督管理工作　103*b*
党的建设　109*a*
法人治理结构　108*a*
国有经济运行　103*b*
国有企业改革　104*a*
国有企业户数情况(表)　105*a*
国有企业指标(表)　105*a*
国有资本保值增值情况(表)　107*a*
国有资本保值增值综合分析评价　107*a*
国有资产地区分布情况(表)　105*b*
国有资产行业分布情况(表)　106*a*
国有资产经营规模分布情况(表)　106*b*
国有资产总量与结构分析　104*b*
国资监管　104*b*
和谐国企建设　104*b*
经营业绩考核体系　108*b*
开放合作　104*a*
廉政建设　109*a*
企业并购重组　108*a*
企业负责人考核　108*b*
企业股份制改革与上市融资情况　108*a*
上市融资情况　108*a*
选人用人机制改革　108*b*
转型升级　104*a*
河南省国有企业主要指标(表)　731
河南省国有资产监督管理工作　234*b*
并购重组情况　239*b*
布局结构　235*b*
发展地方特色　242*a*
法人治理结构　239*b*
负责人考核　240*b*
国有经济运行　234*b*
国有企业改革　235*a*
国有企业户数情况　237*a*、237*a*(表)
国有企业指标(表)　237*a*
国有资本保值增值情况(表)　238*b*
国有资本保值增值综合分析评价　238*b*
国有资产地区分布情况　237*a*、237*b*(表)
国有资产行业分布情况　237*b*、238*a*(表)
国有资产经营规模分布情况　238*a*、238*b*(表)
国有资产总量与结构分析　237*a*
国资监管效能　236*a*
经营业绩考核体系　240*a*
廉政建设　241*c*
企业并购重组　239*b*
企业党的建设　241*a*
企业负责人考核　240*b*
企业股份制改革　239*a*

上市融资情况　239*a*
选人用人机制改革　240*b*
与中央企业战略合作　236*a*
核电产业发展研究　60*a*
核心能力提升　47*a*
黑龙江省国有企业主要指标(表)　715
黑龙江省国有资产监督管理工作　146*b*
作风建设　157*a*
产权管理　149*b*
出资人职责　150*a*
创新运营方式　147*b*
存量资产盘活　148*b*
党的建设　154*b*
党的群众路线教育实践活动　154*b*
党员队伍建设　155*a*
党组织书记队伍建设　155*a*
定期监督检查　149*b*
多层次资本市场建设　148*a*
遏制经济下行　146*b*
法律案件处置　150*a*
法人治理结构　153*a*
改革推进　147*b*
改革先行试点　147*b*
工资薪酬管理　150*a*
股份制改革　152*b*
国有经济发展　149*a*
国有企业户数情况(表)　150*b*
国有企业指标(表)　150*b*
国有资本保值增值情况(表)　152*a*
国有资本保值增值综合分析评价　152*a*
国有资本投资运营公司改组　148*a*
国有资产地区分布　151*a*
国有资产地区分布情况(表)　151*a*
国有资产规模分布　152*a*
国有资产行业分布　151*b*、151*b*(表)
国有资产经营规模分布情况(表)　152*a*
国有资产统一监管　148*a*
国有资产总量与结构分析　150*a*
国资国企改革　147*b*
国资监管方式　149*b*
国资监管水平　149*b*
互联网+　149*a*
混合所有制改革　148*a*
基层党组织建设　155*a*
集团公司　152*b*
监督机制　156*b*
减亏增盈　146*b*
简政放权　149*b*
僵尸企业处置　148*b*
教育预警机制　156*a*
经营业绩考核体系　153*a*
开拓市场　147*a*
科技创新　149*a*
理论武装　154*b*
历史遗留问题解决　148*b*
廉政建设　154*b*、156*a*
领导班子建设　153*b*
目标考核管理　149*b*
逆势增长　147*a*
企业并购重组　153*a*
企业补上营销短板　149*b*
企业创新转型　149*a*
企业渡危解困　147*a*
企业负责人考核　153*b*
企业领导人员考核和管理　154*a*
权力制约机制　156*b*
人才强企人才优先发展战略　155*b*
上市融资情况　152*b*
稳增长工作　146*b*
项目投资　149*a*
新能源和节能减排　149*a*
选人用人机制改革　153*b*、154*a*
央地合作　149*a*
营业收入　150*b*
政策创新　154*a*
政策和资金工作支持　148*b*
制度建设　157*a*
湖北省国有企业主要指标(表)　733

湖北省国有资产监督管理工作 242*b*
财务监督 244*a*
产权管理 244*a*
党的纪律 249*a*
党委主体责任 248*b*
发展地方特色 249*a*
法人治理结构 247*a*
法治建设 244*b*
改革改制推进 242*b*
公司制股份制改革 246*b*
国有企业户数 245*a*、245*a*(表)
国有企业活力 242*b*
国有企业权益资产总量情况 245*a*
国有企业指标(表) 244*b*
国有企业资产总额情况 244*b*
国有资本保值增值综合分析评价 246*a*
国有资本及权益变化情况(表) 246*a*
国有资本运营平台 243*a*
国有资产行业分布情况(表) 245*b*
国有资产经营规模分布情况(表) 245*b*
国有资产总量与结构分析 244*b*
国资监管行为 244*a*
混合所有制经济 243*a*
监事会制度 244*a*
经营业绩考核体系 247*b*
廉政建设 248*a*、249*a*
企业并购重组 247*a*
企业党的建设 248*a*
企业负责人考核 247*b*
企业改制上市 246*b*
企业股份制改革 246*b*
企业增资扩股改制 246*b*
上市融资情况 246*b*
调整重组 242*b*、247*a*
投资力度 249*b*
选人用人机制改革 247*b*
央企对接合作 243*b*
业绩考核 244*a*
一企一策国企改革 249*a*
依法监管 244*a*
员工持股试点 246*b*
重大项目建设 243*b*
抓班子带队伍 248*a*
抓基层打基础 248*b*
抓融入建体制 248*a*
抓学习促和谐 248*b*
资本运营 243*a*
作风建设 249*a*
湖南省国有企业主要指标(表) 734
湖南省国有资产监督管理工作 249*b*
出资人职能落实 250*a*
动态监督管理 255*b*
发展地方特色 257*b*
法人治理结构 254*a*
分层分类考核制度 254*b*
分类管理 254*b*
国有企业户数情况(表) 251*a*
国有企业三供一业分离移交 257*b*
国有企业指标(表) 250*b*
国有资本保值增值情况(表) 253*b*
国有资本保值增值综合分析评价 252*b*
国有资产地区分布情况(表) 251*a*
国有资产经营规模分布情况(表) 252*b*
国有资产营运 250*b*
国有资产总量与结构分析 250*b*
监管服务工作 249*b*
经营业绩考核体系 254*b*
经济增加值考核 255*a*
经营性国有资产集中统一监管 258*a*
考核结果核定 256*a*
考核结果运用 255*b*
考核目标核定 255*b*
廉政建设 257*a*
领导班子职数制控制 257*a*
目标考核 255*a*
企业并购重组 254*a*
企业党的建设 257*a*
企业负责人考核 256*a*

企业股份制改革　254*a*
企业国有资产行业分布情况(表)　251*b*
企业考核重点　255*a*
三供一业分离移交　257*b*
上市融资情况　254*a*
选人用人机制改革　256*a*
业绩考核　255*b*
有效监督　256*b*
职业经理人制度　256*a*
华侨城集团公司　674*a*
产权管理　677*a*
党建工作　677*b*
电子业务　676*a*
儿童文化产业　675*b*
房地产业　675*b*
改革发展　676*b*
改制重组　676*b*
基本概况　674*a*
经济指标(表)　674*a*
酒店业务　675*a*
康佳公司　676*a*
科技创新　677*a*
旅游业　674*b*
履行社会责任　677*b*
品牌建设　676*b*
全面预算管理　677*a*
三严三实专题教育　677*b*
文化产业　675*a*
文化科技　675*b*
文化演艺　675*a*
香港华侨城　676*b*
信息化建设　677*a*
纸包装业　676*a*
主要指标　674*a*
主营业务　674*b*
华润(集团)有限公司　518*a*
班子分工调整　518*b*
慈善公益　519*b*
党建工作　519*a*
改革发展　518*b*
管控层级压缩　518*b*
基本概况　518*a*
经济指标(表)　518*a*
考核任用　518*b*
履行社会责任　519*b*
三严三实专题教育　519*b*
薪酬激励　518*b*
信息化建设　519*b*
重大创新　519*a*
重大项目　519*a*
主要指标　518*a*
换届选举工作　73*b*
黄丹华　16*b*
汇兑损失影响　43*a*
汇总稿和汇报稿起草　69*a*
会议任务　3*a*、16*b*
混合所有制改革　34*b*
试点工作　34*a*、34*b*
混合所有制经济　765*a*

J

机关党建工作重点任务　78*a*
机械科学研究总院　538*b*
并购重组华通焊业　540*b*
财务管理　540*a*
党建工作　541*a*
改革发展　539*b*
管理创新 540*a*
基本概况　538*b*
经济指标(表)　539*a*
科研开发　540*b*
履行社会责任　541*b*
全员业绩考核　540*a*
人力资源专项管理　540*b*
三严三实专题教育为　541*b*
投资并购重点项目　539*b*
信息化建设　541*b*
一院两制顶层设计　540*a*

预算管理　540*a*
战略绩效考核　540*a*
重大创新　541*a*
重大项目　540*b*
主要指标　539*a*
专业技术职务序列建设试点　540*b*
资本驱动经济发展　539*b*
资产质量　539*a*
积极有利因素　6*b*
基层党组织建设　11*b*
基层党组织书记示范培训班　73*b*
基层党组织抓党建述职评议工作　73*b*
基层组织建设　73*b*
吉林省国有企业主要指标(表)　713
吉林省国有资产监督管理工作　137*a*
八项规定落实　146*a*
并购重组　142*a*
成本和收入倒挂　141*b*
存在的问题和不足　139*a*
党的建设　138*b*、144*b*
党建工作检查力度　145*a*
党委班子换届改选　144*b*
党委班子建设　138*b*
董事会建设　144*a*
发展党员工作　145*a*
法人治理结构　144*a*
分离企业办社会职能情况　143*a*
公司章程　144*a*
股份制改革　142*a*
国有企业户数情况(表)　139*a*
国有企业指标(表)　139*a*
国有资本保值增值能力　141*a*
国有资本保值增值情况(表)　140*b*
国有资本保值增值综合分析评价　140*b*
国有资产地区分布情况(表)　139*b*
国有资产行业分布情况(表)　139*b*
国有资产经营规模分布情况(表)　140*a*
国有资产总量与结构分析　139*a*
国资国企改革　137*b*
国资监管工作　138*a*
昊融集团融资情况　142*b*
机关建设　138*b*
基层党支部建设　144*b*
吉粮集团重组　142*a*
吉煤集团改革发展　142*a*
纪律和规矩挺在前面　145*b*
纪律审查　146*a*
监督执纪　145*b*
交投集团融资情况　142*b*
经营积累　141*a*
经营效益　141*a*
经营业绩考核体系　143*b*
酒精集团行业兼并重组　142*a*
廉政建设情况　144*b*、145*b*
两个责任落实　145*b*
领导人员选任机制　144*a*
企业股份制改革　142*a*
企业结构调整　138*a*
企业经营问题　141*b*
企业稳增长　137*b*
企业遗留问题处理　142*b*
群团工作　145*a*
人才队伍建设　144*b*
融资工作情况　142*a*、142*b*
三项费用　141*b*
三严三实专题教育　145*a*
森工集团融资情况　142*b*
社会贡献程度　141*b*
信访维稳工作　143*a*
选人用人机制改革　144*a*
央企走进吉林活动　138*a*
银行借款　141*b*
营业收入　141*a*
驻吉央企分离移交三供一业　143*a*
专项巡视工作　146*a*
资金占用　141*b*
集团总部工资水平　54*b*
集中重点检查　68*b*

计划、审批与实施　62*a*
纪检监察工作　82*a*
纪律和规矩挺在前面　82*b*
纪律检查体制改革　83*a*
纪律挺在前面　85*a*
纪律约束　82*b*
技能人才队伍建设　80*a*
技术创新体系　17*b*
　　建设　20*a*
绩效评价工作　38*b*、39*a*
加快剥离国有企业办社会职能和解决历史遗留问题的工作方案　50*b*
加强安全生产监管执法的通知　803*b*
加强党建　9*a*
加强和改进企业国有资产监督防止国有资产流失的意见　772*a*
价格政策　32*a*
价值创造　57*a*
监督队伍打造　70*a*
监督工作闭环构建　69*a*
监督检查成效　68*b*
监督检查和问责　12*a*
监督问题督促整改机制　40*a*
监督协同性　11*b*
监管方式　4*b*
　　转变　24*a*
监管能力　11*a*
监管数据统一管理　39*a*
监事会工作交流　71*a*
监事会监督检查工作　67*b*
监事会制度理论研究　70*b*
兼并重组　43*b*
简政放权　4*a*、24*a*、32*b*、39*b*
　　后续管理　40*a*
建设董事会企业工作指导　48*b*
建设规范董事会中央企业董事沟通培训会　49*a*
建设规范董事会中央企业范围　48*b*
江苏省国有企业主要指标(表)　721
江苏省国有资产监督管理工作　161*b*
出资人职责定位　169*a*
党建工作　168*b*
党性教育　168*a*
低效无效投资处置　162*b*
董事会建设　167*a*
发展地方特色　169*a*
法人治理结构情况　166*b*
风险管控　169*b*
改革试点措施　162*b*
改革制度体系　162*b*
股份制改革　165*b*
国有经济布局结构调整优化　170*a*
国有控股上市公司并购重组　166*a*
国有企业分布情况　163*b*
国有企业改制上市　165*b*
国有企业国有资产总量分布情况　164*b*
国有企业户数情况(表)　164*a*
国有企业指标(表)　163*b*
国有企业资产分布情况　164*a*
国有资本保值增值情况(表)　165*b*
国有资本保值增值情况分析　165*a*
国有资产地区分布情况(表)　164*b*
国有资产行业分布情况(表)　165*a*
国有资产企业经营规模分布情况(表)　164*b*
国有资产总量与结构分析　163*a*
国资监管　163*a*
行业分析　164*a*
混合所有制改革　169*b*
经营业绩考核体系　167*a*
理想信念教育　168*a*
廉政建设　168*a*
两个责任落实　169*a*
企业并购重组　166*b*
企业党的建设　168*a*
企业负责人考核　167*a*
企业改革　162*b*
企业规模分析　164*a*
企业经营　161*b*
企业隶属关系分析　164*a*

企业人才状况 168*a*
企业转型升级 162*a*
三严三实专题教育 168*b*
上市融资情况 165*b*
上市资源培育 166*a*
市场开拓 162*a*
试点先行 169*b*
选人用人机制改革 167*a*
优秀企业经营管理队伍 167*b*
再融资 166*a*
直接融资 162*a*
作风建设 168*b*
江西省国有企业主要指标(表) 727
江西省国有资产监督管理工作 212*b*
党风廉政建设 219*b*
党建融合 219*b*
党建宣传 219*a*
党建引领 218*b*
党建支撑 219*a*
队伍建设 219*a*
法人治理结构 217*a*
改革重组 217*a*
国有经济发展 213*a*
国有企业改革 213*a*
国有企业户数情况(表) 215*a*
国有企业指标(表) 214*b*
国有资本保值增值情况(表) 216*a*
国有资本保值增值综合分析评价 215*b*
国有资产地区分布情况(表) 215*a*
国有资产行业分布情况(表) 215*a*
国有资产经营规模分布情况(表) 215*b*
国有资产总量与结构分析 214*b*
国资监管方式完善 213*b*
国资运营平台 216*b*
混合所有制改革 216*b*
集团层面战略重组 216*a*
经营业绩考核体系 217*b*
开放型经济发展 214*a*
廉政建设 218*b*
企业并购重组 217*a*
企业创新驱动 214*a*
企业党的建设 218*b*
企业法人治理结构 217*a*
企业负责人考核 217*b*
企业改制上市 216*b*
企业高层次人才引进 218*b*
企业股份制改革 216*a*
企业领导人员报告个人有关事项工作 218*a*
企业领导人员个人有关事项报告抽查核实工作 218*a*
企业领导人员重要情况报告制度 218*a*
人才队伍建设 218*a*
人才基地建设 218*a*
人才强企战略 218*a*
融资业务 216*b*
上市融资情况 216*a*
设区市国资监管 214*b*
选人用人机制改革 217*b*
舆论引导 219*a*
增资扩股进场交易 216*b*
重大科研项目与企业对接工作 218*b*
资源配置 216*a*
僵尸企业处置 10*a*
讲文明·树新风公益广告传播工作 76*a*
降本增效 54*a*
教育实践活动成果 72*b*
结构调整 6*a*、7*b*、17*a*、25*a*、29*b*、57*a*
届中任免工作 73*b*
经济平稳发展 23*a*
经济体制改革重点工作 797*a*
经济文献 1
经济效益 29*a*
经济责任审计 40*a*
工作机制 40*a*
计划管理 40*a*
经营发展问题 43*a*
经营方式创新 20*b*
经营实力 40*b*

经营性国有资产集中统一监管　4*b*、16*a*、24*a*
经营业绩考核　55*b*
　A级企业名单　806*b*
精神文明五个一工程　76*a*
境外安全风险防范　28*a*
境外董事培训工作　49*a*
境外国有资产检查　68*b*
境外项目管理和协调　28*a*
救急难试点工作　81*a*
聚焦监督主业　68*a*
决算管理方式　38*b*
军转干部稳定工作　81*b*

K

开放合作　8*a*
抗日战争暨世界反法西斯战争胜利70周年纪念活动　13*a*
　重大意义　13*a*
考核结果兑现薪酬　56*b*
考核制度　56*b*
科技成果　27*b*
科技创新　17*b*、26*b*、27*b*
　成果　17*b*
　能力　17*b*、18*b*
科技情况调查　27*a*
科技人才队伍　27*b*
科技与资本有机结合　20*a*
孔子学院建设　61*b*
亏损企业专项治理工作　52*b*、53*a*
　督导机制　53*a*
困难中央企业棚户区改造　59*a*

L

劳模评选表彰和服务工作　79*a*
老干部工作　13*b*
离任必审　40*a*
离退休干部服务管理工作　14*a*
离退休干部组织引导　13*b*
理论武装　74*b*
理论研究　74*a*
历史遗留问题解决　10*b*、50*a*、50*b*、59*a*
两个责任　77*a*
　制度保障　64*a*
两金压降　37*b*
两金占用　43*a*
辽宁省国有企业主要指标(表)　710
辽宁省国有资产监督管理工作　123*a*
　惩治腐败　133*a*
　党的建设　129*b*
　党风廉政建设责任制　131*b*
　党风廉政建设主体责任　132*b*
　党建工作责任制　129*b*
　党建调研督查走访服务活动　130*a*
　法人治理结构改革　129*a*
　负责人考核　129*a*
　股权多元化改革　127*b*
　国有企业户数情况(表)　125*a*
　国有资本保值增值监管　128*a*
　国有资本保值增值结果　127*a*
　国有资本保值增值情况(表)　127*a*
　国有资本保值增值综合分析评价　126*b*
　国有资本及权益增减变动情况(表)　126*b*
　国有资产地区分布情况　124*a*、125*a*(表)
　国有资产行业分布情况　126*a*、126*a*(表)
　国有资产监管　123*b*
　国有资产经营规模分布情况　125*a*、125*b*(表)
　国有资产增减变动及原因　126*b*
　国有资产总量与结构分析　124*a*
　国资国企改革　123*a*
　混合所有制改革试点　127*b*
　基层党组织基础工作　130*b*
　纪检监察人员培训班　133*a*
　经营业绩考核体系　128*a*
　经营责任制度　128*a*
　劳动用工　128*b*
　廉政建设　129*b*、131*b*
　领导人员选拔教育管理监督　130*a*

内部经营机制创新工作　128*b*
企业党的建设　123*b*、129*b*
企业党内主题实践活动　130*b*
企业负责人考核　129*a*
企业负责人履行待遇业务支出行为　128*b*
企业改革　127*b*、128*b*
企业国有资产分布情况(表)　124*b*
企业级次分布情况(表)　125*b*
企业结构调整　123*b*
企业上市　127*b*
企业收入分配行为和秩序　128*a*
企业收入分配制度　128*a*
三严三实专题教育　130*a*、132*b*
三重一大决策制度情况监督检查　132*b*
上市股份公司分布　126*b*
省直部门企业国有资产分布情况(表)　124*b*
收入分配制度改革　128*b*
宣传教育　132*a*
选人用人机制改革　129*a*
制度建设　132*a*
作风建设　131*b*
领导班子建设　4*b*、24*b*
领导带头　77*a*
领导人员管理　63*a*
履行社会责任　20*b*

M

孟建民　53*a*
民政部、国资委关于支持中央企业积极投身公益慈善事业的意见　783*b*
民主集中制　77*b*
目标确定　56*a*

N

南北车重组　43*b*
南光(集团)有限公司　46*a*、678*a*
改革发展　679*a*
基本概况　678*a*
经济指标(表)　678*b*
履行社会责任　679*b*
内部资源整合　679*a*
深化改革工作　679*a*
信息化建设　679*b*
与珠海振戎重组　46*a*、679*a*
重大项目　679*b*
主要指标　678*b*
内部建设　74*b*
内部巡视　86*a*
内蒙古自治区国有企业主要指标(表)　709
内蒙古自治区国有资产监督管理工作　116*a*
1+3制度体系　117*b*
产权有序流转　116*b*
党的建设　117*b*、121*b*
党风廉政建设　117*b*、122*a*
电力公司　122*b*
顶层设计　116*b*
法规制度建设　117*a*
法人治理结构　119*b*
反腐败工作　117*b*、122*a*
扶贫工作　118*c*
改革工作重点　116*b*
工作效率　116*a*
国企国资改革　116*b*
国有企业负责人薪酬制度改革　117*a*
国有企业合作　116*b*
国有企业户数情况(表)　118*a*
国有企业稳健发展　116*a*
国有企业指标(表)　118*a*
国有资本保值增值情况(表)　119*a*
国有资本保值增值综合分析评价　119*a*
国有资产地区分布情况(表)　118*b*
国有资产行业分布情况(表)　118*b*
国有资产监管方式　117*a*
国有资产经营规模分布情况(表)　119*a*
国有资产总量与结构分析　118*a*
国资监管体系　117*a*
监管工作机制　117*a*

监管企业相关情况　120*a*
监事会监督效能　117*a*
经营业绩考核工作　117*a*
经营业绩考核体系　120*a*
考核办法　120*b*
考核结果运用　121*a*
考核体系构成　120*b*
考核体系内涵　120*b*
历史遗留问题解决　116*b*
廉政建设情况　121*b*
目标管理　120*b*
能建集团　122*b*
企业并购重组　119*b*
企业财务监督　117*a*
企业分类　120*a*
企业负责人考核　121*a*
企业改革发展地方特色　122*b*
企业股份制改革　119*b*
企业领导班子建设　117*b*
全面深化改革　116*b*
人才队伍建设　117*b*
三严三实专题教育活动　117*b*、121*b*
森工集团　122*b*
上市融资情况　119*b*
稳增长工作　116*a*
信访维稳工作　118*a*
选人用人机制改革　121*a*
严治党 1+3 制度体系　121*b*
业务指导能力　116*a*
专项改革试点　116*b*
年度报告质量　68*b*
宁波市国有企业主要指标(表)　719
宁波市国有资产监督管理工作　178*b*
法人治理结构　183*b*
干部队伍建设　180*b*
工作体系建设　180*a*
股份制改革　183*a*
国企功能作用和目标　179*a*
国企内部风险防控能力　179*b*
国企有效投资　179*a*
国企治理水平　180*a*
国有企业户数情况(表)　181*b*
国有企业指标(表)　181*b*
国有资本保值增值情况(表)　182*b*
国有资本保值增值综合分析评价　182*b*
国有资本布局结构　179*b*
国有资产地区分布情况(表)　181*b*
国有资产行业分布情况(表)　182*a*
国有资产经营规模分布情况(表)　182*b*
国有资产总量与结构分析　181*a*
国资监管服务效能　180*a*
经营业绩考核体系　184*a*
廉政建设　184*b*
领导班子建设　180*b*
企业党的建设　184*b*
企业负责人考核　184*a*
企业改革重组　183*a*
稳增长调结构惠民生引领作用　179*a*
现代企业制度建设　180*a*
选人用人机制改革　184*a*
巡视反馈意见整改落实　179*b*
战略引导作用　179*b*
宁夏回族自治区国有企业主要指标(表)　754
宁夏回族自治区国有资产监督管理工作　343*b*
班子活力　347*a*
财务监督评价体系　344*b*
创先争优　348*a*
从严治党　347*a*
党风廉政建设　348*b*
党风廉政建设责任制　348*b*
党员队伍建设　348*a*
党员队伍结构　348*a*
队伍建设　350*a*
法人治理结构　344*a*
反腐败工作　348*b*
国有产权管理　345*a*
国有企业改革　343*b*
国有企业户数情况(表)　345*b*

国有企业指标（表） 345*b*
国有资本保值增值情况（表） 346*b*
国有资本保值增值综合分析评价 346*a*
国有资产地区分布情况（表） 345*b*
国有资产行业分布情况（表） 346*a*
国有资产经营规模分布情况（表） 346*a*
国有资产总量与结构分析 345*a*
国资监管体制 344*a*
基础保障 347*b*
纪律审查工作 350*a*
监督管理 347*a*
监督检查 349*a*
监督执纪水平 350*a*
监事会监督检查 345*a*
经营业绩考核 344*b*
理想信念教育 348*a*
廉洁风险防控机制 350*a*
廉洁企业建设 349*b*
领导班子建设 347*a*
履职待遇业务支出 344*b*
培训指导 347*b*
企业党的建设 346*b*
企业内部制度改革 344*a*
企业效能监察工作 350*a*
权力运行的监督制约 349*a*
权力责任清单 344*a*
三严三实主题教育 349*b*
示范引领 348*b*
思想政治建设 348*a*
脱钩改革 344*a*
星级基层服务型党组织创建 347*b*
宣传教育 349*b*
组织基础 347*b*
女职工工作 81*b*
座谈会 82*a*

P

盘活存量要效益 10*a*
培育和践行社会主义核心价值观 75*a*
配套政策措施研究制定 50*b*
棚户区改造工作 52*a*、59*a*
底数 52*b*
指导意见落实 52*a*
批转发展改革委关于2015年深化经济体制改革重点工作意见的通知 797*a*
评审结果审批 76*b*
评审政策 76*b*
破解难题 64*b*

Q

企业党组织即知即改，主动整改督促 85*b*
企业调研走访 53*a*
企业董事会董事年度评价 49*b*
企业动态监测工作 39*a*
企业法律顾问队伍建设 33*a*
企业负责人经营业绩考核 58*a*、777*b*
企业改革发展 23*a*、69*b*
企业公司治理机制 10*b*
企业国有产权管理工作 34*a*
企业国有资产监督 772*a*
法治建设 32*a*
企业核心竞争力 26*b*
企业绩效评价标准值 38*b*
企业经营管理人才素质提升工程 67*a*
企业科技创新工作 26*b*
企业利润构成及增长变化（表） 42
企业领导班子建设 11*b*、63*b*
企业领导班子选优配强 63*b*
企业领导人员管理 63*a*
管理监督 64*a*
企业落实整改 69*b*
企业人才基地建成 66*a*
企业人事制度改革 65*a*
企业三年滚动规划编制和评议工作 19*a*
企业文化建设 76*b*
企业稳增长 59*b*
企业效益增长 41*b*
企业业务调整研究 25*b*

企业营业收入增长变化(表)　41
企业重大投资　26*a*
企业转型升级　4*a*、23*b*
千人计划落实　65*b*
强管理　17*a*
侨联工作创新　79*b*
青岛市国有企业主要指标(表)　730
青岛市国有资产监督管理工作　228*a*
　创新工作思路　229*b*
　党风廉政精神文明建设　234*a*
　改革调整平台　233*a*
　工资总额预算管理　233*b*
　公共服务类企业服务保障能力　228*b*
　功能类企业平台功能　228*b*
　国企改革　228*a*
　国有经济布局调整情况　232*b*
　国有企业户数情况(表)　230*b*
　国有企业指标(表)　230*b*
　国有资本保值增值情况(表)　232*a*
　国有资本保值增值综合分析评价　232*a*
　国有资本布局调整　232*b*
　国有资产地区分布情况(表)　231*a*
　国有资产行业分布情况(表)　231*a*
　国有资产监管方式　229*a*
　国有资产结构分析　230*a*
　国有资产经营规模分布情况(表)　231*a*
　国有资产运营分析　230*b*
　国有资产总量与结构分析　229*b*
　混合所有制改革　233*a*
　监管大企业运营状况　230*b*
　劳动用工管理工作　233*b*
　企业党的建设　234*a*
　企业发展环境　229*b*
　企业法人治理建设　229*a*
　企业分类监管　229*a*
　企业负责人经营业绩考核　233*a*
　企业经营业绩考核　233*b*
　企业收入分配调控　233*b*
　企业转型升级　228*a*
　事后评估　229*b*
　事前立规　229*a*
　事中监督　229*a*
　薪酬管理工作　233*a*
　薪酬制度改革　233*a*
　招聘工作规范　234*a*
　职工福利保障　234*a*
青海省国有企业主要指标(表)　751
青海省国有资产监督管理工作　335*b*
　保值增值情况　337*b*
　出资企业融资渠道　340*b*
　出资企业上市　341*a*
　创建工作品牌化　337*a*
　党管干部抓关键　342*b*
　党建工作　336*b*
　党建工作责任化　336*b*
　党建工作制度化　337*a*
　发展地方特色　343*a*
　发展质量　336*b*
　法人治理结构　340*b*
　骨干企业成长壮大　336*a*
　国企改革重大措施　336*a*
　国有企业户数情况(表)　338*a*
　国有企业健康稳定发展　336*a*
　国有企业指标(表)　338*a*
　国有资本保值增值情况(表)　339*b*
　国有资本保值增值综合分析评价　339*b*
　国有资本结构　336*a*
　国有资产地区分布情况　338*a*、338*b*(表)
　国有资产行业分布情况　338*b*、338*b*(表)
　国有资产经营规模分布情况　339*a*、339*a*(表)
　国有资产总量与结构分析　337*a*
　国资国企改革　336*a*
　国资监管制度建设　336*a*
　狠抓队伍提效能　342*b*
　混合所有制经济　340*a*
　监事会工作　343*a*
　监事会人才培养　343*a*
　经营效益情况　338*a*

经营业绩考核体系　341*a*
廉政建设　342*a*
履职待遇业务支出待遇　342*a*
企业并购重组　340*b*
企业党的建设　342*a*
企业负责人考核　341*b*
企业股份制改革　339*b*
企业领导人员监管　341*b*
企业总体情况　337*b*
强纪守规明责任　342*a*
上市融资情况　339*b*
社会贡献　336*b*
深化三基强基础　342*a*
问题台账化　337*a*
选人用人机制改革　341*b*
营业收入情况　338*a*
招才引智人才培育　341*b*
支部建设融入化　337*a*
转型升级　336*b*
资产结构情况　337*b*
资产总额情况　337*b*
青联工作　80*a*
青年成长成才　79*b*
青年成长发展问题研究工作　80*a*
青年工作　79*b*
青年思想引导　79*b*
全国厂办大集体改革工作　55*a*
全国国有企业户数、从业人数、国有资产总量地区分析(表)　691
全国国有企业户数、从业人数、国有资产总量行业分析(表)　690
全国国有企业户数、从业人数、国有资产总量综合分析(表)　689
全国国有企业资产负债地区分析(表)　695
全国国有企业资产负债行业分析(表)　694
全国国有企业资产负债综合分析(表)　693
全面推进法治央企建设的意见　780*b*
全面预算管理工作　38*a*
全球配置资源能力和水平　28*a*
群众工作　78*b*

R

人才队伍建设　65*b*
人才工作　65*b*
人才职业化专业化　63*a*
人工成本监测　54*a*
人工成本控制　54*a*
人工成本投入产出效率　54*b*
任期审计　40*a*
日常监督　68*a*
协同　70*a*

S

三供一业分离移交工作　51*a*、51*b*、59*a*
进展　51*b*
试点工作　51*a*、51*b*
三套报表体系　39*a*
三星班　67*b*
三严三实专题教育　4*b*、24*b*、63*b*、70*a*、72*b*、77*b*、83*b*
督促指导　73*a*
经验交流　73*a*
全面动员部署　72*b*
山东省国有企业主要指标(表)　728
山东省国有资产监督管理工作　220*a*
惩治腐败　226*b*
创新体制机制　226*b*
从严监督管理干部　225*a*
党的基层组织建设　226*a*
党的建设　225*b*
党管人才工作　225*a*
党建工作责任　225*b*
党员队伍教育管理　226*a*
顶层设计　227*a*
队伍建设　227*a*
发展地方特色　227*a*
法人治理结构　223*b*
高层次专业人才培养引进　225*b*

高级管理人员契约化试点工作　224*b*
管党治党责任落实　220*b*
国企国资改革　220*a*、227*a*
国有股权转让工作　223*a*
国有企业户数情况　221*a*、221*a*(表)
国有企业指标(表)　220*b*
国有资本保值增值情况(表)　222*b*
国有资本保值增值综合分析评价　222*b*
国有资本投资运营公司改建工作　223*a*
国有资产按企业规模分布情况　222*a*
国有资产地区分布情况　221*a*、221*a*(表)
国有资产行业分布情况　221*b*、222*a*(表)
国有资产经营规模分布情况(表)　222*b*
国有资产指标及分布情况　220*b*
国有资产总量与结构分析　220*b*
国资国企改革新动力　227*b*
机构建设　227*b*
纪律和规矩挺在前面　227*a*
监事会监督能力　224*a*
经营管理人才培训　225*a*
经营业绩考核体系　224*a*
考察制度　224*b*
历史遗留问题解决　223*b*
廉政建设　225*b*、226*b*
两个责任落实　226*b*
领导班子调整交流　224*b*
企业办社会职能　223*b*
企业并购重组　223*b*
企业负责人考核　224*b*
企业改制　223*a*
企业股份制改革　223*a*
企业经济运行　220*a*
企业领导班子建设　224*b*
企业人才工作目标责任　225*a*
三严三实专题教育　225*b*
上市公司基本情况　223*b*
上市融资情况　223*a*
先行先试　227*b*
选人用人机制改革　224*b*、225*a*
转型升级　220*b*
组织保证　227*b*
山西省国有企业主要指标(表)　707
山西省国有资产监督管理工作　109*a*
成本管控　109*b*
创新驱动促转型　110*a*
从严治部工作　114*a*
党的建设　114*b*
党风廉政建设　115*a*
发展地方特色　115*a*
法人治理结构　113*a*
防范风险　109*b*
服务大局惠民生　111*a*
干部档案专项清理工作　114*a*
攻坚克难抓改革　109*b*
股份制改革情况　112*b*
国有企业户数情况(表)　111*b*
国有企业指标(表)　111*b*
国有资本保值增值情况(表)　112*a*
国有资本保值增值综合分析评价　112*a*
国有资产地区分布情况(表)　111*b*
国有资产经营规模分布情况(表)　112*a*
国有资产总量与结构分析　111*a*
集中统一监管　111*a*
监管边界　110*b*
监管方式　110*b*
经济指标　111*a*
经营规模分布情况　112*a*
经营业绩考核体系　113*a*
开拓市场　109*b*
厘清边界转职能　110*b*
廉政建设情况　114*b*
领导班子和领导人员年度考核　113*b*
领导干部职数管理　113*b*
领导人员推荐考察及任免　114*a*
煤焦公路销售体制改革　115*b*
企业并购重组　113*a*
企业负责人考核　113*b*
企业股份制改革　112*b*

企业领导人员个人有关事项集中填报和查核 114*a*
企业领导人员日常监督管理 114*a*
全力以赴稳增长 109*b*
三个一批工作 113*b*
三严三实专题教育 114*b*
上市融资情况 112*b*
省属国有企业财务等重大信息公开 115*a*
投资拉动 109*b*
信息公开 115*a*
选人用人机制改革 113*b*
陕西省国有企业主要指标(表) 748
陕西省国有资产监督管理工作 321*b*
布局结构调整 323*a*
财务指标 324*b*
当期监督 328*a*
党的建设 324*a*、328*b*
党风廉政建设 329*b*
队伍建设 329*b*
对标考核 323*b*
改革总体意见谋划 327*a*
国企国资改革 322*b*
国有企业发展质量 321*b*
国有企业户数情况 324*b*、325*a*(表)
国有企业指标(表) 324*b*
国有资本保值增值情况(表) 326*a*
国有资本保值增值综合分析评价 326*a*
国有资产地区分布情况 325*a*、325*a*(表)
国有资产行业分布情况 325*b*、325*b*(表)
国有资产监管 323*b*
国有资产经营规模分布情况(表 326*a*、326*a*
国有资产总量与结构分析 324*b*
混合所有制经济 327*a*
基层党组织建设 328*b*
监事会队伍建设 328*b*
监事会监督检查 328*a*
经营业绩考核体系 327*b*
精细化管理 323*b*
考核原则和重点 327*b*
科技创新能力 323*a*
廉政建设 328*b*、329*b*
领导班子建设 328*b*
年度目标责任考核 327*b*
企业分类管理 327*a*
企业股份制改革 327*a*
企业支持配合机制 328*a*
群团工作 329*a*
人才队伍建设 328*b*
三严三实专题教育 324*a*、328*b*
上市融资情况 327*a*
稳增长降本增效 322*b*
新闻宣传工作 329*a*
商业企业户数、从业人数、国有资产总量地区分析(表) 700
商业企业资产负债地区分析(表) 701
上海贝尔股份有限公司 668*b*
党建工作 670*a*
改革发展 669*a*
工作重心调整 669*a*
基本概况 668*b*
技术创新 669*b*
履行社会责任 671*a*
企业转型升级 669*a*
三严三实专题教育 670*a*
信息化建设 670*b*
战略规划执行能力 669*a*
重大创新 670*a*
重大项目 669*a*
主要指标 668*b*
走向海外 669*b*
上海市国有企业主要指标(表) 716
上海市国有资产监督管理工作 157*a*
长效激励 160*a*
党的建设 161*a*
党风廉政建设 161*b*
法人治理结构 159*b*
分类考核 159*b*
分配机制 160*a*

服务城市发展战略　161*a*
服务科创中心建设　160*b*
股份制改革　158*b*
国有企业户数情况(表)　158*a*
国有企业指标(表)　157*b*
国有资本保值增值情况(表)　158*b*
国有资本保值增值综合分析评价　158*b*
国有资产行业分布情况(表)　158*a*
国有资产经营规模分布情况(表)　158*a*
国有资产总量与结构分析　157*b*
国资布局情况　159*b*
国资监管体制　159*a*
监管方式　160*a*、160*b*
监管体系　160*a*
经营业绩考核体系　159*b*
廉政建设　161*a*
企业并购重组　159*b*
企业服务国家和城市战略　160*b*
市场融资情况　158*b*
重点领域风险管控　160*a*
资本市场融资情况　159*a*
资产经营规模　158*a*
走出去战略　161*a*
社会贡献　42*b*
涉军工作　81*b*
涉外谈判对话　33*b*、61*a*
深化改革　8*a*
深化国有企业改革的指导意见　759*a*、779*a*
深化经济体制改革重点工作的意见　797*a*
深圳市国有企业主要指标(表)　737
深圳市国有资产监督管理工作　267*b*
班子调整　272*a*
并购重组　268*a*
创新转型　268*b*
从严治党　269*a*
党风廉政建设　273*a*
党建纪检　269*a*
队伍建设　273*a*
法人治理结构　271*a*
反腐倡廉预防工作　273*a*
高效服务大局　268*b*
股份制改革　270*b*
国有企业户数情况(表)　269*b*
国有企业指标(表)　269*b*
国有资本保值增值情况(表)　270*b*
国有资本保值增值综合分析评价　270*b*
国有资产地区分布情况(表)　269*b*
国有资产行业分布情况(表)　270*a*
国有资产经营规模分布情况(表)　270*a*
国有资产总量与结构分析　269*b*
国资国企改革　267*b*
换届考察　272*a*
混合所有制改革　267*b*
基础支撑作用　268*b*
基金群战略体系　268*a*
金融产业拓展　268*b*
经营业绩考核体系　271*b*
廉政监督工作　269*a*
廉政建设　272*b*
领导班子建设　269*a*
履行社会责任　269*a*
履职待遇业务支出改革　267*b*
企业并购重组　271*a*
企业党的建设　272*b*
企业负责人考核　272*a*
企业负责人薪酬制度改革　271*a*
企业领导和班子考核　272*a*
企业领导人员规范化管理　272*b*
企业领导人员培训　272*b*
企业领导人员市场化选聘机制　272*a*
三严三实专项教育　269*a*
上市及培育工作　268*a*
上市融资情况　270*b*
深圳市创新政策体系建设　268*b*
市场化履职机制　267*b*
四风整治成果　273*a*
天健集团混合所有制改革核心工作　271*a*
薪酬制度改革　267*b*

选人用人机制改革 272*a*
资本运作 268*a*
资源优化配置 268*a*
神华集团有限责任公司 436*a*
1245 清洁能源发展战略 436*b*
安全生产 439*b*
党的建设 441*a*
党建工作 440*a*
党建工作方式方法创新 440*b*
党员队伍建设 440*b*
改革发展 437*a*
公司法人治理结构 441*a*
股权投资管理制度流程体系 437*b*
管理创新 438*b*
海外项目建设 438*a*
海外业务合规经营 438*a*
基本概况 436*a*
基层党组织建设 440*a*
纪律和规矩意识挺在前面 440*a*
技术创新 439*a*
监督管理 440*b*
节能环保工作最高决策机制 438*b*
经济指标(表) 436*b*
精简机构 437*b*
科技管理制度 438*b*
履行社会责任 442*a*
煤炭经营销售决策机制 437*b*
其他情况 442*b*
企业文化建设 440*b*
清洁能源交流 438*b*
人事制度改革 437*a*
三项制度改革 437*a*
投资成本管控 438*a*
新能源板块上市项目筹备工作 438*a*
信息化管控体系 441*b*
信息化建设 441*b*
信息技术和产业变革 441*b*
制度体系顶层设计 440*b*
中外人员交流 438*b*
重大创新 438*b*
重大项目 437*b*
重大战略合作 437*b*
主要指标 436*b*
注资工作 438*a*
走向海外 438*a*
审计监督管理 40*a*
生产经营运行 30*b*、40*b*
省(区、市)国有资产监督管理 87
十二五规划总结工作 19*a*
十二五回顾 3*a*
十三五规划编制工作 19*a*、25*b*
十三五面临的形势 5*b*
十三五时期目标和要求 7*a*
实体产业发展 41*a*
世界 500 强中国企业上榜情况(表) 808*a*
市场冲击 31*b*
事中监督 68*a*
适应和把握新常态 推动国有企业向做强做优做大目标迈进 3*a*
收入分配差距 54*b*
收入分配管理 53*b*
收入分配调控 53*b*
书香三八读书征文活动 82*a*
数据共享机制 39*a*
双边机制对话 62*a*
双创工作 27*a*
双创平台建设 10*b*
税收负担 43*a*
思科班 67*b*
思想道德建设 75*b*、63*b*
四川省国有企业主要指标(表) 743
四川省国有资产监督管理工作 296*a*
并购重组情况 299*b*
党的建设薄弱问题专项整治 301*b*
党风廉洁建设 302*a*
党建工作责任 301*b*
董事会建设 300*a*
董事会选人用人职权改革 300*b*

法人治理结构　299***b***
反腐倡廉工作机制体制改革　302***b***
国企党建工作　301***a***
国企改革　296***a***
国有企业户数情况（表）　297***a***
国有企业指标（表）　297***a***
国有资本保值增值情况（表）　299***a***
国有资本保值增值综合分析评价　298***b***
国有资本保值增值　298***b***
国有资产地区分布情况（表）　297***a***
国有资产行业情况　297***b***、298***a***（表）
国有资产监督管理　296***b***
国有资产经营规模分布情况（表）　298***b***
国有资产总量地区分布　297***a***
国有资产总量与结构分析　296***b***
国资系统新风正气　302***b***
后备队伍递进培养　301***a***
基层服务型党组织建设　301***b***
经营业绩考核体系　300***b***
廉政建设　301***a***
两个责任落到实处　302***a***
领导班子和领导人员年度考核　301***a***
配套制度体系　301***a***
企业并购重组　299***b***
企业党的建设　301***a***
企业负责人考核　300***b***
企业股份制改革　299***a***
企业领导班子功能结构模型　300***b***
企业领导班子结构优化　300***b***
三严三实专题教育　301***a***
上市融资情况　299***a***
上市资源培育　299***b***
思想政治建设　301***a***
脱贫攻坚　302***a***
外部董事制度　300***a***
违纪违法案件查处　302***b***
系统防治腐败工作基础　302***b***
宣传和舆论引导　302***a***
选人用人机制改革　300***b***
综合实力　296***a***
速度换挡　5***b***

T

提质增效　8***b***
天津市国有企业主要指标（表）　704
天津市国有资产监督管理工作　97***a***
创新转型　97***b***
当期监督　101***b***
党的建设　102***b***
党风廉政建设　103***a***
低效企业清理退出　98***a***
董事会建设　100***b***
董事会年度报告工作　101***a***
董事会治理规则和管理制度建设　101***a***
队伍建设水平　103***a***
法人治理结构　100***b***
分类考核　102***a***
国企活力和竞争力　97***b***
国有经济逆势增长　97***b***
国有企业放开搞活　98***a***
国有企业户数情况（表）　99***a***
国有企业上市挂牌　98***a***
国有企业指标（表）　99***a***
国有资本保值增值情况（表）　99***b***、100***a***
国有资本保值增值综合分析评价　99***b***
国有资产安全　101***a***
国有资产地区分布情况（表）　99***a***
国有资产行业分布情况（表）　99***b***
国有资产经营规模分布情况（表）　99***b***
国有资产总量与结构分析　98***b***
国资监管效能　98***a***
基层党组织水平　103***a***
监督成果运用　101***b***
监管方式　98***b***
监事会监督　101***a***
经营业绩考核　101***b***
廉政建设　102***b***
领导班子建设　102***b***

企业负责人履职待遇业务支出工作　102*b*
企业负责人薪酬制度改革工作　102*a*
企业股份制改革与上市融资情况　100*b*
人才队伍建设　102*b*
三严三实专题教育　102*b*
上市融资情况　100*b*
市场拓展　97*b*
薪酬水平核定　101*b*
依法治理　98*a*
运行帮扶　97*b*
专项检查工作　101*a*
综合监督　98*b*
调结构转方式　17*a*、37*a*
同舟工程　81*a*
统筹规划　84*b*
统战工作调研　79*b*
统战侨务工作　79*a*
投资并购保障企业发展作用　17*a*
投资方向优化　19*b*
投资风险规避　26*a*
投资管理　26*a*
体系建设　19*b*
投资规模收缩　43*a*
投资后评价工作　26*b*
投资活动风险管控　19*b*
突出矛盾和问题　31*b*
突发事件处置　28*a*

W

外部董事来源渠道拓展　65*a*
外部环境　61*a*
外派监事会监督作用　11*a*
外事管理工作　61*b*
规范　61*b*
外事活动服务　62*a*
水平　61*b*
完善2015年中央企业负责人经营业绩考核的实施意见　777*b*
万人计划工作　66*a*
为党的事业增添正能量　13*b*
为党做事　13*b*
为中央企业办实事　62*b*
未来科技城建设　66*a*
文明旅游宣传引导　76*a*
稳收入稳投资　32*a*
稳增长促改革调结构　23*a*
稳增长工作　3*a*、69*b*
方案　36*b*
中心工作　38*a*
问题督促整改机制　40*a*
武汉钢铁(集团)公司　477*b*
党建工作　480*a*
多元化产业　479*a*
基本概况　477*b*
基层组织建设　480*a*
技术进步　479*b*
经济指标(表)　477*b*
内部改革　478*a*
企业管理　478*a*
四位一体职工服务中心　480*a*
拓市场调结构　478*b*
巡视整改　480*a*
营销模式　478*b*
用户服务　478*b*
战略合作　479*a*
主要指标　477*b*
武汉邮电科学研究院　671*a*
安全保障能力　672*a*
产品优化　672*b*
产品质量控制　671*b*
党建工作　673*a*
改革发展　671*b*
工程建设创新　673*a*
基本概况　671*a*
经济指标（表）671*b*
履行社会责任　673*b*
内控及风险防控能力　672*a*
人力资源管理水平　672*a*

三严三实专题教育　673*a*
信息化建设　673*b*
信息化系统　672*a*
重大创新　672*b*
重大项目　672*a*
主要指标　671*b*
资产质量管理　671*b*
自主创新　673*a*
走向海外　672*b*
作风建设　673*b*

X

西部之光访问学者工作　66*b*
西藏自治区国有企业主要指标(表)　752
西藏自治区国有资产监督管理工作　317*b*
保障和改善民生　321*b*
产业升级　321*a*
从严治党　320*b*
党风廉政建设　320*b*
发展地方特色　320*b*
法人治理结构　319*b*
国企改革整体设计　319*a*
国有企业户数情况(表)　318*a*
国有企业领导人员选聘管理创新　320*a*
国有企业指标(表)　318*a*
国有资本保值增值情况(表)　319*a*
国有资本保值增值综合分析评价　319*a*
国有资产地区分布情况(表)　318*b*
国有资产行业分布情况(表)　318*b*
国有资产经营规模分布情况(表)　318*b*
国有资产总量与结构分析　318*a*
国资监管制度体系　317*b*
混合所有制经济　319*b*
基础性管理工作　317*b*
激励约束导向作用　320*a*
节能减排　321*a*
经营业绩考核体系　320*a*
开放合作步伐　320*b*
历史遗留问题化解　321*b*
廉政建设　320*b*
品牌建设　321*a*
企业并购重组　319*b*
企业党的建设　320*b*
企业负责人考核　320*a*
企业股份制改革　319*a*
企业整合重组　319*b*
权力和责任清单　317*b*
上市融资情况　319*a*
新的经济增长点　321*a*
选人用人机制改革　320*a*
资本证券化战略　319*b*
习近平　14*a*
厦门市国有企业主要指标(表)　725
厦门市国有资产监督管理工作　206*a*
查办案件抓执纪　212*b*
产城融合服务发展　206*b*
产融结合　206*a*
创新发展　206*a*
党员队伍建设　212*a*
反腐倡廉工作　212*a*
干部监督管理机制　211*b*
国有企业户数情况(表)　209*a*
国有企业指标(表)　208*b*
国有资本保值增值情况(表)　210*a*
国有资本保值增值综合分析评价　210*a*
国有资产地区分布情况(表)　209*a*
国有资产行业分布情况(表)　209*a*
国有资产经营规模分布情况(表)　209*b*
国有资产总量与结构分析　208*b*
国资国企改革　210*b*
后备干部和人才队伍　211*b*
惠民利民　207*b*
活动载体建设　212*a*
基层党建工作　212*a*
监管规范　207*b*
经营业绩考核体系情况　211*a*
廉政建设　212*a*
履行社会责任　207*b*

美丽厦门 207*b*
企业党的建设 212*a*
企业发展氛围 208*b*
企业负责人考核 211*a*
企业改革发展 207*b*
企业改革重组 210*b*
企业领导班子结构 211*b*
企业人才培训 208*a*
企业完善法人治理结构 210*b*
权力制约抓监督 212*a*
融资渠道 208*a*
三个转型 206*a*
厦门自贸区发展 207*a*
四转一强抓队伍 212*b*
薪酬管理 211*a*
选人用人机制改革 211*b*
业绩考核 211*a*
源头防范抓教育 212*b*
整合重组优化资源配置 210*b*
资本市场 206*b*
自贸区发展成效 207*a*
自贸区建设 207*a*
先进典型挖掘选树宣传 75*b*
效益降幅收窄 30*a*
协同创新 20*a*、26*b*
协议转让上市 36*b*
新加坡融资平台行业专题暨一带一路宣讲会 36*a*
新疆利民通信工程 80*b*
新疆生产建设兵团国资委国有资产监督管理工作 357*a*
兵团党风廉政建设 362*b*
兵团企业分类划级工作 363*b*
党的建设 362*a*
党的领导 358*a*
党员思想教育 362*a*
发展地方特色 363*a*
法人治理结构改革 361*a*
反腐败斗争 362*b*
风险管控 357*a*
国企改革顶层设计 363*a*
国企改革试点工作 357*b*
国有地区国有资本保值增值情况(表) 360*a*
国有经济稳步增长 357*a*
国有企业行业国有资本保值增值情况(表) 360*b*
国有企业户数情况 358*b*、358*b*(表)
国有企业指标(表) 358*b*
国有资本保值增值综合分析评价 360*a*
国有资产按经营规模分布情况 359*b*
国有资产地区分布情况 358*b*、359*a*(表)
国有资产行业分布情况 359*a*、359*b*(表)
国有资产经营规模分布情况(表) 359*b*
国有资产总量与结构分析 358*a*
国资监管水平 358*a*
国资监管体制 363*a*
经济布局优化 357*b*
经济运行调控 357*a*
经营业绩考核体系 361*b*
廉政建设 362*a*
企业并购重组 361*a*
企业法律风险防范 363*b*
企业负责人考核 362*a*
企业股份制改革 360*b*
企业组织机构优化 357*a*
三严三实专题教育 358*a*
上市融资情况 360*b*
选人用人机制改革 362*a*
转型升级 357*b*
新疆维吾尔自治区国有企业主要指标(表) 755
新疆维吾尔自治区国有资产监督管理工作 350*b*
PPP 项目 351*a*
产业支援新疆情况 356*a*
从严管党治党 351*b*
党风廉政建设 351*b*
党组织和党员基本情况 355*b*
党组织书记述党建工作 356*a*
地方特色产业 351*b*
地州市国企改革发展 352*b*

法人治理结构　355*b*
反腐败工作　351*b*
访惠聚和集中整治等工作　352*a*
改革发展地方特色　356*a*
股份制改革　355*a*
国企改革顶层设计　351*a*
国有经济布局　351*a*
国有经济活力　351*a*
国有经济平稳健康发展　350*b*
国有企业户数情况(表)　353*b*
国有企业政治优势　351*b*
国有企业指标(表)　353*a*
国有资本保值增值情况(表)　354*b*
国有资本保值增值综合分析评价　354*a*
国有资产地区分布情况(表)　353*b*
国有资产行业分布情况(表)　354*a*
国有资产集中统一监管　351*a*
国有资产经营规模分布情况(表)　354*a*
国有资产总量与结构分析　353*a*
国资国企改革　351*a*
集中统一监管工作　355*a*
集中整治工作　352*a*
监管和服务水平　352*b*
监管体系　352*b*
经营性国有资产集中统一监管工作　355*a*
就业工作　356*b*
企业党的建设　355*b*
企业上市融资　355*a*
三严三实专题教育　351*b*、355*b*
上市融资情况　355*a*
调结构转方式　351*a*
稳增长增效益　350*b*
央企属地注册　356*b*
一带一路建设　351*a*
中央企业产业支援新疆　356*a*
新任班　67*a*
新闻宣传　74*b*
新形势下新问题破解　57*b*
新形势新要求　5*b*
新兴际华集团有限公司　639*b*
党建工作　642*a*
对外援助　643*a*
改革发展　640*b*
基本概况　639*b*
际华集团股份有限公司　640*a*、641*a*
经济指标(表)　640*b*
履行社会责任　642*b*
三级法人管控模式　641*a*
新兴铸管股份有限公司　640*a*、641*a*
新兴重工集团有限公司　640*a*、641*b*
信访维稳组织体系建设　643*a*
信息化建设　642*b*
重大创新　641*b*
重大项目　641*a*
主要指标　640*b*
走向海外　641*b*
薪酬管理工作　53*b*
薪酬水平　42*a*
信息化平台　35*a*
宣布失效的规范性文件目录　775*a*
宣传报道　75*a*
宣传思想文化工作　74*a*
选人用人入口关　64*b*
学雷锋志愿服务活动规范化常态化　76*a*
学习贯彻五中全会及《指导意见》等系列报告会　74*b*
学习贯彻习近平总书记系列重要讲话精神　71*a*、74*b*
学习贯彻巡视工作条例　84*b*
学习贯彻中央精神　84*a*
学习实践活动　78*a*
学习座谈会　78*a*
巡视队伍建设　86*b*
巡视方针贯彻　84*b*
巡视工作　83*b*、85*a*
任务安排　84*b*
针对性实效性　85*b*
专题研究　84*a*
巡视机构　86*b*
巡视监督　82*b*、85*a*

巡视整改工作领导 73*a*
巡视整改情况专项督查检查 73*a*

Y

研发经费投入 27*b*
研发体系 27*b*
研究交流 70*b*
央地对接合作活动 28*b*
央企投资日常管理工作 26*a*
央企宣传思想工作会议 74*b*
央企引智渠道 63*a*
业绩考核 55*b*
　结果核定 56*b*
　针对性有效性 56*b*
　引领性和约束力 56*a*
一带一路宣讲会 36*a*
一带一路重大项目建设 11*a*
一岗双责 77*a*
一企一策市场化分红机制 59*a*
一事一报告 69*a*
一五三发展战略 62*b*
一校五院学员选调工作 67*b*
医药卫生体制改革 51*a*
医院分离移交试点研究工作 59*b*
以管资本为主加强国有资产监管 14*b*
印发《关于全面推进法治央企建设的意见》的通知 780*b*
印发《关于完善 2015 年中央企业负责人经营业绩考核的实施意见》的通知 777*b*
印发《国务院国资委 2015 年度指导监督地方国资工作计划》的通知 776*a*
优秀企业家造就 7*a*
舆论环境 74*b*
舆情管理 75*a*
舆情监测 75*a*
与发展中国家对口部门交流 61*a*
预算管理 38*a*
　试点企业改革 54*b*
预算前瞻指导与执行分析 38*a*
援疆援藏援青扶贫工作 80*b*
院士增选 67*a*
云南省国有企业主要指标(表) 746
云南省国有资产监督管理工作 309*b*
　安全生产 316*a*
　帮扶指导 316*a*
　并购重组情况 312*b*
　查办案件 315*b*
　创新能力 316*b*
　党的建设 314*b*
　党员干部理想信念根基 314*b*
　发展地方特色 316*a*
　法人治理结构 312*b*、313*a*
　改革合力 316*b*
　改革试点 316*b*
　管党治党责任 314*b*
　国际化经营 317*a*
　国有企业户数情况(表) 310*a*
　国有企业指标(表) 310*a*
　国有资本保值增值情况(表) 311*a*
　国有资本保值增值综合分析评价 311*a*
　国有资产地区分布情况(表) 310*b*
　国有资产行业分布情况(表) 310*b*
　国有资产经营规模分布情况(表) 311*a*
　国有资产总量与结构分析 310*a*
　国资国企改革 316*b*
　国资监管体制 317*a*
　集团公司整合重组 312*b*
　监管措施 317*a*
　监管方式 317*a*
　监管能力 317*a*
　结构调整 317*a*
　跨境项目整合重组 313*a*
　跨所有制整合重组 312*b*
　历史遗留问题解决 316*b*
　廉政建设 314*b*、315*b*
　两个责任落实 315*b*
　企业并购重组 312*b*
　企业负责人考核 314*a*

企业改制　311*b*
企业股份制改革　311*b*
企业股权多元化　311*b*
企业管理者经营业绩考核及薪酬兑现　314*a*
企业管理者经营业绩考核机制　313*b*
企业管理者薪酬管理　313*b*
企业基层组织建设　315*a*
企业经营业绩考核情况　313*b*
企业领导人员管理监督　314*b*
企业内部资源整合重组　313*a*
企业生产经营　316*a*
企业调整融资模式　312*a*
企业转型升级　312*a*、316*b*
人才队伍建设　314*a*
三转队伍建设　316*a*
上市公司并购重组　312*b*
上市公司再融资　312*b*
上市融资情况　311*b*
提质增效　316*b*
脱贫攻坚　315*a*
项目落地　316*a*
选人用人机制改革　314*a*
应对措施　316*a*
政策支持　316*a*
政策制定　316*b*
职工群众利益　315*a*
重点改革　316*b*
专题教育　315*b*
专项纪律检查　315*b*
作风建设　315*b*
运行质量　30*b*

Z

在离退休干部纪念中国人民抗日战争暨世界反法西斯战争胜利70周年大会上的讲话　12*b*
在中央企业规划发展工作会议上的讲话　16*b*
增收节支　37*b*
债券融资方式创新　37*a*
债券市场运用　36*a*
战略规划管理　16、17
成效　17*a*
水平　17*a*
体系　16*b*
战略规划引领企业发展作用　16*b*
战略机遇　20*b*
张毅　3*a*、12*b*、14*b*、16*b*、60*b*、71*b*、72*a*、84*a*
招商局集团有限公司　45*b*、515*b*
并购重组　516*b*
创新体制机制　517*a*
党建工作　517*b*
对外投资与经营　516*b*
法人治理结构　516*a*
改革发展　516*a*
海外项目　517*a*
和中国外运长航重组　45*b*
基本概况　515*b*
经济指标(表)　516*a*
科技创新支柱　517*a*
履行社会责任　517*b*
企业产权管理　516*b*
全生命周期创新投资平台　517*a*
人力资源管理　516*b*
信息化建设　517*b*
重大创新　517*a*
重大投资　516*b*
重大项目　516*b*
主要指标　515*b*
自主创新　517*b*
走向海外　516*b*
赵伟　12*b*
浙江省国有企业主要指标(表)　718
浙江省国有资产监督管理工作　170*a*
八项规定精神落实　177*b*
保值增值综合分析评价　173*b*
并购重组　175*b*
重组整合　170*b*
单户企业　174*a*
党的建设　177*a*

党风廉政建设　171*b*
党建工作　177*b*
党建工作责任制　171*b*
党章党规党纪学习　177*b*
地区分布　172*a*
法人治理结构　175*b*
反腐败工作　171*b*
风险管控　171*a*
负责人考核　176*b*
改革统筹协调　170*b*
公司法人治理结构　176*a*
供给侧结构性改革　178*b*
管理提升　171*a*
国企党建工作　171*a*
国企改革重组　170*b*
国有经济　170*a*
国有企业改革发展地方特色　178*a*
国有企业户数情况(表)　172*b*
国有资本保值增值率　174*a*
国有资本保值增值情况(表)　174*b*
国有资产地区分布情况(表)　173*a*
国有资产行业分布情况(表)　173*b*
国有资产经营规模分布情况(表)　173*b*
国有资产总量与结构分析　171*b*
国资监管机制　171*a*
国资监管制度　178*a*
行业分布　172*a*
行业情况　174*a*
获利能力　174*a*
监督防止国有资产流失　178*b*
监督力度　178*a*
监管企业业绩考核　176*a*
经营业绩考核体系　176*a*
巨化集团重组菲达环保公司　175*b*
考评等级制度　176*b*
隶属关系　172*a*
廉政建设　177*a*、177*b*
领导班子建设　171*b*
能源集团重组长广集团　175*b*
拟上市公司IPO工作　175*a*
农发集团重组黑龙江新良集团　175*b*
企业并购重组　175*b*
企业负责人考核　176*b*
企业负责人薪酬制度改革　176*a*
企业股份制改革　174*b*
企业规模　172*b*
企业转型发展　170*b*
三严三实专题教育　171*a*、177*a*
上市公司再融资　175*a*
上市融资情况　174*b*
省海港集团挂牌组建　175*b*
所属国有企业指标(表)　172*b*
物产集团整体上市　175*a*
选人用人机制改革　176*b*、177*a*
有效投资　171*a*
战略引领　170*b*
执纪审查工作　178*a*
主体责任　177*b*
资产证券化　170*b*
资产注入实现板块上市　175*a*
最美员工主题活动　177*b*
整改工作实效　85*b*
整改落实　82*b*
整体效益　41*b*
正面宣传　75*a*
政策法规专项指导监督　33*b*
政策研究制定工作　81*b*
政工队伍建设　76*b*、77*a*
政工职称工作　76*b*
政企分开　14*b*
政治担当　85*b*
政治定位　85*a*
政治规矩　85*a*
政治巡视　84*b*
支持政策研究　53*a*
支持中央企业积极投身公益慈善事业的意见　783*b*
职工董事评价　79*a*
职工队伍　42*a*

职工工资增幅　54*a*
职工技能大赛　80*b*
职工技能竞赛优秀选手和优秀组织单位表彰　80*b*
职工收入分配激励约束　53*b*
职工收入分配调控工作　54*a*
职能转变工作部署　39*b*
指导监督地方国资工作计划　776*a*
志愿服务工作　80*a*
制度建设　84*b*
制度文件研究制定　48*a*
中电投集团　44*a*
中共中央、国务院关于深化国有企业改革的指导意见　759*a*
中国保利集团公司　631*a*
　党建工作　632*b*
　低效无效资产清理专项工作　632*a*
　改革发展　631*b*
　管理创新　632*b*
　机制创新　632*b*
　基本概况　631*a*
　集团法律事务管理　632*a*
　集团战略调整　631*b*
　经营业绩　631*a*
　两金清理　632*a*
　履行社会责任　633*a*
　信息化建设　633*a*
　业务创新　632*b*
　重大创新　632*b*
　重大项目　631*b*
　主要指标　631*b*
　资本运作　632*a*
　走向海外　632*a*
中国北方机车车辆工业集团公司　43*b*、44*a*
中国兵器工业集团公司　383*a*
　党建工作　384*b*
　改革发展　383*b*
　机构精简　383*b*
　基本概况　383*a*
　经济指标（表）383*b*
　军民融合科技创新体系建设　384*b*
　履行社会责任　385*a*
　三严三实专题教育　384*b*
　信息化建设　385*a*
　一企一策改革　384*a*
　重大创新　384*b*
　重大项目　384*a*
　主要指标　383*a*
　走向海外　384*a*
中国兵器装备集团公司　385*b*
　产融结合　387*a*
　创新驱动发展战略　387*a*
　党建工作　387*b*
　改革发展　386*a*
　基本概况　385*b*
　经济指标（表）385*b*
　聚焦主业　386*b*
　军工改革　386*a*
　履行社会责任　388*a*
　三严三实专题教育　387*b*
　先进军工体系建设　386*b*
　信息化建设　387*b*
　中央专项巡视配合　387*b*
　重大创新　387*a*
　重大项目　386*b*
　主要指标　385*b*
　资本运营　386*a*
　资源配置优化　386*b*
　走向海外　387*a*
中国诚通控股集团有限公司　531*b*
　党建工作　533*a*
　风险管理　533*b*
　改革发展　532*a*
　基本概况　531*b*
　经济指标(表)　531*b*
　履行社会责任　533*b*
　贸易板块经营　532*b*
　其他情况　533*b*
　群团工作　533*b*

三严三实专题教育　533*a*
物流板块转型升级　532*b*
信息化建设　533*b*
纸业板块整合重组　532*b*
重大创新　533*a*
重大项目　532*a*
主要指标　531*b*
资本运作　532*a*
资产经营　532*a*
资金管理　533*b*
走向海外　532*b*
中国储备粮管理总公司　511*b*
党建工作　513*a*
对口援藏　513*b*
扶贫工作　513*b*
服务调控　512*b*
改革成效　512*b*
改革发展　512*a*
基本概况　511*b*
经济指标(表)　512*a*
履行社会责任　513*b*
绿色科技储粮　513*b*
农民售粮　513*b*
应急保供救灾　513*b*
政策性收购工作　512*b*
重大项目　513*a*
主要指标　512*a*
中国储备棉管理总公司　660*b*
安全工作　661*b*
安全培训　662*a*
安全生产标准化创建　662*a*
安全生产监督检查工作　662*a*
安全生产专项工作　662*a*
产权配置运营　661*a*
储备棉调运协同　661*b*
储备棉投放　661*b*
大安全理念　661*b*
党建工作　662*b*
法治建设　662*b*
改革发展　661*a*
规章制度体系建设　662*a*
基本概况　660*b*
经济指标(表)　660*b*
履行社会责任　663*a*
内控工作　662*b*
审计监督　662*b*
物流业务　661*a*
信息化建设　662*b*
直属库公司化改革　661*a*
中央直属棉花储备库建设　661*b*
重大创新　662*a*
重大项目　661*b*
主要指标　660*b*
籽棉收购加工　661*a*
中国船舶工业集团公司　378*b*
党建工作　380*b*
改革发展　379*b*
基本概况　378*b*
科技成果　380*b*
三严三实专题教育　380*b*
深化改革　379*b*
新产品研发　380*a*
战略性产品和前瞻性技术研发　380*a*
重大创新　380*a*
重大项目　379*b*
主要指标　379*a*
转型发展　379*a*
走向海外　380*a*
中国船舶重工集团公司　380*b*
产融一体发展　382*a*
党建工作　381*a*、382*b*
董事会规范　381*b*
改革发展　381*b*
干部和人才队伍建设　382*a*
公司管控模式　381*b*
基本概况　380*b*
技术创新体系　382*b*
经济指标（表）381*b*

军民融合发展　381***a***
科研项目　382***b***
履行社会责任　383***a***
三集中管理　382***a***
三朗干部队伍　381***a***
三严三实专题教育　382***b***
新产品研制　382***b***
重大创新　382***b***
重大项目　382***a***
主要指标　381***b***
中国大唐集团公司　418***b***
安全生产　422***a***
大渡河黄金坪水电站项目　420***a***
大唐滨州热电联产新建项目　420***b***
党建工作　421***b***
法人治理结构　419***b***
抚州发电新建项目　420***a***
改革发展　419***b***
观音岩水电站项目　420***b***
管控模式　419***b***
基本概况　418***b***
柬埔寨金边至马德望 230 千伏输变电工程　421***a***
柬埔寨斯登沃代水电站　421***a***
节能减排　422***a***
经济指标(表)　419***a***
科技创新　421***b***
劳动人事分配制度改革　419***b***
履行社会责任　422***a***
缅甸太平江一期水电站　421***a***
企业内部分类改革　419***b***
三位一体创新体系　419***b***
三严三实专题教育　421***b***
信息化建设　421***b***
主要指标　419***a***
走向海外　421***a***
重大项目　420***a***
中国第一汽车集团公司　455***b***
成本改善　456***a***
创新驱动　456***b***
党建工作　456***b***
改革发展　456***a***
基本概况　455***b***
经济指标(表)　456***a***
履行社会责任　457***a***
品牌战略　456***b***
三严三实专题教育　456***b***
现代企业制度　456***a***
制度流程建设　456***b***
质量控制　456***a***
重大创新　456***b***
主要指标　455***b***
走向海外　456***b***
中国第一重型机械集团公司　460***a***
党建工作　462***a***
反腐倡廉　462***a***
改革发展　460***b***
改革领导机构　460***b***
改革脱困工作　461***a***
基本概况　460***a***
经济指标(表)　460***b***
科研开发　461***b***
劳动人事分配制度改革　461***a***
内部监督　461***a***
其他方面　461***a***
企业内部管理　461***a***
三严三实专题教育　462***a***
信息化建设　462***a***
重大创新　461***b***
重大项目　461***b***
主要指标　460***b***
中国电力投资集团公司　44***a***、650***a***
党建创新　652***a***
党建工作　651***b***
对外承包工程业务　651***b***
腐倡廉建设　652***a***
改革发展　650***b***
干部队伍建设　652***a***

国际经营　651*a*
基本概况　650*a*
经济指标(表)　650*b*
经营业绩　650*a*
境外投资业务　651*b*
领导班子建设　652*a*
履行社会责任　652*b*
内部资源整合　651*a*
三严三实专题教育　652*a*
体制机制创新　651*a*
信息化建设　652*a*
宣传思想政治工作　652*a*
依法治企　652*a*
整体改制上市　650*b*
重大创新　651*b*
重大项目　651*a*
主要指标　650*b*
走向海外　651*b*
作风建设　652*a*
中国电信集团公司　443*a*
爱 WiFi　445*b*
承载网络　445*a*
大数据　446*a*
党风廉政建设　447*a*
党建工作　446*b*
反腐败工作　447*a*
改革发展　444*a*
管理创新　446*a*
基本概况　443*a*
基层单元市场化改革　444*a*
技术创新　446*a*
经济指标(表)　443*b*
科研开发　445*a*
领导人员队伍建设　444*a*
履行社会责任　447*b*
企业党建工作　446*b*
企业文化建设　447*a*
人才队伍建设　444*b*
人工成本管理　444*b*
三严三实教育　446*b*
提速降费　447*b*
天翼网关　445*b*
信息化建设　447*b*
移动网络　444*b*
翼支付　446*a*
有线宽带　445*a*
云计算　445*a*
云业务　445*b*
重大创新　445*b*
重大项目　444*b*
主要指标　443*b*
走向海外　445*b*
中国电子科技集团公司　388*a*
党建工作　391*a*
反腐倡廉　391*b*
改革发展　389*a*
基本概况　388*a*
经济指标(表)　388*b*
军工任务　389*b*
科技专项任务　390*b*
履行社会责任　392*a*
民品项目　389*b*
人才队伍建设　389*a*
体制机制改革　389*a*
信息化规划和顶层设计　391*b*
信息化建设　391*b*
与地方及企业合作　390*a*
质量安全　392*a*
中央巡视组配合　391*b*
重大创新　390*b*
重大项目　389*b*
主要指标　388*b*
资产经营　390*a*
走向海外　390*a*
中国电子信息产业集团有限公司　453*b*
产业化项目　454*b*
产业结构调整　454*b*
党建工作　455*b*

改革发展 454*a*
基本概况 453*b*
经济指标(表) 453*b*
履行社会责任 455*b*
内外部资源合理流动和优化配置 455*a*
三严三实专题教育 455*b*
新产品研发 454*b*
信息化建设 455*b*
重大创新 455*a*
重大项目 454*b*
走向海外 455*a*
主要指标 453*b*
中国东方电气集团有限公司 469*a*
产品提质增效 471*a*
党建工作 472*b*
对外捐赠 473*a*
改革发展 470*a*
国际市场 470*b*
核电走出去 471*b*
基本概况 469*a*
计划管理 472*b*
节能减排 472*b*
经济指标(表) 469*b*
领导人员队伍建设 472*b*
履行社会责任 473*a*
企业文化工作 473*a*
深化改革 470*a*
思想政治工作 473*a*
投运燃机对减排的贡献(表) 472*a*
新技术新产品研发 471*b*
信息化建设 472*a*
巡视整改 470*a*
一带一路 471*b*
在建项目 471*a*
重大创新 471*a*
重大项目 470*b*
主要指标 469*b*
中国东方航空集团公司 491*a*
党建工作 493*a*
党群合力 493*b*
队伍建设 493*a*
改革发展 491*b*
后备人才培养体系 492*a*
机队结构调整 492*a*
基本概况 491*a*
基础建设 493*b*
经济指标(表) 491*b*
科技创新 492*b*
履行社会责任 493*b*
品牌建设 492*a*
三严三实专题教育 493*a*
市场结构调整 492*a*
思想引领 493*a*
信息化建设 492*b*
巡视整改 493*a*
燕翼翔鹰计划 492*a*
主要指标 491*a*
中国钢研科技集团有限公司 549*b*
党建工作 551*a*
改革发展 550*a*
基本概况 549*b*
经济指标(表) 550*a*
履行社会责任 551*b*
三严三实专题教育 551*a*
信息化建设 551*b*
重大创新 550*b*
重大项目 550*b*
主要指标 550*a*
中国港中旅集团公司 520*a*
安全生产 522*a*
保增长任务 520*b*
地产板块 521*a*
服务保障 520*b*
改革发展 520*b*
基本概况 520*a*
集团结构调整 520*b*
兼并重组 520*b*
金融板块 521*a*

经济指标(表) 520*a*
景区板块 521*a*
酒店板块 521*a*
履行社会责任 522*a*
内控管理 520*b*
深化改革 520*b*
物流板块 521*a*
信息化建设 521*b*
邮轮事业部 521*a*
制度创新工作 521*b*
重大创新 521*b*
重大项目 521*a*
主要指标 520*a*
资产板块 521*a*
走向海外 521*a*
中国工艺(集团)公司 558*b*
党建工作 561*a*
反腐倡廉宣传教育 561*b*
改革发展 559*b*
行业门户建设 561*b*
基本概况 558*b*
纪检查干部队伍建设 561*b*
经济指标(表) 559*b*
两个责任落实 561*a*
履行社会责任 561*b*
品牌建设 559*a*
企业产权重大改革 560*a*
三项制度改革 559*b*
三严三实专题教育 561*a*
信息化建设 561*b*
研发设计 559*a*
中国工艺艺术品交易所 560*b*
中国艺交所业务 559*a*
中国珠宝首饰进出口有限公司 560*b*
重大创新 560*b*
重大项目 560*b*
主要指标 559*a*
中国广核集团有限公司 663*b*
安邻模式 665*b*
产权管理 664*a*
党的建设 665*a*
党管干部 665*a*
党建科学化水平 665*a*
改革发展 664*a*
公司治理 664*a*
核电安全生产 663*b*
核电工程建设 664*a*
基本概况 663*b*
经营管理 664*b*
罗马尼亚核电项目 664*b*
履行社会责任 665*b*
暖邻行动 665*b*
群众工作 665*a*
新能源国际开发 664*b*
信息化建设 665*b*
巡视工作配合 665*a*
英国核电项目 664*b*
重大创新 664*b*
主要指标 663*b*
资本运营 664*b*
走向海外 664*b*
组织管控 664*a*
中国国电集团公司 424*b*
安全基础 427*b*
财务集中管控 425*b*
党风廉政建设与反腐败工作 430*a*
党建工作 429*b*
电力营销改革 426*a*
顶层设计 430*b*
发展质量 427*a*
反腐败工作 430*a*
改革发展 425*a*
干部人事制度改革 426*a*
国际交流平台 429*b*
海南国电西南部电厂火电项目 428*a*
基本概况 424*b*
技术产品出口情况 429*b*
经济指标(表) 425*a*

经营管理　426*b*
经营绩效　426*b*
境外投资情况　429*a*
龙源安徽全椒龙王尖风电项目　429*a*
龙源加拿大德芙琳风电项目　429*a*
龙源南非风电项目　429*b*
燃料集中管控　425*b*
三严三实专题教育　429*b*
深化改革　425*a*
四个集中管控　425*a*
泰安电联产机组工程　428*b*
泰州二期超超临界二次再热火电项目　427*b*
投资集中管控　425*b*
物资集中管控　425*b*
西藏尼洋河多布水电站工程　428*b*
下属单位业务整合　426*b*
信息化建设　430*a*
信息系统建设　430*b*
信息一体化平台　430*b*
重大创新　427*b*
重点工程　427*b*
主要指标　424*b*
走向海外　429*a*
中国国际工程咨询公司　529*b*
12445 发展战略　531*a*
改革发展　530*a*
国际业务布局　530*b*
国内区域布局　530*a*
基本概况　529*b*
经济指标(表)　529*b*
考核激励机制　530*b*
劳动人事分配制度改革　530*b*
内部布局结构与重组　530*a*
信息化建设　531*a*
职能部门职能调整　530*b*
重大创新　531*a*
重大项目　531*a*
主要指标　529*b*
中国国际技术智力合作公司　579*a*
党风建设　581*b*
党建工作　581*a*
顶层设计　581*b*
反腐败工作　581*b*
扶贫工作　583*a*
改革发展　580*a*
干部队伍建设　580*a*
干部管理　580*a*
后备干部及青年员工培养　580*a*
基本概况　579*a*
绩效考核体系　580*b*
经济指标(表)　579*b*
履行社会责任　582*b*
梦想小镇　580*b*
人才工作制度化建设　580*a*
入职助手云服务平台　581*a*
三严三实专题教育　581*a*
信息化安全工作　582*b*
信息化建设　582*a*
重大创新　581*a*
重大项目　580*b*
主要指标　579*b*
走向海外　581*a*
中国国旅集团有限公司　629*a*
党建工作　630*b*
改革发展　629*b*
管理创新　630*a*
国际旅游岛建设　629*b*
基本概况　629*a*
经济指标(表)　629*b*
履行社会责任　630*b*
三亚旅游业态转型升级　629*b*
三严三实专题教育　630*b*
信息化建设　630*b*
重大创新　630*a*
重大项目　629*b*
走向海外　630*a*
主要指标　629*a*
中国海洋石油总公司　402*a*

从严治企　404*b*
党风建设　404*a*
党建工作　404*a*
发展业绩　402*a*
反腐倡廉　404*a*
改革发展　403*a*
基本概况　402*a*
经济指标(表)　403*a*
科技驱动战略　403*b*
履行社会责任　404*b*
企业改革　403*a*
三严三实专题教育　404*a*
信息化建设　404*b*
质量效益年活动　405*a*
重大创新　403*b*
重大项目　403*b*
主要指标　402*b*
专项巡视整改　404*a*
走向海外　403*b*
中国海运(集团)总公司　44*b*、45*a*、486*a*
产业结构调整　487*a*
船队结构调整　487*a*
船员管理体制改革　486*b*
党建工作　488*a*
改革发展　486*b*
航运电商业务　487*b*
航运技术　488*a*
基本概况　486*a*
经济指标(表)486*b*
科技创新　487*b*
履行社会责任　488*b*
扭亏专项治理　487*a*
盘活资源　487*a*
三严三实专题教育　488*a*
信息化建设　488*a*
幸福企业　488*b*
重大项目　487*a*
主要指标　486*b*
走向海外　487*b*
中国航空工业集团公司　375*b*
党建工作　378*a*
顶层设计　376*b*
非航空产业　377*a*
改革发展　376*b*
航空军品业务　376*b*
基本概况　375*b*
经济指标(表)　376*a*
经营者任期经济责任审计　378*a*
履行社会责任　378*b*
民用航空产业　376*b*
三严三实专题教育　378*a*
信息化建设　378*a*
重大创新　377*b*
重大事项　377*b*
重大项目　376*b*
主要指标　376*a*
走向海外　377*a*
中国航空(集团)公司　489*a*
安全生产　489*b*
党建工作　490*b*
服务品牌　490*a*
服务质量　490*a*
改革发展　490*b*
规范经营　490*b*
基本概况　489*a*
经济指标(表)　489*a*
三严三实专题教育　490*b*
生产经营　489*b*
盈利能力建设　489*b*
主要指标　489*a*
中国航空器材集团公司　647*a*
财务管理　648*a*
党建工作　649*b*
地面设备与工程　649*b*
法制工作　648*a*
飞机批量采购　648*b*
改革发展　647*b*
行政管理　648*a*

航材分销与共享 648*b*
航材共享平台建设 649*a*
航材综合保障能力 649*a*
航空维修与制造 649*b*
航空租赁 648*b*
基本概况 647*a*
经济指标(表) 647*b*
履行社会责任 650*a*
内部审计 648*a*
内控工作 648*a*
企业经营管理 648*a*
企业文化建设 648*a*
全面风险管理 648*a*
三严三实专题教育 649*b*
通用航空 649*a*
投资管理 647*b*
信息化建设 648*a*
业务管理 648*a*
战略规划 647*b*
重大项目 648*b*
主要指标 647*b*
中国航空油料集团公司 645*b*
党建工作 646*b*
改革发展 646*a*
管理创新 646*b*
基本概况 645*b*
经济指标(表) 645*b*
履行社会责任 647*a*
三严三实专题教育 647*a*
信息化建设 647*a*
重大创新 646*b*
重大项目 646*a*
主要指标 645*b*
走向海外 646*b*
中国航天科工集团公司 374*a*
创新型企业建设 375*a*
党风廉政建设 375*b*
党建工作 375*a*
董事会建设 374*b*
改革发展 374*a*
干部队伍 374*b*
航天发展 374*b*
基本概况 374*a*
履行社会责任 375*b*
三严三实专题教育 375*a*
信息化建设 375*b*
一主两翼三创新战略 374*a*
重大创新 375*a*
重大项目 374*b*
主要指标 374*a*
走向海外 375*a*
中国航天科技集团公司 370*b*
党建工作 372*b*
董事会建设 371*b*
改革发展 371*b*
国际化经营 372*a*
航天工程 372*a*
基本概况 370*b*
经济指标（表）371*a*
履行社会责任 373*a*
人才强企 371*b*
三严三实专题教育 372*b*
信息化建设 373*a*
长征系列运载火箭发射情况(表) 373*b*
重大创新 372*b*
重大项目 372*a*
主要指标 371*a*
走向海外 372*a*
中国核工业集团公司 367*a*
安全环保 369*a*
财务管理 368*a*
党建工作 368*b*
董事会试点 367*b*
改革发展 367*b*
核电安全 368*b*
核动力产业 368*a*
核燃料产业 368*b*
核相关产业 368*b*

华龙一号　368*a*
基本概况　367*a*
经济指标（表）367*a*
科技创新　368*b*
人事制度改革　368*a*
审计和风险管理　368*a*
生产经营管理　367*b*
新能源　368*b*
制度体系建设　367*b*
重大创新　368*b*
重大项目　368*a*
主要指标　367*a*
转型升级　367*b*
中国核工业建设集团公司　369*a*
安全质量环保　370*a*
党建工作　369*b*
改革发展　369*b*
基本概况　369*a*
基础管理　369*b*
降本减费　369*b*
精准扶贫　370*a*
履行社会责任　370*a*
企业文化建设　370*a*
人才队伍建设　370*a*
社会公益活动　370*b*
深化改革　369*b*
重大项目　369*b*
中国恒天集团有限公司　564*b*
产品转型升级　566*a*
成员企业混合所有制实践　565*b*
党建工作　566*a*
改革发展　565*a*
基本概况　564*b*
经济指标(表)　565*a*
科技创新　566*a*
科技投入　566*a*
科技项目和奖项　566*a*
履行社会责任　566*b*
三严三实专题教育　566*a*
信息化建设　566*b*
重大项目　565*b*
主要指标　565*a*
走向海外　565*b*
中国华电集团公司　422*b*
安全环保　423*b*
党建工作　424*a*
干部队伍建设　424*a*
基本概况　422*b*
经济指标(表)　423*a*
领导班子建设　424*a*
人才队伍建设　424*a*
深化改革　423*a*
生产经营　423*b*
项目发展　423*a*
信息化建设　424*a*
主要指标　422*b*
走向海外　424*a*
中国华录集团有限公司　665*b*
党建工作　667*b*
扶贫帮困　668*a*
工会制度体系　668*a*
基本概况　665*b*
经济指标(表)　666*a*
科技创新力度　667*a*
年金制度　668*a*
三严三实专题教育　667*b*
商业模式创新　667*a*
巡视工作整改　667*b*
重大创新　667*a*
重大项目　666*b*
主要指标　666*a*
走向海外　667*a*
中国华能集团公司　411*a*
安全生产　411*b*
党的建设　412*a*
党建工作　416*a*
扶贫援助工作　417*a*
改革发展　412*b*

混合所有制经济　413*a*
基本概况　411*a*
节能减排　411*b*
经济指标（表）412*b*
经营业绩　411*b*
科技创新　412*a*
履行社会责任　417*a*
其他情况　417*b*
企业内部改革　413*a*
人事劳动和分配制度改革　413*a*
三个服务　415*b*
三个面向　415*b*
三个任务　415*b*
三个一批　415*b*
三型党组织建设　416*a*
三严三实专题教育　416*b*
现代企业制度　412*b*
项目退出机制　411*b*
信息化建设　416*b*
重大创新　415*b*
重大项目　413*b*
主要指标　412*a*
走向海外　415*b*
中国化工集团公司　551*b*
产业整合　552*b*
创新驱动发展战略　553*a*
党风廉政建设责任制　553*b*
党建工作　553*a*
改革发展　552*b*
基本概况　551*b*
绩效管理体系　552*b*
经济指标(表)　552*a*
履行社会责任　553*b*
三严三实专题教育　553*a*
现代企业制度建设　552*b*
新建项目投资　552*b*
信息化建设　553*b*
重大创新　553*a*
重大项目　552*b*
主要指标　552*a*
走向海外　553*a*
中国化学工程集团公司　553*b*
党建工作　555*b*
改革发展　554*b*
国内重大工程项目　554*b*
基本概况　553*b*
技术创新　555*a*
技术创新平台建设　555*a*
经济指标(表)　554*a*
经营管理　554*b*
境外重大工程项目　554*b*
履行社会责任　556*a*
人才强企战略　556*a*
三严三实专题教育　555*b*
信息安全　556*a*
信息化建设　555*b*
重大项目　554*b*
主要指标　554*a*
中国黄金集团公司　658*b*
成本管控能力　658*b*
党建工作　659*b*
改革发展　659*a*
管理创新　659*b*
基本概况　658*b*
科技创新　659*b*
困难企业扭亏减亏工作　658*b*
履行社会责任　660*a*
三严三实专题教育　659*b*
生产经营　658*b*
数字矿山建设　660*a*
信息化建设　660*a*
重大创新　659*b*
重大项目　659*a*
主要指标　658*b*
走向海外　659*a*
中国机械工业集团有限公司　462*a*
长线产品研发　464*b*
创新平台建设　466*a*

创新驱动 466*a*
二重改革振兴 463*a*
二重重装主动退市 463*b*
非实体经营工作 465*b*
改革振兴 463*a*
国机制造产品出口倍增计划 465*b*
基本概况 462*a*
节能减排 466*b*
经济指标(表) 462*b*、463*a*
经营业绩 465*a*
科技创新 466*a*
内部改革 464*b*
内部协同 465*b*
人员分流 463*b*
市场开拓 465*a*
外部合作 464*b*
新兴产业发展 465*b*
业务模式创新 465*b*
业务协同 464*a*
债务重组 463*b*
重大科技项目 466*a*
重大项目实施 465*a*
重大资产盘活 463*b*
主动退市 463*a*
主要指标 462*b*
中国建筑材料集团有限公司 570*a*
传统业务质量 570*b*
党建工作 571*a*
改革发展 570*a*
管理创新 571*a*
基本概况 570*a*
技术创新 570*b*
履行社会责任 571*b*
三严三实专题教育 571*a*
重大创新 570*b*
重大项目 570*b*
主要指标 570*a*
走向海外 570*b*
中国建筑工程总公司 507*b*
巴基斯坦卡拉奇—拉合尔高速公路项目 509*a*
产融结合 509*a*
党建工作 510*b*
房地产业务 509*b*
房建业务 509*b*
赣州北斗产业园项目 508*b*
工程建设 507*b*
杭州国际博览中心项目 508*b*
基本概况 507*b*
基础设施业务 509*b*
经济指标(表) 508*b*
勘察设计 508*a*、510*a*
科技创新 510*b*
领导干部选人用人纪律 511*a*
履行社会责任 510*b*
其他情况 511*a*
三严三实专题教育 510*b*
三严三实专题民主生活会 511*a*
深圳市轨道交通9号线项目 509*a*
投资开发 508*a*
投资业务 510*a*
业务开展 509*b*
重大创新 509*a*
重大项目 508*b*
主要指标 508*a*
走向海外 510*a*
中国建筑科学研究院 583*a*
标准规范 585*b*
党建工作 585*b*
改革发展 584*a*
国际交流与合作 585*a*
基本概况 583*a*
检测与认证项目 584*b*
经济指标(表) 583*b*
科研项目 585*a*
履行社会责任 586*a*
绿色建筑 584*b*
软件与产品 584*b*
三严三实专题教育 585*b*

设计与规划项目　584*a*
施工与监理项目　584*b*
信息化建设　586*a*
重大创新　585*a*
重大项目　584*a*
主要指标　583*b*
咨询与服务项目　584*a*
走向海外　585*a*
中国建筑设计研究院　633*a*
从严治党　635*a*
从严治企　635*a*
存量中找增量　634*a*
党建工作　635*a*
改革发展　633*b*
基本概况　633*a*
经济指标(表)　633*b*
科技实力　634*b*
新兴领域开拓　634*a*
重大创新　634*b*
重大项目　634*a*
主要指标　633*b*
资本运作　635*a*
走向海外　634*b*
中国交通建设集团有限公司　607*b*
党建工作　609*a*
顶层设计　608*a*
改革发展　608*a*
基本概况　607*b*
经济指标(表)　607*b*
科技创新　609*a*
履行社会责任　609*b*
区域化布局　608*a*
三严三实专题教育　609*a*
信息化建设　609*b*
重大项目　608*b*
主要指标　607*b*
专业化整合　608*a*
走向海外　608*b*
中国节能环保集团公司　526*b*
标准化活动　528*a*
产权管理　527*a*
党建工作　528*b*
法人治理结构　527*b*
改革发展　527*b*
管理创新　528*a*
环保板块专业化运营　528*a*
基本概况　526*b*
技术创新　528*b*
节能信息化工作　529*a*
经济指标(表)　527*a*
履行社会责任　529*a*
人才选聘　527*b*
三严三实专题教育　528*b*
信息化建设　529*a*
重大创新　528*a*
重大项目　527*b*
主要指标　527*a*
资产评估项目　527*a*
走向海外　528*a*
中国矿冶研究总院　577*a*
安全文化建设　579*a*
创新平台建设　578*a*
党建工作　578*b*
对口扶贫　579*a*
改革发展　577*b*
工程总包项目开发力度　578*b*
基本概况　577*a*
经济指标(表)　577*a*
履行社会责任　579*a*
人才培养及评价　579*a*
人才招聘　579*a*
三严三实专题教育　578*b*
市场开拓　577*b*
信息化建设　578*b*
重大创新　578*a*
主要指标　577*a*
走向海外　578*b*
中国联合网络通信集团有限公司　448*a*

党建工作　450*a*
改革发展　448*b*
管理创新　450*a*
管理体制　449*b*
国际漫游业务　449*b*
国际网络　449*b*
基本概况　448*a*
降低资费　449*a*
经济社会信息化　449*a*
经济指标（表）448*a*
科技创新　450*a*
客户服务提质计划　449*b*
履行社会责任　450*b*
三严三实专题教育　450*a*
生产经营　448*b*
销售费用压降　449*b*
信息化建设　450*b*
营改增　449*b*
战略牵引　448*b*
重大创新　450*a*
重大项目　449*a*
重点领域改革　449*a*
主要指标　448*a*
走向海外　449*b*
中国林业集团公司　624*b*
产业布局　625*a*
党建工作　626*a*
改革发展　625*a*
基本概况　624*b*
经济指标（表）　625*a*
履行社会责任　626*a*
信息化建设　626*a*
业务结构　625*a*
重大创新　625*b*
重大项目　625*b*
走向海外　625*b*
中国铝业公司　480*b*
安全环保　482*a*
创新驱动　482*a*
党建工作　482*a*
改革发展　481*a*
管控优化　481*b*
基本概况　480*b*
经济指标（表）　481*a*
履行社会责任　483*a*
企业重组整合　481*b*
群团工作　482*b*
社会责任管理　483*a*
社会责任实践　483*a*
社会职能分离　481*b*
十三五发展规划纲要　481*b*
信息化建设　482*b*
中央巡视配合　482*b*
重大创新　482*a*
重大项目　481*b*
主要指标　481*a*
中国煤炭地质总局　637*b*
财务资金管理　638*b*
党建工作　639*a*
地质找矿　638*a*
反腐倡廉建设　639*a*
改革发展　638*a*
规范经营　638*b*
基本概况　637*b*
基础管理　638*b*
经济指标（表）　638*a*
履行社会责任　639*b*
三项制度改革　638*b*
信息化建设　639*b*
战略引领　638*a*
重大创新　639*a*
重大项目　638*b*
主要指标　637*b*
主业转型升级　638*a*
走向海外　638*b*
中国煤炭科工集团有限公司　536*a*
党建工作　538*a*
改革发展　536*b*

基本概况 536*a*
经济指标(表) 536*b*
科技项目策划组织 537*a*
内部改革 537*a*
三严三实专题教育 538*a*
市场开拓 537*b*
营销力度 537*b*
营销效率效果 537*b*
增长点培育 538*a*
重大创新 537*a*
重大项目进展 537*a*
资本运作 536*b*
资产重组 536*b*
资源整合 537*a*
主要指标 536*a*
中国民航信息集团公司 643*a*
党建工作 644*b*
顶层设计 644*b*
服务延伸策略 644*a*
改革发展 643*b*
公司治理能力 643*b*
管控能力 644*a*
基本概况 643*a*
基层党组织建设 644*b*
经济指标(表) 643*b*
履行社会责任 645*a*
信息化建设 645*a*
责任落实 644*b*
重大创新 644*b*
重大项目 644*a*
重点工程建设项目 644*a*
重点科技项目 644*a*
重要资源布局 644*a*
主要指标 643*b*
走向海外 644*a*
中国南车集团公司 43*b*、44*a*
中国南方电网有限责任公司 408*a*
安全供电 409*a*
党建工作 410*b*
电网发展 409*a*
电网建设投资 409*a*
队伍建设 411*a*
改革发展 408*b*
管理创新 410*a*
海外工程 410*a*
混合所有制改革 408*b*
基本概况 408*a*
降本增效 409*b*
节能发电调度管理 409*b*
节能减排 409*b*
经济指标(表) 408*b*
科技创新 410*a*
客户服务 409*a*
三严三实专题教育 410*b*
信息化建设 410*b*
中央巡视组反馈意见落实 410*b*
重大创新 410*a*
主要指标 408*a*
走向海外 410*a*
中国南方航空集团公司 494*a*
安全管理 494*b*
党建工作 496*b*
服务旅客 494*b*
改革发展 495*a*
购买东方航空公司股票 495*b*
关爱员工 494*b*
广州之路枢纽战略 496*a*
航空安全产品线 497*a*
航空货运 496*a*
环境保护 497*b*
基本概况 494*a*
江西航空公司 495*b*
经济指标(表) 495*a*
经营范围 494*a*
境外投资 496*a*
履行社会责任 497*b*
南阳姜营机场改扩建工程 495*b*
人力资源系统 497*b*

三严三实专题教育　497*a*
香港平台公司　495*b*
信息化建设　497*a*
职工总数　494*a*
中国南方航空大厦　495*b*
重大创新　496*a*
重大项目　495*b*
主要指标　494*b*
走向海外　496*a*
中国能源建设集团有限公司　653*a*
厂办大集体企业改革　653*b*
党建工作　656*b*
电网三维设计平台建设　657*b*
股份公司业务平台公司建设　654*a*
管理创新　656*a*
管理信息系统建设　657*a*
基本概况　653*a*
监督执纪问责　656*b*
节能环保　658*a*
经济指标(表)　653*b*
亏损企业专项治理工作　654*a*
履行社会责任　657*b*
企业办社会职能和历史遗留问题全面调查　654*a*
企业法人治理结构搭建工作　653*b*
企业重组整合　654*a*
三项制度改革　654*a*
三严三实专题学习研讨　656*b*
商业模式创新　656*a*
投资兴企战略　654*b*
项目履约和合规管理　654*b*
新技术探索及推广应用　657*b*
信息化建设　657*a*
业绩考核　654*a*
中国能建股份公司整体上市　653*b*
重大创新　655*b*
重大项目　654*b*
主要指标　653*a*
走向海外　655*a*
中国农业发展集团有限公司　616*b*
产权关系　618*a*
创新机制　619*a*
党建工作　619*a*
董事会建设试点工作　617*a*
对外并购　618*b*
反腐倡廉工作　619*b*
改革管理　617*a*
干部队伍建设　619*b*
公司制股份制改革　617*a*
混合所有制经济　617*a*
基本概况　616*b*
集中统一管控　617*b*
价值管理　617*b*
经济指标(表)　616*b*
科技创新　619*a*
领导班子建设　619*b*
履行社会责任　620*a*
内部重组整合　618*a*
农业走出去　618*b*
全面风险管理工作　618*a*
三年滚动规划　618*a*
三严三实专题教育　619*a*
投资项目管理　618*a*
土地资源盘活　618*b*
信息化建设　619*b*
巡视整改　619*b*
业绩考核和薪酬制度改革　617*a*
重大创新　619*a*
重大项目　618*a*
中国普天信息产业集团公司　609*b*
产业发展　610*a*
创新创业服务平台　611*a*
党风廉政建设　612*a*
党建工作　611*b*
管理提升　611*a*
合同能源管理　610*b*
基本概况　609*b*
集约经营　611*a*

金融机具产品线　610*b*
精益管理　611*a*
科技创新　611*a*
绿色低碳能源产业体系　610*b*
内控体系建设　611*b*
品牌管理　611*b*
其他情况　612*a*
全面风险管理　611*b*
网络信息安全支撑能力　610*a*
信息通信技术应用　610*a*
指挥照明领域　610*b*
智慧城市解决方案　610*a*
主要指标　610*a*
走向海外　611*a*
中国汽车技术研究中心　684*b*
党建工作　685*b*
改革发展　685*a*
基本概况　684*b*
经济指标(表)　684*b*
履行社会责任　685*b*
三严三实专题教育　685*b*
信息化建设　685*b*
重大创新　685*a*
重大项目　685*a*
主要指标　684*b*
走向海外　685*a*
中国轻工集团公司　556*b*
党建工作　558*a*
法人治理结构　557*a*
改革发展　557*a*
管理创新　558*a*
基本概况　556*b*
激励约束制度改革　557*b*
结构调整　557*a*
经济指标(表)　556*b*
经营业绩考核　557*a*
科技创新　557*b*
领导班子专题民主生活会　558*a*
履行社会责任　558*b*
三严三实专题教育　558*a*
信息化建设　558*b*
重大创新　557*b*
重大项目　557*b*
主要指标　556*b*
资源重组　557*a*
走向海外　557*b*
中国商用飞机有限责任公司　522*a*
ARJ21 新支线飞机项目进展　524*b*
C919 大型客机项目进展　524*a*
创新发展靠班子　525*b*
大飞机事业　525*a*
党建工作　525*a*
反腐倡廉建设　526*a*
改革发展　523*a*
攻坚克难靠党员　526*a*
管理创新　525*a*
基本概况　522*a*
技术创新　524*b*
经济指标(表)　523*a*
履行社会责任　526*b*
内部改革调整　523*a*
凝神聚气靠支部　525*b*
企业产权改革　523*b*
人才培养培训品牌　523*b*
人才强企　523*b*
人力资源体系建设　523*b*、524*a*
深化发展战略　523*a*
四大建设　525*a*
所属单位　522*b*
项目成功靠人才　526*a*
信息化建设　526*a*
重大创新　524*b*
重大项目　524*a*
主要指标　523*a*
主营业务　522*b*
专项巡视配合　525*b*
走向海外　524*b*
中国石油化工集团公司　397*a*

党建工作 401*a*
党建系统化管理 401*a*
扶贫助困 401*b*
改革发展 398*a*
干部队伍建设 398*b*
工程建设成果 400*a*
光明号健康快车 401*b*
基本概况 397*a*
技术工业转化 400*b*
经济指标(表)398*a*
科技创新 400*b*
科技管理 400*b*
劳动与薪酬管理 399*a*
离退休人员管理 399*b*
炼油化工 399*b*
领导班子建设 398*b*
履行社会责任 397*b*、401*b*
培训开发 399*a*
企业改革管理 398*a*
抢险救灾 401*b*
情暖驿站·满爱回家 401*b*
群团工作 401*a*
人才队伍建设 399*a*
人力资源发展 398*b*
人事管理 398*b*
三位一体管理 398*b*
三严三实专题教育 401*a*
信息化建设 401*a*
页岩气田 397*b*
油气储运 400*a*
油田地面 399*b*
知识产权管理 400*b*
志愿者服务 401*b*
质量管理 401*a*
重大项目 399*b*
重点领域改革 398*a*
主要指标 397*b*
综合与信息管理 399*b*
走向海外 400*a*
中国石油天然气集团公司 392*b*
ERP应用集成建设 396*a*
带动地方发展 396*b*
党的建设 393*b*
党的建设专项调研 395*a*
党建工作 395*a*
党建制度体系建设 395*b*
低成本发展 394*b*
对标管理 395*a*
反腐倡廉 395*b*
扶贫减困 396*b*
改革顶层设计 393*a*
改革发展 393*a*
管党治党责任落实 395*b*
管道建设 394*a*
管理创新 394*b*
管理创新工作交流平台 395*a*
管理体系 395*a*
管理体制机制 393*a*
国际油气合作 394*a*
海外社区 397*a*
合规管理监察 396*a*
混合所有制和资产结构调整优化 393*b*
基本概况 392*b*
纪律审查高压态势 396*a*
教育事业 397*a*
经济指标(表) 392*b*
科技成果 394*b*
科技创新 394*b*
炼化工程建设 394*a*
履行社会责任 396*b*
内部巡视 395*b*
气区产能建设 393*b*
三项制度 393*b*
三严三实专题教育 395*a*
社会公益投入情况(表) 396*b*
微优化和微创新 395*a*
物联网系统 396*a*
信息化建设 396*a*

油气业务　393*a*
与 BP 公司战略合作　394*b*
云技术平台建设　396*b*
中俄能源合作　394*a*
中央巡视反馈问题整改落实　395*b*
重大创新　394*b*
重大项目　393*b*
主要指标　392*b*
组织结构优化　394*b*
中国铁建股份有限公司　600*a*
产融结合　603*a*
从严治党　606*a*
党建工作　605*a*
法律合规工作　602*b*
房地产开发　604*b*
改革发展　602*b*
工程承包新签合同额情况(表)　602*b*
工程创优　603*b*
工会共青团工作　606*b*
工业制造　604*b*
共赢平台　607*a*
国内工程　603*b*
海外经营　604*a*
基本概况　600*a*
基层组织建设　606*a*
技术创新　603*a*
结构调整　602*b*
经济指标(表)　601*a*
经营范围　600*b*
经营业绩　601*b*
领导班子建设　605*a*
履行社会责任　607*a*
绿色环境　607*a*
企业管理　602*a*
企业政治生态　605*b*
生产经营　601*b*
生态文明　607*a*
施工生产　602*a*
市场经营　602*a*
物流与物资贸易　605*a*
信息化建设　606*b*
宣传思想文化品牌　606*a*
优质精品建造　607*a*
员工发展　607*a*
执纪监督问责　606*a*
治理结构优化　607*a*
主要指标　601*a*
主营业务新签合同额情况(表)　601*b*
中国铁路工程总公司　594*b*
成本管理系统　599*b*
党建工作　598*a*
党建主题实践活动　599*a*
德黑兰至伊斯法罕高铁项目　597*b*
改革发展　596*a*
改制重组　596*a*
工程质量创优工作　596*b*
基本概况　594*b*
经济指标(表)　596*a*
科研高端平台建设　597*b*
科研项目　598*a*
履行社会责任　600*a*
马亚西亚南部铁路项目　597*b*
美国西部快线项目　597*b*
莫斯科至喀山高速铁路项目　597*b*
三严三实专题教育　598*b*
网络信息安全　599*b*
网站建设绩效评估工作　599*b*
五查整改　598*b*
信息化基础平台应用　599*b*
信息化建设　599*b*
匈塞铁路项目　597*b*
印尼雅万高铁项目　597*b*
知识产权管理　598*a*
中老铁路项目　597*a*
中泰铁路项目　597*a*
重大创新　597*b*
重大项目　596*b*
重点工程建设　598*a*

重点工作督查督办　599*a*
主要指标　595*b*
走向海外　597*a*
中国铁路通信信号集团公司　590*b*
安全管控体系　594*b*
产权管理　592*b*
产业产品结构　593*a*
城市轨道交通市场拓展　591*a*
党风廉政建设　594*a*
党建工作　594*a*
改革发展　592*a*
高铁C3列车运行控制系统研究　594*b*
基本概况　590*b*
绩效考核　592*b*
节能减排绿色发展　594*b*
经济指标(表)　592*a*
科技工作　593*a*
履行社会责任　594*b*
三严三实专题教育　594*a*
社会公益事业　594*b*
授权专利　593*b*
信息化建设　593*b*
中长期发展战略与规划　592*a*
重大创新　593*a*
重大项目　592*b*
主要指标　591*b*
走向海外　593*b*
中国铁路物资(集团)总公司　682*a*
产权管理　682*b*
党建工作　683*a*
对口扶贫　684*a*
扶贫开发方式创新　684*a*
改革发展　682*a*
钢轨廓形修复服务创新　683*a*
基本概况　682*a*
履行社会责任　683*b*
人力资源管理　682*b*
三严三实专题教育　683*a*
铁路工业业务　683*a*
铁路线路业务　683*a*
信息化建设　683*b*
在线数据分析和应用　683*b*
重大创新　682*b*
重大项目　682*b*
主要指标　682*a*
走向海外　682*b*
中国通用技术(集团)控股有限责任公司　504*b*
安全生产　507*b*
创新体系建设　506*a*
党建工作　506*b*
扶贫工作　507*b*
改革发展　505*b*
基本概况　504*b*
经济指标(表)　505*a*
履行社会责任　507*a*
三严三实专题教育　506*b*
信息化建设　507*a*
巡视反馈意见整改　506*b*
重大创新　506*a*
主要指标　505*a*
走向海外　506*a*
中国外运长航集团有限公司　45*b*、46*a*
中国五矿集团公司　45*a*、502*b*
党建工作　504*a*
改革发展　503*a*
和中冶集团重组　45*a*
基本概况　502*b*
经济指标(表)　503*a*
履行社会责任　504*b*
三严三实专题教育　504*a*
信息化建设　504*b*
重大创新　504*a*
重大项目　503*b*
主要指标　503*a*
走向海外　504*a*
中国西电集团公司　679*b*
党建工作　681*a*
改革发展　680*b*

基本概况　679*b*
经济指标(表)　680*a*
科技公共平台建设　681*a*
履行社会责任　681*b*
全面精益管理　681*a*
三项制度改革　680*b*
三严三实专题教育工作　681*a*
信息化建设　681*b*
重大创新　681*a*
重大项目　680*b*
主要指标　680*a*
走出去合力　680*b*
走向海外　680*b*
中国盐业总公司　562*a*
传统产业改造提升　564*a*
党建工作　563*b*
董事会建设　563*a*
改革发展　562*b*
干部队伍建设　563*a*
基本概况　562*a*
经济指标(表)　562*b*
科技工作　563*b*
履行社会责任　564*a*
三严三实专题教育　563*b*、564*a*
信息化建设　564*a*
盐业体制改革　562*b*
增收节支工作　563*a*
重大创新　563*b*
重大项目　563*a*
主要指标　562*b*
中国冶金地质总局　635*b*
产权管理　636*a*
党的建设　637*a*
党建工作　637*a*
反腐倡廉　637*a*
扶贫助困　637*b*
改革发展　636*a*
国家资源保障工作　637*a*
基本概况　635*b*
经济指标(表)　635*b*
考核薪酬　636*a*
履行社会责任　637*a*
绿色央企　637*b*
人才管理　636*a*
信息化建设　637*a*
重大创新　636*b*
重大项目　636*a*
主要指标　635*b*
走向海外　636*b*
中国冶金科工集团有限公司　45*a*、544*a*
安全生产　549*a*
案件查办　548*a*
白银市地下综合管廊建设工程　546*b*
宝钢湛江钢铁基地项目　545*b*
城市地下综合管廊　546*b*
传统冶金建设工程　545*a*
存续企业整合　545*a*
党风廉政建设　548*a*
党建工作　548*a*
房地产业务　547*a*
房屋建筑　546*a*
改革发展　544*b*
干部队伍建设　549*a*
河北太行钢铁集团钢铁退城搬迁升级改造项目　546*a*
葫芦岛有色破产重整工作　545*a*
环保与新能源　547*a*
基本概况　544*a*
交通市政基础设施　546*b*
经济指标(表)　544*b*
兰州理工职业学院EPC总承包项目　546*b*
履行社会责任　548*b*
美丽乡村建设项目　547*a*
人才强企　549*a*
仁怀市南部新城拆迁安置及棚户区改造工程　546*b*
三力合一场营销体系　545*a*
审计工作　549*b*

石钢环保搬迁产品升级改造项目 546*a*
斯里兰卡科伦坡外环路三期项目 546*b*
文化产业园区项目 547*a*
项目开发新模式 545*b*
新民至鲁北联络线通辽至鲁北段施工总承包项目 546*b*
信息化建设 548*b*
研发平台建设 547*b*
冶金项目 545*b*
越南台塑河静钢铁高炉 EPC 总承包项目 546*a*
战略重组 545*b*
招标采购 549*a*
重大创新 547*b*
重大项目 545*b*
珠海十字门中央商务区会展商务组团一期项目 546*a*
主要指标 544*b*
走向海外 547*b*
遵义至绥阳高速公路延伸线项目 546*b*
中国医药集团总公司 626*b*
成果转化 628*a*
党管干部 628*b*
党建工作 628*a*
董事会职权改革试点工作 627*a*
改革发展 627*a*
国际认证 628*a*
基本概况 626*b*
基层党组织建设 628*b*
经济指标(表) 626*b*
科技创新 628*a*
两降一减工作 627*b*
履行社会责任 628*b*
三严三实专题教育 628*a*
生产经营 40 项重点问题 627*b*
信息化建设 628*b*
研发成果 628*a*
重大创新 628*a*
重大项目 627*b*
主要指标 626*b*
走向海外 627*b*
中国移动通信集团公司 451*a*
党管干部 453*a*
党建工作 452*b*
管理提升 452*b*
基本概况 451*a*
经济指标(表) 451*a*
履行社会责任 453*a*
三严三实专题教育 453*a*
深化改革 452*b*
重大创新 451*b*
重点项目 452*a*
主要指标 451*a*
专项巡视 451*b*
转型发展 452*a*
走向海外 452*b*
中国有色金属研究总院 574*a*
党风廉政建设 576*a*
党管干部 575*b*
党建工作 575*b*
党建体系建设 576*a*
定点扶贫 576*b*
改革发展 574*b*
干部人才队伍建设 575*a*
管理体系 575*a*
国际化经营 575*b*
基本概况 574*a*
基础管理 575*a*
结构调整 574*b*
经济指标(表) 574*b*
履行社会责任 576*b*
绿色发展理念 576*b*
企业文化建设, 576*a*
社会公益活动 576*b*
社会责任管理 576*b*
信息化建设 576*b*
重大创新 575*b*
重大项目 575*a*
主要指标 574*b*

转型升级　574*b*
走向海外　575*a*
中国有色矿业集团有限公司　571*b*
安全生产　573*b*
财务管理　573*a*
产业布局　572*b*
从严治党　573*b*
存量资产盘活　572*a*
党建工作　573*b*
低效无效资产处置　572*a*
基本概况　571*b*
基层组织建设　573*b*
纪检监察力度　573*b*
节能环保　573*b*
结构调整　572*a*
经济指标(表)　572*a*
科技成果奖励　572*b*
科技成果转化　572*b*
科技创新　572*b*
科技创新支撑体系和平台建设　572*b*
科技项目申报与验收　572*b*
企业文化建设　573*b*
强化管理　573*a*
群团工作　573*b*
人才管理　573*a*
三严三实专题教育　573*b*
项目管理　573*a*
信息化管理　573*a*
战略管控　573*a*
重点项目　572*b*
主要指标　572*a*
中国远洋运输(集团)总公司　44*b*、483*a*
船队结构调整　484*b*
党建工作　485*a*
低效无效资产处置　484*a*
改革发展　484*a*
管理创新　485*a*
基本概况　483*a*
集团战略管控　484*a*
经济指标(表)　483*b*
科技创新　485*a*
履行社会责任　485*b*
企业文化建设　485*b*
燃油体制改革　484*a*
市场结构调整　484*b*
投资决策审批　484*a*
信息化建设　485*b*
重大项目　484*b*
主要指标　483*b*
专项巡视配合　485*a*
资产结构调整　484*b*
走向海外　484*b*
组织机构优化调整　484*a*
中国长江三峡集团公司　433*b*
党建工作　435*a*
改革发展　434*a*
国际业务信息化　435*b*
基本概况　433*b*
经济指标(表)　434*a*
科技创新　435*a*
履行社会责任　436*a*
三峡工程综合效益　434*b*
三严三实专题教育　435*a*
乌东德水电站　434*a*
响水20万千瓦近海风电项目　435*a*
新能源业务　434*b*
信息化建设　435*b*
重大项目　434*a*
主要指标　433*b*
走向海外　434*b*
中国中材集团有限公司　566*b*
安全督导　567*b*
财务精细化管理　567*b*
成果转化　569*a*
党建工作　569*a*
低效无效资产处置　567*b*
法律事务管理　568*a*
风险管理　567*b*

改革发展 567*a*
挂钩扶贫 570*a*
国际业务 568*b*
基本概况 566*b*
经济指标（表） 567*a*
精细化运营 567*b*
境外并购项目 568*b*
科技奖励 569*a*
领导班子建设 569*b*
履行社会责任 569*b*
内部控制 567*b*
人才队伍建设 569*b*
人力资源管理 567*b*
三严三实专题教育 569*a*
投资管理 567*b*
信息化建设 569*a*
巡视自查整改 569*b*
战略管理， 567*b*
重大创新 569*a*
重大项目 568*a*
主要指标 567*a*
资源国际配置型转变 569*a*
走向海外 568*b*
中国中车集团公司 586*a*
产业发展空间拓展 590*a*
重组整合 586*b*
基本概况 586*a*
技术创新 590*a*
技术创新体系 590*b*
技术引领 586*b*
经济指标（表）588*b*
经营业绩 589*a*
市场拓展 589*b*
一级子公司 588*a*
运营管理 589*a*
中车品牌 586*b*
中国中车股份有限公司 586*b*
中国中车集团公司 587*a*
中国中车一级子公司确立 587*b*
中国中车总部组织机构设置 587*b*
主要指标 588*b*
中国中纺集团公司 620*b*
大宗农产品现货交易平台 621*b*
党风廉政建设 622*a*
党建工作 622*a*
反腐倡廉工作 622*a*
改革发展 621*a*
基本概况 620*b*
基层党建工作 622*a*
经济指标（表） 621*a*
履行社会责任 622*b*
三严三实专题教育 622*a*
协同创新平台 621*b*
信息化建设 622*a*
重大创新 621*b*
重大项目 621*a*
主要指标 620*b*
走向海外 621*b*
中国中钢集团公司 541*b*
创新项目大赛 543*a*
党建工作 543*a*
分享责任 2025 北京宣言 543*b*
改革发展 542*a*
关键专项止血 544*a*
国际产能合作。 542*b*
混合所有制改革 542*a*
基本概况 541*b*
基础管理 543*b*
监督执纪问责 543*a*
履行社会责任 543*b*
其他情况 543*b*
三严三实专题教育 543*a*
首届创新项目大赛 543*a*
项目资本运作 542*a*
信息化建设 543*b*
央企创新创业课题研究 543*a*
业务调整 542*a*
中非合作 542*b*

中钢爱心助困帮扶基金捐助和使用　543*b*
中钢—力拓恰那铁矿合营项目再延期谈判　542*b*
重大创新　543*a*
重大科技成果　543*a*
重大项目　542*a*
重点项目问题解决　542*b*
主要指标　542*a*
走向海外　542*b*
中国中化集团公司　497*b*
党建工作　499*b*
地产板块　499*a*
改革发展　499*a*
化工板块　499*a*
基本概况　497*b*
金融板块　499*a*
经济指标(表)　498*a*
科技创新　499*b*
履行社会责任　500*a*
能源板块　498*b*
农业板块　498*b*
三严三实专题教育　499*b*
信息化建设　499*b*
主要指标　498*a*
主营业务　498*b*
中国中煤能源集团有限公司　534*a*
党建工作　535*b*
改革发展　534*b*
基本概况　534*a*
经济指标(表)　534*a*
履行社会责任　536*a*
三严三实专题教育　535*b*
项目建设　535*a*
信息化建设　535*b*
重大创新　535*a*
重大项目　535*a*
走向海外　535*a*
主要指标　534*a*
中国中丝集团公司　622*b*
产权管理　623*a*
党风廉政建设　624*a*
党建工作　623*b*
改革发展　622*b*
化工物流业务　623*a*
基本概况　622*b*
领导班子自身建设　623*b*
履行社会责任　624*b*
内部资源整合　623*b*
品牌建设　622*b*
企业文化建设　624*a*
三严三实专题教育　623*b*
食品进口　623*a*
丝绸产业振兴　623*b*
薪酬制度　623*a*
信息化建设　624*b*
业绩考核　623*a*
重大创新　623*b*
重大项目　623*a*
走向海外　623*a*
组织建设　624*a*
中粮集团有限公司　500*a*
保障粮食安全　502*a*
保障食品安全　502*b*
储粮罩棚　501*b*
党风廉政建设　501*a*
党建工作　501*b*
改革发展　500*b*
国有资本投资公司改革试点　500*b*
华孚集团重组　501*a*
混合所有制改革　500*b*
基本概况　500*a*
基础管理　501*a*
经济指标(表)　500*b*
境外重组　500*b*
廉洁教育培训和宣传　502*a*
粮达网上线　501*b*
领军农业走出去　502*b*
履行社会责任　502*a*

农粮企业重组整合 500*b*
农业产业化 502*b*
四大业务板块发展思路 501*a*
信息化建设 502*a*
职业道德制度规范 502*a*
中粮广东产业园 501*b*
重大项目 501*a*
主要指标 500*a*
走向海外 501*b*
中青班 67*a*
中青年高级管理人员培训班 67*a*
中心组学习 74*b*
中央企业并购 46*b*、47*b*
中央企业财务监督工作 37*b*
中央企业参与一带一路建设 28*a*
中央企业重组 43*b*
中央企业创新驱动发展战略 19*b*
中央企业创新投资基金系 26*b*
中央企业党的建设工作座谈会 71*b*
中央企业党建工作 71*a*
科学化水平 74*a*
责任制 73*a*
专题推进会 71*b*
A级企业名单 806*b*
实施意见 777*b*
中央企业、地方国资委负责人会议上的讲话 3*a*
中央企业党建政研会工作 77*a*
中央企业董事会建设工作措施落实 48*b*
中央企业董事会试点进展 47*b*
中央企业董事会职权试点工作 48*b*
中央企业法治建设 33*a*
中央企业负责人经营业绩考核 58*a*
中央企业改革 3*b*、365
中央企业港澳台工作 61*b*
中央企业规划发展工作 16*b*、19*a*、25*a*
形势与任务 18*a*
总的要求 18*a*
总体情况 16*b*
重点工作 19*a*
中央企业国际化经营 20*b*
战略实施 28*a*
中央企业国有资本收益上缴比例政策 59*a*
中央企业积极投身公益慈善事业的意见 783*b*
中央企业基本情况 30*a*
中央企业集团总部工资水平 54*b*
中央企业纪检监察工作 82*a*
中央企业纪律检查体制改革 83*a*
中央企业兼并重组工作 43*b*
中央企业结构调整 25*a*
中央企业经济运行 29*a*、29*b*
特点 30*a*
中央企业经营业绩考核工作 55*b*
中央企业精神文明五个一工程 76*a*
中央企业境外项目管理和协调 28*a*
中央企业科技创新情况 27*b*
中央企业历史遗留问题解决 59*a*
中央企业两金压降 37*b*
中央企业领导班子选优配强 63*b*
中央企业领导人员 64a～67*a*、72*a*
公开遴选 65*a*
管理监督 64*a*
培训工作 67*a*
综合素质 64*a*
中央企业内部巡视 86*a*
中央企业棚户区改造工作底数 52*b*
中央企业群众工作 78*b*
中央企业人才资源基本情况 67*b*
中央企业十三五发展规划 25*b*
中央企业实施创新驱动发展战略 26*b*
中央企业收入分配调控 53*b*
中央企业收益管理工作 58*b*
中央企业双创工作 27*a*
中央企业投资管理 19*b*
制度修订 26*a*
中央企业文化软实力 75*a*
中央企业稳增长调结构转方式 36*b*、59*b*、69*b*
中央企业协同创新 26*b*
中央企业宣传思想文化工作 74*a*

中央企业巡视工作情况　83*b*
中央企业医院分离移交试点研究工作　59*b*
中央企业增收节支　37*b*
中央企业战略规划日常管理和指导　25*b*
中央企业政工职称工作　76*b*
中央企业之间资源整合与合作　46*b*
中央企业职工收入分配调控工作　54*a*
中央企业中青年高级管理人员培训班　67*a*
中央企业重大投资决策履行出资人职责　26*a*
中央企业专家代表　66*b*
中央企业自主创新能力建设　26*b*、27*a*
中央企业走出去　28*a*、31*a*
中央有关文件贯彻落实　72*b*
中央专项巡视配合　68*a*
中远集团　44*b*、45*a*、45*b*
　与中国海运重组　44*b*
忠诚卫士主题活动　77*b*
重大财务事项管控　39*b*
重大法律纠纷案件协调　33*a*
重大改革方案法律审核　32*b*
重大改革方案制定　3*b*
重大科技成果　27*b*
重大事项监管方式调整　39*b*
重大事项研究　26*a*
重大舆情研判　75*a*
重点改革任务　25*a*
　支撑保障　32*a*
重点改革文件起草　32*a*
重点工作　28*b*
重点行业调控问题研究　54*a*
重点领域混合所有制改革工作　34*b*
重点问题和事项研究　59*b*
重点问题整改　73*a*
重要改革工作　4*a*
重要经济文献　1
珠海振戎公司　46*a*
助力一带一路建设，破解发展难题咨询服务活动　67*a*
专题听取监督检查情况　69*a*
专项督查　85*b*
专项宣传　71*a*
转型发展　29*b*
转型升级　57*a*
资本安全　15*b*
资本布局　15*b*
资本回报　15*b*
资本市场建设　36*a*
资本市场平台　36*b*、37*a*
资本预算管理办法修订　58*b*
资本预算建议草案编制　60*a*
资本预算日常工作　60*a*
资本预算收入管理　60*a*
资本预算执行监督管理　60*b*
资本预算制度　58*b*
资本运作　15*b*
资产负债地区分析（表）　695
资产负债行业分析（表）　694
资产负债综合分析（表）　693
资产评估工作　35*b*
资金成本　43*a*
资源整合　4*a*、46*b*
自身党建工作　77*a*
自主创新能力建设　26*b*、27*a*
综合归口职能　33*b*
综合价值最大化　42*b*
综合考核评价工作　64*b*
总会计师委派试点　39*b*
走出去步伐　20*b*、31*a*
组织和制度创新　83*a*
做好增量要效益　9*b*
做强做优做大目标　3*a*

（王彦祥、张若舒、毋栋 编制）